국가권력규범론

정재황

박영사

머 리 말

그동안 법학 전문학술서를 집필해 오다가 법학 전문교재의 필요성을 박영사에서 요청해 왔습니다. 전문학술서가 너무 방대한데 한편으로는 교재도 좀더 업그레이드되어 심화되는 것이 법학교육의 발전에 기여한다고 생각해 왔던 터입니다. 기존의 수험서를 탈피해야겠다는 생각 역시 간절했습니다. 그래서 헌법학 시리즈의 하나로 이 책이 나오게 된 것이기도 합니다.

변호사시험에 헌법, 더구나 국가권력규범론(과거의 '통치구조론'이라는 용어를 저자는 군림하고 다스린다는 '통치'란 용어가 적절하지 못해 오래 전부터 국가기관들의 국가권력에 관한 규범이므로 국가권력규범론이라고 불러왔습니다)은 준비도 채 많이 하지 않고 수험장에 들어선다는 얘기는 우리를 아연실색케 했습니다. 그러나 이것이 누구의 잘못도 아니고 헌법교수인 나 자신의 잘못도 적지 않다고 자괴감이 듭니다. 진작 학술적 차원까지는 아니더라도 암기용을 벗어난 리걸마인드를 제대로 육성하는 전문교육 교재를 내놓지 않았던 나 자신이 원망스럽기도 합니다. 그러나 많은 일들이 손목, 발목을 잡았지만, 그 중 2018년 서울에서 개최되고 필자가 조직위원장을 맡았던 세계헌법대회와 같은 국제행사는 전문 법학교육 교재의 출간을 늦추게 한 것은 사실입니다. 그러나 우리 헌법학계가 업그레이드되게 하는 역사적 국제행사가 성공리에 치러진 것은 또 다른 국제적·국가적 품위를 드높이는 의미 있는 활동이었습니다. 학술서적 출간이 늦어지는 등 개인적인 희생, 아니 어떻게 보면 법학교육계에 희생을 요구한 활동이었으나 후회하지는 않습니다. 그러나 희생이 적지 않았다는 점에서 회한이 서리긴 합니다. 이것이 조금이라도 커버되는 길은 독자 여러분들의 소중한 활용이라고 할 것입니다. 법학교육의 개선방안을 위해 한국교육법학회 회장직을 수행하면서 관련 세미나를 국회 입법조사처와도 함께 진행한 바 있고 앞으로도 관심을 많이 기울여야 할 것이라고 사료됩니다. 부디 이 책이 제대로 된 법학교육을 이끄는 교재로 활용되어 그런 노력에 기여하기를 바랍니다.

이 책의 출간에 힘써주신 많은 분들께 감사드립니다. 우선 장마와 무더위가 유독 심했던 이번 한 여름에 여러 가지 일, 특히 Global Intensive Programm for Young Constitutional Law Scholars 준비일도 보통일이 아니었는데도 이렇게 교정을 봐주신 장선미 박사님께 감사드립니다. 장박사의 헌신이 없었으면 이 책이 세상의 빛을 볼 수 없었을 것입니다. 이전부터 자료 조사에 열성적으로 임해주신 이춘희 박사님께도 감사드립니다. 헌법재판연구원에서 활약도 기대됩니다.

이번에도 박영사의 글로벌 업그레이드된 편집술에 이 책이 더욱 빛납니다. 김선민 편집이사님께 감사드립니다.

이 책이 한국의 민주정치, 민주주의의 업그레이드에 기여하는 법학도들의 길잡이가 되길 기원합니다.

2020. 8. 15. 광복절에

정재황 씀

* 추기 : 이 교재의 문장들 중에는 저자의 신 헌법입문 제10판, 박영사, 2020에 수록된 문장들이 이 책에서도 다시 인용되기도 합니다. 이는 저자의 생각이, 특히 학설이 달라질 수 없으므로 그 워딩도 달라질 수 없었던 결과이고 결코 중복게재의 고의가 없었음을 밝혀둡니다.

※ 헌법재판소 판례는 2019년 12월 말까지 인용하고자 하였는데, 국회 의사절차에 관해서는 2020년 5월 결정도 일부 들어가 있습니다.

차 례

기초적·전제적 고려

Ⅰ. 민주적 정당성을 지닌 국가권력규범, 그 존재근거

인간의 속성은 한편으로 자유로이 살면서 자신의 욕구를 충족하고자 하고 다른 한편으로는 군집본능을 가지고 있어 고립되어 살 수 없으며 사회를 이루고 살게 된다. 인간은 자신의 이익이 보장되고 보다 안전한 삶을 누리고자 한다. 인간이 고립되어 혼자 생활을 영위해간다면 인간들 간에 대립과 갈등도 없을 것이고 권리개념도 필요없다. 그러나 사회공동체에서 인간관계가 형성되어 상호 교류하며 공동체생활을 하는 가운데 평화로운 때도 있으나 대립과 반목, 이익을 다투는 분쟁의 상황이 발생하기도 한다. 이러한 상황에서 개인들 간에 각자의 이익 내지 권리를 상호 조절하여 가능한 한 최대한의 이익 내지 권리를 보장해주고 치안을 유지하여 인간의 안전을 확보하기 위하여서는 '힘'이 필요하다. 바로 국가권력의 존재가 요구되는 까닭이 거기에 있다. 다시 말하면 인간에 요구되는 자신의 안전과 권리의 보장, 그것을 위한 사회공동체의 유지와 존속을 위하여 국가를 만들게 되고 국가는 그리하여 국민생활의 안정을 유지하고 국민의 기본권을 실현하며 공동체의 안전과 사회질서를 유지함에 있어서 필요한 작용을 행하기 위하여 국가권력을 부여받고 행사하게 된다. 우리가 원하든 그렇지 않든 결국 국가권력은 국가의 존재필요성과 더불어 있을 수밖에 없다. 그러나 이 국가권력은 국민의 기본권을 보장하고 공동체의 안전과 번영을 위해 부여되고 행사되어야 한다. 공동체의 안전과 번영도 국민의 기본권을 위한 것이다. 그러기 위해 이 국가권력은 민주적이고 정당성을 지닌 권력이어야 한다. 독재국가에서는 국민의 인권을 유린, 탄압하는 등 그 권력이 부당하게 주어지고 그 행사가 남용되어 권력의 정당성을 인정할 수 없음은 물론이다. 국가권력의 정당성 근원으로 혈통, 전통, 가부장적 지배, 국민의 지지 등을 들기도 하지만 이 중 물론 국민의 지지, 민주성이 권력의 정당한 근원이 된다. 결국은 이러한 국가권력은 그 부여(수권)와 조직 및 그 행사가 헌법에 입각하여 국민적 정당성을 지녀야 하며 국민의 기본권을 보장하여야 한다는 궁극적 지침하에 행사되어야 하고 그 남용이 방지되어야 한다.

이를 위하여 국가권력을 나누어 부여하고 국가권력을 통제하는 헌법규범이 국가권력규범이다. 이하에서 먼저 국가권력의 조직·행사에 관한 기본적인 원리를 살펴보고 다음으로 입법권, 집행권(행정권), 사법권 등 각 권력별로 그 조직·행사에 관한 헌법규범을 살펴보고자 한다.

Ⅱ. 본서의 고찰범위

헌법재판의 권한도 국가권력에 속하고 헌법재판이 권력행사에 대한 헌법적 통제이므로 국가권력규범론에서 포함하여 함께 다루어야 한다. 그러나 헌법재판이 오늘날 상당히 심화되어가고 있고 그 때문에 그 양이 방대하기도 하여 저자의 헌법시리즈 총서의 하나로 별도로 헌법재판론에서 다룬다. 다만, 본서에서 다루는 사항들과 관련성 있는 헌법재판법리가 관련 부분에서(예를 들어 탄핵심판) 서술되기도 한다.

지방자치 부분도 함께 살펴본다. 자치권이므로 국가권력과 별도로 서술할 것인가 하는 고민이 없지 않았으나 자치권도 중앙정부와의 관계에서 권한배분 등의 문제로 관련성을 가지는 점 등을 고려하여 본서에서 함께 살펴본다.

* 통치기구, 통치구조라는 말의 문제점 – 제3공화국헌법 제3장의 제목이 '통치기구'(統治機構)였다. 기존 교과서들 중에는 '통치구조'란 제목하에 편술하고 있는 것이 많다. 그러나 '통치'라는 용어는 군림하고 다스린다는 의미를 가진 전근대적인 용어이다. 따라서 국민이 주권자이고 국가권력을 통제하는 현대에 와서는 적절하지 못한 용어이기에 가능한 한 '국가권력'으로 바꾸어 부르려고 한다. 통치구조의 논의 대상이 입법권(국회), 집행권(정부), 사법권(법원)이기 때문이다. 교과서 중에는 통치구조 대신에 정치제도라고 부르는 예도 있으나 법원의 경우 사법권의 독립이라는 필수적인 헌법원칙에 따라(헌법 제103조) 정치적 중립성을 중요한 원칙요소로 함은 물론이므로 법원을 정치제도에 포함할 수는 없다. 사법권(司法權)도, 정치성을 띠어서는 안되나, 재판에 대해 국가의 힘으로서 권위와 강제력 등이 부여되는 재판권이라는 권력인 국가권력임에는 분명하다. 그래서 법원부분까지 포함하여 국가권력이라고 부르는 것이 타당하다.

제1장 기본원리

국가권력조직·행사의 기본원리로는 ① 국민주권주의, ② 국민대표주의, ③ 권력분립주의. ④ 정부형태원리 등이 있다. 국민주권주의에 대해서는 헌법총론에서 다루었기에 여기서는 국민대표주의부터 살펴본다.

제1절 국민대표주의

Ⅰ. 국민대표주의의 개념

1. 개념

오늘날 국민대표주의(國民代表主義)란 국민이 직접 주권과 국가권력을 행사하지 않고 자신의 대표자를 선출하여 그 대표자로 하여금 이를 행사하게 하는 국가운영의 원리를 말한다. 대표자에 의한 국정의 운영이 이루어지므로 간접민주정치를 말한다.

*용어의 문제 – 국민대표주의를 흔히 '代議制'라고 부르는데 국민의 대표기관으로서 의회가 자리잡은 역사와 국민대표기관으로서의 의회가 가지는 핵심적 위치를 감안한 것이다. 그러나 오늘날 국민을 대표하는 기관은 의회 외에도 국민으로부터 직접 선출된 대통령이 있고 국민을 대신하여 헌법적 최고해석을 수행하는 헌법재판소도 있기에 이를 아우르는 용어로 국민대표주의라는 용어를 주로 사용하고자 한다.

2. 분리이론, 권력의 비인격화(제도화)

국민대표주의는 주권자와 주권행사자의 분리를 전제로 한다고 하여 종래 이를 '분리이론'으로 설명하여 왔다. 먼저 국민은 주권자로서 존재하고 주권자 국민이 스스로 그의 권력, 주권을 직접 행사하지 않고 국민이 선출하긴 하였지만 주권자와 구분되는 권력행사자가 존재한다는 것을 전제로 한다는 것이다. 그러나 분리이론을 전제로 하는 것이라기보다 국민대표주의를 실시하는 결과로 분리가 이루어지는 것으로 보는 것이 정확하다. 여하튼 국민대표주의의 결과 주권자와 주권행사자가 분리되고 고대나 중세 때 절대군주가 권력 전체를 장악하여 권력은 곧 군주를 의미하는 권력의 인격화가 있었으나 국민대표주의에 따라 주권보유자와 주권행사자가 분리되어 '권력의 비인격화'(非人格化), '권력의 제도화'를 가져왔다. 유의할 것은 국민대표주의에서 분리이론이 국민과 대표자 간의 무관계함을 의미하지는 않는다는 점이다(후술, 국민대표주의의 법적 성격 참조).

* 헌재 판례 : 헌재는 "대의제는 국민주권의 이념을 존중하면서도 현대국가가 지니는 민주정치에 대한 현실적인 장애요인들을 극복하기 위하여 마련된 통치구조의 구성원리로서, 기관구성권과 정책결정권의 분리, 정책결정권의 자유위임을 기본적 요소로 하고, 특히 국민이 선출한 대의기관은 일단 국민에 의하여 선출된 후에는 법적으로 국민의 의사와 관계없이 독자적인 양식과 판단에 따라 정책 결정에 임하기 때문에 자유위임 관계에 있게 된다는 것을 본질로 하고 있다"라고 판시한 바 있다(헌재 2009.3.26. 2007헌마843).

3. 간접민주정치와 직접민주정치

(1) 간접민주정치

국민이 국가의 정치적 의사결정에 직접 참여하지 않고 대표자를 선출하여 그들로 하여금 결정을 하도록 하고 국가의 권력을 대표자들이 대신 행사하도록 하는 정치를 간접민주정치라고 한다. 바로 국민대표주의가 간접민주정치를 가져오는 헌법원리가 되는 것이다. 간접민주정치는 시에예스의 국민주권(la souverneté nationale)론에 입각한다(국민주권주의 참조). 오늘날 현실적 여건 때문에서도 간접민주정치, 국민대표주의를 원칙으로 한다.

(2) 직접민주정치

직접민주제는 국민이 직접 정치에 참여하고 국가권력을 행사하는 정치형태를 말한다. 직접민주정치는 루소의 인민주권(la souverneté populaire)론에 입각한다. 오늘날 간접민주제가 원칙이기에 직접민주제는 예외적으로 활용된다. 예외적 직접민주제의 대표적인 제도가 국민발안, 국민표결, 국민소환 등의 제도이다. 직접민주제를 예외적이 아니라 일반화하고 원칙으로 실시하는 것은 현실적으로 인구가 과소한 국가에서 가능하므로 시행되고 있는 나라를 찾기가 어렵다. 일반적으로 한국의 헌법교과서에서 직접민주제국가의 예로 스위스가 들려지고 있으나 스위스는 연방국가인데 연방 차원에서는 직접민주제가 원칙은 아니고 역시 의회 등에 의한 간접민주제를 하면서 다만 직접민주제적인 헌법개정, 연방법률 등에 대한 국민발안, 국민투표를 연방헌법이 규정하고 있다.

요컨대 현대에서 직접민주제가 일반적인 원칙으로 실시되고 있는 국가를 찾기가 어렵고 주로 국민대표주의에 따른 간접민주제가 이루어지고 있다. 오늘날 숙려민주주의(숙의민주주의, deliberative democracy)가 중요한 공적 의제에 적용되고 있다. 한국에서도 원자력발전 문제, 대학입시 문제 등에 관해 공론화위원회가 개최된 바 있었다.

* 헌재 판례 : 헌재는 "직접민주제는 대의제가 안고 있는 문제점과 한계를 극복하기 위하여 예외적으로 도입된 제도라 할 것이므로, 헌법적인 차원에서 직접민주제를 직접 헌법에 규정하는 것은 별론으로 하

더라도 법률에 의하여 직접민주제를 도입하는 경우에는 기본적으로 대의제와 조화를 이루어야 하고, 대의제의 본질적인 요소나 근본적인 취지를 부정하여서는 아니 된다는 내재적인 한계를 지닌다 할 것이다"라고 판시한 바 있다(헌재 2009.3.26. 2007헌마843). 사안은 지방자치단체에서의 주민소환제도를 법률로 정하고 있는데 이 주민소환제도에 관한 헌법소원심판사건이었다(이 결정에 대해서는 뒤의 지방자치 부분 참조).

Ⅱ. 국민대표주의의 발달

국민대표주의는 고대에 부족대표 등 회의제 제도가 없진 않았으나 근대에 주권이 국민에게 있음을 인정한 국민주권주의가 자리 잡고 주권자 국민을 대신하는 진정한 대표성을 지니는 의회제가 확립되면서 본격적인 발달이 이루어졌다. 의회제는 영국에서 일찍이 자리 잡았고, 프랑스의 경우 삼부회(États généraux) 등 등족회의의 역사를 거쳐 프랑스 대혁명 이후 의회제도가 정착되었다.

국민대표주의는 선거제도의 발달에 힘입은 바 크다. 특히 보통선거제도의 확충과 비례대표제의 도입 등으로 국민의 대표성이 더욱 확보되었다. 근대에 와서 형성된 정당제도의 발달도 국민대표주의에 중요한 영향을 미쳤다.

Ⅲ. 국민대표주의의 헌법적 기초근거

국민대표주의를 뒷받침하는 헌법적 기초근거는 국민에게 주권이 주어진다는 점에 있다. 주권자인 국민이 주권을 행사하여야 하는데 이를 직접 행사할 수 없기에 대표자를 선출하여 대표자로 하여금 국가권력을 행사하게 된 것이므로 국민대표주의는 국민주권주의에 기초한다. 근대 이전의 절대군주가 주권을 보유하고 동시에 행사하였다가 시민혁명의 성공으로 국민이 주권을 보유하면서 대표제정치가 자리잡은 것을 보아도 이를 알 수 있다.

국민대표주의 근거를 헌법 자체에서 찾는 것이 중요하다. 우리 헌법의 경우에도 국민이 직접 국가권력을 행사하지 않고 헌법 제40조가 입법권을 국회에, 제66조 제4항이 행정권을 대통령을 수반으로 하는 정부에, 제101조가 사법권을 법원에 부여하여 대표기관들이 국가권력을 행사하게 하여 그 파생연원인 주권을 국민대표기관들이 행사하게 한다. 이것은 국민대표제(간접민주제)의 헌법적인 근거이자 헌법적 확인이라고 할 수 있다.

Ⅳ. 국민대표주의의 법적 성격(대표자와 국민·선거인과의 관계)

대표자는 자신을 선출한 국민과 법적으로 어떠한 관계에 있는가 하는 문제가 국민대표주의의 법적 성격의 문제이다. 여기서 국민은 대표자를 선출한 지역구나 특정 국민을 말하는가 아니면 국민전체를 말하는가에 따라 문제의 성격이 달라질 수 있다. 즉 국민대표주의의 법적 성격에 관한 문제는 크게 2가지로 부각된다. 첫째는 대표자가 국민에 대해 어떠한 법적 의무 등을 지는 법적 관계가 존재하는가 하는 문제이고(아래의 1.), 둘째는 이러한 법적 의무관계는 전체국민과의 관계에서 요구되는 것일 뿐인가 아니면 국민 개개인 내지 대표자를 선출한 일부 지역의 국민들의 관계에서 요구되는 것인가 하는 문제이다. 이 문제는 첫째 문제에서 법적 관계를 긍정하면서 그 다음으로 그 법적 관계의 구체적인 법적 성격이 무엇인가를 규명하는 문제이다(아래의 2.).

1. 국민과의 법적 구속관계 유무

(1) 학설

1) 법적 무관계설

대표자와 국민 간에 법적 관계가 없다고 보는 학설로는 정치적 대표설, 정당대표설 등이 있다. 정치적 대표설은 대표자는 정치적으로 또는 이념적으로만 국민을 대표할 뿐이라고 보고 대표자는 국민에 대해 법적 의무를 지지 않으며 대표자가 국민의 이익을 위하여 성실한 직무를 수행하여야 한다는 의무는 정치적·도의적 의무에 불과하다고 본다. 정당대표설은 오늘날 정당의 역할이 중요하고 국민의 의사가 정당에 의하여 형성되어 정당이 국민을 대표한다고 보는 이론이다. 사회적 이익의 대표관계라고 보는 사회적 대표설도 있다.[1] 법적 무관계설은 국민이 대표자를 법적으로 구속하는 힘을 가지는 관계가 아니라고 보고, 대표자가 국민의사에 반하는 행위를 하더라도 법적 제재를 가할 수 없다고 본다.

2) 법적 관계설

대표자와 국민 간에 법적 관계가 있다고 보는 학설로는 법정대리설, 헌법적 대표설, 법적 위임관계설이 있다. 법정대리설은 Jellinek에 의해 주창된 학설로 국민이 1차적 기관으로서 2차적 기관인 의회를 선거로 구성하고 이 의회가 국민의 의사결정을 대리하는 법적 관계가 있다고 보는 학설이다. 헌법적 대표설은 법적 관계를 헌법 그 자체에서 찾으려는 견해로 헌법 제1조 제2항의 "모든 권력은 국민으로부터 나온다"라고 규정한 헌법 제1조 제2항에서 권력을 행사하는 대표자와 국민과의 관계가 헌법적 관계가 될 수밖에 없다는 견해이다.[2] 헌법적 대표설은 대표관계가 헌법 자체에 의해 설정된다고 보는 것으로 이해된다. 법적 위임관계설은 대표자와 국민 간에는 법적인 위임관계의 책임이 있다고 보는 학설이다. 위임관계설에서 말하는 위임은 민법상의 위임과는 다르다.

---

1) 이러한 사회적 대표설에 대한 소개는, 김철수, 헌법학개론(제14전정신판), 박영사(2002), 915면 참조.
2) 김철수, 916면.

3) 국내의 이론

국내에서는 위에서 본 헌법적 대표설, 정치적 대표설, 사회적 대표설 등이 주장되고 있다. 한편 아예 대표자와 국민 간에 대표관계가 없다는 주장도 있다(정종섭).

(2) 비판 및 사견

법적 무관계설은 적어도 우리나라의 현행 헌법에 부합되지 않는다. 무관계설의 대표적인 학설인 정치적 대표설 등은 국민과 대표자 간에 법적 관계가 없고 "국회의원이나 대통령이 그를 대표로 선출한 국민의 의사에 반대되는 정책결정을 할지라도 국민에 대하여 법적 책임을 지지 아니하며 … 단지 국민전체의 이익을 위하여 활동해야 한다는 의미의 정치적·도의적 의무를 지는데 지나지 아니하므로 그 대표성도 단지 정치적 대표성에 지나지 않는 것으로 보아야 한다"라고 주장한다<권영성, 724면.>. 그러나 이러한 정치적 대표설은 대표자에 대한 법적 책임을 물릴 수 있는 제도를 규정한 우리 헌법의 규정들을 간과한 점에서 당장 타당성이 없는 이론이다. 우리 헌법은 탄핵제도, 국가배상제도, 재판제도 등 대표자에 대한 법적 책임을 추궁할 수 있는 제도들을 규정하고 있다. 행정부, 사법부의 국민대표자들이나 공무원들은 탄핵(대통령, 대법원장, 대법관 등), 징계 등의 법적 책임을 진다. 무기속위임을 내세워 국회의원의 경우에는 국민에 대한 법적 책임이 없다고 보는 견해도 있는데 이는 단견이다. 무기속이란 것은 자신이 선출된 지역구나 소속 정당에 구속되지 않고 소신껏 국정에 임한다는 것이지 국민전체의 의사에 반하고 국가전체의 이익이나 헌법에 반하는 것까지 면책하게 하는 것은 물론 아니다. 즉 무기속위임이라 할지라도 국민전체에 대해서는 그 의사에 따라야 할 헌법적 의무를 지는 것이다. 국회의원의 불체포특권이 규정되어 있는 것(제44조)도 비록 체포는 되지 않으나 국회의원도 범죄행위를 직무상 행한 경우에 어디까지나 형사처벌될 수 있음을 전제로 하는 것이므로 결국 형사상 제재도 가해질 수 있다. 또한 헌법은 국회가 의원의 자격을 심사하며, 의원을 징계할 수 있다고 명백히 밝히고 있고 의원에 대한 제명에 대해서도 언급하고 있으므로(제64조 2항·3항) 입법부구성원인 국회의원에 대한 법적 제재가 헌법상 설정되어 있는 것이다. 이를 간과하는 정치적 대표설은 도저히 이해하기 어렵다. 그리고 국내 극히 일부 견해로서 아예 대표되어지는 관계가 아니라는 학설도 우리 헌법이 대표관계를 확인하고 있음에도 이를 부정하는 것으로 역시 받아들일 수 없다. 법적 무관계설은 헌법의 규범성을 인정하지 않고 사실로서의 헌법으로만 인정하면 논리적으로 일관성이 있을 것이나 정치적 대표설을 취하면서 앞에서 헌법의 법규범성을 인정하는 것은(예를 들어, 권영성, 5-6면) 벌써 논리적으로 모순을 보여준다.

결국 대표자와 국민 간에 법적 책임관계가 있다고 보는 법적 관계설이 타당하다. 물론 법적 관계를 인정하는 학설 중에 법정대리설은 일찍이 Kelsen의 비판처럼 민법이론을 유추한 데서 벌써 문제가 있기에 받아들일 수 없다. 우리 헌법상 이러한 법적 관계가 헌법에 의하여 형성된다고 보는 헌법적 대표설이 타당하다. 법적 위임관계설에 대해 보면, 이 설은 국민과 대표자 간의 관계를 위임이라는 법적 관계로 보기에 헌법적 대표설과 배척관계가 아니며 양립이 가능하다. 법적 위임관계설은 헌법적 대표관계를 보다 구체적으로 규명하고 특히 국민전체와 대표자 간의 위임인지 아니면 개별 국민 내지 일부 국민들과의 위임인지를 두고 견해가 다시 갈릴 뿐 어디까지나 대표관계를 법적 관계로 보는 입장이다. 법적 위임관계설은 사실 국민과 대표자 간에 법적 관계가 있음은 당연한 것으로 보고 다음 단계인 위임의 범위 등에 관한 학설로서 아래에서 상술하게 되는 이론이다. 아래에서 보듯이 오늘날 기속위임은 금지되나 대표위임은 원칙으로 인정되고 있기에 대표자와 국민 간에 법적 위임관계를 긍정한다. 우리나라에서 헌법적 대표설을 취하면서 법적 위임관계설에 대해서 비판하는 견해들이 있으나 헌법적 대표설의 견해들도 대표위임관계를 인정하므로 이는 설득력이 없는 비판이다. 요컨대 우리 헌법하에서 국민과 대표자 간의 관계는 헌법적 대표관계이면서 위임관계이다.

2. 구체적 성격 – 위임이론

(1) 주권이론에 따른 위임이론

대표자와 국민 간에 법적 책임관계가 있다고 보아야 하고 헌법적 대표설이 국민과 대표자 간의 법적 책임관계를 헌법 자체에서 찾는 것은 타당하다. 그런데 그 관계의 구체적인 범위 내지 성격이 나아가 규명되어야 한다. 이에 관한 전통적인 이론이 위임이론인데 위임이론은 주권이론에서 출발하였다. 여기서 먼저 유의할 점은 종래 한국의 헌법개론서는 위임이론이 법적 관계이론들 중의 하나로 소개되면서 대표자와 국민 간에는 위임계약이 성립된 바 없다는 등의 논거로 이를 받아들이기 힘들다고 지적되고 있다. 그러나 이 위임이론은 민법의 이론(위임계약을 근저로 하는)과는 다른 것이고 헌법에 의해 대표되는 대표자와 국민 간의 관계를 법리적으로 보다 구체적으로 파악하려는 이론이 위임이론이었고 이 이론은 전통적으로 논의되어 온 이론으로서 위에서 이미 서술한 대로 헌법적 대표설과 양립이 가능하다. 다시 말해서 위임이론과 헌법적 대표설은 양립가능할 뿐 아니라 헌법적 대표설을 당연히 전제로 하고 나아가 그 대표관계가 법적으로 어떠한 구속관계인지를 다음 단계로 규명하려는 것이 위임이론이다. 단순히 헌법적 대표관계라고만 파악하는 것으로 충분하지 않고 대표자가 자신을 선출한 유권자와 어떤 관계인지, 특히 유권자의 의사에 구속되는지 아니면 전체 국민의 의사에 구속되는지 하는 문제는 위임의 이론으로 논의되어 온 것이다.

예를 들어 甲과 乙은 S지역구와 T지역구에서 각각 선출된 국회의원으로서 모두 예산결산특별위원회 계수조정소위원회에 소속된 위원이다. 갑은 S지역의 주민들의 숙원사업이 추진될 수 있도록 하라는 S지역 주민들의 요구에 따라 그 숙원사업에 소요되는 예산을 우선배정하여야 한다고 주장하고 있다. 반면 乙은 T지역구의 주민들이 역시 숙원사업으로 추진하고 있는 산업기지조성이 국가전체의 경제적인 이익을 고려하면 그리 수익성이 크지 않다고 판단하여 T

지역 주민들의 요구에도 불구하고 수익성이 보다 나은 다른 국책사업에 예산을 우선배정하여야 한다고 주장하고 있다. 이러한 사안에서 甲과 乙 모두 대표자이고 대표이론이 적용되는데 과연 갑과 을의 주장 중 어느 주장을 타당한 것으로 보아야 하는 문제가 대표관계라는 문제에서 나아가 구체적으로 다시 제기되는 것이다.

* 유의점 – 헌법의 위임이론은 권력의 이전을 가져오지 않는다. 이 점이 행정법의 '권한의 이전'의 이론과는 다르다.

(2) 인민주권론과 국민주권론

위임이론에 있어서 전통적으로 대비되어 온 양대이론은 바로 주권이론에서의 양대이론인 인민주권론과 국민주권론이다.

1) 양 이론의 근본적 차이점

주권이론, 주권소지자가 누구라고 보느냐는 문제에서부터의 양 이론의 차이가 위임이론에 있어서 커다란 차이를 가져온다. 인민주권론은 국민 개개인이 주권소지자라고 보는 반면에 국민주권론은 국민전체가 하나의 법인으로서 주권소지자라고 본다.

* 국민주권론과 인민주권론의 차이에 대한 자세한 설명과 이해를 돕기 위하여 그 차이를 정리한 아래 도표 참조.

	국민주권론 (la souveraineté nationale)	인민주권론 (la souveraineté populaire)
주요주장자	E.-J. Sieyès	J.-J. Rousseau
주권보유자	국민전체(la nation)인 法人(personne morale)	국민 개개인(결국 모든 국민들 모두가 주권을 가짐)
정치형태	간접민주정치	직접민주정치
선거의 성격	기능으로 파악	권리행사로 파악
투표권	제한선거 가능	보통선거(제한선거불가)
위임형태	대표(=자유?)위임 강제(=기속=명령)위임 금지	강제(=기속=명령)위임이 원칙
권력분립 여부	분립	통합

▌국민주권론과 인민주권론의 차이

2) 인민주권론

Rousseau의 사상이 주축이 된 인민주권론은 ① 국민 개개인인 인민(Peuple)이 주권자라고 보기에 국민 개개인이 각자 정치에 참여하여야 한다고 하여 직접민주정치를 원칙으로 한다. 인민주권론은 위에서도 언급한 바 있지만 간접민주주의, 국민대표주의에 대해 부정적이다. 인민주권론자들은, 대표민주주의에 있어서는 인민은 대표자를 선출하는 데 그치고 선출된 대표자들에게 주권행사를 맡기는데 일단 선출이 있게 되면 이후 법률을 만드는 사람은 그 대표자들이고 법률은 대표자들의 의사인 것이지 인민의 의사가 아니라고 비판한다. 루소는 인민이 직접 승인하지 않은 법률은 무효이고 그것은 결코 법률이 아니라고 주장하였다. 그는 영국의 인민들은 자유롭다고 생각하는데 이는 매우 착각인 것이고 의회의원선거가 있는 동안에만 자유로울 뿐이고 대표자들이 선출되자마사 인민은 노예(esclave)가 된다고 보았다.[1] ② 국민 개개인이 주권자이기에 권리를 가지므로 선거에의 참여는 기능으로서가 아니라 권리의 행사가 되는 것이라고 본다. ③ 투표권은 일정 연령에 달하면 모든 국민에게 부여되어야 하는 보통선거가 원칙이 되어야 한다고 본다. ④ 인민주권론은 기속위임(= 강제위임 = 명령위임. le mandat impératif)을 주장한다. 인민주권론은 직접민주제를 원칙으로 하여야 하나 현실적으로 많은 인구가 정치에 참여하기 어렵기에 간접민주제(대표자정치)를 할 수밖에 없는데 직접민주제와 같은 효과를 거두기 위하여 선거인의 의사를 대표자가 그대로 전달하여야 한다는 위임관계, 즉 기속위임의 관계가 설정되어야 한다고 본다. 즉 직접민주정치가 이루어져야 하나 시민들의 법률에 대한 직접적인 표결이 현실적으로 어려움을 인정하고 그렇기 때문에 선거로 선출된 의원으로 하여금 정치를 하도록 하되 기속위임이 필요하다고 보는 것이다. 기속위임이 직접민주정치의 효과를 가져오는 것으로 보는 것이다. 인민주권론의 기속위임이론은 의원들은 대표자가 아니라 사안들의 대부분에 관해 그들의 표결의 방향을 정해놓은 구체적 위임인 기속위임을 받은 단순한 수임자들(commissaires)일 뿐이라고 보고 위임자의 실제 의사가 무엇인지 의구심이 있을 때마다 국민투표에 의뢰하여야 한다고 본다. ⑤ 권력은 통합되어 행사되어야 한다고 본다.

3) 국민주권론

Siéyès의 사상이 주축이 된 국민주권론은 ① 국민전체(Nation)가 주권의 소지자라고 보기에 국민 개개인의 의사에 따라서가 아니라 국민전체가 하나의 법인(法人)으로서 의사결정을 하여야 한다고 본다. 그런데 국민전체는 조직화되지 않은 집단이기에 하나의 통일된 의사를 가지기 위해서는 대표자에 의한 의사결정이 불가피하게 필요하고 따라서 대표자에 의한 간접민주정치(국민대표주의)를 실시하여야 한다고 본다. 국민 개개인이 정치에 참여하는 직접민주제를 인정하면 국민 개개인이 주권자가 되므로 국민주권론으로서는 받아들일 수 없다. 결국 간접민주정치가 국민주권론에서는 원칙이 된다. ② 국민주권론은 선거란 국민전체에 의한 대표자의 선출이라는 하나의 기능으로서의 성격을 가진다고 본다. ③ 따라서 투표도 국민전체가 대표자 선출의 기능을 수행한 것으로 나타나면 되므로 일부 계층의 국민들이 선거에 참여하지 못하더라도 전체적으로 대다수의 국민에 의한 투표가 이루어지면 선출기능이 충분히 수행된 것이라고 보기에 결국 제한선거가 가능하다고 본다. ④ 국민주권론은 국민전체가 하나의 주권소지자(주체)이므로 국민 개개인의 의사에 구속되고 지시에 따르게 된다면 결국 국민전체가 주권소지자가 아니라는 것이 되므로 기속위임이 금지된다고 본다. 즉 대표자들은 지역구에서 선출되었더라도 자신을 선출한 그 지역구의 선거인들을 대표하는 것이 아니라 국민전체를 대표하여야

1) J.-J. Rousseau, *Du contrat social*, Livre Ⅲ, chapitre XV, Des députs ou représentants 부분 참조.

한다고 본다. 일단 선출된 이후에 대표자들은 그들 자신의 양심에만 따르게 되고 그들의 내면의 소신에 따라 표결에 임하여야 한다고 본다.[1] 국민주권론은 이처럼 기속위임이 금지된다고 보면서 그러나 대표자가 국민전체의 의사에 따라야 하므로 위임관계는 바로 국민전체와의 관계에서의 위임관계, 대표자가 국민전체를 대표하는 위임관계가 설정되어야 한다고 본다. 그리하여 국민주권론에서는 이를 대표위임(le mandat représentatif)이라고 한다. ⑤ 대표자들이 행사하는 국가권력은 그 남용을 막기 위해 분립되는 것이 필요하다고 본다.

4) 영국의 기속위임금지론

영국의 버크(Edmund Burke 1729－1797)경, 블랙스톤(Sir William Blackstone 1723－1780)경은 영국의 의회의 의원은 어느 지역구의 의원이 아니라 전체 의회의 의원이라고 하면서 자신의 출신 지역구의 의사에 강제되어서는 아니 되고 출신 지역구의 유권자들의 어떠한 표결지시를 받을 수 없고 그의 양심에 따라 의정활동을 하여야 한다고 보아 기속위임금지의 이론을 전개하였다. 그러나 영국의 기속위임금지론은 의회주권론이 근저에 자리잡고 있고 프랑스에서처럼 위에서 본 국민주권론이 바탕이 되지는 않았다고 보아야 한다는 지적들이 있다. 즉 이러한 지적들은 영국의 의회는 국민의 수임자로서가 아니라 그 고유한 권한으로서 주권을 행사하는 것이므로 지역구 국민에 의한 기속위임이 인정되지 않는다고 본다.

5) 평가

오늘날 규모가 작은 국가도 있긴 하나 대체적으로 인구가 많고 국토가 넓기에 간접민주제(국민대표주의)를 원칙으로 할 수밖에 없다. 그러나 인민주권론의 기여도 적지 않다. 보통선거제의 확립과 국민투표와 같은 직접민주정치제도는 인민주권론의 영향을 받은 결과가 바로 그것이다.

3. 기속위임의 금지와 대표위임

위에서 살펴본 대로 오늘날 기속위임은 금지되고 간접민주제가 원칙으로 되어 국민과 대표자 간에는 대표위임의 관계가 설정되어 있다고 본다. 아래에 기속위임금지와 대표위임에 대해 좀 더 집중적으로 살펴본다.

(1) 기속위임의 금지

기속위임(le mandat impératif)의 원리란 민법상의 위임이론에 유사한 것으로 위에서도 언급된 바 있듯이 선출된 의원들은 대표자가 아니라 수임자로서 선거인들로부터 받은 지시와 명령에 따라야 하고 선거인들이 표결에 관한 지시를 할 수 있고 의원들은 선거인들에 대하여 그러한 지시에 관한 책임을 져야 하는(의원들에 대해 만족스럽지 않다고 선거인들이 판단하는 때에는 해임도 가능한) 원리를 말한다. 기속위임관계에서는 선거인과 피선거인(대표자) 간의 관계가 밀접하고 피선거인은 선거인의 희망에 따라 집행을 할 뿐 아무런 고유한 주도권을 가지지 못한다. 기속위

---

1) P. Pactet, *Institutions politiques Droit constitutionnel*, 16e éd., Armand Colin, Paris, 1997, 88면 참조.

임은 루소의 인민주권론이 뒷받침하고 있는 위임이론이다.

이러한 기속위임원리는 구체제(Ancien Régime)하에서 삼부회에 있어서 적용되었던 것이나 대혁명 이후 프랑스 헌법사상 줄곧 기속위임이 금지되어 왔다. 프랑스에서는 1791년 헌법 제3편 제1장 제3절 제7조, 1793년 헌법 제29조, 혁명력 3년(1795년)의 헌법 제52조, 1848년 헌법 제34조 등에 기속위임금지가 규정되었었고, 현행 헌법인 1958년 헌법 제27조 제1항은 "어떤 기속위임이든 무효이다"라고 명시적으로 기속위임을 금지하는 규정을 두고 있다. 오늘날 기속위임금지규정은 여러 다원주의국가들의 헌법 속에서 나타나고 있다고 한다.[1] 우리나라의 경우에도 헌법 제46조 제2항, 제45조, 제7조 제1항이 기속위임을 금지하는 취지를 규정하고 있다. 우리나라와 프랑스의 헌법뿐 아니라 독일기본법 제38조 제1항, 폴란드헌법 제104조, 이탈리아헌법 제67조, 포르투갈헌법 152조 제3항, 핀란드헌법 제29조 등도 기속위임금지를 명시하고 있다. 일본국 헌법 제43조 제1항도 "양원은 전 국민을 대표하는, 선거를 통하여 선출된 의원으로 조직한다"라고 규정하고 있고 위에서 본 대로 불문헌법국가인 영국의 경우에도 불문의 헌법원칙으로 내려오고 있다.

기속위임의 금지란 의원이 자신의 지역구의 대표자가 아니고 다른 의원들과 더불어 국민전체의 대표자이어야 한다는 것을 의미한다. 의원은 국민전체의 이익에 부합된다고 스스로 판단되는 의사를 개진하여야 하고 자신의 지역구 주민의 의사에 반드시 따라야 하는 것이 아니다. 대표자는 자기 지역구 선거인에 대하여 아무런 의무를 지지 않고 선거공약도 법적으로는 효과를 가지는 것이 아니라고 본다.[2]

기속위임의 금지의 원칙이 오늘날 정치현실에서 충분히 구현되지 않을 수 있다. 선거운동시 후보자가 지역구의 이익을 위한 공약을 하고 그것에 사실상 구속될 수 있으며 지역구의 입장을 고려치 않고 국민전체의 일반이익만을 추구하여 활동하는 것은 차기선거를 고려하면 정치생명을 거는 것과 같다고 보는 의원들이 있을 것이기 때문이다. 또한 정당에의 사실상의 기속이 문제된다. 선거의 입후보자선정이 정당에 의해 이루어지므로 사실상 대표자를 선출하는 것은 선거인이 아니라 정당이고 이는 비례대표제하에서는 더욱 그러하며 자신의 의석유지를 정당에 의존하는 의원은 국민전체의 의사를 추구하는 것보다 당의 지시를 따르는 경향을 보일 것이고 표결과정에서 양심보다는 소속 정당의 표결기율(la discipline de vote)에 의원이 복속될 수 있다.[3]

(2) 대표위임

대표위임(le mandat représentatif)은 위에서 언급한 대로 국민주권론의 입장을 취할 때의 귀

1) P. Pactet, 앞의 책, 89면 참조.
2) G. Burdeau, F. Hamon et M. Troper, Droit constitutionnel, 26e éd., L.G.D.J., Paris, 1999, 166면.
3) 이러한 취지의 견해로, Ph. Ardant, Institutions politiques & Droit constitutionnel, 17e éd., L.G.D.J., Paris, 2005, 176면 참조.

결이라고 할 수 있는데 대표위임이란 국민전체는 주권을 보유하고 그 행사를 대표자에 위임하는 관계를 말한다. 대표자들이 구성하는 의회는 국민전체를 위해 행동하는 것으로 간주되고 국민의 대표기관인 의회의 구성원인 의원 개개인은 자신의 출신 지역구를 대표하는 것이 아니라 국민을 전체로서 대표하는바 대표자와 지역구 간에는 특별한 구속관계가 없고 관용되는 표현에 따르면 의원은 지역구에 "의해" 선출되는 것이 아니라 지역구 "속에서" 선출될 뿐인 것이고, 지역구의 분할은 선거의 기술적 필요성에 따른 것인바 주지하는 대로 주권은 불가분이므로 그 분할이 정치적 효과를 가지지는 않는다고 본다.[1)]

대표위임관계에서는 의원은 출신 지역구의 유권자들의 어떠한 표결지시를 받을 수 없고 그의 양심에 따라 의정활동을 하여야 한다. 바로 기속위임이 금지되는 것이다.

대표위임이론에 따르면 선거인들은 최선의 결정들을 하도록 대표자에게 일반적인 위임을 하고 대표자는 선거인들의 개별의사들로부터 자유로우며 대표자는 국민에게 양심에 따라 직무를 수행할 것만을 약속할 뿐 대표자의 의견이 변경된다고 하여 선거인이 그 대표자를 해임할 수는 없고 이 점이 대표위임이론과 민법상의 위임이론과의 다른 점이라고 본다.[2)] 민법상의 위임이론에서는 수임인은 위임인의 지시를 받고 그의 이익을 위해 활동하고 위임인에 의해 해임될 수도 있다는 점에서 차이가 있다.

(3) 유의점

1) 대표(무기속)위임과 대표자의 법적 책임

대표위임이론에 관해서 다음과 같은 점들에 유의하여야 한다. 첫째, 기속위임이 금지되고 무기속위임관계에서 선거인들의 의사와 무관하게 의정활동을 하여야 한다고 하여 대표자와 국민 간에 법적 책임이 없다고 보아서는 아니 된다. 대표위임관계에서도 대표자는, 비록 선거구민의 의사로부터는 자유로우나, 국민전체의 의사는 따라야 한다는 구속을 받기 때문이다. 둘째, 이 점에서 우리나라에서 정치적 대표설을 취하는 학설 중에 논리적 모순을 보이는 학설이 있다. "대표의 성격이 어떠한 법적 대표(헌법적 대표를 포함하여)를 의미하는 것은 아니다. 오늘날 국민과 대표자 간에는 명령적 위임관계가 존재하지 아니할 뿐더러 법적 대리관계도 존재하지 아니하기 때문이다"라고 하면서 정치적 대표설을 주장하는 학설이<권영성, 724면> 그 예이다. 명령적 위임관계가 존재하지 않으니, 즉 무기속위임이니 정치적 대표관계일 뿐이라는 것이 위 주장의 취지이다. 그런데 위에서 언급한 대로 대표(무기속)위임이론도 어디까지나 국민대표자와 국민 간에 법적 책임이 있음을 전제로 한 이론이다. 즉 국민대표자와 국민 간에 법적 책임관

1) 이러한 취지의 설명으로, Ph. Ardant, 위의 책, 173면. 지역구와 의원과의 무관계성은 역사적으로 어려운 실제 문제를 야기시키기도 하였는데 프랑스의 경우 1871년 알사스와 로렌지역의 독일편입에 따른 그 지역구의 의원들의 신분문제와 1962년 에비앙협정(accord d'Evian) 이후 알제리지역에서 선출된 의원들의 신분문제가 그것이었다. Ph. Ardant, 위의 책, 174면.
2) Ph. Ardant, 위의 책, 173면.

계에 관해 법적 관계설을 취한 다음에(법적 관계에 있음을 전제로 한 다음에) 그러한 법적 관계가 어떠한 내용을 가지는지를 따지는 다음 단계에서 논의되는 것이다. 따라서 대표자와 국민 간에 법적 책임이 없다는 법적 무관계설인 정치적 대표설에서 이러한 법적 관계설을 전제로 하는 부기속(대표)위임이론을 자신의 이론적 논거로 제시하고 있는 것으로 자기모순이다. 요컨대 정치적 대표설을 주장하는 한에는 위임이론을 거론하는 것은 자가당착이다. 가지가 다른 이론의 것을 끌어와 자신의 가지에 관한 논거를 제시하는 것이다.

사실 대표위임의 이론은 기속위임을 금지하여 선거인의 지시를 받지 않는다고 보나 국민전체에 대한 대표의 책임은 있다고 보아야 할 것이다. 국민전체로부터도 대표자들이 자유로울 수는 없을 것이다. 그 점에서 우리나라에서 '자유위임'(mandat libre, Freies Mandat)이라는 용어를 대표위임에 대신하여 사용하는 것은 오해의 소지를 줄 수 있다고 본다. 국민전체로부터는 자유롭다고 볼 것이 아니다. '자유위임'에서의 자유를 의원의 지역구라는 부분 지역의 부분 국민인 선거인의 지시를 받지 않고 소신껏 의원이 활동한다는 의미로 이해해야 한다.

대표자들이 국민전체의 의사와 유리된 결정을 할 때 어떻게 법적으로 제재를 가하고 책임을 물을 수 있을 것인가 하는 현실적인 문제가 있긴 하나, 그리고 지역구 주민들은 그들이 선출한 의원들이 그들의 이익을 보장해줄 것으로 믿고 있으며 얼마나 많은 의원들이 지역구 이익을 일반이익을 위하여 희생할 자세가 되어 있는지 그 실제성에 대해 의문이라는 회의적 견해[1)]도 있으나 이러한 문제나 견해들은 어디까지나 현실론적인 것이고 그렇다고 하여 헌법의 법리적, 논리적 귀결인 법적 제재를 부정할 수는 없다. 현실론이 헌법규범론을 무시하는 것은 법학의 이론이 아니다.

2) 국민전체의 의사

대표자는 국민전체의 진정한 의사를 찾아서 이를 존중하여 결정하여야 한다. 국민전체의 의사라고 하여 결정에 담은 의사가 진정한 국민전체의 의사와 다른 것이어서는 아니 된다. 문제는 진정한 국민의 의사에 부합되는 것인지가 명백하지 않을 수도 있을 것이라는 데에 있다. 국내에서 추정의사니, 경험의사니 하는 독창적인 이론이 보이는데 추정의사, 경험의사라고 하는 것도 무엇이 추정되는 의사인지 하는 등의 판단문제가 여전히 남는다. 생각건대 헌법의 근본원칙에 부합하고 헌법적 정의의 관념에 맞는 의사가 진정성을 가진 국민의 의사라고 볼 것이다. 전체국민의 의사가 여러 가지로 나타날 수 있고 그 의사들이 서로 비등한 것이라면 그 중의 선택에는 대표자들의 재량이 부여될 수도 있을 것이다. 그러나 그러한 재량에도 한계가 있다. 국민전체의 진정한 의사에 부합하였느냐 여부에 대한 법적 판단은 헌법재판소의 헌법재판을 통하여 이루어질 수 있다. 종국적으로는 결국 국민 자신들에 의한 판단에 맡겨지게 될 것이다.

---

1) Ph. Ardant, 위의 책, 174면.

4. 우리나라의 실정법의 입장 - 기속위임의 금지

(1) 현행 헌법과 국회법

우리 헌법 제46조 제2항은 “국회의원은 國家利益을 우선하여 良心에 따라 職務를 행한다”라고 규정하여 기속위임금지의 원칙을 채택하고 있다. 국민대표자인 국회의원이 자신의 지역구나 일부 국민을 위해서가 아니라 전체인 ‘국가’의 이익을 우선하여 직무를 수행하도록 규정하고 있기 때문이다. 헌법 제7조 제1항은 “공무원은 국민전체에 대한 봉사자이며, 국민에 대하여 책임을 진다”라고 규정하고 있다. 국민으로 선출된 대표자도 공무원이므로 국민전체를 대표하여야 한다. 한편 우리 헌법 제44조 제1항은 “국회의원은 현행범인인 경우를 제외하고는 회기 중 국회의 동의없이 체포 또는 구금되지 아니한다”라고 하여 불체포특권을, 제45조는 “국회의원은 국회에서 직무상 행한 발언과 표결에 관하여 국회 외에서 책임을 지지 아니한다”라고 규정하여 면책특권을 명시하고 있다. 이러한 의원의 면책특권과 불체포특권은 정치적 특정계급의 특권이 아니라 대표자로서의 자유로운 활동의 보장수단이라고 보는 점에서[1] 면책특권과 불체포특권은 대표위임을 실현하는 수단으로 볼 수 있을 것이다.

국회법에도 기속위임을 금지하는 취지의 명시적인 규정을 두고 있다. 국회법 제114조의2는 “의원은 국민의 대표자로서 소속정당의 의사에 기속되지 아니하고 양심에 따라 투표한다”라고 하여 ‘자유투표’의 원칙을 명백히 밝히고 기속위임을 금지하고 있다.

(2) 헌법재판소 판례

헌법재판소도 대표위임(자유위임)이 원칙임을 인정하고 있고, 헌법 제7조 제1항, 제45조, 제46조 제2항의 규정들을 자유위임의 근거라고 본다.

판례 헌재 1994.4.28. 92헌마153, 전국구국회의원 의석승계미결정 위헌확인, 판례집 6-1, 415면.

5. 대표위임(기속위임금지)에 관한 구체적 문제들

대표위임의 원칙과 관련하여 선거구획정 문제, 의원의 탈당시, 정당해산시의 의원자격문제, 국회구성의 문제, 당론에 반하는 국회의원의 활동 문제 등이 논의된다.

(1) 선거구획정과 대표위임

1) 선거구획정 위헌성심사에 있어서 평균 ‘인구’

국회의원선거와 같이 전국적 선거의 경우에 전국을 단일의 선거구로 하여 선거를 실시하는 것이 국민전체의 대표성에 더 부합될 것이다. 그러나 선거사무의 편의상 지역구별로 국회

---

1) L. Favoreu, P. Gaïa, R. Ghevontian, J.-L. Mestre, O. Pfersmann, A. Roux et G. Scoffoni, Droit constitutionnel, 2e éd., Dalloz, Paris, 66면 참조.

의원을 선출하게 된다. 지역 선거구의 획정이 문제된다. 선거구들 간의 인구의 편차가 많을 경우에 선거구들 간에 투표가치의 차이로 인한 평등권 침해가 나타나므로 이를 막아야 한다. 선거구 간의 편차를 판단하기 위하여 선거구별 선거권자의 수를 기준으로 할 것인가 아니면 선거권자뿐 아니라 인구 전부를 기준으로 할 것인가 하는 문제가 있다. 이에 대해 우리 헌법재판소는 "엄밀히 말하면 선거인수를 기준으로 하여야 할 것이나, 선거인수와 인구수는 대체로 비례한다고 볼 수 있으므로, 이하 모두 "인구수"를 기준으로 설명한다"라고 판시하고[1] 있다. 그러나 이러한 판시는 헌법적 논증을 제시하지 않고 있어서 문제이다. 선거권자뿐 아니라 선거권자를 포함한 인구 모두가 판단의 기준이 되어야 하는 논증으로 다음과 같이 국민대표주의에 입각한 논증이 제시되어야 한다. 즉 선거권자가 아닌 국민이더라도 주권보유자로서 대표자들이 대표하여야 할 대상으로서 피대표자에 포함되므로 선거권자만이 아니라 선거권자가 아닌 국민들도 기준에 포함되어야 헌법적으로 국민대표주의의 원리에 부합되는 타당성을 가진다.

2) 선거구획정에 관한 최근 판례에서의 국회의원지위에 관한 헌재의 입장

위 선거구획정 결정들에서 헌재는 편차를 완화할 이유로 국회의원이 지역대표성을 가진다는 이유를 제시하여 왔는데 이에 대해서 저자는 기속위임금지이론에 부합되지 않는 판시라고 하여 강하게 비판을 제기하였다. 그런데 최근의 선거구획정 헌법불합치 결정에서는 아래와 같이 판시하여 판례법리의 변경을 보여주었다(헌재는 명시적으로 변경이라고 하지는 않았다).

판례 헌재 2014.10.30. 2012헌마192

[판시] 국회의원이 지역구에서 선출되더라도 추구하는 목표는 지역구의 이익이 아닌 국가 전체의 이익이어야 한다는 원리는 이미 논쟁의 단계를 넘어선 확립된 원칙으로 자리 잡고 있으며, 이러한 원칙은 양원제가 아닌 단원제를 채택하고 있는 우리 헌법 하에서도 동일하게 적용된다. 따라서 국회를 구성함에 있어 국회의원의 지역대표성이 고려되어야 한다고 할지라도 이것이 국민주권주의의 출발점인 투표가치의 평등보다 우선시 될 수는 없다.

그러나 여전히 "국회를 구성함에 있어 국회의원의 지역대표성이 고려되어야 한다고 할지라도"라고 하여 미련을 버리고 있지 못한 모습을 보여주고 있다.

(2) 당적변경, 정당해산의 경우

1) 학설과 현행 법규정

의원들이 소속정당을 이탈하여 다른 정당에 소속하는 경우에 의원직을 상실하도록 하여야 하는가 하는 문제가 있는데 긍정설과 부정설이 있다. 원칙적으로 보면 당적이탈을 강제하는 것은 정당에의 기속을 인정하는 것이다. 현행 공직선거법 제192조 제4항은 "비례대표국회의원 또는 비례대표지방의회의원이 소속정당의 합당·해산 또는 제명 외의 사유로 당적을 이

1) 헌재 1995.12.27. 95헌마224등, 판례집 7-2, 776면; 2001.10.25. 2000헌마92, 판례집 13-2, 512면; 2007.3.29. 2005헌마985등, 판례집 19-1, 334면; 2014.10.30. 2012헌마192 등.

탈·변경하거나 2 이상의 당적을 가지고 있는 때에는 「국회법」 제136조 또는 「지방자치법」 제78조의 규정에 불구하고 퇴직된다"라고 규정하여 비례대표의원의 경우에만 자진탈당이 의원직의 자동상실을 가져오고 지역구의원의 경우에는 자진탈당이라도 의원직이 유지된다. 생각건대 기속위임금지이론에 따르면 자진탈당의 경우에도 의원직을 유지할 수 있다고 볼 것이다. 비례대표의원은 정당에의 기속이 강하기 때문에 자동상실을 인정하는 것으로 이해된다. 그러나 지역구의원들의 경우에도 정당에 의한 추천이 이루어지고 있고 그 추천은 정당의 결정이라는 점에서 역시 정당기속성의 문제가 있다. 따라서 비례대표의원들에게만 이러한 자동상실을 인정하는 것은 형평성의 원칙에 합치되지 않는다.

헌법재판소의 해산결정을 받은 정당에 소속된 국회의원들, 지방의회의원들은 그 해산결정으로 당연히 의원직을 상실하게 되는지에 대해서는 국내에서 ① 긍정설과 ② 부정설이 대립되고 있다. 현행 공직선거법 제192조 제4항은 "비례대표국회의원 또는 비례대표지방의회의원이 소속정당의 합당·해산 또는 제명 외의 사유로 당적을 이탈·변경하거나 2 이상의 당적을 가지고 있는 때에는 「국회법」 제136조 또는 「지방자치법」 제78조의 규정에 불구하고 퇴직된다. 다만, 비례대표국회의원이 국회의장으로 당선되어 「국회법」 규정에 의하여 당적을 이탈한 경우에는 그러하지 아니하다"라고 규정하고 있다. 따라서 정당의 해산결정이 있더라도 지역구의원들 뿐 아니라 비례대표의원도 의원직을 자동상실하지 않는다.

2) 판례 - 전국구(비례대표)의원미승계 결정

전국구의원의 탈당의 경우에 현행 공직선거법은 의원직을 상실하도록 규정하고 있으나 이전의 선거법은 상실되지 않도록 규정하고 있었다. 이에 전국구의원의 탈당으로 의석이 상실되고 따라서 탈당한 정당의 전국구후보자가 이를 승계하여야 하는지가 문제되었는데 헌법재판소는 자유위임의 원칙을 들어 부정하였다. 유의할 점은 헌재가 "헌법은 국회의원을 자유위임의 원칙하에 두었다고 할 것이고 따라서 별도의 법률규정이 있는 경우는 별론으로 하고, 전국구의원의 소속정당 탈당으로 의원직 상실이 되지 않는 것이고"라고 하여 법률이 달리 정할 수도 있음을 인정하였다는 것이다. 사실 이 사건결정이 내려지기 전에 공직선거법은 전국구의원의 경우에 자진탈당은 의원직 자동상실이 되도록 규정하는 개정을 이미 한 바 있었고 지금도 마찬가지 규정을 두고 있다. 이 자동상실규정에 대해서는 대표(자유)위임원칙이라는 헌법상 원칙에 부합되는지 의문이 없지 않다.

판례 전국구국회의원 의석승계미결정 위헌확인 헌재 1994.4.28. 92헌마153, 판례집 6-1, 415면

[주요판시사항]

▷ 국민대표주의(대의제)의 법적 성격 = 자유위임의 원칙

[쟁 점] 전국구의원의 탈당은 국회의원직의 자동상실을 가져오는지 여부(부정, 각하결정)

[결정이유의 요지] 行政不作爲는 憲法에서 유래하는 作爲義務가 公權力 主體에게 있는 경우에만 헌법소원의 對象이 될 수 있으므로 중앙선거관리위원회에게 議席承繼義務가 있었는지를 살펴보면 공무원책임

조항인 헌법 제7조 제1항, 국회의원의 발언표결면책특권조항인 제45조, 국회의원의 國家利益優先義務條項인 제46조 제2항의 규정들을 종합하여 볼 때, 헌법은 국회의원을 자유위임의 원칙하에 두었다고 할 것이고 따라서 별도의 법률규정이 있는 경우는 별론으로 하고, 전국구의원의 소속정당 탈당으로 의원직 상실이 되지 않는 것이고…

(3) 기속위임금지(대표위임, 자유위임)원칙과 국회구성의 문제

1) 선거구 획정의 문제

우리나라에서 국회의원 총선거가 실시될 때마다 자신의 선거구가 사라지지 않고 보존되도록 애쓰는 것을 볼 수 있다. 그러나 국가전체의 의회인 국회의 구성원을 선출하는 선거구란 선거의 실시를 가능하게 하는 단위지역일 뿐이고 현실적으로 당락이 좌우된다고 하더라도 이에 집착하는 것은 기속위임이 된다.

2) 총선 직후의 당적변경

국회의원 총선거 직후 의원들의 여당으로의 당적변경으로 선거의 본래 결과인 여소야대의 의석분포를 변경한 것에 대해 국민의 국회구성권을 침해하는 것이라는 주장의 헌법소원이 제기되었는데 헌재는 국회구성(구도결정)권을 인정하면 유권자가 설정한 국회의석분포에 국회의원들을 기속시키고자 하는 것이고 이는 자유위임원칙에 반한다고 하여 국회구성권이라는 기본권을 헌법상 인정할 수 없다고 하여 침해되는 기본권이 존재하지 않는다고 보아 각하결정을 하고 본안판단에 들어가지 않았다(헌재 1998.10.29. 96헌마186). 그러나 국민의 기본권으로서의 선거권에는 선거에 참여하여 투표하는 투표권뿐 아니라 선거결과를 존중받을 권리도 포함된다고 본다면 의정활동 중간에서의 당적변경이 아니라 선거직후 변경은 국민이 선택한 결과를 왜곡하는 것으로서 선거권의 침해라고 볼 것이다.

(4) 당론과 자유위임 – 상임위원회 강제사임

1) 판례

기속위임의 금지는 당론에 따르지 않고 반대당에 대해서도 찬성할 수 있는 이른바 교차투표(cross voting)가 가능하도록 하고 소신껏 의정활동을 할 수 있게 한다. 그러나 헌법재판소는 자유위임원칙이 의원의 정당기속이나 지시를 배제하는 것은 아니라고 보면서 소속 정당의 당론과 달리 활동한 의원을 소속 상임위원회 위원에서의 강제로 사임시킨 행위에 대해 자유위임원칙에 반하지 않는다고 아래와 같이 판단한 결정이 있었다.

판례 헌재 2003.10.30. 2002헌라1, 판례집 제15권 2집 하, 17, 17-20면

[판시사항]

1. 국회의원이 권한쟁의심판을 청구할 당사자적격이 있는지 여부(적극)
2. 국회의장인 피청구인이 국회의원인 청구인을 그 의사에 반하여 국회 보건복지위원회에서 사임시키고 환경노동위원회로 보임한 행위(이하 "이 사건 사·보임행위"라 한다)가 권한쟁의심판의 대상이 되는지 여부(적극)

3. 第16대 국회의 제2기 원구성이 완료되고 청구인이 보건복지위원회에 다시 배정된 상태이지만 헌법적 해명의 필요성이 있어 심판의 이익이 있다고 판시한 사례
4. 피청구인의 이 사건 사·보임행위가 헌법과 법률의 규정에 위반하여 청구인의 법률안 심의·표결 권한을 침해한 것인지 여부(소극)
[결정요지]
1. 헌법재판소는 1997.7.16. 선고한 96헌라2 국회의원과 국회의장간의 권한쟁의 사건에서 국회의원과 국회의장을 헌법 제111조 제1항 제4호 소정의 '국가기관'에 해당하는 것으로 해석하고 이들의 당사자능력을 인정한 바 있으며, 이러한 입장은 2000. 2.24. 선고한 99헌라1 국회의원과 국회의장간의 권한쟁의 사건에서도 이어지고 있다. 따라서 국회의원인 청구인은 권한쟁의심판을 청구할 당사자능력이 있다.
2. 피청구인은 2001.12.24. 한나라당 교섭단체대표의원이 요청한, 같은 한나라당 의원으로서 국회 보건복지위원회 소속이던 청구인과 환경노동위원회 소속이던 박혁규의원을 서로 맞바꾸는 내용의 상임위원회 위원 사·보임 요청서에 결재를 하였고, 이는 국회법 제48조 제1항에 규정된 바와 같이 교섭단체대표의원의 요청에 따른 상임위원 개선행위이다. 위와 같은 피청구인의 개선행위에 따라 청구인은 같은 날부터 보건복지위원회에서 사임되고, 위 박혁규 의원이 동 위원회에 보임되었다. 따라서, 청구인의 상임위원 신분의 변경을 가져온 피청구인의 이 사건 사·보임행위는 권한쟁의심판의 대상이 되는 처분이라고 할 것이다.
3. 현재의 제16대 국회는 4년 임기중 전반기를 이미 마쳤고, 후반기 들어 2002.7.경 새로이 각 상임위원회의 위원배정이 이루어졌으며, 이 때 청구인은 다시 보건복지위원회에 배정되어 현재까지 동 위원회에서 활동하고 있다. 그러므로 청구인이 이 사건 권한쟁의심판청구에 의하여 달성하고자 하는 목적은 이미 이루어져 청구인이 주장하는 권리보호이익은 소멸하였다. 그러나 이 사건과 같이 상임위원회 위원의 개선, 즉 사·보임행위는 법률의 근거하에 국회관행상 빈번하게 행해지고 있고 그 과정에서 당해 위원의 의사에 반하는 사·보임이 이루어지는 경우도 얼마든지 예상할 수 있으므로 청구인에게 뿐만 아니라 일반적으로도 다시 반복될 수 있는 사안이어서 헌법적 해명의 필요성이 있으므로 이 사건은 심판의 이익이 있다.
4. 가. 정당은 국민과 국가의 중개자로서 정치적 도관(導管)의 기능을 수행하여 주체적·능동적으로 국민의 다원적 정치의사를 유도·통합함으로써 국가정책의 결정에 직접 영향을 미칠 수 있는 규모의 정치적 의사를 형성하고 있다. 이와 같은 정당의 기능을 수행하기 위해서는 무엇보다도 먼저 정당의 자유로운 지위가 전제되지 않으면 안 된다. 즉, 정당의 자유는 민주정치의 전제인 자유롭고 공개적인 정치적 의사형성을 가능하게 하는 것이므로 그 자유는 최대한 보장되지 않으면 안 되는 것이다.
나. 현대의 민주주의가 종래의 순수한 대의제 민주주의에서 정당국가적 민주주의의 경향으로 변화하고 있음은 주지하는 바와 같다. 다만, 국회의원의 국민대표성보다는 오늘날 복수정당제하에서 실제적으로 정당에 의하여 국회가 운영되고 있는 점을 강조하려는 견해와, 반대로 대의제 민주주의 원리를 중시하고 정당국가적 현실은 기본적으로 국회의원의 전체국민대표성을 침해하지 않는 범위 내에서 인정하려는 입장이 서로 맞서고 있다. 국회의원의 원내활동을 기본적으로 각자에 맡기는 자유위임은 자유로운 토론과 의사형성을 가능하게 함으로써 당내민주주의를 구현하고 정당의 독재화 또는 과두화를 막아주는 순기능을 갖는다. 그러나 자유위임은 의회 내에서의 정치의사형성에 정당의 협력을 배척하는 것이 아니며, 의원이 정당과 교섭단체의 지시에 기속되는 것을 배제하는 근거가 되는 것도 아니다. 또한 국회의원의 국민대표성을 중시하는 입장에서도 특정 정당에 소속된 국회의원이 정당기속 내지는 교섭단체의 결정(소위 '당론')에 위반하는 정치활동을 한 이유로 제재를 받는 경우, 국회의원 신분을 상실하게 할 수는 없으나 "정당내부의 사실상의 강제" 또는 소속 "정당으로부터의 제명"은 가능하다고 보고 있다. 그렇다면, 당론과 다른 견해를 가진 소속 국회의원을 당해 교섭단체의 필요에 따라 다른 상임위원회로 전임(사·보임)하는 조치는 특별한 사정이 없는 한 헌법상 용인될 수 있는 "정당내부의 사실상 강제"의 범위 내에 해당한다고 할 것이다.

다. 또한 오늘날 교섭단체가 정당국가에서 의원의 정당기속을 강화하는 하나의 수단으로 기능할 뿐만 아니라 정당소속 의원들의 원내 행동통일을 기함으로써 정당의 정책을 의안심의에서 최대한으로 반영하기 위한 기능도 갖는다는 점에 비추어 볼 때, 국회의장이 국회의 의사(議事)를 원활히 운영하기 위하여 상임위원회의 구성원인 위원의 선임 및 개선에 있어 교섭단체대표의원과 협의하고 그의 "요청"에 응하는 것은 국회운영에 있어 본질적인 요소라고 아니할 수 없다. 피청구인은 국회법 제48조 제1항에 규정된 바에 따라 청구인이 소속된 한나라당 "교섭단체대표의원의 요청"을 서면으로 받고 이 사건 사·보임행위를 한 것으로서 하등 헌법이나 법률에 위반되는 행위를 한 바가 없다.
라. 요컨대, 피청구인의 이 사건 사·보임행위는 청구인이 소속된 정당내부의 사실상 강제에 터 잡아 교섭단체대표의원이 상임위원회 사·보임 요청을 하고 이에 따라 이른바 의사정리권한의 일환으로 이를 받아들인 것으로서, 그 절차·과정에 헌법이나 법률의 규정을 명백하게 위반하여 재량권의 한계를 현저히 벗어나 청구인의 권한을 침해한 것으로는 볼 수 없다고 할 것이다.

* 임시회 회기 중 특별위원회 위원 강제사임

아래 사건은 임시회 회기 중 강제사임으로서 "위원을 개선할 때 임시회의 경우에는 회기 중에 개선될 수 없고"라는 국회법 제48조 제6항 전문의 본문에 위배되는 강제사임이 아닌가가 논란이 된 것인데 헌재는 부정한다.

판례 헌재 2020. 5. 27. 2019헌라1

* 이 결정에는 4인 재판관의 인용의견이 있었다. 이종석 재판관은 무효확인청구까지 인용하여야 한다는 의견이었다. [사건개요] (가) 2018. 7. 26. 제362회 국회(임시회)에서 법원·법조 개혁, 검찰·경찰 인사 독립성 및 수사 중립성 강화 등 사법 전반에 걸친 개혁방안의 마련 및 검찰청법, 경찰법, 형사소송법 등 관련 법안의 심사·처리를 위하여 위원장 포함 18인의 위원으로 구성되고, 2018. 12. 31.을 활동기한으로 하는 사법개혁 특별위원회(이하 '사개특위'라 한다)가 구성되었다. 청구인은 바른미래당 소속 국회의원으로서 2018. 10. 18. 제364회 국회(정기회)에서 사개특위 위원으로 선임되었다. … 청구인은 2019. 4. 24. 이 사건 법안의 신속처리대상안건 지정에 반대하겠다는 의사를 표명하였다. (라) 바른미래당의 교섭단체 대표의원은 제368회 국회(임시회) 회기 중이었던 2019. 4. 25. 피청구인(국회의장)에게 사개특위의 바른미래당 소속 위원을 청구인에서 국회의원 채○○로 개선할 것을 요청하였고, 피청구인은 같은 날 사개특위의 바른미래당 소속 위원을 청구인에서 국회의원 채○○로 개선하였다. (마) 이에 청구인은 2019. 4. 25. 위 피청구인의 개선행위로 인하여 법률안 심의·표결권 등을 침해받았다고 주장하면서 그 권한의 침해확인과 위 개선행위의 무효확인을 구하는 이 사건 권한쟁의심판을 청구하였다. [관련조항] 국회법 제48조(위원의 선임 및 개선) ⑥ 제1항부터 제4항까지에 따라 위원을 개선할 때 임시회의 경우에는 회기 중에 개선될 수 없고, 정기회의 경우에는 선임 또는 개선 후 30일 이내에는 개선될 수 없다. 다만, 위원이 질병 등 부득이한 사유로 의장의 허가를 받은 경우에는 그러하지 아니하다. [판시] … 나. 이 사건 개선행위로 인한 청구인 권한 침해 여부 (1) 국회의 자율권의 의의 및 이 사건 개선행위의 법적 성격 – '국회의 내부조직에 관한 자율권'이란 국회가 외부의 간섭 없이 스스로 내부조직을 구성할 수 있는 자율권을 의미하고, 교섭단체와 위원회를 구성하는 것도 이에 포함된다(헌재 2003. 10. 30. 2002헌라1 참조). 그렇다면 국회의장이 위원회의 위원을 선임·개선하는 행위는 국회가 그 자율권에 근거하여 내부적으로 회의체 기관을 구성·조직하는 행위로서, 국회가 그 기능을 민주적이고 효율적으로 수행하기 위해서 다른 국가기관의 간섭을 받지 아니하고 광범위한 재량에 의하여 자율적으로 정할 수 있는 고유한 영역에 속한다. 그러므로 이 사건 개선행위가 청구인의 권한을 침해하는지 여부를 판단할 때 헌법이나 법률을 명백히 위반한 흠이 있는지를 심사하는 것으로 충분하다(헌재 1997. 7. 16. 96헌라2; 헌재 2003. 10. 30. 2002헌라1; 헌재 2006. 2. 23. 2005헌라6; 헌재 2008. 4. 24. 2006헌라2; 헌재 2011. 8. 30. 2009헌라7 참조). (2) 자유위임원칙 위배 여부 – … (라) 소결 이 사건 개선

행위는 사개특위의 의사를 원활하게 운영하고, 사법개혁에 관한 국가정책결정의 가능성을 높이기 위하여 국회가 자율권을 행사한 것으로서, 앞서 살펴본 제반 사정을 종합적으로 고려하면, 이 사건 개선행위로 인하여 자유위임원칙이 제한되는 정도가 위와 같은 헌법적 이익을 명백히 넘어선다고 단정하기 어렵다. 따라서 이 사건 개선행위는 자유위임원칙에 위배되지 않는다. (3) 국회법 제48조 제6항 위배 여부 (가) 국회법 제48조 제6항의 입법경과 및 입법취지 … 위 조항이 제368회 국회(임시회)의 회기 중에 개선될 수 없도록 제한하는 위원은 제368회 국회(임시회)에서 선임 또는 개선된 위원에 한정된다. 따라서 그 이전의 정기회에서 선임된 청구인에 대하여는 제368회 국회(임시회)의 회기 중이더라도 위 조항이 적용되지 않는다. 그렇다면 국회법 제48조 제6항 단서가 규정한 예외 사유에 해당하는지 여부를 살펴볼 필요 없이, 이 사건 개선행위는 국회법 제48조 제6항에 위배되지 않는다. (4) 소결 – 국회법 제48조는 국회가 그 기능을 민주적이고 효율적으로 수행하기 위하여 위원회의 목적, 전문성, 효율성, 국회의원의 위원회에서 활동할 권한, 위원회 배정의 형평성, 교섭단체의 기능과 역할 등을 종합적으로 고려하여 스스로 내부조직의 구성방법을 정한 것이다. 당해 위원의 의사에 반하는 개선을 제한하는 취지의 국회법 개정안이 발의된 적이 있으나, 모두 국회법에 반영되지 못하였다. 앞서 본 바와 같이 이 사건 개선행위는 명백히 자유위임원칙에 위배된다고 보기 어렵고, 국회법 규정에도 위배되지 않으므로, 청구인의 법률안 심의·표결권을 침해하였다고 볼 수 없다. 6. 이 사건 개선행위에 대한 무효확인청구에 관한 판단 – 이 사건 개선행위는 청구인의 법률안 심의·표결권을 침해하지 않으므로, 더 나아가 살펴볼 필요 없이 이 사건 개선행위는 무효로 볼 수 없다. 7. 결론 – 그렇다면 청구인의 이 사건 심판청구는 이유 없으므로 이를 모두 기각하기로 하여 주문과 같이 결정한다. * 동지 : 헌재 2020. 5. 27. 2019헌라3등. 이 결정에서는 정작 강제사임행위 자체에 대해서는 각하하면서 그 강제사임행위로 새로 개선된 의원들이 참여하여 투표한 결과에 따라 신속처리안건 지정동의안의 가결을 선포한 행위는 헌법 및 국회법을 위반하여 자신들의 법률안 심의 · 표결권을 침해하였다고 주장한 데 대해서는 판단하여 위와 같은 동지의 판시를 한 것이다.

2) 평가

ⅰ) 사안에서 헌법재판소는 강제사임이 정당 내부의 사실상 강제라는 점을 들어 기각결정을 한 바 있는데 상임위원회 활동이 오늘날 의회에서 중심이라는 점에서 강제사임이 정당 내부만의 문제가 결코 아니라는 점에서 위 판례가 제시한 논거는 벌써 타당성이 없다. ⅱ) 헌법재판절차법적 문제이기도 한 것으로서 위 사안은 권한쟁의심판사건이었는데 현행 헌법재판제도 하에서 권한쟁의심판은 헌법에 의해 부여된 권한이 아니더라도 법률상 권한이더라도 이를 침해당한 경우에 청구할 수 있다. 그런데 국회법 제114조의2에 자유투표원칙을 규정하여 의원들이 정당에 대한 무기속의 소신표결의 권한이 있음을 규정하고 있어서 위 사안에서는 이에도 위배되는 권한침해가 있었는데 이를 간과한 것도 문제이다. ⅲ) 결국 위 사안에서 헌재는 대표위임 법리에 부합되지 않는다는 결정을 하였어야 했다.

(5) 정당해산과 의원직의 자동상실 여부 문제

정당이 해산되면 소속 의원들의 신분이 자동상실되는지에 대해 논란이 있어 왔다. 국회의원의 경우 헌재는 자동상실을 인정하였다(헌재 2014.12.19. 2013헌다1. 이 결정에서 지방의회의원의 경우에는 자동상실을 선언하지 않아 의아스럽게 하였다). 헌재는 의원직 자동상실로 규정하지 않은 공직선거법 제192 제4항의 '해산'을 자진해산에 한정하는 해석을 이 결정에서 했다. 현행 헌법에 명시규정이 없으므로 국회에서의 자격심사, 제명 결정 등으로 상실시키는 해결이 현재로서는 정당기속을 부정하는 것이고 따라서 기속위임금지원칙에 반하지 않는다고 볼 것이다. 2014년 국회 헌법개정자문위원회의 개헌안은 자동상실을 헌법에 명시하고 있어서 이 문제를 해소하고자 하였다.

V. 국민대표제의 정당성 조건

국민대표제가 정당성을 가지기 위해서는 다음과 같은 전제적 요소들이 갖추어져야 할 것이다.

1. 보통선거와 민주적 선거제도의 확립

대표자를 선출하여 이들에게 국가운영을 맡기는 원리가 국민대표제이고 권력과 집행자의 분리가 국민대표제의 중요한 기초이므로 대표자선출이 제일 중요한 단계이다. 이러한 대표자 선출에 모든 국민이 참여하여야 국민대표제의 민주적 정당성을 충분히 부여할 수 있음은 물론이다. 모든 국민의 선출에의 참여는 곧 보통선거제의 정착을 의미하고 제한선거에 의한 대표제는 민주적 정당성을 가지지 못하는 것이다. 결국 국민대표제는 보통선거제의 도입을 전제로 한다.

선거제도는 국민의 의사를 왜곡없이 제대로 전달되도록 하여야 국민대표주의의 구현을 가져오게 할 수 있다. 국민대표제는 대표자를 선출하는 단계에서부터 그 제도가 어떠하냐에 따라 국민대표제의 충실한 실현가능성의 정도가 결정되기도 한다. 자질있는 대표자의 선출이 정치의 질을 담보하기 때문임은 물론이다. 따라서 선거제도가 자질있는 대표자가 선출될 수 있게 하고 보다 국민의사에 부합되는 결과를 가져오게 하며 후보자들의 자질과 민주적 정당성을 검증할 수 있는 시스템으로 자리잡는 데에 국민대표제의 성공여부가 걸려 있기도 하다. 헌재는 비례대표국회의원이 선거범죄로 인하여 당선이 무효로 된 때에는 후보자명부상의 차순위 후보자가 그 의석을 승계하지 못하도록 제한하고 있는 규정한 공직선거법 제200조 제2항 단서 일부규정은 선거권자의 의사를 무시하고 왜곡하는 결과를 초래할 수 있다는 점에서 대의제 민주주의 원리에 위배된다고 보았다.[1)]

또한 헌재는 임기만료일 전 180일 이내에 비례대표국회의원에 궐원이 생긴 때에는 승계를 인정하지 않도록 한 구 공직선거법 제200조 제2항 단서 규정이 대의제 민주주의 원리에 위배되고 공무담임권을 침해한다고 보아 헌법불합치결정을 한 바 있다.

1) 헌재 2009.6.25. 2007헌마40, 판례집 제21권 1집 하, 850면.

판례 헌재 2009.6.25. 2008헌마413

[결정요지] 1. 현행 비례대표선거제하에서 선거에 참여한 선거권자들의 정치적 의사표명에 의하여 직접 결정되는 것은, 어떠한 비례대표국회의원후보자가 비례대표국회의원으로 선출되느냐의 문제라기보다는 비례대표국회의원의석을 할당받을 정당에 배분되는 비례대표국회의원의 의석수라고 할 수 있다. 그런데 심판대상조항은 임기만료일 전 180일 이내에 비례대표국회의원에 궐원이 생긴 때에는 정당의 비례대표국회의원 후보자명부에 의한 의석 승계를 인정하지 아니함으로써 결과적으로 그 정당에 비례대표국회의원의석을 할당받도록 한 선거권자들의 정치적 의사표명을 무시하고 왜곡하는 결과가 된다. 또한, 비례대표국회의원에 궐원이 생긴 때에는 지역구국회의원에 궐원이 생긴 때와는 달리 원칙적으로 상당한 비용이나 시간이 소요되는 보궐선거나 재선거가 요구되지 아니하고 정당이 제출한 후보자명부에 기재된 순위에 따라서 간명하게 승계 여부가 결정되는 점, 국회의원으로서의 의정활동준비나 업무수행이 임기만료일 전부터 180일이라는 기간 내에는 불가능하다거나 현저히 곤란한 것으로 단정하기는 어려운 점 등을 종합해 볼 때, '임기만료일 전 180일 이내에 비례대표국회의원에 궐원이 생긴 때'를 일반적인 경우와 달리 취급하여야 할 합리적인 이유가 있는 것으로 보기도 어렵다. 더욱이 임기만료일 전 180일 이내에 비례대표국회의원에 상당수의 궐원이 생길 경우에는 의회의 정상적인 기능수행을 부당하게 제약하는 결과를 초래할 수도 있다. 따라서 심판대상조항은 선거권자의 의사를 무시하고 왜곡하는 결과를 낳을 수 있고, 의회의 정상적인 기능 수행에 장애가 될 수 있다는 점에서 헌법의 기본원리인 대의제 민주주의 원리에 부합되지 않는다고 할 것이다. 2. 심판대상조항은 앞에서 본 바와 같이 대의제 민주주의 원리에 부합되지 아니하는 것으로서 합리적 이유 없이 비례대표국회의원선거를 통하여 표출된 선거권자들의 정치적 의사표명을 무시, 왜곡하는 결과를 초래할 뿐이라 할 것이므로, 수단의 적합성 요건을 충족한 것으로 보기 어렵다. 나아가 비례대표국회의원의 전체 임기(4년)의 1/8 정도에 해당하는 180일이라는 기간은 비례대표국회의원으로서 국정을 수행함에 있어 결코 짧지 않은 기간이라 할 수 있고, 잔여임기가 180일 이내인 경우에 궐원된 비례대표국회의원의 의석 승계를 일체 허용하지 아니하는 것은 그 입법목적에 비추어 지나친 것이어서 침해의 최소성원칙에도 위배된다. 따라서 심판대상조항은 과잉금지원칙에 위배하여 청구인들의 공무담임권을 침해한 것이다.3. 주문의 형식에 관하여, 재판관 4인은 비례대표국회의원의 잔여임기를 기준으로 승계원칙의 예외를 규정한 것 자체의 합리성, 정당성을 인정할 수 없으므로 단순위헌을 선고하여야 한다는 의견이고, 재판관 3인은 심판대상조항이 헌법에 위반된다고 하더라도 위헌적인 부분을 구체적으로 어떠한 내용으로 합헌적으로 조정할 것인지는 원칙적으로 입법자의 형성재량에 속하므로 이러한 입법자의 형성권한을 존중하는 차원에서 헌법불합치결정을 선고하여야 한다는 의견인바, 단순위헌의견도 헌법불합치의견의 범위 내에서는 헌법불합치의견과 견해를 같이 하는 것이라고 볼 수 있으므로, 심판대상조항에 대하여 헌법불합치결정을 선고하되 2010.12.31.을 시한으로 입법자의 개선입법이 이루어질 때까지 계속적용을 명하기로 한다.

2. 국가권력행사, 정치적 참여기회의 충분한 보장

(1) 참정권, 정치적 기본권의 보장

국민들은 대표자를 선출하고 대표자의 국가권력행사가 국민의 의사에 부합되게 이루어지도록 통제하며 국민들 중에는 이러한 국가권력행사나 정치에 직접 참여하여 공무를 수행하기도 한다. 바로 국가권력행사에의 이러한 참여의 기회가 충분히 보장되어야 국민대표제가 내실을 기할 수 있음은 물론이다. 참정권, 정치적 기본권의 보장이 민주정치의 초석임은 물론 그것 때문이다.

(2) 표현의 자유의 보장

국민의 여론이 국가권력행사에 반영되기 위해서는 먼저 국민의 의사가 무엇인지가 나타나도록 그 의사의 표현이 자유로울 것이 전제된다.

(3) 정치적 관심의 제고

국민대표제는 간접적 민주제이므로 국민의 의사와 유리된 대표자의 권력행사가 이루어질 수 있으므로 이에 대한 경계가 늘 요구된다. 따라서 결국 국민들의 정치에의 관심과 여론의 형성 등을 통한 통제가 필요하다.

3. 다원주의(多元主義) 및 소수의 보호

다원화되어 있는 사회의 여러 계층들의 의사가 제대로 전달되고 이들 의사들이 충분히 융합됨으로써 보다 최대의 컨센서스(consensus)를 찾고 이를 담은 국가정책을 결정하여야 보다 합리적이고 정당한 의사결정이 될 것이다. 바로 다원주의(pluralism)가 요구된다. 다원주의는 다양한 여러 계층이 존재함을 인정하는 것이고 다양한 계층이 존재한다는 것은 하나의 다수로 된 계층만 존재한다는 것이 아니라 여러 소수 계층들이 존재함을 의미한다. 따라서 다원주의의 실현은 특히 소수의 보호와 이를 위한 제도적 정치를 요구한다.

4. 정당정치의 성숙성

오늘날 정당의 역할이 중요하고 정당국가화의 경향이 지적되고 있다. 정당은 국민의 여론을 반영하고 때로는 여론을 이끌고 형성하는 데 영향력을 발휘한다. 따라서 민의를 제대로 반영하고 당리당략이 아닌 국민전체의 이익을 제대로 반영하는 대표정치가 되기 위해서는 정당정치가 성숙하여야 한다. 다원화된 국민의 의사들을 충분히 수렴, 반영할 수 있기 위해서는 복수정당제가 필수적인 것은 물론이다. 나아가 단순한 복수의 정당의 존재만으로는 부족하고 정책의 차별성이 나타나는 여러 정당의 존재가 다양한 계층의 국민들의 의사를 반영할 가능성을 넓혀준다.

5. 정권교체의 가능성

빈번한 정권교체는 국정의 불안을 가져오기도 하지만 정규적인 정권교체의 가능성은 국가권력행사자에 대한 심판이 이루어질 수 있음을 의미하므로 몽테스키외가 일찍이 지적한 권력의 부패가능성을 막고 국민의 진의에 따르는 충실한 민주적 국정운영을 담보한다. 정권교체의 가능성이 존재하여야 야당으로서도 정권쟁취의 의욕을 가지고 정권쟁취를 위해 여당에 대한 건전한 비판자로서 사회의 다양한 계층의 이익을 대변하는 노력을 기울일 것이고 집권여당으로서도 국민의 다양한 이익을 반영하고 비판을 수용하게 만든다.

6. 정보의 제공, 취득

대표정치는 대표자들에 의한 정치이므로 국민들이 중요한 국사에 관한 판단을 하기 위해 필요한 정보를 가지지 못하고 대표자들만의 정보독점이 있는 경우에는 잘못된 국가의사결정이 있을 수 있다. 대표자들이 국민의 의사를 호도하거나 왜곡할 수도 있다. 따라서 정확하고 충분한 정보가 국민들에게 주어질 수 있는 매체의 발달과 매체활동의 보장이 필요하다. 민주사회에서 언론의 역할의 중요성이 강조되는 것은 바로 이 때문임은 물론이다.

Ⅵ. 국민대표제의 유형 - 집행부(執行府)의 구성상의 유형

간접형은 국민으로부터 직접 선출되는 것은 의회의원들(입법부의 구성원들)일 뿐이고 행정부는 의회에서 선출되어 간선되는 유형으로서 의원내각제가 이에 속한다. 행정부보다 입법부의 국민적 정당성이 더 직접적이다. 그러나 내각불신임이 오래 이루어지지 않는 경우 내각우위적인 지위를 누리기도 한다.

직접형은 집행부(대통령 + 행정부)가 그 수장인 대통령이 국민으로부터 직접 선출되어 구성되는 유형으로서 대통령제가 이에 해당된다. 직접형에서는 집행부가 간접형에 비해 상대적으로 국민적 정당성을 직접 가진다. 국민의 직접적 정당성을 가지는 다른 축인 입법부가 있기에 양 부 간에 견제관계가 더 강한 정부형태이다,

Ⅶ. 국민대표주의의 현대적 문제점(병리)

1. 불충분한 대표성·정당성, 선거제의 결함

선출된 대표자가 그 대표성과 정당성(正當性)을 충분히 가지지 못할 수 있다. 그 원인들 중에는 제도적인 것도 있다. 특히 대표성을 충분히 반영하기에 부족하고 대표성반영의 작동이 제대로 되지 못하는 그리하여 국민의사를 충분히 반영하지 못하는 선거제도가 문제된다. 선거구의 인구가 적정하지 못하거나 대표성이 약한 선거구획정, 충분한 의사개진이 이루어지지 못하게 선거운동을 지나치게 규제하는 등이 그 예이다. 사실 선거제는 제도 자체로 인한 결함보다도 정치가들의 의지나 계산에 좌우됨에 따라 생기는 결함일 경우가 적지 않다.

2. 당리당략성·정당국가의 문제

이른바 정당국가라고 할 정도로 오늘날 정당의 영향력이 강하게 작용한다. 오늘날 선거인

이 정당이 결정한 입후보자에 투표하게 되고 이는 정당의 영향이 크다는 것을 의미하고 또한 의원들도 정당의 정책에 순응하고 국민전체의 이익의 추구보다는 자신의 의원직을 의존하고 있는 정당의 지시에 따를 가능성이 많다.

오늘날 정당들의 당리당략에 따라 의성활동이 이루어지고 있는 것도 문제이다. 의원들은 국민전체의 이익보다는 소속 정당의 이익과 정략에 따라 활동하기도 한다. 당리당략적 정당활동은 의회에서 극한투쟁을 야기하기도 한다. 반대로 정당들 간에 공통적으로 당리당략에 유리한 경우에는 의기투합하는 경우도 있다. 그 예로 정치자금의 국가보조의 확대와 같은 정당에 유리한 사안이나 정당, 국회의원에게 유리한 방향의 정치관계법(선거법 등)의 개정논의에서는 여야간 이해관계가 합치되어 쉽게 합의가 이루어지는 것을 볼 수 있었다.

3. 대표자의 자질 내지 능력의 문제

현대의 국가사무는 과거에 국가기능이 복잡다기하지 않았던 때와 달리 확대되어 가고 있고 국정에 대한 의사결정과 입법에 있어서 전문적 지식이 요구되는 분야가 증대되고 있다. 반면 의원들은 그것에 부응하는 전문적 지식이나 경험을 보유하고 있지 못한 경우가 적지 않다. 행정부에서 발안된 법률안이 더 많은 비중을 차지하는 것도 그러한 점을 반영하는 것이라고 본다. 의원들의 전문화가 요구된다.

사실 대표제의 성공은 대표자들의 자질에 있다고 보아야 할 것이다. 국민의 의사를 충실히 반영할 수 있고 사안에 대한 판단력을 갖춘 의원들로 의회가 구성될 때 대표제정치가 정당성을 가질 수 있다.

4. 합의제 기능의 부족

뒤의 의회주의에서 특히 지적되어야 할 점이기도 한데 의회 내에서나 의회와 정부 간 대화와 협상, 상호 양보·조절, 타협을 통한 합의를 도출해 내야 하는 합의제가 제대로 작동되지 않는 국가들이 있다. 이러한 합의제 문제는 의회주의로서 중요하고 정당 내부에서의 합의도 중요하므로 마찬가지로 문제되는 것이다.

5. 정보의 부족, 왜곡

오늘날 인터넷과 같은 정보매체가 발달되어감에 따라 정치적 정보에 대한 국민들의 접근이 더 용이해져 가고 있다. 그러나 다른 한편으로는 정보매체의 발달이 정보의 왜곡을 가져올 수 있고 정보습득력이 낮은 이른바 컴맹, 노인들, 정보소외계층이 있으며, 인터넷을 사용하는 젊은 층에서도 정치적 무관심이 나타나고 있다. 이러한 문제점을 극복하기 위해서 정보의 개방, 정보습득능력을 강화할 수 있도록 하는 교육을 실시하고 정치에 대한 불신을 제거해나가야 할 것이다.

6. 선동성(populism), 정치적 무관심

직접민주제의 단점으로 지적되어 온 인기영합주의가 오늘날 인터넷 등 국민이 집단적으로 용이하게 의사를 직접 표현할 매체들이 발달함에 따라 대표자정치에도 영향을 가져올 수 있다. 인터넷에 의한 확산이나 세몰이 등의 영향을 국회의원 등 국민대표자들이 받을 가능성이 있고 국민전체의 의사로 오인하여 대표위임의 원리에 따라 소신 있는 의정활동을 수행하지 못하게 할 폐해의 가능성이 있다.

그러면서도 반면에 정치적 참여에 무관심한 경향도 젊은 층을 중심으로 나타나고 있다. 투표참여율이 낮은 현상은 이를 반영한다. 정치적 무관심은 국민의 보다 정확한 의사를 집약하기 어렵게 한다. 이는 선거의 결과에 대해서나 중요한 국민표결의 결과에 대해서 국민의 일반의사에 부합되는지에 대한 확신과 정당성을 약화하는 결과를 가져올 수 있다.

Ⅷ. 국민대표제에 대한 치유와 보완

위에서 지적된 문제점들을 치유하고 보완하기 위하여 다음과 같은 방안들을 고려하여야 한다.

1. 국민적 정당성의 제고(提高)

(1) 선거제도의 개선

국민의 의사를 제대로 반영할 수 있는 자질 있는 대표자들이 선출되게 하는 것은 바로 선거제도이고 이 선거제도가 국민적 정당성을 충분히 받은 사람이 당선되도록 하는 제도로 개선되어야 한다.

(2) 최소투표율의 문제 - 부정적 입장

공직선거에서 다수득표자가 당선이 되었더라도 선거인들의 투표율이 저조한 가운데 당선되면 그 대표성이 약하다고 보아 최소한의 일정 비율 이상의 투표참여율이 있어야 당선이 되도록 하는 최소투표율제를 도입하여야 한다는 주장이 있다. 현재 공직선거법은 이를 채택하고 있지 않다. 최소투표율제를 도입하지 않음으로써 선거의 대표성의 본질을 침해한다는 주장으로 헌법소원이 청구된 바 있었으나 헌법재판소는 최소투표율제도를 도입하게 되면 최소투표율에 도달하도록 선거인의 투표를 강제할 수 있으므로 자유선거의 원칙을 위반할 우려가 있게 된다고 보고 최소투표율제가 도입되어 있지 않더라도 대표성의 본질을 침해한다거나 그로 인해 국

민주권 원리를 침해하고 있다고 하기 어렵다고 판시하여 주장을 배척하였다.[1)]

2. 정당정치의 성숙성 요구

정당의 민주화가 절실하고 정당정치가 제대로 자리잡는 성숙성을 요구한다. 공직선거에서의 후보선출이 민주적으로 이루어질 것과 그 이전에 무엇보다도 정당들이 상호 모방하는 정책이 아닌 각 정당이 개발연구한 다양한 정책들을 마련하여 정당들 간의 차별화된 정책이 제시되어 정당에 대한 국민의 선택의 기회가 실질적으로 열려져 있어야 할 것 등이 절실하다. 이것이 정당의 영향력을 인정하는 전제조건이다.

정당의 당론은 필요할 것이나 정당의 의원들에 대한 기속이 없이 의원들이 자신의 소신에 따라 활동할 수 있게 교차투표(cross voting)가 이루어져야 할 것이다. 당론을 따르는 것은 정당이 국민의사를 대변하기 위한 단체이므로 필요하다. 그러나 그 정당의 정책과 당론이 당리당략적이고 지도부의 이익을 따르면서 국민의사와 유리된 것이라고 판단하는 의원들은 전체국민의 의사에 부합된다고 판단되는 대로 당론에 반할 수도 있어야 한다는 것이다. 당내민주화를 통한 교차투표의 정착이 필요하다.

3. 직접민주제에 의한 보완

대표제(간접민주제)가 가지는 문제점을 보완하기 위하여 국민발안, 국민투표와 같은 직접민주제도가 가미되고 있다. 직접민주제에 대해서는 별도로 살펴본다.

4. 사법적 통제를 통한 치유와 보완 - 법원과 헌법재판

법원이 국민대표기관의 선출정당성에 대해 통제할 수 있다. 즉 대표적으로 법원이 국회의원선거의 선거소송, 당선소송을 통하여 통제할 수 있다. 국민대표제의 보완으로 국민투표제를 위에서 언급하였지만, 이것의 한계와 폐해도 있을 수 있는데 이에 대한 대비로 국민투표에 대한 법원의 소송이 마련되어 있기도 하다. 법원에 의한 선거소송제도는 검토를 요하며 헌법재판소가 선거관련 재판을 담당하는 것이 타당하다는 지적들이 있다. 헌법재판소는 국회가 국민의 주권의 중요한 요소인 입법권을 충실하게 행사하지 못한 경우 위헌법률심판이나 법령소원심판 등을 통해 심사할 수 있다. 대통령, 국무총리·국무위원, 법관 등 국민대표기관이 헌법과 법률에 위반되는 직무를 하여 국민대표기관으로서의 책무를 다하지 못한 경우에 국회의 소추로 헌재가 탄핵심판을 담당하면서 통제할 수 있다. 법원과 헌재의 이러한 통제가 국민대표제에 대해 그 문제점을 시정하고 보완할 수 있다.

---

1) 헌재 2003.11.27. 2003헌마259·250(병합), 판례집 15-2 하, 345면.

5. 지방자치

지방자치가 국민대표제의 보완방안의 하나로 제시되고 있다(성낙인, 헌법학(제13판), 법문사(2013)(이하 성낙인(2013)), 879면). 국민의 참여를 제고하기 위한 방안으로 제시된 것으로 이해된다. 주민투표나 주민소환의 제도 등이 있기도 하고 그러한 면을 인정할 수 있다. 그 실현의 크기가 지방이라는 점, 지방의 행정이 국민의 일상에 더 직접적으로 영향을 미친다는 점에서 지방자치가 국민대표제의 문제점을 보완할 수 있을 것이다. 지방자치는 권력의 지방에의 분산이 주력이므로 권력분립제 보완으로서의 역할도 많이 강조된다.

6. 현대 의사확산기술의 발달

오늘날 인터넷 등 정보통신기술의 발달로 국민의 의사가 표현되고 전파되는 경로가 다양해지고 있다. 트위터 등 SNS(Social Network Service)의 활용으로 정치적 의사가 쉽게 다른 사람들에게 전달되고 확산되며 그것도 실시간적으로 이루어짐으로써 국민의 의사가 결집될 수 있다. 튀니지, 이집트 등에서 그 영향력이 실증된 바 있어 집권자가 인터넷을 차단하기도 하였다. 전통적으로 정당이나 의회를 통하여 국민의사가 전달되던 국민대표주의에 있어서의 환경도 이러한 변화에 따라 영향을 받고 있다. SNS의 직접민주제적 기능을 강조하는 견해들이 있다. 문제는 SNS가 근거없는 정보, 왜곡된 의사를 전달하거나 선동정치를 가져올 수 있다는 점이다.

Ⅸ. 직접민주제

1. 개념, 기능과 유형

(1) 개념

직접민주제는 국가의 중요한 의사나 정책의 결정 등에 국민이 직접 참여하여 국민의 직접적인 의사표현에 따라 행하도록 하는 민주제도를 말한다. 간접민주제에 있어서도 국민의 참여가 없는 것은 아니다. 간접민주제에서 국가의 의사결정을 대표자들이 행하는데 그 대표자들을 국민이 선출하므로 국민의 참여가 있긴 하다. 그러나 이는 의사결정이라는 결과를 두고 보면 대표자선출은 간접적인 것이고 의사결정을 국민이 바로 행하는 것은 직접적으로 참여하는 것이라는 점에서 차이가 있다. 여기서는 바로 후자, 직접적 참정권에 대해 살펴보는 것이다.

(2) 기능 - 직접(혼합)민주제와 참여민주주의

대표제의 문제점을 보완하기 위하여 국민발안, 국민투표와 같은 직접민주정치제도가 가미되고 있다. 대표제정치를 하면서 이러한 직접민주제의 제도를 혼합하고 있다고 하여 프랑스에서는 이를 반직접민주제(la démocratie semi-directe)라고 부른다. 반직접민주제라는 용어는 그 의미를 모르는 바는 아니나 간접민주제와 직접민주제가 반반씩 혼재하는 것으로 오해하게 하는 용어이므로 적실성이 떨어질 수 있고 혼합민주제라고 부를 수는 있을 것이다.

한편 오늘날 시민단체 활동, SNS매체 등에 의한 국민의 참여기회가 확대되고 있다. 이러한 참여가 국민대표주의의 문제점을 보완할 수 있다.

(3) 유형

i) 국민발안제, 국민거부, 국민표결제, 국민소환(해면)제 등이 직접민주제적 참정제도로 주로 언급되고 있다. 그 외 ii) **행정형**(행정정책의 발안 내지 결정을 위한 국민발안, 국민투표 등), **입법형**(국민발안, 입법 또는 개헌을 위한 국민발안·국민투표 등), **사법형**(배심제, 참심제 재판 등) 등으로 나눌 수 있고 iii) 전국적 참정권과 지방 참정권(국민발안, 국민소환, 국민투표는 국민전체에 의한 것으로 전국적으로 실시되는 것이지만 주민소환, 주민투표 등과 같은 지방자치단체라는 한정적 지역에서 이루어지는 작접참정권도 있다)으로 나눌 수도 있다.

2. 직접민주제에 대한 기본적 법리인식 - 직접민주제의 한정성

직접민주제는 어디까지나 한정적이라는 점이 먼저 인식되어져야 한다. 현대의 국가들이 국민주권주의에 관한 학설의 두 가지 주류, 즉 국민주권론과 인민주권론에서 전자가 현실적 이유 등으로 뿌리를 형성하고 있고 따라서 간접민주제가 원칙이고 직접민주제는 예외적인 것이다. 직접민주제는 인민주권론에 따를 때 원칙적인 것이 되고 직접민주제의 도입은 특별히 그 근거가 헌법에 없어도 된다. 그러나 오늘날 국민주권론에 입각한 간접민주제가 원칙인 상황에서 직접민주적 정치적 제도는 그 도입에 있어서 제한적이고 그 사유가 한정적이어야 한다. 국민주권론은 헌법에 명시적으로 규정되어 있지 않는 한 또는 순전히 자문적인 것이 아닌 한 국민투표는 불가하다는 입장이다(이런 설명으로 B. Chantebout, Droit constitutionnel, 22e éd., Armand Colin, Paris, 2005, 85면).

바로 이러한 기본적 헌법이론에 대한 이해가 있어야 신임투표(plébiscite)가 안 되는 이유, 나아가 정책연계적 신임투표도 안 되는 이유를 정치현실이 아니라 헌법법리적으로 이해될 수 있다. 인민주권론이 우리 헌법의 기조가 아니다. 기조는 국민주권론이다. 따라서 간접민주제가 원칙이고 이의 보완으로서 직접민주제이므로 직접민주제의 제도가 도입되는 것으로 예외적인고 한정적인 것으로 헌법에 이에 대한 명시적 규정이 없는 한 인정하기 어렵다. 이 때문에 국민투표를 자주 활용한 경험이 있었던 프랑스의 경우에도 헌법개정에 의해 국민투표사유를 확대하였다. 즉 1995년 8월 4일에 프랑스 헌법 제11조를 개정하여 국민투표사유를 확대하였다.

결국 직접민주제는 예외적, 한정적, 열거적으로 인정될 뿐이다.

3. 내용 - 구체적 제도

이에는 국민발안, 국민소환, 국민거부, 국민결정 등이 있다.

(1) 국민발안(l'initiative populaire)

1) 개념과 외국입법례

정책이나 법률의 제정 또는 헌법의 개정 등을 국민이 주창하고 발의할 수 있는 제도를 말한다. 스위스 헌법 제138조, 제139조, 제193조, 제194조와 이탈리아 헌법 제71조가 규정하고 있다.

2) 내용

국민발안에 있어서 그 정족수(일반적으로 유권자의 일정 비율의 지지를 그 요건으로 할 것이다), 발안과정(바로 국민표결에 부쳐지는지 아니면 의회에서의 의견수렴매개과정이 있는지 하는 등의 문제가 있다)과 결정효력(발안된 표결대상이 표결 참가자의 어느 정도 비율의 찬성을 얻어야 정책이나 법률, 헌법개정 등이 확정되는지 하는 문제가 있다) 등이 구체적으로 문제된다. 발안된 안건에 대해 표결하는 것은 사실 아래의 국민표결에 해당되기도 한다.

(2) 국민거부(le veto populaire)

이는 어떤 정책이나 입법의 채택이 아니라 기존의 정책이나 법률을 폐기하는 것을 국민이 직접 결정하는 제도를 말한다. 국민거부제도의 예로서, 이탈리아 헌법 제75조는 50만명의 유권자들이 법률 또는 법률의 효력을 가지는 법령의 전체 또는 일부를 폐지할 것을 요구할 때 그 폐지의 결정을 위하여 국민투표를 실시하도록 규정하고 있다. 국민거부는 법률의 폐기 등을 발안하고 이를 결정하는 것이라는 점에서 위의 국민발안과 아래의 국민결정의 의미를 포함하는 제도라고 볼 수 있다.

(3) 국민표결(réferendum)

어떠한 중요한 정책안이나 법률안, 헌법개정안에 대해 그 채택 여부를 결정하는 국민투표제도를 말한다. 국민결정은 위의 국민발안의 결과로 이루어지기도 한다. 국민결정이 의무적인 경우도 있고 임의적인 경우도 있다. 우리 헌법은 헌법개정에 있어서 국민투표를 필수적인 것으로 규정하고 있으나 프랑스 헌법은 대통령이 제안한 헌법개정안이 의회를 통과한 경우에 이를 국민투표로 확정하거나 아니면 국민투표 대신에 양원합동집회에서 확정할 수도 있도록 하면서 그 양자의 확정방법 중 선택을 대통령에게 맡기고 있어 임의적 국민투표제도 헌법개정절차에서 취하고 있다.

국민투표제도가 자주 실시되고 있는 대표적인 국가로 스위스연방을 들 수 있다. 문제는 연방차원에서의 국민투표도 빈번한데 주 차원의 국민투표까지 합쳐 많은 국민투표가 실시되고 있는바 투표율이 저조하여 문제되고 있다.

국민표결은 신임투표(plébiscite)와 구별된다. 국민결정은 특정한 정책문제 등에 대한 국민의 결정을 위한 과정인 데 비하여 신임투표는 집권자의 신임을 국민에게 묻는 투표이다. 신임을 특정 정책의 채택 여부와 연계할 경우에 양자의 구별이 쉽지 않다. 국민결정이 신임투표로 변질될 수도 있다. 특정 정책을 국민투표에 부칠 것을 제안하면서 그 신임을 연계하는 주체가 대통령 등 집권자 개인인 경우에 더욱 위험하다. 국민들은 특정 정책에 대해 숙고하기보다는 집권자의 신임문제를 고려하게 되는 상황에 처하게 되기에 신임투표는 진정한 정책투표가 되기 힘들다고 본다. 더구나 국민들의 의사는 다양할 수 있는데 양단 간의 결정을 강요하게 되고 국민투표운동과정에서 여론조작의 가능성도 있다. 신임투표는 민주주의에 있어서 국민들에 대한 압력으로 작용한다고 지적되기도 한다(P. Pactet, 93면).

(4) 국민소환(la révocation populaire)

국민해면(國民解免)이라고도 한다. 공직자를 임기가 종료되기 전에 그 직에서 해임하기 위한 국민결정제도가 국민소환제도이다. 이 제도는 주권이론 중 직접민주제를 원칙으로 하는, 또 위임이론에 있어서 기속위임(강제위임)을 받아들이는 인민주권설(la souveraineté populaire)의 입장에서 헌법의 규정이 없어도 법논리상 가능하고 오히려 이상적이다. 반면 국민주권론의 입장에서는 예외적인 것이고 그 예외는 헌법에 규정을 두어야 허용되는 것이다. 오늘날 서구국가에서는 국민주권론의 간접민주제와 기속위임금지가 원칙적으로 일반적인 정치형태이므로 이 제도의 도입은 예외적이다. 사회주의국가에서 많이 채택되었던 제도이다. 국민소환은 그 대상자, 청구요건, 절차, 의결과정, 그 효력 등이 구체적으로 규정되어야 작동한다.

4. 직접민주제(참여민주제)의 한계

i) 먼저 직접민주제는 그 활용할 수 있는 사유가 헌법에 한정하여 명시되어야 한다. 직접민주제가 간접민주제를 원칙으로 하는 일반적인 정치형태에서는 예외적인 것이기 때문이다. ii) 위와 같은 점 때문에서도 국민투표가 신임투표로 활용될 수 없고 또 신임투표는 집권자의 권력을 부당히 정당하게 하려고 악용될 수 있다는 점 등에서도 인정할 수 없다. iii) 직접민주정치의 한계도 오늘날 드러날 수 있다고 지적된다. 즉 국민투표의 경우에 이것이냐 저것이냐 식의 一刀兩斷的인 국민투표는 다양한 국민의 의사가 제대로 반영될 수 없다. 또한 스위스의 州에서 실시하고 있는 직접민주제에 있어서 실제 토론이 피상적이라고 하는데 직접민주정치에서 결여되기 쉬운 것이 바로 그 점이라고도 할 것이다. 직접민주제에서 의사결정은 국민의 다

수결로 이루어질 것인데 의회에서의 다수결로 결정되는 사안이라도 국민에 의해 직접 다수결로 결정되는 사안이 더 정당성을 가진다고 주장될 때 국민의 다수파가 강한 힘을 가지고 소수의 국민의 이익을 고려하지 않을 수도 있다는 지적이 가능하기도 할 것이다.[1] populism의 폐해, 선동성과 무능성도 문제될 수 있다.[2] 직접민주제가 대표제를 보완하는 것이 되기 위해서는 국민이 직접 결정할 사안에 대하여 국민들이 충분한 지식을 가져 판단의 준비가 되어야 할 것이고 또한 이를 바탕으로 활발한 토론이 이루어질 것이다. 그동안 국민투표와 같은 직접민주정치에서 이러한 전제가 부족하였다고 지적된다. 앞으로 미디어, 특히 인터넷 등의 쌍방향 매체가 이러한 문제점을 보완해갈 것이 기대되기도 한다. 물론 거기에도 한계나 경계할 점이 없지 않다고 볼 것이다. 국민투표사안에 대하여 국회에서 사전에 토의를 거치도록 하는 입법례도 있다. 프랑스의 예가 그것이다. 직접민주제인 국민투표에 붙일 사안을 간접대표제의 토의에 붙이도록 한 것이 외면상으로 모순일지 모르나 이러한 사전토의제는 국민들이 국민투표사안에 대하여 충분히 주목하고 인식할 기회를 가지도록 하고 사안에 대한 판단을 위한 숙고의 분위기를 만들도록 하기 위한 절차이다. 부족한 정보에 바탕하여 성급한 판단을 행하는 것을 막기 위한 것이다.

5. 우리나라의 직접민주제

이에 대해서는 아래 우리나라의 국민대표주의와 더불어 살펴본다.

X. 우리나라의 국민대표주의

1. 역사

제헌헌법부터 줄곧 국민대표주의를 원칙으로 하여 왔다. 제헌헌법 제2조는 "대한민국의 주권은 국민에게 있고 모든 권력은 국민으로부터 나온다"라고 하여 주권과 국가권력의 소재를 국민으로 명시하고 그 행사방법에 대해 대표자정치를 한다고 명시하지는 않았으나 입법권은 국회가 행하고(제헌헌법 제31조), 대통령이 행정권의 수반임을 명시하였으며(제헌헌법 제51조), 사법권은 법관으로써 조직된 법원이 행한다(제헌헌법 제76조)고 규정하여 국민대표기관으로서 국회, 대통령, 행정부, 법원을 규정하여 국민대표주의를 원칙으로 하고 있었다. 의원내각제적 정부였던 제2공화국에서나 다시 대통령제로 복귀한 제3공화국에서도 국민대표주의를 원칙으로 하였다. 제4공화국헌법에서는 "대한민국의 주권은 국민에게 있고, 국민은 그 대표자나 국민투표에 의하여 주권을 행사한다"라고 하여 국민대표주의를 직접적으로 명시하였다(제4공화국헌법 제1조 2

---

1) 비슷한 취지의 설명으로, Ph. Ardant, 앞의 책, 172－173면 참조.
2) G. Burdeau, F. Hamon et M. Troper, 앞의 책, 166면.

항). 제5공화국헌법은 이러한 직접적 명시규정을 없애고 제4공화국 이전 처럼 개별적으로 국민대표주의를 간접적으로 규정하고 있었다.

2. 현행 헌법하의 국민대표주의

(1) 국민대표주의의 헌법적 근거

헌법 자체에서 찾아야 한다. 헌법 제40조, 제66조 제4항, 제101조에서 찾아야 한다. 왜냐하면 국민이 직접 주권을 행사하지 않고 입법권, 집행권, 사법권을 나누어 각각 국회, 대통령을 수반으로 하는 정부, 법원, 헌법재판소에 분속시키고 각각 행사하도록 하는데 국회, 대통령, 법원, 헌법재판소가 국민으로부터 직접 선출되거나 간접적으로 구성되도록 규정하고 있기 때문이다.

(2) 모습

현행 헌법은 제헌헌법, 제2, 3, 5공화국헌법에서처럼, 제4공화국헌법과는 달리, 국민대표주의를 직접 명시하는 규정을 두지 않았으나 현행 헌법은 다음과 같은 국민대표주의의 모습을 가진다.

① **국민대표주의의 원칙과 직접민주제에 의한 보완** 우리 헌법은 국민대표주의를 원칙으로 하면서도 국민투표제도를 한정적으로 도입하여(제72조, 제130조 2항) 반직접민주제(반대표제)에 의한 보완을 하고 있다.

② **기속위임의 금지** 우리 헌법은 국민대표자들인 공무원은 국민전체에 대한 봉사자이고(헌법 제7조 1항 전문), 국회의원은 국가이익을 우선하여 양심에 따라 직무를 행하여야 한다고(헌법 제46조 2항) 규정하여 대표위임을 원칙으로 하고 기속위임을 금지하고 있다.

③ **직접적·간접적 민주적 정당성** 국민대표기관으로는 국민으로부터 직접 선출되는 국회와 대통령이 있다. 국민으로부터 직접 선출되지 않는 국무총리, 국무위원으로 구성되는 행정부도 그 임명이 국민에 의해 직선된 대통령이 행하고 국회가 간여하므로 간접적 정당성을 가지는 국민대표기관이다. 법원도 대법원장 및 대법관이 국회의 동의를 얻어 대통령이 임명하므로 간접적인 국민대표기관이고 헌법재판소도 마찬가지이다(헌법재판관 전부가 국회동의 대상이 아니라는 점에 문제가 있으나 인사청문을 거치도록 하고 있다).

3. 헌정현실

국민대표 의회제도의 부실, 선거제도의 개선이 요망된다(국회의원 공천제도에서 국민참여 방안(이른바 프라이머리제도의 도입 등), 비례대표의 확대 여부 등이 논의되고 있다).

4. 국민대표주의의 발전을 위한 방안

우리나라에서도 위에서 살펴본 국민대표주의의 현대적 문제점이 나타나고 있고 그것에 대한 치유를 위한 방안모색이 이루어지고 있다. 그것에 대해서는 위에서 살펴본 것으로 대체한다. 또 그 보완책으로서 직접민주제는 아래에서 살펴본다.

5. 우리나라의 직접민주제

(1) 국민발안제 - 현재의 부재, 과거의 예, 개헌을 통한 도입의 논의

현재 우리나라에서 국민발안제도는 없다. 우리나라의 헌법사에 있어서 헌법개정을 위한 국민발의의 예는 제1공화국의 제2차(1954.11.29.) 개헌헌법 제7조의2가 "① 대한민국의 주권의 제약 또는 영토의 변경을 가져올 국가안위에 관한 중대사항은 국회의 가결을 거친 후에 국민투표에 부하여 민의원의원선거권자 3분지 2 이상의 투표와 유효투표 3분지 2 이상의 찬성을 얻어야 한다. ② 전항의 국민투표의 발의는 국회의 가결이 있은 후 1개월 이내에 민의원의원선거권자 50만인 이상의 찬성으로써 한다"라고 규정하고 동 헌법 제98조 제1항이 "헌법개정의 제안은 대통령, 민의원 또는 참의원의 재적의원 3분지 1 이상 또는 민의원의원선거권자 50만인 이상의 찬성으로써 한다"라고 규정한 것이 그 첫 번째 예이다. 이 규정들은 제2공화국헌법에서도 유지되었다. 제3공화국 헌법 제119조 제1항도 "헌법개정의 제안은 국회의 재적의원 3분의 1 이상 또는 국회의원선거권자 50만인 이상의 찬성으로써 한다"라고 규정하여 헌법개정 제안에서의 국민발안제도를 규정하고 있었다.

최근의 헌법개정논의에서 국민발안제도의 도입이 주장되고 있긴 하다. 국민발안에 있어서는 그 제안절차나 제안요건이 간단치는 않다. 국민에 의한 직접적인 발안과 국민의 요구여론에 따라 의사를 집약한 의회가 안을 만든 뒤 이를 발의하는 간접적인 발안으로 나눌 수 있다. 국민의사의 집약이 사실상 어렵다는 점에서 직접적 발안은 일정 정족수를 규정하게 된다. 국민의 발안의사가 명확하더라도 어떤 안을 발의할 것인지 그 의사의 집약이 사실 쉽지 않아 의회를 매개로 하는 것이 간접적 발안이라고 하겠다. 2017년 국회에 헌법개정특별위원회가 활동을 하였고 그 자문을 위한 자문위원회도 활동을 하였는데 그 자문위원회의 안으로 국민은 국회의원선거권자 100분의 1 이상 찬성으로 발안할 수 있게 하고 국회가 일정 기간(6개월) 의결하지 않으면 국민투표에 부치는 것으로 제안하고 있다.[1)] 2018년 정부개헌안도 국민발안제도를 제안하고 있다. 2017년 8월 국가인권위원회의 '기본권 보장 강화를 위한 헌법개정안'도 법률의 제·개정과 헌법개정의 발안권을 제안하고 있다.

---

1) 국회의 헌법개정특별위원회는 2017년 12월 31일 활동시한이 만료되어 국회의 개헌안 발의는 무산되었다.

(2) 국민표결제

현재 우리 헌법이 인정하고 명시하는 국민투표에는 i) 헌법개정을 위한 국민투표(제130조 2항)와 ii) 국가중요정책에 대한 국민투표(제72조)가 있다.

1) 헌법개정 국민투표제

헌법 제130조 제2항은 헌법개정에 국민투표를 필수로 거치도록 규정하고 있다. 이에 관한 결정례로, 신행정수도 특별조치법이 수도가 서울이라는 헌법관습을 개정하기 위해서는 필요한 국민투표를 거치지 않고 법률로 시행한 것으로 이는 국민의 헌법개정을 위한 국민투표권이라는 기본권을 침해하여 위헌이라고 결정한 예(헌재 2004.10.21. 2004헌마554등)가 있다.

2) 정책국민투표제

헌법 제72조는 "대통령은 필요하다고 인정할 때에는 외교·국방·통일 기타 국가안위에 관한 중요정책을 국민투표에 붙일 수 있다"라고 하여 정책국민투표를 규정하고 있다. 이 정책국민투표가 신임투표를 허용하는가가 문제되었다. 먼저 ① 대통령이 국회 본회의에서 행한 시정연설에서 정책과 결부하지 않고 단순히 대통령의 신임 여부만을 묻는 국민투표를 실시하고자 한다고 밝힌 것이 헌법소원의 대상이 되는 "공권력의 행사"에 해당되지 않는다고 본 결정이 있었다(헌재 2003.11.27. 2003헌마694등). ② 이후 헌재는 대통령에 대한 탄핵소추심판에서 헌법 제72조의 정책국민투표에 신임을 묻거나 정책에 연계한 신임을 묻는 국민투표는 포함되지 않고 이를 할 수 없다고 보고(후술 대통령 권한 중 국민투표부의권 참조) '신임투표를 제안한 대통령의 행위'는 위헌이라고 판단하였다. 그러나 제안에 그친 정도이고 강행하지 않았고 헌법질서에 미치는 부정적인 영향이 중대하다고 볼 수 없다고 보아 파면사유로는 인정하지 않았다(헌재 2004.5.14. 2004헌나1. 자세한 것은 뒤의 대통령의 국민투표부의권 참조)(헌재 2004.5.14. 2004헌나1). 정책국민투표제에 대한 자세한 것은 대통령 권한 부분 참조(후술).

3) 우리나라 국민투표제의 실제

우리나라에서 국민투표는 1954.11.29.의 제1공화국 제2차 헌법개정에서부터 도입되었다. 유신헌법하에서는 국민투표가 강조되었다. 유신헌법 제1조 제2항은 "대한민국의 주권은 국민에게 있고, 국민은 그 대표자나 국민투표에 의하여 주권을 행사한다"라고 명시하고 있었다. 유신헌법 독재시절 박정희 대통령은 국회를 통한 민의수렴보다는 국민과 직통하려고 하였고 그것이 유신헌법에서도 나타나 있으면 당시 신임투표로도 국민투표가 활용되기도 하였다. 한국헌법사에 있어서 그동안 실시된 국민투표의 실제는 아래와 같다.

시행일/구분	헌법개정안 공고일	투표일 공고일	인구수	투표인수	투표수	찬성수	기권수	사 유
1962.12.17.(월)	1962.11.05.(월)	1962.12.06.(목)	26,278,025	12,412,798	10,585,998 (85.3%)	8,339,333 (78.8%)	1,826,800	헌법개정
1969.10.17.(금)	1969.08.09.(토)	1969.10.08.(수)	30,481,835	15,048,925	11,604,038 (77.1%)	7,553,655 (65.1%)	3,444,887	헌법개정
1972.11.21.(화)	1972.10.27.(금)	1972.10.31.(화)	31,536,109	15,676,395	14,410,714 (91.9%)	13,186,559 (91.5%)	1,265,681	헌법개정
1975.02.12.(수)	1975.01.22.(수)	1975.02.05.(수)	33,290,921	16,788,839	13,404,245 (79.8%)	9,800,201 (78.0%)	3,384,594	헌법개정 및 정부신임
1980.10.22.(수)	1980.09.29.(월)	1980.10.15.(수)	37,589,091	20,373,869	19,453,926 (95.9%)	17,829,354 (91.6%)	919,943	헌법개정
1987.10.27.(화)	1987.09.21.(월)	1987.10.17.(토)	41,338,959	25,619,648	20,028,672 (78.2%)	18,640,625 (93.1%)	5,590,976	헌법개정

▌역대 국민투표실시역사

* 출처 : 중앙선거관리위원회 일반통계. http://www.nec.go.kr/sinfo/index.html

* 1975년 2월의 국민투표의 사유에 대해서는 중앙선거관리위원회 자료와 달리 '헌법찬반 및 대통령신임'으로 표시하였다. 당시 헌법에 대한 찬반을 대통령의 신임도 연계하여 물었던 것이다

4) 한계 - plébiscite(신임투표)의 부정 등, 국민투표사유의 한정성

* 이에 관한 자세한 것은 국가권력론의 대통령의 권한 부분 등 참조.

국민투표사유는 헌법적으로 열거사항이다. 그 이유는 직접민주정은 부차적이고 간접민주정(대표제)을 보완하기 위한 것이므로 한정적으로 인정할 수밖에 없다. 또한 따라서 그 확대를 위해서는 그 사유를 추가하는 헌법개정이 이루어져야 한다. 국민투표입법도 따라서 현행 헌법하에서 인정되지 않는다.

2017년 국회 헌법개정특별위원회의 개헌안은 국회가 의결한 법률안에 대한 국민투표승인제도를 제안하였다.

신임투표란 집권자가 자신의 신임을 국민으로부터 직접 묻기 위해 실시하는 국민투표를 말한다. 이는 우리 헌법상 허용이 안 된다. 정책채택을 위한 국민투표를 실시하면서 정권의 신임을 연계하는 것도 안 된다. 헌재 판례도 마찬가지 입장이다. 역사적으로 신임투표는 집권자의 권력의 정당화를 위하여 악용된 경우가 많았다. 우리 헌정사에서도 헌법개정을 연계한 신임투표가 사실상 있었다. 3선개헌(1969년)과 유신헌법(1972년)을 위한 국민투표가 그 예이다.

(3) 국민소환제 - 현재의 부재상태와 그 도입논의

현재 우리 헌법에는 국민소환제가 없다. 국민소환을 도입하기 위해서는 헌법개정에서 그 대상자, 청구요건과 절차, 의결, 그리고 효력 등 여러 가지 사항들이 정해져야 한다.

2017년 국회 헌법개정특별위원회[1)]의 개헌안은 대통령과 국회의원에 대한 국민소환제도

를 제안하였다. 이 개헌안은 국회의원선거권자의 일정 비율과 소환투표 일정 찬성 비율로 소환을 하는 것으로 제안하고 있다. 2018년 정부개헌안은 국회의원에 대한 국민소환제를 제안하였다. 이 정부개헌안은 “소환의 요건과 절차 등 구체적인 사항은 법률로 정한다”라고 구체적 요건, 절차 등을 법률에 위임하는 것으로 하였다. 2017년 8월 국가인권위원회의 ‘기본권 보장 강화를 위한 헌법개정안’은 국회의원에 대한 국민소환제도를 두자고 제안한 바 있다.

6. 지방자치 차원의 직접민주제

이에는 주민투표, 조례의 제정과 개폐 청구, 주민의 감사청구, 주민소환제 등이 지방자치법에 근거하여 자리잡고 있고 그 구체적 시행을 위하여 주민투표법, ‘주민소환에 관한 법률’ 등이 제정되어 있다. 이에 관한 자세한 것은 후술한다(지방자치 부분 참조).

제2절 권력분립주의

제1항 권력분립의 이론적 고찰

Ⅰ. 고전적 권력분립주의의 발달

권력분립의 사상은 아리스토텔레스의 국가기능 배분 사상에까지 거슬러 올라갈 수 있긴 하지만 본격적인 권력분립주의의 사상의 발달은 계몽철학에 밀접히 관련되어 로크와 몽테스키외 등의 사상을 바탕으로 발달된 것이다.

1. 로크의 사상

근대의 국가권력분립을 본격적으로 주장한 사상가는 바로 로크이다. 로크는 그의 시민정부이론(Two Treaties on Civil Government)에서 국가권력을 입법권, 집행권, 동맹권의 3권으로 나누었다. 로크의 권력분립론의 중요한 핵심이론은 입법권과 집행권이 주대상이다. 그리고 법률을 집행하는 집행권이 법률을 만드는 입법권을 행사하는 자에게 함께 주어진다면 자의적인 법률의 집행이 이루어질 것이므로 입법권과 집행권의 담당자는 서로 분리되어야 한다고 보고 입법권이 집행권보다 우위에 있어야 한다고 보았다. 동맹권은 전쟁을 선포, 수행하거나 화평을 맺거나 국가 간의 협상을 벌일 수 권력을 의미하는데 동맹권은 집행권을 담당하는 사람에게 함

---

1) 2017년 국회 헌법개정특별위원회는 2017년 12월 31일 활동시한이 만료되어 국회의 개헌안 발의는 무산되었다.

께 귀속되어야 한다고 보았다. 사실 오늘날 대체적으로 동맹권, 외교권은 집행권에 포함된다고 본다. 로크에 있어서는 사법권에 대해 특별한 위치를 부여하는 국가권력의 의미를 가지지 못하였고 사법권을 별도의 권력으로 언급하지는 않았다. 그리하여 로크에 있어서는 입법권과 집행권이 권력분립론의 핵심사항이었고 바로 이 때문에 결국 로크는 실질적으로 입법권과 집행권의 2권분립(二權分立)을 주장한 것으로 평가되며 로크의 권력분립론을 이권분립론으로 분류하는 경우가 많은 이유도 여기에 있다.

2. 몽테스키외의 사상

몽테스키외(Montesquieu, Charles de Secondat, baron de La Brede et de)[1]는 1748년에 출간된 그의 기념비적 저서인 "법의 정신"(De l'Esprit des lois)에서 그의 권력분립이론을 전개하였다. 그는 독재적인 권력을 막을 수 있고 시민의 자유를 보장하는 정부체제를 모색하였는데 이를 위하여 그는 영국의 정부제도를 고찰하고 권력의 분립을 제안하게 된다. 이처럼 자유의 보장을 위한 권력분립론이라는 점에서 몽테스키외는 자유주의적 성향을 가진 사상가로 평가되고 그의 이론의 자유주의적 요소는 역시 그의 권력분립론에 핵심이 있다. 그의 권력분립론의 요소와 특징은 다음과 같다. ① 단순히 권력을 나누어 놓는 것이 아니라 국가기능별로 분할하는 것이다. 그리하여 국가기능에 따라 그는 영국의 예를 들어 입법, 집행, 사법으로 나누어 설명하였다. ② 각각의 권한들은 2가지 상태, 즉 전문화되고 독립적일 것을 요한다고 보았다. 그는 국가제도들의 조화로운 운영을 원한다면 국가권력들은 동일한 기관들의 수중에 집중되어서는 아니되고 너무 강한 권력에 대해 경계하며 연성(軟性)의 절제된 정부(gouvernement modéré)를 모색하여야 한다고 보았다.[2]

몽테스키외의 권력분립이론을 정당화하는 논거는 아래와 같이 분석된다.[3] 먼저 이론적인 논거로서 주권은 국민전체에 속하지만 국민전체가 주권을 행사할 수 없으므로 대표자를 지명하여야 하는바 만약 대표기관이 권력의 전체를 행사한다면 그 기관이 주권을 찬탈하고 주권자와 동일시되는 위험이 있게 되고 따라서 그 어느 한 기관도 전체로서 주권을 대표한다는 주장을 할 수 없도록 여러 기관들 간에 주권행사를 분담하여 놓자는 것이다. 다음으로, 더욱 설득력이 있는 논거로서 사실상 몽테스키외가 제안한 것은 그가 경계한 권력을 약화시키고 그가 모색하는 절제된 정부를 구현하기 위한 목적의 정치적 처방이 그의 권력분립주의의 실제적 필요성이라고 볼 것이다. 몽테스키외는 권력을 보유한 모든 자는(여하한 자든) 그 권력을 남용하기에 이르게 된다는 것은 영구한 경험이라고 하면서 권력보유자는 그 극단을 볼 때까지 나아가

1) 1689년－1755년
2) Montesquieu, *De l'Esprit des lois*, XI, chap.4.
3) 이러한 분석은 Ph. Ardant, 앞의 책, 47면 이하를 주로 참조하여 정리한 것이다.

고 미덕에 있어서조차도 한계가 필요하다고 한다.[1] 따라서 독재에 대항하여 시민의 자유를 보장하기 위해서는 권력을 제한하여야 하고 권력이 권력을 제지하여야 한다고 보았다.

그러나 권력의 분립이 권력의 고립을 의미하는 것은 아니라고 본다. 권력의 고립은 권력간의 피치못할 충돌을 통하여 국가의 마비에 이르게 할 수도 있을 것이기 때문이다. 각 권력은 다른 권력들의 협력이 없이는 작용할 수 없고 권력들 간에 협력이 이루어져야 한다. 아울러 다른 권력에 대한 제동을 가할 수 있는 권한이 부여되어야 하는데 이 제동의 권한에 대해 몽테스키외는 그 중요성을 부여하였다.[2]

대혁명의 온건파들은 이러한 몽테스키외의 법의 정신의 영향을 받았으며 그 결과 1789년 인권선언 제16조가 "확고한 권력분립이 없는 사회는 결코 헌법을 가지지 않는다"라고 명시하게 이끌었고 1791년 헌법도 이러한 권력분립의 엄격한 원리를 채택하였다.

그러나 몽테스키외는 군주제가 자유의 보장에 유리한 것으로 판단하였다. 즉 군주제가 전제주의로 변형되지 않는다면 권장할만한 제도라고 보는데, 그는 군주제를 취하되 중간적 권력(pouvoirs intermédiaires)의 역할을 전제로 하는 군주제의 이론을 전개한다. 즉 군주가 단독으로 통치를 하나 중간적 권력들이 제동과 균형을 잡아주는 역할을 수행할 수 있다면 자유는 존재할 수 있다고 보았다. 몽테스키외는 이러한 중간적 권력에 속하는 첫째 서열의 권력들로 고등법원들, 그리고 특히 귀족집단을 들었는데 귀족의 전통, 명예감에 의해 귀족은 군주정이 독재로 변질되는 것을 막을 수 있을 것으로 생각했고 몽테스키외 자신도 귀족이자 판사였었다는 사실과 이러한 몽테스키외의 이론을 두고 "자유의 이름으로 몽테스키외는 자신을 스스로 舊制度의 불평등한 사회의 옹호자로 만든다"라고 평가하는 견해도 있다.[3] 이러한 견해는 자유를 보장하기 위하여 군주를 견제하도록 귀족계급에 힘을 인정하는 것은 구제도하의 불평등사회를 정당화시키는 이론이었다는 지적이고 그의 이러한 측면의 자유주의적 입장은 민주주의가 아니라 일종의 귀족적 군주제를 지지한 것이고 이 점은 1789년 인권선언에 전혀 영향을 주지 않았다고 평가한다.[4]

3. 인권선언 등에의 명시

권력분립주의는 권력집중으로부터 뼈저리게 그 고통을 느낀 국가에서 근대시민혁명이 성공하면서 나온 인권선언에 그것이 명시되기도 하였다. 대표적인 나라로 프랑스의 1789년 인권선언 제16조는 어떤 사회든 "권리의 보장이 확보되지 않고 권력분립이 규정되지 않은 사회는

---

1) Montesquieu, *De l'Esprit des lois*, XI, chap.4.
2) Ph. Ardant, 앞의 책, 47-48면 참조.
3) G. Lebreton, *Libertés publiques et Droits de l'Homme*, 3e éd., coll. U, série ≪Droit≫, Armand Colin/Masson, Paris, 1997, 64면.
4) G. Lebreton, 위의 책, 같은 면.

헌법을 보유한 것이 아니다"라고 규정하였는데 이는 명목적인 헌법이 아니라면 진정한 권력분립이 구현되어야 한다는 점을 강조하고 이를 명시한 것이다.

4. 고전적 권력분립주의 개념과 그 요소 - 전문화와 독립성의 원칙

몽테스키외는 권력의 전문화와 독립성을 강조하였다. 프랑스의 학자들은 고전적 권력분립주의의 개념을 파악함에 있어서 전문화의 원칙과 독립성의 원칙을 중요한 그 개념요소로 지적한다.[1] 먼저 국가기능을 국가기관별로 전담하는 것이 전제되어야 하는데 전자가 바로 그것을 의미하고 각 기능별 국가권력행사는 상호 독립적일 것을 요하는데 후자가 바로 그것을 의미한다.

(1) 전문화의 원칙 - 국가기능, 국가권력의 분배

권력분립주의는 먼저 국가기능의 분장이 있고 이러한 국가기능의 분장에 맞추어 국가권력이 나누어져서 별개의 국가기관들에 귀속되게 하는 원리이다. 이처럼 국가기능의 분장이 먼저 출발점이 되는 것이다. 그리하여 국가기능(직무)을 일반적인 법규범을 설정하는 입법기능, 법규범을 집행하는 기능, 분쟁을 해결하는 즉 사법기능으로 나누고[2] 각각의 기능(직무)의 행사에 상응하는 국가권력인 입법권, 집행권, 사법권을 별개의 국가기관들에 각각 부여하여 분속시키는, 즉 입법권을 의회에, 집행권을 국가원수 또는 행정부의 수반 내지 내각에, 사법권을 재판기관들에 부여한다. 이처럼 국가의 기능의 분할 내지 분담이 먼저 전제가 되어야 하고 그 기능에 관한 권력들이 나눠어 귀속되게 하는 것이 권력분립의 원리이다. 각 기관에 분속된 국가기능은 그 나누어진 그 하나의 국가기능을 전문적으로 그 소관 기관만이 전담하고 다른 국가기능들과 혼합되어서는 아니 된다. 그래서 이를 전문화의 원칙(la règle de la spécialisation)이라고 한다.[3]

권력이 몇 부분으로 나누어져야 하는지가 논의될 수 있을 것이다. 그러나 권력들의 분립이 중요한 것이고 그 권력들의 성격이나 그 권력들이 몇 가지로 나누어져야 하는지 하는 것은 중요하지 않다고 보는 것은 몽테스키외의 사상에 불충실한 것이 아니라고 한다.[4] 즉 권력의 분립이 중요한 것이고 그 분립된 권력의 유형이나 성격은 부차적인 것으로 본다. 3권분립이 주를 이루고 중화민국의 과거 헌법은 5권분립을 택하기도 하였다. 물론 권력이 너무 세분화되면 효율성 등에서 문제가 있을 수 있을 것이다.

---

1) G. Burdeau, F. Hamon et M. Troper, 앞의 책, 89면.
2) 아리스토텔레스는 의결기능, 명령기능, 재판기능으로 나누었다. 국가기능 중 사법적 기능을 집행권으로 분류하는 견해도 있다. 사법적 작용도 법적용작용이라고 볼 수도 있기 때문이라고 한다.
3) G. Burdeau, F. Hamon et M. Troper, 앞의 책, 같은 면 참조.
4) 이러한 취지로, Ph. Ardant, 앞의 책, 48면 참조.

(2) 독립성과 균형·견제성

권력분립의 두 번째 개념요소는 독립성이다. 권력분립의 원리는 이러한 배분된 권력들이 가능한 한 상호 독립적으로 견제와 균형을 유지하면서 행사되도록 한다. 이를 독립성의 원칙이라고 한다. 독립성의 개념이 문제이다. 그런데 사실 권력들 간의 독립성을 상호간의 불간섭을 의미할 뿐이라고 본다면 국가권력들 간의 상호연관 속에서 수행되어야 할 국가활동은 마비될 수 있을 것이고 행정부에 대한 의회 앞에서의 책임제도와 같은 제도도 모순이다. 그렇기 때문에 권력분립주의의 본질인 상호독립성은 완전히 권력이 각각 별개로 행사되어야 하는 것을 의미하지는 않는다. 다만, 기관구성자의 임명을 위해서든 권한을 위한 것이든 간에 그 기관들은 상호 가능한 한 의존을 가장 적게 하여야 함을 의미한다고 본다<P. Pactet, 앞의 책, 111면>. 행정부의 의회 앞에서의 책임제도와 엄격한 권력분립에 따른 기관적 독립이 가지는 불가양립적인 것에 대해 지적한 다음 이러한 책임제도를 유용한 것으로 해석하기 위해서는 권력분립의 의미를 상당히 넓게 이해하여 권력의 혼동이 없는 것을 분립으로 이해하여야 할 것으로 보는 견해도[1] 같은 맥락에서 이해될 수 있는 견해라고 볼 수 있을 것이다.

다음으로 독립성은 상호 균형과 견제를 가져오게 한다. 통합된 하나의 권력 속에서의 균형이나 견제란 상상하기 힘들 것이기 때문에 균형과 견제도 권력들이 상호 독립되어 있는 것을 전제로 한다. 균형과 견제는 물론 권력의 남용을 막기 위한 것이다. 몽테스키외는 권력이 남용되는 것을 막기 위해서는 권력이 권력을 제지하여야 하는 것이 필요하다고 보았다. 국가권력의 균형은 법적인 차원에서는 어느 한 국가권력이 3가지 국가기능을 겸하여 행사함으로써 국민만이 보유하는 주권을 독점하는 것을 피할 수 있도록 하여야 함을 의미한다.

결국 균형성을 갖추고 견제가 이루어지는 가운데의 독립성을 권력분립주의는 요구한다고 볼 것이다. 사실상 권력들의 분배와 분속 그 자체보다 견제와 균형이 더 중요한 요소라고 볼 것이다.

국가권력 상호간의 견제가 협력을 배척하는 것인가 하는 문제를 제기할 수 있을 것이다. 그런데 사실 협력은 오히려 권력이 나누어져 있을 때 성립되는 것이다. 하나로 통합된 권력만이 존재한다면 국가권력들 간의 협력이란 말의 의미가 없다. 그렇다면 권력분립주의에서 권력의 협력이 의미가 있는 것이다. 견제와 협력은 서로 양립할 수 있는 것이라고 볼 것이다. 견제하면서 협력할 것은 협력할 수 있는 것이다. 물론 협력이 결탁과 야합을 의미해서는 아니 된다.

---

1) D.-G. *Lavroff, Le droit constitutionnel de la* Ⅴ^{e} *République*, 3e éd., Dalloz, Paris, 1999, 863면 참조.

II. 권력분립주의의 성격

1. 기술성, 실용성, 가치중립성

무엇보다도 권력분립주의는 독재를 방지하고 자유를 보장하기 위하여 국가의 기능을 어떻게 나누고 어느 기관에 각각의 기능을 부여할 것인가 하는 헌법적인 기술의 원칙이라고 본다.[1] 그러나 권력분립의 과정 자체가 기술적이라는 것이지 권력분립의 결과가 가져올 구도는 어떠한 국가의 기능이 어떤 범위에 걸치도록 설정할 것인지 하는 문제와 연결된다. 또한 국가의 목적에 따라 그러한 문제에 대한 판단이 달라질 수 있고 이는 가치판단을 요하는 것이기도 하다. 요컨대 권력분립주의의 기술적 성격이란 '분립' 내지 '분속'의 과정에 초점을 둔 것이다.

권력분립주의자들은 사회계약론자들에 비하여 보다 실용주의적이고 사상의 유연성을 가지고 있었다고 보기도 한다. 사회계약론자들은 자연권의 이론적 근거를 제시하려고 노력한 데 비하여 권력분립주의자들은 자유를 보장하기 위한 여러 수단들의 하나로서 권력분립론을 제시한 것으로 볼 수 있다. 루소의 경우에는 오히려 권력의 분립에 반대한 것도 이러한 맥락에서 이해될 수 있기도 하다. 사회계약론자들은 자연상태의 가정에서 가치판단을 배제하지 않았는데 비하여 권력분립론은 가치중립적일 수 있다는 점에서도 차이가 있다.

2. 자유주의적 성격

위에서 언급한 대로 권력분립주의는 가치중립적 성격의 것이긴 하나 그 태생을 보면 권력남용의 방지로 자유의 보장이 이루어질 것을 의도한다는 점에서 권력분립주의는 자유의 보장에 주안을 두고 있는 법원리라고 볼 수 있을 것이다. 몽테스키외가 권력분립사상을 구상한 것은 그가 "자유란 절제된 정부에서 가능하다"라고 말하였듯이 바로 권력 간의 상호견제를 통한 권력남용을 막고 그리하여 개인의 자유를 침범하지 못하도록 하겠다는 의도에서 나온 것이다. 그 점에서 권력분립주의의 자유주의적 성격이 나타난다. 권력분립의 사상이 절대왕정에 대한 저항으로 계몽철학과 관련을 맺어 근대혁명시기를 전후하여 나온 것이고 근대혁명에서 자유주의의 이데올로기가 먼저 제창된 점에서도 권력분립주의의 자유주의적 성격이 나타난다고도 한다.

프랑스 1789년 인권선언 제16조는 "권력분립이 확정되어 있지 않는 사회는 헌법을 결코 가진 것이 아니다"라고 규정하고 있다. 프랑스의 학자들은 1789년 인권선언의 중요한 주제로 자유를 들고 있다. 절대적인 권력의 恣意에 대항하여 자유를 보장하는 열쇠로서의 권력분립을 규정한 인권선언 제16조는 바로 이러한 자유의 보장에 있어서 본질적인 규정이라고 평가된

1) G. Burdeau, F. Hamon et M. Troper, 앞의 책, 89면.

다.[1] 또한 이러한 인권선언 제16조의 규정은 헌법이란 권력분립을 형성화하는 것을, 그리고 이러한 권력분립에 의하여 자유의 보장을 이루는 것이 헌법이라는 것을 의미한다.

3. 수단성

권력분립주의는 권력의 분리와 상호 견제균형을 통하여 권력의 남용가능성을 차단하고자 하는 것으로 이로써 권력분립주의는 권력남용으로 인하여 침해될 수 있는 기본권을 보장하는 '수단'으로서의 의미를 가진다. 위에서 권력분립주의는 독재를 방지하고 자유를 보장하기 위한 헌법적인 기술의 원칙이라고 보는 견해들에 대해 언급한 바 있는데 이러한 기술적, 기법적 성격도 수단성과 상통하는 의미를 가진다.

4. 소극적 성격, 회의적 성격

직접적이고도 적극적인 권력통제보다는 권력분립은 권력을 가능한 한 분리하고 상호 견제함으로써 권력남용을 막겠다는, 즉 권력억지라는 소극적인 성격을 가지는 원리이다. 효율성의 측면에서는 권력통합적 행사가 나을 수도 있음에도 이러한 분리를 통한 소극적 억지력을 더 중시한다.

위에서 본대로 프랑스 인권선언은 권력분립주의를 선언하고 있다. 그런데 이로써 권력은 그의 효율성을 보장하기 위한 목적이 아니라 반대로 그 효율성이 자유에 대하여 숨길 수도 있을 위협을 억제하도록 설정된다고 볼 것이라는 지적[2]은 바로 소극적인 억지력에 권력분립주의의 또 다른 성격을 찾게 하는 것이라고 볼 것이다.

한편 소극성의 의미를 다시 새겨 볼 필요가 있다. 오늘날 생존권과 같은 적극적 성격의 기본권의 경우에는 행정권의 적극적인 개입을 요구하는 것이기도 하다. 오늘날 생존권을 위한 국가행정의 적극적인 개입으로 행정권의 확대현상을 가져오고 권력분립의 구도를 변경하고 있는 경향이라는 지적도 이미 진부할 정도로 주지되어 있는 것이다. 그러나 생존권보장을 위한 국가활동의 적극성은 행정의 영역에서뿐 아니라 입법의 영역에서나 사법의 영역에서도 마찬가지로 요구되는 것이 아닌가 한다. 생존배려를 위한 정책을 뒷받침하는 입법을 형성하고 국가예산의 복지에의 배당을 늘리도록 의회의 예산심의에서 노력하는 등 입법부에서의 적극성도 요구되며 생존권보장을 위한 진취적인 재판도 요구된다고 할 것이다. 의회는 행정부의 소극적인 복지정책 등에 대하여 적극성을 띠도록 통제를 할 수도 있을 것이다. 물론 상호협력의 관계를 필요로 하기도 하다. 그렇다면 권력분립주의는 권력의 분립이라는 점에서 소극적이라는

---

1) 이러한 취지로, J. Rivero, *Les libertés publiques*, t.1, les droits de l'homme, 8e éd., P.U.F., Paris, 1997, 61면 참조.

2) J. Rivero, 위의 책, 같은 면 참조.

의미이고 분립된 각 권력의 행사에 있어서는 적극성을 지닐 것이 요구된다고 볼 것이다.

몽테스키외가 권력을 보유한 모든 자는(여하한 자든) 그 권력을 남용하기에 이르게 된다는 것은 영원한 경험이라고 지적하였다. 그의 이러한 사상 속에는 인간에 대한 회의적인 시각이 자리잡고 있고, 권력분립주의는 이러한 회의적 인간상을 염두에 둔 이론이라고 할 것이다.

Ⅲ. 권력분립주의에서의 3권의 개념

1. 전통적 2가지 기준 : 실질적 권력분립과 형식적 권력분립

입법권, 집행권, 사법권의 3권의 개념정의에 있어서 전통적으로 실질적 기준과 형식적 기준이 주장되어 왔다. 실질적 기준이란 권력의 내용, 속성, 본질이 무엇인가에 따라 권력을 규명하고 정의하려는 기준이다. 반면 형식적 기준은 각 권력의 외형, 그 권력이 속하는 기관에 따라 권력을 규명하고 정의하려는 기준이다.

(1) 실질적 기준

실질적 기준에서 3권의 개념을 보면, 입법권은 법의 정립작용권을, 집행권은 법을 해석하고 적용하여 법의 효과를 실현하는 작용에 관한 권한을, 사법권은 분쟁의 발생이 있을 때 법을 해석하고 적용하여 그 해결을 가져오는 작용에 관한 권한을 말한다. 실질적 기준에 따른 3권의 개념은 실정헌법규정에 부합되지 않을 수도 있는 문제가 있다. 예를 들어 행정입법은 대통령, 행정각부장관이 제정하도록 현행 헌법이 규정하고 있는데 행정입법은 실질적 기준에 따르면 집행권이 아니라 입법권에 해당하는 것이다.

(2) 형식적 기준

형식적 기준에서의 3권의 개념을 보면, 입법권은 입법기관에 분속되어 있는 권한을, 집행권은 집행기관에 분속되어 있는 권한을, 사법권은 사법기관에 분속되어 있는 권한을 말한다. 형식적 기준에 따른 3권의 개념은 입법기관, 집행기관, 사법기관들이라고 볼 국가기관들이 어떠한 기관들인가 하는 선결적인 문제가 있다.

(3) 사견 : 헌법기준설

입법권, 집행권(행정권), 사법권의 개념에 대해서 앞으로 각 국가기관의 권한을 살펴보면서 다루어 나가겠지만, 무엇보다 실질적 기준, 형식적 기준 어느 한 기준에 의할 때 위에서 본 문제점들이 있고 각 권한에 대한 충분한 개념정의와 그 각각의 범위에 대한 명확한 설정이 어려우며 혼동이 오기도 한다. 이에 우리는 헌법규정들을 기준으로 3권을 개념정의하고 그 범위를 설정하여야 한다고 본다. 자세한 것은 후술 참조.

2. 현대적 시도

전통적 기준에 따른 3권의 분류나 그 개념파악에 문제가 있다는 지적이 강해지고 전통적 권력분립론이 가지는 한계를 의식하여 현대에 와서 다양한 권력분립론이 제시되고 있다. 동태적 분립론, 기능적 분립론, 포괄적 분립론, 합리적 구조권력론 등이 그것이다(이에 관해서는 후술 Ⅴ. 2. 참조).

Ⅳ. 권력분립주의의 적용 - 권력분립의 구도와 유형

1. 정부형태론에의 적용

전통적으로 권력분립론은 예를 들어 엄격한 분립이 이루어지는 정부형태는 대통령제라는 정부형태라고 하듯이 정부형태를 규명하는 데 적용되어 왔다. 어느 국가의 어느 기관의 권한에 대한 획정을 함에 있어서도 그 국가의 정부형태가 어떠하고 권력구도가 어떠하니 그 기관은 어떠하고 어느 정도인가를 따지기도 한다.

권력분립의 구도가 어떠한가는 3권들 중, 역사적으로나 현실적으로 주로 입법부와 집행부(執行府)<용어의 의미를 밝히는 것이 필요하다. 흔히 행정부란 말을 사용하나 사실 행정부는 행정내각을 의미하고 대통령(또는 국가원수)을 제외하는 개념일 수 있다. 따라서 국가의 입법권과 대립되는 집행의 권력을 지칭하는 용어로 대통령(또는 국가원수)도 집행기관이니 행정부와 대통령(또는 국가원수)을 합쳐 집행부[즉 대통령(또는 국가원수) + 행정부]라고 부르기로 한다. 요컨대 행정부라고 부를 경우에 대통령(또는 국가원수)이 제외될 수 있다는 점을 감안한 것이다. 그런데 우리 헌법전은 대통령과 행정내각을 합쳐 '정부'라는 용어로 표기하고 있기에 집행부라는 용어 대신에 '정부'라고 함이 현행 실정법 용어에 부합하나 '정부'가 입법부, 사법부 등을 모두 포함한 개념으로 일반적으로 활용되는 용어임을 감안하여 혼동을 피하기 위해 집행부라는 용어를 일단 사용키로 한다. 행정권이란 용어에 대해서도 마찬가지 문제가 있다. 그런데 우리 헌법 제66조 4항은 "행정권은 대통령을 수반으로 하는 정부에 속한다"라고 하여 대통령의 권한까지 포함하여 행정권이란 용어로 사용하고 있는 것으로 해석되기에 집행권이란 말과 혼용하기로 한다.>와의 관계를 통해 조명되어 왔다. 왕권에서 입법권이 분리되었던 역사적 사실에서나 현실적으로 국정운영상 입법과 집행이 적극적인 국가활동이면서 중심점이 되고 있다는 점에서 두 권부를 중심으로 살피는 것이 중요하기 때문이다.

2. 권력분립의 구도와 정부형태의 유형

(1) 경성분립형(硬性分立型, 엄격분립형)

미국식의 전통적인 대통령제에서 찾아볼 수 있다. 원칙적으로 집행권은 입법권에 간섭할 수 없고 입법권도 집행권에 간섭할 수 없다. 그러나 상호 균형을 위하여 견제수단들은 가지고 있다. 대표적인 견제수단이 대통령의 법률안거부권, 고위 공무원의 임명에 있어서의 의회의 인준권이나 탄핵소추제도 등을 들 수 있다.

(2) 연성분립형(軟性分立型)

영국과 독일 등에서처럼 의회주의적 정부(의원내각제)의 경우를 말한다. 이는 입법부와 집행부 간에 분리는 되어 있으나 상호의존의 관계에 있기 때문에 연성의 분립관계라고 한다. 입법부인 의회는 행정내각에 대한 불신임권을 가지고 집행부는 의회해산권을 가지고 있어서 내각의 존립이 의회의 신임에 달려있고 내각불신임시 의회해산권이 행사되어 역시 의회도 내각의 존립에 영향을 받게 되므로 양자 간에 상호의존적이고 협력관계가 필요하다.

(3) 병합(병존)**형**

입법권과 집행권이 하나의 국가기관에서 함께 행사되는 유형이다. 이 유형은 다시 입법부중심병합(병존)형과 집행부중심병합(병존)형으로 나누어 볼 수 있다. 전자는 입법부가 행정부를 겸하는 정부형태로 국민공회(Convention nationale)[1)]와 같은 경우가 이에 속한다. 후자는 행정부가 입법부를 겸하는 정부형태로 집정부제(consulat)[2)]가 이에 속하는 유형이다.

(4) 혼합정부제의 경우

혼합정부제는 의원내각제적 국가에서 대통령제적 요소를 강화하여 양자의 정부형태가 공존하고 있는 정부형태이다. 따라서 이론적으로는 혼합정부제에서의 권력분립의 모습은 엄격분립과 연성적 분립의 중간 정도의 분립의 모습을 띠게 된다.

(5) 권위주의적, 권력통합적 정부

권위주의적인 정부는 권력분립의 한 유형은 아니라고 볼 것이다. 권위주의정부에서는 어느 하나의 기관에 권력이 통합되어 행사되고 오히려 다원적 자유주의적 정부에서의 헌법원칙인 권력분립주의를 부정하기 때문이다. 역사적으로 볼 때 권위주의정부의 예로는 독일의 나치스정부, 마르크스레닌주의에 입각한 공산주의 정부 등을 들 수 있다.

V. 권력분립주의의 현대적 문제상황·변화와 그 과제

1. 고전적 권력분립주의의 '현실적' 한계와 상황의 변화

고전적 권력분립주의는 아래와 같이 정치적 현실을 충분히 규율 또는 반영하지 못하는 면이 있기에 '현실적' 한계를 가진다는 비판이 가해지고 있다. 아울러 상황의 변화의 지적도 있다. 아래에서 살펴보자.

ⅰ) 양당체제에서의 한계 권위주의정부에서와 같이 권력분립주의가 구현되지 않은 정부

---

1) 프랑스의 1789년 혁명 이후 1792년에 구성된 의회이다.
2) 프랑스의 경우 1799년 브뤼메르 쿠테타로 구성된 정부가 이에 해당된다.

형태도 있었지만 다원주의적인 정부에서조차 현실적으로는 권력집중적으로 나타나는 경우를 볼 수 있다. 그 예로 영국의 경우를 들 수 있는데 양당체제의 의회주의적 정부(의원내각제)는 선거에서 승리한 정당이 하원의 절대다수를 점하여 내각, 즉 그 다수당의 수뇌부의 수중에 권력이 집중되는 경향을 보여주고 있다고 지적되고 있다. 세계에서 가장 자유주의적인 체제를 가진 국가들 중의 하나가 영국이고 보면 이러한 지적은 영국의 자유주의는 권력분립이 아닌 다른 원인들에서 기인하는 것으로 인정하여야 할 것으로 본다.[1] "입법부에 의한 견제는 오늘날 대통령제의 전형적인 형태를 취한 미국을 제외하고는 제대로 실천되지 못하고 있다"라는 서술을 하는 교과서도 있는데(성낙인(2016), 344면) 전형적인 대통령제를 취하고 있는 국가의 경우에도 아래에서 언급하듯이 대통령이 의회의 다수파를 장악하고 있는 경우에는 의회가 대통령과 행정부를 제대로 견제할 수 없을 것인데 미국이 전형적인 대통령제를 채택하였기 때문이 아니라 이는 미국적 전통이 있기 때문이다. 바로 교차투표가 허용된다는 점인데 야당의원도 자기 소신대로 여당의 정책을 지지할 수 있고 반대로도 가능하다는 이유 때문이다. 외국의 경우를 정확히 분석하여 소개하는 것이 교과서로서는 의무이자 절실하다.

ii) **정부형태에 따른 차별적 분석의 문제점** 권력분립주의이론은 입법부(의회)가 집행권에 대한 통제의 기능을 수행한다고 주장하나 오늘날 의회가 집행부에 대하여 효율적인 통제의 소임을 충분히 행하고 있다고 보기가 어렵다. 앞서 언급한대로 의원내각제의 경우에는 사실상 상호의존적 협력관계를 유지하여야 국정운영이 가능한 연성적 권력분립형이므로 권력분립의 기능이 약화되어 있는 것은 당연하기도 하다. 따라서 이론적으로는 상대적으로 입법권과 집행권 간의 견제가 대통령제의 정부형태에서 강하게 나타날 수 있다. 그러나 사실상 오늘날 이론적인 대통령제대로 운용하고 있는 나라는 현실적으로 매우 드물다. 이론적인 대통령제의 정부라고 할지라도 대통령이 속한 정당이 의회의 다수파를 형성하고 있을 때에는 집행부의 집행작용에 대한 의회의 통제나 법률안의 제정에 있어서 대통령이 속한 다수파정당이 억제력 내지 주도권을 가지고 이를 집행부에 유리하게 행사한다면 사실상 대통령에 대한 의회의 견제기능은 약화된다. 물론 이러한 상황은 정당의 운영이 어떻게 이루어지느냐, 즉 정당수뇌부의 결정에 의원들이 기속되느냐, 의원들의 교차투표가 이루어지고 있느냐에 따라 달라질 수도 있다. 여하튼 오늘날 의회의 통제기능이 전통적 권력분립론이 주장하는 대로의 실제적인 효과를 충분히 나타내고 있다고 보기가 힘들다.

혼합정부제에 있어서 입법부와 집행부 간의 분립이 연성형에서 다소 엄격형인 상태의 모습을 보여줄 수 있을 것이다. 그런데 혼합정부제하에서도 사실 대통령이 속한 정파가 의회에서 다수파를 형성하고 있을 때에는 상당히 대통령제적으로 운영되어 집행부에 대한 의회의 견

---

1) P. Pactet, 112면 참조.

제가 약화된다. 반대로 대통령이 속한 정파가 의회의 소수파일 때에는 수상과 내각이 의회 다수파를 이루고 있는 반대파의 인물들로 구성될 경우에(이른바 동거정부의 상황이다. 동거정부에 대해서는 후술 혼합정부제 참조)는 의원내각제적 운영을 가져와 연성형의 권력분립이 나타날 수 있다.

iii) **국가권력의 영역 구분의 문제점** 앞서 우리는 권력분립의 개념요소인 독립성원칙에 대해 살펴보면서 상호협조적 독립성을 의미한다고 밝힌 바 있다. 더욱이 오늘날 분립된 각 권력이 다른 권력과의 관계가 전혀 없이 전적으로 독립 내지 고립되어 있는 것은 아니다. 즉 각 권력이 그 권력의 영역 내에서만 머무르지 않고 다른 권력에 간여하기도 한다. 행정부의 행정입법(특히 행정부가 독자적인 입법영역을 부여받는 경우)과 고위 공무원의 임명에 있어서 의회의 간여 등이 그 예이다.[1] 또한 행정권이나 입법권이 사법부의 판결에 대해 사면조치를 취할 수도 있다.

iv) **집행영역의 확대** 오늘날 입법, 집행, 사법 중 집행 영역이 확대되고 있다. 이는 특히 복지행정이나 전문행정의 영역이 확대된 데 기인한다. 그리하여 과거의 권력분립의 구도를 변화시키고 있다.

v) **여건(상황)의 변화 - 정당의 출현 등 -** 고전적 권력분립론이 형성된 당시와 오늘날의 정치적 여건이나 현실에서 차이가 있다. 특히 고전적 권력분립론이 형성되던 당시에는 오늘날의 정당정치와 같은 정치나 정당이 발달하지 못한 시기였다. 정당이 헌법현실에 미치는 영향력을 고려하면 고전적 권력분립론이 오늘날의 정치현실에 적응하지 못하는 측면이 나타날 수 있다. 실제 권력은 의회의 다수당의 수중에 집중되어 있다고 보기도 하고[2] 정당수뇌부에서 정한 결정에 따라 의원들이 행동하기도 한다. 현대에서는 정치생활을 이끌어가는 것은 정당이고 제도는 형식적인 범위를 제공할 뿐이라고 하면서 한편으로 집행부, 다른 한편으로 의회가 존재하는 것이 아니라 한편으로 선거에서 승리한 정당으로 구성되고 행정부뿐 아니라 동시에 의회를 주도하는 다수파와 다른 한편으로 차기선거에서 설욕하고자 하는 반대파가 존재하고 이러한 구도는 물론 프랑스, 독일과 같은 다수 정당이 자리잡고 있는 다수당체제(multipartisme)의 국가들에서 비해 영국과 같이 양당체제(bipartisme)가 이루어지고 있는 국가들에서 더욱 엄격히 적용된다고 지적하는 견해도 있다.[3] 이러한 견해는 그러나 다수당체제의 국가들에서도 이러한 현상들이 점점 더해지고 있다고 본다.

vi) **의회 역할의 비중의 변화** 의회의 역할도 입법보다는 오늘날 행정부의 활동과 행위에 대한 통제에 더 많은 비중을 두는 것으로 기울어지고 있다. 입법의 전문성이나 기술성 때문에 행정부에서 발안된 입법이 의원들의 충분한 검토 없이 통과되는 경우도 적지 않다.

vii) **사법권독립의 중요성** 사법권은 국민의 기본권을 보장하는 보루라는 점에서 중요한

---

1) 이러한 취지로, Ph. Ardant, 앞의 책, 51면 참조.
2) Ph. Ardant, 위의 책, 52면.
3) P. Pactet, 112면 참조.

국가권력이며 그 독립성이 보장될 때 진정한 3권의 하나로서 자리잡게 된다. 따라서 오늘날 사법권의 독립이 권력분립에서 중요한 요소를 이루고 그것은 국민의 기본권을 보장하기 위해서도 필수적이므로 사법권의 독립성 보장이 중요한 과제이다. 집행부의 정파가 입법부의 다수파와 동일한 시기에는 사법권의 독립이 더욱 중요하다는 지적을 프랑스에서 볼 수 있다.[1] 이는 의회의 다수파가 집행부를 구성하여 결국 의회가 집행부를 제대로 견제하지 못할 경우에 사법의 역할이 더욱 요구됨을 의미한다.

2. 현대적 시도

(1) 동태적 다각적 분립론

전통적인 기준이 3권개념의 파악을 완전히 해결하지 못하였고 전통적 3권개념이 정태적(情態的)인 점을 탈피하여 국가권력을 동태적(動態的)으로 분류하려는 시도가 현대에 와서 나타났다. 대표적인 이론이 Loewenstein의 이론이다. 그는 ① 정책결정권(국가의 중요한 정책이나 결단, 즉 예를 들어 정부형태를 대통령제로 할 것인가, 중요한 군사조약에 가입할 것인가, 국유화를 할 것인가 하는 등에 대해 결정을 내리는 권한. 의회, 집행부, 국민에 의해 행사되는 권한을 의미한다), ② 정책집행권(결정된 정책을 집행, 시행하는 권한이다. 즉 결정을 집행하기 위해 필요한 법률을 만드는 입법권, 정책결정을 실현에 옮기기 위해 이러한 입법을 적용, 집행하는 집행권 등을 말한다. 분쟁발생시에 이러한 법률을 적용하는 사법권도 정책집행권으로서 집행권과 구분의 필요성이 없다), ③ 정책통제권(정책의 결정과 집행에 대한 통제권으로서 각 국가기관에 분산되어 있는 통제권을 의미한다. 국회의 대정부 견제권－예를 들어 내각불신임권, 정부의 대국회 견제권－예를 들어 대통령의 법률안거부권, 의회해산권, 사법부의 위헌법률심사권 등을 들 수 있다. 이 정책통제권이 뢰벤슈타인의 3권분류에서 가장 핵심적이라고 평가된다)으로 나누었다.

뢰벤슈타인은 국정통제에 관한 권력분립론으로서, ⅰ) 수평적 분할, ⅱ) 수직적 분할로 나누어 이론을 전개하였다. 수평적 분할은 국가권력들 상호간의 기능을 중심으로 분할하는(입법기능과 집행기능 간의 분할 등) 것을 의미하고 수직적 분할은 다시 ① 구조적 분할(연방정부와 지방정부간의 권력분배, 집행부내의 권한분산, 양원제, 사법부의 이원적 구성 등 구조적 측면에서의 분할)과 ② 시간적 분할(임기제에 의한 재임기간의 한정 등)에 의한 통제로 나누어 설명하고 있다.

(2) 포괄적 분립론, 기능적 분립론, 합리적 권력구조론

우리나라에서는 위의 뢰벤슈타인의 동태적 권력분립론 외에 독일의 케기(W. Kägi)의 이론, 즉 헌법제정·개정권과 일반입법권의 이원화, 양원제, 집행부 내부에서의 권력분립, 공권력담당자의 임기의 한정, 복수정당제의 확립과 여야 간의 견제, 연방제와 지방자치제에 의한 수직적 권력분립 등 포괄적인 요소들이 권력분립의 기능을 하고 있다고 보는 이른바 포괄적 권력

---

1) 비슷한 취지의 지적으로, Ph. Ardant, 앞의 책, 52면 참조.

분립론을 소개하고 있다(권영성, 738면). 우리나라 학설로는 국가기능의 행사가 협동과 통제하에 조화될 수 있도록 하는 제도적 장치를 마련하여야 한다고 보는 기능적 분립론(허영), "권력의 엄격한 분할에 그치는 것이 아니라 권력의 합리화를 지향하는 것이라야 한다. 그렇다면 권력의 남용과 자의적 행사를 방지하고 권력행사의 절차적 정당성을 확보함은 물론 국가목적의 효율적 구현을 위한 권력상호간의 共和와 協助가 가능한 분할이어야 한다"라는 합리적 권력구조론(권영성, 740면) 등이 있다.

(3) 평가

현대에서 새로이 시도되고 있는 권력분립론은 복합적으로 권력통제기능을 확대하고 다각화한 점에 공헌이 있다. 그런데 새로운 권력분립론이 고전적 권력분립론이 가지는 한계를 극복하기 위한 것이어야 하지 그 한계를 그대로 인정하고 현실의 상황만을 반영하는 것이어서는 곤란하다. 기능적 분립론 등이 현실적으로 통제가 잘 이루어지지 않고 있는 국가권력에 대한 통제를 보강하는 이론으로 자리잡아야 한다. 한편으로 새롭다고 하나 사실 기능적, 합리적, 협력적 권력분립론은 고전적 권력분립론에서도 상당히 지적되어 온 사항들이다. 분립이 고립무원의 독립이 아니라 상호협조적 독립을 의미한다고 보는 것이다.

3. 현대사회에서의 권력분립의 과제

(1) 과제

고전적 권력분립주의가 위와 같은 한계를 가진다고 하여 권력의 남용을 막기 위한 권력분립의 필요성이 현대사회에서는 사라졌다고 볼 것은 아니다. 권력분립주의의 실효성을 어떻게 살려내느냐 하는 문제가 관건이 될 것이다. 대처를 위한 과제는 치유를 위한 것이기에 위에서 지적된 문제점들로부터 그것에 상응하여 모색되어야 함은 물론이다.

i) **의회주의의 실현** 의회의 통제력을 강화하기 위하여 의회주의의 실현을 강화하여야 한다. 다수파에 의한 통제의 약화를 막기 위하여는 다수파 중에서도 국민전체의 이익을 위해 활동하는 의원들의 소신을 교차투표의 허용 등을 통해 보호하여야 하는데 의회주의의 중요한 요소의 하나가 다원주의와 소수파의 보호이다.

ii) **상호견제의 틀 견지** 국가기관 간 상호협력관계가 본래의 각 기관의 고유한 기능과 상호통제의 틀을 무너뜨리는 정도가 되어서는 아니 된다. 행정입법에 대한 통제, 사면조치에 대한 통제 등이 오늘날 강조되고 있다.

iii) **행정확대에 상응한 통제의 확대** 행정영역이 확대되는 것을 반대할 수는 없다. 복지행정 등은 복지국가주의를 실현하기 위한 것이기 때문이다. 그렇다고 하여 복지행정을 포기할 수도 없다. 따라서 행정의 확대필요성을 인정하되 그만큼 행정이 헌법적 원칙에 반하지 않도록 통제하는 것이 필요하다. 행정의 확대만큼이나 행정통제가 그만큼 확대될 필요가 있다. 결국 오늘날 배분된 권력의 양적인 크기의 문제보다는 어떻게 실질적으로 상호 견제를 가져오도록 하느냐 하는 그 수단에 대한 모색이 더 현실성이 있는 모색이라고 할 것이다.

iv) **정당폐해의 불식** 정당국가의 경향의 폐해를 없애는 데 주력하여야 한다. 정당이 민주화되어야 하고 대표위임이론에 따라 의원들의 교차투표를 인정해야 한다.

v) **입법심사 강화** 의회의 입법심사기능이 강화되어야 한다. 의원들이 행정부 구성원에 비해 전문적 지식이 부족하나 적극적인 지식습득 등으로 전문성을 제고해 나가야 한다.

vi) **사법권의 독립** 법관의 인적, 물적 독립을 강화하여 사법부의 독립을 더욱 강화하고 사법제도를 보다 충실히 해야 한다.

vii) **권력의 분산 - 지방자치제 - 구조적(수직적) 권력분립** 지방자치제는 권한을 지방으로 분산하는 것이다. 지방자치는 전통적으로 권력분립(separation of power)보다는 지방분권(decentralisation)의 개념으로 파악되어 왔다. 그러나 분산과 권력의 분립은 차이가 있긴 하나 권력분립이 권력분리를 요소로 한다는 점과 지방자체로 중앙정부와의 지방자치 간에 권한이 배분될 수 있다는 점에서 수직적인 권력분립의 효과가 있다. 권력분산이 되는 가운데서도 분산된 권력 내부에서 상호 견제라는 분립의 원리가 또 적용될 수 있다.

(2) 견제·균형을 위한 최종적 수단 - 헌법재판의 중요성

상호견제의 기능과 권력의 적정한 배분에 대한 통제는 결국 헌법재판의 몫으로 돌아간다고 할 것이다. 헌법재판제도들 중에 보다 직접적인 제도는 바로 권한쟁의의 심판이라고 할 것이다. 입법, 행정, 사법 등의 국가기관들 간에 적정한 권한이 배분되어 행사되고 있는가에 대한 심판은 바로 권력분립의 원리를 제대로 구현하도록 이끌어가는 기능을 가질 것이다.

물론 위헌법률심판이나 헌법소원심판 등에 의해서도 입법권, 행정권에 대한 통제를 가져오게 하여 권력분립의 원리를 준수하도록 이끄는 효과를 가질 수 있다. 위헌법률심판은 국회가 만든 법률에 대해, 헌법소원심판은 기본권을 침해하는 행정작용에 대해 헌법재판소가 통제하기 때문이다.

제2항 우리나라의 권력분립

Ⅰ. 변천

제헌헌법에서부터 전통적인 권력분립론에 따라 국가권력을 별개의 국가기관들에 배분하고 있었다.

i) **제1공화국헌법** 제헌헌법 때에는 대통령제를 취하면서도 의원내각제적 요소도 두어

혼합정부적 권력분립의 양상을 헌법상 보여주었다. 그러나 실제적으로는 집행부우월적 경향을 보여주었다.

ⅱ) **제2공화국헌법** 전형적인 의원내각제에 가까운 정부형태를 채택하였기에 균형형 내지 연성형 분립형을 취하였다.

ⅲ) **제3공화국헌법** 다시 대통령제를 택하면서 헌법상 경성의 권력분립의 양상을 보여주었는데 미국식 대통령제과 같은 완전한 엄격분립이라 할 수는 없었으나 헌법규정상 이에 비교적 가까운 유형을 취하였지만 실제적으로는 집행부우월적인 경향을 보여주었다.

ⅳ) **제4공화국헌법** 제4공화국 헌법에서는 대통령이 국회의원 정수의 3분의 1을 실질적으로 선출하여 의회에 대해 우월적이고 대통령이 긴급조치권을 가져 대통령의 지위가 입법부, 사법부와 동렬의 지위에서 우월한 정도가 아니라 3권 위에 군림하는 대통령이었다. 대통령에 이처럼 중요한 권력을 집중하는 제도들을 둠으로써 신대통령제라고 평가될 수 있어 결국 비정상적이고 비민주적인 권력분립 내지 권력통합적 구도를 형성하였다.

ⅴ) **제5공화국헌법** 제5공화국헌법에서는 제4공화국헌법에 비하여 권력집중의 정도가 다소 둔화되긴 하였으나 대통령의 비상조치권 등 집행부우월적인 경향을 여전히 보여주었다. 역시 신대통령제적이었다.

Ⅱ. 현행 헌법하의 권력분립

1. 권력분립의 전반적 구도와 특색

현행 제6공화국헌법은 대통령의 권한을 약화시키고 국회의 권한을 복구함으로써 상당히 균형성을 찾았다. 헌법재판소를 별도로 설치하여 권력을 보다 더 분화하였다. 특히 헌법재판소의 권한쟁의심판은 권력분립원칙의 준수를 감시하게 한다. 사법부의 권한과 독립성도 강화하였고 3권 간에 상호견제를 강화하고 헌법재판소에 의한 위헌법률심판권 등을 두고 있다.

2. 상호적(수평적)·기능적 권력분립

(1) 권력의 분리

우리 헌법도 입법권은 국회에 속하고(제40조), 행정권은 대통령을 수반으로 하는 정부에 속하며(제66조 4항), 사법권은 법관으로 구성된 법원에 속한다고(제101조 1항) 규정하고, 헌법재판권도 별개의 헌법재판소를 설치하여 부여함으로써(제111조 1항) 규정하여 입법권, 집행권(행정권), 사법권을 나누어 별개의 국가기관들에 분속시켜 수평적, 상호적, 기능적 권력분립을 형성하고 있다. 인적 측면에서의 수평적 분립을 위하여 국회의원과 대통령에 대하여 겸직제한이 있다(제43조, 제83조).

고전적 권력분립론에서 실질적 기준에 따라 3권으로 분류될 기능 중에 그 기능이 속할 국가기관이 아닌 다른 국가기관에 헌법이 예외적으로 귀속시킨 기능(권한)들이 있다. 그러한 경우로 집행부에 입법기능인 법률안제출권(제52조), 긴급명령과 긴급재정경제명령권(제76조 1항 · 2항), 행정입법권(제75조)을, 사법기능인 행정심판권(세107조 3항)을 부여하고 있다.[1] 사법기관인 법원과 헌법재판소에도 입법기능인 대법원규칙제정권(제108조), 헌법재판소규칙제정권(헌법 제113조 2항)을 부여하고 있다. 이러한 부여는 권력분립주의를 형식적 기준에서 보는 입장(권한의 실질적 기능을 가리지 않고 권한의 귀속을 기관을 중심으로 판별하는 입장, 앞의 3권의 개념 부분을 참조)에서는 이론상 받아들이는 데 문제가 없을 것이고 실질적 기준에 따를 때 예외라고 볼 것인데 이러한 예외의 인정은 국가기능의 효율적 수행을 위해 헌법 자체가 인정한 것이다. 물론 그러한 예외가 균형을 잃고 특정 국가기관에 지나친 권력을 부여한다면 권력분립주의의 파괴를 가져올 것이다. 인적 측면에서의 수평적 분립의 예외로는 국회의원이 행정각부장관을 겸할 수 있도록 한 예를 들 수 있다(제43조, 제83조).

(2) 견제와 균형

중요 국가권력을 담당하는 집행부, 국회, 법원, 헌법재판소를 중심으로 견제와 균형이 아래와 같이 이루어지고 있다.

1) 집행부와 국회와의 관계

집행부는 대통령의 법률안거부권(제53조 3항), 임시회소집요구권(제47조 1항 후문), 긴급명령 · 긴급재정경제명령권(제76조), 헌법개정제안권(제128조), 정부의 예산안제출권(제54조 2항) 등을 통하여 국회를 견제한다.

국회는 대통령의 국무총리 · 대법원장 · 대법관 · 헌법재판소장 · 감사원장 등의 임명에 대한 동의권(제86조 1항, 제104조 1항 · 2항, 제111조 4항, 제98조 2항), 기채동의권(제58조), 예산안심의 · 확정권(제54조), 조약의 체결 · 비준, 선전포고, 국군의 외국에의 파견 등에 대한 동의권(제60조), 국정감사 · 조사권(제61조), 대통령 · 국무총리 · 국무위원 · 행정각부의 장 등에 대한 탄핵소추권(제65조), 국무총리 · 국무위원의 해임건의권(제63조), 국무총리 · 국무위원에 대한 국회출석 · 답변요구권(제62조 2항), 긴급명령 · 긴급재정경제명령 · 긴급재정경제처분승인권(제76조 3항), 계엄해제요구권(제77조 5항), 일반사면동의권(제79조 2항) 등을 통하여 집행부를 견제한다.

2) 집행부와 법원과의 관계

집행부는 대통령의 대법원장 · 대법관임명권(제104조 1항 · 2항), 사면 · 감형 · 복권권(제79조 1항), 법원예산안편성 · 제출권(제54조 2항), 긴급명령권(제76조 2항), 계엄선포권(제77조 3항) 등을 통하여 법원을 견제한다.

---

1) 국무총리 · 국무위원의 해임건의권을 수평적 권력분할에 대한 예외라고 하는 견해(권영성, 헌법학원론, 법문사(2005년판), 741면)도 있으나 이는 견제나 균형의 원리에서 나오는 것으로 보는 것이 더 타당할 것이다.

법원은 행정재판(제101조), 명령에 대한 위헌위법(헌법위반, 법률위반)여부심판(제107조 2항), 정부제출로 성립된 법률에 대한 위헌법률심판제청권(제107조 1항) 등을 통하여 집행부를 견제한다.

* 소추기관·재판기관의 분리와 특별검사의 임명에서의 대법원장에 의한 후보자 추천과 권력분립원칙 – 우리나라의 경우 기소독점주의의 결과 검찰이 소추기관이고 검찰은 집행부 소속인데 검찰의 소추에 대해 법원이 재판을 하여 소추기관과 재판기관 양자는 분리되어 있다. 그런데 특별검사 임명에 있어서 국회의장이 이를 요청하고 대법원장으로 하여금 특별검사후보자 2인을 추천토록 하였던 '한나라당 대통령후보 이명박의 주가조작 등 범죄혐의의 진상규명을 위한 특별검사의 임명 등에 관한 법률' 규정에 대해 "특별검사제도 도입을 입법부에서 일방적으로 결정하고 그 임명과정에서도 대통령이 대법원장의 판단에 기속되게 하는 것은 행정부에 속하는 검찰권을 침해하는 결과가 되어 권력분립의 원칙에도 위배된다"라는 주장이 제기되었다. 그러나 헌법재판소는 기소독점주의에 대한 견제로서 특별검사제를 도입한 점에서 권력분립원칙에 반하지 않는다고 보아 이 쟁점에 대해 합헌성을 인정한 바 있다.[1)]

* 행정처분과 권력분립원칙 – 행정처분에 대해 절대적인 효력을 인정하고 사법부에 의한 사후통제를 인정하지 않으면 권력분립원칙에 반한다. '국가보안법에서 금지하는 행위를 수행하는 내용의 정보'에 대하여 정보통신망을 통한 유통을 금지하는 '정보통신망 이용촉진 및 정보보호 등에 관한 법률' 제44조의7 제1항 제8호 및 방송통신위원회가 일정한 요건 하에 서비스제공자 등에게 그러한 불법정보의 취급거부 등을 명하도록 한 동법 동조 제3항이 일정한 정보가 국가보안법에서 금지하는 행위를 수행하는 내용의 정보인지 여부는 사법부에서 판단하여야 할 것인데, 관련조항이 적용되는 일련의 과정에서 사법부의 개입 여지를 봉쇄하여 권력분립원칙에 위반된다는 주장이 제기되었다. 그러나 헌재는 행정소송을 통한 사후통제가 마련되어 있다는 점을 들어 주장을 배척하였다.[2)]

3) 국회와 법원과의 관계

국회는 대통령의 대법원장·대법관임명에 대한 동의권(제104조 1항·2항), 법원에 대한 국정감사·조사권(제61조), 법원의 조직·권한·사법절차에 관한 법률(법원조직법 등)의 제정·개정권(제52조). 법원예산안에 관한 심의·확정권(제54조), 법관에 대한 탄핵소추권(제65조 1항) 등을 통하여 법원을 견제한다.

법원은 국회에서 의결하여 시행중인 법률에 대한 위헌법률심판제청권(제107조 1항), 국회에

---

1) 헌재 2008.1.10. 2007헌마1468. [관련판시] 특별검사제도는 검찰의 기소독점주의 및 기소편의주의에 대한 제도적 견제장치로서 권력형 부정사건 및 정치적 성격이 강한 사건에서 대통령이나 정치권력으로부터 독립된 특별검사에 의하여 수사 및 공소제기·공소유지가 되게 함으로써 법의 공정성 및 사법적 정의를 확보하기 위한 것이다. 이처럼 본질적으로 권력통제의 기능을 가진 특별검사제도의 취지와 기능에 비추어 볼 때, 특별검사제도의 도입 여부를 입법부가 독자적으로 결정하고, 특별검사 임명에 관한 권한을 헌법기관 간에 분산시키는 것이 권력분립의 원칙에 반한다고 볼 수 없다. 한편 정치적 중립성을 엄격하게 지켜야 할 대법원장의 지위에 비추어 볼 때, 정치적 사건을 담당하게 될 특별검사의 임명에 대법원장을 관여시키는 것이 과연 바람직한 것인지에 대하여 논란이 있을 수 있으나, 그렇다고 국회의 이러한 정치적·정책적 판단이 헌법상 권력분립의 원칙에 어긋난다거나 입법재량의 범위에 속하지 않는다고는 할 수 없다. 결국 이 사건 법률 제3조는 헌법상 권력분립의 원칙에 위배되지 않는다.

2) 헌재 2014.9.25. 2012헌바325. [결정요지] 행정기관인 방송통신위원회의 취급거부·정지·제한명령은 정보통신망을 건전하고 안전하게 이용할 수 있는 환경을 조성하는 등의 행정목적 달성을 위한 행정처분으로서, 행정소송을 통한 사법적 사후심사가 보장되어 있고, 그 자체가 법원의 재판이나 고유한 사법작용이 아니므로 사법권을 법원에 둔 권력분립원칙에 위반되지도 아니한다.

서 행한 행정작용에 대한 행정재판권(제101조) 등을 통하여 국회를 견제한다. 국회가 행한 의원의 자격심사, 징계, 제명의 처분에 대하여는 법원에 제소할 수 없다고 헌법 자체가 명시적으로 금지하고 있는 점(제64조 4항) 등에서 법원의 국회에 대한 견제권은 상대적으로 약하다.

4) 국회와 헌법재판소와의 관계

국회는 헌법재판소장임명동의권(제111조 4항), 3인의 헌법재판관 선출권(제111조 3항), 헌법재판소에 대한 국정감사 · 조사권(제61조), 헌법재판소의 조직 · 권한 · 사법절차에 관한 법률(헌법재판소법 등)의 제정 · 개정권(제52조), 헌법재판소 관련 예산안에 관한 심의 · 확정권(제54조), 헌법재판소 재판관에 대한 탄핵소추권(제65조 1항) 등을 통하여 헌법재판소를 견제한다.

헌법재판소는 위헌법률심판, 국회가 소추한 탄핵의 심판, 국회와 타 국가기관 간 권한쟁의의 심판, 국회가 행한 공권력작용에 대한 헌법소원심판(제111조 1항)을 통하여 국회를 견제한다.

5) 헌법재판소와 집행부와의 관계

헌법재판소는 정부제출로 성립된 법률에 대한 위헌여부심판, 대통령 · 국무총리 · 국무위원 · 행정각부장관 등에 대한 탄핵의 심판, 정부가 제소한 정당의 해산 심판, 집행부소속의 국가기관과 타 국가기관 간 권한쟁의의 심판, 집행부가 행한 공권력작용에 대한 헌법소원에 관한 심판(제111조 1항)을 통하여 집행부를 견제한다.

집행부는 대통령의 헌법재판소장임명권, 3인 헌법재판지명권 및 9인 헌법재판관임명권(제111조 4항 · 2항), 헌법재판소예산안편성 · 제출권(제54조 2항) 등을 통하여 헌법재판소를 견제한다.

6) 법원과 헌법재판소와의 관계

법원은 법률에 대한 위헌여부 심판의 제청(제111조 1항 1호)을 통하여 헌법재판소를 견제하고 헌법재판소는 법원이 제청한 사건에 대한 위헌법률심판, 법원과 타 국가기관 간의 권한쟁의심판(제111조 1항 1호 · 4호) 등을 통하여 법원을 견제한다.

(3) 상호의존적 · 협력적 관계

위에서 살펴본 대로 권력분립은 견제와 균형을 이루되 상호 협력적일 것을 요구하기도 한다. 그리하여 위에서 본 견제제도 중에 사실상 협력의 의미를 가지는 제도들이 있다. 예를 들어 기관구성적 측면에서 대법원장, 헌법재판소장, 국무총리, 감사원장 등에 대한 임명에 국회의 동의를 요한 것은 견제제도이자 상호협력의존제도이다. 권한행사적 측면에서도 무엇보다 먼저 각 기관의 조직, 권한행사에 필요한 법률을 국회가 제정하여야 활동할 수 있다는 점에서 국회의 입법권 자체가 다른 기관들에 대한 견제권이자 협력의존적 기능을 한다. 그리고 예를 들어 국회의 소추가 있어야, 그리고 정부(집행부)의 제소가 있어야 헌법재판소가 탄핵심판, 정당해산심판을 수행할 수 있다(제65조, 제8조 4항)는 것도 상호의존협력적 견제제도로 작용함을 의미한다.

우리 헌법재판소도 "헌법상 권력분립의 원칙이란 국가권력의 기계적 분립과 엄격한 절연을 의미하는 것이 아니라"고 보고 특별검사의 임명과정에서 대법원장이 추천한 자 중 1인을 대통령이 임명하도록 하여 특별검사 임명에 관한 권한을 헌법기관 간에 분산시키는 것이 권력분립의 원칙에 반한다고 볼 수 없다고 판시한 바 있다.[1)]

3. 구조적(수직적) 권력분립

우리 헌법도 지방자치제도를 헌법상 제도로 규정하여 이를 통하여 중앙정부와 지방정부 간의 권한의 분배가 이루어지고 있고 이는 수직적 권력분립의 효과를 가져오게 한다.

4. 기타

대통령, 국회의원, 대법원장, 대법관, 헌법재판관 등 고위공무원에 대한 임기제를 도입하고 있는데 이는 권력에 대한 시간적 제어(통제)역할을 한다.

5. 권력분립원칙의 준수를 위한 헌법재판

현행 헌법은 헌법이 정해준 권력분립의 구도를 유지하고 권력분립원칙을 준수할 것을 담보하기 위한 헌법재판제도를 두고 있다. 그 대표적인 것이 헌법재판소에 의한 권한쟁의심판이 그것이다. 헌법재판소는 국회가 제정한 법률에 대해 위헌법률심판과 법령소원심판을 통해, 그리고 행정부의 공권력(행정)작용에 대해 헌법소원심판을 통해 통제함으로써 권력분립원리를 구현할 수 있다.

---

1) 헌재 2008.1.10. 2007헌마1468, 공보 제136호, 169면. [관련판시] 헌법상 권력분립의 원칙이란 국가권력의 기계적 분립과 엄격한 절연을 의미하는 것이 아니라, 권력 상호간의 견제와 균형을 통한 국가권력의 통제를 의미하는 것이다. 따라서 특정한 국가기관을 구성함에 있어 입법부, 행정부, 사법부가 그 권한을 나누어 가지거나 기능적인 분담을 하는 것은 권력분립의 원칙에 반하는 것이 아니라 권력분립의 원칙을 실현하는 것으로 볼 수 있다. 이러한 원리에 따라 우리 헌법은 대통령이 국무총리, 대법원장, 헌법재판소장을 임명할 때에 국회의 동의를 얻도록 하고 있고(헌법 제86조 제1항, 제104조 제1항, 제111조 제4항), 헌법재판소와 중앙선거관리위원회의 구성에 대통령, 국회 및 대법원장이 공동으로 관여하도록 하고 있는 것이다(헌법 제111조 제3항, 제114조 제2항). 특별검사제도는 검찰의 기소독점주의 및 기소편의주의에 대한 제도적 견제장치로서 권력형 부정사건 및 정치적 성격이 강한 사건에서 대통령이나 정치권력으로부터 독립된 특별검사에 의하여 수사 및 공소제기·공소유지가 되게 함으로써 법의 공정성 및 사법적 정의를 확보하기 위한 것이다. 이처럼 본질적으로 권력통제의 기능을 가진 특별검사제도의 취지와 기능에 비추어 볼 때, 특별검사제도의 도입 여부를 입법부가 독자적으로 결정하고, 특별검사 임명에 관한 권한을 헌법기관 간에 분산시키는 것이 권력분립의 원칙에 반한다고 볼 수 없다.

제3절 정부형태론

제1항 개념

가장 넓은 개념으로서의 정부형태란 한 국가에 있어서 입법부, 집행부(대통령 또는 국가원수 + 행정부), 사법부의 전반적인 구도 내지 모습을 말하는 것으로서 입법부, 집행부, 사법부 간의 관계가 어떠한지를 파악하게 한다(최광의). 가장 넓은 이 개념은 국가의 형태를 의미하는 것이기도 하다. 이보다 좁으나 그래도 넓은 개념은 전통적인 권력분립론에서 국가권력의 주축을 이루는 입법부와 집행부 간의 관계가 어떠한지 하는 구도 내지 모습을 의미한다(광의). 이보다도 더 좁은 개념은 집행부만의 형태, 구도를 말한다(협의). 가장 좁은 개념은 집행부에서 대통령(또는 국가원수)을 제외한 행정부(내각)만의 모습을 의미한다(최협의).

근대 이후 국가권력이 입법권, 집행권, 사법권으로 나누어지는 것이 일반적이라는 점, 여기서는 국가권력조직의 전반에 관해 살펴보는 것이 과제라는 점에서 기본적으로는 최광의의 개념에 입각하여 고찰한다. 다만, 권력분립구도상으로 위에서도 살펴본 대로 입법부와 집행부 간의 관계가 어떠한지가 중요하므로(물론 오늘날 사법부의 역할이 강조되긴 하나 전래적 시각에서 입법부와 행정부와의 관계가 중요하므로) 그 관점에서 볼 때에는 광의의 개념에 따라 살펴볼 필요가 있다. 그리고 그 외 개별적으로 광의, 협의, 최협의에 따라 고찰할 때도 있을 수 있는데 예컨대, 내각의 권한 등을 고찰할 경우에는 최협의 개념에 따라 살펴본다.[1)]

제2항 정부형태의 유형(분류)

Ⅰ. 권력분립형과 권력집중형

뢰벤슈타인에 따르면 권력의 분산, 분립이 이루어진 정부인지가 형태분류에 있어서 중요한 지표가 된다고 보고 권력분립 내지 권력분산형은 입헌주의를 구현하는 정부형태이기에 '입헌주의적' 정부형태라고 불리고 권력집중형은 '전제주의(專制主義)적' 정부형태라고 불린다. 이러한 분류기준은 오늘날 서구에서 일반화된 것으로 전자는 다원주의(多元主義)적 정부형태라고

1) "정부형태를 파악하는 기본적 출발점은 성문헌법이어야 한다. 따라서 성문의 헌법체제를 뛰어넘는 어떠한 논의와 해석 및 헌법현실에서의 적용도 용납될 수 없다"라는 견해(성낙인(2016), 351면)가 있으나 당장 의원내각제의 대표적인 영국의 경우는 성문헌법이 아니라 불문헌법으로 정부형태가 자리잡고 있고 미국의 경우에도 위헌법률심사제와 같은 불문헌법규범이 자리잡고 이 위헌법률심사제가 사법부의 권한을 강하게 하여 권력분립구도에도 영향을 미친다.

도 한다. 권력분산과 복수정당제 등을 통하여 국민의 의사가 다양하게 반영되는 민주적 정부형태이기에 다원적 정부형태라고 부르는 것이다.

1. 입헌주의적 정부(다원주의적 정부)

(1) 특징

헌법에 의하여 국가권력이 배분, 부여되고 헌법에 의하여 ① 권력분산적으로서 국가권력이 적절히 제한됨으로써 ② 국민의 기본권이 보장되는 체제로서 ③ 사상과 사조의 자유성과 다양성이 보장되며(표현의 자유) ④ 복수정당제와 집권을 위한 자유로운 경쟁이 이루어지고, ⑤ 자유경제체제가 자리잡고 있는 국가의 정부이다. 서구의 경우 계몽사상의 영향을 받았고 시민혁명의 결과 인권선언이 나타났으며 정치적 자유주의에 터잡고 있는 국가들에서의 정부이다.

정치적 차원에서는 표현의 자유가 전제되는데 이는 다양한 의사의 형성과 그 교환을 가능하게 함으로써 다원주의를 실현시키기 위한 조건인 것은 두말할 나위가 없다. 소수파의 존재를 인정하고 반대파의 의사가 존중되며 소수파와 반대파에게도 정권쟁취의 가능성이 열려 있다. 국가권력 간에는 분립과 견제, 균형이 이루어지고 있다. 경제적 영역에서는 시장기구에 의한 자유경쟁과 가격형성이 이루어지고 국가의 경제에의 개입을 인정하면서도 원칙적으로 자본주의가 자리잡고 있다.

(2) 유형

권력분산적인 입헌주의적 정부의 중요형태로는 의원내각제, 대통령제, 혼합정부제(우리나라에서는 '집정부제'라고 불리고 있는 정부형태)를 주로 들 수 있다. 그 외에 스위스연방식 이사회정부제, 직접민주제 등을 들 수 있다. 의원내각제, 대통령제, 혼합정부제는 중요한 정부형태로서 앞으로 상술한다. 스위스연방식 이사회정부제는 연방의회에서 선출된 7명의 각료들이 합의체로 1년마다 대통령이 바뀌면서 국가권력을 운영하는 형태로서 스위스연방정부에서 시행되고 있는 독특한 정부형태이다. 직접민주제는 전술한 대로 국민투표제 등 예외적인 것이 아니라 일반적으로 직접민주제를 원칙으로 시행하고 있는 국가는 오늘날 찾기가 힘들고 스위스의 몇 개 주(州)들에서 이루어지고 있는 정도이고 그것도 한계가 지적되고 있는 상황이다. 그 외 정부형태로 의회정부제(회의제정부제)도 있다. 이는 입법부가 행정권까지도 보유하여 집행부가 입법부에 전적으로 종속되고 있는 정부형태이다. 먼 과거로는 프랑스의 1792년에서 1795년 사이에 있었던 공회정체가 그 예이었고 현대에서는 지금은 폐지되었으나 구소련이 그 대표적인 예로 들려지고 있다. 이를 입헌주의정부의 하나로 분류하는 견해들이 있다(김철수, 1030면; 권영성, 748면). 그러나 이는 불완전한 권력분립(병합형)과 상당히 권력통합적인 모습을 띠고 있는 정부형태로서 진정한 입헌주의 정부형태에 포함하기는 곤란하다.

2. 전제주의 정부

전제주의정부는 국가권력이 특정한 한 개인이나 하나의 정당 내지 집단에 통합적으로 집중되어 국가권력의 행사가 독단적으로 이루어지는 정부를 말한다. 전제주의 정부에는 전체주의적(全體主義的) 정부와 권위주의적(權威主義的) 정부를 들 수 있다. 전체주의(totalitarianism)는 국가우위적 내지 민족우위적 이데올로기를 표방하면서 국민을 위한 국가가 아니라 국가를 위한 국민으로서 국민이 국가의 지배대상으로서 국가목적을 위한 도구, 수단에 불과하다고 보고 국민은 전체를 위하여 희생될 수 있다는 사상이다. 히틀러치하의 나치즘이 지배하던 독일, 뭇솔리니치하의 파시즘이 지배하던 이탈리아에서의 정부가 전체주의정부의 예이다. 전체주의 국가에서는 국가이념을 강조하고 일당독재하에 국민의 인간적 존엄성, 자유가 무시되며 개인의 경제적 자유가 인정되지 않는다.

권위주의(authoritarianism)정부는 전체주의정부가 일정한 국가이념을 표방하는 것과 달리 특정한 국가이데올로기를 내세우지 않더라도 권력이 특정인이나 특정 국가기관에 집중되고 그 행사가 자의적으로 이루어지는 정부를 말한다. 정부형태의 전반적인 형식이나 외관이 대통령제와 같은 입헌주의적 정부형태를 띠고 있더라도 헌법규정상 또는 헌정현실상 대통령에게 실제로는 권력집중이 되어 실질적으로 권위주의 정부인 경우도 있다. 뢰벤슈타인이 이름붙인 이른바 '신대통령제'(新大統領制)가 바로 그 예이다.

* 그 외 정부형태 구분론 – 오늘날의 정당국가화 경향을 반영하여 정부형태의 분류로 양당제정부(미국, 영국 등)와 다당제정부(프랑스, 독일 등), 유일정당정부(공산국가) 등으로 나누는 견해도 있다.

Ⅱ. 현대의 중요 정부형태와 이하의 고찰범위

현대국가들이 채택하고 있는 정부형태들로서 의원내각제, 대통령제, 혼합정부제 등이 기본적인 중요유형이므로 이 정부형태들에 대해 각각 항을 달리하여 집중적으로 살펴보고 그외 이사회정부제, 의회정부제, 마르크스정부제, 제3세계의 정부제 등에 대해서도 살펴본다.

제3항 대통령제

Ⅰ. 역사

1787년의 미국연방헌법에서 대통령제정부가 명시적으로 자리잡기 시작했다. 영국에서 의원내각제가 18세기 중반에 자리잡은 것에 비해 볼 때 그리 오래 뒤의 역사는 아니다. 미국의 대통령제는 계몽사상들, 특히 권력분립이론에 영향을 많이 받았다. 권력분립론이 나온 유럽에서는 물론 권력분립에 자리잡은 의원내각제가 보다 완화된 권력분립의 모습을 보여준 반면 오히려 신대륙에서는 권력분립에 보다 충실한 정부제를 선호하였다. 구대륙에서는 왕권의 약화를 위한 의회중심적 정부가 필요한 시대적 상황에서 의원내각제가 자리잡은 데 비해 왕권이 존재하지 않던(물론 영국의 식민지이긴 했으나) 신대륙에서는 이러한 시대적 요청보다는 권력분립론에 보다 철저히 따르는 논의의 산물로서 대통령제가 나타났다. 영국의 헌정제도와는 다른 정부형태를 신대륙에서는 갖추고자 하였고 각 州의 독자성이 강하였고 광대한 영역에서의 정치운영을 위한 리더십이 필요하였으나 역사적으로 군주가 존재하지 않았음은 물론 군주제를 반대하였기에 이에 대신하여 여하히 결집력있는 정부를 구성하느냐가 중요한 과제였다. 1787년 필라델피아헌법제정회의에서 연방제를 주장하는 연방파(Federalist)와 주의 독립성과 주권을 주장하는 州權主義派 간의 대립이 있었는데 결국 연방제를 채택하면서 더욱이 결집력을 위한 대통령제를 두면서 권력분립을 통한 견제를 이루게 한 것이다.

Ⅱ. 개념과 본질적 요소

1. 개념

대통령제는 입법권, 집행권, 사법권 3권이 엄격히 분리되어 상호 견제와 균형을 이루는 가운데 국민으로부터 직선된 대통령이 집행권의 수장으로서 실질적인 집행권을 의회, 사법부로부터 독립적으로 행사하고 이를 지휘하여 국정을 운영하는 정부형태를 말한다. 대통령제는 엄격한 권력분립주의를 실현하려는 정부형태이고 집행부의 체제가 대통령을 정점으로 一元的이다. 의원내각제하의 대통령과 달리 실질적인 권력을 대통령이 보유한다. 대통령제의 전형적인 형태는 미국의 정부이다. 라틴 아메리카 등에서 변형된 대통령제가 채택되기도 하였다. 이하에서는 고전적이고 전형적인 미국식의 대통령제에 대해 살펴본다.

2. 본질적 요소와 특색

(1) 권력분립의 구도

1) 엄격분립, 상호독립성

(가) 엄격분립, 상호독립성의 요소

대통령제의 권력분립유형은 엄격분립형이다. 입법부와 집행부가 엄격히 분립되고 상호 독립되어 견제와 균형을 이룬다. 독립적이라는 것의 요소는 ⅰ) 입법부는 입법권을 전적으로 행사하고 집행부는 집행권을 전적으로 행사한다는 점, ⅱ) 임기제라는 점, ⅲ) 의원과 장관 간의 겸직이 금지된다는 점 등에 있다. 입법부의 의원들은 임기 동안 해임되지 않고 대통령에게도 임기가 보장되어 그 기간 동안 독립적으로 행정권을 행사한다는 점에 있다.

(나) 효과

이러한 독립성에서 i) 대통령은 법률안제안권을 가지지 않으며 입법기능에 절대 간여할 수 없고 입법부도 집행작용에 개입하지 못한다는 점, ii) 입법부와 집행부는 상호간에 압력을 가할 수 없어 의회가 내각불신임권을 가지지 않고 대통령도 의회해산권을 가지지 않는다는 결과가 나온다.

미국의 대통령제에 있어서는 또한 iii) 사법부가 독립성을 강하게 가지고 집행부에 대한 통제뿐 아니라 위헌법률심사권 등을 통하여 입법부를 통제하여 사법부우위적인 경향을 보여주고 있기도 하다.

2) 견제균형

상호독립성을 가지더라도 상호 견제균형의 제도가 또한 자리잡고 있다. 의회는 상원이 집행부의 고위공무원이나 대법관의 임명 등에 있어서 인준하는 권한과 조약의 비준에 대한 동의권을 가지고 또한 대통령에 대한 탄핵결정권 등을 가지면서 대통령과 집행부를 견제하고 대통령도 법률공포권을 가지며 법률안거부권을 행사하여 입법에 제동을 걸기도 한다.

실제 국정운영상 엄격분립은 다소 완화된다. 오늘날 대통령이 자파 소속 의원들로 하여금 정책추진에 필요한 입법을 제안하도록 함으로써 실질적인 법률안제안을 하기도 한다. 대통령이 속한 정당이 의회의 다수의석을 점하고 있어서 다수파의 지지를 대통령이 받고 있을 때 집행부와 입법부 간에 실제적 운영상 협조가 가능하고 사실상 의회의 견제기능이 약화된다고 지적된다. 그러나 이러한 완화는 고전적 권력분립주의의 '현실적' 한계에서 지적된 것이기도 하거니와 국정운영상의 현실이고 전체적으로는 대통령제하의 헌법구조는 엄격한 권력분립에 입각하고 있다.

(2) 집행부의 일원성과 집중성(le monocéphalisme exécutif)

대통령제는 대통령을 정점으로 하여 대통령에게 권력이 집중되는 일원적인 정부형태이다. 대통령은 국가원수이자 집행부의 수반이다. 대통령은 내각을 구성하는 장관들을 재량으로 인선(의회의원들 외에서도 인선), 임명할 수 있고 필요에 따라 자유로이 해임할 수 있다(국무장관의 임명에는 상원의 인준이 필요하다는 의회의 예외적 간여가 있긴 하다).

국무총리나 수상이 없고 부통령이 존재한다. 대통령후보의 지명으로 동반 당선되는 부통령은 실질적인 권한을 행사하지 않고 대통령이 바라는 정도의 정치적 역할을 하게 된다. 이처럼 강하고 일원적인 권한이 부여되므로 대통령의 권한에는 민주적 정당성이 더 요구된다. 그 점에서 대통령의 직선제가 강조되기도 한다.

* 부통령제의 의미 – 대통령제하에서의 부통령은 대통령의 보좌기관이라는 의미 외에 중요한 의미를

가진다. 그것은 대통령제가 엄격분립형의 정부형태라는 점에서 기인한다. 즉 입법부와 집행부는 각기 독립되어 각 권한을 전적으로 행사하는데 이러한 권한행사를 뒷받침하는 다른 요소는 바로 임기보장에 있다. 따라서 집행부의 수장인 대통령의 임기는 대통령의 궐위나 유고가 있더라도 계속되어야 하고 이 임기를 채우기 위한 계승자 내지 대행자가 필요하다. 그리하여 부통령제가 필요하다.

대통령제하의 장관들은 각자 대통령의 정치적 결정에 따라 정책을 시행에 옮기는 역할을 주로 수행하고 합의체의결기관을 구성하지는 않고 대통령제하의 내각회의는 자문기관 내지 보좌기관에 불과하다. 의원내각제하의 행정부(내각)는 연대책임을 지면서 합의체의결기관인 점과 다르다.

(3) 대통령의 직선

대통령제하에서는 대통령의 권한이 강한 만큼 그 정당성의 확보가 필요하기에 대통령을 국민의 직접선거로 선출하는 것이 요구된다. 간접선거일지라도 직접선거의 효과가 있기 위해서는 폭넓은 선거인단이 확보될 것이 필요하다. 미국의 경우에는 간접선거제이긴 하나 선거에 있어서 기속위임원칙이 적용되어 직접선거의 효과를 가져오게 한다.

3. 미국의 3권

전형적인 대통령제라고 하는 미국에서의 3권이 어떻게 분립되어 있는지를 정리해볼 필요가 있다.

(1) 대통령

미국의 연방정부의 대통령은 직접선거의 효과를 가지는 간접선거로 선출된다(이에 대해서는 개선논의가 있다). 대통령은 연방차원에서 집행권을 가지고 중요한 고위공직자를 임명하는 등의 권한을 가진다. 즉 미국 연방헌법은 대통령의 권한으로 집행권을 가지고, 미국 육·해군의 총사령관 그리고 각 주(州)의 민병이 미국의 현역에 소집되었을 때는 그 민병대의 총사령관이 된다고 하여 군사에 대한 권한을 규정하고 있으며 또한 사면권, 조약을 체결하는 권한을 가지고, 고위공직자(대사, 그 밖의 공사 및 영사, 연방대법원 대법관, 법률로써 정하는 그 밖의 모든 미국 관리)를 임명할 권한을 가짐을 규정하고 있다. 또한 대통령은 외교사절을 접수하며, 법률이 충실하게 집행되도록 유의하며, 또 미국의 모든 관리들에게 직무를 위임한다고 규정하고 있다(미국연방헌법 제2조). 대통령은 의회의 권한행사에 개입하지 않고 대통령의 권한행사에 의회도 개입하지 않는 분립이 원칙이다. 그러나 의회의 협력 내지 의회와 공유하는 권력으로서 대통령의 권력이 행사되기도 한다. 대표적으로 대통령이 임명권을 가지는 고위 공직자에 대한 상원의 임명인준, 대통령이 가지는 국군통수권에 대한 의회의 승인(미군의 해외에서의 활동, 전쟁선포 등), 대통령의 조약체결에 대한 상원의 비준, 외국과의 교역, 주들 간의 교역에 대한 의회의 승인 등 그것이다.

(2) 의회

미국의 연방의 의회는 양원제(상원과 하원)로 구성된다. 상원은 직선되는 임기 6년의 상원의원이 각 주마다 2명씩이며 그리하여 상원은 100명의 상원의원으로 구성된다. 상원의원은 전체가 한번에 교체되지 않고 2년마다 상원의원의 약 3분의 1이 순차적으로 선출, 교체되도록 하고 있다. 상원의 의장은 부통령이 겸한다. 상원은 입법권과 예산심의권은 물론이고 연방대법원 대법관, 행정부의 장차관과 차관보 이상 등의 고위공직자[1]의 대통령임명에 대한 인준권, 조약비준에 대한 승인권 등 중요한 권한을 행사한다. 하원은 임기 2년의 435명의 하원의원으로 구성된다. 하원의원은 소선거구 단순다수제로 선출된다. 하원의 권한으로는 상원과 같이 입법권, 예산심의권 등을 가지고 대통령과 연방 고위공무원에 대한 탄핵소추권을 가진다. 탄핵심판권은 상원에 있다.

(3) 사법부

미국은 연방차원에서의 법원조직과 주 차원에서의 법원조직을 가지고 있다. 따라서 연방법원과 주법원 간의 권한분배 문제가 있다. 연방대법원은 다른 국가들에 비해 상당히 강한 권한을 가진다. 바로 의회가 제정한 법률을 심사하는 위헌법률심판권을 가지기 때문이다. 연방대법원은 9인의 종신직 대법관으로 구성되며 보수적이냐 진보적이냐의 경향성을 띠는 대법관들이 있다. 연방대법원 자체의 판례경향도 변화를 보여주어 왔다. 워렌(Warren) 대법원(흔히 대법원장 이름으로 칭하여 시기구분을 한다)에서는 사법적극주의의 경향을, 버거(Burger)대법원에서는 사법소극주의의 경향을 보여주었다고 평가된다.

(4) 대통령과 타 권력 간의 관계

1) 의회와 대통령과의 관계

상호독립적이나 위에서 언급한 대로 협력, 공유의 관계도 있다. 대통령은 법률안제출권을 가지지 않으나 연두교서 등을 통하여 자신의 정책실현을 위한 의회의 입법을 촉구하거나 자신의 정당 소속 의원들로 하여금 발의하게 하고 대통령의 정당이 의회에서 다수파를 이루고 있지 않는 상황이더라도 행정부는 야당의원들을 설득하여 의회와의 협조관계를 유지하려고 한다. 의회는 대통령에 대한 탄핵소추·심판권을 가지고 대통령의 조약체결권, 고위공직자 임명에 대한 인준권을 가진다(동헌법 동조 2항·4항). 상원의 고위공직자 임명인준 절차에 인사청문이 이루어진다.

대통령은 연방의 상황에 관하여 수시로 연방의회에 보고하고, 긴급 시에 대통령은 상·하양원 또는 그 중의 1원을 소집할 수 있으며(동헌법 동조 3항), 법률안거부권을 가진다(동헌법 제1조 7항). 하원의원의 임기가 2년이고 상원의원도 임기는 6년이나 3분씩 순차적 개선(順次的 改選)하

1) 그 외에 정보기관의 장인 CIA 국장과 FBI 국장, 외국 대사와 연방선거위원회의 위원 등이 임명인준대상이다.

므로 의회도 중간평가를 받게 되고 대통령의 정당이 늘 다수파가 되지는 않고 소수파가 될 수도 있다. 물론 대통령, 집행부와 야당 간의 마찰이 나타나는 경우가 있지만 협력정치를 구현하려고 노력하는 모습을 대체적으로 보여준다.

2) 사법부와 대통령과의 관계

대통령은 연방대법원의 대법관들을 임명하는데 상원의 인준을 받는 것을 조건으로 한다. 대통령에 대해 연방대법원은 위헌심사권으로 견제한다.

(5) 배경 내지 여건

미국의 대통령제는 연방제, 양당정치의 확립 등을 배경으로 한다.

1) 연방제

미국은 연방제국가로서 연방정부와 주정부 간에 권한이 배분되어 있다. 미국 연방 헌법은 헌법상 연방에 부여되어 있지 않은, 주의 것이 아니라고 금지된 것이 아닌 권한은 주에 유보되도록 규정하고 있다. 그럼에도 실제로는 연방의 권한이 점차 확대되는 경향을 보여주었다. 연방대통령의 역할도 그만큼 더 확대되어 왔다. 그렇지만 주도 자주적 권한을 행사한다. 각 주마다 집행부(주지사, 주정부), 입법부(주의회), 사법부(주의 대법원과 법원들)를 각각 두고 3권이 행사된다. 연방대통령은 상당히 중요한 권한들을 행사하고 특히 대외적인 외교, 국방의 정책을 이끌고 집행하는 데 중요한 권한을 행사하며 경제적이고 사회복지적 영역(예를 들어 오바마케어)에 권한행사를 확대해 오고 있다. 위와 같은 연방제의 모습이 대통령제의 운영에 영향을 미침은 물론이다.

2) 양당정치 - 완화된 정당기속

미국이 흑인노예해방 문제를 기점으로 링컨이 주도한 공화당의 창설로 양당정치가 자라났고 공화당, 민주당의 양당정치가 확립되어 있다. 그러나 이러한 양당정치는 영국의 경우와 달리 의원들의 정당기속이 강하지 않다. 이는 여소야대의 정국에서도 국정마비를 가져오지 않고 건전한 비판을 통하여 의원내각제에서 정국경색을 극복하게 하는 내각불신임제도, 의회해산제도가 없이도 정국운영에 그다지 마비가 오지 않게 한다.

Ⅲ. 장단점

대통령제의 장단점에 대해 종래 지적되어 온 것을 아래에서 언급한다. 유의할 점은 이러한 장단점은 대통령제의 현실적 운영의 경험에서 비추어 본 것인 만큼 그것을 운영하는 나라의 여건이나 상황 등에 따라 반드시 그러한 장단점이 나타나는 것은 아니므로 절대적인 것은 아니라는 것이다.

1. 장점

(1) 응집력·신속성·추진성

집행부의 일원적 체제로 인하여 대통령을 정점으로 하여 응집력 있고 신속성이 있는 집행작용이 가능하다. 또한 대통령의 리더십에 따라 강력한 추진력을 가질 수 있다. 그러나 국정운영의 응집력, 신속성은 의회의 다수파가 집행부를 지지, 후원하는 경우에 그 가능성이 높아진다.

(2) 집행부의 안정성

대통령제는 대통령의 임기 동안 집행부의 안정성을 가져온다. 그러나 역시 의회의 다수파의 지지를 집행부가 받지 못할 경우에 마찰과 대립으로 정국의 불안이 올 수 있다.

(3) 의회의 졸속방지

의회의 졸속과 다수의견의 횡포에 대해 대통령의 법률안거부권 등으로 소수의 보호를 가져올 수 있는 점을 장점으로 드는 견해도 있다.

2. 단점

(1) 마찰해소기능의 미비

입법부와 집행부 간의 충돌과 마찰을 해소하고 조정할 제도가 불충분하다. 집행부가 어떤 정책을 추진하기 위해서는 입법이 필요한데 법률안제안권은 물론이고 입법과정에 개입할 수 없기에 그 추진에 어려움이 있다. 대통령을 지지하는 정당이 의회 내에서 소수파이고 다수파의 지지를 받지 못할 경우에 위에서 언급한 집행부의 안정성이라는 장점이 나타나지 않고 오히려 국정수행의 안정적이고 통일적인 수행에 어려움이 나타날 수 있다. 입법부와 집행부 간에 충돌이 발생한 경우에 이를 해결할 제도적 장치가 약한 것은 임기보장과 관련된다. 입법부의 의원들의 임기가 보장되어 있고 대통령의 임기가 보장되어 있어서 임기 동안의 직무수행권이 보장되는 반면에 충돌을 해소할 장치가 없다. 의원내각제의 경우 불신임제도와 의회해산제도로 정국경색을 풀어갈 수 있는 것과 다르다. 한편 다수파의 지지를 받지 못하는 상황을 부정적으로만 볼 것은 아니다. 의회의 다수파가 집행부를 견제할 가능성은 커지기 때문이다. 다만, 이러한 정국상황에도 적절히 정치가 이루어지지 못하고 파행이나 급기야 쿠테타로 이어지는 것이 문제인데 여소야대의 경우에도 민주적 정치운영이 가능한 역량을 갖춘 나라에서는 오히려 통제의 기능이 강화된다.

(2) 대통령의 독재화의 우려

대통령제하에서는 중요한 국가권력이 대통령에 집중되고 대통령이 국회에 대하여 책임을 지지 않는 체제이므로 국민의 여론이 제대로 표출, 전달되고 국정비판이 이루어지는 민주적인 체제와 사법통제 등이 확립되지 않은 나라에서는 독재화의 가능성이 크다. 미국 외에 대통령제가 이식된 나라에서 결국 독재화의 길을 걷게 된 경험을 역사적으로 볼 수 있다.

3. 평가

집행부의 운영이 응집력 있고 신속성을 가진다는 장점이 실제로 나타나기 위해서는 입법부의 협조가 필요하다. 대통령이 속한 정당이 의회 내의 다수파를 형성할 때 이러한 협조가능성이 높아진다. 미국의 경우 대통령이 소속한 정당이 소수파가 된 경우, 즉 여소야대의 경우에도 국정운영에 큰 어려움이나 마비가 없었던 것은 정당정치의 성숙성 덕분이라고 본다. 대통령, 정부가 야당의원의 협조를 구하고 의원들도 소속 정당이 아닌 반대 정당의 정책에 대해 소신에 부합할 경우에 지지를 보내는 이른바 교차투표가 이루어지므로 집행부가 의회를 설득하여 정책을 추진할 수도 있다. 중요한 것은 의회주의의 전통이 확립되고 충만하여 의원들도 기속위임이 아니라 국민전체를 위한 정책결정활동을 펴고 여야 간에 대화와 설득, 조정, 타협이 이루어지는 의회주의가 실현되는 것이다. 바로 이러한 여건이나 전제가 이루어지지 않은 채 미국식 대통령제가 외국에 이식되었기에 그리 성공적이지 못하였다.

Ⅳ. 유형

1. 전형(고전)적 대통령제

권력분립이 엄격히 이루어져 입법부와 집행부가 분리되어 있고 집행부가 입법부에 간여할 수 없는 원래 모습의 대통령제이다. 현재 미국 외에 전형적인 대통령제를 찾아보기 힘들다. 미국식의 고전적 대통령제의 헌정제도에 대해서는 위에서 살펴본 바 있다. 사실 오늘날 미국에서조차 완전히 엄격분립의 대통령제가 사실상 완화되고 있다고 보는 것이 일반적인 평가이다. 집행부가 입법기능에 전혀 간여할 수 없다는 것이 엄격분립형이나 대통령이 법률안 제안권이 없더라도 자당의원들에 의해 법안이 제출될 수 있고 특히 대통령의 법률안거부권이 상당히 중요한 입법간여권의 의미를 가진다는 점 등이 실질적으로 그러한 엄격한 분립원칙을 실제로는 완화하고 있다고 본다. 또한 오늘날 행정권의 확대현상으로 권력구도의 변화를 볼 수 있다.

미국식 대통령제에 있어서도 현실적인 헌정운영이 어떠한가에 따라 입법부와 집행부와의 관계에 차이를 보여줄 수 있다. 사회적, 경제적 위기의 극복 또는 경제나 재정정책의 강력한 추진 등이 이루어져 대통령의 리더십이 강하게 작용하는 시기에는 집행부우위적인 경향이, 반대의 경우에는 입법부우위적인 경향이 나타나고 그외 입법부와 집행부 간에 통상적인 균형을 이루는 경향을 보이는 때도 있다.

2. 변형된 대통령제

대통령제는 강력한 지도력과 국정안정의 요구가 있는 국가에서 이를 수용하려는 경향이 강하다. 2차대전 이후 후진국가들이 그런 경향을 보여주었다. 그러나 미국의 독창품인 대통령제는 미국적 여건이나 역사전통하에서는 성공적이었으나 이를 이식한 나라에서는 그리 성공적이지 못하였고 변형된 대통령제가 나타났다. 미국의 대통령제는 남미 국가들이 포르트갈, 스페인 등으로부터 독립하면서 수용되었고, 2차 대전 이후에는 탈식민지화한 아시아, 아프리카의 국가들에 이식되었다.

(1) 남미형 대통령제

남미 국가에서는 대통령제를 택하면서 의원내각제적 요소를 가미하였다. 칠레, 과테말라, 베네주엘라와 같은 나라들의 정부형태가 그 예이다.

(2) 신대통령제

'新大統領制'(Neo－Präsidentialismus)란 이름만 대통령제일 뿐 실제로는 미국식의 대통령제와 달리 대통령에게 비정상적으로 강력한 권력이 집중되어 있는 정부형태로서 Loewenstein이 명명하고 분류한 정부형태이다. 신대통령제는 대통령제를 택하면서도 집행부의 수반인 대통령에 권력을 집중시켜 집행부가 입법부와 사법부에 대한 절대적 우위를 가지며 대통령의 자의적인 권력행사를 가능하게 하는 권위주의적 정부형태로서 전제적 정부형태이다. 국가권력이 입법권, 집행권, 사법권으로 형식적, 외형적으로 분립되어 있으나 집행권이 지나치게 강력하여 권력분립의 구도가 견제·균형을 이루지 못하고 자신이 수반인 내각은 물론이고 입법부, 사법부가 대통령에 예속되어 있다. 대통령의 권력남용을 막기 위한 실질적인 통제장치가 없기에 사실상 권력통합적이다. 신대통령제의 예로서는 나세르(Nasser)가 통치하던 시절의 이집트헌법, 마르코스(Marcos)가 집권한 시기의 필리핀헌법, 티우(Thieu)정권하의 월남헌법 등을 들 수 있다.

(3) 국내 교과서의 그외의 변형된 대통령제 이론

국내 교과서 중에는 그외 변형된 대통령제로서 반대통령제를 들고 있는데 문제가 많기에 아래에 비교적 원문을 옮겨가며 살펴보고자 한다.

1) '半大統領制'라는 이론

권영성 교수는 "반대통령제 내지 準大統領制(das semi－präsidentielle System)라는 개념은 폰 바이메·뒤베르제·벨로프(M. Beloff) 등에 의하여 사용되고 있다. 그러나 von Beyme의 반대통령제는 신대통령제의 범주에 드는 것인 듯 하고, Duverger의 반대통령제는 이원집행부제의 범주에 해당하는 것으로 보인다"라고 하면서, 폰 바이메(von Beyme)의 이론을 "그에 의하면 반대통령제에 있어서 대통령은 ① 모든 것을 지배하는 지위에 있고, ② 군주제국가의 군주와 같이 大權(prerogative)을 행사하며, ③ 국민에 의한 직선이 아니라 間選制로 선출되고, ④ 그 지위의

長期性 · 不可侵性 · 無責任性을 특징으로 한다"라고 소개하며 그 실례로서 라틴아메리카의 몇몇 국가와 프랑스 제2 · 제5공화제를 들고 있다고 전한다(권영성, 761면－762면). 그러나 프랑스의 현행 5공화국은 당장 대통령이 간선되지 않고 직선된다는 점에서 벌써 문제가 있으며 프랑스의 제도에 관한 우리나라에서의 기존의 소개에 대해서는 그 밖에 아래와 같은 문제점이 있다.

2) 우리 교과서에서의 문제점

프랑스의 정부형태를 위에서처럼 반대통령제라고 부르면서 변형된 대통령제라고 우리나라에서 소개하는 견해는 잘못된 것이다. 반대통령제는 혼합정부제(우리 학자들은 이를 이원정부제로 부른다. 이렇게 부르는 것도 문제다)를 뒤베르제(M. Duverger) 교수 등이 나름대로 부르는 제도인데 만약 혼합정부제를 별도의 정부형태로 인정한다면 이는 뒤베르제 교수가 반'대통령'제라고 하였다고 하더라도 혼합정부제일 뿐 대통령제의 변형이라고 하면 모순이다. 만약 그렇다면 프랑스의 정부제도는 변형된 대통령제이자 혼합정부제라는 모순이 생긴다. 역사적으로 프랑스의 정부제는 대통령제에서 변형된 대통령제인 반대통령제가 아니라 의원내각제의 전통에서 대통령의 권한을 강화하여 의원내각제와 대통령제가 혼합이 되는 방향, 즉 의원내각제에서 대통령제적으로 변화되는 방향이었다.

더욱이 프랑스의 정부제를 뒤베르제가 반대통령제라고 불렀는데 이 반대통령제에 대해 우리나라의 헌법학 교과서 중에는 "權威主義的 大統領制의 일종일 뿐이다"라고 폄하하는 독단적 견해까지 나타나고 있는 예(권영성, 762면)를 본다. 프랑스의 정부제는 후술하는 혼합정부제에서 보는 대로 대통령제와 의원내각제가 혼합된 것으로서 권한에 관한 헌법규정을 보면 의원내각제적 요소에 의한 대통령의 권한에 대한 제어로 오히려 전형적 대통령제하에서의 대통령보다 권한이 약하다. "반대통령제는 국가원수가 간접선거로 선출되고"라는 것도(권영성, 같은 면) 잘못이다. 대통령의 실질적 권한이 인정되는 혼합정부제이기에 그 실질적 권한을 뒷받침하기 위해 직접선거되며 뒤베르제 교수 자신도 프랑스 현행헌법이 애초 대통령 간접선거였던 것을 드골에 의해 1962년 직접선거로 바꾸면서 반대통령제가 되었다고 보고 있다. 결국 대통령직선이 반대통령제에 있어서 원칙적인 것이다. 여하튼 이 모든 문제점은 외국제도에 대한 부정확한 이해에서 나온 것이고 여기서 논의하는 것보다 주로 후술하는 혼합정부제에서 다루는 것이 오늘날 3대 중요 정부제도, 즉 대통령제, 의원내각제, 혼합정부제 중에 하나로서 혼합정부제가 가지는 비중에 걸맞는 일이다.

Ⅴ. 미국식 대통령제의 생성배경과 성공요인

1. 생성배경

미국식 대통령제의 이론적 기초는 Montesquieu의 권력분립론(절제된 정부의 추구)의 영향을 받았다. 영국의 정치제도에 대한 극복과 나아가 유럽군주제에 대한 반대가 대통령제로 나타났다. 연방제도의 채택으로 인한 결집력의 약화를 막아보기 위해 강한 리더십을 가져올 수 있게 하는 대통령제를 취하게 되었다. 자세한 것은 전술한 바 있다(앞의 대통령제의 역사 참조).

2. 성공요인

대통령제가 미국에서 성공할 수 있었던 요인으로는 ① 의회주의가 정착되어 있고 집행부에 대한 건전한 견제가 이루어졌다는 데에서 찾을 수 있다. ② 양당제도가 자리잡고 정당정치가 성숙함도 요인이다. 양당제도는 정책적 차별성을 보여주었고 정권교체의 가능성을 열어주었다. 양당정치가 뿌리내렸으나 정당기속이 완화되어 교치투표 등으로 의회주의가 효과적으로 나타날 수 있다. 또 다른 요인으로서는 ③ 연방제이기에 국민결속을 위해 더욱 필요한 리더십이 오히려 대통령제가 권력집중을 가져오게 할 수도 있었을 것이나 주정부에 상당한 권한을 부여하는 연방제에 따라 권력분산이 이루어진 점, 결국 연방제에 의해 대통령의 권한이 완화되고 있는 점, ④ 연방법원이 위헌법률심사제 등을 통하여 입법을 통제하는 역할을 수행하여 왔고 사법권의 독립이 이루어지고 있는 점, ⑤ 국민들의 자유의식, 시민의식, 민주주의가치에 대한 수호의식이 강하고, 민주정치역량을 위한 교육이 강조되고 있다는 점, ⑥ 여론과 언론의 감시기능이 중요한 역할을 수행하고 있다는 점, ⑦ 국민의 기본권, 특히 언론의 자유의 최대한의 보장이 이루어지고 있다는 점 등을 들 수 있다.

제4항 의원내각제

Ⅰ. 연원과 발달

의원내각제는 그 전형적인 형태가 영국에서 기원하였다. 영국의 의원내각제는 의회가 중심이 된 체제로서 이는 현실적 필요의 산물이었다. 즉 왕권의 억제를 하여야 한다는 현실적 요구 때문에 의회의 힘이 강해지면서 왕권에 대한 제한을 점점 넓혀온 의회가 그 권한을 확장해나간 결과로 형성·발달되어 온 것이다. 점진적인 발달은 영국의 의회가 일찍 탄생하였음에도 초기에는 귀족들에 의해 의회가 지배되어 왔고 국민에 의한 의회는 상당한 시간이 경과된 뒤 자리잡았다는 사실로 나타난다. 그리하여 특히 1688년의 명예혁명을 기점으로 의회의 우위가 나타나고 의회주권적 사상의 기초가 형성되었으며 강한 힘을 가진 의회는 집행기능을 직접 행사할 수도 있었지만 집행권은 국왕에 맡기고 대신 집행권의 행사에 대한 통제를 강화해 나갔다. 내각은 국왕의 자문기관이었던 추밀원(privy council)에서 기원한 것으로 그 뒤 의회의 통제를 받고 내각불신임제와 의회해산제가 자리잡으면서 국왕으로부터 독립하여 의회의 신임에 의존하고 의회 앞에 책임을 지는 내각으로 바뀌어 간 것이다. 그리하여 대체적으로 18세기에 의원내각제가 성립되었고 양당제의 정당정치도 뿌리를 내려갔다. 위와 같은 의원내각제의 연원에서 보듯이 의원내각제는 입법부와 집행부의 분리라는 권력분립주의의 이론이 적용되긴 하지만 의회중심의 정부체제가 그 출발이었고 이 점이 대통령제와의 차이를 보여준다. 의회중심적이라는 것은 또한 의회에 대한 책임과 의회로부터의 신임을 의미하고 의원내각제의 발달사는 이러한 책임의 확보의 역사이기도 하다.

요컨대 유럽은 "왕권의 제한을 위한 장치 → 의회의 존재 → 의회 앞에서의 책임 → 의회 권력의 확대 → 의회중심적 정부의 강화"라는 길을 걷게 되었고 그것이 왕정을 행하였던 유럽의 여러 나라들에서 근대에 들어와 의원내각제가 터잡게 된 이유이고 의원내각제가 의회중심의 정부형태를 의미함을 이해할 수 있게 한다.[1)] 프랑스 헌법학자들은 왕권이 의회에 의해 제한을 받긴 하나 의회와 병립하던 상태를 이원적 의원내각제(régime parlementaire dualiste)로, 의회가 강해지고 왕의 지위가 실질적이지 못하게 되어 실질적으로 의회에 의존하는 상태를 일원적 의원내각제(régime parlementaire moniste)라고 분석한다. 전자의 경우에는 내각이 왕과 의회 양 기관에 대한 책임을 져야 하였고 후자의 경우는 의회의 신임과 의회에 대한 책임만을 지는 의원내각제이다. 물론 의원내각제로 이행되어간 유럽의 다른 나라들이 영국과는 그 주어진 사회적, 정치적 여건이 달라 그 발전상황이 다르게 전개되기도 하였다. 예를 들어 영국의 경우에는 양당제가 자리잡았던 반면 프랑스와 같은 나라에서는 다당제의 모습을 보였다.

Ⅱ. 의원내각제의 개념과 본질적 요소·특색

1. 의원내각제의 개념

의원내각제란 집행부(내각)와 입법부가 분리되어 있으나 집행기능을 담당하는 내각이 의회의 신임을 얻어 구성되고 내각의 존속이 의회의 신임에 달려있어 의회 앞에서의 책임을 지고 반면에 내각은 의회해산권을 가져 입법부와 집행부 간에 상호 견제하고 균형을 이루면서도 내

1) 의원내각제를 지칭하는 프랑스어 'régime parlementaire'를 직역하면 의회적 체제이다.

각의 존속에 의회의 협조가 필요한 것에서 볼 수 있는 것처럼 입법부와 집행부 간에 협력과 共和의 관계가 형성되어 있는 정부형태를 말한다. 상호견제·균형이 대통령제에 비해 약한 연성의 권력분립이다. 집행부는 대통령(또는 군주 등 국가원수)과 내각으로 이원적으로 구성되고 수상(국무총리)이 내각의 수반이 된다.

의원내각제는 내각이 의회의 신임에 의존하는지라 의회가 중심이 되는 정치체제이다. 정치제도의 중추가 의회에 있는 정부제를 의회주의적 정부제라고 한다. 의회주의적 정부제에는 의원내각제 외에 의회가 집행부를 담당하는 의회정부제(régime d'assemblée)나 입법부와 내각이 분리되어 있어도 내각불신임제는 있지만 의회해산제도가 없는 경우에 입법부가 강한 의회정부제 등도 포함된다. 따라서 의원내각제는 의회주의적 정부제 중에 입법부와 집행부가 분리되어 있고 내각불신임제와 의회해산제가 모두 구비되어 있으면서 상호간에 협력, 공화관계가 형성되어 있는 의회주의적 정부제의 정부형태이다.

2. 의원내각제의 본질적 요소

(1) 신임성(상호의존성)과 책임정치

의원내각제의 본질은 ① 내각이 의회의 신임에 의존한다는 점, ② 이러한 의존은 내각이 의회 앞에서 책임을 진다는 의미로서 결국은 더욱 본질적인 요소는 책임정치성에 있다.[1)]

1) 신임성(상호의존성)

의원내각제는 의회중심의 정치가 행해지고 의회에 내각불신임권이 있기 때문에 내각은 국민의 대표자인 의회의 신임을 유지하여야 그 존속이 가능하다. 그리하여 의원내각제는 행정부의 존속이 의회의 다수파의 신임에 의존하고 있는 체제라는 점에 그 본질적 요소가 있다. 즉 신임과 의존성의 원리가 의원내각제에서 본질적 요소를 이룬다. 이러한 신임과 의존적 관계는 내각불신임제와 의회해산제로 유지된다.

이러한 의존성의 원리는 2가지 단계에서 적용된다. ⅰ) 첫째 단계는 내각의 성립 단계이다. 내각은 의회의원의 총선거에서 승리하여 다수의석을 차지하는 다수당이 구성하게 된다. 이 점에서 의회의 다수파에 의존하게 된다. ⅱ) 두 번째 단계는 존속의 단계이다. 내각이 안정적으로 국정운영을 이끌고 나아가기 위해서는 불신임을 받지 않고 다수파의 신임을 계속적으로 얻고 있는 상태여야 한다.

2) 책임정치성

의원내각제의 보다 더 본질적인 요소는 책임정치를 구현하는 데에 있다. 사실 위의 신임

---

1) 의원내각제의 기본원리라고 하여 이에는 권력분립원리, 대의제원리, 적법성원리 3가지가 있다고 하는 교과서(성낙인(2016), 354-356면 이하)가 있으나 대의제원리, 적법성원리는 대통령제에서도 요구되는 것이라는 점에서 이해가 안 된다.

성도 의회 앞에서의 신임은 곧 책임을 의미하므로 책임정치성을 전제로 하는 것이다.

책임정치성은 단계적으로 나타나는데 i) 먼저 성립단계인 선거에서부터 나타난다. 국민의 직접선거인 의회의원의 총선거를 통하여 다수당이 된 정당이 내각을 구성하게 된다는 점에서 국민의 검증을 받고 지지를 받은 정당이 정부를 구성한다는 점에서 정당성을 가진다. 이러한 성립단계에서의 정당성은 내각의 국민에 대한 책임관계를 형성하는 기초이기도 하다. ii) 다음 단계로 국정운영의 단계에서 책임정치성이 나타난다. 이 국정운영의 단계에서는 내각불신임제와 의회해산제가 책임정치를 위한 제도로서의 의미를 가진다. 의회의 내각불신임제도란 국민의 대표자가 내각의 국정운영에 대하여 그 신뢰여부를 따지는 것이므로 책임을 묻는 방법이 된다. 이 점에서 일차적인 책임정치의 요소가 나타나고 내각불신임이 일차적이고 간접적인(국민대표자인 의회에 의한 것이라는 점에서 간접적인) 책임규명의 과정이다. 내각불신임의결이 있으면 내각은 의회해산에 들어가게 되는데 이는 의회해산으로 총선거를 실시한다는 것은 국민 앞에서의 직접적인 심판을 묻는다는 것이고 직접적인 책임규명의 과정이 나타난다. 이처럼 내각불신임제와 의회해산제는 간접적, 직접적 책임을 묻는 의원내각제의 책임정치를 구현한다는 기능적 본질을 구현하는 제도로서의 의미를 가진다.

(2) 내각불신임제와 의회해산제

의원내각제의 2가지 본질인 신임성과 책임정치성은 내각불신임제와 의회해산제로 구현된다.

1) 내각불신임제

(가) 개념, 의미 - 의회 앞에서의 책임(간접적 책임)

의회가 내각이 국민의 의사에 따르지 않는 국정운영을 하거나 정책적 과오나 무책임 등으로 국정운영을 원활하게 수행하고 있지 못할 경우에 내각의 책임을 물어 그 해체를 가져오는 제도가 내각불신임제도이다.

(나) 방식

내각불신임제도에는 의회가 먼저 신임을 묻기 위한 발의를 하는 방식만 있는 것은 아니다. 신임여부에 대한 문제제기를 내각 자신이 먼저 주도할 수도 있다. 즉 내각불신임제도에는 ① 의회가 내각의 책임을 문책하는 경우와 ② 내각이 자신의 신임을 의회에 먼저 묻는 경우 두 가지가 있다. ① 은 의회의원들이 불신임결의안을 제출하고 그것에 대해 표결을 하는 경우이다. ②의 방식에는 다시 ㉠ 정책·법률안연계적 신임조회, ㉡ 의회해산조건적 신임조회 등이 있는데 ㉠의 방식은 내각이 추진하고자 하는 중요정책을 추진함에 있어서 필수불가결한 법률안을 제출하면서 수상이 자신과 내각의 신임을 결부하여, 즉 부결시 사임할 것을 연계하여 신임을 묻는 방식이다. 그 예로 프랑스의 경우 하원이 불신임안을 제출하지 않더라도 수상은 내각회의의 심의를 거친 뒤 하원에 행정부의 프로그램이나 전반적 정책의 선언을 걸고 책임(신임)을 묻거나(프랑스 헌법 제49조 1항) 수상은 내각회의의 심의를 거친 뒤 재정 또는 사회보장의 재정에 관한 법률안을 걸고 책임(신임)을 물을 수 있는데 이 경우에 이러한 신임요구가 있은지 24시간 내에 하원이 불신임안을 제출하여 가결시키는 경우가 아닌 한 그 법률안은 의결된 것으로 간주된다(프랑스 헌법 제49조 2항. * 프랑스의 경우 정부형태가 혼합정부제여서 인용이 부적절하지 않은가 할지 모르나 혼합정부제에는 의원내각제적 요소가 있고 따라서 내각불신임제도 있으므로 참고가 유효하다). ㉡의 방식은 독일의 경우로서 수상이 그의 신임안을 하원에 제출하여 하원 재적의원 과반수의 찬성을 얻지 못한 경우에는 대통령에 하원해산을 제청할 수 있다(독일기본법 제68조). 연립정권 하에서 수상이 강한 다수의 지지를 받지 못하여 하원해산을 원할 때 오히려 이 신임제도를 활용한 경험이 있었다. 즉 수상은 신임안을 제출한 후 자파에게 신임안에 반대표 내지 기권표를 던지도록 요구하고 부결되면 하원해산에 들어가는 것이다.[1] 한국의 2014년 헌법개정자문위원회의 개헌안에도 국무총리의 신임요구가 민의원 재적의원 과반수의 찬성을 얻지 못한 경우 국무총리는 국무위원 전원과 함께 사직하거나 대통령에게 민의원의 해산을 제청할 수 있도록 하여(동 개헌안 제115조 3항) 독일식에 가까운 불신임제도를 제안한 바 있다.[2] ②의 경우에는 사실 의회에 대한 압박의 의미를 가진다.

2) 의회해산제

(가) 의미

i) **국민 앞에서의 심판**(직접적 심판) 의회해산제에 대해 의회의 내각불신임제도에 내각이 대응하도록 하고 의회와 내각 간에 균형을 위해 내각에 부여한 제도라고 서술하는 우리 교과서들이 많다. 과거에 균형이론은 의회해산이 집행부와 입법부(의회) 간에 균형을 유지하게 하고 불균형에서 균형을 복원하게 하는 효과를 가진다고도 보았으나 그러한 이론도 타당성이 없는 것은 아니나 책임론적인 입장에서도 보아야 한다. 의회해산제도가 가지는 보다 근본적인 의미는 의회해산이 총선거를 가져오고 총선거는 국민 앞에서의 직접적인 심판을 의미하는 것이므로 의회해산제는 국민 앞에서의 직접적 심판이라는 책임정치제도로서의 의미가 중요하고 더 본질적이다. 물론 의회해산이 가지는 직접적 책임의 효과에 대해서는 정당정치의 현황이나 정치역학적 함수, 정치적 조작(예를 들어 여당에 유리한 시기에 의회해산을 하여 여당이 재신임을 받는 경우)으로 희석될 수 있는 문제점이 나타날 수도 있다는 현실적 한계가 있을 수 있을 것이나 법리적으로 그러하다. 프랑스의 경우에 내각불신임 가결과 관계없이 대통령이 하원을 해산할 수 있다(프랑스 헌법 제12조).

ii) **조속한 정국마비해소** 내각과 의회 간의 대치 등 정국이 마비되고 경색된 상황에서 이를 신속히 해소하고 국정의 안정을 복원하기 위하여 의회해산제가 필요하기도 하다.

---

1) 실제로 1982년에 Kohl 수상이 이러한 과정을 거쳐 하원을 해산한 바 있다.
2) 헌법연구 자문위원회, 헌법연구 자문위원회 결과보고서, 2009.8. 참조. 이 개정안은 국회사이트에도 탑재되어 있어서 인터넷으로도 참고가 가능하다. http://www.assembly.go.kr/assm/notification/policyroom/policyroom03/assmCounsel/counselUserView.do?bbs_num=37634&no=1101 참조.

(나) 해산권자와 해산대상의 원(院)

의회해산이 대통령 등 국가원수에게 그 권한이 주어지는 경우가 있는데 그렇더라도 실질적인 결정은 주로 수상에 의해 이루어지는 것이 일반적이다. 양원제를 택하고 있는 나라에서는 양원 중 국민의 직접선거로 구성되는 원과 간접선거로 구성되는 원이 있을 때 의회해산은 국민의 직접 총선거를 통해 선출된 의원들로 구성된 원이 해산대상이 된다. 이는 총선거를 통한 책임정치를 의미하는 의회해산이라는 점을 생각하면 이해가 된다. 독일, 프랑스에서도 의회해산의 대상은 하원이다. 독일의 해산제도를 보면 수상이 제출한 신임여부안에 대해 하원의 과반수의 찬성으로 승인되지 않은 경우에 대통령은 수상의 제청에 의해 대통령은 21일 내에 하원을 해산할 수 있도록 하고 있다(독일기본법 제68조 1항).

3. 의원내각제의 특색

(1) 권력분립의 구도상 특색

1) 연성(軟性)의 권력분립

입법부와 집행부 간에 상호의존의 관계에 있기 때문에 대통령제의 엄격분립과 달리 연성의 분립관계에 있다.

2) 협력관계·권력의 공화(共和), 약한 견제성

입법부와 집행부 간의 상호의존은 양부 간의 협력관계를 의미한다. 의원내각제는 의회의 다수파가 내각을 구성하고 의회의 신임이 존재하는 한, 의회의 다수파의 지지를 받는 한 내각도 존속될 수 있다. 바로 이 점에서 의원내각제에서는 입법부와 행정부 간의 공존 내지 共和와 협력(collaboration)을 당연하고도 중요한 특징적 요소로서 나타나게 된다. 일반적으로 입법부와 집행부 간에 공조가 지속되고 집행부, 내각이 법률안제안권을 가지며 법률의 제정에 적극적으로 참여한다. 의회의원들과 내각의 구성원(각료) 간의 겸직이 가능하고 내각의 구성원이 의회에 출석 답변하고 발언하는 점 등에서도 공화협력관계가 나타난다.

또한 내각의 구성부터가 의회의원의 총선거에서 승리한 다수당에 의해 이루어지고 따라서 의회의 집행부는 의회의 다수당의 지지를 통상 받게 되므로 의회가 집행부를 견제하는 힘이 약화되어 있는 것이 사실이다. 다만, 의원내각제 정부이면서 의회가 양원제일 경우에는 상원, 하원 두 원의 견제로 대정부적인 견제가 다소 더해질 수 있다.

3) 균형성이라는 견해의 문제점

의원내각제에서는 의회의 내각불신임제와 내각의 의회해산제를 통하여 입법부와 집행부 간에 권력적 균형이 유지된다는 견해가 많은데(예컨대, 김철수, 1034면; 권영성, 751면) 의회해산제는 내각이 의회의 불신임에 대응한다는 면도 있기에 이러한 견해가 일반적으로 많이 언급되긴 한다. 그러나 그 이전에 의회해산제가 보다 근본적으로 의미를 가지는 점은 위에서도 언급한 대로 의회해산 후 의원총선거를 통한 국민의 직접적 심판을 가져온다는 데 있고 이 점이 더 중요하다는 점, 그리고 균형은 대통령제에서도 엄격분립형의 상호 견제균형이 강조된다는 점에서 의원내각제의 권력분립구도를 균형성이라고 평가하는 것은 문제가 있다.

(2) 집행부의 이원적(二元的) 구조

의원내각제하에서는 집행부가 국가원수(대통령 또는 군주)와 행정부로 그 조직이 이원화되어 있고 국가원수의 직무와 행정부의 수반의 직무가 분리되어 있다는 점에서 직무상에서도 이원화되어 있는 정치체제이다. 그러나 국가원수인 군주가 전통적으로 보유하였던 매우 중요한 권한들이 행정부 수반에 이전되었고 의원내각제국가마다 차이가 있긴 하나 일반적으로 국가원수는 실질적인 권한을 가지지 않고 국가의 영속성을 상징하고 정쟁에서 멀리 있기에 상징적이고 형식적인 권한을 가지는 데 그친다. 내각과 내각수반인 수상이 국가의 정책의 형성과 집행을 담당하고 따라서 의회 앞에서 책임을 지는 주체도 내각과 수상이다.

(3) 내각의 특징

의원내각제하의 내각은 수상이 실질적 권한을 가지고 국정을 주도하지만 각 각료들도 관련 각부의 행정권을 행사한다. 수상과 각료들 간에는 연대책임을 진다. 내각불신임은 그것을 보여주는 대표적인 제도이다. 의원내각제를 채택했던 우리 제2공화국 헌법도 “행정권은 국무원에 속한다. 국무원은 국무총리와 국무위원으로 조직한다. 국무원은 민의원에 대하여 연대책임을 진다”라고 규정하고 있었다(제2공화국 헌법 제68조).

* 내각의 연대문제 – 의원내각제하의 내각은 합의기관이다. 내각은 수상의 통할하에 서로 연대책임을 진다. 각 장관은 자신의 소관 부의 정책이 아니라 할지라도 정부의 정책 전체에 대해 책임을 지고 결국 내각 전체가 집단적인 연대책임을 지게 된다.

Ⅲ. 의원내각제의 유형

1. 二元的 의원내각제(le régime parlementaire dualiste), 一元的 의원내각제(le régime parlementaire moniste)

의원내각제에서는 앞서 언급한 대로 국가원수와 행정부(수상 + 내각)라는 이원적 정부가 그 구성상의 특징이다. 일반적으로 국가원수의 권한은 강하지 않다. 그런데 국가원수의 권한이 실질적이고 상당히 강한 정도를 보유하는 경우 이를 이원적 의원내각제라고 한다. 군주가 의회에 대해 방어적 입장에 있긴 하나 상당한 권한을 그대로 유지하던 시기의 의원내각제가 이 유형의 것이다. 이원적 의원내각제에서는 행정부는 의회 앞에서 책임을 질 뿐 아니라 아울러 국가원수에 대해서도 책임을 진다. 이원적 의원내각제에서 국가원수와 의회의 다수파가 같은 정파에 속할 경우에는 국정이 안정적이나 다른 정파에 속할 때 행정부의 위치는 불안하게 된다.

국가원수가 행정부를 해임하거나 의회가 행정부를 불신임의결한다고 하여 정국의 안정이 회복되기는 어렵고 결국 의회해산과 총선거를 실시하게 되어 만약 원래의 다수파가 여전히 승리할 경우에는 의회의 다수파의 의사에 국가원수가 따를 수밖에 없고 국가원수의 적극적인 역할을 포기하여야 할 상황이 된다. 만약 국가원수가 이를 포기하지 않을 경우에 정국은 혼미해진다. 바로 이 점에 이원적 의원내각제의 결함이 있었다. 영국에서 18세기에 이원적 의원내각제가 운영되었으나 1830년대 빅토리아 여왕의 재위시에 이미 포기되었고 프랑스의 7월 왕정 하에서도 운영된 바 있으나 이원적 의원내각제를 채택하였던 국가들은 이를 포기하였다. 다만, 의회 앞에서와 국가원수에 대한 이원적 책임이 현재의 프랑스 제5공화국과 같은 혼합정부제하에서 찾아볼 수 있다.

일원적 의원내각제는 내각이 의회 앞에서의 책임만을 질 뿐 국가원수에 대한 책임을 지지는 않는 의원내각제를 말한다. 책임정치를 그 핵심으로 하는 의미에서의 의원내각제는 일원적 의원내각제이다. 즉 내각이 책임을 지는 것은 국민들의 직접, 보통의 총선거를 통해 선출된 대표자들인 의회 앞에서일 뿐이라는 것이다.

2. 정당체제에 따른 분류 - 양당체제하의 의원내각제와 다당체제하의 의원내각제

이 분류는 영국식과 대륙식의 차이를 이해하는 데 도움이 되는 분류이다. 전자는 양당체제하의 의원내각제이고 후자는 다당(양파)체제하의 의원내각제이다. 이 분류는 아울러 서구유럽 중심국가들의 정치적 구도, 그리고 정당제도와 선거제도를 연계하는 분류이기도 하다.

(1) 유럽국가의 정치적 구도

영국은 2대 정당이 자리잡아 그 중 어느 한 정당이 다수파가 되어 정권을 이루나 대륙유럽의 프랑스나 독일 등 중심국가들에서는 어느 한 정당이 절대다수당이 되지 않아 다수파 형성을 통한 정치적 안정을 추구해 왔다. 이러한 안정추구노력에는 선거제도에 의한 것이 중요하였다.

(2) 양당체제와 다당(양파)체제

1) 양당체제

양당체제(兩黨體制)란 2개의 정당 중에 어느 한 정당이 의회의 과반수의석을 차지하고 그 정당에 의해 내각이 구성되어 있는 상황을 말한다. 즉 다수당과 야당이 각각 하나의 정당을 형성하는 형국이 양당체제로서 영국의 노동당과 보수당의 정치상황을 그 예로 들 수 있다. 양당체제에서는 정부의 안정이 확실히 보장되고 정권교체의 가능성이 비교적 주기적으로 열려 있다.

2) 다당체제

이에 비해 다당체제(多黨體制)는 어느 한 정당이 제1당이라 하더라도 의회 내의 절대 다수당이 되지 못하고 여러 정당들이 병립하고 있는 체제이다. 다당체제에는 다시 양파체제와 지배정당체제가 있다. i) 양파체제(兩派體制)는 어느 한 정당이 의회 내의 절대 다수당이 되지 못하고 다수당을 중심으로 우파면 우파, 좌파면 좌파로 그 정치적 경향을 비슷하게 띠는 여러 정당들이 정파를 이루는 상황으로서 이는 하나의 정당 대 다른 하나의 정당이 아니라 비슷한 정치적 경향의 여러 정당들이 군집을 이뤄 어느 한 정파를 형성하고 다른 비슷한 정치적 경향의 여러 정당들이 또 다른 군집을 이뤄 또 다른 정파를 형성하여 양 정파가 대립되는 상황이다. 프랑스나 독일의 경우 제1당이 의회 내 절대 과반의석을 차지하는 경우는 찾기 어렵고 우파의 제1다수당을 중심으로 비슷한 정치적 경향을 띠는 정당들이 군집하여 우파를 형성하고 좌파도 그렇게 군집하여(제1당 사회당, 공산당 등) 양파체제를 형성해왔다. 프랑스의 경우 2002년의 총선거 당시에 우파의 제1당이었던 RPR이 UMP로 확대개편되어 의회 절대다수의석을 차지하여 예외를 보여주긴 하였다. 양파체제하의 의원내각제는 어느 한 정당이 절대과반의 의석을 가지지 못하는 상황에서의 의원내각제이다. 여러 정당들 간의 결집을 통해 연립내각이 이루어질 가능성이 많다.

ii) 다당체제의 또 하나의 체제형상인 지배정당체제는 여러 정당들 중 하나의 정당이 지배적인 역할을 계속해오고 있는 경우(스웨덴의 경우)의 체제이다. 이는 지배체제라고 하여 공산당 단일정당의 지배체제와 물론 다르다. 여러 정당들이 존재하기 때문이다. 지배정당체제는 정국의 안정을 유지하나 정권교체의 가능성이 약하다.

3) 운영의 경험

경험상 대체적으로 양당체제하의 의원내각제가 더욱 안정적인 국정운영의 나은 기능을 보여주었고 다당체제 하에서 군소정당의 난립 등은 의원내각제의 국정운영에 어려움과 난맥상을 보여주었다. 그러나 현대에 들어서 독일처럼 좌파, 우파 간의 결집을 통해 양당체제하의 의원내각제 국가에 못지않게 정국운영이 잘 이루어지고 정권교체가 이루어진 나라들도 있고 프랑스의 의원내각제에 있어서도 좌파와 우파 간 결집을 통해 안정적 국정운영을 보여주었다.

(3) 선거제도와 의원내각제의 운영 - 상대다수제, 절대다수제·결선투표제 등

영국식의 양당제 의원내각제는 1인 당선 소선거구 다수대표제를 통하여 보수당과 노동당 간의 양당체제에서 그 둘 중 어느 정당이 의원내각제의 정권을 행사한다. 바로 상대다수제의 결과이다. 반면 다당양파제에서는 다수파의 형성과 각 정파 내 여러 정당들 간의 규합이 있어서 정국운영이 가능하다. 프랑스에서는 의원선거의 제1회 투표에서 일정한 수 이상을 득표하여야 당선되고 그렇지 않으면 2차투표에 나아가는 절대다수제와 결선투표제에 의하여 다수파의 형성을 가능하게 하여 결선투표제를 통해 2회 결선에 앞선 여러 당들 간의 합종연횡으로 그 당들 간의 결집과 다수파를 형성할 수 있게 한다. 이처럼 선거제도가 의원내각제의 운용에

도 영향을 미쳐왔다.

3. 헌정경험적 유형 - 의회우위형, 균형형, 내각우위형

이 유형은 이론적인 유형이 아니라 헌정의 경험상 의회와 내각 간의 우위가 현실적으로 어떠하냐에 따라 분류한 것이다. 의회우위형, 균형형, 내각우위형 등으로 나눌 수 있다. 의회가 불신임권을 주도한 경우에 의회우위형으로, 반대로 불신임권행사가 거의 이루어지지 않아 내각우위형으로, 의회와 내각이 비교적 대등한 관계를 형성하는 균형형 등으로 분류하는 것이다. 의회우위형으로는 프랑스의 제3공화국과 제4공화국의 의원내각제를 들 수 있다(프랑스는 현행 제5공화국 정부형태는 의원내각제와 대통령제가 혼합된 혼합정부제이고 이전 제3, 4공화국에서는 정부형태가 의원내각제였다). 의회가 내각불신임권을 행사하였으나 내각은 의회해산을 행하지 않아 약체의 내각과, 강한 의회의 구도가 계속되었다. 내각우위형으로는 영국과 같은 의원내각제국가를 들 수 있는데 수상이 현실적으로 상당히 국정운영을 주도하는 경향을 보여 首相責任制라고도 불리고 있다.

4. 비교법적 고찰

의원내각제를 채택하고 있는 중요 국가들(선별기준으로서 양당체제국가, 다당체제국가, 혼합정부제국가, 아시아국가에서의 예를 하나씩 보기 위하여 각각 영국, 독일, 프랑스, 일본을 고찰대상으로 선별함)에 대해 살펴본다.

(1) 영국의 의원내각제 - 양당체제하의 의원내각제

수상은 의회의원 총선거에서 승리한 다수당의 당수가 된다. 하원은 내각불신임권을 가지고 내각은 하원해산권을 가진다. 영국의 의원내각제는 헌정현실에서의 아래와 같은 특징들을 보여주고 있다. ① 위의 정당체제에서 살펴본 대로 양당제에 의해 정권의 안정성이 확보되어 있다. 총선에서 승리한 정당이 양당제의 결과 의회의 다수파가 되고 집권당이 되며 내각을 구성하므로 내각이 항상 의회의 다수파의 지지를 받게 되어 정국이 안정되기 때문이다.[1] 아울러 여야 간의 정권교체가능성이 열려있다. ② 집권여당은 다음 총선 때까지, 즉 의원임기까지 강한 내각을 구성할 수 있고 권력의 구도는 의회 대 집행부보다 의회의 다수파지지가 항상 있으므로 의회의 소수파인 야당 대 집행부(내각)의 구도를 이룬다. 정당의 역할이 그만큼 중요한 비중을 차지한다. 의회의 다수파가 내각을 구성하고 의회의 다수파의 지지를 받는 내각이므로 위에서 언급한 대로 의회의 내각통제가 약화되어 연성의 권력분립, 약한 견제력을 보여준다.

---

1) 그러나 영국에서 제1당이 의회 의석의 과반수인 다수당이 아닌 경우도 없지 않다. 어느 정당도 의회의 의석 과반수를 획득하지 못하는 경우를 '헝 의회'(Hung Parliament)라고 하는바 이는 제1 여당이 의회의 의석 과반수를 확보하지 못하는 경우를 의미하고 2010년의 총선결과 헝 의회가 나타난 바 있다.

③ 위의 의원내각제의 연원에서 보았듯이 영국의 의원내각제는 왕권의 억제를 위한 현실적 요구 때문에 의회의 힘이 강해지면서 의회주권적, 의회중심적 체제에서 나온 현실적 산물이었으나 오늘날 집행부우위적인 경향을 보여주고 있다. 수상을 중심으로 내각이 국정운영의 중심이 되고 수상의 당이 의회의 다수파를 이루고 있고 정당의 기율이 강하며 국왕은 명예적 지위에 있어서 내각우위적인 모습을 보여주어[1] '내각책임제' 또는 '수상책임제'라고 불린다. 영국은 이처럼 수상과 집행부내각이 강함에도 적정한 권력행사로 머물고 권위적이지 않도록 방지하는 것은 내각과 수상이 권력을 적절히 행사하는 자제를 보여주고 여당의 야당에 대한 존중과 정치적 타협·조율, 정당정치의 성숙성, 여론에 의한 정치 등이다.

(2) 독일의 의원내각제 - 다당체제하의 의원내각제

① 연방수상은 연방대통령의 제청으로 연방의회에서 토론없이 선출된다. ② 연방수상의 권한을 보면, 국정운영전반에 대한 결정권을 가지고 내각의 장관을 연방대통령이 임명함에 제청권을 행사하고 연방대통령은 이 제청에 따라야 하는 구속력을 가진다. ③ 연방하원은 내각불신임권을 가진다. 그러나 내각의 안정성을 도모하기 위하여 의회가 내각불신임권을 가지되 의회가 재적의원 과반수 찬성으로 차기수상을 선출하지 않고는 내각불신임을 할 수 없는, 즉 연방대통령에게 현직 수상의 해임을 요구할 수 없도록 하는 이른바 건설적 불신임제를 채택하여 통제된 의원내각제로 평가되고 있다. 이러한 건설적 불신임제도는 바이마르공화국 시절에 내각불신임제가 남용되어 정국의 불안정을 가져왔던 경험을 반성한 결과이기도 하다. ④ 연방대통령은 의회(하원)해산권을 가진다. 하원해산도 그 사유가 제한적이다. ⑤ 독일의 경우 다당체제의 양파(기민당을 중심으로 한 우파와 사민당을 중심으로 한 좌파)체제가 형성되어 있고 의회와 내각 간에는 건설적 불신임제 등으로 인해 집행부가 다소 우위에 있긴 하나 비교적 균형형의 관계를 이루고 있다.

(3) 프랑스의 경우 - 혼합정부제 하의 의원내각제

① 프랑스의 정부제도는 아래에서 보듯이 의원내각제의 정부형태에 대통령제적 정부형태의 요소가 혼재하는 이른바 혼합정부제이다. ② 따라서 집행부가 실질적 권한을 가지는 공화국대통령과 수상을 수반으로 하는 내각(행정부)으로 구성되고 의회(하원)는 내각에 대해 내각불신임권을 가지고 공화국대통령은 의회(하원)해산권을 가진다. 따라서 통상적으로 의원내각제적 국정운영이 이루어진다. 내각은 의회에 대해 책임을 지고 의회에 출석·답변할 의무를 진다. ③ 프랑스의 경우에도 다당체제의 양파(UMP중심의 우파와 사회당 중심의 좌파)의 체제이다. 실제 헌정상 대통령의 리더십이 강하게 작용할 경우에 대통령제적 운영의 모습이 나타날 수도 있다.

---

1) 영국에서의 양당제는 당기율이 강하다는 특징을 지니기도 하여 이것이 수상의 권한을 강화하는 효과를 가진다고도 지적되고 있다. 한편 국왕의 지위가 실질적인 권력보유자가 아닌 명예성이 강한 지위인 데 반해 수상의 권한이 실질화된 점에서도 수상정부제라고 평가되는 이유를 찾을 수 있다고 할 것이다.

④ 프랑스의 경우에도 현행 제5공화국헌법이 과거 제3공화국, 제4공화국에서의 의원내각제가 내각불신임의 남발 등으로 불안정하였던 경험을 반성하여 이른바 합리적 의회주의를 표방하면서 의회의 권한을 제약하는 제도들을 두었다. 즉 불신임권의 행사에도 제약을 두고 반대로 공화국대통령의 의회(하원)해산권에도 해산 후 실시된 총선거가 있었던 해 다음 해 내에서는 다시 해산을 할 수 없도록 하는 등의 제한을 두어 정국의 안정을 도모하고 있다.

(4) 일본의 의원내각제

2차 대전 패전 후 권력분산적인 정치체제를 희망한 미국의 영향을 받아 제정된 일본헌법은 전형적인 의원내각제적 정부형태를 두었다. ① 군주제를 두면서 의회에서 선출되는 수상(내각총리대신)을 수반으로 하는 내각은 그 구성원(내각대신들)의 과반수가 의회의원이어야 하고 집행권을 행사한다. ② 의회는 양원제로서 하원인 중의원이 내각불신임권을 가지며, 내각은 중의원해산권을 가진다. ③ 보수정권인 자민당이 전후 오랜 기간 집권하였다가 그후 자민당이 분파가 되어 보수진영에서 여전히 집권을 하고 있다. 일본은 다당제의 지배적 정당체제를 이루고 있다. 내각과 의회간의 관계는 대체적으로 균형형을 이루고 있다고 평가된다.

Ⅳ. 의원내각제의 장단점

의원내각제는 아래와 같은 장단점들을 지닌다고 지적되고 있다. 그러나 이러한 장, 단점이 절대적인 것은 아니고 의원내각제의 역사상 경험에서 지적되는 것이다.

(1) 장점

의원내각제의 장점으로, ① 입법부와 집행부 간의 협력으로 국정이 신속하게 운영될 수 있다. ② 집행부가 의회의 다수파의 지지를 받음으로써 입법부와 집행부 간의 불필요한 마찰과 대립을 피하고 입법부의 협조로 적극적인 정책추진이 가능하다. ③ 집행부와 의회 간의 마찰이 발생한 경우에도 내각불신임제와 의회해산제에 의한 즉각적인 해소를 할 수 있는 제도적 기능이 마련되어 있다. ④ 내각불신임제, 의회해산제, 내각의 연대책임 등에 의한 책임정치구현에 충실하여 민주주의 원리의 구현에 적절하다. ⑤ 의원내각제의 내각은 합의체이므로 경험과 능력을 갖춘 관료가 의회의 신임을 얻는 가운데 소신을 가지고 국정운영을 수행하고 행정에 전문성을 제고할 수 있다는 점 등이 지적되고 있다.

(2) 단점

의원내각제의 단점으로는, ① 다수의 군소정당들이 난립하는 경우에 정국의 불안정을 초래할 수 있다. 이러한 단점은 다당체제하의 군소정당이 난립할 때의 상황에서이고 양당체제의 의원내각제에서는 그러하지 않다는 점에 유의를 요한다. ② 의원내각제는 총선에서 승리한 정당이 의회의 다수파로서 내각을 구성하므로 의회의 견제력이 약화된다. 정당의 영향력이 강할 경우에 다수당의 정치적 독점과 정당정치의 폐해가 있을 수 있고 다수당의 지지를 받고 있는 내각의 전횡이 있을 가능성이 있다. ③ 의회중심적 운영으로 의회가 정권쟁취의 장으로 되어 정쟁이 격화될 수도 있다는 점 등이 지적되고 있다.

V. 의원내각제의 안정화 제도

의원내각제는 위의 단점에서 언급한 대로 전통적으로 주로 정국의 불안정을 가져올 가능성이 문제점으로 지적되어 왔다. 그러나 현대에 와서 이러한 정국불안정을 막기 위한 헌법적 제도의 장치를 마련하는 데 부심하여 오기도 하였다.

1. 합리적 의회주의

흔히 의원내각제는 위에서 언급한 단점들 중에 정국불안을 가져온다는 단점이 지적되어 왔지만 이는 예를 들어 프랑스 제3, 4공화국 등에서 군소정당의 난립으로 빈번한 내각의 불신임과 경질이라는 역사적 경험에서 나온 것이고[1] 의원내각제는 의회의 신임을 전제로 하여 의회와 내각 간의 협력을 바탕으로 하는 정부형태이므로 안정적 정부가 될 수 있을 여지가 이론상으로는 더 많다. 의원내각제에서 정국이 안정적인가 그렇지 못한가가 의원내각제가 현실적으로 어떻게 운용되느냐에 따른 것이기도 하다. 여하튼 정국불안정이라는 의원내각제하의 역사적 경험에 비추어 실은 오늘날 안정화를 위한 제도적 장치들이 마련되고 있다. 의원내각제의 안정적 국정운영을 위해 불신임제출의 요건을 까다롭게 하거나 그 제출 후 일정 시간이 경과된 뒤에 표결하게 하거나 그 가결을 위한 최소의 가결표수를 가중하는 경우가 많다. 이렇게 불신임제도가 쉽게 남발되지 않게 하기 위하여 의회의 절차를 합리화하고 있다. 이런 현상을 합리화된 의회주의(parlementarisme rationalisé)라고 부른다.[2] 의회의 합리주의화의 현상은 프랑스, 독일, 이탈리아 등 유럽국가에서 2차 대전 이후 뚜렷하게 나타난 현상이다.

2. 안정화를 위한 제도

(1) 건설적 불신임제도

1) 개념

안정화 제도로서 독일의 건설적 불신임제도를 들 수 있다. 건설적 불신임제도란 하원은 재적의원 과반수 찬성으로 차기 수상을 선임하지 않고서는 수상에 대한 불신임결의를 할 수

1) 예를 들어 제3공화국 기간인 1875년에서 1940년 사이 65년 동안 100여개 내각이 교체되었고, 2차대전 독일 치하를 벗어나 탄생한 제4공화국에 와서도 1945년에서 1958년 사이 13년 동안 26개 내각이 교체되는 빈번성을 보여주었다.

2) G. Burdeau, F. Hamon et M. Troper, 앞의 책, 102면 등 참조.

없도록 하여(독일기본법 제67조 1항 전문, 대통령에 대한 해임요구) 불신임의결을 어렵게 하는 제도이다. 이 제도는 국정운영의 안정을 가져오기 위한 제도로서 긍정적 평가를 많이 받는다.

2) 안정화기능의 이유

이러한 제도가 불신임의결을 어렵게 하는 기능을 하는 이유는, 군소 야당들이 당장은 결속하여 내각불신임을 의결할 정도는 되나 이후 새로운 다수파를 형성할 능력은 없을 것이므로 차기수상의 선출을 조건으로 함으로써 이러한 능력이 없는 군소 야당들이 결속하더라도 내각불신임을 의결하는 것을 주저하도록 하여 이를 막을 수 있기 때문이고 이로써 정국불안정을 예방하기 위한 제도의 기능을 하는 것이다.[1)]

3) 절차와 효과

후임자 선출에 있어서 불신임 제안이 있은 지 48시간 이후 표결하도록 하고 있다. 이러한 시간적 간격을 두도록 한 것은 정당 간의 협상을 하고 경솔한 불신임과 그 남용을 막도록 숙려(熟慮)하기 위한 시간을 부여하기 위함이다.

의회가 과반수로 차기수상을 선출하면 대통령은 선출된 자를 수상으로 임명하여야 한다고 독일 기본법이 명시하고 있어서 의회의 차기 수상 선출이 구속력을 가질 뿐 아니라 그 차기 신임수상에 대한 임명권도 여전히 대통령의 권한으로 규정하고 있다. 의회가 과반수의 찬성이 없어 차기 수상을 선임하지 못한 경우에는 물론 기존 내각이 신임을 얻은 것으로 된다.

4) 한국에서의 도입논의

한국의 2014년 국회 헌법개정자문위원회의 개헌안도 민의원은 후임 국무총리를 선출함으로써 국무총리를 불신임할 수 있다고 규정하여(동 개헌안 제85조 1항) 건설적 불신임제도를 도입할 것을 제안하였다.

(2) 신임요구제도, 불신임안 발의서명(참여)의 제한

불신임제도에는 앞서 본 대로 의회의 주도로 이루어지는 경우만 아니라 내각이 주도하여 먼저 신임요구를 할 수 있는 신임요구권제도가 있다. 이 신임요구권제도는 또한 중요법률의 통과를 내각의 신임에 연계하여 이루어질 수도 있다. 이러한 경우의 신임요구권제도는 사실상 의회를 압박하여 내각의 정책추진에 있어서 안정적 기능을 어느 정도 수행할 수 있다.

프랑스는 하원의원 1인당 한번의 통상 회기 내에서는 3번을 초과하여 불신임발의안에 서명(참여)할 수 없고 하나의 특별 회기 내에서는 한번만 참여할 수 있도록 하는 제한을 두고 있다(프랑스 헌법 제49조 2항). 이러한 제한은 불신임발의의 남용을 막아보자는 취지에서 나온 것이다. 의회에서의 안정적 다수파를 형성하기 위한 결선투표제의 도입과 그 성공은 앞서 언급하였는데 이 결선투표제도 안정화 방책이 된다.

---

1) 예를 들어 독일의 Kohl 수상이 1982년에 건설적 불심제로 선출되었던 수상이다. 그 이전에 빌리 브란트(Willy Brandt) 수상에 대한 건설적 불신임안이 부결된 바 있었다.

(3) 내각과 의회의 최소존속기간, 의회해산의 제한 등

의원내각제의 안정화를 위한 제도로는 내각 최소존속기간을 설정할 수 있다. 예를 들어 최소한 내각이 구성된 지 1년 이후에 불신임이 가능하도록 하여 적어도 1년간의 존속기간을 부여하는 것이다. 우리나라의 제1공화국 제1차개헌헌법에서는 대통령제를 골간으로 하면서 의원내각제적 요소를 대폭 도입하여 그 의원내각제적 요소로서 국무원불신임제도를 두었는데 민의원은 국무원의 조직완료 또는 총선거 즉후의 신임결의로부터 1년 이내에는 국무원불신임결의를 할 수 없도록 하고 단, 재적의원 3분지 2 이상의 찬성에 의한 국무원불신임결의는 언제든지 할 수 있도록 하고 있었는바(제1공화국헌법 제1차개헌헌법 제70조의2 3항) 이것도 내각의 최소존속기간을 정한 예라고 할 수 있다.

또한 국회해산을 제약하는 사유를 두거나 그 행사의 기한을 설정하여 내각과 의회의 안정화를 도모하기도 한다. 예를 들어 의회해산이 있고 총선거가 치루어진 뒤 일정 기간, 예를 들어 총선거가 있은 해 다음해 동안은 새로이 의회해산을 못하도록 제한하는 헌법의 예도 있다(프랑스 헌법 제12조 4항). 독일에서는 신임을 요구하는 연방수상의 제안이 연방의회 의원 과반수의 찬성을 얻지 못할 때에는 연방대통령은 연방수상의 제청으로 21일 이내에 연방의회를 해산할 수 있는데 해산권은 연방의회가 다른 연방수상을 선출하면 즉시 소멸한다(독일 기본법 제68조 1항).

* 한국의 2014년 국회 헌법개정자문위원회의 개헌안 – 이 개헌안은 위에서 언급한 대로 건설적 불신임제를 도입하자고 제안하였는데 그러면서 국무총리 선출 후 1년 내에 불신임하려면 새로 선출되는 후임 국무총리는 재적의원 5분의 3 이상의 찬성으로 선출되어야 한다고 가중된 의결정족수를 규정하자고(동 개헌안 제85조 1항 단서) 제안하여 1년간 내각해체를 어렵도록 제한함으로써 빈번한 그 행사로부터 내각불안정을 막도록 제안하고 있다. 동 개헌안은 민의원 해산은 국회임기 시작 1년 이내는 금지하는 규정도(동 개헌안 제115조 3항 단서) 제안하였다.

(4) 기타의 안정화제도

그 외에 의원내각제의 안정화 내지 합리화를 위한 제도로는 군소정당의 난립을 막기 위해 비례대표제에서 저지(봉쇄)조항을 두기도 한다. 독일의 경우 전체 유효투표의 5% 이상을 얻거나 지역구선거에서 3석 이상의 의석을 확보한 정당만이 비례대표의석의 배분에 참여할 수 있도록 하고 있는데 이러한 저지조항이 실제 군소정당의 난립을 억지하여 다수파 형성을 촉진시킴으로써 독일의원내각제의 성공과 안정화에 매우 중요한 긍정적 기여를 하였다고 평가된다.[1)]

또한 내각의 구성상 정당성을 더 많이 줌으로써 그 존속의 가능성을 높이기 위한 방안도

---

1) Vgl. H. Maurer, Staatsrecht I, 3. Aufl., 2003, S. 407; K.O.Zimmer, Nochmals: Zur verfassungsnaeheren Gestaltung der 5%-Klausel, in: DÖV, 1985, S. 101 (102); M. Morlok, in: H. Dreier, GGK, Bd. 2, 1998, Art. 38 Rn. 104; W. Schreiber, Kommentar zum BWG, §6 Rn. 17 ff.

있다. 예를 들어 수상의 임명에 의회의 재적의원 과반수 이상의 찬성을 얻도록 하는 제도 등이 그것이다. 단순 다수의 지지가 아니라 절대 과반수의 지지가 그 정당성을 더 가지게 하고 앞으로 불신임을 받을 가능성을 줄여보자는 것이다.

중요한 것은 위와 같은 제도가 존재한다고 하여 의원내각제의 실제적 안정화가 저절로 이루어지는 것이 아니고 현실의 정치풍토가 제도를 따르고 지켜주어야 한다는 데 있다.

Ⅵ. 의원내각제의 현대적 양상

오늘날 의원내각제는 정당국가화의 경향에 영향을 받고 있다. 원래 의원내각제는 의회의 의원의 소신에 따른 의정활동에 의존하고 입법부와 행정부 간의 균형을 모색하면서 협력을 도모하는 정부형태이다. 그러나 의원들은 정당에 의존하여 선출되었기에 정당의 당론과 지시를 받을 가능성이 크고 정당 수뇌부의 지시에 따라 의원들이 활동함으로써 의원내각제가 의회중심적 정부제가 아니라 정당중심적 정부제로 기능한다는 지적도 있다. 그렇지 않아도 협력관계 때문에 견제기능이 약화된 상황에서 그 견제기능이 더 약화될 수 있다. 사실 오늘날 의원내각제가 오래 시행되어 온 서구국가들에서 전통적인 신임통제제도인 의회의 불신임제도가 잘 활용되고 있지는 않다. 행정부를 지지하는 정당 내지 정파가 의회의 확고한 다수파로서 자리잡고 있을 때에는 더욱 그러하다. 결국 의회 자체보다는 정당이 정국안정의 열쇠를 가지고 있다. 정당의 역할이 의원내각제에서 중요한 만큼 정당의 민주화가 의원내각제에서는 중요한 전제요소이다.

Ⅶ. 의원내각제의 성공조건

① 정당의 민주화와 정당정치의 성숙이 선행되어야 한다. 이는 의원내각제가 의회중심적이고 의회의존적인데 오늘날 의회의 활동은 정당국가화의 경향에 따라 정당에 좌우되기 때문이다. ② 다원주의, 소수파의 존중, 토론과 합의기능 등을 요소로 하는 의회주의가 확립되어야 한다. 이는 의원내각제가 의회중심적 정부제이므로 의회주의가 그만큼 더 중요하기 때문이고 또한 내각불신임이 남용되지 않게 야당의 건전한 비판을 여당이 받아들이고 국가의 중요정책에 대하여 대승적 차원에서의 타협과 양보, 설득, 화합이 이루어져야 하기 때문이다. ③ 앞서 본 안정화제도들에 의한 의원내각제의 취약점인 정국의 불안정을 방지하고 보완할 필요성이 있다. ④ 군소정당의 난립을 벗어나기 위하여 정책적 차별성이 있는 양당체제 내지 양파체제가 자리잡음으로써 국민의 선택을 보다 명료하게 하고 평화적 정권교체의 가능성을 열어두는 것이 바람직하다. 물론 이러한 필요성은 현실적, 역사적 경험의 소산이다. ⑤ 직업공무원제의

확립도 중요한 조건인데 이는 의원내각제의 경우에 내각의 구성이 총선거에서의 승리라는 정치적 변수에 의해 좌우되는데 그러한 정치적 변화에도 정치적 중립성을 유지하고 소신있는 공무수행이 가능하도록 하기 위한 조건이 직업공무원제이기 때문이다. 물론 대통령제의 성공조건으로도 직업공무원제의 확립이 요구된다.[1)]

제5항 혼합정부제

* 용어의 문제 – 종래 한국에서는 프랑스식의 혼합정부제를 '이원정부제(二元政府制)'라고 불러왔다. 그러나 앞서 서술한 대로 의원내각제도 이원적 정부제이다. 국가원수와 내각의 이원적 조직이 의원내각제의 특징 중의 하나이다. 따라서 혼합정부제를 이원정부제라고 부른다면 의원내각제 등과의 구별이 어렵게 된다. 그 점에서 혼합정부제라고 부르는 것이 제도의 본 모습을 제대로 표현한다.

Ⅰ. 개념과 성격, 발달·현황

1. 혼합성

혼합정부제는 의원내각제적 요소와 대통령제적 요소를 혼합하여 보유하고 있는 정부형태이다(의원내각제 + 대통령제). 대통령제를 해오다가 의원내각제가 합쳐져 혼합정부제로 이행하는 경우도 있을 수 있을 것이나 대표적인 혼합정부제국가인 프랑스의 경우 의원내각제적 전통이 강하게 이어져 왔으므로 의원내각제에 대통령제가 혼합되었다. 유럽국가들이 의원내각제적 전통이 강하였음을 감안하여야 할 것이고 핀란드와 같은 경우에도 의원내각제에 대통령제가 혼합된 정부형태를 가지게 된 나라이다. 혼합정부제는 프랑스만이 취하는 정부형태는 아니다. 유럽의 프랑스 외 혼합정부제라고 평가되는 나라들이 있다. 아래에서 오늘날 혼합정부제의 전형적인 국가들 중의 하나인 프랑스의 경우를 들어 혼합정부제의 개념과 성격에 대해 살펴본다.

의원내각제의 요소로는 연대적 책임을 지는 합의체 내각이 존재하고 내각불신임제도와 의회해산제도를 가지고 있다. 수상(국무총리)은 내각의 수반으로서 내각을 지휘하고 내각은 행정전반에 관하여 일반적인 행정권을 가지고 법률안제출권을 가지며 내각회의(국무회의)는 의결기관으로서의 지위를 가지고 행정입법권을 가진다. 내각은 연대하여 의회 앞에서 책임을 진다. 대통령제적 요소로는 대통령이 실질적인 권한을 가진다는 점이다. 대통령은 수상을 임명하여 내각을 구성하는 권한을 가지고, 국가를 대표하며 조약체결·비준권, 외교사절의 신임수수 등

1) 의원내각제의 그외 성공조건으로 '국민간의 동질성', '언론의 자유', '정치인의 투철한 공직의식' 등을 드는 견해가 있다(권영성, 755면). 그러나 이러한 조건들은 다른 정부형태에서도 마찬가지로 요구되는 조건들로서 의원내각제에서 특별히 더 강조되어야 할 조건들인 것은 아니다.

외교권을 가지고 국군통수권을 가지며 국가긴급시에 위기관리를 위한 권한을 가지기도 한다. 대통령의 권한과 수상·내각의 권한이 함께 행사될 수 있는 영역도 존재한다.

한국의 헌법교과서에서는 대통령의 국가긴급권을 혼합정부제의 필수적인 요소로 언급하고 있다. 아마도 이러한 설명은 프랑스 제5공화국 현행 헌법에서 대통령의 비상대권이 강하고 바이마르공화국 헌법에서도 대통령이 국가긴급권을 가졌던 사실 때문이라고 짐작된다. 그러나 이는 국가긴급권이 혼합정부제가 아닌 다른 정부형태에서도 수용되고 있으므로 국가긴급권의 존재를 특별히 내세워 혼합정부제의 요소를 볼 수는 없고 다만, 혼합정부제의 대통령의 실제적 권한이 있는데 그러한 실제적 권한의 하나로서 국가긴급권을 들거나 아니면 국가긴급권이 대통령에 있다는 점이 대통령의 권한의 실제성을 보여주는 하나의 권한이라는 정도로 이해하면 되겠다.

2. 변형 정부형태와의 구별

대통령제이든 의원내각제이든 전형적인 경우가 아니면 어느 정도 양자가 혼합되어 있는 헌법을 볼 수 있고 헌법규정이 그러하지 않더라도 실제 헌정현실에서 그러할 수도 있다. 그 점에서 혼합정부제와 변형된 대통령제, 의원내각제와의 구별이 문제된다. 변형된 대통령제는 어디까지나 대통령제가 주가 되면서 대통령제의 비중의 부분적 또는 그것을 결코 넘지 않는 정도로 그치는 의원내각제의 가미가 있는 경우이며 변형된 의원내각제는 그 반대의 경우이다. 따라서 혼합정부제는 대통령제적 요소와 의원내각제적 요소가 각각 상당한 비중을 가지는 정도로 섞여 있는 정부형태라고 정의할 수 있다.[1)]

3. 발달역사와 현황

혼합정부제는 그 역사가 그리 길지는 않다. 프랑스나 핀란드의 경우 반세기를 약간 넘은 정도 전에 혼합정부제가 자리잡았고 혼합정부제를 채택한 그 외 나라들도 이보다 뒤에 자리잡았다. 원래 의원내각제를 시행해오던 국가에서 의원내각제를 바탕으로 하면서 대통령의 권한을 강화하여 혼합정부제로 자리잡았다.

우리나라의 헌법교과서 중에는 혼합정부제의 채택배경을 "복수의 정치세력이 권력적 균형을 유지하기 위해 정치권력을 분점(分占)하려고 할 경우라든가, 대통령제에도 실패하고 의원내각제에도 실패한 국가에서 두 가지 정부형태의 장점 내지 긍정적인 측면만을 살려보려는 정치적 시도를 하는 경우에 채택되는 정부형태라고 할 수 있다"라는 설명을 볼 수 있다<권영성,

---

1) 프랑스의 뒤베르제(M. Duverger)의 영향으로 반대통령제(régime semi-présidentiel)라고 부르는 견해도 있으나(성낙인(2016), 367면, 380면 이하) 프랑스는 전통적으로 의원내각제국가였다는 점과 의원내각제의 보완으로서 대통령제적 요소의 대폭도입이라는 점을 고려하여야 할 것이다.

767면>. 그러나 혼합국가제를 택한 모든 국가들에 대해 권력분점을 위한 의도라든지 더구나 대통령제에도 실패한 예라고 매도할 수 없다(전통적으로 의원내각제를 취하여 왔던 국가들로서 대통령제를 혼합한 국가들을 생각하라). 우리나라에서 한때 권력분점을 염두에 둔 혼합정부제의 도입주장이 정치적 고려에서 나오기도 하였다. 그렇다고 하여 혼합정부를 위와 같이 일률적으로 매도할 수는 없는 것이다. 의원내각제의 전통을 이어가면서도 의원내각제의 약체성을 보완하기 위해 대통령제를 혼합한 국가들도 있다. 프랑스의 경우에도 제3, 4공화국에서 의원내각제가 약체를 보였으므로 제5공화국에서 강한 정부를 위하여(드골의 강력한 정부에 대한 희망) 혼합정부제로 나아간 것은 사실이나 이를 두고 혼합정부제의 탄생을 부정적으로 보게 할 이유라고 할 수는 없다.

오늘날 혼합정부제를 취하고 있는 유럽국가들이 적지 않다. 오스트리아, 핀란드, 아일랜드, 아이슬란드, 포르투갈, 프랑스 등이 그 국가들이다.[1)] 1993년 이래로 러시아연방의 정부도 혼합정부의 모습을 띠고 있다.

Ⅱ. 내용과 특색 및 장단점

1. 내용과 특색

(1) 대통령제적 요소, 대통령의 직선

혼합정부제는 의원내각제에 대통령제적 요소를 혼합한 것으로서 대통령의 권한이 의원내각제의 대통령과는 달리 실질적이고 중요한 권한들을 가진다. 그러한 실질적 권한의 정당성을 뒷받침하기 위하여 대통령이 직선된다. 대통령의 실질적 권한을 뒷받침하는 국민적 정당성을 확보하기 위해 대통령은 국민으로부터 직선된다. 혼합정부제에서 대통령직선제가 이 점 때문에 중요한 요소가 된다. 다시 말해서 혼합정부제에서는 대통령의 권한이 실질적이기에 그 정당성 확보를 위하여 대통령이 국민으로부터 직선된다는 점이 매우 중요한 요소이다.

(2) 의원내각제적 요소

혼합정부제는 강한 대통령제적 요소 외에 의원내각제적 요소도 강하게 가진다. 내각불신임제와 의회해산제를 두어 그러하다(의원내각제 요소에 대해서는 위에서 살펴봄).

(3) 집행부의 이원성

혼합정부제도 집행부가 대통령과 내각으로 이원화(二元化)되어 있다. 이 점 의원내각제와 마찬가지이나 대통령의 권한이 의원내각제에서는 상당히 의례적이고 형식적인 반면 혼합정부제에서는 실질적으로 더 강하다는 점에서 차이가 있다. 그러나 이러한 집행부의 이원성이 의원내각제에도 여하튼 자리잡고 있고 의원내각제의 중요한 요소로 대부분 학자들이 설명하고

---

1) 이 점에서 한국의 헌법교과서들이 혼합정부제를 특이한 정부형태인양 서술하는 것은 혼합정부제에 대한 이론과 현실을 충분히 인식하지 못한 결과이다.

있으므로 혼합정부제를 이원정부제라고 부를 경우에 혼동이 올 수 있다.

(4) 대통령 권한의 정도에 따른 스펙트럼

혼합정부제에서는 대통령의 권한이 어느 정도로 헌법상 부여되고 있는가에 따라 서로 다른 모습을 띌 수 있다. 이는 대통령제에서도 마찬가지일 것이다. 프랑스의 경우 대통령이 조정자적 역할을 한다고 본다. 이보다 강한 권한으로 오스트리아나 러시아의 경우와 같이 대통령이 수상을 면직할 수 있는 권한을 가지면 더 강한 지위가 인정될 것이다. 그러나 문제는 대통령의 권한은 여러 가지이므로 예를 들어 혼합정부제국가들 A, B, C국이 있고, 대통령의 권한으로 수상임명권, 수상면직권, 법률안제출권, 법률안거부권, 의회해산권, 위헌심사제청권, 국민투표발의권, 행정통할권, 헌법재판소구성권 등이 있다고 할 때 A국의 대통령은 법률안제출권, 의회해산권을 가지지 않으나 법률안거부권과 같은 중요한 권한을 가진다고 했을 때 법률안제출권, 의회해산권은 가지나 법률안거부권을 가지지 않는 B, C국의 대통령보다 약한 지위를 가진다고 단정할 수 있을지 의문이다. 즉 대통령의 권한들 중에는 또한 서로 비중이 다른 권한들이 있으므로 이를 평면적으로 비교하기 힘들고 또한 수상과 공유하는 권한도 있다. 대통령이 이처럼 헌법상 권한이 주어진다고 하더라도 국정운영 현실에서 어느 정도로, 어떻게 그 권한을 행사하느냐에 따라서도 달리 나타날 것이다. 따라서 지나친 도식적 분석은 타당성을 결여하게 된다.

(5) 국정운영선택가능성

위의 혼합정부제의 유형에서 본 대로 혼합정부제는 의원내각제와 대통령제가 혼합되어 있으므로 헌정현실에서 두 가지 정부형태 중 어느 쪽으로 더 강하게 운영하느냐에 따라 현실적으로 의원내각제적 운영 또는 대통령제적 운영 중 어느 한 정부형태에 가까운 운영현실이 나타날 수 있다. 대통령이 그의 권한행사를 자제하면서 주도적인 국정운영을 하지 않고 내각에 주도권을 부여하는 경우나 또는 대통령이 소속된 정파의 반대파가 총선에서 승리하여 의회다수파가 되어 수상 및 내각을 반대파가 맡는, 아래에서 별도로 보는, 이른바 동거정부의 경우에는 의원내각제적으로 운영될 가능성이 많다. 의원내각제적 운영이 있는 경우에는 입법부와 행정부 간의 협력관계가 형성되나 의회와 대통령 간에는 견제가 강화된다. 반대로 대통령이 속한 정파가 총선에서 승리하여 의회의 다수파를 이루어 대통령이 의회 다수파의 강력한 지지를 받아 대통령의 권한을 강하게 행사할 수 있는 경우에는 상당히 대통령제적으로 국정이 운영될 수 있다. 물론 이 경우에도 순수 대통령제에서보다는 다소 덜한 엄격분립의 구도를 이루고 견제균형이 약하다. 요컨대 국민이 의회의원 총선거에서 대통령이 속한 정파를 다수파로 선택하느냐 아니냐에 따라 의원내각제적 국정운영과 대통령제적 국정운영 중에서 선택이 이루어지는 결과를 가져올 수 있다.

(6) 동거정부(同居政府)의 가능성

1) 개념과 특색

혼합정부제에서는 의회의원의 총선거 결과 대통령이 속한 정파가 의회의 소수파가 된 경우, 즉 여소야대의 경우가 되면 대통령이 수상을 의회의 다수파인 반대파에서 지명할 수밖에 없고(자파인 소수파에서 수상을 지명할 경우에 의원내각제적 요소인 내각불신임을 받을 가능성이 있기에 반대파에서 수상을 지명할 수밖에 없는 상황이 된다) 내각도 반대파로 구성되면 대통령이 속한 정파와 수상 및 내각이 속한 정파가 달라질 수 있다. 이러한 상황을 다른 정파끼리의 집행부동거라는 점에서 이른바 동거정부(cohabitation)라고 부른다.[1] 동거정부에서는 의원내각제적인 운영을 볼 수 있고, 대통령의 권한이 현실적으로 약하게 행사될 수 있으며, 반면에 대통령에 대한 의회의 견제기능이 강화될 가능성이 커진다.

2) 원인과 논의

대통령이 속한 정파를 의회의 다른 정파가 다수파가 되어 견제해주기를 바랄 수도 있다. 프랑스에서는 대통령의 임기와 의원의 임기가 차이가 나는 데 원인이 있다는 지적도 있다. 대통령의 임기 중에 의회의원의 총선거가 실시되고 그런 가운데 대통령 소속 정파가 의회 다수파의 정파가 되지 못하면 동거정부가 나타날 수 있다는 것이다. 그러한 주장에 따라 자크 시락 대통령이 여소야대에 따른 동거정부(cohabitation)를 막아보자는 의도로 대통령의 임기를 의원의 임기와 같이 5년으로 단축한 프랑스의 헌법개정이 2000년 10월 2일에 있었는데 이 개정 후 2002년에 실시된 대통령선거와 국회의원선거의 동시선거에서 우파가 승리함으로써 여소야대가 사라지긴 하였고 이후 동거정부의 모습은 잘 나타나지 않았다. 그러나 여소야대가 대통령선거와 국회의원선거와 동시에 또는 비슷한 시기에 실시된다고 하여 방지가 될 것인지 항상 확실하지는 않다는 지적도 있다. 과연 국민들이 비슷한 시기의 두 선거에서 한 쪽 정파만을 지지할 것이 완전히 확실한 것은 아닐 수도 있으며 대통령, 국회의원 각각에 다른 정파를 지지할 여지도 있다고 본다면 근접한 선거의 실시가 여소야대를 방지하는 효과를 반드시 가져오지 않을 수도 있다고 볼 것이라는 지적도 있다.[2] 프랑스에서는 2007년 5월에 실시된 대통령선거에서 우파 대통령을 당선시켰고, 연이어 6월 17일에 실시된 하원의원 2차선거에서 대통령이 소속된 우파 연합인 대중운동연합(l'Union pour un Mouvement Populaire. 'UMP'로 약칭함)은 하원의 전체의석 577석 가운데 314석을 얻어 과반수의 의석을 확보하여 여소야대 현상을 막았다. 그러나 예상을 깨고 UMP는 종전의 359석에서 오히려 45석이 줄어들었고 반면에 대선에서 고배를 마신 제1야당인 사회당은 선전하여 종전 의석보다 36석이 늘어나 185석을 차지해 예상

---

1) 프랑스 혼합정부제에서의 동거정부에 관한 자세한 것은, 졸고, 프랑스 혼합정부제의 원리와 실제에 대한 고찰, 공법연구(한국공법학회), 제27집 제3호(1999. 6) 참조.

2) 비슷한 취지의 지적으로, P. Pactet, 앞의 책, 382면.

보다 훨씬 좋은 결과를 거두었다. 이에 대해 프랑스국민들이 우파의 안정적 지지를 보내면서도 우파에 대한 견제의 심리를 보여준 것으로 보는 평가가 많았다. 결국 동시선거나 근접선거를 할 경우에 여소야대가 될 확률을 줄이는 것으로 볼 수 있을지 모르나 항상 그러할지는 좀 더 경험이 축적되어야 할 것으로 보인다. 사실 미국의 경우에도 대통령선거와 하원의원선거가 동일 날짜에 실시되지만 여소야대인 결과가 나타나기도 하였다. 우리나라의 경우에 근접선거이었는데도 여소야대 현상이 나타난 예가 있다. 바로 제14대 대통령선거는 1992.12.18.에 국회의원선거는 1992.3.24.에 실시되었다. 동거정부가 발생하는 이유는 대통령의 반대파를 의회의 다수파로 선출하여 대통령을 견제하려 하는 국민의 심리 결과이기도 하므로 동시선거, 근접선거가 실시되더라도 동거정부가 발생할 수 있고 따라서 국민의 견제심리 작동 가능성을 감안할 때 앞으로도 그러한 비출현이 지속될지는 전적으로 확신할 수는 없다는 주장도 있다.

3) 동거정부에 대한 평가 : 프랑스의 경험

동거정부 상태의 혼합정부제는 대통령과 수상과의 불화가 나타나면 국정운영에 어려움이 있는 등 동거정부가 불편한 것임에는 분명하다. 반면 오히려 타협과 설득, 조정이라는 의회주의가 더 요구되어 발현되고, 국정운영선택가능성을 열어두며 대통령의 권력의 완화로 권력분립의 구도에 변화가 올 수도 있다는 평가도 있다(이에 대해서는 후술 참조).

* 여소야대의 현상과 각 정부형태 – 참고로 여소야대의 상황이 각 정부형태에서 나타날 가능성과 나타나면 여소야대하에서 어떠한 정국의 모습을 보여줄 것인지를 보면 아래와 같다.

대통령제 – 대통령의 소속 정당이 의회 다수파가 되지 못할 경우가 나타날 수 있고 이 경우 여소야대 정국이 된다. 이 경우 의회의 대통령에 대한 견제기능이 강화되고, 대통령의 권한행사가 약화될 가능성이 있다. 그러나 의회 다수파의 지지를 대통령이 받지 못하더라도 의원들의 소신투표로 야당의원일지라도 집행부의 정책을 소신껏 지지할 경우에는 정국이 정상적으로 운영될 수 있다. 미국의 경우 소속당이 당론에 반대하는 소속 의원에 대한 통제가 미약하고 선거에서의 공천도 선거구의 시민에 의한 예비선거로 결정이 되며 기록표결제로 찬반의원의 명단이 국민에게 공개된다는 점에서 교차투표가 자리잡게 되었다고 본다.[1)]

의원내각제 – 의원내각제는 총선에서 승리한 정당이 집행부를 구성하고 의회의 신임을 받는 한에서 집행부의 유지가 가능하므로 여소야대의 가능성이 원칙적으로 없다(이는 양당제와 여당의 과반수 정당이 존재할 경우에 뚜렷해진다. 그런데 의원내각제에서도 양당이 아닌 다당의 구도라면 제1당이나 과반수가 아닌 여당과 나머지 야당들이 합치면 과반수가 되는 여소야대의 현상이 나타날 수도 있다. 이 경우에 독일에서 보듯이 연립정부를 이루어 의회에 다수파를 형성하여 불신임을 피하고 내각의 존속을 꾀하려 하며 이러한 연립정부는 결국 여대야소상황으로 자리잡게 된다. 연립정부 내 정당들 간 협력이 깨어지면 정국불안이 오게 된다).

혼합정부제 – 위에서 살펴본 대로 동거정부의 가능성이 나타나고, 의원내각제적 운영이 나타나고, 대통령의 권한이 약하게 행사될 수 있으며, 의회의 대통령에 대한 견제가 강화될 수 있다.

---

1) 진영재, 함성득, 임동욱, 한국의 '여소야대' 정국과 교차투표 : 제13대, 제14대, 제15대, 제16대 국회를 중심으로, 의정연구 제8권 제1호 통권 제13호(2002. 6) 참조.

	대통령제	의원내각제	혼합정부제
출현가능성	○	×	○
특색	의회의 대정부견제 강화	×	동거정부제, 의회의 대정부견제 강화 의원내각제적 운영

▌여소야대의 각 정부형태별 출현가능성과 그 특색

2. 혼합정부제의 장단점

혼합정부제는 의원내각제와 대통령제의 혼합형이므로 양 정부형태가 가지는 장단점이 아울러 나타날 수 있다.

(1) 장점

내각이 집행권을 주도하고 대통령의 권한이 적절히 행사될 경우에 의원내각제적 운영이 이루어지면 의원내각제가 가지는 장점인 책임정치가 구현될 수 있다. 내각이 소속한 정파가 의회의 다수파의 지지를 받는 경우에 입법부와 집행부 간의 협력이 이루어지고 국정이 신속하게 운영될 수 있다. 집행부와 의회 간의 마찰을 내각불신임제, 의회해산제에 의해 해소할 수 있다. 대통령과 내각이 모두 동일한 정파에 속하고 의회의 다수파의 지지를 강하게 받는 경우에는 집행부의 안정성을 가지고 정책추진에 응집력·신속성을 가질 수 있으며, 의회의 횡포와 졸속이 방지될 수 있다.

(2) 단점

군소정당들이 난립하는 경우에 정국의 불안정을 초래할 수 있다. 집행부의 정파가 의회의 다수파를 형성할 경우에 의회의 견제력이 약화된다. 정당의 영향력이 강할 경우에 다수당의 정치적 독점과 정당정치의 폐해가 있을 수 있다. 의회의 다수파의 강한 지지를 대통령이 받는 경우에 권력집중, 독재화의 우려가 나타날 수 있고 의회의 견제력이 약화될 수 있다. 반대로 대통령이 의회 다수파의 지지를 받지 못할 경우에는 동거정부가 나타날 수 있는데 동거정부하에서 대통령과 수상(내각) 간에 타협과 협력이 이루어지지 않을 경우에 대통령과 내각 간에 그 권한행사가 상호 조화를 이루지 못하고 응집력을 가지지 못할 수 있고 정국불안정을 가져올 수도 있다.

Ⅲ. 유형과 운영례

혼합정부제는 이론적으로는 의원내각제와 대통령제의 혼합적 운영이나 그 실제의 운영현실에 따라 서로 차이가 있는 여러 유형들을 볼 수 있다. 운영례로는 독일의 바이마르공화국하의 경우와 프랑스의 예를 참고로 본다.

1. 국정운영에 따른 모습

혼합정부제는 이를 채택하고 있는 나라마다 일률적이고 통일된 형태가 아니라 나라마다 혼합의 정도나 그 운영모습에 상당한 차이를 보여준다. 또한 혼합정부를 성문헌법의 규정들로 구성하고 있긴 하나 규범의 형성은 상당히 헌정현실에서 이루어졌다. 혼합정부제의 3가지 유형을 보면, ① 대통령제적 운영의 유형(대통령이 가지는 헌법규정상의 권한을 제대로 충분히 또는 그 이상 행사할 경우에 헌정현실에서는 강한 대통령으로서 대통령제적으로 운영되는 국가. 프랑스에서 의회의 다수파의 지지를 대통령이 받고 있었던 시기)이 있고 ② 의원내각제적 운영의 유형(반대로 대통령이 헌법규정상의 권한 이하로 그 권한행사를 자제함으로써 상당히 의원내각제적으로 운영되는 국가)도 있을 수 있다. 의원내각제적 운영이 강한 국가로는 오스트리아, 아일랜드, 아이슬란드 등을 들 수 있다. 이들 국가들은 대통령이 직선되나 그 운영은 의원내각제적이다. ③ 균형형(제3의 유형으로 대통령과 내각의 권한 행사가 적절히 조화있게 이루어지는 균형형)이 있을 수 있다. 대표적인 국가로 핀란드를 들 수 있다.

프랑스의 경우 대통령이 의회의 다수파의 지지를 받고 있었던 때에는 상당히 대통령제적 운영이 이루어졌고<프랑스에서 군소정당의 난립으로 의회에 결속력있는 다수파가 자리잡지 못하여 내각불신임이 빈번하였던 경험을 극복하기 위하여 의회의 안정적 다수파를 확보하는 것이 필요하였고 이를 위해 고안된 것이 결선투표제이다. 절대다수제를 취하여 1차투표에 과반수 득표자가 없는 경우에 2차 결선투표로 나아가는데 이때 정파끼리 결속이 이루어지게 된다. 우파면 우파, 좌파면 좌파의 정당들 간에 1차투표의 결과를 두고 한 후보를 2차 투표에서 지지할 것을 약속하여 우파, 좌파 각각 정파끼리의 결속을 가져오게 하며 2차투표 결과 후보는 과반수 획득에 의한 당선이라는 점에서 정당성도 강화된다. 이러한 결선투표에 의한 결속력있는 다수파의 확보가 가능하였다> 반대로 대통령이 소속된 정파가 의회의 소수파로서 대통령이 의회의 다수파의 지지를 받지 못한 때에는 이른바 동거정부가 형성되어 수상과 내각이 주도적인 국정운영을 수행한 바 있다.

2. 바이마르공화국하의 혼합정부제

1919년 독일의 바이마르공화국헌법은 혼합정부제를 택하였다. 직선되는 대통령이 수상임명권, 의회해산권, 국군통수권, 의회에서 의결한 법률을 국민투표에 붙일 수 있는 권한, 국가긴급권 등 강한 권한을 가졌다. 의회는 국민의 직선으로 선출되는 의원들로 구성되고 내각불신임권을 가져 의원내각제적 요소를 가지고 있었다. 집행부가 의회의 다수파의 지지를 받지 못하여 자주 대통령이 내각을 경질하여 불안정한 정국을 보여주었고 대통령의 비상대권에 의존하는 권위적 통치가 이루어지기도 하였다. 정부의 약체성과 이러한 파행으로 강한 정부를 원하는 국민들의 욕구가 생겨났고 결국은 오히려 히틀러의 나치정부가 들어서고 총통제를 도입하였고 의회로부터 수권법을 제정받아 독재의 길로 들어서게 되었다. 바로 이러한 바이마르 공화국의 부정적 경험이 혼합정부제에 대한 부정적 선입견을 가지게 하는 효과를 가져온 면이 있다. 결국 바이마르공화국의 혼합정부제가 실패한 원인으로는 군소정당 난립과 의회의 다수파 부재, 연정에서의 정당 간 화합의 정치 부족, 의회주의의 미성숙, 정부와 의회 간 협력 부족, 정치적 책임의식의 부족, 국수주의의 태동 등을 들 수 있다.

3. 프랑스 현행 헌법하의 혼합정부제[1)]

프랑스의 현행헌법은 오늘날의 전형적인 혼합정부제를 채택하고 있다. 그러나 유의할 점은 대통령제에 의원내각제의 요소를 혼합한 것이 아니라 의원내각제의 전통을 유지하면서 대통령의 권한을 강화하여 대통령제적 요소를 혼합한 것이다.

(1) 의원내각제적 전통과 의원내각제적 요소

현행 프랑스 제5공화국이 혼합정부제적인 모습으로 성격규정이 지워진다고 하더라도 헌법학자들은 제5공화국헌법이 의원내각제적(régime parlementaire) 전통을 이어가고 있고 이를 제도의 기초로 하고 있음을 부인하지는 않는다. 또한 현행 1958년 헌법의 기초를 드골에게 이양하면서 동 헌법의 제정방침을 부여하였는데 이 방침에서도 의원내각제적 요소가 강하게 나타나고 있는 사실에서도 그 전통의 계승을 볼 수 있다.[2)] 프랑스 제5공화국 현행헌법에서는 이러한 행정부(내각)불신임제도가 제5공화국헌법이 지향하는 이른바 합리적 의회주의에 의해 제약을 받고 있다(前述 참조).

프랑스 현행헌법 하에서의 의원내각제적 요소로는, 국민의 직접·보통선거로 선출되는 의회(국민의회=하원)[3)] 앞에서 행정부가 책임을 지게 하는 제도, 즉 내각불신임제와 의회해산제도가 존재한다는 것이다. 그외에 제5공화국헌법은 공화국대통령(le Président de la République)이 그 권한행사에 있어서 수상(le Premier ministre)과 관계 장관(les ministres)의 副署를 받아야 할 권한사항들을 비교적 넓게 규정하고 있다.

(2) 대통령제적 요소

프랑스의 대통령은 국민에 의해 직접 선출되고 그 대통령은 상당한 실권을 가진다. 대통령은 수상의 임명권(프랑스헌법 제8조), 국가의 계속성, 공권력의 정규적 기능의 보장자로서의 중

---

1) 정재황, 프랑스 혼합정부제의 원리와 실제에 대한 고찰, 공법연구 제27집 제3호(1999), 49면 이하 참조.

2) 즉 알제리사태 후 議會가 드골에게 새 헌법, 즉 제5공화국헌법의 제정을 위임한 1958년 6월 3일 憲法律(loi constitutionnelle)은 제5공화국헌법의 제정방침을 설정하였는데 그 방침의 하나로서 이 헌법률 제3호가 "행정부는 의회앞에서 책임을 져야 한다"라고 규정하였는바 바로 이 규정에 의회주의적 정부제의 요소를 유지하려는 의도가 나타나 있고 또 이에 기하여 제5공화국헌법은 의원내각제적 요소인 내각불신임제도를 규정하게 된다.

3) 양원제 국가인 프랑스의 경우 내각에 대한 신임을 묻는 제도가 상원에 대하여도 전혀 없는 것은 아니나 실질적인 불신임의결권은 원칙적으로 양원 중 하원에 있다(프랑스헌법 제49조). 따라서 여기서의 의회란 원칙적으로 하원을 말한다. 프랑스의 하원은 國民議會(l'Assemblée nationale)라고 부른다.

재의 권한(동 헌법 제5조), 법률안거부권(동 헌법 제10조), 비상대권(동 헌법 제16조), 국군통수권(동 헌법 제15조), 국제조약의 협상과 비준권(동 헌법 제52조), 내각회의(conseil des ministres)의 주재권(동 헌법 제9조), 국민투표회부권(동 헌법 제11조), 헌법개정제안권(동 헌법 제89조) 등의 주요권한을 가진다.

대통령선출제도는 원래의 제5공화국헌법에서는 간접선거로 그 방식이 규정되었으나 1962년의 헌법개정에 의해 국민에 의한 직선제도로 변경되었고 이에 따라 대통령이 국민으로부터의 직접적 정당성이 강화되어 전통적 의원내각제하의 국가원수와는 구별되는 역할과 권위를 대통령은 부여받는다고 보는 견해들이 많다. 이러한 대통령의 직접선거에 의한 선출과 실질적 권한 때문에 반대통령제(半大統領制)라고도 부르는 학자들도 있다.[1] 그러나 이러한 반대통령제라는 용어로 인해 프랑스 혼합정부제를 우리나라에서 대통령제의 변형으로 잘못 이해하는 설명도 있다.[2] 굳이 하나의 정부형태로 분류하지 않고 변형이라고 볼려면 차라리 의원내각제의 변형이라고 하는 것이 더 사실적(史實的이)다. 혼합정부제는 의원내각제를 해오던 국가에서 대통령제를 혼합한 것이기 때문에 의원내각제의 전통이 골조로 남아있다.

(3) 동거정부 현상[3]

프랑스에서는 여소야대하에서의 동거정부를 더러 경험하였다.

1) 실제례

프랑스에서는 1986년 3월부터 1988년 5월 사이에 미테랑대통령의 사회당정권에서 우파 시라크 수상과의 제1차 동거정부, 1993년 3월부터 1995년 5월 사이에 역시 미테랑 대통령 정부와 우파의 발라뒤르 수상과의 제2차 동거정부, 1997년 6월부터 2002년 5월 사이에 시락크 대통령 정부와 좌파의 리오넬 조스팽 수상과의 제3차 동거정부가 있었다.

2) 원인에 대한 논의

이에 대해서는 앞서 혼합정부제의 특색에서 살펴보았다.

3) 평가

(가) 전반적 평가

동거정부가 나타나기 전에 동거정부가 헌정의 불안정을 가져올 것이라는 우려의 예측과

1) 뒤베르제 교수(M. Duverger)는 현행 프랑스 정부제를 半大統領制라고 부르면서 이를 정의하기를 대통령이 보통선거에 의해 선출되고 대통령이 중요한 자신의 권한을 보유하고 있는 한편, 행정부는 하원의 다수의원의 신임이 있는 가운데서만 권한을 유지할 수 있는 수상에 의하여 통할되는 정치체제를 말한다고 한다. 프랑스의 경우 半大統領制는 드골(de Gaulle) 대통령 의하여 1962년 국민투표로 통과된 대통령직선제의 도입 이후 자리잡게 되었고 이 반대통령제는 프랑스뿐 아니라 1919년에서 1933년까지의 바이마르공화국하의 독일, 1929년 이래의 오스트리아, 1937년 이래 아일랜드, 1945년 이래 아이슬란드, 1976년 이래 포르투갈에서도 자리잡은 제도라고 본다(M. Duverger, Le Système politique français, Thémis Science politique, 21e éd., édition entièrement refondue, P.U.F., Paris, 1996, 500−501면). 1993년 이래의 러시아연방공화국의 경우도 이에 포함시키는 견해가 있다(P. Pactet, 앞의 책, 152면).

2) 권영성, 761면이 그러한 예이다.

3) 자세한 것은, 정재황, 프랑스에서의 동거정부에 대한 헌법적 일고찰, 공법연구 제27집 제1호(1998), 153면 이하 참조.

그 정당성논란이 없지 않았다. 그러나 그러한 우려와 논란을 떠나 헌정의 실제를 전반적으로 보면, 제1차, 제2차 동거정부에서 대통령과 수상 간에 의견차이와 불화가 있었고(예를 들어 1차 동거정부 때 법률명령에 미테랑 대통령이 서명하는 것을 거부한 사건 등) 동거정부가 불편한 것임에는 분명하기 하였으나, 큰 위기 없이 기능하였고, 동거정부가 헌법제도를 마비시키지 않았다고 보며,[1] 전반적으로 동거정부들은 제대로 기능하였다고 평가되고 있다.[2] 대통령과 수상과의 권한분배문제가 앞서 본대로 동거정부에서 많이 거론되었으나 사실 이 권한배분의 문제가 프랑스의 정치체제의 위기를 가져왔던 적은 없었다고 본다.[3]

(나) 권력의 균형성 내지 정부제도론의 측면에서의 평가

동거정부의 경우 헌법적 혁신과 새로운 정치적 권력분립이 나타난 것으로 평가하는 학자도 있다.[4] 반면 권력분립적 측면에서 동거정부의 출현에도 오래전부터 구축되어온 제도적인 균형은 유지되고 있다고 보는 견해[5]도 있다. 사실상 1986년의 동거정부 이전의 상황이었던 대통령의 우월적인 지위라는 상황이 헌법 자체의 규정에 비추어 보아 정상적인 것이 아니었고 동거정부에 의하여 오히려 대통령의 권한이 적정 범위에 머무르도록 하는 효과를 가져온 것으로 보는 취지의 지적들도 있다.

(다) 정권교체의 의미로서의 동거정부와 대통령제·의원내각제 간의 선택가능성

동거정부는 앞서 언급한 대로 의원내각제적 운영을 가져온다. 비동거정부에서는 대통령제적 운영, 동거정부제에서는 의원내각제적 운영을 가져온다면 국민이 동거정부를 받아들이느냐 아니냐에 따라 의원내각제와 대통령제 중 어느 정부형태를 택한 결과를 가져온다. 따라서 동거정부는 두 정부형태 국정운영 간에 선택할 기회를 제공한다는 의미를 지니는 것이라고 볼 수도 있다.

(라) 헌법해석의 중요성과 헌법규범에의 충실성 강화

동거정부하에서 대통령과 수상의 권한의 분담 등을 둘러싼 논쟁을 해결하기 위하여 또 이 논의의 과정에서 이전보다 헌법규정에 대한 보다 정치하고 종합적인 분석과 해석이 요구되어졌다. 이전에는 무시하거나 회피하였던 경향이 있었던 헌법규정을 재발견하게 하였고,[6] 이는 헌법규범에 충실할 것을 요구하는 것이기도 하다.

---

1) M.－A. Cohendet,La Cohabitation, Leçons d'une expérience, P.U.F., Paris, 1993, 7면 참조.
2) P. Auvret, La qualification du régime : un régime parlementaire, in Les 40ans de la Ve République, 10 personnalités témoignent, no spécial coordonné par J.－M. Blanquer, J.－M. Camby, Ch. Guetter et X. Robert, R.D.P., 1998, 1522면; M. Duverger, Le Système politique français, Thémis Science politique, 21e éd., édition entièrement refondue, P.U.F., Paris, 1996, 556면 등.
3) 이러한 지적은 1992년에 표명된 미테랑대통령의 개헌제안약속에 따라 동년 12월 2일 대통령령으로 설치된 헌법개정자문위원회의 대통령에 대한 보고서에서도 나타나고 있다. Comité consultatif pour la révision de la Constitution, présidé par le doyen Georges Vedel, Propositions pour une révision de la Constitution 15 février 1993, Rapport au Président de la République, La Documentation Française, Paris, 1993, 39면.
4) J. Gicquel, Droit constitutionnel et Institutions politiques, 15e éd., Montchrestien, Paris, 1997, 500면.
5) M. Prélot et J. Boulouis, Institutions politiques et Droit constitutionnel, 11e éd., Dalloz, Paris, 1990, 654면 참조.
6) 이러한 지적으로, P. Auvret, 위의 글, 1522면 참조.

(마) 양보·타협의 필요성

동거정부의 기간 중 대통령과 수상과의 권한분담에 있어서 마찰이 있기도 하였으나 전반적으로 의회주의에 입각한 헌정활동으로 상호간 양보와 타협이 이루어졌고, 동거정부에서 별다른 국정의 마비나 위기를 초래하지는 않았다. 오히려 각 권한에 대한 헌법적 해석이 더 많이 이루어졌고 동거를 위해 양보, 타협이 필요하다는 점에서 권한의 행사에 보다 신중성을 기하는 효과도 가져올 수 있다고 보았다. 또한 대통령과 수상과의 갈등도 결국은 이러한 갈등으로 인해 토론이 활발해지게 되므로 이로써 국민과 정치인들이 갈등의 대상이 된 국정현안에 대한 깊이 있는 이해와 심사(深思)가 이루어지게 할 수 있고 양보와 타협으로 이끌어 갈 수 있음을 보여주었다. 외교·국방의 영역에서는 대통령과 수상이 대외적으로 일치된 의견을 제시하는 것이 국익보호에 부합되므로 이러한 양보와 타협이 더 요구된다고 할 것이다.

4) 시사점

프랑스의 동거정부 경험에서 결국 여소야대 상황에서 대통령, 정부가 국정운영에 어려움이 있을지라도 의회주의에 입각해 타협과 설득, 조정으로 정국의 불안정성을 막고 정상적 운영을 할 수 있으며 오히려 권력의 완화와 견제를 균형있게 할 수 있다는 점을 볼 수 있었다. 이는 혼합정부제에 대해 동거정부출현가능성 등을 들어 부정적으로 볼 것이 아니고 의회주의, 정당정치가 정상적으로 자리잡아 가동한다는 조건하에서 혼합정부제가 작동하고 제어된 권력행사가 이루어짐을 시사한다.

Ⅳ. 한국에서의 과거인식과 최근의 혼합정부제 방향의 헌법개정안

1. 한국에서의 과거의 편향된 인식

혼합정부제에 대하여 요즈음은 선호도가 올라가고 있는 것으로 보이지만 과거 특히 1980년 헌법 개정논의 당시에 이원'집'정부제라고 하면서 당시 민간과 군부 간의 권력분점을 위한 제도라는 부정적 인식이 있었고 이를 강조하는 견해들도 마치 민주화를 위한 주장인 듯 제시되었다. 그러나 그것은 왜곡된 인식이다. 혼합정부제는 사실 대통령제에 비하여 대통령의 권력이 약화되어 있는 정부형태이다. 그럼에도 국내의 헌법교과서에서는 혼합정부제를 호도하는 일부 설명들이 보인다. 예를 들어 "권력의 집중과 전횡으로 말미암아 독재화할 위험성을 안고 있는 정부형태이기도 하다. 따라서 정치적·경제적 난국을 타개할 필요성이 있다든가 분단국가에 있어서 국론통일이 불가피한 국가적 상황에서는 이원집행부제라는 것이 결코 바람직한 정부형태라고 할 수 없다"라는 설명을 볼 수 있다<권영성, 768면>. 권력집중이 문제될 정부형태는 오히려 대통령제이고 혼합정부제를 채택하게 된 서구의 국가들의 경험은 의원내각제의 책임정치적 전통을 그대로 계승하면서도 의원내각제의 혼란을 극복하고 리더십을 강화하기 위하여 대통령의 권한을 어느 정도 강화한 것이다. 즉 의원내각제의 약체성을 보완할 목적으로 나온 정부형태인데 국론통일에 약하다는 지적은 오히려 의원내각제에 대한 평가라고 볼 것이다. 혼합정부제의 도입을 우리나라에서 그동안 권력분점을 위해 정치계에서 논의된 바 있는데 일찍이 경고를 한 대로 정치적 당략을 위한 악용은 막아야 함은 물론인데 그 때문에 혼합정부제 자체를 객관적으로 소개하지 못함은 학문적 자세가 아니고(혼합정부제에 대한 정확한 이해가 없어 그렇다면 더욱 문제이다) 더구나 원론서(개론서)로서의 교과서에서의 설명이 그러하다면 그야말로 호도의 가능성이 크다. 요컨대 대통령제든, 의원내각제든 당해 국가의 정치적 풍토, 여건, 성숙도, 특히 의회주의의 전통이 강한지 약한지 등에 따라 다같이 문제가 나타나는 것이지 혼합정부제만이 '결코' 바람직하지 않다고 할 수는 없다. 독재화의 우려는 대통령제에서 더 강하다.

2. 한국에서의 혼합정부제 개헌안

과거의 편향 내지 왜곡된 인식을 벗어나 한국에서 혼합정부제로의 개헌안이 제시되고 있다. 이에 관해서는 아래의 우리나라 정부형태를 보면서 소개한다(후술 참조).

V. 혼합정부제의 성공요인 - 의회주의, 갈등의 극복, 타협과 호양

혼합정부제는 혼재하는 대통령제와 의원내각제 양자의 성공요인을 충족할 때 성공할 수 있다. 특히 강조되고 있는 것은 혼합정부제가 정국의 불안을 가져오지 않는가 하는 데 대한 대응적 성공요인이다. 의회의 다수파가 대통령을 지지할 경우에는 정국의 안정을 가져온다. 그러나 반면에 의회가 집행부를 견제할 가능성이 줄어든다. 특히 의회의 다수파의 지지를 대통령이 받지 못하여 동거정부가 되었을 경우에 국정운영이 정상적으로 이루어지기 위해서는 타협과 양보, 조절 등이 의회에서 이루어지고 대통령과 수상 간에도 타협, 호양, 협력이 필요하다. 바로 프랑스에서 오히려 동거정부에서 이러한 의회주의, 타협, 호양이 이루어져 정국운영에 별다른 큰 문제를 야기하지는 않았다. 이런 점에서 독일의 바이마르헌법의 예만을 들어 혼합정부제를 부정적으로만 보는 것은 시대착오이다. 유럽의 적지 않은 나라들이 혼합정부제를 그런대로 긍정적으로 운영하고 있는 것은 바로 이러한 요인들이 자리잡고 있기 때문이다. 물론 이러한 여건이 갖추어지지 않은 국가에서는 혼합정부제의 성공을 점치기 어렵다. 결국 정당정치의 성숙, 의회주의의 성숙이 성공요건이다. 또한 권력분산의 지방화인 지방자치, 사회통합과 시민의식의 성숙, 직업공무원제의 현실적인 확립도 성공요인을 이룬다.

〈대통령제, 혼합정부제(분권정부제), 의원내각제의 비교〉

1. 대통령제

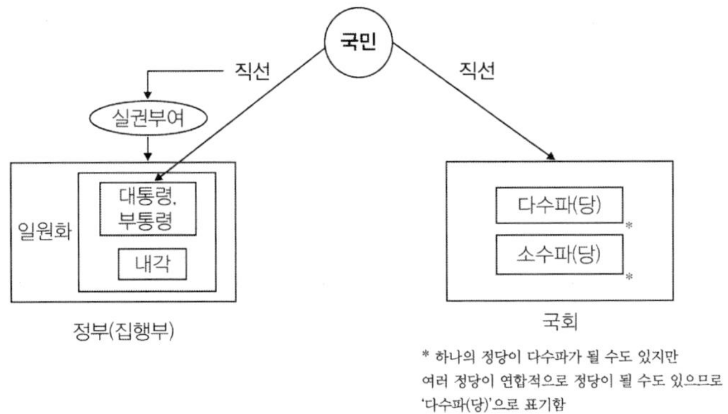

2. 의원내각제

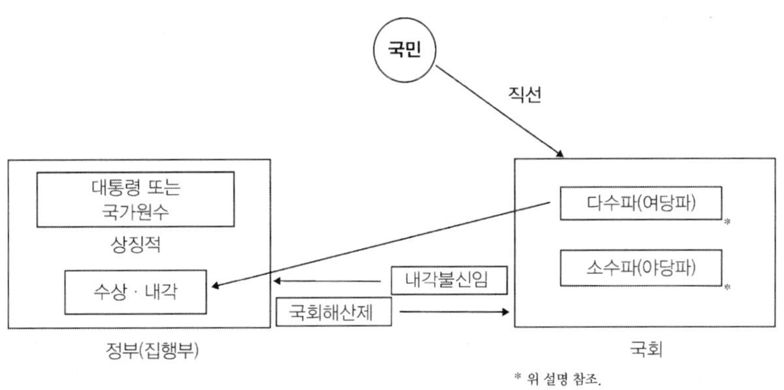

3. 혼합정부제

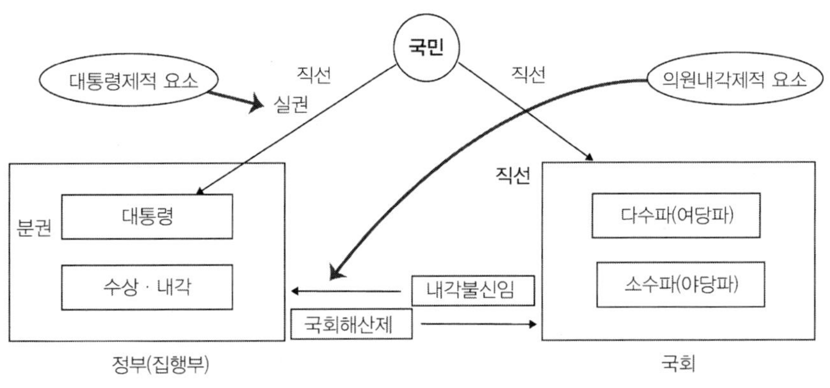

〈혼합정부제(분권정부제)의 작동원리〉

1. 여대야소 = 대통령제적 운영

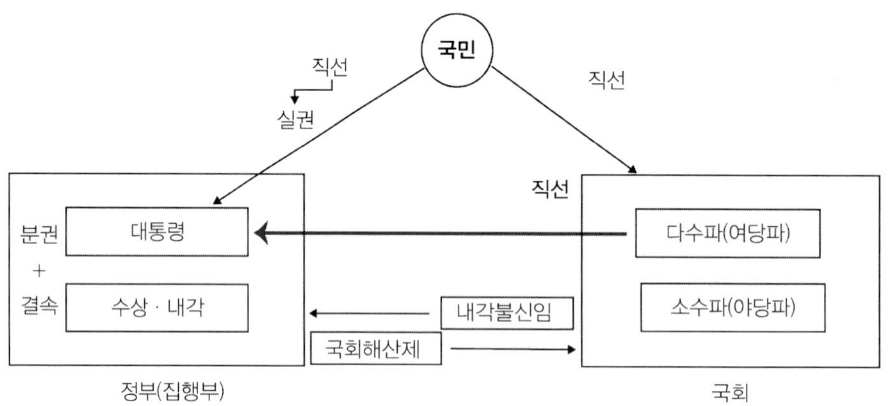

2. 여소야대 = 동거정부 = 의원내각제적 운영

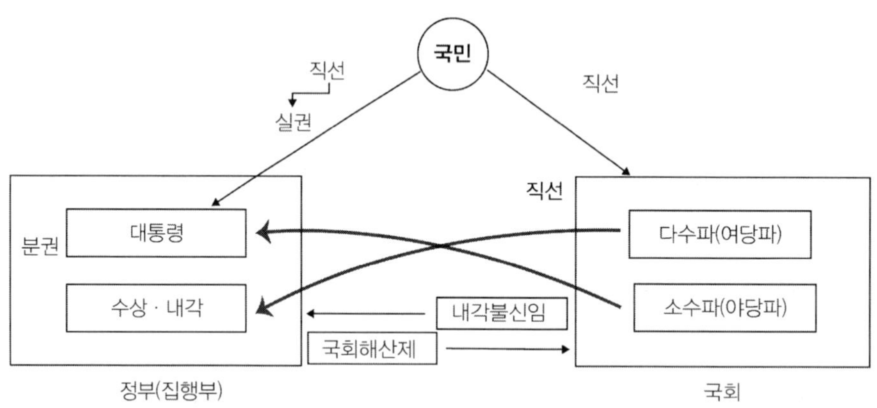

제6항 기타 - 이사회(내각합의제)정부

이는 스위스연방정부의 형태로서 매우 독특하다. 의회는 양원제로서 인구비례 총선거로 선출되는 100인의 의원들로 구성되는 하원과 주(canton)정부의 대표자들로 주마다 2인씩(몇개 주는 1인씩) 선출되는 모두 46명의 의원들로 구성되는 상원이 있다. 연방정부의 집행부는 연방내각(연방이사회 Conseil fédéral)이다. 연방내각은 의회에서 선출되는 모두 7인의 각료로 구성된다. 스위스연방정부가 7인의 각료들이 집단적으로 집행권을 행사한다는 의미에서 '이사회'로 불러온 것으로 보여지는데 그동안의 관용되어 온 이사회정부제라고 부르기도 하지만 내각합의제정부제라고 부르는 것이 더 낫다고 보여진다. 하여간 스위스 의회가 각료를 선출함에 있어서 다양한 지역, 언어공동체들(스위스는 다언어 국가이다)이 균형있게 대표되어져야 한다. 연방내각의 각료들은 전통적으로 하원의 의석을 가지고 있는 주요정당들 간에 배분하여 선출되기에 대연정체제를 이루고 있어 정부의 안정을 도모하여 왔다. 7인의 각료 중 한 명이 의회에 의하여 대통령으로 선출되고 대통령의 임기는 1년이다. 대통령은 이름과 달리 스위스의 국가원수가 아니라 동료 중의 제1위자('primus inter pares')의 지위를 가질 뿐이라고 한다. 연방내각회의를 주재하고 의견대립시 중재하는 역할을 하며 긴급상황에서 예방적 조치를 취하거나 연방내각회의가 회합할 수 없는 상황에서 결정을 하는 권한을 가진다. 요컨대 연방내각회의가 실질적 권한을 집단적으로 행사한다고 볼 것인데 연방내각은 합의제기관으로서 중요한 정책결정을 집단적으로 행하는 최고의 집행기관이다. 그러나 연방내각은 연방의회에 대하여 책임을 지는 제도가 없고 연방내각도 의회해산권을 가지지 않는다. 반면 연방내각은 법률안제출권을 가지고 각료들은 의회에 출석하여 토의할 권한을 가진다. 연방내각이 의회에 의해 선출되고, 연방이사회의회에 대하여 견제하는 제도적 장치를 가지지 못한 점 때문에 스위스의 연방내각제도를 의회정부제로 보는 견해도 있으나 각료들이 4년의 임기 동안 의회에 대하여 집행권을 독자적으로 행사한다는 점에서 의회정부제라고 보기 어렵다고 한다. 스위스연방정부의 형태에 대해 정치적 안정성의 장점이 얘기되나 나타날 수 있을 단점의 지적도 없지 않다.

제7항 우리나라의 정부형태

Ⅰ. 변천

1. 제1공화국

제헌헌법에서는 대통령과 부통령을 두어 대통령제를 원칙으로 하면서 국무원제도를 두고 더욱이 국무원, 국무회의를 의결기관으로 함으로써 의원내각제적 요소를 다소 가미하였다. 대통령은 국회에서 선출되었다. 대통령은 국무총리임명권, 재정·경제명령처분권, 조약체결·비준권, 선전포고·강화·외교사절 신임접수권, 국군통수권, 공무원임면권, 사면권, 계엄선포권 등을 가지고 있었다. 그런데 국회는 국무총리임명에 대한 승인권, 재정·경제명령처분에 대한 승인권, 조약비준에 대한 동의권, 국정감사권, 탄핵소추권 등을 가져 대통령의 권한을 견제할 수 있었다. 정부 내에서는 국무회의가 조약안, 선전, 강화 기타 중요한 대외정책에 관한 사항, 계엄안, 군사에 관한 중요사항, 사면에 관한 사항, 대법관, 검찰총장 등 고위직 공무원의 임면에 관한 사항에 대한 의결권을 가지고 있었고(즉 국무회의가 의결기관이었다) 그 권한들에 대해서는 대통령의 전적인 권한이 아니라 내각의 의결이라는 제한을 받는 권한이었다. 그 점에서 의원내각제적 요소가 있었다. 그러나 국회가 내각불신임권을 가지지 않았고 집행부우월적인 대통령제였다.

1952.7.7.의 제1차개헌(발췌개헌)헌법에서는 대통령직선제로 바꾸면서 반대로 의원내각제적 요소를 대폭 도입, 강화하여 내각(국무원)불신임제도를 두었다. 그러나 국회해산제도는 두지 않아 다소 약한 혼합정부제적인 정부형태로서 헌법규정상 국회우월적인 구조였다. 그렇지만 헌정현실에서 국무총리를 대통령이 임명하지 않음으로써 대통령의 독주를 가져왔고 권위주의적 대통령제의 모습을 보여 신대통령제라는 평가를 받기도 한다<김철수, 1039면>.

1954.11.29의 제2차개헌(사사오입개헌)헌법에서는 국무총리제를 폐지하고 국회(민의원)의 국무위원에 대한 불신임권은 개별 국무위원에 대해 행할 수 있게 하여 의원내각제적 요소를 많이 축소하였고 대통령제적 요소를 강화하였다. 헌정현실에서는 여전히 권위적 대통령제의 모습을 보여 신대통령제라는 평가를 받았다.

2. 제2공화국

국무총리는 대통령의 지명으로 국회의 동의를 얻어 선출되었다. 국무총리와 국무위원으로 구성되는 내각인 국무원은 연대하여 국회(하원인 민의원)에 대하여 책임을 지고 민의원은 국무원 불신임권을 가지며 국무원은 민의원해산권을 가짐으로써 바로 의원내각제적 요소들이 자리잡고 있었다. 대통령은 양원합동회의에서 간접선거되었다. 대통령은 국무총리 지명권, 긴급재정처분권, 조약비준·선전포고·강화·외교사절의 신임접수권, 국군통수권을 가지고, 사면·감형·복권의 권한, 계엄선포권, 정부의 정당해산 소추 승인권, 헌법재판소 심판권 임명권 등을 가졌다. 대통령이 상당한 권한을 가지는 것으로 보여 우리 제2공화국 헌법도 어느 정도 혼합적 성격이 있었다고 볼지 모른다. 그러나 대통령이 간접선거될 뿐 아니라 그의 위와 같은 권한들은 국회동의를 요하거나(국무총리 지명권) 대부분의 권한도 국무회의의 의결에 의하여 행사할 수 있도록 하였으므로 실질적인 권한으로 주어진 것이라기보다는 내각이 실질적인 의결기관으로서 내각이 국정운영을 주도하도록 되어 있었다. 따라서 제2공화국의 정부형태는 전형적인 의원내각제를 지향한 정부형태라고 할 것이었다.

3. 군사정권

5.16 군사쿠테타 후 군사정권은 헌법을 초월하고 무시하는 국가재건비상조치법을 제정하고 이에 따라 국가재건최고회의를 설치하여 이 최고회의가 국회의 권한을 대행하고 내각수반

을 임명하며 내각에 대한 지시통제를 하며 내각은 최고회의에 대해 연대책임을 지도록 하고, 대법원장 · 대법관을 제청하며 사법행정권(司法行政權)을 지시통제하는 등 입법, 행정, 사법행정권을 사실상 장악하여 집중하고 있었다. 국가재건최고회의는 의회라고 볼 수 없고 군사쿠테타의 결과 나온 과두체제로서 군사혁명위원회제도이므로 회의제정부 내지 집정부제라고 할 수 있었다. 국가재건비상조치법 자체가 헌법적 근거가 없었던 것이었을 뿐 아니라 권력이 집중된 것으로 이 최고회의정부는 입헌정체라고 볼 수 없었다.[1]

4. 제3공화국

제3공화국에서는 대통령제를 골간으로 하는 정부형태를 채택하였다. 대통령이 국민으로부터 직선되었고 국회에 대한 책임을 지지 않았으며 실질적 권한들을 가지고 있었다. 아울러 의원내각제적 요소들을 가미하였는데, 그러한 요소로, 부통령제 아닌 국무총리제를 두었고 국무회의제도를 두었으며, 국회는 국무총리 · 국무위원에 대한 해임건의권을 가지고 국무총리 · 국무위원은 국회출석 · 발언의 의무를 지고 있었으며 정부는 법률안제출권을 가지고 있었다. 그러나 대통령의 국무총리임명에 국회의 동의를 받지 않아 의원내각제하의 수상과 달리 대통령의 보좌기관이었고 국무회의는 의원내각제하의 내각회의와 달리 의결기관이 아니었다.

대통령은 국무총리임명권, 법률안거부권, 국가긴급권(긴급명령권, 재정 · 경제명령처분권) 등 강한 권한을 가져 대통령우월적 경향을 보여주었다.

정당국가화의 경향이 나타나 국회의원은 임기중 당적을 이탈하거나 변경한 때 또는 소속정당이 해산된 때에는 의원자격이 상실되도록 하고 있었다.

제3공화국의 정부형태는 순수한 대통령제라고 볼 수는 없으나 의원내각제 요소가 다소 가미된 약간의 혼합정부제적 대통령제라고 볼 수 있다.

5. 제4공화국

제4공화국의 정부는 권력집중적 신대통령제적 정부였다. 대통령이 간접선거되었음에도 대통령의 권력이 절대적으로 강력하고 대통령에의 권력이 집중되어 있었다. 대통령은 국가의 원수로서 국회해산권을 가지고, 국가의 중요정책을 국민투표에 붙여 결정할 수 있는 권한, 헌법개정제안권, 국무총리, 헌법위원회위원, 대법원장과 대법관, 일반법관에 대한 임명권도 가졌으며(대법원장이 아닌 법관들에 대해서도 대법원장의 제청이 필요하긴 하였으나 임명권자는 어디까지나 대통령이었다), 국회의원 정수의 3분의 1을 통일주체국민회의에 추천할 권한(추천된 후보자들에 대해 통일주체

1) 국가재건최고회의의 근거법인 국가재건최고회의법은 그 근거법률이었던 국가재건비상조치법이 한시법으로서 1963.12.17. 효력이 상실되었기에 그것에 따라 존치 근거 및 사유가 소멸되었으므로 폐지되었어야 하였는데 최근 2009년 4월 1일에 와서야 국가재건최고회의법 폐지법률의 공포로 폐지되었다.

국민회의가 재적대의원 과반수의 출석과 출석대의원 과반수의 찬성으로 당선을 결정하나 만약 이러한 찬성을 얻지 못하면 당선결정이 있을 때까지 계속하여 대통령이 추천하여 선거하도록 요구할 수 있으므로 사실상 대통령이 국회의원 정수의 3분의 1을 임명할 수 있는 권한이었다), 긴급조치권이란 강력한 권한을 가졌다. 대통령의 권위적 성격도 헌법규정 자체에서 나타나고 있었다. 즉 국회의원의 3분의 1을 추천할 권한도 그러하지만 대통령이 제안한 헌법개정안은 국회의 의결을 거침이 없이 바로 국민투표로 확정하도록 한 것이 그러한 예이다. 따라서 행정부의 수반으로서의 대통령이 아니라 입법부인 국회와 국무총리·국무위원 등으로 구성되는 행정부, 대법원과 각급법원의 사법부로 입법, 행정, 사법이 분리되어 있고 그보다 상위의 대통령과 통일주체국민회의가 존재하였다. 대통령이 통일주체국민회라는 기관에서 간접선출되었음에도 이러한 강력한 권한을 보유하도록 한 것은 유신헌법의 규정 자체가 벌써 정당성이 결여된 것임을 보여주는 것이었다. '조국통일의 신성한 사명을 가진 국민의 주권적 수임기관'이라고 규정된 통일주체국민회의는 2,000인 이상 5,000인 이하의 대의원으로 구성되었고 대통령을 선출하며 통일에 관한 중요정책에 대한 심의기관으로서, 대통령이 일괄 추천한 3분의 1의 국회의원을 선출하는 권한을 가져 실질적 권한은 약하나 헌법체제상 국회보다 상위에 있었다. 국회가 국무총리·국무위원에 대한 해임의결권을 가지고 국무총리에 대한 해임의결시에는 국무위원 전원의 연대책임(해임)을 지도록 하여 의원내각제적 요소가 있었으나 대통령의 강한 권력에 비하여 보면 별 의미를 가지지 않았다.

유신의 이념으로 이른바 한국적 민주주의를 표방하며 제정된 제4공화국헌법에서의 정부형태는 권력통합적인 이른바 영도적 대통령제라고 불리웠고 심지어 절대적 대통령제라고 평가되기도 하였던, 전통적 대통령제라고 결코 볼 수 없는 현대의 전제적 정부형태인 신대통령제적 정부형태였다.

6. 제5공화국

제5공화국에서는 제4공화국에 비하여 대통령의 권한이 축소되었으나 비상조치권, 국회해산권 등을 가짐으로써 전통적 대통령제에서의 대통령보다 강한 권한을 여전히 유지하고 있었다. 이러한 강한 권한은 대통령이 선거인단에 의하여 간접선거되었다는 점에서 헌법체제상 균형이 맞지 않고 헌법규정 자체에서부터 벌써 정당성이 약함을 보여주는 것이었다. 의원내각제적 요소로서 국무총리제와 국무총리·국무위원에 대한 국회의 해임의결권이 있었다. 따라서 강한 대통령제에 의원내각제가 다소 가미된 약한 혼합정부제라고 할 수 있다. 제5공화국의 정부형태를 프랑스의 현행 정부형태와 유사한 것으로 보려는 경향이 우리나라에 있으나 무엇보다 대통령이 간접선거된 점이 대통령이 직선되는 프랑스의 정부와 달랐던 점이다. 제5공화국의 정부는 이처럼 약한 혼합형정부였으나 헌정현실에서는 여전히 대통령이 집행권과 정당을 장악하여 강력한 권위주의적 대통령제로 운영되었다고 평가된다<김철수, 1042면>.

Ⅱ. 현행 헌법상의 정부형태

1. 대통령제적 요소와 의원내각제적 요소

(1) 대통령제적 요소

① 대통령이 실질적 권한을 가진다. ② 대통령의 임기가 보장되어 있다(제70조). 그러나 부통령제가 없다는 점에서 대통령제의 임기보장성의 의미가 약하다. ③ 대통령이 국민으로부터 직접 선출된다는 점도 그 실질적 권한에 대한 정당성을 더 강하게 준다는 점에서 대통령제적 요소가 될 수 있다. ④ 대통령은 국회 앞에서 책임을 지지 않고(탄핵의 경우를 제외하고) 대통령이 국회해산권을 가지지도 않는다. "국회도 대통령에 대하여 불신임결의를 할 수 없다"라고 하여 이를 대통령제적 요소로 서술하는 견해도 있으나<권영성(2004년판), 776면> 의원내각제하에서도 불신임결의는 행정부(수상 + 내각)가 대상이지 대통령이 대상이 아니다. 한국헌법의 경우 국무총리·국무위원에 대한 해임건의제도가 있는바 이는 의원내각제적 요소로 볼 수 있다. ⑤ 대통령은 법률안거부권을 가진다. ④와 ⑤는 미국식의 권력분립형인 엄격분립형에 가깝고 ⑤는 상호견제의 기능을 하나 대통령이 정부의 일원으로서 법률안제출권을 가진다는 점에서 미국식의 대통령제와는 균형상 차이가 있다.

(2) 의원내각제적 요소

① 부통령제를 두지 않고 국무총리제도를 두고 있다. 그러나 의원내각제하의 수상에 비하여 국무총리는 실질적인 권한을 가지지 못하여 의원내각제 요소로서 그리 강한 요소라고 할 수는 없고 의원내각제의 외형만을 따른 요소라고 할 것이다. 국무총리에 대한 국회의 임명동의도 의원내각제적 요소라 할 수 있으나 역시 약한 요소이다.

② 국무회의제도를 두고 있다. 그러나 국무회의의 권한이 의원내각제의 내각회의에 비하여 약하다.

③ 국무총리가 행정각부의 통할권을 가지고 국무위원의 임명제청, 해임건의를 할 권한을 가진다. 행정각부통할권은 대통령의 명을 받는 것이어서 약한 권한이고 국무위원의 임명제청, 해임건의의 권한도 현실적으로 강하지 못하다.

④ 국회의 국무총리·국무위원에 대한 해임건의권이 국회의 해임건의의결이 대통령을 구속하는 효과를 가지는 것이라면 의원내각제적 요소라고 할 수 있다. 해임건의의결을 구속력 없는 것으로 보면서도 이를 의원내각제적 요소라고 보는 것은 일관성이 결여된 입장이다<권영성(2004년판), 777면, 916면. 특히 916면은 "현행헌법의 해임건의제는 의원내각제의 수상에 대한 불신임의결과는 상이한 제도"라고 하면서도 777면에서는 해임건의제를 의원내각제적 요소로 명백히 하고 있다>.

⑤ 국무총리 · 국무위원의 국회출석 · 발언의 의무와 권한이 있다. 의무가 더 의원내각제적 요소이다.

⑥ 대통령의 국법상 행위에 대한 국무총리와 관계 국무의원의 부서가 필요하다.

⑦ "정부"에게 법률안제출권을 주고 있다. 이는 가장 중요하고 뚜렷한 의원내각제적 요소라고 할 것이다. 그 이유는 첫째, 대통령제하에서는 대통령과 행정부에 법률안제출권이 없고 의원내각제하에서는 행정부도 법률안제출권을 가진다는 점, 둘째, 나아가 그러한 법률안제출권은 의원내각제하에서 수상 등 어느 단독기관이 아니라 합의제 연대기관으로서 행정부 전체에게 주어지는데(독일기본법 제76조 1항 참조) 우리 헌법 제52조가 법률안제출권의 주체를 대통령 단독이 아니라 '정부'라고 명시하고 있다는 점은 바로 이에 유사한 상황이 되기 때문이다.

정부형태	정부 제출 경우	제출권자
대통령제	대통령 단독이 제출권자인 경우	대통령
	정부가 제출권자인 경우	정부 = 대통령 + 행정부
의원내각제	정부가 당연 제출권자임	정부 = 수상 + 행정부

▌의원내각제와 대통령제에서 정부의 법률안제출권 경우

⑧ 국무위원의 국회의원의 겸직가능성을 의원내각제적 요소로 들기도 한다. 국무위원과 국회의원과의 겸직가능성의 근거가 어디에 있는지 언급은 잘 되고 있지 않다. 그 근거로, 헌법 제43조가 국회의원은 법률이 정하는 직을 겸할 수 없다고 규정하고 있는데 현재 법률상 국회의원이 겸직할 수 없는 직으로 국무위원직이 규정되어 있지 않은 점(국회법 제29조 참조)을 들 수 있다. 또한 국무위원을 겸한 의원의 경우 국회 상임위원회의 위원을 사직할 수 있도록 한 국회법 제39조 제4항이 규정하고 있는 것도 국무위원과 의원의 겸직이 가능함을 전제로 한 것이므로 간접적인 근거규정이 된다. 이러한 겸직가능성을 의원내각제적 요소로 드는 것은 軟性的, 협력적 권력분립주의의 상황하에 있는 의원내각제의 경우에는 그 겸직이 대의회적으로 협력관계를 위한 의미가 있다고 보았기 때문이다. 그러나 반드시 의원내각제라고 하여 의원 중에서만 국무위원이 선출되어야 하는 것은 아니다. 의원내각제였던 제2공화국헌법에서도 "국무총리와 국무위원의 과반수는 국회의원이어야 한다"라는 규정을 두고 있었다(제2공화국 헌법 제69조 6항).

2. 각 정부형태와의 비교

* 이는 위에서 각 정부형태가 가지고 있는 요소가 우리에게도 있는지를 보면서 사실상 비교가 이루어졌기에 별도로 논의할 실익은 없고 중복될 수 있다.

(1) 대통령제

미국식 대통령제에 비교하면 차이점이 부통령제가 없고 반면에 법률안제출권을 집행부가 가진다는 점, 위헌법률심사권을 별도의 헌법재판기구인 헌법재판소에 부여하고 있다는 점 등이다.

(2) 의원내각제와의 비교

국무총리제를 두고 있는 것은 의원내각제와 유사하다. 우리 현행 헌법에서의 의원내각제적 요소와 그 한계에 대해서는 앞서 살펴본 바 있다.

(3) 혼합정부제와의 비교

혼합정부제와의 비교하면 혼합정부제에 비해 의원내각제적 요소가 약하다. 의회해산제도가 없다. 바로 그 점에서도(즉 의회해산제라는 의원내각제의 중요한 책임제도(국민 앞에서의 총선에 의한 책임)가 없다는 점에서도) 국민 우리 정부형태를 혼합정부제의 한 유형으로 보려는 견해는 타당하지 않다.

3. 학설과 판례의 입장

(1) 학설

학설은 현재의 우리 정부형태를 대통령제, 대통령중심제, 의원내각제가 다소 가미된 절충적 대통령제, 변형된 대통령제 등 일반적으로 대통령제적이거나 대통령제에 가까운 형태라고 보는 경향이다(과거 제4, 5공화국의 경우에는 절대적 대통령제, 영도적 대통령제 등으로 불리기도 했다). 견해에 약간의 차이가 있을 것이나 그래도 분명한 것은 전적으로 순수한 대통령제만이거나 의원내각제만이라고는 보지 않는다는 점이다. 대통령중심제설에 대해서는 '중심'이란 말의 의미가 무엇인지 명백하지 않다. 유신헌법에서처럼 대통령이 3권 중의 하나가 아니라 그 위에 군림한다는 의미라면 이를 받아들일 수 없는 것은 분명하다. 한편 우리 정부형태를 혼합정부제(그 견해는 이원정부제라고 부른다)적으로 운용할 수 있다는 견해(성낙인(2016), 399-400면)가 있으나 그러한 주장이 받아들여지기 어려운 중요한 제도적 이유는 정국이 경색된 때에 이를 해소할 국회해산제가 없다는 점이다. 그 견해도 국회해산제가 없는 점을 들고 있긴 하나 그 결여는 의회해산제가 의원내각제적 요소로서는 중요한 한 축이라는 점에서 다소의 결여라고 단순히 치부할 수는 없다.

(2) 판례

헌재의 판례는 우리 정부형태를 '대통령중심제' 또는 '대통령제'라고 본다.

① 헌재 1994.4.28. 89헌마221

[결정에 대한 설명] 구 정부조직법 제14조가 국가안전기획부(현재 국가정보원)를 대통령직속으로 하여 국무총리의 행정각부통할권 범위에 두지 않아 이를 규정한 헌법 제86조 제2항에 반하는 위헌이 아니냐 하는 문제를 따지면서 국무총리의 헌법상 지위와 권한이 어떠한지를 따져야 했고, 그 이전에 우리 정부형태가 어떠한지를 규명하여야 하였기 때문에 아래와 같은 판시를 하게 된 것이다. [설시] 우리 헌법은 자유민주적 기본질서의 보호를 그 최고의 가치로 하여, 이를 구현할 통치기구로서 입법권은 국회(헌법 제40조)에, 행정권은 대통령을 수반으로 하는 정부(헌법 제66조 4항)에, 사법권은 법관으로 구성된 법원

(헌법 제101조 1항)에 각각 속하게 하는 권력분립의 원칙을 취하는 한편, 대통령은 국가의 원수로서 외국에 대하여 국가를 대표하며(헌법 제66조 1항), 그에게 국가의 독립·영토의 보전, 국가의 계속성과 헌법을 수호할 책무를 부여하고(같은 조 2항), 조국의 평화적 통일을 위한 성실한 의무를 지우고 있는(같은 조 3항) 등 이른바 대통령중심제의 통치기구를 채택하고 있다.

② 헌재 1995.7.21. 92헌마177
[결정에 대한 설명] 여론조사 규제의 합헌성에 대한 결정례이었다. 대통령제하에서 대통령의 중요성에 따른 대통령선거의 공정성을 강조하기 위하여, 그리하여 선거여론조사규제가 합헌성을 가진다는 점을 끌어내기 위한 설시였다. [설시] 대통령제를 채택하고 있는 우리나라의 경우 대통령직이 갖는 비중에 비추어 대통령선거의 공정한 실시가 갖는 중요성은 대단히 크다.

4. 여소야대, 동거정부에 대한 논의

우리 헌정사에 여소야대의 상황이 빈번하였다. 1988년 13대 국회의원 총선, 1992년 14대 총선, 1996년 제15대 총선, 2000년 제16대 총선에서도 여당이 과반수 확보에 실패하여 여소야대 현상이 나타난 바 있다. 이를 타개하기 위하여 정당간 합당, 당선자의 소속 정당 변경 등이 있었는데 인위적 정계개편이라는 비판을 받았다. 이전에 정부 내에서의 동거정부의 경험이 우리나라에도 있었다. 즉 1956년 제3대 대통령 선거에서 자유당의 후보인 이승만이 대통령에 당선됐지만, 부통령은 야당인 민주당의 후보인 장면(張勉)이 자유당 후보 이기붕(李起鵬)을 꺾고 당선이 되었기에 정부가 여야 '동거정부'가 형성된 바 있다.

일각에서는 여소야대현상을 방지하기 위하여 국회의원선거와 대통령선거를 비슷한 시기에 실시하여야 하고 이를 위하여 임기도 일치시키는 것이 필요하다는 주장이 제기되고 있다. 앞서 혼합정부제에서 살펴본 대로 프랑스에서 동거정부를 방지하고자 동시선거 도입을 위한 대통령임기 조정의 헌법개정이 있었고 이후 여소야대가 나타나진 않았으나 국민의 견제심리 등을 생각하면 과연 지속적으로 여대야소가 나타날 것인지에 대해 확실성을 가지지 못한다는 견해도 있다. 또 의회해산이나 대통령이 임기도중에 궐위되거나 하는 경우에는 임기가 불일치될 수 있다. 우리의 경우에도 여소야대 현상이 적지 않았고 위와 같은 논의가 있었으며 근접선거였음에도 여소야대가 나타난 경우도 있었다(전술 혼합정부제 부분 참조). 여하튼 앞으로 같은 날짜에 실시할 것이냐 아니면 시간 간극을 둘 것인가. 둔다면 어느 정도의 기간을 둘 것인가, 그리고 대통령선거와 국회의원선거 중 어느 선거를 먼저 실시할 것인지 등에 대한 결정이 여전히 문제된다.

그러나 보다 근본적인 것은 여소야대 현상이라고 하여 이를 과연 부정적인 것으로만 볼 것인지 하는 점을 검토하여야 하고 여소야대 자체는 의회의 임무, 특히 통제임무에 비추어 볼 때 긍정적일 수 있다는 점도 살펴보는 것이 필요하다. 오히려 민의의 선택이라는 중대한 결과로서 여소야대 현상을 인위적으로 변형할 것이 아니고 이를 겸허히 받아들이면서 국정이 마비되지 않게 정부가 의회와, 특히 야당과 대화하고 설복하여 국민의 의사에 맞는 정책 결정과 집행을 할 수 있도록 하여야 하며 교차투표의 활성화, 당내 민주화와 성숙된 정당정치의 구축, 타협·설득·양보 등 의회주의 실천에 의한 국민의사부합적 합의가 이루어지는 민주정치가 실현되도록 하는 것이다.

5. 종합적 평가

(1) 완화된 대통령제

현행 우리 헌법상의 정부형태를 완전한 미국식의 대통령제로 볼 수 없음은 물론이다. 그렇다고 의원내각제요소가 다소 가미되었지 의원내각제의 중요한 요소인 불신임제도가 완전한 형태로 자리잡고 있는 것은 아니고 더욱이 의회해산제도도 두고 있지 않으므로 의원내각제와 대통령제의 프랑스식 혼합정부제도로 보기에도 부족하다. 의원내각제적 요소의 가미로 대통령의 권한이 완화되어 있는 것은 사실이다. 제4, 5공화국의 권위주의정부에서의 강력했던 대통령의 권한이 제6공화국에 와서 약화되었다는 헌법역사의 관점에서도 완화된 대통령제로 성격을 매김할 수 있다. 대통령이 법률안을 제출하는 것으로 인식하는 경향이 일반에 있는데 실은 우리 헌법은 의원내각제적으로 '정부'에게 법률안제출권을 주어 대통령의 권한은 그만큼 완화된다. 법리적으로는 대통령의 뜻만으로 전적으로 법률이 만들어질 수 없다. 국회의 심의과정에서 제동이 걸릴 수도 있다. 정부에 법률안제출권을 주는 것이 강한 대통령이 되게 한다고 볼지 모르나 정부에 법률안제출권이 없는 미국에서도 실은 대통령 소속 정당이 정부정책의 추진을 위한 법률안을 발의한다. 이 점에서 오늘날 정치계에서 '제왕적 대통령'을 언급하는 것은 헌법규범론에서가 아니라 헌법현실 내지는 제4, 5공화국에서의 정치상황의 연장에서 탈피하지 못한 후유증이라는 추측도 가능하다. 현행 헌법상의 대통령은 그 권한이 제어되어 있는 상태이므로 제왕적 대통령제를 운위하는 것은 현행 헌법 자체를 제대로 해석하지 못하는 것이다. 여소야대의 상황에서 대통령의 국정운영이 어려워지는 것은 현행 헌법의 권력구조 때문만은 아니고 순수 대통령제를 취하더라도 마찬가지이다. 이러한 여소야대가 불합리하다기보다는 지난 과거에서 대통령의 권한을 강하게 보던 타성이 남아있다고도 할 것이다.

제왕적 대통령제라고 하면서 헌법개정을 주장하는 것도 그 점에서 논리성이 없고 무엇보다도 중요한 것은 현행 헌법에 맞추어 국정운영을 원활히 수행하고자 하는 노력이 선행되어야 한다는 것이다. 절대차량이 많아서 새 길을 만들어야 한다면 몰라도 질서의식이 부족한 운전자들이 많아서 혼잡하다면 그 길에 부합되는 질서를 찾는 것이 순서이다.

(2) 우리 정부형태의 성공조건

위에서 여러 정부형태를 살펴보았고 우리 헌법에서의 정부형태 현황, 그리고 그동안의 우리 헌법의 개정논의를 보았으나 어떠한 정부형태이든 장·단점을 가지고 있음을 알 수 있었다. 따라서 어떤 정부형태를 국민이 선택하였든, 선택하든 중요한 것은 당내 민주화, 성숙된 정당정치를 바탕으로 한 의원들의 소신표결, 대화를 통한 설득·타협·양보 등 의회주의에 의한 진정한 국민의사의 수렴과 반영이 이루어지는 합리적 의사결정으로 국민을 위한 민주정치가 실현되도록 하는 것이다. 그것은 또한 민의의 전당이라는 국회가 자질있고 국민전체를 제대로 대표할 수 있는 의원들로 구성되어야 한다. 국민적 선택이 그래서 결국 중요하고 종국적이다.

6. 혼합정부제 개헌안

우리나라에서 과거의 잘못된 인식을 벗고 혼합정부제로 개헌하자는 안들이 제시되고 있다. 이전에도 제안이 있긴 하였는데 2014년 국회 헌법개정자문위원회는 분권형 대통령제(혼합정부제)를 구체적으로 조문화하여 제안한 바 있다.

(1) 제안취지 내지 배경, 용어의 문제

2014년 헌법개정 자문위원회가 분권형 대통령제를 정당정치, 의회민주주의가 성숙하지 않은 상태에서는 힘든 정부형태이나 다른 정부형태도 이는 마찬가지일 뿐 아니라 대통령의 권한을 완화할 필요가 있다는 점에 초점을 맞춘 것이기도 하다. 대통령의 권한완화는 대통령 권한행사를 효율적으로 할 수 있도록 하자는 것이다. 대통령이 오늘날 날로 확대되는 정부의 모든 업무를 직접 행사할 수 없고(이는 정부 업무가 오늘날에 비해 적었던 과거에도 마찬가지였을 것이다) 중요한 권한을 집약적으로 행사하는 것이 현명한 결단을 내리고 효율적인 국정운영이 될 것이기 때문이다. 통일·외교 분야에서 혁혁한 치적을 보인 대통령이 성공한 대통령인데 그것조차도 쉽지 않은 넓은 업무이다.

그런데 2014년 헌법개정 자문위원회에서 헌법개정을 논의하면서 또 그 결과를 집약한 결과보고서에도 혼합정부제라는 용어 대신에 '분권형 대통령제'라는 용어를 사용하고 있다. 저자는 개인적으로 분권형이라는 용어를 별로 선호하지 않았다. 마치 유보권한(영역)이론을 연상시키기도 한다. 우리 학설 중에 유보권한(영역)이론이 오늘날에도 프랑스에서 통용되는 것으로 소개하는 교과서도 있다. 그러나 이는 잘못 소개된 것이다. 유보권한(영역)론이란 프랑스 정부에 있어서 외교·국방에 관한 권한은 대통령에게 유보된 권한이라는 이론이다. 그러나 수상과 장관의 부서가 면제되는 사항을 규정하고 있는 프랑스 헌법 제19조가 대통령의 조약의 협상, 체결권(동 헌법 제52조)을 그 행사에 있어서 내각의 부서가 제외되는 권한으로 규정하고 있지 않고 헌법 제53조가 입법적 성격의 조약은 법률에 의해서만 비준, 승인될 수 있다고 규정하여 내각과 의회의 개입을 인정하고 있으므로 대통령에만 유보된 권한이라고 보기 힘들다.[1] 또 헌법 제19조가 대통령의 국방에 관한 권한(대통령의 국군통수권. 동 헌법 제15조)의 행사에도 내각

---

1) G. Burdeau, F. Hamon et M. Troper, 앞의 책, 540면 주 (6) 참조.

의 부서가 면제되지 않을 뿐 아니라 오히려 국방에 대해 수상이 책임을 지는 것으로(동 헌법 제21조) 규정하고 있다. 따라서 이러한 유보이론은 헌법적 근거를 결여한 것으로 오늘날 포기된 것으로 본다.[1] 여하튼 우리 2014년 헌법개정 자문위원회의 개정안은 대통령은 주로 통일·국방·외교·안보에 관한 권한을 가지고 "국무총리는 대통령의 권한 이외의 사항에 관하여 행정각부를 통할한다"라고 규정하여 프랑스 현행 헌법에 비해 보다 분권적인 것으로 보인다. 그러나 그렇다 하더라도 대통령에 주어진 권한이 전적으로 대통령만이 행사할 수 있을 것인지 의문이다. 예를 들어 통일·외교·국방·안보에 관련된 행정이 내각 이하 일반 국가기관의 행정이 있어야 실현이 될 것이고 더욱이 통일·외교·국방·안보를 위한 국가예산은 내각에서 편성하고 집행하여야 할 것이다. 그 점에서 프랑스 헌법이 대통령권한으로 강조되는 권한도 대통령과 내각의 협력으로(내각의 부서가 그것을 의미) 행사되도록 유기적으로 규정한 것이다. 그 점에서 우리 2014년 개정안에서 말하는 분권도 현실적으로 유보영역적 이론으로 볼 것은 아니다. 유보적 권한이론을 따라 분권이라고 한다면 여소야대에서 국정마비가 올 수 있고 그렇지 않더라도 대통령과 국무총리 간의 권한분배를 둘러싼 논의가 건설적이지 못할 수 있을 것이다. 위와 같은 점에서도 혼합정부제라는 용어가 낫다고 보여진다.

(2) 안의 내용

이 개헌안의 최종보고서는 대통령에게 통일·외교·국방·안보 등의 권한을 부여하고 국무총리는 대통령 권한 외의 권한을 가지게 하면서도 내각불신임제, 의회해산제라는 의원내각제적 요소도 도입하자고 하여 혼합정부제를 제안하고 있다. 그 보고서는 분권형 대통령제를 아래와 같이 요약하고 있다.[3]

□ 분권형 대통령제 (1) : 대통령과 국무총리의 국정분담

- 대통령(직선/6년단임)은 통일·외교안보·국민통합 담당. 당적 이탈 대통령은 필요한 경우 국무회의 소집요구 가능
- 국무총리(민의원 선출)는 이른바 내치를 담당,[2] 국무회의를 주재

□ 분권형 대통령제 (2) : 국회와 정부의 상호협력/견제 강화

- 민의원은 국무총리 선출 및 건설적 불신임(후임 국무총리를 선출하는 방법으로만 현직 국무총리를 불신임), 국무위원 개별 불신임 가능
- 국무총리의 신임요구를 민의원이 부결할 경우 국무총리는 대통령에게 민의원을 해산할 것을 제청(다만, 총선 이후 1년 안에는 해산 불가능). 대통령은 20일 내에 해산여부를 결정하되, 민의원이 이 기간 동안 후임 총리를 선출하면 해산권 소멸

---

1) G. Burdeau, F. Hamon et M. Troper, 앞의 책, 442면.
2) 개정안 조문은(제113조 제2항) "국무총리는 대통령의 권한 이외의 사항에 관하여 행정각부를 통할한다"라고 규정하고 있다.
3) 국회 헌법개정 자문위원회 헌법개정안(2014.5), 12면.

제2장 국회

제1절 의회제도의 기본원리

Ⅰ. 의회주의(議會主義)

1. 의회주의의 개념과 표지

(1) 의회주의의 개념

주권자인 국민이 선출한 대표자들로 하여금 합의체인 의회를 구성하게 하고 그 의회에서 국가의 중요한 의사를 결정하고 법률제정 등 입법을 행하며 국정을 통제하도록 하는 원리를 의회주의라고 한다. 의회주의란 말은 대의제라는 말과 구별되어야 한다. 역사적으로 국민의 의사를 대표한 곳의 출발은 의회이긴 하지만 오늘날 국회만이 국민의 의사를 대표하는 것이 아니기 때문에 대의제를 의회주의와 같다고 말하는 것은 적절하지 않다고 본다. 대의제는 국회와 대통령, 헌법재판소, 대법원 등도 포함하는 넓은 개념이다. 의회는 국민의 대표자로 먼저 자리잡았고 그 대표자성은 다른 대표기관과 달리 여러 구성원(의원)들 합의체라는 차별성을 가지면서 국민의 의사를 대변하는 기관이다. 국민의사가 담겨져야 할 곳이 바로 법률이므로 국민의 의사를 집약하는 입법이 그 중심적 임무인 국민주권기관이 의회이다. 그 의회를 지배하는 원리가 의회주의이다.

(2) 의회주의의 표지(標識)

위와 같은 개념정의에서 의회주의이기 위한 전제적 표지 내지 요소는 ① 구성적 요소로서 민선의원이 주축이 되어 조직된다는 점, ② 권한적인 요소로서 입법권과 국정통제감독권을 가진다는 점, ③ 기능적 요소로서 심의기관으로서 합의제의 의결기관이라는 점 등을 들 수 있다.

2. 의회주의의 역사

(1) 신분제의회

서구에서 대표의 관념이나 합의제제도가 고대의 그리스 민회 등에서부터 찾아볼 수 있지만 의회제도의 발아는 12, 13세기경 중세말기 유럽의 여러 나라에서 각 계층신분을 대표하는 기구로 활동한 등족회의에서 찾을 수 있다. 등족회의의 전신은 봉건시대의 군주의 가신(家臣)들로 구성된 가신회의, 즉 궁중(어전)회의였다. 가신회의는 군주의 자문기관이었는데 가신들이 점차 귀족화되어 가신회의가 귀족의 이익을 옹호하는 역할을 하면서 이후에 성직자계급과 시민계급이 더불어 참여함으로써 신분제의회인 등족회의로 발전한 것이었다. 3개 계급의 대표한다는 점에서 프랑스에서는 3부회(États généraux)라고 불렸다. 국가에 따라서는 귀족과 시민의 이원적 구성도 있었다. 모든 사람들에 이해관계가 있는 사안에 대해서는 모든 사람들의 동의가 필요하다는 봉건시대의 확고한 법원칙에 따라 등족회의는 군주의 과세징수에 승인을 하는 역할이 중요하였다. 군주의 권력이 집중, 강화되고 귀족, 승려계급의 특권이 점차 박탈되면서 봉건국가에서 절대주의국가로 이행되어 군주가 상비군을 가지고 국민으로부터 조세를 직접 거두어들일 수 있게 됨에 따라 등족회의가 소집되는 경우가 드물어졌고 등족회의는 소멸 내지 기능을 상실해 갔다. 영국의 경우에는 귀족의 세력이 강화되어 신분제회의가 의회로 발전해나갔다. 여하튼 신분제의회인 등족회의는 군주의 조세징수승인의 역할을 하는 정도였고 근대의회의 입법, 통제의 역할을 하지는 못하였다.

(2) 근대의회로의 발달

근대의회의 발달의 경로를 보면, 과거의 등족회의에서의 신분적 대표라는 구도가 이어져, 즉 귀족, 성직자들로 구성되는 귀족원과 기사, 시민대표들로 구성되는 서민원의 2원제의 구성을 가지면서 군주에 대한 권한을 제한하는 의회로서 자리잡은 영국과 같은 경우가 있다. 이에 비해 프랑스에서처럼 시민혁명으로 신분제 등족회의인 3부회가 부정되고 시민들의 의회가 자리잡은 경우로 나누어진다. 의회주의가 일찍 발달한 영국의 경우 모범의회(Model Parliament)를 시작으로 의회는 군주의 권력에 대한 제한의 정도가 강해지는 만큼 그 권한이 강화되었다고 할 수 있고 국민에 의한 의회라기보다는 군주로부터 귀족의 권리를 확보하기 위하여 군주의 권력에 대한 제한이 확대되어간 귀족에 의한 발달의 모습을 보여주었다. 영국은 1688년의 명예혁명을 계기로 의회의 주권이 확립되었다. 프랑스의 경우에 상원과 하원의 2원제가 자리잡았지만 그 구성이 귀족원과 서민원이 아니라 모두 일반 시민에 의한 구성이었다. 근대의회에서는 앞서 국민대표주의에서 본 대로 Edmund Burke의 1774년의 연설과 프랑스의 1791년 제1공화국헌법에 나타났듯이 기속위임이 금지되고 국가전체, 국민전체의 대표자로서 자신이 선출된 지역구만이 아니라 국민전체의 이익을 활동하여야 한다는 대표위임원리가 자리잡았다.

(3) 19세기 대중민주주의의 발달과 의회주의

보통선거제의 확립으로 일반 대중의 정치참여가 확대되어 대중민주주의가 자리잡았고 의회도 이에 따라 근대 정치생활과 국가의 주요의사결정에 있어서 필수불가결한 중추적 기관으로 자리잡게 되었다. 국민의 의사를 의회에 전달하는 매개기능을 담당하는 정당(政黨)이 발달되고 자리잡아갔다. 이 정당정치가 의회주의의 전개에 영향을 미쳤다.

(4) 현대의 위기

20세기에 들어와 1차대전 이후 정당들이 더욱 조직화되고 그 영향력이 증대되면서 의회가 정당들 간의 정쟁적 대립의 장소가 되고 의원들은 정당의 지시에 종속되어 의정활동을 함으로써 의회주의에 대한 불신이 나타났다. 독일의 경우 C. Schmitt가 의회주의의 근원은 자유주의에 있고 민주주의에 있지 않다는 반의회주의이론을 주장하여 의회제도를 무력화하려는 나치스의 독재화에 이론적 제공을 하기도 하였다.

2차대전 이후 위의 역사적 경험을 반성하고 의회주의가 민주주의의 기초적 필수적 제도라는 인식이 다시 확고해졌다. 그러나 아울러 아래에서 자세히 언급하듯이 오늘날에도 집행권의 확대로 인한 입법부에 대한 상대적 우월의 현상, 의원들의 자질문제, 의원들의 정당에의 기속 등 의회주의가 위기를 맞고 있다는 지적이 많고 의회에 대한 개혁이 요구되고 있다(후술 참조).

3. 의회주의의 본질적 요소(내지 원리)

학자들마다 의회주의의 본질적 요소 내지 원리들에 다소 차이를 보여줄 수 있다<김철수, 1058면은 의회제의 본질적 원리로 (1) 국민의 대표기능성, (2) 의회의 합의기능성을, 권영성, 847-849면은 1. 국민대표의 원리, 2. 공개와 이성적 토론의 원리,3. 다수결의 원리, 4. 정권교체의 원리를 들고 있다>. 우리는 다음과 같은 요소들을 의회주의의 본질적 요소 내지 원리로 본다.

(1) 국민대표기능성

의회는 국가의 중요한 정책을 합의제로 결정하는 기관으로서 국민의 의사를 대표하는 기능을 그 본질로 하고 국민을 대표함에 있어서 정당성을 지녀야 하며 이는 특히 국민대표주의는 의회를 중심으로 하였던 역사를 보더라도 더욱 그러하다. 의회의 국민대표기능성을 충실히 실현하기 위해서는 의원선거제도가 국민의 대표성을 정확히 반영하는 것이어야 하고 선거가 주기적으로 이루어져야 한다. 의원의 국민대표성은 오늘날 기속위임에 의한 것이어서는 아니되고 국민전체의 이익과 의사를 존중하는 대표위임에 의한 것이어야 한다. 의원들의 정당에의 기속이 문제되고 있다. 이에 관하여 그리고 국민대표주의에 대한 자세한 것은 전술한 바 있다(전술, 국민대표주의 참조).

(2) 다원주의

의회의 구성과 활동에는 다원주의(多元主義)가 실현되어야 한다. 구성상 의회가 다양한 계층의 국민들을 대표하는 의회가 되게 여러 계층들에서 대표자들이 선출될 수 있는 가능성이 열려 있어야 한다. 물론 그 대표자들이 가능한 한 자질을 갖추어야 한다. 의회는 활동내용상으로 다양한 계층의 국민의 의사를 수렴하고 반영하여야 한다. 이는 여러 의견들의 수렴과 반영을 통하여 가능한 한 보다 합리적인 국민의사를 찾고 도출하기 위한 것이다. 다원주의의 실현은 기속위임이 금지되고 대표위임의 원리에 따를 때 더욱 충실해진다. 어느 선거구역이나 어느 사회계층만의 의사에 따르게 되면 기속위임이 되자 또한 다원주의에 역행하는 것이 되기 때문이다.

(3) 소수의견의 존중

다원주의의 실현은 소수의견의 존중을 전제로 한다. 다양한 의견들의 존재란 다양한 소수의견들의 존재를 전제로 함은 물론이고 소수의견이 무시된다면 다수의견이라는 단독의 의견만이 있을 것이기 때문이다. 다수의견이 항상 타당하다는 것을 전제로 할 것이 아니라 다수의견도 소수의견에 의하여 수정될 수 있다는 것을 전제로 할 것이다. 소수의견이 언젠가는 다수의견이 될 수도 있고 다수의견도 소수의견이 될 수 있다는 가능성이 존재하여야 한다.

(4) 평화적 정권교체의 가능성

소수의견의 존중은 다원주의의 실현을 위한 것이고 나아가 다수파와 소수파 간의 변경가능성, 정권교체(alternance)의 가능성을 열어준다. 다수파의 의견만을 절대적인 것으로 인정된다면 결국 일당독재를 불러오고 평화적인 정권교체의 가능성이 없는 경우에는 의회제의 부정에까지 이를 수 있다. 소수파도 언젠가 정권을 획득할 수 있다는 가능성은 평화적이고 합리적인 정치문화를 형성하게 한다.

(5) 충실한 토론·합의기능

다수의견과 소수의견 간의 토론과 의사교환, 상호이해, 양보, 타협이 이루어짐으로써 보다 합리적이고 발전적인 의견이 형성될 수 있어야 한다. 의회에서의 토론과 합의과정은 투명하게 국민들에게 알려져야 할 것이므로 공개되어야 하고 이성적인 절차를 통해 이루어져야 함은 물론이다.

(6) 질적 다수결

민주주의에서의 의사결정에 있어서 흔히 요구되는 다수결의 원칙은 양적인 개념의 것이 아니라 질적인 개념의 것이어야 한다. 질적 다수결(質的 多數決)이란 다수결에 회부되기 전에 다양한 의사들이 충분히 개진되고 이러한 의사들의 교환과 토론을 충분히 거쳐서, 서로간의 타협, 양보 등 조절이 이루어진 다음에 표결로 마무리되어야 함을 말한다. 즉 다수결의 절차는 그러한 과정이 그대로 마무리되는 과정일 뿐이다. 이성적인 토론이 이루어지지 않은 채 다수결로 통과된 경우에도 법적으로 유효하다는 이론이 있으나 질적 다수결이 헌법적 원리이므로 법적으로도 무효라고 보아야 한다. 이 점에서 토론절차가 생략된 법률안의 가결도 무효가 아니라고 판결한 헌법재판소의 결정은 문제이다. 헌법재판소는 야당의원들에 대해 개의시간을 알리지 않은 채 과반수 의석을 가진 여당의 의원들만이 참석한 가운데 법률안을 통과시킨 사안에서 야당의원들이 제기한 권한쟁의심판사건에서 야당의원들의 토론권·표결권 등을 침해한 점은 인정하면서도 법률안의 가결행위에 대해서는 과반수 의원의 찬성으로서 다수결의 원칙을 준수하여 합헌이라고 본 3인 재판관의 의견에 따라 무효확인을 하지 않은 것이다.[1] 2009년의

---

1) 헌재 1997.7.16. 96헌라2, 국회의원과 국회의장간의 권한쟁의, 판례집 9－2 154면. [사건과 결정에 대한 설명] 권한쟁의심판에서 무효확인 등 인용결정은 재판관 과반수의 찬성이 있어야 한다. 이 사안에서 9인 재판관 중 황도연, 정경식, 신창언 3인 재판관은 국회의원은 아예 권한쟁의심판을 청구할 자격이 없다고 본 위 사안 이전의 판례인 1995.2.23. 90헌라1 결정을 변경하여야 할 특별한 사정변경이 있었다고 볼 수 없다고 하여 각하결정을 하자는 의견을 제시하였고 나머지 6인 재판관 중 3인 재판관은 기각의견을, 3인 재판관은 인용의견을 피력하여 결국 인용의견이 과반수가 되지 못하여 무효확인청구가 기각되었다. 3인 재판관의 인용의견은 질적 다수결의 이론을 직접 언급하지 않은 아쉬움은 있으나 이에 가까운 입장을 표명하였다. [사건개요] 국회부의장은 1996.12.26. 06:00경 국회의장을 대리하여 신한국당 소속 국회의원 155인이 출석한 가운데 제182회 임시회 제1차 본회의를 개의하고 노동조합및노동관계조정법안 등 5개 법률안을 상정, 표결하여 가결되었음을 선포하였다. 이에 야당 국회의원인 청구인들은 1996.12.30. 국회의장이 자신들에게 변경된 개의시간을 통지하지도 않은 채 비공개로 본회의를 개의하는 등 헌법 및 국회법이 정한 절차를 위반하여 위 법률안을 가결시킴으로써 독립된 헌법기관(국회의원)인 청구인들의 심의·표결권을 침해하였다고 주장하면서 ① 그 권한침해의 확인과 아울러, ② 위 가결선포행위에 대한 위헌확인을 구하는 권한쟁의심판을 국회의장을 피청구인으로 하여 청구하였다. [결정요지] － 법률안 가결선포행위의 위헌확인청구에 대한 판단 － 이에 관하여는 3인 재판관의 기각의견과 3인 재판관의 인용의견으로 나뉘었다. 요약하면 다음과 같다.
김용준, 김문희, 이영모 재판관의 의견(기각의견) : 국회의 입법절차는 법률안의 제출로부터 심의·표결 및 가결선포와 정부에의 이송에 이르기까지 여러과정을 거쳐 진행되며, 그 과정에 다수의 국회의원들이 참여하여 국민의 의사나 상충하는 이익집단간의 이해를 반영하게 되는데 이와 같은 입법절차의 특성상 개개의 과정에서 의도적이든 아니든 헌법이나 법률의 규정을 준수하지 못하는 잘못이 있을 수 있고, 그로 인하여 일부 국회의원들의 입법에 관한 각종의 권한이 침해될 수 있는데, 이러한 사정만으로 곧바로 법률안의 가결선포행위를 무효로 한다면 이는 법률의 소급적 무효로 되어 국법질서의 안정에 위해를 초래하게 된다. 따라서 국회의 입법과 관련하여 일부 국회의원들의 권한이 침해되었다 하더라도 그것이 입법절차에 관한 헌법의 규정을 명백히 위반한 흠에 해당하는 것이 아니라면 그 법률안의 가결선포행위를 무효로 볼 것은 아니라고 할 것인바, 우리 헌법은 국회 의사절차에 관한 기본원칙으로 제49조에서 '다수결의 원칙'을, 제50조에서 '회의공개의 원칙'을 각 선언하고 있으므로, 이 가결선포행위의 효력 유무는 결국 위 헌법규정을 명백히 위반한 흠이 있는지 여부에 의하여 가려져야 할 것이다. 이 사건 법률안은 재적의원의 과반수인 국회의원 155인이 출석한 가운데 개의된 본회의에서 출석의원 전원의 찬성으로(결국 재적의원 과반수의 찬성으로) 의결처리되었고, 그 본회의에 관하여 일반국민의 방청이나 언론의 취재를 금지하는 조치가 취하여지지도 않았음이 분명하므로, 그 의결절차에 위 헌법규정을 명백히 위반한 흠이 있다고는 볼 수 없다. 그렇다면 이 가결선포행위에는 국회법위반의 하자는 있을지언정 입법절차에 관한 헌법규정을 명백히 위반한 흠이 있다고 볼 수 없으므로, 무효라고 할 수 없다.
이재화, 조승형, 고중석 재판관의 의견(인용의견) : 의회민주주의의 기본원리의 하나인 다수결원리는 의사형성과정에서 소수파에게 토론에 참가하여 다수파의 견해를 비판하고 반대의견을 밝힐 수 있는 기회를 보장하여 다수파와 소수파가 공개적이고 합리적인 토론을 거쳐 다수의 의사로 결정을 한다는 데 그 정당성의 근거가 있다. 따라서 입법과정에서 소수파에게 출석할 기회를 주지 않고 토론과정을 거치지 아니한 채 다수파만으로 단독 처리하는 것은 다수결원리에 의한 의사결정이라고 볼 수 없다. 의회민주주의의 기본원리인 다수결원리를 선언한 헌법 제49조를 형식적으로 풀이하여 재적의원 과반수를 충족하는 다수파에게만 출석의 가능성을 준 다음 그들만의 회의로 국가의사를 결정하여도 헌법위반이 아니라고 해석하는 것은 의회민주주의의 기본원리인 공개와 토론의 원리 및 다수결원리의 정당성의 근거를 외면한 것이고, 복수정당제도를 채택하고 있는 헌법의 정신에 정면 배치될 뿐만 아니라 결과적으로 국민의 다원적 의사를 대표하는 국민대표기관으로서의 국회의 본질적 기능을 무너뜨리는 것이다. 피청구인은 헌법 제49조의 다수결원리를 구체화하는 규정인 국회법 제72조와 제76조에 위반하여 청구인들에게 본회의 개의일시를 알리지 않음으로써 본회의에의 출석가능성을 배제한 가운데 본회의를 개의하여, 신한국당 소속의원들만의 출석과 표결로 이 사건 법률들이 가결되었음을 선포한 것이므로, 피청구인

미디어법결정에서도 권한침해를 인정하면서도 가결선포행위의 무효를 선언하지 않았다(헌재 2009.10.29. 2009헌라8).

4. 현대 의회주의의 위기와 대응방안

(1) 위기현상 및 원인

현대의 의회주의가 위기를 맞고 있다는 지적이 많다. 그 위기의 원인은 ① 불충분한 대표성·정당성 – 국민의사를 제대로 반영하지 못하고 선출되는 국회의원의 대표성을 충분히 인정하기에 부족한 선거제도, 예를 들어, 선거구의 인구가 적정하지 못하거나 대표성이 약한 선거구획정, 충분한 의사개진이 이루어지지 못하게 선거운동을 지나치게 규제하는 등의 문제가 나타난다. ② 당리당략성·정당국가의 문제 – 국회의원선거의 후보자가 정당의 영향력하에 선정되고 당선된 국회의원들이 국민전체의 이익보다는 소속 정당의 이익과 정략과 지시에 따라 활동하기도 한다. ③ 대표자의 자질 내지 능력의 문제 – 현대의 국가사무는 복잡하고 복합적이며 전문적인 것으로 되어가고 있기에 국정에 대한 의사결정과 입법에 있어서 전문적 지식이 요구되는 분야가 증대되고 있는데 반해 의원들은 그것에 부응하는 적절한 전문적 지식이나 경험을 보유하고 있지 못한 경우가 적지 않다. 행정부에서 발안된 법률안이 더 많은 비중을 차지하는 것도 그러한 점을 반영하는 것이라고 본다. 의원들의 전문화가 요구된다. ④ 집행기능의 확대에 따른 권력분립구도의 변화 – 현대사회에서 복지국가, 적극국가의 이념에 따라 점차 국가의 행정, 집행기능이 확대되어 간다. 사회보장을 위한 행정, 시민의 인간다운 생활을 위한 사회기반시설의 확충, 생활보조금의 교부 등 근대국가에서 없었던 복지행정(적극적 물자공급과 금전교부활동을 요하므로 급부행정이기도 함)이 확대됨에 따라 상대적으로 입법부의 권한이 가지는 비중이 축소되는 경향이 있다. ⑤ 국가사무의 전문성·복합성 – 복지행정의 발달도 그렇지만 그 외 오늘날 국가사무는 전문성과 복합성을 가지는 영역이 많아지고 있는 반면 입법부는 집행부가 가지는 지식과 경험을 보유하지 못하여 입법기능, 집행에 대한 통제감독기능이 약화되기도 한다. ⑥ 정보의 부족, 왜곡이나 정치적 무관심의 경향이 대표자정치에서 국민들의 의사를 충분히 의정활동에 반영하지 못하는 결과를 가져올 수 있다. ⑦ populism(선동성) – 오늘날 인터넷 등 국민이 집단적으로 용이하게 의사를 직접 표현할 매체들이 발달함에 따라 인터넷에 의한 확산이나 세몰이 등 인기영합주의로 국회의원이 대표위임의 원리에 따라 소신 있는 의정활동을 수행하지 못하게 할 폐해의 가능성이 있다. ⑧ 의사방해, 장외투쟁 – 소수파의 의견이 제대로 존중되지 않는 경우, 다수파의 법안통과 강행 등에 맞서 소수파인 야당의 의사방해와 장외투쟁이 일어날 가능성이 많다.

의 가결선포행위는 헌법 제49조에 명백히 위반되는 것이다.

의회주의의 위기는 곧 국민대표주의의 문제점을 의미하는바 따라서 그 외에 의회주의의 위기에 관해서는 앞의 국민대표주의 부분에서 살펴본 바 있다(전술 참조).

(2) 대응방안

의회주의 위기가 가지는 위와 같은 문제점들을 치유하기 위하여 ① 선거제도의 개선 – 국민의 의사를 제대로 반영할 수 있는 자질 있는 대표자들이 선출되게 하는 선거제도로 개선되어야 한다. ② 정당정치의 민주화 – 정당이 국민의 의사를 제대로 수렴할 수 있게 그 조직과 활동이 민주적이어야 한다. 공천과정이 투명하고 객관적이어서 자질있는 후보자가 선정되도록 민주화되어야 한다. 정책정당으로서 국민의 의사에 부합하는 다양한 정책들이 개발되고 의원들이 무기속의 대표위임의 원리를 준수하여 자신의 소신에 따라 활동할 수 있도록 교차투표(cross voting)가 이루어져야 한다. 이는 오늘날 정당의 중요성과 필수성을 생각하면 당론에 따르는 것이 요구되나 국민의사에 유리된 당론은 따르지 않고 교차투표를 할 수 있도록 하여야 한다는 의미이다. ③ 의회제도의 개선과 의원의 전문성 제고 – 의회의 구성부터 보다 효율적이며 의회기능이 충분히 발휘될 수 있게 하여야 한다. 의원들의 자질이나 능력의 문제에 대해서는 전문가의 의회진출을 위한 비례대표제의 개선, 상임위원회 위원 선임과 운영을 개선하여 전문성을 제고하는 방안을 모색하여야 한다. ④ 입법부의 효율적 통제기능 – 집행부의 행정영역이 확대되는 만큼 입법부의 통제도 확대되어가야 한다. 입법을 통한 사전적 통제와 사후적인 통제가 효율적으로 이루어져야 한다. ⑤ 국회의사운영의 합리화와 효율성의 제고 – 소수파의 의사가 존중되고 이성적이고 합리적인 심의, 토론, 질적인 다수결에 따른 표결이 이루어지도록 의사절차가 합리적이고 효율적이며 의회주의를 충실히 구현하는 절차들로 개선되어야 한다. ⑥ 헌법재판의 강화 – 여야 간에 물리적 투쟁에 의하지 않고 권한쟁의심판 등의 헌법재판을 통한 이성적 해결을 강화하는 것이 필요하다. 여당 다수파가 수적 우세로 비이성적 의결로 몰아가더라도 사후에 헌법재판에 의해 무효화될 것을 생각하면 자제할 것이고 역으로 헌법재판에의 기대가 야당, 소수파에게 주어지면 의사방해나 비이성적 격렬한 장외투쟁을 억제하고자 할 것이다. 헌법재판에서 자신들의 의사를 개진할 기회가 주어지기 때문이다. ⑦ 직접민주제에 의한 보완 – 국민투표를 적절히 활용하는 등 정치에 대한 국민의 참여가 보완책으로 제시된다. SNS활용 등도 보완책이 된다. ⑧ 정보기능 강화 – 의회가 국민의사의 수렴장이고 의회가 정부에 대한 통제기관이라는 점에서, 반면에 행정부가 전문지식을 더 보유할 수 있다는 점 등에서 의회의 정보의 전달 및 수집의 활동이나 역량이 강화되고 국민과의 소통이 활발해져야 한다.

의회주의의 위기는 곧 국민대표주의의 문제점이기도 하기에 그 외 의회주의가 가지는 문제점들에 대한 치유방안에 대해서는 앞의 국민대표주의 부분에서 더 자세히 언급한 바를 참조함으로써 찾아질 수 있다(전술 참조).

5. 한국의 의회주의

(1) 발달

고대에 신라의 화백 제도와 같이 귀족들의 회의체가 있었고 근대 조선말기에 독립협회를 중심으로 하여 입헌군주제하의 의회제를 도입하자는 주장이 있었다. 일제강점기에 임시정부에서 의정원이 활동을 하였는데 현행 헌법 전문이 "대한민국임시정부의 법통…을 계승하고"라고 명시하였기에 헌법적 성격을 가진다.

제1공화국에서의 국회는 단원제 국회로 출발하였다가 제1차개헌으로 양원제로 변경되었으나 상원인 참의원의 선거를 하지 않고 단원제로만 운영하였다. 대통령제를 원칙으로 하는 정부형태로서 의원내각제적 요소를 다소 도입하였고 1차개헌으로 내각불신임제를 도입하기도 하였으나(2차개헌으로 국무위원 개별적 불신임제로 바뀌어 약화됨) 국회의 권한이 그리 강하지 못하여 의회보다 집행부우월적인 경향을 보여주었다.

제2공화국에서는 국회가 국무총리선출동의권을 가지고 내각불신임권을 가졌으며 집행부는 의회해산권을 가져 전형적인 의원내각제적 정부로서 국회의 역할이 더욱 중요해졌다. 국회는 양원제로서 참의원이 선거가 되어 양원제가 실제로 운영되었다.

제3공화국에서는 대통령제를 골조로 하는 정부형태로 취하면서 국무총리·국무위원에 대한 국회의 해임건의권, 국무총리·국무위원은 국회출석·발언의 의무, 정부의 법률안제출권 등 의원내각제적 요소를 가지고 있었다. 그러나 대통령은 국회에 대하여 책임을 지지 않고 국회는 내각의 구성에 간여할 권한을 가지지 않아 국회의 권한이 약화되어 있었다. 다시 단원제로 복귀되었다.

제4공화국에서는 이른바 영도적 대통령제로 대통령의 권한이 비정상적으로 강화·집중되고 국회의 권한이 대폭 약화되었다. 국회의 구성부터 정수의 3분의 1을 대통령이 추천하는 인물들로 선출되었고 국회의 회기가 단축되었으며 연간 총 회기일수를 제한하고 국정감사권이 폐지되었다. 국무총리의 임명에 대한 국회의 동의권과 국무총리·국무위원에 대한 해임의결권이 국회에 있어 다소 의원내각제적 요소가 가미되긴 하였다. 그러나 통일주체국민회의를 주권적 수임기관이라고 규정하면서 국회보다 상위의 지위에 두었으며 대통령이 국회해산권을 가져 국회의 지위는 더욱 약화되었다. 헌법전의 조문배열부터 대통령과 집행부 다음에 국회의 장을 두고 있었고 신대통령제적 정부로 간접선거된 대통령이 국회에 대하여 절대적 우위를 차지하는 비정상적인 의회제도였다.

제5공화국에서도 국회에 관한 헌법규정은 집행부에 관한 헌법규정보다 후에 위치하였다. 국회의 국정조사권이 명시되고, 국무총리·국무위원에 대한 해임의결권이 부여되어 국회의 권한이 다소 회복되었으나 여전히 회기와 연간 총 회기일수에 대한 제한이 있었고 대통령에게 국회에 대한 해산권이 인정되어 집행부우월적이었다.

(2) 현행 헌법하의 의회주의

현행 헌법도 입법권의 원칙적인 국회전속성(제40조)을 규정하고, 국민대표성(제41조), 다수결의 원리와 공개주의(제50조) 등 의회주의의 기본적 원리 내지 요소들을 헌법에 명시하고 있는데 이는 이전의 헌법들과 다를 바 없다(제4공화국 헌법에서는 통일주체국민회의에서 국회의원 정수의 3분의 1을 선출하는 예외가 있었다). 그러나 현행 헌법은 국회의 규정들을 정부의 규정들보다 앞에 위치시키고 있고 국정감사권을 부활하였으며 연간 종 회기일수의 제한을 철폐 등으로 이전의 헌법에 비하여 국회의 복권이 많이 이루어졌다.

(3) 국회구성의 변천

우리나라 국회의 구성상의 변천에 대해서는 제3절 국회의 구성과 조직 부분에서 각각 살펴본다(후술 참조).

Ⅱ. 의회의 구성적 원리

1. 단원제와 양원제

의회가 하나의 합의체기관으로 구성되는 단원제와 두 개의 합의체기관으로 구성되는 양원제가 있다. 의회가 3원 이상으로 조직될 수도 있고 그런 예가 있기도 하였다. 그러나 대체적으로 단원제와 양원제가 많다.

2. 양원제

(1) 양원제의 개념과 의미

양원제는 의회에 두 개의 합의체기관을 두는 제도를 말한다. 양원제는 상원과 하원으로 구성된다. 원칙적으로 두 원의 일치된 의견을 바탕으로 국가의사가 결정되는 원리이다. 현실적으로 상원은 국민에 의해 총선거에서 직선되어 구성되는 하원이 가져올 수 있는 독주를 견제하게 하는 의미를 가진다. 그 점에서 양원제가 법리적으로 민주적 원리에 부합되는지에 대한 비판이 있다.

(2) 주장자와 역사

양원제의 주창자 내지 지지자로는 Montesquieu, Bryce, Hamilton, Bluntschli, Bagehot 등이 있었고 양원제를 채택하고 있는 나라로는 영국, 프랑스, 독일, 벨기에, 네덜란드, 미국, 브라질, 오스트레일리아, 스페인, 일본, 스위스, 이탈리아 등이 있다. 단원제를 지지한 사상가로는 Rousseau, Sieyès, Franklin, Paine, Bentham, Laski, Tocqueville, Hatscheck 등이 있었고, 단원제를 택한 국가로는 1791년 헌법, 1793년 헌법, 1848년 헌법하에서의 프랑스, 1970년 헌법하의 스웨덴, 룩셈부르그, 파나마, 모나코, 리히텐슈타인, 덴마크, 뉴질랜드, 케냐, 자이레, 스리랑카 등이 있다. 三院制를 채택한 예로서 볼리비아의 1826년 헌법을 볼 수 있고, 四院制를 채택한 예로 1799년의 프랑스헌법, 1809년의 스웨덴헌법을 들 수 있다.

(3) 유형

양원제의 유형은 주로 상원의 유형이 어떠한가에 달려있다. 그것은 하원은 양원제하라고 하더라도 그 구성이 국민의 직접 총선에 의하는 것으로 다른 유형의 양원제들 간에 일반적으로 크게 다를 바 없기 때문이다.

1) 신분제적 양원제

이는 상원이 귀족 등 신분에 따라 구성되는 유형이다. 보수적 양원제라고도 한다. 대표적으로 하원은 전국적으로 국민의 직접 총선에 의하여 구성되고 상원은 귀족의 대표자들이 주축이 되어 구성되는 귀족적 양원제이다. 이 유형은 영국의 의회에서 찾아볼 수 있고 역사적인 산물이다. 영국의 상원은 세습되는 귀족들과 대주교, 주교, 임명되는 귀족들로 구성되는데 통상 상원의원들 중 일부만이 집회에 참여하고 상원은 내각에 대한 통제권을 가지지 않으며 상원의 입법권도 하원이 통과시킨 법률안에 대해 상원이 반대하더라도 이를 무시할 수 있어서 매우 축소되어 있다. 이에 상원의 존재가 시대착오적이라는 비판이 있어 왔기에 오늘날 개혁이 이루어지고 있다. 1999년 T. Blair 수상은 상원개혁안을 내놓았고 그 개혁법률이 채택됨에 따라 세습직 상원의원들은 심의권, 표결권을 잃게 되었고 상원의원의 대부분을 임명직으로 하는 변경이 있게 되었다.

2) 민선(민주적) 상원제

하원과 같이 일반 국민에 의해 선출되는 의원들로 구성되는 상원이다. 민선이라는 점에서 귀족적 상원제에 대비하여 민주적 상원제라고 한다. 이러한 상원은 변화보다는 안정을 추구하고 하원에 대한 견제의 기능을 수행한다. 민선 상원제는 하원의원에 비해 그 임기교체나 선거방식에 차이가 있다. 나라에 따라서는 상원의원의 교체를 부분적으로(즉 예를 들어 3분의 1씩) 순차적으로(예를 들어 2년마다) 행하기도 하는데 이는 안정성을 도모하기 위한 것이다. 우리나라의 1952.7.7. 제1차 개정헌법에서도 참의원의원의 임기는 6년으로 하고 2년마다 의원의 3분지 1을 개선하도록 하여 순차적 改選 제도를 택하고 있었다(동헌법 제33조). 하원의원에 비해 상원의원의 임기가 더 장기로 하는 국가도 역시 안정성을 고려한 것이다. 또 상원의원의 피선거연령을 하원의원의 그것에 비해 상향하여 규정하기도 하고 계층적인 의사를 반영하도록 하기 위해 선거인단에 의한 간접선거가 도입되기도 한다. 그러나 오늘날 그 견제기능은 하원의 입법권에 대한 제동을 약화하여 합리적 의회를 위해 상당히 약화되어 있고 내각불신임권도 가지지 못하기에 주로 하원의 활동이 재고되고 심사숙고되도록 하는 자극의 역할이 중요하다. 일본의 경우 상원인 참의원과 하원인 중의원으로 나누어지고 패전 후 헌법제정에서 제국의회시절의 귀족원 전통을 잇겠다는 의사를 감안하여 민선의 참의원을 두게 되었고 현재 참의원은 견제기관으로서의 의미를 가진다. 참의원이 중의원이 가결한 법률안에 대해 비토권을 행사하는 것이 중요한 권한이다.

3) 연방제 상원

연방국가에서는 상원으로 하여금 주의 의사를 대변하도록 하기 위하여 양원을 두게 된다. 바로 주의 의사를 대변하여야 한다는 점에서 양원제가 임의적인 단일국가에 비하여 연방국가에서 더욱 필요로 하는 것이다. 연방국가에서의 상원은 각 주를 대표하는 의원들로 구성되는데 미국의 경우 알래스카와 같이 작은 주이든 캘리포니아처럼 규모가 큰 주이든, 즉 주의 규모가 적든, 크든 관계없이 주마다 2명의 상원의원을 선출하여 대표자의 수가 동등하다. 이러한 주들 간의 동등성원칙은 소수 주의 보호를 위한 것으로 이 원칙으로 인해 규모가 작은 주가 오히려 유리하게 된다. 독일의 경우에는 각 주마다 최소한 3명을 대표자로 하되, 인구가 200만 이상인 주는 4명, 인구가 600만명 이상인 주는 5명, 인구가 700만 이상인 주는 6명의 대표자로 상원을 구성한다. 독일의 경우에는 상원을 구성하는 주의 대표자가 선출직이 아니라 주정부에 의하여 임명된다. 이 경우 사실상 국가연합에서의 회원국 대표자가 회원국 정부에 의해 임명되는 것과 유사하다는 지적도 있다.

4) 지역대표형 상원제

상원이 각 지역의 이익을 대표하는 유형이다. 프랑스 상원의 경우가 그 예인데 프랑스 헌법 제24조 제4항 제2문은 "상원은 프랑스공화국의 지방자치단체들을 대표하는 것(la repré-sentation des collectivités territoriales de la République)을 보증한다"라고 규정하고 있고, 동 헌법 제39조 제2항 제2문은 지방자치단체의 조직이 주목적인 정부제출 법률안들은 상원에 먼저 제출된다고 규정하고 있다. 이는 상원이 각 지방자치단체의 이익을 대변하는 기능을 수행함을 의미한다. 지역대표형의 분류에서 그 예를 잘못 제시하고 있는 교과서가 있다. 일본이나 우리나라의 제2공화국의 참의원을 지역대표형(참의원형)이라고 분류하는 것이 그것이다(성낙인(2013), 957면). 선거가 지역적으로 이루어진다는 점에서 그렇게 소개하는지 모르겠다. 그러나 지역을 나누어서 선출된다는 점이 지역대표형으로 나누는 지표가 아니라 지역의 이익을 대변한다는 점이 지표이다. 만약 지역을 나누어 선출할 경우 지역대표형이라고 하면 우리나라 제2공화국의 민의원, 연방제 미국의 하원, 일본의 중의원도 모두 지역대표형일 것인데 그것이 아니라 민의원 등은 지역대표가 아니라 국민전체의 대표이다. 일본의 헌법은 중의원뿐 아니라 참의원도 "전 국민을 대표하는, 선거를 통하여 선출된 의원으로 조직한다"라고 규정하고 있다(일본 헌법 제43조 1항). 지역대표형은 지역의 의미를 단일국가에서의 지방뿐 아니라 연방제에서의 주(州)도 포함된다면 진정한 지역대표 상원은 결국 연방제 상원이거나 아니면 단일국가에서 지방자치단체의 이익을 대표하는 경우가 될 것이다. 전자의 예로 미국, 독일을, 후자의 예로 위에서 본 프랑스를 들 수 있다.

5) 경제적, 사회적 상원제

노동조합단체, 사용자단체, 농업인단체, 상공인단체, 각종 직업인협회 등의 경제적 집단이나 사회적 계층을 대변하게 하기 위하여 그 대표자들로 상원이 구성될 수도 있다. 이를 직능대표제적 상원이라고도 한다. 과거 1974년까지 유고슬라비아가 직능대표 상원제도를 두고 있었고 아일랜드의 상원과 독일의 바이에른주의 상원의 경우 직능대표가 있다. 상원의 구성원인 직능대표들이 그 추천은 각 직능단체에서 하더라도 국민의 선거로써 최종선출된다면 국민적 정당성이 있을 것이나 만약 직능대표들이 각 직업단체에서 최종선출된다면 위의 민선 상원제에 비해 덜 민주적이라는 비판을 받게 된다.

(4) 상원, 하원의 관계

양원의 관계를 보면 대체적으로 각 조직의 독립성, 의사와 의결에서의 독립성, 대상에 있어서 동일성을 들 수 있다. 그러나 대상에 있어서 차이를 보일 수 있다. 예를 들어 지역대표적인 문제에 대해서는 상원의 의사를 더 우월시 할 수도 있다. 동시행동의 원칙을 드는 견해가 있으나 법률안에 대한 심의의 경우 하원을 거쳐 상원에서 심의를 할 경우 반드시 그렇게 볼 수는 없다. 결국 각국의 헌법이 어떻게 규정하느냐에 달려있다. 양원의 우월관계를 굳이 본다면 상원우월적인 관계를 보여주는 국가로는 미국을 들 수 있고 하원우월적인 관계를 보여주는 국가로는 독일, 프랑스 등을 들 수 있으며, 대등관계를 보여주는 국가의 예로는 스위스를 들 수 있다.

(5) 양원제에 대한 논란

1) 양원제 비판론(단원제론자)

양원제에 대해서는 단원제론자들에 의한 비판이 있다. 그 논거를 보면, 첫째, 국민대표의 단일성원칙을 내세운 비판이다. 즉 한 국가(특히 단일국가)에서 양원을 두는 것은 국민의 의사가 하나로 대표되어져야 한다는 국민대표의 단일성원칙을 훼손한다고 보아 양원제는 정당성이 없다는 반대론이다. 둘째, 의사절차의 기술적 문제점으로서, 상원의 의사를 거쳐야 하므로 의사절차가 복잡하고 번거러우며, 국정운영이 지체되고, 비생산적인 의회가 될 수 있다는 반대론이 있다. 셋째, 국민에 의한 직선이 아니므로 그 구성이 반민주적이라는 반대론이 있다. 넷째, 상원의 보수성이 개혁적인 입법에 제동을 걸기도 하였던 과거의 역사가 지적되기도 한다.

2) 비판론에 대한 반론

단원제론자의 위와 같은 비판론에 대해서는 반론이 가능하다. 첫째, 국민대표의 단일성원칙이 훼손된다는 비판론에 대해서는 양원으로 나누어져 의사절차가 진행되더라도 결국 하나의 의사로 의결이 되므로 그러하지 않다는 반론이 가해질 수 있다. 어느 한 법률안이 하원, 상원 모두를 통과하여야 법률로서 확정된다는 점에서 그러하다. 둘째, 의사절차가 복잡하고, 국정운영이 지체되는 등 비효율성을 지적하는 비판론에 대해서는 그것은 기술적 문제이고 그러한 기술적 문제는 효율성과 신속성을 가져오는 입법과정의 개선과 의사방해를 방지하는 제도의 도입으로 그 해소가 가능하다는 반박이 가해지고 있다. 셋째, 국민에 의한 직선이 아니므로 그 구성이 반민주적이라는 반대론에 대해서는 이 반대론은 귀족적 상원제나 간선되는 상원에 대한 비판으로서는 타당할 수 있으나 국민에 의해 직접 선출되는 상원에 대한 비판으로는 타당하지 않고 상원제도 자체에 대한 근본적 비판이 아니라는 반론이 가능하다. 넷째, 상원의 보수성을 내세운 비판론에 대해서는 프랑스의 드골 대통령 시기에 상원이 오히려 좌파적이었다는 역사적 경험에 보듯이 상원이 반드시 보수적인 경향만을 보이는 것은 아니라는 반론이 가해질 수 있다.

(6) 양원제의 장단점

위와 같이 논란이 있었지만 일반적으로 양원제가 가지는 장단점을 보면, 장점으로 ① 하원의 경솔을 방지하고 심사숙고하는 의정활동을 기대할 수 있다. ② 단원제에서 그리하여서는 아니 되지만 의원들이 자신의 출신지역구 이익만을 위해 활동할 때 상원이 견제할 수 있다. 연방제 상원제나 지역대표적 상원제의 경우 주나 지역의 이익을 대표하는 장점이 있는데 이 경우에도 국민전체의 이익에 부합되면서 지역의 이익을 구현하여야 할 것이다. ③ 하원과 행정부 간의 충돌을 상원이 완화할 수도 있다. ④ 양원 간에 견제로 의회 내에서도 견제작용이 이루어질 수 있다. 단점으로 ① 국정처리의 지체, ② 양원 간의 마찰, 책임의 회피가 나타날 수 있다. 장점으로 충돌완화를 지적하였는데 이는 상원이 그 역할을 제대로 할 때이고 그렇지 못할 경우에는 위와 같은 역기능이 나타난다. ③ 하원의 대정부견제를 상원이 약화시킬 수도 있다는 점 등이 지적되고 있다.

(7) 양원제의 현대적 양상 - 단원제 현상

2차대전 이후에 새로이 의회를 구성하는 국가들에 있어서는 양원제보다는 단원제를 더 채택하는 경향을 보여주어 양원제가 오늘날 그 선호도가 낮아졌다고들 한다. 예를 들어 포루투갈, 그리스가 1976년, 1975년에 단원제 국회를 두었다. 뉴질랜드, 덴마크, 스웨덴 등은 양원제에서 단원제로 변경되었다. 민주화가 뿌리내려 독재의 우려가 약화되었고 국정운영의 효율성을 더 중시하는 데 단원제의 선호 원인이 있다고 보는 분석을 하기도 하고 위헌법률심판이 자리잡아 의회에 대한 통제가 이루어지고 있는 점도 그 하나의 이유로 보기도 한다. 그러나 오늘날 단원제 선호, 양원제 쇠락이 일반적 경향은 아니다. 예를 들어 에스파니아는 1977년에, 그리고 아프리카의 가봉, 차드, 마다가스카르와 같은 국가들의 근래 헌법에서도 양원제를 채택한 바 있다.

3. 단원제의 장단점

단원제가 가지는 장단점은 위에서 살펴본 양원제의 장단점과 반대이다. 양원제의 단점이 단원제의 장점이고 양원제의 장점이 단원제에서는 단점이 된다. 단원제의 장점으로, 국정처리의 신속성, 의회경비의 절감 등이, 단점으로 국정처리의 경솔, 의원들의 지역적 이익추구 등이 지적된다.

4. 우리 헌법상의 양원제 도입 논의

(1) 논의상황

우리나라에서 그동안 양원제 도입이 논의되어 왔다. 특히 통일과 통일 이후 정상적 헌정운영을 위한 양원제를 생각할 수 있다. 통일시대에 오래 이질적이고 낙후된 북한지역의 발전을 도모하기 위해 지역대표성을 주기 위해서는 양원제가 필요하다는 생각인 것이다. 인구가 남한보다 적은 북한의 경우 이러한 지역대표가 필요하고 또 상원이 중재자적 원로원의 역할을 수행할 수도 있다고 본다. 그런데 지역대표적 상원을 통일시대에 신설함에 유의할 점은 국민 전체를 대표하는 것이 우선이고 지역적 이익이 전체이익과 부합하지 않을 때 지역 이익을 내세울 수는 없다. 통일 후 북한지역의 발전이 국가전체의 이익에 부합될 것을 전제로 한다.

국회에서의 변칙처리(이른바 '날치기'처리)를 막기 위해 양원제를 도입하자는 의견도 있다. "어느 일원에서 날치기한다고 해서 곧 당해 의안이 의회를 통과한 것은 아니기 때문"이라고 한다(성낙인(2016), 416-417면). 이 견해는 날치기방지라는 목적에 "양원제가 확실히 우월한 제도"라고 한다. 그러나 상원, 하원 모두를 같은 정당이 다수파로 장악하고 있는 경우에 반드시 그럴할 것인지는 확신할 수 없다. 하원에서의 날치기가 상원에서도 이어지도록 하는 것은 상당한 부담일 것이므로 날치기를 억제하는 효과가 있긴 할 것이다.

(2) 2014년 국회 헌법개정자문위원회의 양원제 제안

2014년 국회 헌법개정자문위원회는 양원제로의 변경을 제안하고 관련 조문들을 구체적으로 제시까지 하였다. 현재의 단원제 국회에서도 합의와 설득의 의회주의가 잘 이루어지지 않는데 양원제는 더욱 그러할 것이 아닌가 하는 의구심이 생길 수 있다. 위원회는 오히려 합의정신을 함양하기 위해 양원제를 제안한 것이다. 현안에 대해 여야 간에 타협이 안 되고 상호 평행선을 달릴 때 만약 양원제라면 상원에서 하원의 결론을 기다린다는 압박감을 가지고 국민의 시선을 의식하게 되고 하원에서 타협하더라도 상원에서 재협상할 수 있는 여지를 둔다면 의회주의를 지키겠다고 노력하지 않겠느냐 하는 것이다. 오히려 양원제에서는 어느 정당도 자신의 의견만을 고수한다면 결국 입법이 안 된다는 것을 고려하여 타협의 정신이 살아날 수도 있다. 단원제에서는 하나의 원에서 법률이 여야 합의가 안 되어 지지부진해지면 정국경색이 온다. 만약 양원제라서 정국경색의 상황에서 상원의 개입이 돌파구를 찾을 수도 있을 것이다. 그러나 성숙된 정당정치, 그리고 합의정치라는 의회주의가 제대로 자리잡지 못한 상황에서 위와 같은 목표가 달성되기 어렵다. 위의 날치기 문제를 양원제로 풀어내는 데 한계가 있다는 것도 그 점을 고려한 것이다. 역으로 의회주의를 자리잡도록 하는 방안으로서 양원제를 도입하는 것이 바람직하다고 볼 수도 있다.

인원수를 100명, 200명으로 하면 국회의원 수를 더 늘리지 않더라도 양원제를 할 수 있다. 사적 의견으로는 의원들 세비 총액은 고정시켜 놓고 의원수를 늘리는 것이 바람직하고 의원임기도 2년 정도로 축소하는 것이 어떨까 한다. 그리하여 정치적 욕구를 흡수하면서도 의원대상 로비도 줄이는 방안도 될 것이다. 의원 수가 너무 늘어나면 합의가 어렵고 결국 당 수뇌부나 간사들에 의한 간접적 합의가 이루어질 수 있고 상임위원회 위원도 너무 많아지면 심도 있는 의안심사가 어려울 수 있다. 그래서 소위원회가 중심적인 활동을 하기도 한다. 그러나 100명이나 그 이상이나 결국 위원회를 늘리면 집약적 의정활동이 될 것이다.

제2절 국회의 헌법상 지위

국회는 국민주권행사기관과 국민대표기관으로서의 지위, 입법기관으로서의 지위, 국정통제기관으로서의 지위를 가진다.

Ⅰ. 국민주권행사기관, 국민대표기관으로서의 지위

국회는 주권에서 나오는 입법권을 국민을 대신하여 행사하므로 국민주권행사기관이자 국민대표기관으로서의 지위를 가진다. 국민주권행사기관의 지위와 국민대표기관의 지위는 사실상 같다. 국민의 주권을 대신하는 기관이므로 결국 주권행사기관과 대표기관은 같은 지위를 의미하는 것이 되기 때문이다. 루소의 국민의 일반의지의 표현이 법률이라고 보았다. 법률은 곧 국민의 의사를 대신 표현하는 것이다.

국민대표기관의 성격에 대해 법적 관계를 인정하는 법적 대표설과 정치적 대표설 등 법적 관계를 부정하는 이론이 대립하고 있으나 전술한 바와 같이 법적 대표관계설이 타당하다<전술 국민대표주의 참조. 권영성, 854면은 법적 대표설이 그릇된 것이고 정치적 대표설이 옳다고 하면서도 "오늘날에는 그것마저도 정당정치의 발달로 말미암아 의원이 소속정당에 엄격히 예속되어, 국민을 대표한다기보다 오히려 정당을 대표하는 기관으로 전락하고 있는 듯한 징후를 보여주고 있다"라고 하는데 이처럼 전락하고 있어 문제된다면 오히려 대표관계의 법적 성격을 강하게 인정하는 방향으로 나아가 그 폐단을 막는 것이 논리적이라는 점에서 서술 표현상의 모순을 보여주고 있다>.

국회는 국민대표기관으로서 국민과의 관계가 법적 관계이나 기속위임은 금지된다. 의원들의 자신의 지역구주민이나 소속 정당의 지시와 명령에 따르지 않고 소신껏 활동하여야 한다.

사실상 정당의 강제가 강하게 이루어지고 있으나 소속정당의 당리당략을 벗어나 국민전체의 이익을 위하여 의정활동을 하여야 한다(제46조 2항). 오늘날 국민대표주의, 간접민주제가 가질 수 있는 한계에 대한 보완으로서 직접민주제(국민표결 등)가 가미되고 있으나 국민대표주의가 원칙적으로 제자리를 잡아야 한다.

Ⅱ. 입법기관으로서의 지위

1. 국회입법전속원칙

국회의 고유한 기능은 법률을 제정하는 것으로서 국회는 입법기관으로서의 지위를 가진다. 국회가 입법기능을 본질적이고도 고유한 기능으로 보유하는 이유는 국민의 의사를 집약하는 합의체기관이라는 점에서 국회의 입법을 통한 법률은 결국 국민의 의사로 간주될 수 있다는 관념에 있다. 국회는 법률의 제정을 통하여 국가의 중요정책의 추진방향을 제시하고 집행권으로 하여금 집행을 위한 법적 근거를 마련해준다. 우리 헌법은 "입법권은 국회에 속한다"라고 하여 입법권의 국회전속원칙(국회입법독점원칙), 국회단독입법원칙을 명시하고 있다. 그 외에도 국회는 긴급명령 등에 대한 승인권을 가지고 국회의원들은 헌법개정을 제안할 수 있고 국회는 헌법개정안을 의결하는 권한을 가져 입법적 기능을 수행한다.

2. 예외

헌법은 예외적으로 정부의 법률안제출권, 대통령의 법률안거부권을 부여하여 국회의 입법에 간여할 수 있게 하고 국회 외의 국가기관에 대해 입법권을 인정하는데 대통령령, 총리령, 부령을 발할 수 있는 행정입법권, 대통령의 긴급명령, 긴급재정경제명령권, 대법원의 규칙제정권, 헌법재판소의 규칙제정권, 중앙선거관리위원회의 규칙제정권, 지방자치단체의 조례 등 자치입법권이 그것이다.

3. 오늘날의 상황

오늘날 국회의 입법기능은 저하되고 있다고 평가된다. 그 이유는 다음과 같다. ① 전문성 부족 – 입법영역이 전문적인 성격을 띠는 경우가 늘어나고 있는데 이는 국가사무의 영역이 확대되고 집행부의 역할이 늘어나는 데 따른 것인데 법집행을 담당하는 집행부가 더 전문성과 기술, 정보를 가지고 있는 반면 국회의원은 적절한 지식과 경험을 보유하지 못하고 있다. 집행부에서 제출한 법안을 충분히 검토하지 못하고 그대로 통과시켜 심지어 '통법부'(通法府)라고 불리기도 한다. 오늘날 집행부에서 제출한 법률안이 법률로서 성립하는 경우가 늘어나고 있다. 의원내각제하에서는 이러한 경향이 더욱 농후하다고 한다. ② 행정입법에의 위임 증대 – 집행부의 대통령령 등 행정입법에 구체적 사항을 위임하는 경우가 늘어나고 있는데 물론 우리 헌법도 행정입법의 위임에 관해 헌법적 근거를 부여하곤 있지만(제75조, 제95조), 위임의 빈도가 지나쳐 국회가 직접 규정할 수 있는 사항들도 행정입법에의 위임으로 도피하는 경향이 있다. ③ 국민의사에 유리된 입법 – 이익단체, 압력단체, Lobbyist들의 당리당략적인 입법으로서 국민들의 의사와 유리되는 경우가 나타난다고 한다. ④ 당론의 규율 – 의원들도 정당지시, 당론에 따른 수동적 입법활동을 보여주기도 하여 심지어 거수기라는 오명을 듣기도 한다. ⑤ 법률안에 대한 검토와 심의절차가 충실하지 못하여 졸속입법이 나타나고 있고 헌법재판소에 의하여 사후에 통제되는 법률들이 적지 않다.

위와 같은 입법기능의 저하라는 현실이 있더라도 국회의 입법기관으로서의 지위는 여전히 오늘날에도 국회의 핵심적인 지위임에는 분명하다. 입법은 모든 국민에게 영향을 미칠 수 있고 국가의 정책방향을 설정하는 것일 수도 있는 중요한 국가사무이고 이는 보다 많은 대표자들의 검토를 거치는 것이 합리적인 결정에 이를 것이며 공개의 장에서 토론을 거침으로써 국민의 인식을 가져올 가능성이 많아지고 여하튼 법률안의 채택 여부의 최종적 결정은 의회가 행하므로 국회라는 합의체의 공개의 장에서 다루는 것이 필요하기 때문이다. 결국 국민의 의사를 입법으로 반영하는 것이 국민대표기관으로서의 국회가 존재하여야 이유이기 때문이기도 하다. 따라서 국회의 입법기능을 효율적으로 신장시키기 위한 의사절차의 개선, 의원의 자질향상 등이 중요한 과제이다.

Ⅲ. 국정통제기관으로서의 지위

국회는 권력분립원리상 다른 국가기관들의 국정운영에 대한 통제의 기관으로서 활동한다. 정부형태로 보면 이론상으로 의원내각제가 내각불신임권을 가져 대통령제에 있어서 보다 집행부에 대한 통제권한이 더 강하다. 그러나 의원내각제는 공화관계로서 연성의 분립관계로 의회의 다수파의 지지가 계속되는 한 내각이 유지되므로 통제력이 현실적으로 약할 수 있다. 오늘날 국회의 입법기능의 저하는 상대적으로 정책통제기관으로서의 역할을 더 중요시하게 한다.

우리 헌법의 경우에 대통령제를 원칙으로 하면서도 대통령의 권한이 전통적 대통령제에 비해 강하고 반면에 의원내각제적 요소를 가미하여 국회의 통제권이 전통적 대통령제에서 보다 다소 차이를 보여준다.

대집행부의 관계에서 우리 국회는 국무총리임명동의권의 행사를 통해 먼저 집행부의 구성에 있어서 집행부를 통제할 수 있다. 다음으로 국회는 입법권을 통해 집행부를 통제할 수 있다. 그러나 집행부(정부)도 법률안제안권을 가지고 대통령은 법률안거부권을 가져 통제가 약화된다. 재정면에서 국회는 집행부가 제출한 예산안심의·확정권(제54조)을, 그리고 대통령의 국무총리 · 대법원장 · 대법관 · 헌법재판소장 · 감사원장 등의 임명에 대한 동의권(제86조 1항, 제104조 1항 · 2항, 제111조 4항, 제98조 2항), 기채동의권(제58조), 조약의 체결 · 비준, 선전포고, 국군의 외국에의 파견 등에 대한 동의권(제60조), 일반사면동의권(제79조 2항) 등 각종 동의권과, 국정감사 · 조사권(제61조), 대통령 · 국무총리 · 국무위원 · 행정각부의 장 등에 대한 탄핵소추권(제65조), 국무총리 · 국무위원의 해임건의권(제63조), 국무총리 · 국무위원에 대한 국회출석 · 답변요구권(제62조 2항), 긴급명령 · 긴급재정경제명령 · 긴급재정경제처분승인권(제76조 3항), 계엄해제요구권(제77조 5항) 등을 통하여 집행부를 통제한다.

국회는 법원과의 관계에서 대법원장 · 대법관임명에 대한 동의권(제104조 1항 · 2항)을 통해 먼저 법원의 구성과 조직에 관해 통제를 행할 수 있고, 법원에 대한 국정감사 · 조사권(제61조), 법원의 조직 · 권한 · 사법절차에 관한 법률(법원조직법 등)의 제정 · 개정권(제52조), 법원예산안에 관한 심의 · 확정권(제54조) 등을 통하여 법원의 활동에 관해 통제할 수 있다.

국회와 헌법재판소와의 관계에서는 헌법재판소장임명동의권(제111조 4항), 3인의 헌법재판관 선출권(제111조 3항)을 통하여 헌법재판소의 조직에 관해 통제할 수 있고, 헌법재판소에 대한 국정감사 · 조사권(제61조), 헌법재판소의 조직 · 권한 · 사법절차에 관한 법률(헌법재판소법 등)의 제정 · 개정권(제52조), 법원예산안에 관한 심의 · 확정권(제54조) 등을 통하여 헌법재판소의 권한행사에 대해 통제할 수 있다.

우리 국회는 제4, 5공화국에 비해 현행 헌법에서 국회의 통제권이 강화되었다. 국정감사권의 부활이 대표적인 예이다.

Ⅳ. 최고기관으로서의 지위

이에 관해서는 문제를 구분하여야 한다. 첫째는 국회가 최고기관인지 하는 것이다. 다음으로 국회가 최고기관이라면 유일한 최고기관인가 하는 문제이다.

학설은 최고기관성을 인정하는 견해와 부정하는 견해가 있다. 우리나라의 학설은 최고기관이긴 하나 유일한 최고기관은 아니고 대통령, 대법원, 헌법재판소 등 다른 여러 최고기관들과 같이 최고기관의 하나라고 보는 것이 통설이다<권영성, 857면은 "그러나 현행헌법의 경우는 … 오히려 국회에 대한 대통령의 상대적 우월성이 보장되어 있다. 그런 까닭에 현행헌법상 국회는 결코 국가의 유일한 최고기관이라 할 수 없다(통설)"라고 하는데 이는 부정설인지 아닌지 애매하다>. 의회의 최고성이론은 의회정부제하에서 가장 강하게 인정될 것이다. "의원내각제국가에서는 의회가 … 집행부의 구성과 전복권까지 가지고 있으므로, 의회가 국가최고기관으로서의 지위를 가진다"라고 보는 설명이 있으나<권영성, 857면> 의원내각제에서도 집행부와 입법부 간에 균형관계가 약하긴 해도 내각불신임권과 의회해산권에 의해 헌법이론적으로는 균형관계가 존재한다. 일본국헌법은 국회는 국권의 최고기관이며 유일한 입법기관이라고 명시하고 있으나 학설이 대립되고 있다.

문제를 해결하기 위해서는 먼저 최고기관의 개념이 무엇이냐 하는 것이 결정되어야 할 것인데 최고기관이란 당해 기관이 가지는 권한들 중에 중요한 권한의 행사가 비록 다른 기관의 통제를 받기는 해도 헌법상 최종적으로 당해 기관에 맡겨진 경우를 말한다. 따라서 국가권력이 여러 권한들로 이루어져 여러 국가기관에 분담되는 권력분립주의의 적용상 최고기관은 당연히 여러 기관이 될 수밖에 없고 또한 헌법이 어떠한 권한을 어느 기관에 최종적인 행사를 맡겼느냐 하는 규정과 해석의 문제이다. 이에 비추어 보면 국회는 입법권에 관하여 최종적 행사를 담당하므로 최고기관이다. 국회가 제정한 법률에 대해 헌법재판소가 헌법에 위반되는지를 심사하고 위헌임이 확인될 경우에 효력을 잃게 되고 이는 헌법재판소가 법률폐지효의 입법을 한 것으로 보기도 하지만 그렇다고 하여 결코 법적으로 새로운 법률을 창조하는 것이 아니고 새로운 법의 제정이나 개정은 어디까지나 국회의 소관이다. 요컨대 국회는 유일한 최고기관은 아니고 대통령, 대법원, 헌법재판소 등 다른 최고기관들과 더불어 하나의 최고기관의 지위를 가진다. 우리나라의 국회는 제4공화국, 제5공화국에서 보다 현행 헌법에서는 그 권한이 회복되었기에 최고기관으로서의 위상이 강화되었다.

Ⅴ. 국회와 타 국가기관 간의 관계

1. 기관구성상의 관계

국회는 타 국가기관의 구성에 관여한다. 대통령선거에 있어서 국민의 직접선거에서 최고득표자가 2인 이상인 때에는 국회가 간접선거함으로써(제67조 2항), 그리고 국무총리임명동의(제86조 1항)를 통해 집행부의 구성에 간여한다. 그리고 대법원장·대법관임명에 대한 동의권(제104조 1항·2항)과 헌법재판소장임명동의권(제111조 4항), 3인의 헌법재판관 선출권(제111조 3항)을 위하여 각각 법원, 헌법재판소의 구성에 간여한다.

2. 국정통제상의 관계

이에 관해서는 앞서 국정통제기관으로서의 국회에 대한 고찰을 통해 이미 살펴보았다(전술 Ⅲ. 참조).

3. 공화·협력의 관계

국회와 타 국가기관들 간의 통제관계가 배척의 관계가 아니라 공화와 협력의 관계를 의미하기도 한다. 집행부가 제출한 법률안과 예산안에 대한 국회의 검토·확정, 국제조약의 체결·비준에 대한 동의 등을 예로 보면, 국가목적을 달성하기 위해 집행부가 추진하는 정책의 법적 근거와 권한을 부여하는 법률안을 집행부가 제출한 경우, 국제협조주의에 입각하여 집행부가 대외적인 공조를 이루기 위해 가입해야 할 조약안을 국회동의를 위해 제출한 경우 등에 국회의 확정, 동의를 위한 검토과정은 견제이자 협력의 과정이라고 할 수 있다.

4. 개별 기관과의 관계

집행부, 법원, 헌법재판소와 국회와의 각각 개별적 관계에 대해서는 앞서 권력분립주의에서, 그리고 가까이 앞서 국회의 국정통제기관으로서의 지위에 관한 고찰에서 이미 살펴본 바 있다(전술, 참조). 아래에 다시 대강을 정리해 본다.

(1) 집행부와의 관계

현행 헌법은 대통령제를 골간으로 하고 있기에 집행부와 국회는 무엇보다도 대통령과 국회의원 모두 각각 국민에 의해 직선되는 등 상호독립적인 권력분립의 구도를 이루고 있다. 그러나 대통령의 법률안거부권, 긴급명령권 등 다소 강한 권한이 주어져 있다. 반면에 의원내각제적 요소를 가미하여 집행부의 법률안제출권이 주어져 있고 행정부(국무총리·국무위원)에 대한 해임건의권, 국회출석·답변의무 등 상호균형을 이루면서 국회가 국정감사·조사권 등 집행부에 대한 국정일반에 대한 통제권을 가지고 있다. 집행부와 국회 간에 집행부제출의 법률안, 조약안에 대한 확정, 동의 등 통제와 동시에 협력·공화관계가 있음은 기술한 바 있다.

(2) 법원과의 관계

법원이 국회의 입법인 법률에 대한 위헌여부결정권을 가지는 미국형의 경우에는 법원이 대국회에 대한 관계에서 상당히 강한 지위를 가진다. 그러나 우리의 경우 법원이 위헌법률심판을 헌법재판소에 제청할 권한만을 가지고 반면에 국회는 대법원장·대법관의 임명동의권, 법원 관련 조직법률 등의 제정·개정권을 가져 국회와 법원 간에 비교적 균형형에 가깝다. 그러나 국회가 행한 의원의 자격심사, 징계, 제명의 처분에 대한 법원에의 제소가 금지되어 있는 점(제64조 4항) 등에서 법원의 국회에 대한 견제권은 상대적으로 약하다.

대법원장·대법관의 임명동의나 법원 관련 조직법률의 입법 등은 통제관계이나 상호협력·공화관계이기도 하다.

(3) 헌법재판소와의 관계

헌법재판소와 국회와의 관계는 상호독립적으로, 국회는 헌법재판소장 임명동의권(제111조 4항), 3인의 헌법재판관 선출권(제111조 3항), 헌법재판소에 대한 국정감사·조사권(제61조), 헌법재판소의 조직·권한·사법절차에 관한 법률(헌법재판소법 등)의 제정·개정권(제52조), 헌법재판소 관련 예산안에 관한 심의·확정권(제54조), 헌법재판소 재판관에 대한 탄핵소추권(제65조 1항) 등을 통하여 헌법재판소를 견제하고, 헌법재판소는 위헌법률심판, 국회가 소추한 탄핵의 심판, 국회와 타 국가기관 간 권한쟁의의 심판, 국회가 행한 공권력작용에 대한 헌법소원심판(제111조

1항)을 통하여 국회를 견제하여 상호통제의 관계에 있다<권영성, 859면은 "국회의 내부적 자율권에 속하는 사항에 대해서는 헌법재판권이 미치지 아니하고" "헌법재판소는 법관의 자격을 가진 재판관으로 구성되는 정치적 사법기관이다"라고 하는데 헌법재판소 자신의 판례는 국회의 자율권에 속하는 사항일지라도 헌법재판의 대상이 될 수 있음을 인정하고 있고 법관의 자격을 갖춘 헌법재판관이므로 오늘날 헌법재판기관을 정치적 기관으로 보는 이론은 낡은 이론이다>. 헌법재판소장 임명동의권, 3인의 헌법재판관 선출권, 국회가 소추한 탄핵의 심판 등에서는 협력·공화관계도 나타난다.

제3절 국회의 구성

Ⅰ. 단원제

국회의 구성원리로서 양원제 또는 단원제가 있다. 이에 관한 이론들에 대해서는 앞서 제1절에서 이미 살펴보았기에 여기서는 우리나라의 국회구성에 관해 본다.

1. 변천

과거 제1공화국의 제1차 개정헌법에서 민의원과 참의원으로 구성되는 양원제를 채택한 바 있으나 이승만대통령이 참의원선거를 실시하지 않고 민의원 단원으로만 운영되었다.[1] 부정적인 헌법변천의 대표적인 한 예이다. 제2공화국에서는 양원제가 채택되고 운영되었다. 1952.7.7. 제1차 개정헌법에서도 참의원의원의 임기는 6년으로 하고 2년마다 의원의 3분지 1을 개선하도록 하여 순차적 개선(改選) 제도를 택하고 있었다(동헌법 제33조). 1954.11.29.의 제2차개헌헌법에서는 3년마다 참의원의 2분지 1을 개선하도록 바뀌었고 제2공화국 헌법에서도 이 바뀐 규정을 그대로 유지하고 있었다. 제3공화국 이래로 다시 단원제 국회로 복귀하여 현행 헌법에서도 단원제 국회를 유지하고 있다. 통일시대를 대비한 양원제 도입의 문제가 거론될 수 있겠다.

2. 현행의 단원제

현행 헌법은 국회를 단원제로 하고 있다. 단원은 국민의 보통·평등·직접·비밀선거에 의하여 선출된 국회의원으로 구성되어 구성원들인 의원들 간의 형식적인 동질성을 가진다. 따라

1) 제1차 개정헌법 부칙은 본법 시행 후 참의원이 구성될 때까지는 양원합동회의에서 행할 사항은 민의원이 행하고 참의원의장이 행할 사항은 민의원의장이 행한다고 규정하고 참의원이 구성될 때까지는 민의원의 의결로써 국회의 의결로 한다고 규정하고 있었다.

서 양원제에서의 상원이 아니라 하원과 같은 성격을 지닌다.

Ⅱ. 국회의원의 정수, 선출 등

1. 국회의원 정수

(1) 변천

제헌헌법에서는 국회의원정수에 대해 언급이 없었다. 제1공화국 제1차개헌헌법에서부터 국회의원의 정수를 법률로 정하도록 규정하기 시작하였다. 양원제를 두었던 제2공화국에서는 민의원의원의 정수를 법률로 정하도록 하면서 참의원의원의 정수는 민의원의원정수의 4분의 1을 초과하지 못하도록 하였다. 제3공화국헌법은 의원정수에 대해 법률로 정하도록 하면서도 정수의 하한선과 상한선을 헌법 자체가 명시하여 “150인 이상 200인 이하의 범위 안에서” 법률로 정하도록 규정하였다(동 헌법 제36조 2항). 제4공화국헌법은 하한선, 상한선을 다시 없앴다. 제5공화국헌법 법률로 정하되, 200인 이상으로 하도록 다시 하한선을 두었다(동 헌법 제77조 2항).

(2) 현행 헌법 - 의원정수법정주의 및 하한선 제도

현행 헌법에서도 “국회의원의 수는 법률로 정하되, 200인 이상으로 한다”라고 규정하여(제41조 2항) 국회의원 정수의 확정을 법률에 위임하면서도 200인이라는 하한선을 두고 있다. 현재 공직선거법은 국회의원 정수를 지역구국회의원과 비례대표국회의원을 합하여 299인으로 하고 있다. 그중 지역구국회의원의 정원수는 245인, 비례대표국회의원의 정수는 54인이다(공직선거법 제21조 1항, 제25조, 별표 1 참조). 유의할 점은 공직선거법은 각 시·도의 지역구 국회의원 정수는 최소 3인으로 한다고 규정하여(동법 제21조 1항 후단) 인구가 적은 시·도의 경우에도 최소한 3인 이상 국회의원을 두도록 규정하고 있다는 점이다.

2. 국회의원선거

(1) 변천

1) 변천개관

제헌헌법부터 국회의원의 선거에 관한 사항은 법률로 정하도록 하는 법정주의를 우리 헌법은 취하고 있다. 제헌헌법의 국회의원선거방식은 다수대표제 소선거구제, 제2공화국도 역시, 참의원의원은 특별시와 도를 선거구로 하여 법률의 정하는 바에 의하여 선거하도록 하였다. 제3공화국에서도, 제3공화국의 국회의원선거의 특징은 정당국가로서의 경향을 강하게 띠어 국회의원 후보가 되기 위해서는 소속정당의 추천을 받아야 하도록 강제하였고(제3공화국헌법 제36조 3항), 임기 중 당적을 이탈하거나 변경한 때 또는 소속정당이 해산된 때에는 의원자격이 상실

(다만, 합당 또는 제명으로 소속이 달라지는 경우에는 예외로 의원직 유지)하도록 하였다(제38조). 제4공화국에는 국회의원정수의 3분의 2는 지역구선거를 통해, 국회의원정수의 3분의 1은 대통령이 추천한 후보자에 대하여 통일주체국민회의에서 선출하도록 하였다. 제5공화국헌법에서는 국회의원의 선거구와 비례대표제 기타 선거에 관한 사항은 법률로 정하도록 규정하였다.

2) 순차적 改選 제도

제1공화국 제1차개헌으로 양원제가 도입되었는데 참의원의원의 경우 임기 6년에 2년마다 참의원의 3분의 1씩을 순차적으로 개선하도록 하였고 제2차개헌헌법은 임기 6년을 그대로 두되 3년마다 참의원의 2분의 1씩을 개선하도록 하였다. 그러나 참의원선거가 이루어지지 않아 단원제로 운영되었다. 제2공화국의 경우에도 양원제였는데 참의원의 임기는 6년이었고 3년마다 참의원의 2분의 1씩을 개선하도록 하여 순차적 개선제도를 두었다. 순차적 개선제도는 의회의 연속성을 위한 것이다. 현행 헌법은 순차적 개선제도를 두고 있지 않다.

(2) 현행 헌법

이에 관해서는 앞의 대한민국의 기본질서와 기본권편의 참정권에서 자세히 다루었다(전술 참조). 여기서는 중요사항을 정리하여 살펴본다.

1) 선거제도법정주의

국회의원의 선거구와 비례대표제 기타 선거에 관한 사항은 법률로 정하도록 위임하고 있다(제41조 3항). 현재 공직선거법은 각 지역구에서의 선거와 비례대표제에 의한 선거를 규정하고 있다.

2) 선거방식

(가) 지역구선거 - 선거구, 대표제

지역구선거는 소선거구제, 다수대표제에 의한다. 국회의 의원정수는 지역구국회의원과 비례대표국회의원을 합하여 300인으로 하되, 각 시·도의 지역구국회의원 정수는 최소 3인으로 한다(공직선거법 제21조 1항). 하나의 국회의원지역선거구에서 선출할 국회의원의 정수는 1人으로 한다(동법 동조 2항). 따라서 지역구국회의원의 정수가 늘면 비례대표국회의원의 정수가 줄어든다. 이른바 파이게임이라고 할 수 있다. 현재 253개의 선거구가 있다(동법 별표 1). 따라서 지역구국회의원의 정수는 253명, 비례대표의원의 정수는 47명이다.

(나) 비례대표제선거(전국구선거)

비례대표제의 경우 정당이 작성한 명부를 두고 정당에 대한 투표의 결과를 득표비율에 따라 의석을 배분한다. 현행 비례대표제의 특색은 다음과 같다. ① 1인2표(정당투표)제 - 과거에는 지역구선거에서 각 후보에게 던져진 표를 소속 정당의 득표로 하여 배분하였는데 헌법재판소가 이는 직접선거, 평등선거의 원칙에 위반된다는 한정위헌결정<헌재 2001.7.19. 2000헌마91·112·134(병합), 공직선거및선거부정방지법 제146조 2항 위헌확인, 공직선거및선거부정방지법 제56조 등 위헌확인,

공직선거및선거부정방지법 제189조 위헌확인, 판례집 13－2, 77－102면. [결정이유의 요지] － 직접선거의 원칙 위반여부 : 1인 1표제하에서의 비례대표후보자명부에 대한 별도의 투표 없이 지역구후보자에 대한 투표를 정당에 대한 투표로 의제하여 비례대표의석을 배분하는 것은 직접선거의 원칙에 반한다. … 현행제도에서는 정당명부에 대한 직접적인 투표가 인정되지 않기 때문에 유권자의 투표행위가 아니라 정당의 명부작성행위가 최종적·결정적인 의의를 지니게 된다. 결론적으로 현행 비례대표의석배분방식은 선거권자들의 투표행위로써 정당의 의석배분, 즉 비례대표국회의원의 선출을 직접, 결정적으로 좌우할 수 없으므로 직접선거의 원칙에 위배된다. － 평등선거의 원칙 위반여부 : 어떤 선거권자가 무소속 지역구후보자를 지지하여 그에 대하여 투표하는 경우 그 투표는 그 무소속후보자의 선출에만 기여할 뿐 비례대표의원의 선출에는 전혀 기여하지 못하므로 투표가치의 불평등이 발생한다. … 이런 점에서 현행 방식은 합리적 이유 없이 무소속 후보자에게 투표하는 유권자를 차별하는 것이라 할 것이므로 평등선거의 원칙에 위배된다. － 소결 : 공선법 제189조 제1항은 민주주의원리, 직접선거의 원칙, 평등선거의 원칙에 위배된다. 공선법 제146조 제2항 중 "1인 1표로 한다"부분은 국회의원선거에 있어 지역구국회의원선거와 병행하여 정당명부식 비례대표제를 실시하면서도 별도의 정당투표를 허용하지 않는 범위에서 헌법에 위반된다>을 함으로써 정당투표제(1인 2표제)가 도입된 것이다. ② 고정명부식 － 비례대표제의 후보는 정당이 정한 명부의 순위대로 당해 정당의 득표율에 따라 당선되는 고정명부식이다. 헌법재판소는 고정명부식 자체에 대해서는 합헌으로 본다<헌재 2001.7.19. 2000헌마91·112·134(병합), 위 결정례 참조. [이유설시] 고정명부식에서는 후보자와 그 순위가 전적으로 정당에 의하여 결정되므로 직접선거원칙에 위반되는 것이 아닌지가 문제될 수 있다. 그러나 비례대표후보자명단과 그 순위 등은 선거시에 이미 확정되어 있고, 투표 후 후보자명부의 순위변경과 같은 사후개입은 허용되지 않는다. 그러므로 비록 후보자 각자에 대한 것은 아니지만 선거권자가 종국적인 결정권을 가지고 있으며, 따라서 고정명부식을 채택한 것 자체가 직접선거원칙에 위반된다고는 할 수 없다>. ③ 봉쇄(저지)율제도 － 현행 공직선거법 제189조 제1항이 유효투표총수의 100분의 3 이상을 득표하지 못하였거나 지역구국회의원총선거에서 5석 이상의 의석을 차지하지 못한 정당에 대하여서는 비례대표국회의원의석을 배분하지 않도록 규정하여 봉쇄(저지)율제도를 두고 있다. 이전에도 저지조항이 있었는데 구 공선법 제189조 제1항은 지역구국회의원선거에서 5석 이상의 의석을 차지하였거나 유효투표총수의 100분의 5 이상의 득표를 봉쇄(저지)조항으로 규정하고 있었다. 헌법재판소는 "이러한 저지조항(沮止條項)은 지역구의원선거의 유효투표총수를 기준으로 한다는 점에서 현행 의석배분방식이 지닌 문제점을 공유하고 있다. 저지조항은 본질적으로 정당에 대한 국민의 지지도를 정확하게 반영할 것을 전제로 하는데 현행 1인 1표제하에서의 국민의 정당에 대한 지지도를 정확하게 반영하지 못하며 오히려 적극적으로 이를 왜곡하고 있다"라고 하여 평등원칙에 위반된다고 보았다<헌재 2001.7.19. 2000헌마91·112·134(병합), 위의 결정례 참조>. 현행 규정에서도 지역구국회의원총선거에서 5석 이상이라는 봉쇄조항을 여전히 두고 있는데 헌법재판소의 논리대로라면 지역구에서의 투표는 후보자에 대한 것이고 정당에 대한 것이 아니기에 지역구의석수를 비례대표제에서의 봉쇄율의 기준으로 삼을 수 있을지 여전히 의문이다.

3) 선거권, 피선거권

공직선거법은 18세 이상인 국민에게 선거권이 있다고 규정하고 있다(동법 제15조). 선거권이 없는 결격자로서는 ① 금치산선고를 받은 자, ② 금고 이상의 형의 선고를 받고 그 집행이 종료되지 아니하거나 그 집행을 받지 아니하기로 확정되지 아니한 자 등으로 공직선거법이 규정하고 있다(동법 제18조 1항).

국회의원의 피선거권연령은 25세 이상이다(동법 제16조 2항). 현행 공직선거법은 피선거권결격사유로, i) 금치산선고를 받은 자, ii) 선거범, 정치자금에관한법률 제30조(정치자금 부정수수죄)에 규정된 죄를 범한 자 등으로서, 100만원 이상의 벌금형의 선고를 받고 그 형이 확정된 후 5년 또는 형의 집행유예의 선고를 받고 그 형이 확정된 후 10년을 경과하지 아니하거나 징역형의 선고를 받고 그 집행을 받지 아니하기로 확정된 후 또는 그 형의 집행이 종료되거나 면제된 후 10년을 경과하지 아니한 자 등을 규정하고 있다.

4) 후보선정 등

(가) 정당의 선출절차

정당의 후보추천은 민주적이어야 한다. 민주적 추천을 위하여 정당은 공직후보자추천을 위한 당내경선 등을 통하여 민주적 추천에 노력하여야 한다. 한편 당내경선 결과에 이른바 '불복'하여 무소속으로 후보등록하는 것을 막기 위해 한때 당내경선의 후보자로 등재된 자로서 당해 정당의 공직선거후보자로 선출되지 아니한 경우에는 당해 공직선거에서 후보자로 등록될 수 없다고 규정한 적이 한때 있었다(구 정당법 제31조 1항·2항·3항). 이러한 규정은 기속위임금지원칙에 위배될 수 있고 당내경선결과에 따르지 않은 데 대한 판단은 유권자에 의해 이루어질 수 있다는 점에서도 문제가 있는 규정이었다. 이 규정은 2005.8.4.에 정당법이 개정되면서 폐지되었다.

(나) 여성할당제 등

정당은 비례대표전국선거구국회의원선거에 있어서 그 후보자 중 100분의 50 이상을 반드시 여성으로 추천하여야 하는 강제적 여성할당제가 실시되도록 규정하면서도 이를 위반한 정당의 후보등록을 불수리하거나 무효로 하지 않고 있어(공직선거법 제47조 3항) 실질적으로 임의적 할당제이고. 총선거에 있어서 지역구국회의원선거의 경우 임의적인 여성할당제가 적용되는데 정당은 전국지역구총수의 100분의 30 이상을 여성으로 추천하도록 노력하여야 하며(동법 제47조 4항), 정치자금법 제26조의 규정에 의하여 지급하는 보조금 외에 같은 법 제17조의2의 규정에 의하여 지급하는 보조금을 추가로 지급할 수 있게 하여 할당노력을 유도하고 있다.

(다) 무소속후보

지역구국회의원선거의 무소속후보자로 등록하기 위해서는 선거권자 300인 이상 500인 이하의 추천을 받아야 한다(공직선거법 제48조 2항 2호).

5) 후보등록

(가) 등록기간

국회의원선거에 있어서는 후보자의 등록은 선거일전 15일부터 2일간 관할선거구선거관리위원회에 서면으로 신청하여야 한다(동법 제49조 1항).

(나) 정보공개

후보자 등록신청시에 유권자의 알 권리를 위하여 후보자의 정보에 관한 서류, 즉 피선거권에 관한 증명서류, 공직자윤리법에 의한 등록대상재산에 관한 신고서, 공직자등의병역사항신고및공개에관한법률에 의한 병역사항에 관한 신고서, 최근 5년간의 후보자, 그의 배우자와 직계존·비속의 소득세·재산세·종합토지세의 납부 및 체납에 관한 증명서, 금고 이상의 형의 범죄경력에 관한 증명서류, 초·중등교육법 및 고등교육법에서 인정하는 정규학력에 관한 최종학력 증명서와 국내 정규학력에 준하는 외국의 교육기관에서 이수한 학력에 관한 각 증명서 등을 제출하여야 한다(동법 동조 4항).

(다) 기탁금

후보자등록을 신청하는 자는 등록신청시에 기탁금 1천500만원을 납부하여야 한다(동법 제56조 1항 2호).

6) 선거운동

선거운동은 후보자등록마감일의 다음날부터 선거일전일까지에 한하여 할 수 있는데 그 예외로, 예비후보자로 등록하여 예비후보자선거운동을 하는 경우와 후보자등록기간 중에 후보자가 예비후보자의 선거운동과 같은 방법으로 선거운동을 하는 경우, 후보자, 후보자가 되고자 하는 자가 자신이 개설한 인터넷 홈페이지를 이용하여 선거운동을 하는 경우 등은 등록마감일 이전에도 한정된 범위에서 선거운동을 할 수 있다(동법 제59조). 현행 공직선거법은 선거운동의 자유를 원칙으로 선언하고 있으면서도 국회의원선거운동에 대한 많은 규제를 가하고 있다. 최근의 개정으로 인터넷에 의한 선거운동 등이 이루어질 수 있도록 규정을 두고 있고 활성화되어 가고 있다.

7) 당선인결정

지역구선거의 경우 당해 국회의원지역구에서 유효투표의 다수를 얻은 자를 당선인으로 결정한다(동법 제118조 1항). 비례대표제의 경우 중앙선거관리위원회는 비례대표국회의원선거에서 유효투표총수의 100분의 3 이상을 득표하였거나 지역구국회의원총선거에서 5석 이상의 의석을 차지한 각 정당(이하 이 조에서 "의석할당정당"이라 한다)에 대하여 당해 의석할당정당이 비례대표국회의원선거에서 얻은 득표비율에 따라 비례대표국회의원의석을 배분한다(동법 제189조 1항). 즉 각 의석할당정당의 득표수를 모든 의석할당정당의 득표수의 합계로 나누어 득표비율을 산출한 뒤, 각 의석할당정당의 득표비율에 비례대표국회의원 의석정수를 곱하여 산출된 수의 정수의 의석을 당해 정당에 먼저 배분하고 잔여의석은 소수점 이하 수가 큰 순으로 각 정당에 1석씩 배분하되, 그 수가 같은 때에는 당해 정당 사이의 추첨에 의한다. 중앙선거관리위원회는 제출된 정당별 비례대표국회의원후보자명부에 기재된 당선인으로 될 순위에 따라 정당에 배분된 비례대표국회의원의 당선인을 결정한다(동법 동조 2항·3항·4항).

8) 임기개시

국회의원의 임기는 총선거에 의한 전임의원의 임기만료일의 다음 날부터 개시된다. 다만, 의원의 임기가 개시된 후에 실시하는 선거에 의한 의원의 임기는 당선이 결정된 때부터 개시되며 전임자의 잔임기간으로 한다(공직선거법 제14조 2항).

3. 정당 간 의석분포를 결정할 기본권의 인정 여부(부정)

국민의 국회의석분포를 결정할 국회구성권이라는 기본권을 인정할 것인가 하는 문제가 제기되었으나 우리 헌법재판소는 아래의 4.에서 보듯이 그러한 기본권을 인정할 수 없다는 입장이다(헌재 1998.10.29. 96헌마186, 국회구성권등침해 위헌확인, 아래의 결정 참조).

4. 기속위임금지(대표위임, 자유위임)원칙과 국회구성의 문제

총선거결과 형성된 국회의 의석분포를 그대로 유지할 것을 요구할 수 있는 권리를 국회구성(구도결정)권으로 보아 이를 국민의 기본권으로 인정되어야 할 것인가 하는 문제가 논란된 바 있다. 이 문제는 국회의원 총선거 직후 여소야대가 되자 무소속 의원의 여당입당 등으로 이른바 인위적 정개계편이 되어 본래 결과인 여소야대의 의석분포를 변경한 것에 대해 국민의 국회구성권을 침해라는 주장의 헌법소원이 제기되어 나타났다. 헌법재판소는 국회구성(구도결정)권을 인정하면 유권자가 설정한 국회의석분포에 국회의원들을 기속시키고자 하는 것이고 이는 자유위임원칙에 반한다고 하여 국회구성권이라는 기본권을 헌법상 인정할 수 없다고 부정하는 결정을 한 바 있다<헌재 1998.10.29. 96헌마186, 국회구성권등침해 위헌확인, 판례집 10-2, 600면>.

* 위 결정에 대한 자세한 결정요지, 평석은 전술, 국민대표주의, 기속위임금지 부분을 참조.

5. 정당해산과 소속 의원들의 자격상실 문제

이에 대해서도 전술한 바 있다(전술, 국민대표주의 등 참조).

제4절 국회의 조직

Ⅰ. 국회의장, 부의장(의장단)

1. 정원

국회는 의장 1인과 부의장 2인을 선출한다(제48조). 부의장의 수를 2인으로 하는 것은 헌법에서 직접 명시하고 있는 것이므로 이를 확대 또는 축소하기 위해서는 헌법개정을 요한다.

2. 선출방식과 임기, 겸직금지, 사임

(1) 선출

의장과 부의장은 선출직이다. 의장과 부의장의 선거는 국회의원총선거 후 최초집회일에 실시하며, 처음 선출된 의장 또는 부의장의 임기가 만료되는 때에는 그 임기만료일 전 5일에 실시한다. 그러나 그 날이 공휴일인 때에는 그 다음 날에 실시한다(국회법 제15조 2항). 의장과 부장의 선거는 무기명투표로 선거하되 재적의원 과반수의 득표로 당선되는데, 과반수의 득표자가 없을 때에는 2차투표를 하고, 2차투표에도 제1항의 득표자가 없을 때에는 최고득표자가 1인이면 최고득표자와 차점자에 대하여, 최고득표자가 2인 이상이면 최고득표자에 대하여 결선투표를 하되, 재적의원과반수의 출석과 출석의원 다수득표자를 당선자로 한다(동법 제15조 1항 · 3항).

의장 또는 부의장이 궐위된 때나 의장과 부의장이 모두 궐위된 때에는 지체없이 보궐선거를 실시한다(동법 제16조).

* 국회의장, 부의장선출 등의 원구성을 하지 않은 불이행에 대한 헌법소원의 부적법성

판례 국회구성의무불이행위헌확인, 헌재 1996.11.28. 96헌마207, 헌재공보 제19호, 106면

[사건개요와 결정] 청구인들은 1996.4.11. 제15대 국회의원총선거에서 당선되어 5.30.부터 임기가 개시된 국회의원인 피청구인들이 국회법 제15조 제2항, 제5조 제2항의 규정에 따라 6.5. 의장과 부의장을 선출하는 등의 원구성을 하여야 함에도, 그후 상당기간 원구성을 하지 않아 시급한 국정현안을 방치함으로써 국민의 한사람이자 유권자인 청구인들의 행복추구권을 침해하였다는 이유로 그 위헌확인을 구하여 1996.6.19. 이 사건 헌법소원심판을 청구하였다. 憲裁는 "청구인들의 기본권이 침해받을 여지가 없다"는 이유로 각하결정을 하였다.

(2) 임기

의장과 부의장의 임기는 2년으로 한다. 다만, 국회의원총선거 후 처음 선출된 의장과 부의장의 임기는 그 선출된 날부터 개시하여 의원의 임기개시 후 2년이 되는 날까지로 한다. 보궐선거에 의하여 당선된 의장 또는 부의장의 임기는 전임자의 잔임기간으로 한다(동법 제9조).

(3) 겸직금지

의장과 부의장은 특히 법률로 정한 경우를 제외하고는 의원 외의 직을 겸할 수 없고, 다른 직을 겸한 의원이 의장 또는 부의장으로 당선된 때에는 당선된 날에 그 직에서 해직된 것으로 본다(국회법 第20조).

(4) 사임

의장과 부의장은 국회의 동의를 얻어 그 직을 사임할 수 있다(동법 第19조). 동의없이는 사임할 수 없다.

3. 국회의장

(1) 국회의장의 헌법상 지위

i) 국회를 대표하는 지위 – 헌법이 직접 명시하지는 않았으나 헌법이 국회의장이 국회에서 선출됨을 규정하고 있어서 대표성을 가지고 국회법이 이를 명시하고 있다(동법 第10조). ii) 헌법기관의 지위 – 국회의장은 헌법에 규정된 헌법기관으로서의 지위를 가진다. iii) 국회의사의 주재자·질서유지자·정리자로서의 지위 – 의장은 국회의 의사절차의 진행을 주관하고 의사를 정리하며 질서를 유지하는 역할을 하는 지위에 있는데 주로 본회의 의사를 주재한다. iv) 국회행정의 지휘·감독자로서의 지위 – 의장은 국회 소속 기관의 장을 임명하는 등 조직인사를 행하고 행정사무를 지휘·감독하는 지위를 가진다.

(2) 신분상 지위

1) 선임, 임기, 겸직금지, 사임 등

이에 대해서는 위에서 살펴본 바 있다.

2) 의장직무대리·대행과 임시의장

(가) 의장의 사고시의 직무대리

의장이 사고가 있을 때에는 의장이 지정하는 부의장이 그 직무를 대리하고, 의장이 심신상실 등 부득이한 사유로 의사표시를 할 수 없게 되어 직무대리자를 지정할 수 없는 때에는 소속의원수가 많은 교섭단체소속인 부의장의 순으로 의장의 직무를 대행한다(동법 第12조).

(나) 임시의장에 의한 의장직무대행

의장과 부의장이 모두 사고가 있을 때에는 임시의장을 선출하여 의장의 직무를 대행하게 한다(동법 第13조). 임시의장은 무기명투표로 선거하되 재적의원 과반수의 출석과 출석의원 다수득표자를 당선자로 한다(동법 第17조).

(다) 개원시 공백기간중의 임시회집회공고에 관한 사무총장의 의장직무대행

국회의원총선거 후 의장이나 부의장이 선출될 때까지의 임시회의 집회공고에 관하여는 사무총장이 의장의 직무를 대행하는데 최초로 선출된 의장과 부의장의 임기만료일까지 부득이한 사유로 의장이나 부의장을 선출하지 못한 때에도 또한 같다(동법 제14조).

(라) 의장단선거시 등에서의 최다선의원 등에 의한 의장직무대행

아래와 같은 경우의 의장 등 선거에 있어서는 출석의원 중 최다선의원이, 최다선의원이 2인 이상인 경우에는 그중 연장자가 의상의 직무를 대행한다. 즉 ① 국회의원총선거후 최초의 집회(개원집회)에서 의장과 부의장을 선거할 때, ② 처음 선출된 의장 또는 부의장의 임기가 만료되는 때에는 그 임기만료일 전 5일에 의장단선거를 실시하여야 하는데(동법 제15조 2항) 그 5일에 의장단선거가 실시되지 못하여 그 임기만료 후 의장과 부의장을 선거할 때, ③ 의장과 부의장이 모두 궐위되어 그 보궐선거를 할 때, ④ 의장 또는 부의장의 보궐선거에 있어서 의장과 부의장이 모두 사고가 있을 때, ⑤ 의장과 부의장이 모두 사고가 있어 임시의장을 선거할 때 최다선의원 또는 최다선의원 중 연장자가 의장의 직무를 대행한다(동법 제18조).

3) 의장의 당적보유금지

우리 국회법은 의장이 당파성을 가지지 않고 중립적인 의사정리를 수행하도록 임기중 당적을 보유할 수 없도록 금지하고 있다. 즉 의원이 의장으로 당선된 때에는 당선된 다음 날부터 그 직에 있는 동안은 당적을 가질 수 없다. 다만, 국회의원총선거에 있어서 공직선거법에 의한 정당추천후보자로 추천을 받고자 하는 경우에는 의원 임기만료일 전 90일부터 당적을 가질 수 있다. 의장이 그 임기를 만료한 때에는 당적을 이탈할 당시의 소속정당으로 복귀한다(동법 제20조의2). 입법례적으로 보면 미국의 하원의장은 당적을 유지하고 영국의 하원의장은 재임중 당적을 가지지 않는다. 우리 국회법의 역사에서도 제2공화국 1960.9.26. 개정 국회법이 양원의 의장의 당적보유를 금지하고 있은 적이 있었으나 그 이전, 그 이후의 국회법은 금지하지 않고 있어 국회의장의 당적보유가 가능했었다. 현재의 보유금지규정은 2002.3.7. 국회법개정으로 신설된 것이다.[1)]

(3) 국회의장의 권한

의장은 ① 국회대표권, ② 의사정리권, ③ 질서유지권, ④ 사무감독권을 가지며(동법 제10조), ⑤ 국회의 조직에 관한 권한, ⑥ 그외의 권한을 가진다.

---

1) 헌재 2008.4.24. 2006헌라2, 판례집 20－1 상, 438. [청구인 주장] 피청구인(국회의장)이 한나라당 의원들의 본회의장 입장을 막고 열린우리당 소속 국회의원들로 하여금 본회의장의 국회의장석 및 발언 단상을 먼저 점거하게 하여 국회법 제20조의2에서 정한 국회의장의 당적보유금지의 취지에 따른 정치적 중립의무를 위반하였다. [결정요지] 국회법 제6장의 여러 규정들은 개의, 의사일정의 작성, 의안의 상임위원회 회부와 본회의 상정, 발언과 토론, 표결 등 회의절차 전반에 관하여 국회의장에게 폭넓은 권한을 부여하고 있어 국회의 의사진행에 관한 한 원칙적으로 의장에게 그 권한과 책임이 귀속된다. 따라서 국회의장이 논란의 여지가 많은 사실관계 하에서 진행한 의사절차 진행 행위는 그것이 헌법이나 법률에 명백히 위배되는 행위라고 인정되지 않는 한 다른 국가기관은 이를 존중하여야 한다. 이와 같이 국회의 자율권을 존중하여야 하는 헌법재판소로서는 이 사건 법률안 가결선포행위와 관련된 사실인정은 국회본회의 회의록의 기재내용에 의존할 수밖에 없는바, 이 사건 기록에 첨부된 회의록에 의하면 피청구인이 열린우리당 의원들로 하여금 단상을 선점하게 하였다는 사실이 인정되지 아니하고, 달리 피청구인이 정치적 중립의무를 위반하였다고 볼 사정이 보이지 않으므로 청구인들의 위 주장은 이유 없다.

① 국회대표권으로서, 각종 국가행사에 대표로 참석할 권한, 타 국가기관에 대한 국회권한의 행사에서의 국회를 대표할 권한 등을 가진다.

② 의사정리권으로서, 의석배정권(동법 제3조), 임시회집회공고권(동법 제5조 1항), 연간 국회운영기본일정의 결정권(동법 제5조의2 1항), 유회, 회의의 중지 · 산회 선포권(동법 제73조), 회의의 비공개제의권(동법 제75조 1항), 의사일정의 작성 · 변경권(동법 제76조), 발의, 제출된 의안의 위원회에의 회부권(동법 제81조, 제82조), 상임위원회로부터의 각종 보고를 받을 권한(동법 제66조, 제84조 2항, 제121조 1항. 제125조 5항, 제128조 4항, 제129조 2항 등), 위원회의 심사기간 지정권(동법 제85조), 발언의 허가권(동법 제99조 1항), 발언원칙결정권(동법 제104조 1항), 질의 · 토론의 종결선포권(동법 제108조 1항), 표결 및 표결결과의 선포권(동법 제110조 1항, 제113조), 국무위원 등의 발언에 대한 허가권(동법 제120조 1항), 대정부 질문에서의 질문의원수의 결정권(동법 제122조의2 4항), 긴급현안질문실시여부결정권(동법 제122조의3 3항)을 가진다.

③ 질서유지권으로서, 국회 내에서의 경호권(동법 제143조), 회의장의 질서문란행위에 대한 경고 · 제지권(제145조 1항), 회의장출입의 허가권(동법 제151조) 등을 가진다.

⑤ 국회조직에 관한 권한으로서, 사무총장 등 국회직원에 대한 임면권(동법 제21조 3항), 상임위원회 위원의 선임 및 개선에 관한 권한(동법 제48조 1항) 등을 가진다.

⑥ 그외의 권한으로서, 위원회출석 · 발언권(동법 제11조), 국회경비예산제출권(동법 제23조 2항), 의안의 정리 및 의결된 의안의 정부이송권(동법 제97조, 제98조 1항), 대통령이 확정된 법률을 공포하지 않을 경우의 공포권(제53조 6항, 동법 제98조 3항), 국회공보의 발간 및 배부 기타 필요한 사항의 결정권(동법 제80조 4항), 청원요지서의 작성 및 위원회에의 회부의 권한(동법 제124조), 탄핵소추의결서의 송달권(동법 제134조 1항), 폐회중의 의원사직의 허가권(동법 제135조), 의원의 궐원의 중앙선관위에의 통지권(동법 제137조), 의원의 자격심사청구서의 위원회회부권(동법 제139조 1항), 중계방송의 허용권(동법 제149조의2 1항), 방청허가권(동법 제152조 1항), 윤리심사 · 징계절차에의 회부권(동법 제156조 1항), 의원의 청가서수리 및 청가허가권(동법 제32조) 등을 가진다.

의장의 권한들 중에는 교섭단체대표의원이나 상임위원회와 협의하여 행사하여야 할 것들이 있다. 예를 들어, 위에서 본 권한들 중 의석배정권, 연간 국회운영기본일정의 결정권, 상임위원선임권, 의사일정변경권, 심사기간의 지정권, 대정부질문의원수의 결정권 등이 그것이다.

의장은 상임위원회에 출석 · 발언은 할 수 있으나 표결에 참가할 수는 없다(동법 제11조 단서).

4. 국회부의장

국회부의장의 선출, 임기 등 신분상 지위에 대해서는 위에서 이미 살펴본 바 있다. 부의장은 의장의 직무대리권을 가진다(동법 제12조).

Ⅱ. 위원회 제도

1. 위원회제도의 의의와 장단점

(1) 위원회제도의 의의

의회의 위원회란 본회의의 의사를 보다 효율적이고도 신속하게 이끌기 위해 본회의의 의사절차 이전에 의안을 집중적으로 심의, 검토하기 위하여 소수의 의원들로 구성되고 영역별로 전문화된 부분적 회의체조직을 말한다.

국가의 중요한 정책에 관한 의제를 국민의 대표기관인 국회의원들이 가능한 한 모두 참여하여 심의하는 것이 바람직하나 오늘날 국가사무는 여러 영역에 걸쳐 방대하므로 모든 의원들이 일일이 의안들을 다루기에 시간적으로 어렵고, 또한 국가사무가 복잡다기하고 전문성을 띠는 것이 적지 않아 모든 의원들이 의안들에 대해 정통하기도 어렵다. 따라서 본회의의 의결에 앞서 소수의 의원들이 전문적 영역별로 의안들을 집중적으로 다룰 필요가 있기에 위원회의 구성과 활동이 요구된다. 오늘날 의안의 심의, 의결이 실질적으로 위원회에서 이루어지고 본회의에서는 위원회에서의 의결을 사실상 추인하는 경우가 빈번하여 '상임위원회중심주의'가 되고 있고 상임위원회를 소입법부(little legislature)라고도 부른다.

(2) 위원회제도의 장점과 폐해(단점)

위원회가 정상적으로 활동할 경우에 장점으로는 ① 소수의 의원들이 참여하므로 심의에 있어서 집약성, 효율성, 신축성을 가져올 수 있고, ② 의원들이 전문성을 가질 경우에 의안에 대한 전문적인 검토가 이루어질 수 있으며 전문적인 의안의 처리에 효율성을 가지며, ③ 분업화로서 방대한 국사의 처리가 가능하다는 점 등을 들 수 있다.

위원회제도가 정상적으로 가동하지 못할 경우의 폐해 내지 위원회제도가 가질 수 있는 문제점 또는 단점으로는, ① 위원들의 전문성이 부족할 경우에 충분한 심의가 이루어지지 못하며, ② 위원회를 장악하고 있는 소수의 의원들에 의한 과두적 결정이 이루어질 수 있고, ③ 의원들에 대한 정당의 기속성이 강할 경우에 위원회가 국민전체의 의사보다 정당의 의사를 앞세울 수 있어 정당의 대리인들의 집합체로 전락될 수 있고, 그리하여 국민대표주의가 충분히 구현되지 못할 수 있으며 ④ 전체의원들이 아닌 위원회에서 이해관계를 가지는 소속 의원들이 자신의 이익을 위해 활동할 여지가 더 많아질 수 있고, 이해관련 집단의 로비 등이 용이하며, ⑤ 여러 위원회들에 관련되는 사안의 경우에 그 분담이나 상호유기적인 심의가 쉽지 않을 수 있고, ⑥ 위원회는 대응하는 행정각부의 사무를 그 소관사항으로 하는바 소관 행정각부와 위원회가 밀접되어 있는 경우에 권력분립의 견제기능이 약화되며, ⑦ 국정전반을 살피는 시야가 부족한 가운데 부분적 이해관계에서 사안을 심의할 가능성이 있다는 점 등을 들 수 있다. 이러한 폐해의 가능성이 있음에도 위원회를 둘 수밖에 없는 것은 바로 위의 의의에서 본 필요성 때문이다. 중요한 것은 위원회의 본래의 기능과 장점을 살리도록 위원회활동을 제대로 구현하는 것이다.

(3) 단점에 대한 개선(보완)제도

위의 폐해(단점)를 치유하고 극복하기 위한 방안으로는, ①의 문제점에 대한 방안으로, 상임위원회의 전문성을 강화하기 위하여 각 상임위원회가 필요로 하는 전문적 지식과 경험을 가진 의원들로 상임위원회가 구성되어야 한다. 의원들이 소속 상임위원회의 소관사항에 전문성이 적더라도 지속적인 활동을 통하여 지식과 경험을 축적하여 전문성을 높여가는 노력이 필요하다. ②의 문제점에 대한 방안으로, 위원회의 과두적 결정을 막기 위해 가능한 한 많은 의원들의 참여를 강화하고 결정과정의 투명성을 제고하여야 한다. ③의 문제점에 대한 방안으로, 정당의 당리당략을 떠나 국민전체의 의사를 반영하는 의원의 노력이 필요하고 이를 위하여 교차투표가 이루어질 수 있어야 한다. 의원의 표결 등 의정활동에 대한 국민의 관심과 평가가 의원의 당리당략적 위원회활동을 제어하는 효과를 가질 수 있다. ④의 문제점의 경우, 의원의 이권개입 등에 대비하여 헌법 자체가 의무규정을 두고 있다. 헌법은 국회의원은 청렴의 의무를 지고, 국가이익을 우선하여 양심에 따라 직무를 행하여야 하며, 그 지위를 남용하여 국가·공공단체 또는 기업체와의 계약이나 그 처분에 의하여 재산상의 권리·이익 또는 직위를 취득하거나 타인을 위하여 그 취득을 알선할 수 없도록 규정하고 있다(제46조). 이러한 헌법 제46조의 의무를 위반한 경우 국회법은 징계사유로 규정하고 있다(국회법 제155조 2항 1호). 또한 현행 국회법은 ⅰ) 상임위원의 직무 관련 영리행위 금지["상임위원은 소관 상임위원회의 직무와 관련한 영리행위를 하지 못한다"(국회법 제40조의2)], ⅱ) 다른 상임위원회에의 의안 회부제도["의장은 발의 또는 제출된 의안과 직접적인 이해관계를 가지는 위원이 소관상임위원회 재적위원 과반수로 해당 의안의 심사에 공정을 기할 수 없다고 인정하는 경우에는 제1항의 규정에 불구하고 그 의안을 국회운영위원회와 협의하여 다른 위원회에 회부하여 심사하게 할 수 있다"(국회법 제81조 3항)] 등의 보완제도를 두고 있다. 외부의 이권청탁이나 부당한 로비 등으로부터 객관성과 공정성을 갖춘 의정활동이 되기 위해서는 의사과정이 투명하게 공개되어야 한다. 공청회·청문회제도(국회법 제64조, 제65조) 등이 효율성있게 자주 활용되어야 하고 의원의 입법활동에 대한 감시와 평가가 이루어져야 한다. ⑤⑥⑦의 문제점들에 대한 방안으로, 여러 위원회들이 관련되는 의안에 대해서 관련 위원회에로의 심사확대가 필요하고 타 상임위원회 소속의 의원들도 심사에 참여할 수 있도록 하는 유기적인 제도가 필요하다. 이를 위하여 보완제도로서 현행 국회법은 ⅰ) 관련 상임위원회에의 회부제도를 두고 있고(국회법 제83조) ⅱ) 모든 의원들이 참여하는 '전원위원회'제도(국회법 제63조의2)를 두고 있다.

(4) 위원회제와 국회의 로비(lobby) 문제

오늘날 의회에서 정당한 대가를 받고 로비활동을 수행하는 것을 인정하고 있는 나라들이 있다. 로비는 의안의 관련 당사자들의 입장을 전달하고 설명함으로써 의원들에 정보를 제공하는 장점은 있다. 그러나 이권청탁, 로비력을 동원할 수 있는 집단이나 사람과 그러한 재력을 가지지 못한 집단이나 사람 간에 불평등이 문제될 수 있다.

그러나 현재의 우리나라 법제도는 국회에서의 로비를 받아들이지 않고 있다. 청원은 당사자가 아닌 제3자에 의해서도 할 수 있으므로 제3자가 대가를 받고 하는 국회에서의 로비활동은 제3자에 의한 청원이라고 할 수 있다. 그런데 공무원의 직무에 속한 사항의 알선에 관하여 금품이나 이익을 수수·요구 또는 약속한 자를 특정범죄가중처벌등에관한법률 제3조(1990.12.31. 법률 제4291호로 개정된 것)가 형사처벌하고 있다. 이러한 처벌이 청원권에 대한 위헌적인 제한이라는 주장의 헌법소원심판이 청구되었다. 헌법재판소는 "국회의 입법이나 정부의 정책결정 및 정책집행 등에 관한 로비 내지 알선 행위를 제한하게 되고, 이것은 공권력과의 관계에서 일어나는 여러 가지 이해관계 또는 국정에 관해서 그 의견이나 희망을 해당 기관에 진술할 자유를 제한하게 되므로 이는 청원권 제한 문제를 일으킨다"라는 점은 인정한다. 그러나 헌법재판소는 로비행위를 허용할 것인지는 청원권의 구체적 내용의 입법형성에 폭넓은 재량권을 가지는 국회의 재량에 주어진 사항이므로 대가를 받는 알선이나 로비 제도의 도입 여부에 대한 판단은 입법부의 재량이 폭넓게 인정되는 분야이기에 이를 도입하지 않고 알선 내용의 정당성 여부를 불문하고 알선을 명목으로 금품을 수수하면 모두 형사 처벌하도록 하고 있다 하더라도 이것이 청원권에 대한 지나친 제한이라고는 할 수 없다고 보아 합헌으로 결정한 바 있다.[1)]

2. 위원회의 종류

현재 우리나라의 위원회로는 상임위원회와 특별위원회가 있다. 전원위원회와 연석회의를 위원회의 종류로 분류하는 교과서도 있으나 우리 국회법은 위원회의 종류로 "국회의 위원회는 상임위원회와 특별위원회의 2종으로 한다"라고 명시하고 있다(동법 제35조).

---

1) 헌재 2005.11.24. 2003헌바108. [결정요지] 로비행위를 허용할 것인지는 청원권의 구체적 내용의 입법형성에 폭넓은 재량권을 가지는 국회의 재량에 주어진 사항이라고 보고 다원화되고 있는 현대 사회에서 로비를 통하여 이익집단이 건전한 이익을 추구할 수 있도록 보장하는 것은 분명 긍정적인 측면이 있으나 사회적 조건이 성숙되어 있지 않은 상황에서 대가를 받는 알선 내지 로비활동을 인정하게 되면 부정부패의 온상을 양산하는 결과를 가져올 수도 있기 때문에 금전적 대가를 받는 알선 내지 로비활동을 합법적으로 보장할 것인지 여부는 그 시대 국민의 법 감정이나 사회적 상황에 따라 달라지고, 다만, 현실적으로 국가 정책결정에 국회를 통한 국민 의사의 반영은 한계가 있을 수밖에 없으므로 국정에 대한 국민의 의사 개진 통로의 다양성 확보라는 차원에서 부정을 차단할 수 있는 제도를 정비하여 대가를 받는 알선이나 로비가 합법적으로 가능하도록 하는 방안을 검토할 필요는 있을 것이나 이러한 제도의 도입 여부나 도입 시기에 대한 판단은 입법부의 재량이 폭넓게 인정되는 분야이기에 아직까지 이를 도입하지 않고 있다고 하여 이것을 위헌이라고 할 수는 없으므로 알선 내용의 정당성 여부를 불문하고 알선을 명목으로 금품을 수수하면 모두 형사 처벌하도록 하고 있다 하더라도 이것이 청원권에 대한 지나친 제한이라고는 할 수 없다.

3. 상임위원회

(1) 의의와 종류

상임위원회란 국가사무를 영역별로 나누어 소관 안건을 상시로 심의하기 위해 소관사항별로 구성된 상설의 위원회를 말한다. 상임위원회는 국가사무의 영역별로 분할 조직되는데 행정각부에 대응하여 상임위원회가 나누어져 구성된다. 물론 하나의 상임위원회가 복수의 행정각부의 사무를 소관사항으로 하는 경우도 있다(현재 예를 들어 통일외교통상위원회가 통일부와 외교통상부를, 과학기술정보통신위원회가 과학기술부와 정보통신부를, 농림해양수산위원회가 농림부와 해양수산부를, 환경노동위원회가 환경부와 노동부를 각각 그 소관 사항의 행정각부로 대응하고 있는 것이 그 예이다). 상임위원회의 수는 현재 모두 17개로, 국회운영위원회, 법제사법위원회, 정무위원회, 기획재정위원회, 교육위원회, 과학기술정보방송통신위원회, 외교통일위원회, 국방위원회, 행정안전위원회, 문화체육관광위원회, 농림수산식품해양수산위원회, 산업통상자원중소벤처기업위원회, 보건복지위원회, 환경노동위원회, 국토교통위원회, 정보위원회, 여성가족위원회가 있다(동법 제37조 1항). 의장은 어느 상임위원회에도 속하지 아니하는 사항은 국회운영위원회와 협의하여 소관상임위원회를 정한다(동조 2항).

현재 17개인 상임위원회의 수가 적정한지 검토를 요한다. 세분화되어 있는 경우에는 대단위 소수의 상임위원회로 되어 있는 경우에 비해 다음과 같은 문제점이 있다. 첫째, 세분화된 상임위원회들 간에 중복되는 관할영역들이 나타날 가능성이 더 크다. 둘째, 현재 우리 국회는 상임위원회중심으로 국회운영이 실질적으로 이루어지고 있는바 어느 의안에 대해 소관 상임위원회에 속하지 않는 의원들의 의견개진이나 참여가 어려운데 이러한 문제점은 상임위원회가 세분화되어 있을 경우에 더욱 두드러진다. 셋째, 개별 상임위원들의 수가 적으므로 개별 상임위원회를 대상으로 하는 로비가 쉽다. 광역화된다면 그만큼 의원들의 참여범위가 넓어질 수 있다<프랑스의 경우 제4공화국하에서 19개의 상임위원회로 나누어져 있던 것을 현재 제5공화국하에서는 6개로 대폭 축소하여 광역화하고 있다. 그 6개 상임위원회는, 문화 · 가족 · 사회위원회, 외교위원회, 국방위원회, 재정 · 경제 · 정책위원회, 헌법 · 법제 · 국가일반행정위원회, 산업 · 통상위원회이다>. 광역단위의 상임위원회가 보다 타당하지 않은가 한다. 현재 의원들은 2 이상의 상임위원회의 위원으로서 소속되고 있기에(국회법 제39조 1항) 보다 광역화하더라도 의원들의 업무과중은 지금이나 차이가 그리 많이 나지는 않을 것이다.

(2) 상임위원회의 구성

1) 상임위원

(가) 위원정수

상임위원회의 위원정수는 국회규칙으로 정한다. 다만, 정보위원회의 위원정수는 12인으로 한다(동법 제38조).

(나) 상임위원회 위원의 선임(배정)방식

가) 방식

현재 상임위원회 위원(이하 '상임위원'이라 함)은 교섭단체소속의원수의 비율에 의하여 각 교섭단체대표의원의 요청으로 의장이 선임 및 개선한다(동법 제48조 1항).

나) 문제점

현행 방식에 있어서는 교섭단체대표와 의장이 의원의 전문성을 고려하지 않고 배정을 할 경우에 상임위의 구성에 전문성을 충분히 가지지 못하고 소위 인기있는 상임위원회에 의원들이 집중되는 경향에 있어 정당의 수뇌부의 영향력이 작용할 수 있다. 현행 국회법 제48조 1항은 상임위원회의 위원 선임에 있어서 정당의 기속성을 인정한 것이라면 대표위임(무기속위임)의 원칙에 반할 여지가 있다. 의원들의 신청과 개별 상임위원회에서의 의원의 활동경력 등을 고려한 전문성을 검증하는 절차를 거친 뒤 선거나 상호조정 등을 통하여 선임하는 것이 바람직하다.

의원의 전문성의 문제는 모순적인 상황을 보여주기도 한다. 즉 어느 상임위원회의 소관영역에서의 전문성을 지닌 의원은 그 영역과 관련된 활동실적이 많은 인물일 수 있는데 그의 활동이 소관사항과 이해관계를 가질 수 있다. 예를 들어 교육기관을 경영한 경험을 가진 교육위원회 소속 의원의 경우 전문적 경험이 많을 것이지만 다른 한편으로 교육위원회의 소관사항에 이해관계를 가질 수 있다. 일반국민이 이러한 위원회구성에 대해 헌법소원을 제기할 수도 있으나 헌법재판소는 일반국민이 그 선임결정은 국회내부의 결정으로서 국민의 기본권침해 관련성이 없다는 이유로 각하결정을 한 바 있다.[1] 생각건대 의원의 전문성을 인정하는 점에서 관련인들이 위원이 될 수 있으나 헌법 제46조에 규정된 대로 의원은 "그 지위를 남용하여 국가·공공단체 또는 기업체와의 계약이나 그 처분에 의하여 재산상의 권리·이익 또는 직위를 취득하거나 타인을 위하여 그 취득을 알선할 수 없다"는 의무를 이행하여야 한다.

아래와 같이 위와 같은 배정방식(원내교섭단체대표의 요청에 따른 의장의 선임)의 경우 무소속 의원들의 배정에서의 문제가 있다. 헌법재판소는 각하결정을 하였다.

---

1) 헌재 1999.6.24. 98헌마472·488(병합), 판례집 11-1, 860면. [사건개요] 국호전직 사립학교재단의 이사장을 장기간 재직하였던 2명의 국회위원을 교육위원회 위원으로 선임하는 처분을 한 데 대해 학부모들이 자신들의 교육권, 행복추구권 및 인간다운 생활을 할 권리를 침해하였다며, 국회의장을 피청구인으로 하여 헌법소원심판을 청구하였다. [결정이유요지] 헌법소원심판의 대상이 되는 공권력의 행사 또는 불행사는 반드시 국민의 권리의무에 대하여 직접적인 법률효과를 발생시키는 행위가 있어야 한다. 피청구인의 위 선임행위는 국민의 대표자로 구성된 국회가 그 자율권에 근거하여 내부적으로 회의체 기관을 구성 조직하는 '기관내부의 행위'에 불과한 것이다. 따라서 국민에 대하여 어떠한 직접적인 법률효과를 발생시키지 않기 때문에 이로 인하여 청구인들의 기본권이 현재 직접 침해되고 있다고 할 수 없다. 그렇다면 청구인들의 이 사건 심판청구는 결국 청구인들의 기본권을 직접 침해한 공권력의 행사를 대상으로 한 것이 아니어서 기본권 관련성이 결여되어 부적법하다 할 것이므로 이를 각하하기로 한다.

* 무소속 국회의원의 상임위 소속 활동의 권리의 보장에 관한 문제

판례 국회법 제48조 제3항 위헌확인, 헌재 2000.8.31. 2000헌마156, 판례집 12-2, 258면

[쟁점] 무소속 내지 비교섭단체 국회의원에 대해서는 정보위원회 위원이 될 수 없게 한 국회법 제48조 제3항은 아무런 합리적 이유없이 원내 교섭단체 소속 국회의원에 비하여 무소속 내지 비교섭단체 국회의원을 차별대우하는 것으로서 평등의 원칙에 반하고, 무소속 내지 비교섭단체 국회의원의 공무담임권을 침해하였으며, 결과적으로 무소속 내지 비교섭단체 국회의원을 선출한 선거구 국민들의 참정권 내지 선거권의 등가적 평등성을 침해하였고, 헌법 제46조 제2항에 위반되어 무소속 내지 비교섭단체 국회의원의 국민대표성을 훼손하는 조항인지 여부(각하결정)

[사건개요] 무소속 국회의원인 청구인은 국회 통일외교통상위원회 소속 상임위원으로 활동하여 오던 중 국회의장에게 정보위원회 위원으로 배정하여 달라는 요청을 하였으나, 국회의장이 국회법 제48조 제3항에서 정보위원회 위원은 각 교섭단체대표의원으로부터 추천과 협의를 거쳐 선임하도록 규정하고 있다는 이유로 이를 거절하자 헌법소원심판을 청구하였다.

[심판대상규정] 국회법(1998.3.18. 법률 제5530호로 개정되고, 2000.2.16. 법률 제6266호로 개정되기 전의 것) 제48조 제3항 본문

제48조(위원의 선임 및 개선) ③ 정보위원회의 위원은 의장이 각 교섭단체대표의원으로부터 교섭단체 소속의 법제사법위원회·정무위원회·재정경제위원회·통일외교통상위원회·행정자치위원회·국방위원회의 위원중에서 후보를 추천받아 부의장 및 각 교섭단체대표의원과 협의하여 선임 또는 개선한다. 단서 생략.

[결정요지] 헌재는 청구인이 침해당하였다고 주장하는 기본권은 "청구인이 국회 상임위원회에 소속하여 활동할 권리, 청구인이 무소속 국회의원으로서 교섭단체소속 국회의원과 동등하게 대우받을 권리라는 것으로서 이는 입법권을 행사하는 국가기관인 국회를 구성하는 국회의원의 지위에서 주장하는 권리일지언정 헌법이 일반국민에게 보장하고 있는 기본권이라고 할 수는 없다"라고 하면서 청구인적격을 부인하고 각하결정을 하였다.

의원은 2 이상의 상임위원회의 위원이 될 수 있다(동법 제39조). 과거에는 강제적으로 복수소속을 강제하고 있었으나 2005.7.28. 국회법 개정으로 임의규정으로 바뀌었다.

각 교섭단체의 대표의원은 국회운영위원회의 위원과 정보위원회의 위원이 된다(동법 제39조 2항, 제48조 3항 단서). 국회의장은 상임위원이 될 수 없으며, 국무총리 또는 국무위원의 직을 겸한 의원은 상임위원을 사임할 수 있다(동법 제39조 4항).

의장 및 교섭단체대표의원은 의원이 기업체 또는 단체의 임·직원등 다른 직을 겸하고 있는 경우 그 직과 직접적인 이해관계를 가지는 상임위원회의 위원으로 선임하는 것이 공정을 기할 수 없는 현저한 사유가 있다고 인정하는 때에는 해당 상임위원회의 위원으로 선임하거나 선임을 요청하여서는 아니 된다(동법 제48조 7항).

(다) 상임위원의 임기

상임위원의 임기는 2년으로 한다. 다만, 국회의원총선거 후 처음 선임된 위원의 임기는 그 선임된 날부터 개시하여 의원의 임기개시 후 2년이 되는 날까지로 한다. 정보위원회의 위원은 2년이 아니라 의원의 임기 동안 재임한다. 보임 또는 개선된 상임위원의 임기는 전임자

의 잔임기간으로 한다(동법 제40조).

(라) 상임위원의 직무 관련 영리행위의 금지

상임위원은 소관 상임위원회의 직무와 관련한 영리행위를 하지 못한다(동법 제40조의2).

2) 상임위원장

상임위원회에 위원장(이하 "상임위원장"이라 함) 1인을 둔다. 상임위원장은 제48조 제1항 내지 제3항의 규정에 의하여 선임된 당해 상임위원 중에서 임시의장선거의 예에 준하여 국회의 본회의에서 선거한다. 상임위원장의 임기는 상임위원으로서의 임기와 같다. 상임위원장은 본회의의 동의를 얻어 그 직을 사임할 수 있다. 다만, 폐회 중에는 의장의 허가를 받아 사임할 수 있다(동법 제41조).

(3) 상임위원회의 권한과 활동

1) 상임위원회의 직무(소관사항)

상임위원회는 그 소관에 속하는 의안과 청원 등의 심사 기타 법률에서 정하는 직무를 행한다(동법 제36조). 상임위원회의 소관사항은 주로 행정각부의 권한에 대응한다. 현재의 17개 상임위원회의 각 소관사항은 전술하였다(앞의 '상임위원회의 종류 및 소관사항' 참조).

2) 상임위원회의 활동(의사절차)

각 상임위원회에서의 구체적인 활동, 즉 의사절차는 후술하는 의사절차와 입법절차에서 살펴본다.

3) 상임위원회활동과 위임이론의 문제

의원의 무기속위임(대표위임)의 원칙에 따라 상임위원회에서의 의원이 소신에 따라 당론과 다른 의견을 표명하고 국민 전체의 이익을 위한 활동을 할 수 있다. 그런데 당론에 반하는 의견을 표명한 의원을 상임위원회 위원에서 강제사임시킨 행위에 대해 그 의원이 청구한 권한쟁의심판에서 헌법재판소는 자유위임(무기속위임, 대표위임)원칙이 의원의 정당기속이나 지시를 배제하는 것은 아니라고 보면서 그 강제사임행위가 자유위임원칙에 반하지 않는다고 판단하여 청구를 기각하는 결정을 한 바 있다.

판례 헌재 2003.10.30. 2002헌라1, 판례집 15-2(하), 17면

[사건개요] 한나라당 지도부는 보건복지위원회 소속 한나라당 위원 중 유일하게 당론에 반대하고 있는 청구인을 동 위원회에서 강제로 사임시켜서라도 당론을 관철하고자 하였다. 그리하여 2001.12.24. 한나라당의 교섭단체대표의원인 원내총무는 피청구인(국회의장)에게 청구인을 보건복지위원회에서 사임시키고 청구인 대신 같은 당 소속 다른 의원의 보임을 요청하는 서류를 제출하였고, 당일 피청구인이 이 서류에 결재함으로써 그 결과 청구인은 위 위원회에서 강제사임되고 위 다른 의원이 보임된 후 문제의 "건강보험재정분리법안"의 심의·표결이 이루어졌다. 이에 청구인은 2002.1.24. 위와 같이 피청구인이 한나라당 교섭단체대표의원이 제출한 사·보임 요청서에 결재함으로써 청구인을 국회 보건복지위원회에서 강제사임시킨 행위로 말미암아 청구인의 국회의원으로서의 법률안 심의·표결권이 침해되었다고 주장하면서, 그 권한침해의 확인 및 피청구인의 위 사·보임행위의 무효확인을 구하는 이 사건 권한쟁의

심판을 청구하였다.
[심판의 대상] 피청구인(국회의장)이 위와 같이 2001.12.24. 한나라당 교섭단체대표의원이 제출한 사·보임 요청서에 결재함으로써 청구인을 국회 보건복지위원회에서 강제사임시킨 행위가 헌법 또는 법률에 의하여 부여받은 청구인의 법률안 심의·표결 권한을 침해한 것인지의 여부와 아울러 위와 같은 피청구인의 사·보임행위가 무효인지의 여부이다.
[결정이유의 요지] 국회의원의 원내활동을 기본적으로 각자에 맡기는 자유위임은 자유로운 토론과 의사형성을 가능하게 함으로써 당내민주주의를 구현하고 정당의 독재화 또는 과두화를 막아주는 순기능을 갖는다. 그러나 자유위임은 의회내에서의 정치의사형성에 정당의 협력을 배척하는 것이 아니며, 의원이 정당과 교섭단체의 지시에 기속되는 것을 배제하는 근거가 되는 것도 아니다. 또한 국회의원의 국민대표성을 중시하는 입장에서도 특정 정당에 소속된 국회의원이 정당기속 내지는 교섭단체의 결정(소위 '당론')에 위반하는 정치활동을 한 이유로 제재를 받는 경우, 국회의원 신분을 상실하게 할 수는 없으나 "정당내부의 사실상의 강제" 또는 소속 "정당으로부터의 제명"은 가능하다고 보고 있다. 그렇다면, 당론과 다른 견해를 가진 소속 국회의원을 당해 교섭단체의 필요에 따라 다른 상임위원회로의 전임(사·보임)하는 조치는 특별한 사정이 없는 한 헌법상 용인될 수 있는 "정당내부의 사실상 강제"의 범위내에 해당한다고 할 것이다.
* 권성 재판관의 위헌의견이 있음.

[평석] 이 결정은 다음과 같은 문제점을 가지고 있다. 첫째, 오늘날 국회의 의사활동이 상임위원회중심주의로 이루어지고 있고 상임위원회의 활동이 국민전체의 의사를 수렴하는 중요한 활동이므로 상임위원회의 활동문제는 정당내부만의 문제가 아니다. 따라서 상임위배정과 그 소속 및 활동의 문제는 대표위임의 법리에 따라야 한다. 결코 한 정당 내부의 기속이 중요하다고 하더라도 국민전체를 대표하는 위임이 더 우선적이고 중요함은 물론이다. 정당에의 기속도 스스로의 의원의 판단에 따라야 하는 것이고 오늘날 국회의원의 국민대표자로서의 지위가 정당소속원으로서의 지위에 우선한다고 보는 것이 일반적이므로[1] 우리 현행 헌법 제46조 제2항의 대표위임원칙에 반한다고 볼 것이고 상임위원 선임, 개선을 원내교섭단체대표위원의 요청으로 하도록 한 국회법 제48조도 위헌적인 측면이 있다. 둘째, 설령 대표위임(무기속위임)이라는 헌법적 원리에 의해 부여되는 권한이 침해된 것이 아니라고 볼지 몰라도 위 결정은 국회법 제114조의2의 규정, 즉 "의원은 국민의 대표자로서 소속정당의 의사에 기속되지 아니하고 양심에 따라 투표한다"라는 규정을 무색하게 하는 결정이다. 위 사건은 권한쟁의심판사건이었는데 우리나라의 권한쟁의심판은 '헌법상' 부여된 권한 뿐 아니라 '법률상' 부여된 권한의 침해도 대상이 되는데 설령 헌법상 권한의 침해가 없었다고 하더라도 국회법 제114조의2의 자유위임 규정에 따른 법률상의 권한은 침해되었다고 볼 것이다.

* 위 결정 이후 국회법 제48조 6항이 신설되었는데 동항은 "제1항 내지 제4항의 규정에 의하여 위원을 개선할 때 임시회의 경우에는 회기중 개선될 수 없고, 정기회의 경우에는 선임 또는 개선후 30일 이내에는 개선될 수 없다. 다만, 위원이 질병 등 부득이한 사유로 의장의 허가를 받은 경우에는 그러하지 아니하다"라고 규정하고 있다. <신설 2003.2.4.> 이후 사개특위의 위원의 강제개선을 둘러싼 권한쟁의심판에서 위 규정의 위배 여부를 처음 판단한 결정례가 아래와 같이 나왔는데 헌재는 위배가 아니라고 기각하였다.

판례 헌재 2020.5.27. 2019헌라1
[결정요지] 나. 국회법 제48조 제6항 위배 여부. * 이에 관한 요지와, 이 결정에 대한 자세한 것은 아래

---

1) 김철수, 헌법학개론(제15판), 박영사(2003), 1030면.

특별위원회 부분 참조.

* 위 결정 후 헌재는 특별위원회 위원의 강제개선에 대해 위와 같은 비슷한 결론을 내렸는데 자유위임 원칙이 국회의 기능 수행을 위해서 필요한 범위 내에서 제한될 수 있다는 입론을 제시하고 있다(헌재 2020.5.27. 2019헌라1). 이 결정에 대해서는 아래의 특별위원회 부분 참조.

4. 특별위원회

(1) 의의와 성격

특별위원회란 특별한 사안이나 여러 상임위에 걸쳐 관련되는 사안을 심사하기 위하여 임시적으로 활동하는 국회의 위원회를 말한다. 안건의 한정성, 존속의 일시성이 그 성격이다.

(2) 유형

특별위원회에는 일반적인 특별위원회와 국회법상 특정한 임무가 미리 주어진 특정화된 특별위원회가 있다.

1) 일반적인 특별위원회

일반적인 특별위원회는 수개의 상임위원회소관과 관련되거나 특히 필요하다고 인정한 안건을 효율적으로 심사하기 위하여 본회의의 의결로 두는 특별위원회이다(동법 제44조 1항). 현행 국회법은 국회는 ① 수개의 상임위원회소관과 관련되거나 ② 특히 필요하다고 인정한 안건을 효율적으로 심사하기 위하여 본회의의 의결로 특별위원회를 둘 수 있다고 규정하여 일반적인 특별위원회는 위의 ①과 ②의 사유가 있을 때 구성될 수 있게 하고 있다. 일반적인 특별위원회는 위원회의 구체적인 특정한 임무가 미리 확정되어 있는 것이 아니라 앞으로 구체적 사안에 따라 임무가 확정되어 구성될 가능성을 가진다('일반적'이란 말과 '특별'이란 말은 병존될 수 없는 용어로 들리나 어떤 특정한 사안이든 그 사안에 대한 심사를 위해 설치될 가능성이 열려 있고 현재로서는 그 임무가 특정화되어 있지 않다는 의미에서, 그리고 아래에 볼 국회법상 이미 그 임무가 특정화된 위원회와 구별하여 '일반적'이란 용어로 지칭하는 것이다). 예를 일반적 특별위원회는 미리 정해진 특정임무를 수행하는 것이 아니라 예를 들어 규제개혁특위처럼 여러 상임위가 관련되어 어느 한 상임위에 배당하기 곤란한 사안을 다루기 위하여 또는 어떤 구체적 사건의 진상을 조사하기 위해 설치되는 특별위원회이다(예를 들어 정치자금의혹을 규명하기 위한 국정조사 특별위원회도 일반적 특별위원회 중의 하나이다. 2012년에 설치된 예로는 '국무총리실 산하 민간인 불법사찰 및 증거인멸 사건의 진상 규명을 위한 국정조사특별위원회'가 있었다). 일반적 특별위원회는 물론 한시적인 것이다.

2) 국회법상 특정화된 특별위원회 - 예산결산특별위원회 등

국회법이 이미 특정한 임무를 명시한 몇 개의 특별위원회가 있다. 예산결산특별위원회, 윤리특별위원회, 인사청문특별위원회가 그것이다. 과거에 여성특별위원회가 있었는데 여성부가 행정각부로 신설됨에 따라 상임위원회로서 여성위원회가 되었고 그 뒤 여성부가 여성가족부로 변경됨에 따라 현재 여성가족위원회가 되었다.

유의할 점은 예산결산특별위원회는 특별위원회이면서도 상설기관이라는 점이다.

(3) 일반적인 특별위원회의 구성과 활동

1) 구성

(가) 위원의 선임

특별위원회의 위원은 제1항 및 제2항의 규정에 따라 의장이 상임위원 중에서 선임하는데 교섭단체소속의원수의 비율에 의하여 각 교섭단체대표의원의 요청으로 의장이 선임하고, 어느 교섭단체에도 속하지 아니하는 의원의 선임은 의장이 이를 행한다(제48조 4항).

(나) 위원장

특별위원회에 위원장 1인을 두되 위원회에서 호선하고 본회의에 보고한다(동법 제47조 1항). 호선된다는 것이 상임위원회 위원장이 본회의에서 선임되는 것과 다르다. 특별위원회의 위원장이 선임될 때까지는 위원 중 연장자가 위원장의 직무를 대행한다(동법 동조 2항). 특별위원회의 위원장은 그 위원회의 동의를 얻어 그 직을 사임할 수 있다. 다만, 폐회 중에는 의장의 허가를 받아 사임할 수 있다(동법 동조 3항).

2) 시기와 활동

특별위원회는 임시적으로 활동하는 비상설 회의체이므로 활동시한이 정해져 있다. 일반적인 특별위원회는 특별위원회를 구성할 때에는 그 활동기한을 정하여야 한다. 다만, 본회의의 의결로 그 기간을 연장할 수 있다. 특별위원회는 활동기한의 종료시까지 존속한다. 다만, 활동기한의 종료시까지 법제사법위원회에 체계 · 자구심사를 의뢰하였거나 심사보고서를 제출한 경우에는 해당 안건이 본회의에서 의결될 때까지 존속하는 것으로 본다(제44조 2항 · 3항).

특별위원회는 그 구성의 목적을 달성하기 위하여 구체적 특정 사안에 대한 심사 등을 수행한다. 특별한 안건에 대해 의장이 특별위원회에 회부함으로써 특별위원회가 활동할 수 있다. 즉 의장은 특히 필요하다고 인정하는 안건에 대하여는 본회의의 의결을 얻어 이를 특별위원회에 회부하고, 특별위원회에 회부된 안건에 관련이 있는 다른 안건을 그 특별위원회에 회부할 수 있다(동법 제82조).

(4) 특정화된 특별위원회

1) 상설의 특정화된 예산결산특별위원회

예산안 · 기금운용계획안 및 결산(세입세출결산 및 기금결산)을 심사하기 위하여 예산결산특별위원회를 둔다(동법 제45조 1항). 예산결산특별위원회는 상설의 특정화된 특별위원회이다. 예산결산특별위원회의 위원수는 50인으로 한다. 이 경우 그 선임은 교섭단체소속의원수의 비율과 상임위원회의 위원수의 비율에 의하여 각 교섭단체대표의원의 요청으로 의장이 행한다(동법 동조 2항). 예산결산특별위원회의 위원의 임기는 1년으로 한다. 다만, 국회의원총선거 후 처음 선임된 위원의 임기는 그 선임된 날부터 개시하여 의원의 임기개시 후 1년이 되는 날까지로 하며, 보임 또는 개선된 위원의 임기는 전임자의 잔임기간으로 한다(동법 동조 3항). 예산결산특별위원회의 위원장은 예산결산특별위원회의 위원 중에서 임시의장선거의 예에 준하여 본회의에서 선거한다(동법 동조 4항). 예결위의 위원장의 임기는 상임위원장의 경우와 같다(동법 동조 6항).

예산결산특별위원회는 이름이 특별위원회임에도 상설기구이다(동법 동조 5항). 예산, 결산심사를 충실히 하기 위해 상설화한 것이다.

반드시 예결위와 협의를 거쳐야 하도록 하는 경우가 있다, 바로 예산 관련 법률안의 경우가 그것인데 "기획재정부소관에 속하는 재정관련 법률안과 상당한 규모의 예산 또는 기금상의 조치를 수반하는 법률안을 심사하는 소관위원회는 미리 예산결산특별위원회와의 협의를 거쳐야 한다"라고 규정하고 있다(국회법 제83조의2).

2) 윤리특별위원회

의원의 자격심사·징계에 관한 사항을 심사하기 위하여 윤리특별위원회를 둔다(동법 제46조 1항). 윤리특별위원회는 의원의 징계에 관한 사항을 심사하기 전에 제46조의2에 따른 윤리심사자문위원회의 의견을 청취하여야 한다. 이 경우 윤리특별위원회는 윤리심사자문위원회의 의견을 존중하여야 한다(동법 동조 2항). 윤리특별위원회의 운영 등에 관하여 이 법에서 정한 사항 외에 필요한 사항은 국회규칙으로 정한다(동법 동조 6항).

3) 인사청문특별위원회

국회는 헌법에 의하여 그 임명에 국회의 동의를 요하는 대법원장·헌법재판소장·국무총리·감사원장 및 대법관과 국회에서 선출하는 헌법재판소 재판관 및 중앙선거관리위원회 위원에 대한 임명동의안 또는 의장이 각 교섭단체대표의원과 협의하여 제출한 선출안 등을 심사하기 위하여 인사청문특별위원회를 둔다. 다만, '대통령직인수에 관한 법률' 제5조 제2항의 규정에 의하여 대통령당선인이 국무총리후보자에 대한 인사청문의 실시를 요청하는 경우에 의장은 각 교섭단체대표의원과 협의하여 그 인사청문을 실시하기 위한 인사청문특별위원회를 둔다(동법 제46조의3 1항). 인사청문특별위원회의 구성과 운영에 관하여 필요한 사항은 따로 법률로 정하는데(동법 동조 2항) 이 법률이 인사청문회법이다. 위 인사청문특별위원회의 인사청문대상이 아닌 후보자의 경우 소관 상임위원회에서 인사청문을 거치게 된다(인사청문특별위원회의 구성·권한·운영, 인사청문절차에 대한 자세한 것은 뒤의 국회의 헌법기관구성에 관한 권한에서 살펴본다. 후술 참조).

* 유의할 점 : 인사청문에 관해서는 일반적인 특별위원회가 인사청문을 담당할 수도 있다. 이 경우는 위 인사청문특별위원회 인사청문이 아니라 소관 상임위원회의 인사청문의 경우인데 국회법은 상임위원회가 구성되기 전에 제2항 각 호의 어느 하나에 해당하는 공직후보자에 대한 인사청문 요청이 있는 경우에는 제44조 제1항에 따라 구성되는 특별위원회(일반적 특별위원회)에서 인사청문을 실시할 수 있다고 규정하고 있다. 이 경우 특별위원회의 설치·구성은 의장이 각 교섭단체대표의원과 협의하여 제의하며, 위원의 선임에 관하여는 제48조 제4항을 적용하지 아니하고 인사청문회법 제3조 제3항 및 제4항을

준용한다(동법 제65조의2 3항). 이 특별위원회에서 실시한 인사청문은 소관 상임위원회의 인사청문회로 본다(동법 동조 4항).

(5) 특별위원회에서의 대표(자유)위임 문제

헌재는 위 상임위원회에서 인용하고 분석했던 2003년의 2002헌라1 결정 이후 다시 특별위원회 위원의 강제개선에 대해 위 2002헌라1 결정과 같은 비슷한 결론을 내렸는데 자유위임원칙이 국회의 기능 수행을 위해서 필요한 범위 내에서 제한될 수 있다는 입론을 제시하고 있다. 헌재는 "이 사건 개선행위의 자유위임원칙 위배 여부는 국회의 기능 수행을 위하여 필요한 정도와 자유위임원칙을 제한하는 정도를 비교형량하여 판단하여야 한다"라고 판시한 뒤 기각결정을 하였다. 사안은 피청구인(국회의장)이 2019.4.25. 사개특위의 바른미래당 소속 위원을 청구인에서 국회의원 채○○로 개선한 행위(이하 '이 사건 개선행위')가 청구인의 권한을 침해하는지 여부 및 이 사건 개선행위가 무효인지 여부에 대한 권한쟁의심판 사건이었다.

판례 헌재 2020.5.27. 2019헌라1

[사건개요] 앞의 제1장 기본원리, 국민대표주의, 당론과 국민대표주의 부분 인용된 것 참조.

[결정요지] 권한침해확인청구에 대한 판단 – 기각

가. 자유위임원칙 위배 여부

[이 사건 개선행위의 법적 성격과 자유위임원칙]

○ 국회의장이 위원회의 위원을 선임·개선하는 행위는 국회의 자율권에 근거하여 내부적으로 회의체기관을 구성·조직하는 것으로서 다른 국가기관의 간섭을 받지 아니하고 광범위한 재량에 의하여 자율적으로 정할 수 있는 고유한 영역에 속한다. 따라서 이 사건 개선행위의 권한 침해 여부를 판단할 때 헌법이나 법률을 명백히 위반한 흠이 있는지를 심사하는 것으로 충분하다.

○ 헌법은 국회가 다수결원리에 따라 헌법상 권한을 행사하도록 규정하고 있다. 국회의 의사절차와 내부조직을 정할 때, 국회 내 다수형성의 가능성을 높이고 의사결정의 능률성을 보장하는 것은 국회에 관한 헌법 규정들에서 도출되는 중대한 헌법적 이익이다. 자유위임원칙은 헌법이 추구하는 가치를 보장하고 실현하기 위한 통치구조의 구성원리 중 하나이므로, 다른 헌법적 이익에 언제나 우선하는 것은 아니고, 국회의 기능 수행을 위해서 필요한 범위 내에서 제한될 수 있다.

○ 이 사건 개선행위의 자유위임원칙 위배 여부는 국회의 기능 수행을 위하여 필요한 정도와 자유위임원칙을 제한하는 정도를 비교형량하여 판단하여야 한다.

[교섭단체 의사에 따른 위원 개선의 필요성]

○ 위원회 위원의 선임 또는 개선은 위원회가 그 기능을 수행하기 위한 전제로서 신속성과 효율성을 고려할 필요성이 큰 국회의 운영에 관한 사항이다. 특히 특별위원회는 정해진 활동기한 내에 안건을 효율적으로 심사하기 위해서 다른 상임위원을 겸임하는 위원들로 구성되므로, 위원, 교섭단체, 특별위원회의 여러 가지 사정을 탄력적으로 반영하여 효율적으로 운영될 필요가 있다.

○ 국회법은 효율적인 국회 운영을 위해서, 교섭단체로 하여금 개별 국회의원의 의사를 수렴·조정하도록 하고, 그 과정에서 자율적으로 형성된 교섭단체의 의사를 그 대표의원이나 간사를 통하여 국회 운영에 반영하도록 의사절차를 정하고 있다. 교섭단체는 소속 국회의원의 전문성, 소속 국회의원 사이의 형평성, 의원총회의 결정 등 소속 국회의원이나 교섭단체의 사정을 가장 잘 파악할 수 있고, 내부적으로 위원 선임·개선의 요건과 절차를 자유롭게 정할 수 있으므로, 위원회 위원의 선임·개선에서도 국회의

원의 의사를 수렴·조정하기에 가장 적합한 조직이다.
○ 반면 국회의장이 구체적인 사안마다 국회의원의 의사와 개선의 필요성 등 개별적인 사정을 고려하여 특별위원회 위원을 선임·개선하게 되면, 특별위원회 구성이 지연되고, 개별 국회의원의 의사를 조정하기 위한 기준을 국회의장이 단독으로 정하게 되어 국회의원이나 교섭단체의 권한을 제약하고 국회가 비민주적으로 운영되는 결과를 초래할 우려도 있다.
○ 사법개혁에 관한 국가정책결정의 가능성을 높이기 위한 측면에서도 사개특위 위원의 선임·개선에서 교섭단체의 의사를 반영할 필요성이 인정된다. 사개특위는 사법개혁과 관련된 안건을 집중적으로 심사하여 본회의에서 의결할 법률안을 도출하기 위하여 구성되었는데, 사개특위에서 각 정당의 의사가 균형있게 반영되지 못하면 사개특위의 심사 내용이 본회의에서 통과되기 어렵다.
○ 결국 이 사건 개선행위는 사개특위의 의사를 원활하게 운영하고, 각 정당의 의사를 반영한 사법개혁안을 도출함으로써 궁극적으로는 사법개혁에 관한 국가정책결정의 가능성을 높이기 위한 것으로서 그 정당성을 인정할 수 있다.
[자유위임에 기한 권한의 제한 정도]
○ 위원의 의사에 반하는 개선을 허용하더라도, 직접 국회의원이 자유위임원칙에 따라 정당이나 교섭단체의 의사와 달리 표결하거나 독자적으로 의안을 발의하거나 발언하는 것까지 금지하게 되는 것은 아니다. 다만 정당 또는 교섭단체가 정당의 정책을 의안심의에서 최대한으로 반영하기 위하여 차기선거의 공천, 당직의 배분 등의 수단을 사용하는 것과 마찬가지로, 국회의원의 권한 행사에 간접적인 영향력을 행사하는 것에 불과하다.
○ 이 사건 개선행위 전 바른미래당 의원총회의 의결이 있었던 점, 이 사건 개선행위 후 바른미래당의 교섭단체 대표의원이 그 직을 사퇴하고 후임으로 선출된 청구인의 개선 요청에 따라 사개특위 위원의 개선이 이루어진 점 등을 고려할 때, 교섭단체의 의사에 따라 위원을 개선하더라도, 곧바로 국회의원이 일방적으로 정당의 결정에 기속되는 결과를 초래하게 된다고 단정하기 어렵다.
○ 청구인은 2018.10.18. 바른미래당의 교섭단체 대표의원의 요청으로 사개특위 위원으로 선임된 후 처음 정해진 사개특위의 활동기한인 2018.12.31.을 넘어서 이 사건 개선행위가 이루어지기 전까지 위원으로서 활동하였고, 이 사건 개선행위 후에도 의원으로서 사개특위 심사절차에 참여할 수 있었다.
○ 그렇다면 이 사건 개선행위로 인하여 청구인의 자유위임에 기한 권한이 제한되는 정도가 크다고 볼 수 없다.
[이 사건 개선행위의 자유위임원칙 위배 여부]
○ 이 사건 개선행위는 사개특위의 의사를 원활하게 운영하고, 사법개혁에 관한 국가정책결정의 가능성을 높이기 위하여 국회가 자율권을 행사한 것으로서, 이 사건 개선행위로 인하여 자유위임원칙이 제한되는 정도가 위와 같은 헌법적 이익을 명백히 넘어선다고 단정하기 어렵다. 따라서 이 사건 개선행위는 자유위임원칙에 위배되지 않는다.

나. 국회법 제48조 제6항 위배 여부

○ 국회법 제48조 제6항의 입법목적은 '위원이 일정 기간 재임하도록 함으로써 위원회의 전문성을 강화'하는 것이므로, 국회법 제48조 제6항은 '위원이 된(선임 또는 보임된) 때'로부터 일정 기간 동안 '위원이 아니게 되는(사임되는) 것'을 금지하는 형태로 규정되어야 한다. 따라서 국회법 제48조 제6항 본문 중 "위원을 개선할 때 임시회의 경우에는 회기 중에 개선될 수 없고" 부분은 개선의 대상이 되는 해당 위원이 '위원이 된(선임 또는 보임된) 임시회의 회기 중'에 개선되는 것을 금지하는 것이다. 이는 국회법 제48조 제6항 본문 중 "정기회의 경우에는 선임 또는 개선 후 30일 이내에는 개선될 수 없다." 부분이 '선임 또는 개선된 때로부터' '30일' 동안 개선을 금지하는 것과 마찬가지이다.
○ 국회법 제48조 제6항의 입법 당시 김택기 의원이 대표발의한 국회법중개정법률안 및 정치개혁특별위원회 국회관계법심사소위원회에서의 심사 내용은 '개선된 동일' 회기 내에는 '다시' 개선할 수 없도록 하는 것이었다. 이후 정치개혁특별위원장이 제안한 국회법중개정법률안, 법제사법위원회의 체계·자구

심사 결과 및 본회의 상정·가결 법률안 모두 '회기' 앞에 '동일'이라는 문구를 두고 있었으므로, 위와 같은 입법취지를 그대로 유지한 것으로 볼 수 있다. 국회의장의 법률안 정리 과정에서 '동일' 부분이 삭제되었으나, '동일' 부분이 삭제된 문언을 기준으로 삼아 본회의에서 의결된 "임시회의 경우에는 '동일' 회기중 개선될 수 없고"라는 문언과 달리 해석한다면, 국회의장의 법률안 정리가 본회의에서 의결된 법률안의 실질적 내용에 변경을 초래한 것이 되므로, 헌법 및 국회법상 입법절차 위배 문제가 발생한다.

○ 이와 같은 해석에 따르면, '선임 또는 개선된 임시회의 회기 중'에는 개선이 금지되었다가, 해당 회기가 종료되면 그 이후에는 폐회 중에는 물론 다시 임시회가 개시되더라도 개선이 가능해진다. 반면, '모든 임시회의 회기 중에 개선하는 것'을 금지한다고 해석하는 견해에 따르면, '선임 또는 개선된 임시회의 회기 중'에는 개선이 금지되었다가, 폐회 중에는 개선이 가능해지고, '후속 임시회'의 회기가 개시되면 다시 개선이 금지된다. 본회의의 개회·폐회 여부와 관계없이 위원회는 상시적으로 활동하고 있는 점을 고려할 때, 본회의의 폐회 중에는 개선이 될 수 있었던 위원에 대하여 다시 임시회가 개회되면 개선을 금지해야 할 이유를 발견하기는 어렵다.

○ 국회사무처의 사실조회 회신에 의하면, 국회 역시 같은 취지에서 임시회 회기 중이라는 이유만으로 위원의 개선을 제한하지 않았던 것으로 보인다. 특히 국회법 제48조 제6항의 입법취지가 가장 잘 인식되었을 것으로 보이는 제16대 국회에서, 선임 또는 개선된 동일 임시회 회기 중에 개선된 사례는 2건에 불과하였던 반면, 선임 또는 개선된 회기 이후의 임시회 회기 중에 개선된 사례는 108건에 이르렀다.

○ 청구인은 제364회 국회(정기회) 회기 중이었던 2018.10.18. 사개특위 위원으로 선임되었으므로, 그로부터 30일이 지난 2018.11.17. 이후에는 국회법 제48조 제6항 본문 중 '정기회의 경우에는 선임 또는 개선 후 30일 이내에는 개선될 수 없다.' 부분이 적용되지 않아 개선될 수 있었다. 제368회 국회(임시회) 회기 중인 2019.4.25. 이 사건 개선행위가 이루어졌으나, 그 이전의 정기회에서 선임된 청구인에 대하여는 국회법 제48조 제6항 본문 중 임시회 부분이 적용되지 않는다.

○ 그렇다면 국회법 제48조 제6항 단서에 해당하는지 여부를 살펴볼 필요 없이, 이 사건 개선행위는 국회법 제48조 제6항에 위배되지 않는다.

다. 소결

○ 이 사건 개선행위는 자유위임원칙에 위배된다고 보기 어렵고, 국회법 규정에도 위배되지 않으므로, 청구인의 법률안 심의·표결권을 침해하였다고 볼 수 없다.

○ 무효확인청구에 대한 판단 – 기각

○ 이 사건 개선행위는 청구인의 법률안 심의·표결권을 침해하지 않으므로, 더 나아가 살펴볼 필요 없이 이 사건 개선행위는 무효로 볼 수 없다.

* 검토 – "이 사건 개선행위 전 바른미래당 의원총회의 의결이 있었던 점, 이 사건 개선행위 후 바른미래당의 교섭단체 대표의원이 그 직을 사퇴하고 후임으로 선출된 청구인의 개선 요청에 따라 사개특위 위원의 개선이 이루어진 점 등을 고려할 때, 교섭단체의 의사에 따라 위원을 개선하더라도, 곧바로 국회의원이 일방적으로 정당의 결정에 기속되는 결과를 초래하게 된다고 단정하기 어렵다"라고 하는데 위원 본인의 의사와 다른 교섭단체 의사에 따른 교체인데 과연 당의 기속이 안 된다는 것을 보장하는 것인지 정말 단정하기 어렵다. 헌법적 근본적인 기본원리인 대표(자유)위임원칙이 당론에 밀린다는 것은 문제일 뿐 아니라 아무리 현실적인 당론기속을 주장하더라도 현실을 언급하면 국회 입법과정에서 오늘날 위원회 중심주의가 자리잡아 있다는 점에서 이는 정당의 기속을 내세울 것이 아니라 국회가 지켜야 할 헌법원칙의 문제, 자유위임원칙 문제에서 판단되어야 한다. 그 점에서 헌법원칙을 수호해야 할 헌재가 왜 필요한 것인지 회의가 들게 하는 결정이다.

* 한편 국회 사법개혁특별위원회('사개특위') 위원인 바른미래당 의원인 위 오신환의원과 또 권은희 의

원 2명을 국회의장이 강제 개선(교체)한 행위에 대해 자유한국당 의원들이 권한쟁의심판을 청구한 데 대해서는 의안에 관한 심의 · 표결절차에 들어갈 때 비로소 침해(침해위험성)가 있다는 이유로 청구시 위험성이 부정된다고 하여 각하한 아래 결정이 있다.

판례 헌재 2020.5.27. 2019헌라3, 2019헌라2(병합)
[판시] 권한쟁의심판은 피청구인의 처분 또는 부작위가 청구인의 권한을 침해하였거나 침해할 현저한 위험이 있는 경우에만 청구할 수 있다(헌법재판소법 제61조 2항 참조). 권한쟁의심판청구의 적법요건으로서 피청구인의 처분 또는 부작위로 인한 '권한의 침해'란 피청구인의 처분 또는 부작위로 인한 청구인의 권한침해가 과거에 발생하였거나 현재까지 지속되는 경우를 의미하며, '현저한 침해의 위험성'이란 아직 침해라고는 할 수 없으나 침해될 개연성이 상당히 높은 상황을 의미한다(헌재 2006.5.25. 2005헌라4 참조). 자유한국당 소속 국회의원인 청구인들 중 사개특위 위원이 아닌 청구인들은 사개특위에서 이루어진 피청구인 국회의장의 국회의원 오신환, 권은희에 대한 각 개선행위(이하 '이 사건 각 개선행위'라 한다)에 의하여 그 권한을 침해받았거나 침해받을 현저한 위험성이 있다고 보기 어렵다. 아울러 자유한국당 소속으로서 사개특위 위원인 청구인들의 경우에도 이 사건 각 개선행위만으로는 권한의 침해나 침해의 위험성이 발생한다고 보기 어렵고, 사개특위가 개회되어 신속처리안건 지정동의안에 관한 심의·표결 절차에 들어갔을 때 비로소 그 권한의 침해 또는 침해의 위험성이 존재한다고 할 것이다. 따라서 이 부분 심판청구는 모두 부적법하다.

5. 전원위원회(全院委員會)

(1) 의의

어느 특정 상임위원회의 의견만이 아니라 국회의원 전원의 의견을 수렴하여야 할 중요한 의안에 대해 전체 국회의원이 참여하여 심사하는 회의체를 전원위원회라고 한다. 전원위원회는 국회법상 위원회의 한 종류는 아니다. 전원위원회는 특정 사안에 한해 임시적으로 구성, 운영되는 것이므로 국회의 조직으로 보기에는 약한 점이 있다.

(2) 개회사유와 시기 및 개회요구정족수 등

국회는 위원회의 심사를 거치거나 위원회가 제안한 의안 중 정부조직에 관한 법률안, 조세 또는 국민에게 부담을 주는 법률안등 주요의안의 본회의상정 전이나 본회의상정 후에 재적의원 4분의 1 이상의 요구가 있는 때에는 그 심사를 위하여 의원전원으로 구성되는 전원위원회를 개회할 수 있다(동법 제63조의2 1항). 이처럼 전원위원회의 개회사유 내지 심의사항으로 현행 국회법은 "국회는 위원회의 심사를 거치거나 위원회가 제안한 의안 중 정부조직에 관한 법률안, 조세 또는 국민에게 부담을 주는 법률안 등 주요의안"이라고 규정하고 있다. 또 그 개회시기로 이러한 주요의안의 "본회의상정전이나 본회의 상정 후에", 그리고 개회요구정족수로 "재적의원 4분의 1 이상의 요구가 있는 때"라고 규정하고 있다. 그러나 국회법은 "다만, 의장은 주요의안의 심의 등 필요하다고 인정하는 경우 각 교섭단체대표의원의 동의를 얻어 전원위원회를 개회하지 아니할 수 있다"라고(동법 동조 동항 단서) 예외를 인정하고 있다.

(3) 구성

전원위원회에는 물론 의원 전부가 참여하며, 전원위원회에 위원장 1인을 두되 의장이 지명하는 부의장으로 한다(동법 제63조의2 3항).

(4) 의사절차

1) 개의와 정족수

전원위원회는 재적위원 5분의 1 이상의 출석으로 개회하고, 통상의 상임위원회에서의 의결정족수와는 달리 재적위원 4분의 1 이상의 출석과 출석위원 과반수의 찬성으로 의결한다(동법 동조 4항).

2) 수정안의 제출

전원위원회는 의안에 대한 수정안을 제출할 수 있다. 이 경우 당해 수정안은 전원위원장이 제출자가 된다(동법 동조 2항).

3) 심사절차와 국회규칙에 의한 운영

구 국회법에서는 계속하여 2일 이내 1일 2시간의 범위 내에서 의안에 대한 심사를 할 수 있고 의원의 발언시간은 5분 이내로 제한하고 있었는데(구 국회법 제63조의2 5항) 이러한 제한에 대한 비판이 제기되어 2005.7.28. 국회법개정으로 이를 삭제하여 제한이 폐지하였다.

기타 전원위원회운영에 관하여 필요한 사항은 국회규칙으로 정한다(동법 동조 6항).

(5) 개최 실제

전원위원회가 개최된 적은 드물다. 2003년 3월 28일, 29일에 국군부대의 이라크전쟁파병동의안을 두고 전원위원회가 개최된 바 있다.

6. 연석회의

연석회의란 어느 소관위원회가 다른 위원회와 협의하여 합동으로 개최하고 진행하는 회의를 말한다. 연석회의는 하나의 독자적인 위원회가 아니고 국회법상의 위원회의 종류에 해당하지 않는다. 연석회의에서는 서로 의견을 교환할 수 있으나 표결은 할 수 없다(동법 제63조 1항). 연석회의를 열고자 하는 위원회는 위원장이 부의할 안건명과 이유를 서면으로 제시하여 다른 위원회의 위원장에게 요구하여야 한다(동법 동조 2항).

반드시 연석회의를 열어야 할 경우도 있다. 세입예산안과 관련있는 법안을 회부받은 위원회는 예산결산특별위원회위원장의 요청이 있을 때에는 연석회의를 열어야 한다(동법 제63조 4항). 소관 상임위원회가 기획재정부소관에 속하는 재정관련 법률안을 예산결산특별위원회와 협의하여 심사함에 있어서 예산결산특별위원장의 요청이 있는 때에는 연석회의를 열어야 한다(동법 제83조의2 3항).

7. 소위원회

(1) 필요성

상임위원회의 구성원의 수도 적지 않을 수 있기에 소수의 위원들에 의한 보다 집중적인 토의, 심사가 이루어질 필요가 있다. 또는 전문성이나 특수성이 강한 의안에 대하여 보다 더 전문적 식견을 가진 의원들 중심으로 이를 심사하도록 하기 위하여 소위원회가 구성되어 활동하기도 한다.

(2) 유형 - 비상설소위원회와 상설소위원회

소위원회에는 ① 비상설소위원회와 ② 상설소위원회가 있다. ①은 특정한 안건의 심사를 위하여 각 위원회가 둘 수 있는 소위원회이다(국회법 제57조 1항). ②는 상임위원회가 그 소관사항을 분담·심사하기 위하여 항시 설치·가동하는 소위원회이다. 이전에는 상임위원회가 상설의 소위원회를 둘 것을 의무화했는데 현재는 "둘 수 있다"라고 규정하여(동법 동조 2항) 설치여부를 상임위원회의 자율에 맡겨 임의적인 것으로 하고 있다. 정보위원회는 상설소위원회를 두지 않는다. 상설소위원회의 위원장은 위원회에서 소위원회의 위원 중에서 선출하고 이를 본회의에 보고한다(동법 동조 3항).

예산결산특별위원회는 소위원회 외에 그 심사의 필요에 의하여 이를 수개의 분과위원회로 나눌 수 있다(동법 동조 8항).

(3) 활동

소위원회의 활동은 위원회가 의결로 정하는 범위에 한한다(동법 동조 3항·4항). 소위원회의 회의는 공개한다. 다만, 소위원회의 의결로 공개하지 아니할 수 있다(동법 동조 5항). 소위원회는 폐회 중에도 활동할 수 있으며 그 의결로 의안의 심사와 직접 관련된 보고 또는 서류의 제출을 정부·행정기관 기타에 대하여 요구할 수 있고, 증인·감정인·참고인의 출석을 요구할 수 있는데 이 경우 그 요구는 위원장의 명의로 한다(동법 동조 6항). 소위원회에 관하여는 국회법에서 다르게 정하거나 성질에 반하지 아니하는 한 위원회에 관한 규정이 적용된다(동법 동조 7항).

(4) 문제점과 보완방안

소속 의원들 전원이 심사에 참여하는 상임위원회는 드물고 소위원회에 의존하는 경향이 강한데 소위원회의 심사가 충실하지 못할 경우에 의사활동의 부실로 이어질 수 있다. 소수의 위원들에 의한 심사가 이루어져 밀실 타협이 있을 수 있다. 소위원회의 구성부터 전문성있게 이루어져야 하고 집약적이고 심도 있는 심사를 수행하여야 하며 그 과정이 투명성을 가져야 한다. 국회법은 소위원회의 회의를 공개하는 것을 원칙으로 하면서도 의결로 비공개가 가능하게 예외를 인정하고 있는데(동법 동조 5항 단서) 예외의 남발을 억제하여야 한다.

Ⅲ. 교섭단체

1. 의의 및 기능

교섭단체란 동일한 정당에 소속한 의원들의 모임을 말한다. 통상 원내교섭단체, 의회 내의 정당(원내정당, Fraktion)이라고 불린다. 원내교섭단체의 목적 내지 기능은 ① 우선 동일한 정당에 소속한 의원들간의 결속을 도모하고, ② 의원들의 의견을 수렴하며 정당의 방침이나 의견을 전달하는 기능을 수행하며, ③ 정당들 간의 대화창구를 단일화할 수 있는 등 정당들 간의 의견조정에 있어서의 능률과 편이성, 신속성 등을 가져오게 하고 정당들 간의 교류 등을 촉진하기 위함에 있다. 그러나 정당수뇌부에 의해 정당운영이 좌우되는 경우, 원내교섭단체를 통해 소속 의원들의 활동을 지시하고 구속하는 경우 의원들의 무기속 대표위임을 막고 의원들의 정당기속성이 강화될 수도 있다는 점에서 그 폐해가능성이 지적될 수도 있다.

2. 구성

국회에 20인 이상의 소속의원을 가진 정당은 하나의 교섭단체가 된다. 무소속이나 교섭단체가 아닌 정당 소속의 의원들, 즉 어느 한 교섭단체에 속하지 아니하는 의원들이더라도 20인 이상이 되며 따로 교섭단체를 구성할 수 있다(국회법 제33조 1항). 교섭단체의 대표의원은 그 단체의 소속의원이 연서·날인한 명부를 의장에게 제출하여야하며, 그 소속의원에 이동이 있거나 소속정당의 변경이 있을 때에는 그 사실을 지체없이 의장에게 보고하여야 한다(동법 동조 2항).

각 교섭단체에는 의원총회와 대표의원이 있다. 대표의원은 교섭단체를 대표하고 통상 원내총무 또는 원내대표로 불린다. 대표의원은 국회운영위원회의 위원이 된다(동법 제39조 2항).

3. 교섭단체의 법적 효과 및 대표의원의 임무

정치관계법에서 교섭단체를 구성한 정당에 대해 일정한 법적 권한이나 혜택을 부여하는 경우가 적지 않다. 국회법에서 상임위원회의 구성이나 의사과정에서의 발언, 토론 등에 있어서 교섭단체를 중심으로 원칙을 설정하는 경우가 많다(동법 제48조, 제104조－제106조, 제122조의2 등 참조). 국회의원선거에 있어서는 교섭단체에게 선거방송심의위원회와 선거기사심의위원회, 인터넷선거보도심의위원회, 선거방송토론위원회의 위원추천권, 선거구구획정위원회의 구성에 관한 협의권(공직선거법 제8조의2 2항, 제8조의3 2항, 제8조의5 2항, 제8조의7 2항, 제24조 2항)을 부여하고 있다. 정치자금법에서는 교섭단체에 국고보조금의 우선배분을 하도록 규정하고 있다(정치자금법 제27조 1항).

교섭단체대표의원은 자신의 교섭단체 정당을 대표하는 임무를 가진다. 그리고 국회구성이나 의사절차에 있어서 의장의 결정권행사에 협의할 수 있는 권한들을 가져 중요한 역할을 수행한다. 즉 국회법상 교섭단체대표의원과의 협의하에 의장이 결정하도록 한 권한들이 적지 않다. 의석배정권(국회법 제3조), 연간 국회운영기본일정의 결정권(동법 제5조의2 1항), 상임위원선임권(동법 제48조 1항), 의사일정변경권(동법 제76조), 심사기간의 지정권(동법 제85조), 대정부질문의원수의 결정(동법 제122조의2 4항) 등이 그 예이다. 대표의원은 그 밖에 정기회 등에서 자신의 정당의 정책적 입장을 표명하는 기회인 교섭단체대표연설을 할 권한이 있다(동법 제104조 2항).

Ⅳ. 국회의 행정적 조직

1. 국회사무처

국회의 입법·예산결산심사 등의 활동을 지원하고 행정사무를 처리하기 위하여 국회에 사무처를 둔다. 국회사무처에 사무총장 1인과 기타 필요한 공무원을 둔다. 사무총장은 의장이 각 교섭단체대표의원과의 협의를 거쳐 본회의의 승인을 얻어 임면한다. 사무총장은 의장의 감독을 받아 국회의 사무를 통할하고 소속공무원을 지휘·감독한다. 국회사무처는 국회의 입법 및 예산결산심사 등의 활동을 지원함에 있어 의원 또는 위원회의 요구가 있는 경우 필요한 자료 등을 제공하여야 한다(동법 제21조). 국회법에 정한 외에 국회사무처에 관하여 필요한 사항은 따로 법률로 정하는데, 현재 국회사무처법이 있다.

국회사무처에 속하는 사항은 국회운영위원회가 소관한다(국회법 제37조 1항 1호 다목).

2. 국회입법조사처

2007.1.24. 국회법개정으로 새로이 조직으로서 입법 및 정책과 관련된 사항을 조사·연구하고 관련 정보 및 자료를 제공하는 등 입법정보서비스와 관련된 의정활동을 지원하는 국회입법조사처를 두고 있다. 국회입법조사처에 처장 1인과 필요한 공무원을 두고 있고 처장은 의장이 국회운영위원회의 동의를 얻어 임면되며 국회법에서 정한 사항 외에 국회입법조사처에 관하여 필요한 사항은 따로 법률로 정한다(국회법 제22조의3).

3. 국회예산정책처

2003.7.18. 국회법개정으로 도입된 조직으로서, 국가의 예산결산·기금 및 재정운용과 관련된 사항에 관하여 연구분석·평가하고 의정활동을 지원하기 위하여 국회예산정책처를 두고 있다. 이 국회예산정책처에는 처장 1인과 필요한 공무원을 두고 있고, 처장은 의장이 국회운영위원회의 동의를 얻어 임면되며, 국회법에서 정한 사항 외에 국회예산정책처에 관하여 필요한 사항은 따로 법률로 정한다(국회법 제22조의2).

4. 국회도서관

국회의 도서 및 입법자료에 관한 업무를 처리하기 위하여 국회도서관이 있으며, 국회도서관에 도서관장 1인과 기타 필요한 공무원을 둔다. 도서관장은 의장이 국회운영위원회의 동의를 얻어 임면한다. 도서관장은 국회입법활동을 지원하기 위하여 도서 기타 도서관자료의 수집·정리·보존 및 도서관봉사를 행한다. 국회법에 정한 외에 국회도서관에 관하여 필요한 사항은 따로 법률로 정한다(동법 제22조).

제5절 국회의 운영과 의사절차

제1항 국회의 활동기간과 집회(국회의 운영)

Ⅰ. 의회기(입법기)

의회기(legislature)란 의회의원 전원에 대한 총선거로 새로운 의회가 구성되어 다음 총선거에 의해 새로이 의회가 구성되기까지의 활동기간을 의미한다. 흔히 제 몇 대 국회라고 할 때의 기간을 말한다. 입법기라고도 한다<입법기라는 용어가 적절한지는 의문이다. 국회는 입법 외의 활동도 하기 때문이다>. 따라서 통상적으로는 의회의원의 임기가 곧 의회기가 된다. 그러나 임기와 의회기가 반드시 일치하지는 않는 경우도 있다. 의회해산제도가 있는 국가에서 의회기가 다 채워지기 전에 중도에 의회가 해산된 경우에는 의회기가 임기보다 짧게 끝날 수 있기 때문이다. 의회기는 회기와 구별된다. 회기는 한 의회기 내에서 국회가 활동하는 기간을 의미한다.

Ⅱ. 회기

1. 개념

회기(session)란 하나의 의회기 내에서 의회가 실제로 의사활동을 수행하는 기간을 말한다. 즉 의회가 한번의 집회를 개회하여 폐회할 때까지의 기간의 日數를 말한다. 회기는 기간을 의미하고 정기회, 임시회는 의사활동을 행하기 위하여 집회함을 의미한다. 즉 회기는 각 집회에 있어서의 기간을 의미한다.

2. 회기의 제한

현행 헌법은 국회의 회기에 있어서 정기회, 임시회 각각의 회기는 제한하고 있으나 연간 총 회기는 제한하지 않고 있다. 그러나 제4공화국 유신헌법 제82조 제3항과 제5공화국 제83조 제3항은 "국회는 정기회·임시회를 합하여 연 150일을 초과하여 개회할 수 없다. 다만, 대통령이 집회를 요구한 임시회의 일수는 이에 산입하지 아니한다"라고 규정하여 1년간 총 회기를 한정하고 있었다. 현행 헌법이 국회의 자율권을 신장한 것은 물론이다. 또한 이로써 연간 상설 국회가 가능하여졌다.

위에서 지적한 대로 현행 헌법은 연간 총 회기는 제한하지 아니하되 정기회, 임시회, 각 집회에서의 회기는 제한하여 "정기회의 회기는 100일을, 임시회의 회기는 30일을" 초과할 수 없게 제한하고 있다(제47조 2항). 임시회의 회기가 제한되어 있긴 하나 현행 헌법하에서는 연간 회기에 대한 제한이 없으므로 임시회를 연속적으로 소집할 경우에는 연간 상설의 국회가 가능하다.

Ⅲ. 집회

집회란 국회의 의원들이 의사절차를 행하고 회의를 하기 위한 모임을 말한다. 의회기 내에서 하는 집회에는 정기회와 임시회가 있다.

1. 정기회

(1) 집회횟수 및 시기

현행 헌법은 "국회의 정기회는 법률이 정하는 바에 의하여 매년 1회 집회되며"라고 규정하고 있다(제47조 1항). 국회가 집회시기를 법률로 정하게 한 것은 국회의 자율권을 부여하기 위한 것이다<정기회의 집회일자를 헌법 자체에 명시한 예로 "국회의 정기회는 매년 1회 12월 20일에 집회한다. 당해일이 공휴일인 때에는 그 익일에 집회한다"라고 규정한 제헌헌법을 들 수 있다(동 헌법 제34조). 정기회의 집회일자를 법률에 위임하기 시작한 것은 1954.11.29.의 제2차개헌 때부터이다>. 현행 국회법은 정기회는 매년 9월 1일에 집회하되 그 날이 공휴일인 때에는 그 다음날에 집회하도록 개회일자를 못박고 있다(국회법 제4조).

(2) 회기

현행 헌법은 정기회의 회기를 100일을 초과할 수 없게 하고 있다(제47조 2항). 유신헌법과 제5공화국헌법은 90일을 넘지 못하게 하였는데(유신헌법 제82조 2항, 제5공화국헌법 제83조 2항). 역시 국회의 권한이 이 점에서도 현행 헌법에서 강화되었다.

(3) 주관업무

의원과 정부가 발의·제출한 법률안에 대한 심사, 국정감사, 결산 및 예산의 심의가 정기회에서 이루어진다. 본회의에서는 예산에 대한 정부의 시정연설, 대통령이나 교섭단체의 대표의 연설, 대정부질문이 이루어지기도 한다(동법 제84조 1항, 제104조 2항, 제122조의2 1항). 정기회 말에 법률안이 이른바 무더기로 통과되는 것을 막고 법률안을 심도있게 심사하기 위해 연중 균형있게 심사될 수 있도록 하며 정기회를 예산심사의 장으로 하기 위한 목적으로 2003년 2월 4일의 개정으로 신설된 국회법 제93조의2 제2항은 "정기회 기간 중에 위원회 또는 본회의에 상정하는 법률안은 다음 연도의 예산안처리에 부수하는 법률안에 한한다"라고 규정하여 정기회에서의 상정법안을 제한하는 제도를 두고 있다. 다만, 긴급하고 불가피한 사유로 위원회 또는 본회의 의결이 있는 경우에는 그러하지 아니하다고 하여 예외를 인정하고 있다(동법 동조 동항 단서).

2. 임시회

(1) 집회시기와 집회되는 경우

임시회이므로 일정한 집회시기가 정해지지 않는 것은 물론이고 수시로 임시회 집회가 가능하다. 그런데 현행 국회법은 임시회의 활성화와 이를 통한 상설국회를 위한 규정을 두고 있다. 즉 "의장은 국회의 연중 상시운영을 위하여 각 교섭단체대표의원과의 협의를 거쳐 매년 12월 31일까지 다음 연도의 국회운영기본일정을 정하여야 한다고 규정하고(다만, 국회의원총선거 후 처음 구성되는 국회의 당해연도의 국회운영기본일정은 6월 30일까지 정하여야 한다, 동법 제5조의2 1항), 이 국회운영기본일정의 작성에 있어서 기준의 하나로 매 짝수월(8월·10월 및 12월을 제외한다) 1일(그 날이 공휴일인 때에는 그 다음날)에 임시회를 집회하도록(다만, 국회의원총선거가 있는 월의 경우에는 그러하지 아니하다) 규정하고 있다(동법 동조 2항 1호). 따라서 8월과 정기국회가 열리는 9월에서 12월을 제외하고 짝수 달(2월, 4월, 6월) 1일에는 임시회가 당연히 집회되도록 하고 있다.

외국의 경우 헌법 자체에서 임시회가 당연히 열려야 할 경우를 직접 명시하는 경우가 있으나 현행 우리 헌법이 직접 당연집회를 규정한 바는 없다. 법률상의 당연집회(법정집회)로는, ① 국회의원총선거 후 최초의 임시회는 의원의 임기개시후 7일에 집회하며, ② 처음 선출된 의장의 임기가 만료되는 때가 폐회중인 경우에는 늦어도 임기만료일전 5일까지 집회하고(동법 제5조 3항 본문. ①과 ②의 경우 그 날이 공휴일인 때에는 그 다음 날에 집회한다. 동법 제5조 3항 단서), ③ 위에서 본 짝수 달의 1일에는 임시회가 당연히 집회되며(동법 제5조의2 2항 1호), ④ 국정조사를 위한 경우[재적의원 4분의 1 이상의 요구로 국정조사가 실시되는바 국정조사조사요구서가 제출되면 지체없이 본회의에 보고하여야 하는데 이 경우 국회가 폐회 또는 휴회중일 때에는 이러한 국정조사요구서에 의하여 국회의 집회 또는 재개의 요구가 있는 것으로 본다(국정감사 및 조사에 관한 법률 제3조 3항)], ⑤ 국가긴급시의 당연집회가 있다. ⑤의 경우로는 i) 긴급명령과 긴급재정경제명령·처분이 발해졌을 경우와 ii) 계엄의 경우의 당연집회를 들 수 있다. i)의 경우 직접적인 명시규정은 없으나 헌법이 긴급재정경제명령·처분 또는 긴급명령을 한 때에는 지체없이 국회에 보고하여 그 승인을 얻어야 한다고 강제하고 있고(제76조 3항), 국회법이 통상의 임시회는 집회기일 3일 전에 공고하도록 하면서 내우·외환·천재·지변 또는 중대한 재정·경제상의 위기, 국가의 안위에 관계되는 중대한 교전상태, 즉 긴급경제명령·처분과 긴급명령의 발동상황에서는 집회기일 1일 전에 공고할 수 있다고 규정하고(동법 제5조 2항) 있는 점에서 당연집회가 있는 경우라고 할 것이다. ii)의 경우, 계엄을 선포한 때에는 대통령은 지체없이 국회에 통고하여야 하는데(제77조 4항), 계엄법은 국회가 폐회중인 때에는 대통령은 지체없이 국회의 집회를 요구하여야 한다고 규정하여(계엄법 제4조 2항) 당연집회가 명시되어 있다.

그외 임시회가 열릴 경우로는 국회가 정부의 행위에 대해 행하는 각종 동의권(헌법재판소장, 대법원장, 대법관, 국무총리, 감사원장 임명에 대한 동의, 일반사면에 대한 동의, 중요조약의 체결·비준에 대한 동의, 선전포고, 국군의 외국에의 파견 또는 외국군대의 대한민국 영역안에서의 주류에 대한 동의 등)을 해야 할 경우, 특정한 사안에 대한 국정조사의 국회조직이나 인사에 관한 안건(의장, 부의장이 궐원되거나 임기만료된 때 선거를 해야 할 경우)의 경우 등에도 폐회중인 경우에는 이의 처리를 위한 임시회가 소집될 것이다.

(2) 요구권자와 요건

현행헌법은 "국회의 임시회는 대통령 또는 국회재적의원 4분의 1 이상의 요구에 의하여 집회된다"라고 요구권자를 규정하고 있고, "대통령이 임시회의 집회를 요구할 때에는 기간과 집회요구의 이유를 명시하여야 한다"라고 그 요건을 규정하고 있다(제47조 1항·3항). 과거 유신헌법 제82조 제1항과 제5공화국 헌법 제83조 제1항은 국회의원에 대한 집회요구요건을 국회재적의원 3분의 1 이상의 요구에 의하도록 하여 임시회의 소집가능성을 줄이고 있었다. 연간회기제한에 있어서는 오히려 "대통령이 집회를 요구한 임시회의 일수는 이에 산입하지 아니한다"라고 규정하고, "국회는 대통령이 집회요구시에 정한 기간에 한하여 개회한다"라고 규정하여(유신헌법 제82조 3항 단서, 5항 후문, 제5공화국헌법 제83조 3항 단서, 5항 후문) 대통령의 권한을 확대하고 국회의 권한을 약화하였었는데, 현행 헌법은 이 점에서 역시 국회의 권한이 상당히 회복되었다.

(3) 회기와 공고

현행 헌법은 임시회의 회기는 30일을 초과할 수 없다고 규정하고 있다(제47조 2항 후문). 한 번의 임시회 집회의 회기에 대한 제한규정이므로 임시회를 계속 집회하면 상설국회가 가능하다.

임시회의 집회요구가 있을 때에는 의장은 집회기일 3일 전에 공고한다. 이 경우 2 이상의 집회요구가 있을 때에는 집회일이 빠른 것을 공고하되, 집회일이 같은 때에는 그 요구서가 먼저 제출된 것을 공고한다. 그러나 의장은 내우·외환·천재·지변 또는 중대한 재정·경제상의 위기, 국가의 안위에 관계되는 중대한 교전상태나 전시·사변 또는 이에 준하는 국가비상사태에 있어서는 집회기일 1일 전에 공고할 수 있다. 국회의원총선거 후 최초의 임시회는 의원의 임기개시 후 7일에 집회하며, 처음 선출된 의장의 임기가 만료되는 때가 폐회중인 경우에는 늦어도 임기만료일 전 5일까지 집회한다. 그러나, 그 날이 공휴일인 때에는 그 다음 날에 집회한다(동법 제5조).

(4) 주관업무

의원과 정부가 발의·제출한 법률안에 대한 심의, 표결을 하고 추가경정예산 등을 심의한다. 본회의에서는 정부의 시정연설, 교섭단체의 대표의 연설, 대정부질문이 이루어지기도 한다(동법 제84조 1항, 제104조 2항, 제122조의2 1항).

유신헌법 제82조 제5항과 제5공화국 헌법 제83조 제5항은 "대통령의 요구에 의하여 집회된 임시회에서는 정부가 제출한 의안에 한하여 처리하며"라고 하여 국회의 임시회에서의 권한을 약화하고 있었다.

3. 휴회

국회는 의결로 기간을 정하여 휴회할 수 있다. 국회는 휴회중이라도 대통령의 요구가 있을 때, 의장이 긴급한 필요가 있다고 인정할 때 또는 재적의원 4분의 1 이상의 요구가 있을 때에는 회의를 재개한다(동법 제8조).

Ⅳ. 의사일정

1. 개념과 중요성(기능)

의사일정(議事日程)이란 개의일시, 회의에 붙일 심의대상 안건과 그 처리순서 등을 작성해 놓은 것으로서 의사를 진행해나갈 예정계획서를 말한다.

의사일정은 다음과 같은 기능을 수행하므로 중요성을 가진다. ① 의사활동의 효율성을 제고하기 위한 것이다. 처리순서에 따른 의사진행으로 불필요한 시간낭비를 줄여 보다 효율적인 의사활동이 이루어지도록 한다. ② 예측 및 준비가능성을 제고한다. 의사일정은 예정계획으로서 이를 사전에 의원들과 행정부에 통지하여 알림으로써 안건에 대해 예측하고 이에 대한 준비를 충실히 하도록 한다. ③ 공정성과 참여를 제고한다. 국회에서 심의될 안건들이 무엇이고 언제 심의가 있을 것인지를 사전에 공개함으로써 국회의 의사가 보다 객관적이고 공정하게 이루어지도록 한다. 또한 일반국민들의 알 권리를 제고하고 관심을 끌어내며 의견을 제시할 기회를 확대하고 참여를 유도할 수 있다.

의회에서 어느 안건을 먼저 처리하느냐 하는 것은 중요한 문제이다. 현실적으로 처리의 선후에 따라 심의시간을 많이 가질 수도 있고 그렇지 못할 수도 있다. 주로 예산안과 중요 법률안의 처리가 우선순위를 가져야 할 것이다.

2. 부의요청된 안건의 공표

의장은 본회의에 부의요청된 안건의 목록을 그 순서에 따라 작성하고 이를 매주 공표하여야 한다(동법 제76조 1항). 의사일정에 올릴 안건들을 공표함으로써 의사일정의 작성에 객관성을 강화하기 위한 것이다.

3. 의사일정의 작성

의사일정에는 ① 회기 전체 의사일정과 ② 당일 의사일정, 2가지가 있는데 의장은 이 2가지 의사일정을 작성한다. 즉 의장은 회기 중 본회의 개의일시 및 심의대상 안건의 대강을 기재한 회기 전체 의사일정과 본회의 개의시간 및 심의대상 안건의 순서를 기재한 당일 의사일정을 작성한다(동법 동조 2항). 회기 전체 의사일정의 작성에 있어서는 국회운영위원회와 협의하되, 협의가 이루어지지 아니할 때에는 의장이 이를 결정한다(동법 동조 3항).

4. 통지

의장은 작성한 의사일정을 지체 없이 의원에게 통지하고 전산망 등을 통하여 공표한다(동법 동조 4항). 의장은 특히 긴급을 요한다고 인정할 때에는 회의의 일시만을 의원에게 통지하고 개의할 수 있다(동법 동조 5항).

5. 의사일정의 변경

의원 20인 이상의 연서에 의한 동의로 본회의의 의결이 있거나 의장이 각 교섭단체대표의원과 협의하여 필요하다고 인정할 때에는 의장은 회기 전체 의사일정의 일부를 변경하거나 당일 의사일정의 안건 추가 및 순서 변경을 할 수 있다. 이 경우 의원의 동의에는 이유서를 첨부하여야 하며, 그 동의에 대하여는 토론을 하지 아니하고 표결한다(동법 제77조). 국회의장이 교섭단체 대표의원과 직접 협의하지 않고 의사일정의 순서를 변경하였다고 하여 권한쟁의심판이 청구된 바 있는데 헌법재판소는 청구를 기각하였다.[1)]

---

1) 헌재 2008.4.24. 2006헌라2, 판례집 20-1 상, 446면. [결정이유] 청구인들은, 피청구인이 본래 의사일정상 다섯 번째로 예정되어 있던 사립학교법 개정안 심의를 첫 번째로 변경한 행위는 의사일정의 순서를 변경할 경우에는 반드시 교섭단체 대표의원과 협의를 거쳐야 한다는 국회법 제77조를 위반한 것이라고 주장한다. 살피건대, 국회법상 '협의'의 개념은 의견을 교환하고 수렴하는 절차라는 성질상 다양한 방식으로 이루어질 수 있고, 그에 대한 판단과 결정은 종국적으로 국회의장에게 맡겨져 있다고 할 것이다. 그런데 이 사건의 경우 피청구인은 장내소

6. 의사일정의 미처리 안건

의장은 의사일정에 올린 안건에 대하여 회의를 열지 못하였거나 회의를 마치지 못한 때에는 다시 그 일정을 정한다(동법 제78조).

제2항 국회의 議事의 원칙과 절차

Ⅰ. 특색과 지침

1. 특색 - 국회법중심주의 및 상임위원회중심주의

의회의 의사원칙을 주로 법률로 정하는 나라도 있고, 의회규칙으로 주로 정하는 나라도 있다. 우리나라의 현실은 국회규칙보다는 법률인 국회법에 의사절차 관련 규정들을 구체적으로 두는 이른바 국회법중심주의를 보여주고 있다.

주로 상임위원회가 의안의 실질적인 심사를 행하고 국회 본회의는 주로 표결과정이나 대정부질문 등의 활동을 수행하여 상임위원회중심주의가 현실이다.

2. 지침

국회의 의사절차는 국민대표주의가 실질적으로 구현되도록, 즉 국민의 의사가 충분히 반영되도록 사안에 대한 심의와 토론이 충실성을 가지게 하는 의사절차가 설정되어야 한다. 특히 의회주의의 요소들인 다원주의, 소수의 존중, 충실한 토론·합의기능, 질적 다수결 등의 원칙이 준수될 수 있는 의사절차가 확립되어야 한다. 다른 한편으로, 의사절차가 소모적이거나

란으로 국회법에 따른 정상적인 의사진행을 기대하기 어려우므로 효율적인 회의 진행을 위하여 의사일정 제5항이던 사립학교법 중 개정법률안을 제일 먼저 상정하여 심의할 필요가 있다고 판단한 것으로 보이는 점, 사립학교법 중 개정법률안의 상정 자체에 반대하던 한나라당 대표의원과의 협의는 실질적인 의미가 없는 상황이었던 점, 당시 회의록에 의하면 한나라당 의원들을 포함하여 274명의 의원들이 본회의장에 출석하고 있는 것으로 기재되어 있으므로 의사일정을 변경하더라도 그 자체로 국회의원들의 심의·표결에 지장이 있었다고 보기 어려운 점 등을 고려해 볼 때, 설사 피청구인이 한나라당의 대표의원과 직접 협의하지 않고 의사일정을 변경하였더라도 그것만으로 국회법 제77조에 명백히 위반하였다거나 그로 인하여 청구인들의 법률안 심의·표결권을 침해하였다고 보기 어렵다. * 국회법 제77조 위반이라는 여당의 주장이 제기된 사건으로 2016년 9월 23일 정세균 국회의장은 23일 여당의원들의 필리버스터적인 국회 대정부질문이 길게 진행되던 중 자정이 가까워오자 국회법의 위 조문을 적용하여 차수를 변경해 김재수 장관 해임안건을 상정했고 이를 두고 여당의원들이 '교섭단체대표의원과 협의하여'라는 요건을 갖추지 못하여 국회법의 위 조문 위반이라는 주장을 제기한 사건이 있었다. 언론보도를 보면 "국회 사무처에 따르면 23일 자정이 임박한 오후 11시 40분쯤 의사과장이 여당수석부대표에게 본회의 차수 변경을 위한 '회기전체의사일정변경안' 등을 구두로 설명했다. 의사과장은 구두 설명을 마친 뒤 의사일정변경안 문서를 전달하려 했지만, 여당 수석부대표는 수령을 거부했다"라고(http://www.nocutnews.co.kr/news/4659647) 한다.

낭비적이 아닌 효율성과 생산성 및 합리성을 갖출 것이 요구된다.

Ⅱ. 의사원칙

1. 회기계속의 원칙(의안계속의 원칙)

(1) 의의

회기계속의 원칙이란 어느 한 회기에 심의되었으나 의결되지 않은 의안은 회기가 종료되었다고 하여 폐기되지 않고 다음 회기에서 다시 계속하여 심의를 하고 의결대상이 될 수 있다는 원칙을 말한다. 정확하게 표현하면 회기는 그 기간의 시간이 지나면 종료되므로 회기가 계속되는 것이 아니라 의안이 계속되는 것이다. 의안계속원칙 내지 의안불폐기원칙이라 부를 수 있을 것이다. 우리 현행 헌법도 회기계속의 원칙을 채택하고 있다. 즉 헌법은 "국회에 제출된 법률안 기타의 의안은 회기 중에 의결되지 못한 이유로 폐기되지 아니한다. 다만, 국회의원의 임기가 만료된 때에는 그러하지 아니하다"라고 규정하고 있다(제51조).

반면에 회기불계속의 원칙은 당해 회기 중에 의결되지 못하고 회기가 종료되면 그 의안은 폐기되고 다음 회기에 계속 의제가 되지 않는 원칙을 말한다. 각 회기마다 하나의 독립된 의사활동으로 보는 입장에 터잡은 원칙이다. 영국이나 미국에서는 회기불계속의 원칙이 프랑스 등에서는 회기계속의 원칙이 자리잡고 있다. 우리 국회도 헌법사적으로 보면 제2공화국의 국회에서까지는 회기불계속의 원칙을 취하고 있었다. 그 뒤 제3공화국 헌법 제47조가 "국회에 제출된 법률안 기타의 의안은 회기 중에 의결되지 못한 이유로 폐기되지 아니한다. 다만, 국회의원의 임기가 만료된 때에는 예외로 한다"라고 규정하여 회기계속의 원칙을 헌법에 규정하기 시작하였다.

(2) 대상

회기 중에 의결되지 못한 법률안 기타의 의안이 회기계속원칙의 적용대상이다. 정부제출의 법률안이든 국회의원이 발의한 법률안이나 의안이든 모두 적용대상이다. 이미 의결된, 즉 가결이나 부결이 된 법률안이나 의안은 그 대상이 아니다. 부결된 의안과 동일한 의안을 다음 회기에 발의하는 것은 새로운 의안의 발의이다.

(3) 효과

회기계속의 원칙은 어디까지나 하나의 입법기 내에서의 원칙이다. 입법기, 즉 총선거로 임기가 시작되어 4년의 임기 동안에서의 각 회기에서의 계속성을 의미하고 4년의 임기가 지나 총선거로 국회가 새로이 구성된 이후에는 계속되지 않는다. 따라서 회기계속의 원칙은 회기가 거듭하더라도 임기 내에서는 국회의 구성이 변화되지 않으므로 하나의 동질적인 집단이라고 보고 연결성을 인정하려는 원칙으로서의 의의를 가진다. 회기계속의 효과는 본 회기에서 의결되지 못한 의안이라 하더라도 다음 회기에서 유효하게 발의된 의안으로서 다시 의사일정에 올려 심의의 대상이 될 수 있다는 데에 있다.

2. 정족수

(1) 개념

정족수(quorum)란 회의체에 있어서 의사의 개시나 진행 또는 의결을 합법적으로 성립시키기 위하여 회의에 출석하고 진행과 의결에 참여하여야 할 최소한의 구성원수를 의미하는 것이다. 즉 적어도 몇 명은 출석하고 참여하여야 회의를 시작하고, 진행을 할 수 있는지, 그리고 의결을 행할 수 있다고 말할 때의 그 몇 명을 말한다. 정족수는 합의체기관에서 요구되는 것이다. 출석의 대리가 허용되기도 한다. 요컨대 정족수란 합의체기관이 유효하게 심의하고 의결하기 위하여 그 기관의 회합에 참석하거나 또는 대리하여야 할 그 기관의 구성원의 최소한의 수를 의미한다.[1]

(2) 정족수의 유형

1) 개의정족수(開議定足數 = 議事定足數)

국회의 의사를 개회하기 위하여 참석하여야 할 최소한의 의원의 수를 개의정족수 또는 의사정족수라고 한다.

2) 의결정족수

의결(표결)정족수란 일정한 사안에 대하여 가부의 결정을 하기 위하여 의결(표결)에 참여하여야 할 최소한의 의원의 수를 말한다.

3) 발의정족수(발의의원수)

발의정족수(의원수)란 법률안 등 어느 특정한 의안을 제출하기 위해 필요한 의원수로서 그 의안의 제출에 찬성하는 최소한의 의원의 수를 말한다.

4) 일반정족수와 특별정족수

이 유형구분은 의사진행과정에 관한 것이기보다 위 정족수마다 둘 수 있는 구분의 유형이다. 즉 일반정족수란 그 정족수를 달리 정한 특별한 규정이 없는 한 일반적으로 요구되는 정족수를 말한다. 특별정족수란 개별적인 사안에 따라 일반정족수와 다른 수의 출석인원수를 요구하는 경우가 특별정족수를 규정한 경우이다. 이에는 가중하는 특별정족수도 있고 오히려 완화는 특별정족수도 있다.

(3) 우리나라 국회에서의 정족수

1) 개의정족수 - 일반개의(의사)정족수

현행 헌법은 일반적인 개의정족수에 관한 규정을 두고 있지 않고 국회법에서 규정하고 있

---

1) G. Cornu(sous la dir.), Vocabulaire juridique, P.U.F., Paris, 1987, 642면.

다. 국회법은 본회의는 재적의원 5분의 1 이상의 출석으로 개의한다고 일반개의정족수를 규정하고 있다(국회법 제73조 1항). 그리고 의장은 제72조에 따른 개의시부터 1시간이 지날 때까지 제1항의 정족수에 미치지 못할 때에는 유회(流會)를 선포할 수 있고 회의 중 제1항의 정족수에 미치지 못할 때에는 의장은 회의의 중지 또는 산회를 선포하되, 다만 의장은 교섭단체 대표의원이 의사정족수의 충족을 요청하는 경우 외에는 효율적인 의사진행을 위하여 회의를 계속할 수 있다(동법 동조 2항 · 3항).

2) 발의정족수

(가) 일반발의정족수(의원수)

일반적인 발의정족수에 대해 헌법에서는 규정을 두고 있지 않고 국회법 제79조 제1항이 일반적인 의안의 발의는 의원 10인 이상의 찬성으로 할 수 있도록 일반적인 발의의원수에 관한 규정을 두고 있다.

(나) 특별발의정족수

특별발의정족수로는 국회법 등에서 사안에 따라 의원 20인 이상 찬성(예를 들어 의원징계요구. 국회법 제156조 3항), 30인 이상 연서(자격심사의 청구. 국회법 제138조) 등이나 재적의원 몇 분의 1의 찬성 등으로 각각 달리 정하고 있다.

3) 의결정족수

(가) 일반의결정족수

가) 헌법 제49조와 그 규정에 대한 해석

헌법 제49조 국회는 헌법 또는 법률에 특별한 규정이 없는 한 재적의원 과반수의 출석과 출석의원 과반수의 찬성으로 의결한다. 가부동수인 때에는 부결된 것으로 본다.

우리 헌법 제49조 전문은 "국회는 헌법 또는 법률에 특별한 규정이 없는 한 재적의원 과반수의 출석과 출석의원 과반수의 찬성으로 의결한다"라고 일반적인 의결정족수를 규정하고 있다. 국회법에도 같은 규정을 두고 있다(국회법 제109조). 헌법 제49조에 대한 해석문제가 제기된 바 있다. 즉 '재적의원 과반수의 출석'이 '출석의원 과반수'와 함께 의결정족수를 이루는 것인지 아닌지 하는 해석문제인데 이는 '재적의원 과반수의 출석'이 안 된 경우에는 표결성립 자체가 안 된 것으로 볼 것인지 아니면 부결된 것으로 볼 것인지 하는 문제로 결부된 것이다. 이 문제가 제기되었던 사건이 2009년의 이른바 미디어법 파동에 관련된 권한쟁의심판사건이었는데 이 결정에서 '방송법안 중 일부개정법률안' 표결이 구회의원의 심의 · 표결권을 침해했는지 여부에 대해 헌법재판소의 4인 재판관은 전자로, 5인 재판관은 후자로 보았다. 그 사안에서는 '재적의원 과반수의 출석'이 안 되어 재표결하였기에 문제가 된 것이었기에 이 문제는 일사부재의 원칙의 위배 문제에 결부되었다. 부결된 것으로 보는 견해를 취하면 부결된 것을 재표결에 부쳤기에 일사부재의 원칙에 반하게 되기 때문이다. 5인 재판관은 부결로 보고 일사부재의 원칙에 위배된다고 보았고 결국 권한침해를 인정하였다(그러나 가결선포행위를 무효로 선언하지는 않았다).

판례 헌재 2009.10.29. 2009헌라8등

[결정요지] 헌법 제49조 및 국회법 제109조는 의결정족수에 관하여 일부 다른 입법례와는 달리, 의결을 위한 출석정족수와 찬성정족수를 병렬적으로 규정하고 있고, '재적의원 과반수의 출석'과 '출석의원의 과반수의 찬성'이라는 규정의 성격이나 흠결의 효력을 별도로 구분하여 규정하고 있지 아니하다. 국회의원이 특정 의안에 반대하는 경우 회의장에 출석하여 반대투표하는 방법 뿐만 아니라 회의에 불출석하는 방법으로도 반대 의사를 표시할 수 있으므로, '재적의원 과반수의 출석'과 '출석의원 과반수의 찬성'의 요건이 국회의 의결에 대하여 가지는 의미나 효력을 달리 할 이유가 없다. 전자투표에 의한 표결의 경우 국회의장의 투표종료선언에 의하여 투표 결과가 집계됨으로써 안건에 대한 표결 절차는 실질적으로 종료되므로, 투표의 집계 결과 출석의원 과반수의 찬성에 미달한 경우는 물론 재적의원 과반수의 출석에 미달한 경우에도 국회의 의사는 부결로 확정되었다고 볼 수밖에 없다. 결국 방송법 수정안에 대한 1차 투표가 종료되어 재적의원 과반수의 출석에 미달되었음이 확인된 이상, 방송법 수정안에 대한 국회의 의사는 부결로 확정되었다고 보아야 하므로, 피청구인이 이를 무시하고 재표결을 실시하여 그 표결 결과에 따라 방송법안의 가결을 선포한 행위는 일사부재의 원칙(국회법 제92조)에 위배하여 청구인들의 표결권을 침해한 것이다. * 이 결정에 대한 사건개요, 청구인주장, 반대의견 등 자세한 것은 뒤의 '일사부재의의 원칙' 부분 참조.

특별의결(표결)정족수의 예로 대통령이 환부한 법률안에 대하여 재의결함에 있어서 재적의원 과반수의 출석을 요하는 경우(헌법 제53조 4항), 전원위원회는 재적위원 4분의 1 이상의 출석으로 의결하도록 한(국회법 제63조의2 4항) 예를 들 수 있다.

나) 가부동수 - 결선투표제도의 부정

가부동수인 때에는 부결된 것으로 본다(제49조 후문). 따라서 국회의장에게 결선투표권(casting vote)을 부여하고 있지 않다.

다) 상임위원회에서의 일반의결정족수

상임위원회에서의 일반의결정족수는 "재적위원 과반수의 출석과 출석위원 과반수의 찬성으로 의결한다"라고 규정하고 있다(국회법 제54조).

(나) 특별의결정족수

특별가결정족수로서 가중된 경우로 출석의원 과반수가 아니라 재적의원 과반수의 경우도 포함된다. 재적의원 모두가 늘 출석하는 것은 아니기 때문이다. 헌법에 규정된, 출석의원의 과반수가 아니라 보다 가중되어 있는 경우로, 예를 들어 헌법개정안의 의결의 경우, 의원의 제명의결의 경우 재적의원 3분의 2 이상 찬성 등을 요한다. 반면 완화되어 있는 경우들도 국회법에 규정되어 있다.

국회법은 사안에 따라서는 가중된 찬성수를 요하는 특별의결정족수, 즉 재적의원의 과반수 또는 출석의원의 3분의 2 또는 재적의원의 5분의 3 또는 재적의원 3분의 2의 찬성 등을 요

하는 경우를 규정하기도 한다(현행 헌법과 국회법상의 특별가결정족수(가결표수)는 아래 도표를 참조). 국회법이 아닌 다른 법률로 정해진 예로 대통령기록물의 효율적 관리를 목적으로 한 '대통령기록물 관리에 관한 법률' 제17조는 개인의 사생활에 관한 대통령기록물 등에 대하여 일정기간(15년 또는 30년 이내)을 지정하여 자료제출의 요구에 응하지 아니할 수 있는 대통령지정기록물의 보호 제도를 두고 있는데 예외적 경우에는 자료제출을 허용하는바 그 예외적 경우의 하나가 국회재적의원 3분의 2 이상의 찬성의결이 이루어진 경우로서(동법 제17조 4항) 가중가결정족수의 법률상 예들 중의 하나가 된다.1)

(4) 정족수의 효과

정족수규정을 위배하여 정족수에 이르지 못한 수의 의원들이 참여한 가운데 회의의 개의, 진행, 의결이 되면 그 회의와 의결의 법적 효력을 인정할 수 없어 무효이다. 정족수를 결여한 경우인지 아닌지에 관한 판단은 국회의 자율권에 속한다는 견해가 있다(권영성, 876면). 그러나 법정 정족수의 경우에는 법에 정해진 수를 충족하였는지의 판명, 즉 단순히 참석 의원수가 몇 명인지에 따라 결여 여부가 가려질 수 있는 성격의 문제이므로 이에 대한 판단을 자율권으로 볼 것은 아니다.

3. 다수결원칙과 가결정족수(가결표수)

(1) 다수결원칙의 개념

다수결원칙이란 의제가 된 사항에 대하여 국회의 결정을 내리기 위해 많은 국회의원의 찬성의 의사표시가 있어야 한다는 원칙을 말한다. 어느 정도의 많은 수를 요하는가 하는 문제는 의결정족수의 문제이고 위에서 살펴보았다.

(2) 진정한 의미

1) 질적 다수결

오늘날의 다수결은 양적인 다수결이 아니라 여야 간의 충분한 토론, 심의가 이루어진, 다시 말해서 충실한 의안심사를 거쳐 합리적 의사결정에 이르러 그것을 확인하고 마무리하는 의미에서의 다수결이 이루어지는 질적 다수결이 진정한 다수결원칙에 부합한다(전술, 의회주의의 본질적 요소 내지 원리로서의 질적 다수결 참조).

2) 다수결의 원칙과 변칙처리

우리 國會史는 부끄럽게도 날치기통과라는 변칙처리의 오명을 보여준 사례들이 있었다. 이는 다수결의 원칙을 위배한 것이고 국회의원의 권한을 침해한 것이다.

---

1) 국회재적의원 3분의 2 이상의 찬성의결로 예외적인 자료제출이 실제로 요구된 적이 있었다. 2008년 12월 2일에 가결된(찬성 212명) '쌀소득 보전 직접지불금 관련 청와대 관계장관 대책회의 보고서 · 회의록 등 관련 자료제출 요구안'이 그것이다. http://www.hani.co.kr/arti/politics/assembly/325317.html 참조.

재적 2/3	헌법개정안 의결(§130①). 국회의원의 제명(§64③). 의원자격심사(국회법§142③). 대통령의 탄핵소추의결(§65②). 안건조정위조정안 의결(국회법 §57의2⑥)
재적 3/5	신속처리대상안건 지정동의의결(국회법 §85§의2①), 무제한토론의 종결의결(국회법 §106의2⑥)
재적 1/2	헌법개정안 발의(§128①) 계엄의 해제요구(§77⑤). 국무총리 · 국무위원 해임건의(§63②). 대통령탄핵소추발의(§65②단서). 대통령 이외의 자에 대한 탄핵소추의결(§65②). 국회의장·부의장 선출(국회법 §15①)
재적 1/2· 출석 2/3	법률안의 재의결(§53④). 의안의 번안의결(국회법 §91)
출석 1/2	회의의 비공개(§50)
재적 1/3	국무위원에 대한 해임건의 발의(§63②). 일반탄핵소추 발의(§65②). 위원회의 공청회 개회요구(국회법 §64). 위원회의 법률안심사청문회 개회요구(국회법 §65)
재적 1/4	국회임시회의 소집(§47①). 휴회중 본회의 재개요구(국회법 §8②). 국정조사 발의(국정감사및조사에관한법률 §3①). 전원위원회 개회요구(국회법 §63의2)
재적 1/4· 출석 1/2	전원위원회의결정족수(국회법 §63의2④)
재적 1/5 이상	본회의에서 개의 의사정족수(국회법§ 73①). 위원회의 개회 의사정족수(국회법 §54). 표결방식의 요구(국회법 §112②). 전원위원회의사정족수(국회법 §63의2④)
10인 이상	회의의 비공개 발의(국회법 §75①). 일반의안 발의(국회법 §79①)
20인 이상	의원의 석방요구 발의(국회법 §28). 교섭단체의 성립(국회법 §33①). 의사일정 변경 발의(국회법 §77). 국무총리·국무위원·정부위원에 대한 출석요구 발의(국회법 §121①). 징계요구(국회법 §156①)
30인 이상	위원회에서 폐기된 법률안의 본회의 부의(국회법 §87①). 일반의안 수정동의(국회법 §95①). 자격심사의 청구(국회법 §138)
50인 이상	예산안에 대한 수정동의(국회법 §95①)

▌헌법과 국회법상의 특별정족수

(가) 국회 본회의에서의 변칙처리

이에 관해서는 야당 국회의원들에 의하여 권한쟁의심판이 청구된 바 있었는데 95년 판례에서는 당사자가 될 수 없다는 이유로 각하되었으나 1997년 판례에서 판례변경이 되어 당사자가 된다고 하였고 권한침해의 인정도 있었으나 가결선포행위의 무효확인은 3인 재판관이 인용의견을, 3인 재판관이 기각의견을 제시하여 결국 기각되고 무효확인까지는 이루어지지 않았다.[1] 권한침해가 인정되지 않아 기각된 예들[2]도 있다.

---

1) 권한침해는 인정되고 무효확인청구는 기각된 또 다른 예로, 이른바 미디어법결정인 헌재 2009.10.29. 2009헌라8 결정이 있다(판례집 21－2하, 14).

2) 헌재 2008.4.24. 2006헌라2, 판례집 20－1 상, 438면; 2012.2.23. 2010헌라6 등.

(나) 상임위원회에서의 변칙처리(날치기통과)의 문제

이에 관해서 야당 국회의원들이 청구한 권한쟁의심판의 사건이 있었으나 청구인들이 여야 합의로 청구취하를 하여 심판종료가 선언되었는데 만약 청구취하가 되지 않았다면 권한침해의 인정과 나아가 변칙처리된 법률안의 가결선포행위가 무효임이 확인되는 결정을 헌재가 하였을 것이다. 아래의 판례가 그것이다.

판례 국회의장등과 국회의원간의 권한쟁의, 헌재 2001.6.28. 2000헌라1

[사건개요] (1) 새천년민주당 소속 운영위원회 간사인 피청구인 국회의원 천정배는 2000.7.24. 14:28경 국회 운영위원회 회의실에서 피청구인 국회 운영위원회 위원장(당시 위원장은 피청구인 정균환이었음)의 직무를 대리하여 제213회 임시국회 운영위원회를 개의하여 국회법중개정법률안을 상정하고 그 가결을 선포하였다. (2) 이에 한나라당 소속 국회의원인 청구인들은 같은 날 피청구인들이 헌법 및 국회법의 규정을 위반하여 위 개정법률안을 가결시킴으로써 독립된 헌법기관인 청구인들의 법률안 심의·표결권을 침해하였다고 주장하면서 그 권한침해의 확인과 아울러 위 가결선포행위의 무효확인을 구하는 이 사건 권한쟁의심판을 청구하였다.

[결정 요지] 다수의견 – 1.헌법재판소법 제40조 제1항은 "헌법재판소의 심판절차에 관하여는 이 법에 특별한 규정이 있는 경우를 제외하고는 민사소송에 관한 법령의 규정을 준용한다. 이 경우 탄핵심판의 경우에는 형사소송에 관한 법령을, 권한쟁의심판 및 헌법소원심판의 경우에는 행정소송법을 함께 준용한다"고 규정하고, 같은 조 제2항은 "제1항 후단의 경우에 형사소송에 관한 법령 또는 행정소송법이 민사소송에 관한 법령과 저촉될 때에는 민사소송에 관한 법령은 준용하지 아니한다"고 규정하고 있다. 그런데 헌법재판소법이나 행정소송법에 권한쟁의심판청구의 취하와 이에 대한 피청구인의 동의나 그 효력에 관하여 특별한 규정이 없으므로, 소의 취하에 관한 민사소송법 제239조는 이 사건과 같은 권한쟁의심판절차에 준용된다고 보아야 한다.

2. 비록 권한쟁의심판이 개인의 주관적 권리구제를 목적으로 삼는 것이 아니라 헌법적 가치질서를 보호하는 객관적 기능을 수행하는 것이고, 특히 국회의원의 법률안에 대한 심의·표결권의 침해 여부가 다투어진 이 사건 권한쟁의심판의 경우에는 국회의원의 객관적 권한을 보호함으로써 헌법적 가치질서를 수호·유지하기 위한 쟁송으로서 공익적 성격이 강하다고는 할 것이다. 그러나 법률안에 대한 심의·표결권의 행사 여부가 국회의원 스스로의 판단에 맡겨져 있는 사항일 뿐만 아니라, 그러한 심의·표결권이 침해당한 경우에 권한쟁의심판을 청구할 것인지 여부도 국회의원의 판단에 맡겨져 있어서 심판청구의 자유가 인정되고 있는 만큼, 권한쟁의심판의 공익적 성격만을 이유로 이미 제기한 심판청구를 스스로의 의사에 기하여 자유롭게 철회할 수 있는 심판청구의 취하를 배제하는 것은 타당하지 않다.

[재판관 권성, 재판관 주선회의 반대의견] 이 사건 권한쟁의심판에 대하여는 이미 실체적 심리가 다 마쳐져 더 이상의 심리가 필요하지 아니한 단계에 이른 이후에야 비로소 이 사건 심판청구가 취하되었으며, 그 때까지 심리한 내용만을 토대로 판단하더라도 이 사건 권한쟁의심판은 향후 우리나라 국회, 특히 상임위원회가 준수하여야 할 의사절차의 기준과 한계를 구체적으로 밝히는 것으로서 헌법질서의 수호·유지를 위하여 긴요한 사항일 뿐만 아니라, 그 해명이 헌법적으로 특히 중대한 의미를 지닌다고 하지 않을 수 없다. 그러므로 이 사건의 경우에는 비록 청구인들이 심판청구를 취하하였다 하더라도 소의 취하에 관한 민사소송법 제239조의 규정의 준용은 예외적으로 배제되어야 하고, 따라서 위 심판청구의 취하에도 불구하고 이 사건 심판절차는 종료되지 않는다고 보아야 한다.

[주문] 이 사건 권한쟁의심판절차는 청구인들의 심판청구의 취하로 2001. 5. 8. 종료되었다.

[원래의 평결결과] 평결 후 선고 직전에 여야간 합의로 청구취하가 이루어져 심판절차종료결정이 있었

음. 그러나 소수의견에서 전하는 평결결과를 보면 "가결선포행위가 헌법상 다수결원리를 위반하였다는 이유로 그 무효를 확인하는 내용이었다"고 한다. 만약 취하가 되지 않았다면 위 판례가 변경되었을 것이다.

[평석] 객관적인 성격이 강한 권한쟁의심판에 사인들 간의 권리구제에 적용되는 민사소송법 규정을 준용하여 심판절차종료가 된 것은 문제가 있다. 무효확인까지 갈 수 있었으므로 앞으로의 사안에 기대해본다.

(3) 국회선진화법 규정 가중정족수의 다수결원칙 위배 여부 문제

이른바 국회선진화법이라 불리는 국회법 제85조 제1항 제3호 중 '각 교섭단체대표의원과의 합의' 부분 및 제85조의2 제1항 중 '재적위원 5분의 3 이상의 찬성' 부분이 가중된 특별정족수를 요구하고 있어 하위법인 국회법이 헌법 제49조의 규정을 배제하고 형해화하여 헌법상 다수결 원리의 본질을 침해하고 있다는 주장의 권한쟁의심판이 청구되었다. 헌재의 다수 법정의견은 일반정족수는 의결대상 사안의 중요성과 의미에 따라 헌법이나 법률에 의결의 요건을 달리 규정할 수 있고 다수결의 원리를 실현하는 국회의 의결방식 중 하나로서 국회의 의사결정시 합의에 도달하기 위한 최소한의 기준일 뿐 이를 헌법상 절대적 원칙이라고 보기는 어려워 권한침해의 가능성이 없다고 하여 각하결정을 하였다(헌재 2016.5.26. 2015헌라1. 이에 대해서는 뒤의 법률안 심사절차 부분 참조).

4. 의사공개의 원칙

(1) 의사공개원칙의 의의와 기능

1) 의의

의사공개의 원칙이라 함은 의회에서의 의사활동이 의회 외부의 일반 국민들이 방청이나 보도 등을 통해 인식할 수 있게 개방되어야 하는 원칙을 말한다. 우리 헌법도 "국회의 회의는 공개한다"라고 하여 의사공개의 원칙을 명시적으로 확인하고 있다(제50조 1항 본문).

2) 기능(정당성)

국회에서의 의사과정이 공개되어야 하는 정당성(이유)은 다음과 같은 중요한 기능을 수행하기 때문이다. ① 실질적 국민주권주의·국민대표주의를 구현하기 위함이다. 국민주권주의와 국민대표주의가 제대로 실현되기 위해서는 국회에서 심의하는 사안들에 관해 국민의 의견이 형성되어야 하고 여론형성에 국민이 참여하여야 하며 형성된 여론이 충실히 수렴되어야 하는데, 이러한 여론형성과 참여를 위해서는 국민들이 논의되고 있는 사안과 그 심의내용을 인식할 수 있어야 한다. ② 기본권의 차원에서 국민의 알 권리를 보장하기 위한 것이다. ③ 국회의사의 공정성과 객관성을 위한 것이다. 공개는 국가의 정책과 의사를 결정하는 과정이 밀실 속에서가 아니라 투명하고도 충실하게 이루어지게 하여 부정과 부패를 방지하는 기능을 한다. ④ 국민대표자인 국회와 국회의원이 국민대표자로서의 지위에 부합하는 활동을 수행하는지를 국민이 평가하고 통제할 수 있도록 하기 위해서도 공개가 필요하다.

(2) 의사공개원칙의 적용범위

1) 공개대상 회의의 범위

의사공개원칙은 국회의 본연의 임무를 수행하기 위한 회의이면 모두 공개대상이 된다. 따라서 본회의에서뿐 아니라 위원회의 경우에도 역시 적용된다. 특히 오늘날 상임위원회중심주의로 의안심사가 위원회에서 실질적으로 이루어진다는 점에서 위원회에서의 공개가 더욱 요구된다. 국회법도 본회의의 공개원칙규정이 위원회에도 준용됨을 분명히 하고 있고(국회법 제71조), "위원회에서는 의원이 아닌 자는 위원장의 허가를 받아 방청할 수 있다"라고 규정하고 있다(동법 제55조 1항). 헌법재판소도 "헌법 제50조 제1항이 천명하고 있는 의사공개의 원칙은 위원회의 회의에도 당연히 적용되는 것으로 보아야 한다"라고 밝히고 있다.[1] 헌법재판소는 "단순한 행정적 회의"는 공개에서 제외된다고 본다.[2] 그러나 행정적 회의라도 국회의 입법과정 등 국회의 임무와 관련성을 가지는 경우에는 공개되어야 한다.

소위원회의 회의도 공개되어야 한다(동법 제57조 5항 본문).

공청회·청문회 등도 공개되어야 한다. 국회법도 청문회를 공개한다는 것을 명시하고 있다(국회법 제65조 4항 본문). 국정감사·조사도 공개를 원칙으로 한다(국정감사 및 조사에 관한 법률 제12조).

회의 장소는 국회 내 건물의 장소이든 국회 외부의 장소이든 관계없이 공개대상이 된다.

2) 사항적 범위

국회에서의 발의된 의안, 정부에서 제출된 법률안이나 동의요구안 등의 의제가 공개되어야 한다. 또한 그 각 의제에 대한 의원들의 심의·토론·표결 등 회의에서의 모든 활동과 그 과정도 공개되어야 할 사항들이다. 나아가 그 활동의 내용 및 결과에 대한 기록인 회의록도 공개되어야 한다.

(3) 의사공개원칙의 내용

의사공개의 원칙은 국회의 의사과정에 대한 ① 일반 국민들의 방청의 자유, ② 언론 등에 의한 보도의 자유, 중계방송, ③ 회의록 등 회의의 기록의 공표를 그 내용으로 한다.[3] 이 3가지 내용은 모두 보장되어야 공개원칙의 준수가 충분하다고 볼 것이고 어느 하나라도 금지되면 공개가 불충분한 것으로 본다.

1) 방청의 자유

방청이란 국회구성원인 의원이 아닌 일반 국민들이 회의장에 참석하여 의원들의 심의·토론·표결 등 회의의 진행과정을 직접 듣고 보는 것을 말한다. 방청은 가장 직접적인 공개로서

1) 헌재 2000.6.29. 98헌마443, 판례집 12-1, 897면.
2) 헌재 2000.6.29. 98헌마443, 위 결정, 같은 판례집, 같은 면.
3) 헌법재판소도 "의사공개의 원칙은 방청 및 보도의 자유와 회의록의 공표를 그 내용으로 하는데"라고 하여 같은 입장이다(헌재 2000.6.29. 98헌마443, 판례집 12-1, 897면).

가능한 한 방청의 기회를 확대하여야 한다. 국회법은 본회의와 위원회에서의 방청에 관해 규정하면서 방청석의 한정성 등을 이유로 허가제를 운용하도록 하고 있고(국회법 제152조 1항, 제55조 1항) 방청에 대한 제한사유를 두고 있다[후술 (5) 참조].1)

2) 보도의 자유, 중계방송

대다수 국민들이 물리적으로나 시간적으로 국회방청이 어려운 현실에서 국회의 의사활동에 대한 보도는 국민의 알 권리의 보장, 나아가 공개원칙의 구현을 위한 것이기에 매우 중요한 의의를 가질 수밖에 없다. 방송사의 중계방송은 보도의 자유의 일환일 수 있다. 직접 전달한다는 의미에서 별도로 일반적인 보도보다 더 충실한 접근성을 가진다. 신문사나 방송사의 취재, 사진촬영, 녹음, 녹화, 중계방송 등이 자유롭게 이루어질 수 있도록 하고 편의를 제공하여야 한다. 국회법은 본회의 또는 위원회의 의결로 공개하지 아니하기로 한 경우를 제외하고는 의장 또는 위원장은 회의장안(본회의장은 방청석에 한한다)에서의 녹음·녹화·촬영 및 중계방송을 국회규칙이 정하는 바에 따라 허용할 수 있다고 규정하고 있다(동법 제149조의2 1항). 녹음·녹화·촬영 및 중계방송을 하는 자는 회의장의 질서를 문란하게 하여서는 아니 된다(동법 동조 2항). 아래에서 보는 비공개의 경우 보도와 중계방송이 제한될 수 있다.

3) 회의기록의 공표

심의·토론·표결의 내용과 결과가 수록된 회의의 기록인 회의록 등이 누구나 열람할 수 있게 공표가 되어야 한다. 회의록은 의원에게 배부하고 일반에게 반포하는데 공표할 수 있는 회의록은 일반에게 유상으로 반포할 수 있다(동법 제118조 1항 본문, 5항). 인터넷을 활용한 공표도 가능할 뿐 아니라 전달의 신속성과 편의성 측면에서 바람직하다. 실제 국회 홈페이지에 회의록이 게재되고 있다. 그러나 아래에서 보듯이 예외적으로 게재나 공표가 금지되는 경우가 있다. 회의록의 공표에 관한 기간·절차 기타 필요한 사항은 국회규칙으로 정한다(동법 동조 6항).

(4) 예외적 비공개

국회의 의사는 출석의원 과반수의 찬성이 있거나 의장이 국가의 안전보장을 위하여 필요

1) 변칙처리와 의사공개원칙 : 야당의원들에 대한 개의일시 불통지로 본회의출석, 심의·표결과정참여의 기회를 박탈한 채 여당의원의 출석만으로 본회의를 전격적으로 개의하여 법률안을 가결선포한 국회의장의 행위가 국민의 방청, 언론취재 등을 사실상 곤란하게 하여 의사공개원칙에 반한다는 주장의 권한쟁의심판사건이 있었다. 이 사건의 결정에서 의사공개원칙 위반문제에 대해 헌법재판소의 3인 재판관 의견이 명시적으로 판단한 바 있는데 이 3인 의견은 가결선포행위의 효력 유무는 '회의공개의 원칙'(헌법 제50조)의 헌법규정의 명백한 위반여부로 가려져야 하고 국회법 위반의 하자가 있어도 무효라고 할 수 없다고 보고 "본회의에 관하여 일반국민의 방청이나 언론취재를 금지하는 조치가 취하여지지 않았음이 분명하므로" 이 헌법규정을 명백히 위반한 흠이 없어 무효가 아니라고 보았다. 나머지 3인 재판관은 헌법 제50조의 위반을 직접 밝히지는 않았으나 "의회민주주의의 기본원리인 공개와 토론의 원리 및 다수결원리의 정당성의 근거를 외면한 것"이라는 점을 인정하면서 다수결원리(정족수규정, 헌법 제49조)의 위반을 이유로 인용의견을 제시하였으나 인용결정에 필요한 6인 재판관에 이르지 못하여 결국 기각결정되었다. 나머지 3인 재판관은 각하의견을 제시하였다(헌재 1997.7.16. 96헌라2, 판례집 9-2, 173면).

하다고 인정할 때에는 공개하지 아니할 수 있다(제50조 1항 단서). 공개하지 아니한 회의내용의 공표에 관하여는 법률이 정하는 바에 의한다(동조 2항).

1) 본회의의 예외적 비공개

국회법은 위 헌법 제50조 제1항 단서에 의거하여 비공개의 예외를 구체적으로 규정하고 있다.

(가) 사유

헌법 제50조 제1항 단서는 비공개의 사유로 ① 출석의원 과반수의 찬성이 있거나(의결에 의한 비공개) ② 의장이 국가의 안전보장을 위하여 필요하다고 인정할 때로 규정하고 있다.

(나) 제의·동의, 의장의 협의

가) ①의 경우 - 제의·동의

국회법은 ①의 사유(즉 의결에 의한 비공개의 경우)에 있어서는 "의장의 제의 또는 의원 10인 이상의 연서에 의한 동의로 본회의의 의결이 있거나"라고 규정하여 비공개로 하자는 발의를 의원 10인 이상의 서면동의로 또는 의장의 제의로 하도록 하고 있다(국회법 제75조 1항 단서).

나) ②의 경우 - 협의

②의 사유에 있어서는 의장이 각 교섭단체대표의원과 협의하여 국가의 안전보장을 위하여 필요하다고 인정할 때에는 공개하지 아니할 수 있도록 하여 의장의 비공개결정에 협의를 요하고 있다(국회법 제75조 1항 단서).

(다) 비공개의 표결

의결에 의한 비공개의 경우(①의 경우) 의장의 제의나 의원 10인 이상의 서면동의에 대하여는 토론을 하지 아니하고 표결한다(동법 동조 2항). 의결정족수는 '출석의원' 과반수의 찬성이다(제50조 1항 단서).

* 유의할 점 - ⅰ) 헌법은 비공개의 의결을 위한 정족수에 관해서는 규정을 두지 않고 가결(의결)표수에 대해서만 "출석의원 과반수의 찬성"이라고 규정하고 있는(헌법 제50조 1항 단서) 점이다. 따라서 재적의원 과반수의 출석이 없더라도 개의는 되므로 예를 들어 재적의원 4분의 1의 출석과 출석의원의 과반수의 찬성으로도 비공개결정이 가결되는 경우가 있을 수 있다. ⅱ) 이처럼 의결에 의한 비공개의 경우 출석의원 과반수 찬성으로 결정되고 아무런 비공개사유를 규정하고 있지 않다. 비공개사유를 특정화하는 입법적 노력이 필요하다.

2) 위원회의 경우

(가) 의결에 의한 비공개·국가안전보장을 위한 비공개

위원회의 경우도 의결에 의하거나 국가안전보장을 위하여 비공개할 수 있다. 이 경우에 본회의의 비공개에 관한 법리가 준용된다(동법 제71조).

(나) 정보위원회에 관한 특례

국회법은 상임위원회 중 정보위원회의 회의는 공개하지 아니하도록 규정하여 비공개를 원칙으로 하는 예외를 두고 있고 정보위원회의 위원 및 소속공무원은 직무수행상 알게 된 국가기밀에 속하는 사항을 공개하거나 타인에게 누설하여서는 아니 되는 수비의무(守秘義務)를 부과하고 있다(국회법 제54조의2 1항 · 2항).

(다) 소위원회

소위원회의 회의도 공개하여야 하나 다만, 소위원회의 의결로 공개하지 아니할 수 있다(동법 제57조 5항).

(라) 비공개회의록 등의 열람과 대출금지

위원장은 의원으로부터 비공개회의록 기타 비밀참고자료의 열람의 요구가 있을 때에는 심사 · 감사 또는 조사에 지장이 없는 한 이를 허용하여야 한다. 그러나 국회 밖으로는 대출하지 못한다(동법 제62조).

(마) 청문회

청문회는 공개하여야 하나 다만, 위원회의 의결로 청문회의 전부 또는 일부를 공개하지 아니할 수 있다(제65조 4항).

3) 윤리심사 · 징계회의의 비공개원칙

윤리심사 및 징계에 관한 회의는 공개하지 아니한다. 다만, 본회의 또는 위원회의 의결이 있을 때에는 그러하지 아니하다(동법 제158조). 비공개로 회의를 하였다고 하더라도 징계를 의결한 때에는 의장은 공개회의에서 이를 선포한다(동법 제163조 4항).

4) 녹음 · 녹화 · 촬영 · 중계방송에 대한 불허

국회법은 본회의 또는 위원회의 의결로 공개하지 아니하기로 한 경우는 회의장 안에서의 녹음 · 녹화 · 촬영 및 중계방송을 허용하지 않는다(제149조의2 1항).

5) 공개하지 아니한 회의 내용의 비공표

공개하지 아니한 회의내용의 공표에 관하여는 법률이 정하는 바에 의한다(제50조 2항). 국회법은 공개하지 아니한 회의의 내용은 공표되어서는 아니 된다고 하면서, 다만, 비밀을 요하거나 국가안전보장을 위하여 필요하다는 사유가 소멸되었다고 본회의의 의결 또는 의장의 결정으로 판단되는 경우에는 이를 공표할 수 있도록 규정하고 있다(동법 제118조 4항).

6) 회의록의 불게재

국회법 제118조 제1항은 "회의록은 의원에게 배부하고 일반에게 반포한다. 그러나 의장이 비밀을 요하거나 국가안전보장을 위하여 필요하다고 인정한 부분에 관하여는 발언자 또는 그 소속교섭단체대표의원과 협의하여 이를 게재하지 아니할 수 있다"고 한다. 그리고 동조 제2항과 제3항은 "의원이 위와 같이 게재되지 아니한 회의록부분에 관하여 열람 · 복사 등을 신청한 때에는 정당한 사유가 없는 한 의장은 이를 거절하여서는 아니 되나, 열람·복사 등을 허가받은 의원은 타인에게 이를 열람하게 하거나 전재·복사하게 하여서는 아니 된다"고 규정하고 있다.

(5) 방청의 제한·금지

1) 허가제

(가) 성격

국회의 회의에 대한 방청은 회의장소의 한정성 등을 이유로 허가제로 하고 있다. 허가제에 대해서는 허가제가 사실상의 비공개를 전제로 하는 것이 아니냐 하는 논란이 있었다. 헌법재판소는 방청허가제도는 공개원칙을 전제로 한 것이라고 본다.[1] 방청허가를 원칙으로 하고 불허가를 예외로 하여야 하고 불허가사유를 최대한 한정하여야 공개원칙에 부합한다.

(나) 불허가사유

국회법이 직접 불허가사유를 특정적으로 규정하고 있지 않다. 생각건대 ① 회의장소가 한정되어 방청희망자를 모두 수용할 수 없는 경우와 ② 회의진행상의 질서유지가 필요한 경우로 한정된다. 헌법재판소도 "장소적 제약으로 불가피한 경우, 회의의 원활한 진행을 위하여 필요한 경우 등 결국 회의의 질서유지를 위하여 필요한 경우로 제한된다"라고 판시하여 비슷한 입장에 있다.[2] 그러나 장소의 한정성에 있어서는 이를 이유로 전적인 방청금지를 할 수는 없고 방청인원을 제한하는 정도에 그쳐야 하고 장소한정성 이유로 하더라도 회의실외 모니터의 설치나 중계방송의 확대 등 방청수요에 대한 최대한의 대안적 제공과 충족의 노력이 따라야 한다. 회의의 질서유지도 그것을 이유로 애초부터 방청불허를 할 수는 없다. 왜냐하면 회의도중에 질서유지가 필요한 경우에는 퇴장을 명할 수 있기 때문이다(동법 제55조 2항, 제154조).

---

1) 헌재 2000.6.29. 98헌마443, 99헌마583(병합), 판례집 12-1, 898면.

2) 헌재 2000.6.29. 98헌마443, 99헌마583(병합), 위의 판례, 위 판례집 12-1, 898-899면. [관련판시요약] 국회법 제55조 제1항은 "위원회에서는 의원이 아닌 자는 위원장의 허가를 받아 방청할 수 있다"고 규정하고 있는바, 이는 위에서 본바와 같은 위원회의 공개원칙을 전제로 한 것이다. 위 조항은 위원회 회의가 공개되는 경우에도 방청을 허용하여서는 아니될 사유가 있을 때에는 위원장이 방청을 허가하지 아니할 수 있도록 하고 있는 규정이다. 그러나 위원장이라고 하여 아무런 제한없이 임의로 방청불허 결정을 할 수 있는 것은 아니다. 의사공개원칙에 관한 헌법과 법률의 위와 같은 취지에, 위원장에게 질서를 유지하고 사무를 감독할 책무가 부여되어 있는 점(국회법 제49조), 위원장은 질서를 유지하기 위하여 필요한 때에는 방청인의 퇴장을 명할 수 있는 점(국회법 제55조 2항), 본회의에 관하여도 질서유지를 위하여 필요한 경우에 한하여 의장이 방청인수를 제한할 수 있도록 한 점(국회법 제152조 2항) 등을 보태어 보면, 위원장이 방청을 불허하는 결정을 할 수 있는 사유란 회의장의 장소적 제약으로 불가피한 경우, 회의의 원활한 진행을 위하여 필요한 경우 등 결국 회의의 질서유지를 위하여 필요한 경우로 제한된다고 할 것이다. 이와 달리 국회법 제55조 제1항을 위원장에게 아무런 사유의 제한없이 방청을 불허할 수 있는 재량권을 부여한 것으로 풀이한다면 헌법과 국회법에서 정한 위원회공개의 원칙이 공동화되어 부당하다. …국회법 제55조 제1항을 위와 같이 합당하게 이해하는 한, 이 조항은 헌법에 규정된 의사공개의 원칙에 저촉되지 않으면서도 국민의 방청의 자유와 위원회의 원활한 운영간에 적절한 조화를 꾀하고 있다고 할 것이므로 이를 두고 국민의 기본권을 침해하는 위헌조항이라 할 수는 없다.

(다) 의장·위원장의 허가권

이처럼 불허가사유가 한정되므로 의장이나 위원장의 방청허가 여부에 대한 권한은 제한적이다. 위의 불허가사유에 해당되지 않는 한 방청을 허가하여야 한다. 공개원칙의 기능이 가지는 중요성(정당성)을 고려하면 가능한 한 재량의 여지를 줄여야 한다. 그러나 헌법재판소는 "이와 같이 방청불허를 할 수 있는 사유 자체는 제한적이지만 그러한 사유가 구비되었는지에 관한 판단, 즉 회의의 질서유지를 위하여 방청을 금지할 필요성이 있는지에 관한 판단은 국회의 자율권 존중의 차원에서 위원장에게 폭넓은 판단재량을 인정하여야 할 것이다"라는[1] 입장이다.

2) 본회의의 방청제한

의장은 방청권을 발행하여 방청을 허가하는데, 질서를 유지하기 위하여 필요한 때에는 방청인수를 제한할 수 있다(동법 제152조). 흉기를 휴대한 자, 주기(酒氣)가 있는 자, 정신에 이상이 있는 자 기타 행동이 수상하다고 인정되는 자는 방청을 허가하지 아니하는데 의장은 필요한 때에는 경위 또는 국가경찰공무원으로 하여금 방청인의 신체를 검사하게 할 수 있다(동법 제153조). 의장은 회의장 안의 질서를 방해하는 방청인의 퇴장을 명할 수 있으며 필요한 때에는 국가경찰관서에 인도할 수 있고, 방청석이 소란할 때에는 의장은 모든 방청인을 퇴장시킬 수 있다(동법 제154조).

3) 위원회의 방청제한

위원회에서의 경우에도 국회법은 위원장의 허가를 받아 방청할 수 있다고 규정하고 위원장은 질서를 유지하기 위하여 필요한 때에는 방청인의 퇴장을 명할 수 있다고 규정하고 있다(국회법 제55조). 이 규정에 대해서는 헌법재판소가 합헌으로 본다. 그런데 헌법재판소는 위원회에서의 방청불허사유는 장소적 제약으로 불가피한 경우, 회의의 원활한 진행을 위하여 필요한 경우 등 결국 회의의 질서유지를 위하여 필요한 경우로 제한된다고 하면서도 이러한 방청불허사유가 구비되었는지에 관한 판단은 국회의 자율권 존중의 차원에서 위원장에게 폭넓은 판단재량을 인정하여야 한다는 입장이다. 위와 같은 입장에서 헌법재판소는 국회예산결산특별위원회 계수조정소위원회와 국회상임위원회가 방청을 불허한 행위에 대해 합헌성을 인정하는 아래와 같은 기각결정을 한 바 있다.

판례 **국회예산결산특별위원회 계수조정소위원회 방청허가불허 위헌확인, 국회상임위원회 방청불허행위 위헌확인 등, 헌재 2000.6.29. 98헌마443, 99헌마583(병합), 판례집 12-1, 886면 이하**

[쟁점] ① 예산안의 내용을 결정하는 국회예산결산특별위원회 계수조정소위원회의 방청을 시민단체에 대해 不許한 것은 알 권리, 재산권의 위헌적인 침해인지 여부, ② 국회 상임위원회의 국정감사활동에 대한 시민단체의 방청을 불허한 행위와 그 근거가 된 국회법 제55조 제1항, 국회방청규칙 제3조 제2항,

---

1) 헌재 2000.6.29. 98헌마443, 99헌마583(병합), 위 판례, 위 판례집 12-1, 899면.

제6조가 알 권리 등을 위헌적으로 침해하는 것인지 여부(기각결정)
[결정이유요지] 위원장이 방청을 불허할 수 있는 사유란 회의장의 장소적 제약으로 불가피한 경우, 회의의 원활한 진행을 위하여 필요한 경우 등 결국 회의의 질서유지를 위하여 필요한 경우로 제한된다. 그러한 사유가 구비되었는지에 관한 판단은 국회의 자율권 존중의 차원에서 위원장에게 폭넓은 판단재량을 인정하여야 할 것이다. 국회법 제55조 제1항을 위와 같이 이해하는 한 국민의 기본권을 침해하는 위헌조항이라 할 수는 없다. 피청구인들은 예산심의에 관하여 이해관계를 가지는 많은 국가기관과 당사자들에게 계수조정 과정을 공개할 수는 없으며, 위원들의 허심탄회한 충분한 토론·심의의 보장을 위하여 비공개로 하며, 이것이 국회의 확립된 관행이라고 한다. 한편 절차적으로는 소위원회에 회부할 당시 미리 위원회의 비공개의결이 있거나 위원회 소속 전체의원의 양해하에 비공개로 이루어지고 있다고 한다. 그렇다면 비공개에 관하여 예산결산특별위원들의 실질적인 합의 내지 찬성이 있었다고 볼 수 있고, 그 합의를 바탕으로 비공개로 진행한 것은 헌법이 설정한 국회 의사자율권의 범위를 벗어난 것이라 할 수 없으니, 피청구인들의 방청 불허를 가리켜 위헌적인 공권력의 행사라고 할 수는 없다.
국감법 제12조는 "감사는 비공개로, 조사는 공개로 한다. 다만, 위원회의 의결로 달리 정할 수 있다"고 하여 국정감사비공개주의를 규정하고 있다. 따라서 위원회의 의결이 없는 한 국정감사는 비공개로 하는 것이고, 이에 따라 국민의 방청이 제한된다. 청구인들이 국정감사장에서의 의원들의 질의를 평가하여 "worst 의원"과 "best 의원"을 발표하였는데, 피청구인들은 그 평가기준의 공정성에 대한 검증절차가 없었고 평가의 언론공표로 의원들의 정치적 평판 내지 명예에 대한 심각한 훼손의 우려가 있어 방청을 불허하기에 이르렀다고 주장한다. 원만한 회의진행 등 회의의 질서유지를 위하여 방청을 금지할 필요성이 있었는지에 관하여는 국회의 자율적 판단을 존중하여야 할 것인 바, 위와 같은 사유를 들어 방청을 불허한 것이 헌법재판소가 관여하여야 할 정도로 명백히 이유없는 자의적인 것이라고는 보이지 아니한다. 그렇다면 국감방청불허행위가 위헌적인 공권력의 행사라고 할 수 없다.
[이영모, 하경철 재판관의 반대의견] 국감방청불허행위 부분은 위헌이다. 방청불허사유로서의 질서유지란 물리적으로 국정감사의 진행이 방해를 받는 것을 뜻하며 의원들이 느낄 수 있는 심리적 압박과 같은 사정은 이에 포함시키기 곤란한 점을 볼 때, 이 사건 국감방청불허행위는 단순한 장소적 제약이나 질서유지를 위하여 필요한 경우의 범위를 넘어선 것이라고 할 것이다. 그렇다면 국감방청불허행위는 결국 위원장에게 속한 방청허가권의 재량범위를 일탈 내지 남용한 것으로서, 이로 인하여 해당 청구인들의 방청의 자유 내지 알 권리를 침해한 것이다.
[김영일 재판관의 반대의견] 소위원회의 회의도 원칙적으로 공개되어야 하고, 소위원회의 회의를 비공개로 하기 위하여는 위원회의 의결이 있거나, 위원장이 국가의 안전보장을 위하여 필요하다고 인정하여야 하는바, 당시의 계수조정소위원회는 위와 같은 비공개회의의 요건을 갖추지 못하였고, 회의를 공개한다고 하여 허심탄회하고 충분한 토론·심의를 하는데 특별한 지장이 생긴다고 보기도 어려우므로 이 사건 소위원회 방청불허행위는 청구인들의 헌법상 보장된 알 권리인 국회방청권을 침해한 것이다. 의원들의 국정감사활동에 대한 평가결과를 언론에 발표하게 되면 의원들의 명예를 훼손할 우려가 있다거나, 국정감사활동에 지장을 초래한다는 등 피청구인들이 내세우는 사유는 방청을 불허할 수 있는 정당한 사유가 되지 못하며, 이 사건 국정감사 방청불허행위는 국회법 제55조 제1항의 요건을 갖추지도 아니한 채 방청을 불허한 명백히 자의적인 처분으로서, 이로 인하여 청구인들의 국회방청권이 침해되었다.

[평석] 예산심의에 관하여 이해관계를 가지는 많은 국가기관과 당사자들에게 계수조정 과정을 공개할 수는 없으며, 위원들의 허심탄회한 충분한 토론·심의의 보장을 위하여야 한다는 것을 비공개사유로 들었으나 예산안 뿐 아니라 일반적인 법률안의 경우에도 이해관계가 첨예한 경우가 적지 않다는 점에서 타당한 사유가 아니다. 국정감사의 평가결과 의원들의 명예에 대한 심각한 훼손우려를 비공개의 사유로 내세우는 것도 법리적인 논거제시가 아니다. 국정감사의 평가는 국회의원의 의무수행에 관한 평가이지 사적 개인의 명예에 관한 평가가 아니기 때문이다. 결국 불허가사유에 해당되지 않는 사실들이므로 허

가하였어야 했다.

* 참고 – 국정감사및조사에관한법률은 이전에 국정감사의 경우 비공개를 원칙으로 하였던 것을 2000.2.16. 법을 개정하여 국정감사공개원칙으로 변경하였다. 위 판례에서는 법개정 이전인 1998년에 있었던 사안이었기에 국정감사에서 비공개를 원칙으로 한다는 판시가 보인다. 그런데 위 판례의 판결일은 법개정 이후인 2000.6.29.이었다.

(6) 의사공개원칙과 비공개의 효과

예외적으로 비공개가 인정되는 의사과정이 아닌 한 공개되지 않은 의사는 무효이다. 반면에 비공개의 경우 공개시 제재가 있게 된다. 즉 국회는 의원이 비공개회의 내용을 공표한 때에는 그 의결로써 이를 징계할 수 있다(동법 제155조 2항 5호).

5. 일사부재의(一事不再議)원칙

(1) 개념과 그 요소

일사부재의원칙이란 어느 의안에 대해 하나의 회기에서 이미 국회가 부결을 하였다면 동일한 그 사안에 대해 같은 회기 중에 국회가 다시 심의, 의결의 대상으로 할 수 없다는 원칙을 말한다.

우리 현행 헌법에 일사부재의원칙을 명시적으로 선언하고 있는 규정이 없다. 국회법이 일사부재의원칙은 명시하고 있다. 즉 "부결된 안건은 같은 회기 중에 다시 발의 또는 제출하지 못한다"라고 규정하고 있다(국회법 제92조).

일사부재의원칙은 다음과 같은 개념적 요소를 가진다. ① 시간적 요소이다. 즉 일사부재의원칙은 하나의 회기에서만 적용된다. 하나의 같은 회기 동안에 부결된 안건을 다시 발의 또는 제출하지 못한다는 것이다. 따라서 전회기에서 부결된 안건도 후회기에서 다룰 수 있다. ② 내용적(사항적) 요소이다. 부결된 안건과 내용적으로 동일성을 가지는 안건을 같은 회기 중에 다시 발의 또는 제출할 수 없다. 따라서 안건의 제목 등이 다르다고 하더라도 실질적으로 내용이 동일성을 가지는 안건은 일사부재의원칙의 적용을 받게 된다. 동일성의 기준이 무엇인지가 문제된다. 법률안 또는 의안의 목적이나 그 목적을 달성하기 위한 방법이 다를 경우에는 동일성이 없고 일사부재의원칙이 적용되지 않고 다시 발의 또는 제출할 수 있는 법률안이나 의안이 될 수 있다.

부결이 아니라 가결된 의안에 대해서도 일사부재의원칙이 적용되느냐 하는 문제가 있다. 가결된 의안에 대해서는 동일 회기 내에서라도 번안이 가능하므로(동법 제91조 1항) 재의를 할 가능성이 있다.

2009년 방송법 등 미디어법 파동사건에서 방송법 수정안에 대해 2번의 표결을 하여 일사부재의 원칙에 위배되었다고 본 예가 있었음은 위의 정족수 부분에서 이미 언급한 바 있는데 아래에 자세히 살펴본다.

판례 헌재 2009.10.29. 2009헌라8등

* 이 사건에서는 여러 쟁점이 있었다. 이하는 일시부재의 관련 부분만 본다. 나머지 쟁점들에 대한 헌재 판단은 주로 입법절차 부분 참조.

[사건개요] 국회부의장은 이어 방송법 원안에 대하여 한나라당 강승규 의원 외 168인이 발의한 수정안(이하 '방송법 수정안'이라 한다)에 대하여 표결을 진행하였고, 몇 분이 경과한 후 "투표를 종료합니다."라고 선언하였으며, 곧이어 투표종료버튼이 눌러졌는데, 전자투표 전광판에는 국회 재적 294인, 재석 145인, 찬성 142인, 반대 0인, 기권 3인이라고 표시되었다. 이에 국회부의장은 "강승규 의원 외 168인으로부터 제출된 수정안에 대해서 투표를 다시 해 주시기 바랍니다." "재석의원이 부족해서 표결 불성립되었으니 다시 투표해 주시기 바랍니다."라고 하여 다시 투표가 진행되었고, "투표 종료를 선언합니다."라고 말한 후 전자투표 게시판에 재적 294인, 재석 153인, 찬성 150인, 반대 0인, 기권 3인으로 투표 결과가 집계되자, 방송법 수정안이 가결되었으므로 '방송법 일부개정 법률안'은 수정된 부분은 수정안대로, 나머지 부분은 원안대로 가결되었다고 선포하였다.

[청구인주장] 방송법 수정안과 관련하여, 2009.7.22. 국회부의장은 국회에 상정된 방송법 수정안에 대하여 표결을 진행하였고, 투표가 종료되자 투표종료선언을 하였다. 그러나 법률안이 가결되기 위해서는 2009.7.22. 현재 국회의원 재적 수가 294인이므로 그 과반수인 148인의 출석이 필요함에도 불구하고(헌법 제49조, 국회법 제109조), 145인만이 표결에 참석한 채 투표가 종료되었으므로 방송법 수정안은 부결된 것이다. 부결된 안건은 같은 회기 중에 다시 발의 또는 제출되지 못하므로(국회법 제92조) 이에 대하여 같은 회기 내에서 재차 표결하는 것이 불가능함에도 불구하고, 국회부의장은 방송법 수정안에 대하여 재투표를 실시하여 153인의 국회의원 출석 및 150인의 찬성 결과가 나오자 이를 가결선포한바, 이는 일사부재의원칙에 위배하여 국회의원인 청구인들의 법률안 심의·표결권을 침해한 것이다.

[결정요지] [재판관 조대현, 재판관 김종대, 재판관 민형기, 재판관 목영준, 재판관 송두환의 위법의견 – 법정의견] 헌법 제49조 및 국회법 제109조는 의결정족수에 관하여 일부 다른 입법례와는 달리, 의결을 위한 출석정족수와 찬성정족수를 병렬적으로 규정하고 있고, '재적의원 과반수의 출석'과 '출석의원의 과반수의 찬성'이라는 규정의 성격이나 흠결의 효력을 별도로 구분하여 규정하고 있지 아니하다. 국회의원이 특정 의안에 반대하는 경우 회의장에 출석하여 반대투표하는 방법뿐만 아니라 회의에 불출석하는 방법으로도 반대 의사를 표시할 수 있으므로, '재적의원 과반수의 출석'과 '출석의원 과반수의 찬성'의 요건이 국회의 의결에 대하여 가지는 의미나 효력을 달리 할 이유가 없다. 전자투표에 의한 표결의 경우 국회의장의 투표종료선언에 의하여 투표 결과가 집계됨으로써 안건에 대한 표결 절차는 실질적으로 종료되므로, 투표의 집계 결과 출석의원 과반수의 찬성에 미달한 경우는 물론 재적의원 과반수의 출석에 미달한 경우에도 국회의 의사는 부결로 확정되었다고 볼 수밖에 없다. 결국 방송법 수정안에 대한 1차 투표가 종료되어 재적의원 과반수의 출석에 미달되었음이 확인된 이상, 방송법 수정안에 대한 국회의 의사는 부결로 확정되었다고 보아야 하므로, 피청구인이 이를 무시하고 재표결을 실시하여 그 표결 결과에 따라 방송법안의 가결을 선포한 행위는 일사부재의 원칙(국회법 제92조)에 위배하여 청구인들의 표결권을 침해한 것이다.

[재판관 이강국, 재판 관이공현, 재판관 김희옥, 재판관 이동흡의 적법의견 – 반대의견] 헌법 제49조 및 국회법 제109조의 '재적의원 과반수의 출석'이라는 의결정족수는 국회의 의결을 유효하게 성립시키기 위한 전제요건인 의결능력에 관한 규정으로서, '출석의원 과반수의 찬성'이라는 다수결 원칙을 선언한 의결방법에 관한 규정과는 그 법적 성격이 구분된다. 따라서 의결정족수에 미달한 국회의 의결은 유효하게 성립한 의결로 취급할 수 없다. 국회에서의 실무 관행도 이와 같고, 의결정족수를 국회의 의결

을 유효하게 성립시키기 위한 전제요건으로 보는 것은 비교법적으로도 공통된 것으로서, 이렇게 보지 않을 경우 소수의 국회의원만이 참석한 상태에서의 표결도 가능하고 이 때에는 굳이 투표 결과를 확인할 필요도 없이 부결이 된다는 결론에 이르게 되어 대의민주주의의 원리에도 부합하지 않는다. 따라서 방송법 수정안에 대한 투표가 종료된 결과 재적의원 과반수의 출석이라는 의결정족수에 미달된 이상, 방송법 수정안에 대한 국회의 의결이 유효하게 성립되었다고 할 수 없으므로, 피청구인이 방송법 수정안에 대한 재표결을 실시하여 그 결과에 따라 방송법안의 가결을 선포한 것이 일사부재의 원칙에 위배된다고 할 수 없다.

(2) 기능

일사부재의원칙은 ① 국회의 결정의 일관성과 안정성을 도모하는 기능을 수행한다. 부결된 안건을 다시 상정하여 번잡성과 불확정성을 가져오지 않도록 하기 때문이다. ② 국회활동의 경제성, 효율성을 가져오게 하기 위한 것이다. 부결된 안건을 다시 번복하여 여러 차례 거듭하면 인적, 물리적 낭비를 초래하기 때문이다. ③ filibuster(의사방해)를 막기 위한 것이기도 하다. 부결된 안건을 반복하여 발의하여 다른 중요한 사안들의 심의진행을 막는 것을 방지하기 때문이다.

(3) 일사부재의원칙이 적용되지 않는 경우

일사부재의원칙의 위반에 해당되지 않는 경우로 아래와 같은 경우들을 들 수 있다. 이는 위에서 본 일사부재의원칙의 개념적 요소에 비추어 일사부재의원칙의 적용이 없다고 보는 경우들이다.

① 하나의 회기 내에서의 원칙이므로 그 회기에서 부결된 안건이라도 다음 회기에서는 이 의안을 다시 발의하고 심의, 표결의 대상으로 하는 것은 일사부재의가 아니다.

② 부결이 된 적이 없는 안건이 다시 발의되어 심의되는 경우는 일사부재의의 위반이 아니다. 즉 발의(제출)되었으나 의제가 되기 전에 철회된 안건은 같은 회기 내라고 이를 이후 다시 발의하여 의제로 심의할 수 있다.

③ 안건의 동일성(위의 개념적 요소 중 ②)이 없는 경우이다. 부결된 안건과 동일성이 없는 안건인 경우에는 같은 회기 내에서라도 이를 재의할 수 있고 일사부재의원칙의 위반이 아니다. 예를 들어 해임건의안이 부결된 국무위원에 대해 새로운 해임건의사유가 발생하여 다시 해임건의안이 제출되어 심의하는 경우 등도 일사부재의에 해당되지 않는다. 이는 물론 당해 사안이 아닌 별개의 또 다른 사안이기 때문이다.

④ 위원회에서 부결된 사안이라 하더라도 본회의에서 이를 번복하여 달리 결정하는 것은 일사부재의원칙에 반하지 않는다. 위원회의 결정은 국회전체의 결정이 아니기 때문이다. 그리하여 우리 국회법도 위원회에서 폐기된 의안에 대한 본회의 부의제도를 두고 있다. 즉 위원회에서 본회의에 부의할 필요가 없다고 결정된 의안은 본회의에 부의하지 아니하나 위원회의 결정이 본회의에 보고된 날로부터 폐회 또는 휴회 중의 기간을 제외한 7일 이내에 의원 30인 이상

의 요구가 있을 때에는 그 의안을 본회의에 부의하여야 한다고 규정하고 있다(동법 제87조 1항).

* 유의점 – 일사부재의원칙의 위반이 아니라고 다른 교재들에서 더러 들고 있는 예외로 ① 국회가 '가결'한 법률안에 대한 대통령의 재의요구(제53조 2항·3항·4항), ② 위원회에서 '가결'된 것을 본회의에서 다시 심의하는 것을 들고 있음을 볼 수 있다. 그러나 일사부재의의 개념 자체가 같은 회기 내 재의가 금지되는 대상으로 '부결'된 안건만이 해당되고 가결된 경우는 해당되지 않으므로 위의 예는 일사부재의의 원칙에 반하지 않는 당연한 것이므로 이를 일사부재의 원칙의 예외로 들거나 일사부재의원칙 부분에서 특별히 지적할 것은 아니다. 예외란 원칙을 허무는 것을 말하는데 위 ①과 ②는 가결된 것이므로 일사부재의원칙이 운위될 경우가 아니라서 결국 위와 같은 서술은 논리적이지 않다.

Ⅲ. 위원회에서의 의사절차(議事節次)

1. 위원회의 개회

(1) 개회요건

위원회는 본회의의 의결이 있거나 의장 또는 위원장이 필요하다고 인정할 때, 재적위원 4분의 1 이상의 요구가 있을 때에 개회한다(동법 제52조).

(2) 폐회 중 상임위원회의 정례회의

국회활동의 상설화를 추구하고 있고 상임위원회중심주의를 감안할 때 상임위원회는 위와 같은 개회요건을 갖춘 경우가 아니더라도 가능한 한 빈번하게 개회되는 것이 보다 이상적이다. 그리하여 국회법은 상임위원회(국회운영위원회를 제외한 상임위원회)는 폐회 중 최소한 월 2회 정례적으로 개회(다만, 정보위원회는 최소한 월 1회)하도록 의무화하고 있다(동법 제53조 1항). 정례회의는 당해 상임위원회에 계류중인 법률안 및 청원 기타 안건과 주요현안 등을 심사한다(동법 동조 3항).

(3) 개의·의사정족수(開議·議事定足數)

위원회는 재적위원 5분의 1 이상의 출석으로 개회한다(동법 제54조). 소수의 요구로도 개의가 가능하게 5분의 1 이상으로 하고 있다.

(4) 본회의 중 위원회 개회의 금지

위원회는 본회의의 의결이 있거나 의장이 필요하다고 인정하여 각 교섭단체대표의원과 협의한 경우를 제외하고는 본회의 중에는 개회할 수 없다. 다만, 국회운영위원회는 그러하지 아니하다(동법 제56조).

2. 의결정족수

위원회는 재적위원 과반수의 출석과 출석위원 과반수의 찬성으로 의결한다(동법 제54조). 다음의 점들을 유의하여야 한다. ① 헌법상 특별 가중정족수를 규정하여 본회의에서의 최종결정에 그 특별 가중정족수로 의결하여야 할 경우라도 위원회 단계의 의결에서는 국회법에 특별한 규정이 없는 한 위 일반정족수, 즉 재적위원 과반수의 출석과 출석위원 과반수의 찬성으로 의결한다. 국회법상 위원회에서의 특별 가중정족수로서는 위원회에 있어서의 번안동의는 재적위원 과반수의 출석과 출석위원 3분의 2 이상의 찬성으로 의결하도록 한 규정을 들 수 있다(국회법 제91조 2항). ② 위원장도 표결권을 가진다. 가부동수인 경우에는 부결된 것으로 본다(제49조 후문). 즉 위원장은 결선표결(casting vote)권을 가지지 않는다.

3. 의사의 공개

(1) 원칙

국회의 회의는 공개한다(제50조). 위원회도 국회의 회의이므로 공개대상이다. 국회법도 본회의의 공개원칙규정(국회법 제75조)이 위원회에 준용되도록 하고 있다(국회법 제71조). 헌법재판소도 "위 헌법조항은 단순한 행정적 회의를 제외하고 국회의 헌법적 기능과 관련된 모든 회의는 원칙적으로 국민에게 공개되어야 함을 천명한 것이다. 오늘날 국회기능의 중점이 본회의에서 위원회로 옮겨져 위원회중심주의로 운영되고 있고, 법안 등의 의안에 대한 실질적인 심의가 위원회에서 이루어지고 있음은 주지의 사실인바, 헌법 제50조 제1항이 천명하고 있는 의사공개의 원칙은 위원회의 회의에도 당연히 적용되는 것으로 보아야 한다"라고 한다.[1]

(2) 방청

의사공개원칙은 일반 국민들이 의사진행을 참관할 수 있도록 그 방청을 인정하게 한다. 현행 국회법은 허가제로 운영하도록 하고 있다. 즉 위원회에서는 의원이 아닌 자는 위원장의 허가를 받아 방청할 수 있고, 위원장은 질서를 유지하기 위하여 필요한 때에는 방청인의 퇴장을 명할 수 있다(국회법 제55조). 위원회 방청에 있어서 위원장의 허가를 받도록 한 위 국회법규정에 대해 위헌논란이 있었으나 헌법재판소는 합헌이라고 보면서, 다만 위원장에게 아무런 사유의 제한없이 방청을 불허할 수 있는 재량권을 부여한 것으로 풀이한다면 헌법과 국회법에서 정한 위원회공개의 원칙이 공동화되어 부당하므로 불허사유를 설정하고 있다. 즉 헌법재판소는 그 불허사유란 "회의장의 장소적 제약으로 불가피한 경우, 회의의 원활한 진행을 위하여 필요한 경우 등 결국 회의의 질서유지를 위하여 필요한 경우"로 제한된다고 한다. 그러면서도 방청불허를 할 수 있는 사유 자체는 제한적이지만 그러한 사유가 구비되었는지에 관한 판단, 즉 회의의 질서유지를 위하여 방청을 금지할 필요성이 있는지에 관한 판단은 국회의 자율권 존중의 차원에서 위원장에게 폭넓은 판단재량을 인정하여야 할 것이라고 본다.

이러한 입장에 입각하여 헌법재판소는, 예산안의 내용을 결정하는 국회예산결산특별위원회 계수조정소위원회의 방청을 시민단체에 대해 불허한 것은 알 권리, 재산권의 위헌적인 침

---

1) 헌재 2000.6.29. 98헌마443, 판례집 12－1, 897면.

해라고 하는 주장을, 그리고 국회 상임위원회의 국정감사활동에 대한 시민단체의 방청을 불허한 행위가 헌법 제50조의 의사공개의 원칙으로부터 파생되는 방청의 자유 및 국회의원의 의정활동에 대한 국민의 감시와 비판의 자유를 침해하는 위헌적인 행위라는 주장을 "이 사건 계수조정소위원회를 비공개로 진행한 것은 헌법이 설정한 국회 의사자율권의 범위를 벗어난 것이라 할 수 없고", 국감방청불허행위 사유가 "헌법재판소가 관여하여야 할 정도로 명백히 이유없는 자의적인 것이라고는 보이지 아니한다"라고 하여 받아들이지 않았다. 헌재는 이 사안에서 계수조정위원회의 방청불허결정에 대해서는 공개로 허심탄회한 심의가 어렵고 비공개가 관행이었다는 위원회의 주장을, 그리고 국정감사 방청불허결정에 대해서는 방청한 시민단체의 의원평가가 의원의 명예에 대한 심각한 훼손의 우려가 있어 원만한 회의진행이 어렵기에 불허결정이 타당하다는 등의 위원회 주장을 타당하다고 받아들여 위와 같은 결론을 내리고 있다.[1] 그러나 공개라고 하여 허심탄회한 의원들의 토론이 어렵다는 것은 법리적으로 이해가 어렵고 (예산의 경우 이해관계자가 많아서 그렇다고 하나 예산이 아닌 일반 법률의 경우도 그러할 수 있으므로 이해가 어렵다) 국정감사에서의 의원활동의 평가가 의원의 명예에 대한 심각한 훼손의 우려가 있다고 하나 국정감사에서의 의원의 활동은 사적 영역이 아닌 공적 영역이므로 개인의 인격권 문제인 명예 문제를 거론하기에 적합지 않아 타당한 판례라고 보기 힘들다.

(3) 예외 - 비공개

국회의 회의는 출석의원 과반수의 찬성이 있거나 의장이 국가의 안전보장을 위하여 필요

---

1) 국회예산결산특별위원회 계수조정소위원회 방청허가불허 위헌확인, 국회상임위원회 방청불허행위 위헌확인 등, 헌재 2000.6.29. 98헌마443, 99헌마583(병합), 판례집 12-1, 886면. [쟁점] ① 예산안의 내용을 결정하는 국회 예산결산특별위원회 계수조정소위원회의 방청을 시민단체에 대해 불허한 것은 알 권리, 재산권의 위헌적인 침해인지 여부, ② 국회 상임위원회의 국정감사활동에 대한 시민단체의 방청을 불허한 행위와 그 근거가 된 국회법 제55조 제1항, 국회방청규칙 제3조 제2항, 제6조가 알 권리 등을 위헌적으로 침해하는 것인지 여부(기각결정) [결정이유요지] 위원장이 방청을 불허할 수 있는 사유란 회의장의 장소적 제약으로 불가피한 경우, 회의의 원활한 진행을 위하여 필요한 경우 등 결국 회의의 질서유지를 위하여 필요한 경우로 제한된다. 그러한 사유가 구비되었는지에 관한 판단은 국회의 자율권 존중의 차원에서 위원장에게 폭넓은 판단재량을 인정하여야 할 것이다. 국회법 제55조 제1항을 위와 같이 이해하는 한 국민의 기본권을 침해하는 위헌조항이라 할 수는 없다. 피청구인들은 예산심의에 관하여 이해관계를 가지는 많은 국가기관과 당사자들에게 계수조정 과정을 공개할 수는 없으며, 위원들의 허심탄회한 충분한 토론·심의의 보장을 위하여 비공개로 하며, 이것이 국회의 확립된 관행이라고 한다. 한편 절차적으로는 소위원회에 회부할 당시 미리 위원회의 비공개의결이 있거나 위원회 소속 전체의원의 양해 하에 비공개로 이루어지고 있다고 한다. 그렇다면 비공개에 관하여 예산결산특별위원들의 실질적인 합의 내지 찬성이 있었다고 볼 수 있고, 그 합의를 바탕으로 비공개로 진행한 것은 헌법이 설정한 국회 의사자율권의 범위를 벗어난 것이라 할 수 없으니, 피청구인들의 방청 불허를 가리켜 위헌적인 공권력의 행사라고 할 수는 없다.
청구인들이 국정감사장에서의 의원들의 질의답변을 평가하여 "worst 의원"과 "best 의원"을 발표하였는데, 피청구인들은 그 평가기준의 공정성에 대한 검증절차가 없었고 평가의 언론공표로 의원들의 정치적 평판 내지 명예에 대한 심각한 훼손의 우려가 있어 청구인들의 방청을 허용할 경우 원활한 국정감사의 실현이 불가능하다고 보아 전면적으로 또는 조건부로 방청을 불허하기에 이르렀다고 방청을 불허하기에 이르렀다고 주장한다. 원만한 회의진행 등 회의의 질서유지를 위하여 방청을 금지할 필요성이 있었는지에 관하여는 국회의 자율적 판단을 존중하여야 할 것인바, 위와 같은 사유를 들어 방청을 불허한 것이 헌법재판소가 관여하여야 할 정도로 명백히 이유없는 자의적인 것이라고는 보이지 아니한다. 그렇다면 국감방청불허행위가 위헌적인 공권력의 행사라고 할 수 없다.

하다고 인정할 때에는 공개하지 아니할 수 있다(제50조 1항 단서). 이러한 예외로서 정보위원회에 대한 특례를 들 수 있다. 정보위원회의 회의는 공개하지 아니한다. 다만, 공청회 또는 국가정보원장에 대한 인사청문회를 실시하는 경우에는 위원회의 의결로 이를 공개할 수 있다. 정보위원회의 위원 및 소속공무원은 직무수행상 알게 된 국가기밀에 속하는 사항을 공개하거나 타인에게 누설하여서는 아니 된다(동법 제54조의2). 현재는 위에서 본 대로 국회의 자율권에 따른 불허(방청금지) 여부에 대한 판단의 재량을 이유로 국회예산결산특별위원회 계수조정소위원회의 방청, 상임위원회의 국정감사활동에 대한 시민단체의 방청을 불허한 행위가 위헌적인 공권력의 행사라고 할 수는 없다고 보았다.

위원장은 의원으로부터 비공개회의록 기타 비밀참고자료의 열람의 요구가 있을 때에는 심사·감사 또는 조사에 지장이 없는 한 이를 허용하여야 한다. 그러나 국회 밖으로는 대출하지 못한다(동법 제62조).

4. 안건심사의 개시와 절차

(1) 활동의 시작

위원회의 주된 활동은 의원이 의안을 발의하거나 정부가 법률안, 예산안을 제출하여 의장이 회부할 때 시작된다.

의원은 10인 이상의 찬성으로 의안을 발의할 수 있고 의안을 발의하는 의원은 그 안을 갖추고 이유를 붙여 소정의 찬성자와 연서하여 이를 의장에게 제출하여야 한다(동법 제79조 1항·2항). 의장은 의안이 발의 또는 제출된 때에는 이를 인쇄하거나 전산망에 입력하는 방법으로 의원에게 배부하고 본회의에 보고하며, 소관상임위원회에 회부한다(제81조 1항).

위원회도 그 소관에 속하는 사항에 관하여 법률안 기타 의안을 위원장이 제출자가 되어 제출할 수 있다(동법 제51조). 그런데 위원회에서 제출한 의안은 다시 그 위원회에 회부하지 아니한다(동법 제88조 본문). 이는 위원회에서 이미 충분히 심의한 결과물인 위원회 제출의 의안을 다시 그 위원회가 심사하도록 하는 것은 아무 의미가 없다고 보기 때문이다(본회의 심의 중에 위원회가 다시 심사하게 할 필요가 있으면 본회의 의결로 재회부가 가능함. 동법 제94조). 다만, 의장은 국회운영위원회의 의결에 따라 이를 다른 위원회에 회부할 수 있다(동법 제88조 단서).

(2) 안건심사절차 개관

안건에 대한 심사가 위원회에서의 의사과정의 핵심이다. 위원회의 심사에 있어 전반적 진행과정을 보면, 먼저 그 취지의 설명과 전문위원의 검토보고를 듣고 대체토론과 축조심사 및 찬반토론을 거쳐 표결한다(국회법 제58조 1항).

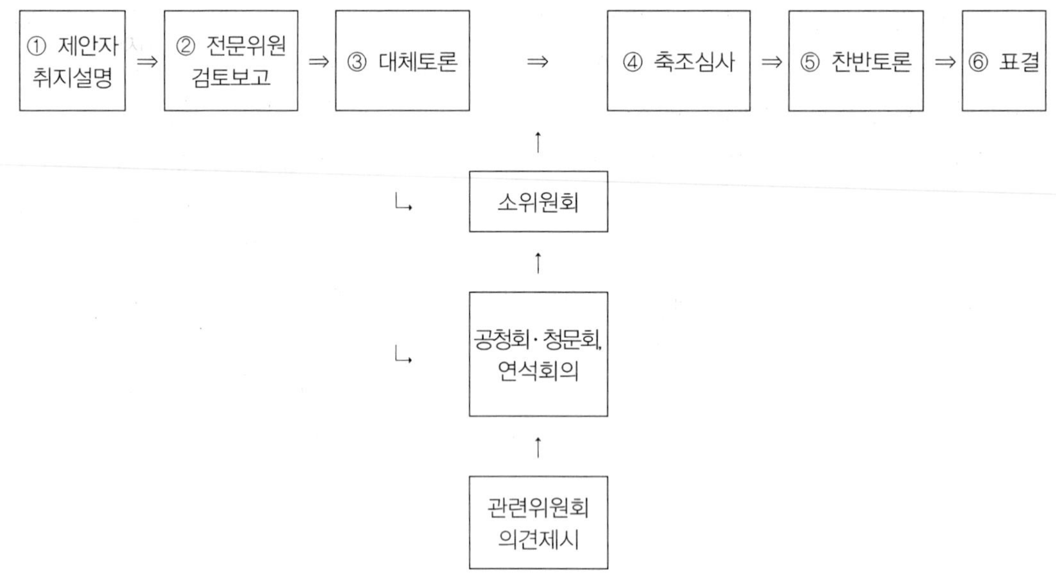

▌위원회의 심사과정

(3) 안건심사의 개별 절차

1) 제안자의 취지설명과 전문위원의 검토보고

의안을 발의한 의원이 그 취지를 설명함으로써 의안심사가 시작되고 그 설명을 통해 위원들의 이해를 이끌어내게 된다. 의안심사가 다음으로 전문위원의 검토보고는 제안이유, 문제점, 심의사항 등을 보고함으로써 의원들의 심사에 필요한 기초정보 등을 제공하여 심사의 효율성을 도모하고자 하는 것이다. 전문위원의 검토보고서는 특별한 사정이 없는 한 당해 안건의 위원회상정일 48시간 전까지 소속위원에게 배부되어야 한다(동법 동조 8항). 참조시간을 부여하기 위한 것이다.

2) 대체토론

대체토론(大體討論)이란 안건 전체에 대한 문제점과 당부에 관한 일반적 토론을 말하며 제안자와의 질의·답변을 포함한다.

3) 소위원회 회부

대체토론 이후 상임위원회는 상설소위원회에 회부하여 이를 심사·보고하도록 하고, 필요한 경우 특정한 안건의 심사를 위한 비상설소위원회에 이를 회부할 수 있다(동법 동조 2항). 위원회가 안건을 소위원회에 회부하고자 하는 때에는 대체토론이 끝난 후가 아니면 회부할 수 없다(동법 동조 3항).

4) 공청회·청문회, 연석회의, 관련 위원회 의견제시 등

대체토론 이후 축조심사에 들어가기 전에 공청회나 청문회를 개최하기도 하여 다양한 의견을 수렴하고 정보를 제공받는다. 제정법률안 및 전부개정법률안에 대하여는 공청회 또는 청문회를 필요적으로 개최하여야 하는데 이 필요적 경우에도 위원회의 의결로 생략할 수 있다(동법 동조 6항). 공청회·청문회절차에 대해서는 별도로 살펴본다. 관련 위원회는 다른 위원회와 협의하여 연석회의를 열고 의견을 교환할 수 있다. 그러나 표결은 할 수 없다(동법 제63조 1항). 또한 대체토론 이후 축조심사 전에 다른 관련 위원회들로부터의 의견제시도 받을 수 있다.

5) 축조심사

이후 축조심사가 이루어진다. 축조심사(逐條審查)란 의안의 조항들을 차례로 한 조항씩 쫓아서 낭독하면서 심사를 하는 것을 말한다. 개별적인 심도있는 심사를 통해 입법의 충실도를 담보하기 위한 것이다. 축조심사 중에 수정안이 발의되면 이에 대한 심사도 이루어진다. 축조심사는 위원회의 의결로 이를 생략할 수 있다. 다만, 제정법률안 및 전부개정법률안에 대하여는 축조심사를 생략할 수 없고 반드시 거쳐야 한다(동법 동조 5항). 법제사법위원회의 체계·자구심사에 있어서는 축조심사를 제정법률안 및 전부개정법률안의 경우일지라도 생략할 수 있다(동법 동조 9항).

6) 찬반토론

축조심사가 완료되면 찬반토론을 실시한다. 찬반토론이란 특정한 의제에 대해 찬성과 반대의 의견을 표명하면서 의견을 교환하는 것을 말한다. 찬반토론은 찬성과 반대의 의사표시를 하여야 한다는 점에서 안건 전체에 대한 문제점이나 당부에 관한 의견표명인 대체토론과 다르다.

7) 표결

찬반토론이 종결되면 표결에 들어간다. 의결정족수에 대해서는 앞서 살펴보았다. 표결방법은 본회의에서와 같이 기록표결(전자투표)을 원칙으로 하고 예외적으로 기명, 호명, 무기명 등을 행하나 국회법은 상임위원회의 인원이 소수임으로 고려하여 거수로 표결할 수 있도록 하고 있다(동법 제71조 단서). 실무상 기립표결을 하고 있다고 한다.

(4) 안건조정, 신속처리를 위한 제도, 위원회의 해임 등

이에 관해서는 법률안심사절차에서 함께 자세히 살펴본다(후술 참조).

(5) 법안심사절차

상임위원회가 법안심사의 핵심역할을 수행한다. 상임위에서의 법안심사절차도 위 의안심사절차에 따른다. 법률안심사절차는 국회 입법권이 국회권한의 핵심이므로 후술하는 국회입법권 부분에서 별도로 자세히 다룬다.

5. 상임위원회의 심사보고서와 보고

(1) 의의(중요성)

위원회는 안건의 심사를 마친 때에는 심사경과와 결과 기타 필요한 사항을 서면으로 의장에게 보고하여야 한다(동법 제66조 1항). 이 심사보고서는 오늘날 상임위원회 중심주의하에서 본회의에서 안건을 충분히 다룰 수 없으므로 상임위원회에서의 심사내용을 알린다는 의미에서 의원에 대한 정보의 의미를 가질 뿐 아니라 본회의의 심의를 위한 가장 중요한 기초자료로서의 의미를 가진다. 위원회의 심사를 거치지 아니한 안건에 대하여는 제안자가 그 취지를 설명하여야 하고, 위원회의 심사를 거친 안건에 대하여는 의결로 질의와 토론 또는 그중의 하나를 생략할 수 있으므로(동법 제93조 단서) 이러한 경우에 심사보고서는 더욱 중요한 기능을 한다.

(2) 내용

심사경과를 담아야 하므로 실무상 제안취지 설명의 요지, 전문위원 검토보고, 대체토론·축조심사·찬반토론·수정안 등의 요지, 소위원회심사내용, 심사결과 등을 담아야 한다. 기타 필요한 사항으로는 연석회의, 공청회, 청문회 등을 개최한 경우에 그 결과 등을 담게 된다. 또한 국회법은 심사보고서에는 소수의견의 요지 및 관련위원회의 의견요지를 기재하여야 한다고 규정하고 있다(동법 동조 2항). 소수의견을 기재하도록 한 것은 상임위에서의 의결과 달리 본회의에서 다수의 지지를 받을 수도 있을 것이기 때문이다. 안건이 예산 또는 기금상의 조치를 수반하고 위원회에서 수정된 경우에는 심사보고서에 그 안건의 시행에 수반될 것으로 예상되는 비용에 대하여 국회예산정책처가 작성한 추계서를 첨부하여야 한다. 다만, 긴급한 사유가 있는 경우 위원회의 의결로 이를 생략할 수 있다(동법 동조 3항). 전반적으로 심사보고사에 담을 내용은 해당 상임위원회에 참여하지 않은 의원이라도 보고서의 열람으로 자신의 의견을 결정할 수 있을 정도의 자료가 담겨질 것이 요구된다고 할 것이다.

(3) 배부

의장은 보고서가 제출된 때에는 본회의에서 의제가 되기 전에 인쇄하거나 전산망에 입력하는 방법으로 의원에게 배부한다. 다만, 긴급을 요할 때에는 이를 생략할 수 있다(동법 동조 4항).

(4) 위원장의 본회의 보고

위원장은 소관위원회에서 심사를 마친 안건이 본회의에서 의제가 된 때에는 위원회의 심사경과 및 결과와 소수의견 및 관련위원회의 의견등 필요한 사항을 본회의에 보고한다(동법 제67조 1항).

6. 위원회에서의 발언·질의제도

위원은 위원회에서 동일의제에 대하여 횟수 및 시간 등에 제한없이 발언할 수 있다. 다만, 위원장은 발언을 원하는 위원이 2인 이상일 경우에는 간사와 협의하여 15분의 범위 안에서 각 위원의 첫번째 발언시간을 균등하게 정하여야 한다(동법 제60조 1항). 위원회는 안건에 관하여 위원 아닌 의원의 발언을 들을 수 있다(동법 제61조).

위원회에서의 질의는 일문일답의 방식으로 한다. 다만, 위원회의 의결이 있는 경우 일괄질의의 방식으로 할 수 있다(동법 제60조 2항).

7. 동의, 의안·동의의 철회, 번안, 대안

(1) 동의

동의(動議)란 의안의 발의가 아니라 회의의 도중에 심의대상 안건과는 별도로 의제를 제안하는 것을 말한다. 예를 들어 회기나 개의시각을 변경하자는 동의와 같이 회의의 진행에 관한 동의, 소위원회를 설치하여 심의하자는 동의, 국무위원의 출석을 요구하는 동의, 공청회를 개최하자는 동의 등이다. 동의는 동의자 외 1인 이상의 찬성으로 의제가 되는데 국회법에 특별히 다수의 찬성자를 요하는 다른 규정이 있는 경우에는 다수의 찬성을 요하나(국회법 제89조) 위원회의 동의의 경우에는 이러한 때에도(즉 특별히 다수의 찬성자를 요하는 규정이 있는 때에도) 동의자 외 1인 이상의 찬성으로 의제가 될 수 있다(동법 제71조 단서).

(2) 의안·동의의 철회

의원은 그가 발의한 의안 또는 동의를 철회할 수 있다. 다만, 2인 이상의 의원이 공동으로 발의한 의안 또는 동의에 대하여는 발의의원 2분의 1 이상이 철회의사를 표시하는 때에 철회할 수 있다(동법 제90조 1항). 그러나 의원이 위원회에서 의제가 된 의안 또는 동의를 철회할 때에는 위원회의 동의를 얻어야 하고, 정부가 본회의 또는 위원회에서 의제가 된 정부제출의 의안을 수정 또는 철회할 때에는 위원회의 동의를 얻어야 한다(동법 제90조 2항·3항).

(3) 번안동의(飜案動議)

번안동의란 이미 가결된 의안을 가결 이후 의사과정에서 명확히 착오가 있거나 사정이 변경되어 이를 다시 심의하기 위하여 가결된 의안을 무효로 하고 그 의안의 내용을 번복하여 다른 내용을 심의할 것을 요구하는 동의를 말한다. 번안동의는 이미 과반수 찬성으로 의결된 것을 다시 번복하는 것이므로 엄격한 요건하에서만 인정하여야 한다. 그러므로 국회법은 위원회에 있어서의 번안동의는 위원의 동의로 그 안을 갖춘 서면으로 제출하되, 재적위원 과반수의 출석과 출석위원 3분의 2 이상의 찬성으로 의결하도록 하고 있다. 그러나 본회의에 의제가 된 후에는 번안할 수 없다(국회법 제91조 2항). 이는 본회의가 심의하는 도중에 위원회에서의 의결과 다른 내용을 의결할 여지가 있으므로 위원회에서의 번안이 의미가 없다고 보기 때문이다.

(4) 대안

대안이란 원안과 그 대상이나 취지에 있어서 같으나 그 내용을 대체하는 의안을 말한다.

의원, 위원회 모두 제출할 수 있다. 의안에 대한 대안은 위원회에서 그 원안을 심사하는 동안에 제출하여야 하며, 의장은 이를 그 위원회에 회부한다(동법 제95조 4항).

8. 공청회

(1) 공청회의 개념과 기능

국회의 공청회란 많은 이해관계인들이 관심을 가지는 중요한 안건이어서 다양한 의견을 폭넓게 수렴할 필요가 있거나 안건이 전문적 지식에 대한 이해를 요구하는 사안이어서 이해관계인들 또는 관련 학식과 경험을 지닌 전문가들의 의견을 청취하고 수렴하기 위해 국회의 위원회가 개최하는 회의를 말한다. 다양한 의사의 반영과 전문적 지식의 이해를 바탕으로 한 입법이나 의안해결을 가져오게 하여 ① 의회주의의 요소인 다원주의를 실현하게 하고, ② 충실한 입법이나 의안해결을 도모할 수 있도록 한다. ③ 공청회를 통하여 국회의 의안에 대한 국민의 관심과 인식을 제고하여 국민의 알 권리를 신장하는 기능을 수행하고, ④ 이해관계인들이 대립될 때 공청회를 통해 이익충돌에 대한 조절을 시도하는 등의 기능도 기대할 수 있다.

(2) 실시주체

국회에서의 공청회는 본회의가 개최권을 가지지 않고 상임위원회와 특별위원회에서 개최하는데 소위원회도 개최할 수 있다(국회법 제64조 1항).

(3) 개최요건

아래에 볼 필수적 공청회사항의 경우 그 개최요건이 없이 당연히 공청회가 개최되어야 한다. 임의적 공청회사항의 경우 위원회의 의결 또는 재적위원 3분의 1 이상의 요구가 있어야 한다.

(4) 공청회 사항

1) 필수적 사항

현행 국회법상 2가지이다.

① **제정법률안, 전부개정법률안에 대한 필수적 공청회** 위원회는 제정법률안 및 전부개정법률안에 대하여는 공청회를 개최하여야 한다. 다만, 위원회의 의결로 이를 생략할 수 있다(동법 제58조 6항, 제64조 1항 단서). 새로이 제정하거나 기존의 법률을 전부 변경하는 전부개정법률안은 그 중요성이나 영향이 크다는 점에서 공개적인 의견의 수렴이 더욱 요구되기에 공청회의 필수적 대상으로 규정한 것이다.

② **예산안·기금운용계획안 및 결산에 대한 필수적 공청회** 예산결산특별위원회는 예산안·기금운용계획안 및 결산에 대하여 공청회를 개최하여야 한다. 다만, 추가경정예산안·기금운용계획변경안 또는 결산의 경우에는 위원회의 의결로 이를 생략할 수 있다(국회법 제84조의3).

이처럼 위원회의 의결로 이를 생략할 수 있는 예외를 두어 예외가 남용되면 필수적 공청회의 실제성이 반감된다.

2) 임의적 사항

위 사항들 외 안건들은 임의적 공청회 대상이다. 그렇다고 하여 위 사항 외에 임의적 공청회가 무조건 열리는 것은 아니고 일정한 목적과 정족수를 갖추어야 한다. 즉 위원회 또는 소위원회는 ① 중요한 안건 또는 전문지식을 요하는 안건을 심사하기 위하여 ② 그 의결 또는 재적위원 3분의 1 이상의 요구로 공청회를 열고 이해관계자 또는 학식·경험이 있는 자 등(이하 "진술인"이라 한다)으로부터 의견을 들을 수 있다(국회법 제64조 1항 본문).

(5) 절차

위원회에서 공청회를 열 때에는 안건·일시·장소·진술인·경비 기타 참고사항을 기재한 문서로 의장에게 보고하여야 한다(동법 제64조 2항). 진술인의 선정과 진술인 및 위원의 발언시간은 위원회에서 정하며, 진술인의 발언은 그 의견을 듣고자 하는 안건의 범위를 넘어서는 아니 된다(동법 동조 3항). 위원회가 주관하는 공청회는 그 위원회의 회의로 한다(동법 동조 4항). 기타 공청회운영에 필요한 사항은 국회규칙으로 정한다(동법 동조 5항).

(6) 효과

입법이나 의안구성 등에 필요한 자료나 정보들을 공청회를 통해 수집할 수 있고 이를 입법이나 의안에 반영할 수 있다. 위원장이 필요하다고 인정하거나 위원회의 의결이 있는 경우에는 당해 위원회의 공청회의 경과를 발간하여 의원에게 배부하고 일반에게 반포할 수 있다(동법 제70조 4항).

9. 청문회

(1) 청문회의 개념과 유형

위원회가 중요한 사안에 대해 심사·의결함에 있어서 필요한, 판단의 기초가 될 자료나 정보를 수집하기 위하여, 또는 주요 국가공무원의 자질검증을 위하여, 또는 의혹이 있는 사안에 대해 그 진상을 밝히기 위하여 당사자, 증인, 참고인 등을 출석하게 하여 공개적으로 그 진술, 증언 등을 청취하는 절차가 청문회이다. 대표적인 국가로 미국에서 청문회가 많이 발달되었고 활발하다.

청문회에는 그 목적에 따라 입법청문회(법률안의 심사·의결, 입법에 필요한 자료수집을 위한 청문회), 인사청문회(고위 공직자의 선출이나 임명동의를 위한 자질 검증의 목적으로 개최되는 청문회), 조사청문회(의혹사건에 대한 조사를 위한 청문회),[1] 감독청문회 등의 유형이 있다. 국정감사와 국정조사를 위

1) 우리나라에서 청문회제도가 처음 도입된 것은 1988.6.15. 국회법 개정 때였다. 이 개정 직후 1988년 11월에는 5공비리에 대한 조사로서 이른바 일해재단(日海財團) 청문회를 시작으로 여러 청문회들이 열렸다. 이러한 초기

한 청문회도 개최될 수 있다(국회법 제65조 1항).

(2) 청문회 일반

국회법은 인사청문회의 경우 그 절차 및 운영 등에 관하여 필요한 사항은 따로 법률로 정하도록 하고 있고(동법 제65조의2 4항) 이에 따라 인사청문회법이란 법률이 별도의 절차적 규정을 두고 있다. 따라서 인사청문회의 절차에 관해서는 아래의 (4)에서 별도로 보기로 하고 여기서는 청문회 일반의 법리에 대해 살펴본다.

1) 실시주체

청문회도 본회의는 이를 개최할 권한이 없고 위원회, 소위원회가 주체가 되어 실시한다(국회법 제65조 1항). 국정감사·조사를 하면서 행하는 청문회의 경우에는 반(班)에서도 청문회를 실시할 수 있다(국감법 제10조 3항).

2) 개최요건

청문회의 개최는 위원회(소위원회)의 의결에 의한다(동법 제65조 1항). 그러나 입법청문회의 경우에는 아래 (3)에서 언급하지만 제정법률안과 개정법률안에 대해서는 필수적으로 개최하여야 하고 그 외 법률안의 경우 재적위원 3분의 1 이상의 요구로도 개최할 수 있다.

3) 절차

위원회는 청문회개최 5일 전에 안건·일시·장소·증인 등 필요한 사항을 공고하여야 하고, 위와 같은 사항들을 기재한 문서로 의장에게 보고하여야 한다(동법 제65조 3항, 제65조 7항, 제64조 2항). 청문회는 공개한다. 다만, 위원회의 의결로 청문회의 전부 또는 일부를 공개하지 아니할 수 있다(동법 제65조 4항). 위원회는 필요한 경우 국회입법조사처 등 소속 공무원이나 교섭단체의 정책연구위원을 지정하거나 전문가를 위촉하여 청문회에 필요한 사전조사를 실시하게 할 수 있다. 청문회에서의 발언·감정 등에 대하여 국회법에서 정한 것을 제외하고는 '국회에서의 증언·감정 등에 관한 법률'에 따른다(동법 제65조 6항). 증인의 선정과 증인 및 위원의 발언시간은 위원회에서 정하며, 증인의 발언은 그 의견을 듣고자 하는 안건의 범위를 넘어서는 아니 된다(동법 제65조 7항, 제64조 3항). 위원회가 청문회와 관련된 서류제출요구를 하는 경우에는 그 의결로 할 수 있고 소수파를 위해 재적위원 3분의 1 이상의 요구로도 할 수 있도록 하고 있다(동법 제128조 1항 단서).

위원회가 주관하는 청문회는 그 위원회의 회의로 한다(동법 제65조 7항, 제64조 4항). 기타 청문회운영에 필요한 사항은 국회규칙으로 정한다(동법 제65조 8항).

의 청문회는 조사청문회로서의 유형이었다.

(3) 입법청문회

1) 개념

법률안을 작성하고, 심의함에 있어서 정보를 수집하고, 국민의 의사를 반영하기 위하여 사계의 전문가, 이해관계인 등의 의견을 발표하게 하고 이를 청취하는 절차가 입법청문회이다. 지금까지 입법청문회가 활용되지 않고 있었으나 앞으로 보다 적극적인 활용이 필요하다.

2) 실시주체

입법청문회도 본회의가 개최할 권한이 없고 위원회가 주체가 되어 실시한다.

3) 필수적 입법청문회와 임의적 입법청문회 사항

제정법률안 및 전부개정법률안에 대하여는 반드시 청문회를 개최하여야 한다(필수적 입법청문회). 다만, 위원회의 의결로 이를 생략할 수 있다(국회법 제58조 6항). 제정법률안이나 전부개정법률이 아닌 다른 법률안의 심사를 위한 청문회는 임의적 입법청문회이다. 임의적 입법청문회는 재적위원 3분의 1 이상의 요구로도 개최할 수 있다(동법 제65조 2항).

4) 절차

개최요건을 제외하고는 위에서 본 청문회의 일반적인 절차에 따라 실시된다.

(4) 인사청문회

이에 대한 자세한 것은 뒤의 헌법기관구성에 관한 국회의 권한 부분에서 살펴본다(후술 참조).

(5) 청문회의 효과

입법청문회는 청문결과 획득된 입법자료 등을 바탕으로 입법심사에서 이를 반영하게 된다. 조사청문회는 조사결과에 따른 조치를 취하게 된다. 즉 조사결과 정부 또는 해당기관의 시정을 필요로 하는 사유가 있을 때에는 국회는 그 시정을 요구하고, 정부 또는 해당기관에서 처리함이 타당하다고 인정되는 사항은 정부 또는 해당기관에 이송한다(국정감사 및 조사에 관한 법률 제16조 2항). 정부 또는 해당기관은 이러한 시정요구를 받거나 이송받은 사항을 지체없이 처리하고 그 결과를 국회에 보고하여야 하며 국회는 이 처리결과보고에 대하여 적절한 조치를 취할 수 있다(동법 동조 3항·4항). 인사청문회의 효과에 대해서는 위에서 기술하였다. 인사청문 등에서의 위증이 문제되고 있다. 처벌이 가능한지에 대해 긍정설과 부정설이 대립된다. 자기부죄진술거부권을 내세우는 부정설이 있으나 그렇더라도 위증사실이 입증된 경우에 처벌하는 것이므로 긍정설이 타당하다.

인사청문특별위원회나 상임위원회의 위원장이 필요하다고 인정하거나 위원회의 의결이 있는 경우에는 당해 위원회의 청문회 등의 경과 및 결과나 보관중인 문서를 발간하여 의원에게 배부하고 일반에게 반포할 수 있다(국회법 제70조 4항).

Ⅳ. 본회의의 의사절차

1. 본회의의 개의·유회·중지·산회 등

(1) 개의

개의란 회기 내에서 본회의의 의사가 시작되는 것을 의미한다. 정기회와 임시회의 시작은 개회라고 한다.

1) 개의시각

본회의는 오후 2시(토요일은 오전 10시)에 개의한다(국회법 제72조 본문). 시각을 이처럼 고정한 것은 의원들과 정부 인사들이 국회활동에 대한 예측과 대비를 하도록 하기 위함이다. 다만, 의장은 각 교섭단체대표의원과 협의하여 그 개의시를 변경할 수 있는데(동법 동조 단서) 이 경우에 변경시각을 의원들에게 통지하여야 한다.

2) 개의(의사)정족수

본회의는 재적의원 5분의 1 이상의 출석으로 개의한다(동법 제73조 1항).

(2) 유회·중지·산회

1) 유회(流會)

의장은 개의시로부터 1시간이 경과할 때까지 위 개의정족수에 달하지 못할 때에는 유회를 선포할 수 있다(동법 동조 2항). 유회는 산회와 구별된다. 유회란 애초부터 정족수미달로 개의가 되지 못하여 그날의 예정된 회의를 열지 못하게 된 것을 말한다. 반면 산회란 아래에서 보듯이 일단 개의가 되긴 되고 이후에 회의를 종료하는 것을 말한다. 유회권을 의장에 부여한 것은 오랜 시간 지체로 인한 의사의 비효율성을 막기 위한 것이다.

2) 중지

회의 중 위 개의정족수에 달하지 못할 때에는 의장은 회의의 중지 또는 산회를 선포한다. 다만, 의장은 교섭단체대표의원이 의사정족수의 충족을 요청하는 경우 외에는, 즉 의사정족수 미달이더라도 이에 대해 이의제기가 없으면 효율적인 의사진행을 위하여 회의를 계속할 수 있다(동법 동조 3항). 중지란 회의를 일시적으로 중단하는 것을 말하고 보통 정회(停會)라고 한다. 중지는 속개를 전제로 한 것이고 산회는 종료를 가져온다는 점에서 양자에 차이가 있다. 중지(정회) 사유는 ① 위에서 언급한 대로 회의 도중의 정족수가 미달되는 경우뿐 아니라 ② 원내 교섭단체들 간의 의사진행 등에 관한 협의가 필요한 경우, ③ 회의장의 소란으로 회의진행이 어려운 경우(동법 제145조 3항)에도 중지(정회)할 수 있다.

3) 산회(散會)

위에서 이미 언급한 대로 회의 중 개의정족수미달로 의장이 산회를 선포할 수도 있다. 의사일정에 올린 안건의 의사가 끝났을 때에는 의장은 산회를 선포한다(동법 제74조). 의사일정의 안건의 의사가 끝난 뒤에도 의사일정의 추가가 있는 경우(동법 제77조)에는 산회하지 않고 회의를 계속한다. 의사일정의 안건에 대한 의사가 종료되지 않고 진행중에 있으나 회의장이 소란하여 질서를 유지하기 곤란하다고 인정할 때에는 의장은 산회를 선포할 수 있다(동법 제145조 3항).

4) 유회·산회·중지의 효과

유회나 산회가 되면 그 날에 더 이상 다시 회의가 열리지 않는다. 이는 '일일 일회의원칙'(一日 一會議原則) 때문이다. 이 원칙은 하루에 1회의 회의만이 열려야 한다는 의사운영원칙을 말한다. 중지(정회)는 그 사유가 소멸되면 회의가 다시 열리게(속개) 된다.

2. 의사일정

의사일정(議事日程)이란 개의일시, 붙여질 안건들, 안건들의 처리순서 등을 기재한 의사진행에 관한 예정계획서를 말한다. 의사일정의 작성과 통지, 변경 등에 대해서는 앞서 살펴보았다(전술 참조).

3. 발언

의원이 발언하려고 할 때에는 미리 의장에게 통지하여 허가를 받아야 하고 발언통지를 하지 아니한 의원은 통지를 한 의원의 발언이 끝난 다음 의장의 허가를 받아 발언할 수 있다(동법 제99조 1항·2항). 의사진행에 관한 발언은 발언요지를 의장에게 미리 통지하여야 하며, 의장은 의제에 직접 관계가 있거나 긴급히 처리할 필요가 있다고 인정되는 것은 즉시 허가하고, 그 외의 것은 의장이 그 허가의 시기를 정한다(동법 동조 3항). 발언은 그 도중에 다른 의원의 발언에 의하여 정지되지 아니하며, 산회 또는 회의의 중지로 발언을 마치지 못한 때에는 다시 그 의사가 개시되면 의장은 먼저 발언을 계속하게 한다(동법 제100조).

정부에 대한 질문외의 의원의 발언시간은 15분을 초과하지 아니하는 범위 안에서 의장이 정한다. 다만, 의사진행발언·신상발언 및 보충발언은 5분을, 다른 의원의 발언에 대한 반론발언은 3분을 초과할 수 없다(동법 제104조 1항). 의장은 본회의가 개의되는 경우 그 개의시부터 1시간을 초과하지 아니하는 범위내에서 의원에게 국회가 심의중인 의안과 청원 기타 중요한 관심사안에 대한 의견을 발표할 수 있도록 하기 위하여 5분 이내의 발언(이하 "5분자유발언"이라 한다)을 허가할 수 있다(동법 제105조 1항).

의사일정에 올린 안건에 대하여 토론하고자 하는 의원은 미리 반대 또는 찬성의 뜻을 의장에게 통지하여야 한다. 의장은 제1항의 통지를 받은 순서와 그 소속교섭단체를 고려하여 반대자와 찬성자를 교대로 발언하게 하되 반대자에게 먼저 발언하게 한다(동법 제106조).

4. 질문제도

(1) 성격과 기능

① 정부나 사법부 등 국가기관에 대한 정책이나 정책집행 등에 대한 추궁제도로서의 통제기능을 가진다. ② 의원내각제적 성격의 제도라고 본다. ③ 의원들의 정보수집기능(대정부질문을 통한 정보파악)을 수행하기도 한다. ④ 국민의 알 권리를 국민대표자인 국회의원이 대신 실현하는 기능을 하기도 한다.

(2) 유형

1) 구두질문과 서면질문

(가) 개념

방식에 따른 유형으로는 구두질문과 서면질문이 있다. 구두질문은 회의장에 출석하여 의문사항을 말로써 묻는 방식의 질문이고 서면질문은 문서에 의문사항을 기재하여 답변을 요구하는 방식의 질문이다.

(나) 구두질문과 서면질문의 특성 및 장단점

구두질문은 즉석에서 의문사항에 대한 답변을 듣고 이에 대한 보충적 질문을 할 수 있다는 장점이 있다. 반면 한정된 시간이 경과되면 질문이 불가하다는 한계가 있다. 서면질문은 명확하고 정리된 문건에 의한 질문의 경우 보다 이성적이고 조리있는 질문을 가능하게 하여 시간절약과 질문의 집약성 등의 장점이 있다. 구두질문에서 누락되거나 놓쳐버린 질문을 서문으로 할 수 있다는 장점도 있다. 그 점에서 문서에 의한 질문제도도 활성화되는 것이 바람직하다. 반면 서면질문에서는 추가적인 보충질문이 가능하나 또다시 서면으로 하게 되면 석명이 즉시 이루어지기 어렵다는 단점이 있다.

2) 대정부질문, 긴급현안질문

현행 국회법은 대정부질문, 긴급현안질문 등의 제도를 두고 있다. 이는 구두질문이다.

(3) 서면질문

1) 의의와 시기 및 대상

서면질문의 장단점에 대해서는 위에서 언급하였다. 그 외에 서면질문은 대정부질문, 긴급현안질문인 구두질문이 회기 중에 실시되는 것과 달리 폐회 중에도 행할 수 있다는 장점이 있다. 구두질문의 경우 시간의 한계로 질문의원이 한정되고 아래에 보듯이 소속의원수의 비율에 따라 배정되므로 구두질문을 얻지 못하는 의원들(특히 소수파 소속 의원들), 구두질문에서 놓쳐버린 내용, 추가내용을 질문하고자 하는 의원들들로 하여금 서면질문제도를 활용하게 하면 의미가 크다.

행정부에 대해서만 서면질문할 수 있는지 아니면 그 외 사법부, 헌법재판소 등의 국가기관에 대해서도 서면질문할 수 있는지 하는 의문이 있을 수 있다. 가능설이 타당하다. 출석·답변의무의 대상에는 들어가지 않으나 서면답변은 국민의 알 권리 구현과 의원들의 의정활동에 필요하다는 점에서 이들 행정부 외 국가기관들에 대한 서면질문도 가능하다고 보는 것이다.

2) 질문서 제출과 정부이송

의원이 정부에 서면으로 질문하려고 할 때에는 질문서를 의장에게 제출하여야 하고, 의장은 질문서가 제출된 때에는 지체없이 이를 정부에 이송한다(국회법 제122조 1항·2항).

3) 정부의 제출내용 및 답변기한

정부는 서면질문에 대하여 답변할 때 회의록에 게재할 답변서와 기타 답변관계자료를 구분하여 국회에 제출하여야 한다(동법 동조 4항). 정부는 질문서를 받은 날로부터 10일 이내에 서면으로 답변하여야 한다. 그 기간 내에 답변하지 못할 때에는 그 이유와 답변할 수 있는 기한을 국회에 통지하여야 한다(동법 동조 3항). 의장은 회의록에 질문서와 답변서를 게재한다.

4) 재질문

정부의 답변에 대하여 보충하여 질문하고자 하는 의원은 서면으로 다시 질문할 수 있다(동법 동조 5항).

(4) 대정부질문

1) 의의

대정부질문이란 의원이 국정에 대하여 정부에 대하여 행하는 구두질문을 말한다(동법 제122조의2 1항). 이 질문은 국무총리·국무위원의 국회출석·답변의 의무(제62조 2항)를 실현하기 위한 것이다. 대정부질문을 통해 정부의 국정에 대한 일반적인 국회통제가 이루어진다.

2) 실시의 시기와 장소 및 질문범위

대정부질문은 회기 중에 본회의에서 의원이 국정전반 또는 국정의 특정분야를 대상으로 정부에 대하여 행한다(동법 제122조의2 1항).

3) 국무총리·국무위원의 출석요구

질문실시 및 그 시기, 의제 등이 결정되면 국회법 제121조 제1항의 규정에 의하여 국회는 의제별로 출석·답변하여야 할 국무위원의 출석을 요구하여야 한다.

4) 질문의원의 선정

의제별 질문의원수는 의장이 각 교섭단체대표의원과 협의하여 교섭단체별로 그 소속의원수의 비율에 따라 배정한다(동법 동조 4항·5항). 의장은 의원의 질문과 정부의 답변이 교대로 균형있게 유지되도록 하여야 한다(동법 동조 6항).

5) 사전 질문요지서 제출과 송부

질문을 하고자 하는 의원은 미리 질문의 요지를 기재한 질문요지서를 구체적으로 작성하여 의장에게 제출하여야 하며, 의장은 늦어도 질문시간 48시간 전까지 질문요지서가 정부에

도달되도록 송부하여야 한다(동법 동조 7항). 이러한 사전 질문요지서는 한정된 질문시간에 집약적이고도 충실한 답변이 되도록 하고 질문의원으로 하여금 정리된 질문을 하도록 하기 위한 것이다.

6) 질문의원과 질문순서의 사전통지

각 교섭단체대표의원은 질문의원과 질문순서를 질문일 전일까지 의장에게 통지하여야 하고 의장은 각 교섭단체대표의원의 통지내용에 따라 질문순서를 정한 후 이를 본회의개의 전에 각 교섭단체대표의원과 정부에 통지하여야 한다(동법 동조 8항).

7) 질문의 방식과 시간

대정부질문은 일문일답의 방식으로 하되, 의원의 질문시간은 20분을 초과할 수 없는데, 질문시간에는 답변시간이 포함되지 아니한다(동법 동조 2항). 시각장애 등 신체장애를 가진 의원이 대정부질문을 하는 경우, 의장은 각 교섭단체 대표의원과 협의하여 별도의 추가 질문시간을 허가할 수 있다(동법 동조 3항).

(5) 긴급현안질문

1) 의의

의원이 현안이 되고 있는 중요한 사항을 대상으로 정부에 대하여 하는 질문을 긴급현안질문이라고 한다. 갑자기 발생한 사안에 대응하여 즉시 적기에 국민의 의사를 모아 이를 반영하기 위한 질문제도이다.

2) 시기와 대상

긴급현안질문은 회기 중에 현안이 되고 있는 중요한 사항이 질문대상이다. 이전에 "대정부질문에서 제기되지 않은 사안으로서"라는 요건이 더 추가되어 긴급현안질문이 활성화되지 못하였다는 비판이 있었기에 2000년에 활성화를 위하여 그 부분을 삭제하여 대정부질문에서 제기되었던 사안도 대상이 되도록 하고 단순히 "현안이 되고 있는 중요한 사항"으로 규정하고 있는 것이다.

3) 발의요건 및 실시결정(의결)

의원은 20인 이상의 찬성으로 회기 중 현안이 되고 있는 중요한 사항을 대상으로 정부에 대하여 긴급현안질문을 할 것을 의장에게 요구할 수 있다(동법 제122조의3 1항). 긴급현안질문을 요구하는 의원은 그 이유와 질문요지 및 출석을 요구하는 국무총리 또는 국무위원을 기재한 질문요구서를 본회의개의 24시간 전까지 의장에게 제출하여야 한다(동법 동조 2항). 의장은 질문요구서가 접수된 때에는 그 실시여부와 의사일정을 국회운영위원회와 협의하여 정한다. 다만, 의장은 필요한 경우 본회의에서 그 실시여부를 표결에 부쳐 정할 수 있다(동법 동조 3항). 이러한 의장의 결정 또는 본회의의 의결이 있어 긴급현안질문이 실시될 때에는 해당 국무총리 또는 국무위원에 대한 출석요구의 의결이 있은 것으로 본다(동법 동조 4항).

3) 질문시간

긴급현안질문시간은 총 120분으로 하는데, 다만, 의장은 각 교섭단체대표의원과 협의하여 이를 연장할 수 있다(동법 동조 5항). 긴급현안질문을 할 때의 의원의 질문은 10분을 초과할 수 없되, 다만, 보충질문은 5분을 초과할 수 없다(동법 동조 6항).

4) 기타의 절차

그 외에 긴급현안질문의 절차 등에 관하여는 위에서 본 대정부질문에 관한 절차규정들(동법 제122조의2의 규정)을 준용한다(동법 제122조의3 7항). 따라서 질문시간의 교섭단체별 배정, 질문자수와 질문자별 질문시간 결정, 질문의원과 질문배정시간 및 질문순서 통지 등에 관하여 위 대정부질문의 규정들이 준용된다.

5. 동의, 철회, 번안

(1) 동의

동의(動議)란 의안의 발의가 아니라 회의의 도중에 심의대상 안건과는 별도로 의제를 제안하는 것을 말한다. 예를 들어 회기나 개의시각을 변경하자는 동의와 같이 회의의 진행에 관한 동의, 의사일정을 변경하거나 질의를 종결하자는 동의, 국무총리·국무위원의 출석을 요구하는 동의 등 의사에 관한 동의 등을 들 수 있다. 동의는 국회법에 다른 규정이 있는 경우를 제외하고 동의자 외 1인 이상의 찬성으로 의제가 된다. 물론 동의에 대해서는 표결을 통해 그 가부를 결정한다.

(2) 의안·동의의 철회

의원은 그가 발의한 의안 또는 동의를 철회할 수 있다. 그러나 본회의에서 의제가 된 후에는 본회의의 동의를 얻어야 한다(동법 제90조 1항). 공동발의된 의안의 철회에 있어서는 공동발의자 모두의 동의(同意)가 있어야 한다. 철회한 의안을 다시 제출할 수 있는가에 대해서는 이를 긍정할 것이다. 철회된 의안은 의결대상이 되기 전에 철회된 것이고 따라서 이를 부결한 바 없으므로 일사부재의가 되지 않는다고 보기 때문이다. 정부가 본회의에서 의제가 된 정부제출의 의안을 수정 또는 철회할 때에는 본회의의 동의를 얻어야 한다(동법 동조 2항).

(3) 번안

번안동의란 이미 가결된 의안을 가결 이후 의사과정에서 명확히 착오가 있거나 사정이 변경되어 이를 다시 심의하기 위하여 가결된 의안을 무효로 하고 그 의안의 내용을 번복하여 다른 내용을 심의할 것을 요구하는 동의를 말한다. 번안동의는 이미 과반수 찬성으로 의결된 것을 다시 번복하는 것이므로 엄격한 요건하에서만 인정하여야 한다. 따라서 본회의에 있어서의 번안동의는 의안을 발의한 의원이 그 의안을 발의할 때의 발의의원 및 찬성의원 3분의 2 이상의 동의로, 정부 또는 위원회가 제출한 의안은 소관위원회의 의결로, 각각 그 안을 갖춘 서면으로 제출하되 재적의원 과반수의 출석과 출석의원 3분의 2 이상의 찬성으로 의결한다. 그러나 의안이 정부에 이송된 후에는 번안할 수 없다(동법 제91조 1항).

6. 수정동의

수정동의도 위에서 본 동의의 일종이다. 법률안 등에 대한 수정이 가해질 수 있다는 점에서 중요하므로 아래에 별도로 본다.

(1) 수정동의의 개념·범위

수정동의란 원래의 의안의 본질을 그대로 두고 이에 대해 일부 삭제하거나 새로이 추가하거나 일부 내용을 바꾸는 등의 변경을 가하고자 하는 동의를 말한다. 본회의에서의 수정동의안의 제출은 이미 위원회의 의결을 거친 원래의 의안에 대한 수정을 하는 것이므로 무제한으로 인정될 수 없고 한계가 설정되어야 한다. 수정안은 다음과 같은 개념을 가지고 내용·범위에서의 한계를 지닌다. ① 수정안은 원래의 의안과 별개의 독립된 것이 아니라 그것에 종속되어야 하고 견련성을 가져야 한다(종속성). ② 수정안이 위원회의 의결을 거친 원래의 의안의 내용을 전면적으로 대체하는 다른 내용의 것이거나 그 본질 내지 본 취지를 변경하는 것이어서는 안 된다(본질유지성).

헌법재판소는 수정안의 개념·범위를 폭넓게 보는 입장이다. 헌법재판소는 "국회법상 수정안의 범위에 대한 어떠한 제한도 규정되어 있지 않은 점과 국회법 규정에 따른 문언의 의미상 수정이란 원안에 대하여 다른 의사를 가하는 것으로 새로 추가, 삭제, 또는 변경하는 것을 모두 포함하는 개념이라는 점에 비추어, 어떠한 의안으로 인하여 원안이 본래의 취지를 잃고 전혀 다른 의미로 변경되는 정도에까지 이르지 않는다면 이를 국회법상의 수정안에 해당하는 것으로 보아 의안을 처리할 수 있는 것으로 볼 수 있다. … 수정안은 원안과 동일성이 인정되는 범위 내에서만 인정될 수 있다는 청구인들의 해석도 가능하기는 하다. 그러나 원안의 목적과 성격을 보는 관점에 따라서는 동일성의 인정범위가 달라질 수 있고 또한 너무 좁게 해석하면 국회법 규정에 따른 수정의 의미를 상실할 수도 있다"라고 판시한 바 있다. 이 판시가 있었던 결정의 사안은 위원회에서 폐기된 법률안의 일부를 의원 33인이 수정안으로 본회의에 제출하였는데 의장이 이를 표결에 붙여 가결하고 원래 법률안에 대해서는 표결을 하지 않고 이 수정안에 대한 가결로 원래 법률안도 가결된 것으로 의장이 선포한 데 대해 야당의원들이 이는 자신들의 심의·표결권을 침해한 것이라고 하여 권한쟁의심판이 청구된 사건이었다.

판례 헌재 2006.2.23. 2005헌라6, 판례집 18-1 상, 82면 이하

[사건개요] 정부는 2005.3.24. ① 재정경제부 등 4개 부에 복수차관제를 도입하고 ② 통계청과 기상청을 차관급 기구로 격상하며 ③ 국방부장관 소속으로 방위사업청을 신설하고 ④ 건설교통부의 명칭을 국토교통부로 변경하는 내용의 정부조직법 일부 개정 법률안을 국회에 제출하였다. 국회 행정자치위원

회는 검토결과 위의 ③④의 내용은 제외하고 ①②만의 내용의 위원회 대안을 심사·의결하였고 이를 본회의에 부의하였다. 같은 해 6. 30. 임시국회 본회의에서 열린우리당 및 민주노동당 의원 33인의 명의로 위 ③을 내용으로 하는 수정안이 제출되었고, 한나라당 소속 의원들은 의사진행발언 등을 통하여 위 수정안은 소관 상임위원회에서 폐기된 것이며 복수차관제 도입 등을 내용으로 하는 정부조직법 일부 개정 법률안과 다른 의제를 내용으로 하고 있어 국회법상의 수정안의 범위를 벗어난 별개의 법률안이라고 주장하였다. 국회의장은 정부조직법 일부 개정 법률안(이하 '원안'이라 함)에 대하여 표결을 실시하지 아니한 채 위 수정안을 표결처리를 통해 통과시켰고 수정안과 함께 표결하지 않은 원안에 대해서도 가결을 선포하였다. 이에 한나라당 의원들(청구인들)은 같은 해 7.18. 국회의장(피청구인)의 위와 같은 가결선포행위로 말미암아 자신들의 법률안 심의·표결권이 침해되었으며 그로 인하여 위 가결선포행위는 위헌무효라고 주장하며 권한쟁의심판을 청구하였다. [청구인의 주장] 방위사업청 신설을 내용으로 하는 이 사건 수정안의 경우 형식적으로는 수정안이지만 복수차관제 등을 내용으로 하는 원안과 목적이나 성격에 있어 동일성이 없으며 내용적으로도 양립할 수 있는 별개의 의안에 불과하다. 따라서 국회법상의 수정안으로서 처리될 수 없고, 위 수정안을 소관 상임위원회에서 폐기된 의안에 대한 본회의 회부요구로 본다 하더라도 별개의 의안으로 처리되어야 한다. 그럼에도 불구하고 피청구인은 이 사건 수정안이 가결되었다는 이유로 전혀 별개의 의안인 원안에 대하여 표결도 하지 않은 채 가결된 것으로 선포하였으므로 헌법과 국회법에서 국회의원에게 부여한 법률안 심사·표결권을 침해하였다. 또한 이 사건 가결선포행위는 위와 같은 헌법 및 국회법 위반의 하자가 있으므로 당연히 무효이다. * 수정안의 개념·범위를 폭넓게 보는 또 다른 결정례로, ① 헌재 2008.04.24, 2006헌라2, 판례집 20－1 상, 448. [결정요지] 헌법 제64조에 따라 국회는 의사와 내부규율 등 국회운영에 관하여 폭넓은 자율권을 가지며 국회의 의사절차나 입법절차에 헌법이나 법률의 규정을 명백히 위반한 흠이 있는 경우가 아닌 한 그 자율권은 권력분립의 원칙이나 국회의 위상과 기능에 비추어 존중되어야 한다. 국회법은 제96조 제2항에서 수정안이 전부 부결된 때에만 원안을 표결하도록 하여 수정안이 가결된 경우에는 원안에 대한 표결이 필요없는 것으로 규정하고 있어, 국회법상의 수정안에 해당하는 경우에는 그 표결에 원안의 내용에 대한 표결 역시 포함되어 있는 것으로 볼 수 있다. 다만 구체적으로 어떠한 경우가 국회법상의 수정안에 해당하는 것인지에 관한 명시적인 규정을 찾아볼 수 없으므로 수정안의 개념범위는 위 규정들의 해석에 맡겨져 있는 것으로 보아야 한다. 국회법상 수정안의 범위에 대한 어떠한 제한도 규정되어 있지 않은 점과 국회법 규정에 따른 문언의 의미상 수정이란 원안에 대하여 다른 의사를 가하는 것으로 새로 추가, 삭제, 또는 변경하는 것을 모두 포함하는 개념이라는 점에 비추어, 어떠한 의안으로 인하여 원안이 본래의 취지를 잃고 전혀 다른 의미로 변경되는 정도에까지 이르지 않는다면 이를 국회법상의 수정안에 해당하는 것으로 보아 의안을 처리할 수 있는 것으로 볼 수 있다. 이와 같은 폭넓은 해석에 의하면 이 사건 수정안은 국회법 제95조에 의한 수정안에 해당하게 된다. 물론 이미 이루어진 것의 잘못된 점을 바로잡는다는 수정의 사전적 의미를 감안하여 원안의 목적 또는 성격을 변경하지 않는 범위 내에서 고치는 것을 전제로 하고 수정안은 원안과 동일성이 인정되는 범위 내에서만 인정될 수 있다는 청구인들의 해석도 가능하기는 하다. 그러나 원안의 목적과 성격을 보는 관점에 따라서는 동일성의 인정범위가 달라질 수 있고 또한 너무 좁게 해석하면 국회법 규정에 따른 수정의 의미를 상실할 수도 있다. 이와 같이 국회법 제95조상의 수정의 개념을 폭넓게 보는 해석이 가능하다면 피청구인이 이러한 입장에 따라 이 사건 수정안을 적법한 수정안에 해당하는 것으로 보고 의안을 처리하였다 하더라도 이를 명백히 법률에 위반된다고 할 수는 없다. 이와 같이 피청구인이 이 사건 수정안을 국회법상의 수정안으로 보는 입장이 명백히 국회법에 위반되는 것으로 볼 수 없고 이 사건 원안에 대한 본회의에서의 심의 역시 실질적으로 이루어졌으므로 이 사건 수정안에 대한 표결에 이 사건 본안에 대한 의결 역시 포함되어 있는 것으로 볼 수 있다. 따라서 이 사건 가결선포행위가 국회법에 위반되어 청구인들의 법률안에 대한 심의·표결권을 침해하였다고 볼 수는 없다. 따라서 심판청구는 모두 이유 없으므로 이를 기각하기로 결정한다. [재판관 3인의 인용의견] 가. 국회법상 '수정안'은 원안과 동일성이 인정되는 범위 안에서 제출된 경우에만 수정안으로 볼 수 있다. 따라서 원안과는 전혀 다른 내용이 포함되어 있어 결과적으로 원안이 다른 의미로 변질되는 경우는 수정안으로 볼 수 없고 '별개의 의안'을 제안하는 것으로 보아야 하고 별개의 의안으로 처리되어야 한다. 이 사건 원안은 재경부·외교통상부·행정자치부·산업자원부의 복수차관제를 도입하고 통계청 및 기상청을 차관급 기구로 격상시키는 내용인 것에 반하여 이 사건 수정안은 방위사업청을 신설하는 내용으로서, 비록 형식적으로는 수정안의 형태로 제출되었다 하더라도 이 사건 원안과 내용에 있어 동일성이 없으므로 원안과는 다른 별개의 의안에 해당한다. 따라서 이 사건 수정안이 가결되었다 하더라도 이 사건 원안에 대한 어떠한 의결도 있었다고 할 수 없으므로 그 가결을 선포하려면 마땅히 별도의 의결절차를 거쳐야 하는 것이다. 따라서 우리는 이 사건 원안에 대하여는 국회본회의의 표결이 이루어지지 않았고 이 사건 수정안은 국회법상의 수정안이 아닌 별개의 의안임에도 불구하고 수정안으로 처리되었으므로 이들의 가결을 선포한 이 사건 가결선포행위는 국회법에 위반되며 헌법상 보장된 국회의원인 청구인들의 심의·표결권을 침해한 것이라고 생각한다. ② 헌재 2009.10.29. 2009헌라8등. [판시] 국회법상 수정안의 범위에 대한 어떠한 제한도 규정되어 있지 않은 점과 국회법 규정에 따른 문언의 의미상 수정이란 원안에 대하여 다른 의사를 가하는 것으로 새로 추가, 삭제 또는 변경하는 것을 모두 포함하는 개념이라는 점에 비추어, 어떠한 의안으로 인하여 원안이 본래의 취지를 잃고 전혀 다른 의미로 변경되는 정도에까지 이르지 않는다면 이를 국회법상의 수정안에 해당하는 것으로 볼 수 있는 것이다.

* 해설 – 위 사안에서 원래 법률안에 대해 표결없이도 가결로 선포한 것은 국회법 제96조 제2항이 수정안은 전부 부결된 때에만 원안을 표결하도록 하여 수정안이 가결된 경우에는 본래의 법률안에 대한 표결이 필요없는 것으로 규정하여 수정안가결로 본래 법률안이 가결된 것으로 보기 때문이다.

* 검토 – 이 결정에서 헌법재판소는 이를 새로 추가하는 수정안으로 인정한 것으로 이해된다. 그러나 이는 위원회에서 폐기된 것이므로 법률안에 새로 추가하는 수정안이 아니다. 폐기된 법률안은 국회법 제87조에 따라 의원 30인 이상의 요구로 본회의에 부의할 수 있으나 이는 수정안으로서가 아니라 독립된 별개의 안건이 되어 가결되는 것이며 본래의 법률안이 가결되는 것은 아니다.

위원회의 심사를 거치지 아니하고 바로 본회의 표결에 부쳐지는 수정안이 무분별하게 제출되어 상임위원회 중심주의의 현행법의 근간을 저해할 우려가 있다고 하여 2010년에 국회법을 개정하여 수정동의는 원안 또는 위원회에서 심사보고한 안의 취지 및 내용과 직접 관련성이 있어야 한다는 규정을 신설하였다(동법 제95조 5항).

(2) 절차

1) 수정안의 제출

의안에 대한 수정동의는 그 안을 갖추고 이유를 붙여 의원 30인 이상의 찬성자와 연서하여 미리 의장에게 제출하여야 한다. 예산안에 대한 수정동의는 의원 50인 이상의 찬성이 있어야 한다(국회법 제95조 1항). 위원회에서 심사보고한 수정안은 찬성없이 의제가 되는데 위원회는 소관사항 외의 안건에 대하여는 수정안을 제출할 수 없다(동법 동조 2항·3항).

2) 취지설명, 질의·토론

수정안에 대해서도 수정안의 제출자가 그 취지를 설명하고 원래의 의안에 대한 것과 같이 의원들의 질의·토론이 있게 된다. 본회의 단계에서 제출되는 수정안은 새로운 추가, 삭제 등이 이루어지는 것이면서 한편으로는 오늘날 상임위원회중심주의에서 위원회의 의안심사가 중요한데도 수정안은 위원회의 심사를 거치지 않은 것이라는 점에서 의안심사의 충실성을 갖추지 못할 우려가 있다. 그러므로 수정안에 대해서는 충분한 질의·토론과 검토를 거친 다음에 표결을 하도록 하는 절차가 필요하다.

3) 표결순서

동일 의안의제에 대하여 수개의 수정안이 제출된 때에는 의장은 다음 같은 순서로 표결의 순서를 정한다. ① 최후로 제출된 수정안부터 먼저 표결한다. ② 의원의 수정안은 위원회의 수정안보다 먼저 표결한다. ③ 의원의 수정안이 수개 있을 때에는 원안과 차이가 많은 것부터 먼저 표결한다(동법 제96조 1항). 수정안이 전부 부결된 때에는 원안을 표결한다(동법 제96조 2항). 이는 수정안이 가결되면 원안에 대한 표결없이도 원안도 같이 가결된 것으로 본다는 의미이다.

(3) 문제점

바로 위에서 본대로 수정안이 전부 부결된 때에는 원안을 표결하도록 하여(동법 제96조 2항) 수정안이 가결되면 원안에 대한 표결없이도 원안도 같이 가결된 것으로 보는 것이 현재의 실정이다. 이는 수정안에 대한 충분한 검토를 담보하지 못하게 할 수 있다. 예산이 수반되어야 하는 수정안의 경우에 예산과 법률을 일치하기 위한 입법절차들을 결여할 수도 있다. 즉 현행 국회법은 예산과 법률의 일치를 위하여 제58조 7항이 위원회는 안건이 예산상의 조치를 수반하는 경우에는 정부의 의견을 들어야 한다고 규정하고 제79조의2 제1항은 의안에 대한 비용추계 자료 등의 제출을 의무화하고 있으며 제83조의2는 예산 관련 법률안에 대한 예산결산특별위원회와의 협의를 거치도록 하고 있는데(자세한 것은 후술 국회 부분을 참조) 이를 결여하고 수정안이 통과될 수 있다.[1)]

7. 공개원칙

(1) 회의공개(會議公開)의 의의

헌법 제50조 제1항은 "국회의 회의는 공개한다."고 규정하여 본회의와 위원회에 있어서 회의공개의 원칙을 명백히 하였으며 국회법 제75조는 "본회의는 공개한다. 다만, 의장의 제의 또는 의원 10인 이상의 연서에 의한 동의로 본회의의 의결이 있거나 의장이 각 교섭단체대표의원과 협의하여 국가의 안전보장을 위하여 필요하다고 인정할 때에는 공개하지 아니할 수 있다"고 하여 이를 구체화하고 있다. 국회의 의사가 공개되어야 한다는 것은 국회가 국민의 대표기관이라는 점에서 당연한 것이다.

회의의 공개라 함은 의사의 공개 즉 방청의 자유와 보도의 자유 및 회의의 기록공표(記錄

---

1) 2007년 7월에 예산이 수반되는 법률인「태평양전쟁 전후 국외 강제동원 희생자 등 지원에 관한 법률」을 비용추계서 제출이나 예산결산특별위와의 협의와 같은 절차를 거치지 않고 본회의에서 수정안으로 통과시킨 예가 있었다. 여기서의 문제는 보상 여부에 관한 것이 아니라 보상에 소요될 예산에 관련된 문제들을 사전심의하지 않은 데에 있다.

公表)를 의미하며 그 어느 것을 결하여도 완전한 공개라 하기 어렵다. 헌법은 회의공개의 원칙을 명백히 함과 동시에 예외로 인정되는 비공개회의에 대하여는 그 요건을 엄격하게 제한하고 있다(헌법 제50조 1항 단서). 방청은 의원 외의 자가 회의의 상황을 직접 견문하는 것을 말하며, 회의를 방해하는 것은 허용되지 아니한다. 회의의 공개에서 보도의 자유가 특히 중요한 의미를 가진다. 보도의 수단에 있어서는 신문 기타의 출판물외의 수단 즉 녹음·녹화·촬영·중계방송 등의 취재행위는 본회의 또는 위원회의 의결로 공개하지 않기로 한 경우를 제외하고는 의장 또는 위원장이 국회규칙에 따라 허용하도록 하고 있다(국회법 제149조 1항). 기록의 공표는 회의의 기록을 누구나 볼 수 있는 상태에 두는 것을 의미한다. 따라서 회의록은 이를 의원에게 배부하는 외에 일반에게 유상으로 반포하고 있으며(동법 제118조 5항) 최근에는 국회 홈페이지에도 올려져 인터넷으로도 그 내용을 쉽게 찾아 볼 수 있게 하고 있다.

(2) 비공개회의(非公開會議)

1) 비공개회의의 요건

회의는 공개를 원칙으로 하지만 의장의 제의 또는 의원 10인 이상의 연서에 의한 서면동의(書面動議)로 본회의의 의결이 있거나(헌법 제50조 1항), 의장이 각 교섭단체대표의원과 협의하여 국가의 안전보장을 위하여 필요하다고 인정할 때와 의원의 윤리심사 및 징계에 관한 회의는 공개하지 아니한다(국회법 제158조). 그러나 징계를 의결한 때에는 의장은 공개회의에서 이를 선포한다(국회법 제163조 4항).

2) 비공개회의절차

비공개회의를 열기로 의결하거나 의장이 각 교섭단체대표의원과 협의하여 국가의 안전보장을 위하여 필요하다고 인정할 때에는 의장은 곧 비공개로 할 것을 선포하고 기자 및 방청인의 퇴장을 명하며 국무총리·국무위원 또는 정부위원과 사무처직원에 대하여서도 비공개의사와 관계가 있는 자 외에는 퇴장시킨다. 비공개회의의 의사도 속기방법에 의하여 기록하지만 회의록에는 게재하지 아니한다. 비공개회의의 의사가 끝나면 의장은 회의를 공개할 것을 선포하고 방청인을 입장시켜서 공개의 상태에 복귀되는 것을 기다려 회의를 속개한다는 것을 선포한다.

3) 비공개회의내용의 공표금지

비공개회의의 의사는 이것을 누설해서는 안 된다. 의원이 비공개회의의 내용을 공표한 때에는 징계사유가 된다(국회법 제155조 2항 5호). 그러나 본회의의 의결 또는 의장의 결정으로 비공개의 사유가 소멸되었다고 판단되는 경우에는 이를 공표할 수 있도록 하고 있다(국회법 제118조 4항).

8. 심의(질의·토론·무제한 토론 등)

(1) 과정

심의가 의회의 본질적 임무이고 심의의 충실성이 입법이나 정책결정의 질에 향을 미치므로 의원들의 질의, 토론이 이루어지는 심의가 중요한 의사과정임은 물론이다. 위원회와 본회의 각각에서의 심의절차를 살펴볼 일이나 여기서 본회의에 대해서 보면, 본회의는 안건을 심의함에 있어서 그 안건을 심사한 위원장의 심사보고를 듣고 질의·토론을 거쳐 표결한다. 다만, 위원회의 심사를 거치지 아니한 안건에 대하여는 제안자가 그 취지를 설명하여야 하고, 위원회의 심사를 거친 안건에 대하여는 의결로 질의와 토론을 모두 생략하거나 그 중 하나를 생략할 수 있다(동법 제93조).

(2) 판례

① 의원의 심의·표결권 침해를 인정한 예 – 헌재는 이른바 미디어법결정에서 신문법안에 대한 질의·토론기회를 주지 않은 것은 청구인(의원)들의 심의·표결권을 침해한 것이라고 결정한 바 있다(2009.10.29. 2009헌라8). 또 반대토론을 허가하지 않고 토론절차를 생략하기 위한 의결을 거치지도 않은 채 표결절차를 진행하여 가결을 선포한 행위는 국회법 제93조를 위배하여 국회의원의 법률안 심의·표결권을 침해한 것이라고 결정한 바 있다(2011.8.30. 2009헌라7). 그러나 위 두 결정에서 가결행위를 무효로 선언하지는 않았다. ② 상임위원회를 거치지 않은 안건에 대해 본회의에서 취지설명이 있어야 하는데 헌재 판례는 그 취지설명의 방식에는 제한이 없고, 제안자의 구두설명이 아니라도 서면이나 컴퓨터 단말기에 의한 설명 등으로 대체할 수 있다고 한다(2004.5.14. 2004헌나1; 2008.4.24. 2006헌라2; 2012.2.23. 2010헌라6). ③ 위 국회법규정에 따르면 상임위원회의 심사를 거치지 않은 안건에 대해서는 본회의에서의 질의·토론을 생략할 수 없다. 그런데 질의와 토론 절차 모두 생략된 채 표결절차에 바로 나아간 의장의 행위에 대해 헌재는 심의과정에서 서면으로든 구두로든 미리 질의·토론을 신청할 수 있는 기회가 충분함에도 신청이 없었다면 곧바로 표결절차로 진행하더라도 국회법 제93조에 위반된다고 볼 수 없다고 하여 청구를 기각한 예가 있었다(2012.2.23. 2010헌라6). ④ '패스트 트랙'(Fast Track)이라고 불리는 신속처리대상안건의 지정과 심사를 둘러싼 권한쟁의심판도 있었는데 권한침해확인과 무효확인의 청구 모두를 기각하였다.

① 정개특위 안건조정위원회 위원장의 조정안 가결 · 선포

판례 헌재 2020.5.27. 2019헌라5

[결정요지] (1) 국회법상 안건조정위원회의 활동기한은 그 활동할 수 있는 기간의 상한을 의미한다고 보는 것이 타당하고, 안건조정위원회의 활동기한이 만료되기 전이라고 하더라도 안건조정위원회가 안건에 대한 조정 심사를 마치면 조정안을 의결할 수 있다. 이 사건에서 국회법상 90일 또는 신속처리대상안건의 심사기간과 같은 안건조정위원회의 활동기한이 도래하지 않았음에도 피청구인 조정위원장이 이 사건 조정안의 가결을 선포하였다는 사정만으로 국회법을 위반하였다고 볼 수는 없다. (2) 안건조정제도의 취지상 조정안의 의결은 당연히 안건조정위원회에서 안건에 대하여 조정하는 심사를 전제로 한다. 다만, 안건조정위원회가 구성되어 개회되고, 재적 조정위원들 전원이 출석한 가운데 표결한 사실이 인정된다면, 특별한 사정이 없는 한 조정위원들의 구체적인 심사를 거쳐 조정안이 의결된 것으로 보는 것이 합리적이다. 이 사건 안건조정위원회에서 안건을 심사한 회의가 비공개로 진행된 것은 국회법 제57

조의2 제10항에 의하여 준용되는 제57조 제5항 단서에 근거를 둔 안건조정위원회의 의결에 따른 것이다. 그리고 이 사건 안건조정위원회에서 조정 대상 안건을 비공개회의로 심사한 약 4시간 51분 정도의 시간이 안건에 대한 실질적 조정이 불가능할 정도로 짧은 시간이라고 단정하기는 어렵다. 위원회에서 안건을 안건조정위원회에 회부할 수 있는 것은 안건에 대한 대체토론(大體討論)이 끝난 후이며(국회법 제57조의2 제1항 본문 참조), 이 사건 안건조정위원회의 조정 대상이 된 법률안들은 이 사건 조정위원회가 구성되기 전인 2019. 6. 25.부터 8. 26.까지 정개특위에 소속된 정치개혁 제1소위원회 제17차부터 제22차까지의 회의에서 심사를 하였다는 사정도 확인할 수 있다. 이 사건 안건조정위원회의 경우 비록 조정 안건에 대한 정치세력 사이의 대립이 심했고, 그 구성이 요구된 날부터 단 이틀이 지난 후에 의결했다고 하더라도, 이러한 사정만으로 실질적인 조정 과정이 없었다고 보기는 어렵다. 피청구인 조정위원장이 이 사건 안건조정위원회에서 안건에 대한 실질적 조정 심사 없이 이 사건 조정안의 가결을 선포함으로써 국회법을 위반하였다고 볼 수는 없다. (3) 피청구인 조정위원장의 가결선포행위는 위법하지 않으므로, 이 점에서 피청구인 정개특위 위원장이 의결된 조정안을 위원회 심사 법률안으로 가결 선포한 행위도 위법하지 않고, 다른 위법사유도 인정되지 않는다. 따라서 피청구인 정개특위 위원장의 가결선포행위는 정개특위 위원인 청구인의 법률안 심의·표결권을 침해하였다고 볼 수 없고, 따라서 무효로 볼 수 없다.

② 신속처리안건 지정동의안의 가결

판례 헌재 2020. 5. 27. 2019헌라3등

* 4인 재판관의 인용의견이 있었던 결정이었다. [판시사항] 가. 생략.

나. 피청구인 국회의장이 2019. 4. 26. 국회 입안지원시스템을 통해 발의된 '고위공직자범죄수사처 설치 및 운영에 관한 법률안(의안번호 제2020029호)', '형사소송법 일부개정법률안(의안번호 제2020030호)'을 수리한 행위(이하 '이 사건 법률안 수리행위'라 한다)에 대한 권한쟁의심판청구의 적법 여부(소극)

다. 피청구인 사개특위 위원장이 2019. 4. 29. 사개특위 회의에서 사개특위 소관 법률안들에 대한 신속처리안건 지정동의안의 가결을 선포한 행위가 사개특위 위원인 청구인들의 법률안 심의·표결권을 침해하였는지 여부(소극)

(1) 개회 전 위원장과 간사 간 협의에 관한 국회법 제49조 제2항 위반 여부(소극)

(2) 국회 입안지원시스템을 통해 발의된 법률안에 대하여 신속처리안건 지정동의안을 상정한 것이 국회법 제79조 제2항 및 제90조 위반하여 절차상 위법한지 여부(소극)

(3) 신속처리안건 지정동의안 표결 전 별도의 질의·토론 절차를 거치지 않아 표결이 절차상 위법한지 여부(소극)

(4) 사개특위 위원이 오○○, 권○○ 의원에서 채○○, 임재훈 의원으로 개선되어 참여한 표결로 의결정족수가 충족됨에 위헌·위법 사유가 있어 사개특위 위원인 청구인들의 법률안 심의·표결권이 침해되었는지 여부(소극)

라. 피청구인 국회의장의 2019. 4. 30. 사개특위 소관 법률안들에 대한 신속처리대상안건 지정행위가 사개특위 위원인 청구인들의 법률안 심의·표결권을 침해하였는지 여부(소극)

마. 피청구인 국회 정치개혁특별위원회(이하 '정개특위'라 한다) 위원장이 2019. 4. 29. 및 30.의 정개특위 회의에서 정개특위 소관 법률안에 대한 신속처리안건 지정동의안의 가결을 선포한 행위가 정개특위 위원인 청구인들의 법률안 심의·표결권을 침해하였는지 여부(소극)

(1) 개회 전 위원장과 간사 간 협의에 관한 국회법 제49조 제2항을 위반하였는지 여부(소극)

(2) 신속처리안건 지정동의안 표결 전 별도의 질의·토론 절차를 거치지 않아 표결이 절차상 위법한지 여부(소극)

바. 피청구인 국회의장의 2019. 4. 30. 정개특위 소관 법률안에 대한 신속처리대상안건 지정행위가 정

개특위 위원인 청구인들의 법률안 심의·표결권을 침해하였는지 여부(소극)

[결정요지] 가. 생략

나. 이 사건 법률안 수리행위에 대한 권한쟁의심판청구가 법률안에 대한 위원회 회부나 안건 상정, 본회의 부의 등과는 별도로 오로지 전자정보시스템으로 제출된 법률안을 접수하는 수리행위만을 대상으로 하는 한, 그러한 법률안 수리행위만으로는 사개특위 및 정개특위 위원인 청구인들의 법률안 심의·표결권이 침해될 가능성이나 위험성이 없다. 이 부분 심판청구는 모두 부적법하다.

다. (1) 국회법 제49조 제2항이 정하는 위원장과 간사 간 '협의의 대상'은 위원회의 '의사일정'과 '개회일시'이고 이에 관하여 '의견을 교환하고 수렴하는 절차'라는 협의의 의미에 비추어 볼 때, 위원장과 간사 간 협의 절차가 준수되었는지 여부는, 위원장이 의사일정으로 상정될 안건 및 개회일시에 대하여 어느 시점에 어떤 방법으로 연락을 하였는지, 그로 인해 소속 위원들이 회의에 참석하지 못하는 등 심의·표결권 행사에 제한이 발생하였는지 등을 고려하여 판단하여야 할 것이다. 이 사건 사개특위의 개회 전 협의는 성질상 다양한 방식으로 할 수 있고 그 종국적 판단과 결정은 사개특위 위원장에게 맡겨져 있으므로, 전화 통화나 문자메시지, 이메일 통보에 의한 이 사건 사개특위의 개회 전 협의의 방식에 위법한 점은 없다. 더불어민주당과 자유한국당의 사개특위 간사 사이에 개회일시에 관하여 문자메시지와 전화 통화가 있은 후, 피청구인 사개특위 위원장은 개회 예정 시각부터 약 2시간 10분 전에 간사들을 포함한 소속 위원들에게 개회일시와 장소를 문자메시지로 알리고, 의사일정으로서 신속처리안건 지정동의안이 상정될 것임을 그 대상 법률안의 대표발의자와 의안번호를 특정하여 이메일로 안내함으로써, 의사일정과 개회일시를 협의의 대상으로 삼았으므로 이에 관해서도 위법한 점이 없다. 이후에도 개회 시각 및 장소가 매우 긴급하게 변경되어 통보되었으나, 이는 사실상 사전 협의를 통해 의사일정으로서 상정될 안건과 개회일시를 알고 있던 자유한국당 소속 관계자들과 다른 정당 관계자들의 대립에 기인한 것이고, 실제로 개회 시각에 임박한 변경 통보에도 사개특위 위원인 청구인들 전원이 회의에 참석하여 안건에 대한 심의권 행사가 불가능하지 않았다는 점에서, 피청구인 사개특위 위원장은 국회법 제49조 제2항의 협의 절차를 위반하지 않았다.

(2) 국회의원의 법률안 등 의안의 발의는 국회 내부의 의사절차이므로, 그 방식을 어떻게 정하는지는 헌법 제64조 제1항에 따라 법률에 저촉되지 않는 범위 안에서 국회의 규칙으로 정하여 할 수 있는 '의사와 내부 규율', 즉 국회의 의사자율권의 영역에 있다. 국회사무관리규정 제8조의2에서는 문서의 전자적 처리에 관하여, 제21조 제6항에서는 정보통신망을 이용한 문서의 접수·처리에 관하여 일반적으로 정하고 있고, 국회사무처 정보화업무 내규 제3조 제2호에서는 국회사무총장이 원활한 의정활동을 지원하기 위하여 구축하고 운영할 수 있는 정보시스템의 하나로 '입안지원시스템'을 규정하고 있으며, 이러한 국회사무처 정보화업무 내규는 그 부칙에 의하여 이 사건 당시로부터 약 3년 전인 2016. 1. 15. 이후 제정되어 시행되었다. 전자문서에 의한 개별 국회의원의 법률안 제출 방식은 국회의 자율권의 범위 내에서 허용되고 국회규칙 및 내규에 근거를 둔 제출 방식으로 국회법 제79조 제2항에 반하지 않는다. 피청구인 사개특위 위원장이 국회 입안지원시스템을 통하여 발의된 법률안들에 대한 신속처리안건 지정동의안을 상정한 것은, 국회법 제79조 제2항을 위반한 것이라고 볼 수 없다. 의안의 발의와 접수의 세부적인 절차는 국회의 의사자율권의 영역에 있으므로, 발의된 법률안이 철회의 대상이 될 수 있는 시점에 대해서도 국회가 의사자율의 영역에서 규칙 또는 자율적인 법해석으로 정할 수 있다. 따라서 팩스로 제출이 시도되었던 법률안의 접수가 완료되지 않아 동일한 법률안을 제출하기 전에 철회 절차가 필요 없다고 보는 것은 국회법 제90조에 반하지 않는다. 또한, 국회법 제90조는 발의된 법률안을 철회하는 요건을 정한 것일 뿐, 동일한 내용의 법률안을 중복하여 발의하는 것 자체를 금지하는 조항은 아니며, 국회법에 이에 대한 별도의 금지조항은 없다. 이 사건에서 팩스로 먼저 제출이 시도된 법률안을 철회하지 않고 동일한 내용으로 제출된 법률안을 접수한 것은 국회법 제90조를 위반한 것으로 볼 수 없고, 이와 같이 발의된 '고위공직자범죄수사처 설치 및 운영에 관한 법률안(의안번호 제2020029호)'에 대한 신속처리안건 지정동의안을 상정한 피청구인 사개특위 위원장의 행위도 절차상 위법하다고 할 수 없다.

(3) 신속처리안건 지정동의안의 심의는 그 대상이 된 위원회 회부 안건 자체의 심의가 아니라, 이를 신속처리대상안건으로 지정하여 의사절차의 단계별 심사기간을 설정할 것인지 여부를 심의하는 것이다. 국회법 제85조의2 제1항에서 요건을 갖춘 지정동의가 제출된 경우 의장 또는 위원장은 '지체 없이' 무기명투표로 표결하도록 규정하고 있고, 이 밖에 신속처리안건 지정동의안의 표결 전에 국회법상 질의나 토론이 필요하다는 규정은 없다. 이 사건 사개특위의 신속처리안건 지정동의안에 대한 표결 전에 그 대상이 되는 법안의 배포나 별도의 질의·토론 절차를 거치지 않았다는 이유로 그 표결이 절차상 위법하다고 볼 수 없다.

(4) 피청구인 국회의장의 오신환, 권은희 의원에 대한 각 개선행위는 명백히 자유위임원칙에 위배된다고 보기 어렵고, 국회법 규정에도 위배되지 않는다(2019헌라1 결정의 법정의견 참조).

피청구인 국회의장의 이 사건 각 개선행위는 헌법 또는 법률에 반하지 않으므로, 이에 따라 개선된 국회의원 채이배, 임재훈은 사개특위의 신속처리안건 지정동의안 표결 절차에 적법하게 참여하였다. 이러한 표결의 결과에 따라 피청구인 사개특위 위원장이 안건에 대한 의결정족수 충족을 인정하여 신속처리안건 지정동의안에 대하여 가결을 선포한 행위에는 절차적 위법 사유가 인정되지 않으므로, 사개특위 위원인 청구인들의 법률안 심의·표결권도 침해되지 않았다.

라. 피청구인 국회의장의 사개특위 소관 법률안 신속처리대상안건 지정행위는 국회법 제85조의2 제2항에 의하여 사개특위에서 신속처리안건 지정동의가 가결된 데에 따라 적법하게 행해진 것으로, 사개특위 위원인 청구인들의 법률안 심의·표결권을 침해하지 않았다.

마. (1) 이 사건 정개특위의 개회 전 협의는 성질상 다양한 방식으로 할 수 있고 그 종국적 판단과 결정은 위원장에게 맡겨져 있으므로, 전화 통화, 문자메시지에 의한 이 사건 정개특위의 개회 전 협의의 방식에 위법한 점은 없다. 피청구인 정개특위 위원장과 자유한국당 소속 간사 사이에 신속처리안건 지정동의안을 상정한다는 의사일정과 정개특위 회의의 개회일시를 협의의 대상으로 삼았다는 점에서도 위법한 점이 없다. 피청구인 정개특위 위원장이 예정된 정개특위의 개회 시각에 이르러 다시 개회를 20분 연기하면서 그 장소도 변경하여 문자메시지로 통보한 점에 대해서도, 그로 인하여 정개특위 위원인 청구인들이 회의에 참석하지 못하여 심의권을 행사하지 못한 사정은 없다는 점 등에 비추어 보면, 피청구인 정개특위 위원장은 국회법 제49조 제2항의 협의 절차를 위반하지 않았다.

(2) 신속처리안건 지정동의안의 심의는 그 대상이 된 위원회 회부 안건 자체의 심의가 아니라, 이를 신속처리대상안건으로 지정하여 의사절차의 단계별 심사기간을 설정할 것인지 여부를 심의하는 것이다. 국회법 제85조의2 제1항에서 요건을 갖춘 지정동의가 제출된 경우 의장 또는 위원장은 '지체 없이' 무기명투표로 표결하도록 규정하고 있고, 이 밖에 신속처리안건 지정동의안의 표결 전에 국회법상 질의나 토론이 필요하다는 규정은 없다. 이 사건 정개특위의 신속처리안건 지정동의안에 대한 표결 전에 그 대상이 되는 법안의 배포나 별도의 질의·토론 절차를 거치지 않았다는 이유로 그 표결이 절차상 위법하다고 볼 수 없다.

바. 피청구인 국회의장의 정개특위 소관 법률안 신속처리대상안건 지정행위는 국회법 제85조의2 제2항에 의하여 정개특위에서 신속처리안건 지정동의가 가결된 데에 따라 적법하게 행해진 것으로, 정개특위 위원인 청구인들의 법률안 심의·표결권을 침해하지 않았다.

(3) 무제한 토론

1) 의사방해

의사방해(議事妨害)란 의회에서의 회의진행이나 특히 표결에 들어가는 것을 방해하는 행위를 말하며 이를 위하여 고의적으로 장시간 연설을 하거나, 수정안이나 동의(動議)를 빈번하게 제출하는 등의 방법이 동원된다. 이를 막기 위하여 발언, 질의, 토론의 시간을 제한하고 한정된 시간이 지나면 질의나 토론을 종결하는 제도, 개별 의원의 투표시간의 한정 등의 제도를 둔다. 즉 우리 국회법은 의원이 발언하려고 할 때에는 미리 의장에게 통지하여 허가를 받아야 하고(국회법 제99조 1항), 의제 외 발언을 금지하며(동법 제102조), 의원은 동일의제에 대하여 2회에 한하여 발언할 수 있다고 규정하여 발언횟수에 제한을 하고 있고(동법 제103조) 발언시간도 제한하여 정부에 대한 질문 외의 의원의 발언시간은 15분을 초과하지 아니하는 범위 안에서 의장이 정하도록 하되, 의사진행발언·신상발언 및 보충발언은 5분을, 다른 의원의 발언에 대한 반론발언은 3분을 초과할 수 없도록 하고 있다(동법 제104조 1항) 표결에 있어서는 기록표결이 원칙이고 기록표결의 방법은 전자투표에 의하므로(동법 제112조) 사실상 필리버스터가 어렵다. 그러나 뒤늦게 표결에 참여할 것을 요구하거나 이미 행한 투표를 번복함으로써 의사방해를 기도할 수도 있을 것인데 현행 국회법은 표결을 할 때에는 회의장에 있지 아니한 의원은 표결에 참가할 수 없도록 하되, 기명·무기명투표에 의하여 표결할 때에는 투표함이 폐쇄될 때까지 표결에 참가할 수 있도록 하고, 의원은 표결에 있어서 표시한 의사를 변경할 수 없게 하고 있다(동법 제111조). 또한 위에서 지적한대로 의장 또는 위원장은 의사방해로 인해 회의장이 소란하여 질서를 유지하기 곤란하다고 인정할 때에는 회의를 중지하거나 산회를 선포할 수 있다(제145조 3항). 형법상 국회 회의장모욕의 죄로 처벌될 수 있다. 즉 형법 제138조는 "국회의 심의를 방해 또는 위협할 목적으로 국회회의장 또는 그 부근에서 모욕 또는 소동한 자는 3년 이하의 징역 또는 700만원 이하의 벌금에 처하도록 규정하고 있다.[1]

그런데 최근에는 여야 극단 대치 상황에서 폭력이 난무하는 사태가 일어나자 이를 막기 위해 오히려 합법적 의사방해(filibuster)를 제도적으로 인정하자고 제안되기도 하였다. 의원들의 발언시간에 제한을 없애어 야당의원이 필리버스터에 의해 여당의 일방적 밀어붙이기 법안통과를 지체되게 할 수 있도록 하여 폭력사태와 같은 극단을 막아보자는 것이다. 미국의 경우 오히려 반대의 흐름이 나타나고 있다. 상원에서 의원들은 특정한 의안에 대해 무제한 토론을 요구함으로써 반대하는 입법의 통과를 저지할 수 있는 필리버스터를 할 수 있는 권한을 가져 합법적인 필리버스터가 인정되고 있다. 이는 다수당의 일방적인 의사운영을 막고자 인정된 제도이다. 필리버스터를 종료시키기 위해서는 100명 상원의원 중 60명 이상이 찬성하여야 하므로 필리버스터를 막기가 쉽지 않고(입법의결보다 더 어렵다) 이의 남용이(과거에는 드물게 행사되었으나 최근에 빈번하게 행사되고 있다) 문제되고 있어 효율적 의사운영을 위한 개선이 필요하다는 의견이 나오고 있다. 여하튼 우리나라에서는 2012년에 이른바 국회선진화법으로서 국회법에 무제한토론제도를 도입한 바 있다.

---

1) 2008년 12월 18일 해머를 휘두르고 명패를 던진 혐의로 국회의원 2명이 형법상 국회 회의장 모욕죄 등의 규정에 의거하여 검찰에 고발되는 사태가 있었다.

2) 우리 국회법의 무제한 토론제도

(가) 연혁

1948년 제헌 후 국회법에는 "의원의 질의, 토론 기타 발언에 대하여는 특히 국회의 결의가 있는 때 외에는 시간을 제한할 수 없다"라고 규정하여 이전에 의원의 발언시간에 세한을 두고 있지 않다가 유신시대 법률 제2496호, 1973.2.7., 전부개정된 국회법은 "의원의 발언시간은 30분을 초과할 수 없다"라는 규정을 두어 무제한 토론을 못하도록 하였다가 2012년 국회법의 개정에서 무제한 토론제를 도입하였다.

(나) 국회법 규정

무제한 토론제도는 본회의에서 이루어진다. 재적의원 3분의 1 이상 요구로 이루어지고 종결의결은 재적의원 5분의 3 이상 찬성으로 의결한다. 그 외에도 아래의 국회법 규정이 무제한 토론제에 관한 원칙들을 정하고 있다.

> **국회법 제106조의2(무제한토론의 실시 등)** ① 의원이 본회의에 부의된 안건에 대하여 이 법의 다른 규정에도 불구하고 시간의 제한을 받지 아니하는 토론(이하 이 조에서 "무제한토론"이라 한다)을 하려는 경우에는 재적의원 3분의 1 이상이 서명한 요구서를 의장에게 제출하여야 한다. 이 경우 의장은 해당 안건에 대하여 무제한토론을 실시하여야 한다.
> ② 제1항에 따른 요구서는 요구 대상 안건별로 제출하되, 그 안건이 의사일정에 기재된 본회의가 개의되기 전까지 제출하여야 한다. 다만, 본회의 개의 중 당일 의사일정에 안건이 추가된 경우에는 해당 안건의 토론 종결 선포 전까지 요구서를 제출할 수 있다.
> ③ 의원은 제1항에 따른 요구서가 제출되면 해당 안건에 대하여 무제한토론을 할 수 있다. 이 경우 의원 1명당 한 차례만 토론할 수 있다.
> ④ 무제한토론을 실시하는 본회의는 제7항에 따른 무제한토론 종결 선포 전까지 산회하지 아니하고 회의를 계속한다. 이 경우 제73조 제3항 본문에도 불구하고 회의 중 재적의원 5분의 1 이상이 출석하지 아니하였을 때에도 회의를 계속한다.
> ⑤ 의원은 무제한토론을 실시하는 안건에 대하여 재적의원 3분의 1 이상의 서명으로 무제한토론의 종결동의(終結動議)를 의장에게 제출할 수 있다.
> ⑥ 제5항에 따른 무제한토론의 종결동의는 동의가 제출된 때부터 24시간이 지난 후에 무기명투표로 표결하되 재적의원 5분의 3 이상의 찬성으로 의결한다. 이 경우 무제한토론의 종결동의에 대해서는 토론을 하지 아니하고 표결한다.
> ⑦ 무제한토론을 실시하는 안건에 대하여 무제한토론을 할 의원이 더 이상 없거나 제6항에 따라 무제한토론의 종결동의가 가결되는 경우 의장은 무제한토론의 종결을 선포한 후 해당 안건을 지체 없이 표결하여야 한다.
> ⑧ 무제한토론을 실시하는 중에 해당 회기가 끝나는 경우에는 무제한토론의 종결이 선포된 것으로 본다. 이 경우 해당 안건은 바로 다음 회기에서 지체 없이 표결하여야 한다.
> ⑨ 제7항이나 제8항에 따라 무제한토론의 종결이 선포되었거나 선포된 것으로 보는 안건에 대해서는 무제한토론을 요구할 수 없다.
> ⑩ 예산안등과 제85조의3제4항에 따라 지정된 세입예산안 부수 법률안에 대해서는 제1항부터 제9항까지를 매년 12월 1일까지 적용하고, 같은 항에 따라 실시 중인 무제한토론, 계속 중인 본회의, 제출된 무제한토론의 종결동의에 대한 심의절차 등은 12월 1일 밤 12시에 종료한다.

(다) 실제

이전에도 있긴 하였는데 최근에 그리고 가장 긴 시간의 무제한 토론의 예로, 2016년 2월 23일에 '국민보호와 공공안전을 위한 테러방지법안'이 본회의에 의장에 의해 직권상정되자 무제한 토론에 들어갔고 192시간 25분으로 10일 동안 계속되어 3월 3일에 종결된 예가 있었다.

9. 표결절차

(1) 자유표결(교차표결) 원칙

헌법 제45조는 국회의원은 국회에서 직무상 행한 표결에 관하여 국회 외에서 책임을 지지 아니한다고 규정하고 있다. 국회법은 "의원은 국민의 대표자로서 소속정당의 의사에 기속되지 아니하고 양심에 따라 투표한다"라고 하여(동법 제114조의2) 자유투표(자율투표, 교차투표 (cross voting), 소신표결) 원칙을 규정하고 있다.

(2) 기록표결 - 전자투표

국회에서의 표결절차는 원칙적으로 기록표결로 한다. 기록표결의 방법은 전자투표에 의한다. 즉 국회법 제112조 제1항은 표결방법으로서 "표결할 때에는 전자투표에 의한 기록표결로 가부를 결정한다"라고 규정하고 있다. 투표기기의 고장 등 특별한 사정이 있을 때에는 기립표결로 가부를 결정할 수 있다(국회법 제112조 1항 단서).

(3) 기명, 호명, 무기명 등 기타의 표결의 경우

중요한 안건으로서 의장의 제의 또는 의원의 동의로 본회의의 의결이 있거나 재적의원 5분의 1 이상의 요구가 있을 때에는 기명·호명 또는 무기명투표로 표결한다(동법 동조 2항). 의장은 안건에 대한 이의의 유무를 물어서 이의가 없다고 인정한 때에는 가결되었음을 선포할 수 있다. 그러나 이의가 있을 때에는 전자투표, 기명·호명 또는 무기명투표의 방법으로 표결하여야 한다(동법 동조 3항). 기명투표로 표결하는 경우로는 헌법개정안에 대한 표결이 있다(동법 동조 4항). 무기명투표로 하는 경우로는 대통령으로부터 환부된 법률안과 기타 인사에 관한 안건 국회에서 실시하는 각종 선거, 국무총리·국무위원에 대한 해임건의안에 대한 표결의 경우이다(동법 동조 5항·6항·7항).

* 상임위원회에서도 위와 같이 원칙적으로 기록표결, 예외적으로 기명, 호명 무기명 등의 표결이 이루어지나 국회법 제71조 단서는 상임위원회에서는 거수투표를 할 수 있도록 하고 있다. 현재 상임위원회에서는 기록표결이 안 되고 있고 거수투표 대신에 여전히 기립투표로 표결하고 있으며 찬반의원들의 명단이 회의록에 기록되지 않는다고 한다.

<table>
<tr><th colspan="2">표결방식</th><th colspan="3">적용사유</th></tr>
<tr><td rowspan="2">“원칙”
기록표결
(전자투표)</td><td rowspan="2">예외</td><td rowspan="2">표결할 때에는 전자투표에 의한 기록표결로 가부를 결정한다(국회법 제112조 1항 본문).</td><td rowspan="2">예외</td><td>투표기기의 고장 등 특별한 사정이 있을 때에는 기립표결로 가부를 결정할 수 있다(국회법 제112조 1항 단서).</td></tr>
<tr><td>중요한 안건으로 의장의 제의 또는 의원의 동의로 본회의 의결이 있거나 재적의원 5분의 1 이상의 요구가 있을 때에는 기명·전자·호명 또는 무기명투표로 표결할 수 있다(국회법 제112조 2항).</td></tr>
<tr><td colspan="2">기명투표</td><td colspan="3">① 헌법개정안의 의결(국회법 제112조 4항)
② 중요한 안건으로서 의장의 제의 또는 의원의 동의로 본회의의 의결이 있거나 재적의원 5분의 1 이상의 요구가 있을 때(국회법 제112조 2항)</td></tr>
<tr><td colspan="2">무기명투표</td><td colspan="3">① 중요한 안건으로서 의장의 제의 또는 의원의 동의로 본회의의 의결이 있거나 재적의원 5분의 1 이상의 요구가 있을 때(국회법 제112조 2항)
② 대통령이 환부한 법률안(국회법 제112조 5항)
③ 인사에 관한 안건(국회법 제112조 5항)
④ 국회에서 실시하는 각종 선거(국회법 제112조 6항)
⑤ 국무총리 또는 국무위원 해임건의(국회법 제112조 7항)
⑥ 탄핵소추 의결(국회법 제130조 2항)</td></tr>
<tr><td colspan="2">호명투표</td><td colspan="3">중요한 안건으로 의장의 제의 또는 의원의 동의로 본회의 의결이 있거나 재적의원 5분의 1 이상의 요구가 있을 때(국회법 제112조 2항)</td></tr>
<tr><td colspan="2">거수투표</td><td colspan="3">위원회에서도 표결방법은 본회의의 규정을 준용하나, 예외적으로 거수로 표결할 수 있다(국회법 제71조). 실무에서는 기립표결로 하고 있다고 함.</td></tr>
<tr><td colspan="2">기립투표</td><td colspan="3">투표기기의 고장 등 특별한 사정이 있을 때(국회법 제112조 1항 단서). 실무에서 상임위원회에서는 통상 기립표결로 하고 있다고 함.</td></tr>
</table>

▌국회에서의 표결방식

10. 의사절차의 개선논의

위에서도 관련 부분에서 언급하긴 하였으나 국회의 의사절차를 개선하기 위한 논의가 계속되고 있다. 18대 국회에서도 여전히 폭력 등 물리적 행사, 변치처리 등으로 민의의 전당의 면모부터 실추되었고 그리하여 18대 말 국회법을 개정하여 국회에서의 폭력을 방지하기 위한 규정들이 도입되었고 쟁점이 되고 있는 법안의 경우 여야 합의가 이루어지지 않을 때 표결 전에 법률안 조정절차를 의무적으로 거치도록 하고 무제한토론제도 등도 도입되었다. 무엇보다도 의원들이 스스로 품격을 유지하고 자정하며 의정활동에 충실하려는 노력이 있어야 하고 여야 간의 대화를 통한 이성적 해결을 가져오도록 하는 의회관행이 자리잡아 의회주의가 충실히 구현되어야 한다. 국민들도 차기선거 등에서 의원에 대한 평가를 제대로 하는 주권자의식을 발휘하여야 한다.

V. 청원제도 등

1. 의의

국회가 사실 민의의 전당이라고 불릴 정도 국민의 의사를 전달하고 고충을 처리하는 기능을 수행할 대표기관으로서 의무를 많이 질 수밖에 없다. 이러한 국민의 의사를 수렴하는 중요한 제도들 중의 하나가 청원제도이다.

2. 청원제도

(1) 국회 청원의 의의·성격과 관련 규정

국회에 대한 청원은 국회가 국민으로부터 직선된 국민의 대표기관이라는 점에서 국민의 의사를 직접 전달하는 의의를 지닌다. 국회의 권한이자 국만에 대한 의무라는 성격을 가진다.

국회 청원에 관해서는 국회법과 국회규칙인 국회청원심사규칙에서 자세한 규정을 두고 있다. 과거의 국회법은 국회 청원에 의원의 소개를 얻도록 하고 있었는데 이에 대해 헌재는 아래와 같이 불필요한 청원을 억제하여 청원의 효율적인 심사를 제고하기 위한 것이라고 보아 합헌으로 판단하였다.

판례 헌재 2006.6.29. 2005헌마604

[판시사항] 1. 국회에 청원을 할 때 의원의 소개를 얻어 청원서를 제출하도록 한 국회법 제123조 제1항(이하 '이 사건 법률조항'이라 한다)이 국회에 청원을 하려는 자의 청원권을 침해하는지 여부(소극) 2. 이 사건 법률조항이 국회에 청원을 하려는 자를 행정기관 등에 청원을 하는 자에 비하여 합리적인 이유 없이 차별하여 평등의 원칙에 위배되는지 여부(소극) [결정요지] 1. 청원권의 구체적 내용은 입법활동에 의하여 형성되며, 입법형성에는 폭넓은 재량권이 있으므로 입법자는 청원의 내용과 절차는 물론 청원의 심사·처리를 공정하고 효율적으로 행할 수 있게 하는 합리적인 수단을 선택할 수 있는 바, 의회에 대한 청원에 국회의원의 소개를 얻도록 한 것은 청원 심사의 효율성을 확보하기 위한 적절한 수단이다. 또한 청원은 일반의안과 같이 처리되므로 청원서 제출단계부터 의원의 관여가 필요하고, 의원의 소개가 없는 민원의 경우에는 진정으로 접수하여 처리하고 있으며, 청원의 소개의원은 1인으로 족한 점 등을 감안할 때 이 사건 법률조항이 국회에 청원을 하려는 자의 청원권을 침해한다고 볼 수 없다. 2. 행정부 등에 대한 청원은 당해 기관이 단독으로 의사결정을 할 수 있기 때문에 합의제 기관인 국회에 대한 청원과는 달리 취급할 수 있으므로 국회에 청원을 하려는 자를 행정기관 등에 청원을 하는 자와 차별하는 이 사건 법률조항이 자의적이라거나 합리성이 없는 것이라고 볼 수 없다.

* 지방의회 청원의 경우에도 의원소개를 받도록 한 것이 위 결정 이전에 이미 합헌성 인정을 받았다(헌재 1999.11.25. 97헌마54).

그러나 이후 국회법 제123조 제1항을 개정하여 의원의 소개를 받지 않더라도 국회규칙으로 정하는 기간 동안 국회규칙으로 정하는 일정한 수 이상의 국민의 동의를 받으면 국회에 청원할 수 있도록 개정되어 청원의 요건이 보다 완화되었다.

(2) 청원의 종류

국회에 할 수 있는 청원으로는 ① 의원소개청원과 ② 국민동의청원이 있다. ① 은 의원의 소개를 받아 제출하는 청원을 말하고 ② 는 국회규칙으로 정하는 기간 동안 국회규칙으로 정하는 일정한 수 이상의 국민의 동의를 받아 제출하는(국회에 청원을 하려는 자가 국회법 제123조의2에 따른 전자청원시스템을 이용하여 전자적 방식으로 등록하고 국민의 동의를 받아 제출하는) 청원이다(국회법 제123조 1항). 이에 관한 자세한 규정은 국회청원심사규칙이 규정하고 있다.

국회청원심사규칙 제1조의2(청원의 종류) 청원은 다음 각 호와 같이 구분한다.
1. "의원소개청원"이란 국회에 청원을 하려는 자가 국회의원(이하 "의원"이라 한다)의 소개를 받아 서면으로 제출하는 청원을 말한다.
2. "국민동의청원"이란 국회에 청원을 하려는 자가 「국회법」 제123조의2에 따른 전자청원시스템(이하 "전자청원시스템"이라 한다)을 이용하여 전자적 방식으로 등록하고 국민의 동의를 받아 제출하는 청원을 말한다.
[본조신설 2020.1.9.]

위 두 가지 중 국민동의청원은 새로이 도입되어 주목을 요하는 제도인데 아래 절차에서 언급하듯이 전자청원시스템에 등록되어 100명 이상의 찬성을 얻어 공개된 날부터 30일 이내에 10만 명 이상의 동의를 받은 경우 국민동의청원으로 접수된 것으로 보는 제도이다(국회청원심사규칙 제2조의2 3항).

(3) 청원금지사항

국회법 제123조 ③ 청원이 다음 각 호의 어느 하나에 해당하는 경우에는 이를 접수하지 아니한다. <개정 2019.4.16.>
1. 재판에 간섭하는 내용의 청원
2. 국가기관을 모독하는 내용의 청원
3. 국가기밀에 관한 내용의 청원

(4) 청원의 절차와 방법, 청원 업무의 전자화

1) 청원의 절차와 방법

국회법 제123조(청원서의 제출) ① 국회에 청원을 하려는 자는 의원의 소개를 받거나 국회규칙으로 정하는 기간 동안 국회규칙으로 정하는 일정한 수 이상의 국민의 동의를 받아 청원서를 제출하여야 한다. <개정 2019.4.16.>
② 청원은 청원자의 주소·성명(법인인 경우에는 그 명칭과 대표자의 성명을 말한다. 이하 같다)을 적고 서명한 문서(「전자정부법」 제2조 제7호에 따른 전자문서를 포함한다)로 하여야 한다. <개정 2019.4.16.>
④ 제1항에 따른 국민의 동의 방법·절차 및 청원 제출 등에 필요한 사항은 국회규칙으로 정한다. <신설 2019.4.16.>

국회청원심사규칙 제2조(의원소개청원의 제출) ① 의원소개청원의 청원서에는 청원의 취지와 이유를 구체적으로 명시하여야 하며, 소개하는 의원이 서명날인한 소개의견서를 첨부하여야 한다. <개정 2020.1.9.>
② 청원자는 청원서에 참고자료를 첨부하여 제출할 수 있다. <개정 2020.1.9.>

③ 의장은 청원서가 제1항의 요건을 갖추지 못하였을 경우 기간을 정하여 이를 보완하도록 요구할 수 있다. <개정 2020.1.9.>
④ 청원자가 다수인 경우에는 대표청원자를, 소개의원이 다수인 경우에는 대표소개의원을 각각 지정하여야 한다. <개정 2020.1.9.>

제2조의2(국민동의청원의 제출) ① 국민동의청원을 하려는 자는 전자청원시스템에 정해진 서식에 따라 청원의 취지와 이유, 내용을 기재한 청원서를 등록하여야 한다. 이 경우 청원서와 관련한 참고자료를 첨부할 수 있다.
② 제1항에 따른 청원서가 등록일부터 30일 이내에 100명 이상의 찬성을 받고 제3조에 따른 불수리사항이 아닌 것으로 결정된 경우 의장은 제3항에 따른 동의절차를 위하여 해당 청원서를 지체 없이 일반인에게 공개한다. 이 경우 의장은 100명 이상의 찬성을 받은 날부터 7일 이내에 제3조에 따른 불수리사항 해당 여부를 판단하여야 한다.
③ 제2항에 따라 공개된 청원서는 공개된 날부터 30일 이내에 10만 명 이상의 동의를 받은 경우 국민동의청원으로 접수된 것으로 본다. [본조신설 2020.1.9.]

제3조(불수리사항의 통지) ① 의장은 청원사항이 「청원법」 제5조 제1항 각 호의 어느 하나 및 제8조, 「국회법」 제123조 제3항 각 호의 어느 하나에 해당하는 경우에는 수리하지 아니한다. ② 의장은 청원사항이 제1항에 따라 불수리된 때에는 그 사유를 명시하여 의원소개청원의 경우 청원자와 소개의원에게, 국민동의청원의 경우 청원자에게 각각 통지하여야 한다. 다만, 의원소개청원의 청원자가 다수인 경우에는 대표청원자에게, 소개의원이 다수인 경우에는 대표소개의원에게 각각 통지할 수 있다. [전문개정 2020.1.9.]

제4조(이의신청) ① 청원이 「청원법」 제8조에 따라 불수리된 때에 청원자는 이의신청을 할 수 있다. 다만, 의원소개청원의 경우 소개의원을 거쳐야 한다. <개정 2020.1.9.>
② 의장은 의원소개청원의 경우 제1항에 따른 이의신청이 이유가 있다고 인정한 때에는 그 청원을 접수하여야 한다. 이 경우 의장은 먼저 그 청원을 회부할 소관위원회 위원장과 협의하여야 한다. <개정 2020.1.9.>
③ 의장은 국민동의청원의 경우 제1항에 따른 이의신청이 이유가 있다고 인정한 때에는 제2조의2 제3항에 따른 동의절차를 진행하여야 한다. <신설 2020.1.9.>

위에서 언급한 대로 국회법 제123조 제1항을 위와 같이 개정하여 의원의 소개를 받지 않더라도 국회에 청원할 수 있도록 개정되어 청원의 요건이 보다 완화되었다.

2) 청원의 철회

국회청원심사규칙 제5조(청원의 철회 등) ① 의원소개청원의 청원자가 청원을 철회하려는 경우에는 철회이유를 명기하고 청원자와 소개의원이 서명날인한 철회서를 제출하여야 한다. 다만, 청원자가 다수인 경우에는 대표청원자가, 소개의원이 다수인 경우에는 대표소개의원이 각각 서명날인한다. <개정 2020.1.9.>
② 국민동의청원의 청원자가 제2조의2제2항에 따라 청원이 공개되기 전에 해당 청원을 철회하려는 경우에는 전자청원시스템에서 본인의 청원을 철회할 수 있다. <신설 2020.1.9.>
③ 국민동의청원의 청원자가 제2조의2제2항에 따라 청원이 공개된 이후 해당 청원을 철회하려는 경우에는 철회이유를 명기한 철회서를 제출하여야 한다. 이 경우 의장은 그 이유가 타당하면 철회서를 수리하고 전자청원시스템에 해당 청원의 철회사실을 그 이유와 함께 게시한다. <신설 2020.1.9.>
④ 의원소개청원이 접수된 때에는 그 청원을 소개한 의원이 소개를 철회하거나 그 직을 상실하더라도

해당 청원의 효력에는 영향을 미치지 아니한다. <개정 2020.1.9.>

3) 청원 업무의 전자화

국회법 제123조의2(청원 업무의 전자화) ① 국회는 청원의 제출·접수·관리 등 청원에 관한 업무를 효율적으로 처리하기 위한 전자시스템(이하 "전자청원시스템"이라 한다)을 구축·운영하여야 한다. ② 전자청원시스템의 구축·운영 등에 필요한 사항은 국회규칙으로 정한다. [본조신설 2019.4.16.]

(5) 국회의 접수

국회법 제124조(청원요지서의 작성과 회부) ① 의장은 청원을 접수하였을 때에는 청원요지서를 작성하여 인쇄하거나 전산망에 입력하는 방법으로 각 의원에게 배부하는 동시에 그 청원서를 소관 위원회에 회부하여 심사하게 한다.
② 청원요지서에는 청원자의 주소·성명, 청원의 요지, 소개 의원의 성명 또는 동의 국민의 수와 접수 연월일을 적는다. <개정 2019.4.16.> [전문개정 2018.4.17.]

(6) 청원의 심사·보고 등

1) 위원회 회부 및 상정

의장에 의해 접수된 청원이 위원회에 회부되면 위원회는 상정하여 이를 심사한다.

*** 청원의 자동 상정**
위원회에 회부되어 상정되지 아니한 청원은 위원회에 회부된 후 30일이 지난 날 이후 처음으로 개회하는 위원회에 상정된 것으로 본다. 다만, 위원장이 간사와 합의하는 경우에는 그러하지 아니하다(동법 국회법 제59조의2).

국회청원심사규칙 제6조(청원의 회부) ① 의장은 청원을 접수한 때에는 소관위원회에 회부한다.
② 의장은 특별위원회와 관련이 있는 청원을 그 특별위원회에 회부할 수 있다.
③ 제1항 또는 제2항에 따라 회부된 청원의 소관위원회가 폐지되거나 활동기간이 만료되는 경우 해당 청원은 의장에게 회송된 것으로 보며, 의장은 이를 즉시 다른 소관위원회에 재회부한다.

2) 위원회의 심사·보고

국회법 제125조(청원 심사·보고 등) ① 위원회는 청원 심사를 위하여 청원심사소위원회를 둔다.
② 위원장은 폐회 중이거나 그 밖에 필요한 경우 청원을 바로 청원심사소위원회에 회부하여 심사보고하게 할 수 있다.
③ 청원을 소개한 의원은 소관 위원회 또는 청원심사소위원회의 요구가 있을 때에는 청원의 취지를 설명하여야 한다.
④ 위원회는 의결로 위원이나 전문위원을 현장이나 관계 기관 등에 파견하여 필요한 사항을 파악하여 보고하게 할 수 있으며, 필요한 경우 청원인·이해관계인 및 학식·경험이 있는 사람으로부터 진술을 들을 수 있다.
⑤ 위원회는 청원이 회부된 날부터 90일 이내에 심사 결과를 의장에게 보고하여야 한다. 다만, 특별한 사유로 그 기간 내에 심사를 마치지 못하였을 때에는 위원장은 의장에게 중간보고를 하고 60일의 범위에서 한 차례만 심사기간의 연장을 요구할 수 있다.
⑥ 제5항에도 불구하고 장기간 심사를 요하는 청원으로서 같은 항에 따른 기간 내에 심사를 마치지 못하는 특별한 사유가 있는 경우에는 위원회의 의결로 심사기간의 추가연장을 요구할 수 있다.

⑦ 위원회에서 본회의에 부의하기로 결정한 청원은 의견서를 첨부하여 의장에게 보고한다.
⑧ 위원회에서 본회의에 부의할 필요가 없다고 결정한 청원은 그 처리 결과를 의장에게 보고하고, 의장은 청원인에게 알려야 한다. 다만, 폐회 또는 휴회 기간을 제외한 7일 이내에 의원 30명 이상의 요구가 있을 때에는 이를 본회의에 부의한다.
⑨ 청원 심사에 관하여 그 밖에 필요한 사항은 국회규칙으로 정한다.

국회청원심사규칙 제8조(청원심사소위원회) ① 위원회는 청원심사를 전담할 청원심사소위원회(이하 '소위원회'라 한다)를 둔다.
② 소위원회는 회기에 관계없이 활동한다.
③ 위원장은 청원과 관련이 있는 법안심사소위원회가 구성되어 있을 때에는 해당 법안심사소위원회에서 그 청원을 심사하도록 할 수 있다.
④ 소위원회는 필요한 경우 직원을 현지에 파견하여 사실확인 및 자료수집을 하게 하고 그 결과를 보고하게 할 수 있다.

제9조(소개의원의 취지설명) 청원을 소개한 의원은 소관위원회 또는 소위원회의 요구가 있을 때에는 청원의 취지를 설명하여야 한다.

제10조(청원자 등의 진술) ① 소위원회는 청원심사에 필요하다고 인정할 때에는 청원자, 이해관계인 및 학식·경험이 있는 사람으로부터 진술을 들을 수 있다. <개정 2020.1.9.>
② 제1항의 진술을 청취한 경우 청원자를 제외하고는 예산의 범위에서 진술인에게 여비와 수당을 지급할 수 있다. <개정 2020.1.9.>

3) 본회의 부의

국회청원심사규칙 제11조(본회의에 부의하는 청원) ① 위원회는 본회의에 부의하는 청원을 다음과 같이 구분하여 의결한다.
1. 정부가 처리함이 타당하다고 인정하는 청원
2. 국회에서 처리함이 타당하다고 인정하는 청원
② 위원회는 제1항에 따라 본회의에 부의하기로 의결한 청원에 대하여 의견서를 첨부하여 의장에게 보고한다.

제12조(본회의에 부의하지 아니하는 청원) ① 위원회는 청원이 다음 각 호의 어느 하나에 해당할 때에는 본회의에 부의하지 아니하기로 의결한다.
1. 청원취지의 달성: 국가기관의 조치 또는 이해관계자와의 타협 등으로 청원목적이 달성된 경우
2. 청원취지의 실현불능: 청원의 취지에는 이유가 있으나 예산사정 등으로 그 실현이 불가능한 경우
3. 타당성의 결여: 청원의 취지가 국가시책에 어긋나는 등 타당성이 없는 경우
② 위원회는 제1항에 따라 본회의에 부의하지 아니하기로 의결한 청원은 제1항 각 호의 해당 사유를 명시하여 그 처리결과를 의장에게 보고한다.
③ 제2항에 따라 보고된 청원은 「국회법」 제125조 제8항 단서에 따라 폐회 또는 휴회 기간을 제외한 7일 이내에 의원 30명 이상의 요구가 없는 경우에는 폐기된다. <개정 2020.1.9.>

(7) 정부 이송과 처리보고

국회법 제126조(정부 이송과 처리보고) ① 국회가 채택한 청원으로서 정부에서 처리하는 것이 타당하다고 인정되는 청원은 의견서를 첨부하여 정부에 이송한다.
② 정부는 제1항의 청원을 처리하고 그 처리 결과를 지체 없이 국회에 보고하여야 한다. [전문개정 2018.4.17.]

(8) 청원자·소개의원에 통지

국회청원심사규칙 제13조(청원자와 소개의원에 통지) 의장은 다음 각 호의 사실을 청원자와 소개의원에게 통지한다. 다만, 청원자가 다수인 경우에는 대표청원자에게, 소개의원이 다수인 경우에는 대표소개의원에게 각각 통지할 수 있다. <개정 2020.1.9.>
1. 제6조에 따라 청원을 위원회에 회부 또는 재회부한 경우
2. 제7조 제2항에 따라 청원의 심사기간을 연장한 경우
3. 제12조에 따라 위원회가 청원을 본회의에 부의하지 아니하기로 의결하여 의장에게 심사보고한 경우
4. 청원이 본회의에서 의결된 경우
5. 「국회법」 제126조에 따라 정부에 이송한 청원에 대하여 정부로부터 처리결과 보고가 있는 경우
6. 제11조 제1항 제2호에 해당하는 청원이 국회에서 처리되었을 경우

제6절 국회의원의 지위와 특권, 권리 및 권한

Ⅰ. 국회의원의 지위

1. 국민대표자로서의 지위

국회의원은 국민의 보통·평등·직접·비밀선거에 의하여 선출된(제41조 1항) 국민의 대표기관이다. 국민직선이라는 점에서 민주적 정당성을 가진다. 국민과 국회의원과의 관계는 단순한 정치적, 사회적, 이념적 관계가 아니라 헌법에 의해 대표관계가 형성되는 법적 관계이다(헌법적 대표설). 이러한 법적 대표관계는 법적 위임의 관계이고 오늘날 그 위임은 국회의원의 출신지역구만의 유권자들의 지시나 명령에 따라야 한다는 기속위임은 금지된다. 기속위임금지에 대한 오해가 있어서는 아니 된다. 의원이 자신의 지역구라는 부분적 이익을 위해 활동해서는 안 되는 것이지 국민전체의 이익을 위한 국민전체의사 부합적 활동은 당연히 요구되는 것이므로 국민전체 의사에는 기속되어야 한다는 점이다. 결국 부분의사가 아니라 국민전체의 의사를 반영하고 전달하여야 한다는 위임이다(기속위임·강제위임의 금지, 대표위임. 자세한 것은 앞의 국민대표주의 참조).

2. 국회구성원으로서의 지위

국회는 국회의원으로 구성한다(제41조 1항). 국회의원은 국회를 구성하는 인적 요소이다. 국회는 합의체기관으로서 그 구성원인 개별 국회의원의 의사활동으로 국가의 정책결정 등을 수행하게 된다. 국회구성원의 지위는 국회가 국민대표기관이라는 점에서도 위에서 언급한 국회의원의 국민대표자로서의 지위를 의미하는 것이기도 하다. 국회의원은 개개인으로서도 국민

의 대표자이고 국회 소속원으로서도 국민대표자가 된다. 국회의원의 국회구성원으로서 국회활동을 뒷받침하기 위해 면책특권, 불체포특권, 의안제출권, 심의권, 표결권 등이 인정된다. 국회구성원으로서의 지위는 헌법기관으로서의 국회의원을 의미하기도 한다.

3. 헌법상 국가기관(헌법기관)으로서의 지위

국회구성원으로서 지위는 곧 국회가 헌법상 주권행사기관이고 이를 구성하는 국회의원도 헌법상의 기관으로 인정되게 한다. 국회의원도 법률안의 심의권, 표결권 등의 권한을 행사하여 국가권력행사의 담당자로서 개별적으로 헌법상의 국가기관으로서의 지위를 가진다. 우리 헌법재판소도 "국회의원은 헌법 제41조 제1항에 따라 국민의 선거에 의하여 선출된 헌법상의 국가기관으로서 헌법과 법률에 의하여 법률안제출권, 법률안 심의·표결권 등 여러 가지 독자적인 권한을 부여받고 있으며"라고 판시하여(헌재 1997.7.16. 96헌라2, 국회의원과 국회의장간의 권한쟁의, 판례집 9-2, 163면) 국가기관임을 인정하고 있다. 따라서 국회의원도 헌법재판소에서 행하는 권한쟁의심판의 당사자가 될 수 있다. 과거 헌재는 한때 국회의원의 권한쟁의심판청구능력(적격)을 부정한 적이 있는데 이후 판례를 변경하여 헌법기관으로서 국회의원의 지위를 인정하여 그 능력을 인정하고 있다(바로 위의 96헌라2 결정).

4. 정당대표자로서의 지위

국회의원은 정당의 당원으로서 정당을 대표하거나 정당소속원으로서의 지위를 가진다. 이 지위는 무소속 국회의원을 허용하고 있는 우리나라에서는 무소속 국회의원에 대해서는 물론 인정되지 않는다. 원내교섭단체를 구성하는 정당의 국회의원은 원내교섭단체의 구성원으로서의 지위도 가진다. 오늘날 정당국가화의 경향과 국민대표주의의 한계에서 지적되는 대로 정당 수뇌부에 의한 결정 내지 이른바 당론을 소속 국회의원이 그대로 전달하는 문제점이 나타나고 있다.

5. 국민대표자로서의 지위와 정당대표자로서의 지위의 관계

국회의원이 정당에 기속되는 경향이 오늘날 강하다고 지적되고 있다. 우리 공직선거법도 비례대표국회의원의 경우에는 소속정당의 합당·해산 또는 제명외의 사유로 당적을 이탈·변경하거나 2 이상의 당적을 가지고 있는 때에는 퇴직되도록 규정하여(동법 제192조 4항) 정당기속성을 인정하고 있다. 공직선거법이 선거운동에 있어서 무소속 후보자보다 정당추천을 받은 후보자에게 더 유리한 기회를 주는 경우도 있고 국회의 구성, 예를 들어 상임위원회의 배정 등과 같은 사안에 있어서 국회법은 정당소속 의원을 무소속 의원보다 우선하고 있기도 하다. 그러나 국회의원이 정당의 당론, 지시나 방침을 국민전체의 이익보다 우선할 수 없다. 정당의 당론과 자신의 지역구의 이익이 국민전체의 이익과 같은 것이라면 당론이나 지역구 이익을 위한 의정활동은 받아들일 수 있지만 그렇지 않은 경우 국민대표자로서의 지위와 국민대표자로서의 지위에 정당원으로서의 지위가 우선할 수 없다. 우리 헌법 제46조 제2항도 "국회의원은 국가이익을 우선하여 양심에 따라 직무를 행한다"라고 규정하여 기속위임, 기속위임을 금지하고 있으므로 정당내표자로서의 지위보다 국민대표자로서의 지위가 우선된다. 위에서 언급한 대로 정당 수뇌부에 의한 당리당략적 입법이나 의사결정을 그대로 따르는 경향, 그리고 의원들이 자신의 지역구의 이익을 위해 활동하는 현황은 헌법적으로 용인될 수 없다. 이를 국민대표제의 한계로 지적하기도 하지만 한계가 아니라 현실적 모습이고 헌법의식의 미발달이라고 할 것이다. 국회의원들이 지역구를 의식하지 않으면 차기선거에서 공천조차 받기 힘들다는 등의 반론이 있으나 국민들이 정책정당이 아닌 당리당략적 정당으로 정당의 제모습대로 활동하지 않는 정당에 대해서는 지지를 하지 말아야 하고 지역구만을 위해 활동하는 의원들을 재선출하지 않는 성숙된 헌법의식을 가져야 한다. 국회의원의 정당기속성을 강조하는 것은 우리 헌법에 반하고 위 공직선거법 규정도 헌법에 부합되지 않는다. 미국을 제외하고 선진국가들에서조차 정당기율이 강한 것은 사실이다. 그러나 정당기율이 강한 예를 들어 독일이나 프랑스에서도 기속위임금지를 헌법에 명시하고 있고 정책정당이 자리잡고 있다. 우리의 정당이 헌법정신을 구현하는 가운데 의원의 정당대표자로서의 지위를 인정하여야 할 것이고 그런 상황에서도 국민대표자로서의 지위와 충돌할 경우에는(국민의사를 제대로 집약하여 반영하는 정당의 경우 그러한 충돌이 논리적으로는 없게 될 것이긴 하다) 정당대표자로서의 지위를 주장할 수 없다.

Ⅱ. 국회의원의 신분 - 자격의 발생과 소멸

1. 국회의원선거

우리나라의 국회의원선거제도는 국민의 보통·평등·직접·비밀선거제도이고(제41조 1항) 선거에 관한 자세한 것은 공직선거법이 규정하고 있다. 현재의 국회의원선거는 소선거구제, 다수대표제로서 지역구 유효투표의 단순다수를 얻은 사람이 당선되며 비례대표제도 두고 있다.

2. 국회의원의 임기

국회의원의 임기는 4년으로 한다(제42조). 역대헌법에서도 대부분 4년이었다. 제1공화국에서 제헌헌법하에서는 국회의원이 4년의 임기였으나, 제1차개헌으로 양원제를 도입하여 민의원의원의 임기는 4년, 참의원의원의 임기는 6년(2년마다 참의원의 3분의 1씩을 改選. 2차개헌으로 3년마다 참의원의 2분의 1씩을 改選하도록 변경함)으로 되었으나 실제 참의원선거가 실시는 되지 않아 단원제로 운영되었다. 실제로 양원제를 실시한 제2공화국에서는 민의원의 임기는 4년, 참의원의 임기는 6년(3년마다 참의원의 2분의 1씩을 改選)이었다. 제3공화국의 국회의원의 임기는 4년이었다. 제4공화국 유신헌법에서는 국민의 직접선거에 의해 선출되는 국회의원의 임기는 6년으로 하고 통일주체국민회의가 선거한 국회의원의 임기는 3년으로 하여 차별화한 예를 남겼다(유신헌법 제77조). 제5공화국헌법에서도 4년의 임기를 규정하고 있었다.

<table>
<tr><td colspan="2">공화국</td><td></td><td>임기</td></tr>
<tr><td rowspan="3">제1공화국</td><td>제헌헌법</td><td colspan="2">4년</td></tr>
<tr><td rowspan="2">1차, 2차개헌</td><td>민의원</td><td>4년</td></tr>
<tr><td>참의원</td><td>6년</td></tr>
<tr><td colspan="2" rowspan="2">제2공화국</td><td>민의원</td><td>4년</td></tr>
<tr><td>참의원</td><td>6년</td></tr>
<tr><td colspan="2">제3공화국</td><td colspan="2">4년</td></tr>
<tr><td colspan="2" rowspan="2">제4공화국</td><td>직선의원</td><td>6년</td></tr>
<tr><td>통일주체국민회의에 의한 간선의원</td><td>3년</td></tr>
<tr><td colspan="2">제5공화국</td><td colspan="2">4년</td></tr>
<tr><td colspan="2">제6공화국</td><td colspan="2">4년</td></tr>
</table>

▌국회의원 임기의 변천

국회의원이 임기 도중에 사망하거나 자격을 상실한 경우에는 보궐선거를 행한다. 현행 헌법 자체에는 이에 관한 규정이 없고 공직선거법은 지역구국회의원에 궐원이 생긴 때에는 보궐선거를 실시한다(직선거법 제200조 1항). 비례대표국회의원에 궐원이 생긴 때에는 선거구선거관리위원회는 궐원통지를 받은 후 10일 이내에 그 궐원된 의원이 그 선거 당시에 소속한 정당의 비례대표국회의원후보자명부에 기재된 순위에 따라 궐원된 국회의원의 의석을 승계할 자를 결정하여야 하되, 다만, 당선인의 선거범죄로 인하여 당선이 무효로 되거나 그 정당이 해산된 때 또는 임기만료일 전 180일 이내에 궐원이 생긴 때에는 그러하지 아니하다(동법 동조 2항).

3. 자격의 발생·소멸

(1) 자격의 발생

자격의 발생시기에 대하여 당선인결정시설, 승낙설도 있으나 우리의 통설은 선거입후보에 있어서 등록제가 있고 이로써 당선되면 의원으로 활동하겠다는 의사표시가 이미 있었던 것이므로 헌법과 법률이 정하는 임기개시일부터 자격이 발생한다고 본다(임기개시설). 현행 공직선거법도 국회의원의 임기는 총선거에 의한 전임의원의 임기만료일의 다음 날부터 개시된다고 규정하고 있다(공직선거법 제14조 2항). 보궐선거의 경우 지역구선거에 있어서는 당선이 결정된 때부터 임기가 개시되며 임기는 전임자의 잔임기간으로 한다(동법 동조 동항 단서). 비례대표제의 보궐선거의 경우에는 중앙선거관리위원회가 승계할 자를 결정한 임기가 개시된다고 볼 것이다(동법 제14조 2항 단서, 제200조 2항).

(2) 자격의 소멸

1) 소멸원인

국회의원의 자격이 소멸하는 사유로는 임기만료나 사망, 사직, 퇴직, 제명, 자격심사에 의한 자격부인 등이 있다.

① **임기만료, 사망** 이는 자연적 자격소멸사유이다. 임기 4년이 경과하거나 임기 도중에 사망하면 의원자격이 당연히 소멸된다.

② **사직** 이는 스스로 의원직에서 벗어나길 원한다는 의사표시에 의한 것이다. 그러나 국회법은 의원의 사직을 허가사항으로 하고 있다. 즉 국회는 그 의결로 의원의 사직을 허가할 수 있고 다만, 폐회 중에는 의장이 이를 허가할 수 있다고 규정하고 있다(국회법 제135조 1항). 의원이 사직하고자 할 때에는 본인이 서명·날인한 사직서를 의장에게 제출하여야 한다(동법 동조 2항). 이처럼 허가와 사직서를 제출하게 하는 것은 의원신분의 소멸이라는 중요한 사항의 결정이 진정성을 가지는지, 그리고 국민대표자로서의 결정의 정당성을 가지는지를 살피기 위한 의미를 가진다고 하겠다. 사직의 허가여부는 토론을 하지 아니하고 표결하도록 하고 있다(동법 제135조 1항·3항). 표결은 국회법 제112조 제5항에 따라 무기명투표로 한다.

③ **퇴직** 이는 임기만료, 사망과 같은 당연사유나, 본인의 희망에 따른 사직 외에 임기 도중에 법이 정한 일정한 사유의 발생으로 인한 자격소멸을 말한다. 국회법은 퇴직의 사유로 ⅰ) 의원이 「공직선거법」 제53조의 규정에 의하여 사직원을 제출하여 공직선거후보자로 등록된 때, ⅱ) 의원이 법률에 규정된 피선거권이 없게 된 때로 규정하고 있다(동법 제136조 1항·2항). 피선거권이 없는 경우는 공직선거법상 규정이 있다. 공직선거법은 피선거권이 없는 사람은 선거일 현재 다음의 어느 하나의 경우에 해당하는 사람으로 규정하고 있다. 1. 동법 제18조 제1항 제1호·제3호 또는 제4호에 해당하는 자, 2. 금고 이상의 형의 선고를 받고 그 형이 실효되지 아니한 자, 3. 법원의 판결 또는 다른 법률에 의하여 피선거권이 정지되거나 상실된 자, 4. 국회법 제166조(국회 회의 방해죄)의 죄를 범한 일정한 자, 5. 공직선거법 제230조 제6항의 죄를 범한 자로서 벌금형의 선고를 받고 그 형이 확정된 후 10년을 경과하지 아니한 자. 공직선거법은 비례대표국회의원의 경우에는 소속정당의 합당·해산 또는 제명외의 사유로 당적을 이탈·변경하거나 2 이상의 당적을 가지고 있는 때에는 퇴직되고 다만, 비례대표국회의원이 국회의장으로 당선되어 「국회법」 규정에 의하여 당적을 이탈한 경우에는 그러하지 아니하다고 규정하고 있다(동법 제192조 4항).

④ **제명** 제명은 징계의 하나로서 국회의원으로서의 신분을 박탈하는 처분이다. 국회의

원이 의무를 준수하지 않은 행위로서 그것이 중한 정도인 경우에 국회는 윤리특별위원회의 심사를 거쳐 그 의결로써 이를 징계할 수 있다(동법 제155조). 국회는 의원을 징계, 제명할 수 있다(제64조 2항 · 3항). 의원을 제명하려면 국회재적의원 3분의 2 이상의 찬성이 있어야 한다(제64조 3항). 국회의 제명처분에 대하여는 법원에 제소할 수 없다(제64조 4항). 징계로 제명된 자는 그로 인하여 궐원된 의원의 보궐선거에 있어서는 후보자가 될 수 없다(국회법 제164조).

⑤ **자격심사** 의원이 피선거권을 가지는지 여부 등을 심사하여 자격이 없으면 의원신분을 상실하게 된다. 이에 대해서는 바로 아래에 별도로 본다.

2) 자격심사

(가) 의의와 다른 절차와의 차이

가) 의의와 헌법근거

의원자격심사란 의원이 피선거권을 갖추었는지, 의원의 신분을 유지하기 위한 요건을 갖추었는지 여부에 대한 심사를 말한다. 현행 헌법 제64조 제2항은 "국회는 의원의 자격을 심사하며"라고 하여 자격심사에 관한 명시적 근거규정을 두고 있다.

나) 다른 절차와의 차이

i) **징계와의 차이** 징계 중 제명도 의원의 신분이 박탈된다는 점에서 자격심사결과 자격이 없다고 의결되는 경우와 결과는 같다. 그러나 징계로서의 제명의 의미는 자격심사결과 박탈되는 경우와는 차이가 있고(아래 참조) 징계에는 제명만 있는 것은 아니다. 징계와 자격심사는 다음과 같은 차이가 있다. ① 징계는 의무의 위반이 있어야 하는 절차인 반면에 자격심사는 그러한 의무위반이 없더라도 자격에 대한 이의가 있을 때 이루어질 수 있다(아래 참조). ② 양 절차 모두 요구나 발의가 있어야 시작되는 점은 같으나 그 요구자, 발의정족수(자격심사는 30인)에 차이가 있다. ③ 의결정족수도 징계에서의 제명의 경우는 동일하나 그 외의 징계(사과, 감액 등)결정에 있어서 차이가 있다(제명과 자격부인결정은 모두 재적의원 3분의 2 이상 찬성) ④ 공개여부에 있어서 징계절차의 경우에는 비공개가 원칙이라고 명시되어 있고 자격심사의 경우에는 비공개원칙이 규정되어 있지 않아 공개원칙에 따르게 된다.

ii) **국회의원선거무효·당선무효소송과의 차이** 무효인 선거에서 당선되었거나 유효한 선거이었지만 당선이 무효로 된 경우는 의원의 자격이 인정되지 않는다는 점에서 자격심사에서 무자격결정이 나오는 것과 결과가 같다. 그러나 이 소송들과 자격심사의 차이는 다음과 같다. ① 선거무효·당선무효소송은 그 제소권자가 선거인, 정당, 후보자로 되어 있는 반면 자격심사는 30인 이상의 의원들의 연서로 청구된다. ② 위 소송은 선거일 또는 당선인결정일부터 30일 이내에 대법원에 제기하는 반면에 자격심사는 물론 국회 내에서 임기 중에 언제라도 청구될 수 있다. ③ 위 소송은 선거이전까지, 선거와 관련한 위법사유로 제소될 수 있는 반면 자격심사는 임기 후에 발생된 자격상실 사유로도 청구될 수 있다.

(나) 자격심사의 대상(자격 여부 기준)

가) 의의

자격심사에서 살펴보는 대상은 의원으로서 보유하여야 할 자격을 지니고 있는지 여부, 더 이상 의원으로서 자격을 지니지 않게 된 사유가 발생하였는지 여부가 자격심사의 대상이 된다. 이는 바로 피선거권의 유무, 의원으로서 당선이 적법한지 여부 등을 심사하는 것을 의미한다. 자격심사 대상 문제로서 겸직으로 인한 자격상실 여부 등을 심사한다고 하는 취지의 서술을 하는 교재들이 있다. 그러나 이는 잘못된 견해이다. 이러한 서술이 논리적으로 성립하려면 겸직이 허용되지 않는 직을 겸하는 의원은 의원직(의원자격)이 당연히 없거나 자동으로 상실되는 결과를 가져온다고 하여야 하는데 그렇지 않다. 겸직이 불가한 직을 겸직한 것으로 보이면 징계절차에 들어가고 그 징계절차에서 겸직이 가능한지 여부가 심사되고 그 직이 겸직불가한 것으로 판명되더라도 그 직을 겸직할 수 없게 된다는 것이지 그로써 의원으로서 자격이 없음이 판명되는 것이 아니라 의원으로서 겸직금지의무를 위반하였음을 규명하는 것이다. 겸직불가의 직을 수행한 경우에 제명이 된다면 의원직이 박탈되니 결국 자격심사가 이루어진 결과라고 볼지 모르나 그것은 겸직금지의무위반만이 아니라 다른 의무(품위유지, 질서유지의 의무 등) 위반으로 인한 제명의 경우에도 마찬가지이다. 그렇게 본다면 징계절차에서 제명으로 결론나는 경우는 전부 자격심사와 같다고 보게 될 것이다. 이는 징계로서의 제명과 달리 자격심사제도를 별도로 둔 것이 무의미하다고 보거나 그 독자성을 무시하거나 인식하지 못하는 것이다. 겸직불가인지 심사결과 겸직불가로 판정이 나면 의원이 그 겸직을 계속 고집한다면 결국 제명을 할 수밖에 없긴 하지만 그동안의 겸직에 대해 사과나 수당감액의 징계가 가해지고 이후 국회법 제29조에 따라 겸직된 직을 휴직 또는 사직하게 할 수도 있다. 결국 의원으로서의 자격이 있는지를 본다는 의미를 가지는 자격심사와 겸직 가능 여부를 심사하는 겸직심사는 구별된다. 프랑스의 경우를 보면 헌법재판소(Conseil constitutionnel)는 의원선출자격 유무 심사 외에도 헌법재판소가 겸직불가(incompatibilité)심사를 한다는 것은 그 점을 보여주는 예이다. 결국 겸직가능 여부가 의원자격 유무와는 무관하다. 징계와 자격심사는 구별된다고 하면서도 겸직 불가 여부를 자격심사에서 다룬다고 보는 서술을 하는 것은 자기모순이다. 다만, 금지되는 직을 겸한 경우에 징계로서 제명을 하기 위해 심사를 청구한 경우에 자격심사라는 이름으로 청구되더라도 징계절차로서 청구된 것이라고 이해할 수 있을 것이다.[1]

---

1) 과거 제7대국회 중인 1970.6.26.에 헌법의 국회의원의 겸직제한, 직권남용에 의한 재산상의 권리 및 이익취득 등의 규정에 반한 혐의가 있다고 본 의원들을 대상으로 한 자격심사청구가 있었던 예를 볼 수 있다. 이 사안에 있어서 확인을 통해 이해될 수 있을 것이지만 당시 국회법이 겸직금지를 명시적으로 징계사유로 규정하고 있지는 않은 것으로 보여 자격심사로 청구된 면도 있지 않을까 짐작되기도 한다.

나) 자격기준

의원으로서 보유하여야 할 자격으로서 심사되어야 할 사항으로 ① 적법한 당선인지 여부, ② 법률로 규정된 피선거권을 취임 이후에도 계속하여 보유하고 있는지 등이다.

(다) 절차

윤리특별위원회에서 자격심사가 이루어지는데 이 위원회는 징계심사도 하므로 그 구성에 대해서는 뒤의 징계 부분에서 서술한다(후술 참조).

가) 자격심사청구와 위원회회부, 답변서의 제출·회부

의원이 다른 의원의 자격에 대하여 이의가 있을 때에는 30인 이상의 연서로 자격심사를 의장에게 청구할 수 있다(국회법 제138조). 특별한 청구기간의 제한은 없으므로 임기 중에 청구할 수 있다. 이 청구서에는 청구를 하게 된 사실, 그 이유, 그것을 뒷받침할 입증자료 등을 포함하게 된다. 의장은 위 청구서를 윤리특별위원회에 회부하고 그 부본을 피심의원에게 송달하여 기일을 정하여 답변서를 제출하게 한다(동법 제139조 1항). 의장이 답변서를 접수한 때에는 이를 윤리특별위원회에 회부한다(동법 제140조 1항).

나) 윤리특별위원회의 심사절차

ⅰ) **심사범위**(방법) 윤리특별위원회는 청구서와 답변서에 의하여 심사한다(동법 동조 2항). 기일 내에 답변서를 제출하지 아니한 때에는 윤리특별위원회는 청구서만으로 심사를 할 수 있다(동법 동조 3항).

ⅱ) **절차** ① 위원회개회의 통지 – 위원장은 자격심사를 위하여 위원회를 개회할 때에는 그 개회일시와 장소 등을 자격심사를 청구한 의원, 자격심사피심의원에게 통지하여야 한다('윤리특별위원회 구성 등에 관한 규칙' 제5조). ② 심문 – 윤리특별위원회는 필요한 때에는 청구의원과 피심의원을 출석하게 하여 심문할 수 있다(동법 제141조 1항). 위원장은 위원회가 심문을 하고자 할 때에는 출석요구서를 늦어도 개회일 3일 전까지 송달하여야 한다(위 규칙 제6조). ③ 발언 및 변명 – 청구의원과 피심의원은 위원회의 허가를 받아 출석하여 발언할 수 있는데 이 경우 피심의원은 다른 의원으로 하여금 출석하여 발언하게 할 수 있다(동법 동조 2항). ⓐ 자격심사청구의원 또는 심사대상의원이 발언하고자 할 때에는 그 요지를 기재한 신청서를 위원장에게 제출하여야 하며 ⓑ 심사대상의원이 다른 의원으로 하여금 위원회에서 발언하게 하고자 할 때에는 그 의원의 성명과 요지를 기재한 신청서를 위원장에게 제출하여야 하는데. ⓒ 위원장은 위 ⓐ, ⓑ의 신청서를 접수한 때에는 간사와 협의하여 발언을 서면 또는 구두로 하게 될 것인지를 결정하여 이를 통지한다(동 규칙 제7조). ④ 증빙서류 등의 제출 – 심사대상의원 또는 심사요구의원은 위원회의 심사에 필요한 증빙서류·해명자료 등을 위원회에 제출할 수 있다(동 규칙 제8조).

ⅲ) **위원의 제척·회피 제도가 있다**(동 규칙 제10조)

(라) 의결과 효과

가) 의결

윤리특별위원회에서 심사보고서를 의장에게 제출한 때에는 의장은 본회의에 부의하여야 한다(동법 제142조 1항). 피심의원은 본회의에서 스스로 변명하거나 다른 의원으로 하여금 변명하게 할 수 있다(동법 동조 2항). 본회의는 피심의원의 자격의 유무를 의결로 결정하되 그 자격이 없는 것을 의결함에는 재적의원 3분의 2 이상의 찬성이 있어야 한다(동법 동조 3항). 위와 같은 결정이 있을 때에는 의장은 그 결과를 서면으로 청구의원과 피심의원에게 송부한다(동법 동조 4항).

나) 자격심사의 효과

자격심사 결과 피선거권이 아예 없었거나 임기 도중 상실되었을 경우 등에는 의원의 신분이 부정된다. 자격을 보유하고 있는 피심의원은 의원직을 그대로 보유한다.

국회의 자격심사에 대하여는 법원에 제소할 수 없다(제64조 4항).

(3) 사법심사의 문제 - 법원제소의 금지

자격심사의 결정에 대하여는 법원에 제소할 수 없다(제64조 4항). 법원제소부정은 국회의 자율권을 실질적으로 인정하여 국회의 결정을 최종적인 것으로 하기 위한 것이다. 자격심사의 결정에 대해서 법원제소는 금지되나 헌법재판소에의 심사청구는 가능한지가 후술하는 대로 논의될 수 있다(후술 자율권에 대한 사법적 통제 부분을 참조). 의원자격심사나 겸직허용여부에 대한 심사를 헌법재판소가 행하는 예로 프랑스를 들 수 있다.

(4) 정당해산, 당적변경

국회의원이 소속 정당의 강제해산(헌재에 의한 해산결정), 또는 당적변경으로 자동으로 의원자격이 상실되느냐 하는 문제가 있다. 헌재는 정당의 강제해산결정으로 의원의 신분이 상실된다고 선언한 바 있다(2013헌다1 결정). 위에서 본 대로 공직선거법은 비례대표국회의원의 경우 당적변경으로 자동상실되도록 하고 있다. 우리는 부정적으로 보는데 이에 대해서는 앞에서 살펴본 바 있다(앞의 정당 부분 참조).

Ⅲ. 국회의원의 특권

1. 의의

국회가 국민의 주권을 행사하고 국민을 대표하는 국가기관이라는 점에서 그 기능이 원활하게 작동되게 하고 국회가 외부의 간섭을 받지 않는 독립성과 자주성을 확보하여야 한다. 이를 위해 국회활동의 주축인 국회의원에게 특권을 부여하고 있다. 우리 헌법은 불체포특권과 발언·표결상의 면책특권을 부여하고 있다. 이러한 특권은 일반 국민들과 차별이지만 헌법이 인정하는 평등원칙에 대한 예외이다. 국회의원에게 부여되는 특권은 근본적으로 국회의 정상적 활동을 보장하기 위한 것이지 개인적인 이익을 위한 것이 아니라는 점에서 이를 포기할 수 없다는 견해가 있다. 헌법이 허용하는 범위에서 특권에 대한 제한은 가능하다.

2. 불체포특권

(1) 의의와 연혁

국회의원이 형사처벌을 가져올 범죄행위를 행한 혐의가 비록 있다고 하더라도 국회의 동의없이는 인신의 자유를 제한하는 체포 또는 구금이 되지 않고 이미 체포, 구금이 된 의원에 대해서는 국회가 요구하면 석방이 되는 특권을 의미한다.

법제도화한 기원은 영국에서 1603년 의원의 특권법(Privilege of Parliament Act)이었고 미국의 연방 헌법 제1조 제6절에 규정을 둠으로써 헌법제도로 자리잡아 이후 세계 여러나라 헌법들에도 규정을 두었다.

(2) 법적 성격

1) 개인적 특권성 여부 - 국회활동의 계속성보장을 위한 특권

학설로는 ① 의원개인의 신체적 자유의 보장설, ② 의회의 정상활동보장설, ③ 병합설(의원개인의 특권이자 국회의 특권이기도 하다는 학설) 등이 있다. 우리나라에서는 ②가 지배적 이론이다.

이 특권은 의원 자신에 대한 귀족적 보호특권이 아니라 국회의원의 체포, 구속으로 국회활동에 지장을 초래하고 그 계속성을 깨트리는 것을 막기 위한 목적으로 부여되는 것이다. 따라서 이 특권은 결과적으로는 의원에 대한 개인적 특권의 효과를 가지겠지만 근본적인 성격은 국회의 정상활동을 보장하기 위한 수단으로서의 성격을 가진다(③ 병합설에 가까우면서도 ②설을 강조함). 그러므로 이 특권은 국회활동에 지장을 초래하는 범위 내에서 엄격히 인정하여야 한다. 국회활동의 정상화를 위한 것이라는 점에서 또한 의원 개인이 포기할 수 없는 특권이다.

2) 특권의 성격 - 형사책임의 비면제

불체포특권은 의원이 체포 또는 구금을 받지 않는다는 범위 내의 특권일 뿐이지 범죄행위에 대한 형사적 책임을 전혀 지지 않도록 면제하는 것은 아니다. 즉 책임의 면제가 아니다. 범죄혐의가 있는 의원이 검찰의 기소가 있으면 불체포, 불구속상태에서 재판을 받는다는 것이지 그 재판의 결과 유죄가 확정된다면 형사책임을 당연히 지게 된다. 책임이 면제되지 않는다는 점에서 발언·표결에 대한 면책특권과 차이가 있다.

(3) 내용·절차

1) 회기 '중'의 범행

"국회의원은 현행범인인 경우를 제외하고는 회기 중 국회의 동의없이 체포 또는 구금되지 아니한다"(제44조 1항).

(가) 주체

이 면책특권의 주체는 물론 국회의원이다. 그의 정책보좌관이나 비서관에게는 인정되지 않는다. 현재 지방의회의원에게는 불체포특권이 인정되지 아니한다.

(나) 대상범죄

가) 범죄종류의 무한정

현행 헌법은 불체포특권의 대상이되는 범죄의 종류을 한정하지 않고(예외 범죄를 인정하지 않고) 단지 장소적으로 현행범만을 제외시키고 있다. 미국 연방헌법은 반역죄, 중죄 그리고 공공질서방해죄 외에 어떠한 경우에도 체포되지 아니하는 특권을 가진다고 규정하여 예외를 두고 있다. 2014년 국회 헌법개정자문위원회의 개헌안에는 회기 중 현행범 외에도 "장기 5년이 넘는 징역이상의 형에 해당하는 죄"에 대해서는 불체포특권이 적용되지 않게 예외를 두고 있다.

나) 현행범의 제외

현행범의 경우를 제외하는 것은 범죄의 종류에 따른 것이 아니라 범죄의 정황적 제한이라고 하겠다. 현행 형사소송법은 현행범인을 "범죄의 실행 중이거나 실행의 즉후인 자"라고 정의하고 있다(형사소송법 제211조 1항). 현행범에 대해 불체포특권 대상에서 제외하는 이유는 다음과 같다. ① 중대성·명백가능성 – 현행범에 대해 면책특권을 부인하는 것은 범행사실이 명백히 관찰될 수 있었고 그 상황이 중대하다는 생각에 터잡은 제한이라고 볼 것이다. 즉 범행이 명백하면 부당한 체포·구금이 있을 위험이 없다고 보는 것이다. 형사소송법도 "현행범인은 누구든지 영장없이 체포할 수 있다"라고 규정하고 있다(동법 제212조). ② 평등원칙의 구현 – 현행범인 의원에 대해서까지 불체포의 특권을 주는 것은 의원이란 신분을 이유로 보호하여 특권계급의 창설을 가져오게 하는 의미도 지니게 될 수 있어서 사회적 신분에 따른 불합리한 차별로서 평등원칙의 예외인정의 한계를 벗어난 것이라고 보기 때문이다.

현행범에 대한 불체포특권 배제에 대해서는 신중론도 있다. 현행범이 체포된 이후에는 사후에 다시 국회의 의결에서 구속계속 여부를 결정할 수 있도록 하는 것이 타당하다는 의견이 있다(배제의 제한에 대한 비슷한 취지로 신동운). 생각건대 현행범으로 체포된 의원이 국회활동에 참여하는 것이 불가피하게 요구된다면 불체포특권의 원취지가 국회 기능의 정상적 운영이라는 점을 고려하면 타당한 지적이다. 현행 형사소송법은 "헌법 제44조에 의하여 구속된 국회의원에 대한 석방요구가 있으면 당연히 구속영장의 집행이 정지된다"라고 하여(형사소송법 제101조 4항) 현행범이었던 경우이든 아니든 국회의 석방요구에 따른 집행정지를 규정하고 있기도 하다. 그런데 현행 헌법 제44조 제2항은 "회기 전에 체포 또는 구금된 때에는 현행범인이 아닌 한"이라고 명시하여 회기 전에 현행범으로서 체포된 경우에는 위와 같은 제한해석은 불가하고 현행범이 회기 중에 체포되고 이후 같은 회기가 계속되는 가운데 위와 같은 제한해석을 논할 여지가 있다는 한계가 있다. 헌법개정론으로 현행범에 대한 논의가 이루어질 필요가 있겠다. 현행범의 경우에도 일률적으로 판단할 것이 아니라 범행의 경중이나 정황에 따라 불체포특권의 인정 필요성의 차이가 있다고 볼 수 있을 것이기 때문이다.

체포과정에서도 신중을 기하도록 하는 것이 헌법의 취지에 부합한다. 현행 국회법은 의원이 현행범이라도 회의장 안에서의 현행범인 경우에는 제한을 두고 있다. 즉 이 경우에 의장의 명령없이 체포할 수 없도록 규정하고 있다(국회법 제150조 단서). 이는 "국회의원의 불체포특권은 현행범인의 경우에는 배제되지만 회의장 안에 있어서는 현행범인이라 하더라도 의장의 명령없이 의원을 체포할 수 없다. 이것은 회의장안의 분위기는 누구보다도 의장이 가장 잘 알기 때문에 구속에 신중을 기하고 의장의 질서유지권에 따라서 체포여부를 결정하도록 하기 위한 것이다"라고 설명되고 있다.[1)]

(다) 회기 '중'의 의미

체포되지 아니할 특권은 회기가 계속되는 동안 인정된다. '회기 중'에서 말하는 회기에는 정기회뿐 아니라 임시회가 포함되고 그 회기의 집회일부터 폐회일까지의 기간을 말하며 정회, 휴회도 포함된다. 회기가 종료된(폐회일) 이후에 체포될 수도 있다.

(라) '체포 또는 구금'되지 아니한다

'체포 또는 구금'이란 의원의 신체의 자유를 구속하는 것을 의미하고 체포·구금으로써 의원활동이 불가능하게 되도록 하는 상태를 말한다. 따라서 형사소송법에 따른 체포·구인·구금뿐만 아니라 경찰관직무집행법에 의한 보호조치 등도 포함된다고 본다. 행정상의 즉시강제와 같은 경우도 포함되어야 할 것인지도 논의될 수 있을 것이다. 예를 들어 국정조사를 행하는 지역에 전염병이 돌거나 치안이 불안하다는 이유로 그 지역에 활동 중인 의원을 격리수용할 수 있는 것인지 하는 문제가 일어날 수도 있을 것이다. 생각건대 행정상 즉시강제 등 행정상 강제적인 조치도 의원의 정상적 활동을 막는 것이라면 해당된다.

(마) 동의요청절차와 처리시한 등

가) 절차

국회법 제26조는 체포동의요청의 절차로서, "의원을 체포 또는 구금하기 위하여 국회의 동의를 얻으려고 할 때에는 관할법원의 판사는 영장을 발부하기 전에 체포동의요구서를 정부에 제출하여야 하며, 정부는 이를 수리한 후 지체없이 그 사본을 첨부하여 국회에 체포동의를 요청하여야 한다"라고 규정하고 있다. 즉 검찰이 먼저 관할법원에 영장을 신청하면 판사가 범죄사실을 확인한 후 구속을 위한 영장을 발부하는 것이 타당하다고 인정될 경우에 그 발부 전에 정부에 체포동의요구서를 제출하고 정부는 그 요구서를 수리한 후 지체없이 그 요구서의 사본을 첨부하여 국회에 체포동의를 요청하는데, 이런 과정에서 법관의 체포동의요구서제출에

1) http://likms.assembly.go.kr/alkms/cgi-bin/jodata01.cgi?provcode=41500&revsserl=51&lawscode=2001&gubncode=1 참조.

정부가 기속된다. 따라서 정부는 판사의 요구에 대하여 동의요청을 부당하게 지연하거나 거부해서는 아니 된다.

정부를 통하여 동의를 구하도록 한 것은 그 입법이유를 밝히고 있지 않아 명확하게 알 수는 없으나 영장신청권자, 소추자가 검찰(정부)이므로 정부가 그 동의여부를 구하는 주체가 되는 것이 논리적이라는 점, 그리고 영장발부는 판사가 하나 동의는 그 발부에 있어서 조건이므로 영장을 신청한 검찰이 소속된 정부가 그 조건을 갖추어야 할 책무가 있다는 점에서 정부가 동의여부를 구하도록 규정한 것이라 해석된다.

나) 처리시한과 표결

헌법에는 체포동의요구에 대한 처리기간이 명시되어 있지 않다. 구 국회법에도 처리의 기한을 명시하고 있지는 않았기에 처리를 지연하여 불체포특권의 악용이 있기도 하였고 방탄국회라는 오명을 입기도 하였다. 그리하여 2005.7.28. 국회법개정으로 신속한 처리를 위하여 본회의 보고 이후 24시간 이후 72시간 이내 표결하도록 제한하는 규정을 국회법 제26조 2항에 신설하였다. 국회에서의 실무상 표결절차는 "인사에 관한 안건은 무기명투표로 표결한다"라고 규정한 국회법 제112조 제5항에 따라 무기명투표로 하고 있다고 한다. 의원들의 소신표결을 위해 기록표결이 되어야 한다. 의원 체포동의안 의결은 2013년 9월 4일 한 건이 있었고 모두 12건이 있었다.

(바) 국회의 '동의'

국회가 동의에 재량을 가지는지 여부가 논의된다. 국회자율권을 고려하여 이를 긍정하는 견해(재량인정설)와 체포·구금의 사유가 명백하고 정당한 경우에는 국회가 동의를 반드시 하여야 한다는 견해(기속설)가 대립된다. 재량인정설이 다수설이다. 조건부, 시한부 동의가 가능한지에 대해 부정설이 있으나 국회자율권을 고려하면, 그리고 전적인 동의는 어려우나 조건을 달거나 시한을 정하여 동의를 하더라도 국회의 정상적 활동에 유익하고 필요하다면 긍정하는 것이 타당하다.

(사) 여론 - 고발의 필요성 여부

국회의원의 직무상 위법행위가 있어서 형사범으로 공소가 제기되기 위해서는 국회의 고발이 필요한지 여부가 논의된다. 범법행위에 대한 처벌을 위한 검찰의 공소제기권을 제약할 수는 없으므로 고발이 없더라도 기소가 가능하다고 보는 견해(고발불요설)와 국회의 자율권과 권위를 고려하여 고발이 필요하다는 견해(고발필요설)가 있다. 국회자율권뿐 아니라 특권의 인정이 국회활동의 정상화에 근거를 두고 있으므로 그 위법행위가 국회직무와 관련된 경우에는 그 기소로 국회활동에 지장을 초래할 것인지 여부도 국회가 판단하도록 하는 것이 필요하다는 점에서 후설이 타당하다고 본다. 엄밀히는 이 문제가 불체포특권 자체에 관한 문제라고 볼 성격의 것은 아니다. 이는 형사법 위반행위를 직무상 행한 국회의원이 체포, 구금이 아닌 상태에서도 역시 제기되는 문제이기 때문이다.

2) 회기 '전'에 체포·구금된 경우

헌법은 "국회의원이 회기 전에 체포 또는 구금된 때에는 현행범인이 아닌 한 국회의 요구가 있으면 회기 중 석방된다"라고 규정하고 있다(제44조 2항). 이 제도는 어느 한 회기 이전에 체포·구금된 데 대해 이후 그 회기 중에 석방하는 사후적 특권부여이다.

(가) 의미

회기 전이라는 용어 때문에 혼동이 올 수 있다. 회기 전 불체포 특권이라고 하는 것은 그래서 부정확하다. 여기서의 특권도 어디까지나 회기 중에 불구속의 상태에 있는, 회기 '중'의 특권이다. 헌법이 "회기 '중' 석방된다"라고 규정하고 있기 때문이다.

(나) 주체, 대상범죄의 무한정, 체포 또는 구금의 의미 등

이에 대해서는 위에서 본 회기 중의 경우와 같다. 현행범의 경우 제외된다는 점도 같은데 체포 또는 구금시에 현행범이었더라도 이후 회기 중에 석방될 수 있지 않는가가 논란되었는데 제3공화국 헌법부터 '현행범인이 아닌 한'이란 문구를 삽입하여 현행범이었던 경우를 제외함을 분명히 하여 오고 있다. 입법론적으로 현행범이었다고 하여 석방요구의 대상에서 제외하는 것이 마냥 타당한지 하는 의문이 든다. 이는 현행범의 범행정도나 정황 등이 다를 수 있기 때문이기도 하다.

(다) 회기 '전'의 의미

석방요구를 하려고 하는 회기 직전의 휴회기간 동안이 회기 전임은 물론인데 그 이전의 회기도 포함하느냐 하는 문제가 있다. 예를 들어 333회 국회 회기에서 체포동의를 받아 구속 중에 있는 의원을 그 회기가 끝나고 335회 국회 회기에서 국회가 그 의원의 의사활동 참여가 필요하다고 하여 석방요구를 할 수 있는가 하는 것이다. 해석상 가능하다. 요컨대 회기 '전'이라 함은 어느 한 회기가 시작되기 이전과 그 이전의 회기도 포함하는 개념이다. 한편 하나의 회기 중에 국회가 체포동의를 하였고 같은 회기 내에 석방요구를 할 수 있는가 하는 문제도 논의되는데 헌법조문이 회기 '전'이라고 하므로 부정하여야 한다는 견해와 같은 회기 내라도 체포된 의원이 석방되어 국회활동에 참여하여야 국회가 운영될 수 있는 경우이거나 사정이 변경된 경우에는 가능하다는 견해가 있다.[1] 있을 수 있는 국회의원의 탄압을 막고 국회운영의 차질을 막기 위해서라는 긍정필요성도 인정할 수 있다. 또한 회기 전에 체포·구금된 경우나 상당히 장기인 회기 내에서 체포·구금된 경우를 달리 볼 이유가 있는지 하는 의문이 든다(한 달 동안의 임시회와 몇 달간의 정기회를 생각해보라). 그런데 헌법조문의 문언이 회기를 달리하라는 의미라는 점에서 난감한 해석이다. 헌법개정시보다 분명히 되어야 할 것이다.

---

1) 제1공화국 제3대 국회 때인 1956년 제22회 정기회 때에 실제 이러한 석방요구가 가결되 예가 있었다. 당시 제1공화국 헌법도 회기 '전'이라고 규정하고 있었다.

(라) 절차

정부는 체포 또는 구금된 의원이 있을 때에는 지체없이 의장에게 영장의 사본을 첨부하여 이를 통지하여야 하고, 구속기간의 연장이 있을 때에도 또한 같다(국회법 제27조). 의원이 체포 또는 구금된 의원의 석방요구를 발의할 때에는 구법에서는 20인의 의원의 연서로 가능하도록 하였는데 석방요구의 남발이 있었기에 이를 막기 위해 2005.7.28. 개정으로 재적의원 4분의 1 이상의 연서로 하도록 하여 석방요구발의의 요건을 강화하였다(동법 제28조).

의결정족수는 헌법 또는 법률에 특별한 규정이 없으므로 헌법 제49조에 따라 재적의원 과반수의 출석과 출석의원 과반수의 찬성이 있으면 석방요구를 의결한다. 표결방식은 역시 국회법 제112조 제5항에 따라 무기명투표로 하고 있다고 한다.

(마) 효과

국회의 요구가 있으면 석방된다. 석방의 효과는 회기 '중'에 한정되어 회기가 종료된 후에는 미치지는 않고 회기가 종료되면 다시 체포·구금될 수 있다.

(4) 불체포특권의 효과

국회의원에 대한 불체포특권은 체포·구금을 면하거나 석방이 되는 특권을 말하지 결코 형사책임을 면제하는 특권이 아니다. 따라서 국회의원이 범법행위를 하면 불체포되고 불구속인 상태라도 형사소추되고 형사재판을 받아 유죄판결로 처벌을 받을 수 있다.

(5) 불체포특권에 대한 비판론과 다소의 개선

오늘날 위에서 서술한 대로 불체포특권에 대한 비판론이 제기되고 있다. 우리의 경우에도 방탄국회라는 오명을 입는 등 그 제한 내지 축소가 논의되고 있다. 그러나 그러한 남용 때문에 특권에 한계를 두는 것은 필요하나 국회활동의 위축을 가져오는 개악이 되어서는 아니 된다. 여하튼 그동안 다소의 개선이 있긴 했다. 앞서 언급한 대로 석방요구의 발의 요건을 20인의 의원에서 재적의원 4분의 1 이상의 연서로 하도록 하여 석방요구발의의 요건을 강화한 것이 그 예이다. 또한 현행 공직선거법은 선거범 재판에서 피고인이 2회 이상 정당한 사유없이 불출석하는 경우에 궐석재판이 가능하도록 하고 있는데(동법 제270조의2) 이러한 궐석재판제도가 불체포특권을 악용하여 재판지연을 하는 것을 막는다는 효과를 가진다. 사실 이 제도의 본지는 선거결과를 신속히 확정한다는 데에 있는 것이다.

(6) 개선책

1) 현행 제도하에서의 개선책

불체포특권이 헌법에 규정되어 있는 것이므로 그것의 개선은 헌법개정이 필요할 것이나 현행 헌법의 테두리 내에서 법률적 차원에서 개정으로도 개선될 부분이 있다. ① 절차적 개선 – 국민의 여론을 의식하게 하기 위해 구속동의안에 대한 표결은 현재의 무기명표결에서 기명표결하도록 개정하여야 한다. 석방요구에 대해서는 이미 발의요건을 강화하는 것으로 변경되기도 하였다. ② 정당정치의 개선 – 정당정치적 차원에서는 소속 의원이 체포동의안 또는 석방요구안의 대상자가 되었을 때 당론에 의할 것이 아니라 소신표결에 맡기도록 하여야 할 것이고 의원은 동료라는 서정적 동인이 아니라 국회의 정상적 활동에 지장을 주지 않는 것이라면 부표를 던지는 의원 본연의 자세를 보여야 한다.

2) 헌법개정을 전제로 한 논의

헌법개정을 전제로 한 그동안의 논의를 보면, ① 법률유보조항의 신설 – 법률로써도 이 특권을 제한할 수 있는 헌법적 근거를 두기 위하여 헌법 제44조에 법률유보조항을 두는 헌법개정이 제안되기도 하였다. 법률제정자가 국회라는 점 등이 고려되어야 한다는 지적을 받을 수 있는 제안이기도 하다. ② 특권대상의 축소 – 불체포특권의 대상을 축소하자는 헌법개정 제안도 있었다. 즉 2014년 국회의 헌법개정자문위원회(위원장 김철수)는 현행범인 외에도 장기 5년이 넘는 징역이상의 형에 해당하는 죄를 범한 경우에는 불체포특권의 적용을 배제하도록 규정하는 개헌안을 제시한 바 있다(국회사이트 헌법개정안 참조). ③ 현행범의 경우 – 모든 현행범을 일률적으로 배제하는 것이 타당하지 않은 면이 있으므로 이에 대한 연구검토가 필요하다.

(7) 계엄 시행 하에서의 국회의원의 불체포특권

계엄 시행[1] 중 국회의원은 현행범인인 경우를 제외하고는 체포 또는 구금되지 아니한다(계엄법 제13조). 이는 헌법이 계엄해제요구권을 국회에 부여하고 있는데 국회의원의 의결이 있어야 그 요구권의 행사가 가능하므로 계엄 시행 도중에는 국회의원을 체포·구금할 수 없도록 하기 위한 불체포특권이다. 이 특권을 회기 중인지 폐회 중인지를 가리지 않고 인정되는데 폐회 상태라고 하더라도 계엄해제요구를 위한 국회집회가 필요하기 때문이다. 역시 현행범은 제외된다.

3. 발언·표결에 대한 면책특권

헌법 제45조는 "국회의원은 국회에서 직무상 행한 발언과 표결에 관하여 국회외에서 책임을 지지 아니한다"라고 규정하여 발언·표결에 대한 면책특권을 명시하고 있다.

(1) 제도의 의의·기능

소신있는 의사활동을 보장하여 국민의 의사를 충분히 성실히 전달하고, 집행부에 대한 비판적 견해표명을 하였다고 하여 그 비판발언을 한 의원에 압력이 가해지지 않게 함으로써 국회의 입법, 국정통제 등의 임무를 제대로 소신껏 수행할 수 있게 하기 위한 보조적 특권이다.[2] 표결은 현행 국회법이 기록표결을 원칙으로 하고 있기 때문에 어느 의원이 어떤 표결을

---

1) 개정전 계엄법은 '선포 중'이라고 규정하였으나 2011년 개정으로 '시행 중'으로 변경되었다.

2) 대법원판례는 헌법 제45조의 취지는 "국회의원이 국민의 대표자로서 국회 내에서 자유롭게 발언하고 표결할 수 있도록 보장함으로써 국회가 입법 및 국정통제 등 헌법에 의하여 부여된 권한을 적정하게 행사하고 그 기능을 원활하게 수행할 수 있도록 보장하는 데에 있다"라고 설시하고 있다(대법원 1992.9.22. 91도3317; 2007.1.12.

행하였는지 공개되므로 무기명표결에서와 달리 공개로 인한 외압을 막고 의원의 소신있는 표결을 기대하기 위해서도 표결에 대한 면책이 필요하다. 의원에 대한 면책특권은 영국의 1689년 권리장전에서 명시되기 시작했다고 한다.

(2) 법적 성격

이 면책특권으로 의원의 발언·표결이 범죄의 성립 자체가 안 되는 것으로 볼 것인지 아니면 범죄가 성립되더라도 처벌이 면제된다고 볼 것인지를 두고 견해의 대립이 있을 수 있다. 우리 헌법 제45조는 "책임을 지지 아니한다"라고 규정하고 있으므로 후자의 견해, 즉 처벌조각사유라고 볼 것이다. 발언·표결의 면책특권은 불체포특권이 체포가 되지 않을 뿐이고 책임이 면제되지 않는 것과 달리 책임 자체가 면제되는 특권이라는 성격을 가진다. 이 면책특권은 의원의 소신있는 의정활동을 담보하는 것이긴 하나 그 종국적 목적은 국회의 정상적 기능을 보장하기 위한 데 있는 것이므로 의원이 개인적으로 스스로 포기할 수는 없다.

(3) 면책의 주체

국회의원만이 면책의 주체가 된다. 국무위원, 정부위원, 증인, 참고인 등이 원내에서 발언, 답변, 증언, 진술한 것은 면책이 되지 않는다. 이들은 면책주체가 아니다. 영국에서는 증인 등에 대한 면책을 인정하고 있다. 의원보좌관이 면책주체가 되느냐에 대해 미국의 과거 판례는 부정적이었으나 1972년 Graval vs. U.S.판결로 부분적으로 인정하고 있다.[1] 의원직을 겸직한 국무총리와 국무위원의 경우에 그 발언이 어느 자격에서 한 것이냐에 따라 의원직에서 행한 것이면 면책된다고 본다(일본의 통설). 그런데 현실적으로 그 구분이 쉽지 않을 수 있다. 의원을 교사 또는 방조하여 발언·표결을 하도록 한 사람은 면책되지 아니한다.

(4) 대상 - 면책대상행위의 범위 - 발언과 표결

1) 직무관련행위

(가) 발언 · 표결의 의미

발언은 의원이 직무상 행하는 모든 의사표시를 의미하고, 여기에는 토론·연설·질문·사실의 진술 등이 포함된다. 표결은 의제에 관하여 찬부의 의사를 표시하는 것을 말한다. 발언과 표결이 국회의원의 직무와 내용적으로 연관이 있는 경우에만 면책된다. 문제는 발언의 경우에 그 발언의 내용만 면책대상인가 아니면 발언의 태양도 면책보호의 대상이 되느냐 하는 것이다. 언어적 말로써 의사를 표현하는 것이 일반적일 것이나 일정한 행동으로 의원의 의사를 나타낼 수도 있다(손짓이나 표정 등으로). 따라서 언어에 의한 표현뿐 아니라 그 발언을 행한 행태도 의원의 언어에 의한 의사의 표현에 필요한 행위모습이나 일정한 의사를 전달하기 위한 제스처로서의 행위모습 등의 행태도 보호된다고 볼 것이다.

2005다57752; 2011.5.13. 2009도14442 등).

1) Graval vs. U.S., 408 U.S. 606(1972).

(나) 관련성의 인정기준

면책대상인 행위에 해당하는지의 관련성의 기준의 설정이 중요하다. 생각건대 그 기준은 다음의 요소가 고려되는 기준이 되어야 한다. 즉 ① 국회의 임무(국정통제기능이 특히 중요)을 충실하고도 활발히 수행될 수 있도록 하기 위한 것이어야 하므로 그 내용이 직무에 관한 것이어야 한다. ② 국회임무의 충실한 이행을 위하여 의원들의 발언·표결에서의 위축을 막아야 하고 따라서 그 면책특권을 넓게 인정하여야 한다. ③ 의원의 질의를 위한 발언을 통하여 국민이 알지 못하였던 사실을 알 수 있게 되고 '알 권리'를 실현할 수 있도록 하는 행위라면 더욱 면책될 것이다. ④ 그러면서도 발언 속의 인물들의 명예, 인격권 등 기본권도 보호되도록 면책특권의 범위를 무한정 넓힐 수도 없다. ⑤ 결국 위 여러 요소를 적절히 조절하는 체계조화적 해석에 입각하는 것이 타당하다(후술 명예훼손적 발언의 문제 부분 참조). 여기서의 체계조화적 해석을 끌어내기 위해 기본권과의 충돌이론을 적용, 그리고 발언대상 인물이 공인인지 여부 등도 판단에 대한 것일 때는 기본권이 후퇴된다는 점, 공익성이 강할 경우 면책가능성이 높아진다는 점 등이 고려될 필요가 있겠다.

2) 국회 내에서 직무행위

(가) 국회 '내'의 의미 - 본회의, 위원회에서의 직무행위, 국회외부 장소에서의 직무행위

면책대상이 되는 직무행위는 본회의에서뿐 아니라 상임위원회 등에서의 직무행위도 포함된다. 국회의 내부라는 의미는 장소적 개념이라기보다 직무적인 개념이라고 보아야 면책특권의 취지에 부합되므로 국회 외부의 장소라 할지라도 직무행위가 이루어지는 곳이라면 그 곳에서의 직무행위도 포함된다(예를 들어 법원 청사에서 이루어지는 국정감사에서 의원의 발언·표결행위는 포함된다).

(나) 인터넷 게시 행위에 대한 부정적 판례입장

대법원의 판례는 "인터넷에 게시물을 게재하는 경우 누구나 언제 어디서든 손쉽게 접근할 수 있어 공간적으로 국회 내에서 행하여졌다고 보기 어려운 점"에서 의원이 문제된 발언을 자신의 인터넷 홈페이지에 게재한 행위는 면책특권의 범위 내에서 행한 행위로 볼 수 없다는 입장이다.[1] 이 문제는 아래의 직무부수행위 문제로도 다루어진다. 그러나 이미 언론매체에 보도된 발언이라면 일반적으로 국민이 인지하고 있는 내용인데 이를 면책대상행위가 아니라고 할 수 있을지 의문이다. 이는 국회 '내'라는 요건을 지나치게 이해하여 면책특권의 원래 취지인 소신있는 의원활동을 망각한 것이다. 언론보도를 위한 사전배포는 면책되고 인터넷에 게재한 것은 면책되지 않는다는 것은 균형에도 맞지 않는다. 대법원이 보도자료배포와 인터넷게시에 차이를 두는 이유에 대해 "보도자료를 받은 각 언론사가 이를 여과 없이 그대로 언론에 게재

1) 대법원 2013.2.14. 2011도15315.

하는 것이 아니라 각자의 책임하에 선별하여 게재하는데 반해 인터넷 홈페이지에 게재하는 행위는 전파가능성이 매우 크면서도 일반인들에게 여과 없이 전달되므로 위 두 행위를 같이 평가할 수 없는 점 등을 고려하면, 면책특권의 범위 내에서 행한 행위로 볼 수 없다"라고 한다. 그러나 언론의 책임이라 하지만 언론의 성향에 따라 다른 각도에서의 보도가 있을 수 있는데 비해 의원 본인에 의한 인터넷게재는 있는 그대로 전달되는 것이어서 왜곡가능성이 오히려 적다는 점에서 이해가 안 된다. 대법원이 직무행위에 포함시키는 부수적 행위의 인정요건으로 장소의 한정성을 설정한 것(바로 아래 3) 참조)은 오늘날 인터넷활용의 SNS가 발달하고 있는 상황에서 적절하지도 않고 이렇게 본다면 국회 건물이 아닌 외부의 국정감사장에서 발언도 면책된다는 것(위 부분 참조)과 일관성을 가지지도 못한다.

(다) 중계방송의 경우

의원의 발언이나 표결이 중계되거나 그대로 녹화되어 전달되는 경우에도 직무행위에 해당된다고 할 것이다. 그러나 위 대법원의 판례법리논거(여과없이 전달된다는 점에서 부정함)에 따른다면 바로 전달되는 중계방송의 경우에도 면책되지 못한다는 기이한 결과를 가져온다. 그 점에서도 인터넷게시 경우에 면책되지 않는다는 위 판례도 시정되어야 할 것이다.

3) 부수적 행위

직무에 부수하는 행위도 포함된다.

(가) 기준

가) 판례

아래에 인용된 우리 판례는 부수행위인지 여부의 판단기준으로, 회의의 공개성, 시간적 근접성, 장소 및 대상의 한정성과 목적의 정당성을 들고 있다.

판례 대판 1992.9.22. 91도3317 [국가보안법위반]

[판시사항]

가. 국회의원 면책특권의 대상이 되는 행위의 범위 및 판단기준

나. 국회의원이 국회본회의에서 질문할 원고를 사전에 배포한 행위가 면책특권의 대상이 되는 직무부수행위에 해당하는 경우

다. 국회의원의 면책특권에 속하는 행위에 대하여 공소가 제기된 경우 법원의 조치

[판결요지]

가. 국회의원의 면책특권의 대상이 되는 행위는 직무상의 발언과 표결이라는 의사표현행위 자체에 국한되지 아니하고 이에 통상적으로 부수하여 행하여지는 행위까지 포함하고, 그와 같은 부수행위인지 여부는 결국 구체적인 행위의 목적, 장소, 태양 등을 종합하여 개별적으로 판단할 수밖에 없다.

나. 원고의 내용이 공개회의에서 행할 발언내용이고(회의의 공개성), 원고의 배포시기가 당초 발언하기로 예정된 회의 시작 30분 전으로 근접되어 있으며(시간적 근접성), 원고 배포의 장소 및 대상이 국회의 사당 내에 위치한 기자실에서 국회출입기자들만을 상대로 한정적으로 이루어지고(장소 및 대상의 한정성), 원고 배포의 목적이 보도의 편의를 위한 것(목적의 정당성)이라면, 국회의원이 국회본회의에서 질문할 원고를 사전에 배포한 행위는 면책특권의대상이 되는 직무부수행위에 해당한다.

나) 평가

i) 위에서도 언급한 대로 국회활동이 국정감사 · 조사와 같이 국회 외부 건물에서도 이루어지고 더구나 오늘날 국회의 활동을 물리적인 공간으로서의 국회 '내'에 갇혀둘 수 없다는 점에서 장소의 한정성을 고집할 수만은 없다.

ii) 위 이러한 판례의 입장은 직무행위의 부수성을 판단함에 있어서 형식적, 시간적, 공간적 요건이고 내용적 요건은 아니다. 사실 어디까지 국회의원으로서의 직무인지의 판단이 늘 수월한 것만은 아니다.

(나) 부수적 행위로서의 보도자료의 사전배포행위

국회의원이 회의 시작 전에 보도자료를 배포한 행위에 대해 대법원은 위와 같은 기준에 따라 직무 부수행위로 인정한 예들을 보여주고 있다.

① **판례** 대법원 1992.9.22. 91도3317 [국가보안법위반]
* 위 (가)에서 살펴본 판례

② **판례** 대법원 2011.5.13. 2009도14442
[판결요지] 국회의원인 피고인이, 구 국가안전기획부 내 정보수집팀이 대기업 고위관계자와 중앙일간지 사주 간의 사적 대화를 불법 녹음한 자료를 입수한 후 그 대화 내용과, 전직 검찰간부인 피해자가 위 대기업으로부터 이른바 떡값 명목의 금품을 수수하였다는 내용이 게재된 보도자료를 작성하여 국회 법제사법위원회 개의 당일 국회 의원회관에서 기자들에게 배포한 사안에서, 피고인이 국회 법제사법위원회에서 발언할 내용이 담긴 위 보도자료를 사전에 배포한 행위는 국회의원 면책특권의 대상이 되는 직무부수행위에 해당하므로, 피고인에 대한 허위사실적시 명예훼손 및 통신비밀보호법 위반의 점에 대한 공소를 기각하여야 한다.
* 그러나 위 사안에서 인터넷에 배포한 행위에 대해서는 면책이 안 되고 유죄가 되었다(대법원 2013.2.14. 2011도15315, 위에서 인용. 이에 대한 비판은 전술 참조).

(다) 부수적 행위로서의 질문 · 질의 및 자료제출요구

판례 대법원 1996.11.8. 96도1742 [특정범죄가중처벌등에관한법률위반(뇌물) · 특정경제범죄가중처벌등에관한법률위반(공갈) · 폭력행위등처벌에관한법률위반 · 공갈 · 뇌물수수]
[판시사항]
[1] 국회의원이 국회 내에서 하는 질문 · 질의 및 자료제출요구가 면책특권의 대상이 되는 행위인지 여부(적극)
[2] 국회의원의 면책특권이 인정되는 직무행위에 대하여, 소추기관이 공소를 제기하거나 법원이 그 범죄 해당 여부를 심리할 수 있는지 여부(소극)
[판결요지]
[1] 면책특권의 대상이 되는 행위는 국회의 직무수행에 필수적인 국회의원의 국회 내에서의 직무상 발언과 표결이라는 의사표현행위 자체에만 국한되지 않고 이에 통상적으로 부수하여 행하여지는 행위까지 포함되므로, 국회의원이 국회의 위원회나 국정감사장에서 국무위원 · 정부위원 등에 대하여 하는 질문이나 질의는 국회의 입법활동에 필요한 정보를 수집하고 국정통제기능을 수행하기 위한 것이므로 면책특권의 대상이 되는 발언에 해당함은 당연하고, 또한 국회의원이 국회 내에서 하는 정부 · 행정기관에

대한 자료제출의 요구는 국회의원이 입법 및 국정통제 활동을 수행하기 위하여 필요로 하는 것이므로 그것이 직무상 질문이나 질의를 준비하기 위한 것인 경우에는 직무상 발언에 부수하여 행하여진 것으로서 면책특권이 인정되어야 한다.
[2] 면책특권이 인정되는 국회의원의 직무행위에 대하여 수사기관이 그 직무행위가 범죄행위에 해당하는지 여부를 조사하여 소추하거나 법원이 이를 심리한다면, 국회의원이 국회에서 자유롭게 발언하거나 표결하는데 지장을 주게 됨은 물론 면책특권을 인정한 헌법규정의 취지와 정신에도 어긋나는 일이 되기 때문에, 소추기관은 면책특권이 인정되는 직무행위가 어떤 범죄나 그 일부를 구성하는 행위가 된다는 이유로 공소를 제기할 수 없고, 또 법원으로서도 그 직무행위가 범죄나 그 일부를 구성하는 행위가 되는지 여부를 심리하거나 이를 어떤 범죄의 일부를 구성하는 행위로 인정할 수 없다.

4) 비면책 행위

폭력행위 등은 정상적인 직무행위가 아니므로 면책대상행위가 되지 못한다.

5) 험담·모욕·명예훼손 등의 문제

험담, 모욕적 발언, 명예훼손적 발언 등도 면책되는가 하는 문제가 논란되고 있다. 이 문제의 논의는 사실 의원의 면책특권을 제한하여야 한다는 여론에 영향을 받은 것이기도 하다. 우리 국회법 제146조(모욕등 발언의 금지)도 "의원은 본회의 또는 위원회에서 다른 사람을 모욕하거나 다른 사람의 사생활에 대한 발언을 할 수 없다."라고 규정하여 이를 금지하고 있고 이를 위반한 경우를 징계사유로 명시하고 있다(국회법 제155조 2항 1호). 모욕과 명예훼손이 차이가 있는 것이긴 하나 이하에서는 대체적으로 이를 묶어서 본다.

(가) 학설

① 포함설(명예훼손적 발언도 면책특권의 대상이 된다는 견해)과 ② 불포함설(명예훼손적 발언은 면책특권의 대상에 포함되지 않는다고 보고 국회법 제146조는 그 점을 예시하고 있다고 보는 견해. 다수견해), ③ 개별설(면책특권대상에 포함되는지를 사안에 따라 개별적으로 판단하여야 한다는 견해) 등이 대립되고 있다.

(나) 사견

i) 판단기준 : 직무행위 관련성 당연한 것이지만 포함여부의 논증에 있어서 먼저 판단기준이 설정되어야 할 것이다. 발언·표결에 있어서 면책대상이 되는 행위의 기준이 어떠한가 하는 점에서 출발하여야 하고 이 기준은 모욕적, 명예훼손적 발언의 문제이든 다른 내용의 발언의 문제이든 마찬가지로 적용되는 것이고 모욕, 명예훼손적 발언의 경우에만 따로 어떠한 기준이 별도로 있는 것은 아니다. 다시 말하면 오늘날 모욕, 명예훼손적인 발언이 논란되어 의원의 면책특권의 한계 문제로 부각되고 주로 모욕, 명예훼손이 발언으로 이루어지므로 발언에 대한 면책특권에서의 문제의 중심으로 논의되고 있는 것이지 모욕, 명예훼손에 대해서만 별도의 기준으로 판단할 것은 아니다. 여하튼 면책대상행위 여부의 기준은 바로 위에서 살펴본 대로 직무관련행위인지 아닌지 하는 것이고 문제의 행위가 위법성을 가지는 것인지 여부가 아니다. 왜냐하면 우리 헌법은 현재 우리나라에서는 현행 우리 헌법이 그냥 직무상 행위에 대해서는 책임을 지지 아니한다고 규정하고 있을 뿐이기 때문에 면책대상범위의 행위인지를 판단함

에 있어서 위법한가 여부가 관건이 아니라고 볼 수밖에 없다. 이는 위에서 우리가 면책특권의 성격을 위법한 행위를 적법하게 하는 위법성조각사유가 아니라 처벌조각사유로 본 것과도 일관성을 유지한다. 직무행위는 국회의 의사활동을 통해 국민의 의사를 집약하고 정책을 결정하거나 입법을 한다는 목적을 달성하기 위한 정상적인 의회활동으로서의 직무를 의미한다. 그 점에서 그러한 목적을 위한 활동이 아니면서 특정인에 대한 모욕감을 주기 위해서만 행한 발언은 직무행위에 해당되지 않는다. 만약에 포함설에 따르면 중상적 모욕, 명예훼손에 대해서도 직무행위에서 제외할 수 없어 "책임을 지지 아니한다"라고만 규정하고 있는 우리 헌법의 규정상 면책을 인정하지 않을 수 없다. 포함설을 취한 다음 면책 단계에서 개별적으로 중상적인 모욕 등만은 제외하자는 견해도 있으나 일단 포함설을 취하면 우리 헌법은 모두 면책이 될 수밖에 없는 문언이므로 이는 헌법의 해석에 무리가 있는 견해이다.

포함설, 불포함설 모두 모욕을 금지하고 제재하는 국회법 제146조, 제155조 제7호 규정을 자신의 견해의 논거로 삼는다. 포함설은 국회법 제146조가 모욕의 경우 징계책임으로 하고 있으므로 민·형사책임의 면제특권 대상에는 들어가는 것을 의미한다고 보고 불포함설은 반대로 모욕의 경우 국회 내 징계책임을 지우므로 국회 외의 책임이 면제되는 면책특권의 범위 내에는 포함되지 않는다고 본다. 그러나 두 입장 모두 타당하지 않다. 왜냐하면 국회법이라는 법률의 규정에 따라 헌법규정을 해석하는 것이 해석체계적이지 못하고 면책특권의 범위 안에 들어가지 않는 행위라고 보아 국회 외에서 형사책임을 받는 그런 경우라도 그 형사책임에 더하여 국회 내에서 그 행위에 대해 징계하는 것은 별개의 문제이기 때문이다. 따라서 "국회법 제146조의 성격을 어떻게 파악하느냐에 따라 면책특권의 대상범위에 명예훼손적 언동이 포함되느냐 여부가 결정된다"라는 서술(성낙인(2016), 449면)도 타당하지 않다.

ii) **직무관련인가 여부** 모욕, 명예훼손 해당 여부 판단의 중요성과 그 기준

① **중요성, 기준** 우리의 견해에 의하면 다음 단계로 직무행위에 포함될 수 없는 모욕적, 명예훼손적 발언인지를 선별하는 기준의 설정이 중요하다. 생각건대 그 기준은 위의 직무관련행위 여부 판단에서 언급한 대로 다음의 요소가 고려되는 기준이 되어야 한다(이 기준은 사실상 앞의 '직무관련 인정기준'에서 설정한 것과 다를 바 없다. 전술 참조. 그것을 명예훼손적 발언 문제에 아래와 같이 적용하는 것이다). 즉 i) 문제의 발언이 면책대상인 내용을 가진 것이어야 한다(내용관련성, 국회업무 관련성). ii) 국회의 임무수행, 특히 국정통제가 활발히 수행될 수 있도록 의원들의 발언·표결에서의 위축을 막기 위하여 면책특권을 여유가 있게 인정하여야 한다(국회기능의 활발성). iii) 의원의 발언을 통해 국민의 알 권리가 충족될 수 있어서 알 권리의 행사가 대변되는 점도 고려하여야 하고 공익성이 인정되어야 한다(국민의 알권리, 공익성), iv) 그러면서도 발언 속의 인물들의 명예, 인격권 등 기본권도 보호되도록 면책특권의 범위를 무한정 넓힐 수도 없다(발언대상 국민의 기본권 보장).

② **조화적 해석** 결국 위 네 요소들을 적절히 조절하는 체계조화적 해석에 입각하는 것이 타당하다. 여기서의 체계조화적 해석을 끌어나기 위해 알 권리와 인격권의 충돌과 같은 기본권 충돌이론(또는 의원의 권한이 기본권과 충돌될 수 있는데 이는 규범체계상 기본권규정이 우선하는 것으로 해결)이 적용될 수 있을 것이다. 그리고 발언이 공인에 대한 것일 때는 기본권이 후퇴된다는 점 등이 고려될 필요가 있겠다.

③ **적용** 위 기준에 비추어 생각하면 국회의 국정통제를 위축시킬 정도로 예컨대 모든 불쾌한 발언을 전부 모욕, 명예훼손으로 면책대상에서 제외할 수는 없다. 명예훼손, 모욕은 직무와 관련성이 어느 정도인가에 따라 포함 여부를 판단하여야 한다. 즉 의원의 문제의 발언이 일반인이 한 경우에는 명예훼손, 모욕이 될 행위도 직무수행을 적극적으로 할 수 있기 위해서 필요한 정도의 범위에서는 직무관련 행위로 보아야 할 것이다(이러한 기준에 의하면 모욕적, 명예훼손적 발언에 대하여 전부 면책특권이 안 되면 현실적으로 야당탄압가능성이 있다는 비판과 우려도 불식시킬 수 있다). 그 정도를 벗어나 직무수행에 관련성이 없거나 직무수행을 위한 필요성이 전혀 없는 심한 중상모략의 모욕, 명예훼손이나 명백히 허위인 사실인 줄 인식하면서 행한 명예훼손 발언은 면책에서 제외된다.

* 위 법리와 비슷한 입법례 : 독일기본법 제46조 제1항은 본문에서 "의원은 어떠한 경우에도 연방의회나 위원회에서 행한 표결 또는 발언을 이유로 소추되거나 연방의회 외에서 책임을 지지 아니한다"라고 하여 발언·표결의 면책특권을 규정하면서 단서에서 '중상적 모욕'에 대해서는 적용되지 아니한다고 하여 모든 모욕이 아니라 중상적인 모욕으로 규정하여 면책제외를 한정하고 있어 위의 우리의 법리와 비슷한 입법례라고 할 것이다.

(다) 판례 - 명예훼손의 문제

아래에 보는 대법원판례도 "발언 내용이 허위라는 점을 인식하지 못하였다면 비록 발언 내용에 다소 근거가 부족하거나 진위 여부를 확인하기 위한 조사를 제대로 하지 않았다고 하더라도, 그것이 직무 수행의 일환으로 이루어진 것인 이상 이는 면책특권의 대상이 된다"라고 한다. 이러한 판례법리는 위에서 우리가 설정한 기준에 부합된다고 할 것이고 이에 따르면 명백히 허위인 사실을 들거나 국회의원의 직무행위와 무관한 사실을 들어 명예를 훼손한 경우에는 면책이 되지 않는다고 할 것이다.

판례 대법원 2007.1.12. 2005다57752 [손해배상(기)]

[판시사항]

[1] 헌법 제45조에 정한 국회의원의 면책특권의 규정 취지 및 국회의원의 직무상 발언과 관련한 면책특권의 범위

[2] 국회의원이 국회 예산결산위원회 회의장에서 법무부장관을 상대로 대정부질의를 하던 중 대통령 측근에 대한 대선자금 제공 의혹과 관련하여 이에 대한 수사를 촉구하는 과정에서 한 발언이 국회의원의 면책특권의 대상이 된다고 본 사례

[판결요지]
[1] 헌법 제45조에서 규정하는 국회의원의 면책특권은 국회의원이 국민의 대표자로서 국회 내에서 자유롭게 발언하고 표결할 수 있도록 보장함으로써 국회가 입법 및 국정통제 등 헌법에 의하여 부여된 권한을 적정하게 행사하고 그 기능을 원활하게 수행할 수 있도록 보장하는 데 그 취지가 있다. 이러한 면책특권의 목적 및 취지 등에 비추어 볼 때, 발언 내용 자체에 의하더라도 직무와는 아무런 관련이 없음이 분명하거나, 명백히 허위임을 알면서도 허위의 사실을 적시하여 타인의 명예를 훼손하는 경우 등까지 면책특권의 대상이 될 수는 없지만, 발언 내용이 허위라는 점을 인식하지 못하였다면 비록 발언 내용에 다소 근거가 부족하거나 진위 여부를 확인하기 위한 조사를 제대로 하지 않았다고 하더라도, 그것이 직무 수행의 일환으로 이루어진 것인 이상 이는 면책특권의 대상이 된다.
[2] 국회의원이 국회 예산결산위원회 회의장에서 법무부장관을 상대로 대정부질의를 하던 중 대통령 측근에 대한 대선자금 제공 의혹과 관련하여 이에 대한 수사를 촉구하는 과정에서 한 발언이 국회의원의 면책특권의 대상이 된다고 본 사례.

(5) 효과

1) '국회 외'에서의 면책의 범위

(가) 법적 책임의 면제

'국회 외'에서 '형사책임 · 민사책임 · 징계책임'을 지지 않는다.

가) 형사의 경우

형사책임이 면제되므로 어느 직무행위가 비록 범죄를 구성하는 행위라고 할지라도 그 직무행위가 면책대상이라면 검찰은 공소를 제기(기소)할 수 없고 법원도 범죄행위로 판단할 수 없다.

* 의원의 어떤 발언 · 표결에 대해 검사가 공소를 제기하였으나 법원이 그 발언 · 표결이 면책특권의 대상이라고 판단한 경우에 법원은 어떠한 판결을 하여야 할 것인가 하는 문제가 있다. 이 문제는 사실 앞서 본 면책특권의 성격을 어떻게 보느냐 하는 문제와 연관된다. ⅰ) 면책특권이 범죄의 성립을 부정하는 성격의 것이라고 보아 무죄판결을 내려야 한다고 보는 견해가 있을 것이다(아래 대법원판례 ①이 약간 그런 입장을 보이는 듯하나 명확하지 않다). 판례로는 ⅱ) 형사소송법 규정인 "공소제기의 절차가 법률의 규정에 위반하여 무효인 때"에 해당하여 공소를 기각하여야 한다는 입장(아래 대법원판례 ②), ⅲ) 재판권이 없는 때에 해당하므로 형사소송법 제327조 제1호에 의하여 판결로써 공소기각의 선고를 하여야 한다는 입장(아래 서울고법판례 ③)이 있다. 대법원의 입장은 현재로서는 ⅱ)의 입장이라고 보여진다.

① **판례** 대법원 1996.11.8. 96도1742
[관련판시] 소추기관은 면책특권이 인정되는 직무행위가 어떤 범죄나 그 일부를 구성하는 행위가 된다는 이유로 공소를 제기할 수 없고, 또 법원으로서도 그 직무행위가 범죄나 그 일부를 구성하는 행위가 되는지 여부를 심리하거나 이를 어떤 범죄의 일부를 구성하는 행위로 인정할 수 없다

② **판례** 대법원 1992.9.22. 91도3317
[관련판시] 국회의원의 면책특권에 속하는 행위에 대하여는 공소를 제기할 수 없으며 이에 반하여 공소가 제기된 것은 결국 공소권이 없음에도 공소가 제기된 것이 되어 형사소송법 제327조 제2호의 "공소제기의 절차가 법률의 규정에 위반하여 무효인 때" 해당되므로 공소를 기각하여야 한다.

판례 대법원 2011.5.13. 2009도14442
[관련판시] 피고인이 국회 법제사법위원회에서 발언할 내용이 담긴 이 사건 보도자료를 사전에 배포한

행위는 국회의원의 면책특권의 대상이 되는 직무부수행위에 해당한다고 할 것이다. 따라서 이 사건 공소사실 중 보도자료 배포에 의한 허위사실적시 명예훼손 및 통신비밀보호법 위반의 점에 대한 부분은 형사소송법 제327조 제2호의 "공소제기의 절차가 법률의 규정에 위반하여 무효인 때"에 해당되어 그 공소를 기각하여야 한다.

③ **판례** 서울고법 1991.11.14. 87노1386

[관련판시] 국회의원의 면책특권의 대상이 되는 행위에 관하여 공소제기가 있는 경우에는 피고인에 대하여 재판권이 없는 때에 해당하므로 형사소송법 제327조 제1호에 의하여 판결로써 공소기각의 선고를 하여야 한다.

나) 민사의 경우

의원의 어느 발언·표결이 손해를 발생하였다고 청구된 재판에서 법원은 면책특권 대상이 되는 발언·표결이라고 판단되면 손해배상책임을 인정할 수 없다.

(나) 비법적 책임(정치적 책임)

법적 책임이 면제된다는 것이므로 '국회 외'에서도 '정치적 책임'은 질 수 있다. 국민들과 소속 정당으로부터 정치적인 질책과 비난을 들을 수는 있다.

(다) 소속정당에서의 징계책임

'소속정당에서의 징계책임'에 대해서는 이를 긍정적으로 보는 견해가 일반적이다. 그러나 징계책임도 정당활동의 자유를 제약하는 것이므로 어디까지나 법적 문제를 가져오는 책임일 수 있고 정당도 어디까지나 국회 외의 집단이므로 이를 전적으로 인정할 수 없다. 위와 같은 책임인정은 기속위임금지라는 헌법원칙에 반하는 문제를 야기할 수도 있다. 또 국회법 제114조의2는 "의원은 국민의 대표자로서 소속정당의 의사에 기속되지 아니하고 양심에 따라 투표한다"라고 자유투표를 규정하고 있는데 이에 반하는 문제가 생길 수도 있다. 예를 들어 위원회에서 소속 정당의 당론에 배치되긴 하나 소신있는 활동, 당론과 반대되는 표결을 하였다는 이유로 소속 정당이 징계할 수는 없다.

2) '국회 내'에서의 책임

국회 외에서의 책임이 없다는 것이므로 '국회 내'에서의 징계책임은 인정된다. 모욕성 발언에 대해 국회법 자체에 제재규정(국회법 제146조, 제155조 7호)을 두고 있다. 국회법의 이 규정은 모욕의 정도에 따른 구분을 하지 않고 있다. 중상적이든 아니든 모욕을 금지하고 있는 것이다. 일반적인 모욕을 징계하면 헌법이 면책하는 범위보다 더 징계하는 것으로 위헌의 요소가 있다고 볼 수도 있을 것이나 '국회 내'의 책임이므로 인정된다고 보는 것으로 이해된다. 그러나 아무리 국회 내라고 할지라도 가능한 위 면책특권에서의 법리에 따르는 것이 좋을 것으로 본다. 위축효과를 방지하자는 의미에서이다.

면책의 효과 부분에서 "직무와 관련이 없는 위법한 것인 경우" 면책되지 않는다고 설명하는 견해(정종섭, 1140면)도 있으나 직무와 관련이 없는 것은 헌법 제45조 자체가 '직무상' 행한 것에 국한하여 면책되므로 면책대상에서 다룰 문제이다.

3) 면책효과의 기간 - 영구성

위와 같은 법적 책임의 면제는 의원으로서 재임(在任)하고 있는 동안에만 주어지는 것이 아니라 면제는 영구적인 것으로 의원임기가 만료되고 의원직에서 벗어난 후에도 면책된다.

(6) 한계

예컨대 국회 내에서 행한 발언과 표결을 출간하는 등 원외에서 발표하는 것은 보호되지 않는다는 한계가 있다. 그러나 공개회의의 경우에는 회의록이나 회의내용을 원래대로 공개하거나 출간·배포하는 것은 면책대상이 된다. 물론 비밀유지를 하도록 국회가 결정한 부분은 공개가 금지된다. 국회법도 의장이 비밀을 요하거나 국가안전보장을 위하여 필요하다고 인정한 부분에 관하여는 발언자 또는 그 소속교섭단체대표의원과 협의하여 이를 회의록에 게재하지 아니할 수 있다고 규정하고(국회법 제118조 1항 후문), 공개하지 아니한 회의의 내용은 그 공표를 금지하고 있다. 다만 국회법은 본회의의 의결 또는 의장의 결정으로 비밀유지의 사유나 국가안전보장을 위한 사유가 소멸되었다고 판단되는 경우에는 이를 공표할 수 있도록 하고 있다(동법 동조 4항). 이를 위반하여 공개하지 아니한 비공개회의의 내용을 공표하는 것을 국회법은 징계사유로 명시하고 있다(동법 제155조 2항 5호).

회의록에 불게재한 부분에 대해서 의원은 열람·복사 등을 할 수 있는데(동법 제118조 2항), 의원이 타인에게 이를 열람하게 하거나 전재·복사하게 하여서는 아니 된다(동법 동조 3항). 이를 위반한 경우도 징계사유로 규정하고 있다(동법 제155조 2항 4호).

(7) 면책특권에 대한 비판(개선)론과 유의점

국회의원이 정책적이거나 통제적인 발언이 아니라 명예훼손적이거나 근거없거나 확인되지 않은 사실의 발언 또는 폭로성 발언을 하더라도 면책특권을 빌미로 보호되는 것은 정책통제적 국회로서의 기능을 저버리는 결과를 가져온다고 하여 오늘날 면책특권에 대한 비판론이 제기되고 있고, 그 제한 내지 축소가 논의되고 있다. ① 국회법의 개정을 통한 면책특권을 제한하여야 한다는 주장이 제기되고 있기도 한데 헌법 제45조는 법률유보를 두고 있지 않다는 점에서 국회법이란 법률에 의한 제한은 문제가 있다. ② 2014년 헌법개정자문위원회의 헌법개정안은 "명예훼손 또는 모욕적 발언과 민주적 기본질서를 침해하는 발언"은 면책대상에서 제외하는 헌법명문의 규정을 두자고 제안하고 있다.

이러한 비판론과 개선안이 있으나 국회의원의 면책특권은 국회의원 자신의 특권이 아니라 국회의 특권이며 이는 국회의원이 대정부질문 등을 통하여 국민들이 알고자 하는 사항들을 이끌어내는 기능을 보조하는, 즉 의원들이 면책특권으로 소신있는 질문을 할 수 있게 하는 순기능이 있으므로 이를 제한하는 데 헌법개정을 하더라도 신중하여야 한다. 현재도 중상적인 명예훼손적인 발언이나 허위적인 사실의 폭로는 직무행위의 범위에서 제외하여 면책특권이 악용, 남용되지 않도록 하는 해석이 가능하다면 일단은 그러한 해석범위에서의 제한을 중심적인 기준으로 판단하여야 할 것이다. 무리하게 면책특권을 제한할 것이 아니라 우선은 국회의 징계절차, 형사절차 등을 통한 자율적 정화가 우선되어야 한다. 현재의 현실적 남용이 있다 하여 숙고없이 제한하여 교각살우의 우를 범해서는 아니 된다.

Ⅳ. 국회의원의 권리 - 세비와 편익을 받을 권리

1. 세비수령권

(1) 성격

세비의 성격에 대해서 이를 국회의원이라는 특수한 신분에 따르는 특권으로 보는 견해가 있을 수 있으나 특권으로 볼 수는 없고 의원의 활동에 대한 대가로서 지급되는 것이다.

세비가 의원들의 생활보장을 위한 보수라고 보는 견해(보수설)와 보수가 아니라 다른 본업을 가진다는 것을 전제로 직무수행에 필요한 비용이 변상이라고 보는 견해(실비변상설)가 대립되고 있다. 생각건대 국회의원은 법률이 정하는 직을 겸할 수 없고(제43조) 국회의원은 국가이익을 우선하여 양심에 따라 직무를 행하여야 하므로(제46조) 사실상 전업(full-time job)으로서의 직무를 수행하는 위치에 있기에 직무에 대한 대가로서의 보수라고 볼 것이다(권영성은 1994년판에서는 실비보상설을 취하다가 그 뒤 개정판에서 학설변경하였다).

그러나 현행 국회의원수당등에관한법률은 실비보전설의 입장을 취하고 있다.

(2) 내역

수당·여비에 대해 국회법은 "의원은 따로 법률이 정하는 바에 의하여 수당과 여비를 받는다"라고 규정하고(국회법 제30조) 있는데 이에 따라 국회의원수당등에관한법률국회의원수당 등에 관한 법률[일부개정 2005.7.29 법률 7628호]이 제정되었다. 동법은 국민에게 봉사하는 국회의원의 직무활동과 품위유지에 필요한 최소한의 실비를 보전하기 위한 수당등에 관한 사항을 규정함을 목적으로 한다(동법 제1조). 동법의 내용은 다음과 같다.

국회의원에게 별표 1의 수당을 매월 지급한다. 다만, 수당을 조정하고자 할 때에는 이 법이 개정될 때까지 공무원보수의 조정비율에 따라 국회규칙으로 정할 수 있다(동법 제2조). 국회의원의 수당은 매월 20일에 지급한다. 다만, 지급하는 날이 공휴일인 때에는 그 전일로 한다(동법 제3조). 국회의원의 임기가 개시된 날과 국회의원의 직을 상실하는 날이 속하는 월의 수당은 제2조의 규정에 의한 수당 중 그 월의 재직일수에 해당하는 금액을 지급한다(동법 제4조).

그 외에 동법은 입법활동비(동법 제6조), 특별활동비(동법 제7조), 입법 및 정책개발비(동법 제7조의2), 여비(동법 제8조) 등의 규정을 두고 있다.

미국의 수정헌법 제27조는 연방의회의 의원의 세비는 그 임기 내에는 변경할 수 없도록 하고 있다.

2. 기타 편익을 받을 권리

의원은 국유의 철도·선박과 항공기에 무료로 승용할 수 있다. 다만, 폐회중에는 공무의 경우에 한한다(국회법 제31조).

V. 국회의원의 권한

1. 의안발의권

국회의원은 법률안의 제출(제52조)과 각종 의안을 발의할 수 있는 권한을 가진다. 의원의 의안의 발의는 10인 이상의 의원의 찬성으로 한다(국회법 제79조).

* 용어 : 의원이 의안을 낼 때는 '발의'라고 하지만 정부 또는 상임위원회가 의안을 낼 때는 '제출'이라는 용어를 사용한다. '발의'와 '제출'을 포함하여 '제안'이라고 하고 국회의장이 의안을 낼 경우에는 '제의'라고 한다.

2. 심의·토론·표결권

(1) 의의와 근거

국회의원이 의제가 된 의안 등에 대하여 검토하고 의견을 표명하는 심의와 그 의제에 대해 의원들의 찬반의 의사표시를 통해 결정에 이르게 되는 표결에 참여할 수 있는 권한을 말한다. 우리 현행 헌법상에 이러한 의원의 심의·토론·표결권에 관하여 명문의 규정을 두고 있지는 않으나 의회주의의 요소로서 토론·합의기능에서 당연히 인정되는 권한이고 국회는 국민의 보통·평등·직접·비밀선거에 의하여 선출된 국회의원으로 구성되는데(제41조 1항), 이러한 국회구성원으로서의 의원이 헌법상 입법권(제40조) 등 국회에 부여된 권한의 행사에 심의·표결을 통해 참여함이 당연하므로 심의·토론·표결권은 헌법 제41조 제1항, 제40조 등에 의해서도 인정되는 헌법상의 권한이다. 우리 헌법재판소도 국회의원의 법률안 심의·표결권은 "헌법상 명문규정은 없으나 의회민주주의원리, 헌법 제40조, 제41조 1항으로부터 당연히 도출되는 헌법상의 권한"이라고 한다(헌재 1997.7.16. 96헌라2, 헌재판례집 8-2, 169면).

(2) 심의·토론·표결권의 침해 문제

1) 변칙처리의 심의·토론·표결권의 침해 인정

(가) 인정례

이른바 변칙(날치기)처리는 의원의 심의·토론·표결권을 침해한다. 야당의원들에 대해 개의일시를 통지하지 않으므로써 본회의출석, 심의·표결과정에 참여할 기회를 박탈한 채 본회의를 개의하고 법률안을 가결처리한 국회의장의 행위는 야당의원들의 법률안의 심의·표결권을 침해한 것으로 인정한 판례가 있다(① 헌재 1997.7.16. 96헌라2, 헌재판례집 8-2, 154면 이하. 이 판례에서 이러한 법률안 가결선포행위의 위헌무효여부에 대해서는 3인 재판관이 인용의견을, 3인 재판관이 기각의견을 내어 의견이 나뉘어져 인용의견이 과반수에 이르지 아니하였다고 하여 기각으로 결정되었다. ② 헌재 2009.10.29. 2009헌라8·9·10(병합), 국회의원과 국회의장 등 간의 권한쟁의 사건(이른바 '미디어법' 사건) - 다시 권한침해를 인정하면서 법안가결행위에 대해서는 역시 또 무효결정을 하지 않았다).

(나) 침해확인된 법률안 심의·표결권을 회복할 수 있는 조치를 국회의장이 취하지 아니하는 부작위

그런데 위 2009헌라8 결정은 이른바 미디어법결정으로 법률안 심의·표결권의 침해를 인정한 결정이었는바 이후 위 결정에서 침해확인된 법률안 심의·표결권을 회복할 수 있는 조치를 국회의장이 취하지 아니하는 부작위가 법률안 심의·표결권을 침해한다고 하는 권한쟁의심판이 청구되었는데 헌재는 기각결정을 하였다(헌재 2010.11.25. 2009헌라12. 이 결정에 대한 자세한 것은 뒤의 헌법재판, 권한쟁의심판의 기속력 문제 부분 참조).

2) 이의유무를 묻는 방식의 표결에서의 국회의원의 심의·표결권 침해 여부

국회법 제112조 제3항은 의장은 안건에 대한 이의(異議)의 유무(有無)를 물어서 이의가 없다고 인정한 때에는 가결되었음을 선포할 수 있도록 하되, 이의가 있을 때에는 전자투표, 기명·호명 또는 무기명투표의 방법으로 표결하여야 한다고 규정하고 있다. 이와 관련한 사례로는 '이의있습니다'는 야당의원들의 발언이 있었는지에 대해 증거가 없다는 이유로 기각하여야 한다는 4인 재판관의 의견에 따라 기각한 결정이 된 바 있다(국회의장과 국회의원 간의 권한쟁의, 헌재 2000.2.24. 99헌라1, 헌재판례집 12-1, 115면. 이의유무를 묻는 방식의 표결에서의 국회의원 조약비준동의안 심의·표결권 침해 여부에 대한 같은 취지의 결정례 : 국회의장과 국회의원 간의 권한쟁의, 헌재 2000.2.24. 99헌라2).

3) 반대토론권을 인정하지 않아 심의·표결의 권한을 침해한 것으로 인정된 예

국회법 제93조는 본회의는 안건을 심의할 때 그 안건을 심사한 위원장의 심사보고를 듣고 질의·토론을 거쳐 표결하되 다만, 위원회의 심사를 거친 안건에 대해서는 의결로 질의와 토론을 모두 생략하거나 그 중 하나를 생략할 수 있다고 규정하고 있다. 위원회 심사를 거친 법률안들에 대해 적법한 반대토론 신청이 있었음에도 국회의장이 반대토론을 허가하지 않고 토론절차를 생략하기 위한 의결을 거치지도 않은 채 법률안들에 대한 표결절차를 진행한 것(그 법률안들은 위원회 심사를 거친 것들이었음)이 국회의원의 법률안 심의·표결권을 침해한 것이라고 결정한 바 있다(헌재 2011.8.30. 2009헌라7). 그러나 헌재는 법률안 가결선포행위를 무효로 선언하지는 않았다.

판례 헌재 2011.8.30. 2009헌라7. [결정요지] * 이 결정에 대해서는, 뒤의 입법절차, 본회의 부분 참조.

4) 특정 정보를 인터넷 홈페이지에 게시하여 공개하는 행위가 국회의원의 권한인지 여부

어느 국회의원이 교원들의 교원단체 가입현황을 자신의 인터넷 홈페이지에 게시하여 공개하는 것을 법원이 공개를 금지하는 가처분 및 간접강제 결정을 하자, 그 국회의원이 권한을 침해당하였다고 법원을 상대로 제기한 권한쟁의심판 사건에 대하여, 헌재는 특정 정보를 인터넷 홈페이지에 게시하여 공개하는 행위는 헌법과 법률이 국회의원에게 독자적으로 부여한 권능이라고 할 수는 없으므로 권한침해의 가능성이 없다는 이유로 각하결정을 하였다(헌재 2010.7.29. 2010헌라1).

(3) 발언·토론권

의원은 의제가 되고 있는 의안에 대하여 발언을 하고 찬반의 토론을 할 수 있다. 의사일정에 올린 안건에 대하여 토론하고자 하는 의원은 미리 반대 또는 찬성의 뜻을 의장에게 통지하여야 한다(국회법 제106조 1항).

(4) 소신표결(자유투표, cross voting)

현행 국회법은 "의원은 국민의 대표자로서 소속정당의 의사에 기속되지 아니하고 양심에 따라 투표한다"라고 규정하여(국회법 제114조의2) 소신표결의 원칙을 명시하고 있다.

3. 질문권과 질의권

국회의원은 국무총리·국무위원·정부위원에 대해 질문을 할 권한을 가진다. 질문에는 서면질문과 구두질문이 있다(질문제도에 대한 자세한 것은 전술 참조).

질의권은 질문권과 달리 당해 의제가 되고 있는 사안에 대하여 묻는 권한을 의미한다. 따라서 질의권은 질문권에 비해 그 범위가 당해 사안에 한정된다는 범위의 제한이 있다.

4. 자율권

국회가 스스로 자신의 내부를 조직하고 의사절차에 관한 규정을 두며 의사절차를 진행하고 내부를 규율하며, 국회의원의 신분에 관한 사항 등을 처리할 수 있는 자율권을 말한다. 국회에 대해서 폭넓은 자율권을 부여하는데 이는 국회가 국민의 대표기관이고 국민의 의사를 집약하여 국가정책의 방향을 정하며 특히 입법기관으로서 역할이 중요하기에 국회가 보다 독립적인 상태에서 국회의원들의 소신있는 의정활동을 할 수 있도록 하는 것이 필요하기 때문이다(자세한 것은 후술 참조).

5. 국회의원의 권한의 행사에 관한 구체적 절차

위의 국회의원의 권한행사에 있어서의 절차는 바로 발언·토론제도, 질문제도, 표결제도 등인데 이에 관한 자세한 것은 앞서 제4절 국회의 운영과 의사절차에서 살펴본 바 있다(전술 참조).

Ⅵ. 국회의원의 의무

1. 헌법과 법률준수의무

국회의원은 헌법을 준수하고 자신들이 제정하기도 한 법률을 준수함으로써 입헌주의와 법치주의를 확립하여야 한다. 이러한 법준수의무에 대하여 헌법 자체에 명시하고 있지는 않지만 당연한 의무라고 할 것이다.

2. 헌법직접명시적 의무

헌법 자체가 국회의원의 의무를 직접 명시하고 있기도 하다. 국회법과 다른 개별법률은 이를 보다 구체화하기도 하고 헌법에 직접 명시되지 않은 의무들도 규정하고 있다. 따라서 헌법명시적 의무와 법률명시적 의무로 나누어 보되 이하에서 먼저 헌법에 명시된 의무부터 보는데 이를 구체화한 국회법 등의 규정도 언급한다(이를 법률명시적 의무에서도 정리할 수밖에 없어 중복감이 있다).

(1) 청렴의 의무

국회의원은 청렴의 의무가 있다(제46조 1항). 이를 위하여 현재 공직자윤리법이 의원들의 재산상태를 등록하고 공개하도록 하고 있다. 국회법은 공직자윤리법에서 정한 징계사유도 의원의 징계사유로 규정하고 있기도 한데(국회법 제155조 2항 11호) 공직자윤리법에 따른 성실한 재산등록의무 등을 지게 된다.

(2) 국익우선의 의무

1) 기속위임금지

국회의원은 국가이익을 우선하여 양심에 따라 직무를 행한다(제46조 2항). 자신의 출신 지역구의 이익을 위해서가 아니라 국가전체, 국민전체의 이익을 위하여 직무수행을 하여야 한다.

2) '양심'의 의미

여기서의 양심이란 직무상 객관적 양심이다. 즉 국회의원의 개인적 주관적 양심이 아니라 국가전체의 이익이라는 객관적 목표를 위하여 활동한다는 객관적 양심이어야 함을 의미한다. 이러한 직무상의 양심을 헌법 제19조의 양심과는 다른 것으로 볼 것인지 하는 문제가 있다. 헌법 제19조에서 말하는 양심이란 주관적 양심을 말한다는 점에서 차이가 있다. 그러나 다른 한편 헌법 제19조의 주관적 양심도 내부에 머무르지 않고 표출되어 외부에 영향을 미칠 경우에 필요성이 있으면 제한될 수 있다. 그 점에서는 인간 개인으로서 헌법 제19조가 보호하는 양심의 자유 구현에 있어서도 객관적 성격이 있다.

(3) 지위남용금지와 이권개입(운동)금지의 의무

1) 헌법과 국회법의 규정

국회의원은 그 지위를 남용하여 국가·공공단체 또는 기업체와의 계약이나 그 처분에 의하여 재산상의 권리·이익 또는 직위를 취득하거나 타인을 위하여 그 취득을 알선할 수 없다(제46조 3항). 이 의무는 법률에서 구체화되고 있는 의무이기도 하다. 바로 국회법도 "의원은 그 직무 외에 영리를 목적으로 하는 업무에 종사할 수 없다"라고 규정하면서(국회법 제29조의2 1항 본문) 이하 조항에서 이를 구체화하고 있다. 헌법은 "지위를 남용하여"라고 요건을 한정하고 있는데 국회법의 영리업무 종사금지 의무는 직위남용에 관한 요건이 설정되어 있지 않다. 생각건대 지위 남용은 직무 이외라고 볼 수 있을 것이다. 의원이 당선 전부터 아래에서 보는 허용되는 영리업무 이외의 영리업무에 종사하는 경우에는 임기개시 후 6개월 이내에 그 영리업무를 휴업 또는 폐업하여야 한다(동법 동조 2항).

2) 예외

국회법은 예외를 인정한다. 즉 "의원 본인 소유의 토지·건물 등의 재산을 활용한 임대업 등 영리업무를 하는 경우로서 의원의 직무수행에 지장이 없는 경우에는 그러하지 아니하다"라고 규정하고 있다(국회법 제29조의2 1항 단서). 의원이 당선 전부터 위와 같은 제1항 단서의 영리업무에 종사하고 있는 경우에는 임기개시 후 1개월 이내에, 임기 중에 제1항 단서의 영리업무에 종사하는 경우에는 지체 없이 이를 의장에게 서면으로 신고하여야 한다(동법 동조 3항). 의장은 신고한 영리업무가 위 영리업무에 해당하는지 여부를 윤리심사자문위원회의 의견을 들어 결정하고 그 결과를 해당 의원에게 통보한다. 이 경우 의장은 윤리심사자문위원회의 의견을 존중하여야 한다(동법 동조 4항). 의원은 의장으로부터 종사하고 있는 영리업무가 위 영리업무에 해당하지 아니한다는 통보를 받은 때에는 통보를 받은 날부터 6개월 이내에 그 영리업무를 휴업 또는 폐업하여야 한다(동법 동조 6항).

(4) 겸직금지의 의무

국회의원은 법률이 정하는 직을 겸할 수 없다(제43조). 이 의무는 헌법이 명시하는 의무이자 그 구체화를 법률에 위임하고 있으므로 법률상의 의무가 되고 있는 것이기도 하다. 그 법률로서 바로 국회법이 겸직금지에 관한 규정을 아래와 같이 두고 있다. 헌법의 겸직금지의무를 구체화한 국회법은 소속 상임위원회 직무와 관련된 영리행위가 아니면 영리업무 종사에 대하여 별도의 금지 규정이 없어 의정활동의 공정성과 국회의원의 청렴 의무에 부합하지 않는다는 지적이 있어 2013년에 국회의원의 겸직과 영리업무 종사를 엄격히 제한하는 개정이 있었다. 즉 국회의원은 국무총리 또는 국무위원의 직 이외에는 원칙적으로 다른 직을 겸할 수 없도록 하되, 예외적으로 공익목적의 명예직 등은 겸할 수 있도록 하고 있다(동법 제29조 1항). 의원이 당선 전부터 겸직 금지 직을 가진 경우에는 임기개시일 전까지 휴직 또는 사직하도록 하고(동법 동조 2항), 당선 전부터 겸직이 가능한 직을 가진 경우에는 신고, 겸직 인정 여부 결정·통보절차 등을 두고, 겸직 금지를 통보 받은 의원은 일정 기간 이내에 겸한 직을 휴직 또는 사직하도록 하고 있다(동법 동조 3-6항). 또한 겸직 금지 및 영리업무 종사 금지 위반을 징계사유로 추가하고, 징계 시 출석정지를 강화하고 있다(동법 제155조 1호의2 및 1호의3, 제163조 1항 3호).

1) 국회법 규정방식에 대한 평가

현행 국회법은 "의원은 국무총리 또는 국무위원의 직 이외의 다른 직을 겸할 수 없다. 다만, 다음 각 호의 어느 하나에 해당하는 경우에는 그러하지 아니하다"라고 규정하고 있다(국회법 제29조 1항). 문언상 헌법은 겸직이 불가한 직을 법률이 규정하여 그 직에 한하여 겸직이 불가하도록 하는 방식으로 규정하고 있음(Negative System)에 비해 법률은 원칙적으로 전부 겸직할 수 없게 하는 방식으로 규정하되 예외를 허용하는 방식으로(positive system) 규정하고 있다. 이는 그동안 의원의 겸직이 사회적으로 문제되어 온 데 대한 개선의 의지가 반영된 것이라고 한다. 이 규정은 이전 규정이 겸직이 포괄적으로 허용되도록 하여 의원에 대한 과도한 특혜라고 지적되어 왔으므로 2013년에 국회법 개정으로 그 조항이 규정방식을 위와 같이 바꾸었고 또 내용이 변경되었다는 점을 보면 그러하다고 할 것이다.

2) 겸직불가(당연사직, 휴직가능)

국회법이 겸직이 가능도록 규정한 예외에 해당되지 않으면 겸직이 불가한데 겸직불가의 경우에도 그 효과에 있어서 두 가지 경우, 즉 당연히 사직하여야 하는 경우와 사직 또는 휴직 중에 선택적인 경우가 있다.

(가) 당연사직하여야 하는 경우

국회법은 당연사직하여야 할 경우를 명시하고 있다. 즉 ① '공공기관의 운영에 관한 법률'에 따른 공공기관의 임직원, ② 농업협동조합법·수산업협동합법에 따른 조합, 중앙회와 그 자회사의 임직원, ③ 정당법 제22조 제1항에 따라 정당의 당원이 될 수 있는 교원 중 어느 하나의 직을 가진 경우에는 임기개시일 전까지 그 직을 사직하여야 한다(국회법 제29조 2항 단서).

(나) 사직 또는 휴직의 선택이 가능한 경우

국회법은 겸직불가를 원칙으로 하면서 예외적으로 겸직가능한 경우, 당연사직하여야 하는 경우를 명시하고 있으므로 결국 사직이나 휴직 중 선택이 가능한 경우란 겸직가능하거나 당연사직하여야 하는 경우를 제외한 경우로서 그것이 일반적인 경우가 된다. 즉 의원이 당선 전부터 아래 3)에 서술하는 겸직가능한 경우(국회법 제29조 1항 각 호의 직) 이외의 직을 가진 경우와 위 (가)에서 언급한 당연사직하여야 할 경우 외에는 임기개시일 전까지 그 직을 휴직 또는 사직하여야 한다.

3) 예외(겸직가능)

(가) 국무총리·국무위원과의 겸직 허용

그동안 일반적으로 국무총리·국무위원과 의원 간의 겸직이 허용된다고 보고 이것을 우리나라 정부형태의 의원내각제적 요소라고 보아 왔는데 국회법에 이를 직접적으로 명시한 규정이 없었다가 2013년 국회법개정에서는 이를 명시하고 있다. 반면 그동안 이러한 겸직 허용에 대해서는 비판도 없지 않았는데 2015년 말 경에 2016년 국회의원총선거에 몰입하기 위해 국무위원직 활동기간이 단기임에도 사직하는 예들에 대해 내각의 일체성이나 정책 일관성에 문제가 있다는 점이 제기되었다. 2014년 국회 헌법개정자문위원회의 헌법개정안은 "전체 행정각부의 장의 과반수는 국회의원이 아닌 사람으로 임명하여야 한다"라는 규정을 제안하고 있다(동 제안 제123조 2항).

(나) 공익 목적 명예직 등

국회법은 ① 공익 목적의 명예직, ② 다른 법률에서 의원이 임명·위촉되도록 정한 직, ③ 정당법에 따른 정당의 직도 겸직이 가능하도록 허용하고 있다(동법 제29조 1항 단서). 공익 목적 등이 윤리심사자문위의 의견을 듣는 과정이 있다고는 하나 과연 명확하여 의장의 그 선별에 있어서 문제가 없는지가 논란된다. 의원이 위 직을 겸하는 경우에 그에 따른 보수(실비변상 제외)를 받을 수 없다(동법 동조 8항).

4) 확인, 결정, 통보, 공개 등의 절차

의원이 당선 전부터 겸직이 허용되는 직을 가지고 있는 경우에는 임기개시 후 1개월 이내에, 임기 중에 그 직을 가지는 경우에는 지체 없이 이를 의장에게 서면으로 신고하여야 한다(동법 동조 3항). 의장은 그 신고한 직이 허용되는 직에 해당하는지 여부를 윤리심사자문위원회의 의견을 들어 결정하고 그 결과를 해당 의원에게 통보한다. 이 경우 의장은 윤리심사자문위원회의 의견을 존중하여야 한다(동법 동조 4항). 의원은 의장으로부터 겸하고 있는 직이 그 직에 해당하지 아니한다는 통보를 받은 때에는 통보를 받은 날부터 3개월 이내에 그 직을 휴직 또는 사직하여야 한다(동법 동조 6항). 의장은 의원에게 위와 같이 통보한 날부터 15일 이내에 겸직내용을 국회공보 또는 국회 인터넷 홈페이지 등에 게재하는 방법으로 공개하여야 한다(동법 동조 7항).

5) 겸직금지의 효과와 개시

앞서 본 대로 겸직금지의 효과는 사직과 휴직 간 선택도 가능하나 당연사직하여야 할 경우도 있다. 의원이 당선 전부터 겸직가능한 직 이외의 직을 가진 경우에는 임기개시일 전까지(재선거·보궐선거 등의 경우에는 당선이 결정된 날의 다음 날까지) 그 직을 휴직 또는 사직하여야 한다. 다만, 당연사직해야 할 직을 가진 경우에는 임기개시일 전까지 그 직을 사직하여야 한다(동법 동조 2항).

3. 법률(국회법)에 명시된 의무

(1) 선서의무

의원은 임기초에 국회에서 "나는 헌법을 준수하고 국민의 자유와 복리의 증진 및 조국의 평화적 통일을 위하여 노력하며, 국가이익을 우선으로 하여 국회의원의 직무를 양심에 따라 성실히 수행할 것을 국민 앞에 엄숙히 선서합니다."라는 선서를 한다(국회법 제24조).

(2) 국회의원윤리강령 및 국회의원윤리실천규범의 준수의무

1991년에 이른바 수서사건으로 국회의원들이 구속되는 등 국회의원들의 윤리가 문제되어 국회에서 자정(自淨)하는 노력의 하나로 국회의원윤리강령과 국회의원윤리실천규범이 제정되었다. 의원이 국회의원윤리강령[1] 및 국회의원윤리실천규범[2]을 준수할 의무를 지고 이를 위반하

---

1) 국회의원윤리강령(1991.2.7. 제정) 국회의원은 주권자인 국민으로부터 국정을 위임받은 국민의 대표로서 양심에 따라 그 직무를 성실히 수행하여 국민의 신뢰를 받으며, 나아가 국회의 명예와 권위를 높여 민주정치의 발전과 국리민복의 증진에 이바지할 것을 다짐하면서, 이에 우리는 국회의원이 준수할 윤리강령을 정한다.

1. 우리는 국민의 대표자로서 인격과 식견을 함양하고 예절을 지킴으로써 국회의원의 품위를 유지하며, 국민의 의사를 충실히 대변한다.
2. 우리는 국민을 위한 봉사자로서 오직 국민의 자유와 복리의 증진을 위하여 공익우선의 정신으로 성실하게 직무를 수행하며, 사익을 추구하지 아니한다.
3. 우리는 공직자로서 직무와 관련하여 부정한 이득을 도모하거나, 부당한 영향력을 행사하지 아니하며, 청렴하고 검소한 생활을 솔선수범한다.
4. 우리는 국회의 구성원으로서 서로간에 정치활동상 공정한 여건과 기회균등을 보장하고 충분한 토론으로 문제를 해결하며, 적법절차를 준수함으로써 건전한 정치풍토를 조성하도록 노력한다.
5. 우리는 책임있는 정치인으로서 우리의 모든 공사행위에 관하여 국민에게 언제든지 분명한 책임을 진다.

2) 국회의원윤리실천규범(1991.5.8. 제정, 1993.7.13 개정)

제1조(윤리강령준수) 국회의원은 국회의원윤리강령을 성실히 준수하여야 한다.

제2조(품위유지) 국회의원은 직무를 수행함에 있어서 국회의원의 품위를 손상하는 행위를 하여서는 아니 된다.

제3조(청렴의무) 국회의원은 직무와 관련하여 청렴하여야 하며, 공정을 의심받는 행동을 하여서는 아니 된다.

제4조(직권남용금지) ① 국회의원은 그 지위를 남용하여 부당한 영향력을 행사하거나 그로 인한 대가를 받아서는 아니 된다.

② 국회의원은 그 지위를 남용하여 국가·공공단체 또는 기업체와의 계약이나 그 처분에 의하여 재산상의 권리·이익 또는 직위를 취득하거나 타인을 위하여 그 취득을 알선하여서는 아니 된다.

제5조(직무관련 금품 등 취득금지) 국회의원은 법률안 기타 의안과 관련하여 직접적인 이해관계가 있는 자로부터 직접 또는 간접적으로 금품 기타 재산상의 이익을 취득하거나 정치적인 목적으로 이를 공여하여서는 아니 된다.

제6조(국가기밀의 누설금지) 국회의원은 직무상 지득한 국가안전보장에 중대한 영향을 미치는 국가기밀을 정당한 사유 없이 누설하여서는 아니 된다.

제7조(사례금) 국회의원은 강연, 출판물에 대한 기고, 기타 유사한 활동과 관련하여 개인·단체 또는 기관으로부터 통상적이고 관례적인 기준을 넘는 사례금을 받아서는 아니 된다.

제8조(겸직금지 등) ① 의장 또는 부의장은 법률로 정한 것을 제외하고는 다른 직을 겸하여서는 아니 된다.

② 상임위원회·특별위원회의 위원장은 그 소관업무와 관련되는 기업체 또는 단체에서 보수를 받는 임·직원의 직을 겸하여서는 아니 된다.

제9조(겸직신고) 국회의원은 보수를 받고 있는 다른 직을 겸하고 있는 경우 그 기업체 또는 단체의 명칭과 임무 등을 의장에게 신고하여야 한다.

제10조(회피의무) 국회의원은 심의대상 안건이나 국정감사 또는 국정조사의 사안과 직접적인 이해관계를 가지는 경우에는 이를 사전에 소명하고, 관련 활동에 참여하여서는 아니 된다.

제11조(재산신고) 국회의원은 공직자윤리법의 규정에 의한 재산등록 및 신고의 의무를 성실히 이행하여야 한다

는 행위를 한 때에는 징계사유가 된다(동법 제155조 12호).

(3) 국회본회의와 위원회에의 출석 의무

사실상 헌법과 국회법에 규정이 없더라도 당연한 의무이나 국회법은 이의 위반을 징계사유로 규정하여 국회법상 의무로 규정하고 있다. 즉 정당한 이유없이 국회집회일로부터 7일 이내에 본회의 또는 위원회에 출석하지 아니하거나 의장 또는 위원장의 출석요구서를 받은 후 5일 이내에 출석하지 아니한 때를 징계사유로 하고 있다(국회법 제155조 2항 8호). 의원이 사고로 인하여 국회에 출석하지 못하게 되거나 못한 때에는 청가서 또는 결석계를 의장에게 제출하여야 한다(동법 제32조 1항).

(4) 질서유지의무

1) 회의장질서문란금지, 회의장출입방해금지의 의무

의원은 회의의 질서를 유지할 의무가 있음은 물론이다. 국회법은 본회의, 위원회에서 의사진행을 방해하지 않을 의무들을 규정하고 있다. ① 질서문란금지 – 의원이 본회의 또는 위원회의 회의장에서 국회법 또는 국회규칙에 위배하여 회의장의 질서를 문란하게 한 때에는 의장 또는 위원장은 이를 경고 또는 제지할 수 있다(동법 제145조 1항). ② 회의장출입방해 금지 – 누구든지 의원이 본회의 또는 위원회에 출석하기 위하여 본회의장 또는 위원회 회의장에 출입하는 것을 방해하여서는 아니 된다(동법 제148조의3). 누구든지라고 하여 의원도 의무주체가 되고 어느 의원의 출입을 다른 의원의 출입을 방해하여서는 아니 된다.

형법에도 "국회의 심의를 방해 또는 위협할 목적으로 국회회의장 또는 그 부근에서 모욕 또는 소동한 자"는 처벌되도록 국회회의장 소동죄가 규정되어 있다(형법 제138조). 회의장질서를 의원이 정당하게 출입하려는 것을 제지하는 공무원의 행위에 대항하는 것은 공무집행방해죄가 성립하지 않는다.

판례 : ① 2008.12.18. 한미 FTA 비준동의안 처리에 야당 의원들의 반발을 예상한 국회 외교통상통일위원회(이하 '외통위'라 함) 위원장은 질서유지권을 발동해 회의장의 출입을 통제하였고 야당의원들이 이에 강하게 항의하면서 출입문, 집기 등을 파손하였고 외통위 회의장 회의장 출입구 확보를 위한 시도가 실패로 돌아가자, 비준동의안의 상정 등 심의를 방해하기 위해 소화전에 연결된 소방호스를 이용하여

제12조(기부행위의 금지 등) ① 국회의원은 경조사 및 지역구 행사 등에 화환이나 화분을 보내서는 아니 된다.
② 국회의원은 경조사 및 지역구 행사 등에 의례적인 범위를 넘는 경조금·찬조금 또는 물품을 보내서는 아니 된다.
③ 국회의원은 연말연시와 명절 등에 연하장, 달력 기타 선물을 하여서는 아니 된다. 다만, 의정활동보고를 겸한 인사장은 그러하지 아니하다.
제13조(국외활동) ① 국회의원은 직무상 국외활동을 하는 경우에 성실히 보고 또는 신고를 하여야 한다.
② 국회의원은 정당한 이유없이 장기간의 해외활동이나 체류를 하여서는 아니 된다.
제14조(회의출석) ① 국회의원은 청가서나 결석계를 제출한 경우 또는 공식 해외출장 등의 경우를 제외하고는 국회의 각종 회의에 성실히 출석하여야 한다.
② 국회의원은 결혼식 주례나 지역구 활동 등을 이유로 국회의 각종 회의에 불참하여서는 아니 된다.
제15조(보조직원관리) 국회의원은 그 보조직원을 성실하게 지휘·감독하고, 국회가 그 직원에게 지급할 목적으로 책정한 급여를 다른 목적에 사용하여서는 아니 된다.

바리케이드 틈 사이로 회의장 내에 물을 분사한 사실로 기소가 되었다. 이 사안에서 대법원은 정당행위 주장을 배척하고 공용물건손상죄와 국회회의장소동죄를 인정하여 형사처벌의 예를 남겼다. 공무집행방해 혐의에 대해서는 위와 같은 출입통제가 위원장의 질서유지권 행사의 한계를 벗어난 위법한 조치이고, 회의장 근처에 배치된 국회 경위들이 회의장 출입을 막은 행위는 위원장의 위와 같은 위법한 조치를 보조한 행위에 지나지 아니하여 역시 위법한 직무집행이므로 무죄라고 판결하였다.[1] ② 위 사안에

---

1) 대법원 2013.6.13. 2010도13609, 공무집행방해 · 공용물건손상 · 국회회의장소동

[판시사항]

[1] 갑 정당 당직자인 피고인들 등이 국회 외교통상 상임위원회 회의장 앞 복도에서 출입이 봉쇄된 회의장 출입구를 뚫을 목적으로 회의장 출입문 및 그 안쪽에 쌓여있던 집기를 손상하거나, 국회 심의를 방해할 목적으로 회의장 내에 물을 분사한 사안에서, 피고인들의 공용물건손상 및 국회회의장소동 행위를 위법성이 조각되는 정당행위나 긴급피난의 요건을 갖춘 행위로 평가하기 어렵다고 한 사례

[2] 국회의 경호 업무 등을 담당하는 국회 경위가 상임위원회 위원의 회의장 출입을 막는 행위가 적법한지 여부(원칙적 소극)

[3] 갑 정당 당직자인 피고인들 등이 국회 외교통상 상임위원회 회의장 출입문 앞에 배치되어 출입을 막고 있던 국회 경위들을 밀어내기 위해 경위들의 옷을 잡아당기거나 밀치는 등의 행위를 한 사안에서, 피고인들의 행위는 적법성이 결여된 직무행위를 하는 공무원에게 대항하여 한 것에 지나지 아니하여 공무집행방해죄가 성립하지 않는다고 한 사례

[판결요지]

[1] 형법 제20조에 규정된 '사회상규에 위배되지 아니하는' 정당한 행위로서 위법성이 조각되는 것인지는 구체적인 사정 아래에서 합목적적, 합리적으로 고찰하여 개별적으로 판단되어야 하므로, 이와 같은 정당행위를 인정하려면 첫째 그 행위의 동기나 목적의 정당성, 둘째 행위의 수단이나 방법의 상당성, 셋째 보호이익과 침해이익과의 법익 균형성, 넷째 긴급성, 다섯째 그 행위 외에 다른 수단이나 방법이 없다는 보충성 등의 요건을 갖추어야 한다. 또한 형법 제22조 제1항의 긴급피난이란 자기 또는 타인의 법익에 대한 현재의 위난을 피하기 위한 상당한 이유 있는 행위를 말하고, 여기서 '상당한 이유 있는 행위'에 해당하려면, 첫째 피난행위는 위난에 처한 법익을 보호하기 위한 유일한 수단이어야 하고, 둘째 피해자에게 가장 경미한 손해를 주는 방법을 택하여야 하며, 셋째 피난행위에 의하여 보전되는 이익은 이로 인하여 침해되는 이익보다 우월해야 하고, 넷째 피난행위는 그 자체가 사회윤리나 법질서 전체의 정신에 비추어 적합한 수단일 것을 요하는 등의 요건을 갖추어야 한다. 갑 정당 당직자인 피고인들 등이 국회 외교통상 상임위원회 회의장 앞 복도에서 출입이 봉쇄된 회의장 출입구를 뚫을 목적으로 회의장 출입문 및 그 안쪽에 쌓여있던 책상, 탁자 등 집기를 손상하거나, 국회의 심의를 방해할 목적으로 소방호스를 이용하여 회의장 내에 물을 분사한 사안에서, 피고인들의 위와 같은 행위는 공용물건손상죄 및 국회회의장소동죄의 구성요건에 해당하고, 국민의 대의기관인 국회에서 서로의 의견을 경청하고 진지한 토론과 양보를 통하여 더욱 바람직한 결론을 도출하는 합법적 절차를 외면한 채 곧바로 폭력적 행동으로 나아가 방법이나 수단에 있어서도 상당성의 요건을 갖추지 못하여 이를 위법성이 조각되는 정당행위나 긴급피난의 요건을 갖춘 행위로 평가하기 어렵다.

[2] 헌법 제49조가 국회에서의 다수결 원리를 선언하고 있으나, 이는 어디까지나 통지가 가능한 국회의원 모두에게 회의에 출석할 기회가 부여된 바탕 위에서 재적의원 과반수의 출석과 출석의원 과반수의 찬성으로 그 결의가 이루어질 것을 전제로 하고 있다고 해석되는 점, 국회 상임위원회의 의사 · 의결정족수를 규정한 국회법 제54조의 규정 또한 실질적으로 모든 위원회의 구성원에게 출석의 기회가 보장된 상태에서 자유로운 토론의 기회가 부여되는 것을 전제조건으로 하고 있는 점 등에 비추어 보면 누구든지 국회의원이 본회의 또는 위원회에 출석하기 위하여 본회의장 또는 위원회 회의장에 출입하는 것을 방해하여서는 아니 되며, 특히 국회의 경호 업무 등을 담당하는 국회 경위가 상임위원회 위원의 회의장 출입을 막는 것은 이를 정당화할 만한 특별한 사정이 없는 한 위법하다.

[3] 한미FTA 비준동의안에 대한 국회 외교통상 상임위원회(이하 '외통위'라 한다)의 처리 과정에서, 갑 정당 당직자인 피고인들이 갑 정당 소속 외통위 위원 등과 함께 외통위 회의장 출입문 앞에 배치되어 출입을 막고 있던 국회 경위들을 밀어내기 위해 국회 경위들의 옷을 잡아당기거나 밀치는 등의 행위를 한 사안에서, 제반 사정에 비추어 외통위 위원장이 을 정당 소속 외통위 위원들이 위원장실에 이미 입실한 상태에서 회의장 출입구를 폐쇄하고 출입을 봉쇄하여 다른 정당 소속 외통위 위원들의 회의장 출입을 막은 행위는 상임위원회 위원장의 질서유지권 행사의 한계를 벗어난 위법한 조치이고, 회의장 근처에 배치된 국회 경위들이 갑 정당 소속 외통위 위원들의 회의장 출입을 막은 행위는 외통위 위원장의 위법한 조치를 보조한 행위에 지나지 아니하여 역시

관해서는 헌재의 권한쟁의심판도 있었다. 외통위 위원장이 회의 종료시까지 외통위 회의장 출석을 봉쇄한 것은 '상임위원회 회의의 원활한 진행'이라는 질서유지권의 인정목적에 정면 배치되는 것으로서 질서유지권 행사의 한계를 벗어난 행위이므로, 비준동의안을 상정한 행위 및 위 동의안을 법안심사소위원회에 심사회부한 행위는 헌법 제49조의 다수결의 원리, 헌법 제50조 제1항의 의사공개의 원칙에 반하는 위헌, 위법한 행위라 할 것이고, 그 결과 의원의 심의권을 침해당하였다고 인정하였다. 그러나 위 회부행위를 무효로 선언해달라는 청구는 기각하였다.1)

2) 회의질서유지의무

① 회의장질서유지 · 출입방해금지의무 – 위에서 본 이 의무도 회의질서유지의문에 해당한다. ② 폭력, 발언방해 금지 – 의원은 폭력을 행사하거나 회의 중 함부로 발언 또는 소란한 행위를 하여 다른 사람의 발언을 방해할 수 없다(제147조). ③ 회의진행 방해 물건 등의 반입 금지 – 의원은 본회의 또는 위원회의 회의장 안에 회의진행에 방해가 되는 물건 또는 음식물을 반입하여서는 아니 된다(제148조). ④ 의장석 또는 위원장석의 점거 금지의 의무 – 의원은 본회의장 의장석 또는 위원회 회의장 위원장석을 점거하여서는 아니 된다(동법 제148조의2), ⑤ 발언상의 의무와 한계도 설정되어 있다. 의원의 모든 발언은 의제 외에 미치거나 허가받은 발언의 성질에 반하여서는 아니 된다(동법 제102조). 일반발언, 5분자유발언, 대정부질문, 긴급현안질문 등에 있어서 발언시간제한규정을 준수하여야 한다(제104조, 제105조 1항, 제122조의2 2항, 제122조의3 6항).

3) 국회 회의 방해 금지와 위반시의 처벌

누구든지 국회의 회의(본회의 · 위원회 또는 소위원회의 각종 회의를 말하며, 국정감사 및 국정조사를 포함한다)를 방해할 목적으로 회의장 또는 그 부근에서 폭력행위 등을 하여서는 아니 되고 이를

위법한 직무집행이며, 피고인들이 갑 정당 소속 외통위 위원들을 회의장으로 들여보내기 위하여 그들과 함께 국회 경위들을 밀어내는 과정에서 경위들의 옷을 잡아당기는 등의 행위를 하였더라도, 이러한 행위는 적법성이 결여된 직무행위를 하는 공무원에게 대항하여 한 것에 지나지 아니하여 공무집행이 적법함을 전제로 하는 공무집행방해죄는 성립하지 않는다.

1) 헌재 2010.12.28. 2008헌라7. [사안] 1. 국회 상임위원회 위원장이 위원회 전체회의 개의 직전부터 회의가 종료될 때까지 회의장 출입문을 폐쇄하여 회의의 주체인 소수당 소속 상임위원회 위원들의 출입을 봉쇄한 상태에서 상임위원회 전체회의를 개의하여 안건을 상정한 행위 및 소위원회로 안건심사를 회부한 행위가 회의에 참석하지 못한 소수당 소속 상임위원회 위원들의 조약비준동의안에 대한 심의권을 침해한 것인지 여부(적극) 2. 위 안건 상정 · 소위원회 회부행위가 무효인지 여부(소극) [결정요지] 1. 외통위 위원장인 피청구인이 이 사건 당일 개의 무렵부터 회의 종료시까지 외통위 회의장 출입문의 폐쇄상태를 유지함으로써 회의의 주체인 소수당 소속 외통위 위원들의 회의장 출석을 봉쇄한 것은 '상임위원회 회의의 원활한 진행'이라는 질서유지권의 인정목적에 정면 배치되는 것으로서 질서유지권 행사의 한계를 벗어난 행위이므로, 이를 정당화할 만한 특별한 사정이 있었다는 점에 대한 입증책임이 피청구인에게 부과된다 할 것인데, 이 사건에 나타난 사정을 종합하더라도 이를 정당화할 만한 불가피한 사정이 있었다고 보기 어렵다. 그러므로 피청구인이 청구인들의 출입을 봉쇄한 상태에서 이 사건 회의를 개의하여 한미 FTA 비준동의안을 상정한 행위 및 위 동의안을 법안심사소위원회에 심사회부한 행위는 헌법 제49조의 다수결의 원리, 헌법 제50조 제1항의 의사공개의 원칙과 이를 구체적으로 구현하는 국회법 제54조, 제75조 제1항에 반하는 위헌, 위법한 행위라 할 것이고, 그 결과 청구인들은 이 사건 동의안 심의과정(대체토론)에 참여하지 못하게 됨으로써, 이 사건 상정 · 회부행위로 인하여 헌법에 의하여 부여받은 이 사건 동의안의 심의권을 침해당하였다 할 것이다. 2. 권한침해가 인정되었음에도 기각의견이 다수의견으로서 위 회부행위가 무효로 선언되지 않음(이 2. 부분 요지는 필자가 작성한 것임).

위반하여 국회의 회의를 방해할 목적으로 회의장 또는 그 부근에서 폭행, 체포·감금, 협박, 주거침입·퇴거불응, 재물손괴의 폭력행위를 하거나 이러한 행위로 의원의 회의장 출입 또는 공무의 집행을 방해한 자, 회의장 또는 그 부근에서 사람을 상해하거나, 폭행으로 상해에 이르게 하거나, 단체 또는 다중의 위력을 보이거나 위험한 물건을 휴대하여 사람을 폭행 또는 재물을 손괴하거나, 공무소에서 사용하는 서류 기타 물건 또는 전자기록 등 특수매체기록을 손상·은닉 기타 방법으로 그 효용을 해한 자는 처벌된다(동법 제165조, 제166조). 위 형법의 국회회의장 소동죄는 "국회의 심의를 방해 또는 위협할 목적으로 국회회의장 또는 그 부근에서 모욕 또는 소동한 자"라고 구성요건이 설정되어 있는 반면에 이 국회 회의 방해 처벌죄는 폭행, 체포 등으로 되어 있고 그 형량이 후자가 높다.

4) 효과

위 의무들은 국회의원 본연의 당연한 의무인데 그동안 몸싸움 등으로 얼룩진 국회상을 바로잡기 위해 명문의 규정(특히 제148조의2, 제165조 등)을 두게 된 것이다. 위 의무를 위반한 경우에 그 효과로서 징계, 형사처벌, 피선거권 박탈 등의 제재가 있게 된다(이에 대해서는 국회의원의 의무위반의 제재로 뒤에서 서술하는 부분에서 함께 살펴봄. 후술 참조).

(5) 품위유지의무, 모욕·사생활발언금지의무

의원은 의원으로서의 품위를 유지하여야 한다(국회법 제25조). 의원은 본회의 또는 위원회에서 다른 사람들, 즉 다른 의원이나 국무총리, 국무위원 등과 참고인, 증인, 감정인 등을 모욕하거나 다른 사람의 사생활에 대한 발언을 할 수 없다(동법 제146조).

(6) 비밀준수의무

의원은 직무활동에서 알게 된 공개되어서 아니 되는 비밀을 누설할 수 없다. 의원은 공개하지 아니한 회의의 내용은 공표되어서는 아니 된다(제118조 4항 본문). 회의록은 일반에 공포되나 국회의장이 비밀을 요하거나 국가안전보장을 위하여 필요하다고 인정한 부분에 관하여는 발언자 또는 그 소속교섭단체대표의원과 협의하여 이를 게재하지 아니할 수 있는데 이 불게재 부분에 관하여 의원은 허가를 받아 열람·복사를 할 수 있으나 허가받은 의원이 타인에게 이를 열람하게 하거나 전재·복사하게 하여서는 아니 된다(동법 제118조 3항). 또한 정보위원회의 위원인 의원은 직무수행상 알게 된 국가기밀에 속하는 사항을 공개하거나 타인에게 누설하여서는 아니 된다(동법 제54의2 2항). 탄핵소추사건을 조사할 때에 국정감사및조사에관한법률의 규정(국감조법 제14조)에 의한 주의의무, 즉 그 대상기관의 기능과 활동이 현저하게 저해되거나 기밀이 누설되지 아니하도록 주의하여야 하고 조사를 통하여 알게 된 비밀을 정당한 사유없이 누설하여서는 아니 된다(국회법 제131조 2항).

(7) 공직자윤리의무

국회법은 공직자윤리법에서 정한 징계사유도 의원의 징계사유로 규정하고 있다(국회법 제

155조 11호). 따라서 의원들은 공직자윤리법상의 성실한 재산등록·신고의무(공직자윤리법 제5조 1항, 제6조 1항·5항, 제11조 1항, 제12조 1항 등)를 준수하여야 한다. 이는 의원들의 재산축적, 변동과정 등에서의 비리가 없는 지를 밝히는 의미를 가지므로 청렴의무를 위한 것이기도 하고 국민의 알 권리를 위한 의무이기도 하다.

(8) 겸직금지와 영리업무종사금지의 의무

의원은 국회법 제29조에 규정된 예외에 해당하지 않는 직을 겸할 수 없다(국회법 제29조). 또 그 직무 외에 영리를 목적으로 하는 업무에 종사할 수 없다(국회법 제29조의2 1항). 이 의무에 대해서는 위의 헌법명시적 의무에서 살펴보았다.

4. 국회내적 직무관련적 의무와 국회 외적 의무

위의 의무들을 국회 내에서의 직무활동과 관련해서 부과되는 의무들과 국회 외에서의 의무로 나누면, 국회내적인 직무활동과 관련된 의무로서는 국회본회의와 위원회에의 출석의 의무, 질서유지의무, 품위유지의무, 모욕·사생활발언금지의무, 비밀준수의무 등을 들 수 있고 직무와 직접관련이 없는 상황에서도 국회 외부적으로 준수하여야 할 의무로는 청렴의무, 이권개입(운동)금지의무, 비공개된 회의내용을 공표하지 않을 의무(국회법 제118조 4항), 불게재된 회의록 부분을 타인에 열람하게 하거나 전재·복사하게 해서는 아니 되는 의무 등을 들 수 있다.

5. 의무위반에 대한 제재

위의 국회의원의 의무를 위반한 경우에는 징계의 대상이 된다.

(1) 과거의 윤리심사(폐지)

과거에 윤리심사제도가 있었는데 국회의원윤리강령 및 국회의원윤리실천규범을 위반하였는지를 심사하여 윤리특별위원회가 위반을 결정하도록 하고 위반사실의 통고를 2회 받았을 때 징계사유가 되도록 하여(구 국회법 제155조 2항 9호) 윤리심사와 징계제도를 이원화하고 있었다. 그러나 "윤리심사제도와 징계제도는 이원화하여 운영할 실익이 크지 아니하므로 일원화하고, 현재「국회의원윤리강령」및「국회의원윤리실천규범」을 1회 위반한 의원에 대하여는 위반사실을 통고하는 경미한 조치로만 이루어지고 있던 것을 의원의 윤리의식을 강화하기 위하여 위반 즉시 징계할 수 있도록 징계사유로서 규정하며"라고 하여 2010.5.28. 국회법개정으로 폐지하였고 현재는 징계제도로 일원화되어 있다.

(2) 징계

1) 징계사유

위에서 본 국회의원의 의무에 위배된 경우에 징계사유가 되는데 국회법 제155조는 그 징계사유를 명시하고 있는데 그 사유는 아래와 같다.

① 대한민국헌법 제46조 제1항(청렴의 의무) 또는 제3항(이권운동의 금지)을 위반하는 행위를 한 때, ② 국회법 제29조의 겸직 금지 규정을 위반한 때, ③ 동법 제29조의2의 영리업무 종사 금지 규정을 위반한 때, ④ 동법 제54조의2 제2항을 위반한 때(즉 정보위원회의 위원이 직무상 알게 된 국가기밀에 속하는 사항을 공개하거나 타인에게 누설한 때), ⑤ 동법 제102조를 위반하여 의제 외 또는 허가받은 발언의 성질에 반하는 발언을 하거나 동법에서 정한 발언시간의 제한규정을 위반하여 의사진행을 현저히 방해한 때, ⑥ 동법 제118조 제3항을 위반하여 불게재부분을 다른 사람에게 열람하게 하거나 이를 전재(轉載) 또는 복사하게 한 때, ⑦ 동법 제118조 제4항을 위반하여 공표금지 내용을 공표한 때, ⑧ 동법 제145조 제1항에 해당되는 회의장의 질서문란행위를 하거나 이에 대한 의장 또는 위원장의 조치에 불응한 때, ⑨ 동법 제146조를 위반하여 본회의 또는 위원회에서 다른 사람을 모욕하거나 다른 사람의 사생활에 대한 발언을 한 때, ⑩ 동법 제148조의2를 위반하여 의장석 또는 위원장석을 점거하고 점거 해제를 위한 제145조에 따른 의장 또는 위원장의 조치에 불응한 때, ⑪ 동법 제148조의3을 위반하여 의원의 본회의장 또는 위원회 회의장 출입을 방해한 때, ⑫ 정당한 이유 없이 국회집회일부터 7일 이내에 본회의 또는 위원회에 출석하지 아니하거나 의장 또는 위원장의 출석요구서를 받은 후 5일 이내에 출석하지 아니한 때, ⑬ 탄핵소추사건의 조사를 함에 있어서 '국정감사 및 조사에 관한 법률'에 따른 조사상의 주의의무를 위반하는 행위를 한 때, ⑭ '국정감사 및 조사에 관한 법률' 제17조에 따른 징계사유, 즉 의원이 국감법 제13조의 규정에 의한 제척사유가 있음을 알면서 이를 회피하지 아니하거나, 국감법 제14조의 규정에 의한 주의의무인 대상기관 기능·활동이 현저히 저해되거나 기밀이 누설되지 아니하도록 주의할 의무, 감사 또는 조사를 통하여 알게 된 비밀의 누설금지의무 위반의 징계사유에 해당한 때, ⑮ 공직자윤리법 제22조에 따른 징계사유에 해당한(재산등록·변동사항신고 등을 하지 않거나 허위등록 등 불성실하게 재산등록을 한 때 등) 때, ⑯ 국회의원윤리강령이나 국회의원윤리실천규범을 위반한 때.

2) 징계의 종류

(가) 경고, 사과, 출석정지, 제명

징계의 종류는 ① 공개회의에서의 경고, ② 공개회의에서의 사과, ③ 출석정지[30일(국회법 제29조의 겸직 금지 규정 및 동법 제29조의2의 영리업무 종사 금지 규정을 위반에 해당하는 의원에 대한 징계의 경우에는 90일) 이내의 출석정지. 이 경우 출석정지기간에 해당하는 '국회의원수당 등에 관한 법률'에 따른 수당·입법활동비 및 특별활동비는 그 2분의 1을 감액한다], ④ 제명, 4가지 종류이다(국회법 제163조 1항).

(나) 질서문란행위, 의장석 점거행위, 출입방해의 경우의 종류

회의장의 질서문란행위를 하거나 이에 대한 의장 또는 위원장의 조치에 불응하거나, 의장석 또는 위원장석을 점거하고 점거 해제를 위한 의장 또는 위원장의 조치에 불응한, 또는 의원의 본회의장 또는 위원회 회의장 출입을 방해한 의원에 대한 징계의 종류는 ① 공개회의에서의 경고 또는 사과(이 경우 수당 등 월액의 2분의 1을 징계 의결을 받은 달과 다음 달의 수당 등에서 감액하되 이미 수당 등을 지급한 경우에는 감액분을 환수), ② 30일 이내의 출석정지(이 경우 징계 의결을 받은 달을 포함한 3개월간의 수당등을 지급하지 아니하되 이미 수당 등을 지급한 경우에는 이를 전액 환수), ③ 제명이다(동법 동조 2항). 국회의 몸싸움 등의 폐해를 없애기 위해 신설된 의장석 점거행위 등에 대한 제재를 실효성있게 하기 위하여 함께 신설된 규정이다.

(다) 제명의 불의결의 경우

제명이 의결되지 아니한 때에는 본회의는 다른 징계의 종류를 의결할 수 있다(동법 동조 4항).

(3) 심사위원회 - 윤리특별위원회와 윤리심사자문위원회

1) 윤리특별위원회

의원의 자격심사 및 징계에 관한 사항을 심사하는 준사법적(準司法的) 임무를 지니는 국회의 기관이 윤리특별위원회이다(국회법 제46조 1항). 겸직금지에 관한 의견도 제시한다.

윤리특별위원회는 특별위원회이면서도 상설로서(동법 동조 4항) 그 구성은 위원장 1명을 포함한 15명의 위원으로 구성하고(동법 동조 2항) 윤리특별위원회의 구성과 운영에 관하여 국회법에서 정한 사항 외에 필요한 사항은 국회규칙으로 정한다(동법 동조 6항). 위원장을 제외한 위원들은 여·야 동수, 즉 2분의 1은 제1교섭단체소속의 의원으로 하고, 잔여 2분의 1은 제1교섭단체를 제외한 교섭단체소속의원수의 비율에 의하여 구성한다('윤리특별위원회구성 등에 관한 규칙' 제2조 2항). 위원회는 자격심사 및 징계에 관한 사항을 분담·심사하기 위하여 자격심사소위원회와 징계심사소위원회를 둘 수 있다(동 규칙 제4조).

윤리특별위원회의 운영에 대해서는 아래에 징계절차를 보면서 살펴보게 된다.

2) 윤리심사자문위원회

i) 구성 – 의원의 겸직 및 영리업무 종사와 관련된 의장의 자문과 의원 징계에 관한 윤리특별위원회의 자문에 응하기 위하여 윤리특별위원회에 윤리심사자문위원회를 둔다(동법 제46조의2 1항). 자문위원회는 위원장 1인을 포함한 8인의 자문위원으로 구성하며, 의원은 자문위원이 될 수 없도록 하고 있고, 자문위원은 각 교섭단체대표의원의 추천에 따라 의장이 위촉하는데 각 교섭단체대표의원이 추천하는 자문위원 수는 교섭단체소속의원 수의 비율에 따르되 소속의원 수가 가장 많은 교섭단체대표의원이 추천하는 자문위원 수는 그 밖의 교섭단체대표의원이 추천하는 자문위원 수와 같아야 하며 자문위원회 위원장은 자문위원 중에서 호선한다(동법 동조 2항-5항). 그 밖에 자문위원의 자격, 임기 및 자문위원회의 운영에 필요한 사항은 국회규칙으로 정한다(동법 동조 6항. '윤리특별위원회 구성 등에 관한 규칙' 참조). 자문위원 또는 자문위원이었던 자는 직무상 알게 된 비밀을 누설하여서는 아니 된다(동 규칙 제16조). ii) 운영 – 아래 징계절차에서 서술한다(후술 참조).

(4) 절차 - 징계의 요구와 회부

의원에 대한 징계는 위에서 본 윤리특별위원회의 심사를 거쳐 그 의결로써 이를 징계할 수 있다.

* 윤리특별위원회 심사를 거치지 않는 예외 : 다만, 의원이 국회법 제155조 제7호의2에 해당하는 행위를 한 때(의장석 또는 위원장석을 점거하고 점거 해제를 위한 의장 또는 위원장의 조치에 불응한 때)에는 윤리특별위원회의 심사를 거치지 아니하고 그 의결로써 이를 징계할 수 있다(동법 동조 단서). 제155조 제7호의2에 해당하여 징계가 요구되는 경우에는 의장은 징계안을 윤리특별위원회 심사에 회부하지 않고 바로 본회의에 부의하여 지체 없이 의결하여야 한다(동법 제156조 7항).

1) 요구자에 따른 회부절차

① 의장 – 의장은 징계사유(제155조 각 호의 어느 하나)에 해당하는 징계대상의원(이하 '징계대상자')이 있을 때에는 이를 윤리특별위원회에 회부하고 본회의에 보고한다. ② 상임위원회 위원장 – 위원장은 소속 위원 중에서 징계대상자가 있을 때에는 의장에게 이를 보고한다. 이 경우 의장은 이를 윤리특별위원회에 회부하고 본회의에 보고한다. ③ 의원 – 의원이 징계대상자에 대한 징계를 요구하고자 할 때에는 의원 20인 이상의 찬성으로 그 사유를 기재한 요구서를 의장에게 제출하여야 한다. ④ 피모욕의원 – 징계대상자에 대하여 모욕을 당한 의원이 징계를 요구할 때에는 찬성의원을 요하지 아니하며, 그 사유를 기재한 요구서를 의장에게 제출한다. ⑤ 윤리특별위원회의 위원장 또는 위원 5인 이상 – 이들이 징계대상자에 대한 징계의 요구를 한 때에는 윤리특별위원회는 이를 의장에게 보고하고 심사할 수 있다(동법 제156조 1항–4항·6항).

위 ③과 ④ 경우의 징계요구가 있을 때에는 의장은 이를 윤리특별위원회에 회부하고 본회의에 보고한다(동법 동조 5항).

2) 징계의 요구(또는 회부)의 시한 등

의장은 위 요구자에 따라 정한 일정한 날부터 폐회 또는 휴회기간을 제외한 3일 이내에 윤리특별위원회에 징계를 회부하여야 한다고 그 시한을 정하고 있다(동법 제157조 1항). 위원장의 징계대상자 보고와 의원·피모욕의원·윤리특별위원회 위원장 등이 행한 징계요구는 그 사유가 발생한 날, 그 징계대상자가 있는 것을 알게 된 날부터 10일 이내에 하여야 한다(동법 동조 2항).

3) 징계회의 비공개주의

징계에 관한 회의는 공개하지 아니한다. 다만, 본회의 또는 위원회의 의결이 있을 때에는 그러하지 아니하다(동법 제158조).

4) 윤리특별위원회에서의 절차

(가) 윤리심사자문위원회 사전 청취

윤리특별위원회는 의원의 징계에 관한 사항을 심사하기 전에 제46조의2에 따른 윤리심사자문위원회의 의견을 청취하여야 한다. 이 경우 윤리특별위원회는 윤리심사자문위원회의 의견을 존중하여야 한다(동법 제46조 3항).

* 자문위원회의 운영 : 자문위원회의 회의는 공개하지 아니하고, 재적 자문위원 과반수의 출석과 출석 자문위원 과반수의 찬성으로 의결하며, 징계와 관련된 사항과 관계있는 사람(의원은 제외)으로부터 의견을 청취할 수 있고, 징계대상자는 자문위원회에 출석하여 변명하거나 다른 의원 또는 국회 소속 공무원으로 하여금 변명하게 할 수 있으며, 행정기관 등과 그 밖의 관련 기관 및 관계인에게 자문에 필요한 자료의 제출을 요청할 수 있다('윤리특별위원회 구성 등에 관한 규칙' 제14조).

* 자문위원회의 의견제출 : 위원회는 자문위원회에 자문할 때 1개월 이내의 범위에서 의견제출기간을 정하여야 하며, 자문위원회의 요청이 있는 경우 위원장은 간사와 협의하여 1개월 이내의 범위에서 그 기간을 연장할 수 있다. 자문위원회가 제1항에 따른 기간 내에 자문사항에 관하여 의결을 하지 못한 경우에는 특별한 의견이 없다는 취지의 의견서를 제1항에 따른 기간의 만료일에 제출한 것으로 본다(동 규칙 제15조).

(나) 위원회개회의 통지

위원장은 자격심사 또는 징계를 위하여 위원회를 개회할 때에는 그 개회일시와 장소 등을 징계를 청구하거나 요구한 의장·위원장 및 의원, 징계대상자 의원에게 통지하여야 한다(동 규칙 제5조).

(다) 심문과 변명 등

① 심문과 변명 – 윤리특별위원회는 징계대상자와 관계의원을 출석하게 하여 심문할 수 있다(동법 제159조). 의원은 자기의 징계안에 관한 본회의 또는 위원회에 출석하여 변명하거나 다른 의원으로 하여금 변명하게 할 수 있다. 이 경우 의원은 변명이 끝난 후 회의장에서 퇴장하여야 한다(동법 제160조). 윤리특별위원회 위원장은 위원회가 국회법 제159조의 규정에 의한 심문을 하고자 할 때에는 출석요구서를 늦어도 개회일 3일전까지 송달하여야 한다(위 규칙 제6조). 심사대상의원이 국회법 제160조의 규정에 의하여 발언하거나 변명하고자 할 때에는 그 요지를 기재한 신청서를 위원장에게 제출하여야 하고, 심사대상의원이 다른 의원으로 하여금 위원회에서 발언 또는 변명하게 하고자 할 때에는 그 의원의 성명과 요지를 기재한 신청서를 위원장에게 제출하여야 한다(동 규칙 제7조 1항·2항). ② 증빙서류 등의 제출 – 심사대상의원 또는 심사요구의원은 위원회의 심사에 필요한 증빙서류·해명자료 등을 위원회에 제출할 수 있다(동 규칙 제8조).

(라) 제척과 회피

위원은 징계에 관한 사항과 직접적인 이해관계가 있거나 공정을 기할 수 없는 현저한 사유가 있는 경우에는 위원회의 심사에 참여할 수 없고 위원회는 이러한 사유가 있다고 인정할 때에는 그 의결로 당해 위원의 심사를 중지시킬 수 있다(동 규칙 제10조)

5) 보고서 접수, 본회의 부의 및 징계의 의결 및 선포

의장은 윤리특별위원회로부터 징계에 대한 심사보고서를 접수한 때에는 이를 지체 없이 본회의에 부의하여 의결하여야 한다. 다만, 의장은 윤리특별위원회로부터 징계를 하지 아니하기로 의결하였다는 심사보고서를 접수한 때에는 이를 지체 없이 본회의에 보고하여야 한다(동법 제162조). 공개회의에서의 경고·사과의 경우에는 윤리특별위원회에서 그 문안을 작성하여 보고서와 함께 이를 의장에게 제출하여야 한다(의장석 또는 위원장석을 점거하고 점거 해제를 위한 의장 또는 위원장의 조치에 불응하여 바로 본회의에 부의하는 징계안의 경우에는 그러하지 아니함)(동법 제163조 3항).

본회의에서의 징계의결에 관한 찬성표수에 대해 헌법과 국회법에 특별한 규정을 두고 있지 않으므로 일반적인 징계의 의결은 과반수 출석과 출석의원 과반수의 찬성으로 한다. 그러나 징계 중 가장 강한 징계인 제명을 하려면 국회재적의원 3분의 2 이상의 찬성이 있어야 한다(제64조 3항). 징계를 의결한 때에는 의장은 공개회의에서 이를 선포한다(동법 제163조 5항).

(5) 효과

1) 제명, 경고, 사과 등의 효과

징계처분의 효력은 본회의의 의결이 있고 의장이 공개회의에서 의결을 선포한 때부터 발생한다. 즉 의결사항을 징계대상자에 대하여 통지하는 것은 효력발생요건이 아니다. 제명은 의원의 신분이 상실되는 효과를 가져온다. 제명도 별도의 상실조치가 필요없고 의결되고 의장의 선포가 있으면 상실효가 바로 발생한다. 경고, 사과는 공개적으로 하여야 한다. 따라서 국회집회가 개최되는 경우에 이루어져야 한다.

2) 피선거권의 제한 내지 박탈

(가) 제명된 자의 보궐선거 입후보제한

징계로 제명된 자는 그로 인하여 궐원된 의원의 보궐선거에 있어서는 후보자가 될 수 없다(동법 제164조).

(나) 국회 회의 방해자의 피선거권 박탈

국회 회의 방해죄(국회법 제166조)로 인하여 처벌받은 자로서 법소정에 해당하는 자에 대해 일정기간 피선거권을 제한하는 규정을 2013년에 신설하였는데(공직선거법 제19조 4호) 이는 국회에서의 회의 질서를 유지하고 성숙한 의회민주주의가 자리잡도록 하려는 것임은 물론이다.

6. 의원신분에 관한 국회의 결정에 대한 위헌심사 문제

(1) 헌법규정 - 법원제소 대상 제외

국회의 자격심사와 징계, 제명의 처분에 대하여는 법원에 제소할 수 없다(제64조 4항). 이는 국회의 자율권을 보장하기 위한 것이다.

(2) 헌법재판소의 심사 가능 문제

법원이 아닌 헌법재판소에 심사를 청구하는 것은 가능한지가 논의된다.

1) 학설

① 부정설 - 의원신분문제의 결정은 의회의 자율성 문제이고 국회의 자율성을 고려하여야 하여 부정하는 견해, 이러한 국회의 자율성으로 국회의 처분은 통치행위적 성격을 가지므로 부정되어야 한다는 견해, 법원제소의 금지의 취지를 헌법재판소에 대해서도 그대로 적용된다고 보아 부정하는 견해 등이 있다. 헌법재판소의 권한은 한정열거적이라는 점을 들어 부정하는 견해도 있을 수 있다. ② 긍정설 - 국회자율성에도 한계가 있고 의원 개인의 기본권을 보장해 주어야 한다는 점을 들어 긍정하는 견해, 헌법이 명시적으로 금지하고 있는 것은 법원제소이고 헌법재판소의 헌법재판의 청구를 금지하고 있지 않다는 점을 들어 긍정하는 견해, 헌법재판을 통한 구제를 부정할 경우에 의원의 권리구제방법은 전혀 인정 안 된다는 점에서 긍정하는 견해 등이 있을 수 있다.

2) 사견

긍정설이 다음과 같은 이유로 타당하다. i) 위의 헌법 제64조 제4항의 제외는 어디까지나 법원제소를 금지하는 것이고 헌재에 헌법재판을 청구하는 것을 금지하고 있지는 않다. ii) 헌재도 스스로 인정하듯이 통치행위를 기본권이 관련되는 경우에는 인정하지 않으므로 의원의 신분에 대한 처분이 기본권 제한(공무담임권의 제한)을 가져온다는 점에서 헌법소원심판의 청구를 인정할 수 있다. iii) 헌법소원심판의 최종성을 생각하면 법원의 사법구제가 불가능하다고 하더라도 국회의원의 신분에 대한 처분이 기본권구제의 최후보루로서의 헌법소원심판의 대상이 된다. iv) 더구나 의원의 재판청구권도 기본권이고 이 제한은 본질적 내용을 박탈할 수 없어서 전적으로 박탈할 수 없다는 점에서 법원, 헌법재판소 전부 전적으로 헌법재판청구권을 행사할 수 없게 할 수는 없다는 점에서도 긍정하여야 한다. v) 헌재의 권한이 한정적이라고는 하나 의원신분에 대한 처분에 대해 헌법소원심판을 청구하는 것은 헌법소원심판이 헌재의 권한에 해당되므로 가능하다. 참고로 프랑스의 경우 헌법재판소에 의회의원의 피선거권 및 겸직금지 심사권이 있다.

7. 형사처벌

국회의원의 자격심사, 징계, 제명의 처분에 대하여 법원에 제소할 수 없다고 하여 국회의원이 범죄행위를 하여 형사처벌을 받는 책임도 면제되지는 않는다. 이러한 법원제소금지는 국회의원의 자율성보장이 아니라 국회 자체의 보장을 위한 것이다. 비록 형사상 불체포특권이 있다고 하더라도(이에 대해서는 전술함) 형사책임이 면제되지 않는다. 의원이 형법 내지 특별형법의 위반으로 처벌될 수 있을 뿐 아니라 국회법상 회의를 방해한 경우에 처벌되는 경우도 있다(국회법 제165조, 제166조).

8. 자격심사의 문제

자격심사는 징계과정과 별도로 이루어진다. 자격심사에 대해서는 앞의 의원의 신분, 신분의 소멸 부분에서 다루었다(전술 참조).

제7절 국회의 권한

제1항 서언 - 권한의 분류와 유의점

* 고찰에 앞서 국회의 권한들을 분류해본다면 여러 기준에 따라 그 분류가 달라질 수 있을 것이다. ① 내용에 따라 입법권, 재정권, 국정통제권, 자율권 등으로 나눌 수 있고 ② 그 성질에 따라 의결권, 승인권, 동의권, 요구권 등으로 나눌 수도 있다. 여기서는 우리는 의회의 가장 중요한 권한인 입법권, 타 기관들에 대한 통제의 권한, 재정에 관한 권한, 인사에 관한 권한, 자율권 등으로 나누어 살펴보고자 한다. 사실 입법권, 재정에 관한 권한, 인사에 관한 권한은 타 기관들에 대한 통제의 권한이기도 한 점에서 그 분류가 상대적이라는 점에 유의할 일이다. 국무총리임명 동의안과 같은 인사에 관한 권한은 사실 대통령의 권한에 대한 통제이기도 하고 정부에서 제출한 각종 법률안들에 대한 국회의 심의와 표결은 국회의 입법권의 행사이면서도 또한 행정부에 대한 통제의 기능을 한다.

국회의 권한은 정부형태가 어떠한가에 따라서도 그 정도나 기능의 강조점에 차이가 있을 수 있다. 의원내각제는 의회의존적이라는 점에서 공화관계가, 대통령제에서는 견제관계가, 혼합정부제에서의 양자 모두의 성격을 띤다고 일반적으로 말할 수 있다.

제2항 입법권

아래에서 곧 그 이유가 밝혀지겠지만 법률안제정권뿐 아니라 헌법개정제안 · 심의권, 헌법개정안의결권, 중요조약의 체결 · 비준에 대한 동의권, 긴급명령 · 긴급재정경제명령에 대한 승인권, 국회규칙제정권도 여기서 함께 다룬다.

Ⅰ. 국회입법권의 개념과 범위

국회입법권에 대해 개념과 그 범위를 따로 분리하여 보는 경향이 있는데 국회의 입법권의 개념이 어떠하냐에 따라 그 범위가 설정되므로 함께 설명하는 것이 바람직하다.

1. 학설

(1) 실질설

실질설은 입법이 무엇인지 그 성질(본질), 내용에 따라 정의하려는 견해이다. 입법의 내용이나 성질을 어떻게 보느냐에 따라 다시 2가지로 나누어진다. ① 입법을 국민의 권리 · 의무에 관한 사항을 그 내용으로 하는 것이라고 보는 견해(법규설), ② 일반적 · 추상적인 사항을 규정하는 것이 입법이라고 보는 견해(일반 · 추상설)가 그것이다. 실질설은 그 내용이나 성질에 따라 판단할 뿐이므로 규범의 이름이나 형식에 상관없이 입법으로 인정될 수 있고 따라서 국회입법권에는 법률제정권뿐 아니라 헌법개정제안권, 헌법개정안심의 · 의결권, 중요조약체결비준동의권, 긴급명령 · 긴급재정경제명령승인권, 국회규칙제정권이 모두 포함되는데 그런 권한 중 법규적 성격이나 일반적 · 추상적 성격 사항의 법규범제정에 한한다.

(2) 형식설

형식설은 '법률'이라는 이름과 형식으로서 국회의 의결을 거친 법규범을 정립하는 것이 입법이라고 본다. 형식설은 실질설과 반대로 그 내용이 어떠한지는 상관없이 그 규범의 이름이 법률이라고 되어 있는 형식, 외관에 따라 입법으로 인정하는 견해이다. 따라서 형식설에 따르면 국민의 권리 · 의무에 관한 법규사항이 아닌 사항을 규정하거나 일반성 · 추상성을 지니지 않는 규범일지라도 법률이라는 명칭을 가지면 그 규범을 정립하는 것은 입법이라고 본다.

(3) 양립설

이 학설은 입법은 형식적 의미와 실질적 의미 모두를 이중적으로 가질 수 있는 것이라는 입장에서 입법이란 원칙적으로 법률을 제정하는 형식적 의미의 작용이지만 경우에 따라서는 실질적인 의미의 작용이기도 하다고 하여 개별적 파악을 주장하는 견해이다.

(4) 헌법기준설

이 학설은 국회입법권의 개념과 그 범위는 다른 기준이 아니라 바로 헌법 자체가 그 판단기준이 되어야 한다는 견해이다. 따라서 국회입법권은 헌법에 규정된 국회의 권한들 중에 법규범의 정립에 관한 권한을 말한다고 본다. 즉 헌법이 국회가 법규범의 제정주체나 제정에 있어서 관여할 권한을 가지는 사항들 모두가 국회입법권의 범위에 들어간다고 본다.

(5) 문제점

형식설의 문제점은 오늘날 국가작용이 법률에만 의존할 수 없다는 점에 있다. 실질설이 형식설을 비판하는 점도 바로 그러하고 오늘날 국회 외의 국가기관이나 지방자치단체들도 법률이 아닌 행정입법(명령, 규칙) 조례 등을 제정하여 공권력작용을 수행할 수 있도록 하여야 한다는 것이다.

반면 실질설은 다음과 같은 문제점을 가진다. 첫째, 우리 헌법 어느 규정도 국회의 입법사항을 법규에 한정하고 있지 않다는 점에서, 오히려 우리 헌법은 법규적 성격이 아닌 사항도 법률사항으로 위임하고 있는 경우가 있다는 점에서(예를 들어, 정부의 조직과 직무범위를 법률사항으로 하고 있는 헌법 제96조) 문제가 있다. 둘째, 헌법 제75조, 제95조에 따라 제정되는 대통령령, 총리령, 부령 등이 일반적, 추상적 사항과 법규사항을 제정할 수도 있는데 이처럼 일반적이고 추상적인 성격의 법규범이나 법규사항인 법규범인데도 국회가 아닌 정부의 대통령령 등으로 제정될 수 있다는 점에 대해 실질설은 설명하지 못한다. 대통령의 조약체결권, 긴급명령권도 마찬가지의 문제점을 가진다. 형식설에 의한 실질설에 대한 비판으로는 국회입법의 전속권을 실질설은 무너뜨린다는 것이다.

(6) 상호 비판과 예외 인정의 문제점

i) **상호 비판의 문제점** 형식설과 실질설 상호 간에 비판이 과연 적절한지 의문이다. 형식설은 실질설에 대해 국회가 입법의 전속권을 가져야 하는데 실질설은 법률 외에 정부의 행정입법 등을 인정함으로써 그것을 깨트리고 있다는 것이다. 반면, 실질설은 형식설에 대해 입법을 법률만에 한정하여 보는 폐쇄성, 그리고 그것 때문에 법률이 아닌 법형식이 법규나 일반성·추상성을 지닌 사항을 담지 못할 경우의 문제점을 비판하고 있다. 그러나 위와 같은 비판들은 상호 간 자신의 기준에 집착하여 그것에 비추어 비판하는 것이어서 주관적이고 객관성이 결여된 것이다. 형식설이 실질설의 국회 외 입법의 인정이 잘못이라 지적하나 이는 실질설이 법규나 일반성·추상성을 가진 규정의 정립만이 입법이라고 보는 자신의 기준 때문이고 형식설의 이러한 비판은 자신이 '법률'이라는 형식만을 고집한 비판이다. 반대로 형식설에 대해 실질설이 폐쇄적이라고 비판하는 것은 형식설이 법률만을 국회입법으로 보겠다는 기준을 설정하였기에 그런 것이고 형식설 자체의 논리적인 모순이라고 볼 수는 없다. 실질설의 이러한 비판은 실질설이 내용적으로 보자는 자신이 설정한 기준에 비추어서 잘못이라는, 즉 자신의 잣대에 비춘 것이고 객관적으로 형식설의 문제점을 지적하는 것이 아니다.

ii) **예외 인정** 다른 한편 형식설이나 실질설 모두 자신의 잣대에 비출 때 '국회'의 '입법'에 해당되지 않는 사항임에도 국회의 권한의 범위 속에 이를 포함하는 것을 인정한다. 형식설이 국회가 '법률'이라는 형식 외에 '헌법개정안의결권', '국회의사규칙제정권'과 같은 규범의 정립을 국회의 권한이라고 인정한다. 반대로 실질설은 법규 내지 일반성·추상성을 지니는 사항에 대한 규범정립이 아닌 경우에도 이를 국회가 담당하는 것(예를 들어 법규사항이 아닌 법률의 제정)도 인정한다. 이는 예외인정은 형식설이나 실질설이나 바로 헌법이 그런 예외를 규정하고 있기 때문이라고 한다.

iii) **근본적인 검증** 양설의 상호비판과 예외의 인정을 들여다 보면 사실 각 설이 가지는 문제점은 헌법 자체가 각 설에서의 기준에 비추어 볼 때 예외가 될 수 있는 권한을 규정하고 있기 때문이고 각 설이 자신의 문제점 해소와 예외의 인정을 헌법에 근거하여 하려는 것으로 볼 수 있다.

2. 사견

(1) 헌법기준설

1) 학설의 의미

위에서 본 것처럼 실질설, 형식설이 각각의 문제점을 헌법에서 정한 예외이기에 나타나는 것이고 그 해소와 예외의 인정도 결국 헌법에 기반할 수밖에 없는 것이라고 한다면 결국 중요한 것은 헌법이 국회입법권을 어떻게 규정하고, 어느 정도의 범위에서 인정해주고 있느냐 하는 것에 따라 판단할 수밖에 없다는 점이다. 따라서 국회입법권의 개념과 범위는 이를 헌법에 비추어 판단하고 설정하여야 한다. 이를 헌법기준설이라고 부를 수 있다.

2) 논거

헌법기준설의 논거로는 다음과 같은 점들을 들 수 있다. ① 성문헌법국가에서는 각 국가기관의 권한이 헌법 자체에 의해 설정되므로 헌법 그 자체에 규정된 데 따라 권한이 파악되어야 할 것이라는 점, ② 실질설과 형식설이 서로 반박하고 그 예외를 인정함에 있어서 헌법에 근거하고 있다는 것은 결국 헌법이 국회권한의 범위설정에 있어서 기준이 되어야 함을 의미한다고 볼 것이라는 점, ③ 국회는 국민의 대표자로서 독임기관이 아니라 여러 국회의원들, 즉 복수의 대표자들로 구성된 합의제기관이므로 소수의 국정운영자들에 의한 입법에 비해 보다 다양한 계층의 국민들의 다양한 의사들을 반영하고 다원적인 국민의사를 추출하여 국민들 간의 이해관계를 조정하는 입법을 생산할 가능성이 더 크다는 점에서 가능한 한 국회입법권의 범위를 폭넓게 인정하는 것은 국민대표주의, 국민주권주의에 부합할 수 있다는 점, ④ 국회의 고유한 기능이 입법권이란 점 등을 고려한다면 국회입법권을 넓게 인정하는 헌법기준설이 타당하다. 현실적으로 국회의 입법기능이 저하되었다거나 의원의 자질이 부족하다는 등의 현실을 내세워 국회의 입법권을 가능한 한 좁게 보아야 한다는 것은 현실론이지 결코 헌법논리적 결론이 될 수는 없다. 국회의 입법기능의 저하는 별개의 문제로서 입법절차를 강화하거나 입법전문성을 부여하는 개선방안을 마련하여 극복하여야 할 문제이다. ⑤ 실질설이 요구하는 법규성, 일반성·추상성 요소의 문제가 있다고 할지 모르나 이는 기본권제한의 한계로서 법률유보원칙(법규는 법률로 정하라)의 요구로 해소하면 될 것이고 일반성·추상성의 문제도 평등원칙의 실현을 위한 법률의 요건이라고 보면 역시 해소될 수 있다. 사실 법규사항을 법률이 아닌 행정입법에 위임할 수도 있고 오늘날 실질적 평등원칙을 위하여 처분적 법률을 인정하여 일반성·추상성 요건도 완화될 수 있다(아래 법률요건 부분 참조).

(2) 헌법기준설에 따른 국회입법의 범위와 실질설과의 차이

헌법기준설에 따를 때 국회입법은 국회가 주도가 되어 행하거나 정부가 주도가 되어 행하나 국회가 관여하는 법규법정립은 모두 국회입법이라고 본다. 따라서 법률제정권뿐 아니라 헌법개정제안권, 헌법개정안심의 · 의결권, 중요조약체결비준동의권, 긴급명령 · 긴급재정경제명령승인권, 국회규칙제정권이 모두 포함된다. 이 점에서 실질설과 규범의 종류에 관한한 차이가 없다. 그러나 실질설은 그런 권한 중 법규적 성격이나 일반적 · 추상적 성격의 사항의 법규범제정에 한하고 헌법기준설은 그러한 제한이 없다는 점에서 실질설과 헌법기준설은 차이가 있고 헌법기준설에 따를 때 그 범위가 더 확대된다.[1)]

	헌법기준설	실질설
법률제정권, 헌법개정제안권, 헌법개정안심의·의결권, 중요조약체결비준동의권, 긴급명령·긴급재정경제명령승인권, 국회규칙제정권	○	○
위 사항 중 법규, 일반적·추상적 사항	○	○
위 사항 중 법규, 일반적·추상적 사항 외 사항	○	×

* ☐ : 국회입법사항의 범위

▌헌법기준설과 실질설의 차이

3. 국회입법권의 범위

결국 국회입법권은 헌법기준설에 따르면 법률제정권, 헌법개정제안권, 헌법개정안심의 · 의결권, 중요조약체결비준동의권, 긴급명령 · 긴급재정경제명령승인권, 국회규칙제정권에 이르는 범위를 가진다. 법규사항이나 일반적 · 추상적 사항만이 범위 안에 들어가지는 않는다. 다만, 적어도 이 사항들은 국회가 전속적으로 담당하여야 한다는 것이고 그 외 다른 사항들도 국회입법권이 미칠 수 있다(최소설, 졸고, 국회입법권의 범위와 한계, 고시계 참조). 국민의 권리에 관련되지 않거나 처분적 사항도 국회입법권의 범위에 속한다(국회입법전속, 국회입법포괄 · 우선의 원칙).

Ⅱ. 국회입법의 성격과 요건

1. 일반성·추상성 문제

이 요건은 실질설 중 일반성 · 추상성설에 따를 때 당연히 요구되는 요건이다. 그런데 헌법기준설이나 형식설 또는 실질설 중 법규설에 따르더라도 일반성과 추상성이 필요하다고 보게 된다. 국회입법은 법적 안정성이나 법적 예측가능성을 가져야 하고 또 평등원칙을 준수하

1) 교과서 중에는 "국회입법권의 본질은 법률제정권이다"라고 하면서도 실질설처럼 헌법개정에 관한 권한, 중요한 조약의 체결 · 비준에 대한 동의권도 국회의 입법권 범위 안에 포함하여 설명하는 이해하기 힘든 서술을 하고 있는 것(성낙인(2016), 473-474면)도 있다.

여야 하므로 특정인, 특정사건만이 아닌 일반적이고 추상적으로 규정되어야 하기 때문이다. 헌법기준설, 법규설은 입법의 내용적 범위에 관한 학설이므로 그 범위에 들어오는 사항들에 대해 국회입법이 어떠한 성질을 가져야 하는 점은 별개의 것이므로 일반성·추상성의 요건을 받아들일 수 있는 것이다. 따라서 앞서 국회입법권의 개념을 일반성·추상성설을 따르지 않고 헌법기준설을 취하면서도 일반성, 추상성을 입법의 요건으로 보더라도 모순인 것은 아니다. 다만, 일반성, 추상성이 아래에 보듯이 상대적 평등을 위해서는 항상 절대적인 것은 아니다.

특히 기본권제한에 관한 입법은 앞서 기본권론에서 본대로 일반성·추상성이 더욱더 요구된다. 그 이유는 특정인, 특정 사건에만 적용되는 입법은 평등권을 침해하는 입법이 되고 법적 안정성과 예측가능성 등을 해치기 때문이다.[1] 기본권이 관련되는 입법 외의 입법에 대해서는 일반성·추상성 요건이 완화된다. 다만, 기본권제한입법에 있어서도 오늘날 특정인들의 기본권 보호를 위한 처분적 기본권제한입법이 오히려 상대적 평등의 관념에 부합되기에 합헌적일 수 있고 따라서 일반성·추상성 요건이 완화되고 있는 경향이다.

요컨대 일반성·추상성의 요건은 기본권영역에서 원칙적으로 요구되고 그것도 완화되고 있으며 기본권 외 영역에서 반드시 요구되는 것이 아니어서 오늘날 절대적인 요건은 아니다(법률의 일반성·추상성, 처분적 법률 등에 대해서는 앞의 기본권론, 기본권제한법률 부분 참조).

2. 내용의 명확성 등과 기본권제한의 한계요건 등

법률은 그 내용이 명확하여야 한다. 이는 특히 기본권을 제한하는 입법의 경우에 더 강하게 요구된다. 이 명확성 요건과 위 일반성·추상성 요건은 기본권제한의 한계 요건이기도 하다. 그 외 기본권관련 입법에 대한 한계요건으로서 비례(과잉금지)원칙, 신뢰보호원칙, 소급효금지 등을 들 수 있다. 이 기본권제한법률의 한계요건에 대해서는 앞서 기본권론에서 다룬 바 있다(전술 참조).

3. 절차적 요건

법률은 헌법 제53조의 절차에 따라 제정되어야 하고 국회의 법률제정에 관한 절차를 거쳐야 하고(뒤의 입법과정, 국회법 참조), 헌법개정안의결, 국회규칙제정 등 다른 입법의 경우에도 일정한 절차를 거쳐야 한다.

4. 시간적 요건

헌법개정안의결은 공고된 날부터 60일 이내에 이루어져야 하는 것처럼 입법에 있어서 일

1) 일반성·추상성 원칙이 요구되는 이유로 법률의 확실성을 드는 교과서(성낙인(2016), 459면)도 있으나 확실성은 '명확성'원칙으로 확보되는 것이므로 타당하지 않다.

정한 시적인 요건이 설정되어 있는 경우도 있다. 시간적으로 거슬러 올라가는 소급효는 기본권의 경우 불리한 경우에는 입법으로 행할 수 없는 제약이 있게 된다.

5. 체계상 요건 - 헌법상 체계정당성의 원리

(1) 개념과 기능

헌법재판소는 "'체계정당성'(Systemgerechtigkeit)의 원리라는 것은 동일 규범 내에서 또는 상이한 규범 간에 (수평적 관계이든 수직적 관계이든) 그 규범의 구조나 내용 또는 규범의 근거가 되는 원칙면에서 상호 배치되거나 모순되어서는 아니 된다는 하나의 헌법적 요청(Verfassungspostulat)"이라고 하면서 "즉 이는 규범 상호간의 구조와 내용 등이 모순됨이 없이 체계와 균형을 유지하도록 입법자를 기속하는 헌법적 원리라고 볼 수 있다"라고 한다. 헌재는 "규범 상호간의 체계정당성을 요구하는 이유는 입법자의 자의를 금지하여 규범의 명확성, 예측가능성 및 규범에 대한 신뢰와 법적 안정성을 확보하기 위한 것이고 이는 국가공권력에 대한 통제와 이를 통한 국민의 자유와 권리의 보장을 이념으로 하는 법치주의원리로부터 도출되는 것이라고 할 수 있다"라고 한다.[1)]

(2) 위배 여부의 판단방법

헌재는 "일반적으로 체계정당성 위반(Systemwidrigkeit) 자체가 바로 위헌이 되는 것은 아니고 이는 비례의 원칙이나 평등원칙위반 내지 입법의 자의금지위반 등의 위헌성을 시사하는 하나의 징후일 뿐이다. 그러므로 체계정당성위반은 비례의 원칙이나 평등원칙위반 내지 입법자의 자의금지위반 등 일정한 위헌성을 시사하기는 하지만 아직 위헌은 아니고, 그것이 위헌이 되기 위해서는 결과적으로 비례의 원칙이나 평등의 원칙 등 일정한 헌법의 규정이나 원칙을 위반하여야 한다"라고 한다. 헌재는 또한 "입법의 체계정당성위반과 관련하여 그러한 위반을 허용할 공익적인 사유가 존재한다면 그 위반은 정당화될 수 있고 따라서 입법상의 자의금지원칙을 위반한 것이라고 볼 수 없다"라고 하고 "나아가 체계정당성의 위반을 정당화할 합리적인 사유의 존재에 대하여는 입법의 재량이 인정되어야 한다"라고 한다. 그러면서 입법재량을 넓게 보는 경향인바 "입법의 재량이 현저히 한계를 일탈한 것이 아닌 한 위헌의 문제는 생기지 않는다"라고 한다.[2)]

---

1) 헌재 2004.11.25. 2002헌바66, 판례집 16-2하, 333면; 2010.6.24. 2007헌바101, 판례집 22-1하, 433면.

2) 위 결정례들. * 체계정당성에 관한 결정례들 : ① 헌재 2004.11.25. 2002헌바66, 판례집 제16권 2집 하, 333면 [판시사항] 명의신탁이 증여세 이외의 다른 조세 회피를 목적으로 이용되는 경우에도 증여세를 부과하도록 규정한 구 '상속세 및 증여세법' 제43조 제5항이 체계정당성에 위반되어 위헌이 되는지 여부(소극) [결정요지] 심판대상조항들이 조세범위확장조항을 통하여 증여세가 아닌 다른 조세를 회피하려는 목적이 인정되는 경우에, 회피하려는 조세와는 세목과 세율이 전혀 다른, 증여세를 부과하도록 증여추정을 하게 되는데, 이 경우의 증여세가 비록 과징금의 성격을 갖는다고 하더라도, 이는 체계정당성의 원칙에 위배되는 외관을 가질 수 있으나, 증여세가 아닌 다른 조세를 회피하려는 목적이 명의신탁에 인정되는 경우에도 명의신탁을 증여로 추정하여 증여세

생각건대 어떤 국가작용이 체계정당성의 위반 여부가 비례원칙, 평등원칙, 헌법규정 등에 위반되는지 여부에 달려있다는 헌법재판소의 위 판시대로라면 그 논의의 실익이 의심스럽다.

Ⅲ. 국회입법권의 한계

법률제정권의 한계로는 다음 등을 들 수 있다.

i) **법단계구조적 한계** 이에는 다시 ① 합헌성 한계(국내 헌법에 합치되는 합헌적인 법률이어야 한다는 한계)와 ② 국제법상 한계(헌법적 효력을 가지는 조약과 국제법규에 위반되는 법률을 제정할 수 없다는 한계)가 있다. ①의 한계는 비례원칙, 적법절차원칙 등 앞서 특히 기권제한의 한계이론에서 본 헌법원칙들을 준수하여야 함을 의미하고 입법재량을 인정하더라도 그 일탈이나 남용이 인정되지 않는다는 것을 의미한다. ②의 한계를 벗어난 것은 국제법존중주의를 규정한 헌법 제6조 제1항에도 반한다.

ii) **볍률요건적 한계** 앞서 입법권의 한계로서 살펴본 일반성·추상성원칙, 명확성원칙

를 부과하도록 한 입법의 선택에는 합리적인 이유가 존재하고 여기에 입법재량의 한계를 현저히 일탈한 잘못이 있다고 볼 수 없으므로 체계부정합으로 인한 위헌의 문제는 발생하지 않는다. ② 헌재 2008.11.13. 2006헌바112. [판시사항] 종합부동산세가 재산세에 대한 구 조세특례제한법(2005.12.31. 법률 제7839호로 개정되기 전의 것, 이하 '구 조세특례법'이라 한다) 제2조 제1항 제8호 소정의 중과세 특례인데도 구 조세특례법 제3조 제1항에 구 종합부동산세법이 열거되어 있지 아니하여 중과세 특례의 근거법률이 될 수 없으므로, 구 종합부동산세법은 헌법상 체계 정당성의 원리에 반한다는 주장. [판시] 구 종합부동산세법에서 규정하고 있는 종합부동산세는 조세부담의 형평성을 제고하고, 부동산의 가격 안정을 도모함으로써 지방재정의 균형발전과 국민경제의 건전한 발전에 이바지함을 목적으로 하여, 일정 가액 이상의 토지 및 부동산만을 대상으로 일정액을 초과하는 가액을 과세표준으로 하여 별도의 세율로 부과되는 국세로서, 지방세인 재산세와는 별개의 독립된 조세라고 할 것이므로, 이를 두고 재산세에 대한 구 조세특례법 제2조 제1항 제8호 소정의 중과세 특례라고 할 수 없을 뿐만 아니라, 종합부동산세가 재산세나 다른 조세와의 관계에서도 규범의 구조나 내용 또는 규범의 근거가 되는 원칙 면에서 상호 배치되거나 모순된다고 보기도 어려우므로, 입법 체계의 정당성에 위반된다고 할 수 없다. ③ 헌재 2010.5.27. 2008헌바66, 판례집 제22권 1집 하, 229면. [결정요지] 이 사건 법률조항들이 헌법상 포괄위임금지원칙에 위반되지 않는 이상, 설령 하위 법령에서 비업무용 자산의 해당기준을 개별적·구체적으로 규정하면서 이 사건 법률조항들이 규정한 비업무용 자산에 해당한다고 볼 수 없는 자산까지 규율하고 있다고 가정하더라도, 이는 그 하위 법령이 위임입법의 한계를 일탈한 흠으로 될 수는 있을지언정 그로 인해 이 사건 법률조항들이 위헌으로 되는 것은 아니라고 할 것이므로 체계정당성의 원리에 위반되지 아니한다. ④ 헌재 2010.6.24. 2007헌바101, 판례집 제22권 1집 하, 433면. [판시사항] 판매회사로 하여금 그 고유재산으로써 수익증권을 환매할 것을 정하고 있는 구 증권투자신탁업법 제7조 제4항 본문이 체계정당성의 원리에 위배되어 헌법에 위반되는지 여부(소극) [결정요지] 판매회사의 고유재산에 의한 환매의무의 실체는 판매회사가 수익자의 수익증권을 재매입하도록 하는 것으로서, 판매회사는 재매입한 수익증권을 스스로의 판단에 따라 다시 매각하거나 향후의 이익을 기대하고 보유하거나 또는 매각되지 아니하는 경우 위탁회사에 그 수익증권의 신탁해지를 요청할 수 있는 것이므로, 고유재산과 신탁재산이 분별하여 관리되어야 한다는 신탁재산의 분별관리 원칙을 본질적으로 훼손하는 것은 아니다. 또한 신탁의 법리에 따른 유한책임원칙이란 수익자의 신탁에 대한 재산적 권리는 위탁회사나 수탁회사의 신탁재산에 한정된다는 것인바, 판매회사의 수익자에 대한 환매의무는 수익자를 보호하기 위하여 수익자의 신탁에 대한 재산적 권리와는 별도로 부여한 특별한 권리이므로 이로 말미암아 신탁에 관한 유한책임원칙이 훼손된다고 볼 수 없다. 따라서 이 사건 환매조항은 입법의 합리적인 재량을 일탈한 것으로 볼 수 없으므로 체계정당성의 원리에 위배되지 아니한다.

도 입법에서 지켜야 할 원칙이므로 입법권의 한계를 이룬다.

iii) **시적 한계** 소급효가 원칙적으로 금지된다는 한계가 있다

iv) **절차상 한계** 입법절차에 있어서 한계로는 국회입법과정(절차)을 준수한 입법이어야 한다는 한계가 있다. 국회규칙제정권의 경우 헌법기준설이나 실질설에 따르면 국회입법에 포함되므로 여기의 한계에도 해당되는데 법률에 의한 제한도 있다. 왜냐하면 국회규칙은 법률에 저촉되지 아니하는 범위 안에서 제정할 수 있기 때문이다(제64조 1항).

Ⅳ. 국회입법에 대한 통제

1. 대통령, 정부에 의한 통제

우리 헌법은 제52조에서 정부에 법률안제출권을 부여하고 있다. 따라서 정부나 대통령은 국회에 필요한 법률안을 제안하여 입법화함으로써 국회입법권의 전속성에 대한 통제를 할 수 있다. 대통령은 법률안거부(재의요구)를 통해를 국회입법권을 통제할 수 있다. 대통령의 재의요구에 대해, 즉 "대통령으로부터 환부된 법률안"에 대해서는 무기명투표로 표결하도록 규정하고 있다(국회법 제112조 5항 본문). 이는 소신표결에 반하는 규정이라고 할 것이다.

2. 사법적 통제

법원은 소송 도중에 법률의 위헌여부를 헌법재판소에 제청하여 한계를 벗어난 입법인지를 통제할 수 있다. 헌법재판소는 위헌법률심판의 제청을 받아 위헌 여부를 결정함으로써 또는 국회의 입법결과를 어느 국민의 기본권을 직접 침해하는 경우에는 헌법소원심판을 통하여 한계를 벗어난 입법을 무력화함으로써 국회입법권에 대한 통제를 할 수 있다.

3. 국민에 의한 통제

국민은 자신의 대표자인 국회가 제정한 법률에 대해 개정이나 국회가 부작위 상태에 있을 때 입법을 해줄 것을 요구하는 청원(① 입법청원)을 통해서 또는 위에서 본 위헌법률심판제청을 신청하거나 헌법소원심판의 청구(② 헌법재판청구)를 통해서 국회입법권을 통제할 수 있다.

Ⅴ. 법률제정·개정과정(입법과정)

이에 대해서는 별도의 항에서 집중적으로 다룬다. 법률제정권은 국회의 가장 고유하고도 전통적인 권한이기에 집중적으로 이해해야 할 요소들이 많기 때문이다.

제3항 법률제정 · 개정과정(입법과정)

종래 법률의 제정 · 개정과정에 관한 논의를 입법과정론이라고 불려 왔는데 우리는 국회입법권 내에는 법률제정권뿐 아니라 헌법개정제안 · 심의권, 헌법개정안의결권, 중요조약의 체결 · 비준에 대한 동의권 등도 포함하기에 법률만에 대해서는 별도로 법률개정 · 제정과정이라고 부르게 되었다. 그러나 입법 중에 가장 큰 비중을 차지하는 것은 법률이므로 입법과정이라 하더라도 대체적으로 법률의 제정, 개정의 과정이 중심이 된다고 할 것이다.

우리나라의 국회는 현재 상임위원회중심주의를 취하고 있어서 법률의 제정과정도 상임위원회가 주도하고 있다.

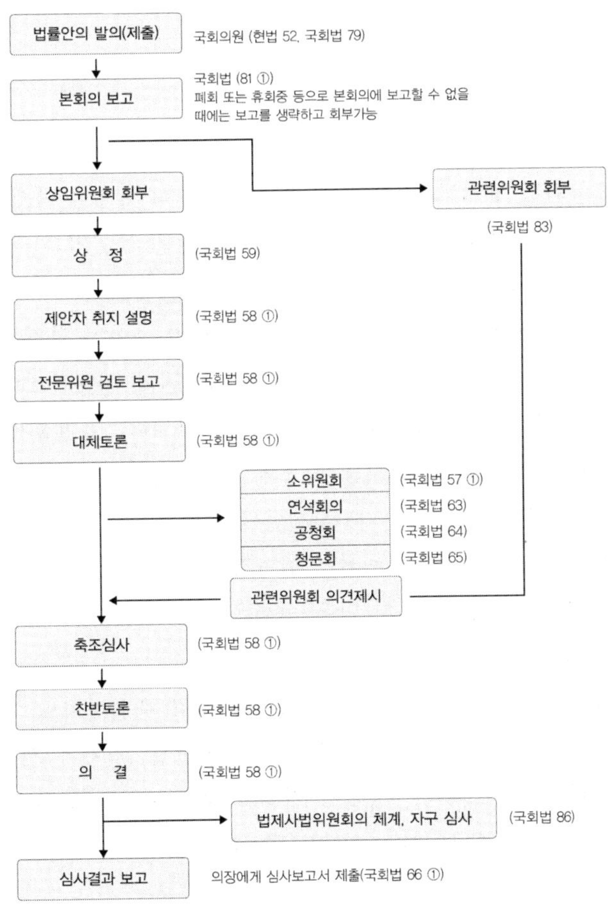

▌전체과정

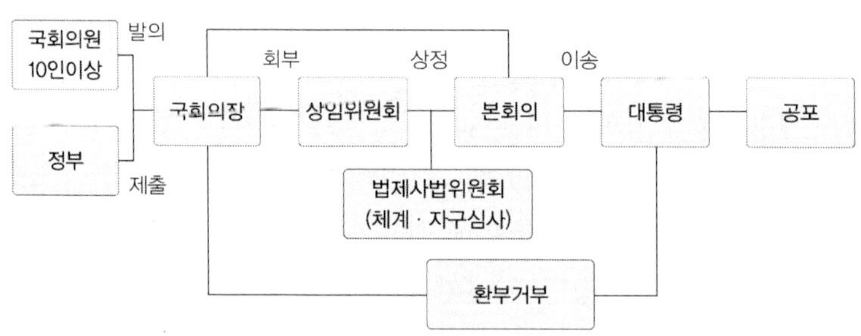

▌상임위원회에서의 과정

출처 : 국회 홈페이지(www.assembly.go.kr)의 국회소개 국회의 권한, 입법에 관한 권한 부분 참조.
* 전원위원회는 필자가 첨가한 것임.

Ⅰ. 입법과정의 중요성

다음과 같은 점에서 국회의 입법과정이 중요하다. ① 국회의 권한들 중에 입법권이 아무리 오늘날 그 기능의 약화가 지적되고 있다고 할지라도 입법권은 국회의 가장 본질적이고 고유한 전통적인 권한으로서 오늘날 여전히 국회의 주된 기능과 임무는 입법이고 입법활동이 국회의 핵심적 활동영역이다. ② 국민의 기본권의 제한은 법률로써 하여야 하기에(헌법 제37조 2항) 국회입법이 충실하여야 위헌적인 기본권침해를 방지하고 기본권의 최대한 보장을 가져올 수 있다. ③ 실질적 법치주의의 확립에 입법과정의 충실성이 요구된다. 입법절차와 과정이 보다 충실하면 양질의 법률을 산출하게 하고 앞으로의 법률의 집행이나 준수에 있어서 문제점이 없어 법치주의의 구현에 긍정적 효과를 가져온다. 부실법률에 법치주의를 애초 기대할 수 없음은 물론이다. ④ 위헌성의 사전적 방지를 위해서 입법과정이 충실성이 요구된다. 충실한 입법과정으로 위헌성가능성이 있는 법률을 사전에 막을 확률을 높인다(결국 ③과 ④의 중요성은 입법과정의 사전적 예방기능을 의미한다).

위와 같은 입법과정의 중요성을 보더라도 졸속입법을 막고 충실하고도 치밀한 법안심사를 수행하게 하는 입법과정 · 절차가 마련되어야 하고 그 입법과정 · 절차가 계속적으로 개선되어야 할 필요성이 더욱 명확하게 인식된다. 입법의 기능을 강화하고 그 효율성을 제고하기 위하여 그동안 입법심사절차 내지 제도에 관한 국회법규정들이 개정되어 오고 있다.

Ⅱ. 법률안의 발의(제출)

1. 제출권자

현재 법률안을 발의 내지 제출할 수 있는 주체는 셋이다. 즉 ① 국회의원, ② 정부, ③ 상임위원회이다. 헌법 제52조는 국회의원과 정부에 법률안제출권을 부여하고 있다. 국회의원이 법률안을 낼 때에는 '발의'라고 하고 정부가 법률안을 낼 때에는 '제출'이라고 한다. 상임위원회도 그 소관에 속하는 사항에 관하여 법률안을 낼 수 있는데 이 경우에도 '제출'이라고 하고 위원장이 제출자가 되는데(동법 제51조) 예산상 조치를 수반하는 법률안 등의 경우에는 '제안'이라고도 한다(동법 제79조의2, 제79조의3 등).

2. 의원발의

(1) 정족수

법률안의 발의정족수는 의원 10인 이상이다(국회법 제79조 1항). 종전에는 20인 이상이었는데 의원발의를 활성화하기 위해 2003.2.4. 국회법개정으로 완화하였다. 이처럼 법률안의 발의에 정족수를 두고 있는데 이에 대해서 ① 위헌설과 ② 합헌설의 대립이 있다. 위헌설은 헌법 제52조의 문언은 제출권자로 "국회의원"이라고 하여 국회의원 개개인이 제출권을 가지고 있는 것으로 규정하고 있을 뿐이고 정족수에 관한 언급이 없으며, 의원 개개인이 국가기관이라는 점에서 발의정족수를 규정하는 것은 위헌이라고 본다. 합헌설은 의원발의의 남발을 막으면서도 소수의 존중을 위하여 적정한 정도의 정족수라고 보아 합헌이라고 본다. 생각건대 발의정족수가 과중하면 위헌이 될 것이다. 그런데 발의정족수가 종전보다 완화되었으며, 10인 정도면 발의에 큰 어려움이 없고 소수로도 발의가 가능하여 소수파존중이 가능하다고 볼 것이고 의원입법의 남발을 어느 정도는 방지할 필요가 있다는 점에서 위헌이라고 보기는 어렵다. 장차 의원입법이 성숙하면 이러한 정족수규정을 둘 필요가 없게 될 것이다.

(2) 제출방식과 절차

의안을 발의하는 의원은 그 안을 갖추고 이유를 붙여 소정의 찬성자와 연서하여 이를 의장에게 제출하여야 한다(동법 제79조 2항). 국회의장이 전산정보시스템인 국회 입안지원시스템을 통한 의원 입법의 발의를 접수한 것이 국회의원의 법률안 심의·표결권의 침해라는 주장에 대해 헌재는 그 침해될 가능성 또는 위험은 각 국회의원이 해당 법률안을 심의할 수 있는 상태가 되었을 때 비로소 현실화될 수 있으므로 안건 상정, 본회의 부의 등과는 별도로 오로지 전자정보시스템으로 제출된 법률안을 접수하는 수리행위만으로는 사개특위 및 정개특위 위원인 청구인들의 법률안 심의·표결권이 침해될 가능성이나 위험성이 없다고 보아 그 부분 청구를 각하하였다.

판례 헌재 2020.5.27. 2019헌라3

[판시] 사개특위 및 정개특위 위원인 청구인들은 피청구인 국회의장의 이 사건 법률안 수리행위는 국회법 제79조 제2항을 위반하였고, 그 중 2019.4.26. '고위공직자범죄수사처 설치 및 운영에 관한 법률안(의안번호 제2020029호)'을 수리한 행위는 국회법 제90조도 위반하였으므로, 자신들의 법률안 심의·표결권을 침해하여 무효라고 주장한다. 법률안에 대한 국회의원의 심의·표결권이 침해될 가능성 또는 위험은 각 국회의원이 해당 법률안을 심의할 수 있는 상태가 되었을 때 비로소 현실화될 수 있다. 따라서 국회의장의 이 사건 법률안 수리행위에 대한 권한쟁의심판청구가 법률안에 대한 위원회 회부나 안건 상정, 본회의 부의 등과는 별도로 오로지 전자정보시스템으로 제출된 법률안을 접수하는 수리행위만을 대상으로 하는 한, 그러한 법률안 수리행위만으로는 사개특위 및 정개특위 위원인 청구인들의 법률안 심의·표결권이 침해될 가능성이나 위험성이 없다. 따라서 이 부분 심판청구도 모두 부적법하다.

(3) 법안실명제

국회법 제79조 제3항은 "의원이 법률안을 발의하는 때에는 발의의원과 찬성의원을 구분하되, 당해 법률안에 대하여 그 제명의 부제로 발의의원의 성명을 기재한다. 다만, 발의의원이 2인 이상인 경우에는 대표발의의원 1인을 명시하여야 한다"라고 규정하여 법안실명제를 두고 있다. 법안실명제는 발의한 의원들의 실적에 대해 국민들이 쉽게 인식하여 그 실적에 대해 평가할 수 있게 하고 홍보될 수 있게 하기 위한 것이다. 다른 한편으로는 현실성 없는 법률안의 발의를 억제하는 발의의원들의 책임성제고의 의미도 가진다.

의원이 발의한 법률안 중 국회에서 의결된 제정법률안 또는 전부개정법률안을 공표 또는 홍보하는 경우에는 당해 법률안의 부제를 함께 표기할 수 있다(동법 동조 4항).

(4) 동시 제출의무

의원, 위원회, 정부가 예산 또는 기금상의 조치를 수반하는 의안을 발의, 제안, 제출하는 경우, 의원 또는 위원회가 「조세특례제한법」에 따른 조세특례를 신규로 도입하는 법률안을 발의 또는 제안하는 경우 법률안 외에 다음과 같이 아울러 제출하여야 할 것이 있다. ⅰ) 예산·기금상의 조치를 수반하는 의안 경우의 비용추계 자료 등의 제출 – ① 의원, 위원회가 예산 또는 기금상의 조치를 수반하는 의안을 발의, 제안하는 경우에는 그 의안의 시행에 수반될 것으로 예상되는 비용에 대한 국회예산정책처의 추계서(의원의 경우 또는 국회예산정책처에 대한 추계요구서)를 아울러 제출하여야 한다(동법 제79조의2 1항·2항). ② 정부가 예산 또는 기금상의 조치를 수반하는 의안을 제출하는 경우에는 그 의안의 시행에 수반될 것으로 예상되는 비용에 대한 추계서와 이에 상응하는 재원조달방안에 관한 자료를 의안에 첨부하여야 한다(동법 동조 3항). ⅱ) 조세특례 관련 법률안에 대한 조세특례평가 자료의 제출 – 의원 또는 위원회가 조세특례제한법에 따른 조세특례를 신규로 도입하는 법률안을 발의 또는 제안하는 경우 연간 조세특례 금액이 국회규칙으로 정하는 일정 금액 이상인 때에는 국회예산정책처 등 국회규칙으로 정하는 전문 조사·연구기관에서 조세특례의 필요성 및 적시성, 기대효과, 예상되는 문제점 등 국회규칙으로 정하는 내용에 대하여 평가한 자료를 아울러 제출하여야 한다(동법 제79조의3 1항).

3. 제출·상정시기의 분산 - 법률안 제출계획제도 - 정부제출의 경우

법안제출이 한꺼번에 어느 시기에 몰리지 않도록 분산되도록 하여 심도 있고 집중적이며 졸속을 막는 입법심사를 이끌게 하기 위하여 법률안 제출계획제도를 두고 있다. 즉 국회법 제5조의3은 "정부는 부득이한 경우를 제외하고는 매년 1월 31일까지 당해 연도에 제출할 법률안에 관한 계획을 국회에 통지하여야 한다. 그 계획을 변경한 때에는 분기별로 주요사항을 국회에 통지하여야 한다"라고 규정하고 있다. 이 규정은 종래 법안제출이 정기회에 집중되어 온 현상을 피하고 연중 고른 입법심사를 벌이도록 하기 위한 입법목적을 가진 것이다. 이러한 분산제도는 의원발의의 경우에는 적용되지 않고 있다.

* 정기회 예산안 처리 부수 법률안 한정 원칙의 폐지 : 이전에는 정기회 기간 중에는 예산안 처리에 부수하는 법률안만 위원회 또는 본회의에 상정할 수 있도록 제한하고 있었는데(구 국회법 제93조의2 2항) 이 제한규정은 2012년 개정으로 삭제되었다.

Ⅲ. 법률안심사과정

충실한 법안심사가 법률의 질을 담보한다. 적정하고도 실효적이며 합리적인 법률이 탄생되기 위해서는 법률안의 심사과정 자체가 전문성이 발휘되는 가운데 투명하고도 심도있게 진행되어야 한다. 법률안심사(입법)과정(절차)은 상임위원회와 본회의에서 이루어지는데 아래에 입법절차 순서대로 살펴본다.

1. 상임위원회중심주의와 그 문제점 및 보완

(1) 상임위원회중심주의

오늘날 전문적 입법이 늘어나면서 법률안에 대한 집중적인 심사가 요구되고 보다 집약적으로 심사를 하기 위하여 상임위원회에서 실질적인 법률안심사가 이루어지는 경향이다. 우리나라의 경우에도 마찬가지이다. 상임위원회중심주의가 자리잡고 있는 상황이다.[1)]

(2) 장점과 문제점

상임위원회중심주의는 ① 입법심의가 집약적이고도 경제적으로 이루어질 수 있고, ② 이러한 분배와 집약성은 탄력적이고 효율적인 입법과정을 가져올 수도 있으며, ③ 전문성을 강

---

1) 국회는 입법심사에 있어서 본회의에서는 상임위원회로부터 부의된 법률안에 대하여 반대의견의 표시가 없는 한 상세토론 없이 만장일치로 법안을 통과시키는 것이 많은 경우의 예라고 하고, 따라서 본회의에서는 법률안심의보다는 주로 표결이 이루어진다고 볼 것이다.

화할 수 있다는 장점을 가진다. 반면에 이러한 장점이 제대로 발휘되지 못하면서 다음과 문제점들이 나타난다. ① 상임위원회중심주의의 현실에서 상임위원회의 전문성이 결국 법안심의의 내실성과 연관된다고 하지 않을 수 없고 상임위원들의 전문성이나 전문적 입법연구가 부족할 경우 입법심사의 질이 떨어질 수 있다. ② 상임위원회의 입법사항에 이해관계를 가지는 의원이 자신의 이익을 위해 활동할 수 있다. 어느 지역이나 단체가 의원전체를 대상으로 로비를 하기보다는 상임위원회는 국회의 일부조직이므로 상임위원회를 대상으로 로비를 하기가 상대적으로 쉽다. ③ 하나의 법률안이 복합성을 가져 여러 상임위원회들의 소관 사항들과 관련되는 경우에 어느 한 상임위원회만에서의 심사로는 불충분한 입법을 가져올 수 있다. ④ 위의 ②, ③과도 맥락이 닿는 것인데 위원회가 전체의원들의 의견을 충분히 넓게 수렴하지 못하고 본회의가 형해화되게 할 수 있다(상임위원회가 가지는 장점과 그 폐해에 대해서는 앞의 국회의 조직 부분에서도 살펴봄. 전술 참조).

(3) 개선방향과 헌법·국회법상의 보완제도

위와 같은 문제점들에 대한 보완책이 강구되고 있다. 현행 우리 국회법도 보완하는 제도를 두고 있다.

①에 대한 개선방향은 개별 상임위원회가 필요로 하는 각 전문성을 지닌 의원들이 상임위원으로 배정되어야 한다. 비록 위원이 애초에는 그 분야의 지식과 경험이 많지 않았다 하더라도 어느 특정 상임위원회에서의 지속적인 활동을 통하여, 그리고 전문보조인력의 도움으로 관련지식과 경험을 축적하여 전문성을 제고해가는 것이 더 중요하다.

②의 문제점에 대비하여 헌법 자체에 규정을 두고 있다. 헌법은 국회의원은 청렴의 의무를 지고, 그 지위를 남용하여 국가·공공단체 또는 기업체와의 계약이나 그 처분에 의하여 재산상의 권리·이익 또는 직위를 취득하거나 타인을 위하여 그 취득을 알선할 수 없도록 규정하고 있다(제46조). 이러한 헌법 제46조의 의무를 위반한 경우 국회법은 징계사유로 규정하고 있다(국회법 제155조 2항 1호). 또한 현행 국회법은 ⅰ) 상임위원의 직무 관련 영리행위 금지["상임위원은 소관 상임위원회의 직무와 관련한 영리행위를 하지 못한다"(국회법 제40조의2)], ⅱ) 다른 상임위원회에의 의안 회부제도["의장은 발의 또는 제출된 의안과 직접적인 이해관계를 가지는 위원이 소관 상임위원회 재적위원 과반수로 해당 의안의 심사에 공정을 기할 수 없다고 인정하는 경우에는 제1항의 규정에 불구하고 그 의안을 국회운영위원회와 협의하여 다른 위원회에 회부하여 심사하게 할 수 있다"(국회법 제81조 3항)]와 같은 보완제도를 두고 있다. 의원들에 대한 이권청탁이나 부당한 로비 등으로부터 입법심사에서의 객관성과 공정성이 더욱 보장되도록 하기 위하여 입법과정이 투명하게 공개되어야 한다. 공청회제도(국회법 제64조) 등이 더욱 활성화되어야 하고 의원의 입법활동에 대한 감시와 평가가 이루어져야 한다.

③과 ④에 대한 개선방향으로는 관련 상임위원회에서의 심사를 확대하고 타 상임위원회

소속의 의원들도 심사에 참여할 수 있도록 하는 유기적이고 유연한 제도가 필요하다. 이를 위하여 보완제도로서 현행 국회법은 i) 관련 상임위원회에의 회부제도를 두고 있고(국회법 제83조) ii) 모든 의원들이 참여하는 '전원위원회'제도(국회법 제63조의2)를 두고 있다.

2. 상임위원회의 심사

(1) 상임위원회 회부과정

1) 법률안배부, 본회의 보고, 상임위원회 회부

i) 의장은 법률안이 발의 또는 제출된 때에는 이를 인쇄하거나 전산망에 입력하는 방법으로 의원에게 배부하고 본회의에 보고하며, 소관상임위원회에 회부하여 그 심사가 끝난 후 본회의에 부의한다. 다만, 폐회 또는 휴회 등으로 본회의에 보고할 수 없을 때에는 이를 생략하고 회부할 수 있는데 다만, 폐회 또는 휴회 등으로 본회의에 보고할 수 없을 때에는 이를 생략하고 회부할 수 있다(동법 제81조 1항).

ii) 의장은 법률안건이 어느 상임위원회의 소관에 속하는지 명백하지 아니할 때에는 국회운영위원회와 협의하여 상임위원회에 회부하되 협의가 이루어지지 아니할 때에는 의장이 소관상임위원회를 결정한다(동법 동조 2항).

iii) 의장은 발의 또는 제출된 의안과 직접적인 이해관계를 가지는 위원이 소관상임위원회 재적위원 과반수로 해당 의안의 심사에 공정을 기할 수 없다고 인정하는 경우에는 그 의안을 국회운영위원회와 협의하여 다른 위원회에 회부하여 심사하게 할 수 있다(동법 동조 3항).

iv) 의장은 특히 필요하다고 인정하는 법률안건에 대하여는 본회의의 의결을 얻어 이를 특별위원회에 회부한다(동법 제82조 1항).

v) 위원회도 자신의 권한에 속하는 사안에 대해 법률안을 제출할 수 있는데(동법 제51조), 위원회에서 제출한 법률안은 다시 그 위원회에 회부하지 아니한다(동법 제88조 본문). 이는 위원회에서 이미 충분히 심의한 결과물인 법률안을 다시 그 위원회가 심사하도록 하는 것은 아무 의미가 없다고 보기 때문이다(본회의 심의 중에 위원회가 다시 심사하게 할 필요가 있으면 본회의 의결로 재회부가 가능함. 동법 제94조). 다만, 의장은 국회운영위원회의 의결에 따라 이를 다른 위원회에 회부할 수 있다(동법 제88조 단서).

2) 관련 상임위원회 회부

의장은 소관위원회에 안건을 회부하는 경우에 그 안건이 다른 위원회의 소관사항과 관련이 있다고 인정할 때에는 관련위원회에 이를 회부하되, 소관위원회와 관련위원회를 명시하여야 한다. 안건이 소관위원회에 회부된 후 다른 위원회로부터 회부요청이 있는 경우 필요하다고 인정한 때에도 또한 같다(동법 제83조 1항). 의장이 위와 같이 관련위원회에 안건을 회부할 때에는 관련위원회가 소관위원회에 그 의견을 제시할 기간을 정하여야 하며, 필요한 경우 그 기간을 연장할 수 있고, 소관위원회는 관련위원회로부터 특별한 이유없이 위 기간 내에 의견의 제시가 없는 경우 바로 심사보고를 할 수 있다(동법 동조 2항·3항). 소관위원회는 관련위원회가 제시한 의견을 존중하여야 하며, 소관위원회는 관련위원회가 위와 같이 의견을 제시한 경우 해당 안건에 대한 심사를 마친 때에는 의장에게 심사보고서를 제출하기 전에 해당 관련위원회에 그 내용을 송부하여야 한다(동법 동조 4항·5항).

(2) 법률안의 상정시기 : 심사대기(숙려)기간과 상정간주

1) 숙려기간

(가) 의무적 숙려기간

위원회에서의 심도있는 법률안 심사가 이루어지기 위해서는 위원들에게 상정될 법률안에 대하여 사전에 검토할 시간을 부여할 필요가 있다. 이를 위하여 우리 국회법 제59조도 위원회 회부 후 일정 기간을 두고 상정하도록 하고 있다. 즉 위원회는 의안(예산안, 기금운용계획안 및 임대형 민자사업 한도액안은 제외)이 그 위원회에 회부된 날부터 다음 각 호의 구분에 따른 기간이 경과하지 아니한 때에는 이를 상정할 수 없다(동법 제59조 본문). 이는 의무적 기간이다.

– 일부개정법률안: 15일
– 제정법률안, 전부개정법률안 및 폐지법률안: 20일
– 체계·자구심사를 위하여 법제사법위원회에 회부된 법률안: 5일
– 법률안 외의 의안: 20일

이 대기기간은 2003년 2월 4일의 개정으로 이전의 5일에서 15일로 연장된 것이고[1] 2005년 7월 28일의 개정에서 제정법률안, 전부개정법률안의 경우 20일로 확대되었다. 사전 대기기간이 단지 연장되었다는 양적인 측면보다는 위원들이 회부된 법률안들에 대해 사전에 충분히 검토를 실제로 한 뒤에 대체토론에 임하는 것이 이러한 연장을 실효화하는 것임은 물론이다. 결국 의원 개개인이 얼마나 실제적으로 이 기간 동안 검토를 열심히 수행하였느냐 하는 데에 제도의 실효성이 달려있으므로 심사대기기간의 연장으로 당장 얼마나 입법심사가 충실해졌는지에 대한 실적평가가 나타나긴 힘들다. 그러나 여하튼 그동안 심사대기기간이 부족하여 졸속입법의 원인이 되었다고 지적되어 온 점을 생각하면 이 제도가 졸속입법을 막기 위해서는 진일보한 것이라고 일단은 평가할 수 있을 것이다.

---

1) 이러한 법률안의 상정시기에 관한 규정은 1991년 5월 31일의 국회법개정으로 신설되었는데 "위원회는 발의 또는 제출된 법률안이 의원에게 배부된 후 3일을 경과하지 아니한 때에는 이를 의사일정으로 상정할 수 없다"라고 규정하였고 그뒤 1994년 6월 28일 개정으로 "위원회는 발의 또는 제출된 법률안이 그 위원회에 회부된 후 3일을 경과하지 아니한 때에는 이를 의사일정으로 상정할 수 없다"로 변경되었으며 이 3일의 기간을 2000년 2월 16일의 개정으로 5일로 늘렸다가 2003년 2월 4일의 개정으로 다시 15일로 연장한 것이다.

(나) 예외

"다만, 긴급하고 불가피한 사유로 위원회의 의결이 있는 경우"에는 예외를 인정하고 있다(동법 동조 단서). 이러한 예외규정의 남용이 없어야 한다.

2) 법률안의 자동상정(상정간주)

위원회에 회부되어 상정되지 아니한 의안(예산안, 기금운용계획안 및 임대형 민자사업 한도액안은 제외)은 국회법 위 제59조에 따른 숙려기간이 경과한 후 30일이 경과한 날 이후 처음으로 개회하는 위원회에 상정된 것으로 보는데, 다만, 위원장이 간사와 합의하는 경우에는 그러하지 아니하다(동법 제59조의2). 숙려기간 후 30일이 지난 뒤에 상정되어야 한다는 뜻이 아니라 숙려기간 이후에는 언제든 상정될 수 있는데도 상정되고 있지 않을 때 시한으로서 30일을 규정하고 있는 것이다.

(3) 안건조정

① 의의와 회부시점 – 이 조정제도는 이른바 국회선진화법의 한 규정으로 도입된 것이다. 상임위는 이견을 조정할 필요가 있는 안건(예산안, 기금운용계획안, 임대형 민자사업 한도액안 및 체계·자구심사를 위하여 법제사법위원회에 회부된 법률안은 제외)을 심사하기 위하여 재적위원 3분의 1 이상의 요구로 안건조정위원회(이하 "조정위"라 한다)를 구성하고 해당 안건을 대체토론이 끝난 후 조정위에 회부한다. 다만, 조정위를 거친 안건에 대하여는 그 심사를 위한 조정위를 구성하지 못한다(동법 제57조의2 1항). ② 구성 – 조정위원회는 조정위원장 1명을 포함한 6명의 조정위원으로 구성하되 여야 간에 동수로, 즉 소속 의원수가 가장 많은 제1교섭단체에 속하는 조정위원의 수와 제1교섭단체에 속하지 아니하는 조정위원의 수를 같게 한다(동법 동조 3항·4항). 조정위원은 소속 위원 중에서 위원장이 간사와 협의하여 선임하고, 조정위원장은 조정위원회에서 제1교섭단체 소속 조정위원 중에서 선출하여 위원장이 이를 의장에게 보고한다(동법 동조 5항). ③ 활동기간 – 조정위원회의 활동기한은 그 구성일부터 90일로 한다. 다만, 위원장은 조정위원회를 구성할 때 간사와 합의하여 90일을 넘지 아니하는 범위에서 따로 정할 수 있다(동법 동조 2항). ④ 의결과 보고 – 조정위원회는 제1항에 따라 회부된 안건에 대한 조정안을 재적 조정위원 3분의 2 이상의 찬성으로 의결한다. 이 경우 조정위원장은 의결된 조정안을 지체 없이 위원회에 보고한다(동법 동조 6항). 이처럼 3분의 2 이상의 가중정족수로 인해 조정이 쉽지 않을 것이고 따라서 야당에 의한 입법지연이 가능하도록 한다는 여당의 비판이 있다. ⑤ 의결과 부결의 효과 – 조정위에서 조정안을 의결한 안건에 대하여는 소위원회의 심사를 거친 것으로 보며, 상임위는 조정위의 조정안이 의결된 날부터 30일 이내에 그 안건을 표결하며, 조정위에서 그 활동기한 내에 안건이 조정되지 아니하거나 조정안이 부결된 경우에는 조정위원장은 심사경과를 상임위에 보고하여야 하고 이 경우 위원장은 해당 안건을 소위원회에 회부한다(동법 동조 7항·8항). ⑥ 신속처리대상안건의 경우 활동종료 – 신속처리대상안건(동법 제85조의2 2항)을

심사하는 조정위는 그 안건이 법제사법위에 회부되거나 바로 본회의에 부의된 것으로 보는 때에는(동법 동조 4항 또는 5항) 위에서 말한 90일의 활동기한에도 불구하고 그 활동을 종료한다(동법 제57조의2 9항).

(4) 상임위원회의 심사과정

1) 심사절차

위에서 언급한 대로 입법심사가 상임위원회중심주의로 이루어지고 있는 현실에서는 여하튼 상임위원회에서의 심사가 실질적으로 심도있게 이루어져야 충실한 입법이 보장될 수 있다.

상임위원회에서의 법안심사의 과정을 보면 먼저 그 취지의 설명과 전문위원의 검토보고를 듣고 대체토론과 축조심사 및 찬반토론을 거쳐 표결한다(동법 제58조 1항). 그런데 상임위원회는 소위원회에서의 심사에 많이 의존하고 있고 위 과정 중에 청문회, 공청회 등을 개최하는 절차도 있다. 이에 대한 자세한 것은 앞의 의사절차의 상임위원회의 의사절차로 살펴보았다(전술 참조). 상임위원회 심사, 의결 후 본회의에서 심사할 때 의결로 질의를 생략할 수 있으므로(동법 제93조 단서), 위원회에서 질의·토론이 충실하여야 한다.

2) 소위원회의 심사

(가) 소위원회 회부, 심사·보고

i) **심사회부** 상임위원회는 안건을 심사함에 있어서 제57조 제2항의 규정에 의한 상설소위원회에 회부하여 이를 심사·보고하도록 한다. 다만, 필요한 경우 제57조 제1항의 규정에 의한 소위원회에 이를 회부할 수 있다(동법 제58조 2항). 이처럼 법안에 대한 상임위원회의 심사에 있어서 상설소위원회에의 회부 및 상설소위원회의 심사·보고를 필수적인 과정으로 하고 있고 필요한 경우에는 특별소위원회에의 회부와 심사·보고도 거칠 수 있게 하고 있다.

ii) **시기적 제한** 위원회가 안건을 소위원회에 회부하고자 하는 때에는 제1항의 규정에 의한 대체토론이 끝난 후가 아니면 회부할 수 없다(동법 동조 3항). 이러한 제한은 상임위 소속 의원들이 회부된 법률안에 대해 어느 정도 인식하고 있는 가운데 소위원회의 집중심사를 진행하도록 하기 위함으로 이해된다.

iii) **병합** 소위원회에 회부되어 심사 중인 안건과 직접 관련된 안건이 위원회에 새로이 회부된 경우 위원장이 간사와 협의를 거쳐 필요하다고 인정하는 때에는 이를 바로 해당 소위원회에 회부하여 함께 심사하게 할 수 있다(동법 동조 4항).

(나) 소위원회에의 의존

위에서 본 바와 같이 상설소위원회에의 필수적 심사회부, 특별소위원회에의 심사 가능성이 규정되고 있으므로 상임위원회에서의 법안심사는 실질적으로는 소위원회에서 이루어지고 소위원회에서의 법안심사가 현실적으로 중요하다. 현행 국회법 제57조 제2항은 3개의 상설소위원회를 필수적으로 설치하도록 하고 있고 '국회상설소위원회설치 등에 관한 규칙'이 제정되어 있음에도 회의실의 확보 등에 있어서 어려운 점이 있다고 하면서 현재 상설소위원회를 구성하지 않고 있다. 동법 동조 제1항은 위원회는 특정한 안건의 심사를 위하여 소위원회를 둘 수 있도록 규정하고 있는데 이 조항에 따라 상임위원회마다 대개 이름은 약간씩 달리하나 법안심사소위원회, 예산결산심사소위원회, 청원심사소위원회 등을 두고 안건심사를 담당하게 하고 있다고 한다.

(다) 검토

현재 소위원회의 심사결과에 대해 상임위원회 전체에서 재검토가 전반적으로 잘 이루어지지 않고 소위원회의 안이 그대로 상임위원회의 안으로서 본회의에 보고되는 상황이다. 소위원회에의 의존도가 현재 이처럼 매우 강하므로 소위원회의 심사를 더욱 내실화하는 것이 중요하다. 소수의 소위원회위원들에 대해 심사를 맡긴 경우에 상임위원회의 다른 위원들의 무관심이 충분한 심사가 이루어지지 않게 할 수도 있고 소수의원을 대상으로 하여 로비의 용이성이 더 많을 수도 있다. 소위원회의 위원들의 전문적이고 심도있는 심사를 행하겠다는 의지와 그러면서도 가능한 한 보다 다양한 국민계층의 *多元的*인 의사와 다른 의원들의 의견들을 청취하여 보다 합리적인 법률안을 도출하려는 적극적인 자세와 활동이 이루어짐으로써 보다 양질의 법률을 낳게 할 것이다.

3) 연석회의

소관위원회는 다른 위원회와 협의하여 연석회의를 열고 의견을 교환할 수 있다. 그러나 표결은 할 수 없다(동법 제63조 1항).

세입예산안과 관련있는 법안을 회부받은 위원회는 예산결산특별위원회위원장의 요청이 있을 때에는 연석회의를 열어야 한다(동법 동조 4항).

4) 공청회, 청문회, 입법예고

소위원회를 포함한 위원회는 중요한 안건 또는 전문지식을 요하는 안건을 심사하기 위하여 그 의결 또는 재적위원 3분의 1 이상의 요구로 공청회를 열고 이해관계자 또는 학식·경험이 있는 자 등으로부터 의견을 들을 수 있다(동법 제64조 1항). 소위원회를 포함한 위원회는 중요한 안건의 심사와 국정감사 및 국정조사에 필요한 경우 증인·감정인·참고인으로부터 증언·진술의 청취와 증거의 채택을 위하여 그 의결로 청문회를 열 수 있다(동법 제65조 1항). 법률안의 심사를 위한 청문회의 경우에는 재적위원 3분의 1 이상의 요구로 개회할 수 있다(동법 동조 2항). 위원회는 제정법률안 및 전부개정법률안에 대하여는 공청회 또는 청문회를 개최하여야 한다. 다만, 위원회의 의결로 이를 생략할 수 있다(동법 제64조 1항 단서, 제65조 2항 단서, 제58조 6항). 공청회, 청문회의 절차의 상세한 것은 앞의 의사절차에서 살펴보았다(전술 참조).

입법예고에 대해서는 아래에 별도로 살펴본다.

* 입법과정에서 유의할 점

– 위원회, 소위원회에서의 축조심사의 강화

국회법은 소위원회의 경우 축조심사를 생략하여서는 아니 된다고 규정하고 있으며(동법 제57조 7항 단서) 상임위원회의 경우 의결로써 축조심사생략이 가능하나 제정법률안 및 전부개정법률안에 대하여는 축조심사를 생략할 수 없게 규정하고 있다(동법 제58조 5항 단서).

– 공청회, 입법예고제도

위원회는 제정법률안 및 전부개정법률안에 대하여는 공청회 또는 청문회를 개최하여야 한다. 다만, 위원회의 의결로 이를 생략할 수 있다(국회법 제58조).

5) 안건조정위원회제도

안건조정위원회제도(동법 제57조의2)가 있다. 이 제도는 2012년 이른바 국회선진화법으로 국회법에 신설된 것이다. 이견을 조정할 필요가 있는 안건을 심사하기 위하여 재적위원 3분의 1 이상의 요구로 안건조정위원회를 구성하고 해당 안건을 대체토론이 끝난 후 조정위원회에 회부한다. 조정위원회의 활동기한은 그 구성일부터 90일로 한다. 다만, 위원장은 조정위원회를 구성할 때 간사와 합의하여 90일을 넘지 아니하는 범위에서 따로 정할 수 있다. 조정위원회는 조정위원회의 위원장 1명을 포함한 6명의 조정위원회의 위원으로 구성하는데 소속 의원수가 가장 많은 교섭단체(이하 "제1교섭단체"라 한다)에 속하는 조정위원의 수와 제1교섭단체에 속하지 아니하는 조정위원의 수를 같게 한다(동법 동조 1항–4항). 조정위원회는 회부된 안건에 대한 조정안을 재적 조정위원 3분의 2 이상의 찬성으로 의결한다. 이 경우 조정위원장은 의결된 조정안을 지체 없이 위원회에 보고한다. 조정위원회에서 조정안을 의결한 안건에 대하여는 소위원회의 심사를 거친 것으로 보며, 위원회는 조정위원회의 조정안이 의결된 날부터 30일 이내에 그 안건을 표결한다(동법 동조 6항·7항). 조정위원회에서 그 활동기한 내에 안건이 조정되지 아니하거나 조정안이 부결된 경우에는 조정위원장은 심사경과를 위원회에 보고하여야 한다. 이 경우 위원장은 해당 안건을 소위원회에 회부한다(동법 동조 8항). 국회법 제85조의2 제2항에 따른 신속처리대상안건을 심사하는 조정위원회는 그 안건이 같은 조 제4항 또는 제5항에 따라 법제사법위원회에 회부되거나 바로 본회의에 부의된 것으로 보는 때에는 제2항에 따른 활동기한에도 불구하고 그 활동을 종료한다(동법 동조 9항). 조정위원회에 관하여는 이 법에서 다르게 정하거나 성질에 반하지 아니하는 한 위원회 또는 소위원회에 관한 규정을 준용한다(동법 동조 10항).

(5) 법률안의 철회, 번안동의(飜案動議), 대안 등

1) 법률안의 철회

i) 요건 - 동의 의원은 그가 발의한 법률안을 철회할 수 있는데, 다만, 2인 이상의 의원이 공동으로 발의한 법률안에 대하여는 발의의원 2분의 1 이상이 철회의사를 표시하는 때에 철회할 수 있다(동법 제90조 1항). 그러나 의원이 위원회에서 의제가 된 법률안을 철회할 때에는

위원회의 동의를 얻어야 하고, 정부가 위원회에서 의제가 된 정부제출의 법률안을 수정 또는 철회할 때에는 본회의 위원회의 동의를 얻어야 한다(동법 제90조 2항·3항).

ii) **철회의 효과** 철회는 유효했던 발의(제출)를 장래를 향하여 발의가 없었던 것으로 하는 효과를 가진다. 따라서 유효하긴 하였으나 위원회의 의제가 더 이상 되지 않는다는 점에서는 처음부터 의안이 발의(제출)되지 않았던 것과 같은 결과를 가져온다.

iii) **재제출 가능성** 철회되었던 의안을 다시 발의(제출)할 수 있다. 철회는 '부결'된 것이 아니므로 일사부재의원칙에 반하지 않기 때문이다.

2) 번안동의(飜案動議)

i) **의의** 번안동의란 이미 가결된 법률안에 명확히 착오가 있거나 사정이 변경되어 이를 다시 심의하기 위하여 그 가결된 법률안을 무효로 하고 그 법률안의 내용을 번복하여 다른 내용을 심의할 것을 요구하는 동의를 말한다.

ii) **요건과 의결** 위원회에 있어서의 번안동의는 이미 과반수 찬성으로 의결된 것을 다시 번복하는 것이므로 엄격한 요건하에서만 인정하여야 한다. 그러므로 국회법은 위원회에 있어서의 번안동의는 위원의 동의로 그 안을 갖춘 서면으로 제출하되, 재적위원 과반수의 출석과 출석위원 3분의 2 이상의 찬성으로 의결하도록 하고 있다(국회법 제91조 2항 전문).

iii) **제한** 그러나 본회의에 의제가 된 후에는 번안할 수 없다(동법 동조 동항 후문 단서). 이는 본회의가 심의하는 도중에 위원회에서의 의결과 다른 내용을 의결할 가능성이 얼마든지 열려있으므로 위원회에서의 번안이 의미가 없다고 보기 때문이다. 본의회의 의제가 되기 전에는 번안뿐 아니라 위원회가 의제의 본회의에의 상정을 보류할 것을 요구하거나 철회를 할 수 있을 것이다.

3) 대안

대안이란 원안과 그 대상이나 취지에 있어서 같으나 그 내용을 대체하는 의안을 말한다. 수정안과의 차이는 수정안은 원안과 함께 심의되는데 비해 대안은 원안을 폐기하고 새로운 안을 발의하는 것이라는 점에 있다. 의원, 위원회 모두 대안을 제출할 수 있다. 의안에 대한 대안은 위원회에서 그 원안을 심사하는 동안에 제출하여야 하며, 의장은 이를 그 위원회에 회부한다(동법 제95조 4항).

(6) 심사기간의 지정

긴급히 법률안을 심사하여야 할 필요가 있거나 너무 장기간의 심사로 법률안의 통과가 실기할 우려가 있어 적절한 기간에 심사가 완료될 필요가 있다면 심사기간을 지정할 수도 있다. 현행 국회법도 이에 관한 규정을 두고 있다. i) 사유와 협의 – 의장은 1. 천재지변의 경우, 2. 전시·사변 또는 이에 준하는 국가비상사태의 경우, 3. 의장이 각 교섭단체대표의원과 합의하는 경우의 어느 하나에 해당하는 경우에는 위원회에 회부하는 안건 또는 회부된 안건에 대하여 심사기간을 지정할 수 있다. 이 경우 위 1 또는 2에 해당하는 때에는 의장이 각 교섭단체대표의원과 협의하여 해당 호와 관련된 안건에 대하여만 심사기간을 지정할 수 있다(국회법 제85조 1항). ① '협의' 개념에 관한 헌재판례 : 이 규정에는 변화가 있어 왔다. 원래 현재처럼 천재지변의 경우 등과 같은 사유를 규정함이 없이 그냥 심사기간을 지정할 수 있다고 규정하고 있었는데 이른바 국회선진화법이라 불려지는 2012년 5월 25일 국회법 개정으로 위 1 내지 3의 일정한 사유가 있는 경우로 한정하였고 현재도 그러하다.[1] 그러나 위와 같은 사유의 한정에도 불구하고 위 사유 3은 '의장이 각 교섭단체대표의원과 합의하는 경우'인데 이전에도 심사할 경우 의장은 "각 교섭단체대표의원과 협의하여야 한다"라고 규정하고 있었다. 문제는 '합의'와 '협의'라는 말의 차이이다. 2012년 위 국회법개정 이전에 있었던 청구사건에서 헌재는 여기의 '협의'의 개념은 의견을 교환하고 수렴하는 절차로서 다양한 방식으로 이루어질 수 있고, 그에 대한 판단과 결정은 종국적으로 국회의장에게 맡겨져 있다고 보고 심사기간을 지정할 예정이라는 취지의 통화도 '협의'의 일종으로 볼 수 있다고 한다.[2] 헌재의 입장은 진정한 협의와 타협을 통한 의사진행이라는 의회주의정신에 비추어 보거나 국회법이 의사절차의 중심이라는 우리 법 현황에서 규범성을 가지도록 하여야 한다는 요구에 비추어 보더라도 이해가 어렵다. 국회의 중요한 절차에 관한 제도를 요식적인 것으로 보는 결과를 가져온다. 헌재의 위와 같은 입장표명이 있었으나 현행 법하에서는 위 사유 1과 2 외에는 합의가 되지 않는 한 심사기간을 지정할 수 없다고 보아야 한다. ② 심사기간 지정 거부행위에 대한 권한쟁의심판청구 – 각하결정 – 2015년에 당시 여당 국회의원들이 국회법 제85조 제1항에 국회 재적의원 과반수가 의안에 대하여 심사기간 지정을 요청하는 경우 국회의장이 그 의안에 대하여 의무적

---

1) * 2012년 전 규정 : 제85조 (심사기간) ① 의장은 위원회에 회부하는 안건 또는 회부된 안건에 대하여 심사기간을 지정할 수 있다. 이 경우 의장은 각 교섭단체대표의원과 협의하여야 한다.<개정 2005.7.28.>

* 2012년 개정 후 규정 : 제85조(심사기간) ① 의장은 다음 각 호의 어느 하나에 해당하는 경우에는 위원회에 회부하는 안건 또는 회부된 안건에 대하여 심사기간을 지정할 수 있다. 이 경우 제1호 또는 제2호에 해당하는 때에는 의장이 각 교섭단체대표의원과 협의하여 해당 호와 관련된 안건에 대하여만 심사기간을 지정할 수 있다.<개정 2012.5.25.>

1. 천재지변의 경우
2. 전시·사변 또는 이에 준하는 국가비상사태의 경우
3. 의장이 각 교섭단체대표의원과 합의하는 경우

2) 헌재 2012.2.23. 2010헌라6 등(2010년도 예산안, 국군부대의 아랍에미리트군 교육 훈련 지원 등에 관한 파견 동의안, 국립대학법인 서울대학교 설립·운영에 관한 법률안 등 4개 법률안 가결에 대한 권한쟁의심판). [결정요지] 이 사건 본회의 당일인 2010.12.8. 08:52경 국회의장은 비서실장을 통하여 민주당 대표의원에게 이 사건 파견 동의안 및 법률안들에 관하여 심사기간을 지정하겠다는 취지의 통화를 하였다. 국회법상 '협의'의 개념은 의견을 교환하고 수렴하는 절차로서 그 성질상 다양한 방식으로 이루어질 수 있고, 그에 대한 판단과 결정은 종국적으로 국회의장에게 맡겨져 있다는 것이 우리 재판소의 선례인바, 전화를 통한 협의 역시 허용된다 할 것이고, 비록 이 사건에서 위 심사기간을 지정하는 과정에서 교섭단체대표의원에게 한 전화통화의 내용이 청구인들 주장과 같이 확정된 심사기간 지정의 결과를 일방적으로 통보하는 식이었다 하더라도, 국회의 자율성을 존중하는 차원에서 협의에 대한 종국적인 판단과 결정을 국회의장에게 맡길 수밖에 없는 이상, 위 협의절차를 거치지 않았다고 보기는 어렵다. 국회법 제85조를 위반한 것으로 볼 수 없다.

으로 심사기간을 지정하도록 규정하지 아니한 입법부작위가 있고 이는 국회의원의 심의·표결권을 침해한다는 주장의 권한쟁의심판이 청구되었는데 헌재는 침해가능성이 없다는 이유로 아래와 같이 각하결정을 하였다.

판례 헌재 2016.5.26. 2015헌라1

[사건과 결정 설명] 2015년에 당시 여당 국회의원들이 재적의원 과반수 찬성으로 심사기간 지정을 요청하으나 국회의장이 거부하자 위 국회법 제85조 제1항 제3호가 '각 교섭단체대표 의원과의 합의'를 심사기간 지정사유로 규정한 것과 위 국회법 제85조 제1항이 '천재지변'이나 '국가비상사태' 또는 '각 교섭단체대표의원과 합의'하는 경우에만 국회 의장이 법안에 대해 심사기간을 지정할 수 있도록 규정하여 동항에 국회 재적의원 과반수가 의안에 대하여 심사기간 지정을 요청하는 경우 국회의장이 그 의안에 대하 여 의무적으로 심사기간을 지정하도록 규정하지 아니한 입법부작위가 국회의원의 심의·표결권을 침해한다는 주장의 권한쟁의심판이 청구되었다. 헌재는 다음과 같은 이유로 권한침해가능성이 없다고 보아 각하결정을 하였다. [결정이유] ① 국회법 제85조 제1항에 따르면 국회의장이 해당 법안을 직권상정하지 않는 경우에는 통상적인 입법절 차를 통해, 즉 상임위원회의 전체회의에서 재적위원 과반수의 출석과 출석위원 과반수의 찬성으로 의결하여(국회법 제54조, 제58조), 본회의에 부의되고 상정된 법안에 대하여 법률안 심의·표결권을 행사할 수 있을 뿐인 것이다. 그러므로 이 사건 심사 기간 지정 거부행위로 말미암아 청구인들의 법률안 심의·표결권이 직접 침해당할 가능성은 없다. 국회법 제85조 제1항 제3호가 다수결의 원리 등에 반하여 위헌이 되더라도, 법률안에 대한 심사기간 지정 여부는 여전히 국회의장의 권한이라는 점에서 피청구인 국회의장에게 위 법률안에 대한 심사기간 지정 의무가 곧바로 발생하는 것은 아니라고 할 것이다. 그렇다면 국회법 제85조 제1항 제3호의 위헌 여부는 이 사건 심사기간 지정 거부행위의 효력에 아무런 향도 미칠 수 없으므로, 청구인들의 이 부분 주장은 받아들이기 어렵다. ② 입법부작위 부분에 대한 판단 : (가) 이 사건 입법부작위의 성격 및 국회법 제85조 제1항과의 관계 – 국회의장의 직권상정제도가 비상적이고 예외적인 입법절차라는 점은 앞서 본 바와 같고, 국회 재적의원 과반수의 요청이 있으면 국회의장이 의무적으로 직권상정하여야 하는 규정을 반드시 국회법 제85조 제1항에 두어야 한다고 볼 수 없다. 다시 말해, 이 같은 내용의 비상 입법절차는 국회법 제85조 제1항의 국회의장의 직권상정제도와는 전혀 별개의 절차에 해당하는 것이다. 따라서 이 사건 입법부작위는 입법자가 재적의원 과반수의 요구에 의해 위원회의 심사를 배제할 수 있는 비상입법절차와 관련하여 아무런 입법을 하지 않음으로써 입법의 공백이 발생한 경우라 할 것이므로 '진정입법부작위'에 해당한다. 결국 이 사건 입법부작위는 규범의 부재를 의미하는 진정입법부작위에 해 당하고, 이 사건 입법부작위의 위헌 여부와 국회법 제85조 제1항은 아무런 관련이 없으므로, 그 위헌 여부가 이 사건 심사기간 지정 거부행위에 어떠한 향도 미칠 수 없다 할 것이다. (나) 국회의 의사자율권 – 대화와 타협에 의한 의회정치의 정상화를 위하여 국회법 제85조 제1항 제3호에 의장이 각 교섭단체대표의원과 합의하 는 경우라는 심사기간 지정사유를 두어 합의제를 강화한 것을 두고, 국회의 입법형 성권이나 의사자율권을 벗어난 것이라 보기도 어렵다. 상임위원회에서의 입법교착 상태로 인해 의결에 이르지 못하는 입법기능장애가 야기될 수는 있으나 이는 국회 내부에서 민주적인 방법으로 대화와 토론, 설득과 타협을 통해 스스로 해결해야 할 문제이고 제도개선을 함으로써 민주적이고 자율적인 방법으로 입법의 잘못이나 결함을 스스로 바로잡아야 하지, 이 사건처럼 국회의 다수파 의원들이 권한쟁의심판을 통하여 이를 해결하려고 하는 것은 바람직하지 않다. (다) 헌법상 또는 헌법해석상 유래하는 입법의무의 부존재 – 1) 의회민주주의와 다수결의 원리 (a) 의회민주주의의 의 기본원리의 하나인 다수결의 원리는 다수파와 소수파가 공개적이고 합리적인 토론을 거쳐 다수의 의사로 결정한다는 데 그 정당성의 근거가 있는 것이다. 헌법 제49조 전문은 "국회는 헌법 또는 법률에 특별한 규정이 없는 한 재적의원 과반수의 출석과 출석의원 과반수의 찬성으로 의결한다"라고 규정하여, 의회민주주의의 기본 원리인 다수결의 원

리를 선언하고 있다. 이러한 일반정족수는 다수결의 원리를 실현하는 국회의 의결방식 중 하나로서 국회의 의사결정시 합의에 도달하기 위한 최소한의 기준일 뿐 이를 헌법상 절대적 원칙이라고 보기는 어렵다. 헌법 제49조에 따라 어떠한 사항을 일반정족수가 아닌 특별정족수에 따라 의결할 것인지 여부는 국회 스스로 판단하여 법률에 정할 사항이다. (b) 우리 국회는 의안 심의에 관한 국회운의 원리로 '위원회 중심주의'를 채택하고 있으므로, 상임위원회의 심사는 법률을 제정하는 데 있어서 무엇보다도 중요한 과정이라 할 수 있다. 국회 재적의원 과반수가 요구하면 국회의장이 의무적으로 해당 법안을 본회의에 상정하여야 한다는 의견은, 다수파 의원들이 원하는 법안은 상임위원회의의 논의 등 모든 입법절차를 생략한 채 본회의를 통과할 수 있어야 한다는 결론에 도달하는 것으로서 다수파의 독재를 허용하여야 한다는 것과 다름없고, 이는 결국 소수의 참여 및 토론과 설득의 기회를 배제하자는 것이어서 오히려 다수결의 원리의 정당성 근거를 정면으로 부인하고 있는 것이다. ③ 소결 : 헌법재판소가 근거규범도 아닌 이 사건 입법부작위의 위헌 여부에 대한 심사에까지 나아가는 것은 부적절하므로 그 심사를 최대한 자제하여 의사절차에 관한 국회의 자율성을 존중하는 것이 바람직할 것이나, 위에서 살펴본 바와 같이 헌법의 규정이나 해석에 의하더라도 국회에게 국회 재적의원 과반수가 의안에 대하여 심사기간 지정을 요청하면 국회의장이 의무적으로 심사기간을 지정하고 본회의에 부의하는 방법으로 비상입법절차를 마련해야 할 의무는 도출되지 않으므로 국회법 제85조 제1항에서 이러한 내용을 규정하지 않은 것이 다수결의 원리, 나아가 의회민주주의에 반한다고 볼 수 없다.

ii) 지정시기 – 국회법 위 조항은 "위원회에 회부하는 안건 또는 회부된 안건에 대하여"라고 규정하고 있으므로 위원회에 회부하는 때뿐 아니라 회부된 뒤에도 지정이 가능하다. 원래 그 지정을 상임위원회 회부할 시점에서만 할 수 있도록 규정하고 있었는데 2005년 7월 28일의 개정으로 이미 회부된 안건에 대해서도 심사기간을 정할 수 있도록 변경하였고 현재도 그러하다. iii) 지정 심사기간의 정도 – 지정을 하면서 어느 정도의 심사기간을 부여하는 것이 적정한지가 문제될 수 있다. 그 법률안의 시급성의 정도나, 심의의 충실성을 갖출 정도의 기간인지 여부 등을 감안하여 판단할 일이다. 이미 회부되어 심사 중이던 법률안에 대해서 2시간 남짓의 심사시한으로 지정한 데 대해 헌재는 그 이전 심사가 이루어져 왔다는 취지의 점을 들어 법위반이 아니라고 본 결정례가 있다.[1] 국회자율권, 헌법재판소의 사후통제기관성을 감안하더라도 이처럼 너무 넓게 보는 경향은 이해가 어렵다. iv) 효과 – 지정이 있었는데 위원회가 이유없이 그 기간 내에 심사를 마치지 아니한 때에는 의장은 중간보고를 들은 후 다른 위원회에 회부하거나 바로 본회의에 부의할 수 있다(동법 동조 2항). 중간보고가 있어야 하는데 여기서 중간보고는 서면보고뿐 아니라 구두보고도 가능하다는 것이 헌재의 입장이다.[2]

---

1) 바로 위에서 본 헌재 2012.2.23. 2010헌라6 등. [관련판시] 국회법 제85조의 심사기간 지정 제도는 원래 안건에 대한 위원회 심사가 장기간 지연되거나 안건을 긴급히 처리하여야 할 필요가 있는 경우를 대비한 것이고, 위 조항 자체에는 심사기간의 지정과 관련하여 시간적 한계를 설정하지 않고 있으며, 국회의 선례를 보더라도 심사기간을 그 지정일 중으로 정하고 당일 곧바로 본회의에 부의한 사례를 여러 건 발견할 수 있을 뿐만 아니라, 더욱이 위 안건들은 위원회에 회부된 지 적어도 1주일, 길게는 1년 남짓 지난 것이었음에도 심사가 그때까지 마쳐지지 않고 있었던 점 등에 비추어 보면, 위 안건들에 대하여 지정된 심사기간이 2시간 남짓이라는 사정만으로는 위 규정의 취지에 반한다고 단정하기는 어렵다 할 것이다. 국회법 제85조에 위반되지 않는다.

2) 헌재 2008.4.24. 2006헌라2.

(7) 전원위원회

국회는 위원회의 심사를 거치거나 위원회가 제안한 의안 중 정부조직에 관한 법률안, 조세 또는 국민에게 부담을 주는 법률안등 주요의안의 본회의상정 전이나 본회의상정 후에 재적의원 4분의 1 이상의 요구가 있는 때에는 그 심사를 위하여 의원전원으로 구성되는 전원위원회를 개회할 수 있다(동법 제63조의2 1항). 전원위원회의 운영에 대해서는 앞서 위원회 부분에서 살펴보았다(전술 참조). 전원위원회는 제1항의 규정에 의한 의안에 대한 수정안을 제출할 수 있다(동법 동조 2항).

(8) 처리의 가속을 위한 제도

국회법에는 법률안의 처리의 가속을 유도하기 위한 다음과 같은 제도들이 마련되어 있다.

i) **자동상정제**(동법 제59조의2)　국회법 제59조의 심사대기기간이 경과한 후 30일이 지나면 자동상정된 것으로 본다, 이에 대해서는 앞서 보았다(전술 참조).

ii) **심사기간의 지정**(동법 제85조)　심사기간을 정하고 그 기간 내에 심사를 마치지 아니한 때에는 의장은 중간보고를 들은 후 다른 위원회에 회부하거나 바로 본회의에 부의할 수 있다. 이에 대해서는 앞서 보았다(전술 참조).

iii) **신속처리제**　① 신속처리의결 – 위원회에 회부된 안건(체계·자구심사를 위하여 법제사법위원회에 회부된 안건을 포함)을 제2항에 따른 신속처리대상안건으로 지정하고자 하는 경우 의원은 재적의원 과반수가 서명한 신속처리대상안건 지정요구 동의를 의장에게, 안건의 소관 위원회 소속 위원은 소관 위원회 재적위원 과반수가 서명한 신속처리안건지정동의를 소관 위원회 위원장에게 제출하여야 한다. 이 경우 의장 또는 안건의 소관 위원회 위원장은 지체 없이 신속처리안건지정동의를 무기명투표로 표결하되 재적의원 5분의 3 이상 또는 안건의 소관 위원회 재적위원 5분의 3 이상의 찬성으로 의결한다(동법 제85조의2 1항). 이 5분의 3 이상 의결 규정은 이른바 국회선진화법이라고 불려지는 규정의 하나로 2012년 국회법개정으로 도입된 것이다. 아래에 국회법규정을 옮겨놓는다. 그리고 판례도 살펴본다.

> **국회법 제85조의2(안건의 신속 처리)** ① 위원회에 회부된 안건(체계·자구 심사를 위하여 법제사법위원회에 회부된 안건을 포함한다)을 제2항에 따른 신속처리대상안건으로 지정하려는 경우 의원은 재적의원 과반수가 서명한 신속처리대상안건 지정요구 동의(動議)(이하 이 조에서 "신속처리안건 지정동의"라 한다)를 의장에게 제출하고, 안건의 소관 위원회 소속 위원은 소관 위원회 재적위원 과반수가 서명한 신속처리안건 지정동의를 소관 위원회 위원장에게 제출하여야 한다. 이 경우 의장 또는 안건의 소관 위원회 위원장은 지체 없이 신속처리안건 지정동의를 무기명투표로 표결하되, 재적의원 5분의 3 이상 또는 안건의 소관 위원회 재적위원 5분의 3 이상의 찬성으로 의결한다.
> ② 의장은 제1항 후단에 따라 신속처리안건 지정동의가 가결되었을 때에는 그 안건을 제3항의 기간 내에 심사를 마쳐야 하는 안건으로 지정하여야 한다. 이 경우 위원회가 전단에 따라 지정된 안건(이하 "신속처리대상안건"이라 한다)에 대한 대안을 입안한 경우 그 대안을 신속처리대상안건으로 본다.
> ③ 위원회는 신속처리대상안건에 대한 심사를 그 지정일부터 180일 이내에 마쳐야 한다. 다만, 법제사

법위원회는 신속처리대상안건에 대한 체계·자구 심사를 그 지정일, 제4항에 따라 회부된 것으로 보는 날 또는 제86조 제1항에 따라 회부된 날부터 90일 이내에 마쳐야 한다.
④ 위원회(법제사법위원회는 제외한다)가 신속처리대상안건에 대하여 제3항 본문에 따른 기간 내에 심사를 마치지 아니하였을 때에는 그 기간이 끝난 다음 날에 소관 위원회에서 심사를 마치고 체계·자구 심사를 위하여 법제사법위원회로 회부된 것으로 본다. 다만, 법률안 및 국회규칙안이 아닌 안건은 바로 본회의에 부의된 것으로 본다.
⑤ 법제사법위원회가 신속처리대상안건(체계·자구 심사를 위하여 법제사법위원회에 회부되었거나 제4항 본문에 따라 회부된 것으로 보는 신속처리대상안건을 포함한다)에 대하여 제3항 단서에 따른 기간 내에 심사를 마치지 아니하였을 때에는 그 기간이 끝난 다음 날에 법제사법위원회에서 심사를 마치고 바로 본회의에 부의된 것으로 본다.
⑥ 제4항 단서 또는 제5항에 따른 신속처리대상안건은 본회의에 부의된 것으로 보는 날부터 60일 이내에 본회의에 상정되어야 한다.
⑦ 제6항에 따라 신속처리대상안건이 60일 이내에 본회의에 상정되지 아니하였을 때에는 그 기간이 지난 후 처음으로 개의되는 본회의에 상정된다.
⑧ 의장이 각 교섭단체 대표의원과 합의한 경우에는 신속처리대상안건에 대하여 제2항부터 제7항까지의 규정을 적용하지 아니한다.

판례 '5분의 3 이상' 부분에 대한 심판청구 – 각하결정 : 헌재 2016.5.26. 2015헌라1
[사건개요 및 결정] 기획재정위원회(이하 '기재위') 위원장이 2015. 1. 29. 서비스산업발전 기본법안에 대한 신속처리대상안건 지정 요청에 대해 기재위 재적위원 과반수가 서명한 신속처리안건지정동의가 아니라는 이유로 표결실시를 거부한 행위에 대해 당시 여당 국회의원이 '재적위원 5분의 3 이상의 찬성' 부분이 헌법상 다수결의 원리 등에 반하여 위헌이며, 이 조항들에 근거한 거부행위가 국회의원인 청구인들의 법률안 심의·표결권을 침해하였다고 주장하면서 권한쟁의심판을 청구하였다. 헌재는 다음과 같은 이유로 청구가 부적법하다고 보아 각하결정을 하였다. [결정이유] 재적위원 과반수의 서명요건을 갖추지 못하였으므로, 이 사건 표결실시 거부행위로 인하여 청구인의 신속처리안건지정동의에 대한 표결권이 직접 침해당할 가능성은 없다. 가사 국회법 제85조의2 제1항 중 재적위원 5분의 3 이상의 찬성을 요하는 부분이 위헌으로 선언되더라도, 피청구인 기재위 위원장에게 신속처리대상안건 지정요건을 갖추지 못한 신속처리안건지정동의에 대하여 표결을 실시할 의무가 발생하는 것은 아니므로 그 위헌 여부는 이 사건 표결실시 거부행위의 효력에는 아무런 영향도 미칠 수 없다. 따라서 이 사건 표결실시 거부행위에 대한 심판청구는 청구인의 신속처리안건지정동의에 대한 표결권을 침해하거나 침해할 위험성이 없으므로 부적법하다.

② 의장의 지정 – 의장은 위와 같이 신속처리안건지정동의가 가결된 때에는 해당 안건을 심사기간(아래 ③) 내에 심사를 마쳐야 하는 안건으로 지정하여야 한다. 이 경우 위원회가 대안(代案)을 입안한 경우 그 대안을 신속처리대상안건으로 본다(동법 동조 2항). ③ 심사기간 – 위원회는 신속처리대상안건에 대한 심사를 그 지정일부터 180일 이내에 마쳐야 한다. 다만, 법제사법위원회는 신속처리대상안건에 대한 체계·자구심사를 그 지정일, 제4항에 따라 회부된 것으로 보는 날 또는 제86조 제1항에 따라 회부된 날부터 90일 이내에 마쳐야 한다(동법 동조 3항). ④ 법제사법위원회 회부 간주 – 위원회(법제사법위원회는 제외)가 신속처리대상안건에 대하여 위 심사기간 내에 신속처리대상안건의 심사를 마치지 아니한 때에는 그 기간이 종료된

다음 날에 소관 위원회에서 심사를 마치고 체계·자구심사를 위하여 법제사법위원회로 회부된 것으로 본다(동법 동조 4항). ⑤ 본회의 부의 간주 – 법제사법위원회가 신속처리대상안건(체계·자구심사를 위하여 법제사법위원회에 회부되었거나 위 ④에 따라 회부된 것으로 보는 신속처리대상안건을 포함)에 대하여 위 ③의 심사기간 내에 심사를 마치지 아니한 때에는 그 기간이 종료한 다음 날에 법제사법위원회에서 심사를 마치고 바로 본회의에 부의된 것으로 본다(동법 동조 5항). ⑥ 본회의 상정시한 –위 ⑤에 따른 신속처리대상안건은 본회의에 부의된 것으로 보는 날부터 60일 이내에 본회의에 상정되어야 한다(동법 동조 6항). 위 ⑥에 따라 신속처리대상안건이 60일 이내에 본회의에 상정되지 아니한 때에는 그 기간이 경과한 후 처음으로 개의되는 본회의에 상정된다(동법 동조 7항).

iv) **세입예산안 부수 법률안의 경우**(동법 제85조의3 2항) 세입예산안 부수 법률안(체계·자구심사를 위하여 법제사법위원회에 회부된 법률안을 포함)에 대하여 매년 11월 30일까지 심사를 마치지 아니한 때에는 그 다음 날에 위원회에서 심사를 마치고 바로 본회의에 부의된 것으로 본다.

(9) 심사보고서의 제출과 배부

위원회는 안건의 심사를 마친 때에는 심사경과와 결과 기타 필요한 사항을 서면으로 의장에게 보고하여야 하는데 이 보고서에는 소수의견의 요지 및 관련위원회의 의견요지를 기재하여야 한다(동법 제66조 1항·2항). 의장은 보고서가 제출된 때에는 본회의에서 의제가 되기 전에 인쇄하거나 전산망에 입력하는 방법으로 의원에게 배부하는데, 다만, 긴급을 요할 때에는 이를 생략할 수 있다(동법 동조 4항).

(10) 상임위원회 심사에서의 문제점

1) 토론의 충실성 문제

의회주의의 구현은 토론에 있고 토론은 다양한 의사들의 표출, 교환, 상호양보, 타협을 통한 합리적인 의사를 도출해가는 과정에 있고 이는 다양한 국민의 의견을 반영하고 수렴하는 다원주의의 실현이다. 토론의 충실성이 법안심사의 충실성과 양질의 입법을 담보한다.

상임위원회에서는 소위원회에의 회부 전에 반드시 대체토론을 거치도록 하였는데(법 제58조 3항) 과연 대체토론이 충실히 되고 있는지에 대한 검토가 필요하다. 상임위원회에 회부된 여러 법률안들을 한꺼번에 상정하여 일괄적으로 전문위원의 검토보고를 듣고 소수 의원들의 질의와 답변으로 끝나는 예들을 볼 수 있다. 국회법 제58조 제1항은 대체토론을 "안건 전체에 대한 문제점과 당부에 관한 일반적 토론을 말하며 제안자와의 질의·답변을 포함한다"라고 규정하고 있긴 하나 전반적인 토론과정이라고 할지라도 사전에 상정되는 법률안에 대한 충분한 검토를 위원들이 행하여 대체토론에서 활발한 질의와 답변을 하고 이를 통하여 심사대상 법률안의 핵심적 검토사항들이 제대로 지적되어야 한다. 이는 앞으로 소위원회에서 집중적이고도 심도있는 심사를 하도록 유도하기 위한 것이기도 하다.

2) 축조심사의 문제

현행 국회법은 상임위원회의 표결 전에 축조심사를 거치도록 하면서 상임위원회의 의결로 축조심사를 생략할 수 있도록 하고 있다(동법 제58조 5항). 그러나 제정법률안 및 전부개정법률안에 대하여는 축조심사를 반드시 거치도록 하고 있다(동법 동조 동항 단서). 제정법률안 및 전부개정법률안이 아니더라도 중요한 개정법률안의 경우에도 축조심사가 필요하다고 볼 것이다.[1] 제정법률안과 전부개정법률안 외의 법률안에 대해서는 상임위원회의 의결로 축조심사를 생략할 수 있게 하고 있으나 생략의 사유를 설정하여 가능한 한 축조심사를 원칙으로 한 원래의 취지를 살려야 한다.

소위원회에 있어서는 법안의 축조심사를 반드시 거치도록 하고 있다(동법 제57조 7항 단서). 축조심사를 거친다고 하더라도 그 심사의 내용과 질이 실질적으로 축조심사라고 볼 수 있는 정도로 이루어져야 한다. 축조심사의 실질화를 담보하기 위한 중요한 방안으로 축조심사의 회의록의 작성과 공개를 강제하는 것이 필요하다.

3) 심사의 공개

국회법은 소위원회의 회의는 공개함을 원칙으로 한다고 명시하고 있다(동법 제57조 5항). 그러나 의결로 공개하지 아니할 수도 있다고 예외규정을 두고 있는데(동법 동조 동항 단서), 소위원회에서 법률안에 대한 실질적인 심사가 이루어진다는 점을 고려한다면 비공개의 사유를 설정하는 것이 필요하다.

4) 공청회·청문회의 내실화 문제

2000년 2월 16일의 국회법개정으로 공청회와 청문회가 제정법률안과 전부개정법률안에 대해서는 필수적인 것으로 되었다(동법 제64조 1항 단서, 제58조 6항). 그러나 제정법률안, 전부개정법률안에 대해서도 위원회의 의결로 공청회를 생략할 수 있도록 하고 있고(제58조 6항 단서), 법제사법위원회의 체계·자구심사에 있어서는 이러한 필수적 공청회제도를 적용하지 않는다(동법 제58조 8항).

전문개정이나 제정법률안의 경우가 아니고 소수의 조문을 변경하는 개정의 경우일지라도 그 조문들이 그 법률에 있어서 핵심적인 조문으로서 전문개정에 못지 않는 경우, 또는 실질적으로 국민의 기본권에 중요한 영향을 미치는 법률안일 경우에는 공청회를 거치는 것이 필요하다.

공청회·청문회가 활성화되는 것은 물론 바람직하다. 그러나 공청회가 이해관계의 첨예한 대립이 있는 법률안에 대해 통과의례 내지 형식에 그치지 않고 실질적으로 다양한 국민의 목소리를 들어 폭넓은 의견수렴이 될 수 있는 절차로서 진행되어야 한다. 많은 내용을 담고 있는 법안 전체를 두고 한번의 공청회에 그친다면 내실있는 토론이나 여론수렴이 이루어지기 어

1) 물론 적은 수의 조문을 개정하는 법안의 경우에는 축조심사가 자연스럽게 이루어질 것이긴 하다.

려울 것이므로 쟁점별 공청회를 실시하는 것도 필요하다.

현재 상임위원회의 심사 단계에서 공청회, 청문회가 이루어지도록 국회법은 규정하고 있으나 입안단계에서부터 공청회가 활성화되도록 한다면 보다 폭넓은 공감대의 확보를 가져오게 하고 입법력의 낭비를 막는 입법경제를 도모할 수 있게 하며 국회의원들의 입법정보를 풍부하게 하는 기능을 할 수 있을 것이다. 또한 이러한 사전 공청회를 지원하는 체제를 마련하는 방안을 모색해 보아야 할 것이다.

공청회의 개최비용 등을 고려하여 비용의 절감을 가져오게 하고 신속한 의견수렴을 가능하게 할 사이버(Cyber)공청회의 도입도 검토해볼 수 있다. 그러나 정보격차의 문제가 있고 선동의 가능성을 배제하는 방안이 함께 강구되어야 할 것이다.

5) 소위원회의 회의록과 심사보고서

소위원회의 회의록작성이 잘 되지 않고 있다. 현행 국회법은 제69조 제4항은 소위원회의 회의록도 상임위원회에서의 방식과 같이 작성하도록 규정하고 있다. 국회법 제68조는 "소위원회에서 심사를 마친 때에는 소위원회의 위원장은 그 심사경과와 결과를 위원회에 보고한다. 이 경우 소위원회의 위원장은 심사보고서에 소위원회의 회의록 또는 그 요지를 첨부하여야 한다"라고 규정하고 있다. 상임위원회의 심사보고서에 소위원회의 심사보고가 포함되고 있는데 거기서 드물게 소위원회의 심사내용의 요지가 수록되는 경우가 있긴 하나 자세한 기록이 없이 "원안의결", "수정의결" 등의 소위원회의 심사결론만 언급되어 있는 경우가 많다. 심사보고서는 의원들에 대해 본회의에서의 의정활동을 위한 정보제공의 기능을 하는 것이지만 심사보고서와 회의록은 국민의 알 권리를 보장하기 위한 기능도 가진다. 일반적으로 국민은 심사 중인 법률의 구체적 내용에 대하여 파악하기 쉽지 않을 것인데 소위원회의 회의록은 수록되어 있는데, 전문적인 지식이 부족한 국민들이 인식하기 쉽게 정리가 된 심사보고서가 제대로 작성되어 있다면 이를 통하여 알 수 있게 된다. 그리고 법률로 제정되어 후일 시행에 들어간 뒤에 그 법률에 대한 해석에 있어서도 충실한 심사보고서와 회의록이 지침을 제공할 수 있다. 다른 한편으로 공개를 의식한 위원들이 보다 심도있고 내실있는 법안심사에 임하게 하는 자극을 주기도 한다. 위와 같은 점에서, 그리고 소위원회가 법률안심사에 있어서 실질적인 역할을 수행한다는 점에서 더욱이 소위원회의 회의록과 심사보고서의 보다 충실한 작성이 요구된다. 본회의의 회의록과 상임위원회의 회의록, 심사보고서는 국회 홈페이지에 올려져 있어서 국민들이 인터넷접속으로 열람할 수 있다.

6) 표결절차

본회의에서는 전자투표에 의한 기록표결이 원칙으로 되어 있고 이는 의원들의 소신투표를 가져오는 효과가 있다고 하고 특히 2002년 말부터 본회의에서는 전자투표제가 실제 많이 활용되고 있다.[1] 이 점은 긍정적이다. 전자투표제는 기록표결을 위한 것이다.

상임위원회에서도 기록표결이 이루어져야 한다. 전자투표방식은 비용문제 등으로 채택되지 않더라도 상임위원회는 그 구성원의 수가 그리 많지 않으므로 찬반의원의 명단파악에 많은 시간이 소요되는 것도 아닐 것이므로 찬반의원명단을 기재하고 공개하는 기록표결이 이루어져 상임위원회에서도, 국회법 제114조의2가 명시하고 있기도 한, 의원 각자의 소신표결(자유투표)이 이루어지도록 함이 필요하다.

3. 입법예고제

(1) 의무적 예고제와 그 기능

국회법은 상임위원회 위원장은 회부된 법률안에 대하여 입법예고하여야 한다고 하여 의무화하고 있다(동법 제82조의2 1항 본문).

입법예고제는 ① 국민의 '알 권리'를 보장하기 위한 것임은 물론이고 ② 국민의 의견수렴을 충분히 거쳐 보다 타당성이 있는 법률을 제정하며 ③ 국민의 입법참여를 실질화하게 하기 위한 것이다. 또한 ④ 입법예고로 입법단계에서 국민의 주목과 관심을 이끌어내고 당해 법률에 대해 인식하도록 하기 위한 것임을 고려할 때 법률제정 후 법률의 시행에 있어서도 국민의 법준수를 더욱 기대할 수 있게 한다고 볼 것이기에 중요한 입법절차제도이다.

현재 상임위원회 단계에서만 입법예고제를 시행하는 것으로 되어 있고 그 이전 단계에서는 입법예고제의 시행을 예정하고 있지 않다.

(2) 예외

그러나 국회법은 1. 입법이 긴급을 요하는 경우, 2. 입법내용의 성질 또는 그 밖의 사유로 입법예고를 할 필요가 없거나 곤란하다고 판단되는 경우에 해당하는 경우에는 위원장이 간사와 협의하여 입법예고를 하지 아니할 수 있다고(동법 제82조의2 1항 단서) 예외를 인정하고 있다. 그러나 국회규칙은 이처럼 위 예외 사유로 입법예고를 실시하지 아니한 법률안에 대하여 해당 사유가 소멸하였다고 인정하는 경우 위원장은 간사와 협의하여 입법예고를 실시할 수 있다고('국회 입법예고에 관한 규칙' 제4조 3항) 규정하고 있다.

(3) 예고의 대상과 내용

1) 대상

의원입법안의 경우가 그 대상이다. 정부제출법안에 대해서도 입법예고를 할 수 있다고 할 것이다. 현재 정부제출법률안에 대해서는 행정절차법으로 시행되고 있으므로 이에 대해서는 통일성을 갖추게 하는 등의 방안이 바람직할 것이다. 체계·자구심사를 위하여 법제사법위원회에 회부된 법률안은 제외된다(동법 동조 1항 괄호).

---

1) 제16대 국회에서의 전자투표제에 관해서는, 정재황, 우리나라에서의 전자투표와 관련한 현행법제 연구, 연구보고서, 현안분석 2002-8, 한국법제연구원(2002), 58면 이하 참조.

2) 예고내용

국회법은 법률안의 '입법 취지와 주요 내용 등'이 예고할 내용으로 규정하고 있다(동법 동조 1항 본문). 국회규칙은 보다 자세히 위원장은 1. 발의자 · 제출자, 2. 입법취지(=법률안의 제안이유), 3. 주요내용, 4. 법률안의 전문,5. 국회법 제79조의2에 따른 비용추계 자료 등, 6. 의견제출 기관, 기간 및 방법을 게재하는데, 다만, 국회공보에 입법예고하는 경우에는 법률안의 전문(일부개정법률안의 경우 개정 전 · 후의 조문 대비표를 포함)을 생략할 수 있다고(동 규칙 제3조 1항) 규정하고 있다.

(4) 방법 · 절차, 기간

입법예고의 시기 · 방법 · 절차에 대해서는 국회법 제82조의2에 규정되어 있고, 그 밖에 필요한 사항은 국회규칙으로 정하는데(동법 동조 3항). 그 국회규칙이 '국회 입법예고에 관한 규칙'이다.

1) 절차와 방법

위원장은 간사와 협의하여 입법예고한다. 입법예고는 국회공보 또는 국회 인터넷 홈페이지(동 규칙 제3조 1항은 '소관 위원회의 인터넷 홈페이지'라고 규정함) 등에 게재하는 방법 등으로 하게 된다(동법 동조 1항). 위원장은 국가의 중요 정책이나 국민생활에 중대한 영향을 미치는 사항을 포함하는 등 국민에게 널리 알릴 필요가 있는 법률안에 대하여 예산의 범위에서 신문, 방송, 잡지, 인터넷 등에 광고를 게재할 수 있다(동 규칙 동조 2항). 국회사무총장은 법 제82조의2에 따른 입법예고를 효율적으로 실시하기 위하여 필요한 정보시스템을 구축 · 관리하여야 한다(동 규칙 제6조).

2) 시점과 기간

위원장은 간사와 협의하여 지체 없이 입법예고를 하여야 하는데, 다만, 위원장이 필요하다고 인정하는 경우 간사와 협의하여 그 시기를 따로 정할 수 있다(동 규칙 제2조). 위원장은 입법예고기간을 예고할 때 정한다(동 규칙 제4조 1항). 국회법은 "입법예고기간은 10일 이상으로 한다. 다만, 특별한 사정이 있는 경우에는 단축할 수 있다"라고 규정하고 있다(동법 동조 2항). 동 규칙은 10일 이상으로 정하면서 법률안의 비중에 따라 달리 정하고 있다. 즉 일부개정법률안의 경우에는 10일 이상, 제정법률안 및 전부개정법률안의 경우에는 15일 이상으로 정하여야 한다고 규정하고 있다(동 규칙 제4조 1항 본문). 동 규칙도 예외를 인정하는데, 특별한 사정이 있는 경우 위원장은 간사와 협의하여 이를 단축할 수 있고, 입법예고 중에 있는 법률안에 대하여서도 그러하다(동 규칙 동조 동항 단서, 동조 2항). 반대로 법률안의 심사를 위하여 필요한 경우 간사와 협의하여 이를 연장할 수 있다. 위에서 본대로 국회법 제82조의2 제1항 각 호의 어느 하나에 해당하는 사유로 입법예고를 실시하지 아니한 법률안에 대하여 해당 사유가 소멸하였다고 인정하는 경우 위원장은 간사와 협의하여 입법예고를 실시할 수 있다('국회 입법예고에 관한 규칙' 제4조 3항).

(5) 의견제출 및 보고

입법예고된 법률안에 대하여 의견이 있는 자는 입법예고기간 동안 문서 또는 국회 등 홈페이지에 게재하는 방법으로 소관 위원회에 의견을 제출할 수 있다(동 규칙 제5조 1항). 소관 위원회의 전문위원은 제1항에 따라 제출된 의견 중 법률안의 체계, 적용범위 및 형평성 침해 여부 등 중요한 사항을 위원회 또는 소위원회에 보고한다(동 규칙 동조 2항).

(6) 입법예고를 결한 경우의 효과

입법예고는 강제적인 절차이므로 그것을 결여하면 국회법 위반이 된다. 공중위생관리법이 2004.1.29. 개정되면서 매년 위생교육을 받을 의무를 새로이 부담하게 된 숙박업소 영업자가 국회가 법을 위와 같이 개정하면서 다른 경우와 차별하여 공청회나 입법예고도 하지 않아 평등의 원칙을 위배하였다는 주장의 헌법소원심판을 청구하였다. 이 당시 청구인들은 정부가 제출한 법률안에 대하여는 행정절차법 제41조에 의해 반드시 입법예고를 하여야 하는 반면, 국회가 제출한 법률안에 대하여는 국회법 제82조의2 제1항에 의해 입법예고를 국회의 재량으로 할 수 있도록 한 것은 평등원칙에 반한다고 주장한 것인데 헌재는 이러한 차별은 위 개정 공중위생관리법규정에 의한 것이 아니라 국회법 제82조의2 제1항에 의한 것이라고 하여 받아들이지 않았다.[1] 위 사건 이후 위 국회법 규정은 위에서 본대로 입법예고를 강제규정으로 하도록 2011.5.19.에 개정되었고 따라서 현재는 입법예고를 거치지 않는 법률에 대해서는 국회법 위반의 절차상 하자가 인정될 것이라 하겠다.

4. 법제사법위원회 체계·자구심사

(1) 체계·자구심사의 의의

개별 법률 자체의 조문들 간 또는 법률들 상호간에 연관성을 가질 수 있고 또 균형성을 갖추기도 하여야 하며 상호 모순이 없어야 한다. 또 헌법에 반하지 않아야 한다. 이처럼 체계성, 균형성을 합헌성을 갖춘 법률안인지 여부의 심사가 필요하다. 자구도 그 사용된 법률용어가 명확성과 적절성을 갖추어야 하는 만큼 이에 대한 심사인 자구심사도 필요하다. 소관 상임위원회의 입법심사에서 체계·자구심사도 행하여야 할 것인데 우리 국회법은 별도의 절차로서 법제사법위원회에서 체계·자구심사를 하도록 규정하고 있다. 그동안 법제사법위원회의 체계·자구심사가 입법지연을 초래하기도 하였다는 지적이 있어 왔다.

(2) 법제사법위원회 체계·자구심사의 의미와 범위

법제사법위원회에 의한 별도의 체계·자구심사를 둔 취지가 위와 같다면 체계나 자구가

---

1) 헌재 2006.2.23. 2004헌마597.

내용적인 요소와 연관을 가지는 경우에 이는 소관 상임위원회에서 심사될 사항이고 법제사법위원회가 개입할 것은 아니다. 따라서 법제사법위원회는 소관 상임위원회가 검토하고 의결한 법률안의 내용, 즉 상임위가 내린 정책의 결정, 정책의 지침·방향 설정이나 입법목적과 그것을 실현하기 위한 규정들의 실질적인 내용이 아니라 형식적인 측면에서 체계, 자구의 심사를 수행하게 된다고 본다. 그러나 체계란 형식적인 지위로만 머무는 것이 아니라 내용에도 관련되는 것이라는 점에서 그 구분이 늘 정확할 것인지 문제가 있다. 소관 상임위원회에서 의결된 어떤 법률안이 체계상 헌법에 위반된다고 판단될 경우에 그 내용에 영향을 미칠 수도 있을 것이고 그 법률안을 의결된 그대로 의결할 수도 없을 것이다. 그 점에서 법제사법위원회가 체계·자구심사를 통해 사실상 입법에 상당한 개입을 하게 된다고 본다.

(3) 법제사법위원회 체계·자구심사의 대상

1) 심사대상

"위원회에서 법률안의 심사를 마치거나"라고 하여(동법 동조 1항) 소관 상임위원회에서 의결된 법률안이 심사대상이다.

2) 심사대상 제외

선거구법률안 중 국회의원지역구의 명칭과 그 구역에 한해서는 국회법 제86조에 따른 법제사법위원회의 체계와 자구에 대한 심사 대상에서 제외된다(국회법 제24조의2 5항).

(4) 체계·자구심사의 절차

법사위에서 하는 체계·자구심사도 어디까지나 법률안심사이므로 소관 상임위에서 하는 그 심사절차와 다를 바 없다. 따라서 먼저 그 취지의 설명과 전문위원의 검토보고를 듣고 대체토론과 축조심사 및 찬반토론을 거쳐 표결한다(동법 제58조 1항). 단, 법제사법위원장은 간사와 협의하여 그 심사에 있어서 제안자의 취지설명과 토론을 생략할 수 있다(동법 제86조 1항 후문). 이는 소관 상임위에서 이미 법률안의 내용심사를 다 하였다는 점을 고려한 생략이다. 축조심사도 법사위의 의결로 생략할 수 있다(제58조 5항 본문·9항).

(5) 심사효과

심사결과 체계와 자구에 문제가 없으면 소관 상임위원회에서 의결된 법률안이 본회의에 부의될 것이다. 반대로 문제가 있으면 그 다음의 과정은 어떠한지가 명시되어 있지 않아 논란될 수 있다. 법제사법위원회가 직접 수정할 수 있는 것인지 아니면 소관 상임위원회에 수정하여야 한다는 의견을 제시하면 그 의견을 소관 상임위원회가 수용할 것인지 여부를 정하여 본회의 부의 여부도 정하는 것인지 하는 점들이 국회법에 명확하게 규정되어 있지 않다. 법사위가 심사기간을 넘긴 경우에 본회의에 바로 부의할 수 있다고 한 동법 동조 제3항의 취지를 유추하면 법사위에서 수정의결된 안이 본회의에 부의될 것을 국회법은 예정하고 있는 것으로 볼 수도 있다. 그렇더라도 그 경우에 본회의 부의의 과정은 소관 상임위에 의해 이루어져야 하므로(동법 제93조) 법사위가 소관 상임위에 통보하는 것을 의무화하고 그 법사위 수정의견을 담아 소관 상임위가 본회의에 부의한다든지 하는 과정이 규정되어야 할 것이다.

(6) 심사촉진(가속)을 위한 기간지정제, 시한제

법사위의 체계·자구심사가 내용심사를 거친 입법의 지연을 가져와서는 아니 된다. 국회법은 심사의 기간지정제, 시한제를 두어 심사촉진을 도모하고자 하고 있다.

1) 체계·자구심사기간 지정제

의장은 1. 천재지변의 경우, 2. 전시·사변 또는 이에 준하는 국가비상사태의 경우, 3. 의장이 각 교섭단체대표의원과 합의하는 경우 중 어느 하나에 해당하는 경우에는 체계·자구심사의 기간을 지정할 수 있으며, 법제사법위원회가 이유 없이 그 기간 내에 심사를 마치지 아니한 때에는 바로 본회의에 부의할 수 있다. 이 경우 위 1 또는 2에 해당하는 경우에는 의장이 각 교섭단체대표의원과 협의하여 그 경우와 관련된 안건에 대하여만 심사기간을 지정할 수 있다(동법 동조 2항).

2) 체계·자구심사의 시한제

법제사법위원회가 이유 없이 회부된 날부터 120일 이내에 체계·자구심사를 마치지 아니한 때에는 심사 대상 법률안의 소관 위원회 위원장은 간사와 협의하여 이의가 없는 경우에는 의장에게 해당 법률안의 본회의 부의를 서면으로 요구한다. 다만, 이의가 있는 경우 해당 법률안에 대한 본회의 부의요구 여부를 무기명투표로 표결하되 해당 위원회 재적위원 5분의 3 이상의 찬성으로 의결한다(동법 동조 3항). 의장은 위와 같은 본회의 부의요구가 있는 때에는 해당 법률안을 각 교섭단체대표의원과 합의하여 바로 본회의에 부의한다. 다만, 그 본회의 부의요구가 있은 날부터 30일 이내에 합의가 이루어지지 아니한 때에는 그 기간이 경과한 후 처음으로 개의되는 본회의에서 해당 법률안에 대한 본회의 부의 여부를 무기명투표로 표결한다(동법 동조 4항).

(7) 법제사법위원회의 법률안 체계·자구심사의 특색

법사위의 체계·자구심사의 특색을 아래에 정리한다.

① 의안의 대기(숙고)기간이 일반법률안의 기간에 비해 짧다(5일. 동법 제59조).

② 그 심사에 있어서 제안자의 취지설명과 토론을 생략할 수 있다(동법 제86조 1항 후문).

③ 안건의 신속처리제도가 적용되는데 다만, 그 심사종료기한이 짧다(동법 제85조의2 3항). 본회의 자동부의제도도 적용된다(동법 제85조의3 2항).

④ 심사기간지정·본회의부의요구제, 심사시한제가 있다(동법 제86조 2항·3항·4항).

⑤ 비적용 – 안건조정위원회제도(동법 제57조의2), 입법예고제(동법 제82조의2), 제정법률안 및 전부개정법률안에 대한 축조심사생략불가, 의무적 공청회 또는 청문회 개최의 규정(동법 제58조 5항 단서·6항·9항) 등은 적용되지 않는다.

5. 본회의에서의 심의 및 의결

위에서 상임위원회에서의 입법과정을 보았고 이제 상임위에서 의결된 법률안이 본회의에서 최종 의결되는 입법과정을 아래에 살펴보자.

(1) 법률안의 본회의 상정시기

본회의는 위원회가 법률안에 대한 심사를 마치고 의장에게 그 보고서를 제출한 후 1일을 경과하지 아니한 때에는 이를 의사일정으로 상정할 수 없다(동법 제93조의2 1항 본문). 1일 후로 규정을 둔 것은 의원들이 상정되는 법률안에 대하여 숙지하고 준비할 수 있도록 하기 위함이다. 다만, 의장이 특별한 사유로 각 교섭단체대표의원과의 협의를 거쳐 이를 정한 경우에는 그러하지 아니하다(동법 제93조의2 1항 단서). 헌재는 전화통화, 의사일정안의 팩시밀리 전달도 협의를 거친 것이라고 본다.[1)2)]

위원회에서 본회의에 부의할 필요가 없다고 결정된 의안은 본회의에 부의하지 아니한다. 그러나 위원회의 결정이 본회의에 보고된 날로부터 개회 또는 휴회 중의 기간을 제외한 7일 이내에 의원 30인 이상의 요구가 있을 때에는 그 의안을 본회의에 부의하여야 한다(동법 제87조 1항).

(2) 법률안 심사절차

본회의는 안건을 심의할 때 그 안건을 심사한 위원장의 심사보고를 듣고 질의·토론을 거쳐 표결한다. 그런데 이러한 원칙적인 본회의의 법률안 심사절차는 다소 예외가 있는데 그 예외는 위원회의 심사를 거친 것인지 아닌지에 따라 다르다.

1) 위원회의 심사를 거친 법률안의 경우

심사한 위원장의 심사보고를 듣고 질의·토론을 거쳐 표결하되(동법 제93조 본문) 다만, 의결로 질의와 토론을 모두 생략하거나 그 중 하나를 생략할 수 있다(동법 제93조 단서).

---

1) 헌재 2012.2.23. 2010헌라6 등(국립대학법인 서울대학교 설립·운영에 관한 법률안 등 4개 법률안 가결에 대한 권한쟁의심판). [결정요지] 피청구인은 위 법률안들에 대한 심사기간 지정과정에서 이미 민주당 대표의원과 전화로 협의하였을 뿐만 아니라, 앞서 인정한 사실에 의하면 이 사건 본회의 당일 12:30경 피청구인이 민주당 대표의원실에 이 사건 본회의에 상정할 안건들에 관한 의사일정안을 팩시밀리로 전달하였는바, 이 역시 국회법상 협의의 일종으로 못 볼 바 아니므로, 이 사건 법률안들에 대한 본회의 직권상정 과정에서 국회법 제93조의2 제1항에 위반하여 협의절차를 거치지 않았다고 보기는 어렵다.

2) 구 국회법은 정기회 기간 중에 본회의에 상정하는 법률안은 다음 연도의 예산안처리에 부수하는 법률안에 하고, 다만 긴급하고 불가피한 사유로 위원회 또는 본회의 의결이 있는 경우에는 그러하지 아니하다고 규정하고 있었는데(구 국회법 제93조의2 2항. 이 규정이 현행법에서 폐지되어 없어짐), 문제는 정기회 기간 중 본회의에 상정할 예외적 필요가 있었는지에 관한 판단은 어떤 기준으로 어떻게 할 것인가 하는 데 있다. 헌재는 국회의 자율권을 존중하여 국회의장의 판단에 맡기는 것이 상당하다고 보았다. 헌재 2012.2.23. 2010헌라6등(국립대학법인 서울대학교 설립·운영에 관한 법률안 등 4개 법률안 가결에 대한 권한쟁의심판). [결정요지] 이 사건 법률안들이 예산안 처리에 부수하는 법률안인지, 아니라면 꼭 정기회 기간 중 본회의에 상정할 예외적 필요가 있었는지에 관한 판단은 국회의 자율권을 존중하여 국회의장의 판단에 맡기는 것이 상당하므로, 국회법 제93조의2 제2항에 위반된다고 할 수 없다.

* 반대토론권을 인정하지 않아 심의·표결의 권한을 침해한 것으로 인정된 예 : 국회의장이 적법한 반대토론 신청이 있었음에도 반대토론을 허가하지 않고 토론절차를 생략하기 위한 의결을 거치지도 않은 채 법률안들에 대한 표결절차를 진행한 것(그 법률안들은 위원회 심사를 거친 것들이었음)이 국회의원의 법률안 심의·표결권을 침해한 것이라고 결정한 바 있다(헌재 2011.8.30. 2009헌라7). 그러나 헌재는 법률안 가결선포행위를 무효로 선언하지는 않았다.

판례 헌재 2011.8. 30. 2009헌라7

[결정요지] 1. '한국정책금융공사법안' 및 '신용정보의 이용 및 보호에 관한 법률 전부개정법률안(대안)'(이하 이들을 합하여 '이 사건 법률안들'이라 한다)은 위원회의 심사를 거친 안건이지만 청구인으로부터 적법한 반대토론 신청이 있었으므로 원칙적으로 피청구인이 그 반대토론 절차를 생략하기 위해서는 반드시 본회의 의결을 거쳐야 할 것인데(국회법 제93조 단서), 피청구인은 청구인의 반대토론 신청이 적법하게 이루어졌음에도 이를 허가하지 않고 나아가 토론절차를 생략하기 위한 의결을 거치지도 않은 채 이 사건 법률안들에 대한 표결절차를 진행하였으므로, 이는 국회법 제93조 단서를 위반하여 청구인의 법률안 심의·표결권을 침해하였다. 2. 국회의 입법과 관련하여 일부 국회의원들의 권한이 침해되었다 하더라도 그것이 다수결의 원칙(헌법 제49조)과 회의공개의 원칙(헌법 제50조)과 같은 입법절차에 관한 헌법의 규정을 명백히 위반한 흠에 해당하는 것이 아니라면 그 법률안의 가결 선포행위를 곧바로 무효로 볼 것은 아닌데, 피청구인의 이 사건 법률안들에 대한 가결 선포행위는 그것이 입법절차에 관한 헌법규정을 위반하였다는 등 가결 선포행위를 취소 또는 무효로 할 정도의 하자에 해당한다고 보기는 어렵다.

2) 위원회의 심사를 거치지 아니한 안건

이에 대하여는 제안자가 그 취지를 설명하여야 하고, 질의·토론을 거쳐 표결한다(동법 동조 본문과 동 단서). 위원회 심사를 거치지 않은 법률안에 대해서는 본회의서 의결로도 질의·토론을 생략할 수 없다.

(가) 제안자의 취지설명

컴퓨터 단말기에 의한 대체의 합법성 인정 — 제안자의 제안취지설명의 과정을 거치라는 것은 의원들이 그 입법취지 등을 인식하도록 하기 위한 것임은 물론이다. 그런데 의장이 직권부의한 법률안들에 대해 이러한 제안자의 취지설명 없이 제안자의 취지설명을 컴퓨터 단말기로 대체한 뒤 가결한 데 대해 국회법 제93조에 위반하여 의원들의 심의·표결권을 침해하였다는 주장의 권한쟁의심판이 청구된 바 있었다. 2005년 사립학교법개정법률안, 2009년 미디어법안, 2010년 국립대학법인 서울대학교 설립·운영에 관한 법률안 등에 대한 권한쟁의사건의 결정 등의 경우가 그 예이다. 그러나 헌재는 취지설명의 방식에는 제한이 없으므로 위와 같은 대체가 위 국회법 제93조 단서를 위반하였다고 할 수 없다고 하여 청구를 기각하였다.

판례 사립학교법 중 개정법률안 수정안 권한쟁의심판, 헌재 2008.4.24. 2006헌라2, 판례집 20-1 상, 446면

[결정이유] 살피건대, 국회법 제93조는 '위원회의 심의를 거치지 아니한 안건에 대해서는 제안자가 그 취지를 설명하도록' 규정하고 있으나, 그러한 취지설명의 방식에는 제한이 없으므로(헌재 2004.5.14. 2004헌나1, 판례집 16-1, 609면, 630면) 제안자가 발언석에서 구두설명을 하지 않더라도 서면이나 컴퓨터 단말기에 의한 설명 등으로 이를 대체할 수 있다 할 것이다. 그러므로 발언대의 마이크를 사용하기 어려울 만큼 의사진행을 방해하는 소란이 계속되는 상황에서 피청구인이 제안자의 취지설명을 컴

퓨터 단말기로 대체하도록 한 것이 위 국회법 제93조를 위반하였다고 할 수 없다. * 동지 : 헌재 2009.10.29, 2009헌라8(소위 미디어법 가결에 관한 권한쟁의심판. [사건개요] 국회의장(부의장이 대행)이 장내가 소란하므로 정상적으로 회의를 진행할 수 없는 상황이라고 하면서 심사보고나 제안설명은 단말기 회의록으로 대체하기로 하고, 국회의 e－의안시스템에 입력되었고, 15:49'27" 회의진행시스템에 입력되었는데 약 30초 후인 15:50에 투표가 개시되었다. 방송법 수정안도 15:37 국회의 e－의안시스템에 입력되었고, 15:55 회의진행시스템에 입력되었으며, 피청구인이 15:58 방송법 수정안에 대한 표결을 선포하여 그 표결이 시작되었다), 판례집 21－2 하, 14면; 2012.2.23. 2010헌라6등(2010년도 예산안, 국군부대의 아랍에미리트군 교육 훈련 지원 등에 관한 파견 동의안, 국립대학법인 서울대학교 설립·운영에 관한 법률안 등 4개 법률안 가결에 관한 권한쟁의심판) 등.
* 검토 － 뚜렷한 결과시각이 나와 있는 위 동지의 미디어법 사안의 경우 15:49'27"에야 신문법 수정안이 회의진행시스템에 입력되었으며, 약 30초 후인 15:50에 투표가 개시되었다는 것인바 이처럼 취지설명을 읽을 상당한 시간을 부여하지 않은 것은 제대로 된 취지설명이라고 할 수 없다. 2010헌라6도 비슷한 형국이었다.

(나) 질의·토론

위원회의 심사를 거치지 않은 안건의 경우에 국회법 제93조 단서 후문에 문언 그 자체를 보면 본회의에서의 질의·토론은 본회의 의결이 있더라도 생략할 수 없도록 되어 있다.

ⅰ) **질의신청이 없는 것으로 보여진다고 하여 생략한 경우** 그러나 헌재의 다수의견은 실제 운영상 질의신청이 없는 경우에는 질의 부분을 생략해도 무방하다고 하면서 장내소란으로 정상적인 의사진행이 이루어지지 못하고 질의신청을 하는 의원도 없는 상황에서 이루어진 가결선포행위가 국회의원의 심의·표결권을 침해할 정도에 이르렀다고 보기 어렵다는 입장이다.

판례 헌재 2008.4.24. 2006헌라2, 판례집 20-1 상, 446면

[결정요지] 한편 의장인 피청구인은 질의·토론절차의 운영에 있어서 우선 질의 유무를 확인한 후 질의신청이 없으면 토론에 들어가고, 토론신청도 없는지 확인한 후 표결에 들어가는 것이 원칙이라고 할 것이나, 실제 운영상 질의신청이 없는 경우에는 질의 부분을 생략하고 다음 단계로 넘어가더라도 무방하다 할 것이다(헌재 2006.2.23. 2005헌라6, 판례집 18－1상, 82, 92). 그런데 질의하려는 의원은 미리 의장에게 통지하여 허가를 받아야 하는데(국회법 제99조 제1항), 회의록에 의하면 당시 '엉터리야!', '무효, 무효!', '찬성!' 등 고함이 있었으나 질의신청을 한 의원은 없었다고 보여진다. 이와 같이 장내소란으로 인하여 의안상정·제안설명 등 의사진행이 정상적으로 이루어지지 못하고 질의신청을 하는 의원도 없는 상황에서 피청구인이 '질의신청 유무'에 대한 언급 없이 단지 '토론신청이 없으므로 바로 표결하겠다'라고 한 행위가 국회법 제93조에 위반하여 청구인들의 심의·표결권을 침해할 정도에 이르렀다고는 보기 어렵다. [소수의견] 질의·토론 기회를 주지 않아 인용되어야 한다는 김종대, 이동흡 재판관 소수의견이 있었다. * 질의신청 없는 경우 생략이 무방하다는 위 헌재 다수의견과 동지의 결정례 : 헌재 2012.2.23. 2010헌라6등(2010년도 예산안, 국군부대의 아랍에미리트군 교육 훈련 지원 등에 관한 파견 동의안, 국립대학법인 서울대학교 설립·운영에 관한 법률안 등 4개 법률안 가결에 대한 권한쟁의심판).
* 검토 － 그러나 국회의 운영에서 위원회중심주의가 자리잡고 있다는 점에서 위원회의 심사를 거치지 않은 경우에 부실입법을 막기 위해 질의·토론을 실질적으로 거치도록 하는 것이 더욱 요청된다.[1)] 위 사안에서 무효라는 고함이 있었던 것은 반대의사표현을 갈구하는 것이었으므로 헌재가 위와 같이 사실

을 단정할 수 있는지도 문제이다.

ii) **토론신청 불능의 질의·토론권 침해 인정** 위원회 심사를 거치지 않은 법률안에 대한 토론의 신청조차 받지 않은 경우 이는 당연 질의·토론권을 침해한다고 보아야 한다. 헌재도 이른바 미디어법파동 사안에서 위원회의 심사를 거치지 않은 '신문 등의 자유와 기능보장에 관한 법률 전부개정법률안'(이하 '신문법안') 수정안에 대한 표결을 선포하였으며, 표결선포 후 약 11분 가량이 지난 후에야 신문법 수정안이 회의진행시스템에 입력되고, 그로부터 약 30초 후에 투표가 시작되어 표결선포 전에 질의나 토론 신청을 준비하는 것은 물리적으로 불가능하였고 질의 및 토론 신청의 기회는 실질적으로 봉쇄되어 심의·표결권을 침해한 것으로 보았다. 그러나 가결선포행위 무효확인은 하지 않았다.

판례 헌재 2009.10.29. 2009헌라8등

[결정요지] 국회의 심의 절차는 의회주의 이념을 기초로 하는 국회 입법 절차의 본질적인 부분이다. 국회법 제93조도 심의 절차를 특별한 사유가 없는 한 입법 절차에서 반드시 거쳐야 할 절차로 규정하고 있고, 특히 위원회의 심사를 거치지 아니한 안건에 대하여는 본회의의 의결에 의하여도 질의·토론 절차를 생략할 수 없도록 함으로써 안건에 관한 심의가 보장되도록 하고 있다. 피청구인(국회의장, 부의장 직대)은 신문법안을 다른 법안들과 일괄 상정하고, 그 즉시 그에 대한 질의·토론은 실시하지 않겠다고 선언한 다음 곧바로 위원회의 심사를 거치지 않은 신문법 수정안에 대한 표결을 선포하였으며, 표결선포 후 약 11분 가량이 지난 후에야 신문법 수정안이 회의진행시스템에 입력되고, 그로부터 약 30초 후에 투표가 시작된 점 등의 회의 진행상황에 비추어보면, 청구인들이 피청구인의 표결선포 전에 질의나 토론 신청을 준비하는 것은 물리적으로 불가능하였다. 또한 국회법 제110조 제2항에 따라 표결선포 이후에는 질의·토론 자체가 허용되지 않으므로, 피청구인이 의안 내용을 사전에 제공하지 아니한 채 표결선포를 함으로써 질의 및 토론 신청의 기회는 실질적으로 봉쇄되었다. 이러한 사정을 종합하면, 피청구인이 청구인들에게 신문법 수정안에 대한 질의· 토론 신청을 할 수 있는 기회를 사전에 부여하였다고 볼 수 없으므로, 이러한 상태에서 질의·토론 절차를 생략한 피청구인의 의사진행은 국회법 제93조를 위배하여 청구인들의 심의·표결권을 침해한 것이다.

* 검토 – 이 결정에서 헌재는 또 다른 쟁점으로서 위 (가)에 서술한 대로 제안설명절차 적법 여부에 대해 국회의장이 컴퓨터단말기로 이를 대체하였고 그나마 표결도 급히 이루어져(국회의 e–의안시스템에 입력되었고, 15:49'27" 회의진행시스템에 입력되었는데 약 30초 후인 15:50에 투표가 개시되었다고 함) 제안설명이 충분한 시간 숙지되지 않았는데도 이 제안설명이 적법하다고 하였다. 그런 뒤 위 결정요지에 서술된 대로 토론신청 기회를 주지 않은 것은 위법하다고 본 것은 토론신청을 위한 실질적 기회의 박탈이란 점에서는 이를 제대로 숙지하기 어렵게 제안설명을 볼 시간을 주지 않은 것도 위법이 되어야 상식적인 것이라는 점에서 논리적으로 일관성이 없어서 권한침해인정의 결론은 이해되나 논리전개상 선명치 못한 결정이었다(헌재가 "회의진행시스템에 입력되고, 그로부터 약 30초 후에 투표가 시작된 점 등의 회의 진행상황에 비추어보면, 청구인들이 피청구인의 표결선포 전에 질의나 토론 신청을 준비하는 것은 물리적으로 불가능하였다. … 질의 및 토론 신청의 기회는 실질적으로 봉쇄되었다"라고 스스로도 판시하고 있어서 더욱 이해가 안 된다). 가결선포행위를 무효선언하지 않은 것도 이 결정의 취지를 반감시킨다.

---

1) 비슷한 취지로 위 2006헌라2의 재판관 김종대, 재판관 이동흡의 인용의견 참조.

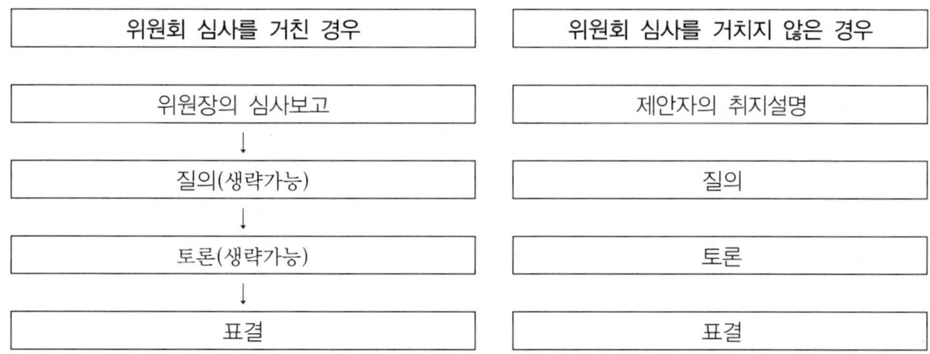

▌본회의 의결절차

(3) 재회부

본회의는 위원장의 보고를 받은 후 필요하다고 인정할 때에는 그 의결로 다시 그 안건을 같은 위원회 또는 다른 위원회에 회부할 수 있다(동법 제94조).

(4) 본회의에서의 법률안의 철회, 번안

1) 법률안의 철회

의원은 그가 발의한 의안 또는 동의를 본회의 과정에서도 철회할 수 있는데, 다만, 2인 이상의 의원이 공동으로 발의한 의안 또는 동의에 대하여는 발의의원 2분의 1 이상이 철회의사를 표시하는 때에 철회할 수 있다(동법 제90조 1항). 의원이 본회의에서 의제가 된 법률을 철회할 때에는 본회의 또는 위원회의 동의를 얻어야 하고, 정부가 본회의에서 의제가 된 정부제출의 법률안을 수정 또는 철회할 때에는 본회의의 동의를 얻어야 한다(동법 동조 2항·3항).

2) 번안

본회의에 있어서의 번안동의는 법률안을 발의한 의원이 그 법률안을 발의할 때의 발의의원 및 찬성의원 3분의 2 이상의 동의로, 정부 또는 위원회가 제출한 법률안은 소관위원회의 의결로, 각각 그 안을 갖춘 서면으로 제출하되 재적의원 과반수의 출석과 출석의원 3분의 2 이상의 찬성으로 의결한다. 그러나 의안이 정부에 이송된 후에는 번안할 수 없다(동법 제91조 1항).

(5) 수정동의

1) 수정동의의 의의

위원회에서 의결된 법률안에 대해 그 일부를 삭제하거나 추가하거나 내용을 바꾸고자 하는 의견을 제시하는 것을 말한다. 수정안은 위원회에서의 의결된 법률안과 더불어 본회의에서 심의되므로 다른 내용을 가진 것이나 그 의결된 법률안과 분리될 수는 없다. 그 점이 전적으로 새로 발의되는 법률안과는 다르다. 사실 수정동의에 대해서는 앞서 의사절차 부분에서 살펴보았다(전술 본회의의 의사절차 참조). 따라서 여기서는 본회의에서의 법률안에 대한 심사절차에 초점을 맞추어 살펴본다.

2) 수정안의 개념·범위

(가) 개념과 인정기준

i) **기준설정** 본회의에서의 수정안의 제출은 이미 위원회의 의결을 거친 원래의 법률안에 대한 수정을 하는 것이므로 무제한으로 인정될 수 없고 제한이 설정되어야 한다. 그리하여 수정안의 개념은 어떠하며 수정안의 범위가 어느 정도까지 허용되느냐 하는 문제가 중요하다. 생각건대, 수정안은 원래의 법률안의 본질을 그대로 두고 이에 대한 변경을 가하는 안을 말한다. 본질의 변화를 가져오는 것은 새로운 법률안을 의미하는 것이지 수정안이 아니다. 수정안은 다음과 같은 개념을 가지고 내용·범위에서의 한계를 지닌다. ① 수정안은 원래의 법률안과 별개의 독립된 것이 아니라 그것에 종속되어야 하고 견련성을 가져야 한다(종속성). ② 수정안이 위원회의 의결을 거친 원래의 법률안의 내용을 전면적으로 대체하는 다른 내용의 것이거나 그 본질 내지 본 취지를 변경하는 것이어서는 안 된다(본질유지성).

ii) **판례의 넓게 인정하는 경향** 헌법재판소는 수정안의 개념·범위를 폭넓게 보는 입장이다. 헌법재판소는 "국회법상 수정안의 범위에 대한 어떠한 제한도 규정되어 있지 않은 점과 국회법 규정에 따른 문언의 의미상 수정이란 원안에 대하여 다른 의사를 가하는 것으로 새로 추가, 삭제, 또는 변경하는 것을 모두 포함하는 개념이라는 점에 비추어, 어떠한 의안으로 인하여 원안이 본래의 취지를 잃고 전혀 다른 의미로 변경되는 정도에까지 이르지 않는다면 이를 국회법상의 수정안에 해당하는 것으로 보아 의안을 처리할 수 있는 것으로 볼 수 있다"라고 판시한 바 있다.

① 이 판시가 있었던 결정의 사안은 위원회에서 폐기된 법률안의 일부를 의원 33인이 수정안으로 본회의에 제출하였는데 의장이 이를 표결에 붙여 가결하고 원래 법률안에 대해서는 표결을 하지 않고 이 수정안에 대한 가결로 원래 법률안도 가결된 것으로 의장이 선포한 데 대해 야당의원들이 이는 자신들의 심의·표결권을 침해한 것이라고 하여 권한쟁의심판이 청구된 사건이었다. 원래 법률안에 대해 표결없이도 가결로 선포한 것은 국회법 제96조 제2항이 수정안은 전부 부결된 때에만 원안을 표결하도록 하여 수정안이 가결된 경우에는 본래의 법률안에 대한 표결이 필요없는 것으로 규정하여 수정안가결로 본래 법률안이 가결된 것으로 보기 때문이다.

판례 헌재 2006.2.23. 2005헌라6, 판례집 18-1 상, 82면 이하

[사건개요] 정부는 2005.3.24. ① 재정경제부 등 4개 부에 복수차관제를 도입하고 ② 통계청과 기상청을 차관급 기구로 격상하며 ③ 국방부장관 소속으로 방위사업청을 신설하고 ④ 건설교통부의 명칭을 국토교통부로 변경하는 내용의 정부조직법 일부 개정 법률안을 국회에 제출하였다. 국회 행정자치위원회는 검토결과 위의 ③, ④의 내용은 제외하고 ①, ②만의 내용의 위원회 대안을 심사·의결하였고 이를 본회의에 부의하였다. 같은 해 6.30. 임시국회 본회의에서 열린우리당 및 민주노동당 의원 33인의 명의로 위 ③을 내용으로 하는 수

정안이 제출되었고, 한나라당 소속 의원들은 의사진행발언 등을 통하여 위 수정안은 소관 상임위원회에서 폐기된 것이며 복수차관제 도입 등을 내용으로 하는 정부조직법 일부 개정 법률안과 다른 의제를 내용으로 하고 있어 국회법상의 수정안의 범위를 벗어난 별개의 법률안이라고 주장하였다. 국회의장은 정부조직법 일부 개정 법률안(이하 '원안'이라 함)에 대하여 표결을 실시하지 아니한 채 위 수정안을 표결처리를 통해 통과시켰고 수정안과 함께 표결하지 않은 원안에 대해사도 가결을 선포하였다. 이에 한나라당 의원들(청구인들)은 같은 해 7.18. 국회의장(피청구인)의 위와 같은 가결선포행위로 말미암아 자신들의 법률안 심의·표결권이 침해되었으며 그로 인하여 위 가결선포행위는 위헌무효라고 주장하며 권한쟁의심판을 청구하였다. [관련규정] 국회법 제87조(위원회에서 폐기된 의안) ① 위원회에서 본회의에 부의할 필요가 없다고 결정된 의안은 본회의에 부의하지 아니한다. 그러나 위원회의 결정이 본회의에 보고된 날로부터 폐회 또는 휴회중의 기간을 제외한 7일 이내에 의원 30인 이상의 요구가 있을 때에는 그 의안을 본회의에 부의하여야 한다. ② 생략.

제95조(수정동의) ① 의안에 대한 수정동의는 그 안을 갖추고 이유를 붙여 의원 30인 이상의 찬성자와 연서하여 미리 의장에게 제출하여야 한다. 그러나 예산안에 대한 수정동의는 의원 50인 이상의 찬성이 있어야 한다. ②③④ 생략

제96조(수정안의 표결순서) ① 생략 ② 수정안이 전부 부결된 때에는 원안을 표결한다.

[청구인들의 주장] 수정동의는 의제가 된 안건에 종속된 부수적 동의로서 수정안은 그 목적이나 성격이 원안과 동일하여야 한다. 수정안이 실질적으로 원안과 동일성이 없는 별개의 의제를 내용으로 하고 있다면 표결도 별도로 해야 한다. 따라서 상임위에서 심의한 결과 본회의에 부의하지 않기로 한 의제 내지 의안의 경우, 원안과 동일한 내용인 것만이 수정안으로 제출될 수 있고 그렇지 않은 경우 국회법 제87조에 따라 별개의 의안으로서 본회의에 부의되어야 한다. 방위사업청 신설을 내용으로 하는 이 사건 수정안의 경우 형식적으로는 수정안이지만 복수차관제 등을 내용으로 하는 원안과 목적이나 성격에 있어 동일성이 없으며 내용적으로도 양립할 수 있는 별개의 의안에 불과하다. 따라서 국회법상의 수정안으로서 처리될 수 없고, 위 수정안을 소관 상임위원회에서 폐기된 의안에 대한 본회의 회부요구로 본다 하더라도 별개의 의안으로 처리되어야 한다. 그럼에도 불구하고 피청구인은 이 사건 수정안이 가결되었다는 이유로 전혀 별개의 의안인 원안에 대하여 표결도 하지 않은 채 가결된 것으로 선포하였으므로 헌법과 국회법에서 국회의원에게 부여한 법률안 심사·표결권을 침해하였다. 또한 이 사건 가결선포행위는 위와 같은 헌법 및 국회법 위반의 하자가 있으므로 당연히 무효이다. [결정요지] 헌법 제64조에 따라 국회는 의사와 내부규율 등 국회운영에 관하여 폭넓은 자율권을 가지며 국회의 의사절차나 입법절차에 헌법이나 법률의 규정을 명백히 위반한 흠이 있는 경우가 아닌 한 그 자율권은 권력분립의 원칙이나 국회의 위상과 기능에 비추어 존중되어야 한다. 특히 국회법은 회의절차 전반에 관하여 국회의장에게 폭넓은 권한을 부여하고 있어 개별적인 수정안에 대한 평가와 그 처리에 대한 피청구인의 판단은 명백히 법에 위반되지 않는 한 존중되어야 한다. 국회법은 제96조 제2항에서 수정안이 전부 부결된 때에만 원안을 표결하도록 하여 수정안이 가결된 경우에는 원안에 대한 표결이 필요없는 것으로 규정하고 있어, 국회법상의 수정안에 해당하는 경우에는 그 표결에 원안의 내용에 대한 표결 역시 포함되어 있는 것으로 볼 수 있다. 다만 구체적으로 어떠한 경우가 국회법상의 수정안에 해당하는 것인지에 관한 명시적인 규정을 찾아볼 수 없으므로 수정안의 개념범위는 위 규정들의 해석에 맡겨져 있는 것으로 보아야 한다. 국회법상 수정안의 범위에 대한 어떠한 제한도 규정되어 있지 않은 점과 국회법 규정에 따른 문언의 의미상 수정이란 원안에 대하여 다른 의사를 가하는 것으로 새로 추가, 삭제, 또는 변경하는 것을 모두 포함하는 개념이라는 점에 비추어, 어떠한 의안으로 인하여 원안이 본래의 취지를 잃고 전혀 다른 의미로 변경되는 정도에까지 이르지 않는다면 이를 국회법상의 수정안에 해당하는 것으로 보아 의안을 처리할 수 있는 것으로 볼 수 있다. 이와 같은 폭넓은 해석에 의하면 이 사건 수정안은 국회법 제95조에 의한 수정안에 해당하게 된다. 물론 이미 이루어진 것의 잘못된 점을 바로잡는다는 수정의 사전적 의미를 감안하여 원안의 목적 또는 성격을 변경하지 않는 범위 내에서 고치는 것을 전제로 하고 수정안은 원안과 동일성이 인정되는 범위 내에서만 인정될 수 있다는 청구인들의 해석도 가능하기는 하다. 그러나 원안의 목적과 성격을 보는 관점에 따라서는 동일성의 인정범위가 달라질 수 있고 또한 너무 좁게 해석하면 국회법 규정에 따른 수정의 의미를 상실할 수도 있

다. 이와 같이 국회법 제95조상의 수정의 개념을 폭넓게 보는 해석이 가능하다면 피청구인이 이러한 입장에 따라 이 사건 수정안을 적법한 수정안에 해당하는 것으로 보고 의안을 처리하였다 하더라도 이를 명백히 법률에 위반된다고 할 수는 없다. 게다가 국회속기록에 의하면 피청구인(국회의장)은 국회의 의사절차가 명문의 규정이 없는 경우 과거의 관례에 따르게 되어 있는 점을 전제로 국회사무처로부터 제17대 국회에서 2005.6.29.까지의 수정안 12개 중 10개가 원안에 포함되어 있지 않은 새로운 사항을 규정한 것이라는 자료를 보고받고 이에 근거하여 이 사건 수정안을 표결처리하였고, 당해 국회사무처의 보고자료에서 언급한 의안을 살펴보면 실제로 이와 같이 새로운 사항을 규정한 의안들이 아무런 문제없이 수정안으로 처리되어왔음을 확인할 수 있다. 따라서 피청구인이 아무런 근거 없이 일방적으로 국회법을 해석하여 수정안의 범위에 대한 입장을 정한 것으로 볼 수도 없다. 이와 같이 피청구인이 이 사건 수정안을 국회법상의 수정안으로 보는 입장이 명백히 국회법에 위반되는 것으로 볼 수 없고 이 사건 원안에 대한 본회의에서의 심의 역시 실질적으로 이루어졌으므로 이 사건 수정안에 대한 표결에 이 사건 본안에 대한 의결 역시 포함되어 있는 것으로 볼 수 있다. 따라서 이 사건 가결선포행위가 국회법에 위반되어 청구인들의 법률안에 대한 심의·표결권을 침해하였다고 볼 수는 없다. 나아가 이 사건 가결선포행위의 무효확인청구의 경우 청구인들의 권한침해를 전제로 한 것이므로 위와 같이 권한침해를 인정하지 않는 이상 더 이상 살펴볼 필요없이 이유없다. 따라서 심판청구는 모두 이유 없으므로 이를 기각하기로 결정한다.

* 비평 – 이 결정에서 헌법재판소는 이를 새로 추가하는 수정안으로 인정한 것으로 이해된다. 그러나 이는 위원회에서 폐기된 것이므로 법률안에 새로 추가하는 수정안이 아니다. 폐기된 법률안은 국회법 제87조에 따라 의원 30인 이상의 요구로 본회의에 부의할 수 있으나 이는 수정안으로서가 아니라 독립된 별개의 안건이 되어 가결되는 것이지 본래의 법률안이 가결되는 것은 아니다.

② **금융지주회사법 수정안** – 헌재는 금융지주회사법 수정안이 별개의 법률안이고 위원회에서 심사 중인 안건과 유사한 내용이어서 본회의에 바로 제출된 것은 위원회에서 위 정부 제안 개정법률안을 심사할 기회를 박탈하여 그들의 위 개정법률안 심의·표결권을 침해하였다는 주장에 대해 위의 넓게 보는 입장을 유지하면서 기각결정을 하였다.

판례 헌재 2009.10.29. 2009헌라8등

[청구이유] (4) 금융지주회사법 원안은 금융(보험, 증권)지주회사의 제조업(산업자본) 소유를 허용하는 것이 골자인데 반하여, 박종희 의원 외 168인이 제출한 금융지주회사법 수정안은 산업자본과 공적 연기금의 은행소유 지분 확대, 사모펀드 출자한도 확대 등이 골자로서 금융지주회사법 원안과는 전혀 다른 내용을 포함하고 있어 별개의 법률안임에도 불구하고 금융지주회사법 원안에 대한 수정안으로 표결되었다. 이에 따라 금융지주회사법 원안에 대하여 국회의원인 청구인들이 찬반의사를 표명할 기회가 박탈되었는바, 국회부의장의 금융지주회사법안 가결 선포행위는 청구인들의 금융지주회사법 원안에 대한 심의·표결권을 침해한 것이다. 또한 위 수정안은 원안과는 별개로 정무위원회에 회부되어 소위원회 심사 중인 정부 제안 개정법률안과 동일한 것으로, 위 개정안은 심사기간이 지정되지 않아 국회의장이 직권상정할 수 없음에도 피청구인들이 금융지주회사법 수정안의 형식으로 상정하여 가결선포함으로써, 청구인들 중 정무위원회 소속인 의원들로 하여금 위원회에서 위 정부 제안 개정법률안을 심사할 기회를 박탈하여 그들의 위 개정법률안 심의·표결권을 침해하였다. [결정요지] 1) 국회법상 수정안의 범위에 대한 어떠한 제한도 규정되어 있지 않은 점과 국회법 규정에 따른 문언의 의미상 수정이란 원안에 대하여 다른 의사를 가하는 것으로 새로 추가, 삭제 또는 변경하는 것을 모두 포함하는 개념이라는 점에 비추어, 어떠한 의안으로 인하여 원안이 본래의 취지를 잃고 전혀 다른 의미로 변경되는 정도에까지 이르지 않는다면 이를 국회법상의 수정동의에 해당하는 것으로 볼 수 있다. 따라서 피청구인이 이러한 입장

에 따라 이 사건 수정안을 적법한 것으로 보고 의안을 처리하였다 하더라도 이를 위 국회법의 규정에 위배된다고 할 수는 없다. 더욱이 국회의 과거 관례를 살펴보면, 원안에 포함되어 있지 않은 새로운 사항을 규정한 본회의 수정안을 국회법상 수정동의로 처리한 사례를 어렵지 않게 발견할 수 있으므로 피청구인의 판단이 현저하게 자의적인 것이라 보기도 어렵다. 2) 그밖에 청구인들은 금융지주회사법 수정안과 유사한 내용의 정부 제출 개정안이 정무위원회에서 심사되고 있음을 들어, 이 사건 금융지주회사법 수정안의 제출이 위원회에서의 심의를 잠탈한 것이라는 취지로 주장한다. 그러나 위원회에서 심사 중인 안건과 유사한 내용의 수정안을 본회의에 제출하는 것이 금지되어 있다고 보기 어렵고, 위에서 살핀 바와 같이 금융지주회사법 수정안이 국회법상 수정동의에 해당되는 이상 위원회의 심사를 거치지 아니하고 본회의에 곧바로 제출될 수 있는 것이므로 이로써 국회법의 규정을 위반한 경우로 볼 수는 없다.

* 여하튼 위 결정들 이후 국회법 제95조 제5항에 "수정동의는 원안 또는 위원회에서 심사보고한 안의 취지 및 내용과 직접 관련성이 있어야 한다. 다만, 의장이 각 교섭단체대표의원과 합의를 하는 경우에는 그러하지 아니하다"라는 규정이 2010.3.12. 국회법 개정으로 신설되었고 현재에도 그렇게 규정되어 있다.

(나) 예외(수정불가)

수정이 인정되지 않는 경우가 있다. 바로 선거구법률안 또는 선거구법률안이 포함된 법률안의 경우이다. 즉 국회의장은 선거구법률안 또는 선거구법률안이 포함된 법률안이 국회의 소관 상임위원회 또는 선거구획정에 관한 사항을 심사하는 특별위원회에 의해 제안된 후 처음 개의하는 본회의에 이를 부의하여야 하는데 이 경우 본회의는 국회법 제95조 제1항 및 제96조에도 불구하고 그 법률안을 수정 없이 바로 표결한다(공직선거법 제24조의2 6항 후문).

3) 절차

본회의 단계에서 제출되는 수정안은 새로운 추가, 삭제 등이 이루어지는 것이면서 한편으로는 오늘날 상임위원회중심주의에서 위원회심사가 입법심사에서 중요한데도 위원회의 심사를 거치지 않은 것이라는 점에서, 다른 한편으로는 그러면서도 위원회가 부의한 본래의 법률안에 대한 수정이 가해질 수 있는 것이라는 점에서 입법의 충실성을 갖추지 못할 우려가 있다. 그러므로 수정안에 대해서는 그 표결 이전에 충분한 질의·토론과 검토가 이루어지도록 하는 절차가 필요하다.

(가) 수정안의 제출

법률안에 대한 수정동의는 그 안을 갖추고 이유를 붙여 의원 30인 이상의 찬성자와 연서하여 미리 의장에게 제출하여야 한다(국회법 제95조 1항).[1] 위원회에서 심사보고한 수정안은 찬성없이 의제가 되는데 위원회는 소관사항 외의 안건에 대하여는 수정안을 제출할 수 없다(동법 동조 2항·3항).

(나) 취지설명, 질의·토론

수정안에 대해서도 수정안의 제안자가 취지를 설명하고 본래의 법률안에 대한 것과 같이

1) 비교 : 예산안에 대한 수정동의는 50인 이상의 찬성이 있어야 한다(국회법 제95조 1항 단서).

의원들의 질의·토론이 있게 된다.

(다) 표결순서

동일 법률안에 대하여 수개의 수정안이 제출된 때에는 의장은 다음 같은 순서로 표결의 순서를 정한다. ① 최후로 제출된 수정안부터 먼저 표결한다. ② 의원의 수정안은 위원회의 수정안보다 먼저 표결한다. ③ 의원의 수정안이 수개 있을 때에는 원안과 차이가 많은 것부터 먼저 표결한다(동법 제96조 1항). 수정안이 전부 부결된 때에는 원안을 표결한다(동법 제96조 2항). 이는 아래의 헌재결정에 따르면 수정안이 가결되면 원안에 대한 표결없이도 원안도 같이 가결된 것으로 본다는 의미이다.

판례 헌재 2008.4.24. 2006헌라2, 판례집 20-1 상, 446면

[청구인주장] 정세균 의원이 대표 발의한 수정안 중 제8조의2(재산의 이전보고)와 제23조(임원의 겸직 금지)등 2개 조문은 원안에는 존재하지 않았던 전혀 새로운 조문이다. 따라서 위 수정안은 동일 의제임을 전제로 하고 있는 국회법 제96조 소정 수정안이 아니라, 실제로는 새로운 개정안의 발의이다. 또한 원안 중 제10조의2(출연자의 정관 기재) 등 6개 조문에 대하여는 위 수정안이 전혀 원안의 내용을 수정한 바가 없으므로 위 6개 조문에 관한 한 개정안 원안만 존재할 뿐 수정안은 존재하지 않는다. 따라서 원안에 없었던 위 2개 조문에 대해서는 새로운 개정안의 발의로 보아 소관 상임위원회에 회부하여 그 심의를 거치도록 하여야 하였고, 수정안이 존재하지 않는 위 6개 조문에 대하여는 수정안과 별도로 표결을 하여야 하였다. 그럼에도 불구하고 피청구인은 수정안이 가결되었다는 이유로 위 6개 조문에 대하여 별도 표결에 붙이지 않은 채 '수정한 부분은 수정안대로, 기타 부분은 원안대로' 가결되었음을 선포하였다. 이는 수정안의 표결 방법을 규정한 국회법 제96조를 위반한 것이다.

[결정이유] 청구인들은, 이 사건 수정안 중 제8조의2(재산이전의 보고)와 제23조(임원의 겸직 금지)등 2개 조문은 이 사건 원안에는 존재하지 않았던 전혀 새로운 조문으로 위 수정안은 동일 의제임을 전제로 하는 국회법상 수정안이 아니므로 피청구인은 이를 소관 상임위원회에 회부하여 그 심의를 거치도록 하였어야 하였는데 이를 위반하였고, 또한 제10조의2(출연자의 정관기재) 등 6개 조문에 대하여는 이 사건 수정안이 원안의 내용을 전혀 수정한 바가 없으므로 이 사건 수정안이 아닌 원안으로서 별도로 표결하도록 하였어야 하는데 이를 위반하였다고 주장한다. 살피건대, 국회법상 수정안의 범위에 대한 어떠한 제한도 규정되어 있지 않은 점과 국회법 규정에 따른 문언의 의미상 수정이란 원안에 대하여 다른 의사를 가하는 것으로 새로 추가, 삭제, 또는 변경하는 것을 모두 포함하는 개념이라는 점에 비추어, 어떠한 의안으로 인하여 원안이 본래의 취지를 잃고 전혀 다른 의미로 변경되는 정도에까지 이르지 않는다면 이를 국회법상의 수정안에 해당하는 것으로 볼 것이다(헌재 2006.2.23. 2005헌라6, 판례집 18-1상, 82, 91). 그런데 이 사건 수정안 역시 이 사건 원안과 마찬가지로 모두 사립학교법인의 설립과 운영에 관한 것으로서 총 28개의 개정조문 중에서 수정조문이 18개에 이르는 점에 비추어 볼 때, 이 사건 수정안이 원안의 본래의 취지를 잃고 전혀 다른 의미로 변경될 정도에까지 이르렀다고 볼 수 없다. 따라서 이 사건 수정안이 국회법상 수정안의 범위를 초과하였음을 전제로 하는 청구인들의 첫 번째 주장은 이유 없다.

한편 국회법 제96조 제2항은 수정안이 전부 부결된 때에만 원안을 표결하도록 하여 수정안이 가결된 경우에는 원안에 대한 표결이 필요 없는 것으로 규정하고 있으므로, 국회법상 수정안에 해당하는 경우에는 그 표결에 원안의 내용에 대한 표결 역시 포함되어 있는 것으로 보아야 한다(헌재 2006.2.23. 2005헌라6, 판례집 18-1상, 82, 90). 결국 이 사건 수정안에 대한 표결에는 원안의 내용이 수정되지 않은 제10조의2(출연자의 정관기재) 등 6개 조문에 대한 표결도 아울러 행하여졌다 할 것이므로, 청구인들의 두

번째 주장 역시 이유 없다.

(6) 본회의 표결

1) 절차와 방식

본회의에서 질의 · 토론이 종료되면 국회의장은 표결에 들어갈 것을 선포하고 안건에 대한 투표절차를 진행하여야 한다. 전자표결 등 그 표결방식 등은 앞서 보았다(앞의 국회절차 중 표결절차 참조).

2) 본회의 표결절차에서의 권한침해 인정례

다음의 사례들이 권한쟁의심판을 통해 본회의에서 표결권한 침해로 인정된 예들이다. 헌재는 권한침해를 인정하더라도 가결선포행위 자체에 대한 무효확인은 하지 않아 오고 있어서 문제이다.

① 개의일시 불통지, 비공개에 의한 표결권 침해

판례 헌재 1997.7.16. 96헌라2

[사건개요] 국회부의장은 1996.12.26. 06 : 00경 피청구인을 대리하여 신한국당 소속 국회의원 155인이 출석한 가운데 제182회 임시회 제1차 본회의를 개의하고 국가안전기획부법중개정법률안, 노동조합및노동관계조정법안, 근로기준법중개정법률안, 노동위원회법중개정법률안, 노사협의회법중개정법률안을 상정, 표결을 하여 가결되었음을 선포하였다. 이에 새정치국민회의 및 자유민주연합 소속 국회의원인 청구인들은 1996.12. 30. 피청구인이 야당 국회의원인 청구인들에게 변경된 개의시간을 통지하지도 않은 채 비공개로 본회의를 개의하는 등 헌법 및 국회법이 정한 절차를 위반하여 위 법률안을 가결시킴으로써 독립된 헌법기관인 청구인들의 법률안 심의 · 표결권을 침해하였다고 주장하면서 그 권한침해의 확인과 아울러 위 가결선포행위에 대한 위헌확인을 구하는 이 사건 권한쟁의심판을 청구하였다. [결정요지] 국회는 국민의 대표기관, 입법기관으로서 폭넓은 자율권을 가지고 있고, 그 자율권은 권력분립의 원칙이나 국회의 지위, 기능에 비추어 존중되어야 하는 것이지만, 한편 법치주의의 원리상 모든 국가기관은 헌법과 법률에 의하여 기속을 받는 것이므로 국회의 자율권도 헌법이나 법률을 위반하지 않는 범위내에서 허용되어야 하고 따라서 국회의 의사절차나 입법절차에 헌법이나 법률의 규정을 명백히 위반한 흠이 있는 경우에도 국회가 자율권을 가진다고는 할 수 없다. 이 사건은 국회의장이 국회의원의 헌법상 권한을 침해하였다는 이유로 국회의원인 청구인들이 국회의장을 상대로 권한쟁의심판을 청구한 사건이므로 이 사건 심판대상은 국회의 자율권이 허용되는 사항이라고 볼 수 없고, 따라서 헌법재판소가 심사할 수 없는 국회내부의 자율에 관한 문제라고 할 수는 없다. ▸권한침해확인청구에 대한 판단 : 국회의원의 법률안 심의 · 표결권은 비록 헌법에는 이에 관한 명문의 규정이 없지만 의회민주주의의 원리, 입법권을 국회에 귀속시키고 있는 헌법 제40조, 국민에 의하여 선출되는 국회의원으로 국회를 구성한다고 규정하고 있는 헌법 제41조 제1항으로부터 당연히 도출되는 헌법상의 권한이다. 국회법 제76조에 의하면 림시회 본회의 개의일시는 국회의원들에게 통지되어야 하며, 특히 긴급을 요한다고 인정될 때에도 회의의 개의일시만은 상당한 방법으로 의원 개개인에게 통지하지 않으면 아니됨이 명백하다. 피청구인이 청구인들에게 본회의 개의일시를 적법하게 통지하였는지의 점에 관하여 보건대, 피청구인은 그의 요청에 따라 신한국당의 수석부총무가 05:30경 새정치국민회의와 자유민주연합의 수석부총무들에게 전화로 개의시각이 06:00로 변경되었음을 통지하였다고 하는 반면, 청구인들은 위 전화통지를 받은 것은 06:10분경이었다고 주장하는바, 설사 피청구인이 주장하는 대로의 통지가 있었다 하더라도 그러한 통지는 야당소속 국회의원들의 본회의 출석을 도저히 기대할 수 없는 것으로서 국회법 제76조 제3항에 따

른 적법한 통지라고 할 수 없다. 따라서 이 사건 본회의의 개의절차에는 위 국회법의 규정을 명백히 위반한 흠이 있다고 아니할 수 없다. 한편 피청구인이 주장하는 바와 같이 이 사건 법률안의 의결처리 과정에서 청구인들의 일부가 포함된 야당의원들이 위력을 행사하여 본회의 개의를 저지함으로써 국회운영의 정상적인 진행을 봉쇄하였다는 이유만으로 피청구인의 위법행위가 정당화된다고 할 수 없다. 그렇다면 사건에서 피청구인이 국회법 제76조 제3항을 위반하여 청구인들에게 본회의 개의일시를 통지하지 않음으로써 청구인들은 이 사건 본회의에 출석할 기회를 잃게 되었고 그 결과 이 사건 법률안의 심의·표결과정에도 참여하지 못하게 되어 피청구인의 그러한 행위로 인하여 청구인들이 헌법에 의하여 부여받은 권한인 법률안 심의·표결권이 침해되었음이 분명하다.

* 이 결정에서나 아래 결정례들에서 헌재는 줄곧 국회의원의 권한침해는 인정하였으나 법률안의 가결선포행위에 대해서는 그 위헌무효임을 확인해달라는 청구를 기각하여 무효선언을 하지 않았다. 우리는 무효확인에 가지 않은 결론을 받아들일 수 없다고 본다(이에 관해서는 후술, 권한침해인정의 무효확인 기각결정에 대한 검토 부분 : ①의 결정에 대한 평석이 담긴 졸고, 위 논문, 고시계, 1998 참조).

② **표결과정의 현저한 무질서와 불합리 내지 불공정** – 헌재는 현저한 무질서와 불합리 내지 불공정이 표결 결과의 정당성에 영향을 미쳤을 개연성이 있는 경우라면 헌법 제49조 및 국회법 제109조에 반하는 권한침해라고 본다. 이른바 미디어법파동 사안의 신문법안의 표결과정에서 권한 없는 자에 의한 임의의 투표행위, 위법한 무권 또는 대리투표행위로 의심받을 만한 여러 행위, 투표방해 또는 반대 투표행위 등 그 표결 절차는 자유와 공정이 현저히 저해되어 헌법 제49조 및 국회법 제109조가 규정한 다수결 원칙에 위배된다고 보아 권한침해를 인정하였다.

판례 헌재 2009.10.29. 2009헌라8등

[결정요지] 헌법 제49조가 천명한 다수결의 원칙은 국회의 의사결정 과정의 합리성 내지 정당성이 확보될 것을 전제로 한 것이고, 국회의원의 법률안 표결권은 국회의 구성원으로서 자신과 다른 국회의원의 표결권이 모두 정당하게 행사되고 확인되는 과정을 거쳐 국회의 최종 의사로 확정되는 국회입법권의 근본적인 구성요소이다. 따라서 법률안에 대한 표결의 자유와 공정이 현저히 저해되고 이로 인하여 표결 결과의 정당성에 영향을 미칠 개연성이 인정되는 경우라면, 그러한 표결 절차는 헌법 제49조 및 국회법 제109조가 규정한 다수결 원칙의 대전제에 반하는 것으로서 국회의원의 법률안 표결권을 침해한다. 신문법 수정안 표결 전후의 무질서하였던 회의장 상황 및 현행 전자투표 방식의 맹점 등을 고려할 때, 피청구인으로서는 표결과정에서 요구되는 최소한의 질서를 확보하고 위법한 투표행위나 투표 방해행위를 제지하는 등의 조치를 취하였어야 함에도 그러지 못한 결과, 신문법 수정안에 대한 표결 과정에 권한 없는 자에 의한 임의의 투표행위, 위법한 무권 또는 대리투표행위로 의심받을 만한 여러 행위, 투표방해 또는 반대 투표행위 등 정상적인 절차에서 나타날 수 없는 투표행위가 다수 확인되는바, 신문법 수정안에 대한 표결 절차는 자유와 공정이 현저히 저해되었다. 신문법 수정안 표결 전후 상황, 위법의 의심이 있는 투표행위의 횟수 및 정도 등을 종합하면, 신문법 수정안의 표결 결과는 극도로 무질서한 상황에서 발생한 위법한 투표행위, 정당한 표결권 행사에 의한 것인지를 객관적으로 가릴 수 없는 다수의 투표행위들이 그대로 반영된 것으로서, 표결과정의 현저한 무질서와 불합리 내지 불공정이 표결 결과의 정당성에 영향을 미쳤을 개연성이 있다. 결국, 피청구인의 신문법안 가결선포행위는 헌법 제49조 및 국회법 제109조의 다수결 원칙에 위배되어 청구인들의 표결권을 침해한 것이다.

6. 상임위를 배제한 본회의에서의 의결

(1) 심사기간지정제와 신속처리제의 경우

1) 경우

ⅰ) **심사기간지정제** 위에서 본대로 의장은 국회법 제85조 제1항은 위원회의 심사기간을 정할 수 있는데 동법 제85조 제2항은 "제1항의 경우 위원회가 이유없이 그 기간 내에 심사를 마치지 아니한 때에는 의장은 중간보고를 들은 후[1] 다른 위원회에 회부하거나 바로 본회의에 부의할 수 있다"라고 규정하여 심사기간을 도과한 경우에 본회의에 부의할 수 있도록 하는 제도를 두고 있다.

ⅱ) **신속처리제** 위에서 본대로 신속처리대상안건으로 지정되면 그 지정일부터 180일 이내에 심사를 마쳐야 하는데 이 기간 내에 마치지 못하면 그 기간이 종료된 다음 날에 바로 본회의에 부의된 것으로 본다(동법 제85조의2).

2) 위원회심사를 경유하지 않은 데 대한 조치 - 취지설명, 질의, 토론, 표결

국회법 제93조 단서는 위원회의 심사를 거치지 아니한 안건에 대하여는 제안자가 그 취지를 설명하여야 한다고 규정하고 있다. 의원들이 그 입법취지 등을 인식하도록 하기 위한 것임은 물론이다. 그런데 헌재는 의장이 직권부의한 법률안들에 대해 이러한 제안자의 취지설명 없이 제안자의 취지설명을 컴퓨터 단말기로 대체한 뒤 가결한 것도 적법하다고 본다. 2005년 사립학교법개정법률안, 2009년 미디어법안, 2010년 서울대학교법안에 관한 권한쟁의사건결정 등의 경우가 그 예로 헌재는 취지설명의 방식에는 제한이 없으므로 위와 같은 대체가 위 국회법 제93조 단서를 위반하였다고 할 수 없다고 하여 청구를 기각하였다(헌재 2008.4.24. 2006헌라2; 2009.10.29. 2009헌라8; 2012.2.23. 2010헌라6등. 이 결정들에 대해서는 앞의 본회의 의사절차 중 위원회 심사를 거치지 않은 안건 부분 참조).

위원회의 심사를 거치지 않은 안건의 경우에는 본회의의 의결이 있더라도 본회의에서의 질의·토론을 생략할 수 없다(동법 제93조 단서 후문). 그런데 헌재는 실제 운영상 질의신청이 없는 경우에는 질의 부분을 생략해도 무방하다고 하면서 질의신청을 하는 의원이 없다고 보아 질의·토론을 생략하고 이루어진 가결선포행위가 국회의원의 심의·표결권을 침해할 정도가

---

1) 중간보고를 듣지 않았다는 주장의 권한쟁의심판청구를 기각한 예 : 헌재 2008.4.24. 2006헌라2. [결정요지] 청구인들은 피청구인이 국회법 제85조 제2항에 의한 중간보고절차를 무시하고 이 사건 원안을 본회의에 직권 상정함으로써 위 규정을 위반하였다고 주장한다. 본회의 직권 상정에 앞서 중간보고를 듣는 목적은 위원회의 심사상황을 파악하고 앞으로의 심사전망 등을 판단하기 위한 것으로, 그 형식은 서면 외에 구두로도 할 수 있다. 그런데 이 사건 기록에 나타난 자료에 의하면, 피청구인이 2005.6.30. 심사기간을 같은 해 9.16.까지로 정하여 사립학교법 중 개정법률안을 교육위원회에 회부하였음에도 불구하고 교육위원회가 지정된 심사기간 내에 심사를 마치지 못하였을 뿐만 아니라 서면 중간보고도 하지 않자, 피청구인은 교육위원장과의 전화 등을 통하여 심사보고를 구두로 듣고 심사상황을 계속 파악하여 오다가 결국 더 미룰 수 없다고 판단하여 직권 상정한 사실을 인정할 수 있는바, 이러한 사정에 비추어 볼 때 피청구인이 국회법 제85조 제2항을 위반하였다고 보기 어렵다.

아니라는 입장이다(헌재 2008.4.24. 2006헌라2). 헌재는 반면에 토론신청 불능 상항에서 토론의 신청조차 받지 않은 경우 질의·토론권을 침해한다고 본다(헌재 2009.10.29. 2009헌라8등. 이 결정과 앞의 2006헌라2 결정에 대해서도 앞의 본회의 의사절차 중 위원회 심사를 거치지 않은 안건 부분 참조).

(2) 위원회의 해임

위원회에서 폐기된 의안이더라도 위원회의 결정이 본회의에 보고된 날로부터 폐회 또는 휴회 중의 기간을 제외한 7일 이내에 의원 30인 이상의 요구가 있을 때에는 그 의안을 본회의에 부의하여야 한다(동법 제87조 1항). 이를 '위원회의 해임'이라고 한다.

1) 취지

위 규정은 다음의 관념이 전제되어 있다. 즉 국회가 그 의사의 결정은 집약성과 효율성을 위하여 상임위원회에 맡기면서 어디까지나 최종결정은 본회의에서 이루어지도록 하는데 위원회에서 가결된 경우에는 본회의에 부의가 되면 그렇게 될 것이나 위원회의 폐기로 본회의에 부의하지 않게 된다면 그 최종결정을 본회의가 행할 수 없게 되므로 그 경우에 위원회 해임제도를 통하여 본회의에 최종결정을 할 수 있는 기회를 부여하자는 것이다.

2) 요구정족수

30인 이상의 의원의 요구로 한 것은 법률안을 발의하는 정족수(10인)보다 많다. 이는 상임위원회에서 결정한 바를 폐기하는 것이므로 그리고 상임위중심주의를 고려한다면 그 결정을 폐기할 만큼 상당한 의원수의 요구가 정당성을 가진다고 본 때문이다.

3) 기간

휴회, 폐회 기간을 제외하고 7일 이내 기간을 부여하는 것은 의원들이 검토할 적정한 시간을 주면서도 조속한 시일 내에 법률안의 심의를 마무리하기 위한 것이다.

7. 세입예산안 부수 법률안, 예산 또는 기금상의 조치를 수반하는 법률안의 입법절차의 특색, 체계·자구심사의 특색

위에서 일반적인 입법절차에 대해 살펴보았는데 세입예산안 부수 법률안 등 그 절차에 예외가 있는 경우를 아래에 살펴본다.

(1) 세입예산안 부수 법률안

① **본회의 자동부의제도** 위원회는 세입예산안 부수 법률안의 심사를 매년 11월 30일까지 마쳐야 하는데 이 기한 내에 심사를 마치지 아니한 때에는 그 다음 날에 위원회에서 심사를 마치고 바로 본회의에 부의된 것으로 본다. 다만, 의장이 각 교섭단체대표의원과 합의한 경우에는 그러하지 아니하다(동법 제85조의3 1항·2항).

② **무제한토론제** 세입예산안 부수 법률안에 대하여는 무제한토론에 관한 조항인 제106조의2 제1항부터 제9항까지의 규정을 매년 12월 1일까지 적용하고, 같은 항에 따라 실시 중인

무제한 토론, 계속 중인 본회의, 제출된 무제한 토론의 종결동의에 대한 심의절차 등은 12월 1일 자정에 종료한다(동법 제106조의2 10항).

(2) 예산 또는 기금상의 조치를 수반하는 법률안 경우의 입법절차의 특색

① **법안제출에서의 특색** 예산 또는 기금상의 조치를 수반하는 법안을 발의, 제안, 제출할 때에는 그 시행에 수반될 것으로 예상되는 비용에 대한 추계서를 아울러 제출하여야 한다(동법 제79조의2).

② **심사과정상 특색** ㉠ 예산 관련 법률안에 대한 예산결산특별위원회와의 협의 – 기획재정부 소관에 속하는 재정관련 법률안과 상당한 규모의 예산 또는 기금상의 조치를 수반하는 법률안을 심사하는 소관위원회는 미리 예산결산특별위원회와의 협의를 거쳐야 하고, 소관위원회는 기획재정부 소관에 속하는 재정관련 법률안을 예산결산특별위원회와 협의하여 심사함에 있어서 예산결산특별위원장의 요청이 있는 때에는 연석회의를 열어야 한다(동법 제83조의2 1항·3항). ㉡ 정부의견의 청취 – 위원회는 안건이 예산상의 조치를 수반하는 경우에는 정부의 의견을 들어야 하며, 필요하다고 인정하는 경우에는 의안의 시행에 수반될 것으로 예상되는 비용에 관하여 국회예산정책처의 의견을 들을 수 있다(동법 제58조 7항).

③ **심사보고서의 제출상 특색** 위원회는 안건의 심사를 마친 때에는 심사경과와 결과 기타 필요한 사항을 서면으로 의장에게 보고하여야 하는데 그 안건이 예산 또는 기금상의 조치를 수반하고 위원회에서 수정된 경우에는 그 보고서에 그 안건의 시행에 수반될 것으로 예상되는 비용에 대하여 국회예산정책처가 작성한 추계서를 첨부하여야 한다(동법 제66조 2항).

(3) 법제사법위원회의 법률안 체계·자구심사의 특색

① 의안의 대기(숙고)기간이 일반법률안의 기간에 비해 짧다(5일. 동법 제59조).

② 그 심사에 있어서 제안자의 취지설명과 토론을 생략할 수 있다(동법 제86조 1항 후문).

③ 안건의 신속처리제도가 적용되는데 다만, 그 심사종료기한이 짧다(동법 제85조의2 3항). 본회의 자동부의제도도 적용된다(동법 제85조의3 2항).

④ 심사기간지정·본회의부의요구제, 심사시한제가 있다(동법 제86조 2항·3항·4항).

⑤ 비적용 – 안건조정위원회제도(동법 제57조의2), 입법예고제(동법 제82조의2), 제정법률안 및 전부개정법률안에 대한 축조심사생략불가, 의무적 공청회 또는 청문회 개최의 규정(동법 제58조 5항 단서·6항·9항) 등은 적용되지 않는다.

8. 법률안의 정리, 정부이송 등

(1) 법률안의 정리

1) 의의

본회의는 법률안의 의결이 있은 후 서로 저촉되는 조항·자구·수자 기타의 정리를 필요로 할 때에는 이를 의장 또는 위원회에 위임할 수 있다(동법 제97조). 법제사법위원회의 체계·자구심사를 거쳤는데 본회의 결과 변화가 올 수 있는데 다시 법제사법위원회 심사에 넘길 수 없고 이러한 변화를 그 취지에 맞고 바르게, 그리고 착오가 있었던 어휘나 수자 등을 최종적으로 수정하고 그 뜻을 국민이 제대로 받아들일 수 있는 문언, 자구 등으로 다듬기 위해 의장이나 위원회가 정리하도록 하는 것이다. 또한 위에서 살펴본 바 있는 심사기간지정, 신속처리, 위원회의 해임 등에서와 같이 위원회 의결없이 본회의에 바로 부의되면서 법제사법위원회의 체계·자구심사를 거치지 않은 경우에도 위와 같이 정리가 필요하다.

2) 위임

위의 정리를 국회법은 본회의의 위임을 받아 하도록 하고 있다. 본회의의 명시적인 위임 없이도 의장이 정리할 수 있는지가 문제되는데 실무 관행은 위임이 없어도 해오고 있었다. 헌재는 "법률안의 정리가 필요한 경우에는 당해 법률안을 의결할 때나 의결한 후 지체 없이 국회의장이나 위원회에 이를 위임해야 할 것이다"라고 판시하면서도 같은 결정에서 곧이어 "국회의장이 본회의의 위임 없이 법률안을 정리하더라도 그러한 정리가 본회의에서 의결된 법률안의 실질적 내용에 변경을 초래하는 것이 아닌 한 헌법이나 국회법상의 입법절차에 위반된다고 볼 수는 없다"라고 판시한 바 있다.[1] 헌재는 "그 내용을 변경하지 않는 범위 내에서 자구 등을 수정하여 간단히 해결할 수 있는 법률안까지 일일이 본회의에 회부하여 재의결하도록 한다면, 이는 오히려 효율적인 국회 운영을 저해하는 요인이 될 것"이라고 그 이유를 설시하고 있다.

3) 위임·정리의 범위

헌재는 "입법절차 등을 규정한 헌법 제40조, 제49조 및 제53조에 의하면, 법률안의 정리를 위임하는 것은 자구·숫자의 수정 또는 법률안의 체계나 형식의 정비 등 단순한 사항에 국한되는 것이고, 그 범위를 넘어 국회의장이나 위원회에 폭 넓은 수정의 재량 여지를 주는 것은 아니라 할 것이며"라고 한다.

4) 문언 불일치의 적법성 여부 판단 기준

(가) 헌재의 입장

정리가 되면 국회가 정부에 그 법률안을 이송한다. 그런데 국회 본회의에서 원래 의결한 조항, 자구와 다르게 의장이 정리하여 정부에 이송된 조항, 자구의 효력은 어떠할 것인가가 문제될 수 있다. 헌재는 위에서 본대로 법률안의 실질적 내용에 변경을 초래하는 것이 아닌 한 효력이 있다고 보아 사실상 실질설을 취한다고 하겠다.

(나) 결정례

위의 취지로 판단한 다음과 같은 결정례가 있었다. 국회 본회의가 '게임산업 진흥에 관한

---

1) 헌재 2009.6.25. 2007헌마451.

법률'(이하 '게임산업진흥법'이라 함) 제32조 제1항에 제7호로 "누구든지 게임물의 이용을 통해 획득한 유·무형의 결과물(점수, 경품, 게임 내에서 사용되는 가상의 화폐로서 대통령령이 정하는 게임머니 및 대통령령이 정하는 이와 유사한 것을 말한다)을 환전 또는 환전알선하거나 재매입하는 행위를 업으로 하여서는 아니 된다"라는 내용을 신설하는 등의 게임산업진흥법 일부개정 법률안을 의결하였다. 그런데 위 개정 법률안 부분은 그 후 "누구든지 게임물의 이용을 통하여 획득한 유·무형의 결과물(점수, 경품, 게임 내에서 사용되는 가상의 화폐로서 대통령령이 정하는 게임머니 및 대통령령이 정하는 이와 유사한 것을 말한다)을 환전 또는 환전알선하거나 재매입을 업으로 하는 행위"로 수정되어 정부로 이송되고, 2007.1.19. 법률 제8247호로 공포·시행되었다. 이에 청구인들은, 위 개정 내용이 국회 본회의에서 의결된 것과 다르게 공포되어 성립의 형식에 있어 헌법상 적법절차에 위배된다는 주장의 헌법소원심판이 청구되었다.

[해설] 위 의결원안과 이송안의 차이는 굵게 밑줄 표시한 부분임. 양자의 차이는 전자의 문언을 보면 환전 또는 환전알선을 업으로 하는 경우에만 금지되는 것으로 읽히는 반면에 후자의 문언을 보면 업으로 하지 않는 환전, 환전알선하는 행위도 금지되는 것으로 읽힌다는 것이다. 즉 원안은 '업'으로 하는 행위를 금지하면서 그 업이 되는 대상으로 환전, 환전알선, 재매입 세 행위 모두를 규정한 반면 이송안은 '하거나' '하는' 행위를 금지하면서 '하는'은 '업으로' 하는 행위인데 그 '업'의 대상은 재매입만이라고 규정한 것으로 해석될 수 있다. 이러한 해석은 원래 본회의 의결안보다 확장해석을 가져온다. 이러한 문언 차이는 사실 체계를 정리하다가 나오게 된 것이긴 하였다. 즉 문제 조항이 기존의 제1호 내지 제6호는 "… 하는 행위"라고 열거하는 문언으로 되어 있었는데 신설된 제7호가 "환전 또는 환전알선하거나 재매입하는 행위를 업으로 하여서는 아니 된다"라는 서술형식으로 되어 있어서 이 제7호의 규정을 제1호 내지 제6호의 형식과 조화를 이루도록 "… 하는 행위"로 그 체계를 정리한 때문에 발생한 것이긴 하다.
[헌재결정] 헌재도 그 점을 인정하면서도 원래 본회의에서의 의결된 입법의 목적을 보면 환전업·환전알선업·재매입업으로 알 수 있고 법원이나 행정관청 등 법집행기관으로서는 이 입법목적에 비추어 당초 예정하였던 대로 그 금지대상을 한정하여 적용할 것이 예상되므로, 문제의 법률조항의 궁극적인 적용 범위 및 그 결과는 본회의 의결안과 동일하고 본회의에서 의결된 개정 법률안의 내용에 어떠한 변경을 초래한 것이 아니라 할 것이므로 적법절차의 원칙에 위배된다 할 수 없다고 결론내렸다. 이 결정에는 소수 반대의견이 있었다.
[평가] 헌재의 위 법리의 취지는 받아들일 수 있을 것이나 실질적 내용상의 변경인지 여부가 객관적인지 의문이다. 조항, 자구의 문언의 표현이 뚜렷하지 않으면 이는 적법절차도 그러니와 명확성원칙에도 반하게 되므로 이견이 나올 수 있는 표현의 조항, 자구에 대해서는 이를 분명하게 밝히고 수정하는 노력이 중요하다. 위 결정에서 헌재의 해석은 법률해석의 한계 내에 있다고 보기 어렵다. 위 사안에서 체계정리 때문에 생긴 차이가 발견되었으면 이를 적극적으로 수정하는 국회의 노력이 있도록 헌재가 이끌었어야 했다. 위 결정 이후에도 위 제7호의 규정문언은 위 결정의 심판대상 규정의 문언 그대로이다.

(2) 의안의 이송

국회에서 의결된 의안은 의장이 이를 정부에 이송한다(동법 제98조 1항).

9. 법률의 확정

(1) 개념

i) 법률안의 의결과 법률의 확정은 다른 개념이다. 국회에서 법률안이 의결되었다고 하더라도 대통령의 법률안재의요구권행사가 있을 수 있기에 법률안이 법률로서 확정되지 않는 유동적인 상태에 있을 수 있다. 따라서 법률안이 국회에서 의결되었다는 것과 법률이 확정되었다는 것은 구분해야 하는 개념이다. ii) 법률의 확정은 법률의 발효와 구분된다. 법률이 법률로서 존재하기 시작하는 시점은 법률의 확정 시점이지만 법률이 확정되었다고 하여 효력을 즉시 발생하는 것은 아니다. 발효를 위하여서는 공포가 있어야 한다. 그렇다고 하여 법률이 공포되기 전에 법률로서 존재하지 않는 것은 아니다. 어디까지나 법률로서 성립되어 존재하긴 한다. 결국 '법률안의 국회의결' → '법률의 확정' → '법률의 공포 및 발효'의 단계를 밟게 된다.

(2) 법률의 확정시기

1) 공포기간 내의 확정

국회에서 의결된 법률안은 정부에 이송되어 15일 이내에 대통령이 공포한다(제53조 1항). 이 15일의 기간 내에 공포가 되는 경우에는 공포와 동시에 법률이 확정된다고 보아야 한다.

2) 공포기간의 도과에 의한 확정

대통령이 정부에 이송되어 15일의 기간 내에 공포나 재의의 요구를 하지 아니한 때에도 그 법률안은 법률로서 확정된다(제53조 5항).

3) 법률안재의요구(거부권행사)와 재의결에 의한 확정

대통령의 법률안에 대한 재의의 요구가 있을 때에는 국회는 재의에 붙이고, 재적의원과반수의 출석과 출석의원 3분의 2 이상의 찬성으로 전과 같은 의결을 하면 그 법률안은 법률로서 확정된다(제53조 4항 법률안재의제도에 관한 자세한 것은 대통령의 권한 부분 참조). 국회가 원래의 법률안대로 재의결하지 않고 수정하는 법률안을 의결한 경우에는 물론 확정이 되지 않는다.

법률의 확정시기를 도해하면 아래의 그림과 같은데 그림에 나타나 있는 대로 ②의 경우가 ①의 경우보다 확정시기가 빠르다. ③의 확정시기는 국회의 재의결시점에 따라 달라질 수 있다.

* 재의결 시한 불명시의 문제점 – 국회에서의 재의결에 시한이 헌법상 정하여져 있지 않아 대통령의 재의요구 이후 국회의 재의결 여부가 장기간 지연될 경우에 법률의 확정이 지연될 수 있어 법적 안정성 등에 바람직하지 않다. 앞으로 헌법개정에서 이에 대한 규정을 마련하는 것이 필요할 것이다.

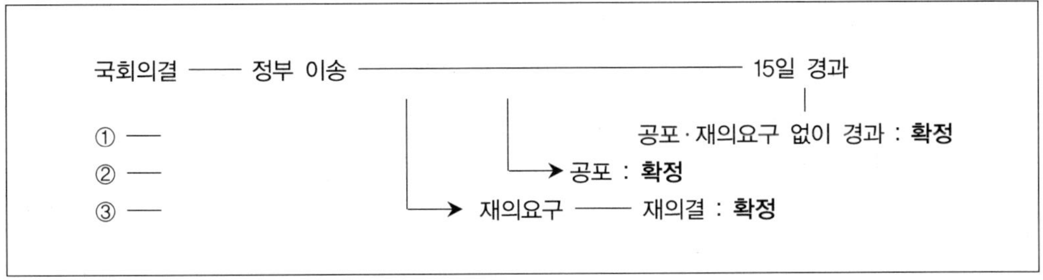

10. 법률(안)의 이송기간

불규정의 문제점 – 법률안(또는 대통령의 거부 이후 재의결하여 다시 이송되는 경우에는 확정법률)이 정부에 적어도 며칠 기간 내에는 이송되어야 하는지에 대해 헌법에 명시적 규정이 없다. ① 대통령이 재의요구(법률안거부)를 할 것인지 여부를 빨리 결정할 수 있게(재의결의 경우가 아닌 경우), 그리하여 법적 안정성을 해치지 않게 하기 위해서나 ② 공포의 지체를 막아 국민의 주지기간을 충분히 가지도록 하기 위해서, 그리고 ③ 공익의 실현을 위한 법률의 시행이 지체됨을 막기 위해서 이송은 가능한 한 신속히 이루어져야 한다. 헌법개정시 최소한의 기간을 헌법에 정해둘 필요가 있다.

11. 법률의 공포와 발효

(1) 법률의 공포의 개념과 의의

법률의 공포는 널리 법률의 존재와 내용을 알리는 절차를 말한다. 공포는 법률이 효력을 발생하기 위한 요건으로서의 의의를 가진다. 법률에 대한 인식과 주지가 전제되지 않고서 국민들에 대해 그 구속력을 가지도록 하는 것은 정당성이 없다는 관념에서 공포가 발효요건이 된다.

(2) 법률의 공포권자와 공포기간

1) 대통령에 의한 공포

공포권자는 대통령이다. 국회에서 의결된 법률안이 정부에 이송되어 15일 이내에 대통령이 공포한다(제53조 1항). 대통령의 재의요구로 재의에 붙여 재의결된 경우에도 공포권자는 대통령이다(제53조 6항 전문).

2) 국회의장에 의한 공포

헌법은 “대통령은 제4항과 제5항의 규정에 의하여 확정된 법률을 지체없이 공포하여야 한다. 제5항에 의하여 법률이 확정된 후 또는 제4항에 의한 확정법률이 정부에 이송된 후 5일 이내에 대통령이 공포하지 아니할 때에는 국회의장이 이를 공포한다”라고 규정하여(동조 6항)

국회의장이 예외적으로 다음과 같은 ⅰ), ⅱ) 두 경우에 공포권자가 될 수 있다.

ⅰ) **법률안이 정부에 이송되어 15일이 지나도록 대통령이 공포나 재의의 요구를 하지 아니하여 법률안은 법률로서 확정된 경우** 이 경우 국회의장이 공포권자가 되는 경우가 있다. 헌법은 대통령은 확정된 법률을 '지체없이' 공포하여야 한다고 규정하고 대통령이 공포하지 않으면 국회의장이 공포하도록 하고 있다(동조 6항 후문). 여기서 국회의장이 공포하게 되는 시작점이 언제인가에 대해 ① 공포·재의요구 없이 15일이 지난 후 다시 5일이 지나도 대통령이 공포하지 않는 때에 국회의장이 공포한다는 견해(5일설)과 ② 5일을 기다릴 것 없이 공포·재의요구 없이 15일이 지나면 바로 국회의장이 공포할 수 있다는 견해(즉시설)로 갈린다. 생각건대 대통령이 공포를 하지 않고 15일이 지났는데 이후 공포를 하는 것으로 의사변화가 있기를 기대하기가 쉽지 않을 것이라고 볼 수도 있으나 헌법문언 자체가 '후' 5일 이내라고 하고 있는 점(즉 '5일 이내'라는 말은 아래에 보는 국회 재의결시 법률이 확정되어 이송된 후뿐 아니라 대통령이 공포·재의요구 없이 15일이 지난 후 확정된 때에도 '후'라고 하여 같이 걸리는 말로 문언이 규정되어 있는 점), 위 즉시설이 '지체없이'라는 말을 강조하나 이는 대통령에게 대해 부과하는 것이고 '지체없이'라는 의무를 부과하는 것은 법률관계의 안정을 위해 가능한 한 신속히 공포할 것을 헌법이 요구하는 것이고 그렇다고 국회의장의 입장에서는 일정기간을 기다리는 것이 권력분립상 타당하다고 보는 것이 헌법의 의사일 것이라는 점을 생각하면 5일설이 타당하다.

ⅱ) **국회 재의결로 확정된 경우** 대통령의 재의요구로 재의에 붙인 결과 재의결되어 확정된 법률이 정부에 이송된 후 5일 이내에 대통령이 공포하지 아니할 때에도 국회의장이 공포한다(동조 동항 후문).

(3) 공포의 방식과 공포일

1) 공포의 방식

ⅰ) **대통령에 의한 공포의 경우** 법률의 공포는 관보에 게재함으로써 하는데, 관보는 종이로 발행되는 관보를 기본으로 하며, 이를 전자적 형태로 전환하여 제공되는 관보를 보완적으로 운영할 수 있는바 관보의 내용 해석 및 적용 시기 등은 종이관보를 우선으로 하며, 전자관보는 부차적인 효력을 가진다('법령 등 공포에 관한 법률' 제11조 1항·3항·4항). 법률 공포문의 전문에는 국회의 의결을 받은 사실을 적고, 대통령이 서명한 후 대통령인을 찍고 그 공포일을 명기하여 국무총리와 관계 국무위원이 부서한다(동법 제5조 1항).

ⅱ) **국회의장에 의한 공포** 대통령이 공포를 하지 않아 국회의장이 법률을 공포하고자 할 때에는 서울특별시에서 발행되는 둘 이상의 일간신문에 게재함으로써 한다(동법 제11조 2항). 국회의장이 공포하는 법률의 공포문 전문에는 국회의 의결을 받은 사실과 대한민국헌법 제53조 제6항에 따라 공포한다는 뜻을 적고, 국회의장이 서명한 후 국회의장인(印)을 찍고 그 공포일을 명기하여야 한다(동법 제5조 2항).

2) 공포일

공포일은 그 법률을 게재한 관보 또는 신문이 발행된 날로 한다(동법 제12조).

(4) 통지

정부는 대통령이 법률안을 공포한 경우에는 이를 지체없이 국회에 통지하여야 한다(국회법 제98조 2항).

헌법 제53조 제6항의 규정에 의하여 대통령이 공포를 하지 아니하여 의장이 공포한 경우에는 대통령에게 통지하여야 한다(동법 제98조 3항).

(5) 발효

법률은 특별한 규정이 없는 한 공포한 날로부터 20일을 경과함으로써 효력을 발생한다(제53조 7항). 국민의 권리제한 또는 의무부과와 직접 관련되는 법률은 긴급히 시행하여야 할 특별한 사유가 있는 경우를 제외하고는 공포일부터 적어도 30일이 경과한 날부터 시행되도록 하여야 한다('법령 등 공포에 관한 법률' 제13조의2).

(6) 대통령령 등의 제출 제도

1) 법규정

국회가 법률의 제정, 개정하면서 구체적 범위를 정하여 대통령령, 총리령, 부령 등 행정입법에 위임한 경우에 그 위임에 근거하여 제정된 대통령령, 총리령, 부령 등 행정입법이 법률의 취지와 그 위임해준 범위를 지켜야 국회입법권이 보장된다. 이를 준수하였는지를 국회가 통제할 수 있는 제도가 행정입법제출제도이다. 이 제도는 점차 보강되어 왔고 현재 아래와 같이 규정되고 있다.

> **국회법** ① 중앙행정기관의 장은 법률에서 위임한 사항이나 법률을 집행하기 위하여 필요한 사항을 규정한 대통령령·총리령·부령·훈령·예규·고시 등이 제정·개정 또는 폐지되었을 때에는 10일 이내에 이를 국회 소관 상임위원회에 제출하여야 한다. 다만, 대통령령의 경우에는 입법예고를 할 때(입법예고를 생략하는 경우에는 법제처장에게 심사를 요청할 때를 말한다)에도 그 입법예고안을 10일 이내에 제출하여야 한다.
> ② 중앙행정기관의 장은 제1항의 기간 이내에 제출하지 못한 경우에는 그 이유를 소관 상임위원회에 통지하여야 한다.
> ③ 상임위원회는 위원회 또는 상설소위원회를 정기적으로 개회하여 그 소관 중앙행정기관이 제출한 대통령령·총리령 및 부령(이하 이 조에서 "대통령령등"이라 한다)의 법률 위반 여부 등을 검토하여야 한다. <개정 2020.2.18.>
> ④ 상임위원회는 제3항에 따른 검토 결과 대통령령 또는 총리령이 법률의 취지 또는 내용에 합치되지 아니한다고 판단되는 경우에는 검토의 경과와 처리 의견 등을 기재한 검토결과보고서를 의장에게 제출하여야 한다. <신설 2020.2.18.>
> ⑤ 의장은 제4항에 따라 제출된 검토결과보고서를 본회의에 보고하고, 국회는 본회의 의결로 이를 처리하고 정부에 송부한다. <신설 2020.2.18.>
> ⑥ 정부는 제5항에 따라 송부받은 검토결과에 대한 처리 여부를 검토하고 그 처리결과(송부받은 검토결과에 따르지 못하는 경우 그 사유를 포함한다)를 국회에 제출하여야 한다. <신설 2020.2.18.>

⑦ 상임위원회는 제3항에 따른 검토 결과 부령이 법률의 취지 또는 내용에 합치되지 아니한다고 판단되는 경우에는 소관 중앙행정기관의 장에게 그 내용을 통보할 수 있다.<신설 2020.2.18.>
⑧ 제7항에 따라 검토내용을 통보받은 중앙행정기관의 장은 통보받은 내용에 대한 처리 계획과 그 결과를 지체 없이 소관 상임위원회에 보고하여야 한다.<신설 2020.2.18.>
⑨ 전문위원은 제3항에 따른 대통령령등을 검토하여 그 결과를 해당 위원회 위원에게 제공한다.<개정 2020.2.18.>
[전문개정 2018.4.17.]

2) 의장에의 제출 및 정부의 처리결과제출의 강제

위 규정에서 보듯이 2020.2.18. 국회법개정으로 상임위원회가 대통령령 또는 총리령의 법률 위반 여부를 검토하여 법률의 취지 또는 내용에 합치되지 아니한다고 판단하는 경우 종전에는 소관 중앙행정기관의 장에게 그 내용을 바로 통보하도록 하던 것을, 앞으로는 검토결과 보고서를 국회의장에게 제출하고 본회의 의결로 이를 처리하여 정부에 송부하도록 바꾸었고, 특히 정부는 제5항에 따라 송부받은 검토결과에 대한 처리 여부를 검토하고 그 처리결과(송부받은 검토결과에 따르지 못하는 경우 그 사유를 포함한다)를 국회에 제출하여야 한다고 강제 제출제도를 두고 있다.

12. 국회 법률제정·개정에 대한 통제

(1) 내용적 통제

국회에서 제정되거나 개정된 법률에 대해서는 내용적으로 헌법에 위반되는지 여부가 판단되어야 한다. 위헌법률심판에서 내용적으로 헌법에 위배되는지 여부에 대한 심사를 통해 통제되는 것은 물론이다.

(2) 입법절차에 관한 통제

국회는 법률을 제정·개정함에 있어서 입법절차를 준수하여야 한다. 그래야 충실하고 이성적이며 보다 양질의 입법을 할 수 있다. 따라서 입법절차 위배 여부도 위헌법률심사 대상에 포함되어 입법절차에 관한 통제가 이루어지게 된다. 그러나 헌재는 "가사 심판대상조항의 입법절차상 하자로 본다고 하더라도, 국회의장의 자구수정이 본회의에서 의결된 법률안의 실질적 내용에 변경을 초래한 것이라고 보기 어려우므로 입법에 관한 적법절차원칙에 위반되었다고 볼 수 없다."라고 하는데(헌재 2018.1.25. 2016헌바315) 적법절차적 위배 여부를 내용의 진위로 해결할 일인지 의문이다. 이는 내용적으로 차이가 없다면 헌법재판에서 절차위배를 이유로 위헌결정을 해보았자 다시 제정·개정되면 결국 법률로 살아남는다는 것이므로 절차위배의 위헌선언은 의미가 없다는 것으로 실용적인 입장으로 이해될 수 있긴 하다. 그러나 적법절차가 이성적인 입법을 담보하는 기능을 한다는 점에서 입법절차의 위배에 대한 통제를 허술하게 하면 입법도 부실해질 수 있다. 구체적 규범통제라서 언제든지 법시행 전이라도 심사가 되어 잘못을 거르는 프랑스식 예방심사제가 자리잡고 있지도 않은 우리 나라 상황에서는 더욱 문제이다. 프랑스에서조차도 입법절차의 하자는 위헌선언을 가져온다.

(3) 통제의 방식

위에서 통제방식으로 위헌법률심판에 대해서 언급하였는데 그 외에도 헌법소원심판, 권한쟁의심판에 의한 통제도 가능하다(후술 헌법재판 부분 참조).

제4항 헌법개정제안·심의권, 헌법개정안의결권

헌법개정은 대통령의 발의 뿐 아니라 국회재적의원 과반수의 발의로 제안된다(제128조 1항). 국회는 제안된 헌법개정한에 대한 심의권, 의결권을 가진다. 즉 제안된 헌법개정안은 대통령이 20일 이상의 기간 이를 공고하여야 하고(제129조) 국회는 헌법개정안이 공고된 날로부터 60일 이내에 의결하여야 하며, 국회의 의결은 재적의원 3분의 2 이상의 찬성을 얻어야 한다(제130조 1항). 국회가 의결한 헌법개정안은 의결 후 30일 이내에 국민투표에 붙여 국회의원선거권자 과반수의 투표와 투표자 과반수의 찬성을 얻어야 헌법개정은 확정된다(제130조 2항·3항). '헌법개정안'의 심의·의결은 국회의 권한이나 '헌법개정'의 확정은 국민투표사항인 것이다.

제5항 중요조약의 체결·비준에 대한 동의권

제60조 ① 국회는 상호원조 또는 안전보장에 관한 조약, 중요한 국제조직에 관한 조약, 우호통상항해조약, 주권의 제약에 관한 조약, 강화조약, 국가나 국민에게 중대한 재정적 부담을 지우는 조약 또는 입법사항에 관한 조약의 체결·비준에 대한 동의권을 가진다.

Ⅰ. 의의와 성격

중요한 국제조약은 국익과 관련되거나 국민의 권리, 의무에 관련되는 조약일 경우가 많고 다른 한편으로 조약은 법규범이기도 하므로 그 민주적 정당성을 갖추도록 하기 위해서 국민의 대표기관이자 입법기관인 국회가 그 체결·비준에 있어서 동의를 하도록 하고 있다(제60조). 조약에 대한 체결·비준을 할 권한은 대통령에 있으므로(제73조) 조약에 대한 체결·비준에 대해 국회가 동의를 하는 것은 대통령에 대한 통제권의 성격을 가지는 것이기도 하다. 중요조약에 관한 한 국회의 동의는 반드시 거쳐야 하는 필요적인 동의이다(통설). 그런데 헌법 제60조는

"동의권을 가진다"라고 하여 동의를 거칠 것이 강제적인 것이 아니라 국회에 그 동의여부에 대한 재량권을 부여한 것으로 해석할 가능성이 있는 문언으로 규정하고 있다. "동의를 거쳐야 한다"라는 문언으로 바뀌어져야 한다.

Ⅱ. 동의대상조약과 동의대상행위

1. 동의대상조약

(1) 열거규정

체결·비준에 국회의 동의를 받아야 할 대상인 조약은 헌법 제60조에 열거된 조약에 한정된다고 볼 것(열거설)이냐 아니면 헌법 제60조에 명시된 조약은 예시적인 것일 뿐이고 그 외의 조약도 대상이 된다고 볼 것(예시설)이냐 하는 문제가 있다. 우리 학설은 열거설이 통설이다. 즉 모든 조약이 아니라 국회의 체결·비준을 거쳐야 할 대상인 조약들은 헌법 제60조에 명시한 중요한 조약들인 "상호원조 또는 안전보장에 관한 조약, 중요한 국제조직에 관한 조약, 우호통상항해조약, 주권의 제약에 관한 조약, 강화조약, 국가나 국민에게 중대한 재정적 부담을 지우는 조약 또는 입법사항에 관한 조약"(제60조 1항)에 한정된다. 주권의 제약에 관한 조약이 동의대상이 된 것은 1980년 제5공화국 헌법 때부터(동 헌법 제96조 1항)이다. 주권의 제약에 관한 조약을 국회의 동의대상으로 규정함으로써 우리 헌법은 주권의 제약을 인정하고 있음을 보여주고 있다.

(2) 조약의 개념

조약에 해당되지 아니하면 물론 국회의 동의대상이 아니다. 헌재는 "조약은 '국가·국제기구 등 국제법 주체 사이에 권리의무관계를 창출하기 위하여 서면형식으로 체결되고 국제법에 의하여 규율되는 합의'라고" 한다.[1] 그리하여 남북합의서는 신사협정으로서 조약이 아니라고 보고,[2] 한일어업협정의 합의의사록,[3] '동맹 동반자 관계를 위한 전략대화 출범에 관한 공동성명'[4] 등도 조약이 아니라고 보았다.

---

1) 헌재 2008.3.27. 2006헌라4, 공보 제138호, 426면.

2) 헌재 1997.1.16. 92헌바6, 판례집 9-1, 22면. [관련판시] 소위 남북합의서는 남북관계를 "나라와 나라 사이의 관계가 아닌 통일을 지향하는 과정에서 잠정적으로 형성되는 특수관계"(전문 참조)임을 전제로 하여 이루어진 합의문서인바, 이는 한민족공동체 내부의 특수관계를 바탕으로 한 당국간의 합의로서 남북당국의 성의있는 이행을 상호 약속하는 일종의 공동성명 또는 신사협정에 준하는 성격을 가짐에 불과하다. 동지 : 헌재 2000.7.20. 98헌바63, 판례집 12-2, 66면. 대법원도 국가간의 조약으로 볼 수 없다고 하여 같은 입장이다. 대법원 1999.7.23. 98두14525, 공1999.9.1.(89), 1803면.

3) 헌재 2001.3.21. 99헌마139, 판례집 13-1, 706면. [판시] 이 사건 협정의 합의의사록은 한일 양국 정부의 어업질서에 관한 양국의 협력과 협의 의향을 선언한 것으로서, 이러한 것들이 곧바로 구체적인 법률관계의 발생을 목적으로 한 것으로는 보기 어렵다할 것이므로, 합의의사록은 조약에 해당하지 아니한다.

4) 헌재 2008.3.27. 2006헌라4, 공보 제138호, 426. [판시] 이 사건 공동성명은 한국과 미합중국이 서로 상대방의

(3) 통상조약의 체결·비준절차 – '통상조약의 체결절차 및 이행에 관한 법률'

통상조약이 많이 체결되고 이에 대한 체결·비준절차와 국회의 동의를 둘러싸고 그동안 논란이 있었던 적도 적지 않다. 그리하여 통상조약의 체결·비준에 관한 기본적인 절차를 규정한 별도의 법률이 제정되어 있다. 즉 통상조약의 체결절차 및 이행에 관하여 필요한 사항을 규정함으로써 국민의 이해와 참여를 통하여 통상조약 체결 절차의 투명성을 제고하고, 효율적인 통상협상을 추진하며, 통상조약의 이행과정에서 우리나라의 권리와 이익을 확보하여 국민경제의 건전한 발전에 이바지함을 목적으로 '통상조약의 체결절차 및 이행에 관한 법률'(이하 '통상조약법' 또는 '동법'이라 함)이 있다(동법 제1조).

1) 통상조약법의 성격과 통상조약의 개념

통상조약법은 통상조약의 체결절차 및 이행에 관하여 다른 법률보다 우선하여 적용된다(동법 제3조). 통상조약법이 규정하는 '통상조약'이란 우리나라가 세계무역기구 등 국제기구 또는 경제연합체에 가입하거나 다른 국가 등과 체결하는 가. 세계무역기구 등 국제기구 차원에서 체결되어 포괄적인 대외 시장개방을 목적으로 하는 조약, 나. 지역무역협정 또는 자유무역협정 등 지역적 또는 양자 차원에서 체결되어 포괄적인 대외 시장개방을 목적으로 하는 조약, 다. 그 밖에 경제통상 각 분야의 대외 시장개방으로 인하여 국민경제에 중요한 영향을 미치는 조약 중 대한민국헌법 제60조 제1항에 따른 국회동의 대상인 조약을 말하고, '통상협상'이란 통상조약의 체결을 위하여 우리나라가 다른 국가 등과 하는 협상을 말한다(동법 제2조).

2) 통상협상절차

ⅰ) 정보의 공개 – 정부는 통상조약 체결절차 및 이행에 관한 정보의 공개 청구가 있는 경우 '공공기관의 정보공개에 관한 법률'에 따라 관련 정보를 청구인에게 공개하여야 하며, 통상협상의 진행을 이유로 공개를 거부하여서는 아니 된다. 통상협상의 상대방의 비공개 요청, 국익을 현저히 침해하는 경우 등에는 비공개할 수 있다(동법 제4조). ⅱ) 통상조약체결계획의 수립 – 산업통상자원부장관은 통상협상 개시 전, 통상협상의 목표 및 주요내용, 통상협상의 추진일정 및 기대효과, 통상협상의 예상 주요쟁점 및 대응방향 등의 사항을 포함하여 '통상조약체결계획'을 수립하여야 한다(동법 제6조 1항). ⅲ) 공청회의 개최 – 산업통상자원부장관은 통상조약체결계획을 수립하기에 앞서 이해관계자와 관계 전문가의 의견을 수렴하기 위하여 공청회를 개최하여야 한다(동법 제7조 1항. 이는 의무조항이다). ⅳ) 통상조약 체결의 경제적 타당성 등 검토 – 산업통상자원부장관이 통상협상 개시 이전에 이를 검토하여야 한다. ⅴ) 보고 및 서류제출 – 정부는 국회 외교통일위원회·산업통상자원위원회 및 통상 관련 특별위원회의 요구가 있을 때에는 진행 중인 통상협상 또는 서명이 완료된 통상조약에 관한 사항을 보고하거나 서

입장을 존중한다는 내용만 담고 있을 뿐, 구체적인 법적 권리·의무를 창설하는 내용을 전혀 포함하고 있지 아니하므로, 이 사건 공동성명은 조약에 해당된다고 볼 수 없다.

류를 제출하여야 한다(동법 제5조 1항). vi) 통상협상의 진행 – 정부는 통상조약체결계획에 따라 통상협상을 진행하여야 한다(동법 제10조 1항). vii) 국민의 의견제출 – 누구든지 정부에 대하여 통상협상 또는 통상조약에 관한 의견을 제출할 수 있다(동법 제8조). viii) 영향평가 – 산업통상자원부장관은 가서명 등 통상조약의 문안에 대하여 협상 상대국과 합의가 이루어진 때에는 통상조약이 국내 경제에 미치는 전반적 영향, 국가재정, 관련 산업 등에 미치는 전반적 영향, 국가의 재정 등에 미치는 영향의 사항을 포함하는 영향평가를 실시하여야 한다(동법 제11조 1항). ix) 협상결과 보고 – 산업통상자원부장관은 통상조약의 서명을 마친 때에는 그 경과 및 주요내용 등을 지체 없이 국회 산업통상자원위원회에 보고하여야 하고 그 보고내용을 지체 없이 국민에게 알려야 한다(동법 제12조).

3) 국회 비준동의의 요청

정부는 통상조약의 서명 후 「대한민국헌법」 제60조 제1항에 따라 국회에 비준동의를 요청하여야 한다. 국회에 비준동의를 요청할 때에는 영향평가결과, 통상조약의 시행에 수반되는 비용에 관한 추계서와 이에 따른 재원조달방안, 국내산업의 보완대책, 통상조약의 이행에 필요한 법률의 제정 또는 개정 사항 등을 함께 제출하여야 한다(동법 제13조 1항·2항). 국회는 서명된 조약이 통상조약에 해당한다고 판단할 경우 정부에 비준동의안의 제출을 요구할 수 있다(동법 동조 3항).

4) 통상조약의 발효 및 이행

(가) 설명회, 보고 등

i) 설명회 개최 – 산업통상자원부장관은 통상조약의 발효 및 이행에 앞서 설명회를 개최하여 통상조약의 원활한 이행을 위한 홍보 등의 노력을 기울여야 한다(동법 제14조). ii) 통상조약의 이행상황 평가 및 보고 – 산업통상자원부장관은 발효 후 10년이 경과하지 아니한 통상조약에 대하여 발효된 통상조약의 경제적 효과, 피해산업 국내대책의 실효성 및 개선방안 등의 사항을 포함한 이행상황을 평가하고 그 결과를 국회 산업통상자원중소벤처기업위원회에 보고하여야 한다(동법 제15조 1항).

(나) 권익보장, 국가의무

i) 경제적 권익의 보장 – 통상조약의 어느 조항도 우리나라의 정당한 경제적 권익을 침해하는 것을 인정하는 것으로 해석될 수 없다(동법 제16조). ii) 통상조약상의 권익 확보 – 정부는 통상조약상의 의무이행으로 인하여 특정 품목의 국내 피해가 회복하기 어려울 정도로 크다고 판단하는 경우 통상조약의 개정 추진 등 다양한 대책을 강구하여야 한다(동법 제17조). iii) 농업·축산업·수산업 보호·육성 의무 등 – 정부는 통상조약의 이행을 이유로 대한민국헌법 제123조에 따른 농업·축산업·수산업의 보호·육성, 지역 간 균형발전, 중소기업 보호·육성 등의 의무를 훼손하여서는 아니 된다(동법 제19조).

(다) 남북한 거래의 원칙

통상조약의 체결 절차 및 이행과정에서 남한과 북한 간의 거래는 '남북교류협력에 관한 법률' 제12조에 따라 국가 간의 거래가 아닌 민족내부의 거래로 본다(동법 제18조).

(라) 통상조약 이행의 상호주의 원칙

상대국이 통상조약의 의무를 이행하지 아니하거나 이를 위반하는 경우 정부는 상대국에 대하여 이에 상응하는 조치를 취할 수 있다(동법 제20조).

2. 동의대상행위

헌법 제60조는 "조약의 체결·비준에 대한 동의권을 가진다"라고 규정하고 있으므로 헌법 문언상으로는 비준뿐 아니라 체결단계에서도 국회의 동의를 받아야 한다. 체결은 조약의 성립을 위한 절차로서 전권대표자 간의 교섭, 조약정문의 채택과 인증 등의 절차를 말한다. 비준은 조약 당사국으로서 조약의 구속력을 인정하겠다는 의사를 최종적으로 확인하는 행위이다. 교섭단계에서 일일이 국회의 동의를 받기가 쉽지 않을 것이고 국제법적으로는 조약의 체결과정이 아니라 체결 후 비준 전에 국회동의를 받는 것으로 충분하다고 본다면 현행 헌법규정에 대한 재검토가 필요할 것이다.

Ⅲ. 동의의 시기

중요조약의 체결·비준에 대한 국회의 동의는 사전에 이루어져야 한다. 그런데 조약에 대한 체결절차상 비준을 유보하고 서명을 하느냐 유보하지 않고 서명을 하느냐에 따라 사전의 시점이 달라질 수 있다. 비준유보인 전자의 경우에는 조건부적인 효력의 조약이므로 서명 후라도 비준 전에 국회의 동의가 이루어지면 사전동의가 된다. 비준을 유보하지 않은 후자의 경우에는 서명 이후 국회의 동의가 있다면 이는 사후적 동의가 된다. 따라서 이 경우에는 국회동의 이후에야 조약이 발효하도록 하여야 국제신의에 반하지 않게 된다.

Ⅳ. 수정동의의 가능성 문제

국회가 원래조약의 원안내용을 수정하면서 동의를 할 수 있는지에 대해 이를 인정하는 긍정설과 부정설이 대립된다. 조약 당사국의 법주체적 입장을 강조할 경우에는 긍정설을 취하게 될 것이다. 반면 국제신뢰를 강조하고 조약의 수정은 조약의 폐기 및 새로운 조약을 의미한다고 보는 것이 부정설의 논거이다.

생각건대 정부도 수정된 내용에 합의하고 상대국가과의 협의를 통해서 상대국의 동의를 받는다는 조건하에서 국회가 수정동의를 할 수 있을 것이다. 정부의 합의는 정부가 받아들이지 않는 내용의 수정된 조약을 강제할 경우에는 조약체결권자인 대통령의 권한을 무시하는 것이므로 대통령의 조약체결권을 존중하기 위한 것이고 상대국의 동의는 물론 국제신의를 위한 것이다.

V. 동의안부결의 법적 효과

1. 조약체결 전

동의안이 국회에서 의결되면 조약은 체결·비준이 이루어진다. 그러나 동의안이 부결되어 동의가 거부되면 그 조약은 체결·비준 또는 서명할 수 없으므로 조약 자체가 성립되지 않고 효력도 발생하지 않게 된다.

2. 조약체결 후 비준 전

조약체결 후 사후 동의안이 부결되면 비준서를 교환할 수 없게 된다. 조약체결시에 만약 비준을 유보하여 국회동의를 비준의 조건으로 발효하는 것으로 하였다면 결국 국회의 동의거부로 조약은 효력을 정지하게 될 것이다. 그러나 비준을 유보하지 않은 조약의 경우에 이미 조약이 발효하였는데 국회의 동의거부로 그 조약이 효력을 상실하게 되느냐가 문제된다. 학설은 i) 무효설, ii) 조건부무효설, iii) 조건부유효설, iv) 유효설. 조건부무효설이 타당하다, 즉 원칙적으로 유효이나 주지칙위반(국제법적으로 일반적으로 인식되고 있는 제한에 위반하는 경우)의 경우에만 무효로 보자는 것이다.

3. 중요조약체결·비준동의권에 관한 헌법재판

(1) 판례

우리 헌법재판소는 이 동의권이 국회의원이 아니라 국회의 권한이라고 하면서 이에 대한 동의절차가 없다고 하여 국회의원들이 청구한 권한쟁의심판에서 제3자소송 담당이론과 법적 연관성이론을 적용하여 각하시킨 바 있다.

판례 헌재 2007.7.26. 2005헌라8, 판례집 제19권 2집, 26면 국회의원과 정부간의 권한쟁의

[판시사항]

1. 국회의 구성원인 국회의원이 국회를 위하여 국회의 권한침해를 주장하는 권한쟁의심판을 청구할 수 있는지, 즉 권한쟁의심판에 있어서 이른바 '제3자 소송담당'이 허용되는지 여부(소극)
2. 국회의원의 심의·표결 권한이 국회의장이나 다른 국회의원이 아닌 국회 외부의 국가기관에 의하여 침해될 수 있는지 여부(소극)

[결정요지]
1. 국회의 의사가 다수결에 의하여 결정되었음에도 다수결의 결과에 반대하는 소수의 국회의원에게 권한쟁의심판을 청구할 수 있게 하는 것은 다수결의 원리와 의회주의의 본질에 어긋날 뿐만 아니라, 국가기관이 기관 내부에서 민주적인 방법으로 토론과 대화에 의하여 기관의 의사를 결정하려는 노력 대신 모든 문제를 사법적 수단에 의해 해결하려는 방향으로 남용될 우려도 있으므로, 국가기관의 부분 기관이 자신의 이름으로 소속기관의 권한을 주장할 수 있는 '제3자 소송담당'을 명시적으로 허용하는 법률의 규정이 없는 현행법 체계하에서는 국회의 구성원인 국회의원이 국회의 조약에 대한 체결·비준 동의권의 침해를 주장하는 권한쟁의심판을 청구할 수 없다.
2. 국회의원의 심의·표결권은 국회의 대내적인 관계에서 행사되고 침해될 수 있을 뿐 다른 국가기관과의 대외적인 관계에서는 침해될 수 없는 것이므로, 국회의원들 상호간 또는 국회의원과 국회의장 사이와 같이 국회 내부적으로만 직접적인 법적 연관성을 발생시킬 수 있을 뿐이고 대통령 등 국회 이외의 국가기관과 사이에서는 권한침해의 직접적인 법적 효과를 발생시키지 아니한다. 따라서 피청구인인 대통령이 국회의 동의 없이 조약을 체결·비준하였다 하더라도 국회의원인 청구인들의 심의·표결권이 침해될 가능성은 없다.
[재판관 이동흡의 별개의견]
세계무역기구 회원국들과의 쌀협상 과정에서 작성된 이 사건 합의문은 법적 효력을 발생하게 하는 조약체결을 위한 국내절차를 전혀 거치지 아니한 점, 조약의 일반적인 명칭과 다른 명칭과 형태로 체결된 점, 이 사건 양허안 개정안의 원만한 체결을 위하여 이해관계국과 사이의 신의에 기초하여 작성되었다고 볼 수 있는 점 등을 고려하면, 법적 구속력이 있는 헌법상의 조약이라고 보기보다는 당사국 간의 신의에 기초하여 이루어진 신사협정이라고 봄이 상당하므로, 이 사건 합의문이 조약임을 전제로 한 이 사건 심판청구는 심판의 대상도 부존재하여 각하를 면할 수 없다.
[재판관 송두환의 반대의견]
1. 정부와 의회가 다수당에 의해 지배되어 의회의 헌법상 권한이 행정부에 의해 침해되었거나 침해될 위험에 처하였음에도 불구하고 의회의 다수파 또는 특정 안건에 관한 다수세력이 의회의 권한을 수호하기 위한 권한쟁의심판 등 견제수단을 취하지 않음으로써 의회의 헌법적 권한이 제대로 수호되지 못하고 헌법의 권력분립 질서가 왜곡되는 상황하에서는, 의회 내 소수파 의원들의 권능을 보호하는 것을 통하여 궁극적으로는 의회의 헌법적 권한을 수호하기 위하여, 그들에게 일정한 요건하에 국회를 대신하여 국회의 권한침해를 다툴 수 있도록 하는 법적 지위를 인정할 필요가 있고, 그 구체적 방안으로서 이른바 '제3자 소송담당'을 인정할 필요가 있다.
2. 이 사건과 같은 권한쟁의심판에 있어서 '제3자 소송담당'은 적어도 국회의 교섭단체 또는 그에 준하는 정도의 실체를 갖춘 의원 집단에게는 권한쟁의심판을 제기할 수 있는 지위를 인정하여야 할 것이다.

(2) 비평

ⅰ) 국가기관들 간의 권한을 획정하는 객관적 재판인 권한쟁의심판에서 주관적 권리구제 소송인 민사소송 이론인 제3자소송 이론을 적용하는 것은 적절하지 못하다.

ⅱ) 백번 양보하여 제3자소송이론이 권한쟁의심판에 적용된다고 하더라도 이 사안은 그 이론이 적용될 사안이 아니다. 국회의 동의권도 그 행사는 결국 국회의원들의 심의·표결을 통하여서이다. 따라서 국회의원의 심의·표결이 이루어지지 못했다면 결국 국회의 권한도 침해된 것이다.

제6항 긴급명령·긴급재정경제명령에 대한 승인권

Ⅰ. 승인권의 필요성과 의미

대통령이 긴급명령·긴급재정경제명령을 한 때에는 지체없이 국회에 보고하여 그 승인을 얻어야 한다(제76조 3항). 국가긴급시에 국회가 아닌 대통령이 위기극복을 위하여 발하는 긴급명령·긴급재정경제명령이지만 법규범으로서 적용되는 것이고 국민의 기본권과 의무에 관련되는 사항을 정하는 것이기도 하므로 국민의 의사를 대변하는 국회가 추인하여야 정당성을 가지고 국회의 통제를 요하기에 승인대상이 된다. 이러한 승인은 국회의 대통령에 대한 통제권으로서의 의미를 가지는 것은 물론이다.

Ⅱ. 승인의 절차

승인은 사후승인이다. 긴급명령은 국회의 집회가 불가능한 때에 발하는 것이고(제76조 2항), 긴급재정경제명령은 국회의 집회를 기다릴 여유가 없을 때에 발하는 것이기에(제76조 1항), 그리고 '지체없이' 국회에 보고하여 승인을 얻어야 하므로(제76조 3항) 승인은 국회소집이 가능한 상태가 된 즉시에 이루어져야 하고 대개 국회가 폐회인 경우일 것이므로 승인을 위한 임시회의 집회를 요구하여야 할 것이다.

Ⅲ. 승인가결표수의 문제

승인의 의결정족수에 관해서는 헌법에 명문규정이 없으므로 재적의원 과반수설과 출석의원 과반수설로 갈린다. 재적의원 과반수설은 긴급명령은 국민의 자유와 권리에 대한 중대한 제한가능성을 내포하는 것이므로 엄격하게 해석하지 않으면 안 되고, 재적과반수로 하여야 계엄해제의 의결정족수와 균형이 유지된다고 한다. 이에 대하여 출석의원 과반수설은 의결정족수에 관한 명문의 규정이 없으므로 일반규정에 의하여 해결하여야 한다고 주장한다(정회철, 1112·1113면).

Ⅳ. 승인과 비승인의 효과

국회의 승인을 얻게 되면 긴급명령·긴급재정경제명령으로서의 효력을 지속하게 된다. 국회의 승인을 얻지 못한 때에는 그 명령은 그때부터 효력을 상실하고, 이 경우 그 명령에 의하여 개정 또는 폐지되었던 법률은 그 명령이 승인을 얻지 못한 때부터 당연히 효력을 회복한다(제76조 4항). 대통령은 국회가 승인한 사유와 승인하지 않은 사유를 지체없이 공포하여야 한다(제76조 5항).

제7항 국회규칙제정권

Ⅰ. 국회규칙의 개념과 기능

의회의 의사절차에 관한 사항, 그리고 내부의 조직을 구성하고 질서를 유지하기 위한 조직과 규율에 관한 사항을 정하는 의회의 자율적인 법규범을 의회규칙이라고 한다. 우리 헌법도 "국회는 법률에 저촉되지 아니하는 범위 안에서 의사와 내부규율에 관한 규칙을 제정할 수 있다"라고 규정하여(제64조 1항, 국회법 제166조) 이러한 의회의 자율적 규범으로서 국회규칙을 국회 스스로가 정하도록 하고 있다. 국회규칙제정권은 의사절차나 내부조직과 규율을 국회가 스스로 정할 수 있도록 하는 국회자율권과 국회의 자율성을 구현하고 보장하는 기능을 수행한다.

Ⅱ. 국회규칙의 성격과 효력

1. 성격

(1) 학설

의회규칙의 성격에 대해서는 법률과 같은 효력을 가지는 것으로 보는 견해(법률설), 법률의 위임을 받아 제정되는 대통령령 등 법규명령과 같다고 보는 견해(명령설), 의회의 자율적이고 자주적인 법규범으로서 독자적인 법형식으로서의 성격을 가진다고 보는 견해(자주법설) 등이 있다.

(2) 사견

우리나라의 국회규칙은 "법률에 저촉되지 아니하는 범위 안에서" 제정되는 것이므로 법률로 볼 수는 없고 행정입법과 같은 법규명령과 달리 국회의 자율권의 행사로서 제정되는 것이므로 완전히 법규명령으로 보기도 힘들다. 예를 들어 청원제도와 같이 국민에 중요한 기본권 행사와 관련되는 국회규칙도 있고 법률이 국민의 기본권 관련 사항을 위임해주거나 법률시행을 위한 국회규칙이 제정되는 경우 등에는 그 국회규칙이 법규성을 가지는 경우도 있을 수 있다(법규정이 있다고 볼 수 있는 국회규칙의 예들 : 국회방청규칙, 국회정보공개규칙, '국회 입법예고에 관한 규칙', 국회청원심사규칙, '부패방지 및 국민권익위원회의 설치와 운영에 관한 법률의 시행에 관한 국회규칙'). 국회규칙이 많이 제정되어 있지 않은 우리나라의 상황(국회법률, 단행법률 중심주의 – 앞에서 서술하였다)에서 이러한 예들은 적지 않은 비중을 차지하긴 한다. 국회규칙이 법규성을 가지는지 여부에 대해 일반화한 답을 부여하기 힘들고 개별적으로 파악되어야 한다고 볼 것인데 여하튼 그렇게 보더라도 국회규칙은 결국 국회의 자주적인 입법으로서 독자적인 법형식으로서의 성격을 가진다고 보는 것이 타당하다.

2. 효력

(1) 법단계적 효력 - 헌법·법률하위적 효력의 규범

우리 헌법은 "법률에 저촉되지 아니하는 범위 안에서"에서 국회규칙을 제정할 수 있다고 규정하고 있으므로 헌법은 물론이고 법률보다 하위의 법규범으로서 성격을 가진다.

(2) 시적 효력

국회규칙은 국회운영위원회가 제정·개정을 의결한 날부터 시행한다고 규정한 경우가 많다. 또는 어느 법률을 시행하기 위한 규칙일 경우에는 그 법률의 시행일부터 시행한다거나 특별히 시행일을 따로 정한 경우도 있다.

(3) 인적 효력

국회규칙은 원칙적으로 국회의원, 국회직원 등 내부 구성원에게 효력을 미친다. 외부 국민에 영향을 미치는 규칙도 있다(예를 들어 국회청원심사규칙, 국회정보공개규칙 등). 국회의원들이 임기만료로 교체되더라도 효력이 지속된다.

Ⅲ. 국회규칙의 내용(대상)

1. 헌법규정

우리 헌법은 '의사와 내부규율'을 그 제정대상으로 명시하고 있다. 의사란 국회의 운영절차, 입법절차, 각 위원회의 운영절차, 국정감사, 청문회, 공청회 등의 의회의 활동을 말한다. 헌법이 내부규율이라고 규정하고 있으나 규율 이전에 내부의 조직(예컨대 상임위원회의 구성 등)도 포함하는 개념이라고 할 것이다. 국회청원과 같이 대국민적인 내용도 있다.

2. 국회법

국회법 제169조 제1항은 국회는 헌법 및 법률에 저촉되지 아니하는 범위 안에서 의사와 내부규율에 관한 규칙을 제정할 수 있다고 규정하고 있다. 또한 동조 제2항은 위원회는 국회법 및 위 규칙에 저촉되지 아니하는 범위 안에서 국회운영위원회와 협의하여 회의 및 안건심사 등에 관한 위원회의 운영규칙을 정할 수 있다고 규정하고 있다.

3. 기타 법률의 위임

다른 법률들에 의해서도 국회규칙의 대상이 규정되어 있는 경우들이 있다. 예를 들어 '국정감사 및 조사에 관한 법률'은 동법의 시행에 관하여 필요한 사항을 국회규칙의 규정대상으로 하고 있다(동법 제18조). '국회에서의 증언·감정 등에 관한 법률'도 동법의 시행에 관하여 필요한 사항은 국회규칙으로 정하도록 하고 있다(동법 제17조).

Ⅳ. 국회규칙의 제정절차

국회규칙에 관한 사항은 국회운영위원회의 소관이다(국회법 제37조 1항 1호 나목). 국회운영위원회가 국회규칙안을 내용적으로 구성하고 의결하면 법제사법위원회의 국회규칙안의 체계·형식과 자구의 심사를 거치게 된다(동법 동조 동항 제2호 사목).

Ⅴ. 국회규칙의 한계

우리 헌법은 "법률에 저촉되지 아니하는 범위 안에서"에서 국회규칙을 제정할 수 있다고 규정하고 있다. 따라서 헌법은 물론이고 법률에 위반되어서는 아니 된다. 이 점에서 국회의 입법의 개념에 관한 학설 중 실질설은 국회규칙도 입법에 포함시키는 것이 당연한데 그 실질설이 국회입법의 한계로서 헌법적합성의 한계만을 드는 것은 충분하지 못하고 국회규칙을 입법의 범위에 넣어야 하는 실질설로는 국회입법의 한계로서 법률적합성의 한계도 포함하여 설명하여야 한다.

Ⅵ. 국회규칙에 대한 통제

국회규칙에 대해서는 국회내부적 통제와 외부적 통제로 나누어 볼 수 있다. 국회내부적 통제로서는 국회규칙제정과정에 충분한 심의가 이루어지도록 하는 것이다. 국회외부적 통제로는 사법적 통제와 국민의 청원권 행사 등에 의한 통제를 들 수 있다. 사법적 통제로는 국민이 청구한 헌법소원심판, 다른 국가기관에 의한 권한쟁의심판 등에 의한 통제를 들 수 있다. 이에 대해서는 국회의 규칙제정권이 포함되는 국회의 자율권 일반에 대한 통제로서 아래에서 살펴본다.

제8항 국회자율권에 대한 통제

Ⅰ. 국회내부적 통제와 외부적 통제

1. 내부적 통제

국회규칙의 제정·개정에 있어서 충실한 심의를, 의원의 자격심사·징계 등 의원신분에 관한 자율권행사에 있어서 적법절차 준수, 객관적 판단 등을 행함으로써 내부적으로 자기통제가 이루어져야 한다.

2. 외부적 통제

국민에 의한 청원권의 행사, 국회운영에 소요되는 예산에 대한 정부의 편성권, 의원의 형사범죄에 대한 소추 등에 의한 통제가 있을 수 있다. 그리고 국회규칙이나 국회의원의 신분에 관한 국회의 처분 등에 대한 사법적 통제가 가능한지 하는 문제가 있는데 이에 대해서는 아래의 Ⅱ에서 별도로 살펴본다.

Ⅱ. 사법적 통제

1. 심사가능성

국회 외적인 통제로는 사법통제가 가능한가 하는 문제가 있다. 이에 대해 긍정설과 부정설이 대립된다. ① 부정설 – 이에도 ㉠ 국회의 자율권의 통치행위로서 사법심사의 대상이 되지 않는다는 견해(통치행위설)와 ㉡ 국회의 자율적 권한이 권력분립원칙을 유지하는 것이라는 점에서 사법심사가 되면 사법권에 의한 권력분립원칙을 침해하는 것이므로 사법심사가 되어서는 아니 된다는 견해(권력분립설) 등이 있다. ② 긍정설 – 국회의 자율성도 그 한계를 가지고 통치행위를 부정하는 입장에서 사법심사도 긍정되어야 한다는 견해이다. ③ 제한긍정설 – 국회자율권에 대해서는 사법심사가 이루어지지 않는 것을 일반적으로 받아들이더라도 국회가 아무리 자율성을 누린다고 하더라도 헌법이나 법률을 위반할 수는 없으므로 그 위반에 대해서는 사법심사가 가능하다는 견해이다.

생각건대, ① 국회자율권도 국가권력의 하나이다. 국가권력은 헌법과 법률에 반하게 행사될 수 없다. 따라서 국회의 규칙제정권 등 자율권의 행사가 그 한계를 벗어났는지, 헌법과 법률에 위배되었는지 하는 점에 대해 사법부가 심사할 수 있다고 볼 것이다. ② 헌법은 법원의 제소의 대상이 되지 않는 것으로 국회의 자격심사, 징계, 제명의 처분만 명시하고 있으므로(제

64조 4항) 이를 제한적으로 해석한다면 그 외 국회규칙제정 등의 자율권행사에 대해서는 사법심사가 가능하다고 볼 것이다. 또한 이 조항은 법원에 제소할 수 없다고 명시하고 있으므로 헌법재판소라는 사법기관에 의한 통제는 이에 배치되지 않는다. ③ 국회자율권도 국가권력의 하나임은 부정할 수 없으므로 이러한 국가의 공권력행사로 어느 국민의 기본권이 침해되는 경우에는 국회자율권행사를 대상으로 헌법소원심판을 청구할 수 있도록 하여야 할 것이다.

2. 심사의 계기

헌법재판소에 의한 헌법소원심판(예를 들어 국회규칙이 직접 어느 국민의 기본권을 침해하는 경우에는 헌법소원심판을 청구할 수 있고 이 헌법소원심판에서 국회규칙을 심사함으로써 통제할 수 있다). 국회의 규칙이나 조직 또는 자율권행사를 위한 예산집행이 다른 국가기관의 권한을 침해하는 경우에는 권한쟁의심판을 청구할 수 있고 이 권한쟁의심판에서 국회자율권행사에 대한 통제가 이루어질 수 있다. 프랑스의 경우 국회 의사규칙에 대해 의무적으로 사전적 위헌심사를 거치도록 하고 있다.

제9항 국회의 재정(財政)에 관한 권한

Ⅰ. 서설

1. 국가재정의 의미와 재정입헌주의, 재정민주주의

국가재정이란 국가가 공익목적을 달성하기 위해 수행하는 활동과 소속 기관의 유지 및 그 구성원의 인건비 지불 등에 소요되는 비용을 획득(수입), 지출, 관리하는 경제행위를 말한다. 지방자치단체에서도 위와 같은 의미로 공익활동을 위한 자신의 조직과 활동에 소요되는 경비의 관리행위인 공공재정이 이루어진다.

국가재정에 관해서는 재정입헌주의, 재정민주주의, 재정의회(국회)주의가 헌법의 원칙으로서 자리잡아야 한다. 국가재정에서의 수입의 주요 원천인 조세를 보더라도 국민으로부터 거두어 들이는 것이므로 국가재정은 국민에게 부담을 지우는 작용이므로 국가재정에 관한 기본적인 사항은 국가의 최고법인 헌법에 규정을 두어야 하는데 이를 재정입헌주의라고 한다. 국민의 부담을 가져오고 재정의 효과는 국민을 위한 것이어야 하고 그렇기 위해서는 국민의 의사에 따라야 하며 그것은 곧 재정행위가 민주적 방식에 의하여야 함을 의미한다는 점에 재정민주주의가 실현되어야 한다. 재정민주주의는 재정의회주의를 뜻하고 따라서 재정입헌주의는 재정민주주의, 재정국회주의를 의미한다.

2. 재정의 의회주의, 재정법률주의

재정민주주의는 국가의 재정행위가 국민의 의사에 따라 이루어질 것을 요구하고 국민의사에 따른다는 것은 국민의사를 집약하는 곳이 국민대표기관인 의회이므로 재정에 관한 중요한 사항을 의회가 결정하여야 한다는 것을 의미하여 결국 재정민주주의는 재정의회주의를 뜻한다. 또한 국가재정은 국민대표기관인 의회(국회)의 통제를 받도록 하여야 한다는 점에서 재정의회(국회)통제주의를 요구하는 것이기도 하다. 재정의회주의, 재정의회통제주의에 따라 국회가 국가재정의 근간인 예산을 의결하고 결산을 승인한다. 국가에게 부담이 될 계약행위 등에 대한 국회의 승인을 요구하기도 한다. 재정의회주의는 국민의 기본권을 보호하기 위한 것이기도 하다. 조세와 같이 국민에게 재산권이라는 기본권을 제한하는 부담에 대해서는 국회가 제정한 법률에 의하여야 하는데 이는 기본권제한에 있어서 국회법률에 의하여야 한다는 법률유보가 조세라는 재정영역에서도 요구되는 것이며 이는 재정법률주의이기도 하다.

그러나 의회는 재정에 관한 중요사항을 결정하지만 재정의 모든 과정을 직접 수행하는 것은 아니고 집행부(대통령과 행정부)도 재정의 예산안을 수립(예산안 편성과 제출), 예산의 많은 부분을 지출하는 작용을 한다.

3. 국회의 재정권의 범위

우리 헌법은 예산의 의결과 결산승인의 권한을 부여하고(제54조, 제97조) 예산의 주요 수입인 조세에 관하여 법률로 정하도록 하고 있으며(조세법률주의, 제59조), 국채모집, 국가부담 계약체결에 대한 의결권(제58조), 긴급재정명령·처분에 대한 승인권(제76조) 등을 가진다. 계속비·예비비에 대한 의결권(제55조), 관세에 관한 조약, 국가나 국민에게 중대한 재정적 부담을 지우는 조약 또는 입법사항에 관한 조약의 체결·비준에 대한 동의권(제60조), 재정에 관한 법률의 제정·개정권(재정입법권)을 가진다. 국회는 일반적인 정부통제권인 국정감사·조사권(제61조), 국무총리·국무위원 출석·답변요구·해임건의권(제62조, 제63조) 등에 의한 통제에 있어서도 그 내용상 재정에 대한 통제를 할 수 있다. 국회는 감사원에 대하여 감사원법에 의한 감사원의 직무범위에 속하는 사항 중 사안을 특정하여 감사를 요구할 수 있는데(국회법 제127조의2) 그 요구권으로 재정통제를 할 수 있다.

4. 재정에 관한 헌법의 기본원칙

재정에 관한 헌법의 기본원칙으로 조세법률주의, 조세평등주의 등을 들 수 있고, 국회의 예산안심의·확정권과 결산심사권, 그 외 기채의결권, 예산 외 국가부담부 계약에 대한 의결권 등 정부의 재정행위에 관한 국회의 권한에 관한 헌법원칙 등을 들 수 있다. 아래에 분설한다.

II. 조세법률주의

1. 조세법률주의의 개념과 역사

(1) 개념과 역사

조세법률주의란 조세의 종류와 범위, 세율, 절차 등을 사전에 법률로 규정해두어야만 국민에게 그 조세를 부과할 수 있다는 원칙을 말한다. 일찍이 영국의 Magna Carta에서 비록 귀족의 권리보장을 위한 것으로 한계가 있긴 하였으나 국왕의 과세에 대한 의회의 통제가 자리잡게 되어 여기서 조세법률주의가 시작되었다고들 본다. 1689년의 영국의 권리장전에서도 조세법률주의의 정신이 나타났고 "대표없는 과세없다"(No taxation without representation)라는 저항의 구호는 미국의 독립전쟁을 촉발하였으며 1776년 버지니아 권리장전에도 그 정신이 자리잡게 되었고 프랑스의 1789년 인권선언 제14조에 명시되었으며 이후 오늘날 헌법적 원칙으로 자리잡고 있다. 우리 헌법 제59조도 "조세의 종목과 세율은 법률로 정한다"라고 조세법률주의를 명시적으로 규정하고 있다.

(2) 실질적 조세법률주의

1) 의의

조세가 법률에 의하기만 하면 그 징수가 합헌적인 것은 아님은 물론이고 그 내용이 헌법에 합치되는 것이어야 한다. 바로 실질적 조세법률주의가 요구된다. 헌재도 "실질적 조세법률주의를 규정한 헌법 제38조, 제59조"라고 하면서 이를 명시적으로 언급하고 있는데 "오늘날의 법치주의는 국민의 권리·의무에 관한 사항을 법률로써 정해야 한다는 형식적 법치주의에 그치는 것이 아니라 그 법률의 목적과 내용 또한 기본권 보장의 헌법이념에 부합되어야 한다는 실질적 적법절차를 요구하는 법치주의를 의미하며, 헌법 제38조, 제59조가 선언하는 조세법률주의도 이러한 실질적 적법절차가 지배하는 법치주의를 뜻한다고 할 것이다. 그러므로 비록 과세요건이 법률로 명확히 정해진 것일지라도 그것만으로 충분한 것은 아니고 조세법의 목적이나 내용이 기본권 보장의 헌법이념과 이를 뒷받침하는 헌법상 요구되는 제 원칙에 합치되어야 한다"라고 설시한다.[1] 여기서 헌재는 실질적 적법절차를 언급하고 있는데 적법절차와 법치주의와의 관계 등의 문제가 다시 거론될 수 있겠다(전술 참조). 이후 판례로 적법절차를 언급하지 않고 "오늘날의 법치주의가 단순히 형식적 법치주의에 그치지 아니하고 실질적 법치주의를 지향하고 있는 점에 비추어 볼 때", 위 헌법규정들이 선언한 "조세법률주의도 과세요건이 형식적 의미의 법률로 명확히 정해질 것을 요구할 뿐 아니라, 조세법의 목적이나 내용이 기본권

1) 헌재 1992.2.25. 90헌가69; 1994.6.30. 93헌바9; 1995.7.21. 92헌바27 등.

보장의 헌법이념과 이를 뒷받침하기 위하여 헌법상 요구되는 제 원칙에 실질적으로 합치될 것도 아울러 요구하는 것으로 보아야 한다"라고 판시하는 결정례들이 나왔다.[1)]

2) 판례

헌재는 ① 지금은 폐지된 법률인 토지초과이득세법 조항이 토초세액 일부만을 같은 성질의 세금인 양도소득세에서 공제하도록 규정하고 있었던바 이 조항들은 이중과세를 가져와 조세법률주의상의 실질과세의 원칙에 반한다고 판단한 바 있다.[2)] ② 대통령령이 정하는 것 이외의 공과금은 손금에 산입하지 아니한다고 하여 공과금이 원칙적으로 손금불산입됨을 규정하고 있었던 구 법인세법(1995.12.29. 법률 제5033호로 개정되기 전의 것) 제16조 제5호는 공과금은 법인의 일정한 사업 등에 수반하여 강제적으로 부과되는 것이기 때문에 손금에 산입됨이 원칙이므로 실질적 조세법률주의에 위배된다고 판단하였다.[3)] ③ 이혼시 재산분할을 청구하여 상속세 인적공제액을 초과하는 재산을 취득한 경우 그 초과부분에 대하여 증여세를 부과하도록 규정하고 있는 구 상속세법 규정에 대해 헌재는 재산분할제도는 본질적으로 혼인 중 쌍방의 협력으로 형성된 공동재산의 청산이라는 성격을 가져 이에 대해 재산의 무상취득을 과세원인으로 하는 증여세를 부과할 여지가 없으므로 실질적 조세법률주의에 반한다고 위헌결정하였다.[4)]

---

1) 헌재 1997.6.26. 93헌바49; 1999.12.23. 99헌가2.

2) 헌재 1994.7.29. 92헌바49. 법률 전체에 대한 헌법불합치결정. [결정요지] 토초세법 제26조 제1항, 제4항은 양도소득세액에서 토초세액 전부를 곧바로 공제하지 아니하는 결과 위 두 가지 세금이 중복되는 부분이 생길 수 있다. 그러나 토초세는 양도소득세와 같은 수득세의 일종으로서 그 과세대상 또한 양도소득세 과세대상의 일부와 완전히 중복되는 자본이득에 대한 과세이고, 위 두 가지 조세가 지향하는 목적과 기능의 상당부분이 겹치고 있어 어느 의미에서는 토초세가 양도소득세의 예납적 성격을 가지고 있다 봄이 상당하므로, 결국 위 중복부분은 이중과세에 해당하여 조세법률주의상의 실질과세의 원칙에 반한다. 오늘날의 법치주의는 국민의 권리·의무에 관한 사항을 법률로써 정하여야 한다는 형식적 법치주의에 그치는 것이 아니라 그 법률의 목적과 내용 또한 기본권 보장의 헌법이념에 부합되어야 한다는 실질적 법치주의를 의미하며, 헌법 제38조, 제59조가 선언하는 조세법률주의도 이러한 실질적 법치주의를 뜻한다. 그러므로 비록 과세요건이 법률로 명확히 정하여진 것일지라도 그것만으로 충분한 것은 아니고 조세법의 목적이나 내용이 기본권 보장의 헌법이념과 이를 뒷받침하는 헌법상의 제 원칙에 합치되어야 한다. 그렇다면 위 규정 중 토초세액을 양도소득세액에서 전액 공제하지 아니하도록 한 부분은 헌법상의 조세법률주의에 위반된다.

3) 헌재 1997.7.16. 96헌바36. [결정요지] 공과금은 법인의 일정한 사업이나 자산의 존재, 거래 등의 행위에 수반하여 강제적으로 부과되는 것이기 때문에 사업경비의 성격을 띠는 것으로 법인세법상 손금에 산입됨이 원칙이고 예외적으로 그 성질상 비용성을 갖지 않거나 조세정책적 또는 기술적 이유에 의하여 손금에 산입함이 바람직하지 않아 법률이 정한 경우에 한하여 손금산입이 부정되는 것으로 보는 것이 소득에 대한 과세로서의 법인세법의 본질 및 구조에 부합한다 할 것이므로, 위 법률조항은 이를 정당화하는 특별한 사유가 없는 한 실질적 조세법률주의에 위배된다.

4) 헌재 1997.10.30. 96헌바14. [결정요지] (가) 이혼시의 재산분할제도는 본질적으로 혼인 중 쌍방의 협력으로 형성된 공동재산의 청산이라는 성격에, 경제적으로 곤궁한 상대방에 대한 부양적 성격이 보충적으로 가미된 제도라 할 것이어서, 이에 대하여 재산의 무상취득을 과세원인으로 하는 증여세를 부과할 여지가 없다. 또한 재산분할중의 부양적 요소에 관하여 보더라도 이는 부양의무이행의 성격을 지니는 것이므로 증여세의 부과대상이 된다고 할 수 없을 뿐만 아니라, 민법상 부양의무자 상호간의 치료비·생활비 또는 교육비로서 통상 필요하다고 인정되는 금품은 과세가액에 산입되지 아니하는 점(구 상속세법시행령)에 비추어 보더라도 이에 대하여도 증여세가 부과될 근거는 없다. (나) 민법상의 증여가 아님에도 증여로 의제하여 증여세를 부과할 조세정책적 필요성이 있는지의 여부가 문제될 수 있다. 이를 정당화될 수 있기 위하여는 민법상의 증여와 사회경제적으로 유사한 효과를 낳는 재산변동이면서도 상속세나 증여세에 대한 조세포탈의 방법으로 이용되기 쉽다고 인정되는 등, 증

2. 조세법률주의의 기능 및 기능(존재이유)

조세법률주의는 기본권을 보장하는 기능을 수행한다. 조세는 국민의 재산권에서 징수되는 것이고 재산권이란 국민의 기본권을 침해하는 결과를 가져오므로 국민의 기본권에 대한 침해는 국민의 의사인 법률에 의하여야 한다는 원리에 따른 것이다. 법치주의의 조세영역에서의 구현이라고 할 수 있고 조세사항에 대하여 미리 법률에 규정을 두도록 함으로써 국민이 자신이 부담하여야 할 조세를 가늠할 수 있어서 사전의 예측가능성을 부여하고 조세징수를 담당하는 행정청의 자의를 막으며 그리하여 법적 안정성을 가지게 하는 중요한 기능을 수행한다. 요컨대 조세법률주의는 ① 예측가능성의 부여, ② 자의적 조세징수의 방지, ③ 법적 안정성 확보, ④ 위 ①, ②를 통한 국민의 기본권보장의 기능을 하고 그것에 존재이유가 있다.

3. 조세법률주의의 적용범위

(1) 조세의 개념과 목적

조세가 무엇인가 그 개념을 파악하는 것은 조세의 범주를 정하도록 하고 따라서 조세법률주의의 범위를 결정짓게 된다. 조세란 국가나 지방자치단체가 공적활동에 소요되는 재정수입 확보(재원조달)를 위하여 국민이나 주민이 납부할 것을 강제적으로 요구하는 금전으로서 그것에 상응하는 반대급부를 국가나 지방자치단체가 부담하지 않으면서 일방적으로 국민이나 주민에게 그 납부를 요구하며 부과하는 금전을 의미한다. 다시 말하면 조세는 일정한 사유가 발생하여 조세부과대상에 해당되는 국민이 금전적 부담을 의무적으로 당연히 지는 반면에 국가나 지방자치단체가 그것에 상응하는 반대급부를 제공할 의무가 없다는 점을 가장 큰 특징으로 가진다. 따라서 예컨대 국가나 지방자치단체의 시설을 사용한 대가로 지불해야 하는 사용료라든지 공무원의 업무(서비스)에 상응하여 지불해야 하는 수수료 등의 경우에는 급부와 반대급부의 관계가 있다는 점에서 조세가 아니다. 퇴직 후 연금의 지급이라는 반대급부를 전제로 부담하는

여와 동일한 취급을 할 조세정책적인 필요성이 있어야 한다. 그러나 상속세를 면탈하기 위하여 이혼을 한다는 것은 일반적으로는 그리 흔한 일이라 생각할 수 없을 뿐만 아니라 무엇보다도 이혼으로 인한 재산분할은 증여와는 그 본질을 달리 하는 것으로서 사회경제적 효과도 근본적으로 다르다고 하지 않을 수 없으며, 달리 증여와 동일하게 취급할 조세정책적 필요성이 인정되지 않는다. 물론 증여세나 상속세를 면탈할 목적으로 위장이혼하는 경우가 현실적으로 없다 할 수도 없고, 또 이혼당사자간의 협의로 공유재산의 청산 및 부양의 범위를 넘어 과다히 재산분할을 받는 경우도 있을 것이나, 이러한 경우에는 당연히 조세가 부과되어야 할 것이다. 그러나 이러한 경우와 진정한 재산분할을 가려 조세정의를 실현하려는 입법적 노력없이 이혼시의 재산분할로 취득한 재산이 상속세의 배우자 인적공제액을 초과하기만 하면 이에 대한 반증의 기회를 부여하지도 않은 채 증여세를 부과하겠다는 것은 입법목적과 이를 달성하기 위한 수단 간의 적정한 비례관계를 벗어난 것일 뿐 아니라 "의심 있을 때에는 과세한다"는 조세당국의 세수의 편의만을 도모하는 비민주적 조세관의 표현이라 아니할 수 없다. 그러한 사유만으로 이 사건 법률조항이 정당화될 수 없다. 그러므로 이 사건 법률조항은 증여세제의 본질에 반하여 증여라는 과세원인 없음에도 불구하고 증여세를 부과하는 것이어서 그 내용이 현저히 불합리하고 자의적이며 재산권보장의 헌법이념에 부합하지 않으므로 실질적 조세법률주의에 위배된다.

국민연금의 연금보험료도 조세라고 볼 수 없고 따라서 연금보험료의 강제징수가 조세법률주의의 위반이 아니다.[1]

> * 조세와 재산권의 관계 – 조세는 납세의 의무 결과 국민에게 부과되는 의무이므로 기본권제한과 다른 차원이라고 볼 수도 있을 것이나 실제적으로는 국민의 재산권에서 조세가 납부되는 것이므로 조세는 재산권의 제한이라고 볼 것이다. 헌재도 "일반적으로 조세와 재산권의 관계에 있어서 조세의 부과 징수는 국민의 납세의무에 기초하는 것으로서 원칙으로 재산권의 침해가 되지 않는다고 하더라도 그로 인하여 납세의무자의 사유재산에 관한 이용, 수익, 처분권이 중대한 제한을 받게 되는 경우에는 재산권의 침해가 될 수 있다고 한다.[2] 또 "헌법 제38조, 제59조에서 선언하고 있는 조세법률주의 원칙에 따라 비록 과세요건이 법률로 명확히 정해진 것일지라도 그것만으로는 충분한 것이 아니고, 조세법의 목적이나 내용이 기본권보장의 헌법이념과 이를 뒷받침하는 과잉금지의 원칙 등 헌법상의 제 원칙에 합치되어야 한다. 따라서 조세법이 과잉금지원칙에 어긋나 국민의 재산권을 과도하게 침해하고 있는 것일 때에는 헌법 제38조에 의한 국민의 납세의무에도 불구하고 헌법상 허용되지 아니하는 것이다"라고 한다.[3]

(2) 조세유사적 부담 - 부담금, 특별부담금

국민에게 금전적 급부의무를 지우는 공과금에는 조세 외에도 부담금, 분담금, 특별부담금 등 조세유사적 공과금(넓게는 준조세적 부담까지 포함할 수 있을 것이다)이 있다. 이러한 부담금, 특별부담금 등이 조세와의 구별은 어떠하며 이러한 조세유사적 부담에 대해서도 조세법률주의가 적용되는지 하는 문제가 있다. 전통적으로 부담금은 어떤 공익사업과 관련하여 특별한 수익을 누리거나 그 공익사업을 행하도록 하게 된 원인을 제공한 사람이 지는 부담이라서 반대급부적 성격을 가지나 오늘날은 이러한 반대급부 없이도 부과될 수 있다는 점에서 조세와 차이가 없어진다. 그러나 일반적인 국가목적의 실현을 위하여 일반국민에 대해 부과되는 조세와 달리 부담금, 특별부담금 등은 특정의 공익사업, 공적 과제를 위하여 그 특정과제와 밀접하게 관련을 가지는 특정의 집단에 대해서만 부과된다는 점에서 차이가 있다. 그러나 부담금 등도 조세유사적 금전납부의무로서 이를 부과하기 위해서는 엄격한 헌법적 한계를 지켜야 한다. 조세유사적, 준조세적 부담에 대해서는 뒤에서 자세히 살펴본다(후술 참조).

(3) 미실현 이득에 대한 과세

토지초과이득세, 종합부동산세에 대해서는 미실현 이득에 대한 과세라고 하여 헌법위반이라는 주장이 있었다. 그러나 헌재는 미실현 이득에 대한 과세 자체도 과세 목적, 과세소득의 특성 등을 고려하여 판단할 입법정책의 문제일 뿐, 헌법상의 조세개념에 저촉되는 것으로는 보이지 아니한다고 본다(헌재 1994.7.29. 92헌바49; 2008.11.13. 2006헌바112; 2018.6.28. 2016헌바347등).

---

1) 헌재 2001.2.22. 99헌마365, 국민연금법 제75조 등 위헌확인, 판례집 13-1, 301면. [관련판시요약] 국민연금제도는 가입기간 중에 납부한 보험료를 급여의 산출근거로 하여 일정한 급여를 지급하는 것이므로 반대급부 없이 국가에서 강제로 금전을 징수하는 조세와는 성격을 달리한다 할 것이고 국민연금보험료를 조세로 볼 수는 없다; 헌재 2007.4.26. 2004헌가29 등, 판례집 19-1, 366-367면.

2) 헌재 1997.12.24. 96헌가19; 2003.11.27. 2003헌바2.

3) 헌재 2003.7.24. 2000헌바28.

(4) 조세의 목적

조세는 국가나 지방자치단체가 자신의 행정목적을 수행하기 위한 재원에 충당되기 위한 것이다. 그러나 국가나 지방자치단체가 통상적으로 행정목적수행에 소요되는 경비를 위한 조세징수 외에도 소득재분배 등 특별한 경제적·사회적 목표를 달성하기 위하여 징수하는 조세도 있다.

판례 2018.11.29. 2017헌바517등

[판시] 오늘날 조세는 국가의 재정수요를 충족시킨다고 하는 본래의 기능 외에도 소득의 재분배, 자원의 적정배분, 경기의 조정 등 여러 가지 기능을 가지고 있으므로, 국민의 조세부담을 정함에 있어서 재정·경제·사회정책 등 국정전반에 걸친 종합적인 정책판단을 필요로 한다.

4. 국가의 조세부과권력의 헌법적 근거

조세부과라는 일방적 의무의 헌법적 근거로 우리 헌법은 "모든 국민은 법률이 정하는 바에 의하여 납세의 의무를 진다"라고(제38조) 명시하고 있기도 하고, 그 의무성으로 헌법 제59조에 따른 조세법률주의가 헌법원칙으로 자리잡고 있는 것이다. 헌재는 "(1) 국가는 그가 담당하는 과제의 수행을 위하여 일정한 재원의 확보를 필요로 한다. 그러나 오늘날의 조세는 국가적 과제의 수행을 위하여 요구되는 단순한 재정적 수단으로서의 기능과 목적을 넘어서서 광범위한 사회형성적·경제정책적 수단으로 사용되고 있다. 이러한 국가과세권의 헌법적 근거로는 소극적인 측면과 적극적인 측면이 있다. 과세권의 소극적인 근거로는 조세법률주의(헌법 제59조)와 납세의 의무(헌법 제38조)를 들 수 있고, 적극적인 근거로는 사회국가원리(헌법 제34조 2항)·조세국가원리·평등권(헌법 제11조 1항)·헌법상 경제질서(헌법 제119조 내지 제127조)를 들 수 있다"라고 한다.[1)] 헌재의 적극적인 근거제시는 바로 위에서 언급한 대로 조세의 목적 중 소득재분배 등 특별한 경제적·사회적 목표를 위한 근거를 제시한 것이다.

5. 조세법률주의의 내용

조세법률주의는 과세법정주의(과세요건·절차법정주의)와 과세요건명확성원칙을 그 주요내용으로 한다.[2)]

(1) 과세법정주의(과세요건·절차법정주의)

1) 개념

여기서의 법정주의란 법률로 정하는 원칙을 말한다. 따라서 과세요건·절차법정주의란 과

1) 헌재 2002.8.29. 2001헌가24.

2) 헌재도 "과세요건법정주의와 과세요건명확주의를 핵심내용으로 하는 조세법률주의"라고 한다(헌재 2012.5.31. 2009헌바123).

세의 대상(과세물건), 과세표준, 세율, 과세기간 등 과세요건에 관한 사항과 조세의 부과 및 징수 등에 관한 방법과 절차에 관하여서 법률로 규정을 두어야 한다는 원칙을 말한다.

2) 예외

(가) 행정입법에의 위임

사실 이 문제는 위 조세사항이 형식적으로 '법률'에 정해져야 함을 의미하는 점에서 과세법정주의의 예외라는 것인데 행정입법에 규정을 두는 근거가 법률에 있다는 점에서 실질적인 관점에서 예외라고 보기 어려울 수도 있다. 여하튼 과세법정주의라고 하여 법률만이 조세사항을 정하여야 하고 행정입법에 이를 위임하는 것을 금지하는 것은 아니다. 우리 헌법 제75조, 제95조는 대통령령, 부령 등에 법률이 위임을 할 수 있도록 하기 때문이다. 다만 구체적 위임이어야 한다. 즉 과세요건, 조세부과징수절차 사항은 원칙적으로 법률로 규정하여야 하나 만약 부득이 법률에서 직접 규정을 둘 수 없어 하위 행정입법에 위임할 경우에는 위임한다는 사실을 법률에서 명백히하고 그 위임도 가능한 한 법률규정 자체만을 두고 보더라도 그 내용의 대강이라도 예측이 가능한 정도로 법률이 어느 정도의 규정을 하고 행정입법에 위임하는 구체적 위임이어야 한다(후술, 4. 조세규정의 행정입법에의 위임 참조). 과세요건에 대해 법률에 규정하지도 행정입법에 위임하지도 않아 과세요건법정주의를 위배한 위헌성이 인정된 대표적인 예를 보면 상속재산의 가액평가방법에 관한 내용을 두지 않고 하위법규에 위임도 하지 않은 구 상속세법 규정에 대한 헌법불합치결정이 있었다.[1)]

(나) 지방자치단체의 조례에 의한 지방세 규정

지방자치권에는 재정자치권이 포함된다. 이를 위해 자치적인 지방세징수권이 부여된다. 지방자치법 제9조 제2항 바목은 지방세의 부과 및 징수를 지방자치단체의 사무범위에 속하는 것으로 규정하고 있고, 동법 제135조는 "지방자치단체는 법률로 정하는 바에 따라 지방세를 부과·징수할 수 있다"라고 명시하고 있는데 그 법률이 바로 지방세기본법과 지방세법, 지방세특례제한법 등의 '지방세관계법'이다. 지방세기본법 제4조는 "지방자치단체는 이 법 또는 지방세관계법에서 정하는 바에 따라 지방세의 과세권을 갖는다"라고 규정하고 있고 동법 제5조 제

1) 헌재 2001.6.28. 99헌바54, 판례집 13-1, 1271면 이하. [쟁점] 상속재산의 가액평가에 관한 구 상속세법(1993.12.31. 법률 제4662호로 개정되기 전의 것) 제9조 제1항 중 "상속재산의 가액 … 는 상속개시 당시의 현황에 의한다"라는 부분은 그 평가시점을 상속개시 당시의 현황에 의한다고 규정하였을 뿐 그 원칙이나 평가 방법에 대한 내용이 없을 뿐만 아니라, 이에 관한 사항을 하위법규인 대통령령에 위임한다는 내용조차 규정한 바 없이 시행령 제5조에서 평가 방법에 관한 규정을 함으로써 조세법률주의에 반하는지 여부(개정시까지의 계속적용의 헌법불합치결정) [결정요지] - 과세요건 법정주의이 사건 법률조항만을 놓고 본다면, 상속재산의 가액은 상속개시 당시의 현황에 의한다고만 규정하고 있을 뿐 그 평가방법에 관한 내용은 구 상속세법의 어느 법률조항에도 규정되어 있지 않고, 심지어 그 내용을 대통령령 등 하위법규에 위임하지 않고 있음에도, 이 사건 시행령은 위임의 근거도 없이 가액평가에 관한 구체적, 세부적 내용을 규정하고 있는바, 법률의 위임에도 근거하지 아니한 시행령 및 기본통칙의 관련 규정에 의하여야만 비로소 납부하여야 할 상속세액의 산출 근거가 되는 상속재산의 평가방법을 알 수 있고, 법률 규정에 의하여서는 이를 전혀 알 수 없게 되어 있으므로, 결국 이는 과세요건 법정주의에 반한다.

1항은 "지방자치단체는 지방세의 세목(稅目), 과세대상, 과세표준, 세율, 그 밖에 부과·징수에 필요한 사항을 정할 때에는 이 법 또는 지방세관계법에서 정하는 범위에서 조례로 정하여야 한다"라고 규정하고 있다. 지방자치법 제39조 제1항 제4호도 지방세의 부과와 징수를 지방의회의 의결사항으로 규정하고 있다. 현행 법제는 이처럼 법률의 범위 내에서의 지방세 조례제정권을 규정하고 있어 지방재정자치권으로서 지방세부과징수 조례제정권에 한계를 설정하고 있다.

(다) 긴급재정명령에 의한 조세 규정

우리 헌법은 국회의 승인을 전제로 조세에 관련한 법률의 효력을 가지는 긴급재정명령과 구체적인 긴급재정처분 발할 수 있도록 하고 있다(제76조).

(라) 조약에 의한 조세(관세) 규정

조약에 의해 외국과의 조세, 관세에 관해 규정을 둘 수 있다. 관세의 양허 등의 조치를 조약으로 정할 수 있다. 관세법은 정부는 우리나라의 대외무역 증진을 위하여 필요하다고 인정될 때에는 특정 국가 또는 국제기구와 관세에 관한 협상을 할 수 있고 이 협상을 수행할 때 필요하다고 인정되면 관세를 양허할 수 있도록 하고 있다(국제협력관세, 제73조). 그러나 이러한 조약에 대해서는 국회의 사전 동의가 반드시 필요하다(제60조 1항).

3) 과세요건법정주의 위반 인정 결정례

위에서도 위헌성이 인정된 결정례들이 있기도 하였지만 그 외 위헌성을 인정한 위헌결정, 한정위헌결정의 예들도 있는바 이를 정리하면 다음과 같다.

① **상속(증여)세 부과시 상속(증여)재산가액평가의 위헌성** 신고를 하지 아니하거나 신고에서 누락된 상속(증여)재산의 가액은 상속(증여)당시가 아니라 상속(증여)세 부과당시의 가액으로 평가하도록 한 구 상속세법 제9조 제2항 본문은 조세법률주의, 조세평등주의에 반하고 재산권을 침해하여 위헌이라고 결정하였다.[1)]

---

1) 헌재 1992.12.24. 90헌바21. [결정요지] 조세법률주의는 모든 과세요건과 조세의 부과·징수절차는 모두 국민의 대표기관인 국회가 제정한 법률로 이를 규정하여야 한다는 것(과세요건 법정주의)과 그 규정내용이 명확하고 일의적(一義的)이어야 한다는 것(과세요건 명확주의)을 그 핵심적 내용으로 하고 있다. 이러한 조세법률주의의 관점에서 볼 때 이 사건 법률조항에는 다음과 같은 문제점이있다. 첫째로, 헌법 제38조는 모든 국민은 "법률이 정하는 바에 의하여" 납세의 의무를 진다고 규정하고 있는 바 그 "법률" 중 국세에 관한 기본적사항을 규정함으로써 국세에 관한 법률관계를 확실하게 하기 위하여 제정된 것이 바로 국세기본법이다(제1조 참조). 그런데 그 국세기본법이 제21조 제1항에서 상속세를 납부할 의무는 "상속을 개시하는 때"(제2호)에, 증여세를 납부할 의무는 "증여에 의하여 재산을 취득하는 때"(제3호)에 각 성립한다고 규정하였고, 제22조 제1항에서 국세는 당해 세법에 의한 절차에 따라 그 세액이 확정된다고 규정하였으며, 제3조 제1항에서 이러한 국세기본법의 규정은 개별적인 세법규정(국세의 종목과 세율을 정하고 있는 법률 등, 국세기본법 제2조 제2호 참조)에 우선하여 적용한다고 규정하였다. 그렇다면 이 법률조항이 상속사실(또는 증여사실)의 신고를 하지 아니하거나 신고에서 누락된 상속재산(또는 증여재산)의 가액은 상속개시(또는 증여) 당시가 아닌 상속세(또는 증여세) 부과당시의 가액으로 평가한다고 규정한 것은, 헌법 제38조와 이를 구체화한 국세기본법 제3조, 제21조, 제22조에 위반된다고 할 것이다. 둘째로, 이 사건 법률조항과 같이 상속재산(증여재산)의 가액을 상속세(증여세)부과당시의 가액으로 평가하도록 한 것은, 이미 객관적으로 확정된 과세원인사실의 발생시점 즉 사람의 사망시기나 어떤 재산의

② 간주해석의 실질적 조세법률주의 위배 "용도가 객관적으로 명백하지 아니한 것 중 대통령령이 정하는 위에서 본 시행령에 해당하는 각 경우"를 상속세 과세가액에 산입하도록 한 구 상속세법 규정을 추정규정이 아닌 간주규정으로 해석하는 것은 실질적 조세법률주의를 위배한다고 하여 한정위헌결정을 한 바 있다.1)

③ 양도소득세의 양도차익 산정에 있어서 원칙적으로 기준시가에 의하고 예외적으로 실지거래가액에 의하도록 하면서 그 실지거래가액에 의할 경우를 대통령령에 위임한 구 소득세법규정

이 경우를 "그 실지거래가액에 의한 세액이 그 본문의 기준시가에 의한 세액을 초과하는 경우까지를 포함하여 대통령령에 위임한 것으로 해석하는 한" 헌법 제38조, 제59조가 규정한 조세법률주의에 위반된다는 한정위헌결정을 하였다.2)

증여시기를 법률로 바꾸겠다는 것과 같은 것이어서 매우 불합리할 뿐만 아니라, 과세관청이 과세처분을 언제 하느냐에 따라 그 상속재산(증여재산)의 가액평가를 달리 할 수 있는 것이어서 과세관청의 의사나 업무처리시가에 따라 과세표준의 평가기준 그 자체가 달라지고, 나아가서는 과세표준과 세율이 달라지며 끝내는 세금액이 달라지게 된다. 그렇다면 과세표준과 세율 등 과세요건이 조세법률주의에 의하여 법률로 결정되는 것이 아니라 과세관청(행정청)의 의사나 행위에 따라 좌우되는 결과가 될 것이고, 이는 과세관청의 자의에 의한 과세를 방지하고 국민의 경제생활에 법적안정성과 예측가능성을 부여하기 위하여 헌법이 선언하고 있는 조세법률주의에 정면으로 위반된다. 셋째로, 상속재산이나 증여재산의 가액을 상속개시 당시 또는 증여당시를 기준으로 하지 않고 상속세나 증여세의 부과당시를 기준으로 평가하여 과세처분을 할 수 있다고 하는 것은, 납세의무자인 국민으로서는 예측할 수 없는 사후적 사정(과세관청의 과세처분시기의 선택)으로 인하여 과세요건이 변동되고 그에 따라 세금액이 달라지는 심히 불합리한 결과를 낳게 되며, 나아가서는 경제생활상의 법적 안정성과 예측가능성을 현저히 침해하는 결과가 된다. 위와 같은 이유로 이 법률조항은 헌법 제38조, 제59조의 조세법률주의에 위반된다.

1) 헌재 1994.6.30. 93헌바9. [주문] 구 상속세법(1990.12.31. 법 제4283호로 개정되기 전의 법) 제7조의2 제1항 중 "용도가 객관적으로 명백하지 아니한 것 중 대통령령으로 정하는 경우"를 추정규정으로 보지 아니하고 간주규정으로 해석하는 것은 헌법에 위반된다. [결정요지] 이 법 제7조의2 제1항 중 "용도가 객관적으로 명백하지 아니한 것 중 대통령령이 정하는 위에서 본 시행령에 해당하는 각 경우"를 모두 간주규정으로 해석하여, 용도가 개관적으로 명백하지 아니하여 대통령령에 해당하면 상속인이 그에 대하여 반증을 들 수 없거나, 경험칙상 상속인이 상속하지 아니한 것으로 인정되는 경우일지라도 쟁송수단에 의하여 그에 대한 진·부를 가려 볼 여지도 없이 법률에 의하여 상속된 것으로 간주하여 이 법 제7조의2 제1항에 해당하는 금액을 상속세과세가액에 산입한다는 취지로 집행한다면, 이는 상속이 없는 것인데도 불구하고 상속세를 부과하게 되고 그에 대하여는 다툴 수 있는 입증의 기회마저 갖지 못하게 하는 것이어서 상속인이 재판청구권을 가지지 못하는 결과가 되어 헌법 제11조 제1항에 의한 평등권, 제23조 제1항에 의한 재산권 및 제27조 제1항에 의한 재판청구권을 제한 내지 박탈하는 결과를 가져오는 것이고 실지조사와 쟁송의 번거로움을 피하고 편리한 세금징수의 방법만을 강구한 나머지 행정편의주의 및 획일주의의 정도가 지나치다고 아니할 수 없어 평등권, 재산권, 재판청구권 등 중대한 기본권을 제한함으로써 얻어지는 공익과 제한되는 기본권 사이에 합리적인 비례관계가 유지되었다고 볼 수 없을 뿐만 아니라, 그로 인하여 실질적 조세법률주의를 규정한 헌법 제38조, 제59조에도 위반된다. 반면에 추정규정으로 해석한다면, 상속인이 상속세부과처분에 대하여 불복할 경우에는 이에 대한 행정소송을 제기하여 반증을 들어 다툴 수 있고, 비록 용도가 명백하지 아니하더라도 구체적인 소송과정에서 법원의 판단으로 상속인이 상속하지 아니하였다고 인정되는 경우에는 이 법 제7조의2 제1항의 적용을 배제시킬 수 있는 권리가 헌법상 보장될 수 있는 것이므로 진실로 상속인이 억울하게 상속세를 납부하여야 하는 경우를 제도적으로 방지할 수 있을 것이다. 따라서 추정규정으로 보는 경우에는 상속인을 일반 납세의무자와 비교하여 차별하여 취급하는 데 합리적인 이유가 있고, 입법목적을 달성하기 위한 입법수단도 정당하다고 할 것이므로 헌법 제11조 제1항, 제23조 제1항, 제27조 제1항에 위반되지 않을 뿐만 아니라, 그로 인하여 실질적 조세법률주의를 규정한 헌법 제38조, 제59조에도 위반되지 않는다. * 동지 : 헌재 1995.7.21. 92헌바27. * 개정된 구 소득세법 규정은 금액 등을 다소 변경하였으나 취지는 비슷한 그 개정된 동법 규정에 대해 헌재는 다시 동지의 결정을 함. 헌재 1995.9.28. 94헌바23. 이후에도 동지로 헌재 2003.12.18. 2002헌바99가 있었음.

④ **사업양수인에 대한 제2차 납세의무의 한정성** 양수한 재산의 가액을 한도로 제한하여 인정하는 것이 적절함에도 사업양수인의 책임의 한도를 정하고 있지 않았던 구 국세기본법(1974.12.21. 법률 제2679호로 제정되고, 1993.12.31. 법률 제4672호로 개정되기 전의 것) 제41조는 사업양수인으로 하여금 양수한 재산의 가액을 초과하여 제2차 납세의무를 지게 하는 범위 내에서 헌법에 위반된다는 한정위헌결정이 있었다.[1)]

⑤ **전부개정법률에 의한 부칙 실효** 구 조세감면규제법(1990.12.31. 법률 제4285호) 부칙 제23조가 전부개정된 구 조세감면규제법(1993.12.31. 법률 제4666호로 전부 개정된 것)의 시행에도 불구하고 실효되지 않은 것으로 해석하는 것은 권력분립원칙과 조세법률주의의 원칙에 위배되어 헌법에 위반된다는 한정위헌결정을 하였다.[2)] 이 결정은 대법원의 판례와 상치되는 것이어서

---

2) 헌재 1995.11.30. 94헌바40(이 결정에 대한 자세한 것은 후술 행정입법에의 위임 부분 참조. 동지 결정들 : 헌재 1999.4.29. 96헌바22).

1) 헌재 1997.11.27. 95헌바38. [결정요지] 사업양수인의 제2차 납세의무제도는 조세징수의 확보라는 공익목적의 실현을 위하여 담보재산을 취득한 양수인에게 부족액에 대한 보충적 납세책임을 지우는 것이므로 입법목적의 합리성이 인정된다. 그러나, 구 국세기본법 제41조가 제2차 납세의무자의 책임한도를 적절한 범위내로 한정하지 아니하고 양수재산의 가액을 초과한 부분에 대하여도 제2차 납세의무를 지게하는 것은 사업양수인에게는 사업양도인의 조세책임을 근거없이 전가시키는 결과가 될 것이다. 사업양수인에게 양수재산의 한도를 넘는 무제한의 책임을 지도록 하는 것은 국민의 경제생활에 법적안정성 및 예측가능성을 부여하기 위한 과세요건법정주의와 명확주의의 기초에 서있는 헌법 제38조, 제59조의 실질적 조세법률주의와 비례의 원칙에 위반되므로 그 범위 내에서 헌법에 위반된다.

2) 헌재 2012.5.31. 2009헌바123. [결정요지] (1) 이 사건의 쟁점은, 이 사건 부칙조항과 관련하여 아무런 규율을 하고 있지 아니한 이 사건 전부개정법의 시행에도 불구하고 이 사건 부칙조항이 여전히 효력을 갖고 있다고 보아야 할 것인지, 만약 그렇게 볼 수 없다면 이 사건 부칙조항이 이미 실효되었음에도 이를 유효하게 존속하는 것으로 해석하는 것이 법률해석의 한계를 넘어서 헌법상의 권력분립원칙과 조세법률주의의 원칙에 반하는 위헌적인 법률해석인지 여부이다. 법률이 전부 개정된 경우에는 기존 법률을 폐지하고 새로운 법률을 제정하는 것과 마찬가지여서 종전의 본칙은 물론 부칙 규정도 모두 소멸하는 것이므로 특별한 사정이 없는 한 종전의 법률 부칙의 경과규정도 실효된다. (2) 이 사건 부칙조항은 과세근거조항이자 주식상장기한을 대통령령에 위임하는 근거조항이므로 이 사건 전문개정법의 시행에도 불구하고 존속하려면 반드시 위 전문개정법에 그 적용이나 시행의 유예에 관한 명문의 근거가 있었어야 할 것이나, 입법자의 실수 기타의 이유로 이 사건 부칙조항이 이 사건 전문개정법에 반영되지 못한 이상, 위 전문개정법 시행 이후에는 전문개정법률의 일반적 효력에 의하여 더 이상 유효하지 않게 된 것으로 보아야 한다. 비록 이 사건 전문개정법이 시행된 1994.1.1. 이후 제정된 조세감면규제법(조세특례제한법) 시행령들에서 이 사건 부칙조항을 위임근거로 명시한 후 주식상장기한을 연장해 왔고, 조세특례제한법 중 개정법률(2002.12.11. 법률 제6762호로 개정된 것)에서 이 사건 부칙조항의 문구를 변경하는 입법을 한 사실이 있으나, 이는 이미 실효된 이 사건 부칙조항을 위임의 근거 또는 변경대상으로 한 것으로서 아무런 의미가 없을 뿐만 아니라, 이 사건 부칙조항과 같은 내용의 과세근거조항을 재입법한 것으로 볼 수도 없다. (3) 다만, 이 사건 부칙조항이 실효되지 않고 여전히 존재한다는 전제 하에 과세하더라도, 청구인들을 비롯하여 주식상장을 전제로 자산재평가를 실시한 후 정해진 주식상장기한 내에 상장하지 못하였거나 자산재평가를 취소한 법인들로서는 부당하게 이익을 침해당한 것으로 볼 수 없는 데다가, 이 사건 부칙조항이 실효되었다고 해석하면, 이미 상장을 전제로 자산재평가를 실시한 법인에 대한 사후관리가 불가능하게 되는 법률의 공백상태가 발생하고, 종래 자산재평가를 실시하지 아니한 채 원가주의에 입각하여 성실하게 법인세 등을 신고·납부한 법인이나 상장기간을 준수한 법인들과 비교하여 볼 때 청구인들을 비롯한 위 해당 법인들이 부당한 이익을 얻게 되어 과세형평에 어긋나는 결과에 이를 수도 있다. (4) 일반적으로 법률문언의 의미와 내용을 분명히 하는 법률해석에 있어, 법률조항의 문구의 의미가 명확하지 않거나 특정한 상황에 들어맞는 규율을 하고 있는 것인지 애매할 경우에는, 입법목적이나 입법자의 의도를 합리적으로 추정하여 문언의 의미를 보충하여 확정하는 체계적, 합목적적 해석을 하거나, 유사한 사례에 관하여 명확한 법률효과를 부여하고 있는 법률조항으로부터 유추해

논란이 컸다.

* 한정합헌결정례 : 헌재 출범 후 초기에 조세회피 방지를 위해 증여의제(贈與擬制)를 규정한 구 상속세법 제32조의2는 조세회피 목적없는 진정한 명의신탁 등의 경우에도 무차별적으로 증여세를 부과하게 함으로써 과세요건이 불명확하여 조세법률주의에 위반된다는 논란이 있었는데, 헌재는 "조세회피의 목적이 없이 실질소유자와 명의자를 다르게등기 등을 한 경우에는 적용되지 아니하는 것으로 해석하는 한, 헌법에 위반되지 아니한다"라는 한정합헌결정을 하였다.1)

* 개별 기본권 제한이 비례원칙 위반과 조세법률주의 위반 : 헌재는 어느 조세법규정이 재산권, 재판청구권 등 개별 기본권을 비례원칙을 위반하여 제한하여 기본권침해라고 인정될 때 그 조세법규정이 조세법률주의의 위반이라고 선언하는 결정례들을 보여주고 있다. 그 예로 ① 배우자, 직계존·비속간의

석을 하여 법의 흠결을 보충하거나, 심지어 법률의 문언 그대로 구체적 사건에 적용할 경우 터무니없는 결론에 도달하게 되고 입법자가 그런 결과를 의도하였을 리가 없다고 합리적으로 판단되는 경우에는 문언을 약간 수정하여 해석하는 경우도 있을 수 있다. 또한 어떤 법률조항에 대한 여러 갈래의 해석이 가능한 경우, 특히 법률조항에 대한 해석이 한편에서는 합헌이라는 해석이, 다른 편에서는 위헌이라는 해석이 다 같이 가능하다면, 원칙적으로 헌법에 합치되는 해석을 선택하여야 한다는 '헌법합치적 법률해석'의 원칙도 존중되어야 하는 것은 당연할 것이다. 그러나 법률해석의 이러한 여러 방법들은 대상 법률규정의 규율영역에 따라 때로는 아예 허용되지 않거나 때로는 엄격하게 제한되는 경우가 있다. 특히 형벌조항의 경우 헌법상 규정된 죄형법정주의(헌법 제12조 제1항, 제13조 제1항)에 의해 입법목적이나 입법자의 의도를 감안한 유추해석이 일체 금지되고 법률조항의 문언의 의미를 엄격하게 해석할 것이 요구된다. 또한 국민의 재산권과 밀접한 관련을 갖고 있는 조세법의 해석에 있어서도 조세법률주의의 원칙상(헌법 제59조) 과세요건, 절차, 결과 등 모든 면에서 엄격하게 법문언대로 해석하여야 하고 합리적인 이유 없이 확장해석하거나 유추해석할 수는 없다. 그러므로 형벌조항이나 조세관련 법규를 해석함에 있어서, '유효한' 법률조항의 불명확한 의미를 논리적·체계적 해석을 통해 합리적으로 보충하는 데에서 더 나아가, 해석을 통하여 전혀 새로운 법률상의 근거를 만들어 내거나, 기존에는 존재하였으나 실효되어 더 이상 존재한다고 볼 수 없는 법률조항을 여전히 '유효한' 것으로 해석한다면, 이는 법률해석의 한계를 벗어나는 것으로서, '법률의 부존재'로 말미암아 형벌의 부과나 과세의 근거가 될 수 없는 것을 법률해석을 통하여 이를 창설해 내는 일종의 '입법행위'에 해당하므로 헌법상의 권력분립원칙에 반할 뿐만 아니라 죄형법정주의, 조세법률주의의 원칙에도 반하는 것이다. 또한 헌법정신에 맞도록 법률의 내용을 해석·보충하거나 정정하는 '헌법합치적 법률해석' 역시 '유효한' 법률조항의 의미나 문구를 대상으로 하는 것이지, 이를 넘어 이미 실효된 법률조항을 대상으로 하여 헌법합치적인 법률해석을 할 수는 없는 것이어서, 유효하지 않은 법률조항을 유효한 것으로 해석하는 결과에 이르는 것은 '헌법합치적 법률해석'을 이유로도 정당화될 수 없다 할 것이다. 따라서 관련 당사자가 공평에 반하는 이익을 얻을 가능성이 있다 하여 이미 실효된 법률조항을 유효한 것으로 해석하여 과세의 근거로 삼는 것은 과세근거의 창설을 국회가 제정하는 법률에 맡기고 있는 헌법상 권력분립원칙과 조세법률주의의 원칙에 반한다. (5) 따라서, 이 사건 전부개정법의 시행에도 불구하고 이 사건 부칙조항이 실효되지 않은 것으로 해석하는 것은 헌법상의 권력분립원칙과 조세법률주의의 원칙에 위배되어 헌법에 위반된다. 동지 : 헌재 2012.7.26. 2009헌바35.

1) 헌재 1989.7.21. 89헌마38. [관련판시요약] 위 법률조항은 납세의무자·과세대상·과세방법 등 중요한 과세요건을 모두 법률로 정하고 있어 형식상으로 조세법률주의의 원칙에 어긋남이 없을 뿐만 아니라, 권리의 이전이나 행사에 등기 등을 요하는 재산을 제3자 명의로 등기한 경우에는 적어도 외부적으로는 명의상의 소유자가 완전한 권리를 취득하고 있으므로 실질적으로도 조세법률주의의 원칙에 위배되지 아니한다고 할 수 있다. 다만, 그 규정내용에서 다소 불명확하고 결과에 치중한 듯한 표현을 하고 있는 점은 입법목적에 비추어 축소해석 또는 한정해석을 한다면, 헌법이 보장한 조세법률주의의 이념인 국민의 재산권 보장이나 법적 안정성 내지 예측가능성을 크게 해치는 것은 아니라고 할 수 있다. 명의신탁을 이용한 조세회피를 방지하여야 한다는 당위성과 실질과세의 원칙에 대한 특례설정의 가능성을 고려하여 합헌해석을 할 필요가 있다. 그렇다면 위 법률조항은 원칙적으로 권리의 이전이나 행사에 등기 등을 요하는 재산에 있어서, 실질소유자와 명의자를 다르게 한 경우에는 그 등기 등을 한 날에 실질소유자가 명의자에게 그 재산을 증여한 것으로 해석하되, 예외적으로 조세회피의 목적이 없이 실정법상의 제약이나 제3자의 협력거부 기타 사정으로 인하여 실질소유자와 명의자를 다르게 한 것이 명백한 경우에는 이를 증여로 보지 않는다고 해석하여야 할 것이다.

부담부증여(負擔附贈與)에 대한 증여세 과세가액의 산정에서의 채무액 비공제 – 이를 규정한 구 상속세법 제29조의4 제2항에 대해 헌재는 배우자 또는 직계존·비속간의 증여 당사자를 기타 일반 증여 당사자와 차별하여 헌법 제11조 제1항의 평등권, 제23조 제1항의 재산권, 제27조 제1항의 재판청구권을 제한하는 정도가 지나치고 불합리하여 그 본질적 내용을 침해하는 것이어서 헌법 제37조 제2항에 위배되고 그럼으로써 헌법 제38조, 제59조의 조세법률주의에 위배되는 위헌법률이라고 보아 위헌결정을 하였다.[1] 사실 이는 실질적 조세법률주의(전술 참조)를 염두에 둔 것이라고 이해될 수 있겠다.

(2) 과세요건명확성원칙

1) 개념과 기능

과세요건·절차법정주의만 이루면, 즉 과세의 종목과 세율을 단순히 법률로 규정하기만 하면 조세법률주의가 준수된 것이 아니다. 법률이 정하는 과세요건이 불명확하면 형식만 법률에 의한 것이고 내용적으로 국민이 사전에 이를 예측하기 어려우므로 실질적인 조세법률주의를 구현하지 못한다. 과세요건이 명확하지 않으면 조세부과를 담당하는 행정청의 자의가 개입될 소지도 있다. 따라서 국민이 과세요건을, 즉 어떠한 경우에 납세를 해야 하는지를 사전에 인식함에 어려움이 없고 세무관청의 자의를 방지할 정도로 명확하게 법률이 과세대상이나 요건 등에 관하여 명확하고 구체적인 내용의 규정을 두어야 한다. 이를 과세요건명확성원칙이라고 한다.

---

1) 헌재 1992.2.25. 90헌가69등. [결정요지] (1) 증여세는 증여로 인하여 취득한 재산적 이익을 대상으로 하여 과세되어야 하고 부담부증여의 경우에는 증여재산가액에서 수증자가 부담(인수)할 채무를 공제한 가액이 증여이익으로서 증여세과세가액이 되어야 하는 것이 당연한 일이며 또 증여는 배우자, 직계존·비속사이에 이루어지는 것이 보통인데 이 경우 실제로 증여자가 수증자에게 당해 증여재산과 관련된 채무를 인수시키면서 증여하였다고 하더라도 증여 당사자가 특수한 신분관계에 있다는 이유로 설사 진정한 채무인수인 것이 증거에 의하여 뚜렷한 경우일지라도 쟁송수단에 의하여 그에 대한 진·부를 가려볼 여지도 없이 법률에 의하여 채무인수가 부인된다는 것은 배우자 또는 직계존·비속간의 증여 당사자를 기타 일반 증여 당사자와 차별하여 인수채무 상당액에 관하여는 증여이익이 없는 것인데도 불구하고 증여세를 물리면서 그에 대하여 재판청구마저도 못하게 하는 것이어서 이는 헌법 제11조 제1항의 평등권, 제23조 제1항의 재산권, 제27조 제1항의재판청구권 등 여러 기본권을 제한 내지 박탈하는 것이라고 할 수 있다. (2) 물론 이러한 평등권, 재산권, 재판청구권도 헌법 제37조 제2항에 의하여 국가안전보장·질서유지 또는 공공복리를 위하여 필요한 경우에는 권리의 본질적 내용을 침해하지 아니하는 한도에서 법률로써 제한될 수는 있는 것이다. 따라서 상속세법 제29조의4 제2항의 규정이 헌법 제37조 제2항에 의한 기본권제한입법의 요건을 갖추었는지를 살펴볼 필요가 있다. 세무당국으로서는 모름지기 "의심있을 때에는 과세한다."라는 과거의 국고주의적·행정편의적인 사고방식에서 벗어나 국민의 기본권을 존중하는 민주적 헌법이념에 부합하는 조세정의를 실현하도록 노력해야 할 것이다. 그럼에도 불구하고 배우자 또는 직계존·비속간의 부담부증여인 것이 아무리 명백한 경우라도 위 법률조항단서의 경우에 해당되지 아니하면 채무인수가 부인되고 억울한 조세부과에 대하여 쟁송의 길마저 막아버리는 상속세법 제29조의4 제2항의 규정은 결국 실지조사와 쟁송의 번거로움을 피하고 편리한 세금징수의 방법만을 강구한 나머지 조세형평이나 국민의 기본권 보장은 도외시한 채 오직 조세행정의 편의만을 위주로 하여 제정된 매우 불합리한 법률이고 기본권 경시와 행정편의주의 및 획일주의의 정도가 지나쳐 평등권, 재산권, 재판청구권 등 중대한 기본권을 제한함으로써 얻어지는 공익과 제한되는 기본권사이에 합리적인 비례관계가 유지되었다고 볼 수 없다. 그리하여 상속세법 제29조의4 제2항은 헌법 제11조 제1항의 평등권, 제23조 제1항의 재산권, 제27조 제1항의 재판청구권을 제한하는 정도가 지나치고 불합리하여 그 본질적 내용을 침해하는 것이어서 헌법 제37조 제2항에 위배되고 그럼으로써 헌법 제38조, 제59조의 조세법률주의에 위배되는 위헌법률이라고 할 것이다. * 이 결정에 대해서는 평등권, 재판청구권 부분의 것도 참조.

2) 명확성의 정도

문제는 과세에 관한 사항을 一義的으로(하나의 의미로 이해되어 모호하지 않고 명확하게) 이해되도록 규정되지 않고 다의적으로 이해될 수 있게 규정된 조세법률에 대해 무조건 과세요건명확성원칙에 위반된다고 볼 것인가 아니면 다소의 다의성이 있더라도 이 원칙을 준수한 것으로 볼 것인가 하는 점이다. 다시 말하면 구체성이 어느 정도일 것을 요구하는가 하는 명확성, 구체성의 정도 문제가 제기된다. 생각건대 법률이란 일반성과 추상성을 띨 수밖에 없는 것이기도 하고 한편으로는 법률이 제정되는 시점에서 장차 발생할 수 있는 상황변화를 예측하기 어려울 수도 있으므로 다소 모호한 내용이라 할지라도 입법취지, 일반인의 상식에 비추어 보아 논리적으로 일의적인 것으로 이해될 수 있다면 이 원칙이 준수된 것으로 본다. 헌재의 판례는 "조세법규는 해석상 애매함이 없도록 명확히 규정될 것이 요청되지만, 조세법규에 있어서도 법규 상호간의 해석을 통하여 그 의미를 명백히 할 필요가 있는 것은 다른 법률의 경우와 다를 바 없으므로, 당해 조세법규의 체계 및 입법취지 등에 비추어 그 의미가 분명하여질 수 있다면 이러한 경우에도 명확성을 결여하였다고 하여 그 규정이 과세요건 명확주의에 위반된다고 할 수는 없다"라고 한다. 법관의 법 보충작용으로서의 해석을 통하여 당해 조세법의 일반이론이나 그 체계 및 입법취지 등에 비추어 그 의미가 분명해질 수 있다면 조세요건명확주의에 합치된다는 입장을 취하고 있다.[1] 법관은 법에 전문가인데 전문가의 기준이 아니라 일반인의 상식에 비추어 판단하는 것이 요구된다고 할 것이다. 여하튼 헌재는 "법 보충작용으로서의 해석을 통하여 당해 조세법의 일반이론이나 그 체계 및 입법취지 등에 비추어 그 의미가 분명해질 수 있다면" 조세요건명확주의를 지킨 것으로 보는 입장이다. 헌재는 또 "과세의 대상이 되는 것인지 예견할 수 있을 것인가, 당해 문구의 불확정성이 행정관청의 입장에서 자의적이고 차별적으로 법률을 적용할 가능성을 부여하는가, 입법 기술적으로 보다 확정적인 문구를 선택할 것을 기대할 수 있을 것인가 여부 등의 기준에 따른 종합적인 판단을 요한다"라고 판시하기도 한다.[2]

3) 확장해석과 유추해석의 문제

그러나 명확성과 예측성을 침해할 수 있는 확장해석과 유추해석은 금지된다. 헌재는 헌법 제59조가 조세법률의 집행에 있어서도 "이것이 엄격하게 해석·적용되어야 하며 행정편의적인 확장해석이나 유추해석은 허용되지 않음을 명백히 한 것이다"라고 한다.[3] 그런데 헌재는 구

1) 헌재 1995.11.30. 94헌바40, 판례집 7-2, 616면. [관련판시요약] 법률은 일반성·추상성을 가지는 것으로서 법률규정에는 항상 법관의 법 보충작용으로서의 해석을 통한 그 의미가 구체화·명확히 될 수 있는 것이고, 이는 조세법률주의가 적용되는 조세법 분야에 있어서도 다를 바 없으므로, 조세법률의 규정이 당해 조세법의 일반이론이나 그 체계 및 입법취지 등에 비추어 그 의미가 분명해질 수 있다면 이러한 경우에도 명확성을 결여하였다고 하여 그 규정이 조세요건명확주의 내지 조세법률주의에 위반되어 무효라고 할 수는 없는 것이다. 헌재 2002.6.27. 2001헌바44도 같은 취지의 판시를 하고 있다.

2) 헌재 2002.5.30. 2000헌바81.

조세감면규제법(1990.12.31. 법률 제4285호) 부칙 제23조가 구 조세감면규제법(1993.12.31. 법률 제4666호로 전부 개정된 것)의 시행에도 불구하고 실효되지 않은 것으로 해석하는 것이 헌법상의 권력분립원칙과 조세법률주의의 원칙에 위배되어 헌법에 위반된다는 한정위헌결정을 하였다. 이 결정에서 헌재는 "구체적 타당성을 이유로 법률에 대한 유추해석 내지 보충적 해석을 해야 하는 경우에도 그것은 어디까지나 '유효한' 법률조항을 대상으로 그 의미와 내용을 분명히 하기 위한 것이지, 이미 실효된 법률조항은 그러한 해석의 대상이 될 수 없음은 명백하다"라고 판시하고 있어서[1] 유효한 존재한 조세법률조항에 대한 유추해석은 합리적 이유가 있으면 가능하다는 것으로 해석되게 한다.

4) 행정입법과 명확성원칙

전술하였고 후술하는 대로 현실적으로는 법률 자체에 조세사항을 모두 정할 수 없어 행정입법에 위임하는 경우가 많고 이를 두고 논란도 많이 되는데 우리 헌법은 제75조가 구체적 위임을 요구하고 있는바 이 구체적 위임은 또한 명확성을 의미한다(후술 참조).

5) 조세우선징수의 명확성 문제

국가와 지방자치단체의 공적 재원을 마련하기 위하여 그 징수의 우선성을 조세에 부여하더라도 그 우선규정이 명확하여야 한다. 이에 관한 사례로 헌재는 한정합헌해석을 통하여 우선징수의 적용범위를 한정하려는 입장을 보여주었다(조세우선징수 문제는 조세평등주의와도 연관된다고 보아 그 부분에서 별도로 후술함).

6) 과세요건명확주의 위반 인정 결정례

① 과세요건명확성원칙에 반하여 위헌성이 인정된 전형적인 예로는 상속재산의 가액평가 방법을 모호하게 규정한 구 상속세법규정에 대해 헌법불합치결정이 된 예를 볼 수 있다.[2]

---

3) 헌재 1990.9.3. 89헌가95.

1) 헌재 2012.5.31. 2009헌바123. [결정요지] 과세요건법정주의 및 과세요건명확주의를 포함하는 조세법률주의가 지배하는 조세법의 영역에서는 경과규정의 미비라는 명백한 입법의 공백을 방지하고 형평성의 왜곡을 시정하는 것은 원칙적으로 입법자의 권한이고 책임이지, 법률조항의 법문의 한계 안에서 법률을 해석·적용하여야 하는 법원이나 과세관청의 몫은 아니라 할 것이다. 뿐만 아니라, 구체적 타당성을 이유로 법률에 대한 유추해석 내지 보충적 해석을 해야 하는 경우에도 그것은 어디까지나 '유효한' 법률조항을 대상으로 그 의미와 내용을 분명히 하기 위한 것이지, 이미 실효된 법률조항은 그러한 해석의 대상이 될 수 없음은 명백하다. 그러므로 관련 당사자가 공평에 반하는 이익을 얻을 가능성이 있다 하여 이미 실효된 법률조항을 유효한 것으로 의제하여 과세의 근거로 삼는 것은 과세근거의 창설을 국회가 제정하는 법률에 맡기고 있는 헌법상의 권력분립원칙과 조세법률주의의 원칙에 근본적으로 반하는 것이다. 따라서 이 사건 전부개정법이 부칙에서 종전 법률의 규정 중 계속적인 적용이 필요한 다른 사항들에 대해서는 경과조치를 마련하여 두었으면서도 이 사건 부칙조항에 관하여는 이를 계속 적용한다는 등의 규정을 두지 않았고 이 사건 부칙조항을 대체할 만한 별도의 경과규정을 둔 바도 없으므로, 이 사건 부칙조항은 이 사건 전부개정법이 시행된 1994.1.1.자로 실효되었다고 보아야 할 것인바, 이와 달리, 이 사건 전부개정법의 시행에도 불구하고 이 사건 부칙조항과 관련된 규율을 하지 않음으로써 생긴 입법상의 흠결을 보완하기 위하여 '특별한 사정'을 근거로 이 사건 부칙조항이 실효되지 않은 것으로 해석하는 것은 헌법상의 권력분립원칙과 조세법률주의의 원칙에 위배된다.

2) 헌재 2001.6.28. 99헌바54, 판례집 13-1, 1271면 이하. [쟁점] 상속재산의 가액평가에 관한 구 상속세법(1993.12.31. 법률 제4662호로 개정되기 전의 것) 제9조 제1항 중 "상속재산의 가액 … 는 상속개시 당시의 현

② 중과세 대상으로서의 구 지방세법상의 '고급오락장'이라는 규정이 그 개념이 추상적이고, 동법의 "기타 사치성 재산으로 사용되는 토지"라는 규정이 그 기준과 범위를 합리적이고 객관적으로 예측해 내기가 어려워 과세요건 명확주의를 위배한 위헌이라는 결정이 있었다.1)

③ 전부개정법률에 의한 부칙 실효 – 구 조세감면규제법(1990.12.31. 법률 제4285호) 부칙 제23조가 전부개정된 구 조세감면규제법(1993.12.31. 법률 제4666호로 전부 개정된 것)의 시행에도 불구하고 실효되지 않은 것으로 해석하는 것은 권력분립원칙과 조세법률주의의 원칙에 위배되어 헌법에 위반된다는 한정위헌결정을 하였다.2)

* 한정합헌결정례 : ① 위에서 본 결정례로, 조세회피 방지를 위해 증여의제(贈與擬制)를 규정한 구 상

황에 의한다"라는 부분은 그 평가시점을 상속개시 당시의 현황에 의한다고 규정하였을 뿐 그 원칙이나 평가 방법에 대한 내용이 없을 뿐만 아니라, 이에 관한 사항을 하위법규인 대통령령에 위임한다는 내용조차 규정한 바 없이 시행령 제5조에서 평가 방법에 관한 규정을 함으로써 조세법률주의에 반하는지 여부(개정시까지의 계속적용의 헌법불합치결정) [결정요지] 첫째, 비록 시가 산정의 방법 및 기준에 관한 법률 내용의 불명확성이 어느 정도의 범위 내에서는 법관의 보충적인 해석에 의하여 일부 해소될 수 있다 할지라도, 이 사건 법률조항이 상속재산의 평가기준으로 정하고 있는 "상속개시 당시의 현황"이라는 어구는 그 의미가 너무 모호하고 불완전한 점, 둘째, 상속재산의 종류 및 평가방법이 다양하기는 하나, 입법자가 법률로써 그 평가방법 및 기준을 규정할 수 없을 만큼 극히 다양하거나 수시로 변화하는 성질의 것이라고 볼 만한 불가피한 사정이 있다고는 판단되지 아니하는 점, 셋째, 시가 산정의 방법 및 기준에 관한 이와 같은 불명확성으로 인하여 다의적, 자의적, 임의적인 여러 가지 해석이 나올 수 있을 뿐만 아니라, 행정권의 자의적인 행정입법권 및 과세처분권 행사에 의하여 국민의 재산권이 침해될 여지가 있어 국민의 경제생활에서의 법적 안정성 및 예측가능성을 현저히 해친다는 점, 넷째, 특히 조세법규 등에서는 구체성, 명확성의 요구가 더 강화되어 있는 점 등에 비추어 볼 때, 이 사건 법률조항은 그 내용에 있어서 과세요건의 명확성을 충족하지 못하고 있다. 그렇다면, 이 법률조항은 과세요건 명확주의를 내용으로 하는 조세법률주의에 반한다.

1) 헌재 1999.3.25. 98헌가11. [결정요지] 사전상으로 '오락'은 쉬는 시간에 게임, 노래, 춤 따위로 즐겁게 노는 일을 뜻하고 '오락장'은 오락을 위한 시설이 되어 있는 장소를 말한다. 그리고 '고급오락장'은 고급이라는 한정어 때문에 오락장의 규모가 크거나 오락장의 시설 또는 설비가 호화로운 오락장을 뜻하는 것으로 일단 이해될 수 있다. 그러나 위와 같이 '오락'의 개념 자체가 지나치게 추상적이고 불분명하여, 어느 형태와 어느 내용의 오락장을 의미하는 것인지를 예측하기가 쉽지 않고, 고급오락장에 관한 사회통념이 형성되어 있다고도 할 수 없으므로, 위와 같은 사전상의 이해만으로는 고급오락장에 대하여 추상적이고도 막연한 파악만 가능할 뿐 어느 정도 규모의, 어느 정도의 호화설비를 갖춘 오락장이 과연 고급오락장에 해당하는지 구체적으로 예측하기가 어렵다. 고급오락장 개념을 구체적으로 설명하고 있는 지방세법의 다른 규정이나 기타 관련 법률규정도 존재하지 아니하므로 '고급오락장' 개념의 불명확성은 법체계적인 해석을 통해서도 제거될 수 없다. 위 법조항은 고급오락장용 건축물이 국민경제발전에 기여하는 생산시설이 아니라 과소비를 조장하는 향락시설이므로 사치성 소비를 억제하여 국가 전체적으로 한정된 자원이 보다 더 생산적인 분야에 투자되도록 유도함과 동시에 국민의 건전한 소비생활을 정착시키려는 데 입법목적을 두고 있으나, 이러한 입법목적도 호화스럽고 사치스러운 오락장이라는 막연한 관점만 제시될 뿐 고급오락장의 내용에 대해서는 아무런 해답을 주지 못한다. 그렇다면 "고급오락장"의 개념이 지나치게 추상적이고 불명확하여 과세관청의 자의적인 해석과 집행을 초래할 염려가 있다고 할 것이므로 법 제188조 제1항 제2호 (2)목 중 "고급오락장용 건축물" 부분은 과세요건 명확주의를 내용으로 하고 있는 헌법 제38조, 제59조에 규정된 조세법률주의에 위배된다.
위 법 제234조의16 제3항 제2호 중 "기타 사치성 재산으로 사용되는 토지" 부분도 "기타 사치성 재산"의 개념이 지나치게 추상적이고 불명확하여 기타 사치성 재산으로 사용되는 토지가 무엇인지를 예측하기가 어렵고, 그 입법연혁과 입법목적을 살펴보더라도 '기타 사치성 재산'의 기준과 범위를 합리적이고 객관적으로 예측해 내기가 어려워서 과세관청의 자의적인 해석과 집행을 초래할 염려가 있으므로 과세요건 명확주의에 어긋나서 헌법 제38조, 제59조에 규정된 조세법률주의에 위배된다.

2) 헌재 2012.5.31. 2009헌바123. [결정요지] 위의 과세요건법정주의 부분, 유추해석·확장해석 금지 부분 참조. 동지 : 헌재 2012.7.26. 2009헌바35.

속세법 제32조의2에 대한 한정합헌결정을 들 수 있다.[1] ② 당해 재산에 대하여 부과된 지방세와 가산금이 우선징수되게 한 구 지방세법 규정이 불명확하다고 논란되었다. 그러나 헌재는 당해 재산의 소유에 대하여 부과하는 재산세는 그 재산이 존재하는 한 항상 일정액의 세금이 부과되리라는 것을 쉽게 예측할 수 있다는 "점에서 당해 재산의 소유 그 자체를 과세의 대상으로 하여 부과하는 지방세와 가산금에 한하여 적용되는 것으로 해석하는 한", 헌법에 위반되지 아니한다는 한정합헌결정을 하였다.[2] ③ 위 ②의 결정례와 비슷한 취지로, 재산에 대하여 부과된 국세와 가산금이 우선징수되게 한 구 국세기본법(1990.12.31. 법률 제4277호로 개정된 것) 규정은 "당해 재산의 소유 그 자체를 과세의 대상으로 하여 부과하는" 국세와 가산금이라고 한정하면 합헌이라는 한정합헌결정이 있었다.[3](이 ②, ③의 결정들에 대해 자세한 것은 후술, 조세평등주의, 조세우선징수 부분 참조)

6. 조세규정의 행정입법에의 위임

이 문제는 위에서도 거론되었으나 헌법판례, 실무에서 빈번히 위헌주장이 제기되는 사항이라 여기에 별도로 살펴본다.

(1) 위임의 필요성

현대의 생활이 복잡다단한 가운데 사회적·경제적 상황이 수시로 변화함에 따라 그때마다 적절히 대응할 수 있게 조세의 사항들을 일일이 미리 법률로 정해두기가 쉽지 않을 수 있다. 법률이 대통령령, 부령 등 하위 행정입법(行政立法)에 조세에 관한 사항을 위임할 필요가 있는 것은 바로 이 때문이다. 그러나 조세법률주의가 법률에 의한 기본권보장이라는 중요한 헌법적 원칙이므로 엄격한 한계 내에서만 위임을 인정해야 조세법률주의의 취지를 몰각시키지 않게 된다. 특히 조세는 국민의 기본권(재산권)에 대한 제한이라는 효과를 가지므로 그 위임의 한계가 더욱 엄격하게 설정되어야 한다.

(2) 위임의 대상범위 - 납세의무의 중요 사항 내지 본질적 내용 관련 사항의 위임가능성 인정

앞의 기본권총론 부분에서 의회유보의 원칙을 보았는데 이 원칙은 행정입법에 위임을 할 수 없고 의회 스스로 정하여야 하는 사항들이 있다고 보는데 바로 중요사항, 본질사항이 그러하다. 그런데 헌재는 납세의무의 중요한 사항 내지 본질적인 내용에 관련된 것이라 하더라도

---

1) 헌재 1989.7.21. 89헌마38.

2) 헌재 1994.8.31. 91헌가1. [결정요지] 이 사건 단서부분은 절대적 우선권이 부여되는 지방세의 종류를 명시하지 아니하고 단지 "당해 재산에 대하여 부과된 지방세와 가산금"이라고만 규정하였기 때문에 해석상 논란이 있고 따라서 과세요건명확주의에 위배될 소지가 없지 않다. 그러나 이 단서부분은 그 적용범위를, 당해 재산의 소유에 대하여 부과하는 재산세는 그 재산이 존재하는 한 항상 일정액의 세금이 부과되리라는 것을 쉽게 예측할 수 있으므로 "당해 재산의 소유 그 자체를 과세의 대상으로 하여 부과하는 지방세와 가산금에 한하여 적용되는 것"으로 그 적용범위를 한정한다면 과세요건명확주의에 위배될 소지를 없애면서도 그 입법목적을 어느 정도 달성할 수 있다고 보여지므로 위와 같은 해석 하에 헌법에 위반되지 아니한다.

3) 헌재 1999.5.27. 97헌바8. [결정요지] 당해 재산의 소유에 부과하는 재산세는 과세표준의 변동은 논외로 하더라도 항상 일정액의 조세부과를 쉽게 예측할 수 있기 때문에 이 사건 규정 중 당해 재산의 소유 그 자체에 담세력을 인정하여 부과하는 재산세를 특별히 제외하여 다른 채권에 대한 우선징수권을 부여한 부분은 과세요건명확주의에 위반되지 아니하므로 당해 재산의 소유 그 자체를 과세의 대상으로 하여 부과하는 국세와 가산금을 제외하는 부분은 헌법에 위반되지 아니하여 그렇게 한정합헌결정한다.

그 중 경제현실의 변화나 전문적 기술의 발달 등에 즉응하여야 하는 세부적인 사항에 관하여는 국회제정의 형식적 법률보다 더 탄력성이 있는 행정입법에 이를 위임할 필요가 있다고 한다.

판례 헌재 2002.1.31. 2001헌바13

[판시] 조세법률주의의 핵심적인 내용은 과세요건 법정주의와 과세요건 명확주의이다. 그러나 조세법률주의를 지나치게 철저하게 시행한다면 복잡다양하고도 끊임없이 변천하는 경제상황에 대처하여 적확하게 과세대상을 포착하고 적정하게 과세표준을 산출하기 어려워 담세력에 응한 공평과세의 목적을 달성할 수 없게 된다. 따라서 조세법률주의를 견지하면서도 조세평등주의와의 조화를 위하여 경제현실에 응하여 공정한 과세를 할 수 있게 하고 탈법적인 조세회피행위에 대처하기 위하여는 납세의무의 중요한 사항 내지 본질적인 내용에 관련된 것이라 하더라도 그 중 경제현실의 변화나 전문적 기술의 발달 등에 즉응하여야 하는 세부적인 사항에 관하여는 국회제정의 형식적 법률보다 더 탄력성이 있는 행정입법에 이를 위임할 필요가 있다.

* 위 사안의 쟁점과 결정요지 : [쟁점] 법인의 증자시에 발생한 실권주를 재배정받은 사람이 얻은 이익 중 "대통령령이 정하는 이익"을 증여로 보도록 한 구 상속세법 제34조의4 제1항 제1호의 "대통령령이 정하는 이익" 부분이 조세법률주의와 포괄위임금지의 원칙에 위배되는지 여부 [결정요지] "실권주를 재배정 받은 자가 그 실권주를 재배정 받음으로써 얻은 이익 중 대통령령이 정하는 이익"이라고 규정하여 과세대상이 실권주를 배정 받음으로써 얻은 이익임을 명백하게 밝히고 있어 시행령에 위임하는 내용이 실권주 인수에 따른 이익임을 충분히 예측할 수 있다 할 것이어서 과세대상이 불명확하다거나 지나치게 추상적이라고 볼 수 없다. 그리고 시행령에 위임된 것은 위임된 과세대상 범위 내에서 실권주 재배정에 따른 이익의 계산방법에 관한 것으로 이는 경제현실의 변화에 대한 적절한 대응을 하기 위한 것이고 이로써 과세대상을 확대하였다거나 새로운 과세요건을 규정한 것이 아니므로 과세요건의 중요부분인 과세대상과 과세물건을 포괄적으로 대통령령에 위임한 경우라고 할 수 없다. 그렇다면 이 사건 법률조항은 헌법이 정한 입법권 위임의 한계를 준수하고 있다고 할 것이고 포괄적 위임에 해당하여 무효라고 할 수 없으므로 조세법률주의에 위반되지 아니한다.

* 판례분석 : 헌재는 판시에서 스스로 '과세요건의 중요부분…을 위임한 경우라고 할 수 없다'라고 하는데 그렇다면 위 법리를 판시한 부분에서 "납세의무의 중요한 사항 내지 본질적인 내용에 관련된 것이라 하더라도… 행정입법에 이를 위임할 필요"라는 법리를 설파하여야 했는지 이해가 가지 않는다. '중요한 사항…' 운운하는 위 법리가 중요한 것인 만큼 그 적용의 적절성, 절제성이 아쉽다.

* 위 법리가 표명된 동지의 결정례들 : 헌재 1995.11.30. 94헌바40등; 2018.6.28. 2016헌바347등(이른바 '일감 몰아주기' 규제로서 증여의제를 구 상증세법이 규정하고 있는데 동법 제45조의3 제4항은 지배주주 및 지배주주의 친족의 범위, 특수관계법인거래비율의 계산, 수혜법인의 세후영업이익의 계산, 주식보유비율의 계산, 그 밖에 증여의제이익의 계산에 필요한 사항을 대통령령에 위임하고 있어서 조세법률주의 및 포괄위임금지원칙에 위반된다는 주장이 제기되었다, 그러나 헌재는 이 원칙을 준수하여 합헌이라고 결정하였다).

(3) 조세규정의 행정입법에의 위임의 한계

위임의 한계로는 ① 필요성의 요건, ② 구체적 위임에 의한 한계가 있다.

1) 필요성의 요건

위임이 허용되는 경우는 법률로써는 변화에 대응하기 어려운 정도로 자주 변화하거나 다양한 성격의 조세사항인 경우로서 부득이(불가피하게) 행정입법으로 하여금 적시에 적응하는 조세사항을 둘 수 있도록 할 필요가 있어야 한다. 이러한 필요성이 없으면 위임 자체가 조세법률주의에 합치되지 못한다.[1)]

2) 포괄위임의 금지

(가) 구체적 위임의 개념(준거)

헌법 제75조에 따라 구체적 범위를 정하여 조세사항을 행정입법에 위임하여야 한다. 구체성 여부는 예측가능성의 이론에 따라 판단된다. 즉 위임을 하는 모법조항에 위임하는 사항에 대해 규정된 내용을 보고 그 위임에 의해 제정될 대통령령 등 행정입법의 규정을 대략이라도 예측할 수 있는 정도이면 구체적 위임이라고 볼 수 있다.

(나) 구체적 위임에 관한 헌법재판소판례의 기본입장 - 예측가능성

헌법재판소판례도 조세입법의 위임의 한계로서의 구체적 위임에 관한 기준을 예측가능성의 이론을 취하여 위와 같은 법리를 설정하고 있다. 판례의 기본법리를 정리해보면 아래와 같다.

[판례법리]
▶ 구체적 위임의 개념 : 법률에 대통령령 등 하위법규에 규정될 내용 및 범위의 기본사항이 가능한 한 구체적이고도 명확하게 규정되어 있어서 누구라도 당해 법률 그 자체로부터 대통령령 등에 규정될 내용의 대강을 예측할 수 있어야 함
▷ 이 예측 가능성 유무는 당해 특정조항 하나만이 아니라 관련 법조항 전체를 유기적·체계적으로 종합판단하여야 하며, 각 대상법률의 성질에 따라 구체적·개별적으로 검토하여야 함.
▷ 위임의 한계인 위임의 구체성·명확성요구의 정도 : 규율대상의 종류와 성격에 따라 달라짐. 처벌법규, 조세법규 등 기본권의 직접적 제한·침해소지가 있는 법규에서는 구체성, 명확성의 요구가 강화되어 위임요건·범위가 급부행정법규의 경우보다 더 엄격하게 제한적으로 규정되어야 하는 반면, 규율대상이 지극히 다양하거나 수시로 변화하는 성질의 것일 때에는 구체성·명확성 요건이 완화됨.

헌법재판소의 조세법률 관련사건들에서 빈번히 당사자들이 주장하는 논거는 조세입법의 위임이 포괄적 위임이라는 것이고 조세입법에 대한 헌법재판소의 재판사건들에는 포괄위임 여부가 쟁점이 된 사안들이 많다.

3) 과세표준에 관한 위임의 문제

조세부과에 있어서 핵심적 요소의 하나가 과세의 기준이 되는 과세표준이다. 무엇을 기준으로 하여 세액이 결정될 것이냐 하는 문제가 과세에 있어서 본질적 문제이고 과세표준이 명확하여야 납세의무자가 조세의 범위 등에 대해 예측을 할 수 있기 때문이다.[2)] 따라서 과세표

---

1) 이러한 필요성이 없다고 본, 즉 규율대상의 가변성 또는 위임입법의 불가피성이 없다고 본 판례로는, 양도소득세의 기준시가, 취득세의 시가표준에 관한 위임규정들에 대한 헌법불합치결정들[헌재 1995.11.30. 91헌바1·2·3·4, 92헌바17·37, 94헌바34·44·45·48, 95헌바12·17(병합), 판례집 7-2, 562면. 헌재 1999.12.23. 99헌가2, 판례집 11-2, 686면. 이 판례들에 대해서는 아래의 3) 과세표준에 관한 위임의 문제 부분의 판례 참조], 양도소득세 부과에 있어서의 자산에 관한 대통령령에의 위임에 대한 위헌결정(헌재 2003.4.24. 2002헌가6, 판례집 15-1, 340면) 등이 있다.

2) 헌재 1995.11.30. 91헌바1·2·3·4, 92헌바17·37, 94헌바34·44·45·48, 95헌바12·17(병합), 판례집 7-2, 562면. [관련설시] 납세의무는 국민의 헌법상 기본의무의 하나이면서 기본권인 재산권적 기본권과 밀접한 관련

준에 대한 위임은 보다 엄격히 위임의 한계를 준수하였는지 여부를 심사하여야 한다. 과세표준의 위임에 관한 중요한 판례로 ① 구 소득세법상 기준시가를 대통령령에 한 것에 대한 헌법불합치결정,[1] ② 취득세(지방세)의 시가표준액의 위임에 대한 헌법불합치결정,[2] ③ 양도소득세의 양도차익 산정에 있어서 원칙적으로 기준시가에 의하고 예외적으로 실지거래가액에 의하도

을 갖고 있다. 이러한 납세의무에 있어서 과세표준은 그에 관한 규정이 전혀 없으면 납세의무의 존부·범위를 결정하거나 이를 개략적으로나마 예측하는 것이 아예 불가능하여 납세의무자 겸 재산권적 기본권의 주체인 국민의 지위를 현저히 불안하게 한다는 점에서 납세의무의 중요한 사항 내지 본질적 내용이라 할 수 있다.

1) 헌재 1995.11.30. 91헌바1·2·3·4, 92헌바17·37, 94헌바34·44·45·48, 95헌바12·17(병합), 판례집 7-2, 562면. [쟁점] 양도소득세 과세표준의 산출기초가 되는 "기준시가의 결정은 대통령령이 정하는 바에 의한다"라고 규정한 구 소득세법(1978.12.5. 법률 제3098호로 개정된 후 1994.12.22. 법률 제4803호로 개정되기 전의 것) 제60조는 과세표준 산정의 포괄적 위임으로서 헌법 제59조의 조세법률주의에 반하는지 여부(헌법불합치결정) [결정요지] 기준시가는 양도소득세과세표준의 중요한 사항 내지 본질적 내용이다. 그렇다면 기준시가에 관하여는 조세법률주의의 요청에 따라 그 내용이 법률로서 가능한 한 구체적이고도 명확하게 규정되어야 한다. 그런데, 기준시가라는 것은 토지, 건물 등과 같은 자산의 양도가액과 취득가액을 계산하기 위한 기준이 되는 가액을 법률이 정하는 방법에 따라 평가한 것이므로 법률의 규정에 의하지 아니하고도 객관적으로 합리적인 해석에 의하여 구체적 의의를 명확히 할 수 있는 개념이라고 보기 어렵다. 소득세법 전체를 살펴보아도 기준시가의 개념이나 내용을 구체적으로 알아내기에 충분한 규정은 없다. 따라서 이 사건 위임조항은 소득세법의 전반적인 체계, 관련조항들의 취지 및 규율대상의 성질 등을 종합적, 유기적으로 고려하여 합리적이고도 체계적인 해석에 의하여 기준시가의 개념을 명확히 할 수 있어 과세권자의 자의적인 법집행을 허용하지 않는 규정이라고 할 수 없다. 또한 기준시가의 내용이나 그 산정방식은 경제현실의 변화와 평가이론의 발전에 즉응하여야 하는 세부적 사항에 관한 것이 아닌 한, 입법부가 법률로써 그 기준이나 한계를 조정할 수 없을 만큼 극히 다양하거나 수시로 변화하는 성질의 것이어서 행정입법에 위임할 수밖에 없는 불가피한 사정이 있다고 판단되지도 아니한다. 그럼에도 불구하고 이 사건 위임조항에서는 기준시가의 내용 및 그 결정절차를 전적으로 대통령령이 정하는 바에 의하도록 하였다. 이는 어떤 사정을 고려하여, 어떤 내용으로 어떤 절차를 거쳐 양도소득세 납세의무의 중요한 사항 내지 본질적 내용인 기준시가를 결정할 것인가에 관하여 과세권자에게 지나치게 광범한 재량의 여지를 부여함으로써, 국민으로 하여금 소득세법만 가지고서는 양도소득세 납세의무의 존부 및 범위에 관하여 개략적으로나마 이를 예측하는 것조차 불가능하게 하고, 나아가 재산권이 침해될 여지를 남김으로써 국민의 법적 안정성을 현저히 해친 입법으로서 조세법률주의 및 위임입법의 한계를 규정한 헌법의 취지에 반한다. 헌법불합치결정을 하기로 한다.

2) 헌재 1999.12.23. 99헌가2, 판례집 11-2, 686면. [쟁점] 지방세법상의 취득세의 과세표준을 취득자가 신고한 취득당시 가액에 의하도록 하되 취득당시 가액이 시가표준액에 미달하는 때에는 시가표준액에 의하도록 하면서 토지 외의 과세대상의 경우 이러한 시가표준액을 대통령령이 정하는 가액으로 하도록 규정한 지방세법(1995.12.6. 법률 제4995호로 개정된 것) 제111조 제2항 제2호는 위임입법의 한계를 벗어나 조세법률주의에 반하는 것인지 여부(헌법불합치결정) [결정요지] 시가표준액이라는 것은 법률의 규정에 의하지 아니하고 객관적으로 합리적인 해석에 의하여 구체적 의의를 명확히 할 수 있는 개념이라고 보기 어렵다. 지방세법 전체를 살펴보아도 시가표준액의 개념이나 내용을 구체적으로 알아내기에 충분한 규정은 없다. 따라서 심판대상 위임조항은, 지방세법의 전반적인 체계, 관련조항들의 취지 및 규율대상의 성질 등을 종합적·유기적으로 고려하여 합리적이고도 체계적인 해석에 의하여 시가표준액의 개념을 명확히 할 수 있어 과세권자의 자의적인 법집행을 허용하지 않는 규정이라고 할 수 없다. 또한 시가표준액의 내용이나 그 산정방식은, 경제현실의 변화와 평가이론의 발전에 즉응하여야 하는 세부적 사항에 관한 것이 아닌 한, 입법부가 법률로써 그 기준이나 한계를 규정할 수 없을 만큼 극히 다양하거나 수시로 변화하는 성질의 것이어서 행정입법에 위임할 수밖에 없는 불가피한 사정이 있다고 판단되지도 아니한다. 그럼에도 불구하고 심판대상 위임조항에서는 시가표준액의 내용자체에 관한 기준이나 한계는 물론 내용결정을 위한 절차조차도 규정함이 없이 시가표준액의 내용 및 그 결정절차를 전적으로 대통령령이 정하는 바에 의하도록 하였다. 이는 시가표준액에 관하여 과세권자에게 지나치게 광범한 재량의 여지를 부여함으로써, 국민으로 하여금 지방세법만 가지고서는 취득세 납세의무의 존부 및 범위에 관하여 개략적으로나마 이를 예측하는 것조차 불가능하게 하고, 나아가 대통령을 포함한 행정권의 자의적인 행정입법권 및 과세처분권 행사에 의하여 국민의 재산권이 침해될 여지를 남김으로써 국민의 경제생활에서의 법적 안정성을 현저히 해친 입법으로서 조세법률주의 및 위임입법의 한계를 규정한 헌법의 취지에 반한다. 헌법불합치결정을 하는 것이 상당하다.

록 하면서 그 실지거래가액에 의할 경우를 대통령령에 위임한 구 소득세법규정에 대해 "실지거래가액에 의할 경우를 그 실지거래가액에 의한 세액이 그 본문의 기준시가에 의한 세액을 초과하는 경우까지를 포함하여 대통령령에 위임한 것으로 해석하는 한 헌법에 위반된다"라고 하는 한정위헌결정1)을 한 예 등이 있다.

4) 기타 포괄위임을 이유로 한 위헌결정, 헌법불합치결정의 예

헌재는 그외 i) 위헌결정례로, ① 양도소득세 부과에 있어서의 자산에 관한 대통령령에의 위임,2) ② 법인세과세표준의 결정·경정에서의 익금산입금액처분(益金算入金額處分)의 대통령

1) 헌재 1995.11.30. 94헌바40, 95헌바13(병합), 소득세법 제23조 제4항 제1호 단서 등 위헌소원, 판례집 7-2, 616면. [쟁점] 구 소득세법 제23조 제4항 본문 및 제45조 제1항 제1호 본문(각 1982.12.21. 법률 제3576호로 개정된 후 1990.12.31. 법률 제4281호로 개정되기 전의 것)은 토지 등의 부동산의 양도에 대한 양도소득세에 있어 과세표준 산정의 기초가 되는 양도가액과 취득가액의 산정을 원칙적으로 실지거래가액이 아닌 기준시가에 의하도록 하고 있었다(이하, "기준시가과세원칙"이라 한다). 그런데 동법 동조 단서들(즉 구 소득세법 제23조 제4항 단서와 제45조 제1항 제1호 단서)는 이러한 양도가액과 취득가액을 계산함에 있어서 대통령령이 정하는 경우 예외적으로 실지거래가액으로 하도록 규정하고 있었다. 이 단서규정들이 포괄적 위임으로서 조세법률주의의 위반인지 여부가 문제되었다(한정위헌결정). [주문] "구 소득세법 제23조 제4항 단서, 제45조 제1항 제1호 단서(각 1982.12.21. 법률 제3576호로 개정된 후 1990.12.31. 법률 제4281호로 개정되기 전의 것)는 실지거래가액에 의할 경우를 그 실지거래가액에 의한 세액이 그 본문의 기준시가에 의한 세액을 초과하는 경우까지를 포함하여 대통령령에 위임한 것으로 해석하는 한 헌법에 위반된다."[결정요지] 이 사건 위임조항은 납세의무자가 기준시가에 의한 양도차익의 산정으로 말미암아 실지거래가액에 의한 경우보다 불이익을 받지 않도록 보완하기 위한 규정으로서 결국 실지거래가액에 의한 세액이 기준시가에 의한 세액을 초과하지 않는 범위 내에서 실지거래가액에 의하여 양도차익을 산정할 경우를 대통령령으로 정하도록 위임한 취지로 보아야 하고, 그 한도내에서 이 사건 위임조항은 그 위임의 범위를 구체적으로 정하고 있는 것이므로, 이를 가리켜 헌법상의 조세법률주의나 포괄위임금지의 원칙에 위반되는 규정이라고 볼 수는 없다. 그런데, 이 사건 토지 등의 부동산 양도 당시 시행되던 소득세법시행령 제170조 제4항은 이 사건 위임조항이 설정한 위임의 한계를 벗어나 기준시가에 의한 것보다 납세의무자에게 불리한 경우에도 실지거래가액에 의하여 산정할 수 있도록 규정함으로써 이 사건 위임조항에 대하여 헌법에 위반되는 해석을 하고 있는 것이다. 만약 그와 같은 해석을 용인하면 이 사건 위임조항은 재산권이나 납세의무와 같은 국민의 헌법상 기본권 및 기본의무와 관련된 중요한 사항 내지 본질적인 내용에 관한 사항인 양도소득세의 과세표준산정방법을 대통령령에 아무런 범위를 정하지 않고 백지위임한 것이 되어 헌법상 포괄위임금지원칙에 위반되고 행정부가 그때그때의 필요와 편의에 따라 대통령령의 개정으로 양도소득세 과세표준의 산정방법을 바꾸어 납세의무자의 조세부담을 마음대로 증가시킬 수도 있어 국민생활의 법적 안정성과 예측가능성을 현저히 저해하게 되므로 조세법률주의에도 위반되는 것이다. 결론적으로, 이 사건 위임조항은 납세의무자가 기준시가에 의한 양도차익의 산정으로 말미암아 실지거래가액에 의한 경우보다 불이익을 받지 않도록 하기 위하여 실지거래가액에 의한 세액이 기준시가에 의한 세액을 초과하지 않는 범위 내에서 실지거래가액에 의하여 양도차익을 산정할 경우를 대통령령으로 정하도록 위임한 취지로 해석되므로, 위 위임의 범위를 벗어나는 경우까지를 포함하여 대통령령에 위임한 것으로 해석한다면 그 한도 내에서는 헌법 제38조, 제59조가 규정한 조세법률주의와 헌법 제75조가 규정한 포괄위임금지의 원칙에 위반된다(同旨 : 헌재 1999.4.29. 96헌바22·53·75, 97헌바7·39·50·82, 구 소득세법 제23조 제4항 제1호 단서 등 위헌소원, 구 소득세법 제23조 제4항 제1호 등 위헌소원, 판례집 11-1, 422면 이하). <참고> 이 결정은 대법원과 헌재간의 갈등을 보여준 계기가 된 것이었다. 즉 이 결정 이후 대법원은 헌법재판소의 이 결정을 따르지 않고 상고기각판결을 하여(대법원 1996.4.9. 95누11405) 논란이 있었다. 이에 이 대법원판결의 위헌선언을 구하는 헌법소원심판이 청구되자, 헌법재판소는 「헌법재판소법 제68조 제1항 본문의 '법원의 재판'에 헌법재판소가 위헌으로 결정한 법령을 적용함으로써 국민의 기본권을 침해한 재판도 포함되는 것으로 해석하는 한도 내에서, 헌법재판소법 제68조 제1항은 헌법에 위반된다」라고 하고 아울러 이 대법원판결 및 그 판결대상인 원처분도 취소하는 결정을 하였다[헌재 1997.12.24. 96헌마172, 173(병합), 헌법재판소법 제68조 제1항 위헌확인 등, 판례집 9-2, 842면, 후술 참조].

2) 헌재 2003.4.24. 2002헌가6, 판례집 15-1, 340면. [쟁점] 양도소득세의 과세대상이 되는 양도소득을 구 소득세법(1994.12.22. 법률 제4803호로 전문개정되기 전의 것) 제23조 제1항은 각호 소정의 소득으로 한다고 규정하

령에의 위임,[1] ③ 증여의제 대상으로서의 '대통령령이 정하는 이익' 규정,[2] ④ 임대차계약이 체결된 상속재산의 평가에 관한 대통령령에의 위임,[3] ⑤ 중과세 대상인 '고급주택', '고급오락

여 제1호 내지 제4호는 구체적으로 과세대상을 특정하면서 제5호는 "제1호 내지 제4호외에 대통령령이 정하는 자산의 양도로 인하여 발생하는 소득"이라고 하여 기타 자산에 관하여 대통령령으로 정하도록 위임하고 있는데 이러한 제5호규정이 조세법률주의 및 포괄위임입법금지원칙에 위반되는지 여부(위헌결정) [결정요지] 자산이란 그 외연이 매우 넓은 개념이다. 자산에 포함될 수 있는 경제적 가치를 지닌 유형·무형의 것들의 범위가 과연 어느 범위까지 확장될 것인가는 아무도 짐작할 수 없는 것이고, 자산에 어떤 것이 속하고 어떤 것이 속하지 않는 지를 구분하는 일도 쉽지 않다. 그러므로 이 사건 법률조항의 위임을 받은 대통령령에 과연 어떠한 것이 경제적 가치를 지니는 것으로 평가받아 규정될 것이고 또 경제적 가치를 가진 것 중 어떤 종류의 것이 규정될 것인가를 예측하는 것은 매우 어렵다. 양도소득세의 입법목적, 소득세법의 체계나 다른 규정, 관련법규를 살펴보더라도 대통령령에 위임되는 자산의 기준과 범위를 예측해 내기 어렵다. 조세법이나 기타 다른 법률에서도 양도소득세의 과세대상으로서의 자산이 무엇인지를 밝히는 데 도움이 될만한 관련규정을 찾아볼 수 없고, 양도소득세의 입법목적이나 소득세법의 체계 등을 통하여도 그러한 예측에 도움이 되는 답을 얻을 수 없다. 규율대상의 가변성 또는 위임입법의 불가피성의 측면에서도 이 사건 법률조항은 정당화되기 어렵다. 변화의 정도가 법률이 아닌 행정입법으로써 즉시 대응하지 않으면 안될 정도로 강하다고 인정하기는 어렵다. 어떤 종류의 자산을 양도소득세의 과세대상에 포함시킬 필요가 생겼다 하더라도 이러한 필요성은 어느 순간 갑자기 나타나는 것이 아니라, 상당한 기간 동안 그 자산이 사회와 경제에 미치는 영향에 관하여 사회적·경제적 평가를 받는 과정을 거친 후에야 나타나는 경우가 대부분이기 때문이다. 결국, 이 법률조항은 양도소득세의 과세대상이 되는 자산이 무엇인지를 예측할 수 있는 기준과 범위에 관하여 아무런 규정을 두지 않은 채 이를 모두 대통령령에 포괄위임하였다 할 것이어서 조세법률주의를 규정한 헌법 제59조와 포괄적인 위임입법을 금지한 헌법 제75조에 위반된다.
* 동일한 내용이라 할 수 있는구 소득세법(1998.12.28. 법률 제5580호로 개정되기 전의 것) 제94조 제5호에 대해서도 동지의 위헌결정이 있었다(헌재 2006.2.23. 2004헌가26).

1) 헌재 1995.11.30. 93헌바32, 판례집 7-2, 598면. [결정요지] 법인세의 과세표준을 신고·결정·경정함에 있어서 익금에 산입한 금액의 처분은 대통령령이 정하는 바에 의하도록 한 舊 法人稅法(1980.12.13. 법률 제3270호로 개정된 것으로서 1994.12.22. 법률 제4804호로 개정되기 이전의 것) 제32조 제5항은 익금에 산입되는 금액의 귀속자를 누구로 할 것인가를 정하는 의미를 가지는 바, 이는 과세요건의 중요사항임에도 불구하고, 포괄적으로 대통령령에 위임하여 조세법률주의에 반한다(위헌결정).위 법인세법의 규정은 수권사항의 主題에 관하여 그것이 익금에 산입한 금액의 처분이라는 점만을 제시하고 있을 뿐이고, 그 위임에 의하여 대통령령의 제정자가 따라야 할 기준인 소득의 성격과 내용 및 그 귀속자에 관하여 아무런 규정을 두고 있지 않다. 또한 위 규정과 관련하여 법인세법이나 소득세법의 다른 규정들을 보아도 위 익금처분에 관한 처리기준을 제시하는 데 도움을 줄 수 있는 내용이 전혀 없고 하위법규에 규정될 내용이 어떠한 것이 될 것인지를 예측하기가 극히 곤란하다. 그러므로 위 법인세법의 규정은 국민의 납세의무의 성부 및 범위와 직접적인 관계를 가지고 있는 중요한 사항을 하위법규에 백지위임한 경우라고 보아야 할 것이다. * 동지 : 헌재 1995.11.30. 94헌바14.

2) 헌재 1998.4.30. 95헌바55, 판례집 10-1, 356면. [쟁점] 대통령령이 정하는 특수관계에 있는 자로부터 현저히 저렴한 대가로써 "대통령령이 정하는 이익"을 받은 자에 대하여 그 이익에 상당하는 금액을 증여받은 것으로 의제(擬制)하는 구 상속세법(1981.12.31. 법률 제3474호로 개정되고, 1990.12.31. 법률 제4283호로 개정되기 전의 것) 제34조의4는 아무런 기준도 정함이 없이 대통령령이 그러한 이익을 정하도록 포괄위임함으로써 위임입법의 한계를 일탈한 것으로서 조세법률주의에 위반되는 것인지 여부(위헌결정) [결정요지] 이 법률조항은 앞서 본 바와 같이 증여의제로 증여세의 과세대상 내지 과세물건이 되는 것을 단지 "현저히 저렴한 대가로 받은 대통령령이 정하는 이익을 받은 자"로만 규정하고 있을 뿐 그 구체적인 내용은 전적으로 하위법령인 대통령령에 위임하고 있어, 납세의무자인 일반 국민이 과연 어떤 행위로 인한 어떤 이익에 대하여 증여세가 부과될 것인가를 법률만으로는 합리적으로 예측할 수 없게 하여 헌법 제59조, 제75조에 위반된다.

3) 헌재 1998.4.30. 96헌바78, 판례집 10-1, 394면. [쟁점] 상속세 부과대상인 상속재산 중 사실상 임대차계약이 체결되거나 임차권이 등기된 재산의 평가방법에 관하여, 대통령령이 정하는 바에 따라 평가한 가액과 상속개시 당시의 시가 중 큰 금액으로 평가한다고 규정한 구 상속세법(1990.12.31. 법률 제4283호로 개정되기 전의 것) 제9조 제4항 제4호는 포괄위임입법인지 여부(위헌결정) [결정요지] 사실상 임대차계약을 체결한 경우이던지 체결한 후 임차권을 등기한 경우이던지 그 어느 경우라 하더라도 임대차계약의 내용과 태양이 각기 다르므로 그 내용과 태양에 따라 평가가 달라져야 할 것이며, 그렇다면 대통령령의 제정자가 따라야 할 대강의 평가기준, 적어도 임대차계약의 내용과 태양에 따라 다른 대강의 평가기준만이라도, 법률에 규정하여야 조세법률주의를 준

장'이 무엇인지 그 기준에 대한 대통령령에의 위임,[1] ⑥ 중과세 대상이 되는 고급오락장용 건축물의 구체적인 기준과 범위를 대통령령에 위임하고 있는 구 지방세법 제188조 제3항과 "기타 사치성 재산으로 사용되는 토지로서 대통령령으로 정하는 토지"라는 위 법 제234조의15 제2항 단서 제5호 속의 규정,[2] ⑦ 과점주주 중 제2차 납세의무를 임원에게도 부과하면서 그 대상인 '임원'을 대통령령으로 정하도록 한 구 국세기본법 제39조 제1항 제2호 라목[3] 등이 포괄

수하였다고 할 것이나, 이 사건 법률조항호의 규정은 위와 같은 대강의 기준에 관하여 아무런 규정을 두고 있지 아니하다. 또한 위 규정과 관련하여 이 사건 법률 중 다른 조항이나 다른 세법들의 규정들을 보아도, 위와 같은 평가기준을 제시하는데 도움을 줄 수 있는 내용이 전혀 없어 위임된 하위법규에 규정될 내용이 어떠한 것이 될 것인지를 예측하기가 곤란하다. * 위 결정에서의 심판대상규정과 유사한 구 상속세법(1990.12.31. 법률 제4283호로 개정되고, 1994.12.22. 법률 제4805호로 개정되기 전의 것) 제9조 제4항 제4호에 대해서도 동지의 위헌결정이 있었다(헌재 2001.9.27. 2001헌가5, 구 상속세법 제9조 제4항 제4호 위헌제청, 판례집 13-2, 298면).

1) 헌재 1998.7.16. 96헌바52, 97헌바40, 97헌바52·53·86·87, 98헌바23(병합), 판례집 10-2, 172면. [쟁점] 사치성재산의 취득에 대하여 통상의 취득세율의 100분의 750으로 하여 중과세하도록 규정하면서도, 사치성 재산이 무엇인지에 관하여는 고급주택·고급오락장 등으로 그 종목만을 한정하고 있을 뿐 그 구체적 기준과 범위는 대통령령에서 정하도록 한 구 지방세법(1974.12.27. 법률 제2743호로 개정되고, 1994.12.22. 법률 제4794호로 개정되기 전의 것) 제112조 제2항 전단 중 "고급주택"부분 및 "고급오락장"부분 등은 포괄위임을 한 것인지 여부(위헌결정) [결정요지] 입법자로서는 통상세율의 100분의 750배로 중과세하는 마당에 고급주택의 기준과 범위를 스스로 좀 더 구체적으로 확정한 다음 하위법규에 위임하였어야 하고, 적어도 주택의 규모, 가액 등 고급주택성의 핵심표지에 관하여 최저기준을 설정한 다음 그 한도에서 위임하였어야 한다. 심판대상조항들은 이를 게을리하여 단순히 '대통령령으로 정하는 고급주택'이라고만 함으로써 고급주택의 범위를 어떻게 규정할 것인지의 문제를 실질적으로는 온전히 행정부의 재량과 자의에 맡긴 것이나 다름없고, 결국 대통령령에서 고급주택으로 규정하는 것이 곧 고급주택이 되는 결과를 초래하였다. 고급오락장의 경우 마찬가지의 문제점을 지니고 있을 뿐만 아니라 위임의 불명확성, 포괄성이 한층 더 두드러진다. "오락"의 개념 자체가 이미 지나치게 불분명하고 포괄적이어서 "고급오락장"의 범위와 한계를 예측하기는 고급주택의 경우보다 더욱 어렵기 때문이다. 심판대상조항들의 입법목적, 지방세법의 체계나 다른 규정, 관련법규를 살펴 보더라도 고급주택과 고급오락장의 기준과 범위를 예측해 내기 어렵다. 이상과 같은 이유로 심판대상조항들은 과세요건을 불명확하게 규정함으로써 조세법률주의에 위배되고, 포괄적으로 대통령령에 위임함으로써 헌법 제75조에도 위배된다(동지 : 헌재 1999.1.28. 98헌가17, 판례집 11-1, 11면).

2) 헌재 1999.3.25. 98헌가11. [결정요지] (1) 위 법 제188조 제3항은 고급오락장용 건축물이 무엇인지가 재산세 중과세요건의 핵심적 내용을 이루는 본질적이고도 중요한 사항임에도 불구하고 그 기준과 범위를 구체적으로 확정하지 않고 단순히 "고급오락장용 건축물의 구분과 한계는 대통령령으로 정한다"라고 불명확하고 포괄적으로 규정함으로써 실질적으로는 중과세 여부를 행정부의 자의에 맡기고 있을 뿐만 아니라, 입법목적, 지방세법의 다른 규정 또는 기타 관련법률을 살펴보더라도 고급오락장용 건축물의 기준과 범위를 예측해 내기가 어려우므로 헌법 제75조상의 포괄위임입법금지원칙에 위배된다. (2) 위 법 제234조의15 제2항 단서 제5호 중 "기타 사치성 재산으로 사용되는 토지로서 대통령령으로 정하는 토지" 부분은 종합토지세를 중과세하는 마당에 '기타 사치성 재산으로 사용되는 토지'의 기준과 범위를 스스로 좀더 구체적으로 확정한 다음 하위법규에 위임하였어야 함에도 불구하고 기타 사치성 재산용 토지의 기준과 범위를 어떻게 규정할 것인지의 문제를 행정부의 재량과 자의에 맡겨버린 것이며, 입법목적, 지방세법의 다른 규정 또는 기타 관련법률을 살펴보더라도 그 기준과 범위를 객관적·합리적으로 예측하기 어렵고, 행정입법에 전적으로 위임할 수밖에 없는 불가피성도 없으므로 헌법 제75조상의 포괄위임입법금지원칙에 위배된다.

3) 헌재 1998.5.28. 97헌가13. [결정요지] 국세기본법 제39조 제1항 제2호 '라목'은 제2차 납세의무를 부담하는 과점주주인 임원의 범위를 구체적인 기준도 없이 이를 모두 대통령령에 포괄위임하여 위임입법의 한계를 일탈함으로써 "대통령이 정하는 임원"인 과점주주가 법인의 경영을 사실상 지배하는지, 발행주식총액의 100분의 51 이상의 주식에 관한 권리를 실질적으로 행사하는지 여부를 가리지 아니한 채, 과세청이 자의로 제2차 납세의무자인 과점주주를 지정하여 보충적인 납세의무를 지울 여지가 있으므로, 실질적 조세법률주의와 포괄위임입법금지의 원칙에 위반된다.

위임으로서 위헌이라고 결정하였다. ii) 헌법불합치결정례로, ① 특별부가세의 과세대상인 토지, 건물 등의 범위에 관한 대통령령에의 위임에 대해 헌법불합치결정[1)]을 한 바 있고, ② 토지초과이득세의 과세대상인 '유휴토지'에 임대용토지를 포함하면서 이러한 임대용토지 중 대통령령이 정하는 임대용토지는 제외할 수 있도록 한 위임규정에 대해 포괄위임이라고 보아 구 토지초과이득세법 전체에 대해 헌법불합치결정을 한 바 있다.[2)]

5) 구체적 위임이라고 본 합헌결정례들

조세사항을 하위 행정입법에 구체적 위임을 하여 합헌성을 인정한 판례들 중 전형적인 판단의 예를 보여주고 있는 것들을 보면, ① 비과세대상인 "1세대 1주택"의 범위에 관한 위임,[3)] ② 법인의 대도시내 부동산등기에 대한 등록세 중과세율의 적용배제에 관한 위임,[4)] ③ 종합

---

1) 헌재 2000.1.27. 96헌바95, 97헌바1 · 36 · 64 (병합), 판례집 12-1, 16면. [쟁점] 법인세의 세율은 개인 양도소득세의 세율보다 낮으므로 조세부담의 형평을 위하여 법인의 양도차익에 대하여 법인세를 과세하는 것과 별도로 특별부과세를 부과하는데 이 특별부가세의 과세표준을 대통령령이 정하는 토지 · 건물 등에 관한 권리의 양도차익으로 하도록 규정한 구 법인세법(1978.12.5. 법률 제3099호로 개정되어 1990.12.31. 법률 제4282호로 개정되기 전의 것) 제59조의2 제1항과 구 법인세법(1990.12.31. 법률 제4282호로 개정되어 1998.12.28. 법률 제5581호로 전문개정되기 전의 것) 제59조의2 제1항은 이 특별부가세의 부과대상이 되는 토지, 건물 등의 범위를 대통령령에 포괄적으로 백지위임한 것인지 여부(헌법불합치결정) [결정이유요지] 이 법률조항은 구체적으로 어느 토지 등이 과세대상인지를 스스로 정하지 아니하였을 뿐 아니라, 과세대상의 기준을 전혀 규정하지 아니한 채 과세대상이 되는 토지 등의 범위를 대통령령이 정하도록 위임하였고, 이 사건 법률조항의 규정내용과 법인세법의 입법목적 · 체계나 소득세법 및 조세감면규제법 등 관련법조항을 유기적 · 체계적으로 종합 판단하여 보아도 이 사건 법률조항의 위임에 따라 시행령에 규정될 과세대상의 범위가 대강 어떤 것이 될 지를 전혀 예측할 수도 없게 하므로 헌법 제75조와 헌법 제59조에 위반된다.

2) 헌재 1994.7.29. 92헌바49 · 52(병합), 헌재판례집 6-2, 64면. 심판대상규정은 구 토지초과이득세법(제정 1989.12.30. 법률 제4177호, 개정 1993.6.11. 법률 제4561호, 1993.6.11. 법률 제4563호) 제1항 제13호였는데 구 토지초과이득세법 전체가 헌법불합치결정이 있었고, 이후 동법은 폐지되었다.

3) 헌재 1997.2.20. 95헌바27, 헌재판례집 9-1, 156면. [결정이유요지] 양도차익을 목적으로 하는 주택에 대한 투기는 금융시장이나 주식시장의 상황, 실물경제의 상황이나 주택보급율 등 경제 등 여러 사정에 크게 영향을 받는 것이므로 어느 경우에 어느 정도까지를 투기적 목적이 없는 "1세대 1주택"의 양도로 볼 것인가를 국회에서 제정한 법률로 모두 규율한다는 것이 불가능하거나 부적당하므로 구 소득세법(1992.12.8. 법률 제4520호로 개정되기 전의 것) 제5조 제6호 (자)목 중 "1세대 1주택" 부분이 양도세를 과세하지 않는 "1세대 1주택" 양도의 구체적 범위를 대통령령으로 정하도록 위임하는 것은 정당하고, 이 규정은 양도세가 면제되는 "1세대 1주택"의 범위만을 구체적으로 정하도록 대통령령에 위임하고 있는 것이므로 대통령령으로 정하여질 사항은 주택의 보유기간이나 일시적인 다주택소유의 문제 등 투기적 목적의 인정여부와 관계되는 사항이 될 것임은 쉽게 예측할 수 있어서 입법권 위임의 한계를 준수하고 있다.

4) 헌재 1996.3.28. 94헌바42, 판례집 8-1, 199면. [쟁점] 法人이 그 설립 이후에 대도시 내에서 하는 부동산등기에 대하여는 통상세율의 5배에 해당하는 등록세를 중과할 수 있도록 한 것에 대한 예외로서 이러한 중과세율의 적용을 받지 아니하는 업종의 범위를 대통령령에 위임하는 구 지방세법 제138조 제1항 단서(1993.12.27. 법률 제4611호로 개정되기 전의 것)가 포괄위임금지의 원칙에 위배되는지 여부(합헌결정) [결정이유요지] 위임입법에 규정될 내용의 대강에 대한 예측가능성의 유무는 관련 법조항 전체를 유기적 · 체계적으로 종합판단하여야 하여야 하는 것인바, 살피건대 복잡다기한 현대산업사회에 있어서 조세가 가지는 다양한 사회 · 경제적 기능에 착안하고, 법 제138조 제1항 본문이 법인이 대도시 내에서 하는 설립 등의 등기나 설립 등을 위한 부동산등기에 통상보다 높은 세율의 등록세를 부과함으로써 법인의 대도시내에서의 활동에 따르는 인구와 경제력의 대도시집중을 억제하려는 데 그 진정한 목적이 있다는 점을 감안하면, 위 단서는 인구와 경제력의 집중효과가 없거나 아주 적은 업종에 종사하는 법인 또는 그 성질상 대도시 내에 있지 않으면 그 기능을 발휘할 수 없거나 효과적인 활동을 할 수 없는 업종에 종사하는 법인, 대도시 내에 있어야 할 것에 대한 공익적 요구가 현저히 큰

토지세 분리과세 대상인 '공장용지'의 위임,[1] ④ 필요경비의 계산에 관한 위임,[2] ⑤ 취득세 중과세대상인 법인의 '비업무용 토지'에 관한 위임[3]의 경우 등을 들 수 있다. 조세법 위임에

업종에 종사하는 법인 중에서 대통령이 정하는 업종에 종사하는 법인에 대하여는 비록 그 법인이 대도시 내에서 설립 등의 등기를 하거나 설립 등을 위한 부동산등기를 하더라도 굳이 높은 세율의 등록세를 부과하지 아니하도록 하는 취지를 규정한 것이라고 이해될 수 있고 또 그렇게 이해할 때 비로소 정당한 의미를 갖는다고 할 것이다. 따라서 위 단서는 대통령령에 위임되는 업종에 대하여 누구라도 그 종류와 범위의 대강을 예측할 수 있는 법률조항이라 할 것이므로 이를 가리켜 헌법상 요구되는 포괄위임입법금지의 원칙이나 조세법률주의에 반하는 위헌규정이라고 할 수 없다(동지 : 헌재 1998.2.27. 97헌바79, 판례집 10－1, 153면).

1) 헌재 1997.9.25. 96헌바18, 97헌바46·47(병합), 판례집 9－2, 357면. [쟁점] 저율의 비례세율이 적용되는 경우인 종합토지세 분리과세의 대상의 공장용지를 대통령령으로 정하도록 위임한 지방세법(1989.6.16. 법률 제4128호로 개정된 것) 규정(동법 제234조의15 제2항 단서 제3호 중 "대통령령으로 정하는 공장용지……의 가액" 부분)이 포괄적 위임인지 여부(합헌결정) [결정이유요지] 공장용지라고 하더라도 공장이 위치한 지역, 공장의 생산품목의 종류 등에 따라 그에 필수적인 용지면적이 모두 다를 뿐 아니라 공장의 입지기준도 수시로 바뀔 수 있음은 쉽게 짐작할 수 있다. 따라서 이와 같은 경제적 활동의 유동성이나 복잡하고 전문적·기술적인 사항을 국회에서 제정한 법률로 모두 규율한다는 것은 불가능하므로 분리과세대상이 되는 공장용지의 구체적 범위를 대통령령으로 정하도록 위임하고 있는 것이다. 즉, 이 사건 심판대상 조항은 그 대상을 "공장용지"로 구체적·개별적으로 한정한 다음 그 범위내에서 앞서 본 이 사건 심판대상 조항의 입법목적이나 위임 배경 등을 참작하여 구체적으로 정하도록 대통령령에 위임하고 있는 것이므로, 대통령령으로 정하여질 사항은 일정한 지역내에 있는 소정의 입지기준면적 범위 안의 토지로서 공장의 생산활동에 필요불가결한 용지가 될 것임은 쉽게 예측할 수 있다. 그렇다면 이 사건 심판대상 조항은 헌법이 정한 입법권 위임의 한계를 준수하고 있다고 할 것이므로 포괄적 위임에 해당한다고 보기는 어렵다.

2) 헌재 2002.6.27. 2000헌바88, 판례집 14－1, 579면. [쟁점] 필요경비의 계산에 있어서 필요한 사항은 대통령령으로 정하도록 규정한 구 소득세법(1994.12.22. 법률 제4803호로 전문개정되기 전의 것) 제31조 제3항이 포괄위임을 하여 조세법률주의에 위배되는 것인지 여부(부정, 합헌결정) [결정이유요지] 법률의 다른 규정들과의 체계적 해석과 이 사건 법률조항 자체의 문리적 해석에 의하면, 필요경비란 총수입금액을 얻기 위하여 사용하거나 소비한 비용으로 당해 연도의 총수입금액에 대응하는 비용의 합계액을 의미하는 것으로서, 통상의 주의력 및 법감정을 가진 일반인이라면 객관적, 합리적인 해석에 의하여 그 의미를 명백히 알 수 있어 이에 관하여 자의적인 여러 해석이 나올 수 없다. 부동산임대소득 등, 특히 사업소득에 있어서의 각 필요경비의 내용이나 범위는 소득의 원천이 되는 경제활동의 복잡·다양성 및 사회·경제적 변화의 계속성에 비추어 법률로써 그 기준을 정할 수 없을 만큼 전문성·기술성의 측면에서 극히 다양하거나 수시로 변화하는 성질의 것이라고 볼 수 있다는 점에서, 대통령령에 위임될 수밖에 없는 불가피한 사정이 있고 그 위임에 있어서도 구체성과 명확성이 다소 완화되어도 무방한 것으로 보여질 뿐 아니라, 위와 같이 필요경비의 의미가 분명한 이상 그 계산에 관하여 필요한 사항을 법률에 정하지 않고 하위법규에 위임하였다 하더라도 이는 기술적인 사항이나 세부적인 사항으로서 납세의무자인 국민이 그 대강을 쉽게 예측할 수 있는 경우라 할 것이다.

3) 헌재 2000.2.24. 98헌바94, 99헌바38·48·49·56·57·78·80·97, 2000헌바2(병합), 판례집 12－1, 188면. [쟁점] 법인이 대통령령으로 정하는 비업무용 토지를 취득할 경우 그 취득세율을 통상세율의 100분의 750이라는 고율의 세율로 하여 취득세를 부과하도록 하면서 그 취득세 중과세대상인 법인의 비업무용 토지의 구체적인 기준과 범위를 대통령령에서 정하도록 규정하고 있는 구 지방세법(1974.12.27. 법률 제2743호로 개정되고, 1994.12.22. 법률 제4794호로 개정되기 전의 것) 제112조 제2항 중 "법인의 비업무용 토지" 부분은 조세법률주의 및 포괄위임금지의 원칙의 위반인지 여부(합헌결정) [결정이유요지] '법인'이나 '토지'의 개념은 민법 등 관련법령에서 이미 상세히 규정하고 있고, '업무'의 개념에 관하여 보더라도 민법 제34조에 의하면 법인은 정관으로 정한 목적의 범위 내에서 권리와 의무의 주체가 되는 것이고, 같은 법 제49조에 의하면 그 목적은 법인등기부에 반드시 기재되어야 하는 등기사항인 점에 비추어 보면, 법인의 '업무'는 바로 법인등기부상 목적사업으로 정하여진 업무임을 쉽게 알 수 있고, 상법 소정의 영리법인인 회사의 '업무' 또한 이와 마찬가지이다(상법 제179조, 제180조, 제270조, 제271조, 제289조, 제317조, 제543조, 제549조 각 참조). 또한 법인의 경영활동의 기반으로서의 토지에 대한 사용형태가 법인의 다양한 경영형태만큼이나 다양하기 때문에 이 제도의 규율대상의 성질이 복잡하고 다양하므로, 행정입법의 필요성이 그만큼 크고, 이에 따라 위임의 구체성 및 명확성의 요건이 완화된다고 볼 수밖에 없다. 그렇다면, 누구라도 이 법률조항의 위임에 따라 대통령령으로 정하게 될 '법인의 비업무용 토지'에 관한 기준과 범위의 대강을 어느 정도 예측할 수 있다고 봄이 상당하다.

관한 판례들은 이외에도 물론 많다.

7. 조세부과와 신뢰보호원칙

국민의 재산에 영향을 주는 중요한 기본권제한인 조세의 부과에 있어서 신뢰보호원칙이 지켜져야 한다. 국세기본법은 "세법의 해석이나 국세행정의 관행이 일반적으로 납세자에게 받아들여진 후에는 그 해석이나 관행에 의한 행위 또는 계산은 정당한 것으로 보며, 새로운 해석이나 관행에 의하여 소급하여 과세되지 아니한다"라고 규정하고 있다(국세기본법 제18조 3항. 지방세에 대해서도 동일한 규정을 두고 있다. 지방세기본법 제20조 3항). 행정절차법 제4조 제2항도 "행정청은 법령 등의 해석 또는 행정청의 관행이 일반적으로 국민들에게 받아들여졌을 때에는 공익 또는 제3자의 정당한 이익을 현저히 해칠 우려가 있는 경우를 제외하고는 새로운 해석 또는 관행에 따라 소급하여 불리하게 처리하여서는 아니 된다"라고 규정하고 있다.

조세와 관련한 신뢰 문제로서는 감면규정의 변경을 대표적인 예로 들 수 있겠다. 감면을 받아오다가 그 감면을 없애거나 비율을 줄일 경우 신뢰에 변화를 가져온다는 주장을 할 수 있을 것이다. * 그러한 결정례로 법인의 사업년도 중간에 증자소득공제율을 낮추는 조세감면규제법의 개정이 있었는데, 헌재는 개정시점 이전에 이미 경과된 사업연도 기간에 대하여서도 신법의 낮은 공제율을 적용하게 되면 신뢰침해가 된다고 판단하였다. 헌재는 신뢰보호의 원칙에 위배되는지 여부는 기존 법질서에 대한 신뢰보호의 필요성 및 법적 안정성의 요청과 법률개정으로 달성하고자 하는 공익목적을 비교형량을 하고 경과규정을 두고 있느냐를 보고 판단하는데(전술, 기본권 총론의 신뢰보호이익 부분 참조) 이 사안에서 법을 신뢰할 국민의 기대권을 압도할 만큼 공익의 필요성이 긴절하지 않고, 신뢰보호를 위한 상당기간의 경과규정을 두지 않아 "법 시행일 이전의 당해 자본증가액의 잔존 증자소득 공제기간에 대하여 적용하는 한 헌법에 위반된다"라는 주문의 한정위헌결정을 하였다.[1)]

---

1) 헌재 1995.10.26. 94헌바12. [주문] "조세감면규제법(1990.12.31. 개정법률 제4285호) 부칙 제13조 및 제21조는 법인의 사업연도중 이 법 시행일 이전의 당해 자본증가액의 잔존 증자소득 공제기간에 대하여 적용하는 한 헌법에 위반된다." [결정요지] 부진정소급입법에 속하는 입법에 대해서는 일반적으로 과거에 시작된 구성요건사항에 대한 신뢰는 더 보호될 가치가 있다고 할 것이기 때문에 신뢰보호의 원칙에 대한 심사가 장래입법에 비해서보다는 일반적으로 더 강화되어야 할 것이다. 우리 재판소는 신뢰보호의 원칙의 판단은 신뢰보호의 필요성과 개정법률로 달성하려는 공익을 비교형량하여 종합적으로 판단하여야 한다. 신뢰보호의 이익을 공익과 비교형량할 때 상당할 정도로 침해되었다고 보여진다. 이 사건 규정이 이와 같은 신뢰보호이익을 침범하지 않으면 안 될 만큼 상당할 정도로 이 규정의 필요성(공익)이 있는지를 살펴본다. 우리 재판소는 최근의 결정(장래입법이 문제된 사례)에서, "헌법상 법치국가의 원칙으로부터 신뢰보호의 원리가 도출된다. 법률의 개정시 구법질서에 대한 당사자의 신뢰가 합리적이고도 정당하며 법률의 개정으로 야기되는 당사자의 손해가 극심하여 새로운 입법으로 달성하고자 하는 공익적 목적이 그러한 당사자의 신뢰의 파괴를 정당화할 수 없다면 그러한 새 입법은 신뢰보호의 원칙상 허용될 수 없다. 이러한 신뢰보호원칙의 위배여부를 판단하기 위하여는 한편으로는 침해받은 이익의 보호가치, 침해의 중한 정도, 신뢰가 손상된 정도, 신뢰침해의 방법 등과 다른 한면으로는 새 입법을 통해 실현하고자 하는 공익적 목적을 종합적으로 비교 형량하여야 한다"라고 판시한 바 있다. 이 사건에서 청구인은 당초 구법 규정에 따라 증자소득공제를 기대하고 증자를 하였는데, 그러한 구법은 기업이 증자를 통하

8. 조세규정에 대한 헌법재판상 특징

(1) 심사기준

조세규정에 관련된 사안에서 일반적인 기본권관련 심사기준과 중복심사될 수 있을 것이다. 과세요건법정주의는 법률유보원칙과 포괄위임금지원칙 등으로도, 과세명확성원칙은 명확성원칙, 조세평등주의는 평등원칙 등으로도 심사가 가능하다. 헌재는 "국가과세권의 헌법적 한계 즉 조세법률에 대한 위헌심사기준으로는 평등권, 재산권, 조세법률주의와 위임입법의 한계, 소급과세의 금지 등을 들 수 있는바, 우리 헌법재판소에서도 이들을 조세법률에 대한 위헌심사의 기준으로 사용해 왔다"라고 한다.[1] 또 헌재는 "포괄위임금지원칙 위반, 명확성원칙 위반의 주장들은 조세법률주의의 내용인 과세요건법정주의 및 과세요건명확주의 위반의 주장들과 그 내용면에서 상당 부분 중첩되므로"라고 한다.[2] 그러나 그 심사기준이 더 엄격할 수 있다. 포괄위임에서의 예측가능성이나 명확성원칙에서의 그 정도 등에 있어서 더 엄격한 것이 그러하다. 조세에 관한 평등심사에 있어서는 오히려 입법재량을 넓게 보는 판례경향이다.

(2) 결정형식

조세규정에 대한 헌법재판의 결과 위헌성이 인정될 경우에 단순위헌결정이 아니라 이른바 변형결정으로서 헌법불합치결정이 내려질 가능성이 있다. 왜냐하면 위헌성이 있는 조세규정에 대해 단순위헌결정을 하면 그 규정은 소멸되고 따라서 그 세제의 시행이 더 이상 불가능해지는데 조세는 국가나 지방자단체의 재정수입이므로 어느 세제 자체가 위헌이면 몰라도 부분적인 위헌성이 있는 경우(예를 들어 세율이 높아 세율이라는 부분에만 위헌성이 있는 경우)에는 가능한 한 그 세제를 유지할 필요가 있기에 헌법불합치결정을 하여 그 조세규정의 위헌성치유를 위한 개정이 있을 때까지는 그 존속을 인정할 필요가 있기 때문이다. 헌법불합치결정에는 적용중지의 결정과 계속(잠정)적용의 결정이 있는데 조세규정에 대한 헌법불합치결정은 주로 적용중지의 결정을 할 필요가 있을 것이다. 조세는 침익적 작용이므로 위헌성이 치유된 뒤에 적용하도록 그 때까지 적용을 중지시키는 것이다. 예를 들어 어떤 세제에 있어서 그 세제 자체는 필요

여 재무구조 개선을 하도록 유도하기 위한 목적으로 제정된 것이었다. 한편 구법이 위헌·무효라거나 내용이 모호하거나, 특별히 공익 내지 형평성에 문제가 있다고는 할 수 없으며, 청구인이 구법상의 증자소득공제율이 조만간에 개정될 것을 豫見하였다는 사정도 보이지 않는다. 또한 이 사건 규정이 투자유인이라는 입법목적의 달성 정도에 따라 합리적으로 개정된 것이라 하더라도 이로써 청구인과 같이 구법을 신뢰한 국민들의 기대권을 압도할 만큼 공익의 필요성이 긴절한 것이라고도 보여지지 아니한다. 그렇다면 적어도 입법자로서는 구법에 따른 국민의 신뢰를 보호하는 차원에서 상당한 기간 정도의 경과규정을 두는 것이 바람직한데도 그러한 조치를 하지 않아 결국 청구인의 신뢰가 상당한 정도로 침해되었다고 판단된다. 따라서 이 사건 규정과 같은 부진정소급입법의 경우 당사자의 구법에 대한 신뢰는 보호가치가 있다고 할 특단의 사정이 있다고 할 것이므로, 적어도 이 사건 규정의 발효일 이전에 도과된 사업연도분에 대해서는 이 사건 규정은 적용될 수 없다.

1) 헌재 2002.8.29. 2001헌가24.

2) 헌재 2012.2.23. 2010헌바85.

하고 합헌이나 세율이 너무 고율이란 점만이 위헌성을 가지고 그 점만 개선하면 되는 경우에 단순위헌결정을 하면 그 세제 자체가 폐기될 수 있으므로 일단 헌법불합치결정을 하고 세율을 낮추는 개정을 국회가 할 때까지 적용을 중지한 뒤 개정 이후에 낮추어진 세율로 조세를 부과할 수 있게 하는 것이다. 그러나 변형결정의 한계를 지켜야 하고 그 허용범위를 벗어난 남용은 받아들일 수 없다. 그동안 한정위헌결정도 많이 있었다. 과세요건명확주의에 관련하여 그 적용범위를 분명히 하기 위한 것은 필요하나 원래의 입법취지를 벗어나는 해석이나 새로운 입법을 실질적으로 가져오는 해석이어서는 아니 된다. 또한 적용범위가 지나치게 넓다고 판단될 경우에 그 범위를 축소하는 한정위헌결정을 할 수도 있고 그런 예들을 위에서 살펴보았다. 그러나 역시 남용해서는 아니 된다.

9. 조세유사적 부담 - 부담금, 특별부담금

(1) 문제점

공과금에는 조세 외에 부담금, 분담금, 특별부담금 등 조세유사적 공과금(넓게는 준조세적 부담까지 포함할 수 있을 것이다)이 있는데 이러한 부담금, 특별부담금 등과 조세와의 구별은 어떠하며 이러한 조세유사적 부담에 대해서도 조세법률주의가 적용되는지 하는 문제가 있다. 또한 조세유사적 부담은 국민에게 조세에 유사한 재산적 제한을 가하는 것이므로 그 헌법적 한계가 어떠한지도 살펴보아야 할 것이다.

(2) 부담금

1) 개념과 조세, 수수료 등과의 구분

(가) 개념

부담금이란 특정의 공익사업과 특별한 관계를 가지는 사람에게 그 사업비용의 충당을 위해 부과되는 금전적 납부의무를 말한다(인적 공용부담). 부담금의 설치·관리 및 운용에 관한 기본적인 사항을 규정함으로써 부담금 운용의 공정성 및 투명성을 확보하여 국민의 불편을 최소화하고 기업의 경제활동을 촉진함을 목적으로 '부담금관리 기본법'이 있다. 동법은 "이 법에서 "부담금"이란 중앙행정기관의 장, 지방자치단체의 장, 행정권한을 위탁받은 공공단체 또는 법인의 장 등 법률에 따라 금전적 부담의 부과권한을 부여받은 자가 분담금, 부과금, 기여금, 그 밖의 명칭에도 불구하고 재화 또는 용역의 제공과 관계없이 특정 공익사업과 관련하여 법률에서 정하는 바에 따라 부과하는 조세 외의 금전지급의무를 말한다"라고 동법상의 부담금에 대해 개념정의를 하고 있다(동법 제2조).

부담금은 전통적으로 공익사업과 관련하여 특별한 수익을 누리는 사람이 그 이익의 범위 안에서 사업경비를 부담하거나(수익자부담금) 그 공익사업을 행하도록 하게 된 원인을 제공한 자가 지게 되는(원인자부담금) 금전의무를 의미한다(그리고 특정한 공익사업을 손괴하는 행위자에 대한 경비부담의 손괴자부담금도 있다). 그러나 부담금은 오늘날 수익이나 반대급부 없이도 부과될 수 있다고 본다. 헌재는 "부담금은 종래 특정의 공익사업과 특별한 이해관계에 있는 자에 대하여 그 사업에 필요한 경비를 부담시키기 위하여 과하는 금전지급의무를 말하는 것으로 이해되었는바, 현행 부담금관리기본법은 부담금의 개념요소에서 반대급부인 특별한 경제적 이익의 보장이라는 요소를 배제하여, 부담금제도설정의 허용범위를 비교적 넓게 인정하고 있다"라고 한다.[1] 즉 "'재화 또는 용역의 제공과 관계없이'라고 규정한 데에서 알 수 있듯이, 부담금은 국가 등이 제공하는 특정한 급부에 대한 반대급부로서 부과되는 것이 아니다. 물론 부담금과 관련된 공적 과제의 수행으로부터 납부의무자 중 일부 또는 전부가 이익을 얻을 수도 있지만, 부담금의 산정에는 그러한 이익과의 엄밀한 등가관계가 관철되고 있지 않으며, 이러한 의미에서 여전히 반대급부적 성격은 부인된다. 그리고 이처럼 반대급부적 성격이 없이 공법상 강제로 부과·징수되는 점에서는 부담금과 조세는 매우 유사하다"라고 한다.[2]

(나) 조세와의 차이와 그 구분

가) 조세와의 구분 기준 - 실질설

조세와 부담금을 그 명칭에 따라 구분하는 형식설과 명칭에 무관하게 그 내용이나 성질을 보고 구분하는 실질설이 있을 것이다. 헌재는 "어떤 공과금이 조세인지 아니면 부담금인지는 단순히 법률에서 그것을 무엇으로 성격 규정하고 있느냐를 기준으로 할 것이 아니라, 그 실질적인 내용을 결정적인 기준으로 삼아야 한다"라고 하여[3] 실질설을 취한다. 그리하여 아래와 같은 차이점을 기준으로 실질적인 구분을 하고 있다.

나) 조세와의 비교, 차이

i) 유사점 – 위에서 본 대로 부담금이 반대급부적 성격이 없이 부과될 수 있는 경우 부담금과 조세는 유사하다고 할 것이다. ii) 차이점 – ① 특정목적(과제)성 – 조세가 특정목적을 위하여 징수되는 것이 아니고 일반적인 국가목적의 실현과 행정을 위하여 소요되는 일반적 재정을 마련하기 위한 것인 반면에 부담금은 특정의 행정적 과제를 달성하기 위하여 부과된다. ② 특정 집단에 대한 부과 – 부담금은 그 특정과제와 밀접하게 관련을 가지는 특정의 집단에 대해서만 부과되는 금전납부의무이다. 헌재도 양자의 차이점에 대해 "조세는 국가 등의 일반적 과제의 수행을 위한 것으로서 담세능력이 있는 일반국민에 대해 부과되지만, 부담금은 특별한 과제의 수행을 위한 것으로서 당해 공익사업과 일정한 관련성이 있는 특정 부류의 사람들에 대해서만 부과되는 점에서 양자는 차이가 있다"라고 한다.[4]

---

1) 헌재 2005.3.31. 2003헌가20.
2) 헌재 2004.7.15. 2002헌바42.
3) 헌재 2004.7.15. 2002헌바42; 2008.9.25. 2007헌가1; 2009.4.30. 2006헌마603, 2007헌바44(병합) 등.
4) 헌재 2004.7.15. 2002헌바42.

(다) 수수료와의 차이

수수료는 행정주체가 일정한 서비스를 제공한 데 대한 대가로서 지불된다는 점에서 부담금과 차이가 있다.

2) 필요성

헌재는 "현대행정의 다양성과 기술성, 복리행정의 확산으로 말미암아 조세와 같은 전통적 공과금만으로는 점증하는 행정수요에 제대로 대처하거나 복잡다기한 행정과제를 효율적으로 수행할 수 없게 되어" 부담금을 부과할 필요성은 점차 늘어나고 있다고 보고, "특히 건설·교통·도시계획·환경 등의 부문에서는 명령·금지와 같은 직접적인 규제수단을 사용하는 대신에 부담금이라는 금전적 부담의 부과를 통하여 간접적으로 국민의 행위를 유도하고 조정함으로써 사회적·경제적 정책목적을 달성하는 것이 보다 효과적인 경우가 많다"라고 한다.[1]

3) 부담금의 종류

i) **전통적인 부담금** 앞서 언급한 대로 수익자부담금, 원인자부담금, 손괴자부담금 등을 들 수 있다.[2] 헌재가 수익자부담금, 원인자부담금이라고 한 예로 학교용지부담금, 개발제한구역훼손부담금이 있다.

ii) **부과목적과 기능에 따른 분류** 헌재는 "부담금은 그 부과목적과 기능에 따라 ① 순수하게 재정조달 목적만 가지는 것('재정조달목적 부담금')과 ② 재정조달 목적뿐 아니라 부담금의 부과 자체로 추구되는 특정한 사회·경제정책 실현 목적을 가지는 것('정책실현목적 부담금')으로 양분해 볼 수 있다"라고 하고 "전자의 경우에는 추구되는 공적 과제가 부담금 수입의 지출 단계에서 비로소 실현된다고 한다면, 후자의 경우에는 추구되는 공적 과제의 전부 혹은 일부가 부담금의 부과 단계에서 이미 실현된다고 할 것이다"라고 한다[3]. ① 헌재가 주로 재정조달목적 부담금 성격이 많다고 본 예들은 적지 않다. 몇 가지를 보면 ㉠ 학교용지부담금도 그 하나이다.[4] 그런데 헌재는 학교용지부담금은 원인자부담금이자 수익자부담금으로서 재정조달 목적의 부담금이라고도 한다.[5] ㉡ 분만 의료사고 피해보상사업 분담금 – 보건의료인이 충분한

1) 헌재 1998.12.24. 98헌가1.

2) 원인자부담금이자 수익자부담금으로서의 성격을 지니는 부담금으로 예로 헌재는 학교용지부담금을 든 바 있다. 헌재 2005.3.31. 2003헌가20.

3) 헌재 2004.7.15. 2002헌바42.

4) 헌재 2005.3.31. 2003헌가20.

5) 헌재 2005.3.31. 2003헌가20. [판시] 학교용지부담금의 성질 – 학교용지부담금은 300세대 규모 이상의 주택건설로 인하여 늘어나는 공익시설에 대한 수요 중에서 초, 중, 고등학교의 학교용지의 확보에 대한 수요를 충족시키기 위하여 부과되는 것이므로 부과원인에 따른 분류에 의하면 원인자부담금의 하나에 해당한다. 그리고 학교시설의 건립이라는 특정한 공익사업을 시행함으로 인하여 주택수분양자들은 그의 자녀들이 근거리에서 교육을 받을 수 있는 특별한 이익을 얻게 되기 때문에 수익자부담금으로서의 성격도 가지고 있다. 한편 부담금의 성질에 따른 분류에 의하면, 학교용지부담금은 재정조달목적의 부담금이라고 볼 수 있다. 왜냐하면 학교용지부담금은 기본적으로 필요한 학교시설의 확보에 있어서 소요되는 재정을 충당하기 위한 것이고, 부담금을 부과함으로써 택지개발, 주택공급 등을 제한하거나 금지하기 등의 정책적, 유도적 성격은 희박하기 때문이다.

주의의무를 다하였음에도 불구하고 불가항력적으로 발생한 분만 의료사고에 대해 피해 보상사업을 한국의료분쟁조정중재원이 실시하도록 한다. 그런데 그 보상사업에 드는 비용의 일부를 보건의료기관개설자 등 대통령령으로 정하는 자에게 분담하게 할 수 있게 하는 '의료사고 피해구제 및 의료분쟁 조정 등에 관한 법률' 제46조 제3항, 그리고 그 분담을 해야 할 보건의료기관개설자의 범위, 보상재원의 분담비율을 대통령령으로 정하도록 한 동조 제4항 그 해당부분 규정이 법률유보원칙 또는 포괄위임금지원칙에 위반된다는 주장의 헌법소원심판이 청구되었다. 헌재는 피해보상과 안정적 진료환경 조성이라는 공적 과제는 이 사건 분담금 수입으로 마련된 재원을 보상금으로 집행하는 단계에서 실현된다는 이유로 이 분담금이 재정조달목적 부담금에 해당한다고 본다.[1] ② 헌재는 "정책실현목적의 부담금의 경우 헌법의 기본적 재정질서와는 별개의 문제로 개별행위에 대한 명령·금지와 같은 직접적인 규제수단을 사용하는 대신 부담금이라는 금전적 부담의 부과를 통하여 간접적으로 국민의 행위를 유도하고 조정함으로써 사회적·경제적 정책목적을 달성하고자 하는 것"이라고 한다.[2] 정책실현목적 부담금으로 헌재는 유도적 부담금, 조정적 부담을 든다. "가령 부담금이라는 경제적 부담을 지우는 것 자체가 국민의 행위를 일정한 정책적 방향으로 유도하는 수단이 되는 경우(유도적 부담금) 또는 특정한 공법적 의무를 이행하지 않은 사람과 그것을 이행한 사람 사이 혹은 공공의 출연(出捐)으로부터 특별한 이익을 얻은 사람과 그 외의 사람 사이에 발생하는 형평성 문제를 조정하는 수단이 되는 경우(조정적 부담금), 그 부담금은 후자의 예(정책실현목적 부담금)에 속한다"라고 한다.[3] 헌재는 개발제한구역훼손부담금은 정책실현목적 부담금이자 원인자부담금, 수익자부담금이라고 본다.[4]

iii) **복합적 부담금** 재정조달적 성격뿐 아니라 정책실현목적의 성격도 가지는 부담금도

---

1) 헌재 2018.4.26. 2015헌가13. [판시] 위 분담금은 이 사건 분담금은 분만 과정에서 보건의료인이 충분히 주의의무를 다하였음에도 불가항력적으로 발생한 분만에 따른 의료사고로 인한 피해를 보상하고 안정적인 진료환경을 조성한다는 공적 과제의 수행을 위하여(의료분쟁조정법 제46조 1항, 제3항), 분만 실적이 있는 보건의료기관개설자라는 특정 집단의 사람들에게 재화 또는 용역의 제공과 관계없이 강제적·일률적으로 부과된다(같은 법 시행령 제21조 1항 내지 제3항). 이렇게 마련된 재원은 보상금이라는 제한된 용도로 쓰이고(의료분쟁조정법 제46조 1항, 같은 법 시행령 제24조), 공적 과제는 이 사건 분담금 수입으로 마련된 재원을 보상금으로 집행하는 단계에서 실현된다. 따라서 이 사건 분담금은 재정조달목적 부담금에 해당한다.

2) 헌재 2005.3.31. 2003헌가20.

3) 헌재 2004.7.15. 2002헌바42.

4) 헌재 2007.5.31. 2005헌바47. [판시] 훼손부담금은 개발제한구역 내에 입지하는 시설 등의 설치에 따른 토지형질변경에 대하여 구역 내·외의 토지가격 차액에 상당하는 경제적 부담을 부과함으로써 구역 내 입지선호를 제거함과 동시에 불가피한 경우로 입지를 제한하여 개발제한구역의 훼손을 최대한 억제하는 한편 개발제한구역의 지정·관리를 위한 재원의 확보에 그 주된 목적이 있으므로, 내용상으로는 개발제한구역 훼손의 원인을 제공한 자에게 부과하는 원인자 부담금 또는 개발제한구역의 지정 및 관리를 통한 쾌적한 생활공간의 확보에서 발생하는 유·무형적 수익에 대한 수익자 부담금으로서의 성격을 가지고, 기능상으로는 개발제한구역 내에서 토지형질변경을 초래하는 건축물의 건축 등 행위를 직접적으로 금지하는 대신 행위자에게 일정한 금전적 부담을 지움으로써 위와 같은 행위를 간접적·경제적으로 규제하고 억제하려는 정책실현목적 부담금으로서의 성격을 갖는다.

있다. 그 예로 기반시설부담금을 들 수 있다.[1] 위에서 본 학교용지부담금, 개발제한구역훼손부담금처럼 수익자부담금, 원인자부담금이자 재정조달목적 내지 정책실현목적의 성격을 띠는 복합적 부담금도 있다. 어느 하나의 성격만을 가지는 것보다는 사실 복합적인 성격을 가지는 부담금이 많을 것이다. 헌재는 위 기반시설부담금도 원인자부담금과 수익자부담금의 성격을 가지면서 재정조달목적이 강한 것으로 정책실현목적 부담금의 성격도 일부 가진다고 본다.[2] 기반시설부담금은 건축물의 신축·증축과 같은 건축행위로 유발되는 기반시설(도로, 공원, 녹지, 수도, 하수도, 학교(초·중·고등학교), 폐기물처리시설 등. 구 '기반시설부담금에 관한 법률' 제2조 2호)을 설치하거나 그에 필요한 용지를 확보하기 위하여 부과·징수하는 금액이다(동법 제2조 3호).

4) 부담금의 헌법적 정당화 요건

(가) 재정조달목적 부담금의 헌법적 정당화 요건

가) 요건의 요소

헌재는 재정조달목적 부담금의 헌법적 정당화 요건으로 다음을 들고 이의 위배 여부를 판단한다. 즉 ① 부담금은 조세에 대한 관계에서 어디까지나 예외적으로만 인정되어야 하며, 일반적 공익사업을 수행하는 데 사용할 목적이라면 부담금을 남용하여서는 아니 된다(즉 어떤 공익사업을 위한 재정조달은 부담금으로 해야 하고 조세로 할 것인지 아니면 부담금으로 할 것인지에 관하여 입법자의 자유로운 선택권을 허용하여서는 아니 되고, 국가 등의 일반적 재정수입에 포함시켜 일반적 과제를 수행하는 데 사용할 목적이라면 반드시 조세의 형식으로 해야 하지, 거기에 부담금의 형식을 남용해서는 안 된다). ② 부담금 납부의무자는 재정조달 대상인 공적 과제에 대하여 일반국민에 비해 '특별히 밀접한 관련성'을 가져야 한다(당해 과제에 관하여 납부의무자 집단에게 특별한 재정책임이 인정되고 주로 그 부담금 수입이 납부의무자 집단에게 유용하게 사용될 때 위와 같은 관련성이 있다). ③ 부담금이 장기적으로 유지되는 경우에 있어서는 그 징수의 타당성이나 적정성이 입법자에 의해 지속적으로 심사될 것이 요구된다.[3] 헌재는 "다만, 부담금이 재정조달목적뿐 아니라 정책실현목적도 함께 가지는 경우에는 위 요건들 중 일부가 완화된다"라고 본다.[4]

나) 판단방법 - 평등원칙, 과잉금지원칙 심사에서의 판단

헌재는 "부담금은 국민의 재산권을 제한하는 성격을 가지고 있으므로 부담금을 부과함에

---

1) 헌재 2010.2.25. 2007헌바131등(아래 주 판시 참조).

2) 헌재 2010.2.25. 2007헌바131등. [판시] 기반시설부담금은 기반시설의 설치·정비·개량행위를 유발하는 건축행위에 대하여 부과한다는 점에서 원인자부담금의 성격을 가진다. 설치·정비·개량된 기반시설을 건축행위를 한 납부의무자가 이용하여 편익을 받을 수 있다는 점에서 수익자 부담금의 성격도 인정할 수 있다. 기반시설의 설치 등을 위한 재원을 확보하기 위한 것이므로 재정조달목적이 강한 것으로 보인다. 다만 기반시설을 설치하고 계획적으로 조성된 택지지구 등의 부근에서 기반시설을 추가로 설치하지 않고 하는 난개발 등과 같이, 기반시설 부족을 야기하고 중장기적으로 주거환경을 악화시키는 건축행위를 할 유인을 억제한다는 측면에서 특정한 사회·경제정책을 실현하기 위한 정책실현목적 부담금의 성격도 일부 가진다.

3) 헌재 2004.7.15. 2002헌바42; 2005.3.31. 2003헌가20; 2008.9.25. 2007헌가1; 2010.2.25. 2007헌바131등.

4) 헌재 2004.7.15. 2002헌바42; 2010.2.25. 2007헌바131등.

있어서도 평등원칙이나 비례성원칙과 같은 기본권제한입법의 한계는 준수되어야 하며, 위와 같은 부담금의 헌법적 정당화 요건은 기본권 제한의 한계를 심사함으로써 자연히 고려될 수 있다"라고 한다.[1] 헌재 판례 중에는 부담금의 헌법적 정당화 요건을 ① 과잉금지원칙, 그 중에서도 방법적정성요건 판단으로서 살펴본 것들도 있고 ② 평등원칙심사에서 살펴본 것도 있다. 아래의 판단례들에서 보겠지만, ①의 예를 하나 보면, 예금보험기금채권상환 특별기여금 결정례[2]를 들 수 있고, ②의 예를 하나 보면, 개발사업자에 대한 학교용지부담금 결정례[3]를 들 수 있다.

다) 판단례

위 판례법리의 적용례를 이해하기 위해 살펴보면 다음과 같은 판단례들이 있었다.

ⅰ) 합헌성 인정례

① **수질개선부담금**　　구 먹는물관리법 제28조 제1항은 먹는샘물 제조업자로부터 먹는샘물 판매가액의 100분의 20의 범위 안에서 대통령령이 정하는 율에 따라 수질개선부담금을 부과·징수할 수 있도록 하고 있었다. 헌재는 먹는샘물을 선택할 경제적 능력이 부족한 저소득층 국민들로 하여금 질낮은 수돗물을 마시게 하는 결과를 초래하게 되는 점 등을 고려할 때 합리적 이유가 있다고 할 것이어서 평등원칙에 위배되지 아니하고 먹는샘물제조업자들은 먹는샘물을 제조·판매한다는 점에서 일반인과 구별되는 동질성을 지닌 특정한 사회적 집단이고, 부담금 징수로 추구하는 지하수자원 보전 및 수돗물 수질개선이라는 목적과 먹는샘물제조·판매행위는 긴밀한 관계에 놓여 있기 때문에 특별히 먹는샘물제조업자라는 집단을 선정하여 수질개선부담금을 부과한 것도 타당성이 있다고 보아 합헌결정을 하였다.[4]

---

1) 헌재 2003.1.30. 2002헌바5; 2005.3.31. 2003헌가20; 2008.11.27. 2007헌마860; 2009.4.30. 2006헌마603; 2010.2.25. 2007헌바131 등.

2) 헌재 2009.4.30. 2006헌마603, 2007헌바44(병합). [결정요지]는 아래 주 참조.

3) 헌재 2008.9.25. 2007헌가1; 2005.3.31. 2003헌가20. [결정요지]는 뒤의 학교용지부담금 부분 참조.

4) 헌재 1998.12.24. 98헌가1, 구 먹는물관리법 제28조 제1항 위헌제청. [결정요지] 1. 수질개선부담금은 지하수자원을 고갈시키고 침해하는 기업활동을 억제하도록 간접적으로 유도함과 아울러 먹는물, 특히 수돗물 수질개선이라는 환경정책 실현을 위한 재원을 마련하고자 하는 것이므로 그 내용상 환경에 관한 부담금이고, 기능상으로는 정책목표 달성을 유도하고 조정하는 성격을 가진 부담금이다. 2. 수질개선부담금과 같은 부담금을 부과함에 있어서는 평등원칙이나 비례성원칙과 같은 기본권제한입법의 한계를 준수하여야 함은 물론 이러한 부담금의 부과를 통하여 수행하고자 하는 특정한 사회적·경제적 과제에 대하여 조세외적 부담을 지울만큼 특별하고 긴밀한 관계가 있는 특정집단에 국한하여 부과되어야 하고, 이와 같이 부과·징수된 부담금은 그 특정과제의 수행을 위하여 별도로 관리·지출되어야 하며 국가의 일반적 재정수입에 포함시켜 일반적 국가과제를 수행하는데 사용되어서는 아니 된다. 3. 먹는샘물의 이용이 일반화될 경우 먹는샘물용 지하수 개발 및 취수(取水)가 기하급수적으로 증가되어 그만큼 지하수자원의 고갈 및 오염의 우려가 높아진다는 점, 특히 먹는샘물을 선택할 경제적 능력이 부족한 저소득층 국민들로 하여금 질낮은 수돗물을 마시게 하는 결과를 초래하게 되는 점 등 여러 가지 사정을 종합적으로 고려할 때 합리적 이유가 있다고 할 것이어서 평등원칙에 위배되지 아니한다. 4. 비례성원칙의 위반 여부 – (1) 이 사건 법률조항은 먹는샘물제조업자에게 수질개선부담금을 부과하는 방법을 택하고 있는바, 과연 그 방법이 적정한 것인지 여부를 본다. 헌법 제120조 제1항·제2항, 제35조 제1항에 근거하여 국가는 자연자원 보호와 환경보전을 위하여 강력한 규제·조정의 권한을 가지므로 지하수 보호라는 환경정책 실현을 위하여 수질개선부담금과 같은 환경부담금을 부과·징수하는 방법을 선택할 수 있다 할 것이다. 따라서 이

② **신용협동조합에 대한 예금보험기금채권상환 특별기여금** 이의 부과가 신용협동조합의 재산권을 침해한다는 주장의 헌법소원사건에서 헌재는 특별한 밀접한 관련성, 그 징수의 적정성에 대한 지속적인 입법자의 심사가 있어서 하에 놓여 있으므로 부담금의 헌법적 정당화 요건을 갖추었고 따라서 방법의 적정성이 인정된다고 보아 합헌성을 인정하는 기각결정을 한 바 있다.[1)]

③ **먹는샘물 수입판매업자에 대한 수질개선부담금** 먹는샘물 수입판매업자에 대해 평균 판매가액의 100분의 20의 범위 안에서 수질개선부담금을 부과하도록 하는 것이 평등원칙, 비례성원칙에 위배되지 않아 합헌이라고 결정하였다.[2)] 즉 수돗물 질 개선을 위한 것으로 부과에

사건 법률조항에서 특별히 먹는샘물제조업자라는 집단을 선정하여 수질개선부담금을 부과한 것도 타당성이 있다 할 것이다. 먹는샘물제조업자들은 먹는샘물을 제조·판매한다는 점에서 일반인과 구별되는 동질성을 지닌 특정한 사회적 집단이고, 부담금 징수로 추구하는 지하수자원 보전 및 먹는물, 특히 수돗물 수질개선이라는 목적과 먹는샘물제조·판매행위는 긴밀한 관계에 놓여 있기 때문이다. 지하수를 이용하는 다른 집단이나 일반인과는 달리 이들은 수돗물과 대체적·경쟁적 관계에 놓여있는 먹는샘물을 제조·판매함으로 인하여 지하수 보전 및 수돗물 우선정책에 대한 특별한 위험을 야기하는 집단이고 그만큼 부담금이라는 재정적 부담을 지울 수 있을 만한 특별한 관계에 있는 것이다. 마지막으로 이 사건 법률조항에 따라 징수한 수질개선부담금은 조세와는 달리 국가의 일반세입으로 들어가지 아니하고, 환경개선특별회계의 세입으로 된다(법 제28조 제4항). 이 회계의 세입은 환경개선특별회계법 제4조에 따라 수돗물 수질개선과 같은 국가환경개선사업, 지방자치단체의 환경개선사업 지원 등의 용도로 사용된다. 그렇다면 이 사건 법률조항에 의한 수질개선부담금제도는 규제의 형식, 규제를 받는 대상자의 선정, 징수된 부담금의 사용 등 어느 면에서 보아도 지하수자원 보전 및 먹는물 수질개선이라는 입법목적 달성을 위하여 선택한 적정한 수단이라고 인정된다. (2) 한편 지하수는 자연자원으로서 유한한 공공재이고, 우리의 후손에까지 물려줘야 할 최후의 수자원인데, 이렇듯 소중한 지하수자원을 소모해 가면서 이윤을 획득하는 먹는샘물제조업에 대하여는 상당한 정도 고율의 부담금을 부과하더라도 헌법상 용인된다 할 것이므로 먹는샘물제조업 자체를 허용하면서 단지 판매가액의 최고 20%의 한도에서 부담금을 부과하도록 하였다 하여 헌법재판소가 관여할 정도로 현저히 자의적이거나 과도한 비율의 부담금을 책정한 것이라 볼 수 없다.

1) 헌재 2009.4.30. 2006헌마603, 2007헌바44(병합), 예금자보호법 부칙 제6조 위헌확인 등. 기각결정. [결정요지] 1. 특별기여금은 1997년 외환위기 당시 부보금융기관의 구조조정을 지원하는 과정에서 발생한 예금보험기금의 채무를 정리하기 위하여 설치된 상환기금의 재원 확보라는 특별한 공적 과제를 위하여 부과되며, 그 지출용도가 제한적으로 설정되어 있고, 위 공적 과제와의 관련성을 매개로 부보금융기관이라는 특정한 인적 범위에 대해서만 부과되는 점에서, 그 이념과 기능이 조세의 그것과 실질적으로 구별되므로 부담금에 해당하며, 특히 재정조달목적 부담금에 해당한다. 2. 이 사건 법률조항은 국민의 부담으로 귀결될 막대한 공적자금의 회수를 위하여 공적자금 투입의 원인자이자 수익자인 금융기관으로 하여금 일부 상환하도록 할 목적으로 특별기여금을 부과하는 것으로서 입법목적의 정당성이 인정된다. 특별기여금은 금융위기 해결을 위해 투입된 공적자금의 회수라는 특별한 공적 과제를 수행하기 위한 것으로서 부담금의 형식을 남용한 것으로 볼 수 없고, 특별기여금의 납부의무자는 예금보험공사의 부보금융기관들로서 IMF 외환위기 당시 공적자금의 투입으로 금융시스템이 안정됨에 따른 직·간접적인 혜택을 누린 자들이므로 특별기여금의 납부의무자와 이 부담금을 통해 달성하려는 특별한 공적과제 사이에는 '특별히 밀접한 관련성'이 인정된다. 또한 특별기여금 징수의 타당성이나 적정성은 매년 입법자의 지속적인 심사하에 놓여 있으므로 남용될 위험성이 있다고도 보기 어렵다. 따라서 특별기여금은 이 사건 법률조항의 입법목적 달성을 위한 적절한 수단으로 볼 수 있다. 이 사건 법률조항은 외환위기 당시 금융기관에 투입된 막대한 공적자금 중 일부만을 금융기관들로 하여금 상환토록 한 점, 장기간에 걸쳐 분할하여 징수하는 점, 특히 신용협동조합은 다른 부보금융기관에 비하여 특별기여금 비율이 낮고 징수기간을 유예시켜 주고 12년간 한시적으로 부과하는 점 등을 고려할 때, 이 사건 법률조항이 피해의 최소성원칙에 어긋나는 것이라고는 볼 수 없다. 또한, 공적자금을 신속하고 효율적으로 회수하고자 하는 입법목적의 중요성에 비하여 청구인들이 입게 되는 재산상의 불이익은 크지 않다 할 것이므로, 이 사건 법률조항이 법익의 균형성 원칙에 반하는 것으로도 볼 수 없다. 이 사건 법률조항이 과잉금지원칙에 위배하여 청구인들의 재산권을 침해하였다고 볼 수 없다.

2) 헌재 2004.7.15. 2002헌바42, 먹는물관리법 제28조 제1항 위헌소원, 합헌결정. [결정요지] 1. 재정조달목적 부

합리적인 이유가 있으므로 평등원칙에 위배되지 않고 질 좋은 수돗물을 저렴하게 공급받을 수 있도록 하는 입법목적은 정당하고 헌법 제35조 제1항, 제119조 제2항, 제120조 제2항은 환경 및 경제에 관한 국가적 규제와 조정을 뒷받침하는 헌법적 근거가 되어 수질개선부담금과 같은

담금의 헌법적 정당화 요건 – 부담금은 조세에 대한 관계에서 어디까지나 예외적으로만 인정되어야 하며, 어떤 공적 과제에 관한 재정조달을 조세로 할 것인지 아니면 부담금으로 할 것인지에 관하여 입법자의 자유로운 선택권을 허용하여서는 안 된다. 부담금 납부의무자는 재정조달 대상인 공적 과제에 대하여 일반국민에 비해 '특별히 밀접한 관련성'을 가져야 하며, 부담금이 장기적으로 유지되는 경우에 있어서는 그 징수의 타당성이나 적정성이 입법자에 의해 지속적으로 심사될 것이 요구된다. 다만, 부담금이 재정조달목적뿐 아니라 정책실현목적도 함께 가지는 경우에는 위 요건들 중 일부가 완화된다. 부담금을 부과함에 있어서도 평등원칙이나 비례성원칙과 같은 기본권제한입법의 한계가 준수되어야 한다. 그런데 이러한 평등원칙 및 비례성원칙의 준수 여부를 판단함에 있어 위에서 살펴본 내용들은 매우 중요한 고려사항이 된다고 할 것이다. 2. (가) 평등원칙 위반 여부 – 먹는샘물 수입판매업자에게 추가적으로 수질개선부담금을 부과하는 것에 합리적 이유가 있는지 여부를 판단하는데 있어서는 특별한 사정이 없는 한 부담금의 부과가 정당한 사회적·경제적 정책목적을 실현하는 데 적절한 수단인지 여부를 살펴보는 것으로 충분하고, 일반국민에 비해 특별한 재정책임이 인정되는지 여부 혹은 그러한 부담금의 수입이 납부의무자의 집단이익을 위하여 사용되는지 여부 등은 살펴볼 필요가 없다. 먹는샘물 수입판매업자에게 수질개선부담금을 부과하는 것은 수돗물 우선정책에 반하는 수입 먹는샘물의 보급 및 소비를 억제하도록 간접적으로 유도함으로써 궁극적으로는 수돗물의 질을 개선하고 이를 국민에게 저렴하게 공급하려는 정당한 국가정책이 원활하게 실현될 수 있게 하기 위한 것으로서, 부과에 합리적인 이유가 있으므로 평등원칙에 위배되는 것이라 볼 수 없다. (나) 비례성원칙 위반 여부 – ① 먹는물관리법(1997.8.28. 법률 제5394호로 개정된 것) 제28조 제1항 중 먹는샘물 수입판매업자에 관한 부분은 먹는물의 수질에 관한 국가의 일원화되고 합리적인 관리를 재정적으로 뒷받침하는 한편, 수돗물 우선정책이 원활하게 실현될 수 있게 하여 궁극적으로는 국민이 질 좋은 수돗물을 저렴하게 공급받을 수 있도록 함을 목적으로 하며, 이러한 입법목적은 정당하다. ② 헌법 제35조 제1항, 제119조 제2항, 제120조 제2항은 환경 및 경제에 관한 국가적 규제와 조정을 뒷받침하는 헌법적 근거가 된다. 그리하여 국가는 국민, 특히 저소득층 국민에게 질 좋은 수돗물을 저렴하게 공급할 수 있기 위한 정책 및 음용수에 관한 국가자원배분의 효율성을 제고할 수 있기 위한 정책을 실현하는 데 적합한 방향으로 국민의 경제활동을 유도함과 아울러 그러한 정책의 실현에 소요되는 재원을 마련하기 위하여 수질개선부담금과 같은 환경부담금을 부과·징수하는 방법을 선택할 수 있는 것이다. 한편, 먹는샘물은 수돗물과 마찬가지로 음용수로 사용된다는 점에서 수돗물과 대체적·경쟁적 관계에 있어서 먹는샘물이 음용수로 보편화되면 그만큼 수돗물 우선정책이 위축되는바, 먹는샘물을 수입하여 판매함으로써 수돗물 우선정책에 특별한 위험을 야기하는 수입판매업자에 대하여 수질개선부담금을 부과하기로 한 것은 부과대상자의 선정의 측면에서 적정하다. 또한 이 사건 법률조항에 따라 징수한 수질개선부담금은 조세와는 달리 국가의 일반세입으로 들어가지 않고, 환경개선특별회계의 세입으로 편입된다. 이 회계의 세입은 환경개선특별회계법 제4조에 따라 수돗물 수질개선과 같은 국가환경개선사업, 지방자치단체의 환경개선사업 지원 등의 용도로 사용된다. 그렇다면 이 사건 법률조항에 의한 수질개선부담금제도는 규제의 형식, 규제를 받는 대상자의 선정, 징수된 부담금의 사용 등 어느 면에서 보아도 먹는물의 수질개선 및 수돗물 우선정책의 실현이라는 입법목적 달성을 위하여 선택한 적정한 수단이라고 인정된다. ③ 이 사건 법률조항은 단지 부담금의 부과 및 그것의 가격에의 반영을 통해 먹는샘물의 수입판매 및 소비를 간접적으로 규제하는 데 그치고 있을 뿐, 이를 원천적으로 봉쇄하고 있지는 않다. 한편, 수질개선부담금은 먹는샘물의 보급 및 소비를 억제함으로써 수돗물 우선정책의 원활한 실현을 가능하게 하고 아울러 먹는물의 수질개선에 소요되는 재정을 마련하기 위한 것인바, 입법자는 이러한 공익목적과 국민의 사익을 적절히 형량하여 합리적이라고 판단되는 부과율을 책정할 수 있다. 그런데 이 사건 법률조항은 먹는샘물 수입판매업자에 대한 구체적인 부과율을 평균판매가액의 100분의 20의 범위 안에서 대통령령이 정하도록 위임하고 있고, 그에 기하여 법시행령 제8조는 이를 1천분의 75(7.5%)로 정하고 있는바, 이러한 부과율 자체가 현저히 불합리하거나 위헌이라고 볼 정도로 지나치게 높다고 할 수 없다. 더구나 부담금관리기본법 제7조에 의하면 기획예산처장관은 매년 부담금의 부과실적 및 사용명세 등이 포함된 부담금운용종합보고서를 작성하여 국회에 제출하도록 되어 있어, 수질개선부담금 징수의 타당성이나 적정성은 매년 입법자의 지속적인 심사 하에 놓여 있다.3. 결론 – 그렇다면 이 사건 법률조항은 먹는샘물 수입판매업자의 직업의 자유와 재산권, 국민의 행복추구권을 필요 이상으로 지나치게 제약함으로써 헌법에 위반되는 것이라고는 볼 수 없다.

환경부담금을 부과·징수하는 방법을 선택할 수 있으며 먹는샘물을 수입하여 판매함으로써 수돗물 우선정책에 특별한 위험을 야기하는 수입판매업자에 대하여 수질개선부담금을 부과하기로 한 것은 부과대상자의 선정의 측면에서 적정하고 수질개선부담금 징수의 타당성이나 적정성은 매년 입법자의 지속적인 심사하에 놓여 있다는 이유로 그렇게 결정하였다. 이 결정에서는 주로 방법의 적절성에서 부담금 헌법정당화 요건 준수 여부를 따지면서도 입법자의 지속적 심사 요건의 준수 여부를 피해최소성 판단에서 판시하는 모습을 보여주었다.

④ 5인 위헌의견의 기각결정 영화관 관람객이 입장권 가액의 100분의 3을 부담하도록 하고 영화관 경영자는 이를 징수하여 영화진흥위원회에 납부하도록 강제하는 내용의 영화상영관 입장권 부과금 제도가 영화관 관람객의 재산권 및 영화관 경영자의 직업수행의 자유를 침해하는지 여부가 논란된 헌법소원사건에서 5인 재판관이, 영화관 관람객은 영화예술 진흥이라는 공적 과제에 대하여 특별히 밀접한 관련성이 있는 집단이 아니라고 보아 재정조달목적 부담금의 헌법적 정당화 요건을 충족하지 못하여 위헌이라는 의견을 제시하였으나 6인에 이르지 못하여 기각결정이 된 예가 있다.[1)]

1) 헌재 2008.11.27. 2007헌마860. [결정요지] <재판관 이강국, 재판관 김종대, 재판관 이동흡, 재판관 목영준의 기각의견> 영화관 관람객이 입장권 가액의 100분의 3을 부담하도록 하고 영화관 경영자는 이를 징수하여 영화진흥위원회에 납부하도록 강제하는 내용의 영화상영관 입장권 부과금 제도는, 영화예술의 질적 향상과 한국영화 및 영화·비디오물산업의 진흥·발전의 토대를 구축하기 위한 영화발전기금의 안정적 재원 마련이라는 정당한 입법목적을 위한 것으로 헌법적으로 정당화되는 재정조달목적 부담금으로서 위와 같은 목적 달성에 적합한 수단이다. 즉 영화예술의 진흥과 한국영화산업의 발전이라는 공적 과제는 반드시 조세에 의하여만 재원이 조달되어야만 하는 국가의 일반적 과제라기보다 관련된 특정 집단으로부터 그 재원이 조달될 수 있는 특수한 공적 과제의 성격을 가진다. 그리고 영화상영관 관람객은 영화라는 단일 장르의 예술의 향유자로서 집단적 동질성이 있고, 영화 예술의 진흥 발전에 객관적 근접성이 있으며, 영화발전기금의 지출용도는 영화의 장기적 발전에 기여하는 내용으로 그 기금의 집행을 통한 궁극적인 이익은 영화산업의 소비자인 관람객에게 돌아간다는 점에서 집단적 책임성 및 집단적 효용성도 인정되므로 위와 같은 공적 과제에 대하여 특별히 밀접한 관련성이 있는 집단이다. 따라서 이들을 부과금의 납부의무자로 정한 입법자의 선택이 현저히 불합리하다고 볼 수는 없으며, 이 사건 부과금은 부담금관리기본법에 따라 그 징수의 타당성 및 적정성에 대하여 국회의 지속적 통제를 받으므로 재정에 대한 민주적 통제체계로부터 일탈하는 수단으로 남용될 위험성도 크지 않다. 한편 영화상영관 경영자에게 관람객과 가까이 있다는 이유로 부과금 징수 및 납부의무를 부담시킨 것은 부과금의 납부의무자가 불특정 다수의 관람객이라는 점에서 그 징수 업무의 효율성을 달성하기에 합리적인 수단이다. 또한 관람객이 부담하는 실제 부담액이 입장권 가액의 100분의 3에 불과하여 과다하지 아니하고, 부과금의 모금 기간을 2007.7.1.부터 2014.12.31.까지 7년 6개월로 법정하여 한시적으로 정하였으며, 영화관 경영자에 대하여는 부과금 징수 과정에서 그 미납에 대하여 의견을 진술할 기회를 주도록 되어 있고, 애니메이션영화·소형영화·단편영화 또는 영화진흥위원회가 인정하는 예술영화를 연간 상영일수의 100분의 60 이상 상영하는 전용상영관에 대하여는 징수·납부의무를 면제하는 등 그 피해를 최소화하고 있다. 그리고 이와 같은 정도로 제한되는 관람객의 재산권과 영화관 경영자의 직업수행의 자유에 비하여 한국영화의 발전 및 영화산업의 진흥이라는 공익이 결코 작다고 할 수 없어 법익의 균형성 또한 인정된다. 그러므로 영화상영관 입장권에 대한 부과금 제도는 과잉금지원칙에 반하여 영화관 관람객의 재산권과 영화관 경영자의 직업수행의 자유를 침해하였다고 볼 수 없다. <재판관 이공현, 재판관 조대현, 재판관 김희옥, 재판관 민형기, 재판관 송두환의 위헌의견> 영화상영관 입장권에 대한 부과금 제도는 영화 예술의 진흥이라는 국가의 문화적 책무의 수행과 한국영화산업의 발전이라는 산업적·경제적인 정책의 추구를 목적으로 하고 있는바, 이는 영화라는 단일 장르에 대한 지원이라는 특별한 정책적 필요에 의한 것으로서 조세의 경우와 달리 특정의 관련된 집단으로부터만 그 재원을 조달할 수 있는 특수한 공적 과제에 해당한다. 그러나 영화관 관람객은 이러한 공적 과제에 대하여 특별히 밀접한 관련성이 있는 집단이 아니다. 즉 대

⑤ **기반시설부담금** 기반시설부담금에 관한 합헌결정에서는 방법의 적절성 여부 판단에서 헌법정당화 요건 구비 여부를 살피고 있다[아래 주 속에 (1), (나) 부분 참조]. 헌재는 건축행위로 유발되는 기반시설의 설치는 조세 이외에도 관련된 특정 집단으로부터 그 재원이 조달될 수 있는 공적 과제로 부담금 형식을 남용한 것이라고는 볼 수 없고 부담금운용보고서가 국회에 제출되어 입법자의 지속적인 심사가 있다는 등 정당화요건을 갖추었다고 본다. 그런데 이 기반시설부담금은 정책실현목적 부담금의 성격도 가진다고 헌재가 보았는데 정책실현목적 부담금의 헌법적 정당화요건의 구비 여부에 대한 판단은 주로 평등원칙의 위반 여부에서 살펴보고 있다[아래 주 속의 (2) 부분 참조].[1]

중문화인 영화의 관람은 우연한 일시적 사정일 뿐 그 관람객이 역사적 · 사회적 · 법적으로 동질성 있는 특정 집단은 아니며, 영화는 일상적으로 용이하게 접근 가능하므로 국민 중 누구를 영화 예술의 진흥에 더 근접하다고 할 수 없고, 특히 영화라는 특정 산업의 진흥에 직접적 근접성 및 책임성과 효용성이 인정되는 집단은 그 산업의 종사자들이지 불특정 다수의 소비자가 아니므로 영화관 관람객을 책임 있는 집단으로 선정한 것은 합리성이 결여되어 있는 것이며, 현재의 납부의무자와 집단적 동질성이 없는 장래의 관람객에게 기대되는 간접적 이익만으로 집단적 효용성이 있다고 보기도 어렵다. 또한 부담금의 징수 및 집행 과정에 관한 입법자의 통제가 있다는 점은 납부의무자 집단이 공적 과제에 대하여 특별히 밀접한 관련성을 가져야 한다는 요건과는 별개의 문제이다. 따라서 영화관 입장권에 대한 부과금 제도는 재정조달목적 부담금의 헌법적 허용 한계를 벗어난 것이므로 입법목적 달성을 위하여 적절치 못한 방법을 선택한 것으로,과잉금지원칙을 위반하여 영화관 관람객의 재산권 및 영화관 경영자의 직업수행의 자유를 침해하였다.

1) 헌재 2010.2.25. 2007헌바131등, 구 '기반시설부담금에 관한 법률' 제8조 제1항 등 위헌소원 등. [판시사항] 기반시설부담금을 건축연면적이 200제곱미터를 초과하는 건축물의 건축행위에 부과하고, '기반시설 표준시설비용'과 '기반시설에 대한 용지비용' 및 건축연면적을 기반시설부담금을 산정하는 기준으로 하여, 부담률은 100분의 20으로 하되 지역특성에 따라 100분의 25 범위 내에서 부담률을 가감할 수 있게 한 법 제6조 제1항, 제2항, 제7조 제1항 본문, 제9조 제1항, 제4항이 재산권, 평등권, 종교의 자유를 침해하는지 여부(소극) [결정요지] (1) 재산권 침해 여부 – (가) 기반시설부담금의 구체적인 입법목적은 건축행위로 인해 유발되는 기반시설의 설치비용을 당해 건축행위자가 부담하도록 함으로써 수익자 부담 및 원인자 부담의 원칙을 실현하고, 기반시설 설치재원을 확보하여 도시 및 주거환경의 수준을 향상시키며, 기반시설을 갖추지 않고 공공택지개발지역 인근에서 이루어지는 투기 · 난개발을 억제하여 토지시장 안정화를 이루는 것이다. 이러한 입법목적은 환경권을 규정한 헌법 제35조 제1항 전단, 국민이 쾌적한 주거생활을 할 수 있도록 국가가 노력하여야 함을 규정한 헌법 제35조 제3항, 국민생활의 기반이 되는 국토의 효율적이고 균형있는 이용 · 개발과 보전을 위하여 필요한 제한과 의무를 과할 수 있음을 규정한 헌법 제122조 등에 비추어 볼 때 정당하다. 또한 개발로 혜택을 받는 사람이 개발비용인 기반시설 비용을 일부 부담하는 것과 부담금의 산정기준들도 입법목적 달성을 위한 합리적인 수단이다. (나) 기반시설과 같은 공공재에 대해서는 개인이 비용을 부담하지 않으면서 혜택만을 누리려는 외부불경제가 발생하게 된다. 따라서 개발로 혜택을 받는 사람이 개발비용인 기반시설 비용을 일부 부담하거나, 기반시설의 설치로 이익을 받는 자가 이를 지불하는 부담금제도는 입법목적 달성을 위한 합리적인 방안이다. 이는 외부비용의 내재화로 과도한 개발을 억제하여 토지시장의 안정기반 구축에도 기여하는 것이며, 건축행위로 유발되는 기반시설의 설치는 조세 이외에도 관련된 특정 집단으로부터 그 재원이 조달될 수 있는 공적 과제로, 기반시설부담금이 국가의 일반적 과제를 수행하면서 부담금 형식을 남용한 것이라고는 볼 수 없다. 또한 기반시설부담금은 구 부담금관리기본법 별표 제113호에 따라 매년 부과실적 및 사용명세 등이 포함된 부담금운용보고서가 국회에 제출되어 그 징수의 타당성이나 적정성을 매년 입법자가 지속적인 심사하므로, 재정에 대한 국회의 민주적 통제체계로부터 일탈하는 수단으로 남용될 위험성도 크지 않다. 법 제9조 제1항은 기반시설부담금을 산정하는 기준으로 기반시설 표준시설비용과 기반시설에 대한 용지비용, 건축연면적을 들고 있다. 이는 건축행위가 실제로 유발하는 기반시설의 설치비용을 산정하기 위한 합리적인 기준으로, 추가로 유발되는 기반시설 비용의 원인자부담 원칙을 실현한다는 입법목적에 충실한 수단이다. 따라서 기반시설부담금은 입법목적 달성을 위한 적절한 수단이다. (다) 기반시설부담금제도를 통하여 달성하려는 도시 및 주거환경의 수준 향상과 토지시장 안정은 매우 중요한 공익이다. 한편 기반시설부담금의 납부의무자들은 '건축연면적 200제곱미터를 초과하는 건축물의 건축행위를

ii) 위헌성 인정례

① 수분양자에 대한 학교용지 부담금 부과의 위헌성

판례 헌재 2005.3.31. 2003헌가20, 이 결정에 대해서는 바로 아래 학교용지부담금 결정 부분 참조.

② **'회원제로 운영하는 골프장 시설의 입장료에 대한 부가금'** 헌재는 이 부가금을 국민체육진흥기금의 재원으로 규정한 구 국민체육진흥법(2017.12.19. 법률 제15261호로 개정되기 전의 것) 제20조 제1항 제3호 및 위 부가금을 국민체육진흥계정의 재원으로 규정한 국민체육진흥법(2017.12.19. 법률 제15261호로 개정된 것) 제20조 제1항 제3호가 일반 국민에 비해 특별히 객관적으로 밀접한 관련성을 가진다고 볼 수 없는 골프장 부가금 징수 대상 시설 이용자들을 대상으로 하는 것으로서 합리적 이유가 없는 차별을 초래하므로, 헌법상 평등원칙에 위배되어 위헌이라고 결정하였다.

판례 헌재 2019.12.27. 2017헌가21

[결정요지] 1. 심판대상조항이 규정한 부가금의 법적 성격 ○ 심판대상조항이 규정한 회원제 골프장 시설의 입장료에 대한 부가금(이하, '골프장 부가금')은 국민체육진흥법상 국민체육진흥기금·계정을 조성하는 재원이다. 골프장 부가금은 시설의 이용 대가와 별개의 금전으로서, 회원제로 운영하는 골프장 시설의 이용자라는 특정 부류의 집단에만 강제적·일률적으로 부과된다. 골프장 부가금은 국민체육진흥계정으로 포함되어 국민체육진흥법에서 열거한 용도로 사용되며, 진흥공단은 국민체육진흥계정을 독립된 회계로 관리·운용하여야 한다. 이를 종합하면, 골프장 부가금은 조세와 구별되는 것으로서 부담금에 해당한다. ○ 골프장 부가금은 국민체육진흥계정의 재원을 마련하는 데에 그 목적이 있을 뿐, 그 부과 자체로써 골프장 부가금 납부의무자의 행위를 특정한 방향으로 유도하거나 골프장 부가금 납부의무자 이외의 다른 집단과의 형평성 문제를 조정하고자 하는 등의 목적이 있다고 보기 어렵다는 점 등을 고

하는 자'들로 다른 집단과 구별되는 집단적 동질성을 가지고 있고, 기반시설의 설치와 증축 등을 유발하므로 도시 및 주거환경 수준의 향상이라는 경제적·사회적 공적 과제와 객관적으로 밀접하게 관련되며 집단적인 책임을 진다. 납부의무자도 기반시설로 편익을 얻고, 자산가치와 사회적 후생이 증대한다. 따라서 기반시설부담금의 부과로 달성하려는 공익이 부과에 따라 제한되는 재산권에 비해 결코 작다고 할 수 없으므로, 일반적으로 법익의 균형성에 반한다고 할 수 없다. 부담금을 산정하는 기준과 관련하여, 기반시설부담금 제도는 합리적인 입법재량의 범위를 넘지 않으며, 달성하려는 공익과 제한되는 사익 사이에 법익의 균형성을 갖추었다.7가지 시설의 비용에만 한정하는 점, 부담률이 100분의 20인 점, 구체적인 지역 사정에 따라 감면하거나 증감하는 규정이 있는 점, 이중부과라고 볼 수 없는 점 등을 종합하면 법익의 균형성이 인정되고, 결국 재산권의 침해가 아니다. (2) 평등권 침해 여부 – (가) 기반시설부담금은 건축물의 건축행위를 하는 자들이라는 특별한 의무자집단을 대상으로 특별한 재정책임을 지우고 있으므로, 일반 국민이나 다른 집단과 달리 취급하는 것에 합리적인 이유가 있는지를 살핀다. (나) 기반시설의 재원을 확보하고 토지의 합리적인 이용을 촉진한다는 특정한 공적과제에 대하여 '건축연면적 200제곱미터를 초과하는 건축물의 건축행위를 하는 자'들(이하 '이들)은 일반 국민에 비해 특별히 밀접한 관련성을 가진다.이들은 기반시설의 설치와 증축 등을 유발하고 기반시설을 이용하여 편익을 받고 기반시설에 필요한 재원 부담을 통하여 도시 및 주거환경 수준을 향상할 과제에 집단적 책임이 있다. 기반시설부담금의 징수로 인한 수입은 기반시설의 확충을 위하여 쓰여 궁극적으로 이들의 집단적 이익을 위하여 사용된다. (다) 새로운 건축물이 유발하는 기반시설의 설치 등에 필요한 비용을 부담시킴으로써 기존의 기반시설에 무임승차하는 방식의 토지이용을 할 유인도 감소시킨다. 따라서 정책실현목적 부담금의 납부의무자 집단을 선정함에 있어서 이들을 선별적으로 부담금의 납부의무자로 정한 입법자의 선택이 현저하게 불합리하다고 볼 수 없다. (라) 그렇다면 평등권을 침해하지 아니한다.

려할 때, 재정조달목적 부담금에 해당한다. 2. 평등원칙 위배 여부 ○ 심판대상조항이 규정한 골프장 부가금은 국민체육진흥법의 목적 등을 바탕으로 한 국민체육진흥계정의 재원이라는 점 등을 고려할 때, 골프장 부가금을 통해 수행하려는 공적 과제는 국민체육진흥계정의 안정적 재원 마련을 토대로 한 '국민체육의 진흥'이라고 할 수 있다. 그런데 국민체육진흥법상 '체육'의 의미와 그 범위, 국민체육진흥계정의 사용 용도 등에 비추어보면, '국민체육의 진흥'은 국민체육진흥법이 담고 있는 체육정책 전반에 관한 여러 규율사항을 상당히 폭넓게 아우르는 것으로서 이를 특별한 공적 과제로 보기에는 무리가 있다. ○ 심판대상조항에 의한 부가금의 납부의무자는 골프장 부가금 징수 대상 시설의 이용자로 한정된다. 이들은 여러 체육시설 가운데 회원제로 운영되는 골프장을 이용하는 집단이라는 점에서 동질적인 특정 요소를 갖추고 있다. 그러나 광범위한 목표를 바탕으로 다양한 규율 내용을 수반하는 '국민체육의 진흥'이라는 공적 과제에 국민 중 어느 집단이 특별히 더 근접한다고 자리매김하는 것은 무리한 일이다. 수영장 등 다른 체육시설의 입장료에 대한 부가금제도를 국민부담 경감 차원에서 폐지하면서 골프장 부가금 제도를 유지한 것은 이른바 고소득 계층이 회원제로 운영하는 골프장을 주로 이용한다는 점이 고려된 것으로 보인다. 하지만 골프 이외에도 많은 비용이 필요한 체육 활동이 적지 않을뿐더러, 체육시설 이용 비용의 다과(多寡)에 따라 '국민체육의 진흥'이라는 공적 과제에 대한 객관적 근접성의 정도가 달라진다고 단정할 수도 없다. 골프장 부가금 납부의무자와 '국민체육의 진흥'이라는 골프장 부가금의 부과 목적 사이에는 특별히 객관적으로 밀접한 관련성이 인정되지 않는다. ○ 골프장 부가금 등을 재원으로 하여 조성된 국민체육진흥계정의 설치 목적이 국민체육의 진흥에 관한 사항 전반을 아우르고 있다는 점에 비추어 볼 때, 국민 모두를 대상으로 하는 광범위하고 포괄적인 수준의 효용성을 놓고 부담금의 정당화 요건인 집단적 효용성을 갖추었다고 단정하기도 어렵다. ○ 심판대상조항이 규정하고 있는 골프장 부가금은 일반 국민에 비해 특별히 객관적으로 밀접한 관련성을 가진다고 볼 수 없는 골프장 부가금 징수 대상 시설 이용자들을 대상으로 하는 것으로서 합리적 이유가 없는 차별을 초래하므로, 헌법상 평등원칙에 위배된다.

라) 의무교육 무상성 원칙에 따른 한계

i) **해당 사안** 부담금이 부과되는 공익사업에 따라서는 위와 같은 한계 외에도 그 사업의 목적에 따른 한계가 올 수도 있다. 그 대표적인 예로 의무교육 무상성 원칙에 따른 한계도 따져야 하는 사안의 경우를 들 수 있는데 바로 학교용지부담금 사안이 그것이다. 헌재는 "재정조달목적의 부담금의 경우 특정한 반대급부 없이 부과될 수 있다는 점에서 조세와 매우 유사하므로, 헌법 제38조가 정한 조세법률주의, 헌법 제11조 제1항이 정한 법 앞의 평등원칙에서 파생되는 공과금 부담의 형평성, 헌법 제54조 제1항이 정한 국회의 예산심의·확정권에 의한 재정감독권과의 관계에서 오는 한계를 고려해야 하고, 나아가 일반적인 기본권 제한의 한계(비례성 원칙) 및 특히 학교용지부담금의 경우 여기에 덧붙여 헌법 제31조 제3항의 의무교육의 무상성과의 관계를 고려하여야 한다"라고 판시한 바 있다.[1] 학교용지도 의무교육대상이라면 의무교육 무상성원칙이 문제될 것이 아닌가가 논의되기 때문이라는 것이다.

ii) **학교용지부담금 결정**[2] 학교용지부담금에 관해서는 몇 개의 결정례가 있다.

---

1) 헌재 2005.3.31. 2003헌가20.
2) 아래의 결정들에 대한 분석과 평석은 주로 졸고(정재황), 의무교육에 관한 헌법적 고찰, 헌법학연구(2014), 119면 이하의 글을 약간 정리하여 옮겨놓은 것이다.

① 수분양자에 대한 부과의 위헌성 공동주택을 분양받은 사람들에 대해 학교용지부담금을 부과하도록 한 '학교용지확보에 관한 특례법'에 대한 결정에서 헌재는 의무교육에 필요한 학교시설은 국가의 일반적 과제이고 이를 위한 비용은 국가의 일반재정으로 충당하여야 하므로 일반재정이 아닌 부담금으로 충당하는 것은 의무교육의 무상성원칙에 반한다고 판시한 바 있다. 즉 헌재는 "의무교육에 필요한 학교시설은 국가의 일반적 과제이고, 학교용지는 의무교육을 시행하기 위한 물적 기반으로서 필수조건임은 말할 필요도 없으므로 이를 달성하기 위한 비용은 국가의 일반재정으로 충당하여야 한다. 따라서 적어도 의무교육에 관한 한 일반재정이 아닌 부담금과 같은 별도의 재정수단을 동원하여 특정한 집단으로부터 그 비용을 추가로 징수하여 충당하는 것은 의무교육의 무상성을 선언한 헌법에 반한다"라고 하였다. 이 결정에서 나아가 헌재는 부담금으로서 헌법적 정당성요건의 충족 여부를 평등원칙 심사에서 살펴본 결과 그렇지 못하다고 판단하여 평등원칙을 위반하였다고 보았다. 또한 헌재는 비례원칙도 위반한 것이라고 보았다. 아래에 그 결정요지를 본다.

판례 헌재 2005.3.31. 2003헌가20, 판례집 17-1, 294면

[결정요지] 1. 학교용지부담금은 주택건설로 인하여 늘어나는 학교용지의 확보에 대한 수요를 충족시키기 위하여 부과되는 것이므로 원인자부담금의 하나에 해당한다. 그리고 학교시설의 건립이라는 특정한 공익사업을 시행함으로 인하여 주택수분양자들은 그의 자녀들이 근거리에서 교육을 받을 수 있는 특별한 이익을 얻게 되기 때문에 수익자부담금으로서의 성격도 가지고 있고 재정조달목적의 부담금이라고 볼 수 있다. 2. 학교용지부담금의 위헌 여부 – (가) 일반론 – 재정조달목적의 부담금의 경우 조세와 매우 유사하므로, 헌법 제38조가 정한 조세법률주의, 헌법 제11조 제1항이 정한 법 앞의 평등원칙에서 파생되는 공과금 부담의 형평성, 헌법 제54조 제1항이 정한 국회의 예산심의·확정권에 의한 재정감독권과의 관계에서 오는 한계를 고려해야 하고, 나아가 일반적인 기본권 제한의 한계(비례성 원칙) 및 특히 학교용지부담금의 경우 여기에 덧붙여 헌법 제31조 제3항의 의무교육의 무상성과의 관계를 고려하여야 한다. (나) 헌법상 의무교육의 무상원칙(無償原則)과 부담금의 정당성 요건의 검토 – (1) 헌법은, 모든 국민은 그 보호하는 자녀에게 적어도 초등교육과 법률이 정하는 교육을 받게 할 의무를 지고(헌법 제31조 제2항), 의무교육은 무상으로 한다(헌법 제31조 제3항)고 규정하고 있다. 이러한 의무교육제도는 국민에 대하여 보호하는 자녀들을 취학시키도록 한다는 의무부과의 면보다는 국가에 대하여 인적·물적 교육시설을 정비하고 교육환경을 개선하여야 한다는 의무부과의 측면이 보다 더 중요한 의미를 갖는다. 의무교육에 필요한 학교시설은 국가의 일반적 과제이고, 학교용지는 의무교육을 시행하기 위한 물적 기반으로서 필수조건임은 말할 필요도 없으므로 이를 달성하기 위한 비용은 국가의 일반재정으로 충당하여야 한다. 따라서 적어도 의무교육에 관한 한 일반재정이 아닌 부담금과 같은 별도의 재정수단을 동원하여 특정한 집단으로부터 그 비용을 추가로 징수하여 충당하는 것은 의무교육의 무상성을 선언한 헌법에 반한다. 그리고 의무교육이 아닌 중등교육에 관한 교육재정과 관련하여 재정조달목적의 부담금을 징수할 수 있다고 하더라도 이는 일반적인 재정조달목적의 부담금이 갖추어야 할 요건을 동일하게 갖춘 경우에 한하여 허용될 수 있다고 할 것이다. (2) 재정조달목적의 부담금이 헌법적 정당성을 인정받기 위해서는, 부담금은 조세에 대한 관계에서 예외적으로만 인정되어야 하며 일반적 공익사업을 수행하는 데 사용할 목적이라면 부담금을 남용하여서는 안 되고, 부담금 납부의무자는 일반국민에 비해 '특별히 밀접한 관련성'을 가져야 하고, 부담금이 장기적으로 유지되는 경우에 있어서는 그 징수의 타당성이나 적정성이 입법자에 의해 지속적으로 심사되어야 한다. 다만, 위 부담금의 정당화 요건은 기본

권 제한의 한계를 심사함으로써 자연히 고려될 수 있다. 따라서 재산권이나 실질적 조세평등의 원칙을 해할 수 있는 학교용지부담금 제도의 위헌 여부는 헌법상 평등원칙, 과잉금지원칙의 위반 여부에 달려 있다고 하겠다. (다) 평등원칙 위반 여부 – (1) 특별한 공익사업 여부 – 헌법 제31조는 국가의 의무로 의무교육의 무상실시, 평생교육의 진흥, 교육제도 및 운영, 교육재정 등에 관한 법률제정을 규정하고 있다. 학교용지의 확보는 의무교육을 비롯한 일반적인 정규교육기관의 설립 및 운영의 가장 기초적인 물적 기반이므로 이는 국가의 교육에 관한 의무 중 국민 모두를 대상으로 하는 가장 기본적이고 일반적인 공익사업이라는 점을 쉽게 알 수 있고, 따라서 그 비용은 일반재정인 조세에 의하여 충당되어야 함이 원칙이다. 의무교육은 국가의 일반적 과제 중 다른 부분을 희생해서라도 달성하여야 할 과제이고, 다른 한편으로는 모든 국민이 보호하는 자녀에 대하여 의무교육을 시킬 책무를 부담하고 있는 점을 고려하면, 일반적인 납세의무를 부담하고 있는 국민이 일정한 지역에서 주택을 분양받아 의무교육시설확보의 필요성을 야기하였다고 하더라도 이로 인하여 의무교육시설의 확보가 곧바로 특별한 공익사업으로서 전환된다고 볼 수 없다. 한편 납부의무자의 입장에서 보면, 징수된 학교용지부담금은 지방자치단체(특별시, 광역시, 도)별로 운영되기 때문에 반드시 수분양자들의 자녀들이 다니게 될 학교의 용지확보를 위하여 사용된다고 볼 수도 없다. 결국 학교용지부담금은 특정한 공익사업에 한하여 그 사업에 충당할 목적으로만 부담금을 부과할 수 있다는 부담금의 정당성 요건을 충분히 만족시키지 못하는 것이 된다. (2) 의무자집단의 동질성 여부 – 납부의무자들 사이에서는 일정한 동질성을 지니고 있어야만 의무자집단 전체에 대하여 공익사업과의 집단적 관련성 및 나아가 특별한 집단적 책임성 여부의 인정 여부를 검토할 수 있을 것이다. 납부의무자들이 신규의 주택을 분양받았다는 점에서 형식적으로 일반 국민과 구별되는 동질성을 가지고 있다고 할 수 있다. 그러나 수분양자들은 공동주택을 동시에 분양받았다는 사실 이외에 초·중등학교에 다니는 자녀가 없는 경우에서부터 초등학교와 중학교에 다니는 자녀만 있는 경우, 고등학교에 다니는 자녀만 있는 경우, 양자 모두 있는 경우, 그리고 각 학교에 다니는 자녀의 수 또한 서로 상이한 경우에 이르기까지 구체적인 사정에 따라 학교용지확보에 관한 이해관계가 서로 다르다. 그리고 일반적으로도 300세대 이상의 개발사업의 공동주택 수분양자들이 학교용지확보에 관하여 동일한 수의 학생을 자녀로 둘 가능성은 극히 희박하다. 재건축조합에 의한 개발사업의 경우와 같이 개발사업의 실질이 재건축에 불과하다면 새로운 학교용지확보의 필요성을 거의 야기하지 않는다고 할 것이다. 그렇다면 구체적 사정을 거의 고려하지 않은 채 수분양자 모두를 일괄적으로 동일한 의무자집단에 포함시켜 동일한 학교용지부담금을 부과하는 것은 합리적 근거가 없는 차별에 해당하고, 의무자집단 전체의 입장에서 보더라도 일반 국민, 특히 다른 개발사업에 의한 수분양자집단과 사회적으로 구별되는 집단적 동질성을 갖추고 있다고 할 수 없으므로 이 사건 법률조항에 의한 개발사업의 수분양자집단에 대하여만 학교용지부담금을 부과하는 것은 위 집단의 각 구성원들의 평등권을 침해한다. (3) 밀접한 관련성 여부 – 국민이라면 누구라도 의무교육의 혜택을 받을 권리가 헌법상 보장되므로 우연한 사정으로 인하여 의무교육의 수요를 유발하거나 상대적으로 양호한 조건 하에서 의무교육을 받게 되었다고 하더라도 이들을 의무교육시설의 신설과 관련하여 특별한 관련성을 가지고 있다고 보기는 어렵다. 의무교육이 아닌 중등교육의 경우라도 위에서 살펴본 바와 같이 학교용지확보는 그 자체가 일반적인 공익사업의 성격도 띠고 있으므로 납부의무자의 공익사업과의 관련성이 약화되어 있다. 이 사건 법률조항에 의하여 확보된 학교용지부담금은 지방자치단체(특별시, 광역시, 도)별로 운영되기 때문에 반드시 수분양자들의 자녀들이 다니게 될 학교의 용지확보를 위하여 사용된다고 볼 수도 없다. 특히 초등학교와 중학교의 경우 학교배정 단위지역보다 부담금 부과 단위지역이 훨씬 넓기 때문에 학교용지확보사업과 납부의무자들의 집단적 이익의 관련성은 더욱 약해진다. 결국, 밀접한 관련성을 갖는다고 보기 어려움에도 불구하고 신규 주택의 수분양자들에게만 학교용지확보를 위한 부담금을 부과하는 것은 합리적인 이유가 없는 차별에 해당한다. (4) 따서 이 사건 법률조항은 평등원칙에 반한다. (라) 비례원칙 위반 여부 – (1) 목적의 정당성 – 학교용지부담금 제도는 학교용지확보를 통한 공공복리의 달성이라는 정당한 목적을 가지고 있다. (2) 방법의 적정성 – 학교용지부담금은 납부의무자의 선정이나 부과대상 사업의 선정, 부과기준, 징수된 부담금의 사용 등 여러 가지 면에서 납부의무자들과 관련성을 고려하지 않거나 형평을 고려하지 않은 부적절한 방법을 채택하고 있다. (3) 피해의 최소성 및 법익의 균형성 – 국가가 학교시설 확보라는 공익사업을 시행하기 위하여 목적세로 교육세를, 일반 조세로 취득세, 등록세를, 개발사업으로 인한 수익자부담금으로 개발부담금을 각 부과하며, 이와 동일한 목적 달성을 위하여 다시 학교용지부담금을 부과하는 것은 사실상 이중과세나 이중의 부담금부과에 해당한다고 볼 여지도 있다. 그렇다면 학교용지부담금은 피해의 최소성 요건을 충족하고 있다고 볼 수 없고 다시 추가적인 학교용지부담금을 부과하는 것은 공익사업의 달성과 관련하여 형평에 맞는 몫 이상의 부담이라는 의심이 강하게 들게 하므로 법익의 균형성 요건도 완전히 갖추고 있다고 보기 어렵다. 결국, 이 사건 법률조항은 학교용지부담금 부과에 있어서 방법의 적정성, 피해의 최소성 및 법익균형성을 충실히 갖추지 못함으로써, 헌법 제37조 제2항의 비례의 원칙에 위배된다.

위 결정 후 '학교용지부담금 환급 등에 관한 특별법'이 제정되어 환급해 주도록 하였는데 그 제정과정에서 대통령의 그 법률안에 대한 거부권행사가 있었고 이 특별법에 대해서는 위헌결정의 효력 등과 관련한 논의가 있기도 하였다.[1)]

② **개발사업자에 대한 학교용지부담금 부과의 합헌성** 위 2005년 결정이 내려지기 직전에 수분양자가 아닌 개발사업자를 부과대상자로 하는 특례법개정이 2005.3.24. 있었고[2)] 이에 대한 위헌제청이 있었는데 헌재는 수분양자가 아닌 개발사업자에 대한 학교용지부담금 부과는 아래와 같이 의무교육 무상성원칙과 무관하여 이에 반하지 않는다고 보고 부담금의 헌법적 정당화 요건을 지켜 평등원칙에 반하지 않으며, 재산권의 제한이 비례원칙을 준수하고 있으며 헌법 제13조 제2항이 금지하는 소급입법에 해당하지 않는다고 보아 합헌으로 결정한 바 있다. 아래에 그 결정요지를 본다.

판례 헌재 2008.9.25. 2007헌가1, 판례집 20-2상, 401면

[결정요지] 1. 이 사건 법률조항에 의한 개정 학교용지부담금은 '순수한 재정조달목적 부담금'에 해당한다. 2. 이 사건 법률조항의 위헌 여부 (1) 헌법상 의무교육의 무상원칙과의 관계 – 헌법재판소는 2005.3.31. 선고한 2003헌가20 결정에서 수분양자에게 학교용지부담금을 부과하도록 한 구 '학교용지 확보에 관한 특례법' 제5조 제1항, 제2조 제2호의 위헌성을 심사하면서 다음과 같이 판시한 바 있다. "… 의무교육에 필요한 학교시설은 국가의 일반적 과제이고, 학교용지는 의무교육을 시행하기 위한 물적 기반으로서 필수조건임은 말할 필요도 없다. 따라서 이를 달성하기 위한 비용은 국가의 일반재정으로 충당하여야 한다. … 그렇다면, 적어도 의무교육에 관한 한 일반재정이 아닌 부담금과 같은 별도의

1) 이에 대해서는, 그리고 "특별법의 형태로 위헌 결정된 법률의 소급효를 인정하여 이미 유효하게 징수된 학교용지부담금을 환급토록 하는 것은 헌법재판소법 제47조에 저촉된다"라는 견해로, 최희경, 학교용지부담금 부과와 그 환급에 대한 연구, 이화여자대학교 법학논집 제16권 제3호(2012.3), 39면 이하, 42면 참조.

2) "개정된 특례법은 ① 부담금의 부과대상을 '주택건설용 토지 또는 주택을 분양받은 자'에서 '개발사업을 시행하는 자'로 변경하고, ② 학교용지 부과대상이 되는 개발사업 규모를 300세대에서 100세대 이상으로 확대하며, ③ 취학수요를 발생하지 아니하는 경우 또는 학교용지를 기부채납하는 경우 등에 대한 부담금 면제규정을 신설하고, ④ 학교용지부담금의 부과요율을 공동주택의 경우에는 분양가격의 8/1000에서 4/1000로, 단독주택용 토지의 경우에는 분양가격의 15/1000에서 7/1000으로 인하하며, ⑤ 학교용지의 확보가 불가능한 경우 인근 기존학교의 증축을 위하여 필요한 경비에 부담금을 사용할 수 있는 근거를 마련하는 등의 내용을 담고 있다"(이 설명은 헌재 2008.9.25. 2007헌가1, 판례집 20－2상, 410면을 인용한 것임).

재정수단을 동원하여 특정한 집단으로부터 그 비용을 추가로 징수하여 충당하는 것은 의무교육의 무상성을 선언한 헌법에 반한다고 할 것이다. …” 그러나 수분양자를 부과대상으로 하는 구 학교용지부담금제도가 의무교육의 무상성에 반한다는 위와 같은 설시는 의무교육의 대상인 학력아동의 보호자(친권자 또는 후견인)로부터 의무교육의 비용을 징수해서는 안 된다는 취지에 불과하다. 즉 의무교육무상에 관한 헌법 제31조 제3항은 교육을 받을 권리를 보다 실효성 있게 보장하기 위하여 의무교육 비용을 학령아동의 보호자 개개인의 직접적 부담에서 공동체 전체의 부담으로 이전하라는 명령일 뿐이고 의무교육의 비용을 오로지 국가 또는 지방자치단체의 예산, 즉 조세로 해결해야 함을 의미하는 것은 아니다. 따라서 의무교육의 대상인 수분양자가 아닌 개발사업자에게 학교용지부담금을 부과하고 그 재원으로 의무교육시설을 마련하도록 하는 이 사건 법률조항은 더 이상 헌법 제31조 제3항의 의무교육의 무상성과는 관계가 없다. (2) 재정조달목적 부담금의 헌법적 정당화 요건 – 재정조달목적 부담금의 위헌여부를 판단함에 있어, 3가지 요건(위 2003헌가20 결정 부분 참조. 필자 주)을 갖추어야 하고 또한 부담금은 국민의 재산권을 제한하는 성격을 가지고 있으므로 부담금을 부과함에 있어서도 평등원칙이나 비례성원칙과 같은 재산권 제한 입법의 한계 역시 준수되어야 한다. (3) 평등원칙 위반 여부 (가) 특별한 공익사업인지 여부 – 학교시설은 의무교육을 비롯한 일반적인 정규교육기관의 설립 및 운영의 가장 기초적인 물적 기반이기는 하나, 개발사업이 진행되는 지역에서 단기간에 형성된 학교 신설 수요에 부응하기 위한 학교신설 및 증축은 일반적 공익사업으로서의 교육시설 확보와는 그 성격이 다르다. 현재 우리나라는 취학률이 100% 수준에 달하고 있으며, 학생수는 계속적으로 줄어들고 있다. 그럼에도 불구하고 개발사업 지역에서의 학교수요는 계속하여 증가하고 있는 점에 비추어 볼 때 개발지역에서 학교시설을 확보하는 데 소요되는 비용은 ‘국민 모두의 수요를 충족시킬 수 있는 인적·물적 시설과 자원을 온 나라에 걸쳐 골고루 구비해야 한다.’는 일반적 공익사업으로서의 교육시설 확보를 위한 비용과는 그 성격이 다르며, 오히려 개발지역의 기반시설을 확보하기 위한 비용의 성격을 가지고 있다고 할 것이다. 따라서 개발지역에서의 학교용지 확보는 특별한 공익사업으로서의 성격을 가진다. (나) 특별히 밀접한 관련성 여부 – 개발사업자들은 ‘개발사업지역에서 100가구 규모 이상의 주택건설용 토지를 조성·개발하여 분양하거나 공동주택을 건설하여 분양하여 학교용지확보의 필요성을 야기시켰다는 점’에서 형식적으로 일반 국민과 구별되는 동질성을 가지고 있다. 또한 학교신설의 필요성을 야기하지 아니하는 개발사업자는 부담금 부과대상에서 제외되기 때문에(특례법 제5조 제4항) 납부의무자들은 내부적으로도 위 공익사업과 관련하여 동일한 정도의 동질적인 특정요소를 가지고 있다. 학교용지부담금의 부과를 통하여 수행하고자 하는 과제는 ‘학교용지의 확보 및 학교의 증축’이다. 개발사업자는 개발 사업을 통해서 이익을 창출함과 동시에 학교신설의 필요성을 야기한 자로 학교용지확보라는 공적 과제와 객관적으로 밀접한 관련성을 가지고 있다. 또한 자녀 교육에 대한 열의가 남다른 우리나라의 현실에서 학교의 신설이 담보될 경우 개발사업자는 분양에 있어서의 편의와 분양가격 상승이라는 이익을 얻을 수 있게 될 것이고 따라서 개정 학교용지부담금제도는 일정부분 납부의무자의 집단적 이익에도 기여한다. (다) 지속적인 심사의 존재 – 부담금관리기본법 제7조에 의하면 기획재정부장관은 매년 부담금의 부과 실적 및 사용명세 등이 포함된 부담금운용종합보고서를 작성하여 국회에 제출하도록 되어 있어 매년 입법자의 지속적인 심사가 이루어지고 있다. (라) 소결 – 이상의 제 요소를 고려해 볼 때, 이 사건 법률조항이 개발사업지역에서 단독주택 건축을 위한 토지를 개발, 분양하거나 공동주택을 분양하는 사업자를 일반 국민과 달리 취급하여 이들에게 개정 학교용지부담금을 부과·징수할 수 있도록 한 것은 합당한 이유가 있다고 할 것이며, 이 사건 법률조항은 헌법상 평등원칙에 위배되지 아니한다. (4) 재산권의 제한에 있어 비례의 원칙 위반 여부 – (가) 목적의 정당성 – 최근 들어 신도시, 혁신도시 등 개발사업으로 인하여 개발지역 내 학교신설 수요는 지속적으로 증가하고 있으나, 학교신설 예산은 인건비, 교육사업비 등에 밀려 크게 증가하지 못하고 있다. 이러한 상황에서 ‘학교용지 확보를 위한 새로운 재원의 마련’이라는 입법목적은 공공복리 달성이라는 측면에서 정당하다. (나) 수단의 적절성 – 개발사업자는 학교신설 및 학급증설에 대한 필요성을 야기한 원인제공자이다. 따라서 학교용지 확보에 필요한 재원을 효과적으로 마련할 수 있도록 하는 적절한 수단이다. 이에 대하여 개발사업자가 자신에게 부과된 학교용지부담금을 분양원가에 반영하여 수분양자에게 전가할 가능성이 존재한다는 비판이 없는 것은 아니나, 이러한 문제는 용적률과 용적지역 등에 대한 인센티브제도를 적극적으로 활용하거나 '공동주택의 분양가격 산정 등에 관한 규칙' 등 하위 법령의 개정을 통해 해결해야 할 문제에 불과하고 학교용지부담금의 적절성 자체를 부인하게 하는 것은 아니다. 또한 단순히 세대수만을 기준으로 부담금을 부과하는 것 역시 불가피한 측면이 있다.(다) 피해의 최소성 – 2005.3.24. 개정 당시 학교용지부담금의 부과율은 하향 조정되었는바, 이러한 개정으로 인하여 납부의무자의 부담이 상당히 경감된 이상 부과율 자체가 현저히 불합리하다고 판단되지는 않는다. 또한 학교용지부담금의 부과대상이 수분양자에게서 개발사업자로 변경됨에 따라 교육세 등의 부과로 말미암은 이중부담의 위험 역시 더 이상 존재하지 아니한다할 것이다. (라) 법익의 균형성 – 학교용지부담금을 부과하지 아니한 채 국가가 개발사업지역의 학교신설비용을 전적으로 부담할 경우 개발사업이 활발한 지역에 예산지원이 편중되어 오히려 모든 학생을 위해 고르게 사용되어야 할 교육재정이 특정지역의 이익을 위해 투입되는 불합리한 결과가 초래될 가능성이 생길 수 있다. 따라서 개발사업자에게 학교용지부담금을 납부하도록 하는 것은 교육의 기회균등이라는 이념과 사인의 이익을 적절하게 형량한 결과라고 할 것이다. (마) 그렇다면 이 사건 법률조항이 납부의무자인 개발사업자의 재산권을 과도하게 침해하였다고 볼 수는 없다. <재판관 이공현, 재판관 민형기의 반대의견>. 1. 의무교육을 위한 재원을 마련함에 있어 그 부과대상이 누구인지를 불문하고 부담금이라는 수단을 동원하는 것은 그 자체로 헌법상 의무교육의 무상성에 반한다. 2. 교육시설의 확보는 일반적 공익사업이며, 단지 개발사업을 통해 이익을 얻었다는 이유만으로 개발사업자가 학교신설에 대해 밀접한 관련성이나 책임을 가지고 있다고 보기는 어려우므로 개발사업자를 부과대상으로 하는 학교용지부담금제도는 개발사업자를 합리적인 이유 없이 차별하는 것으로 평등원칙에 반한다.3. 또한 개발사업자가 학교용지부담금의 부담을 수분양자에게 전가할 것이 분명하므로 이 사건 학교용지부담금제도는 입법목적 달성을 위한 적절한 수단이라고 볼 수 없고 국가의 일반적인 과제에 대해 개발사업자에게 종국적이고 과도한 책임을 지우는 것으로서 피해의 최소성이나 법익의 균형성 요건도 충족시키지 못한 것이므로 재산권을 제한함에 있어 비례원칙에도 반한다. * 동지 : 헌재 2008.9.25. 2007헌가9, 판례집 20–2 상, 424면. 다만, 이 2007헌가9 결정에서는 '학교용지'를 기부채납하는 개발사업시행자에 대해서는 학교용지부담금을 면제하면서 기존 건물을 증축하여 기부채납한 개발사업시행자에 대해서는 이를 면제하지 않은 데 대해서는 헌법불합치결정이 있었다.

③ **위 결정들에 대한 분석** 위 결정들은 당시에 많은 파장을 불러온 것이어서 평석연구[1)]가 이미 있었기에 여기서는 주로 그 논증구조에 대해 검토하고자 한다.

i) 무상성원칙 문제 – ① 2005년 결정에서 무상성원칙의 문제와 부담금의 문제가 함께 논의되면서 혼동을 주었다. 이 혼동은 양자 모두 경비의 부담을 누구가 지느냐 하는 문제이기 때문에 나타난 것이라고 진단된다. 무상성원칙은 의무교육을 받는 학생들의 부모, 보호자에게 교육경비를 부과하지 말라는 것이 본지(本旨)이다. 의무교육학교의 경우 무상성원칙의 위배 여

1) 교육재원의 한계로 추가적 학교신설 수요가 발생하면 학교운영비를 줄이게 되고 교육의 질을 저하시킬 수 있다는 지적하고, 개발사업자의 부담금 부과가 타당하다고 보는 견해로, 송기창, 학교용지부담금 징수와 학교 공공시설화 논의의 쟁점 분석, 교육행정학연구, 제26권 제1호, 2008, 49면 이하, 62면. 그 외 이 결정에 대한 평석으로, 2008년결정의 결론이 타당하였다고 보는 취지로, 최희경, 앞의 논문, 42면 이하; 김민배, 학교용지 부담금과 의무교육제도, 토지공법연구 제43집 제1호(2009.2), 415면 이하. 2005년결정에 대한 평석으로, 박정훈, 학교용지부담금의 합헌성 기준에 관한 해석론 – 구 학교용지확보에관한특례법 제2조 제2호 및 제3호, 제5조 제1항 등에 대한 평석을 겸하여 – , 토지공법연구, 제30집(2006.3), 65면 이하 등 참조.

부를 가리는 기준은 수분양자인 학부모가 학교용지의 경비를 부담하여 건설되는 학교에 자녀를 취학시키게 되는가 하는 것이다. 그 건설이 일반적 과제인가 아닌가는 부담금의 정당화요건이다. 그런데 헌재는 2005년 결정에서는 "의무교육에 필요한 학교시설은 국가의 일반적 과제이고, 학교용지는 의무교육을 시행하기 위한 물적 기반으로서 필수조건임은 말할 필요도 없다. 따라서 이를 달성하기 위한 비용은 국가의 일반재정으로 충당하여야 한다"라고 하고 "적어도 의무교육에 관한 한 일반재정이 아닌 부담금과 같은 별도의 재정수단을 동원하여 특정한 집단으로부터 그 비용을 추가로 징수하여 충당하는 것은 의무교육의 무상성을 선언한 헌법에 반한다"라고 하였다.[1] 부담금 정당화 요건 기준으로 무상성원칙 위배 여부를 판단한 결과를 보여준다. 한편 헌재는 특별한 공익사업 여부에 대한 판단에서 "징수된 학교용지부담금은 지방자치단체(특별시, 광역시, 도)별로 운영되기 때문에 반드시 수분양자들의 자녀들이 다니게 될 학교의 용지확보를 위하여 사용된다고 볼 수도 없다"라고[2] 하는데 그렇다면 무상성원칙의 위반이 전적으로 나타나는 것은 아니라는 결론에 이르게 되어 모순이다. ② 2008년 결정에서 개정된 학교용지법이 규정한 개발사업자에 대한 부담금 부과는 무상성원칙과 무관하다고 보면서 그 논거로 "의무교육 비용을 학령아동의 보호자 개개인의 직접적 부담에서 공동체 전체의 부담으로 이전하라는 명령"이라고[3] 한 것은 무상성원칙과 무관하다는 점을 논증하기에 그리 선명하지 않은 점이 없지 않았다. ③ 2008년 결정에서 개발사업자가 학교용지부담금을 수분양자에게 전가시킬 수 있다는 주장은 무상성원칙 위배 문제 판단에서 먼저 다루었어야 할 문제이다. 수분양자에게 전가되면 부담금이 투입되어 건설될 학교에 자녀를 취학시키는 부모로서는 교육경비부담을 지기 때문이다. 헌재는 이 문제를 비례의 원칙의 방법의 적정성 위배 여부 문제로 판단하였다.

ii) 논리일관성 등의 문제 – 2005년 결정에서 헌재는 "학교시설의 건립이라는 특정한 공익사업"이라고 하여[4] 부담금이라고 보면서도 뒤의 부담금의 정당화요건 충족여부를 평등원칙 위반 여부 문제로서 다루면서 학교용지부담금은 "일반적 공익사업이거나 일반적 공익사업으로서의 성격을 함께 가지고 있는 공익사업을 위한 재정확보수단"이라고 하여[5] 논리전개에 일관성이 있는지 하는 의문을 던져주었다. 헌재는 의무교육에 관한 학교시설의 경우 부담금이 무상성원칙에 반한다고 판시하고 나서도 그 이후 판시에서 학교용지부담금이 헌법적 정당화요건을 준수하였는지를 설시하면서 계속 초등학교를 포함하여 하고 있다. 한편 헌재는 2005년 위 결정에서 부담금의 헌법적 정당화요건의 하나로 자신이 설정한 입법자의 지속적 심사의 준

1) 헌재 2005.3.31. 2003헌가20, 판례집 17－1, 303면.
2) 위 판례집, 305면. 이러한 판시는 밀접한 관련성 여부의 판단에서도 나타나고 있다. 위 판례집, 308면.
3) 헌재 2008.9.25. 2007헌가1, 판례집 20－2상, 412면.
4) 헌재 2005.3.31. 2003헌가20, 판례집 17－1, 301면.
5) 위 판례집, 305면.

수여부에 대해서는 판시하지 않고 있다.

iii) 2005년 결정에서와 달리 2008년 결정의 사안에서는 학교용지 확보가 특별한 공익사업으로 봄으로써 차이를 보여주었다. 그런데 2005년이나 2008년이나 당시의 사안은 사실 차이가 없었다. 그 원인이 모두 개발에 있었으므로 변화된 원인도 없었다. 그러므로 학교용지부담금을 부담금으로 본다면 2005년 결정에서는 일반적 공익사업이어서 부담금요건을 갖추지 못한 것이라고 보았으면서도 2008년 결정에서는 특별한 공익사업이라고 판시하였는데[1] 이렇게 같은 상황인데도 달리 본 것은 재판부의 의견이 변경된 것이라고 볼 것이다.[2] 이러한 변화는 판단의 핵심이 되는 부분에 관한 것이므로 그 변경을 명시적으로 설시하는 것이 필요하였다. 2008년 결정에서는 "단순히 세대수만을 기준으로 부담금을 부과하는 것 역시 불가피한 측면이 있다"라고 하여 2005년 결정에서와 다른 입장을 취하였다.

iv) 현실적인 문제가 있다. 학생수는 오히려 감소되나 개발지역에 인구가 몰려 학교신설이 요구되었다. 학교의 신축, 증축의 원인은 이처럼 개발에 있는 것이다. 그런데 이를 충당할 교육재정은 충분하지 못하다. 학교시설비용으로 더 많이 지출되면 다른 교육경비의 몫은 줄어들게 된다. 반면에 폐교나 학급감소 등이 이루어지는 농어촌 지역도 있다. 결국 거기서 누구에게 어떻게 부담을 지우는 것이 평등의 원칙에 부합할 것인가 하는 문제가 현실적인 쟁점으로 부각되었던 것이기도 하다. 그리고 학교용지의 비용의 재원은 부담금만이 아니라 부담금은 그 일부이다. 지방자치단체가 학교건설의 책임을 진다면 지역적 여건을 고려하여 그 지방공동체에서 해결하여야 하는 것이고 그렇다면 그 지방공동체 외부에는 영향을 주어서는 아니 되지 않는가 하는 점을 생각해 볼 일이다. 국가의 지방교육재정교부를 생각하면 특정 국민이 아니라 일반 국민에 의해 마련된 재원을 국가가 지방교육재정교부로 지원한다는 것을 고려해도 그러하다. 이와 같은 점들이 학교용지부담금을 두고 검토함에 있어서 고려되어야 할 점들이다.

④ 그외 학교용지부담금에 관한 결정들

㉠ '증축' 기부채납의 경우 학교용지부담금 비면제의 평등원칙 위반 인정 결정 개발사업시행자에 대한 학교용지부담금 부과 자체는 위에서 본대로 헌재가 합헌이라고 판단하였다. 그러나 '학교용지'를 기부채납하는 개발사업시행자에 대해서는 학교용지부담금을 면제하면서 기존 건물을 '증축'하여 기부채납한 개발사업시행자에 대해서는 이를 면제하지 않아 헌재는 평등원칙의 위반을 이유로 아래와 같은 헌법불합치결정을 한 바 있다. 이후 학교시설 무상공급의 경우에도 면제대상에 포함시키는 법개정이 있었다.

판례 헌재 2008.9.25. 2007헌가9

[결정요지] 1. 개발사업자를 부과대상으로 하는 '학교용지 확보 등에 관한 특례법' 규정의 의무교육 무

1) 헌재 2008.9.25. 2007헌가1, 판례집 20－2상, 413면.
2) 2005년 결정과 2008년 결정에서는 재판부 구성이 달라지긴 하였다.

상원칙, 평등원칙, 비례원칙에 위배되는지 여부 – 부정. 위 2007헌가1과 같은 취지. 2. 특례법 제5조 제4항에서 기존 학교건물을 증축하여 기부채납하는 경우를 학교용지부담금의 필요적 면제사유로 정하고 있지 아니한 것이 재산권과 평등권을 침해하는지 여부에 대한 판단 – (1) 재산권의 침해 여부 – 시혜적 입법의 시혜대상에서 제외되었다는 이유만으로 재산권의 침해가 발생하는 것은 아니고 시혜대상에 포함될 경우 얻을 수 있었던 재산상 이익의 기대가 성취되지 않았다고 하여도 이와 같은 단순한 재산상 이익에 대한 기대는 헌법이 보호하는 재산권의 영역에 포함되지 아니한다. (2) 평등권의 침해 여부 (가) 차별의 존재– 기존 학교를 증축하여 기부채납한 자'와 '학교용지를 기부채납한 자'는 모두 자신의 비용을 투입하여 학교용지부담금 부과의 목적을 달성하는데 일정한 기여를 하였다는 점에서 기본적으로 동일한 집단이라고 할 것이다. 그러나 부담금 면제조항은 '학교용지를 기부채납한 자'에 대하여만 이중의 부담을 방지하기 위한 필요적 면제규정을 두고, 학교건물을 증축하여 기부채납한 자에 대하여는 부담금의 필요적 면제나 감액 등 이중의 비용 부담을 막기 위한 일체의 규정을 두지 아니함으로써, 본질적으로 동일한 두 비교집단을 차별취급하고 있다. 그런데 부담금 면제조항은 헌법이 정하고 있는 차별금지 사유나 영역에 대하여 정하고 있지 아니하고, 기존 건물을 증축하여 기부채납한 경우가 시혜대상에서 제외되었다는 이유만으로 관련 기본권이 중대하게 제한된다고 볼 수도 없으므로, 부담금 면제조항에 대해서는 자의금지원칙을 적용하여 그 차별취급에 현저한 불합리성이 있는지 여부만을 심사하기로 한다. (나) 차별의 합리성 – 학교용지부담금은 학교용지를 확보하거나 학교용지를 확보할 수 없는 경우 가까운 곳에 학교를 증축하기 위하여 개발사업을 시행하는 자에게 징수하는 경비이다. 그리고 이에 따라 학교용지를 기부채납함으로써 학교용지부담금 부과의 목적을 달성하는데 기여한 사업시행자에 대하여 부담금을 필요적으로 면제하고 있는 것이다. 그렇다면 입법자는 위 사업시행자와의 형평상, 관할 교육행정청의 의견으로 제시되거나 교육행정청과의 합의에 따라 기존 학교를 증축하여 기부채납함으로써 위 목적달성에 기여한 사업시행자가 이중으로 과도한 부담을 지지 않게 하기 위하여, 부담금을 면제하도록 하거나, 이러한 기부채납이 없었다면 부과될 부담금 액수에서 증축에 소요된 비용을 공제한 액수의 범위 내에서 부담금을 부과하도록 하는 등의 입법조치를 하였어만 하였다. 그럼에도 불구하고 학교용지를 기부채납한 자에 대하여만 이중의 부담을 방지하는 필요적 면제 규정을 두고, 학교건물을 증축하여 기부채납한 자에 대해서는 일체의 규정을 두지 아니한 것에는 그 차별에 대한 합리적 이유를 발견할 수 없다. (다) 따라서 위 부담금 면제조항은 평등권을 침해하는 것으로 헌법에 반한다고 할 것이다. (3) 다만 특례법 제5조 제4항에 대하여 단순위헌을 선언할 경우에는 기존에 면제사유에 해당되는 자까지도 부담금을 면제받을 수 없는 법적 공백 상태가 발생하므로 이 조항에 대하여 입법자가 2009.6.30.을 시한으로 이를 개정할 때까지 잠정적인 적용을 명하는 헌법불합치를 선언한다.

㉡ '주택재건축사업'에서 매도나 현금청산 대상으로 제3자에 분양된 경우의 학교용지부담금 부과 대상 비제외의 위헌성 헌재는 구 '학교용지 확보 등에 관한 특례법'(2007.12.14. 법률 제8679호로 개정된 것) 제5조 제1항 단서 제5호 중 '도시 및 주거환경정비법' 제2조 제2호 "다목"의 규정에 따른 "주택재건축사업"에 관한 부분이 매도나 현금청산의 대상이 되어 제3자에게 분양됨으로써 기존에 비하여 가구 수가 증가하지 아니하는 개발사업분을 학교용지부담금 부과 대상에서 제외하는 규정을 두지 아니한 것은 평등원칙에 위배된다고 하여 헌법불합치결정을 하였다. 즉 학교용지법 제5조 제1항 단서 제5호가 주택재건축사업에서 '기존 거주자와 토지 및 건축물의 소유자에게 분양하는 경우'에 해당하는 개발사업분만을 학교용지부담금 부과 대상에서 제외하고, 매도나 현금청산의 대상이 되어 제3자에게 일반분양됨으로써 기존에 비하여 가

구 수가 증가하지 아니하는 개발사업분에 대해서는 부담금 부과 대상에서 제외하는 규정을 두지 아니함으로써 결국 당해 사건에는 학교용지부담금이 부과되는 점이 문제였는데 평등원칙 위반이 지적된 것이다.[1)]

㉢ **'주택재개발사업'에서의 동지 결정례** '학교용지 확보 등에 관한 특례법'(2007.12.14. 법률 제8679호로 개정된 것) 제5조 제1항 단서 제5호 중 '도시 및 주거환경정비법' 제2조 제2호 "나목"의 규정에 따른 "주택재개발사업"에 관한 부분이 현금청산의 대상이 되어 제3자에게 분양됨으로써 기존에 비하여 가구 수가 증가하지 아니하는 개발사업분을 학교용지부담금 부과 대상에서 제외하는 규정을 두지 아니한 데 대해서도 헌재는 위 ㉡ 결정과 같은 취지로 평등원칙에 위배된다고 하여 헌법불합치결정을 하였다.[2)]

---

1) 헌재 2013.7.25. 2011헌가32. [결정요지] (가) 개발사업이 진행되는 지역에서 단기간에 형성된 취학 수요에 부응하기 위한 학교의 신설 및 증축은 일반적 공익사업으로서 교육시설을 확보하는 것과 달리 개발지역의 기반시설을 확보하는 성격을 가지는데, 그 재정을 충당하기 위하여 조세 이외의 부담금인 학교용지부담금을 개발사업의 시행자에게 부과하는 것은, 개발사업의 시행자가 위와 같은 학교시설 확보의 필요성을 유발하였기 때문이다. 학교시설 확보의 필요성은 개발사업에 따른 인구 유입으로 인한 취학 수요의 증가로 초래되는바, 개발사업의 실질이 기존 주택의 재건축에 불과하다면 새롭게 학교시설을 확보할 필요성은 생겨나지 않는다. 따라서 주택재건축사업의 시행으로 공동주택을 건설하는 경우에는 추가적인 기반시설의 확보라는 측면에서 신규로 주택이 공급되는 개발사업분만을 기준으로 학교용지부담금의 부과 대상을 정하여야 한다. 이 법률조항이 주택재건축사업에서 '기존 거주자와 토지 및 건축물의 소유자에게 분양하는 경우'의 개발사업분을 학교용지부담금의 부과 대상에서 제외한 것도 이러한 취지에 따른 것이다. 그런데 주택재건축사업에서 매도나 현금청산의 대상이 되어 제3자에게 일반분양하는 경우는 기존 소유자에게 귀속되어야 할 가구를 제3자에게 일반분양하는 것으로서 가구 수가 증가되지 아니한다. 따라서 이러한 경우는 '기존 거주자와 토지 및 건축물의 소유자에게 분양하는 경우'와 마찬가지로 새로운 학교시설 확보의 필요성을 유발하는 개발사업분이 아님에도 이와 달리 취급하여 학교용지부담금을 부과하는 것은 불합리하다. 제3자에게 일반분양되는 경우에도 학교용지부담금을 부과하게 된다면, 학교용지부담금이 '분양으로 인한 수입'에 대한 부담금의 성격을 가지게 되고, 이는 결국 공동주택의 수분양자에게 학교시설 확보의 비용에 관한 부담을 전가시키는 결과를 초래할 가능성마저 있다. 따라서 이 사건 법률조항이 주택재건축사업의 경우 학교용지부담금 부과 대상에서 '기존 거주자와 토지 및 건축물의 소유자에게 분양하는 경우'에 해당하는 개발사업분만 제외하고, 매도나 현금청산의 대상이 되어 제3자에게 일반분양됨으로써 기존에 비하여 가구 수가 증가하지 아니하는 개발사업분을 학교용지부담금 부과 대상에서 제외하지 아니한 것은, 주택재건축사업의 시행자들 사이에 학교시설 확보의 필요성을 유발하는 정도와 무관한 불합리한 기준으로 학교용지부담금의 납부액을 달리 하는 차별을 초래하고, 이는 합리적인 이유가 없는 차별취급에 해당한다. 이 법률조항은 평등원칙에 위배된다. (나) 헌법재판소가 위헌결정을 선고하여 이 사건 법률조항의 효력을 당장 상실시킨다면, 주택재건축사업에서 '기존 거주자와 토지 및 건축물의 소유자에게 분양하는 경우'의 개발사업분에 대해 학교용지부담금을 부과하지 않도록 한 근거 규정까지 효력을 잃게 됨으로써 그 입법목적을 달성하기 어려운 법적 공백 상태가 발생하므로, 이 사건 법률조항은 새로운 입법에 의하여 그 위헌성이 제거될 때까지 잠정적으로 적용하기로 한다.

2) 헌재 2014.4.24. 2013헌가28. [결정요지] (가) 개발사업이 진행되는 지역에서 단기간에 형성된 취학 수요에 부응하기 위하여 학교를 신설 및 증축하는 것은 개발지역의 기반시설을 확보하려는 것이므로, 그 재정에 충당하기 위하여 개발사업의 시행자에게 학교용지부담금을 부과하는 것은, 개발사업의 시행자가 위와 같은 학교시설 확보의 필요성을 유발하였기 때문이다. 학교시설 확보의 필요성은 개발사업에 따른 인구 유입으로 인한 취학 수요의 증가로 이어지므로, 주택재개발사업의 시행으로 공동주택을 건설하는 경우에는 신규로 주택이 공급되는 개발사업분만을 기준으로 학교용지부담금의 부과 대상을 정해야 한다. 따라서 심판대상조항이 주택재개발사업의 경우 학교용지부담금 부과 대상에서 '기존 거주자와 토지 및 건축물의 소유자에게 분양하는 경우'에 해당하는 개발사업분만 제외하고, 현금청산의 대상이 되어 제3자에게 분양됨으로써 기존에 비하여 가구 수가 증가하지 아니하는 개발사업분을 제외하지 아니한 것은, 주택재개발사업의 시행자들 사이에 학교시설 확보의 필요성을

(나) 정책실현목적 부담금의 헌법적 정당화 요건

헌재는 "정책실현목적 부담금의 경우 재정조달목적은 오히려 부차적이고 그보다는 부과 자체를 통해 일정한 사회적·경제적 정책을 실현하려는 목적이 더 주된 경우가 많다. 이 때문에, 재정조달목적 부담금의 정당화 여부를 논함에 있어서 고려되었던 사정들 중 일부는 정책실현목적 부담금의 경우에 똑같이 적용될 수 없다"라고 한다. 그리하여 다음과 같은 점을 지적하고 있다.[1]

(1) 첫째로, 헌법이 예정하고 있는 기본적 재정질서에 터잡아 부담금에 대한 조세의 우선적 지위가 인정되는 것은 어디까지나 그 부과목적이 재정조달에 있는 경우라 할 것이며, 특정한 정책 실현에 목적을 둔 모든 경우에도 같다고 볼 것은 아니다. 공과금은 그 개념상 원래 국가 또는 지방자치단체의 재정수입을 목적으로 하는 것인데, 재정수입의 목적보다는 주로 특정한 경제적·사회적 정책을 실현할 목적에서 공과금을 부담시킬 수가 있는가 하는 것은 기본적 재정질서가 어떠한가와는 별개로 헌법적 쟁점이 되고 있으며, 그러한 한에서 공과금으로서의 조세와 부담금은 똑같은 문제상황에 처해 있기 때문이다.
(2) 둘째로, 조세평등주의는 담세능력에 따른 과세의 원칙을 예외 없이 절대적으로 관철시킬 것을 의미하지는 않으며, 합리적 이유가 있는 경우라면 납세자 간의 차별취급도 예외적으로 허용될 수 있다. 마찬가지로, 부담금도 그 납부의무자에게 추가적인 공과금을 부담시킬 만한 합리적 이유가 있으면 공과금 부담의 형평성에 반하지 않는다. 그리고 바로 그러한 합리적 이유로서, 재정조달목적 부담금의 경우에는 납부의무자가 재정조달의 대상인 공적 과제에 대하여 일반국민에 비해 특별히 밀접한 관련성을 가질 것이 요구되는 것이다. 그런데 정책실현목적 부담금의 경우에는, 특별한 사정이 없는 한, 부담금의 부과가 정당한 사회적·경제적 정책목적을 실현하는 데 적절한 수단이라는 사실이 곧 합리적 이유를 구성할 여지가 많다. 그러므로 이 경우에는 '재정조달 대상인 공적 과제와 납부의무자 집단 사이에 존재하는 관련성' 자체보다는 오히려 '재정조달 이전 단계에서 추구되는 특정 사회적·경제적 정책목적과 부담금의 부과 사이에 존재하는 상관관계'에 더 주목하게 된다. 따라서 재정조달목적 부담금의 헌법적 정당화에 있어서는 중요하게 고려되는 '재정조달 대상 공적 과제에 대한 납부의무자 집단의 특별한 재정책임 여부' 내지 '납부의무자 집단에 대한 부담금의 유용한 사용 여부' 등은 정책실현목적 부담금의 헌법적 정당화에 있어서는 그다지 결정적인 의미를 가지지 않는다고 할 것이다.

헌재는 정책실현목적 부담금을 이용하는 것이 보다 효과적인 경우가 많기 때문에 부담금을 사회적·경제적 정책을 실현하는 수단으로 이용하는 것 자체가 곧바로 헌법에 위반되는 것은 아니라고 보면서 "그러나 적어도 정책실현목적의 부담금이 사회적·정책적 목적을 실현하는 데 적절한 수단이 되어야 함은 물론이고 법 앞의 평등원칙에서 파생되는 공과금 부담의 형평성을 벗어나서는 안 될 것이다"라고 그 한계를 설정하고 있다.[2] 헌재는 '재정조달의 대상인 공적 과제와 납부의무자 집단 사이에 존재하는 관련성'이 중시되는 재정조달목적 부담금과 달

유발하는 정도와 무관한 불합리한 기준으로 학교용지부담금의 납부액을 달리 하는 차별을 초래하므로, 심판대상조항은 평등원칙에 위배된다. (나) 위헌결정을 선고하여 심판대상조항의 효력을 당장 상실시킨다면, 주택재개발사업에서 '기존 거주자와 토지 및 건축물의 소유자에게 분양하는 경우'의 개발사업분에 대해 학교용지부담금을 부과하지 않도록 한 근거 규정까지 효력을 잃게 되므로 새로운 입법에 의하여 그 위헌성이 제거될 때까지 잠정적으로 적용하기로 한다.

1) 헌재 2004.7.15. 2002헌바42.

2) 헌재 1998.12.24. 98헌가1; 2005.3.31. 2003헌가20; 2007.5.31. 2005헌바47.

리, 정책실현목적 부담금의 경우 '재정조달 이전 단계에서 추구되는 특정 사회적 · 경제적 정책목적과 부담금의 부과 사이에 존재하는 상관관계'가 차별에 대한 합리성 판단의 기준이 된다고 한다.[1] 헌재는 평등원칙 위반 여부는 ① 정책실현목적 부담금의 부과를 통하여 달성하려고 하는 공적 과제에 납부의무자 집단이 특별히 근접한 관계에 있는지 여부와 ② 그 부과를 통하여 일반 납세자에 비하여 부담금의 납부의무자에게 특별한 재정책임을 묻는 것이 합리적인지 여부에 달려 있다고 본다.

* 의문점과 사견 : 합리성 판단 기준에 대해 헌재의 설시가 모호한 점이 있다. 헌재 2004.7.15. 2002헌바42 결정에서는 "공적 과제에 대한 납부의무자 집단의 특별한 재정책임 여부' 내지 '납부의무자 집단에 대한 부담금의 유용한 사용 여부' 등은 정책실현목적 부담금의 헌법적 정당화에 있어서는 그다지 결정적인 의미를 가지지 않는다"라고 설시하였다. 그런데 헌재 2007.5.31. 2005헌바47 결정에서는 "공적 과제에 청구인 등 납부의무자 집단이 특별히 근접한 관계에 있는지 여부"와 그 "부과를 통하여 일반 납세자에 비하여 부담금의 납부의무자에게 특별한 재정책임을 묻는 것이 합리적인지 여부"가 판단기준이라고 설시하고 있다. '특별한 재정책임'에 대해 위 2002헌바42 결정에서는 결정적 의미가 없다고 하였으면서 2005헌바47 결정에서는 판단기준의 하나로 설시하고 있어서 모순이 아닌가 한다. 생각건대 정책실현목적 부담금이 재정조달과 달리 사회적 · 경제적 정책목적과 관련성을 가져야 한다는 점에 방점이 주어져야 하긴 하나 그렇다고 납무의무자가 무차별적으로 대상이 되어야 하는 것은 아니므로 어느 일정 납부의무자가 설정되고 그 납무의무자가 특별한 재정책임을 지우는 것의 합리성이 수긍될 것이 요구될 수밖에 없을 것이다. 결국 그 판단기준은 위 2005헌바47 결정에서 헌재가 제시한 판단기준(위의 밑줄 그은 ①과 ②의 기준)과 같은 것으로 볼 수 있다.

정책실현목적 부담금이 헌법적 한계를 준수하였는지가 심사된 예로 개발제한구역훼손부담금 결정을 들 수 있는데 개발제한구역 내에서 토지형질변경을 수반하는 행위허가를 받은 사람에게 훼손부담금을 부과하는 것이 평등원칙에 위배되는지 않는다고 보았다. 그 심사방법을 살펴보도록 아래에 결정요지를 싣는다.

판례 헌재 2007.5.31. 2005헌바47

[결정요지] 1. 성격 – 훼손부담금은 개발제한구역 내에 입지하는 시설 등의 설치에 따른 토지형질변경에 대하여 구역 내 · 외의 토지가격 차액에 상당하는 경제적 부담을 부과함으로써 구역 내로의 입지선호를 제거함과 동시에 불가피한 경우로 입지를 제한하여 개발제한구역의 훼손을 억제하는 한편, 개발제한구역의 지정 · 관리를 위한 재원을 확보하는 데 그 목적이 있으므로 정책실현목적 부담금의 성격을 갖는다. 2. 평등원칙의 위반 여부 – '재정조달의 대상인 공적 과제와 납부의무자 집단 사이에 존재하는 관련성'이 중시되는 재정조달목적 부담금과 달리, 이 사건 훼손부담금과 같은 정책실현목적 부담금의 경우 '재정조달 이전 단계에서 추구되는 특정 사회적 · 경제적 정책목적과 부담금의 부과 사이에 존재하는 상관관계'가 차별에 대한 합리성 판단의 기준이 될 것이다(헌재 2004.7.15. 2002헌바42, 판례집 16–2상, 14, 29 참조). 즉 훼손부담금의 부과를 통하여 달성하려고 하는 개발제한구역의 훼손방지 및 보전이라고 하는 공적 과제에 청구인 등 납부의무자 집단이 특별히 근접한 관계에 있는지 여부와 훼손부담금의 부과를 통하여 일반 납세자에 비하여 부담금의 납부의무자에게 특별한 재정책임을 묻는 것이 합리적인지

1) 헌재 2004.7.15. 2002헌바42; 2007.5.31. 2005헌바47.

여부에 달려 있다. 그런데 개발제한구역 내의 토지는 동일한 지목의 인근 토지에 비하여 토지가격이 낮고 주거 및 생활환경이 쾌적하기 때문에 입지에 대한 선호도가 매우 높아 개발제한구역 내로의 건축이 허용된 주택 및 시설 등이 대거 건축되어지는 부작용이 발생하게 되고, 이는 필연적으로 개발제한구역의 훼손과 관리비용의 대폭 증가를 초래하게 된다. 이러한 사정들을 종합적으로 고려하면, 개발제한구역 내에서 토지형질변경 또는 이를 수반하는 행위허가를 받은 훼손부담금의 납부의무자 집단은 개발제한구역의 훼손억제와 그 관리라는 특수한 공적 과제에 대하여 객관적이고 밀접한 관련성을 가질 뿐 아니라, 이로써 개발제한구역의 관리를 위한 특별한 재정책임을 부담하고 있다 할 것이다. 결국 납부의무자가 일반인과 달리 훼손부담금을 부담하는 것에는 합리적 이유가 있다고 할 것이므로 평등의 원칙에 반하지 아니한다.

* 기반시설부담금에 대한 심사례 : 위 재정조달목적 부담금에서 살펴본 기반시설부담금은 정책실현목적 부담금의 성격도 가진다고 헌재가 보았는데 정책실현목적 부담금의 헌법적 정당화요건의 구비 여부에 대한 판단은 주로 평등원칙의 위반 여부에서 살펴보고 있다[아래 주 속의 (2) 부분 참조].[1)]

(3) 특별부담금

1) 개념과 다른 공과금과의 차이

(가) 개념

특별부담금이란 특별한 공적 과제(예를 들어 수도권의 과밀해소 및 지역균형발전이라는 국가적 목적 달성을 유도하기 위해 부과되는 과밀부담금)를 위한 재정충당을 위해 특정집단에 대해 부과되는 공과금을 말한다. 전통적 의미의 부담금에 전제되어 있는 특정의 공익사업이라는 것이 존재하지 아니한다.[2)] 납부의무자가 반드시 그가 받는 특별이익의 범위 안에서 납부의무를 부담하는 것

1) 헌재 2010.2.25. 2007헌바131등. [결정요지] (1) 재산권 침해 여부 – (가) (나) 생략 (앞의 주 참조) (다) 기반시설부담금제도를 통하여 달성하려는 도시 및 주거환경의 수준 향상과 토지시장 안정은 매우 중요한 공익이다. 한편 기반시설부담금의 납부의무자들은 '건축연면적 200제곱미터를 초과하는 건축물의 건축행위를 하는 자'들로 다른 집단과 구별되는 집단적 동질성을 가지고 있고, 기반시설의 설치와 증축 등을 유발하므로 도시 및 주거환경 수준의 향상이라는 경제적·사회적 공적 과제와 객관적으로 밀접하게 관련되며 집단적인 책임을 진다. 법익의 균형성이 인정되고, 결국 재산권의 침해가 아니다. (2) 평등권 침해 여부 – (가) 기반시설부담금은 건축물의 건축행위를 하는 자들이라는 특별한 의무자집단을 대상으로 특별한 재정책임을 지우고 있으므로, 일반 국민이나 다른 집단과 달리 취급하는 것에 합리적인 이유가 있는지를 살핀다. (나) 기반시설의 재원을 확보하고 토지의 합리적인 이용을 촉진한다는 특정한 공적과제에 대하여 '건축연면적 200제곱미터를 초과하는 건축물의 건축행위를 하는 자'들(이하 '이들)은 일반 국민에 비해 특별히 밀접한 관련성을 가진다. 이들은 기반시설의 설치와 증축 등을 유발하고 기반시설을 이용하여 편익을 받고 기반시설에 필요한 재원 부담을 통하여 도시 및 주거환경 수준을 향상할 과제에 집단적 책임이 있다. 기반시설부담금의 징수로 인한 수입은 기반시설의 확충을 위하여 쓰여 궁극적으로 이들의 집단적 이익을 위하여 사용된다. (다) 새로운 건축물이 유발하는 기반시설의 설치 등에 필요한 비용을 부담시킴으로써 기존의 기반시설에 무임승차하는 방식의 토지이용을 할 유인도 감소시킨다. 따라서 정책실현목적 부담금의 납부의무자 집단을 선정함에 있어서 이들을 선별적으로 부담금의 납부의무자로 정한 입법자의 선택이 현저하게 불합리하다고 볼 수 없다. (라) 그렇다면 평등권을 침해하지 아니한다.

2) 헌재 2001.11.29. 2000헌바23. [판시] 과밀부담금은 전통적 의미의 부담금에 전제되어 있는 특정의 공익사업이라는 것이 존재하지 아니하고, 기본적으로 과밀억제권역내에서의 인구집중유발시설의 신축·증설을 억제함으로써 수도권의 과밀해소 및 지역균형발전이라는 국가적 목적 달성을 유도하기 위해 부과되는 것이라는 점에서 특별부담금이라고 할 것이다. 헌재 2003.1.30. 2002헌바5, 관광진흥개발기금법 제2조 제3항 위헌소원. [판시] 국외여행자납부금은 특정한 공익사업의 경비충당을 위한 것이 아니고, … '관광사업의 효율적 발전'을 위하여 필요한 재원을 확보하면서 '관광수지적자의 억제'라는 국가적 목적을 달성하기 위하여 부과된다는 점에서, 새로운

이 아니므로 전통적인 수익자부담금과는 다르다고 본다.[1)]

(나) 조세와의 비교, 차이

i) 유사점 - 반대급부의 부인 - 특별부담금은 공적기관에 의한 반대급부가 보장되지 않는 금전급부의무를 설정하는 것이라는 점에서 조세와 유사하다. ii) 차이점 - ① 특정 과제성 - 특별부담금은 특별한 공적 과제에 필요한 재정의 충당을 위하여 부과된다는 점에서 일반적인 국가재정수요의 충당을 위하여 부과되는 조세와는 구분되고, 특정과제의 수행을 위하여 별도로 지출·관리된다. ② 특정집단에 대한 징수 - 무엇보다도 특별부담금은 특정집단으로부터 징수된다는 점에서 일반국민으로부터 그 담세능력에 따라 징수되는 조세와는 다르다.[2)]

(다) 부담금과 특별부담금

부담금과 특별부담금의 구별이 문제된다. 학설은 구별설과 비구별설이 있다. 구별설은 양자가 반대급부가 있는지 여부에 따라 차이가 있다고 본다. 전통적인 부담금의 신형이라고 보는 견해도 있다. 헌재가 양자를 구별하는지, 구별하면 그 기준이 무엇인지 등에 대하여 헌재가 아주 뚜렷한 판시를 한 예를 찾아보기 어렵다. 부담금과 특별부담금 간의 구별이 뚜렷하지 않은 것은 학교용지부담금결정인 헌재 2005.3.31. 2003헌가20 결정에서 제청법원은 학교용지부담금을 '특별부담금'으로 불렀고 헌재는 그냥 부담금으로 불렀던 데에서도 볼 수 있었다. 또 부담금에 관한 헌법적 허용한계를 설시하면서 특별부담금의 헌법적 허용한계를 설시한 선례들을 인용한 예도 보여주었다.[3)] 이 점 헌재 자신도 부담금과 특별부담금을 뚜렷하게 구분짓는 데 혼선을 보여준 것이라고 할 것이다. 구분을 한다면 헌재 판례가 언급하는 '특정 공익사업'과 특별한 '공적 과제'라는 그 대상성을 두고 전자는 부담금을, 후자는 특별부담금에 해당된다고 구분할 것인지 하는 문제가 제기된다. 헌재 판례는 부담금의 개념정의에서는 특정한 '공익사업'을(헌재 2004.7.15. 2002헌바42 등, 부담금관리기본법 자체의 부담금 정의에 있어서도 '특정 공익사업'을 언급하고 있다), 특별부담금의 개념정의에서는 특별한 '공적 과제'를(헌재 1999.10.21. 97헌바84 등) 거론한다. 그런데 판례 중에는 특정한 '공익사업'이라고 하면서 특별부담금이라고 본 예(방송수신료(헌재 1999.5.27. 98헌바70. 그런데 이 결정에서는 "특정과제의 수행"이란 말도 하고 있다)가 있고 반대로 "특별한 '공적 과제'를 위하여 부과되고"라고 한뒤 "부담금에 해당한다"라고 한 예(예금보험기금채권상환 특별기여금)[4)]도 있다. 또한 ( ) 속에 특별을 표시하는, 즉 그 예로 장애인 고용부담

공과금 유형으로 논의되고 있는 이른바 '특별부담금'에 해당한다.

1) 헌재 1999.10.21. 97헌바84.

2) 헌재 1999.10.21. 97헌바84; 2001.11.29. 2000헌바23; 2003.1.30. 2002헌바5.

3) 영화상영관 입장권 부과금에 대한 결정(헌재 2008.11.27. 2007헌마860).

4) 헌재 2009.4.30. 2006헌마603, 2007헌바44(병합). 수질개선부담금의 경우에도 헌재는 공적 과제라는 말을 쓰면서 그냥 부담금이라고 불렀다(헌재 2004.7.15. 2002헌바42).

금이 '(특별)부담금'의 성격이 강하다고 판시한 한 예[1]도 있다. 이러한 판례는 부담금과 특별부담금의 구분을 모호하게 한다. 헌재의 입장에 대해 부담금관리기본법이 도입된 2002년경 정도 이후부터는 특별부담금이란 말을 사용하지 않으려는 경향이고 전통적인 부담금과 특별부담금을 가리지 않고 모두 동법에 규정된 부담금 개념으로 파악하는 경향을 보이고 있다고 한다.[2]

생각건대 우선 수익자부담금, 원인자부담금과 같은 전형적인 부담금은 특별부담금과 비교적 뚜렷하게 구분이 된다. 수익이라는 반대급부와 원인제공이 존재하기 때문이다. 그러나 위에서 본 대로 부담금은 오늘날 수익이나 반대급부 없이도 부과될 수 있다고 보고 현행 부담금관리기본법이 반대급부의 존재를 요구하지 않는 경우도 포함하여 넓게 부담금으로 개념정의하고 있는데 이러한 입장을 취하면 부담금도 특별부담금처럼 반대급부가 존재하지 않을 수 있고 그 경우의 부담금은 특별부담금과 차이가 없게 된다. 공익사업이 관련된다는 것은 공적 과제로서 성격도 있다는 것이므로 부담금에서 공적 과제를 운운할 수도 있을 것이다. 공적 이익의 확보가 없이 이루어지는 공적 과제가 있을 수 있으므로 그 경우에 특별부담금으로 볼 것인지 하는 점도 검토될 일이다. 양자가 차이가 있다면 그 부과요건 등이 달라질 것이므로 그 차이점, 구분기준이 무엇인지 하는 문제를 위에서 제기한 점들을 검토하여 보다 명쾌하게 정리되어야 할 것이다.

정리하면 i) 부담금과 특별부담금과는 구별되는 것인지 여부, ii) 구별된다면 그 기준으로 ① 반대급부 유무에 따라 구분할 것인지, ② 공익사업인지 아니면 공적 과제인지 하는 차이에 따라 구분할 것인지 등이 앞으로 분명해져야 할 점이다.

* 한편 그렇다면 부담금과 특별부담금의 구별실익이 있을 것인가 하는 문제도 제기될 수 있다. 양자의 법적 규율 정도나 헌재의 위헌심사의 강도에 있어서는 별다른 큰 차이를 볼 수 없다는 점에서 그 구별실익이 논의되어질 수도 있다.

2) 필요성과 논의대상

조세나 부담금과 같은 전통적인 공과금체계로는 현대국가의 새로운 행정수요에 원활하게 대처할 수 없기 때문에 특별부담금이라는 새로운 유형의 공과금을 도입할 필요성이 인정된다.[3] 이하에서는 그동안 헌재판례로 논의된 특별부담금을 주로 대상으로 살펴본다.

3) 헌법적 근거

헌재는 "우리 헌법 제37조 제2항에 의하면 국민의 모든 자유와 권리는 국가안전보장·질서유지 또는 공공복리를 위하여 필요한 경우에 한하여 법률로써 제한할 수 있도록 하고 있으

---

1) 헌재 2012.3.29. 2010헌바432.
2) 이춘희 박사의 조사결과.
3) 헌재 1999.10.21. 97헌바84; 2001.11.29. 2000헌바23; 2003.1.30. 2002헌바5.

므로, 국민의 재산권을 제한하는 특별부담금제도를 도입하는 것 자체는 헌법상 문제가 없다" 라고 한다.[1]

4) 특별부담금의 유형과 예

i) 두 가지 유형 헌재판례는 특별부담금의 유형으로는 그 성격에 따라 "① 일정한 임무를 수행하기 위하여 재정경비를 조성하기 위한 목적을 가진 '재정충당 특별부담금'과, ② 법상의 명령이나 금지와 같은 직접적인 규제수단이 아니라 금전에 의한 간접적인 규제수단에 의하여 일정한 국가목적을 유도하고 조정하는 기능을 하는 '유도적 특별부담금'으로 나눌 수 있다"고 한다.[2] 헌재는 ①에 해당되는 것으로 교통안전기금 분담금,[3] 텔레비전방송 수신료,[4] 카지노사업자의 납부금[5] 등을 재정충당 특별부담금으로 본다. 문화예술진흥기금 모금을 4인 재판관이 재정충당목적의 특별부담금으로 본 예[6]가 있었다. 헌재는 ②에 해당되는 것으로 장애인 고용부담금을 유도적·조정적 (특별)부담금으로 보고,[7] 과밀부담금도 유도적 특별부담금

1) 헌재 1999.10.21. 97헌바84; 2001.11.29. 2000헌바23; 2003.1.30. 2002헌바5.

2) 헌재 2003.1.30. 2002헌바5, 판례집 15-1, 96면.

3) 헌재 1999.1.28. 97헌가8, 판례집 11-1, 1면 이하. [판시] 교통안전기금의 재원의 하나로 운송사업자 등에 대하여 부과되는 분담금분담금은 교통안전사업의 재정충당을 위하여 운송사업자들 및 교통수단 제조업자들에게 부과되는 특별부담금(Sonderabgaben)의 일종으로 볼 수 있다.

4) 헌재 1999.5.27. 98헌바70. [판시] 텔레비전방송 수신료는 '텔레비전방송의 수신을 위하여 수상기를 소지하는 자'라고 하는 특정집단에 대하여 부과·징수하는 금전부담이고, 이 경우의 텔레비전방송에는 공사가 실시하는 텔레비전방송도 포함될 뿐만 아니라, 수상기 소지자는 방송시설의 설치·운영, 방송문화활동, 방송에 관한 조사·연구 등 공사가 수행하는 각종 사업의 직·간접적인 수혜자라고 볼 수 있으므로 공사가 수행하는 공영방송사업과 수신료 납부의무자인 수상기소지자 집단 사이에는 수신료라는 금전부담을 지울만한 특별하고 긴밀한 관계가 성립된다고 할 것이며, 징수된 수신료는 국가의 일반적 과제를 수행하는데 사용되는 것이 아니라 공사가 수행하는 텔레비전방송 등의 특정 공익사업의 재정에 충당되며 독립채산방식에 의하여 별도로 관리된다는 점에서 특별부담금으로서의 요건을 갖추고 있다.

5) 헌재 1999.10.21, 97헌바84, 판례집 11-2, 433면 이하. 합헌결정. [판시사항] 카지노사업자에게 총매출액의 100분의 10의 범위안에서 일정금액을 관광진흥개발기금에 납부하도록 하는 것이 카지노사업자의 재산권을 침해하는지 여부. [판시] 이 사건 납부금은 관광사업의 효율적 발전 및 관광외화수입의 증대라는 목적을 달성함에 필요한 자금을 확보하기 위하여 설치된 관광진흥개발기금의 재원을 조성하기 위하여 부과·징수되는 것으로서 특정한 공익사업의 경비충당을 위한 것이 아니고, 납부의무자가 반드시 그가 받는 특별이익의 범위 안에서 납부의무를 부담하는 것도 아니므로, 전통적인 수익자부담금으로 보기 어렵다. 이 사건 납부금은 관광사업의 효율적 발전 및 관광외화수입의 증대라는 과제를 위한 재정충당을 위하여 카지노사업자라는 특정집단으로부터 징수되는 공과금으로서 특별부담금에 해당한다고 할 것이다.

6) 헌재 2003.12.18. 2002헌가2. [재판관 하경철, 재판관 권성, 재판관 김효종, 재판관 송인준의 4인의 위헌의견] 문예진흥기금 조성을 위한 납입금(모금)은 구법 제19조 및 제19조의2 등에 의해 강제적으로 징수되고 문화예술진흥이라는 특정한 공익적 과제의 필요에 충당하기 위하여 공연장 등을 이용하는 일부의 사람들에게만 부과되는 공과금이므로 이는 특별부담금에 해당한다. 문예진흥기금의 납입금은, 부담금 부과대상과 사용용도간의 관계를 기준으로 할 때, 양자간의 관계가 밀접하여 반대급부가 명백하게 반영되는 수익자부담금·원인자부담금·손괴자부담금은 아니고, 행정의 실효성확보 내지 의무이행의 확보수단으로 활용하여 특정행정목적의 실현을 유도하는 유도적 특별부담금도 아니다. 문예진흥기금의 납입금은 문화예술진흥이라는 특정한 공익목적을 달성하는데 필요한 재원을 확보하고자 부과하는 것이므로 이는 재정충당목적의 특별부담금이라 할 것이다.

7) 헌재 2012.3.29. 2010헌바432. [판시] 부담금제도는 고용률을 하회하는 사업체의 사업주로부터 기금을 납부받아 고용률을 초과해서 장애인을 고용한 사업주에게 고용지원금을 지급함으로써 사업주 간의 장애인고용에 수반되는 경제적 부담을 평등화하자는 것이다. 그러므로 이상적으로는 장애인 고용의무가 완벽하게 지켜져서 부담

으로 본다.[1)]

ⅱ) **복합적 유형** ①과 ②의 성격을 모두 가지는 것으로 헌재가 든 예로는 관광진흥개발기금법에 의한 국외여행자납부금(관광사업의 효율적 발전 및 관광외화수입의 증대라는 과제를 위한 기금의 재원을 마련하는 동시에, 내국인의 국외여행을 간접적으로 규제함으로써 국내 관광사업의 활성화를 유도하기 위하여 내국인 중 국외여행자라는 특정집단으로부터 재정충당 및 유도적 성격을 지닌 특별부담금)이 있다. 원인자부담금, 수익자부담금으로서의 성격도 가지면서 유도적 특별부담금의 성격을 가진다고 본 예는 위 과밀부담금을 들 수 있다.[2)]

5) '재정충당목적의 특별부담금'의 헌법적 허용한계

(가) 기준

① 헌재는 헌재 1999.10.21. 97헌바84 결정에서 "특별부담금을 부과함으로써 국민의 재산권을 제한하는 법률규정이 헌법에 위배되지 않기 위하여는 헌법 제37조 제2항에서 정하고 있는 과잉금지의 원칙이 지켜져야 하고, 평등의 원칙에 위배되어서는 아니됨은 물론이다. 특히 조세유사적 성격을 지니고 있는 특별부담금의 부과가 과잉금지의 원칙과 관련하여 방법상 적정한 것으로 인정되기 위해서는, 이러한 부담금의 부과를 통하여 수행하고자 하는 특정한 경제적·사회적 과제에 대하여 특별히 객관적으로 밀접한 관련이 있는 특정집단에 국한하여 부과되어야 하고, 이와 같이 부과·징수된 부담금은 그 특정과제의 수행을 위하여 별도로 지출·관리되어야 하며 국가의 일반적 재정수입에 포함시켜 일반적 국가과제를 수행하는 데 사용하여서는 아니 된다고 할 것이다. 부담금의 수입이 반드시 부담금의무자의 집단적 이익을 위하여 사용되어야 한다고는 볼 수 없으나, 부담금의무자의 집단적 이익을 위하여 사용되는 경우에는 부담금부과의 정당성이 제고된다고 할 것이다"라고 판시한 바 있다.[3)] 이 결정은 결국 특별부담금의 헌법적 한계로 특정과제성, 밀접한 관련있는 특정집단에 대한 부과, 지출의 특정성을 들고 있고 그 판단을 과잉금지원칙 네 가지 요소 중 방법의 적정성 요소 부분에서 행한다는 입장이다.

금을 징수하지 않아도 되는 상태가 바람직하다는 점에서 볼 때, 장애인 고용부담금은 재정적인 목적보다는 고용에 어려움을 겪는 장애인의 고용촉진을 주된 목적으로 하는 '유도적·조정적 (특별)부담금'의 성격이 강하다고 할 수 있다.

1) 헌재 2001.11.29. 2000헌바23, [판시] 아래 주 참조.

2) 헌재 2001.11.29. 2000헌바23, 수도권정비계획법 제2조 제3호 등 위헌소원. 합헌결정. [판시] 과밀부담금은 건축주가 수도권정비계획법상의 과밀억제권역내에서 인구집중을 유발하는 시설을 건축함으로써 인구집중에 따른 여러 문제의 해결을 위한 공사시행의 원인을 제공하게 됨에 따라 부과하는 원인자부담금의 성격을 지니며, 다른 한편으로 건축물이 기반시설이 풍부한 수도권에 입지하게 됨에 따라 누리는 외부경제에 의한 이득분을 수익자에게서 환수하여 낙후지역의 개발에 투자하고자 하는 점에서 부분적으로 수익자부담금의 성격도 지닌다. 그러나 과밀부담금은 전통적 의미의 부담금에 전제되어 있는 특정의 공익사업이라는 것이 존재하지 아니하고, 기본적으로 과밀억제권역 내에서의 인구집중유발시설의 신축·증설을 억제함으로써 수도권의 과밀해소 및 지역균형발전이라는 국가적 목적 달성을 유도하기 위해 부과되는 것이라는 점에서 특별부담금이라고 할 것이다.

3) 동지 : 헌재 2003.1.30. 2002헌바5.

② 헌재 2003.12.18. 2002헌가2 결정의 4인 위헌의견(헌법적 허용한계 일탈의견) — 이 결정은 문화예술진흥기금 모금에 관한 위헌결정인데 이 결정에서는 특별부담금의 헌법적 허용한계를 벗어나 위헌이라는 4인 위헌의견과 포괄위임금지원칙을 위배한 것이라는 4인의 위헌의견 두 위헌의견이 있었다. 전자의 위헌의견이 특별부담금의 헌법적 허용한계에 대해 설시하고 있다. 즉 "국민의 재산권이나 조세평등을 해할 우려가 있는 재정충당목적의 특별부담금은 헌법 제11조상의 평등원칙과 헌법 제37조 제2항상의 과잉금지원칙으로부터 도출되는 다음과 같은 헌법적 정당화 요건을 갖추어야 하고 그렇지 못한 경우에는 국민의 재산권을 침해하여 위헌이 될 것"이라고 한다. 그리하여 "특별부담금은 조세의 납부의무자인 일반국민들 중 일부가 추가적으로 부담하는 또 하나의 공과금이므로 국민들 사이의 공과금 부담의 형평성 내지 조세평등을 침해하지 않기 위해서는 특별부담금은, 일반인과 구별되는 동질성을 지니어 특정집단이라고 이해할 수 있는 그러한 사람들에게만 부과되어야 하고(집단의 동질성), 특별부담금의 부과를 통하여 수행하고자 하는 특정한 경제적·사회적 과제와 특별히 객관적으로 밀접한 관련성이 있어야 하고(객관적 근접성), 그리하여 그러한 과제의 수행에 관하여 조세외적 부담을 져야 할 책임이 인정될만한 집단에 대해서만 부과되어야 할 것이며(집단적 책임성), 특별부담금의 수입이 특별부담금 납부의무자의 집단적 이익을 위하여 사용되어야 할 것(집단적 효용성)"이라고 그 헌법적 허용한계를 설정하고 있다.[1] 헌재의 위 위헌의견은 "다만 재정충당목적의 특별부담금인 경우 구체적인 사안별로 위와 같은 헌법적 정당화 요건은 일정 부분 완화될 수도 있지만 적어도 객관적 근접성과 집단적 책임성은 특별부담금의 본질적인 허용요건이라고 보아야 할 것"이라고 하고 "나아가 재정충당목적이 전혀 없는 순전한 유도적 특별부담금인 경우와, 재정충당의 목적과 유도의 목적이 혼재된 특별부담금의 경우에는 구체적인 사안별로 위와 같은 헌법적 정당화 요건은 일정 부분 요청되지 않을 수도 있을 것"이라고 한다.[2] 위 위헌의견도 위 97헌

---

1) 헌재 2003.12.18. 2002헌가2, 판례집 15－2 하, 380면. 동지 : 헌재 1998.12.24. 98헌가1, 판례집 10－2, 830－831면; 헌재 1999.10.21. 97헌바84, 판례집 11－2, 453－454면; 헌재 2003.1.30. 2002헌바5, 판례집15－1, 101면 등.

2) 헌재 2003.12.18, 2002헌가2, 판례집 15－2 하, 380－381면. [판시사항] 문예진흥기금 모금의 모금액·모금대행기관의 지정·모금수수료·모금방법 및 관련자료 기타 필요한 사항을 대통령령에 위임하고 있는 구 문화예술진흥법 제19조 제5항 및 제19조의2 제3항이 헌법 제75조상의 포괄위임입법금지의 원칙등에 위배되는지 여부(적극) [결정요지] <1. 재판관 하경철, 재판관 권성, 재판관 김효종, 재판관 송인준의 4인 위헌의견(헌법적 허용한계 일탈의견)> 특별부담금으로서의 문예진흥기금의 납입금은 그 헌법적 허용한계를 일탈하여 헌법에 위반된다. 첫째, 문예진흥기금의 모금대상인 시설을 이용하는 자를 공연 등을 관람한다는 이유만으로, 역사적·사회적으로 나아가 법적으로, 다른 사람들과 구분할만한 동질성 있는 특별한 집단으로 인정하는 것은 대단히 무리라고 할 것이다. 현대 문화국가에 있어서는 공연장 등의 이용이, 선택된 문화적 향수자라고 구획될 만한, 특정한 국민에게만 한정되는 것이 아니기 때문이다. 둘째, 문예진흥기금의 납입금의무를 지는 사람들이, 똑같은 일반 국민인데도, 우연히 관람기회를 갖는다고 하여 이로써 여타의 다른 국민 또는 일반 납세자보다 문화예술진흥의 목적을 달성하는 데 대하여 객관적으로 더 근접한 위치에 있다고 볼 수는 없다. 공연 등을 관람하는 것은 모든 국민에게 일상적으로 용이하게 접근이 가능하기 때문에 일반 관람자로서의 국민들 중에 누구를 특별히 문화예술의 진흥이라는 공적 과제에 더 근접한 위치에 있다고 자리매김을 하는 것은 너무나 무리한 일이다. 셋째, 공연

바84 결정과 비슷하다. 그런데 위 위헌의견은 "특별부담금의 수입이 특별부담금 납부의무자의 집단적 이익을 위하여 사용되어야 할 것"이라고 하는 데 비해 위 결정의 선례인 헌재 1999.10.21. 97헌바84 결정에서는 앞서 본대로 "부담금의 수입이 반드시 부담금의무자의 집단적 이익을 위하여 사용되어야 한다고는 볼 수 없으나, 부담금의무자의 집단적 이익을 위하여 사용되는 경우에는 부담금부과의 정당성이 제고된다"라고 보았다.

(나) 적용 결정례

위 기준에 따라 판단한 결정례로 다음과 같은 결정을 볼 수 있다.

① **관광진흥개발기금 납부금** 카지노사업자에게 총매출액의 100분의 10의 범위 안에서 일정금액을 관광진흥개발기금에 납부하도록 하는 구 관광진흥법 규정이 카지노사업자의 재산권을 침해하지 않아 합헌이라는 결정이 있다. 위 기준의 준수 여부를 주로 방법의 적절성에서 살피고 있다. 그 점을 보기 위해 아래에 요약하여 인용한다.

판례 헌재 1999.10.21. 97헌바84

[결정요지] 1. 이 사건 납부금의 법적 성격 – 이 사건 납부금은 관광사업의 효율적 발전 및 관광외화 수입의 증대라는 과제를 위한 재정충당을 위하여 카지노사업자라는 특정집단으로부터 징수되는 공과금으로서 특별부담금에 해당한다. 2. 특별부담금의 성격 및 그 허용한계 – 특별부담금을 부과함으로써 국민의 재산권을 제한하는 법률규정이 헌법에 위배되지 않기 위하여는 헌법 제37조 제2항에서 정하고 있는 과잉금지의 원칙이 지켜져야 하고, 평등의 원칙에 위배되어서는 아니 됨은 물론이며, 특히 조세유사적 성격을 지니고 있는 특별부담금의 부과가 과잉금지의 원칙과 관련하여 방법상 적정한 것으로 인정되기 위해서는, 이러한 부담금의 부과를 통하여 수행하고자 하는 특정한 경제적·사회적 과제에 대하여 특별히 객관적으로 밀접한 관련이 있는 특정집단에 국한하여 부과되어야 하고, 이와 같이 부과·징수된 부담금은 그 특정과제의 수행을 위하여 별도로 지출·관리되어야 하며 국가의 일반적 재정수입에 포함시켜 일반적 국가과제를 수행하는 데 사용하여서는 아니 된다. 3. 재산권의 침해 여부 (1) 국가의 관광사업의 발전에 직·간접적인 이해관계를 가지고 있는 카지노사업자에게 이 사건 납부금을 부담시킴으로써 위 기금의 조성 나아가 국가의 관광사업의 발전 등에 기여하도록 하고 있는 이 사건 법률조항의 입법목적의 정당성은 일응 수긍된다고 할 것이다. (2) 카지노사업자는 공통의 조건이나 이익상태에

등을 관람하는 일부의 국민들만이 문화예술의 진흥에 집단적으로 특별한 책임을 부담하여야 할 아무런 합리적인 이유도 발견되지 아니한다. 오히려 이들은 일반납세자로서 공연 등의 관람료에 포함된 부가가치세를 부담함에도 불구하고, 세금의 부담에서 한 걸음 더 나아가, 문예진흥기금의 납입이라는 추가적인 책임과 부담까지 안고 있는 것이다. 넷째, 문예진흥기금이 공연관람자 등의 집단적 이익을 위해서 사용되는 것도 아니다. 현실적으로 문예진흥기금은 문예진흥을 위한 다양한 용도로 사용되고 있지만, 그것이 곧바로 공연관람자들의 집단적 이익을 위한 사용이라고 말할 수는 없는 것이다. 공연 등을 보는 국민이 예술적 감상의 기회를 가진다고 하여 이것을 집단적 효용성으로 평가하는 것도 무리이다. 공연관람자 등이 예술감상에 의한 정신적 풍요를 느낀다면 그것은 헌법상의 문화국가원리에 따라 국가가 적극 장려할 일이지, 이것을 일정한 집단에 의한 수익으로 인정하여 그들에게 경제적 부담을 지우는 것은 헌법의 문화국가이념(제9조)에 역행하는 것이다. 위와 같이 이 사건 문예진흥기금의 납입금 자체가 특별부담금의 헌법적 허용한계를 벗어나서 국민의 재산권을 침해하므로 위헌이라 할 것이고 그렇다면 납입금의 모금에 대하여 모금액·모금대행기관의 지정·모금수수료·모금방법 등을 대통령령에 위임한 심판대상 법조항들은 더 나아가 살펴볼 필요도 없이 위헌임을 면치 못할 것이다. <2. 재판관 윤영철, 재판관 김영일, 재판관 김경일, 재판관 전효숙의 4인 위헌의견(포괄위임금지원칙 위배 의견)> 심판대상 법조항들은 헌법 제75조상의 포괄위임입법금지의 원칙에 위배되어 위헌이라 할 것이다.

의하여 일반인이나 다른 집단과 구별되는 사회적으로 동질성을 가지는 특정집단으로서, 이 사건 납부금의 부과를 통하여 추구되는 관광진흥개발기금의 조성이나 관광사업의 발전과 객관적으로 밀접한 관련이 인정되고, 이와 같은 객관적인 밀접성으로 인하여 카지노사업자는 조세 이외의 공과금인 이 사건 납부금의 부과를 통하여 수행되는 과제에 대하여 특별한 집단적 책임을 진다고 할 수 있다. 또한 앞에서 본 바와 같이 이 사건 납부금은 국가의 일반세입으로 들어가지 아니하고 관광진흥개발기금에 편입되어 특정한 용도를 위하여만 사용되며, 관광진흥개발기금법 및 기금관리기본법상 그 기금운용에 대하여 국회의 통제를 비롯한 많은 규제가 가해지고 있다. 더구나 이 사건 납부금은 관광진흥개발기금으로 조성되어 관광사업의 발전을 위하여 쓰여지게 되고, 이로 인하여 외국인관광객의 수가 증가하면 카지노업의 수익도 따라서 증가할 것이므로, 그 수입이 카지노사업자의 집단적 이익에 도움이 되는 방향으로 사용되는 것이 명백하다. 따라서 이 사건 법률조항에서 카지노사업자에게 이 사건 납부금을 부과한 것은 적절한 것으로 볼 수 있다. (3) 카지노업은 그 허가를 받을 수 있는 자의 수가 극히 제한되어 있고, 일반적으로 그 수익성이 매우 높은 것으로 인정되므로 카지노사업자에 대하여 총매출액의 100분의 10의 범위 안에서 이 사건 납부금을 부과한 것이 과도한 비율의 부담금을 부과하는 것으로서 침해의 최소성의 원칙에 어긋나는 것으로 볼 수 없다. (4) 또한 이 사건 법률조항에 의하여 달성하려고 하는 관광진흥개발기금의 조성이나 관광사업의 발전이라는 입법목적의 중요성에 비추어 볼 때, 카지노사업자가 이 사건 납부금을 부담함으로써 일정한 재산상의 불이익을 입게 된다고 하더라도 카지노사업자에게 이 사건 납부금을 부과하는 이 사건 법률조항이 법익의 균형성의 원칙에 위배되는 것으로도 볼 수 없다. 따라서 이 사건 법률조항이 과잉금지의 원칙에 위배하여 카지노사업자의 재산권을 침해하였다고 볼 수 없다.

② **내국인 국외여행자의 납부금** 헌재는 내국인 국외여행자에게 2만원의 범위 안에서 대통령령이 정하는 금액을 관광진흥개발기금에 납부하도록 한 것이 재정충당 및 유도적 성격을 가진 특별부담금으로서의 허용한계를 벗어나지 않아 합헌이라고 결정하였다.[1)]

---

1) 헌재 2003.1.30. 2002헌바5, 관광진흥개발기금법 제2조 제3항 위헌소원. [결정요지] 1. 납부금제도의 법적 성격 – 국외여행자납부금은 특정한 공익사업의 경비충당을 위한 것이 아니고, 납부의무자인 내국인 국외여행자가 위와 같은 기금의 운용을 통한 구체적 목적사업에 대하여 직접적인 원인을 제공하였거나 수익을 얻었다고 보기는 어렵기 때문에, 위와 같은 목적사업 등에 관한 공익(公益)과 이해관계자의 사익(私益)을 수치적·계량적으로 비교·형량하는 방법으로 법익균형성의 구비 여부 등을 판정할 수 없다. 따라서, 이 사건 국외여행자납부금은 '관광사업의 효율적 발전'을 위하여 필요한 재원을 확보하면서 '관광수지적자의 억제'라는 국가적 목적을 달성하기 위하여 부과된다는 점에서, 새로운 공과금 유형으로 논의되고 있는 이른바 '특별부담금'에 해당한다. 납부금제도는 관광사업의 효율적 발전 및 관광외화수입의 증대라는 과제를 위한 기금의 재원을 마련하는 동시에, 내국인의 국외여행을 간접적으로 규제함으로써 국내 관광사업의 활성화를 유도하기 위하여 내국인중 국외여행자라는 특정집단으로부터 재정충당 및 유도적 성격을 지닌 특별부담금을 징수하는 것으로 파악할 수 있다. 2. 이 사건 법률조항의 위헌 여부 (1) 과잉금지의 원칙 위반 여부 (가) 입법목적의 정당성 – 관광기반시설을 이용하여 국외여행을 하면서 관광수지에 부(負)의 영향을 주는 내국인집단에 대하여 국외여행자납부금을 부담시킴으로써 관광수지적자를 억제함과 동시에 기금의 재원을 조성하는 등의 방법으로 국내 관광사업의 활성화 등을 유도하고 있다. 그렇다면, 일단 이 사건 법률조항의 입법목적은 정당하다. (나) 방법의 적정성 – 1) 내국인이 국외여행을 하기 위해서는 반드시 국내 관광기반시설인 공항이나 항만 등을 이용하게 되는데, 기금의 운용으로 인한 관광기반시설의 개선효과는 국내의 교통시설 등을 이용하는 여행자들에게 직접적 편익을 제공하게 된다. 그렇다면, '내국인 국외여행자'는 공통의 조건이나 이익상태 등에 의하여 일반인이나 다른 집단과 구별되는 사회적으로 동질성을 가지는 특정집단으로서 이 사건 납부금의 부과를 통하여 해결하고자 하는 공익적 과제 등에 관하여 집단적 책임이 있을 뿐만 아니라, 기금의 운용을 통한 관광시설 및 교통수단의 개선 등 국내 관광사업의 발전과도 객관적인 관련성이 있기 때문에, 이 사건 납부금의 부과를 통하여 관광수지적자의 발생을 억제하면서 국내관광사업의 활성화를 유도함과 동시에 일정한 재정적 부담을 지울 수 있을 만한 특별한 관계를 인정할 수 있다. 2) 한편, 전체 인구 중 20%를 넘지 않는 상대적으로 소수(少數)인 내국인 국외여행자가 관광수지

③ **문화예술진흥기금 모금에 관한 위헌결정**[1] 위에서 살펴본 결정이다.

6) 유도적 특별부담금의 헌법적 허용한계

헌재는 '유도적 특별부담금의 헌법적 허용한계'라고 바로 명시하지는 않은 채 유도적 특별부담금으로 보는 과밀부담금에 관한 결정에서 특별부담금의 헌법적 허용한계에 대해 "특별부담금을 부과함으로써 국민의 재산권을 제한하는 법률규정이 헌법에 위배되지 않기 위하여는 헌법 제37조 제2항에서 정하고 있는 과잉금지의 원칙이 지켜져야 하고, 평등의 원칙에 위배되어서는 아니됨은 물론이다"라고 설시한 바 있다. 헌재는 ① 이처럼 유도적 특별부담금이라고 본 과밀부담금제도가 합헌이라고 보고 인구집중유발용도시설과 기타의 용도시설이 복합된 건물의 과밀부담금을 건축물 전체 건축비를 기준으로 산정하도록 한 것이 과잉금지원칙, 평등원칙에 반하지 않는다고 결정하였다.[2] ② 장애인 고용부담금을 헌재는 이를 유도적·조정적 (특

적자에 대한 직접적 원인을 제공하고 있다는 점에 비추어 보면, 입법자가 관광진흥개발기금의 재원확대를 위하여 일반 국민을 대상으로 한 조세의 방법을 선택하지 아니하고, 내국인 국외여행자만을 부과대상으로 한정한 현행 납부금제도를 선택한 것은 나름대로 합리성을 가진다. 3) 한편, 이 사건 납부금이 일반적인 재정수입에 포함되는 것이 아니라 각종 관광시설의 건설 등 한정된 용도에만 사용된다. 4) 그렇다면 현행 납부금제도는 규제의 형식, 규제를 받는 대상자의 선정, 부담금의 징수 및 그 용도 등의 모든 측면을 살펴보아도 입법목적 달성을 위한 적정한 수단이라고 판단된다. (다) 피해의 최소성 및 법익의 균형성 – 국제여객공항이용료가 1인당 17,000원이고, 일반적으로 국제선 항공료는 이 사건 납부금 보다 훨씬 더 고액이라는 점 등에 비추어 볼 때, 현행 20,000원 이하 납부금제도가 이른바 '침해의 최소성의 원칙'에 위배된다고는 볼 수 없다. 국내 관광사업의 진흥, 관광수지적자의 억제 등 그 입법목적의 중요성에 비추어 볼 때 '법익균형성의 원칙'에 위배된다고 볼 수도 없다. 따라서, 이 사건 법률조항이 과잉금지의 원칙에 위배하여 내국인 국외여행자의 재산권 등의 본질적인 내용을 침해하였다고 볼 수 없다. <재판관 하경철, 재판관 권성, 재판관 김효종, 재판관 송인준의 반대의견> 이 사건 납부금은 국민들 사이의 공과금 부담의 형평성을 위해 갖추어야 할 특별부담금의 요건을 구비하지 못하였으므로, 이 사건 법률조항은 국민들 간의 공과금 부담의 형평성을 침해하여 평등의 원칙에 위배된다.

1) 헌재 2003.12.18. 2002헌가2.

2) 헌재 2001.11.29. 2000헌바23, 수도권정비계획법 제2조 제3호 등 위헌소원. 합헌결정. [결정요지] (1) 과잉금지원칙 위배여부 (가) 수도권 과밀화를 방지·해소하여 국토의 균형있는 발전을 도모하고자 하는 과밀부담금의 입법목적은 정당하다. (나) 이 법률조항들은 수도권의 과밀억제권역 안에 건축되는 업무용시설·판매용시설 등과 같은 인구집중유발시설 건축물을 그 부과대상으로 하고 있는데, 그 시설의 종류 인구집중을 유발하는 것들로서 이러한 건축에 의하여 수도권의 과밀현상은 더욱 가중되고, 그에 따라 교통문제, 주택문제, 환경문제 등이 야기될 뿐만 아니라 도시 기반시설의 추가적 건설을 필요로 하게 되는 등 과밀로 인한 문제점을 더욱 심화시키게 된다는 점에서, 타지역 및 다른 종류의 시설의 건축물들과는 달리 그만큼 과밀부담금이라는 재정적 부담을 지울 수 있을 만한 특별한 관계에 있다. 또한 이 법률조항들에 따라 징수한 과밀부담금은 조세와는 달리 국가의 일반세입으로 들어가지 아니하고, 토지관리및지역균형개발특별회계 등에 귀속되고 그 세입은 국가가 국토의 균형개발을 위하여 지역균형개발사업을 하는 경우 그 사업시행에 필요한 사업비 등의 용도로 사용되도록 규정되어 있다. 그렇다면 이 법률조항들에 의한 과밀부담금제도는 규제의 형식, 규제를 받는 대상자의 선정, 징수된 부담금의 사용 등의 모든 측면을 살펴보아도 일응 수도권의 과밀해소 및 균형적 발전이라는 입법목적 달성을 위한 적정한 수단이라고 인정된다. (다) 청구인은 과밀부담금의 부과대상은 그 원인을 제공하는 용도부분의 면적에 한정되어야 하고, 이와 달리 건축물의 연면적 전부를 부과대상으로 하여 과밀부담금을 부과하는 것은 과잉금지원칙에 반한다고 주장한다. 과밀부담금은 인구집중에 따른 여러 문제의 해결을 위한 공사시행의 원인을 제공하게 됨에 따라 부과하는 원인자부담금의 성격과, 건축물이 기반시설이 풍부한 수도권에 입지함에 따라 생기는 이득분을 수익자에게서 환수하여 낙후지역의 개발에 투자하고자 하는 수익자부담금의 성격을 함께 지니고 있지만, 기본적으로는 과밀억제권역내에서의 인구집중유발시설의 신축·증설을 억제함으로써 수도권의 과밀해소 및 지역균형발전이라는 국가적 목적 달성을 유도하기 위해 정책적으로 부과되는 특별부담금이다. 그렇다면 과밀부담금은 수도권의 과밀해소와 지역균형발전이라는 국가 정책적 목표를 달성할 수 있는 적절한 방법으로 부

별)부담금으로 보는데 이는 부담금으로 보든지 아니면 특별부담금으로 보든지 양면성이 있다고 보는 것이라 파악되는바 특별부담금으로서는 유도적·조정적 성격의 것이어서 여기서 살펴본다. 사안은 50명 이상의 근로자를 고용하는 사업주는 그 근로자의 총수의 일정 비율 이상에 해당하는 장애인을 고용하여야 한다고 규정하고 그 의무고용률에 못 미치는 장애인을 고용하는 사업주는 장애인 고용부담금을 납부하도록 한 구 '장애인고용촉진 및 직업재활법' 규정이 사업주의 직업의 자유 및 재산권을 침해하는지 여부가 논란된 사안이었다. 헌재는 과잉금지원칙을 위반하지 않은 것이라고 하여 합헌결정을 하였다.[1)]

* 장애인 고용의무제는 구 '장애인고용촉진 등에 관한 법률'에서도 규정하고 있었는데 이 구법 규정에 대해서도 합헌결정이 있었다(헌재 2003.7.24. 2001헌바96).

7) 특별부담금에 대한 결정례

위에서 관련되는 부분에서 특별부담금에 관한 결정례들을 이미 보았는데 아래에서 위헌결정례(헌법불합치결정례)와 합헌성 인정 결정례들을 정리하여 본다.

i) **위헌결정례**(헌법불합치결정례)

① **포괄위임이라 하여 위헌으로 결정한 예** 교통안전기금 분담금 – 교통안전기금의

과하되 그 원인자부담적 성격과 수익자부담적 성격을 함께 고려하여 부과되어야 한다. 건축물의 용도와 규모에 따라 당해 건축물이 과밀을 유발하는 정도 및 기반시설로부터 누리는 편익의 정도와의 상관관계를 완벽히 계량화하기란 어려운 데 반하여, 법 소정의 인구집중유발시설이 인구집중을 유발하는 정도는 대체로 당해 건축물의 크기, 즉 그 건축물의 연면적에 비례할 것이란 점은 통상 인정할 수 있으며, 또 하나의 인구집중유발시설 건축물 내에 법 소정의 인구집중유발용도시설 외의 다른 용도시설이 함께 들어 있다고 하더라도 하나의 건물 안에 있는 다른 용도시설 또한 인구집중유발과 전혀 무관하다고 할 수 없고, 오히려 법 소정의 인구집중유발용도시설과 같은 건축물 내에 존재하게 됨에 따라 인구유발에 대한 복합적 상승효과를 가질 수 있으며, 여기에 기본적으로 수도권 내에 인구집중을 유발하는 대형건축물을 규제하고자 하는 과밀부담금제도의 정책적 목적을 고려하면, 과밀부담금을 전체 건축비를 기준으로 일정비율의 범위 내에서 부과하도록 한 것은 과밀부담금제도의 목적과 취지에 부합하는 적절한 방법이라고 판단된다. 또한 부과금액의 상한선을 건축비의 10%로 제한하고, 아울러 지역별 여건 등을 감안하여 상한선을 건축비의 5%까지 낮출 수 있게 하고 있는 등 침해가 최소화되도록 보완하는 규정을 마련하고 있다. 따라서 과밀부담금을 당해 건물의 전체 건축비를 기준으로 일정비율의 범위 내에서 부과하도록 한 것이 과잉금지원칙에 반하는 것은 아니다. (2) 평등원칙 위반여부 – 이 사건 과밀부담금제도의 입법목적 및 방법이 정당하고 적절한 한 합리적 근거 없는 차별이라고 할 수 없음은 위 과잉금지원칙의 판단에서 본 바와 같다. 이 법률조항은 헌법상의 평등원칙에 반하지 아니한다.

1) 헌재 2012.3.29. 2010헌바432. [결정요지] 1. 장애인 고용부담금은 재정적인 목적보다는 고용에 어려움을 겪는 장애인의 고용촉진을 주된 목적으로 하는 '유도적·조정적 (특별)부담금'의 성격이 강하다고 할 수 있다. 2. 이 사건 고용의무조항 및 고용부담금조항은 장애인이 그 능력에 맞는 직업생활을 통하여 인간다운 생활을 할 수 있도록 장애인의 고용을 촉진하기 위한 것으로 그 입법목적의 정당성이 인정되고, 사업주에게 일정한 비율의 장애인을 고용할 의무를 부과하고 이를 지키지 못한 사업주에게 부담금을 부과하는 것은 장애인고용을 촉진한다는 입법목적을 달성하기 위한 효과적인 방법이므로 방법의 적절성도 인정된다. 또한 달리 이보다 덜 침해적인 방법으로 사업주에게 장애인 고용의무를 강제할 방법을 찾기 어렵고, 장애인 의무고용률의 수준 또는 장애인 고용부담금의 금액이 과도하다고 볼 수 없어 최소침해성원칙에 위반되지 아니하며, 장애인의 고용촉진이라는 공익은 그로 인하여 제한되는 청구인의 직업의 자유 및 재산권에 비하여 적지 않다고 할 것이어서 법익의 균형성도 충족한다. 그러므로 이 사건 고용의무조항 및 고용부담금조항은 청구인의 직업의 자유 및 재산권을 침해하지 아니한다.

재원의 하나로 운송사업자 등에 대하여 부과되는 분담금은 특별부담금인데 그 분담방법 및 분담비율에 관한 사항을 대통령령으로 정하도록 규정한 구 교통안전공단법 규정이 포괄적 위임입법으로 헌법에 위반된다고 보았다.1)

② **헌법적 허용한계를 일탈하여 위헌이라는 4인 재판관 의견과 포괄위임이라서 위헌이라는 4인 재판관의 의견으로 위헌결정된 예** 문화예술진흥기금 모금 − 문화예술진흥기금을 조성하기 위하여 필요하다고 인정할 때에는 공연장, 박물관 등의 시설을 관람하거나 이용하는 자에 대하여 모금할 수 있도록 하면서 그 모금의 모금액, 모금대행기관의 지정, 모금수수료, 모금방법 및 관련자료 기타 필요한 사항은 대통령령으로 정하도록 한 구 문화예술진흥법 규정에 대해 그 모금(납입금)이 특별부담금의 헌법적 허용한계를 일탈하여 위헌이라고 본 재판관이 4인이었고 포괄위임으로서 위헌이라고 본 재판관이 4인으로 합하여 8인 위헌의견으로 결국 위헌으로 결정된 예가 그것이다.2)

---

1) 헌재 1999.1.28. 97헌가8, 판례집 11−1, 1. [결정요지] 1. 교통안전기금의 재원의 하나로 운송사업자들 및 교통수단 제조업자들에 대하여 부과되는 분담금은 교통안전사업의 재정충당을 위한 특별부담금(Sonderabgaben)의 일종으로 볼 수 있고, 그 사용목적이 교통안전사업으로 제한되며 부과대상자가 특정사업자들로 한정된다는 점에서 조세와는 다르다고 할 것이나, 공익사업의 재정충당을 위하여 부과된다는 점에서 조세유사적 성격을 가진다. 2. 이 사건 법률조항이 대통령령으로 정하도록 위임한 '분담금의 분담방법 및 분담비율'은 분담금 납부의무의 범위를 결정하는 데 필수적인 요소로서 국민의 재산권과 관련된 중요한 사항 내지 본질적인 내용이라 할 수 있다. 따라서 이 사건 분담금의 분담방법 및 분담비율은 그 내용이 법률로써 가능한 한 구체적이고도 명확하게 규정되어야 한다. 특히 조세유사적 성격을 가지는 이 사건 분담금은 납부의무자의 재산권을 직접적으로 제한하거나 침해할 소지가 있으므로 구체성, 명확성의 요구는 조세법규의 경우에 준하여 그 위임의 요건과 범위가 일반적인 급부행정법규의 경우보다 더 엄격하게 제한적으로 규정되어야 한다. 위 분담금의 분담방법 및 분담비율에 관한 사항을 대통령령으로 정하도록 규정한 교통안전공단법 제17조는 국민의 재산권과 관련된 중요한 사항 내지 본질적인 요소인 분담금의 분담방법 및 분담비율에 관한 기본사항을 구체적이고 명확하게 규정하지 아니한 채 시행령에 포괄적으로 위임함으로써, 분담금 납부의무자로 하여금 분담금 납부의무의 내용이나 범위를 전혀 예측할 수 없게 하고, 나아가 행정부의 자의적인 행정입법권 행사에 의하여 국민의 재산권이 침해될 여지를 남김으로써 경제생활의 법적 안정성을 현저히 해친 포괄적인 위임입법으로서 헌법 제75조에 위반된다.

2) 헌재 2003.12.18. 2002헌가2. [결정요지] <1. 재판관 하경철, 재판관 권성, 재판관 김효종, 재판관 송인준의 4인 위헌의견> 특별부담금으로서의 문예진흥기금의 모금(납입금)은 그 헌법적 허용한계를 일탈하여 헌법에 위반된다. * 자세한 요지는 앞에 주에 인용한 바를 참조. <2. 재판관 윤영철, 재판관 김영일, 재판관 김경일, 재판관 전효숙의 4인 위헌의견> 심판대상 법조항들은 헌법 제75조상의 포괄위임입법금지의 원칙에 위배되어 위헌이라 할 것이다. 문예진흥기금의 모금은 공연 등을 관람하려는 수많은 국민들에게 금전적 부담을 지움으로써 국민의 문화향수권 및 재산권 등을 직접적으로 제한하게 된다. 특히 모금액 및 모금방법은 기금납입의무자, 모금대상시설과 아울러 문예진흥기금의 모금에 관한 중요하고도 본질적인 입법사항이다. 그러므로 이에 관한 사항을 하위법규에 위임함에 있어서는 위임의 구체성·명확성이 보다 엄격하게 요구된다 할 것이다. 모금액은 공연 등을 관람코자 하는 국민들에게 가장 직접적으로 영향을 미치는 입법사항이다. 따라서 입법자가 이에 관하여 법률로써 직접 규정하는 것에 어려움을 느낀다 하더라도, 적어도 모금액의 상한이나 모금액 산정의 대강의 기준이라도 스스로 정하고서 행정입법에 위임하였어야 한다. 그런데도 심판대상 법조항들은 이에 관하여 아무런 한계를 설정하지 않음으로써 모금액에 관하여 행정권의 전적인 재량에 내맡긴 것이나 다름없다. 문예진흥기금의 모금은 국민들에게 금전적 부담을 지운다는 점에서 그 모금방법 또한 가능한 한 구체적이고 명확한 입법적 규율이 필요한 사항이다. 설사 모금액이 낮게 책정되어 그 부담이 비교적 경미하다 하더라도 모금의 방법이나 절차에 관한 최소한의 규율은 근거법률에 유보되어야 한다. 그런데 심판대상 법조항은 모금의 절차와 방법에 관하여 아무런 제한 없이 대통령령에 위임하고 있다. 그리하여 납부고지, 납부시기, 납부방법, 미납시의 조치, 불복방법 등을 어떻게 규율할 것인지는 오로지 행정권의 임의적 판단에 맡겨져 있다. 심판대상 법조항들의 입법목

③ **텔레비전방송 수신료** 헌재는 수신료의 금액에 대하여 국회가 스스로 결정하거나 결정에 관여함이 없이 한국방송공사로 하여금 결정하도록 한 구 한국방송공사법(현재는 폐지된 법률) 제36조 제1항이 법률유보원칙, 특히 본질사항은 법률(국회)이 직접 정하여야 한다는 의회유보원칙에 위반된다고 하여 헌법불합치결정[1)]을 하였다.

ii) **합헌결정례** 헌재는 카지노사업자의 납부금,[2)] 구 관광진흥개발기금법에 의한 관광진흥개발기금 재원으로서의 내국인 국외여행자의 납부금,[3)] 교통안전기금 분담금,[4)] 과밀부담금,[5)] 장애인 고용부담금[6)] 등을 특별부담금으로 보는데 이 특별부담금 제도들에 대해 합헌결정을 하였다.

(4) 부담금, 특별부담금에 대한 조세법률주의 적용 여부 논의

부담금, 특별부담금과 같은 준조세적 내지 조세유사적 금전납부제도도 조세법률주의의 적용을 받는지가 논란된다. 이를 긍정하는 견해와 준조세는 조세법률주의의 적용을 받는 것은 아니나 법치행정원리에 따라 법률로써 정해야 한다는 것은 인정하는 견해로 나누어진다. 헌재는 재정조달목적 부담금 유형의 부담금은 "재정조달을 위하여 특정한 반대급부 없이 부과되는 점에서 조세와 매우 유사한바"라고 판시한 바 있고[7)] 특별부담금이 "조세와는 다르다고 할 것이나, 공익사업의 재정충당을 위하여 부과된다는 점에서 조세유사적 성격을 가진다"라고 한다.[8)] 헌재 판례 중에는 "조세유사적 성격을 가지는 이 사건 개발부담금은 납부의무자의 재산권을 직접적으로 제한하거나 침해할 소지가 있으므로 조세법률주의를 규정한 헌법 제59조의 취지에 비추어 그 요건은 조세법규의 경우에 준하여 명확하여야 할 것이다"라고 판시한 예도 있다.[9)] "정책의 변경에 따라 조세법규가 개정된 경우라도 그 법령에서 정한 과세요건이 개정 전에 완성되었다면 법령에 특별한 규정이 없는 한 그에 대하여 개정 전의 법령을 적용하는 것

적, 법의 체계나 다른 규정, 관련법규를 살펴보더라도 대통령령 등에 규정될 내용의 대강을 충분히 예측할 수 없다. 결국 심판대상 법조항들은 구체적으로 범위를 정하지 아니한 채 입법사항을 포괄적으로 대통령령에 위임한 것이어서 헌법 제75조에 규정된 포괄위임입법금지의 원칙에 위배된다.

1) 헌재 1999.5.27. 98헌바70.
2) 헌재 1999.10.21. 97헌바84, 판례집 11-2, 433면 이하. [결정요지] 앞에 인용.
3) 헌재 2003.1.30. 2002헌바5, 판례집 15-1, 86면 이하. [결정요지] 앞에 인용.
4) 헌재 1999.1.28. 97헌가8, 판례집 11-1, 1면 이하. [결정요지] 앞에 인용.
5) 헌재 2001.11.29. 2000헌바23. [결정요지] 앞에 인용.
6) 헌재 2012.3.29. 2010헌바432. [결정요지] 앞에 인용.
7) 헌재 2004.7.15. 2002헌바42; 2005.3.31. 2003헌가20.
8) 헌재 1999.1.28. 97헌가8(교통안전기금의 재원의 하나로 운송사업자 등에 대하여 부과되는 분담금 - 특별부담금. [판시] 교통안전기금의 재원의 하나로 부과되는 이 사건 분담금은 교통안전사업의 재정충당을 위하여 운송사업자들 및 교통수단 제조업자들에게 부과되는 특별부담금(Sonderabgaben)의 일종으로 볼 수 있다. 이 사건 분담금은 사용목적이 교통안전사업으로 제한되고, 부과대상자가 특정사업자들로 한정된다는 점에서 조세와는 다르다고 할 것이나, 공익사업의 재정충당을 위하여 부과된다는 점에서 조세유사적 성격을 가진다); 1999.10.21. 97헌바84(카지노사업자에 부과되는 특별부담금); 2003.1.30. 2002헌바5(관광진흥개발기금법에 의한 국외여행자납부금 - 특별분담금).
9) 헌재 2001.4.26. 99헌바39.

이 당연하다. … 이는 부담금의 근거법규의 개정의 경우에도 다르지 않다고 할 것이므로"라고 한 예도 있다.1)

생각건대 부담금, 특별부담금은 일반국민을 대상으로 각 국민의 담세능력에 맞추어 부과되는 조세와는 차이가 있기에 조세법률주의의 적용대상은 아니다. 그러나 국민에게 강제적으로 징수된다는 점에서 기본권제한의 정도가 강하므로 법률에 의할 것은 물론이고 엄격한 요건하에서 허용되어야 한다. 사실 조세법률주의도 법률에 의하도록 하는 것이고 부담금이나 특별부담금도 법률에 근거하여야 하고 그 요건이 이처럼 가능한 한 엄격하여야 한다는 점에서 조세법률주의에 의할 것인지 여부의 논의는 실익이 그리 크지 않다. 조세법률주의의 경우에도 부득이한 경우에 하위 행정입법에 위임할 수 있으나 엄격한 한계에 따라 구체적 위임이 되어야 하는데 특별부담금의 경우에도 법률이 하위 행정입법에 위임할 때 엄격한 한계가 설정된다.2)

(5) 현행 부담금관리기본법

"부담금의 설치 · 관리 및 운용에 관한 기본적인 사항을 규정함으로써 부담금 운용의 공정성 및 투명성을 확보하여 국민의 불편을 최소화하고 기업의 경제활동을 촉진함을 목적으로" 부담금관리기본법이 시행되고 있다.

부담금관리기본법 제2조(정의) 이 법에서 "부담금"이란 중앙행정기관의 장, 지방자치단체의 장, 행정권한을 위탁받은 공공단체 또는 법인의 장 등 법률에 따라 금전적 부담의 부과권한을 부여받은 자(이하 "부과권자"라 한다)가 분담금, 부과금, 기여금, 그 밖의 명칭에도 불구하고 재화 또는 용역의 제공과 관계없이 특정 공익사업과 관련하여 법률에서 정하는 바에 따라 부과하는 조세 외의 금전지급의무(특정한 의무이행을 담보하기 위한 예치금 또는 보증금의 성격을 가진 것은 제외한다)를 말한다. [전문개정 2010.3.31.]

제3조(부담금 설치의 제한) 부담금은 별표에 규정된 법률에 따르지 아니하고는 설치할 수 없다. [전문개정 2010.3.31.]

제4조(부담금의 부과요건등) 부담금 부과의 근거가 되는 법률에는 부담금의 부과 및 징수주체, 설치목적, 부과요건, 산정기준, 산정방법, 부과요율 등(이하 "부과요건등"이라 한다)이 구체적이고 명확하게 규정되어야 한다. 다만, 부과요건등의 세부적인 내용은 해당 법률에서 구체적으로 범위를 정하여 위임한 바에 따라 대통령령 · 총리령 · 부령 또는 조례 · 규칙으로 정할 수 있다. [전문개정 2010.3.31.]

제5조(부담금 부과의 원칙) ① 부담금은 설치목적을 달성하기 위하여 필요한 최소한의 범위에서 공정성 및 투명성이 확보되도록 부과되어야 하며, 특별한 사유가 없으면 하나의 부과대상에 이중으로 부과되어서는 아니 된다. ② 부과권자가 부담금을 부과하는 경우에는 부담금의 납부의무자에게 미리 다음 각 호의 사항을 알려야 한다. <개정 2015.12.29.> 1. 부담금 납부의무자 2. 부담금 부과의 법적 근거, 납부금액, 산출근거, 납부방법 및 미납 시의 조치사항3. 부담금의 감면 요건 및 방법 4. 부담금의 용도5. 제2호에 대하여 의견을 제출할 수 있다는 뜻과 의견을 제출하지 아니하는 경우의 처리방법 6. 의견제출기관의 명칭과 주소 7. 의견제출 기한 8. 그 밖에 부담금의 부과 및 납부에 필요한 사항 ③ 부과권자는 제2항 제5호에 따라 부담금의 납부의무자가 제출한 의견이 타당하다고 인정되면 그 의견을 반영하여야

1) 헌재 2010.2.25. 2007헌바131등.

2) 위임한계를 벗어난 특별부담금이라고 보아 위헌결정이 된 예 : 헌재 1999.1.28. 97헌가8, 판례집 11－1, 1면 이하. [결정요지] 앞에 인용된 바 참조.

한다. ④, ⑤ 생략

제5조의2(부담금 존속기한의 설정), 제5조의3(가산금 등) 생략

제5조의4(권리구제절차) 납부의무자가 위법하거나 부당한 부담금의 부과·징수로 인하여 권리 또는 이익을 침해받았을 경우에 이의신청을 할 수 있도록 하는 등 적절한 권리구제절차를 해당 법령에서 명확하게 정하여야 한다. [본조신설 2010.3.31.]

제6조(부담금의 신설 또는 변경에 관한 심사) 생략

제6조의2(부담금운용종합계획서의 국회제출 등) ① 부담금을 규정하고 있는 법률의 소관 중앙행정기관의 장(이하 "부담금의 소관 중앙행정기관의 장"이라 한다)은 매년 다음 연도 부담금의 부과 및 사용 계획 등이 포함된 부담금운용계획서를 작성하여 기획재정부장관에게 제출하여야 한다. ② 기획재정부장관은 제1항에 따라 부담금운용계획서를 받으면 이를 기초로 부담금운용종합계획서를 작성하여 매년 회계연도 개시 120일 전까지 국회에 제출하여야 한다. ③ 생략

제7조(부담금운용종합보고서의 국회제출 등) ① 부담금의 소관 중앙행정기관의 장은 매년 전년도 부담금의 부과실적 및 사용명세 등이 포함된 부담금운용보고서를 작성하여 기획재정부장관에게 제출하여야 한다.<개정 2012.12.18.> ② 기획재정부장관은 제1항에 따라 부담금운용보고서를 받으면 이를 기초로 부담금운용종합보고서를 작성하여 매년 5월 31일까지 국회에 제출하여야 한다. ③ 생략

제8조(부담금운용의 평가) ① 기획재정부장관은 부담금을 적정하게 운용하기 위하여 각 부담금의 부과목적, 부과실태, 사용내용의 건전성, 부과절차의 공정성 및 존치 필요성 등을 지속적으로 점검·평가하여야 한다. 이 경우 각 부담금의 존치 필요성에 대해서는 3년마다 1회씩 점검·평가하고 그 결과를 제7조 제2항에 따른 부담금운용종합보고서에 포함하여 국회에 제출하여야 한다.<개정 2015.12.29.> ② 기획재정부장관은 제1항에 따른 평가 결과, 부담금의 운용이 적정하지 아니하였거나 부담금을 존치할 필요성이 없어졌다고 인정하는 경우에는 부담금의 소관 중앙행정기관의 장에게 해당 부담금의 폐지 등을 위한 제도개선을 요청할 수 있다. ③ – ⑤ 생략

제9조(부담금운용심의위원회), 제10조(부담금의 제도개선에 대한 의견청취) 생략

Ⅲ. 조세평등주의 등

1. 조세평등주의

(1) 의의와 근거

우리 헌법 제11조 제1항 후문은 누구든지 "정치적·경제적·사회적·문화적 생활의 모든 영역에 있어서 차별을 받지 아니한다"라고 규정하고 있으므로 조세에 관해서도 헌법 제11조를 그 근거로 한다. 헌재도 "우리 헌법은 제11조 제1항에서 모든 국민은 법 앞에 평등하고 누구든지 합리적 이유 없이는 생활의 모든 영역에 있어서 차별을 받지 아니한다는 평등의 원칙을 선언함으로써 조세법률관계에 있어서도 합리적 이유없는 차별적과세 내지 차별대우를 금지하였고(조세평등주의, 조세의 합형평성의 원칙)"라고 한다.[1] 조세평등주의가 평등원칙을 구현하기 위하

1) 헌재 2000.1.27. 98헌바6; 1992.12.24. 90헌바21 등.

여 아래에서 보는 응능과세를 통한 실질적인 형평을 기하려는 헌법원칙이라는 점에서 조세정의를 구현하는 조세법률주의를 보완하고 조세법률주의가 조세평등주의와의 조화를 가져오도록 하여야 한다. 법률에 의한 조세이면서 변화하는 조세여건에 적정하게 대처하는 공평과세가 필요하다.

(2) 조세평등주의의 내용

1) 응능과세의 원칙

조세평등주의가 국민들 간에 조세부담의 평등을 요구하는 것이므로 담세능력에 상응하여 조세가 부과될 것을 요구한다. 헌재는 응능과세를 '수평적 조세정의'와 '수직적 조세정의'로 나누어 설명하고 있다. 즉 "조세평등주의가 요구하는 이러한 담세능력에 따른 과세의 원칙은 한편으로 동일한 소득은 원칙적으로 동일하게 과세될 것을 요청하며(이른바 '수평적 조세정의'), 다른 한편으로 소득이 다른 사람들 간의 공평한 조세부담의 배분을 요청한다(이른바 '수직적 조세정의'). 그러나 이러한 담세능력에 따른 과세의 원칙이라 하여 예외없이 절대적으로 관철되어야 한다고 할 수 없고, 합리적 이유가 있는 경우라면 납세자 간의 차별취급도 예외적으로 허용된다. 세법의 내용을 어떻게 정할 것인가에 관하여 입법자에게는 광범위한 형성의 자유가 인정되며, 더욱이 오늘날 조세입법자는 조세의 부과를 통하여 재정수입의 확보라는 목적 이외에도 국민경제적·재정정책적·사회정책적 목적달성을 위하여 여러 가지 관점을 고려할 수 있기 때문이다"라고 한다.[1]

2) 실질과세의 원칙

실제로 납세의무를 지는 사람에게 조세가 부과되어야 한다는 원칙으로서 조세평등주의에서 나오는 원칙이다. 국세기본법 제14조 제1항은 "과세의 대상이 되는 소득, 수익, 재산, 행위 또는 거래의 귀속이 명의일 뿐이고 사실상 귀속되는 자가 따로 있을 때에는 사실상 귀속되는 자를 납세의무자로 하여 세법을 적용한다"라고 규정하여 실질과세원칙을 명시하고 있다. 지방세기본법 제17조 제1항도 그러하다.

(3) 조세감면과 조세평등주의

1) 조세감면에서의 조세평등주의의 요구

조세를 감하거나 면제하는 경우에도 국민들 간에 조세부담의 평등이 요구됨에 따라 조세평등주의가 구현되어야 한다.

2) 판례의 경향

(가) 대상범위 결정에서의 광범위한 입법재량의 인정

헌재는 "조세감면의 혜택을 부여하는 입법에서 그 범위를 결정하는 것은 입법자의 광범위한 재량에 속하고 재량의 범위를 뚜렷하게 벗어난 것으로 볼 수 없는 한 이것을 위헌이라고

---

1) 헌재 1999.11.25. 98헌마55; 2002.8.29. 2001헌가24.

단정할 수 없는바, 오늘날 조세입법자는 조세의 부과를 통하여 재정수입의 확보라는 목적 이외에 국민경제적, 재정정책적, 사회정책적 목적달성을 위하여 여러 가지 관점을 고려할 수 있기 때문에 위와 같은 입법재량에 대한 요청은 더욱 크다"라고 한다.[1] 이러한 넓은 입법재량을 인정하는 헌재는 "조세감면의 우대조치의 경우에 있어서도 특정납세자에 대하여만 감면조치를 하는 것이 현저하게 비합리적이고 불공정한 조치라고 인정될 때에는 조세평등주의에 반하여 위헌이 된다"라고 한다.[2] 또한 헌재는 "조세우대조치의 남발은 그에 의하여 조세감면을 받는 특정한 납세자군의 조세부담을 다른 납세자군에게 전가하는 결과를 가져와 조세평등의 이념에 반하고 일반 납세자들의 납세의식을 저하시킬 수 있기 때문에, 입법자가 조세감면 대상을 설정할 때 되도록 신중하게 조세감면이 가장 절실하거나 시급하다고 생각되는 집단으로 그 범위를 한정하고 사회·경제적 상황의 변화에 따라 그 범위를 조절하는 것이 허용된다"라고 한다. 그러므로 헌재는 "비록 면세규정의 기본 취지에 비추어 볼 때에는 면세대상이 과소포함되었다 하더라도, 입법자가 자신의 재량 범위 내에서 합리적인 기준에 의하여 면세대상을 선정하고 있는 이상, 이는 정당화된다"라고 본다.[3]

(나) 정책목표달성 필요의 경우의 요건 엄격성 요구

그러난 헌재는 조세면제 제도 자체가 "특정한 납세자군이 조세의 부담을 다른 납세자군의 부담으로 떠넘기는 것에 다름 아니어서 조세평등주의의 이념에 저해적 요소로 되고 따라서 일반납세자들의 납세의식을 저하시키게 되는 것은 의심의 여지가 없으므로, 특히 정책목표달성이 필요한 경우에 그 면제혜택을 받는 자의 요건을 엄격히 하여 극히 한정된 범위 내에서 예외적으로 허용되어야 하는 것이며, 그것이 조세평등주의를 희생시킨 것과 동 가치의 공헌이 가능한 경우에만 활용되어야 할 것"이라고 한다.[4]

(4) 조세평등주의 위반 인정례

① 상속(증여)세 부과시 상속(증여)재산가액평가의 위헌성 신고를 하지 아니하거나 신고에서 누락된 상속(증여)재산의 가액은 상속(증여)당시가 아니라 상속(증여)세 부과당시의 가액으로 평가하도록 한 구 상속세법 제9조 제2항 본문은 조세평등주의에 반하고 재산권을 침해하여 위헌이라고 결정하였다.[5]

---

1) 헌재 2000.7.20. 98헌바99; 2002.10.31. 2002헌바43, 2003.11.27. 2003헌바2.
2) 헌재 1996.8.29. 95헌바41; 2003.11.27. 2003헌바2.
3) 헌재 2005.2.24. 2003헌바72; 2010.2.25. 2007헌바131등.
4) 헌재 1995.10.26. 94헌바7; 2000.1.27. 98헌바6; 2010.2.25. 2007헌바131.
5) 헌재 1992.12.24. 90헌바21. [결정요지] 첫째로, 우리나라의 현행 조세법제에 의하면 상속세나 증여세는 정부가 부과처분을 행함으로써 비로소 그 조세채부가 확정되는 이른바 부과과세방식을 택하고 있는데(국세기본법 제22조, 동 법시행령 제10조의2), 이러한 부과과세방식의 조세인 상속세나 증여세에 있어서 상속사실 또는 증여사실의 신고는 과세자료의 제출이라는 과세관청에 대한 일종의 협력의무에 불과한 것이다. 그런데 이 협력의무를 이행하지 아니하였다 하여 가산세를 부과하는 외에 상속재산(증여재산)의 가액자체를 상속(증여)세 부과당시를 기준으로 무겁게 평가하여 징벌적, 차별적인 중과세를 하는 것은 어느 모로 보아도 합리성이 있다고 볼 수

② **이혼시 재산분할로 상속세 인적공제액을 초과하는 재산을 취득한 경우 그 초과부분에 대한 증여세 부과** 헌재는 이 증여세 부과는 입법목적이 상속세 부과상 형평을 유지한다는 데에 있으나 이혼시 재산분할과 배우자의 사망으로 인한 상속의 경우와는 재산관계, 신분관계에서 차이가 있으므로 공유재산을 청산받는 혼인당사자를 합리적 이유없이 차별하는 것으로 조세평등주의에 위배된다는 위헌결정을 하였다.[1)]

③ **제조담배의 재반입시 담배소비세의 환급사유의 제한** 그 사유를 "제조장 또는 보세구역에서 반출된 제조담배가 포장 또는 품질의 불량 등의 사유로 제조장 또는 수입판매업자의 제조담배의 보관장소로 반입된 경우"로 한정하고 있는 구 지방세법 제233조의9 제1항 제2호가 조세평등주의에 위배된다고 보고 헌법불합치결정을 하였다.[2)]

없다. 둘째로, 다른 조세실체법은 납세신고의무의 불이행자에 대하여 "가산세"를 부과하는 외에 따로 더 부과되는 제재수단(즉 추가적 행정벌 또는 이중의 행정벌)을 규정하고 있지 아니함에도 불구하고, 유독 이 사건 법률조항만이 그 신고의무의 이행여부에 따라 과세표준의 평가기준 그 자체를 달리 규정함으로써 그 신고의무 불이행자에 대하여 가산세의 부과 외에 다른 또 하나의 불이익을 주고 있는데, 이는 우리나라 조세법체계의 전체적 균형에서 보더라도 조세평등주의에 현저히 위반되며 다른 조세에 관한 신고의무 불이행자와 비교할 때 합리적 이유없는 차별대우라 아니할 수 없다. 또 상속재산이나 수증재산을 이미 처분한 후에 상속세나 증여세가 부과되는 때에는 경우에 따라서는 그 처분가격보다 훨씬 많은 세금(때로는 처분가격의 몇 10배나 몇 100배가 되는 경우도 있다)을 납부하여야 하는 불합리한 결과가 발생할 수도 있는바, 이 점에 있어서는 그 성실신고자와의 관계에서 볼 때에도 합리적인 차별이라고 할 수 없다. 또한 동일한 무신고자 또는 과소신고자 사이에 있어서도 각기 소관 과세관청이 다른 경우에는 각 그 소관청의 인력이나 업무량에 따라 또는 그 업무처리능력에 따라 그 과세시점이 달라질 수 있고 그 결과 세금액이 달라질 수 있다. 이렇게 볼 때, 이 사건 법률조항(제9조 제2항 본문.1981.12.31. 법률 제3474호 신설)은 헌법이 규정한 조세법률주의와 평등의 원칙(조세평등주의)에 위반된 것이고 그로 말미암아 국민의 재산권을 침해하게 되는 것이므로 헌법상의 재산권보장규정에도 위반된다. 동지 : 헌재 1993.5.13. 92헌바32.

1) 헌재 1997.10.30. 96헌바14. [결정요지] 이혼시의 재산분할청구로 취득한 재산에 대하여 증여세를 부과하는 주된 입법목적이 배우자의 사망시 상속재산에 대하여 상속세를 부과하는 것과 과세상 형평을 유지한다는 데에 있고, 이는 혼인관계가 청산(종료)된다는 점에서 이혼과 사망의 경우가 동일하다는 점을 전제로 하고 있다. 그러나 이혼과 배우자의 사망이 비록 혼인관계의 종료를 가져온다는 점에서 공통성이 있다 하더라도 그로 인한 재산관계, 신분관계는 여러 가지 면에서 차이가 있다. 우선 무엇보다도 이혼시의 재산분할은 배우자의 사망으로 인한 상속의 경우와는 취득재산의 범위니 내용면에서 전혀 다르다. 이혼시 재산분할의 대상은 재산취득자의 협력으로 이루어진 재산에 한정됨에 반하여, 배우자의 사망으로 인한 상속의 경우 그 대상이 되는 재산은 이에 한정되지 않고 원칙적으로 사망 배우자의 모든 재산이다. 또한 이혼으로 인한 재산분할은 어디까지나 배우자 쌍방간의 재산의 분할만이 문제될 뿐이나, 배우자 사망으로 인한 상속의 경우에는 배우자외에 직계비속 등도 공동으로 상속관계에 개입될 수 있다. 이 사건 법률조항은 증여세의 상속세 보완세적 기능을 관철하는 데에만 집착한 나머지, 배우자상속과 이혼시 재산분할의 재산관계의 이와 같은 본질적이고도 다양한 차이점을 무시하고 이를 동일하게 다루고 있다. 따라서 이 사건 법률조항은 "같은 것을 같게, 다른 것을 다르게"라는 평등의 규준을 어기고, 본질적으로 다른 것을 같게 다룸으로써 자신의 실질적 공유재산을 청산받는 혼인당사자를 합리적 이유없이 불리하게 차별하는 것이므로 조세평등주의에도 위배된다.

2) 헌재 2001.4.26. 2000헌바59. [결정요지] 기본적으로 담배소비세는 담배의 소비를 과세물건으로 하는 간접소비세인데 단지 징세의 편의를 위하여 보세구역 등에서 반출될 때에 제조자 또는 수입판매업자에게 미리 이를 납부하도록 하는 것이므로, 만일 조세전가에 의하여 이를 실질적으로 부담할 소비자에게 담배가 공급되지 않고 보세구역 등으로 재반입된다면 제조자 또는 수입판매업자에게 귀책사유가 있는 등의 특별한 사정이 없는 한 원칙적으로 재반입사유의 여하를 불문하고 당해 세액을 납부자에게 환급하는 것이 담배의 소비행위를 과세물건으로 하는 담배소비세의 본질에 비추어 볼 때 당연한 것이다. 그런데 이 사건 법률조항은 재반입사유 중 포장 또는 품질의 불량의 경우에만 담배소비세의 환급을 허용하고 있는바, 재반입한 자에게 귀책사유가 있는 등의 특별한

④ **가산세 부과에서의 조세평등주의** 법정기한 내에 취득세 신고는 하였으나 납부하지 않는 자에 대하여 신고와 납부의무를 모두 이행하지 않는 자와 동일한 율로 가산세를 부과하고, 또한 가산세 산정시에 취득세가 미납된 기간을 전혀 고려하지 않은 지방세법 제121조 제1항(이하 '이 사건 법률조항'이라 한다)이 조세평등주의에 위반된다고 하여 적용중지의 헌법불합치로 결정되었다. 이 결정에서는 비례의 원칙도 위반한 것으로 판단되었다.[1)]

⑤ **제2차 납세의무** ㉠ 제1판결 – 비상장 법인이 그의 재산으로 그 법인에 부과되거나 그 법인이 납부할 국세·가산금과 체납처분비에 충당하여도 부족한 경우에 그 부족액에 대하여 지도록 하는 의무가 제2차 납세의무이고 이 의무를 지는 자로 구 국세기본법은 과점주주(그들의 소유주식금액 또는 출자액의 합계액이 당해 법인의 발행주식총액 또는 출자총액의 100분의 51 이상인 주주)로 규정하고 있었다. 헌재는 그 과점주주의 주식의 소유 정도 및 과점주주 소유의 주식에 대한 실질적인 권리의 행사 여부와 법인의 경영에 대한 사실상의 지배 여부 등 제2차 납세의무의 부과를 정당화시키는 실질적인 요소에 대하여는 고려함이 없이, 소정 과점주주 전원에 대하여 일률적으로 법인의 체납액 전부에 대한 무제한의 납세의무를 인정함으로써 조세평등주의에도 위반된다고 보았다. 그러나 과점주주에 대하여 제2차 납세의무를 부과하는 것 자체가 모

사정이 없는 한 재반입사유를 포장 또는 품질이 불량한 경우와 그밖의 경우로 나누어, 전자의 경우에는 환급을 하여 주고 후자의 경우에는 환급을 하여주지 않는다고 하는 결정적인 차별을 할만한 본질적인 차이가 둘 사이에 존재한다고 볼 수 없으므로 위와 같은 차별은 합리적인 이유가 없는 것이다. 따라서, 이 사건 법률조항은 합리적 이유 없이 납세자를 차별한 것이 되어 헌법상 조세평등주의에 위배된다. 법적 공백을 막기 위해 헌법불합치결정을 함.

1) 헌재 2003.9.25. 2003헌바16. 헌법불합치. [결정요지] (1) 비례의 원칙 위반 – 지방세법상 취득세에 대한 가산세는 납세의무자에게 부여된 협력의무위반에 대한 책임을 묻는 행정적 제재를 조세의 형태로 구성한 것으로 형식에 있어서만 조세일 뿐이고 본질에 있어서는 본세의 징수를 확보하기 위한 수단인 바, 가산세의 부담은 세법상의 의무위반의 내용과 정도에 따라 달리 결정되어야 합리성을 갖는 것이다. 취득세의 자진납부의무의 불이행이라는 상황은 법정기한을 도과한 시점에서부터 시작되고, 과세당국이 취득세과세의 원인사실을 발견 또는 확인하여 취득세부과처분을 하고 이를 고지하는 시점에서 종결되는바 그 기간은 이 사건에서 보는 것처럼 하루에 불과할 수도 있지만 때로는 상당한 장기간이 될 수도 있으므로 자진납부의무의 위반정도는 미납기간의 장단과 미납세액의 다과라는 두가지 요소에 의하여 결정된다고 할 것이다. 그러므로 이러한 두가지 결정요소를 반영하여(예컨대, 무납부세액×미납일수×3/10,000, 소득세법 제81조 제4항 및 동 시행령 제146조의2 참조) 가산세를 산출하여야 함에도 불구하고 법 제121조 제1항이 산출세액의 100분의 20을 가산세로 획일규정한 것은 의무위반의 정도를 결정하는 두 가지 요소 중 미납세액만을 고려하고 또하나의 요소인 미납기간의 장단은 전혀 고려하지 아니한 것이므로 이는 현저히 합리성을 결하여 헌법상의 비례의 원칙에 어긋난다고 하지 않을 수 없다. (2) 조세평등주의의 위반 – 가산세는 법이 정하는 바에 의하여 부과하는 행정상의 제재이지만, 가산세도 세금의 하나이므로 합리적인 이유 없이 특정의 납세의무자를 불리하게 차별하거나 우대하는 것은 허용되지 않는 바, 지방세법 제120조의 '신고납부' 의무는 취득사실을 신고할 의무와 취득 세액을 납부할 의무라는 두 가지 의무를 가리키는 것인데도 불구하고, 두 가지 의무 중 하나만을 불이행한 자나 두 가지 의무 모두를 불이행한 자를 구별하지 아니하고 똑같이 산출세액의 100분의 20을 가산세로 납부하도록 규정하고 있고, 또한 자진납부의무를 불이행한 자들 사이에서도 그 미납기간의 장단을 전혀 고려하지 않고 똑같이 취급하고 있는 것은 헌법상의 평등의 원칙에 어긋난다. 또한 소득세 등 국세의 경우에 신고의무불이행과 납부의무불이행에 대하여 별개로 구분하여 대응하고 있는데, 취득세도 똑같은 국민이 부담하는 조세라는 측면에서 볼 때에 구분하여 대응하지 아니할 합리적 이유가 없는 상황에서 취득세 납세의무자를 소득세 등 국세의 납세의무자에 비하여 차별하는 것은 합리적인 이유 없이 같은 것을 서로 다르게 취급하여 헌법상의 평등의 원칙에 위반한다.

두 위헌이라고는 볼 수 없으므로 "법인의 경영을 사실상 지배"하거나 과점주주로서의 요건, 즉 당해 법인의 "발행주식총액의 100분의 51 이상의 주식에 관한 권리를 실질적으로 행사하는 자"로 한정하고 이 범위 내에 있지 않은 과점주주에게 제2차 납세의무를 지우는 것은 위헌이라는 한정위헌결정을 하였다.[1] 사실 "법인의 경영을 사실상 지배하는 자"라는 그 문언은 위 결정이 있기 전 1993년에 이미 개정된 국세기본법에 변화된 문언으로 자리잡고 있었다. ㉡ 제2차 판결 – 1993년에 개정된 국세기본법 제2차 납세의무자 규정도 문제되었다. 개정된 규정이 "주식을 가장 많이 소유하거나 출자를 가장 많이 한 주주"를 제2차 납세의무자로 규정한 데 대해 헌재는 주식을 가장 많이 소유한 자인지의 여부는 주주명부 등에 기재된 형식적인 내용을 가지고 판단할 수밖에 없으므로 이는 조세평등주의에 위배될 수 있고 따라서 실질적인 부과를 위해 위 ㉠ 판결에서와 같이 "당해 법인의 발행주식총액의 100분의 51 이상의 주식에 관한 권리를 실질적으로 행사하는 자" 이외의 과점주주에 대하여 제2차 납세의무를 부담하게 하는 범위 내에서 헌법에 위반된다는 한정위헌결정을 하였다("법인의 경영을 사실상 지배하는 자"라는 문구는 빠졌는데 이는 개정된 법규정에 이 문구가 들어가 있다).[2] * 유의할 점 : 이 결정에서는 주식

---

1) 헌재 1997.6.26. 93헌바49. [심판대상규정]은 아래 주 대비표 참조. [결정요지] 1. 납세의무의 확장의 하나로서의 과점주주의 제2차 납세의무는 국세부과 및 세법적용상의 원칙으로서의 실질과세의 원칙을 구현하려는 것으로서, 형식적으로는 제3자에게 재산이 귀속되어 있으나 실질적으로는 주된 납세의무자와 동일한 책임을 인정하더라도 공평을 잃지 않을 특별한 관계에 있는 제3자를 제2차 납세의무자로 하여 보충적인 납세의무를 지게 하여 그 재산의 형식적인 권리 귀속을 부인함으로써 그 내용상의 합리성과 타당성 내지 조세형평을 기하는 한편 조세징수의 확보라는 공익을 달성하기 위한 제도이므로, 그 제도의 취지 자체는 실질적 조세법률주의에 위반되지 않는다. 이 사건 법률조항의 제2차 납세의무제도의 입법목적을 구체적으로 보면, 이는 특히 우리나라 비상장법인이 대부분 친족, 친지 등을 주주로 하여 구성된 소규모의 폐쇄회사들로서 회사의 경영을 사실상 지배하는 실질적인 운영자인 과점주주는 회사의 수익은 자신에게 귀속시키고 그 손실은 회사에 떠넘김으로써 회사의 법인격을 악용하여 이를 형해화시킬 우려가 크므로 이를 방지하여 실질적인 조세평등을 이루려는 데 있으므로 그 합리성이 인정된다. 2. 국세기본법 제39조는 과점주주의 주식의 소유 정도 및 과점주주 소유의 주식에 대한 실질적인 권리의 행사 여부와 법인의 경영에 대한 사실상의 지배 여부 등 제2차 납세의무의 부과를 정당화시키는 실질적인 요소에 대하여는 고려함이 없이, 소정 과점주주 전원에 대하여 일률적으로 법인의 체납액 전부에 대한 무제한의 납세의무를 인정함으로써, 과점주주에 대한 조세형평이나 재산권 보장은 도외시한 채 조세징수의 확보만을 지나치게 강조하여 실질적 조세법률주의에 위반되고 재산권을 과도하게 침해하며 또 과점주주들 간에 불합리한 차별을 하여 평등의 원칙과 그 조세분야에서의 실현형태인 조세평등주의에도 위반된다. 그러나 과점주주에 대하여 제2차 납세의무를 부과하는 것 자체가 모두 위헌이라고는 볼 수 없으므로, 실질적 조세법률주의의 원칙에 비추어 제2차 납세의무를 부담하는 과점주주의 범위를 적절하게 제한하거나 과점주주의 책임의 한도를 설정하면 그 위헌성이 제거될 수 있을 것인데, 입법부는 이미 과점주주의 범위를 제한하는 방법으로 법률을 개정함으로써 제도의 입법목적인 조세징수의 확보라는 공익적인 요청과 과점주주의 재산권 보장이라는 요청을 조화시키려는 시도를 하였고, 또 그러한 방법으로 위헌성을 제거하는 것이 가장 합리적이라 보여지는바, 이에 제2차 납세의무를 부과함이 상당하다고 인정되는 과점주주의 범위에 대하여 살펴보면, 그 입법목적에 비추어 이를 주식회사를 실질적으로 운영하면서 이를 조세회피의 수단으로 이용할 수 있는 지위에 있는 자, 즉 법인의 경영을 사실상 지배하거나 과점주주로서의 요건, 즉 당해 법인의 발행주식총액의 100분의 51 이상의 주식에 관한 권리를 실질적으로 행사하는 자로 제한함이 상당하다.

2) 헌재 1998.5.28. 97헌가13. [심판대상규정]은 아래 주 대비표 참조. ['가'목에 대한 판시] 위 조항 중 '가목'은 과점주주 중 "주식을 가장 많이 소유한 … 자"에게 제2차 납세의무를 부담하게 하고 있다. 주식을 가장 많이 소유한 자라 함은 과점주주 가운데 주식을 가장 많이 소유한 자를 가리키는 것이고, 과점주주를 포함한 법인의 모든 주주 중에서 주식을 가장 많이 소유한 자를 의미하는 것은 아니다. 주식을 가장 많이 소유한 자인지의 여부

을 가장 많이 소유하거나 출자를 가장 많이 한 자나 법인의 경영을 사실상 지배하는 자와 '생계를 함께하는 자', '대통령령이 정하는 임원'를 제2차 납세의무자로 한 규정에 대해서는 한정위헌이 아니라 '단순위헌'의 결정을 하였다. '생계를 함께하는 자' 규정은 체납세액 전부에 대하여 일률적으로 제2차 납세의무를 지우는 것은 그와 다른 과점주주들 사이에 불합리한 차별을 하여 조세평등주의를 위반하는 것이라는 이유로, '대통령령이 정하는 임원' 부분은 포괄위임금지원칙 위반이라는 이유에서였다.[1] ㉢ 제3차 판결 – 이후 지방세법 지방세법 제22조 제2호 (3)목에도 위 ㉡에서 단순위헌결정을 받은 "주식을 가장 많이 소유하거나 출자를 가장 많이 한 자나 법인의 경영을 사실상 지배하는 자와 '생계를 함께하는 자'"라는 규정이 있었는데 이 규정에 대해서도 위 ㉡ 판결에서 그 부분에 대해 위헌이라고 본 이유와 같은 취지의 이유로 단순위헌결정을 하였다.[2][3]

는 주주명부나 주식이동상황명세서상에 등재된 형식적인 내용을 기준으로 삼을 수밖에 없을 것이고, 주식명의를 차용·도용한 경우 등이 있을 것인데도, 이러한 특수사정은 전혀 고려하지 않고 있다. 따라서 '가목' 은 제2차 납세의무를 부담하는 범위를 과점주주 중 주식을 가장 많이 소유한 자 라는 형식적인 기준에만 의하도록 규정한 것은 위헌의 소지가 있음을 부인할 수 없다. 법원의 해석도, 과세청은 납세의무 성립일 현재 과점주주 중 주식을 가장 많이 소유한 사실을 주주명부나 주식이동상황명세표로 입증하면 되고, 주주명의의 차용·도용 등의 사정은 이를 주장하는 명의자가 입증하여야 한다는 견해를 갖고 있다. 이미 우리재판소는 선례를 통하여 과점주주 중 "주식을 가장 많이 소유한 자"라도 "법인의 경영을 사실상 지배하는 자"가 아니거나 "당해 법인의 발행주식총액의 100분의 51 이상의 주식에 관한 권리를 실질적으로 행사하는 자"가 아닌 과점주주에게는 제2차 납세의무를 부담하게 할 수 없다는 견해를 밝힌 바가 있으므로, 이러한 과점주주에 대하여 제2차 납세의무를 지게 하는 것은 실질적 조세법률주의(헌법 제38조, 제59조)에 위배되고 과점주주의 재산권(헌법 제23조 제1항)을 침해하여 헌법 위반이 된다.

1) 헌재 1998.5.28. 97헌가13. [심판대상규정]은 아래 주 대비표 참조. ['다'목, '라'목에 대한 판시] (1) 위 조항의 '다목'에 관한 부분을 살피면, 위 '다목'은 과점주주 중 "가목 및 나목에 규정하는 자와 생계를 함께 하는 자" 즉, "주식을 가장 많이 소유하거나 법인의 경영을 사실상 지배하는 자와 생계를 함께 하는 자"는 소유하는 주식이 몇 주(株)인지도 묻지 않고 제2차 납세의무를 지우는 것이다. 여기에 생계를 함께 하는 자라 함은 서로 도와서 일상생활비를 공통으로 부담하고 있는 것을 말하고 반드시 동거하고 있는 것을 필요로 하지 아니한다(법시행령 제20조 제10호). 따라서 위 '다목'은 과점주주 자신이 법인의 경영을 사실상 지배하거나 당해 법인의 발행주식총액의 100분의 51 이상의 주식에 관한 권리를 실질적으로 행사하는 자에 해당하는지 여부에 관계없이 과점주주 중 주식을 가장 많이 소유한 자와 서로 도와서 일상생활비를 공통으로 부담한다는 이유만으로 책임의 범위와 한도조차 뚜렷하게 설정하지 아니한 채 법인의 체납세액 전부에 대하여 일률적으로 제2차 납세의무를 지우는 것은 과점주주들 간에 불합리한 차별을 하여 조세평등주의와 실질적 조세법률주의(헌법 제11조 제1항, 제38조, 제59조)에 위반되고 과점주주의 재산권(헌법 제23조 제1항)을 침해하게 된다. (2) 위 조항 중 '라목'에 대하여 보면, 위 '라목'은 "대통령령이 정하는 임원"을 제2차 납세의무를 지는 과점주주 중의 하나로 규정하고 있다. 그러나 '라목'은 제2차 납세의무를 지는 과점주주인 임원의 범위를 구체적인 기준도 없이 이를 모두 대통령령에 포괄위임하여 위임입법의 한계를 일탈한 것으로 보지 않을 수 없다. 대통령령이 정하는 임원인 과점주주 모두에게 제2차 납세의무를 지게 하는 것은 법인의 경영을 사실상 지배하는지, 발행 주식총액의 100분의 51 이상의 주식에 관한 권리를 실질적으로 행사하는지 여부를 가리지 아니한 채, 과세청이 자의로 제2차 납세의무자인 과점주주를 지정하여 보충적인 납세의무를 지울 여지가 있다. 위 조항 '라목'의 위임에 따라 만든 법시행령 제20조의2(임원의 정의)를 보면 그 범위가 너무 광범위하고, 실질적으로 법인의 경영을 사실상 지배하는지에 상관없이 법인의 체납세액 전부에 대하여 제2차 납세의무를 지우도록 규정하고 있다. 따라서 위 '라목'이 과점주주의 범위를 적절하게 제한하거나 책임의 한도를 설정하지 아니한 것은 실질적 조세법률주의(헌법 제38조, 제59조)와 포괄위임금지의 원칙(헌법 제75조)에 위반된다.

2) 헌재 2007.6.28. 2006헌가14. [결정요지] 위 주의 [판시] 부분 중 (1) 부분 참조.

3) 제2차 납세의무에 관한 위 3개의 판결들을 도표로 정리하면 아래와 같다.

⑥ **배우자 상속공제 요건으로서의 상속재산 분할 신고 시한** 배우자 상속공제를 인정받기 위한 요건으로 배우자상속재산기한 등까지 배우자의 상속재산을 분할하여 신고할 것을 요하고 있는 구 '상속세 및 증여세법'(2002.12.18. 법률 제6780호로 개정되고, 2010.1.1. 법률 제9916호로 개정되기 전의 것) 제19조 제2항이 배우자상속재산분할기한은 지나치게 짧고, 배우자상속재산분할기한까지 배우자의 상속재산을 분할할 수 없는 부득이한 사유를 너무 제한적으로 규정하고 있으며 후

헌재 1997.6.26. 93헌바49	헌재 1998.5.28. 97헌가13	헌재 2007.6.28. 2006헌가14
[주문] 구 국세기본법 제39조 제2호 (1993.12.31. 법률 제4672호로 개정되기 전의 것) 중 주주에 관한 부분은 "법인의 경영을 사실상 지배하는 자" 또는 "당해 법인의 발행주식총액의 100분의 51 이상의 주식에 관한 권리를 실질적으로 행사하는 자" 이외의 과점주주에 대하여 제2차 납세의무를 부담하게 하는 범위 내에서 헌법에 위반된다. [심판대상규정] 구 국세기본법 제39조 본문 및 제2호(각 1993.12.31. 법률 제4672호로 개정되기 전의 것) 제39조 (출자자의 제2차 납세의무) 법인 (주식을 한국증권거래소에 상장한 법인을 제외한다) 의 재산으로 그 법인에 부과되거나 그 법인이 납부할 국세·가산금과 체납처분비에 충당하여도 부족한 경우에는 그 국세의 납세의무 성립일 현재 다음 각 호의 1에 해당하는 자는 그 부족액에 대하여 제2차 납세의무를 진다. 2. 주주 또는 유한책임사원 1인과 그외 대통령령이 정하는 친족 기타 특수관계에 있는 자들로서 그들의 소유주식금액 또는 출자액의 합계액이 당해 법인의 발행주식총액 또는 출자총액의 100분의 51 이상인 자(이하 "과점주주"라고 한다)	[주문] 1. 국세기본법 제39조 제1항 제2호 '가목' 중 주주에 관한 부분은 "당해 법인의 발행주식총액의 100분의 51 이상의 주식에 관한 권리를 실질적으로 행사하는 자" 이외의 과점주주에 대하여 제2차 납세의무를 부담하게 하는 범위 내에서 헌법에 위반된다. 2. 국세기본법 제39조 제1항 제2호 '다목 과 라목' 중 주주에 관한 부분은 모두 헌법에 위반된다. [심판대상규정] 구 국세기본법 제39조(출자자의 제2차 납세의무) ① 법인(주식을 한국증권거래소에 상장한 법인을 제외한다)의 재산으로 그 법인에게 부과되거나 그 법인이 납부할 국세·가산금과 체납처분비에 충당하여도 부족한 경우에는 그 국세의 납세의무의 성립일 현재 다음 각 호의 1에 해당하는 자는 그 부족액에 대하여 제2차 납세의무를 진다. 2. 과점주주 중 다음 각 목의 1에 해당하는 자 가. 주식을 가장 많이 소유하거나 출자를 가장 많이 한 자 나. 법인의 경영을 사실상 지배하는 자 다. 가목 및 나목에 규정하는 자와 생계를 함께하는 자 라. 대통령령이 정하는 임원 ② 제1항 제2호에서 "과점주주"라 함은 주주 또는 유한책임사원 1인과 그와 대통령령이 정하는 친족 기타 특수관계에 있는 자로서 그들의 소유주식의 합계 또는 출자액의 합계가 당해 법인의 발행주식총액 또는 출자총액의 100분의 51 이상인 자들을 말한다.	[주문] 구 지방세법(1993.12.27. 법률 제4611호로 개정되고, 1999.12.28. 법률 제6060호로 개정되기 전의 것) 제22조 제2호 (3)목 중 '주주'에 관한 부분은 헌법에 위반된다. [심판대상규정] 지방세법 제22조 제2호 (3)목 중 '주주'에 관한 부분 구 지방세법 제22조(출자자의 제2차 납세의무) 법인(주식을 한국증권거래소에 상장한 법인을 제외한다)의 재산으로 그 법인에게 부과되거나 그 법인이 납부 또는 납입할 지방자치단체의 징수금에 충당하여도 부족한 경우에는 그 지방자치단체의 징수금의 과세기준일 또는 납세의무성립일(이에 관한 규정이 없는 세목에 있어서는 납기개시일) 현재 다음 각 호의 1에 해당하는 자는 그 부족액에 대하여 제2차 납세의무를 진다. 2. 주주 또는 사원 1인과 그와 대통령령이 정하는 친족 기타 특수관계에 있는 자들로서 그들의 소유주식 금액 또는 출자액의 합계액이 당해 법인의 발행주식 총액 또는 출자총액의 100분의 51 이상인 자(이하 "과점주주"라 한다) 중 다음 각 목의 1에 해당하는 자 (1) 주식을 가장 많이 소유하거나 출자를 가장 많이 한 자 (2) 법인의 경영을 사실상 지배하는 자 (3) (1) 및 (2)에 규정하는 자와 생계를 함께하는 자 (4) 대통령령이 정하는 임원

발적 사유에 의한 경정제도를 마련하고 있지 않다는 점에서 과잉금지원칙에 위배하여 청구인들의 재산권과 평등권을 침해하는 위헌이라는 주장이 헌법소원에서 제기되었다. 헌재는 과잉금지원칙을 위배한 재산권 침해이고 위 기한이 경과하면 일률적으로 배우자 상속공제를 부인하여 합리성이 없어 조세평등주의에 반한다고 하여 결국 헌법불합치결정을 하였다.[1)]

2. 조세의 우선징수 문제

(1) 의의와 합헌성판단의 기준

조세는 국가나 지방자치단체가 국가나 지방의 목표를 달성하기 위한 사업과 행정활동에 소요되는 경비의 재원이므로 이의 확보가 필수적이다. 납세의무자가 채무를 상당히 지고 있고 채무 외에 조세납부의무를 지기에 불충분한 재력을 가질 뿐인 경우에 일반 채무가 우선해서 변제되면 조세를 확보할 수 없게 된다. 예를 들어 甲이 채권자인 乙로부터 7,000만원의 채무가 있는데 조세가 5,000만원이 부과되었는데 甲의 자산은 1억원 정도라면 乙의 채권이 먼저 행사되고 변제되면 조세징수는 어려워진다. 그리하여 조세가 다른 채권들보다도 우선해서 징수되도록 할 필요가 있다. 오늘날 재산권이 가지는 상대적 성격과 조세가 가지는 공익적 기능은 우선징수의 필요성을 그만큼 더 인정하게 한다. 그러나 다른 한편으로 이러한 우선징수가 일반 채권이라는 국민의 재산권의 본질적 내용을 침해할 수 있어서 논란이 된다. 조세가 가지는 공익성의 실현을 위한 범위 내에서 국민의 재산권을 가능한 한 보장하면서 조세의 우선징수를 인정할 수 있을 것이다. 그 판단기준은 일반채권자가 채무자에게 조세채권(조세도 국가나 지방자치단체가 국민에 대해 가지는 하나의 채권이다)이 언제쯤 어느 정도의 액수로 부과될 수 있고 또 언제부터 우선징수될 수 있다는 사실을 사전에 예측할 수 있는 상황이라면 우선징수되더라도 국민의 재산권에 대한 제한은 그 정당성과 비례성을 가질 것이다.

---

1) 헌재 2012.5.31. 2009헌바190. [결정요지] 차별의 합리성 여부 – 고의적으로 상속세를 회피하고자 혹은 특별히 부득이한 사유도 없이 상속재산분할을 '하지 않은' 상속인들과 소송계속 등 부득이한 사유로 인해 상속재산분할을 '어쩔 수 없이 하지 못한' 상속인들은 본질적으로 서로 다른 집단이라 할 것임에도 불구하고 같은 취급(즉, 상속 비공제라는 차별적 취급)을 하고 있다고 할 것이고, 결국 이러한 차별적 취급에 합리적인 근거가 있는지 여부가 문제된다. 살피건대, 고인의 사망 직후 곧바로 상속문제를 논의하는 것을 금기시하고, 상속에 대한 이견이 조금 있다고 하여 곧바로 법원에 소를 제기하는 것이 아니라 당사자들의 재산분할합의가 최종적으로 결렬되어야 소송으로 진행하는 경향이 있는 우리나라 특유의 상속·법률문화, 앞서 살펴본 바와 같은 상속재산분할사건의 특성 등에 비추어 볼 때 이 사건 법률조항이 요구하는 '상속개시 후 1년 6개월 경과 시'까지 상속재산에 대한 분쟁을 종결짓고 분할을 완료하는 것을 완전히 기대하기는 어렵다. 나아가, 이 사건 법률조항에 의하면 다른 상속인 중 1인의 명백한 오판 내지 독선으로 인해 협의분할에 이르지 못하고 상속인 전부가 재판상 분할에 의할 수밖에 없게 된 경우 혹은 당해 재산분할사건을 진행하는 법원의 구체적 인력사정·사건부담 등 외부적 변수에 의해 상속분할심판이 지연되는 경우와 같이 상속배우자가 그의 귀책사유라고 볼 수 없는 사정에 의해 배우자 상속공제를 받지 못하게 될 가능성 또한 전혀 배제할 수 없는바, 이러한 사정은 합리적인 차별의 근거가 될 수 없다. 요컨대, 이 사건 법률조항이 위와 같은 경우에 대한 구제수단을 마련하지 아니한 채 부득이한 사유로 법정기한 내에 상속분할을 마치지 못한 상속배우자를 그렇지 아니한 자와 동일하게 취급하는 것은 그 합리성이 없다고 할 것인바, 이 사건 법률조항은 청구인들의 평등권을 침해하거나 조세평등주의에 위배된다.

(2) 판례

헌법재판소의 판례에서의 판단기준도 위의 입장과 비슷하다.

[합헌여부에 대한 헌재의 기준]

▷ 그 기준시점에서 담보를 설정받고자 하는 채권자들이 조세채권의 존부 및 그 범위에 대하여 확인할 수 있어서 담보권자의 예측가능성을 해한다거나 그 시기를 과세관청이 임의로 변경하는 등 과세관청의 자의가 개재될 소지를 허용하는 것이 아닌 경우는 합헌.

(3) 구체적 판례

1) 조세의 1년소급우선징수규정에 대한 위헌결정

헌재 출범 후 초기에 조세 우선징수규정에 대하여 위헌결정들이 내려진 바 있었다.

(가) 국세(國稅)의 경우

판례 **국세기본법 제35조 제1항 제3호의 위헌심판, 헌재 1990.9.3. 89헌가95**

[쟁점] 국세 등의 납부기한으로부터 1년 이내에는 전세권·질권·저당권의 설정이 그 국세채권의 성립·확정보다 먼저 이루어졌다고 하더라도 그 국세채권이 그 전세권·질권·저당권에 의하여 담보되는 다른 채권들에 우선하여 징수된다(즉 국세채권이 담보채권보다 1년만 소급우선한다)고 규정한 구 국세기본법 제35조 제1항 제3호의 규정은 후에 성립된 조세채권을 앞서 성립된 담보물권보다 우선시킴으로써 조세법률주의에 반하여 위헌인지 여부(위헌결정) [심판대상규정] 구 국세기본법(1974.12.31. 법률 제2679호) 제35조(국세의 우선) ① 국세·가산금 또는 체납처분비는 다른 공과금 기타의 채권에 우선하여 징수한다. 다만, 다음 각호의 1에 해당하는 공과금 기타의 채권에 대하여는 그러하지 아니하다. 1.−2. 생략. 3. 국세의 납부기한으로부터 1년 전에 전세권·질권 또는 저당권의 설정을 등기 또는 등록한 사실이 대통령령이 정하는 바에 의하여 증명되는 재산의 매각에 있어서 그 매각금액 중에서 국세 또는 가산금(그 재산에 대하여 부과된 국세와 가산금을 제외한다)을 징수하는 경우의 그 전세권·질권 또는 저당권에 의하여 담보된 채권 [결정요지] 담보물권의 배타적 우선권 때문에 近代私法은 담보물권의 종류를 가급적 제한하고 담보물권물을 특정시켜(특정의 원칙) 그 담보물권의 존재를 엄격하게 공시하도록 한다(공시의 원칙). 즉, 對世的 效力이 있는 권리는 그 권리의 존재 및 내용을 등기 기타의 방법을 통하여 이것이 공시되어야 하고, 공시되지 아니한 권리는 배타적 효력을 가질 수 없도록 하는 것이 근대 사법의 기본원리인 것이다. 이러한 공시의 원칙은 사적 자치의 원칙이 지배하는 사법관계에서 적용되는 것임은 물론이지만, 대세적 효력이 있는 권리는 이를 공시방법을 통하여 제3자가 그 권리의 존재 및 그 내용을 알 수 있게 함으로써 제3자의 예견가능성을 보호하고자 하는 데에 그 취지가 있는 만큼, 이러한 취지는 원칙적으로 공법관계에서도 그대로 원용되어야 할 것이며, 비록 조세채권에 대하여 고도의 공익성을 인정한다고 할지라도 이러한 당위성에는 변함이 없다 할 것이다. 그런데 조세관계 법률이 비록 일반인에게 공포되어 일반 국민이 이를 알고 있을 것으로 의제되더라도 과세관청이 아닌 담보물권자가 담보권설정채무자의 장래에의 조세채무의 발생 및 체납여부를 예측한다는 것은 매우 기대하기 어려운 것이다. 따라서 전세권자나 질권·저당권자가 일반사인인 경우에는 거의 대부분이 불의의 손해를 입게 된다고 할 것이다. 이상을 종합하면 이 사건 심판대상의 규정은 방법의 적정성의 원칙에 반하는 것은 물론, 법익의 균형성 또는 피해의 최소성의 원칙에도 문제가 있는 것이라고 아니할 수 없는 것이다. 위 국세기본법의 규정에 의하여 우선적 효력이 인정되는 조세채권은 저당권 등이 설정된 때로부터 1년 이내에 납부기한이 도래하는 한 모든 조세채권을 망라하는 것이므로, 여기에는 저당권의 설정 당시에는 아직 성립되거나 확정되지 아니한 조세채권도 당연히 포함되는 것이다. 저당권을 설정하고 그 등기 또는 등록을 필할 당시에 아직 조세채무 자체가 발생한 상태가 아닌 경우에는 과연 어떤 명목의 조세채

무가 얼마쯤 발생될 것인지, 그리고 조세채무자가 과연 납세를 할 것인지 체납할 것인지의 여부가 예측 불능인 것이다. 국세기본법의 위 규정은 시간적으로 보다 늦게 성립하고, 또한 담보부동산과는 하등의 관련이 없는 조세채권을 저당권보다 우선하게 함으로써, 저당권자로 하여금 그가 할 수 있는 최선의 노력을 경주하여 채무자에 대하여 조세채무의 부존재를 확인한 경우에도, 그 채권을 보전할 수 없게 하는 것으로서 결국 성실하고 선량한 국민에게 불의의 피해를 가하게 되는 셈인 것이다. 조세법률관계에서 조세청구권자는 그가 가지는 조세채권을 근거로 하여 민사소송 등 절차에 의하지 아니하고, 바로 조세채권의 강제적인 실현을 할 수 있다(自力執行制度). 그리고 조세채권의 확보를 위하여 납세연대의무제도, 원천징수의무제도 등 의무확대제도와 인적·물적 납세담보제도, 납세증명제 등 간접적인 납세압력제도 등이 보장되어 있다. 이처럼 과세관청은 소급효를 갖는 국세우선징수권이 아니더라도 조세징수 확보를 위한 수많은 유리한 제도를 보유하고 있으며, 적시에 적절히 활용한다면 선량한 국민의 재산권을 본질적으로 침해하지 않는 방법으로 과세목적을 달성할 수 있을 것으로 기대되는데도, 조세채권의 소급우선권까지 보유하는 것은 오직 과세관청의 과세징수상의 편의만을 노모할 뿐, 선량한 국민에 대하여서는 합리적인 이유없이 그 희생을 강요하는 것으로서, 결국 위 국세기본법의 규정은 방법의 적정성 내지는 피해의 최소성의 원칙에 반한다고 할 것이다. 이상을 종합하여 보건대 국세기본법의 위 규정은 재산권의 본질적인 내용을 침해할 뿐만 아니라 나아가서 과잉금지의 원칙에도 위배되어 위헌임을 면하기 어렵다고 할 것이다. 그러므로 국세 기본법 제35조 제1항 제3호 소정의 "국세납부기한으로부터 1년 전에 전세권·질권 또는 저당권의 설정을 …"이라고 한 규정 중에서 "으로부터 1년"이라는 부분은 헌법 전문, 제1조, 제10조, 제11조 제1항, 제23조 제1항, 제37조 제2항 단서, 제38조, 제59조의 규정에 위반된다.

* 국세 납부기한으로부터 1년 내에 담보목적의 假登記가 경료된 경우의 국세채권 우선징수규정에 대한 같은 취지의 판례 : 헌재 1993.9.27, 92헌가5, 국세기본법 부칙 제5조 및 개정 전 국세기본법 제35조 제2항에 대한 위헌심판, 헌재판례집 5-2, 253면.

(나) 지방세(地方稅)의 경우에 관한 같은 취지의 결정례 : 헌재 1991.11.25. 91헌가6, 지방세법 제31조에 대한 위헌심판, 헌재판례집 3, 569면

2) 조세우선징수규정에 관한 한정합헌결정례 : 당해세(當該稅)의 우선징수규정

헌재는 조세우선징수규정이 그 적용범위를 적절하게 한정해석할 수 있다면 그 해석하에 합헌이라고 보는 결정례를 보여주었는데 재산세 우선징수를 당해세에 한정하라는 결정들이었다. 즉 ① 당해 재산에 대하여 부과된 지방세와 가산금이 우선징수되게 한 구 지방세법 규정은 "당해 재산의 소유 그 자체를 과세의 대상으로 하여 부과하는 지방세와 가산금에 한하여 적용되는 것으로 해석하는 한", 헌법에 위반되지 아니한다는 한정합헌결정을 하였다. 헌재는 당해 재산의 소유에 대하여 부과하는 재산세는 그 재산이 존재하는 한 항상 일정액의 세금이 부과되리라는 것을 쉽게 예측할 수 있다는 점을 논거로 든다.[1] ② 위 ①의 결정례와 비슷한

1) 헌재 1994.8.31. 91헌가1. [결정요지] 절대적 우선권이 부여되는 지방세의 종류를 명시하지 아니하고 단지 "당해 재산에 대하여 부과된 지방세와 가산금"이라고만 규정하였기 때문에 해석상 논란이 있고 따라서 과세요건명확주의에 위배될 소지가 없지 않다. 그러나 이 단서부분은 그 적용범위를 아래 판시와 같이 한정한다면 과세요건명확주의에 위배될 소지를 없애면서도 그 입법목적을 어느 정도 달성할 수 있다고 보여지므로 위의 이유만으로 곧 이를 위헌으로 선언할 것은 아니라고 본다. 어떤 재산을 담보목적물로 하여 저당권 등 담보물권을 취득한 자가 장래의 일정기한까지에 그 재산에 대하여 부과될(즉 납기한이 도래할) 이른바 당해세의 세액을 상당한 정도로 예측할 수 있는 것은 위에서 본 조세종별의 각 과세물건(또는 과세대상)의 내용으로 보아 강학상의 이른바

취지로, 재산에 대하여 부과된 국세와 가산금이 우선징수되게 한 구 국세기본법규정은 "당해 재산의 소유 그 자체를 과세의 대상으로 하여 부과하는" 국세와 가산금이라고 한정하면 합헌이라는 한정합헌결정이 있었다.[1)]

3) 조세우선징수규정에 관한 합헌결정례

(가) 신고로 확정되는 국세의 '신고일' 기준의 국세 우선징수의 합헌성 인정

신고납세방식의 국세의 경우(법인세, 부가가치세 등) 法定된 신고기한 내에 신고하면 그 신고일에 납세의무가 구체적으로 확정되므로 담보권을 취득하려는 자도 그 존부·범위를 확인할 수 있어서 신고일을 기준으로 조세채권과 담보권자의 우선순위를 정하도록 규정함은 담보권자의 예측 가능성을 해한다거나 또는 과세관청의 자의가 개재될 소지를 허용하는 것이 아니어서 합헌이라는 것이 우리 헌재의 판례이다.[2)]

재산세뿐이라고 보여지고 반면에 강학상의 수득세, 소비세 및 유통세의 경우는 그 예측이 불가능하거나 매우 어렵다고 보여진다. 왜냐하면 저당권 등 담보물권의 취득자로서는, 그 담보물권의 설정자가 앞으로 당해 재산 그 자체 또는 그 재산상의 권리의 대부(貸付)등으로 인하여 어떤 종류의 수입을 어느 정도 얻을 수 있겠는지(수득세의 경우), 당해 재산에 대하여 어떤 형태의 소비세를 어느 정도 부담할 것인지(소비세의 경우) 또는 당해 재산의 거래에 관한 어떤 사실적 또는 법률적 행위를 할 것인지(유통세의 경우) 등은 이를 예측할 수 없거나 그 예측이 매우 곤란한 반면, 당해 재산의 소유에 대하여 부과하는 강학상의 재산세는 그 재산이 존재하는 한 항상 일정액(과표의 변동은 논외로 함)의 세금이 부과되리라는 것을 쉽게 예측할 수 있기 때문이다. 이 사건 단서부분 소정의 "당해 재산에 대하여 부과된 지방세"라는 규정은 그 안에 당해 재산과 관련하여 부과된 강학상의 수득세, 소비세 및 유통세까지도 모두 포함되거나 또는 그 일부가 포함되는 것으로 이를 넓게 해석하는 한 조세법률주의의 이념인 국민의 경제생활에 관한 예측가능성의 보장을 허물고 기본권 제한입법의 한계와 재산권보장에 관한 헌법규정(헌법 제37조 제2항 및 제23조 제1항)에도 위배될 것이나, 이를 당해 재산의 소유 그 자체 즉 어떤 사람이 당해 재산을 소유하고 있다는 사실 그 자체에 담세력을 인정하여 부과하는 강학상의 재산세에 한하여 적용되는 것으로 좁게 해석하는 한 이러한 헌법위반의 문제는 생기지 아니할 것이고, 나아가 이러한 해석은 이른바 당해세의 우선징수권을 어느 정도 확보하면서도 담보물권자의 우선변제청구권을 실질적으로 보장하는 것으로서 "조세징수의 확보"와 "사법질서(私法秩序)의 존중"이라는 두 가지 공익목적의 합리적 조정에 이바지할 것으로 본다. 다만 이러한 이른바 "재산세"는 법문상(法文上)의 용어가 아니고 강학상의 용어로서 그 성질상 이를 그대로 주문에 표시함은 적절치 않을 뿐만 아니라 법문상의 재산세(구 지방세법 제3장 제2절 소정의 "재산세")와 혼동될 우려도 있으므로 강학상의 이른바 재산세를 통설에 따라 간명하게 풀이하여 "당해 재산의 소유 그 자체를 과세의 대상으로 하여 부과하는 지방세"라 표시하기로 한다.

1) 헌재 1999.5.27. 97헌바8. [주문] 국세기본법(1990.12.31. 법률 제4277호로 개정된 것) 제35조 제1항 제3호의 "(그 재산에 대하여 부과된 국세와 가산금을 제외한다)"는 부분 중 당해 재산의 소유 그 자체를 과세의 대상으로 하여 부과하는 국세와 가산금을 제외하는 부분은 헌법에 위반되지 아니한다. [결정요지] 저당권 등의 설정계약 당시 담보권자가 피담보채권의 변제기 또는 담보권의 실행시기 등 일정기한까지 담보목적물에 부과될 당해세의 종목과 세액을 상당한 정도로 예측할 수 있는 경우에는, 이를 감안하여 설정계약의 내용을 정할 수 있으므로 이러한 경우에는 당해세의 우선징수권을 인정하더라도 담보권의 본질적인 내용을 침해한다거나 그 내용을 과도하게 제한한다고 볼 수 없다. 당해 재산의 소유에 부과하는 재산세는 과세표준의 변동은 논외로 하더라도 항상 일정액의 조세부과를 쉽게 예측할 수 있기 때문에 이 사건 규정 중 당해 재산의 소유 그 자체에 담세력을 인정하여 부과하는 재산세를 특별히 제외하여 다른 채권에 대한 우선징수권을 부여한 부분은 과세요건 명확주의에 위반되지 아니하므로, 재산권인 저당권 등의 본질적인 내용을 침해하거나 그 내용을 과도하게 제한하는 것이라고 볼 수 없다. 이 사건 규정 중 당해 재산의 소유 그 자체를 과세의 대상으로 하여 부과하는 국세와 가산금을 제외하는 부분은 헌법에 위반되지 아니하므로 주문과 같이 결정한다.

2) 헌재 1995.7.21. 93헌바46, 국세기본법 제35조 제1항 제3호 가목 등 위헌소원, 헌재판례집 7-2, 48면. [심판대상규정] 국세기본법 제35조 제1항 제3호 가목. 국세기본법(1990.12.31. 법률 제4277호로 개정된 것) 제35조(국세의 우선) ① 국세·가산금 또는 체납처분비는 다른 공과금 기타의 채권에 우선하여 징수한다. 다만, 다음

(나) '납세고지서 발송일' 기준의 국세 우선징수의 합헌성 인정

정부의 결정에 의하여 납세의무가 확정되는 국세에 있어서, 그 조세채권과 피담보채권과의 우선순위를 "납세고지서의 발송일"을 기준으로 하도록 규정한 조세우선징수규정에 대해서도 헌재는 합헌성을 인정한 바 있다. 헌재는, 담보권자가 그 시점에서 얼마든지 상대방(담보권설정자)의 조세채무의 존부와 범위를 확인할 수 있으므로 담보권자의 예측가능성을 해하지 아니하며 또 과세관청의 자의가 개재될 소지를 허용치 아니하는 것이므로 합리적인 기준이라 할 수 있고 달리 그 기준시기의 설정이 불합리하다고 볼 사유가 없으므로 입법재량의 범위를 벗어난 것이라고 할 수 없다고 하여 조세법률주의에 반하지 않는다고 보았다.[1)]

(다) '납세의무성립일' 기준의 지방세 우선징수규정의 합헌성 인정

취득세, 등록세 등과 같이 납세의무가 성립되는 날을 지방세법에서 정하고 있는 지방세의 경우 그 납세의무성립일을 기준으로 저당권 등 담보권과의 우선여부를 가리도록 정하고 있는 구 지방세법 제31조 제2항 제3호에 대해서도 헌재는 합헌으로 보았다. 헌재는, 취득세의 납세의무는 부동산 등을 사실상 취득함으로써 성립하고 등록세는 재산권 기타 권리의 취득·이전·변경 또는 소멸에 관한 사항을 公簿에 등기 또는 등록하는 경우에 납세의무가 성립하며, 그리고 위 각 세의 과세표준은 과세물건의 취득 당시의 가액이고 세율도 법정되어 있어 납세의무성립일에는 그 세액의 산출이 가능하므로 취득세, 등록세 등의 경우 납세의무성립일에는 담보권을 취득할 자 등 제3자에 있어서 그 지방세의 존부 및 그 범위를 확인할 수 있기 때문이라고 본다.[2)]

각호의 1에 해당하는 공과금 기타의 채권에 대하여는 그러하지 아니하다. 1.－2.생략. 3. 다음 각 目의 1에 해당하는 기일(이하 "법정기일"이라 한다) 전에 전세권·질권 또는 저당권의 실정을 등기 또는 등록한 사실이 대통령령이 정하는 바에 의하여 증명되는 재산의 매각에 있어서 그 매각금액 중에서 국세 또는 가산금(그 재산에 대하여 부과된 국세와 가산금을 제외한다)을 징수하는 경우의 그 전세권·질권 또는 저당권에 의하여 담보된 채권 가. 과세표준과 세액의 신고에 의하여 납세의무가 확정되는 국세(중간예납하는 법인세와 예정신고납부하는 부가가치세를 포함한다)에 있어서 신고한 당해 세액에 대하여는 그 신고일. 나. (이하 생략).

1) 헌재 1997.4.24. 93헌마83, 국세기본법 제35조 제1항 제3호 "나"목 위헌확인, 헌재판례집 9－1, 459면. [심판대상규정] 국세기본법(1990.12.31. 법률 제4227호로 개정된 것) 제35조(국세의 우선) ① 국세·가산금 또는 체납처분비는 다른 공과금 기타의 채권에 우선하여 징수한다. 다만, 다음 각호의 1에 해당하는 공과금 기타의 채권에 대하여는 그러하지 아니한다. 1.－2. 생략. 3. 다음 각 目의 1에 해당하는 기일(이하 "법정기일"이라 한다) 전에 전세권·질권 또는 저당권의 실정을 등기 또는 등록한 사실이 대통령령이 정하는 바에 의하여 증명되는 재산의 매각에 있어서 그 매각금액 중에서 국세 또는 가산금(그 재산에 대하여 부과된 국세와 가산금을 제외한다)을 징수하는 경우의 그 전세권·질권 또는 저당권에 의하여 담보된 채권 가. 생략 나. 과세표준과 세액을 정부가 결정·경정 또는 수시부과결정하는 경우에 고지한 당해 세액에 대하여는 그 납세고지서의 발송일.

2) 헌재 1995.7.21. 94헌바18, 95헌바15(병합), 지방세법 제31조 제2항 제3호 위헌소원, 헌재판례집 7－2, 65면. [심판대상규정] 저당권에 대한 취득세 등 지방세채권의 우선여부에 관한 구 지방세법 제31조 제2항 제3호의 규정 중 "납세의무성립일" 부분(이하 "이 사건 규정"이라 한다)의 위헌여부. 위 규정의 내용은 다음과 같다. 구 지방세법(1991.12.14. 법률 제4415호로 개정되고, 1994.12.12. 법률 제4794호로 개정되기 전의 것) 제31조(지방세의 우선) ① 지방자치단체의 징수금은 납세의무자 또는 특별징수의무자의 총재산에 대하여 따로 규정한 것을 제외하고는 공과금(체납처분의 예에 의하여 징수할 수 있는 채권을 말한다)과 기타의 채권에 우선하여 징수한다. 다만, 지방자치단체의 다른 징수금과 국세 및 그 가산금과 체납처분비(이하 본 장에서는 국세라 한다)는 예

(라) 법정 '과세기준일' 기준의 지방세 우선징수규정의 합헌성 인정

재산세, 종합토지세 등과 같이 과세기준일이 법으로 정하여져 있는 조세의 경우에는 그 과세기준일을 기준으로 저당권 등 담보권과의 우선여부를 가리도록 한 구 지방세법 제31조 제2항 제3호의 규정에 대해서도 헌재는 합헌으로 본다. 헌재는 "재산세의 경우 과세기준일은 매년 5월 1일로 정하여져 있고 과세표준과 과세대상 및 세율도 법정(法定)되어 있으며(법 제181조, 제187조 내지 제189조 참조), 종합토지세의 경우 과세기준일은 매년 6월 1일로 정하여져 있고 과세표준과 과세대상 및 세율도 법정되어 있으므로(법 제234조의8, 제234조의15 내지 제234조의17 참조) 과세기준일에는 위 각 세액의 산출이 가능하다"라고 보고 따라서 과세기준일이 지난 후 담보권을 취득하는 자 등 제3자는 과세기준일 현재의 재산세, 종합토지세의 존부 및 그 범위를 미리 확인할 수 있기 때문이라고 한다.[1)]

3. 납세자의 권리의 기본권성 문제

i) 인정 여부 – 세금과 예산이 적절하고도 타당성 있게 사용되고 그 운용과 집행이 적법하고 투명하며 효율적으로 이루어질 것을 요구할 수 있는 국민의 권리가 기본권으로서 인정되는가가 논란된다. 우리 헌법재판소는 이와 같은 의미의 납세자의 권리를 헌법상 보장되는 기본권으로 보지 않는다. 그리하여 ① '신행정수도 후속대책을 위해 신행정수도 후속대책을 위한 연기·공주지역 행정중심복합도시 건설을 위한 특별법'에 대한 헌법소원심판사건의 청구인들은 행정중심복합도시 건설에 천문학적인 건설비용을 사용하는 것은 청구인들의 납세자의 권리를 침해한다는 주장을 하였으나 헌재는 그 권리성을 부정하면서 각하결정을 하였다.[2)] ②

외로 한다. ② 다음 각 호에 해당하는 것은 제1항의 규정을 적용하지 아니한다. 1.–2. 생략. 3. 지방세의 과세기준일 또는 납세의무성립일(이에 관한 규정이 없는 세목에 있어서는 납기개시일) 전에 설정한 전세권, 질권 또는 저당권의 목적인 재산의 매각으로 인하여 생긴 금액 중에서 지방세와 가산금을 징수하는 경우에 그 전세권, 질권 또는 지당권에 의하여 담보된 채권.

1) 헌재 1996.12.26. 96헌가21, 구 지방세법 제31조 제2항 제3호 위헌제청, 헌재판례집 8–2, 715면. [심판대상규정]구 지방세법(1991.12.14. 법률 제4415호로 개정되고 1994.12.22. 법률 제4794호로 개정되기 전의 것) 제31조 제2항 제3호 중 "과세기준일" 부분. 이 제31조 제2항 제3호 규정의 내용은 위의 주) 부분을 참조.

2) 헌재 2005.11.24. 2005헌마579. [청구인주장] 납세의무자인 국민은 납부한 세금을 국가가 효율적으로 사용하는지 여부를 감시하고 이에 대하여 이의를 제기하거나 잘못 사용되는 경우 중지할 것을 요구할 수 있는 헌법상의 권리가 있다. 이 사건 법률에 의하여 재정투자의 우선 순위를 무시하고 청구인들의 세금을 정략적으로 헌법에 위반되는 천문학적인 행정중심복합도시 건설비용으로 사용하는 것은 청구인들의 납세자의 권리와 재산권을 침해하는 것이다. [관련판시] 헌법상 조세의 효율성과 타당한 사용에 대한 감시는 국회의 주요책무이자 권한으로 규정되어 있어(헌법 제54조, 제61조) 재정지출의 효율성 또는 타당성과 관련된 문제에 대한 국민의 관여는 선거를 통한 간접적이고 보충적인 것에 한정되며, 재정지출의 합리성과 타당성 판단은 재정분야의 전문성을 필요로 하는 정책판단의 영역으로서 사법적으로 심사하는 데에 어려움이 있을 수 있다. 게다가 재정지출에 대한 국민의 직접적 감시권을 기본권으로 인정하게 되면 재정지출을 수반하는 정부의 모든 행위를 개별 국민이 헌법소원으로 다툴 수 있게 되는 문제가 발생할 수 있다. 따라서 청구인이 주장하는 재정사용의 합법성과 타당성을 감시하는 납세자의 권리를 헌법에 열거되지 않은 기본권으로 볼 수 없으므로 그에 대한 침해의 가능성 역시 인정될 수 없다.

위헌적인 차별을 야기하는 특별정원제도를 위한 특별예산을 책정하는 것은 국회의 재정입법권의 범위에 포함될 수 없어 올바른 예산의 사용을 요구할 수 있는 납세자의 권리를 침해하는 것이라는 주장을 헌재는 받아들이지 않았다.[1] ③ 구 신문등의자유와기능보장에관한법률 규정에 대하여 독자가 청구한 헌법소원심판에서 납세자로서 예산이 그릇된 용도로 사용되지 아니하도록 감시할 권한과 책무가 있다는 주장에 대해 헌재는 헌법상 그러한 권리성을 인정할 수 없다고 판시한 바 있다.[2] ④ '대한민국건국60년 기념사업'을 위하여 정부가 약 279억 원에 달하는 예산을 확보하여 집행하는 것은 국민이 세금을 낸 목적에 부합하지 않는 사용으로서 청구인들의 납세자로서의 권리 및 재산권을 침해한다는 주장의 헌법소원심판사건에서 각하결정을 한 바 있다.[3] ii) 인정시 헌법적 근거 – 판례는 위와 같이 부정적이나 이를 반드시 부정만 할 것은 아니고 어느 정도의 권리성은 인정할 수 있을 것이다(조세가 재산권의 제한으로서 징수되는 것이므로 재산권의 부분으로 인정할 수도 있을 것이나 반대급부 없는 의무가 조세의무라는 점에서 살펴볼 일이다). 가령 자신이 납부한 조세가 어떠한 재원으로 사용될 수 있고 그 효율성은 어떠한지에

---

1) 헌재 2006.3.30. 2005헌마598, 판례집 제18권 1집 상, 447면. [사안과 청구인주장] 국립사범대학 졸업자의 교원우선임용 조항에 대한 헌법재판소의 위헌결정(89헌마89) 이전에 국립사범대학을 졸업하여 임용이 예정되어 있었으나, 위 위헌결정에 따라 교원으로 임용되지 아니한 자를 위하여 중등교원 임용시험에 있어서 별도의 특별정원을 마련하도록 하는 국립사범대학졸업자중교원미임용자임용등에관한특별법 규정에 대한 헌법소원사건이었음. 청구인들은 중등교사임용시험을 준비하고 있어 교육공무원직을 두고 경쟁관계에 있는 사범대학 재학 중인 사람들이었는데 청구인들은 위헌적인 차별을 야기하는 특별정원제도를 위한 특별예산을 책정하는 것은 국회의 재정입법권의 범위에 포함될 수 없어 올바른 예산의 사용을 요구할 수 있는 납세자의 권리를 침해하는 것이라고 주장하였음. [결정요지] 헌법상 조세의 효율성과 타당한 사용에 대한 감시는 국회의 주요책무이자 권한으로 규정되어 있어(헌법 제54조, 제61조), 재정지출의 효율성 또는 타당성과 관련된 문제에 대한 국민의 관여는 선거를 통한 간접적이고 보충적인 것에 한정되며, 재정지출의 합리성과 타당성 판단은 재정분야의 전문성을 필요로 하는 정책판단의 영역으로서 사법적으로 심사하는 데에 어려움이 있을 수 있다. 게다가 재정지출에 대한 국민의 직접적 감시권을 기본권으로 인정하게 되면 재정지출을 수반하는 정부의 모든 행위를 개별 국민이 헌법소원으로 다툴 수 있게 되는 문제가 발생할 수 있다. 따라서 청구인이 주장하는 재정사용의 합법성과 타당성을 감시하는 납세자의 권리를 헌법에 의해 보장되는 기본권으로 볼 수 없으므로 그에 대한 침해의 가능성 역시 인정될 수 없다.

2) 헌재 2006.6.29. 2005헌마165 등, 판례집 18-1하, 371면.

3) 헌재 2008.11.27. 2008헌마517, 판례집 20-2 하, 517면. [관련판시] 청구인들은 이 사건 기념사업에 약 279억원에 달하는 예산이 확보되어 집행되는 것이 납세의무자의 지위에 상응하는 납세자로서의 권리를 침해한다고 주장한다. 그러나 헌법상 조세의 효율성과 타당한 사용에 대한 감시는 국회의 주요책무이자 권한으로 규정되어 있어(헌법 제54조, 제61조) 재정지출의 효율성 또는 타당성과 관련된 문제에 대한 국민의 관여는 선거를 통한 간접적이고 보충적인 것에 한정되며, 재정지출의 합리성과 타당성 판단은 재정분야의 전문성을 필요로 하는 정책판단의 영역으로서 사법적으로 심사하는 데에 어려움이 있을 수 있다. 게다가 재정지출에 대한 국민의 직접적 감시권을 기본권으로 인정하게 되면 재정지출을 수반하는 정부의 모든 행위를 개별 국민이 헌법소원으로 다툴 수 있게 되는 문제가 발생할 수 있다. 청구인들이 주장하는 납세의무자로서 청구인들의 재산권이란 결국 재정사용의 합법성과 타당성을 감시하는 납세자의 권리에 다름 아닌바, 이와 같은 권리를 헌법상 보장된 기본권으로 볼 수 없으므로 그에 대한 침해의 가능성 역시 인정될 수 없다. * 이러한 법리가 나타난 동지의 그 외 결정례로 이른바 BBK특검법의 시행으로 청구인이 납부하는 세금이 유용되어 헌법상 보장된 재산권이 침해받게 되었다는 주장의 헌법소원에 대해 헌재는 위와 같은 법리를 설시한 뒤 "청구인이 주장하는 납세의무자로서 청구인의 재산권이란 결국 재정사용의 합법성과 타당성을 감시하는 납세자의 권리에 다름아닌바, 이와 같은 권리를 헌법상 보장된 기본권으로 볼 수 없으므로 그에 대한 침해의 가능성 역시 인정될 수 없다"라고 판시한 바 있다(헌재 2007.12.31. 2007헌마1446, 공보 135, 124면).

대한 정보를 제공받을 권리는 적어도 인정될 수 있을 것이다. 후자의 권리는 알 권리로 포괄될 수 있을 것이긴 하다. 나아가 조세징수의 적정성, 세출의 효율성 등에 대하여 의견을 제시할 수 있는 권리 등은 인정될 수 있을 것이고 이는 국정참여권, 지방자치의 주민자치권에서 도출될 수 있을 것이다. 헌재는 위 행정중심복합도시 각하결정에서 헌재는 판시에서 "청구인들은 납세의무자인 국민은 열거되지 않은 기본권(헌법 제37조 1항)으로서 자신이 납부한 세금을 국가가 효율적으로 사용하는지를 감시하고 그 사용에 대해 이의를 제기하거나 잘못된 사용의 중지를 요구할 수 있는 권리를 가진다고 주장하면서"라고 기재하고 있는데 헌법 제37조 제1항은 확인규정이라 기본권이 여기서 나온다고 보는 것은 약하고(기본권총론 참조) 국정참여의 권리 등으로 헌법 제10조에서 나오는 적극성을 가진 권리로 볼 것이다.

Ⅳ. 예산안심의·예산확정권

국회는 국가의 예산안을 심의·확정한다(제54조 1항).

1. 예산의 개념과 성격

(1) 예산의 개념

국가예산이란 한 국가에서 하나의 회계연도(1년) 동안 국가의 활동을 위하여 필요한 비용을 충당하기 위한 수입(세입)과 그 비용의 지출(세출)에 관하여 그 재원과 금액 및 지출목적, 방법 등을 미리 정하고 편성하여 의회의 의결을 받아 설정되는 예정준칙을 말한다. '예산안'이란 정부가 이러한 예정준칙안을 편성해서 국회에 제출한 의안을 말한다.

예산의 개념으로 실질적 의미의 예산과 형식적 의미의 예산이 있다. 실질적 의미의 예산은 국가의 1년간의 세입과 세출 금액의 예정준칙을 말하고, 형식적 의미의 예산은 정부가 회계연도 1년 동안의 세입, 세출을 작성, 표시하여 국회에 제출하여 의결, 확정된 예산서를 말한다. 양자의 차이는 형식적 의미의 예산이 더 넓은 개념으로서 실질적 의미의 예산이 아닌 사항들, 즉 세입, 세출이 아닌 계속비, 명시이월비 및 국고채무부담행위 등에 관한 사항들도 포함하고 있다.

(2) 예산의 성격

1) 예산비법률주의

예산도 하나의 법률로 정해두는(예산법률주의) 나라도 있고, 예산을 법률이 아닌 독자적 형식으로 정하는(예산비법률주의) 나라들도 있다. 예산법률주의는 영국, 프랑스, 독일, 미국과 같이 많은 나라들이 취하고 있고 예산비법률주의는 일본, 스위스 등 이를 취하는 나라들은 소수이다. 우리나라의 경우에 헌법은 법률제정권을 제40조에서 정하고 있는 것과 별도로 예산심의권을 제54조에 두어 형식상 법률이 아닌 예산 자체로서 의결되도록 하여 예산비법률주의를 취하고 있다.

2) 법률 아닌 법규범

우리나라에서 이처럼 예산비법률주의를 택하고 있기 때문에 예산이 가지는 법적 성격에 대해서는 의견이 나누어질 수 있다. 즉 예산은 ① 법률은 아니나 하나의 법규범의 성격을 가진다고 보는 견해(법규범인정설)와 ② 법규범으로서의 성격을 가지지 않는다고 보는 견해(비법규범설), ③ 정부의 세출을 국회가 승인하는 행위라는 견해(승인설), ④ 국가원수가 재가하는 훈령의 하나라고 보는 견해(훈령설) 등으로 나누어질 수 있다. 생각건대 예산도 수입과 지출의 범위(금액), 예산지출의 목적, 시기 등에 관한 준칙을 정한 것이고 국회가 의결한 것으로서 이를 국가기관들이 준수하여야 하므로 법적 구속력을 가진다는 점에서 법규범으로서의 성격을 가진다. 그러나 법률과는 달리 국가기관들만을 구속하고 일반 국민들은 구속하지 않는다는 점, 시간적으로 1회계연도에만 적용된다는 점에서 제한적 법규범으로서 성격을 가진다. 이 점에서 일반 법률과는 차이가 있다. 결국 예산의 성격은 법률이 아니나 국법의 형식으로 성립된 하나의 법규범이다.

3) 헌법소원과 예산

예산의 성격과 관련하여 예산이 헌법소원심판의 대상이 되는가 하는 문제를 논의할 수 있겠다. 예산도 공권력작용이므로 대상은 되겠으나 국민을 직접 구속하지 않는다는 점에서 헌법소원심판 청구요건 중 직접관련성이 결여되었다고 하여 각하될 가능성이 있다. 서울-춘천 고속도로민간투자시설사업관련 2006년도 예산안 의결이 있었는데 이에 대해 위 사업시행으로 공사가 이루어질 토지의 소유자 또는 인근 지역 주민들이 환경권, 재산권 및 납세자로서의 권리를 침해하는 것으로 위헌이라고 주장하면서 위 예산안 의결의 위헌확인을 구하는 헌법소원심판을 청구하였다. 이 사건에서 헌재의 3인 지정재판부는 아래와 같이 공권력행사가 아니어서 헌법소원대상성이 없다고 하여 각하하였다.

판례 헌재 제2지정재판부 2006.4.25. 2006헌마409

[판시] 헌법소원심판은 "공권력의 행사 또는 불행사"로 인하여 헌법상 보장된 기본권을 침해받은 경우에 제기할 수 있다(헌법재판소법 제68조 제1항). 여기의 '공권력'에는 입법작용도 당연히 포함되므로 국회가 제정한 법률이 헌법소원의 대상이 된다는 점은 의문이 없다. 그러나 국회가 의결한 예산 또는 국회의 예산안 의결은 헌법소원의 대상이 된다고 볼 수 없다. 예산도 일종의 법규범이고 법률과 마찬가지로 국회의 의결을 거쳐 제정되지만 예산은 법률과 달리 국가기관만을 구속할 뿐 일반국민을 구속하지 않는다. 가사 예산이 정부의 재정행위를 통하여 국민의 기본권에 영향을 미친다고 하더라도 그것은 관련 법령에 근거한 정부의 구체적인 집행행위로 나타나는 것이지 예산 그 자체나 예산안의 의결행위와는 직접 관련성이 없다. … 그렇다면 피청구인의 이 사건 예산안 의결은 헌법재판소법 제68조 제1항 소정의 공권력의 행사에 해당한다고 볼 수 없고 이에 대한 헌법소원은 헌법소원의 대상이 될 수 없는 것을 그 대상으로 한 것이어서 부적법하다.

위 결정을 두고 헌재도 법형식설을 취하고 있다는 교과서 서술(성낙인(2016), 486면)이 있으나 위 결정은 일단은 지정재판부의 각하결정이었다는 점에서 정확한 서술이 아니다. 예산이 일종의 법규범이라면 법률을 제정하는 것과 같은 입법작용인 것이고 그렇다면 법률이 공권력행사로 인정된다면 예산도 공권력행사로 인정될 것이다. 따라서 대상성이 없다고 각하한 것은 논리적이지 않다. 예산이 국민을 직접 구속하지 않고 그 집행행위로 국민에 영향을 주는 것이라는 점은 헌재의 설시에도 나타나는 것이지만 그렇다면 직접관련성이 없으므로 각하한다고 결정하는 것이 논리적이다.

4) 헌법개정논의

2014년 국회 헌법개정자문위원회의 헌법개정안에서는 예산법률주의로 개정할 것을 제시하고 있다. 예산법률주의로 변경할 경우에 예산법도 법률이므로 위헌법률심판이 이루어지는 등 장점이 있다.

2. 예산과 법률

(1) 양자의 차이

우리나라에 있어서의 예산과 법률의 차이는 다음과 같다.

1) 형식상 차이

형식상 예산은 법률의 형식이 아닌 '예산'이란 이름의 독자적 형식의 법규범이다.

2) 편성권·제출(제안)권자와 제출(제안)시기의 차이

예산안은 정부만이 편성권과 제출권을 가지고 법률안은 정부뿐 아니라 국회의원도 제출(제안)권을 가진다. 제출시기에 있어서는, 예산안은 회계연도 개시 90일 전까지 국회에 제출하고, 국회는 회계연도 개시 30일 전까지 이를 의결하여야 한다(제54조 2항). 반면 법률안의 제안시기에 관하여는 헌법상 특별한 제한이 없고 따라서 개회 중이든 폐회 중이든 발의, 제출이 가능하다.[1)]

3) 수정가능성, 재의요구권(거부권) 유무의 차이

예산안이나 법률안이나 소극적 변경에 있어서는 수정이 자유롭다. 그러나 증가, 추가 등 적극적 변경에 있어서는 예산안에 있어서는 정부의 동의를 받아야 하는 제약이 따른다. 즉 예산의 삭감은 정부의 동의가 없어서도 국회가 스스로 결정할 수 있으나 국회는 정부의 동의없이

---

1) 과거 "정기회 기간 중에 위원회 또는 본회의에 상정하는 법률안은 다음 연도의 예산안처리에 부수하는 법률안에 한한다. 다만, 긴급하고 불가피한 사유로 위원회 또는 본회의 의결이 있는 경우에는 그러하지 아니하다"라고 하여(2012.5.25. 개정되기 전 구 국회법 제93조의2 제2항) 정기회의 경우 상정되는 법률안에 대한 제한을 둔 바 있었으나 현재는 폐지되고 없다. 현재 "정부는 부득이한 경우를 제외하고는 매년 1월 31일까지 당해연도에 제출할 법률안에 관한 계획을 국회에 통지하여야 한다. 그 계획을 변경한 때에는 분기별로 주요사항을 국회에 통지하여야 한다"라고 정부의 법률안제출계획의 통지의무가 규정되어 있긴 하나(현 국회법 제5조의3) 그 통지의무가 제출시기를 제약하는 것은 아니다.

정부가 제출한 지출예산 각항의 금액을 증가하거나 새 비목을 설치할 수 없다(제57조). 이처럼 증가방향의 적극적 의미의 수정에는 정부의 동의를 받도록 제약하고 있다. 반면에 법률안에 대해서는 삭제와 새로운 규정의 추가도 정부의 동의 없이 할 수 있다. 다만, 법률안이 예산상의 조치를 수반하는 경우에는 정부의 의견을 들어야 한다(국회법 제58조 7항). 예산안에 대한 국회의결에 대해서는 대통령이 재의요구권(거부권)을 가지지 않으나 법률안에 대해서는 가진다.

4) 효력상의 차이

(가) 발효시점의 차이

예산은 국회의 의결로 효력을 발생하나 법률은 특별한 규정이 없는 한 국회의 의결 후 공포한 날로부터 20일을 경과함으로써 효력을 발생한다(제53조 7항).

(나) 존속시간상의 차이

예산은 그 효력존속에 있어 1년주의가 적용되는 반면에 법률은 한시법과 같이 시간적 효력제한을 두는 법률이 아닌 한, 그리고 개정이나 폐지가 되지 않는 한 계속적으로 적용될 것을 예정하여 제정되는 것이 일반적이다.

(다) 수범자의 차이

예산은 국가기관들만을 구속하는 법규범인 반면에 법률은 국가기관들과 국민들 모두에 대해서 구속력을 가지는 것이 원칙이다.

(라) 법률과의 구속력 관계

아래에 보듯이 법률의 근거없는 예산지출, 예산확보 없는 예산소요법률의 예산비확보 등 양자관계가 구속적이기도 하다. 세입에 있어서도 예산에 계상된 세입으로서 조세도 그 근거가 법률에 없으면 징수가 불가능하다.

			예산	법률
형식			예산의 형식(법률과 별개의 국법형식)	법률의 형식(입법의 형식)
절차	제출		회계연도 개시 90일 전까지 정부가 제출	제한없이 국회의원(10인) 발의와 정부 제출
	수정		정부동의 없는 증액·신설 불가, 정부동의 없는 삭감은 가능(수정 50인)	추가, 삭제 모두 정부동의 없이도 가능 (수정 30인 동의)
	대통령 거부권		거부권(재의요구권) 무	거부권(재의요구권) 유
	의결정족수		재적 1/2 출석, 출석 1/2 이상 찬성	
효력	요건		국회의결시 효력발생	공포시 효력발생
	효력	시간상	당해회계연도만 유효	개폐시까지 유효
		수범자	국가기관만 구속	국가기관과 국민 모두 구속

(2) 예산과 법률의 관계

1) 상호변경금지관계

예산과 법률은 각각 별개의 법규범형식이기도 하거니와 상호간에 그 변경을 가할 수 없다.

2) 상호구속의 관계

예산은 그 지출의 집행을 위하여 법률에 근거가 있어야 한다. 즉 세출로 지출항목이 잡혀 있더라도 그 지출을 명하거나 허용하는 법률의 근거가 있어야 지출할 수 있다. 반대로 법률이 예산지출이 소요되는 일정한 사업을 시행하도록 규정하고 있더라도 이 지출에 충당되는 비용이 예산에 계상되어 있지 않으면 물론 그 사업의 시행을 할 수 없다. 따라서 양자의 상호간의 구속의 관계에 있다.

(3) 예산과 법률의 불일치 문제

1) 불일치 원인

예산과 법률이 불일치하는 원인을 상호변경금지, 상호구속의 관계에 있다는 교재의 서술이 있는데 이 두 관계는 불일치가 발생하는 원인제공의 관계가 아니라 불일치가 어려운 문제를 발생시키게 하는 원인이다. 예산이 확보되지 않은 법률이 만들어지는 것은 상호구속적인 관계이든 아니든 나타날 수 있는 일이기 때문이다. 상호구속적이니 미리 양자가 다같이 존재하도록 예산과 법률을 일치시키라는 요청은 할 수 있을 것이다. 예산과 법률이 일치하지 않을 경우가 나타나는 것은 예산과 법률은 동시에 성립되지 않고 그 제안권자도 법률의 경우에는 의원, 정부인데 예산안 제출권자는 정부로서 차이가 있기 때문이다.

2) 불일치의 형태

(가) 세입상 불일치

해당 수입이 세입예산에 미리 계상되어 있긴 하나 그 세입을 위한 작용을 할 수 있도록 하는 근거법률이 없는 경우이거나 그 반대의 경우가 세입상의 불일치이다. 당장 세입의 가장 큰 비중을 차지하는 조세의 경우 조세법률주의에 따라 법률에 근거가 없이 징수될 수 없기 때문에 불일치가 발생할 수 있다. 다만, 예산 확정 후에도 예산에 계상되어 있지 않은 새로운 조세를 징수하거나 기존 조세의 세율 조정 등을 하는 것은 그 근거 법률을 제정, 개정하여 행한다면 그것은 가능하다.

(나) 세출상 불일치

지출사항으로 세출예산에 계상되어 있는데도 그 지출을 위한 작용을 할 수 있게 하는 근거법률이 없는 경우이거나 반대로 그 지출을 위한 근거법률은 있으나 지출사항이 예산의 세출에 계상되어 있지 않는 경우의 불일치이다.

3) 예산과 법률의 불일치에 대한 예방과 조치

(가) 사전적·예방적 절차

위에서 본 예산과 법률의 불일치에 대한 조치로는 사전적 조치가 효과적이다. 사전적 조치로는 추계서제출제도와 사전협의·의견청취제도 등이 있다. ⅰ) 추계서제출제도 : ① 의원발의입법의 경우 － 국회법은 의원이(또는 위원회가) 예산상의 조치를 수반하는 의안을 발의(위원회의 경우 제안)하는 경우에는 그 의안의 시행에 수반될 것으로 예상되는 비용에 대한 국회예산정책처의 추계서(의원발의의 경우 또는 국회예산정책처에 대한 추계요구서)를 아울러 제출하여야 한다"라고 규정하고 있다(국회법 제79조의2 1항·2항). 문제는 예산편성제출권은 정부의 권한인데 의원이 법안을 발의하면서 소요예산을 예산안에 편성할 것을 요구할 권한을 가지느냐 하는 것이다. 정부의 소관부처와 의원 간의 사전협의가 필요할 것이다. ② 정부제출 경우의 첨부 － 정부가 법률안과 예산안을 제출함에 있어서 예산집행의 근거법률 등을 검토하여 예산이 소요되는 법률상의 활동에 대해서는 예산안에 미리 이를 반영하고 예산에 필요한 근거법들이 완비되어 있는지 등을 사전에 충분히 검토하여야 한다. 국회법은 양자의 일치를 위하여 "정부가 예산상의 조치를 수반하는 의안을 제출하는 경우에는 그 의안의 시행에 수반될 것으로 예상되는 비용에 대한 추계서와 이에 상응하는 재원조달방안에 관한 자료를 의안에 첨부하여야 한다"라고 규정하고 있다(동법 동조 3항). ③ 제출에 관한 국회규칙에의 위임 － 비용추계 및 재원조달방안에 대한 자료의 작성 및 제출절차 등에 관하여 필요한 사항은 국회규칙으로 정한다(동법 동조 4항). ⅱ) 사전협의와 정부의견청취 : ① 국회법은 기획재정부 소관에 속하는 재정관련 법률안과 상당한 규모의 예산 또는 기금상의 조치를 수반하는 법률안을 심사하는 소관위원회는 미리 예산결산특별위원회와의 협의를 거쳐야 하고, 소관위원회는 기획재정부 소관에 속하는 재정관련 법률안을 예산결산특별위원회와 협의하여 심사함에 있어서 예산결산특별위원장의 요청이 있는 때에는 연석회의를 열어야 한다고 규정하고 있다(동법 제83조의2 1항·3항). 상당한 규모의 예산상의 조치를 수반하는 법률안의 범위 등에 관하여 필요한 사항은 국회규칙으로 정한다(동법 동조 5항). ② 국회의 상임위원회의 법률안 심사 도중에 안건이 예산상의 조치를 수반하는 경우에는 정부의 의견을 들어야 하며, 필요하다고 인정하는 경우에는 의안의 시행에 수반될 것으로 예상되는 비용에 관하여 국회예산정책처의 의견을 들을 수 있다(동법 제58조 7항).[1] ⅲ) 심사보고서의 제출상 특색 : 위원회는 안건의 심사를 마친 때에는 심사경과와 결과 기타 필요한 사항을 서면으로 의장에게 보고하여야 하는데 그 안건이 예산 또는 기금상의 조치를 수반하고 위원회에서 수정된 경우에는 그 보고서에 그 안건의 시행에 수반될 것으로 예상되는 비용에 대하여 국회예

---

1) 2007년 7월에 예산이 수반되는 법률인 「태평양전쟁 전후 국외 강제동원 희생자 등 지원에 관한 법률」을 비용추계서 제출이나 예산결산특별위와의 협의와 같은 절차를 거치지 않고 본회의에서 수정안으로 통과시킨 예가 있었다. 여기서의 문제는 보상 여부에 관한 것이 아니라 보상에 소요되는 예산에 관한 문제들에 대한 사전논의가 없이 법률이 통과된 점에 있다.

산정책처가 작성한 추계서를 첨부하여야 한다(동법 제66조 2항). 위에서 본 조치들은 법률을 제정, 개정하면서 예산이 수반될 것을 의미한다. 이 경우에 정부는 예산안편성권자로서 제정, 개정된 법률의 시행에 수반되는 예산을 예산안에 적극적으로 반영하도록 하여야 한다.

반대로 예산을 먼저 수립하고 이의 집행을 위한 법률을 제정 또는 개정할 것을 예정할 수 있을 것인가 하는 문제가 있다. 현행 국회법은 상임위원회가 세목 또는 세율과 관계있는 법률의 제정 또는 개정을 전제로 하여 미리 제출된 세입예산안은 이를 심사할 수 없다고 규정하고 있다(동법 제84조 8항).

세입예산안 부수 법률안은 가능하다. 세입예산안 부수 법률안의 심사에는 ① 본회의 자동부의제도(위원회는 세입예산안 부수 법률안의 심사를 매년 11월 30일까지 마쳐야 하는데 이 기한 내에 심사를 마치지 아니한 때에는 그 다음 날에 위원회에서 심사를 마치고 바로 본회의에 부의된 것으로 본다. 다만, 의장이 각 교섭단체대표의원과 합의한 경우에는 그러하지 아니하다(동법 제85조의3 1항 · 2항)), ② 무제한토론제(세입예산안 부수 법률안에 대하여는 무제한토론에 관한 조항인 제106조의2 제1항부터 제9항까지의 규정을 매년 12월 1일까지 적용하고, 같은 항에 따라 실시 중인 무제한 토론, 계속 중인 본회의, 제출된 무제한 토론의 종결동의에 대한 심의절차 등은 12월 1일 자정에 종료한다(동법 제106조의2 10항))가 적용된다.

(나) 사후적·교정적 조치

예산과 법률의 불일치에 대한 사후교정적 조치, 즉 결국 불일치가 나타난 경우에 취할 수 있는 조치로는 다음과 같다. ⅰ) 법률규정은 있으나 예산에 계상되어 있지 않는 경우에는 ① 예비비지출, ② 예산의 일시 전용의 조치를 취할 수 있을 것이고 ③ 추가경정예산안을 편성하여 국회의결을 받거나 ④ 예산확보시까지 시행일자를 늦추는 법률개정을 하여야 한다. ⅱ) 예산에 계상되어 있으나 법률규정이 없는 경우에는 그 예산의 지출을 위한 법률을 마련하는 것이다.

3. 예산의 종류와 원칙

(1) 예산의 종류

예산에는 본예산과 추가경정예산(제56조), 확정예산과 준예산(임시예산) 등이 있다. 본예산은 법적 용어는 아니고 추가경정예산에 대응하여 사용되는 용어이고 일반적으로 예산이라고 할 때는 이 본예산을 의미한다. 또한 일반회계예산과 특별회계예산이 있다(국가재정법 제4조).

(2) 예산의 원칙

1) 예산의 중요원칙

예산의 원칙에 관하여 국가재정법이 규정을 두고 있다. 예산의 원칙으로는 다음과 같다.

① **1년예산주의** 회계연도 1년을 단위로 예산을 편성하여야 한다는 원칙을 말한다. 국가의 회계연도는 매년 1월 1일에 시작하여 12월 31일에 종료한다(국가재정법 제2조). 예외로 계속비, 임시예산이 있다.

* 국가의 회계는 일반회계와 특별회계로 구분하는데 일반회계는 조세수입 등을 주요 세입으로 하여 국가의 일반적인 세출에 충당하기 위하여 설치하고, 특별회계는 국가에서 특정한 사업을 운영하고자 할 때, 특정한 자금을 보유하여 운용하고자 할 때, 특정한 세입으로 특정한 세출에 충당함으로써 일반회계와 구분하여 회계처리할 필요가 있을 때에 법률로써 설치한다(동법 제4조).

② **예산총계주의** 한 회계연도의 모든 수입을 세입으로 하고, 모든 지출을 세출로 하며 세입과 세출은 모두 예산에 계상하여야 한다(동법 제17조). 용역 또는 시설을 제공하여 발생하는 초과수입, 국가의 현물출자, 외국차관을 도입하여 전대(轉貸)하는 경우 등에는 이를 세입세출예산 외로 처리할 수 있다고 하여 총계주의의 예외를 인정하고 있다(동법 제53조).

③ **회계연도 독립의 원칙** 각 회계연도의 경비는 그 연도의 세입 또는 수입으로 충당하여야 한다는 원칙이다(동법 제3조). 각 회계연도의 경비는 그 연도의 세입 또는 수입으로 충당하여야 한다.

④ **예산단일성의 원칙** 국가의 모든 수입과 지출이 '하나의' 예산안에 편성되어야 한다. 따라서 특별회계 등 특별예산제도는 원칙적으로 허용되지 아니하고 예외적으로 법률로 정하여 인정된다.[1)]

⑤ **목적 외 사용금지 원칙** 각 중앙관서의 장은 세출예산이 정한 목적 외에 경비를 사용할 수 없다(동법 제45조).

⑥ **공개원칙** 예산은 투명성을 지녀야 하므로 국민에게 공개되어야 한다한다. 정부는 예산, 기금, 결산, 국채, 차입금, 국유재산의 현재액 및 통합재정수지 그 밖에 대통령령이 정하는 국가와 지방자치단체의 재정에 관한 중요한 사항을 매년 1회 이상 정보통신매체·인쇄물 등 적당한 방법으로 알기 쉽고 투명하게 공표하여야 한다(동법 제9조 1항).

⑦ **기타** 그 외 예산은 국가의 재정의 근간이 되므로 국회에 의해 사전에 의결되어야 한다는 국회사전의결원칙 등도 예산의 원칙으로 볼 수 있다.

2) 예산편성·집행에서의 원칙

국가재정법은 정부는 예산의 편성 및 집행에 있어서 다음의 원칙을 준수하여야 한다고 명시하고 있다(동법 제16조). 즉 ① 정부는 재정건전성의 확보를 위하여 최선을 다하여야 한다. ② 정부는 국민부담의 최소화를 위하여 최선을 다하여야 한다. ③ 정부는 재정을 운용함에 있어 재정지출 및 조세특례제한법 조세지출예산서(조세감면·비과세·소득공제 등 조세특례에 따른 재정지원의 직전 연도 실적과 해당 연도 및 다음 연도의 추정금액을 기능별·세목별로 분석한 보고서)의 작성규정에 따른 조세지출의 성과를 제고하여야 한다. ④ 정부는 예산과정의 투명성과 예산과정에의 국민참여를 제고하기 위하여 노력하여야 한다. ⑤ 정부는 예산이 여성과 남성에게 미치는 효과를 평가하고, 그 결과를 정부의 예산편성에 반영하기 위하여 노력하여야 한다. 이 원칙을 구현하

1) 헌재 2003.12.18. 2002헌가2.

기 위하여 성인지 예산서(예산이 여성과 남성에게 미칠 영향을 미리 분석한 보고서로서 이 예산서는 성평등 기대효과, 성과목표, 성별 수혜분석 등을 포함하여야 한다)와 성인지 결산서를 작성할 것을 의무화하고 있다(동법 제26조 1항, 제57조).

4. 예산의 성립절차

(1) 편성과 제출 - 편성·제출권자와 과정

1) 편성·제출권자

예산안의 편성과 제출은 정부만이 할 수 있다(제54조 2항).

2) 편성·제출과정

정부는 회계연도마다 예산안을 편성하여 회계연도 개시 90일 전까지 국회에 제출하여야 한다(제54조 2항 전단). 그러한 제출과정은 다음과 같다. ① 예산안편성지침의 통보(국가재정법 제29조 1항. 기획재정부장관은 국무회의의 심의를 거쳐 대통령의 승인을 얻은 다음 연도의 예산안편성지침을 매년 3월 31일까지 각 중앙관서의 장에게 통보하여야 한다) → ② 예산안편성지침의 국회보고(동법 제30조. 기획재정부장관 각 중앙관서의 장에게 통보한 위 예산안편성지침을 국회 예산결산특별위원회에 보고하여야 한다) → ③ 예산요구서의 제출(동법 제31조 1항. 각 중앙관서의 장은 위 예산안편성지침에 따라 그 소관에 속하는 다음 연도의 세입세출예산·계속비·명시이월비 및 국고채무부담행위 요구서를 작성하여 매년 5월 31일까지 기획재정부장관에게 제출하여야 한다) → ④ 예산안의 편성(동법 제32조. 기획재정부장관은 예산요구서에 따라 예산안을 편성하여 국무회의의 심의를 거친 후 대통령의 승인을 얻어야 한다) → ⑤ 예산안의 국회제출(동법 제33조. 정부는 위와 같이 대통령의 승인을 얻은 예산안을 회계연도 개시 120일 전까지 국회에 제출하여야 한다).

정부의 결산은 국무회의의 심의를 거쳐야 한다(제98조 4호).

(2) 국회의 심의절차, 수정, 예산확정 등

1) 개관 - 예비심사, 종합심사, 본회의 의결

예산안은 상임위원회의 예비심사와 예산결산특별위원회의 종합심사 그리고 본회의의 의결로써 예산으로 확정된다. 예산안에 대한 국회의 심의와 예산확정과정을 상설하면 다음과 같다.

2) 소관 상임위원회의 예비심사

제출된 예산안은 소관 상임위원회에 회부되고, 소관 상임위원회는 예비심사를 하여 그 결과를 의장에게 보고하는데 본회의에서 예산에 대해 정부의 시정연설을 듣는다(동법 제84조 1항). 의장은 예산안과 결산을 소관 상임위원회에 회부할 때에는 심사기간을 정할 수 있으며, 상임위원회가 이유없이 그 기간 내에 심사를 마치지 아니한 때에는 이를 바로 예산결산특별위원회에 회부할 수 있다(동법 동조 6항). 예산심의의 지연을 막기 위한 것이다.

의안의 대기(숙고)기간제(동법 제59조), 의안의 자동상정제(동법 제59조의2), 안건조정위원회제도(동법 제57조의2)는 적용되지 않는다.

3) 예산결산특별위의 종합심사

의장은 소관 상임위원회의 심사 이후 예산안을 예산결산특별위원회에 회부하고 예산산결산특별위원회의 예산안의 심사에서는 ① 제안설명과 전문위원의 검토보고를 듣고 종합정책질의, 부별심사 또는 분과위원회심사 및 찬반토론을 거쳐 표결한다(동법 동조 2항·3항). 이 과정에서 예산결산특별위원회는 예산안에 대하여 공청회를 개최하여야 하는데(의무적 공청회) 다만, 추가경정예산안의 경우에는 위원회의 의결로 이를 생략할 수 있다(동법 제84조의3. 본예산안의 경우 생략할 수 없음). ② 예산결산특별위원회는 소관 상임위원회의 예비심사내용을 존중하여야 하며, 소관 상임위원회에서 삭감한 세출예산 각항의 금액을 증가하게 하거나 새 비목을 설치할 경우에는 소관상임위원회의 동의를 얻어야 한다. 다만, 새 비목의 설치에 대한 동의요청이 소관 상임위원회에 회부되어 그 회부된 때부터 72시간 이내에 동의여부가 예산결산특별위원회에 통지되지 아니한 경우에는 소관 상임위원회의 동의가 있는 것으로 본다(동법 제84조 5항). 의장은 예산결산특별위원회의 심사가 끝난 후 본회의에 부의한다.

4) 심사 시한과 본회의 자동부의제도

헌법은 예산안을 회계연도 개시 30일 전까지 의결하여야 한다고 하여 예산안 의결의 시한을 규정하고 있다. 국회법은 예산안 심사의 시한날자를 못박고 있다. 즉 국회법은 예산안 심사를 "매년 11월 30일까지 마쳐야 한다"라고 규정하고 있다(동법 제85조의3 1항). 세입예산안 부수 법률안의 심사도 그러하다. 위원회가 예산안 등과 세입예산안 부수 법률안(체계·자구심사를 위하여 법제사법위원회에 회부된 법률안을 포함)에 대하여 위 시한 내에 심사를 마치지 아니한 때에는 그 다음 날에 위원회에서 심사를 마치고 바로 본회의에 부의된 것으로 본다(의장이 각 교섭단체대표의원과 합의한 경우에는 그러하지 아니함. 동조 2항). 이 제도는 이른바 국회선진화법의 일환으로 도입된 것이다. 이 규정의 압박으로 2014년에 2015년도 예산안은 시한을 지켰다. 그러나 이후 조금씩 시한을 넘기곤 했다.

대별	회계연도	법정의결기한	본회의 의결일
제19대	2013	2012.12.2	2013.1.1
	2014	2013.12.2	2014.1.1
	2015	2014.12.2	2014.12.2
	2016	2015.12.2	2015.12.3
제20대	2017	2016.12.2	2016.12.3
	2018	2017.12.2	2017.12.6
	2019	2018.12.2	2018.12.8

▌2013년도 예산안 이후 의결일

* 국회, 2019 예산결산특별위원회 업무 가이드, 81면을 보고 정리한 것임.

5) 의결확정

국회는 회계연도 개시 30일 전까지 예산안을 의결하여야 한다(제54조 2항). 예산안은 국회 본회의의 의결로 확정된다.

(3) 수정

국회는 예산안에 대해 삭감 또는 폐지를 스스로 할 수 있으나 정부의 동의없이 정부가 제출한 지출예산 각항의 금액을 증가하거나 새 비목을 설치할 수 없다(제57조). 정부가 자신이 제출한 예산안을 수정할 때에는 본회의 또는 위원회의 동의를 얻어야 한다(국회법 제90조 2항). 의원이 예산안에 대해 수정동의를 할 때에는 의원 50인 이상의 찬성이 있어야 한다(동법 제95조 1항 단서).

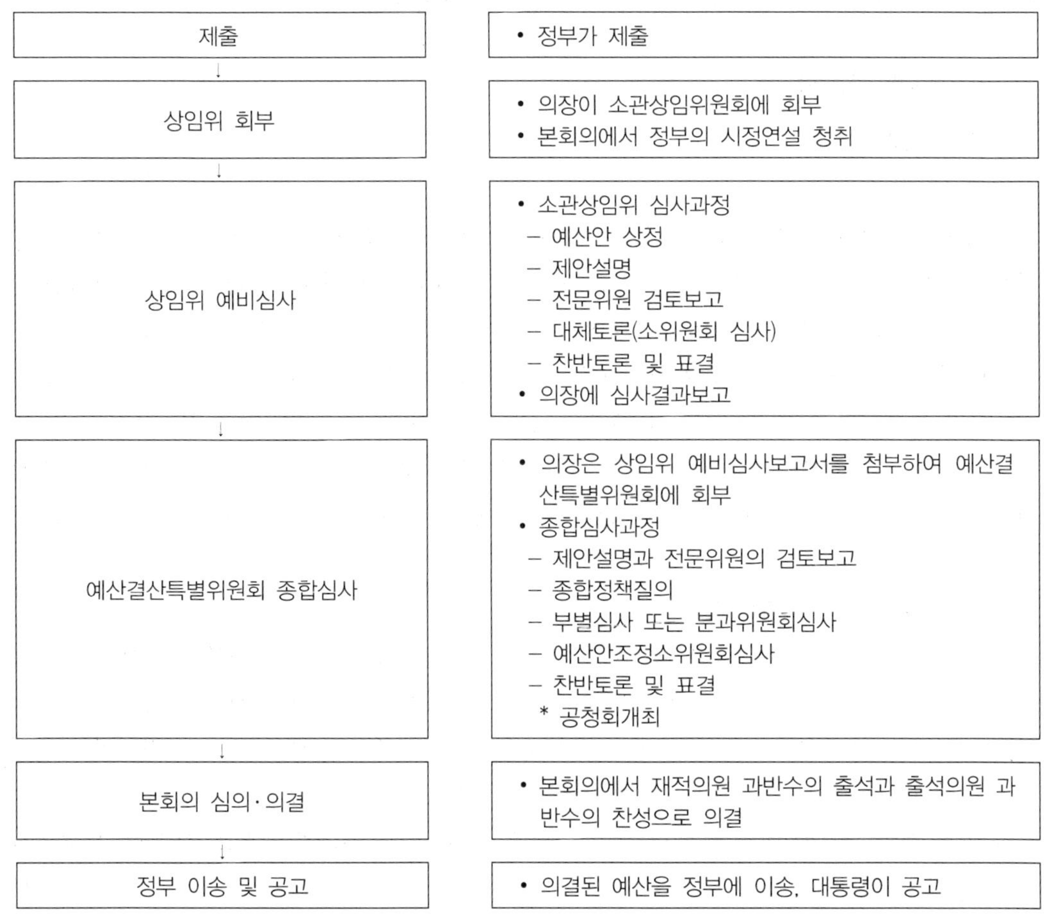
제출
• 정부가 제출
상임위 회부
• 의장이 소관상임위원회에 회부
• 본회의에서 정부의 시정연설 청취
상임위 예비심사
• 소관상임위 심사과정
– 예산안 상정
– 제안설명
– 전문위원 검토보고
– 대체토론(소위원회 심사)
– 찬반토론 및 표결
• 의장에 심사결과보고
예산결산특별위원회 종합심사
• 의장은 상임위 예비심사보고서를 첨부하여 예산결산특별위원회에 회부
• 종합심사과정
– 제안설명과 전문위원의 검토보고
– 종합정책질의
– 부별심사 또는 분과위원회심사
– 예산안조정소위원회심사
– 찬반토론 및 표결
* 공청회개최
본회의 심의·의결
• 본회의에서 재적의원 과반수의 출석과 출석의원 과반수의 찬성으로 의결
정부 이송 및 공고
• 의결된 예산을 정부에 이송, 대통령이 공고

▌예산의 성립과정

* 위 도표는 국회 홈페이지 http://www.assembly.go.kr/views/cms/assm/assemact/account/account02.jsp의 도표와 해설을 중심으로 보완, 정리한 것임.

(4) 정부 이송 및 공고

국회에서 의결된 예산은 정부에 이송되어 대통령이 공고하게 된다. 이 공고는 법률의 공포의 경우와 달리 예산의 효력의 발생요건이 아니다.

(5) 예산안심의절차의 개선

소관 상임위원회, 예산결산특별위원회에서의 심사에서 지역구 국회의원의 지역구 이익을 위한 예산배정요구와 그 배정을 위한 활동이 문제점으로 지적되고 있다. 그야말로 기속위임이 금지되어야 하고 이른바 '쪽지예산'이 없어져야 한다. 결산제도가 있으나 예산수립과 확정단계에서 국가전체의 이익에 부합되는 결정이 이루어질 수 있도록 하여야 한다. 예산안심의가 보다 충분한 시간을 두고 충실히 이루어질 수 있도록 하여야 한다.

5. 계속비, 예비비

(1) 계속비

1) 개념과 의의

계속비란 여러 해에 걸쳐 계속하여 지출이 소요되어 이를 예정하여 일괄적으로 예산에 계상하는 경비를 말한다. 헌법은 "한 회계연도를 넘어 계속하여 지출할 필요가 있을 때에는 정부는 연한을 정하여 계속비로서"라고(제55조 1항) 규정하고 있다. 1년예산주의에 따라 1년 기간의 예산을 편성하여야 하는 것이 원칙이므로 계속비는 이 원칙에 대한 예외가 된다. 대규모의 국가사업이 국회의결을 받지 못하여 예산의 집행이 이루어질 수 없어 중단되는 것을 막기 위한 제도이다. 즉 완성에 수년도를 요하는 공사나 제조 및 연구개발사업은 그 경비의 총액과 연부액(年賦額)을 정하여 미리 국회의 의결을 얻은 범위 안에서 수년도에 걸쳐서 지출할 수 있다(국가재정법 제23조 1항).

2) 국회의 필수적·사전의 의결

헌법은 한 회계연도를 넘어 계속하여 지출할 필요가 있을 때에는 정부는 연한을 정하여 계속비로서 국회의 의결을 얻어야 한다고 하여(제55조 1항) 계속비에 대해 국회의 사전의결을 가치도록 하고 있다. 사전의결 대상항목은 사업목적, 미리 계산된 경비총액, 각 연도에 지출될 금액 등이다. 국가재정법은 경비의 총액과 연부액이라고 규정하고 있다(동법 제23조 1항). 계속비는 설정된 연한 내에서 계속 지출되는 일괄 경비이므로 일단 국회의 의결을 받으면 그 변경이 없는 한 매년 별도로 의결대상이 되는 것은 아니다.

3) 연한

헌법은 그냥 "연한을 정하여"라고 규정하고 있다. 국가재정법은 계속비로 국가가 지출할 수 있는 연한의 한계를 설정하고 있는데 그 회계연도부터 5년 이내(사업규모 및 국가재원 여건상 필요한 경우에는 예외적으로 10년 이내)라는 제한을 두고 있고, 다만, 필요하다고 인정하는 때에는 국회의 의결을 거쳐 그 지출연한을 연장할 수 있도록 하고 있다(동법 동조 2항·3항).

(2) 예비비

1) 개념과 인정범위

예비비란 예산안의 편성, 제출, 의결과정에서 예측하지 못하거나 예측이 어려운 경비의 지출에 대비하여 예산에 포함되어 계상되는 경비를 말한다. 정부는 예측할 수 없는 예산 외의 지출 또는 예산초과지출에 충당하기 위하여 일반회계 예산총액의 100분의 1 이내의 금액을 예비비로 세입세출예산에 계상할 수 있다(국가재정법 제22조 1항 본문). 다만, 예산총칙 등에 따라 미리 사용목적을 지정해 놓은 예비비는 본문의 규정에 불구하고 별도로 세입세출예산에 계상할 수 있다(동법 동조 동항 단서. 그러나 공무원의 보수 인상을 위한 인건비 충당을 위하여는 예비비의 사용목적을 지정할 수 없다(동법 동조 2항)).

2) 국회의 의결

예비비는 총액으로 국회의 의결을 얻어야 한다(제55조 2항 전문). 이 의결은 사전의결이라고 보아야 한다. 헌법이 그 지출은 차기국회에서 승인을 얻도록 하고 있기 때문이다.

3) 예비비의 관리와 사용

예비비는 기획재정부장관이 관리한다(국가재정법 제51조 1항). 각 중앙관서의 장은 예비비의 사용이 필요한 때에는 그 이유 및 금액과 추산의 기초를 명백히 한 명세서를 작성하여 기획재정부장관에게 제출하여야 하고 기획재정부장관은 그 신청을 심사한 후 필요하다고 인정하는 때에는 이를 조정하고 예비비사용계획명세서를 작성한 후 국무회의의 심의를 거쳐 대통령의 승인을 얻어야 한다(동법 동조 2항·3항).

4) 국회통제(차기국회의 승인)

(가) 의미

예비비는 예산안의결 당시에 어떠한 목적으로 지출될 것인지가 불확정이고 그 지출이 행정부의 결정에 맡겨져 있으므로 정당한 지출이었는지 여부에 대해 국회가 통제할 필요가 있다. 바로 이를 위하여 헌법은 예비비의 지출은 차기국회의 승인을 얻도록 하고 있다(제55조 2항 후문). 승인을 얻어야 할 대상은 예비비의 총괄적 지출이 아니라 구체적인 개별항목별 지출이다.

(나) 절차

예비비사용명세서의 작성 및 국회제출의 절차를 보면, 각 중앙관서의 장은 예비비로 사용한 금액의 명세서를 작성하여 다음 연도 2월말까지 기획재정부장관에게 제출하여야 하고 기획재정부장관은 제출된 명세서에 따라 예비비로 사용한 금액의 총괄명세서를 작성한 후 국무회의의 심의를 거쳐 대통령의 승인을 얻어야 하며 승인을 얻은 총괄명세서를 감사원에 제출하여야 한다(동법 제52조 1항·2항·3항). 정부는 예비비로 사용한 금액의 총괄명세서를 다음 연도 5월 31일까지 국회에 제출하여 그 승인을 얻어야 한다(동법 동조 4항).

(다) 승인 여부의 법적 효력

차기국회의 승인을 받지 못한 예비비의 지출의 법적 효력에 대해 유효설과 무효설이 있을 수 있다. 행정청에 대한 문책, 관계 장관의 해임건의, 탄핵 등의 제재가 가능하다. 이 점에서 정치적 책임만을 추궁할 수 있을 뿐이라는 어느 교과서의 서술은(성낙인(2013), 483면) 해임건의, 탄핵 등 헌법적 제재를 법적인·제재가 아니라는 결과를 가져오는 이상한 서술이다.

6. 예산의 불확정(예산안의 비의결)과 임시예산

(1) 예산의 불확정과 임시예산(= 준예산, 잠정예산)의 개념

국회에서 새로운 회계연도가 시작될 때까지 예산안이 의결되지 못하여 예산을 확정하지 못하는 경우에 국가활동에 마비가 올 수 있으므로 이에 대한 대비로서 예산안 의결까지 잠정적인 예산이 필요하다. 그 예산제도가 임시예산제도이다. 우리 헌법도 "새로운 회계연도가 개시될 때까지 예산안이 의결되지 못한 때에는 정부는 국회에서 예산안이 의결될 때까지 다음의 목적을 위한 경비는 전년도 예산에 준하여 집행할 수 있다"라고 규정하여 임시예산제도를 두고 있다. 준예산, 잠정예산이라고도 한다.

(2) 범위, 시점과 종기, 효력

유의할 점은 모든 국가예산을 전년도에 준하여 집행할 수 있게 하고 있지 않고 필요최소한도에 그쳐야 하고 우리 헌법도 '다음의 목적을 위한 경비'라고 하여 임시예산을 집행할 수 있는 목적을 한정하고 있다는 점이다. 즉 헌법은 ① 헌법이나 법률에 의하여 설치된 기관 또는 시설의 유지·운영, ② 법률상 지출의무의 이행, ③ 이미 예산으로 승인된 사업의 계속"이라는 목적만을 위하여 임시예산(준예산)제도를 인정하고 있다(제54조 3항). 또 준예산의 집행이 가능한 시점은 헌법 제54조 제2항의 국회 예산안의결의 시한인 회계연도 개시 30일 전을 넘긴 시점이 아니라 당연히 "새로운 회계연도가 개시될 때까지 예산안이 의결되지 못한 때"이다. 임시예산의 집행은 "예산안이 의결될 때까지"이다. 임시예산의 집행은 당해 회계연도의 예산안이 의결되어 예산이 성립되면 그 예산에 의하여 집행된 것으로 간주된다.

7. 예산의 효력과 집행

(1) 예산의 효력

1) 시적 효력

예산은 하나의 회계연도인 1년(매년 1월 1일부터 12월 31일까지. 국가재정법 제2조) 동안 효력을 가진다. 계속비제도는 이에 대한 예외가 된다. 각 회계연도는 독립됨을 원칙으로 하므로 각 회계연도에 있어서의 경비는 당해 회계연도의 세입으로 지출하여야 하고, 당해 회계연도의 세출예산은 원칙적으로 다음 회계연도에 사용할 수 없다.

2) 형식적 효력

예산은 예산이라는 국법형식으로 존재하고 다른 법형식(법률, 명령 등)으로 이를 변경할 수 없는 형식상의 효력을 가진다.

3) 대인적 효력

예산은 국가기관들만을 구속하고 일반 국민들에 대해서는 구속력을 가지지 않는다.

4) 지역적 효력

예산은 국가기관을 구속하는데 이는 예산이 국가기관의 활동을 구속함을 의미한다. 따라서 국가의 활동이 국내에서 이루어지든 외국에서 이루어지든(외국공관의 외교활동 등) 그 효력이 미친다. 그러므로 예산은 국내적 효력뿐 아니라 국외적 효력도 가진다.

5) 내용적 효력(실질적 효력)

① **세입예산의 경우** 세입예산에서 애초 예상했던 수입금액이 예산집행 시작 이후 현실에서의 그것과 다를 수 있다. 예를 들어 조세법의 규정에 따라 과세대상이면 조세부과를 하는데 그 과세대상이 늘어나고 그 징수도 확대된 결과 세입이 애초의 예산에서보다 더 많을 수 있다. 이 점에서 세입부문은 세출과 달리 구속력이 약하다. 다만, 세입에 미리 계상되어 있지 않았던 수입항목이 비록 법률의 근거를 두고 있었다고 하더라도 그리하여 해당 수입이 있었다 하더라도 당해연도의 세출에 충당할 수 없다는 점에서의 세입의 구속력은 있다.

② **세출예산의 경우** 세출예산에 계상된 지출항목에 대해 정해진 목적을 위해, 시간 내에 정해진 금액 범위 내에 집행(지출)하여야 한다(목적 · 시간 · 액수상 효력). 이를 어기고 예산의 移用 · 이체, 이월을 할 수는 없는 것이 원칙이다. 다만, 일정한 사유가 있는 경우에는 예외가 인정된다. 이에 대해 바로 아래에 별도로 본다.

(2) 예산의 집행과 移用·이체, 이월, 전용 등

① **집행** 예산의 집행을 위하여 법률에 의한 근거가 마련되어야 한다는 점 등에 내해서는 앞서 예산과 법률의 관계에서 살펴보았다.

② **이용 · 이체** 각 중앙관서의 장은 예산이 정한 각 기관 간 또는 각 장 · 관 · 항 간에 상호 이용(移用)할 수 없다. 다만, 법령상 지출의무의 이행을 위한 경비 및 기관운영을 위한 필수적 경비의 부족액이 발생하는 경우, 환율변동 · 유가변동 등 사전에 예측하기 어려운 불가피한 사정이 발생하는 경우 등에 한정하여 미리 예산으로써 국회의 의결을 얻은 때에는 기획재정부장관의 승인을 얻어 이용하거나 기획재정부장관이 위임하는 범위 안에서 자체적으로 이용할 수 있다(동법 제47조 1항). 또 기획재정부장관은 정부조직 등에 관한 법령의 제정 · 개정 또는 폐지로 인하여 중앙관서의 직무와 권한에 변동이 있는 때에는 그 중앙관서의 장의 요구에 따라 그 예산을 상호 이용하거나 이체(移替)할 수 있다(동법 제47조 2항).

③ **이월** 매 회계연도의 세출예산은 다음 연도에 이월하여 사용할 수 없다(동법 제48조 1항).

그러나 이에 대한 예외가 인정되고 있다(명시이월비, 연도 내에 지출원인행위를 하고 불가피한 사유로 인하여 연도 내에 지출하지 못한 경비와 지출원인행위를 하지 아니한 그 부대경비 등은 이월가능. 동법 동조 2항).

④ **전용** 각 중앙관서의 장은 예산의 목적범위 안에서 재원의 효율적 활용을 위하여 대통령령이 정하는 바에 따라 기획재정부장관의 승인을 얻어 각 세항 또는 목의 금액을 전용할 수 있다(동법 제46조). 이 경우 사업 간의 유사성이 있는지, 재해대책 재원 등으로 사용할 시급한 필요가 있는지, 기관운영을 위한 필수적 경비의 충당을 위한 것인지 여부 등을 종합적으로 고려하여야 한다. 이러한 전용제도는 예산성립 후의 여건이나 계획의 변화에 대처해 예산집행을 탄력적이고도 효율적으로 하기 위한 것이라고 한다. 그러나 각 중앙관서의 장은 당초 예산에 계상되지 아니한 사업을 추진하는 경우, 국회가 의결한 취지와 다르게 사업 예산을 집행하는 경우에는 전용할 수 없다(동법 동조 3항).

8. 예산의 변경 – 추가경정예산

(1) 개념

회계연도가 시작된 후에 본예산에 변경을 가할 필요가 생겼을 때에는 정부는 추가경정예산안을 편성하여 국회에 제출할 수 있다. 우리 헌법도 "정부는 예산에 변경을 가할 필요가 있을 때에는 추가경정예산안을 편성하여 국회에 제출할 수 있다"라고 규정하여(제56조) 추가경정예산을 명시적으로 인정하고 있다. 추가경정예산에 대응하는 용어는 법적 용어는 아니나 본예산이라고 한다. 추가경정예산은 시점상 예산이 확정된 후에 발생한 사유로 편성되는 예산이다. 예산성립 후 초과지출에 대비하여 예비비 제도를 두고 있으나 예비비의 지출로도 소요되는 비용을 충당하지 못하는 경우에 편성된다는 점에서 예비비와 구별된다. 추가경정예산안은 이미 본예산이 국회의결로 확정된 이후에 생긴 사유로 변경을 가하기 위한 예산안이라는 점에서 정부의 예산안 제출 후 국회가 본예산을 확정하기 전에 그 내용의 일부를 수정하기 위하여 제출되고 본예산에 흡수되어 심의되는 '수정예산안'과 구별된다.

(2) 사유

헌법은 추가경정예산안이라고 규정하여 추가나 경정의 필요성만을 의미할 뿐이지 그 구체적 사유에는 명시적인 한계를 설정하고 있지는 않다. 예산이 확정된 후에 전쟁의 발발, 대형재해, 국내외의 경제상 여건의 중대한 변화 등으로 인하여 재정수요가 더 많이 늘어나 예산을 더 확보하여야 할 필요가 생겼거나 예산에 변경을 가할 필요가 발생한 경우에 추가경정예산이 요구된다. 생각건대 추가경정예산이 국가재정의 방만한 운영을 가져와서는 아니 됨은 물론이고 세입, 세출 편성에 있어서 예측이 어려웠던 사후의 사유로 효율성(실기해서는 아니 되는 긴절성), 형평성, 합리성 등을 가지는 사유여야 한다. 특히 헌법이 불측의 용도가 생길 것을 감안하여 미리 예비비를 확보할 수 있게 하고 있다는 점에서(제55조 2항) 예비비로써는 대응하기 힘든 지출수요가 있는 경우에 한정되어야 한다. 국가재정법은 다음의 경우에 추가경정예산안을 편성할 수 있다고 하여 그 사유를 명시하고 있다(동법 제89조 1항). 1. 전쟁이나 대규모 재해('재난 및 안전관리 기본법' 제3조에서 정의한 자연재난과 사회재난의 발생에 따른 피해)가 발생한 경우,[1] 2. 경기침체, 대량실업, 남북관계의 변화, 경제협력과 같은 대내·외 여건에 중대한 변화가 발생하였거나 발생할 우려가 있는 경우, 3. 법령에 따라 국가가 지급하여야 하는 지출이 발생하거나 증가하는 경우. 정부는 국회에서 추가경정예산안이 확정되기 전에 이를 미리 배정하거나 집행할 수 없다(동법 동조 2항).

(3) 심의·확정의 절차

추가경정예산안에 대한 심의, 확정의 절차나 심의방법도 본예산의 경우와 원칙적으로 같다. 예산결산특별위원회에서의 공청회는 위원회의 의결로 이를 생략할 수 있도록 하는 예외가 있긴 하다(국회법 제84조의3 단서). 헌법은 그리고 추가나 경정의 필요성만을 의미할 뿐이지 또 그 제출시한, 심의의 기한에 대해 헌법은 전혀 제한을 두고 있지는 않다. 그러나 합리적인 편성과 제출, 심의가 이루어져야 할 것이다. 국가재정법은 기획재정부장관은 추가경정예산안이 제출될 때에는 재정수지, 국가채무 등 국가재정운용계획의 재정총량에 미치는 효과 및 그 관리방안에 대하여 국회에 보고하여야 한다(동법 제7조 7항).

9. 국회 외 예산집행에 대한 통제

예산의 집행 및 결산의 감독과 지시(동법 제99조. 기획재정부장관은 예산의 집행 또는 결산의 적정을 기하기 위하여 소속 공무원으로 하여금 확인·점검하게 하여야 하며, 필요한 때에는 각 중앙관서의 장에게 관련 제도의 개선을 요구하거나 국무회의 심의를 거친 후 대통령의 승인을 얻어 예산 및 기금운용계획의 집행과 결산에 관한 지시를 할 수 있다), 예산의 불법지출에 대한 국민감시(동법 제100조 1항. 국가의 예산을 집행하는 자, 재정지원을 받는 자, 각 중앙관서의 장이 법령을 위반함으로써 국가에 손해를 가하였음이 명백한 때에는 누구든지 집행에 책임 있는 중앙관서의 장에게 불법지출에 대한 증거를 제출하고 시정을 요구할 수 있다) 등의 통제제도가 있다.

V. 결산심사권

1. 결산의 개념과 헌법규정

결산이란 하나의 회계연도에서의 국가의 확정된 세입과 세출의 실적계수를 나타내는 행위를 말한다. 헌법은 국회의 결산심사권을 국회 부분에서 직접적으로 규정하지 않고 감사원의

---

1) 2015년에 메르스사태 이후 추가경정예산이 편성된 바 있다.

권한 부분에서 "감사원은 세입·세출의 결산을 매년 검사하여 대통령과 차년도 국회에 그 결과를 보고하여야 한다"라고 규정하여(제99조) 국회는 보고된 감사원의 결산검사에 대한 심사를 행한다.

2. 결산심사절차

(1) 작성·제출

정부에서의 결산작성과 국회제출과정은 다음과 같다. 정부의 결산은 국무회의의 심의를 거쳐야 한다(제98조 4호).

1) 결산보고서 작성·제출

각 중앙관서의 장은 「국가회계법」에서 정하는 바에 따라 회계연도마다 작성한 중앙관서 결산보고서를 다음 연도 2월 말일까지 기획재정부장관에게 제출하여야 한다(국가재정법 제58조 1항). 기획재정부장관은 「국가회계법」에서 정하는 바에 따라 회계연도마다 작성하여 대통령의 승인을 받은 국가결산보고서를 다음 연도 4월 10일까지 감사원에 제출하여야 한다(동법 제59조).

2) 감사원의 검사

감사원은 제59조에 따라 제출된 국가결산보고서를 검사하고 그 보고서를 다음 연도 5월 20일까지 기획재정부장관에게 송부하여야 한다(제99조, 국가재정법 제60조).

3) 국회제출

정부는 감사원의 검사를 거친 국가결산보고서를 국무회의의 심의를 거쳐 다음 연도 5월 31일까지 국회에 제출하여야 한다(국가재정법 제61조).

(2) 국회의 결산심의·의결

1) 소관상임위원회의 예비심사

제출된 결산을 의장이 소관상임위원회에 회부하고, 소관상임위원회는 예비심사를 하여 그 결과를 의장에게 보고한다(국회법 제84조 1항). 의장은 결산을 소관상임위원회에 회부할 때에는 심사기간을 정할 수 있으며, 상임위원회가 이유없이 그 기간 내에 심사를 마치지 아니한 때에는 이를 바로 예산결산특별위원회에 회부할 수 있다(동법 동조 6항).

2) 예산결산특별위원회의 심사

의장은 결산에 상임위의 예비심사보고서를 첨부하여 이를 예산결산특별위원회에 회부한다(동법 동조 2항 전문). 예산결산특별위원회의 결산의 심사는 제안설명과 전문위원의 검토보고를 듣고 종합정책질의, 부별심사 또는 분과위원회심사 및 찬반토론을 거쳐 표결한다(동법 동조 3항 전문). 예산결산특별위원회는 결산에 대하여 공청회를 개최하여야 한다. 다만, 위원회의 의결로 이를 생략할 수 있다(동법 제84조의3).

3) 본회의 의결

의장은 예산결산특별위원회의 결산심사가 끝난 후 본회의에 부의한다(동법 동조 2항 전문).

4) 결산의 심의기한

국회가 결산에 대한 심의·의결을 마쳐야 할 종료시한을 국회법은 "국회는 결산에 대한 심의·의결을 정기회 개회 전까지 완료하여야 한다"라고(국회법 제128조의2) 명시하고 있다.

3. 사후처리

결산의 심사결과 위법 또는 부당한 사항이 있는 때에 국회는 본회의 의결 후 정부 또는 해당기관에 변상 및 징계조치 등 그 시정을 요구하고, 정부 또는 해당기관은 시정요구를 받은 사항을 지체없이 처리하여 그 결과를 국회에 보고하여야 한다(동법 동조 2항 후문). 국회는 결산 심사결과 헌법이나 법률을 위반한 사실이 발견되면 탄핵소추를, 헌법이나 법률의 위반은 물론

제출	• 감사원의 검사를 거친 결산을 정부가 제출
↓	
상임위 회부	• 의장이 소관상임위원회에 회부
↓	
상임위 예비심사	• 결산이 제출되면 소관상임위원회에 회부하여 예비심사를 행함 • 의장에 심사결과보고
↓	
예산결산특별위원회 종합심사	• 의장은 상임위 예비심사보고서 첨부하여 예산결산특별위원회에 회부 • 종합심사과정 – 제안설명과 전문위원의 검토보고 – 종합정책질의 – 부별심사 또는 분과위원회심사 – 찬반토론 및 표결 * 의무적인 공청회
↓	
본회의 심의·의결	• 예산결산특별위원회의 심사를 거친 결산은 본회의에 부의되어 의결

▌결산심사과정

* 위 도표는 국회 홈페이지 http://www.assembly.go.kr/views/cms/assm/assemact/account/account02.jsp의 도표와 해설을 중심으로 보완, 정리한 것임.

이고 위헌·위법이 아니더라도 해임사유가 될 경우에는 국회에서의 해임건의를 통해 제재를 가할 수 있다. 관계 공무원에 대한 형사처벌도 있을 수 있다. 어느 부서의 어느 사업이 예산집행으로 실시되었으나 불필요하거나 그 금액이 적절하지 않는 것으로 판명된 경우에는 다음 해 예산이 폐지 또는 삭감이 되어야 한다. 이를 위한 예산의 효율성 검증이 중요하다. 이를 위해 '국회예산정책처'가 있다.

Ⅵ. 그 외 재정에 관한 권한

1. 의결권

(1) 기채의결권(起債議決權)

정부가 국채를 모집하려고 할 때에는 미리 국회의 의결을 얻어야 한다(헌법 제58조). 국채는 국가재정의 세입부분이 부족하여 이를 보충하기 위한 채무이다. 국채의 모집은 국가재정의 악화를 초래할 수 있고 국민의 부담이 될 수 있으므로 국회의 통제가 필요하다. 여기서의 의결은 헌법문언이 '미리'라고 규정하고 있으므로 사전의결이다.

(2) 예산외 국가부담부계약에 대한 의결권

예산 외에 국가의 부담이 될 계약을 체결하려 할 때에는 정부는 미리 국회의 의결을 얻어야 한다(제58조). 여기서의 국가부담부계약은 국내에서뿐 아니라 국외에서의 계약도 포함될 것인데 외국과의 부담부계약이 '중대한 재정적 부담'이 되는 것이라면 헌법 제60조에 따라 조약으로 이루어져야 하고 이는 헌법 제60조에 따라 국회의 동의를 받아야 한다. 따라서 중대성에 따라 헌법의 적용조문이 달라진다(외채지불보증계약을 여기 포함시켜 서술하는 교과서(성낙인(2013), 1033면)는 그 점에서 정확하지 못하다). 이 의결은 역시 사전의결이어야 한다.

이 사전통제에 있어서 헌법재판상 한계를 헌재 스스로 보여주고 있어서 문제이다. 헌재는 2006년도 민간투자사업 총한도액을 국회에 보고만 하고 동의를 받지 않아 국회의원의 권한이 침해되었다는 주장의 권한쟁의심판에서 국회의 위 의결권(헌재는 헌법조문의 명시적 용어와 달리 동의권이라고 부름)은 국회자체의 권한이고 국회의원의 권한이 아니므로 이 권한쟁의심판 청구는 이른바 '제3자 소송담당'이 되는바 이는 명시적으로 인정되지 않는 현행법 체계에서 부적법한 청구라는 취지로 각하한다고 결정한 바 있다.[1]) 의결권은 국회의원의 심의·표결권에 의해 행

1) 헌재 2008.1.17. 2005헌라10. [결정요지] (가) 청구인들은 피청구인들의 위 2006년도 민간투자사업 총한도액 제출행위가 헌법 제58조의 '예산 외에 국가의 부담이 될 계약' 체결에 관한 일련의 절차의 하나로서 국회의 동의를 받아야 함에도 불구하고 그 동의절차를 거치지 않음으로써, 국회의 구성원으로서 국회의 동의권을 침해받았다고 주장함과 아울러 국회의원인 청구인들 자신의 심의·표결권을 침해받았다고 주장한다. 그런데 헌법 제58조는, "국채를 모집하거나 예산 외에 국가의 부담이 될 계약을 체결하려 할 때에는 정부는 미리 국회의 의결을 얻어야 한다"라고 규정하고 있어, 예산 외에 국가의 부담이 될 계약체결에 대한 동의권은 국회에 속한다. 따라서 예산 외에 국가의 부담이 될 계약체결의 주체인 정부가 그 계약체결에 국회의 동의절차를 거치지 아니하는

사된다는 점에서 시정되어야 할 판례이다(후술 헌법재판 참조).

2. 동의권 - 상호원조조약, 중대한 재정적 부담의 조약체결·비준동의권

국회는 재정적인 상호원조에 관한 조약, 국가나 국민에게 중대한 재정적 부담을 지우는 조약의 체결·비준에 대한 동의권을 가진다(제60조 1항). 국가의 재정악화와 국민의 기본권침해가 올 수 있으므로 국회의 통제가 필요하여 인정되는 국회통제권이다. 역시 사전동의권이다. 예를 들어 중대한 국가보증행위, 외국과의 계약은 조약으로 이루어져야 하고 그 조약은 국회의 사전동의를 받아야 한다. 문제는 조약으로 해야 할 재정부담조약이 무엇인가 하는 것인데 헌법조문 자체가 '중대한'이라고 규정하고 있으나 그 중대성이 명확하지 않아 논란이 될 수 있을 것이라는 점이다.

헌재는 국회동의가 없었던 조약을 둘러싼 권한쟁의심판에서 위에서도 언급한 이른바 '제3자 소송담당' 이론에 입각하여 각하결정을 하고 있어서 위 조약에 대한 사후통제에 한계를 인정하는 결과를 낳고 있다(헌법재판 부분 참조). 이는 시정되어야 할 사항이다.

3. 승인권 - 긴급재정경명령·처분에 대한 승인권

재정·경제상의 위기에 있어서 대통령이 발하는 긴급재정경제명령·처분을 대통령이 한 때에는 지체없이 국회에 보고하여 그 승인을 얻어야 한다. 승인을 얻지 못한 때에는 그 처분 또는 명령은 그때부터 효력을 상실한다(제76조 3항·4항). 이 승인은 사후승인이다.

예비비지출승인권을 여기서 언급하는 교재들이 있으나 예비비의 지출은 차기국회의 승인을 얻어야 한다는 것을(제55조 2항 후문) 앞서 예산에서 보았다.

경우 그에 대한 국회의 동의권이 침해되는 것이므로, 이를 다투는 권한쟁의심판의 당사자는 국회가 되어야 할 것이다. 그렇다면 피청구인들의 이 사건 심판청구에서는 우선, 국회의 구성원인 청구인들이 국회를 위하여 국회의 권한침해를 주장하여 권한쟁의심판을 청구할 수 있는지, 즉 권한쟁의심판에 있어 이른바 '제3자 소송담당'이 허용되는지 여부가 문제되고, 다음 국회의원인 청구인들 자신의 심의·표결권이 국회의장이나 다른 국회의원이 아닌 국회 외부의 국가기관에 의하여 침해될 수 있는지 여부가 문제된다. (나) 국회의 구성원인 국회의원이 국회의 권한침해를 주장하여 권한쟁의심판을 청구할 수 있기 위하여는 이른바 '제3자 소송담당'이 허용되어야 한다. '제3자 소송담당'이라고 하는 것은 권리주체가 아닌 제3자가 자신의 이름으로 권리주체를 위하여 소송을 수행할 수 있는 권능이다. 권리는 원칙적으로 권리주체가 주장하여 소송수행을 하도록 하는 것이 자기책임의 원칙에 부합하므로, '제3자 소송담당'은 예외적으로 법률의 규정이 있는 경우에만 인정된다. 그런데 헌법재판소법 제61조에 의하면 권한쟁의심판의 청구인은 청구인의 권한침해만을 주장할 수 있도록 하고 있을 뿐, 국가기관의 부분기관이 자신의 이름으로 소속기관의 권한을 주장할 수 있는 '제3자 소송담당'의 가능성을 명시적으로 규정하고 있지 않다. 그렇다면 권한쟁의심판에 있어 '제3자 소송담당'을 허용하는 법률의 규정이 없는 현행법 체계 하에서 국회의 구성원인 청구인들은 국회의 '예산 외에 국가의 부담이 될 계약'의 체결에 있어 동의권의 침해를 주장하는 권한쟁의심판을 청구할 수 없다(헌재 2007.7.26. 2005헌라8 등 참조). 따라서 청구인들의 이 부분 심판청구는 청구인적격이 없어 부적법하다.

4. 기금(基金)에 대한 통제권, 임대형 민자사업 한도액안의 심의·확정

(1) 기금의 개념과 조성요소

기금이란 국가가 특정한 목적을 위하여 특정한 자금을 신축적으로 운용할 필요가 있을 때 조성하는 자금을 말한다(국가재정법 제5조 1항 전단). 기금은 앞에서 살펴본 부담금, 특별부담금, 그리고 출연금 등에 의해 조성된다.

(2) 기금에 대한 통제

1) 필요성

기금은 세입세출예산에 의하지 아니하고 운용할 수 있으므로(동법 제5조 2항) 국회의 통제를 벗어난 재정충당을 위해 기금으로 도피할 가능성을 준다. 사실 이전에 정부의 자체운용계획으로 확정되고 운용되어 왔기 때문에 기금은 정부 각 부처의 '주머닛돈'이라고 인식될 정도로 그 운용의 투명성이 결여되었고 국회의 통제도 형식적이라는 비판을 받았다. 기금은 그 조성이 조세로 이루어지는 것은 아니지만 부담금 등에 의해 이루어지고 따라서 국민에게 부담을 지우는 것이다. 따라서 투명성·효율성·책임성을 높이기 위하여 기금에 대한 통제가 필요하다.

2) 법률유보

국가재정법은 동법에 규정된 법률(국가균형발전법, 정부기업예산법 등)에 의하지 아니하고는 기금을 설치할 수 없도록 하고 있다(동법 동조 1항).[1)]

3) 기금에 관한 원칙

① **기금관리·운용의 원칙** 기금관리주체는 그 기금의 설치목적과 공익에 맞게 기금을 관리·운용하여야 한다(동법 제62조 1항).

② **기금자산운용의 원칙** 기금관리주체는 안정성·유동성·수익성 및 공공성을 고려하여 기금자산을 투명하고 효율적으로 운용하여야 하며 동법 제79조의 규정에 따라 작성된 자산운용지침에 따라 자산을 운용하여야 한다(동법 제63조 1항·2항).

③ **의결권 행사의 원칙** 기금관리주체는 기금이 보유하고 있는 주식의 의결권을 기금의 이익을 위하여 신의에 따라 성실하게 행사하고, 그 행사내용을 공시하여야 한다(동법 제64조).

4) 기금운용계획안의 수립과 내용

(가) 수립절차

ⅰ) 중기사업계획서 제출 – 기금관리주체는 매년 1월 31일까지 당해 회계연도부터 5회계연도 이상의 기간 동안의 신규사업 및 기획재정부장관이 정하는 주요 계속사업에 대한 중기사업계획서를 기획재정부장관에게 제출하여야 한다(동법 제66조 1항). ⅱ 기금운용계획안 작성지

---

1) 이전에 기금관리기본법이 있었으나 국가재정법의 제정으로 폐지되었다.

침 통보 – 기획재정부장관은 자문회의의 자문과 국무회의의 심의를 거쳐 대통령의 승인을 얻은 다음 연도의 기금운용계획안 작성지침을 매년 3월 31일까지 기금관리주체에게 통보하고 이 지침을 국회 예산결산특별위원회에 보고하여야 한다(동법 동조 2항·4항). iii) 제출 – 기금관리주체는 제2항의 규정에 따른 기금운용계획안 작성지침에 따라 다음 연도의 기금운용계획안을 작성하여 매년 5월 31일까지 기획재정부장관에게 제출하여야 한다(동법 동조 5항). iv) 국무회의 심의 및 대통령 승인 – 기획재정부장관은 제5항의 규정에 따라 제출된 기금운용계획안에 대하여 기금관리주체와 협의·조정하여 기금운용계획안을 마련한 후 국무회의의 심의를 거쳐 대통령의 승인을 얻어야 한다(동법 동조 6항).

(나) 기금운용계획안의 내용

기금운용계획안은 ① 운용총칙과 ② 자금운용계획으로 구성된다. ① 운용총칙에는 기금의 사업목표, 자금의 조달과 운용 및 자산취득에 관한 총괄적 사항을 규정한다. ② 자금운용계획은 수입계획과 지출계획으로 구분하되, 수입계획은 성질별로 구분하고 지출계획은 성질별 또는 사업별로 주요항목 및 세부항목으로 구분한다. 이 경우 주요항목의 단위는 장·관·항으로, 세부항목의 단위는 세항·목으로 각각 구분한다(동법 제67조 1항·2항·3항).

정부는 기금이 여성과 남성에게 미칠 영향을 미리 분석한 '성인지 기금운용계획서'를 작성하여야 하는데 이 계획서에는 성평등 기대효과, 성과목표, 성별 수혜분석 등을 포함하여야 한다(동법 68조의2 1항·2항).

5) 국회에 의한 통제

(가) 국가재정운용계획

정부는 재정운용의 효율화와 건전화를 위하여 매년 회계연도 개시 120일 전까지 국회에 제출하여야 하는 국가재정운용계획에 기금수입의 증가율 및 그 근거, 중장기 기금재정관리계획 등을 담아야 한다(동법 제7조 1항).

(나) 기금운용계획안(변경안)의 심의·확정절차

i) **기금운용계획안의 국회제출 내용과 시한** 정부는 동법 제67조 제3항의 규정에 따른 주요항목 단위로 마련된 기금운용계획안을(위 (나)의 ② 서술 참조) 회계연도 개시 120일 전까지 국회에 제출하여야 한다(동법 제68조 1항).

ii) **국회에서의 심의·확정 시한** 국회법은 위와 같이 국가재정법 규정에 의하여 제출된 기금운용계획안을 회계연도개시 30일 전까지 심의·확정하도록 하고 있다(국회법 제84조의2 1항).

iii) **국회에서의 심의·확정절차** 이 심의·확정절차도 예산안에 대한 심사절차와 같이 소관 상임위원회의 예비심사, 예산결산특별위원회의 종합심사(제안설명, 전문위원 검토보고, 종합정책질의, 부별심사 또는 분과위원회심사, 찬반토론, 표결)를 거치도록 하고 있다(동법 제84조의2 2항. 이 절차에 대해서는 앞의 예산 부분 참조). 예산결산특별위원회는 기금운용계획안에 대하여 공청회를 개최하여야 한다. 다만, 기금운용계획변경안의 경우에는 위원회의 의결로 이를 생략할 수 있다(동법 제84조의3). 기금운용계획안에 대해서는 의안의 대기(숙고)기간제(동법 제59조), 이른바 국회선진화법이라 불리는 개정 국회법의 안건조정위원회, 의안의 자동상정 등의 규정이 적용되지 않는다(국회법 제57조의2 1항, 제59조의2). 그러나 본회의 자동부의제도는 적용된다. 즉 상임위원회는 기금운용계획안의 심사를 매년 11월 30일까지 마쳐야 하고 이 기한 내에 심사를 마치지 아니한 때에는 그 다음날에 위원회에서 심사를 마치고 바로 본회의에 부의된 것으로 본다(동법 제85조의3 1항·2항).

국회는 정부가 제출한 기금운용계획안의 주요항목 지출금액을 증액하거나 새로운 과목을 설치하고자 하는 때에는 미리 정부의 동의를 얻어야 한다(국가재정법 제69조).

(다) 기금수반 의안의 제안·심사상 통제

법률의 집행 등을 위해 기금이 필요한 경우에는 미리 이에 대한 조치가 이루어져야 한다. 국회법에 다음과 같은 규정들을 두고 있다. ⅰ) 의안에 대한 비용추계 자료 등의 제출 – 의원이 기금상의 조치를 수반하는 의안을 발의(위원회 제안)하는 경우에는 그 의안의 시행에 수반될 것으로 예상되는 비용에 대한 국회예산정책처의 추계서(또는 의원발의 경우 국회예산정책처에 대한 추계요구서)를 아울러 제출하여야 한다(국회법 제79조의2 1항·2항). 정부가 기금상의 조치를 수반하는 의안을 제출하는 경우에는 그 의안의 시행에 수반될 것으로 예상되는 비용에 대한 추계서와 이에 상응하는 재원조달방안에 관한 자료를 의안에 첨부하여야 한다(동법 동조 3항). ⅱ) 심사보고서에의 추계서 첨부 – 위원회는 안건이 예산 또는 기금상의 조치를 수반하고 위원회에서 수정된 경우에는 안건의 심사를 마친 때에 의장에게 제출하는 보고서에 그 안건의 시행에 수반될 것으로 예상되는 비용에 대하여 국회예산정책처가 작성한 추계서를 첨부하여야 한다(국회법 제66조 1항·3항). ⅲ) 기금수반 법률안에 대한 예산결산특별위원회와의 협의 – 기금상의 조치를 수반하는 법률안을 심사하는 소관위원회는 미리 예산결산특별위원회와의 협의를 거쳐야 한다(동법 제83조의2 1항).

(라) 기금결산제도

기금결산제도가 마련되어 있다. 국가재정법은 각 중앙관서의 장은 국가회계법에서 정하는 바에 따라 회계연도마다 소관 기금의 결산보고서를 중앙관서결산보고서에 통합하여 작성한 후 기획재정부장관에게 제출하여야 한다고 규정하고 있다(국가재정법 제73조).

(마) 국정감사

국가재정법의 적용을 받는 기금을 운용하는 기금관리주체는 '국정감사 및 조사에 관한 법률' 제7조의 규정에 따른 감사의 대상기관으로 한다(동법 제83조).

6) 국회 외 통제 - 공표, 정부감독, 국민감시

기금 외에도 ⅰ) 기금정보의 공표 – 정부는 기금에 대해 매년 1회 이상 정보통신매체 등 적당한 방법으로 알기 쉽고 투명하게 공표하여야 한다(동법 제9조 1항), ⅱ) 기획재정부장관의 권한 – 기금운용계획의 집행 및 결산의 감독과 지시를 할 수 있다(동법 제99조), iii) 기금의 불법지출에 대한 국민감시 – 기금을 집행하는 자, 기금관리주체와 계약 그 밖의 거래를 하는 자가 법령을 위반함으로써 국가에 손해를 가하였음이 명백한 때에는 누구든지 불법지출에 대한 증거를 제출하고 시정을 요구할 수 있다(동법 제100조 1항).

7) 기금자산운용담당자의 손해배상책임

기금의 자산운용을 담당하는 자는 고의 또는 중대한 과실로 법령을 위반하여 기금에 손해를 끼친 경우 그 손해를 배상할 책임이 있고 공무원이 직권을 남용한 부당한 영향력으로 기금에 손해를 끼친 경우 연대배상책임을 지게 된다(동법 제84조).

8) 지방자치단체 기금

지방자치단체에 설치하는 기금의 관리 및 운용에 관한 기본적인 사항을 규정함으로써 지방자치단체 기금 운용의 공공성과 지방재정의 효율성 증진에 이바지함을 목적으로 '지방자치단체 기금관리기본법'이 있다. 동법은 지방자치단체의 기금의 설치 제한, 존속기한, 관리 및 운용(동법 제3, 4, 5, 6조 등) 등에 대해 규정하고 있다.

(3) 임대형 민자사업 한도액안의 심의·확정

1) 임대형 민자사업 한도액안의 회부 등

국회는 '사회기반시설에 대한 민간투자법' 제7조의2 제1항에 따라 국회에 제출되는 임대형 민자사업 한도액안을 회계연도 개시 30일 전까지 심의·확정한다(동법 제84조의4 제1항).

2) 국회의 심사절차

임대형 민자사업 한도액안에 대한 심사절차도 예산안에 대한 심사절차와 같이 소관 상임위원회의 예비심사, 예산결산특별위원회의 종합심사(제안설명, 전문위원 검토보고, 종합정책질의, 부별심사 또는 분과위원회심사, 찬반토론, 표결)를 거치도록 하고 있다(동법 제84조의4 2항. 이 절차에 대해서는 앞의 예산 부분 참조). 임대형 민자사업 한도액안에 대한 심사에서는 의안의 대기(숙고)기간제(동법 제59조), 이른바 국회선진화법이라 불리는 개정 국회법의 안건조정위원회, 의안의 자동상정제 등의 규정이 적용되지 않는다(국회법 제57조의2 1항, 제59조의2). 그러나 본회의 자동부의제도는 적용된다(동법 제85조의3 1항·2항).

제10항 헌법기관구성과 주요 공무원의 임명에 관한 권한

Ⅰ. 권한의 본질적 기능

국회는 주요 헌법기관의 구성원을 선출하거나 임명에 동의를 함으로써 헌법기관의 구성에 관한 권한을 가진다. 이 권한은 단순히 국가기관을 구성한다는 기능 이전에 본질적인 기능으로 ① 민주적 정당성 부여와 ② 통제적 기능을 가진다. 이 권한은 국회가 국민의 대표자라는 점에서 국민대표자에 의한 헌법기관의 선출과 구성에 대한 국민의 의사에 의한 승인이 있게 된다는 점에서 구성되는 헌법기관의 민주적 헌법적 정당성을 부여한다는 본질적 기능을 가진다. 임명동의권은 임명권자에 대한 견제적, 통제적 기능을 가지기도 한다.

Ⅱ. 내용

국회의 주요 헌법기관의 구성과 주요 공무원의 임명에 관한 권한에는 3가지 유형이 있다. 그중 헌법상 권한으로는 2가지 유형으로는 ① 주요 헌법기관 구성원 일부를 직접 선출하거나 ② 임명권자는 대통령 등 외부기관인데 이 임명에 대해 국회가 동의권을 행사하는 경우가 그것이다. ③ 세 번째 유형으로는 헌법규정에 의한 것은 아니나 법률상 그 임명과정에서 국회가 개입할 수 있는 권한을 부여한 경우가 있다. 인사청문권이 그것이다. 즉 헌법규정상 국회의 선출이나 동의의 대상이 아니나 국회법과 관계법률에 따라 몇몇 주요 공무원의 임명에 있어서 국회가 인사청문을 행한다. 헌법이 국회의 선출, 동의의 대상으로 규정하고 있는 공무원들에 대해서도 국회의 인사청문이 실시되고 있다. 법률상 국회가 헌법기관이 아닌 기관의 인사권을 행사하는 경우가 있다. 예를 들어 방송위원회의 일부 위원, 개인정보보호위원회의 일부 위원 등을 선출하는 경우인데 여기서는 고찰대상을 헌법기관의 구성원에 한정한다.

1. 선출권

(1) 대통령선출권

대통령은 국민의 직접선거에 의하여 선출하나 그 직접선거에 있어서 최고득표자가 2인 이상인 때에는 국회의 재적의원 과반수가 출석한 공개회의에서 다수표를 얻은 자를 당선자로 선출한다(제67조 2항).

(2) 헌법재판관 3인 선출권

국회는 헌법재판소의 3인의 재판관을 선출한다(제111조 3항). 그 3인에 대한 임명권자는 대통령이다. 헌법재판관의 국회선출은 헌법재판소가 관장하는 심판들이 헌법적용의 절차라는 점, 대표적으로 위헌법률심판은 국민의 대표자인 국회에서 제정한 법률에 대한 심판이라는 점에서 헌법재판소의 국민적 민주적 정당성을 확보할 필요가 있다는 점에 근거한다. 그 점에서 민주적 정당성을 더 강하게 보장하기 위해 선출 대상 재판관 인원을 보다 확대하여야 한다는 주장, 국회가 선출하지 않는 헌법재판관들에 대해서 국회가 적어도 임명동의권을 가져야 한다는 주장 등이 나오고 있다(이러한 논의에 대해서는 헌법재판소 부분 참조). 국회가 선출하지 않는 나머지 6인 헌법재판관(대통령 지명 3인, 대법원장 지명 3인) 후보들에 대해서도 현재 인사청문은 실시되고 있다.

(3) 중앙선거관리위원회위원 3인 선출권

국회는 중앙선거관리위원회의 3인 위원을 선출한다(제114조 2항). 선거는 국민주권의 행사이므로 선거의 공정하고도 중립적인 관리를 위하여 국민대표자인 국회에서 일부를 선출하게 함으로써 그러한 관리의 국민적 민주적 정당성을 확보하도록 하기 위한 권한이다. 국회가 선출하지 않는 나머지 6인 위원(대통령 임명 3인, 대법원장 지명 3인) 후보들도 인사청문대상이다.

2. 동의권

(1) 헌법재판소장 임명동의권

국회는 헌법재판소장을 대통령이 임명함에 있어서 동의권을 가진다. 국회가 가지는 동의권의 의미는 국민에 의해 직선되지 않는 최고 헌법재판기구의 수장에 대해 국민에 의해 직선된 국회의 동의를 받도록 함으로써 민주적 정당성을 부여하려는 데에 있다. 소장으로서의 자질을 보유하였는지에 대한 검증과정이란 의미와 더불어 대통령의 임명행위에 대한 통제라는 의미도 가진다.

(2) 대법원장 및 대법관 임명동의권

국회는 대통령이 행하는 대법원장과 대법관의 임명에 대한 동의권을 가진다(제104조 1항 · 2항). 대법관의 경우 대법원장의 제청이 요구된다. 국회동의의 의미는 국민으로부터 직선되지 않는 최고법원의 수장과 구성원에 대해 국민에 의해 직선된 국회의 동의를 통하여 민주적 정당성을 부여하려는 데에 있다. 대법원장, 대법관으로서의 자질을 보유하였는지에 대한 검증과 더불어 대통령의 임명에 대한 통제라는 의미도 있다.

(3) 국무총리 임명동의권

국무총리는 국회의 동의를 얻어 대통령이 임명한다(제86조 1항). 국무총리제와 국무총리에 대한 국회의 임명동의제에 대해서는 이를 의원내각제적 요소라고 설명되고 있다. 이는 의원내각제에서의 수상(총리)이 일반적으로 의회에서 선출되기에 그 임명에 국회의 관여가 있다는 점에서 다소 의원내각제적 요소를 가지는 것으로 보기 때문이다. 한편 대통령제하에서 국무총리제가 적절하지 않다는 지적과 국무총리의 권한이 실질적이지 못한데도 국회의 동의를 요하는 것이 균형에 맞지 않다는 취지의 지적이 나오고 있다. 이러한 입법론이나 개헌론을 떠나 현행 헌법의 해석상 국회의 임명동의권이 가지는 의미는 ① 정당성기능(국무총리는 국민으로부터의 직선이 아님에도 대통령의 권한을 대행할 수 있는 권한을 가진다는 점에서는 이에 대한 국민적 정당성을 갖추어야 할 필요가 있다는 데에 동의권의 의미가 있다), ② 행정부구성에 대한 국회의 관여권과 통제권[이는 국무위원과 행정각부의 장의 임명에 있어서 국무총리가 제청권을 가지고 국무총리는 국무위원의 해임을 대통령에게 건의할 수 있으므로(제87조 1항, 제94조, 제87조 3항)) 국무총리의 임명동의는 국회가 행정부구성에 대해 간접적으로 간여하는 효과를 가지기 때문이다. 따라서 국무총리임명에 대한 국회의 동의권은 대통령의 행정부구성권에 대한 통제의 의미도 가진다]에 있다.

국무총리 임명에 대한 동의는 사전에 거쳐야 한다. 과거에 국회의 임명동의가 있기 전이거나 동의를 받지 못하여 국무총리서리를 임명한 예들이 있었는데 국무총리서리제의 합헌성 여부에 대해서는 논란이 있어 왔다. 서리제도가 부득이 국무총리를 임명하지 못하는 상황에서가 아니라 국무총리제도 자체나 국회의 동의권을 부정하기 위한 동기로 국무총리후보자를 정식으로 지명하지 않고 상당한 기간 동안 국무총리서리 체제를 유지하는 것은 위헌임은 물론이다. 국무총리 서리임명에 관한 권한쟁의심판이 헌법재판소에 청구되었으나 청구요건을 갖추지 못하였다는 재판관 5인 다수의견에 따라 각하결정이 되어 합헌성 여부에 대한 헌법재판소의 판단이 나오지는 못했다.[1] 이에 관한 자세한 것은 정부의 국무총리 부분에서 후술한다.

새로운 대통령으로 교체되는 시기에도 국무총리 임명을 신속히 하여 국정운영의 계속성을 도모하도록 대통령당선인은 대통령임기개시 전에 국무총리 후보자를 지명하여 국회의 인사청문의 절차를 거칠 수 있게 하고 있다(대통령직인수에 관한 법률 제5조 1항. 국회법 제46조의3 1항 단서).

* 헌법사적 고찰 – 역대 국무총리에 대한 국회동의의 변천 : 1948년 제1공화국헌법에서는 "국무총리는 대통령이 임명하고 국회의 승인을 얻어야 한다"라고 하여(동 헌법 제69조) 대통령이 먼저 임명하고 국회가 사후승인을 하도록 하고 있었고, 국회의원총선거 후 신국회가 개회되었을 때에는 국무총리임명에 대한 승인을 다시 얻도록 하였다. 1954.11.29.의 제2차개헌헌법에서는 국무총리가제가 폐지되었기에 국회동의권은 당연히 삭제되었다. 의원내각제의 정부형태하에 있었던 1960.6.15.의 제2공화국헌법에서는 국무총리는 대통령이 지명하여 민의원의 동의를 얻어야 하도록 규정하면서, 단 대통령이 민의원에서 동의를 얻지 못한 날로부터 5일 이내에 다시 지명하지 아니하거나 2차에 걸쳐 민의원이 대통령의 지명에 동의를 하지 아니한 때에는 민의원에서 국무총리를 선거하도록 하고 있었다(제2공화국헌법 제69조 1항). 대통령은 민의원의원총선거 후 처음으로 민의원이 집회한 날로부터 5일 이내에 국무총리를 지명하여야 한다고 규정하고 있었다(동 헌법 동조 4항). 대통령제를 취하였던 제3공화국에서는 국무총리제를 두면서도 국회의 동의권이 없었다. 유신헌법에서 국무총리는 국회의 동의를 얻어 대통령이 임명한다"라고 규정하여(유신헌법 제63조 1항) 다시 국회의 동의권이 부활되어 제5공화국헌법과 현행 헌법하에서도 그대로 유지되고 있다.

(4) 감사원장 임명동의권

감사원장은 국회의 동의를 얻어 대통령이 임명한다(제98조). 감사원은 국가의 세입·세출의

---

1) 헌재 1998.7.14. 98헌라1, 대통령과 국회의원간의 권한쟁의, 판례집 10－2, 1면 이하. [사건개요] 김대중정부 출범 초기에 국무총리 임명동의안의 처리가 국회에서 무산된 후 대통령이 국회의 동의없이 국무총리서리를 임명한 데 대하여 다수당(야당) 소속 국회의원들이 국회 또는 자신들의 권한 침해를 주장하면서 권한쟁의심판을 청구하였던 사건이다. [결정] 재판관 5인 다수가 각하의견을 개진하여 각하결정이 내려졌다. 각하의견들도 세 가지 의견으로 나뉘어졌다. 먼저 청구인들에게 제3자 소송담당을 인정할 수 없으므로 당사자적격이 없다는 1인 재판관의 의견, 국회의원은 권한쟁의심판의 당사자가 될 수 없고 국회만이 당사자가 될 수 있다고 하여 각하하여야 한다는 2인 재판관의 의견, 그리고 청구인의 권한을 침해하였거나 침해할 현저한 위험이 없고 권리보호이익이 없다는 이유로 각하되어야 한다는 2인 재판관의 의견으로 나누어졌다. 본안판단에 들어가자는 4인 재판관들은 그중 3인 재판관의 의견은 서리제도가 위헌이라고 보는 의견이었고 1인 의견은 합헌이라고 보았다.

결산, 국가 및 법률이 정한 단체의 회계검사와 행정기관 및 공무원의 직무에 관한 감찰을 그 주요 임무로 수행하고 더구나 대통령에 소속하고 있어서(제97조) 국회가 감사원장의 임명에 관여함으로써 자질있는 사람인지의 검증을 통해 감사원의 중립성 확보를 가져오게 하고 감사원의 민주적 정당성을 간접적으로라도 부여하는 의미를 가진다.

(5) 비동의 대상

그 임명에 있어서 국회의 동의대상이 아닌 헌법기관은 대통령, 대법원장이 지명하는 6인의 헌법재판관들, 감사위원, 중앙선거관리위원회 위원장 등이다. 이 중 대법관이 임명동의대상인 점에 비추어 보면 6인의 헌법재판관들이 임명동의대상이 아니라는 점은 불균형하고 헌법재판소의 민주적 정당성을 약하게 하고 있다. 이를 보완하고자 임명동의대상이 아닌 헌법재판관들 후보들에 대해 인사청문을 실시하고 있다.

3. 인사청문권

(1) 기능과 헌법적 근거

1) 기능

국회의 인사청문절차는 주요 헌법기관이나 중요한 국가업무에 관한 중앙기관을 구성하는 주요 공무원에 대하여 그 권한업무를 충실히 수행할 수 있을 것인지에 대해 국민의 대표자인 국회가 ① 그 자질을 검증하는 기능을 수행한다. ② 그 검증과정은 국민의 알 권리를 보장한다는 의미도 가지고 ③ 대표자를 선출하는 과정에서 청문이 이루어지므로 자질검증이 제대로 되어 적합한 인사가 되도록 한다면 실질적 국민대표주의를 실현하는 데 기여하는 기능도 한다. ④ 국민이 자신을 대신하여 국가업무를 수행할 대표자에 대한 대통령의 임명(국민대표주의)에 있어서의 민주적 정당성도 부여한다는 의미도 가진다. ⑤ 대통령의 인사권에 대한 견제로서 국정통제기능을 한다. ⑥ 다수파의 인사권 전횡을 청문검증을 통해 막을 수 있게 함으로써 소수파를 보호하기 위한 기능도 중요하다. 다만, 소수에 의하여 검증에 필요하지 않고 부적절한 청문을 고집하는 것은 청문제도의 원래의 취지에 부합되지 않는다. 과반수의 지지를 받도록 하는 것과 과반수의 반대가 없을 것이라는 것은 다르다.

2) 헌법적 근거

① 국민주권을 수임한 국회가 국민의 대표자를 대신 선출함에 있어서 자질검증을 하여 국민의 알 권리도 실현하는 것이므로 국민주권주의가 근거가 된다. ② 인사청문제도에 대해 소극적으로 보는 견해는 권력분립주의에 반한다는 견해가 있을 수 있는데 오히려 권력분립주의에 입각한 견제를 위한 과정이라는 점이 헌법적 근거가 된다. ③ 우리 헌법 제78조는 대통령은 공무원의 임면을 헌법에 의해서뿐만 아니라 "법률이 정하는 바에 의하여"서도 행한다고 규정하고 있으므로 헌법이 직접 청문제도를 명시하지 않고 있더라도 법률로 정할 수 있다.

(2) 인사청문 대상자의 범위

1) 논의

국회의 선출권과 임명동의대상이 되는 공무원에 한정되는가 하는 문제가 있다. 학설은 한정설과 비한정설로 나누어진다. 한정설은 국회가 헌법상 임명동의 대상이 아닌 공무원을 대통령이 임명함에 있어서 인사청문을 행한다면 이는 권력분립주의에 반한다고 본다. 그러나 다음과 같은 점에서 한정설은 문제가 있고 후설이 타당하다. i) 국민의 알 권리, 국회의 통제권이라는 의미에서 국회가 선출하거나 임명동의를 하지 않는 고위 공무원들 중에서도 국가활동에 중요한 역할을 수행하는 직에 대해서는 국회가 국민의 대표자로서 그 자질을 검증하기 위한 인사청문이 가능하다. 권력분립주의를 내세우나 이는 국가권력구조의 헌법원칙이긴 하나 알 권리라는 기본권보다 우선할 수는 없다. 국민의 기본권인 알 권리보다도 대통령의 인사권이 상위일 수 없다. 후자는 대통령의 권한이지 '기본권'이 아님은 물론이다. ii) 그 외 위에서 살펴본 인사청문제도의 기능과 헌법적 근거를 고려하더라도 한정설은 문제가 있다. iii) 헌법 제78조는 "대통령은 헌법과 법률이 정하는 바에 의하여 공무원을 임면한다"라고 규정하고 있으므로 "법률이 정하는" 절차 속에 헌법이 국회동의의 대상으로 규정하지 않은 공무원의 임명에도 청문절차를 포함시킬 수 있다.

2) 현행의 대상자

아래에서 실시기관별로 살펴본다.

(3) 실시기관과 기관별 청문대상

현재 국회에서의 인사청문은 ① 인사청문특별위원회를 구성하여 실시하는 경우와 ② 소관 상임위원회에서 실시하는 경우, 그리고 ③ 특별위원회에서 실시하는 경우, 이 3가지 경우가 있다. 현행 실시기관과 각 실시기관별 대상은 아래와 같다.

1) 인사청문특별위원회와 그 대상

(가) 인사청문특별위원회의 구성과 운영

가) 인사청문특별위원회의 구성

인사청문특별위원회의 구성과 운영에 관하여 필요한 사항은 따로 법률로 정한다(동법 동조 2항). 이 법률이 인사청문회법(이하 '인청법'이라 함)이다. 인사청문특별위원회의 위원정수는 13인으로 한다(인청법 동조 2항). 인사청문특별위원회의 위원은 교섭단체 등의 의원수의 비율에 의하여 각 교섭단체대표의원의 요청으로 국회의장이 선임 및 개선(改選)하며 인사청문특별위원회는 위원장 1인과 각 교섭단체별로 간사 1인을 호선하고 본회의에 보고한다(인청법 동조 3항·5항).

나) 존속기간

인사청문특별위원회는 국회가 선출 또는 임명동의를 해야 하는 경우의 선출안 또는 임명동의안{국회의 선출, 동의대상이 아니나 인사청문을 거쳐야 하는 경우는 인사청문특별위원회의 인사청문대상이 아니고 소관 상임위원회에서 인사청문이 이루어지므로[후술 (나) 참조] 이러한 경우는 제외한다}, 대통령당선인으로부터 요청된 국무총리후보자에 대한 인사청문요청안이 국회에 제출된 때에 구성된 것으로 본다(인청법 제3조 1항). 인사청문특별위원회는 선출안 또는 임명동의안이 본회의에서 의결될 때 또는 인사청문경과가 본회의에 보고 될 때까지 존속한다(동법 동조 6항).

다) 권한과 운영절차

인사청문은 후보자가 그 공직에 적격한지를 심사하는 과정으로서 인사청문특별위원회는 인사청문에 있어서 질의청취권, 증거조사권, 심사보고서제출권 등을 가진다. 즉 인사청문특별위원회의 임명동의안 등에 대한 심사 또는 인사청문은 국회법 제65조의2의 규정에 의한 인사청문회를 열어, 공직후보자를 출석하게 하여 질의를 행하고 답변과 의견을 청취하는 방식으로 한다. 위원회는 증거조사를 할 수 있고, 검증을 행할 수 있다(인청법 제4조, 제7조, 제8조, 제13조 등). 인사청문특별위원회에서의 청문절차는 인청법이 소관 상임위원회별 인사청문절차와 함께 규정하고 있는바 자세한 것은 후술한다[후술 3) 인사청문절차 부분 참조].

(나) 인사청문특별위원회 청문의 대상

인사청문특별위원회에 의한 인사청문의 경우는 국회가 직접 선출하거나 임명동의를 하는 공무원들에 대한 인사청문의 경우이다. 즉 1. 국회선출대상 – 헌법에 의하여 국회에서 선출하는 헌법재판소 3인 재판관[1] 및 중앙선거관리위원회 3인 위원,[2] 2. 국회동의대상 – 그 임명에 국회의 동의를 요하는 대법원장·헌법재판소장·국무총리·감사원장 및 대법관, 3. 대통령당선인의 요청과 교섭단체대표와의 협의에 따른 국무총리후보자 청문 – '대통령직인수에 관한 법률' 제5조 제2항의 규정에 의하여 대통령당선인이 미리 국무총리후보자에 대한 인사청문의 실시를 요청하는 경우에 의장은 각 교섭단체대표의원과 협의하여 그 인사청문을 실시하는 경우이다(국회법 제46조의3 1항). 마지막 3의 경우는 국무총리의 경우 2. 국회동의대상이어서 대통령취임 후 당연히 인사청문이 이루어질 것이나 국정공백을 없애기 위해 취임 전에 청문요청이 있을 경우에 실시되는 것이다. 요컨대 국회가 그 선출을 직접 담당하거나 또는 임명동의권을 행사하는 경우에 인사청문특별위원회를 두어 인사청문을 실시하는 것이다.

* 유의할 점은 인사청문특별위원회는 "의장이 각 교섭단체대표의원과 협의하여 제출한 선출안 등"을 심사하는 업무도 행한다는 점이다(동법 동조 동항).

---

1) 헌법재판소 재판관 9인 중 국회 선출의 몫은 재판관이기에 3인 재판관이라고 서술하였는데 국회가 3인 재판관을 동시에 선출하지 않고 1인 재판관을 선출하여야 할 때도 있고, 2인 재판관을 선출하여야 할 때도 있다. 이는 국회가 이전에 선출한 재판관들 중에 정년의 차이 등으로 3인 재판관이 한꺼번에 교체되지 않을 경우도 있기 때문이다. 여하튼 여기서는 편의상 국회가 선출하는 인원 3인 재판관들만 해당되고 대통령과 대법원장의 지명 대상인 6인의 재판관은 해당이 없다는 점을 분명히 인식하도록 '3인 재판관'이란 용어를 포함시켜 서술하였다.

2) 중앙선거관리위원 3인 위원의 경우도 위의 헌법재판소의 경우처럼 전체 9인 중 국회선출의 몫이 3인 위원이고 나머지 대통령, 대법원장이 지명하는 6인 위원은 해당이 없다는 점을 분명히 인식하도록 '3인 위원'이란 용어를 포함시켜 서술하였다.

2) 소관 상임위원회와 그 대상

(가) 대상

국회가 선출하거나 임명동의를 하지 않는 고위 공무원들 중에 법률로 국회의 인사청문의 대상이 되는 경우가 있고 이들 공무원의 후보자의 경우에는 인사청문특별위원회가 아니라 소관 상임위원회에서의 인사청문의 대상이 된다. 그동안 국회법을 몇 차례 개정하여 오면서 헌법이 국회의 선출 내지 임명동의대상으로 하고 있지 않은 고위 공무원들에 대한 임명에 있어서도 국회의 인사청문의 대상을 확대하여 왔다. 현재 상임위원회에서 실시되는 청문의 대상자를 보면, 1. 대통령이 각각 임명하는 헌법재판소 재판관(3인)·중앙선거관리위원회 위원(3인)·국무위원·방송통신위원회 위원장·국가정보원장·공정거래위원회 위원장·금융위원회 위원장·국가인권위원회 위원장·고위공직자범죄수사처장·국세청장·검찰총장·경찰청장·합동참모의장 또는 한국은행 총재·특별감찰관 또는 한국방송공사 사장의 후보자, 2. 대통령당선인이 '대통령직인수에 관한 법률' 제5조 제1항에 따라 지명하는 국무위원후보자, 3. 대법원장이 각각 지

청문실시기관	대상후보
인사청문특별위원회	1. 국회선출대상 – 헌법재판소 재판관(3인) 및 중앙선거관리위원회 위원(3인) 2. 국회동의대상 – 헌법재판소장(상임위 청문 겸함), 대법원장, 국무총리, 감사원장, 대법관 3. 대통령당선인의 요청과 교섭단체대표와의 협의에 따른 국무총리후보자 청문 – 대통령취임 후 임명동의대상일 때도 당연청문대상이나 미리 인사청문을 실시할 경우임.
상임위원회*	1. 대통령이 각각 임명하는 헌법재판소 재판관(3인)·중앙선거관리위원회 위원(3인)·국무위원·방송통신위원회 위원장·국가정보원장·공정거래위원회 위원장·금융위원회 위원장·국가인권위원회 위원장·고위공직자범죄수사처장·국세청장·검찰총장·경찰청장·합동참모의장 또는 한국은행 총재·특별감찰관 또는 한국방송공사 사장의 후보자 2. 대통령당선인이 '대통령직인수에 관한 법률' 제5조 제1항에 따라 지명하는 국무위원후보자 3. 대법원장이 각각 지명하는 헌법재판소 재판관(3인) 또는 중앙선거관리위원회 위원(3인)의 후보자
특별위원회(상임위 구성 전 임의적)	국회의원총선거 후 또는 상임위원장의 임기만료 후에 상임위원장이 선출되기 전에 실시될 경우로서 위 상임위원회 인사청문 대상인 후보자

▌인사청문의 실시기관별 대상

* 소관 상임위원회 식별 – 개별 후보자가 어느 상임위원회에서 청문이 실시되는지는 상임위원회의 소관을 규정한 국회법 제37조 제1항에 따라 식별된다. 예 : 예를 들어 대법원장이 지명하는 헌법재판소 재판관 후보자는 법제사법위원회, 중앙선거관리위원회 위원 중 국회의 선출대상이 아닌 6인의 후보자는 행정안전위원회, 국가정보원장의 후보자는 정보위원회, 국세청장의 후보자는 재정경제위원회에서 인사청문을 실시하게 되는 등 그 관할을 파악할 수 있다.

명하는 헌법재판소 재판관(3인) 또는 중앙선거관리위원회 위원(3인)의 후보자에 대한 인사청문 요청이 있는 경우 인사청문을 실시하기 위하여 각각 소관 상임위원회별로 인사청문회를 연다(동법 제65조의2 2항).

헌법재판소 재판관 후보자가 헌법재판소장 후보자를 겸하는 경우 재판관 후보자로서는 소관 상임위원회에서의 인사청문 대상이나 소장으로서는 인사청문특별위원회의 인사청문 대상이 되어 어디서 인사청문을 하여야 할 것인가가 논의된다. 이는 헌법재판소장 후보자 임명동의와 청문절차를 둘러싸고 2006년에 파문이 있었기에 제기된 문제인데 이후 이에 관한 절차를 명확히 하기 위하여 개정된 국회법은 이 경우 인사청문특별위원회의 인사청문회를 열도록 하고 소관 상임위원회의 인사청문회를 겸하는 것으로 본다는 규정을 두고 있다(동법 동조 5항).

(나) '요청'의 의미

국회법 제65조의2가 대통령, 대법원장이 인사청문을 "요청한 경우"라고 규정하였기에 대통령, 대법원장이 인사청문을 요청하지 않은 경우에 인사청문은 열리지 않을 수도 있는 것으로 이해될지 모른다. 그러나 인사청문을 거치도록 규정하는 개별 법률이 있다. 즉 헌법재판소법은 "재판관은 국회의 인사청문을 거쳐 임명·선출 또는 지명하여야 한다"라고 하고 이 경우 대통령과 대법원장은 임명과 지명 전에 인사청문을 요청한다고 규정하고 있고(동법 제6조), 선거관리위원회법이 "위원은 국회의 인사청문을 거쳐 임명·선출 또는 지명하여야 한다"라고 규정하고(선관위법 제4조 1항) 있으므로 반드시 인사청문을 거쳐야 한다. '대통령직 인수에 관한 법률'도 대통령당선인은 제1항에 따라 국무총리 및 국무위원 후보자를 지명한 경우에는 국회의장에게 인사청문의 실시를 "요청하여야 한다"라고 규정하고 있다(동법 제5조 2항). 인사청문을 필수적인 것으로 규정하고 있지 않은 대상의 경우에도 국회가 인사청문대상자로 국회법에서 규정한 다음에는 "법률이 정하는 바"에 의하여 공무원을 임면한다고 규정한 헌법 제78조에 따라 인사청문을 거쳐야 하는 것으로 해석되어야 할 것이다. 사실 위 인사청문특별위원회의 인사청문도 필수적으로 거쳐야 하는 것인데 그것이 헌법 자체에 규정된 것이 아니라 국회법이라는 법률로 규정된 것이다. 국회법 제65조의2는 "다른 법률에 따라" 다음 각 호의 어느 하나에 해당하는 공직후보자에 대한 인사청문 요청이 있는 경우라고 규정하고 있다.

3) 상임위 구성 전 특별위원회와 그 대상

상임위원회가 구성되기 전(국회의원총선거 후 또는 상임위원장의 임기만료 후에 상임위원장이 선출되기 전)에 상임위원회 청문대상에 해당하는 공직후보자(위 (나))에 대한 인사청문 요청이 있는 경우에는 국회법 제44조 제1항에 따라 구성되는 특별위원회에서 인사청문을 실시할 수 있다(동법 제65조의2 3항). 이는 "실시할 수 있다"라고 규정하여 임의적이다. 이 특별위원회는 인사청문의 필요가 생긴 경우에 하는 일반적 특별위원회이다(일반적 특별위원회에 대해서는 앞의 특별위원회 부분 참조). 특별위원회에서 실시한 인사청문은 소관 상임위원회의 인사청문회로 본다(동법 동조 4항).

(4) 인사청문절차[1]

1) 임명동의안 등의 제출

먼저 임명동의안, 선출안, 인사청문요청안(이하 "임명동의안 등"이라 함)이 제출되어야 하는데 국회에 제출하는 임명동의안 등에는 요청사유서 또는 의장의 추천서와 ① 직업·학력·경력에 관한 사항, ② 병역신고사항, ③ 재산신고사항, ④ 최근 5년간의 소득세·재산세·종합토지세의 납부 및 체납 실적에 관한 사항, ⑤ 범죄경력 사항에 관한 증빙서류를 첨부하여야 한다(인청법 제5조 1항). 의장은 임명동의안 등이 제출된 때에는 즉시 본회의에 보고하고 위원회에 회부하며, 그 심사 또는 인사청문이 끝난 후 본회의에 부의하거나(인사청문특별위원회의 청문의 경우) 위원장으로 하여금 본회의에 보고하도록(소관 상임위원회의 청문의 경우) 한다. 다만, 폐회 또는 휴회 등으로 본회의에 보고할 수 없을 때에는 이를 생략하고 회부할 수 있다(동법 제6조 1항).

2) 청문방식 - 질의, 출석·자료제출요구, 검증, 청문의 공개 등

ⅰ) **개관** 인사청문특별위원회, 소관상임위원회 또는 국회법 제65조의2 제3항에 따른 특별위원회(이하 "위원회"라 함)의 임명동의안등에 대한 심사 또는 인사청문은 인사청문회를 열어, 공직후보자를 출석하게 하여 질의를 행하고 답변과 의견을 청취하는 방식으로 하고, 위원회는 필요한 경우 증인·감정인 또는 참고인으로부터 증언·진술을 청취하는 등 증거조사를 할 수 있다(동법 제4조).

ⅱ) **모두발언과 질의** 위원회는 공직후보자로부터 선서를 들은 후 10분의 범위 내에서 모두발언을 청취한다(동법 제7조 1항). 위원회에서의 질의는 1문 1답의 방식으로 하는데, 다만, 위원회의 의결이 있는 경우 일괄질의 등 다른 방식으로 할 수 있다(동법 동조 4항). 위원 1인당 질의시간은 위원장이 간사와 협의하여 정하고, 위원이 공직후보자에 대하여 질의하고자 하는 경우에는 질의요지서를 구체적으로 작성하여 인사청문회개회 24시간 전까지 위원장에게 제출하여야 한다. 이 경우 위원장은 지체없이 질의요지서를 공직후보자에게 송부하여야 한다(동법 동조 3항·5항). 위원은 공직후보자에게 서면으로 질의를 할 수 있다. 이 경우 질의서는 위원장에게 제출하고, 위원장은 늦어도 인사청문회개회 5일 전까지 질의서가 공직후보자에게 도달되도록 송부하여야 하며 공직후보자는 인사청문회개회 48시간 전까지 위원장에게 답변서를 제출하여야 한다(동법 동조 6항).

ⅲ) **출석·자료제출요구, 검증** 위원회가 증인·감정인·참고인의 출석요구를 한 때에는 그 출석요구서가 늦어도 출석요구일 5일 전에 송달되도록 하여야 한다(동법 제8조). 위원회는 그 의결 또는 재적의원 3분의 1 이상의 요구로 공직후보자의 인사청문과 직접 관련된 자료의 제출을 국가기관·지방자치단체, 기타 기관에 대하여 요구할 수 있고, 제출을 요구받은 기관은

---

1) 이하의 인사청문에 대한 설명에서 인사청문특별위원회와 소관 상임위원회를 중심으로 하고 상임위가 구성되지 않아 특별위원회를 구성하여 행하는 인사청문은 소관 상임위원회에서의 인사청문으로 함께 다룬다.

기간을 따로 정하는 경우를 제외하고는 5일 이내에 자료를 제출하여야 하며, 그 기간 이내에 자료를 제출하지 아니한 때에는 그 사유서를 제출하여야 하고, 위원회는 정당한 사유없이 그 이내에 자료를 제출하지 아니한 때에는 당해 기관에 이를 경고할 수 있다(동법 제12조). 위원회는 공직후보자의 인사청문을 위하여 필요한 경우에는 그 의결로 검증을 행할 수 있다(동법 제13조).

ⅳ) **공개주의와 예외** 인사청문회는 공개한다. 다만, ① 군사·외교 등 국가기밀에 관한 사항으로서 국가의 안전보장을 위하여 필요한 경우, ② 개인의 명예나 사생활을 부당하게 침해할 우려가 명백한 경우, ③ 기업 및 개인의 적법한 금융 또는 상거래 등에 관한 정보가 누설될 우려가 있는 경우, ④ 계속중인 재판 또는 수사중인 사건의 소추에 영향을 미치는 정보가 누설될 우려가 명백한 경우, ⑤ 기타 다른 법령에 의해 비밀이 유지되어야 하는 경우로서 비공개가 필요하다고 판단되는 경우의 하나에 해당하는 경우에는 위원회의 의결로 공개하지 아니할 수 있다(동법 제14조).

ⅴ) **공직후보자의 보호와 지원** 위원회에 출석한 공직후보자·증인·참고인 등이 답변을 하거나 증언 등을 함에 있어서 특별한 이유로 인사청문회의 비공개를 요구할 때에는 위원회의 의결로 인사청문회를 공개하지 아니할 수 있다. 이 경우 그 비공개이유는 비공개회의에서 소명하여야 한다(동법 제15조). 국가기관은 동법에 따른 공직후보자에게 인사청문에 필요한 최소한의 행정적 지원을 할 수 있다(동법 제15조의2).

ⅵ) **답변·자료제출의 거부** 공직후보자는 국회에서의 증언·감정 등에 관한 법률 제4조 제1항 단서의 규정에 해당하는 경우에는 답변 또는 자료제출을 거부할 수 있고 형사소송법 제148조 또는 제149조의 규정에 해당하는 경우에 답변 또는 자료제출을 거부할 수 있는데 후자의 경우 그 거부이유는 소명하여야 한다(동법 제16조).

3) 제척과 수비의무 등

위원은 공직후보자와 직접 이해관계가 있거나 공정을 기할 수 없는 현저한 사유가 있는 경우에는 그 공직후보자에 대한 인사청문회에 참여할 수 없고, 위원회는 제척사유가 있다고 인정할 때에는 그 의결로 당해 위원의 인사청문회 참여를 배제하고 다른 위원으로 개선하여 심사 또는 인사청문을 하게 하여야 하며 위와 같은 사유가 있는 위원은 그 공직후보자에 대한 인사청문회에 한하여 위원회의 허가를 받아 이를 회피할 수 있다(동법 제17조). 위원은 허위사실임을 알고 있음에도 진실인 것을 전제로 하여 발언하거나 위협적 또는 모욕적인 발언을 하여서는 아니 되며, 위원 및 사무보조자는 임명동의안 등의 심사 또는 인사청문을 통하여 알게 된 비밀을 정당한 사유없이 누설하여서는 아니 된다(동법 제18조).

4) 청문의 종료와 보고서제출, 본회의 보고, 송부 등

위원회는 임명동의안 등에 대한 인사청문회를 마친 날부터 3일 이내에 심사경과보고서 또는 인사청문경과보고서를 의장에게 제출한다(동법 제9조 2항). 이 보고서에는 심사경과 또는 인사청문경과를 기재하고 관련된 중요 증거서류를 첨부하여야 하고 의장은 보고서가 제출된 때에는 본회의에서 의제가 되기 전에 인쇄하여 의원에게 배부한다(동법 제10조 1항 · 2항 본문).

위원장은 위원회에서 심사 또는 인사청문을 마친 임명동의안 등에 대한 위원회의 심사경과 또는 인사청문경과를 본회의에 보고한다(동법 제11조 1항). 소관 상임위원회에서의 청문의 경우 의장은 공직후보자에 대한 인사청문경과가 본회의에 보고되면 지체없이 인사청문경과보고서를 대통령 또는 대법원장에게 송부하여야 한다(동법 동조 2항).

(5) 청문기간의 한정 및 그 효과

1) 위원회에서의 청문시한과 국회전체에서의 청문시한

위에서 본대로 위원회에시의 청문기간은 임명동의안 등이 회부된 날부터 15일 이내에 인사청문회를 마치되, 인사청문회의 기간은 3일 이내로 하도록 한정되어 있다(동법 제9조 1항 본문). 소관 상임위원회에서 이루어지는 인사청문회의 경우 아래 나)에서 보듯이 국회 전체의 청문시한인 20일을 도과하여 청문을 마치지 못한 경우에 대통령 또는 대법원장이 10일의 범위 내에서 기간을 연장하여 인사청문경과보고서를 송부하여 줄 것을 국회에 요청할 수 있는데(동법 제6조 3항) 이러한 연장의 경우에는 그 연장된 기간 이내에 인사청문회를 마쳐야 한다(동법 제9조 1항).

위원회의 청문 등을 포함하여 국회 전체에서의 청문시한도 설정되어 있다. 즉 국회는 임명동의안 등이 제출된 날부터 20일 이내에 그 심사 또는 인사청문을 마쳐야 한다(동법 제6조 2항).

2) 청문기간 도과의 효과

(가) 인사청문특별위원회의 경우

인사청문특별위원회에서 정당한 이유없이 임명동의안등이 회부된 날부터 15일 이내인 인사청문종료일[위 (가)의 위원회에서의 청문시한을 말함] 및 인사청문회를 마친 날부터 3일 이내인 경과보고서 제출기한 내에 임명동의안등에 대한 심사 또는 인사청문을 마치지 아니한 때에는 의장은 이를 바로 본회의에 부의할 수 있다.

(나) 소관 상임위원회의 경우

국회가 선출권, 임명동의권을 가지지 않으나 청문대상으로 하여 소관 상임위원회별로 이루어지는 청문의 경우에는 위원회에서의 청문기간 도과의 효과에 대해서는 인청법이 규정을 두고 있지 않다. 그러나 국회 전체에서의 청문시한 20일을 도과한 경우의 효과에 대해서는 인청법이 규정을 두고 있다. 즉 부득이한 사유로 20일 이내에 헌법재판소 재판관 · 중앙선거관리위원회 위원 · 국무위원 · 방송통신위원회 위원장 · 국가정보원장 · 공정거래위원회 위원장 · 금융위원회 위원장 · 국가인권위원회 위원장 · 국세청장 · 검찰총장 · 경찰청장 · 합동참모의장 · 한국은행 총재 · 특별감찰관 또는 한국방송공사 사장(이하 "헌법재판소재판관등"이라 한다)의 후보자에 대한 인사청문회를 마치지 못하여 국회가 인사청문경과보고서를 송부하지 못한 경우에 대통령 · 대통령당선인 또는 대법원장은 제2항에 따른 기간의 다음날부터 10일 이내의 범위에서 기간을 정하여 인사청문경과보고서를 송부하여 줄 것을 국회에 요청할 수 있다(동법 제6조 3항). 위 기간 이내에 헌법재판소재판관 등에 대한 인사청문경과보고서를 국회가 송부하지 아니한 경우에 대통령 또는 대법원장은 헌법재판소재판관 등을 임명 또는 지명할 수 있다(동법 동조 4항).

(6) 인사청문의 효과

1) 인사청문특별위원회에 의한 인사청문의 효과

인사청문특별위원회에 의한 인사청문은 국회의 선출과 임명동의를 위한 것이므로 인사청문의 결과에서 나타난 후보자의 적격, 부적격 여부에 따라 국회에서 선출과 임명동의의 가결 여부를 결정함으로써 인사청문회의 효과가 나타날 것이다.

2) 상임위원회별 인사청문의 효과

그러나 소관 상임위원회별로 이루어지는 인사청문은 국회가 선출과 임명동의권을 가지지 않는 공직의 후보자에 대해 실시되는 것이므로 인사청문회결과에 임명권자가 따르지 않을 가능성이 있다.[1] 상임위원회별 인사청문의 결과 부적격으로 해당 상임위원회가 결정하였을 때 대통령은 그러한 결정에 따라야 하는가, 즉 상임위의 인사청문의 결과에 구속력을 인정할 것인가 하는 문제가 있다.

(가) 학설

이에 대해서는 ① 긍정설과 ② 부정설이 대립될 것이다. 긍정설은 구속력을 인정하지 않으면 인사청문의 의미가 없다는 입장이고 부정설은 그렇더라도 이에 관한 법적 구속력을 명시하고 있는 헌법규정이 없고 대통령의 인사권을 국회의 인사청문의 결과로 침해할 수 없다는 입장이다.

(나) 판례

2004년 우리 헌정사상 초유의 대통령에 대한 탄핵심판의 기각결정에서 이에 관한 헌법재판소의 입장이 명백히 나타났다. 사안은 2003.4.25. 국회 인사청문회가 국가정보원장 후보에 대하여 부적격 판정을 하였음에도 이를 수용하지 아니한 사실을 탄핵소추사유들 중의 하나로 적시하였는데 헌재가 이에 대하여 판단하면서 이러한 부정적 입장을 표명한 것이다. 즉 헌재는 "대통령은 그의 지휘·감독을 받는 행정부 구성원을 임명하고 해임할 권한(헌법 제78조)을 가지고 있으므로, 국가정보원장의 임명행위는 헌법상 대통령의 고유권한으로서 법적으로 국회 인사청문회의 견해를 수용해야 할 의무를 지지는 않는다. 따라서 대통령은 국회 인사청문회의 판정을 수용하지 않음으로써 국회의 권한을 침해하거나 헌법상 권력분립원칙에 위배되는 등 헌법을 위반하지 않는다. 결국, 대통령이 국회인사청문회의 결정 … 을 수용할 것인지의 문제

---

1) 인사청문 대상을 확대한 직후인 2003년에 국회가 부정적 결론을 내린 인사청문경과보고서에도 불구하고 대통령이 원래 후보자를 임명한 예가 있었다. 그리고 2004년 대통령에 대한 탄핵소추의결에서 이러한 임명이 대통령의 위헌행위라고 주장되었다. 바로 아래 주가 이 사안에 대한 판례이다.

는 대의기관인 국회의 결정을 정치적으로 존중할 것인지의 문제이지 법적인 문제가 아니다. 따라서 대통령의 이러한 행위는 헌법이 규정하는 권력분립구조 내에서의 대통령의 정당한 권한행사에 해당하거나 또는 헌법규범에 부합하는 것으로서 헌법이나 법률에 위반되지 아니한다"라고 판시하였다.[1)]

(다) 사견

논의에 있어서 유의하여야 할 점은 우리 헌법 제78조는 대통령은 헌법과 "법률이 정하는 바"에 의하여 공무원을 임면한다고 규정하고 있다는 점이다. 따라서 법률에서 상임위에서의 인사청문에 대한 법적 구속력을 부여하는 규정을 둔다면 이에 따라야 한다. 현행 법률인 인사청문회법에서 법적 구속력을 규정하지 않고 있으므로 현재로서는 법적 구속력을 인정할 수 없다.

청문결과의 구속력이 약하다고 할지라도 국민이 ① 임명권자의 독단을 제어하고 ② 공직후보자의 자질에 대해 청문회를 통하여 파악하고 검증할 수 있으며 ③ 이러한 파악이 국민의 알 권리를 구현한다는 점에서 의의가 있다. 그렇다면 인사청문의 결과인 국회의 의견제시에 대해 대통령에 대한 구속력을 부여하는 규정이 없는 것은 문제이다. 인사청문에서 부정적인 검토결과가 나오더라도 대통령이 이에 따르지 않으면 인사청문의 소기의 목적을 달성하기 힘들다. 여하튼 생산성 있는 국회의 인사청문회를 위하고 후보자 자질 검증의 실효성을 강화하기 위해서도 구속력부여가 필요하다.[2)] 이에 대한 보완이 필요하다.

외국의 입법례로는 인사청문의 통과 여부를 찬성정족수로 하지 않고 거부정족수로 하는 예를 볼 수 있다. 과반수 찬성일 때 인사청문통과라고 하지 않고 거부의 의사가 가중다수일 때 대통령이 임명할 수 없게 하는 예가 바로 그러한 예로서 앞으로 논의에서 참고가 된다. 프랑스에서는 대통령이 임명하는 헌법재판관 등의 경우에 부정적 의견이 상하 양원을 합쳐 소관 상임위원회 위원들의 유효투표의 5분의 3 이상일 때에는 대통령은 임명을 할 수 없도록 하고 있다. 이러한 부정적 의견의 가중다수결제도는 대통령의 임명권을 어느 정도 보장하면서도 뚜렷이 자질이 안 되어 여야 간에 강한 부정의견이 있는 후보에 대해 임명불능으로 하여 걸러내는 역할은 할 수 있을 것이다.

(7) 인사청문제도의 문제점과 개선방안 논의

ⅰ) 대상의 문제 – 같은 기관의 구성원이라도 인사청문이 이루어지는 위원회가 다를 수 있다. 헌법재판관과 중앙선거관리위원회 위원의 경우가 그러한데 국회선출대상 후보의 경우에는 인사청문특별위원회에서 나머지 6인에 대해서는 상임위원회에서 인사청문을 하게 되어 이처럼 국회선출이나 임명동의의 대상인지 아닌지에 따라 인사청문특별위원회의 청문대상이냐 소관 상임위의 청문대상이냐를 구분하여 규정한 것은 문제라고 지적되기도 한다. 생각건대 상

1) 헌재 2004.5.14. 2004헌나1, 판례집 16－1, 650－651면.
2) 2009년 7월에는 검찰총장에 대한 인사청문 이후 후보자가 사퇴한 바 있다.

임위에서의 청문이 인사청문특위에서의 그것과 차이가 없다면 문제될 것은 없다. ii) 실질성의 문제 – 인사청문이 형식에 흐르고 있다는 비판이 있다. 충실한 검증이 이루어질 수 있는 제도적 장치를 개선해 나가야 한다. iii) 인사청문의 기간이 그 직의 중요성에 따라 일률적으로 한정되어 있는데 충분한 시일을 두고 이루어지는 것이 요구된다. iv) 인사청문의 효과 문제 – 이에 대해서는 위에서 언급한 대로 실질적 구속력을 확보하는 것이 필요하다.

4. 면직에 관한 권한

국회는 임명뿐 아니라 헌법기관의 면직에 관여하는 권한도 가진다. 바로 국무총리·국무위원해임건의권이 그 예이다.

제11항 국회의 국정통제에 관한 권한

제1관 통제권의 의의와 기능

Ⅰ. 의의와 정당성근거

국가정책을 집행하고 법을 적용하는 집행부, 사법부 등 다른 국가기관들의 활동을 국회가 감시하고 견제하며 위법적인 활동에 대한 제재를 가하도록 하고 이를 시정하도록 이끌어가는 국회의 권한을 국정통제권이라고 한다. 오늘날 전문적 입법이 증대되어 입법기능이 약화되어 입법기능보다 상대적으로 국정통제기능이 중시된다는 지적이 많다. 국회의 국정통제권의 정당성의 근원은 국회가 국민에 의해 직선된 대표기관이라는 점에 있다.

Ⅱ. 기능

국회의 국정통제권의 기능은 우선 ① 국가기관들 간에 상호 견제하는 권력분립원칙의 구현을 위한 것이다. ② 국회에서의 입법이나 정책결정을 위한 사전적 조사의 의미를 가질 수 있다. 각종 청문회나 국정조사와 같은 경우가 그러한 기능을 수행한다. ③ 통제권의 제도들 중에는 견제라는 효과라는 소극적 의미만 가진다고 볼 것이 국회의 정부에 대한 협력의 효과를 가져오는 제도도 있다. 예를 들어 각종 동의권은 국회가 정부활동에 대한 통제라는 기능을 가지면서도 법적 효력을 완성하는 기능을 가져 협력의 기능도 한다.

오늘날 입법기능보다 상대적으로 국정통제기능이 중시된다고들 하는데 사실 국회의 입법권행사도 통제로서의 기능을 수행한다. 정부나 사법부에 관련되는 입법을 통해 국회가 견제할 수 있기 때문이다.

Ⅲ. 정부형태에 따른 국정통제와 우리의 경우

정부형태에 따라 국정통제의 강약 정도가 다를 수 있다. 일반적으로 전형적인 미국식 대통령제하에서는 입법과 행정의 엄격분립에 따라 국회의 행정부에 대한 통제가 다소 소극적이라고 본다. 반면 의원내각제하에서는 내각불신임제도 등으로 내각에 대한 통제가 강하다고 본다. 그러나 의원내각제는 여당이 내각을 구성하므로 현실에 있어서는 오히려 통제가 완화되고 협력체제를 보일 수도 있다. 한편 어느 정부형태를 취하느냐보다도 정국의 현황이 어떠하냐 하는 현실에 따라 의회의 국정통제의 모습이 달리 나타날 수 있다. 당장 대통령제나 혼합정부제 국가에서 여소야대의 정국에 있는 경우에는 정부에 대한 국회의 통제가 상당히 강화되긴 한다.

우리나라의 현행 헌법은 대통령제를 골간으로 하고 있기에 국회와 정부가 분리대등관계의 모습을 띠고 있다고 할 것이나 의원내각제적 요소가 가미되어 있으므로 위와 같은 일반원리적 설명이 적절하지 않을 수 있다. 그러나 과거의 헌법에 비하여 국회가 국정통제권을 복구받아 보다 강하게 보유하고 있는 것은 사실이다.

제2관 통제권의 분류와 고찰체계

Ⅰ. 국회통제권의 유형적 분류

현행 헌법이 규정하고 있는 국회의 통제권의 유형은 ① 통제대상을 중심으로 대정부 통제권, 대사법부 통제권 등으로 나눌 수 있다. ② 통제의 목적이나 효과에 따라 직접적 통제와 간접적 통제로 나눌 수 있다. 직접적 통제는 그 목적이 바로 통제에 있고 그 효과도 다른 국가기관들을 견제하는 데에 있는 것으로서, 탄핵소추, 해임건의, 헌법재판소장, 대법원장, 대법관, 감사원장, 국무총리 등의 임명에 대한 동의권, 국정감사·조사, 긴급명령·긴급재정경제명령·처분에 대한 승인, 조약의 체결·비준에 대한 동의, 계엄의 해제요구, 국무총리 등의 국회출석요구권 등이 그것이다. 간접적 통제는 통제의 효과가 부수적이거나 결과적인 경우의 통제로서, 다른 국가기관에 관련된 법률의 제정, 개정 등 입법권을 행사하는 가운데 국회가 통제를 하는 경우를 말한다. 예산의결권도 마찬가지의 간접적 통제의 효과를 거둘 수 있다. ③ 통제의 성격과 방식에 따라 승인권, 동의권, 요구권 등으로 나눌 수 있다. 긴급명령·긴급재정경제명령·처분에 대한 승인권, 예비비의 지출에 대한 차기국회의 승인(제55조 2항), 헌법재판소장, 대법원장, 대법관, 감사원장, 국무총리 등의 임명에 대한 동의권(제111조 4항 등), 조약의 체결·비준에 대한 동의권, 선전포고, 국군의 외국에의 파견 또는 외국군대의 대한민국 영역 안에서의 주류에 대한 동의권(제60조), 일반사면에 대한 동의권(제78조 2항) 등을 가진다.

Ⅱ. 고찰체계

종래 국회의 국정통제권에 관해서는 '대정부(對政府) 견제권'이라고 분류하여 살펴보고 있으나 대정부 견제권으로 국회의 통제권을 모두 설명하는 것은 적절하지 못하다(아니면 용어가 잘못된 것이다). 대정부 견제권의 범주에 들어가는 국정감사권을 예로 들어 보면 국정감사는 '정부'에 대해서만 아니라 사법권, 헌법재판소 등에 대해서도 행해지므로 대정부만의 견제권으로 볼 수는 없다. 요컨대 여기서는 정부(대통령·행정부)만이 아니라 국회 외의 다른 국가기관들도 그 대상으로 하는 통제권들을 살펴본다. 고전적 권력분립원칙상 국회의 통제는 주로 입법의 행정에 대한 통제가 주관심사였기 때문에 대정부 통제권이 중요하긴 하다. 그러나 정부 외의 사법부기관 등 다른 국가기관들에 대한 통제도 포함된다. 따라서 대정부 통제권을 살펴보고 나아가 다른 국가기관들에 대해서도 공통적으로 통제기능을 가지는 통제권들로 나누어 본다.

한편 위에서 본 입법권, 재정에 관한 권한, 인사에 관한 국회의 권한은 타 기관들에 대한 통제의 기능을 아울러 수행하도록 하는 권한이기도 하다. 그러나 이 권한들에 대해서는 이미 앞에서 많이 살펴보았기에 여기서는 언급은 하되 자세히 다루지 않고 중추적인 통제권들(국정감사·조사권, 탄핵소추권 등)을 중점적으로 살펴본다.

제3관 대'정부' 통제(견제)권

'정부란 헌법 제4장의 정부를 의미하고 대통령과 행정부가 포함된다. 우리 헌법은 권한에 따라 그 주체를 '정부', '대통령', '행정부'로 규정하고 있고 따라서 여기서는 정부 자체와 대통령, 행정부에 대한 것으로 나누어 각각의 국회의 통제권에 대해 고찰한다.

Ⅰ. 정부 전체에 대한 통제

대통령과 행정부 모두에 대한 통제권으로서, ① 입법적 활동에 대한 통제를 들 수 있다. 국회는 정부가 제출한 법안(제52조)에 대해 법률제정·개정심의·의결을 통해 정부의 입법적 행위에 대한 통제를 한다. ② 재정적 활동에 대한 통제를 들 수 있다. 정부의 정부가 편성·제출한 예산안(제54조 2항)과 추가경정예산안에 대해 심의·확정권(제54조 1항), 예비비의 지출에 대한 차기국회의 승인권(제55조 2항)을 행함으로써 정부의 재정행위를 통제한다. 정부가 국채를 모집하거나 예산외에 국가의 부담이 될 계약을 체결하려 할 때에는 미리 국회의 의결을 얻어야 하는 것도(제58조) 재정적 통제이다.

Ⅱ. 대통령의 권한에 대한 통제

1. 인사권(人事權)에 대한 통제

(1) 국무총리임명동의권

1) 성격

대통령제를 기본적인 정부형태로 하면서도 국무총리제를 두고 대통령의 국무총리임명에 대하여 국회의 동의를 거치도록 한 것은 의원내각제적 요소라고 볼 것이다. 이 통제권은 대통령의 조각권에 대한 통제권이자 내각 전체에 대한 통제권으로서의 성격을 가진다. 대통령이 내각의 구성원인 국무위원을 임명함에 있어서 국무총리의 제청이 필수적이기(제87조 1항) 때문이다. 이 점에서 국회의 이 동의권을 불균형이라고 보는 견해는 단견이라고 할 것이다.

2) 동의절차

국회에서 인사청문을 거쳐 동의를 하게 된다. 자세한 것은 앞의 헌법기관구성권에서 살펴보았다(전술 참조)

(2) 헌법재판소장·대법원장·대법관·감사원장 등의 임명동의권

국무총리 외에도 헌법재판소장, 대법원장, 대법관, 감사원장의 임명에 있어서 국회의 동의를 받아야 한다(제111조 4항 등).

(3) 절차 - 인사청문회

위와 같은 국회의 동의에는 국회의 인사청문회를 거쳐야 한다. 이에 관한 자세한 것은 전술한 바 있다(전술 참조).

2. 입법과 예산에 관한 권한에 대한 통제

위의 정부에 대한 통제권에서 이미 살펴보았지만, 입법과 예산에 관한 정부의 권한행사에 대한 국회의 통제는 대통령에 대한 통제의 의미도 지닌다. 대통령은 법률안제출권, 예산안편성·제출권의 권한주체인 정부의 수반이기(제66조 4항) 때문이다. 입법에 관한 통제권으로는 대통령이 법률안거부권(재의요구권)을 행사하면 이에 대하여 국회가 국회는 재의에 붙이고, 재적의원과반수의 출석과 출석의원 3분의 2 이상의 찬성으로 전과 같은 의결을 하면 그 법률안은 법률로서 확정되는데(제53조 4항) 이러한 국회의 대응이 통제수단이 된다.

3. 승인·동의·요구제도

(1) 승인권

대통령이 긴급명령·긴급재정경제명령·긴급재정경제처분을 발한 때에는 지체없이 국회에 보고하여 그 승인을 얻어야 한다(제77조 3항). 승인을 얻지 못한 때에는 그 처분 또는 명령은 그 때부터 효력을 상실하고 이 경우 그 명령에 의하여 개정 또는 폐지되었던 법률은 그 명령이 승인을 얻지 못한 때부터 당연히 효력을 회복한다(동조 4항). 대통령은 승인을 얻은 경우나 승인을 얻지 못한 경우에 그 사유를 지체없이 공포하여야 한다(동조 5항).

(2) 동의권

1) 동의권의 법적 성격

국회가 가지는 동의권은 정부의 행위에 대한 법적 효력을 완성시키는 권한으로서의 성격을 가진다. 헌법재판소는 "국회의 파견동의는 그 대상인 대통령의 행위에 법적 효력을 부여하는 것이고 그 자체만으로는 대국민 관계에서 법적인 효과를 발생시킬 수 있는 공권력의 행사라고 하기 어렵다"라고 한다.[1] 이런 입장은 법적 효력의 부여라는 점에서는 타당한데 이 판시가 있었던 사안은 국군파견의 경우이고 국민에 관련되는 의안(아래의 일반사면 동의권이 그 예이다)인 경우에는 국민에게 법적인 효과를 가지는 공권력행사라고 할 것이다.

2) 헌법재판소장·대법원장·대법관·국무총리·감사원장 등의 임명에 대한 동의권

국회는 헌법재판소장·대법원장·대법관·국무총리·감사원장 등의 임명에 대한 동의권을 가진다(제111조 4항 등). 이에 관해서는 앞의 헌법기관구성권에서 다루었다(전술 참조).

3) 일반사면권에 대한 동의권(제78조 2항)

대통령은 일반사면을 명하려면 국회의 동의를 얻어야 한다(제79조 2항). 일반사면은 그 대상이 폭넓어 그 효과의 범위가 크고 사법권이 행한 작용에 대한 내폭적인 번복이 될 수 있기에 국회의 통제가 필요하고 따라서 국회의 동의권을 규정한 것이다.

4) 대통령이 체결하는 중요조약의 체결·비준에 대한 동의권(제60조 1항)

국회는 상호원조 또는 안전보장에 관한 조약, 중요한 국제조직에 관한 조약 등 헌법 제60조 제1항에 열거된 중요조약의 체결·비준에 대한 동의권을 가진다. 이 동의권은 그 대상이 헌법 제60조에 열거된 조약에 한정되고 사전적인 동의권이다.

5) 선전포고, 국군의 외국에의 파견 또는 외국군대의 대한민국 영역 안에서의 주류에 대한 동의권(제60조)

(가) 의의와 절차

헌법 전문은 "항구적인 세계평화와 인류공영에 이바지함"을 선언하고 있고 헌법 제5조 제

---

1) 헌재 2003.12.18. 2003헌마255·256(병합), 이라크전쟁 파견결정 등 위헌확인, 이라크전쟁 파견동의안 동의 위헌확인, 판례집 15-2(하), 658면.

1항은 "대한민국은 국제평화의 유지에 노력하고 침략적 전쟁을 부인한다"라고 규정하고 있다. 이에 따라 평화적 목적의 선전포고, 해외파병 등이 인정되나 이는 국민의 신체적 자유 등에 중대한 영향을 미치므로 국회의 동의를 필수적으로 하고 있다. 즉 국회는 선전포고, 국군의 외국에의 파견 또는 외국군대의 대한민국 영역 안에서의 주류에 대한 동의권을 가진다(제60조 2항). 이 동의는 사전적 동의여야 한다.

대통령의 선전포고 등에 관한 결정은 국무회의의 심의를 거쳐서(제89조 1호) 국회의 동의를 구해야 한다.

(나) 국군의 외국에의 파견 동의 법적 성격과 사법적 통제(헌재판례)

국군의 외국에의 파견에 대해 국회가 행하는 동의의결은 대통령의 행위에 법적 효력을 발생시키게 하고 이를 완성시키는 국회의 권한으로서의 성격을 가진다. 헌법재판소도 이라크전쟁파견을 둘러싸고 나온 사안에서 "국군의 외국에의 파견에 관한 국회의 동의권은 대통령의 국군통수권 행사를 통제하기 위한 수단으로서, 국회의 파견동의는 그 대상인 대통령의 행위에 법적 효력을 부여하는 것이고 그 자체만으로는 대국민 관계에서 법적인 효과를 발생시킬 수 있는 공권력의 행사라고 하기 어렵다"라고 본다.[1] 이 판결에서는 결국 국회의 동의의결은 헌법소원의 대상이 아니어서 제외되고 국회동의를 받은 대통령의 파견결정 자체가 대상이 되었는데 헌법재판소는 대상성은 이처럼 인정하면서 헌법소원심판의 또 다른 청구요건인 자기관련성(헌법소원심판을 청구하는 청구인 자신의 기본권이 침해되어야 한다는 요건)을 갖추지 못하였다고 하여 결국은 각하결정을 하였다.[2] 이 결정 이후 또 다른 이라크파병에 관한 헌법소원심판결정에서

---

1) 헌재 2003.12.18. 2003헌마255 · 256(병합), 이라크전쟁 파견결정 등 위헌확인, 이라크전쟁 파견동의안 동의 위헌확인, 판례집 15-2(하), 658면. [심판의 대상에 관한 헌재의 판시] 헌법재판소는 판단에 들어가기 전에 심판대상에 관하여 다음과 같이 판시하였다. "청구인들은 피청구인 대통령의 2003.3.21.자 국군부대의 이라크전쟁 파견결정과 피청구인 국회의 2003.4.2.자 국군부대의 이라크전쟁 파견동의를 각각 문제삼고 있다. 헌법 제60조 제2항에 의한 국회의 동의가 있기 전의 대통령의 파견결정은 국가기관 내부의 의사결정에 불과하고 그 자체로는 국민에 대하여 직접적인 법률효과를 발생시키는 공권력의 행사라고 볼 수 없고, 국군의 외국에의 파견에 관한 국회의 동의권은 대통령의 국군통수권 행사를 통제하기 위한 수단으로서, 국회의 파견동의는 그 대상인 대통령의 행위에 법적 효력을 부여하는 것이고 그 자체만으로는 대국민 관계에서 법적인 효과를 발생시킬 수 있는 공권력의 행사라고 하기 어렵다. 그러나 대통령의 국군 파견결정은 국회의 동의에 의해 법적으로 유효한 행위로 완성되는바, 청구인들의 청구취지를 전체적으로 살펴보면 국회의 파견동의를 받은 대통령의 파견결정에 대한 헌법소원 심판청구로 받아들일 수 있으므로 이 사건 심판의 대상을 국회의 파견동의를 받은 대통령의 파견결정으로 보기로 한다.

2) 헌재 2003.12.18. 2003헌마255 · 256(병합), 이라크전쟁 파견결정 등 위헌확인, 이라크전쟁 파견동의안 동의 위헌확인, 판례집 15-2(하), 660면 이하. * 이 판결에서는 심판대상성은 인정되었으나 자기관련성이라는 다른 청구요건을 결여하였다는 이유로 각하결정이 되었는데 그 결정요지는 아래와 같다. [각하결정의 이유요지] 기본권을 침해받은 자라 함은 공권력의 행사 또는 불행사로 인하여 자기의 기본권이 현재 그리고 직접적으로 침해받은 자를 의미하며 단순히 간접적이거나 사실적인 이해관계가 있을 뿐인 제3자는 이에 해당하지 않는다. 청구인들은 시민단체의 간부 및 일반 국민들로서 파견결정에 관하여 일반 국민의 지위에서 사실상의 또는 간접적인 이해관계를 가진다고 할 수는 있으나, 이 사건 파견결정으로 인하여 청구인들이 주장하는 바와 같은 인간의 존엄과 가치, 행복추구권 등 헌법상 보장된 청구인들 자신의 기본권을 현재 그리고 직접적으로 침해받는다고는 할 수 없다. 그렇다면 결국 청구인들은 이 사건 파견결정에 대해 적법하게 헌법소원을 제기할 수 있는 자기관련성

는 법정의견이 앞의 결정에서와는 달리 자기관련성의 결여를 이유로 내세우지 않고 대통령의 파견결정은 고도의 정치적 결단을 요하는 문제로서 사법적 판단이 자제되어야 한다고 보아 심사대상이 아니라고 보았다. 즉 통치행위이론을 적용하였다.[1] 위의 일련의 결정들에 대한 자세한 것은 뒤의 제4장 집행부 부분의 대통령의 권한, 대통령의 외교에 관한 권한 국군의 외국에의 파견권 부분에서 다룬다(후술 참조). 요컨대 국회동의 자체가 헌법소원심판대상이 아니고, 국회동의를 받은 대통령의 파견결정 자체도 통치행위로서 헌법소원심판의 대상이 될 수 없다고 보는 것이 헌법재판소의 판례이다.

(다) 문제점

우리 헌법은 선전포고, 강화에 대해서는 대통령의 권한임을 명시하고 있으나(제73조) 국군의 외국에의 파견 또는 외국군대의 대한민국 영역 안에서의 주류에 대한 권한주체가 누구인지를 명시하고 있지 않다. 대통령이 국군통수권을 가진다는 점에서(제74조) 대통령을 그 주체로 보는 견해가 많다.

(3) 요구

국회가 대통령의 권한행사에 대해 요구권으로서 통제하는 예로는 비상계엄에 대한 해제요구권을 들 수 있다(제77조 5항). 대통령이 계엄을 선포한 때에는 대통령은 지체없이 국회에 통고하여야 하고 국회가 재적의원 과반수의 찬성으로 계엄의 해제를 요구한 때에는 대통령은 이를 해제하여야 한다(동조 4항·5항).

4. 대통령에 대한 탄핵소추

대통령이 그 직무집행에 있어서 헌법이나 법률을 위배한 때에는 국회는 탄핵의 소추를 의결할 수 있다(제65조 1항). 대통령에 대한 탄핵소추는 공통적인 통제제도로 후술한다.

5. 국무총리 등에 대한 해임건의권

국무총리 등에 대한 해임건의를 통해 국회는 대통령과 행정부을 견제할 수 있다. 국무총리 등에 대한 해임건의건에 관해서는 행정부에 대한 통제 부분에서 후술한다.

이 있다고 할 수 없어 이 헌법소원 심판청구는 모두 부적법하다. * 이 결정에서는 대통령의 파견결정은 고도의 정치적 결단을 요하는 문제로서 사법적 판단이 자제되어야 한다고 보는, 즉 통치행위로 보아 자제하자는 4인의 소수의견이 있었다.

1) 헌재 2004.4.29. 2003헌마814 일반사병 이라크파병 위헌확인 [결정이유요지] 이 사건 파견결정은 그 성격상 국방 및 외교에 관련된 고도의 정치적 결단을 요하는 문제로서, 헌법과 법률이 정한 절차를 지켜 이루어진 것임이 명백하므로, 대통령과 국회의 판단은 존중되어야 하고 우리 재판소가 사법적 기준만으로 이를 심판하는 것은 자제되어야 한다. 그러한 대통령과 국회의 판단은 궁극적으로는 선거를 통해 국민에 의한 평가와 심판을 받게 될 것이다. 그렇다면 이 사건 파견결정에 대한 사법적 판단을 자제함이 타당하므로 각하하기로 결정한다. * 이 결정에는 4인 소수의견이 있었는데 이 소수의견은 자기관련성 결여를 이유로 각하하여야 한다는 의견, 즉 이전의 서희·제마부대판결에서의 법정의견(다수의견)과 같은 의견을 유지하자는 의견이었다.

6. 국정감사·조사

정부에 대한 국정감사·조사에 대해서도 정부만이 아닌 다른 국가기관들에 대한 것이기도 한 공통적인 통제제도이므로 후술한다.

Ⅲ. 행정부에 대한 통제

1. 국무총리·국무위원의 국회출석·답변의무

국회나 그 위원회의 요구가 있을 때에는 국무총리·국무위원 또는 정부위원은 출석·답변하여야 하며, 국무총리 또는 국무위원이 출석요구를 받은 때에는 국무위원 또는 정부위원으로 하여금 출석·답변하게 할 수 있다(제62조 2항).

(1) 성격과 기능

i) 이 통제의 성격과 기능을 보면 다음과 같다. ① 책임추궁의 통제기능 – 이 통제는 국회 앞에서 탄핵소추 외에 책임을 지지 않는 대통령에 대해서는 간접적 추궁이다. ② 의원내각제적 성격의 제도로서 기능 – 대통령제에서는 이례적인 것으로서 의원내각제적 성격을 인정하는 것은 ①의 기능으로 내각에 대한 책임을 물을 수 있는 제도이기 때문이다. ③ 정보수집적 기능 – 내각에 대한 통제와 책임추궁의 기능만을 하는 것이 아니고 오늘날 의원들의 정보수집기능으로서의 출석·발언제도가 필요하기도 하다. 질문을 통하여 행정부로부터 입법과 국가중요정책의 결정에 관련된 정보를 제공받아 국회활동의 준비자료를 수집하는 기회를 가질 수 있다. ④ 알 권리 보장 기능 – 국민의 입장에서는 국민이 알고자 하는 국정사항을 국민의 대표자인 의원들이 국무총리·국무위원에 대한 질문, 질의를 통하여 밝힘으로써 국민의 알 권리를 실현하기 위한 제도로서 기능하기도 한다.

ii) 권한이자 의무 – 국무총리·국무위원의 국회출석·발언은 권한에 속하는 것이면서 국무총리·국무위원의 의무에 속하는 것이기도 하다. 헌법 제62조 제1항은 권한을 규정한 것이고 제2항은 의무를 규정한 것이다.

(2) 의무주체

출석·답변의무의 주체는 i) 국무총리·국무위원 또는 정부위원이다. ii) 헌법은 국무총리 또는 국무위원이 출석요구를 받은 때에는 국무위원 또는 정부위원으로 하여금 출석·답변하게 할 수 있다고 규정하여(제62조 2항) 정부위원에 의한 대리제도를 인정한다. 이는 국무총리와 국무위원의 업무과다의 경우나 이들의 해외방문 중에 긴급한 사안 등이 발생하여 국회의 출석요구가 있는 경우 등 부득이한 경우를 대비하기 위한 것이다. 국회법은 이러한 헌법규정을 받아서 대리에 관한 규정을 두고 있는데 국무총리의 대리는 국무위원이, 국무위원의 대리는 정부위원이 하도록 하고 대리에 승인제도를 두고 있다. 즉 국무총리 또는 국무위원이 출석요구를 받은 때에는 의장 또는 위원장의 승인을 얻어 국무총리는 국무위원으로 하여금, 국무위원은 정부위원으로 하여금 대리하여 출석·답변하게 할 수 있다고 규정하고 있다(국회법 제121조 3항). 정부위원의 범위가 어떠한가 하는 문제가 있는데 정부조직법은 국무조정실의 실장 및 차장, 부·처·청의 처장·차관·청장·차장·실장·국장 및 차관보와 국민안전처에 두는 본부장이 정부위원이라고 규정하고 있다(정부조직법 제10조). iii) 본회의 또는 위원회는 특정한 사안에 대하여 질문하기 위하여 대법원장·헌법재판소장·중앙선거관리위원회위원장·감사원장 또는 그 대리인의 출석을 요구할 수 있다(국회법 제121조 4항).

(3) 출석의무의 효과

국무총리·국무위원 또는 정부위원은 국회나 그 위원회의 요구가 있을 때에는 출석하여 질문에 답변하여야 할 의무를 지고 요구에 따르지 않고 출석을 하지 않은 경우에 탄핵소추와 해임건의의 사유가 된다.

한편 요구가 없더라도 국무총리·국무위원 또는 정부위원은 국회나 그 위원회에 출석하여 국정처리상황을 보고하거나 의견을 진술하고 질문에 응답할 수 있다(동조 1항). 이는 의무가 아니고 국무총리·국무위원·정부위원의 권한이다. 이처럼 국무총리·국무위원 또는 정부위원이 본회의나 위원회에 스스로 출석하여 발언하려고 할 때에는 미리 의장 또는 위원장의 허가를 받아야 한다(국회법 제120조 1항). 미리 허가를 받도록 한 것은 의사정리와 질서를 위한 것이다. 법원행정처장·헌법재판소사무처장·중앙선거관리위원회사무총장은 의장 또는 위원장의 허가를 받아 본회의나 위원회에서 그 소관사무에 관하여 발언할 수 있다(동법 동조 2항). 따라서 대법원장·헌법재판소장·중앙선거관리위원회위원장·감사원장이 국회의 출석요구에 따라서가 아니라 스스로 출석할 수 있는가에 대해 명시적 규정이 없으나 이 제2항 규정을 감안하면 의장(본회의), 위원장(위원회)의 허가를 받아서 출석, 발언할 수 있다고 볼 것이다.

(4) 출석·답변의 장소

국무총리·국무위원 또는 정부위원은 국회의 본회의뿐 아니라 위원회에의 출석·답변의무도 진다. 헌법 제62조 제1항도 위원회에의 출석·답변의무를 포함하여 명시하고 있다.

(5) 출석요구의 절차

본회의는 의원들의 발의요구가 있으면 그 의결로 국무총리·국무위원 또는 정부위원의 출석을 요구할 수 있는데, 그 발의는 의원 20인 이상이 이유를 명시한 서면으로 하여야 한다(국회법 제121조 1항). 위원회도 그 의결로 국무총리·국무위원 또는 정부위원의 출석을 요구할 수 있다(동법 동조 2항).

(6) 질문·답변의 방식

국무총리, 국무위원 등이 국회의 요구로 출석하여 이루어지는 질문은 물론 구두질문이다.

이 질문에는 ① 대정부질문과 ② 긴급현안질문이 있다. 이 질문제도에 대해서는 앞의 의사절차 부분에서 자세히 다루었다(전술 참조).

2. 국무총리 · 국무위원해임건의권

헌법 제63조 ① 국회는 국무총리 또는 국무위원의 해임을 대통령에게 건의할 수 있다.
② 제1항의 해임건의는 국회재적의원 3분의 1이상의 발의에 의하여 국회재적의원 과반수의 찬성이 있어야 한다.

(1) 의의와 성격 및 기능

이는 국무총리나 국무위원의 직을 강제적으로 그만두게 할 것을 대통령에게 요구하는 국회의 통제권이다.

해임건의권의 성격은 ① 권력분립적 견제권한이다. 국가정책을 집행하는 행정부에 대하여 국회가 비판과 통제를 가한다. ② 행정부의 책임을 추궁하는 제도이다. ③ 이 점에서는 의원내각제하에서 내각불신임제도로 행정부의 책임을 묻는 것을 고려하면 의원내각제적 성격을 가진 제도이다. 이는 해임건의권제도가 내각불신임제도와 동일하다는 것이 아니라(양자는 아래에서 지적하는 대로 차이가 있는 제도이다) 내각에 대해 책임을 물을 수 있는 제도라는 점에서 의원내각제적 성격이 있다는 의미이다. 따라서 내각과 입법부의 엄격분리가 원칙인 전형적 대통령제에서는 논리적으로 인정되기 힘든 제도이다. 의원내각제적 요소와 대통령제적 요소가 함께 하는 혼합정부제에서는 이를 찾아볼 수 있다(Weimar공화국, 현행 프랑스의 경우). ④ 국회 앞에서의 책임을 그리 강하게 지지 않는 대통령에 대해 견제하는 기능을 가지는 의미도 있다. ⑤ 해임건의가 구속성을 가지는가 하는 문제가 논란되고 있다. 정치적 책임설과 법적 구속설이 대립되고 있다. 이에 관해서는 아래의 해임건의 효과에 대해 살펴보면서 논하겠지만, 우리는 구속성을 가진다고 본다.

* 해임건의제도와 의원내각제하의 내각불신임제와의 차이점 – 우리나라에서의 해임건의제도는 개별 장관별로도 해임건의가 가능하다는 점에서 의원내각제하에서의 내각불신임제에서 불신임의결시 내각전체가 사임해야 하는 것과 차이가 있다. 해임건의 효과에 구속성을 부여하지 않는 견해를 취한다면 그 점에서 구속성을 가지는 내각불신임제와 차이가 나게 되나 우리는 구속성을 인정한다.

(2) 연혁

용어 그대로 해임건의제가 헌법에 등장한 것은 제3공화국헌법부터이다. 제4공화국헌법에서는 해임의결권으로 변경되었고 제5공화국헌법에서도 해임의결권으로 유지되다가 현행 제6공화국헌법에서 다시 해임건의권으로 규정이 바뀌어 왔다. 제3공화국헌법에서는 “건의가 있을 때에는 대통령은 특별한 사유가 없는 한 이에 응하여야 한다”라고 하여(제3공화국헌법 제59조 3항)

건의의 효과에 관한 규정을 두었으나 현행 헌법에서는 그러한 규정을 두고 있지 않다. 해임의결권을 두었던 제4공화국헌법과 제5공화국헌법에서는 "의결이 있을 때에는 대통령은 국무총리 또는 당해 국무위원을 해임하여야 한다"라고 규정하였고, 특히 "국무총리에 대한 해임의결이 있을 때에는 대통령은 국무총리와 국무위원 전원을 해임하여야 한다"라고 규정하여(제4공화국헌법 제97조 3항, 제5공화국헌법 제99조 3항) 연대책임제도 두고 있었다. 현행 헌법에서는 건의의 효과에 대해 그와 같은 명시적 규정을 두고 있지 않고 연대책임규정도 없다. 제5공화국헌법에서는 "국무총리에 대한 해임의결은 국회가 임명동의를 한 후 1년 이내에는 할 수 없다"라고(제5공화국헌법 제99조 1항 단서) 해임의결권에 대한 제한을 두고 있었는데 현행 헌법에서는 그러한 제한 규정이 없다. 현행 해임건의제에서 그 구속력 여부가 논란되고 있기에 과거 연혁을 특별히 아래와 같이 도표로 정리해서 대조를 해본다.

공화국 / 내용	제3공화국	제4공화국	제5공화국	현행 제6공화국
권한	국회는 국무총리 또는 국무위원의 해임을 대통령에게 건의할 수 있다(3공헌§59①).	국회는 국무총리 또는 국무위원에 대하여 개별적으로 그 해임을 의결할 수 있다(4공헌§97①).	국회는 국무총리 또는 국무위원에 대하여 개별적으로 그 해임을 의결할 수 있다(5공헌§99① 본문).	국회는 국무총리 또는 국무위원의 해임을 대통령에게 건의할 수 있다(현행헌법§63①).
제한			다만, 국무총리에 대한 해임의결은 국회가 임명동의를 한 후 1년 이내에는 할 수 없다(5공헌§99① 단서).	
정족수	건의는 재적의원 과반수의 찬성이 있어야 한다(3공헌§59②).	해임의결은 국회재적의원 3분의 1 이상의 발의에 의하여 국회재적의원 과반수의 찬성이 있어야 한다(4공헌§97②).	해임의결은 국회재적의원 3분의 1 이상의 발의에 의하여 국회재적의원 과반수의 찬성이 있어야 한다(5공헌§99②).	해임건의는 국회재적의원 3분의 1 이상의 발의에 의하여 국회재적의원 과반수의 찬성이 있어야 한다(현행헌법§63②).
효과	건의가 있을 때에는 대통령은 특별한 사유가 없는 한 이에 응하여야 한다(3공헌§59③).	의결이 있을 때에는 대통령은 국무총리 또는 당해 국무위원을 해임하여야 한다(4공헌§97③ 본문).	의결이 있을 때에는 대통령은 국무총리 또는 당해 국무위원을 해임하여야 한다(5공헌§99③ 본문).	
국무총리와 국무위원 간 연대책임 유무		다만, 국무총리에 대한 해임의결이 있을 때에는 대통령은 국무총리와 국무위원 전원을 해임하여야 한다(4공헌§97③ 단서).	다만, 국무총리에 대한 해임의결이 있을 때에는 대통령은 국무총리와 국무위원 전원을 해임하여야 한다(5공헌§99③ 단서).	

▌역대 해임건의(결의)제도 대조표

* 참고 : 내각불신임제의 연혁 – 해임건의제도가 내각에 대한 책임제도라는 점에서 내각에 대한 보다 완전한 책임제도인 내각불신임제도가 우리나라에서 어떠한 형태로 존재한 바가 있는지를 참고로 본다. 의원내각제가 시행되었던 제2공화국헌법에서는 당연히 내각불신임제가 자리 잡았으나 그 이전에도 대통령제의 정부형태를 취하면서도 행정부에 대한 불신임제도를 도입한 바 있다. 즉 우리 헌법상 내각불신임제가 제일 먼저 도입된 것은 바로 1952.7.7.의 제1차 개헌헌법 때이다(이 때문에 제1차 개헌헌법에서의 정부형태를 혼합정부제 내지 이원정부제로 보는 견해들도 있다). i) 제1차개헌 헌법 – 동 헌법 제70조의2 제1항이 "민의원에서 국무원불신임결의를 하였거나 민의원의원 총선거후 최초에 집회된 민의원에서 신임결의를 얻지 못한 때에는 국무원은 총사직을 하여야 한다"라고 하였고, 제2항이 "국무원의 신임 또는 불신임결의는 그 발의로부터 24시간이상이 경과된 후에 재적의원 과반수의 찬성으로 행한다"라고 규정하였으며, 제3항이 "민의원은 국무원의 조직완료 또는 총선거 즉후의 신임결의로부터 1년 이내에는 국무원불신임결의를 할 수 없다. 단, 재적의원 3분지 2 이상의 찬성에 의한 국무원불신임결의는 언제든지 할 수 있다"라고 규정하여 그 한계를 두고 있었다. ii) 의원내각제를 택했던 제2공화국헌법에서는 "국무원은 민의원에서 국무원에 대한 불신임결의안을 가결한 때에는 10일 이내에 민의원해산을 결의하지 않는 한 총사직하여야 한다"라고 규정하고 있었다(동 헌법 제71조 1항). 이처럼 의원내각제의 전형적인 요소인 국무원불신임제도와 국회민의원해산제를 두고 있었고 불신임결의시 총사직하도록 하여 연대책임(총사직)을 두고 있었다. 국무원에 대한 불신임결의안은 발의된 때로부터 24시간 이후 72시간이 내에 표결하여야 하고 이 시간 내에 표결되지 아니한 때에는 불신임결의안은 제출되지 아니한 것으로 간주도록 하였다(동 헌법 동조 4항). 불신임결의의 의결정족수를 보면, 재적의원 과반수의 찬성으로 불신임할 수 있도록 규정하고 있었다(동 헌법 동조 3항). 또한 국무원은 민의원이 조약비준에 대한 동의를 부결하거나 신연도 총예산안을 그 법정기일 내에 의결하지 아니한 때에는 이를 국무원에 대한 불신임결의로 간주할 수 있다고 규정하였다(동 헌법 동조 2항). 국무총리가 궐위되거나 민의원의원총선거후 처음으로 민의원이 집회한 때에는 국무원이 반드시 총사직하도록 하고 있었다(동 헌법 동조 5항).

공화국		책임제도	표결요건	발의·가결표수	제한	해임(건의)결의의 대통령 구속 여부	연대책임
제1공화국	제1차 개헌 헌법	민의원에서의 국무원불신임결의, 민의원의원총선거후 최초에 집회된 민의원에서 신임결의	신임 또는 불신임 발의로부터 24시간 이상 경과된 후 표결	재적의원 과반수찬성	국무원의 조직완료 또는 총선거 즉후의 신임결의로부터 1년 이내에는 국무원불신임결의 불가. 단, 재적의원 3/2 이상의 찬성에 의한 국무원불신임결의는 언제든지 할 수 있음.		일반국무에 관하여는 연대책임, 각자의 행위에 관하여는 개별책임
	제2차 개헌 헌법	민의원에서의 국무위원에 대하여 불신임결의	불신임결의 발의로부터 24시간 이상이 경과된 후 표결	재적의원 과반수찬성			
제2공화국		① 민의원의 국무원에 대한 불신임결의, ② 불신임 간주제도 – 민의원이 조약비준에 대한 동의를 부결	불신임결의안 발의된 때로부터 24시간 이후 72시간 이내에 표결하여야 함(이 시간 내에 표결되지 아니한 때에는 불신임결의안은 제출되지 아니한 것으로 간주).	재적의원 과반수찬성			국무원의 민의원에 대한 연대책임

	하거나 신년도 총예산안을 그 법정기일 내에 의결하지 아니한 때 불신임결의로 간주)					
第3공화국	국무총리 또는 국무위원의 해임 건의	해임건의가 발의된 때로부터 24시간이후 72시간 이내에 무기명투표로 표결(이 기간 내에 표결하지 아니한 때에는 해임건의는 철회된 것으로 본다).*	재적의원 과반수찬성		대통령은 특별한 사유가 없는 한 응하여야 함.	
第4공화국	국무총리, 국무위원에 대한 개별적 해임의결	해임안이 발의된 때로부터 24시간이후 72시간 이내에 무기명투표로 표결(이 기간 내에 표결하지 아니한 때에는 해임안은 철회된 것으로 본다).**	재적의원 3분의 1 이상 발의, 재적의원 과반수 찬성		대통령은 국무총리 또는 당해 국무위원을 해임하여야 함.	국무총리에 대한 해임의결시 국무총리와 국무위원 전원을 해 임 하 여 야 함.
第5공화국	국무총리, 국무위원에 대한 개별적 해임의결	해임안이 본회의에 보고된 때로부터 24시간 이후 72시간 이내에 무기명투표로 표결(이 기간 내에 표결하지 아니한 때에는 그 해임안은 폐기된 것으로 본다).***	재적의원 3분의 1 이상 발의, 재적의원 과반수 찬성	국무총리에 대한 해임의결은 국회가 임명동의를 한 후 1년 이내에는 할 수 없음.	대통령은 국무총리 또는 당해 국무위원을 해임하여야 함.	국무총리에 대한 해임의결시 국무총리와 국무위원 전원을 해 임 하 여 야 함.
第6공화국	국무총리 또는 국무위원의 해임 건의	본회의에 보고된 때로부터 24시간 이후 72시간 이내에 무기명투표로 표결(이 기간 내에 표결하지 아니한 때에는 해임건의안은 폐기된 것으로 본다).****	재적의원 3분의 1 이상 발의, 재적의원 과반수 찬성.			

▌역대 내각에 대각에 대한 국회의 책임추궁제도 전체 대조표

* 헌법에 있던 규정이 아니라 당시 국회법 제105조 제8항의 규정이었음.
** 헌법에 있던 규정이 아니라 당시 국회법 제105조 제7항의 규정이었음.
*** 헌법에 있던 규정이 아니라 당시 국회법 제105조 제7항의 규정이었음.
**** 헌법에 있는 규정이 아니라 현행 국회법 제112조 제7항의 규정임.
* 국무위원해임의 실제 : 몇 가지 예를 보면 제3공화국에서 권오병 문교부장관, 오치성 내무부장관에 대한 해임안이 가결되고 결국 항명파동으로 이어진 사건이 있었다. 제6공화국에 들어와서도 가결된 예가 있었고 노무현대통령 시절에는 2003.9.3. 국회가 행정자치부장관 해임결의안을 의결하였음에도 대통령이 이를 즉시 수용하지 아니한 사실을 탄핵소추사유로 제시하였는데 헌재는 탄핵심판에서 그 사유를 받아들이지 않았던 예가 있다.

(3) 해임건의의 대상과 사유

1) 해임건의의 대상

헌법은 국무총리와 국무위원을 그 대상으로 명시하고 있다.

(가) 개별적 해임건의

국무총리만을 또는 개별 국무위원을 해임건의할 수 있는가 하는 논의가 있다. 각 개별적으로 해임건의국무총리에 대한 해임건의는 정치적 연대의식을 가진 것으로 타당하나 국무위원에 대한 개별적 해임건의는 비정상적인 것이라고 하면서 굳이 개별적 책임을 추궁하려면 장관에 대한 해임건의가 되어야 한다는 견해가 있다(성낙인(2016), 505면). 그러나 헌법이 국무총리 '또는' 국무위원이라고 분리하여 명시하고 있다는 점에서 헌법개정론으로서는 몰라도 현행 헌법의 해석론으로서는 타당하지 않다. 후술하는 대로 연대책임은 현행 헌법의 테두리를 벗어나는 것이고 그렇다면 개별책임마저 부정될 경우 현행 해임건의제도는 형해화된다는 점에서 타당하지 않다. 그동안 개별 해임건의가 있기도 하였고 장관에 대한 개별적인 것이었는데 행정각부의 장은 국무위원이므로(제94조) 장관에 대한 개별적 해임건의를 인정하는 이 견해는 결국 개별 국무위원에 대한 해임건의를 인정하는 결과를 가져와 자기 모순이다. 위 문제는 아래에서 살펴볼 연대책임의 문제와 결부된다. 우리는 연대책임을 부정하면서 개별 책임을 인정하는 입장으로서 논리일관된다.

(나) 그 외 대상자의 인정 여부

국무총리, 국무위원 외에 정부위원에 대한 해임건의도 국회가 할 수 있는지를 두고 찬반대립이 있다. 그러나 정부위원에 대해서는 재적의원 과반수의 찬성이 없이 일반정족수로도 국회가 해임건의를 의결할 수 있는 것인데 이는 헌법에 규정이 없으므로 일반적인 국정통제로서 국회의 의견을 개진하는 것으로서 구속력도 없다고 볼 것이다.

2) 해임건의의 사유

헌법은 해임건의의 사유를 적시하지 않고 있으므로 해임건의사유는 넓고 포괄적이다. 헌법이나 법률에 위반한 직무행위뿐 아니라 위법행위는 아닐지라도 정책적 결정·선택과 판단상의 과오, 직무능력의 부재 내지 부족, 대통령에 대한 보필에서의 미숙, 실정, 부하직원의 통솔·관리감독 부족, 타 부처와의 불화 등도 그 사유가 될 수 있다.[1] 즉 법적 책임이 아닌 정치적 책임을 묻기 위한 해임건의의 발의도 가능하다. 이 점이 위헌, 위법의 직무행위만을 그 사유로 하는 탄핵소추의 경우와 다르고 탄핵소추사유에 비해 보다 넓고 포괄적이다. 그러나 인신공격적이거나 내각의 순치를 위한 의도를 가진 해임건의는 받아들일 수 없다.

(4) 국회에서의 절차와 표결방식 및 가결표수

국무총리 또는 국무위원의 해임건의안이 발의된 때에는 의장은 그 해임건의안이 발의된 후 처음 개의하는 본회의에 이를 보고하고, 본회의에 보고된 때로부터 24시간 이후 72시간 이내에 무기명투표로 표결한다. 이 기간 내에 표결하지 아니한 때에는 그 해임건의안은 폐기된 것으로 본다(국회법 제112조 7항). 국회법이 해임건의안에 대한 표결을 무기명투표로 하도록 한 데에서는 별로 공감하기 힘들다. 해임건의에 대한 표결이 대상 국무위원과 의원들 간의 개인적 차원의 문제가 아니라 행정부의 국정운영에 대한 통제이므로 의원들의 책임 있는 표결을

1) 그 외 부하직원의 과오나 범법행위에 대하여 정치적 책임을 추궁하는 경우를 사유로 드는 견해가 있다(권영성, 915면).

위하여, 당론을 떠나 소신투표에 임하도록 하기 위하여 기록표결로 하는 것이 필요하다.

해임건의는 국회재적의원 3분의 1 이상의 발의에 의하여 국회재적의원 과반수의 찬성이 있어야 한다. 일반가결표수가 아닌 재적의원 과반수의 찬성으로 가결표수를 가중한 것은 정쟁으로 해임건의를 남발하여 국정운영에 지장을 초래하는 것을 억제하고 해임건의에 신중을 기하도록 하기 위함이다.

(5) 제한 문제

제5공화국헌법에서는 "국무총리에 대한 해임의결은 국회가 임명동의를 한 후 1년 이내에는 할 수 없다"라고 규정하고 있었다(제5공화국헌법 제99조 1항 단서). 이는 빈번한 해임건의권의 행사를 막아 행정부의 국정운영에 안정을 기하려는 의도의 제한이었다. 그러나 현행 헌법에는 이러한 시간상의 제한이 없고 그 외 별다른 제한도 헌법이 명시하고 있지 않다.

(6) 해임건의의 효과

1) 대통령에 대한 구속력 문제

국회의 해임건의가 있으면 대통령이 반드시 이에 따라 해임을 하여야 하는가가 논란이 되고 있다. 제3공화국헌법에서는 "건의가 있을 때에는 대통령은 특별한 사유가 없는 한 이에 응하여야 한다"라고 하여(제3공화국헌법 제59조 3항) 구속력을 명시하고 있었는데 현행 헌법에는 이러한 명시규정이 없어서 논란된다.

(가) 학설

이 문제에 대해 학설이 대립되고 있다. ① 부정설(= 정치적 책임설) – 해임건의가 의결되더라도 정치적 책임을 질 뿐이고 대통령은 이에 따르지 않아도 된다는 견해로서 지난 제4, 5공화국 헌법에서는 해임의결이라고 하고 구속력을 부여하였고 제3공화국 헌법 당시 해임건의가 있을 때에는 대통령은 특별한 사유가 없는 한 이에 응하여야 한다고 한 규정이 현행 헌법에는 없다는 점 등을 논거로 한다. ② 긍정설(법적 구속설) – 대통령은 국회의 해임건의의 의결이 있으면 이에 반드시 따라야 한다는 견해로서 해임건의제도는 의원내각제적 요소라는 점, 의결정족수가 가중되어 있다는 점 등을 논거로 한다. ③ 부분적 긍정설(제한적 긍정설) – 대통령은 특별한 사유가 없는 한 이에 응하여야 하고 건의에 응하지 않을 경우 수긍할만한 특별한 사유가 있음을 밝혀야 한다는 견해로서 제3공화국 헌법의 규정에 가까운 것이다.

(나) 판례 - 부정설의 입장

가) 판시

헌재는 2004년에 있었던 우리 헌정사상 초유의 대통령에 대한 탄핵심판에서 기각결정을 하면서 부정설의 입장을 취하였다. 즉 국회의 탄핵소추사유들 중의 하나가 2003.9.3. 국회가 행정자치부장관 해임결의안을 의결하였음에도 이를 즉시 수용하지 아니한 사실에 대해 판단하였고, 헌재는 "국회는 국무총리나 국무위원의 해임을 건의할 수 있으나(헌법 제63조), 국회의 해임건의는 대통령을 기속하는 해임결의권이 아니라, 아무런 법적 구속력이 없는 단순한 해임건의에 불과하다"라고 결정하였다. 헌재는 "우리 헌법 내에서 '해임건의권'의 의미는, 임기 중 아무런 정치적 책임을 물을 수 없는 대통령 대신에 그를 보좌하는 국무총리·국무위원에 대하여 정치적 책임을 추궁함으로써 대통령을 간접적이나마 견제하고자 하는 것에 지나지 않는다. 헌법 제63조의 해임건의권을 법적 구속력 있는 해임결의권으로 해석하는 것은 법문과 부합할 수 없을 뿐만 아니라, 대통령에게 국회해산권을 부여하고 있지 않는 현행 헌법상의 권력분립질서와도 조화될 수 없다. 결국, 대통령이 … 국회의 해임건의를 수용할 것인지의 문제는 대의기관인 국회의 결정을 정치적으로 존중할 것인지의 문제이지 법적인 문제가 아니다. 따라서 대통령의 이러한 행위는 헌법이 규정하는 권력분립구조 내에서의 대통령의 정당한 권한행사에 해당하거나 또는 헌법규범에 부합하는 것으로서 헌법이나 법률에 위반되지 아니한다"라고 판시하고 있다.[1)]

나) 판례이론의 문제점

그러나 헌법재판소의 판례는 다음과 같은 이유로 타당하지 못하다. ① 우리 헌법이 국회해산권을 부여하고 있지 않으니 권력분립질서상 해임건의의 구속력을 인정할 수 없다는 입론은 국회해산제도를 내각불신임의 대응무기로 보는 일면적인 사고에서 나온 것이다. 의회해산제는 대응무기의 의미보다는 보다 근본적으로 국민에 의한 직접적인 심판으로서의 의미를 가지는 것이다(국회해산으로 총선거가 다시 실시되어 국민들의 심판이 이루어지게 된다). 따라서 의회해산제는 의원내각제의 보다 근본적인 요소인 책임정치에 부합하기에 부여된 것이지 결코 내각불신임의결에 의회에 맞서도록 하기 위해 내각에 주어지는 대응무기라고 보는 것은 외형적인 것을 보는 데 그치는 것이고 보다 근본적인 요구가 아니다(이에 관해서는 전술한 정부형태론에서 의원내각제 부분을 참조. 이 점에서 헌법정책적으로 "국회와 대통령 사이에 수단의 공유라는 측면에서 해임건의건에 대응하여" "대통령에게 국회해산권을 부여하는 것이 타당하다"라는 견해는 타당하지 않다. 권력균형을 위해서는 대통령에 국회해산권을 부여하지 않는 현 상황에서도 해임건의권이 의미를 가진다(아래 사견의 ① 참조)). 따라서 국회해산제도를 전제하지 않고도 책임정치 구현을 위하여 대통령과 행정부에 대한 통제를 하는 국회의 해임건의제도를 둘 수 있기에 설득력이 약하다. ② 헌법재판소는 "법적 구속력 있는 해임결의권으로 해석하는 것은 법문과 부합할 수 없을 뿐만 아니라"라고 판시하고 있으나 헌법 제63조는 법적 구속력이 없다고 명시하고 있지 않기에 옳은 이유설시가 아니다. ③ 판례가 구속력을 부인하는 것의 그 외 문제점들은 아래의 사견에서 구속력을 가져야 하는 이유들의 설명을 통해 나타난다.

---

1) 헌재 2004.5.14, 2004헌나1, 판례집 16－1, 650－651면.

(다) 사견(私見)

다음과 같은 이유로 해임건의의 의결은 대통령에 대한 구속력을 가진다.

① 우리 헌법상의 국가권력 구도 전반에서의 체계조화적 헌법해석이 필요하고 이에 따라 해임건의 의결은 법적 구속력을 가지는 것으로 보아야 한다. 즉 현행 헌법에서의 대통령의 권한은 전형적인 대통령제에서의 대통령의 권한에 비해 강하고 정부의 국회에 대한 관계에서도 그러하다(예를 들어 대통령과 정부는 대통령제하에서 일반적으로 가지지 않는 법률안제출권을 가진다). 그러한 대통령과 정부에 대한 국회의 권력균형을 잡아주는 통제권으로서 해임건의권이 자리잡고 있기에 이에 대한 법적 구속력을 인정하여야 하고 이를 단순히 정치적 제도라고 하여서는 아니 된다. 제5공화국헌법에서의 '결의'였던 표현을 '건의'로 변경한 것은 제5공화국에서의 대통령의 강했던 권한들 중 상당부분 없앴기에(국회해산권, 비상조치권 등) 그 대신 국회가 가지는 국무총리·국무위원 해임에 관한 권한도 다소 낮추어 '건의'로 약화시켰기에 법적 구속력이 없다는 헌정사적 성격의 주장도 있다. 그러나 유신헌법과 제5공화국헌법에서 대통령권한이 너무 강하였기에 현행 헌법에서 대통령권한이 약화되었다는 것이지 현행 헌법하의 대통령의 권한은 여전히 강하다. 대통령의 권한이 현재와 비슷했던 제3공화국에서도 대통령은 특별한 사유가 없는 한 이에 응하여야 한다고 규정하고 있었다. 더구나 위와 같은 연혁을 내세우는 부정설은 제5공화국헌법이 정당성이 약한 헌법인데 이러한 제5공화국헌법의 규정과 비교하여 현행 헌법을 그렇게 보는 것은 문제이다. 현행 헌법인 제6공화국헌법의 제정논의 당시에 여야의 정치적 타협으로서 건의라고 했더라도 헌법제정자인 국민이 현행 헌법의 개정안에 대한 국민투표를 할 때 해임건의가 있게 되면 대통령이 이에 따라야 한다고 의식하면서 이를 추인한 것으로 볼 것이다. 법적 효력도 없는 제도를 국민들이 승인할 필요가 없었을 것이다. 이 제도가 국회 앞에서 책임을 질 경우가 적은 대통령에 대한 견제라는 점도 고려되어야 한다.

② 의원내각제를 채택하지 않은 우리 헌법에서 법적 구속력을 주는 것이 타당하지 않다고 볼지 모르나 우리나라의 정부형태는 대통령제에 의원내각제적 요소가 다소 가미되었다고 보는 견해가 많고 이 해임건의제도를 그러한 의원내각제적 요소로서 본다. 물론 해임건의제가 의원내각제의 내각불신임제와 동일한 것이라는 의미가 아니라 내각불신임제가 의원내각제에서 내각에 대한 책임을 묻는 제도이고 해임건의도 행정부에 대한 책임을 묻는 제도라는 점에서 의원내각제적 요소라는 것이다. 이러한 책임제도는 법적 구속력을 가지는 것이고 해임건의제도가 책임적 제도로서 의원내각제적 요소라고 본다면 어디까지나 법적 구속력이 있다고 보아야 한다. 부정론 중에는 앞의 정부형태론에서 해임건의제도를 우리나라에서의 의원내각제적 요소라고 하면서도 여기서는 대통령에 대한 구속력이 없다고 보는 견해가 있는데 이는 논리적 일관성을 결여한 것이다.

③ 국회해산제도를 두고 있지 않은 현재의 헌법 하에서는 법적 구속력을 인정할 수 없다

는 위에서 본 탄핵결정 판례와 같은 입장도 있다. 그러나 위 판례의 문제점에 대해 보면서 이미 지적한 대로 국회해산제도의 본지는 책임정치의 구현에 있는 것이고 내각불신임제를 인정하기 위한 필연적 전제조건이라는 점에 근본적인 존재이유가 있는 것은 아니다. 또한 내각에 대한 책임을 묻는 제도를 반드시 순수 의원내각제에서만 둘 수 있는 것은 아니다. 의원내각제적 요소가 다른 정부형태에서도 가미될 수 있는 것이다. 만약 그렇지 않다면 의원내각제와 대통령제가 섞인 혼합정부제(우리 학자들이 이른바 '이원정부제'라고 부르나 혼합정부제가 더 적절한 용어이다)도 존재할 수 없다. 내각불신임제도의 기능은 경색된 정국을 타개하기 위한 것이기도 하다. 바로 그 점에 의원내각제가 대통령제보다도 장점이 있다고 지적된다. 따라서 대통령제의 단점인 정국마비를 타개할 수단이 적다는 점(앞의 정부형태론 참조)을 고려하더라도 법적 구속력을 주는 것이 필요하다. 특정 장관이나 국무총리 개인의 부족함으로 인해 정국전체가 마비되는 것을 막기 위해 일부 구성원에 대한 해임이 이루어지는 것은 해소의 방법이 될 수 있는 것이다.

④ 현대의 헌법은 장식적인 규범이 아니다. 우리 헌법도 현대적 헌법이라면 헌법상의 제도가 장식이 아니라 실효성이 있는 법적 제도로 해석하고 제자리를 잡도록 노력하는 것이 중요하다.

⑤ 합의체기관인 국회가 더구나 국민의 의사를 반영하여 행한 해임건의의 의결을 법적 구속력이 없는 것으로 형해화하는 것은 대통령 단독의 의사결정을 보다 우위에 두는 결과를 초래한다. 국민의 대표자에 의한 책임추궁은 민주적 정당성을 가진다. 현실에서의 국회에 대한 불신이 있다고 하여 헌법해석의 논리적인 귀결을 무시할 수는 없다. 건의요구가 여소야대 상황에서 야당만의 투표로 가결이 되었다고 하더라도 이를 따라야 할 것이고 야당의 결정이 잘못된 것이라면 차기 선거에서의 국민의 심판을 받게 될 것이다(2003년 해임건의 가결 이후 오히려 야당은 탄핵정국 등의 영향이 있긴 하였지만 2004년 선거에서 패배하였다).

⑥ 의결(표결)정족수가 탄핵소추정족수와 같은데 이는 헌법제정권력자가 해임건의제도에 대해서도 상당한 비중을 두겠다는 의사가 반영된 것이라고 볼 수 있다. 해임건의에 구속력을 인정하지 않는다면 비록 탄핵소추에 대한 심판을 헌법재판소가 한다고 할지라도 탄핵소추로 갈 것이지 굳이 해임건의로 갈 이유가 얼마나 있을 것인가 의문이다.

⑦ 정치적 책임제도에 불과하다면, 해임건의제도가 헌법에 명시되어 있지 않더라도 국회가 일반가결표수인 출석의원 과반수의 찬성으로도 해임건의를 할 수 있을 것이고 현행 헌법이 특별히 해임건의제도를 명시하고 그것도 가중가결표수로 의결하도록 하고 있는 점을 이해할 수 없다.

⑧ 현행 헌법 제78조는 "공무원은 임면한다"라고 규정하여 임명뿐 아니라 면직에 대해서도 규정하면서 그러한 임면권을 대통령은 "헌법과 법률이 정하는 바에 의하여" 행사하도록 하

고 있는데 해임건의도 어디까지나 헌법상의 제도이므로 해임건의가 있게 되면 이에 따라야 하고, 그 점 바로 여기에서 그 헌법적 근거를 가진다.

요컨대 헌법은 법규범이고 이 헌법이 더구나 직접 명시하고 있는 제도라면 이를 정치적인 비구속적 제도라고 해석할 것이 아니라 법규범적인 제도로 해석하여야 한다.

(라) 해임건의에 따르지 않는 경우의 헌법재판

대통령에 대한 탄핵사유가 될 수 있는가 하는 문제가 있다. 헌법재판소 판례는 위에서 살펴본 대로 위헌성을 부정하였으므로 부정적이다. 헌법재판소가 설령 판례를 변경하여 위헌성을 인정하더라도 헌법재판소는 2004헌나1 결정에서 중대한 위헌사유일 경우에만 탄핵사유가 된다고 하였기에 역시 부정적인 입장을 취할 가능성이 많다. 생각건대 중대한 위반 여부의 판별이 쉽지 않을 것이고 해임건의를 받아들이지 않는 것은 명백한 헌법위반이므로 탄핵사유가 된다고 본다. 이처럼 탄핵사유가 되는지가 논란이 된다면 다른 헌법재판에 의한 제재를 생각할 수 있다. 그것은 권한쟁의심판에 의한 제재이다. 즉 국회는 해임건의의결에 대통령이 따르지 않을 경우에 자신의 해임건의권이 침해되었음을 이유로 권한쟁의심판을 청구할 수 있고 인용이 되면 대통령은 헌법재판소 결정의 기속력(헌법재판소법 제67조 1항, 제66조 2항)에 따라 해임을 하여야 할 의무를 진다.

(마) 입법론적 논의

위에서 살펴본 논거에 따라 해임건의는 법적 구속력을 가지는 것이나 현재 논란이 있기에 앞으로 헌법개정이 있게 되면 가능한 한 명백한 문장으로 법적 구속력 여부에 대해 헌법이 규정하여 두는 것이 필요하다. 다시 말하면 현행 정부형태를 그대로 유지하면서 해임건의제도를 그대로 둔다면 헌법개정을 할 때 그 구속력에 대한 명시적 규정을 두는 개정도 아울러 이루어지는 것이 바람직할 것이다.

(바) 헌정현실

국회에서 부정적인 의견이 제출된 경우에 그동안 대체적으로 해당 국무위원이 자진 사퇴를 하였다. 그런데 2016년 9월 25일에 농림축산식품부 장관 해임 건의를 거부하였다.[1] 이는 첫 거부사례이다.

2) 연대책임의 문제

(가) 문제소재

국무총리에 대한 해임건의가 있는 경우에 해임건의 법적 구속력을 인정하는 전제하에 다른 내각구성원인 국무위원들도 함께 해임되어야 하는가 하는 연대책임의 문제가 제기된다. 해임의결제를 두고 있던 제4공화국헌법과 제5공화국헌법에서는 "국무총리에 대한 해임의결이 있을 때에는 대통령은 국무총리와 국무위원 전원을 해임하여야 한다"라고 규정하여(제4공화국헌법

1) http://news.tvchosun.com/site/data/html_dir/2016/09/26/2016092690008.html.

제97조 3항, 제5공화국헌법 제99조 3항) 연대책임제도를 두고 있었다.

(나) 학설

i) 긍정설 – 국무총리, 국무위원 "전원의 집단적·연대적·정치적 공동체경향에 비추어 국무총리해임건의는 자동적으로 전국무위원의 사표로 이어져야 한다"라는 견해(성낙인, 헌법학(제15판), 법문사(2015)(이하 (성낙인 2015)), 503면), 국무총리에게 국무위원임명제청권이 있으므로 자신이 제청한 국무위원들도 동반 사퇴하여야 한다는 견해 등이 있다. ii) 부정설 – 국무총리의 내각에 대한 권한이 강하지 않다는 점, 해임건의제가 의원내각제적 요소라고 하더라도 의원내각제하에서 연대책임을 인정하는 내각불신임과 같은 정도의 강한 권한으로 해석할 수는 없다는 점 등을 들어 연대책임을 부정한다.

(다) 사견(私見)

생각건대 다음과 같은 이유로 현행 헌법에서의 해임건의제도에서는 연대책임을 인정하기 어렵다. ① 현행 헌법에서 국무총리는 대통령을 보좌하며, 행정에 관하여 대통령의 명을 받아 행정각부를 통할하는 지위에 있고(제86조 2항) 의원내각제의 수상에 비해 내각구성원에 대한 권한이 약하다는 점에서 의원내각제에서의 연대책임을 인정하는 정도의 지위에 있다고 보기 어렵다. 연대책임을 인정하게 되면 의원내각제의 내각불신임제와 동일한 제도가 된다. 내각불신임제도는 의원내각제의 핵심적 제도이고 의회의 신뢰에 의존하는 내각이 연대하여 책임을 지게 하는데 반해 해임건의제도는 대통령제를 골간으로 하면서 의원내각제적 요소를 다소 가미하여 설정된 제도이기에 차이가 있다. ② 해임건의제도는 국회 앞에서 책임을 지지 않는 대통령에 대해 국무위원에 대한 책임추궁으로 간접적 통제를 한다는 의미도 있다는 점에다 헌법 제82조는 대통령의 국법상 행위의 문서에는 관계 국무위원이 부서하게 하고 있으므로 개별 국무위원은 자신의 소관 사무와 관련하여 대통령 보좌책임을 진다는 점을 보태어 보면 개별 책임설이 타당하다. ③ 한편 개별 국무위원 책임을 물음으로써 내각 전반은 그대로 유지하도록 하면서 정국경색을 막아 정국안정도 기할 수 있게 한다는 장점도 가진다. ④ 우리나라의 현행 헌법의 해임건의제도가 전형적 대통령제하의 대통령이 가지는 권한에 비하여 더 강한 권한을 가진다는 점에 대응하여 권력균형적 통제제도로 기능하도록 가미되었다는 점에서 적정한 수준의 구속력을 부여하는 것이 조화로운 체계적 헌법해석이라고 본다. ⑤ 정부형태에 있어서 국무총리는 의원내각제하의 수상이 내각구성원에 대한 임명권, 즉 조각권을 가지는데 비해 그러하지 못하다는 점 등을 이유로 들 수 있다.

3. 서면질문제도

위에서 본 국무총리·국무위원의 국회출석을 요구하여 본회의 등에서 질문을 통한 통제가 있지만 이러한 출석 없이 서면질문을 통한 정부통제도 이루어질 수 있다(국회법 제122조). 서면질문을 통한 정부통제도 가능하다. 서면질문제도에 대해서는 앞의 의사절차에서 살펴보았다(전술 참조).

4. 국무총리·국무위원·행정각부의 장에 대한 탄핵소추

국무총리·국무위원·행정각부의 장이 그 직무집행에 있어서 헌법이나 법률을 위배한 때에는 국회는 탄핵의 소추를 의결할 수 있다(제65조 1항). 국무총리·국무위원·행정각부의 장에 대한 탄핵소추는 공통적인 통제제도로 후술한다.

5. 행정부에 대한 국정감사·조사

이에 대해서도 행정부만이 아닌 다른 국가기관들에 대한 것이기도 한 공통적인 통제제도로 바로 아래에 살펴본다.

제4관 공통적 통제제도

Ⅰ. 국정감사권·국정조사권

[제61조] ① 국회는 국정을 감사하거나 특정한 국정사안에 대하여 조사할 수 있으며, 이에 필요한 서류의 제출 또는 증인의 출석과 증언이나 의견의 진술을 요구할 수 있다.
② 국정감사 및 조사에 관한 절차 기타 필요한 사항은 법률로 정한다.

1. 의의·기능과 연혁

(1) 의의와 기능

국정감사제도란 국가기관 등이 국가작용 등을 적법하고도 적정하게 수행하고 있는지에 대하여, 그리고 국회의 입법, 재정통제(예산심의 등)에 필요한 자료를 수집하기 위하여 국정전반에 걸쳐 정기적으로 국회가 감시하고 조사하는 제도를 말한다. 국정조사제도란 국정과 관련한 특정한 사안이 발생하여 그 진상의 규명이 필요한 경우에 위와 같은 목적으로(통제와 자료수집) 국회가 실시하는 조사를 말한다. 국정감사, 국정조사의 결과 위법하거나 부당한 사항이 발견된 경우에 이를 시정하는 조치를 취하도록 한다.

국정감사·국정조사의 기능은 다음과 같다. ① 국정통제기능 – 국정감사와 국정조사는 국회가 타 국가기관들에 대한 통제의 기능을 수행한다. 권력분립의 견제기능을 수행한다. ② 정보기능 – 국정감사와 국정조사는 다른 한편으로 정보의 기능을 수행하는 것이기도 하다. 즉 국회의원들이 국회에서의 입법이나 예산심의 또는 정책의 결정을 위하여 필요한 관련 준비자료를 획득하기 위한 기회로 활용되기도 한다. ③ 보조기능 – 위 ②의 기능은 국정감사와 조사제도가 국회의 주기능으로서만이 아니라 보조기능으로서도 시행된다는 것을 의미한다. ④ 알 권리의 보장 - 국민의 입장에서는 국민대표자인 국회의원의 국정감사와 국정조사에서 밝혀지고 공개되는 정보들에 대해 국민들이 접함으로써 알 권리를 향유하기 위한 수단이 되기도 한다.

(2) 연혁

1) 의회의 국정조사권

의회제도에서 특정한 사안이나 의혹을 의회가 조사하는 제도는 오래된 역사를 가진 것으로 영국의 의회에서 유래하여 프랑스, 독일 등에 전파되었다. 행정부가 의회의 신임을 얻어야 존속하는 관계에 있는 의원내각제 국가에서 국정조사제도는 대정부 통제감독의 방법으로서 중요한 기능을 수행한다. 대통령제에서는 권력분립상 의회와 행정부 간 엄격분립의 유형이므로 의회가 행정부를 감독할 수 없는 것이나 의회가 자신의 입법권 등의 권한을 충실히 행사하기 위한 사전준비활동 등으로서 조사업무가 중요하므로 국정조사권이 대통령제에서도 중요한 의회의 권한으로 인정되고 있다. 전형적 대통령제국가인 미국에서도 연방헌법상 명시적인 규정이 없이도 일찍이 의회의 국정조사권이 인정되어 왔고 중요한 의회활동으로서 자리잡아 있다. 이처럼 의회의 국정조사권은 의회제도에서의 전통적인 권한으로서 자신의 활동을 위해 필수적인 권한이다. 매년 일정한 기간에 반드시 이루어지는 국정감사제도를 국정조사 외에 별도로 시행하고 있는 외국의 예는 희소하고 의회가 자료제출과 출석요구, 질문 등을 통한 정보수집과 진실규명, 국정통제를 수행하는 제도로서의 본령인 제도는 국정조사제도이다.

2) 우리나라에서의 연혁

(가) 국정감사

일반적으로 의회의 국정조사권이 특정사안에 대한 조사권인 데 비해 우리나라의 국정감사제도는 국정전반에 대한 정기적인 감독활동이므로 보다 강화된 의회 감사권한의 제도로서 우리의 특유의 제도이다. 우리나라의 국정감사제도는 1948년 제헌헌법에서부터 있어온 제도이다. 제헌헌법 제43조가 "국회는 국정을 감사하기 위하여 필요한 서류를 제출케 하며 증인의 출석과 증언 또는 의견의 진술을 요구할 수 있다"라고 명시적인 규정을 두었고 제2공화국헌법에서도 동일한 규정을 두어 국정감사제도를 존속시켰다. 제3공화국헌법 제57조도 비슷하게 "국회는 국정을 감사하며, 이에 필요한 서류의 제출, 증인의 출석과 증언이나 의견의 진술을 요구할 수 있다"라고 규정하여 국정감사제도를 존속시키면서 동헌법 동조 단서가 "다만, 재판과 진행중인 범죄수사·소추에 간섭할 수 없다"라고 규정하여 제한을 두었다. 그러나 국정감사제도는 매년 정부기관을 상대로 정기적으로 실시되어 매우 성가신 제도로 받아들여진 것은 사실이었고 그리하여 권위주의 정부인 제4공화국 유신헌법에서 폐지되었고 제5공화국에서도 인정되지 않았다. 이는 우리 국회의 권한약화의 상징으로 지적될 정도로 국회권한의 중요한 축소였다. 현행 제6공화국헌법은 국정감사권을 다시 부활하여 국회의 권한을 강화하였다.

(나) 국정조사

반면 국정조사제도에 관한 명시적인 규정이 제헌헌법에서부터 제3공화국헌법까지는 존재하지 않았다. 그러나 국회는 조사특별위원회를 구성하여 의혹사건 등을 조사하였다(예를 들어 제1공화국에서 정부내친일파숙청에대한건의특별조사, 반민족행위특별조사 등). '국정감사' 제도를 폐지한 제4공화국하에서 헌법 자체에는 국정조사에 관한 규정을 두지 않았으나 국정조사제도가 국회활동에 필수적인 전통적 제도이기에 학설상으로는 이를 인정하고 있었고 1975년에 국정조사에 관한 규정을 헌법이 아닌 국회법에 도입하였다. 그러다가 제5공화국에서는 헌법 자체에 국정조사에 관한 규정을 두었다. 제5공화국헌법 제97조는 "국회는 특정한 국정사안에 관하여 조사할 수 있으며, 그에 직접 관련된 서류의 제출, 증인의 출석과 증언이나 의견의 진술을 요구할 수 있다. 다만, 재판과 진행중인 범죄수사·소추에 간섭할 수 없다"라고 규정하고 있었다. 이처럼 국정조사권에 대해 헌법 자체에 명시적인 규정을 둔 것은 제5공화국헌법부터였던 것이다. 요컨대 제4공화국과 제5공화국에서는 '국정감사'제도는 부정하고 있었으면서도 '국정조사'에 관해서는 제4공화국에서는 국회법이 그리고 제5공화국에서는 헌법에 규정은 두고 있었던 것이다.

	제1공화국	제2공화국	제3공화국	제4공화국	제5공화국	제6공화국
국정감사권	ㅇ 국회는 국정을 감사하기 위하여 필요한 서류를 제출케 하며 증인의 출석과 증언 또는 의견의 진술을 요구할 수 있다(1공헌법 제43조).	ㅇ국회는 국정을 감사하기 위하여 필요한 서류를 제출케 하며 증인의 출석과 증언 또는 의견의 진술을 요구할 수 있다(2공헌법 제43조).	ㅇ 국회는 국정을 감사하며, 이에 필요한 서류의 제출, 증인의 출석과 증언이나 의견의 진술을 요구할 수 있다. 다만, 재판과 진행중인 범죄수사소추에 간섭할 수 없다(3공헌법 제57조).	×	×	ㅇ국회는 국정을 감사하거나 특정한 국정사안에 대하여 조사할 수 있으며, 이에 필요한 서류의 제출 또는 증인의 출석과 증언이나 의견의 진술을 요구할 수 있다(현행 헌법 제61조 1항).
국정조사권	× 조사특별위원회가 활동하였음	× 조사특별위원회가 활동하였음	× 조사특별위원회가 활동하였음	× 1975년 이후 국회법에는 규정이 있었음.	ㅇ 국회는 특정한 국정사안에 관하여 조사할 수 있으며, 그에 직접 관련된 서류의 제출, 증인의 출석과 증언이나 의견의 진술을 요구할 수 있다. 다만, 재판과 진행중인 범죄수사·소추에 간섭할 수 없다(5공헌법 제97조).	ㅇ 국정감사에 관한 위의 조문에 포함되어 있음

○ : 헌법 자체에 근거조문이 있음.
× : 헌법 자체에 근거조문이 없음.

3) 현행 헌법

현행 제6공화국 헌법 제61조 제1항은 국정감사제를 부활하여 국정감사와 국정조사 모두에 관한 명시적 근거를 두고 있다. 반면에 제3공화국헌법이 국정감사의 한계로서, 그리고 제4공화국헌법이 국정조사의 한계로서 규정한 "재판과 진행 중인 범죄수사·소추에 간섭할 수 없다"라는 문언을 현행 헌법 제61조는 두고 있지 않다. 현재 그러한 문언은 국정감사 및 조사에 관한 법률에서 규정되어 있다.

2. 국정감사·국정조사의 성격

(1) 본질

1) 독자성 여부

국정감사와 국정조사가 국회의 활동들 중에 하나의 독자적인 활동으로 독립된 기능을 가지는지 아니면 국회의 본연의 임무를 보조하는 성격을 가지는 것에 불과한지 하는 문제가 있다. 학설로는 ① 독립적 기능설(국정감사와 국정조사 모두 독립적 기능을 수행한다고 보는 견해)과 ② 보조적 기능설(국정감사와 국정조사 모두가 국회 본래의 임무를 뒷받침하기 위한 활동이라고 보는 견해), ③ 분리설(국정감사는 독립적 기능을 가지고 국정조사는 보조적 기능을 가진다고 보는 견해), ④ 복합설(국정감사와 국정조사 각각이 경우에 따라 독립적 기능 또는 보조적 기능을 수행한다고 보는 견해) 등이 있을 수 있다. 생각건대 국정감사나 국정조사 모두 국정통제권으로서 기능하고 국정통제권이 국회의 본래의 권한이라는 점에서는 독립적 기능을 양 제도 모두 수행한다고 볼 것이다. 다른 한편으로는 양 제도가 국회의 또 다른 본무인 입법과 예산심의 등의 활동을 위하여 필요한 자료의 수집이나 사전준비의 기능을 수행하는 경우에는 보조적 기능을 행하는 성격의 제도로 볼 수 있다. 국정전반을 그 대상으로 정기적으로 실시되는 국정감사의 경우에는 수시로 특정사안을 심사하는 국정조사에 비해 독자적 활동의 성격이 더 강할 것으로 생각할 수 있으나 국정조사도 국정통제로서 기능한다는 점에서 본질적 차이의 문제는 아니다. 요컨대 복합설이 타당하다.

2) 고유성

국정조사는 위에서도 살펴본 바 있지만 오늘날 국정통제라는 의회의 본질적 활동을 이루는 것으로서 의회주의의 불가결한 제도이다. 따라서 국정조사는 헌법에 명시적인 근거조문이 있는지와 상관없이 국회 고유의 본질적인 권한으로서의 성격을 가진다. 이 때문에 헌법조문에 규정이 없던 시절에도(제1공화국에서 제4공화국까지) 국정조사제도가 당연한 것으로 받아들여졌고 실제 국회의 특별조사 등으로 실시되었고 국회법에 자리잡게 되기도 하였다.

(2) 국정감사·국정조사와 다른 감사제도

지방자치단체에서 지방의회에 의한 행정사무 감사 및 조사도 이루어지고 있다(지방자치법

제41조). 국정감사·조사와 지방의회의 행정사무 감사·조사 양자는 역시 그 대상과 실시지역에서의 차이가 우선 있다. 국정감사는 지방자치단체 소속 기관들도 그 대상으로 하는 반면 지방의회의 감사는 당해 지방자치단체의 소속 기관들만을 그 대상으로 한다.

현재 헌법상 국정감사 외에 감사원에 의한 감사제도가 있다. 감사원에 의한 감사와 국정감사나 국정조사와의 관계가 논의되고 있다. 양자의 차이점을 보면, ① 국회의 국정감사는 국정전반적인 감사활동이고 국정조사는 특정사안에 대한 조사활동이다. 반면 감사원은 회계검사와 직무감찰을 그 임무로 하고 있다(제97조). ② 국회의 국정감사는 국회 외의 집행부와 사법부 등 권력분립적 대응관계에 있는 국가기관들에 대한 전반적인 감사이다. 반면에 감사원의 감사는 감사원이 대통령 소속하에 있으므로(제97조) 정부 내에서 행정부기관들을 주로 대상으로 통제하는 내부적 통제기관으로서 성격을 가진다. ③ 따라서 그 감사대상 등이 국정감사에 비해 좁고 국회·법원 및 헌법재판소에 소속한 공무원은 감사원의 감사대상 공무원에서 제외된다(감사원법 제24조 3항). ④ 국회의 국정감사는 국정통제적인 기능 외에 국회 본연의 임무인 입법, 예산심의 등에 필요한 자료를 수집하는 기능도 수행한다. 감사원의 감사는 주로 행정부의 법집행작용에 대한 통제이다. 감사결과 법령상 개선할 사항이 있다고 인정할 때에는 감사원의 경우 국무총리 등 행정부 내의 기관에 법령 등의 제정·개정 또는 폐지를 위한 조치를 요구할 수 있을 뿐인데(감사원법 제34조 1항) 국회는 입법의 개정 등을 직접 행할 수 있다. ⑤ 감사결과 국회는 감사원의 경우 변상책임의 판정, 공무원의 징계요구 등의 처리를 하고 있다. 국정감사의 경우 국회는 감사결과 위법하거나 부당한 사항이 있을 때에는 그 정도에 따라 정부 또는 해당 기관에 변상, 징계조치, 제도개선, 예산조정 등 시정을 요구하고, 정부 또는 해당 기관에서 처리함이 타당하다고 인정되는 사항은 정부 또는 해당 기관에 이송하며, 정부 또는 해당기관은 이러한 시정요구를 받거나 이송받은 사항을 지체없이 처리하고 그 결과를 국회에 보고하여야 한다('국정감사 및 조사에 관한 법률' 제16조). ⑥ 감사원은 세입·세출의 결산을 매년 검사하여 보고하여야 할 의무를 국회에 대해 지는 관계에 있다(제99조). 그러나 현재 국회는 본회의의 의결로 감사원의 감사대상기관에 대해서도 국정감사를 할 수 있도록 하고 있어('국정감사 및 조사에 관한 법률' 제7조 4호) 감사원의 감사와 중복될 수 있다. 그리고 국회법은 감사원에 대한 감사요구제도를 두고 있다(국회법 제127조의2).

(3) 국정감사와 국정조사 간의 차이

국정감사제도는 국정전반을 그 대상으로 하고 정기회에 국정감사가 실시되어 감사시기가 매년 정기회 전에 실시된다는 점에서, 반면에 국정조사제도는 국정의 특정사안에 대해, 그리고 부정기적이고 수시로 실시가 될 수 있다는 점에서 양자의 차이가 있다. 요컨대 ① 대상에 있어서 국정감사는 전반성·포괄성·일반성을, 국정조사는 특정성·한정성·중점성을 가지고, ② 시기에 있어서 국정감사는 정기적인 반면에 국정조사는 수시적·불특정적이라는 점에서 차이가 있다. 그러나 국정감사와 국정조사는 실시절차, 그 한계, 실시 결과에 대한 처리효과 등에 있어서 거의 비슷하다.

		국정감사	국정조사
대상	대상사항	국정전반(포괄성)	특정 사안(한정성)
	대상기관	국가기관, 지방자치기관(포괄성)	해당 기관
주체		상임위원회	특별위원회 또는 상임위원회
실시시기, 기간		매년, 30일 이내	불특정(재적의원 4분의 1 이상의 요구로 실시), 조사계획서에 정한 기간

▌국정감사와 국정조사의 차이

3. 적용법률

국정감사 및 조사에 관한 절차 기타 필요한 사항은 법률로 정하는데(헌법 제61조 2항) 그 법률이 '국정감사 및 조사에 관한 법률'(이하 '국감법'이라고도 한다)이다. 국회법은 국정감사와 국정조사에 관하여 국회법이 정한 것을 제외하고는 '국정감사 및 조사에 관한 법률'이 정하는 바에 따른다고 규정하고 있다(국회법 제127조). 그리고 국회법은 국정감사나 국정조사와 직접 관련된 보고 또는 서류의 제출의 요구 등에 관하여 기타 필요한 절차는 다른 법률이 정하는 바에 따른다고 규정하고 있고(국회법 제128조 6항), 국정감사나 국정조사를 위한 증언·감정등에 관한 절차는 다른 법률이 정하는 바에 따른다고 규정하고 있는데(국회법 제129조 3항) 이 규정들에 따라 제정된 법률이 '국회에서의 증언·감정 등에 관한 법률'(이하 '증감법'이라고도 한다)이다. 따라서 국정감사와 국정조사에 관해서 국회법, 국감법, 증감법이 주로 적용된다.

4. 활동주체와 그 구성

헌법 제61조 제1항은 '국회'가 국정감사·조사를 하는 주체로 규정하고 있다. 그러나 국회 전체가 활동할 수는 없고 실제의 활동주체는 위원회인데 국감법은 국정감사의 경우와 국정조사의 경우를 달리하여 규정하고 있다.

(1) 국정감사

국정감사는 소관 상임위원회별로 실시한다. 지방자치단체에 대한 감사는 2 이상의 위원회가 합동으로 반을 구성하여 이를 행할 수 있다(국감법 제7조의2). 이는 여러 상임위들이 지방자치단체에 대한 감사를 실시하면 지방자치단체의 행정력이 낭비될 수 있고 일정의 중복이 발생할 수도 있으므로 이를 개선하기 위해 합동감사를 가능하게 하기 위한 것이다.

(2) 국정조사

국정조사는 특별위원회를 구성하여 행하거나 또는 상임위원회가 행한다(국감법 제2조 1항, 제3조 1항). 특별위원회는 교섭단체의원수의 비율에 따라 구성하여야 한다(국감법 제4조 1항 본문).

(3) 공통 - 소위원회, 반

감사 또는 조사를 행하는 위원회는 의결로 필요한 경우 2인 이상의 위원으로 별도의 소위원회나 반을 구성하여 감사 또는 조사를 시행하게 할 수 있는데 위원회가 상임위원회인 경우에는 국회법 제57조 제2항의 규정에 의한 상설소위원회로 하여금 감사 또는 조사를 시행하게 할 수 있다(국감법 제5조 1항). 소위원회나 반은 같은 교섭단체소속 의원만으로 구성할 수 없다(동법 동조 2항).

(4) 국회의원의 주체성 부정 - 국회 자체의 권한

헌재는 "'국정감사권'과 '국정조사권'은 국회의 권한이고, 국회의원의 권한이라 할 수 없으므로 국회의원인 청구인으로서는 국정감사권 또는 국정조사권 자체에 관한 침해를 들어 권한쟁의심판을 청구할 수 없다"라고 한다. 사안은 국회의원이 교원들의 교원단체 가입현황을 자신의 인터넷 홈페이지에 게시하여 공개하려 하였으나, 법원이 그 공개로 인한 기본권침해를 주장하는 교원들의 신청을 받아들여 그 공개의 금지를 명하는 가처분 및 그 가처분에 따른 의무이행을 위한 간접강제 결정을 한 것에 대해 국회의원이 법원을 상대로 제기한 권한쟁의심판청구사건이었다. 청구인 국회의원은 헌법 제61조에 의하여 부여받은 국회의원으로서의 권한을 침해하였다는 주장이나 헌재는 이와 같이 부정하고 각하결정을 한 것이다.

판례 헌재 2010.7.29. 2010헌라1. 이 결정에 대해서는 헌법재판, 권한쟁의심판 부분 참조.

5. 국정조사의 발의·시행의 요건

국정감사는 매년 당연히 실시되므로 별도의 발의절차가 없다. 국정조사는 재적의원 4분의 1 이상의 요구가 있어야 시행될 수 있다(국감법 제3조 1항). 이러한 발의정족수(발의를 위한 최소의원수)는 조사필요성에 대한 공감대가 형성된 사안에 대해 조사를 하도록 하여 국정조사의 남발을 막기 위한 것이다. 그러나 그 요건을 보다 더 완화하는 것이 소수자의 보호를 위하여 바람직하다. 실제 재적의원 3분의 1 이상의 요구라고 되어 있던 것을 2000.2.16. 국감법 개정으로 완화한 것이 지금의 4분의 1로 된 것이다. 조사요구는 조사의 목적, 조사할 사안의 범위와 조사를 시행할 위원회 등을 기재하여 요구의원이 연서한 서면(조사요구서)으로 하여야 한다(국감법 동조 2항). 의장은 조사요구서가 제출되면 지체없이 본회의에 보고하고 교섭단체대표의원들과 협의하여 조사를 시행할 특별위원회를 구성하거나 해당 상임위원회에 회부하여 조사를 시행할 위원회를 확정하면 그 조사위원회는 조사의 목적, 조사할 사안의 범위와 조사방법, 조사에 필요한 기간 및 소요경비 등을 기재한 조사계획서를 본회의에 제출하여 승인을 얻어 조사를 시행한다(국감법 동조 3항·4항).

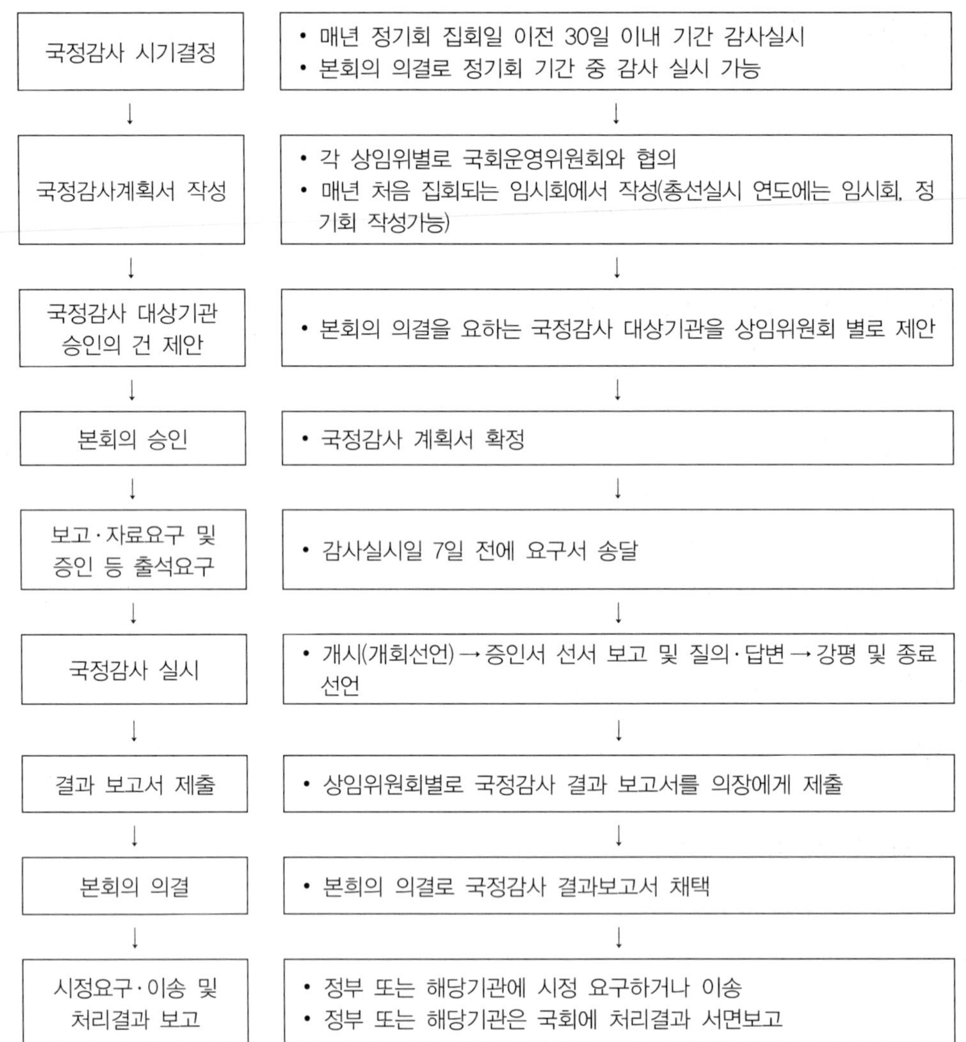
국정감사 시기결정
• 매년 정기회 집회일 이전 30일 이내 기간 감사실시
• 본회의 의결로 정기회 기간 중 감사 실시 가능
국정감사계획서 작성
• 각 상임위별로 국회운영위원회와 협의
• 매년 처음 집회되는 임시회에서 작성(총선실시 연도에는 임시회, 정기회 작성가능)
국정감사 대상기관 승인의 건 제안
• 본회의 의결을 요하는 국정감사 대상기관을 상임위원회 별로 제안
본회의 승인
• 국정감사 계획서 확정
보고·자료요구 및 증인 등 출석요구
• 감사실시일 7일 전에 요구서 송달
국정감사 실시
• 개시(개회선언) → 증인서 선서 보고 및 질의·답변 → 강평 및 종료 선언
결과 보고서 제출
• 상임위원회별로 국정감사 결과 보고서를 의장에게 제출
본회의 의결
• 본회의 의결로 국정감사 결과보고서 채택
시정요구·이송 및 처리결과 보고
• 정부 또는 해당기관에 시정 요구하거나 이송
• 정부 또는 해당기관은 국회에 처리결과 서면보고

▌ **국정감사 처리과정**

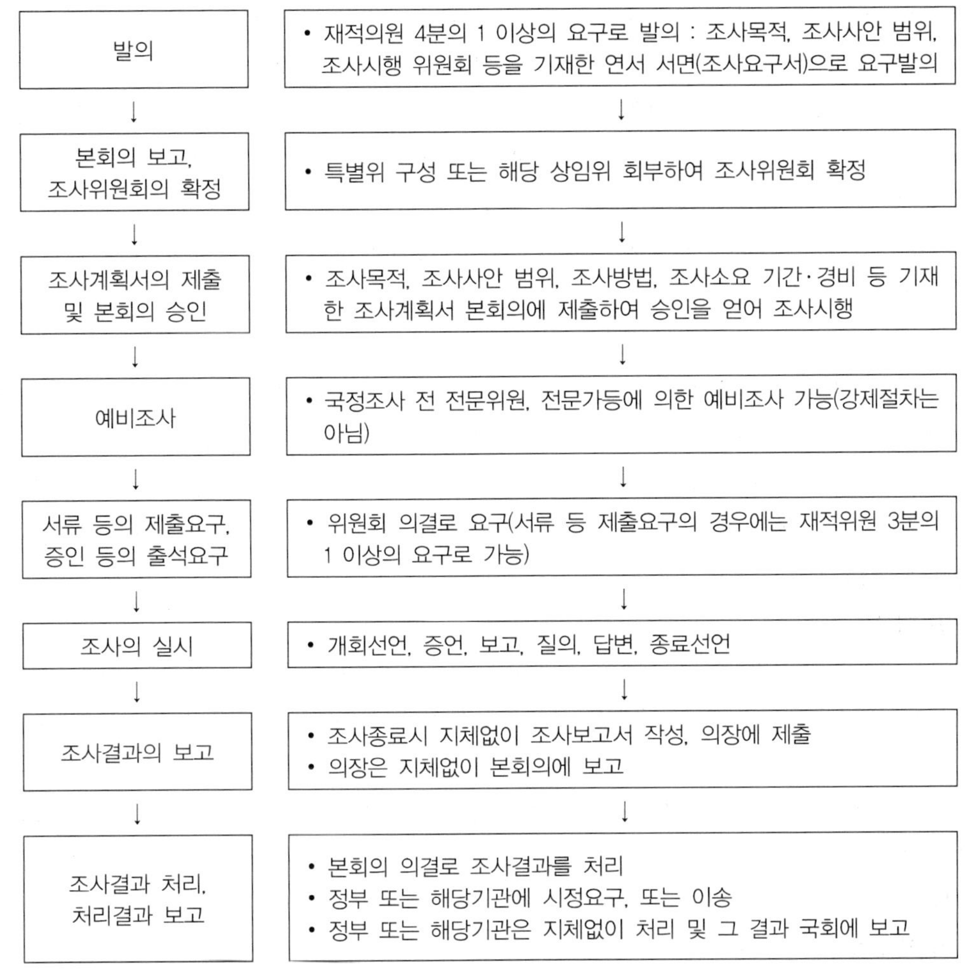
발의
• 재적의원 4분의 1 이상의 요구로 발의 : 조사목적, 조사사안 범위, 조사시행 위원회 등을 기재한 연서 서면(조사요구서)으로 요구발의
본회의 보고, 조사위원회의 확정
• 특별위 구성 또는 해당 상임위 회부하여 조사위원회 확정
조사계획서의 제출 및 본회의 승인
• 조사목적, 조사사안 범위, 조사방법, 조사소요 기간·경비 등 기재한 조사계획서 본회의에 제출하여 승인을 얻어 조사시행
예비조사
• 국정조사 전 전문위원, 전문가등에 의한 예비조사 가능(강제절차는 아님)
서류 등의 제출요구, 증인 등의 출석요구
• 위원회 의결로 요구(서류 등 제출요구의 경우에는 재적위원 3분의 1 이상의 요구로 가능)
조사의 실시
• 개회선언, 증언, 보고, 질의, 답변, 종료선언
조사결과의 보고
• 조사종료시 지체없이 조사보고서 작성, 의장에 제출
• 의장은 지체없이 본회의에 보고
조사결과 처리, 처리결과 보고
• 본회의 의결로 조사결과를 처리
• 정부 또는 해당기관에 시정요구, 또는 이송
• 정부 또는 해당기관은 지체없이 처리 및 그 결과 국회에 보고

❙ 국정조사 처리과정

6. 국정감사·조사의 대상

(1) 대상사항

국정감사는 국정전반을 그 대상으로 하고, 국정조사는 국정의 특정사안에 관하여 실시한다. 대상의 범위나 양적 차이는 이처럼 있지만 국정조사도 사안이 특정화된다는 것일 뿐 그 사안의 성격이 다양할 수 있다. 즉 대상의 질적 차이는 없다. 대상사항의 성격에 따라 입법적 사항, 재정적 사항, 행정적 사항, 사법적(司法的) 사항, 국회내부적 사항 등으로 구분된다.

1) 입법적 사항

국회의 가장 중요한 본무의 하나가 입법이므로 입법조사가 중시된다. 국정감사·조사를 통해 법령상 문제점을 발견하여 국회는 법률의 제정·개정을 도모할 수 있다. 또한 입법에 필요한 의견수렴을 하고 입법지식을 취득할 수 있다. 또한 대통령령, 총리령, 부령 등 행정입법에 법률이 특정사항을 구체적 범위를 정하여 위임할 수 있는데 이러한 구체적 범위를 이들 행정입법이 준수하였는지를 감사할 수 있다. 또한 조약에 대한 동의를 위한 조사, 헌법재판소와 대법원 그리고 중앙선거관리위원회가 제정한 규칙이 헌법이나 법률에 위배되는지 여부, 지방자치단체의 조례(자치법규)가 법령의 범위 안에서 제정되고 있는지 등에 대한 조사를 할 수 있다. 이러한 목적의 조사활동을 입법조사(enqête législative)라고 한다.

2) 재정적 사항

국회가 예산안에 대한 심의와 확정 그리고 결산보고에 대한 심사를 위하여 예산을 편성하고 집행하는 국가기관들에 대한 감사에서 예산과 결산에 관한 운용실태를 조사할 수 있다. 세제담당 국가기관에 대한 감사나 조사를 통해 조세법의 제정이나 개정의 필요성을 찾고 조세입법에 반영한다. 이 경우 입법조사적 성격도 띠게 된다. 재정에 관한 국회의 감사·조사를 회계조사 또는 재무조사 등으로 부른다.

3) 행정적 사항

공무원들의 법집행작용인 행정이 적법성과 타당성을 가지는지를 국회가 감사·조사할 수 있다. 이를 행정조사라고 한다. 국회는 행정조직과 행정업무에 관한 입법을 행하고 국무총리·국무위원에 대한 해임건의, 탄핵소추를 할 권한을 가지므로 이러한 권한의 행사를 위한 행정조사가 이루어질 수 있다. 행정조사로는 공무원의 직무행위상 비위나 의혹이 있었는지를 그 진상을 조사하여 적절한 조치를 취하게 하기 위한 조사를 하거나(의혹조사) 선거관리의 공정성에 대한 조사(선거조사)가 실시되는 경우가 있을 수 있다.

4) 사법적(司法的) 사항

특정 분쟁의 해결과정인 재판 자체에는 국정감사·조사가 개입하지 못하지만 법원이나 헌법재판소 등 사법기관들에 대해서도 그 기관들이 수행하는 행정작용(인사관리, 조직관리, 업무관리 등)과 예산의 집행, 그리고 일반적인 재판업무상황(예를 들어 각하율이 많은지, 많으면 왜 많은지 등) 등에 대해서는 국정감사·조사가 이루어질 수 있다. 따라서 사법부에 관한 조사는 사실상 위의 재무조사나 행정조사로서의 성격을 가진다. 국회는 이들 기관들의 조직이나 업무에 관한 법률을 제정, 개정할 수 있고 배당될 예산안에 대해 심의하며 헌법재판관, 법관 등에 대한 탄핵소추권을 가지기에 감사와 조사가 필요하다.

5) 국회자율권 행사를 위한 조사

국회는 내부적인 자율사항으로서 의원윤리심사, 자격심사, 제명 등 징계결정을 할 수 있고 의원에 대한 체포동의 여부를 결정할 수 있는데 이를 위하여 의원들에 대한 조사를 할 수 있다. 그러나 의원의 원내에서의 활동으로 인한 윤리심사, 징계 등의 사유에 대해서는 대외적인 국정감사나 국정조사에 의할 경우는 드물 것이고 의원의 대외적 행위와 관련으로 인한 경우에 국정감사·조사를 통한 파악이 필요할 것이다. 청원이나 진정을 처리하기 위한 감사와 조사를 여기에 포함시키는 견해들이 있다. 그러나 의원의 제명 등을 위한 청원이 가능할 것이긴 하나 청원이나 진정은 그 대상이 입법사항이나 행정사항 등이 많을 것이기에 국회자율권행사의 사항만이라고 보기 어렵다.

(2) 대상기관

1) 국정감사의 대상기관

국정감사의 대상기관은 국정감사가 국정전반에 대하여 실시될 수 있고 헌법 자체가 대상기관들을 한정하고 있지 않으므로 국회 외의 정부, 사법부 등 국가기관들이나 지방자치기관들이 모두 포함되어 일반적으로 포괄적이고도 광범위하게 그 대상이 될 가능성이 있다. 그러나 현실적으로 국회의 상임위원회가 모든 기관들을 감사하기가 어려우므로 중요기관들을 국감법이 규정하고 있다. 즉 현행 국감법 제7조는 대상기관을 다음과 같이 규정하고 있다. ① 정부조직법 기타 법률에 의하여 설치된 국가기관, ② 지방자치단체 중 특별시·광역시·도(다만, 그 감사범위는 국가위임사무와 국가가 보조금 등 예산을 지원하는 사업으로 함), ③ '공공기관의 운영에 관한 법률' 제4조에 따른 공공기관, 한국은행, 농업협동조합중앙회, 수산업협동조합중앙회, ④ 지방행정기관·지방자치단체·감사원법에 의한 감사원의 감사대상기관도 국정감사대상기관(다만, 이 기관들의 경우 본회의가 특히 필요하다고 의결한 경우에 한함). 위와 같이 국감법이 규정한 기관들은, 위 ④의 경우 본회의가 의결한 경우에 한한다고 하였으므로 (가) 위원회가 감사대상으로 선정할 대상들인 기관들과 (나) 그 기관들 외에 본회의가 의결(승인)로 감사대상기관으로 정하면 대상이 되는 기관들로 나누어진다.

(가) 위원회 선정 대상기관

상임위원회가 선정할 대상기관은 다음과 같다.

① **정부조직법 기타 법률에 의하여 설치된 국가기관**(국감법 제7조 1호) 중앙행정기관(행정부의 부·처·청 등)과 합의제행정기관, 헌법에 의하여 설치된 헌법재판소, 법원, 감사원, 중앙선거관리위원회, 법률에 의하여 설치된 검찰청, 국가정보원, 민주평화통일자문회의사무처, 비상기획위원회 등이다. 이처럼 사법부도 대상이 되는데 특히 유의해야 한다.

② **지방자치단체 중 광역지방자치단체**(특별시·광역시·도. 국감법 동조 2호) 특별시·광역시·도도 대상이 된다. 그러나 특별시·광역시·도에 대한 감사의 경우 그 감사범위가 국가위임사무와 국가가 보조금 등 예산을 지원하는 사업에 한하고 그 자치(고유)사무는 감사대상에서 제외된다(국감법 동조 2호 단서). 엄밀히 말하면 특별시·광역시·도는 자치단체이고 기관이 아니므로 감사를 직접 받는 객체는 소속 기관들이다.

③ **공공기관 등**(국감법 동조 3호) '공공기관의 운영에 관한 법률' 제4조에 따른 공공기관,

한국은행, 농업협동조합중앙회, 수산업협동조합중앙회이다.

(나) 본회의의 의결(승인)대상 기관

위에서 본 위원회 선정 대상기관 외의 지방행정기관 · 지방자치단체 · 감사원법에 의한 감사원의 감사대상기관은 본회의가 특히 필요하다고 의결한 경우에 한하여 감사대상이 된다(국감법 동조 4호). 본회의의 의결(승인)대상 기관으로는 다음과 같은 기관들이 있다.

① **위원회 선정대상기관 외의 지방행정기관** 정부조직법 제3조와 '행정기관의 조직과 정원에 관한 통칙' 제2조 제2호에 의한 특별지방행정기관(특정한 지방에서 중앙행정기관의 권한에 속하는 행정사무를 관장하는 국가의 지방행정기관), 정부조직법 제4조와 위 통칙 제2조 제3호에 규정된 부속기관(행정기관에 부속하여 그 기관을 지원하는 시험연구기관 · 교육훈련기관 · 의료기관 · 자문기관 등).

② **위원회 선정대상기관 외의 지방자치단체** 위에서 특별시 · 광역시 · 도는 위원회 선정대상이므로 그 외의 지방자치단체는 기초지방자치단체인 시 · 군 · 자치구이다. 광역지방자치단체에 대한 것처럼 역시 자치(고유)업무는 감사대상범위에서 제외된다.

③ **위원회 선정대상기관 외의 감사원법에 의한 감사대상기관** 감사원의 감사를 받는 대상기관들은 감사원법에 규정되어 있고 상당히 넓기에 이에 속하는 대상기관들도 적지 않다. 감사원법은 감사원의 감사의 대상으로 필요적 회계검사대상과 선택적 회계검사대상을 규정하고 있는데(감사원법 제22조, 제23조) 이들 기관들 중 위에서 본 위원회 선정대상인 위 (가)의 기관들과 본회의의 의결대상인 여기 (나)의 ①과 ②의 기관들을 제외한 기관들이 본회의의 의결을 받아 국정감사의 대상이 될 수 있는 감사원법에 의한 감사대상기관이다. 이러한 기관들을 보면, i) '공공기관의 운영에 관한 법률' 제4조 제2항이 공공기관으로 지정할 수 없도록 한 기관들(구성원 상호 간의 상호부조 · 복리증진 · 권익향상 또는 영업질서 유지 등을 목적으로 설립된 기관, 지방자치단체가 설립하고, 그 운영에 관여하는 기관, 방송법에 따른 한국방송공사와 한국교육방송공사법에 따른 한국교육방송공사), ii) 지방자치단체가 자본금의 2분의 1 이상을 출자한 법인, iii) 감사원법 외에 다른 법률에 의하여 감사원의 회계검사를 받도록 규정된 단체 등(감사원법 제22조 1항)이 있다. 또한 감사원의 선택적 회계검사대상으로 국가기관 또는 지방자치단체 외의 자가 국가 또는 지방자치단체를 위하여 취급하는 국가 또는 지방자치단체의 현금 · 물품 또는 유가증권의 출납을 담당하는 자, 국가 또는 지방자치단체가 직접 또는 간접으로 보조금 · 장려금 · 조성금 및 출연금 등을 교부하거나 대부금 등 재정 원조를 제공한 자 등, 국가 또는 지방자치단체가 채무를 보증한 자의 회계, 국가재정법 제5조의 적용을 받는 기금을 관리하는 자(감사원법 제23조 1항 1호 · 2호 · 4호 · 9호) 등이 있다(그 외 감사원의 감사대상 기관들로 본회의의 의결로 국정감사대상이 될 수 있는 기관들은 감사원법 동조 동항 3호 · 5호 내지 8호 · 10호 참조).

감사원의 감사대상이 넓은 점에서도 본회의 의결이 있으면 국회의 감사대상은 넓어지고 국고지원을 받는 기관들(예를 들어 사립학교)도 대상이 될 수 있다.

2) 국정조사의 대상기관

국정조사는 해당 특정사안에 관계되는 기관들이나 사람들에 한하여 조사대상이 되는데 대상 기관이나 사람들은 조사위원회가 작성하여 본회의의 승인을 받은 조사계획서(국감법 제3조)에 기재된다.

7. 활동기간

(1) 국정감사

국회는 국정전반에 관하여 소관 상임위원회별로 매년 정기회 집회일 이전에 감사시작일부터 30일 이내의 기간을 정하여 감사를 실시한다. 다만, 본회의 의결로 정기회 기간 중에 감사를 실시할 수 있다(국감법 제2조 1항).

(2) 국정조사

국정조사의 경우에는 조사계획서에 정한 기간까지 활동하며 조사계획서에 조사위원회의 활동기간이 확정되지 아니한 경우에는 그 활동기간은 조사위원회의 조사결과가 본회의에서 의결될 때까지로 한다(국감법 제9조 3항). 본회의는 의결로써 조사위원회의 활동기간을 연장할 수 있고 오히려 반대로 본회의는 조사위원회의 중간보고를 받고 조사를 장기간 계속할 필요가 없다고 인정되는 경우에는 의결로써 조사위원회의 활동기간을 단축할 수도 있다(국감법 동조 1항·2항).

8. 방법·절차

(1) 국정감사에서의 감사계획서에 따른 실시

국정감사는 상임위원장이 국회운영위원회와 협의하여 작성한 감사계획서에 의하여 행하고 국회운영위원회는 상임위원회간에 감사대상기관이나 감사일정의 중복 등 특별한 사정이 있는 때에는 이를 조정할 수 있다(국감법 제2조 2항). 감사계획서에는 감사반의 편성·감사일정·감사요령 등 감사에 필요한 사항을 기재하여야 한다(국감법 동조 3항). 감사계획서는 매년 처음 집회되는 임시회에서 작성하고 감사대상기관에 이를 통지하여야 한다. 다만, 국회의원총선거가 실시되는 연도에는 국회의원총선거 후 새로 구성되는 국회의 임시회 또는 정기회에서 감사계획서를 작성·통지할 수 있다(동법 동조 4항). 감사계획서의 감사대상기관이나 감사일정 등을 변경하는 경우에는 그 내용을 감사실시일 7일 전까지 감사대상기관에 통지하여야 한다(동법 동조 5항).

(2) 공개의 원칙

국정감사 및 국정조사는 공개로 하되, 다만, 위원회의 의결로 달리 정할 수 있다(국감법 제12조).

(3) 국정조사에서의 예비조사

위원회는 국정조사를 하기 전에 전문위원 기타 국회사무처 소속직원이나 조사대상기관의 소속이 아닌 전문가 등으로 하여금 예비조사를 하게 할 수 있다(국감법 제9조의2).

(4) 서류제출·증인 등의 출석, 증언절차, 검증, 청문회 등

국정감사·조사에서는 증인 등을 출석하게 하여 그들의 증언을 듣고 진상을 밝히는 것이 핵심적인 절차가 된다. 헌법 자체에 이에 대한 근거규정을 두고 있다. 즉 헌법은 국정감사·조사에 필요한 "서류의 제출 또는 증인의 출석과 증언이나 의견의 진술을 요구할 수 있다"라고 직접 규정하고 있다(제61조). 또한 서류제출을 요구하여 검토할 수도 있고 검증이나 청문회 등을 거쳐 진실을 밝히는 감사·조사를 행하기도 한다.

1) 증언·감정에 관한 절차법

국정감사 또는 국정조사를 위한 증인·감정인·참고인의 증언·감정 등에 관한 절차는 증감법이 정하는 바에 의한다(국감법 제10조 5항).

2) 보고·서류제출·증인 등의 출석·감정 등의 요구

위원회·소위원회 또는 반은 감사 또는 조사를 위하여 그 의결로 감사 또는 조사와 관련된 보고 또는 서류 등의 제출을 관계인 또는 기관 기타에 요구하고, 증인·감정인·참고인의 출석을 요구할 수 있다(국회법 제128조 1항 본문, 제129조 1항, 국감법 제10조 1항 본문). 다만, 위원회가 감사 또는 조사와 관련된 서류 등의 제출 요구를 하는 경우에는 다수결에 따른 의결이 없더라도 재적위원 3분의 1 이상의 요구로도 할 수 있다고 규정하여(국회법 제128조 1항 단서, 국감법 제10조 1항 단서) 그 요건을 완화하고 있다. 이는 2000.2.16.의 국회법개정으로 완화한 것으로서, 역시 소수파에 대한 보호의 규정이다. 위원회가 요구를 할 때에는 의장에게 이를 보고하여야 한다(국회법 동조 4항, 제19조 2항). 폐회 중에 의원으로부터 서류 등의 제출 요구가 있는 때에는 위원장은 교섭단체대표의원 또는 간사와 협의하여 이를 요구할 수 있다(국회법 동조 2항).

요구를 받은 때에는 기간을 따로 정하는 경우를 제외하고는 요구를 받은 날부터 10일 이내에 보고 또는 서류 등을 제출하여야 한다. 다만, 특별한 사유가 있을 때에는 의장 또는 위원장에게 그 사유를 보고하고 그 기간을 연장할 수 있는데 이 경우 의장 또는 위원장은 그 요구를 한 의원에게 그 사실을 통보한다(국회법 동조 5항).

3) 요구서발부와 송달, 송달기한, 답변서 등

(가) 요구서발부

본회의 또는 위원회가 증감법에 의한 보고나 서류 등의 제출 요구 또는 증인·감정인·참고인의 출석요구를 할 때에는 본회의의 경우에는 의장이, 위원회의 경우에는 위원장이 해당자나 기관의 장에게 요구서를 발부한다(증감법 제5조 1항).

(나) 요구서의 내용

요구서에는 보고할 사항이나 제출할 서류 등 또는 증인·감정인·참고인이 출석할 일시 및 장소와 요구에 응하지 아니하는 경우의 법률상 제재에 관한 사항을 기재하고, 증인과 참고인의 경우에는 신문할 요지를 첨부하여야 한다(증감법 동조 3항).

(다) 전자문서 등에 의한 서류제출의 요구

서류 등의 제출은 서면, 전자문서 또는 컴퓨터의 자기테이프 · 자기디스크 그 밖에 이와 유사한 매체에 기록된 상태나 전산망에 입력된 상태로 제출할 것을 요구할 수 있다(국회법 제128조 2항, 국감법 제10조 2항, 증감법 제5조 2항).

(라) 요구서의 송달, 송달기한, 답변서

요구서는 늦어도 보고 또는 서류 등의 제출 요구일이나 증인등의 출석요구일 7일 전에 송달되어야 한다(증감법 동조 4항). 이 규정은 강행규정이므로 출석요구일 7일 전보다 늦게 송달된 경우에 증인 등이 출석하지 않아도 처벌되지 않는다는 것이 대법원판례이다.[1] 요구서의 송달에 관하여는 민사소송법의 송달에 관한 규정을 준용한다(증감법 동조 5항). 출석을 요구받은 증인 또는 참고인은 사전에 신문할 요지에 대한 답변서를 제출할 수 있다(증감법 동조 6항).

4) 서류제출 · 증언 · 출석 · 감정의 의무와 거부

(가) 의무

국회에서 안건심의 또는 국정감사나 국정조사와 관련하여 보고와 서류 및 해당기관이 보유한 사진 · 영상물(이하 "서류 등"이라 한다)의 제출 요구를 받거나, 증인 · 참고인으로서의 출석이나 감정의 요구를 받은 때에는 이 법에 특별한 규정이 있는 경우를 제외하고는 다른 법률의 규정에 불구하고 누구든지 이에 응하여야 한다(증감법 제2조). 이 법의 규정에 의하여 서류의 제출이나 증언 · 감정 또는 진술을 하기 위하여 국회 또는 기타의 장소에 출석한 자에 대하여는 국회규칙이 정하는 바에 의하여 여비 · 일당 · 숙박료를 지급한다(증감법 제11조).

(나) 거부

증감법은 다음의 경우에 선서, 증언 등을 거부할 수 있도록 하고 있다.

ⅰ) **자기, 근친자, 법정대리인 등의 형사책임으로부터 보호를 위한 거부** 증인 · 감정인은 자기나 친족 또는 친족관계가 있었던 자, 법정대리인, 후견감독인에 해당한 관계있는 자가 형사소추 또는 공소제기를 당하거나 유죄판결을 받을 사실이 발로될 염려있는 경우에 선서 · 증언 또는 서류 등의 제출(감정인은 선서 또는 감정)을 거부할 수 있다(증감법 제3조 1항 · 2항, 형사소송법 제148조).

ⅱ) **업무상 비밀에 대한 거부** 변호사, 변리사, 공증인, 공인회계사, 세무사, 대서업자, 의사, 한의사, 치과의사, 약사, 약종상, 조산사, 간호사, 종교의 직에 있는 자 또는 이러한 직에 있던 자가 그 업무상 위탁을 받은 관계로 알게 된 사실로서 타인의 비밀에 관한 것은 선

---

1) 대법원 2001.12.27. 2001도5531, 국회에서의증언 · 감정등에관한법률위반, 법원공보 2002.2.15.(148), 436면. [판결요지] 국회에서의증언 · 감정등에관한법률 제5조 제3항(2000.2.16. 법률 제6268호로 개정되기 전의 것. 현재의 동조 제4항)은 '증인출석요구서는 증인의 출석요구일 7일 전에 송달되어야 한다.'고 규정하고 있는바, 이 조항의 규정형식, 출석으로 인한 증인의 일정관리상 제약, 답변자료 준비의 필요성, 위반시 처벌의 엄격성 등을 고려할 때 이 규정은 반드시 준수하여야 할 강행규정으로 해석함이 상당하므로, 그 송달기간을 준수하지 못한 증인출석요구에 대하여는 증인이 출석요구일에 불출석하더라도 이 법률 제12조 제1항에 의하여 이를 처벌할 수는 없다.

서 · 증언 또는 서류제출을 거부할 수 있다(증감법 동조 동항. 형사소송법 제149조. 단, 본인의 승낙이 있거나 중대한 공익상 필요있는 때에는 예외).

iii) **군사 · 외교 · 대북관계의 국가기밀에 관한 사항** 국회로부터 공무원 또는 공무원이었던 자가 증언의 요구를 받거나, 국가기관이 서류 등의 제출을 요구받은 경우에 증언할 사실이나 제출할 서류 등의 내용이 직무상 비밀에 속한다는 이유로 증언이나 서류 등의 제출을 거부할 수 없다. 다만, 군사 · 외교 · 대북관계의 국가기밀에 관한 사항으로서 그 발표로 말미암아 국가안위에 중대한 영향을 미친다는 주무부장관의 소명이 증언 등의 요구를 받은 날로부터 5일 이내에 있는 경우에는 그러하지 아니하다(증감법 제4조 1항). 국회가 이러한 소명을 수락하지 아니할 경우에는 본회의의 의결로, 폐회 중에는 해당위원회의 의결로 국회가 요구한 증언 또는 서류 등의 제출이 국가의 중대한 이익을 해친다는 취지의 국무총리의 성명을 요구할 수 있고 국무총리가 이 성명의 요구를 받은 날로부터 7일 이내에 그 성명을 발표하지 아니하는 경우에는 증언이나 서류 등의 제출을 거부할 수 없다(동법 동조 2항 · 3항). 국회는 서류 등의 제출을 요구받은 국가기관이 위와 같은 소명사유에 해당하지 아니함에도 이를 거부하거나 거짓으로 제출한 때에는 본회의 또는 해당 위원회의 의결로 주무부장관에 대하여 본회의 또는 위원회에 출석하여 해명하도록 하거나, 관계자에 대한 징계 등 필요한 조치를 요구할 수 있다(동법 제4조의2).

5) 출석강제방법 - 동행명령

국정감사나 국정조사를 위한 위원회는 증인이 정당한 이유없이 출석하지 아니하는 때에는 그 의결로 해당 증인에 대하여 지정한 장소까지 동행할 것을 명령할 수 있다(증감법 제6조 1항). 이러한 동행명령을 함에는 위원회의 위원장이 동행명령장을 발부하는데 이 동행명령장에는 해당 증인의 성명 · 주거, 동행명령을 하는 이유, 동행할 장소, 발부연월일, 그 유효기간과 그 기간을 경과하면 집행하지 못하며 동행명령장을 반환하여야 한다는 취지와 동행명령을 받고 거부하면 처벌된다는 취지를 기재하고 위원장이 서명 · 날인하여야 한다. 동행명령장의 집행은 동행명령장을 해당 증인에게 제시함으로써 한다(증감법 제6조 2항 · 3항 · 4항). 증인이 동행명령을 거부하거나 제3자로 하여금 동행명영장의 집행을 방해하도록 한 때에는 처벌된다(증감법 제13조).

6) 청문회

위원회, 소위원회 또는 반은 증거의 채택 또는 증거의 조사를 위하여 청문회를 열 수 있다(국감법 제10조 3항, 국회법 제65조 1항). 청문회의 절차 등에 대한 자세한 것은 앞의 의사절차에서 살펴보았다(전술 참조).

7) 선서

(가) 선서 요구

의장 또는 위원장은 증인 · 감정인에게 증언 · 감정을 요구할 때에는 선서하게 하여야 하고, 참고인으로 출석한 자가 증인으로서 선서를 할 것을 승낙하는 경우에는 증인으로 신문할 수 있으며, 선서하기 전에 증언·감정을 요구한 의장 또는 위원장은 선서의 취지를 명시하고 위증 또는 허위감정의 벌이 있음을 알려야 한다(증감법 제7조).

16세 미만의 자나 선서의 취지를 이해하지 못하는 자는 선서를 하게 하지 아니한다(증감법 제3조 4항).

(나) 선서의 내용과 방식

증인이 선서할 경우 그 선서서에 다음과 같은 내용이 기재되어야 한다. "양심에 따라 숨김과 보탬이 없이 사실 그대로 말하고 만일 진술이나 서면답변에 거짓이 있으면 위증의 벌을 받기로 맹서합니다." 그 밖에 선서의 내용과 방식에 관한 사항에 대하여는 「형사소송법」 제157조 또는 제170조를 준용한다(증감법 제8조).

8) 증인의 보호

ⅰ) 변호인 대동 및 조언을 받을 권리 – 증인은 변호사인 변호인을 대동할 수 있는데 변호인은 증인에 대하여 헌법 및 법률상의 권리에 관하여 조언할 수 있다(증감법 제9조 1항). ⅱ) 중계방송·보도금지, 비공개 – 증인·참고인이 중계방송 또는 사진보도 등에 응하지 아니한다는 의사를 표명하거나, 특별한 이유로 회의의 비공개를 요구할 때에는 본회의 또는 위원회의 의결로 중계방송 또는 녹음·녹화·사진보도를 금지시키거나 회의의 일부 또는 전부를 공개하지 아니할 수 있다(동법 동조 2항). ⅲ) 불이익 금지 – 국회에서 증인·감정인·참고인으로 조사받은 자는 증감법에서 정한 처벌을 받는 외에 그 증언·감정·진술로 인하여 어떠한 불이익한 처분도 받지 아니한다(증감법 동조 3항). ⅳ) 서류 등의 외부공표금지 – 국회가 감사 또는 조사시 작성한 서류 또는 녹취한 녹음테이프 등은 이를 외부에 공표할 수 없다. 다만, 증감법의 위반여부가 수사 또는 재판의 대상이 된 경우나 증인·감정인·참고인으로서 증언·감정·진술을 한 자가 그 사본을 요구한 때에는 의장의 승인을 얻어 이를 교부할 수 있다(동법 동조 4항).

9) 검증

위원회는 안건심의 또는 국정감사나 국정조사를 위하여 필요한 경우에는 그 의결로 검증을 행할 수 있다(증감법 제10조 1항). 그 의결이 있는 경우에는 위원장은 해당기관의 장에게 검증실시통보서를 발부하는데, 통보서에는 검증위원과 검증의 목적, 대상, 방법, 일시 및 장소 기타 검증에 필요한 사항을 기재하여야 하고 그 통보서는 늦어도 검증실시일 3일 전에 송달되어야 하며 통보서의 송달에 관하여는 민사소송법의 송달에 관한 규정을 준용한다(증감법 제10조 2항·3항·5항). 국가기관이 제1항의 검증을 거절할 경우에는 위 증언·서류제출의 거부의 경우에서와 같은 주무부장관의 소명 등의 절차가 준용된다(증감법 동조 4항). 검증의 종류로는 서면검증, 현장검증 등의 방법이 있다.

(5) 기간의 기산일

증감법에 의한 기간의 계산에는 초일을 산입한다(증감법 제16조). 민법은 기간을 일, 주, 월 또는 년으로 정한 때에는 기간의 초일은 산입하지 아니한다고 규정하고 있다(민법 제157조).

9. 의무위반·위법 등에 대한 제재와 고발 – 이행(실효)확보 방법

위의 동행명령도 의무의 이행확보방법이 된다. 동행명령에 대해서는 전술하였으므로 이하에서는 제재와 고발에 대해 살펴본다.

(1) 제재

증감법은 다음의 의무위반, 위법에 대해 처벌을 하도록 규정하고 있다. ① 불출석 등 – 정당한 이유없이 출석하지 아니한 증인, 보고 또는 서류 제출요구를 거절한 자, 선서 또는 증언이나 감정을 거부한 증인이나 감정인, 그리고 출석을 방해하거나 검증을 방해한 자는 처벌된다(증감법 제12조 1항). ② 국회모욕 – 증인이 본회의 또는 위원회에 출석하여 증언함에 있어 폭행·협박·기타 모욕적인 언행으로 국회의 권위를 훼손한 때에는 처벌된다(증감법 제13조). ③ 동행명령거부 – 증인이 동행명령을 거부하거나 제3자로 하여금 동행명령장의 집행을 방해하도록 한 때에는 처벌된다(증감법 제13조). ④ 위증 – 증감법에 의하여 선서한 증인 또는 감정인이 허위의 진술(서면답변 포함)이나 감정을 한 때에 처벌된다. 다만, 범죄가 발각되기 전 그리고 국정감사·조사를 종료하기 전에 자백한 때에는 그 형을 감경 또는 면제할 수 있다(증감법 제14조). 헌재는 위 '국회에서의 증언·감정 등에 관한 법률' 제14조 제1항 본문 중 증인에 관한 부분이 형사소송법과 달리 증언거부권 고지 규정이 없는 상태에서 행하여진 증인의 허위 진술을 처벌하도록 규정하고 있으므로 헌법상 진술거부권을 침해하고 형사법정의 증인에게 증언거부권을 고지하도록 규정하고 있음에 비해 국회에서의 증인에게 증언거부권을 고지하는 규정을 두지 않아 양자를 합리적 이유 없이 차별취급하여 평등원칙에 위반된다는 주장의 위헌소원심판사건에서 합헌이라는 결정을 한 바 있다. 이 결정에서 헌재는 국회증언감정법상의 증인의 경우 증언거부이유를 소명하여(증감법 제3조 3항) 적극적으로 진술거부권을 행사할 수 있었음에도 불구하고 진술거부권을 행사하지 않았을 뿐이고 진술거부권을 고지받을 권리가 인정되지 않으며 형법상 위증죄보다 무거운 법정형을 정한 것도 형사소송·민사소송 등에서의 위증은 개개 구체적인 사건에서의 위증으로 그 효과가 원칙적으로 사건 당사자에게만 미칠 수 있으므로 개별적이라고 할 수 있는 반면 국회에서의 위증은 입법·예산·국가정책 등 국회의 의정기능 전반, 그리고 그것과 연관된 다수의 국민에게 광범위하게 영향을 미칠 수 있으므로 그 효과가 일반적이기 때문에 합헌이라고 보았다.[1] ⑤ 방해금지의무 – 누구든지 국정감사·조사를

---

1) 헌재 2015.9.24. 2012헌바410. [사건개요] 청구인은 국회 문화관광위원회 국정감사장에 증인으로 출석하여 증언을 함에 있어서 허위 진술을 하였다는 등의 공소사실로 '국회에서의 증언·감정 등에 관한 법률' 위반 등으로 기소되어 징역 1년에 집행유예 2년을 선고받았다. 청구인은 위 상고심 계속 중 국회에서의 위증을 처벌하는 조항인 국회증언감정법 제14조 제1항에 대하여 위헌법률심판제청신청을 하였으나 위 신청이 기각되자, 이 사건 헌법소원심판을 청구하였다. [심판대상] 구 국회에서의 증언·감정 등에 관한 법률(1988.8.5. 법률 제4012호로

방해할 목적으로 회의장 또는 그 부근에서 폭력행위 등을 하여서는 아니 된다(국회법 제165조). 이를 위반하여 국회의 회의를 방해할 목적으로 회의장 또는 그 부근에서 폭행, 체포·감금, 협박, 주거침입·퇴거불응, 재물손괴의 폭력행위를 하거나 이러한 행위로 의원의 회의장 출입 또는 공무의 집행을 방해한 자는 처벌되고 사람을 상해하거나, 폭행으로 상해에 이르게 하는 경우 등에는 가중처벌된다(동법 제166조).

(2) 고발 등

본회의 또는 위원회는 증인·감정인 등이 불출석, 국회모욕, 위증의 죄를 범하였다고 인정

전부개정되고, 2010.3.12. 법률 제10051호로 개정되기 전의 것) 제14조(위증등의 죄) ① 이 법에 의하여 선서한 증인 또는 감정인이 허위의 진술이나 감정을 한 때에는 1년 이상 10년 이하의 징역에 처한다. (단서 생략) [합헌결정이유요지] – 진술거부권 침해 여부 : ○ 심판대상조항의 적용을 받는 증인은 형사상 자기에게 불리한 진술에 대하여 헌법상 진술거부권을 보장받고, 이에 근거한 법률상 증언거부권(자기의 형사책임과 관련한 증언거부권, 이하 같다)을 행사할 수 있다. 그런데 청구인은 증언거부이유를 소명하여(국회증언감정법 제3조 제3항) 적극적으로 진술거부권을 행사할 수 있었음에도 불구하고 진술거부권을 행사하지 않았을 뿐이다. 국회증언감정법상의 증인의 경우 진술거부권을 고지받을 권리가 인정되지 않으므로, 청구인이 진술거부권을 고지받지 않았다고 하더라도 이로 인해 청구인의 헌법상 진술거부권이 제한된다고 볼 수 없다. 더욱이 진술거부권은 소극적으로 진술을 거부할 권리를 의미하고, 적극적으로 허위의 진술을 할 권리를 보장하는 것은 아니므로, 당해사건에서 청구인이 허위의 진술을 하였다는 이유로 위증죄의 처벌을 받은 만큼 진술거부권이 제한된 것은 아니다. 따라서 심판대상조항으로 인하여 청구인의 진술거부권이 침해되었다 할 수 없다. ○ 진술거부권은 적극적으로 허위의 진술을 할 권리를 보장하는 것은 아니므로, 청구인이 허위의 진술을 하였다는 이유로 위증죄의 처벌을 받은 만큼 진술거부권이 제한된 것은 아니다. – 평등원칙 위반 여부 : [형사소송 증인과의 차별취급] ○ 입법자가 형사소송법에는 증언거부권 고지에 관한 규정을 명문으로 두면서도 국회증언감정법에는 이를 두지 않은 것은 양 절차에서 증언거부권의 고지 여부를 달리 취급하려는 의사로 볼 수 있고, 이러한 입법자의 의사는 존중되어야 한다. ○ 국회증언감정법은 형사소송법과는 달리 증언거부사유에 해당하는 증인에게 위증의 위험으로부터 벗어날 수 있는 별도의 방법을 마련하고 있다. 먼저 증언거부사유에 해당하는 증인은 증언거부 대신 선서거부를 할 수 있다. 또한, 증인에게 신문할 요지를 첨부하여 출석요구일 7일전에 출석요구서를 송달하도록 하고 있으므로, 증인은 사전에 알고 준비할 수 있다. 특히 국회증언감정법은 국회에서 증언하는 증인이 변호사인 변호인을 대동할 수 있도록 하여 증인에 대하여 헌법 및 법률상의 권리에 관하여 조언할 수 있도록 하는 등 증인을 특별히 보호하는 규정을 두고 있다. ○ 국회에서 증인에 대하여 출석을 요구할 때에는 출석요구서에 신문할 요지를 첨부하도록 하고 증인이 사전에 신문할 요지에 대한 답변서를 제출할 수 있도록 하고 있는바, 이러한 내용과 더불어 국회가 국정감사권이나 국정조사권을 행사하는 경우 증인의 출석과 증언을 요구할 수 있다는 헌법 제61조 제1항 및 이에 따른 국회에서의 증언이 가지는 엄중함을 고려한다면, 국회에서는 증인 채택 및 증언 절차를 국회증언감정법의 취지에 맞게 엄격하게 진행하여야 할 것이다. 그러나 현실에서 국회의 증인 채택 및 증언 절차가 위 법률의 취지에 맞게 엄격하게 진행되지 아니하고 있다 하더라도 이를 이유로 심판대상조항이 증언거부권 고지 규정을 반드시 두어야 한다고 할 수는 없다. ○ 이상을 종합하면, 심판대상조항이 국회증언감정법상 증인과 형사소송법상 증인을 차별취급하는 데에는 합리적 이유가 있으므로 평등원칙에 위반된다고 할 수 없다. [형법상 위증죄보다 무거운 법정형을 정한 것] ○ 형사소송·민사소송 등에서의 위증은 개개 구체적인 사건에서의 위증으로 그 효과가 원칙적으로 사건 당사자에게만 미칠 수 있으므로 개별적이라고 할 수 있다. 그러나 헌법에 의하면 입법권, 예산심의·확정권, 국정감사·조사권 등은 국회의 권한에 속하는 것인바, 국회에서의 위증은 입법·예산·국가정책 등 국회의 의정기능 전반, 그리고 그것과 연관된 다수의 국민에게 광범위하게 영향을 미칠 수 있으므로 그 효과가 일반적이라고 할 수 있다. ○ 형사소송·민사소송 등에서의 위증은 개인의 고소나 수사기관의 인지 등에 의하여 얼마든지 처벌될 수 있지만, 국회에서의 위증은 별도의 엄격한 고발 절차를 거쳐야 처벌될 수 있다. ○ 이러한 점을 고려할 때, 심판대상조항이 국회에서의 위증에 대하여 형사소송·민사소송 등에서의 위증보다 무거운 법정형을 정하였다고 하더라도 현저히 형벌체계상 균형을 잃고 있다고 할 수 없다. 더욱이 심판대상조항의 법정형은 1년 이상 10년 이하의 징역이므로 행위자에게 정상을 참작할 만한 사정이 있는 때에는 법관은 얼마든지 선고유예나 집행유예를 선고할 수 있다. ○ 이상을 종합하여 보면, 심판대상조항은 형벌체계상의 정당성이나 균형성을 상실하고 있지 아니하므로 평등원칙에 위반된다고 할 수 없다.

한 때에는 고발하여야 한다(증감법 제15조 1항 본문). "고발하여야 한다"라고 고발을 의무적인 것으로 하고 있다.[1)] 다만, 청문회의 경우에는 소수에 의한 고발이 가능하도록 그 고발요건을 완화하여 재적위원 3분의 1 이상의 연서에 의하여 그 위원의 이름으로 고발할 수 있도록 하고 있다(증감법 제15조 1항 단서). 고발은 서류 등을 요구하였거나 증인·감정인 등을 조사한 본회의 또는 위원회의 의장 또는 위원장의 명의로 하고 고발이 있는 경우에는 검사는 고발장이 접수된 날로부터 2월 내에 수사를 종결하여야 하며, 검찰총장은 지체없이 그 처분결과를 국회에 서면으로 보고하여야 한다(증감법 동조 3항·4항). 범죄가 발각되기 전에 자백한 때에는 고발하지 아니할 수 있다(증감법 동조 2항).

10. 관계행정기관에 대한 지원요청

본회의 또는 위원회는 국정조사기간 및 자격의 부족 등으로 인하여 조사가 추가로 필요하다고 인정되는 경우나 사전조사가 필요한 경우에는 그 의결로 감사원 등 관계행정기관의 장에게 인력, 시설, 장비 등의 지원을 요청할 수 있고 이 경우 관계행정기관의 장은 특별한 사유가 없는 한 이에 응하여야 한다(국감법 제15조의2).

11. 장소

국정감사 또는 국정조사는 위원회에서 정하는 바에 따라 국회 또는 국정감사·국정조사대상현장이나 기타의 장소에서 할 수 있다(국감법 제11조).

12. 제척·회피제도와 의원의 의무

(1) 제척·회피제도

i) **제척사유와 조치** 의원은 직접 이해관계가 있거나, 공정을 기할 수 없는 현저한 사유가 있는 경우에는 그 사안에 한하여 감사 또는 조사에 참여할 수 없고 본회의 또는 위원회는 제1항의 사유가 있다고 인정할 때에는 그 의결로 당해 의원의 감사 또는 조사를 중지시키고 다른 의원으로 하여금 감사 또는 조사하게 하여야 한다(국감법 제13조 1항·2항). 이 조치에 대하여 당해 의원의 이의가 있는 때에는 본회의가 의결한다(국감법 동조 3항).

ii) **회피** 위 제척사유가 있는 의원은 그 사안에 한하여 위원회의 허가를 받아 감사 또는 조사를 회피할 수 있다(국감법 동조 4항). 회피할 수 있다고 재량사항으로 정하고 있으나 회피

---

1) 국회의 상임위원회(노동위원회)가 증인으로 출석할 것을 요구하였으나 불출석한 데 대해 위원장이 고발하였으나 검찰이 불기소처분을 하였고(불기소처분의 이유를 보면, 증인출석요구서가 출석요구일 7일 전에 송달되지 못한 사실을 인정할 수 있어 그 출석요구는 적법한 출석요구라고 할 수 없으므로 범죄혐의 없다는 것이었다) 이에 노동위원회가 헌법소원을 제기하였으나 기본권주체가 아니라는 이유로 각하결정을 한 예가 있었다. 헌재 1994.12.29. 93헌마120. 이 결정에 대해서는 기본권주체 부분 참조.

하지 않으면 징계될 수 있고(국감법 제17조, 국회법 제155조 10호) 제척사유가 곧 회피사유인바 제척은 당연히 참여할 수 없으므로 결국 강제적 조항이라 할 것이다(따라서 엄격한 의미의 회피제도와 차이가 있다고 볼 것이다).

(2) 의원의 의무와 제재

1) 의무

국정감사·조사를 수행하는 의원들에게는 의무가 부과된다. i) 위의 회피의무가 있다. ii) 활동저해·기밀주의의무 – 감사 또는 조사를 할 때에는 그 대상기관의 기능과 활동이 현저히 저해되거나 기밀이 누설되지 아니하도록 주의하여야 하고 의원 및 사무보조자는 감사 또는 조사를 통하여 알게 된 비밀을 정당한 사유없이 누설하여서는 아니 된다(국감법 제14조). iii) 방해금지의무 – 의원은 국정감사·조사를 방해할 목적으로 회의장 또는 그 부근에서 폭력행위 등을 하여서는 아니 된다(국회법 제165조).

2) 제재

위 회피의무, 활동저해·기밀주의의무를 위반한 때에는 국회법이 정하는 바에 따라 징계할 수 있다(국감법 제17조, 국회법 제155조 10호). 방해금지의무를 위반하여 국회의 회의를 방해할 목적으로 회의장 또는 그 부근에서 폭행, 체포·감금, 협박, 주거침입·퇴거불응, 재물손괴의 폭력행위를 하거나 이러한 행위로 의원의 회의장 출입 또는 공무의 집행을 방해한 경우에는 처벌되고 사람을 상해하거나, 폭행으로 상해에 이르게 하는 경우 등에는 가중처벌된다(동법 제166조).

13. 국정감사·조사의 한계

(1) 목적, 대상, 시기, 방법·절차에 따른 한계

i) **목적상 한계** 국정감사·조사는 국회본연의 임무인 입법, 예산·결산심의, 국정감시를 위한 조사, 비리의 추궁 및 책임규명 등 그 목적에 부합되게 실시되어야 한다.

ii) **대상에 따른 한계** 절대적 한계와 상대적 한계 – 위에서 본 대상에 따른 한계도 있다. 국정감사·조사의 한계를 설명하면서 절대적 한계와 상대적 한계로 나누는 견해가 있다. 절대적 한계란 국정감사·조사의 대상이 되지 아니하는 한계를 말한다. 상대적 한계란 대상이 되긴 하나 국정감사·조사가 달성하려는 목적의 한계나 감사나 조사로 거두고자 하는 이익과 감사나 조사로 받게 되는 대상자의 불이익을 비교형량하여 전자가 커야 한다는 한계 등을 말하는 것이다. 이 개념에 따르면 아래에서 살펴볼 기본권보장이나 국익을 위한 한계를 말한다고 할 것이다. 생각건대 대상성은 앞서 본대로 포괄성을 가지므로 어느 사항이 대상이 되느냐 아니냐를 판가름하기가 어려울 수 있다. 결국 현실장 중요한 것은 대상성 여부에 따른 한계보다도 질적인 한계로서 상대적 한계이다.

iii) **시기, 방법·절차상 한계** 그 활동기간 내에서 시행된다는 한계가 있다. 국감법에 규정된 감사·조사의 방법·절차에 따라야 하는 한계도 있다. 국정조사의 경우에 조사위원회는 조사의 목적, 조사할 사안의 범위와 조사방법, 조사에 필요한 기간 및 소요경비 등을 기재한 조사계획서를 본회의에 제출하여 승인을 얻어 조사를 시행한다(국감법 제3조 4항).

(2) 기본권보장을 위한 한계

국정감사·조사가 국민의 기본권을 침해하여서는 아니 된다는 한계가 있다. 국감법에는 이에 관한 명문의 규정을 두고 있기도 하다.

1) 사생활의 보호를 위한 한계

국감법 제8조는 국정감사, 국정조사는 개인의 사생활을 침해하여서는 아니 된다고 명시하고 있다. 이러한 한계는 명시되지 않더라도 우리 헌법 제17조가 보장하는 사생활의 보호규정에서 당연히 인정되는 한계라고 볼 것이다. 사생활보호 규정은 예시적인 것이고 그 외 기본권 보호도 요구된다. 사생활보호 부분에 있어서 보면, 사적 영역의 사항이라도 중요한 공익이나 국익을 위하여 조사가 되어야 할 사항이 있을 때에는 조사가 가능하다. 예컨대 불법적인 거액의 금융대출 사건이나 불법 로비의혹, 불법적인 정치자금, 부패 공직자에 대한 조사에서 그들의 사생활, 가족관계, 은행계좌 등 개인의 사적 영역에 대한 조사가 이루어질 수 있다. 그러한 사안이 조사대상이 되는지의 판단에 있어서 이익형량을 적용하여야 할 것이다. 사생활보호를 위한 한계를 준수하기 위한 제도는 다음과 같은 것이 규정되어 있다. i) 수비(守秘)의무이다. 즉 감사 또는 조사를 할 때에는 기밀이 누설되지 아니하도록 주의하여야 하고 의원 및 사무보조자는 감사 또는 조사를 통하여 알게 된 비밀을 정당한 사유없이 누설하여서는 아니 되는데(국감법 제14조) 이러한 비밀에는 사생활에 관한 타인의 비밀도 포함된다. 따라서 아래에서 따로 볼 비밀누설금지의무에 따른 국정감사·조사의 한계는 사생활보호를 위한 한계를 위한 것이기도 하다. ii) 업무상 지득한 타인의 비밀에 관한 선서·증언 또는 서류제출을 거부할 수 있도록 하고 있다. 즉 변호사, 변리사, 공증인, 공인회계사, 세무사, 대서업자, 의사, 한의사, 치과의사, 약사, 약종상, 조산사, 간호사, 종교의 직에 있는 자 또는 이러한 직에 있던 자가 그 업무상 위탁을 받은 관계로 알게 된 사실로서 타인의 비밀에 관한 것은 증언 등을 거부할 수 있다(증감법 제3조 1항, 형사소송법 제149조).

2) 증언·감정 등의 거부

이에 대해서는 앞서 서술한 바 있다. 여기서는 기본권보장 관점에서 살펴본다.

(가) 불리한 증언 등의 거부

증감법은 증인은 자기가 형사소추 또는 공소제기를 당하거나 유죄판결을 받을 사실이 발로될 염려있는 증언을 거부할 수 있다고 규정하고 있다(증감법 제3조 1항). 이는 헌법 제12조 제2항이 모든 국민은 "형사상 자기에게 불리한 진술을 강요당하지 아니한다"라고 형사상 진술거부권을 명시하고 있는데서도 그 근거를 찾을 수 있다. 이 헌법규정이 형사절차가 아닌 국회에서의 절차 등에서도 형사책임을 질 진술을 할 경우에 적용된다고 보므로 그러하고 판례입장도 같다. 증감법은 친족 또는 친족관계가 있었던 자, 법정대리인, 후견감독인에 형사책임을 지울 사실이 발로될 경우의 증언 또는 서류 등 제출의 거부(감정인의 경우 선서 또는 감정의 거부)도 인정하고 있는데(동법 동조 동항), 이는 본인의 기본권이 직접 제한받는 경우가 아니라 친족 등에 대한 처벌가능성으로 인한 본인이 처할 수 있는 곤란한 상황 등을 막기 위한 것으로서 헌법 제12조 제2항을 근거로 하는 것은 아니다. 증인은 변호사대동권을 가지는데(증감법 제9조 1항) 불리한 증언 등을 거부하기 위해서 불리한지 여부 등을 검토하여 조언하는 조력을 변호인으로부터 받을 수 있으므로 변호사대동권은 증언거부권을 보조하는 기능도 한다.

(나) 업무상 비밀에 대한 증언 등 거부

변호사, 변리사, 공증인, 공인회계사, 세무사 등의 직에 있는 자 또는 이러한 직에 있던 자가 그 업무상 위탁을 받은 관계로 알게 된 사실로서 타인의 비밀에 관한 것은 선서·증언 또는 서류제출을 거부할 수 있다(증감법 제3조). 이는 변호사 등의 업무종사자의 기본권을 보호하기 위한 것이다.

3) 인격권, 양심의 자유, 통신의 비밀 등을 위한 한계

국회에서 증언하는 증인·참고인이 중계방송 또는 사진보도 등에 응하지 아니한다는 의사를 표명할 때에는 본회의 또는 위원회의 의결로 중계방송 또는 녹음·녹화·사진보도를 금지시킬 수 있다(증감법 제9조 2항). 초상권 등의 인격권의 보호를 위한 것이다. 또한 증인·참고인이 특별한 이유로 회의의 비공개를 요구할 때에는 본회의 또는 위원회의 의결로 회의의 일부 또는 전부를 공개하지 아니할 수 있다(증감법 동조 동항). 이러한 특별한 이유에는 증인·참고인의 정치적 또는 종교적 신념이나 양심(사상) 등에 반할 경우가 포함될 것이다. 국정감사·조사를 행하면서 통신비밀보호법을 위반하여 국민의 통신의 비밀을 침해하는 활동이 있어서는 아니 된다.

(3) 사법권독립을 위한 한계

1) 의미

사법권의 독립을 위한 한계는 권력분립적 한계로도 설명된다. 이 한계는 법치주의의 구현을 위한 것이다. 법치주의는 헌법과 법률을 위반한 데 대한 제재가 뒷받침되어야 하고 그 제재가 바로 재판을 통하여 이루어지기 때문이다. 그리고 종국적으로는 국민의 기본권을 보장하기 위한 의미를 가진다. 국민의 기본권은 공정한 재판을 통하여 보장되고 사법권독립은 공정한 재판을 담보하기 위한 것이기 때문이다.

2) 내용

ⅰ) 계속 중인 재판 관여의 금지 국정감사·조사는 계속(係屬)중인 재판에 관여할 목적으로 실시되어서는 아니 된다(국감법 제8조). 법관은 헌법과 법률에 의하여 그 양심에 따라 독립하

여 심판하여야 하므로(헌법 제103조) 법관의 심증을 깨기 위하거나 법관의 판단을 흩뜨릴 수 있는 또는 법관에 대하여 압력을 가하여 일정한 방향으로의 판결이나 특정인에 유리한 결과를 가져오는 판결로 이끌기 위한 국정감사·조사를 할 수 없다. 의원들이 정치적 목적으로 압박을 가하는 감사·조사를 할 수 없다. 따라서 계속 중인 특정재판에 관여하기 위하여 재판문서의 제출을 요구하거나 담당법관을 증인으로 출석할 것을 요구할 수 없고 사실상의 소송지휘와 같은 효과를 가지는 조사를 할 수 없다.

다만, 법원이 재판중인 사안이라 하더라도 국회가 자신의 고유업무를 수행하기 위하여 독자적인 조사를 실시할 수는 있다. 예를 들어 국무위원 등의 비위에 관한 재판이 진행 중인데 그 국무위원에 대한 해임건의나 탄핵소추 등을 하기 위하여 법원재판에 개입함이 없이 국회가 조사를 실시할 수는 있다.

ii) **확정된 판결 관여의 금지 문제** 재판이 더 이상 진행되지 않고 종결되어 확정된 판결을 대상으로 조사가 이루어질 수 있는지에 대해서는 학설이 갈릴 수 있다. ① 긍정설 – 확정판결로 재판은 종료되어 더 이상 그 효력을 변경할 수 없으므로 국정감사·조사로 영향을 미칠 수 없고 담당 법관에 대한 영향력이란 것도 확정판결 후에는 있을 수 없기 때문에 조사의 대상이 된다는 견해이다. ② 부정설 – 특정 판결이 확정되었다고 하더라도 그것에 대한 조사가 이루어지면 그 재판을 담당한 법관 등은 장래의 재판에서 국정감사·조사의 대상이 될 수도 있다는 생각에서 독립된 판단, 자유로운 심증형성이 어려울 것이므로 부정하여야 한다는 견해이다. ③ 부분적 긍정설 – 확정된 특정판결 그 자체의 당부를 따지거나 담당법관의 증인 소환 등의 조사는 허용되지 않으나 법원재판에 대한 일반적인 조사로서의 의미를 가지는 조사는 필요하다면 가능하다는 견해이다.

생각건대 확정된 특정판결의 타당성을 따지기 위한 감사나 조사도 금지된다. 법관들의 앞으로의 재판에서의 독립된 판단, 심증형성을 함에 있어 부정적인 심리적 영향, 위축효과(chilling effect)를 줄 수 있기 때문이다. 따라서 확정된 특정재판의 담당법관을 증인으로 출석할 것을 요구할 수 없다. 다만, 아래 iii)의 ③ 내지 ⑤의 경우에 해당되면 조사가 가능하다고 할 것이다.

3) 한계가 아닌 경우 - 감사·조사가 가능한 경우

그러나 다음과 같은 사항은 법원에 대한 감사·조사가 가능하다. 즉 i) 법원의 예산집행이나 법관인사의 공정성 등 사법행정에 관한 사항에 대한 감사·조사, ii) 법원업무의 적극성을 살펴보기 위하여 일정기간 동안의 재판에서의 각하율, 영장기각률 등을 파악하거나 재판업무·사법제도의 개선을 위한 앞으로의 입법의 사전준비로서 현황파악을 위한 자료수집 등 재판절차업무 일반에 관하여 감사·조사하는 것, iii) 감사·조사에서 특정사건의 판결에서의 결론의 당부 그 자체를 따져서 문책하는 것이 아니라 판결의 법리상 문제점이나 전반적인 판례의 경향 등에 대한 비평이나 질의를 행하는 것 등은 가능하다. 예를 들어 어느 판결의 결과가 현실성이 부족한데 그 원인이 법률의 잘못에 있었고 그 잘못을 법관의 법해석으로 바로잡을 수 없었던 경우에 앞으로 법개정을 위하여 그 원인을 규명하고 법리에 대해 논의하는 것은 가능하다. ⅳ) 국회의 기능인 탄핵소추, 해임건의를 위한 자료수집으로서 확정된 판결 관련 서류의 조사는 가능하다. ⅴ) 대법관이나 대법원장 후보인 법관이나 법관이었던 사람에 대한 인사청문절차에서 적격성을 보기 위한 판결성향을 파악하기 위해 그 사람이 과거에 담당하였던 판결에 대해서는 조사나 질의를 할 수 있다. ⅵ) 계속 중인 재판이라도 담당 법관이 위법한 재판을 한 것이거나 하고 있는 것이라면 국회가 탄핵소추를 위하여 개입할 수 있다고 할 것이다.

(4) 검찰사무의 공정성보장을 위한 한계

1) 의미와 내용

감사 또는 조사는 수사 중인 사건의 소추에 관여할 목적으로 행사되어서는 아니 된다(국감법 제8조). 이는 검찰사무의 공정성을 보장하기 위한 한계이다. 검찰의 수사활동은 형사책임의 유무를 가리기 위한 것으로 강제적인 과정이 개재될 수 있으므로 국민의 기본권에 직접적으로 영향을 미칠 수 있는 것이다. 검찰의 수사나 소추는 형사재판을 시작하느냐에 직결되므로 준사법적(準司法的) 성격을 가져 재판상의 독립에 준하는 독립성이 요구되고 수사·소추의 공정성이 형사재판 단계에서의 공정성과도 연결된다는 점에서 검찰수사 단계에서부터의 공정성이 확보되어야 한다. 따라서 수사검사에 대한 압력을 행사하기 위한 감사와 조사는 금지된다. 더구나 정치적 활동의 중심인 국회가 개입하는 것은 금지되는 것이 필요하다. 의원들이 정치적 목적을 위하여 압력을 가하기 위한 감사나 조사를 할 수 없다. 검찰사무의 공정성을 위한 한계를 권력분립적 한계로 보는 견해들이 있다. 준사법적 기능을 고려한 견해이나 검찰이 행정부 소속이라는 점에서 그렇게 보는 데 부족하고 필자가 생각하는 대로 검사와 법관의 일원화가 이루어지면 그 견해처럼 볼 수 있게 하는 논거가 강해질 것이다.

2) 한계가 아닌 경우 - 감사·조사가 가능한 경우

그러나 한계의 인정은 그 인정필요성에 부합하여야 한다. 제3공화국 헌법에서부터 "재판과 진행 중인 범죄수사·소추에 간섭할 수 없다"라는 규정을 두기 시작하였다. 국정감사가 폐지된 제4공화국 헌법에서는 없어졌다가 국정조사가 명시된 제5공화국 헌법에 그 규정이 다시 들어왔다. 이 헌법규정을 내세워 비리사건에 국정감사, 국정조사가 이루어지지 못하는 방패막이 오히려 되었다. 현행 헌법은 이 규정을 삭제하였다. 이러한 변화를 고려하더라도 수사·소추에 대한 국정감사·조사의 한계 인정이 무원칙이어서는 아니 되고 제한적이어야 하며 정치적 압력 등 부당한 간여와 압력을 배제하기 위한 한계로 해석되어야 한다. 다음과 같은 경우에는 감사·조사가 가능하다. 즉 ⅰ) 검찰수사가 진행 중인 사안이라도 국회의 고유한 업무를 위하여 독자적으로 감사·조사를 할 수 있다. 예를 들어 국무총리, 국무위원의 비리에 관한 검찰수사가 진행 중이더라도 국회가 해임건의나 탄핵소추를 하기 위하여 감사·조사를 할 수 있다. ii) 국민의 기본권보호를 위한 검찰의 수사업무의 효율성이나 적극성 등을 살펴보기 위하여 영장신청률이나 기소율, 불기소율, 수사상의 인권보장실태를 파악하는 등 검찰업무 일반에 대해 감사·조사하는 것, iii) 검찰의 예산집행이나 검사의 인사 등 행정적 성격의 업무에 대한 감사·조사 등도 가능하다. iv) 검찰의 공정성을 위한 국정감사·조사의 한계인정이 검찰의 업무가 소극성을 가질 때에는 오히려 사회비리를 척결하고 정의를 구현하는 검찰기능이 제대로 작동할 수 없다. 더욱이 우리나라의 경우에 검찰의 기소독점주의, 기소편의주의가 그동안 논란되어 왔다. 따라서 예를 들어 불기소처분이 명백히 자의적인 경우 등에는 종결된 사건이라도 조사가 가능하다고 볼 것이다. v) 검사도 검찰청법에 의하여 탄핵소추의 대상이 된다. 현재 수사 중이더라도 위법한 수사로서 탄핵소추사유에 해당된다면 조사할 수 있다.

(5) 국익보호를 위한 한계

공무원 또는 공무원이었던 자가 국회로부터 증언의 요구를 받거나, 국가기관이 서류제출을 요구받은 경우에 증언할 사실이나 제출할 서류 등의 내용이 군사·외교·대북관계의 국가기밀에 관한 사항으로서 그 발표로 말미암아 국가안위에 중대한 영향을 미친다는 주무부장관(대통령 및 국무총리의 소속기관에서는 당해 관서의 장)의 소명이 증언 등의 요구를 받은 날로부터 5일 이내에 있는 경우에는 국정감사, 조사에서 증언이나 서류제출이 거부될 수 있다(증감법 제4조 1항 단서). 의원 및 사무보조자는 감사 또는 조사를 통하여 알게 된 국가이익 관련 비밀을 정당한 사유없이 누설하여서는 아니 되는 수비의무를 지고(국감법 제14조), 의원 및 사무보조자가 이 수비의무에 위반한 때에는 국회법이 정하는 바에 따라 징계할 수 있다(동법 제17조).

(6) 권력분립적 한계

1) 사법권독립을 위한 한계

이에 대해서는 위에서 살펴보았다.

2) 대상기관의 기능을 위한 한계

감사 또는 조사를 할 때에는 그 대상기관의 기능과 활동이 현저히 저해되지 아니하도록 주의하여야 한다(국감법 제14조 1항). 어느 정도의 감사·조사를 대상기관의 기능과 활동을 현저히 저해하는 것으로 볼 것인지 명확하지 않다. 통상적이고 객관적 관념에 비추어 판단하여야 한다. 누가 보더라도 대상기관의 업무마비를 초래할 것이 분명한 정도로 소속 직원들에 대해 과다하게 출석을 요구하거나 과도한 분량의 자료제출을 지나치게 빈번히 요구하는 행위는 금지되어야 한다고 본다. 이러한 주의의무에 위반한 때에는 국회법이 정하는 바에 따라 징계할 수 있다(국감법 제17조).

3) 행정권보장을 위한 한계

감사 또는 조사 결과 위법하거나 부당한 사항이 있을 때에는 정부 또는 해당 기관에 변상, 징계조치, 제도개선, 예산조정 등 시정을 요구하거나, 정부 또는 해당 기관에서 처리함이 타당하다고 인정되는 사항은 정부 또는 해당 기관에 이송할 수 있는 것이고 국회가 직접 시정, 조치의 행정처분을 행하는 것이 아니다(국감법 제16조 2항).

(7) 비밀누설방지의무와 수비의무에 따른 한계

비밀누설의 방지와 비밀을 준수하여야 할 의무(수비의무)에 따른 한계가 있다. 즉 감사 또는 조사를 할 때에는 기밀이 누설되지 아니하도록 주의하여야 한다(국감법 제14조 1항). 의원이 이러한 주의의무에 위반한 때에는 국회법이 정하는 바에 따라 징계할 수 있다(국감법 제17조). 의원 및 사무보조자는 감사 또는 조사를 통하여 알게 된 비밀을 정당한 사유없이 누설하여서는 아니 된다(국감법 동조 2항). 의원 및 사무보조자가 이러한 수비의무에 위반한 때에는 국회법이 정하는 바에 따라 징계할 수 있다(국감법 제17조). 위에서 본 대로 비밀에 관한 의무를 국감법 제14조 제1항과 동조 제2항 두 가지를 두고 있다. 이는 동조 제1항의 의무는 주의의무를 태만히 하지 않도록 하는 과실책임도 지우기 위한 것으로 해석된다. 여기서의 비밀은 군사기밀 등 국가기밀 외에 업무처리 중 지득한 타인의 비밀인 형법 제317조 제1항의 업무상비밀도 포함되어 이의 누설도 금지된다. 문제는 어느 정도의 정보를 비밀로 분류하여 누설방지의 대상으로 볼 것인가 하는 점이다. 보안업무규정(대통령령)에서 비밀분류, 비밀보호에 관한 규정들을 두고 있다. 군사기밀에 대해서는 군사기밀보호법이 군사기밀의 구분, 보호조치, 공개, 누설에 대한 처벌 등에 관해 규정하고 있다. 의원의 공개가 국민의 알 권리를 위한 것일 수도 있다는 점을 고려하면 모든 정보가 비밀로 인정되어 그 공개를 금지할 수는 없을 것이다. 이에 관한 기준설정이 필요하다.[1] 국익보호의 필요성과 국민의 알 권리의 보호필요성 각각의 정도를 고려하여야 할 것이다. 또한 누설방지를 위한 절차적 규정을 명확히 해두는 것이 필요하다.

(8) 타 독립적 기관(감사원)의 감사와의 관계에서의 한계

감사원의 감사내상에 대해서도 국정감사·조사가 가능하다. 감사원이 대통령 직속하의 행정기관이긴 하나 회계검사와 직무감찰을 위한 독립성이 강하게 요구되는 기관이므로 앞서 대상기관에 대해 살펴볼 때 언급한 대로 감사원의 감사대상기관에 대해서는 본회의의 의결(승인)을 거쳐 국정감사의 대상으로 하고 있다(국감법 제7조 4호). 감사원의 감사처리 자체가 국정감사·조사의 대상이 되느냐 하는 문제가 논의되고 있다. 변상책임의 판정, 징계 요구 등, 재심의판정 등에 대해서는 그 행정처분성에 논란이 있고 준사법적 성격을 부여하자는 견해가 있는데 감사원의 독립성을 고려하여 국정감사·조사의 대상에서 제외되는 것이 필요하긴 하다. 재심의판정에 대해서는 행정소송을 다툴 수 있기도 하다.

---

1) 실제로 국가기밀을 공개하였다는 이유로 2인의 국회의원이 2005.1.6. 국회 윤리특별위원회로부터 징계조치를 받은 예가 있었다. 이 사건을 둘러싸고 의원이 국민의 알 권리를 위하여 어느 정도 국가기밀을 공개할 수 있는지가 논란된 바 있었다.

(9) 지방자치를 위한 한계

지방자치단체에 대한 국정감사·조사도 이루어질 수 있다. 그러나 앞의 대상기관에서 살펴본 대로 자치(고유)사무는 감사대상에서 제외되고 있다(국감법 제7조 2호). 지방자치단체의 자치권을 보장하기 위한 한계이다. 지방자치에 대한 국정감사·조사는 지방자치제도의 근본적 취지에 비추어 지방자치단체의 고유한 환경 등을 고려하여 가능한 한 자제되고 자체 감사에 맡기는 것이 필요하다. 다만, 자체감사가 객관성과 전문성을 갖추어야 하고 지방의회나 공무원조직으로부터 독립성을 유지하는 것이 전제되어야 하며 국고의 지원사업 등에 대한 국회의 조사는 요구된다고 하겠다.

14. 국정감사·조사의 결과보고 및 처리

(1) 감사·조사결과의 보고

감사 또는 조사를 마친 때에는 위원회는 지체없이 그 감사 또는 조사보고서를 작성하여 의장에게 제출하여야 하는데 그 보고서에는 감사 또는 조사의 경과와 결과 및 처리의견을 기재하고 그 중요근거서류를 첨부하여야 하며, 그 보고서를 제출받은 의장은 이를 지체없이 본회의에 보고하여야 한다(국감법 제15조 1항·2항·3항). 보고서에 대한 토론, 심사절차가 필요하다고 볼 것이다.

(2) 감사·조사결과에 대한 처리

국회는 본회의의 의결로 감사 또는 조사결과를 처리한다(국감법 제16조 1항). 국회는 감사 또는 조사 결과 위법하거나 부당한 사항이 있을 때에는 그 정도에 따라 정부 또는 해당 기관에 변상, 징계조치, 제도개선, 예산조정 등 시정을 요구하고, 정부 또는 해당 기관에서 처리함이 타당하다고 인정되는 사항은 정부 또는 해당 기관에 이송한다(국감법 동조 2항). 정부 또는 해당기관은 위와 같은 시정요구를 받거나 이송받은 사항을 지체없이 처리하고 그 결과를 국회에 보고하여야 한다(국감법 동조 3항). 국회는 위의 처리결과보고에 대하여 적절한 조치를 취할 수 있다(국감법 동조 4항). 국회는 정부의 국정감사·조사결과의 처리보고서를 회의록에 기재한다(국회법 제115조 1항).

15. 기타 - 감사원에 대한 감사요구제도

국정감사제도와 별도로 국회가 감사원에 대해 감사를 청구할 수 있는 제도를 국회법에서 두고 있다. 이 제도는 헌법상 제도는 아니다. 국회는 그 의결로 감사원에 대하여 감사원법에 의한 감사원의 직무범위에 속하는 사항 중 사안을 특정하여 감사를 요구할 수 있다. 이 경우 감사원은 감사청구를 받은 날부터 3월 이내에 감사결과를 국회에 보고하여야 한다. 감사원은 특별한 사유로 3월 이내에 감사를 마치지 못하였을 때에는 중간보고를 하고 감사기간의 연장을 요청할 수 있다. 이 경우 의장은 2월의 범위 이내에서 감사기간을 연장할 수 있다(이상 국회법 제127조의2).

16. 현행 국정감사·조사제도의 개선방안논의

국정감사제도에 대해서는 졸속감사, 형식적 감사, 과다한 자료제출요구로 인한 피감기관의 업무과중, 제출자료의 부실 등의 문제점이 지적되고 있다. 이에 대한 개선방안으로 연중감사제, 지적 사항에 대한 사후검증제도의 도입 등이 제시되고 있다. 국정조사도 재적의원 4분의 1 이상의 요구가 있어야 시행될 수 있어 그리 활성화되어 있지 않으므로 상임위원회별로 실시할 수 있도록 하자는 방안이 제시되기도 한다.

Ⅱ. 탄핵소추권

헌법 제65조 ① 대통령·국무총리·국무위원·행정각부의 장·헌법재판소 재판관·법관·중앙선거관리위원회 위원·감사원장·감사위원 기타 법률이 정한 공무원이 그 직무집행에 있어서 헌법이나 법률을 위배한 때에는 국회는 탄핵의 소추를 의결할 수 있다.
② 제1항의 탄핵소추는 국회재적의원 3분의 1이상의 발의가 있어야 하며, 그 의결은 국회재적의원 과반수의 찬성이 있어야 한다. 다만, 대통령에 대한 탄핵소추는 국회재적의원 과반수의 발의와 국회재적의원 3분의 2 이상의 찬성이 있어야 한다.
③ 탄핵소추의 의결을 받은 자는 탄핵심판이 있을 때까지 그 권한행사가 정지된다.
④ 탄핵결정은 공직으로부터 파면함에 그친다. 그러나, 이에 의하여 민사상이나 형사상의 책임이 면제되지는 아니한다.

1. 서설

(1) 탄핵제도의 개념과 유형

1) 개념

탄핵(impeachment)제도란 고위 공무원이 헌법이나 법률에 위반되는 직무행위를 한 경우에 일반적인 징계절차나 형사절차가 아닌 의회에서의 특별한 소추절차에 의해 파면 또는 처벌하는 제도를 말한다. 신분상의 강한 독립성을 가지는 고위공직자에 대해서는 그의 직무상 위헌, 위법의 행위가 있더라도 그 독립성과 신분보장 때문에 통상의 징계나 형사절차에 의해서는 징계나 파면 또는 처벌 등의 제재를 가하기 어렵기에 이러한 고위직 공직자에 대하여 책임을 지우기 위하여 마련된 특별한 헌법상의 제재절차이다. 포괄적으로는 탄핵에 의하여 파면되는 경우뿐 아니라 처벌되는 경우도 포함하여 정의하나 아래에서 보듯이 우리나라의 현행 헌법에서의 탄핵제도는 파면함에 그치고 형사책임은 별개로 남으므로 우리 현행 헌법에서의 탄핵의 개념은 좁아지게 된다.

2) 탄핵소추의 개념

탄핵절차는 2단계로 이루어진다. ① 의회에서 소추하는 절차와 이후 ② 탄핵결정기관이 파면 여부를 결정하는 탄핵심판(재판)절차이다. 따라서 탄핵소추란 헌법이나 법률에 위반된 직무행위가 있다고 보이므로 이에 대한 판단을 요구한다는 탄핵재판을 제기하는 절차를 말한다. 우리의 경우에 탄핵소추는 국회에서 탄핵심판은 헌법재판소에 행하도록 분리되어 있는데 아래의 유형에서 보듯이 의회에서 탄핵재판을 행하는 경우도 있다.

3) 유형

탄핵은 분류기준에 따라 그 유형을 다음과 같이 나누어 볼 수 있다. ① 탄핵의 최종적 결정기관에 따른 유형 – 이 유형으로 의회형과 특수사법형으로 나눌 수 있다. 전자는 의회가 탄핵결정기관인 유형이다. 미국에서는 하원이 소추하고 상원이 탄핵결정을 한다. 후자는 소추기관인 의회 외부에 별도의 탄핵재판소를 두어 탄핵결정을 하도록 하거나 대법원, 헌법재판소가 탄핵결정을 하는 기관인 유형이다. 후자의 유형을 채택하고 있는 국가들로는 이탈리아, 오스트리아, 포르투갈, 우리나라 등을 들 수 있다. 별도의 재판소를 두지만 재판소구성원을 의회의원으로 하는 경우도 있는데 프랑스에서의 대통령 탄핵재판소(Haute Cour)가 그 예이다. 이러한 프랑스유형은 실질적으로는 전자에 해당된다. 프랑스에서는 장관에 대한 탄핵기관인 공화국사법재판소(Cour de justice de la République)는 의회의원 12인과 3인의 대법관들로 구성되고 3인 대법관들 중에 한 사람이 재판장이 되어 사법성이 상당히 가미되고 있기는 하다. ② 탄핵효과에 따른 유형 – 이 유형으로 형사형(刑事型)과 징계형 등으로 나눌 수 있다. 탄핵으로 징계나 파면에 그치지 않고 형벌에 따른 처벌도 이루어지는 유형이 형사형이고 처벌이 아닌 징계나 파면(파면도 징계의 하나임)에 그치는 유형이 징계형이다. 영국과 프랑스의 경우가 형사형에 속하고 우리나라와 미국, 독일의 경우는 징계형에 속한다.

(2) 역사

1) 탄핵제도의 연혁

탄핵제도는 고대 그리스의 도편추방제(陶片追放制 ostracism)에서 연원을 찾을 수도 있을 것이다. 전형적인 탄핵제도는 14세기 말 경 중세의 영국에서 발달한 것으로 보는 것이 일반적이다. 영국의 경우에는 탄핵제도가 1804년 멜빌(Lord Melville)법원장의 독직혐의에 대한 탄핵소추사건에 이르기까지 많이 활용되었다. 그러나 이후 내각불신임제의 발달로 활용이 약화되었다. 이미 18세기 중반부터 내각이 의회에 대한 책임을 지기 위하여 사임하는 예가 나타나면서 [1742년 월폴(Lord Walpole)내각이 1782년에 노스(Lord North)내각이 사임한 예] 내각불신임제가 자리잡아 가게 되었다. 미국에서는 탄핵으로 고위공직자들이 파면된 예들이 실제로 있었고 대통령에 대한 탄핵소추도 있었다. 미국 제17대 앤드류 존슨(Andrew Johnson 1865–69 재임) 대통령(링컨 대통령이 암살되어 부통령에서 대통령직을 승계함)은 1867년에 탄핵소추가 되었는데 단 표차로 부결되어 탄핵을 면하였다. 제37대 리처드 닉슨(R. M. Nixon) 대통령은 재선운동시 상대후보당 민주당 전국본부 사무실에서 행해진 불법도청을 은폐하고자 기도한 사건인 이른바 워터게이트(Watergate)사건으로 직권남용, 사법방해, 의회모욕 등의 혐의로 하원의 탄핵소추가 의결되었고 1974년에 상원의 탄핵결정이 임박하자 스스로 사임한 예가 있다. 또 클린턴(B. Clinton)대통령도 성추문사건이 불거져 위증과 사법방해 등의 혐의로 1999년에 하원에 탄핵소추가 되고 상원의 재판에 회부되었으나 부결된 예가 있다.

현대에 와서 탄핵제도의 유용성에 대한 회의론이 나타나고 있음에도 탄핵소추가 실제로 발의되거나 의결되기도 한다. 비교적 근래에 들어와서 위 미국의 예도 있었지만 다른 나라의 예들을 보면 1992년 브라질의 페르난두 콜로르 데 멜루(Fernando Collor de Mello)대통령이 독직혐의로 탄핵소추되었고 2000년 필린핀의 요셉 에스트라다(Joseph Estrada) 대통령이 독직혐의로 탄핵소추를 받았는데 이들은 의회의 탄핵결정이 있기 전에 사임하였다. 탄핵이 결정되어 파면된 예로는, 2004년 4월 6일 리투아니아의 롤란다스 팍사스(Paksas) 대통령이 독직(대통령선거자금 불법 수수), 국가기밀 누설, 측근 권력남용 등의 혐의로 의회에 의해 탄핵소추되었고 헌법재판소의 판결을 거쳐 의회에 의해 최종 탄핵결정되어 해임된 바 있었다. 브라질의 지우마 호세프(Dilma Rousseff) 대통령이 2016년 8월 31일에 브라질 상원에 의해 탄핵결정이 되어 대통령직을 떠났는데 대법원에 탄핵에 대한 위헌소송을 제기하였으나 직무복귀가 사실상 어렵고 권한대행자가 대통령에 취임하였다.

2) 우리나라 탄핵제도의 역사

(가) 탄핵소추기관

탄핵소추를 담당하는 기관은 제1공화국 때부터 변함없이 국회였다.

(나) 탄핵결정기관의 변천

탄핵결정을 하는 기관은 아래와 같이 변천되어 왔다.

> 탄핵재판소(제1공화국) ⇒ 헌법재판소(제2공화국) ⇒ 탄핵심판위원회(제3공화국) ⇒ 헌법위원회(제4공화국) ⇒ 헌법위원회(제5공화국) ⇒ 헌법재판소(제6공화국 현행헌법)

헌법재판기관이 별도로 특수하게 있던 제2공화국과 제4공화국, 제5공화국, 그리고 현행 헌법하에서도 탄핵재판은 그 헌법재판기관인 헌법재판소(제2공, 제6공), 헌법위원회(제4공, 제5공)에 맡겨졌다. 그런데 예외는 제1공화국에서도 헌법위원회라는 특별한 헌법재판기관이 별도로 있었음에도 탄핵재판은 또 다른 별개의 재판기관인 탄핵재판소에 부여하고 있었다. 헌법재판기관에 탄핵재판을 담당하게 하지 않고 별도의 탄핵결정을 둔 경우에 그 구성상 특색이 있었다. 구성원에 정치적 인사인 국회의원이 포함되어 있었다. 즉 제1공화국의 탄핵재판소는 부통령이 재판장의 직무를 행하고(단, 대통령과 부통령을 심판할 때에는 대법원장이 재판장의 직무를 행함) 대법관 5인 외에 정치적 인사들인 국회의원 5인이 심판관이었다(제1공화국헌법 제47조 2항). 제3공화국의 탄핵심판위원회는 대법원장을 위원장으로 하고(대법원장을 심판할 경우에는 국회의장이 위원장이 됨) 대법원판사 3인과 역시 정치적 인사들인 국회의원 5인의 위원으로 구성되었다(제3공화국헌법 제62조 2항).

(다) 권한행사의 정지

탄핵소추가 된 공무원이 탄핵심판에서의 판결(결정)이 있을 때까지 그 권한행사가 정지되도록 헌법이 명시하기 시작한 것은 제2공화국헌법부터였다(동헌법 제47조 1항). 이후의 헌법들이 이를 유지하여 현행 헌법에서도 권한행사의 정지가 규정되어 있다.

(라) 실제

우리나라 초유의 탄핵소추발의는 제12대국회 1985년 10월 18일에 있었던 유태흥 대법원장에 대한 신민당 소속 국회의원들 102명에 의한 소추발의였다. 발의사유는 유언비어 날조 혐의에 대하여 무죄선고를 하여 국가권력남용을 막으려 한 정당한 판결을 한 법관 등에 대한 좌천성인사와 이를 비판한 글을 발표한 법관에 대해서도 파행적 인사를 하여 법관의 신분상 독립성보장규정인 당시 헌법 제107조 제1항(현행헌법 제106조 1항)에 위배하여 직무집행에 있어 헌법을 위반하였다는 것이었다. 그러나 찬성 95명, 반대 146명 등으로 의결되지는 못하였다. 제14대 국회 1994년 12월 19일 김도언 검찰총장에 대한 탄핵소추안이 발의되었으나 부결된 바 있다. 제15대 국회 때인 1999년에도 2건의 검찰총장에 대한 탄핵소추안이 발의된 적이 있었으나 본인의 사직과 제15대국회의원의 임기만료로 폐기된 바 있다.

우리나라의 초유의 탄핵소추의결은 노무현 대통령에 대한 의결이었다. 2004.3.12.에 국회는 대통령에 대한 탄핵소추를 의결하였고 헌법재판소는 우리나라 사상 처음으로 탄핵심판을 하였다.

두 번째 탄핵소추의결은 박근혜 대통령에 대한 의결이었다. 2016.12.9. 국회의 소추의결 이후 헌재는 2017.3.10. 청구를 인용하여 파면결정을 하였다. 우리나라 최초의 대통령에 대한 헌재의 파면결정이 내려진 것이다.

(3) 탄핵제도의 성격과 기능 및 유용성

1) 성격과 기능

(가) 일반적 성격과 기능

① 탄핵제도는 일단 정부통제제도로서의 성격을 가진다. 행정부에 대한 견제제도로서 기능한다. ② 그리고 헌법에 위배되는 직무집행을 방지하여 헌법보장적 제도로서의 성격을 가진다. ③ 그 유형에 따라 성격에 차이를 보여준다. 탄핵으로 형사처벌을 하는 유형에서는 형사적 처벌제도로서의 성격을 가지고, 탄핵결정으로 파면에 그치는 경우에는 징계제도로서의 성격을 가지

며 탄핵으로 파면과 더불어 형사처벌을 하는 경우에는 양자의 성격을 혼합하여 가질 수도 있다.

(나) 우리 헌법상의 탄핵제도의 성격

가) 징계책임성

탄핵으로 파면이나 징계 외에 형사책임까지도 지울 수 있을 것이나 현행 헌법은 "탄핵결정은 공직으로부터 파면함에 그친다"라고 규정하고 있으므로(헌법 제65조 4항 본문) 탄핵절차는 형사처벌절차가 아니고 징계를 위한 절차라고 할 것이다. 파면은 징계의 하나로 가장 강한 징계이다. 그리고 현행 헌법은 탄핵결정으로 파면된다고 하여 "민사상이나 형사상의 책임이 면제되지는 아니하다"라고 규정하고 있으므로(헌법 제65조 4항 단서) 형사나 민사책임을 지우기 위한 별도의 절차가 이루어질 수 있기에 탄핵결정은 징계적 성격의 결정이다. 요컨대 우리나라의 탄핵의 성격은 형사처벌이나 민사책임이 아닌 특별한 징계책임을 지우는 제도로서 해당 고위 공무원의 파면의 효과를 가지는 헌법제도로서의 성격을 가진다.

나) 헌법보장기능성 · 헌법규범보장기능성

탄핵제도는 헌법에 반하는 직무집행에 대한 제재로서 파면을 하는 제도이므로 헌법의 침해로부터 헌법을 보호하는 기능을 하는 제도로서의 성격을 가진다. 특히 우리나라의 경우 헌법재판소에 심판을 맡긴 것은 최종적 헌법해석과 헌법보장을 수행하는 기관에 의한 심판을 의미하고 이를 통하여 헌법보장의 법적 성격을 더욱 강하게 가지게 한다. 탄핵제도를 통하여 헌법에 위반한 공직자행위에 대하여 법적 책임을 지우고 탄핵가능성은 헌법위반의 직무행위를 사전에 억제, 방지하고 이를 경계 내지 경고하는 기능을 가지기도 한다. 이로써 헌법규범력을 확보하는 기능도 가진다.

다) 비정치적 · 재판(司法)적 성격

우리 헌법에서의 탄핵제도는 탄핵사유를 '헌법이나 법률'에 위배한 것으로 하여 정치적 사유가 아닌 법적 사유에 한정함으로써 비정치적 탄핵제도로서의 성격을 가진다. 또한 비록 정치적 기관인 국회가 소추를 하지만 종국적으로 헌법재판소라는 재판기관에서 사법적 절차에 의해 탄핵 여부를 결정하므로 정치적 심판제도가 아니라 재판적 심판절차로서의 성격을 가진다. 국회에 소추권을 부여한 것은 국회가 국민의 대표자로서 또한 다른 국가권력에 대한 통제기관이라는 점에 입각한 것일 뿐 탄핵제도의 성격을 정치화하려는 것이 아니고 소추권자인 국회도 헌법이나 법률을 위배한 경우에만 소추권을 행사할 수 있다는 법적 한계를 받는다는 점에서 어디까지나 우리의 탄핵제도는 그 사유가 비정치적이고 절차가 정치적(의회에 의한 소추)이면서도 사법적(司法的)인(헌법재판소에 의한 탄핵결정) 제도이다. 헌법재판소도 우리의 탄핵심판절차를 규범적 심판절차라고 한다.[1)]

---

1) 헌재 2004.5.14. 2004헌나1, 판례집 16－1, 632면. [관련설시] 우리 헌법은 헌법수호절차로서의 탄핵심판절차의 기능을 이행하도록 하기 위하여, 제65조에서 탄핵소추의 사유를 '헌법이나 법률에 대한 위배'로 명시하고 헌법재

라) 통제성

탄핵제도가 권력통제적 기능을 수행하는 것은 우리의 탄핵제도에서도 마찬가지이다. 특히 법집행의 주무담당자인 정부에 대한 입법부의 탄핵소추라는 권력분립적 통제와 아울러 헌법재판소에 의한 탄핵심판이라는 사법적 통제로서의 성격을 가진다.

마) 국회의 '탄핵소추의결권'의 법적 성격 - 국회의 의무성 여부

국회의 탄핵소추의결권의 성격에 대한 논의가 있을 수 있다. 대통령, 국무총리 등이 헌법이나 법률에 위반한 경우에 국회가 반드시 탄핵소추발의를 하여야 하는가 아니면 하지 않을 재량을 가지는가가 논란될 수 있다. 헌법재판소는 재량적 성격을 인정한 바 있다.[1)]

2) 유용성

오늘날 탄핵제도가 헌법의 유용한 통제제도인가에 대해 ① 무용론과 ② 유용론으로 의견이 갈리고 있다. 무용론은 사회심리적 효과 외에는 실효성이 없다고 보고 의원내각제를 취하는 국가에서는 내각불신임권을 통하여 목적을 달성할 수 있고 정당정치의 발달로 당파감정으로 경미한 실책에 비하여 그 처벌이 너무 가혹하여 정쟁을 유발하기 쉽기 때문에 효용성이 없다고 한다.[2)] 이에 비해 유용론은 정부형태가 어떻든 간에 탄핵제도는 여전히 국민대표가 가지는 행정부에 대한 감독수단으로서 법적으로나 정치적으로 중요한 의의를 가지고 의원내각제에서도 예를 들어 법관과 같이 엄격한 신분적 독립성을 가지는 공무원에 대하여 무시할 수 없는

판소가 탄핵심판을 관장하게 함으로써 탄핵절차를 정치적 심판절차가 아니라 규범적 심판절차로 규정하였고, 이에 따라 탄핵제도의 목적이 '정치적 이유가 아니라 법위반을 이유로 하는' 대통령의 파면임을 밝히고 있다.

1) 헌재 1996.2.29. 93헌마186, 긴급재정명령 등 위헌확인, 판례집 8-1, 111면. [사건개요 및 청구인의 주장요지] 대통령은 1993.8.12. 금융실명거래 및 비밀보장에 관한 긴급재정경제명령을 발하여 같은 날 20:00부터 이 사건 긴급명령이 시행되었고 같은 달 19. 국회의 승인을 받았다. 이 명령으로 자신의 주식이 하락한 사람이 헌법소원을 청구하였다. 청구인은 대통령이 헌법 제76조 제1항에 규정한 요건을 갖추지 못하였음에도 이 사건 긴급명령을 발하였고, 국회로서는 위와 같은 위헌적 행위를 한 대통령에 대하여 탄핵소추를 의결하여야 함에도 이를 하지 아니하여 자신의 재산권 등이 침해되었다고 주장하며 헌법소원심판을 청구하였다. [주문] 이 사건 심판청구 중 국회의 탄핵소추의결 부작위에 대한 부분을 각하하고, 금융실명거래 및 비밀보장에 관한 긴급재정경제명령(대통령 긴급재정경제명령 제16호)에 대한 부분을 기각한다. [관련판시요약] 청구인은 국회가 위 탄핵소추의결을 하지 아니한 것을 위헌적인 공권력의 불행사라고 주장하므로 살피건대, 부작위위헌확인소원은 기본권보장을 위하여 헌법상 명문으로 또는 헌법의 해석상 특별히 공권력 주체에게 작위의무가 규정되어 있어 청구인에게 그와 같은 작위를 청구할 헌법상 기본권이 인정되는 경우에 한하여 인정되는 것인 바, 국회에게 대통령의 헌법 등 위배행위가 있을 경우에 탄핵소추의결을 하여야 할 헌법상의 작위의무가 있다거나 청구인에게 탄핵소추의결을 청구할 헌법상 기본권이 있다고 할 수 없다. 왜냐하면 헌법은 "대통령 … 이 그 직무 집행에 있어서 헌법이나 법률을 위배한 때에는 국회는 탄핵의 소추를 의결할 수 있다."(제65조 제1항)라고 규정함으로써 명문규정상 국회의 탄핵소추의결이 국회의 재량행위임을 밝히고 있고 헌법해석상으로도 국정통제를 위하여 헌법상 국회에게 인정된 다양한 권한 중 어떠한 것을 행사하는 것이 적절한 것인가에 대한 판단권은 오로지 국회에 있다고 보아야 할 것이며, 나아가 청구인에게 국회의 탄핵소추의결을 청구할 권리에 관하여도 아무런 명문규정이 없고, 헌법해석상으로도 그와 같은 권리를 인정할 수 없기 때문이다(다만 청원법에 의하여 청구인은 국회에 탄핵소추의결을 청원할 수는 있으나 이에 대하여 국회는 성실히 심사처리할 의무만 있을 뿐 반드시 탄핵소추의결을 하여야 할 의무는 없다). 따라서 국회의 탄핵소추의결의 부작위는 헌법소원의 대상이 되는 공권력의 불행사에 해당한다고 할 수 없어 이 부분에 대한 헌법소원청구는 부적법하다.

2) 무용론으로, 한태연, 헌법학, 법문사(1985), 405-406면.

제도적 실효를 가질 수 있다고 본다.[1)]

생각건대, 의원내각제에서는 내각불신임제도가 자리잡고 있기에 대정부적 통제로서는 유용성이 약하다. 반면 대통령제에서는 의회 앞에서의 책임을 지지 않는 대통령에 대한 통제수단으로서의 의미가 강하다. 국회의 국정감사, 조사제도의 발달도 탄핵제도의 기능을 어느 정도 대신하는 면이 있다. 그러나 의원내각제하에서도 행정부 외의 사법부 등의 구성원인 법관들에 대한 통제수단으로는 필요한 제도라고 할 것이다. 우리의 경우에도 신분보장이 강한 고위공무원에 대한 제재절차가 필요하고 특히 검찰이 공소권을 독점하고 있는 상황에서 더욱 그러하며 이들에 대한 국회의 소추는 국민대표자로서의 소추로 국민적 정당성을 가진다. 국정감사·조사는 오히려 탄핵소추발의을 위한 준비작업으로서 또는 법제사법위원회의 탄핵소추발의에 대한 조사활동으로서의 의미를 가진다. 또한 탄핵제도는 헌법보장제도로서의 기능을 수행한다. 탄핵역사를 보면 발의나 소추는 적지 않았으나 발의나 소추가 이루어지더라도 탄핵(파직)에 이르렀던 예는 드물다. 그렇다고 하여 탄핵이 무용한 것이 아니고 탄핵제도가 상존함에 따라 고위공무원의 위헌행위, 위법행위를 억제하고 예방하는 효과를 가진다. 따라서 탄핵제도는 오늘날에도 여전히 유용한 헌법제도이다.

2. 탄핵 대상 공직자

(1) 헌법규정

탄핵소추의 대상이 되는 공직자는 대통령·국무총리·국무위원·행정각부의 장·헌법재판소 재판관·법관·중앙선거관리위원회위원·감사원장·감사위원 기타 법률이 정한 공무원이다(헌법 제65조 1항, 헌재법 제48조). 헌법재판소 재판관도 탄핵대상이 될 수 있음을 헌법이 명시하고 있다. 헌법재판관이 탄핵소추되어 직무가 정지될 경우에 헌법재판에도 영향을 줄 수 있으므로 예비재판관제도를 두어야 한다는 주장과 제안이 있으나 예비재판관제도 자체가 우리나라에서는 회의적이다(졸고 예비재판관 제도 참조). '기타 법률이 정한 공무원'에 차관, 외교관, 검찰총장, 각군참모총장, 경찰청장, 광역지방자치단체장 등이 포함될 수 있을 것이라는 견해들이 있다.

(2) 법률에 규정된 자

법률로 탄핵대상이 됨을 규정한 예로는 "검사는 탄핵이나 금고 이상의 형을 선고받은 경우를 제외하고는 파면되지 아니하며, 징계처분이나 적격심사에 의하지 아니하고는 해임·면직·정직·감봉·견책 또는 퇴직의 처분을 받지 아니한다"라고 규정한 검찰청법 제37조에 따른 검사가 있다. 또 중앙선거관리위원회 위원이 아닌 각급 선거관리위원회 위원도 법률에 따라 탄핵대상이다(선거관리위원회법 제9조 2호). 법률로 대상이 되는 것으로 규정된 그 외의 예로 경찰

---

1) 유용론으로, 김철수, 헌법학개론, 제19 전정신판, 박영사(2007), 1448면; 박일경, 제6공화국 신헌법, 법경출판사, 432면; 권영성, 헌법학원론, 법문사(2005), 899면; 구병삭, 신헌법원론, 보정판, 박영사(1989), 787면; 허영, 신판 한국헌법론(2001년판), 박영사, 873면 등. 유용론이 우리 학자들의 대체적인 의견이다.

총장(경찰청법 제11조 6항), 방송통신위원회 위원장('방송통신위원회의 설치 및 운영에 관한 법률' 제6조 5항), 원자력안전위원회 위원장('원자력안전위원회의 설치 및 운영에 관한 법률' 제6조 5항), 특별검사 및 특별검사보('특별검사의 임명 등에 관한 법률' 제16조)를 들 수 있다.

3. 탄핵소추의 사유와 탄핵(파면)사유

(1) 양자의 구분 문제

탄핵의 절차가 소추 단계와 파면 여부 심판 단계 이 두 단계로 나누어지므로 그 사유도 소추사유와 파면사유를 별도로 보아야 하는 것인지 아니면 동일한 것인지 하는 문제가 논의된다. ① 동일설, ② 구별설로 나누어질 수 있다. 그런데 구별설은 소추사유보다 파면사유가 더 좁혀지는 견해로 귀착될 것이다. 소추보다 파면의 사유가 더 넓다고 보기에는 비논리적이기 때문이다. 우리 헌법은 제65조에 소추사유를 규정하고 있는데 이 사유가 파면판단에 있어서도 핵심적인 사유가 될 것이다. 그런데 우리 헌법재판소는 뚜렷하지는 않지만 적어도 대통령의 경우에는 중대성요건을 요구하여 파면사유를 좀더 좁히고 있다고 평가된다. 생각건대 구별하여 좁혀서 보려는 견해는 탄핵소추는 국민에 의해 직선된 의원들로 구성된 국회에서 의결되고 파면 여부를 가려달라는 입장이므로 소추가 어느 정도 넓게 이루어질 여지가 있을 수 있다는 점, 반면에 심판은 헌법재판소라는 사법기관에서 행한다는 점에서 보다 신중한 결론에 이를 수밖에 없다는 점을 감안한 것으로 이해된다. 국회가 정치의 장이라는 점, 헌법재판소가 최종의 판단을 한다는 점 등도 감안하는 것으로 본다. 여기서는 탄핵소추사유를 중심으로 살펴본다(탄핵(파면사유)에 대해서는 헌법재판소의 탄핵심판절차 부분 참조).

(2) 탄핵소추사유

1) 위헌성·위법성

현행 헌법과 헌법재판소법은 탄핵소추의 대상이 되는 공직자가 "그 직무집행에 있어서 헌법이나 법률을 위배한" 경우를 탄핵(소추)의 사유로 포괄적으로 규정하고 있다(헌법 제65조 1항, 헌재법 제48조). 아래에 분설한다.

(가) 헌법위반, 법률위반

ⅰ) 헌법위반 헌법에 위반되는 직무집행이 탄핵사유임은 물론이다. 여기에서 말하는 헌법이란 현행 성문헌법전의 규정들뿐 아니라 헌법관습법, 헌법조리법과 이를 발견하고 확인하는 헌법판례 등 실질적 의미의 불문헌법, 헌법적 효력의 국제법규범도 포함된다. 헌법재판소판례도 '헌법'에는 "명문의 헌법규정뿐만 아니라 헌법재판소의 결정에 의하여 형성되어 확립된 불문헌법"도 포함된다고[1] 본다.

---

1) 헌재 2004.5.14, 2004헌나1, 판례집 16-1, 633면; 헌재 2017.3.10. 2016헌나1.

ii) **법률위반도 해당** 탄핵소추의 사유가 헌법위반에 한하지 않고 법률의 위반도 포함한다. 법률의 위반을 탄핵사유로 한 것은 공권력의 행사에 있어서 법치주의의 실현을 당연히 의미할 뿐 아니라 탄핵소추대상자들이 소속한 집행부와 사법부가 입법부인 국회가 제정한 법률을 당연히 준수하여야 한다는 것으로 이는 권력분립의 원리에 충실하게 하기 위한 것이기도 하다.[1] 법률도 국회에서 제정된 형식적 의미의 법률뿐 아니라 국회의 동의를 거쳐 법률과 같은 효력을 가지는 국제조약, 일반적으로 승인된 국제법규, 긴급명령, 긴급재정경제명령 등도 포함된다. 헌법재판소판례도 여기서의 '법률'이란 단지 형식적 의미의 법률 및 그와 등등한 효력을 가지는 국제조약, 일반적으로 승인된 국제법규 등을 의미한다고[2] 본다. 여기에서 법률은 형사법에 한정되지 않는다.[3]

iii) **법의 무지, 법해석의 잘못, 자의적 법해석** 헌법, 법률에 위배하는 행위에는 고의 또는 과실에 의한 경우뿐 아니라 법의 무지로 인한 경우도 포함된다.[4] 이는 현행 헌법에서의 탄핵의 성격이 형사처벌이 아니라 징계적 성격을 가지기 때문이기도 하다. "헌법이나 법률의 해석을 그르친 행위"는 탄핵사유가 되지 않는다는 견해[5]가 있으나 헌법이나 법률의 해석의 잘못으로 헌법과 법률을 잘못 운용하거나 집행한다면 이는 위헌, 위법행위로서 탄핵사유가 된다.[6] 자의적 법해석은 평등원칙(자의에 의한 차별의 금지)이라는 법원칙을 위반한 것이기도 하므로 위헌성이 인정되는 것이다.

(나) 정치적 사유 제외

그러나 탄핵소추의 사유는 헌법이나 법률을 위반한 위헌·위법행위에 한정되고 정치적 사유는 해당되지 않는다.[7] 정치적·정책적 결정·선택과 판단상의 과오, 무능력, 미숙, 실정 등은 탄핵소추사유가 될 수 없다. 우리 학설은 이 점에 대체적으로 일치하고 있고,[8] 판례도 마

1) 헌재 2004.5.14, 2004헌나1, 판례집 16-1, 633면. [관련판시] 행정부·사법부가 입법자에 의하여 제정된 법률을 준수하는가의 문제는 헌법상의 권력분립원칙을 비롯하여 법치국가원칙을 준수하는지의 문제와 직결되기 때문에, 행정부와 사법부에 의한 법률의 준수는 곧 헌법질서에 대한 준수를 의미하는 것이다.

2) 헌재 2004.5.14, 2004헌나1, 판례집 16-1, 633면.

3) 헌재 2017.3.10. 2016헌나1.

4) 김철수, 999-1000면; 권영성, 같은 면 등.

5) 허영, 신판 한국헌법론, 박영사(2001년판), 813면.

6) 헌법재판소는 대통령이 재신임국민투표를 묻고자 제안한 것은 헌법 제72조에 의하여 부여받은 국민투표부의권을 위헌적으로 행사하는 경우에 해당하는 것으로 보았다(헌재 2004.5.14. 2004헌나1; 헌재 2017.3.10. 2016헌나1). 이는 헌법 제72조의 해석을 잘못한 데 대한 위헌성을 인정한 예라고 볼 수 있다.

7) 헌재 2004.5.14. 2004헌나1, 판례집 16-1, 632면. [관련판시] 우리 헌법은 … 제65조에서 탄핵소추의 사유를 '헌법이나 법률에 대한 위배'로 명시하고 헌법재판소가 탄핵심판을 관장하게 함으로써 탄핵절차를 정치적 심판절차가 아니라 규범적 심판절차로 규정하였고, 이에 따라 탄핵제도의 목적이 '정치적 이유가 아니라 법위반을 이유로 하는' 대통령의 파면임을 밝히고 있다.

8) "헌법과 법률에 위반되지 않는 단순한 정치적 실책이나 부당행위" 등은 탄핵소추사유가 아니라고 보는 견해(김철수, 헌법학개론(제13전정신판), 박영사(2001), 1000면), "단순한 부도덕이나 정치적 무능력 또는 정책결정상의 과오"는 탄핵사유가 아니라고 보는 견해(권영성(2001년판), 859면) 등.

찬가지이다.[1] 이 점에서 헌법이나 법률에 위반한 직무행위뿐 아니라 정책적 결정·선택과 판단상의 과오, 무능력, 미숙, 실정 등도 포괄적으로 그 사유가 될 수 있는 국무총리·국무위원에 대한 해임건의제도와는 차이가 있다. 한편 헌재는 공무원 징계의 경우 징계사유의 특정은 그 대상이 되는 비위사실을 다른 사실과 구별될 정도로 기재하면 충분하므로(대법원 2005.3.24. 선고 2004두14380 판결), 탄핵소추사유도 그 대상 사실을 다른 사실과 명백하게 구분할 수 있을 정도의 구체적 사정이 기재되면 충분하다고 한다.[2]

2) 직무집행관련성 - 직무의 개념

여기서의 직무란 탄핵대상 공무원에게 헌법상, 법률상 부여된 권한과 의무를 행사하고 이행하기 위한 모든 공무를 포괄하는 의미이다. 이러한 공무에 대해서는 하위 법령들이 보다 구체적으로 직제를 편성하여 그 업무를 분장하고 업무방식·절차를 규정하게 되므로 헌법, 법률, 하위 법령 등에 따른 모든 소관 업무를 의미한다. 행정상 관례에 따른 업무도 포함된다. 또한 그러한 업무들에 관련되거나 수반되는 모든 활동과 행위들도 포함된다. 헌법재판소도 헌법 제65조에 규정된 '직무집행에 있어서'의 '직무'란, "법제상 소관 직무에 속하는 고유 업무 및 통념상 이와 관련된 업무를 말한다. 따라서 직무상의 행위란, 법령·조례 또는 행정관행·관례에 의하여 그 지위의 성질상 필요로 하거나 수반되는 모든 행위나 활동을 의미한다"라고 본다. 이러한 넓은 직무개념에 따라 대통령의 경우에 있어서, 그 직무상 행위는 "법령에 근거한 행위뿐만 아니라, '대통령의 지위에서 국정수행과 관련하여 행하는 모든 행위'를 포괄하는 개념으로서, 예컨대 각종 단체·산업현장 등 방문행위, 준공식·공식만찬 등 각종 행사에 참석하는 행위, 대통령이 국민의 이해를 구하고 국가정책을 효율적으로 수행하기 위하여 방송에 출연하여 정부의 정책을 설명하는 행위, 기자회견에 응하는 행위 등을 모두 포함한다"라고 본다.[3]

직무집행과 관련이 있는 행위로서 위헌, 위법행위가 사유가 되므로 직무집행인 공무와 관련성이 없는 탄핵소추대상 공무원의 개인적인 사적인 활동은 제외된다. 사적인 이익을 위하여

---

1) 헌재 2004.5.14. 2004헌나1, 판례집 16-1, 653-654면. [소추사유의 설시요약] 취임 후 피청구인은 국민경제와 국정을 파탄시켜 국민들에게 극심한 고통과 불행을 안겨주었으며 그 원인은 대통령의 거듭된 말실수, 이라크 파병선언 후 이라크 반전입장 표명, 위헌적인 재신임 국민투표 제안, 정계은퇴 공언 등 진지성과 일관성을 찾을 수 없는 불성실한 직무수행과 경솔한 국정운영 등에 있고 따라서 피청구인은 헌법 제69조에 명시된 '대통령으로서의 직책의 성실한 수행의무'를 위반하였다는 것이다. [판시요약] 비록 대통령의 '성실한 직책수행의무'는 헌법적 의무에 해당하나, '헌법을 수호해야 할 의무'와는 달리, 규범적으로 그 이행이 관철될 수 있는 성격의 의무가 아니므로, 원칙적으로 사법적 판단의 대상이 될 수 없다고 할 것이다. 대통령이 임기 중 성실하게 의무를 이행했는지의 여부는 주기적으로 돌아오는 다음 선거에서 국민의 심판의 대상이 될 수 있을 것이다. 헌법 제65조 제1항은 탄핵사유를 '헌법이나 법률에 위배한 때'로 제한하고 있고, 헌법재판소의 탄핵심판절차는 법적인 관점에서 단지 탄핵사유의 존부만을 판단하는 것이므로, 이 사건에서 청구인이 주장하는 바와 같은 정치적 무능력이나 정책결정상의 잘못 등 직책수행의 성실성여부는 그 자체로서 소추사유가 될 수 없어, 탄핵심판절차의 판단대상이 되지 아니한다. 동지: 헌재 2017.3.10. 2016헌나1.

2) 헌재 2017.3.10. 2016헌나1.

3) 헌재 2004.5.14. 2004헌나1, 판례집 16-1, 633면; 헌재 2017.3.10. 2016헌나1.

직권을 남용한 경우는 물론 직무집행관련성이 있고 탄핵소추사유가 된다.

3) 위헌·위법행위시기의 문제 - 재직전·후의 위헌·위법행위의 사유성 문제

헌법 제65조 제1항이 '직무집행에 있어서'라고 규정하고 있으므로 사유에 있어서 시기적 요건은 '재직 중'이 해당됨은 물론이다. 따라서 문제는 재직의 전·후 시기에 있었던 위헌·위법행위가 그 사유가 되는가 하는 데 있다. 이에 관해서는 세 가지 문제가 있다. i) 현직 이전에 공직에 있었던 경우 그 전직인 공직에서 위헌·위법행위(이전에 공무원이 아니었던 사람의 경우에도 이전의 범죄행위 등)도 탄핵소추사유가 되는지 여부, ii) 대통령과 같은 선거로 선출되는 공무원의 경우(사실상 대통령 외에 선거직 탄핵대상자는 현재로서는 찾기 어렵다)에 당선 후 취임 사이 기간에 행해진 위헌·위법행위가 탄핵소추사유가 되는지 여부, iii) 퇴직 이후의 위헌·위법행위가 탄핵소추사유가 되는지 여부가 문제가 된다.

(가) 전직에서의 사유[i)의 문제]

가) 학설과 판례

i)의 문제에 대해서는 ① 긍정설과 ② 부정설로 나누어진다. 긍정설은 공무원의 위헌·위법행위는 전직에서의 것일지라도 고위공무원직과 상용될 수 없다는 점을 이유로 한다. 아마도 고위공무원직은 높은 품격이 요구되는데 전직에서의 위법성이 이에 반한다는 점과 탄핵제도가 자질을 갖추지 못한 사람을 공직으로부터 추방한다는 의미를 가진다는 점에 근거하고 있는 것으로 이해된다. 부정설은 헌법이 '그 직무집행에 있어서'라고 규정하고 있으므로 현직에서의 위헌·위법행위에 대해서만 탄핵소추사유로 보는 견해이다. 헌법재판소판례는 "헌법 제65조 제1항은 '대통령…이 그 직무집행에 있어서'라고 하여, 탄핵사유의 요건을 '직무' 집행으로 한정하고 있으므로, 위 규정의 해석상 대통령의 직위를 보유하고 있는 상태에서 범한 법위반행위만이 소추사유가 될 수 있다고 보아야 한다"라고 판시하여 부정설을 취하고 있다.[1)]

나) 사견

생각건대 헌법 제65조 제1항의 문언이 '그 직무집행에 있어서'라고 규정하고 있으므로 원칙적으로 재직 중 위헌·위법행위에 한하여 탄핵사유가 된다고 본다. 전직에서의 위헌·위법행위는 현직의 임명에서 결격요건을 이룰 수 있다. 국가공무원법 제33조에 공무원의 결격사유가 규정되어 있다. 그리고 공직선거법은 이전에 공직에서의 형사처벌을 받은 자에 대해서는 피선거권을 박탈하고 있다(공직선거법 제19조). 따라서 전직에서의 위헌·위법행위가 있었다면 공무원의 임명자격이나 입후보자격(선출직의 경우)이 부정될 것이고 전직에서의 위헌·위법행위가 취임 이후에 법원판결로 사실로서 인정된 경우에는 그로 인해 임명이나 선출이 무효가 될 것이므로 탄핵절차에 의존할 필요가 없다. 다만, 공소시효가 완성된 경우가 있을 것이긴 하다. 한편 탄

---

1) 헌재 2004.5.14. 2004헌나1, 판례집 16-1, 651면.

핵대상인 고위공무원들은 현재 임명을 위해 국회의 인사청문을 거치게 되는 대상자들이므로 인사청문을 통해 자격의 검증이 이루어진다. 요컨대 전직에서의 위헌·위법행위는 헌법상의 문리해석과 사전검증과 결격제도가 충실할 것을 전제로 탄핵소추사유에 포함되지 않는 것으로 볼 것이다. 문제는 대통령의 경우이다. 대통령의 경우에도 헌법 제65조 제1항의 '그 직무집행'이라는 문언의 문리해석상 재직 전의 위헌·위법행위는 탄핵소추의 사유가 될 수 없는 것이 원칙이라면 재직전의 위헌·위법행위에 대해서는 형사소추가 될 수 있어야 할 텐데 취임 후에 전직에서의 위헌·위법행위가 논란되거나 취임 이전의 범죄행위의 혐의가 취임 이후에 역시 드러났을 경우 그 진실 규명을 위한 재판이 어렵다는 데에 있다. 헌법 제84조는 대통령은 내란 또는 외환의 죄를 범한 경우를 제외하고는 재직 중 형사상의 소추를 받지 아니한다고 규정하고 있고 이 헌법 제84조가 형사상 불소추되는 대상이 대통령의 재임 중의 범죄혐의에 한정되는지 아니면 재임 전의 범죄혐의도 포함되는지가 명확하지 않으나 국정운영의 안정성보장이라는 형사불소추특권의 취지를 생각하면 재임 전의 범죄혐의에 대해서도 불소추가 된다고 볼 것이기 때문이다(제84조). 그렇다면 헌법적 공백이 생기고 일반적인 소추로서는 감당하기 힘든 고위공무원에 대한 제재절차로서 탄핵제도가 마련되었다는 점에서 대통령으로서의 자격과 정당한 자격을 인정하기 어렵게 하는 재임 전의 위헌·위법행위에 대해서도 문리해석을 벗어나 탄핵사유로 보는 것이 헌법체계적인 해석이 된다. 이는 탄핵제도가 아무리 국가의 최고권력을 행사하는 공무원이라 할지라도 또 그러할수록 대통령의 파면이라는 많은 비용을 지불하고서라도 헌법을 수호하겠다고 하여 헌법제정권력자가 둔 제도라는 취지를 살리기 위해서도 그러하다.

(나) 대통령의 당선과 취임 사이의 행위[ii)의 문제]

가) 학설과 판례

ii)의 문제는 선출직에서의 문제인데 특히 대통령의 경우에 그 논의가 중요하다. 이 문제에 대해서도 ① 긍정설과 ② 부정설이 대립한다. 긍정설은 대통령당선인은 당선자결정과 동시에 헌법적 보호와 예우를 받는 점을 논거로 한다(권영성, 902면). 부정설은 재직 중의 행위만이 해당된다고 보고 취임전의 행위에 대해서는 탄핵사유가 될 수 없다고 본다. 헌법재판소판례는 부정설을 취한다. 대통령직위를 보유하고 있는 상태에서 범한 법위반행위만이 소추사유가 되고 따라서 당선 후 취임 시까지의 기간에 이루어진 대통령의 행위는 소추사유가 될 수 없다고 본다. 헌법재판소는 '대통령당선자'의 지위와 대통령직의 인수에 필요한 준비작업을 할 수 있는 권한은 대통령의 직무와는 근본적인 차이가 있고 이 시기 동안의 위법행위는 형사소추의 대상이 되므로, 헌법상 탄핵사유가 아니라고 본다.[1)]

---

1) 헌재 2004.5.14. 2004헌나1, 판례집 16－1, 651－652면. [관련판시] 헌법 제65조 제1항은 '대통령…이 그 직무집행에 있어서'라고 하여, 탄핵사유의 요건을 '직무' 집행으로 한정하고 있으므로, 위 규정의 해석상 대통령의 직위를 보유하고 있는 상태에서 범한 법위반행위만이 소추사유가 될 수 있다고 보아야 한다. 따라서 당선 후 취임

나) 사견

생각건대 ㉠ 대통령당선인이 앞으로 보유할 대통령으로서의 지위나 헌법상 부여된 강한 권한을 고려할 때, ㉡ 헌재는 대통령당선자로서의 권한이 대통령직무와 근본적 차이가 있다고 하나 대통령당선인은 대통령임기개시 전에 국무총리 및 국무위원 후보자를 지명할 수 있는데('대통령직인수에 관한 법률' 제5조 1항) 이는 행정부의 구성권으로서 대통령의 재직 중의 권한과 같은 권한으로서 중요한 권한인바 대통령당선인의 신분에서도 이를 행사하게 되므로 대통령당선인으로서의 실제적 지위와 권한이 상당하다. 대통령당선인은 '대통령직인수에 관한 법률'이 정하는 바에 따라 대통령당선인으로 결정된 때부터 대통령직 인수를 위하여 필요한 권한을 갖고 예우를 받으므로(동법 제3조 2항, 제4조) 대통령당선인으로 결정된 때부터 대통령임기개시일 전일까지 상당한 영향력을 실제적으로 가질 수 있다는 점을 고려하면 그 기간 동안의 위헌·위법 행위를 탄핵소추사유에서 배제하기는 어렵다.

(다) 퇴직 이후[ⅲ)의 문제]

ⅲ)의 문제의 경우, 퇴직 이후 행위는 고위직을 떠난 상황에서의 행위이므로 일반적인 형사절차로 해결할 일이어서 탄핵소추사유에 포함되지 않는다. 탄핵소추절차가 시작된 후 소추를 면탈하게 하기 위해 임명권자가 전직(轉職)시킬 경우에는 현직 중의 행위로 보아야 한다는 점을 지적하는 견해가 있다(권영성, 902면). 행위시점이 재직 중이었던 것이므로 당연히 탄핵소추사유가 되므로 특별히 언급할 필요가 없는 지적이다.

(3) 탄핵(파면)사유 - 법위반의 중대성

탄핵소추가 있고 이를 심판한 결과 헌법재판소가 탄핵소추가 된 피청구인이 위헌·위법행위를 하였음을 인정한 경우에 다음 단계로 피청구인을 탄핵(파면)할 것인가에 대해 판단하게 된다. 이 파면 여부 판단 단계에 있어서 위헌·위법이 경미한 것인지 아니면 중대한 것인지를 구분하지 않고 파면결정을 하여야 하는지 아니면 중대한 위헌·위법성이 있는 경우에만 파면결정을 할 수 있는지 논란되었다. 파면사유로 법위반의 중대성이 있어야 한다고 본다(후술 탄핵심판절차에 관한 부분 참조).

4. 탄핵소추기관과 탄핵결정기관

(1) 권한의 분장

현행 우리 헌법은 탄핵의 소추는 국회의 권한으로, 탄핵의 심판과 결정은 헌법재판소의

시까지의 기간에 이루어진 대통령의 행위도 소추사유가 될 수 없다. 비록 이 시기 동안 대통령직인수에관한법률에 따라 법적 신분이 '대통령당선자'로 인정되어 대통령직의 인수에 필요한 준비작업을 할 수 있는 권한을 가지게 되나, 이러한 대통령당선자의 지위와 권한은 대통령의 직무와는 근본적인 차이가 있고, 이 시기 동안의 불법정치자금 수수 등의 위법행위는 형사소추의 대상이 되므로, 헌법상 탄핵사유에 대한 해석을 달리할 근거가 없다.

권한으로 나누어 분장하고 있다. 즉 국회가 소추하면 헌법재판소의 결정에 의해 탄핵이 이루어진다.

(2) 탄핵소추기관

우리 헌법상 국회가 탄핵소추권을 가진다. 나라마다 다를 수 있으나 외국의 경우에도 일반적으로 의회가 탄핵소추기관이다. 이는 일반적인 징계절차나 처벌절차로는 제재가 어려운 고위공무원에 대한 소추이기에 국민적 정당성이 보다 강한 국민의 대표자인 국회가 통제기능으로서 탄핵소추권을 행사하는 것이 적절하다고 보기 때문이다. 양원제국가에서는 일반적으로 하원이 탄핵소추권을 가진다.

(3) 탄핵결정기관

헌법재판소가 국회의 소추를 받아 최종적으로 탄핵여부를 결정한다. 이 점에서 우리의 탄핵제도는 사법적 성격이 상당히 강하다.

5. 탄핵소추의 절차

(1) 탄핵소추발의

1) 발의정족수

탄핵소추는 국회재적의원 3분의 1 이상의 발의가 있어야 하며, 다만, 대통령에 대한 탄핵소추는 국회재적의원 과반수의 발의가 있어야 한다(헌법 제65조 2항).

2) 발의방식

탄핵소추의 발의에는 피소추자의 성명·직위와 탄핵소추의 사유·증거 기타 조사상 참고가 될만한 자료를 제시하여야 한다(국회법 제130조 3항).

3) 본회의 보고

탄핵소추의 발의가 있은 때에는 의장은 발의된 후 처음 개의하는 본회의에 보고한다(국회법 제130조 1항 전문).

(2) 법제사법위원회의 조사절차

1) 본회의 의결사항

의장으로부터 위 보고를 받은 본회의는 의결로 법제사법위원회에 회부하여 조사하게 할 수 있다(국회법 제130조 1항).

2) 조사회부의 재량성

헌법재판소는 조사가 반드시 이루어져야 하는 것은 아니고 조사 여부는 국회의 재량에 속한다고 본다.[1)] 탄핵소추의 중대성을 감안하면 앞으로 국회법을 개정하여 의무조항으로 변경하

1) 헌재 2004.5.14, 2004헌나1, 판례집 16-1, 629면 [관련판시] 물론, 국회가 탄핵소추를 하기 전에 소추사유에 관하여 충분한 조사를 하는 것이 바람직하나, 국회법 제130조 제1항에 의하면 "탄핵소추의 발의가 있은 때

는 것이 필요하다.

3) 조사절차

법제사법위원회가 탄핵소추발의를 회부받았을 때에는 지체없이 조사·보고하여야 하고, 이 조사에 있어서는 국정감사 및 조사에 관한 법률이 규정하는 조사의 방법 및 조사상의 주의의무규정을 준용한다(국회법 제131조). 조사를 받는 국가기관은 그 조사를 신속히 완료시키기 위하여 충분한 협조를 하여야 한다(국회법 제132조).

(3) 탄핵소추의결

1) 의결(표결)정족수

탄핵소추의 의결은 국회 재적의원 과반수의 찬성이 있어야 한다. 다만, 대통령에 대한 탄핵소추는 국회 재적의원 3분의 2 이상의 찬성이 있어야 한다(헌법 제65조 2항).

2) 법제사법위원회에 회부하기로 의결하지 아니한 경우의 본회의 표결

본회의가 법제사법위원회에 회부[즉 위의 (2)에서 본 조사를 위한 회부]를 하기로 의결하지 아니한 때에는 본회의에 보고된 때로부터 24시간 이후 72시간 이내에 탄핵소추의 여부를 무기명투표로 표결한다. 이 기간 내에 표결하지 아니한 때에는 그 탄핵소추안은 폐기된 것으로 본다(국회법 제130조 2항).

3) 심의과정에서의 질의 및 토론절차의 필요성 여부

탄핵소추의 의결을 심의하는 과정에서 바로 표결에 들어갈 것이 아니고 반드시 질의·토론을 거쳐야 하는가가 논란된다. 생각건대 고위공직자에 대한 파면을 요구하는 소추의 절차이므로 명백히 진실이 밝혀져 더 이상의 의문이 없는 경우라면 몰라도 사실규명을 위하여 그리고 그 중대성만큼이나 요구되는 이성적 결정을 국회가 하도록 질의, 토론이 필요하다고 본다. 2004년 대통령탄핵심판에서 피청구인은 국회의장이 이 사건 탄핵소추안 심의과정에서 국회법 제93조에 위반하여 제안자의 취지 설명 없이 유인물을 배포하고 질의와 토론절차를 생략한 채 표결을 강행함으로써 국회의원들의 질의·토론권을 침해하였다고 주장하였다. 그러나 헌재는 "국회법 제93조는 '위원회의 심의를 거치지 아니한 안건에 대해서는 제안자가 그 취지를 설명하도록' 규정하고 있으나, 위 국회 회의록에 의하면 이 사건 탄핵소추안 심의과정에서는 제안자의 취지 설명을 '서면'으로 대체한 사실이 인정되는데, 이러한 방식이 잘못되었다고 볼만한 법적 근거가 없다"라고 판시하였다.[1] 그리고 다음으로 질의 및 토론절차를 생략한 것에 관하여 헌재는 "국회법 제93조는 '본회의는 안건을 심의함에 있어서 질의·토론을 거쳐 표결할 것'

에는 … 본회의는 의결로 법제사법위원회에 회부하여 조사하게 할 수 있다."고 하여, 조사의 여부를 국회의 재량으로 규정하고 있으므로, 이 사건에서 국회가 별도의 조사를 하지 않았다 하더라도 헌법이나 법률을 위반하였다고 할 수 없다. 동지: 헌재 2017.3.10. 2016헌나1.

1) 헌재 2004.5.14. 2004헌나1. 이러한 판시는 이후 다른 결정에서도 볼 수 있다(동지 : 헌재 2008.4.24. 2006헌라2; 2012.2.23. 2010헌라6등).

을 규정하고 있으므로 탄핵소추의 중대성에 비추어 국회 내의 충분한 질의와 토론을 거치는 것이 바람직하다. 그러나 법제사법위원회에 회부되지 않은 탄핵소추안에 대하여 "본회의에 보고된 때로부터 24시간 이후 72시간 이내에 탄핵소추의 여부를 무기명투표로 표결한다."고 규정하고 있는 국회법 제130조 제2항을 탄핵소추에 관한 특별규정인 것으로 보아, '탄핵소추의 경우에는 질의와 토론 없이 표결할 것을 규정한 것'으로 해석할 여지가 있기 때문에, 국회의 자율권과 법해석을 존중한다면, 이러한 법해석이 자의적이거나 잘못되었다고 볼 수 없다"라고 하여 역시 그 주장을 배척하였다.

헌재는 탄핵소추의 중대성에 비추어 소추의결을 하기 전에 충분한 찬반토론을 거치는 것이 바람직하나 국회법에 반드시 토론을 거쳐야 한다는 명문 규정은 없고 고의로 토론을 못하게 하거나 방해한 사실은 없어서 그러한 절차적 부적법 주장을 배척하였다.[1] 국회가 여러 개 탄핵사유 전체에 대하여 일괄하여 의결하고 각각의 탄핵사유에 대하여 별도로 의결절차를 거치지 않은 것이 위헌이라는 주장도 배척했다.[2]

4) 탄핵소추의결의 방식

본회의의 탄핵소추의 의결은 피소추자의 성명 · 직위 및 탄핵소추의 사유를 표시한 문서, 즉 "소추의결서"로 하여야 한다(국회법 제133조).

(4) 탄핵소추의결서의 송달

탄핵소추의 의결이 있은 때에는 의장은 지체없이 소추의결서의 정본을 법제사법위원장인 소추위원에게, 그 등본을 헌법재판소 · 피소추자와 그 소속기관의 장에게 송달한다(국회법 제134조 1항).

6. 탄핵소추의결의 효과

(1) 권한행사의 정지

탄핵소추의 의결을 받은 자는 탄핵심판이 있을 때까지 그 권한행사가 정지된다(헌법 제65조 3항, 헌재법 제50조). 대통령의 경우에 탄핵소추의결로 권한행사가 정지되도록 한 것은 다른 공직자의 경우에 비해 국정운영상에 미칠 영향이 더욱 크다는 점에서 재검토의 의견들이 제시되고 있기도 하다.

(2) 권한행사 정지의 시점(始點)

권한행사가 정지되기 시작하는 시점을 국회법은 '소추의결서가 송달된 때'라고 규정하고 있다(국회법 제134조 2항 전문).

---

1) 헌재 2017.3.10. 2016헌나1.
2) 헌재 2017.3.10. 2016헌나1.

(3) 사직원 접수와 해임의 금지

소추의결서가 송달된 때에는 임명권자는 피소추자의 사직원을 접수하거나 해임할 수 없다(국회법 제134조 2항 후문). 이는 파면 보다 사직이나 해임이 유리한데[다시 공무원이 될 수 있는 연한이 파면의 경우 5년, 해임의 경우 3년인 점(국가공무원법 제33조 1항 7호·8호 참조), 파면의 경우 퇴직급여나 퇴직수당의 감액이 있는 점(공무원연금법 제64조 1항 참조) 등에서 차이가 있다], 탄핵결정이 있게 되면 파면되므로 사직, 해임을 함으로써 탄핵의 효과를 막는 결과를 방지하기 위한 것이다.

(4) 탄핵소추 철회의 가능성

2004년 대통령에 대한 탄핵소추의결이 있고 그 의결의 철회가 가능한지가 논의되기도 하였다. 이에 대해서는 명시적인 규정이 없긴 하나 국회의 자율성을 고려하여 긍정설이 타당하다고 본다(형사소송법의 규정을 준용하여 가능하다는 견해가 있으나 탄핵소추는 형사소추가 아니라 징계요구의 성격을 가진다는 점에서 잘못된 견해이다). 다만, 그 철회의 의결에는 적어도 소추의결정족수를 능가하는 찬성으로 철회가 가능하다고 보는 것이 논리적이다.

7. 헌법재판소에서의 탄핵심판절차

* 이에 관한 자세한 것은 정재황, 헌법재판론, 박영사 2020도 참조.

(1) 탄핵심판의 심리, 결정 등의 절차

이에 관한 자세한 것은 헌법재판 부분의 탄핵심판 부분을 참조.

(2) 탄핵심판의 결정유형

탄핵심판의 결정유형(형식)에는 ① 각하결정(탄핵소추의 요건을 갖추지 못한 경우), ② 인용결정(탄핵(파면)의 사유가 있을 경우에 피청구인을 해당 공직에서 파면하는 결정. 헌법재판소법 제53조 1항), ③ 기각결정(파면의 사유가 없을 경우와 결정 선고 전에 파면된 때) 등이 있다. 유의할 것은 ③의 기각결정에서 보았듯이 피청구인이 결정 선고 전에 해당 공직에서 파면되었을 때에는 심판청구를 기각하는 기각결정을 하여야 한다는 점이다(헌법재판소법 제53조 2항).

(3) 탄핵(파면)사유

위의 결정유형들 중 인용결정(탄핵결정), 즉 피청구인을 해당 공직에서 파면하는 결정을 하기 위한 사유가 문제된다.

1) 법위반의 중대성

탄핵심판의 심리결과 위헌·위법한 행위가 있었다고 인정되면 그 위헌·위법의 정도, 즉 가볍고 무거움(경중)을 가리지 않고 파면의 결정을 하는지 아니면 중대한 위헌·위법의 경우에만 파면의 결정을 하는지가 문제되었다. 헌법 제65조 제1항은 “헌법이나 법률을 위배한 때에는 국회는 탄핵의 소추를 의결할 수 있다”라고만 규정하고 있고, 헌법재판소법은 제53조 제1

항은 "탄핵심판청구가 이유 있는 때에는 헌법재판소는 피청구인을 당해 공직에서 파면하는 결정을 선고한다"라고 규정하고 있다.

(가) 학설

이에 대해서는 학설은 대립되고 있다. ① 부정설 – 헌법이 "헌법이나 법률을 위배한 때"라고만 규정하고 있지 그 중대성을 요건으로 하지 않고 법위반시 그 직을 그만두게 하겠다는 탄핵제도의 취지에 따라 중대성 여부와 무관하게 법위반 사실이 입증된 이상에는 그 직을 떠나게 하여야 하므로 중대성 여부를 요건을 하지 않는다는 견해이다. ② 긍정설 – 탄핵소추에 이르기도 어렵고 중대하지 않은 법위반인데도 파면 아닌 다른 종류의 징계(해임, 정직 등)의 여지도 전혀 주지 않고 무조건 파면에 이르게 하는 것은 비례적이지 않고 그 경우에는 탄핵이 아닌 일반적인 징계절차에 의할 수도 있으므로 헌법을 엄격해석하여 중대한 법위반이 있는 경우에 파면되게 하여야 한다는 견해이다. ③ 개별설 – 탄핵대상자의 직위나 수행직무의 성격 등을 고려하여 개별적으로 중대성 요건을 부여할 것인지를 결정하여야 한다는 견해이다. 당장 대통령의 경우에는 다른 탄핵대상자들보다 의결정족수가 가중되어 있는데 그 점을 보더라도, 그리고 대통령 직무의 중요성을 보더라도 중대한 법위반이 있는 경우에 파면되도록 하여야 한다는 견해이다.

(나) 판례

헌법재판소는 헌법재판소법 제53조 제1항을 "헌법 제65조 제1항의 탄핵사유가 인정되는 모든 경우에 자동적으로 파면결정을 하도록 규정하고 있는 것으로 문리적으로 해석할 수 있으나, 직무행위로 인한 모든 사소한 법위반을 이유로 파면을 해야 한다면, 이는 피청구인의 책임에 상응하는 헌법적 징벌의 요청, 즉 법익형량의 원칙에 위반된다. 따라서 헌법재판소법 제53조 제1항의 '탄핵심판청구가 이유 있는 때'란, 모든 법위반의 경우가 아니라, 단지 공직자의 파면을 정당화할 정도로 '중대한' 법위반의 경우를 말한다"라고 하여[1] 파면사유로서 중대성이 있어야 한다고 본다. 그런데 이어 '나. '법위반의 중대성'에 관한 판단 기준'이라는 제목의 판시에서 헌재는 "대통령을 제외한 다른 공직자의 경우에는 파면결정으로 인한 효과가 일반적으로 적기 때문에 상대적으로 경미한 법위반행위에 의해서도 파면이 정당화될 가능성이 큰 반면, 대통령의 경우에는 파면결정의 효과가 지대하기 때문에 파면결정을 하기 위해서는 이를 압도할 수 있는 중대한 법위반이 존재해야 한다"라고 판시한다. 이러한 판시는 대통령 외 대상자의 경우 경미한 법위반도 사유가 되는 것으로 이해하기 위하여 혼란스럽게 하는 것으로서 헌재의 입장을 충분히 명확하게 알 수 없게 한다.

(다) 사견

생각건대 ① 우리나라의 탄핵제도가 헌법재판소에 의한 최종심판이 이루어지는 사법형이어서 정치적 기관에 의한 정치적 신분박탈이 아니므로 보다 신중한 파면결정이 요구된다는

1) 헌재 2004.5.14. 2004헌나1, 판례집 16－1, 654면. 동지 : 헌재 2017.3.10. 2016헌나1.

점, ② 앞서 밝힌 대로 논리적으로 파면사유가 탄핵소추사유보다 좁혀져야 한다는 견해도 있는 점, ③ 탄핵결정이 나면 파면이라는 징계만이 부과되고 위법의 정도에 상응하는 적절한 중간의 징계들이 없다는 점 등을 고려할 때 중대성을 요건으로 한다는 견해가 타당하다. 그리고 아래에서 더 나아가 다루겠지만 공직의 중요도에 따라 그 중요성이 달라진다고 보는 것이 형평성에 맞다.

그러나 중요성요건을 부과함에 있어서는 다음과 같은 문제점 내지 전제를 고려하여야 한다. 첫째, 어느 정도의 위법을 중대한 것으로 볼 것이냐 하는 중대성의 판단이 모호할 수 있다. 둘째, 그 위반의 정도가 중대하지 않다 하더라도 헌법, 법률의 위반은 그대로 둘 수 없고 그 위반에 대하여는 제재가 필요한데 중대성을 요구하면 결국 탄핵심판절차로는 아무런 제재가 가해질 수 없는 경우도 있을 수 있다는 모순을 가져올 여지도 있다. 탄핵소추가 기각되면 일반 징계요구절차로 갈 수 있도록 한다든지 하는 제도적 보완이 요구된다. 현재 탄핵 또는 징계중대성요건의 요구는 헌법해석을 통한 것이고 어디까지나 현행 헌법조문에는 명시되어 있지 않은 것이므로 입법론적으로는 탄핵제도가 가지는 의의나 기능을 고려할 때 헌법 자체에 법위반의 중대성을 명시하는 것이 필요하다.

2) '법위반의 중대성'에 관한 판단 기준

탄핵사유로서의 중대성 여부에 대한 판단 기준은 어떠한지가 문제된다. 헌법재판소는 법익형량을 통하여 판별된다는 입장이다. 즉 "'법위반이 중대한지' 또는 '파면이 정당화되는지'의 여부는 그 자체로서 인식될 수 없는 것이므로, 결국 파면결정을 할 것인지의 여부는 공직자의 '법위반 행위의 중대성'과 '파면결정으로 인한 효과' 사이의 법익형량을 통하여 결정된다고 할 것이다. 그런데 탄핵심판절차가 헌법의 수호와 유지를 그 본질로 하고 있다는 점에서, '법위반의 중대성'이란 '헌법질서의 수호의 관점에서의 중대성'을 의미하는 것이다. 따라서 한편으로는 '법위반이 어느 정도로 헌법질서에 부정적 영향이나 해악을 미치는지의 관점'과 다른 한편으로는 '피청구인을 파면하는 경우 초래되는 효과'를 서로 형량하여 탄핵심판청구가 이유 있는지의 여부, 즉 파면여부를 결정해야 한다"라고 한다.[1)]

3) 탄핵대상자에 따른 중대성의 차이 문제

파면사유로서의 법위반의 중대성의 정도가 탄핵대상 공무원들의 직위의 중요도에 따라 다른 것인지 하는 문제가, 특히 대통령의 경우와 다른 탄핵대상 공무원들의 경우에 있어서 그 정도를 달리하는 것인지 하는 문제가 있다. 헌법재판소판례는 대통령의 경우 다른 탄핵대상 공직자에 비해 보다 더 중대한 사유가 있어야 한다고 본다. 즉 "대통령은 국가의 원수이자 행정부의 수반이라는 막중한 지위에 있고(헌법 제66조), 국민의 선거에 의하여 선출되어 직접적인 민주적 정당성을 부여받은 대의기관이라는 점에서(헌법 제67조) 다른 탄핵대상 공무원과는 그

---

1) 헌재 2004.5.14. 2004헌나1, 판례집 16－1, 655면. 동지 : 헌재 2017.3.10. 2016헌나1.

정치적 기능과 비중에 있어서 본질적인 차이가 있으며, 이러한 차이는 '파면의 효과'에 있어서도 근본적인 차이로 나타난다"라고 보고 "대통령에 대한 파면효과가 이와 같이 중대하다면, 파면결정을 정당화하는 사유도 이에 상응하는 중대성을 가져야 한다"라고 본다.[1)]

대통령에 대한 파면을 정당화할 정도의 중대성의 기준은 어떠한가도 문제된다. 헌재는 그 기준으로 ① 헌법을 수호하고 손상된 헌법질서를 다시 회복하는 것이 요청될 정도로 대통령의 법위반행위가 헌법수호의 관점에서 중대한 의미를 가지는지, ② 법위반행위를 통하여 국민의 신임을 저버린 경우인지를 두고 판단하였다.[2)]

8. 대통령에 대한 탄핵심판결정의 실제례

(1) 2004년 기각결정

헌재는 2004.5.14. 2004헌나1 결정에서 대통령이 일부 직무집행에 있어서 헌법이나 법률을 위반했음을 인정하면서도 그 위헌·위법이 중대 사유가 아니어서 파면을 하지 않는다고 하여 기각결정을 한 바 있다.

---

1) 헌재 2004.5.14. 2004헌나1, 판례집 16－1, 655면. [관련판시] 대통령에 대한 파면결정은, 국민이 선거를 통하여 대통령에게 부여한 '민주적 정당성'을 임기 중 다시 박탈하는 효과를 가지며, 직무수행의 단절로 인한 국가적 손실과 국정 공백은 물론이고, 국론의 분열현상 즉, 대통령을 지지하는 국민과 그렇지 않은 국민간의 분열과 반목으로 인한 정치적 혼란을 가져올 수 있다. 따라서 대통령의 경우, 국민의 선거에 의하여 부여받은 '직접적 민주적 정당성' 및 '직무수행의 계속성에 관한 공익'의 관점이 파면결정을 함에 있어서 중요한 요소로서 고려되어야 하며, 대통령에 대한 파면효과가 이와 같이 중대하다면, 파면결정을 정당화하는 사유도 이에 상응하는 중대성을 가져야 한다. 그결과 대통령을 제외한 다른 공직자의 경우에는 파면결정으로 인한 효과가 일반적으로 적기 때문에 상대적으로 경미한 법위반행위에 의해서도 파면이 정당화될 가능성이 큰 반면, 대통령의 경우에는 파면결정의 효과가 지대하기 때문에 파면결정을 하기 위해서는 이를 압도할 수 있는 중대한 법위반이 존재해야 한다. * 문제점 － 위 판시 중에 "다른 공직자의 경우에는 파면결정으로 인한 효과가 일반적으로 적기 때문에 상대적으로 경미한 법위반행위에 의해서도 파면이 정당화될 가능성이 큰 반면"이라고 한 부분은 오해의 소지가 있다. 헌법재판소는 위 판시 이전 부분에서 탄핵(파면)사유로서 중대성요건을 대통령의 경우에만 요구되지 않고 일반적으로 모든 탄핵대상 공무원의 경우에 요구되는 것으로 판시하였는데 여기서는 경미한 법위반에 의한 파면가능성을 다른 탄핵대상 공무원에게 인정하는 듯한 위와 같은 판시를 하고 있는 것이다. 헌법재판소의 이 부분 판시를 선해하면 다른 탄핵대상 공무원들도 법위반의 중대성이 요구되나 대통령의 경우에 비해서는 중대성이 약한 경우라도 파면될 수 있음을 의미한다고 볼 것이다.

2) 헌재 2004.5.14. 2004헌나1, 판례집 16－1, 655면. [관련판시] 대통령을 파면할 정도로 중대한 법위반이 어떠한 것인지'에 관하여 일반적으로 규정하는 것은 매우 어려운 일이나, 한편으로는 탄핵심판절차가 공직자의 권력남용으로부터 헌법을 수호하기 위한 제도라는 관점과 다른 한편으로는 파면결정이 대통령에게 부여된 국민의 신임을 박탈한다는 관점이 함께 중요한 기준으로 제시될 것이다. 즉, 탄핵심판절차가 궁극적으로 헌법의 수호에 기여하는 절차라는 관점에서 본다면, 파면결정을 통하여 헌법을 수호하고 손상된 헌법질서를 다시 회복하는 것이 요청될 정도로 대통령의 법위반행위가 헌법수호의 관점에서 중대한 의미를 가지는 경우에 비로소 파면결정이 정당화되며, 대통령이 국민으로부터 선거를 통하여 직접 민주적 정당성을 부여받은 대의기관이라는 관점에서 본다면, 대통령에게 부여한 국민의 신임을 임기 중 다시 박탈해야 할 정도로 대통령이 법위반행위를 통하여 국민의 신임을 저버린 경우에 한하여 대통령에 대한 탄핵사유가 존재하는 것으로 판단된다. 결국, 대통령의 직을 유지하는 것이 더 이상 헌법수호의 관점에서 용납될 수 없거나 대통령이 국민의 신임을 배신하여 국정을 담당할 자격을 상실한 경우에 한하여, 대통령에 대한 파면결정은 정당화되는 것이다. 동지: 헌재 2017.3.10. 2016헌나1.

(2) 2017년 탄핵(파면)결정

헌재 2017.3.10. 2016헌나1 결정에서는 그 중대성이 인정되어 파면결정이 내려졌다. 헌재는 (1) 사인의 국정개입 허용과 대통령 권한 남용 여부, (2) 공무원 임면권 남용 여부, (3) 언론의 자유 침해 여부, (4) 생명권 보호의무 등 위반 여부로 나누어 판단하는데 (1)에 대해서만 긍정하고 나머지는 소추사유가 아니라고 보았다. (1)에 대한 평가로 1) 공익실현의무 위반(헌법 제7조 1항 등 위반), 2) 기업의 자유와 재산권 침해(헌법 제15조, 제23조 1항 등 위반), 3) 비밀엄수의무 위배를 인정하고 결국 헌재는 피청구인을 파면할 것인지 여부에 대해 다음과 같이 판시하여(요약함) 파면결정을 했다.

판례 헌재 2017.3.10. 2016헌나1

[결정이유] 피청구인은 최○원에게 공무상 비밀이 포함된 국정에 관한 문건을 전달했고, 공직자가 아닌 최○원의 의견을 비밀리에 국정 운영에 반영하였다. 피청구인의 이러한 위법행위는 피청구인이 대통령으로 취임한 때부터 3년 이상 지속되었다. 피청구인은 국민으로부터 위임받은 권한을 사적 용도로 남용하여 적극적·반복적으로 최○원의 사익 추구를 도와주었고, 그 과정에서 대통령의 지위를 이용하거나 국가의 기관과 조직을 동원하였다는 점에서 법 위반의 정도가 매우 중하다. 대통령은 공무 수행을 투명하게 공개하여 국민의 평가를 받아야 한다. 그런데 피청구인은 최○원의 국정 개입을 허용하면서 이 사실을 철저히 비밀에 부쳤고, 그에 관한 의혹이 제기될 때마다 이를 부인하며 의혹 제기 행위만을 비난하였다. 따라서 권력분립원리에 따른 국회 등 헌법기관에 의한 견제나 언론 등 민간에 의한 감시 장치가 제대로 작동될 수 없었다. 이와 같은 피청구인의 일련의 행위는 대의민주제의 원리와 법치주의의 정신을 훼손한 것으로서 대통령으로서의 공익실현의무를 중대하게 위반한 것이다. 결국 피청구인의 이 사건 헌법과 법률 위배행위는 국민의 신임을 배반한 행위로서 헌법수호의 관점에서 용납될 수 없는 중대한 법 위배행위라고 보아야 한다. 그렇다면 피청구인의 법 위배행위가 헌법질서에 미치게 된 부정적 영향과 파급 효과가 중대하므로, 피청구인을 파면함으로써 얻는 헌법수호의 이익이 대통령 파면에 따르는 국가적 손실을 압도할 정도로 크다고 인정된다.

9. 탄핵결정의 효력

(1) 파면

파면하는 결정인 탄핵결정은 공직파면으로 그친다. 파면이란 그 직에서 강제적으로 물러나게 하는 처분을 말한다.

(2) 민사상·형사상 책임의 비면제

그러나 피청구인의 민사상 또는 형사상의 책임을 면제하지 아니한다(제65조 4항, 헌재법 제54조 1항).

(2) 대통령의 경우

전직대통령이 재직 중 탄핵결정을 받아 퇴임한 경우에는 필요한 기간의 경호 및 경비를 제외하고는 이 법에 따른 전직대통령으로서의 예우를 하지 아니한다('전직대통령 예우에 관한 법률'

제7조 2항).

(3) 자격의 제한 또는 박탈, 이익의 박탈

탄핵결정에 의하여 파면된 사람은 결정선고가 있은 날부터 5년을 지나지 아니하면 공무원이 될 수 없다(헌재법 제54조 2항). 사면도 안 된다는 견해가 지배적이다. 공무원자격 외에도 탄핵으로 파면 된 후 일정기간이 지나야 전문자격을 가질 수 있는 경우가 있다. 예를 들어 변호사(변호사법 제5조 4호), 세무사(세무사법 제4조 4호), 외국법자문사(외국법자문사법 제5조 4호)가 그렇다. 해당 자격을 아예 가지지 못하도록 규정된 경우도 있다. 예를 들어 변리사(변리사법 제4조)가 그러하다. 자격시험의 1차시험면제 등의 혜택을 박탈하는 경우(예를 들어 행정사시험의 경우. 행정사법 제9조 3항 제1호)도 있다.

(4) 연금의 제한

탄핵에 의하여 파면된 경우에 퇴직급여 및 퇴직수당의 일부를 감액하여 지급한다(공무원연금법 제64조 1항 2호).

Ⅲ. 감사요구

국회는 그 의결로 감사원에 대하여 감사원법에 의한 감사원의 직무범위에 속하는 사항 중 사안을 특정하여 감사를 요구할 수 있다. 이 경우 감사원은 감사요구를 받은 날부터 3월 이내에 감사결과를 국회에 보고하여야 한다(동법 제127조의2 1항). 감사원은 특별한 사유로 제1항에 규정된 기간 이내에 감사를 마치지 못하였을 때에는 중간보고를 하고 감사기간의 연장을 요청할 수 있다. 이 경우 의장은 2월의 범위 이내에서 감사기간을 연장할 수 있다(동법 동조 2항).

Ⅳ. 특별검사제

* 이를 대통령과 정부에 대한 통제로 다른 교재들이 있으나 그 통제만이 아니라 중요한 의혹사건은 정부에만 있는 것이 아니므로 여기 공통적 통제제도로서 다룬다.

1. 의의와 기능

특별검사란 행정부하에 있는 통상의 검찰(경찰)에 속하는 검사가 아닌 별도의 검사를 의미한다. 특별검사제도는 고위공직자의 비리 또는 정치적인 의혹이 강하여 통상의 수사로 실체적 진실을 찾아내기 힘들고 그 수사와 기소 여부에 대한 객관성과 공정성, 신뢰성에 논란이 있을 중요사건에 대해 일반적인 검찰조직에서 수사를 담당하지 않고 국회의 주도하에 특별히 선임된 검사와 그 조직이 수사와 기소를 담당하도록 하는 제도가 특별검사제이다. 보다 독립적이고 객관적인 수사와 공소제기를 하도록 함으로써 국민의 의혹을 규명하기 위한 제도이다.

미국에서 1973년에 닉슨(Nixon) 대통령의 워터게이트(Watergate) 사건에서 시작되어 1978년에 공직윤리법으로 공식적이나 한시적으로 법제화되었다. 이후 몇 차례 연장되었고 Clinton 대통령의 성추문사건에서 특별검사가 임명되었으나 무절제한 수사와 예산낭비 등 논란 끝에 1999년 위 특별검사법의 연장이 이루어지지 않아 자동폐기되었고 외부 특별검사제가 남아있으나 법무부장관의 실질적 거부권을 인정하는 상황에서 사실상 제 기능을 수행하지 못한다는 지적을 받고 있다.

2. 특별검사제를 둘러싼 논란

미국에서 시작된 제도이면서 미국에서조차 비판이 있는 특별검사제가 우리나라에 적실성을 가지는지에 대해서는 논란이 있었다.[1)]

(1) 지지론

그동안 정치적 의혹사건에 대한 검찰수사가 정치적 외압으로 소극성, 공정성, 신뢰성에 국민들의 실망과 비판이 있었으므로 독립성이 보장되는 특별검사제가 필요하다거나 근본적으로 검찰의 기소독점주의, 기소편의(재량)주의에 문제가 있으므로 이에 제동을 거는 특별검사제가 필요하고 오히려 권력분립주의[2)]에 부합된다거나 대통령 등 정치권력으로부터 독립될 수 있는 특별검사에 의한 공정한 수사가 법의 정의를 세울 수 있다거나 이로써 권력의 강압과 남용에 맞서 국민의 기본권을 보장할 수 있다는 등의 지지론이 있다.

(2) 반대론 내지 회의론

권력분립적 관점에서 적절하지 않다거나 검사가 신분상, 직무상 독립되어 있는데 특별검사는 불필요한 수사기관이 된다거나 정치적 여론몰이에 특별검사의 임명부터 수사에서 정략과

---

1) 이 견해의 대립은 우리 헌법재판소가 아래에서 인용하는 이른바 'BBK이명박특검법'에 대한 결정에서 다음과 같이 소개하고 있다. 헌재 [설시] 우리나라에 미국식 특별검사제도를 도입하는 것이 타당한지에 관하여 다음과 같은 찬반론이 꾸준히 이어져 왔다. 이를 찬성하는 논거는, ㉮ 현행 우리 검찰의 기소독점주의 및 기소편의주의에 대한 제도적 견제장치로서 검찰의 미흡한 수사 및 불기소처분 등을 보정하기 위하여 필요하고, ㉯ 권력형 부정사건 및 정치적 성격이 강한 사건에서 대통령이나 정치권력으로부터 독립된 특별검사에 의하여 수사 및 공소유지가 되게 함으로써 법의 공정성 및 사법적 정의를 확보할 수 있으며, ㉰ 국민의 기본권 보장 및 권력남용 방지라는 차원에서 볼 때 권력분립원칙을 실질적으로 확보하는 것이라고 한다. 이에 반해 반대하는 논거는, ㉮ 특별검사제도는 검사의 신분과 정치적 중립성이 헌법과 법률에 의하여 보장되는 우리나라에 적합하지 않고, ㉯ 정략적 차원에서 특별검사제를 실시하여 정치적 여론재판이 지속될 경우 정치적 혼란이 가중되고 국정수행에 방해가 될 우려가 있으며, ㉰ 권력분립원칙이 훼손되고 특별검사의 무리한 수사로 국가기밀누설 및 인권침해의 우려가 있다는 것이다.

2) 미국의 1988년 연방대법원 Morrison v. Olson 판결에서도 특별검사제도가 의회에 의한 대통령권한의 침해인지가 등이 중요한 쟁점이 되었는데 연방대법원은 대통령의 공무원임명권을 규정한 연방헌법 제2조에 반하지 않는다고 하여 합헌성을 인정한 바 있다. 487 U.S. 654 (1988).

정쟁에 휘말릴 수 있고 무리한 수사 등으로 오히려 독립성이 보장될 수 없으며 국가의 중요한 기밀의 누설이나 인권의 침해가 있을 수 있다는 등의 반대론 내지 회의론이 있다.

(3) 판례

특별검사제에 대한 판례로 '한나라당 대통령후보 이명박의 주가조작 등 범죄혐의의 진상규명을 위한 특별검사의 임명 등에 관한 법률'의 다음과 같은 규정들에 대해 다음과 같은 쟁점들에 대해 위헌 여부 심사가 이루어진 바 있다. ① 동법 제2조가 특별검사에 의한 수사대상을 특정인에 대한 특정 사건으로 한정한 것 – 이는 이른바 처분적 법률로서 입법권의 한계를 벗어난 것이고, 수사 대상을 규정하고 있는 방식이나 내용이 명확성의 원칙, 평등권, 신체의 자유, 공정한 재판을 받을 권리를 침해하였다는 주장 – 헌재는 주로 국회의 폭넓은 입법재량을 이유로 주장을 받아들이지 않고 그 쟁점들에 대해서 합헌성을 인정하였다.[1] ② 동법 제3조가 특별검사 임명에 있어서 국회의장이 이를 요청하고 대법원장으로 하여금 특별검사후보자 2인을 추천토록 한 것 : ㉠ 적법절차위반 주장 – 대법원장이 추천한 특별검사가 기소한 사건을 대법원장의 인사상 감독을 받는 법관으로 하여금 재판하게 하는 것은 소추기관과 심판기관의 분리라는 근대 형사법의 대원칙에 어긋나고 "누구든지 자기 자신의 심판관이 될 수 없다"

1) 헌재 2008.1.10. 2007헌마1468. [결정요지] 가. 이 사건 법률 제2조가 처분적 법률에 해당한다는 청구인들의 주장은 결국 위 조항으로 인하여 청구인들의 평등권이 침해되었다는 주장으로 볼 것인바, 특별검사제도의 장단점 및 우리나라 특별검사제도의 연혁에 비추어 볼 때, 검찰의 기소독점주의 및 기소편의주의에 대한 예외로서 특별검사제도를 인정할지 여부는 물론, 특정 사건에 대하여 특별검사에 의한 수사를 실시할 것인지 여부, 특별검사에 의한 수사대상을 어느 범위로 할 것인지는 국민을 대표하는 국회가 검찰 기소독점주의의 적절성, 검찰권 행사의 통제 필요성, 특별검사제도의 장단점, 당해 사건에 대한 국민적 관심과 요구 등 제반 사정을 고려하여 결정할 문제로서 그 판단에는 본질적으로 국회의 폭넓은 재량이 인정된다. 따라서 국회가 여러 사정을 고려하여 이 사건 법률 제2조가 규정하고 있는 사안들에 대하여 특별검사에 의한 수사를 실시하도록 한 것이 명백히 자의적이거나 현저히 부당한 것이라고 단정하기 어렵다. 나. 처분적 법률의 성격을 가지는 이 사건 법률 제2조에 의한 차별적 규율은 위와 같이 정당화되므로 청구인들이 위 조항에 의하여 이 사건 법률에 의한 수사대상이 되어 심문을 받게 되더라도 그러한 심문을 가리켜 적법절차원칙 내지 과잉금지원칙에 위반되는 불법적인 심문, 즉 위헌적인 혹은 위법한 심문이라 할 수 없고, 따라서 이 사건 법률 제2조에 의하여 청구인들의 신체의 자유, 즉 불법적인 심문을 받지 않을 권리가 침해되었다고 볼 수 없다. 다. 이 사건 법률 제2조는 재판절차에 이르기 전 단계인 수사에 관련하여 특별검사의 수사대상 범위를 규정하고 있는 것이므로 재판절차에 직접 영향을 주는 규정이라고 할 수 없어 위 조항이 청구인들의 공정한 재판을 받을 권리를 침해한다고 볼 수 없고, 이 사건 법률 제2조 제1호의 김경준의 주가조작 등 증권거래법 위반 사건이 이미 기소되어 재판이 진행중이라 하더라도 이미 기소된 사건에 관하여 특별검사에 의한 재수사를 받거나 재판에 관여된다는 이유만으로 청구인들의 공정한 재판을 받을 권리가 침해될 수는 없다. (4) 입법부에 의한 특별검사제도의 도입이 대상 사건의 실체와 범위에 대하여 정치적으로 치열한 공방이 벌어지고 있는 상황에서 이루어지고 있는 점, 권력형 부정사건 등 정치적 성격이 강한 사건에 대하여 검찰 대신에 정치권력으로부터 독립된 특별검사에 의하여 수사 및 소추가 이루어지도록 하는 특별검사제도의 취지상 특별검사의 수사대상을 정함에 있어서 본질적으로 국회의 폭넓은 재량이 인정되어야 하는 점, 수사대상의 범위를 확정하는 특별검사가 법률전문가인 점, 이 사건 법률 제2조 제7호가 '제1호 내지 제6호 사건과 관련한 진정·고소·고발 사건 및 위 각 호 사건 수사과정에서 인지된 관련사건'이라고 규정하여 다소 모호한 부분이 있으나 제2조 제1호 내지 제6호 규정과 유기적·체계적으로 관련지어 보면 특별검사의 수사대상이 불분명하다고 보기는 어려운 점 등에 비추어 보면, 이 사건 법률 제2조 각 호는 수범자가 통상의 법감정과 합리적 상식에 기하여 그 구체적 의미를 충분히 예측하고 해석할 수 있는 규정이라 할 것이므로 명확성의 원칙에 반하지 아니한다.

라는 자연적 정의를 근간으로 하는 헌법상 적법절차원칙에도 반하여 공정한 재판을 받을 권리와 일반적 행동자유권을 침해한다는 주장 — 헌법재판소는 법관의 독립성과 대법원장이 사법행정에 관한 감독에 한정되는 권한을 가지는 점을 들어 소추기관, 심판기관이 분리되어 있고 자기사건을 스스로 심판하는 구조가 아니어서 적법절차원칙에 반하지 않는다고 보아 이 쟁점에 대해 합헌성을 인정하였다.[1] ㉡ 권력분립원칙 위반 주장 — 이는 "특별검사제도 도입을 입법부에서 일방적으로 결정하고 그 임명과정에서도 대통령이 대법원장의 판단에 기속되게 하는 것은 행정부에 속하는 검찰권을 침해하는 결과가 되어 권력분립의 원칙에도 위배된다"라는 주장 — 헌법재판소는 기소독점주의에 대한 견제로서 특별검사제를 도입한 점에서 권력분립원칙에 반하지 않는다고 하여 이 쟁점에 대해 합헌성을 인정한 바 있다.[2] ③ 동행명령조항 — 특별검사가 참고인에게 지정된 장소까지 동행할 것을 명령할 수 있게 하고 참고인이 정당한 이유 없이 위 동행명령을 거부한 경우 천만 원 이하의 벌금형에 처하도록 규정한 동법 제6조 제6항 · 제7항, 제18조 제2항이 영장주의 또는 과잉금지원칙에 위배하여 청구인들의 평등권과 신체의 자유를 침해하는지 여부 — 이 쟁점에 대해서는 재판관 5인의 영장주의 및 과잉금지원칙의 위배이고 재판관 2인은 영장주의 위배는 아니나 과잉금지원칙의 위배로서 위헌이라는 의견을 제시하여 위헌결정이 되었다. 결국 임의동행 부분 규정들에 대해서만 위헌결정이 났다.

---

1) 위 결정. [관련판시] 청구인들은, 이 사건 법률 제3조 제2항이 대법원장으로 하여금 특별검사 후보자 2인을 추천하도록 규정한 것은 소추기관과 심판기관의 분리라는 근대 형사법의 대원칙에 어긋나고 "누구든지 자기 자신의 심판관이 될 수 없다."는 자연적 정의를 근간으로 한 적법절차원칙에도 위반하였다고 주장한다. 헌법 제103조는 "법관은 헌법과 법률에 의하여 그 양심에 따라 독립하여 심판한다."고 규정하고, 제106조 제1항은 "법관은 탄핵 또는 금고 이상의 형의 선고에 의하지 아니하고는 파면되지 아니하며, 징계처분에 의하지 아니하고는 정직 · 감봉 기타 불리한 처분을 받지 아니한다."고 규정함으로써 법관의 신분과 재판에서의 독립을 보장하고 있다. 한편 대법원장은 법관의 임명권자이지만(헌법 제104조 제3항), 대법원장이 각급 법원의 직원에 대하여 지휘 · 감독할 수 있는 사항은 사법행정에 관한 사무에 한정되므로(법원조직법 제13조 제2항) 구체적 사건의 재판에 대하여는 어떠한 영향도 미칠 수 없다. 나아가 이 사건 법률 제3조에 의하면 대법원장은 변호사 중에서 2인의 특별검사후보자를 대통령에게 추천하는 것에 불과하고 특별검사의 임명은 대통령이 하도록 되어 있다. 그러므로 대법원장이 추천한 특별검사후보자 2인 중 1인을 대통령이 특별검사로 임명하고, 그러한 절차를 통해 임명된 특별검사가 수사하여 공소제기한 사건을 대법원장이 임명한 법관이 재판한다고 해서, 소추기관과 심판기관이 분리되지 않았다거나, 자기 자신의 사건을 스스로 심판하는 구조라고 볼 수는 없다. 결국 이 사건 법률 제3조에 의한 특별검사의 임명절차가 소추기관과 심판기관의 분리라는 근대 형사법의 대원칙이나 적법절차의 원칙 등을 위반하였다고 볼 수 없으므로, 청구인들의 위 주장은 이유 없다.

2) 위 결정. [관련판시] 특별검사제도는 검찰의 기소독점주의 및 기소편의주의에 대한 제도적 견제장치로서 권력형 부정사건 및 정치적 성격이 강한 사건에서 대통령이나 정치권력으로부터 독립된 특별검사에 의하여 수사 및 공소제기 · 공소유지가 되게 함으로써 법의 공정성 및 사법적 정의를 확보하기 위한 것이다. 이처럼 본질적으로 권력통제의 기능을 가진 특별검사제도의 취지와 기능에 비추어 볼 때, 특별검사제도의 도입 여부를 입법부가 독자적으로 결정하고, 특별검사 임명에 관한 권한을 헌법기관 간에 분산시키는 것이 권력분립의 원칙에 반한다고 볼 수 없다. 한편 정치적 중립성을 엄격하게 지켜야 할 대법원장의 지위에 비추어 볼 때, 정치적 사건을 담당하게 될 특별검사의 임명에 대법원장을 관여시키는 것이 과연 바람직한 것인지에 대하여 논란이 있을 수 있으나, 그렇다고 국회의 이러한 정치적 · 정책적 판단이 헌법상 권력분립의 원칙에 어긋난다거나 입법재량의 범위에 속하지 않는다고는 할 수 없다. 결국 이 사건 법률 제3조는 헌법상 권력분립의 원칙에 위배되지 않는다.

[분석] ⅰ) 특별검사제도의 위헌 여부 자체에 대한 헌재의 입장은 헌재가 특별검사제에 대한 찬반의 입장이 있음을 소개하면서도 국회의 입법재량에 터잡아 그 합헌성을 받아들이는 입장이라고 이해된다. ⅱ) 특별검사제도의 위헌 여부에 대한 논의의 중심이 권력분립원칙 위배에 있다는 점에서는 위 결정의 쟁점들 중에는 ②의 쟁점이 가장 중심적인 의미를 가지지 않는가 한다. 그런데 헌재는 이전에 원심 소송기록을 검사를 거쳐서 항소법원에 송부하도록 규정한 구 형사소송법 규정이 위헌이라고 선언한 결정에서 "형사재판에 있어서 사법권독립은 심판기관인 법원과 소추기관인 검찰청의 분리를 요구"한다고 판시한 바 있는데 이 선판단에 과연 충분히 부합되는지 여전히 논란의 여지가 있다.[1)]

* 위 결정에서 대법원장의 추천이 문제된 사안이었으나 이전의 특별검사법에서는 후보자를 대한변호사협회가 추천하도록 하였고 이후 2012년의 이른바 내곡동 사저부지 매입의혹사건 특별검사법에서는 야당이 추천하도록 하는 경우도 있었다.

(4) 평가

위 견해들의 대립은 헌법이론적인 측면에서뿐 아니라 현실에서 검찰의 독립성에 대한 회의와 정치성에 대한 비판을 둘러싸고 나타난 시각의 차이에서 나온 것이라고도 볼 수 있다. 이는 우리나라의 경우 지나간 비민주적 시기, 독재시절에서 검찰이 정치적으로 독립적이지 못하였다는 현실에서 특별검사제가 강하게 요구되어 왔다는 역사적 사실을 두고 보더라도 그러하다. 따라서 오늘날 범죄의 수사 및 소추에 관한 국가권력의 주축인 검찰이 독립성을 강하게 갖추도록 제도적으로 개선되도록 하거나 현실적으로 그렇게 변화되어 간다면 특별검사에 대한 요구도 줄어들 것이고 비정상적인 상황에서 요구되던 특별검사제의 운용은 가급적 자제되고 검찰의 공정수사가 본령이 되어야 할 것이다.

3. 연혁과 문제점

(1) 연혁 - 개별사건법률

우리의 경우에도 그동안 적지 않은 개별적인 특별검사법의 예들이 있었다. ① '한국조폐

---

1) 헌재 1995.11.30. 92헌마44. [관련판시] 이 사건 법률조항은 법원과 검찰청 분리의 원칙, 법관의 재판상의 독립에 반한다고 볼 여지가 많다. 헌법 제101조, 제103조, 제106조는 사법권독립을 보장하고 있는 바, 형사재판에 있어서 사법권독립은 심판기관인 법원과 소추기관인 검찰청의 분리를 요구함과 동시에 법관이 실제 재판에 있어서 소송당사자인 검사와 피고인으로부터 부당한 간섭을 받지 않은 채 독립하여야 할 것을 요구한다. 소송기록 송부는 항소심재판을 위한 준비단계이어서 항소심재판과 밀접한 관계가 있는 것임에도 소송계속 도중에 법원의 재판기록을 소추기관인 검사에게 송부한다는 것은 아무래도 사법권독립에서 파생되는 법원과 검찰청 분리의 원칙에는 맞지 않으며, 또한 검사가 기록을 오랫동안 보관하는 경우에는 구속 피고인의 경우 구속기간제한으로 말미암아 사실상 심리기간이 단축됨으로써 항소법원의 심리에 지장을 주어 법관의 재판상의 독립에도 영향을 미친다.피고인과 대립되는 소송당사자의 지위에 있는 검사가 이 사건 법률조항에 기하여 소송기록의 송부를 자의로 지체함으로써 구속 피고인에 대한 사건에서 항소법원의 심리기간을 사실상 결정할 수 있게 하는 현행 기록송부제도에 문제점이 있는 것은 틀림없다.

공사노동조합파업유도 및 전 검찰총장부인에 대한 옷로비의혹사건진상 규명을 위한 특별검사의 임명 등에 관한 법률'(시행 1999.9.30.), ② '주식회사지앤지대표이사 이용호의 주가조작·횡령사건 및 이와 관련된 정·관계 로비의혹사건 등의 진상규명을 위한 특별검사의 임명 등에 관한 법률'(시행 2001.11.26.), ③ 남북정상회담관련대북비밀송금의혹사건등의진상규명을위한특별검사임명등에관한법률(시행 2003.3.15.), ④ 노무현대통령의측근최도술·이광재·양길승관련권력형비리의혹사건등의진상규명을위한특별검사의임명등에관한법률(시행 2003.12.6.), ⑤ 한국철도공사등의 사할린 유전개발사업 참여관련 의혹사건 진상규명을 위한 특별검사의 임명 등에 관한 법률(시행 2005.7.21.), ⑥ 삼성 비자금 의혹 관련 특별검사의 임명 등에 관한 법률(시행 2007.12.10.), ⑦ 한나라당 대통령후보 이명박의 주가조작 등 범죄혐의의 진상규명을 위한 특별검사의 임명 등에 관한 법률(시행 2007.12.28.), ⑧ 검사 등의 불법자금 및 향응수수사건 진상규명을 위한 특별검사의 임명 등에 관한 법률(시행 2010.7.12.), ⑨ 2011.10.26 재보궐선거일 중앙선거관리위원회와 박원순 서울시장 후보 홈페이지에 대한 사이버테러 진상규명을 위한 특별검사의 임명 등에 관한 법률(시행 2012.2.22.), ⑩ 이명박 정부의 내곡동 사저부지 매입의혹사건 진상규명을 위한 특별검사의 임명 등에 관한 법률(시행 2012.9.21.) 등이 그것이다. 위의 법률들은 개별사건 내지 개별인 법률로서 처분적 효과의 법률이었는데 ⑦에 대한 결정에서 헌재가 처분법률성을 인정하면서 그 합헌성을 명시적으로 인정한 바도 있었다. 위 법률들은 주로 특별검사활동기간에 국한하는 한시적인 법률이었다.

(2) 문제점

국회가 정치의 장이라는 점에서 여야 간에 합의를 보아야 하는데 정략에 따라 좌우될 수 있고, 의혹사건마다 특별검사제를 둘 것인가부터 정쟁이 분분 수사대상, 추천자를 누구로 할 것인가 하는 등의 논란이 있었다. 수사기간의 한정, 수사인력의 부족 등으로 의혹규명이 부족한 경우가 있었고, 특별검사법의 빈번성 때문에 특별검사제에 대한 회의를 자아내게 하였다.

4. 변화 : '특별검사의 임명 등에 관한 법률'

(1) 제정이유(입법목적)와 이 법률의 성격

1) 제정이유

그동안 개별 사건별로 특검제를 도입하는 특별법을 만들어 특별검사제를 운용하여 왔으나 그 개별 근거 법률을 제정하는 과정에서 그 도입 여부 및 특별검사의 수사 대상, 추천권자 등을 둘러싸고 정치적 공방이 끊이질 않고 이는 결국 특별검사의 수사결과에 대한 불신과 회의를 자아내었다. 이에 미리 특별검사제도의 발동 경로와 수사대상, 임명 절차 등을 법률로 제정해 두고 문제가 된 사건이 발생하고 국회가 의결하거나 법무부장관이 결정하면 곧바로 특별검사를 임명하기 위하여[1] '특별검사의 임명 등에 관한 법률'(이하 '특검법'이라 함)이 제정되어 시행에 들어갔다(2014.3.18. 제정, 2014.6.19. 시행). 특검법은 "범죄수사와 공소제기 등에 있어 특정사건에 한정하여 독립적인 지위를 가지는 특별검사의 임명과 직무 등에 관하여 필요한 사항을 규정함을 목적"으로 한다고 명시하고 있다(특검법 제1조). 개별사건이 발생하여 특별검사제를 시행하고자 할 때마다 특별검사를 임명하여 왔던 것을 이제 특별검사의 임명 과정 등에 대한 일반법률을 제정한 것이다.

2) 이 법률의 의미 내지 성격

이 법률로 상설 특별검사제가 도입되었다는 소개를 하는 교재가 있고 법제처의 설명도 "상설 특별검사제도의 도입 근거를 마련"이라고 적고 있다. 그러나 이 법률로 특정인이 특별검사로 임명되어 특별검사가 상설적으로 존재하고 상시로 활동하는 것이 아니라 수사대상이 되는 사건이 발생하여 의결될 때 특별검사가 임명되는 절차를 규정한 것이라는 점에서 특별검사의 임명은 어디까지나 사건이 발생하여 특별검사사건으로 의결될 때 이루어지는 개별적인 것이므로 상설이란 말을 쓰는 것은 정확하지 않다. 특별검사에 의한 수사가 필요하다는 국회에서의 의결이나 법무부장관의 결정이 없으면 특별검사가 활동할 수 없다는 점에서 제한적이며 한시적이라는 점은 개별 법률로 특별검사제를 도입하는 때와 차이가 없다. 요컨대 특별검사의 임명 과정, 지위 및 신분보장, 권한, 사건처리절차 등이 고정되었다는 것이다.

(2) 특별검사의 수사대상

특별검사의 수사대상은 1. 국회가 정치적 중립성과 공정성 등을 이유로 특별검사의 수사가 필요하다고 본회의에서 의결한 사건, 2. 법무부장관이 이해관계 충돌이나 공정성 등을 이유로 특별검사의 수사가 필요하다고 판단한 사건이다(동법 제2조 1항).

(3) 특별검사의 자격과 임명

1) 특별검사의 자격

특별검사는 15년 이상 판사·검사·변호사의 직에 있던 변호사이어야 임명될 수 있다(동법 제3조 2항). 대한민국 국민이 아닌 자, 공무원, 특별검사 임명일 전 1년 이내에 공무원의 직에 있었던 자, 정당의 당적을 가진 자 또는 특별검사 임명일 전 1년 이내에 당적을 가졌던 자 등에 해당하는 자는 특별검사로 임명될 수 없다(동법 제5조).

---

1) 법제처가 제시한 제정이유 : "그 동안 대통령 측근이나 고위공직자 등 국민적 관심이 집중된 대형 비리사건에 있어 검찰 수사의 공정성과 신뢰성 논란이 증폭될 때마다 여러 차례 걸쳐 특별검사제도를 도입하여 운용하였으나, 특별검사제도를 도입하기 위한 근거 법률을 제정하는 과정에서 그 도입 여부 및 특별검사의 수사 대상, 추천권자 등을 둘러 싸고 여야 간에 정치적 공방이 끊이질 않았고, 결과적으로 특별검사의 수사 결과에 대한 불신으로까지 이어져 왔는바, 미리 특별검사제도의 발동 경로와 수사대상, 임명 절차 등을 법률로 제정해 두고 문제가 된 사건이 발생되면 곧바로 특별검사를 임명하여 최대한 공정하고 효율적으로 수사할 수 있도록, 상설 특별검사제도의 도입 근거를 마련하고 특별검사에게 국회가 본회의에서 의결한 사건 등에 대한 수사권한 등을 부여하려는 것임"(www.law.go.kr 참조).

2) 특별검사의 임명절차

국회 본회의 의결과 법무부장관에 의해 특별검사의 수사가 결정된 경우 대통령은 특별검사후보추천위원회에 지체 없이 2명의 특별검사 후보자 추천을 의뢰하여야 하고 특별검사후보추천위원회는 그 의뢰를 받은 날부터 5일 내에 재적위원 과반수의 찬성으로 2명의 후보자를 서면으로 대통령에게 추천하여야 하며 대통령은 그 추천을 받은 날부터 3일 내에 추천된 후보자 중에서 1명을 특별검사로 임명하여야 한다(동법 제3조).

3) 특별검사후보추천위원회

특별검사가 공정하고 신뢰성있게 활동하기 위해서는 적절한 인물을 특별검사로 임명하여야 하는 것은 물론이므로 그 임명에 있어서 대통령에게 추천하는 위원회의 구성이나 역할이 중요하다. 특별검사후보추천위원회는 국회에 두고 위원장 1명을 포함하여 1. 법무부 차관, 2. 법원행정처 차장, 3. 대한변호사협회장, 4. 그 밖에 학식과 덕망이 있고 각계 전문 분야에서 경험이 풍부한 사람으로서 국회에서 추천한 4명, 모두 7명의 위원으로 구성되며 이 위원들은 국회의장이 임명하거나 위촉하고 위원장은 위원 중에서 호선한다(동법 제4조 1항－4항).

추천위원회는 국회의장의 요청 또는 위원 3분의 1 이상의 요청이 있거나 위원장이 필요하다고 인정할 때 위원장이 소집하고, 재적위원 과반수의 찬성으로 의결하며 추천위원회가 제3조 제2항에 따라 특별검사 후보자를 추천하면 해당 위원회는 해산된 것으로 본다(동법 동조 5항·6항). 추천위원회 위원은 정치적으로 중립을 지키고 독립하여 그 직무를 수행한다(동법 동조 7항). 그 밖에 추천위원회의 구성과 운영 등에 필요한 사항은 국회규칙으로 정한다(현재 국회규칙으로 '특별검사후보추천위원회의 구성 및 운영 등에 관한 규칙'이 제정되어 있다).

(4) 특별검사의 지위 및 신분보장

특별검사의 보수와 대우는 고등검사장의 예에 준하고 특별검사보의 보수와 대우는 검사장의 예에 준한다(동법 제13조 1항·2항).

특별검사는 정당한 사유가 없으면 퇴직할 수 없으며, 퇴직하고자 하는 경우에는 서면에 의하여야 하고 대통령은 특별검사가 사망하거나 사퇴서를 제출한 경우에는 국회의장에게 지체 없이 이를 통보하여야 하며 후임 특별검사를 임명하여야 한다(동법 제14조 1항·2항·3항 전단). 대통령은 결격사유가 발견된 경우, 직무수행이 현저히 곤란한 신체적·정신적 질환이 있다고 인정되는 경우 등을 제외하고는 특별검사 또는 특별검사보를 해임할 수 없다(동법 제15조 1항). 대통령은 특별검사를 해임한 경우에는 국회의장에게 지체 없이 이를 통보하여야 하고 후임 특별검사를 임명하여야 한다(동법 동조 3항 전단). 후임 특별검사는 전임 특별검사의 직무를 승계하고 수사기간 산정에 있어서는 전임·후임 특별검사의 수사기간을 합산하되, 특별검사가 사퇴서를 제출한 날부터 후임 특별검사가 임명되는 날까지의 기간은 수사기간에 산입하지 아니한다(동법 제14조 3항 후단·4항, 제15조 3항 후단).

특별검사 및 특별검사보는 탄핵 또는 금고 이상의 형을 선고받지 아니하고는 파면되지 아니한다(동법 제16조).

(5) 특별검사의 독립성과 권한 및 의무

1) 특별검사의 정치적 중립 및 직무상 독립

특별검사는 정치적으로 중립을 지키고 독립하여 그 직무를 수행한다(동법 제6조).

2) 특별검사의 권한 및 의무

특별검사의 직무 범위는 1. 특별검사 임명 추천서에 기재된 담당사건에 관한 수사와 공소제기 여부의 결정 및 공소유지, 2. 특별검사보 및 특별수사관과 관계 기관으로부터 파견받은 공무원에 대한 지휘·감독인데 특별검사는 직무의 범위를 이탈하여 담당사건과 관련되지 아니한 자를 소환·조사할 수 없다(동법 제7조 1항·2항).

특별검사는 그 직무수행을 위하여 필요한 때에는 대검찰청, 경찰청 등 관계 기관의 장에게 담당사건과 관련된 사건의 수사 기록 및 증거 등 자료의 제출, 수사활동의 지원 등 수사협조를 요청할 수 있고 그 직무수행을 위하여 필요한 때에는 대검찰청, 경찰청 등 관계 기관의 장에게 소속 공무원의 파견 근무와 이에 관련되는 지원을 요청할 수 있다(동법 동조 3항·4항). 위의 요청을 받은 관계 기관의 장은 정당한 사유가 없으면 이에 따라야 하며 정당한 사유 없이 불응할 경우 특별검사는 징계의결요구권자에게 관계 기관의 장에 대한 징계절차를 개시할 것을 요청할 수 있다(동법 동조 5항·6항).

형사소송법, 검찰청법, 군사법원법, 그 밖의 법령 중 검사와 군검찰관의 권한에 관한 규정은 이 법의 규정에 반하지 아니하는 한 특별검사의 경우에 이를 준용한다(동법 동조 8항).

특별검사는 7년 이상 판사·검사·변호사의 직에 있던 변호사 중에서 4명의 특별검사보 후보자를 선정하여 대통령에게 특별검사보로 임명할 것을 요청할 수 있고 이 경우 대통령은 그 요청을 받은 날부터 3일 이내에 그 후보자 중에서 2명의 특별검사보를 임명하여야 한다(동법 제8조 1항). 특별검사는 그 직무수행에 필요한 때에는 30명 이내의 특별수사관을 임명할 수 있다(동법 동조 3항).

특별검사, 특별검사보 및 특별수사관(이하 "특별검사등"이라 한다)과 제7조 제4항에 따라 파견된 공무원 및 특별검사의 직무보조를 위하여 채용된 자는 직무상 알게 된 비밀을 재직 중과 퇴직 후에 누설하여서는 아니 되고 특별검사 등은 영리를 목적으로 하는 업무에 종사할 수 없으며, 다른 직무를 겸할 수 없다(동법 제9조 1항·2항).

(6) 사건처리절차 - 처리기간 등

특별검사는 임명된 날부터 20일 동안 수사에 필요한 시설의 확보, 특별검사보의 임명 요청 등 직무수행에 필요한 준비를 할 수 있는데 준비기간 중에는 담당사건에 대하여 수사를 하여서는 아니 된다(동법 제10조 1항). 특별검사는 위 준비기간이 만료된 날의 다음 날부터 60일 이내에 담당사건에 대한 수사를 완료하고 공소제기 여부를 결정하여야 한다(동법 동조 2항). 특별검사가 제2항의 기간 내에 수사를 완료하지 못하거나 공소제기 여부를 결정하기 어려운 경우에는 대통령에게 그 사유를 보고하고 대통령의 승인을 받아 수사기간을 한 차례만 30일까지 연장할 수 있다(동법 동조 3항). 특별검사는 수사기간 내에 수사를 완료하지 못하거나 공소제기 여부를 결정하지 못한 경우 수사기간 만료일부터 3일 이내에 사건을 관할 지방검찰청 검사장에게 인계하여야 한다(동법 동조 5항).

특별검사가 공소제기한 사건의 재판은 다른 재판에 우선하여 신속히 하여야 하며, 그 판결의 선고는 제1심에서는 공소제기일부터 6개월 이내에, 제2심 및 제3심에서는 전심의 판결선고일부터 각각 3개월 이내에 하여야 한다(동법 제11조 1항).

특별검사는 담당사건에 대하여 공소를 제기하지 아니하는 결정을 하였을 경우, 공소를 제기하였을 경우 및 해당 사건의 판결이 확정되었을 경우에는 각각 10일 이내에 대통령과 국회에 서면으로 보고하고 법무부장관에게 서면으로 통지하여야 한다(동법 제12조).

(7) 재판관할 등

1) 재판관할

특별검사의 담당사건에 관한 제1심 재판은 서울중앙지방법원 합의부의 전속관할로 한다(동법 제18조).

2) 직무범위를 이탈한 공소제기의 무효성

특별검사의 공소제기가 직무범위를 이탈한 경우 그 공소제기는 효력이 없다(동법 제19조).

3) 이의신청

담당사건의 수사대상이 된 자 또는 그 배우자·직계존속·직계비속·동거인·변호인은 특별검사의 직무범위 이탈에 대하여 서울고등법원에 이의신청을 할 수 있도록 규정들을 두고 있다(동법 제20조).

4) 벌칙

위계 또는 위력으로써 특별검사 등의 직무수행을 방해한 자에 대한 처벌규정을 두고 있고, 특별검사 등이 직무상 알게 된 비밀을 누설한 때, 직무상 알게 된 수사내용을 공소제기 전에 공표한 때에는 처벌하도록 하고 있다(동법 제22조). 벌칙 적용에서의 공무원 의제조항, 즉 특별검사 등 및 특별검사의 직무보조를 위하여 채용된 자는 형법이나 그 밖의 법률에 따른 벌칙을 적용할 때에는 공무원으로 본다는 규정을 두고 있다(동법 제23조).

V. 특별감찰관제도

1. 의의와 특별감찰관법

지난 정권들에서 대통령의 친인척 및 측근들의 권력형 비리가 문제되었고 권력형 비리는 대통령 재임 중 수사와 처벌이 제대로 이루어지지 않아 국민적 공분을 샀다. 이에 상시적으로 대통령의 친인척 등 측근의 행위를 감시하여 향후 발생할 수 있는 비리행위를 예방하고 권력형 비리를 근절하며 공직사회의 청렴성을 확보하기 위해 직무상 독립성이 보장되는 특별감찰관제도를 도입하였다. 이를 위해 특별감찰관법(2014.3.18. 제정, 시행 2014.6.19.)이 있는데 동법은 대통령의 친인척 등 대통령과 특수한 관계에 있는 사람의 비위행위에 대한 감찰을 담당하는 특별감찰관의 임명과 직무 등에 관하여 필요한 사항을 규정함을 목적으로 한다(동법 제1조).

2. 특별감찰관제도의 운용

(1) 감찰대상자와 비위행위

동법에 따른 특별감찰관의 감찰대상자는 1. 대통령의 배우자 및 4촌 이내 친족, 2. 대통령비서실의 수석비서관[1] 이상의 공무원에 해당하는 사람으로 한다(동법 제5조). 동법에서 사용하는 "비위행위"란 1. 실명이 아닌 명의로 계약을 하거나 알선·중개하는 등으로 개입하는 행위, 2. 공기업이나 공직 유관 단체와 수의계약하거나 알선·중개하는 등으로 개입하는 행위, 3. 인사 관련 등 부정한 청탁을 하는 행위, 4. 부당하게 금품·향응을 주고 받는 행위, 5. 공금을 횡령·유용하는 행위 중 어느 하나에 해당하는 행위를 말한다(동법 제2조).

(2) 감찰개시와 감찰종료

특별감찰관은 위 감찰대상자의 위 비위행위를 조사하는 방법으로 감찰을 행하는데 그 비위행위에 관한 정보가 신빙성이 있고 구체적으로 특정되는 경우 감찰에 착수한다(동법 제6조 1항·2항 본문). 감찰은 1개월 이내에 감찰을 종료하여야 한다. 다만, 감찰을 계속할 필요가 있는 경우 대통령의 허가를 받아 1개월 단위로 감찰기간을 연장할 수 있다(동법 동조 3항). 특별감찰관은 감찰의 개시와 종료 즉시 그 결과를 대통령에게 보고한다(동법 제3조 2항).

(3) 감찰범위

감찰대상 비위행위는 감찰대상자의 신분관계가 발생한 이후의 것에 한정하고, 국무총리로

---

1) 특별감찰관제도가 처음 적용된 실제 예가 각종 의혹이 제기된 우병우 청와대 민정수석에 대한 특별감찰로 2016년 7월말에 있었다. 또 보도에 따르면 대통령의 여동생에 대한 사기혐의로 검찰총장에 수사의뢰가 2016년 7월 21일에 있었다고 한다.

부터 국가기밀에 속한다는 소명이 있는 사항, 2. 국방부장관으로부터 군기밀이거나 작전상 지장이 있다는 소명이 있는 사항 중 어느 하나에 해당하는 사항은 감찰할 수 없다(동법 2항 단서, 4항).

3. 특별감찰관의 지위

(1) 지위

1) 소속과 독립성

특별감찰관은 대통령 소속으로 하되, 직무에 관하여는 독립의 지위를 가진다(동법 제3조 1항).

2) 특별감찰관의 정치적 중립성

특별감찰관은 직무를 수행함에 있어 정치적 중립을 지킨다(동법 제4조).

(2) 임명과 신분보장

1) 특별감찰관의 임명과 결격사유

국회는 15년 이상 법원조직법 제42조 제1항 제1호의 직에 있던 변호사 중에서 3명의 특별감찰관 후보자를 대통령에게 서면으로 추천하는데 대통령은 이렇게 특별감찰관 후보자 추천서를 받은 때에는 추천서를 받은 날부터 3일 이내에 추천후보자 중에서 1명을 특별감찰관으로 지명하고, 국회의 인사청문을 거쳐 임명하여야 한다(동법 제7조). 1. 대한민국 국민이 아닌 사람, 2.「국가공무원법」제33조 각 호의 어느 하나에 해당하는 사람, 3. 금고 이상의 형의 선고를 받은 사람, 4. 탄핵결정에 의하여 파면된 후 5년을 경과하지 아니한 사람 중 어느 하나에 해당하는 사람은 특별감찰관 등이 될 수 없다(동법 제13조).

2) 신분보장 - 임기, 해임제한, 공직 등 임명 제한

특별감찰관의 임기는 3년으로 하고, 중임할 수 없으며 정년은 65세이다(동법 제8조 1항, 제12조 2항). 대통령은 결격사유가 발견된 경우, 2. 직무수행이 현저히 곤란한 신체적·정신적 질환이 있다고 인정되는 경우 중 어느 하나에 해당하는 경우를 제외하고는 특별감찰관을 해임할 수 없다(동법 제14조 1항).

특별감찰관은 면직, 해임 또는 퇴직 후 그 특별감찰관을 임명한 대통령의 임기 중에는 대통령비서실의 수석비서관 이상의 공무원에 해당하는 특정 공직자, 차관급 이상 공직자 및 공직자윤리법 규정에 따른 공직유관단체의 임원에 임명될 수 없다(동법 제15조).

3) 보좌인력 - 특별감찰관보와 감찰담당관, 공무원의 파견요청 등

특별감찰관은 그 직무수행에 필요한 범위에서 1명의 특별감찰관보와 10명 이내의 감찰담당관을 임명할 수 있고 그 직무수행을 위하여 필요한 때에는 감사원, 대검찰청, 경찰청, 국세청 등 관계 기관의 장에게 소속 공무원의 파견 근무와 이에 관련되는 지원을 요청할 수 있다(동법 제9조, 제10조 1항). 특별감찰관은 감찰사무를 통할하고 특별감찰관보를 지휘·감독한다(동법 제11조 1항).

4. 특별감찰관의 권한과 의무

(1) 관계 기관의 협조요청과 출석·답변 및 자료제출 요구

특별감찰관은 감찰대상자의 비위행위 여부를 확인하기 위하여 필요한 경우 국가 또는 지방자치단체, 그 밖의 공공기관의 장에게 협조와 지원을 요청할 수 있고, 필요한 자료 등의 제출이나 사실 조회를 요구할 수 있다(동법 제16조). 특별감찰관은 감찰에 필요하면 감찰대상자에게 1. 출석·답변의 요구, 2. 증명서, 소명서, 그 밖의 관계 문서 및 장부, 물품 등의 제출 요구를 할 수 있다(동법 제17조). 감찰대상자 이외의 사람에 대해서도 감찰대상자의 비위행위를 감찰하기 위하여 필요한 경우에는 자료의 제출이나 출석·답변을 요구할 수 있다(동법 제18조 1항).

(2) 고발, 불기소처분에 대한 항고 등

특별감찰관은 감찰결과 감찰대상자의 행위가 다음 각 호에 해당하는 경우 다음 각 호와 같은 조치를 하여야 한다(동법 제19조). 즉 1. 범죄혐의가 명백하여 형사처벌이 필요하다고 인정한 때: 검찰총장에게 고발, 2. 범죄행위에 해당한다고 믿을 만한 상당한 이유가 있고 도주 또는 증거인멸 등을 방지하거나 증거확보를 위하여 필요하다고 인정한 때: 검찰총장에게 수사의뢰.[1)]

특별감찰관이 고발한 사건 중 처분이 이루어지지 아니하고 90일이 경과하거나 불기소처분이 이루어진 경우 검찰청법 제10조에 따라 항고를 제기할 수 있다(동법 제20조).

(3) 의무 - 국회 출석 및 의견진술, 누설금지, 남용금지 등의 의무

① 위와 같이 항고한 사건에 대하여 다시 불기소처분이 이루어져 법제사법위원회 의결로 특별감찰관의 출석을 요구하는 경우 특별감찰관은 법제사법위원회에 출석하여 의견을 진술하여야 한다(동법 제21조 1항). ② 특별감찰관 등과 파견공무원은 감찰 착수 및 종료 사실, 감찰 내용을 공표하거나 누설하여서는 아니 된다(제22조). ③ 특별감찰관 등과 파견공무원은 법령에 위반되거나 강제처분에 의하지 아니하는 방법으로 이 법의 시행을 위하여 필요한 최소한의 범위에서 감찰을 행하여야 하며, 다른 목적 등을 위하여 감찰권을 남용하여서는 아니 되고, 특별감찰관 등과 파견공무원은 그 직권을 남용하여 법률에 따른 절차를 거치지 아니하고 다른 기관·단체 또는 사람으로 하여금 의무 없는 일을 하게 하거나 사람의 권리 행사를 방해하여서는 아니 된다(동법 제23조).

---

1) 2016년 7월 말에 있었던 민정수석에 대한 사상 최초의 특별감찰은 8월 19일에 검찰총장에의 수사의뢰로 종결되어 수사의뢰의 역사도 처음이었다.

제12항 국회의 자율권

Ⅰ. 국회자율권의 개념과 기능

1. 개념과 근거

국회가 스스로 자신의 내부를 조직하고 의사절차에 관한 규정을 두며 의사절차를 진행하고 내부를 규율하며, 국회의원의 신분에 관한 사항 등을 처리할 수 있는 자율권을 말한다. 국회에 대해서 폭넓은 자율권을 부여하는데 이는 국회가 국민의 대표기관이고 국민의 의사를 집약하여 국가정책의 방향을 정하며 특히 입법기관으로서 역할이 중요하기에 국회가 보다 독립적인 상태에서 국회의원들의 소신있는 의정활동을 할 수 있도록 하는 것이 필요하기 때문이다.

2. 기능

자율권은 다음과 같은 기능을 가진다. ① 국회의 독립성확보기능(권력분립적 기능), 국회권한의 자주적 행사보장기능 – 국회가 집행부와 사법부로부터 독립성을 실질적으로 확보하기 위해서 자율권이 요구된다. 이로써 국회의 권한이 자주적으로 행사되는 것을 보장하는 기능을 하게 된다. ② 의사집약의 충실성보장기능 – 자율적인 의사활동으로 국회에서의 의견개진이 충실하도록 이끄는 기능을 한다. 충실한 의견개진은 다양한 계층의 의견을 반영하여 합리적인 의결을 이끌게 한다. ③ 대표위임의 실천보조기능 – 국회자율권은 국회 자체와 국회의원 개개인이 국민의 대표자로서 어느 특정 집단의 이익을 위하여 종속된 활동을 하지 않고 소신있는 의정활동을 할 수 있게 한다. 이로써 대표위임의 헌법원리의 실천에 보다 충실할 수 있게 한다. 국회자율권이 결코 국회 자체와 국회의원의 개인적인 특권을 의미하여서는 아니 된다. ④ 소수보호기능 – 위의 ②의 기능에서 다양한 계층의 의견수렴은 다양한 소수의 의견을 반영하게 하므로, 그리고 위의 ③의 기능이 제대로 기능한다면 국회자율권은 소수자의 보호에 기여하게 된다.

Ⅱ. 국회자율권의 범위와 내용

국회자율권에는 국회규칙제정권, 내부조직구성권, 의사절차에 관한 권한, 질서유지권, 국회의원의 신분에 관한 권한 등이 있다.

1. 국회규칙제정권

국회는 법률에 저촉되지 아니하는 범위 안에서 의사와 내부규율에 관한 규칙을 제정할 수 있다(제64조 1항). 국회의 규칙제정권에 대해서는 앞서 국회의 권한 중 입법권에 관해서 살펴보면서 이미 기술한 바 있다(전술 참조).

2. 내부조직구성권

(1) 의의

국회가 소속 기관들의 조직과 그 구성원들의 선출을 자율적으로 할 수 있는 권한을 말한다. 국회의장, 부의장, 상임위원회, 특별위원회, 국회사무처, 국회예산정책처 등 국회의 내부조직을 구성할 권한이 자율권으로서 행사된다. 내부조직구성권은 헌법과 법률(국회법)의 규정에 따라 행사되어야 함은 물론이다.

(2) 국회상임위원회 위원배정문제 등

오늘날 의사활동에 있어서 상임위원회중심주의가 현실이므로 이의 구성이 중요하다. 상임위원은 교섭단체소속의원수의 비율에 의하여 각 교섭단체대표의원의 요청으로 의장이 선임 및 개선한다(국회법 제48조 1항). 이 국회의장의 상임위원회 위원으로 선임한 행위에 대하여 국민이 헌법소원심판을 청구한 사건이 있었다. 이 사건에서 그 선임행위가 헌법소원심판의 대상이 되는 공권력의 행사인지가 논란되었다. 헌재는 이 선임행위는 국민의 대표자로 구성된 국회가 그 자율권에 근거하여 내부적으로 회의체 기관을 구성·조직하는 '기관내부의 행위'에 불과한 것이고 따라서 피청구인의 이 사건으로 인하여 청구인들의 기본권이 현재 직접 침해되고 있다고 할 수 없어 이 사건 심판청구는 결국 청구인들의 기본권을 직접 침해한 공권력의 행사를 대상으로 한 것이 아니어서 기본권 관련성이 결여되어 부적법하다고 하여 각하결정을 한 바 있다.[1] 선임행위가 국민의 기본권을 침해할 수 있는 공권력이 아니어서 대상성이 없어(헌법소원의 대상은 공권력의 행사·불행사임) 각하한다고 하면 명확하였을 것이었는데 직접성, 자기관련성까지 거론하면서 그것을 결여하여 각하한다고 하여 다소 불명확한 점이 있는 결정이었다.

---

1) 헌재 1999.6.24. 98헌마472·488(병합), 판례집 11－1, 860면. [결정요지] 판단 － 이 사건 헌법소원의 경우, 피청구인(국회의장)은 1998.8.23. 국회의원 김○○ 등을 국회 보건복지위원회 위원, 교육위원회 위원으로 각 선임하였던 바, 이러한 선임행위는 국회법 제48조에 근거한 행위로서 국회 내부의 조직을 구성하는 행위에 불과할 뿐 국민의 권리의무에 대하여 직접적인 법률효과를 발생시키는 행위라고 할 수 없다. 즉, 피청구인이 지적하고 있듯이 국회의원을 위원으로 선임하는 행위는 국민의 대표자로 구성된 국회가 그 자율권에 근거하여 내부적으로 회의체 기관을 구성·조직하는 '기관내부의 행위'에 불과한 것이다. 따라서 피청구인의 이 사건 선임행위는 그 자체가 국회 내부의 조직구성행위로서 국민에 대하여 어떠한 직접적인 법률효과를 발생시키지 않기 때문에 이로 인하여 청구인들의 기본권이 현재 직접 침해되고 있다고 할 수 없다. 결론 － 그렇다면 청구인들의 이 사건 심판청구는 결국 청구인들의 기본권을 직접 침해한 공권력의 행사를 대상으로 한 것이 아니어서 기본권 관련성이 결여되어 부적법하다 할 것이므로 이를 각하하기로 한다.

국회의 자율권을 인정하더라도 전문성을 갖춘 의원들로 상임위원회가 구성되는 것이 요구된다(상임위원회의 구성에 대한 자세한 것은 전술 참조).

3. 의사절차(議事節次)에 관한 자율권

(1) 의의

국회는 자율적으로 집회를 개회하고 폐회한다. 대통령이 그 소집을 요구하는 임시회는 국회를 어느 정도 제약하나 반대로 집회요구의 이유를 명시하여야 한다는 대통령에 대한 제약조건도 있고 임시회의 공고와 소집권자는 어디까지나 의장이며 임시회의 집회의 진행 자체는 국회의 자율적 활동으로 이루어진다. 의사일정의 편성 등도 국회자율권에 속하는 사항이다.

(2) 내용

1) 의사공개원칙과 국회의 자율권 - 국회 방청의 자유

헌법은 국회의 회의는 공개한다고 규정하여(제50조 1항 본문) 의사공개를 원칙으로 하고 있다. 국회법은 방청제를 인정하고 있다. 방청제는 장소의 제약 등으로 인하여 불가피할 수 있는 것이긴 하지만 가능한 한 방청의 범위를 넓혀야 하고 방청제한은 엄격하게 한정되어야 한다. 그런데 방청을 불허가하는 판단에 국회의 자율권을 넓게 인정하는 것이 헌법재판소판례의 입장이다. 즉 헌법재판소는 위원회에서의 방청불허사유는 장소적 제약으로 불가피한 경우, 회의의 원활한 진행을 위하여 필요한 경우 등 결국 회의의 질서유지를 위하여 필요한 경우로 제한된다고 하면서도 이러한 방청불허사유가 구비되었는지에 관한 판단은 국회의 자율권 존중의 차원에서 위원장에게 폭넓은 판단재량을 인정하여야 한다는 입장이다. 위와 같은 입장에서 헌법재판소는 예산안의 내용을 결정하는 국회예산결산특별위원회 계수조정소위원회의 회의와 국회 상임위원회의 국정감사활동에 대한 시민단체의 방청을 불허한 행위에 대해 합헌성을 인정하여 기각결정을 한 바 있다.[1] 그러나 그 기각결정은 불허가의 사유가 타당성이 없다는 점에서 문제가 있었다(전술 의사절차 부분의 의사공개원칙 부분을 참조).

2) 국회의장의 의사진행 자율권

국회의장은 국회의 의사진행을 함에 있어서 상당한 국회자율권의 실질적인 행사를 하게 된다. 국회법은 의장은 국회를 대표하고 의사를 정리하며, 질서를 유지하고 사무를 감독한다고 규정하여(국회법 제10조) 의장은 국회의 의사진행에 관한 포괄적인 권한을 지닌다. 헌법재판소는 "국회의장은 국회법 제10조에 의거 원칙적으로 의사진행에 관한 전반적이고 포괄적인 권한과 책임이 부여되어 있으므로, 본회의의 의사절차에 다툼이 있거나 정상적인 의사진행이 불가능한 경우에 의사진행과 의사결정에 대한 방법을 선택하는 문제는 국회의장이 자율적으로 결정

---

1) 국회예산결산특별위원회 계수조정소위원회 방청허가불허 위헌확인, 국회상임위원회 방청불허행위 위헌확인 등, 헌재 2000.6.29. 98헌마443, 99헌마583(병합), 판례집 12-1, 886면 이하.

하여야 할 사항으로서, 이러한 국회의장의 의사진행권은 넓게 보아 국회자율권의 일종으로서 그 재량의 한계를 현저하게 벗어난 것이 아닌 한 존중되어야 하므로 헌법재판소도 이에 관여할 수 없는 것이 원칙"이라고 본다.[1] 그동안 헌법재판소는 국회의장의 개표에 관한 자율권,[2] 탄핵소추절차에 있어서 의사진행[3] 등에 대해 재량성을 인정한 바 있다.

3) 수정안

헌법재판소는 국회자율권을 바탕으로 수정안의 범위를 폭넓게 인정하는 입장을 보여주고 있다.[4]

4) 표결행위

국회에서의 표결은 전자표결을 원칙으로 하고(국회법 제112조 1항) 사안에 따라 국회법이 규정한 바에 따라 무기명, 기명 등의 방식에 의한다(국회법 동조 2항 이하). 따라서 표결방식의 선택에 있어서는 재량이 넓지 않다고 보아야 한다. 그런데 국회법은 "의장은 안건에 대한 이의의 유무를 물어서 이의가 없다고 인정한 때에는 가결되었음을 선포할 수 있다"라고 규정하여 이의유무를 묻는 방식의 표결을 의장의 재량으로 할 수 있음을 인정하고 있다(동법 동조 3항). 이러한 '이의없음'을 묻는 방식의 표결에서 야당의원들이 이의를 제기하였음에도 가결을 하여 표결권을 침해당하였다고 하여 제기된 권한쟁의심판에서 헌법재판소는 국회의 자율권을 존중하여야 하는 헌법재판소로서는 이 사건 법률안 가결·선포행위와 관련된 사실인정은 국회본회의 회의록의 기재내용에 의존할 수밖에 없고 그 증거가 없다고 하여 기각하였다.[5] 헌법재판소는

1) 헌재 2000.2.24. 99헌라1, 판례집 12-1, 128면; 2004.5.14. 2004헌나1, 판례집 16-1, 628-629면.
2) [사건개요] 국무총리임명동의안에 대한 투표가 진행되던 중 투표의 유효성을 둘러싸고 여·야간에 말다툼과 몸싸움이 벌어져 정상적인 투표가 이루어지지 않은 끝에 자정의 경과로 상당수의 국회의원들이 투표를 마치지 못한 가운데 본회의가 자정이 경과됨에 따라 회의는 자동 산회되고, 임시국회의 회기도 종료되었다. 그 후 여·야 대표의원 명의의 투표함 등 보전신청에 의하여 그 때까지 201명의 국회의원들이 투표를 마친 투표함 등이 봉인처리되었다. 투표를 행한 야당 국회의원들은 국회의장(피청구인)이 1998.3.2.의 국무총리 임명동의안 표결과정에서 투표절차가 적법하였음에도 개표하지 아니하고 표결결과를 선포하지 않음으로써 국회의원인 자신들의 국무총리 임명동의안에 대한 표결권한을 침해하였다고 주장하며 1998.3.26. 피청구인을 상대로 권한쟁의심판을 청구하였다. [관련판시요약] 표결이 중단된 사태에서 국회의장은 이미 행해진 투표의 효력 여하, 투표의 종결 여부, 개표절차의 진행 여부 등 의사절차를 어떻게 진행할 것인지에 관한 선택권을 가진다고 할 것인데, 피청구인이 이와 같이 논란의 여지가 많은 사실관계하에서 개표절차를 진행하여 표결결과를 선포하지 아니하였다 하여 그것이 헌법이나 법률에 명백히 위배되는 행위라고는 인정되지 않으므로 다른 국가기관은 이를 존중하여야 한다.
3) 헌재 2000.2.24. 99헌라1, 판례집 12-1, 128면; 2004.5.14, 2004헌나1, 판례집 16-1, 628-629면. [사건개요] 탄핵소추절차에서 피청구인은 다음과 같이 국회의장의 절차진행에 대해 위법이라고 주장하였다. 국회의장은 교섭단체인 열린우리당의 대표의원과 협의절차를 거치지 않고 일방적으로 본회의 개의시각을 오후 2시에서 오전 10시로 변경하였고, 국회의장은 열린우리당 소속 국회의원들이 투표에 응할 것인지 여부에 관하여 신중히 상황판단을 함이 없이 한나라당, 민주당 및 자민련 소속 국회의원들의 투표가 종료되자 서둘러 일방적으로 투표종료를 선언하여 열린우리당 소속 국회의원들의 표결권을 침해하였다. 국회의장은 탄핵소추안 심의과정에서 제안자의 취지 설명 없이 유인물을 배포하고 질의와 토론절차를 생략한 채 표결을 강행함으로써 국회법 제93조를 위반하여 국회의원들의 질의 및 토론권을 침해하였다. [결정요지] 헌법재판소는 위의 주장에 대해 대체적으로 국회의 자율권을 들어 받아들이지 않았다.
4) 헌재 2006.2.23. 2005헌라6, 판례집 18-1 상, 82면 이하.
5) 헌재 2000.2.24. 99헌라1, 판례집 12-1, 115면.

이른바 변칙처리에 대해서는 국회자율권 범위를 벗어난 것이라고 하여 심사를 하였고 국회의원의 권한침해는 인정하였다. 그러나 헌법재판소는 법률가결행위에 대하여 무효선언은 하지 않았다.[1]

4. 질서유지권과 자위권 - 내부경찰권 및 국회가택권

(1) 의장의 질서유지권

의장이나 위원장에게 회의의 질서유지를 위한 권한들을 부여하고 있다. 즉 의원이 본회의 또는 위원회의 회의장에서 이 법 또는 국회규칙에 위배하여 회의장의 질서를 문란하게 한 때에는 의장 또는 위원장은 이를 경고 또는 제지할 수 있고, 이러한 경고, 제지의 조치에 응하지 아니한 의원이 있을 때에는 의장 또는 위원장은 당일의 회의에서 발언함을 금지하거나 퇴장시킬 수 있으며, 의장 또는 위원장은 회의장이 소란하여 질서를 유지하기 곤란하다고 인정할 때에는 회의를 중지하거나 산회를 선포할 수 있다(제145조). 또한 우리나라의 형법은 "국회의 심의를 방해 또는 위협할 목적으로" "국회회의장 또는 그 부근에서 모욕 또는 소동한 자는 3년 이하의 징역 또는 700만원 이하의 벌금에" 처하도록 규정하고 있다(형법 제138조).

* filibuster(의사방해)와 질서유지 — 의사진행에 있어서의 방해행위를 막기 위한 법제도가 우리 국회법에도 마련되어 있다. 이에 관한 자세한 것은 전술한 바 있다(제4절 국회의 운영과 의사절차, 제2항 Ⅳ.8. 참조).

(2) 내부경찰권

국회는 위와 같은 질서유지를 위하여 그리고 국회의 안전을 위하여 내부에 자체적인 경찰력을 가진다. 즉 의장은 회기 중 국회의 질서를 유지하기 위하여 의장은 국회 안에서 경호권을 행하는데(국회법 제143조) 이러한 국회의 경호를 위하여 국회에 경위를 둔다(동법 제144조 1항). 의장은 국회의 경호를 위하여 필요한 때에는 국회운영위원회의 동의를 얻어 일정한 기간을 정하여 정부에 대하여 필요한 경찰관의 파견을 요구할 수 있다(동법 동조 2항).

경위와 파견된 경찰관은 의장의 지휘를 받아 경위는 회의장건물 안에서, 경찰관은 회의장 건물 밖에서 경호한다(동법 동조 3항).

(3) 국회가택권

국회에의 출입을 통제할 수 있는 권한을 말한다. 국회는 국회의 원활한 활동에 지장을 초래하거나 의사방해를 하는 사람의 국회 진입을 막고 필요할 때에는 이미 들어와 있는 사람에 대해서 퇴장을 명할 수 있다. 국회의장이 국회가택권을 행사한다.

---

1) 헌재 1997.7.16. 96헌라2, 판례집 9-2, 154면.

5. 국회의원의 신분에 관한 자율권 - 의원자격심사, 징계 등

의원자격심사, 징계 등의 사유와 절차에 대해서는 앞의 국회의원의 신분에 대한 서술을 할 때 함께 살펴보았다. 자격심사, 징계의 처분에 대한 법원제소금지를 헌법이 명시하고 있는데 이로 인해 헌법재판소의 사법심사도 불가능한지 여부에 대한 문제 등도 앞서 살펴보았다(전술 참조). 윤리심사는 실익이 없다고 하여 폐지되었다.

6. 헌법재판소판례에 나타난 자율권 사항

헌법재판소의 판례에서 국회의 자율권의 사항으로 다루었던 경우들로는 다음과 같은 경우들이 있었다. ① 국회상임위원회 위원배정은 국회가 그 자율권에 근거하여 내부적으로 회의체 기관을 구성 조직하는 '기관내부의 행위'라고 본다.[1] ② 선거구획정위원회 위원의 선임행위에 대해서 선거구획정위원회는 국회내부기관이므로 위 위원회의 위원 선임행위는 국회가 그 자율권에 근거하여 내부적으로 회의체기관을 구성·조직하는 '기관내부의 행위'라고 본다.[2] ③ 국회의장의 의사진행에 대해서는 자율권으로서 재량의 한계를 현저하게 벗어난 것이 아닌 한 존중되어야 한다고 본다.[3] ④ 수정안의 범위를 국회자율권을 바탕으로 폭넓게 인정한다.[4] ⑤ 표결에서의 국회자율권을 인정하여 '이의없음'을 묻는 방식의 표결에서 야당의원들이 '이의' 있다고 하였다는 주장에 대해 국회의 자율권을 존중하여야 하는 헌법재판소로서는 이 사건 법률안 가결·선포행위와 관련된 사실인정은 국회본회의 회의록의 기재내용에 의존할 수밖에 없는데 이에 의하면 이의제기를 하였다는 증거가 없다고 하여 기각하였다.[5] 그러나 이른바 변칙처리는 국회자율권을 벗어난 것이라고 하여 심사를 하였다(그러나 권한침해를 인정하나 법률가결행위의 무효선언은 하지 않았다[6]), ⑥ 탄핵소추절차에서의 그 조사의 결여, 질의 및 토론절차의 생략, 투표, 질의 및 토론절차가 생략된 데 대하여 피청구인이 위헌성, 위법성을 주장하였으나 헌법재판소는 이를 받아들이지 않았다.[7]

위의 사안들에 대한 헌법재판소의 판례에 관해서는 아래에서 자율권의 한계를 다루면서 다시 살펴본다(후술 Ⅲ. 국회자율권의 한계 2. 헌법·법률합치적 한계 (2) 실제와 판례 부분 참조).

---

1) 헌재 1999.6.24. 98헌마472·488(병합), 판례집 11-1, 860면.
2) 헌재 2004.2.26. 2003헌마285, 선거구획정위원회위원위촉불이행 등 위헌확인, 판례집 16-1, 335면
3) 헌재 2000.2.24. 99헌라1, 판례집 12-1, 128면; 2004.5.14, 2004헌나1, 판례집 16-1, 628- 629면; 2006.2.23, 2005헌라6, 판례집 18-1 상, 90면.
4) 헌재 2006.2.23. 2005헌라6, 판례집 18-1 상, 82면 이하.
5) 헌재 2000.2.24. 99헌라1, 판례집 12-1, 115면. 동지 : 헌재 2000.2.24. 99헌라 2.
6) 헌재 1997.7.16. 96헌라2, 판례집 9-2, 154면.
7) 헌재 2004.5.14, 2004헌나1, 판례집 16-1, 628면 이하.

Ⅲ. 국회자율권의 한계

1. 목적적·성격적 한계

국회자율권은 효율적인 의사활동을 통하여 국민의 기본권을 더욱 보장하고 법치주의를 위한 양질의 입법 및 통제기능을 충실히 수행하기 위한 것이다. 그리하여 국회가 다른 국가기관들의 간섭을 받지 않고 독립적으로 의정활동이 수행되도록 하고 의원들이 소신을 가지고 활동하게 하기 위한 것이다. 그러므로 국회자율권에도 위와 같은 목적을 벗어나지 않아야 한다는 한계가 있다. 국회자율권의 성격은 그것이 결코 국회나 국회의원의 특권이 아니라 국민전체의 의사를 결집하고 그 이익을 추구하여야 하는 국회권한의 자주적 행사를 보조하기 위한 권한이라는 데에 있다. 따라서 국회자율권도 그러한 성격에 따라 행사되어야 한다는 한계를 가진다.

2. 헌법·법률합치적 한계

(1) 의의

국회의 권한도 헌법에 의해 부여된 것이고 법률은 국회가 국민의 의사를 집약하여 스스로 제정한 법규범이다. 따라서 이를 위반할 수 없다는 한계가 있음은 물론이다. 우리 헌법재판소도 헌법과 법률을 위반하여서는 아니 된다는 자율권의 한계를 인정하는 입장을 취하고 있다. 그런데 헌법재판소는 이러한 한계의 일탈 여부 판단의 준거로서 또한 자신이 심사할 수 있는지를 정함에 있어서 준거로서 명백성을 요구하고 있다. 즉 "국회의 議事節次나 입법절차에 헌법이나 법률의 규정을 명백히 위반한 흠이 있는 경우에도 국회가 자율권을 가진다고는 할 수 없고 헌법재판소가 심사할 수 있다"라고 한다.[1] 또는 같은 취지에서 "국회의 의사절차나 입법절차에 헌법이나 법률의 규정을 명백히 위반한 흠이 있는 경우가 아닌 한, 그 자율권은 권력분립의 원칙이나 국회의 위상과 기능에 비추어 존중되어야 하며, 따라서 그 자율권의 범위 내에 속하는 사항에 관한 국회의 판단에 대하여 다른 국가기관이 개입하여 그 정당성을 가리는 것은 바람직하지 않고, 헌법재판소도 그 예외는 아니다"라고 한다.[2] 명백성의 이론은 가능한 한 국회의 자율권을 넓게 존중해주겠다는 사고에서 나온 것이라고 본다. 그런데 명백성의 기준이 국회자율권의 한계를 일탈하였는지에 대한 판단기준이라고 하더라도 헌법재판소가 심사를 할 것인지 아니면 자제할 것인지의 판단기준이라고 보는 것은 타당하지 않다. 왜냐하면 명백한지

1) 헌재 1997.7.16. 96헌라2, 판례집 9-2, 154면.
2) 헌재 1998.7.14. 98헌라3, 판례집 10-2, 83면; 2004.5.14, 2004헌나1, 판례집 16-1, 628면; 2006.2.23, 2005헌라6, 판례집 18-1 상, 90면.

여부의 판단을 위해서는 결국 헌법재판소가 심사를 해야 하므로 여하튼 헌법재판소의 심사는 있어야 하기 때문이다.

(2) 실제와 판례

국회의 자율권행사가 위의 한계를 준수하였는지 여부에 관한 실제의 문제로서 판례가 적지 않았다. 그동안 위의 판례이론에 따라 다루어진 사안들을 보면 다음과 같은 것들이 있었다. ① 국회상임위원회 위원배정문제[1) - 국민의 대표자로 구성된 국회가 그 자율권에 근거하여 내부적으로 회의체 기관을 구성 조직하는 '기관내부의 행위'에 불과한 것이라고 보아 선임배정행위에 대해 청구된 국민의 헌법소원심판은 기본권관련성이 없어 부적법하다고 본다. ② 선거구획정위원회 위원의 선임행위 - 선거구획정위원회는 국회내부기관이므로 위 위원회의 위원 선임행위는 국회가 그 자율권에 근거하여 내부적으로 회의체기관을 구성·조직하는 '기관내부의 행위'이다. 따라서 국민의 권리 의무에 대하여 직접적인 법률효과를 발생시키는 행위가 아닌 선거구획정위원회 위원 선임 및 선거구획정위원회의 선거구획정안 제출행위를 하지 아니하였다는 부작위는 헌법소원의 대상이 되는 헌법재판소법 제68조 소정의 공권력의 불행사에 해당되지 않는다고 보아 각하결정을 하였다.[2)] ③ 상임위원회 위원 강제사임·보임행위 - 헌법재판소는 국회의장이 국회의원을 소속 상임위원회에서 강제로 사임시키고 다른 의원으로 보임하는 행위는 이 강제사임으로 국회의원의 법률안 심의·표결권을 침해하였다는 이유로 청구된 권한쟁의심판에 있어서 헌법재판소가 심사할 수 없는 국회내부의 자율에 관한 문제가 아니라고 보고 본안판단에 들어갔다.[3)] ④ 국회의장의 재량권 - 국회의장의 의사진행에 대해서는

---

1) 헌재 1999.6.24. 98헌마472·488(병합), 판례집 11-1, 860면. [사건개요] 국회법 제48조 제7항은 의장 및 교섭단체대표의원은 의원이 기업체 또는 단체의 임직원 등 다른 직을 겸하고 있는 경우 그 직과 직접적인 이해관계를 가지는 상임위원회의 위원으로 선임하는 것이 공정을 기할 수 없는 현저한 사유가 있다고 인정하는 때에는 해당 상임위원회의 위원으로 선임하거나 선임을 요청하여서는 아니 된다"고 규정하고 있다. 의료소비자인 청구인들은 국회의장(피청구인)이 1998.8.23. 제15대 국회 후반기 상임위원회를 구성하면서 의료 및 제약업체의 사업주 등을 겸직하고 있는 K의원 외 9인의 국회의원들을 보건복지위원회 위원으로 선임하는 처분을 한 것은 자신들의 공정한 의료보장 및 의료서비스를 받을 권리를 그 내용으로 포함하고 있는 인간다운 생활을 할 권리를 침해하였다며 청구하였다. 또한 전직 사립학교재단의 이사장을 장기간 재직하였던 2명의 국회위원을 교육위원회 위원으로 선임하는 처분을 한 데 대해 학부모들이 자신들의 교육권, 행복추구권 및 인간다운 생활을 할 권리를 침해하였다며, 국회의장을 피청구인으로 하여 헌법소원심판을 청구하였다. [결정이유요지] 헌법소원심판의 대상이 되는 공권력의 행사 또는 불행사는 반드시 국민의 권리의무에 대하여 직접적인 법률효과를 발생시키는 행위가 있어야 한다. 피청구인의 위 선임행위는 국회법 제48조에 근거한 행위로서 국회 내부의 조직을 구성하는 행위에 불과할 뿐이다. 즉, 피청구인이 지적하고 있듯이 국회의원을 위원으로 선임하는 행위는 국민의 대표자로 구성된 국회가 그 자율권에 근거하여 내부적으로 회의체 기관을 구성 조직하는 '기관내부의 행위'에 불과한 것이다. 따라서 피청구인의 이 사건 선임행위는 그 자체가 국회 내부의 조직구성행위로서 국민에 대하여 어떠한 직접적인 법률효과를 발생시키지 않기 때문에 이로 인하여 청구인들의 기본권이 현재 직접 침해되고 있다고 할 수 없다. 그렇다면 청구인들의 이 사건 심판청구는 결국 청구인들의 기본권을 직접 침해한 공권력의 행사를 대상으로 한 것이 아니어서 기본권 관련성이 결여되어 부적법하다 할 것이므로 이를 각하하기로 한다.

2) 헌재 2004.2.26. 2003헌마285, 선거구획정위원회위원위촉불이행 등 위헌확인, 판례집 16-1, 335면

3) 헌재 2003.10.30. 2002헌라1, 판례집 15-2(하), 17면. [사건개요와 본안결정] 보건복지위원회 소속 한나라당 위원인 청구인을 당론에 반대한다고 하여 2001.12.24. 한나라당의 교섭단체대표의원이 피청구인(국회의장)에게

자율권으로서 재량의 한계를 현저하게 벗어난 것이 아닌 한 존중되어야 하므로 헌법재판소도 이에 관여할 수 없는 것이 원칙이라고 본다.[1] ⑤ 수정안의 범위 – 국회자율권을 바탕으로 이를 폭넓게 인정한다.[2] ⑥ 이른바 변칙처리 – 국회자율권 범위를 벗어난 것이라고 하여 이에 관한 심사를 하였다. 그러나 국회의원의 권한침해는 인정되었으나 법률가결행위의 무효선언은 하지 않았다.[3] ⑦ '이의없음'을 묻는 방식의 표결에서의 국회자율권 – 야당의원들이 이의제기를 하였다는 주장에 대해 국회의 자율권을 존중하여야 하는 헌법재판소로서는 이 사건

청구인을 보건복지위원회에서 사임시키고 청구인 대신 같은 당 소속 다른 의원의 보임을 요청하는 서류를 제출하였고, 당일 피청구인이 이 서류에 결재함으로써 그 결과 청구인은 위 위원회에서 강제사임되었다. 이에 청구인은 2002.1.24. 위와 같은 피청구인의 사·보임행위로 말미암아 자신의 국회의원으로서의 법률안 심의·표결권이 침해되었다고 주장하면서, 그 권한침해의 확인 및 피청구인의 위 사·보임행위의 무효확인을 구하는 권한쟁의심판을 청구하였다. 헌법재판소는 본안판단까지 하였는데 기각결정을 하였다. [결정이유의 요지] 국회는 국민의 대표기관이자 입법기관으로서 폭넓은 자율권을 가지고 있다. 그러나 이 사건은 국회의장인 피청구인이 국회의원인 청구인의 헌법 및 법률상 보장된 법률안 심의·표결권을 침해하였다는 이유로 권한쟁의심판이 청구된 사건이므로, 피청구인의 이 사건 사·보임행위는 헌법재판소가 심사할 수 없는 국회내부의 자율에 관한 문제라고 할 수 없다. 자유위임은 의회내에서의 정치의사형성에 정당의 협력을 배척하는 것이 아니며, 의원이 정당과 교섭단체의 지시에 기속되는 것을 배제하는 근거가 되는 것도 아니다. 또한 국회의원의 국민대표성을 중시하는 입장에서도 소위 '당론'에 위반하는 정치활동을 한 이유로 제재를 받는 경우, 국회의원 신분을 상실하게 할 수는 없으나 "정당내부의 사실상의 강제" 또는 소속 "정당으로부터의 제명"은 가능하다고 보고 있다. 그렇다면, 당론과 다른 견해를 가진 소속 국회의원을 당해 교섭단체의 필요에 따라 다른 상임위원회로의 전임(사·보임)하는 조치는 특별한 사정이 없는 한 헌법상 용인될 수 있는 "정당내부의 사실상 강제"의 범위 내에 해당한다고 할 것이다. 따라서 청구인의 심판청구를 기각한다.

1) 헌재 2000.2.24. 99헌라1, 판례집 12-1, 128면; 2004.5.14, 2004헌나1, 판례집 16-1, 628-629면; 2006.2.23. 2005헌라6, 판례집 18-1 상, 90면.

2) 헌재 2006.2.23. 2005헌라6, 판례집 18-1 상, 82면 이하. [사건개요] 정부는 2005.3.24. ① 재정경제부 등 4개 부에 복수차관제를 도입하고 ② 통계청과 기상청을 차관급 기구로 격상하며 ③ 국방부장관 소속으로 방위사업청을 신설하고 ④ 건설교통부의 명칭을 국토교통부로 변경하는 내용의 정부조직법 일부 개정 법률안을 국회에 제출하였다. 국회 행정자치위원회는 검토결과 위의 ③, ④의 내용은 제외하고 ①, ②만의 내용의 위원회 대안을 심사·의결하였고 이를 본회의에 부의하였다. 같은 해 6.30. 임시국회 본회의에서 열린우리당 및 민주노동당 의원 33인의 명의로 위 ③을 내용으로 하는 수정안이 제출되었고, 한나라당 소속 의원들은 의사진행발언 등을 통하여 위 수정안은 소관 상임위원회에서 폐기된 것이며 복수차관제 도입 등을 내용으로 하는 정부조직법 일부 개정 법률안과 다른 의제를 내용으로 하고 있어 국회법상의 수정안의 범위를 벗어난 별개의 법률안이라고 주장하였다. 국회의장은 정부조직법 일부 개정 법률안(이하 '원안'이라 함)에 대하여 표결을 실시하지 아니한 채 위 수정안을 표결처리를 통해 통과시켰고 수정안과 함께 표결하지 않은 원안에 대해서도 가결을 선포하였다. 이에 한나라당 의원들(청구인들)은 같은 해 7.18. 국회의장(피청구인)의 위와 같은 가결선포행위로 말미암아 자신들의 법률안 심의·표결권이 침해되었으며 그로 인하여 위 가결선포행위는 위헌무효라고 주장하며 권한쟁의심판을 청구하였다. [결정요지] 헌법 제64조에 따라 국회는 폭넓은 자율권을 가지며 국회의 의사절차나 입법절차에 헌법이나 법률의 규정을 명백히 위반한 흠이 있는 경우가 아닌 한 그 자율권은 권력분립의 원칙이나 국회의 위상과 기능에 비추어 존중되어야 한다. 국회법상 수정안의 범위에 대한 어떠한 제한도 규정되어 있지 않은 점과 국회법 규정에 따른 문언의 의미상 수정이란 원안에 대하여 다른 의사를 가하는 것으로 새로 추가, 삭제, 또는 변경하는 것을 모두 포함하는 개념이라는 점에 비추어, 어떠한 의안으로 인하여 원안이 본래의 취지를 잃고 전혀 다른 의미로 변경되는 정도에까지 이르지 않는다면 이를 국회법상의 수정안에 해당하는 것으로 보아 의안을 처리할 수 있는 것으로 볼 수 있다. 이와 같은 폭넓은 해석에 의하면 이 사건 수정안은 국회법 제95조에 의한 수정안에 해당하게 된다. 수정안을 너무 좁게 해석하면 국회법 규정에 따른 수정의 의미를 상실할 수도 있다. 피청구인이 이러한 입장에 따라 이 사건 수정안을 적법한 수정안에 해당하는 것으로 보고 의안을 처리하였다 하더라도 이를 명백히 법률에 위반된다고 할 수는 없다.

3) 헌재 1997.7.16. 96헌라2, 판례집 9-2, 154면.

법률안 가결·선포행위와 관련된 사실인정은 국회본회의 회의록의 기재내용에 의존할 수밖에 없고 그 증거가 없다고 하여 기각하였다.[1)] ⑧ 탄핵소추절차에서의 자율권 – 탄핵소추절차에서의 그 조사의 결여, 질의 및 토론절차의 생략, 투표, 질의 및 토론절차가 생략된 데 대하여 피청구인이 반론을 제기하였지만 헌법재판소는 이를 받아들이지 않았다.[2)]

---

1) 헌재 2000.2.24. 99헌라1, 판례집 12-1, 115면. [사건개요] 국회의장(피청구인)을 대리한 국회부의장은 1999.1.6. 본회의에서, 일부 의원들이 의사진행을 방해하는 가운데, 남녀차별금지 및 구제에 관한 법률안 등을 상정하여 각 안건에 대한 이의유무를 물어 각 '이의없습니다'하는 의원이 있자 가결되었음을 선포하였는데 청구인들(야당 국회의원들)은 각 안건에 대하여 이의유무를 물었을 때에 "이의있습니다"라고 반대의사를 분명히 하였음에도 불구하고 피청구인이 이를 무시하고 전원찬성으로 가결·선포하였다고 주장하면서 권한쟁의심판청구를 하였다. [결정이유요지] 청구인들이 국회본회의에서 이의제기(국회법 제112조 제3항)를 한 사실이 있는지 여부에 관한 증거를 보면, 국회본회의 회의록에 (장내소란)으로 기재된 것만으로 청구인들이 이의를 한 것으로 인정할 수는 없고, 방송사의 보도내용을 담은 비디오테이프 또한 본회의장 내에서 일어난 소란을 청구인들이 이의를 한 것으로 인정할 증거가 되지 아니한다. 국회의 자율권을 존중하여야 하는 헌법재판소로서는 이 사건 법률안 가결·선포행위와 관련된 사실인정은 국회본회의 회의록의 기재내용에 의존할 수밖에 없고, 피청구인의 이 사건 법률안 가결·선포행위가 헌법 제49조, 국회법 제112조 제3항 위반으로 인정할 수 있는 증거가 없으므로, 청구인들의 법률안 심의·표결권을 침해하는 위법이 있다는 이 사건 권한쟁의심판청구는 기각을 면할 수 없다. * 3인 재판관의 인용의견이 있었고 재판관 2인은 애초 국회의원은 당사자로서 권한쟁의심판을 청구할 수 없다고 하여 각하하자는 의견을 제시하였다.

* 동지 : 동일 날 한·일어업협정에 대해서도 이의없음을 묻는 방식으로 표결을 하였는데 야당의원들이 위 결정에서와 마찬가지의 이유로 헌법소원심판을 청구하였다. 헌법재판소는 위 결정과 같은 취지의 기각결정을 한 바 있다(헌재 2000.2.24. 99헌라2 국회의장과 국회의원 간의 권한쟁의).

2) 헌재 2004.5.14. 2004헌나1, 판례집 16-1, 628면 이하. [결정이유요지] 가. 국회의 의사절차 자율권 – 국회는 국회운영에 관하여 폭넓은 자율권을 가지므로 국회의 의사절차나 입법절차에 헌법이나 법률의 규정을 명백히 위반한 흠이 있는 경우가 아닌 한, 그 자율권은 권력분립의 원칙이나 국회의 위상과 기능에 비추어 존중되어야 하며, 따라서 그 자율권의 범위 내에 속하는 사항에 관한 국회의 판단에 대하여 다른 국가기관이 개입하여 그 정당성을 가리는 것은 바람직하지 않고, 헌법재판소도 그 예외는 아니다. 국회의장의 의사진행권은 넓게 보아 국회자율권의 일종으로서 그 재량의 한계를 현저하게 벗어난 것이 아닌 한 존중되어야 하므로 헌법재판소도 이에 관여할 수 없는 것이 원칙이다.

나. 국회에서의 충분한 조사 및 심사가 결여되었다는 주장에 관하여 – 물론, 국회가 탄핵소추를 하기 전에 소추사유에 관하여 충분한 조사를 하는 것이 바람직하나, 국회법 제130조 제1항에 의하면 "탄핵소추의 발의가 있은 때에는 … 본회의는 의결로 법제사법위원회에 회부하여 조사하게 할 수 있다."고 하여, 조사의 여부를 국회의 재량으로 규정하고 있으므로, 이 사건에서 국회가 별도의 조사를 하지 않았다 하더라도 헌법이나 법률을 위반하였다고 할 수 없다. 다. 투표의 강제, 투표내역의 공개, 국회의장의 대리투표가 이루어졌다는 주장에 관하여 – 한나라당과 민주당이 "탄핵소추안의 의결에 참여하지 않는 소속 국회의원들을 출당시키겠다."고 공언하였다 하더라도, 그것이 오늘날의 정당민주주의 하에서 허용되는 국회의원의 정당기속의 범위를 넘어 국회의원의 양심에 따른 표결권행사(헌법 제46조 제2항, 국회법 제114조의2)를 실질적으로 방해할 정도의 압력 또는 협박이었다고 볼 수 없다. 일부 국회의원들이 기표내역을 소속 정당의 총무에게 보여 주었다든지 한 것이 사실이라 하더라도 그로 인하여 국회 표결의 효력에 어떤 영향을 미치는지는 의사절차에 관한 자율권을 가진 국회의 판단을 존중할 사항이라 할 것인데, 국회의장이 투표의 유효성을 인정하여 탄핵소추안의 가결을 선포하였고, 달리 이에 관하여 헌법이나 법률을 명백히 위반한 흠이 있다고 볼 뚜렷한 근거나 자료가 없으므로 헌법재판소로서는 그러한 사유만으로 이 사건 탄핵소추안에 대한 투표 및 가결의 효력을 부인할 수 없다. 라. 본회의 개의시각이 무단 변경되었다는 주장에 관하여 – 국회법은 개의시각과 관련하여 제72조에서 "본회의는 오후 2시(토요일은 오전 10시)에 개의한다. 다만 의장은 각 교섭단체 대표의원과 협의하여 그 개의시를 변경할 수 있다."고 하여 개의시각을 변경하는 경우에는 각 교섭단체 대표의원과 협의하도록 규정하고 있다. 여기서 '협의'는 의견을 교환하고 수렴하는 절차라는 그 성질상 다양한 방식으로 이루어질 수 있으며, 그에 대한 판단과 결정은 종국적으로 국회의장에게 맡겨져 있다고 할 것인바, 이 사건의 경우 2004.3.12.이 지나면 시한의 경과로 탄핵소추안이 폐기됨에도 불구하고 열린우리당 소속 국회의원들의 계속된 본회의장 점거로 인하여 국회법에 따른 정상적인

3. 자율권한계준수 여부에 대한 사법적 통제

(1) 법원의 제소

국회가 자율권의 한계를 벗어난 행정작용을 함으로써 국민이 권리를 침해받은 경우에 법원에 의한 행정재판을 통한 통제가 이루어질 수 있다. 국회의장이 행한 처분에 대한 행정소송의 피고는 사무총장으로 한다(국회사무처법 제4조 3항). 의원의 자격심사, 징계(제명)의 처분에 대하여는 헌법 제64조 제4항이 법원에 제소할 수 없다고 규정하여 이를 명시적으로 금지하고 있다.

의사진행을 기대하기 어려웠던 점, 2004.3.12.11시 22분경 개의된 본회의에 열린우리당 소속 국회의원들을 비롯하여 대다수의 국회의원들이 회의장에 출석하고 있었던 점 등을 고려해 보면, 설사 열린우리당의 대표의원과 국회의장이 직접 협의하지 않았다 하더라도 그 점만으로 국회법 제72조에 명백히 위반된 흠이 있다거나, 열린우리당 소속 국회의원들의 심의·표결권이 침해되었다고 보기 어렵다. 마. 투표의 일방적 종료가 선언되었다는 주장에 관하여 – 피청구인은 열린우리당 소속 국회의원들이 투표에 응할 것인지 여부를 무시한 채 국회의장이 일방적으로 투표종료를 선언하였다고 주장하나, 2004.3.12. 국회 본회의 회의록에 의하면 당시 의장이 2, 3 차례에 걸쳐 투표를 하지 아니한 국회의원들에게 투표를 할 것을 촉구하면서, 투표를 더 이상 안 하면 투표를 종료할 것이라고 선언한 사실이 인정된다. 그렇다면 의장이 일방적으로 투표를 종료하여 열린우리당 소속 의원들의 투표권 행사를 방해한 것이라 볼 수 없다. 바. 질의 및 토론절차가 생략되었다는 주장에 관하여 – 피청구인은 국회의장이 이 사건 탄핵소추안 심의과정에서 국회법 제93조에 위반하여 제안자의 취지 설명 없이 유인물을 배포하고 질의와 토론절차를 생략한 채 표결을 강행함으로써 국회의원들의 질의·토론권을 침해하였다고 주장한다. 국회법 제93조는 '위원회의 심의를 거치지 아니한 안건에 대해서는 제안자가 그 취지를 설명하도록' 규정하고 있으나, 위 국회 회의록에 의하면 이 사건 탄핵소추안 심의과정에서는 제안자의 취지 설명을 '서면'으로 대체한 사실이 인정되는데, 이러한 방식이 잘못되었다고 볼만한 법적 근거가 없다. 다음으로 질의 및 토론절차를 생략한 것에 관하여 본다. 국회법 제93조는 '본회의는 안건을 심의함에 있어서 질의·토론을 거쳐 표결할 것'을 규정하고 있으므로 탄핵소추의 중대성에 비추어 국회 내의 충분한 질의와 토론을 거치는 것이 바람직하다. 그러나 법제사법위원회에 회부되지 않은 탄핵소추안에 대하여 "본회의에 보고된 때로부터 24시간 이후 72시간 이내에 탄핵소추의 여부를 무기명투표로 표결한다."고 규정하고 있는 국회법 제130조 제2항을 탄핵소추에 관한 특별규정인 것으로 보아, '탄핵소추의 경우에는 질의와 토론 없이 표결할 것을 규정한 것'으로 해석할 여지가 있기 때문에, 국회의 자율권과 법해석을 존중한다면, 이러한 법해석이 자의적이거나 잘못되었다고 볼 수 없다. 사. 탄핵소추사유별로 의결하지 않았다는 주장에 관하여 – 탄핵소추의결은 개별 사유별로 이루어지는 것인지에 대한 명문 규정이 없으며, 다만 제110조는 국회의장에게 표결할 안건의 제목을 선포하도록 규정하고 있을 뿐이다. 이 조항에 따르면 탄핵소추안의 안건의 제목을 어떻게 잡는가에 따라 표결범위가 달라질 수 있으므로, 여러 소추사유들을 하나의 안건으로 표결할 것인지 여부는 기본적으로 표결할 안건의 제목설정권을 가진 국회의장에게 달려있다고 판단된다. 그렇다면 이 부분 피청구인의 주장은 이유가 없다. 아. 적법절차원칙에 위배되었다는 주장에 관하여 – 피청구인은 이 사건 탄핵소추를 함에 있어서 피청구인에게 혐의사실을 정식으로 고지하지도 않았고 의견 제출의 기회도 부여하지 않았으므로 적법절차원칙에 위반된다고 주장한다. 여기서 피청구인이 주장하는 적법절차원칙이란, 국가공권력이 국민에 대하여 불이익한 결정을 하기에 앞서 국민은 자신의 견해를 진술할 기회를 가짐으로써 절차의 진행과 그 결과에 영향을 미칠 수 있어야 한다는 법원리를 말한다. 국민은 국가공권력의 단순한 대상이 아니라 절차의 주체로서, 자신의 권리와 관계되는 결정에 앞서서 자신의 견해를 진술할 수 있어야만 객관적이고 공정한 절차가 보장될 수 있고 당사자간의 절차적 지위의 대등성이 실현될 수 있다는 것이다. 그런데 이 사건의 경우, 국회의 탄핵소추절차는 국회와 대통령이라는 헌법기관 사이의 문제이고, 국회의 탄핵소추의결에 의하여 사인으로서의 대통령의 기본권이 침해되는 것이 아니라, 국가기관으로서의 대통령의 권한행사가 정지되는 것이다. 따라서 국가기관이 국민과의 관계에서 공권력을 행사함에 있어서 준수해야 할 법원칙으로서 형성된 적법절차의 원칙을 국가기관에 대하여 헌법을 수호하고자 하는 탄핵소추절차에는 직접 적용할 수 없다고 할 것이고, 그 외 달리 탄핵소추절차와 관련하여 피소추인에게 의견진술의 기회를 부여할 것을 요청하는 명문의 규정도 없으므로, 국회의 탄핵소추절차가 적법절차원칙에 위배되었다는 주장은 이유없다.

(2) 헌법재판소에 의한 통제

1) 통제방법

① 위헌법률심판 – 헌법재판소는 국회가 자율권의 한계를 벗어난 의사절차(議事節次)로 가결한 법률에 대해 위헌법률심판으로 이를 통제할 수 있느냐에 대해 부정설(권영성)이 있다. 그러나 적법절차원칙은 모든 국가작용에 적용되기도 하므로 입법절차가 적법하게 이루어지지 않으면 법률의 위헌성을 가져온다는 점에서 긍정하여야 한다. ② 헌법소원심판 – 국회가 자율권의 한계를 벗어나 어느 국민의 기본권을 침해하는 공권력행사(법률제정을 포함한다)를 한 경우에 헌법소원심판(법률에 대한 법령심판)을 통해 통제가 이루어질 수 있다. ③ 권한쟁의심판 – 국회자율권을 벗어난 국회의 권한행사로 인하여 국회 외부의 기관이나 지방자치단체 또는 국회의원이 권한을 침해받았을 때에는 권한쟁의심판을 통해서 통제를 할 수 있다. ④ 탄핵심판 – 국회가 행한 탄핵소추에 대하여 탄핵심판을 통해서 통제할 수 있다. 다만, 헌법재판소의 판례는 적법절차원칙이 탄핵소추절차에는 적용되지 않는다는 입장을 취하고 있으므로<2004헌나1> 탄핵심판을 통한 통제에는 한계가 있음을 헌법재판소 스스로가 인정하고 있는 셈이다.

2) 의원신분사항에 관한 헌법재판소의 심판 문제

의원의 자격심사, 징계(제명)의 처분에 대하여는 전술한 대로 헌법 제64조 제4항이 법원에의 제소를 금지하고 있다. 그렇다면 법원이 아닌 헌법재판소에의 헌법재판의 제기는 가능한가를 두고 긍정설과 부정설로 견해가 갈리고 있다. 외국의 예로 프랑스의 경우 헌법재판소가 의원의 자격에 관한 다툼에 대해 재판권을 가진다. 생각건대 의원의 신분에 관한 국회의 결정에 대해서도 아무리 국회의 자율권을 존중한다고 하더라도 위에서 본 대로 자율권에도 한계가 있으므로 법원에의 제소는 금지되더라도 헌법재판소에 헌법재판을 제기할 수 있는 길을 열어두는 것이 필요하다. 문제는 어떠한 심판으로 이를 다툴 수 있을 것인가 하는 것이다. 먼저 헌법소원심판으로 다툴 수 있을지가 검토될 수 있겠다. 의원의 신분문제가 직접적으로 기본권침해의 문제가 된다고 보기 어려우므로 헌법소원심판의 청구는 어렵다는 부정설과 의원의 자격상실인 제명처분과 같은 경우에 공무담임권의 침해가 될 수 있으므로 헌법소원심판 청구가 가능하다는 긍정설이 대립될 수 있겠다. 다음으로 권한쟁의심판으로 다툴 수 있는지를 보면 국회의원도 국가기관이므로 국회와의 간에 권한쟁의심판으로 다툴 여지가 있겠다. 입법론적으로 바람직하기는 의원신분에 관한 헌법재판소의 심판을 헌법에 추가하여 규정하는 것이 좋다. 헌법재판소의 관할은 법원의 그것과 달리 한정적인 것으로 보므로 관할에 관하여 헌법에 규정을 둔다면 더욱 명확한 해결이 될 것이다.

제3장 정부(집행부)

* 용어상의 문제 – '정부'라는 용어는 대통령과 행정부를 포괄하는 용어로 현행 헌법전이 명시적으로 사용하고 있다. 제2공화국에서는 의원내각제를 택하였고 의원내각제에서의 정부는 국무총리와 국무위원, 행정각부가 그 구성요소이므로 대통령을 별개의 장에서 규정하고 정부의 장에서는 국무총리, 국무위원, 행정각부에 대해 규정하고 있었다. 대통령과 정부를 별개로 규정한 예는 반대로 권위주의 시대에 대통령의 지위의 강화를 보여주는 것이기도 하였다. 즉 유신헌법(제4공화국헌법) 당시에 그러하였다.

제1절 대통령

제1항 대통령의 헌법상 지위와 신분

Ⅰ. 헌법상 지위

1. 정부형태별 고찰

(1) 대통령제

대통령제하의 대통령은 그 임기가 보장되고 실질적인 강한 권력을 가진다. 집행권의 수반으로서 내각을 구성하고 국가의 안보에 관한 권한과 국군통수권을 가진다. 대외적으로 국가를 대표하는 국가의 원수로서의 지위를 가지고 조약체결권 등의 외교에 관한 권한을 가진다. 그러나 고전적 대통령제하의 대통령은 엄격한 권력분립이론에 따라 입법부에 의한 견제를 받고 의회해산권을 가지지 않는다.

미국식 고전적 대통령제는 아시아, 라틴 아메리카 등에 전수되었지만 대통령에게 국가권력이 강하게 집중되고 입법부, 사법부에 절대적으로 우월하는 변형된 권위적 대통령제, 이른바 신대통령제가 나타나기도 하였다. 의회와 내각, 법원은 사실상 대통령에 종속되어 본연의 기능을 충분히 수행하지 못한다.

(2) 의원내각제

의원내각제를 취하고 있는 국가에서도 국가원수로서 군주나 대통령을 두기도 한다. 의원내각제하의 대통령은 상징적이고 의례적이며 형식적인 권한을 가지고 실질적인 권한을 가지더라도 그 범위가 제한적이고 약하다. 내각의 수반인 수상이 실질적인 권한을 가진다.

(3) 혼합정부제

혼합정부제하에서의 대통령은 대통령제하에서의 대통령에 비해 약하나 의원내각제하의 대통령에 비해 상당히 실질적인 권한을 가진다. 특히 대통령이 속한 정당이나 정파가 의회에서 다수파를 형성하여 이 다수파의 지지를 대통령이 받고 있을 때에는 강력한 대통령의 권한 행사가 나타나기도 한다.

2. 현행 헌법상의 대통령의 지위

(1) 국가원수로서의 지위

대통령은 국가원수(Chef d'Etat)로서의 지위를 가진다. 국가원수란 한 국가를 대외적으로 대표하는 국가의 최고기관을 말한다. 이는 국제법적 차원의 대통령의 지위이다. 이러한 국가원수로서의 지위에서 대외적으로는 ① 국가를 대표하는 권한과 ② 외교에 관한 권한을 가진다. 우리 헌법도 "대통령은 국가의 원수이며, 외국에 대하여 국가를 대표한다"라고 규정하고 있다(제66조 1항). 국가원수는 국가형태에 관계없이 존재하는데 대통령제하에서는 대통령이 국가원수가 되고 의원내각제하에서도 대통령이 있는 경우에는 대통령이 국가원수가 된다. 다만, 오늘날에도 군주를 두고 있는 입헌군주국에서는 군주가 상징적인 대외적 국가원수이다. 의원내각제하에서의 대통령은 대통령제하의 대통령에 비해 국가원수로서의 지위가 일반적으로 약하다고 본다. 그 권한이 실질적으로 강하지 않아 비교적 상징적인 권한을 가지는 의원내각제에서의 대통령에게도 주어진다.

대통령의 국가원수로서의 지위는 국가를 대표하고 외교에 관한 권한을 행사하는 대외적인 지위만을 의미하는가 아니면 대내적으로도 국정의 최고기관으로서 국가원수로서의 지위를 인정할 것인가를 두고 논란이 있다. 생각건대, 입법부, 행정부, 사법부 어느 한 부에서 이를 관장하기에는 그 수행이 어려운 국가행위가 있고 이를 어느 국가기관인가가 대내적으로 국가전체를 대표하여 이를 수행하도록 할 필요가 있는 경우가 있다. 국가의 독립·영토의 보전·국가의 계속성을 수호할 임무, 국방임무 등이 그것이다. 이는 권력분립에서의 우월성의 차원이 아닌 국가전체적 차원에서 국가의 보전을 위한 임무이다. 바로 이러한 임무를 대통령에게 헌법은 위임한 것이다. 헌법재판관 9인 중에 3인을 대통령이 임명하는 것은 또 다른 헌법재판관 3인은 국회에서 선출하고, 또 다른 3인은 대법원장이 지명하는 권력분립구도에서 집행부의 수반으로서 임명하는 것이다. 그러나 국회가 선출한 3인의 헌법재판관과 대법원장이 지명한 3인의 헌법재판관도 임명은 대통령이 하도록 한 것은 대통령이 단순히 집행부의 수반이 아니라 대내적인 국가원수로서 그들 6인도 포함하여 9인 모두를 대통령이 임명하는 것으로 볼 것이다.[1] 헌법재판소장과 대법원장, 대법관, 중앙선거관리위원회 위원에 대한 대통령의 임명권도 그러하고, 영전수여권, 사면권도 그러하다. 국군통수권도 군사행정이라는 면에서는 대통령의 집행부수반으로서의 지위에서 나오는 권한이라 볼 수 있지만, 우리 헌법은 국군의 중립성을 명시하고 있으므로(제5조 2항) 입법부, 집행부 어디에 속한 국군이라기보다는 국가에 속하는 군대이고 대통령이 영토보전의 의무 등을 지기도 하기에 국군통수권을 국가원수로서의 대통령에 맡긴 것이다. 요컨대 대통령의 대내적인 국가원수로서의 지위를 인정하는 것은 대통령이 입법부, 사법부보다 우월한 지위를 인정받아야 한다는 이유가 아니라[2] 3부를 초월하여 국가전체에서 관장하여야 할 임무가 있고 이를 대내외적으로 국가대표자인 대통령에게 수행의 의무를 부과한 결과라고 보아야 한다. 이러한 지위를 국정의 최고책임자로서의 지위라고 부르자고 하는 견해도 있으나 국회도 법률제정, 예산확정 등에 있어서는 국정의 최고책임자이기에 혼돈이 있을 수 있다. 한편 유의할 점은 국가원수라는 지위가 아무런 통제도 받지 않는 절대군주적인 지위를 가짐을 의미하는 것이 아니라 국가원수로서의 행위도 집행부 내부, 외부에서의 통제를 받는다는 점이다. 즉 대통령의 외교적 권한에 대해서도 국회의 사전적 동의 등 통제가 있다<그 점에서 "우리나라처럼 자유민주적 통치구조를 가지고 있는 헌법질서 아래서 대통령은 대내적인 관계에서는 국정의 최고책임자일 수는 있어도 국가원수일 수는 없다"라는 견해(허영, 904면)는 국가원수의 개념에 대한 오해가 있다. 국가원수가 국내에서 무소불위의 권력을 가지기에 자유민주적 통치구조에 맞지 않다고 보는 것으로 이해하게 하는 이 견해는 단견이다>. 따라서 국가원수로서의 지위를 인정한다고 하여 여기서 나오는 권한이 독단적 권한이 아니라 제어되고 민주적인 권한으로서 책임이 수반하는 권한이다. 사실 권한은 행사자의 개인적 권리가 아니라 의무가 수반하는 것이다. 요컨대 대내적인 국가원수로서의 지위는 입법부, 집행부, 사법부 어느 한 부에 맡겨서는 그 수행이 어려운 국가전체적 임무를 수행한다는 의미를 가지는 것이다. 대내적인 국가원수를 인정하여 대통령의 우월적 지위를 인정하는 것이 아니다.

대내적으로 3부를 초월한 국가사무가 있고 이를 어느 국가기관인가가 수임하여야 한다면 이 국가기관을 대내외적인 국가원수라고 부를 수 있다 없다 하여 논란을 하는 것은 실익이 없다. 중요한 현실은 그러한 국가사무가 존재한다는 것이다. 국가원수는 국제법적 개념일 뿐이므로 대외적 국가원수만을 생각할 수 있다는 것도 받아들일 수 없다. 프랑스에서는 국가원수

---

1) 사실 대통령의 헌법재판관 3인 지명권에 대해서 문제제기가 없지 않다. 또한 국회에서 선출하는 3인의 헌법재판관과 대법원장이 지명하는 3인의 헌법재판관에 대한 대통령의 임명은 재고의 여지가 있다. 6인의 재판관들은 국회의 선출과 대법원장의 지명(대법원장지명제도 바뀌어져야 하나 현재로서는) 그 자체로 자동임명된 것으로 간주하면 되고 굳이 대통령의 임명이 필요하다고 볼 것인지 의문이다.

2) 이 점에서 "국가원수로서의 대통령의 지위는 입법부와 사법부에 대하여 우월한 지위로서, 그것은 20세기적 대통령제의 성격을 보여주는 것이다"라는 견해(권영성, 구판 945면)는 이해할 수 없다. 외국에서도 국가원수가 군의 원수라고 기술하고 있다. Ph. Ardant, 앞의 책, 490면.

(Chef d'Etat)의 권한을 대외적, 대내적으로 나누어 설명하고 심지어 국가원수의 권한에 대해서도 독자적 권한과 부서를 받아야 할 권한으로 나누어진다. 대내적 국가원수의 인정이 절대적 권력의 인정으로 귀결되는 것이 아님을 보여주는 것이다.

(2) 주권행사기관으로서의 지위

대통령은 집행권을 행사하는데 집행권은 주권으로부터 나오는 것이고 따라서 대통령은 주권행사기관의 하나이다. 즉 주권자인 국민으로부터 위임받은 집행에 관한 국가권력을 행사하는 주권행사기관의 하나이다. 국가원수로서 대외적으로 국가를 대표하는 것도 주권이 대외적 국가독립성을 의미한다는 점에서 주권행사 내지 주권대표기관으로서의 지위를 지닌다는 점을 아울러 의미하기도 한다. 이 지위는 주권을 국민을 대신하여 행사하는 기관이라는 것을 의미할 뿐이고 주권보유자를 의미하지는 않는다. 주권보유자는 국민일 뿐이고 대통령은 그 주권을 대신 행사하는 주권행사기관, 그것도 여러 주권행사기관들 중의 하나이다.

(3) 국가수호자로서의 지위

대통령은 국가의 독립 · 영토의 보전 · 국가의 계속성과 헌법을 수호할 책무를 진다(제66조 2항). 국가의 단일성과 영속성은 국가의 통일을 요구하고 이 시대의 과제이다. 따라서 우리 헌법이 명시하고 있는 "조국의 평화적 통일을 위한 성실한 의무"도(동조 3항) 이 지위에서 당연히 나오는 의무라고 할 것이다. 대통령은 취임시에도 "국가를 보위하며 조국의 평화적 통일"에 노력할 것을 선서하여야 한다(제69조).

(4) 헌법 및 기본권보장의 의무자로서의 지위

대통령은 헌법과 법령을 준수하고 국민의 기본권과 삶의 질이 보다 나아지도록 경제와 사회의 발전에 노력할 의무를 진다. 취임시 "헌법을 준수하고 …국민의 자유와 복리의 증진"에 노력할 것을 선서하여야 한다.

(5) 행정권의 수반으로서의 지위 - 최고의 정부기관으로서의 지위

행정권은 대통령을 수반으로 하는 정부에 속한다(제66조 4항). 이러한 최고의 정부기관으로서의 지위에서(여기서의 '정부'는 입법부, 사법부를 포함하지 않은 대통령, 행정부만을 의미하는 우리 헌법 제4장의 용어에 따른 것이다) 국무총리, 국무위원 그리고 공무원들을 임명하고 국무회의를 의장으로서 주재하며 국가의 정책을 추진하는 법률들을 집행하며 법률의 위임을 받아 대통령령(행정입법)을 제정하기도 한다. 국가의 예산안을 편성하여 국회의 의결을 받아 집행하기도 한다.

(6) 이른바 대통령의 '국정조정자로서의 지위'

우리나라 현행헌법상 대통령의 국정조정자로서의 지위를 명시한 규정은 없다. 프랑스 헌법은 공화국대통령은 그의 중재에 의하여(par son l'arbitrage) 공권력의 합법적인 기능을 보장한다고 중재자적 지위를 직접 명시하여 이러한 대통령의 지위를 인정하고 있다. 우리 헌법에 있어서는 대통령만이 국정조정자는 아니다. 예를 들어 대통령의 국정조정권에 속한다고 볼 수 있는 헌법개정발의권도 대통령만이 가지는 것이 아니라 국회 재적의원 과반수도 발의권을 가진다(제128조 1항).

국정조정자의 지위가 입법부, 집행부, 사법부를 초월한 우월한 권력을 가지는 지위로 해석되어서는 아니 된다. 국회와 같이 다원적 국민의 대표자도 국정의 통합·조정을 위하여 노력하여야 한다.

(7) 지위분류에 관한 검토

위에서 행한 대통령의 헌법상 지위가 얼마나 실익이 있는지는 의문이다. 사실 대통령의 헌법상 지위는 대통령의 권한이 어느 정도의 범위에 미치느냐 하는 문제를 살펴보기 위한 것이다. 종래 우리 헌법교과서들에서는 국가원수로서의 지위에서 나오는 권한은 어떠한 것이 있고 행정권수반으로서의 지위에서 나오는 권한은 어떠한 것이 있다는 식의 분류가 있어 왔다. 그러나 어느 한 권한이 대통령의 여러 지위에 해당될 수도 있다. 예를 들어 헌법재판관의 임명권은 헌법기관을 구성하는 국가원수로서의 지위에서 나오는 권한이자 헌법수호자로서의 지위에서 나오는 권한으로 볼 수도 있다. 따라서 반드시 지위에 따른 권한분류가 중첩없이 각 권한들을 명확히 구분하여 분류하는 것인지 의문이다. 또 현실적으로 그러한 권한분류가 어떠한 실익이 얼마나 있는지에 대한 검토가 필요하다. 예를 들어 통제의 면에서 차이가 있다고 보아, 국가원수로서의 지위에서 나오는 권한에 대해서는 그 통제가 약하다고 본다면 실익이 있긴 할 것이다. 그러나 이러한 관념은 국가원수의 행위를 사법통제의 대상이 안 되는 통치행위로 보려는 과거의 관념을 유지하는 것을 전제로 하는 것이다. 국가원수로서의 행위에 대해서도 헌법적 통제가 가해지고 있다. 예를 들어 대통령의 중요조약에 대한 체결·비준에 대해 국회가 사전동의권을 가진다.

* 대통령 소속 기관 – 감사원, 대통령비서실, 국가안보실, 국가정보원, 방송통신위원회, 대통령경호실 등이 있다.

Ⅱ. 대통령의 신분

1. 선출

(1) 비교법적 고찰 - 선출방법의 정부형태에 따른 비교

1) 대통령제

대통령제하에서의 대통령은 국민으로부터 직선되는 경우가 원칙이다. 이는 대통령제하의 대통령은 실질적인 강한 권한을 가지는데 이러한 권한의 국민적 정당성을 더 많이 부여받아야 한다는 요구가 자리잡고 있기 때문이다. 그러나 미국처럼 간접선거에 의하되 실질적으로 직접선거의 방식으로 선출하는 예도 있다.

* 미국의 대통령선거방식 : 먼저 각 정당별 대통령후보를 선출하기 위하여 주별로 순회하면서 4개월간 치루는 예비선거(Primary) 내지 당원대회(caucus)를 통해 대의원을 선거하는데 이 선거에서 사실상 각 정당의 후보가 확정되고 전당대회에서 공식후보로 선출되면서 부통령 후보도 지명된다. 이 후 11월 첫째주 화요일에 각 정당의 후보를 두고 국민들이 선거인단을 선출하기 위한 선거가 실시되는데 이것이 실질적으로 대통령선거가 된다. 선거인단은 주별로 하원의원 수에 상원의원 수(각주별로 2명의 상원의원)를 더한 수로 할당되어 전체적으로 결국 전체 하원의원 수인 435명에 전체 상원의원 수 100명을 더하고 워싱턴 DC의 3명을 더하여서 전체 선거인단 수는 538명이 된다. 이러한 선거인단구성에 의한 수적인 면에서 작은 주가 인구가 적음에도 더 많은 선거인단을 가지는 경우도 나타난다. 이 선거에서 선거인단의 확정은 각 주별로 이루어지되 단 한 표라도 더 많이 얻은 후보가 그 주의 선거인단 전체를 독차지하는 이른바 '승자독식'(winner－takes－all)의 방식에 따른다(단, 네브라스카주와 메인주는 상원의원 수대로 선출하는 대의원 2인은 승자독식방식에 의하나 하원의원 수의 선거인단은 득표율 비례에 의하는 혼합방식을 규정하고 있다. 그러나 이들 주에서도 실제적으로는 승자독식방식을 적용하여 왔다. 2004년 콜라로도주에서는 비례배분방식으로의 변경을 위한 국민투표를 대통령선거와 더불어 실시하였으나 부결되었다). 승자독식방식을 택한 것은 인구가 적은 소수의 주를 배려하기 위한 것이었다. 그러나 승자독식방식에 의함으로써 전체적으로는 더 많은 득표를 한 후보가 선거인단 수의 확보에서는 뒤지는 경우도 나타나므로(실제 2000년선거에서 앨 고어후보가, 2016년선거에서 힐러리 클린턴후보가 전체적으로는 더 많은 득표를 하였다) 문제점으로 지적되고 있다. 이 선거인단이 형식적으로 각 주의 의회에서 12월에 대통령선거를 실시하고 1월에 워싱턴 연방의회에서 집계하여 결과를 최종발표하는데 선거인들은 미리 지지하는 후보를 선언하였고 선거에서 이를 그대로 지키므로, 즉 기속위임에 따라 선거하므로(극소수의 반란표가 나온 경우가 있긴 하였다) 사실상 형식적인 것에 불과하고 결국 당선확정은 앞서 11월에 있은 선거인단선거에서 이미 이루어진다. 선거인단선거에서 동수가 나올 경우에는 연방하원에서 3위까지의 후보들을 두고 선거한다.

2) 의원내각

의원내각제하에서는 수상과 내각이 실질적 권한을 가지고 의회 앞에서의 책임을 지고 대통령은 실질적인 권한을 가지지 않으므로 국민으로부터 직접선거될 것이 요구되지 않는다. 그리하여 의회에서 선출되거나 회의체에서 대통령이 간접선거되기도 한다. 대표적인 순수 의원내각제국가이면서 대통령을 두고 있는 독일의 경우에 연방대통령은 연방회의(Bundesver－sammlung)에서 선출된다. 연방회의는 연방하원의원과 주(Land)의 의회에서 비례대표제선거로 선출된 같은 수의 선거인들로 구성된다(독일기본법 제54조 3항). 그 선출과정을 보면, 연방회의에서 토론없이 표결을 하여 연방회의 구성원의 재적 과반수의 득표로 당선되는데 1차투표에서 과반수 득표자가 없으면 2차투표를 하고 2차투표에서도 과반수 득표자가 없으면 3차투표에서 최다득표자가 당선된다(독일기본법 제54조 1항 · 6항). 대통령 피선거권은 연방하원의원선거권을 가지는 40세 이상의 독일 국민에게 있다(독일기본법 제54조 1항). 대통령의 임기는 5년이고 일차에 한해 연임이 가능하다(독일기본법 제54조 2항). 의원내각제의 요소를 가지면서 대통령이 직접선거되고 대통령이 실질적 권한을 상당히 가질 경우에는 혼합정부제가 된다.

3) 혼합정부제

혼합정부제에서도 대통령이 직선된다는 점이 중요하다. 이는 역시 대통령의 권한이 어느 정도 강하다는 점에서 그 국민적 정당성이 요구되기 때문이다.

혼합정부제는 대통령이 속하는 정파(정당)가 의회의 다수파가 되지 못하여 발생하는 여소야대의 현상, 이른바 동거정부의 가능성이 있고 그동안 여러 차례 실제로 있었다<이에 관해서는 정재황, 공법연구 참조>. 동거정부현상의 원인들 중의 하나로 대통령의 임기도중에 하원의원선거를 실시함으로써 반대파가 의회의 다수파가 등장할 확률이 많아진다고 보고 대통령의 임기와 의원의 임기를 일치시켜 근접선거를 하도록 하자는 주장에 따라 2000년에 대통령의 임기를 종전의 7년에서 5년으로 하원의원의 그것과 같이 하였다. 그 결과 치루어진 대통령선거와 인접하여 실시된 하원의원선거에서 모두 우파가 승리하여 동거정부가 사라졌다. 또한 2007년 5월에 실시된 대통령선거에서 우파 대통령을 당선시켰고, 연이어 6월 17일에 실시된 하원의원 2차선거에서 대통령이 소속된 우파 연합인 대중운동연합(l'Union pour un Mouvement Populaire, 'UMP'로 약칭함)은 하원의 전체의석 577석 가운데 314석을 얻어 과반수의 의석을 확보하여 동거정부(여소야대) 현상을 막았다. 그러나 예상을 깨고 UMP는 종전의 359석에서 오히려 45석이 줄어들었고 반면에 대선에서 고배를 마신 제1야당인 사회당은 선전하여 종전 의석보다 36석이 늘어나 185석을 차지해 예상보다 훨씬 좋은 결과를 거두었다. 이는 프랑스국민들이 우파의 안정적 지지를 보내면서도 우파에 대한 견제의 심리를 보여준 것으로 보는 평가가 많았다. 결국 동시선거나 근접선거를 할 경우에 여소야대가 될 확률을 줄이는 것으로 볼 수 있을지 모르나 항상 그러할지는 좀 더 경험이 축적되어야 할 것으로 보인다.

(2) 우리나라에서의 변천

제헌헌법에서 국회에서 간접선거로 대통령과 부통령을 선출하였다. 1952.7.7.의 제1차개헌헌법에서는 대통령직선제로 되었다. 의원내각제를 정부형태로 하였던 제2공화국헌법에서는 대통령은 양원합동회의에서 선거하고 재적국회의원 3분의 2 이상의 투표를 얻어 당선되었다(제2공화국헌법 제53조). 제3공화국헌법에 와서는 국민의 직접선거로 대통령이 선출되었는데, 대통령이 궐위된 경우에 잔임 기간이 2년 미만인 때에는 국회에서 선거하였고(제3공화국 헌법 제64조 1항 단서) 政黨國家化의 경향이 강하였던 당시에는 헌법이 직접 "대통령후보가 되려 하는 자는 소속정당의 추천을 받아야 한다"라고 규정하여 무소속후보를 배제하였다(동 헌법 제64조 3항). 제4공화국에서는 통일주체국민회의에 의한 간접선거로 선출되었는데 토론없이 무기명투표로 선거하도록 하였다(제4공화국헌법 제39조 1항). 제5공화국헌법하에서는 대통령선거인단에서 무기명투표로 선거하도록 하여 역시 간접선거제였는데(제5공화국헌법 제39조 1항) 대통령선거인은 국민으로부터 선출되었고 그 수는 5,000인 이상으로 하도록 하였다(동 헌법 제40조 1항·2항).

(3) 현행헌법

현행 헌법의 대통령선거 관련 규정들을 살펴보는데 그 외의 대통령의 선거에 관한 사항은 법률로 정한다(제68조 5항)고 헌법이 위임하여 선거법정주의를 택하고 있다.

1) 선출시기

(가) 임기만료로 인한 선출

대통령의 임기가 만료되는 때에는 임기만료 70일 내지 40일 전에 후임자를 선거한다(제68조 1항).

(나) 궐위 등으로 인한 선출

대통령이 궐위된 때 또는 대통령 당선자가 사망하거나 판결 기타의 사유로 그 자격을 상실한 때에는 60일 이내에 후임자를 선거한다(제68조 2항).

2) 피선거권

대통령으로 선거될 수 있는 자는 국회의원의 피선거권이 있고 선거일 현재 40세에 달하여야 한다(제67조 4항). 거주요건도 설정되고 있다. 공직선거법은 5년 이상 국내에 거주하고 있을 것을 피선거권요건으로 하고 있다(공직선거법 제16조 1항). 제3공화국헌법과 제4공화국 유신헌법, 제5공화국헌법에서는 국내거주요건을 헌법 자체에 못박고 있었다. 즉 "대통령으로 선거될 수 있는 자는 국회의원의 피선거권이 있고 선거일 현재 계속하여 5년 이상 국내에 거주하고 40세에 달하여야 한다. 이 경우에 공무로 외국에 파견된 기간은 국내거주기간으로 본다"라고 규정하고 있었다(제3공화국헌법 제64조 2항, 유신헌법 제44조, 제5공화국헌법 제42조).

3) 국민에 의한 직접선거

대통령은 국민의 보통·평등·직접·비밀선거에 의하여 선출한다(제67조 1항).

4) 간접선거

국민에 의한 직접선거에 있어서 최고득표자가 2인 이상인 때에는 국회의 재적의원 과반수가 출석한 공개회의에서 다수표를 얻은 자를 당선자로 한다(제67조 2항). 이는 간접선거이다.

5) 결선투표 문제

최고득표자가 2인 이상이어서 다시 당선자를 가리기 위하여 국회에서 행하는 위와 같은 투표과정을 일종의 결선투표라고 볼 수 있는지 하는 문제가 있다. 통상 결선투표제도는 과반수의 득표를 당선의 요건으로 하면서 1차투표에서 과반수 득표자가 없는 경우에 2차투표 또는 3차투표에서 최고득표자 2인을 두고 행하여 다수득표자를 당선인으로 하는 투표제이다. 국민에 의한 과반수 득표와 2차투표에 의한 결선투표는 대통령 당선에 대한 국민적 정당성을 강화하기 위한 것이고 이러한 2차투표를 택하는 프랑스의 경우 정파 간의 합종연횡을 위한 것이기도 하다. 즉 1차투표에서 과반수의 득표가 없는 경우에 우파면 우파를 이루는 여러 정당들이 있어(어느 한 정당이 절대다수당이 될 수 없는 상황이다) 각 후보를 내세워 결국 과반수 득표자가 없는 상황이 되는데 2차투표에서 우파의 정당들 간의 합의로 후보사퇴와 한 정당 후보에 대한 표집결을 약속함으로써 2차투표에서 과반수의 득표자를 탄생시키는 것이다. 이러한 제도는 정권의 정당성을 국민으로부터 받고 좌파면 좌파, 우파면 우파 각각 내부의 결속을 통한 의회에서의 다수파형성을 통한 정권의 안정성을 도모하기 위해 고안된 것이다.

여하튼 결선투표제를 넓게 보아 국회에서의 결선투표도 포함이 된다고 본다면 이러한 국회에서의 결선투표제도는 우리나라에서도 있다고 볼 것인데 이러한 국회에서의 결선투표는 사실 그 예가 과거 제헌헌법에서부터 있어 왔다. 즉 제헌헌법하에서는 대통령은 국회에서 간접선출되었는데 국회의 재적의원 3분의 2 이상의 출석과 출석의원 3분의 2 이상의 찬성투표로써 당선을 결정하였고 출석의원 3분의 2 이상의 득표자가 없는 때에는 2차투표를 행하고 2차투표에도 3분의 2 이상의 득표자가 없는 때에는 최고득표자 2인에 대하여 결선투표를 행하여 다수득표자를 당선자로 하였다(제헌헌법 제53조). 제2차개헌 헌법에서는 대통령을 국민의 직접선거로 선출하도록 변경하면서 그 직접선거에서 최고득표자가 2인 이상인 때에는 국회의 양원합동회의에서 다수결로써 당선자를 결정하도록 하였다(제1차개헌 헌법 제53조 6항). 제2공화국헌법에서는 대통령이 국회에서 간접선거되었는데 대통령은 양원합동회의에서 선거하고 재적국회의원 3분지 2 이상의 투표를 얻어 당선된다. 1차투표에서 당선자가 없을 때에는 2차투표를 행하고 2차투표에서도 당선자가 없을 때에는 재적의원 3분지 2 이상의 출석과 출석의원 과반수의 투표를 얻은 자를 당선자로 하였다(제2공화국헌법 제53조). 제3공화국헌법에서는 국회에 의해 대통령이 선거되는 경우가 두 가지 경우였는데 그 하나는 국민에 의한 대통령선거의 결과 최고득표자가 2인 이상인 때에는 국회에서 대통령을 선출하는 경우인데 이 경우에는 국회의 재적의원 과반수가 출석한 공개회의에서 다수표를 얻은 자를 당선자로 하였다(제3공화국헌법 제65조 1항). 다른 하나는 대통령이 2년 미만의 잔임기간을 두고 궐위된 경우에는 국회가 후임자를 선출하는 경우인데(동헌법 제64조 1항 단서) 이 경우에는 국회 재적의원 3분의 2 이상의 출석과 출석의원 3분의 2 이상의 찬성을 얻은 자를 대통령 당선자로 하되 출석의원 3분의 2 이상의 찬성의 득표자가 없는 때에는 2차 투표를 하고, 2차 투표에도 전항의 득표자가 없는 때에는 최고득표자가 1인이면 최고득표자와 차점자에 대하여, 최고득표자가 2인 이상이면 최고득표자에 대하여, 결선투표를 함으로써 다수득표자를 대통령 당선자로 결정하도로 하였다(동헌법 제66조). 유신헌법하에서도 통일주체국민회의에서 과반수의 찬성을 얻은 자를 대통령당선자로 하도록 하면서 과반수 득표자가 없는 때에는 2차 투표를 하고, 2차 투표에도 과반수 득표자가 없는 때에는 최고득표자가 1인이면 최고득표자와 차점자에 대하여, 최고득표자가 2인 이상이면 최고득표자에 대하여, 결선투표를 함으로써 다수득표자를 대통령당선자로 한다고 하여(제4공화국헌법 제39조 2항·3항) 결선투표를 두었다. 제5공화국헌법하에서도 대통령선거인단에서 재적대통령선거인 과반수의 찬성을 얻은 자를 대통령당선자로 하도록 하면서 과반수 득표자가 없을 때에는 2차투표를 하고, 2차투표에도 과반수의 득표자가 없을 때에는 최고득표자가 1인이면 최고득표자와 차점자에 대하여, 최고득표자가 2인 이상이면 최고득표자에 대하여 결선투표를 함으로써 다수득표자를 대통령당선자로 하도록 하였다(제5공화국헌법 제39조 3항·4항). 그러나 유신헌법과 제5공화국헌법에서의 결선투표는 과반수의 득표라는 점을 내세우기 위한 과시적 규정이었고 1차투표에서 이미 절대적인 찬성으로 선출되어 체육관선거라고 조소되기도 하였다.

6) 무투표당선의 부인

단독후보일 경우에 무투표당선제도가 없이 투표를 거쳐 국민의 판단을 받아야 한다. 유의할 것은 그 득표수가 유효투표의 3분의 1 이상이 아니라 선거권자 총수의 3분의 1 이상이어야 당선될 수 있으므로(제67조 3항) 단독후보가 당선되기 위해서는 여러 명의 후보가 나온 경우보다도 더 많은 지지를 받아야 할 경우가 있음을 유의하여야 한다. 입후보자가 여러 명일 경우에는 유효투표의 최다득표자가 당선되므로 투표율이 100%가 아니라는 점과 유효투표들이 입후보자들 간에 분산된다는 점을 감안하면 단독후보의 경우 보다 적은 득표로도 당선될 수 있다. 예를 들어 선거권자 총수가 3천만 명일 경우에 단독후보가 1천만표 이상을 득해야 당선될 수 있다. 만약 후보자가 5명이고, 투표율이 70%일 경우 2천 1백만표가 5명에 분산되면서 최고득표자가 1천만표 획득에 이르지 않더라도 당선될 수 있다.

(4) 대통령직인수과정

대통령당선인으로서의 지위와 권한을 명확히 하고 대통령직의 원활한 인수에 필요한 사항을 규정함으로써 국정운영의 계속성과 안정성을 도모함을 목적으로 대통령직인수에관한법률(제정 2003.2.4 법률 제6854호)이 제정되어 있다(동법 제1조). 대통령당선인은 대통령당선인으로 결정된 때부터 대통령임기개시일 전일까지 그 지위를 갖는다(동법 제3조 1항). 임기개시와 더불어 국정운영에 들어갈 수 있게 대통령당선인은 대통령임기개시 전에 국회의 인사청문의 절차를 거치게 하기 위하여 국무총리후보자를 지명할 수 있고, 지명한 경우에는 국회의장에게 국회법 제65조의2 및 인사청문회법에 의한 인사청문의 실시를 요청하여야 한다(동법 제5조). 대통령당선인을 보좌하여 대통령직의 인수와 관련된 업무를 담당하기 위하여 대통령직인수위원회를 설치하는데 위원회는 위원장 1인, 부위원장 1인 및 24인 이내의 위원으로 구성하며 위원장·부위원장 및 위원은 명예직으로 하고, 대통령당선인이 임명한다(동법 제6조, 제8조). 위훤회는 대통령의 임기개시일 이후 30일의 범위까지 존속하며, ① 정부의 조직·기능 및 예산현황의 파악, ② 새 정부의 정책기조를 설정하기 위한 준비, ③ 대통령의 취임행사 등 관련업무의 준비, ④ 그 밖에 대통령직의 인수에 필요한 사항의 업무를 수행한다(동법 제7조).

2. 임기

(1) 5년의 임기와 중임금지보궐선거 문제

현행 헌법의 대통령의 임기는 5년이다(제70조). 제헌헌법 당시에는 4년, 제2공화국헌법에서는 5년, 제3공화국헌법에서는 4년, 제4공화국 유신헌법에서는 6년, 제5공화국헌법에서는 7년이었다.

(2) 보궐선거의 부재(후임자의 새로운 임기의 시작)

대통령이 궐위되어 실시된 선거에서 당선된 경우에 그 당선된 후임 대통령의 임기는 새로이 5년으로 시작된다. 사실 잔여임기만이 되는지 아니면 새로이 5년이 되는지 헌법 자체가 명백히 규정을 두고 있지 않다. 그러나 잔여임기만을 의미하는 보궐제도라면 그 점을 헌법이 명시할 것인데 그렇지 않으므로 잔임기간을 채우는 후임자를 선출하는 개념인 보궐선거가 대통령의 경우에는 현재 없다고 볼 것이다. 보궐선거가 있었던 예로는 제3공화국헌법 제69조 제2항이 "대통령이 궐위된 경우의 후임자는 전임자의 잔임기간 중 재임한다"라고 규정하고 있었다. 또한 제4공화국 유신헌법에서도 "대통령이 궐위된 경우의 후임자는 전임자의 잔임기간 중 재임한다"라고 규정하여(유신헌법 제45조 3항) 보궐선거제도를 두었다. 유신헌법에서는 잔임기간이 1년 미만인 때에는 후임자를 선거하지 아니하도록 하였다(동헌법 동조 2항 단서).

(3) 임기개시

대통령의 임기는 전임대통령의 임기만료일의 다음날 0시부터 개시된다. 다만, 전임자의 임기가 만료된 후에 실시하는 선거와 궐위로 인한 선거에 의한 대통령의 임기는 당선이 결정된 때부터 개시된다(공직선거법 제14조 1항).

(4) 중임금지(단임제)

1) 연혁

제헌헌법에서는 임기 4년에 1차중임까지만 허용(제2차개헌에서 초대대통령에 대한 3선 인정), 제2공화국에서는 임기 5년에 1차중임, 제3공화국에서는 4년에 1차중임(제6차개헌 후 3선까지 가능), 제4공화국에서는 6년 임기에 중임에 대한 제한이 없었기에 여러 차례 중임도 가능하였다. 제5공화국은 7년에 중임불가(단임제)를 채택하였다.

헌법사적으로 볼 때 중임허용규정이 장기집권의 폐단을 초래하였다. 즉 제1공화국의 1954.11.29. 제2차개헌헌법은 "재선에 의하여 1차중임할 수 있다"라고 하여 재선만 허용한 헌법 제55조 제1항규정을 그 부칙조항에서 "이 헌법공포당시의 대통령에 대하여는 제55조 제1항 단서의 제한을 적용하지 아니한다"라고 개정하는 부칙규정을 두어 이승만 초대대통령에 대해서만 예외적으로 3선금지를 해제한 불평등한 헌법개정이 있었다. 제3공화국 제6차개헌도 3선을 위한 개헌이었고 이것이 중임이 철폐되어 몇선이든 장기집권이 가능하도록 한 유신헌법의 경험 등이 그것이다.

2) 현행헌법

현행 헌법은 대통령의 중임을 금지하고 단임제를 채택하고 있다(제70조). 이는 과거의 장기집권의 폐단을 경험하였기에 이를 방지하기 위한 헌법제정권자의 의사라고 볼 것이다.

중임의 금지는 연임금지보다도 넓은 개념이다. 중임금지는 연임은 물론 금지되고 期를 건너뛰어 다시 대통령이 될 수도 없다는 의미이다.

3) 중임으로의 개헌논의

오늘날 단임제는 대통령이 재선을 의식하지 않아 책임의식을 약화하고 국민들의 입장에서도 연임이 가능할 경우에는 다음 선거에서 대통령에 대한 심판을 할 기회를 가질 수 있을 것이나 단임제는 그러한 기회를 부여하지 못하고 권력누수현상이 있다고 하여 단임제가 책임정치의 구현에는 단점을 보여준다는 지적이 있다. 반면 단임제는 장기집권을 막겠다는 국민의 의사가 강하게 각인된 결과이고 단임제는 단임으로 끝나므로 재선을 의식하지 않게 하여 오히려 소신있는 국정운영이 이루어질 수 있고 중임제를 한다고 하여도 권력누수현상은 있을 수 있다는 점에서 단임제를 유지하는 것도 의미가 있다는 견해가 있다.

구분 / 시기	선거방식		임기, 중임여부	보궐선거	정부형태
	직선, 간선여부	간선시 선출기관			
제1공화국	제헌헌법 – 간선	국회	4년, 1차중임까지만 가능(제2차개헌에서 부칙조항으로 초대대통령에 대해서는 3선금지해제)		
	1차개헌 후 – 직선				
제2공화국	국회에서 간선	국회의 양원합동회의	5년, 1차중임까지만 가능		
제3공화국	직선		4년 1차중임가능, 제6차개헌 후 3선까지 가능	유	
	잔임기간 2년 미만의 궐위	국회			
제4공화국	간선	통일주체국민회의	6년 중임가	유 (잔임기간이 1년 미만인 때에는 후임자를 선거하지 아니함	
제5공화국	간선	대통령선거인단	7년, 중임불가(단임)		
제6공화국	직선		5년, 중임불가(단임)		

현행 헌법 제128조 제2항이 대통령의 임기연장 또는 중임변경을 위한 헌법개정이 불가하다고 규정한 것이 아니라 "그 헌법개정 제안 당시의 대통령에 대하여는 효력이 없다"라고 규정하고 있으므로 중임으로의 개헌이 불가능하지는 않고 개헌 당시의 대통령이 자신의 장기집권을 위한 개정을 막기 위해 그 개정의 효력을 제한한 것이고 중임개헌이 되더라도 차기대통령부터 적용될 수 있다.

3. 취임선서

헌법 제69조는 대통령은 취임에 즈음하여 다음의 선서를 한다고 규정하고 있다. 즉 "나는 헌법을 준수하고 국가를 보위하며 조국의 평화적 통일과 국민의 자유와 복리의 증진 및 민족문화의 창달에 노력하여 대통령으로서의 직책을 성실히 수행할 것을 국민 앞에 엄숙히 선서합니다." 헌법 제69조의 선서의 법적 성격에 대해 선서를 할 의무만을 규정한 것인지 아니면 선서에 담긴 대통령의 구체적인 의무를 규정한 것인지 하는 문제가 있다. 헌법재판소는 "헌법 제69조는 단순히 대통령의 취임선서의무만을 규정한 것이 아니라, 헌법 제66조 제2항 및 제3항에 규정된 대통령의 헌법적 책무를 구체화하고 강조하는 실체적 내용을 지닌 규정이다"라고 본다.[1)]

4. 대통령과 타 국가권력과의 관계

(1) 대통령과 국회와의 관계

전형적인 대통령제하에서는 국회와 대통령의 관계가 그리 많지 않다. 순수 대통령제가 아닌 우리의 경우 다소 많은 관계를 가진다. 대통령의 선출에 있어서 국민의 직접선거 결과 최고득표자가 2인 이상인 때에는 국회의 재적의원 과반수가 출석한 공개회의에서 다수표를 얻은 자를 당선자로 한다(제67조 2항).

대통령과 정부는 법률안제출권(제52조. 이는 대통령 자체만이 아니라 정부 자체의 권한), 예산안·추가경정예산안편성권(제54조 2항, 제56조)을 통하여, 그리고 대통령은 임시회 집회요구권(제47조 1항·3항), 법률안재의요구권(제53조 2항), 국회출석·발언·서한의견권(제81조) 등을 통하여 국회를 견제한다. 외교·국방·통일 기타 국가안위에 관한 중요정책에 대해 대통령이 국민투표에 부의할 수 있는 권한도, 이 권한이 국민투표입법권을 포함하지는 않고 정책결정을 위한 국민투표부의권이긴 하지만, 직접민주제도로서 국회에 대한 간접적인 견제권의 기능을 한다. 국회는 대통령과 정부가 제안한 법률안, 예산안에 대한 의결권과 국정감사·조사권, 국무총리·국무위원의 해임건의권, 대통령·국무총리·국무위원·행정각부의 장 등에 대한 탄핵소추의결권 등을 통하여 대통령과 행정부를 통제한다. 국회는 대통령의 각종 권한의 행사에 대한 각종 동의권과 승인권을 통하여 대통령을 견제한다. 즉 국무총리, 대법관, 대법원장, 감사원장, 헌법재판소장 등의 인사상의 임명동의권, 비상계엄의 해제요구권, 중요조약·선전포고·국군의 외국에의 파견·외국군대의 대한민국 영역안에서의 주류에 대한 동의권, 일반사면에 대한 동의권, 기채동의권, 긴급명령, 긴급재정·경제명령·처분의 승인권 등을 가짐으로써 대통령을 견제한다.

1) 헌재 2004.5.14, 2004헌나1, 판례집 16-1, 646면.

(2) 대통령과 법원과의 관계

대통령은 국회의 동의를 얻어 대법원장과 대법관을 임명하여 대법원의 구성에 관여한다. 법원은 대통령이 행한 처분에 대한 행정소송을 담당하고[공무원의 징계처분 기타 본인의 의사에 반한 불리한 처분이나 부작위에 관한 행정소송의 피고는 대통령의 처분 또는 부작위의 등에 관한 행정소송의 경우 소속 장관이 된다(국가공무원법 제16조 1항)], 대통령선거에 관한 소송을 담당한다.

대통령은 법원이 내린 형사판결의 효과를 없애는 사면권을 행사하여 법원에 대한 견제를 할 수 있다. 사면권의 남용이 논란되고 있다.

(3) 대통령과 헌법재판소와의 관계

대통령은 헌법재판소 재판관 9인을 임명하고(9인 중 3인은 자신이 지명하고, 3인은 국회에서 선출된 사람들, 3인은 대법원장이 지명하는 사람들로 임명은 대통령이 모두 행한다), 재판장을 재판관 중에서 국회의 동의를 얻어 임명하여 헌법재판소의 구성에 관여한다. 헌법재판소는 대통령이 관련되는 사안의 헌법재판(대통령이 제안하여 국회에서 의결되고 시행되는 법률에 대한 위헌법률심판을, 대통령이 행한 처분이나 행정작용에 대한 헌법소원, 대통령과 타 국가기관 내지 지방자치단체간의 권한쟁의심판, 대통령에 대한 탄핵심판, 대통령이 속한 정부가 제소한 정당해산심판 등)을 담당한다.

5. 대통령의 특권

(1) 재직 중 형사상 불소추특권

1) 특권의 성격과 의의

대통령은 내란 또는 외환의 죄를 범한 경우를 제외하고는 재직 중 형사상의 소추를 받지 아니한다(제84조). 이 특권은 그 성격이 신분상의 특권이 아니라 직무상 특권이다. 즉 대통령의 개인적인 신분보장을 위한 것이 목적이 아니라 국가대표자로서 외국에 대한 관계, 행정의 최고책임자로서 국정운영의 계속성 등을 위하여 불소추특권을 인정하고 있는 것이다.

2) 특권의 범위

이러한 특권은 재직 중에만 적용될 뿐이고 소추가 되지 않을 특권일 뿐이다. 따라서 퇴직 후에는 소추가 될 수 있고 형사책임을 질 수도 있으며 재직 중에는 공소시효가 정지된다. 내란, 외환행위는 적용이 배제되어 소추대상이 된다. 그러나 내란으로 집권한 대통령에 대한 소추가 사실상 불가능할 것이다. 따라서 내란, 외환의 죄 외의 범죄행위의 혐의에 대해서는 대통령이 재직 중에 그 공소시효가 정지된다고 본다. 헌법재판소도 아래 판례에서 보듯이 같은 입장을 보여주고 있다.

판례 헌재 1995.1.20. 94헌마246

[관련판시요약] – 우리 헌법이 채택하고 있는 국민주권주의(제1조 제2항)와 법 앞의 평등(제11조 제1항), 특수계급제도의 부인(제11조 제2항), 영전에 따른 특권의 부인(제11조 제3항) 등의 기본적 이념에

비추어 볼 때, 대통령의 불소추특권에 관한 헌법의 규정이, 대통령이라는 특수한 신분에 따라 일반국민과는 달리 대통령 개인에게 특권을 부여한 것으로 볼 것이 아니라, 단지 국가의 원수로서 외국에 대하여 국가를 대표하는 지위에 있는 대통령이라는 특수한 직책의 원활한 수행을 보장하고, 그 권위를 확보하여 국가의 체면과 권위를 유지하여야 할 실제상의 필요 때문에 대통령으로 재직중인 동안만 형사상 특권을 부여하고 있음에 지나지 않는 것으로 보아야 할 것이다. 헌법 제84조의 근본취지를 이와 같이 해석하는 한, 그 규정에 의하여 부여되는 대통령의 형사상 특권은 문언 그대로 "재직중 형사상의 소추를 받지 아니하는" 것에 그칠 뿐, 대통령에게 일반국민과는 다른 그 이상의 형사상 특권을 부여하고 있는 것으로 보아서는 안될 것이다. 그런데 만일 헌법 제84조 때문에 대통령의 재직중 국가의 소추권행사가 금지되어 있음에도 불구하고, 대통령의 범죄행위에 대한 공소시효의 진행이 대통령의 재직중에도 정지되지 않는다고 본다면, 대통령은 재직 전이나 재직중에 범한 대부분의 죄에 관하여 공소시효가 완성되는 특별한 혜택을 받게 되는 결과 일반국민이 누릴 수 없는 특권을 부여받는 셈이 되는 것이다. 이와 같은 결과가 앞에서 본 헌법 제84조의 근본취지의 그 어느 것에 비추어 보더라도 정당성이 뒷받침될 수 없음은 분명하다고 할 것이다. 또 만일 대통령의 재직중에도 공소시효가 진행된다고 해석한다면 임기 중에 공소시효가 완성되는 범죄가 상당히 있게 되어 정의와 형평에 반하는 결과가 될 것이다.

- 다음으로 공소시효제도나 공소시효정지제도의 본질에 비추어, 헌법 제84조에 따라 대통령의 재직중 소추를 할 수 없는 범죄에 대하여 공소시효의 진행이 정지되어야 한다는 해석이 타당한 것인지의 여부에 대하여 살펴본다. 형사소송법이 일정한 기간의 경과를 이유로 범인에 대한 처벌을 면제하는 공소시효제도를 채택하고 있는 근본취지는, 다른 시효제도와 마찬가지로 일정한 기간의 경과에 따른 사실상태의 존중, 다시 말하면 법적 안정성을 고려함에 있다고 할 것이다. 그러나 여러 가지 이유가 공소시효제도의 정당성을 뒷받침하고 있다 하더라도, 죄를 범한 자는 반드시 처벌되어야 한다는 형사사법적 정의의 기본적인 요청에 따라 특정한 범죄에 관하여는 아예 공소시효 자체의 적용을 배제하는 규정을 두고 있는 입법례도 있다(예컨대 독일에 있어서 모살죄, 프랑스에 있어서 각종 군사범죄 등). 한편 시효제도의 근본적인 존재이유가 오랜 동안 권리의 행사를 게을리 함으로써 생긴 새로운 사실상태를 존중한다는 데 있는 것이므로, 검사가 법률상의 장애사유로 인하여 소추권을 행사할 수 없는 경우에는, 공소시효가 진행하지 않는 것이 원칙이다. 위에서 살펴 본 바와 같은 공소시효제도나 공소시효정지제도의 본질에 비추어 보면, 비록 헌법 제84조에는 "대통령은 내란 또는 외환의 죄를 범한 경우를 제외하고는 재직중 형사상의 소추를 받지 아니한다"고만 규정되어 있을 뿐 헌법이나 형사소송법 등의 법률에 대통령의 재직중 공소시효의 진행이 정지된다고 명백히 규정되어 있지는 않다고 하더라도, 위 헌법규정의 근본취지를 대통령의 재직중 형사상의 소추를 할 수 없는 범죄에 대한 공소시효의 진행은 정지되는 것으로 해석하는 것이 원칙일 것이다. 즉 위 헌법규정은 바로 공소시효진행의 소극적 사유가 되는 국가의 소추권 행사의 법률상 장애사유에 해당하므로, 대통령의 재직중에는 공소시효의 진행이 당연히 정지되는 것으로 보아야 한다.

- 결론적으로 피의자 전○환에 대한 군형법상의 반란죄 등에 관한 공소시효는 그가 대통령으로 재직한 7년 5월 24일간은 진행이 정지되었다고 할 것이므로, 2001년 이후에야 완성된다고 할 것이다.

또한 헌법재판소는 5·18사건에 관한 불기소처분에 대한 헌법소원심판사건에서 성공한 내란도 내란행위자의 집권이 종료된 후에는 처벌될 수 있다고 보고, 즉 내란의 죄에 대하여는 내란의 성공 여부를 불문하고 언제든지 처벌할 수 있다고 보고 불기소처분에 대한 취소결정을 하려고 하였으나 청구인의 취하로 심판절차종료결정을 하였는데 이 결정에서 재직 중 소추가 되지 않더라도 퇴임 후 소추가 가능하다는 입장을 이처럼 헌법재판소가 보여줄 수 있었으나 심판절차종료결정으로 법정의견이 되지 못한 아쉬움을 남겼다.

판례 헌재 1995.12.15. 95헌마221등

* 청구취하가 없었고 심판절차종료결정이 되지 않았더라면 이러한 취소결정이 내려졌으리라는 사실은 반대의견을 표명한 재판관들에 의해 밝혀졌는데 아래는 반대의견의 요지이다. [재판관 김진우, 재판관 이재화, 재판관 조승형의 반대의견] 우리재판소가 1995.11.23. 최종평의를 하고 선고기일을 1995.11.30. 10:00로 확정하였고 1995.11.27.에는 선고할 결정문 초고마저 전체 재판관회의에서 확정한 후 그날 당사자들에게 선고기일을 통지하였으며 집권에 성공한 내란의 가벌성을 인정하는 의견이 헌법재판소법 제23조 제2항 제1호 소정의 인용결정에 필요한 정족수를 넘었고, 그 의견이 다음과 같이 특히 중대한 헌법해석 내지 헌법적 해명이었으며 우리는 이 의견에 찬성한 바 있으므로, … 헌법적 해명을 하는 결정선고를 함이 마땅하다고 본다. 위 첫째부분에 관하여 성공한 내란의 가벌성을 인정한 의견의 요지는 다음과 같다. 생각건대, 내란행위자를 사실상 처벌할 수 없는 상태는 국가형벌권을 담당하는 국가기관이 내란행위자에 의해 억압되고 주권자인 국민도 현실적으로 그를 배제할 힘을 갖지 못함으로써 발생되는 것일 뿐이며, 법리상 당위로서 도출되는 규범적 결과라고 말할 수는 없다. 왜냐하면 형벌법규는 피청구인이 주장하듯이 그것이 금지하는 범죄행위의 성공사실 자체로 인하여 곧바로 폐지되거나 그 내용이 변경되는 것으로 볼 수 없기 때문이다. 범죄행위가 그 성공 여부에 의하여 형벌법규의 존폐를 좌우할 수 있다는 논리는 법의 본질에 반하고 법의 존엄을 해치는 것으로 결코 용인될 수 없는 것이다. 따라서 국가권력의 장악에 성공한 내란행위자에 대하여는 국민으로부터 정당하게 국가권력을 위탁받은 국가기관이 그 기능을 회복하기까지 사실상 처벌되지 않는 상태가 지속되는 것 뿐이며, 훗날 정당한 국가기관이 그 기능을 회복한 이후에는 그 동안 사실상 불가능하였던 처벌이 실현될 수 있는 것으로 보아야 한다.… 여러 기준에 비추어 보아 내란행위의 정당성이 인정되지 아니할 경우에는 설사 내란행위자들이 그 목적을 달성하여 국가권력을 장악하고 국민을 지배하였다고 하더라도 그 행위의 위법성은 소멸되지 아니하며 처벌될 수 있다고 보아야 한다. 더욱이 우리 헌법 제84조는 "대통령은 내란 또는 외환의 죄를 범한 경우를 제외하고는 재직 중 형사상의 소추를 받지 아니한다"고 규정함으로써(구 헌법도 모두 동일하게 규정하고 있었다), 대통령도 퇴직한 후에는 일반국민과 다름없이 모든 범죄에 대하여 당연히 소추받을 수 있음을 전제로, 특별히 내란 또는 외환의 죄에 대하여만 다른 범죄와는 달리 재직 중에도 소추받을 수 있다는 뜻을 밝히고 있는 것이므로, 결국 내란의 죄에 대하여는 내란의 성공 여부를 불문하고 언제든지 처벌할 수 있다는 헌법적 결단을 내리고 있는 것임이 명백하다.

3) 탄핵제도와의 관계

대통령에 대해 형사상 불소추특권이 인정되더라도 탄핵은 가능하다. 탄핵은 파면제도이므로 형사상의 처벌제도와 성격이 다르기 때문이고 헌법 제65조 자체가 대통령에 대한 탄핵을 규정하고 있기도 하다. 그러나 탄핵결정이 있다고 하여 형사상의 책임이 면제되지는 아니하므로(제65조 4항) 탄핵으로 대통령직에서 파면된 뒤 결국 형사소추를 받을 수 있고 형사책임을 질 수도 있다.

(2) 탄핵 외 사유로 인한 파면의 금지

대통령은 임기가 보장되어 있으므로 원칙적으로 재임 중 파면되지 아니한다. 대통령을 파면할 권한을 가진 자도 없다. 그러나 대통령이라도 탄핵결정으로 파면될 수 있다. 따라서 원칙적으로 탄핵에 의하지 않은 파면은 대통령의 경우 없다. 이러한 탄핵 외 사유로는 파면이 되지 않는다는 점도 하나의 특권이라고 볼 수 있다. 한편 내란, 외환의 죄를 범한 경우에는 재직 중이라도 형사소추가 되고(제84조) 재판을 받으므로 그 재판에서 유죄로 확정되면 대통령 자격

이 상실된다.

6. 대통령의 권한대행

(1) 전제적 고찰과 논점

1) 대통령 유고시의 헌법적 대응방식과 권한대행의 개념과 범위

대통령의 권한의 대행이란 대통령이 궐위되거나 사고가(이를 묶어 이른바 '유고'라고도 한다) 발생하여 대통령이 그 직을 수행할 수 없는 경우에 다른 직위에 있는 사람이 대통령의 권한을 대신 행사하는 것을 말한다. 권한대행이 이루어져야 할 것인지, 그리고 이루어지더라도 어느 기간 이루어져야 하는지가 대통령 유고시의 헌법의 대응방식에 따라 달라진다. i) 궐위의 경우 – 그 대표적인 대응방식으로는 미리 정해놓은 승계자로 하여금 곧바로 대통령직을 수행하도록 하는 방식이 있다. 그러나 이러한 승계제의 경우에도 권한대행이 있을 수 있다. 즉 사고의 상황에서 다시 대통령직무 복귀가 가능한 것인지 아니면 복귀불가능으로 확정적으로 궐위인지 불분명한 시기 동안은 권한대행이 필요하다. 또 다른 방식으로는 승계가 아니라 대통령 후임자를 선거하는 방식이다. 예를 들어 프랑스의 경우에는 후임자 선출방식을 택하고 있고 선출 때까지 권한대행체제로 가는 것이다. 결국 권한대행은 승계의 방식을 취할 경우에는 궐위가 확정될 때까지, 후임자선거의 방식을 취할 경우에는 궐위 후 새로운 대통령이 선거되는 사이에 필요한 임시적인 과도기적 국정운영이다. ii) 사고의 경우 – 문제의 사고가 대통령직 수행을 불가능하게 하는 동안, 그리고 문제의 사고가 대통령의 집무복귀를 결국 불가능한 것으로 하는 것으로 판명되어(이는 결국 궐위이다) 후임의 승계이든, 선출이든 그때까지도 권한대행이 이루어지게 된다.

2) 우리 헌법의 경우

우리 헌법은 부통령제가 없고 승계방식이 아니라 후임자 선거의 방식을 취하므로 대통령이 궐위되거나 사고로 직무수행불능인 것으로 판명되면 권한대행이 시작되고 궐위(집무복귀의 최종적 불능 포함)로 후임자를 선출하여야 할 때 그 선출까지 권한대행이 이루어진다. 문제는 어느 정도의 직무수행불능이어야 권한대행이 이루어지느냐 하는 것이다.

3) 권한대행에서의 논점

우리 헌법에서의 권한대행 문제를 살펴봄에 있어서도 다음과 같은 논점이 중요하다. 권한대행자, 권한대행의 사유(특히 사고의 개념 등), 권한대행의 정도, 권한대행의 시기 등이 논의되어져야 한다.

(2) 권한대행자

우리 헌법은 “대통령이 궐위되거나 사고로 인하여 직무를 수행할 수 없을 때에는 국무총리, 법률이 정한 국무위원의 순서로 그 권한을 대행한다”라고 규정하고(제71조) 있다. 정부조직법은 기획재정부장관, 교육부장관(2인의 부총리), 그 다음으로 미래창조과학부장관, 외교부장관, 통일부장관, 법무부장관, 국방부장관 등에서 해양수산부장관까지의 순으로 규정하고 있다(정부조직법 제26조 1항). 비교법적으로 고찰하면 프랑스와 독일에서는 수상이 아니라 상원의장이 권한대행자가 된다. 이는 두 가지 점을 주목하게 한다. 그 하나는 국민으로부터 직선된 바 없는 국무위원이 아닌 의회의장이 정당성을 더 많이 가질 수 있다는 점(상원의장은 국민대표자인 의원들로부터 선출된다는 점)이고 또 다른 하나는 상원이 원로원적 역할을 담당한다는 관념에서 하원의장보다 상원의장이 권한대행자가 되게 한 점이다. 우리 역대헌법에서 의원내각제를 택했던 제2공화국에서는 참의원의장, 민의원의장, 국무총리의 순위로 권한을 대행하도록 하였다(제2공화국헌법 제52조). 참의원의장이 민의원의장보다 대행자 순위가 더 앞섰다. 현행헌법상 민선이 아닌 국무총리가 제1대행자인 것은 민주적 정당성의 문제를 제기하게 하기도 한다. 국무총리가 국회의 동의를 받아 임명된다는 점에서 간접적 정당성이 있다고 볼 수 있을지 모르나 아래에서 보는 대로 그 대행기간이 길어질 경우 그 정당성 시비 문제가 제기될 수 있다. 우리 현행헌법이 민선이 아닌 국무총리를 제1권한대행자로 한 것은 만약 국회의장을 제1대행자로 할 경우에 야당인사가 국회의장일 경우에 정국안정에 바람직하지 않다는 고려가 있었던 것으로 보인다고 한다.[1)]

(3) 대행사유

권한대행을 하게 되는 사유로 헌법 제71조는 "대통령이 궐위되거나 사고로 인하여 직무를 수행할 수 없을 때"라고 규정하고 있다. '궐위'를 명시하기 시작한 것은 제2공화국헌법 때부터였다.

1) 궐위

궐위란 대통령이 존재하지 않은 상태를 말한다. 즉 대통령이 ① 사망하였거나 ② 탄핵결정으로 파면된 경우, ③ 피선거권이 상실되었거나 ④ 스스로 사임하여 현직 대통령이 없게 된 상태를 말한다. ④ 직무복귀 불능의 사고('확정적' 사고) – 사실 아래에서 언급하듯이 궐위와 사고의 구분이 문제되기도 하나 대통령이 다시 직무로 복귀할 수 없음(예를 들어 직무를 불가능하게 하는 병이 불치병으로 확인되는 경우)이 '확정'되면 궐위가 된다고 볼 것이다.

2) 사고

(가) 개념

대통령이 존재하고 있긴 하나 ① 신병의 악화, ② 해외에서의 귀국이 곤란하거나 장기의 해외여행 등으로 직무를 수행할 수 없거나, ③ 국회의 탄핵소추의결 등으로 직무가 정지되는 경우를 말한다.

---

1) 이와 같은 취지의 설명으로, 문홍주, 앞의 책, 527면.

③의 경우는 국회의 소추의결부터 헌재의 탄핵 여부 결정이 내려지기까지 직무가 정지되는 것이어서(제65조 3항) 명확한데 다른 경우에 문제점들이 제기된다. 첫째, 어느 정도의 신체나 정신의 상태를 권한대행이 필요한 직무불능의 사고로 볼 것인가 하는 것이다. 둘째, 어느 정도의 시간 동안 직무불능인 상태가 지속될 때 사고로 인한 직무대행에 들어가게 할 것인가 하는 점이다. 사실 짧게 일시적으로 직무가 어려운 경우도 있을 것인데 그때마다 권한대행이 이루어질 것은 아니다. 셋째, 긴 기간의 직무불능을 가져온 사고는 실질적으로 궐위와 같다. 예를 들어 직무수행을 곤란하게 하는 질병으로서 불치의 병을 앓고 있는 경우에는 궐위에 가까워지는 경우이다. 이 점은 궐위와 사고의 구별을 쉽지 않게 한다. 사고가 확정적으로 직무복귀를 불가능하게 하는 정도이면 이는 궐위의 상태라고 볼 것이다(위의 '직무복귀 불능의 사고('확정적' 사고)). 위와 같은 문제점들에 대해 미리 명확히 해두는 규정이 필요하다. 앞으로의 헌법개정에서 구체적 규정을 두어야 할 것이다.

현재 "기관장, 부기관장이나 그 밖의 공무원에게 사고가 발생한 경우에 직무상 공백이 생기지 아니하도록 하고 직무대리자의 책임을 명확하게 하기 위하여 직무대리자 결정 방식 및 직무대리 운영 원칙 등을 규정함을 목적으로" 대통령령인 '직무대리규정'이 있다. 이 영은 "'사고'란 가. 전보, 퇴직, 해임 또는 임기 만료 등으로 후임자가 임명될 때까지 해당 직위가 공석인 경우, 나. 휴가, 출장 또는 결원 보충이 없는 휴직 등으로 일시적으로 직무를 수행할 수 없는 경우의 어느 하나에 해당하는 경우를 말한다"라고(동령 제2조 4호) 사고를 정의하고 있다. 퇴직, 출장 등 비교적 일시성을 염두에 둔 개념정의라고 할 것이다.

(나) 사고확인의 유권기관 문제

사고의 경우 탄핵소추로 인하여 직무가 정지되는 경우와 같이 명확한 경우도 있긴 하지만 바로 위에서 언급한 대로 직무수행이 불가능한 정도의 사고인지 여부가 항상 명확하지 않을 수 있다. 한편 대통령 스스로 사고를 인정하고 권한대행을 해줄 것을 의사표시할 수도 있으나 신병의 악화로 그러한 의사표시가 불가능한 경우가 문제될 것이다. 따라서 사고에 대해서 그 확인을 유권적으로 선언하는 기관을 규정해둘 필요가 있다. 현행법상 국무회의에서 이를 결정하여야 한다는 견해(성낙인(2015), 545면)가 있으나 현행 헌법 제89조에 규정된 국무회의심의사항에 포함되어 있지 않고 대통령의 유고 확인과 그 권한대행은 중대한 결정이므로 객관적 확인을 전제로 하여야 한다는 점에서 정부 내부의 결정에는 문제가 있다.

프랑스에서는 헌법재판소(Conseil constitutionnel)가 대통령의 사고(empêchement 장애)를 확인하는 권한을 가진다고 헌법이 명시하고 있다(프랑스헌법 제7조 4항). 우리 경우에도 헌법재판소로 규정함이 필요하다고 본다. 사실 궐위의 경우에도 그 확인절차를 두어 보다 명확성을 부여하는 것이 필요하다. 헌법재판소의 권한 내지 관할은 헌법에 열거되어 있으므로(제111조 1항) 유고의 확인권한을 헌법재판소에 부여하기 위해서는 헌법개정이 필요하다.

시기(공화국)		권한대행사유 및 대행자
제1공화국	제헌헌법 및 1차개헌	대통령이 사고로 인하여 직무를 수행할 수 없을 때에는 부통령이 그 권한을 대행하고 대통령, 부통령 모두 사고로 인하여 그 직무를 수행할 수 없을 때에는 국무총리가 그 권한을 대행
	2차개헌	대통령이 사고로 인하여 직무를 수행할 수 없을 때에는 부통령이 그 권한을 대행하고 대통령, 부통령 모두 사고로 인하여 그 직무를 수행할 수 없을 때에는 법률이 정하는 순위에 따라 국무위원이 그 권한을 대행 * 2차개헌시 국무총리제 폐지
제2공화국		대통령이 궐위되거나 사고로 인하여 직무를 수행할 수 없을 때에는 참의원의장, 민의원의장, 국무총리의 순위로 그 권한을 대행.
제3공화국		대통령이 궐위되거나 사고로 인하여 직무를 수행할 수 없을 때에는 국무총리, 법률에 정한 국무위원의 순위로 그 권한을 대행
제4, 5, 6공화국		제3공화국과 동일

▌대통령 권한대행사유 및 대행자의 변천사

(4) 대행직무의 범위

1) 학설

권한대행의 범위는 ① 궐위나 사고 모두의 경우에 현상유지적 직무를 대행하는 것에 그쳐야 한다는 학설(김철수, 1164면)과 ② 궐위와 사고를 나누어 궐위의 경우에 장기간에 걸쳐 현상유지에 머문다는 것은 국가안전에 관계될 수도 있기에 현상유지적이어야 할 이유가 없고 사고의 경우에 사고원인 소멸로 재집무가 가능하므로 현상유지적이어야 한다는 학설(권영성, 956면), ③ 궐위와 사고를 구분하여 보는 데 대한 비판적 견해 등으로 나누어진다. 또한 궐위나 사고 모두 현상유지적 사무뿐 아니라 경우에 따라서는 현상유지를 넘어선 직무도 가능하다는 학설도 있을 수 있다.

2) 사견

이는 궐위나 사고의 구별이 무의미하다는 점, 그러면서 일정한 대통령의 권한은 대행할 수 없음을 규정하고 있는 것이다. 우리의 경우에도 대행의 범위는 그 기간의 장단에 따라 생각하되 개별 사안별로 판단하여야 할 것이다.

(가) 원칙

i) 권한대행의 직무범위를 현상유지적인 직무로 한정되는 것으로 볼 것인가 아니면 현상변경적인 직무도 포함하는 것으로 볼 것인가 하는 문제는 그 대행의 기간이 길고 짧은 것으로 결정할 일은 아니다. 궐위나 사고 모두 비정상적 상황이라는 점에서는 차이가 없고 대행자인 국무총리가 국민의 직선이 아니어서 민주적 정당성이 약하다는 점은 궐위나 사고 모두 마찬가지이기 때문이다. 궐위의 경우에만 현상변경적 직무가 가능하다는 견해는 그 이유로 궐위는

더 장기이어서 국가안전이 문제될 경우가 나타날 수 있고 그럴 경우 현상유지에 머물 수 없다는 점을 고려하여 그런지 모르나 사고의 경우에도 아래에서 보는 대로 궐위보다 더 긴 기간일 수 있다. 결국 권한대행자인 국무총리 등은 민선이 아니라는 점과 궐위, 사고는 비정상적인 상황이라는 점을 고려할 때, 원칙적으로 현상유지적인 직무에 국한되고 정책변경이나 새로운 정책의 결정, 집행은 대행범위에서 제외된다고 본다.

ii) 권한대행자의 민주적 정당성이 약하다는 점에서는 민주적 정당성을 바탕으로 하는 대통령의 권한은 대행할 수 없다. 대표적으로 국민주권의 행사를 이끄는 국민투표회부권은 대행의 범위에 포함되지 않는다고 볼 것이다. 헌법개정제안권 등도 제외된다고 볼 것이다. 외국의 입법례로 프랑스의 경우 궐위(vacance)나 사고(empêchement)를 구별함이 없이 조직법률안 등에 대한 국민투표부의권(프랑스 헌법 제11조)과 하원해산권(동헌법 제12조)을 대행할 수 없도록 규정하고 있는 것을 볼 수 있다(동헌법 제7조 4항). 한편 프랑스 헌법은 대통령의 궐위 동안, 또는 헌법재판소에 의하여 사고가 '확정적'이라고 선언된(la déclaration du caractère définitif de l'empêchement)[1) 때부터 새로운 대통령의 선거 때까지 동안 내각불신임제 규정과 헌법개정규정(프랑스 헌법 제49조, 제50조, 제89조)이 적용되지 않는다고 규정하고 있다(동헌법 제7조 11항). 이를 권한대행의 행사범위 문제로 서술하는 한국의 교과서가 있는데(성낙인(2015), 549면) 내각불신임제, 헌법개정에 대한 위와 같은 제한은 대통령뿐 아니라 수상도 그 개시 또는 개입을 할 권한을 가지는 것이므로 대통령 권한대행 범위의 문제만은 아니고 내각불신임제, 헌법개정의 한계 문제이기도 하고 사고의 '확정적' 선언이 있고 나서의 한계이기도 하다.

iii) 법률안 거부권의 경우 – 헌법 제53조 제2항의 대통령의 법률안 재의요구권(법률안 거부권)도 권한대행의 업무범위에 들어가는지가 논란된 바 있다. 실제로 2004년에 노무현대통령의 탄핵소추가 국회에서 의결된 뒤 대통령 특별사면을 제약하는 법률안이 국회에서 의결되자 당시 국무총리가 권한대행으로서 이 법률안에 대해 거부권을 행사할 수 있는지가 논란된 바 있었다. 문제의 핵심은 그 법률안이 국가의 중요정책을 변화시키는 것인가 아닌가 아니면 비록 변화를 가져오지만 국가의 긴급한 사항에 대처하기 위한, 또는 국민의 중요한 기본권사항에 관한 것인가 하는 등의 점들을 검토하였어야 할 사안이었다. 위 사안에서 거부권은 행사되었고 그 법률안은 이후 국회의원 임기만료로 폐기되었지만 위 검토사유에 비추어 위 법률안에 대한 거부가 국가정책의 변화를 가져오는 것이라고 보기 어려우므로 거부권 행사 자체는 권한대행의 범위에 들어가지만 그 거부사유는 적절하지 않았다고(이에 관해서는 뒤의 사면권 부분 참조) 평가된다.

---

1) 프랑스에서는 헌법재판소가 일단 먼저 대통령의 '사고'를 확인할 권한을 가진다(프랑스 헌법 제7조 4항). 그리고 새로운 대통령의 선거를 실시하게 하는 '사고'는 대통령의 직무복귀가 불가능하다는 '확정적'인 '사고'가 되는데 이 확정적인 사고인지 여부도 헌법재판소가 판단하여 선언하고(동헌법 동조 5항) 이 경우 새로운 선거가 실시되는 것이다.

ⅳ) 국무회의 심의 – 국무회의는 대통령이 의장이 되어 주재하는데(제88조 3항) 대통령이 궐위되거나 사고로 인하여 주재하지 못할 경우에 국무총리, 법률이 정한 국무위원의 순서로 대행하면 된다. 정부조직법은 "대통령은 국무회의 의장으로서 회의를 소집하고 이를 주재한다"라고 규정하고(동법 제12조 1항) 이어 대행에 대해서 규정하는데 그 대행사유로 '사고'만으로 명시하고 있다. 즉 동법은 "의장이 사고로 직무를 수행할 수 없는 경우에는 부의장인 국무총리가 그 직무를 대행하고, 의장과 부의장이 모두 사고로 직무를 수행할 수 없는 경우에는 기획재정부장관이 겸임하는 부총리, 교육부장관이 겸임하는 부총리 및 제26조 제1항에 규정된 순서에 따라 국무위원이 그 직무를 대행한다"라고 규정하고 있다(동법 동조 2항).

* 국무회의 심의에 관한 판례 : 사전 차관회의 경유 없는 국무총리대행의 국무회의와 정당해산심판청구 – 국무회의 심의에 관한 판례로 정당해산심판에 관한 사안에 대한 아래의 헌재결정이 있다. 즉 대통령이 직무상 해외 순방 중이던 2013.11.5. 국무총리가 주재한 국무회의에서 피청구인에 대한 정당해산심판청구서 제출안이 의결되었고, 위 의안에 대하여는 차관회의의 사전 심의를 거치지 않은 사실이 인정되었다. 그러나 헌재는 아래와 같이 그 해산심판청구는 관련 법령에 따라 적법하게 이루어진 것으로 그 절차에 하자가 없다고 판시하였다.

판례 헌재 2014.12.19. 2013헌다1

[판시] 정부조직법 제12조에 의하면, 대통령은 국무회의의 의장으로서 회의를 소집하고 이를 주재하지만 대통령이 사고로 직무를 수행할 수 없는 경우에는 국무총리가 그 직무를 대행한다. 대통령이 해외 순방 중인 경우는 일시적으로 직무를 수행할 수 없는 경우로서 '사고'에 해당된다고 할 것이므로(직무대리규정 제2조 제4호 참조), 위 국무회의의 의결이 위법하다고 볼 수 없다. 또한 국무회의 규정 제5조 제1항에 의하면 국무회의에 제출되는 의안은 긴급한 의안이 아닌 한 차관회의의 심의를 거쳐야 한다고 규정하고 있으나, 의안의 긴급성에 관한 판단에는 원칙적으로 정부의 재량이 있다고 할 것이고, 피청구인 소속 국회의원 등이 연루된 내란관련 사건이 발생한 상황에서 제출된 피청구인 해산심판청구에 대한 의안이 긴급한 의안에 해당한다고 본 정부의 판단에 재량의 일탈이나 남용의 위법이 있다고 단정하기 어렵다.

(나) 예외

그러나 중요한 국민의 기본권의 침해나 헌법위반, 그리고 국가위기가 있는 경우에 이를 막기 위한 적극적 조치를 긴급히 요구할 때에는 궐위나 사고의 경우를 구분함이 없이 권한대행자의 적극적 직무수행이 가능하고 현상유지적인 정도를 벗어나더라도 허용된다고 본다. 결국 질적인 판단을 하게 될 것이다.

* 대통령령인 '직무대리규정'은 "'직무대리'란 기관장, 부기관장이나 그 밖의 공무원에게 사고가 발생한 경우에 직무상 공백이 생기지 아니하도록 해당 공무원의 직무를 대신 수행하는 것을 말한다"라고 정의하고 있다(동령 제2조 제1호). 그리고 동령은 직무대리권의 범위로 "직무대리자는 사고가 발생한 공무원의 모든 권한을 가지며, 그 권한에 상응하는 책임을 진다"라고 규정하고 있다(동령 제7조)

(5) 권한대행의 기간 문제

대통령권한대행기간은 헌법 제68조 제2항을 들어 최장 60일에 한하고 이를 넘어설 수 없다고 보는 것이 통설이라고 설명하는 교과서가 있다. 그러나 헌법 제68조 제2항은 궐위에 대해서만 언급하고 있으므로 궐위와 사고의 경우를 구분하여 볼 일이다. 궐위의 경우에는 60일 이내에 후임자를 선거하여야 하므로(제68조 2항) 그 대행기간은 60일 이내에 한정된다. 사고의 경우에는 헌법재판소의 심판이 있을 때까지 그 권한행사가 정지되는 탄핵소추의 경우를 제외하고 보면 대행기간에 관한 헌법의 명문의 규정이 없다. 따라서 사고의 경우가 오히려 더 장기일 수 있다. 사고로 직무복귀가 어려운 상태(장기의 중병인 불치병으로 치료가 사실상 어려운 경우)에는 그 어려운 상태인지가 확정적으로 판정날 때까지 상당한 시일이 걸리 수도 있을 것이기 때문이다. 확정적으로 직무복귀불능이라 사실상 궐위라고 볼 정도의 사고의 경우에도 직무복귀불능이라고 확정되는 시점에서부터 60일의 대행이 이루어질 수 있다고 볼 것이고 그 경우에 대행기간이 너무 길어질 수 있어 문제이다. 프랑스의 경우 궐위가 시작되거나 사고가 확정적이라는 헌법재판소의 선언이 있은 후 헌법재판소가 불가항력이라고 확인한 경우가 아닌 한 20일 내지 35일 이내에 새로운 대통령을 선출하기 위한 선거가 실시되어야 하도록 규정하여 그 권한대행의 기간을 우리보다 짧게 규정하고 있다(프랑스 헌법 제7조 5항).

마냥 민선되지 않은 권한대행자가 계속 대통령의 권한을 대행하는 것은 바람직하지 않다는 점에서 볼 때 권한대행의 기간을 어느 정도 한정하고 가능한 한 짧게 하는 것이 필요할 것이나 현행 헌법은 한정하지 않고 있다. 사고의 장기화로 결국 대통령의 직무복귀가 어려운 경우에도 궐위에 준하여 볼 것인지 여부, 그 복귀불가능의 경우가 어느 정도의 사고라고 볼 경우인지 하는 문제 등에 대해 규정을 두는 것이 장기간 국정공백을 막는 후임자 선출을 가능하게 하기 위하여 필요하다. 또한 이러한 직무복귀의 곤란성, 사고의 장기화로 인한 사실상의 대통령의 궐위 등을 판단하기 위한 기관을 정해둘 필요가 있다.

7. 후임자의 선출

* '후임자'라는 용어 – '후임자'라는 용어가 전임자의 남겨진 임기 동안 재임하는 사람의 의미로 쓰이는 것인지 아니면 새로운 임기가 온전히 새로이 주어지면서 그 직무를 개시하는 사람이라는 의미로 쓰이는지 아니면 두 경우 모두 포함되는지가 명확하지 않다는 견해가 있을 수 있다. 이는 뒤의 보궐인지 새로운 임기가 다시 시작되는지 하는 임기 문제와 연관되는데 임기 문제에 관한 한 후술하지만 보궐(전임자 잔임임기만 재임)의 의미로서 후임자라고 볼 수는 없다. 이 점에서 후임자보다는 신임 대통령이라는 용어가 낫다는 견해도 있다. 그러나 후임은 곧 신임이기도 하므로 소득 없는 견해이다. 국어사전은 후임자를 "앞서 맡아보던 사람에 뒤이어 일을 맡아보는 사람"이라고 정의하고 있는데(naver.com 사전 참조) 이 정의에 따르더라도 위 두 가지 의미 중 어느 의미로도 사용할 수 있는 말이고 우리 현행 헌법 제68조 제1항이 온전히 임기를 마친 대통령의 다음 대통령의 선거도 후임자 선거라고 하고 있음도 간과하지 말고 읽어야 한다. 여하튼 이러한 용어의 의미에 대한 무익한 논의를 하고 있는 교과서가 있기에 일단 이를 지적해 두고 이하에서는 우리 헌법이 규정하고 있는 후임자는 새로이 임기가 시작되는 다음 대통령이라는 의미로 사용한다. 현실적으로도 박근혜 대통령이 임기를 남겨두고 파면되고 그 뒤 선출된 문재인 대통령은 새로이 임기 5년을 시작하는 실제의 예를 보여주었다. 그동안 임기를 다 못 채운 경우 후임대통령이 새로 임기를 시작한 예들이 있었다.

(1) 전제적 고찰

1) 대통령 궐위 등의 유고시의 헌법적 대응방식 - 승계와 후임자 선출

대통령이 궐위되거나 사고로 인한 직무복귀가 확정적으로 불가능한 상황에 대비하여 헌법이 취하는 대표적인 방식으로 이른바 '승계'와 후임자 선출 등의 방법이 있다. 승계제는 미리 부통령과 같은 후임자를 정해놓은 경우에는 그 후임자가 승계하는 것이다. 즉 미국식과 같은 전형적 대통령제하에서는 부통령제를 두고 대통령 궐위가 종국적인 때에는 부통령이 대통령직을 승계하여(미국에서는 부통령 다음으로는 하원의장이 승계자이다) 부통령이 남은 대통령의 임기동안 대통령으로서 이어가는 것이다. 또 다른 방식은 예를 들어 프랑스의 예와 같은 방식으로 다른 직이 대통령직을 승계하게 하지 않고 대통령후임자를 선거하는 방식이다.

2) 우리 헌법의 연혁과 방식

우리나라의 경우를 보면 제1공화국 헌법하에서 부통령을 두었으나 대통령이 궐위된 때 부통령이 승계하는 것이 아니라 즉시 후임자를 선거하도록 하였다(제1공화국 헌법 제56조 2항). 부통령은 대통령의 '사고'시에 권한대행을 하는 것으로만 규정하고 있었다(동헌법 제52조). 제2공화국 이래로도 권한대행 제도와 후임자 선거제만 두었을 뿐이고 승계제도는 없었다. 현행 우리 헌법도 그러하고 우리의 방식은 결국 프랑스식이라고 할 것이다.

(2) 현행 헌법의 후임자 선출

1) 정상적 경우 - 임기만료로 인한 선출

대통령의 후임자가 선출되어야 하는 정상적인 경우로서 대통령의 임기가 만료된 때로서 이 경우에는 임기만료 70일 내지 40일 전에 후임자를 선거한다(제68조 1항). 공직선거법은 대통령 임기만료에 의한 대통령선거의 선거일은 그 임기만료일 전 70일 이후 첫 번째 수요일로 규정하고 있다(공직선거법 제34조 1항 1호).

2) 궐위로 인한 선출

(가) 유권적 판단의 문제와 후임자 선거기한

대통령이 궐위된 때에는 60일 이내에 후임자를 선거한다(제68조 2항). 궐위의 개념은 위에서 살펴보았다. 헌법 제68조 제2항은 '궐위'만을 명시하고 있으나 '사고'가 대통령의 직무복귀가 불가능한 '사고'인 것이 확정(définitif)된 경우에도 후임자 선출이 필요하다. 사망이나 탄핵결정과 사유로 인한 궐위의 경우에는 기산점이 명확한데 직무복귀 불가능한 사고로 인한 궐위의 경우에는 그 직무복귀 불가능이라는 궐위 여부의 판단을 어떠한 기준에 따라 어느 기관이 유권적으로 할 것인가 하는, 앞에서 제기된 문제와 언제부터 60일의 기간이 시작된다고 볼 것인가 하는 기산점의 불분명성의 문제가 있다. 대통령의 궐위로 인한 선거 또는 재선거는 그 선거의 실시사유가 확정된 때부터 60일 이내에 실시하되, 선거일은 늦어도 선거일 전 50일까지 대통령 또는 대통령권한대행자가 공고하여야 한다(공직선거법 제35조 1항). 여기서 "선거의 실시사

유가 확정된 때"라 함은 그 사유가(궐위가) 발생한 날을 말한다(동법 동조 5항 1호).

(나) 후임자의 임기 문제

궐위로 인한 후임자의 선출의 경우 그 선출자의 대통령으로서의 임기가 궐위된 전 대통령의 남은 임기만인지 아니면 새로이 5년의 임기가 주어지는지가 문제된다. 이는 후임자 선거가 보궐선거인가 아닌가 하는 문제이다. 생각건대 헌법에 잔여임기만 재임한다는 규정이 없다는 점(과거 제4공화국 헌법 제45조 3항은 "대통령이 궐위된 경우의 후임자는 전임자의 잔임기간 중 재임한다"라고 명시하고 있었으므로 보궐의 개념이었는데 현행 헌법은 그런 규정을 두고 있지 않고 제70조는 그냥 "'대통령'의 임기는 5년으로 하며"라고 규정하고 있다), 현행 헌법 제68조 제1항이 임기만료된 경우(위 1)의 정상적 경우)에도 후임자(제68조 1항 참조)라고 하고 궐위된 경우에도 후임자(동조 2항 참조)라고 규정하여 같은 후임자라는 용어를 사용하고 있다는 점 등을 고려하면 현행 헌법에서는 보궐의 개념이 아니라 새로이 5년의 임기가 부여된다고 본다. 궐위로 인한 선거에 의한 대통령의 임기는 당선이 결정된 때부터 개시된다(공직선거법 제14조 1항 단서).

3) 당선자의 사망·판결 등으로 자격상실한 경우의 재선거

대통령당선자가 사망하거나 판결 기타의 사유로 그 자격을 상실한 때에는 60일 이내에 후임자를 선거한다(제68조 2항). 다음과 같은 문제가 있다. i) 대통령당선자는 취임도 하지 않았으므로 '후임자'라는 용어가 누구의 후임자인지 불분명한데 임기 만료되거나 궐위된 대통령의 후임자라고 볼 것이다. 대통령 당선자의 사망, 자격상실의 경우에는 후임자를 '새로' 선거한다고 규정하는 것이 보다 명료할 것이다. ii) 물러날 대통령의 임기만료가 임박한 시일에 당선자가 사망하여 다시 60일 이내 새로운 선거를 통해 또 다른 대통령당선자를 선출하여야 할 상황이면 대통령직의 공백이 발생할 수 있다. 물러나는 대통령의 재직시 권한대행 순서로 대통령권한대행을 하면 될 것이나 민주적 정당성의 문제가 있다. 물러나는 대통령의 국무총리가 대행한다는 것은 장차 정부의 구성원이 아닐 경우가 많은 국무총리라는 점에서 문제이다. 이러한 대행보다는 헌법개정을 통해 국회의장이 대행하게 하는 방안 등을 규정한 것이 고려될 필요가 있다.

4) 후임자 선출 후 취임 전 현직 대통령 궐위의 경우

헌법 제68조 제1항에 따라 임기만료 70일 전에 후임자가 선출되었는데 그 직후 현 대통령이 궐위되어 다시 후임자를 선출하여야 할 것인가 하는 문제제기를 하는 교과서가 있다. 후임자가 이미 선출되어 있으므로 다시 후임자를 선출할 것이 아니고 바람직하지는 않으나 현실적 측면에서 권한대행의 기간이 며칠간 늘어나더라도 선출된 후임자가 자신의 임기개시일에 취임한다고 볼 것이다. 이에 대해서도 명시적 규정을 둘 필요가 있긴 하다.

8. 전직대통령의 신분과 예우

전직대통령의 신분과 예우에 관하여는 법률로 정한다(제85조). 이 법률이 '전직대통령예우

에 관한 법률'이다. 이 법률은 전직대통령과 그 유족에 대하여 연금을 지급하고(법 제4조, 제5조), 기념사업의 지원을 할 수 있게 하며(법 제5조의2), 전직대통령 또는 그 유족에 대하여는 ① 필요한 기간의 경호·경비, ② 교통·통신 및 사무실의 제공 등의 지원, ③ 본인 및 그 가족에 대한 가료, ④ 기타 전직대통령으로서의 필요한 예우를 할 수 있도록 하고 있다(법 제6조 3항). 그러나 전직대통령이 ① 재직 중 탄핵결정을 받아 퇴임한 경우, ② 금고 이상의 형이 확정된 경우, ③ 형사처분을 회피할 목적으로 외국정부에 대하여 도피처 또는 보호를 요청한 경우, ④ 대한민국의 국적을 상실한 경우에 해당하는 경우에는 필요한 기간의 경호·경비를 제외하고는 동법에 의한 전직대통령으로서의 예우를 하지 아니한다(법 제7조 2항).

전직 대통령 중 직전 대통령은 국가원로자문회의의 의장이 된다. 직전 대통령이 없을 때에는 대통령이 지명한다(제90조 2항). 국가원로자문회의는 국정의 중요한 사항에 관한 대통령의 자문에 응하기 위하여 국가원로로 구성되는 자문회의로서 필수적 헌법기관은 아니다. 과거 국가원로자문회의법은 직전 대통령이 아닌 전직 대통령들 중에서 의장의 추천으로 대통령이 위원으로 위촉하도록 규정하였으나(구 법 제2조 3항). 이 법률은 폐지되었고 구 국가원로자문회의도 존재하지 않고 있다.

제2항 대통령의 의무

Ⅰ. 국가수호·평화적 통일노력의 의무

대통령은 국가의 독립·영토의 보전·국가의 계속성을 수호할 책무를 지며(제66조 2항), 취임에 즈음하여 국가를 보위할 의무를 성실히 수행할 것을 선서한다(제69조). 대통령은 조국의 평화적 통일을 위한 성실한 의무를 지며(제66조 3항), 조국의 평화적 통일을 위해 노력할 것을 취임에 즈음하여 선서한다(제69조).

Ⅱ. 헌법수호 및 법률집행의 의무

1. 헌법수호(보장)의무

대통령은 헌법과 법률을 준수할 의무를 진다. 대통령은 헌법을 수호할 책무를 지며(제66조 2항), 취임에 즈음하여 헌법을 준수할 것을 선서한다(제69조). 대통령은 자신의 권한을 헌법의 원칙과 이념에 부합되게 행사하여야 한다. 헌법재판소는 "대통령의 '헌법을 준수하고 수호해야 할 의무'는 헌법상 법치국가원리가 대통령의 직무집행과 관련하여 구체화된 헌법적 표현이다.

헌법의 기본원칙인 법치국가원리의 본질적 요소는 한 마디로 표현하자면, 국가의 모든 작용은 '헌법'과 국민의 대표로써 구성된 의회의 '법률'에 의해야 한다는 것과 국가의 모든 권력행사는 행정에 대해서는 행정재판, 입법에 대해서는 헌법재판의 형태로써 사법적 통제의 대상이 된다는 것이다. 이에 따라, 입법자는 헌법의 구속을 받고, 법을 집행하고 적용하는 행정부와 법원은 헌법과 법률의 구속을 받는다"라고 아래와 같이 설시한 바 있다. 이러한 설시는 대통령에 대한 탄핵심판사건에서 대통령이 중앙선거관리위원회의 선거법 위반결정에 대하여 유감을 표명하면서, 현행 선거법을 '관권선거시대의 유물'로 폄하하여 대통령의 헌법수호의무를 위반하였는지, 또 재신임 국민투표를 제안한 행위가 헌법수호의무에 위반되었는지에 대한 판단에서 나온 것이었는데 헌법재판소는 헌법수호의무를 위반하였다고 판단하였다. 그러나 중대하지 않다고 하여 탄핵결정을 하지는 않고 기각결정을 하였다.

판례 헌재 2004.5.14. 2004헌나1

[관련판시] 따라서 행정부의 수반인 대통령은 헌법과 법률을 존중하고 준수할 헌법적 의무를 지고 있다.… '헌법을 준수하고 수호해야 할 의무'가 이미 법치국가원리에서 파생되는 지극히 당연한 것임에도, 헌법은 국가의 원수이자 행정부의 수반이라는 대통령의 막중한 지위를 감안하여 제66조 제2항 및 제69조에서 이를 다시 한번 강조하고 있다. 이러한 헌법의 정신에 의한다면, 대통령은 국민 모두에 대한 '법치와 준법의 상징적 존재'인 것이다. 이에 따라 대통령은 헌법을 수호하고 실현하기 위한 모든 노력을 기울여야 할 뿐만 아니라, 법을 준수하여 현행법에 반하는 행위를 해서는 안 되며, 나아가 입법자의 객관적 의사를 실현하기 위한 모든 행위를 해야 한다.

시대적 변화에 따라 헌법개정이 필요한 경우에 헌법개정발의권자인 대통령이 이를 발의하여야 할 의무를 지는지 하는 문제가 있다. 헌법의 개선을 위한 헌법개정은 적극적으로 발의하여야 할 것이나 시대적 상황, 시급성 등을 고려하여야 할 것이다.

대통령은 헌법수호의무를 지므로 그가 제안하는 법률안, 그가 집행하는 법률은 합헌적인 것이 되게 할 의무를 가진다. 따라서 집행하고자 하는 법률이 위헌의 소지가 있으면 적극적으로 그 소거를 위해 노력하여야 한다. 대통령은 헌법해석에서의 최고 유권기관인 헌법재판소의 판결을 존중하여야 한다. 헌법재판소법은 판결의 기속력을 명시하고 있는데 법률의 위헌결정, 헌법소원의 인용결정에 대해 기속력을 인정하여 모든 국가기관이 이를 존중하도록 규정하고 있다(동법 제47조 1항, 제75조 1항 등). 따라서 대통령도 헌법재판소의 판결의 기속력에 따라 법률의 위헌결정 등의 취지를 존중하여야 할 의무를 진다. 국가기관들 간의 권한획정을 위한 권한쟁의심판의 경우에는 인용결정뿐 아니라 기각결정 등 모든 결정에 기속력을 인정하고 있다(동법 제67조 1항).

2. 법률집행의무

대통령은 집행부의 수반으로서 국민의 대표기관인 의회가 제정한 법률을 충실히 집행하여야 한다. 어느 법률이 위헌이라고 주장하면서 이의 집행을 거부할 수는 없다. 위헌법률심판의 최종적 유권해석기관은 헌법재판소이기 때문이다. 위헌의 의심이 있는 법률이라고 판단되면 국회에 법률개정을 요구하거나 헌법재판에서 이의 위헌성을 주장하여 헌법재판소의 판단을 받는 것이 필요하다. 헌법재판소는 "행정부의 법존중 의무와 법집행 의무는 행정부가 위헌적인 것으로 간주하는 법률에 대해서도 마찬가지로 적용된다. 위헌적인 법률을 법질서로부터 제거하는 권한은 헌법상 단지 헌법재판소에 부여되어 있으므로, 설사 행정부가 특정 법률에 대하여 위헌의 의심이 있다 하더라도, 헌법재판소에 의하여 법률의 위헌성이 확인될 때까지는 법을 존중하고 집행하기 위한 모든 노력을 기울여야 한다"라고 판시한 바 있다.[1] 그러나 헌법재판소의 결정이 있기 전에 법률을 존중하여야 하지만 다른 한편으로 집행부가 자의적으로 위헌주장을 하는 것이 아닌 한 위헌이라고 의심이 있으면 적극적으로 그 위헌성을 제거하기 위한 노력을 기울여야 한다. 집행부가 위헌의 의심이 있는 법률에 대해 바로 헌법재판소에 위헌심판을 청구할 수 있는 이른바 추상적 규범통제가 있을 경우에 위헌적 법률의 제거가능성이 더욱 많아지는데 현재 추상적 규범통제가 존재하지 않는바 입법론적으로 이의 도입이 논의될 필요가 있다.

3. 효과

대통령이 직무집행에 있어서 헌법이나 법률을 위배한 때에는 국회의 탄핵소추의 사유가 된다(제65조). 또한 대통령이 행한 처분이나 명령이 헌법이나 법률에 위반한 경우에는 행정소송을 통하여 다툴 수 있고(제107조 2항)의 위헌적, 위법적 직무집행으로 인하여 손해를 받은 피해자는 국가배상을 청구할 수 있다(제29조 1항).

Ⅲ. 기본권보장의무

대통령은 국민의 기본적인 권리들을 보호하고 국민의 복지를 향상시켜야 할 의무를 진다. 대통령은 취임에 즈음하여 "국민의 자유와 복리의 증진 및 민족문화의 창달에 노력하여 대통령으로서의 직책을 성실히 수행할 것을" 국민 앞에 엄숙히 선서한다(제69조). 특히 대통령은 집행권(행정권)을 담당하고 집행작용은 국민의 기본권에 직접적이고도 일차적인 영향을 미치므로 이러한 기본권보장의무가 중요하다.

민족문화의 창달은 우리 민족의 전통적인 문화의 발전적인 계승을 의미하기도 한다.

---

1) 헌재 2004.5.14. 2004헌나1, 판례집 16-1, 646면.

Ⅳ. 겸직금지의 의무

대통령은 국무총리·국무위원·행정각부의 장 기타 법률이 정하는 공사의 직을 겸할 수 없다(제83조). 대통령으로서의 권한들이 국가운영에 중대한 권한들이므로 권한행사에 집중하기 위하여, 그리고 다른 국가기관의 독립적인 활동에 영향을 미치지 않도록 하기 위하여 겸직을 제한하고 있다.

Ⅴ. 성실수행의 의무 등

1. 성실수행의 의무

(1) 의의

대통령은 직책을 성실히 수행할 의무를 진다. 헌법 제69조의 취임선서의 내용 속에 이 의무를 담고 있다. 즉 대통령은 취임에 즈음하여 "대통령으로서의 직책을 성실히 수행할 것을" 국민 앞에 엄숙히 선서하여야 한다.

(2) 법적 성격

대통령의 직책을 성실히 수행할 의무의 성격에 대해 ① 법적 성격의 의무라고 보는 견해(법적 의무설)와 ② 법적 책임을 지우는 것이 아니라 정치적 책임을 의미할 뿐이라는 견해(정치적 의무설)가 대립된다.

헌법재판소는 대통령에 대한 탄핵심판사건에서, 국회가 소추사유의 하나로, 불성실한 직무수행과 경솔한 국정운영이 있었다는 주장과 이로써 헌법 제69조의 '대통령으로서의 직책의 성실한 수행의무'를 위반하였다는 주장을 하였는데 이 주장들에 대한 판단에서 성실수행의무가 규범적 성격의 의무가 아니라고 보고 정치적 의무설의 입장을 취하였다. 즉 헌법재판소는 "규범적으로 그 이행이 관철될 수 있는 성격의 의무가 아니므로, 원칙적으로 사법적 판단의 대상이 될 수 없다고 할 것이다. 대통령이 임기 중 성실하게 의무를 이행했는지의 여부는 주기적으로 돌아오는 다음 선거에서 국민의 심판의 대상이 될 수 있을 것이다"라고 본다. 그러면서도 헌법재판소는 우리나라에서 현재 "대통령은 법적으로 뿐만 아니라 정치적으로도 국민에 대하여 직접적으로는 책임을 질 방법이 없다"라고 보는데 그 이유를 현행 헌법이 대통령 단임제를 채택하고 있는 데에서 찾고 있다.

판례 헌재 2004.5.14. 2004헌나1

[소추사유의 설시요약] 취임 후 피청구인은 국민경제와 국정을 파탄시켜 국민들에게 극심한 고통과 불행을 안겨주었으며 그 원인은 대통령의 거듭된 말실수, 이라크 파병선언 후 이라크 반전입장 표명, 위헌적인 재신임 국민투표 제안, 정계은퇴 공언 등 진지성과 일관성을 찾을 수 없는 불성실한 직무수행과

경솔한 국정운영 등에 있고 따라서 피청구인은 헌법 제69조에 명시된 '대통령으로서의 직책의 성실한 수행의무'를 위반하였다는 것이다. [판시요약] 비록 대통령의 '성실한 직책수행의무'는 헌법적 의무에 해당하나, '헌법을 수호해야 할 의무'와는 달리, 규범적으로 그 이행이 관철될 수 있는 성격의 의무가 아니므로, 원칙적으로 사법적 판단의 대상이 될 수 없다고 할 것이다. 대통령이 임기 중 성실하게 의무를 이행했는지의 여부는 주기적으로 돌아오는 다음 선거에서 국민의 심판의 대상이 될 수 있을 것이다. 그러나 대통령 단임제를 채택한 현행 헌법 하에서는 대통령은 법적으로 뿐만 아니라 정치적으로도 국민에 대하여 직접적으로는 책임을 질 방법이 없고, 다만 대통령의 성실한 직책수행의 여부가 간접적으로 그가 소속된 여당에 대하여 정치적인 반사적 이익 또는 불이익을 가져다 줄 수 있을 뿐이다. 헌법 제65조 제1항은 탄핵사유를 '헌법이나 법률에 위배한 때'로 제한하고 있고, 헌법재판소의 탄핵심판절차는 법적인 관점에서 단지 탄핵사유의 존부만을 판단하는 것이므로, 이 사건에서 청구인이 주장하는 바와 같은 정치적 무능력이나 정책결정상의 잘못 등 직책수행의 성실성여부는 그 자체로서 소추사유가 될 수 없어, 탄핵심판절차의 판단대상이 되지 아니한다.

판례 헌재 2017.3.10. 2016헌나1

[판시] 라. 성실한 직책수행의무 위반 여부 – 헌법 제69조는 대통령의 취임 선서를 규정하면서 대통령으로서 직책을 성실히 수행할 의무를 언급하고 있다. 헌법 제69조는 단순히 대통령의 취임 선서의 의무만 규정한 것이 아니라 선서의 내용을 명시적으로 밝힘으로써 헌법 제66조 제2항 및 제3항에 따라 대통령의 직무에 부과되는 헌법적 의무를 다시 한 번 강조하고 그 내용을 구체화하는 규정이다. 대통령의 '직책을 성실히 수행할 의무'는 헌법적 의무에 해당하지만, '헌법을 수호해야 할 의무'와는 달리 규범적으로 그 이행이 관철될 수 있는 성격의 의무가 아니므로 원칙적으로 사법적 판단의 대상이 되기는 어렵다. 대통령이 임기 중 성실하게 직책을 수행하였는지 여부는 다음 선거에서 국민의 심판의 대상이 될 수 있다. 그러나 대통령 단임제를 채택한 현행 헌법 하에서 대통령은 법적으로 뿐만 아니라 정치적으로도 국민에 대하여 직접적으로는 책임을 질 방법이 없고, 다만 대통령의 성실한 직책수행 여부가 간접적으로 그가 소속된 정당에 대하여 정치적 반사이익 또는 불이익을 가져다 줄 수 있을 뿐이다. 헌법 제65조 제1항은 탄핵사유를 '헌법이나 법률에 위배한 경우'로 제한하고 있고, 헌법재판소의 탄핵심판절차는 법적 관점에서 단지 탄핵사유의 존부만을 판단하는 것이므로, 이 사건에서 청구인이 주장하는 것과 같은 세월호 참사 당일 피청구인이 직책을 성실히 수행하였는지 여부는 그 자체로 소추사유가 될 수 없어, 탄핵심판절차의 판단대상이 되지 아니한다(헌재 2004.5.14. 2004헌나1 참조).

* 검토 - 이 부분에 대한 헌재의 판시는 문제가 있다. "세월호 참사 당일 피청구인이 직책을 성실히 수행하였는지 여부는 그 자체로 소추사유가 될 수 없어"라고 하나 생명의 존귀성에 비추어 그 긴급한 시간 속에서 구조조치에 최선을 다하였다고 볼 수 없다는 점에서 이 판시는 받아들일 수 없다.

생각건대 첫째, 판례에서처럼 '대통령으로서의 직책의 성실한 수행의무'를 정치적 성격으로 파악한다면 헌법 제69조라는 '법적' 조문, 그것도 최고법인 헌법의 조문에 명시된 의무이면서도 법적인 의무는 아닌 모순을 가져온다. 둘째, 대통령이 직책수행에 성실하지 않더라도 헌법의 위반이 아니고 탄핵소추사유도 아니라는 결과를 가져온다. 헌법에 명시된 헌법적 의무를 위반한 것은 헌법의 위반이고 탄핵소추의 사유가 되어야 한다. 그렇지 않다면 불성실을 방치할 수밖에 없게 된다. 셋째, 불성실성의 개념은 일반적으로 탄핵소추사유가 아니라고 보는 정책상 무능력, 과오 등의 개념과 서로 구별되는 것이다. 능력이 없으나 성실할 수도 있다. 성실하였더라면 범하지 않았을 과오도 있으나 성실하였지만 무지로 과오를 범할 수도 있다. 불성실로 인한 무능력, 과오, 실정 등은 탄핵소추사유가 된다고 볼 것이다. 2004년 탄핵심판 때의 탄핵소추사유의 하나로 국회가 주장한 경제파탄은 그 실제성도 의문이지만 불성실로 인한 것이라는 입증도 없었던 상황에서 정책적 판단상의 과오나 미숙 등으로 인한 것이라는 주장으로는 탄핵소추사유가 되지 않는다고 볼 것이었다. 그 점에서 헌법재판소의 결론은 이해가 된다. 그러나 "정치적 무능력이나 정책결정상의 잘못 등 직책수행의 성실성여부는 그 자체로서 소추사유가 될 수 없어"라고 판시한 것은 정치적 무능력, 정책결정상의 잘못 그 자체가 곧 직책수행의 성실성 문제라고 본 것은 타당하지 못하다. 넷째, 대통령의 통할 하에 있는 일반 공무원들은 법적 의무로서 성실의무를 지는데(위반시 징계를 받게 된다 – 국가공무원법 제78조 1항 2호) 대통령이 성실의무를 법적으로 지지 않는다는 것은 모순이 나타나게 할 수도 있다.

(3) 내용

이는 위에서 살펴본 국가수호, 헌법수호 등의 의무이행과 아래에서 살펴볼 대통령 권한수행에 있어서의 의무이다. 성실수행의 의무는 대통령으로서의 의무이행과 권한행사를 헌법과 법률에 따라 충실히 하여야 할 의무를 그 내용으로 한다.

2. 청렴의무

(1) 의무

대통령도 공직자로서 청렴의무를 진다. 수뢰 등의 부패행위를 하여서는 아니 된다. 대통령의 부패행위가 있더라도 그것이 내란, 외환의 죄가 아닌 한 재직 중 형사소추가 아니 된다(제84조).

(2) 특별감찰관

대통령 자신의 청렴성이 확보되어야 함과 함께 대통령의 측근에 의한 비위도 문제이다. 대통령의 경우 그 권한이 크므로 비위행위는 더욱 심각한 것이 될 수 있다. 이를 막기 위해 대통령의 친인척 등 대통령과 특수한 관계에 있는 사람의 비위행위에 대한 감찰을 담당하는 특별감찰관 제도를 두고 있고 이에 관한 법률이 바로 특별감찰관법이다(이에 대해서는 후술 참조).

Ⅵ. 선거에서의 중립의무

대통령은 정치적 기관이므로 정치적 중립성을 요구하기가 힘들다. 그러나 선거에서의 중립성은 선거의 공정성 등을 위하여 대통령에게도 부과되는 의무인지가 논란된다. 즉 공직선거법 제9조 제1항은 공무원 기타 정치적 중립을 지켜야 하는 자(기관·단체를 포함한다)는 선거에 대한 부당한 영향력의 행사 기타 선거결과에 영향을 미치는 행위를 하여서는 아니 된다고 규정하고 있는데 이 규정이 대통령에게도 적용되어 대통령도 선거중립의무를 지는지가 논란된 바 있다. 중앙선거관리위원회는 긍정하는 입장을 취한다. 그리하여 실제 대통령의 선거중립의무위반을 이유로 여러번의 중앙선거관리위원회의 위반결정이 있었다.[1] 그리고 헌법재판소도 탄핵심판결정에서 대통령이 정치적 헌법기관이긴 하나 선거에서의 중립의무는 준수하여야 한다는 입장을 취하여 2004년에 특정 정당의 지지를 당부한 발언에 대해 선거중립의무의 위반을 인정한 바 있다.

판례 헌재 2004.5.14. 2004헌나1

[관련판시요약] 대통령이 '정치적 헌법기관이라는 점'과 '선거에 있어서 정치적 중립성을 유지해야 한다는 점'은 서로 별개의 문제로서 구분되어야 한다. 대통령은 통상 정당의 당원으로서 정당의 추천과 지지를 받아 선거운동을 하고 대통령으로 선출된다. 그러므로 대통령은 선출된 후에도 일반적으로 정당의 당원으로 남게 되고, 특정 정당과의 관계를 그대로 유지하게 된다. 현행 법률도 정당의 당원이 될 수 없는 일반 직업공무원과는 달리, 대통령에게는 당원의 자격을 유지할 수 있도록 규정하여(정당법 제6조 제1호) 정당활동을 허용하고 있다. 그러나 대통령은 여당의 정책을 집행하는 기관이 아니라, 행정권을 총괄하는 행정부의 수반으로서 공익실현의 의무가 있는 헌법기관이다. 대통령은 지난 선거에서 자신을 지지한 국민 일부나 정치적 세력의 대통령이 아니라, 국가로서 조직된 공동체의 대통령이고 국민 모두의 대통령이다. 대통령은 자신을 지지하는 국민의 범위를 초월하여 국민 전체에 대하여 봉사함으로써 사회공동체를 통합시켜야 할 책무를 지고 있는 것이다. 국민 전체에 대한 봉사자로서의 대통령의 지위는 선거와 관련하여 공정한 선거관리의 총책임자로서의 지위로 구체화되고, 이에 따라 공선법은 대통령의 선거운동을 허용하고 있지 않다(공선법 제60조 제1항 제4호). 따라서 대통령이 정당의 추천과 지원을 통하여 선거에 의하여 선출되는 정무직 공무원이라는 사실, 대통령에게 정치활동과 정당활동이 허용되어 있다는 사실도 선거에서의 대통령의 정당정치적 중립의무를 부인하는 논거가 될 수 없는 것이다. 대통령은 국가의 원수 및 행정부 수반으로서의 지위에서 직무를 수행하는 때에는 원칙적으로 정당정치

---

1) 첫 번째, "총선에서 민주당을 찍는 것은 한나라당을 도와주는 것"이라고 한 2003.12.24. 발언에 대해 중앙선관위는 선거의 자유와 공명성을 해칠 우려가 있다고 판단하여 2003.12.30. 공명선거 협조요청을 하였고, 두 번째, (열린우리당)을 압도적으로 지지해줄 것으로 기대, 정말 합법적인 모든 것을 다하고 싶다고 한 2004.2.24. 발언에 대해 중앙선관위는 2004.3.3. 특정 정당의 지지를 당부했다는 점에서 선거법 위반으로 결정하였으며, 세 번째로 2007년 6월 2일 '참여정부평가포럼' 강연에서 "한나라당이 집권하는 것은 끔찍한 일" 등의 발언을 한 것에 대해 중앙선관위는 2007년 6월 7일 공무원의 선거중립의무를 위반했다며 앞으로 유사한 사안으로 선거법 위반이 일어나는 일이 없도록 자제를 요청하는 전자공문을 발송했다(2007년 6월 7일의 중앙선관위 [발표문] : 중앙선거관리위원회는 오늘 제8차 전체 위원회의에서, 지난 6월 2일 '참여정부평가포럼'에서 행한 대통령의 선거관련 발언의 공직선거법 위반여부에 관하여 심도있는 논의와 검토를 거쳐 다음과 같이 결정하였습니다. 먼저, 공직선거법 제9조가 규정한 공무원의 선거중립의무 위반여부에 관하여는, 대통령이 국정의 최고책임자이자 국민전체에 대한 봉사자로서 선거에서의 중립을 유지하여 공정한 선거가 실시되도록 총괄 감독해야 할 의무가 있음에도 불구하고 대통령선거가 가까워져 오고 있는 시기에 다수인이 참석하고 일부 인터넷 방송을 통하여 중계된 집회에서 차기 대통령선거에 있어 특정 정당의 집권의 부당성을 지적하고, 후보자가 되고자 하는 자를 폄하하는 취지의 발언을 한 것은 대통령의 정치적 활동의 자유에 속한 단순한 의견개진의 범위를 벗어나 선거에 영향을 미치는 행위로서 위 법조가 정한 공무원의 선거중립 의무를 위반하였다고 결정하였습니다. … 중략 … 우리선거관리위원회는 이번 사안이 선거운동에 해당한다고는 보기 어려우나 대통령의 선거에 있어서의 중립의무에 위반한다는 점을 명백히 하고 대통령에게 선거중립의무를 준수하고 앞으로 유사한 사안으로 선거법 위반 논란이 일어나는 일이 없도록 자제를 요청하는 공문을 즉시 발송하기로 하였습니다). 네 번째로 중앙선관위는 대통령은 국정의 최고 책임자이자 국민 전체에 대한 봉사자로서 선거에서의 중립을 유지하며 공정한 선거가 실시되도록 해야 할 의무가 있음에도, 2007년 6월8일 원광대 강연과 6월10일 6·10 민주항쟁 기념사 및 6월13일 <한겨레> 인터뷰에서 특정 정당 및 후보자가 되고자 하는 자를 폄하하고, 특정 정당에 대한 지지를 표명하고, 여권의 대선전략에 대해 언급한 것은 공무원의 선거에서의 중립의무를 규정한 공직선거법 제9조를 위반했다고 2007년 6월 19일 결정한 바 있다.

적 의견표명을 삼가야 하며, 나아가, 대통령이 정당인이나 정치인으로서가 아니라 국가기관인 대통령의 신분에서 선거관련 발언을 하는 경우에는 선거에서의 정치적 중립의무의 구속을 받는다.
− 공선법 제9조의 위반행위 공선법 제9조는 "공무원은 선거에 대한 부당한 영향력의 행사 기타 선거결과에 영향을 미치는 행위를 하여서는 아니 된다."고 하여, 선거에서의 공무원의 중립의무를 실현하기 위하여 금지되어야 할 행위를 규정하고 있다. 공무원이 공직자의 지위에서 행동하면서 공직이 부여하는 영향력을 이용하였다면, 선거에 대한 부당한 영향력의 행사를 인정할 수 있는 것이고, 이로써 선거에서의 중립의무에 위반한 것이다.
여기서 문제되는 기자회견에서의 대통령의 발언은 공직자의 신분으로서 직무수행의 범위 내에서 또는 직무수행과 관련하여 이루어진 것으로 보아야 한다. 위 기자회견들은 대통령이 사인이나 정치인으로서가 아니라 대통령의 신분으로서 가진 것이며, 대통령은 이 과정에서 대통령의 지위가 부여하는 정치적 비중과 영향력을 이용하여 특정 정당을 지지하는 발언을 한 것이다. 따라서 위 기자회견에서의 대통령의 발언은 헌법 제65조 제1항의 의미에서의 '그 직무집행에 있어서' 한 행위에 해당한다. 그렇다면 선거에 임박한 시기이기 때문에 공무원의 정치적 중립성이 어느 때보다도 요청되는 때에, 공정한 선거관리의 궁극적 책임을 지는 대통령이 기자회견에서 전 국민을 상대로, 대통령직의 정치적 비중과 영향력을 이용하여 특정 정당을 지지하는 발언을 한 것은, 대통령의 지위를 이용하여 선거에 대한 부당한 영향력을 행사하고 이로써 선거의 결과에 영향을 미치는 행위를 한 것이므로, 선거에서의 중립의무를 위반하였다.

대통령은 정치적 공무원이므로 중립의무가 없다는 견해가 있으나[1] 생각건대 현행 헌법상 대통령의 권한이 강하므로 대통령의 개입이 선거의 공정성을 해할 수 있다는 점(이 점에서 과거의 관권의 개입이라는 역사적 경험을 되돌아 볼 필요가 있다)과 현행 헌법에서는 특히 대통령이 차기 대선에 후보가 될 수 없는 단임제인 점, 선거에 있어서 대통령의 헌법상 지위는 선거관리책임자로서 지위라고 할 것이라는 점[2]을 고려하건대, 대통령도 선거중립의 의무를 진다.

공직선거법 제60조 제1항 제4호는 공무원의 선거운동을 금지하고 있다. 대통령의 선거중립의무위반이 문제된 위 사안들에서 대통령의 선거운동 여부도 논란되었으나 중앙선관위는 후보자를 당선되게 하거나 낙선되게 할 목적으로 능동적·계획적으로 한 선거운동에 해당한다고 보기에는 미흡하다는 이유로 선거운동금지의무의 위반이 아니라고 보았거나 판단유보를 한 바 있었다.[3] 헌법재판소의 2004년 탄핵심판결정에서도 선거운동금지의무의 위반 여부에 대해 논란되었으나 헌법재판소는 부정하였다.

---

1) 2007년 6월 7일의 중앙선관위의 대통령 선거중립의무 위반결정에 대해 노 대통령은 6월 8일 공무원의 선거중립 의무조항에 대해 "어디까지가 선거운동이고 정치중립인지 모호한 구성요건은 위헌"이라고 주장하고 선거법 9조에 대해 "세계에 유례가 없는 위선적 제도"라고 주장했다.
2) 헌재 2004.5.14. 2004헌나1, 판례집 16−1, 637면. [관련판시] 국민 전체에 대한 봉사자로서의 대통령의 지위는 선거와 관련하여 공정한 선거관리의 총책임자로서의 지위로 구체화되고 …
3) 네 번째로 중앙선관위가 선거중립의무위반을 인정한 2007년 6월 19일의 결정에서 대통령의 사전선거운동 여부에 대해서는 "다만, 대통령의 이런 발언이 사전선거운동에 해당하는지에 관해서는 앞으로 상황을 지켜본 뒤 결론 내리기로" 하여 판단유보결정을 한 바 있다.

제3항 대통령의 권한

Ⅰ. 권한의 분석을 위한 분류의 문제

대통령의 권한을 분석하기 위하여 그 권한을 분류하여 볼 필요가 있는데 어떠한 기준에 의하느냐에 따라 그 분류가 다양할 수 있다. ① 앞서 본 대통령의 지위에 상응하여 권한을 분류할 수 있다. ② 권력분립적 구도에서 집행부수반으로서의 권한, 입법부에 대한 권한, 사법부에 대한 권한 등으로 나누어 볼 수도 있다. ③ 권한의 성질에 따라 분류할 수도 있다. ④ 시기적으로 국가비상시의 권한과 평상시의 권한으로 나누어 볼 수도 있다.

생각건대 ①의 기준에 따른 분류는 앞에서도 언급한 대로 각 지위의 개념이 어떻게 파악되는지에 따라 어느 한 권한이 어느 지위에 관련하여 서술되어야 할지가 불분명하여 유동적일 수 있다. 어느 권한은 여러 지위와 관련하여 인정되는 권한일 수 있다. ②, ③, ④의 어느 한 기준에 의한 분류에 따라 분석하는 것은 헌법이 대통령에게 부여한 권한들을 모두 대상으로 하지 못하여 충분하지 않다. 예를 들어 ②에 따른 분류만으로는 헌법이 대통령에게 부여한 권한을 모두 망라하여 볼 수 없다. 권력분립구도를 떠나 헌법이 대통령에게 부여한 권한이 또한 있기 때문이다. 따라서 여기서는 위의 어느 한 기준만을 따라 분류하여 각 권한을 고찰하지 않고 우리 헌법이 대통령에게 부여한 권한들을 모두 살펴본다. 그렇다고 위의 기준들이 무의미한 것은 아니다. 위의 기준들은 앞으로 살펴볼 대통령의 각 권한이 가지는 성격이 어떠하여 그 권한이 실질적으로 어떻게 파악되므로 그 권한의 범위와 한계가 어떠해야 하는지 하는 문제를 분석함에 있어서 준거들로서 적용되는 의미를 가진다. 예를 들어 국가를 대표하는 권한, 외교에 관한 권한은 대통령이 국가원수로서의 지위에서 가지는 권한인데 그 권한의 범위에 대해서도 그러한 지위에 상응한 해석을 하게 된다.

이하에서 대통령의 각 권한을 살펴본다.

Ⅱ. 국가수호·통일에 관한 권한

대통령은 국가수호·통일에 관한 권한을 가진다. 이 권한은 의무로서의 성격도 가진다. 대통령은 국가의 독립·영토의 보전·국가의 계속성과 헌법을 수호할 책무와 조국의 평화적 통일을 위한 성실한 의무를 진다(제66조 2항·3항). 대통령은 취임에 즈음하여 "헌법을 준수하고 국가를 보위하며 조국의 평화적 통일…에 노력하여 대통령으로서의 직책을 성실히 수행할 것을" 선서한다(제69조). 이러한 국가수호·통일에 관한 의무를 수행하기 위해 대통령은 국가위기시에 긴급명령, 긴급재정경제명령·처분을 발하는 권한(제76조), 계엄선포권(제77조)을 가진다. 대통령의 국군통수권(제74조)도 군사행정이 집행권의 한 작용으로서 조직되고 있으므로 대통령의 집행부의 수반으로서의 권한에 포함하여 설명하나 국군의 존재목적은 국가수호, 국방안보를 위한 것이므로 여기의 국가수호를 위한 권한에도 포함된다. 대통령은 또한 국방·통일 기타 국가안위에 관한 중요정책을 국민투표에 붙일 수 있는 권한(제72조)을 가지고 국가안전보장에 관련되는 대외정책·군사정책과 국내정책의 수립에 관하여 국가안전보장회의에 자문을 구할 권한(제91조 1항), 평화통일정책의 수립에 관하여 민주평화통일자문회의에 자문을 구할 권한(제92조 1항) 등의 권한을 가진다.

Ⅲ. 국가대표·외교에 관한 권한

1. 권한의 성격

대통령이 국가를 대표하고 외교에 관하여 가지는 권한은 국가원수로서의 지위에서 인정되는 성격의 권한이다. 국가대표 및 외교에 관한 대통령의 권한을 집행에 관한 권한의 하나로 또는 행정에 관한 권한의 하나로 분류하여 서술하는 교과서들이 있다<권영성, 979면; 김철수, 1232면 등>. 이들 교과서들에서는 대통령의 지위에 관한 서술에서는 국가원수로서의 지위와 집행부수반(또는 행정권의 수반)으로서의 지위를 구분하면서 대통령의 국가대표·외교에 관한 권한을 국가원수로서의 지위에서 나오는 것으로 설명하고 있어<권영성, 945면; 김철수, 1209면 등> 일관성을 보여주지 못하고 있다. 조약의 체결·비준은 법규범의 성립인 입법작용의 하나이므로 이를 집행에 관한 권한으로 볼 수는 없다.

2. 국가대표권

대통령은 국가의 원수이며, 외국에 대하여 국가를 대표하고(제66조 1항), 다른 국가나 국제단체 등을 승인한다.

3. 조약체결·비준권

대통령은 조약을 체결·비준하는 권한을 가진다(제73조). 대통령이 체결·비준하는 조약의 안에 대해서는 국무회의의 심의를 거쳐야 하고(제89조 3호), 헌법 제60조에 열거된 중요조약일 경우에는 사전에 국회의 동의를 거쳐야 한다.

4. 외교사절의 신임·접수 또는 파견의 권한

대통령은 조약을 체결·비준하고, 외교사절을 신임·접수 또는 파견하는 권한을 가진다(제73조). 외교사절이란 외국의 자국민을 보호하고 국가 간에 교섭을 하는 등의 업무를 수행하기 위하여 외국에 파견되는 국가의 대표자나 대표기관을 말한다. 신임이란 우리나라가 외국으로 파견하는 외교사절을 국가원수가 임명하였음을 파견국의 국가원수에게 정식으로 통고하는 문서인 신임장을 수여(제정)하는 행위를 말한다. 접수란 우리나라에 파견된 외국의 외교사절이 적법한 외교활동을 수행하는 것을 받아들이는 것을 말한다. 파견은 우리나라의 외교사절을 외국이나 국제기구에 내보내어 우리나라를 위해 활동하게 하는 것을 말한다.

5. 선전포고 · 강화권

대통령은 선전포고와 강화를 할 권한을 가진다(제73조). 선전포고란 외국과의 전쟁개시를 공식적으로 선언하는 것이며 강화란 전쟁의 종식을 위한 적국과의 합의를 말한다. 침략전쟁을 위한 선전포고는 할 수 없다. 우리 헌법이 침략전쟁을 부인하고 있기 때문이다(제5조). 대통령의 선전 · 강화 기타 중요한 대외정책은 국무회의의 심의를 거쳐야 하고(제89조 2호), 선전포고에 대한 국회의 동의를 거쳐야 하며 강화조약에 대해서도 국회의 동의가 있어야 한다(제60조). 국가안전보장에 관한 대외정책 · 군사정책의 수립에 관하여는 국무회의의 심의에 앞서 대통령이 국가안전보장회의에 자문한다(제91조 1항).

6. 국군의 외국에의 파견권

(1) 의의와 절차

대통령은 국제평화에 이바지할 목적 등으로 국군을 외국에 파견할 수 있다. 침략전쟁을 위한 파견은 금지된다. 파견에는 국무회의의 심의를 거쳐 국회의 사전동의를 거쳐야 한다(제89조 6호, 제60조 2항). 국무회의심의와 국회의 사전동의는 대통령의 결정에 대한 통제로서의 의미를 가진다.

(2) 파병결정의 성격과 사법적 통제

대통령의 파병결정이 어떠한 법적 성격을 가지는가 하는 문제는 파병결정에 대한 사법적 통제 문제와 결부되는 것이기도 하다.

1) 파병결정과정에서의 단계별 행위

국군의 외국에의 파견에는 ⅰ) 국무회의 심의를 거쳐 ⅱ) 대통령이 결정을 하면 ⅲ) 국회의 동의를 거쳐 최종 확정된다.

2) 국무회의의 심의결과

국무회의의 심의에서 긍정적인 결론이 나더라도 국회의 동의가 남아있으므로 파병결정이 확정되지 않는다. 헌법재판소는 이라크전쟁파견동의안에 대한 국무회의의 심의결과에 대한 헌법소원심판에 있어서 국무회의의 의결은 국가기관의 내부적 의사결정행위에 불과하다고 보아 그 자체로 국민에 대하여 직접적인 법률효과를 발생시키는 행위가 아니므로 헌법소원의 대상인 공권력행사가 아니라고 보아 헌법소원심판의 대상성을 부정하여 각하결정을 하였다.

판례 헌재 2003.12.18. 2003헌마225

[결정요지] 이 사건에서 심판의 대상이 되는 국무회의의 이 사건 파병동의안 의결이 이러한 공권력의 행사인지의 점에 관하여 살피건대, 국군을 외국에 파견하려면, 대통령이 국무회의의 심의를 거쳐 국회에 파병동의안 제출, 국회의 동의(헌법 제60조 제2항), 대통령의 파병결정, 국방부장관의 파병 명령, 파견 대상 군 참모총장의 구체적, 개별적 인사명령의 절차를 거쳐야 하는바, 이러한 절차에 비추어 파병은 대통령이 국회의 동의를 얻어 파병 결정을 하고, 이에 따라 국방부장관 및 파견 대상 군 참모총장이 구체적, 개별적인 명령을 발함으로써 비로소 해당 국민, 즉 파견 군인 등에게 직접적인 법률효과를 발생시키는 것이고, 대통령이 국회에 파병동의안을 제출하기 전에 대통령을 보좌하기 위하여 파병 정책을 심의, 의결한 국무회의의 의결은 국가기관의 내부적 의사결정행위에 불과하여 그 자체로 국민에 대하여 직접적인 법률효과를 발생시키는 행위가 아니므로 헌법재판소법 제68조 제1항에서 말하는 공권력의 행사에 해당하지 아니한다.

3) 국회동의 전 대통령의 파병결정

헌법재판소는 국회동의가 있기 전의 파병결정은 "국가기관 내부의 의사결정에 불과하고" 따라서 헌법소원심판의 대상인 공권력행사라고 볼 수 없어서 결국 헌법소원심판의 대상이 아니라고 본다.

판례 헌재 2003.12.18. 2003헌마255·256(병합). 이라크전쟁 파견결정 등 위헌확인, 이라크전쟁 파견동의안 동의 위헌확인, 판례집 15-2(하), 658면

[심판의 대상] 헌법 제60조 제2항에 의한 국회의 동의가 있기 전의 대통령의 파견결정은 국가기관 내부의 의사결정에 불과하고 그 자체로는 국민에 대하여 직접적인 법률효과를 발생시키는 공권력의 행사라고 볼 수 없고, …

* 이 판례의 [사건개요] [각하결정이유] 등 자세한 것은 아래 5) 국회동의를 받은 파병결정에 인용된 것 참조.

4) 국회의 동의

대통령의 파견결정에 대하여 국회가 행하는 동의의결은 대통령의 행위에 법적 효력을 발생시키게 하고 이를 완성시키는 국회의 권한으로서의 성격을 가진다. 헌법재판소도 "국군의 외국에의 파견에 관한 국회의 동의권은 대통령의 국군통수권 행사를 통제하기 위한 수단으로서, 국회의 파견동의는 그 대상인 대통령의 행위에 법적 효력을 부여하는 것이고 그 자체만으로는 대국민 관계에서 법적인 효과를 발생시킬 수 있는 공권력의 행사라고 하기 어렵다"라고 본다.

판례 헌재 2003.12.18. 2003헌마255·256(병합), 위 결정, 같은 판례집, 같은 면

[심판의 대상] 국군의 외국에의 파견에 관한 국회의 동의권은 대통령의 국군통수권 행사를 통제하기 위한 수단으로서, 국회의 파견동의는 그 대상인 대통령의 행위에 법적 효력을 부여하는 것이고 그 자체만으로는 대국민 관계에서 법적인 효과를 발생시킬 수 있는 공권력의 행사라고 하기 어렵다.

* 이 판례의 [사건개요] [각하결정이유] 등 자세한 것은 아래 5) 국회동의를 받은 파병결정에 인용된 것 참조.

5) 국회동의를 받은 파병결정

국회동의를 받은 파병결정에 대해서도 헌법소원심판의 각하결정이 있었는데 각하결정의 이유판시에 있어서는 그 대상성을 긍정하면서도 다른 청구요건이 결여되어 각하한 결정이 있었고 그뒤 통치행위로 보아 헌법소원심판 대상성을 부정하는 견해로 변경하는 결정도 있었다.

(가) 헌법소원심판 대상성 인정, 자기관련성 부정

첫 판결인 서희·제마부대파견에 관한 판결에서는 파견결정이 국회의 동의에 의해 법적으로 유효한 행위로 완성되므로 헌법소원 심판청구의 대상이 된다고 보긴 하였다. 그러나 그 파견결정으로 인해 청구인 자신의 기본권이 침해되지 않는다고 하여 헌법소원심판의 또 다른 청구요건인 자기관련성 요건을 갖추지 못하였다고 하여 결국 각하결정을 하였다.

판례 헌재 2003.12.18. 2003헌마255·256(병합), 이라크전쟁 파견결정 등 위헌확인, 이라크전쟁 파견동의안 동의 위헌확인, 판례집 15-2(하), 655면 이하

[사건개요] 국회는 2003.4.2. 정부가 국무회의를 거쳐 국회에 제출한 "국군부대의 이라크전쟁 파견동의안"에 대하여 출석의원 256명 중 찬성 179표, 반대 68표, 기권 9표로 의결하여 동의하였다. 이에 시민단체의 간부 및 그 밖의 일반 국민이 인간으로서의 존엄과 가치행복추구권을 침해당하였다고 주장하며 2003.4.3. 그 위헌확인을 구하는 이 사건 헌법소원심판을 청구하였다. [심판의 대상에 관한 헌재의 판시] 헌법재판소는 판단에 들어가기 전에 심판대상에 관하여 다음과 같이 판시하였다. "청구인들은 피청구인 대통령의 2003.3.21.자 국군부대의 이라크전쟁 파견결정과 피청구인 국회의 2003.4.2.자 국군부대의 이라크전쟁 파견동의를 각각 문제삼고 있다. 헌법 제60조 제2항에 의한 국회의 동의가 있기 전의 대통령의 파견결정은 국가기관 내부의 의사결정에 불과하고 그 자체로는 국민에 대하여 직접적인 법률효과를 발생시키는 공권력의 행사라고 볼 수 없고, 국군의 외국에의 파견에 관한 국회의 동의권은 대통령의 국군통수권 행사를 통제하기 위한 수단으로서, 국회의 파견동의는 그 대상인 대통령의 행위에 법적 효력을 부여하는 것이고 그 자체만으로는 대국민 관계에서 법적인 효과를 발생시킬 수 있는 공권력의 행사라고 하기 어렵다. 그러나 대통령의 국군 파견결정은 국회의 동의에 의해 법적으로 유효한 행위로 완성되는바, 청구인들의 청구취지를 전체적으로 살펴보면 국회의 파견동의를 받은 대통령의 파견결정에 대한 헌법소원 심판청구로 받아들일 수 있으므로 이 사건 심판의 대상을 국회의 파견동의를 받은 대통령의 파견결정으로 보기로 한다. [각하결정의 이유요지 – 적법요건에 대한 판단] 헌법재판소법 제68조 제1항은 공권력의 행사 또는 불행사로 인하여 헌법상 보장된 기본권을 침해받은 자는 헌법재판소에 헌법소원심판을 청구할 수 있다고 규정하여 그 제도를 마련하고 있다. 그러나 이 법률조항에서 기본권을 침해받은 자라 함은 공권력의 행사 또는 불행사로 인하여 자기의 기본권이 현재 그리고 직접적으로 침해받은 자를 의미하며 단순히 간접적이거나 사실적인 이해관계가 있을 뿐인 제3자는 이에 해당하지 않는다는 것이 입법자의 선택이요 우리재판소의 일관된 입장이다. 청구인들은 시민단체의 간부 및 일반 국민들로서 파견결정에 관하여 일반 국민의 지위에서 사실상의 또는 간접적인 이해관계를 가진다고 할 수는 있으나, 이 사건 파견결정으로 인하여 청구인들이 주장하는 바와 같은 인간의 존엄과 가치, 행복추구권 등 헌법상 보장된 청구인들 자신의 기본권을 현재 그리고 직접적으로 침해받는다고는 할 수 없다. 청구인들은 '이 사건 파견결정으로 인해 타인의 생명을 존중하고 타인과 공존하는데서 자신의 인간다움을 확인하려는 양심과 인간성에 심각한 타격을 받게되고 앞으로 한반도에서의 부시행정부의 부적절한 대응으로 긴장이 고조되면 피해자로서 무력충돌에 휘말리게 될 위험성도 배제할 수 없게 됨으로써 헌법상 보장된 청구인들의 평화적 생존권을 침해받는다'는 취지의 주장을 하고 있다. 그러나 청구인들이 그 주장과 같은 이유로 양심과 인간성의 타격을 받을 수 있다 하더라도 그러한 내용의 피해는 국

민의, 또는 인류의 일원으로서 입는 사실상의, 또는 간접적인 성격을 지닌 것이고 법적으로 포착될 수 있는 이익 또는 권리라고 보기는 어렵다. 그렇다면 결국 청구인들은 이 사건 파견결정에 대해 적법하게 헌법소원을 제기할 수 있는 자기관련성이 있다고 할 수 없어 이 헌법소원 심판청구는 모두 부적법하다. * 이 결정에서는 대통령의 파견결정은 고도의 정치적 결단을 요하는 문제로서 사법적 판단이 자제되어야 한다고 보는, 즉 통치행위로 보아 자제하자는 4인의 소수의견이 있었다.

(나) 헌법소원심판대상성 부정

가) 통치행위 인정

이 판결 이후 또 다른 이라크파병에 관한 것으로서 자이툰 부대의 파견결정에 대한 헌법소원심판결정에서는 법정의견이 자기관련성의 결여를 이유로 내세우지 않았다. 법정의견은 대통령의 파견결정은 고도의 정치적 결단을 요하는 문제로서 사법적 판단이 자제되어야 한다고 보아 심사대상이 아니라고 보았다. 즉 통치행위이론을 적용하였다.

판례 헌재 2004.4.29. 2003헌마814 일반사병 이라크파병 위헌확인

[심판의 대상] '대통령이 2003.10.18. 국군(일반사병)을 이라크에 파견하기로 한 결정(이하, '이 사건 파견결정'이라고 한다)'의 위헌여부(각하결정) [결정이유요지] 이 사건 파견결정은 그 성격상 국방 및 외교에 관련된 고도의 정치적 결단을 요하는 문제로서, 헌법과 법률이 정한 절차를 지켜 이루어진 것임이 명백하므로, 대통령과 국회의 판단은 존중되어야 하고 우리 재판소가 사법적 기준만으로 이를 심판하는 것은 자제되어야 한다. 오랜 민주주의 전통을 가진 외국에서도 외교 및 국방에 관련된 것으로서 고도의 정치적 결단을 요하는 사안에 대하여는 줄곧 사법심사를 자제하고 있는 것도 바로 이러한 취지에서 나온 것이라 할 것이다. 이에 대하여는 설혹 사법적 심사의 회피로 자의적 결정이 방치될 수도 있다는 우려가 있을 수 있으나 그러한 대통령과 국회의 판단은 궁극적으로는 선거를 통해 국민에 의한 평가와 심판을 받게 될 것이다. 그렇다면 이 사건 파견결정에 대한 사법적 판단을 자제함이 타당하므로 각하하기로 결정한다. * 이 결정에는 4인 소수의견이 있었는데 이 소수의견은 자기관련성 결여를 이유로 각하하여야 한다는 의견, 즉 이전의 서희·제마부대판결에서의 법정의견(다수의견)과 같은 의견을 유지하자는 의견이었다.

나) 평가

뒤의 사법부 장에서 다루겠지만 오늘날 통치행위에 대해서는 부정적으로 보는 경향인데 이를 굳이 통치행위로 보아 심판대상 자체가 아니라고 하여 각하하였어야 했는지 의문이다. 각하결정은 굳이 통치행위이론을 내세우지 않아도 이전의 헌재 2003.12.18. 2003헌마255·256(병합) 결정에서 자기관련성이 없다고 본 것과 같이 논증을 하더라도 가능했다는 점에서 법논리적 설득력이 약하다.

6) 군대를 주둔시키는 행위

헌법재판소는 파견결정으로 군대를 주둔시키는 행위는 독자적인 공권력행사가 아니어서 헌법소원심판의 대상이 아니라고 본다.

판례 헌재 제3지정재판부 2004.7.14. 고지, 2004헌마508 국군부대 이라크주둔 위헌확인
[심판의 대상] 대한민국이 2003.4.30. 이라크에 파견된 서희부대 및 제마부대 소속 675명의 국군을 이라크에 주둔시키는 행위의 위헌여부(각하결정) [결정요지] 이 사건 주둔행위는 2003.3.21. 대통령의 파견결정 내지 2003.11.13. 대통령의 파견연장결정에 당연히 수반되는 행위로서 새로운 독자적인 공권력 행사라고 할 수 없는 바, 청구인들이 대통령의 위 파견 내지 파견연장을 다투는 것은 별론으로 하고 파견된 국군을 주둔시키는 행위를 다투는 이 사건 헌법소원심판청구는 헌법소원의 대상이 되지 않는 것을 심판대상으로 삼은 것으로 부적법하다.

7. 외국군대의 대한민국 영역안에서의 주류허용권

대통령은 우리의 국가안보와 국제평화 등을 위하여 외국군대가 대한민국 영역안에서 주류하도록 할 수 있다. 그러나 이 주류에 대해서는 국무회의의 심의를 거쳐 국회의 사전동의를 거쳐야 한다(제89조 6호, 제60조 2항).

8. 외교·통일에 관한 중요정책에 대한 국민투표부의권

대통령은 필요하다고 인정할 때에는 외교 · 통일에 관한 중요정책을 국민투표에 붙일 수 있다(제72조). 부의에 국무회의의 심의를 거쳐야 한다(제89조 3호). 이 국민투표부의권에 대해서는 별도로 자세히 살펴본다(후술 참조).

9. 국가대표 · 외교에 관한 권한의 통제 문제

대통령의 외교행위에 대해서는 이를 통치행위라고 하여 사법적 판단을 자제하거나 회피할 수가 있다. 그러나 위의 헌법재판소판례의 취지에서도 나타난 대로 국민의 기본권에 영향을 미치는 외교행위에 대해서는 그 영향으로 인한 국민의 기본권침해 등에 대해 그 구제를 위하여 사법부가 판단을 하여야 한다. 이에 관한 자세한 것은 사법부 부분에서 통치행위 문제를 보면서 다룬다(후술 참조).

Ⅳ. 헌법개정에 관한 권한

1. 헌법개정제안권

헌법개정은 국회재적의원 과반수 또는 대통령의 발의로 제안된다(제128조 1항). 대통령의 헌법개정안은 국무회의의 심의를 거쳐야 한다(제89조 3호).

2. 공고권

제안된 헌법개정안은 대통령이 20일 이상의 기간 이를 공고하여야 한다(제129조).

3. 공포권

국회는 헌법개정안이 공고된 날로부터 60일 이내에 의결하여야 하며, 국회의 의결은 재적의원 3분의 2 이상의 찬성을 얻어야 하고, 헌법개정안은 국회가 의결한 후 30일 이내에 국민투표에 붙여 국회의원선거권자 과반수의 투표와 투표자 과반수의 찬성을 얻은 때에는 헌법개정은 확정된다. 대통령은 즉시 헌법개정을 공포하여야 한다(제130조).

4. 헌법개정의 인적 효력범위의 제한

대통령의 임기연장 또는 중임변경을 위한 헌법개정은 가능하긴 하나 개정되더라도 그 헌법개정 제안 당시의 대통령에 대하여는 효력이 없다(제128조 2항).

V. 국민투표에 관한 권한

1. 유형

대통령의 국민투표에 관한 권한으로는 헌법개정을 위한 국민투표부의권과 헌법 제72조의 국민투표부의권이 있다. 전자는 필수적이고 의무적인 권한으로서의 부의권이나 후자는 임의적이고 재량적 요소가 있는 권한으로서의 부의권이다.

2. 헌법 제72조의 국민투표부의권

(1) 연혁

현행 헌법 제72조와 같이 국가안위에 관한 국민투표제도가 도입된 것은 1954.11.29 제2차개헌헌법에서이다. 동법 제7조의2 제1항은 "대한민국의 주권의 제약 또는 영토의 변경을 가져올 국가안위에 관한 중대사항은 국회의 가결을 거친 후에 국민투표에 부하여 민의원의원선거권자 3분지 2 이상의 투표와 유효투표 3分之 2以上의 찬성을 얻어야 한다"고 하고 동조 2항은 이 "국민투표의 발의는 국회의 가결이 있은 후 1개월 이내에 민의원의원선거권자 50만인 이상의 찬성으로써 한다"라고 규정하고 있었다. 당시의 국민투표제는 대통령에게 부의권이 있는 것이 아니라 국회의 가결과 선거권자의 찬성으로 그 발의가 이루어진 점에서 달랐다.

제4공화국 유신헌법에서는 제49조가 "대통령은 필요하다고 인정할 때에는 국가의 중요한 정책을 국민투표에 붙일 수 있다"라고 포괄적인 부의권을 인정하여 대통령의 권한을 강화한 모습이 국민투표에서도 나타나 있었다. 현행 헌법에서와 같은 규정으로 헌법에 담겨진 것은 바로 제5공화국 헌법에서였는데 동 헌법은 제47조는 "대통령은 필요하다고 인정할 때에는 외교·국방·통일 기타 국가안위에 관한 중요정책을 국민투표에 붙일 수 있다"라고 규정하고 있었는데 현행 헌법에도 이어져 오고 있다.

(2) 국민투표의 성격

1) 사유의 제한성

국민투표는 직접민주제의 제도이므로 간접민주제(국민대표제, 대의제)를 택하는 헌법하에서는 예외적인 제도이다. 따라서 국민투표에 부칠 수 있는 사유는 헌법에 규정된 것에 한정된다. 직접민주제이기 때문이라는 점을 유의하여야 한다.

2) 실시의 임의성

헌법 제72조에 의한 국민투표는 "대통령은 필요하다고 인정할 때에는 … 국민투표에 붙일 수 있다"라고 하여 임의적인 성격을 가진다. 헌법개정안에 대한 국민투표가 필수적인 것과 다르다. 여기서 임의적이라는 의미는 국민투표에 부칠 것이냐 하는 실시 여부에 대한 결정에 있어서 대통령의 판단에 맡겨져 있다는 의미이지 아무런 사유를 내세워 부칠 수 있다는 것이 아니고 이 점에서 한계가 없는 것은 아니다.

(3) 국민투표의 현실적 유형과 합헌적 유형

국민투표라는 제도를 현실적으로 실시하면서도 헌법에 부합되는 진정한 국민투표가 행해질 수도 있고 그러하지 않을 수도 있다.

1) 국민표결(국민결정, Referendum)과 신임투표(Plebiszit)

(가) 국민표결(Referendum)

Referendum은 정책의 결정을 그 대상으로 하여 국민의 의사를 직접 묻는 국민표결을 말한다.

(나) 신임투표(Plebiszit)

반면 Plebiszit는 국가원수가 자신의 신임을 국민에게 묻기 위하여 실시하는 국민투표를 말한다. 신임투표는 다음과 같은 문제점을 가진다. 첫째, 집권자가 정치적 수단으로서 남용될 위험성이 있고, 특히 의회의 다수파의 지지를 받지 못할 경우 국민을 직접 상대하여 정국을 돌파하기 위한 무기 내지 수단으로 악용될 위험성이 많다. 둘째, 국민투표가 가지는 한계로서 선동성(populism)이 지적되고 있는데 특히 신임투표의 경우 그 징후가 강하게 나타날 수 있고 인물정치로 흐를 가능성이 크다. 따라서 신임투표를 헌법법리적으로 합헌적인 국민표결로 받아들이기 곤란하다고 본다.

(다) 신임연계적 국민표결

양자의 결합도 있을 수 있다. 즉 어느 정책을 집권자가 국민표결에 부치면서 가결시 자신의 신임을 확인받은 것으로, 부결시에는 신임을 얻지 못한 것으로 간주하겠다는 선언을 함께 하는 국민표결이다. 사실 역사적으로 결합형이 적지 않았다. 이 결합형은 신임투표를 압박용으로 정책을 집권자의 의도에 따라 국민이 선택하도록 유도하는 효과가 있었기에 실질적으로 국회의 배제효과가 있고 결국 신임투표가 가지는 위험성과 문제점을 안고 있다. 따라서 신임연계적 국민표결도 결국 신임투표와 마찬가지로 헌법법리적으로 합헌성을 인정받기 어렵다고 본다.

(라) 우리 헌재의 입장 - 신임투표·신임연계적 국민표결의 부정

우리 헌재는 "대통령이 특정 정책을 국민투표에 부친 결과 그 정책의 실시가 국민의 동의를 얻지 못한 경우, 이를 자신에 대한 불신임으로 간주하여 스스로 물러나는 것은 어쩔 수 없는 일이나, 정책을 국민투표에 부치면서 이를 신임투표로 간주하고자 한다는 선언은 국민의 결정행위에 부당한 압력을 가하고 국민투표를 통하여 간접적으로 자신에 대한 신임을 묻는 행위로서, 대통령의 헌법상 권한을 넘어서는 것이다"라고 판시하여 신임연계적 국민표결에 대해서도 부정하고 있다(헌재 2004.5.14. 2004헌나1, 대통령(노무현) 탄핵, 판례집 16-1면).

가) 선행 각하결정

* 유의 : 탄핵심판결정에서의 위와 같은 결정 이전에 대통령의 신임 국민투표 제안에 대해 헌법재판소에 헌법소원심판이 청구되었는데 헌법재판소는 헌법소원대상이 되지 않는다는 이유로 각하결정을 하였다. 탄핵심판사건에서는 본안으로 나아간 것은 국민에게 영향을 미치는 공권력작용이 존재할 것을 청구요건으로 하는 헌법소원심판의 경우와 다르기 때문이었다. 아래의 결정이 바로 이전의 헌법소원심판사건에서의 각하결정이다.

판례 헌재 2003.11.27. 2003헌마694등, 대통령신임투표를 국민투표에 붙이는 행위 위헌확인, 판례집 15-2(하), 350면

[결정요지(재판관 윤영철, 하경철, 김효종, 주선회, 전효숙의 다수의견)] (1) 헌법재판소법 제68조 제1항은 "공권력의 행사 또는 불행사"로 인하여 헌법상 보장된 기본권을 침해받은 자가 헌법소원을 청구할 수 있다고 규정하고 있으므로, 헌법소원의 대상이 되려면 "공권력의 행사 또는 불행사"에 해당하여야 한다. (2) 피청구인의 발언내용 및 이를 전후한 여러 사정들을 종합하여 볼 때, 피청구인의 발언의 본의는 재신임의 방법과 시기에 관한 자신의 구상을 밝힌 것에 불과하다. 피청구인의 발언은 정치권에서 어떤 합의된 방법을 제시하여 주면 그에 따라 절차를 밟아 국민투표를 실시하겠다는 것이므로 이것은 법적인 절차를 진행시키기 위한 정치적인 사전 준비행위 또는 정치적 계획의 표명일 뿐이다. 이러한 피청구인의 발언만으로는 장차 신임국민투표가 반드시 실시될 것이라고 확정적으로 예측할 수도 없다. (3) 국민투표라는 것은 대통령이 그 대상이 되는 사항을 구체적으로 정하여 국민투표안을 공고함으로써 비로소 법적인 절차가 개시된다. 현행 국민투표법도 마찬가지로 대통령이 국민투표안을 공고하도록 규정하고 있다(제49조). 따라서 국민투표에 관하여는, 공고와 같이 국민투표에 관한 절차의 법적 개시로 볼 수 있는 행위가 있을 때에 비로소 법적인 효력을 지닌 공권력의 행사가 있게 된다. 그러한 법적 행위 이전에 국민투표의 실시에 관한 정치적 제안을 하거나 내부적으로 계획을 수립하여 검토하는 등의 조치는 일종의 준비행위에 불과하여 언제든지 변경·폐기될 수 있다. 이 사건 심판의 대상이 된 피청구인의 발언만으로는 국민투표의 실시에 관하여 법적인 구속력 있는 결정이나 조치가 취해진 것이라 할 수 없으며, 그로 인하여 국민들의 법적 지위에 어떠한 영향을 미친다고 볼 수도 없다. (4) 그렇다면 비

록 피청구인이 대통령으로서 국회 본회의의 시정연설에서 자신에 대한 신임국민투표를 실시하고자 한다고 밝혔다 하더라도, 그것이 공고와 같이 법적인 효력이 있는 행위가 아니라 단순한 정치적 제안의 피력에 불과하다고 인정되는 이상 이를 두고 헌법소원의 대상이 되는 "공권력의 행사"라고 할 수는 없다. (5) 결론적으로 피청구인의 행위는 헌법소원의 대상이 되는 공권력의 행사가 아니므로 이에 대한 취소 또는 위헌확인을 구하는 청구인들의 심판청구는 모두 부적법하다. [반대의견의 요지(재판관 김영일, 권성, 김경일, 송인준의 소수의견)] 가. 심판청구의 적법성 (1) 피청구인의 행위는 헌법소원의 대상이 되는 "공권력의 행사"에 해당한다. ① 국민투표의 실시를 결정하는 것은 피청구인의 독자적 권한인바, 스스로의 독자적 결단에 의하여 얼마든지 실시할 수 있는 국민투표의 계획을 피청구인이 국회에서의 시정연설을 통하여 국민 앞에 공표한 것은 국민투표에 관한 단순한 준비행위나 의견표명 내지 정치적 제안의 수준을 넘어서는 것이다. ② "정치적 합의가 이루어지면" 등과 같은 완곡한 표현에도 불구하고 피청구인의 발언의 전체적 맥락은, 헌법 제72조에 규정된 국민투표의 요건을 폭넓게 해석하면 신임국민투표도 가능하므로 이를 그대로 추진하겠다는 피청구인의 결단을 분명히 보여주고 있고, 실제로 피청구인은 시정연설 이후에도 수차에 걸쳐 국민투표 실시에 대한 강한 의지를 피력한 바 있다. 따라서 피청구인의 공표행위는 대통령의 권한으로 국민투표를 실시하겠다는 명백한 의사결정을 대외적으로 표시한 것에 해당한다. ③ 피청구인의 공표행위는 전체로서 일련의 포괄적 절차를 이루고 있는 국민투표 실시라는 커다란 절차의 도입부를 구성하는 것으로서, 그 진지성이 인정되는 한도내에서, 국민투표안의 공고가 아직 없다고 하더라도 헌법소원의 대상이 되는 공권력의 행사에 해당한다고 보아야 할 것이다. (2) 피청구인의 행위로 인하여 청구인들의 헌법상 보장된 기본권인 참정권 내지 국민투표권과 정치적 의사의 표명을 강제받지 아니할 자유가 침해될 개연성이 있다. (3) 따라서 청구인들의 심판청구는 적법하므로 이를 각하할 것이 아니라, 본안에서 심리하여 신임국민투표의 위헌 여부를 판단하여야 한다. 나. 신임국민투표의 위헌성 (1) 헌법은 국민에 의하여 직접 선출된 대통령과 국회의원이 국민을 대신하여 국가의사를 결정하는 대의제를 원칙으로 하면서, 헌법 제72조 및 제130조 제2항에서 '국가안위에 관한 중요정책'과 '헌법개정안'에 관하여 국민투표의 가능성을 규정함으로써 예외적으로 직접민주주의적 요소를 가미하고 있다. (2) 헌법 제72조는 "대통령은 필요하다고 인정할 때에는 외교·국방·통일 기타 국가안위에 관한 중요정책을 국민투표에 붙일 수 있다."고 규정하여 피청구인에게 국민투표부의권을 부여하면서, 국민투표의 대상을 '외교·국방·통일 기타 국가안위에 관한 중요정책'으로 한정하고 있는바, 여기서의 '중요정책'은 '구체적이고 특정한 정책'을 뜻한다고 보아야 한다. (3) 대통령의 임기를 절대적으로 보장하는 헌법 제70조나 궐위사유를 한정적으로 규정하는 헌법 제68조 제2항 등 헌법규범에 비추어볼 때, 대통령에 대한 국민의 신임여부는 헌법 제72조의 '중요정책'에 포함되지 않는다고 보아야 한다. (4) 역사적으로 볼 때 다수의 국가에서 집권자가 국민투표를 통하여 자신에 대한 국민의 신임을 물음으로써, 자신의 정치적 입지를 강화하는 데 이용한 사례가 허다하였다. 이러한 점에서 우리 헌법은 제72조의 국민투표의 대상을 명시적으로 '정책'에 한정하고 이로써 국민투표가 역사상 민주주의의 발전에 해악을 끼친 신임투표가 되어서는 아니될 것임을 선언하고 있는 것이다. (5) 결론적으로, 피청구인은 국민투표를 통하여 자신에 대한 신임을 물을 헌법적 권한이 없는 것이고, 따라서 피청구인이 이미 지난 선거를 통하여 획득한 자신에 대한 신임을 국민투표의 형식으로 재차 확인하고자 하는 것은 헌법 제72조의 국민투표제를 헌법이 허용하지 않는 방법으로 위헌적으로 사용하는 것이다. 이로 말미암아 국민이 국민투표를 통하여 특정한 국정사안에 대하여 자유로운 의사결정에 따라 국가권력의 행사과정에 정당하게 참여하는 것이 침해되고, 이로써 국민의 한 사람들인 청구인들의 참정권 내지 국민투표권과 정치적 의사표명을 강요받지 아니할 자유가 침해된다.

* 평가 – 위 결정은 헌법소원심판결정이므로 아래 탄핵결정에서 위헌으로 본 것과 판례모순이라고 볼 것은 아니다.

나) 부정하는 판례

위 판결 이후에 헌법재판소는 신임투표가 제72조의 국민투표의 대상이 아니라는 점을 아래의 판례들에서 명백히 하고 있다.

판례 헌재 2004.5.14. 2004헌나1, 대통령탄핵 판례집 16-1, 648-650면

[판시요지] 헌법 제72조는 대통령에게 국민투표의 실시 여부, 시기, 구체적 부의사항, 설문내용 등을 결정할 수 있는 임의적인 국민투표발의권을 독점적으로 부여함으로써, 대통령이 단순히 특정 정책에 대한 국민의 의사를 확인하는 것을 넘어서 자신의 정책에 대한 추가적인 정당성을 확보하거나 정치적 입지를 강화하는 등, 국민투표를 정치적 무기화하고 정치적으로 남용할 수 있는 위험성을 안고 있다. 이러한 점을 고려할 때, 대통령의 부의권을 부여하는 헌법 제72조는 가능하면 대통령에 의한 국민투표의 정치적 남용을 방지할 수 있도록 엄격하고 축소적으로 해석되어야 한다. (다)이러한 관점에서 볼 때, 헌법 제72조의 국민투표의 대상인 '중요정책'에는 대통령에 대한 '국민의 신임'이 포함되지 않는다. … 대통령이 이미 지난 선거를 통하여 획득한 자신에 대한 신임을 국민투표의 형식으로 재확인하고자 하는 것은, 헌법 제72조의 국민투표제를 헌법이 허용하지 않는 방법으로 위헌적으로 사용하는 것이다. 대통령은 헌법상 국민에게 자신에 대한 신임을 국민투표의 형식으로 물을 수 없을 뿐만 아니라, 특정 정책을 국민투표에 붙이면서 이에 자신의 신임을 결부시키는 대통령의 행위도 위헌적인 행위로서 헌법적으로 허용되지 않는다. 물론, 대통령이 특정 정책을 국민투표에 붙인 결과 그 정책의 실시가 국민의 동의를 얻지 못한 경우, 이를 자신에 대한 불신임으로 간주하여 스스로 물러나는 것은 어쩔 수 없는 일이나, 정책을 국민투표에 붙이면서 "이를 신임투표로 간주하고자 한다."는 선언은 국민의 결정행위에 부당한 압력을 가하고 국민투표를 통하여 간접적으로 자신에 대한 신임을 묻는 행위로서, 대통령의 헌법상 권한을 넘어서는 것이다. * 보다 자세한 판시는 아래 국민투표 사유, 재신임이 국민투표사유인지 여부, 부정적인 판례 부분 참조.

(마) 검토 및 사견

부정적으로 보는 것이 헌법법리적으로 타당하다. 이에 관해서는 아래 사유 부분에서 다룬다.

2) 국민투표입법의 인정여부

(가) 학설 및 판례

학설은 부정설과 긍정설이 대립된다. 판례는 탄핵심판결정에서는 "국민투표는 직접민주주의를 실현하기 위한 수단으로서 '선거는 '인물에 대한 결정' 즉, 대의제를 가능하게 하기 위한 전제조건으로서 국민의 대표자에 관한 결정이며, 이에 대하여 사안에 대한 결정' 즉, 특정한 국가정책이나 법안을 그 대상으로 한다"라고 밝힌 바 있긴 하다(헌재 2004.5.14. 2004헌나1, 판례집 16-1, 648면). 그러나 이 판례에서 헌재는 재신임을 묻는 것은 선거에 의하여야 한다는 전제하에서 선거와 국민투표와의 차이를 설시하면서 법안에 대한 국민투표를 언급한 것으로 보이며 우리나라 헌법 제72조가 정책 외에 법률안도 직접 그 대상으로 하고 있다는 입장을 헌재가 명백히 밝힌 것은 아니라고 보여진다.

(나) 사견

우리나라의 헌법의 해석상으로는 받아들이기 힘들다. 첫째, 국민투표의 사유는 한정적이

어야 하기 때문이다. 프랑스가 확대를 위해 헌법개정을 한 예를 보더라도 그런데 우리 헌법 제72조는 명백히 '정책'이라고만 밝히고 있다. 따라서 법률안에 대한 국민의 직접적 표결을 우리 헌법제정자들이 예상하지는 않았다. 둘째, 국민대표주의가 원칙이고 국민투표는 예외적 보충적이어야 한다. 셋째 다양한 스펙트럼의 반영이 어렵다. 가결(통과) 아니면 부결이라는 一刀兩斷(all or nothing)의 투표가 되어 중간의 다양한 의견들을 반영하기 어렵다. 국회에서의 입법절차는 물론 충분하지 못하다고 지적되기도 하지만 국회가 입법심사에 충실하다면 다양한 의견들을 통합, 조절할 기회가 있다. 넷째, 헌법에의 위반여부가 문제될 수 있는데 그 심사가능성이 문제되고, 차후 국민투표입법을 국회입법으로 개정할 수 있겠느냐 하는 국민주권의 직접적 표현과 국회의 입법권의 충돌이라는 딜레마가 발생할 수 있다. 넷째, 보다 근본적인 문제로 직접민주제도는 대표제정치를 보완하는 것이므로 정상적인 상황에서는 입법권이 국회에 의해 행사되어야 한다. 이는 법률안에 대한 충분한 검토가 어려운 국민들보다 합리적이고 이성적인 결정에 이를 수 있는 가능성을 전제로 한 것이다.

(다) 국민투표입법에 대한 통제

만약 대통령이 국민투표입법을 실시한다면 탄핵소추사유가 될 뿐 아니라 국회의원들에 의한 권한쟁의심판이 청구될 수 있다. 간접민주정치가 원칙인 현행 헌법하에서 입법은 국회가 할 권한으로서 가지는데 이를 대통령의 국민투표 부의권이라는 권한에 의해 행한다면 국회의원들의 법률안 심의권, 표결권에 대한 침해라고 볼 것이기 때문이다. 그런데 현재의 우리 헌법재판소의 판례에 따르면 입법권은 국회의원들이 아니라 국회 자체에 속한다고 보아 국회의원들의 청구를 제3자 소송이라고 하여 이를 각하할 가능성이 있다(헌법재판 부분 참조). 제3자 소송이론은 문제이고 헌법재판을 '소송'이라고 하는 용어도 문제이다.

(4) 사유

대통령이 신임투표로 활용하면 국민소환의 의미를 가지지 않는가 하는 문제가 있다. 그러나 이를 국민소환제도로 볼 수 없다. 국민소환제도로 활용할 수도 없다. 이는 대통령이 발의하는 것이기 때문이기도 하다.

국민투표사유는 한정적이고 열거적이다. 그 때문에 국민투표사유를 확대하여 국민의 의사의 직접적인 표현을 듣고자 하는 민주국가에서도 그 사유의 확대에는 헌법개정이 필요하다고 보는 것이다(대표적인 예가 프랑스의 1995년에 국민투표회부사유를 확대함에 있어서 기존에 비해 그리 넓지 않은 사유확대임에도 이 확대를 위해 헌법개정을 한 것은 좋은 예라고 볼 것이다).

국회 앞에서 책임을 질 경우가 적은 대통령의 단독적 권한행사의 범위를 넓힐 것이 아니라 가능한 한정적으로 보아야 한다.

1) 외교·국방·통일 기타 국가안위에 관한 중요정책

헌법 제72조는 "대통령은 필요하다고 인정할 때에는 외교·국방·통일 기타 국가안위에 관한 중요정책을 국민투표에 붙일 수 있다"라고 하여 그 사유를 규정하고 있다.

2) 사유 - 열거적 규정

헌법 제72조에 규정된 국민투표의 사유를 열거적 규정으로 보는 이유는 국민주권론을 원칙으로 하는 헌법체제하에서는 직접민주제는 예외이므로 이를 인정하기 위해서는 헌법에 근거를 두어야 하기 때문이다.

3) '중요정책'

헌법 제72조는 외교·국방·통일 기타 국가안위에 관한 단순한 정책이 아니라 '중요'정책을 국민투표로 부칠 수 있게 하고 있다.

4) 재신임이 국민투표사유인지 여부

이 문제는 앞에서 유형에서 본대로 Referendum과 Plebiszit의 문제이기도 하다. 우리 헌법재판소는 처음에는 헌법소원대상이 아니라고 하여 본안판단에 들어가지 않았다가[아래의 (가)의 가) 판례] 그 뒤 대통령에 대한 탄핵심판에서 "국민투표는 직접민주주의를 실현하기 위한 수단으로서 '사안에 대한 결정' 즉, 특정한 국가정책이나 법안을 그 대상으로 한다. 따라서 국민투표의 본질상 '대표자에 대한 신임'은 국민투표의 대상이 될 수 없으며, 우리 헌법에서 대표자의 선출과 그에 대한 신임은 단지 선거의 형태로써 이루어져야 한다."라고 하여 명백히 재신임을 묻는 것은 국민투표사유가 아님을 분명히 밝혔고 이를 대통령이 위반하였음을 인정하였다[아래의 (가)의 나) 판례].

(가) 헌법재판소판례

가) 각하결정

판례 헌재 2003.11.27. 2003헌마694등, 대통령신임투표를 국민투표에 붙이는 행위 위헌확인. [결정요지] * 자세한 것은 위의 신임연계형 국민투표의 부분 참조.

나) 부정적 판례(위헌성 인정의 판례)

재신임여부를 묻는 것은 헌법 제72조의 국민투표사유가 아니라고 명백히 밝힌 판례는 위 판례 뒤에 나온 대통령에 대한 탄핵심판결정에서였다. 헌법소원에서는 헌법소원의 대상이 되는 '공권력행사'가 있었는지 여부가 우선 청구요건의 적법성을 따지기 위한 1차적 핵심문제이므로 각하결정으로 간 것으로 보이고 탄핵심판에서는 탄핵사유에 해당되는지가 논점을 이루었으므로 결국 본안판단에 들어가게 된 것이라고 볼 것이다.

판례 헌재 2004.5.14. 2004헌나1, 대통령(노무현) 탄핵, 판례집 16-1, 647-649면

[관련판시요약] (가) … (나) 헌법 제72조는 "대통령은 필요하다고 인정할 때에는 외교·국방·통일 기타 국가안위에 관한 중요정책을 국민투표에 붙일 수 있다."고 규정하여 대통령에게 국민투표 부의권을 부여하고 있다. 헌법 제72조는 대통령에게 국민투표의 실시 여부, 시기, 구체적 부의사항, 설문내용 등을 결정할 수 있는 임의적인 국민투표발의권을 독점적으로 부여함으로써, 대통령이 단순히 특정 정책에

대한 국민의 의사를 확인하는 것을 넘어서 자신의 정책에 대한 추가적인 정당성을 확보하거나 정치적 입지를 강화하는 등, 국민투표를 정치적 무기화하고 정치적으로 남용할 수 있는 위험성을 안고 있다. 이러한 점을 고려할 때, 대통령의 부의권을 부여하는 헌법 제72조는 가능하면 대통령에 의한 국민투표의 정치적 남용을 방지할 수 있도록 엄격하고 축소적으로 해석되어야 한다. (다) 이러한 관점에서 볼 때, 헌법 제72조의 국민투표의 대상인 '중요정책'에는 대통령에 대한 '국민의 신임'이 포함되지 않는다. 선거는 '인물에 대한 결정' 즉, 대의제를 가능하게 하기 위한 전제조건으로서 국민의 대표자에 관한 결정이며, 이에 대하여 국민투표는 직접민주주의를 실현하기 위한 수단으로서 '사안에 대한 결정' 즉, 특정한 국가정책이나 법안을 그 대상으로 한다. 따라서 국민투표의 본질상 '대표자에 대한 신임'은 국민투표의 대상이 될 수 없으며, 우리 헌법에서 대표자의 선출과 그에 대한 신임은 단지 선거의 형태로써 이루어져야 한다. 대통령이 이미 지난 선거를 통하여 획득한 자신에 대한 신임을 국민투표의 형식으로 재확인하고자 하는 것은, 헌법 제72조의 국민투표제를 헌법이 허용하지 않는 방법으로 위헌적으로 사용하는 것이다. 대통령은 헌법상 국민에게 자신에 대한 신임을 국민투표의 형식으로 물을 수 없을 뿐만 아니라, 특정 정책을 국민투표에 붙이면서 이에 자신의 신임을 결부시키는 대통령의 행위도 위헌적인 행위로서 헌법적으로 허용되지 않는다. 물론, 대통령이 특정 정책을 국민투표에 붙인 결과 그 정책의 실시가 국민의 동의를 얻지 못한 경우, 이를 자신에 대한 불신임으로 간주하여 스스로 물러나는 것은 어쩔 수 없는 일이나, 정책을 국민투표에 붙이면서 "이를 신임투표로 간주하고자 한다."는 선언은 국민의 결정행위에 부당한 압력을 가하고 국민투표를 통하여 간접적으로 자신에 대한 신임을 묻는 행위로서, 대통령의 헌법상 권한을 넘어서는 것이다. 헌법은 대통령에게 국민투표를 통하여 직접적이든 간접적이든 자신의 신임여부를 확인할 수 있는 권한을 부여하지 않는다. (라) 뿐만 아니라, 헌법은 명시적으로 규정된 국민투표 외에 다른 형태의 재신임 국민투표를 허용하지 않는다. 이는 주권자인 국민이 원하거나 또는 국민의 이름으로 실시하더라도 마찬가지이다. 국민은 선거와 국민투표를 통하여 국가권력을 직접 행사하게 되며, 국민투표는 국민에 의한 국가권력의 행사방법의 하나로서 명시적인 헌법적 근거를 필요로 한다. 따라서 국민투표의 가능성은 국민주권주의나 민주주의원칙과 같은 일반적인 헌법원칙에 근거하여 인정될 수 없으며, 헌법에 명문으로 규정되지 않는 한 허용되지 않는다. (마) 결론적으로, 대통령이 자신에 대한 재신임을 국민투표의 형태로 묻고자 하는 것은 헌법 제72조에 의하여 부여받은 국민투표부의권을 위헌적으로 행사하는 경우에 해당하는 것으로, 국민투표제도를 자신의 정치적 입지를 강화하기 위한 정치적 도구로 남용해서는 안 된다는 헌법적 의무를 위반한 것이다. 물론, 대통령이 위헌적인 재신임 국민투표를 단지 제안만 하였을 뿐 강행하지는 않았으나, 헌법상 허용되지 않는 재신임 국민투표를 국민들에게 제안한 것은 그 자체로서 헌법 제72조에 반하는 것으로 헌법을 실현하고 수호해야 할 대통령의 의무를 위반한 것이다.

(나) 분석 및 평가

다음과 같은 이유들로 부정설이 타당하다.

① 국민투표제는 인민주권론을 취하는 헌법에서는 원칙적으로 허용되지만 우리 현행 헌법은 인민주권론을 취하지 않는 것은 물론이고 의사결정에 관한 한 국민전체가 주권자라는 우리와 같은 입장에 서더라도 국민투표는 예외적 제도가 되고 따라서 사유도 헌법 자체에 규정된 것에 한정되어야 한다. 다시 말하면 우리 헌법은 간접민주정치가 원칙이므로 인민주권론에 입각한 직접민주제는 헌법이 명시적으로 인정하는 예외적인 경우에만 이를 인정할 수 있다. 따라서 헌법에 규정되어 있지 않은 신임투표를 국민투표사유로 볼 수는 없다. ② 헌법 제72조의 국민투표는 그 실시여부에 대해 대통령에게 재량을 인정하고 있는 것이 학설과 판례의 해

석이다. 그러나 실시여부에 대한 재량이지 그 재량이 결코 실시사유의 존재 여부(실제로 "외교·국방·통일 기타 국가안위에 관한 중요정책"인지 여부) 자체에 대한 재량적 판단을 의미하지는 않는다. 더구나 재량에도 한계가 있는 것이 법의 일반원칙이므로 실시여부에 대한 재량을 가졌다고 하여 실시사유 자체에 대한 판단의 재량을 인정한다면 이는 재량한계를 일탈하는 것이 된다.

5) 헌법개정의 가능 여부

헌법 제130조가 아닌 제72조의 국민투표에 의해 헌법개정이 가능할 것인가 하는 문제도 논의되고 있으나 논의가치가 없으며 부정하여야 한다.

(5) 임의성 - 부의의 재량성 문제

헌법 제72조는 "대통령은 필요하다고 인정할 때에는 … 국민투표에 붙일 수 있다"라고 규정하고 있는데 대통령은 부의에 재량을 가지는지가 논의된다. 헌재는 헌법 제72조가 대통령에게 국민투표의 실시 여부, 시기, 구체적 부의사항, 설문내용 등을 결정할 수 있는 임의적인 국민투표발의권을 독점적으로 부여하였다고 본다.

1) 헌재 판례

① 재신임투표 활용을 부정한 결정례 - 탄핵심판결정 처음 이 법리를 헌재가 표명한 판례가 탄핵심판사건에서 재신임을 헌법 제72조에 따라 묻는 것에 대한 부정적 입장을 취하면서이다. 이 결정에서 오히려 이러한 임의적인 국민투표발의권이 헌법 제72조의 국민투표제도를 재신임투표제로 활용될 수 없다고 보는 것이다. 임의적 국민투표발의권을 독점적으로 부여하는 것이 정치적으로 남용할 수 있는 위험성을 안고 있다고 보기 때문이다.

판례 헌재 2004.5.14. 2004헌나1

[판시] … (나)헌법 제72조는 "대통령은 필요하다고 인정할 때에는 외교·국방·통일 기타 국가안위에 관한 중요정책을 국민투표에 붙일 수 있다."고 규정하여 대통령에게 국민투표 부의권을 부여하고 있다. 헌법 제72조는 대통령에게 국민투표의 실시 여부, 시기, 구체적 부의사항, 설문내용 등을 결정할 수 있는 임의적인 국민투표발의권을 독점적으로 부여함으로써, 대통령이 단순히 특정 정책에 대한 국민의 의사를 확인하는 것을 넘어서 자신의 정책에 대한 추가적인 정당성을 확보하거나 정치적 입지를 강화하는 등, 국민투표를 정치적 무기화하고 정치적으로 남용할 수 있는 위험성을 안고 있다. 이러한 점을 고려할 때, 대통령의 부의권을 부여하는 헌법 제72조는 가능하면 대통령에 의한 국민투표의 정치적 남용을 방지할 수 있도록 엄격하고 축소적으로 해석되어야 한다. (다)이러한 관점에서 볼 때, 헌법 제72조의 국민투표의 대상인 '중요정책'에는 대통령에 대한 '국민의 신임'이 포함되지 않는다. … * 이하 판시는 위 재신임 사유 여부 부분 참조.

② 행정중심복합도시특별법 헌재는 위에서도 본 신행정수도 특별조치법에 대한 위헌결정(헌재 2004.10.21. 2004헌마554등) 이후 후속대책으로 나온 '연기·공주지역 행정중심복합도시 건설을 위한 특별법'(2005.3.18. 법률 제7391호, 이하 '이 사건 법률'. 2005.7.21. 법률 제7604호로 일부 개정되었으나 2006.1.22. 시행)에 의하여 연기·공주지역에 건설되는 행정중심복합도시의 건설에 있어서 이

사건 법률이 헌법 제72조의 국민투표권을 침해하였다는 주장에 대해 위와 같은 탄핵심판결정에서의 임의성 법리를 그대로 다시 인정하면서 부정하였다. 대통령이 이를 국민투표에 부의하지 않는 한 국민의 국민투표권 침해 가능성이 없다고 보는 것이다.

판례 헌재 2005.11.24. 2005헌마579등, 신행정수도 후속대책을 위한 연기·공주지역 행정중심복합도시 건설을 위한 특별법 위헌확인

[청구인주장] 이 사건 법률에 의하여 수도를 분할하는 문제는 위헌결정을 한 신행정수도법의 수도이전과 마찬가지로 다른 어떤 것과도 비교할 수 없을 정도의 국가안위와 국민 생활의 전 영역에 걸쳐 직·간접으로 영향을 미치는 중요한 것으로서 헌법 제72조의 '국가안위에 관한 중요정책'에 해당함이 분명하므로 대통령은 국민투표에 부의하여야 함에도 불구하고 이를 거치지 않았으므로 이 사건 법률로 말미암아 국민은 국민투표권이 침해되었다. [판시] 헌법 제72조는 "대통령은 필요하다고 인정할 때에는 외교·국방·통일 기타 국가안위에 관한 중요정책을 국민투표에 붙일 수 있다."고 규정하여 국민투표에 부쳐질 중요정책인지 여부를 대통령이 재량에 의하여 결정하도록 명문으로 규정하고 있다. 특히 우리 헌법은 국민에 의하여 직접 선출된 국민의 대표자가 국민을 대신하여 국가의사를 결정하는 대의민주주의를 기본으로 하고 있어, 중요 정책에 관한 사항이라 하더라도 반드시 국민의 직접적인 의사를 확인하여 결정해야 한다고 보는 것은 전체적인 헌법체계와 조화를 이룰 수 없다. 헌법재판소 역시 헌법 제72조가 대통령에게 국민투표의 실시 여부, 시기, 구체적 부의사항, 설문내용 등을 결정할 수 있는 임의적인 국민투표발의권을 독점적으로 부여하였다고 하여 이를 확인하고 있다(헌재 2004.5.14. 2004헌나1, 판례집 16-1, 609, 649). 따라서 특정의 국가정책에 대하여 다수의 국민들이 국민투표를 원하고 있음에도 불구하고 대통령이 이러한 희망과는 달리 국민투표에 회부하지 아니한다고 하여도 이를 헌법에 위반된다고 할 수 없고, 국민에게 특정의 국가정책에 관하여 국민투표에 회부할 것을 요구할 권리가 인정된다고 할 수도 없다. 이 사건 법률이 신행정수도법 위헌결정의 후속법률로서 그 대체입법성 여부를 놓고 적지않게 논란이 빚어지고 있는 만큼 대통령이 전체 국민의 의사를 물음으로써 이를 종식시키는 것이 국론통합의 측면에서 보다 바람직스럽지 않느냐 하는 것은 이와는 별개의 문제이다. 결국 헌법 제72조의 국민투표권은 대통령이 어떠한 정책을 국민투표에 부의한 경우에 비로소 행사가 가능한 기본권이라 할 수 있다. (2) 따라서 이 사건 법률이 설사 수도를 분할하는 국가정책을 집행하는 내용을 가지고 있고 대통령이 이를 추진하고 집행하기 이전에 그에 관한 국민투표를 실시하지 아니하였다고 하더라도 국민투표권이 행사될 수 있는 계기인 대통령의 중요정책 국민투표 부의가 행해지지 않은 이상 청구인들의 국민투표권이 행사될 수 있을 정도로 구체화되었다고 할 수 없으므로 그 침해의 가능성은 인정되지 않는다.

③ **조약에 의한 정책 국민투표권 침해가능성 부정** 헌법 제72조의 국민투표의 임의성에 관한 또 다른 사안으로 조약에 관한 다음과 같은 결정례도 있었다. 즉 '대한민국과 미합중국 간의 자유무역협정'(2012.3.12. 조약 제2081호, 이하 '한미무역협정')이 대한민국의 입법권의 범위, 사법권의 주체와 범위를 변경하고, 헌법상 경제조항(제119조 및 제123조)에 변경을 가져오는 등 실질적으로 헌법 개정에 해당함에도, 국민투표 절차를 거치지 않은 것은 대한민국 국민인 청구인의 국민투표권을 침해하고 평등권 등도 침해한다는 주장의 헌법소원심판사건에 대한 아래의 각하결정이 있었다.

판례 헌재 2013.11.28. 2012헌마166
[판시] (가) 우리 헌법은 국민에 의하여 직접 선출된 국민의 대표자가 국민을 대신하여 국가의사를 결정하는 대의민주주의를 기본으로 하고 있어, 중요 정책에 관한 사항이라 하더라도 반드시 국민의 직접적인 의사를 확인하여 결정해야 한다고 보는 것은 전체적인 헌법체계와 조화를 이룰 수 없다. 헌법 제72조는 대통령에게 국민투표의 실시 여부, 시기, 구체적 부의사항, 설문내용 등을 결정할 수 있는 임의적인 국민투표발의권을 독점적으로 부여한 것이다(헌재 2004.5.14. 2004헌나1, 판례집 16-1, 609, 649 참조). 따라서 결국 헌법 제72조의 국민투표권은 대통령이 어떠한 정책을 국민투표에 부의한 경우에 비로소 행사가 가능한 기본권이라 할 수 있다(헌재 2005.11.24. 2005헌마579등, 판례집 17-2, 481, 519 참조). (나) 대통령이 한미무역협정을 체결하기 이전에 그에 관한 국민투표를 실시하지 아니하였다고 하더라도 국민투표권이 행사될 수 있는 계기인 대통령의 중요정책 국민투표 부의가 행해지지 않은 이상 청구인의 국민투표권이 행사될 수 있을 정도로 구체화되었다고 할 수 없으므로 그 침해의 가능성은 인정되지 않는다.

2) 임의성의 논거 - 헌재의 입장

헌재는 아래 판시를 보면 임의성의 논거로 우리 헌법은 대의민주주의를 기본으로 하고 있어, 중요 정책에 관한 사항이라 하더라도 모두 국민투표에 부쳐야 할 것은 아니라고 보는 것으로 이해된다.

판례 헌재 2013.11.28. 2012헌마166
* 이 결정은 바로 위에서 살펴보기도 하였다. [판시] (가) 우리 헌법은 국민에 의하여 직접 선출된 국민의 대표자가 국민을 대신하여 국가의사를 결정하는 대의민주주의를 기본으로 하고 있어, 중요 정책에 관한 사항이라 하더라도 반드시 국민의 직접적인 의사를 확인하여 결정해야 한다고 보는 것은 전체적인 헌법체계와 조화를 이룰 수 없다. 헌법 제72조는 대통령에게 국민투표의 실시 여부, 시기, 구체적 부의사항, 설문내용 등을 결정할 수 있는 임의적인 국민투표발의권을 독점적으로 부여한 것이다. * 이전의 동지 결정 : 헌재 2005.11.24. 2005헌마579등.

3) 검토

부의 여부에 대해서 재량성이 인정된다고 보더라도 대통령이 부의를 한 이상 그 부의를 하면서 내세운 국민투표실시사유가 실제로 존재하여야 한다는 점 등에서는 재량에도 한계가 있다고 볼 것이다. 예를 들어 주변 국가들 정세가 우리의 국가안위에 영향을 심히 미칠 수 있어서 그 정세에 대비한 정책을 국민투표에 부의한다고 가정하면 그 주변 국가들 정세가 실제로 그렇게 존재하는지 여부, 그것이 심히 중대한 영향을 국가안위에 미치는 것이 사실인지 여부 등에 대해서는 통제가 가해질 수 있다고 볼 것이다.

(6) 국민투표의 절차

대통령의 국민투표안은 국무회의의 심의를 거쳐 국무총리와 관계국무위원의 부서가 있어야 한다(제89조 3호). 국민투표의 절차와 실시에 관한 자세한 사항들은 국민투표법에 규정되어 있다. 대통령은 늦어도 국민투표일 전 18일까지 국민투표일과 국민투표안을 동시에 공고하여야 한다(국민투표법 제49조). 중앙선거관리위원회는 개표결과의 총집계가 끝난 후 즉시 그 결과를 공표하고 이를 대통령과 국회의장에게 통보하여야 한다(동법 제89조). 대통령이 국민투표의 결과를 통보받은 때에는 즉시 이를 공포하여야 한다(동법 제91조). 국민투표의 효력에 관하여 이의가 있는 투표인은 투표인 10만인 이상의 찬성을 얻어 중앙선거관리위원회위원장을 피고로 하여 투표일로부터 20일 이내에 대법원에 제소할 수 있다(동법 제92조).

(7) 국민투표결과의 효력

학설은 구속설과 임의설이 대립된다. 헌법재판소의 결정 중에는 "헌법 제72조가 규정하는 국민투표는 단순히 국민의 의견을 참조하기 위하여 묻는 '국민질의'가 아니라 찬반의 결과에 따라 확정적 효력을 가지는 '국민투표'"라고 보는 소수의견이 나왔던 결정이 있었다(헌재 2003.11.27. 2003헌마694, 판례집 15-2, 362면).

(8) 한계

i) 먼저 직접민주제는 간접민주제를 원칙으로 하는 정치형태에서는 예외적인 것이므로 헌법에 규정된 사유에 한하여야 국민투표가 실시될 수 있다. ii) 이 점에서도 국민투표를 신임투표(Plebiszit, 즉 신임투표란 집권자가 자신의 신임을 국민으로부터 직접 묻기 위해 실시하는 국민투표를 말한다)로 활용될 수 없고 또 신임투표는 집권자의 권력합리화를 위해 악용된다는 점 등에서도 인정할 수 없다. 우리 헌법상으로도 신임투표 자체 및 정책채택을 위한 국민투표를 실시하면서 정권의 신임을 연계하는 것도 허용이 안 된다. 역사적으로 신임투표는 집권자의 권력의 정당화를 위하여 악용된 경우가 많았다. 우리 헌정사에서도 헌법개정을 연계한 신임투표가 사실상 있었다. 3선개헌(1969년)과 유신헌법(1972년)을 위한 국민투표가 그 예이다. 국민투표입법(국민투표로 법률을 제정·개정하는 것)이나 헌법개정을 담은 국민투표도 안 된다(국회의결된 헌법개정안에 대한 국민투표가 아니라 바로 국민투표에 헌법개정안을 부치는 것이 안 된다는 것). iii) 직접민주정치의 한계도 오늘날 노정되고 있다. 정책결정으로서의 국민표결도 일도양단적(一刀兩斷的)인 표결가능성이 있어서 다양한 국민의 의사가 반영되기 힘들고 국민들이 국민투표사안에 대한 충분한 지식과 검토를 거쳐 판단력이 있을 것을 전제로 하는데 이러한 전제가 자리잡지 못하고 선정(populism)적 내지 여론조작적인 분위기에 끌려갈 수 있다. 결국 이러한 한계를 잘 극복하여 어디까지나 본래의 국정운영이 아닌 대표제정치를 보완하는 선에서 받아들여진 직접민주제로서의 국민투표가 제기능을 발휘하도록 하는 것이 필요하다.

(9) 국민투표부의권에 대한 통제

1) 탄핵소추 및 탄핵심판에 의한 통제

대통령이 자신의 재신임을 묻기 위하여 헌법 제72조의 국민투표를 실시하는 것은 헌법에 위반된다고 헌재가 보면서도 그렇다고 하여 실시의 제안이 파면(탄핵)을 할 사유가 되지 않는다고 보았다. 탄핵결정(파면결정)의 사유로 우리 헌법재판소는 대통령에 대해서는 다른 공무원에 비해 법위반의 더 큰 중대성을 요구하고 있다. 즉 대통령에 대한 파면효과는, 국민이 선거를 통하여 대통령에게 부여한 '민주적 정당성'을 임기 중 다시 박탈하는 효과를 가지며, 직무수행의 단절로 인한 국가적 손실과 국정 공백 등 중대하므로 국민의 선거에 의하여 부여받은 '직접적 민주적 정당성' 및 '직무수행의 계속성에 관한 공익'의 관점이 파면결정을 함에 있어서 중요한 요소로서 고려되어야 하며, 파면결정을 정당화하는 사유도 이에 상응하는 중대성을 가져야 한다고 보아 대통령에 대한 파면기준으로 ① 법위반행위가 헌법수호의 관점에서 중대한 의미를 가지는지, ② 법위반행위를 통하여 국민의 신임을 저버린 경우인지를 두고 판단하고 있다(헌재 2004.5.14. 2004헌나1, 판례집 16－1, 653－655면). 그런데 "대통령이 단지 위헌적인 재신임 국민투표의 제안만을 하였을 뿐, 이를 강행하려는 시도를 하지 않았고, 한편으로는 헌법 제72조의 '국가안위에 관한 중요정책'에 재신임의 문제가 포함되는지 등 그 해석과 관련하여 학계에서도 논란이 있다는 점을 감안한다면, 민주주의원리를 구성하는 헌법상 기본원칙에 대한 적극적인 위반행위라 할 수 없고, 이에 따라 헌법질서에 미치는 부정적인 영향이 중대하다고 볼 수 없다"라고 하여 파면사유가 아니라고 보았다(헌재 2004.5.14. 2004헌나1, 판례집 16－1, 656－657면).

2) 헌법소원심판에 의한 통제

이 문제에 대해서는 두 가지의 경우, 즉 ① 부의할 수 없는 사유로 국민투표를 실시하였거나 국민투표실시 결과 부결된 내용의 정책을 강행할 경우와 ② 정당한 사유로 국민투표가 실시되고 그 국민투표에서 부의된 정책이 가결된 경우로 나누어 살펴보아야 한다. ①의 경우에는 위에서 본 헌법재판에 의한 통제가 가능할 것이다. ②의 경우에는 가결된 정책에 대해 그 내용이 헌법에 위반된다고 판단하기에는 국민의 직접적 판단과 선택이었기에 국민주권주의의 원리상 헌법재판으로써는 어렵다는 한계가 있을 수 있다.

3) 위헌법률심판에 의한 통제

위헌법률심판은 국민투표입법이 부정되므로 가능성이 없다. 그러나 국민투표를 통과된 법률이 구체적 소송에서 문제될 경우에 그 절차상의 문제를 이유로 위헌제청을 거쳐 위헌심판대상이 되고 헌법재판소에 의한 통제를 받을 수 있다.

4) 권한쟁의심판에 의한 통제

권한쟁의심판은 국민투표에서 가결된 정책이 구속력이 있고 그로써 어느 국가기관이나 지방자치단체가 그의 권한을 침해당한 경우에 제기가 가능할 것이다. 한편 국민투표를 통하여 법률안을 통과시킨 경우에 국회의원들에 의한 권한쟁의심판청구가 가능하다. 국민대표주의가 원칙이고 국민투표사유가 한정되고 있는 현행 헌법하에서 국회가 가지는 입법권을 대통령이 행사하여 국회의원들의 법률안심의, 표결권을 침해하였다고 하여 청구할 수 있다. 그런데 입법권은 헌법 제40조에 따라 국회 자체에 속하므로 국회의원들의 청구는 제3자 소송의 청구라는 이유로 각하할 가능성이 현재의 판례로서는 있다.

5) 정당해산심판에 의한 통제

민주적 기본질서를 위배하는 위헌적인 법률을 국민투표로 추진한 정당에 대한 위헌정당 해산심판에 의한 통제를 생각할 수 있다.

3. 헌법개정을 위한 국민투표 부의권

이 국민투표는 의무적이다. 헌법관습의 폐지를 위한 헌법개정에도 국민투표로 최종확정된다는 것이 헌법재판소의 판례이다(전술 참조).

Ⅵ. 헌법기관구성에 관한 권한

1. 내용

대통령은 헌법에서 설정하고 있는 주요 국가기관의 구성을 주도하거나 관여한다. 첫째, 사법부의 최고기관인 대법원의 구성에 관여한다. 즉, 대통령은 대법원장을 국회의 동의를 얻어 임명하고, 대법관을 대법원장의 제청으로 국회의 동의를 얻어 임명한다(제104조 1항 · 2항). 둘째, 헌법재판소를 구성하는데 관여하는바 대통령은 헌법재판소의 9인의 재판관을 임명한다(제111조 2항). 9인의 재판관 중 3인은 국회에서 선출하고 3인은 대법원장이 지명하나(제111조 3항), 그들 6인의 재판관에 대해서도 임명도 어디까지나 대통령이 임명하도록 하여 결국 9인의 재판관 전원에 대해 대통령이 임명권을 가진다. 헌법재판소장도 국회의 동의를 얻어 재판관 중에서 대통령이 임명한다(제111조 4항). 셋째, 대통령은 중앙선거관리위원회의 9인의 위원 중 3인을 임명한다(제114조 2항). 국회에서 선출하는 3인의 위원과 대법원장이 지명하는 3인의 위원은 선출과 지명으로 위원이 되며 대통령의 임명대상이 아니다. 위원장도 위원중에서 호선하므로 대통령의 임명대상자가 아니다. 넷째, 행정부를 구성하는데, 대통령은 국무총리를 국회의 동의를 얻어 임명하고, 국무총리의 제청으로 국무위원을 임명하며, 국무위원 중에서 국무총리의 제청으로 행정각부의 장을 임명한다(제86조 1항, 제87조 1항, 제94조). 다섯째, 대통령은 감사원장을 국회의 동의를 얻어 임명하고, 원장의 제청으로 감사위원을 임명한다(제98조 2항 · 3항).

대통령의 헌법재판관 3인, 중앙선거관리위원 3인의 임명권이 대통령의 재량적 권한이라는 견해가 있다. 그 견해는 이들 임명에 관한 사항은 헌법상 국무회의의 필수적 심의사항도 아니기 때문에 그러하다고 본다. 그러나 이들에 대한 대통령의 임명행위도 그것이 국법상 행위이므로 국법상 행위는 문서로써 하며 이 문서에는 국무총리와 관계 국무위원이 부서하는데(제82조) 이러한 통제가 있으므로 헌법재판관등의 대통령의 선임권을 전적인 재량이라고 보는 것은 타당하지 못하다.

2. 통제

대통령의 헌법기관 임명권은 국회의 동의(헌법재판소장, 대법원장, 대법관, 국무총리, 감사원장의 경우), 대법원장의 제청(대법관의 경우), 국무총리의 제청(국무위원의 경우), 국무총리와 관계 국무위원의 부서 등을 받도록 하고 있다. 그 임명에 국회의 동의를 요하는 대법원장·헌법재판소장·국무총리·감사원장 및 대법관에 대한 임명동의안을 심사하기 위하여 인사청문회를 거쳐야 한다(국회법 제46조의3 1항, 인사청문회법 제2조 1호). 국회의 동의대상이 아닌 헌법재판관, 국무위원, 국세청장 등의 경우에도 대통령의 임명과정에 있어서 국회청문을 받도록 하고 있다(앞의 국회 부분 참조).

Ⅶ. 국회에 대한 권한(對 國會의 權限)

1. 국회출석·발언·서한의견권

대통령은 국회에 출석하여 발언하거나 서한으로 의견을 표시할 수 있다(제81조). 대통령이 자신의 국정방향에 대해 국회를 설득하고 협조를 구하기 위하여 국회에 출석하여 발언하고 서면으로서 의견을 제시할 수 있다. 이는 대통령의 권한이지 의무는 아니므로 국회가 대통령의 출석, 발언을 강제할 수는 없다. 다만, 국회가 대통령의 출석을 희망하는 의사표시를 할 수는 있다. 출석여부는 물론 대통령의 결정에 맡겨야 한다. 출석·발언·서한표시를 어떠한 사유로 어떨 때 할 수 있는지 하는 등의 제한이 없고 발언·서한의 내용에도 제한이 없다. 그렇다고 대통령이 현안이 있을 때마다 출석, 발언할 수는 현실적으로 없고 연초에 자신의 국정방향을 역설하기 위해서나 중요 정책을 뒷받침할 법률안이나 예산안의 통과를 요청하기 위하여, 정치적으로 중요한 쟁점을 결정하거나 그 결정에 있어서 국민대표자인 국회의 동의를 얻고자 하여 출석, 발언할 수 있다.

2. 임시회 집회요구권

대통령은 국회의 임시회의 집회를 요구할 수 있다. 대통령이 임시회의 집회를 요구할 때에는 기간과 집회요구의 이유를 명시하여야 한다(제47조 1항·3항). 대통령이 국회의 임시회 집회를 요구하기 위해서는 요구에 관하여 국무회의의 심의를 거쳐야 한다(제89조 7호).

Ⅷ. 입법에 관한 권한

1. 개관

대통령의 입법에 관한 권한으로는 실질적 의미의 입법에 따라 여러 가지 권한이 있다. ①

헌법개정제안권 – 대통령은 헌법개정발의권을 가진다(제128조 2항). ② 법률성립에 관한 권한 – 법률의 성립(법률의 제정·개정)에 있어서 대통령의 권한으로서 법률안제출권, 법률안재의요구권, 법률공포권 등을 가진다. 법률에 대한 권한은 위 국회에 대한 권한에 포함하여 다루어도 될 권한이다. ③ 행정입법권 – 정부에서 담당하는 행정입법에 관한 권한으로서 대통령령을 발할 수 있는 권한인 행정입법권을 가진다. ④ 긴급명령·긴급재정경제명령발령권 – 긴급명령 등도 실질적 입법으로서 대통령은 국가긴급권으로서 이러한 권한을 가진다 ⑤ 조약 체결·비준권 – 국제적인 입법으로서 대통령은 조약의 체결·비준권을 가진다. ①의 권한은 이미 살펴보았고, ⑤의 권한도 앞의 국가대표·외교에 관한 권한으로 살펴보았으며 이하에서는 ①과 ③의 권한에 대해 살펴본다. ④의 권한은 뒤의 국가긴급권에서 살펴보게 된다.

2. 법률안제출권

(1) 대통령권한으로서의 의미와 행사절차

헌법 제52조는 법률안을 제출할 수 있는 권한의 주체로서 국회의원 외에 '정부'라고 규정하고 있다. 따라서 법률안제출권은 대통령 단독의 권한이 아니라 정부 전체의 권한이고(그 점에서 이 권한은 의원내각제적 요소로서 강한 요소이다 – 전술 정부형태론 참조) 대통령은 대 국회적인 관계에서 집행부의 수반으로서 대표하여 법률안을 제출한다. 정부의 법률안제출은 국무회의의 심의를 거쳐(제89조 3호) 국무총리와 관계 국무위원이 부서하여 행한다.

(2) 성격

헌재판례에 따르면 대통령의 법률안제출행위는 국가기관 내부의 행위로서 국민에 대하여 직접적인 법률효과를 발생시키는 행위가 아니고 따라서 헌법소원심판의 대상인 공권력행사가 아니라고 한다. 사안은 지방자치 초기에 지방자치단체장 선거를 연기하는 내용의 '지방자치법중개정법률안'을 의결하여 대통령이 국회에 제출한 행위가 참정권 등 기본권을 침해한다고 하여 청구된 헌법소원심판사건이었다. 아래에 그 판시부분을 인용한다.

판례 헌재 1994.8.31. 92헌마174. 각하결정

[판시] 공권력의 행사에 대하여 헌법소원심판을 청구하기 위하여는, 공권력의 주체에 의한 권력의 발동으로서 국민의 권리의무에 대하여 직접적인 법률효과를 발생시키는 행위가 있어야 한다. 이 사건에서 심판의 대상이 되는 공권력의 행사는 피청구인이 국무회의 의장의 자격으로 지방자치법중개정법률안을 국무회의에 상정하여 심의 의결하고, 대통령의 자격으로 이를 재가한 다음, 정부의 이름으로 이를 국회에 제출하였다고 하는 법률안 제출행위이다. 헌법 제89조 제3호의 규정에 의하면 법률안의 심의는 국무회의의 권한이고, 헌법 제52조의 규정에 의하면 정부는 법률안을 제출할 수 있다. 그러므로 이 사건 작위 부분은 헌법이 인정한 정부의 법률안제출권을 행사한 것으로서 그 성격 자체는 공권력성을 갖추었다고 볼 수 있다. 그러나 그와 같이 제출된 법률안이 법률로써 확정되기 위하여서는 국회의 의결과 대통령의 공포절차를 거쳐야 하므로, 그러한 법률안의 제출은 국가기관간의 내부적 행위에 불과하고 국민에 대하여 직접적인 법률효과를 발생시키는 행위가 아니다. 그렇다면 피청구인의 이 사건 작위 부분에

관한 행위는 헌법재판소법 제68조에서 말하는 "공권력의 행사"에 해당하지 아니하므로, 청구인들의 이 사건 작위 부분에 대한 심판청구는 부적법하다.

3. 법률안재의요구권(법률안거부권)

* 용어문제 : 흔히 법률안거부권이라고 표현하나 우리 헌법의 용어는 법률안에 대한 '재의' 요구이다. 재의를 요구하여 자동적으로 대통령의 의사대로 거부되는 것이 아니다. 물론 3분의 2라는 가중된 재의결(표결)정족수로 인해 재의결이 쉽지 않긴 하나 다시 심의, 표결을 요구하는 권한이고 재의요구 자체로 자동폐기가 되는 것도 아니어서 거부란 말이 충분히 적절한지에 대해 검토될 필요가 있다. 그러한 점에서 용어부터 거부권이라는 용어보다는 가능한 한 우리 헌법의 명시적 용어이기도 한 재의요구라는 용어를 사용하는 것이 바람직할 것이다. 그러나 재의요구권을 거부권으로 불러온 그동안의 관행에 따라 법률안거부란 우리헌법에서의 재의요구와 같은 말로 이해할 일이다. 본서에서도 그러하다.

(1) 의의, 성격, 연혁

국회가 의결한 법률안에 대통령이 이의가 있다고 판단할 때 그 법률안을 국회로 환부하여 국회로 하여금 재의를 해줄 것을 요구할 수 있는 권한을 말한다(제53조 2항). 그 성격에 대해 정지조건적 효력을 가지는 권한이라는 설, 해제조건적 효력의 권한이라는 설, 헌법 내지 공법에 특유한 법제도라는 설 등이 있다. 정지조건이란 효력의 발생을 장래의 불확실한 사실에 매이게 하는 것이고 해제조건이란 효력의 소멸을 장래의 불확실한 사실에 매이게 하는 것을 말한다. 우리 헌법 제53조 제4항은 대통령의 재의의 요구에 대해 국회가 전과 같은 재의결을 하면 그 법률안은 법률로서 확정된다고 규정하고 있는데 이는 대통령의 재의요구가 법률의 확정을 중지하는 효과를 가짐을 의미한다. 법률의 확정이 재의요구에 매이는 것이 아니라 재의요구 이후 국회가 재의결하느냐 아니냐에 법률의 확정이 매여있는 것이므로 재의요구를 법률로서 확정되기 위한 정지조건으로 보거나 반대로 재의요구가 확정된 법률을 불확정상태로 되돌려 놓는 해제조건으로 볼 수는 없고 따라서 위의 정지조건적 효력설과 해제조건적 효력설은 타당하지 못하다. 재의요구 그 자체로 바로 법률이 확정 내지 소멸을 가져오게 하는 것이 아니고 국회에서의 재심의의 결과가 그러한 효과를 가져오는 것이다. 결국 재의요구는 법률의 확정과 공포를 제지하는 효력의 권한으로 볼 것이다. 따라서 재의요구권은 적극적으로 어떠한 효력을 발생하게 하는 권한이 아니라 중지의 권한으로서 소극적 성격의 권한이다. 중지의 성격을 가지는 것이기에 대통령은 국회의 재의결이 있기 전에 이를 철회할 수도 있다고 본다(실제 철회된 예도 있었다). 문제는 철회기간, 철회 이후 확정과 공포에 대한 규정이 현행 헌법에는 없다.

재의요구권의 성격을 보면 국회의 졸속 또는 경솔한 입법에 제동을 걸어 이를 방지하는 의미를 가지며 대통령의 대 국회 견제권임은 물론이다. 미국의 경우 상당히 강력한 대통령의 대국회 견제권으로 평가된다.

우리 헌법은 제헌헌법에서부터 대통령에게 재의요구권을 인정하기 시작하였고 의원내각제를 취한 제2공화국헌법에서는 대통령의 재의요구권은 없어졌다가 제3공화국헌법에 다시 부활되어 현재까지 이어지고 있다.

(2) 유형 – 보류거부의 인정문제

법률안재의요구권의 유형으로는 환부거부와 보류거부가 있다. 환부거부란 대통령이 국회에서 의결된 법률안에 대하여 지정된 기일 안에 국회에 환부하고 재의를 요구하는 것을 말한다. 우리 헌법 제53조 제2항은 환부거부를 인정하고 있다. 보류거부(pocket veto)란 대통령이 국회의 회기가 만료되어 폐회된 경우 그 폐회로 인하여 지정된 기일 안에 환부가 불가능한 때에는 그 법률안이 자동적으로 폐기되는 것을 말한다. 우리 헌법상 보류거부도 인정되는지 문제되는데 우리 헌법 제53조 제2항 후문은 국회의 폐회 중에도 환부거부할 수 있도록 규정하고 있으므로 보류거부는 인정되지 않는다. 일부 학설은 임기만료로 인한 폐기(제51조 단서)를 보류거부로 인정하고 있다. 그러나 이를 보류거부로 볼 수 없다. 무엇보다 헌법 제51조 단서 조항을 법률안거부제도에 적용할 수는 없다. 제51조 본문이 '의결되지 못한 이유로'라고 규정하고 있는데 법률안거부는 국회에서 법률안이 의결된 후 하는 것이기 때문이다. 따라서 대통령의 법률안 거부가 있고 나서 입법기가 종료된 경우에는 의결된 법률안은 폐기되지 않고 다음 입법기에서의 재의대상이라고 볼 것이다.

(3) 환부시기

국회에서 의결된 법률안이 정부에 이송되어 15일 이내에 환부할 수 있다(제53조 1항). 폐회 중에도 환부가 가능하다.

(4) 일부환부, 수정환부의 금지

대통령은 법률안의 일부에 대하여 또는 법률안을 수정하여 재의를 요구할 수 없다(제53조 3항). 제1공화국에서도 재의요구제도가 있었으나 일부환부, 수정환부가 가능한지에 대해 명문의 규정을 헌법에 두고 있지 않아 논란이 되었는데 제2공화국 때에는 의원내각제를 채택하였기에 재의요구제가 폐지되었다가 제3공화국에서 다시 두면서 일부환부, 수정환부를 명시적으로 헌법이 금지하였다. 현재 지방자치의 경우에도 조례안에 대한 일부, 수정이 금지되고 있다. 일부환부가 금지되는 것은 법률의 전반적 체계나 조문 간의 유기적 관련성을 훼손할 수 있다는 우려 때문이고 수정환부는 재의요구권이 적극적 변경이 아니라 소극적인 중지라는 성격을 가지는데 적극적 변경을 가져오는 수정은 이러한 성격에 부합하지 않고 수정으로서 법률안의 원래의 목적대로의 실현의도가 왜곡될 수도 있다는 우려 때문이다.

(5) 재의요구(거부권행사)의 사유

이에 관해서 명시적인 헌법규정이 없으므로 대통령의 전적인 재량에 맡겨진 것으로 보는 견해도 가능하겠으나 다음과 같은 한계가 있다고 볼 것이다. 즉 국민의 기본권침해나 헌법의 기본원칙을 위배하는 등의 헌법위반이 있는 법률안, 실현(집행)불가능한 법률안, 국익에 위배되는 법률안의 경우 등에 재의요구가 가능하다고 볼 것이다. 또한 대통령은 아무런 사유제시 없이 거부할 수는 없다. 사유의 제시 요구 자체도 재의요구권에 대한 견제가 된다. 대통령의 특별사면권을 제한(대통령이 특별사면을 하는 경우 대상자명단 등을 국회에 통보하여 의견을 청취하도록 하는 제한)하는 법률안을 거부할 수 있는가가 논란된 바도 있었다(이에 대해서는 뒤의 대통령의 사면권 부분 참조). 특별사면 대상자의 선정에서의 차별과 같은 평등원칙을 위반하는 경우 등에 제한을 가하고자 하는 법률안은 오히려 헌법의 기본원칙과 평등권이라는 국민의 기본권을 지키고자 하는 것이므로 거부대상이 될 수 없다고 볼 것이다.

(6) 재의요구에 대한 국회의 처리

1) 처리기간 문제

재의요구에 대하여 국회가 처리해야 할 기간에 대해 헌법이나 국회법에 규정이 없다. 국회입법기(의원임기)의 만료로 자동폐기된 예들이 있었다. 제7대, 제13대, 제16대, 제17대 국회에서 있었다(아래의 표 1 참조). 예를 들어 제13대 국회 때에 1989년 3월 9일의 노동쟁의조정법 개정안, 노동조합법 개정안, 국민의료보험법안에 대한 거부가 그 예이었다. 2004년에도 대통령의 사면권제한법률안을 당시 국무총리가 권한대행자로서 재의요구했는데 국회 임기만료로 폐기된 바 있다(이에 대해서는 전술함). 그런데 위에서 언급한 대로 의원의 임기만료의 경우에 재의요구에 대해 헌법 제51조 단서가 적용될 것은 아니라고 했으므로 폐기될 것이 아니라 다음 입법기에서 다루어야 할 것이다.

노동쟁의조정법 개정안	노동위원장	89.3.9	– 헌법취지와 상충 – 국가공무원법과 충돌	임기만료폐기(92.5.29)
노동조합법 개정안	노동위원장	89.3.9		임기만료폐기(92.5.29)
국민의료보험법안	보사위원장	89.3.9	– 형평 원칙 위배	임기만료폐기(92.5.29)
사면법중개정법률안		2004		임기만료폐기

국회에서의 재의결은 법률의 확정을 가져오는데(제53조 4항) 이처럼 국회에서의 재의요구 처리기간, 즉 재의결 시한이 헌법상 정하여져 있지 않아 대통령의 재의요구 이후 국회의 재의결 여부가 장기간 지연될 경우에 법률의 확정이 지연될 수 있어 법적 안정성 등에 바람직하지 않다. 앞으로 헌법개정에서 이에 대한 규정을 마련하는 것이 필요할 것이다. 헌법개정이 없이도 국회법만의 규정으로도 가능할 것이다. 헌법이 '부치고'라고 하여 반드시 재의하라고 규정하고 있고 이를 국회법이라는 법률이 실현하는 것이기 때문이다. 헌법개정을 하면 명료성이 더 있을 것이다.

2) 국회의 재의와 재의결

(가) 재의 - 재의의 의무성 여부

대통령의 재의의 요구가 있을 때에는 국회는 재의에 '붙이고'라고 규정하고 있어서(재의에 '부치고'가 우리 국어문법적으로 맞다고 할 것이다. 붙이고는 벽에 무엇을 부착하는 것을 의미한다) 대통령이 법률안에 대해 거부하여 환부되어 오면 국회는 재의를 할 의무를 진다. 헌법문언도 '부치고'라고 하여 당연한 것으로 규정하여 그렇지만 대통령제하에서의 제도로서 나온 거부권 제도라는 점을 감안하더라도 국회에 의무를 지우는 것이 논리적이다. 그런데 아래에 보는 대로 국회가 재의를 하지 않는 경우에 대응방안이 문제된다.

(나) 의결정족수와 표결의 효과 문제

헌법은 재적의원과반수의 출석과 출석의원 3분의 2 이상의 찬성으로 전과 같은 의결을 하면 그 법률안은 법률로서 확정된다고(제53조 4항) 그 의결정족수를 규정하고 있다.

이 의결정족수를 채운 경우에는 대통령의 거부권행사는 더 이상 법률의 확정을 중지할 수 없고 바로 법률확정의 효과를 가진다. 위 의결정족수를 채우지 못한 경우에는 법률안은 폐기된다고 볼 것이다. 이 폐기는 국회가 이전에 법률안을 가결한 것을 사실상 번복하는 효과를 가져온다고 할 것이다. 그런데 다음과 같은 이해할 수 없는 일이 있었다. 2015년 5월에 행정입법 제출명령제도에 관한 국회법 제98조의2 제3항 등에 대해 국회가 개정안을 의결하여 정부에 이송한 뒤 대통령이 재의요구를 하였으나 국회에서 여당의원들이 출석하였음에도 재의결 여부 표결에 불참하여 의장이 투표불성립을 선언하였다(국회공보에는 "국회법 제112조 9항에 따라 전자 무기명투표를 실시하였으나 의결정족수 미달로 인해 투표가 성립되지 않음"이라고 함. 국회공보, 2015.7.6., 통권 제2015-83호, 제334회 국회(임시회), 2면 참조). 여당의원들이 출석은 하였으므로 투표를 하지 않았다는 것은 반대 내지는 기권의 의사를 표명한 것이고 이는 결국 출석의원 3분의 2 이상이라는 정족수를 채우지 못한 것이니 부결된 것이다. 이러한 부결을 투표불성립이라고 선언하는 것은 이해가 되지 않는다. 이는 문제의 법률안이 여야의원들의 상당히 강한 찬성표수로 의결된 것이었던 점에서 부결폐기가 국회에 상당한 부담이 된다는 지적이 있었고 이러한 불성립선언으로 법률안을 다음 해 의원 임기만료까지 방치되게 함으로써 결국은 임기만료로 인한 폐기로 될 상황에 두는 예가 되었다.

3) 재의 내지 표결의 부재의 경우

대통령이 재의를 요구하면 국회는 재의에 부쳐야 하는데 현행 헌법은 위에서 언급한 대로 처리시한을 규정하지 않으므로 만약 다수당이 여당인데 이 여당이 대통령의 의사에 반하지 않으려고 재의를 의사일정에 올리는 것을 반대하여 장기간 방치하는, 그리하여 그 종국적 처리가 이루어지지 않을 수 있다. 2013.1.23. 대통령이 '대중교통 육성 및 이용촉진법' 개정법률안에 대해 거부권을 행사한 뒤 재의가 이루어지지 않은 것이 그 예이다. 헌법이 '부치고'라고 규정하여 반드시 재의절차를 밟도록 하고 있음에도 재의에 부치지 않는 것은 국회의 무책임이자 반헌법적인 고의적 방기이다. 이러한 방치를 막기 위해 앞서 언급한 대로 거부권행사 후 일정한 시한 내에 반드시 재의를 하도록 하는 규정을 헌법이나 국회법에 두는 것이 필요하다. 그 시한을 넘기는 경우에 강제하는 것이 쉽지 않다. 또 의사일정에 올리더라도 위에서 본 2015년 사례처럼 표결을 무산시켜 사실상 폐기시킨 예도 있었다(사실 위 사례는 재의부결로 폐기된 것이라고 보아야 한다).

4) 국회에서의 표결방식

대통령의 재의요구에 대해, 즉 "대통령으로부터 환부된 법률안"에 대해서는 무기명투표로 표결하도록 규정하고 있다(국회법 제112조 5항 본문). 이는 소신표결에 반하는 규정이라고 할 것이다. 미국 헌법은 찬성자와 반대자의 성명을 각 원의 의사록에 기재하도록 하고 있다(미국연방헌법 제1조 7항).

5) 역대 실례

이 책이 발간되는 시점(21대 국회)까지 재의요구에 대한 처리현황은 아래와 같다. 19대 국회까지 그 중간 대에 없었던 적도 있으나 여하튼 재의요구가 있어 왔다. 그러나 제20대와 제21대 현재까지 없었다.

▮표 재의법률안 처리현황

대별	거부 회별	처리 회별	건명	제안자	의결일	재의결일	비고
제헌	1	1	糧穀買入法案	정부	48.9.30	48.10. 6	48.10. 9 수정통과 공포
	1	1	地方行政에關한臨時措置法案	정부	48.11. 4	48.11. 4	48.11.17 법률확정 공포
	2	2	穀物檢查規則中改正法律案	洪熺鍾의원	48.12.10	48.12.20	폐기
	2	2	地方自治法案	법사·내무 치안위원장	49.3. 9	49.4.14	49.7. 4 수정통과 공포
	2	3	食糧臨時緊急措置法案	정부	49.4.15	49.6.15	49.7.22 법률확정 공포
	3	3	地方自治法案廢棄通知의件	정부	49.4.14	49.5.30	폐기
	3	3	農地改革法案消滅通告의件	정부	49.4.27	49.6.14	49.6.21 법률확정 간주 공포
	3	3	歸屬財産臨時措置法案	趙炳漢의원	49.5.24	49.6.15	49.7.22 법률확정 공포

대별	거부 회별	처리 회별	건명	제안자	의결일	재의결일	비고
	5	5	歸屬財産處理法案	정부	49.11.22	49.12. 3	49.12.19 수정통과 공포
	5	5	法院組織法案(代案)	법사위원장	49.7.30	49.9.19	49.9.26 법률확정 공포
	6	6	軍政法令廢止에관한法律案	李源弘의원	50.2.15	50.4.8	50.4.21 수정통과 공포
	6	6	軍政法令中改正法律案	李源弘의원	50.2.15	50.4.8	50.4.21 수정통과 공포
	6	6	國家保安法中改正法律案	법사위원장	50.2.22	50.4.8	50.4.21 법률확정 공포
	6	6	國會議員選擧法案	정부	50.3.18	50.4.10	50.4.12 수정통과 공포
제2대	8	8	私刑禁止法案	법사위원장	50.9.18	50.11.13	50.12.1 법률확정 공포
	8	8	附逆行爲特別處理法案	법사위원장	50.9.29	50.11.13	50.12.1 법률확정 공포
	9	10	非常事態下의犯罪處罰에關한特別措置令中改正法律案	법사위원장	50.11.23	51.1.18	51.1.30 법률확정 공포
	10	10	國會議員報酬에關한法律中改正法律案	金益魯의원	50.12.25	51.1.18	51.2. 6 법률확정 공포
	10	10	歲入補塡國債發行에關한件	정부	51.3.30	51.4.16	51.5.1 법률확정 공포
	11	11	文敎財團所有農地特別補償法案	농림위원장 문교위원장	51.6. 6	51.7. 2	51.7.18 법률확정 공포
	11	11	地方自治法中改正法律案	내무위원장	51.7.7	51.10.13	확정간주
	11	11	水産廳設置法案	金正實의원	51.8.30	51.10.10	확정간주
	11	11	政府組織法中改正法律案(代案)	법사위원장	51.9. 4	51.10.10	확정간주
	12	13	政府組織法中改正法律案	법사위원장	52.4.19	52.7. 4	확정간주
	12	15	政治運動에關한臨時措置法案	법사위원장	52.4.16	53.5.30	법률확정
	12	15	檢事懲戒法案	정부	52.5.23	53.5.30	폐기
	12	15	非常事態下의犯罪處罰에關한特別措置令廢止와同法에基因한刑事事件臨時措置法案	邊鎭甲의원	52.6. 5	53.5.30	법률확정
	14	14	農地改革法中改正法律案	농림위원장	52.9. 9	52.11.17	폐기
	15	15	國會法中改正法律案(代案)	법사위원장	51.11.29	53.1.13	폐기
	15	15	舊皇室財産法案	정부	53.4.28	53.5.30	54.9.23 법률확정 공포

대별	거부 회별	처리 회별	건명	제안자	의결일	재의결일	비고
	15	15	國會에서의證言·鑑定等에關한法律案	법사위원장	53.1.19	53.5.30	54.9.23 법률확정 공포
	16	17	農地改革法中改正法律案	농림위원장	53.7.10	53.11.24	60.10.13 법률확정 공포
제 2 대	16	17	簡易訴請節次에依한歸屬解除決定의確認에關한法律의廢止에관한法律案	법사위원장	53.7.25	53.11.24	폐기
	17	17	歸屬財産處理法中改正法律案	정부	53.10.12	53.11.24	54.9.23 법률확정 공포
	17	17	臨時土地收得稅法中改正法律案	정부	53.10.20	53.11.24	54.12.18 법률확정 공포
	17	18	參議院議員選擧法案	정부	53.10.17	53.12.24	폐기
	18	18	國會議員選擧法中改正法律案	權仲敦의원 법사·내무 위원장	54.1.23	54.2.25	폐기
	18	18	刑事訴訟法案	정부	54.2.19	54.3.19	54.9. 9 법률확정 공포
	18	18	非常事態下未收復地區選擧에關한臨時措置法案	尹在根의원	54.3.31		회기불계속폐기
제 3 대	21	21	國民醫療法中改正法律案	사회보건 위 원 장	56.1. 4	56.1.20	폐기
	22	22	歸屬財産處理特別會計法中改正法律案	정부	56.2.18	56.10.17 (철회일)	법률확정 공포 (56.11.1)
	22	24	監察院法案	법사위원장	56.10.18		회기불계속폐기
제 4 대	31	31	入場稅法中改正法律案	재 정 경 제 위 원 장	58.12.24		회기불계속폐기
	31	31	檢察廳法中改正法律案	법사위원장	58.12.24		회기불계속폐기
	34	34	計量法案	정부	60.1.16		회기불계속폐기
제 5 대	37	37	國會法改正法律案	〈민의원〉 국회법개정 법률안기초 특별위원회 〈참의원〉 민의원의장	60.9. 5 60.9.16	60.9.19	법률확정 60.9.26 공포
제 5 대	37	37	不正選擧關聯者處罰法案	〈민의원〉 법사위원장 〈참의원〉 민의원의장	60.11.30 60.12.16	60.12.29	폐기

대별	거부 회별	처리 회별	건명	제안자	의결일	재의결일	비고
	37	37	收復地區臨時行政措置法廢止에關한 法律案	〈민의원〉 申基福의원 〈참의원〉 민의원의장	60.9.28 60.10.25	60.12.30	법률확정
	37	37	反民主行爲者公民權制限法案	〈민의원〉 법사위원장 〈참의원〉 민의원의장	60.12. 5 60.12.29	60.12.31	폐기
	37	37	監察委員會法案	〈민의원〉 법사위원장 〈참의원〉 민의원의장	60.11.19 60.12.30	60.12.31	폐기
	38	38	憲法裁判所法案	〈민의원〉 金采庸의원 〈참의원〉 민의원의장	61.1.20 61.3.23	61.4.10	폐기
	38	38	不正蓄財特別處理法案	〈민의원〉 재정경제 위원장 〈참의원〉 민의원의장	61.2. 9 61.4. 4	61.4.10	법률확정 61.4.17 공포
	38	38	大法院長및大法官選擧 法案	〈민의원〉 朱燾允의원 〈참의원〉 민의원의장	61.2.11 61.4.11	61.4.18	폐기
제6대	45	45	彈劾審判法案	李鍾極의원	64.12.15	64.12.31 (철회일)	법률확정 공포 (64.12.31)
제7대	67		都市計劃法中改正法律案	金炯一의원	68.12.29		임기만료 폐기 (71.6.30)
	67		重機管理法中改正法律案	崔斗高의원	68.12.29		임기만료 폐기 (71.6.30)
제7대	74		金에關한臨時措置法廢止法律案	정부	70.7.16		임기만료 폐기(71.6.30)
제9대	94	94	國會에서의證言·鑑定등에관한法律案	朴璨의원 외51인	75.7. 9	75.11.1	폐기
제13대	143	143	國政監査및調査에관한 法律案	국회법개정 특별위원장	88.7. 9	88.7.18	폐기
	143	143	國會에서의證言·鑑定등에관한法律改正 法律案	국회법개정 특별위원장	88.7. 9	88.7.18	폐기

대별	거부 회별	처리 회별	건명	제안자	의결일	재의결일	비고
	145	145	1980年解職公職者의復職및補償에관한特別措置法案	劉基洙의원 徐淸源의원 金泳鎭의원 외 163인	88.12.17	89.3. 9	폐기
	146	147	地方自治法中改正法律案	崔洛道의원 文正秀의원 金濟泰의원 외 163인	89.3. 9	89.12.19	폐기
	146		勞動爭議調整法中改正法律案(代案)	노동위원장	89.3. 9		임기만료 폐기 (92.5.29)
	146		勞動組合法中改正法律案(代案)	노동위원장	89.3. 9		임기만료 폐기 (92.5.29)
	146		國民醫療保險法案(代案)	보사위원장	89.3. 9		임기만료 폐기 (92.5.29)
제16대	241	241	남북정상회담관련대북비밀송금의혹사건과북한핵개발자금전용의혹사건및관련비자금비리의혹사건등의진상규명을위한특별검사임명등에관한법률안	이규택의원 외152 인	03.7.15	03.7.31	폐기
	243	243	노무현대통령의측근최도술 · 이광재 · 양길승관련권력형비리의혹사건등의진상규명을위한특별검사의임명등에관한법률안	김용균의원 외147 인	03.11.10	03.12. 4	법률확정 03.12.6 공포
제16대	246		赦免法中改正法律案	홍사덕의원 외146 인	04.3. 2		임기만료 폐기 (04.5.29)
	246		거창사건등관련자의명예회복에관한특별조치법개정법률안	이강두의원 외30인	04.3. 2		임기만료 폐기 (04.5.29)
제17대	268	269	태평양전쟁 전후 국외 강제동원 희생자등 지원에 관한 법률안	행정자치 위 원 장	07.7. 3	07.11.23	폐기
	271		위헌결정에 따른 학교용지부담금 환급 등에 관한 특별법안	이성민의원 외23인	08.1.28		임기만료 폐기 (08.5.29)
제19대	312		대중교통의 육성 및 이용촉진에 관한 법률 일부개정법률안(대안)	국토해양 위 원 장	13.1. 1		임기만료 폐기 (16.5.29)
	334		국회법 일부개정법률안(대안)	국회운영 위 원 장	15.5.29		임기만료 폐기 (16.5.29)
	342		국회법 일부개정법률안	국회운영 위 원 장	16.5.19		미처리

※ 제5대는 의원내각제 정부로서 대통령의 법률안거부권은 없었고 참의원에 의한 거부제도는 있었음.
제8대, 제10대－제12대, 제14대, 제15대 및 제18대 국회는 재의법률안이 없었음.
제19대에서 마지막 제342회건 국회법 일부개정법률안(2016.5.19. 의결)은 2016.5.27. 대통령으로부터 재의요구되었으나 제19대국회가 물리적으로 재의가 불가능한 시점이라는 문제제기에 따라 임기만료폐기 및 처리가능 여부에 논란이 있어 미처리 상태임.

4. 법률공포권

대통령은 국회에서 의결된 법률안이 정부에 이송되면 15일 이내에 공포한다(제53조 1항). 그 외 재의결로 법률이 확정된 경우, 정부 이송 후 15일 이내 공포나 재의요구를 하지 않아 법률로 확정된 경우에도 지체없이 공포하여야 한다(제53조 6항).

5. 대통령의 법률성립에 관한 권한에 대한 통제

대통령의 법률안제출권에 대해서는 앞서 본대로 대통령의 법률안제출행위가 헌법소원의 대상이 아니라고 하여 헌법재판소의 통제의 대상이 아니라는 것이 헌재의 입장이다. 그러나 국무회의의 심의를 거치지 않았거나 국무총리와 관계 국무위원이 부서가 없이 법률안을 대통령이 제출한 경우 국회에서 절차상 하자를 이유로 법률안을 부결하여 통제하거나 탄핵소추를 통해 통제할 수 있고 탄핵소추에 대해서는 헌재가 통제하게 된다. 법률안거부권의 경우에 거부사유가 없음에도 거부하거나 국무회의의 심의를 거치지 않았거나 국무총리와 관계 국무위원이 부서가 없이 거부권을 행사한 경우에 국회가 재의결함으로써 통제할 수 있고 국회의 탄핵소추와 헌재의 탄핵심판에 의해 통제할 수 있다.

6. 행정입법권

(1) 행정입법의 개념과 필요성

행정입법이라 함은 헌법이나 법률 또는 조약이 아닌 추상적이고 일반적인 내용의 규범을 국가기관이 정립하는 작용 내지는 그 작용결과 나온 법규범을 말한다. 대통령, 행정부 등에서 만드는 법규범인 대통령령, 총리령, 부령, 국회규칙, 헌법재판소규칙, 대법원규칙 등을 말한다.

행정입법은 행정의 전문성, 신속성, 확대성에 대처하기 위한 것이다. 오늘날 행정은 그 영역이 확대되어 가고 점차 전문화되며 복잡다단해져 가고 있다. 따라서 행정에 관련된 사항들을 법률에 일일이 미리 규정해두기는 힘들기에 법률이 하위 행정입법에 위임하는 경우 등에 행정입법을 할 수 있게 하는 것을 허용하고 있다.

– 강학상

* 행정입법 ─┬─ 법규명령(위임명령, 집행명령)
　　　　　　└─ 행정규칙 – 훈령, 고시, 예규, 내규, 지침 등

– 헌법상 규정되고 있는 법규명령

대통령령(제75조), 총리령·부령(제95조), 국회규칙(제46조 2항), 헌법재판소규칙(제113조 2항), 대법원규칙(제108조), 중앙선거관리위원회규칙(제114조 6항), 국회규칙(제46조 2항) 일부 등

– 실무상 명칭

대통령령 : '시행령'
총리령, 부령 : '시행규칙'

– 헌법상 규정되고 있는 규칙(제107조 2항)

(2) 유형(종류)

법단계구조	실정법상 예
헌법 – 기본권보장규범	헌법
↓	↓
법률	법률 – 예 : 공중위생관리법
↓	↓
명령	명령 – 법규명령 예 : 공중위생관리법 시행령(대통령령) 공중위생관리법 시행규칙(보건복지부령) ↓ 아래의 규칙과 구별 요 * 시행규칙이 총리령일 수 있다(국무총리 소속 '처' 등의 경우. 예 : 식품위생법 시행규칙 – 식품의약품안전처 소관)
↓	↓
규칙	규칙 – 행정규칙 – 훈령, 고시, 예규, 내규, 지침 등 * 유의 : 법령보충규칙 법률문언상 "장관이 정한다"와 "부령으로 정한다" 구별

▌행정입법의 유형과 체계(법단계구조)

행정입법에는 법규명령과 행정규칙(행정명령)이 있다.

1) 법규명령

법규명령이란 먼저 '법규'란 말의 의미가 무엇이냐 하는 것을 살펴보아야 한다. '법규'란 법규범 중에 국민의 권리의무에 영향을 미치는 성질을 가지는 법규범을 말한다. 따라서 법규명령이란 국민의 권리나 의무에 영향을 미치는 효과를 가진 규정들을 담고 있는 행정입법을 말한다. 여러 법형식에 따른 유형들이 있다. ① 기관명에 따른 유형 – 법규명령에는 정부의 기관에서 제정되는 것이 많으나 다른 국가기관에서 제정되는 경우도 있다. 현행 헌법상 법규명령으로는 대통령령(제75조), 총리령·부령(제95조), 국회규칙(제46조 2항)들 중 법규성을 가지는 국회규칙들(국회규칙에 대해 일반적으로 법규성을 인정하는 데 대해서는 논의를 해보아야 할 것인데 법규성을 인정할 수 있는 국회규칙들도 현재 있다. 국회방청규칙, 국회정보공개규칙, '국회 입법예고에 관한 규칙', 국회청원심사규칙, '부패방지 및 국민권익위원회의 설치와 운영에 관한 법률의 시행에 관한 국회규칙' 등이 그것이다. 현재 국회규칙들이 많지 않다는 점에서 적지 않은 국회규칙들이다. 이에 대해서는 앞의 국회 부분 참조), 헌법재판소규칙(제113조 2항), 대법원규칙(제108조), 중앙선거관리위원회규칙(제114조 6항) 등이 있다. ② 제정계기에 따른 유형 – 법규명령에는 법률이나 상위 법규명령의 위임을 받아 제정되는 위임명령과 그러한 위임없이 법률이나 상위 법규명령을 시행하기 위하여 필요한 사항들을 정하기 위한 집행명령이 있다. 현행 헌법 제75조도 위임명령과 집행명령을 규정하고 있다. 대통령은 법률에서 구체적으로 범위를 정하여 위임받은 사항과 법률을 집행하기 위하여 필요한 사항에 관하여 대통령령을 발할 수 있다. ③ 실제 법명칭에 따른 종류 – 시행령(대통령령), 시행규칙(총리령, 부령) 등으로 불린다. 여기서 유의할 것은 실무에서는 시행규칙이라는 법령명이 쓰여지고 있는데 이는 행정규칙이 아니라 대통령령이 시행령으로 불리고 시행규칙은 그 대통령령 등의 위임을 받아 제정되는 부령이다. 예를 들어 도로교통법이라는 법률이 있고 그 다음 도로교통법시행령이라는 대통령령, 그 다음 하위법으로 도로교통법시행규칙이라는 행정자치부령이 있다. * 유의 – 시행규칙이란 명칭의 실정법으로 부령만이 있는 것이 아니라 총리령도 있다는 점이다. 이는 행정각부가 아닌 '처'나 '위원회'로서 국무총리에 소속된 중앙행정기관의 경우 부령을 제정할 수 없고 그렇더라도 소관업무 관련 법률과 시행령을 보다 구체적으로 정하도록 할 필요가 있는데 그러한 경우에 총리령으로 제정하도록 하는 결과이다.

▮ **예시** : 건축 안전에 관한 법을 예로 들어 법종류와 법명칭을 예시해 본다.
건축법 → 법률
건축법시행령 → 법규명령으로서 위임명령인 대통령령
건축법시행규칙 → 법규명령으로서 국토교통부장관의 부령

▮ **유의** : 총리령도 시행규칙으로 불린다(예 : 식품위생법시행규칙). 총리령인 시행규칙은 국무총리 소속 중앙행정기관인 '처'나 '위원회'에 소관 업무에 관한 사항들을 법률이 위임해주면 제정된다(예 : 식품위생은 국무총리 소속 식품의약품안전처 소관업무 → 식품위생법의 시행규칙은 총리령). 처령이라는 위

임형식이 존재하지도 않는다.

2) 행정규칙

행정규칙은 원칙적으로 행정 외부의 국민에게는 영향을 직접 미치지 않는 행정내부의 사무처리 등을 위한 지침으로서 훈령, 내규, 예규, 고시 등의 명칭으로 불리는 것이다. 국민의 권리나 의무에 영향을 미치지 않고 행정내부에서의 효력만이 인정된다고 하여 원칙적으로 법규성이 인정되지 않는다고 본다. 오늘날 이에 대해서는 새로이 검토해야 한다는 견해들이 제시되고 있다.

▮ **용어설명** : '법규' – 헌법, 행정법 등 공법에서 '법규'란 법규범, 법규정의 준말이 아니라 국민의 권리, 의무에 영향을 주는 국가기관, 행정기관 외부의 국민에 대한 영향력인 효력을 가진 규범을 말한다. 법규명령인 대통령령(시행령), 시행규칙(총리령, 부령)은 국민의 권리나 의무에 영향을 미치므로 '법규'명령이라고 하는 것이다.

3) 실질적 법규명령 – 법령보충규칙

* 법령보충규칙은 장관의 지침, 고시, 예규 등으로 발령되는 경우가 많아 뒤의 행정부의 행정각부, 장관의 부령 부분에서 비교하여 함께 다루는 것이 더 직접적일 수 있으나 장관이 아닌 중앙행정기관의 장이 발령하는 경우도 있을 수 있고 행정입법의 중요한 규범인 대통령령에 대해 살펴보는 여기서 행정입법 전반에 대해서 살펴보게 되어 여기서 함께 자세히 다룬다. 뒤의 장관의 부령발령권과 더불어 살펴보기도 한다.

▮ 중요 ! 법령보충규칙은 행정법에서도 많이 거론하므로 변호사시험에서 공법 복합형 문제로 출제될 가능성이 많으므로 특히 유의하고 숙지하여야 함.

i) **판례에 의한 법령보충규칙의 인정** 그 명칭이 훈령, 고시, 예규, 내규 등으로서 형식은 행정규칙이지만 실질적으로 법규명령으로서 기능하는 행정규칙도 인정되고 있다. 이른바 법령보충규칙이다. 대법원은 오래전부터 법령보충규칙을 인정해 오고 있다. 대법원은 "법령의 규정이 특정 행정기관에 그 법령 내용의 구체적 사항을 정할 수 있는 권한을 부여하면서 그 권한 행사의 절차나 방법을 특정하고 있지 않아 수임행정기관이 행정규칙의 형식으로 그 법령의 내용이 될 사항을 구체적으로 정하고 있는 경우, 그 행정규칙이 당해 법령의 위임 한계를 벗어나지 않는 한, 그와 결합하여 대외적으로 구속력이 있는 법규명령으로서 효력을 가진다"라고 한다.

대법원판례 대법원 1987.9.29. 86누484; 2008.4.10. 2007두4841; 2011.9.8. 2009두23822 등 참조. '보충'규범이라는 말을 보다 명시한 판결로, 대법원 2006.4.27. 2004도1078 [판시] 행정규칙인 고시가 법령의 수권에 의하여 법령을 보충하는 사항을 정하는 경우에는 그 근거 법령규정과 결합하여 대외적으로 구속력이 있는 법규명령으로서의 성질과 효력을 가진다 할 것인데, 비상표제품을 판매하는 주유소임에도 그러한 표시 없이 이를 판매하는 행위는 구 석유사업법(2004.10.22. 법률 제7240호 석유 및 석유대체연료 사업법으로 전문 개정되기 전의 것) 제35조 제8호, 제29조 제1항 제7호, 구 석유사업법 시행령

(2005.4.22. 대통령령 제18796호 석유 및 석유대체연료 사업법 시행령으로 전문 개정되기 전의 것) 제32조 제1항 제5호에 의하여 처벌하도록 하되 다만, 위 시행령 제32조 제3항에서 같은 조 제1항 제5호 소정의 표시의무의 세부 내용이 됨과 아울러 그 이행 여부의 판단 기준이 되는 구체적 표시기준과 표시방법을 산업자원부장관의 고시로 규정하도록 함으로써 위 시행령 제32조 제1항 제5호, 제3항 및 위 관련 고시가 결합하여 구 석유사업법 제35조 제8호, 제29조 제1항 제7호 위반죄의 실질적 구성요건을 이루는 보충규범으로서 작용한다고 해석하여야 할 것이다.

헌재도 헌법 제75조, 제95조가 행정입법 형식으로 규정한 대통령령, 총리령, 부령은 예시적인 것이고(예시설) 제정형식은 비록 고시, 훈령, 예규 등과 같은 행정규칙이더라도, "그것이 상위법령의 위임한계를 벗어나지 아니하는 한, 상위법령과 결합하여 대외적인 구속력을 갖는 법규명령으로서 기능하게" 되는 행정규칙을 인정한다. 다만, 위임을 할 때에는 적어도 행정규제기본법 제4조 제2항 단서에서 정한 바와 같이 법령이 전문적·기술적 사항이나 경미한 사항으로서 업무의 성질상 위임이 불가피한 사항에 한정된다고 한다. 헌재는 그러한 법령보충규칙의 사항이라 하더라도 포괄위임금지의 원칙상 법률의 위임은 반드시 구체적·개별적으로 한정된 사항에 대하여 행하여져야 할 것이라고 아래에서 보는 포괄위임금지는 지켜져야 함을 명백히 하고 있다.

판례 헌재 1992.6.26. 91헌마25, 판례집 4, 444, 449면; 2004.1.29. 2001헌마894, 판례집 16-1, 114, 125면; 2006.12.28, 2005헌바59; 2008.7.31, 2005헌마667; 2008.11.27. 2005헌마161등; 2009.4.30. 2007헌마106등; 2012.2.23, 2009헌마318 등.

이처럼 상위법령인 법률이 위임을 하여(또는 법률의 위임을 받은 상위 법규명령(대통령령, 총리령, 부령)이 다시 위임을 하여)(이를 판례는 '상위법령과 결합하여'라고 표현) 제정된 행정규칙을 학계에서는 이른바 '법령보충규칙'이라고 부른다.

ii) **법령보충규칙의 개념정의와 예시** 두 가지 개념요소를 가진다. 형식적인 측면의 요소에서는 법령보충규칙은 시행령(대통령령), 시행규칙(부령)이라는 이름을 가지지 않고 고시, 예규, 훈령 등 행정규칙의 이름을 가진 것이다. 내용은 그 범위는 아래 한계에서 보듯이 전문적·기술적 사항이나 경미한 사항에 한하나 법규성을 가진다. 일반적으로 행정규칙은 법률이나 그 위임을 받은 법규명령에 근거하지 않고도 제정될 수 있다. 예를 들어 행정안전부장관이 부령이 아니라 행정규칙인 고시를, 법령이 고시를 정하라고 명시하지 않은 경우에도, 법령이 자신에게 부여한 권한 내에서 그 권한과 관련하여 정할 수 있다. 그러나 법령보충규칙은 법률과 그 위임을 받은 법규명령 등이 고시로 하라고 직접 명시하여 제정되는 것이다. 위 헌재판례가 상위법령이라 함은 법률에 근거를 둔 경우뿐 아니라 대통령령, 총리령, 부령에 근거를 둔 것도 포함될 것을 예정한 것으로 생각되는데 어차피 대통령령, 총리령, 부령도 법률에 근거가 있어야 제정되므로 출발이 법률이 되어야 할 것이다. 법령보충규칙은 전문적·기술적 사항이나 경미한 사항에 한정된다. 부령이나 법령보충규칙이나 둘 다 법률에 근거가 있어야 한다는 점에서는 차이가 없다. 다만, 그 문구는 다르다. 전자의 경우 " … 부령으로 정한다"라고 규정되나 후자는 " … 정하여 고시할 수 있다" " … 장관이 정하여 고시한 … " 등으로 규정된다.

	부령	법령보충규칙
법률(령)의 문언	'ㅇㅇ부령으로 정한다' '부령으로 정하는' '부령(이)으로 정하는 바에 따라'	'ㅇㅇ부장관(△△처장)은 고시한다(하여야 한다)' '장관이 고시하는' '장관이 정하여 고시하는 것'

▮ 문언상 차이 예시

* ○○ → 행정각부, 예를 들어 교육부, 문화체육관광부 등. △△ → 예를 들어 식품의약품안전처, 법제처

<부령과 법령보충규칙의 법문언 차이>

▮ 유의 : 다시 강조하면 법령보충규칙은 다른 일반적인 행정규칙과 달리 법률 내지 법률의 위임을 받은 법규명령이 그 근거를 두어야 제정될 수 있다는 점에 유의해야 한다. 따라서 위 문언에 대해 서술한 것처럼"장관이 고시한다" 등의 문언이 법률이나 법률위임받은 법규명령 자체에 나타나 있어야 법령보충규칙이다.

▮ 예시 판례 : 아래와 같은 전형적인 결정을 하나 예시로 들어본다. – 시공자 선정을 위한 경쟁입찰방법의 고시에의 위임 : 구 '도시 및 주거환경정비법'(2010.4.15. 법률 제10268호로 개정되고, 2013.3.23. 법률 제11690호로 개정되기 전의 것) 제11조 제1항 본문 중 "조합은 제16조에 따른 조합설립인가를 받은 후 조합총회에서 국토해양부장관이 정하는 경쟁입찰의 방법으로 건설업자 또는 등록사업자를 시공자로 선정하여야 한다"라고 규정한 것 – 전문성 인정.

판례 헌재 2016.3.31. 2014헌바382

[결정요지] 1. 심판대상조항은 정비사업의 시공자 선정과정에서 공정한 경쟁이 가능하도록 하는 절차나 그에 관한 평가 및 의사결정 방법 등의 세부적 내용에 관하여 국토해양부장관이 정하도록 위임하고 있는바, 이는 전문적·기술적 사항이자 경미한 사항으로서 업무의 성질상 위임이 불가피한 경우에 해당한다. 2. 심판대상조항에 따라 국토해양부장관이 규율할 내용은 공정한 경쟁을 담보할 수 있는 방식이 될 것임을 충분히 예측할 수 있으므로, 심판대상조항은 포괄위임금지원칙에 위배되지 아니한다. 3. 심판대상조항은 달리 시공자 선정의 공정성을 확보하면서도 조합이나 계약 상대방의 자유를 덜 제한할 수 있는 방안을 찾기 어려우므로, 과잉금지원칙에 위배되어 계약의 자유를 침해한다고 볼 수 없다.

iii) **효력과 일반적 행정규칙과의 차이** 법령보충규칙은 이름이 고시, 예규, 훈령, 지침으로서 일반적 행정규칙과 같으나 그 효력은 일반적 행정규칙이 법규성을 가지지 않음과 달리 법규명령과 같이 법규성을 가진다. 헌재는 기본권제한사항을 헌법이 명시하는 대통령령, 총리령, 부령 외에도 법령보충규칙에도 위임할 수 있다고 보는 것이다(예시설. 이에 관해서는, 정재황, 기본권총론, 박영사(2020), 296면 이하 참조). 그 점들에서 법령보충규칙이 또한 일반적 행정규칙과 구별된다. 또 그런 점들에서 법령보충규칙을 함부로 인정할 수 없고 아래 한계에서 언급하는 대로 전문적·기술적 사항이나 경미한 사항에 한정된다.

iv) **한계** 헌재는 위와 같은 법령보충규칙을 인정하면서도 법령보충규칙의 인정에 대해

서는 다음과 같은 한계를 설정하고 있다.

① 불가피성의 한계 – 다만, 행정규칙은 법규명령과 같은 엄격한 제정 및 개정절차를 요하지 아니하므로, 기본권을 제한하는 작용을 하는 법률이 입법위임을 할 때에는 대통령령, 총리령, 부령 등 법규명령에 위임함이 바람직하다고 함(* 헌재가 불가피하다는 말은 여기서 직접 하지 않으나 필자가 그렇게 이해하고 정리함. 불가피성의 언급은 아래 ②의 ㉠에서 하고 있음).
② 내용적 한계 : ㉠ 전문적·기술적 사항이나 경미한 사항에 한정 – 위 ii)와 같은 법령보충규칙에의 위임을 할 때에도 적어도 행정규제기본법 제4조 제2항 단서에서 정한 바와 같이 법령이 전문적·기술적 사항이나 경미한 사항으로서 업무의 성질상 위임이 불가피한 사항에 한정된다 할 것이고, ㉡ 구체적 위임일 것 – 그러한 사항이라 하더라도 포괄위임금지의 원칙상 법률의 위임은 반드시 구체적·개별적으로 한정된 사항에 대하여 행하여져야 할 것이라고 함[1])

v) **헌법재판의 대상성과 그 재판형식** 법령보충규칙이 헌법재판으로 판단되어야 할 상황에서 그 헌법재판의 대상이 되는가 하는 문제가 있는데 이 문제는 법령보충규칙만이 대상이 되는가 또는 모법인 법률규정과 더불어 법령보충규칙도 대상이 되는가 등의 문제이다. 분명한 것은 헌법재판 중 위헌법률심판의 경우에는 법령보충규칙에 위임하는 그 법률규정만이 대상이고 그 위임이 적정하였는지를 심사하게 되고 법령보충규칙은 대상이 되지 않는다는 점, 법령보충규칙은 법령소원(법령도 공권력작용이므로 본래의미의 헌법소원으로서 공권력행사인 법령이 대상이 되는 본래의미의 헌법소원을 법령소원이라고 부른다. 후술 헌법재판 부분 참조)의 대상이 된다는 점(헌재 1992.6.26. 91헌마25, 판례집 4, 444, 449면; 헌재 2004.1.29. 2001헌마894, 판례집 16-1, 114, 125면 등 참조)이다.

(3) 우리나라에서의 변천

제1공화국에서는 대통령령, 총리령, 부령으로 나누어져 있었다.

제2공화국에서는 의원내각제를 채택한 정부이므로 대통령령이 아니라 국무원령이 있었다. 의원내각제의 국가에서는 내각이 연대적으로 국가작용을 행한다는 사실이 중요하다. 행정입법도 마찬가지이다. 의원내각제를 채택한 제2공화국에서 국무총리, 국무위원들로 구성된 내각인 국무원에서 국무원령을 제정하였다. 대통령령, 총리령, 부령으로 나누어졌던 제1공화국과 달라진 것이다.

군사정권시절 각령이 있었다. 5.16. 군사쿠테타로 제정된 국가재건비상조치법(제정 1961.6.6 법률 제42호) 제23조 제2항은 국무원 대신에 국가재건최고회의가 구성하는 내각을 두고 이 내각이 이전의 제2공화국의 국무원이 제정하던 국무원령을 각령으로 제정하도록 한 것이다. 결국 내각의 명령이었다.

제3공화국에서부터는 다시 대통령령, 총리령, 부령과 같은 제1공화국의 체제로 돌아가 오

1) 헌재 2006.12.28. 2005헌바59; 2008.7.31. 2005헌마667; 2012.2.23. 2009헌마318; 2014.7.24. 2013헌바183; 2016.3.31. 2014헌바382; 2016.10.27. 2015헌바360등; 2016.2.25. 2015헌바191; 2016.2.25. 2013헌마838 등.

늘날에 이르고 있다.

(4) 성립절차와 발효

법규명령은 아래의 행정규칙과 달리 그 성립절차가 보다 엄격하다. 대통령령의 경우 국무회의의 심의를 거쳐야 하고(제89조 3호) 국무총리와 관계 국무위원의 부서가 있어야 한다(제82조). 총리령, 부령은 법제처의 심사를 거쳐야 한다. 대통령령과 총리령, 부령은 행정규칙과 달리 공포를 하여야 효력이 발생하는데 그 점이 행정규칙과 차이가 있다. 법규명령의 공포에 대해서는 '법령 등 공포에 관한 법률'이 규정하고 있다. 대통령령 공포문의 전문에는 국무회의의 심의를 거친 사실을 적고, 대통령이 서명한 후 대통령인을 찍고 그 공포일을 명기하여 국무총리와 관계 국무위원이 부서한다(동법 제7조). 총리령을 공포할 때에는 그 일자를 명기하고, 국무총리가 서명한 후 총리인을 찍으며 부령을 공포할 때에는 그 일자를 명기하고, 해당 부의 장관이 서명한 후 그 장관인을 찍는다(동법 제9조). 대통령령·총리령 및 부령의 공포와 헌법개정안·예산 및 예산 외 국고부담계약의 공고는 관보에 게재함으로써 한다. 이 관보는 종이로 발행되는 관보를 기본으로 하며, 이를 전자적 형태로 전환하여 제공되는 "전자관보"를 보완적으로 운영할 수 있다(동법 제11조 1항·3항)(종이관보 우선, 전자 전자관보 부차적 효력 – 동조 4항). 법령 등의 공포일 또는 공고일은 해당 법령 등을 게재한 관보 또는 신문이 발행된 날로 하고(동법 제12조), 대통령령, 총리령 및 부령은 특별한 규정이 없으면 공포한 날부터 20일이 경과함으로써 효력을 발생하는데(동법 제13조) 국민의 권리 제한 또는 의무 부과와 직접 관련되는 대통령령, 총리령 및 부령은 긴급히 시행하여야 할 특별한 사유가 있는 경우를 제외하고는 공포일부터 적어도 30일이 경과한 날부터 시행되도록 하여야 한다(동법 제13조의2).

(5) 법규명령의 한계

1) 특정성의 한계 - 규정형식 문제

법률이 행정입법에 위임을 할 경우에 그 위임을 할 대상 기관을 명확히 특정하여야 하고 위임으로 제정될 법형식을 명백히 하여야 한다는 한계가 있다. 판례는 "대통령령", "총리령" "부령" 등과 같이 구체적으로 위임할 하위법령을 특정하지 아니하고 다만 "… 장관이 정하는 바에 따라"라고만 불분명하게 규정한 경우에는 문언만으로는 부령으로 정하라는 것인지 부의 내부 행정규칙으로 정하라는 것인지 분명하지 아니하다는 문제가 있으므로 그렇게 위임한 경우에는 그 법률의 위임입법의 한계 판단함에 있어 보다 엄격한 심사를 한다는 입장이다.[1] 법규명령은 공포하여야 효력이 발생하는 반면 행정규칙은 그러하지 않다는 점에서 차이가 있기 때문이라는 것이다.

* 현재는 위에서 언급한 대로 위임대상 법형식에 예시설에 따라 행정규칙도 포함될 수 있다고 보는 이른바 법령보충규칙을 인정하고 있는데(실질적 법규명령인 법령보충규칙에 대해서는 앞의 기본권론에서 기본권제한법률의 위임 문제에서도 살펴보았다. 전술 참조) 위 판시는 행정규칙에의 위임을 전적을 부

1) 헌재 1998.5.28. 96헌가1.

정하는 것이 아니라 위임받는 법형식을 보다 명백히 특정하도록 하고 그것이 명확하지 않은 점이 있으면 포괄위임인지 여부를 보다 엄격히 살피겠다는 입장으로 이해된다. 위 판시가 있는 결정의 사안에서도 결국은 법형식의 잘못 때문이 아니라 포괄위임이라는 이유로 위헌결정이 났다. 요컨대 법령보충규칙을 인정하더라도 아래에서 살펴보는 위임의 한계를 지켰는지를 더 엄격히 할 필요가 있다. 여하튼 헌재는 이후 "행정규칙은 법규명령과 같은 엄격한 제정 및 개정절차를 요하지 아니하므로, 재산권 등과 같은 기본권을 제한하는 작용을 하는 법률이 입법위임을 할 때에는 대통령령, 총리령, 부령 등 법규명령에 위임함이 바람직하고, 고시와 같은 형식으로 입법위임을 할 때에는 적어도 행정규제기본법 제4조 제2항 단서에서 정한 바와 같이 법령이 전문적·기술적 사항이나 경미한 사항으로서 업무의 성질상 위임이 불가피한 사항에 한정된다 할 것이고, 그러한 사항이라 하더라도 포괄위임금지의 원칙상 법률의 위임은 반드시 구체적·개별적으로 한정된 사항에 대하여 행하여져야 한다"라고 판시하여[1] 오고 있다. 여하튼 대통령령, 총리령, 부령에 위임하는 경우인지 행정규칙(법령보충규칙)에 위임하는 경우인지 이를 특정하고 후자의 경우에 포괄위임금지원칙 위배여부를 엄격히 심사한다는 것이 헌재의 입장이라고 할 것이다.

* 무위임 – 법률이 일정한 사항을 대통령령으로 정하도록 명시적으로 위임하지 아니한 경우에는 아예 포괄위임금지의 원칙이 적용될 여지가 없다(헌재 2001.8.30. 99헌바90; 2003.12.18. 2001헌바91). 다른 관계 법령에 의한 고시·공고의 경우에도 위임입법한계문제로 다룰 수 없다고 본 아래의 결정례가 있다. 사안은 '관계 중앙행정기관의 장이 소관 분야의 산업경쟁력 제고를 위하여 법령에 따라 지정 또는 고시·공고한 기술'을 범죄구성요건인 '산업기술'의 요건으로 하고 있는 구 '산업기술의 유출방지 및 보호에 관한 법률' 제36조 제2항 중 제14조 제1호 가운데 '부정한 방법에 의한 산업기술 취득행위'에 관한 부분이 위임입법한계를 벗어났다는 주장에 대해 헌재는 부정하는 판시를 한 것이다.

판례 헌재 2013.7.25. 2011헌바39

[결정요지] 1. 포괄위임입법금지 또는 위임입법의 한계를 따지기 위해서는 그 논리적 전제로서 이 사건 법률조항이 구성요건 중 일정한 사항의 형성을 하위법령에 위임하였을 것이 요구된다(헌재 2001.8.30. 99헌바90, 판례집 13-2, 158, 167; 헌재 2003.12.18. 2001헌바91, 판례집 15-2하, 406, 425 참조). 그런데 이 사건 법률조항은 '관계 중앙행정기관의 장이 소관 분야의 산업경쟁력 제고 등을 위하여 법령이 규정한 바에 따라 지정 또는 고시·공고하는 기술'을 구성요건의 하나로 삼고 있으나, 위 지정 또는 고시·공고는 이 사건 법률조항이 아니라 다른 관계 법령 즉 '관계 법률과 그 법률에 의하여 위임된 명령'에 의하여 수권된 것으로서 별도의 근거법률을 가지고 있다. 또한 다른 관계 법령에 의한 지정 또는 고시·공고는 어떤 '특정한 기술'을 관련 법령상의 지원·조장 등의 수익적 행정행위의 대상으로 지정하는 행정처분으로서의 성격을 갖는 데 불과한 것도 있으므로, 위임입법의 경우와 같이 행정기관이 법률의 위임에 의하여 법규로서의 성질을 가지는 일반적·추상적 규범을 정립한 것이라고 볼 수 없는 것도 있다. 이러한 점에서 이 사건 법률조항은 이미 존재하는 다른 법령을 전제하고 그 법령에 기한 지정 또는 고시·공고를 구성요건으로 '차용'하고 있는 데 불과한 것이지 하위법령에 구성요건의 형성을 '위임'하고 있는 것은 아니다. 따라서 이 사건 법률조항이 위임입법임을 전제로 위 조항이 위임입법의 한계를 벗어난 것이라는 청구인의 주장은 타당하지 않다. * 그러나 문언 그 자체가 불명확하다고 하여 결국 명확성원칙위배로 위헌결정이 되었음.

2) 위임명령에서 위임의 한계 – 구체적 위임

법률이 행정입법에 위임할 수 있다고 하더라도 아무런 요건 없이 위임이 가능한 것이 아니라 그 한계와 요건이 설정되어야 한다. 그 한계적 요건은 위임의 내용이나 범위에 대한 요

1) 헌재 2004.10.28. 99헌바91; 2006.12.28. 2005헌바59 등.

건으로서 구체적인 위임이어야 할 것을 말한다. 법률이 행정입법에 위임함을 허용하면서도 만약 포괄적 위임, 백지위임을 인정하게 되면 법률에 의한 행정의 원리를 포기하는 것이 되므로 이는 금지된다. 우리 헌법 제75조도 구체적으로 범위를 정하여 위임하도록 규정하여 포괄적 위임을 금지하고 있다.

(가) 한계의 의미와 적용범위 - 법률에 대한 한계, 행정입법에 대한 한계

종래 교과서에서는 이를 '행정입법의 한계'로 설명해 왔으나 이 한계는 행정입법 자체 이전에 위임하는 법률이 가지는 한계이다. 위임받는 행정입법도 위임받은 범위를 벗어나면 안 되는 것은 물론이지만 구체적 범위를 정하여 위임하여야 하는 것은 어디까지나 법률 자체에서이다. 행정입법은 법률이 위임하지 않은 사항을 제정할 수 없다는 한계를 지닌다. 구체적 위임이라는 것의 한계는 행정입법에 대한 것이라기보다 법률 자체에 대한 한계를 의미한다. 포괄적인 위임을 하여 행정입법도 포괄적으로 규정하였다면 하자가 승계되는 것이 아닌지 문제되나 아니라고도 볼 수 있다. 행정입법이 적절하게 규정할 수도 있었기 때문이다.

포괄위임금지가 대통령령, 총리령, 부령 등 법규명령인 위임명령에 적용되는 것은 물론이다. 우리 헌재는 행정규칙에의 위임도 인정하므로 그것을 인정한다 하더라도(인정하는 다음에야) 포괄위임을 하여서는 아니 된다는 한계를 지켜야 함은 당연할 것이다. 헌재도 법령보충규칙에 대해 포괄위임금지원칙을 적용하여 심사한다.

(나) 구체적 위임 - 포괄위임·백지위임의 금지

구체적 위임원칙에 따라 우리 헌법 제75조도 내용적, 범위적 한계를 설정하고 있는바 "대통령은 법률에서 구체적으로 범위를 정하여 위임받은 사항과 법률을 집행하기 위하여 필요한 사항에 관하여 대통령령을 발할 수 있다"라고 규정하여 구체적 위임만 허용하고 포괄적 위임은 금지하고 있다.

(다) 「구체적 위임」의 개념과 기준

구체적 위임의 개념과 그 기준이 문제이다. 즉 어느 정도 구체적이어야 하는가 하는 것이 문제된다. 구체적 위임이라고 인정되기 위해서는 앞으로 대통령령으로 정해질 내용의 대강을 알 수 있을 정도로 위임을 하는 법률규정 자체에 대통령령에 정해질 내용과 그 적용범위 등에 관한 기본적인 사항들이 미리 명확하게 규정되어 있어야 한다(구체성 판단기준으로서 '예측가능성원칙').

구체적 위임인지 여부를 둘러싸고 실제로 논란되어 헌법재판에서 이를 다룬 판례들이 많고 헌재는 아래에 정리하는 바와 같은 법리를 확립하고 있다. 헌법재판소는 나아가 구체성을 의미하는 예측가능성의 판단에 있어서 유기성 기준론에 따라 입법자에게 여유를 주고 있다. 즉 위임하는 당해 법률조항만 아니라 다른 관련 법조항 전체를 유기적·체계적으로 종합판단하여 예측가능성이 있다면 합헌이라고 본다.

▷ 법률에 이미 대통령령 등 하위법규에 규정될 내용 및 범위의 기본사항이 가능한 한 구체적이고도 명확하게 규정되어 있어서 당해 법률 그 자체로부터 대통령령 등에 규정될 내용의 대강을 예측할 수 있어야 함을 의미.

▷ 예측가능성의 유무는 당해 특정조항 하나만을 가지고 판단할 것은 아니고 관련 법조항 전체를 유기적·체계적으로 종합판단하여야 하며, 각 대상법률의 성질에 따라 구체적·개별적으로 검토하여야 함. 위임조항 자체에서 위임의 구체적 범위를 명확히 규정하고 있지 않다고 하더라도 당해 법률의 전반적 체계와 관련규정에 비추어 위임조항의 내재적인 위임의 범위나 한계를 객관적으로 분명히 확정할 수 있다면 이를 일반적이고 포괄적인 백지위임에 해당하는 것으로 볼 수는 없음.

▷ 이와 같은 위임입법의 구체성, 명확성의 요구 정도는 그 규율대상의 종류와 성격에 따라 달라짐. 처벌법규나 조세법규 등 국민의 기본권을 직접적으로 제한하거나 침해할 소지가 있는 법규에서는 구체성·명확성의 요구가 강화되어 그 위임의 요건과 범위가 일반적인 급부행정법규의 경우보다 더 엄격하게 제한적으로 규정되어야 하는 반면에, 규율대상이 지극히 다양하거나 수시로 변화하는 성질의 것일 때에는 위임의 구체성·명확성의 요건이 완화되어야 할 것임.

▮ '구체적 위임'의 개념 - [헌재판례의 기본법리]

* 위 법리는 확립된 것이어서 위 법리를 판시한 결정들은 많은데 이를 판시하고 있는 전형적인 결정례의 하나로, 헌재 2011.7.28. 2009헌바244, 공보 제178호, 1095면 참조.

(라) 타 헌법원칙과 위임한계 - 죄형법정주의, 조세법률주의 등에서의 위임

형벌에 관한 규정을 행정입법에 위임하는 경우에는 죄형법정주의의 명확성원칙 문제도 관련된다. 이에 대해서는 앞서 신체의 자유 부분에서 살펴본 바 있다(기본권론 죄형법정주의 부분 참조). 조세의 종목과 세율은 법률로 정해져야 한다는 조세법률주의에 있어서도 구체적인 사항은 행정입법에 위임할 수 있으나 구체적 위임이어야 한다는 한계가 중요하다(뒤의 국가권력규범론 참조). 형벌이나 조세의 경우 행정입법에의 위임에 있어서 그 구체성·명확성의 요구정도가 강해진다.

(마) 구체성의 정도

위임의 구체성의 정도는 기본권행사를 보장하고 확대하여 이익을 부여하는 경우에 비하여 기본권을 제한하는 불이익한 경우에 더욱 엄격하고도 구체적인 범위가 특정되어야 한다. 헌법재판소의 판례도 위와 같은 법리를 취하고 있다. 헌법재판소는 특히 처벌법규, 조세법 등의 경우에는 구체성의 정도가 엄격해진다고 보고 반면에 규율대상이 지극히 다양하거나 수시로 변화하는 성질의 것일 때에는 위임의 구체성·명확성의 요건이 완화된다고 한다. 입법재량의 넓고 좁음에 따라서도 구체성의 정도가 달라질 것이다. 입법재량이 좁거나 인정되기 힘든 경우에는 구체성의 요구정도가 강해질 것이고 입법재량이 넓게 인정되는 경우에는 구체성의 요구정도가 완화될 것이다.

* 기본권침해 관련 영역에서는 급부행정 영역에서보다 위임의 구체성의 요구가 강화된다고 본 예 : 2010헌마139(고졸검정고시 응시자격제한 문제였음)

(바) 구체성·명확성 요구정도의 완화

가) 급부행정영역에서의 완화

헌재는 급부행정영역에서는 구체성, 예측가능성의 요구 정도가 완화된다는 입장을 보여준다. 아래의 결정을 그 예로 본다.

[급부행정영역에서의 구체성·명확성 정도의 완화의 실제 예]

판례 헌재 2002.12.18. 2001헌바52, 구 산업입지및개발에관한법률 제38조 제2항 위헌소원, 헌재판례집 14-2, 804면

[쟁점] 산업입지및개발에관한법률(1999.2.8. 법률 제5911호로 개정되기 전의 것) 제38조 제1항은 사업시행자가 개발한 토지·시설 등을 분양·임대·양도(이하 "처분"이라 한다)하고자 할 때에는 처분계획을 작성하도록 규정하고 있는데 이 처분계획의 내용·처분방법·절차·가격기준등에 관하여 필요한 사항을 대통령령으로 정할 수 있도록 위임한 동법 동조 제38조 제2항 제1문의 규정이 포괄위임인지 여부(합헌결정) [관련판시요약] 산업단지의 개발은 산업입지의 원활한 공급과 지속적인 산업발전을 촉진하기 위한 거시적 산업입지정책 차원에서 추진되는 것으로서 국가 또는 지방자치단체가 산업단지를 지정하고 정부투자기관 등 사업시행자가 토지수용권 등을 통해 토지를 매수한 다음 이를 개발하여 분양 등 처분하는 사업이다. 따라서 이러한 일련의 산업단지의 개발절차는 산업활동을 영위하는 기업등에게 필요한 산업시설용지의 공급을 통해 산업발전을 촉진하는 등 사회복리를 증진시키고자 하는 일종의 '급부행정' 영역에 속한다고 볼 수 있다. 그리고 이 사건 법률조항의 위임사항인 "처분계획의 내용·처분방법·절차·가격기준 등"의 중심적 개념인 "처분"은 그 본질이 사법(私法)상의 법률행위에 다름 아니므로 이러한 위임사항에 관하여는 기본적으로 형식적인 국회 입법보다는 탄력성있는 행정입법을 활용할 필요가 크다. 왜냐하면 개발한 산업입지의 가격기준 등 처분조건은 사회, 경제적인 조건의 변화에 따른 거시적 산업입지정책의 변경 등에 따라 신축적이고 탄력적으로 이를 정하여 운영할 필요가 매우 크므로 이를 법률로 규율하는 데는 현실적·기술적으로 상당한 어려움이 따른다고 보이기 때문이다. 그렇다면, 이 사건 법률조항이 위임입법으로서 갖추어야 할 구체성·명확성의 요구 정도는 완화될 수 있다고 판단된다. 이 사건 법률조항이 대통령령에 위임하고 있는 대상 내지 범위는 명백하다. 즉, '처분계획'이라는 것도 처분하고자 하는 토지 등의 명세, 처분대상자의 자격요건, 처분의 시기·방법·조건, 처분가격의 결정방법, 그 납부 사항에 관한 총괄적 계획서임이 쉽게 예측되는 등 대통령령에 위임하고 있는 대상 내지 범위는 구체적으로 한정되어 있다. 이 사건 법률조항은 헌법 제75조에서 정한 위임입법의 한계 내에 있다고 보아야 할 것이다.

나) 지극히 다양하거나 수시로 변화하는 규율대상의 경우

헌재는 위임되는 규율대상이 지극히 다양하거나 수시로 변화하는 성질의 것일 때에는 위임의 구체성·명확성의 요건이 완화된다고 본다. 아래와 같은 예들을 볼 수 있다.

① 외국인근로자의 사업장 변경을 3회로 제한하되 3회를 초과하여 사업장을 변경할 수 있는 예외적인 경우를 대통령령에서 정하도록 위임하고 있는 구 '외국인근로자의 고용 등에 관한 법률' 제25조 제4항 단서의 규정이 포괄위임원칙에 반하지 않는다고 본 결정례가 있다.

판례 헌재 2011.9.29. 2007헌마1083

[결정요지] 이 법률조항 단서는 특별한 사정이 있는 경우에는 사업장변경횟수를 원칙보다 늘려줌으로써

외국인근로자의 기본권을 본문보다 더 배려하기 위해서 만들어진 조항이라고 할 것이다. 이러한 경우 어떠한 사유가 있을 때 사업장 변경가능 횟수를 늘려줄 것인지 여부 등은 내국인근로자의 고용기회와 중소기업의 인력수급 상황 등 국내 노동시장의 여러 가지 요소를 고려하여 정책적으로 결정되어야 할 사항이므로, 규율하고자 하는 내용이 다양하거나 수시로 변화하는 성질의 것으로서 위임의 구체성·명확성의 요건이 완화되어야 할 경우에 해당한다고 할 것이다. 이와 더불어 외국인고용법의 입법목적과 전체적인 취지를 종합적으로 고려하여 보았을 때, 이 법률조항 단서의 위임에 의하여 대통령에 규정될 내용은 사업장 변경을 추가적으로 허용할 부득이한 사유의 구체적인 내용 및 추가 변경가능 횟수의 범위임을 알 수 있으므로 이 법률조항 단서는 포괄위임입법금지원칙에 위반되지 아니한다.

② 불온도서의 소지·전파 등을 금지하는 군인복무규율(대통령령)이 문제된 사안에서 이 규율의 근거가 되는 군인사법(법률) 제47조의2가(복무규율) "군인의 복무에 관하여는 군인사법에 규정한 것을 제외하고는 따로 대통령령이 정하는 바에 의한다"라고 규정한 것이 포괄위임이 아닌지가 논란되었는데 헌재는 광범위한 위임이 필요하다고 보아 합헌성을 인정한 바 있다. 이 결정에서 헌재는 군인의 복무 기타 병영생활 및 정신전력 등과 밀접하게 관련되어 있는 부분은 행정부에 널리 독자적 재량을 인정할 수 있는 영역이고 대통령의 국군 통수작용은 상황에 따라 탄력적으로 행하여지는 것으로서 광범위한 유동성·긴급성·기밀성 등이 요구되며, "군인들의 복무에 관한 사항은 군사적인 전략상황에 따라 수시로 변동하는 것으로서, 이와 같은 사항을 현실의 변화에 대응하여 유연하게 규율하도록" 할 필요가 있는 경우에는 광범위하게 대통령령에 위임할 수 있다고 판시하였다.

판례 헌재 2010.10.28. 2008헌마638

[판시] 국방의 목적을 달성하기 위하여 상명하복의 체계적인 구조를 가지고 있는 군조직의 특수성을 감안할 때, 군인의 복무 기타 병영생활 및 정신전력 등과 밀접하게 관련되어 있는 부분은 행정부에 널리 독자적 재량을 인정할 수 있는 영역이라고 할 것이므로, 이와 같은 영역에 대하여 법률유보원칙을 철저하게 준수할 것을 요구하고, 그와 같은 요구를 따르지 못한 경우 헌법에 위반된다고 판단하는 것은 합리적인 것으로 보기 어렵다. 또한 대통령은 국가의 독립과 영토의 보전 및 국가의 계속성과 헌법을 수호할 책무를 지고(헌법 제66조 제2항), 이를 위하여 헌법과 법률이 정하는 바에 따라 국군을 통수할 권한을 가지는바(헌법 제74조 제1항), 대통령의 이러한 국군 통수작용은 상황에 따라 탄력적으로 행하여지는 것으로서, 여기에는 광범위한 유동성·긴급성·기밀성 등이 요구되고, 특히 남북한의 군사력이 첨예하게 대치하고 있는 우리의 특수한 안보상황에서 이러한 요구는 더욱 절실하다. 군인들의 복무에 관한 사항은 군사적인 전략상황에 따라 수시로 변동하는 것으로서, 이와 같은 사항을 현실의 변화에 대응하여 유연하게 규율하도록 하기 위하여 광범위하게 대통령령에 위임하여야 할 필요성이 있다 할 것이므로, 군인의 임용, 복무, 교육훈련, 사기, 복지 및 신분보장 등에 관하여 국가공무원법에 대한 특례를 정함을 목적으로 하고 있는 군인사법 제47조의2는 군인의 복무에 관하여는 이 법에 규정한 것을 제외하고는 따로 대통령령이 정하는 바에 의한다고 규정하고 있고, 그 조항의 위임을 받아 제정된 대통령령인 군인복무규율은 군인의 복무 기타 병영생활에 관한 기본사항을 규정함을 목적으로(제1조), 군인들의 직무상의 다양한 의무 등 복무에 관한 사항을 규정하고 있다. 군인사법 제47조의2는 국가의 독립과 영토의 보전 등에 관한 대통령의 헌법상 책무를 다하도록 하기 위하여 헌법이 대통령에게 부여한 군통수권을 실질적으로 존중한다는 차원에서 군인의 복무에 관한 사항을 규율할 권한을 대통령령에 위임한

것이라 할 수 있고, 그 조항이 대통령령으로 규정될 내용 및 범위에 관한 기본적인 사항을 다소 광범위하게 위임하였다 하더라도 이를 헌법 제75조에 어긋나는 것이라고 보기 어렵다.

다) 입법재량이 넓게 인정될 경우에 예측가능성 요구 완화

보건의료인이 충분한 주의의무를 다하였음에도 불구하고 불가항력적으로 발생한 분만 의료사고에 대해 피해 보상사업을 한국의료분쟁조정중재원이 실시하도록 한다. 그런데 그 보상사업에 드는 비용의 일부를 보건의료기관개설자 등 대통령령으로 정하는 자에게 분담하게 할 수 있게 하는 '의료사고 피해구제 및 의료분쟁 조정 등에 관한 법률' 제46조 제3항, 그리고 그 분담을 해야 할 보건의료기관개설자의 범위, 보상재원의 분담비율을 대통령령으로 정하도록 한 동조 제4항 그 해당부분 규정이 법률유보원칙 또는 포괄위임금지원칙에 위반되지 않는다고 헌재는 결론내렸다.

판례 헌재 2018.4.26. 2015헌가13

[결정요지] 보상의 전제가 되는 의료사고에 관한 사항들은 의학의 발전 수준 등에 따라 변할 수 있으므로, 분담금 납부의무자의 범위와 보상재원의 분담비율을 반드시 법률에서 정해야 한다고 보기는 어렵다. 따라서 심판대상조항은 법률유보원칙에 위반되지 않는다. 보건의료인이 충분한 주의의무를 다하였음에도 불구하고 불가항력적으로 발생한 분만의료사고에 대한 피해 보상사업(이하 '이 사건 보상사업'이라 한다)에 필요한 재원을 누구에게 부담시킬 것인지는 분만 의료의 환경, 의료기술 수준 등에 따라 달라지므로, 그에 관하여 위임의 필요성이 인정된다. 이 사건 보상사업에 필요한 재원은 무과실 분만 의료사고의 발생 건수, 보상 청구 현황 등에 따라 달라지므로, 보상재원의 분담비율 결정에 대해서도 위임의 필요성이 인정된다. 의료분쟁조정법의 문언과 이 사건 보상사업의 목적을 종합해 보면, 심판대상조항이 대통령령에 위임하고 있는 분담금 납부의무자의 범위에 분만 실적이 있는 보건의료기관개설자가 포함될 것이라는 점을 예측할 수 있다. 분만 실적 있는 보건의료기관개설자는 요양급여비용을 받고, 분만에 수반되는 위험을 관리하며, 보상금 지급으로 조성되는 안정적인 진료환경을 누리므로 과실 없이 발생한 분만 의료사고와 밀접한 관련성을 가진다. 이 사건 보상사업은 무과실 분만 의료사고 피해를 보상하기 위한 것으로서, 그 성격상 보건의료기관개설자들이 부담하는 분담금이 높을 것으로 보이지 아니한다. 따라서 입법자는 이 사건 보상사업에 드는 비용을 분담시킴에 있어 폭넓은 재량을 가지므로 분담비율을 정하는 기준이나 분담비율의 상한 등을 구체적으로 정하여 위임하지 않았더라도 보상재원의 분담비율에 대한 예측가능성이 없다고 보기 어렵다. 심판대상조항은 포괄위임금지원칙에 위반되지 않는다.

(사) 위헌결정례

위임한계 문제가 많이 거론되는 사안은 위에서 언급한 대로 국민의 기본권에 많은 영향을 미치는 죄형법정주의, 조세법률주의 영역에서의 사안들이다.

가) 죄형법정주의에 관한 위헌결정례

포괄위임금지원칙에 반한다고 하여 위헌이라고 본 대표적 결정례들로 처벌규정의 포괄위임을 이유로 한 위헌결정들이 많았는데 그 판례들은 앞의 기본권의 신체의 자유, 죄형법정주의에서 인용되는 결정례들을 참조하면 되겠다.

나) 조세법률주의에 관한 위헌결정례

조세법률주의라도 구체적 사항을 행정입법에 위임할 수 있는데 그 위임한계의 일탈이 조세사건에서 많이 주장된다. 위헌결정례는 앞의 국회의 재정에 관한 부분에서 다루었다(전술 참조).

다) 그 외 위헌결정례

그 외의 영역에서도 포괄위임이라고 하여 위헌으로 결정된 예들이 적지 않다. 포괄위임금지원칙의 위배로 위헌성이 인정된 결정례들은 각 기본권이 관련되는 영역에서도 인용되고 있다. 즉 어떤 기본권이 제한되는데 그 제한에 있어서 한계원칙인 포괄위임원칙을 위배했는지가 문제되어 판단되면 그 기본권 영역에서 인용될 것이기 때문에 그 해당 기본권 부분에서도 인용되고 있는 것이다. 따라서 여기에서는 예시적인 몇 가지 결정을 볼 뿐이고 여러 위헌결정례는 기본권 부분에 나오는 결정례들 참조하면 되겠다. 대표적인 예시적 결정례를 아래에 몇 가지 인용한다.

① 업무정지

판례 헌재 2011.9.29. 2010헌가93

[판시사항] 1. 의료기기 판매업자의 의료기기법 위반행위 등에 대하여 보건복지가족부령이 정하는 기간 이내의 범위에서 업무정지를 명할 수 있도록 규정한 의료기기법(2008.12.26. 법률 제9185호로 개정되고, 2010.1.18. 법률 제9932호로 개정되기 전의 것) 제32조 제1항 부분(이하 '이 사건 법률조항'이라 한다)이 헌법 제75조의 포괄위임금지원칙에 위배되는지 여부(적극) 2. 업무정지처분의 근거규정의 전면적 효력 상실을 막기 위하여 헌법불합치결정을 하고 그 계속적용을 명한 사례 [결정요지] 1. 업무정지기간은 국민의 직업의 자유와 관련된 중요한 사항으로서 업무정지의 사유 못지않게 업무정지처분의 핵심적·본질적 요소라 할 것이고, 비록 입법부가 복잡·다기한 행정영역에서 발생하는 상황의 변화에 따른 적절한 대처에 필요한 기술적·전문적 능력에 한계가 있어서 그 구체적 기준을 하위법령에 위임할 수밖에 없다 하더라도 최소한 그 상한만은 법률의 형식으로 이를 명확하게 규정하여야 할 것인데, 이 사건 법률조항은 업무정지기간의 범위에 관하여 아무런 규정을 두고 있지 아니하고, 나아가 의료기기법의 다른 규정이나 다른 관련 법률을 유기적·체계적으로 종합하여 보더라도 보건복지가족부령에 규정될 업무정지기간의 범위, 특히 상한이 어떠할지를 예측할 수 없으므로 헌법 제75조의 포괄위임금지원칙에 위배된다.

② 취소사유의 백지위임

판례 헌재 2004.7.15. 2003헌가2

[결정요지] 공익법인의 이사의 취임승인을 취소하는 근거조항인 '공익법인의 설립·운영에 관한 법률' 제14조 제2항이 "주무관청은 대통령령이 정하는 사유가 있는 때에는 이사의 취임승인을 취소할 수 있다"라고 규정하고 있는데 이는 공익법인 이사의 취임승인의 취소사유를 전적으로 대통령령에 백지위임하는 것으로서 포괄위임금지 원칙에 위배되어 헌법에 위반된다.

③ 학원의 등록취소사유

판례 헌재 2005.7.21. 2004헌가30, 판례집 17-2, 1면

[쟁점] '자동차운전전문학원을 졸업하고 운전면허를 받은 사람 중 교통사고를 일으킨 비율이 대통령령

이 정하는 비율을 초과하는 때'에는 학원의 등록을 취소하거나 1년 이내의 운영정지를 명할 수 있도록 한 구 도로교통법 제71조의15 제2항 제8호의 '교통사고' 부분(이하 '이 사건 조항'이라 한다)이 포괄위임입법금지원칙에 위배되는지 여부(적극) [결정요지] "교통사고를 일으키거나 … 한 사람의 비율이 대통령령이 정하는 비율을 초과하는 때"라고 규정하고 있는 이 사건 조항은 행정처분의 기준이 되는 '교통사고'와 '사고 운전자의 비율'을 각 위임하고 있는 것이라고 볼 수 있다. 이러한 위임입법은 헌법 제75조의 포괄위임입법금지원칙에 위배된다. '교통사고'는 이 사건 조항에서 행정제재의 기준이 되는 비율의 계산에 있어서 중요한 변수이나, 이 사건 조항은 대통령령에 규정될 '교통사고'가 어떤 종류나 범위의 것이 될 것인지에 관한 대강의 기준을 제시하지 않고 있으며 도로교통법의 전반적 체계와 관련규정을 보아도 이를 예측할만한 단서가 없다. 따라서 '교통사고' 부분의 위임은 지나치게 포괄적인 것으로서 예측가능성을 주지 못하며 위임입법에서 요구되는 구체성·명확성 요건을 충족하지 못하였다. '사고 운전자의 비율'은 행정제재의 핵심적인 기준이므로 그 위임에 있어서는 법률에서 구체적 기준을 정하여야 한다. 그런데 이 사건 조항이나 도로교통법의 다른 조항들을 살펴보아도 그 비율의 대강이나 상하한선을 예상할 수 없다. 따라서 이 사건 조항은 운전전문학원 졸업자의 교통사고 비율을 대통령령에 너무 포괄적으로 위임한 것이다.

* 그 외 포괄위임으로 위헌성이 인정된 결정례들로, 2001헌가30, 2000헌가10, 2000헌바94, 2002헌가15, 2004헌가24, 2003헌바40. [결정요지] 정부투자기관관리기본법 제20조 제3항 중 "입찰참가자격의 제한기간을 재정경제부령으로 정하도록 한 부분"은 정부투자기관의 입찰참가자격제한처분권한을 규정한 정부투자기관관리기본법 제20조 제2항에서 자격제한기간의 상한을 정하지 않은 채 "일정기간"이라고 불명확하게 규정함으로 말미암아 하위법령인 재정경제부령에 자격제한기간을 전적으로 모두 위임한 것과 같은 결과를 초래하게 되었으므로 포괄위임금지원칙에 위반된다. * 헌법불합치결정이었음.

* 현재는 2년의 범위 내로 '공공기관의 운영에 관한 법률' 제39조 제2항이 명시하고 있음. 그런데 결정 당시의 "정부투자기관회계규칙 제23조 제1항은 제한기간을 1월 이상 2년 이하로" 규정되어 있었음. 2003헌가2, 2004헌가20, 2004헌가30, 2005헌가1, 2007헌가4, 2009헌가4, 2008헌바116, 2010헌가93 등도 참조.

3) 집행명령의 한계

집행명령은 법률을 집행하기 위하여 필요한 사항만을 정할 수 있을 뿐이므로 법률을 시행하고 적용하기 위하여 필수적인 세부적이고도 구체적인 방식이나 절차에 관한 규정을 둘 수 있을 뿐이다. 따라서 법률에서 정하지 않은 새로운 법규사항을 규정할 수는 없다는 한계가 있다. 헌재판례 중에는 금치처분을 받은 자에 대하여 금치기간 중 집필을 전면 금지한 구 행형법시행령 규정이 "금치기간 중 집필의 전면 금지라는 금치대상자의 자유와 권리에 관한 사항을 규율하고 있어 도저히 집행명령으로 볼 수 없으므로 모법의 근거 및 위임이 필요없다고 하기도 어렵다"라고 하여 법률유보원칙 위배라고 본 결정례가 있다.

판례 헌재 2005.2.24, 2003헌마289, 판례집 17-1, 272면.

법률의 근거가 있다면 위임명령이 될 것이나 그렇지 않고 자유와 권리에 관한 사항이므로 집행명령으로 볼 수도 없다는 것이다.

(6) 모법률(母法律, 授權法律)의 합헌성여부와 수임 행정입법의 합헌성여부의 관계

위임을 하는 법률이 포괄위임을 하여 위헌이더라도 수임을 하여 규정을 두는 대통령령이 적절한 범위 내에서 규정을 두어 합헌적이라고 한다면 위임을 한 모법률도 합헌이 될 수 있는지 하는 문제가 있다. 위에서 언급한 대로 포괄위임인지의 문제는 하위 행정입법이 아니라 위임을 하는 법률에 대해 설정되는 한계이기에 포괄위임이라면 그 자체로 모법률이 위헌이 되는 것이므로 하위 대통령령이 적정한 범위에서 규정을 두더라도 위헌인 상위 모법률이 합헌으로 되지는 않는다. 헌법재판소판례도 "위임입법의 한계의 법리는 헌법의 근본원리인 권력분립주의와 의회주의 내지 법치주의에 바탕을 두는 것이기 때문에 행정부에서 제정된 대통령령에서 규정한 내용이 정당한지 여부와는 직접적으로 관계가 없다고 하여야 할 것이다. 즉, 대통령령에서 규정한 내용이 헌법에 위반될 경우 그 대통령령의 규정이 위헌일 것은 물론이지만, 반대로 하위법규인 대통령령의 내용이 합헌적이라고 하여 수권법률의 합헌성까지를 의미하는 것은 아니다"라고 판시하여 같은 입장을 취하고 있다(헌재 1995.11.30. 93헌바32, 법인세법 제32조 5항 등 위헌소원, 판례집 7-2, 598면). 반대로 위임하는 모법률은 구체적 위임을 하여 합헌인데 하위 수임 행정입법이 위임범위를 벗어나 넓게 규정을 한 경우 모법률까지도 위헌이 되느냐 하는 문제가 있다. 역시 별개의 문제로서 모법률은 여전히 합헌으로 남는다고 할 것이다. 헌법재판소판례도 같은 입장을 취하고 있다. 헌재는 "심판대상조항의 위임에 따라 하위 법령에서 규정한 내용이 헌법에 위반될 경우라도 그 하위 법령의 규정이 위헌으로 되는 것은 별론으로 하고 그로 인하여 정당하고 적법하게 입법권을 위임한 수권법률인 심판대상조항까지 위헌으로 되는 것은 아니라고 할 것"이라고 한다.

판례 헌재 2018.12.27. 2017헌바43; 1996.6.26. 93헌바2; 1997.9.25. 96헌바18등; 2001.1.18. 98헌바75; 2001.9.27. 2001헌바11; 2002.1.31. 2001헌바13; 2002.4.25. 2001헌바66등; 2002.12.18. 2001헌바52; 2007.4.26. 2003헌마947; 2010.2.25. 2009헌바38; 2010.5.27. 2008헌바66; 2010.7.29. 2009헌바192; 2011.12.29. 2010헌바205; 2018.4.26. 2016헌바287 등 참조.

위 경우에 수임 행정입법이 수권법률에서 정한 위임의 범위를 벗어나는 것인지 여부의 문제는 법률위반의 문제이다(헌법 제75조가 법률이 구체적 범위를 정하여 위임하도록 한 것은 행정입법이 구체적 범위 내에서 정해져야 함을 헌법이 명령하는 것이라고 볼 것이라는 점에서는 헌법위반의 문제로 볼 수도 있다). 요컨대 모법률의 위헌성여부와 하위 수임 행정입법의 위헌성여부는 별개로 판단된다.

(7) 재위임의 문제

법률이 대통령령에 위임한 사항에 관하여 대통령령이 하위의 총리령이나 부령에 다시 위임할 수 있느냐 하는 문제가 있다. 법률이 위임한 사항에 대해 아무런 사항도 전혀 두지 않고 재위임하는 것은 금지되나 대통령령이 일정 사항을 정하고 다시 일정한 범위로 한정하고 더 좁혀 재위임하는 것은 가능하다. 헌법재판소도 "법률에서 위임받은 사항을 전혀 규정하지 아니하고 그대로 재위임하는 것은 복위임금지법리(復委任禁止法理)에 반하여 허용되지 않으며, 위임받은 사항에 관하여 대강을 정하고 그 중의 특정사항을 범위를 정하여 하위법령에 다시 위임하는 경우에만" 재위임이 허용된다고 본다.

판례 헌재 1996.2.29. 94헌마213, 풍속영업의 규제에 관한 법률 제2조 제6호 등 위헌확인, 판례집 8-1, 147면. * 동지 : 헌재 2002.7.18. 2001헌마605, 신문업에있어서의불공정거래행위및시장지배적지위남용행위의유형및기준 제3조 제1항 등 위헌확인, 판례집 14-2, 101면.

(8) 행정입법에 대한 통제

행정입법에 대한 통제에는 행정내부에 의한 통제, 국회에 의한 통제 등을 포함하여 여러 통제가 있을 것이나 재판을 통한 사법적 통제(司法的 統制)가 보다 효율적이고 중요하다.

1) 내부적 통제

(가) 법안심사 등

법규명령의 경우 관계기관과의 협의 물론이고 규제심사, 법제처의 심사, 국무회의의 심의, 국무총리와 관계 국무위원의 부서 등을 거쳐야 한다. 대통령령의 경우 국무회의의 심의를 거치도록 헌법이 명시하고 있다(제89조 3호). 당정협의 등도 정치적, 대의회적 절차의 의미를 가진다.

(나) 입법예고제

행정절차법은 입법예고제를 규정하고 있는데 법령 등을 제정 · 개정 또는 폐지하려는 경우에는 해당 입법안을 마련한 행정청은 이를 예고하여야 한다고 규정하여 이를 의무화하고 있다(동법 제41조 1항). 입법예고도 통제로서 다만, 행정내부에 그치는 것이 아니라 외부의 국민이나 관계기관들에 의한 의견개진을 할 수 있게 하여 외부적 통제의 의미도 가진다. 입법예고의 방법으로 행정절차법은 행정청은 입법안의 취지, 주요 내용 또는 전문(全文)을 관보 · 공보나 인터넷 · 신문 · 방송 등을 통하여 널리 공고하여야 한다고 규정하고 있다(동법 제42조). 입법예고기간은 예고할 때 정하되, 특별한 사정이 없으면 40일 이상으로 한다(동법 제43조). 누구든지 예고된 입법안에 대하여 의견을 제출할 수 있다(동법 제44조 1항).

(다) 지휘 · 감독 등

상급 행정청에 의한 지휘 · 감독으로 하급 행정청의 행정입법을 변경, 수정하도록 하여 통제를 할 수 있다.

2) 사법적 통제

사법기관(재판기관)의 재판을 통한 통제인 사법적 통제로서 행정입법에 대한 통제를 법원에 의한 통제와 헌법재판소에 의한 통제로 나누어 살펴본다.

(가) 법원에 의한 통제 – 명령 · 규칙심사제

가) 헌법규정 명령 · 규칙 또는 처분이 헌법이나 법률에 위반되는 여부가 재판의 전제가

된 경우에는 대법원은 이를 최종적으로 심사할 권한을 가진다(제107조 2항).

나) 성격 위와 같이 우리 헌법은 행정입법에 대한 법원의 통제로 구체적 규범통제를 행하게 규정하고 있다. 구체적 규범통제란 문제되는 법규범이 적용되는 구체적 사건이 발생하여 이를 해결하기 위한 재판이 있게 되고 이 재판에서 그 법규범의 상위 법규범에의 위반여부를 심사하는 제도를 말한다. 헌법 제107조 제2항이 명령, 규칙이 헌법이나 법률에 위반되는 여부가 재판의 전제가 된 경우에 대법원이 최종적으로 심사할 권한을 가진다고 규정하고 있으므로 우리 헌법도 구체적 규범통제의 방식을 택하고 있는 것이다.

다) 심사주체 유의할 점 내지 우리나라 명령·규칙심사제의 특징으로 심사주체에 관하여는 하급법원도 심사권을 가진다는 점이다. 헌법 제107조 제2항은 대법원이 '최종적으로' 심사할 권한을 가진다고 하여 하급법원도 명령, 규칙에 대한 심사권을 가짐을 분명히 하고 있다.

* 헌법재판소와 관할 갈등이 있었다. 헌재는 명령·규칙이 헌법상 기본권을 침해하는 경우 명령·규칙도 공권력행사이므로 헌법소원심판의 대상이 된다고 본다. 반면 대법원은 명령·규칙에 대한 심사권은 대법원이 최종적으로 심사할 뿐이고 헌법재판소의 심사대상은 될 수 없다는 입장이다. 이러한 갈등이 있었는데 실제 헌재는 명령·규칙에 대한 헌법소원심판을 행하기도 한다.

라) 위헌·위법판단시의 효과

(a) 구체적 규범통제하에서의 원칙론

명령·규칙심사에서 명령이나 규칙이 헌법이나 법률에 위반된다고 판단되는 경우 그 효과는 어떠할 것인가 문제된다. 구체적 규범통제 체제에서는 일반적으로 법원의 개별 당해사건에서 적용이 거부되는 것에 그친다. 이를 개별적 효력이라고 한다.

(b) 우리나라의 경우 - 무효선언

그러나 우리 대법원은 무효라고 선언하고 있다. 이 점을 유의하여야 한다. 우리나라에서는 헌법 제107조 제2항이 "명령·규칙 또는 처분이 헌법이나 법률에 위반되는 여부가 재판의 전제가 된 경우에는 대법원은 이를 최종적으로 심사할 권한을 가진다"라고 규정하여 구체적 규범통제를 행한다. 그런데도 대법원은 무효선언을 하고 우리나라 명령·규칙심사제의 특색 내지 유의할 또 다른 사항으로 이처럼 위헌·위법판단시의 효과가 사실상 일반적이라는 것이다.

대법원판례 대법원 2006.11.16. 2003두12899 전원합의체; 2007.10.29. 2005두4649 전원합의체.

사실상 일반적 효력을 부여하고 있는 것이다. 교과서에 적용거부에 그친다고 잘못 서술된 경우를 본다. 또한 우리의 경우 "행정소송에 대한 대법원판결에 의하여 명령·규칙이 헌법 또는 법률에 위반된다는 것이 확정된 경우에는 대법원은 지체없이 그 사유를 행정안전부장관에게 통보하여야 한다"라고 규정하고 그 통보를 받은 "행정안전부장관은 지체없이 이를 관보에 게재하여야 한다"라고 규정하여 '명령·규칙의 위헌판결등 통보·공고제'를 두고 있다(동법 제6

조). 이러한 제도나 대법원이 무효선언을 하는 것은 법적 규율의 통일성을 가져오게 하고, 국민이 개개사건마다 다시 위헌판단을 받기 위한 소송제기의 불편함을 덜어주는 것으로서 타당하다.

(나) 헌법재판소에 의한 통제

헌법재판소에 의한 행정입법의 통제로는 다음과 같은 것들이 있다.

① 헌법소원심판 – 헌법재판소는 헌법소원심판(법령소원심판)에 의하여 행정입법에 대한 심사를 하고 있다. 행정입법도 공권력의 하나이고 헌법소원심판은 공권력의 행사·불행사로 인한 기본권의 침해가 있을 때 청구할 수 있기 때문에(헌법재판소법 제68조 1항) 행정입법이 직접 어느 국민의 기본권을 침해하는 경우(즉 처분적 행정입법일 경우)에 헌법소원의 대상이 될 수 있다(이에 관한 자세한 것은 헌법소원심판의 대상 부분 참조). 그러나 대법원은 헌법 제107조 제2항이 대법원이 최종적으로 심사한다는 문언을 내세워 헌법재판소의 헌법소원의 대상이 아니라고 하여 양부간의 갈등이 있었다. 이 갈등은 법무사법시행규칙이라는 대법원의 규칙(이 규칙은 법규명령)에 대한 헌법소원심판대상성을 긍정하는 헌재와 부정하는 대법원 간의 대립으로 나타났다. 양부간의 이러한 갈등 문제로 두밀분교 사건을 거론하는 교과서(성낙인(2015), 57면)도 있으나 그 사건에서는 조례에 대한 것이었다. 앞으로 법원이 행정입법의 처분성을 인정하여 행정입법 자체를 대상으로 바로 항고소송을 제기할 수 있음을 받아들여 판단한다면 헌법소원의 보충성원칙이 적용되어 헌재가 1차적으로 행정입법에 대한 헌법소원을 담당할 여지가 없어진다(이상과 같은 문제에 대한 자세한 것은 헌법재판, 헌법소원 부분을 참조). 그러나 현재 행정입법에 대한 헌법소원이 많이 이루어지고 있다.

② 대통령이 위헌·위법(우리 판례에 따르면 중대한 위헌·위법)인 대통령령을 제정·개정하였다는 사유로 국회가 탄핵소추를 의결하면 헌재가 이에 대해 심판함으로써 대통령령의 위헌·위법 여부를 심사하는 통제를 할 수 있다.

③ 권한쟁의심판을 통한 통제도 가능하다. 가령 어느 국가기관의 행정입법이 어느 다른 국가기관의 권한을 침해하거나 어느 지방자치단체의 권한을 침해하였다고 하여 권한쟁의심판이 청구될 수도 있고 그 심판에서 헌법재판소가 부령에 대한 위헌·위법 여부를 심사하여 통제할 수 있다(예를 들어 시간외근무수당 문제를 둘러싸고 행정자치부 장관의 지침이 강남구의 재정자치권을 침해하는 것이라는 주장으로 청구된 권한쟁의심판이 있었다. 헌재 2002.10.31. 2002헌라2).

④ 위헌법률심판의 경우 – 위헌법률심판은 법률이 심판대상이므로 이를 통한 행정입법 통제가능성은, 더구나 헌재 자신의 판례는 법률의 위헌성과 행정입법 자체의 위헌성은 별개의 것이라는 입장을 취하는데(이 판례법리는 검토가 필요하다), 이에 따르면 직접적으로는 없다고 볼 것이다. '구체적 범위'의 위임은 법률에 대한 헌법의 요구이므로 이를 위배한 것인지 여부의 심사는 법률에 대한 것이지만 대통령령이 넓게 규정을 두게 된 원인이 법률이 포괄적으로 위

임한 데 기인하거나 의회유보사항을 법률이 정하지 않고 방기하여 대통령령이 규정을 두게 된 경우 등에 대해서는 위헌법률심판을 통해 국회의 책임 불이행에 대한 규명을 하는 것이 필요할 것이다(여대야소의 경우 여당이 정부의 입장을 감안하여 책임을 방기할 수도 있을 것이다).

3) 국회에 의한 통제

(가) 명령 등의 제출제도

국회법 제98조의2(대통령령 등의 제출 등) ① 중앙행정기관의 장은 법률에서 위임한 사항이나 법률을 집행하기 위하여 필요한 사항을 규정한 대통령령·총리령·부령·훈령·예규·고시 등이 제정·개정 또는 폐지되었을 때에는 10일 이내에 이를 국회 소관 상임위원회에 제출하여야 한다. 다만, 대통령령의 경우에는 입법예고를 할 때(입법예고를 생략하는 경우에는 법제처장에게 심사를 요청할 때를 말한다)에도 그 입법예고안을 10일 이내에 제출하여야 한다.

② 중앙행정기관의 장은 제1항의 기간 이내에 제출하지 못한 경우에는 그 이유를 소관 상임위원회에 통지하여야 한다.

③ 상임위원회는 위원회 또는 상설소위원회를 정기적으로 개회하여 그 소관 중앙행정기관이 제출한 대통령령·총리령 및 부령(이하 이 조에서 "대통령령등"이라 한다)의 법률 위반 여부 등을 검토하여야 한다.

④ 상임위원회는 제3항에 따른 검토 결과 대통령령 또는 총리령이 법률의 취지 또는 내용에 합치되지 아니한다고 판단되는 경우에는 검토의 경과와 처리 의견 등을 기재한 검토결과보고서를 의장에게 제출하여야 한다. <신설 2020.2.18.>

⑤ 의장은 제4항에 따라 제출된 검토결과보고서를 본회의에 보고하고, 국회는 본회의 의결로 이를 처리하고 정부에 송부한다. <신설 2020.2.18.>

⑥ 정부는 제5항에 따라 송부받은 검토결과에 대한 처리 여부를 검토하고 그 처리결과(송부받은 검토결과에 따르지 못하는 경우 그 사유를 포함한다)를 국회에 제출하여야 한다. <신설 2020.2.18.>

⑦ 상임위원회는 제3항에 따른 검토 결과 부령이 법률의 취지 또는 내용에 합치되지 아니한다고 판단되는 경우에는 소관 중앙행정기관의 장에게 그 내용을 통보할 수 있다. <신설 2020.2.18.>

⑧ 제7항에 따라 검토내용을 통보받은 중앙행정기관의 장은 통보받은 내용에 대한 처리 계획과 그 결과를 지체 없이 소관 상임위원회에 보고하여야 한다. <신설 2020.2.18.>

⑨ 전문위원은 제3항에 따른 대통령령등을 검토하여 그 결과를 해당 위원회 위원에게 제공한다. <개정 2020.2.18.>

가) 취지 및 내용, 대상, 기간

의회가 정부의 행정입법이 적법하게 정립되도록 통제하기 위한 명령제출제도를 외국에서 볼 수 있다. 우리의 경우에도 현행 국회법에서 제출제도를 위 규정과 같이 두고 있다.

현행 명령제출제도는 법률이 위임한 범위 내에서 명령이 제정되었는지, 집행명령이 집행에 필요한 사항을 벗어나지 않은 적법한 것인지를 사후 감독하여 그 한계 등을 준수하도록 하기 위한 것이다. 유의할 점은 위임명령과 집행명령뿐 아니라 훈령, 고시 등 행정규칙도 적용대상이라는 것이다. 제출기간은 제정·개정 또는 폐지된 후 10일 이내이고 제출할 곳은 국회 소관 상임위원회이다. 중앙행정기관의 장은 제1항의 기간 이내에 제출하지 못한 경우에는 그 이유를 소관 상임위원회에 통지하여야 한다(동법 동조 2항).

나) 검토·통보·보고 등 제도

국회법은 검토결과 통보, 보고 등의 제도를 두고 있다.

i) **대상** 상임위원회는 위원회 또는 상설소위원회를 정기적으로 개회하여 그 소관 중앙행정기관이 제출한 대통령령·총리령 및 부령(이하 이 조에서 "대통령령등"이라 한다)의 법률 위반 여부 등을 검토하여야 한다(동법 동조 3항). 이처럼 검토·통보대상은 대통령령·총리령·부령이고 위 제출제도에서는 그 대상에 포함된 훈령, 예규, 고시 등 행정규칙은 그 대상이 아니다. 전문위원은 제3항에 따른 대통령령등을 검토하여 그 결과를 해당 위원회 위원에게 제공한다(동법 동조 9항).

ii) 법률의 취지·내용에 반하는 경우의 조치

① **대통령령·총리령과 부령에 대한 차이** 아래에 보듯이 대통령령·총리령에 대한 조치과정과 부령에 대한 그것에 차이가 있다.

② **대통령령·총리령 – 의장에 제출, 본회의 보고·의결, 정부에 송부, 처리결과통보** 상임위원회는 제3항에 따른 검토 결과 대통령령 또는 총리령이 법률의 취지 또는 내용에 합치되지 아니한다고 판단되는 경우에는 검토의 경과와 처리 의견 등을 기재한 검토결과보고서를 의장에게 제출하여야 한다(동법 동조 4항). 의장은 제4항에 따라 제출된 검토결과보고서를 본회의에 보고하고, 국회는 본회의 의결로 이를 처리하고 정부에 송부한다(동법 동조 5항). 정부는 제5항에 따라 송부받은 검토결과에 대한 처리 여부를 검토하고 그 처리결과(송부받은 검토결과에 따르지 못하는 경우 그 사유를 포함한다)를 국회에 제출하여야 한다(동법 동조 6항). 제4항에서 제6항까지 규정은 대통령령 또는 총리령에만 적용된다.

③ **부령 – 소관 중앙행정기관장에 통보, 처리 계획·결과 보고** 상임위원회는 제3항에 따른 검토 결과 부령이 법률의 취지 또는 내용에 합치되지 아니한다고 판단되는 경우에는 소관 중앙행정기관의 장에게 그 내용을 통보할 수 있다(동법 동조 7항). 제7항에 따라 검토내용을 통보받은 중앙행정기관의 장은 통보받은 내용에 대한 처리 계획과 그 결과를 지체 없이 소관 상임위원회에 보고하여야 한다(동법 동조 8항). 제7항, 제8항은 부령에만 적용된다. 이처럼 부령에 대해서는 본회의 보고제도가 없고, 정부 송부가 아니라 소관 중앙행정기관에 통보 및 처리 계획·결과 보고로 조치가 이루어진다는 점에 위 대통령령·총리령에 대한 그것과 차이가 있다.

다) 유의점

유의할 점은 이 검토·통보·보고 등 제도는 <u>대통령령·총리령 및 부령에 한정</u>된 것이고 행정규칙에 대해서는 적용되지 않고, 그 통제범위도 대통령령·총리령, 부령에 따라 위에서 본 대로 차이가 있다는 점이다. 위 제4항에서 제8항까지는 2020.2.18. 신설된 조항들이다.

* 국회는 2015년 5월에 위 통보 및 보고에 관한 규정인 국회법 제98조의2조 제3항을 "상임위원회는 소관 중앙행정기관의 장이 제출한 대통령령·총리령·부령 등 행정입법이 법률의 취지 또는 내용에 합치

되지 아니한다고 판단되는 경우 소관 중앙행정기관의 장에게 수정·변경을 요구할 수 있다. 이 경우 중앙행정기관의 장은 수정·변경 요구 받은 사항을 처리하고 그 결과를 소관상임위원회에 보고하여야 한다"라고 개정하는 의결을 하여 정부에 이송하였다. 통보에서 수정·변경 요구로 개정하고자 하였던 것이다. 박근혜 대통령은 국회가 정부가 제정한 시행령의 내용까지 사실상 관여할 수 있도록 하고 법원이 아닌 국회가 시행령 등의 법률위반 여부를 심사할 수 있도록 하여 권력분립원칙에 위배될 소지가 크다는 취지의 이유를 들어 법률안 거부권을 행사하여 국회로 환부되었다. 그러나 국회에서 다수당인 여당 의원들이 출석한 채 표결에 참여하지 않아 의장이 표결불성립을 선언하였고 결국 다음 해의 의원 임기만료로 폐기될 상황을 연출한 바 있었다. 그러나 위 거부사유는 타당하지 못하다. 국회는 수정·변경요구를 무조건 할 수 있는 것이 아니라 포괄위임 위반 등으로 법률의 취지·내용에 반할 때 할 수 있다는 점, 시행령에 대한 심사가 구체적 규범통제결과 사건이 발생할 때 법원의 심사가 이루어진다는 점을 간과한 것이다. 여하튼 현행 규정은 개정되지 않고 수정·요구가 아닌 내용통보를 하도록 하면서 2020년에 이를 보강하고 세분화하는 규정들을 두어 검토·통보제도를 중심으로 하는 것은 그대로 유지되고 있다.

(나) 일반 국정통제권에 의한 통제

국회는 국정감사와 조사를 통해 행정입법의 개정, 폐지 등을 지적함으로써 통제할 수도 있다. 국무총리, 국무위원에 대한 해임건의나 탄핵소추 등 정부에 대한 다른 일반적 통제제도를 통해서도 통제될 수 있다.

4) 국민에 의한 통제

국민에 의한 통제로 청문회, 공청회제도, 입법예고에의 참여를 통한 의견개진기회를 통해서 통제할 수 있는 방법들이 있고 법규명령으로 기본권침해를 받은 국민이 헌법소원심판을 청구하여 통제가 가해질 수 있게 할 수 있다. 또한 행정소송에서 행정입법이 재판의 전제가 된 경우에 법원에 의한 심사가 이루어지므로 국민은 행정소송을 통한 통제를 가져오게 할 수도 있다.

Ⅸ. 사법에 관한 권한 - 사면권

대통령의 사법(司法)에 관한 권한에는 ① 사법의 조직에 관여할 수 있는 헌법재판소장·대법원장·헌법재판관·대법관임명권, ② 위헌정당해산을 제소할 권한(이는 정부 전체의 권한이다), ③ 사면권 등을 들 수 있다. ①과 ②에 대해서는 다른 곳에서 살펴보았거나 살펴보게 되므로 여기서는 사면권만을 본다.

1. 사면권의 의의와 성격

사면은 좁게는 형의 공소권, 형의 집행면제를 가져오는 조치를 말하고, 넓게는 좁은 의미의 사면뿐 아니라 감형, 복권을 가져오는 조치도 포함하는 개념이다. 우리 헌법은 "대통령은 법률이 정하는 바에 의하여 사면·감형 또는 복권을 명할 수 있다"라고 규정하고 있는데(제79조

1항) 이 조항에서 '사면'은 사면 외에 이어 감형, 복권을 따로 명시하고 있다는 점에서는 좁은 의미로 해석된다. 그러나 동 조항은 이처럼 사면 외 감형, 복권도 대통령의 권한으로 명시함으로써 대통령에게 넓은 권한을 부여하고 있다. 사면·감형 및 복권에 관한 사항은 법률로 정하는데(제79조 3항) 그 법률이 사면법이다.

사면권의 성격에 대해서는 대통령의 고유한 권한이라는 견해가 많다. 이는 과거에 군주가 형의 집행을 중지하는 등 은전을 내리는 은사권(恩赦權)에서 유래하였다고 보는 입장이다. 권력분립적 시각에서 보면 사법부가 내린 판결에 대한 효력을 변경한다는 점에서 사법부에 대한 대통령의 견제라는 의미를 가지나 반대로 사법부에서 사면권행사에 대해 이의를 제기하는 등의 대응할 권한이 없다는 점에서 권력분립주의의 균형을 깨트리는 대통령의 권한이다. 그러함에도 오늘날에까지 사면권을 인정하는 것은 범죄처벌의 일변도나 경직성을 줄이기 위한 형사정책적 고려나[1] 사회적 통합 내지 국가적·사회적 이익을 위해 필요하다는 것을 인정하는 데에서 그 논거를 찾는다. 그 점에서는 대통령의 조정적인 권한으로서 성격이 강하다고 본다. 그렇다고 한계가 없는 권한이 아니다. 또한 앞서 언급한 대로 권력분립주의를 침해하는 면이 있으므로 대통령의 사면권행사에 대해서는 제한이 가해질 수 있고 그 남용을 막아야 한다는 주장이 제기되어 왔다. 우리 헌법도 아래의 사면권의 한계에서 보게 되지만 대통령의 사면에 제한을 가하고 있다.

2. 사면권의 종류와 내용

좁은 의미의 사면에는 일반사면, 특별사면이 있다. 일반사면이란 죄의 종류를 정하여 그 죄에 해당하는 모든 사람에 대하여 형의 선고의 효력을 상실시키거나 형의 선고를 받지 않은 사람에 대하여는 공소권을 상실시키는 것을 말한다(사면법 제8조, 제5조 1호). 특별사면이란 형의 선고를 받은 사람들 중 특정한 사람에 대해 형의 집행을 면제하는 것을 말한다(동법 제5조 2호). 광의의 사면에는 감형과 복권이 포함된다. 감형에도 형을 변경하는 일반감형과 형의 집행을 경감하는 특별감형이 있다(동법 제5조 3호·4호). 복권은 형의 선고로 인하여 법령에 따른 자격이 상실되거나 정지된 자에 대해 그 자격을 회복시켜주는 것을 말한다(동법 제3조 3호, 제5조 5호). 복권에도 일반복권과 특정한 자에 하는 특별복권이 있다(동법 제9조).

3. 사면권행사의 절차와 효과

(1) 절차

i) 대통령의 사면·감형과 복권은 국무회의심의를 거쳐야 하고(제89조 9호) 국무총리, 관

1) 사형제가 유지되어 있는 한에서 사실상 사형집행을 피하기 위해 사면권이 행사되기도 하는 것은 그 점을 말해준다.

계 국무위원의 부서가 있어야 한다(제82조 전문). ii) 일반사면, 일반감형, 일반복권 – 일반사면, 일반감형, 일반복권의 경우에는 대통령령에 의하도록 하고 있다(동법 제8조). 일반사면은 국회의 동의를 얻어야 한다(제79조 2항). iii) 특별사면 – 대통령의 사면권의 행사는 사법부의 판결에 대한 번복을 의미하므로 그 행사가 신중하고도 제한적으로 이루어져야 하는데 특히 국회의 동의없이 이루어지는 특별사면에 대한 통제가 필요하고 통제로서 특별한 절차가 마련되어 있다. 즉 법무부장관이 대통령에게 특별사면, 특정한 자에 대한 감형 및 복권을 상신할 때에는 민간인이 다수로 참여하는 사면심사위원회의 심사를 거치도록 하고(사면법 제10조 2항) 그 회의록을 일정 기간이 경과한 때부터 공개되도록 하여 특별사면의 남용을 막고자 하고 있다(이에 대해서는 아래의 통제 부분을 참조).

(2) 효과

사면법은 형의 선고에 의한 기성의 효과는 사면, 감형 및 복권으로 인하여 변경되지 아니한다고 하여 사면은 소급효를 가지지 않는다(동법 제5조 2항). 헌재는 여러 형이 병과된 경우 일부에 대해서만 특별사면을 하더라도 위헌이 아니라고 본다.

판례 사면법 제5조 제1항 제2호 위헌소원, 헌재 2000.6.1. 97헌바74, 헌재공보 제46호, 448면

[쟁점] 특별사면은 "형"에 대한 것이 아니라 사면을 받은 "사람"에 대한 것이므로 동일사건으로 특정인에게 선고된 모든 형의 집행이 면제되는 것이지 특정인에게 선고된 형 중에서 특정형의 집행만 면제되는 것이 아니며, 따라서 징역형의 집행유예와 벌금형이 병과된 청구인에 대하여 징역형의 선고의 효력을 상실케 하는 특별사면이 있는 경우에는 병과된 벌금형에 대하여도 사면의 효력이 미치는 것으로 사면법의 이 사건 조항을 해석하여야 할 것인 여부(합헌결정) [심판대상규정] 赦免法(1948.8.30. 법률 제2호로 제정된 것) 제5조 제1항 제2호 : 제5조(사면, 감형, 복권의 효과) ① 사면, 감형과 복권의 효과는 좌와 같다. 2. 특별사면은 형의 집행이 면제된다. 단, 특별한 사정이 있을 때에는 이후 형의 언도의 효력을 상실케 할 수 있다. [관련조문] 제7조(형집행유예의 언도를 받은 자에 대한 특사) 형의 집행유예의 언도를 받은 자에 대하여는 형의 언도의 효력을 상실케 하는 특별사면, 형을 변경하는 감형 또는 그 유예기간을 단축할 수 있다. [결정요지] (가) 사면은 형의 선고의 효력 또는 공소권을 상실시키거나, 형의 집행을 면제시키는 국가원수의 고유한 권한을 의미하며, 사법부의 판단을 변경하는 제도로서 권력분립의 원리에 대한 예외가 된다. 사면제도는 역사적으로 절대군주인 국왕의 은사권(恩赦權)에서 유래하였으며, 대부분의 근대국가에서도 유지되어 왔고, 대통령제국가에서는 미국을 효시로 대통령에게 사면권이 부여되어 있다. 사면권은 전통적으로 국가원수에게 부여된 고유한 은사권이며, 국가원수가 이를 시혜적으로 행사한다. 현대에 이르러서는 법 이념과 다른 이념과의 갈등을 조정하고, 법의 이념인 정의와 합목적성을 조화시키기 위한 제도로도 파악되고 있다. (나) 우리 헌법 제79조 제1항은 "대통령은 법률이 정하는 바에 의하여 사면·감형 또는 복권을 명할 수 있다"고 대통령의 사면권을 규정하고 있고, 제3항은 "사면·감형 및 복권에 관한 사항은 법률로 정한다"고 규정하여 사면의 구체적 내용과 방법 등을 법률에 위임하고 있다. 그러므로 사면의 종류, 대상, 범위, 절차, 효과 등은 범죄의 죄질과 보호법익, 일반국민의 가치관 내지 법감정, 국가이익과 국민화합의 필요성, 권력분립의 원칙과의 관계 등 제반사항을 종합하여 입법자가 결정할 사항으로서 입법자에게 광범위한 입법재량 내지 형성의 자유가 부여되어 있다. 따라서 특별사면의 대상을 "형"으로 규정할 것인지, "사람"으로 규정할 것인지는 입법재량사항에 속한다. (다) 사면에는 일반사면과 특별사면이 있으며(사면법 제2조), 특별사

면은 이미 형의 선고를 받은 특정인에 대하여 형의 집행을 면제하거나, 선고의 효력을 상실케 하는 사면이다. 그리고 이 사건 법률조항은 "특별사면은 형의 집행이 면제된다. 단, 특별한 사정이 있을 때에는 이후 형의 언도의 효력을 상실케 할 수 있다"고 규정하고 있고, 제7조도 "형의 집행유예의 언도를 받은 자에 대하여는 형의 언도의 효력을 상실케 하는 특별사면 … 을 할 수 있다"고 규정하고 있을 뿐, 징역형의 집행유예와 병과된 벌금형에 대하여는 아무런 규정도 두고 있지 않다. 그리고 위와 같은 입법은 위에서 본 사면권의 의의와 성질 등에 비추어 볼 때 입법자의 재량범위를 현저히 일탈한 것이라고 할 수 없다. 따라서 선고된 형 전부를 사면할 것인지 또는 일부만을 사면할 것인지를 결정하는 것은 사면권자의 전권사항에 속하는 것이고, 징역형의 집행유예에 대한 사면이 병과된 벌금형에도 미치는 것으로 볼 것인지 여부는 사면권자의 의사인 사면의 내용에 대한 해석문제에 불과하다. 청구인에 대한 사면장에도 형명·형기란에는 "징역(금고) 2년 집행유예 3년"으로 기재되어 있을 뿐 벌금형에 대한 기재가 없으므로 사면권자의 의사가 벌금형을 사면에서 제외한 것으로 해석하는 것이 상당하다. (라) 결론적으로 사면의 은사적 성격 및 특별사면의 입법취지 등을 종합하면 병과된 형의 일부만을 사면하는 것은 헌법에 위반된다고 볼 수 없다.

4. 사면권의 한계와 통제 문제

(1) 사면권의 한계

1) 견해대립과 사견

대통령의 사면권행사에 한계가 있느냐 하는 문제에 대해 이를 부정하는 견해도 있고 긍정하는 견해도 있다. 부정론은 사면권이 대통령의 재량권으로서 권력분립주의를 깨트리는 권한이라는 관념에 터잡고 있다. 그러나 생각건대 사면권행사도 그 헌법적 한계를 가진다.

2) 헌법적 한계

사면권행사도 다음과 같은 헌법적 한계가 있다. ① 사면권이 사법부의 판결의 효력을 변경하는 권한이니 만큼 권력분립주의가 다소 침해되는 것을 허용한 것이긴 하나 권력분립원칙의 기본적 골격의 하나이자 법치주의를 뒷받침하여야 한다는 사법권의 본질적 기능을 훼손하지 않아야 한다는 한계가 있다. 예를 들어 사면권의 남발로 법원이 재판에 있어서 위축되게 하는 등 법원의 재판에서의 본질적 권한을 침해하여서는 아니 된다. ② 동일한 조건을 가진 사면대상 후보자들 간에 사면 여부를 달리하여 자의적이고 형평에 맞지 않는 등 평등원칙을 위반하여서는 아니 된다. ③ 국민의 사회통합과 국익을 해치는 사면이나 국민의 법준수의식을 혼란하게 하는 등 법치주의의 근간을 흔드는 사면이어서는 아니 된다. 특히 정치적 이해관계에 따라 자파인물에 대한 구제를 위한 것이거나 정당 간 당리당략적인 타협에 따라 일반사면권을 행사하여서는 아니 된다는 한계가 있다.

* 헌법개정논의 – 특별사면의 대상을 헌법에 한정하여, 예를 들어 징역 5년 이상의 경우에 일정한 유형의 범죄에 대해서는 특별사면대상에서 제외한다든지 사면권의 남용을 아예 헌법 자체에서 방지하는 방안이 있을 수 있다. 물론 헌법개정을 요하는 일이다.

3) 우리 헌법상 법률유보, 행사절차 및 일반사면의 국회동의에 의한 한계

우리 헌법하에서도 위와 같은 한계를 지켜야 할 것인데 우리 헌법은 사면권의 행사에 아래와 같은 한계를 직접적으로 두고 있다.

(가) 법률유보에 의한 한계

사면권의 한계로서 무엇보다도 우리 헌법 제79조는 "법률이 정하는 바에 의하여" 대통령이 사면권을 행사하도록 하여 법률유보에 의한 한계를 두고 있다. 법률로써 대통령의 사면권 행사에 대한 제한이 가능하다. 대통령의 사면권남용을 막기 위한 법률규정은 가능하고도 필요하다. 그러나 법률유보라고 하더라도 대통령이 국민통합 등을 위해 필요한 사면을 하고자 하는 것을 막고 사면권을 형해화하는 입법을 할 수는 없다. 법률유보에 의한 제한은 입법부에 의한 사면권행사의 견제라는 의미를 가지기도 하는 한계가 된다. 법률에 의한다고 할 때의 그 법률은 위에서 본 헌법적 한계를 준수하도록 하는 내용을 담아야 할 것이다.

(나) 절차적 통제에 의한 한계

국무회의의 사전심의를 거치게 하고 부서를 받게 하는 등의 절차적 통제도 한계를 이룬다.

(다) 일반사면의 한계

일반사면의 경우 국회의 동의를 얻어야 하는 한계와 통제가 규정되어 있다. 일반사면은 그 혜택의 폭이 넓고 일반적 입법과 같은 효과를 가지는 것으로 볼 수 있으므로 국회의 동의를 요구하는 것이다. 그렇더라도 우리의 경우 일반사면에 대해 국회의 동의를 요할 뿐이고 그 동의형식을 법률형식으로 할 것을 요하지 않는데 프랑스나 미국에서는 법률에 의하도록 하고 있다. 우리의 경우 일반사면 외 감형·복권, 특별사면의 경우에는 국회동의와 같은 한계가 명시되어 있지 않다. 한편 보다 근본적인 문제제기를 하자면 국회동의를 전제로 한 일반사면권이지만 대통령에게 비록 한정된 범죄종류이나 일정 범죄의 일정 정도에 대해 전부 사면하는 권한을 부여하는 것 자체가 권력분립주의에 비추어 너무 지나치지 않은가 하는 점이다. 프랑스 헌법 제17조는 이전에 대통령의 일반적 사면을 인정하던 것을 폐지하고 개별적인 특별사면만을 인정하고 있다(국내 교과서 문헌으로 프랑스는 사면권행사를 제한해 왔다는 취지로 설명하면서 "2008년 개정헌법에서는 더 나아가 "공화국 대통령은 독립적으로 사면권을 가진다. 그는 이 권한을 법률에 의해 구성되는 위원회의 의견개진에 따라 행사한다"라고 하여 대통령의 사면권 행사에 대한 헌법적 통제장치를 마련하고 있다"라고 하는 문헌이 있다(성낙인(2013), 1123면, (2015), 581면). 그러나 프랑스 헌법 제17조는 원래 조문이 대통령은 사면권을 가진다고 규정하여 집단적 사면을 하곤 하여 남용되었기에 2008년 헌법개정에서 개별적으로 행사하도록(Le Président de la République a le droit de faire grâce à titre individuel) 대통령의 사면권을 제한하게 된 것이지 '독립적'이란 말은 없다. 위원회 의견개진에 따른 행사라는 헌법규정도 없다. 이러한 규정은 2008년 헌법개정 논의시 정부제출안과 하원의 1차 개헌안에 나오나 최종 확정된 현행 헌법규정에는 없는 것이다. 외국법의 정확한 소개가 있어야 하는데 이는 잘못된 소개이다).

4) 감형·복권, 특별사면의 한계 문제

국회의 동의대상으로 헌법이 명시하지 않은 특별사면에 있어서도 사면권이 사법의 결정에 대한 대통령의 번복이라는 점에서 신중하고 남용되어서는 아니 된다. 그동안 특별사면이 특히 남용되어 왔다는 비판이 많다. 특별사면의 대상을 제한하는 국회의 입법이 가능한가 하는 문제가 있다. 대통령의 특별사면권은 대통령의 전적인 고유한 권한이라고 하여 부정하는 견해도 있을 것이나 생각건대 사면권이 대통령의 고유한 권한이고 권력분립주의에 있어서 사면권은 사법권에 대한 견제이고 사법부가 이에 대응할 권한이 없다는 점에서(사면권행사에 대한 법원소송 가능성이 없다면), 그리고 국회도 권력분립주의상 대통령에 대한 견제를 할 수 있으므로 대통령의 특별사면권을 제한하는 법률을 국회가 제정할 수 있다. 다만, 한계가 있다고 할 것이다. 국민생활과 경제에 영향을 미친 범죄로 형의 집행 중에 있는 사람은 특별사면의 대상에서 제외하는 법률을 제정할 수 있는가 하는 문제가 논란되기도 한다. 경제관련 범죄자라고 하여 제외하는 것은 평등원칙에 반한다고 하는 주장도 있었으나 합리성, 특별사면의 한계를 고려하여 판단할 일이다. 특히 국민의 법감정을 벗어나 정치적 이해관계에 따라 자파인물에 대한 구제를 위한 것이거나 정당간 당리당략적인 타협에 따라 사면권을 행사하여서는 아니 된다는 한계가 있다.

(2) 통제 문제

1) 절차적 통제

(가) 공통

사면은 국무회의의 심의를 거쳐야 하며 국무총리와 관계 국무위원(법무부장관)의 부서가 있어야 한다는 통제가 일반사면이나 감형·복권·특별사면 모두에 공통적이다. 사면권행사의 남용을 막기 위해 행사 이전에 국회나 대법원에 의견을 묻는 제도를 두자는 제안도 있다.

(나) 일반사면

일반사면은 국회의 동의를 얻어야 하는 통제가 설정되어 있다(제79조 2항).

(다) 특별사면·감형·복권

가) 현행 통제제도

국회의 동의없이 이루어지는 특별사면, 감형, 복권에 대한 통제가 특히 필요하다. 이 때문에 법무부장관이 대통령에게 특별사면, 특정한 자에 대한 감형 및 복권을 상신할 때에는 민간인(공무원이 아닌 위원)이 다수로 참여하는 사면심사위원회의 심사를 거치도록 하고(사면법 제10조 2항) 사면심사위원회의 심사과정 및 심사내용을 공개하도록 하고 있는데 그 공개범위는 위원의 명단과 경력사항, 심의서, 회의록이며 위원의 명단과 경력사항은 임명 또는 위촉한 즉시, 심의서는 해당 특별사면 등을 행한 후부터 즉시, 회의록은 해당 특별사면 등을 행한 후 5년이 경과한 때부터 공개되도록 하여(동법 제10조의2 5항 본문) 특별사면의 남용을 막고자 하고 있다. 다만,

심의서 및 회의록의 내용 중 개인의 신상을 특정할 수 있는 부분은 삭제하고 공개하되, 국민의 알권리를 충족할 필요가 있는 등의 사유가 있는 경우에는 사면심사위원회가 달리 의결할 수 있다(동법 동조 동항 단서).

나) 국회통보·의견청취제도 도입시도 – 대통령권한대행자에 의한 법률안거부와 사면권 제한 문제

노무현정부 때 사면권행사를 제한하는 법률안을 국회가 의결했는데 대통령 권한대행자가 이를 거부할 수 있는가 하는 문제가 실제로 제기된 바 있다. 당시 노무현 대통령이 국회의 탄핵소추로 직무가 정지되어 국무총리가 권한을 대행하고 있던 상황이었다. 사안은 아래와 같다.

사안 국회는 대통령의 잦은 사면권 행사로 인하여 사법권의 침해가 이루어지고 있어 삼권분립의 원칙에 어긋난다고 보고 대통령의 특별사면권, 감형, 복권에 대한 남용을 방지하기 위해 대통령이 특별사면, 특정한 자에 대한 감형·복권을 행하는 때에는 그 대상자의 명단·죄명 및 형기 등을 1주일 전에 국회에 통보하여 그 의견을 들어야 하도록 하는 국회통보·의견청취제도를 사면법에 규정하는 개정법률안을 2004.3.2. 국회가 본회에서 의결하였다. 그러나 고건 대통령권한대행(당시 대통령탄핵심판도중이어서 대통령대행체제였다)이 재의요구를 하였고 재의요구가 2004.3.25. 접수되었으나 제16대 국회가 2004.5.29.로 임기만료가 되어 그 개정법률안은 폐기되어 법개정이 실현되지 못한 바 있었다.

위 사안에서 임기만료로 법률안이 폐기되긴 하였으나 헌법적 문제를 제기하였고 대통령권한대행의 범위 안에 사면권제한에 관한 판단을 할 수 있는 권한도 포함되는가 하는 것이 그 문제의 핵심 논점이었다. 사면권에 대한 제한을 거부하는 것은 현상유지적이나 그 사유가 법률안거부권행사사유에 해당되느냐 하는 점에는 문제가 있었다.

* 헌법개정논의 – 특별사면의 경우 대법원장의 동의를 요하도록 하여 남용을 방지하자는 의견이 제시된 바 있다. 2014년 국회의 헌법개정자문위원회(위원장 김철수)의 개헌안에서 그러한 제안이 있었다(동 위원회 최종헌법개정안 참조).

2) 탄핵소추, 정보공개

한계를 벗어난 대통령의 사면권 행사에 대해서는 국회에 의한 탄핵소추가 가능하다. 사면권행사에 대해 국민의 알 권리를 위해 관련정보를 공개하는 것도 사면권 통제의 한 방편이 될 수 있다. 대법원이 사면대상자들의 사면실시건의서와 그와 관련된 국무회의 안건자료에 관한 정보를 구 공공기관의 정보공개에 관한 법률에서 규정하는 비공개정보가 아니라고 보아 공개될 수 있다고 본 아래의 판결이 있기도 하였다.

대법원판례 대법원 2006.12.7. 2005두241 판결, 정보공개청구거부처분취소

[판시] 원심은 그 채택 증거를 종합하여 그 판시와 같은 사실을 인정한 다음, 원고가 공개를 청구한 사면대상자들의 사면실시건의서와 그와 관련된 국무회의 안건자료를 공개할 경우 비록 당사자들의 사생활의 비밀 등이 침해될 염려가 있다고 하더라도, 사면실시 당시 법무부가 발표한 사면발표문 및 보도자

료에 이미 이 사건 정보의 당사자들 상당수의 명단이 포함되어 있는 점, 대통령이 행하는 사면권 행사가 고도의 정치적 행위라고 하더라도, 위 정보의 공개가 정치적 행위로서의 사면권 자체를 부정하려는 것이 아니라 오히려 사면권 행사의 실체적 요건이 설정되어 있지 아니하여 생길 수 있는 사면권의 남용을 견제할 국민의 자유로운 정치적 의사 등이 형성되도록 위 정보에의 접근을 허용할 필요성이 있는 점, 이 사건 정보의 당사자들이 저지른 범죄의 중대성과 반사회성에 비추어 볼 때 이 사건 정보를 공개하는 것은 사면권 행사의 형평성이나 자의적 행사 등을 지적하고 있는 일부 비판적 여론과 관련하여 향후 특별사면행위가 보다 더 국가이익과 국민화합에 기여하는 방향으로 이루어질 수 있게 하는 계기가 될 수 있다는 점 등에 견주어 보면, 이 사건 정보의 공개로 얻는 이익이 이로 인하여 침해되는 당사자들의 사생활의 비밀에 관한 이익보다 더욱 크다고 할 것이므로 구 공공기관의 정보공개에 관한 법률(2004.1.29. 법률 제7127호로 전문 개정되기 전의 것) 제7조 제1항 제6호 소정의 비공개사유에 해당되지 않는다고 판단하였다. 위 법리와 기록에 비추어 보면, 이러한 원심의 판단은 수긍이 가고, 거기에 상고이유와 같은 구 정보공개법 제7조 제1항 제6호에 관한 법리오해 등의 위법이 없다.

3) 사법적 통제의 문제

(가) 법원에 의한 통제 문제

사면권행사가 사법심사의 대상인지가 논의된다. 부정설은 사면권행사가 통치행위라고 보아 법원이 심사하기 어렵거나 회피할 대상이라고 본다. 반면 긍정설로는 먼저 통치행위 관념 자체를 부정하는 입장에서는 당연히 사법심사의 대상이 된다고 보는 입장, 사면행위도 법적 행위라는 점에서 그 통치행위성을 부정하고 한계를 벗어난 사면권의 행사로 어떤 국민의 권리가 침해된 경우에는 소송대상이 된다고 보는 입장 등이 있다. 생각건대 오늘날 통치행위론의 문제점이 지적되고 있고 통치행위를 인정하더라도 그 범주를 가능한 한정하려는 것이 대세라는 점과(통치행위에 대해서는 후술 사법부 부분 참조) 국민의 기본권이 관련되는 경우에는 적극적인 판단이 필요하다고 볼 것이라는 점에서 법원의 경우에도 한계를 벗어난 사면권행사에 대해 통치행위라는 이유를 제시하며 판단을 하지 않는 것은 타당하지 못하다.

(나) 헌법재판소에 의한 통제

① 탄핵심판 – 사면권행사를 이유로 국회에 의한 탄핵소추가 될 경우 헌법재판소는 탄핵심판에서 그 탄핵소추에 대해 판단하게 된다. ② 권한쟁의심판 – 먼저 일반사면의 경우 국회의 동의를 받지 않고 대통령이 이를 행한 경우에 권한쟁의심판을 대통령을 상대로 할 수 있다는 견해가 있으나(성낙인(2013), 1122면) 문제는 이 경우에 누가 청구할 수 있느냐 하는 것이다. 국회의원이 그 권한쟁의심판을 청구한 경우 우리 헌재는 이른바 제3자소송담당이라고 하여 청구를 각하하고 있어서 문제이다. 오히려 법원이 권한쟁의심판을 할 수 있지 않는가 하는 문제가 있으나 실제로 법원이 할 가능성이 얼마나 있을지 현실적인 의문이 제기된다. ③ 헌법소원심판 – 사면권행사가 고도의 정치적 작용이라고 하면서 통치행위로서 재판의 대상이 안 된다는 부정론도 있을 것이다. 그러나 국민의 기본권이 관련되면(범죄피해자의 권리무시) 헌법소원의 대상이 되고 통치행위라고 볼 수 없다. "일반국민이 기본권침해의 자기관련성·직접성을 인정

하기 어려우므로, 타인에 대한 사면권의 행사에 대하여 헌법소원을 제기할 수 없다"라는 견해(성낙인(2013), 같은 면)가 있으나 범죄피해자가 가해자에 대한 사면이 이루어짐으로써 자신의 기본권이 침해되었다고 주장할 경우에 헌법소원심판을 청구할 수 있을 것이다. 또한 사면대상에서 제외된 국민이 평등원칙을 위반한 사면이라고 주장하면서 헌법소원심판을 청구할 수 있을 것이다.

5. 사면권에 대한 개선방안

앞서 관련 부분에서 부분적으로 이미 지적하였던바 사면권 중에서 특별사면의 제한이 많이 주장되고 있다. 특별사면권 대상자의 한정을 헌법 자체에 두는 방안, 대법원장의 동의를 받게 하는 방안, 특별사면을 위한 위원회의 구성과 활동에서의 독립성을 확보하는 방안 등이 그것이다.

X. 집행부(정부)의 수반으로서의 권한

1. 정부수반으로서 최고행정지휘권

(1) 권한

헌법은 "행정권은 대통령을 수반으로 하는 정부에 속한다"라고 규정하고 있다(제66조 4항). 대통령은 정부에 속하는 행정권을 정부의 최고의 지위에서 집행하고 지휘하는 권한을 가진다. 대통령은 행정각부가 법률과 국가정책을 집행하는 것을 지휘, 감독, 통제한다. 정부조직법도 대통령은 정부의 수반으로서 법령에 따라 모든 중앙행정기관의 장을 지휘·감독하고, 대통령은 국무총리와 중앙행정기관의 장의 명령이나 처분이 위법 또는 부당하다고 인정하면 이를 중지 또는 취소할 수 있다고 규정하고 있다(동법 제11조).

(2) 행정권의 개념과 범위

우리 헌법전 자체에 '행정권'이란 말이 나타나는 조문은 "행정권은 대통령을 수반으로 하는 정부에 속한다"라고 규정하고 있는 헌법 제66조 제4항이다. 우리 헌법은 이처럼 행정권의 귀속주체는 규정하고 있으나 행정권의 개념과 범위에 대해서는 명시하고 있지 않다. 행정권의 개념과 관련하여 '정부의 권한'이란 말과 '행정권'이란 말의 구분이 문제이다. 행정부는 우리 헌법전 제4장을 보면 대통령을 제외한 국무총리, 국무위원, 행정각부 등을 말하기 때문에 행정권이라고 하면 대통령이 가지는 권한을 제외하고 행정부가 가지는 권한만을 의미할 수 있다. 따라서 '정부의 권한'을 지칭하는 용어로는 대통령 자신이 가지는 권한과 행정권을 모두 합쳐서는 '집행권'이란 용어가 더 적절하다고 볼 것이다. 정부에 속하는 권한으로는 행정권뿐 아니라 대통령의 권한도 포함되고 대통령의 권한은 대통령에게 당연히 부여되는 것이므로 이를 제외하고 행정권이라고만 하여 대통령을 정점으로 하여 그가 모든 집행권을 관장하는 일원적 정부임을 밝힌 규정이라고 이해할 수 있겠다. 의원내각제가 아닌 우리의 정부형태로 보면 국무총리와 행정각부 국무위원의 권한도 그들의 독점적 권한이 아니라 대통령을 정점으로 하여 대통령의 지휘에 따라 행사되는 권한이라고 할 것이다.

행정권의 범위는 결국 대통령의 권한을 제외하되 정부 전체의 권한은 대통령권한에 행정부 권한을 더하여 집행권이라고 보아 행정권은 행정부만의 권한으로 보고 대통령의 권한을 따로이 볼 수도 있을 것이다(이 경우에도 헌법의 대통령권한을 따로 본다는 의미이지 대통령권한도 보게 되고 결국 두 권한을 모두 아우르게 된다). 그런데 유의할 점은 행정권도 수반이 대통령인 정부에 속하므로 결국 대통령권한에 속한다는 점에서도 집행권에 행정권이 포함될 수 있어서 양 용어가 혼용될 수도 있다.

행정권에는 공법상의 권한이 주축을 이루지만 사법상의 권한도 포함된다. 국고작용에 관한 권한이 그것이다. 공법상의 행정권도 권력적 행정작용을 위한 권한과 비권력적 행정작용을 위한 권한으로 나누어진다. 이와 같은 법적 성격에 따른 행정권의 범위 내지 분류 외에도 영역별로, 즉 사회, 경제, 질서, 급부, 복지, 문화 등 각 영역에서의 행정권으로 그 범위를 고찰할 수 있다.

2. 집행부소속 공무원의 임면권

(1) 임명대상공무원의 범위

대통령은 헌법과 법률이 정하는 바에 의하여 공무원을 임면한다(제78조). 여기서의 임면권은 무엇을 의미하고 그 범위가 어디에 미치는가 하는 문제가 있다. 여기서의 대통령의 공무원 임명권을 사법기관 구성원(대법원장, 헌법재판소장, 대법관 등), 중앙선거관리위원회 위원에 대한 임명권까지도 포함하는 설과 집행부 소속 공무원에 한정하는 설이 있겠다. 생각건대 여기서의 공무원임면권은 대통령의 집행권에 관한 권한으로서 다루는 것이라는 점에서는 집행부 소속 공무원에 대한 임면권을 의미한다고 본다. 본서는 대통령의 집행부 수반으로서의 권한의 하나로서 여기의 공무원임면권을 서술하고 있으므로 논리의 일관성을 생각하더라도 그러하다. 그렇다고 대통령의 헌법재판소장 임명권 등이 없어지는 것은 아니고 그것은 헌법의 다른 조문(제111조 4항)에서 대통령의 권한으로 명시되고 있다. 대통령의 행정에 관한 권한의 하나로서 공무원임면권을 서술하면서 임명권의 제약에 대통령이 대법원장 임명시 국회의 동의를 얻어야 하는 점을 들고 있는 교과서가 있다(예를 들어 성낙인(2013), 577면. 574면부터 참조. 이 교과서는 더구나 행정권의 개념을 형식설에 따라 입법기관, 사법기관의 작용을 제외한 국가작용이라고 본다). 이는 대법원장임명권은 행정에 관한 권한으로서의 공무원임면권에 해당되지 않으므로 그렇게 서술하는 것은 모순이다. 정부기관이 아닌 국회, 사법기관들(헌법재판소, 대법원 등)이나 중앙선거관리위원회의 소속 공무원들이 아니라 국무총리, 행정각부 소속의 공무원들에 대해 집행부수반으로서의 지위에서 대통령이 행하는 임면권이다. 그런데 현행 국가공무원법은 대통령에게 행정부 기관 소속 모든 공무원에 대해 직접 임명권을 행사하도록 하지 않고 소속 장관에게 임명권을 주기도 한다. 이는 대통령의 업무과중과 개별 공무원의 능력 파악은 소속 장관이 파악하기에 나을 것이라는 점을 고려한 것이다. 즉 국가공무원법은 "행정기관 소속 5급 이상 공무원 및 고위공무원단에 속하는 일반직공무원은 소속 장관의 제청으로 인사혁신처장과 협의를 거친 후에 국무총리를 거쳐 대통령이 임용하되, 고위공무원단에 속하는 일반직공무원의 경우 소속 장관은 해당 기관에 소속되지 아니한 공무원에 대하여도 임용제청할 수 있다. 이 경우 국세청장은 국회의 인사청문을 거쳐 대통령이 임명한다"라고 규정하고 있다(국가공무원법 제32조 1항). 그리고 소속 장관은 소속 공무원에 대하여 제1항 외의 모든 임용권을 가진다(동법 동조 2항). 대통령은 대통령령으로 정하는 바에 따라 제1항에 따른 임용권의 일부를 소속 장관에게 위임할 수 있으며, 소속 장관은 대통령령으로 정하는 바에 따라 제2항에 따른 임용권의 일부와 대통령으로부터 위임받은 임용권의 일부를 그 보조기관 또는 소속 기관의 장에게 위임하거나 재위임할 수 있다(동법 동조 3항).

(2) 임면권의 범위

대통령의 공무원임면권은 임명뿐 아니라 해임권, 면직권도 포함하는 개념이다. 또한 임면 이후 승임, 보직, 전직, 징계 등 인사에 관한 권한도 포함한다. 임용이란 말을 쓰기도 한다.

(3) 임명절차

국무총리 등 그 임명에 있어서 국회의 동의를 거쳐야 하는 공무원의 경우에는 국회의 인사청문을 거친다(전술 국회 부분의 인사청문 참조).

(4) 임명권에 대한 제약

대통령의 공무원임명에는 다음과 같은 제약이 있다. ① 국무회의의 심의 – 대통령의 공무원임명권에 대해서는 국무회의의 심의를 거쳐야 하는 경우로 검찰총장 · 합동참모의장 · 각군참모총장 · 국립대학교총장 · 대사 기타 법률이 정한 공무원과 국영기업체관리자의 임명의 경우(제89조 16호)가 있다. ② 제청 – 국무위원, 행정각부의 장은 국무총리의 제청으로, 감사위원은 감사원장의 제청으로 임명해야 하는 제약이 있다. 대법관 등의 임명에 제청이 필요한 것은 앞의 국회의 헌법기관구성에서 보았고 여기서는 집행부 구성에 국한하여 보므로 제외하였다. ③ 문민원칙 – 군인은 현역을 면한 후가 아니면 국무총리 · 국무위원으로 임명될 수 없는 문민원칙에 의한 제약(제86조 3항, 제87조 3항)이 있다. ④ 협의 – 행정기관 소속 5급 이상 공무원 및 고위공무원단에 속하는 일반직공무원은 그 임명에 인사혁신처장과 협의를 거치도록 하고 있다(국가공무원법 제32조 1항).

3. 국군통수권

대통령은 헌법과 법률이 정하는 바에 의하여 국군을 통수한다(제74조 1항).

(1) 개념

국군의 행정적 관리에 관한 권한만이 아니라 군사작전, 군지휘의 권한 등 포함한다. 즉 대통령은 국군을 조직하고 지휘하며 국군의 훈련, 작전과 군사행정 등을 통솔하며 넓게 군사력을 관리하는 권한을 말한다.

(2) 법적 성격

대통령의 국군통수권의 성격이 집행부 수반으로서의 권한인지 아니면 국가원수로서의 권한인지가 논의되기도 하다. 생각건대 국군통수권은 군사행정에 관한 권한이라는 의미와 군사조직도 행정조직에 편성되어 있다는 현실을 고려하여 종래 집행부(정부)의 수반으로서의 권한에 포함시키고 있으나 앞서 본 대로 국가수호·통일에 관한 권한으로 분류될 수도 있다.

(3) 통수권의 입헌주의·법정주의

헌법은 "대통령은 헌법과 법률이 정하는 바에 의하여 국군을 통수"하며, "국군의 조직과 편성은 법률로 정한다"라고 하여(제74조 2항), 통수권입헌주의·통수권법정주의를 규정하고 있다. 이 법정주의에 따라 국군조직법, 군인사법 등이 있다.

(4) 통수권의 범위와 통제

1) 군령·군정통합주의

군사제도는 군령(軍令)과 군정(軍政)으로 이루어지는데 군령은 용병, 군사훈련, 군작전, 군통솔의 작용을 말하고 군정은 군의 조직, 편제, 행정관리 등을 말한다. 헌재도 "국군통수권은 군령(軍令)과 군정(軍政)에 관한 권한을 포괄하고, 여기서 군령이란 국방목적을 위하여 군을 현실적으로 지휘·명령하고 통솔하는 용병작용(用兵作用)을, 군정이란 군을 조직·유지·관리하는 양병작용(養兵作用)을 말한다"라고 한다(헌재 2016.2.25. 2013헌바111). 과거 군국주의하에서는 군령과 군정을 분리하여 군령을 통치자 직속의 독립된 기관에서 관장하도록 하여 군령에 대한 의회의 통제가 이루어지지 못했고 군이 통치자에 예속되었다. 오늘날 민주국가에서는 군령과 군정을 통합하여 모두 행정부에서 관장하도록 하는 통합주의를 채택하여 군령도 의회의 통제를 받도록 하고 있는데 우리 헌법도 통합주의에 따라 대통령이 군정, 군령 전체에 대한 최고의 통수권을 가진다.

대통령에 대한 모독행위가 군형법적용대상자가 행한 경우에 군형법상의 상관모독죄로 처벌되는 것인가 하는 문제가 논의되었는데 이는 군형법(2009.11.2. 법률 제9820호로 개정된 것) 제64조 제2항의 상관 중 "명령복종 관계에서 명령권을 가진 사람"에 관한 부분이 명확성원칙에 위배되는지 여부 문제로 헌재의 판단을 받았다. 헌재는 "헌법 제74조 제2항은 "국군의 조직과 편성은 법률로 정한다."라고 규정하고, 이에 근거하여 국군조직법에서는 대통령은 헌법과 법률에서 정하는 바에 따라 국군을 통수하고(제6조), 국방부장관은 대통령의 명을 받아 군사에 관한 사항을 관장하며(제8조), 합동참모의장과 각군 참모총장은 국방부장관의 명을 받는다(제9조, 제10조)고 각 규정하여 대통령과 국군의 명령복종 관계를 정하고 있고, 군인사법 제47조의2의 위임에 의한 군인복무규율(2009.9.29. 대통령령 제21750호로 개정된 것) 제2조 제4호는 "상관이란 명령복종관계에 있는 사람 사이에서 명령권을 가진 사람으로서 국군통수권자로부터 바로 위 상급자까지를 말한다."라고 규정함으로써 국군통수권자인 대통령이 상관임을 명시하고 있다고 하여 불명확하지 않고 과잉금지원칙도 준수하고 있다고 판단하고 따라서 위 처벌규정은 군인의 표현의 자유를 침해하지 않아 합헌이라고 결정하였다.

판례 헌재 2016.2.25. 2013헌바111

[결정요지] 1. '명령'이란 군사적으로 상관이 부하에게 발하는 직무상의 지시를 말하고, '명령복종 관계'는 구체적이고 현실적인 관계일 필요까지는 없으나 법령에 의거하여 설정된 상·하의 지휘계통 관계를 말한다. 명령복종이라는 문언 자체가 일의적으로 정의될 수 없어서 법관의 보충적인 해석을 필요로 하는 것이지만, 심판대상조항의 적용대상자가 계급구조와 상명하복 관계를 특성으로 하는 군조직의 군인 또는 군무원으로 한정되고, 상관에 대한 사회적 평가에 더하여 군기를 확립하고 군조직의 위계질서와 통수체계를 유지하려는 상관모욕죄의 입법목적이나 보호법익 등에 비추어 이를 예견할 수 없을 정도로 광범위하다고 보기는 어려우므로, 심판대상조항은 명확성원칙에 위배되지 아니한다. 헌법에서 국군의 정치적 중립의무를 강조하는 취지나 효과적인 국방정책의 실현방안 등을 고려할 때 군인 개인의 정치적 표현에는 제한이 따를 수밖에 없다. 군조직의 특성상 상관을 모욕하는 행위는 상관 개인의 인격적 법익에 대한 침해를 넘어 군기를 문란케 하는 행위로서, 그로 인하여 군조직의 위계질서와 통수체계가 파괴될 위험성이 커 이를 일반예방적 효과가 있는 군형법으로 처벌할 필요성이 있다. 단순한 결례나 무례의 수준을 넘어 상관에 대한 사회적 평가를 저하시킬 수 있는 경멸적 표현에 해당하여야만 심판대상조항의 처벌대상이 되므로 남용의 우려가 적고, 심판대상조항의 주된 보호법익이나 법정형의 상한 등을 고려할 때 심판대상조항의 법정형이 형벌 본래의 목적과 기능을 달성함에 있어 필요한 정도를 일탈하였다고 보기 어렵다. 형법 제20조 정당행위 규정 등에 의하여 구체적인 사건에서 표현의 자유를 통해 보장되는 이익 및 가치와 명예 보호를 통한 이익 및 가치가 적절히 조화될 수 있음에 반하여, 심판대상조항으로 제한되는 행위는 상관에 대한 사회적 평가를 저하시킬 만한 추상적 판단이나 경멸적 감정의 표현이어서 비록 그 표현에 군인 개인의 정치적 의사 표현이 포함될 수 있다고 하더라도 군조직의 특수성과 강화된 군인의 정치적 중립의무 등에 비추어 그 제한은 수인의 한도 내에 있다고 보인다. 따라서 심판대상조항은 과잉금지원칙에 위배되어 군인의 표현의 자유를 침해하지 아니한다.

2) 대통령의 대외적·비상시적 군사권

대통령은 국내에서의 일반적인 국군통수권을 행사할 뿐 아니라 대외적으로 선전포고, 국군의 외국에의 파견 또는 외국군대의 대한민국 영역 안에서의 주류에 대한 결정을 할 권한을 가진다(제60조). 이 권한의 행사에는 국회의 동의를 받아야 한다. 대통령은 병력으로써 필요한 경우 법률이 정하는 바에 의하여 계엄을 선포할 수 있다(제77조).

3) 통제

대통령의 국군통수권도 무제한적이 아니라 다음과 같은 제약과 통제를 받는다.

i) **입헌주의·법정주의** 대통령은 국군통수권을 헌법과 법률이 정하는 바에 의하여 행사하고 국군의 조직·편성도 법률로 정하므로(제74조) 입헌주의와 법정주의에 의한 통제를 받게 된다. 군행정에 대해서도 법치행정의 원칙이 적용된다.

ii) **집행부 내부적 통제** 대통령은 군사에 관한 국법상 행위는 문서로써 하며, 이 문서에는 국무총리와 관계 국무위원이 부서한다(제82조 후문). 군사에 관한 중요사항, 합동참모의장·각군 참모총장의 임명은 국무회의의 심의를 거쳐야 한다(제89조 6호·16호). 국가안전보장에 관련되는 대외정책·군사정책과 국내정책의 수립에 관하여 국무회의의 심의에 앞서 필수설치기관인 국가안전보장회의에 자문을 한다(제91조 1항).

iii) **군의 정치적 중립성과 문민원칙** 국군은 국가의 안전보장과 국토방위의 신성한 의무를 수행함을 사명으로 하며, 그 정치적 중립성은 준수된다(제5조 2항). 군인은 현역을 면한 후가 아니면 국무총리, 국무위원으로 임명될 수 없다(제86조 3항, 제87조 4항).

iv) **사명의 내용** 국군은 국가의 안전보장과 국토방위의 신성한 의무를 수행함을 사명으로 한다(제5조 2항).

v) **국제평화주의** 대한민국은 국제평화의 유지에 노력하고 침략적 전쟁을 부인하므로(제5조 1항), 한국의 군대도 그러한 의무를 진다.

vi) **국회에 의한 통제**(외부적 통제) 법정주의가 적용되므로 국회는 군통수, 군행정에 관한 법률의 제·개정을 통하여 대통령의 국군통수권에 대한 통제를 가할 수 있다. 또한 군사행정에 관한 국정감사·조사와 국무총리, 국방부장관 등 관련 국무위원에 대한 탄핵소추, 해임건의 등을 통한 통제, 군예산안에 대한 심의를 통하여 통제할 수 있다. 그리고 국회는 선전포고, 국군의 외국에의 파견 또는 외국군대의 대한민국 영역 안에서의 주류에 대한 동의권을 가진다(제60조 2항). 국회는 비상계엄의 해제를 요구할 수 있다(제77조 5항).

vii) **사법적 통제** 법원과 헌법재판소에 의한 통제가 있을 수 있다. 이 통제에 있어서는 통치행위이론에 의한 제한을 주장할 수 있을 것이다. 그러나 헌법재판소의 판례에 따르면 국민의 기본권이 관련되는 경우에는 그러하지 않다고 볼 것이다.

4. 행정입법권

앞서 입법에 관한 권한에서 살펴보았다(전술 참조).

5. 정당해산제소권

정당의 목적이나 활동이 민주적 기본질서에 위배될 때에는 정부는 헌법재판소에 그 해산을 제소할 수 있고, 정당은 헌법재판소의 심판에 의하여 해산된다(제8조 4항). 이 권한은 대통령 단독의 권한이 아니라 정부의 권한으로 규정되어 있다. 따라서 대통령은 정부의 수반으로서 정부가 가지는 이러한 정당해산심판의 제소권을 대표하여 수행한다. 이러한 점 때문에 이 권한을 집행부(정부)의 수반으로서의 권한에 포함하여 본다. 이 권한은 헌법재판소에 의한 정당해산심판인 헌법재판이라는 사법작용을 시작하게 하는 의미를 가지므로 司法에 관한 권한이라고도 본다. 대통령은 헌법을 수호할 책무를 지며(제66조 2항) 정당해산심판은 방어적 민주주의 기능을 가지고 정당이라는 집단적인 헌법침해를 막기 위한 것이라는 점에서 이 권한은 대통령의 헌법수호의무에서 나오는 권한이라고도 볼 것이다. 2014년에 정부는 통합진보당에 대해 해산심판의 제소를 한 바 있고 헌법재판소에 의해 해산결정이 있었다.

6. 재정(財政)에 관한 권한

(1) 예산에 관한 권한

예산편성권은 어디까지나 '정부'가 권한주체로 헌법이 명시하고 있는데 정부는 회계연도마다 예산안을 편성하여 회계연도 개시 90일 전까지 국회에 제출한다(제54조 2항). 정부는 예산에 변경을 가할 필요가 있을 때에는 추가경정예산안을 편성하여 국회에 제출할 수 있다(제56조). 국회는 정부의 동의 없이 정부가 제출한 지출예산 각항의 금액을 증가하거나 새 비목을 설치할 수 없다(제57조).

(2) 기채(起債) 등에 관한 권한

이 권한도 헌법은 '정부'를 주체로 하고 있다. 즉 국채를 모집하거나 예산외에 국가의 부담이 될 계약을 체결하려 할 때에는 정부는 미리 국회의 의결을 얻어야 한다(제58조).

7. 영전수여권(榮典授與權)

(1) 개념과 법률유보와 상훈법

영전이란 국가와 사회공동체에 중요한 기여를 한 사람에 대해 그 공적을 기리기 위하여 수여하는 훈장이나 포장 등을 말한다. 영전수여권은 이러한 영전을 수여하는 권한을 말한다.

대통령은 법률이 정하는 바에 의하여 훈장 기타의 영전을 수여한다(제80조). 이 법률유보에 의해 영전수여에 대해서는 상훈법이 규정을 두고 있다.

상훈법 제1조(목적) 이 법은 대한민국 국민이나 외국인으로서 대한민국에 공로가 뚜렷한 사람에 대한 서훈(敍勳)에 관한 사항을 규정함을 목적으로 한다.

제2조(서훈의 원칙) 대한민국 훈장(勳章) 및 포장(褒章)은 대한민국 국민이나 우방국 국민으로서 대한민국에 뚜렷한 공적을 세운 사람에게 수여한다.

제3조(서훈의 기준) 서훈은 서훈 대상자의 공적 내용, 그 공적이 국가와 사회에 미친 효과의 정도, 그 밖의 사항을 고려하여 결정한다. <개정 2019.12.10.> [시행일 : 2020.3.11.]

제4조(중복 수여의 금지) 동일한 공적에 대하여는 훈장 또는 포장을 거듭 수여하지 아니한다.

제5조(서훈의 추천) ① 서훈의 추천은 중앙행정기관의 장(대통령 직속기관 및 국무총리 직속기관의 장을 포함한다), 국회사무총장, 법원행정처장, 헌법재판소사무처장 및 중앙선거관리위원회사무총장이 한다.

② 제1항에 규정된 추천권자(이하 "서훈 추천권자"라 한다)의 소관에 속하지 아니하는 서훈의 추천은 행정안전부장관이 한다.

③ 서훈의 추천은 대통령령으로 정하는 바에 따라 공적심사를 거쳐야 한다. [시행일 : 2020.3.11.]

제6조 삭제

제7조(서훈의 확정) ① 행정안전부장관은 제5조에 따라 서훈이 추천된 경우에는 서훈에 관한 의안을 국무회의에 제출하여야 한다.

② 대통령은 제1항에 따른 서훈에 관한 의안에 대하여 국무회의의 심의를 거쳐 서훈 대상자를 결정한다. [전문개정 2019.12.10.][시행일 : 2020.3.11.]

제8조(서훈의 취소 등) ① 훈장 또는 포장을 받은 사람이 다음 각 호의 어느 하나에 해당될 때에는 그 서훈을 취소하고, 훈장 또는 포장과 이와 관련하여 수여한 물건 및 금전을 환수한다. <개정 2019.12.10.> 1. 서훈 공적이 거짓으로 밝혀진 경우 2. 국가안전에 관한 죄를 범한 사람으로서 형을 받았거나 적대지역(敵對地域)으로 도피한 경우 3. 사형, 무기 또는 1년 이상의 징역이나 금고의 형을 선고받고 그 형이 확정된 경우

② 제1항에 따라 서훈을 취소하고, 훈장 또는 포장 등을 환수하려는 경우에는 국무회의의 심의를 거쳐야 한다. <개정 2019.12.10.>

③ 서훈 추천권자는 훈장 또는 포장을 받은 사람에게 제1항 각 호의 어느 하나의 사유가 발생하였을 때에는 그 서훈의 취소에 관한 의안을 국무회의에 제출할 것을 행정안전부장관에게 요청하여야 하며, 행정안전부장관은 특별한 사유가 없으면 그 서훈의 취소에 관한 의안을 국무회의에 제출하여야 한다. 다만, 행정안전부장관은 서훈 추천권자의 요청이 없는 경우에도 대통령령으로 정하는 바에 따라 훈장 또는 포장을 받은 사람에게 제1항 각 호의 어느 하나에 해당하는 사유가 있는지 심의한 결과 이를 확인한 경우에는 해당자에 대한 서훈의 취소에 관한 의안을 국무회의에 제출할 수 있다. <개정 2019.12.10.> [시행일 : 2020.3.11.]

제8조의2(서훈의 공표) ① 제7조 또는 제8조에 따라 서훈이 확정 또는 취소된 경우에는 그 대상자와 사유를 서훈이 확정 또는 취소된 날부터 60일 이내에 관보에 게재하여야 한다. <개정 2019.12.10.>

② 행정안전부장관은 제8조에 따라 서훈이 취소된 사람이 기한 내에 수여받은 훈장 및 포장 등을 반환하지 아니한 경우에는 해당자의 이름을 서훈 미반환자 명부에 등재하고, 이를 관보 및 행정안전부 인터넷 홈페이지에 공개할 수 있다. <신설 2019.12.10.>

③ 제1항 및 제2항에 따라 관보 및 행정안전부 인터넷 홈페이지에 공개하는 사항이 「공공기관의 정보공개에 관한 법률」 제9조 제1항 각 호의 어느 하나에 해당하는 경우에는 공개하지 아니할 수 있다. <신설 2019.12.10.> [시행일 : 2020.3.11.]

제9조(훈장의 종류) 훈장의 종류는 다음 각 호와 같다.

1. 무궁화대훈장 2. 건국훈장 3. 국민훈장 4. 무공훈장 5. 이하 생략

제10조 이하 생략

(2) 영전수여권의 법적 성격

영전수여권은 대통령이 국가원수로서 국가를 대표하는 입장에서 공적이 있는 국민에게 수여하는 고도의 정치적 성격을 가지는 대통령의 재량적 성격의 권한이라고 할 것이다. 대통령이 가지는 고유한 권한으로서 성격이 있다. 따라서 국민의 입장에서 영전수여권을 기본권으로 요구할 수는 없다. 그러나 똑같은 공적과 요건을 가진 국민들에 차이를 두면 평등권 침해 문제가 발생한다. 헌재도 이 권한을 대통령의 국가원수로서의 권한의 지위에서 행하는 고도의 정치성을 지닌 국가작용이며, 서훈 여부는 대통령이 그 재량에 의하여 국무회의의 심의를 거쳐 독자적으로 결정하는 것이다. 따라서 관련 법령에서 정한 자격기준이나 정부포상업무지침이 정한 자격요건에 해당한다는 이유로 개인 혹은 단체에게 훈장을 요구할 수 있는 법규상 또는 조리상 권리가 있는 것으로 볼 수 없으며 달리 헌법은 국민에게 영전을 수여할 것을 요구할 권리를 부여하고 있지 않다고 한다. 사안은 퇴직공무원이 재직 중 200만 원 이상의 벌금형을 받은 경우 포상추천을 제한하는 '2007년 정부포상업무지침' 중 2. 공무원포상 나. 퇴직공무원포상 6) 추천제한 다)의 ※ 부분(이하 '이 사건 지침'이라 한다)에 대한 헌법소원사건이었다. 헌재는 이 지침은 행정안전부가 훈장수여대상자의 추천을 위한 업무처리지침으로서 마련한 내부기준에 불과할 뿐, 법령보충적 행정규칙으로 보거나 대외적 구속력을 인정할 행정규칙이 아니어서 헌법소원의 대상인 공권력행사가 아니라고 보고 각하결정을 하였다.

판례 헌재 2009.7.30. 2008헌마367

[판시] 이 사건 정부포상업무지침은 행정안전부가 훈장수여대상자의 추천이라는 업무처리 지침으로서 마련한 내부기준이다. 또한, 이 사건 정부포상업무지침은 상훈법 등 상위법령의 직접적인 위임 없이 제정된 것으로서 법령의 규정에 의하여 행정관청에 법령의 구체적 내용을 보충할 권한을 부여한 경우라고 할 수 없으므로, 예외적으로 대외적인 구속력이 인정되는 경우로 보기도 어렵다. 서훈추천권자가 평등 및 신뢰의 원칙상 행정관행을 반복할 수밖에 없는 사정이 있다고 보기 어렵고 더구나 이 사건 정부포상업무지침은 서훈을 받고자 하는 국민의 기본권 기타 법률상 지위를 변동시키거나 청구인의 법적 지위에 영향을 주는 것으로 볼 수 없다. 헌법 제80조 및 상훈법령에 따른 서훈은 대통령의 권한으로서, 이 사건 정부포상업무지침의 적용을 받는 각부 장관은 서훈에 관한 추천의 권한만을 가질 뿐이다(상훈법 제5조). 나아가 영전의 수여는 기본적으로 대통령이 국가원수의 지위에서 행하는 고도의 정치성을 지닌 국가작용이며, 서훈 여부는 대통령이 그 재량에 의하여 국무회의의 심의를 거쳐 독자적으로 결정하는 것이다. 따라서 관련 법령에서 정한 자격기준이나 정부포상업무지침이 정한 자격요건에 해당한다는 이유로 개인 혹은 단체에게 훈장을 요구할 수 있는 법규상 또는 조리상 권리가 있는 것으로 볼 수 없다. 달리 헌법은 국민에게 영전을 수여할 것을 요구할 권리를 부여하고 있지 않다. 따라서 이 사건 정부포상업무지침은 행정기관 내부의 업무처리지침 내지 사무처리준칙에 해당할 뿐, 국민이나 법원을 구속하는 법규적 효력을 가진 것이 아니다. 그렇다면, 이 사건 정부포상업무지침은 국민의 권리·의무에 직접 영향을 미치는 것이 아니므로 헌법소원의 대상이 되는 '공권력의 행사'에 해당하지 아니한다.

헌재도 위 판시에서 보듯이 대통령의 영전수여권을 재량적 성격의 것으로 본다. 따라서 대통령이 영전을 수여하거나 국가보훈처장이나 장관이 서훈추천을 반드시 해야 하는 의무가 없다고 보아 이를 하지 않은 부작위에 대한 헌법소원심판 청구는 대상성이 없다고 하여 각하결정을 하게 된다(부작위가 헌법소원심판의 대상이 되기 위해서는 작위의무가 있음에도 하지 않는 상태이어야 함. 후술 헌법재판, 헌법소원심판, 공권력불행사 부분 참조). 이런 결론을 보여준 아래의 결정이 있었는데 그 사안은 국가보훈처장이 청구인들의 망부 혹은 친족에 대하여 서훈추천을 하지 않은 부작위가 청구인들의 기본권을 침해하고 피청구인 대통령이 이들에 대하여 영전을 수여하지 않고 있는 부작위가 청구인들의 기본권을 침해한다는 주장의 헌법소원심판사건이었는데 이처럼 대상성이 없다고 하여 아래와 같이 각하결정을 한 것이다.

판례 헌재 2005.6.30. 2004헌마859

[결정요지] (가) 국가는 독립유공자를 제대로 가려내어 마땅히 그들과 유족 또는 가족들에게 그 공헌도에 상응하는 예우를 하여야 할 의무가 있으나, 독립유공자의 구체적 인정절차는 입법자가 헌법의 취지에 반하지 않는 한 입법재량을 가지는 영역에 해당된다고 볼 것이다. 독립유공자 인정의 전 단계로서 상훈법에 따른 서훈추천은 해당 후보자에 대한 공적심사를 거쳐서 이루어지며, 그러한 공적심사의 통과여부는 해당 후보자가 독립유공자로서 인정될만한 사정이 있는지에 달려 있다. 이에 관한 판단에 있어서 국가는 나름대로의 재량을 지니는 것이다. 그러므로 당사자가 독립유공자 등록을 위한 서훈추천 신청을 했다고 해서 자동적으로 서훈추천이 이루어질 수는 없다. 그렇다면 결국 이 사건에서 국가보훈처장이 청구인들의 망부 혹은 친족에 대한 서훈추천을 하여 주어야 할 헌법적 작위의무가 있다고 할 수는 없으므로, 서훈추천을 거부한 것에 대하여 행정권력의 부작위에 대한 헌법소원으로서 다툴 수 없는 것이다. (나) 헌법 제80조는 "대통령은 법률이 정하는 바에 의하여 훈장 기타의 영전을 수여한다."고 규정하고 있다. 이 규정과 상훈법의 내용을 종합하면, 영전의 수여는 기본적으로 대통령의 재량에 달려 있는 사항이며, 달리 헌법은 국민에게 영전을 수여할 것을 요구할 권리를 부여하고 있지 않다. 그렇다면 이 사건에 있어서 대통령에게 특정인에 대한 영전수여를 하여야 할 헌법상 작위의무가 있다고 볼 수 없다. 한편 이 사건에서 대통령이 청구인들의 망부 혹은 친족에 대한 영전을 수여하지 않고 있는 것은 영전 수여에 앞서 법률상 요구되는 서훈추천이 거부된 것에 기인한 것이며, 이는 그 전제가 되는 법적 절차의 미개시에 따른 것일 뿐 대통령이 공권력의 행사를 하여야 함에도 하지 않고 방치하고 있는 것이라 할 수도 없다. 그렇다면 청구인들이 대통령의 영전 미수여를 다투는 예비적 심판청구 역시 행정부작위를 다투는 헌법소원으로서 부적법한 것이다.

(3) 영전수여의 절차

대통령의 영전수여는 먼저 국무회의의 심의를 거치고(제89조 8호) 국무총리와 관계 국무위원의 부서를 받아 하여야 한다.

(4) 영전수여의 효과

훈장 등의 영전은 이를 받은 자에게만 효력이 있고(영전일대의 원칙), 어떠한 특권도 이에 따르지 아니하므로(영전특권불수반원칙, 제11조 3항) 대통령은 영전수령자 외의 사람에게 영전에 따른 효과를 부여할 수는 없고, 특권을 부여할 수도 없다.

XI. 국가긴급권

1. 일반론

(1) 개념

국가긴급권이란 전쟁, 대형 재난, 경제적 공황 등 통상의 조치로 극복하기 어려운 중대한 국가적, 헌법적 위기의 비상사태라는 긴급상황에서 국가의 안전과 존립을 보장하고 헌법질서를 수호하기 위하여 비상적인 조치를 취할 수 있는 권한을 말한다.

판례 헌재 1994.6.30. 92헌가18, 판례집 6-1, 568면

[관련판시] 주지하다시피 입헌주의적 헌법은 국민의 기본권 보장을 그 이념으로 하고 그것을 위한 권력분립과 법치주의를 그 수단으로 하기 때문에 국가권력은 언제나 헌법의 테두리 안에서 헌법에 규정된 절차에 따라 발동되지 않으면 안 된다. 그러나 입헌주의국가에서도 전쟁이나 내란, 경제공황 등과 같은 비상사태가 발발하여 국가의 존립이나 헌법질서의 유지가 위태롭게 된 때에는 정상적인 헌법체제의 유지와 헌법에 규정된 정상적인 권력행사방식을 고집할 수 없게 된다. 그와 같은 비상사태하에서는 국가적·헌법적 위기를 극복하기 위하여 비상적 조치가 강구되지 않을 수 없다. 그와 같은 비상적 수단을 발동할 수 있는 권한이 국가긴급권이다. 즉 국가긴급권은 국가의 존립이나 헌법질서를 위태롭게 하는 비상사태가 발생한 경우에 국가를 보전하고 헌법질서를 유지하기 위한 헌법보장의 한 수단이다.

(2) 유형

1) 합헌적 국가긴급권과 초헌법적 국가긴급권

(가) 합헌적(헌법내적) 국가긴급권

합헌적 국가긴급권은 헌법이 예정하는 긴급권으로서 헌법 자체가 보다 긴박한 비상사태를 예정하여 이에 대비하기 위해 일시적으로 입헌주의를 정지하여 일정한 조건하에서 일상적인 국가권력행사가 아닌 독재적 권력행사를 인정하는 경우를 말한다(김철수, 1377면).

(나) 초헌법적 국가긴급권

이는 헌법이 예정하지 않고 있는 비상의 조치들을 포함한다. 우리 헌정사에서도 제3공화국 당시 박정희 대통령이 1971년 비상사태를 선포하여 '국가보위에관한특별조치법'을 통과시켜 초헌법적 국가긴급권을 인정한 예와 10월유신을 들 수 있다(후술 참조). 국가위기에 대비한 긴급권들이 마련된 국가에서는 초헌법적 국가긴급권은 부정하여야 한다. 우리 헌법재판소도 아래와 같이 부정한다.

판례 헌재 1994.6.30, 92헌가18, 판례집 6-1, 564면 이하

[판시] (1) 특별조치법은 그 법 자체가 위헌이다. 따라서 제5조 제4항도 당연히 위헌이다. 특별조치법 제1조에서 이 법은 비상사태하에서 국가의 안전보장과 관련되는 내정, 외교 및 국방상 필요한 조치를 사전에 효율적이며 신속하게 취함으로써 대한민국의 안전을 보장하고 국가보위를 확고히 함을 목적으로 한다라고 규정한 다음 제2조에서는 국가안전보장에 대한 중대한 위협에 효율적으로 대처하고 사회

의 안녕질서를 유지하여 국가를 보위하기 위하여 신속한 사태 대비조치를 취할 필요가 있을 경우 대통령은 국가안전보장회의의 자문과 국무회의의 심의를 거쳐 국가비상사태를 선포할 수 있다라고 규정하여 대통령에게 국가비상사태를 선포할 수 있는 권한을 부여하였고 비상사태를 선포하고 나면 대통령은 물가·임금·임대료 등에 통제 기타 제한을 가하는 등 경제에 관한 규제를 할 수 있고(제4조) 전국에 걸치거나 또는 일정한 지역을 정하여 인적·물적 자원을 효율적으로 동원하거나 통제·운영하기 위하여 국가동원령을 발할 수 있으며(제5조 제1항), 이 때 대통령은 동원물자의 생산·처분·유통·이용 및 수출입 등에 관하여 이를 통제하는 데 필요한 명령을 발할 수 있고(제5조 제3항) 동원지역 내의 토지 및 시설의 사용과 수용에 대한 특별조치를 할 수 있고(제5조 제4항) 일정한 지역을 정하여 그 지역에서의 이동 및 입주 또는 그 지역으로부터의 소개 및 이동, 일정한 시설의 이동 또는 철거를 명할 수 있고(제6조), 옥외집회 및 시위를 규제 또는 금지하고(제7조), 언론 및 출판을 규제하고(제8조), 근로자의 단체교섭권 및 단체행동권을 규제하고(제9조), 세출예산의 범위 안에서 예산에 변경을 가할 수 있게 하는 등 대통령이 그의 재량에 따라 국가안전보장을 이유로 비상사태를 선포하고 국민의 기본권을 정지시키고 국회에서 심의확정한 예산안을 변경할 수 있는 등 이른바 비상대권을 대통령에게 주었으며 대통령의 경제에 관한 규제명령에 위반한 자에 대하여는 1년 이상 10년 이하의 징역에 처하고 국가동원에 관한 명령 및 조치에 위반한 자와 그 밖의 조치 또는 규정에 위반한 자에 대하여는 1년 이상 7년 이하의 징역형에 처하도록 하고 있다(제11조). 특별조치법은 결국 그 법이 공포시행된 당시의 제3공화국 헌법(제73조, 제75조)이나 현행 헌법(제76조, 제77조)이 국가안전보장에 관계되는 비상사태수습을 위하여 대통령에게 부여한 국가긴급권 즉 긴급재정처분 및 명령권이나 긴급명령권 또는 계엄선포권 이외에 또 하나의 국가긴급권을 대통령에게 부여한 법률이고 그 발동요건이나 국회에 의한 사후통제면에서는 헌법이 정한 세 가지의 국가긴급권보다 강력한 권한을 대통령에게 부여하고 있다. 즉 헌법상의 국가긴급권 발동요건은 그 발동요건이 구체적이며 매우 엄격하고 부득이 국가긴급권을 발동하였을 경우에 있어서도 긴급재정처분 및 명령이나 긴급명령의 경우에는 대통령은 지체 없이 국회에 보고하여 그 승인을 얻어야 하고 만약 승인을 얻지 못하면 그 처분이나 명령은 그 때부터 효력을 상실하며 계엄선포의 경우, 대통령은 지체 없이 국회에 통고하여야 하고 국회가 계엄해제를 요구하면 대통령은 반드시 이를 해제하도록 되어 있는 등 국회의 엄격한 사후통제를 받게 되어 있다. 그런데 특별조치법은 대통령이 국가비상사태를 선포할 수 있는 요건으로 "국가안전보장에 대한 중대한 위협에 효율적으로 대처하고 사회의 안녕질서를 유지하여 국가를 보위하기 위하여 신속한 사태 대비조치를 취할 필요가 있을 경우"라고만 규정하여 국가긴급권 발동요건이 매우 추상적이어서 대통령의 주관적 판단에 따라 용이하게 발동할 수 있을 뿐더러 대통령이 비상사태의 선포를 하고 나서도 국회에 보고 또는 통고하거나 국회의 승인을 받아야 할 의무도 없고(제4조의 경제에 관한 규제명령과 제5조의 국가동원령을 발하였을 때에만 국회에 통고할 의무가 있다) 다만 국회가 해제를 건의해 오면 대통령은 비상사태를 해제하여야 하는데 이때에도 대통령은 특별한 사유가 있음을 이유로 해제를 아니할 수도 있다(제3조 제2항). 결국 헌법상의 국가긴급권은 그 요건도 엄격하고 국회의 사후통제도 강력하여 대통령이 함부로 이를 발동할 수 없게 되어 있는데 비하여 특별조치법상의 국가긴급권은 그 발동이 매우 용이하게 되어 있으며 이렇게 볼 때 특별조치법은 대통령으로 하여금 국가긴급권 발동에 관한 헌법상의 엄격한 통제를 벗어나게 하기 위하여 제정한 법률이라고 볼 수 있다(북한의 남침위협을 이유로 내려진 위수령 및 비상사태선포의 공포분위기 아래서 국회는 박정희 대통령의 협박 아래 야당의 반대에도 불구하고 적법절차를 생략한 채 날치기 통과시켰다). 그러므로 헌법에 엄연히 국가긴급권의 종류, 발동요건과 절차 및 효력, 통제와 한계 등이 규정되어 있음에도 불구하고 헌법에 규정된 것과 별도로 대통령에게 또 다른 국가긴급권을 부여하고 있는 특별조치법 자체의 위헌이 문제되지 않을 수 없다. 이상과 같은 이론에서 볼 때 특별조치법은 첫째, 초헌법적인 국가긴급권을 대통령에게 부여하고 있다는 점에서 이는 헌법을 부정하고 파괴하는 반입헌주의, 반법치주의의 위헌법률이다. 둘째, 국가긴급권 발동(비상사태선포)의 조건을 규정한 특별조치법 제2조의 "국가안전보장(이하 "국가안보"라 한다)에 대한 중대한 위협에 효율적으로 대처하고 사회의

안녕질서를 유지하여 국가를 보위하기 위하여 신속한 사태대비조치를 취할 필요가 있을 경우"라는 규정내용은 너무 추상적이고 광범위한 개념으로 되어 있어 거의 대통령이 마음 내키는 대로 적용할 수 있게 되어 있으므로 남용·악용의 소지가 매우 크다. 이는 기본권 제한법률 특히 형벌법규의 명확성의 원칙에 반한다. 그럼에도 불구하고 국회에 의한 사후통제장치도 전무한 상태이다. 이러한 점에서 비상사태선포에 관한 특별조치법 제2조는 위헌무효이고 비상사태선포가 합헌·유효인 것을 전제로 하여서만 합헌·유효가 될 수 있는 특별조치법의 그 밖의 규정은 모두 위헌이다. 결국 이 사건 위헌제청 법률인 특별조치법 제5조 제4항도 당연히 위헌이다.

다만, 현존하는 헌법이 정당하지 못하고 국민의 기본권을 침탈하는 악법인 경우에 이를 교정하기 위한 초헌법적 국가긴급권으로서 국민적 정당성을 획득한 것으로서 국민의 기본권보장과 입헌민주주의체제의 수호를 위한 것이라면 헌법의 근본규범에 비추어 받아들일 수 있다고 볼 것이다. 그러나 독재권력에 의한 악용가능성을 배제하여야 한다.

2) 사후교정적 국가긴급권과 사전예방적 국가긴급권

국가위기사태가 발생한 후 이를 극복하기 위한 국가긴급권과 국가위기 발생가능성이 있는 때에 이를 미리 방지하기 위한 사전예방적 국가긴급권이 있을 수 있다. 후자는 국가위기를 빙자하여 독재를 합리화하는 데 악용될 수 있다.

3) 입법형과 행정형

입법을 통한 위기관리의 국가긴급권과 입법이 아닌 행정적 조치로 위기를 극복하도록 하는 국가긴급권으로 나눌 수 있다.

4) 병력사용 여부

군사력을 동원하는 국가긴급권으로는 계엄이 있다.

(3) 입헌적 국가긴급권의 근거로서의 국가·헌법보장기능

여기서 파악되어야 할 국가긴급권의 근거란 정당하고 민주적인 입헌적 국가긴급권의 존재근거를 의미한다. 그렇지 않고서는 입헌적 독재를 허용하는 긴급권을 헌법 자신이 정당하게 인정할 수는 없을 것이기 때문이다. 그러한 의미에서 국가긴급권의 근거는 그것이 왜 필요한가 하는 기능문제와 맞물려 있다. 입헌적 국가긴급권은 그 성격이 위기시에 정당한 헌법과 국가를 수호하기 위하여 헌법이 예정하는 비상적인 위기극복의 권한이라고 볼 것이고 그로써 국가와 헌법을 보장하는 기능을 가진다. 따라서 국가·헌법의 보장기능은 곧 입헌적 국가긴급권의 기초적 존재근거이다. 이 점은 국가긴급권이 정당한 국가를 전복하고 헌법을 파기하는 독재의 수단으로 악용되는 것을 부정하게 한다.

(4) 우리 헌법상의 연혁

1) 제1공화국

긴급명령, 긴급재정처분제도를 두고 있었다. 즉 "내우, 외환, 천재, 지변 또는 중대한 재정, 경제상의 위기에 제하여 공공의 안녕질서를 유지하기 위하여 긴급한 조치를 할 필요가 있는 때에는 대통령은 국회의 집회를 기다릴 여유가 없는 경우에 한하여 법률의 효력을 가진 명령을 발하거나 또는 재정상 필요한 처분을 할 수 있다"라고 규정하였고, 국회의 통제제도로서 이 "명령 또는 처분은 지체없이 국회에 보고하여 승인을 얻어야 한다"라고 하고 "만일 국회의 승인을 얻지 못한 때에는 그때부터 효력을 상실하며 대통령은 지체없이 차를 공포하여야 한다"라고 규정하고 있었다(제1공화국헌법 제57조).

제1공화국의 긴급명령은 6.25 전시에 자주 활용되었으나 휴전 이후에 평상시인데도 그 효력을 계속적으로 인정함으로써 남용되었다.

사항 공화국	긴급권	국회에 관한 요건	국회통제	사법심사
제1공화국	긴급명령, 긴급재정처분	국회의 집회를 기다릴 여유가 없는 경우에 한함	국회보고·승인	
제2공화국	긴급재정처분, 긴급재정명령	국회의 집회를 기다릴 여유가 없는 경우에 한함	국회보고·승인	
제3공화국	긴급명령, 긴급재정경제명령, 긴급재정경제처분	국회의 집회가 불가능한 때(긴급명령의 경우) 국회의 집회를 기다릴 여유가 없는 경우(긴급재정경제명령·처분의 경우)	국회보고·승인	
제4공화국	긴급조치		국회 재적의원 과반수의 찬성에 의한 긴급조치의 해제건의	불가
제5공화국	비상조치		국회통고·승인 국회 재적의원 과반수의 찬성에 의한 비상조치의 해제요구	
제6공화국	긴급명령, 긴급재정경제명령, 긴급재정경제처분	국회의 집회가 불가능한 때(긴급명령의 경우) 국회의 집회를 기다릴 여유가 없는 경우에 한함(긴급재정경제명령·처분의 경우)	국회보고·승인	

2) 제2공화국

긴급명령제도를 폐지하고 긴급재정처분 및 긴급재정명령제도를 두고 있었다. 독특한 것은 의원내각제하에서 바로 이 처분과 명령에 대한 권한을 대통령과 국무총리 간에 분배가 되어 있었다는 점이다. 즉 "내우, 외환, 천재, 지변 또는 중대한 재정, 경제상의 위기에 제하여 공공의 안녕질서를 유지하기 위하여 긴급한 조치를 할 필요가 있을 때에는 대통령은 국회의 집회를 기다릴 여유가 없는 때에 한하여 국무회의의 의결에 의하여 재정상 필요한 처분을 할 수 있다"라고 하여 대통령에게 긴급재정처분권을 부여하고 이 긴급재정의 "처분을 집행하기 위하여 필요한 때에는 국무총리는 법률의 효력을 가진 명령을 발할 수 있다"라고 규정하고 있었다

(제2공화국헌법 제57조). 긴급재정처분·명령에 대해서는 지체없이 국회에 보고하여 그 승인을 얻어야 하며 민의원이 해산된 때에는 참의원의 승인을 얻어야 하도록 하였고, 승인을 얻지 못한 때에는 처분이나 명령은 그때로부터 효력을 상실하도록 하여(동헌법 제58조) 국회의 통제제도를 두고 있었다.

3) 第3공화국

(가) 헌법규정

긴급명령권을 부활하였고 긴급재정경제처분·명령제도를 두었다. 즉 "국가의 안위에 관계되는 중대한 교전상태에 있어서 국가를 보위하기 위하여 긴급한 조치가 필요하고 국회의 집회가 불가능한 때에 한하여, 대통령은 법률의 효력을 가지는 명령을 발할 수 있다"라고 규정하여(제3공화국헌법 제73조 2항) 긴급명령제도를, "내우·외환·천재·지변 또는 중대한 재정·경제상의 위기에 있어서 공공의 안녕질서를 유지하기 위하여 긴급한 조치가 필요하고 국회의 집회를 기다릴 여유가 없을 때에 한하여, 대통령은 최소한으로 필요한 재정·경제상의 처분을 하거나 이에 관하여 법률의 효력을 가지는 명령을 발할 수 있다"라고 규정하여(동헌법 제73조 1항) 긴급재정경제처분과 동명령제도를 두었다.

국회에 대한 통제제도로는 사후승인제도를 두고 있었다. 즉 긴급명령, 긴급재정경제처분·처분은 지체없이 국회에 보고하여 그 승인을 얻어야 했고 국회의 승인을 얻지 못한 때에는 그 명령 또는 처분은 그 때부터 효력을 상실하되, 다만, 그 명령에 의하여 개정 또는 폐지되었던 법률은 그 명령이 승인을 얻지 못한 때부터 당연히 효력을 회복하는 것으로 규정되어 있었다(제3공화국헌법 제73조 3항·4항).

(나) 대통령에 의한 초헌법적 비상적 조치권 행사의 예

제3공화국 말기에 유신헌법(제4공화국헌법)으로 이행하는 시기와 유신헌법을 제정하기 위한 과정에서 대통령이 2번의 초헌법적 비상적이어서 위헌적인 국가긴급권을 행사한 바 있다. 1971년 12월 6일 비상사태를 선포하고 1971년 12월 27일에는 야당의 극렬한 반대에도 불구하고 '국가보위에관한특별조치법'을 제정하였는데 이 법률은 초헌법적 국각긴급권을 인정한 위헌적인 법률이었다.[1]

유신헌법을 제정하기 위한 헌법개정제안을 행한 1972년 10월 17일 이른바 10월유신도 초헌법적 헌정중단이었다. 국회를 해산하고 비상 국무회의에서 헌법개정안을 의결하는 등 초헌법적 비상조치에 의한 헌법개정이었다.

4) 第4공화국

유신헌법에서는 대통령이 강력한 비상대권으로서 긴급조치권을 보유하고 있었다. 즉 "대

---

1) 헌법재판소도 위헌으로 결정한 바 있다. 헌재 1994.6.30. 92헌가18, 판례집 6-1, 569면. * 이 결정의 자세한 이유는 앞서 소개한 바 있다.

통령은 천재·지변 또는 중대한 재정·경제상의 위기에 처하거나, 국가의 안전보장 또는 공공의 안녕질서가 중대한 위협을 받거나 받을 우려가 있어, 신속한 조치를 할 필요가 있다고 판단할 때에는 내정·외교·국방·경제·재정·사법 등 국정전반에 걸쳐 필요한 긴급조치를 할 수 있다"라고 규정하고 "대통령은 제1항의 경우에 필요하다고 인정할 때에는 이 헌법에 규정되어 있는 국민의 자유와 권리를 잠정적으로 정지하는 긴급조치를 할 수 있고, 정부나 법원의 권한에 관하여 긴급조치를 할 수 있다"라고 규정하여(제4공화국 헌법 제53조 1항·2항), 이러한 긴급조치로 어느 특정 영역이 아니라 국정과 국민생활 전반에 걸쳐 광범위하고 포괄적인 제한이 가능하도록 하였다. 이 긴급조치를 한 때에는 대통령은 지체없이 국회에 통고하도록 하고(동헌법 동조 3항), "긴급조치의 원인이 소멸한 때에는 대통령은 지체없이 이를 해제하여야 한다", "국회는 재적의원 과반수의 찬성으로 긴급조치의 해제를 대통령에게 건의할 수 있으며, 대통령은 특별한 사유가 없는 한 이에 응하여야 한다"라고 하여 어느정도의 한계와 통제를 규정하긴 하였으나 긴급조치는 사법적 심사의 대상이 되지 아니한다고 헌법 자체가 명시적으로 못박고 있었다(동헌법 동조 4항). 이처럼 긴급조치권이란 강력하고 절대적인 비상대권을 대통령이 보유하고 있는 것 자체가 유신헌법의 한 특징을 이루기도 하였으며 대통령에의 절대적 권력의 집중이 이루어진 것으로 비판의 대상이 되었다.

실제 대통령은 긴급조치를 빈번히 활용하여 권위주의적인 독재가 지속되었다. 긴급조치로 언론출판의 자유, 신체의 자유 등 많은 기본권의 침해, 침탈이 있었다. 심지어 예를 들어 긴급조치 9호는 긴급조치를 공연히 비방하는 행위에 대해서도 긴급조치의 위반으로 처단함으로써(동조치 제1조 라호) 정상적인 국가권력의 행사에 의한 국정운영이 아니라 긴급조치에 매달려 권력보유를 지속하였고 이는 필연적인 파국을 예고하는 것이었다. 결국 10.26사건이 발생하여 이른바 서울의 봄이 잠시 찾아왔다.

유신정부시절 대통령 긴급조치 제1호 등에 대해 제6공화국에 들어와 2010년에 대법원이(대법원 2010.12.16. 2010도5986; 2013.5.16. 2011도2631), 그리고 2012년에는 헌법재판소가(헌재 2013.3.21. 2010헌바132) 헌법에 위반된다는 판결을 하였다(후술 국가긴급권과 기본권제한요건 부분 참조).

5) 제5공화국

제4공화국 때의 긴급권 악용에 대한 국민들의 반감을 의식하여 다소 완화된 긴급권인 비상조치권을 대통령에게 부여하였으나 실제로는 국정전반에 걸쳐 취할 수 있는 여전히 강력한 대통령의 권한이었다. 제5공화국 헌법 제51조 제1항은 "대통령은 천재·지변 또는 중대한 재정·경제상의 위기에 처하거나, 국가의 안전을 위협하는 교전상태나 그에 준하는 중대한 비상사태에 처하여 국가를 보위하기 위하여 급속한 조치를 할 필요가 있다고 판단할 때에는 내정·외교·국방·경제·재정·사법 등 국정전반에 걸쳐 필요한 비상조치를 할 수 있다"라고 규정하고 있었고 동헌법 동조 제2항은 "대통령은 제1항의 경우에 필요하다고 인정할 때에는 헌법에 규정되어 있는 국민의 자유와 권리를 잠정적으로 정지할 수 있고, 정부나 법원의 권한에 관하여 특별한 조치를 할 수 있다"라고 규정하여 제4공화국 때의 긴급조치권과 같이 광범위한 제한이 열려진 긴급권이었다. 동헌법 동조 제4항은 비상조치는 "그 목적을 달성할 수 있는 최단기간내에 한정되어야 하고, 그 원인이 소멸한 때에는 대통령은 지체없이 이를 해제하여야 한다"라고 규정하여 비상조치권에 일정한 한계가 헌법문언상으로는 설정되어 있긴 하였다. 국회의 통제도 동헌법 동조 제3항이 비상조치를 한 때에는 "대통령은 지체없이 국회에 통고하여 승인을 얻어야 하며, 승인을 얻지 못한 때에는 그때부터 그 조치는 효력을 상실한다"라고 규정하고 있었고 동헌법 동조 제5항은 "국회가 재적의원 과반수의 찬성으로 비상조치의 해제를 요구한 때에는 대통령은 이를 해제하여야 한다"라고 규정하고 있었다. 긴급조치에 대해 사법심사대상이 아니라고 명백히 헌법문언상 밝히고 있었던 제4공화국 때와는 달리 제5공화국 때의 비상조치에 대해서는 사법심사대상성을 부정하는 헌법규정을 두지 않았다. 이 점에서도 결국 유신헌법 시절에 비해 대통령의 긴급권이 축소되긴 하였다고 볼 것이다. 그러나 여전히 강한 권한이었다.

6) 현행헌법

현행 헌법은 긴급명령, 긴급재정경제명령, 긴급재정경제처분, 이 3가지의 긴급권을 두고 있는데 이 긴급권은 제3공화국헌법에서의 그것과 거의 동일한바, 긴급재정경제명령, 긴급재정경제처분의 발동요건으로 현행 헌법이 제3공화국헌법에서는 없었던 '국가의 안전보장'을 위한 경우도 설정하고 있다는 점 외에는 유형, 요건, 국회의 승인 및 그 불승인의 효과 등에서 동일하다.

<table>
<tr><th colspan="2">구분
항목</th><th>긴급명령</th><th>긴급재정경제명령</th><th>긴급재정경제처분</th></tr>
<tr><td colspan="2">헌법조문</td><td>제76조 제2항</td><td>제76조 제1항 후단</td><td>제76조 제1항 전단</td></tr>
<tr><td colspan="2">국회에 관한 요건</td><td>집회불능</td><td colspan="2">집회가능하나 기다릴 여유가 없을 때</td></tr>
<tr><td colspan="2">효력</td><td colspan="2">법률의 효력</td><td>처분</td></tr>
<tr><td rowspan="2">통제</td><td>법원</td><td colspan="2">위헌법률심판제청</td><td>행정소송(통치행위?)</td></tr>
<tr><td>헌법재판소</td><td colspan="2">위헌법률심판, 위헌소원심판, 법령소원심판, 권한쟁의심판, 탄핵심판</td><td>헌법소원?(원행정처분의 대상성 부인)</td></tr>
</table>

▮현행 헌법상 대통령의 국가긴급권 비교표

2. 현행 헌법에서의 대통령의 국가긴급권

(1) 대통령의 국가긴급권의 기초 - 대통령의 국가·헌법수호의무

헌법보장자가 대통령인지 하는 칼 슈미트와 켈젠의 유명한 논쟁이 있었지만(앞의 헌법보장

부분 참조) 대통령이 헌법보장의 책무를 지는 것은 부정할 수 없다. 우리 헌법도 대통령에게 국가긴급권을 부여하고 있다. 국가긴급권이 국가·헌법의 보장을 위한 권한인 점에서 대통령에 부여된 국가긴급권은 대통령의 국가·헌법수호의무에서 나온다. 우리 헌법은 대통령은 국가의 독립·영토의 보전·국가의 계속성과 헌법을 수호할 책무를 진다고 규정하고 있고 대통령이 취임시에 헌법준수, 국가보위의 의무를 선서하도록 하고 있는데(제66조 2항, 제69조) 이러한 의무에서 헌법이 대통령에게 국가긴급권을 규정한 보다 근원적 기초를 두고 있다고 할 것이다.

(2) 종류 - 긴급명령권, 긴급재정경제명령권, 긴급재정경제처분권, 계엄권

우리 헌법이 대통령에게 부여하고 있는 국가긴급권으로서 긴급명령권, 긴급재정경제명령권, 긴급재정경제처분권, 계엄권이 있다. 이하에서 각각에 대해 살펴본다.

3. 긴급명령권

우리 헌법 제76조 제2항이 긴급명령권을 규정하고 있다.

헌법 제76조 ② 대통령은 국가의 안위에 관계되는 중대한 교전상태에 있어서 국가를 보위하기 위하여 긴급한 조치가 필요하고 국회의 집회가 불가능한 때에 한하여 법률의 효력을 가지는 명령을 발할 수 있다.

(1) 의의와 성격

대통령의 긴급명령권은 국가의 위기시에 이를 극복하기 위해 필요한 법률적 조치가 필요함에도 국회의 입법권행사가 불가능하기에 이를 대신하여 대통령이 명령으로써 이를 제정하는 권한을 말한다. 긴급명령은 국가비상상황의 극복을 위한 법률대체적 명령의 성격을 가지는, 국회의 고유권한인 입법권의 예외가 되는 권한이라는 성격을 가진다. 따라서 긴급명령권은 입법권과 행정권의 분리라는 고전적 권력분립주의의 한정적 일시적인 배제를 인정하는 것이다. 긴급명령은 입법형 국가긴급권이다. 긴급명령이 국민의 기본권에 중대한 영향을 가져올 수 있음에도 국민대표자인 국회의 입법이 아닌 대통령의 긴급입법을 허용하고 권력분립주의를 배제하는 것이기에 헌법에 그 근거규정을 두어 합헌적인 것으로 할 수는 있으나 바람직한 것은 아니다. 우리 헌법은 국가위기의 실제가능성이 존재한다고 보고 정상적인 법률로써는 이에 대처할 수 없다고 보아 대통령에 대한 예외적 긴급입법을 인정한 것이다. 다른 한편으로는 위기시에 헌법적 근거가 없는 긴급조치의 발동으로 인한 헌법파괴를 막기 위한 예방적 의미도 가진다. 이러한 긴급명령의 제도적 취지를 고려하면 그 발동에 있어서는 엄격한 요건이 설정되어야 하고 사후에 국회의 사후통제가 가해져야 함은 물론이다.

(2) 긴급명령의 발동요건과 형식

긴급명령의 요건으로 헌법은 "국가의 안위에 관계되는 중대한 교전상태에 있어서 국가를 보위하기 위하여 긴급한 조치가 필요하고 국회의 집회가 불가능한 때에 한하여"라고 규정하고 있다(제76조 2항).

1) 상황적 요건

(가) 국가의 안위에 관계되는 중대한 교전상태

중대한 교전에는 적대국가가 우리나라를 침략하는 전쟁에 대응하는 교전뿐 아니라 대통령이 국회의 동의를 얻어(제73조, 제60조 2항) 선전포고를 함으로써 개전되는 전쟁도 포함되고 이에 준하는 것으로 볼 수 있는 사변이나 내란 등도 포함된다. 그러나 국가안위가 직접적으로 관계되어야 한다.

(나) 긴급성 - 국가를 보위하기 위한 긴급한 필요성

국가의 안전을 보장(국가를 보위)하기 위하여 실기하지(때를 놓치지) 않고 신속히 조치를 취하여할 필요가 있는 긴급한 상황이어야만 긴급명령을 발할 수 있다.

(다) 국회의 집회가 불가능한 때에 한할 것

국회의 집회를 기다릴 여유가 없는 정도의 상황으로서는 긴급명령을 발할 수 없고 국회의 집회가 물리적으로 불가능한 때, 즉 국회의 재적의원 과반수의 소재나 행방을 알 수 없거나 집회에 참석할 수 없어서 의결정족수를 갖추지 못하는 상황을 말한다. 이 점이 국회의 집회를 기다릴 여유가 없을 때에 발할 수 있는 긴급재정경제명령·긴급재정경제처분의 경우와 다르다. 국회가 폐회중인 경우도 집회불능으로 이해하는 견해가 있으나(권영성), 폐회중이라도 국회의 소집이 가능하다면 집회불능으로 볼 수 없다. 국회의원의 과반수가 출석에 불응한 경우도 집회불능이라고 보는 견해가 있다. 의결정족수(제49조 본문)를 채우지 못한다는 사실을 그 근거로 하는 것으로 보인다.

2) 목적상 요건

국가의 보위라는 소극적 목적으로만 발동이 가능하고 적극적인 공공복리를 위한 목적으로 발령할 수 없다.

3) 법률적 효력 조치의 필요성과 보충성의 원칙 요건

긴급한 조치인 긴급명령이 법률의 효력을 가지는 것이므로 법률에 의해서만 국가보위라는 목적달성이 가능하고 단순한 처분이나 조치로는 국가안전을 보장할 수 없다는 필요성이 존재하여야 한다. 따라서 국가보위를 위한 법률적 효력의 조치가 아닌 다른 방법에 의하여는 위기극복이 불가능한 경우에 최종적으로 긴급명령을 발하여야 한다는 보충성의 원칙도 요구된다.

4) 객관성과 명백성 요건

위와 같은 발동요건은 객관적이고 명백하게 존재하여야 한다. 대통령에게 긴급명령의 발동 여부에 관한 재량적 판단이 인정된다고 하더라도 국가안위에 관계되는 사실, 중대한 교전상태, 긴급성, 국회집회불능과 같은 요건이 객관적으로 판명되어야 한다.

5) 절차적·형식적 요건 : 국무회의의 심의와 부서된 문서 등

긴급명령을 대통령이 발하기 위해서는 국무회의의 심의를 거쳐야 한다(제89조 5호). 문서의 형식으로 하여야 하며 이 문서에는 국무총리와 관계 국무위원의 부서가 있어야 한다(제82조). 대통령이 국가보위를 위한 긴급명령의 발동에 관한 자문을 요구하는 경우에 국가안전보장회의가 그것에 응하여야 한다(제91조 1항).

(3) 긴급명령의 효과와 내용

헌법에 합치되게 발해진 긴급명령은 국회가 법률이란 이름으로 자신이 제정, 개정한 법률과 같은 효력을 가진다. 그러므로 긴급명령은 그 내용이 법률과 같을 수 있고 법률사항을 긴급명령이 담을 수 있다. 따라서 긴급명령이 국민의 권리를 제한하거나 또는 의무를 부과하는 법규사항을 정할 수도 있고 기존의 법률을 개정하거나 폐지 또는 그 적용을 정지하는 내용을 규정할 수도 있다(김철수, 1379면).

(4) 긴급명령권의 한계

위의 발동요건이 한계를 이루기도 한다. 긴급명령은 앞서 서술한 대로 소극적인 위기극복을 위한 것이어야 하고 공공복리 증진과 같이 적극적인 작용을 위한 것이어서는 아니 된다. 긴급명령으로 국회해산을 할 수는 없다. 국회의 사후승인을 받아야 하기 때문이다(제76조 3항). 긴급명령으로 헌법을 정지하거나 개정할 수 없다. 헌법적 사항을 긴급명령으로 정할 수 없다. 국회, 법원, 헌법재판소의 권한에 대한 특별한 조치를 할 수 없다. 병력을 동원하는 조치는 계엄의 요건이 될 경우 계엄을 발동하여 행하면 모르되 긴급조치로는 할 수 없고 군정의 실시를 할 수 없다.

(5) 국회의 사후승인

1) 의의

대통령은 긴급명령을 발동한 경우 지체 없이 국회에 보고하여 그 승인을 얻어야 한다(제76조 3항). 국가긴급시에 국회가 아닌 대통령이 위기극복을 위하여 발하는 긴급명령이지만 법률의 효력을 가지는 법규범으로서 적용되는 것이고 국민의 기본권과 의무에 관련되는 사항을 정하기도 하므로 국민의 의사를 대표하는 국회가 통제하여야 한다는 데 이 승인제도의 필요성이 있다.

2) 승인의 범위

국회가 대통령의 긴급명령에 대해 수정하여 승인하거나 조건부의 승인을 할 수 있는지에 대해 수정승인이 가능하다는 견해가 있다(권영성, 961면). 법률안거부권의 경우에는 대통령이 수정거부할 수 없는 점을 고려하여 부정적으로 볼 수는 있으나 법률안거부권의 경우에는 국회가 입법권을 주도하여 국회가 의결한 법률안에 대한 것인데 비해 긴급명령은 법률안의결권을 가지지 않는 대통령의 비상적인 입법이므로 원래 입법권을 가진 국회로서는 수정승인도 가능하

다고 볼 것이다. 수정승인 대신에 긴급명령을 불승인하고 새로운 입법을 국회가 할 수도 있을 것이다.

3) 승인가결표수

재적의원과반수설과 일반정족수(가결표수)설(출석의원과반수설)이 대립된다. 앞의 학설을 취하는 견해는 같은 국가긴급권인 계엄의 경우에 그 해제요구의 가결표수는 재적의원과반수인데 계엄해제요구와의 균형유지를 그 이유로 들고 있다(권영성, 961면). 생각건대 긴급명령은 국회의 정상적 입법이 아니면서도 국민의 중요한 기본권제한을 수반할 가능성이 크므로 승인이 엄격하게 이루어져야 하므로 그 승인에 필요한 가결표수도 더욱 가중된다고 볼 것이나 국가위기관리를 위해 신속한 대처가 필요하여 적절한 가중을 요한다는 점을 함께 헤아려 보면 앞의 학설이 타당하다.

4) 승인의 효과

국회의 승인은 긴급명령의 법률적 효력을 확정하는 효과를 가진다. 긴급명령은 국회의 승인이 있기 전이나 있은 후나 법률적 효력을 가진다. 그러나 그 법률적 효력은 국회의 승인이 있기 전에는 잠정이나 국회승인이 있은 후에는 확정적이 된다.

5) 불승인의 효과

긴급명령이 국회의 승인을 얻지 못한 때에는 그때부터 효력을 상실한다. 이 경우 그 명령에 의하여 개정 또는 폐지되었던 법률은 그 명령이 승인을 얻지 못한 때부터 당연히 효력을 회복한다(제76조 4항). 승인을 얻지 못한 때부터 긴급명령에 의해 개정 또는 폐지되었던 법률의 효력이 회복되므로 발동 이후 불승인 이전까지 긴급명령에 의해 형성된 법률관계는 그대로 유효하다. 이는 법적 안정성을 위한 것이다.

(6) 대통령의 공포

대통령은 긴급명령이 국회의 승인을 얻었거나 얻지 못한 경우에 그 사유를 지체없이 공포하여야 한다(제76조 5항). 여기서의 공포는 법령의 공포를 의미하는 것이 아니고 사유라는 사실을 널리 알리는 공고의 의미를 가진다.

(7) 긴급명령권에 대한 통제

1) 행정내부적 통제

행정내부적으로는 긴급명령을 발하기 전에 국무회의의 심의를 거쳐야 하고 국무총리와 관계 국무위원의 부서를 받아야 하는 통제가 있다. 이는 사전적 통제이기도 하다. 국가안전보장회의는 대통령의 자문요구가 있을 경우에 이에 응하는 경우 통제할 수도 있을 것이다.

2) 국회에 의한 통제

(가) 사후승인

국회는 대통령이 긴급명령을 한 때 지체없이 보고를 받고 승인 여부를 결정함으로써 통제를 하게 된다.

(나) 법률의 제정·개정

국회는 그 긴급명령의 내용을 개폐하는 법률을 제정함으로써 통제를 가할 수 있다.

(다) 탄핵소추, 국정감사·조사 등

국회는 대통령에 대한 탄핵소추를 발의·의결하여 위헌적인 긴급명령을 통제할 수 있다. 국정감사나 국정조사를 통해 추궁할 수도 있다.

3) 사법적(司法的) 통제

긴급명령은 법률의 효력을 가지므로 법원과 헌법재판소에 의한 사법적 통제는 위헌법률심판에 의하여 통제할 수 있다(헌법 제107조 1항은 "법률이 헌법에 위반되는 여부가 재판의 전제가 된 경우에는 법원은 헌법재판소에 제청하여 그 심판에 의하여 재판한다"라고 규정하고 있다). 그리고 헌법재판소는 더하여 법령소원심판, 탄핵심판, 권한쟁의심판 등에 의한 통제도 행할 수 있다.

* 4공화국 유신헌법하의 긴급조치에 대해서는 당시 유신헌법이 사법적 심사의 대상이 되지 아니한다고 명시하고 있었으나 제6공화국에 와서 2010년 12월 16일에 대법원은 이 긴급조치에 대한 심사권이 자신에 있다고 보고 판단하여 헌법에 위반된다고 판결하였다(대법원 2010.12.16. 2010도5986). 대법원은 유신헌법'(제4공화국 헌법)의 대통령 긴급조치는 국회의 동의 내지 승인 등을 얻도록 하는 규정을 두고 있지 아니하고 따라서 헌재의 위헌심판대상이 되는 '법률'에 해당한다고 할 수 없고, 긴급조치의 위헌여부에 대한 심사권은 최종적으로 대법원에 속한다고 한다. 이 판결을 둘러싸고 헌법재판소의 관할이 아니었는가 논란이 된 바 있기도 하다.

(가) 법원에 의한 통제 - 위헌제청에 의한 통제

법원은 긴급명령이 헌법에 위반된다고 판단하고 그 위헌여부가 재판의 전제가 된다면 헌법재판소에 심판을 제청하여 통제를 요구할 수 있다. 그 제청은 당사자가 법원에 위헌여부를 법원이 헌법재판소에 제청해 줄 것을 신청하고 이를 법원이 받아들여 하거나 아니면 당사자의 신청없이 법원이 직권으로 할 수도 있다. 통치행위이론을 들어 제청을 삼갈 가능성이 있다는 예측의 견해도 있을 것이다. 그러나 어디까지나 헌법재판소가 최종적 심판을 하므로 제청권을 가짐에 그치는 법원으로서는 위헌의 의심이 있으면 적극적으로 제청을 하여야 한다.

(나) 헌법재판소에 의한 통제

가) 위헌법률심판에 의한 통제

헌법재판소는 법원이 제청을 하면 그 위헌여부를 판단하여 통제한다. 만약 법원이 당사자의 신청을 기각하여 제청을 하지 않은 경우에 당사자는 헌법재판소법 제68조 제2항에 따라 헌법재판소에 위헌여부심판을 구하는 헌법소원심판을 청구할 수 있다(이른바 위헌소원심판이다). 이 위헌소원심판을 통해서도 헌법재판소가 통제할 수 있다.

나) 본래의미의 헌법소원(법령소원)심판에 의한 통제

문제의 긴급명령이 어느 국민의 기본권을 직접 침해하는 처분성을 가진 경우에는 그 긴급명령에 대해 바로 헌법소원(이른바 법령소원)의 심판을 청구할 수 있기에 법령소원에 의한 헌법재판소의 통제가 이루어질 수도 있다. 통치행위이론을 들어 헌법소원대상성을 부정할 가능성이 있다는 견해도 있을 것이나 우리 헌재는 다음에 보는 긴급재정경제명령에 대해서 기본권침해의 문제가 있는 한 헌법소원대상이 된다는 입장을 분명히 하였으므로 자신의 판례에 따른다면 긴급명령도 헌법소원심판의 대상이 됨을 인정하게 된다.

다) 헌법재판소 심사의 범위

긴급명령에 대한 통제가 발령 자체에 대해서는 통치행위로서 사법적 통제가 안 된다는 견해(성낙인(2015), 589면, 그러나 이 견해는 바로 뒤의 긴급명령 부분 서술에서는 사법적 통제를 긍정하고 있다. 동 590면)가 있다. 그러나 적어도 명백성통제, 즉 대통령이 발령의 이유(요건)를 이루는 것이라고 제시한 사실들이 명백히 실제하는 것인지 여부에 대한 심사는 가능하다고 볼 것이다. 위 견해는 통치행위의 범위를 좁혀가는 추세에도 부합하지 않는 견해이다(뒤의 사법부의 통치행위 부분 참조). 헌재는 긴급재정경제명령에 대해서 이미 그 발동요건의 준수여부를 판단한 바 있다. 따라서 긴급명령에 대해서도 발동요건을 갖추었는지를 심사하는 적극성을 보일 것이다.

라) 탄핵심판, 권한쟁의심판에 의한 통제

헌재는 위헌·위법적인 대통령의 긴급명령발동에 대해서 국회가 탄핵소추를 하면 탄핵심판을 판단하면서 통제를 할 수 있다. 긴급명령이 다른 국가기관이나 지방자치단체의 권한을 침해하는 경우에는 권한쟁의심판이 청구될 수도 있고 이 심판을 통해서도 통제할 수 있다.

4) 국민에 의한 통제

국민은 긴급명령이 자신의 권리를 침해하는 경우에 그 폐지를 위한 청원권을 행사하는 것을 통해 통제할 수 있다. 법원의 소송을 제기하고 그 소송에서 위헌심판제청의 신청을 함으로써, 그리고 헌법재판소의 헌법소원심판 등을 청구하여 법원이나 헌법재판소로 하여금 통제할 수 있게 할 수 있다. 최종적으로는 저항권을 행사할 수 있다.

4. 긴급재정경제명령권

긴급재정경제명령권은 헌법 제76조 제1항에 규정되어 있다.

헌법 제76조 ① 대통령은 내우·외환·천재·지변 또는 중대한 재정·경제상의 위기에 있어서 국가의 안전보장 또는 공공의 안녕질서를 유지하기 위하여 긴급한 조치가 필요하고 국회의 집회를 기다릴 여유가 없을 때에 한하여 최소한으로 필요한 재정·경제 … 에 관하여 법률의 효력을 가지는 명령을 발할 수 있다.

(1) 의의와 성격

내우 · 외환 · 천재 · 지변이 발생하거나 재정이나 경제 영역에서 중대한 위기가 발생한 상황에서 이를 극복하기 위해 행사되는 재정적 또는 경제적 국가긴급권을 말한다. 재정의 파탄, 고갈이나 경제공황 등의 재정상, 경제상의 위기에서 통상의 재정적 · 경제적 법률에 의해서는 국가의 안전이나 공공의 안녕질서를 유지하기 어려운 경우에 대통령이 이에 대처하고 극복하기 위하여 필요한 법률의 효력을 가지는 추상적 규범의 명령을 제정할 수 있는 권한을 말한다. 재정의회주의와 국회의 입법권의 예외를 이루는 대통령의 권한이다.

* 긴급재정경제명령과 긴급재정경제처분의 차이 – 이는 추상적 법규범인가 아니면 구체적인 작용인가 하는 차이이다. 명령은 추상적이고 일반적이며 특정한 사항에 특정한 법적 효과가 직접 나오지는 않고 처분은 구체적 조치로서 특정사항에 대해 구체적인 법적 효과를 부여하는 것이다(기본권론에서 법률의 추상성요건이론을 설명하면서 서술한 부분 참조).

(2) 긴급재정경제명령의 발동요건과 형식

헌법 제76조 제1항은 "대통령은 내우 · 외환 · 천재 · 지변 또는 중대한 재정 · 경제상의 위기에 있어서 국가의 안전보장 또는 공공의 안녕질서를 유지하기 위하여 긴급한 조치가 필요하고 국회의 집회를 기다릴 여유가 없을 때에 한하여 최소한으로 필요한" 재정 · 경제에 관하여 법률의 효력을 가지는 명령을 발할 수 있다고 규정하고 있다.

1) 상황적 요건

(가) 내우 · 외환 · 천재 · 지변 또는 중대한 재정 · 경제상의 위기 - 중대성과 실제성

내우 · 외환 · 천재 · 지변 또는 중대한 재정 · 경제상 위기가 있는 상황이어야 한다. 재정 · 경제상 위기에 관한 한 단순한 재정 · 경제상의 위기가 아니고 그 위기의 정도가 중대하여야 한다. 이전의 일상적이고 정상적인 경제 · 재정운용으로 감당할 수 없는 정도의 위기여야 한다. 재정 · 경제상의 위기가 발생할 가능성이 있어서 사전에 예방하기 위하여 발동되어서는 아니되고 재정상 · 경제상 위기가 실제로 현재 존재하여야 하고 재정 · 경제상의 중대한 위기사태가 발생한 사후에 이러한 상황을 제거하고 수습하기 위하여 발령되어야 한다.

(나) 긴급한 조치가 필요할 것 - 긴급성

국회의 집회를 기다려서 국회에 의한 수권이 있고 조치를 취할 경우에는 이미 위기가 고착되고 극복되기 힘든 정도의 상황으로 국가의 안전보장 또는 공공의 안녕질서를 유지하기 위하여 때를 놓치지 않고 신속히 조치를 취하여야 할 긴급한 상황이어야만 발할 수 있다. 이 긴급성 요건은 긴급하다는 사실이 곧 정상적으로 국회의결을 통한 조치를 취하여도 될 정도로 국회집회를 기다릴 여유가 있는 상황이 아니라는 것이므로 아래의 국회집회를 기다릴 여유가 없다는 요건과 사실 결합적인 관계에 있는 요건이라고 할 것이다.

(다) 국회의 집회를 기다릴 여유가 없을 것

재정, 경제상의 위기를 극복하기 위한 조치를 취하기 위해 국회를 소집하여야 하나 국회의 집회를 기다리면 위기를 극복하기 어려운 긴박한 경우여야 하므로 국회의 집회를 기다릴 여유가 없는 경우에만 발령할 수 있다. 결국 이 요건은 위의 긴급한 조치가 필요할 것이라는 긴급성과 결합되어 있는 요건이라고 할 것이다. 국회의 집회를 기다릴 여유가 없다는 의미에 대해 그 해석이 ① 국회가 휴회중인 경우는 해당되지 않고 폐회중인 경우가 해당된다는 견해, ② 휴회중이든 폐회중이든 국회집회를 소집할 여유가 없는 경우는 모두 해당된다고 보는 견해, ③ 휴회중이든 폐회중이든 국회집회를 소집할 여유가 없는 경우뿐 아니라 비상사태로 인해 국회집회가 불가능한 경우도 포함된다는 견해가 있을 수 있다. 생각건대 국회의 집회를 기다릴 여유가 없다는 것은 집회를 기다려서 국회에 의한 수권이 있고 난 다음 조치를 취할 경우에는 이미 위기가 고착되고 극복되기 힘든 정도의 상황을 말하므로 휴회 중이든 폐회 중이든 국회집회를 소집할 여유가 없는 경우뿐 아니라 국회집회가 불가능한 경우도 포함된다. 국회집회불능의 경우란 국회의 집회를 기다릴 여유가 없다는 것을 의미하는 것이기도 하다. 따라서 ③의 견해가 타당하다.

2) 목적상 요건 : 국가의 안전보장 또는 공공의 안녕질서를 유지하기 위한 것일 것

실제로 중대한 경제상, 재정상 위기가 발생한 경우에 사후에 이를 제거하여 국가의 안전을 보장하고, 질서를 회복하기 위한 소극적 목적을 위한 것이어야 하고 적극적으로 새로운 정책을 시행하기 위해서나 또는 국가의 적극적 급부행정을 요구하는 공공복리를 증진하기 위한 목적으로는 긴급재정경제명령을 발할 수 없다(헌재 1996.2.29. 93헌마186).

3) 법률적 효력 조치의 필요성과 보충성의 원칙 요건

긴급재정경제명령은 법률과 같은 효력을 지니므로(제76조 1항) 법률로써만 내우 · 외환 · 천재 · 지변 또는 중대한 재정 · 경제상의 위기에 있어서 국가의 안전보장 또는 공공의 안녕질서를 유지하기 할 수 있고 단순한 처분이나 조치로는 그렇게 할 수 없다는 필요성이 존재하여야 한다. 따라서 재정 · 경제상 위기 극복을 위한 법률적 효력의 조치가 아닌 다른 방법에 의하여는 위기극복이 불가능한 경우에 최종적으로 긴급재정경제명령을 발하여야 한다는 보충성의 원칙도 요구된다.

4) 객관성과 명백성 요건

위와 같은 발동요건은 객관적이고 명백하게 존재하여야 한다. 내우 · 외환 · 천재 · 지변 또는 중대한 재정 · 경제상의 위기와 국가안전보장 또는 공공의 안녕질서유지의 필요성, 긴급성, 국회집회를 기다릴 여유가 없는지 등과 같은 요건이 실제로 존재하는지 여부에 대해 객관적으로 판명되어야 한다.

* 대통령의 판단재량과 한계 – 대통령에게 긴급재정경명령의 발동 여부에 관한 재량적 판단이 인정된다고 하더라도 이처럼 중대한 위기인지 하는 중대성, 국회집회를 기다릴 여유가 없는지 하는 상황에 대한 판단은 대통령의 재량에 속하나 대통령이 그 판단에 있어서 준거나 사유로 지적하고 있는 사실은 재량의 대상이 아니고 객관적으로 존재하여야 한다. 따라서 대통령의 판단재량도 그 점에 있어서 한계를 가진다.

판례 긴급재정명령 등 위헌확인, 헌재 1996.2.29, 93헌마186, 판례집 8-1, 111면

[주요판시사항] ▷ 판단권의 성격 : 중대한 재정·경제상의 위기 상황의 유무에 관한 제1차적 판단은 대통령의 재량에 속함. 그러나 자유재량이라거나 객관적으로 긴급한 상황이 아닌 경우라도 주관적 확신만으로 좋다는 의미는 아니므로 객관적으로 대통령의 판단을 정당화할 수 있을 정도의 위기상황이 존재하여야 함.

5) 최소필요성 요건

재정·경제상 위기를 극복하는 데 필요한 정도의 최소한의 명령이나 처분에 그쳐야 한다. 이 요건은 명시되어 있지 않더라도 당연한 것이고 이를 명시하지 않고 있는 긴급명령에도 해당되는 요건인데 긴급재정경제명령과 긴급재정경제처분에 대해서는 헌법이 '최소한'을 명시하고 있다. 금융실명제를 위한 대통령 긴급재정경제명령이 2년 넘어 유지되고 있었던 점이 논란되었으나 헌재는 그 점으로 위헌은 아니라고 판단하였다.

판례 헌재 1996.2.29. 93헌마186

[판시] 다만 긴급권은 그 본질상 비상사태에 대응하기 위한 잠정적 성격의 권한이므로 긴급권의 발동은 그 목적을 달성할 수 있는 최단기간 내로 한정되어야 하고 그 원인이 소멸된 때에는 지체없이 해제하여야 할 것인데도 이 사건 긴급명령은 발포일로부터 2년이 훨씬 지난 현재까지도 유지되고 있는바, 이와 같은 긴급명령 발포상태의 장기화가 바람직하지는 않지만 그렇다고 그 사유만으로 발포 당시 합헌적이었던 이 사건 긴급명령이 바로 위헌으로 된다고 할 수는 없다.

6) 절차적·형식적 요건 : 국무회의의 심의와 부서된 문서, 국가안전보장회의의 자문 등

긴급재정경제명령을 발동하기 위해서는 국무회의의 심의를 거쳐야 하고(제89조 5호) 국무총리, 관계 국무위원의 부서가 있는 문서로 하여야 한다(제82조). 대통령이 국가안전보장을 위한 긴급재정경제명령의 발동에 관한 자문을 요구하는 경우에 국가안전보장회의가 그것에 응하여야 한다(제91조 1항).

7) 요건에 관한 판례

헌재는 긴급재정명령의 실제의 예인 금융실명거래 및 비밀보장에 관한 긴급재정경제명령에 대해 헌법소원심판이 청구되었는데 헌재는 그 사건에서 본안판단에 들어가면서 긴급재정경제명령의 요건에 대해 자신의 입장(판례)을 뚜렷하게 밝힌 바 있어서 아래에 중요판례로서 비교적 자세히 살펴본다.

1. 중대한 재정·경제상의 위기의 현실적 발생(위기발생우려를 이유로 한 사전적·예방적 발동은 금지).
2. 국회폐회 등으로 국회가 현실적으로 집회될 수 없고 국회집회를 기다려서는 그 목적을 달할 수 없는 경우일 것.
3. 사후적으로 수습함으로써 기존질서를 유지·회복하기 위한 것일 것.
   * 공공복리증진과 같은 적극적 목적을 위하여는 발할 수 없음.
4. 위기의 직접적 원인의 제거에 필수불가결한 최소의 한도 내에서 헌법이 정한 절차에 따라 행사되어야 할 것.

▌[주요사항] ▷ 발동요건

판례 긴급재정명령 등 위헌확인, 헌재 1996.2.29, 93헌마186, 판례집 8-1, 111면

[사건개요 및 청구인의 주장요지] 대통령은 1993.8.12. 금융실명거래 및 비밀보장에 관한 긴급재정경제명령(대통령 긴급재정경제명령 제16호)을 발하여 같은 날 20:00부터 이 사건 긴급명령이 시행되었고 같은 달 19. 국회의 승인을 받았다. 청구인은 대통령은 헌법 제76조 제1항에 규정한 요건을 갖추지 못하였음에도 이 사건 긴급명령을 발하였고, 이 긴급명령은 가사 그 내용이 합헌적이라 할지라도 그 절차에 위헌의 소지가 있어 헌법에 위반되고, 국회로서는 위와 같은 위헌적 행위를 한 대통령에 대하여 탄핵소추를 의결하여야 함에도 이를 하지 아니하였으며, 청구인은 국민의 한 사람으로서 금융실명제의 실시시기, 실시방법, 부작용 방지책 등을 숙고하고 의견이 있으면 정부에 청원할 권리를 가지는데 이러한 권리가 대통령의 이 사건 긴급명령 발포로 인하여 원천적으로 침해되었고, 또한 이 사건 긴급명령의 실시로 인하여 청구인의 소유 주식 11주의 시가가 하락함으로써 재산권도 침해되었다고 주장, 즉 청구인의 알권리와 청원권 및 재산권이 침해되었다고 주장하며 헌법소원심판을 청구하였다. [심판대상규정] 금융실명거래 및 비밀보장에 관한 긴급재정경제명령(대통령 긴급재정경제명령 제16호) 주요내용: ① 이 긴급명령의 시행시부터 모든 금융거래시 실명 사용을 의무화하고(제2조, 제3조 제1항) ② 기존의 비실명예금에 대하여는 2개월간의 실명전환의무기간을 설정하여(제5조) ③ 비실명에 의한 자금의 인출을 금지하며(제3조 제3항) ④ 일정금액 이상의 실명전환된 비실명금융자산의 인출시 금융기관이 국세청에 대하여 거래내용을 통보하도록 하고(제6조, 제10조) ⑤ 실명전환의무기간 경과 후에는 이자, 배당소득 등에 대하여 고율의 소득세율을 적용하며, 최고 원금의 60%에 달하는 과징금을 부과하고(제7조, 제9조) ⑥ 금융거래의 비밀보장을 강화하며(제4조) ⑦ 이에 위반하는 자에 대하여는 형사처벌을 한다(제12조). [주문] 이 사건 심판청구 중 국회의 탄핵소추의결 부작위에 대한 부분을 각하하고, 금융실명거래 및 비밀보장에 관한 긴급재정경제명령(대통령 긴급재정경제명령 제16호)에 대한 부분을 기각한다. [결정요지] (가) 헌법의 규정 1) 헌법 제76조 제1항은 긴급재정 경제명령의 요건에 관하여 "대통령은..... 중대한 재정, 경제상의 위기에 있어서 국가의 안전보장 또는 공공의 안녕질서를 유지하기 위하여 긴급한 조치가 필요하고 국회의 집회를 기다릴 여유가 없을 때에 한하여 최소한으로 필요한......법률의 효력을 가지는 명령을 발할 수 있다."라고 규정하고 있다. 2) 또한 헌법은 긴급재정경제명령의 발령절차에 관하여 국무회의의 심의를 거쳐야 하고(제89조 제5호), 그 발령은 문서의 형식으로 하여야 하며, 그 문서에는 국무총리와 관계국무위원의 부서가 있어야 하고(제82조), 지체없이 국회에 보고하여 그 승인을 얻어야 하며, 국회의 승인 여부를 즉시 공포하여야 한다(제76조 제3항·제5항)는 규정을 두고 있다. 3) 따라서 긴급재정경제명령은 정상적인 재정운용·경제운용이 불가능한 중대한 재정·경제상의 위기가 현실적으로 발생하여(그러므로 위기가 발생할 우려가 있다는 이유로 사전적·예방적으로 발할 수는 없다) 긴급한 조치가 필요함에도 국회의 폐회 등으로 국회가 현실적으로 집회될 수 없고 국회의 집회를 기다려서는 그 목적을 달할 수 없는 경우에 이를 사후적으로 수습함으로써 기존질서를 유지·회복하기 위하여(그러므로 공공복리의 증진과 같은 적극적 목적을 위하여는 발할 수 없다) 위기의 직접적 원인의 제거

에 필수불가결한 최소의 한도 내에서 헌법이 정한 절차에 따라 행사되어야 한다. 그리고 긴급재정 경제명령은 평상시의 헌법 질서에 따른 권력행사방법으로서는 대처할 수 없는 중대한 위기상황에 대비하여 헌법이 인정한 비상수단으로서 의회주의 및 권력분립의 원칙에 대한 중대한 침해가 되므로 위 요건은 엄격히 해석되어야 할 것이다. (나) 이 사건에의 적용1) 긴급재정경제명령을 발할 수 있는 중대한 재정·경제상의 위기 상황의 유무에 관한 제1차적 판단은 대통령의 재량에 속한다. 그러나 그렇다고 하더라도 그것이 자유재량이라거나 객관적으로 긴급한 상황이 아닌 경우라도 주관적 확신만으로 좋다는 의미는 아니므로 객관적으로 대통령의 판단을 정당화 할 수 있을 정도의 위기상황이 존재하여야 한다. 살피건대 우리 사회는 지난 30여년간 경제성장 제일주의에 매달려 온 결과, 성장에 필요한 자금조달을 극대화하는 과정에서 비실명금융거래가 조장되어 음성불로소득이 만연하고 지하경제가 확산되었으며, 정치·사회·경제 등 모든 분야에서 부정·부조리를 온존·심화시키는 역할을 하여 왔는바, 그로 인하여 금융시장이 왜곡되고 금융정책의 실효성이 떨어져 거액어음사기 사건 등 대형 금융사고가 빈발하고, 유휴자금이 부동산과 사채시장으로 몰려 투기가 극에 달하였으며 탈세 및 조세의 형평성 문제가 제기되고 기업이 자금조달에 어려움을 겪는 등 건전한 경제발전에 장애가 되어 특히 1980년대 이후 문제가 더욱 심각해져 중대한 사회·경제적 문제로서 더 이상 이를 방치할 수 없는 위기상황에까지 이르렀으며, 이와 같은 위기를 극복하고 정상적인 금융질서를 회복함으로써 지하경제의 범위를 축소시키기 위하여는 금융거래의 실명화 조치가 반드시 필요하였던 사실은 주지하는 바와 같다. 그렇다면 이 사건 긴급명령은 "중대한 재정·경제상의 위기에 있어서 국가의 안전보장 또는 공공의 안녕질서를 유지하기 위하여" 발하여진 것이라고 할 수 있을 것이다. 2) 그런데 이 사건 긴급명령 이전에 이미 금융실명법이 제정되어 있었고 대통령은 1986.1.1. 이후 어느 날이라도 위 법률을 시행함으로써 금융실명제를 실시할 수도 있었으므로(위 법률 부칙 제1항), 굳이 이 사건 긴급명령을 발하여야 할 필요성이 있었는지 의문이 있다. 살피건대 위 금융실명법과 이 사건 긴급명령을 비교하여 보면 다음과 같은 주요한 내용상의 차이를 발견할 수 있다. 첫째, 금융실명거래 대상에 관하여 금융실명법은 보험사업자와의 거래 등을 제외함에 반하여. 이 사건 긴급명령은 사실상 모든 금융기관과의 거래 일체를 대상으로 하고 있다(금융실명법 제2조, 이 사건 긴급명령 제2조 각 참조). 둘째, 기존 비실명자산의 처리에 관하여 금융실명법은 비실명 인출을 무기한으로 허용하고(다만 실명제 실시 6개월 이후에는 과징금을 징수당한다) 정기예금 등에 관하여는 만기후에도 기존의 금액범위 안에서는 계속 비실명거래를 할 수 있도록 예외를 허용함에 반하여, 이 사건 긴급명령은 비실명 인출을 일체 불허하고 있다(금융실명법 제9조, 제11조 제2항, 이 사건 긴급명령 제5조 각 참조). 셋째, 실명전환금융자산에 대한 과세에 관하여 금융실명법은 미성년자 명의의 700만원을 초과하는 금융자산 이외에는 일체 자금출처 조사나 과세를 면제하도록 함에 반하여, 이 사건 긴급명령은 나이에 따라 최고 5,000만원까지 차등된 금액의 범위에서 자금출처 조사나 과세를 면제하되 실명전환 기존비실명자산에 관하여 이미 부족하게 징수한 이자소득세를 소급하여 원천징수하도록 규정하고 있다(금융실명법 제10조, 이 사건 긴급명령 제6조, 제8조 각 참조). 넷째, 그 밖에 실명전환의무를 이행하지 아니한 경우의 과징금 징수나 과태료 부과, 비실명자산에 대한 차등과세, 금융정보비밀보장 등에 관하여 금융실명법에 비하여 이 사건 긴급명령이 더욱 엄격한 규정을 두고 있다. 대통령은 이 사건 긴급명령의 발포를 위한 특별담화에서 위와 같은 기존 금융실명법의 내용으로는 금융실명제를 실시하여도 금융실명제의 참다운 의미와 실효성을 반감시킨다고 하고 있는 바, 그렇다면 대통령은 기존의 금융실명법으로는 앞서 본 바와 같은 재정·경제상의 위기상황을 극복할 수 없다고 판단하여 이 사건 긴급명령을 발한 것임을 알 수 있고, 대통령의 그와 같은 판단이 현저히 비합리적이고 자의적인 것이라고는 인정되지 않으므로 이는 존중되어야 할 것이며, 당시 국회는 폐회 중이었을 뿐 아니라 이러한 상황에서 국회를 소집하여 그 논의를 거쳐 기존의 금융실명법을 이 사건 긴급명령과 같은 내용으로 개정한 후 시행하는 경우에는 검은 돈이 금융시장을 이탈하여 부동산시장으로 이동함으로써 한편으로는 금융경색을 초래하여 기업의 자금조달을 어렵게 하여 경기침체를 심화시키고, 다른 한편으로는 부동산투기를 재연시키거나 자금이 해외로 도피할 위험성이 있으며, 특히 사채시장 의존도가 높은 중소기업의 일시적 자금 부족이 우려되고 비실명화율이 높은 증권시장에 혼란이 일어나는 등 큰 부작용이 있을 것임은 충분히 예상할 수 있다. 그렇다면 이 사건 긴급명령의 발포와 관련하여 "긴급한 조치가 필요함에도 국회의 집회를 기다릴 여유가 없을 때"라는 요건도 충족되었다고 볼 것이다. 3) 이 사건 긴급명령의 내용은 앞서 본 재정·경제상의 위기상황의 극복과 관련하여 "최소한으로 필요한" 금융실명제의 실시 및 금융정보의 비밀보장, 그 밖에 이와 관련한 부수적 사항만을 규정하고 있다. 4) 다만 긴급권은 그 본질상 비상사태에 대응하기 위한 잠정적 성격의 권한이므로 긴급권의 발동은 그 목적을 달성할 수 있는 최단기간 내로 한정되어야 하고 그 원인이 소멸된 때에는 지체없이 해제하여야 할 것인데도 이 사건 긴급명령은 발포일로부터 2년이 훨씬 지난 현재까지도 유지되고 있는바, 이와 같은 긴급명령 발포상태의 장기화가 바람직하지는 않지만 그렇다고 그 사유만으로 발포 당시 합헌적이었던 이 사건 긴급명령이 바로 위헌으로 된다고 할 수는 없다. 5) 그 밖에 국회는 이 사건 긴급명령 발포 후 1983.8.19. 최초로 소집된 임시국회에서 이 사건긴급명령을 승인하였으며 기타 절차적 요건의 구비 여부에 관하여 문제점을 찾아 볼 수 없다. (3) 그렇다면 이 사건 긴급명령은 헌법이 정한 절차와 요건에 따라 헌법의 한계 내에서 발포된 것이고 따라서 이 사건 긴급명령 발포로 인한 청구인의 기본권 침해는 헌법상 수인의무의 한계 내에 있다고 할 것이다. 따라서 심판청구는 이유없으므로 이를 기각하기로 하여 주문과 같이 결정한다.

(3) 긴급재정경제명령의 효과와 내용

헌법에 합치되게 발해진 긴급재정경제명령은 국회가 제정, 개정한 법률과 같은 효력을 가진다. 그러므로 긴급재정경제명령은 그 내용이 재정과 경제에 관한 법률사항을 긴급재정경제명령이 담을 수 있다. 따라서 긴급재정경제명령이 재정·경제 영역에서 국민의 권리를 제한하거나 또는 의무를 부과하는 법규사항을 정할 수도 있고 기존의 재정·경제에 관한 법률을 폐지하거나 개정 또는 그 적용을 정지하는 내용을 규정할 수도 있다.

(4) 긴급재정경제명령권의 한계

위의 발동요건이 한계를 이루기도 한다. 긴급재정경제명령은 앞서 서술한 대로 소극적인 위기극복을 위한 것이어야 하고 공공복리 증진과 같이 적극적인 작용을 위한 것이어서는 아니된다. 긴급재정경제명령으로 국회해산을 할 수는 없다. 국회의 사후승인을 받아야 하기 때문이다(제76조 3항). 긴급재정경제명령으로 헌법을 정지하거나 개정할 수 없고 헌법적 사항을 긴급명령으로 정할 수 없음은 물론이며 국회, 법원, 헌법재판소의 권한에 대한 특별한 조치를 할 수 없다.

(5) 국회의 사후승인

국회의 사후승인의 의의, 승인의 범위, 승인가결표수는 앞서 긴급명령의 경우와 다를 바 없으므로 그것을 참조할 것이다. 국회의 승인의 효과, 불승인의 효과도 그러한데 국회의 승인은 긴급재정경제명령의 법률적 효력을 확정하는 효과를 가진다. 긴급재정경제명령이 국회의 승인을 얻지 못한 때에는 그때부터 효력을 상실한다. 이 경우 그 명령에 의하여 개정 또는 폐지되었던 법률은 그 명령이 승인을 얻지 못한 때부터 당연히 효력을 회복한다(제76조 4항). 발동 이후 불승인 이전까지 긴급재정경제명령에 의해 형성된 법률관계는 그대로 유효하다.

(6) 대통령의 공포

대통령은 긴급재정경제명령이 국회의 승인을 얻었거나 얻지 못한 경우에 그 사유를 지체없이 공포하여야 한다(제76조 5항).

(7) 긴급재정경제명령권에 대한 통제

1) 행정내부적 통제

행정내부적 통제로는 국무회의의 심의를 거치고 국무총리, 관계 국무위원의 부서가 있는 문서로 하여야 한다는 것과 대통령의 자문요구에 응하는 국가안전보장회의의 간여 등을 들 수 있다.

2) 국회의 통제

국회는 먼저 긴급재정경제명령에 대한 사후 승인을 거부하면서 통제하거나 긴급재정경제명령을 개폐하는 법률을 제정하여 통제할 수 있다. 탄핵소추의결, 국정감사, 국정조사를 통한 추궁 등으로도 통제할 수 있다.

3) 사법적(司法的) 통제

긴급재정경제명령은 법률의 효력을 가지므로 법원과 헌법재판소에 의한 사법적 통제는 위헌법률심판에 의하여 통제할 수 있다(헌법 제107조 1항은 "법률이 헌법에 위반되는 여부가 재판의 전제가 된 경우에는 법원은 헌법재판소에 제청하여 그 심판에 의하여 재판한다"라고 규정하고 있다). 그리고 헌법재판소는 더하여 법령소원심판, 탄핵심판, 권한쟁의심판 등에 의한 통제도 행할 수 있다.

(가) 법원에 의한 통제

긴급재정경제명령은 법률의 효력을 가지는 것이므로 법원은 위헌법률심판제청을 헌법재판소에 함으로써 통제를 가할 수 있다. 법원의 제청은 당사자의 신청을 법원이 받아들이거나 아니면 신청없이 직권으로 할 수 있다. 통치행위이론을 들어 법원이 제청에 소극적일 수 있다는 예측이 있을 것이나 위헌여부에 대한 결정은 어디까지나 헌법재판소가 하므로 법원은 위헌의 의심이 있는 긴급재정경제명령에 대해서는 적극적으로 제청을 하여야 한다.

(나) 헌법재판소에 의한 통제

가) 위헌법률심판에 의한 통제

헌법재판소는 법원이 긴급재정경제명령에 대해 위헌여부심판을 제청하면 그 위헌여부를 판단하여 통제한다. 만약 법원이 당사자의 신청을 기각하여 제청을 하지 않은 경우에 당사자는 헌법재판소법 제68조 제2항에 따라 헌법재판소에 위헌여부심판을 구하는 헌법소원심판을 청구할 수 있다(이른바 위헌소원심판이다). 이 위헌소원심판을 통해서도 헌법재판소가 통제할 수 있다.

나) 본래의미의 헌법소원(법령소원)심판에 의한 통제

문제의 긴급재정경제명령이 어느 국민의 기본권을 직접 침해하는 처분성을 가진 경우에는 그 명령에 대해 바로 헌법소원(이른바 법령소원)의 심판을 청구할 수 있기에 법령소원에 의한 헌법재판소의 통제가 이루어질 수도 있다. 통치행위이론을 들어 헌법소원대상성을 부정할 가능성이 있다는 견해도 있을 것이나 우리 헌재는 바로 아래에 보듯이 금융거래실명제에 관한 대통령의 긴급재정경제명령에 대해서 기본권침해의 문제가 있는 한 헌법소원대상이 된다는 입장을 분명히 하여 긍정한다.

판례 헌재 1996.2.29. 93헌마186, 긴급재정명령 등 위헌확인

[판시] 통치행위란 고도의 정치적 결단에 의한 국가행위로서 사법적 심사의 대상으로 삼기에 적절하지 못한 행위라고 일반적으로 정의되고 있는바, 이 사건 긴급명령이 통치행위로서 헌법재판소의 심사 대상에서 제외되는지에 관하여 살피건대, 고도의 정치적 결단에 의한 행위로서 그 결단을 존중하여야 할 필요성이 있는 행위라는 의미에서 이른바 통치행위의 개념을 인정할 수 있고, 대통령의 긴급재정경제명령은 중대한 재정 경제상의 위기에 처하여 국회의 집회를 기다릴 여유가 없을 때에 국가의 안전보장 또는 공공의 안녕질서를 유지하기 위하여 필요한 경우에 발동되는 일종의 국가긴급권으로서 대통령이 고도의 정치적 결단을 요하고 가급적 그 결단이 존중되어야 할 것임은 법무부장관의 의견과 같다. 그러나 이른바 통치행위를 포함하여 모든 국가작용은 국민의 기본권적 가치를 실현하기 위한 수단이라는 한계를 반드시 지켜야 하는 것이고, 헌법재판소는 헌법의 수호와 국민의 기본권 보장을 사명으로 하는 국가기관이므로 비록 고도의 정치적 결단에 의하여 행해지는 국가작용이라고 할지라도 그것이 국민의 기본권 침해와 직접 관련되는 경우에는 당연히 헌법재판소의 심판대상이 될 수 있는 것일 뿐만 아니라, 긴급재정경제명령은 법률의 효력을 갖는 것이므로 마땅히 헌법에 기속되어야 할 것이다. 따라서 이 사건 긴급명령이 통치행위이므로 헌법재판의 대상이 될 수 없다는 법무부장관의 주장은 받아들일 수 없다.

다) 헌법재판소 심사의 범위

긴급재정경제명령에 대한 통제가 발령 자체에 대해서는 통치행위로서 사법적 통제가 안 된다는 견해도 있을 것이나 적어도 명백성통제, 즉 대통령이 발령의 이유(요건)를 이루는 것이라고 제시한 사실들이 명백히 실존하는 것이었는지 여부에 대한 심사는 가능하다고 볼 것이다. 헌재는 이미 긴급재정경제명령인 대통령의 금융실명거례제에 관한 명령에 대해서 그 발동요건의 준수여부를 판단한 바 있다.

라) 탄핵심판, 권한쟁의심판에 의한 통제

국회가 대통령이 위헌·위법적으로 긴급재정경제명령을 발동하였다고 판단하여 탄핵소추를 하면 탄핵심판을 판단하면서 통제를 할 수 있다. 긴급재정경제명령으로 인해 다른 국가기관이나 지방자치단체의 권한을 침해하는 경우에는 권한쟁의심판이 청구될 수도 있고 이 심판을 통해서도 통제할 수 있다.

4) 국민에 의한 통제

국민은 긴급재정경제명령이 자신의 권리를 침해하는 경우에 그 폐지를 위한 청원권을 행사하는 것을 통해 통제하거나 법원에 소송을 제기하고 그 소송에서 위헌심판제청의 신청을 함으로써, 그리고 헌법재판소의 헌법소원심판 등을 청구하여 법원이나 헌법재판소로 하여금 통제할 수 있게 할 수 있다. 최종적으로는 저항권을 행사할 수 있다.

5. 긴급재정경제처분권

긴급재정경제처분도 헌법 제76조 제1항이 규정하고 있다.

헌법 제76조 ① 대통령은 내우 · 외환 · 천재 · 지변 또는 중대한 재정 · 경제상의 위기에 있어서 국가의 안전보장 또는 공공의 안녕질서를 유지하기 위하여 긴급한 조치가 필요하고 국회의 집회를 기다릴 여유가 없을 때에 한하여 최소한으로 필요한 재정 · 경제상의 처분을 … 할 수 있다.

(1) 긴급재정경제처분의 의의

재정이나 경제 영역에서 중대한 위기가 발생한 국가의 비상상황에서 이를 극복하기 위한 조치로 구체적인 법률효과를 바로 내는 처분을 하는 긴급권을 말한다. 즉 재정의 고갈이나 경제공황 등의 재정상 · 경제상의 위기가 있을 때 이 위기를 극복하기 위하여 법률의 수권을 기다려 처분을 하기에는 긴급한 상황이어서 통상적인 과정을 거치지 않고 위기극복에 필요한 구체적 효과를 가지는 처분을 행하는 권한을 말한다. 일반적으로 적어도 국민에게 부담을 주는 행정처분은 그 근거가 미리 법률로 정해져 있어야 한다. 재정적 · 경제적 처분이 그러할 가능성이 더 많을 것이다. 그러나 재정 · 경제상 위기에 대처하기 위한 어떤 처분을 법률의 근거를 마련하여 처분을 하다가는 실기하거나 효과가 없을 경우 그 예외를 인정할 필요가 있다. 그것이 바로 긴급재정경제처분이다. 긴급재정경제처분은 그 법률적 근거가 없는 경우가 될 것이다. 법률적 근거가 있다면 그것에 따르면 될 터이다. 즉 사전에 법률에 근거가 있는 긴급처분을 하는 것은 긴급성이 있긴 하나 비상적 처분이 아닌 일반처분과 같다고 생각할 수 있다. 또한 우리 헌법은 행정부의 재정적 행정권에 대해 국회의 통제를 가하게 하고 기채동의권, 국가부담부 계약체결의 동의권 등 재정의회중심주의의 모습을 보여주고 있는데(그 이유는 재정 문제는 국민의 부담 문제이기 때문에 국민의 의사대표기관인 국회에 그 동의권을 주는 것이 필요하다고 보기 때문이다. 앞의 국회 부분, 재정의회주의 참조) 따라서 긴급재정경제처분권도 역시 국회의 재정의회주의에 대한 중요한 예외가 되는 권한이다.

(2) 긴급재정경제처분의 발동요건과 형식

앞의 긴급재정경제명령의 발동요건과 같다.

(3) 긴급재정경제처분의 내용과 효과

긴급재정경제처분은 일반적인 법규범이 아니라 구체적 재정 · 경제상의 효과를 특정한 사람과 사항에 대해 발생시키는 개별적 처분이다. 따라서 한정적으로 특정한 사람과 사항에 대해 재정과 경제의 영역에서 권리제한이나 의무부과를 가져오는 내용을 효과를 가질 수 있다. 추상적이고 일반적인 사항은 긴급재정경제처분이 아니라 긴급재정경제명령으로 발하여야 한다.

(4) 긴급재정경제처분권의 한계

위의 발동요건이 한계를 이루기도 한다. 긴급재정경제처분은 앞의 긴급재정경제명령의 그것과 같다. 다만, 구체적인 처분이어야 한다는 점에서 차이가 난다.

(5) 국회의 사후승인

긴급재정경제처분도 긴급재정경제명령과 같이 국회의 사후승인을 받아야 한다. 국회의 사후승인에 대한 것은 역시 긴급재정경제명령의 경우와 같다. 다만, 국회의 사후승인을 얻지 못한 때에는 그 긴급재정경제처분은 그때부터 효력을 상실한다(제76조 3항). 소급효가 없다. 처분이므로 긴급경제명령과 달리 법률의 효력회복이라는 헌법 제76조 제3항 후문의 효과는 없다.

(6) 대통령의 공포

대통령은 긴급재정경제처분이 국회의 승인을 얻었거나 얻지 못한 경우에 그 사유를 지체없이 공포하여야 한다(제76조 5항).

(7) 통제

1) 행정내부적 통제 - 국무회의심의, 부서 등

국무회의의 심의를 거치고 국무총리, 관계 국무위원의 부서가 있는 문서로 하여야 한다는 것과 대통령의 자문요구에 응하는 국가안전보장회의의 간여 등을 들 수 있다.

2) 국회의 통제

국회는 먼저 긴급재정경제명령에 대한 사후 승인을 거부하면서 통제하거나 긴급재정경제명령을 개폐하는 법률을 제정하여 통제할 수 있다. 국회의 사후승인은 긴급재정경제명령뿐 아니라 긴급재정경제처분에도 요구된다는 점(제76조 3항)에 유의하여야 한다. 탄핵소추의결, 국정감사, 국정조사를 통한 추궁 등으로도 통제할 수 있다.

3) 사법적 통제

(가) 법원

긴급재정경제처분도 추상적 법률이 아니라 그 자체가 행정작용의 하나로서 구체적 효과를 내는 것이므로 행정소송의 대상성인 처분성을 가지므로 법원의 행정소송으로 통제될 수 있다. 그러나 통치행위 이론으로 법원이 소극적인 입장을 취할 수 있다.

(나) 헌법재판소

헌법재판소는 긴급재정경제처분에 대해 헌법소원심판을 통해 통제할 수 있다. 긴급재정경제처분도 하나의 공권력작용이기 때문이다. 그러나 다른 권리구제수단인 법원의 소송이 가능한 경우에는 그 소송을 거치고 헌법소원심판을 청구하여야 한다는 보충성의 원칙으로 인한 한계가 있다. 또 현재 법원의 재판은 헌법소원심판의 대상이 아니므로 법원의 소송을 확정적으로 거친 뒤에도 그 확정된 법원의 판결에 대해서 헌법소원심판을 청구할 수는 없고 그 긴급재정경제처분에 대한 헌법소원심판청구도 이른바 원행정처분에 대한 헌법소원심판청구도 허용되지 않는다는(허용시 판결의 기판력을 깨트린다는 이유로 헌재는 원행정처분에 대해 헌법소원대상성을 부정한다) 판례법리에 따르면 역시 부정적이다. 이 점 개선이 필요하다. 헌재가 판례법리를 극복하여 긴급재정경제처분의 헌법소원대상성을 인정한다면 본안판단에 있어서는 적극적일 것이다. 즉 헌재는 앞서 긴급재정경제명령 부분에서 본대로 헌법 제76조 소정의 요건들을 준수한 긴급재정경제명령은 기본권제한의 요건인 헌법 제37조 제2항의 비례의 원칙(과잉금지원칙)을 준수한 것으로 보고 실제 심사한 그의 판례를 보면(헌재 1996.2.29. 93헌마186) 간급재정경제처분권행사요건의 충족 여부에 대한 심사를 적극적으로 할 입장일 것임을 짐작할 수 있다.

4) 국민에 의한 통제

국민은 긴급재정경제처분이 자신의 권리를 침해하는 경우에 법원에 행정소송 등을 제기하거나 헌법재판소에 헌법소원심판 등을 청구하여 법원이나 헌법재판소로 하여금 통제하게 할 수 있다. 국민은 청원권을 행사하여 통제할 수도 있다. 최종적으로는 저항권을 행사할 수 있다.

[헌재입장] 긴급재정경제명령이 아래에서 보는 바와 같은 헌법 제76조 소정의 요건과 한계에 부합하는 것이라면 그 자체로 목적의 정당성, 수단의 적정성, 피해의 최소성, 법익의 균형성이라는 기본권제한의 한계로서의 과잉금지원칙을 준수하는 것이 되는 것이다.

▌ 주요사항 ▷ 긴급재정경제명령의 요건·한계에 부합 = 과잉금지원칙의 준수

6. 긴급권행사요건과 기본권제한요건

긴급권행사로 기본권이 제한될 경우 긴급권행사의 요건을 준수하였더라도 헌법 제37조 제2항의 비례의 원칙(과잉금시원칙)과 같은 기본권제한의 요건을 갖춘 것인지 아니면 기본권제한요건도 갖추었는지를 별도로 살펴보아야 하는지 하는 문제가 있다. 헌재는 아래 판시에서 보듯이 헌법 제76조 소정의 요건들을 준수한 긴급재정경제명령은 기본권제한의 요건인 헌법 제37조 제2항의 비례의 원칙(과잉금지원칙)을 준수한 것으로 보는 입장이다.

판례 헌재 1996.2.29. 93헌마186, 긴급재정명령 등 위헌확인

[판시] 대통령의 이 사건 긴급명령으로 인하여 청구인의 청원권과 알권리가 침해되었음은 위에서 살핀 바와 같다. 그런데 대통령의 긴급재정경제명령은 평상시의 헌법 질서에 따른 권력행사방법으로서는 대처할 수 없는 재정·경제상의 국가위기 상황에 처하여 이를 극복하기 위하여 발동되는 비상입법조치라는 속성으로부터 일시적이긴 하나 다소간 권력분립의 원칙과 개인의 기본권에 대한 침해를 가져오는 것은 어쩔 수 없는 것이다. 그렇기 때문에 헌법은 긴급재정경제명령의 발동에 따른 기본권침해를 위기상황의 극복을 위하여 필요한 최소한에 그치도록 그 발동요건과 내용, 한계를 엄격히 규정함으로써 그 남용 또는 악용의 소지를 줄임과 동시에 긴급재정경제명령이 헌법에 합치하는 경우라면 이에 따라 기본권을 침해받는 국민으로서도 특별한 사정이 없는 한 이를 수인할 것을 요구하고 있는 것이다. 즉 긴급재

정경제명령이 아래에서 보는 바와 같은 헌법 제76조 소정의 요건과 한계에 부합하는 것이라면 그 자체로 목적의 정당성, 수단의 적정성, 피해의 최소성, 법익의 균형성이라는 기본권제한의 한계로서의 과잉금지원칙을 준수하는 것이 되는 것이다. 그러므로 이 사건 긴급명령이 헌법 제76조가 정하고 있는 요건과 한계에 부합하는 것인지 살펴본다.

7. 계엄선포권

(1) 계엄의 개념과 성격

계엄이란 전시 등의 국가비상사태에 있어서 군사상의 필요나 공공의 안녕질서를 유지할 필요가 있는 경우에 한하여 특정지역 내 행정권 또는 사법권을 군대가 관할하고 국민의 기본권의 일부에 대해 제한을 가할 수 있는 국가긴급권제도를 말한다. 병력의 사용이 특징적 요소이다. 또 영장제도, 언론의 자유 등에 관한 특별한 조치를 취할 수 있어서 헌법조항의 일시적 적용정지도 할 수 있다는 점에서 대통령의 가장 강한 긴급권이라는 특징도 있다.

(2) 계엄의 종류

계엄에는 비상계엄과 경비계엄이 있다(제77조 2항). 사실 양자에 대해 헌법이 각각 개념정의를 하고 있지는 않고 취할 수 있는 조치를 비상계엄에 대해서만 규정을 두고 있다.

1) 비상계엄

비상계엄은 대통령이 전시·사변 또는 이에 준하는 국가비상사태 시 적과 교전(交戰) 상태에 있거나 사회질서가 극도로 교란(攪亂)되어 행정 및 사법(司法) 기능의 수행이 현저히 곤란한 경우에 군사상 필요에 따르거나 공공의 안녕질서를 유지하기 위하여 선포한다(계엄법 제2조 2항).

2) 경비계엄

경비계엄은 대통령이 전시·사변 또는 이에 준하는 국가비상사태 시 사회질서가 교란되어 일반 행정기관만으로는 치안을 확보할 수 없는 경우에 공공의 안녕질서를 유지하기 위하여 선포한다(동법 제2조 3항).

3) 양자의 비교검토

헌법은 양자의 차이를 직접 명시하지 않고 비상계엄이 취할 수 있는 조치만을 규정하여 비상계엄을 더 강한 긴급권으로 인정하는 입장임을 알 수 있다. 따라서 강한 정도의 차이에 상응하여 각각이 발해질 수 있는 상황에 차이를 인정하여야 할 것인데 헌법 자체에 상황에 대해서는 양자 공통되게 "전시·사변 또는 이에 준하는 국가비상사태에 있어서 병력으로써 군사상의 필요에 응하거나 공공의 안녕질서를 유지할 필요가 있을 때"라고 규정하고 있다. 계엄법은 비상계엄의 경우 "적과 교전 상태에 있거나 사회질서가 극도로 교란(攪亂)되어 행정 및 사법(司法) 기능의 수행이 현저히 곤란한 경우"라고 하고 경비계엄의 경우 "사회질서가 교란되어 일반 행정기관만으로는 치안을 확보할 수 없는 경우"라고 하여(계엄법 제2조) 발동요건에 있어서 차이를 두어 그 사태의 심각성에 있어서 차이를 두려고 한다. 여하튼 요건에 차이가 있는데 법률유보이고 헌법이 비상계엄을 더 심각하다고 보는 입장인 것은 분명하므로 차이를 두는 요건은 문제가 있어 보이지는 않는다. 다만 경비계엄도 계엄이 가지는 조치가 이루어진다는 점에서 심각성의 정도가 약하다고 하여 그 발동이 남용되어서는 아니 되고 그 인정에 신중하여야 한다. 심각성 외에 국무회의 심의, 국회통보, 국회의 계엄해제요구 등에 있어서는 차이가 없다. 비상계엄과 경비계엄은 그 조치 등 내용과 효력에 있어서는 후자가 더 축소되어 있어 차이가 있다.

(3) 계엄선포요건

헌법은 "대통령은 전시·사변 또는 이에 준하는 국가비상사태에 있어서 병력으로써 군사상의 필요에 응하거나 공공의 안녕질서를 유지할 필요가 있을 때에는 법률이 정하는 바에 의하여 계엄을 선포할 수 있다"라고 요건을 규정하고 있다(제77조 1항).

1) 법률유보와 양자(비상계엄, 경비계엄)**의 차이**

먼저 "법률이 정하는 바에 의하여 계엄을 선포할 수 있다"라고 하여 법률유보를 규정하고 있는데 그 유보의 범위가 문제된다. 요건도 법률에 맡길 수 있다는 것인지 하는 문제와 요건 외에 계엄의 효과도 여기서의 법률에 맡긴다는 것인지 하는 문제가 제기된다. 헌법 제77조 제3항이 비상계엄의 효과에 대해서 법률유보를 두고 있는 것으로 볼 때는 비상계엄에 관한 한 헌법문언을 해석해 보면 발동요건에 관한 것이라고 보인다. 그러나 헌법이 정한 정도를 벗어나는 요건이나 효과를 법률이 정할 수는 없고 단지 그 정도 내에서 구체화할 수 있다고 할 것이다. 경비계엄의 경우에도 계엄법이 그 발동요건으로 "일반 행정기관만으로는 치안을 확보할 수 없는"이라고 하고 있는데(동법 제2조 3항) 이는 헌법의 '병력으로써'라는 문구에 상응하는 것으로 보여져 계엄법이라는 법률조문이 발동요건을 더 넓힌 것 같지는 않다. 여하튼 "계엄의 선포와 그 시행 및 해제 등에 필요한 사항을 정함을 목적"으로 계엄법이 있다(동법 제1조).

비상계엄과 경비계엄은 발동요건에 있어서 사태의 심각성에 차이가 있음은 위에서 언급하였다.

2) 요건

(가) 상황적 요건

가) 전시·사변 또는 이에 준하는 국가비상사태

헌법은 직접 전시(전쟁)·사변을 예시적으로 들면서 이뿐만 아니라 그것에 준하는 상황도 포함하여 규정하고 있다. 여기서 "준하는 국가비상사태"란 사회질서를 교란하는 무장폭동, 반란 등의 경우를 말한다. 계엄법은 비상계엄과 경비계엄의 경우를 달리 규정하고 있다. 동법은 "비상계엄은 대통령이 전시·사변 또는 이에 준하는 국가비상사태 시 적과 교전 상태에 있거나 사회질서가 극도로 교란되어 행정 및 사법(司法) 기능의 수행이 현저히 곤란한 경우에 군사상 필요에 따르거나 공공의 안녕질서를 유지하기 위하여 선포한다"(계엄법 제2조 2항)라고 규정하고 있다. "경비계엄은 대통령이 전시·사변 또는 이에 준하는 국가비상사태 시 사회질서가 교란되어 일반 행정기관만으로는 치안을 확보할 수 없는 경우에 공공의 안녕질서를 유지하기 위하여 선포한다(동법 동조 3항). 비상계엄의 경우에는 '교전 상태' 또는 사회질서의 교란이 '극도'라는 점에서 경비계엄과 구분하여 규정하고 있다.

나) 병력사용이 필요한 상황

이에 대해서는 아래에 별도로 살펴본다.

(나) 목적상 요건 : 군사상의 필요, 공공안녕질서유지

군사상의 필요란 전시의 적군의 격퇴나 군사작전의 수행을 위하여 병력사용이 필요한 경우를 말한다. 그리고 "공공의 안녕질서를 유지할 필요가 있을 때"란 사회의 안녕이 위태롭고 질서가 불안하며 교란된 상태에서 이를 평상상태로 회복하기 위하여 병력사용이 필요한 경우를 의미한다.

(다) 병력사용의 필요성, 보충성

통상적인 경찰력 등으로는 회복이 불가능하여 병력에 의존할 수밖에 없는 상황이어야 한다. 즉 병력에 의해서만 해결될 수 있을 것을 요한다는 것은 보충성의 요건이라고 할 수 있다. 병력사용의 필요성을 계엄법은 비상계엄에 대해서는 "행정 및 사법(司法) 기능의 수행이 현저히 곤란한 경우에 군사상 필요에 따르거나"로, 경비계엄은 "일반 행정기관만으로는 치안을 확보할 수 없는 경우에"라고 규정하고 있다(동법 제2조 2항·3항).

(라) 절차상·형식상 요건 : 국무회의의 심의, 국가안전보장회의에의 자문, 문서주의, 부서 등

대통령이 계엄을 선포하려면 국무회의의 심의를 필수적으로 거쳐야 한다(제89조 5호). 그리고 국무회의의 심의에 앞서 대통령은 국가안전보장회의에 자문할 수 있다. 대통령이 계엄을 변경하고자 할 때에도 국무회의의 심의를 거쳐야 한다(계엄법 제2조 5항). 계엄의 선포도 대통령의 국법상 행위이므로 문서로써 하며, 이 문서에는 국무총리와 관계 국무위원이 부서한다(제82조 1문). 헌법 제82조 제2문은 "군사에 관한 것도 또한 같다"라고 명시하고 있다.

(마) 국회에의 통고가 발동요건인지 여부

계엄을 선포한 때에는 대통령은 지체없이 국회에 통고하여야 하는데(제77조 4항) 이 통고가 계엄의 발동요건에 포함되는 것으로 보는 교재(성낙인(2013), 1135면)가 있다. 생각건대 헌법 제77조 제1항은 동조 제4항의 통고하여야 한다는 규정 이전에 있고 그 제1항은 "선포할 수 있다"라고 규정하고 있으므로 통고가 선포(발동)요건에 포함되지는 않는다고 보는 것이 문언해석 결과이다. 그러나 국회에의 통고는 발동요건은 아니나 계엄의 효력요건이라고 볼 수 있다. 통고가 없으면 소급하여 무효라고 보아야 한다. 이러한 해석은 국회에의 통보가 늦어지면 계엄의 효과발생도 늦어진다고 보게 할 것인데 그래서 헌법은 동조 제4항이 '지체없이' 통고하여야 한

다고 규정하고 있다고 할 것이므로 그 점에서 효력요건이라고 보는 해석이 타당성을 갖는다.

3) 대통령의 판단권, 국방부장관·행정자치부장관의 건의

전시·사변 또는 이에 준하는 국가비상사태의 존재, 군사상의 필요, 공공안녕질서유지라는 목적 등 위의 요건들이 존재하는지 여부에 대해서는 대통령의 판단권에 속한다. 다만, 위와 같은 요건들에 해당된다는 근거로 내세운 사실은 객관적으로 존재하여야 한다. 따라서 대통령의 판단재량에도 한계가 있고 그 사실들이 실제로 존재하는지 여부, 예를 들어 전시사태가 발발한 것이 사실인지 여부 등과 같은 점에 대해서는 사법부의 판단대상이 된다.

국방부장관 또는 행정안전부장관은 제2항 또는 제3항에 해당하는 사유가 발생한 경우에는 국무총리를 거쳐 대통령에게 계엄의 선포를 건의할 수 있다(동법 제2조 6항).

(4) 국회에 통고

계엄을 선포한 때에는 대통령은 지체없이 국회에 통고하여야 한다(제77조 4항). 이는 물론 대통령의 계엄권 행사에 대한 국회의 통제를 위한 것이다. 계엄법은 "국회가 폐회 중일 때에는 대통령은 지체 없이 국회에 집회를 요구하여야 한다"라고(동법 제4조 2항) 규정하고 있다. 앞으로 헌법개정을 통해 계엄선포시 국회는 대통령의 요구가 없더라도 당연히 소집되는 것으로 하여야 할 것이다(비상대권 행사시 즉시 소집을 규정한 예 : 프랑스헌법 제16조 4항 참조).

(5) 계엄 선포의 공고, 계엄사령관의 임명 및 계엄사령부의 설치, 계엄사령관에 대한 지휘·감독 등

대통령이 계엄을 선포할 때에는 그 이유, 종류, 시행일시, 시행지역 및 계엄사령관을 공고하여야 한다(동법 제3조). 계엄사령관은 현역 장성급 장교 중에서 국방부장관이 추천한 사람을 국무회의의 심의를 거쳐 대통령이 임명한다(동법 제5조 1항). 계엄사령관의 계엄업무를 시행하기 위하여 계엄사령부를 둔다. 이 경우 계엄사령관은 계엄사령부의 장이 된다. 계엄사령관은 계엄지역이 2개 이상의 도, 특별시, 광역시 및 특별자치도에 걸치는 경우에는 그 직무를 보조할 지구계엄사령부와 지구계엄사령부의 직무를 보조하는 지역계엄사령부를 둘 수 있다(동법 동조 2항·3항). 계엄사령관은 계엄의 시행에 관하여 국방부장관의 지휘·감독을 받되 다만, 전국을 계엄지역으로 하는 경우와 대통령이 직접 지휘·감독을 할 필요가 있는 경우에는 대통령의 지휘·감독을 받으며 계엄사령관을 지휘·감독할 때 국가 정책에 관계되는 사항은 국무회의의 심의를 거쳐야 한다(동법 제6조).

(6) 계엄의 내용과 효과

비상계엄과 경비계엄은 그 내용과 효과에 있어서 차이가 있으므로 양자를 나누어 본다. 비상계엄의 경우에는 헌법 자체에도 효과가 규정되어 있기도 하나 계엄법에 보다 자세한 규정들이 있어 그 규정들도 살펴본다.

1) 비상계엄

헌법은 "비상계엄이 선포된 때에는 법률이 정하는 바에 의하여 영장제도, 언론·출판·집

회·결사의 자유, 정부나 법원의 권한에 관하여 특별한 조치를 할 수 있다"라고 그 효과를 규정하고 있다(제77조 3항).

(가) 법률유보

헌법은 위와 같은 영장제도, 언론·출판·집회·결사의 자유, 정부나 법원의 권한에 관한 특별한 조치라는 비상계엄의 효과를 직접 규정하면서도 "법률이 정하는 바에 의하여"라고 법률유보를 규정하고 있다. 그런데 여기서의 법률유보는 그 효과를 헌법에 직접 명시된 언론자유 등에 대한 특별한 조치를 법률로 더 할 수 있다는 것이 아니라 "영장제도, 언론·출판·집회·결사의 자유, 정부나 법원의 권한에 관하여 특별한 조치"를 할 수 있는데 그 조치를 법률로 정해서 하라는 의미이다. 위의 헌법상 조치를 구체화하는 법률유보인 것이다. 긴급권의 해석은 좁게 하여야 한다.

(나) 계엄사령관의 관장사항 - 모든 행정사무·사법사무의 관장

계엄법은 비상계엄의 선포와 동시에 계엄사령관은 계엄지역의 모든 행정사무와 사법사무를 관장한다고 규정하고 있다(동법 제7조 1항).

(다) 기본권(영장제도, 언론 · 출판 · 집회 · 결사의 자유)에 관한 특별한 조치

헌법은 "비상계엄이 선포된 때에는 법률이 정하는 바에 의하여 영장제도, 언론·출판·집회·결사의 자유 … 에 관하여 특별한 조치를 할 수 있다"라고(제77조 3항) 규정하여 기본권일부에 대한 제한가능성을 직접 열어두고 있다.

가) 계엄법상의 대상확대에 대한 논란

(a) 문제의 소재와 학설

계엄법 제9조는 제1항은 "비상계엄지역에서 계엄사령관은 군사상 필요할 때에는 체포·구금·압수·수색·거주·이전·언론·출판·집회·결사 또는 단체행동에 대하여 특별한 조치를 할 수 있다"라고 규정하여 헌법 제77조 제3항 자체는 위에서 본대로 영장제도, 언론·출판·집회·결사의 자유에 한정하고 있는데 이처럼 헌법 제77조 제3항이 명시하지 않은 체포·구금·압수·수색·거주·이전, 단체행동권, 재산권(계엄법 동조 3항이 재산의 파괴, 소각도 규정하여 재산권 제한도 규정하고 있다)에 대하여서도 특별한 조치를 할 수 있다고 규정하여 위헌 여부의 논란이 있다. 여기에 대해서는 위헌이라고 보는 열거설(한정설)과 합헌이라고 보는 예시설이 대립되고 있다. 위헌설은 아무리 국가의 비상상황 때문에 계엄을 발하고 기본권을 제한한다고 하더라도 헌법이 언론의 자유 등을 직접 명시하고 있다는 점에서 제한될 수 있는 기본권을 명문의 규정 없이 확대할 수는 없으므로 위헌이라 본다. 반면 합헌설은 비상상황에서의 효과적인 위기극복을 위해 헌법에 규정된 기본권 외의 기본권에 대해서도 제한이 필요하다고 본다. 일반적으로 다른 기본권에 비해 그 우월성이 인정되는 언론·출판의 자유라는 기본권에 대해서도 직접 특별조치를 할 수 있도록 헌법이 명시하고 있는 점을 고려하면 그 균형상 거주·이전의 자유, 재

산권 등에 대한 특별조치도 가능하다고 보는 취지의 견해도 있을 수 있다.

(b) 사견

생각건대 국민의 기본권보장과 대통령의 비상적 권한의 남용을 막아야 한다는 점에서 열거설이 타당하다. 그러나 체포·구금·압수·수색·거주·이전, 단체행동권, 재산권에 대해서는 헌법 제37조 제2항의 기본권제한의 규정에 따라 계엄법이라는 법률로 제한이 가능하다. 그 점에서도, 즉 위 계엄법규정이 헌법 제37조 제2항의 법률유보에 따라 제정된 것이라고 본다면 헌법 제77조 제3항의 규정을 확대하여 해석하는 것은 타당하지 않다고 본다.

나) 영장제도에 관한 특별한 조치

비상계엄시 영장제도에 대한 특별한 조치란 무엇을 말하는지 계엄법에도 전혀 규정이 없다. 비상계엄시 영장제도에 대한 특별한 조치를 할 수 있다는 헌법 제77조 제3항의 규정이 영장제도의 완전한 배제를 인정하는 것인가 하는 문제가 있다. 비상상황으로 영장없이 긴급한 체포가 필요한 경우에 사후영장을 제시하도록 하거나 영장절차를 줄이는 등의 조치를 취할 수는 있다고 하더라도 영장제도 자체를 완전히 배제할 수는 없다.

* 제1공화국의 판례 : 당시 헌법재판기관이었던 헌법위원회는 비상계엄하에서도 법관에 의한 영장발부제도를 배제할 수 없다고 선언한 합헌결정을 한 바 있다.

1공화국 헌법위원회 판례　헌법위원회 단기 4286(서기 1953)년 10월 8 일 결정, 4286 헌위 2

[판시요지] 계엄에 관한 법률에도 헌법의 규정에 위반한 사항을 규정할 수 없음은 국법학상의 상식일 것이다. 그러므로 막연히 계엄의 성질에 의하여 계엄지역 내에서는 법관의 영장 없이 체포구금수색할 수 있음을 주장하여 헌법 제9조 제2항(영장제도를 명시한 제1공화국 헌법규정 - 저자 註)에 명시한 사항을 부정함은 법률이론을 떠난 억설에 불과할 뿐 아니라 인권옹호에 중대한 과오를 범할 염려가 있는 것이다. 계엄법 제13조에는 계엄지구 내에서 군사상 필요한 때에 한하여 체포구금수색거주이전언론출판집회 또는 단체행동에 관하여 특별한 조치를 할 수 있음을 규정하였을 뿐이오 법관의 영장에 관하여는 하등 규정한 바 없으므로 동조에 규정한 특별조치의 의의는 헌법의 규정에 위반되지 아니한 범위에 속한 사항에 관한 것이라고 해석함이 정당하다고 확신한다. 계엄법 제13조가 영장제도를 규정한 헌법 제9조 제2항에 위반되지 않는다. 이 결정의 결정서는 대법원행정판례집 I, 어문각 간, 1963, 위헌여부결정제청사건 편, 9면 이하 참조.

*** 헌재판례**

판례　구 '인신구속 등에 관한 임시 특례법 위헌결정 - 또한 오늘날의 헌재는 국가보안법위반죄 등을 범한 자를 법관의 영장 없이 구속, 압수, 수색할 수 있도록 했던 구 '인신구속 등에 관한 임시 특례법'(1961.7.3. 제정되고, 1963.9.30. 법률 제1410호로 폐지되기 전의 것) 제 2 조 제 1 항에 대한 위헌결정에서 "영장주의를 완전히 배제하는 특별한 조치는 비상계엄에 준하는 국가비상사태에 있어서도 가급적 회피하여야 할 것이고, 설사 그러한 조치가 허용된다고 하더라도 지극히 한시적으로 이루어져야 할 것이며, 영장 없이 이루어진 수사기관의 강제처분에 대하여는 사후적으로 조속한 시간 내에 법관에 의한 심사가 이루어질 수 있는 장치가 마련되어야 할 것"이라고 판시한 바 있다(헌재 2012.12.27. 2011헌가5).

* 유신헌법하 긴급조치에 의한 영장주의배제의 위헌성 인정 : 헌재는 비상계엄은 아니나 마찬가지로 국

가긴급권의 하나였던 유신헌법하 긴급조치권의 행사로 나온 긴급조치 제1호 위반자 및 비방자는 법관의 영장 없이 체포·구속·압수·수색할 수 있다고 규정한 유신헌법 하의 긴급조치 제1호, 제9호 규정, "비상군법회의의 관할사건에 관하여 영장이 필요한 경우에는 검찰관이 이를 발부한다"라고 규정한 긴급조치 제2호 규정에 대해 영장주의 본질을 침해한 위헌이라고 결정하였다.

판례 헌재 2013.3.21. 2010헌바132.

대법원도 긴급조치 제1호, 제4호, 제9호 규정이 영장주의 위배로서 위헌무효임을 선언한 바 있다.

대법원판례 대법원 2010.12.16. 2010도5986; 2013.5.16. 2011도2631; 2013.4.18. 2011초기689.

다) 체포·구금·압수·수색에 관한 특별한 조치

계엄법 제9조는 제1항은 "비상계엄지역에서 계엄사령관은 군사상 필요할 때에는 체포·구금·압수·수색 … 에 대하여 특별한 조치를 할 수 있다"라고 규정하고 있다. 그 특별한 조치가 구체적으로 무엇인지 계엄법에 별다른 규정이 없다. 이 문제는 위에서 살펴본 영장제도와 결부된다.

라) 언론·출판·집회·결사의 자유에 관한 특별한 조치

(a) 언론·출판·집회·결사의 자유에 관한 특별조치

i) 언론·출판의 자유에 대한 특별조치를 헌법이 명시하고 있는 것은 생각건대 언론·출판의 자유 등이 우월하고 비상계엄과 같은 비상상황에서도 제한이 어렵다고 보게 되면 위기극복에 도움이 되지 않고 그 점에 대비하여 언론·출판의 자유도 제한할 수 있게 미리 헌법에서 규정하여 두겠다는 헌법개정자의 의도로 볼 수 있다. 그런데 언론·출판의 자유에 관한 특별한 조치에 사전검열, 사전허가도 포함되는지가 문제된다. 이는 헌법 제21조 제2항이 "언론·출판에 대한 허가는 인정되지 아니한다"라고 명시하고 있어서 비상계엄시에는 특별한 조치로서 그 예외적으로 사전검열, 사전허가가 인정되는가 하는 것이다. 공공의 안녕질서를 파괴하기 위한 언론표현은 금지되어야 하는데 이를 사전검열은 법률로써도 인정되지 않는다는 점에서(헌재 1996.10.4. 93헌가13등) 비상계엄의 경우에도 법률로써 사전검열을 할 수는 없는 것인가가 문제이다. 헌법에서 보다 명확히 해놓아야 할 부분이다. 비상계엄상황에서도 적군을 이롭게 하는 표현 등이 아닌 한 표현의 자유를 보장하여야 한다.

* 비상계엄은 아니나 마찬가지로 국가긴급권 제도의 하나로 유신헌법에 규정되어 있었던 긴급조치에 있어서도 표현의 자유를 지나치게 제한할 수 없다는 헌재판례도 참고가 된다. 즉 헌재는 과거 유신헌법의 부정·반대·왜곡, 개정 논의 자체를 전면적으로 금지한 긴급조치 제1호, 제9호 규정에 대해 국민의 정치적 표현의 자유를 지나치게 제한하거나 본질적으로 침해하여 위헌이라고 결정하였다(헌재 2013.3.21. 2010헌바132). 대법원도 위 규정과 긴급조치 제4호에 대해 언론의 자유를 침해하여 위헌무효라고 선언한 바 있다(대법원 2010.12.16. 2010도5986; 2013.5.16. 2011도2631; 2013.4.18. 2011초기

689). 유신헌법 제57조는 대통령이 "헌법에 규정되어 있는 국민의 자유와 권리를 잠정적으로 정지하는 긴급조치"를 할 수 있도록 하였는데 이처럼 헌법에서 잠정적 정지를 규정하여 현행 헌법이 비상계엄시 특별한 조치를 할 수 있는 것과 같이 헌법직접 제한이 규정되어 있더라도 지나친 제한을 할 수 없다고 판단한 것이다. 공공의 안녕질서를 해치는 유언비어 등에 대한 사후적 규제에 대해서는 논란없이 가능하므로 그 규제로 사전예방을 가져오도록 하는 것이 필요하다.

(b) 집회·결사의 자유에 관한 특별한 조치

헌법 제21조 제2항은 "집회·결사에 대한 허가는 인정되지 아니한다"라고 규정하고 있는데 비상계엄하에서 집회·결사의 자유에 대한 특별한 조치에 사전허가도 포함되는지가 문제된다. 비상계엄하에서 집회·결사에 대한 특별한 조치는 국가비상사태에 있어서 공공의 안녕질서를 유지할 필요가 있어서 취해지는 것인데 공공의 안녕질서를 해치는 집회나 결사는 일상에서도 허가제도의 적용을 떠나 금지되는데 비상계엄과 같은 상황에서는 더욱 그러하다. 현행 집회 및 시위에 관한 법률 제5조 제1항 제2호도 "집단적인 폭행, 협박, 손괴(損壞), 방화 등으로 공공의 안녕 질서에 직접적인 위협을 끼칠 것이 명백한 집회 또는 시위"를 주최하는 것을 금지하고 있고 동법 제8조는 그러한 집회의 금지를 통고하도록 하고 있다.

마) 거주·이전에 관한 특별한 조치

계엄법 제9조는 제1항은 "비상계엄지역에서 계엄사령관은 군사상 필요할 때에는 … 거주·이전 … 에 대하여 특별한 조치를 할 수 있다"라고 규정하고 있다. 접전지역이나 적군의 빈번한 출몰지역에서의 거주를 금지하고 안전한 지역으로의 소개하는 등의 조치가 해당될 것이다. 계엄법에 구체적 규정을 두는 것이 필요하다.

바) 동원·징발 등

계엄법 제9조 제2항은 "비상계엄지역에서 계엄사령관은 법률에서 정하는 바에 따라 동원(動員) 또는 징발을 할 수 있으며, 필요한 경우에는 군수(軍需)로 제공할 물품의 조사·등록과 반출금지를 명할 수 있다"라고 규정하고 있다.

사) 재산의 파괴·소훼와 그 보상

계엄법 제9조 제3항은 "비상계엄지역에서 계엄사령관은 작전상 부득이한 경우에는 국민의 재산을 파괴 또는 소각할 수 있다"라고 규정하고 있다. 재산의 파괴 또는 소각에 따라 발생한 손실에 대하여는 정당한 보상을 하여야 한다. 다만, 그 손실이 교전 상태에서 발생한 경우에는 그러하지 아니하다(동법 제9조의2 1항).

아) 단체행동에 관한 특별한 조치

계엄법 제9조는 제1항은 "비상계엄지역에서 계엄사령관은 군사상 필요할 때에는 … 단체행동에 대하여 특별한 조치를 할 수 있다"라고 규정하고 있다. 특별한 조치에 대한 구체적인 규정은 두지 않고 있다. 전시의 군사상 수요에 응하기 위한 물자의 생산을 하는 업체에서의 단체행동제한 등이 해당될 것인데 헌법 제33조 제3항은 법률이 정하는 주요방위산업체에 종사하는 근로자의 단체행동권은 법률로 제한하거나 인정하지 아니할 수 있다고 명시하고 있기도 하다. 노동관계 법률이나 계엄법 자체에 계엄을 대비한 단체행동제한의 규정들을 두는 것이 필요하다.

자) 재판청구권에 대한 제한

아래에서 법원의 권한에 관한 특별한 조치에 대해 보면서도 살펴보지만 비상계엄하에서 민간인도 군사재판을 받을 수 있고(제27조 2항), 비상계엄하의 군사재판은 군인·군무원의 범죄나 군사에 관한 간첩죄의 경우와 초병·초소·유독음식물공급·포로에 관한 죄 중 법률이 정한 경우에 한하여 단심으로 할 수 있다. 다만, 사형을 선고한 경우에는 그러하지 아니하다(제110조 4항).

(라) 정부나 법원의 권한에 관한 특별한 조치

헌법은 "비상계엄이 선포된 때에는 법률이 정하는 바에 의하여 … 정부나 법원의 권한에 관하여 특별한 조치를 할 수 있다"라고(제77조 3항) 규정하여 국가권력의 행사에 대한 제한가능성을 직접 열어두고 있다.

가) 정부의 권한에 관한 특별한 조치

여기서의 특별한 조치란 무엇인지가 이 규정의 문언 자체로는 뚜렷하지 않다. 정부의 권한에는 비상계엄이 병력동원의 조치라고 하더라도 국방에 관한 권한에 한정되지는 아니하고 비상사태를 극복하기 위하여 필요한 관련 국정에 관한 권한(예를 들어 국방부뿐 아니라 적의 진격차단시설 건설을 위한 국토건설행정권)에도 해당된다. 조치의 발동에는 법률로 미리 규정을 두어야 한다(위 법률유보).

비상계엄의 선포와 동시에 계엄사령관은 계엄지역의 모든 행정사무를 관장하고(계엄법 제7조 1항), 계엄지역의 행정기관은 지체 없이 계엄사령관의 지휘·감독을 받아야 한다(동법 제8조 1항).

나) 법원의 권한에 관한 특별한 조치

(a) 재판관할

i) 관할 헌법은 비상계엄이 선포된 경우를 제외하고는 군사법원의 재판을 받지 아니한다고 규정하여(제27조 2항) 비상계엄이 선포된 경우에 군사법원의 재판을 받게 규정하고 있다. 계엄법은 다음과 같이 군사법원의 관할을 구체적으로 규정하고 있다.

> **계엄법 제10조(비상계엄하의 군사법원 재판권)** ① 비상계엄지역에서 제14조 또는 다음 각 호의 어느 하나에 해당하는 죄를 범한 사람에 대한 재판은 군사법원이 한다. 다만, 계엄사령관은 필요한 경우에는 해당 관할법원이 재판하게 할 수 있다. <개정 2015.1.6.>
> 1. 내란(內亂)의 죄 2. 외환(外患)의 죄 3. 국교(國交)에 관한 죄 4. 공안(公安)을 해치는 죄 5. 폭발물에 관한 죄 6. 공무방해(公務妨害)에 관한 죄 7. 방화(放火)의 죄 8. 통화(通貨)에 관한 죄 9. 살인의 죄 10. 강도의 죄 11. 「국가보안법」에 규정된 죄 12. 「총포·도검·화약류 등의 안전관리에 관한 법률」에

규정된 죄 13. 군사상 필요에 의하여 제정한 법령에 규정된 죄
② 비상계엄지역에 법원이 없거나 해당 관할법원과의 교통이 차단된 경우에는 제1항에도 불구하고 모든 형사사건에 대한 재판은 군사법원이 한다. [전문개정 2011.6.9.]

ii) **비상계엄하 재판의 단심제** 헌법은 비상계엄하의 군사재판은 군인·군무원의 범죄나 군사에 관한 간첩죄의 경우와 초병·초소·유독음식물공급·포로에 관한 죄 중 법률이 정한 경우에 한하여 단심으로 할 수 있되 다만, 사형을 선고한 경우에는 그러하지 아니하다고 규정하고 있다(제110조 4항).

(b) 계엄사령관의 관장사항과 지휘·감독

비상계엄의 선포와 동시에 계엄사령관은 계엄지역의 모든 행정사무와 사법사무를 관장한다(계엄법 제7조 1항). 계엄지역의 사법기관은 지체 없이 계엄사령관의 지휘·감독을 받아야 한다(동법 제8조 1항).

다) 국회의 권한 보장

헌법은 특별한 조치를 할 수 있는 대상기관을 위에서 본 대로 정부, 법원으로 규정하고 있다. 따라서 국회의 권한에 대한 특별한 조치를 할 수는 없다. 예컨대 국회가 가지는 입법권을 대체행사하거나 국회의 국정통제기능에 대한 제한을 할 수 없다. 비상계엄의 적절성을 가리기 위한 국정조사를 국회가 하고자 할 경우에 이에 대한 제동을 가할 수 없다. 다만, 비상상황에서 국회의 소집이나 조사가 현실적으로 가능한 상태인지가 문제될 것이다. 국회권한에 대한 특별조치를 할 수 없으므로 국회존속을 부정하는 조치는 당연히 불가하다. 즉 비상계엄으로 국회해산을 할 수 없다. 계엄선포시에 대통령은 지체없이 국회에 통고하여야 하고 국회는 계엄해제를 요구할 수 있는데(제77조 4항·5항) 이 통고를 받고 계엄해제를 요구할 수 있기 위해서라도 국회는 해산될 수 없다. 계엄범이 "계엄 시행 중 국회의원은 현행범인인 경우를 제외하고는 체포 또는 구금되지 아니한다"라고 규정하고 있는데(계엄법 제13조) 이 규정은 이러한 국회해산금지취지를 현실적으로 뒷받침하고 있다.[1)]

2) 경비계엄

경비계엄은 "경비계엄은 대통령이 전시·사변 또는 이에 준하는 국가비상사태 시 사회질서가 교란되어 일반 행정기관만으로는 치안을 확보할 수 없는 경우에 공공의 안녕질서를 유지하기 위하여 선포"하는 것으로(계엄법 제2조 3항) 비상계엄보다 비상상황이 약한 경우에 발하는 것이고 따라서 경비계엄의 내용과 효과도 축소된다.

(가) 계엄사령관의 관장사항 – 군사한정적 행정사무·사법사무 관장

경비계엄의 선포와 동시에 계엄사령관은 계엄지역의 군사에 관한 행정사무와 사법사무를

1) 역으로 강압적으로 국회활동을 강요하는 것도 문제이다. 과거 제1공화국에서 발췌개헌시 비상계엄을 선포한 가운데 의원소환운동을 벌여 의사당으로 강제연행해 와서 토론의 자유 없이 개헌표결이 강행된 예가 있었다.

관장한다(동법 제7조 2항). 경비계엄에서는 위 비상계엄하 조치와 같은 조치를 취할 수 없고 계엄사령관은 이처럼 계엄지역 안에서 일반적이 아니라 군사만에 관한 행정사무와 사법사무를 관장한다.

(나) 소극적 목적의 작용

경비계엄은 주로 치안의 회복과 유지를 위한 소극적 목적의 작용만 한다. 헌법도 비상계엄과 달리 경비계엄에 대해서는 국민의 기본권제한이나 정부나 법원의 권한에 관한 특별한 조치를 취할 수 있다는 규정을 두고 있지 않고 이러한 기본권제한, 특별한 조치는 경비계엄에서는 인정되지 않는다. 그런데 계엄법은 제8조에서 비상계엄, 경비계엄을 구분하지 않고 "계엄지역의 행정기관(정보 및 보안 업무를 관장하는 기관을 포함한다. 이하 같다) 및 사법기관은 지체 없이 계엄사령관의 지휘·감독을 받아야 한다"라고 규정하고 있다(동법 제8조 1항). 이 지휘·감독도 경비계엄의 경우 행정기관, 사법기관의 권한에 대한 특별한 조치를 취하도록 하는 헌법규정이 없으므로 특별한 조치를 수반하는 지휘·감독은 할 수 없다고 보아야 한다. 경비계엄에서는 위에서 본 비상계엄에서의 군사법원의 재판관할의 확대인정도 없다.

(7) 계엄의 해제

1) 해제의 경우와 절차

계엄은 다음과 같은 경우에 다음과 같은 절차로 해제된다.

i) **대통령에 의한 해제** 대통령은 계엄 상황이 평상상태로 회복된 경우에는 지체 없이 계엄을 해제하고 이를 공고하여야 한다(계엄법 제11조 1항). 대통령에 의한 이러한 계엄 해제에 국무회의의 심의를 거쳐야 한다(제89조 5호, 계엄법 제11조 2항).

ii) **건의에 의한 해제** 국방부장관 또는 행정자치부장관은 제2조 제2항 또는 제3항에 따른 계엄 상황이 평상상태로 회복된 경우에는 국무총리를 거쳐 대통령에게 계엄의 해제를 건의할 수 있다(동법 동조 3항). 이 경우의 해제에도 국무회의의 심의를 거쳐야 한다(제89조 5호).

iii) **국회의 요구에 의한 해제** 국회가 재적의원 과반수의 찬성으로 계엄의 해제를 요구한 때에는 대통령은 이를 해제하여야 한다(제77조 5항). 국회의 해제요구에 대통령은 구속되어 지체 없이 계엄을 해제하고 이를 공고하여야 한다(계엄법 제11조 1항). 이 때에도 해제에 국무회의의 심의를 거쳐야 한다(제89조 5호).

2) 해제의 효과

i) **행정·사법 사무의 평상화** 계엄이 해제된 날부터 모든 행정사무와 사법사무는 평상상태로 복귀한다(계엄법 제12조 1항).

ii) **재판관할의 환원과 연기** 비상계엄의 경우 해제가 되면 군사법원 관할 사건들에 대해 일반법원이 그 관할을 되찾게 된다. 비상계엄 시행 중 군사법원에 계속(係屬) 중인 재판사건의 관할은 비상계엄 해제와 동시에 일반법원에 속한다(동법 제12조 2항 본문). 계엄법은 "다만, 대통령이 필요하다고 인정할 때에는 군사법원의 재판권을 1개월의 범위에서 연기할 수 있다"라고 규정하고 있다(동법 동조 동항 단서). 이 단서규정은 '연기'라고 하나 '연장'의 의미로 해석되는데 이 단서규정에 대해서 위헌론이 제기되었고 합헌이라고 본 대법원판례가 있었다.[1] 생각건대 헌법 제27조 제2항이 "비상계엄이 선포된 경우를 제외하고는 군사법원의 재판을 받지 아니한다"라고 규정하여 평상시의 군사법원의 재판을 받지 않을 권리를 재판청구권의 내포로 규정하고 있고 비상계엄이 해제되면 바로 평상시가 되므로 이러한 연장은 재판청구권을 침해하는 위헌이다.

(8) 계엄권행사의 한계

앞서 본 선포요건들도 한계를 이루는 것이다. 비상계엄은 국민의 기본권에 중대한 제한을 가져오는 특별조치가 가능하여 그 효과가 중대할 수 있으므로 최소한 정도의 최단시일간 계엄상태여야 하고 치안이 평상상태로 회복되면 즉시 계엄을 해제하여야 한다. 공공공복리증진과 같은 적극적인 목적으로 계엄을 선포할 수 없다. 경비계엄은 그 정도가 치안유지를 위한 선에서 그쳐야 한다. 과거 우리 헌정사에서 계엄이 정국의 파국 국면에서 자주 선포되었다는 점을 되새겨 보면 그 한계의 설정과 준수가 중요하다.

(9) 계엄권행사에 대한 통제

1) 내부적·사전적 통제

대통령의 계엄선포에는 사전에 국무회의, 국가안전보장회의에의 자문 등을 거치는 것은 정부 내에서의 통제라고 할 것이다.

2) 외부적·사후적 통제

(가) 국회에 의한 통제

계엄을 선포한 때에는 대통령은 지체없이 국회에 통고하여야 한다(제77조 4항). 국회는 이러한 통고제도와 계엄해제요구권에 의해, 그리고 계엄해제요구에 응하지 않을 때 탄핵소추를 통하여 사후적으로 통제할 수 있다. 또한 국정감사·국정조사를 통해서도 통제할 수 있다.

(나) 사법적(司法的) 통제

가) 법원에 의한 통제

법원의 사법적 통제에 대해서는 먼저 계엄선포행위의 당·부당에 대한 사법적 판단의 대상이 되는가 하는 것이 문제된다. 법원은 계엄의 선포행위는 통치행위라는 이유를 들어 소극성을 보일 수 있다. 법원은 "계엄선포의 요건 구비여부나, 선포의 당·부당을 심사하는 것은 사법권의 내재적인 본질적 한계를 넘어서는 것"이라고[2] 하거나 "대통령의 계엄선포는 고도의

---

1) 대법원 1985.5.28. 81도1045 전원합의체, 계엄포고위반, 집33(2)형,455; 공1985.7.15.(756), 954.
2) 대법원 1979.12.7. 79초70재정, 재판권쟁의에관한재정신청, 집27(3)형,43; 공1980.1.15.(624), 12379; 1981.4.28. 81도874, 계엄법위반, 공1981.6.15.(658), 13930.

정치적 · 군사적 성격을 가진 것으로서 그 당 · 부당 내지 필요성 여부는 계엄해제요구권을 가진 국회만이 판단할 수 있는 것이고 당연무효가 아닌 한 사법심사의 대상이 되지 못한다"라고[1] 하는 소극적 판결들을 보여주다가 1997년에 "비상계엄의 선포나 확대가 국헌문란의 목적을 달성하기 위하여 행하여진 경우에는 법원은 그 자체가 범죄행위에 해당하는지의 여부에 관하여 심사할 수 있다"라고 하여 제한적으로 심사가능성을 인정하는 판례도 있었다.[2] (통치행위에 대한 대법원, 헌법재판소 판례에 대해서는 뒤의 법원, 사법권의 범위와 한계 부분 참조) 생각건대 계엄을 선포하는 이유, 즉 적어도 계엄선포의 요건을 이루는 사실이 실제로 존재하는지 여부 등에 대한 심사는 법원이 할 수 있다. 계엄선포행위에 대한 사법심사의 가능성에 대해 소극적으로 본다고 하더라도 선포후 나온 포고령, 선포후 계엄실시과정상 취해진 구체적 행정처분, 조치 등은 소송대상이 된다.

* 계엄에 관한 것은 아니나 마찬가지로 국가긴급권으로서 그 하나로 유신헌법에 있었던 긴급조치권의 행사에 대해 아래에서 보는 대로 대법원은 법치주의 위배, 기본권침해의 여부에 대해서는 사법자제를 해서는 아니 된다는 논거로 긴급조치 제1호에 대해 통치행위로서 심사대상성이 부정된다는 입장을 취하지 않고 심사에 들어가 위헌결정을 하였다.

대법원판례 대법원 2010.12.16. 2010도5986 전원합의체, 대통령긴급조치위반 · 반공법위반

[판시] 입헌적 법치주의국가의 기본원칙은 어떠한 국가행위나 국가작용도 헌법과 법률에 근거하여 그 테두리 안에서 합헌적 · 합법적으로 행하여질 것을 요구하고, 이러한 합헌성과 합법성의 판단은 본질적으로 사법의 권능에 속하는 것이다. 다만 고도의 정치성을 띤 국가행위에 대하여는 이른바 통치행위라 하여 법원 스스로 사법심사권의 행사를 억제하여 그 심사대상에서 제외하는 영역이 있을 수 있다. 그러나 이와 같이 통치행위의 개념을 인정한다고 하더라도 과도한 사법심사의 자제가 기본권을 보장하고 법치주의 이념을 구현하여야 할 법원의 책무를 태만히 하거나 포기하는 것이 되지 않도록 그 인정을 지극히 신중하게 하여야 한다(대법원 2004.3.26. 선고 2003도7878 판결 등 참조). 이러한 법리를 바탕으로 하여 볼 때, 평상시의 헌법질서에 따른 권력행사방법으로는 대처할 수 없는 중대한 위기상황이 발생한 경우 이를 수습함으로써 국가의 존립을 보장하기 위하여 행사되는 국가긴급권에 관한 대통령의 결단은 가급적 존중되어야 한다. 그러나 앞에서 살펴본 바와 같은 법치주의의 원칙상 통치행위라 하더라도 헌법과 법률에 근거하여야 하고 그에 위배되어서는 아니 된다. 더욱이 유신헌법 제53조에 근거한 긴급조치 제1호는 국민의 기본권에 대한 제한과 관련된 조치로서 형벌법규와 국가형벌권의 행사에 관한 규정을 포함하고 있다. 그러므로 기본권 보장의 최후 보루인 법원으로서는 마땅히 긴급조치 제1호에 규정된 형벌법규에 대하여 사법심사권을 행사함으로써, 대통령의 긴급조치권 행사로 인하여 국민의 기본권이 침해되고 나아가 우리나라 헌법의 근본이념인 자유민주적 기본질서가 부정되는 사태가 발생하지 않도록 그 책무를 다하여야 할 것이다.

나) 헌법재판소에 의한 통제

헌재는 헌법소원심판을 통해 계엄권행사에 대한 통제를 할 수 있다. 통치행위이론을 드는

---

1) 대법원 1980.8.26. 80도1278, 계엄포고위반 · 계엄포고위반교사 · 계엄포고위반방조.

2) 대법원 1997.4.17. 96도3376 전원합의체, 반란수괴 · 반란모의참여 · 반란중요임무종사 · 불법진퇴 · 지휘관계엄지역수소이탈 · 상관살해 · 상관살해미수 · 초병살해 · 내란수괴 · 내란모의참여 · 내란중요임무종사 · 내란목적살인 · 특정범죄가중처벌등에관한법률위반(뇌물), 집45(1)형,1; 공1997.5.1.(33),1303.

소극적인 견해도 있다((성낙인(2015), 596면은 "계엄선포행위 그 자체는 통치행위이므로 사법심사는 불가능하다"라고 한다. 이 견해는 그러면서도 뒤에 가서 "헌법재판소는 헌법소원심판을 통하여 … 계엄선포의 요건충족에 대한 심사를 하여야 한다"라고 하기도 하여 논지가 일관되지 않는다). 그러나 헌재는 법원에 대해 언급한 것처럼 적어도 선포요건을 이루는 사실관계에 대한 판단은 할 수 있고 나아가 통치행위이론으로부터 상당히 자유로울 수 있다. 즉 자신의 판례로 통치행위가 국민의 기본권과 관련되는 경우에는 인정될 수 없다고 보고 있으므로(헌재 1996.2.29. 93헌마186) 계엄으로 인한 기본권침해에 있어서는 적극적으로 판단하여야 하고 계엄선포의 당·부당 문제가 기본권침해 문제의 해결을 위해 선결되어야 할 경우 판단할 수 있다.

* 계엄에 관한 것은 아니나 마찬가지로 국가긴급권의 하나였던 유신헌법하의 긴급조치권의 행사에 대해 헌법재판소는 아래와 같이 통치행위이론의 적용을 부정하고 심사에 들어가 위헌으로 선언한 바 있다.

판례 헌재 2013.3.21. 2010헌바132

[판시] 유신헌법 제53조 제4항은 '긴급조치는 사법적 심사의 대상이 되지 아니한다.'라고 규정하고 있었다. 그러나 비록 고도의 정치적 결단에 의하여 행해지는 국가긴급권의 행사라고 할지라도 그것이 국민의 기본권침해와 직접 관련되는 경우에는 헌법재판소의 심판대상이 될 수 있다는 점(헌재 1996.2.29. 93헌마186, 판례집 8-1, 111, 116), 이러한 사법심사 배제조항은 근대입헌주의에 대한 중대한 예외가 될 뿐 아니라 기본권보장 규정이나 위헌법률심판제도에 관한 규정 등 다른 헌법 조항들과 정면으로 모순·충돌되는 점, 현행헌법에서는 그 반성적 견지에서 긴급재정경제명령·긴급명령에 관한 규정(제76조)에서 사법심사 배제 규정을 삭제하여 제소금지조항을 승계하지 아니한 점 및 긴급조치의 위헌 여부는 원칙적으로 현행헌법을 기준으로 판단하여야 하는 점에 비추어 보면, 이 사건에서 유신헌법 제53조 제4항 규정의 적용은 배제되고, 모든 국민은 현행헌법에 따라 이 사건 긴급조치들의 위헌성을 다툴 수 있다고 보아야 한다.

국회의 계엄해제요구에 대통령이 불응하거나 대통령의 계엄선포가 위헌적·위법적인 경우에 국회는 탄핵소추를 할 수 있고 헌법재판소가 이 탄핵심판에서 통제할 수 있다.

(다) 국민에 의한 통제

국민은 청원권행사, 행정소송, 헌법소원 등을 통한 통제를 직·간접적으로 할 수 있고 위헌적인 계엄권행사에 대해 최종적으로 저항권을 행사할 수 있다(저항권에 대해서는 전술, 제1부 참조).

8. 국가긴급권의 한계

(1) 한계요소

각 개별 국가긴급권의 한계에 대해서는 위 긴급명령, 긴급재정경제명령, 긴급재정경제처분, 계엄 각각에서 살펴본 바 있다. 여기서 전반적이고 공통적인 한계를 정리해 보면 다음과 같다.

i) **요건적 한계** 헌법이 규정한 요건들에 부합하여야 한다는 것도 당연한 한계이다. 아

래의 한계들도 요건상의 한계로 내포되는 것들이기도 하다.

ii) **상황적 한계** 위기상황이 실제하고 급박하여야 국가긴급권이 발동될 수 있음은 물론이다. 위기가 현실적으로 존재하여야 하고 위기가 없는데 사전예방적인 조치로서 긴급권을 행사하여서는 아니 된다.

판례 헌재 2013.3.21. 2010헌바132

[판시] (1) 긴급조치의 배경이 된 국가위기상황은 '남침이 가능하다고 북한이 오판을 할 염려가 급격히 증대된 상황'이었고, 그러한 위기에 대한 최선의 대처방법은 '국민총화, 국론을 통일, 국민 모두가 일사불란하게 총력안보태세를 갖추는 것'이 필요한데, 이를 위해 긴급조치 제9호가 필요하다는 취지이다. (2) 그러나 '남침이 가능하다고 북한이 오판할 염려'는 한국전쟁이 휴전으로 종결된 이후 남북이 적대적으로 대치하고 있는 현실에서 상존하는 위기상황이라 할 것이고, '북한의 남침 가능성의 증대'라는 추상적이고 주관적인 상황인식만으로는 긴급조치를 발령할 만한 국가적 위기상황이 존재한다고 보기에는 부족하다. 그리고 기존 헌법질서 속에 규정된 통상적인 권력작용의 방식으로는 결코 대처할 수 없는 비상적인 국가위기상황이 현존한다는 점에 대한 사회적 공통인식이 공감대를 형성하고 있을 때에만 비로소 긴급조치를 발령할 수 있다고 할 것이다. (3) 긴급조치 제9호는 1975.5.13. 선포되어 1979.12.8. 해제될 때까지 무려 4년 7개월 동안 존속하였고, 이는 유신헌법이 존속하였던 약 7년의 기간 중 3분의 2 정도를 차지하는 매우 긴 기간이다. 이는 긴급조치 제9호가 타개해야 할 급박한 국가위기, 즉 북한의 남침 가능성 증대라는 것이 실은 우리 사회가 오랜 기간 겪어 왔고 앞으로도 통일이 될 때까지 혹은 적어도 한반도의 평화체제가 확립될 때까지 끊임없이 대면해야 할 일상적이고 해결하기 어려운 과제 중 하나였을 뿐임을 방증하는 것이다.

iii) **목적상 한계** 위기를 극복하고 정상적인 사회의 안전과 헌법질서를 회복하기 위한 소극적 목적으로 발동되어야 한다는 목적상 한계가 있다.

iv) **보충성 · 최종성의 한계** 국가긴급권을 행사하지 않고는 정상상태에서의 통상적이거나 가능한 조치에 의해서는 위기극복이 어려울 때, 그리고 최후의 조치로서 발동되어야 한다는 한계가 있다.

판례 헌재 2013.3.21. 2010헌바132

[판시] 유신헌법을 반대하는 정치적 의사를 내란이나 변란 등을 통해 표현하는 것은 헌법질서를 파괴하는 것이므로 당연히 허용될 수 없으나, 이는 통상적인 헌정질서 하에서도 금지되는 행위들이므로, 별도의 국가긴급권을 발동할 필요도 없이 형법 등 관련 법률을 적용함으로써 충분히 규율할 수 있었다. 그렇다면 긴급조치 제9호는 기본권제한에 있어서 준수되어야 할 방법의 적절성도 갖추지 못하였다.

*헌재는 이 판시에서 방법의 적절성을 언급하나 보충성원칙을 언급한 취지와 다를 바 없다 할 것이다.

v) **절차상 · 형식상 한계** 위기의 확인이나 발동의 개시 등은 국무회의 심의, 부서 등을 거쳐야 한다.

vi) **최소한의 한계** 발동된 조치는 위기를 극복하는 데 필요한 정도와 시간(한도)을 넘어서서는 아니 된다(비례원칙의 한계).

판례 헌재 2013.3.21. 2010헌바132등

[판시] 국가긴급권은 일시적인 비상사태에 대응하기 위한 특별하고 예외적인 조치이므로 반드시 일시적이고 임시적인 조치에 한정되어야 한다. 마지막으로 구체적인 조치들이 비례의 원칙에 합치되는지 여부를 사후심사할 수 있는 사법적 통제도 보장되어야 할 것이다.

* 금융실명제를 위한 대통령 긴급재정경제명령이 2년 넘어 유지되고 있었던 점이 논란되었으나 헌재는 그 점으로 위헌은 아니라고 판단하였다.

판례 헌재 1996.2.29. 93헌마186

[판시] 다만 긴급권은 그 본질상 비상사태에 대응하기 위한 잠정적 성격의 권한이므로 긴급권의 발동은 그 목적을 달성할 수 있는 최단기간 내로 한정되어야 하고 그 원인이 소멸된 때에는 지체없이 해제하여야 할 것인데도 이 사건 긴급명령은 발포일로부터 2년이 훨씬 지난 현재까지도 유지되고 있는바, 이와 같은 긴급명령 발포상태의 장기화가 바람직하지는 않지만 그렇다고 그 사유만으로 발포 당시 합헌적이었던 이 사건 긴급명령이 바로 위헌으로 된다고 할 수는 없다.

(2) 판례

1) 헌법재판소

① 긴급재정경제명령 헌재는 금융거래실명제를 위한 대통령의 긴급재정경제명령에서 그 한계를 직접 언급하지 않았으나 그 요건의 구비여부에 대해 판시하면서 아래에서 보듯이 실질적으로 한계에 대해 판시하였다고 볼 것이다.

판례 헌재 1996.2.29. 93헌마186

[판시] 긴급재정경제명령은 정상적인 재정운용·경제운용이 불가능한 중대한 재정·경제상의 위기가 현실적으로 발생하여(그러므로 위기가 발생할 우려가 있다는 이유로 사전적·예방적으로 발할 수는 없다) 긴급한 조치가 필요함에도 국회의 폐회 등으로 국회가 현실적으로 집회될 수 없고 국회의 집회를 기다려서는 그 목적을 달할 수 없는 경우에 이를 사후적으로 수습함으로써 기존질서를 유지·회복하기 위하여(그러므로 공공복리의 증진과 같은 적극적 목적을 위하여는 발할 수 없다) 위기의 직접적 원인의 제거에 필수불가결한 최소의 한도 내에서 헌법이 정한 절차에 따라 행사되어야 한다. 그리고 긴급재정경제명령은 평상시의 헌법 질서에 따른 권력행사방법으로서는 대처할 수 없는 중대한 위기상황에 대비하여 헌법이 인정한 비상수단으로서 의회주의 및 권력분립의 원칙에 대한 중대한 침해가 되므로 위 요건은 엄격히 해석되어야 할 것이다. (*자세한 요건준수 여부 판단에 대해서는 앞의 긴급재정경제명령 부분 인용 참조)

② 2010헌바132 헌재는 위에서도 더러 인용하였던, 유신헌법하의 긴급조치 제1, 2, 9호에 대한 위헌결정에서 비례원칙을 위반하여 위헌이라고 결정하였는데 국가긴급권의 한계에 대해 직접 언급하지는 않았으나 비례원칙 위반을 지적하면서 아래에서 보듯이 실질적으로 한계에 대해 판시하였다고 볼 것이다(긴급조치 제9호에 대한 판시에서는 내재적 한계라는 말을 쓰고 있긴 하다).

판례 헌재 2013.3.21. 2010헌바132

[판시요약] … 6. 긴급조치 제1호, 제2호의 위헌 여부 (가) 입법목적의 정당성과 방법의 적절성 – 당

시 유신헌법에 반대하는 국민이 유신헌법에 대한 비판적 의사표시나 개헌을 위한 적극적인 의견제시 등을 특정 시기에 집약적이고 집합적으로 표출하고 있었다 하더라도, 이를 긴급조치와 같은 국가긴급권으로서 대처하여야 할 국가적 비상상황이라고 보기도 어렵다. 또한 계엄이나긴급조치와같은국가긴급권은 국가가 법치주의적 질서 아래에서 행사되는 정상적인 헌법보호수단에 의해서는 제거할 수 없는 전쟁, 사변, 천재·지변 등과 같은 비상사태(긴급사태)에서만 행사될 수 있는 것이고, 그 비상사태에 대한 판단을 국가원수가 단독으로 결정할 수 없으며, 그 행사의 목적이 국가의 존립 내지 자유민주적 기본질서의 보호를 위한 것이어야 한다. 특히 국가긴급권은 일시적인 비상사태에 대응하기 위한 특별하고 예외적인 조치이므로 반드시 일시적이고 임시적인 조치에 한정되어야 한다. 마지막으로 구체적인 조치들이 비례의 원칙에 합치되는지 여부를 사후심사할 수 있는 사법적 통제도 보장되어야 할 것이다. 그런데 앞에서 본 바와 같이 긴급조치 제1호 및 제2호는 국민의 유신헌법 반대운동을 금지하는 등 정치적 표현의 자유를 지나치게 침해하는 내용이어서 국가긴급권이 갖는 내재적 한계를 일탈한 것이므로, 이 점에서도 입법목적의 정당성이나 방법의 적절성을 갖추지 못한 것이다. (나) 긴급조치 제1호의 구체적 위헌요소 (1) 정치적 표현의 자유의 침해 — 긴급조치 제1호는 유신헌법을 부정하거나 반대하고 폐지를 주장하는 행위 중 실제로 국가의 안전보장과 공공의 안녕질서에 대한 심각하고 중대한 위협이 명백하고 현존하는 경우 이외에도, 국가긴급권의 발동이 필요한 상황과는 전혀 무관하게 헌법과 관련하여 자신의 견해를 단순하게 표명하는 모든 행위까지 처벌하고, 처벌의 대상이 되는 행위를 전혀 구체적으로 특정할 수 없으므로, 이는 표현의 자유 제한의 한계를 일탈한 것이다. 또한 국민은 대한민국의 주권자이며 최고의 헌법제정권력이기 때문에 성문헌법의 제·개정에 참여한다(헌재 2004.10.21. 2004헌마554 등, 판례집 16-2하, 1, 40). 즉 헌법을 제·개정할 것인지 여부, 헌법을 개정한다면 어떠한 내용으로 할 것인지 여부의 제반 결정권은 제헌헌법 이래 현행헌법에 이르기까지 국민에게 있으며, 헌법을 개정하거나 폐지하고 다른 내용의 헌법을 모색하는 것은 주권자이자 헌법제·개정권력자인 국민이 보유하는 가장 기본적인 권리로서, 가장 강력하게 보호되어야 할 권리 중의 권리에 해당한다. 그러나 긴급조치 제1호는 민주주의의 본질적인 요소인 국민의 정치적 표현의 자유와 국민의 헌법개정절차에서 가지는 참정권적 기본권인 국민투표권 등의 권리, 청원권 등을 지나치게 제한하는 것이다. (2) 죄형법정주의 위반 … (3) 영장주의 위반 … (4) 법관에 의한 재판을 받을 권리 침해 … 모두 지나친 제한 내지 침해로 위헌이다. (다) 긴급조치 제2호의 구체적 위헌요소 (1) 법관에 의한 재판을 받을 권리 침해 … (2) 영장주의 위반 … (3) 신체의 자유 — … 과도한 침해이다. (라) 소결 — 긴급조치 제1호, 제2호는 입법목적의 정당성이나 방법의 적절성을 갖추지 못하였을 뿐 아니라 죄형법정주의에 위배되고, 헌법개정권력의 행사와 관련한 참정권, 표현의 자유, 영장주의 및 신체의 자유, 법관에 의한 재판을 받을 권리 등 국민의 기본권을 지나치게 제한하거나 침해하므로 헌법에 위반된다.7. 긴급조치 제9호의 위헌 여부 (가) 입법목적의 정당성과 방법의 적절성 — '남침이 가능하다고 북한이 오판할 염려'는 한국전쟁이 휴전으로 종결된 이후 남북이 적대적으로 대치하고 있는 현실에서 상존하는 위기상황이라 할 것이고, '북한의 남침 가능성의 증대'라는 추상적이고 주관적인 상황인식만으로는 긴급조치를 발령할 만한 국가적 위기상황이 존재한다고 보기에는 부족하다. 그리고 기존 헌법질서 속에 규정된 통상적인 권력작용의 방식으로는 결코 대처할 수 없는 비상적인 국가위기상황이 현존한다는 점에 대한 사회적 공통인식이 공감대를 형성하고 있을 때에만 비로소 긴급조치를 발령할 수 있다고 할 것이다. 긴급조치 제9호는 1975.5.13. 선포되어 1979.12.8. 해제될 때까지 무려 4년 7개월 동안 존속하였고, 이는 유신헌법이 존속하였던 약 7년의 기간 중 3분의 2 정도를 차지하는 매우 긴 기간이다. 이는 긴급조치 제9호가 타개해야 할 급박한 국가위기, 즉 북한의 남침 가능성 증대라는 것이 실은 우리 사회가 오랜 기간 겪어 왔고 앞으로도 통일이 될 때까지 혹은 적어도 한반도의 평화체제가 확립될 때까지 끊임없이 대면해야 할 일상적이고 해결하기 어려운 과제 중 하나였을 뿐임을 방증하는 것이다. 유신헌법을 반대하는 정치적 의사를 내란이나 변란 등을 통해 표현하는 것은 헌법질서를 파괴하는 것이므로 당연히 허용될 수 없으나, 이는 통상적인 헌정질서 하에서도 금지되는 행위들이므로, 별도의 국가긴급권을 발동할 필요도 없이 형법 등 관련 법률을 적용함으로써 충분히 규율할 수 있었다. 그렇다면 긴급조치 제9호는 기본권제한에 있어서 준수되어야 할 방법의 적절성도 갖추지 못하였다. (6)긴급조치 제9호의 경우에도 앞에서 본 바와 같은 국가긴급권 발동 요건을 갖추지 못하였을 뿐 아니라 국가긴급권이 갖는 내재적 한계를 일탈한 것임은 물론이다. (나) 긴급조치 제9호의 구체적 위헌요소 (1) 긴급조치 제9호 제1항 나호는 긴급조치 제1호의 내용과 같이 유신헌법의 제·개정 논의를 전면적으로 금지하고 있는데, 이는 국민의 정치적 표현의 자유를 본질적으로 침해하는 것일 뿐 아니라 헌법개정권력주체인 국민의 주권행사를 지나치게 제한하는 것이다. (2) 긴급조치 제9호 제1항 가호에서는 역시 긴급조치 제1호와 같이 "유언비어를 날조, 유포하거나 사실을 왜곡하여 전파하는 행위"를 금지하고 있는데, 이는 그 범죄의 구성요건이 추상적이고 모호할 뿐 아니라 그 적용범위가 광범위하므로 죄형법정주의의 '명확성원칙'을 위반한 것이다. (3)긴급조치 제9호 제8항은 법관의 영장 없이 체포·구금·압수 또는 수색을 할 수 있도록 규정하는데, 이는 긴급조치 제1호 제5항과 같은 이유로 헌법상 보장된 영장주의의 본질을 침해하는 것이다. (4) 긴급조치 제9호 제1항 다호, 제5항에서는 허가받지 않은 학생의 모든 집회·시위와 정치관여행위를 금지하고, 이를 위반한 자에 대하여는 주무부장관이 학생의 제적을 명하고 소속 학교의 휴업, 휴교, 폐쇄조치를 할 수 있도록 규정하였다. 이는 집회·시위의 자유, 학문의 자유와 대학의 자율성 내지 대학자치의 원칙을 본질적으로 침해하는 것이며, 행위자의 소속 학교나 단체 등에 대한 불이익을 규정하여, 자기가 결정하지 않은 것이나 결정할 수 없는 것에 대하여는 책임을 지지 않고 책임부담의 범위도 스스로 결정한 결과 내지 그와 상관관계가 있는 부분에 국한됨을 의미하여 책임의 한정원리로 기능하는 헌법상의 자기책임의 원리(헌재 2009.12.29. 2008헌바139, 판례집 21-2하, 800, 811; 헌재 2010.6.24. 2007헌바101 등, 판례집 22-1하, 417, 432 참조)에도 위반된다. (다) 소결 - 긴급조치 제9호는 입법목적의 정당성과 방법의 적절성을 갖추지 못하였을 뿐 아니라 죄형법정주의에 위배되고, 헌법개정권력의 행사와 관련한 참정권, 표현의 자유, 집회·시위의 자유, 영장주의 및 신체의 자유, 학문의 자유 등 국민의 기본권을 지나치게 제한하거나 침해하므로 헌법에 위반된다. 8. 결론 - 그렇다면 이 사건 긴급조치들은 모두 헌법에 위반된다.

2) 대법원

대법원도 특히 유신헌법하의 긴급조치에 대해 판시하면서 국가긴급권의 한계에 대해 판시한 바 있다. 아래에 정리해 본다.

대법원판례 대법원 2010.12.16. 2010도5986 전원합의체, 대통령긴급조치위반·반공법위반

[판시] 긴급조치 제1호의 위헌 여부 (가) 국가긴급권은 국가가 중대한 위기에 처하였을 때 그 위기의 직접적 원인을 제거하는 데 필수불가결한 최소의 한도 내에서 행사되어야 하는 것으로서, 국가긴급권을 규정한 헌법상의 발동 요건 및 한계에 부합하여야 하고, 이 점에서 유신헌법 제53조에 규정된 긴급조치권 역시 예외가 될 수는 없다. (나) 유신헌법도 제53조 제1항, 제2항에서 긴급조치권 행사에 관하여 '천재·지변 또는 중대한 재정·경제상의 위기에 처하거나, 국가의 안전보장 또는 공공의 안녕질서가 중대한 위협을 받거나 받을 우려가 있어, 신속한 조치를 할 필요'가 있을 때 그 극복을 위한 것으로 한정하고 있다. 그러나 이에 근거하여 발령된 긴급조치 제1호의 내용은 대한민국헌법을 부정, 반대, 왜곡 또는 비방하는 일체의 행위, 대한민국헌법의 개정 또는 폐지를 주장, 발의, 제안 또는 청원하는 일체의 행위와 유언비어를 날조, 유포하는 일체의 행위 및 이와 같이 금지된 행위를 권유, 선동, 선전하거나, 방송, 보도, 출판 기타 방법으로 이를 타인에게 알리는 일체의 언동을 금하고(제1항 내지 제4항), 이 조치를 위반하거나 비방한 자는 법관의 영장 없이 체포, 구속, 압수, 수색하며 15년 이하의 징역에 처한다(제5항)는 것으로, 유신헌법 등에 대한 논의 자체를 전면금지함으로써 이른바 유신체제에 대한 국민적 저항을 탄압하기 위한 것임이 분명하여 긴급조치권의 목적상의 한계를 벗어난 것일 뿐만 아니라, 위 긴급조치가 발

령될 당시의 국내외 정치상황 및 사회상황이 긴급조치권 발동의 대상이 되는 비상사태로서 국가의 중대한 위기상황 내지 국가적 안위에 직접 영향을 주는 중대한 위협을 받을 우려가 있는 상황에 해당한다고 할 수 없으므로, 그러한 상황에서 발령된 긴급조치 제1호는 유신헌법 제53조가 규정하고 있는 요건을 결여한 것이다. (다) 한편 긴급조치 제1호의 내용은 민주주의의 본질적 요소인 표현의 자유 내지 신체의 자유와 헌법상 보장된 청원권을 심각하게 제한하는 것으로서, 국가가 국민의 기본적 인권을 최대한으로 보장하도록 한 유신헌법 제8조(현행 헌법 제10조)의 규정에도 불구하고, 유신헌법 제18조(현행 헌법 제21조)가 규정한 표현의 자유를 제한하고, 영장주의를 전면 배제함으로써 법치국가원리를 부인하여 유신헌법 제10조(현행 헌법 제12조)가 규정하는 신체의 자유를 제한하며, 명시적으로 유신헌법을 부정하거나 폐지를 청원하는 행위를 금지시킴으로써 유신헌법 제23조(현행 헌법 제26조)가 규정한 청원권 등을 제한한 것이다. 이와 같이 긴급조치 제1호는 그 발동 요건을 갖추지 못한 채 목적상 한계를 벗어나 국민의 자유와 권리를 지나치게 제한함으로써 헌법상 보장된 국민의 기본권을 침해한 것이므로, 긴급조치 제1호가 해제 내지 실효되기 이전부터 유신헌법에 위배되어 위헌이고, 나아가 긴급조치 제1호에 의하여 침해된 위 각 기본권의 보장 규정을 두고 있는 현행 헌법에 비추어 보더라도 위헌이다. (라) 결국 이 사건 재판의 전제가 된 긴급조치 제1호 제1항, 제3항, 제5항을 포함하여 긴급조치 제1호는 헌법에 위배되어 무효이다. 이와 달리 유신헌법 제53조에 근거를 둔 긴급조치 제1호가 합헌이라는 취지로 판시한 대법원 1975.1.28. 선고 74도3492 판결, 대법원 1975.1.28. 선고 74도3498 판결, 대법원 1975.4.8. 선고 74도3323 전원합의체 판결과 그 밖에 이 판결의 견해와 다른 대법원판결들은 모두 폐기한다.

* 긴급조치 제4호에 대한 동지의 판시와 위헌 · 무효선언판결 : 대법원 2013.5.16. 2011도2631 전원합의체, 대통령긴급조치위반 · 반공법위반. [판시] 구 대한민국헌법(1980.10.27. 헌법 제9호로 전부 개정되기 전의 것, 이하 '유신헌법'이라 한다) 제53조에 기한 대통령긴급조치 제4호는 그 발동 요건을 갖추지 못한 채 목적상 한계를 벗어나 민주주의의 본질적 요소인 표현의 자유를 침해하고, 영장주의에 위배되며, 법관에 의한 재판을 받을 권리와 학문의 자유 및 대학의 자율성 등 헌법상 보장된 국민의 기본권을 침해하는 것이므로, 그것이 폐지되기 이전부터 유신헌법은 물론 현행 헌법에 비추어 보더라도 위헌 · 무효이다.

* 긴급조치 제9호에 대한 동지의 판시와 위헌 · 무효선언판결 : 대법원 2013.4.18. 2011초기689 전원합의체, 형사보상. [판시] 구 대한민국헌법(1980.10.27. 헌법 제9호로 전부 개정되기 전의 것. 이하 '유신헌법'이라 한다) 제53조에 근거하여 발령된 '국가안전과 공공질서의 수호를 위한 대통령긴급조치'(이하 '긴급조치 제9호'라 한다)는 그 발동 요건을 갖추지 못한 채 목적상 한계를 벗어나 국민의 자유와 권리를 지나치게 제한함으로써 헌법상 보장된 국민의 기본권을 침해한 것이므로, 긴급조치 제9호가 해제 내지 실효되기 이전부터 이는 유신헌법에 위배되어 위헌 · 무효이고, 나아가 긴급조치 제9호에 의하여 침해된 기본권들의 보장 규정을 두고 있는 현행 헌법에 비추어 보더라도 위헌 · 무효이다.

9. 현행 국가긴급권에 대한 검토

(1) 사전적 통제의 보완 필요성

사전적 통제가 부족하다(여기서의 사전은 위기발생 이후 긴급권행사하기 전이라는 사전을 의미하고 위기발생 이전을 말하는 것은 물론 아니다). 국무회의의 심의를 거쳐야 하고 국가안전보장회의에의 자문 등을 할 수도 있으며 부서를 받도록 하나 그러한 내부적 절차 외에 외부적 개입이 객관성을 더 부여할 수 있다. 예를 들어 프랑스의 경우 대통령이 비상조치를 발동하기 전에 수상 외에도

상·하원의 의장과 헌법재판소에의 공식적인 자문을 거치도록 하고 있다(프랑스헌법 제16조 1항).

(2) 사후적 통제의 보안 필요성

국가긴급권이 발동되기 이전에 사전적인 합헌성이 확보되도록 하는 것이 더 효율적이지만 사후적 통제도 강화되어야 한다.

1) 기간에 관한 통제의 필요성

현재 긴급권의 행사기간에 관한 통제가 없다. 헌법이 침묵하고 있기도 하다. 물론 위에서 언급한 대로 국가긴급의 행사는 위기극복에 필요한 최단기에 그쳐야 한다는 것이 명시가 되지 않더라도 헌법법리이다. 국가긴급권의 발동이 계속되는 상황은 물론 비정상적인 것이므로 위기가 사라지고 안정을 찾으면 즉각 해제되어야 한다. 그러나 우리 헌정사에서도 위기의 지속을 빙자한 독재의 경험을 과거에 한 바 있다. 프랑스의 경우 비상조치가 행해진 일정 기간이 지나면 헌법재판소의 개입을 인정한다. 즉 비상조치권의 행사 이후 30일이 지나면 하원의장, 상원의장, 60명의 하원의원들 또는 상원의원들은 그 비상조치권의 발동요건이 여전히 남아있는지 여부를 심사해줄 것을 헌법재판소에 제청할 수 있고 헌법재판소는 최대한 짧은 시간 내에 공식적 의견으로 판단을 내리도록 하고 있다. 나아가 비상조치가 행해진 60일이 지난 시점에서 그리고 그 시점 이후에는 언제든지 헌법재판소가 당연히 그 심사를 행하고 판단을 내리도록 하고 있다(프랑스 헌법 제16조 6항). 계엄의 경우에도 계엄이 12일을 초과하여 연장되기 위해서는 반드시 의회에 의한 승인을 받아야 하도록 하여 기간적인 통제를 할 수 있게 하고 있다(프랑스 헌법 제36조 2항). 이러한 프랑스의 예는 긴급권행사에 대한 시간적인 외부적 통제의 개선방안을 모색함에 있어서 중요한 참조례가 된다.

2) 국회의 통제

현행 헌법에서도 국회는 사후승인, 해제요구(계엄의 경우), 긴급명령 등의 폐지를 위한 법률제·개정, 국정감사·조사, 탄핵소추 등을 통한 상당한 통제를 할 수 있다. 그런데 상당히 정치적 통제가 될 것이다. 여소야대의 정국에서는 통제가 강할 것이나 여대야소의 경우에는 통제가 약화될 것이다.

3) 사법적 통제의 강화

헌재는 국민의 기본권이 관련되는 경우에는 통치행위이론에서 말하는 고도의 정치적 성격을 띠는 국가작용이라고 할지라도 헌법재판의 대상이 됨을 인정하는 법리를 정립하고 있다. 위에서 본대로 유신헌법하의 긴급조치에 대해서도 헌재는 통치행위성을 부정하고 심판을 하여 위헌선언을 하였다(헌재 2013.3.21. 2010헌바132. 이에 관해서는 앞의 계엄 부분 참조). 계엄의 경우 뚜렷하지 않으나 지금의 입장처럼 통치행위이론을 내세우지 않고 적극적으로 국가긴급권의 발동요건의준수 여부 판단에 있어서 발동사유로 제시한 사실이 존재하는지 여부나 계엄선포 이후 계엄 포고령이나 구체적 처분 등에 대해서는 판단을 하는 것이 필요하다.

대법원의 통제가 소극적이라고 하나 그것은 계엄에 관한 사안들이었고 대법원도 최근에 유신헌법 하 긴급조치들에 대해서는 통치행위이론의 사법자제론을 억제하겠다는 의지를 밝히면서 적극적으로 심사하여 위헌·무효선언을 한 예들(대법원 2010.12.16. 선고 2010도5986판결; 대법원 2013.5.16. 선고 2011도2631판결; 대법원 2013.4.18. 결정 2011초기689결정. 이에 관해서는 앞의 계엄 부분 참조)을 보여주고 있다(여전히 소극적이라고 하는 성낙인(2013), 589-590면은 최신판례의 소개가 부족함을 보여주고 있다). 계엄에 대한 입장도 다소 진전됨을 볼 수 있다. 계엄의 경우에도 대법원은 적극적으로 그 발동요건의 충족 여부 판단에 있어서 발동사유로 제시한 사실이 존재하는지 여부나 계엄선포 이후 계엄 포고령이나 구체적 처분 등에 대해서는 판단을 적극적으로 행하여야 한다.

헌법재판소나 대법원이 국가긴급권의 발동에 대한 심사를 함에 있어서 절차적·형식적 요건을 갖추었는지는 물론 심사하여야 한다.

Ⅻ. 대통령의 권한행사의 방법·절차

대통령의 권한행사의 방법과 절차로 헌법은 ① 문서주의(대통령의 국법상 행위는 군사에 관한 것을 포함한 모두 문서로써 하여야 한다. 제82조)에 따라 ② 부서(대통령의 국법상 행위의 문서에는 국무총리와 관계 국무위원이 부서한다. 제82조)가 있어야 하고, ③ 국무회의의 심의(제89조)를 거치며, ④ 자문회의에 자문(제90조-제93조, 제127조)을 구하는 등의 방법 내지 절차를 규정하고 있다.

이들 행사방법은 대통령의 권한행사에 대한 통제로서의 의미도 가진다. 위의 ①-③과 같은 방법에 의하지 않고는 효력이 없거나 ④의 자문을 통해 대통령의 의견이 정제될 수 있기 때문이다. 따라서 위의 행사방법에 대한 자세한 것은 아래 통제 문제에서 서술한다.

XIII. 대통령의 권한행사에 대한 통제

이에 관해서는 대통령의 각 권한행사에 대해서 살펴보면서 함께 개별적으로 고찰한 바도 있다. 여기서 전반적으로 정리한다.

1. 정부 내부에서의 통제

(1) 문서주의

1) 범위

헌법은 "대통령의 국법상 행위는 문서로써 해야 하고 군사에 관한 것도 또한 같다"라고(제82조 전단) 규정하고 있다. 따라서 문서주의의 범위는 대통령이 헌법상 자신에게 부여된 권한의 행사와 의무의 이행에 있어서 행하는 모든 행위이고 이에는 군사에 관한 행위까지 포함된다.

2) 의의와 기능 및 효력

문서주의는 ① 국법상 행위를 문서로 하도록 함으로써 대통령의 행위에 명확성과 책임성을 부여하고 ② 문서로써 증거의 의미를 가지므로 대통령이 국법상 행위를 함에 있어서 신중성을 더욱 기하도록 하며, ③ 결국 대통령의 모든 국법상 행위를 문서로 하도록 하는 것은 대통령의 권한행사의 한 방식이기도 하지만 이를 강제한다는 것은 대통령권한행사에 대한 통제의 의미도 가진다.

문서주의는 효력발생요건이다. 즉 문서에 의하지 않은 대통령의 국법상 행위는 효력을 인정할 수 없다.

3) 대통령기록물의 관리

현재 대통령기록물의 보호·보존 및 활용 등에 관하여 '대통령기록물 관리에 관한 법률'이 있는데 이 법률은 대통령기록물의 보호·보존 및 활용 등 대통령기록물의 효율적 관리 등에 관하여 필요한 사항을 정함으로써 국정운영의 투명성과 책임성을 높이는 것을 목적으로 한다(동법 제1조). 이 법률은 '대통령기록물'이란 대통령의 직무수행과 관련하여 대통령, 대통령의 보좌기관 등이 생산·접수하여 보유하고 있는 기록물 및 물품을 말한다고 규정하고 이 기록물 및 물품이란 대통령이 "업무와 관련하여 생산하거나 접수한 문서·도서·대장·카드·도면·시청각물·전자문서 등 모든 형태의 기록정보 자료와 행정박물(行政博物)"을 대통령기록물로 규정하고(동법 제2조 1호, '공공기록물 관리에 관한 법률' 제3조 2호), 대통령뿐 아니라 대통령권한대행자, 대통령당선인에 대해서도 기록물을 보존하도록 하고 있다(동법 제2조 1호). 대통령과 대통령의 보좌기관 등은 대통령의 직무수행과 관련한 모든 과정 및 결과가 기록물로 생산·관리되도록 하여야 한다(동법 제7조 1항). 대통령기록관리전문위원회를 두고 위원은 그 권한에 속하는 업무를 수행함에 있어서 정치적 중립성과 업무의 독립성 및 객관성을 유지하여야 한다(동법 제6조). 동법은 대통령기록물의 전자적 생산·관리(동법 제8조), 대통령기록물생산기관의 기록관의 설치·운영(동법 제9조), 대통령기록물생산기관 장의 생산현황의 통보(동법 제10조), 이관(동법 제11조), 회수(동법 제12조), 폐기(동법 제13조), 무단파기·반출 등의 금지(동법 제14조)보안 및 재난대책(동법 제15조) 등에 대해 규정하고 있다. 동법은 대통령기록물의 공개·열람 제도에 대해 규정을 두고 있다. 즉 대통령기록물은 공개함을 원칙으로 한다. 다만, '공공기관의 정보공개에 관한 법률' 제9조 제1항에 해당하는 정보를 포함하고 있는 경우에는 이를 공개하지 아니할 수 있다(동법 제16조 1항). 비공개 대통령기록물은 생산연도 종료 후 30년이 경과하면 공개함을 원칙으로 하는데(동법 동조 4항). 그럼에도 불구하고 대통령기록관의 장은 공개될 경우 국가안전보장에 중대한 지장을 초래할 것이 예상되는 대통령기록물에 대하여는 전문위원회의 심의를 거쳐 당해 대통령기록물을 공개하지 아니할 수 있다(동법 동조 5항). 대통령은 법령에 따른 군사·외교·통일에 관한 비밀기록물로서 공개될 경우 국가안전보장에 중대한 위험을 초래할 수 있는 기록물, 대내외 경제정책이나 무역거래 및 재정에 관한 기록물로서 공개될 경우 국민경제의 안정을 저해할 수 있는 기록물 등에 해당하는 대통령기록물에 대하여 열람·사본제작 등을 허용하지 아니하거나 자료제출의 요구에 응하지 아니할 수 있는 기간을 따로 정할 수 있는데 그 보호기간은 15년의 범위 이내에서 정할 수 있되 다만, 개인의 사생활과 관련된 기록물의 보호기간은 30년의 범위 이내로 할 수 있다(동법 제17조 1항·3항). 보호기간 중에는 국회재적의원 3분의 2 이상의 찬성의결이 이루어진 경우, 관할 고등법원장이 해당 대통령지정기록물이 중요한 증거에 해당한다고 판단하여 발부한 영장이 제시된 경우 등에 한하여 최소한의 범위 내에서 열람, 사본제작 및 자료제출을 허용하며, 다른 법률에 따른 자료제출의 요구 대상에 포함되지 아니한다(동법 동조 4항).

(2) 부서

대통령의 국법상 행위는 문서로써 하며, 이 문서에는 국무총리와 관계 국무위원이 부서(副署)하여야 하는데 군사에 관한 것도 또한 같다(제82조 후문). 부서제도는 국회 앞에서 탄핵소추 외에는 책임을 지지 않는 대통령에 대해 국회의 출석·답변의무를 지고 해임건의 대상이 되어 책임을 적지 않게 지는 국무총리·국무위원이 부서하게 함으로써 간접적 책임추궁을 한다는 의미와 국무총리·국무위원에 대한 대통령 보필책임의 의미를 가진다. 부서가 결여된 대통령의 국법상 행위는 유효설도 있으나 법적 효력을 가지지 않고 대통령에 대한 탄핵소추의 사유가 된다(부서에 대한 자세한 것은 국무총리 부분 참조).

(3) 국무회의의 심의

대통령은 헌법 제89조에서 정한 중요한 헌법상 국정사항을 국무회의의 심의를 거쳐서(국무회의의 필수적 심의기관) 행하여야 한다.

(4) 각종 회의체에의 자문

국가원로자문회의, 국가안전보장회의 등에 자문을 구할 수 있다(제90조 등)(각종 자문회의에 대해서는 뒤에 후술함). 대통령은 이 자문회의의 의견에 구속되지는 않는다.

2. 정부 외에서의 통제

(1) 국민에 의한 통제

국민이 자신의 권리구제를 위하여 동원하는 사법적(司法的) 제도가 대통령의 권한행사에 대한 효율적인 외부적 통제가 될 수 있다. 그러한 경우로 ① 국민이 법원의 소송 도중에 대통령이 제안하여 성립된 법률의 위헌여부 심판 제청을 신청하여 이루어지는 위헌법률심판, 법원이 그 제청신청을 기각한 경우에 헌법재판소법 제68조 제2항에 따라 청구하는 이른바 위헌소원심판, ② 위와 같은 대통령 제안 법률이 어느 국민의 기본권을 직접 침해하는 경우에 그 국민이 그 법률을 대상으로 청구하는 헌법소원심판, ③ 대통령의 공권력작용·불행사(부작위)로 인해 기본권을 침해받은 국민이 그 공권력작용·불행사를 대상으로 청구하는 헌법소원심판, ④ 대통령의 행정작용(처분 등)으로 인해 자신의 권리나 이익이 침해된 국민이 제기하는 행정쟁송 등을 통하여 통제가 가능하다. 대통령이 행한 공무원의 징계처분 기타 본인의 의사에 반한 불리한 처분이나 부작위에 관한 행정소송의 경우 피고는 대통령이 아니라 소속장관으로 한다(국가공무원법 제16조 1항). ⑤ 국민은 청원권을 행사하여 대통령의 행정작용의 소멸이나 오히려 적극적인 행정작용을 해줄 것을 요구하거나 ⑥ 대통령이 부치는 국민투표(헌법개정을 위한 국민투표와 외교·통일에 관한 중요정책에 대한 국민투표)에 대해 찬반을 표시함으로써 통제할 수 있다. ⑦ 대통령이 소속 정당과 긴밀한 협력관계에 있을 때 국회의원선거에서 여당의원들을 선출하지 않음으로써 통제할 수 있다. 이것은 상당히 정치적인 통제가 될 것이다. ⑧ 대통령이 폭압적이고 위헌적인 권력행사를 하고 이에 대해 실정법으로는 맞설 방법이 없는 경우에 최종적으로 저항권을 행사할 수밖에 없다.

또한 시민단체(NGO)의 활동, SNS, 언론을 통한 여론형성 등도 사회적 통제의 기능을 할 수 있다.

(2) 국회에서의 통제

대통령의 권한행사·불행사에 대한 국회의 통제로는 다음과 같은 제도들을 들 수 있다. i) 그 제도들은 다시 통제의 성격에 따라 다음과 같이 분류할 수 있다. ① 의결권(대통령이 제안한 법률안에 대한 의결, 정부가 제출한 예산안에 대한 의결 등), ② 심의권(대통령이 제안한 법률안, 정부가 제출한 예산에 대한 심의 등), ③ 각종 동의·승인 등의 권한(조약의 체결·비준에 대한 동의, 선전포고, 강화조약, 국군의 외국에의 파견 또는 외국군대의 대한민국 영역 안에서의 주류에 대한 동의, 일반사면에 대한 동의, 대법원장·헌법재판소장·국무총리·감사원장·대법관 임명 동의, 긴급명령, 긴급재정경제명령·처분에 대한 승인. 예비비의 지출 승인 등), ④ 재의결(대통령이 재의요구한 법률안에 대한 재의결), ⑤ 감사·조사(일반적 통제로서 국정감사·국정조사), ⑥ 해제요구(계엄의 경우) 등을 통하여 통제할 수 있다. ⑦ 국회는 대통령의 위헌·위법적인 행위에 대하여 탄핵소추를 의결하여 통제할 수 있다. ii) 내용적으로 ① 국가수호·통일에 관한 권한 – 국가수호를 이유로 행한 국가긴급권행사에 대해 국회는 승인(긴급명령 등의 경우), 해제요구(계엄의 경우) 등을 통하여 통제할 수 있다. ② 국가대표·외교에 관한 권한 – 조약의 체결·비준, 선전포고, 강화조약, 국군의 외국에의 파견 또는 외국군대의 대한민국 영역안에서의 주류에 대한 동의 등을 통해 통제할 수 있다. ③ 헌법개정에 관한 권한 – 국회는 대통령이 제안한 헌법개정안에 대한 의결권을 통해 통제한다. ④ 헌법기관구성과 인사에 관한 권한 – 대법원장·헌법재판소장·국무총리·감사원장·대법관의 임명에 있어서 국회의 동의를 받아야 하고 대법원장·헌법재판소장·국무총리·감사원장·헌법재판관·대법관·중앙선거관리위원회 위원·국무위원·국세청장·경찰청장 등에 대한 임명에 있어서는 국회의 인사청문회를 거쳐야 한다. 대통령이 임명한 국무총리·국무위원에 대한 해임건의, 대통령이 임명한 고위공무원에 대한 탄핵소추 등도 통제가 된다. ⑤ 입법에 관한 권한 – 대통령과 정부가 제출한 법률안에 대한 의결, 대통령의 거부권행사에 대한 재의, 대통령령에 대한 모법률의 제정·개정, 제출제도(국회법 제98조의2), 권한쟁의심판 등을 통한 통제가 이루어질 수 있다. ⑥ 사법(司法)에 관한 권한 – 대통령이 행한 일반사면에 대한 동의, 헌법재판소장·대법원장·대법관 임명에 대한 동의 등이 대표적인 통제이다. ⑦ 집행부수반으로으로서의 권한 – 국무위원 등의 임명에서의 인사청문과 임명을 통한 통제, 공무원임용, 군통수권, 영전수여권에 관한 법률 등의 제정·개정, 선전포고, 강화조약, 국군의 외국에의 파견 또는 외국군대의 대한민국 영역안에서의 주류에 대한 동의를 통한 통제, 국정감사·조사 등을 통한 통제가 있다. ⑧ 재정에 관한 권한 – 정부가 제출한 예산안에 대한 심의 및 의결, 결산심사, 예비비 지출에 대한 승인, 기채동의, 국가부담부 계약 동의, 조세법률주의 등에 의한 통제가 있다. ⑨ 국가긴급권 – 긴급명령, 긴급재정경제명령·처분에 대한 승인, 계엄해제요구 등을 통해 통제한다. iii) 사전적 통제와 사후적 통제로 구분될 수도 있다. 사전적 통제로는 예를 들어 위에서 본 것 중에는 조약의 체결·비준, 대법원장임명 등에 대한 동의 등을 들 수 있고 사후적 통제의 예로는 계엄해제요구, 예비비의 지출 승인, 탄핵소추의결 등을 들 수 있다(모두 망라하지 않음. 각 통제를 사전적, 사후적으로 구분해 볼 수 있을 것임).

(3) 헌법재판소에 의한 통제

헌법재판소는 ① 대통령이 제안하여 성립된 법률에 대한 위헌법률심판, 대통령이 체결·비준한 조약에 대한 위헌심사, ② 정부가 제소한 위헌정당해산심판, ③ 탄핵심판, ④ 권한쟁의심판, ⑤ 국민이 대통령의 공권력행사·불행사에 대해 청구하는 헌법소원심판 등을 통하여 대통령의 권한행사·불행사에 대한 통제를 할 수 있다.

(4) 법원에 의한 통제

법원은 ① 대통령이 행한 행정작용에 대한 행정소송, ② 대통령이 제안하여 성립된 법률에 대한 위헌법률심판의 제청, ③ 대통령령에 대한 위헌·위법심사, ④ 대통령이 부친 국민투표에 대한 소송 등을 통하여 대통령의 권한행사에 대한 통제가 가능하다. 통치행위를 인정하여 심사를 하지 않을 한계가능성을 지적하는 견해가 있으나 법원도 적극적인 통제를 수행하여야 할 것이다. 대통령이 행한 공무원의 징계처분, 강임·휴직·직위해제 또는 면직처분 그 밖에 본인의 의사에 반한 불리한 처분이나 부작위에 관한 행정소송의 경우에는 피고는 대통령이 아니라 소속장관으로 한다(국가공무원법 제16조 1항).

(5) 지방자치단체에 의한 견제

지방자치단체는 권한쟁의심판을 통해 직접, 간접적으로 대통령의 권한행사에 대해 견제 내지 자신의 자치권한수호를 할 수 있다.

(6) 특별검사제, 특별감찰관제

이는 특별검사, 특별감찰관이 국회의 관여로 선출된다는 점에서 국회에 의한 통제로 볼 수도 있다. 그리하여 이에 대해서는 앞의 국회 부분에서 살펴보았다(전술 참조).

제2절 행정부 - 국무총리·국무위원·행정각부 등

Ⅰ. 행정부 서설

1. '행정부'라는 용어의 문제와 변천사

현행 헌법은 국무총리·국무위원, 국무회의, 행정각부, 감사원을 '행정부'라는 명칭의 절로 묶어 규정하고 있다. 제1, 2공화국 헌법에서는 '행정부'라는 용어가 아닌 '국무원'이라고 불렀는데 '국무원'이란 행정권이 속해지는 합의체라는 의미였다. 문제는 대통령이 '국무원'에 포함되었는지 여부이다. 제1공화국의 경우 대통령을 포함하여 '국무원'이라고 규정하고 있었는데 그 점 혼합정부제적 성격이 일부 보였다. 제2공화국은 순수 의원내각제를 채택하였으므로 '국무원'은 대통령을 제외하고 국무총리, 국무위원으로 구성되었다. 유의할 것은 제1, 2공화국 헌법에서 '국무원'을 규정하면서 '국무회의'를 또 규정하였는데 양자 간의 혼동이 올 수 있었다는 점이다. 당시 후자는 전자의 구성원들이 합의와 의결을 하는 회의체를 말하였다. '국무원'이란 행정권을 행사하는 하나의 합의체란 의미였고 '국무회의'는 그 합의를 도출하기 위한 회의체를 의미하였다고 할 것이다. '국무원'이라는 조직 내지 관념이 더욱 필요한 것은 의원내각제 체제일 것이다. 의원내각제에서는 내각 전체가 연대책임을 지고 행정권, 행정입법권 등에서의 권한행사도 원칙적으로 국무총리가 아니라 연대적으로 내각 전체가 행사하는 것이기에 이러한 조직과 관념이 헌법상 설정된 것이라고 볼 것이다. 제2공화국 당시에는 헌법상 대통령이 국무원 등이 속하는 정부에 속하지 않고 별도의 장이 대통령의 지위와 권한에 대해 규정하고 있었다. 제3공화국 헌법에서는 대통령, 국무총리·국무위원을 모두 합쳐 정부의 절에 두면서 국무총리·국무위원을 대통령과 분리하여 '국무회의'에서 규정하고 있었다. 제4공화국 유신헌법에서는 대통령이 절대적이라고까지 불렸던 권위주의시기로서 헌법에서 대통령은 '정부'와는 별개의 장에 규정되었고 '정부'에는 국무총리·국무위원만이 해당되었다. 대통령은 국회, 정부, 법원 모두 위에 군림한다는 관념이었다. 제5공화국에 들어와서 비로소 처음으로 '행정부'라는 용어가 헌법전에 등장하고 '행정부'에는 국무총리·국무위원이 해당되고 그 '행정부'와 대통령을 합쳐 '정부'라는 장을 두고 있었다. 현행 헌법도 그대로 이어받았다.

요컨대 대통령을 제외하고 국무총리·국무위원으로 구성되는 부분을 '행정부'라고 부르고 대통령까지 포함하여 '정부'라고 부르려는 것이 우리 헌법의 의도이다.

2. 행정부의 성격

(1) 정부형태별 고찰

대통령제에서의 행정부란 대통령제가 일원적인 정부형태라는 점에서는 대통령을 정점으로 하여 정부가 곧 행정부라고 할 것이고 국무회의는 실질적으로 의결권이 없고 대통령의 자문기관이라고 할 것이다.

의원내각제에서는 국무총리(수상)와 국무위원들이 정부이자 행정부를 이루고 그들 간의 연대가 중요하다. 우리나라의 제2공화국에서도 국무원이 대통령은 제외하고 연대적 합의체로 규정되고 있었고 정부를 이루고 있었다.

혼합정부제에서는 그 의원내각제적 요소로 국무총리(수상)와 국무위원으로 이루어지는 행정부가 연대적으로 결속되고 있다. 행정부의 합의를 도출하는 국무회의에 대통령이 간여한다. 혼합정부제는 의원내각제와 대통령제가 혼합된 것으로서 대통령의 권한이 의원내각제와 비교하여 상당히 실질적이기 때문이다. 혼합정부제의 전형인 프랑스를 보면 헌법이 대통령에 대해 정부의 장과는 별도로 규정하고 있으면서 정부(Gouvernement)의 장에는 국무총리, 국무위원을 규정하고 있는데 그러면서도 대통령이 국무회의를 주재한다.

(2) 우리 헌법의 경우

현행 우리의 정부형태가 대통령제라고 하여 현행 헌법하의 행정부를 대통령제하에서의 내각 정도라고 보아 그 위상이 약하다고만 볼 것은 아니다. 국무회의가 대통령제하에서 단순한 자문기관이라고 보는데 우리의 경우 국무회의가 필수적인 심의기관이기 때문이다. 헌정에서 대통령의 권한에 복속되는 것은 현실의 문제이고 현행 헌법전의 법리적 해석은 그러하다는 것이다. 국무회의가 필수적 심의기관이라는 점에서는 국무회의가 의원내각제적 요소로서 우리 정부형태에 의원내각제가 다소 가미된 행정부형이라 할 것이고 대통령이 국무회의의 의장이 되고 대통령을 포함하여 정부를 구성한다는 점에서 다소 혼합정부제적 성격도 띠는 행정부형이라고 할 것이다. 그러나 의원내각제하의 행정부에 비해서는 물론이고 혼합정부제하의 행정부보다도 권한이 약하고 그 연대성도 약하다고 볼 것이다. 물론 헌정현실에서 내각의 실질적 권한부여, 그 부여에 따른 책임부과 등이 이루어진다면 긍정적이라고 할 것이다.

시기	구성기관 / 기관	대통령	국무총리·국무위원
제1공화국	정부	○	○ (제2차개헌헌법에서는 국무총리제 폐지됨)
	행정부	용어없음	용어없음

	국무원	○	○
	국무회의	○	○
제2공화국	정부	대통령은 별도의 장	○
	행정부	용어없음	용어없음
	국무원	×	○
	국무회의	×	○
제3공화국	정부	○	○ ('국무총리 · 국무위원'이란 부분이 없고 국무회의라는 이름하에 국무총리 · 국무위원을 포함하고 '국무회의'가 정부에 포함되게 규정).
	행정부	용어없음	용어없음
	국무원	용어없음	용어없음
	국무회의	○	○
제4공화국	정부	대통령은 별도의 장	○
	행정부	용어없음	용어없음
	국무원	용어없음	용어없음
	국무회의	○	○
제5공화국	정부	○	○
	행정부	×	○
	국무원	용어없음	용어없음
	국무회의	○	○
제6공화국	정부	○	○
	행정부	×	○
	국누원	용어없음	용어없음
	국무회의	○	○

▌ 헌법전의 행정부 관련 구성과 명칭의 변화

시기	용어존재 여부	구성
제1공화국	○	대통령 + 국무총리 · 국무위원(2차개헌헌법 때에는 국무총리제 없앰)
제2공화국	○	국무총리 · 국무위원(대통령은 별도의 장)
제3공화국	○	대통령 + 국무회의(국무총리 · 국무위원)
제4공화국	○	국무총리 · 국무위원(대통령은 별도의 장)
제5공화국	○	대통령 + 국무총리 · 국무위원
제6공화국	○	대통령 + 국무총리 · 국무위원

▌ 헌법전의 '정부'의 구성 변화

Ⅱ. 국무총리

1. 국무총리의 헌법상 지위와 신분

(1) 국무총리의 헌법상 지위

1) 정부형태 및 연혁적 관점에서의 지위 분석

(가) 정부형태에 따른 비교법적 고찰

① 의원내각제의 경우 – 의원내각제하의 국무총리는 일반적으로 수상으로 일컬어지거나 변역되어 불리고 정부의 수반으로서 실질적인 집행권을 보유하며 내각을 구성할 권한(조각권)과 내각구성원(국무위원)들에 대한 통할권을 가진다. 국무위원들도 각 소관 부에 속한 권한을 행사하되 수상이 국정주도권을 가진다. 내각불신임이 내각의 총사퇴를 가져오듯 국무위원들 간에 연대성을 가진다. ② 대통령제의 경우 – 대통령제하에서는 국무총리제가 없고 부통령제를 두는 것이 일반적이고 부통령제가 있고 국무총리제가 예외적인 제도인데 국무총리제를 두더라도 대통령제의 일원적 구조를 생각하면 국무총리는 대통령의 보좌기관으로서의 역할을 주로 하게 되고 의원내각제의 국무총리(수상)에 비해 실질적인 권한이 약하다. 국무총리는 단독으로 국무위원들을 통할하거나 국정을 주도적으로 이끄는 것이 아니고 국무위원들도 대통령의 보좌기관이며 국무위원들 간의 연대성을 인정하기 어렵다. ③ 혼합정부제 – 혼합정부제에서의 국무총리는 상당한 실권을 가진다. 의원내각제적 요소가 혼합되어 있기 때문이다. 그런데 이 혼합으로 인해 내각불신임제가 있으므로 국무총리는 국회에 대해 책임을 지고 아울러 자신을 임명한 대통령에 대해서도 책임을 지게 되는 이중적 신임관계이다. 대통령제도 혼합되어 대통령의 권한이 실질적이어서 행정권을 대통령과 분할하여 보유하기도 한다. 여하튼 혼합정부제에서 국무총리는 대통령제에서의 부통령이나 국무총리에 비해 권한이 실질적이나 의원내각제의 수상에 비해 권한이 약화되어 있다.

(나) 우리나라의 국무총리의 헌법상 지위의 연혁

① **제1공화국** 　우리나라는 제헌헌법에서부터 국무총리제도를 두고 있었다. 제헌헌법은 부통령제를 두었으면서도 국무총리제를 두었는데 국회의 승인을 얻어 대통령이 국무총리를 임명하였다. 부통령은 대통령이 사고로 인하여 직무를 수행할 수 없을 때 권한대행을 하고 탄핵재판소의 재판장의 직무를 행하며, 헌법위원회의 위원장의 지위를 가지고 있었다. 국무총리는 부통령 다음의 대통령권한대행자였고, 대통령의 모든 국무에 관한 행위에 대한 부서권을 가지며, 대통령을 보좌하며 국무회의의 부의장이 되며, 국무총리대통령의 명을 승하여 행정각부장관을 통리감독하며 행정각부에 분담되지 아니한 행정사무를 담임하며, 그 담임한 직무에 관하여 직권 또는 특별한 위임에 의하여 총리령을 발할 수 있었다. 국무총리는 국회에 출석·답변

할 의무를 지고 있어 의원내각제적 요소를 다소 가미하고 있었다.

제1공화국 제2차개헌(1954년)에서는 국무총리제를 폐지하였다.

② **제2공화국** 국무총리가 내각의 수반으로서 실질적으로 권한을 가지고 있었고 국회에 대하여 의원내각제하의 수상 내지 총리와 같은 수준의 책임을 지고 있었던 시기가 바로 의원내각제를 채택하고 있었던 제2공화국이었다. 국무총리는 행정권이 속하는 내각인 국무원을 대표하여 의안을 국회에 제출하고 행정각부를 지휘감독하고, 국무회의를 소집하고 의장이 되며, 국무총리는 법률에서 일정한 범위를 정하여 위임을 받은 사항과 법률을 실시하기 위하여 필요한 사항에 관하여 국무회의의 의결을 거쳐 국무원령을 발할 수 있었다. 국무원은 민의원에 대하여 연대책임을 지고, 국무총리는 국회출석·답변의무와 권한을 가지고 있어 전형적인 의원내각제의 수상이나 총리의 지위를 가졌다.

③ **제3공화국** 제3공화국에서는 대통령제를 중심으로 하는 정부형태이면서도 부통령을 두지 않고 대통령에 대한 보좌기관으로서 국무총리를 두고 있었다. 국무총리는 대통령을 보좌하고 국무회의의 부의장이 되며 대통령의 명을 받아 행정각부를 통할하고 총리령을 발할 권한을 가지고 대통령권한대행권, 대통령의 국법상 행위에 대한 부서권 등을 가졌다. 국무총리는 국회에 해임건의대상으로서 그리고 국회의 출석·답변의무를 가져 국회에 대한 책임을 지는 지위에 있었다. 국회는 국무총리의 해임을 대통령에게 건의할 수 있고 재적의원 과반수의 찬성으로 건의가 있을 때에는 대통령은 특별한 사유가 없는 한 이에 응하여야 하였다.

④ **제4, 5공화국** 제4공화국과 제5공화국에서도 국무총리는 대통령을 보좌하고 국무회의의 부의장이 되며 대통령권한대행권, 대통령의 국법상 행위에 대한 부서권을 가지며, 대통령의 명을 받아 행정각부를 통할하고 총리령을 발할 권한을 가지는 등 제3공화국에서와 비슷한 지위와 권한을 가졌다. 국회에 대한 관계에서 출석·답변의무를 가지고, 국회에 대한 책임제도로 국회는 국무총리에 대한 해임의결권을 가지고 있었는데, 제3공화국의 국무총리해임건의권과의 차이점은 제4, 5공화국에서는 국무총리에 대한 해임의결이 있는 경우에 모든 국무위원이 해임되도록 연대책임제를 두고 있었다는 점이다.

(다) 우리 현행 헌법의 정부형태에서의 국무총리의 지위

우리 현행 헌법은 대통령제를 주로 채택하였다고 평가되므로 위에서 대통령제에서의 국무총리를 언급한 정도의 지위를 가질 것이다. 그러나 완전히 전형적인 대통령제하에서의 국무총리가 아니라 의원내각제적 요소가 가미된 정부에서의 국무총리이다. 그렇긴 하나 혼합정부제에서의 국무총리에 비해 권한이 강하지는 않다. 연혁적으로 볼 때 제2공화국의 의원내각제에서의 국무총리가 가장 강한 실권을 보유하고 있었다고 할 것이고 대통령의 권한이 강한 권위주의정부였던 제4, 5공화국에서나 현재에서나 국무총리는 그 권한에 있어서 크게 차이가 나지는 않았다.

위와 같은 정부형태적, 연혁적 분석에서 국무총리의 지위의 전반적인 모습을 염두에 두고 아래에 그 지위를 구체적으로 고찰해 보자.

2) 우리나라 현행헌법상의 국무총리의 지위

(가) 대통령의 보좌기관으로서의 지위

국무총리는 대통령을 보좌하며, 행정에 관하여 대통령의 명을 받아 행정각부를 통할한다(제86조 2항). 의원내각제하의 수상이 국가의사를 주도적으로 설정하고 추진하는 것과 달리 대통령제를 주축으로 하고 있는 우리 정부형태에서는 국무총리가 대통령의 보좌기관의 지위에 있다. 판례도 같은 취지의 입장이다.

▮ [주요사항] : 국무총리의 헌법상 지위 = 대통령의 보좌기관, 정부의 제2인자

판례 정부조직법 제14조 제1항 등의 위헌여부에 관한 헌법소원, 헌재 1994.4.28. 89헌마221, 판례집 6-1, 239면 이하

[관련판시] 국무총리에 관한 헌법상 위의 제규정을 종합하면 국무총리의 지위가 대통령의 권한행사에 다소의 견제적 기능을 할 수 있다고 보여지는 것이 있기는 하나, 우리 헌법이 대통령중심제의 정부형태를 취하면서도 국무총리제도를 두게 된 주된 이유가 부통령제를 두지 않았기 때문에 대통령 유고시의 그 권한대행자가 필요하고 또 대통령제의 기능과 능률을 높이기 위하여 대통령을 보좌하고 그 의견을 받들어 정부를 통할·조정하는 보좌기관이 필요하다는 데에 있었던 점과 대통령에게 법적 제한없이 국무총리해임권이 있는 점(헌법 제78조, 제86조 1항 참조) 등을 고려하여 총체적으로 보면, 내각책임제 밑에서의 행정권이 수상에게 귀속되는 것과는 달리 우리나라의 행정권은 헌법상 대통령에게 귀속되고, 국무총리는 단지 대통령의 첫째가는 보좌기관으로서 행정에 관하여 독자적인 권한을 가지지 못하고 대통령의 명을 받아 행정각부를 통할하는 기관으로서의 지위만을 가지며, 행정권 행사에 대한 최후의 결정권자는 대통령이라고 해석하는 것이 타당하다.

(나) 정부의 제2위적 지위

국무총리는 정부에서 대통령 다음 가는 서열에 위치하며 다른 국무위원들보다 상위에 위치하여 정부에서의 제2인자적인 지위를 가진다. 이 지위는 위에서 본 보좌기관으로서의 지위, 아래에서 보는 국무회의 부의장 지위의 결과이기도 하다. 아래에서 보는 행정각부 통할권자로서의 지위도 독자적인 통할권자가 아닌 대통령의 명을 받아 통할하는 권한을 가진다는 점에서 제2위적인 지위를 역시 보여준다.

(다) 중앙행정관청으로서의 지위

국무총리도 정부조직상 중앙행정관청들 중의 하나이다. 행정각부의 장도 중앙행정관청인데 국무총리가 더 우위에 있는 중앙행정관청이라고 할 것이나 여하튼 i) 국무총리도 중앙행정관청의 하나로서[1)] 행정을 관할한다. ii) 국무총리는 독임제 행정관청이다. iii) 국무

---

1) 정부조직법은 "중앙행정기관은 이 법에 따라 설치된 부·처·청과 다음 각 호의 행정기관으로 하되, 중앙행정기관은 이 법 및 다음 각 호의 법률에 따르지 아니하고는 설치할 수 없다"라고 규정하여(동법 제2조 2항) 국무

총리의 주 임무가 국정을 통할·조정하는 것이므로 중앙행정관청으로서의 국무총리는 사실 아래에서 살펴볼 통할·조정자적 지위에서 일반행정에 대한 통할·조정의 임무를 수행한다(아래 '(라) 참조). iv) 국무총리는 대통령의 명을 받아 각 중앙행정기관의 장을 지휘·감독한다(아래 (라) 참조).

(라) 행정각부 통할권자·조정권자·지휘·감독자로서의 지위

국무총리는 행정에 관하여 대통령의 명을 받아 행정각부를 통할하는(제86조 2항) 지위를 가진다. 이 지위는 대통령의 명을 받는 한계를 가진다. 또 판례는 헌법 제96조에 따라 법률로 정하는 행정각부만이 통할대상이 된다고 보는데 이에 대해서는 논란이 없지 않다(이에 대해서는 후술 국무총리의 권한 부분 참조). 중앙행정기관의 행정의 지휘·감독, 정책 조정 및 사회위험·갈등의 관리, 정부업무평가 및 규제개혁에 관하여 국무총리를 보좌하기 위하여 국무총리 산하에 국무조정실을 두고 있다(동법 제20조 1항).

국무총리 소속 하에는 특정한 국가업무나 여러 부서가 관련되는 국가업무를 수행하는 기관들이 있다. 예를 들어 인사혁신처, 법제처, 국가보훈처, 식품의약품안전처, 공정거래위원회, 금융위원회, 국민권익위원회, 원자력안전위원회 등이 그것이다. 이 '처'들과 위원회들은 특화된 임무를 수행하기도 하나(예를 들어 금융관련 임무를 위한 금융위원회) 여러 부서가 관련되어 국무조정의 필요가 있는 성격의 국가업무를 다루는(예를 들어 법제처는 행정각부인 행정안전부와 법무부, 국토교통부 등 여러 부가 관련되는 법령을 심사하고 식품의약품안전처는 전문성이 요구되는 식품의약품안전에 관한 업무를 관장하기도 하지만 농림축산식품부, 보건복지부 등 여러 부가 관련되는 업무이기도 하다) 처라서 국무총리 소속에 둘 필요가 있는 것이기도 하다.

* 제헌헌법에서는 "국무총리는 대통령의 명을 승하여 행정각부장관을 통리감독하며 행정각부에 분담되지 아니한 행정사무를 담임한다"라고 규정하여(동헌법 제73조 2항) 행정각부 외 사무에 대한 국무총리 소관을 헌법이 직접 명시하고 있었다.

국무총리는 대통령의 명을 받아 각 중앙행정기관의 장을 지휘·감독하고 중앙행정기관의 장의 명령이나 처분이 위법 또는 부당하다고 인정될 경우에는 대통령의 승인을 받아 이를 중지 또는 취소할 수 있다(정부조직법 제18조).

(마) 국무회의부의장으로서의 지위

국무총리는 국무회의의 구성원이자 부의장으로서의 지위를 가진다(제88조 3항). 국무총리는 부의장으로서 의장인 대통령이 사고로 인하여 직무를 행할 수 없을 때에는 의장의 직무를 대행한다(정부조직법 제12조 2항). 그러나 심의권의 행사에 있어서 다른 국무위원과 동등하다.

총리를 '중앙행정기관'이라고 분류하지는 않고 있다.

(바) 다른 국무위원에 우월하는 지위

국무총리는 행정에 관하여 대통령의 명을 받기는 하나 행정각부를 통할하는 권한을 가지므로(제86조 2항) 행정에 관하여 다른 국무위원들에 우월하는 지위를 가진다. 국무총리도 국무회의를 다른 국무위원들과 더불어 구성하는 동료이나 동료들 중에 가장 우월한 지위를 가진다.(interum paretus). 국무총리는 대통령의 명을 받아 다른 각 중앙행정기관의 장을 지휘·감독하는 권한을 가지고, 중앙행정기관들 간의 정책을 조정하는 역할을 수행하기도 한다.

(사) 대통령 권한대행 제1순위권자로서의 지위

국무총리는 대통령이 궐위되거나 사고로 인하여 직무를 수행할 수 없을 때에 그 권한을 대행할 제1순위자로서의 지위를 가진다(제71조).

(아) 실질적 기관으로서의 변화가능성

사실 대통령이 모든 국사를 일일이 세부사항까지 챙길 수 없으므로 국무총리를 중심으로 국무위원들에게 이를 맡길 수 있다. 또는 특정한 중요영역의 국가경영을 국무총리에게 전담시킬 수도 있다. 이러한 경우 국무총리의 역할이 중요하고 실질적 의사결정기관으로 활동할 여지가 있다.

* 이중적 신임기관성 ? – 교과서 중에는 국무총리가 임명권자인 대통령의 신임에 기초할 뿐 아니라 국회의 해임건의대상이어서 국회의 신임을 얻어야 하는 이중적 신임의 지위에 있다고 하는 견해(성낙인(2013), 597면)가 있다. 그러나 대통령은 언제든 국무총리를 해임할 수 있다는 점과 우리의 정부형태가 대통령제적이라는 점에서는 법리적 측면에서 보더라도 균형상 정도를 넘어선 주관적 주장이라고 할 것이다.

(2) 국무총리의 신분상 지위

1) 선임

(가) 국회동의 등

국무총리는 국회의 동의를 얻어 대통령이 임명한다(제86조 1항). 임명에 국회의 동의를 받도록 한 것은 우리 헌법에 있어서 의원내각제적 성격의 요소라고 한다. 의원내각제에서 수상이 국회에서 선임되나 의회의원총선에서 다수당이 된 정당의 대표가 수상으로 선임되므로 실질적인 직선인 것인 점을[1] 두고 비교하여 보면 우리의 경우 국회동의를 요하는 것이라고 하더라도 그것은 국민적 정당성 측면에 있어서 약한 의원내각제적 요소라고 할 것이다.

* 국무총리 국회임명동의의 연혁 : 제2차 개헌헌법에서는 국무총리제를 폐지하였으므로 국회동의제가 당연히 없었고, 제3공화국 헌법하에서는 국회동의 없이 대통령이 임명하도록 하였음.

---

1) 수상이 국민으로부터 직선되는 이스라엘과 같은 경우도 있다.

시기(공화국)	당시헌법 조문
제1공화국	국무총리는 대통령이 임명하고 국회의 승인을 얻어야 한다. * 제2차개헌(1954년)에서는 국무총리제를 폐지
제2공화국	국무총리는 대통령이 지명하여 민의원의 동의를 얻어야 한다.
제3공화국	국무총리는 대통령이 임명하고 * 국회동의제도 없었음.
제4공화국	국무총리는 국회의 동의를 얻어 대통령이 임명한다.
제5, 6공화국	제4공화국 조문과 동일함

▌국무총리 임명 국회동의제의 변천

(나) 서리 문제

가) 문제제기

국회의 동의를 받지 않아 정식으로 국무총리를 임명하지 못하고 임시적으로 '서리'(署理)라는 명칭으로 임명하여 국무총리로서의 권한을 행사하도록 하는 것이 헌법상 허용되는 것인지가 논란되어 왔다. 서리를 임명했던 예들이 제1공화국 때부터 더러 있었다. 국회의 선(先) 동의를 요하는 것은 제1공화국 헌법에서부터 그러하였다. '서리'의 의미가 명확하지 않은 점부터 문제가 된다.

나) 견해대립

다음과 같은 견해들이 있을 수 있다. ⅰ) 합헌설 – ① 헌법 제86조 제1항은 국무총리의 임명과정에 있어서 국회의 동의를 받지 않은 상태에 나타날 국정의 공백에 대해 아무런 규정을 두고 있지 않으므로 헌법의 합리적인 해석의 범위 내에서 서리제도를 둘 수 있다고 볼 것이다. ② 제1공화국헌법하에서부터 국무총리 서리가 관행적으로 임명된 바 있었다. ⅱ) 위헌설 – ① 서리제도에 대해서 헌법이 규정하고 있지 않다. ② 헌법 제86조 제1항이 "국무총리는 국회의 동의를 얻어 대통령이 임명한다"라고 규정한 문언은 국회의 동의를 먼저 얻어야 한다는 것을 뜻하는 것은 분명하므로 국회의 동의를 받지 않은 국무총리의 서리는 헌법적으로 인정할 수 없다. ③ 국회의 동의는 단순한 승인이 아니라 국무총리 임명에 국회도 공동으로 참여하여야 한다는 것을 의미하므로 국무총리 임명에 있어 본질적 요건이므로 국무총리 '서리'라는 이름으로 임명하였더라도 국회동의가 없었으면 위헌인 점은 그대로이다. ④ 국회의 임명동의가 권력분립원칙상 정부에 대한 국회의 통제라는 점에서 이를 피해가려는 서리제도는 위헌이다. ⑤ 국무총리가 없어 국정공백이 발생할 것을 대비하여 정부조직법 제22조는 직무대행을 인정하고 있으므로 서리를 임명할 것이 아니라 직무대행을 하도록 하면 되므로 그 논거는 이유가 없다. ⑥ 지난 시절의 국무총리 서리 임명은 위헌인 그릇된 관행이었다. ⅲ) 중간설 – 서리 제도가 원칙적으로는 위헌이나 다음의 경우에는 합헌이라고 보는 중간설 내지 예외적인 합헌견해도 있을 수 있다. ① 정부조직법 제22조는 직무대행의 경우를 '사고'의 경우만 명시하고 있으므로 '궐위'가 '사고' 속에 포함되지 않는다고 본다면 '궐위'의 경우에는 서리임명이 가능하다고 본다. ② 새로운 정부가 구성되기 위해서나 기존 정부라도 도중에 국무총리 및 내각이 총사퇴한 경우에 국회가 후임 국무총리에 대한 임명동의를 하지 않고 장기간 방치하거나 할 수 없는 상황인 경우 등에는 국정공백을 막는 내각구성을 위하여 후임 국무총리가 국회동의를 받아 정식 임명되기 전까지 서리제도가 필요하다.

다) 사견

생각건대 i) '서리'란 '대행과' 차이가 있다. 대행은 국무총리 직무의 수행이 이루어지지 못하게 된 경우에 그 하위 서열의 국무위원이 대신 그 직무를 수행할 경우이다. 예를 들어 경제부총리가 경제부총리라는 직함을 그대로 쓰면서 국무총리의 직무를 대신하는 것이다. '서리'란 기존의 국무총리가 더 이상 국무총리가 아니거나 직무복귀 불능일 경우에 새로운 국무총리를 임명하고자 하는 상황에서 임시적으로 국무총리의 직무를 수행하는 직위를 의미한다. 예를 들어 경제부총리로서 국무총리 직무를 대행하는 경우 경제부총리를 '서리'라고 하지는 않는 것이다. 국어사전에서의 정의를 보면 '서리'란 "조직에서 결원이 생겼을 때, 그 직무를 대리함. 또는 그런 사람"이라고 하고 '대행'이란 "남을 대신하여 어떤 권한이나 직무를 행하는 사람"이라고 한다. 이 정의를 두고 보면 '서리'는 결원을 전제로 하는 것이고 그 직에 정식으로 임명된 사람이 없는 경우로 한정되고 '대행'은 그 직에 있는 사람이 결원되었는지보다는 직무를 대신한다는 점에 주안이 있는 의미라고 할 것이다. '서리'란 직무대행자에게 붙여지는 명칭이 아니고 새로운 사람으로 하여금 그 직을 수행하게 하고자 하나 임명과정 중에 있는 상황이어서 임시적으로 붙여지는 명칭이라고 할 것이다. 국무총리가 정부의 2인자로서 대통령 보좌기관이라고 하더라도 대통령이 모든 국정을 직접 집행할 수 없고 국무총리의 역할이 실질적으로 중요하다면 국무총리 서리제도는 헌법이 그것을 인정하는 경우에만 가능하다고 볼 것이다. ii) 국무총리 서리제도는 국무총리 임명에 대한 권력분립적 견제라는 국회의 권한을 형해화하게 된다. iii) 관례라는 견해는 헌법의 명문이 있음에도 이를 무시하여서는 아니 된다. iv) 국무총리에 대한 임명동의가 사전동의라는 점에서 서리제도는 헌법에 부합되지 않고 이 점에서 국무총리의 사퇴나 해임은 후임 국무총리의 임명이 국회의 동의를 받을 때까지 유보되는 것이 헌법제정자의 의도에 부합된다.

라) 판례

국무총리서리제가 헌법적 쟁점으로 논란된 예는 김대중 정부 출범 초기에 국무총리의 임명동의에 대한 표결절차가 여야 간 대립으로 중단되었고 임명동의안이 표결되지 못하자 대통령이 국무총리서리로 임명한 사건을 두고 이는 국회의원의 권한을 침해한 것이라는 주장의 권한쟁의심판사건이 청구되었고 각하로 결정된 아래의 결정이 그것이다.

판례 헌재 1998.7.14. 98헌라1, 판례집 10-2, 1면 이하

위 결정에 대해 아래와 심판대상, 결정요지 등에 대해 서술한다.

이 사건 심판의 대상은 (1) 피청구인이 1998.3. 3. 국회의 동의를 받지 아니하고 김종필을 국무총리서리로 임명한 이 사건 임명처분이, 주위적으로, 국회 또는 국회의원인 청구인들의 국무총리 임명에 관한 동의권한을 침해하였는지 여부, (2) 만약 그렇지 않다면, 예비적으로, 이 사건 임명처분이 청구인들의 국무총리 임명동의안에 관한 심의·표결권한을 침해하였는지 여부 및 (3) 그로 인하여 이 사건 임명처분이 무효인지 여부이다. 절차법적인 쟁점이 된 것은 ① 청구인들이 국회의원으로서 청구할 능력(적격)이 있는지 여부(이 쟁점은 다시 국회의원이 권한쟁의심판을 청구할 능력이 있는지 하는 문제와 임명동의권이 국회 자체의 권한인지 아니면 국회의원의 권한인지 하는 문제로 나누어짐), ② 청구인은 야당의원들이나 다수파를 이루고 있어 국회에서 표결(다수결)로 해결할 수 있고 그럼에도 권한쟁의심판을 청구할 이익이 있는 것인지 여부(권리보호이익의 문제) 등이었다(이 절차법적 쟁점은 저자가 정리한 것임).

헌재는 청구를 각하하여 본안문제의 판단으로 들어가지 않았다. 이 각하결정에서 1인의 재판관이 주위적 청구에 대해서는 임명동의권은 국회 자체의 권한인데 국회의원이 청구한 심판은 제3자소송이라는 이유로, 예비적 청구에 대해서는 국회의원이 심의·표결권한을 행사하는 것은 국회의원들 상호간 또는 국회의원과 국회의장 사이에서만 직접적인 법적 연관성을 가질 뿐, 국회의원과 대통령 등 국회 이외의 다른 국가기관과 사이에서는 아무런 직접적인 법적 연관성을 가지지 아니하므로 청구인들의 심의·표결권한의 행사를 불가능하게 하거나 방해함으로써 그 권한을 침해할 가능성이 있다고 볼 수 없다는 이유로 각하하여야 한다는 의견을 내었다. 2인의 재판관은 국회의원이 권한쟁의심판을 청구할 수 있는 국가기관이 아니라는 이유로 각하의견을 내었다. 2인의 재판관은 국회가 임명동의안을 처리해 주지 아니한 특별한 사정이 있는 경우에 국무총리서리를 임명한 것은 국회가 임명동의안을 의결할 때까지 한시적으로 국무총리 직무대행자를 임명한 것에 불과하다고 할 것이므로 국회의 국무총리 임명동의권이나 그 임명동의안에 관한 청구인들의 심의·표결권을 침해하였거나 침해할 현저한 위험이 있는 경우에 해당한다고 볼 수 없고, 청구인들이 국회의 다수당 소속 국회의원들로서 그들만으로도 국무총리 임명동의안에 대한 가부를 결정하여 분쟁을 스스로 해결할 수 있는 방법이 있음에도 불구하고, 그 동의안에 대한 의결절차를 마치지도 아니한 채 미리 헌법재판소에 권한쟁의 심판을 청구한 것이므로 권리보호이익이 없다는, 즉 권한쟁의심판으로 구제가 될 성질의 것이 아니라는 이유로, 각 각하결정을 하여야 한다고 보았다. 결국 각하의견이 5인의견 다수의견이었고 이에 따라 각하결정이 된 것이다.

본안판단까지 행한 4인의 재판관들 중 3인은 국회의 동의는 국무총리 임명에 있어 불가

결한 본질적 요건으로서 국무총리 "서리"라는 이름으로 임명하였다고 하여 달라지는 것이 아니며 정부조직법의 대행사유인 "사고"에 "궐위"를 포괄하는 넓은 개념으로 해석하는 것이 타당하고 국무총리 직무대행자를 지명함으로써 국정공백을 방지할 수도 있었는데 헌법상, 법률상의 근거가 전혀 없는 국무총리서리를 임명하였으므로 이를 국정공백의 방지라는 명분으로 정당화할 수 없다고 하여 서리제도가 위헌이라고 보았다. 반면 1인 재판관은 국무총리서리 임명이 헌법에 합치되는지 여부는 해석에 의하여 가려볼 수밖에 없는데 대통령의 국무총리서리 임명행위는 헌법 제86조 제1항의 흠을 보충하는 합리적인 해석범위 내의 행위이므로 헌법상의 정당성이 있고 정부조직법은 국무총리가 '사고'로 직무를 수행할 수 없는 경우에 직무대행을 하는 규정을 두고 있을 뿐, '궐위'된 경우에 관한 규정은 없는바 신임 대통령의 취임으로 국무총리와 국무위원은 모두 사직서를 제출한 상태이고 국회는 국무총리 임명동의안을 처리하지 못하고 있는 경우에 사직서를 제출한 종전의 국무총리가 총리의 직무를 수행하거나 국무위원이 그 직무를 대행하여야만 헌법과 정부조직법의 관계조항에 부합한다는 견해는 현실과 실질적인 면을 도외시한 것으로서 서리제도는 합헌이라고 보았다.[1)]

마) 판례에 대한 비평

그러나 임명동의권이 국회 자체의 권한이라 할지라도 그 권한의 행사를 위한 국회의원의 권한행사가 침해될 수도 있다는 사실을 무시한 점, 국회에서의 표결이 불가능하여 헌법재판을 청구한 것인데 국회에서의 처리가능성을 들었다는 점, 국회의원도 국가기관이므로 권한쟁의심판을 청구할 수 있다는 점 등에서 수긍하기 힘든 각하결정이었다. 제3자소송이론에 대해서는

---

1) [재판관 김문희, 재판관 이재화, 재판관 한대현의 위헌의견] : 국회의 동의는 국무총리 임명에 있어 불가결한 본질적 요건으로서 대통령이 국회의 동의 없이 국무총리를 임명하였다면 그 임명행위는 명백히 헌법에 위배되고, 이러한 법리는 국무총리 대신 국무총리"서리"라는 이름으로 임명하였다고 하여 달라지는 것이 아니며 정부조직법 제23조는 국무총리가 "사고"로 인하여 직무를 수행할 수 없을 때 직무대행자가 국무총리의 직무를 대행하도록 하고 있는데, 여기서의 "사고"는 국무총리가 직무를 행할 수 없는 일반적인 경우 즉, "사고"와 "궐위"를 포괄하는 넓은 개념으로 해석하는 것이 타당하다. 이 사건의 경우 국무총리의 사퇴로 인하여 국무총리의 직무를 수행할 사람이 없어 국정공백이 우려되었다면 정부조직법에 따라 국무총리 직무대행자를 지명함으로써 이 사건 임명동의안의 처리시까지 국정공백을 방지할 수도 있었다. 이와 같이 국무총리 직무대행체제가 법적으로 완비되어 있어 헌법에 위반함이 없이도 국정공백을 방지할 수 있음에도 불구하고 헌법상, 법률상의 근거가 전혀 없는 국무총리서리를 임명하였으므로 이를 국정공백의 방지라는 명분으로 정당화할 수 없다. [재판관 이영모의 합헌의견] 1. 국무총리의 궐위는 대통령으로 하여금 새 행정부 구성을 할 수 없게 하고 있는데도 헌법은 궐위된 국무총리의 직무를 누가, 어떤 방법으로 수행하는지에 관하여 아무런 규정을 하지 않고 있다. 이러한 헌법규정의 흠 때문에 대통령의 국무총리서리 임명이 헌법에 합치되는지 여부는 해석에 의하여 가려볼 수밖에 없다. 그런데 이 사건의 경우와 같은 조건을 갖춘 특수한 경우에 한하여 대통령은 국무총리 임명동의안을 국회가 표결할 때까지 예외적으로 서리를 임명하여 총리직을 수행하게 할 수 있고, 대통령의 이 국무총리서리 임명행위는 헌법 제86조 제1항의 흠을 보충하는 합리적인 해석범위내의 행위이므로 헌법상의 정당성이 있다. 2.정부조직법 제23조에는 국무총리가 '사고'로 직무를 수행할 수 없는 경우에 직무대행을 하는 규정을 두고 있을 뿐, '궐위'된 경우에 관한 규정은 없다. 신임 대통령의 취임으로 국무총리와 국무위원은 모두 사직서를 제출한 상태이고 국회는 국무총리 임명동의안을 처리하지 못하고 있는 경우에 사직서를 제출한 종전의 국무총리가 총리의 직무를 수행하거나 국무위원이 그 직무를 대행하여야만 헌법과 정부조직법의 관계조항에 부합한다는 견해는, 현실과 실질적인 면을 도외시한 것이다.

다음과 같은 문제가 있다. 국회의 권한은 국회의장이 행사하는 경우도 있긴 하나 대부분 각 국회의원의 발의나 심의, 토론, 표결권의 행사의 결과로 나타나고 결국 국회의원의 권한에 의해 국회의 권한이 행사되는 것이므로 국무총리 임명 동의권이라는 국회의 권한도 결국 국회의원들의 권한행사로서 행사될 수 있다. 그렇다면 국회의원은 제3자가 아니다. 그 점에서 민사소송법의 제3자소송이론으로 갈 이유가 없다. 서리제도 자체의 위헌성 문제는 위에서 살펴보았다.

바) 내각 총사퇴 또는 신내각 구성시의 경우

국무총리 직무대행으로 가고 서리제도를 받아들일 수 없다고 할 때 내각이 총사퇴하고 국무총리 임명동의가 이루어지지 않고 있을 때 직무대행할 국무위원이 전혀 없으므로 이 경우에는 직무대행으로 해결이 안 된다. 이 문제는 정권이 교체되어 새로운 내각구성을 위하여 이전의 국무총리를 비롯한 모든 내각이 물러난 경우에도 나타난다. 바로 1998년의 김대중정부 출범 때 그러한 일이 실제로 나타났다. 신정부가 아닌 기존 정부의 국정운영 도중에 내각이 모두 물러나는 경우에는 대통령이 사표를 반려하여 새로운 국무총리와 내각이 구성될 때까지 직무를 수행하도록 하면 될 것이다. 사퇴의 원인이 국무총리나 국무위원 중 누구가 직무의 계속적 수행이 곤란한 경우라면 그 사람에 대한 직무대행으로 가면 될 것이다. 새로운 대통령의 취임으로 시작되는 신정부의 경우 이전 내각이 총사퇴할 것인데 교과서 중에는 "과도기적으로 사표를 낸 국무총리를 비롯한 내각이 재임할 수밖에 없다. 그러나 이 경우에도 … 변칙적이기는 하지만 퇴임할 국무총리가 대통령의 뜻에 따라 국무위원 및 행정각부의 장을 임명제청하고, 사임한 후에 정부조직법이 정한 순서에 따라 그 직무를 대행하면 된다. 이와 같은 문제를 최소화하기 위하여 '대통령직 인수에 관한 법률'에서는 대통령당선인이 국무총리후보자를 지명할 수 있도록 규정하고 있다"라고 하는 견해가 피력되고 있는 것이 있다(성낙인(2013), 602-603면). 그러나 국무총리가 국무위원 임명제청권을 가지는 이유가 국무위원을 통할할 국무총리와 앞으로 국정운영의 조화와 협력을 위한 것이라는 점도 있음을 감안하면 퇴임하여 앞으로 내각을 지휘하지 않을 사람이 제청을 한다는 것은 비논리적이고 헌법정신에 맞지 않다. '대통령직 인수에 관한 법률'의 국무총리후보자 인정은 국회 인사청문회 등의 시간을 당겨 국정공백을 메우겠다는 것이지[1] 후보자가 국회임명동의가 일정기간 없으며 당연히 국무총리로 임명되는 것도 아니므로 적절한 지적이 아니다. 결국 국회가 후임 국무총리의 임명동의절차를 신속한 시일 내에 마무리하도록 하여야 하고 그렇지 않을 경우에 퇴임할 국무총리가 내각구성에는 관여함이 없이 퇴임할 내각과 신내각이 구성될 때까지 현상유지적이고 일상적인 직무를 수행하게 할 수밖에 없다. 아니면 앞으로 국정운영을 공백을 메우기 위한 대비책으로 헌법개

1) 법제처 설명 참조("대통령당선인이 국회의장에게 국무총리후보자에 대한 인사청문회 실시를 요청할 수 있는 법률적 근거를 신설하고, 대통령직인수위원회의 설치 및 활동 등에 관하여 규정함으로써 정권교체기의 행정공백을 최소화하고 대통령직의 원활한 인수·인계가 되도록 하려는 것임").

정을 통해 서리제도를 헌법 자체에 규정하는 것이 필요하다. 현재 서리제도가 헌법에 규정이 없어 위헌이라는 것이지 헌법개정으로 서리제도를 받아들이는 것을 부정할 수는 없다. 또는 헌법개정에서 대통령이 지명한 국무총리후보자에 대한 동의표결이 조속한 일정기간 내에 이루어져야 함을 규정하고 그렇지 않은 경우에 후속절차를 규정해 두는 것이 필요하다.[1)]

2) 문민원칙

문민원칙이라 함은 관직에 임명될 사람은 군인이어서는 아니 되고 민간인이어야 한다는 원칙을 말한다. 현행 헌법은 국무총리에 대해서도 "군인은 현역을 면한 후가 아니면 국무총리로 임명될 수 없다"라고 규정하여(제86조 3항) 이 원칙을 적용하고 있다. 이러한 문민원칙은 제헌헌법에서부터 존재해 왔다. 군인은 현역을 면한 후가 아니면 국무총리 또는 국무위원에 임명될 수 없다(제헌헌법 제69조 4항). 이러한 문민원칙은 군국주의의 악몽을 생각하면 그것을 방지하기 위한 것이고 우리의 역사상 군인이 정치에 개입한 경험에 비추어 보면 헌법핵심적으로 중요한 원칙이라고 할 것이다. 또한 문민원칙은 국군의 "정치적 중립성은 준수된다"라고 명시하고 있는 헌법 제5조 제2항 후문에 따른 군의 정치적 중립성의 보장을 위한 수단으로서의 의미를 가진다.

3) 국회의원겸직

(가) 연혁

의원내각제의 정부형태를 취하였던 제2공화국에서는 헌법 자체가 국무총리와 국무위원의 과반수는 국회의원이어야 한다고(단, 민의원이 해산된 때에는 예외) 명시하여(제2공화국헌법 제69조 5항) 국무총리는 국회의원신분을 가질 것을 헌법 자체가 명백히 하였다. 반대로 제3공화국에서는 국회의원은 대통령·국무총리·국무위원·지방의회의원 기타 법률이 정하는 공사의 직을 겸할 수 없다고(제3공화국헌법 제39조) 규정하여 금지하고 있었다. 그러나 제3공화국 제6차 개헌헌법은 "국회의원은 법률이 정하는 공사의 직을 겸할 수 없다"라고만 규정하여 국무총리 등을 삭제하는 개정을 하였다(동헌법 제39조). 제4공화국헌법은 국무총리와 국회의원의 겸직을 명시적으로 금지하지 않고 "국회의원은 법률이 정하는 공사의 직을 겸할 수 없다"라고만 규정하였고(제4공화국 헌법 제78조) 제5공화국헌법은 '공사의'라는 말을 삭제한 채 "국회의원은 법률이 정하는 직을 겸할 수 없다"라고 규정하고(제5공화국 헌법 제79조) 있었다.

(나) 현행 헌법하의 상황

제6공화국 현행 헌법은 제5공화국 헌법과 같이 '공사의'란 말은 없이 "국회의원은 법률이 정하는 직을 겸할 수 없다"라고 규정하고 있다(제43조). 따라서 법률이 정하는 데 따라 국무총리는 국회의원의 겸직 가능 여부가 결정되게 규정하고 있다. 현행 국회법은 "의원은 국무총리

1) 의원내각제를 택하였던 시기이긴 하나 제2공화국 헌법에서는 대통령이 지명한 후보가 민의원에서 동의를 얻지 못하면 못한 날부터 5일 이내 재지명하지 않거나 2차에 걸쳐 민의원이 대통령의 지명에 동의를 하지 아니한 때에는 국무총리는 민의원에서 선거하도록 규정하고 있었다.

또는 국무위원의 직 이외의 다른 직을 겸할 수 없다"라고 하여(국회법 제29조 1항 본문) 국무총리와 국회의원 간의 겸직을 명시적으로 인정하고 있다.

(다) 검토

생각건대 국무총리는 국정전반의 중요행정을 통할하여야 하는 임무를 수행하고 있으므로 그 임무에 충실하도록 하기 위해서라도 국회의원이 국무총리로 임명된 이후에는 의원으로서의 직무는 수행할 수 없게 하고 국무총리로서 그 직무에 전념하도록 하는 것이 타당하다. 국무총리(국무위원도 마찬가지이다)와 국회의원의 겸직을 의원내각제의 요소로 강조되고 있으나 겸직가능의 의미가 국회의원 중에서 국무총리·국무위원이 선임된다는 것이고 이후 직무를 분리해서 활동하도록 할 수도 있는 것이다. 예를 들어 프랑스의 경우 의원내각제적 요소도 있는 나라인데 헌법은 정부 구성원으로서의 직무와 국회의원으로서의 직무는 양립이 불가하다고 못박고 있다(프랑스 헌법 제23조 1항).

4) 국무총리의 직무대행

국무총리가 사고로 직무를 수행할 수 없는 경우에는 기획재정부장관이 겸임하는 부총리, 교육부장관이 겸임하는 부총리의 순으로 직무를 대행하고, 국무총리와 부총리가 모두 사고로 직무를 수행할 수 없는 경우에는 대통령의 지명이 있으면 그 지명을 받은 국무위원이, 지명이 없는 경우에는 정부조직법 제26조 제1항에 규정된 순서에 따른 국무위원이 그 직무를 대행한다(정부조직법 제22조). '사고'의 개념이 문제된 바 있다. 즉 1998년 국무총리의 임명동의에 대한 표결절차가 여야간 대립으로 중단되었고 임명동의안이 표결되지 못하자 대통령이 국무총리서리로 임명한 사건을 두고 권한쟁의심판이 청구되었는데 이 사건에 대한 결정에서 헌법재판소의 3인 재판관의 의견은 정부조직법 위 규정의 '사고'를 일반적인 사고 외에 '궐위'를 포괄하는 넓은 개념으로 해석하여야 한다고 보고 따라서 궐위의 경우에도 직무대행이 가능하므로 서리를 임명하는 것은 위헌이라고 보았고 1인 소수의견은 '궐위'는 '사고'와 구별되고 궐위의 경우에 누가 국무총리의 직무를 수행하는지에 대해 헌법에 규정이 없는 흠이 있는데 헌법해석상 서리제도를 인정할 수 있다고 보았다.

5) 해임

임명에 국회의 동의가 있었으므로 해임에 국회의 동의가 필요하다고 볼지 모르나 대통령은 국회의 동의가 없더라도 해임할 수 있다고 본다.

6) 연대책임 문제

국무총리가 해임되거나 사퇴하는 등 국회와 국민에 대해 책임을 질 경우에 의원내각제국가에서는 국무위원들도 연대하여 책임을 지는, 즉 해임의 경우에 함께 물러나는 경우가 일반적이다. 우리나라의 경우 제1공화국 제1차개헌 헌법에서는 일반국무에 관하여는 연대책임, 각자의 행위에 관하여는 개별책임을 지도록 하고 있었고, 제2공화국에서는 국무총리, 국무위원이 민의원에 대한 연대책임을 지도록 하였으며, 제4공화국, 제5공화국에서는 국무총리에 대한 해임의결시 국무총리와 국무위원 전원을 해임하도록 하여 연대책임을 지도록 하고 있었다. 그러나 현행 우리 헌법은 연대책임을 규정하고 있지 않다. 이에 대해 연대책임을 긍정하는 입장과 부정하는 입장의 학설상 대립이 있을 수 있겠다. 현실적으로 총리의 사임이 국무위원의 동반사임을 가져오지는 않았다. 우리 정부형태가 의원내각제적인 요소가 있긴 하나 기본적 골조가 대통령제라는 점에서 부정설이 타당하다.

* 국무위원 전원이 아닌 제청했던 국무위원의 경우의 연대책임 여부 문제 – 국무총리가 해임되거나 스스로 사임한 경우에 국무위원 전원의 사임이 아니라 그 국무총리가 제청하여 임명된 국무위원 또는 행정각부의 장도 사임하여야 하는가 하는 문제를 제기하면서 이를 긍정하는 견해(성낙인(2013), 1154면. 이 견해는 국무위원 부분에 가서는 또 "국무총리에 대한 해임건의는 곧 내각 전체에 대한 해임건의로 보아야 한다"라고 하여(동 1167면) 혼선을 준다)도 있으나 역시 위에서 지적한 대로 우리나라에서 국무총리와 국무위원 간의 연대책임을 의원내각제에서처럼 강하게 인정하기는 어려우므로 이러한 경우에도 연대를 부정하는 것이 타당하다.

2. 국무총리의 권한

(1) 대통령권한대행권

대통령이 궐위되거나 사고로 인하여 직무를 수행할 수 없을 때에는 그 권한대행을 하는 제1순위기관이 국무총리이다(제71조). 국무총리가 제1순위 대통령 권한대행자가 되도록 한 것은 국무총리가 국민으로부터 직접 선출되지 않아 국민적 정당성이 문제된다는 취지의 반론도 제기되나 국회의 동의를 받아 임명된다는 점에서 간접적 정당성을 가진다고 할 것이다. 국무총리의 대통령권한대행에 대해서는 앞의 대통령 부분에서 다룬 바 있다(전술 참조).

(2) 국무위원·행정각부장의 임명제청권

국무위원과 행정각부의 장을 대통령이 임명함에 있어서 국무총리는 제청을 한다(제87조, 제94조). 국무총리에게 국무위원·행정각부장 임명제청권을 부여하기 시작한 것은 제3공화국 헌법부터이다.[1)]

1) 성격

국무총리의 국무위원·행정각부장 임명제청권은 대통령의 인사전횡을 방지하기 위한 것으로 대통령의 권한행사에 대한 내부적 통제로서의 성격을 가진다.

2) 제청의 필수성 여부(제청결여의 효과)

대통령의 국무위원 임명에 국무총리의 제청이 필수적인지 하는 문제가 논의되는데 이 문

1) 제1공화국 헌법은 "국무위원은 대통령이 임명한다", "행정각부장관은 국무위원 중에서 대통령이 임명한다"라고 규정하고 있었고 의원내각제였던 제2공화국의 헌법은 "국무위원은 국무총리가 임면하여 대통령이 이를 확인한다"라고 규정하고 있었다.

제는 결국 제청이 결여된 임명행위가 효력을 가지느냐 하는 문제이다. ① 위헌무효설(국무위원의 임명에 있어서 국무총리의 제청이 결여된 경우 이는 위헌인 것으로 그 효력이 부정된다고 보는 견해)와 ② 형식상 적법요건설(제청은 대통령의 임명행위에 있어서 형식적인 의미만을 가지는 적법요건에 불과하다고 보고 이를 결여하더라도 탄핵소추사유는 되지만 그 임명행위를 무효로 하지는 않는다는 견해)이 대립된다. 또 ③ 국무총리가 제청을 하지 않더라도 그를 배제하고 새로운 국무총리를 임명하여 제청을 거치면 되므로 현실적 논의가치가 없다는 견해도 있을 수 있다.

검토하면 ②설은 제청이 '적법요건'이라고 하는데 그렇다면 결여는 비적법인바 그러면서도 결여로 무효가 되지 않는다는 것은 비논리적이다. ③의 현실논거적 견해도 국무총리의 경질이 국회동의절차를 거쳐야 하는 등 그렇게 쉬운 것만은 아니라는 것을 고려하기도 하여야 하지만 현실론으로 헌법규정을 무시하여서는 아니 된다는 점에서 받아들일 수 없다. 헌법조문이 "국무총리의 제청으로 대통령이 임명한다"라고 하여 국무총리의 제청절차가 있음을 명시하고 있는 이상 제청절차를 거치지 않을 수는 없고 제청을 결여하고 임명하면 위헌무효가 된다. ①설이 타당하다.

3) 제청의 구속력 여부

국무총리의 제청이 대통령의 의사결정을 구속하느냐 하는 데에 대해 ① 긍정설(임명제청권이 실질적으로 의미를 가지도록 하기 위해서는 대통령이 국무총리의 제청내용에 따라야 한다는 견해), ② 부정설(헌법에 구속력이 명시되지 않았다는 점 등을 들어 대통령이 국무총리의 제청내용에 따르지 않고 거부할 수 있다는 견해) 등이 대립될 수 있다. 생각건대 우리의 정부형태가 대통령제인데 국무총리의 권한이 실질적이라고 할지라도 제청의 구속력을 인정하면 오히려 인사권자가 대통령이 아니라 국무총리가 되는 모순이 발생하기도 하므로 대통령은 거부할 수 있고 구속력이 없다고 보는 것이 타당하다. 극단적으로는 국무총리의 제청이 있었다고 하더라도 그 구속력에 관해서는 제청한 인물이 대통령이 판단하기를 국무위원으로서 적합하지 않다고 할 경우에 대통령은 국무총리와 다시 의논을 할 것이고 국무총리와 의견을 달리할 경우에 대통령으로서는 그 국무위원후보가 필요한 인사일 경우에 국무총리를 교체하고서라도 그렇게 할 수 있을 것이다. 그러므로 구속력을 부여할 것인지 하는 논의는 법논리적인 것이라기보다는 현실적인 문제이다. 실제로는 대통령과 국무총리와의 사전조율이 이루어지고 국무총리는 그 조율에서의 결정에 따르는 제청을 하게 될 것이다. 따라서 사전협의라는 의미가 실질적인 의미를 가진다.

(3) 국무위원해임건의권

국무총리는 국무위원의 해임을 대통령에게 건의할 수 있다(제87조 3항).

1) 성격

이 권한은 국무총리가 국정통할의 권한과도 연관성을 연관성을 가진다. 국정을 통할하면서 국무위원의 능력이나 책임의식에 대한 평가가 가능할 것이기 때문이다. 의원내각제에서의 연대와 같은 강한 연대는 아니나 국무총리는 관계 국무위원의 부서에 함께 부서하는 등 대통령에 대한 보좌책임을 함께하는 면이 없지 않기도 하다.

2) 구속력 여부

국무총리의 국무위원해임건의가 대통령을 구속하는가 하는 문제가 논의된다. ① 긍정설(국무총리의 행정각부통할권을 생각하면 대통령에 대한 구속력을 가진다는 견해)과 ② 부정설(대통령의 고유한 인사권과 국무총리는 대통령의 명을 받아 행정각부통할권을 가진다는 점을 고려하면 구속력을 가질 수 없다는 견해)이 있을 것이다. 생각건대 부정설이 타당하고 대통령은 국무총리의 해임건의를 따르지 않고 거부할 수 있다고 볼 것이다. 현실적으로는 국무총리가 어느 국무위원을 해임하도록 건의하였으나 대통령이 이에 따르지 않을 경우 함께 국정운영을 할 수 없다고 판단되어 국무총리가 사임할 가능성(또는 대통령이 국무총리를 경질할 가능성)도 있을 것이다.

(4) 행정각부통할·감독권

1) 권한의 범위

국무총리는 행정에 관하여 대통령의 명을 받아 행정각부를 통할한다(제86조 2항). 이 통할권이 미치는 범위가 헌법은 행정각부라고 규정하고 있는데 행정각부와 그 소속된 중앙행정기관들이 모두 국무총리의 통할 대상인지 하는 문제가 논란된다.

(가) 학설

i) 한정설 – 국무총리가 대통령의 보좌기관이고 그 소관사무에 관하여 부령을 발할 권한이 없는 경우에는 행정각부로는 볼 수 없다는 점 등에서 정부의 권한에 속하는 사항을 집행하는 모든 중앙행정기관이 국무총리의 통할대상인 행정각부는 아니고 입법권자가 헌법 제96조의 위임을 받은 법률로 정하는 행정각부만이 통할 대상이라고 한정하는 견해이다(아래 89헌마221 결정의 다수설). ii) 포괄설 – 국무총리의 통할대상은 헌법 제96조에 의하여 제정된 법률에서 행정각부로 규정된 기관만을 의미하는 것이 아니라 권력분립의 원칙에 따라 헌법과 법률의 집행을 통해 국민의 권리와 자유에 영향을 미치는 등 기능상 행정권에 속하는 사항을 집행하는 모든 중앙행정기관을 의미한다고 보는 견해이다(아래 89헌마221 결정의 변정수 재판관의 소수설).

(나) 판례

가) 판례의 중심법리

사실 위와 같은 논의는 아래와 같은 헌법소원사건에서 제기된 바 있다. 헌법재판소는 헌법 제86조 제2항에서 말하는 국무총리의 통할을 받는 행정각부는 입법권자가 헌법 제96조의 위임을 받은 정부조직법에 의하여 설치하는 행정각부만을 의미한다고 하고 법률에 의하더라도 헌법에 열거된 헌법기관 이외에는 대통령직속의 행정기관을 설치할 수 없다든가 또는 모든 행정기관은 헌법상 예외적으로 열거된 경우 등 이외에는 반드시 국무총리의 통할을 받아야 한다고는 말할 수 없다고 판시하였다. 따라서 법률로 국무총리의 통할을 받지 않는 중앙행정기관을 규정할 수도 있다고 보았다.

나) 통할대상 행정각부에 모든 중앙행정기관이 포함되지 않는다고 보는 헌재의 논거

헌재가 국무총리 통할대상에 모든 중앙행정기관이 포함되지 않고 법률로 대통령직속의 중앙행정기관을 두는 것이 합헌이라고 보는 논거의 주요취지는 ① 우리 정부형태가 대통령제로서 국무총리는 대통령의 보좌기관이라는 점, ② 헌법 제86조 제2항의 행정각부는 부령을 발령할 권한을 가진 기관이라는 점 등이다(아래 다)에 정리된 결정요지의 (가) (나) 부분 판시 참조).

다) 판례정리

* 중요판시사항

▷ 국무총리의 행정각부통할권의 범위

• 국무총리의 통할대상인 '행정각부'의 개념

• 모든 행정기관이 아님. 헌법 96조의 행정각부 법률주의에 따라 제정되는 법률로 규정될 사항

판례 정부조직법 제14조 제1항 등의 위헌여부에 관한 헌법소원, 헌재 1994.4.28. 89헌마221

[쟁점] 구 국가안전기획부(현 국가정보원의 전신)를 대통령직속기관으로 규정한 구 정부조직법 제14조가 국무총리의 행정각부통할권을 규정한 헌법 제86조 제2항에 위반되는 것인지 여부(합헌결정) [심판대상규정] 구 정부조직법 제14조(국가안전기획부) ① 국가안전보장에 관련되는 정보 · 보안 및 범죄수사에 관한 사무를 담당하게 하기 위하여 대통령 소속하에 국가안전기획부를 둔다. 구 국가안전기획부법 제4조(직원), 제6조(부장 · 차장 · 기획조정실장) – 생략 [사건개요] 청구인들은 군사2급 비밀을 누설하였다고 하여 구속 기소되었는데, 구 정부조직법 제14조 제1항이 「국가안전보장에 관련되는 정보 · 보안 및 범죄수사에 관한 사무를 담당하게 하기 위하여 대통령 소속하에 국가안전기획부를 둔다」라고 규정하여 안기부를 대통령 직속으로 하여 국무총리의 행정각부통할권을 침해하여 이 규정은 헌법 제86조 제2항과 제94조에 위반되는 위헌인 것으로 이 규정에 근거하는 위헌적인 정부기구인 국가안전기획부 소속 직원의 범죄수사에 의하여 불법적으로 수집된 증거자료를 기초로 하여 구속기소된 것이라고 주장하며, 정부조직법 제14조 제1항과 국가안전기획부법 제4조 및 제6조가 헌법에 위반되며 그 위헌여부가 청구인의 형사재판의 전제가 된다고 하여 위헌심판제청신청을 하였으나, 법원의 기각결정을 받자 헌재법 제68조 제2항에 의하여 헌법소원심판을 청구하였다. [주문] 1. – 생략 2. 정부조직법(1986.12.20. 법률 제3854호, 최종개정 1993.6.11. 법률 제4568호) 제14조 제1항과 위 국가안전기획부법 제4조 및 제6조는 헌법에 위반되지 아니한다." [결정요지] (가) 우리 헌법은 이른바 대통령중심제의 통치기구를 채택하고 있다. 또한 헌법은 대통령중심제를 취하면서도 전형적인 부통령제를 두지 아니하고, 국무총리제를 두고 있는 점이 특징이다(헌법 제86조). 여기에서 국무총리의 법적 성격 내지 지위 특히 대통령과의 관계 등과 관련하여 문제가 된다. 헌법상 국무총리는 국회의 동의를 얻어 대통령이 임명(헌법 제86조 제1항)하고 국무총리는 대통령을 보좌하며, 행정에 관하여 대통령의 명을 받아 행정각부를 통할(같은 조 제2항)하며 국무위원은 국무총리의 제청으로 대통령이 임명(헌법 제87조 제1항)하고 행정각부의 장은 국무위원 중에서 국무총리의 제청으로 대통령이 임명(헌법 제94조)하며 대통령의 국법상 행위에 관한 문서에의 부서권(헌법 제82조)이 있는바 국무총리에 관한 헌법상 위의 제 규정을 종합하면 국무총리의 지위가 대통령의 권한행사에 위의 제 규정을 종합하면 국무총리의 지위가 대통령의 권한행사에 다소의 견제적 기능을 할 수 있다고 보여지는 것이 있기는 하나, 우리 헌법이 대통령중심제의 정부형태를 취하면서도 국무총리제도를 두게 된 주된 이유가 부통령제를 두지 않았기 때문에 대통령 유고시에 그 권한대행자가 필요하고 또 대통령제의 기능과 능률을 높이기 위하여 대통령을 보좌하고 그 의견을 받들어 정부를 통할 · 조정하는 보좌기관이 필요하다는 데 있었던 점과 대통령에게 법적 제한 없이 국무총리해임권이

있는 점(헌법 제78조, 제86조 제1항 참조)등을 고려하여 총체적으로 보면 내각책임제 밑에서의 행정권이 수상에게 귀속되는 것과는 달리 우리 나라의 행정권은 헌법상 대통령에게 귀속되고,국무총리는 단지 대통령의 첫째 가는 보좌기관으로서 행정에 관하여 독자적인 권한을 가지지 못하고 대통령의 명을 받아 행정각부를 통할하는 기관으로서의 지위만을 가지며, 행정권 행사에 대한 최후의 결정권자는 대통령이라고 해석하는 것이 타당하다고 할 것이다. 이와 같은 헌법상의 대통령과 국무총리의 지위에 비추어 보면 국무총리의 통할을 받는 행정각부에 모든 행정기관이 포함된다고 볼 수 없다 할 것이다. (나) 1) 헌법 제86조 제2항에서 "국무총리는 행정에 관하여 대통령의 명을 받아 행정각부를 통할한다"라고, 헌법 제94조에서 "행정각부의 장은 국무위원 중에서 국무총리의 제청으로 대통령이 임명한다"라고 각 규정하고 있을 뿐, 그 "행정각부"가 무엇을 가리키는 것인지에 관하여는 헌법상 아무런 직접적 규정이 있음을 볼 수 없고, 한편 헌법은 제4장 제2절 제3관에서 별도로 행정각부에 관한 규정을 두면서 제96조에서 "행정각부의 설치 · 조직과 직무범위는 법률로 정한다"라고만 규정하고 있다. 그런데 위에서 본 바와 같이 헌법이 "행정각부"의 의의에 관하여는 아무런 규정도 두고 있지 않지만, "행정각부의 장(章)"에 관하여는 "제3관 행정각부"의 관(款)에서 행정각부의 장은 국무위원 중에서 임명되며(헌법 제94조) 그 소관사무에 관하여 법률이나 대통령령의 위임 또는 직권으로 부령을 발할 수 있다고 규정하고 있는 바, 이는 헌법이 "행정각부"의 의의에 관하여 간접적으로 그 개념범위를 제한한 것으로 볼 수 있다. 즉, 성질상 정부의 구성단위인 중앙행정기관이라 할지라도, 법률상 그 기관의 장(長)이 국무위원이 아니라든가 또는 국무위원이라 하더라도 그 소관사무에 관하여 부령을 발할 권한이 없는 경우에는, 그 기관은 우리 헌법이 규정하는 실정법적 의미의 행정각부로는 볼 수 없다는 헌법상의 간접적인 개념 제한이 있음을 알 수 있다. 따라서 정부의 구성단위로서 그 권한에 속하는 사항을 집행하는 모든 중앙행정기관이 곧 헌법 제86조 제2항 소정의 행정 각부는 아니라 할 것이다. 또한 입법권자는 헌법 제96조에 의하여 법률로써 행정을 담당하는 행정기관을 설치함에 있어 그 기관이 관장하는 사무의 성질에 따라 국무총리가 대통령의 명을 받아 통할할 수 있는 기관으로 설치할 수도 있고 또는 대통령이 직접 통할하는 기관으로 설치할 수도 있다 할 것이므로, 헌법 제86조 제2항 및 제94조에서 말하는 국무총리의 통할을 받는 행정각부는 입법권자가 헌법 제96조의 위임을 받은 정부조직법 제29조에 의하여 설치하는 행정각부만을 의미한다고 할 것이다. 대통령 직속의 헌법기관이 별도로 규정되어 있다는 이유만을 들어 법률에 의하더라도 헌법에 열거된 헌법기관 이외에는 대통령 직속의 행정기관을 설치할 수 없다든가 또는 모든 행정기관은 헌법상 예외적으로 열거된 경우 등 이외에는 반드시 국무총리의 통할을 받아야 한다고는 말할 수 없다 할 것이고, 이는 현행 헌법상 대통령중심제의 정부조직원리에도 들어맞는 것이라 할 것이다. 2) 다만 대통령이 이러한 직속기관을 설치하는 경우에도 자유민주적 통치구조의 기본이념과 원리에 부합되어야 할 것인데 그 최소한의 기준으로서 ㄱ) 우선 그 설치 · 조직 · 직무범위 등에 관하여 법률의 형식에 의하여야 하고 ㄴ) 그 내용에 있어서도 목적 · 기능 등이 헌법에 적합하여야 하며 ㄷ) 모든 권한이 기본권적 가치실현을 위하여 행사되도록 제도화하는 한편 ㄹ) 권한의 남용 내지 악용이 최대 억제되도록 합리적이고 효율적인 통제장치가 있어야 할 것이다. (다) 그런데 국가가 어떤 정보기관을 설치 · 운영하는 경우에 그것을 대통령직속기관(소위 의원내각제 국가에 있어서는 수상직속기관)으로 할 것인가 또는 다른 어떤 국가기관의 통제나 규제를 받는 기관으로 할 것인가의 문제는 기본적으로 각국의 입법정책의 영역에 속하는 문제로서, 그것이 그 나라의 헌법이념이나 헌법규정에 위배되지 아니하는 한 위헌이라고 할 수 없을 것이다. 우리나라와 같이 대통령중심제의 정부형태를 취하고 있는 경우에는 국가안전기획부의 직무내용(국가안전기획부법 제2조 참조)으로 보아 이를 대통령직속기관으로 하는 것이 합리적이고 효율적이다. 국가안전기획부법 규정을 보면, 내부적으로 부장은 대통령에게 직접적 책임을 지고, 대외적으로는 이를 임명한 대통령이 정치적 · 법적 책임을 부담하게 됨을 알 수 있다. 또 국가안전기획부의 활동에 관한 통제 수단으로는 국회는 그 행정부 최고책임자인 대통령에 대한 탄핵소추의 결권(헌법 제65조), 당해 업무에 관한 국정감사 및 조사권(헌법 제61조), 예산안심의의결권(헌법 제54조)의 행사를 통하여, 사법부는 동 기관의 명령 · 규칙 · 처분에 대한 최종적인 위헌 · 위법심사권(헌법 제107

조 제2항)의 행사를 통하여, 헌법재판소는 이들 기관을 포함한 공권력의 부당한 행사 등으로 인한 기본권의 침해가 있을 때에는 헌법소원심판권의 행사를 통하여, 각 그 통제가 가능하다 할 것이다. 따라서 그 목적·직무범위·통제방법 등의 관점에서 헌법이 요구하는 최소한의 요건은 갖추었다 할 것으로서, 국무총리의 통할을 받지 아니하는 대통령직속기관인 국가안전기획부의 설치근거와 그 직무범위 등을 정한 정부조직법 제14조와 국가안전기획부법 제4조 및 제6조의 규정은 헌법에 위배된다고 할 수 없다.[1]

* 동지의 판례 : 헌재 1994.4.28. 89헌마86.

해설 ⅰ) 절차법적인 측면에서 다음의 점을 유의할 일이다. 위 사안은 국무총리의 권한침해 여부에 따른 위헌 여부 문제가 핵심인 사안이다. 그렇다면 기본권의 침해문제가 없어 각하되어야 할 사안이 아닌가 하는 의문이 들 수 있을 것이다. 더구나 사건부호가 '헌마'이어서 그러한 의문이 들 수 있을 것이다. 그러나 사건부호가 '헌마'이지만 이는 우리 헌재가 초창기에 이른바 헌재법 제68조 제2항의 위헌소원심판의 경우에도 그 사건부호를 '헌마'로 달았었다. 이후 '헌바'로 정착되었다. 이처럼 실질적인 위헌법률심판인 위헌소원심판에서는 어느 법률이 위헌인지에 대한 판단에서는 기본권침해 여부만을 따지지 않고 헌법상 어느 기관의 권한 침해 여부도 위헌 여부 문제이므로 판단할 수 있는 것이다. ⅱ) 본안판단에 관하여 보면, 헌재의 다수의견은 그 결론의 타당성을 떠나 논증에 있어서 다음과 같은 부족한 점이 있었다. 국무총리제를 둔 주된 이유를 대통령의 궐위, 사고시 권한대행을 위한 것이라고 설시하고 있는 점은 설득력이 충분하지 않다. 대통령권한대행은 국무총리가 어차피 국민직선도 아닌 다음에야 다른 헌법기관, 예컨대 국회의장 등에 의한 대행가능성을 인정할 수도 있음을 생각하면 과연 그러한지 의문이기 때문이다. 미국의 부통령은 대통령과 러닝메이트로 선출된다.

2) 통할·감독권의 내용

국무총리는 대통령의 명을 받아 각 중앙행정기관의 장을 지휘·감독하는 권한을 가지는데, 중앙행정기관의 장의 명령이나 처분이 위법 또는 부당하다고 인정될 경우에는 대통령의 승인을 받아 이를 중지 또는 취소할 수 있다(정부조직법 제18조).

각 중앙행정기관의 행정의 지휘·감독, 정책 조정 및 사회위험·갈등의 관리, 정부업무평

1) <변정수 재판관의 반대의견> 헌법 제86조 제2항이나 제94조에서 말하는 "행정각부"란 헌법에 특별규정을 둔 감사원, 국가안전보장회의, 민주평화통일자문회의, 국민경제자문회의 등을 제외하고 성질상 행정각부에 해당되는 모든 기관, 즉 국무회의 심의를 거쳐 또는 단독으로 대통령이 결정한 정책과 그 밖의 집행부의 권한에 속하는 사항, 다시 말하면 권력분립의 원칙에 따라 헌법과 법률의 집행을 통해 국민의 권'리와 자유에 영향을 미치는 등 기능상 행정권에 속하는 사항을 집행하는 모든 중앙행정기관을 의미하고 헌법 제96조에 의하여 제정된 법률(정부조직법 제29조)에서 "행정각부"로 명칭지어진 기관만을 의미하는 것은 아니다. 헌법 제96조의 취지는 위와 같은 성질상 행정각부에 해당되는 기관은 이를 반드시 행정각부로 하여 그 설치·조직·직무범위를 권력통제의 헌법정신에 따라서 법률로 정하라는 취지이다. 따라서 이러한 행정기관을 행정각부로 하지 아니하고 국무총리의 통할 밖에 두었다면 이는 헌법 제86조 제2항, 제94조 및 제96조에 위반되는 것이다. 안전기획부가 "행정각부"에 해당되는가를 보건대, 정부조직법 제14조 제1항이 "국가안전보장에 관련되는 정보·보안 및 범죄수사에 관한 사무를 담당하게 하기 위하여 대통령 소속하에 국가안전기획부를 둔다"라고 규정하여 대통령의 대내외 정책수행에 필요한 정보수집에 국한하지 않고 국민의 기본권에 중대한 영향을 미치는 보안 및 범죄수사에 관한 사무를 담당하게 한 것으로 볼 때, 안전기획부는 대통령비서실과는 달리 행정부(내무부 및 법무부)의 권한에 속하는 사항을 집행하는 중앙행정기관이므로 이는 성질상 국무총리의 통할하에 두어야 할 헌법 제86조 제2항, 제94조 내지 제96조에서 규정한 "행정각부"에 속하는 것이 명백하다. 따라서 안전기획부를 행정각부에 넣지 아니하고 대통령의 직속하에 두어 국무총리의 지휘 감독을 받지 아니하도록 한 정부조직법 제14조 제1항은 헌법 제86조 제2항 및 제94조에 위반된다고 아니할 수 없다.

가 및 규제개혁에 관하여 국무총리를 보좌하기 위하여 국무조정실을 둔다. 국무조정실에 실장 1명을 두되, 실장은 정무직으로 한다(동법 제20조 1항·2항).

3) 한계

i) 국무총리의 통할·감독권은 대통령의 명을 받는다는 한계가 있다(제86조 2항). 대통령은 국무총리의 명령이나 처분이 위법 또는 부당하다고 인정하면 이를 중지 또는 취소할 수 있다(정부조직법 제11조 2항). ii) 위에서 본 우리 헌재 판례에 따르면 모든 중앙의 일반 행정기관이 통할대상은 아니라는 점이다.

4) 한계의 한계

헌재는 국무총리의 통할대상이 아니고 대통령 직속인 국가기관을 법률로 정할 수 있다고 하여 통할권에 한계를 인정하면서도 그 한계에 다시 다음과 같은 한계를 설시하고 있다.

판례 헌재 1994.4.28. 89헌마221

* 위의 국가안전기획부 결정. [설시] 다만 대통령이 이러한 직속기관을 설치하는 경우에도 자유민주적 통치구조의 기본이념과 원리에 부합되어야 할 것인데 그 최소한의 기준으로서 ㄱ) 우선 그 설치·조직·직무범위 등에 관하여 법률의 형식에 의하여야 하고 ㄴ) 그 내용에 있어서도 목적·기능 등이 헌법에 적합하여야 하며 ㄷ) 모든 권한이 기본권적 가치실현을 위하여 행사되도록 제도화하는 한편 ㄹ) 권한의 남용 내지 악용이 최대 억제되도록 합리적이고 효율적인 통제장치가 있어야 할 것이다.

* 위 기준에 비추어 헌재는 위 결정사안에 대하여 판단하였는바 문제된 구 국가안전기획부가 국무총리의 통할을 받지 아니하는 대통령직속기관으로 정한 정부조직법 제14조는 헌법이 요구하는 위와 같은 최소한의 요건은 갖추었다고 보아 합헌으로 결정하였다.

(5) 부서권(副署權)

1) 부서의 의미의 변천과 정부형태에 따른 의미

① 부서는 물론 입헌군주제하에서 국왕에 대한 재상의 보필책임을 명백히 하기 위한 의미를 가졌다. 입헌군주제에서 의원내각제로 이행하면서 군주의 권력이 수상·내각으로 이전하는 가운데 부서는 원래 국가원수의 결정을 수상·내각이 이를 수용한다는 의미를 가지다가 세월이 흘러 역으로 내각에 의해 내려진 결정에 대해 국가원수가 이를 인정하는 권한의 인정을 의미하는 것으로 변천되었다. 즉 의원내각제에서 과거의 군주의 권한이 수상에게 이전되는 것이 부서에 의해 이루어졌다는 것이다.[1] 따라서 의원내각제하에서의 부서는 내각권한의 인정을 의미한다. 또한 의원내각제하에서 국가원수는 실질적 권한이 적으나 그 실질적 권한과 수상·내각의 권한이 분배되는데 부서가 필요한 국가원수의 권한은 수상·내각과의 공동권한이고 부서가 요구되지 않는 국가원수의 권한은 그의 독자적 권한이라는 배분의 확인을 의미하기도 한다. 대통령이 부서를 받지 않아도 될 영역은 대통령의 전속적 권한이고 반대로 부서가 필요한 행위에 대해서는 대통령과 내각과의 공동의 권한이다.

---

1) P. Pactet, 앞의 책, 144면.

② 대통령제하에서는 대통령에 대한 내각의 보좌책임을 명백히 하기 위한 절차로서 부서라고 할 수 있다. 탄핵소추의 경우 외에는 의회 앞에서 책임지지 않는 대통령에 대해 내각이 대통령의 행위에 대한 보좌 내지 협력이 있었음을 표시하는 행위가 부서이다. 이는 대통령의 행위에 대하여 의회가 내각에 대한 책임추궁을 통하여 간접적인 통제를 행하게 하는 의미를 가지게 하기도 한다.

③ 혼합정부제에서는 의원내각제와 대통령제가 혼합되어 있으므로 양 정부에서의 부서의 의미를 모두 가질 것인데 원칙적으로는 대통령(국가원수)과 수상·내각 간의 권한분배, 즉 대통령의 독자적 권한과 수상과의 공동권한이라는 분배를 의미한다고 본다. 혼합정부제에서는 양 정부제가 각각 요소를 가진 채 혼합된 것이므로 대통령과 수상·내각이 모두 실질적인 권한을 가지고 따라서 그 권한의 분배가 부서로 이루어진다고 보는 것이다. 혼합정부제를 취하고 있는 프랑스에서는 부서가 대통령과 수상과의 권한분배의 기준으로 작용한다고 보는데 부서가 필요하지 않은 대통령의 행위는 대통령의 독자적 권한에 속하는 것이고 부서가 필요한 행위는 대통령과 수상과의 공동권한이라고 본다. 그런데 현실적으로는 정국상황에 따라 양상이 달라진다고 지적되고 있다. 즉 여대야소인 상황에서 대통령의 권한이 강하여 사실상 대통령제로 운영될 경우에는 보좌의 의미도 가질 것이다. 반면 여소야대의 경우에는 이른바 동거정부(이에 대해서는 앞의 정부형태 부분 참조)의 상황에서 야당 소속 수상과 내각의 권한이 강한 상황에서는 대통령의 권한과 수상과의 권한 간에 배분이 첨예한 과제로 되므로 부서의 중요성이 현실화된다.[1)]

정부형태	부서의 법적 의미(기능)
의원내각제	내각권한의 인정
대통령제	보좌(보필)·자문의 확인
혼합정부제	대통령·내각 간의 권한분배(공유)

▌각 정부형태에 따른 부서의 법적 의미

2) 우리나라에서의 부서제도

(가) 부서의 성격

가) 학설

이에 관해서는 학설이 갈릴 수 있다. ① 보필책임설(책임소재설) – 국무회의가 단순한 자문기관이 아니고 필수적인 심의기관이라는 점, 국회가 국무총리·국무위원의 해임건의를 할 수 있어 책임을 진다는 점 등을 들어 부서가 대통령의 국법상 행위를 보좌한 국무총리·국무위원의 보필(보좌)책임을 분명히 하기 위한 것이라고 보는 견해로서 다수설이다. ② 증거설 – 국무회의가 심의기관이긴 하나 의결권을 가지지는 않고 의원내각제하의 불신임제와 같은 의회

1) 프랑스의 경우 실제 여소야대상황인 동거정부의 시기에 이 분배와 부서의 문제가 첨예하게 나타났다.

앞에서의 국무총리·국무위원의 책임제도도 없으므로 부서를 통해 국무총리·국무위원의 책임을 지우려는 것은 아니고 단지 대통령의 국법상 행위에 관여하였다는 정도의 증거를 남기게 하려는 의미를 가진다는 견해이다. ③ 현실고려설 – 부서가 보필책임의 의미를 법리적으로는 가질 것이나 정치적 현실에서는 대통령에 의한 국무총리·국무위원의 해임권이 있는 한 그 의의가 축소된다는 현실을 고려한 견해도 있다.

나) 사견

생각건대 앞서 본 대로 부서의 의미가 연혁적으로 시대에 따라, 정부형태별로 다르다는 점을 고려하여야 한다. 우리 헌법상으로 대통령은 국회 앞에서 탄핵소추 외에는 책임을 지지 않는 반면에 국무총리·국무위원이 참여하는 국무회의는 필수적인 심의기관이고 국무총리, 국무위원은 국회의 출석·답변요구에 따를 의무를 지며(제62조 2항) 해임건의의 대상이 되는(제63조. 우리는 국회 부분에서 해임건의의 법적 구속력을 인정한다는 입장임을 밝힌 바 있다) 등 국회 앞에서의 책임이 적지 않다. 또한 우리 정부형태는 대통령제적이고 더구나 대통령의 모든 국법상 행위가 부서의 대상이 되고 있다. 따라서 부서는 대통령이 국법상 행위를 함에 있어서 보좌기관인 국무총리, 국무위원이 그 보좌의 책임을 다하였음을 확인하는 의미를 가지는 것이 우리나라에 있어서의 부서라고 할 것이다. 우리 헌법은 대통령의 모든 국법상 행위에 대해 부서가 필요하다고 규정하고 있지만 그렇다고 하여 대통령의 모든 권한을 내각과 공유한다고 볼 수도 없으므로 의원내각제정부하에서나 프랑스식 혼합정부제에서의 부서에 비해 우리 헌법이 예정하고 기대하는 부서의 의미는 약하다고 볼 것이다. 대통령의 모든 국법상 행위에 대해 부서하여야 한다는 점이 오히려 대통령과 국무총리와의 권한배분보다는 대통령에 대한 보좌책임을 분명히 하는 성격을 띠게 하는 것이다. 결국 우리의 경우 보필의 확인이라는 의미를 가진다고 보는 것이다.

(나) 부서의 범위

국무총리가 부서하여야 할 범위는 대통령의 모든 국법상의 행위이다. 국무위원은 관계되는 국법상 행위에 대해서만 부서하는 것과 다르다. 군사에 관한 것도 국무총리의 부서가 있어야 한다(제82조).

(다) 부서의 법적 효력

가) 부서결여의 효과

부서의 효력에 대해 이를 결여한 경우에 효력이 있는지 여부를 두고 의견이 나누어진다. ① 유효설 – 부서는 대통령의 국법상 행위의 적법요건일 뿐 유효요건이 아니므로 부서가 결여된 대통령의 행위도 무효는 아니고 위법행위일 뿐이며 탄핵소추의 사유가 될 수 있을 뿐이라고 본다. 부서는 보필책임을 의미할 뿐이고 이 보필은 사실상의 정치적 책임이고 그 결여에 대한 제재가 헌법에 직접 규정되어 있지 않다고 하면서 유효설을 피력할 수도 있을 것이다. ② 무효설 – 반면에 다수의 견해는 부서제도가 헌법상 명시적으로 규정되어 있는 이상 이는 대통령의 국법상 행위에 있어서 형식적인 요건을 이루는 것이고 이를 지켜야 한다고 보아 부서가 결여된 대통령의 국법상 행위는 무효라고 본다. 생각건대 헌법 제82조가 "부서한다"라고 하여 부서의 의무를 부과하고 있으므로 무효설이 타당하다. 대통령이 부서를 받지 않고 국법상 행위를 한 경우에는 그 행위는 효력을 가지지 못할 뿐 아니라 대통령에 대한 탄핵소추사유가 된다.

나) 부서한 대통령의 국법상 행위가 위법한 경우

국무총리, 관계 국무위원이 부서한 대통령의 국법상 행위가 위법한 경우에 국무총리와 그 관계 국무위원도 법적 책임을 지는가 하는 문제가 있다. 위법성이 있는 한 책임이 있다고 본다. 대통령의 명을 받는 관계를 내세워 면책을 주장하는 견해가 있을 것이나 불법적 행위에 대한 부서를 거부하고 사퇴할 수도 있다는 점에서 책임설이 타당하다.

(라) 부서의 거부 문제

국무총리, 관계 국무위원이 대통령의 국법상 행위에 대해 거부할 수는 있다. 자신의 보필책임 여부를 분명히 할 수 있기 때문이다. 그러나 현실적으로 대통령이 자신의 국법상 행위를 관철하고자 할 때 부서없이 행하기보다는 거부하는 국무총리나 국무위원을 해임하고 국무총리, 국무위원을 새로이 임명하여 부서를 받아 행할 것이다. 국무총리, 국무위원이 스스로 사퇴함으로써 부서를 하지 않을 수도 물론 있을 것이다. 이러한 점에서 부서의 의미나 효력은 헌법적 법리의 문제이고 현실에서의 의미는 정치적 성격을 지니고 있다고 할 것이다. 그러나 헌법 법리로서는 부서의 효력을 위와 같이 보아야 한다.

(마) 부서제도에 대한 평가

i) 바로 위에서도 지적한 대로 부서의 거부가 국무총리, 국무위원의 자진사퇴 내지 해임을 가져오는 것이 현실일 수 있다는 점에서 헌법적 책임제도로서는 상당히 이론적인 차원의 것이고 그 실효성에 의문이 제기되는 것은 사실이다. ii) 그러나 우리 헌법규정에 대통령·행정부에 대한 그나마 많지도 않은 통제제도 중의 하나인 부서제도에 대해 형식적인 것으로 치부할 수는 없다. 또한 부서가 내각에 대해 보필책임을 물음으로써 대통령에 대한 책임의 간접적 확보를 기대하기 위한 것이라는 점에서 대통령제하에서 부서제도가 실질적인 의의와 기능을 가져야 한다. 그러기 위해서는 내각에 대한 의회의 책임제도가 잘 마련되어 있어야 한다. 내각불신임제가 없는 상황에서 우리의 경우에 존재하는 국무총리·국무위원에 대한 해임건의권이 구속력이 있다는 저자의 입장과 달리 구속력이 없다고 보는 견해를 취하면 우리 헌법상의 부서는 대통령의 권한행사에 대한 충분한 통제제도로서 기능하기 어렵다.[1] 해임건의를 받아도 해임되지 않는다면 부서를 한 데 대한 책임을 물어도 아무런 법적 책임이 없다는 결과를 가져올 것이다. 우리 헌법상의 대통령·행정부에 대한 통제제도인 부서와 해임건의권이 장식적인 것으로

---

1) 해임건의의 구속력을 부정하면 부서의 효력에 대해서도 소극적으로 보게 될 것인데 그렇게 부정설을 취하면서 부서에 대해서는 그 결여가 무효라고 보는 학설은 일관성이 결여된 것이다.

전락해버리지 않도록 국무총리, 내각에 대한 책임을 실질화하는 헌법해석이 요구된다.

(6) 국무회의 부의장, 심의권

국무총리는 국무회의의 부의장이 된다(제88조 3항). 국무회의에서 다른 국무위원들과 더불어 국정현안에 대해 심의할 권한을 가진다. 국무총리는 국무회의의 심의에 부칠 사항을 제출할 권한을 가진다(제89조 17호).

(7) 국회출석·발언권(의무)

1) 성격과 기능

① 양면성 – 국무총리의 국회출석·발언은 권한이자 의무이기도 하다. 헌법 제62조 제1항은 권한으로, 동조 제2항은 의무로 규정하고 있다. ② 통제기능성 – 이 의무는 국회가 행정부에 대해 가지는 통제의 기능, 특히 국회 앞에서 책임을 별로지지 않는 대통령에 대한 간접적 통제기능을 수행한다. ③ 정보기능성 – 행정부에서 국회에 정보를 제공하는 기능을 한다는 의미를 가지기도 한다.

2) 내용과 적용범위

국무총리는 국회나 그 위원회에 출석하여 국정처리상황을 보고하거나 의견을 진술하고 질문에 응답할 수 있고 국회나 그 위원회의 요구가 있을 때에는 국무총리는 출석·답변하여야 한다(제62조). 국정처리상황이라고 규정하여 현안이 되는 세부적 주제뿐 아니라 국정전반에 대한 질문·응답도 그 대상이 된다. 이 의무나 권리의 적용범위는 본회의는 물론이고 각 상임위원회의 회의에도 적용된다. 요구권을 가진 주체는 국회와 위원회이다.

3) 의무자

국무총리가 출석요구를 받은 때에는 국무위원 또는 정부위원으로 하여금 출석·답변하게 할 수 있다(제62조).

4) 절차

국무총리의 국회 출석·답변절차에 대해서는 국회법에 자세히 규정되어 있다. i) 국무위원 등의 발언 – 국무총리, 국무위원 또는 정부위원은 본회의나 위원회에서 발언하려면 미리 의장 또는 위원장의 허가를 받아야 한다(국회법 제120조 1항). ii) 국무위원 등의 출석요구 – 본회의는 의결로 국무총리, 국무위원 또는 정부위원의 출석을 요구할 수 있다. 이 경우 그 발의는 의원 20명 이상이 이유를 구체적으로 밝힌 서면으로 하여야 한다(국회법 제121조 1항). 위원회는 의결로 국무총리, 국무위원 또는 정부위원의 출석을 요구할 수 있다(동법 동조 2항). iii) 정부에 대한 질문 – 본회의는 회기 중 기간을 정하여 국정 전반 또는 국정의 특정 분야를 대상으로 정부에 대하여 질문(이하 "대정부질문"이라 한다)을 할 수 있다(동법 제122조의2 1항). 대정부질문은 일문일답의 방식으로 하되, 의원의 질문시간은 20분을 초과할 수 없다. 이 경우 질문시간에는 답변시간은 포함되지 아니한다(동법 동조 2항). 질문으로는 출석상태에서의 질문 제도뿐 아니라

서면질문 제도도 있다(국회법 제122조). 그 외에도 회기 중 현안이 되고 있는 중요한 사항을 대상으로 정부에 대하여 하는 긴급현안질문 제도도 있다(국회법 제122조의3). 이상 국회의 질문제도에 대해서는 국회의 의사절차 부분에서 살펴본 바 있다(전술 참조).

5) 효과

국무총리가 국회의 출석·답변요구에 응하지 않을 경우 탄핵소추와 해임건의의 사유가 된다.

(8) 총리령의 권한

국무총리는 소관사무에 관하여 법률이나 대통령령의 위임 또는 직권으로 총리령을 발할 수 있다(제95조).

1) 종류

총리령에는 위임명령과 직권명령이 있다.

(가) 위임명령

위임명령이란 상위의 법률이나 대통령령이 특정한 사항에 대하여 총리령으로 정하도록 위임한 경우에 제정되는 총리령이다. 위임명령으로서의 총리령은 국민의 권리·의무에 관련되는 사항을 규정하기에 중요하다.

(나) 직권명령

i) 의의 – 직권명령으로서의 총리령은 소관사무에 관하여 법률이나 대통령령 등을 시행하기 위하여 필요한 사항들을 규정하고 있는 총리령이다. ii) 직권명령의 범위 – 직권명령이 국민의 권리를 제한하거나 의무를 부과하는 것에 관한 사항을 정할 수 있는가 하는 문제가 논의된다. 긍정설(성낙인(2013), 607면은 긍정하면서도 아무런 논거설명은 없다)과 부정설이 대립한다. 이 문제는 유의할 점이 먼저 ① 단순히 권리·의무에 관한 사항이라고 하는 것인지 아니면 권리의 제한, 의무의 부과라고 하는 불리한 사항이라고 하는 것인지 하는 점, 그리고 ② 법률의 근거없이도 권리제한, 의무부과 사항을 정할 수 있느냐 하는 점이다. 생각건대 부정하는 것이 타당하다. 헌법 제37조 제2항에 따라 국민의 권리제한은 법률에 의하여야 하고 법률이 권리제한·의무부과에 관한 사항을 위임한다는 규정을 둘 경우에만 총리령도 그러한 규정을 둘 수 있는데 이러한 위임이 있다는 것은 직권명령으로서가 아니라 위임명령으로서 제정되는 총리령이 되기 때문이다.

2) 위임명령의 내용 – '처', '위원회'의 시행규칙

국무총리 소속에는 국민안전처, 법제처 등과 금융위원회, 공정거래위원회 등 각종 위원회가 있는데 우리 헌법은 '처령'과 같은 위임명령(시행규칙)을 인정하지 않으나 그 처들이나 위원회들도 구체적인 시행규칙을 필요로 한다. 그 경우에 총리령이 시행규칙이 되는 것이다. 예를 들어 식품의약품안전처가 관장하는 식품 및 의약품의 안전에 관한 사무를 규정하는 중요 법률

은 바로 식품위생법인데 이 법률의 시행규칙은 총리령이 되는 것이다.

3) 위임의 한계와 문제점

총리령에의 위임에 있어서도 구체적 위임이라는 한계가 있다. 그런데 헌법은 법률이 대통령령에 대해 위임할 때에는 "구체적으로 범위를 정하여"라고 명시적으로 그 위임에 있어서의 한계를 설정하고(제75조) 있다. 이에 비해 총리령과 부령에 대한 위임의 경우에는 헌법이 '구체적인'이란 말을 명시하지 않고 있다. 그러나 위임은 법률에 의한 규율이라는 법치주의의 예외를 허용하는 것인데 포괄적 위임은 이 예외의 한도를 벗어나 사실상 명령에 의한 규율이 되어버리게 하여 비법치주의적 결과를 가져오고 이는 헌법의 취지가 허용하는 범위를 벗어나는 것임은 물론이다. 따라서 총리령, 부령에 대해서도 법률이나 상위 명령(총리령의 경우 대통령령, 부령의 경우 대통령령과 총리령)이 '구체적' 위임을 하여야 한다는 것이 헌법해석이다.

* 총리령에의 위임에 있어서 포괄위임금지원칙을 위배한 법률규정이라고 하여 위헌결정이 된 예 : 총리령에 대한 위임이 예측가능성이 없어 포괄위임으로서 위헌결정이 된 예 : '식품접객영업자 등 대통령령으로 정하는 영업자'는 '영업의 위생관리와 질서유지, 국민의 보건위생 증진을 위하여 총리령으로 정하는 사항'을 지켜야 한다고 규정한 구 식품위생법 규정에 대해 헌재는 식품 관련 영업자가 준수하여야 할 사항이 무엇인지는 시행규칙의 내용을 보지 않는 한 그 구체적 내용을 예측하기 어렵다고 하여 위헌결정하였다.

판례 헌재 2016.11.24. 2014헌가6등

[판시사항] '식품접객영업자 등 대통령령으로 정하는 영업자'는 '영업의 위생관리와 질서유지, 국민의 보건위생 증진을 위하여 총리령으로 정하는 사항'을 지켜야 한다고 규정한 구 식품위생법(2013.3.23. 법률 제11690호로 개정되고, 2016.2.3. 법률 제14022호로 개정되기 전의 것) 제44조 제1항 및 제97조 제6호 중 "제44조 제1항" 부분이 포괄위임금지원칙에 위배되는지 여부(적극) [결정요지] 식품 관련 영업은 식품산업의 발전 및 관련 정책의 변화에 따라 수시로 변화하는 특성이 있으므로 수범자인 영업자의 범위나 영업 형태를 하위법령에 위임할 필요성이 있다. 식품 관련 영업자가 준수하여야 할 사항 역시 각 영업의 종류와 특성, 주된 업무 태양에 따라 달라질 수밖에 없으므로 하위 법령에 위임할 필요가 있다. 그러나 심판대상조항은 식품접객업자를 제외한 어떠한 영업자가 하위법령에서 수범자로 규정될 것인지에 대하여 아무런 기준을 정하고 있지 않다. 비록 수범자 부분이 다소 광범위하더라도 준수사항이 구체화되어 있다면 준수사항의 내용을 통해 수범자 부분을 예측하는 것이 가능할 수 있는데, '영업의 위생관리와 질서유지', '국민의 보건위생 증진'은 매우 추상적이고 포괄적인 개념이어서 이를 위하여 준수하여야 할 사항이 구체적으로 어떠한 것인지 그 행위태양이나 내용을 예측하기 어렵다. 또한 '영업의 위생관리와 국민의 보건위생 증진'은 식품위생법 전체의 입법목적과 크게 다를 바 없고, '질서유지'는 식품위생법의 입법목적에도 포함되어 있지 않은 일반적이고 추상적인 공익의 전체를 의미함에 불과하므로, 이러한 목적의 나열만으로는 식품 관련 영업자에게 행위기준을 제공해주지 못한다. 결국 심판대상조항은 수범자와 준수사항을 모두 하위법령에 위임하면서도 위임될 내용에 대해 구체화하고 있지 아니하여 그 내용들을 전혀 예측할 수 없게 하고 있으므로, 포괄위임금지원칙에 위반된다.

4) 총리령의 효력

① 대통령령과의 관계 - 총리령은 법률, 대통령령보다 하위인 것은 물론이다.

② 부령과의 관계 - 총리령과 부령과는 그 효력관계가 논란되고 있다. 동위설과 우위설

이 있다. 그 논거도 밝히지 않은 채 동위설을 취하면서도 행정각부통할권 때문에 실질적으로는 총리령에 반하는 부령의 제정은 어려울 것이라고 하는, 이해하기 어려운, 견해도 있다(성낙인(2013), 607면). 생각건대 국무총리는 행정각부의 통할권을 가진다고 헌법 자체가 명백히 규정한 사실에서 보더라도 헌법해석상 논리적으로 우위설이 타당하다. 현실적으로는 양자가 충돌할 경우가 있다면 국무조정실의 조정, 법제처의 법령심사 등을 통해 미리 막아질 것이다. 법령제정과정에서의 관계 기관과의 협의과정, 법제처의 심사과정 등에서 조정될 수 있고 그렇게 하는 것이 정부의 효율성을 가지는 것이다.

5) 총리령에 대한 통제

(가) 통제의 방법

총리령에 대한 통제방법으로 먼저 정부 내부의 통제가 있다. 대통령, 국무회의에 의한 통제가 그것이다.

행정재판에 의한 통제가 있다. 행정재판에 의한 통제는 총리령도 행정입법, 명령의 하나이므로 총리령에 대한 행정재판의 통제는 대통령령과 같은 다른 행정입법에 대한 행정재판의 통제의 절차법리와 다를 바 없다. 즉 헌법 제107조 제2항에 따라 구체적 규범통제로서 이루어지는데 총리령에 근거하여 행해진 행정작용에 대해 행정소송이 제기되어 그 행정소송에서 총리령이 헌법이나 법률에 위반되는 여부가 재판의 전제가 된 경우에 법원이 그 위헌·위법 여부에 대한 심사를 하면서 통제를 하게 된다(자세한 것은 대통령령과 같은 법리이므로 앞의 대통령의 권한 중 행정입법권 부분 참조).

헌법재판소에 의한 통제로는 다음과 같은 것을 들 수 있다. ① 헌법소원(법령소원)심판 – 어느 총리령의 규정으로 인하여 바로 직접적으로 국민의 기본권이 침해될 경우에 헌법소원이 청구될 수 있고 이러한 헌법소원(이를 법령소원이라고 부른다)에 의한 통제가 가능하다. ② 탄핵심판 – 국무총리가 총리령을 잘못 제정한 위헌·위법적인 행위를 하였다는 이유로 그에 대한 탄핵소추가 국회에서 발의되고 이어 헌재가 탄핵심판을 하면서 그 총리령에 대해 심사할 수도 있다. ③ 권한쟁의심판 – 총리령으로 인해 행정각부 간에 권한획정을 둘러싼 분쟁이 발생하거나 지방자치단체와 정부 간의 다툼이 발생한 경우 등에 권한쟁의심판이 청구되면 문제의 총리령에 대해 헌재가 심사할 수 있다.

이러한 통제에 대한 자세한 것은 앞의 대통령령에서도 설명하였으므로 그것을 참조하면 된다.

(나) 헌법재판소에 의한 통제의 예

헌법재판소가 실제로 통제를 행한 총리령의 예로는 엔지니어링기술진흥법시행규칙(1993.5.26. 총리령 제420호로 전문개정된 것) 제3조 제1항 제2호에 대한 헌법소원사건결정 등이 있다.

판례 헌재 1997.3.27. 93헌마159, 판례집 9-1, 344면 이하 참조.

3. 국무총리의 의무와 책임

앞서 살펴본 국무총리의 권한이 동시에 그의 책임을 의미하기도 한다. 행정각부통할은 권한이자 대통령의 명에 따라 조정하여야 할 의무이기도 하다. 국회출석·답변의무, 부서와 보필의 책임도 그러하다. 또한 국무총리는 국회가 해임건의를 하면 이에 따를 책임, 헌재의 탄핵결정에 따를 책임 등도 진다. 국민으로부터 직선되어 임기가 보장되어 있는 대통령이 국회 앞에서 탄핵소추 외에 별로 책임을 지지 않는다는 점에서 대통령을 보필하는 국무총리는 국회에 대해서 책임을 지는 내각의 중심에 있고 대통령에 대해서도 책임을 지는 지위에 있다.

4. 국무총리의 권한행사에 대한 통제

위에서 관련되는 곳에서 다루었는데 정리하여 본다.

(1) 정부 내 통제

대통령의 명에 따라 행정각부를 통할하는 국무총리로서는 대통령의 명령, 지시로 통제를 받게 된다. 국무회의의 심의도 통제절차이다.

(2) 국회에 의한 통제

국회는 국무총리에 대해 국정감사·조사. 출석·답변의 요구, 해임건의, 탄핵소추 등을 통해 통제한다. 국무총리가 임명제청한 행정각부 장에 대한 인사청문, 총리령에 대한 심사 등에 의한 통제도 있다.

(3) 사법적 통제

법원은 국무총리가 행한 행정처분에 대한 행정소송, 총리령에 대한 위헌·위법심사 등을 통하여 통제할 수 있다. 헌법재판소는 총리령이 직접 국민의 기본권을 침해하는 경우 제기되는 헌법소원심판, 국무총리에 대한 탄핵심판, 권한쟁의심판 등을 통하여 통제할 수 있다.

(4) 국민에 의한 통제

국민은 자신의 기본권을 침해하는 총리령에 대한 헌법소원심판이나 국무총리의 행정처분에 대한 행정쟁송 등을 제기하여 통제할 수 있다. 청원권으로 국무총리의 퇴임을 요구할 수도 있다.

Ⅲ. 부총리

1. 연혁, 지위와 성격

부총리는 현행 헌법에서도 헌법에 직접 규정이 명시되지 않은 행정청이다. 그 점에서 비판이 있어 왔다. 과거 1963년 제3공화국 이른바 개발독재시절에 부총리제도를 법률인 정부조직법에 두고 경제기획원장관이 부총리를 겸하도록 하는 것을 시작으로 이후 줄곧 유지하여 왔고 제6공화국에 들어와서 정권에 따라 부총리제도를 두지 않은 때도 있었으며 부총리가 겸하는 행정각부를 달리하거나 인원을 달리하는 등의 변천도 있어 왔다. 현 정부에서는 부총리를 두고 있다.

부총리의 법적 지위는 ① 특별 사무 수임 행정청, ② 관련 중앙행정기관의 총괄·조정 기관, ③ 법률적 중앙행정관청으로서(헌법이 아닌 법률로 설치된 관청)의 지위와 성격을 가진다.

2. 현행 부총리

(1) 인원 및 임명대상(겸임)

현행 정부조직법은 부총리를 2명 두도록 하고 있는데, 부총리는 국무위원으로 보하며, 부총리는 기획재정부장관과 교육부장관이 각각 겸임하도록 하고 있다(동법 제19조 1항·2항·3항).

(2) 권한(임무)

정부조직법은 "국무총리가 특별히 위임하는 사무를 수행하기 위하여" 부총리를 둔다고 규정하여(동법 제19조 1항) 부총리는 특별 위임사무를 관장한다. 국무총리의 행정각부 통할권과 달리 특정한 사무에 한하여 총괄·조정권한을 가진다. 2인의 부총리 중 기획재정부장관은 경제정책에 관하여 국무총리의 명을 받아 관계 중앙행정기관을 총괄·조정하고, 교육부장관은 교육·사회 및 문화 정책에 관하여 국무총리의 명을 받아 관계 중앙행정기관을 총괄·조정한다(동법 동조 4항·5항).

Ⅳ. 국무위원

1. 헌법상 지위와 신분

(1) 헌법상 지위

1) 비교법적 지위

의원내각제에서의 국무위원은 정부의 의사결정기구에 있어서 실질적이고도 중요한 역할을 수행한다. 더구나 수상과 동료 간의 연대책임을 지기에 더욱 그러하다. 대통령제에서는 대통령의 보좌기관으로서 역할을 수행한다. 혼합정부제에서는 의원내각제적 요소로서 국무회의가 실질적인 의결기구로 인정된다.

2) 우리나라 역대헌법상의 국무위원의 지위

국무위원을 제헌헌법에서부터 헌법 자체에 규정하여 왔다. 의원내각제를 취했던 제2공화국에서의 지위가 가장 강한 편이었다. 특히 당시 제2공화국헌법이 연대책임을 명시하였기에 더욱 그러하였다. 제2공화국 헌법 제68조 제3항은 국무총리와 국무위원으로 조직되는 "국무원은 민의원에 대하여 연대책임을 진다"라고 명시하고 있었다.

3) 우리나라 현행헌법상의 국무위원의 지위

(가) 대통령의 보좌기관으로서의 지위

국무위원은 국정에 관하여 대통령을 보좌한다(제87조 2항). 의원내각제하의 국무위원이 당해 소관업무에 있어서 국가정책을 상당히 주도적으로 집행하는 것과 달리 대통령제를 주축으로 하고 있는 우리 정부형태에서는 국무위원이 대통령의 보좌기관의 지위에 있다.

(나) 국무회의의 구성원으로서의 지위

i) 국무회의의 구성원 – 국무위원은 국무회의의 구성원으로서 국정을 심의한다(제87조 2항). ii) 국무위원들 상호 간 동등성 – 국무회의의 구성원으로서 참여하는 국무위원들 간에는 동등한 지위가 보장되어 동등하게 심의에 참여한다. iii) 대통령·국무총리와의 심의활동상의 동등성 문제 – 국무위원이 대통령, 국무총리와 더불어 국무회의의 구성원이라고 하여 심의에 있어서 그들과 동등한 지위와 심의권을 가지는지가 논의된다. 국무회의에서 심의에 참여함에 있어서 차이를 둘 것은 아니다. 그런데 대통령이 의장이고 국무총리가 부의장인 국무회의라는 점, 국무위원은 대통령의 보좌기관이라는 점에서 실제에서는 그들과 같이 강한 발언권을 가지기는 힘들 것이다. iv) 심의참여의 범위 – 국무위원은 국무회의 구성원으로서 국무전반에 있어서 국무회의에 상정된 안건들에 대해 모두 심의할 권한을 가진다. 행정각부의 장이 정책집행을 자신의 소관업무에 대해 하는 것과 차이가 있다. 행정각부 장이 자신의 소관 업무 외의 업무도 국무위원으로서 국무회의에서 심의할 수 있다. v) 심의권의 실질성 문제 – 국무위원의 국무회의의 구성원으로서의 지위의 정도나 그가 가지는 심의권의 실질성 문제는 뒤의 국무회의의 지위나 그 실질적 권한 문제에 결부된다. 국무회의의 실질적 권한이 어떠한가에 따라 국무위원의 권한도 실질적으로 차이가 있게 된다(국무회의의 지위와 권한에 대해서는 후술).

(다) 행정각부의 장과의 관계

행정각부의 장은 국무위원 중에서 임명된다(제94조). 따라서 행정각부 장은 국무위원이어야 하나 국무위원 중에는 행정각부의 장이 아닌 국무위원도 있다.[1)]

(라) 실질적 기관으로서의 변화가능성

사실 대통령이 모든 국사를 일일이 세부사항까지 챙길 수 없으므로 국무위원에게 이를 맡길 수 있다. 이러한 경우 국무위원들의 역할이 중요하고 실질적 의사결정기관으로 활동할 여지가 있다. "입법론적으로는 이들 '보좌' 및 '부서'에 관한 사항은 국무위원의 지위에서가 아니라 장관의 지위로 전환시키고 국무위원으로서의 지위는 국무회의라는 회의체기관의 구성원으로 한정하는 것이 합리적이다. 그렇게 함으로써 국무회의가 명실상부한 국정의 최고정책심의기관으로

---

1) 이 점에서 성낙인(2013), 610면은 "국무위원은 국가최고심의기관의 구성원일 뿐만 아니라 특정 행정부처의 행정업무를 총괄하는 행정각부의 장이라는 이중적 지위에 있다"라고 하는 것은 우리 헌법에 있어서는 정확하지 않다.

서 정립될 수 있을 것"이라는 견해(성낙인(2015), 619면)도 있다. 경청할 가치가 있으나 현행 헌법에서 국무회의 자체의 지위를 실질화하는 해석(뒤의 국무회의 부분 참조)을 전제하는 것이 필요하고 현행 헌법이 어디까지나 대통령제를 주축으로 하고 있다는 점에서 그러한 견해는 해석상 한계가 있다. 오히려 국무위원으로서보다 행정각부의 장(장관)으로서의 역할이 더 중요할 수도 있다.

(2) 신분

1) 선임

국무위원은 국무총리의 제청으로 대통령이 임명한다(제87조 1항). 국무총리의 제청은 반드시 거쳐야 하나 그 제청의 내용이 대통령을 구속할 수는 없다(전술 국무총리 부분 참조). 국무위원 후보자는 국회의 인사청문의 대상으로서 국무위원의 임명은 인사청문절차를 거쳐야 한다(이에 대해서는 앞의 국회 부분 참조).

2) 문민원칙

국무위원에 대해서도 "군인은 현역을 면한 후가 아니면 국무위원으로 임명될 수 없다"라고 규정하여(제87조 4항) 문민원칙을 적용하고 있다. 이러한 문민원칙은 제헌헌법에서부터 존재해 왔다. 제헌헌법도 군인은 현역을 면한 후가 아니면 국무위원에 임명될 수 없다고 명시하고 있었다(제헌헌법 제69조 4항).

3) 국회의원과의 겸직 문제

의원내각제의 정부형태를 취하였던 제2공화국에서는 국무위원의 과반수는 국회의원이어야 한다(단, 민의원이 해산된 때에는 예외)고 규정하고 있었고(제2공화국헌법 제69조 5항), 반대로 대통령제의 정부형태를 취하였던 제3공화국에서는 국회의원은 국무위원을 겸할 수 없다고 헌법 자체가 금지하고 있었다(제3공화국헌법 제39조). 제4공화국헌법이 국회의원은 법률이 정하는 공사의 직을 겸할 수 없다고 규정하였고 제5공화국헌법과 제6공화국인 현행 헌법 또한 국회의원은 법률이 정하는 직을 겸할 수 없다고 규정하고 있다. 현행 국회법에서는 국회의원과 국무위원 간의 겸직을 금하지 않고 있어서 결국 겸직이 가능한데 국회법 제29조 제1항 본문은 "의원은 국무총리 또는 국무위원의 직 이외의 다른 직을 겸할 수 없다"라고 명시적으로 국회의원과 국무위원 간 겸직을 인정하고 있다. 생각건대 국무위원도 자신의 소관 업무가 전국가적으로 중요한 비중을 차지하고 있는 가운데 임무를 수행하고 있으므로 그 임무에 충실하도록 하기 위해서라도 국회의원이 국무위원으로 임명된 이후에는 의원으로서의 직무는 수행할 수 없게 하고 국무위원으로서 그 직무에 전념하도록 하는 것이 타당하다. 의원내각제적 요소로서의 의원직과의 겸직을 흔히 강조하지만 혼합정부제인 프랑스의 경우 의원내각제적 요소가 있는데도 의원과 장관과의 겸직을 금지하고 있다(프랑스 헌법 제23조 1항).

4) 공무원법상의 지위

정부조직법은 국무위원은 정무직(국가공무원법상의 공무원 구분 참조)으로 한다고 규정하고 있다(동법 제12조 2항).

5) 국무위원직의 소멸

스스로 사직하거나 국무총리의 해임건의에 의한 대통령의 면직을 통해 소멸된다. 국무총리가 임명제청한 국무위원의 면직의 경우에 국무총리도 연대책임을 지고 면직되어야 한다는 견해가 있으나 타당하지 않다.

2. 권한과 의무 및 책임

(1) 국정심의권(=국무회의 소집요구권 · 심의권 · 의안제출권)

국무위원은 국무회의의 구성원으로서 국정을 심의한다(제87조 2항 후문). 국무위원은 의장에게 의안을 제출하고 국무회의의 소집을 요구할 수 있다(제89조 17호, 동법 제12조 2항).

* 국무위원의 정책집행권 문제 － 국무위원은 국무회의의 구성원으로서 국정심의에 참여한다는 점에서 심의권을 행사하는 것이 원칙이고 각 소관업무의 구체적 집행의 권한은 행정각부의 장이 담당하여 국무위원은 소관업무 집행권이 없다고 보는 것이 일반적이다. 다만, 장관이 아니나 국무위원으로서 특정 정책에 대한 임무가 부여된 국무위원인 경우 그 특정 정책의 집행권을 담당한다고 볼 것이다.

(2) 대통령의 보좌권

국무위원은 국정에 관하여 대통령을 보좌한다(제87조 2항 전문).

(3) 권한대행권 · 직무대행권

ⅰ) 대통령 권한의 대행 － 대통령이 궐위되거나 사고로 인하여 직무를 수행할 수 없을 때에는 국무총리, 법률이 정한 국무위원의 순서로 그 권한을 대행한다(제71조). 법률이 정한 국무위원의 순서는 현재 정부조직법 제26조 제1항에 정한 순서인데 부총리 2인 다음으로 과학기술정보통신부, 외교부 … 등의 순서이다. ⅱ) 국무총리 직무의 대행 － 국무총리가 사고로 직무를 수행할 수 없는 경우에는 기획재정부장관이 겸임하는 부총리, 교육부장관이 겸임하는 부총리가, 부총리도 모두 사고로 직무를 수행할 수 없는 경우에는 대통령의 지명이 있으면 그 지명을 받은 국무위원이, 지명이 없는 경우에는 정부조직법 제26조 제1항에 규정된 순서에 따라 국무위원이 그 직무를 대행한다(전술 대통령, 국무총리 부분 참조).

(4) 부서권(부서의무)

대통령의 국법상 행위 모두에 대해 부서해야 하는 국무총리와 달리 국무위원들은 소관 사무에 관한 사항에 대해서만 부서한다(제82조).

(5) 국회출석 · 발언의 권한과 의무

국무위원의 이 권한에 대해서는 앞서 국무총리 부분에서 살펴본 바 있다(성격, 내용과 적용범위, 의무자, 절차, 효과 별로 앞에 서술한 것을 참조). 이는 권한이자(제62조 1항) 의무이기도(동조 2항) 하다. 이 의무는 국회의 행정부에 대한 통제기능으로서의 성격을 가지고 행정부에서 국회에 정보를 제공하는 기능을 한다는 의미를 가지기도 한다. 국무위원은 국회나 그 위원회에 출석하여 국정처리상황을 보고하거나 의견을 진술하고 질문에 응답할 수 있고 국회나 그 위원회의 요구가 있을 때에는 국무위원은 출석·답변하여야 한다(제62조). 이러한 출석의무는 본회의는 물론이고 상임위원회의 경우에도 적용된다. 국무위원이 출석요구를 받은 때에는 정부위원으로 하여금 출석·답변하게 할 수 있다(제62조 2항). 정부위원은 국무조정실의 실장 및 차장, 부·처·청의 처장·차관·청장·차장·실장·국장 및 차관보와 정부조직법 제29조 제2항·제34조 제3항 및 제37조 제2항에 따라 과학기술정보통신부·행정안전부 및 산업통상자원부에 두는 본부장이다(정부조직법 제10조). 국무위원이 국회의 출석·답변요구에 응하지 않을 경우 탄핵소추와 해임건의의 사유가 된다.

(6) 책임

국무위원은 국회의 해임건의의 의결, 국무총리의 해임건의에 따른 대통령의 면직결정 등으로 책임이 추궁되고 이에 따라야 한다.

3. 기타

국무위원 제도 자체가 상당히 의원내각제적인 것인데 대통령제를 취하면서 국무위원 제도를 둠으로써 장관과의 관계 등 혼란이 없지 않다. 의원내각제적 정부형태로 가면서 그대로 두든지 아니면 대통령제 하에서 차제에 좀더 정리가 되어야 하지 않나 한다.

* 여론 – 이른바 '국무위원급' 고위직 : 행정각부는 헌법 제96조에 따라 법률로 규정되어야 하고 행정각부 장도 따라서 그러한데 앞서 본 대로 행정각부의 장이 아닌 중앙행정관청도 법률이 정할 수 있고 이를 행정각부의 장이 되는 국무위원은 아니나 국무위원급의 기관을 설치할 수 있게 된다. 이 국무위원급 기관을 설치하는 데에는 다음과 같은 문제점들을 고려하여야 한다. ① 국무회의의 출석대상에서 제외되고 있는 경우 그 위상 면에서부터 담당업무의 수행력 발현이 불충분할 수 있다. ② 국회의 통제가 약화될 수 있다(예컨대 국회의 해임건의라는 통제는 정식의 국무위원만이 해임건의 대상이라면 비켜가게 됨). ③ 국무총리의 통할을 벗어나는 국무위원급이 담당하는 행정업무에 국무조정 등에 어려움이 나타날 수 있으므로 대통령이 직접 살펴야 할 경우도 있을 것이다. 국무회의를 구성하는 국무위원의 수가 15인 이상 30인 이하로 한정되어 있는데 전문성을 제고하고 특수성을 띠는 업무를 수행하게 하기 위한 기관의 설치가 필요하기도 하므로 적정한 선에서 위의 문제점을 보완하는 가운데 설치·운영되어야 할 것이다.

V. 국무회의

1. 국무회의의 헌법상 지위

(1) 비교법적 고찰

의원내각제의 정부에서는 국무회의가 의결기관으로 내각의 중요한 정책을 의결하는 권한을 가진다. 반면 대통령제에서는 국무회의가 대통령의 권한행사에 있어서 자문기관으로서의 역할을 한다. 혼합정부제에서는 의원내각제적 요소로서 국무회의제도는 역시 의결기관으로서 자리잡게 되는데 대통령이 의장으로 주재한다(혼합정부제에서의 대통령의 실질적 권한).

사실 국무회의가 정부형태의 논리적 귀결에 따라 위와 같은 역할을 한다고 보는 것이고 실제 헌정에서는 어떻게 운영되는지에 따라 그 실질적 지위 내지 권한의 모습이 다르게 나타날 것이다. 의원내각제에서도 국무회의에서 직접 결정되는 것보다 사전조율이 이루어진 의안을 회부하여 그것을 심의하고 확인하는 경우도 있다. 혼합정부제 국가들 중 하나인 프랑스에서는 국무회의에서 의안이 최종 결정된다기보다 그 초안을 국무회의가 확정하고 이후 행정각부에서 이를 결정으로서 집행하는 경우가 있고 대통령이 선호하는 의견을 제시하여 그것에 동조하는 인상의 국무회의(이를 공명상자(caisse de résonance)라고 비유하기도 함)라고 지적되기도 하며 국무회의에서의 심의결과가 정부의도의 단순한 선언이라고 판시한 행정판례도 있다. 대통령이 받아들인 사안에 대해서만 의사일정에 올리면 사실 토론이 이루어지지 않는다.[1)]

(2) 한국에서의 연혁과 비교법적 검토

1) 연혁

우리 헌법은 제헌헌법부터 계속 국무회의 제도를 헌법에 규정해서 이어오고 있다.

제1공화국 – 의결기관 – 제헌헌법은 대통령제를 근간으로 하면서도 국무회의제도를 두었고 당시의 국무회의는 의결기관이었다. 즉 제헌헌법 제68조는 "국무원은 대통령과 국무총리 기타의 국무위원으로 조직되는 합의체로서 대통령의 권한에 속한 중요 국책을 의결한다"라고 규정하였고 동 헌법 제70조는 대통령이 국무회의의 의장, 국무총리가 부의장으로 규정하였으며, 동 헌법 제72조는 국정의 기본적 계획과 정책, 조약안, 선전, 강화 기타 중요한 대외정책에 관한 사항, 헌법개정안, 법률안, 대통령령안 등 중요사항들을 국무회의의 의결을 거쳐야 한다고 규정하였다. 따라서 제헌헌법에서는 국무회의제도가 의원내각제적 요소로서 자리잡고 있었다. 당시의 국무회의의 의장은 대통령이었고 부의장은 국무총리였으며 국무회의의 의결은 과반수로써 행하고 의장은 의결에 있어서 표결권을 가지며 가부동수인 경우에는 결정권을 가졌다(제1공화국헌법 제71조).

제2공화국 – 의원내각제에서의 의결기관 – 제2공화국에서는 의원내각제의 정부였으므로 국무회의가 당연히 의결기관으로서의 지위를 가지고 있었다. 당시 헌법도 ① 국정의 기본적 계획과 정책, ② 조약안, 선전, 강화 기타 중요한 대외정책에 관한 사항, ③ 헌법개정안, 법률안, 국무원령안, ④ 예산안, 결산안 등의 사항은 국무회의의 의결을 경하여야 한다고 하여(제72조) 국무회의를 의결기관으로 규정하고 있었다.

제3공화국 이래 – 제3공화국부터는 다시 대통령제가 주축이 되면서 국무회의는 심의기

---

1) 위와 같은 취지의 지적으로, J. Gicquel, Droit constitutionnel et institutions politiques, 19e éd., Montchrestien, 2003, 573면; Ph. Ardant, 앞의 책, 497면 등 참조.

관이 되었다. 제3공화국헌법 제86조는, ① 국정의 기본적 계획과 정부의 일반정책, ② 선전·강화 기타 중요한 대외정책, ③ 조약안·법률안과 대통령령안, ④ 예산안·결산 등의 사항은 국무회의의 심의를 거쳐야 한다고 규정하였다. 제4공화국, 제5공화국에서도 국무회의는 심의기관으로 자리잡고 있었고, 현행 헌법에서도 그러하다. 대통령은 국무회의의 의장이 되고, 국무총리는 부의장이 된다.

* '국무원'이라는 용어 – 제1, 2공화국 헌법에서는 '국무회의'라는 용어 외에도 그 용어 이전에 '국무원'이라는 용어가 규정되어 있었으므로 양자의 구분이 필요할 것이다. '국무원'이란 행정권을 행사하는 하나의 합의체란 의미였고(제1공화국 헌법 제68조는 "국무원은 대통령과 국무총리 기타의 국무위원으로 조직되는 합의체"라고 규정하고, 제2공화국 헌법 제68조 제2항은 "국무원은 국무총리와 국무위원으로 조직한다"라고 규정하고 있었다) 국무회의는 그 합의를 도출해내기 위한 실제의 회의체를 의미하였다. 의원내각제에서 내각의 연대가 중요한 만큼 국무원이란 합의체를 의미하는 관념의 필요성이 크다.

2) 프랑스 제도와의 비교

우리나라가 대통령의 권한이 실질적이면서 의원내각제적 요소인 국무회의를 두고 있다는 점에서 혼합정부적인 유형에 가까운데 우리 제도의 특이성이나 그 헌법적 지위 내지 위상 등을 자리매김할 때 참고하기 위해 혼합정부제 국가인 프랑스의 경우와 비교해 본다. ① 먼저 국무회의가 프랑스의 경우 의원내각제적 전통에서 비롯된 것인데 우리의 경우 대통령제에 가미되고 있다는 점에서 연혁적 차이가 있다. ② 대통령이 주재한다는 점에서는 같다. 다만, 프랑스에서는 동거정부 상황에서는 대통령의 영향력이 약해진다고 평가된다. ③ 헌법에서 설치하도록 규정하고 있는 필수적 최고합의기관인 점도 양국에서 비슷하다. ④ 한국에서나 동거정부 아닌 프랑스에서는 대통령의 영향이 상당히 강하게 작용한다는 점에서 비슷하다.

(3) 헌법상 지위

1) 문제의 의미

국무회의가 헌법상 어떠한 지위를 가지느냐 하는 문제는 현실적으로 다시 다음의 2가지로 나누어지는 문제에 연결된다. 즉 ① 국무회의의 경유하는 과정이 구속적인가 아닌가 하는 문제와 ② 국무회의에서의 결정이 구속력을 가져 의결기관으로서 자리잡고 있느냐 아니면 단순한 자문기관이나 심의기관에 불과한가 하는 문제이다. ②의 문제는 뒤에서 국무회의심의의 법적 구속력 여부의 문제로 별도로 살펴본다(후술 참조).

2) 현행 우리 국무회의의 헌법상 지위

(가) 심의기관으로서의 지위

국무회의는 정부의 권한에 속하는 중요한 정책을 심의한다(제88조 1항).

가) 심의기관의 의미에 관한 학설

현행 헌법이 단순히 '심의'라고 하여 그 의미가 무엇인지 논란이 된다. 현행 헌법에서의 국무회의의 성격에 대해 ① 국무회의의 심의결과가 대통령과 정부를 구속하지 않는 단순한 자문의 의미만을 가지므로 국무회의도 자문기관으로 보는 설(자문기관설), ② 국무회의의 심의결과가 대통령과 정부를 구속하지는 않지만 그러한 심의는 반드시 거쳐야 한다는 점에서 심의기능의 역할을 하는 것이므로 국무회의를 심의기관으로 보는 설(심의기관설), ③ 국무회의에서의 심의결과 내린 결정에 대통령과 정부도 따라야 하는 것이고 따라서 국무회의는 의결기관이라고 보는 설(의결기관설) 등의 견해가 나올 수 있다.

우리 학설은 대체적으로 심의기관설을 취하고 있다. 우리 국무회의는 우리 정부형태가 의원내각제가 아니고 헌법조문이 '심의'라고 규정하고 있으므로 의결기관이라고 보기 힘들고 그렇다고 미국식 대통령제의 자문기관에 불과하다고 보기도 어렵다는 것이 심의기관설의 논거이다.

심의기관이 통설이라 하면서 헌재판례도 마치 그런 것처럼 헌재의 "국무회의의 의결은 국가기관의 내부적 의사결정행위에 불과하여" 헌법소원심판의 대상인 공권력행사가 아니라는 판시를 인용하는 교과서(성낙인(2013), 621면)가 있으나 이 판시는 대국민적 효과가 없어 헌법소원심판의 대상이 아니라는 것을 설명한 것이지 국무회의가 심의기관이라고 하고 있지 않고 오히려 국무회의의 '의결'이란 말을 사용하고 있기도 하여 적절한 판례인용이 아니다.

나) 사견 : 개별설

우리나라의 정부형태가 대통령제이므로 국무회의를 헌법의 규정이 없는 한 전적으로 의결기관으로 볼 수는 없다. 그리고 헌법문언이 심의한다라고 규정하고 있는데 전적으로 자문기관만으로 볼 수도 없다. 그렇다고 하여 국무회의의 심의사항을 일률적으로 자문사항이라거나 의결사항으로 어느 하나의 성격으로 통일하여 동일한 것이라고만 볼 수는 없다.

생각건대 현행 헌법 제89조가 국무회의의 심의사항으로 하고 있는 권한들을 개별적으로 고찰하여 헌법이 '대통령'의 권한으로 규정하고 있는 경우에는[예를 들어 긴급명령권(제76조 2항), 조약체결권(제73조), 헌법개정제안권(제128조 1항) 등] 심의기관으로서 그 권한사항들을 심의하고 헌법이 '정부'의 권한으로 명시하고 있는 경우에는[예를 들어 정당해산제소권(헌법 제8조 4항), 법률안제출권(제52조), 예산안편성권(제54조 2항) 등] 의결기관으로 보아야 한다. 그 논거는 첫째, 헌법이 대통령 단독이 아니라 대통령뿐 아니라 행정부 모두를 합친 개념인 '정부'를 그 주체로 하였고 이는 국무회의의 구성원들이기도 한데 정부의 권한을 단순히 심의에 그치게 하는 것은 헌법제정자의 의도나 균형에 맞지 않다. 둘째, 가능한 한 다수의 논의가 독임기관에 의한 판단보다 합리적인 판단이 나올 가능성이 많다. 셋째, 우리 학설은 국무회의를 의원내각제적 요소라고 보는데 의원내각제하의 내각회의는 실질적 의결기관이므로 우리 국무회의에 대해서도 어느 정도의 의결권을 부여하여야 의원내각제적 요소라고 볼 수 있게 되기 때문이다.

판례 우리 헌재의 판시 중에 '의결'이란 용어를 사용하고 있는 결정례가 있다. 통합진보당 해산결정에서 헌재는 "국무회의에서 피청구인에 대한 정당해산심판청구서 제출안이 의결되었고", "위 국무회의의 의결이 위법하다고 볼 수 없다"라고 판시한 바 있다(헌재 2014.12.19. 2013헌다1).

(나) 필수적 기관

현행 헌법 제89조는 국무회의의 심의를 "거쳐야 한다"라고 규정하고 있으므로 필수적으로 그 심의를 거쳐야 하는 기관이고 따라서 반드시 설치되어야 하는 것은 물론이고 심의대상 사항은 반드시 국무회의의 심의를 거쳐야 한다. 심의만 거치면 되고 그 결과에 대해 대통령이 구속되지 않는다는 것이 종래 우리의 지배적 학설인 심의기관설이었다. 그러나 우리는 심의사항들 중에 정부의 권한에 속하는 사항들을 심의하는 경우에는 의결적인 것이고 대통령, 정부를 구속한다고 보았다. 이러한 필수성이 그나마 대통령의 일방적 아집과 독선에 흐를 수 있는 것을 국무회의가 막는다는 제도적 의미를 가진다.

(다) 최고·독립의 심의기관

정부 내에서 국무회의는 최고의 최종적인 심의기관이다. 국무회의의 심의의 결과에 대해 정부 내에서 이를 번복할 수 있는 기관이 없다. 대통령과 국무총리를 의장, 부의장으로 하여 구성되긴 하지만 헌법법리상으로는 국무위원들 모두가 동등한 지위로 국무회의에 참여한다. 이 점에서 독립성을 가진다. 현실적으로는 대통령과 국무총리, 국무위원의 위계서열이 있을 것이나 법리적으로 그러하다는 것이다.

(라) 합의제 회의체기관

국무회의는 대통령이 주재하긴 하나 다수의 의사를 도출하여 결론을 내리는 합의제 회의체의 헌법상 국가기관이다. 현실적으로 대통령의 영향력으로 인해, 충분한 토론, 심의가 활발하지 않고 또 사전에 관련 부들 간에 조율된 안에 대하여 확인하는 정도에 그칠 수도 있다. 수동적 합의제는 국무회의 제도 자체의 유지에 대해 회의를 가져오게 한다. 적극적인 토론을 통하여 대통령의 독주를 견제하고 보다 이성적이고 합리적인 국가정책이 결정되도록 이끌어가는 국무회의의 역할을 다하도록 하여야 한다. 행정각부 장관도 국무회의에 국무위원으로서 참여하는 것이므로 자신의 행정각부 소관 의안만 토론에 참여할 것이 아니라 다른 부의 관련된 의안일지라도 정부와 국가 전체의 차원에서 의견을 개진하는 등 적극성을 보여야 한다. 국무회의 운영에 관한 대통령령인 국무회의 규정 제2조 제1항도 "국무회의는 국가의 중요 정책이 전 정부적 차원에서 충분히 심의될 수 있도록 운영되어야 한다"라고 규정하고 있다.

(마) 대통령주재의 회의체기관

대통령은 국무회의의 의장으로서(제88조 3항) 회의를 소집하고 주재한다(정부조직법 제12조 1항). 따라서 국무회의는 대통령이 주재하는 회의체의 기관이다.

2. 구성

국무회의는 대통령·국무총리와 15인 이상 30인 이하의 국무위원으로 구성한다(제88조 2항).

대통령은 국무회의의 의장이 되고, 국무총리는 부의장이 된다(동조 3항). 국무위원은 정무직으로 한다(정부조직법 제12조 3항).

3. 운영

(1) 소집과 주재

대통령은 국무회의 의장으로서 회의를 소집하고 이를 주재한다(정부조직법 제12조 1항). 국무위원은 의장에게 의안을 제출하고 국무회의의 소집을 요구할 수 있다(동법 동조 3항). 국무회의의 운영에 관하여 필요한 사항은 대통령령으로 정한다(동법 제12조 4항). 이 대통령령이 '국무회의규정'이다. 국무회의는 정례국무회의와 임시국무회의로 구분하되, 정례국무회의는 매주 1회 소집하고, 임시국무회의는 필요에 따라 그때그때 소집한다(국무회의규정 제2조 2항).

(2) 의장직무대행

의장이 사고로 직무를 수행할 수 없는 경우에는 부의장인 국무총리가 그 직무를 대행하고, 의장과 부의장이 모두 사고로 직무를 수행할 수 없는 경우에는 기획재정부장관이 겸임하는 부총리, 교육부장관이 겸임하는 부총리 및 동법 제26조 제1항에 규정된 순서에 따라 국무위원이 그 직무를 대행한다(동법 제12조 2항). 정부는 국무회의의 심의를 거쳐 헌법재판소에 정당해산심판을 청구할 수 있다(헌재법 제55조). 헌법도 국무회의의 필수적 심의사항으로 규정하고 있다(헌법 제89조 14호). 실제의 예가 있었다. 통합진보당의 해산심판사건에서는 대통령 해외순방 중 차관회의의 사전심의도 거치지 않고 국무총리가 대행하여 주재한 국무회의에서 정당해산심판청구서 제출안이 의결되어 부적법하다는 주장이 제기되었다. 헌재는 의안이 긴급한 의안에 해당한다고 본 정부의 판단에 재량의 일탈이나 남용의 위법이 없어서 국무총리가 대행한 국무회의에서 심의를 거쳐 제출된 제소안이 적법하다고 보았다.

판례 헌재 2014.12.19. 2013헌다1.

[판시] 정부조직법 제12조에 의하면, 대통령은 국무회의의 의장으로서 회의를 소집하고 이를 주재하지만 대통령이 사고로 직무를 수행할 수 없는 경우에는 국무총리가 그 직무를 대행한다. 대통령이 해외순방 중인 경우는 일시적으로 직무를 수행할 수 없는 경우로서 '사고'에 해당된다고 할 것이므로(직무대리규정 제2조 제4호 참조), 위 국무회의의 의결이 위법하다고 볼 수 없다. 또한 국무회의 규정 제5조 제1항에 의하면 국무회의에 제출되는 의안은 긴급한 의안이 아닌 한 차관회의의 심의를 거쳐야 한다고 규정하고 있으나, 의안의 긴급성에 관한 판단에는 원칙적으로 정부의 재량이 있다고 할 것이고, 피청구인 소속 국회의원 등이 연루된 내란관련 사건이 발생한 상황에서 제출된 피청구인 해산심판청구에 대한 의안이 긴급한 의안에 해당한다고 본 정부의 판단에 재량의 일탈이나 남용의 위법이 있다고 단정하기 어렵다. 결국 이 사건 정당해산심판청구는 관련 법령에 따라 적법하게 이루어진 것으로 그 절차에 하자가 없고, 이를 다투는 피청구인의 주장은 모두 이유 없다.

(3) 출석·발언자

국무회의에 출석·발언할 수 있는 주체는 대통령, 국무총리, 국무위원임은 물론인데 정부조직법은 범위를 넓혀 국무조정실장 · 국가보훈처장 · 인사혁신처장 · 법제처장 · 식품의약품안전처장 그 밖에 법률로 정하는 공무원은 필요한 경우 국무회의에 출석하여 발언할 수 있고 위 실장 등은 소관사무에 관하여 국무총리에게 의안의 제출을 건의할 수 있다고 규정하고 있다(동법 제13조). 국무회의규정은 위 실장, 처장들 외에 대통령비서실장, 국가안보실장, 대통령비서실 정책실장, 국무조정실장, 국가보훈처장, 인사혁신처장, 법제처장, 식품의약품안전처장, 공정거래위원회위원장, 금융위원회위원장, 과학기술혁신본부장, 통상교섭본부장 및 서울특별시장이 배석한다고 규정하고 있고, 의장이 필요하다고 인정하는 경우에는 중요 직위에 있는 공무원을 배석하게 할 수 있다고 규정하고 있다(동 규정 제8조 1항). 방송통신위원회 위원장도 필요한 경우 국무회의에 출석하여 발언할 수 있다고 '방송통신위원회의 설치 및 운영에 관한 법률' 제6조 제2항이 규정하고 있다. 위 규정이 공정거래위원회위원장이 배석할 수 있음을 규정하고 있지만 '독점규제 및 공정거래에 관한 법률' 제38조 제2항도 "위원장은 국무회의에 출석하여 발언할 수 있다"라고 명시하고 있다.

국무회의의 참석자가 너무 많으면 충실한 토론이 어렵다는 견해들이 있다. 이 문제는 먼저 국무위원의 수가 적정한가 하는 문제와 연관된다. 현대사회에서, 더구나 날로 확대되는 한국행정이 그 전문성을 더욱 요구해가고 있어서 그것에 부응한 국무위원의 수가 적절히 늘어날 수 있을 것이다. 그런데 회의체에서 15인 정도를 넘어서면 발언시간이 많이 소요되는 등 회의 진행에 어려움이 있는 것은 사실이다. 그렇다고 전문적인 실 · 처장, 위원장 들의 참여가 절실함에도 배제하는 것은 나머지 국무위원들의 정보수요를 생각하더라도 바람직하지 않다. 대안으로 국무회의를 2개 부로 나누어 토론하고 전체회의를 진행하도록 하는 방안 등이 모색될 수 있을 것이다.

(4) 의안의 제출

대통령 · 국무총리 또는 국무위원은 헌법 제89조 및 법령에 규정된 국무회의의 심의사항을 의안으로 제출하고, 중요 정책을 시행하기 위하여 필요한 법령안을 제출할 때에는 그 정책의 내용을 심의하기 위한 자료를 함께 제출하거나 그 정책의 내용을 심의하기 위한 의안을 미리 제출하여야 하며, 국무회의에서 중점 심의되어야 할 중요 사항에 대해서는 그 심의에 필요한 검토의견 등을 해당 의안에 분명히 밝혀 제출하여야 한다(국무회의규정 제3조 1항 · 2항 · 3항). 국내외 중요 정보의 분석 상황, 정부의 역점사업 추진 현황 등의 어느 하나에 해당하는 사항으로서 중요 정책에 관계되는 사항은 국무회의에 수시로 보고하여야 한다(동 규정, 동조 6항). 국무회의에 상정할 의안으로서 2개 이상의 부 · 처에 관련되는 의안은 사전에 관계 부 · 처 간의 합의를 얻어서 제출하여야 한다(동 규정 제4조).

또한 국무회의에 제출된 의안은 먼저 차관회의의 심의를 거쳐야 한다. 다만, 긴급한 의안은 그러하지 아니하다(국무회의 규정 제5조 1항). 이는 부 · 처 간 사전조율을 위한 것임은 물론이다.

* 사전 차관회의 경유 없는 국무총리대행의 국무회의와 정당해산심판청구 – 대통령이 직무상 해외 순방 중이던 2013.11.5. 국무총리가 주재한 국무회의에서 통합진보당에 대한 정당해산심판청구서 제출안이 의결되었다. 그런데 위 의안에 대하여는 차관회의의 사전 심의를 거치지 않은 사실이 인정되었고 이는 위법한 것이라는 주장이 제기되었다. 그러나 헌재는 이 주장을 배척하였다.

판례 헌재 2014.12.19. 2013헌다1

[판시] 국무회의 규정 제5조 제1항에 의하면 국무회의에 제출되는 의안은 긴급한 의안이 아닌 한 차관회의의 심의를 거쳐야 한다고 규정하고 있으나, 의안의 긴급성에 관한 판단에는 원칙적으로 정부의 재량이 있다고 할 것이고, 피청구인 소속 국회의원 등이 연루된 내란관련 사건이 발생한 상황에서 제출된 피청구인 해산심판청구에 대한 의안이 긴급한 의안에 해당한다고 본 정부의 판단에 재량의 일탈이나 남용의 위법이 있다고 단정하기 어렵다. 결국 이 사건 정당해산심판청구는 관련 법령에 따라 적법하게 이루어진 것으로 그 절차에 하자가 없고, 이를 다투는 피청구인의 주장은 모두 이유 없다.

(5) 의사과정

국무회의는 구성원 과반수의 출석으로 개의하고, 출석구성원 3분의 2 이상의 찬성으로 의결한다(국무회의규정 제6조 1항). 국무회의규정은 '의결'한다고 규정하고 있으나 위에서 본 것처럼 국무회의의 헌법상 지위와 그 결정의 효력에 대해서는 논란이 있다. "국무회의는 구성원이 동영상 및 음성이 동시에 송수신되는 장치가 갖추어진 서로 다른 장소에 출석하여 진행하는 원격영상회의 방식으로 할 수 있다. 이 경우 국무회의의 구성원은 동일한 회의장에 출석한 것으로 본다"(동 규정 동조 2항). 이는 원격동영상회의가 가능하도록 하기 위한 것이고 현재 세종청사와 서울청사 간에 원격동영상회의가 이루어지고 있다.

국무회의에 상정할 의안은 사전에 차관회의의 심의나 부처 간 합의를 거치도록 되어 있어(동 규정 제5조, 제4조) 의결의 의미가 그것의 확인일 수 있다. 그런데 우리는 아래의 5.에서 보듯이 국무회의의 심의결과가 법적 구속력을 가지는 심의사항들이 있음을 인정하는데 우리의 견해에 따르면 그러한 심의사항들에 대해서는 특히나 국무회의에서의 회의가 단순한 요식적인 확인이어서는 아니 된다(물론 사전에 제대로 합의된 것을 확인하는 것은 문제가 없다). 국무위원이 국무회의에 출석하지 못할 때에는 각 부의 차관이 대리하여 출석하는데 대리 출석한 차관은 관계 의안에 관하여 발언할 수 있으나 표결에는 참가할 수 없다(동 규정 제7조).

4. 심의의 범위(사항)

국무회의는 정부의 권한에 속하는 중요한 정책을 심의한다(제88조 1항). 헌법상 필수적 심의사항이 명시되어 있다. 즉 다음 사항은 국무회의의 심의를 거쳐야 한다(제89조).

1. 국정의 기본계획과 정부의 일반정책
2. 선전·강화 기타 중요한 대외정책
3. 헌법개정안·국민투표안·조약안·법률안 및 대통령령안

4. 예산안 · 결산 · 국유재산처분의 기본계획 · 국가의 부담이 될 계약 기타 재정에 관한 중요사항
5. 대통령의 긴급명령 · 긴급재정경제처분 및 명령 또는 계엄과 그 해제
6. 군사에 관한 중요사항
7. 국회의 임시회 집회의 요구
8. 영전수여
9. 사면 · 감형과 복권
10. 행정각부간의 권한의 획정
11. 정부안의 권한의 위임 또는 배정에 관한 기본계획
12. 국정처리상황의 평가 · 분석
13. 행정각부의 중요한 정책의 수립과 조정
14. 정당해산의 제소
15. 정부에 제출 또는 회부된 정부의 정책에 관계되는 청원의 심사
16. 검찰총장 · 합동참모의장 · 각군참모총장 · 국립대학교총장 · 대사 기타 법률이 정한 공무원과 국영기업체관리자의 임명
17. 기타 대통령 · 국무총리 또는 국무위원이 제출한 사항

5. 국무회의심의의 법적 구속력 여부

이에는 다음과 점들이 논점으로 제기된다. ① 국무회의의 심의를 거쳐야 할 사항을 거치지 않은 경우에 그 법적 효력은 어떠한가 하는 문제, ② 심의를 거쳤는데 그 심의결과에 대통령과 정부 전체가 따라야 하는가 하는, 즉 법적 구속력의 문제, ③ 국무회의의 심의결과에 대해 사법적 판단이 가해질 수 있는가 하는 문제 등이 그것이다.

(1) 경유의 의무 - 불경유의 효과

헌법 제89조가 "심의를 거쳐야 한다"라고 명시하고 있으므로 심의를 거쳐야 할 사항은 국무회의의 경우가 의무적이므로 이를 거쳐야 한다. 국무회의의 심의를 거쳐야 할 사항을 거치지 않고 그 사항에 관한 국법상 행위를 한 경우에 그 법적 효력이 어떠한가 하는 것이 논의된다.

1) 학설

위헌무효설(국무회의 심의는 심의사항인 경우에는 그 사항에 관한 행위의 효력요건이므로 이를 결여한 행위는 위헌으로서 무효라는 견해)과 적법요건설(심의가 그 행위의 적법성요건일 뿐이지 효력요건은 아니므로 심의를 거치지 않은 국법상 행위도 무효는 아니며 단지 불법이므로 탄핵소추사유가 된다는 견해)이 대립된다.

2) 사견

생각건대 심의사항인데도 이를 거치지 않은 것은 심의가 그 국법상 행위의 적법요건이자

효력요건이기도 하므로 심의를 거치지 않고 행한 그 사항에 대한 정책결정이나 집행 등 국법상 행위는 효력이 없다. 위헌무효설이 타당하다. 또한 심의 필수사항인데 이를 거치지 않은 위와 같은 경우 탄핵소추사유가 될 수 있다.

(2) 대통령, 정부에 대한 구속력 여부

국무회의의 결정이 대통령이나 정부를 구속하느냐 하는 문제는 바로 앞에서 본 국무회의의 헌법적 지위에 관련되는 문제이다. 우리나라의 대체적인 학설의 입장은 국무회의 심의의 경유는 의무적이나 그 결정이 대통령을 구속하지는 않는다는 심의기관설이다. 우리의 사견은 심의대상 사항이 대통령만의 권한으로 헌법이 규정하였느냐, 그렇지 않고 정부의 권한으로 헌법이 규정하였느냐에 따라 전자의 경우에는 구속력이 없는 심의적인 성격을 후자의 경우에는 구속력을 가지는 의결적 성격을 가진다고 본다(개별설).

(3) 사법적 통제의 문제

국무회의의 결과에 대해 법원이나 헌법재판소의 판단이 이루어질 것인지 하는 문제가 있다. 헌법재판소는 이라크전쟁파견동의안에 대한 국무회의의 의결에 대한 헌법소원심판에 있어서 국무회의의 의결은 국가기관의 내부적 의사결정행위에 불과하여 헌법소원의 대상이 되지 않는다고 보아 부정적이다.

판례 헌재 2003.12.18. 2003헌마225, 이라크전쟁파견동의안의결 위헌확인결정

[심판대상] 국무회의의 2003.3.21.자 '국군부대의 대이라크전쟁파견동의안'(이하 '이 사건 파병동의안'이라고 한다) 의결의 위헌여부. [각하결정이유의 요지] 공권력의 행사에 대하여 헌법소원심판을 청구하기 위하여는 공권력의 주체에 의한 권력의 발동으로서 국민의 권리 의무에 대하여 직접적인 법률효과를 발생시키는 행위가 있어야 한다. 이 사건에서 심판의 대상이 되는 국무회의의 이 사건 파병동의안 의결이 이러한 공권력의 행사인지의 점에 관하여 살피건대, 국군을 외국에 파견하려면, 대통령이 국무회의의 심의를 거쳐 국회에 파병동의안 제출, 국회의 동의(헌법 제60조 제2항), 대통령의 파병결정, 국방부장관의 파병 명령, 파견 대상 군 참모총장의 구체적, 개별적 인사명령의 절차를 거쳐야 하는바, 이러한 절차에 비추어 파병은 대통령이 국회의 동의를 얻어 파병 결정을 하고, 이에 따라 국방부장관 및 파견대상 군 참모총장이 구체적, 개별적인 명령을 발함으로써 비로소 해당 국민, 즉 파견 군인 등에게 직접적인 법률효과를 발생시키는 것이고, 대통령이 국회에 파병동의안을 제출하기 전에 대통령을 보좌하기 위하여 파병 정책을 심의, 의결한 국무회의의 의결은 국가기관의 내부적 의사결정행위에 불과하여 그 자체로 국민에 대하여 직접적인 법률효과를 발생시키는 행위가 아니므로 헌법재판소법 제68조 제1항에서 말하는 공권력의 행사에 해당하지 아니한다.

Ⅵ. 자문회의

1. 국가원로자문회의

(1) 직무와 성격

국정의 중요한 사항에 관한 대통령의 자문에 응하기 위하여 국가원로로 구성되는 국가원

로자문회의를 둘 수 있다(제90조 1항). '둘 수 있다'라고 규정하여 설치 여부가 강제적이지 않아 임의기관의 성격을 가진다. 국가원로자문회의의 직무범위는 법률로 정한다(동조 3항).

(2) 구성

국가의 원로들로 구성된다. 국가원로자문회의의 의장은 직전대통령이 되는데. 다만, 직전 대통령이 없을 때에는 대통령이 지명한다(동조 2항). 국가원로자문회의의 조직 기타 필요한 사항은 법률로 정한다(동조 3항). 이 헌법규정에 따라 1988년에 국가원로자문회의법이 제정되었으나 논란이 있었고 이듬해 "취지를 넘어 비대기구화함으로써 국가예산의 낭비를 초래할 우려가 있고, 순수한 자문기구의 기능을 일탈하여 행정기구의 중복현장을 가져오는 등 일부 조직원리상 문제가 있으므로 이를 폐지하려는 것임"이라는 이유로(법제처 설명) 폐지되었다. 2009년에 대통령령으로 '국민원로회의 규정'을 두었으나 그 규정도 "국민대통합위원회 등 비슷한 기능을 수행하는 대통령자문기구가 발족되어 국민원로회의를 존속시킬 필요성이 낮은 점을 고려하여"(법제처 설명) 2013년에 폐지하였다.

(3) 검토

국가원로의 경륜은 소중한 자산일 수 있으므로 이를 정치에 살리고 국민통합을 이루도록 하려는 것이 헌법의 취지이다, 그러나 지난 시절 정치상황 속에서 그 기능은 물론 설치도 제대로 되지 못했다. 그동안 국정전환을 위한 그 기능이 유사한 다른 합의체가 있다가 사라지다가 한 것은 국가원로자문회의의 기능에 회의를 더하게 하는 것이었다. 국가원로의 개념과 그 범위가 문제될 수 있다. 파당성을 벗어나 국민의 존경을 받는 객관적 평가기준이 필요하다. 이러한 전제하에서 헌법의 원취지가 제대로 살려질 수 있게 하는 설치와 운영이이 필요하다.

2. 국가안전보장회의

(1) 직무와 성격

국가안전보장에 관련되는 대외정책·군사정책과 국내정책의 수립에 관하여 국무회의의 심의에 앞서 대통령의 자문에 응하기 위하여 국가안전보장회의를 둔다(제91조 1항). 국가안전보장회의의 직무범위는 법률로 정한다(제91조 3항). i) 필수기관성 – '둔다'라고 규정하여 반드시 설치되어야 하는 헌법상의 강제적·필수적 기관이다. 헌재도 국가안전보장회의가 필수기관으로 보고 있다(헌재 1994.4.28. 89헌마221). ii) 사전적 자문기구성 – 국무회의의 심의가 있기 전에 자문을 하여야 한다는 점에서 사전적 자문기구이다.

(2) 구성

국가안전보장회의의 구성방식이나 구성원에 관하여 헌법 자체가 규정을 두고 있지 않다. 국가안전보장회의의 조직 기타 필요한 사항은 법률로 정하도록 위임되어 있는데(제91조 3항) 그 법률이 국가안전보장회의법이다. 이 법은 국가안전보장회의는 대통령, 국무총리, 외교부장관, 통일부장관, 국방부장관 및 국가정보원장과 대통령령으로 정하는 위원으로 구성하도록 규정하고 있다(국가안전보장회의법 제2조 1항).

대통령은 국가안전보장회의의 의장이 된다(동법 동조 2항). 회의에서 위임한 사항을 처리하기 위하여 상임위원회를 둔다(동법 제7조의2 1항).

(3) 의사절차

국가안전보장회의는 대통령이 주재한다(제91조 2항). 의장(대통령)은 회의를 소집하고 주재하는데, 의장은 국무총리로 하여금 그 직무를 대행하게 할 수 있다(국가안전보장회의법 제4조). 의장은 필요하다고 인정하는 경우에는 관계 부처의 장, 합동참모회의 의장 또는 그 밖의 관계자를 회의에 출석시켜 발언하게 할 수 있다(동법 제6조). 국가안전보장회의는 관계 부처에 자료의 제출과 그 밖에 필요한 사항에 관하여 협조를 요구할 수 있고(동법 제9조), 국가정보원장은 국가안전보장에 관련된 국내외 정보를 수집·평가하여 회의에 보고함으로써 심의에 협조하여야 한다(동법 제10조).

(4) 결정의 효과

헌재는 국가안전보장회의가 국군의 외국파견결정(의결)을 하더라도 이는 국가기관 내부의 의사결정, 특히 대통령에 대한 권고 내지 의견제시에 불과할 뿐 법적 구속력이 있거나 대외적 효력이 있는 행위라고 볼 수는 없다고 한다. 그리하여 '국가안전보장회의가 2003.10.18. 일반사병을 이라크에 파견하기로 한 결정'이 아니라 대통령이 대외·군사정책의 수뇌부가 모인 가운데 자문을 거쳐 의결로 파병을 결정하고 공표하였다면 그 결정은 실질적으로 대통령의 파병결정이 심판의 대상이라고 보았다. 이는 이라크 파병결정에 대한 헌법소원심판결정에서의 판시이다.

판례 헌재 2004.4.29. 2003헌마814

[사건개요] 청구인은 일반 국민의 한 사람인바, 대한민국 정부가 2003.10.18. 국군을 이라크에 파견하기로 한 것은 침략적 전쟁을 부인한다고 규정하고 있는 헌법 제5조에 위반될 뿐만 아니라 특히 의무복무를 하는 일반 사병은 급여를 받는 직업군인인 장교 및 부사관과 달리 실질적으로 급여를 받지 못하는 바 일반 사병을 이라크에 파견하는 것은 국가안전보장 및 국방의 의무에 관한 헌법규정에 위반된다는 이유로 위 파병의 위헌확인을 구하는 이 사건 헌법소원심판을 청구하였다. [심판의 대상] 심판청구서에는 '국가안전보장회의가 2003.10.18. 일반사병을 이라크에 파견하기로 한 결정'의 위헌확인을 구하고 있다. 그러나 국가안전보장회의는 헌법상 대통령의 자문기관에 불과할 뿐 공권력의 행사, 특히 문제된 국군의 외국에의 파견이라는 국가행위(공권력행사)의 주체가 될 수 없다. 가사 국가안전보장회의가 그와 같은 결정(의결)을 하더라도 이는 국군통수권자인 대통령의 결정으로 볼 수 있음은 별론으로 하고 국가기관 내부의 의사결정, 특히 대통령에 대한 권고 내지 의견제시에 불과할 뿐 법적 구속력이 있거나 대외적 효력이 있는 행위라고 볼 수는 없다. 살피건대 국가안전보장회의는 국가안보와 관련한 대외정책·군사정책의 수립에 관하여 헌법상 대통령의 자문기관이고 그 의결에 구속력이 없어 그 자체로는 법적 효력이 없지만, 대통령이 대외·군사정책의 수뇌부가 모인 가운데 자문을 거쳐 의결로 파병을 결정하고 공표하였다면 그 결정은 실질적으로 대통령의 파병결정이라고 할 것이므로 이 사건의 심판대상을 대통

령의 파병결정으로 보아야 옳다고 할 것이며, 청구인의 청구취지에도 부합한다. 그렇다면 이 사건 심판의 대상은 '대통령이 2003.10.18. 국군(일반사병)을 이라크에 파견하기로 한 결정'의 위헌여부라고 할 것이다. * 그러나 헌재는 대통령의 파병결정으로 보더라도 그 결정은 대통령의 고도의 정치적 결단이 요구되는 사안이어서 사법적 판단을 자제함이 타당하다고 하여 본안판단에 들어가지 않고 각하결정을 하였다.

3. 민주평화통일자문회의

(1) 직무 및 성격

평화통일정책의 수립에 관한 대통령의 자문에 응하기 위하여 민주평화통일자문회의를 둘 수 있다(제92조 1항). 민주평화통일자문회의의 조직·직무범위 기타 필요한 사항은 법률로 정한다(제92조 2항). 이 법이 민주평화통일자문회의법이다. 민주평화통일자문회의는 ① 통일에 관한 국내외 통일여론 수렴, ② 통일에 관한 국민적 합의 도출, ③ 통일에 관한 범민족적 의지와 역량의 결집, ④ 그밖에 대통령의 평화통일정책에 관한 자문·건의를 위하여 필요한 사항의 기능을 수행함으로써 조국의 민주적 평화통일을 위한 정책의 수립 및 추진에 관하여 대통령에게 건의하고 대통령의 자문에 응한다(민주평화통일자문회의법 제2조). 민주평화통일자문회의는 조국의 민주적 평화통일을 추진하기 위한 통일촉진기금을 따로 설치·운용할 수 있다(동법 제30조 1항).

"둘 수 있다"라고 하여 임의적 자문기관이라고 볼 수 있다. 현재 실제로 설치, 운영되고 있다.

한편 2014년에 대통령 소속이자 대통령이 위원장인 통일준비위원회가 '통일준비위원회의 설치 및 운영에 관한 규정'(대통령령)으로 설치되었는데 이 위원회는 통일 준비를 위한 기본방향에 관한 사항, 통일 준비 관련 제반 분야의 과제 발굴·연구에 관한 사항 등을 심의하고 통일 준비에 관하여 대통령이 위원회에 자문할 필요가 있다고 인정하는 사항을 심의한다. 통일준비위원회는 대통령령으로 설치된 것으로서 헌법기관이 아닌바 헌법기관인 민주평화통일자문회의와의 관계가 어떠한지가 분명하지 않다. 통일준비도 후자의 소관으로 볼 것이기 때문이다.

(2) 구성

민주평화통일자문회의의 조직 기타 필요한 사항은 법률로 정한다(제92조 2항). 민주평화통일자문회의(이하 '통일자문회의')는 조국의 민주적 평화통일을 지향하는 민족의 염원을 받들어 주민이 선출한 지역대표와 정당·직능단체·주요사회단체 등의 직능 분야 대표급 인사로서 국민의 통일 의지를 성실히 대변하여 대통령에게 건의하고 대통령의 자문에 응할 수 있는 인사 중에서 대통령이 위촉하는 7천명 이상의 자문위원으로 구성한다(동법 제3조). 자문위원으로 특별시·광역시·특별자치시·도·특별자치도 및 구·시·군의 의회의원, 지도급 인사, 이북5도 대표, 재외동포 대표 등 국내외 각 지역에서 민족의 통일 의지를 대변할 수 있는 인사 등에 해당하는 인사를 대통령이 위촉한다(동법 제10조).

대통령이 통일자문회의의 의장이 되고, 의장은 위원 중에서 출신 지역과 직능을 고려하여 25명 이내의 부의장을 임명하되, 이 중에서 여성은 부의장 총수의 4분의 1 이상이 되도록 노력하며 의장은 부의장 중에서 수석부의장 1명을 지명한다(동법 제6조). 의장은 통일자문회의의 회의를 주재하고 사무를 총괄하며 통일자문회의를 대표하고, 수석부의장에게 의장의 직무를 대행하게 할 수 있다(동법 제8조).

상임위원회와 운영위원회를 두는데 전자는 통일자문회의의 회의에서 위임한 사항과 의장이 명한 사항을 처리하기 위한 위원회이고 1년에 한 번 이상 개회하며, 후자는 통일자문회의의 운영에 관한 사항을 심의하기 위한 위원회이다(동법 제18조, 제19조).

(3) 집회 및 의사절차

통일자문회의의 회의는 2년에 한 번 의장이 소집하며, 의장이 필요하다고 인정하거나 재적위원 3분의 1 이상의 요구가 있는 경우에도 소집한다(동법 제20조 1항). 통일자문회의의 회의는 재적위원 과반수의 출석으로 개의하고, 출석위원 과반수의 찬성으로 의결한다(제22조). 통일자문회의의 회의는 공개하되, 다만 의장이 국가안전보장이나 그 밖의 사유로 필요하다고 인정하는 경우에는 공개하지 아니할 수 있고, 공개하지 아니한 회의의 내용은 공표되어서는 아니된다(동법 제23조). 의장은 필요하다고 인정하면 안건을 표결에 부칠 수 있다(동법 제26조).

4. 국민경제자문회의

(1) 직무와 성격

국민경제의 발전을 위한 중요정책의 수립에 관하여 대통령의 자문에 응하기 위하여 국민경제자문회의를 둘 수 있다(제93조 1항). 국민경제자문회의의 직무범위 기타 필요한 사항은 법률로 정한다(제93조 2항). 이 법이 국민경제자문회의법이다. 국민경제자문회의(이하 "자문회의"라 한다)는 ① 국민경제의 발전을 위한 전략 및 주요정책방향의 수립, ② 국민복지의 증진과 균형발전을 위한 제도의 개선과 정책의 수립, ③ 국민경제의 대내외 주요 현안과제에 대한 정책대응방향의 수립, ④ 그 밖에 국민경제의 발전을 위하여 대통령이 부치는 사항에 관하여 대통령의 자문에 응한다(국민경제자문회의법 제2조).

"둘 수 있다"라고 하여 임의적 자문기구의 성격을 가진다. 현재 실제로 설치, 운영되고 있다.

(2) 조직

국민경제자문회의의 조직 기타 필요한 사항은 법률로 정한다(제93조 2항). 자문회의는 의장 1명, 부의장 1명, 당연직위원 5명 이내, 위촉위원 30명 이내 및 지명위원으로 구성한다(국민경제자문회의법 제3조 1항). 자문회의의 의장은 대통령이 되고, 부의장은 의장이 위촉위원 중에서 지명한다(동법 동조 2항).

(3) 의사절차 등

의장은 자문회의의 회의를 소집하고, 이를 주재하며, 의장은 부의장으로 하여금 그 직무를 대행하게 할 수 있다(동법 제5조). 자문회의의 회의는 위원 전원으로 구성하는 회의와 의장이 지명하는 위원으로 구성하는 분야별회의로 구분한다(동법 제6조 1항). 자문회의의 회의는 재적위원 과반수의 출석으로 개의하고, 출석위원 과반수의 찬성으로 의결한다(동법 동조 3항). 의장은 필요하다고 인정하는 경우에는 관계 기관의 장 또는 관계 전문가를 자문회의의 회의에 출석하여 발언하게 할 수 있다(동법 동조 4항).

5. 국가과학기술혁신정보인력개발에 관한 자문기구 – 국가과학기술자문회의

헌법은 대통령의 자문에 응할 기구를 그 외에도 규정하고 있다. 즉 헌법 제127조 제1항은 “국가는 과학기술의 혁신과 정보 및 인력의 개발을 통하여 국민경제의 발전에 노력하여야 한다”라고 규정하고 있고, 동조 제3항은 “대통령은 제1항의 목적을 달성하기 위하여 필요한 자문기구를 둘 수 있다”라고 규정하고 있다. 이 헌법 조항들에 따라서 국가과학기술자문회의가 설치·운영되고 있다.

(1) 국가과학기술자문회의의 직무와 성격

국가과학기술자문회의(이하 “과학기술자문회의”라 한다)는 국가과학기술의 혁신과 정보 및 인력의 개발을 위한 과학기술 발전 전략 및 주요 정책방향에 관한 사항, 국가과학기술 분야의 제도 개선 및 정책에 관한 사항, 그 밖에 과학기술 분야의 발전을 위하여 필요하다고 인정하여 대통령이 과학기술자문회의에 부치는 사항에 관하여 대통령의 자문에 응한다(국가과학기술자문회의법 제2조). 이 자문회의는 그 근거규정인 헌법 제127조 제3항이 “둘 수 있다”라고 규정하고 있어 임의기관으로서의 성격을 가진다. 이 자문회의는 헌법기관이 아니라고 강조하는 교과서가 있는데(성낙인(2013), 1144면) 이 강조는 그 명칭이 헌법 자체에 명시되어 있지 않다는 것을 생각한 것인지 모르나 이 자문회의도 어디까지나 헌법 제127조 제3항에 근거와 그 위임을 받은 기관임은 분명하므로(동법 제1조도 “헌법 제127조 3항에 따라 국가과학기술자문회의를 설치하고”라고 규정하고 있다) 그렇게 단정지을 수는 없다. 동법에서 법률기관이라고 규정하고 있지도 않다.

(2) 국가과학기술자문회의의 구성

과학기술자문회의는 의장 1명, 부의장 1명을 포함한 30명 이내의 위원으로 구성하는데 의장은 대통령이 되고, 위원은 과학기술 또는 정치·경제·인문·사회·문화 분야에 관하여 학식과 경험이 풍부한 전문가 중에서 의장이 위촉하는 사람, 대통령령으로 정하는 중앙행정기관의 장 및 정무직 공무원이다(동법 제3조 1항·2항·3항). 의장은 자문회의의 회의를 소집하고 주재하며 의장은 필요한 경우 부의장에게 그 직무를 대행하게 할 수 있다(동법 제4조 1항·2항).

(3) 국가과학기술자문회의의 의사절차

과학기술자문회의의 회의는 전원회의, 자문회의 및 심의회의로 구분하고 전원회의는 과학기술자문회의 위원 전원으로 구성하며 과학기술자문회의의 운영 등 일반적인 사항의 결정 등을 심의한다(동법 제5조 1항 · 2항). 전원회의는 재적위원 과반수의 출석으로 개의하고, 출석위원 과반수의 찬성으로 의결한다(동법 동조 5항).

Ⅶ. 행정각부와 행정각부의 장

1. 행정각부

(1) 개념과 범위

우리 헌법 제3관 행정각부가 규정하고 있는 행정각부의 개념이 무엇이며 그 범위는 어떠한가 하는 것이, 헌법 자신이 그 개념정의를 직접 하지 않고 있어서 논란되기도 한다.

1) 학설

학설로는 집행기관설(대통령의 결정과 국무회의심의를 거쳐 결정된 정책을 집행하는 기관이라는 견해), 법률상 중앙행정기관설(법률이 정한 사무들을 담당하는 중앙행정기관이라는 견해) 등이 있을 수 있고, 독자적 중앙행정관청설("단순히 대통령이나 국무총리의 보좌기관이 아니라 독자적으로 행정업무를 처리하는 중앙행정관청"이라는 견해)이 있다.

2) 판례

헌재도 '행정각부'의 개념과 범위에 대해 헌법이 명시하고 있지 않다고 보면서도 부령제정권을 가진 기관으로 간접적 해석을 할 수 있다고 본다. 이러한 입장에서 국무총리의 통할대상이 아닌 중앙행정기관이 있을 수 있다고 보았다.

판례 헌재 1994.4.28. 89헌마221

* 위의 국가안전기획부 결정. [설시] 헌법이 "행정각부"의 의의에 관하여는 아무런 규정도 두고 있지 않지만, "행정각부의 장(長)"에 관하여는 "제3관 행정각부"의 관(款)에서 행정각부의 장은 국무위원 중에서 임명되며(헌법 제94조) 그 소관사무에 관하여 법률이나 대통령령의 위임 또는 직권으로 부령을 발할 수 있다(헌법 제95조)고 규정하고 있는바, 이는 헌법이 "행정각부"의 의의에 관하여 간접적으로 그 개념범위를 제한한 것으로 볼 수 있다. 즉, 성질상 정부의 구성단위인 중앙행정기관이라 할지라도, 법률상 그 기관의 장(長)이 국무위원이 아니라든가 또는 국무위원이라 하더라도 그 소관사무에 관하여 부령을 발할 권한이 없는 경우에는, 그 기관은 우리 헌법이 규정하는 실정법적(實定法的) 의미의 행정각부로는 볼 수 없다는 헌법상의 간접적인 개념제한이 있음을 알 수 있다. 따라서 정부의 구성단위로서 그 권한에 속하는 사항을 집행하는 모든 중앙행정기관이 곧 헌법 제86조 제2항 소정의 행정각부는 아니라 할 것이다. 또한 입법권자는 헌법 제96조에 의하여 법률로써 행정을 담당하는 행정기관을 설치함에 있어 그 기관이 관장하는 사무의 성질에 따라 국무총리가 대통령의 명을 받아 통할할 수 있는 기관으로 설치할 수도 있고 또는 대통령이 직접 통할하는 기관으로 설치할 수도 있다 할 것이므로 헌법 제86조 제2항 및 제94조에서 말하는 국무총리의 통할을 받는 행정각부는 입법권자가 헌법 제96조의 위임

을 받은 정부조직법 제29조에 의하여 설치하는 행정각부만을 의미한다고 할 것이다.

3) 검토와 정리

i) 중앙집행조직 – 행정각부란 국가의 행정적 업무를 각 분야별로 집행하는 중앙의 조직을 말한다. 그 범위는 우리 헌법 제96조가 행정각부의 설치·조직과 직무범위는 법률로 정한다고 규정하고 있으므로 헌법상 행정각부의 범위는 법률로 정해지는 것이다. 법률이 행정각부로 정해놓은 것은 행정각부에 들어가고 헌법 제86조 제2항에 따라 국무총리의 통할대상이고 통할대상이 아닌 것은 행정각부가 아닌 것이다. 이렇게 우리 헌법이 행정각부의 개념 및 그 범위를 법률이 정하도록 하였다 하더라도 행정각부는 국가임무의 영역을 나누어 구성하되 어느 국가임무 영역을 소홀히 하거나 공백이 생기지 않도록 하는 행정각부의 설치·조직이 필수적이라고 볼 것이고 법률이 이를 빠트릴 수는 없다(예를 들어 정보통신이 중요한데 이에 관한 행정각부의 설치가 필수적인바 이를 하나의 행정각부로 하든지 아니면 이를 어느 한 행정각부가 반드시 포함하여 주관하도록 하는 구성을 법률이 하여야 한다는 것이다). ii) 독자성의 문제 – 행정각부의 장이 어느 정도 독자위의 학설 중에는 "단순히 대통령이나 국무총리의 보좌기관이 아니라 독자적으로 행정업무를 처리하는 중앙행정관청"이라는 견해(성낙인(2013), 625면)도 있음을 보았으나 우리 정부형태를 대통령제라고 하면서 '독자적으로' 행정업무를 처리하는 행정청으로 보는 것은 무리가 있다. 대통령과 국무회의의 의사결집을 통해 결정된 사항을 집행함에 있어서는 독자적일 수 있고 결정권도 독자적으로 판단하는 것이 필요한 경우라면 그렇게 볼 수 있을 것이다. 그러나 헌법자체가 행정각부의 장이 국무위원이어야 한다고 규정하고 그 국무위원은 국정에 관하여 대통령을 보좌한다고(제87조 2항, 제94조) 규정하고 있다. 생각건대 결국 행정각부는 결정된 사항에 대해서 집행권을 행사하는 권한을 가진 것은 분명하나 그 이상 중요사항에 대한 결정권의 보유 정도, 그 결정에서의 독자성의 정도는 대통령제라는 헌정시스템의 운영상황에 달려있기도 하다. 대통령이 행정각부에 많은 결정권을 부여한다면 그만큼 독자성은 증대된다. 대통령제라 하더라도 오늘날 행정의 복잡다양하고 전문적인 양상을 생각하면 대통령의 만기친람(萬機親覽)은 바람직하지 않고 대통령은 외교, 국방, 통일 등의 중요 문제를 친람하는 것이 국가전반적으로 더 효율적일 수 있다.

(2) 행정각부의 설치·조직

1) 행정각부의 구성

행정각부의 설치·조직과 직무범위는 법률로 정한다(제96조). 이 헌법규정에 따라 제정된 정부조직법은 행정각부로 1. 기획재정부, 2. 교육부, 3. 과학기술정보통신부, 4. 외교부, 5. 통일부, 6. 법무부, 7. 국방부, 8. 행정안전부, 9. 문화체육관광부, 10. 농림축산식품부, 11. 산업통상자원부, 12. 보건복지부, 13. 환경부, 14. 고용노동부, 15. 여성가족부, 16. 국토교통부,

17. 해양수산부, 18. 중소벤처기업부 모두 18부를 두고 있다(정부조직법 제26조 1항).

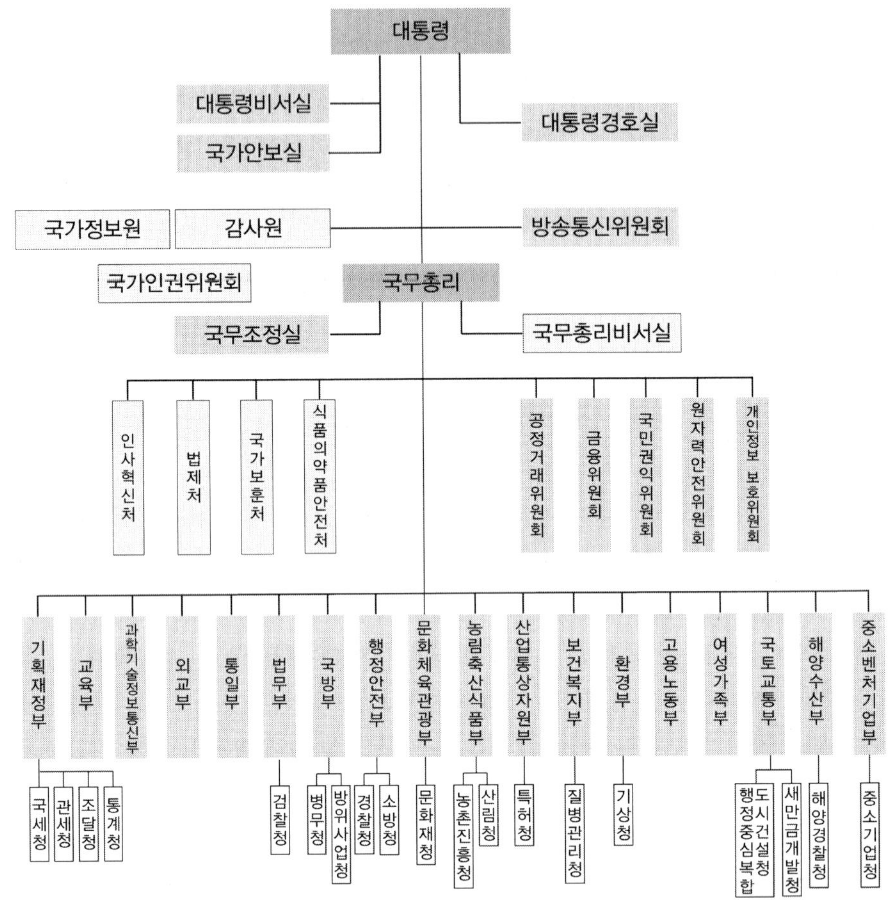

▌정부조직도

* 출전 : https://www1.president.go.kr/about/government-organization을 참고하고 2020년 8월 11일에 개정된 정부조직법의 기구까지 포함하여 도표를 작성한 것임.

* 제6공화국에서 정권이 변경될 때마다 행정각부 조직이 변경되곤 하였다. 노무현 정부 때 '18부4처'였던 것을 이명박 정부 때 '15부2처'로 줄였고 현재는 위와 같이 변경되어 있다.

2) 장관과 차관

행정각부에 장관 1명과 차관 1명을 두되, 장관은 국무위원으로 보하고, 차관은 정무직으로 한다. 다만, 기획재정부 · 과학기술정보통신부 · 외교부 · 문화체육관광부 · 보건복지부 · 국토교통부에는 차관 2명을 둔다(동법 제26조 2항).

2. 행정각부의 장(장관)

(1) 우리나라 현행헌법상의 행정각부의 장의 지위

1) 개별 소관 행정업무의 중앙행정관청으로서의 지위

행정각부의 장관은 국정의 부분적이고 개별적인 소관 행정사항을 담당하는 중앙행정관청이다.

2) 국무위원으로서의 지위, 국무회의의 구성원으로서의 지위

(가) 국무위원 중에서의 선임된 자의 지위

행정각부의 장관은 국무위원 중에서 선임되어 국무위원으로서의 지위도 가지고 국무회의의 구성원으로서 국정을 심의한다(제87조 2항). 이에 따라 정부조직법 제26조 제2항도 장관은 국무위원으로 보한다고 규정하고 있다.

(나) 국무위원과의 관계, 차이 등

이처럼 행정각부의 장인 장관은 국무위원 중에서 임명되므로 장관은 반드시 국무위원이어야 한다. 반대로 국무위원 중에 장관이 아닌 국무위원도 있다. 이를 무임소 장관(without portfolio)이라고 한다. 과거 정무장관, 특임장관으로 임명되기도 하였는데 현재는 특임장관 제도도 없다. 장관이 아닌 국무위원을 두지 않음으로써 양자 간에 일치시키는 노력이 필요하다는 견해도 있으나 양자를 별도로 둔 헌법의 취지는 특별한 임무를 띤 국무위원을 둘 수 있도록 유연성을 두자는 것이라고 할 것이다. 다만, 방만한 운영을 막기 위해 국무위원 수를 30인 이하로 제한하고(제88조 2항) 있다.

여하튼 우리 헌법상 원칙적으로 국무위원과 장관은 국무위원 중에 장관을 임명하므로 같은 지위에 있을 수 있으나 다음과 같은 차이가 있다. 바로 소관 권한의 범위에서 차이이다. 즉 행정각부 장은 자신의 부가 소관하는 업무에 한하여 집행권을 가진다. 국무위원은 국정 전반에 대해 국무회의에서의 심의권을 가진다. 다만, 행정각부의 장도 국무회의에서는 국무위원과 같다. 국무위원 중에 특정한 국정의 집행임무를 부여받은 경우에는 그 특정 업무에 있어서 집행권을 행사하게 된다.

한편 행정각부의 장이 아니어서 직명은 장관이 아니나 장관급에 해당되는 기관(예를 들어 대통령 소속 각종 정부위원회 위원장 등)이 있는데 그들은 국무위원도 아니어서 국무회의에 참석하지도 않는다(장관급이 아닌 처장이 참석할 수 있는 경우도 있긴 하다). 또 국무총리의 통할도 받지 않는 장관급도 있다(국무총리 소속 위원회 위원장은 다르다). 장관급으로 두어야 할 기관이라면 법률규정으로 보다 명확히 하여 둘 필요가 있다.

3) 대통령의 보좌기관으로서의 지위

헌법이 국무위원은 국정에 관하여 대통령을 보좌한다고 명시하고 있으나(제87조 2항) 행정각부 장관에 대해서는 그러하지 않다. 그러나 국무위원으로서 장관이고 대통령제를 주축으로 하고 있는 우리 정부형태에서는 장관도 대통령의 보좌기관의 지위에 있다.

4) 실질적 기관으로서의 변화가능성

우리 헌법이 대통령제를 취하고 행정각부 장관은 국무위원으로서 대통령의 보좌기관이긴 하나 대통령이 장관에게 상당한 결정권 등을 부여하여 전문적인 행정을 제고하도록 하며 실질적인 기관으로서 자리매김하게 할 수도 있다.

(2) 신분

1) 임명

행정각부의 장은 국무위원 중에서 국무총리의 제청으로 대통령이 임명한다(제94조). 임명에 국무총리의 제청은 필수적인 것으로 이를 결한 임명은 효력이 없다. 현실적으로 국무총리가 제청을 거부하기 힘들 것이다.

2) 문민원칙

군인은 현역을 면한 후가 아니면 국무위원으로 임명될 수 없으므로(제87조 4항) 국무위원 중에 임명되는 장관에 군인은 임명될 수 없다.

3) 국회의원과의 겸직

앞서 국무위원은 국회의원을 겸직할 수 있고 국회법 제29조 제1항 본문 규정이 이를 명시적으로 인정하고 있다. 장관은 국무위원이므로 위의 그 부분을 참조하면 되겠다. 장관의 국회의원 겸직으로 장관직 전념성에 문제가 있다는 지적도 있다. 총선에 입후보하기 위해 단기 재임에 그치는 몇 개월 장관직의 문제점 등이 지적되어 왔는데 급기야 2015년에 다음해 있을 총선으로 사퇴할 의사를 지닌 장관이 없지 않아 대통령이 장관 업무에 전념해줄 것을 당부하기도 하는 일이 있었다.

(3) 장관의 권한과 책임

이에 대해서는 장관이 국무위원이므로 국무위원으로서의 권한과 책임도 지게 되나 여기서는 주로 장관으로서의 직책을 수행하면서 가지는 권한과 책임에 대해 정리한다.

1) 소관사무집행감독권

행정각부장관은 소관 사무를 집행하고 그 집행에 대한 감독권을 가진다. 행정각부의 소관 사무는 기획재정부부터 국토해양부까지 정부조직법에 명시되어 있다[동법 제27조－제44조. 예를 들어 기획재정부장관은 중장기 국가발전전략수립, 경제 · 재정정책의 수립 · 총괄 · 조정, 예산 · 기금의 편성 · 집행 · 성과관리, 화폐 · 외환 · 국고 · 정부회계 · 내국세제 · 관세 · 국제금융, 공공기관 관리, 경제협력 · 국유재산 · 민간투자 및 국가채무에 관한 사무를 관장한다고 규정하고 있다(동법 제27조 1항)]. 행정각부 장관은 소관 사무에 관하여 소속 공무원들을 선임하고(일정 직급 이하), 그들에 대해 지휘 · 감독한다.

2) 지방행정의 장에 대한 지휘감독권

장관은 소관사무에 관하여 지방행정의 장을 지휘 · 감독한다(정부조직법 제26조 3항).

3) 부령발령권

행정각부의 장은 소관사무에 관하여 법률이나 대통령령의 위임 또는 직권으로 부령(部令)을 발할 수 있다(제95조).

(가) 유형과 효력

위임명령과 직권명령이 있다. 위임명령은 법률이나 대통령령의 위임을 받아 장관이 제정하는 부령이다. 이는 법규명령으로서의 효력을 가진다. 직권명령은 법률이나 대통령령, 총리령을 집행하기 위하여 직권으로 제정하는 부령이다.

(나) 위임의 한계

가) 특정성

법률이나 대통령령, 총리령이 부령에 위임할 경우에 특정하여 위임하여야 하는 한계가 있다.

ⅰ) 이른바 '법령보충규칙'의 문제 – 먼저 부령으로 정한다고 명확히 할 필요가 있고 그냥 "장관이 정한다"라고 하는 것은 의미가 달라진다. 후자의 경우 법령보충규칙이다. 행정입법 전반에 대해서 앞의 대통령령에서 다루다 보니 거기서 법령보충규칙을 다루었는데 장관의 부령을 살펴보는 여기서 더 직접적인 문제가 된다. 헌재 판례는 법률이 입법위임을 할 때에는 "대통령령" "총리령" "부령" 등 법규명령에 위임함이 바람직하고, 다만 "보건복지부장관이 정하는 바에 따라"와 같은 형식으로 입법위임을 함으로서 법규명령(부령)에 위임한 것인지 행정규칙에 위임한 것인지 분명하지 아니하도록 하여서는 아니 될 것이고, 그렇게 위임한 경우에는 그 법률의 위임입법의 한계를 판단함에 있어 보다 엄격하게 심사하여야 할 것이라고 한다. 부령은 공포하여야 효력이 발생되는데 반하여, 행정규칙은 법제처의 심사를 거칠 필요도 없고 공포 없이도 효력을 발생하게 된다는 점에서 차이가 있기 때문이라고 한다(헌재 1998.5.28. 96헌가1, 의료보험법 제33조 1항 위헌제청, 판례집 10-1, 509면 이하). 헌재는 바람직하지는 않으나 실질적 법규명령으로서 법령보충규칙을 인정한다(대법원도 법령보충규칙을 인정한다). 헌재는 제정형식은 비록 고시, 훈령, 예규 등과 같은 행정규칙이더라도, "그것이 상위법령의 위임한계를 벗어나지 아니하는 한, 상위법령과 결합하여 대외적인 구속력을 갖는 법규명령으로서 기능하게" 되는 행정규칙을 인정한다. 다만, 위임을 할 때에는 적어도 행정규제기본법 제4조 제2항 단서에서 정한 바와 같이 법령이 전문적 · 기술적 사항이나 경미한 사항으로서 업무의 성질상 위임이 불가피한 사항에 한정된다고 한다. 헌재는 그러한 법령보충규칙의 사항이라 하더라도 포괄위임금지의 원칙이 그대로 적용되어 법률의 위임은 반드시 구체적 · 개별적으로 한정된 사항에 대하여 행하여져야 할 것이라고 한다(앞의 대통령의 권한 중 행정입법권, 위임 문제 부분 참조).

ii) 부령으로 정한다고 할 때 기획재정부, 법무부, 여성가족부 등 여러 부에서 어느 부의 부령으로 정할 것인지를 그 위임을 함에 있어서 특정하여야 한다. 어느 부의 소관인지가 불분명하여 권한쟁의가 발생하는 경우를 막아야 한다.

나) 포괄위임금지

법률이나 대통령령, 총리령 등이 부령에 위임할 때에도 역시 예측가능성을 가질 정도의 위임이 되어야 한다. 즉 위임하는 법률규정이나 대통령령, 총리령의 규정만으로도 부령에 규정될 내용의 대강의 예측이 가능하도록 위임하여야 한다. 부령에의 위임에 관한 헌법적 근거규정인 헌법 제95조에는 헌법 제75조에서 명시하고 있는 "구체적으로 범위를 정하여"라고 하는 문언이 없다. 그러나 부령에의 위임의 경우에도 구체적 위임이어야 한다. 헌법재판소는 구체적 위임인지 여부는 위임을 하는 바로 당해 법률조항을 두고서만 판단하는 것이 아니라 관련 법률조항 전체를 유기적, 체계적으로 종합하여 판단한다고 본다.

판례 부령에의 위임에 대한 위헌결정례

1. 구 공무원및사립학교교직원의료보험법 제34조 제1항 위헌제청, 헌재 2002.6.27. 2001헌가30, 판례집 14-1, 573면 이하

[쟁점] "보험자는 보건복지부령이 정하는 바에 따라 요양기관의 지정을 취소할 수 있다"라고 규정한 구 공무원및사립학교교직원의료보험법(1995.8.4. 법률 제4973호로 개정되고, 1997.12.31. 법률 제5488호 부칙 제2조에 의해 폐지되기 전의 것) 제34조 제1항은 취소사유를 하위법령에 포괄적 백지위임을 하여 헌법 제75조, 제95조에 위반되는지 여부(위헌결정) [결정요지] 이 법률조항은 단지 보험자가 보건복지부령이 정하는 바에 따라 요양기관의 지정을 취소할 수 있다고 규정하고 있을 뿐, 보건복지부령에 정하여질 요양기관지정취소 사유의 대강을 짐작하게 하는 어떠한 기준도 제시하고 있지 않다. 이 법의 목적 조항인 제1조를 함께 고려하더라도 요양기관지정취소의 사유를 예측할 수 없기는 마찬가지이다. 다만 요양기관지정취소와 관련하여 보건복지부장관의 보험자에 대한 감독규정인 법 제34조 제2항에 규정된 사유에 의하여 하위법령에 규정될 요양기관취소 사유의 일부를 예측할 수 있을 뿐인데, 위 규정에서는 「요양기관이 ① 요양급여나 분만급여의 비용의 청구에 있어 부정을 하는 때와 ② 보건복지부장관의 의료보험과 관련된 사항의 명령을 위반하거나 허위보고를 하고, 관계공무원의 검사 또는 질문에 거부·방해 또는 기피를 하는 때에 보건복지부장관이 보험자에게 그 요양기관지정 취소를 명할 수 있다」고 규정하고 있으나, 이 규정으로도 하위 법령에 규정될 내용의 대강을 예측하기는 어렵다. 왜냐하면 이 외에도 요양기관의 지정을 취소할 수 있는 사유로 ① 요양기관으로 지정 받은 의료기관 등이 폐업된 때, ② 의료법 또는 약사법에 의한 업무정지, 폐쇄 또는 개설허가취소를 받은 때 등 보다 넓은 범위에 걸쳐 취소사유의 상정이 가능한데, 이러한 사유들은 법 제34조 제2항에 규정된 사유에는 포섭되지 않기 때문이다. 따라서 이 법률조항은 요양기관지정취소 사유에 관하여 보건복지부령에 포괄적으로 백지위임하고 있으므로 이는 헌법 제75조 및 제95조에 위반된다.

2. 의료기기법 제32조 제1항 제5호 등 위헌제청, 헌재 2011.9.29. 2010헌가93

[쟁점] 의료기기법(2008.12.26. 법률 제9185호로 개정되고, 2010.1.18. 법률 제9932호로 개정되기 전의 것) 제32조 제1항 중 의료기기 판매업자에 대한 업무정지처분의 기간 범위를 보건복지가족부령에 위임한 부분(이하 '이 사건 법률조항'이라 한다)의 위헌 여부 [결정요지] 의료기기 판매업자에 대한 업무정지처분에 있어서 업무정지기간은 국민의 직업의 자유와 관련한 중요한 사항으로서 업무정지의 사유 못

지않게 업무정지처분의 핵심적 · 본질적 요소라 할 것이므로, 비록 입법부가 복잡 · 다기한 행정영역에서 발생하는 상황의 변화에 따른 적절한 대처에 필요한 기술적 · 전문적 능력에 한계가 있어서 그 구체적인 기준을 하위법령에 위임할 수밖에 없다 하더라도 최소한 그 상한만은 법률의 형식으로 이를 명확하게 규정하여야 한다. 그런데, 이 사건 법률조항은 업무정지기간의 범위에 관하여 아무런 규정을 두고 있지 아니하고, 나아가 의료기기법의 다른 규정이나 다른 관련 법률을 유기적 · 체계적으로 종합하여 보더라도 보건복지가족부령에 규정될 업무정지기간의 범위, 특히 상한이 어떠할지를 예측할 수 없다. 따라서 이 사건 법률조항은 헌법 제75조의 포괄위임금지원칙에 위배된다. 다만, 단순위헌결정으로 이 사건 법률조항의 효력을 소멸시킨다면, 의료기기 판매업자의 법령위반사유(의료기기법 시행규칙 별표 7 참조) 모두에 대하여 일체의 영업정지 처분을 할 수 없게 되는 법적 공백상태를 초래하여 법 집행상의 혼란과 형평의 문제가 발생할 수 있으므로, 개선입법이 이루어질 때까지 이 사건 법률조항을 잠정적으로 계속 적용하도록 한다.

판례 부령에의 위임에 대한 합헌결정례 : 도시공원법 제2조 제2호 자목 등 위헌소원, 헌재 1997.10.30. 95헌바7, 판례집 9-2, 437면 이하

[결정요지] 도시공원법(1980.1.4. 법률 제3256호) 제2조 제2호는 "공원시설"이라 함은 도시공원의 효용을 다하기 위하여 설치하는 다음 각호의 시설을 말한다고 하면서 가목 내지 아목에서 도로 또는 광장, 조경시설, 휴양시설, 유희시설, 운동시설, 교양시설, 편익시설, 공원관리시설 등 8가지 유형의 시설을 규정한 다음 자목에서 "가목 내지 아목 이외의 도시공원의 효용을 다하기 위한 시설로서 건설부령(현재의 건설교통부령)이 정하는 시설"이라고 규정하여 건설부령에 위임하고 있다. 그런데 위 자목의 규정은 위 제2조 본문에서 규정하는 "도시공원의 효용을 다하기 위한 시설"로 그 범위를 한정하여 가목 내지 아목에 열거되지 아니한 공원시설에 관하여 규정하도록 건설부령에 위임하고 있을 뿐만 아니라 공원시설의 정의를 규정한 위 제2조 본문 및 공원시설의 유형을 규정한 제2조 제2호 가목 내지 아목과 도시공원법의 목적을 규정한 제1조, 도시공원의 정의를 규정한 제2조 제1호, 도시공원을 세분하여 근린공원의 정의를 규정한 제3조 제2호 등 관련 법률조항 전체를 유기적, 체계적으로 종합 판단하면 위 자목의 위임에 따라 건설부령에 규정될 공원시설이 대강 어떤 것이 될지를 충분히 예측할 수 있으므로 이 사건 법률조항은 헌법 제75조에 위반된다고 볼 수 없다.

다) 무위임의 위헌성

법률이나 대통령령, 총리령 등이 부령에 위임을 전혀 하고 있지 않은데 국민의 권리나 의무에 관련되는 사항, 즉 법규사항에 대하여 부령이 제정된다면 그 부령이 법률이나 대통령, 총리령 등의 시행을 위한 집행적 명령이 아닌 한 헌법에 위반된다. 헌법재판소가 이러한 무위임의 경우에 위헌으로 결정한 예가 아래의 판례에서와 같이 있었다.

판례 모법(母法)의 위임이 없는 부령의 규정에 대한 위헌결정례 : 체육시설의 설치·이용에 관한 법률시행규칙 제5조에 대한 헌법소원, 헌재 1993.5.13. 92헌마80, 판례집 5-1, 365면 이하

[주요판시사항]

1. 법치주의와 법규명령에 의한 기본권 제한
2. 법치주의의 존재근거
3. 모법의 위임범위를 벗어난 부령 규정의 위헌성

[쟁점] 당구장 출입문에 18세 미만자의 출입금지표시를 하도록 규정한 체육시설의 설치 · 이용에 관한 법률시행규칙(1992.2.27. 문화체육부령 제20호) 제5조는 모법의 위임이 있는 것인지 여부(무위임규정,

위헌결정) [관련설시] 위에서 설시한 바와 같이 18세 미만자 출입금지표시 게시의무는 청구인의 직업선택의 자유라는 헌법상의 기본권을 제한하고 있는 것이므로 그 제한에 있어서는 반드시 법률상의 근거가 필요한 것이다. … 법규적 효력을 가지는 행정입법의 제정에는 반드시 구체적이며 명확한 법률의 위임을 요하는 것이다. … 동법(체육시설의 설치·이용에 관한 법률) 제5조에서 위임한 안전관리 및 위생기준은 동법 제1조가 규정하고 있는 목적을 달성하는 데 필요한 체육시설업의 건전한 질서유지 및 사고방지, 청결성 등을 보장하는 기준일 뿐이라고 보여지므로, 위의 수권규정을 아무리 넓게 해석한다고 할지라도 그 규정에서 18세 미만자 출입금지표시의무와 같은 일정한 범위의 시설이용자 배제에 관한 근거를 찾기는 어렵다고 할 것이다. … 수권법률의 제정 배경이나 전체의 취지 또는 다른 관련규정들과의 의미관계 등을 종합해 보더라도 법률제정자의 객관적 의사가 18세 미만자의 출입금지를 예정하고 있음을 인정하기가 어려운 것이다. … 그러한 출입규제 내지 봉쇄는 법률(또는 법률이 구체적으로 명확히 범위를 정하여 위임한 경우의 법규명령)에 의하여서만 비로소 가능하다고 할 것으로서, 심판대상규정은 모법(母法)의 위임이 없는 사항을 규정하고 있어 결국 위임의 범위를 일탈한 것이라고 하지 않을 수 없는 것이다.

(다) 통제

부령에 대한 통제방식으로는 정부 내에서의 통제로서 사법적 통제로서는 법원의 행정소송과 헌법재판소의 헌법소원심판에 의한 심사가 있다. 이러한 방식에 관해서는 앞에서 살펴본 대통령의 행정입법권에서와 동일하므로 여기서는 설명을 생략한다.

4) 기타

장관이 국무위원이므로 국무위원으로서의 권한과 책임이 함께 정리되어야 할 것이다. 대통령 권한의 대행권·국무총리 직무의 대행권, 부서권, 국회 출석·답변의 권한 및 의무 등이 그것이다(전술 국무위원의 권한, 의무 참조).

Ⅷ. 행정권행사에 대한 통제

1. 정부내적 통제

정부가 행한 행정권행사에 대한 내부적 통제로는 사전적 통제와 사후적 통제로 나누어 볼 수 있다. 사전적 통제로는 국무회의의 사전적 심의, 자문위원회의 자문, 각종 위원회의 자문 등을 거치는 것을 들 수 있다. 또한 대통령의 국법상 행위에 대하여 국무총리와 국무위원의 부서를 받아야 하는 제도 등이 있다. 사후적 통제로는 행정조직위계상의 감독, 감사원에 의한 직무감찰을 들 수 있다. 감사원의 통제로는 오늘날 직무효율성심사 등 사전예방적 의미를 가지는 방향의 감사를 개발하고 있다.

2. 정부외부의 통제

(1) 국민에 의한 통제

우리나라 첫 성문헌법 제27조 제2문은 "국민은 불법행위를 한 공무원의 파면을 청원할 권리가 있다"라고 규정하여 공무원파면을 위한 청원권을 헌법에 명시한 역사가 있다. 현행 헌법 제26조도 청원권을 규정하고 있는바 이러한 청원권의 행사로 행정작용에 대한 통제를 가할 수 있다. 청원은 행정작용이 자신의 이익이나 권리에 관련되지 않은 경우에도 할 수 있다. 국민은 행정부의 작용으로 인하여 자신의 기본권이 침해된 경우에는 법원에 행정소송을 제기하여 권리구제를 받을 수 있고 이 기회에 행정부에 대한 사법부의 통제가 이루어진다. 국민은 또한 헌법재판소에 헌법소원심판과 위헌법률심판을 청구할 수 있는데 이러한 헌법재판을 통하여 정부에 대한 통제를 간접적으로 행할 수 있다(자세한 것은 아래 (3) 사법적 통제 참조).

국민은 대통령이 제안한 국민투표(제72조)와 선거에서의 투표를 통하여서도 통제를 한다.

(2) 국회에 의한 통제

국회는 국무총리·국무위원의 국회출석·답변요구권, 국정감사·조사, 국무총리·국무위원에 대한 해임건의권, 탄핵소추권, 국무총리임명동의권, 정부가 편성한 예산안에 대한 심의·의결권, 정부조직에 대한 법률제정·개정권, 정부가 제안한 법률안에 대한 심의·의결권, 결산심사권, 국채의 모집(기채)·예산외 국가부담이 될 계약의 체결에 대한 국회의 의결권 등을 통하여 행정부를 통제한다. 이에 관한 자세한 것은 국회 부분에서 살펴본다.

(3) 사법적 통제

1) 법원에 의한 통제

법원은 국민이 제기해 온 행정소송을 통하여 행정부의 작용에 대해 사법적인 심사, 통제를 하게 된다.

2) 헌법재판소에 의한 통제

헌법재판소는 먼저 헌법소원심판을 통하여 통제를 가할 수 있다. 즉 행정부의 공권력행사와 불행사(부작위)가 국민의 기본권을 침해한 경우에는 국민이 헌법소원심판을 청구할 수 있는데 이 헌법소원심판을 통하여 통제가 이루어질 수 있다. 그러나 현재 우리 헌법재판소는 행정처분에 대해서는 원칙적으로 헌법소원심판의 대상이 되지 않는다고 보아 통제의 범위가 현실적으로 축소되어 있다. 즉 헌법소원심판에 있어서 보충성원칙에 따라 행정처분에 대해서는 먼저 법원의 행정소송을 거쳐야 하는데 이를 거친 뒤 법원판결에 대해서는 헌법재판소법 제68조 제1항이 헌법소원의 대상이 되지 않는다고 규정하기에 원래의 행정처분(이른바 이를 원행정처분이라 부른다)에 대해 헌법소원을 청구할 수 있다고 할 것이나 우리 헌법재판소는 원행정처분에 대한 헌법소원을 인정하면 실질적으로 법원판결에 대한 헌법소원이 이루어지게 되므로 이를 받아들일 수 없다는 입장이다.

정부가 제안하여 성립되었고 이후 시행이 되고 있는 법률이 헌법에 위반하였는지를 위헌법률심판을 통하여 헌법재판소는 심사할 수 있어서 위헌법률심판도 헌법재판소가 행정부에 대해 행할 수 있는 통제수단이 된다. 우리나라의 경우 위헌법률심판은 구체적 규범통제로서 법원의 소송 중에 당사자의 신청 또는 법원의 직권으로 문제되는 법률의 위헌여부를 법원이 헌법재판소에 제청함으로써 헌법재판소가 심사하게 된다. 만약 법원이 헌법재판소에 제청을 하지 않을 경우에 헌법소원으로(이 헌법소원이 이른바 헌법재판소법 제68조 2항의 위헌소원이다) 위헌심판을 받을 수 있다.

국무총리·국무위원 등에 대한 국회의 탄핵소추가 있는 경우에도 헌법재판소는 통제를 행하게 된다. 행정부의 국가기간들 간이나 행정부의 국가기관과 지방자치단체 간의 권한쟁의심판을 통해서도 통제를 하게 된다. 정부가 제소한 정당해산심판(제8조 4항)에 대한 판단을 통해서도 헌법재판소의 통제가 이루어질 수 있다.

Ⅸ. 감사원(監査院)

1. 기능적 의의

감사원은 국가의 예산이 적법하게 집행되었는지를 감시하는 회계검사를 하고 공무원이 직무에 비위가 없는지 감찰하는 헌법상 필수적으로 설치되는 국가기관이다.

2. 감사원의 헌법상 지위

(1) 헌법기관성, 필수기관성

감사원은 헌법에 의하여 그 근거 외 조직, 임무 등에 대해 명시되어 있는 헌법상의 기관이다. 헌법은 감사원을 '둔다'라고 규정하여(제97조) 필수적으로 설치하여야 하는 기관이다.

(2) 대통령직속의 기관

현재 우리의 감사원은 대통령 소속이다(제97조).

1) 소속 유형의 비교법적 고찰

감사기관이 어느 국가조직에 속하는가 하는, 특히 입법부에 속하는가 아니면 행정부에 속하는가 아니면 독립기관으로 자리잡고 있는가 하는, 그리하여 ① 의회소속형(영국, 미국), ② 행정부소속형, ③ 독립형(독일, 프랑스, 일본 등)으로 그 유형이 분류될 수 있다.

2) 우리나라 감사원

우리나라 감사원은 대통령 소속하에 있다(제97조). 정부소속형인 것이다. 현재 국회로의 이관 등이 논의되고 있으나 정부 소속으로 하느냐 국회 소속으로 하느냐는 각각 장단점이 있다.

대통령 소속이어서 그 독립성에 문제가 있다는 견해들이 있고 반면에 감사원이 대통령에 소속된다고 할 때의 대통령의 지위는 행정부의 수장이 아니라 국가원수로서의 대통령이라고 달리 보는 견해도 있다.

(3) 직무독립성

감사원은 비록 대통령에 소속되어 있으나 직무에 관하여는 독립의 지위를 가진다(감사원법 제2조 1항). 감사원 소속공무원의 임면, 조직 및 예산의 편성에 있어서는 감사원의 독립성이 최대한 존중되어야 한다(감사원법 제2조 2항). 특히 사무총장 이하 소속 고위공무원에 대한 감사원장의 임명권이 형해화되어 있는데 이는 독립성 저해 요소이다.

직무상 독립을 뒷받침하기 위해 감사위원의 정당가입 · 정치운동 관여 금지(동법 제10조), 감사위원의 재직 중 국회 또는 지방의회의 의원의 직, 행정부서의 공무원의 직, 이 법에 따라 감사의 대상이 되는 단체의 임직원의 직, 그 밖에 보수를 받는 직의 어느 하나의 직을 겸하거나 영리를 목적으로 하는 사업의 금지(동법 제9조) 등이 규정되고 있다. 감사원의 독립성은 감사원장과 감사위원들의 임기에서부터 확보되어야 한다. 이에 대해서는 아래에서 살펴본다.

(4) 합의제기관

감사원은 5인 이상 11인 이하의 감사위원으로 구성된(제98조 1항) 합의제기관이다. 현행 감사원법은 원장을 포함한 감사위원 전원으로 감사위원회가 구성되어 있고 이 감사위원회에서 감사원의 중요한 권한사항들에 대해 의결하는 합의제기관이다.

3. 조직과 구성

감사원은 원장을 포함한 5인 이상 11인 이하의 감사위원으로 구성한다(제98조 1항). 현재 7인의 감사위원으로 구성되어 있다(감사원법 제3조). 감사위원의 자격은 법률로 정하도록 하고 있는데(제100조) 감사원법 제7조는 고위공무원단에 속하는 공무원 또는 3급 이상 공무원으로 소정기간 이상 재직한 사람, 판사 · 검사 · 군법무관 또는 변호사로 소정기간 이상 재직한 사람, 공인된 대학에서 부교수 이상으로 소정기간 이상 재직한 사람, 주권상장법인 또는 정부투자기관에서 소정기간 이상 근무한 사람으로서 임원으로 소정기간 이상 재직한 사람으로 규정하고 있다.

원장은 국회의 동의를 얻어 대통령이 임명하고, 감사위원은 원장의 제청으로 대통령이 임명한다(제98조 2항 · 3항). 감사원장의 국회동의에 인사청문회를 거치도록 하고 있다. 2003년에는 국회가 감사원장 후보자에 대한 동의안을 부결시킨 예를 남기기도 하였다.

감사원의 조직 · 직무범위 기타 필요한 사항은 법률로 정하는데(제100조) 바로 감사원법이 그 법률이다.

감사원은 합의제기관으로서 감사위원회가 합의의결기능을 수행한다(아래 별도로 살펴보는 감사위원회 부분 참조).

감사원에 원장의 지휘·감독하에 회계검사, 감찰, 심사결정 및 감사원에 관한 행정사무를 처리하기 위하여 감사원에 사무처를 두고 사무처는 사무총장, 사무차장, 직원들로 조직된다(동법 제16조 이하). 사무총장은 원장의 명을 받아 사무처의 사무를 관장하며 소속 직원을 지휘하고 감독한다(동법 제19조 2항). 감사원 소속직원 등에 대한 교육을 위하여 감사원에 감사교육원을 두고(동법 제19조의2), 감사대상 기관의 주요 정책·사업·기관운영 등의 회계검사, 성과감사 및 직무감찰과 관련된 감사제도 및 방법 등을 연구하고 개발하기 위하여 감사원에 감사연구원을 둔다(동법 제19조의4).

4. 감사원장·감사위원의 임기 및 신분보장 등

원장의 임기는 4년으로 하며, 1차에 한하여 중임할 수 있고, 감사위원의 임기는 4년으로 하며, 1차에 한하여 중임할 수 있다(제98조 2항·3항). 대통령의 임기가 5년이고 대통령직속기관인 점에서 대통령 임기 초에 임명된 감사위원의 경우에 그 독립성에 문제가 제기될 수 있다. 대통령 임기만료 전에 원장, 감사위원의 임기가 종료될 수 있는데 그 중임이 가능하기 때문이다. 적어도 6년의 임기로 연장하는 것이 감사원의 독립성 보장에 더 긍정적이다. 원장인 감사원장의 정년은 70세, 감사위원의 정년은 65세이다(감사원법 제6조 2항).

감사위원은 ① 탄핵결정이나 금고 이상의 형의 선고를 받았을 때, ② 장기의 심신쇠약으로 직무를 수행할 수 없게 된 경우가 아니면 그 의사에 반하여 면직되지 아니한다(동법 제8조 1항). 위 ①의 경우에는 당연히 퇴직되며 위 ②의 경우에는 감사위원회의의 의결을 거쳐 원장의 제청으로 대통령이 퇴직을 명한다(동법 동조 2항).

감사위원은 재직 중 ① 국회 또는 지방의회의 의원의 직, ② 행정부서의 공무원의 직, ③ 감사원법에 따라 감사의 대상이 되는 단체의 임직원의 직, ④ 그 밖에 보수를 받는 직을 겸하거나 영리를 목적으로 하는 사업을 할 수 없도록 금지되고 있다(동법 제9조).

감사위원은 정당에 가입하거나 정치운동에 관여할 수 없다(동법 제10조).

5. 감사위원회

(1) 구성

현행 감사원법은 중요사항을 감사위원회에서 의결하도록 하고 있는데 이 감사위원회는 감사위원 전원으로 구성되고 감사원장이 의장이 된다(동법 제11조 1항).

(2) 결정사항

감사원의 감사정책 및 주요 감사계획에 관한 사항, 감사원법 제21조에 따른 결산의 확인에 관한 사항, 동법 제31조에 따른 변상책임의 판정에 관한 사항, 동법 제32조에 따른 징계 및 문책 처분의 요구에 관한 사항 등 동법 제12조 제1항에 기재된 사항은 감사위원회의에서 결정한다(동법 제12조 1항).

(3) 운영절차

합의제기관으로서의 감사원의 중요사항을 의결하는 핵심적 운영기관인 감사위원회는 재적감사위원 과반수의 찬성으로 의결한다(동법 제11조 2항).

사무총장은 원장의 명을 받아 의안을 작성하고 감사위원회의에 출석하여 의안을 설명하고 의견을 진술하며 회의에 관한 사무를 처리한다(동법 제13조 1항). 감사위원회의는 변상책임의 판정에 관한 사항이나 재심의에 관한 사항을 심의하려는 경우에는 감사원규칙으로 정하는 바에 따라 상대방 및 그 밖의 관계인에게 서면, 전자문서 또는 구술로 의견을 진술할 기회를 주어야 한다(동법 제13조의2). 감사위원회의는 심의에 필요하다고 인정하면 관계인 또는 증인을 출석시켜 신문할 수 있으며, 학식·경험이 있는 자에게 감정을 위촉할 수 있다(동법 제14조 1항).

감사위원은 ① 자기와 관계있는 사항, ② 친족관계가 있거나 이러한 관계가 있었던 사람과 관계있는 사항, ③ 감사위원이 해당 안건과 관계있는 사람의 증인 또는 감정인으로 된 사항, ④ 감사위원이 감사위원으로 임명되기 전에 조사 또는 검사에 관여한 사항에 관한 심의에 관여할 수 없다(동법 제15조 1항).

6. 권한

감사원은 국가의 세입·세출의 결산, 국가 및 법률이 정한 단체의 회계검사와 행정기관 및 공무원의 직무에 관한 감찰에 관한 권한을 가진다(제97조). 감사원법은 감사원의 임무를 "감사원은 국가의 세입·세출의 결산검사를 하고, 이 법 및 다른 법률에서 정하는 회계를 상시 검사·감독하여 그 적정을 기하며, 행정기관 및 공무원의 직무를 감찰하여 행정 운영의 개선과 향상을 기한다"라고 규정하고 있다(동법 제20조). 감사원의 감사는 오늘날 비위사실의 적발과 시정 등 소극적 기능뿐 아니라 예산수반 정책의 효율성, 경제성 등을 검토하고 개선책을 권고하는 기능도 수행할 것을 요구받고 있다.

(1) 회계검사권, 결산에 관한 권한

감사원은 국가의 세입·세출의 결산, 국가 및 법률이 정한 단체의 회계검사를 하는 권한을 가진다(제97조).

1) 회계검사

i) 의의 − 감사원이 행하는 회계검사란 국가기관, 법률이 정하는 단체가 예산을 적법하게 집행하였는지를 검증하고 확인하는 업무를 말한다. 회계검사에는 수입과 지출, 재산(물품·유가증권·권리 등을 포함)의 취득·보관·관리 및 처분 등의 검사를 포함한다(동법 제22조 2항). ii) 회계검사사항 − 감사원의 회계검사사항은 '필요적 검사사항'과 '선택적 검사사항'으로 나누어진다(동법 제22조, 제23조). ① 필요적 검사사항은 반드시 검사대상이 되어야 하는 것으로, 국가의

회계, 지방자치단체의 회계, 한국은행의 회계와 국가 또는 지방자치단체가 자본금의 2분의 1 이상을 출자한 법인의 회계, 다른 법률에 따라 감사원의 회계검사를 받도록 규정된 단체 등의 회계이다(동법 제22조 1항). ② 선택적 검사사항은 감사원이 필요하다고 인정하거나 국무총리의 요구가 있는 경우에 검사할 수 있는 사항으로, 국가기관 또는 지방자치단체 외의 자가 국가 또는 지방자치단체를 위하여 취급하는 국가 또는 지방자치단체의 현금·물품 또는 유가증권의 출납, 국가 또는 지방자치단체가 직접 또는 간접으로 보조금·장려금·조성금 및 출연금 등을 교부(交付)하거나 대부금 등 재정 원조를 제공한 자의 회계 등 동법 제23조에 정해진 회계이다.

2) 결산의 확인과 검사보고

i) 결산확인 - 감사원은 위 회계검사(위 2) 참조)의 결과에 따라 국가의 세입·세출의 결산을 확인한다(감사원법 제21조). ii) 검사보고 - 감사원은 세입·세출의 결산을 매년 검사하여 대통령과 차년도 국회에 그 결과를 보고하여야 한다(제99조). 이 검사보고에는 1. 국가의 세입·세출의 결산의 확인, 2. 국가의 세입·세출의 결산금액과 한국은행이 제출하는 결산서의 금액과의 부합여부, 3. 회계검사의 결과 법령 또는 예산에 위배된 사항 및 부당사항의 유무, 4. 예비비의 지출로서 국회의 승인을 받지 아니한 것의 유무, 5. 유책판정과 그 집행상황, 6. 징계 또는 문책 처분을 요구한 사항 및 그 결과, 7. 시정을 요구한 사항 및 그 결과, 8. 개선을 요구한 사항 및 그 결과, 9. 권고 또는 통보한 사항 및 그 결과, 10. 그 밖에 감사원이 필요하다고 인정한 사항을 기재하여야 한다(감사원법 제41조).

(2) 직무감찰권

1) 의의

감사원은 행정기관 및 공무원의 직무에 관한 감찰에 관한 권한을 가진다(제97조). 공무원이 성실하게 공무를 수행하는지를 감사하는 권한이 직무감찰권이다.

2) 유형 - 비위감찰과 행정사무감찰

직무감찰에는 공무원의 위법·비위적발을 위한 비위감찰과 법령·제도 또는 행정관리상의 모순이나 문제점의 개선 등에 관한 행정사무감찰이 있다.

3) 감찰범위 - 감찰대상과 정도

(가) 감찰대상

i) 법정주의 - 감사원의 감사대상공무원의 범위는 법률로 정한다(제100조). ii) 감사원법의 규정 - 그 법률인 감사원법은 감찰대상(사항)으로 기관과 그 소속 공무원, 직원을 중심으로 규정하고 있다. 즉 감사원은 ① 정부조직법 및 그 밖의 법률에 따라 설치된 행정기관의 사무와 그에 소속한 공무원의 직무, ② 지방자치단체의 사무와 그에 소속한 지방공무원의 직무, ③ 한국은행의 회계와 국가 또는 지방자치단체가 자본금의 2분의 1 이상을 출자한 법인의 회계 및 「민법」 또는 「상법」 외의 다른 법률에 따라 설립되고 그 임원의 전부 또는 일부나 대표

자가 국가 또는 지방자치단체에 의하여 임명되거나 임명 승인되는 단체 등의 사무와 그에 소속한 임원 및 감사원의 검사대상이 되는 회계사무와 직접 또는 간접으로 관련이 있는 직원의 직무, ④ 법령에 따라 국가 또는 지방자치단체가 위탁하거나 대행하게 한 사무와 그 밖의 법령에 따라 공무원의 신분을 가지거나 공무원에 준하는 자의 직무를 감찰한다(감사원법 제24조 1항). 위의 감사대상의 행정기관에는 군기관과 교육기관을 포함한다(군기관에는 소장급 이하의 장교가 지휘하는 전투를 주임무로 하는 부대 및 중령급 이하의 장교가 지휘하는 부대는 제외. 동법 동조 2항). iii) 감찰대상 제외 사항 – 위와 같은 감찰대상으로서 감찰을 하려는 경우에도 국무총리로부터 국가기밀에 속한다는 소명이 있는 사항, 국방부장관으로부터 군기밀이거나 작전상 지장이 있다는 소명이 있는 사항은 감찰할 수 없다(동법 동조 4항).

(나) 감찰대상제외

국회·법원 및 헌법재판소에 소속한 공무원은 감사대상 공무원에서 제외된다(동법 동조 3항).

(다) 감사의 정도

i) **비위감찰과 행정사무감찰** 위에서 유형으로 보았지만 비위적발을 위한 감찰뿐 아니라 행정사무감찰도 이루어진다. 헌재도 지방자치단체 소속 지방공무원의 직무에 대한 감찰의 범위에 대해 마찬가지로 판시한 바 있다.

판례 헌재 2008.5.29. 2005헌라3.

[판시] 직무감찰의 범위를 정한 감사원법 제24조 제1항 제2호에 의하면, 지방자치단체의 사무와 그에 소속한 지방공무원의 직무는 감사원의 감찰사항에 포함되며, 여기에는 공무원의 비위사실을 밝히기 위한 비위감찰권뿐만 아니라 공무원의 근무평정·행정관리의 적부심사분석과 그 개선 등에 관한 행정감찰권까지 포함된다고 해석된다.

ii) **합목적성 감사** 감사의 정도가 적법성 여부만 감사하는 것에 그쳐야 하는가 아니면 합목적성 여부도 감사할 수 있는가 하는 문제가 있다. 이 문제에 대해 헌재가 판단을 한 바 있는데 그 사안은 감사원이 강남구 등 지방자치단체에 대하여 자치사무의 합법성뿐만 아니라 합목적성에 대하여도 감사한 행위가 지방자치권을 침해하였다고 하여 감사원의 감사권의 존부 또는 범위 확인을 구하는 권한쟁의심판을 위 지방자치단체가 청구한 것이었다. 헌재는 감사원법규정이 합목적성 심사를 포함하고 있는지와 포함한다면 다음으로 그것이 지방자치권의 본질을 침해하는지 하는 2단계로 판단하였다. 그리하여 헌재는 ① 감사원법 규정들의 구체적 내용을 살펴보면 위법성뿐 아니라 부당성도 감사의 기준이 되는 것은 명백하며, ② 감사원법 제24조 제1항 제2호 등의 규정들이 지방자치권의 본질을 침해하였는지에 대해 보면, 감사원의 헌법상 지위(독립성과 중립성), 중앙행정의 효율성과 지방행정의 자주성을 조화시켜야 하는 점, 국가재정지원에 상당부분 의존하고 있는 우리 지방재정의 현실 등을 감안하면 자치사무에 대해 합법성심사에 그치지 않은 것이 지방자치권의 본질을 침해한 것이 아니라고 하여 자치사무에 대해서도 합목적성 심사를 긍정하였다.

판례 헌재 2008.5.29. 2005헌라3, 강남구청 등과 감사원 간의 권한쟁의

[결정요지] (1) 이 사건 감사가 법률상 근거 없이 행하여진 것인지 여부 – 직무감찰의 범위를 정한 감사원법 제24조 제1항 제2호에 의하면, 지방자치단체의 사무와 그에 소속한 지방공무원의 직무는 감사원의 감찰사항에 포함되며, 여기에는 비위감찰권 뿐만 아니라 행정감찰권까지 포함된다고 해석된다. 또한 감사원법에 의하면 감사원은 일정한 경우 공무원에 대한 징계요구 등을 그 소속장관 또는 임용권자에게 할 수 있고(제32조) 감사의 결과 위법 또는 부당하다고 인정되는 사실이 있을 때에는 소속장관, 감독기관의 장 또는 당해 기관의 장에게 시정 주의 등을 요구할 수 있으며(제33조 제1항) 감사결과 법령, 제도상 또는 행정상의 모순이 있거나 기타 개선할 사항이 있다고 인정할 때에는 국무총리, 소속장관, 감독기관의 장 또는 당해 기관의 장에게 법령 등의 제정, 개정 또는 폐지를 위한 조치나 제도상 또는 행정상의 개선을 요구할 수 있고(제34조 제1항) 위와 같은 요구를 하는 것이 부적절하거나 관계기관의 장으로 하여금 자율적으로 처리하게 할 필요가 인정되는 때 또는 행정운영 등의 경제성·효율성 및 공정성 등을 위하여 필요하다고 인정되는 때에는 소속장관, 감독기관의 장 또는 당해 기관의 장에게 그 개선 등에 관한 사항을 권고 또는 통보할 수 있다(제34조의2). 위와 같은 감사원법 규정들의 구체적 내용을 살펴보면 감사원의 직무감찰권의 범위에 인사권자에 대하여 징계 등을 요구할 권한이 포함되고, 위법성뿐 아니라 부당성도 감사의 기준이 되는 것은 명백하며, 지방자치단체의 사무의 성격이 나 종류에 따른 어떠한 제한이나 감사기준의 구별도 찾아볼 수 없다. 이러한 점에 비추어 보면, 위임사무나 자치사무의 구별 없이 합법성 감사뿐만 아니라 합목적성 감사도 포함한 이 사건 감사는 감사원법에 근거한 것으로서, 법률상 권한 없이 이루어진 것으로 보이지는 않는다. (2) 이 사건 관련규정이 지방자치권의 본질을 침해하는지 여부 (가) 생략 (나) 먼저 감사원의 헌법상 지위에 관하여 보면, 감사원은 헌법기관으로서, 그 직무의 성격상 고도의 독립성과 정치적 중립성이 보장되어야 한다. 청구인들은 지방자치권의 헌법상 보장이라는 취지에 비추어 볼 때 국가기관인 감사원에 의한 지방자치단체의 자치사무에 대한 감사는 지방자치법 제171조나 '국정감사 및 조사에 관한 법률' 제7조 제2호에 준하여 합법성 감사에 한정되어야 한다고 주장하나, 위와 같이 헌법이 감사원을 독립된 외부감사기관으로 정하고 있는 취지, 국가기능의 총체적 극대화를 위하여 중앙정부와 지방자치단체는 서로 행정기능과 행정책임을 분담하면서 중앙행정의 효율성과 지방행정의 자주성을 조화시켜 국민과 주민의 복리증진이라는 공동목표를 추구하는 협력관계에 있다는 점에 비추어 보면, 감사원에 의한 지방자치단체의 자치사무에 대한 감사를 합법성 감사에 한정하고 있지 아니한 이 사건 관련규정은 그 목적의 정당성과 합리성을 인정할 수 있다. 또한 감사원법은 감사원이 지방자치단체의 자체감사가 적정하게 수행되고 있다고 인정할 때에는 감사를 생략할 수 있고(제28조) 자체감사사무의 발전 효율적인 감사업무의 수행을 위하여 필요한 지원을 할 수 있으며(제30조의2) 일정한 경우 지방자치단체로 하여금 감사사무를 대행하게 할 수 있도록 정하고(제50조의2) 있는 등 지방자치단체의 자치권을 존중할 수 있는 장치를 마련해두고 있는 점, 이에 더하여 국가재정지원에 상당부분 의존하고 있는 우리 지방재정의 현실, 독립성이나 전문성이 보장되지 않은 지방자치단체 자체감사의 한계 등으로 인한 외부감사의 필요성까지 감안하면, 이 사건 관련규정으로 인하여 지방자치단체의 인사권이나 자치행정의 자기책임적 판단이 말살될 정도로 지방자치권의 본질이 훼손되었다고 보기는 어렵다. 라서 이 사건 관련규정이 지방자치단체의 고유한 권한을 유명무실하게 할 정도로 지나친 제한을 함으로써 지방자치권의 본질적 내용을 침해하였다고는 볼 수 없다.

(3) 감사방법 및 감사의 생략 등

1) 감사방법

i) 제출의무 – 감사원의 감사를 받는 자는 감사원규칙으로 정하는 바에 따라 계산서·

증거서류·조서 및 그 밖의 자료를 감사원에 제출하여야 한다(동법 제25조). ii) 서면감사·실지감사 – 감사원은 위에 따라 제출된 서류에 의하여 상시 서면감사를 하는 외에 필요한 경우에는 직원을 현지에 파견하여 실지감사(實地監査)를 할 수 있다(동법 제26조). iii) 출석답변·자료제출·봉인 등 – 감사원은 감사에 필요하면 관계자 또는 감사사항과 관련이 있다고 인정된 자의 출석·답변의 요구, 증명서, 변명서, 그 밖의 관계 문서 및 장부, 물품 등의 제출 요구, 창고, 금고, 문서 및 장부, 물품 등의 봉인의 조치를 할 수 있다(동법 제27조 1항). iv) 금융기관에 대한 제출요구 – 감사원은 이 법에 따른 회계검사와 감사대상 기관인 금융기관에 대한 감사를 위하여 필요하면 다른 법률의 규정에도 불구하고 인적 사항을 적은 문서에 의하여 금융기관의 특정 점포에 금융거래의 내용에 관한 정보 또는 자료의 제출을 요구할 수 있으며, 해당 금융기관에 종사하는 자는 이를 거부하지 못한다(동법 동조 2항).

2) 감사의 한계

감사원법은 금융거래의 내용에 관한 정보 또는 자료의 제출 요구는 감사에 필요한 최소한도에 그쳐야 하고, 금융거래의 내용에 관한 정보 또는 자료를 받은 자는 그 정보 또는 자료를 다른 사람에게 제공 또는 누설하거나 해당 목적 외의 용도로 이용하여서는 아니 되며, 감사원은 감사를 위하여 제출받은 개인의 신상이나 사생활에 관한 정보 또는 자료를 해당 감사 목적 외의 용도로 이용하여서는 아니 된다고 한계를 규정하고 있다(동법 동조 3항·4항·5항).

3) 감사의 생략

감사원은 각 중앙관서·지방자치단체 및 정부투자기관의 장이 실시한 자체감사의 결과를 심사하여 자체감사가 적정하게 수행되고 있다고 인정하면 결산 확인 등에 지장이 없는 범위에서 일부 기관에 대한 감사의 일부 또는 전부를 하지 아니할 수 있다(동법 제28조 1항).

(4) 감사결과에 따른 처리 권한

1) 처리 권한

감사원은 감사결과에 따라 i) 변상책임유무판정 및 변상책임자에 대한 변상책임을 부과하는 권한, ii) 징계·문책요구권, iii) 시정·주의요구권, iv) 법령·제도개선요구권, v) 개선권고·통보권, vi) 고발권 등의 권한을 행사할 수 있다.

i) 감사원은 감사결과에 따라 회계관계직원 등에 대한 변상책임의 유무를 심리하고 판정하여 변상책임이 있다고 판정하면 해당 변상책임자가 변상하게 하여야 한다(동법 제31조 1항·2항·3항). ii) 감사원은 국가공무원법과 그 밖의 법령에 규정된 징계사유에 해당하거나 정당한 사유없이 감사원법에 따른 감사를 거부하거나 자료의 제출을 게을리한 공무원에 대하여 그 소속 장관 또는 임용권자에게 징계를 요구할 수 있다. 법령에서 정하는 징계 규정의 적용을 받지 아니하는 사람으로서 법령 또는 소속 단체 등이 정한 문책 사유에 해당한 사람 또는 정당한 사유 없이 이 법에 따른 감사를 거부하거나 자료의 제출을 게을리한 사람에 대하여 그 감

독기관의 장 또는 해당 기관의 장에게 문책을 요구할 수 있는데 문책의 종류는 징계의 종류에 준한다. 이 경우에 감사원은 법령 또는 소속 단체 등이 정한 문책에 관한 규정의 적용을 받지 아니하는 단체 등의 임원이나 직원의 비위가 뚜렷하다고 인정하면 그 임용권자 또는 임용제청권자에게 해임을 요구할 수 있다(동법 제32조 1항·8항·9항·10항 2문). iii) 감사원은 감사결과 위법 또는 부당하다고 인정되는 사실이 있을 때에는 소속 장관, 감독기관의 장 또는 해당 기관의 장에게 시정·주의 등을 요구할 수 있다(동법 제33조 1항). iv) 감사원은 감사결과 법령상·제도상 또는 행정상 모순이 있거나 그 밖에 개선할 사항이 있다고 인정할 때에는 국무총리, 소속 장관, 감독기관의 장 또는 해당 기관의 장에게 법령 등의 제정·개정 또는 폐지를 위한 조치나 제도상 또는 행정상의 개선을 요구할 수 있다(동법 제34조 1항). v) 감사원은 감사결과 징계·문책, 시정·주의, 법령·제도개선의 요구를 하는 것이 부적절한 경우, 관계기관의 장이 자율적으로 처리할 필요가 있다고 인정되는 경우, 행정운영 등의 경제성·효율성 및 공정성 등을 위하여 필요하다고 인정되는 경우에는 소속장관, 감독기관의 장 또는 해당 기관의 장에게 그 개선 등에 관한 사항을 권고하거나 통보할 수 있다(동법 제34조의2 1항). vi) 감사원은 감사결과 범죄혐의가 있다고 인정할 때에는 이를 수사기관에 고발하여야 한다(동법 제35조).

2) 적극행정에 대한 면책

감사원 감사를 받는 사람이 불합리한 규제의 개선 등 공공의 이익을 위하여 업무를 적극적으로 처리한 결과에 대하여 그의 행위에 고의나 중대한 과실이 없는 경우에는 이 법에 따른 징계 요구 또는 문책 요구 등 책임을 묻지 아니한다(동법 제34조의3 1항).

(5) 재심의

감사원의 변상판정에 대하여 위법 또는 부당하다고 인정하는 본인, 소속장관, 감독기관의 장 또는 해당 기관의 장은 변상판정서가 도달한 날부터 3개월 이내에 감사원에 재심의를 청구할 수 있고, 감사원으로부터 징계요구 등, 시정 등의 요구, 개선 등의 요구를 받은 소속장관, 임용권자나 임용제청권자, 감독기관의 장 또는 해당 기관의 장은 그 요구가 위법 또는 부당하다고 인정할 때에는 그 요구를 받은 날부터 1개월 이내에 감사원에 재심의를 청구할 수 있다(동법 제36조 1항·2항). 감사원은 판정을 한 날부터 2년 이내에 계산서 및 증거서류 등의 오류·누락 등으로 그 판정이 위법 또는 부당함을 발견하였을 때에는 이를 직권으로 재심의할 수 있다(동법 제39조). 감사원의 재심의판결에 대하여는 감사원을 당사자로 하여 행정소송을 제기할 수 있다(동법 제40조 2항). 다만, 그 효력을 정지하는 가처분결정은 할 수 없다.

(6) 감사보고

i) 결산 검사보고 – 감사원은 국가의 세입·세출의 결산 검사보고를 한다. ii) 대통령에 대한 수시보고 – 감사원은 결산 검사보고 외에 감사결과 중요하다고 인정되는 사항에 관하여 수시로 대통령에게 보고한다. 감사원의 중요한 처분 요구에 대하여 두 번 이상 독촉을

받고도 이를 집행하지 아니한 사항에 관하여도 또한 같다(감사원법 제42조).

(7) 심사청구

감사원의 감사를 받는 자의 직무에 관한 처분이나 그 밖의 행위에 관하여 이해관계가 있는 자는 감사원에 그 심사의 청구를 할 수 있도록 하는 심사청구제도를 두고 있다(동법 제43조 1항). 이 심사청구는 청구취지와 이유를 적은 심사청구서로서 하되 청구의 원인이 되는 처분이나 그 밖의 행위를 행한 기관(관계기관)의 장을 거쳐 이를 제출하여야 하고(동법 동조 2항), 이해관계인은 심사청구의 원인이 되는 행위가 있음을 안 날부터 90일 이내에, 그 행위가 있은 날부터 180일 이내에 심사의 청구를 하여야 한다는 제척기간의 제한을 두고 있다(동법 제44조 1항). 감사원은 심사의 청구가 요건과 절차를 갖추지 못한 때에는 각하하고, 심리결과 심사청구의 이유가 있다고 인정할 때에는 관계기관의 장에게 시정이나 그 밖에 필요한 조치를 요구하고, 심사청구의 이유가 없다고 인정한 경우에는 이를 기각한다(동법 제46조 1항·2항). 관계기관의 장은 이러한 결정에 있어서 시정이나 그 밖에 필요한 조치를 요구하는 결정의 통지를 받으면 그 결정에 따른 조치를 취하여야 한다(동법 제47조). 청구인은 심사청구 및 결정을 거친 행정기관의 장의 처분에 대하여는 해당 처분청을 당사자로 하여 해당 결정의 통지를 받은 날부터 90일 이내에 행정소송을 제기할 수 있다(동법 제46조의2).

(8) 감사원규칙 제정권

i) 규칙제정권 – 감사원은 규칙을 제정할 수 있다(동법 제52조). ii) 법적 성격(법규성 여부) – 감사원규칙의 법적 성격에 대해 법규명령설과 행정규칙설로 나누어진다. 후설은 법규명령은 헌법에 근거규정이 있어야 하는데 국회, 대법원, 헌법재판소의 경우와 달리 감사원에 대해서는 규칙제정권을 헌법이 명시하고 있지 않다는 점을 논거로 행정규칙이라고 본다. 전설은 헌법이 명시적으로 규칙제정권을 규정하는 것에 한정하여 법규명령을 제정할 수 있다고 볼 것은 아니므로 감사원규칙도 법규명령이라고 본다. 생각건대 감사원이 헌법기관이고 감사사무처리가 이해관계를 가지는 국민에게 대외적으로 영향을 미칠 수도 있다는 점을 고려하면 법규성이 인정되는 감사원규칙규정도 있을 것이다. 이를 인정하기 위한 전제요건으로는 감사원규칙의 제정에 있어서 내부적, 외부적인 심사과정을 거치고(법제처심사와 같은 심사) 공포가 이루어질 것이며 법규명령적 사항의 경우 헌법 제37조 제2항의 법률유보원칙을 지켜 법률이 위임해주는 사항이어야 한다는 점 등이다. iii) 내용 – 감사원법은 감사원규칙이 담을 내용을 "감사에 관한 절차, 감사원의 내부 규율과 감사사무 처리"에 관한 사항으로 규정하고 있다(동법 제52조). iv) 통제 – 감사원규칙도 사법적(법원, 헌재) 통제를 받는다. 감사원규칙이 헌법이나 법률에 위반되는 여부가 재판의 전제가 된 경우에는 대법원은 이를 최종적으로 심사할 권한을 가진다(제107조 2항). 헌재는 헌법소원심판을 통해 통제할 수 있다. 자세한 것은 행정입법에 대한 통제를 참고하면 된다(전술 참조).

7. 국회의 감사원에 대한 감사요구

국회법에는 국회가 감사원에 대해 감사를 요구할 수 있는 제도를 두고 있다. 즉 "국회는 의결로 감사원에 대하여 감사원법에 따른 감사원의 직무범위에 속하는 사항 중 사안을 특정하여 감사를 요구할 수 있다. 이 경우 감사원은 감사요구를 받은 날부터 3개월 이내에 감사결과를 국회에 보고하여야 한다"라고 규정하고 있다(국회법 제127조의2 1항). 감사원은 특별한 사유로 3월 이내에 감사를 마치지 못하였을 때에는 중간보고를 하고 감사기간 연장을 요청할 수 있고 이 경우 의장은 2개월의 범위에서 감사기간을 연장할 수 있다(동법 동조 2항). 국회는 국민의 대표자로서 감사요구가 가능할 것이나 정쟁결과나 국회의 국정조사권의 대행을 위한 감사요구일 경우 논란이 될 수 있다. 이러한 논란을 미연에 방지하기 위해서도 감사원은 자신이 감사할 수 있는 사항에 대해서는 적극적이고도 독립적으로 감사를 시행하는 자세가 필요하다.

제4장 법원

여기서 법원은 전통적이고 일반적인 재판기관들의 조직과 그 권한을 살펴보는 대상이다. 헌법재판은 법원도 담당하지만 그것을 특별히 담당하는 헌법재판소는 제외하고 여기서는 민사, 형사, 행정 등 일반적인 송사를 담당하는 법원을 살펴본다. 먼저 대법원부터 알아보자.

제1절 최고법원(대법원)의 헌법상 지위

Ⅰ. 최고법원의 체제·지위에 관한 분석적 고찰

최고법원의 체제나 지위에 관한 비교법적 분석은 여러 기준이나 각도에 따라(예를 들어 최고법원이 하나인가 아니면 여러 개인가, 최고법원의 구성이 대통령에 의하여 주도되는가 아니면 의회에 의해 주도되는가 등 그 방법이 어떠한가 하는 여러 기준에 따라) 행할 수 있다.

1. 비교법적 고찰

여기서는 교과서라는 입장에서 체제적인 문제를 우선 조망한다는 관점에서 최고법원이 분산형인지 일원형인지에 대한 비교법적 고찰을 간략히 서술한다.

(1) 일원형(一元型)과 분산형(分散型)

법원 내지 사법권의 개념 속에 헌법재판기관이나 헌법재판권도 포함된다면 고찰대상이 달라질 것이나 여기서는 헌법재판기관을 제외하고 살펴본다.

최고법원이 하나의 법원으로 구성되는 나라들(일원형)이 있는 반면에 담당사건의 영역별로 각각 최고법원이 존재하는 나라들(분산형, 다원형)도 있다. 일원형의 예로 미국이나 일본 등과 같은 국가들을 들 수 있고, 분산형의 예로 독일이나 프랑스 등의 국가들을 들 수 있다. 독일의 경우에 일반 사법법원들의 최고법원, 행정법원, 사회법원, 재정법원 등으로 분산되어 있다. 프랑스의 경우에는 이원형(système dualiste)이라고도 한다. 민·형사를 담당하는 최고법원으로서의 일반대법원이 있고 이 대법원을 정점으로 하여 사법법원들이 조직되어 체계를 이루고 있으면서 다른 한편으로 행정사건 재판들은 별도의 행정법원들이 담당하여 최고행정법원을 정점으로 하는 사법법원들과는 다른 체계를 이루고 있다.

(2) 한국의 대법원

일원형의 최고법원이다. 행정법원들이나 사회법원 등 다른 특수법원들이 따로 존재하지 않는다. 현재 서울행정법원이 있으나 이는 사법부의 조직 속의 하나이다.

2. 대법원(최고법원) 지위 측정의 기준

대법원(최고법원)의 지위, 권한 내지 위상의 정도는 위의 일원형, 분산형에 따라 차이가 있을 수 있고 대법원(최고법원)장, 대법관(최고법관)이 누구(어느 국가기관)에 의해 임명되느냐, 일반법관에 대한 임명권이 대법원에 있느냐 하는 점과 대법원에게 위헌법률심판권 등 헌법재판권이 얼마나 주어져 있느냐에 달려있다.

Ⅱ. 한국 대법원의 헌법상 지위·권한의 변천

1. 변천사 개관

ⅰ) **대법원구성과 일반법관 임명권의 면** 대법원장은 제2공화국헌법을 제외하고 제1공화국, 제3공화국, 제4공화국, 제5공화국 헌법, 현행 헌법까지 임명권자가 대통령이었으나 국회의 승인이나 동의를 받도록 하였다. 제1공화국에서는 법관회의, 제3공화국에서는 법관추천회의의 제청을 받아 임명되도록 하였다. 제2공화국에서는 선거제였다는 것이 특색이었다. 대법관도 제2공화국의 선거제를 제외하고는 대통령이 법관회의나 대법원장의 제청을 받아 임명하였는데 제1공화국 헌법과 현행 헌법에서 국회의 동의를 받도록 규정하였다. 일반법관에 대해서 제1공화국과 제4공화국에서는 대통령이 임명권을 가지고 있었다. 제1공화국에서는 일반법관에 대한 임명에 있어서 대통령이 대법관회의의 결의로 임명하였다. 이에 비해 제4공화국에서는 그런 절차가 없었고 일반법관에 대한 보직권도 대통령이 행사하였다. 이 점에서도 제4공화국에서 대법원의 지위가 약하였다.

ⅱ) **대법원의 권한 면** 위헌법률심판권이 제1공화국에서는 헌법위원회, 제2공화국에서는 헌법재판소, 제4, 5공화국에서는 헌법위원회가 가지고 있었다. 유일하게 제3공화국 헌법하에서 대법원이 위헌법률심판권을 가졌고 따라서 이 점에서는 헌법규정상으로는 상당히 강한 대법원이었다. 그러나 위헌법률심판권이 실제적으로 강하게 행사되지는 못했다. 그나마 말기에 국가배상법 위헌판결이 있었으나 이 판결이 결국 사법파동의 원인이 되었고 대법관 재임용 탈락을 가져오는 등 이후 사법부가 약화되었다.

2. 현행 헌법하의 대법원

제6공화국에 들어와 대법원장, 대법관 모두 임명에 있어서 국회의 동의를 얻어야 하도록 되어 있고 그 임명권자는 대통령이다. 일반법관에 대한 임명권이 대법원장에게 주어져 있다. 위헌법률심판권은 헌법재판소가 가지고 법원은 위헌법률심판제청권만을 가진다. 제4, 5공화국에서는 대법원이 실질적으로 최종적 제청결정권을 가지고 있었으나(실제 제청도 하지 않았다. 그리하여 대법원이 합헌결정기관이라고 평가되기도 하였고 대법원이 제대로 통제역할을 하지 못하여 약화되어 있었다) 현행 헌법에서는 모든 법원이 제청권을 행사할 수 있고 제청이 이루어지고 있다.

Ⅲ. 현행 헌법상 대법원의 지위

1. 주권행사기관

사법권은 법적 분쟁을 국가권력에 의해 해결하는 작용으로서, 그 해결에 있어서 적용되어야 할 법을 유권적으로 해석하는 권한이다. 사법권은 주권의 한 내포로서 주권에서 나오는 권력으로서 흔히 재판관할권이 어느 나라에 속하느냐 하는 문제가 주권의 문제로서 대두된다. 따라서 이러한 국가권력인 사법권을 최고기관의 위치에서 행사하는 대법원은 주권행사기관들 중의 하나인 기관으로서의 지위를 가진다.

2. 최고최종심법원

법원은 최고법원인 대법원과 각급법원으로 조직된다(제101조 2항). 따라서 대법원은 최고의 사법기관으로서 대법원에서 담당하는 사건들은 상고사건들로서 최고최종심으로서 판단된다.

3. 법률심으로서의 재판기관

(1) 의미

대법원은 상고심을 담당하는 최고사법기관으로서 상고이유도 사실의 입증이 아니라 법적 문제들이 해당된다. 사실 대법원을 법률심으로 한다는 헌법적 규정이 있는 것은 아니다. 법률인 소송법에서 상고이유를 법적 문제에 제한하고 있는 결과이다. 따라서 헌법적 원칙이 아니라 법률적 차원에 설정된 원칙이다. 또한 대법원을 법률심으로 기능하게 하는 것은 사법정책적인 측면도 있다. 사실심은 하급법원에서 담당함으로써 대법원은 판례의 일관성, 통일성, 법리의 연구 등에 집중할 수 있게 하기 위한 것이기도 하다.

(2) 대법원 단심제 경우의 검토 문제

법원의 소송으로서는 대법원에서의 단심만 인정되는 경우에는 대법원이 법률심이므로 사실심의 판단을 법관으로부터 받을 수 없는 경우가 생긴다.

그리하여 ① 과거 ㉠ 특허소송의 경우 법률심인 대법원에의 소송제기만을 인정하는 특허법규정이 법관에 의한 재판을 받을 권리의 본질적 내용을 침해하여 위헌이라고 판단된 바 있다(헌재 1995.9.28. 92헌가11). 지금은 특허소송이 2심제로 되어 있다.

판례 헌재 1995.9.28. 92헌가11, 93헌가8·9·10(병합), 특허법 제186조 제1항 등 위헌제청
[주요사항]
▷ 법관에 의한 사실확정 및 법률적용의 기회는 "법관에 의한" 재판을 받을 권리의 본질적 내용(법관에 의한 사실심의 기회 보장)
[결정요지] 구 특허법(1995.1.5. 법률 제4892호로 개정되기 전의 것) 제186조 제1항은 특허청의 항고심판절차에 의한 항고심결 또는 보정각하결정에 대하여 불복이 있는 경우에도 법관에 의한 사실확정 및 법률적용의 기회를 주지 아니하고 단지 그 심결이나 결정이 법령에 위반된 것을 이유로 하는 경우에 한하여 곧바로 법률심인 대법원에 상고할 수 있도록 하고 있는 바, 특허청의 심판절차에 의한 심결이나 보정각하결정은 특허청의 행정공무원에 의한 것으로서 이를 헌법과 법률이 정한 법관에 의한 재판이라고 볼 수 없다. 그렇다면 결국 특허법 제186조 제1항은 법관에 의한 사실확정 및 법률적용의 기회를 박탈한 것으로서 헌법상 국민에게 보장된 "법관에 의한" 재판을 받을 권리의 본질적 내용을 침해하는 위헌규정이라 아니할 수 없다.
[헌법불합치결정] 문제의 특허법(1995.1.5. 법률 제4892호로 개정되기 전의 것) 제186조 제1항 및 의장법(1995.1.5. 법률 제4894호로 개정되기 전의 것) 제75조 중 특허법 제186조 제1항을 준용하는 부분에 대해서 위와 같은 이유로 위헌임을 인정하면서도 헌법재판소는 문제의 규정들이 심판도중에 개정되어 시행을 앞두고 있고 개정법은 고등법원부터 제소기회를 주고 있어 합헌이므로 특허소송의 법적 공백을 막고(완전위헌결정할 경우에 특허소송의 근거법이 없어진다) 그 개정법의 시행일까지만 계속 적용되게 하기 위하여 헌법불합치결정을 하였다.

㉡ 변호사징계결정의 경우에도 대법원 단심제였는데 비슷한 취지의 위헌결정이 있었다. 변호사징계결정은 대한변호사협회 변호사징계위원회의 징계결정이나 그에 불복하여 열리는 법무부변호사징계위원회의 징계결정이나 모두 기본적으로 공권력적 행정처분이라 할 것임에도 불구하고, 그 징계결정에 대하여 행정법원에의 제소를 허용하지 않고, 법무부변호사징계위원회의 결정에 대하여 그에 영향을 미친 헌법·법률·명령 또는 규칙의 위반이 있음을 이유로 하는 때에 한하여 대법원에 즉시항고만 할 수 있도록 규정하고 있었던 변호사법(2000.1.28. 법률 제6207호로 개정되기 전의 것) 제81조 제4항 내지 제6항에 대해서도 마찬가지로 이는 사실심 재판을 법관에 의해 받을 권리를 침해하는 위헌이라고 결정되었다.

판례 헌재 2000.6.29. 99헌가9
[결정요지] 대한변호사협회변호사징계위원회나 법무부변호사징계위원회의 징계에 관한 결정은 비록 그 징계위원 중 일부로 법관이 참여한다고 하더라도(변호사법 제74조 제1항, 제75조 제2항 참조) 이를 헌법과 법률이 정한 법관에 의한 재판이라고 볼 수 없다. 그렇다면 결국 이 사건 법률조항은 법관에 의한 사실확정 및 법률적용의 기회를 박탈한 것으로서 헌법상 국민에게 보장된 "법관에 의한" 재판을 받을 권리의 본질적 내용을 침해하는 위헌규정이라 아니할 수 없다. * 동지의 위헌결정례 : 2000.1.28.에 법

률 제6207호로 개정된 변호사법 제100조 제4항 내지 제6항(개정전 변호사법 제81조 제4항 내지 제6항과 동일한 규정임)에 대한 위헌결정, 헌재 2002.2.28. 2001헌가18.

* 헌재는 대한변호사협회 변호사징계위원회 결정에 대해 법무부 변호사징계위원회에 이의신청을 할 수 있고, 그래도 받아들여지지 않으면 행정소송을 제기할 수 있게 하고 있다.

② 반면에 법관에 대한 징계처분 취소청구소송을 대법원의 단심재판에 의하도록 한 구 법관징계법 제27조는 합헌이라고 결정하였다. 헌재는 아래에서 인용하고 있듯이 합헌성의 논거의 하나로서 대법원이 이 경우에는 사실심으로도 기능한다는 점을 들었는바 이는 대법원이 사실심으로도 기능하는 경우가 있음을 인정하는 것이다.

판례 헌재 2012.2.23. 2009헌바34

[판시] 대법원이 법관에 대한 징계처분 취소청구소송을 단심으로 재판하는 경우에는 법률심인 상고심으로서 사실확정에는 관여하지 않는 다른 재판과 달리 심리의 범위에 관하여 아무런 제한이 없어 사실확정도 대법원의 권한에 속하므로, 법관에 의한 사실확정의 기회가 박탈되었다고 볼 수도 없다.

이 점에서 보다 근본적으로 대법원은 법률심으로만 기능한다는 것은 위에서 언급한 대로 헌법상의 원칙이라고 보기보다는 법률상 원칙으로 볼 수 있게 한다.

③ 기관소송, 대통령선거·국회의원선거 등의 선거소송, 국민투표소송 등도 대법원 단심제인데 사실심을 배제하기 힘들다고 할 것이다. 기관소송, 선거소송, 국민투표소송 등은 특정인의 권리구제를 위한 소송이 아니므로 문제가 달라지긴 한다.

4. 기본권·헌법보장자

대법원도 기본권을 침해당한 국민이 제기한 소송을 담당하여 국민의 기본권을 보호하기 위한 재판권을 행사함으로써 기본권보장자로서의 지위를 가진다. 또한 법률에 대한 위헌결정권을 가지지는 않지만 법률이 헌법에 위반된다고 판단되면 헌법재판소에 위헌법률심판제청을 하여 그 심판에 의하여 재판하고(제107조 1항), 명령·규칙 또는 처분이 헌법에 위반되는 여부가 재판의 전제가 된 경우에는 대법원은 이를 최종적으로 심사함으로써 헌법을 수호하는 임무를 수행할 지위와 권한을 가진다.

5. 최고사법행정기관

대법원은 법원구성원의 인사, 법원예산의 집행, 시설의 관리, 재판업무를 보조하는 지원에 관한 행정을 법원의 최고기관으로서 관장하므로 최고사법행정기관으로서의 지위를 가지기도 한다. 대법원장은 일반법관에 대한 임명권을 가지며 이를 통해 최고사법행정을 수행한다. 대법원은 법률에 저촉되지 아니하는 범위 안에서 "법원의 내부규율과 사무처리에 관한 규칙"을 제정할 수 있는데(제108조) 이 대법원규칙제정권으로 사법행정을 규율하게 된다. 대법원장은 이러한 사법행정사무를 총괄하며, 사법행정사무에 관하여 관계공무원을 지휘·감독한다(법조법 제9조 1항, 제13조 2항). 대법원에 행정에 관한 사항을 의결하는 대법관회의가 있고, 대법원장의 법관인사에 관한 중요 사항을 심의하기 위하여 법관인사위원회를 두고, 사법정책에 관한 자문기관으로서 사법정책자문위원회를 둘 수 있다(대법원의 사법행정권에 관해서는 후술하는 대법원의 권한을 참조).

제2절 법원의 조직과 권한

제1항 구성요소와 법정주의

ⅰ) **인적 구성요소** 법원에는 법관들이 존재하고 대법원에는 대법원장과 대법관이 있으며 각급법원에는 행정직 공무원들이 법관의 재판활동을 행정적 측면에서 보조하고 있다.

* 법관이란 용어 – 현행 헌법 자체에는 '법관'이라고 규정하고 있다. 과거 헌법들 중에는 제3공화국헌법과 제5공화국헌법에서 대법원의 경우 대법원 '판사'라는 용어를 사용한 예가 있었다. 현행 법원조직법은 일반 법관에 대해 '판사'라는 용어를 사용하고 있으나 헌법에 따라 '법관'이라고 용어를 통일할 일이다.

ⅱ) **계서적 구성** 헌법 제101조 제2항은 "법원은 최고법원인 대법원과 각급법원으로 조직된다"라고 규정하고 있다.

ⅲ) **법원조직법정주의** 헌법 제102조 제3항은 "대법원과 각급 법원의 조직은 법률로 정한다"라고 규정하여 법원의 조직에 관한 구체적인 사항을 법률에 위임하고 있다. 그 법률이 법원조직법(이하 '법조법'이라 함)이다. 이를 법원조직법정주의라고 한다. 법원조직을 법률에 맡겨 그 구체적 내용을 입법자가 형성하도록 하였다고 하여 입법형성에 한계가 없는 것이 아니고 헌법의 중요한 원리, 예를 들어 민주적 정당성의 원리, 독립성의 원리, 전문성의 원리 등은 준수되어야 한다(법관의 독립성·전문성을 제고하는 조직규정).

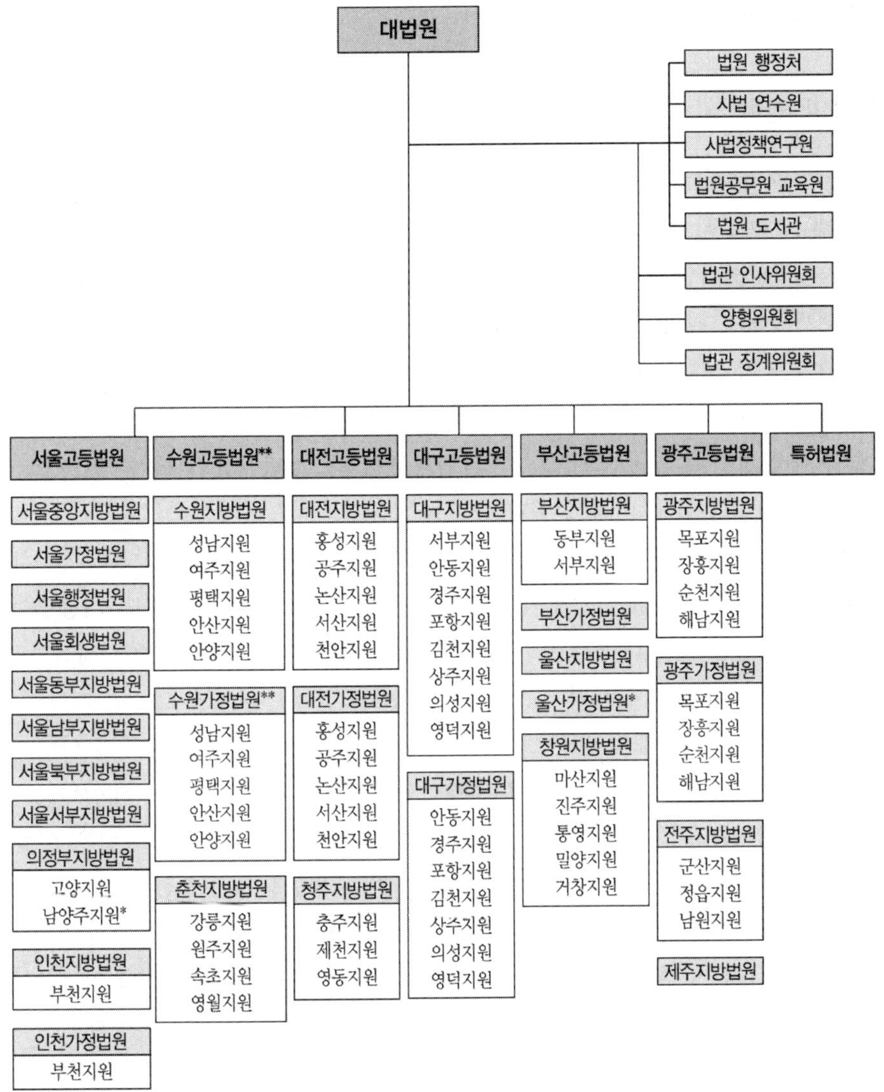

▌ 법원조직도

* 출처 : 대법원 홈페이지(https://www.scourt.go.kr/judiciary/organization/chart/index.html#)를 참고하되 필자가 대법원 조직과 지원 부분을 보충한 것임. 가정법원 지원까지 자세히 소개함. 그래서 대법원 자신이 작성한 조직도와 차이가 있음.

* 위 조직에서 표시가 안 된 시·군법원과 등기소 등이 있음.

* 2025.3.1. 시행되는 변화 : 가. 인천광역시에 인천지방법원 북부지원을 설치함. 나. 창원시에 창원가정법원을 설치하고, 창원가정법원 마산지원, 창원가정법원 진주지원, 창원가정법원 통영지원, 창원가정법원 밀양지원 및 창원가정법원 거창지원을 각각 설치함.

제2항 대법원의 조직과 권한

Ⅰ. 대법원조직의 연혁

제1공화국에서 대법원장인 법관은 대통령이 임명하고 국회의 승인을 얻어야 하도록 하였다. 당시의 법조법 제37조는 "대법관의 임명 및 대법원장의 보직은 대법원장, 대법관, 각 고등법원장으로 구성된 법관회의의 제청으로 대통령이 이를 행한다"라고 규정하였고 제38조는 "판사의 임명은 대법관회의의 결의에 의하여 대법원장의 제청으로 대통령이 행하고 판사의 보직은 대법원장이 행한다"라고 규정하였다. 즉 대법원장에 대한 임명은 국회의 승인을 받는 것을 조건으로 대통령에게 주어져 있었고 대법관에 대한 임명권은 법관회의의 제청을 조건으로 역시 대통령에게 주어져 있었다. 일반법관도 대법관회의의 결의, 대법원장의 제청이라는 조건이 있었으나 대통령에게 임명권이 주어져 있었다.

제2공화국에서는 대법원장·대법관선거제를 도입하였다. 즉 제2공화국헌법 제78조는 대법원장과 대법관은 법관의 자격이 있는 자로써 조직되는 선거인단이 이를 선거하고 대통령이 확인하도록 규정하였다. 대법원장·대법관선거를 위하여 대법원장및대법관선거법이 제정되었다. 그러나 선거는 5.16군사쿠테타로 실시되어 보지 못했다.

제3공화국에서는 대통령이 대법원장을 법관추천회의의 제청을 받아 국회의 동의를 얻어 임명하였는데 국회의 동의를 얻으면 대통령은 임명하여야 했다. 대법원판사는 대법원장이 법관추천회의의 동의를 얻어 제청하고 대통령이 임명하였는데 제청이 있으면 대통령은 이를 임명하여야 했다. 일반법관은 대법원판사회의의 의결을 거쳐 대법원장이 임명하였다.

제4공화국에서는 대법원장은 대통령이 국회의 동의를 얻어 임명하고 대법관과 일반법관은 대법원장의 제청에 의하여 대통령이 임명하게 하였다. 일반법관에 대한 임명권이 대법원장이 아니라 대통령이 가지도록 하면서 아울러 법관의 보직권도 대통령이 장악하여 대법원의 지위가 많이 약화되었다.

제5공화국에서 일반법관에 대한 임명권이 다시 대법원장에게로 환원되었다. 그러나 여전히 대법원판사는 국회의 동의없이 대통령이 임명하도록 규정하고 있었다. 대법원장은 국회의 동의를 얻어 대통령이 임명하도록 하였다.

* 대법관의 수에 관한 연혁 : 대법관의 수의 상한을 헌법 자체에 명시적으로 규정한 예로 제3공화국, 제4공화국 헌법이 16인 이하로 규정하였다.

사항 / 공화국	대법원장			대법관(대법원판사)			일반법관		
	임명권자	제청권자	국회동의(승인)	임명권자	제청권자	국회동의	임명권자	의결(결의)(동의)권자	제청권자
제1공화국	대통령	법관회의*	국회의 승인	대통령	법관회의		대통령	대법관회의의 결의	대법원장
제2공화국	선거(법관의 자격이 있는 자로써 조직되는 선거인단에 의한 선거와 대통령의 확인)						대법원장	대법관회의의 결의	
제3공화국	대통령	법관추천회의 **	국회의 동의	대통령	대법원장(법관추천회의의 동의를 얻어 제청함)		대법원장	대법원판사회의의 의결	
제4공화국	대통령		국회의 동의	대통령	대법원장		대통령		대법원장
제5공화국	대통령		국회의 동의	대통령	대법원장		대법원장		
제6공화국	대통령		국회의 동의	대통령	대법원장	국회의 동의	대법원장	대법관회의의 동의	

▌ 대법원장·대법관·일반법관의 임명방식의 변천

* 제1공화국의 법관회의 : 대법원장, 대법관, 각 고등법원장으로 구성.
** 제3공화국의 법관추천회의 : 법관 4인, 변호사 2인, 대통령이 지명하는 법률학교수 1인, 법무부장관과 검찰총장으로 구성.

Ⅱ. 현행 대법원의 조직요소

대법원은 대법원장과 대법관으로 구성된다(제102조 2항). 대법관의 수는 대법원장을 포함하여 14명으로 한다(법조법 제4조 2항). 법원행정처장도 대법관 중에서 보하므로(동법 제68조 1항) 14명의 대법관 속에 포함된다. 대법원에 부를 둘 수 있다(제102조). 대법원의 심판권은 대법관전원의 3분의 2 이상의 합의체나 대법관 3인 이상으로 구성된 부에서 행한다(법조법 제7조 1항). 대법원장은 필요하다고 인정하는 경우에 특정한 부로 하여금 행정·조세·노동·군사·특허 등 사건을 전담하여 심판하게 할 수 있다(동법 제7조 2항). 대법원에 법률이 정하는 바에 의하여 대법관이 아닌 법관을 둘 수 있다(제102조 2항 단서). 대법원에 대법관회의가 있다. 대법원에 법원행정처, 사법연수원, 사법정책연구원, 법원공무원교육원, 법원도서관 등을 하부기관으로 두고 있다(법조법 제19조 내지 제22조).

Ⅲ. 대법원장

1. 대법원장의 헌법상 지위

대법원장은 다음과 같은 지위를 가진다.

ⅰ) 대법원(사법부)의 수장인 헌법기관으로서의 지위 – 대법원장은 대법원과 사법부를 대표하는 수장이다. 이 대표자의 지위가 헌법에 명시되어 있지는 않으나 대법원은 사법부의 조직의 계서상 최고법원이므로 대법원장이 결국 사법부를 대표하는 수장이다. 대법원장은 헌법에 규정된 헌법기관이다. ⅱ) 대법관회의의 의장으로서의 지위 – 대법원장는 대법원의 최고합의제 의결 회의체인 대법관회의의 의장이다. ⅲ) 전원합의체 재판장으로서의 지위 –대법원의 심판권은 대법관 전원의 3분의 2 이상의 합의체에서 행사하는데 대법원장은 이 전원합의체의 재판장이다. ⅳ) 사법행정의 지휘·감독자로서의 지위 – 대법원장은 일반법관에 대한 임명과 보직을 행하고(제104조 3항, 법조법 제44조), 대법원의 일반사무를 관장하며, 대법원의 직원과 각급 법원 및 그 소속 기관의 사법행정사무에 관하여 직원을 지휘·감독하는 지위에 있다(동법 제13조 2항).

2. 대법원장의 신분상 지위

(1) 임명

역대 대법원장의 선임방식의 변천에 대해서는 위에서 살펴본 바 있다. 현재 대법원장은 국회의 동의를 얻어 대통령이 임명한다(제104조 1항). 국회의 동의는 대법원장이 막중한 권한을 가지는 데 비해 국민으로부터 직접 선출되지 않고 대통령에 의해 임명되므로 국민의 대표기관인 국회의 동의를 받도록 하여 민주적(국민적) 정당성을 갖추게 하려는 것이다. 국회가 인사청문을 거쳐 동의 여부를 결정하게 된다.

(2) 자격과 임기, 권한대행 등

ⅰ) 자격 – 현재 대법원장의 자격은 20년 이상 1. 판사·검사·변호사, 2. 변호사 자격이 있는 사람으로서 국가기관, 지방자치단체, 「공공기관의 운영에 관한 법률」 제4조에 따른 공공기관, 그 밖의 법인에서 법률에 관한 사무에 종사한 사람, 3. 변호사 자격이 있는 사람으로서 공인된 대학의 법률학 조교수 이상으로 재직한 사람으로서 45세 이상의 사람 중에서 임용한다(법조법 제42조 1항). ⅱ) 임기 – 대법원장의 임기는 6년으로 하며, 중임할 수 없다(헌법 제105조 1항). ⅲ) 정년 – 대법원장의 정년은 70세이다(법조법 제45조 4항). ⅳ) 권한대행 – 대법원장이 궐위되거나 부득이한 사유로 직무를 수행할 수 없을 때에는 선임대법관이 그 권한을 대행한다(법조법 제13조 3항).

3. 대법원장의 권한

(1) 권한

대법원장은 ① 대법관임명제청권(제104조 2항), ② 대법관 아닌 법관을 대법관회의의 동의를 얻어 임명할 권한(제104조 3항), ③ 판사보직권(법조법 제44조 1항), ④ 헌법재판관 3인 지명권(제111조 3항), ④ 중앙선거관리위원회 위원 3인 지명권(제114조 2항), ⑤ 법원을 대표할 권한, ⑥ 사법행정사무를 총괄하고 법원의 직원을 임명하며 지휘·감독할 권한(법조법 제9조 1항, 제13조 2항, 제53조), ⑦ 법원업무관련 법률의 제정·개정에 관한 의견제출권(동법 제9조 3항 "대법원장은 법원의 조직, 인사, 운영, 재판절차, 등기, 가족관계등록, 그 밖의 법원 업무와 관련된 법률의 제정 또는 개정이 필요하다고 인정하는 경우에는 국회에 서면으로 그 의견을 제출할 수 있다") 등을 가진다.

(2) 검토

대법원장의 헌법기관구성권이 헌법재판관지명 등 그 범위도 넓을 뿐 아니라 대법원합의체도 아닌 독임기관인 대법원장이 단독지명하도록 한 것은 상대적으로 너무 강하여 권력분립원칙이 요구하는 균형성원칙에 부합되지 못하다는 문제점이 있다. 대법관 임명에서의 제청권도 대법관후보추천위원회 제도가 있긴 하나 상당히 강한 권한이다. 중앙선거관리위원회의 조직에 관여하는 것에 대해서도 문제점이 지적되고 있다. 중앙선거관리위원회가 선거소송에서 피고의 입장에 설 수 있는데 심판기관인 대법원의 장이 그 구성에 관여한다는 것이 독립성 문제를 야기할 수 있다는 것이다. 더구나 현재 중앙선거관리위원회 위원장은 대법관이 맡고 있고 그것이 관례라고는 하나 중요 헌법기관의 장을 다른 헌법기관의 구성원이 담당하는 것은 권력분립의 구도상 불균형을 보여주는 문제점부터 있다.[1] 법원업무관련 법률의 제정·개정에 관한 의견제출권도 대법원장이 제출 이전에 제출하려는 의견을 대법관회의에 부치지 아니하는 한(법조법 제17조 6호) 단독으로 제출이 가능하다(대조하여 보면 헌재의 경우 헌법재판소장이 입법 의견을 재판관회의의 의결을 거쳐 제출하도록 하고 있다. 헌법재판소법 제16조 4항, 제10조의2).

Ⅳ. 대법관

대법원에 대법관을 둔다(헌법 제102조 2항 본문).

1) 2014년 국회의 헌법개정자문위원회의 헌법개정안에서는 대법원장의 헌법재판관 3인, 중앙선거관리위원회 3인 위원에 대한 지명권을 없애는 것으로 하고 있다,

1. 정수

(1) 연혁

제헌헌법, 제2공화국 헌법에서는 대법관의 인원수를 헌법 자체에서 명시하여 못박거나 그 인원수를 한정하지 않았다. 제3공화국 헌법은 대법원의 법관의 수를 16인 이하로 한다고 직접 명시하고 있었고(제3공화국 헌법 제97조 2항) 이는 제4공화국에서도 마찬가지였다. 제5공화국헌법에서부터는 다시 대법관 정수에 관하여 헌법이 직접 규정을 하지 않았다.

(2) 현행 법원조직법

현행 헌법도 헌법 자체에 대법관의 정수에 대해 규정을 두고 있지 않고 대법원의 조직은 법률로 정하도록 한 헌법 제102조 제3항에 따라 법원조직법에 규정을 두고 있다. 대법관의 수는 대법원장을 포함하여 14인으로 한다(법조법 제4조 2항). 법원행정처장도 대법관 중에서 보하므로(동법 제68조 1항) 14인의 대법관 속에 법원행정처장도 포함된다.

2. 대법관의 헌법상 지위

대법관은 ⅰ) 대법원의 구성원, ⅱ) 대법관회의의 구성원, ⅲ) 전원합의체의 구성원, ⅳ) 부의 구성원으로서의 지위를 가진다.

3. 대법관의 신분상 지위

(1) 임명

대법관은 대법원장의 제청으로 국회의 동의를 얻어 대통령이 임명한다(제104조 2항). 대법원장이 제청할 대법관 후보자의 추천을 위하여 대법원에 대법관후보추천위원회를 두는데 이 추천위원회는 외부인도 참여하는 10명의 위원으로 구성되며 제청할 대법관의 3배수 이상을 대법관 후보자로 추천하여야 하고 대법원장은 대법관 후보자를 제청하는 경우에는 추천위원회의 추천 내용을 존중한다(법조법 제41조의2 1항 · 2항 · 3항 · 6항 · 7 항). 이 위원회는 법률로 규정된 것인데 참조할만한 외국의 예로 프랑스에서는 법관인사와 징계를 담당하는 최고사법고등회의(Conseil supérieur de la magistrature)가 외부인사가 참여하는 위원회로서 대법원장, 대법관을 제청하는데 이 위원회는 헌법상 그 조직, 권한이 명시된 헌법기관이다. 우리의 경우 국회는 인사청문을 거쳐 대법관후보자에 대해 동의를 한다.

(2) 자격, 임기, 정년 등

ⅰ) 자격 – 대법관의 임용자격은 대법원장과 동일하다(동법 제42조 1항). ⅱ) 임기 – 대법관의 임기는 6년으로 하며, 법률이 정하는 바에 의하여 연임할 수 있다(제105조 2항). ⅲ) 정년 – 대법관의 정년은 70세로 한다(법조법 제45조 4항).

4. 대법관의 권한

대법관은 부나 전원합의체에서 심판할 권한과 대법관회의에서의 심의·의결권을 가진다.

5. 대법관이 아닌 법관

헌법은 대법원이 법률이 정하는 바에 의하여 대법관이 아닌 법관을 둘 수 있도록 규정하고 있다(헌법 제102조 2항 단서).

V. 대법원의 운영, 행정 등을 위한 조직

1. 심판조직 - 전원합의체와 부

대법원의 재판은 전원합의체로 운영되는 것이 원칙이고 이상적이다. 그러나 재판사건의 과부하를 해소하기 위해 부(部)도 두어 심판을 행한다. 헌법도 "대법원에 부를 둘 수 있다"라고 그 근거를 명시하고 있다(제102조 1항). 전원합의체에서 심판이 되는 것이 원칙이나 부에서 먼저 사건을 심리(審理)하여 의견이 일치한 경우에 한정하여 명령 또는 규칙이 헌법, 법률에 위반된다고 인정하는 경우, 판례변경할 경우 등을 제외하고 부에서 재판할 수 있다(법조법 제7조 1항. 대법원 심판권구조에 대한 자세한 것은 후술 대법원의 권한 부분 참조).

현재 실무상 사실 부에서 주로 재판이 이루어지고 전원합체 재판이 예외로 이루어진다. 대법원이 전문적인 최고법원이기 위해서는 사실 적절한 부로 나누어 중요한 법적 논점에 대해 집중도 높게 검토하는 역할이 중요하고 중요한 법적 논점에 대한 권위있는 판례형성을 위하여서는 전문 부의 활동과 그 활동에 대한 다양한 의견수렴을 위한 전원합의체의 운영이 활발하여야 할 것이다.

대법원 재판서(裁判書)에는 합의에 관여한 모든 대법관의 의견을 표시하여야 한다(법조법 제15조). 대법원의 상고심 재판에 있어서는 심리불속행제도가 특례로 시행되고 있다. '상고심절차에 관한 특례법'에 따른 제도로서 상고이유가 동법 소정의 사유에 해당하지 않을 때에는 더 나아가 심리하지 않고 판결로 상고를 기각할 수 있는 제도이다. 이 제도는 형사소송의 경우에는 적용되지 않으나 민사, 행정 등 많은 범위에서 적용되고 있다. 판결에 이유를 기재하지 아니할 수 있다(심리불속행제도에 대해서는 앞의 기본권론의 재판청구권 부분 참조). 심리불속행제가 위에서 언급한 집중적인 대법원 심리를 위한 소송당사자의 희생을 전제하는 면이 있으므로 대법원으로서의 역할을 제고하기 위한 제도가 되어야 하고 남용되지 않아야 한다.

2. 대법관회의

ⅰ) 구성 – 대법관회의는 대법관으로 구성되는 의결기관이고, 대법원장이 그 의장이 된다(법조법 제16조 1항). ⅱ) 의결사항 – 대법관회의의 의결을 거쳐야 할 사항은 1. 판사의 임명 및 연임에 대한 동의, 2. 대법원규칙의 제정과 개정 등에 관한 사항, 3. 판례의 수집·간행에 관한 사항, 4. 예산 요구, 예비금 지출과 결산에 관한 사항, 5. 다른 법령에 따라 대법관회의의 권한에 속하는 사항, 6. 특히 중요하다고 인정되는 사항으로서 대법원장이 회의에 부친 사항이다(동법 제17조). ⅲ) 운영 및 의결정족수 – 대법관회의는 대법관전원의 3분의2 이상의 출석과 출석인원 과반수의 찬성으로 의결한다(동법 제16조 2항). 의장은 의결에 있어서 표결권을 가지며, 가부동수일 때에는 결정권을 가진다(동법 동조 3항).

3. 법원행정처 등

사법행정사무를 관장하기 위하여 대법원에 법원행정처를 둔다(법조법 제19조 1항). 법원행정처는 법원의 인사·예산·회계·시설·통계·송무·등기·가족관계등록·공탁·집행관·법무사·법령조사 및 사법제도연구에 관한 사무를 관장한다(동조 2항). 대법원에 대법원장비서실을 두는데, 실장은 대법원장의 명을 받아 비서실의 사무를 관장하며, 소속 공무원을 지휘·감독한다(동법 제23조 1항·2항).

4. 사법연수원, 법원공무원교육원, 법원도서관, 재판연구관

판사의 연수와 사법연수생의 수습에 관한 사무를 관장하기 위하여 대법원에 사법연수원을 둔다(동법 제20조). 법원직원·집행관 등의 연수 및 양성에 관한 사무를 관장하기 위하여 대법원에 법원공무원교육원을 둔다(동법 제21조). 재판사무의 지원 및 법률문화의 창달을 위한 판례·법령·문헌·사료 등 정보를 조사·수집·편찬하고 이를 관리·제공하기 위하여 대법원에 법원도서관을 둔다(동법 제22조). 대법원에 대법원장의 명을 받아 대법원에서 사건의 심리 및 재판에 관한 조사·연구 업무를 담당하는 재판연구관을 두는데 판사로 보하거나 3년 이내의 기간을 정하여 판사가 아닌 사람 중에서 임명할 수 있다(동법 제24조 1항·2항·3항).

5. 사법정책연구원, 사법정책자문위원회

사법제도 및 재판제도의 개선에 관한 연구를 하기 위하여 대법원에 사법정책연구원을 둔다(동법 제20조의2). 대법원장은 필요하다고 인정할 경우에는 대법원장의 자문기관으로 사법정책자문위원회를 둘 수 있다(동법 제25조 1항).

6. 법관인사위원회, 법관징계위원회

법관의 인사에 관한 중요 사항을 심의하기 위하여 대법원에 법관인사위원회를 두는데 인사에 관한 기본계획의 수립에 관한 사항, 판사의 임명, 연임, 퇴직 등에 관한 사항을 심의한다(동법 제25조의2 1항·2항). 법관에 대한 징계사건을 심의·결정하기 위하여 대법원에 법관징계위원회를 둔다(동법 제48조 1항, 법관징계법 제4조 1항).

Ⅵ. 대법원의 권한

1. 대법원의 재판권

(1) 대법원의 관할

대법원은 다음의 사건들을 관할한다. 즉 종심(終審)으로 심판한다. ① 상고심 - 고등법원 또는 항소법원·특허법원의 판결에 대한 상고사건(동법 제14조 1호), ② 재항고사건 - 항고법원·고등법원 또는 항소법원·특허법원의 결정·명령에 대한 재항고사건(동법 동조 2호) ③ 다른 법률에 따라 대법원의 권한에 속하는 사건(동법 동조 3호) - 이에 관한 것으로 ㉠ 명령·규칙의 헌법·법률 위반 여부의 최종심사, ㉡ 위헌법률심판제청, ㉢ 선거소송(대통령선거, 국회의원선거, 시·도지사선거·비례대표시·도의원선거의 소송은 대법원 단심으로, 그 외 선거의 소송은 고등법원에서 시작하여 대법원이 상고심으로 관할한다. 이 점에서 고등법원의 관할이 적지 않다는 점에서(특히 지방선거의 경우) 대법원이 선거소송의 전속관할법원인 것처럼 소개하는 것은 잘못이다), ㉣ 국민투표 무효소송, ㉤ 기관소송, ㉥ 법관의 징계처분에 대한 취소청구사건(법관징계법 제27조) 등을 관할한다(그외 대법원이 단심으로 관할하는 소송사건에 대해서는 후술 사법절차 부분 참조).

대법원에의 상고는 소송법상 상고이유의 제한, '상고심절차에 관한 특례법'에 따른 상고심리불속행제도에 의한 제약이 있다. 대법원은 법률심으로 기능한다.

(2) 대법원의 심판권 행사구조

대법원의 심판권은 대법관전원의 3분의 2 이상의 합의체에서 행사하며 대법원장이 재판장이 된다. 다만, 대법관 3인 이상으로 구성된 부에서 먼저 사건을 심리하여 의견이 일치한 경우에 한정하여 그 부에서 재판할 수 있다(동법 제7조 1항). 그러나 ⓐ 명령 또는 규칙이 헌법에 위반된다고 인정하는 경우, ⓑ 명령 또는 규칙이 법률에 위반된다고 인정하는 경우, ⓒ 종전에 대법원에서 판시한 헌법·법률·명령 또는 규칙의 해석적용에 관한 의견을 변경할 필요가 있다고 인정하는 경우, ⓓ 부에서 재판하는 것이 적당하지 아니하다고 인정하는 경우에는 전원합의체에서 심판한다. 실무상 부에서 많은 사건을 심판한다.

2. 사법입법권 - 대법원규칙제정권

헌법 제108조 대법원은 법률에 저촉되지 아니하는 범위 안에서 소송에 관한 절차, 법원의 내부규율과 사무처리에 관한 규칙을 제정할 수 있다.

(1) 의의와 기능, 인정이유

대법원규칙을 인정하는 논거로서 그 의의와 기능은 다음과 같다. ① 전문성 – 대법원이 소송절차의 최고전문기관이라는 점에서 대법원이 소송절차에 대해 제정하도록 한 것이다. ② 사법의 독립성·자율성 – 내부규율, 사무처리를 사법부가 독립적이고 자율적으로 행하도록 하기 위해 필요하다. ③ 각급법원에 대한 통할과 통일성 – 대법원이 규칙을 통하여 각급법원에 대한 통할을 하고 소송절차를 통일성있게 할 수 있다.

(2) 성격

대법원규칙의 성격에 대해서는 법률과 같은 규범으로 보는 견해, 법률하위이면서 법규명령적인 규범이라는 견해가 있을 수 있다. 생각건대 법률에 저촉되어서는 아니 된다는 점을 고려하면, 그리고 우리 헌법 제108조는 소송에 관한 절차도 대법원규칙의 대상으로 하고 있는바 소송절차는 국민의 재판청구권의 행사에 직접적인 영향을 미칠 수 있어 법규성을 가진다는 점에서 이러한 대법원규칙은 법률하위이면서 법규명령적인 규범이다. 대법원규칙 중에 국민에 대해 영향을 미치지 않고 법원내부의 행정적 사무에 관한 것일 때에는 행정규칙적인 성격을 띠는 규정이 있을 수 있다. 그렇더라도 대법원규칙이 일반적으로 가지는 법규명령적 성격을 부정할 수 없다. 그런 규정은 우리 대법원판례에도 나오듯이 실질적 행정규칙으로 보면 될 것이다.

(3) 내용과 효력, 제정·시행절차와 발효

헌법 제108조는 대법원규칙으로 정할 사항을 "소송에 관한 절차, 법원의 내부규율과 사무처리"라고 규정하고 있다. 이 사항에 국한한다는 열거설과 예시설이 있을 수 있다. 생각건대 헌법 제108조가 규정하는 사항은 예시적인 것으로 그 외 사법부가 사법권을 행사하는 데 필요한 사항과 국민의 기본권보장을 위한 재판 외 사법활동에 관한 사항들을 정할 수 있다. 법조법에 대법원규칙으로 정할 사항들이 많이 규정되어 있다. 대법원규칙은 '법률에 저촉되지 아니하는 범위 안에서' 제정되므로(제108조) 법률하위의 효력을 가진다.

대법원규칙은 대법관회의의 의결을 거쳐 법원행정처장이 공포절차를 취하여 시행에 들어간다(법조법 제17조 2호, '대법원규칙의 공포에 관한 규칙').

(4) 한계와 통제

1) 한계

(가) 합법률성

대법원규칙은 법률에 저촉되지 아니하는 범위 안에서 제정되므로 법률하위의 효력을 가진다.

(나) 대법원규칙에의 위임에서의 포괄위임금지원칙의 적용 문제[1)]

가) 문제 제기

위에서 본대로 대법원규칙은 법규명령인바 그렇다면 대법원규칙에 법률이 어떤 사항을 위임함에 있어서도 대통령령, 부령 등에 위임하는 경우와 같이 포괄위임금지원칙이 적용되는가가 논의된다. 사실 이 문제는 두 가지 세부 논점으로 나누어진다. ⅰ) 위임 자체의 요구 여부 – 소송절차, 법원 내부규율과 사무처리에 관한 사항인 한에서는 법률이 규정하고 있지 않은 사항이라면 이에 대해 법률의 위임이 없더라도(법률이 규정하지 않으니 위임도 사실 없다) 대법원규칙이 규정을 할 수 있는가 하는 문제이다. 헌법 제108조가 '법률에 저촉되지 아니하는 범위 안에서'라고 하는 의미가 법률규정이 있는 한이 아니면 이를 저촉할 리 없다는 주장이 나올 수 있기 때문에 제기되는 문제이다. ⅱ) 다음으로 법률이 위임을 하긴 하는데 그 위임이 포괄적이라도 괜찮은가 하는, 즉 포괄위임금지원칙이 적용되지 않는지, 아니면 적용되는지 하는 문제이다.

나) 헌법재판소 판례

(a) 헌법재판소 판례의 입장 - 적용설

헌재가 이 문제를 판단하였는데 판단하게 된 이유는 헌재가 법률의 위헌 여부에 대한 최종적 판단권을 가지기 때문에 법원의 소송절차와 관련하여 법률이 대법원규칙에 위임하는 경우들이 있고 그 위임규정을 심사하면서 이 법리를 제시하게 된 것이다. 헌재의 법정의견은 포괄위임금지원칙이 대법원규칙에의 위임에서도 적용됨을 긍정한다. 즉 헌법 제75조는 "법률에 구체적으로 범위를 정하여"라고 규정하여 위임입법의 근거와 아울러 그 범위와 한계를 제시하고 있고 헌법 제108조는 "대법원은 '법률에 저촉되지 아니하는 범위 안에서' 소송에 관한 절차, 법원의 내부규율과 사무처리에 관한 규칙을 제정할 수 있다"라고 규정하고 있으므로, 대법원규칙도 소송절차에 관하여는 법률의 위임을 받아 일정한 사항을 규율할 수 있으며 헌법 제75조에 근거한 포괄위임금지원칙은 하위법규에 규정될 내용의 대강을 예측할 수 있어야 함을 의미하는데, 위임입법이 대법원규칙인 경우에도 수권법률에서 이 원칙을 준수하여야 하는 것은 마찬가지라고 한다(김이수, 이진성, 강일원 헌법재판관은 헌법 제75조와 달리 헌법 제108조는 법률의 위임

---

1) 이하의 글은 정재황, 신헌법입문(제10판), 박영사(2020), 808－809면의 것을 옮기면서 대폭 가필을 한 것이다.

을 요구하지 않고 '법률에 저촉되지 아니하는 범위 안에서' 소송절차 등에 관하여 대법원규칙을 제정할 수 있도록 하고 있으므로, 대법원규칙에는 법률에 저촉되지 않는 한 법률에 명시적인 위임규정이 없더라도 소송절차에 관한 행위나 권리를 제한하는 규정을 둘 수 있다는 부정설을 취한다). 다만, 대법원규칙으로 규율될 내용들은 소송에 관한 절차와 같이 법원의 전문적이고 기술적인 사무에 관한 것이 대부분일 것인바, 법원의 축적된 지식과 실제적 경험의 활용, 규칙의 현실적 적응성과 적시성의 확보라는 측면에서 수권법률에서의 위임의 구체성·명확성의 정도는 다른 규율 영역에 비해 완화될 수 있을 것이라고 한다.

판례 헌재 2016.6.30. 2014헌바456등

[법정의견] … 나. 포괄위임금지원칙 위반 여부 (1) 대법원규칙에 대한 입법위임과 포괄위임금지원칙 (가) 입법권은 원칙적으로 입법자에게 속하나, 입법자가 사회변화에 따라 급속도로 증가하는 법규사항의 수요를 모두 충족시키기에는 역부족이므로 헌법은 제75조, 제95조를 통해 입법권을 부분적으로 위임하는 것을 허용하고 있다. 그런데 이러한 위임의 필요성은 소송절차 등 법원의 사무에 관한 사항에서도 마찬가지이다. 소송절차 등 법원의 사무에 관한 사항은 지극히 전문적이고 기술적인 분야로서 입법자가 이에 관한 모든 사항을 직접 규율한다는 것은 불가능하고 또한 부적절한 측면이 있다. 이러한 사항들은 사법실무에 정통한 대법원에서 정하는 것이 보다 효율적이며, 이는 상황의 변화에 신속하게 대응할 수 있도록 하기 위해서도 불가피하다. 따라서 헌법이 위임입법의 형태로 제75조와 제95조에서 대통령령, 총리령 또는 부령의 행정입법만을 명시적으로 규정하고 있다 하더라도, 헌법이 인정하고 있는 위와 같은 위임입법의 형식은 예시적인 것으로 보아야 할 것이므로(헌재 2004.10.28. 99헌바91 참조), 대법원 역시 입법권의 위임을 받아 규칙을 제정할 수 있다고 할 것이다. (나) 헌법 제75조는 "대통령령은 법률에서 구체적인 범위를 정하여 위임받은 사항과 법률을 집행하기 위하여 필요한 사항에 관하여 대통령령을 발할 수 있다"고 규정하여 위임입법의 근거와 아울러 그 범위와 한계를 제시하고 있다. 헌법 제75조에 근거한 포괄위임금지원칙은 법률에 이미 대통령령 등 하위법규에 규정될 내용 및 범위의 기본사항이 구체적으로 규정되어 있어서 누구라도 당해 법률로부터 하위법규에 규정될 내용의 대강을 예측할 수 있어야 함을 의미하므로, 위임입법이 대법원규칙인 경우에도 수권법률에서 이 원칙을 준수하여야 하는 것은 마찬가지이다(헌재 2014.10.30. 2013헌바368 참조). 다만, 대법원규칙으로 규율될 내용들은 소송에 관한 절차와 같이 법원의 전문적이고 기술적인 사무에 관한 것이 대부분일 것이므로, 법원의 축적된 지식과 실제적 경험의 활용, 규칙의 현실적 적응성과 적시성의 확보라는 측면에서 수권법률에서의 위임의 구체성·명확성의 정도는 다른 규율 영역에 비해 완화될 수 있을 것이다. 한편, 위임의 구체성·명확성 내지 예측가능성의 유무는 당해 특정조항 하나만을 가지고 판단할 것이 아니라 관련법조항 전체를 유기적·체계적으로 종합하여 판단하여야 하고, 위임된 사항의 성질에 따라 구체적·개별적으로 검토하여야 할 것이다(헌재 2002.3.28. 2001헌바24등 참조). (2) 판단 (가) 위임의 필요성 – 항고보증금의 액수는 사회경제적 상황의 변화, 회생계획 불인가결정의 확정 및 파산절차로의 이행이 지연됨에 따라 발생하는 이해관계인의 손해 등 제반여건을 고려하여 탄력적으로 정할 수 있어야 한다. (나) 예측가능성 … 이 사건 법률조항에서 대법원규칙에 위임하고 있는 내용에 대해서는 어느 정도 예측이 가능하다고 볼 수 있다. (다) 소결 – 이러한 점들을 종합할 때, … 이 사건 법률조항은 포괄위임금지원칙에 위배되지 아니한다.

다. 과잉금지원칙 위반 여부 … [3인 소수 별개의견] 이 사건 법률조항이 헌법에 위반되지 않는다는 점은 다수의견과 견해가 같다. 다만, 이 사건 법률조항이 포괄위임금지원칙을 위반하였는지 여부에 대한 판단 부분에서 다음과 같이 다수의견과 견해를 달리한다. 가. 대법원규칙에는 법률에 저촉되지 않는 한

법률에 명시적 위임규정이 없더라도 소송절차에 관한 행위나 권리를 제한하는 규정을 둘 수 있다. 나. 헌법 제108조가 대법원의 규칙제정권을 인정하면서 법률의 위임을 요구하지 않고 있는 것은 권력분립의 정신에 비추어 입법권에 의한 사법권에의 간섭을 최소화하여 사법의 자주성과 독립성을 최대한 보장하기 위한 것이다. 뿐만 아니라 소송절차 등에 관한 사항은 입법부에서 상세히 법률로 규정하는 것보다 재판실무에 정통한 사법부에서 직접 정하는 것이 전문성과 효율성을 더 살릴 수 있다는 점도 고려된 것이다. 대법원의 규칙제정권은 법률에 저촉되지 않는 범위에서만 인정되므로 입법부는 언제든지 법률을 제정하여 대법원의 규칙제정권을 제한하고 견제할 수 있다. 다. 국민의 자유와 권리는 헌법 제37조 제2항에 근거한 법률로써 제한할 수 있다. 하지만 국민의 기본권은 국회가 제정한 형식적 법률에 의해서만 제한될 수 있는 것은 아니고 헌법이 법률과 같은 효력을 인정하는 규범에 의해서도 제한될 수 있다. 예컨대, 국가긴급권 또는 조약 등 국제법에 따라 국민의 권리가 제한될 수 있다. 마찬가지로 헌법 제108조에 따라 제정된 대법원규칙에 의해 소송절차 등에 관한 국민의 권리가 제한될 수 있는 것이다. 라. 대법원규칙이 법률의 위임 없이 '소송절차, 법원의 내부규율과 사무처리에 관한 사항'을 정할 수 있음은 헌법 제108조의 규정상 명백하다. 국회가 소송절차 등에 관하여 법률을 제정하면 대법원은 여기에 저촉되는 규칙을 제정할 수 없다. 그러나 국회가 소송절차 등에 관한 사항을 법률로 규정하면서 구체적 내용은 대법원규칙으로 정하도록 위임한다면, 이는 헌법이 인정하고 있는 대법원의 규칙제정권을 확인하는 것에 불과하다. 따라서 대법원규칙에 입법권한을 위임한 법률조항에 대해서는 포괄위임금지원칙 위반 여부를 심사할 필요가 없다. 헌법 제75조는 입법권을 행정부에 위임하는 경우에 한정하여 위임의 명확성을 요청하고 있으므로, 헌법 제75조의 포괄위임금지원칙은 대법원규칙에는 적용되지 않는다.
* 동지 판시의 결정례 : 헌재 2016.6.30. 2013헌바27; 헌재 2016.7.28. 2014헌바242등; 헌재 2016.9.29. 2015헌바331 등.

(b) **결정례**

* 포괄위임이 아니라고 하여 합헌결정된 예들

① 부동산 매각허가결정에 대한 즉시항고가 기각된 경우 항고인이 공탁한 항고보증금 중 반환하지 아니하는 금액의 이율을 상한의 제한 없이 대법원규칙에 위임한 민사집행법 규정

판례 헌재 2014.10.30. 2013헌바368

[판시] … 다. 포괄위임금지원칙의 위배 여부 (1) 헌법 제75조에서 근거한 포괄위임금지원칙은 법률에 이미 대통령령 등 하위법규에 규정될 내용 및 범위의 기본사항이 구체적으로 규정되어 있어서 누구라도 당해 법률로부터 하위법규에 규정될 내용의 대강을 예측할 수 있어야 함을 의미하는데, 위임입법이 대법원규칙인 경우에도 수권법률에서 이 원칙을 준수하여야 하는 것은 마찬가지이다. (2) 판단 (가) 심판대상조항이 정하는 법정이율이 실제 현실에서의 금융기관이 정한 이자율과 동떨어질 정도로 너무 높은 이율인 경우 항고인의 항고권이 침해될 수 있거나, 반대로 지나치게 낮은 이율인 경우 무익한 항고제기를 막는 방법으로서는 실효성이 없을 수 있다. 따라서 변화하는 경제현실에 맞추어 이율을 탄력적으로 정할 수 있도록 법률에서 이율을 직접 정하지 않고 하위법규인 대법원규칙에 위임할 필요성은 인정된다. (나) … (다) … (라) 그러므로 심판대상조항이 비록 이율의 범위를 정하지 않은 채 대법원규칙으로 위임하였다 하더라도, 입법목적을 살펴볼 때 대법원규칙에 규정될 내용의 대강을 예측할 수 있고, 몰취되는 금액의 상한도 법률에서 직접 정하고 있으므로 포괄위임금지원칙에 위배된다고 볼 수 없다.

② 회생계획 불인가결정에 대한 재항고시 공탁하여야 할 금전이나 유가증권의 범위 등에 관하여 대법원규칙에 위임하고 있는 '채무자 회생 및 파산에 관한 법률' 규정

판례 헌재 2016.6.30. 2014헌바456등. [판시] * 위에서 이미 인용함.

③ 컴퓨터용디스크 등의 증거조사방식에 관하여 필요한 사항을 대법원규칙으로 정하도록 한 형사소송법 규정

판례 헌재 2016.6.30. 2013헌바27

[결정요지] 1. 위임입법이 대법원규칙인 경우에도 수권법률에서 포괄위임금지원칙을 준수하여야 함은 마찬가지이다. 2. 기존과는 다른 형태의 다양한 증거가 발생되는 현실에서 정보저장매체의 특성을 반영하여 일일이 법률규정에서 증거조사방식을 규율하기란 사실상 매우 곤란하며, 컴퓨터용디스크 등에 대한 증거조사방식은 기술적이고 전문적이며 가변적인 사항에 해당한다. 그러므로 컴퓨터용디스크 등에 대한 증거의 조사방식에 관한 세부적인 사항을 국회가 제정하는 법률보다 탄력성이 있는 하위법규인 대법원규칙에 위임할 필요성이 인정된다. 증거는 원칙적으로 소송관계인이 주체가 되어 공판정에서 개별적으로 지시설명하여 조사하여야 하는 것이므로(형사소송법 제291조), 심판대상조항에 따라 대법원규칙에 규율될 내용은 관련 조항과 종래의 실무례 등을 반영하여 컴퓨터용디스크 등에 담긴 정보가 먼저 소송관계인에 의하여 공판정에 구체적으로 현출됨으로써 실질적 증거조사가 이루어 질 수 있는 방식이 될 것임을 충분히 예측할 수 있다. … 따라서 심판대상조항은 포괄위임금지원칙을 위반하지 아니한다.

④ 소송구조요건의 구체적인 내용과 소송구조절차에 관한 상세한 사항을 대법원규칙에 위임한 민사소송법 제128조 제4항

판례 헌재 2016.7.28. 2014헌바242등

[판시] 민사소송법 제128조 제4항이 소송구조요건과 절차에 관한 사항을 대법원규칙에 위임한 것은 재판을 받을 권리를 실질적으로 보장하기 위해서, 소송구조를 인정하는 자금능력 부족의 기준, 패소할 것이 분명한 경우의 인정 범위와 아울러 국가의 예산 운영실태 등을 종합적으로 고려하여 변화에 탄력적으로 대처하고 소송구조절차에 관한 사항이 법률을 집행하기 위한 지극히 세부적이고 기술적인 사항이거나 상황 변화에 탄력적 대처가 필요하기 때문이다. 한편, 민사소송법 제128조 제4항에 따라 대법원규칙으로 정할 사항에 대해서는 민사소송법 제128조 내지 제133조의 규정을 종합하면 그 내용의 대강을 예측할 수 있으므로, 민사소송법 제128조 제4항은 포괄위임금지원칙을 위반하지 아니한다.

⑤ 판사의 근무성적평정에 관한 사항을 대법원규칙으로 정하도록 위임한 구 법원조직법 규정

판례 헌재 2016.9.29. 2015헌바331

[판시] 입법권이 사법권에 간섭하는 것을 최소화하여 사법의 자주성과 독립성을 보장한다는 측면과 사법권의 적절한 행사에 요구되는 판사의 근무와 관련하여 내용적·절차적 사항에 관해 전문성을 가지고 재판 실무에 정통한 사법부 스스로 근무성적평정에 관한 사항을 정하도록 할 필요성에 비추어 보면, 판사의 근무성적평정에 관한 사항을 하위법규인 대법원규칙에 위임할 필요성을 인정할 수 있다. 또한 관련조항의 해석과 판사에 대한 연임제 및 근무성적평정제도의 취지 등을 고려할 때, 이 사건 근무평정조항에서 말하는 '근무성적평정에 관한 사항'이란 판사의 연임 등 인사관리에 반영시킬 수 있는 것으로 사법기능 및 업무의 효율성을 위하여 판사의 직무수행에 요구되는 것, 즉 직무능력과 자질 등과 같은 평가사항, 평정권자 및 평가방법 등에 관한 사항임을 충분히 예측할 수 있으므로 이 사건 근무평정조항은 포괄위임금지원칙에 위배된다고 볼 수 없다.

2) 통제

(가) 헌법소원대상성 여부에 대한 논란과 헌법재판소판례

대법원규칙이 헌법소원의 대상이 되느냐 하는 문제가 논란되었다. 대법원은 헌법 제107조 제2항이 "명령·규칙 또는 처분이 헌법이나 법률에 위반되는 여부가 재판의 전제가 된 경우에는 대법원은 이를 최종적으로 심사할 권한을 가진다"라고 규정하고 있음을 들어 헌법소원의 대상이 아니라 법원의 심사대상이 된다고 보았다. 그러나 법무사법시행규칙에 대한 헌법소원사건에서 헌법재판소는 이를 인정하고 위헌결정을 한 바 있다.

판례 헌재 1990.10.15. 89헌마178

[주문] 법무사법시행규칙(1990.2.26. 대법원규칙 제1108호) 제3조 제1항은 평등권과 직업선택의 자유를 침해하는 것이므로 헌법에 위반된다. [판시] … 2. 청구인이 주장하는 심판청구 이유의 요지는, 청구인은 법무사사무소 사무원으로 15년, 변호사사무소 사무원으로 12년을 종사해 오면서 법무사가 되고자 법무사시험의 준비를 하여 왔는데 법무사법시행규칙(1990.2.26. 대법원규칙 제1108호) 제3조 제1항은 법무사시험을 반드시 정기적으로 실시하도록 한 법무사법 제4조 제1항 제2호의 취지에 반하여 법무사시험의 실시여부를 전적으로 법원행정처장의 자유재량에 맡김으로써 법원행정처장이 법무사시험을 실시하지 아니할 수도 있게 하였고, 이 때문에 평등권을 침해한 것이므로 이러한 시행규칙의 취소 또는 그 위헌확인을 구한다는 것이다. 3. 가. 헌법 제107조 제2항은 "명령·규칙 또는 처분이 헌법이나 법률에 위반되는 여부가 재판의 전제가 된 경우에는 대법원은 이를 최종적으로 심사할 권한을 가진다."라고 규정하고 있고, 법원행정처장이나 법무부장관은 이 규정을 들어 명령·규칙의 위헌여부는 대법원에 최종적으로 심사권이 있으므로 법무사법시행규칙의 위헌성 여부를 묻는 헌법소원은 위 헌법규정에 반하여 부적법하다고 주장한다. 그러나, 헌법 제107조 제2항이 규정한 명령·규칙에 대한 대법원의 최종심사권이란 구체적인 소송사건에서 명령·규칙의 위헌여부가 재판의 전제가 되었을 경우 법률의 경우와는 달리 헌법재판소에 제청할 것 없이 대법원의 최종적으로 심사할 수 있다는 의미이며, 헌법 제111조 제1항 제1호에한 기본권침해를 이유로 하는 헌법소원심판청구사건에 있어서 법률의 하위법규인 명령·규칙의 위헌여부심사권이 헌법재판소의 관할에 속함은 당연한 것으로서 헌법 제107조 제2항의 규정이 이를 배제한 것이라고는 볼 수 없다. 그러므로 법률의 경우와 마찬가지로 명령·규칙 그 자체에 의하여 직접 기본권이 침해되었음을 이유로 하여 헌법소원심판을 청구하는 것은 위 헌법 규정과는 아무런 상관이 없는 문제이다. 그리고 헌법재판소법 제68조 제1항이 규정하고 있는 헌법소원심판의 대상으로서의 "공권력"이란 입법·사법·행정 등 모든 공권력을 말하는 것이므로 입법부에서 제정한 법률, 행정부에서 제정한 시행령이나 시행규칙 및 사법부에서 제정한 규칙 등은 그것들이 별도의 집행행위를 기다리지 않고 직접 기본권을 침해하는 것일 때에는 모두 헌법소원심판의 대상이 될 수 있는 것이다.4. 그러므로 법무사법시행규칙 제3조 제1항이 청구인의 기본권을 침해하는 것인지에 대하여 보건대, 법무사법 제4조 제1항 제2호에서 법무사시험에 합격한 자에게 법무사의 자격을 인정하는 것은 법무사시험이 합리적인 방법으로 반드시 실시되어야 함을 전제로 하는 것이고, 따라서 법무사법 제4조 제2항이 대법원규칙으로 정하도록 위임한 이른바 "법무사시험의 실시에 관하여 필요한 사항"이란 시험과목·합격기준·시험실시방법·시험실시시기·실시횟수 등 시험실시에 관한 구체적인 방법과 절차를 말하는 것이지 시험의 실시여부까지도 대법원규칙으로 정하라는 말은 아니다. 그럼에도 불구하고 법무사법시행규칙 제3조 제1항은 "법원행정처장은 법무사를 보충할 필요가 있다고 인정되는 경우에는 대법원장의 승인을 얻어 법무사시험을 실시할 수 있다."라고 규정하였는 바, 이는 결국 대법원이 규칙제정권을 행사함에 있어 위임입법권의 한계를 일탈하여 청구인이나 기타 법무사자격을 취득하고자 하는 모든 국민의 헌법

제11조 제1항의 평등권과 헌법 제15조의 직업선택의 자유를 침해한 것이다. 따라서 법무사법시행규칙 제3조 제1항은 헌법재판소법 제75조 제3항에 의하여 취소되어야 하는 것이므로 이를 취소하는 의미에서 위헌선언하기로 하여 주문과 같이 결정한다.

(나) 평가

생각건대 ① 대법원규칙을 대법원이 최종적으로 심사한다는 것은 하급법원도 심사할 수 있다는 것을 의미하는데 대법원이 제정한 규칙을 하급법원이 심사한다는 것은 법원조직상 문제가 있고, ② 그 어느 누구도 자신의 일에 심판관이 될 수 없다는 자연적 정의(natural justice)에 비추어 보면 헌법재판소의 심사대상이 될 수 있다고 보는 것이 타당하다.

3. 사법행정권

(1) 의미

사법행정권이란 법원구성원의 인사에 관한 행정, 재판을 보조하기 위한 행정적 지원, 법원의 조직구성과 운영, 법원예산의 집행, 회계, 법원시설의 관리 등 재무관리, 물적 관리에 관한 권한을 말한다. 대법원은 이러한 사법행정권을 지휘하는 최고의 기관이다.

(2) 소관기관 및 내용

① 대법원장 – 이러한 사법행정사무를 총괄하며, 사법행정사무에 관하여 관계공무원을 지휘·감독한다(법조법 제9조 1항, 제13조). ② 대법관회의 – 판사의 임명 및 연임에 대한 동의, 판례의 수집·간행에 관한 사항, 예산요구, 예비금지출과 결산에 관한 사항 등 행정에 관한 사항들을 의결한다(동법 제17조). ③ 법원행정처 – 대법원에는 사법행정사무를 관장하기 위하여 법원행정처를 두고 있다(동법 제19조 1항). ④ 법관 등의 인사 : ㉠ 대법원장 – 대법관의 임명을 위한 제청을 하고 대법관회의의 동의를 얻어 법관을 임명하며(제104조 2항·3항) 판사 및 예비판사의 보직을 행한다(법조법 제44조). ㉡ 법관인사위원회 – 이 위원회는 대법원장이 임명하거나 위촉하는 법관과 외부위원들로 구성된다. 법관의 인사에 관한 기본계획의 수립, 판사의 임명, 연임, 퇴직 등에 관한 사항을 심의한다(제25조의2 1항·2항·3항·4항). ⑤ 사법정책자문위원회 – 대법원장은 필요하다고 인정할 경우에는 대법원장의 자문기관으로 이 위원회를 둘 수 있는데 사법정책에 관하여 학식과 덕망이 높은 사람 중에서 대법원장이 위촉하는 위원으로 구성된다.

제3항 각급법원의 조직과 권한

Ⅰ. 각급법원의 의의와 규정 법률

헌법은 제102조 제3항이 "각급법원의 조직은 법률로 정한다"라고 규정하고 있고 이에 따라 법원조직법이 각급법원의 조직과 권한에 대해 규정하고 있다. 현재 지방법원, 행정소송의 제1심을 담당하는 행정법원(서울 외 지역에서는 합의부가 담당), 가정법원, 지원, 가정지원, 시법원 또는 군법원이 있고 항소심법원으로 고등법원이 있으며 고등법원급인 특허법원이 있다. 헌법은 특별법원으로서 군사법원을 규정하고 있다. 고등법원 · 특허법원 · 지방법원 · 가정법원 · 행정법원과 지방법원 및 가정법원의 지원, 가정지원, 시 · 군법원의 설치 · 폐지 및 관할구역은 따로 법률로 정하고, 등기소의 설치 · 폐지 및 관할구역은 대법원규칙으로 정한다(동법 제3조 3항). 이 법률이 '각급 법원의 설치와 관할구역에 관한 법률'(이하 '법원설치법')이다. * 위 법원들의 조직에 대해서는 앞의 조직도 참조.

Ⅱ. 고등법원의 조직과 권한

1. 조직

(1) 소재지

서울, 부산, 대구, 광주, 대전, 수원에 6개의 고등법원이 있다.

(2) 고등법원장, 부, 부장판사

고등법원에 고등법원장을 두고 고등법원장은 그 법원의 사법행정사무를 관장하며, 소속 공무원을 지휘 · 감독한다(법조법 제26조 1항 · 3항). 고등법원장이 궐위되거나 부득이한 사유로 직무를 수행할 수 없을 때에는 수석부장판사, 선임부장판사의 순서로 그 권한을 대행한다(동법 동조 4항).

고등법원에 부를 두고 부장판사가 부의 재판에서 재판장이 되며, 고등법원장의 지휘에 따라 그 부의 사무를 감독한다(법조법 제27조 1항 · 2항 · 3항).

* 고등법원부장판사제도를 폐지하는 2021년 2월 9일 시행 예정의 개정 규정들 – "사실상 승진 개념으로 운용되어 법관의 관료화를 심화시킨다는 비판을 받아 온 고등법원 부장판사 직위를 폐지함으로써 대등한 지위를 가진 판사로 구성된 재판부를 통해 충실한 심리가 이루어지도록" 하기 위한 것임(법제처 제정 · 개정이유 참조).

개정 법조법 제26조(고등법원장) ① 고등법원에 고등법원장을 둔다.
② 고등법원장은 판사로 보한다.
③ 고등법원장은 그 법원의 사법행정사무를 관장하며, 소속 공무원을 지휘 · 감독한다.

④ 고등법원장이 궐위되거나 부득이한 사유로 직무를 수행할 수 없을 때에는 수석판사, 선임판사의 순서로 그 권한을 대행한다. <개정 2020.3.24.>
⑤ ⑥ 생략
[시행일 : 2021.2.9.]

개정 법조법 제27조(부) ① 고등법원에 부(部)를 둔다.
② 삭제 <2020.3.24.>
③ 부의 구성원 중 1인은 그 부의 재판에서 재판장이 되며, 고등법원장의 지휘에 따라 그 부의 사무를 감독한다. <개정 2020.3.24.>
④ ⑤ 생략
[시행일 : 2021.2.9.]

(3) 고등법원 원외재판부

재판업무 수행상 필요한 경우 대법원규칙으로 정하는 바에 따라 고등법원의 부로 하여금 그 관할구역의 지방법원 소재지에서 사무를 처리하게 할 수 있다(동법 동조 4항). 이러한 부를 위 대법원규칙('고등법원부의 지방법원 소재지에서의 사무처리에 관한 규칙')이 '고등법원 원외재판부'라고 부르고 있다. 이는 고등법원소재지에서 멀리 거주하는 사람의 재판 접근성을 높이기 위한 것이다(예를 들어 제주특별자치도에 거주하는 사람이 광주고등법원에 와서 재판을 받기 힘들므로 제주지방법원 소재지에 있는 원외재판부에서 재판을 받도록 함). 제주지방법원 소재지와 전주지방법원 소재지에 각 광주고등법원 원외재판부를, 청주지방법원 소재지에 대전고등법원 원외재판부를, 춘천지방법원 소재지에 서울고등법원 원외재판부를, 창원지방법원 소재지에 부산고등법원 원외재판부를 각각 두고 있다. 대법원장은 제4항에 따라 지방법원 소재지에서 사무를 처리하는 고등법원의 부가 2개 이상인 경우 그 부와 관련된 사법행정사무를 관장하는 법관을 지정할 수 있다(동법 동조 5항).

2. 심판권과 관할

ⅰ) **심판권의 행사** 고등법원의 심판권은 판사 3명으로 구성된 합의부에서 행사한다(동법 제7조 3항).

ⅱ) **관할** 고등법원은 ① 지방법원 합의부, 가정법원 합의부, 회생법원 합의부 또는 행정법원의 제1심 판결·심판·결정·명령에 대한 항소 또는 항고사건, ② 지방법원단독판사, 가정법원단독판사의 제1심 판결·심판·결정·명령에 대한 항소 또는 항고사건으로서 형사사건을 제외한 사건 중 대법원규칙으로 정하는 사건, ③ 다른 법률에 따라 고등법원의 권한에 속하는 사건을 심판한다(법조법 제28조). 다른 법률에 의한 관할사건으로는 지방선거소송(시·도지사선거, 비례시·도의원선거의 소송은 대법원관할임), 시·군 및 자치구의 주민투표의 효력에 관한 소송 등이 있다.

Ⅲ. 특허법원의 조직과 권한

1. 연혁

고등법원급으로 특허소송을 담당하는 특허법원이 있다. 특허법원이 창설되기 전에는 특허사건은 특허청의 심판과 항고심판에서 사실심이 모두 끝나고 그 다음에는 고등법원의 재판을 거침이 없이 곧바로 법률심인 대법원의 재판을 받게 하고 있어서 위헌논란이 되었고 헌법재판소가 사실심을 법관으로부터 받을 기회를 박탈하고 있다는 논지로 1995년 9월 28일에 헌법불합치결정을 내렸는데(헌재 1995.9.28. 92헌가11) 사실은 이 헌재의 결정이 있기 직전에 사법제도개혁 일환으로 특허법원을 신설하는 개정이 되어 있었고(1994.7.27. 특허법원을 신설하는 법원조직법 개정이 있었고 1995.1.5. 특허법도 개정되어 위 헌재 결정이 있기 전에 특허법원설립은 확정되어 있었던 것이었고 다만, 그 설립 연도를 1998.3.1.로 한 것이었다. 교과서 중에 "헌법재판소의 헌법불합치결정으로 1998년 3월 1일부터 전문법원인 특허법원이 설치되었다"라고 서술하고 있는 것(성낙인(2013), 671면)은 이런 역사를 잘못 소개하고 있는 것이다) 여하튼 이제 특허소송은 2심제로서 그 제1심을 담당하는 법원이 특허법원이다.

2. 소재지와 조직

ⅰ) **소재지** 특허법원은 대전광역시에 설치되어 있다.

ⅱ) **조직** 특허법원장, 부, 부장판사 – 특허법원에 판사인 특허법원장을 두고 특허법원장은 그 법원의 사법행정사무를 관장하며, 소속 공무원을 지휘·감독한다(동법 제28조의2 1항·2항·3항). 특허법원에 부를 두고 부에 부장판사를 두며 부장판사는 그 부의 재판에서 재판장이 되며, 고등법원장의 지휘에 따라 그 부의 사무를 감독한다(동법 제28조의3, 제27조 2항·3항). 특허법원의 법관들은 일반법원의 법관들 중에서 순환배치된 법관들인데 일반법관과 같은 정규자격과 독립성을 갖춘 법관이어야 하는 것은 물론이면서 그 위에 특허에 관한 전문성을 보유한 법관, 즉 전문 특허법관의 확보가 논의되고 있다. 특허법원에 기술심리관을 둔다(법 제54조의2 1항).

* 특허법원 부장판사제도를 폐지하는 2021년 2월 9일 시행 예정의 개정 규정들 – "사실상 승진 개념으로 운용되어 법관의 관료화를 심화시킨다는 비판을 받아 온 고등법원(특허법원은 고등법원급) 부장판사 직위를 폐지."

개정 법조법 제28조의3(부) ① 특허법원에 부(部)를 둔다.
② 특허법원에 대해서는 제27조 제3항을 준용한다. <개정 2020.3.24.> [시행일 : 2021.2.9.]
* 위 준용되는 제27조 제3항은 개정되어 2021년 2월 9일부터 시행되는 그 개정조항을 말한다.

3. 심판권과 관할

ⅰ) **심판권의 행사** 특허법원의 심판권은 판사 3명으로 구성된 합의부에서 행사한다(동법 제7조 3항).

ⅱ) **관할** 특허법원은 ① 특허법 제186조 제1항, 실용신안법 제33조, 디자인보호법 제166조 제1항 및 상표법 제162조에서 정하는 제1심사건, ② 민사소송법 제24조 제2항 및 제3항에 따른 사건의 항소사건, ③ 다른 법률에 따라 특허법원의 권한에 속하는 시긴을 심판한다(동법 제28조의4).

Ⅳ. 지방법원과 지원, 가정지원, 시·군법원의 조직과 권한

1. 조직

ⅰ) **지방법원 본원** 지방법원은 판사인 지방법원장과 판사들로 구성되는데 지방법원장은 그 법원과 소속 지원, 시·군법원 및 등기소의 사법행정사무를 관장하며, 소속 공무원을 지휘·감독한다(동법 제29조 1항·2항·3항, 제30조 1항). 지방법원에 부를 두고 부에 부장판사를 두는데 부장판사는 그 부의 재판에서 재판장이 되며, 지방법원장의 지휘에 따라 그 부의 사무를 감독한다(동법 제30조 1항·2항, 제27조 2항·3항).

* 현재는 필수나 2021년 2월 9일부터는 지방부장판사를 '둘 수 있다'라고 하여 임의적인 것으로 개정되는 법조법 조항

개정 법조법 제29조(지방법원장) ① 지방법원에 지방법원장을 둔다.
② 지방법원장은 판사로 보한다.
③ 지방법원장은 그 법원과 소속 지원, 시·군법원 및 등기소의 사법행정사무를 관장하며, 소속 공무원을 지휘·감독한다.
④ 지방법원장이 궐위되거나 부득이한 사유로 직무를 수행할 수 없을 때에는 수석부장판사, 선임부장판사의 순서로 그 권한을 대행한다. <개정 2020.3.24.>
⑤ 지방법원에 대해서는 제26조 제5항 및 제6항을 준용한다. <신설 2020.3.24.> [시행일 : 2021.2.9.]
제30조(부) ① 지방법원에 부(部)를 둔다.
② 부에 부장판사를 둘 수 있다. <개정 2020.3.24.>
③ 지방법원에 대해서는 제27조 제3항을 준용한다. <신설 2020.3.24.> [시행일 : 2021.2.9.]
* 위 제27조 제3항 등 준용되고 있는 조항들도 2021년 2월 9일부터 시행되는 개정 조항이고 현행 조항이 아니다(이하 개정규정 인용에 관한 한 마찬가지이다).

ⅱ) **지원(支院)과 가정지원, 시·군법원 및 등기소** 지방법원 및 가정법원의 사무의 일부를 처리하게 하기 위하여 그 관할구역에 지원(支院)과 가정지원, 시·군법원 및 등기소를 둘 수 있다(동법 제3조 2항 본문). 지방법원의 지원과 가정지원에 판사인 지원장을 두는데 지원장은 소속

지방법원장의 지휘를 받아 그 지원과 관할구역에 있는 시·군법원의 사법행정사무를 관장하며, 소속 공무원을 지휘·감독한다(동법 제31조 1항·2항·3항). 지방법원의 지원과 가정지원에 부(部)를 둘 수 있는데 두는 경우에 부장판사는 그 부의 재판에서 재판장이 되며, 지원장의 지휘에 따라 그 부의 사무를 감독한다(동법 동조 5항·6항, 제27조 2항·3항). 대법원장은 지방법원 또는 그 지원 소속 판사 중에서 그 관할구역에 있는 시·군법원의 판사를 지명하여 시·군법원의 관할사건을 심판하게 한다(동법 제33조 1항 본문).

* 가정지원과 아래의 가정법원 지원은 구별됨 – 가사사건·소년보호사건 및 호적사건 처리의 전문성을 제고하기 위하여 가정법원이 설치되지 아니한 지역 중 일부지역에 이러한 사건을 전담하는 가정지원을 설치함.

* 2021년 2월 9일 시행되는 개정 법조법 조항

개정 법조법 제31조(지원) ① 지방법원의 지원과 가정지원에 지원장을 둔다. ② 지원장은 판사로 보한다. ③ 지원장은 소속 지방법원장의 지휘를 받아 그 지원과 관할구역에 있는 시·군법원의 사법행정사무를 관장하며, 소속 공무원을 지휘·감독한다. ④ 사무국을 둔 지원의 지원장은 소속 지방법원장의 지휘를 받아 관할구역에 있는 등기소의 사무를 관장하며, 소속 공무원을 지휘·감독한다. ⑤ 지방법원의 지원과 가정지원에 부(部)를 둘 수 있다. ⑥ 제5항에 따라 부를 두는 지방법원의 지원과 가정지원에 대해서는 제27조 제3항 및 제30조 제2항을 준용한다. <개정 2020.3.24.> [시행일 : 2021.2.9.]

2. 심판권과 관할

(1) 심판권의 행사

지방법원과 그 지원, 가정지원 및 시·군법원의 심판권은 단독판사가 행사하고, 지방법원과 그 지원 및 가정지원에서 합의심판을 하여야 하는 경우에는 판사 3명으로 구성된 합의부에서 심판권을 행사한다(동법 제7조 4항·5항).

(2) 관할

i) **제1심으로서의 관할**(지방법원과 그 지원의 합의부 소관) ① 지방법원과 그 지원의 합의부는 ㉠ 합의부에서 심판할 것으로 합의부가 결정한 사건, ㉡ 민사사건에 관하여는 대법원규칙으로 정하는 사건, ㉢ 사형·무기 또는 단기 1년 이상의 징역 또는 금고에 해당하는 사건(동법 제32조 1항 제3호 단서 가목–사목이 규정하는 범죄들은 제외), ㉣ 위 ㉢의 사건과 동시에 심판할 공범사건, ㉤ 지방법원판사에 대한 제척·기피사건, ㉥ 다른 법률에 따라 지방법원 합의부의 권한에 속하는 사건(그러한 예로 행정법원이 설치되지 않은 지역(서울만이 설치되어 있으므로 결국 그 외 지방)에 있어서의 행정법원의 권한에 속하는 사건은 행정법원이 설치될 때까지 해당 지방법원본원 및 춘천지방법원 강릉지원이 관할하도록 한 예를 들 수 있음)을 제1심으로 심판한다(동법 제32조 1항). ② 제2심으로서의 관할(지방법원 본원 합의부 및 춘천지방법원 강릉지원 합의부 소관) – ㉠ <u>지방법원 본원 합의부 및 춘천지방법원 강릉지원 합의부</u>는 지방법원단독판사의 판결·결정·명령에 대한 항소 또는 항고사건 중

동법 제28조 제2호(지방법원단독판사의 제1심 판결·심판·결정·명령에 대한 항소 또는 항고사건으로서 형사사건을 제외한 사건 중 대법원규칙으로 고등법원 관할로 정하는 사건)에 해당하지 아니하는 사건을 제2심으로 심판한다(다만, 제28조의4 2호에 따라 특허법원의 권한에 속하는 사건은 제외. 동법 제32조 2항). ㉡ 지방법원 단독판사가 선고한 형사판결에 대해서는 지방법원 본원합의부가 항소심으로서 재판한다[형사소송법 제357조("제1심법원의 판결에 대하여 불복이 있으면 지방법원 단독판사가 선고한 것은 지방법원 본원합의부에 항소할 수 있으며 지방법원 합의부가 선고한 것은 고등법원에 항소할 수 있다")].

ⅱ) **가정지원의 관할** 가정지원은 가정법원이 설치되지 아니한 지역에서 가정법원의 권한에 속하는 사항을 관할한다. 다만, 가정법원단독판사의 판결·심판·결정·명령에 대한 항소 또는 항고사건에 관한 심판에 해당하는 사항은 제외한다(동법 제31조의2).

ⅲ) **시·군법원의 관할** 시·군법원은 1. 「소액사건심판법」을 적용받는 민사사건, 2. 화해·독촉 및 조정에 관한 사건, 3. 법소정 금액 이하의 벌금 또는 구류나 과료에 처할 범죄사건(즉결심판), 4. 협의상 이혼의 확인사건을 관할한다(동법 제34조 1항·3항). 위 즉결심판에 대하여 피고인은 고지를 받은 날부터 7일 이내에 정식재판을 청구할 수 있다(동법 제35조).

Ⅴ. 가정법원과 지원의 조직과 권한

1. 조직

가정법원은 판사인 가정법원장과 판사들로 구성되고 가정법원장은 그 법원과 소속 지원의 사법행정사무를 관장하며, 소속 공무원을 지휘·감독하되 동법 제3조 제2항 단서에 따라 1개의 지원(지방법원과 가정법원의 지원으로서 1개의 지원)을 두는 경우에는 가정법원장은 그 지원의 가사사건, 소년보호 및 가족관계등록에 관한 사무를 지휘·감독한다(동법 제37조 1항·2항·3항). 가정법원에 부(部)를 두는데 부장판사는 그 부의 재판에서 재판장이 되며, 가정법원장의 지휘에 따라 그 부의 사무를 감독한다(동법 제38조 1항·3항, 제27조 2항·3항). 가정법원에 지원을 둘 수 있는데(동법 제3조 2항. 현재 대구가정법원, 대전가정법원, 광주가정법원에 지원을 두고 있다. 2025.3.1.부터는 창원가정법원과 그 지원이 창설된다. 교과서 중에 위 가정법원들의 관할구역 안에 가정지원이 설치되어 있다고 서술한 것이 있는데(성낙인(2013), 672면), 가정지원은 위에서 서술한 대로 가정법원이 설치되지 아니한 지역 중 일부지역에 설치되는 것이므로 틀린 것이고 가정법원의 지원이 설치되어 있다고 하여야 한다) 지방법원 및 가정법원의 지원은 2개를 합하여 1개의 지원으로 할 수 있다(동법 제3조 2항 단서). 가정법원 지원에 판사인 지원장을 두고 지원장은 소속 가정법원장의 지휘를 받아 지원의 사법행정사무를 관장하며, 소속 공무원을 지휘·감독하며(동법 제39조 1항·2항, 제31조 2항) 가정법원 지원에 부를 둘 수 있다(동법 제39조 3항, 제31조 5항).

* 2021년 2월 9일 시행되는 개정 법조법 조항

개정 법조법 제37조(가정법원장) ① 가정법원에 가정법원장을 둔다.
② 가정법원장은 판사로 보한다.
③ 가정법원장은 그 법원과 소속 지원의 사법행정사무를 관장하며, 소속 공무원을 지휘·감독한다. 다만, 제3조 제2항 단서에 따라 1개의 지원을 두는 경우에는 가정법원장은 그 지원의 가사사건, 소년보호 및 가족관계등록에 관한 사무를 지휘·감독한다.
④ 가정법원에 대해서는 제26조 제5항 및 제6항, 제29조 제4항을 준용한다. <개정 2020.3.24.> [시행일 : 2021.2.9.]
제38조(부) ① 가정법원에 부(部)를 둔다.
② 가정법원에 대해서는 제27조 제3항 및 제30조 제2항을 준용한다. <개정 2020.3.24.> [시행일 : 2021.2.9.]
제39조(지원) ① 가정법원 지원에 지원장을 둔다.
② 지원장은 소속 가정법원장의 지휘를 받아 지원의 사법행정사무를 관장하며, 소속 공무원을 지휘·감독한다.
③ 가정법원의 지원에 대해서는 제27조 제3항, 제30조 제2항 및 제31조 제2항·제5항을 준용한다. <개정 2020.3.24.> [시행일 : 2021.2.9.]

2. 심판권과 관할

ⅰ) **심판권의 행사** 가정법원과 그 지원의 심판권은 단독판사가 행사하되, 합의심판을 하여야 하는 경우에는 판사 3명으로 구성된 합의부에서 심판권을 행사한다(동법 제7조 4항·5항).

ⅱ) **관할** ① 제1심으로서의 관할(가정법원 및 가정법원 지원의 합의부 소관) ―가정법원 및 가정법원 지원의 합의부는 ㉠ 「가사소송법」에서 정한 가사소송과 마류(類) 가사비송사건(家事非訟事件) 중 대법원규칙으로 정하는 사건, ㉡ 가정법원판사에 대한 제척·기피사건, ㉢ 다른 법률에 따라 가정법원 합의부의 권한에 속하는 사건을 제1심으로 심판한다(동법 제40조 1항). ② 제2심으로서 관할 ― 가정법원 본원 합의부 및 춘천가정법원 강릉지원 합의부는 가정법원단독판사의 판결·심판·결정·명령에 대한 항소 또는 항고사건 중 제28조 제2호(가정법원단독판사의 제1심 판결·심판·결정·명령에 대한 항소 또는 항고사건으로서 대법원규칙으로 고등법원 관할로 정하는 사건)에 해당하지 아니하는 사건을 제2심으로 심판한다(동법 제40조 2항).

Ⅵ. 행정법원의 조직과 권한

1. 조직

ⅰ) 조직 ― 행정법원은 판사인 행정법원장과 판사들로 구성되는데 행정법원장은 그 법원의 사법행정사무를 관장하며, 소속 공무원을 지휘·감독한다(동법 제40조의2 1항·2항·3항). 행정법원에 부를 두고 부에 부장판사를 두는데 부장판사는 그 부의 재판에서 재판장이 되며, 행정

법원장의 지휘에 따라 그 부의 사무를 감독한다(동법 제40조의3 1항 · 2항, 제27조 2항 · 3항). ii) 과도기적 운영 – 행정법원은 우선 1998년 3월 1일 서울행정법원만이 개원되어 현재 서울에서만 설치되어 있는데 행정법원이 설치되지 않은 지역에 있어서의 행정법원의 권한에 속하는 사건은 행정법원이 설치될 때까지 해당 지방법원본원 및 춘천지방법원 강릉지원이 관할한다(동법 부칙 1994.7.27. 제2조. 개정 2005.3.24. 개정으로 강릉지원 관할권 부여). iii) 행정법원의 판사 – 행정법원의 판사들도 일반법관과 같은 자격을 가진 법관들이 순환보직으로 근무하고 있는 판사이다. 따라서 그 인적 구성에 있어서는 일반법원과 다를 바 없다.

* 현재는 필수나 2021년 2월 9일부터는 행정법원 부장판사를 '둘 수 있다'라고 하여 임의적인 것으로 개정되는 법조법 조항

개정 법조법 제40조의2(행정법원장) ① 행정법원에 행정법원장을 둔다.
② 행정법원장은 판사로 보한다.
③ 행정법원장은 그 법원의 사법행정사무를 관장하며, 소속 공무원을 지휘 · 감독한다.
④ 행정법원에 대해서는 제26조 제5항 및 제6항, 제29조 제4항을 준용한다. <개정 2020.3.24.> [시행일 : 2021.2.9.]
제40조의3(부) ① 행정법원에 부(部)를 둔다.
② 행정법원에 대해서는 제27조 제3항 및 제30조 제2항을 준용한다. <개정 2020.3.24.> [시행일 : 2021.2.9.]
* 준용규정들도 전부 2021년 2월 9일 시행에 들어갈 개정조항이다.

2. 심판권과 관할

i) **심판권의 행사** 행정법원의 심판권은 판사 3명으로 구성된 합의부에서 행사한다. 다만, 단독판사가 심판할 것으로 행정법원 합의부가 결정한 사건의 심판권은 단독판사가 행사한다(법 제7조 3항).

ii) **관할** 행정법원은 행정소송법에서 정한 행정사건과 다른 법률에 따라 행정법원의 권한에 속하는 사건을 제1심으로 심판한다(동법 제40조의4). 행정법원은 지방법원급이므로 과거 고등법원이 제1심이었던 것과 달리 지방법원급인 행정법원이 제1심을 담당하여 현재 행정소송은 3심제가 되었고 과거의 행정심판도 강제적 전치주의였는데 현재 법률에 특별한 규정이 없는 한 그 제기가 임의적인 것이 원칙으로 되어 있다.

Ⅶ. 회생법원

1. 설립취지와 소재지

(1) 설립취지

근간에 금융위기 등으로 증가되는 도산사건의 보다 효율적이고 공정한 재판절차를 담당하도록 하기 위해 2016.12.27.에 신설된 지방법원급의 전문법원이다.

▌ **입법취지** – 법제처 설명의 입법취지 : "2000년대 후반 세계적인 금융위기 이후 지속적인 경기불황으로 인하여 한계기업이 증가하고 가계부채가 증가하면서 어려움을 겪는 채무자에 대한 구조조정 필요성이 상시화된 시대에 보다 공정하고 효율적인 구조조정 절차를 담당하기 위하여 도산사건을 전문적으로 처리하는 도산전문법원의 설치를 바라는 요구가 증가함. 이에 도산전문법원인 회생법원을 설치하여 법원 구성원 전체의 전문화 달성 및 도산사건의 예측가능성을 높임으로써 도산절차 이용 문턱을 낮추어 수요자의 법원 접근성을 강화하고, 연구 및 각종 제도개선에 있어서 한층 강화된 역량을 발휘함으로써 이해당사자 간 공정성과 형평성을 제고하여 재판에 대한 국민의 신뢰를 증진하는 등 구조조정 절차에서 있어서 실질적인 법치주의를 구현하려는 것임.

(2) 소재지

현재 서울지역에 서울회생법만이 창설되어 활동 중에 있고 설치되지 아니한 다른 지역에서는 설치 때까지 지방법원 본원이 회생사건을 관할하도록 하고 있다.

법조법 법률 제14470호, 2016.12.27., 일부개정 부칙 제2조(경과조치) 이 법 시행 당시 회생법원이 설치되지 아니한 지역에 있어서의 회생법원의 권한에 속하는 사건은 회생법원이 설치될 때까지 해당 지방법원 본원이 관할한다. 다만,「채무자 회생 및 파산에 관한 법률」제3조 제10항에 따라 제기된 개인채무자에 대한 파산선고 또는 개인회생절차개시의 신청사건은 춘천지방법원 강릉지원이 관할한다.

2. 조직

회생법원의 조직에 관한 현행규정과 부장판사제를 임의로 둘 수 있게 하는 2021년 2월 9일 시행 예정의 개정조항을 아래에 인용한다. 이를 통하여 조직을 파악할 수 있다.

현행 법조법 제40조의5(회생법원장) ① 회생법원에 회생법원장을 둔다.
② 회생법원장은 판사로 보한다.
③ 회생법원장은 그 법원의 사법행정사무를 관장하며, 소속 공무원을 지휘 · 감독한다.
④ 회생법원에 대해서는 제26조 제4항부터 제6항까지의 규정을 준용한다. [본조신설 2016.12.27.]
제40조의6(부) ① 회생법원에 부를 둔다.
② 회생법원에 대해서는 제27조 제2항 및 제3항을 준용한다. [본조신설 2016.12.27.]

* 현재는 필수나 <u>2021년 2월 9일부터</u>는 회생법원 부장판사를 '둘 수 있다'라고 하여 임의적인 것으로 개정되는 법조법 조항.

개정 법조법 제40조의5(회생법원장) ① 회생법원에 회생법원장을 둔다.
② 회생법원장은 판사로 보한다.
③ 회생법원장은 그 법원의 사법행정사무를 관장하며, 소속 공무원을 지휘·감독한다.
④ 회생법원에 대해서는 제26조 제5항 및 제6항, 제29조 제4항을 준용한다. <개정 2020.3.24.> [시행일 : 2021.2.9.]
제40조의6(부) ① 회생법원에 부를 둔다.
② 회생법원에 대해서는 제27조 제3항 및 제30조 제2항을 준용한다. <개정 2020.3.24.> [시행일 : 2021.2.9.]

3. 심판권과 관할

ⅰ) **심판권의 행사** 회생법원의 심판권은 단독판사가 행사하고 합의심판을 하여야 하는 경우에는 판사 3명으로 구성된 합의부에서 심판권을 행사한다(동법 제7조 4항·5항).

ⅱ) **관할** 회생법원의 관할은 아래 규정과 같다.

법조법 제40조의7(합의부의 심판권) ① 회생법원의 합의부는 다음 각 호의 사건을 제1심으로 심판한다.
1. 「채무자 회생 및 파산에 관한 법률」에 따라 회생법원 합의부의 권한에 속하는 사건
2. 합의부에서 심판할 것으로 합의부가 결정한 사건
3. 회생법원판사에 대한 제척·기피사건 및 「채무자 회생 및 파산에 관한 법률」 제16조에 따른 관리위원에 대한 기피사건
4. 다른 법률에 따라 회생법원 합의부의 권한에 속하는 사건
② 회생법원 합의부는 회생법원단독판사의 판결·결정·명령에 대한 항소 또는 항고사건을 제2심으로 심판한다. [본조신설 2016.12.27.]

Ⅷ. 군사법원의 조직과 권한

1. 연혁과 헌법규정 및 군사법원의 성격

(1) 연혁

군사법원에 관해 처음으로 헌법에 근거규정을 두기 시작한 때는 1954년의 제2차 개헌헌법 때이다. 당시에는 헌법상 군법회의라고 명명하였다. 동 헌법은 "군사재판을 관할하기 위하여 군법회의를 둘 수 있다. 단, 법률이 정하는 재판사항의 상고심은 대법원에서 관할한다. 군법회의의 조직, 권한과 심판관의 자격은 법률로써 정한다"라고(동 헌법 제83조의2) 규정하고 있었다. 제2공화국 헌법에도 이 규정이 그대로 이어졌다. 제3공화국 헌법에서는 비상계엄시 민간인이 군법회의 재판을 받는다는 점, '군사에 관한 간첩죄의 경우' 등 민간인이 평상시에 군법회의의 재판을 받는 경우, 비상계엄하 군사재판에서 단심제를 적용하는 경우를 헌법에 규정하기 시작하였는데(동헌법 제24조 2항) 동헌법은 "① 군사재판을 관할하기 위하여 특별법원으로서 군법회의를 둘 수 있다. ② 군법회의의 상고심은 대법원에서 관할한다. ③ 비상계엄하의 군사

재판은 군인·군속의 범죄나 군사에 관한 간첩죄의 경우와, 초병·초소·유해음식물공급·포로에 관한 죄 중 법률에 정한 경우에 한하여 단심으로 할 수 있다"라고(동헌법 제106조) 규정하고 있었다. 특별법원이라는 용어가 처음으로 규정되기 시작하였다. 한편 제2차 개헌헌법과 제2공화국 헌법에 있었던 "군법회의의 조직, 권한과 심판관의 자격은 법률로써 정한다"라는 법률유보조항을 두지 않았다. 제4공화국 헌법은 제3공화국 헌법과 거의 같았는데 비상계엄하 외에도 대통령이 법원의 권한에 관하여 긴급조치를 한 경우에도 군법회의의 재판을 받을 수 있도록 한 것이 차이가 있었다. 제5공화국 헌법은 민간인이 평상시 군법회의의 재판을 받을 경우에 군용물·군사시설에 관한 죄 등을 넣어 확대하였고 비상계엄하 외에도 대통령이 법원의 권한에 관하여 비상조치를 한 경우도 군법회의의 재판을 받을 수 있도록 하였다. 제3, 4공화국에서 사라졌던 법률조항을, 즉 "군법회의의 조직·권한 및 재판관의 자격은 법률로 정한다"라는 규정을 두었다(심판관 대신에 재판관으로 변경). 제6공화국 현행헌법에서는 군사법원으로 개칭하고 평상시 민간인이 군사법원의 재판을 받을 경우, 법률유보조항, 비상계엄하 군사재판에서 단심제를 적용하는 경우는 똑같이 규정하면서 "다만, 사형을 선고한 경우에는 그러하지 아니하다"라는 규정을 신설하였다.

(2) 현행헌법의 규정과 군사법원의 성격

군사재판을 관할하기 위하여 특별법원으로서 군사법원을 둘 수 있다(제110조 1항). 현행 군사법원의 성격에 대해서 이를 우리 헌법 자체가 특별법원이라고 규정짓고 있다. 아래의 특별법원에 대해 살펴보면서 예외법원을 보는데 이는 통상의 법관자격을 지니지 않은 사람에 의한 재판이거나 대법원 상고가 허용되지 않는 재판을 담당하는 법원을 말한다. 우리 헌법은 군사법원의 상고심은 대법원에서 관할한다고(동조 2항) 하나 군사법원의 재판관의 자격은 법률로 정한다고(제110조 3항) 하여 일반법관이 아닌 재판관이 있을 수 있도록 하여 예외법원이 아닌가 하는 논의도 있을 수 있으나 헌법이 허용하는 예외로서 합헌이라고 한다. 결국 헌법 자신이 지칭하는 대로 특별법원이라고 할 것이다(특별법원, 예외법원 등에 대해서는 아래 별도 부분 참조). 비상계엄하에서의 일정한 범죄에 대한 단심제(제110조 4항)의 경우 문제이나 헌법 자체가 인정한 예외라서 위헌이 아니라고 한다. 그러나 헌법규범 간에 단계구조를 인정한다면 반드시 그러한 결론이 나오지는 않는다. 바람직한 것은 평상시에는 군사관련 범죄라고 하더라도 일반법원이 관할하도록 하는 것인데 이는 헌법개정사항인가 하는 문제가 있긴 하다(참고로 프랑스의 경우 평상시 군사법원은 1982년에 폐지되었다). 헌법 제110조 제1항이 "군사법원을 둘 수 있다"라고 규정하고 있으므로 반드시 두어야 하는 것은 아니라고 볼 것인데 헌법 제27조 제2항은 평상시 군인 또는 군무원이 아닌 국민도 "대한민국의 영역 안에서는 중대한 군사상 기밀·초병·초소·유독음식물공급·포로·군용물에 관한 죄 중 법률이 정한 경우" 군사법원의 재판을 받을 가능성을 인정하여 어려운 문제가 있다. 그러나 법률에 위임하고 있으므로 위 범죄에 대해 모두 반드시 군사재판이 되어야 한다는 것이 헌법의 취지는 아니라고 해석된다.

2. 조직

군사법원의 조직·권한은 법률로 정한다(동조 3항). 그 법이 군사법원법이다.

(1) 군사법원의 종류(심급)와 관할관

1) 종류

(가) 고등군사법원과 보통군사법원

군사법원은 고등군사법원, 보통군사법원 두 종류로 한다(군사법원법 제5조). 고등군사법원은 국방부에 설치하고, 보통군사법원은 별표와 같이 설치하는데, 국방부, 육군본부, 해군본부, 공군본부, 소정의 사령부들 등에 설치하는 것으로 별표에 규정되어 있다(동법 제6조).

(나) 일반 사법부 외 군부대 설치의 위헌 여부

i) 논의점 – 헌법 제101조 제1항, 법원은 최고법원인 대법원과 각급 법원으로 조직된다고 규정하고 있는 동조 제2항에 따라 군사법원 등 특별법원도 포함한 모든 법원은 대법원을 정점으로 하는 사법부에 설치하여야 함에도 불구하고 위와 같이 군사법원을 국방부와 군부대 내에 두도록 하고 일반 사법부의 조직 내에 두지 않은 것은 위 헌법규정들을 위반하고 삼권분립원칙, 사법권의 독립을 침해하는 위헌이라는 주장이 있었다. ii) 판례의 입장 – 헌재는 군지휘권을 확립하기 위한 신속한 군사재판의 필요성 등을 들어 합헌으로 본다(아래의 93헌바25 결정 참조).

2) 군사법원 관할관

군사법원에 관할관을 두는데, 고등군사법원의 관할관은 국방부장관으로 하고 보통군사법원의 관할관은 그 설치되는 부대와 지역의 사령관, 장 또는 책임지휘관으로 한다(동법 제7조).

(2) 재판관의 구성과 자격 및 지정과 독립성

1) 구성

군사법원의 조직·권한 및 재판관의 자격은 법률로 정한다(제110조 3항). 군사법원법은 재판관은 군판사와 심판관으로 하고, 재판장은 선임(先任)재판관이 되는데 보통군사법원은 재판관 1명 또는 3명으로 구성하고 고등군사법원은 재판관 3명 또는 5명으로 구성한다고(동법 제22조) 규정하고 있다.

2) 자격

i) 군판사 – 군판사는 원칙적으로 각 군 참모총장이 소속 법무관 중에서 임명한다(동법 제23조 1항). ii) 심판관 – 법에 관한 소양이 있는 사람, 재판관으로서의 인격과 학식이 충분한 사람의 자격을 갖춘 장교 중에서 관할관이 임명한다(동법 제24조 1항).

3) 재판관의 지정

재판관은 관할관이 지정한다(동법 제25조 1항).

4) 위헌주장과 판례

심판관은 법에 관한 소양을 요구하긴 하나 이처럼 법관의 자격이 없어도 되는 장교 중에서 임명하고 관할관이 재판관을 지정하도록 하는 것은 사법권의 독립, 재판청구권을 침해하는 위헌이라는 주장이 제기되었다. 헌재는 헌법에 직접 군사법원을 일반법원과 조직 권한 및 재판관의 자격을 달리하는 특별법원으로 설치할 수 있도록 허용하고 있고 헌법 제110조 제2항에 의하면 군사법원의 상고심은 대법원에서 관할한다고 규정하여 대법원을 군사재판의 최종심으로 하고 있는 점, 군사법원법이 재판관의 재판상의 독립과 신분을 보장하고 있으며, 재판관은 반드시 일반법원의 법관과 동등한 자격을 가진 군판사를 포함시켜 구성하도록 하고 있다는 점을 들어 합헌이라고 본다(아래의 93헌바25 결정 참조).

* 군사법원의 군부대 설치와 재판관 구성 등에 관한 헌재의 합헌결정례

판례 헌재 1996.10.31. 93헌바25

[판시사항] 구 군사법원법 제6조가 군사법원을 군부대 등에 설치하도록 하고, 같은 법 제7조가 군사법원에 군 지휘관을 관할관으로 두도록 하고, 같은 법 제23조, 제24조, 제25조가 국방부장관, 각군 참모총장 및 관할관이 군판사 및 심판관의 임명권과 재판관의 지정권을 갖고 심판관은 일반장교 중에서 임명할 수 있도록 규정한 것은 재판청구권 침해하는 위헌인지 여부(합헌결정) [청구인의 주장] (1) 구 군사법원법 제6조의 위헌성 – 첫째, 헌법 제101조 제1항은 사법권은 법관으로 구성된 법원에 속한다고 규정하고 같은 조 제2항은 법원은 최고법원인 대법원과 각급 법원으로 조직된다고 규정하고 있으므로 군사법원 등 특별법원을 포함한 모든 법원은 대법원을 정점으로 하는 사법부에 설치하여야 함에도 불구하고 군사법원법 제6조가 군사법원을 행정부인 국방부 본부와 그 예하 군부대(이하 군부대 등이라 한다)에 설치하도록 규정하고 있는 것은 삼권분립의 원칙에 어긋나고 사법권의 독립을 침해하는 것이다. 둘째, 헌법 제110조 제1항은 군사재판을 관할하기 위하여 특별법원으로서 군사법원을 둘 수 있다고 규정하고 같은 조 제3항은 군사법원의 조직 권한 및 재판관의 자격은 법률로 정한다고 규정하고는 있으나 그밖에 군사법원을 군부대 등에 설치하도록 구체적이고 명시적인 위임이 없으므로, 군사법원을 군부대 등에 설치하도록 규정한 군사법원법 제6조는 삼권분립의 원칙 및 정당한 재판을 받을 권리의 보장 등 헌법정신에 비추어 위임입법의 한계를 일탈한 자의적 입법에 해당한다. 셋째, 군사법원법 제6조가 군사법원을 군부대 등에 설치하여 법관이 아닌 군장교가 그 재판관이 되어 군사재판을 하도록 하고 있는 것은 헌법 제27조 제1항의 국민의 재판청구권을 본질적으로 침해하고 헌법 제11조의 평등의 원칙에 반하는 것이다. (2) 구 군사법원법 제7조, 제23조, 제24조 및 제25조의 위헌성 – 첫째, 군검찰관에 대한 임명.지휘.감독권을 가지고 있는 국방부장관, 각 군참모총장 및 관할관이 군판사 및 심판관의 임명권과 재판관의 지정권을 가지며(군사법원법 제38조, 제39조, 제40조, 제41조), 군검찰사무를 통할.관장하는 관할관이 군사법원의 행정사무도 관장하며(군사법원법 제8조), 검찰권의 주체적 지휘.감독자인 관할관이 구속영장의 발부권과 판결에 대한 확인권을 갖도록 규정하고 있는 것은(군사법원 법 제238조, 제379조 제1항, 제535조) 권력분립주의와 사법권 독립의 원칙에 위반된다. 둘째, 재판관은 물적 독립과 인적 독립이 보장되어야 하는 데도 위 심판대상조항들은 군 지휘관인 관할관으로 하여금 검찰권과 사법권을 겸유하도록 규정하여 재판관의 독립을 해치는 것이다. 셋째, 위 심판대상조항들은 관할관에게 검찰관과 사법권을 집중시켜 군 사법운영의 공정성이 전적으로 지휘관의 개인적 양식에 맡겨지도록 규정하고 있어 법적안정성, 예측가능성을 해쳐 죄형법정주의와 평등의 원칙에 반한다. 넷째, 위 심판대상조항들은 이른바 지휘관 사법(指揮官 司法)을 규정한 것으로서 지휘관의 권력의 집중에 의한 권력의 남

용 가능성으로 인하여 인간의 존엄과 가치, 행복추구권, 평등권, 신체의 자유, 정당한 재판을 받을 권리 등은 물론 최소한의 정신적 자유마저 본질적으로 침해하고 있다. [결정요지] 가. 헌법상 군사법원의 설치근거 – 헌법 제110조는 헌법에 직접 특별법원으로서 군사법원을 설치할 수 있는 근거를 두고 있다. 나. 군사법원의 지위와 헌법적 한계 – (1) 그런데 헌법 제110조 제1항에서 "특별법원으로서 군사법원을 둘 수 있다"는 의미는 군사법원을 일반법원과 조직 · 권한 및 재판관의 자격을 달리하여 특별법원으로 설치할 수 있다는 뜻으로 해석되므로 법률로 군사법원을 설치함에 있어서 군사재판의 특수성을 고려하여 그 조직 권한 및 재판관의 자격을 일반법원과 달리 정하는 것은 헌법상 허용되고 있다. (2) 그러나 아무리 군사법원의 조직 권한 및 재판관의 자격을 일반법원과 달리 정할 수 있다고 하여도 그것이 아무런 한계없이 입법자의 자의에 맡겨 질 수는 없는 것이고 사법권의 독립 등 헌법의 근본원리에 위반되거나 헌법 제27조 제1항의 재판청구권, 헌법 제11조 제1항의 평등권, 헌법 제12조의 신체의 자유 등 기본권의 본질적 내용을 침해하여서는 안될 헌법적 한계가 있다고 할 것이다. 다. 이 사건 법률조항들의 위헌여부 – 그러므로 이 사건 법률조항들이 위와 같은 헌법적 한계를 일탈한 자의적 입법으로서 헌법에 위반되는가의 여부에 관하여 살펴 보기로 한다. (1) 군은 국가의 안전보장과 국토방위의 임무를 수행하기 위하여 외적에 대항하는 전투집단으로서 생명을 걸고 위험한 행동을 하는 특성을 가진다. 이와 같은 군대조직에 있어서 군기의 유지와 군 지휘권 확립은 그 조직을 유지, 운용하는데 있어서 필요불가결한 것인데 군사범죄는 일반적으로 군대조직을 급속도로 오염시켜 군기를 일거에 붕괴시키는 특징을 가지고 있다. 그리고 군은 그 임무의 특성상 전시에는 말할것도 없고 평시에도 적의 동태나 작전계획에 따라 자주 이동하고, 급박하게 상황이 변화하므로 이에 대응하여 언제, 어디서나 신속히 군사재판을 할 수 있도록 하기 위하여 군사법원을 군부대 등에 설치할 필요가 있고, 군 지휘권을 확립하고 군사범죄를 정확히 심리, 판단할 수 있도록 하기 위하여 군사법원에 군 지휘관을 관할관으로 두고 관할관이 군판사 및 재판관의 인사권을 갖게하고, 군의 사정을 잘 알고 군사문제에 관하여 경험과 학식이 풍부한 일반장교를 재판에 참여시킬 필요가 있으며 또한 군사법원체제가 전시에 제대로 기능을 할 수 있기 위하여는 그러한 사법체제가 평시에 미리 조직, 운영되고 있어야 할 것이다. 특히 북한과 첨예한 군사적 대치상황에 놓여있는 우리나라의 경우에는 그러한 사법체제의 필요성이 더욱 크다고 할 것이다. 따라서 구 군사법원법 제6조가 군사법원을 군부대 등에 설치하도록 하고, 같은 법 제7조가 군사법원에 군 지휘관을 관할관으로 두도록 하고, 같은 법 제23조, 제24조, 제25조가 국방부장관, 각군참모총장 및 관할관이 군판사 및 심판관의 임명권과 재판관의 지정권을 갖고 심판관은 일반장교 중에서 임명할 수 있도록 규정한 것은 위에서 본 바와 같이 헌법 제110조 제1항, 제3항의 위임에 따라 군사법원을 특별법원으로 설치함에 있어서 군대조직 및 군사재판의 특수성을 고려하고 군사재판을 신속, 적정하게 하여 군기를 유지하고 군지휘권을 확립하기 위한 것으로서 필요하고 합리적인 이유가 있다고 할 것이다. (2) 한편 헌법에 직접 군사법원을 일반법원과 조직 권한 및 재판관의 자격을 달리하는 특별법원으로 설치할 수 있도록 허용하고 있음은 위에서 본 바와 같고, 헌법 제110조 제2항에 의하면 군사법원의 상고심은 대법원에서 관할한다고 규정하여 대법원을 군사재판의 최종심으로하고 있고, 군사법원법 제21조 제1항은 "군사법원의 재판관은 헌법과 법률에 의하여 그 양심에 따라 독립하여 재판한다"라고 규정하여 재판관의 재판상의 독립을, 같은 조 제2항은 "군사법원의 재판관은 재판에 관한 직무상의 행위로 인하여 징계 기타 어떠한 불이익한 처분도 받지 아니한다"라고 규정하여 재판관의 신분을 보장하고 있으며, 또한 같은 법 제22조 제3항, 제23조 제1항에 의하면 군사법원의 재판관은 반드시 일반법원의 법관과 동등한 자격을 가진 군판사를 포함시켜 구성하도록 하고 있는바, 이와 같은 사정을 감안하여 보면 군사법원법 제6조가 일반법원과 따로 군사법원을 군부대 등에 설치하도록 하였다는 사유만으로 청구인이 주장하는 바와 같이 헌법이 허용한 특별법원으로서 군사법원의 한계를 일탈하여 사법권의 독립을 침해하고 위임입법의 한계를 일탈한 것이거나 헌법 제27조 제1항의 재판청구권, 헌법 제11조의 평등권을 본질적으로 침해한 것이라고 할 수 없고 또한 같은 법 제7조, 제23조, 제24조, 제25조가 일반법원의 조직이나 재판부구성 및 법관의 자격과 달리 군사법원에 관할관을 두고 군검찰관에 대한 임명, 지휘, 감독권을 가지고 있는 관할관이 군판사 및 심판관의 임명권 및 재판관의 지정권을 가지며 심판관은 일반 장교 중에서 임명할 수 있도록 규정하였다고 하여 바로 위 조항들 자체가 청구인이 주장하는 바와 같이 군사법원의 헌법적 한계를 일탈하여 사법권의 독립과 재판의 독립을 침해하고 죄형법정주의에 반하거나 인간의 존엄과 가치, 행복추구권, 평등권, 신체의 자유, 정당한 재판을 받을 권리 및 정신적 자유를 본질적으로 침해하는 것이라고 할 수 없다.

5) 재판관의 독립성과 신분보장

군사법원의 재판관은 헌법과 법률에 의하여 그 양심에 따라 독립하여 심판하고, 재판관, 군검사 및 변호인은 재판에 관한 직무상의 행위로 인하여 징계나 그 밖의 어떠한 불리한 처분도 받지 아니한다(동법 제21조).

3. 관할

(1) 고등군사법원

고등군사법원은 제2심법원으로서 보통군사법원의 재판에 대한 항소사건, 항고사건 및 그 밖에 법률에 따라 고등군사법원의 권한에 속하는 사건에 대하여 심판한다(동법 제10조).

(2) 보통군사법원

보통군사법원은 ㉠ 제1심법원으로서 1. 군사법원이 설치되는 부대의 장의 직속부하와 직접 감독을 받는 사람이 피고인인 사건(다만, 그 예하부대에 군사법원이 설치된 경우에는 그러하지 아니하다), 2. 군사법원이 설치되는 부대의 작전지역·관할지역 또는 경비지역에 있는 자군(自軍)부대에 속하는 사람과 그 부대의 장의 감독을 받는 사람이 피고인인 사건(다만, 그 부대에 군사법원이 설치된 경우에는 그러하지 아니하다), 3. 군사법원이 설치되는 부대의 작전지역·관할지역 또는 경비지역에 현존하는 사람과 그 지역에서 죄를 범한 「군형법」 제1조에 해당하는 사람(이는 군인, 군무원이 아닌 국민에 대한 관할로서 주로 헌법 제27조 2항이 정한 "중대한 군사상 기밀·초병·초소·유독음식물공급·포로·군용물에 관한 죄"에 해당되는 국민이다)이 피고인인 사건(다만, 피고인의 소속 부대의 군사법원이 그 지역에 있거나 그 사건에 대한 관할권이 타군(他軍) 군사법원에 있는 경우에는 그러하지 아니하다)을 심판한다(동법 제11조 1항). ㉡ 국방부 또는 각 군 본부의 보통군사법원은 제1항에도 불구하고 장성급 장교가 피고인인 사건과 그 밖의 중요 사건을 심판할 수 있다(동법 제11조 2항).

보통군사법원에는 즉결심판절차 제도도 두고 있다(보통군사법원 군판사(이하 "군판사"라 한다)). 범죄의 증거가 명백하고 죄질이 경미한 범죄사건을 신속·적정한 절차로 심판하기 위하여 동법 제4장에서 정한 즉결심판절차에 따라 피고인에게 20만원 이하의 벌금 또는 과료에 처할 수 있다(동법 제501조의14. 이하 제4장 참조).

(3) 비상계엄하

계엄지역에서는 국방부장관이 지정하는 군사법원이 「계엄법」에 따른 재판권을 가진다(동법 제12조).

(4) 군형법상 범죄와 일반 범죄

대법원은 군형법에서 정한 군사법원에 재판권이 있는 범죄와 일반 범죄가 경합범으로 공소제기 된 경우, 군형법상의 범죄에 대하여는 군사법원이, 일반 범죄에 대하여는 일반 법원이 재판권을 가진다고 한다.

대법원판례 대법원 2016.6. 2014도6992.
이 결정에 대해서는 http://scourt.go.kr/letter/Letter.work?seqnum=1434&searchOption=20160623. (방문일 : 2016.6.23.) 참조.

4. 재판절차의 운영

재판의 심리와 판결은 공개한다. 다만, 공공의 안녕과 질서를 해칠 우려가 있을 때 또는 군사기밀을 보호할 필요가 있을 때에는 군사법원의 결정으로 재판의 심리만은 공개하지 아니할 수 있다(동법 제67조 1항). 법정의 질서유지는 재판장이 하는데 재판장은 법정의 존엄과 질서를 해칠 우려가 있는 사람의 입정을 금지하거나 퇴정을 명령하며 그 밖에 법정의 질서유지에 필요한 명령을 할 수 있다(동법 제68조). 누구든지 법정에서는 재판장의 허가 없이 녹화, 촬영, 중계방송 등의 행위를 하지 못한다(동법 제68조의2). 재판의 합의는 공개하지 아니하고 재판의 합의는 법률에 다른 규정이 없으면 재판관 과반수의 의견에 따른다(동법 제69조 1항 · 2항).

5. 군사법원의 상고심

군사법원의 상고심은 대법원에서 관할한다(제110조 2항). 그러나 비상계엄 하의 군사재판은 군인 · 군무원의 범죄나 군사에 관한 간첩죄의 경우와 초병 · 초소 · 유독음식물공급 · 포로에 관한 죄 중 법률이 정한 경우에 한하여 단심으로 할 수 있다. 다만, 사형을 선고한 경우에는 그러하지 아니하다(제110조 4항).

* 군사법원 관련 헌재판례 : 군사법원 관련 판례로는 위에서 본 판례 93헌바25 결정 외에도 아래와 같은 판례들이 있다.

판례 **① 현역병의 군대 입대 전 범죄에 대한 군사법원의 재판권을 규정하고 있는 군사법원법 제2조 제2항 중 제1항 제1호의 '군형법 제1조 제2항의 현역에 복무하는 병' 부분 합헌결정 : 헌재 2009.7.30. 2008헌바162**

[결정요지] 군대는 각종 훈련 및 작전수행 등으로 인해 근무시간이 정해져 있지 않고 집단적 병영 생활 및 작전위수 구역으로 인한 생활공간적인 제약 등, 군대의 특수성으로 인하여 일단 군인신분을 취득한 군인이 군대 외부의 일반법원에서 재판을 받는 것은 군대 조직의 효율적인 운영을 저해하고, 현실적으로도 군인이 수감 중인 상태에서 일반법원의 재판을 받기 위해서는 상당한 비용 · 인력 및 시간이 소요되므로 이러한 군의 특수성 및 전문성을 고려할 때 군인신분 취득 전에 범한 죄에 대하여 군사법원에서 재판을 받도록 하는 것은 합리적인 이유가 있다. 또한, 형사재판에 있어 범죄사실의 확정과 책임은

행위 시를 기준으로 하지만, 재판권 유무는 원칙적으로 재판 시점을 기준으로 해야 하며, 형사재판은 유죄인정과 양형이 복합되어 있는데 양형은 일반적으로 재판받을 당시, 즉 선고시점의 피고인의 군인신분을 주요 고려 요소로 해 군의 특수성을 반영할 수 있어야 하므로, 이러한 양형은 군사법원에서 담당하도록 하는 것이 타당하다. 나아가 군사법원의 상고심은 대법원에서 관할하고 군사법원에 관한 내부규율을 정함에 있어서도 대법원이 종국적인 관여를 하고 있으므로 이 사건 법률조항이 군사법원의 재판권과 군인의 재판청구권을 형성함에 있어 그 재량의 헌법적 한계를 벗어났다고 볼 수 없다.

② 군사법경찰관의 구속기간의 연장을 허용하는 군사법원법 규정에 대한 위헌결정 : 헌재 2003.11.27. 2002헌마193

[판시사항] 1. 군사법경찰관의 구속기간의 연장을 허용하는 군사법원법 제242조 제1항 중 제239조 부분(이하 '이 사건 법률규정'이라 한나)이 과잉금지의 원칙에 위배되는지 여부를 심사함에 있어서의 심사기준 2. 군사법경찰관의 구속기간의 연장을 허용해야 할 사정이 인정되는지 여부(소극) 3. 이 사건 법률규정이 과잉금지의 원칙을 위반하여 신체의 자유 및 신속한 재판을 받을 권리를 침해하는지 여부(적극) [결정요지] 1.군사법원법 제239조가 규정하고 있는 군사법경찰관의 10일간의 구속기간은 그 허용자체가 헌법상 무죄추정의 원칙에서 파생되는 불구속수사원칙에 대한 예외이다. 그런데 이 사건 법률규정은 경찰단계에서는 구속기간의 연장을 허용하지 아니하는 형사소송법의 규정과는 달리 군사법경찰관의 구속기간의 연장을 허용하여 예외에 대하여 다시 특례를 설정함으로써 기본권 중에서도 가장 기본적인 것인 신체의 자유에 대한 제한을 가중하고 있으므로, 이 사건 법률규정이 과잉금지의 원칙에 위배되는지 여부를 심사함에 있어서는 그 제한되는 기본권의 중요성이나 기본권제한 방식의 중첩적·가중적 성격에 비추어 엄격한 기준에 의할 것이 요구된다. 2.군사법경찰관이 피의자에 대한 구속영장을 신청하는 단계에서는 범죄의 객관적 혐의를 인정할 수 있는 소명자료가 수집되어 있어야 하므로, 피의자를 구속할 즈음에는 이미 범죄의 객관적 혐의에 대한 수사가 대부분 완료된 상태라고 보아야 하고, 군사법경찰관이 구속피의자를 검찰관에게 인치한 후에도 증거수집을 위한 조사를 계속하여 수집된 증거를 추송할 수 있는 점 등은 일반 사법경찰관의 경우와 다를 것이 없으며, 그밖에도 수사상의 특별한 필요성을 이유로 군사법경찰관의 구속기간을 일반 사건에 비하여 특히 장기간으로 하여야 할 사정은 이를 찾아보기가 쉽지 않은 반면, 군사법경찰관에 의한 수사의 경우에는 군대사회의 특성상 방어권의 행사가 위축되기 쉽고, 군검찰관의 군사법경찰관에 대한 지휘감독이나 견제가 미흡한 현실에 비추어 장기간의 구속이 허용될 경우의 폐단은 일반 사건에 비하여 오히려 크다고 할 수 있다. 3.군사법원법의 적용대상 중에 특히 수사를 위하여 구속기간의 연장이 필요한 경우가 있음을 인정한다고 하더라도, 이 사건 법률규정과 같이 군사법원법의 적용대상이 되는 모든 범죄에 대하여 수사기관의 구속기간의 연장을 허용하는 것은 그 과도한 광범성으로 인하여 과잉금지의 원칙에 어긋난다고 할 수 있을 뿐만 아니라, 국가안보와 직결되는 사건과 같이 수사를 위하여 구속기간의 연장이 정당화될 정도의 중요사건이라면 더 높은 법률적 소양이 제도적으로 보장된 군검찰관이 이를 수사하고 필요한 경우 그 구속기간의 연장을 허용하는 것이 더 적절하기 때문에, 군사법경찰관의 구속기간을 연장까지 하면서 이러한 목적을 달성하려는 것은 부적절한 방식에 의한 과도한 기본권의 제한으로서, 과잉금지의 원칙에 위반하여 신체의 자유 및 신속한 재판을 받을 권리를 침해하는 것이다.

③ 군사법원 판결문 인터넷 비공개 합헌성 인정 : 헌재 2015.12.23. 2014헌마185

[판시사항] 인터넷 등 전자적 방법에 의한 판결서 열람·복사의 범위를 개정법 시행 이후 확정된 사건의 판결서로 한정하고 있는 군사법원법 부칙(2014.1.7. 법률 제12199호) 제2조(이하 '이 사건 부칙조항'이라 한다)가 청구인의 정보공개청구권을 침해하는지 여부(소극) [결정요지] 이 사건 부칙조항은 판결서 공개제도를 실현하는 과정에서 그 공개범위를 일정 부분 제한하여 판결서 공개에 필요한 국가의 재정이나 용역의 부담을 경감·조정하고자 하는 것이다. 어떤 새로운 제도를 도입할 때에는 그에 따른 사회적 비용도 함께 고려하여 부분적인 개선 방식을 취할 수도 있으므로, 입법자는 현실적인 조건들을 감

안해서 위 부칙조항과 같이 판결서 열람·복사에 관한 개정법의 적용 범위를 일정 부분 제한할 수 있으며, 청구인은 비록 전자적 방법은 아니라 해도 군사법원법 제93조의2에 따라 개정법 시행 이전에 확정된 판결서를 열람·복사할 수 있다. 이 사건 부칙조항으로 인해 청구인이 전자적 방법을 통해 열람·복사할 수 있는 판결서의 범위가 제한된다 하더라도 이는 입법재량의 한계 내에 있으므로, 위 부칙조항이 청구인의 정보공개청구권을 침해한다고 할 수 없다.

Ⅸ. 특별법원, 예외법원, 특수법원의 문제

1. 문제의 소재, 판단기준, 용어·개념

(1) 학설의 혼란과 문제의 핵심

위에서 본 일반적인 법원들과 특허법원, 가정법원과 같은 전문법원들 외에 다른 법원이 헌법상 허용되는가 하는 특별법원, 예외법원, 특수법원의 문제가 있다. 이 문제는 다음의 3가지 관점에서의 논의가 된다. ① 대법원에의 상고가 인정되지 않는, 즉 대법원을 최종심으로 하지 않는 재판을 담당하는 법원을 조직할 수 있는가, ② 헌법과 법관이 정한 자격을 가지지 않고 독립성을 지니지 않는 사람들이 재판을 담당하는 법원을 조직할 수 있는가, ③ 특수한 영역의 소송사건들만을 별도로 관할하는 법원을 조직할 수 있는가 하는 3가지가 그것이다. 이러한 문제들은 앞서 본 기본권 중 재판을 받을 권리와 연관되는 문제이기도 하다.

특별법원에 대한 학설로는 ① 특수법원설(담당사건의 특수성, 권한의 한정성 등 특수성을 가지는 법원이 특별법원이라고 보는 견해), ② 예외법원설(해당 법원의 재판이 대법원(최고법원)에의 상고가 인정되지 않거나 헌법과 법률이 정한 자격을 가지지 않고 통상의 법관들이 가지는 독립성도 가지지 않는 그러한 법원이 특별법원이고 이것을 예외법원이라고 본다는 견해) 등의 학설 등이 있다고 한다. '특별법원의 인정 여부'라는 제목하에 특별법원을 특수법원으로 본다면 합헌이어서 인정되고 예외법원으로 보면 위헌이라서 인정되지 않는다고 서술하는 교과서도 있다(성낙인(2013), 678면). 이러한 학설이나 교과서서술은 정작 특별법원이 무엇인지도 밝히지 않은 채 또 다른 용어인 특수법원, 예외법원이란 말을 끄집어내어 그 용어의 개념을 설명하면서 특별법원의 인정여부를 가린다. 이는 각 학설이 사용하는 용어와 그 개념정의를 어떻게 하느냐에 따라 헌법이 용인하는 법원인지 아닌지가 가려진다. 그러나 특수법원을 예외법원이라고 하거나, 예외법원을 특별법원이라고 할 수도 있고 특별법원을 다시 예외법원과 특수법원을 포함하는 것이라고 할 수도 있다. 이처럼 기존의 학설이나 교과서에서의 서술은 용어의 개념을 정의하기에 급급한 것이면서도 혼란만 가져오는 것이었다. 정작 중요한 헌법문제이자 특별법원, 예외법원 등에 대해 논의하는 실익은 어떤 법원이 헌법이 허용하지 않는 법원으로서 위헌인가 하는 그 판단기준에 관한 헌법법리이다(위에서, 본 항목의 첫머리에서도 그렇게 밝혔다). 이것을 먼저 밝혀야 한다. 그래서 그 판단기준에 맞지 않은 법원을 특별법원이라고 부르든지 아니면 예외법원으로 부르든지 정하면 될 일이다. 위헌 여부 판단기준이라는 헌법문제가 우선 다루어지고 이에 따라 용어의 문제도 해결하게 하는 것이다.

(2) 위헌 여부 판단의 기준

법원의 조직에 있어서 특별법원, 특수법원 등이 인정되는가 하는 문제에 있어서는 사법이 가지는 기본체계성과 기본권보장의 고유임무성 등을 고려하여야 한다는 것이 헌법적 요청이다. 사법은 분쟁의 해결을 위한 것이나 헌법적인 보다 궁극적인 기능 내지 그 고유임무는 국민의 기본권을 보장하는 데 있다. 그러므로 기본권을 보장하는 데 요구되는 요소는 공정한 재판을 담보할 바로 사법의 독립성과 전문성에 있다. 그 점으로부터 위헌 여부 판단의 기준은 ① 사법체계성, 상고의 인정 – 사법체계상 일련의 충실한 재판과정이 보장되어야 하고 이는 특히 최고법원의 재판(상고심재판)을 받을 기회가 인정될 것을 요구하며, ② 전문성·독립성을 보유한 법관 – 문적인 법지식과 합리적 이성을 갖춘 자격이 검증되고 그 독립성이 보장되는 법관들에 의한 재판이어야 한다는 것으로 귀결된다.

한편 ③ 특수한 영역의 소송사건들만을 별도로 관할하는 법원을 조직할 수 있는가 하는 문제는 결국 ①과 ②의 기준을 충족하는가에 달린 것이고 별개로 다루어져야 할 성질의 문제는 아니다. 즉 특수법원은 재판대상의 특수성과 한정성 때문에 논의되나 예를 들어 조세사건이나 노동사건만을 전담하는 특수법원이 설치되더라도 위 ①과 ②의 기준을 충족하면, 즉 대법원에의 상고가 인정되고 법관의 자격 및 독립성이 일반법관의 그것과 같다면 헌법상 용인될 수 있는 것이다.

(3) 용어의 정리

이제 용어를 정리하면 ① 또는 ②의 어느 하나의 기준이나 양자 모두를 위반하는 법원은 예외법원이라고 부르기로 한다. 헌법이 허용하지 않는 위헌적인 법원이란 점에서 '예외'라는 용이가 적절해 보이기 때문이다. 특수한 영역의 사건들만을 별도로 다루는 ③ 유형의 법원은 특수법원이라고 칭하기로 한다. 특별법원이란 용어가 문제인데 이 용어는 우리 헌법에 있어서는 고려하여야 할 점이 있다. 그것은 우리 헌법이 군사법원에 대해서 직접 특별법원이라고 칭하므로(제110조 1항) 이를 위헌적인 것으로만 볼 수는 없다는 것이다. 그렇다면 특별법원이라는 용어는 실질적으로는 예외법원이나 헌법이 이를 허용하는 경우도 포함하는 포괄적인 용어로 부르기로 한다. 즉 예외법원, 헌법이 허용하는 실질적 예외법원, 특수법원 모두를 포괄하는 용어로 부르기로 한다.

2. 우리 헌법에서의 예외법원의 금지

(1) 우리 헌법상 판단 기준과 예외법원의 금지

1) 우리 헌법상 판단 기준

예외법원으로서 위헌인지 그렇지 아니한지 여부의 판단에 있어서 적용될 위에서 살펴본 기준이 우리 헌법에서도 사법부의 체계, 법관의 자격과 독립성이라는 요소가 규정되고 있음을 고려하더라도 그대로 받아들여질 수 있다. 위에서 이미 살펴본 통상적인 일반법원과 전문법원도 이러한 헌법상 요소를 충족하는 것이었다. 요컨대 우리 헌법에서 아래와 같은 위헌 여부 판단의 기준이 설정된다.

① **상고의 인정 - 대법원에의 연결성** 우리 헌법 제101조 제2항이 대법원을 최고법원으로 규정하고 있으므로 담당하는 재판에 대해 대법원(최고법원)에의 상고가 인정되는(즉 대법원을 최종심으로 하는 재판을 담당하는) 법원이어야 한다. 이를 충족하지 못하는 법원은 예외법원으로서 그 설치는 위헌이다.

판례 헌재 1995.9.28. 92헌가11

[설시] 헌법 제101조 제1항, 제2항은 "사법권은 법관으로 구성된 법원에 속한다. 법원은 최고법원인 대법원과 각급법원으로 조직된다"고 규정하고 있고 헌법 제107조 제3항 전문은 "재판의 전심절차로서 행정심판을 할 수 있다"고 규정하고 있다. 이는 우리 헌법이 국가권력의 남용을 방지하고 국민의 자유와 권리를 확보하기 위한 기본원리로서 채택한 3권분립주의의 구체적 표현으로서 일체의 법률적 쟁송을 심리 재판하는 작용인 사법작용은 헌법 그 자체에 의한 유보가 없는 한 오로지 대법원을 최고법원으로 하는(헌법 제101조 제2항) 법원만이 담당할 수 있고 또 행정심판은 어디까지나 법원에 의한 재판의 전심절차로서만 기능하여야 함을 의미한다.

② **법관의 전문성, 정규자격과 독립성의 인정** 우리 헌법은 모든 국민은 "헌법과 법률이 정한 법관"에 의하여 법률에 의한 재판을 받을 권리를 가진다고 규정하고(제27조 1항) 있는데 여기서의 법관은 전문성과 독립성을 지닌 법관이어야 한다. 우리 헌법은 법관의 자격을 법률로 정하여(제101조 3항) 전문성이 확보되도록 하고 그 임기가 보장되며 신분보장이 되고(헌법 제105조, 제106조) 재판상 독립(제103조)이 보장되는 법관에 의하여 재판이 이루어지도록 하고 있다. 이러한 자격과 독립성을 가진 법관에 의한 재판이 이루어지지 않는 법원은 예외법원으로서 그 설치는 위헌이다.

2) 예외법원의 금지

예외법원으로 인정되면 당연히 위헌이라고 할 것이다. "대법원에의 상고가 인정되지 않는 법원은 모두가 특별법원(예외법원)에 해당된다"라고 한 뒤 "특별법원을 예외법원으로 파악하는 경우에 헌법상 근거가 있는 군사법원 이외의 특별법원을 인정할 수 있을 것인지에 관해서 논란이 있다"라고 하여 긍정설과 부정설을 소개하고 자신의 견해로 "특별법원을 부정하는 것이 논리의 일관성을 유지하는 것으로 보일 수 있다… 하지만 최고법원인 대법원의 하급법원으로서 특별법원을 설립하여 그 조직 및 법관의 자격을 법률로써 정하는 경우에는 위헌이라고만 볼 수는 없다"라고 한다. 이 견해는 자기 모순이다. 왜냐하면 최고법원인 대법원의 하급법원으로서 법관의 자격을 법률로써 정하는 경우는 자신이 설정한 기준에 비추어 예외법원이 아닌 경우이니 당연하고 이를 특별법원을 인정할 수 있는 예외로 서술할 것이 아니기 때문이다.

3) 대법원에의 상고 인정 요건에 대한 검토

위에서 위헌인지 여부의 기준 ① 에 대해서는 다음의 점을 유의할 필요가 있다. 법원의 사건들 중에는 소송법상 상고이유가 인정되지 않는 사건도 있고 '상고심절차에 관한 특례법'에 따른 상고심리불속행제도도 시행되고 있다. 그렇다면 이러한 상고제한이 ①의 기준에 반하는 것이 아닌가 하는 문제가 제기된다. 그러나 상고가 일반적으로 인정되지 않는 부류의 소송이 있다는 것과 상고이유를 제한하여 하나의 부류의 소송사건들 중에서도 상고가 되는 것도 있고 상고가 되지 않는 것도 있다는 것은 다른 의미이다. 전자가 위헌이라는 것이지 후자는 위헌이 아니다(다만, 후자의 경우에도 그 정도를 벗어난 것이면 위헌이다).

(2) 예외로서의 특별법원

실질적으로 예외법원인데 이를 헌법이 인정하여 그 근거를 헌법 자신에 두고 있다면 위헌으로 볼 수 없을 것이고 예외법원이라고 부르기도 곤란하다. 바로 우리나라 헌법에서 군사법원이 그 경우인데 우리 헌법은 이를 특별법원이라고 부른다. 군사법원에 대해서는 위에서도 살펴보았지만 아래에서도 특별법원의 문제로 언급한다.

사실 헌법이론상 실질적으로 예외법원인데 이를 헌법에 그 근거를 두면 특별법원으로서 합헌이라고 보는 입장도 헌법규범의 서열이론(단계구조론)을 인정한다면 검토가 이루어져야 한다. 헌법의 법원설치규정들은 국가권력규정으로서 기본권규범보다는 하위에 있는 것인데 만약 어떤 헌법규정이 국민의 기본권인 재판청구권을 부당하게 제약하는 특별법원을 인정한다면 재판청구권이라는 기본권이 우선하여 이에 위배되는 헌법규정으로 보아 그 효력을 부정할 수 있을 것이다.

3. 군사법원 - 특별법원

군사법원은 비상계엄 하 특정범죄에 있어서는 위 판단기준의 ①의 문제가, 법관이 아닌 장교에 의한 재판이 가능하도록 하고 있는 현행 군사법원법으로 인해 위 ②의 문제가 있다. 그러나 단심제를 허용하는 것도 헌법이고 법관 자격이 없는 재판관을 인정하는 것도 재판관자격을 법률로 정하도록 헌법이 허용하여 그렇게 정할 수 있게 하였으므로 그래서 위헌이라고 볼 수 없고 헌법이 칭하는 대로 특별법원이라고 부를 것이다. 그러나 재판관의 자격을 법률로 정하도록 하였다고 하여 법관의 자격이 없는 재판관을 이상적으로 헌법이 본 것은 아니다. 군사법원은 우리 헌법이 직접 근거를 두고 있는 특별법원으로서 합헌이라고 볼 수밖에 없다. 그러나 군사법원의 재판관은 일반법관과 같은 자격과 독립성을 충분히 갖춘 사람이어야 한다. 특수한 신분관계에 있다는 점에서 더욱 그 요소가 중요해진다고 볼 것이다. 군사법원에 대해서는 앞서 자세히 살펴본 바 있다(전술 참조).

4. 특수법원의 인정

위에서 특수한 영역의 특수한 대상을 재판하는 특수법원이지만 대법원에의 상고가 인정되고 법관의 전문적 자격과 충실한 신분보장과 독립성이 일반법관의 그것과 같이 보장된다면 그 설치가 합헌일 수 있다고 하였다. 즉 예외법원이 아닌 특수법원은 인정된다. 따라서 우리나라에서도 특수한 영역의 사건들, 예를 들어, 노동, 복지, 조세, 교육, 환경 등의 각 영역만에서의 특수한 사건들을 전담하여 다루는 법원은 둘 수 있다. 헌법 제102조 제3항은 각급법원의 조직은 법률로 정하도록 하고 있으므로 특수법원으로서 각급법원을 대법원 산하에 둘 수 있고 현재도 특수법원이 있다. 행정법원, 가정법원, 특허법원 등이 그것이다. 이 법원들은 전문법원이기도 하다.

5. 특수부의 구성

특수한 영역의 사건들을 담당하는 부를 대법원에 두는 것은 현행 헌법에서도 이를 예정하고 있다. 즉 헌법 제102조 제1항은 "대법원에 부를 둘 수 있다"라고 하고 법원조직법도 "대법원장은 필요하다고 인정하는 경우에 특정한 부로 하여금 행정·조세·노동·군사·특허 등의 사건을 전담하여 심판하게 할 수 있다"라고 규정하고 있다(동법 제7조 2항). 이 특수 부들을 통해 전문화된 재판이 가능하다. 이 부에 배속될 전문화된 대법관과 법관(대법원에 대법관이 아닌 법관도 둘 수 있다. 제10조 2항 단서)의 충원 내지 대법관, 법관의 전문화가 필요하다. 전문법관제를 두어 예외법원과 특수법원의 관념을 보다 융화적으로 이해할 필요가 있다는 견해(성낙인(2013), 683면)가 있으나 잘 이해가 가지 않는다(이 견해는 "종래 특수법원은 특별법원일 수 없다는 획일적 사고에 집착할 필요는 없다"라고도 한다). 예외법원은 이 견해도 그렇게 설명하고 있듯이 담당법관이 일반법관의 자격과 다르고 신분보장도 그러하지 못한 법원을 의미하는데 우리가 있어야 한다고 주장하는 전문법관이란 일반법관과 같은 법적 논증과 법적용의 능력을 가지고 독립성과 신분보장도 담보되면서 아울러 각 영역(예를 들어 환경이면 환경, 교육이면 교육 등 각 개별 전문영역)에서의 전문지식과 경험을 가진 법관, 즉 일반법관으로서의 자격과 신분에 더하여 개별 영역에서의 전문성을 갖춘 법관을 말한다. 따라서 전문법관제를 언급하면서 일반법관과 차이나는 사람이 담당하는 법원인 예외법원과의 융화를 주장하는 것은 잘못인 것이다.

제4항 법원의 법관 외 인적 구성원 - 법원직원 - 법관 외 공무원, 재판연구원, 사법보좌관, 기술심리관 등

법원조직법은 제5편에 '법원직원'이라는 제목으로 법관 외의 법원공무원, 재판연구원, 사법보좌관, 기술심리관, 조사관, 집행관 등을 규정하고 있다. i) 법원직원 – 법관 이외의 법원공무원은 대법원장이 임명하며, 그 수는 대법원규칙으로 정한다(법조법 제53조). ii) 재판연구원 – 각급 법원에 재판연구원(Law clerk)을 둘 수 있다. 재판연구원은 소속 법원장의 명을 받아 사건의 심리 및 재판에 관한 조사·연구, 그 밖에 필요한 업무를 수행한다. 재판연구원은 변호사의 자격이 있는 사람 중에서 대법원장이 임용한다(동법 제53조의2 1항·2항·3항). iii) 사법보좌관 – 대법원과 각급 법원에 사법보좌관을 둘 수 있다. 사법보좌관은 민사소송법상의 소송비용액·집행비용액 확정결정절차, 독촉절차, 공시최고절차에서의 법원의 사무 등의 업무 중 대법원규칙이 정하는 업무를 할 수 있다. 사법보좌관은 법관의 감독을 받아 업무를 수행하며, 사법보좌관의 처분에 대하여는 대법원규칙이 정하는 바에 따라 법관에 대하여 이의신청을 할 수 있다(동법 제54조 1항·2항·3항). iv) 기술심리관 – 특허법원에 기술심리관을 둔다(동법 제54조의2 1항). v) 조사관, 집행관 – 대법원과 각급 법원에 조사관을 둘 수 있다(동법 제54조의3). 지방법원 및 그 지원에 집행관을 두며, 집행관은 법률이 정하는 바에 따라 소속지방법원장이 임면한다(동법 제55조).

제3절 사법권의 독립

Ⅰ. 서설

1. 사법권독립의 의미와 목적

i) 의의 – 사법권의 독립이란 법원과 법관들이 외부나 내부의 영향이나 압력을 받지 않고 본연의 임무수행에 전념할 수 있는 상태를 말한다. ii) 궁긍적 의미와 목적 – 사법권의 독립의 궁극적 목적은 국민의 공정한 재판을 받을 권리를 보다 충실히 보장하는 데에 있고 사법기관과 법관의 독립은 바로 이를 위한 수단으로서의 의미를 가진다. 신분이 두텁게 보장되고 법관일수록, 그리고 재판업무를 수행함에 있어서 다른 사회적 세력이나 상급 재판기관으로부터도 영향을 받지 않고 독립되어 재판을 할 수 있을수록 더욱 양심과 소신에 따라서 재판을

하는, 그리하여 더욱 공정한 재판이 이루어질 수 있을 가능성이 커지기 때문이다. iii) 법치주의의 구현을 위한 필수성 – 위법행위에 대한 법원재판을 통한 제재가 없다면 법은 준수되지 않을 가능성이 높다. 그리고 그 재판은 공정하고도 객관적으로 위법을 규명하여야 제재가 제대로 이루어진다. 따라서 사법권독립은 법치주의의 실질화를 위해서도 필수적이다. iv) 민주적 정당성과 사법권독립 – 사법권의 독립은 사법부가 국민으로부터 직접 선임된 기관이 아니므로 그 국민적·민주적 정당성의 기반이 약한 만큼 더욱 절실히 요구된다.

판례 * 헌재판례 : 헌재 2018.7.26. 2018헌바137
[사안] 누구든지 각급 법원의 경계 지점으로부터 100미터 이내의 장소에서 옥외집회 또는 시위를 할 경우 형사처벌한다고 규정한 '집회 및 시위에 관한 법률'(2007.5.11. 법률 제8424호로 전부개정된 것, 이하 '집시법'이라 한다) 제11조 제1호 중 '각급 법원' 부분 및 제23조 제1호 중 제11조 제1호 가운데 '각급 법원'에 관한 부분(이하 '심판대상조항'이라 한다)이 집회의 자유를 침해하는지 여부
[판시] 법적 분쟁에 관하여 구속력 있는 결정을 내리는 국가기능인 사법은 법관의 독립과 재판의 공정성이 확보될 때에만 제대로 유지될 수 있다. 법관의 독립이 공정한 재판을 보장하고, 공정한 재판만이 법적 분쟁을 종식시켜 법의 지배를 실현할 수 있기 때문이다. 법치주의의 원리와 법관의 직무상 독립을 보장하는 헌법 제103조와 재판청구권을 보장하는 제27조 제1항은 법관의 독립과 재판의 공정성을 요구하고 있다. 법관의 독립은 공정한 재판을 위한 필수 요소로서 다른 국가기관이나 사법부 내부의 간섭으로부터의 독립뿐만 아니라 사회적 세력으로부터의 독립도 포함한다. 심판대상조항의 입법목적은 법원 앞에서 집회를 열어 법원의 재판에 영향을 미치려는 시도를 막으려는 것이다. 이런 입법목적은 법관의 독립과 재판의 공정성 확보라는 헌법의 요청에 따른 것이므로 정당하다. 한편, 각급 법원 인근에 집회·시위금지장소를 설정하는 것은 입법목적 달성을 위한 적합한 수단이다.
*[결정] 위와 같이 입법목적과 그 방법적절성은 가지나 피해최소성을 갖추지 않아 과잉금지원칙을 위반하여 위헌이라 보고 헌법불합치결정을 헌재가 하였음.

2. 사법권독립의 요소(내용)

사법권의 독립은 법원 자체의 독립, 법관의 독립을 그 내용으로 하고 법관의 독립은 다시 법관의 신상에 관한 인적 독립과 재판(직무)상 독립인 물적 독립으로 이루어진다.

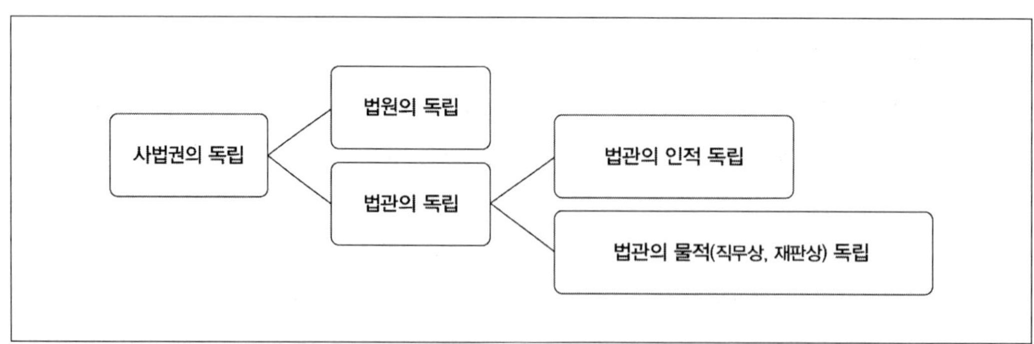

▌사법권독립의 요소(내용)

3. 헌법규정과 서술체계

우리 헌법은 사법권이 법원에 속한다고 하여 입법권, 집행권을 가지는 국회, 정부로부터 독립적임을 간접적으로 의미하는 규정을 두고(제101조 1항) 있고 법관의 인적인 독립 요소로 신분보장, 임기에 관한 규정(제106조, 제105조), 법관의 물적(직무상) 독립을 명시하는 규정(제103조)을 두고 있다.

이하에서 법원 자체의 독립을 먼저 보고 법관의 독립을 차례로 살펴본다.

Ⅱ. 법원의 독립

1. 개념과 요소 및 헌법규정

법원의 독립은 법원이라는 사법기관 자체의 독립을 말하며 다른 국가기관들인 입법부, 집행부의 간섭을 받지 않고 대법원을 비롯한 각급법원들이 독립된 지위를 유지하고 조직되며 운영되어야 한다는 것을 의미한다. 법원의 독립은 내용(요소)적으로는 인사상, 행정상, 재정상 독립을 요한다.

우리 헌법이 명시적으로 법원의 기관적 독립을 명시하는 조항을 두고 있지는 않다. 그러나 헌법 제101조 제1항은 사법권이 법원에 속한다고 하여 입법권이 속하는 국회, 집행권이 속하는 정부와 구분되어 존재하고 있음을 간접적으로 규정하고 있고 동조 제2항이 "법원은 '최고법원인 대법원'과 각급법원으로 조직된다"라고 규정하여 법원이 대법원을 최고 정점으로 하는 계서적 조직체임을 밝히고 있는데 이는 대법원 위에 어떤 다른 사법기관도 없음을 명백히 하는 것으로서 법원이 독립된 조직체임을 나타내는 것이다.

2. 입법부로부터의 독립

(1) 상호관계

입법부로부터의 사법부의 독립을 파악하기 위해 먼저 양자 간의 상호관계를 다시 볼 필요가 있다. 국회는 대법원장, 대법원의 임명동의를 하여 사법부의 조직에 관여한다. 이는 국민으로부터 직선되지 않은 대법원구성원에 대한 국민대표자의 동의를 통하여 국민적·민주적 정당성을 갖추도록 하기 위함이다. 국회는 법원과 소송 관련 법률의 제정·개정, 법원예산안에 대한 심의, 예산의결권, 국정감사·조사, 법관에 대한 탄핵소추권을 가진다. 법원은 국회에서의 행정처분에 대한 행정소송, 국회가 제정·개정한 법률에 대한 위헌법률심판제청 등을 할 수 있다. 국회의원에 대한 자격심사, 징계에 대해서는 법원소송이 불가하다(제64조 4항).

(2) 독립성의 확보

i) 국회는 법원의 독립을 침해하는 법률을 제정할 수 없다. 대법원장은 법원의 조직, 인사, 운영, 재판절차 등 법원 업무와 관련된 법률의 제정 또는 개정이 필요하다고 인정하는 경우에는 국회에 서면으로 그 의견을 제출할 수 있다(동법 제9조 3항). ii) 국회의 국정감사·조사는 계속 중인 재판에 관여할 목적으로 행사되어서는 아니 된다(국감법 제8조). iii) 소송에 관한 절차, 법원의 내부규율과 사무처리에 관한 규칙을 제정할 수 있는 대법원규칙제정권도 법원의 독립성을 위한 사법입법권이다. 다만, 법률에 저촉되지 아니하는 범위 안에서 제정되어야 한다는 한계가 있다(제108조). iv) 국회는 법원예산의 심의와 의결에 있어서 재판업무 등에 소요되는 재정을 법원이 자율적이고도 독립적으로 운용할 수 있도록 하여야 한다.

3. 집행부로부터의 독립

(1) 상호관계

대법원장, 대법관의 임명권자는 대통령이다. 대통령의 임명에는 국민적·민주적 정당성 획득을 위해 국회의 동의를 요한다. 정부는 법률안 제출권을 가지므로(제52조) 정부는 법원과 소송 관련 법률의 제정·개정법률안을 제출할 수 있다. 정부는 예산안편성권을 가지므로(제54조 2항) 법원예산안의 편성권도 가진다. 대통령은 법원이 확정한 판결에 대해 사면권으로 이를 번복할 수 있다. 반면 법원은 정부의 행정처분에 대한 행정소송권, 행정부가 제정·개정한 행정입법에 대한 심사권(제107조 2항) 등을 가진다.

(2) 독립성의 확보

i) **행정·인사상 독립** 대통령, 행정부는 법원의 행정, 인사 등의 독립성을 침해할 수 없다.

ii) **예산상 독립성 제고 노력** 예산편성을 담당하는 행정부는 사법부의 예산편성도 담당하여 법원의 예산상 독립성이 약하다. 법원의 예산을 편성함에 있어서는 사법부의 독립성과 자율성을 존중하여야 한다(법조법 제82조 2항). 국가재정법은 대법원을 동법에서 독립기관의 하나로 규정하고 있는데 이 독립기관의 예산에 대해 동법은 정부는 독립기관(대법원)의 예산을 편성할 때 해당 독립기관의 장(대법원장)의 의견을 최대한 존중하여야 하며, 국가재정상황 등에 따라 조정이 필요한 때에는 해당 독립기관의 장(대법원장)과 미리 협의하여야 한다고 규정하고 있다(국가재정법 제6조, 제40조 1항). 또 정부는 제1항의 규정에 따른 협의에도 불구하고 독립기관의 세출예산요구액을 감액하고자 할 때에는 국무회의에서 해당 독립기관의 장(대법원장)의 의견을 들어야 하며, 정부가 독립기관(대법원)의 세출예산요구액을 감액한 때에는 그 규모 및 이유, 감액에 대한 독립기관의 장(대법원장)의 의견을 국회에 제출하여야 한다"고 규정하고 있다(동법 제40조 2항).

iii) **사면권 남용금지 문제** 대통령의 사면권도 남용되어서는 아니 된다. 남용방지책으로 대법원의 의견을 사전에 듣도록 하자는 제안도 있다.

iv) **법원독립성 저해 법률의 차단** 대통령은 법원의 독립성을 저해하는 법률안에 대해 재의요구를 통해 법원의 독립성을 확보하도록 노력하여야 한다.

4. 헌법재판소와의 관계

대법원과 헌법재판소는 그 업무가 분할되어 있어서 헌법은 양자가 대등한 관계로 있기를 기대한 것으로 보인다. 그러나 그동안 관할분쟁 등 현실적으로는 대립의 문제가 있는 것이 사실이다(양 기관 간의 관계에 대한 자세한 것은 헌법재판론 참조). 그러나 대법원장이 헌법재판관 지명권을 가지고 법원이 위헌법률심판을 헌재에 제청하는 관계는 협력관계를 도모하게 하는 것으로도 이해될 수 있다.

5. 상호견제

입법부, 집행부와 법원 간에는 앞서 본 대로 상호견제가 있기도 하나 이는 권력분립원칙상 요구되는 것으로 법원의 기관독립성이 최대한 인정되어야 한다. 대통령에 의한 대법원장·대법관임명 및 국회의 임명동의는 직선된 대통령, 국회를 통한 간접적인 민주적 정당성을 주기 위한 것이다. 이러한 동의는 다른 면에서는 협력을 의미하기도 한다.

Ⅲ. 법관의 독립

법관의 독립에는 법관의 신분보장을 내용으로 하는 인적 보장과 법관의 직무인 재판상의 독립을 내용으로 하는 물적 독립이 요구된다. 전자는 후자를 위한 수단적인 기능을 한다. 법관이 신분을 두텁게 보장받음으로써 직무상의 양심에 입각하여 외압을 받지 않고 공평무사한 판단을 행할 수 있기 때문임은 물론이다.

1. 법관의 인적 독립(신분보장)

법관의 인적 독립은 신분상 독립을 말하는 것으로 법관의 자격이 객관적으로 규정되고, 그 임용, 보직, 인사 등에 있어서 공정성과 투명성을 가지며 퇴임의 압박을 받지 않는 신분보장이 이루어질 것을 요한다. 대법원장·대법관에 대해서는 앞서 법원의 조직과 구성에서 보았기에 여기서는 주로 대법원장·대법관이 아닌 일반 법관(판사)을 중심으로 살펴본다.

(1) 자격제 - 법관자격의 법정주의

1) 자격

헌법 제101조 제3항은 법관의 자격은 법률로 정한다고 하여 법관자격의 법정주의를 규정하고 있다. 법원조직법은 대법원장, 대법관과 일반법관의 임용자격을 규정하고 있다.

법조법 제42조(임용자격) ① 대법원장과 대법관은 20년 이상 다음 각 호의 직(職)에 있던 45세 이상의 사람 중에서 임용한다.
1. 판사 · 검사 · 변호사
2. 변호사 자격이 있는 사람으로서 국가기관, 지방자치단체, 「공공기관의 운영에 관한 법률」 제4조에 따른 공공기관, 그 밖의 법인에서 법률에 관한 사무에 종사한 사람
3. 변호사 자격이 있는 사람으로서 공인된 대학의 법률학 조교수 이상으로 재직한 사람
② 판사는 10년 이상 제1항 각 호의 직에 있던 사람 중에서 임용한다.
③ 제1항 각 호에 규정된 둘 이상의 직에 재직한 사람에 대해서는 그 연수를 합산한다.
[전문개정 2014.12.30.]

2) 결격사유

법관으로 임용할 수 없는 결격사유는 아래와 같다.

법조법 제43조(결격사유) ① 다음 각 호의 어느 하나에 해당하는 사람은 법관으로 임용할 수 없다. <개정 2020.2.4., 2020.3.24.>
1. 다른 법령에 따라 공무원으로 임용하지 못하는 사람
2. 금고 이상의 형을 선고받은 사람
3. 탄핵으로 파면된 후 5년이 지나지 아니한 사람
4. 대통령비서실 소속의 공무원으로서 퇴직 후 3년이 지나지 아니한 사람
5. 「정당법」 제22조에 따른 정당의 당원 또는 당원의 신분을 상실한 날부터 3년이 경과되지 아니한 사람
6. 「공직선거법」 제2조에 따른 선거에 후보자(예비후보자를 포함한다)로 등록한 날부터 5년이 경과되지 아니한 사람
7. 「공직선거법」 제2조에 따른 대통령선거에서 후보자의 당선을 위하여 자문이나 고문의 역할을 한 날부터 3년이 경과되지 아니한 사람
② 제1항 제7호에 따른 자문이나 고문의 역할을 한 사람의 구체적인 범위는 대법원규칙으로 정한다. <신설 2020.3.24.>

(2) 법관의 임명제

1) 대법원장·대법관의 임명

대법원장은 국회의 동의를 얻어 대통령이 임명하고, 대법관은 대법원장의 제청으로 국회의 동의를 얻어 대통령이 임명한다(제104조 1항 · 2항).

2) 일반법관의 임용절차

일반 법관은 대법관회의의 동의를 얻어 대법원장이 임명한다(제104조 3항). 법원조직법은 인사위원회의 심의를 거치고 대법관회의의 동의를 받아 대법원장이 임명한다고 규정하고 있다

(동법 제41조 3항). 대법관회의의 제청을 얻어 임명하는 것이 아니라 대법관회의의 동의를 얻어 일반 법관이 임명된다는 점에 유의하여야 한다. 이전에는 예비판사제를 두고 있었다. 즉 판사를 신규임용하는 경우에는 2년의 기간 예비판사로 임용하여 근무하게 한 후 그 근무성적을 참작하여 판사로 임용하였다(구 법조법 제42조의2 1항). 이 예비판사제는 정식 판사로서의 경륜과 자질을 갖추도록 수련하게 하고 2년간 자질이 검증된 법관에 의해 재판을 받도록 하자는 취지였으나 판사임용이 거부된 사례가 없어 당초 도입취지에 부응하지 못하고 구「법원조직법」제42조의2 제3항이 예비판사의 업무를 사건의 심리 및 재판에 관한 조사·연구업무에만 한정하여 일반 법관의 업무와 구분하고 있었으나 실제로는 예비판사가 배석판사처럼 심리에 관여하게 하고 있었기에 위헌의 소지가 있다고 하여 2007.4.에 폐지하였다(구 법조법 제42조의2 삭제). 더불어 단독재판을 담당할 수 있는 법관의 경력에 관한 규정을 실질적인 방향으로 강화하였다. 이전에도 구「법원조직법」제42조의3은 단독판사의 연륜을 높이고자 하는 취지에서 7년 이상 경력의 판사만 단독재판을 할 수 있도록 하되 예외로 대법원장이 허가하면 7년 미만의 판사도 단독재판을 할 수 있도록 하고 있었으나 이 예외규정을 남용하여 7년 미만 경력의 단독판사들을 많이 둠으로써 당초 연륜을 높이고자 한 취지가 제대로 구현되지 못하였다. 이를 시정하여 단독판사의 연륜을 실질적으로 높이기 위해 예외조항을 없애고 현실성있게 연한을 조정하여 경력 5년 미만인 판사는 단독판사가 될 수 없도록 하였고 일체의 예외도 인정하지 않도록 조문을 개정하였다(법조법 제42조의3 1항 개정).

(3) 임기제, 정년제 - 보수화의 방지 등

1) 임기

일반 법관의 임기는 10년으로 하며, 법률이 정하는 바에 의하여 연임할 수 있다(제105조 3항). 대법원장, 대법관 모두 6년의 임기이다. 다만 대법원장은 중임이 불기하고 대법관은 연임이 가능하다.

* 연혁 : 대법원장, 대법관이 일반법관과 같이 임기가 10년이었던 경우는 제1공화국헌법 때와 제2공화국헌법 때였고, 대법원장의 임기가 6년. 대법관의 임기가 10년으로 각각 달랐던 시기로는 제3공화국과 제4공화국 때였는데, 제3공화국 때에는 대법원장은 연임불가였고 대법관은 연임가능하였으나 제4공화국 때에는 대법원장도 연임이 가능하였다. 제5공화국 때에는 대법원장과 대법관의 임기가 모두 5년이나 대법원장은 중임불가였고 대법관은 연임이 가능하였다.

2) 정년

(가) 헌법상 근거규정 및 그 합헌성

현행 헌법은 “법관의 정년은 법률로 정한다”라고 규정하여(제105조 4항) 외국의 예에서 볼 수 있는 종신제를 채택하지 않고 임기제와 더불어 정년제를 두고 있다. 종신제는 법관의 신분보장을 최대한으로 인정하는 것이지만 보수화의 문제가 지적되고 반면 정년제는 보수화의 방지 등의 장점이 있는 반면 법관의 신분보장이 약화되는 문제가 있다. 헌법재판소는 정년제에 대해 아래와 같이 합헌이라고 결정한 바 있다. 헌법 위반이라는 주장은 곧 헌법규범 간 단계구조(여기서는 헌법 제105조 4항보다 신분보장원칙 규정인 제106조가 우월하다는 단계구조)를 인정하자는 것이기도 한데 우리 헌재는 헌법재판에서 단계구조론을 받아들이지 않는다(아래 판시의 밑줄 친 부분 참조).

판례 법원조직법 제45조 제4항 위헌확인, 헌재 2002.10.31. 2001헌마557, 판례집 14-2, 541-552면

[결정요지] 이 사건 법률조항은 법관의 정년을 직위에 따라 대법원장 70세, 대법관 65세, 그 이외의 법관 63세로 하여 법관 사이에 약간의 차이를 누고 있는 것으로, 헌법 제11조 제1항에서 금지하고 있는 차별의 요소인 '성별', '종교' 또는 '사회적 신분' 그 어디에도 해당되지 아니할 뿐만 아니라, 그로 인하여 어떠한 사회적 특수계급제도를 설정하는 것도 아니고, 그와 같이 법관의 정년을 직위에 따라 순차적으로 낮게 차등하게 설정한 것은 법관 업무의 성격과 특수성, 평균수명, 조직체 내의 질서 등을 고려하여 정한 것으로 그 차별에 합리적인 이유가 있다고 할 것이므로, 청구인의 평등권을 침해하였다고 볼 수 없다. 2. 또한, 이 사건 법률조항과 같이 법관의 정년을 설정한 것은 법관의 노령으로 인한 정신적·육체적 능력 쇠퇴로부터 사법이라는 업무를 제대로 수행함으로써 사법제도를 유지하게 하고, 한편으로는 사법인력의 신진대사를 촉진하여 사법조직에 활력을 불어넣고 업무의 효율성을 제고하고자 하는 것으로 그 입법목적이 정당하다. 그리고 일반적으로 나이가 들어감에 따라 인간의 정신적·육체적 능력이 쇠퇴해 가게 되는 것은 과학적 사실이고, 개인마다 그 노쇠화의 정도는 차이가 있음도 또한 사실이다. 그런데, 법관 스스로가 사법이라는 중요한 업무수행 감당능력을 판단하여 자연스럽게 물러나게 하는 제도로는 사법제도의 유지, 조직의 활성화 및 직무능률의 유지향상이라는 입법목적을 효과적으로 수행할 수 없고, 어차피 노령에 따른 개개인의 업무감당능력을 객관적으로 측정하기 곤란한 마당에, 입법자가 법관의 업무 특성 등 여러 가지 사정을 고려하여 일정한 나이를 정년으로 설정할 수밖에 없을 것이므로, 그 입법수단 역시 적절하다고 하지 않을 수 없다. 또한 이 사건 법률조항이 규정한 법관의 정년은 60세 내지 65세로 되어 있는 다른 국가공무원의 정년보다 오히려 다소 높고, 정년제를 두고 있는 외국의 법관 정년연령(65세 내지 70세)을 비교하여 보아도 일반법관의 정년이 지나치게 낮다고 볼 수도 없다. 그렇다면, 이 사건 법률조항은 직업선택의 자유 내지 공무담임권을 침해하고 있다고 할 수 없다. 3. 그리고, 헌법규정 사이의 우열관계, 헌법규정에 대한 위헌성판단은 인정되지 아니하므로, 그에 따라 헌법 제106조 법관의 신분보장 규정은 헌법 제105조 제4항 법관정년제 규정과 병렬적 관계에 있는 것으로 보아 조화롭게 해석하여야 할 것이고, 따라서, 정년제를 전제로 그 재직 중인 법관은 탄핵 또는 금고 이상의 형의 선고에 의하지 아니하고는 파면되지 아니하며, 징계처분에 의하지 아니하고는 정직, 감봉 기타 불리한 처분을 받지 아니한다고 해석하여야 하고, 그러한 해석하에서는 헌법 제105조 제4항에 따라 입법자가 법관의 정년을 결정한 이 사건 법률조항은 그것이 입법자의 입법재량을 벗어나지 않고 기본권을 침해하지 않는 한 헌법에 위반된다고 할 수 없고, 위에서 본 바와 같이 그 입법 자체가 평등권, 직업선택의 자유나 공무담임권 등 기본권을 침해하였다고 볼 수 없어, 결국 신분보장 규정에도 위배된다고 할 수 없다.

(나) 정년연령

대법원장과 대법관의 정년은 각각 70세, 판사의 정년은 65세로 하고 판사는 그 정년에 이른 날이 2월에서 7월 사이에 있는 경우에는 7월 31일에, 8월에서 다음 해 1월 사이에 있는 경우에는 다음 해 1월 31일에 각각 당연히 퇴직한다(동법 제45조 4항·5항).

* 연혁 : 법관의 정년연령을 65세라고 헌법이 직접 규정한 예로는 제3공화국헌법을 들 수 있다.

3) 법관의 연임제

(가) 법규정

헌법 제105조 제3항은 일반 법관의 경우 법률이 정하는 바에 의하여 연임할 수 있다고 규정하고 있다. 그동안 헌법규정에도 불구하고 법관의 연임의 기준, 그 절차 등에 관하여 법규정이 갖추어져 있지 않았는데 법원조직법은 2005.3.24.의 개정으로 법관연임에 관한 규정들을 두기 시작하였다. 이후 그 문언은 대체로 그대로 현행규정에도 이어져오고 있는데 그 규정을 보면 임기가 만료된 판사는 대법관회의의 동의를 얻어 대법원장의 연임발령으로 연임하도록 하되 대법원장은 ① 신체상 또는 정신상의 장해로 인하여 판사로서 정상적인 직무를 수행할 수 없는 경우, ② 근무성적이 현저히 불량하여 판사로서 정상적인 직무를 수행할 수 없는 경우, ③ 판사로서의 품위를 유지하는 것이 현저히 곤란한 경우에 해당한다고 인정되는 판사에 대하여는 연임발령을 하지 아니하도록 규정하고 있다(동법 제45조의2).

(나) 헌법재판소 합헌성 인정 결정례

구 법원조직법(2005.3.24. 법률 제7402호로 개정되고, 2014.12.30. 법률 제12886호로 개정되기 전의 것) 제45조의2 제2항 제2호("근무성적이 현저히 불량하여 판사로서 정상적인 직무를 수행할 수 없는 경우" 위 현행 ②와 같은 규정)에 대해 명확성원칙이 반하지 않고, 사법의 독립을 침해하지 않아 합헌이라고 본 헌법재판소의 아래 결정이 있었다.

판례 헌재 2016.9.29. 2015헌바331

[판시] 1. … 2. 이 사건 연임결격조항의 입법목적과 관련조항의 해석 및 용어의 사전적 의미 등을 종합하면, 이 사건 연임결격조항에서 말하는 '근무성적이 현저히 불량한 경우'란 판사의 직무수행에 관한 평가 결과가 뚜렷이 드러날 정도로 나쁜 경우로 충분히 해석할 수 있으며, 그 내용이 불명확하여 수범자인 판사에게 예측가능성을 제공하지 못하거나 법 집행자에게 자의적인 법해석이나 법집행을 허용하고 있다고 할 수 없으므로 명확성원칙에 위배되지 아니한다. 3. 이 사건 연임결격조항은 직무를 제대로 수행하지 못하는 판사를 그 직에서 배제하여 사법부 조직의 효율성을 유지하기 위한 것으로 그 정당성이 인정된다. 판사의 근무성적은 공정한 기준에 따를 경우 판사의 사법운영능력을 판단함에 있어 다른 요소에 비하여 보다 객관적인 기준으로 작용할 수 있고, 이를 통해 국민의 재판청구권의 실질적 보장에도 기여할 수 있다. 나아가 연임심사에 반영되는 판사의 근무성적에 대한 평가는 10년이라는 장기간 동안 반복적으로 실시되어 누적된 것이므로, 특정 가치관을 가진 판사를 연임에서 배제하는 수단으로 남용될 가능성이 크다고 볼 수 없다. 근무성적평정을 실제로 운용함에 있어서는 재판의 독립성을 해칠 우려가 있는 사항을 평정사항에서 제외하는 등 평정사항을 한정하고 있으며, 연임 심사과정에서 해당 판사에게 의견진술권 및 자료제출권이 보장되고, 연임하지 않기로 한 결정에 불복하여 행정소송을 제기할 수 있는 점 등을 고려할 때, 판사의 신분보장과 관련한 예측가능성이나 절차상의 보장이 현저히 미흡하다고 볼 수도 없으므로, 이 사건 연임결격조항은 사법의 독립을 침해한다고 볼 수 없다.

(4) 법관인사위원회 등

법관인사의 투명성, 객관성, 공정성을 담보하기 위하여 독립된 인사위원회의 역할이 중요하다. 법관의 인사에 관한 기본계획의 수립 및 인사운영을 위하여 대법원장의 자문기관으로 법관인사위원회를 두고 있다(동법 제25조의2 1항). 그동안 구 법원조직법이 법관인사위원회를 법관 중에서 대법원장이 임명하는 위원으로 구성하도록 규정하여 법원의 내부 인사들로만 구성되었기에 법관인사가 폐쇄적일 수 있다는 비판을 받아왔다.[1)] 이를 불식하고 법관인사의 투명성, 객관성, 공정성을 더욱 담보하기 위해 법관인사위원회에 외부위원이 참여할 수 있도록 2005.3.24.에 법원조직법을 개정하여 법관인사위원회는 대법원장이 지명하거나 위촉하는 위원으로 구성하도록 하였는데 당시에 다만 대법원장 자문기관이어서 한계가 있었다. 지금은 심의기관이다. 현행 법관인사위원회 구성과 심의권한 등은 아래 규정과 같다.

법조법 제25조의2(법관인사위원회) ① 법관의 인사에 관한 중요 사항을 심의하기 위하여 대법원에 법관인사위원회(이하 "인사위원회"라 한다)를 둔다.
② 인사위원회는 다음 각 호의 사항을 심의한다. 1. 인사에 관한 기본계획의 수립에 관한 사항 2. 제41조 제3항에 따른 판사의 임명에 관한 사항 3. 제45조의2에 따른 판사의 연임에 관한 사항 4. 제47조에 따른 판사의 퇴직에 관한 사항 5. 그 밖에 대법원장이 중요하다고 인정하여 회의에 부치는 사항
③ 인사위원회는 위원장 1명을 포함한 11명의 위원으로 구성한다.
④ 위원은 다음 각 호에 해당하는 사람을 대법원장이 임명하거나 위촉한다. 1. 법관 3명 2. 법무부장관이 추천하는 검사 2명. 다만, 제2항 제2호의 판사의 신규 임명에 관한 심의에만 참여한다. 3. 대한변호사협회장이 추천하는 변호사 2명 4. 사단법인 한국법학교수회 회장과 사단법인 법학전문대학원협의회 이사장이 각각 1명씩 추천하는 법학교수 2명 5. 학식과 덕망이 있고 각계 전문 분야에서 경험이 풍부한 사람으로서 변호사의 자격이 없는 사람 2명. 이 경우 1명 이상은 여성이어야 한다.
⑤ 위원장은 위원 중에서 대법원장이 임명하거나 위촉한다.
⑥ 제1항부터 제5항까지에서 규정한 사항 외에 인사위원회의 구성과 운영 등에 필요한 사항은 대법원규칙으로 정한다. [전문개정 2014.12.30.]

* 판사회의 – 자문기관으로 규정되어 있다.
법조법 제9조의2(판사회의) ① 고등법원·특허법원·지방법원·가정법원·행정법원 및 회생법원과 대법원규칙으로 정하는 지원에 사법행정에 관한 자문기관으로 판사회의를 둔다. <개정 2016.12.27.>
② 판사회의는 판사로 구성하되, 그 조직과 운영에 필요한 사항은 대법원규칙으로 정한다.

(5) 법관의 신분보장

헌법 제106조 ① 법관은 탄핵 또는 금고 이상의 형의 선고에 의하지 아니하고는 파면되지 아니하며, 징계처분에 의하지 아니하고는 정직·감봉 기타 불리한 처분을 받지 아니한다.
② 법관이 중대한 심신상의 장해로 직무를 수행할 수 없을 때에는 법률이 정하는 바에 의하여 퇴직하게 할 수 있다.

법조법 제46조(법관의 신분보장) ① 법관은 탄핵결정이나 금고 이상의 형의 선고에 의하지 아니하고는

1) 예를 들어, 정재황, "법관과 검사의 인사제도에 관한 연구", 최대권 교수 정년기념논문집(2003) 등 참조.

파면되지 아니하며, 징계처분에 의하지 아니하고는 정직(停職) · 감봉 또는 불리한 처분을 받지 아니한다.

1) 법관의 정치적 중립성 · 겸직금지 · 영리행위금지 등

법조법 제49조(금지사항) 법관은 재직 중 다음 각 호의 행위를 할 수 없다.
1. 국회 또는 지방의회의 의원이 되는 일
2. 행정부서의 공무원이 되는 일
3. 정치운동에 관여하는 일
4. 대법원장의 허가 없이 보수를 받는 직무에 종사하는 일
5. 금전상의 이익을 목적으로 하는 업무에 종사하는 일
6. 대법원장의 허가를 받지 아니하고 보수의 유무에 상관없이 국가기관 외의 법인 · 단체 등의 고문, 임원, 직원 등의 직위에 취임하는 일
7. 그 밖에 대법원규칙으로 정하는 일

[전문개정 2014.12.30.]

법원조직법은 법관의 재직 중 국회 또는 지방의회의 의원, 행정부서의 공무원이 되는 일과 정치운동에 관여하는 일을 금지하여 법관의 정치적 중립성을 보장하고 있다(동법 제49조 1호 · 3호). 법관은 재직 중 행정부서의 공무원이 되는 일을 할 수 없고, 대법원장의 허가 없이 보수를 받는 직무에 종사하는 일, 금전상의 이익을 목적으로 하는 업무에 종사하는 일, 대법원장의 허가를 받지 아니하고 보수의 유무에 상관없이 국가기관 외의 법인 · 단체 등의 고문, 임원, 직원 등의 직위에 취임하는 일, 그 밖에 대법원규칙으로 정하는 일 등이 금지된다(동법 동조 2호 · 4호 내지 제7호).

2) 보직과 평정

(가) 보직

판사에 대한 보직권은 대법원장이 행사한다. 법관이 독립성을 누리고 재판의 공정성 확보에 전념하도록 승진에 연연하지 않도록 가능한 한 직급제를 두지 않는 것이 바람직하다. 그동안 "승진 개념으로 운용되어 법관의 관료화를 심화시킨다는 비판을 받아 온 고등법원 부장판사 직위를 폐지"하고 2021년 2월 9일부터 그 폐지 법원조직법 조항이 시행에 들어간다. 아래에 현행규정과 그 개정규정을 인용한다.

법조법 제44조(보직) ① 판사의 보직(補職)은 대법원장이 행한다.
② 사법연수원장, 고등법원장, 특허법원장, 법원행정처차장, 지방법원장, 가정법원장, 행정법원장, 회생법원장과 고등법원 및 특허법원의 부장판사는 15년 이상 제42조 제1항 각 호의 직에 있던 사람 중에서 보한다. <개정 2016.12.27.>

<u>* 고등법원부장판사제도 폐지에 따라 2021년 2월 9일 시행 예정의 보직조항 개정 규정</u>

개정 법조법 제44조(보직) ① 판사의 보직(補職)은 대법원장이 행한다.

② 사법연수원장, 고등법원장, 특허법원장, 법원행정처차장, 지방법원장, 가정법원장, 행정법원장, 회생법원장은 15년 이상 제42조 제1항 각 호의 직에 있던 사람 중에서 보한다. <개정 2016.12.27., 2020.3.24.> [시행일 : 2021.2.9.]

(나) 평정제

법관의 근무성적에 대한 평정제가 법관의 신분보장, 독립성과 관련하여 논란되기도 해왔다.

가) 법규정

아래가 법원조직법의 평정제 조항이다.

법조법 제44조의2(근무성적 등의 평정) ① 대법원장은 판사에 대한 근무성적과 자질을 평정(評定)하기 위하여 공정한 평정기준을 마련하여야 한다.
② 제1항의 평정기준에는 근무성적평정인 경우에는 사건 처리율과 처리기간, 상소율, 파기율 및 파기사유 등이 포함되어야 하고, 자질평정인 경우에는 성실성, 청렴성 및 친절성 등이 포함되어야 한다.
③ 대법원장은 제1항의 평정기준에 따라 판사에 대한 평정을 실시하고 그 결과를 연임, 보직 및 전보 등의 인사관리에 반영한다.
④ 제1항부터 제3항까지에서 규정한 사항 외에 근무성적과 자질의 평정에 필요한 사항은 대법원규칙으로 정한다. [전문개정 2014.12.30.]

나) 헌재의 합헌성 인정 결정례

바로 위 제44조의2 제4항과 같이 판사의 근무성적평정에 관한 사항을 대법원규칙으로 정하도록 위임한 구 법원조직법(1994.7.27. 법률 제4765호로 개정되고, 2011.7.18. 법률 제10861호로 개정되기 전의 것) 제44조의2 규정에 대해 헌법재판소는 합헌으로 보았다. 그 구법규정 보다 현행 위 제44조의2 제4항은 "제1항부터 제3항까지에서 규정한 사항 외에 근무성적과 자질의 평정에 필요한 사항"이라고 하여 보다 구체화하고 있다.

판례 헌재 2016.9.29. 2015헌바331

[판시] 판사의 근무와 관련하여 내용적 · 절차적 사항에 관해 전문성을 가지고 재판 실무에 정통한 사법부 스스로 근무성적평정에 관한 사항을 정하도록 할 필요성에 비추어 보면, 판사의 근무성적평정에 관한 사항을 하위법규인 대법원규칙에 위임할 필요성을 인정할 수 있다. 또한 관련조항의 해석과 판사에 대한 연임제 및 근무성적평정제도의 취지 등을 고려할 때, 이 사건 근무평정조항에서 말하는 '근무성적평정에 관한 사항'이란 판사의 연임 등 인사관리에 반영시킬 수 있는 것으로 사법기능 및 업무의 효율성을 위하여 판사의 직무수행에 요구되는 것, 즉 직무능력과 자질 등과 같은 평가사항, 평정권자 및 평가방법 등에 관한 사항임을 충분히 예측할 수 있으므로 이 사건 근무평정조항은 포괄위임금지원칙에 위배된다고 볼 수 없다. * 이 결정에 대해 보다 더 자세한 것은 위의 사법입법권 부분 참조.

3) 파견의 허가와 금지

일반법관의 다른 국가기관으로 파견근무 허가와 금지가 아래와 같이 규정되어 있다.

법조법 제50조(파견근무) 대법원장은 다른 국가기관으로부터 법관의 파견근무 요청을 받은 경우에 업무의 성질상 법관을 파견하는 것이 타당하다고 인정되고 해당 법관이 파견근무에 동의하는 경우에는 그

기간을 정하여 이를 허가할 수 있다. [전문개정 2014.12.30.]
제50조의2(법관의 파견 금지 등) ① 법관은 대통령비서실에 파견되거나 대통령비서실의 직위를 겸임할 수 없다. ② 법관으로서 퇴직 후 2년이 지나지 아니한 사람은 대통령비서실의 직위에 임용될 수 없다. [본조신설 2020.2.4.]

4) 파면제한

법관은 탄핵 또는 금고이상의 형의 선고에 의하지 아니하고는 파면되지 아니한다(제106조 1항).

5) 징계처분에 의하지 않은 불리한 처분의 제한 등

(가) 징계처분에 의하지 아니한 불리한 처분의 금지

법관은 징계처분에 의하지 아니하고는 정직·감봉 기타 불리한 처분을 받지 아니한다(제106조 1항).

(나) 징계

법원조직법은 대법원에 법관징계위원회를 두도록 규정하면서 법관 징계에 관한 사항은 따로 법률로 정하도록 규정하고 있다(동법 제48조). 그 법률이 법관징계법이다.

가) 징계사유, 시효

(a) 법관징계법 규정

법관징계법 제2조(징계 사유) 법관에 대한 징계 사유는 다음 각 호와 같다.
1. 법관이 직무상 의무를 위반하거나 직무를 게을리한 경우
2. 법관이 그 품위를 손상하거나 법원의 위신을 떨어뜨린 경우
[전문개정 2011.4.12.]

제8조(징계등 사유의 시효) ① 징계등의 사유가 있는 날부터 3년(제7조의2 제1항 각 호의 어느 하나에 해당하는 경우에는 5년)이 지나면 그 사유에 관하여 징계등을 청구하지 못한다. <개정 2017.12.19.>
② 제20조에 따라 징계절차를 진행하지 못하여 제1항의 기간이 지나거나 그 남은 기간이 1개월 미만인 경우에는 제1항의 기간은 제20조에 따른 절차가 완결된 날부터 1개월이 지난 날에 끝나는 것으로 본다.<신설 2017.12.19.>
③ 제7조의3 제1항 각 호의 어느 하나에 해당하는 사유로 대법원에서 징계등 처분의 무효 또는 취소 판결을 한 경우에는 제1항의 기간이 지나거나 그 남은 기간이 3개월 미만인 경우에도 그 판결이 확정된 날부터 3개월 이내에는 다시 징계등을 청구할 수 있다.<신설 2017.12.19.>

(b) 헌재의 합헌성 인정 결정례

헌재는 법관에 대한 징계사유로 '법관이 그 품위를 손상하거나 법원의 위신을 실추시킨 경우'를 규정한 구 법관징계법 제2조 제2호(위에 인용한 대로 현행규정도 비슷하다)가 명확성 원칙 및 과잉금지원칙에 위배하여 법관인 청구인의 표현의 자유를 침해한다는 주장의 위헌소원사건에서 헌법에 위반되지 않는다는 것을 확인하고 합헌결정을 선고하였다.

판례 헌재 2012.2.23. 2009헌바34

[사건개요] 법관징계위원회는 법관인 청구인이 법원 내부 및 외부 언론기관에 의견표명을 한 행위가 구 법관징계법 제2조 제2호의 징계사유에 해당한다는 이유로 청구인에 대하여 정직 2월의 징계결정을 하였고, 이에 따라 대법원장이 징계처분을 하자, 청구인은 이에 불복하여 징계처분무효확인 및 취소소송을 제기하였다. 그리고 법관에 대한 징계사유를 규정한 구 법관징계법 제2조 제2호가 명확성 원칙 및 과잉금지원칙에 위배하여 청구인의 표현의 자유를 침해하고, 법관의 징계처분에 대한 불복소송을 대법원의 단심재판에 의하도록 한 같은 법 제27조가 청구인의 재판청구권 및 평등권을 침해한다고 주장하면서 이 사건 헌법소원을 제기하였다. [결정요지] ○ 입법취지, 용어의 사전적 의미, 유사 사례에서의 법원의 법률해석 등을 종합하여 보면, 구 법관징계법 제2조 제2호의 '법관이 그 품위를 손상하거나 법원의 위신을 실추시킨 경우'란 '법관이 주권자인 국민으로부터 수임받은 사법권을 행사함에 손색이 없는 인품에 어울리지 않는 행위를 하거나 법원의 위엄을 훼손하는 행위를 함으로써 법원 및 법관에 대한 국민의 신뢰를 떨어뜨릴 우려가 있는 경우'로 해석할 수 있고, 청구인을 포함한 평균적인 법관은 이를 충분히 예측할 수 있으므로, 구 법관징계법 제2조 제2호는 명확성 원칙에 위배되지 아니한다. ○ 구 법관징계법 제2조 제2호가 '품위 손상', '위신 실추'와 같은 추상적인 용어를 사용하고 있기는 하나, 구체적으로 어떠한 행위가 이에 해당하는지 충분히 예측할 수 없을 정도로 그 적용범위가 모호하다거나 불분명하다고 할 수 없고, 법관의 사법부 내부 혁신 등을 위한 표현행위에 있어서도 그러한 표현행위를 하였다는 것 자체가 위 법률조항의 징계사유가 되는 것이 아니라, 표현행위가 이루어진 시기와 장소, 표현의 내용 및 방법, 행위의 상대방 등 제반 사정을 종합하여 볼 때 법관으로서의 품위를 손상하거나 법원의 위신을 실추시킨 행위에 해당하는 경우에 한하여 징계사유가 되는 것이므로, 구 법관징계법 제2조 제2호는 그 적용범위가 지나치게 광범위하거나 포괄적이어서 법관의 표현의 자유를 과도하게 제한한다고 볼 수 없어 과잉금지원칙에 위배되지 아니한다.

나) 징계처분의 종류

법관징계법 제3조(징계처분의 종류) ① 법관에 대한 징계처분은 정직 · 감봉 · 견책의 세 종류로 한다.
② 정직은 1개월 이상 1년 이하의 기간 동안 직무집행을 정지하고, 그 기간 동안 보수를 지급하지 아니한다.
③ 감봉은 1개월 이상 1년 이하의 기간 동안 보수의 3분의 1 이하를 줄인다.
④ 견책은 징계 사유에 관하여 서면으로 훈계한다. [전문개정 2011.4.12.]

다) 법관징계위원회

대법원에 두는 법관징계위원회의 구성과 그 제척 · 기피 · 회피 제도는 아래와 같다.

법관징계법 4조(법관징계위원회) ① 법관에 대한 징계사건을 심의 · 결정하기 위하여 대법원에 법관징계위원회(이하 "위원회"라 한다)를 둔다. ② 위원회는 위원장 1명과 위원 6명으로 구성하고, 예비위원 3명을 둔다.
[전문개정 2011.4.12.]

제10조(제척·기피·회피) ① 위원장 및 위원은 자신 또는 그 친족에 대한 징계사건의 심의 · 결정에 관여하지 못한다.
② 징계청구인이 위원인 경우에 그 위원은 해당 사건의 심의 · 결정에 관여하지 못한다.
③ 피청구인은 위원장 또는 위원에게 제1항 또는 제2항의 사유가 있거나 징계결정의 공정을 기대하기 어려운 사정이 있을 때에는 위원회에 그 사실을 서면으로 소명(疏明)하여 기피를 신청할 수 있다.

④ 위원회는 제3항의 신청에 대하여 지체 없이 결정하여야 하며, 기피신청의 대상이 된 위원장 또는 위원은 그 결정에 관여하지 못한다.
⑤ 위원장이나 위원은 제1항부터 제3항까지의 경우에는 회피할 수 있다. [전문개정 2011.4.12.]

라) 징계절차

법관징계법 제7조(징계청구와 징계심의의 개시) ① 위원회의 징계심의는 다음 각 호의 사람의 징계청구에 의하여 개시한다.
1. 대법원장 2. 대법관 3. 해당 법관에 대하여 「법원조직법」에 따라 사법행정사무에 관한 감독권을 가지는 법원행정처장, 사법연수원장, 각급 법원장, 법원도서관장
② 제1항에 따른 징계청구권자는 해당 법관에게 징계 사유가 있다고 인정될 때에는 그에 관하여 조사할 수 있다.
③ 징계청구권자는 제2항에 따라 조사한 결과 제2조 각 호의 어느 하나에 해당된다고 인정할 때에는 징계를 청구하여야 한다.
④ 징계의 청구는 위원회에 서면으로 제출하는 방식으로 한다. <개정 2017.12.19.>
제9조(징계청구서의 송달) 위원회는 징계청구서의 부본(副本)을 징계가 청구된 법관(이하 "피청구인"이라 한다)에게 송달하여야 한다.
제11조(예비심의) ① 위원회나 위원장은 필요하다고 인정할 때에는 제13조에 따라 심의를 개시하기 전에 예비심의를 할 것을 결정할 수 있다. ② ③ 생략
제12조(피청구인에 대한 출석요구) 징계청구가 있을 때에는 위원장은 심의기일을 정하여 피청구인의 출석을 요구하여야 한다.
제13조(징계의 심의) ① 위원회는 위원장을 포함한 위원 과반수가 출석한 경우에 심의를 개시한다. ② 위원장은 심의기일에 심의개시를 선언하고, 피청구인에게 징계가 청구된 원인사실과 그 밖에 필요한 사항을 심문(審問)한다. ③ 위원은 위원장에게 알리고 제2항의 심문을 할 수 있다 ④ 징계심의는 공개하지 아니한다. ⑤ 위원회의 심의·결정에 참여한 사람은 직무상 알게 된 비밀을 누설하여서는 아니 된다.
제14조(피청구인과 징계청구인의 진술권 및 증거제출권) 피청구인과 징계청구인은 서면 또는 구술로 의견을 진술하거나 증거를 제출할 수 있다.
제16조(감정·증인신문 등) 위원회는 직권으로 또는 징계청구인·피청구인·변호인·특별변호인의 신청에 의하여 감정(鑑定)을 명하거나 증인을 신문(訊問)할 수 있으며, 공공기관 등에 사실조회를 하거나 서류의 제출을 요구할 수 있다.
제18조(최종의견 진술권) 위원장은 피청구인과 변호인 또는 특별변호인에게 최종의견을 진술할 기회를 주어야 한다.
제20조(징계절차의 정지) ① 징계 사유에 관하여 탄핵의 소추가 있는 경우에는 그 절차가 완결될 때까지 징계절차는 정지된다. ② 위원회는 징계 사유에 관하여 공소가 제기된 경우에는 그 절차가 완결될 때까지 징계절차를 정지할 수 있다.
제21조(징계청구의 취하) 징계청구인은 징계청구 이후 새로운 사실이 발견되는 등 피청구인이 제2조 각 호의 어느 하나에 해당되지 아니한다고 인정할 만한 사유가 있는 경우에는 제24조에 따른 징계결정이 있기 전까지 징계청구를 취하할 수 있다.

마) 징계의 결정, 송달 및 집행 등

법관징계법 제23조(위원회의 결정방식) ① 위원회가 징계사건에 관하여 결정하려는 경우에는 위원장을 포함한 위원 과반수의 출석과 출석위원 과반수의 찬성으로 의결한다. 다만, 제10조 제4항 및 제11조 제1

항에 따른 결정과 제15조 단서에 따른 허가는 서면에 의하여 위원 과반수의 찬성으로 의결할 수 있다. ② 위원회가 제1항 본문에 따른 징계결정을 할 때 의견이 나뉘어 출석위원 과반수에 이르지 못한 경우에는 과반수에 이르기까지 피청구인에게 가장 불리한 의견의 수에 차례로 유리한 의견의 수를 더하여 그 중 가장 유리한 의견에 따른다.

제24조(위원회의 징계결정) 위원회는 심의를 종료하였을 때에는 다음 각 호의 구분에 따라 결정을 한다. 1. 징계 사유가 있고 이에 대하여 징계등 처분을 하는 것이 타당하다고 인정되는 경우: 징계 사유의 경중(輕重), 피청구인의 근무성적, 공적(功績), 뉘우치는 정도, 그 밖의 여러 사정을 종합하여 그에 합당한 징계등 처분을 하는 결정. 다만, 징계등 처분을 하지 아니하는 것이 타당하다고 인정되는 경우에는 불문(不問)으로 하는 결정을 할 수 있다. 2. 징계 사유가 인정되지 아니하는 경우: 무혐의 결정 [전문개정 2011.4.12.]

제25조(징계결정서의 작성 및 송달) ① 위원회가 제24조에 따른 결정을 하였을 때에는 그 이유를 붙인 결정서를 작성하여야 한다. ② 제1항의 결정서에는 위원장과 심의·결정에 관여한 위원이 서명 및 날인하여야 한다. ③ 제1항의 결정서의 정본(正本)은 징계청구인, 피청구인, 징계처분권자에게 각각 송달하여야 한다.

제26조(징계등 처분 및 집행) ① 대법원장은 위원회의 결정에 따라 징계등 처분을 하고, 이를 집행한다. <개정 2017.12.19.>
② 대법원장은 징계등 처분을 하였을 때에는 이를 관보에 게재한다. <개정 2017.12.19.>

바) 불복절차, 효과

징계결정에 불복하는 경우에 대한 규정은 아래와 같다. '불복'이란 용어는 적절치 않다. 따르지 않을 때 쟁송절차라고 할 것이다.

(a) 법관징계법 규정

징계처분에 대해서는 아래 법관징계법규정과 같이 대법원에 바로 소송을 제기하도록 하고 있는데 논란이 있다.

법관징계법 제27조(불복절차) ① 피청구인이 징계등 처분에 대하여 불복하려는 경우에는 징계등 처분이 있음을 안 날부터 14일 이내에 전심(前審) 절차를 거치지 아니하고 대법원에 징계등 처분의 취소를 청구하여야 한다. <개정 2017.12.19.> ② 대법원은 제1항의 취소청구사건을 단심(單審)으로 재판한다.

(b) 헌법재판소 합헌성 인정 결정례

현재 법관징계법도 위 규정에서 보듯이 법관의 징계처분에 대해서 대법원 단심으로 재판하도록 하고 있어 논란이 된다(법 제27조). 헌재는 이 문제에 대하여 답하고 있다. 즉 헌재는 법관에 대한 징계처분 취소청구소송을 대법원의 단심재판에 의하도록 한 구 법관징계법 제27조가 법관인 청구인의 재판청구권 및 평등권을 침해한다는 주장의 위헌소원사건에서 헌법에 위반되지 않는다는 것을 확인하고 합헌 결정을 선고하였다.

판례 헌재 2012.2.23. 2009헌바34

[심판대상] 구 법관징계법(1999.1.21. 법률 제5642호로 개정되고, 2011.4.12. 법률 제10578호로 개정되기 전의 것) 제27조(불복절차) ① 피청구인이 징계처분에 대하여 불복하고자 하는 경우에는 징계처분이

있음을 안 날부터 14일 이내에 전심절차를 경유하지 아니하고 대법원에 징계처분의 취소를 청구하여야 한다. ② 대법원은 제1항의 취소청구사건을 단심으로 재판한다. [결정요지] ○ 법관에 대한 대법원장의 징계처분 취소청구소송을 대법원에 의한 단심재판에 의하도록 하고 있는 구 법관징계법 제27조는 입법자가 독립적으로 사법권을 행사하는 법관이라는 지위의 특수성 및 준사법절차인 법관에 대한 징계절차의 특수성을 감안하여 재판의 신속을 도모한 것으로써 그 합리성을 인정할 수 있으므로 헌법 제27조 제1항의 재판청구권을 침해하지 아니한다. ○ 또한 구 법관징계법 제27조는 법관을 징계처분 취소청구소송을 3심제에 의하도록 하고 있는 검사, 변호사, 의사 등 다른 전문직 종사자와 차별취급하고 있으나, 법관에 대한 징계의 심의·결정은 법관이 다수를 차지하는 법관징계위원회에서 준사법절차를 거쳐서 이루어지는 점, 법관에 대한 징계의 경우 파면, 해임, 면직 등 신분관계 자체를 변경시키는 중한 징계처분이 존재하지 않는 점, 법관은 독립적으로 사법권을 행사하는 자로서 그 지위를 조속히 안정시킬 필요가 있는 점, 법관에 대한 징계처분 취소청구소송은 피징계자와 동일한 지위를 가진 법관에 의하여 이루어질 수밖에 없는 점 등을 고려하면, 이러한 차별취급에는 합리적인 근거가 있다고 할 것이므로, 헌법상 평등권을 침해하지 아니한다. <보충의견(재판관 이동흡, 재판관 목영준)의 요지> 법관에 대한 징계처분 취소청구소송은 소송의 당사자 및 재판하는 자가 모두 법관이고 소송의 대상이 대법원장의 징계처분의 적법성이라는 특수성이 있어 이를 대법원의 단심 재판에 의하도록 한 구 법관징계법 제27조는 위헌법률이라고 하기는 어려우나, 법관징계위원회의 구성권한 및 대법원의 구성에 비추어 대법원장이 법관에 대한 징계처분절차 및 이에 대한 불복절차에 큰 영향을 미칠 가능성이 있어 사실상 징계처분에 대한 사법심사가 내부의 영향력으로부터 독립하여 이루어지지 않을 우려가 있으므로, 대법원장의 법관징계위원회 위원 임명권한을 제한하거나 법관에 대한 징계처분 취소청구소송을 2심제에 의하는 등으로 입법에 의하여 이를 개선하는 노력을 기울여야 한다.

6) 법관과 노동운동

현재 법관은 단결권, 단체교섭권, 단체행동권의 근로3권이 인정되지 않고 있다.

7) 퇴직 및 휴직, 겸임 등

(가) 심신상 장해로 인한 퇴직

헌법 제106조 ② 법관이 중대한 심신상의 장해로 직무를 수행할 수 없을 때에는 법률이 정하는 바에 의하여 퇴직하게 할 수 있다.

위 헌법조항에 따라 법원조직법은 아래와 같이 심신상 장해로 인한 퇴직규정을 두고 있다.

법조법 제47조(심신상의 장해로 인한 퇴직) 법관이 중대한 신체상 또는 정신상의 장해로 직무를 수행할 수 없을 때에는, 대법관인 경우에는 대법원장의 제청으로 대통령이 퇴직을 명할 수 있고, 판사인 경우에는 인사위원회의 심의를 거쳐 대법원장이 퇴직을 명할 수 있다.

(나) 휴직

법원조직법 규정은 아래와 같다.

법조법 제51조(휴직) ① 대법원장은 법관이 다음 각 호의 어느 하나에 해당하는 경우에는 2년 이내의 범위에서 기간을 정하여(제1호의 경우는 그 복무기간이 끝날 때까지) 휴직을 허가할 수 있다.
1. 「병역법」에 따른 병역복무를 위하여 징집·소집된 경우 2. 국내외 법률연구기관·대학 등에서의 법률연수나 본인의 질병 요양 등을 위하여 휴직을 청원하는 경우로서 그 청원 내용이 충분한 이유가 있

다고 인정되는 경우
② 제1항의 경우에 휴직기간 중의 보수 지급에 관한 사항은 대법원규칙으로 정한다. [전문개정 2014.12.30.]

(다) 겸임 등

법조법 제52조(겸임 등) ① 대법원장은 법관을 사건의 심판 외의 직(재판연구관을 포함한다)에 보하거나 그 직을 겸임하게 할 수 있다.
② 제1항의 법관은 사건의 심판에 참여하지 못하며, 제5조 제3항에 따른 판사의 수에 산입(算入)하지 아니한다.
③ 제1항의 법관의 수는 대법원규칙으로 정하며, 보수는 그 중 고액(高額)의 것을 지급한다. [전문개정 2014.12.30.]

(6) 보수

1) 법규정

아래와 같은 법원조직법의 요건 및 위임의 규정으로 법관의 보수에 대해서는 따로 법률로 정하도록 하고 있는데 그 법률이 '법관의 보수에 관한 법률'이다.

법조법 제46조(법관의 신분보장) ② 법관의 보수는 직무와 품위에 상응하도록 따로 법률로 정한다.

2) 단일호봉제의 채택

2000년대 사법개혁논의에서 주장되었던 단일호봉제를 '법관등의 보수에 관한 법률 중 개정법률'(법률 제7080호, 2004년 1월 20일 공포)로 도입하였다. 이전에는 대법원장 및 대법관을 제외한 법관들에 대해서는 법원장, 고등법원부장판사 및 일반법관 등에 따라 그 보수를 달리 정하고 있으나, 개정법률로 대법원장 및 대법관을 제외한 법관들의 보수를 근무경력에 따라 지급하는 단일호봉제로 하는 것이다. 이는 법관의 보수, 대우에 있어서 안정성을 부여함으로써 근무여건을 향상시켜 국민에게 양질의 사법서비스를 제공하고자 하는 목적에서 도입되게 되었다. 검찰의 경우에도 '검사의 보수에 관한 법률 중 개정법률'(법률 제7079호, 2004년 2월 20일 공포)로 검사의 보수를 검사장, 차장검사 및 일반검사 등에 따라 달리 정하고 있던 이전의 방식에서, 검찰총장을 제외한 검사의 보수체계를 근무경력에 따른 단일호봉제로 하여 검사의 안정적인 근무여건을 마련함으로써 검찰의 독립에 기여하고자 하였다.

2. 법관의 물적(재판상) 독립

(1) 헌법과 법률에 따른 재판

헌법 제103조는 "법관은 헌법과 법률에 의하여 … 독립하여 심판한다"라고 규정하고 있다. 여기의 헌법은 헌법전뿐 아니라 불문헌법도 포함된다. 법률도 형식적 법률뿐 아니라 긴급명령, 조약 등 실질적 법률도 포함된다. 다만, 형사재판에서는 관습형법이 배제된다(죄형법정주의). 법관이 따라야 법률은 합헌적인 법률이어야 한다. 적용될 법률이 위헌적 법률이라는 합리적인 의심이 들 경우 직권으로 제청을 하여 동 법률에 대한 헌법재판소의 위헌심사를 받아 위헌성이 제거된 법률에 의한 재판이 되도록 하여야 한다.

(2) 양심 - 법조적·법리적 양심

헌법 제103조는 "법관은 … 그 양심에 따라 독립하여 심판한다"라고 규정하고 있다. 여기서의 양심은 법관 개인의 주관적 양심이 아니라 법조적, 법리적 양심으로서 객관적 양심을 말한다. 따라서 법관은 재판에 있어서 개인적으로 가지는 주관적 양심과의 갈등이 있더라도 법리에 따르는, 법조인으로서의 양심에 따라 재판하여야 한다.

(3) 타 국가기관으로부터의 독립

법관의 직무상의 독립을 위해서는 법관이 재판을 행함에 있어서 다른 어떠한 국가기관으로부터도 지휘·감독 기타의 간섭을 받지 않아야 한다. 법관의 타 국가기관으로부터의 독립을 규정한 예로 국정감사 및 조사에 관한 법률 제8조가 있다. 동조는 감사 또는 조사는 계속 중인 재판 또는 수사 중인 사건의 소추에 관여할 목적으로 행사되어서는 안 된다고 규정하여 타 국가기관이 재판 등에 관여하는 것을 금지하고 있다.

(4) 법원 내부, 상급법원으로부터의 독립

법조법 제8조(상급심 재판의 기속력) 상급법원 재판에서의 판단은 해당 사건에 관하여 하급심(下級審)을 기속(羈束)한다.

재판상 독립은 사법부 내부에서도 보장되어야 한다. 법원의 재판은 담당 재판부나 법관이 독립적으로 수행하여야 하고 법원장이 지휘나 지시를 하여서는 아니 된다. 상급법원으로부터도 독립하여야 한다. 다만 법원조직법 제8조는 상급법원의 재판에 있어서의 판단은 당해 사건에 관하여 하급심을 기속한다고 규정하고 있는데 이는 파기환송 사건의 경우 일관성을 유지하기 위한 것일 뿐이고 심급제도상 요구될 수밖에 없는 것으로서 법관의 독립을 침해하는 것이 아니다.

판례 헌재 2002.6.27. 2002헌마18

[판시] … 나. 대법원 판례 위반을 심리불속행의 예외사유로 삼은 것이 법률에 의한 재판을 받을 권리를 침해한 것인지 여부 (1) 어떤 사건의 판례가 그 후 동종의 사건에 대하여 어떠한 효력을 갖는가는 학문상 이른바 "선례의 구속력(拘束力)"이라든가 "판례의 법원성(法源性)"이라는 문제로서 논의되어 왔다. 주지하는 바와 같이 선례구속성의 원리(doctrine of stare decisis)가 지배하여 온 영미법계국가에서는 판례법이 법의 근간을 이루고 있는 반면, 대륙법계국가에서는 상급법원의 판례가 하급법원을 구속한다는 원칙은 인정되지 않으며 법관은 헌법과 법률에만 구속된다고 하기 때문에 판례는 사실상의 구속력밖에 없고 따라서 판례의 법원성은 부정되는 것이 보통이다. 우리나라에 있어서도 다른 대륙법계국가와 사정은 비슷하다. 법원조직법 제8조는 "상급법원의 재판에 있어서의 판단은 당해사건에 관하여 하급심을 기속한다."고 규정하지만 이는 심급제도의 합리적 유지를 위하여 당해사건에 한하여 구속력을 인정한 것이고 그 후의 동종의 사건에 대한 선례로서의 구속력에 관한 것은 아니다. (2) 앞서 본 바와 같이 이 사건 법률조항은 헌법이 요구하는 대법원의 최고법원성을 존중하면서 민사, 가사, 행정, 특허 등

소송사건에 있어서 상고심 재판을 받을 수 있는 객관적인 기준을 정함에 있어 개별적 사건에서의 권리구제보다 법령해석의 통일을 더 우위에 둔 입법자의 판단에 따른 것인바, 입법자는 법령해석의 통일을 기하기 위한 범위 내에서 최고법원인 대법원판례에 큰 의미를 부여하고, 대법원판례에 위반되는 경우를 심리불속행의 예외사유로 규정하였음을 알 수 있다. (3)모든 법률은 법관의 해석·적용 작용을 통해서 실현되며, 기판력에 관한 규정인 민사소송법 제202조, 제204조, 상급심 재판의 기속력에 관한 규정인 법원조직법 제8조, 상고법원의 파기환송·이송판결의 기속력에 관한 규정인 민사소송법 제406조, 대법원의 각 부는 법령의 해석·적용에 관한 종전의 의견을 변경할 필요가 있음을 인정하는 경우 전원합의체에 부의하도록 규정한 법원조직법 제7조 제1항 제3호 등의 규정 등에 근거한 법률상의 이유 및 법생활상에 있어서의 사실상의 구속력에 기하여 재판업무에 있어서 대법원판례를 법령해석의 통일적 기준으로 삼은 것은 합리적 근거가 있고, 또한 선례구속의 원칙을 일찍이 채택하고 있는 영미국가에 있어서도, 이 원칙은 일반적인 법원리라기보다 사법정책의 문제이고, 동원칙을 뒷받침하는 합리적 근거는 법적 확실성(certainty), 안정성(stability), 그리고 예견가능성(predictability) 등이라고 설명하고 있다. 그렇다면, 위 가.에서 본 바와 같이 심급제도는 사법에 의한 권리보호에 관하여 한정된 법 발견자원의 합리적인 분배의 문제인 동시에 재판의 적정과 신속이라는 서로 상반되는 두 가지의 요청을 어떻게 조화시키느냐의 문제로 돌아가므로 원칙적으로 입법자의 형성의 자유에 속하는 사항에 속하고, 개별적 사건에서의 권리구제보다 법령해석의 통일을 더 우위에 둔 입법자의 판단에 따라 상고심 재판을 받을 수 있는 객관적인 기준에 대법원판례 위반 여부를 한 요소로 삼은 것은 그 합리성이 인정될 뿐만 아니라, 판례의 법원성을 인정하지 않는 대륙법계 국가라는 이유로 실체법이 아닌 절차법인 이 사건 법률조항의 일부로 편입하여 대법원판례 위반을 심리불속행의 예외사유의 하나로 규정할 수 없는 것이 아니고, 또한 이로 인하여 새로운 권리침해가 발생하는 것도 아니다.

(5) 소송당사자로부터의 독립

법관은 공정한 재판을 하기 위하여 소송의 당사자·이해관계인 등으로부터도 독립하여야 한다. 이를 위하여 제척·기피·회피제도가 있다. 또한 행정쟁송의 경우 행정기관으로부터도 독립하여야 함은 물론이다.

(6) 사회적 세력으로부터의 독립 – 여론으로부터의 독립

법관은 정치적 단체에 의한 압력, 사회단체의 압력(조직적 집단항의 등)을 받지 않아야 하고 여론으로부터도 영향을 받지 않고 독립하여 재판하여야 한다. 형사재판의 피고인에 불리한 자료의 공개나 유죄라고 단정짓는 악의의 보도로 법관의 심리나 증인의 증언에 영향을 주어서는 아니 된다. 이는 무죄추정원칙에도 반한다. 학자의 평석 등 법리연구적 재판비판 등은 인정된다.

(7) 법관의 양형결정권

죄질에 따라, 정상의 참작 등을 함으로써 적정한 형벌이 부과되도록 하기 위하여 법관에게 양형재량이 인정된다. 그러나 이로써 형평성논란과 사법불신이 올 수 있기에 투명성을 제고하고자 대법원에 양형위원회를 두어 양형기준을 설정하게 하고 있다(동법 제81조의2). 양형기준이 법적 구속력을 갖는 것은 아니나 벗어난 판결의 경우 양형이유를 기재하도록 하고 있다(동법 제81조의7).

법조법 제81조의2(양형위원회의 설치) ① 형(刑)을 정할 때 국민의 건전한 상식을 반영하고 국민이 신뢰할 수 있는 공정하고 객관적인 양형(量刑)을 실현하기 위하여 대법원에 양형위원회(이하 “위원회”라 한다)를 둔다. ② 위원회는 양형기준을 설정·변경하고, 이와 관련된 양형정책을 연구·심의할 수 있다. ③ 위원회는 그 권한에 속하는 업무를 독립하여 수행한다.
제81조의3(위원회의 구성) ① 위원회는 위원장 1명을 포함한 13명의 위원으로 구성하되, 위원장이 아닌 위원 중 1명은 상임위원으로 한다. ② 위원장은 15년 이상 다음 각 호의 직에 있던 사람 중에서 대법원장이 임명하거나 위촉한다. 1. 판사, 검사, 변호사 2. 국가, 지방자치단체, 국영·공영기업체, ‘공공기관의 운영에 관한 법률’ 제4조에 따른 공공기관, 그 밖의 법인에서 법률에 관한 사무에 종사한 사람 3. 공인된 대학의 법학 조교수 이상의 교수 ③ 위원회의 위원은 다음 각 호의 사람을 대법원장이 임명하거나 위촉한다. 1. 법관 4명 2. 법무부장관이 추천하는 검사 2명 3. 대한변호사협회장이 추천하는 변호사 2명 4. 법학 교수 2명 5. 학식과 경험이 있는 사람 2명 ④ 위원장과 위원의 임기는 2년으로 하고, 연임할 수 있다. ⑤ 대법원장은 위원이 다음 각 호의 어느 하나에 해당하는 경우에는 그 위원을 해임하거나 해촉할 수 있다. 1. 부득이한 사유로 직무를 수행할 수 없다고 인정되는 경우 2. 위원이 직무상 의무를 위반하는 등 위원의 자격을 유지하는 것이 적합하지 아니하다고 인정되는 경우 ⑥ 법관·검사의 직에 있는 사람으로서 위원으로 임명된 사람이 그 직에서 퇴직하는 경우에는 해임된 것으로 본다.
제81조의5(위원회의 회의) ① 위원장은 위원회의 회의를 소집하며, 그 의장이 된다. ② 위원회는 재적위원 과반수의 찬성으로 의결한다.
제81조의6(양형기준의 설정 등) ① 위원회는 법관이 합리적인 양형을 도출하는 데 참고할 수 있는 구체적이고 객관적인 양형기준을 설정하거나 변경한다. ② 위원회는 양형기준을 설정·변경할 때 다음 각 호의 원칙을 준수하여야 한다. 1. 범죄의 죄질, 범정(犯情) 및 피고인의 책임의 정도를 반영할 것 2. 범죄의 일반예방과 피고인의 재범 방지 및 사회복귀를 고려할 것 3. 같은 종류 또는 유사한 범죄에 대해서는 고려하여야 할 양형 요소에 차이가 없으면 양형에서 서로 다르게 취급하지 아니할 것 4. 피고인의 국적, 종교 및 양심, 사회적 신분 등을 이유로 양형상 차별을 하지 아니할 것 ③ 위원회는 양형기준을 설정·변경할 때 다음 각 호의 사항을 고려하여야 한다. 1. 범죄의 유형 및 법정형 2. 범죄의 중대성을 가중하거나 감경할 수 있는 사정 3. 피고인의 나이, 성품과 행실, 지능과 환경 4. 피해자에 대한 관계 5. 범행의 동기, 수단 및 결과 6. 범행 후의 정황 7. 범죄 전력(前歷) 8. 그 밖에 합리적인 양형을 도출하는 데 필요한 사항 ④ 위원회는 양형기준을 공개하여야 한다.
제81조의7(양형기준의 효력 등)① 법관은 형의 종류를 선택하고 형량을 정할 때 양형기준을 존중하여야 한다. 다만, 양형기준은 법적 구속력을 갖지 아니한다. ② 법원이 양형기준을 벗어난 판결을 하는 경우에는 판결서에 양형의 이유를 적어야 한다. 다만, 약식절차 또는 즉결심판절차에 따라 심판하는 경우에는 그러하지 아니하다.

제4절 사법절차

Ⅰ. 재판의 심급제

1. 3심제

(1) 법규정

헌법 제101조 제2항은 법원은 최고법원인 대법원과 각급법원으로 구성된다고 하며 법원조직법은 각급법원으로 고등법원과 지방법원을 규정하여 3심제를 예정하고 있다.

(2) 요체

그러나 3심제가 절대적인 것이 아니다. 중요한 것은 대법원의 재판을 받을 기회가 열려 있어야 한다는 것과 헌재 판례에 따르면 사실심과 법률심 모두 헌법과 법률이 정한 법관에 의하여 재판되는 기회가 부여되어야 한다는 것이다(헌재 1995.9.28, 92헌가11등. 아래 판시 참조). 심급문제는 앞서 본 기본권 중 재판을 받을 권리와 연관되는 문제이기도 하다.

판례 헌재 1995.9.28. 92헌가11등

[판시] 재판이라 함은 구체적 사건에 관하여 사실의 확정과 그에 대한 법률의 해석적용을 그 본질적인 내용으로 하는 일련의 과정이다. 따라서 법관에 의한 재판을 받을 권리를 보장한다고 함은 결국 법관이 사실을 확정하고 법률을 해석·적용하는 재판을 받을 권리를 보장한다는 뜻이고, 그와 같은 법관에 의한 사실확정과 법률의 해석적용의 기회에 접근하기 어렵도록 제약이나 장벽을 쌓아서는 아니 된다고 할 것이며, 만일 그러한 보장이 제대로 이루어지지 아니한다면 헌법상 보장된 재판을 받을 권리의 본질적 내용을 침해하는 것으로서(당재판소 1992.6.26. 90헌바25 결정 참조) 우리 헌법상 허용되지 아니한다(헌법 제37조 제2항). 그런데 특허법 제186조 제1항은 특허청의 항고심판절차에 의한 항고심결 또는 보정각하결정에 대하여 불복이 있는 경우에도 법관에 의한 사실확정 및 법률적용의 기회를 주지 아니하고 단지 그 심결이나 결정이 법령에 위반된 것을 이유로 하는 경우에 한하여 곧바로 법률심인 대법원에 상고할 수 있도록 하고 있는바, 특허청의 심판절차에 의한 심결이나 보정각하결정은 특허청의 행정공무원에 의한 것으로서 이를 헌법과 법률이 정한 법관에 의한 재판이라고 볼 수 없다. 그렇다면 결국 특허법 제186조 제1항은 법관에 의한 사실확정 및 법률적용의 기회를 박탈한 것으로서 헌법상 국민에게 보장된 "법관에 의한"재판을 받을 권리의 본질적 내용을 침해하는 위헌규정이라 아니할 수 없다. 대법원은 특허청의 심결이나 결정의 채증법칙위배 등을 이유로 법령위반이라 하여 이를 파기할 수 있으나 이는 어디까지나 특허청의 사실확정을 전제로 하여 법률심으로서의 사후심사로서 관여하는 것이지 그 자신이 직접 계쟁사실에 관한 사실확정을 하는 것은 아니어서 이는 위에서 말한 법관에 의한 사실확정이라고 할 수 없다.

2. 대법원의 최고법원성과 상고권 제한 - * 대법원의 재판을 받을 권리와 연관

판례 소송촉진등에 관한 특례법 제11조 및 제12조의 위헌여부에 관한 헌법소원, 헌재 1995.1.20. 90헌바1,

헌재판례집 7-1, 1면 참조

[쟁점] 상고이유를 제한한 '소송촉진등에 관한 특례법'(구법 1990.1.13. 법률 제4203호로 개정되기 전의 것) 제11조와 상고허가제를 규정한 동법 제12조는 재판청구권의 침해로서 위헌인지 여부(합헌결정) [결정요지] 헌법 제101조 제2항이 대법원을 최고법원으로 규정하였다고 하여 곧바로 대법원이 모든 사건을 상고심으로서 관할하여야 한다는 결론이 당연히 도출되는 것은 아니다. 헌법 제102조 제3항에 따라 법률로 정할 "대법원과 각급법원의 조직"에는 그 관할에 관한 사항도 포함되며, 따라서 대법원이 어떤 사건을 제1심으로서 또는 상고심으로서 관할할 것인지는 법률로 정할 수 있는 입법사항에 속할 따름이라고 보아야 할 것이다. 헌법 제27조 제1항에서 말하는 "모든 국민은 헌법과 법률이 정한 법관에 의하여 법률에 의한 정당한 재판을 받을 권리"가 사건의 경중을 가리지 않고 모든 사건에 대하여 대법원을 구성하는 법관에 의한 균등한 재판을 받을 권리를 의미한다거나 또는 상고심재판을 받을 권리를 의미하는 것이라고 할 수는 없다(헌법재판소 1992.6.26. 90헌바25 결정 참조). 심급을 여러 번 되풀이함으로 말미암은 절차의 지연은 헌법 제27조 제3항에 의한 "신속한 재판을 받을 권리"라는 재판청구권의 또 다른 측면과는 어긋나는 것이 될 수 있고, 국가가 재판에 사용할 수 있는 인적 및 물적 자원은 제한되어 있어 모든 사건에 대하여 아무런 제한없이 상소를 허용할 경우에는 반드시 대법원에서 심리함이 마땅한 사건들에 대한 충분한 심리의 기회를 빼앗게 되는 결과를 가져올 수 있을 뿐만 아니라 필연적으로 권리확정의 지연과 절차비용 및 노력의 증대를 초래하게 되기 때문이다. 그러므로 심급제도는 司法에 의한 권리보호에 관하여 한정된 법발견자원의 합리적인 분배의 문제인 동시에 재판의 적정과 신속이라는 서로 상반되는 두 가지 요청을 어떻게 조화시키느냐의 문제로 돌아가므로 기본적으로 입법자의 형성의 자유에 속하는 사항이다. 그리고 상고허용 여부의 객관적 기준은 상고제도를 어떠한 목적으로 운용할 것인가에 따라 달라지게 된다. 상고제도의 목적을 법질서의 통일과 법발전 또는 법창조에 관한 공익의 추구에 둘 것인지 아니면 구체적 사건의 적정한 판단에 의한 당사자의 권리구제에 둘 것인지, 아니면 양자를 다같이 고려할 것인지는 역시 입법자의 형성의 자유에 속하는 사항이고, 그 중 어느 하나를 더 우위에 두었다 하여 헌법에 위반되는 것은 아니다. 위와 같은 관점에서 개정전 특례법 제11조 및 제12조 소정의 상고제한제도를 볼 때 이는 합리성을 인정할 수 있으므로 헌법에 어긋나는 것이라고 할 수 없다. 권리상고에 관한 개정전 특례법 제11조는 그 권리상고의 이유로서 제1항 제1호 및 제2호에서 헌법위반 및 헌법해석의 부당과 명령·규칙 또는 처분의 법률위반 여부를 규정하여 헌법 제107조 제2항의 취지에 부합하고 있으며, 제1항 제3호에서는 법률·명령·규칙 또는 처분의 해석에 대한 대법원판례와의 저촉을 규정함으로써 상고제도에 의한 법질서의 통일을 도모하고 제2항에서 그 경우에도 종전의 대법원 판례를 변경하여 원심판결을 유지함이 상당하다고 인정할 때에는 상고를 기각하도록 하여 법의 발전이나 구체적 사건에서의 권리구제와도 조화를 이루도록 하고 있는 것이다.

* 유의할 점 – 모든 사건에 대해 대법원의 상고가 허용되어야 한다고 볼 것은 아니라는 것은 그렇다고 하여 특정 영역의 사건들, 예를 들어 교육이면 교육영역, 환경이면 환경영역 등, 어느 특정 영역에서의 사건들이 전부 상고가 금지되는 것도 합헌이라는 것이 아니다.
어느 유형, 부류, 영역이 아니라 그 영역의 사건들 중에는 법적 문제가 아니고 사실판단의 문제라서 상고이유가 되지 못하여 상고가 차단된다는 것을 의미하는 것이다. 결국 상고이유에 의한 제한이지 사건영역이나 사건유형별 제한이 아니다. 사건영역이나 사건유형별 상고금지가 되면 예외법원의 금지라는 헌법적 요청에 위반되어 위헌이 된다.

* 3심제의 경우 지방법원 → 고등법원 → 대법원의 순서로 소송이 진행되는 것이 원칙이다. 그런데 형사소송의 경우에는 "제1심법원의 판결에 대하여 불복이 있으면 지방법원 단독판사가 선고한 것은 지방법원 본원합의부에 항소할 수 있으며 지방법원 합의부가 선고한 것은 고등법원에 항소할 수 있다"라고 규정하여 지방법원 단독판사가 선고한 판결에 대해서는 지방법원 본원합의부에 항소할 수 있도록 규정하고 있다(형사소송법 제357조).

3. 삼심제의 예외

(1) 2심제

현재 고등법원 재판을 제1심으로 하고 이를 거쳐 대법원에 상고할 수 있는 2심제로 되어 있는 경우로는, ① 지방선거 중에 기초지방자치단체장(자치구 · 시 · 군의 장)선거와 광역지방의회의원(시 · 도의회의원)선거의 지역구시 · 도의원선거, 기초지방의회의원(자치구 · 시 · 군의원)선거에서의 선거소송 · 당선소송(공직선거법 제222조, 제223조), ② 시 · 군 및 자치구의 주민투표의 효력에 관한 소송(주민투표법 제25조 2항), ③ 지역구시 · 도의원, 지역구자치구 · 시 · 군의원 또는 시장 · 군수 · 자치구의 구청장을 대상으로 한 주민소환투표의 효력에 관한 소송(주민소환에 관한 법률 제24조 2항)의 경우에 관할 고등법원에 소를 제기할 수 있다고 하여 고등법원을 제1심, 대법원 상고심으로 하여 2심제로 하고 있다. ④ 특허소송도 2심제로 변경되었는데 특허법원의 제1심을 거쳐 대법원에 상고할 수 있다. 과거 행정소송도 2심제였다가 이제 3심제로 되어 있다.

(2) 단심제

헌법 제110조 제4항은 "비상계엄하의 군사재판은 군인 · 군무원의 범죄나 군사에 관한 간첩죄의 경우와 초병 · 초소 · 유독음식물공급 · 포로에 관한 죄 중 법률이 정한 경우에 한하여" 단심으로 할 수 있도록 하고 다만, 사형을 선고한 경우에는 그러하지 아니하도록 하고 있다.

대법원에서의 단심제로, ① 대통령선거, 국회의원선거, 광역지방자치단체장(시 · 도지사)선거, 광역지방의회의원선거 중 비례대표시 · 도의원선거에 관한 선거소송 · 당선소송(공직선거법 제222조, 제223조), ② 국민투표의 무효소송(국민투표법 제92조), ③ 특별시 · 광역시 및 도의 주민투표의 효력에 관한 소송(주민투표법 제25조 2항), ④ 시 · 도지사를 대상으로 한 주민소환투표의 효력에 관한 소송(주민소환에 관한 법률 제24조 2항), ⑤ 지방자치단체장이 지방의회의 재의결에 대해 제기하는 기관소송(지방자치법 제107조 3항, 제172조 3항), 교육감이 제기하는 비슷한 기관소송('지방교육자치에 관한 법률' 제28조 3항), 주무부장관 등이 지방의회 재의결에 대해 직접제소하는 경우(지방자치법 제172조 4항 · 6항), 교육과학기술부장관이 시 · 도의회 재의결에 대해 직접제소하는 경우('지방교육자치에 관한 법률' 제28조 4항 · 6항), 자치사무에 관한 지방자치단체장의 명령 · 처분에 대한 주무부장관 등의 취소 · 정지에 대해 지방자치단체장이 이의가 있어 제기하는 소송, 주무부장관 등의 직무이행명령에 대해 지방자치단체장이 이의가 있어 제기하는 소송(동법 제169조 2항, 제170조 3항), ⑥ '공유수면 관리 및 매립에 관한 법률'에 따른 매립지귀속지방자치단체결정소송(매립지가 속할 지방자치단체를 안전행정부장관이 결정한 데 대해 관계 지방자치단체 장이 이의가 있는 경우에 제기하는 소송. 실제의 판례: 대법원 2013.11.14, 2010추73, 새만금방조 제일부구간귀속지방자치단체결정취소), ⑦ 법관의 징계처분에 대한 취소청구사건(법관징계법 제27조. 이 법관징계법 제27조에 대해서는 합헌결정이 있었다(헌재 2012.2.23. 2009헌바34. * 이 결정에 대해서는 앞의 법관징계 부분 참조).

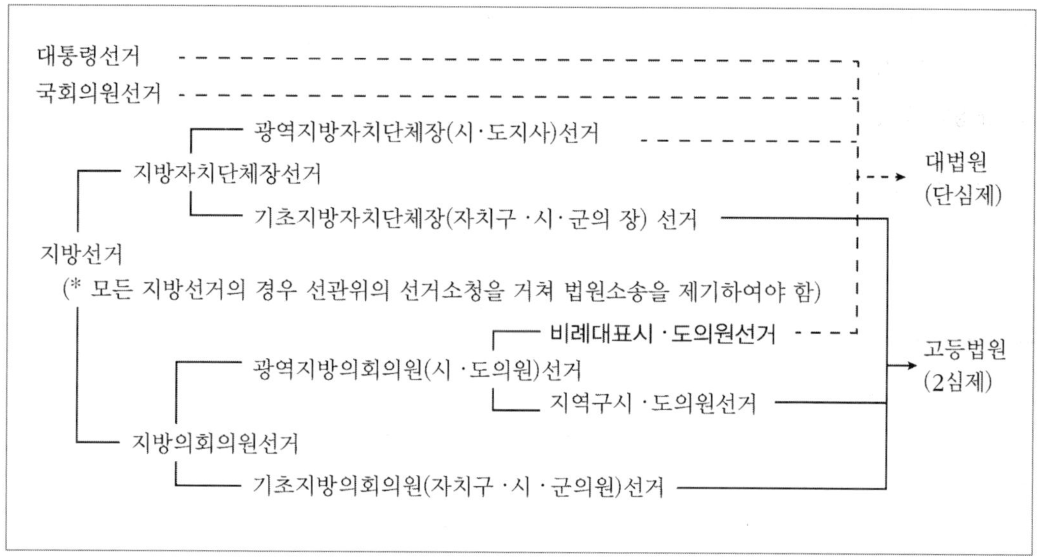

▌선거소송의 관할

Ⅱ. 심판의 합의제

1. 합의제의 원칙

합의심판의 경우 그 합의는 공개하지 아니하는 것이 원칙이다(동법 제65조).

2. 합의의 방법

합의심판에서 그 합의의 방법은 다음과 같다.

법 제66조(합의의 방법) ① 합의심판은 헌법 및 법률에 다른 규정이 없으면 과반수로 결정한다. ② 합의에 관한 의견이 3개 이상의 설(說)로 나뉘어 각각 과반수에 이르지 못할 때에는 다음 각 호의 의견에 따른다. 1. 액수의 경우: 과반수에 이르기까지 최다액(最多額)의 의견의 수에 차례로 소액의 의견의 수를 더하여 그 중 최소액의 의견 2. 형사(刑事)의 경우: 과반수에 이르기까지 피고인에게 가장 불리한 의견의 수에 차례로 유리한 의견의 수를 더하여 그 중 가장 유리한 의견 ③ 제7조 제1항에 따른 과반수 결정사항에 관하여 의견이 2개의 설로 나뉘어 각 설이 과반수에 이르지 못할 때에는 원심재판을 변경할 수 없다. [전문개정 2014.12.30.]

Ⅲ. 재판의 공개주의

1. 공개의 원칙

재판의 공개는 공정한 재판과 재판에 대한 국민의 신뢰를 강하게 하기 위하여 필요하다.

헌법은 "재판의 심리와 판결은 공개한다"라고 하여(제109조 본문) 재판공개원칙을 명시하고 있다. 또한 "형사피고인은 상당한 이유가 없는 한 지체없이 공개재판을 받을 권리를 가진다"라고 규정하고 있다(제27조 3항 후문).

2. 공개의 범위

형사재판뿐 아니라 민사·행정·특허·선거소송 등의 재판이 공개대상이다. 처벌이라는 기본권제한을 가져오는 재판인 형사재판의 경우 공개의 요구가 더욱 강하나 재판의 공개주의에 대하여 우리 헌법은 형사재판에만 국한하여 규정하지 않고 모든 재판에 대해 일반적으로 적용되는 것으로 규정하고 있다.

재판의 심리와 판결이 공개되어야 한다. 심리란 법정에서 사실관계의 진실을 밝히고, 법률관계를 명백히 하기 위하여 법관의 지휘에 따라 당사자가 심문을 받고 변론을 행하며, 사실관계의 진실을 입증하기 위한 증거의 제출, 증언의 청취 등을 행하는 것을 말한다. 판결이란 재판의 결과를 말한다. 따라서 소송절차상의 재판장의 명령이나 법원의 결정은 판결에 포함되지 않아 비공개로 할 수 있다. 판결은 어떠한 경우에도 공개되어야 하나 심리는 예외적으로 공개되지 않을 수 있다. 법원의 판결문은 '공공기관의 정보공개에 관한 법률'의 규정에 따라 법원도 공개대상기관이고 판결은 비공개대상인 진행 중인 재판에 관련된 정보가 아니므로 공개청구의 대상이 되는데(동법 제2조 3호, 제9조 1항 4호) 개인정보의 보호를 위한 조치를 취할 수 있다(당사자의 비식별화조치 등).

3. 공개원칙의 위반의 효과

공개되어야 할 재판이 비공개되어 헌법원칙인 공개원칙에 반한 것은 헌법위반이며 민사소송법은 절대적 상고이유로 규정하고 있고(민사소송법 제424조 5호), 형사소송의 경우에는 항소이유로 규정하고(형사소송법 제361조의5 9호) 있다.

4. 공개대상재판에서의 심리의 예외적 비공개 - 국가안전보장 등을 위한 심리의 비공개

일반적으로 공개대상인 재판인 민사소송, 형사소송, 행정소송, 특허소송 등에서도 국가안전보장 등을 위한 사유가 있을 경우에는 예외적으로 심리가 비공개될 수 있다.

(1) 헌법규정

심리에 있어서(판결은 공개되어야 한다) 예외적인 비공개에 대해 우리 헌법은 규정을 두고 있다. 즉 심리는 국가의 안전보장 또는 안녕질서를 방해하거나 선량한 풍속을 해할 염려가 있을 때에는 법원의 결정으로 공개하지 아니할 수 있다(제109조 단서).

(2) 요건

재판이 공개됨으로써 국가의 안전을 위태롭게 하거나 공공의 질서를 파괴할 경우, 음란한 사건이 공개됨으로써 사회풍속을 해칠 사안의 경우에는 재판의 심리과정이 공개되지 않을 수 있다. 이 비공개여부의 판단권의 주체는 법원이고 행정부 등의 개입에 의한 비공개는 위헌이다. 헌법도 '법원의 결정'으로 비공개한다고 명시하고 있다. 이러한 요건에 대한 법원의 판단은 객관적 사실을 근거로 하여야 한다는 점에서 기속재량이라고 본다. 따라서 법원은 비공개의 사유(이유)를 밝혀야 한다. 법원조직법도 국가의 안전보장, 안녕질서 또는 선량한 풍속을 해할 우려가 있는 때에의 비공개결정 이유를 밝혀 선고하도록 규정하고 있다(법조법 제57조 2항).

(3) 예외적 재정(在廷)

비공개의 결정을 한 경우에도 재판장은 적당하다고 인정되는 사람에 대해서는 법정 안에 있는 것을 허가할 수 있다(법조법 제57조 3항).

(4) 한계

심리가 국가안전보장, 선량한 풍속보호 등을 위하여 비공개되더라도 그 비공개는 심리에만 한정되고 판결은 반드시 공개되어야 한다.

(5) 위법한 비공개의 효과

앞서 언급한 대로 비공개사유가 없음에도 비공개하여 공개원칙에 반한 것은 헌법위반이며 민사소송법은 절대적 상고이유로, 형사소송의 경우에는 항소이유로 규정하고 있다.

5. 비공개대상

(1) 소년사건, 비송사건 등

소년법은 보호사건의 심리는 공개하지 아니하고, 다만, 소년부 판사는 적당하다고 인정하는 자에게 참석을 허가할 수 있도록 규정하고 있다(소년법 제24조 2항).

비송사건에 대해서는 공개대상인가 아닌가에 대해 긍정설과 부정설이 대립될 수 있겠으나 우리나라에서는 민사, 형사의 일반 소송절차가 아닌 비송사건절차는 공개대상이 아니라는 긍정설이 강하다. 현행 비송사건절차법은 심문은 공개하지 아니한다고 비공개를 규정하면서 법원은 상당하다고 인정하는 자에게 방청을 허가할 수 있도록 하고 있다(비송사건절차법 제13조).

(2) 명령·결정, 소송준비절차 등

판결이란 재판의 결과를 말하므로 소송절차 도중의 재판장의 명령이나 법원의 결정은 공개대상에 포함되지 않는다. 공판준비절차도 비공개로 할 수 있다.

(3) 심판의 합의

심판의 합의는 공개하지 아니한다(법조법 제65조). 이는 재판부의 합의내용이 알려지면 재판에 대한 신뢰가 훼손될 수 있기 때문이다.

6. 재판방청과 보도

재판의 공개는 방청의 자유를 의미한다. 그러나 방청석의 부족 등으로 방청이 제한될 수도 있다. 그러나 최대한 방청이 가능하도록 하여야 한다.

대법원판례 대법원 1990.6.8. 90도646
[판시] 법원이 법정의 규모·질서의 유지·심리의 원활한 진행 등을 고려하여 방청을 희망하는 피고인들의 가족·친지 기타 일반 국민에게 미리 방청권을 발행하게 하고 그 소지자에 한하여 방청을 허용하는 등의 방법으로 방청인의 수를 제한하는 조치를 취하는 것이 공개재판주의의 취지에 반하는 것은 아니다.

재판장은 법정의 존엄과 질서를 해칠 우려가 있는 사람의 입정(入廷) 금지 또는 퇴정(退廷)을 명할 수 있다(법조법 제58조 2항). 재판과정의 보도는 당사자의 인격존중 등을 이유로 제한될 수 있다. 누구든지 법정 안에서는 재판장의 허가없이 녹화·촬영·중계방송 등의 행위를 하지 못한다(동법 제59조). 이러한 방청과 보도의 제한은 아래에서 보는 법정질서유지와도 관련된다. 가정법원 사건에 관하여는 본인이 누구인지 미루어 짐작할 수 있는 정도의 사실이나 사진을 신문, 잡지, 그 밖의 출판물에 게재하거나 방송할 수 없다(가사소송법 제10조). 조사 또는 심리 중에 있는 소년보호사건에도 비슷한 제한을 두고 있다(소년법 제68조).

Ⅳ. 법정질서의 유지

재판은 안정적인 환경에서 진행됨으로써 더욱 신중하고 공정한 재판을 보장할 수 있다.

1. 법정질서에 관한 재판장의 권한

법정의 질서유지는 재판장이 이를 행한다(법조법 제58조 1항). 재판장은 법정의 존엄과 질서를 해할 우려가 있는 자의 입정금지 또는 퇴정을 명하거나 기타 법정의 질서유지에 필요한 명령을 발할 수 있다(동법 동조 2항).

재판장은 법정에 있어서의 질서유지를 위하여 필요하다고 인정할 때에는 개정전후를 불문하고 관할경찰서장에게 경찰관의 파견을 요구할 수 있고, 이 요구에 의하여 파견된 경찰관은 법정내외의 질서유지에 관하여 재판장의 지휘를 받는다(동법 제60조).

법원은 직권으로 법정내외에서 입정금지, 퇴정명령 또는 금지되는 녹화·촬영·중계방송 등의 행위를 하거나 폭언·소란등의 행위로 법원의 심리를 방해하거나 재판의 위신을 현저하게 훼손한 자에 대하여 결정으로 20일 이내의 감치 또는 100만원 이하의 과태료에 처하거나 이를 병과할 수 있다(동법 제61조 1항). 감치에 처하는 재판에 대하여는 항고 또는 특별항고를 할 수 있고 감치에 처하는 재판에 관한 절차 기타 필요한 사항은 대법원규칙으로 정한다(동법 제61조 5항·6항).

감치는 형벌이 아니라 일종의 질서벌이고 따라서 행형법상의 자유형의 경우에서의 규율이 적용될 수는 없다고 보아 노역을 부과하거나 삭발 등의 제한을 가할 수 없다고 본다.

법원은 감치를 위하여 법원직원·교도관 또는 경찰관으로 하여금 즉시 행위자를 구속하게 할 수 있으며, 구속한 때로부터 24시간 이내에 감치에 처하는 재판을 하여야 하고 이를 하지 아니하면 즉시 석방을 명하여야 하고, 감치는 경찰서유치장·교도소 또는 구치소에 유치함으로써 집행한다(동법 제61조 2항·3항). 감치는 피감치인에 대한 다른 사건으로 인한 구속 및 형에 우선하여 집행하며, 감치의 집행중에는 피감치인에 대한 다른 사건으로 인한 구속 및 형의 집행이 정지되고, 피감치인이 당사자로 되어 있는 본래의 심판사건의 소송절차는 정지되나, 다만, 법원은 상당한 이유가 있는 때에는 소송절차의 속행을 명할 수 있다(동법 제61조 4항).

2. 법정모독

영국의 경우 법정모독의 개념을 넓게 잡으면 법원의 각종 명령을 위반한 경우도 포함한다고 한다. 형법 제138조는 법원의 재판을 방해 또는 위협할 목적으로 법정이나 그 부근에서 모욕 또는 소동한 자는 3년 이하의 징역 또는 700만원 이하의 벌금에 처하도록 규정하고 있다.

3. 보도의 제한 등

형사소송에서 유죄인지 진범인지 여부가 가려지지 않은 가운데 텔레비전 중계 등이 일반시민으로 하여금 유죄인 것으로 느끼도록 유도할 수 있다. 이는 헌법상의 무죄추정의 원칙(제27조 4항)에도 반한다. 국민의 알 권리와 범죄예방을 위한 측면에서 공개 주장이 있다.

누구든지 법정안에서는 재판장의 허가없이 녹화·촬영·중계방송등의 행위를 하지 못한다(동법 제59조).

'시민적·정치적 권리에 관한 국제규약' 제14조는 보도기관 및 공중(公衆)에 대하여서는 민주사회에서의 도덕, 공공질서 또는 국가안보를 이유로 하거나 또는 당사자들의 사생활의 이익을 위하여 필요한 경우, 또는 공개가 사법상(司法上) 이해관계를 침해할 특별한 사정이 있는 경우 또는 법원의 의견으로 엄격히 필요하다고 판단되는 한도에서 재판의 전부 또는 일부를 공개하지 않을 수 있다. 다만, 형사소송 기타 소송에서 선고되는 판결은 미성년자의 이익을 위하여 필요한 경우 또는 당해 절차가 혼인관계의 분쟁이나 아동의 후견문제에 관한 경우를 제외하고는 공개된다.

제5절 법원의 사법권의 범위와 한계

Ⅰ. 사법권(司法權)의 개념

우리 헌법은 제101조 제1항에서 "사법권은 법관으로 구성된 법원에 속한다"라고 규정하고 있을 뿐이지 사법권의 개념에 대해 구체적으로 정의를 내리지 않고 있다. 여기서 말하는 '사법권'이 무엇인지가 사법권의 범위가 어느 정도에 걸쳐있고 그 한계는 어떠한가 하는 문제와 관련되는 것은 물론이므로 헌법 제101조 제1항의 '사법권'의 개념이 논의된다.

1. 학설

(1) 실질설

실질설은 사법의 본질은 법을 해석하고 판단하여 적용하는 데에 있다고 보고 구체적인 분쟁사건(쟁송사건)이 발생하여 법을 해석하고 적용하여 그 분쟁을 해결하는 기능에 있다고 보아 헌법 제101조의 사법권은 분쟁해결을 위한 재판권만을 의미한다고 보게 된다. 좁은 실질설은 분쟁해결작용만을 사법이라고 보고 더 넓게 보는 실질설은 분쟁해결작용뿐 아니라 구체적 분쟁이 전제되지 않더라도 이루어지는 법원의 법해석·적용의 작용도 포함하여 본다.

(2) 형식설

형식설은 법원이라는 국가기관이 담당하는 모든 작용을 사법이라고 본다. 입법기관과 행정기관의 권한을 제외한 사법기관으로서의 법원이 담당하는 작용이라면 모두 사법이라고 보는 것이다. 그리하여 형식설에 따르게 되면 우리 헌법 제101조의 사법권은 법원이 담당하는 재판권뿐 아니라 행정, 입법의 작용들에 관한 권한도 모두 포함하고 대법원이 타 국가기관의 구성에 관여하는 권한(대법원장의 헌법재판소 재판관 3인의 지명권, 중앙선거관리위원회 위원 3인의 지명권)도 사법작용에 포함된다고 보게 된다.

(3) 병립설

병립설은 실질설, 형식설 어느 한 설만 고집하여 취할 실익이 없다고 보고 법원의 사법권을 파악함에 있어서 양 학설의 준거를 병합하여 적용할 수 있다고 본다. 형식적 기준에서 법원의 권한이라는 점을, 실질적 기준에서는 분쟁해결이라는 재판권을 의미하므로 결국 법원이 행하는 재판권을 사법권이라고 본다면 양 학설을 병치할 수 있다고 본다.

(4) 실질설과 형식설의 문제점

실질설은 실질적으로 법해석·적용작용, 분쟁해결작용인데도 법원이 아닌 행정부에서 담당하도록 하는 제도를 헌법이 인정하고 있는 예가 있다는 점에 대해 설명을 하지 못한다. 대표적으로 행정부가 행하는 행정심판이 그 예이다. 행정심판은 실질적으로 분쟁의 해결작용인데 우리 헌법 제107조 제3항은 행정심판의 근거를 부여하고 있다. 형식설은 모든 법원의 권한을 사법권에 포함시키고 있는데 우리 헌법은 제101조에서 "사법권은 … 법원에 속한다"라고 하여 법원의 권한들 중에 사법권을 따로 언급하고 법원의 다른 권한(예를 들어 대법원규칙제정권)을 별도로 두고 있는 이유를 설명하지 못한다. 즉 '사법권=법원의 모든 권한'이라면 법원의 다른 권한을 다른 규정에서 두는 것은 모순일 것이기 때문이다.

2. 검토와 사견 : 헌법기준설

실질설은 위에서 예로 든 실질적 사법인 행정심판과 같은 경우는 우리 헌법상 근거가 있기에 문제가 없다고 항변할 것이다. 형식설도 사법권의 범위를 법원의 권한과 동일시하나 결국 헌법상 법원에 속하는 권한을 모두 포함하긴 하므로 문제가 없다고 할 것이다. 즉 형식설도 중첩되긴 하나 이는 우리 헌법이 그렇게 규정한 결과라고 볼 것이다. 그렇다면 형식설이나 실질설 양설은 모두 헌법을 내세워 자신을 방어하게 되는 것이다. 그러하다면 보다 근본적으로 '법원의 사법권의 개념'을 정의하기 위해서도 헌법이 어떻게 규정하고 있는가 하는 것이 관건이 되어야 한다. 이는 결국 우리 현행 헌법을 기준으로 사법권의 개념을 파악하여야 함을 의미한다(헌법상 사법권설, 헌법기준설). 이처럼 헌법을 기준으로 법원의 사법권을 파악한다면 두 가지 점의 교집합으로 이해되어야 한다. 그 하나는 우리 헌법 제101조 제1항은 '사법권'이라는 용어를 직접 사용하여 사법권이 법원에 속한다고 규정한 점이다. 이는 우리 현행 헌법이 사법권을 법원의 전체 권한 중의 하나라고 보는 입장이라고 하겠다. 그렇다면 사법권은 법해석·적용의 권한, 법적 분쟁에 관한 해결의 권한을 의미하는 것이 우리 헌법의 입장이라고 하겠다. 이는 사법권 외의 법원의 권한으로 예를 들어 대법원규칙제정권(제108조)이라는 입법권을 별도로 규정하고 있는 것을 보아도 그러하다. 결국 우리 헌법은 사법의 개념으로서 법원의 본질적 업무인 전통적인 법해석·적용권, 분쟁해결작용권을 예정하고 있다고 볼 것이다. 또 다른 하나는 헌법 제101조 제1항이 '사법권'은 법원에 속한다고 한 것은 '법원'의 권한으로서의 사법권을 규정하고 있는 점이다. 따라서 그 두 가지을 묶어 보면 우리 헌법상의 '법원의 사법권'이란 헌법이 법원에서 담당하도록 규정한 법해석·적용의 권한, 법적 분쟁해결권한을 말한다고 볼 것이다. 헌법기준설이 법해석·적용작용, 분쟁해결작용을 개념지표로 삼음으로써 실질설과 차이가 없지 않는가 하는 의문이 생길 수 있다. 그러나 헌법기준설은 실질설과 달리 행정심판과 같은 실질적 사법작용을 행정부에서 담당하는 이유를 헌법이 그렇게 규정하였다는 데에 있다는 것을 그 자체의 논리로 설명할 수 있다는 점이다(헌법에 따라 판단한다는 것이 헌법기준설이므로, 위의 실질설을 소개하면서 언급한 좁은 의미의 실질설에 따르면 헌법기준설은 분쟁을 전제로 하지 않은 법해석·적용도 포함한다는 점에서 차이가 있을 것이기도 하다). 결국 중요한 것은 우리 헌법이 얼마나 법원에 재판권을 넓게 인정하고 있는가 하는 헌법상의 사법권의 광협(廣狹)이고 다음 단계로 헌법이 부여한 법원의 권한들을 분석함에 있어서 실질적으로 어떠한 성질의 권한인지를 파악하여 그 성질에 따라 그 권한이 충실히 행사될 수 있도록 해석하는 것이다.

3. 정리 – 법원의 '권한'과 법원의 '사법권'

결국 법원의 '사법권'은 법원의 권한들 중에 법해석 · 적용, 분쟁해결에 관한 권한 내지 관련되는 권한을 의미하고 법원의 '권한'은 법원의 사법권을 포함함은 물론 이를 중심으로 하면서도 그 외에 법원이 가지는 권한들(법정질서유지권, 대법원규칙제정권, 법원인사권, 법원행정권 등)도 모두 합친 권한이다.

법원조직법은 법원은 헌법에 특별한 규정이 있는 경우를 제외한 모든 법률상의 쟁송(爭訟)을 심판하고, 이 법과 다른 법률에 따라 법원에 속하는 권한을 가지고(법조법 제2조 1항), 그 외 법원의 권한으로 법원은 등기, 가족관계등록, 공탁, 집행관, 법무사에 관한 사무를 관장하거나 감독한다고(동법 제2조 3항) 규정하고 있다.

4. 법해석 · 적용, 분쟁해결의 기능으로서의 사법의 특징

법을 적용하여 분쟁을 해결하는 사법작용은 행정도 법을 적용(집행)하는 작용이란 점에서 행정작용과 공통점이 있으나 ⅰ) 행정은 구체적 분쟁을 전제로 하지 않고 적극적인 국가목적을 실현하기 위한 법적용작용인 데 반하여 사법은 구체적 분쟁이 발생하여 그 분쟁을 해결하기 위한 것이라는 소극적 목적을 위하여 수행되는 작용이라고 할 것이다(분쟁이 발생하지 않은 상황에서도 법원의 유권적 법해석선언과 적용이 있을 수 있다는 점은 앞서 언급한 바 있는데 법해석 · 적용작용의 경우에도 적극적이지는 않다). ⅱ) 사법은 이를 통해 국민의 기본권이 보장된다는 점에서 보다 강한 독립성을 지닌 국가기관이 담당할 것이 요청된다. ⅲ) 행정은 적극성과 능률성 등을 고려하게 하기 위한 재량적 권한을 많이 부여하는 반면에, 사법은 보다 법적 소양과 엄격한 자격을 갖춘 법관에 의한 엄정한 법적용이 이루어져야 한다는 점에서 차이가 있다. ⅳ) 판결이 다른 국가기관, 즉 입법기관, 행정기관 등을 기속한다.

Ⅱ. 법원의 사법권의 범위

1. 포괄적 권한

헌법 제101조 제1항은 단순히 '사법권'이라고 규정하여 포괄적 재판권을 법원에 부여하고 있다. 법원조직법도 "법원은 헌법에 특별한 규정이 있는 경우를 제외한 모든 법률상의 쟁송(爭訟)을 심판하고"라고 명시하여 포괄적 재판권을 명백히 하고 있다(법조법 제2조 1항 전문). 헌법재판소의 권한은 위헌법률심판 등 5가지로 헌법이 한정열거하고 있는 데 비해 법원에게는 포괄적 재판권이 부여되고 있다.

판례 헌재 2000.6.29. 99헌가9, 변호사법 제81조 제4항 등 위헌제청, 헌재판례집 12-1, 753면
[쟁점] 변호사징계결정은 대한변호사협회변호사징계위원회의 징계결정이나 그에 불복하여 열리는 법무부변호사징계위원회의 징계결정이나 모두 기본적으로 공권력적 행정처분이라 할 것임에도 불구하고, 변호사법(2000.1.28. 법률 제6207호로 개정되기 전의 것) 제81조 제4항 내지 제6항은 그 징계결정에 대하여 행정법원에의 제소를 허용하지 않고, 법무부변호사징계위원회의 결정에 대하여 그에 영향을 미친 헌법·법률·명령 또는 규칙의 위반이 있음을 이유로 하는 때에 한하여 대법원에 즉시항고할 수 있도록 규정하고 있는바 이는 헌법 제101조에 반하는 것인지 여부(위헌결정) [결정요지] 대한변호사협회변호사징계위원회나 법무부변호사징계위원회의 징계에 관한 결정은 비록 그 징계위원 중 일부로 법관이 참여한다고 하더라도(변호사법 제74조 제1항, 제75조 제2항 참조) 이를 헌법과 법률이 정한 법관에 의한 재판이라고 볼 수 없다. 재판의 전심절차로서만 기능해야 할 법무부변호사징계위원회를 사실확정에 관한 한 사실상 최종심으로 기능하게 하고 있는 것은, 일체의 법률적 쟁송에 대한 재판기능을 대법원을 최고법원으로 하는 법원에 속하도록 규정하고 있는 헌법 제101조 제1항에 위반된다. * 동지의 위헌결정례 : 2000.1.28.에 법률 제6207호로 개정된 변호사법 제100조 제4항 내지 제6항(개정 전 변호사법 제81조 제4항 내지 제6항과 동일한 규정임)에 대한 위헌결정, 헌재 2002.2.28. 2001헌가18, 헌재판례집 14-1, 98면 이하 참조).

2. 사법권(= 재판권)의 범위

(1) 민사재판(민사소송, 가사소송 등)

민사소송은 사인 간의 생활관계에 관한 분쟁 또는 이해의 충돌을 국가가 그 재판권을 가지고 법률적으로 또한 강제적으로 해결·조정하기 위한 절차이다. 민사분쟁사건 중 사람의 신분관계에 사건을 다루는 가사소송이 있다. 가사소송법은 가사에 관한 소송과 비송 및 조정에 대한 절차의 특례를 규정하고 있다.

(2) 형사재판(형사소송, 약식절차 등)

형사재판은 범죄에 대한 처벌을 위한 재판절차이다. 검사의 공소제기로 법원에서 행하는 정식소송인 형사소송 재판이 있고 약식절차, 즉결심판절차, 소년법에 의한 형사절차 등과 같은 특수한 또는 부수적인 작용들도 있다.

(3) 행정소송

1) 개념

행정소송이란 행정작용이 헌법, 법률, 명령 등 법령에 위배되었는지 여부에 대해 판단하여 위헌·위법인 행정작용을 취소하거나 무력화하는 법원의 소송을 말한다.

2) 유형의 비교법적 고찰 : 행정형(대륙형)과 사법형(영미형)

외국의 경우를 비교법적으로 행정소송의 유형을 보면 행정소송을 어디에서 담당하느냐에 따라 행정형과 사법형으로 구분된다.

(가) 행정형(대륙형)

일반법원이 아닌 일반 사법부의 조직체계에 속하지 않는 특별한 행정재판소를 설치하여 그 행정재판소가 행정사건을 재판하도록 하는 유형을 대륙형 또는 행정국가형(행정형)이라고 한다. 이 행정재판소는 원래 행정부에 속하는 행정기관이었다. 그 뒤 독일과 같은 국가에서는 사법기관으로 탈바꿈하였으나 프랑스와 같은 국가에서는 행정부에 소속된 재판기관이다. 행정사건도 일반법원에서 담당하는 유형을 아래에서 보는 영미형 또는 사법국가형(사법형)이라고 하는데 대륙형과 사법형 간의 이러한 차이는 권력분립의 관점의 차이에서 비롯되었다. 대륙형은 형식적 기준에서 권력분립주의를 내세워 행정권이란 행정기관의 모든 권한을 말하고 각 권한의 성질 등을 불문하므로 행정기관에 의해 발생된 분쟁도 그 해결기능이 실질적으로는 사법이나 그 관장기관이 행정기관이란 점에서 행정재판도 행정부에서 담당하여야 한다고 보고 별도의 재판소를 두게 된 것이다. 프랑스의 경우 법복귀족, 판사들의 정부(지배, gouvernement des juges)라는 좋지 않은 역사의 소산으로 행정법원이 별도로 자리잡게 되기도 하였다. 대륙형의 장점은 전문성을 가진 법관들이 행정재판에 특화될 수 있다는 점이다. 그러나 일반시민으로서는 행정소송인지 민사소송인지 구별이 안 되어 일반법원과 행정법원 간에 어디에 소를 제기할 것인지 하는 관할구분의 어려움이 있다. 프랑스에서는 관할법원이 존재한다.

(나) 사법형(영미형)

반면 영미형은 권력분립을 실질적 기준으로 보고 사법이란 분쟁의 해결기능이고 그 분쟁이 어느 기관에서 발생한 것이든 물론 일반 국민 간에 발생한 것이든 분쟁해결은 모두 사법권에 의해 이루어져야 한다고 보므로 일반 사법부의 법원이 행정소송도 담당하여야 한다고 보는 것이다. 공법과 사법 간에 판례의 일관성을 기할 수 있고 일반 법원의 사법관과 같은 강한 독립성을 지닌 법관에 의해 행정재판이 이루어져 공정성, 기본권보장에 더 충실하다는 지적이 있다. 그러나 아래의 행정형에서도 행정법원의 법관들이 강한 독립성을 가진다고 하면 사법형만의 장점이라고 할 수 있을지는 의문이다.

(다) 우리나라의 경우

우리나라는 사법형을 취하고 있다. 서울에 행정법원을 따로 설치하고 앞으로 지방에도 행정법원이 설치될 것이나 이러한 우리의 행정법원은 사법부의 조직 내에 속하는 것은 물론이고 그 구성원인 법관들이 일반법관과 같은 자격을 가지고 같은 방식에 따라 충원되고 인사교류가 일반법원 간에 이루어지고 있다는 점에서 대륙국가들에서 보는 행정법원과는 다르며 명칭만 그러하고 실제로는 사법법원이다.

3) 우리나라의 행정소송제도

(가) 개념 - 행정처분심사제라는 용어 문제와 더불어

우리나라에서 행정처분심사제라고 부르면서 이를 행정소송으로 서술하고 있는 헌법교과서들이 있다. 이는 헌법 제107조 제2항이 "명령·규칙 또는 처분이 헌법이나 법률에 위반되는 여부가 재판의 전제가 된 경우에는 대법원은 이를 최종적으로 심사할 권한을 가진다"라고 규정한 데 따라 그렇게 부르기도 하였다. 그러나 아래에서 우리 헌법상의 행정재판권의 근거를 살펴보면서 지적하겠지만 행정처분에 대한 행정소송의 근거는 근원적으로 사법권이 법원에 속한다고 규정한 헌법 제101조에서 찾을 것이고 헌법 제107조 제2항은 처분의 위헌·위법 여부가 선결문제인 경우를 언급한 것이다. 즉 헌법 제107조 제2항은 처분 자체에 대한 행정소송을 언급한 것은 아니어서 문제이다. 물론 행정소송 자체에서 그 소송의 대상인 처분이 위헌·위법인지 여부에 따라 그 행정소송의 결과가 달라질 수 있으므로 처분 자체가 소송의 대상인 그러한 행정소송의 경우는 헌법 제107조 제2항이 적용된다. 그리고 행정소송의 대상성으로 처분성이 원칙적으로 중요하고 행정처분에 대한 행정소송이 많이 행해지고 있는 것은 사실이다. 그러나 헌법 제107조 제2항이 적용되는 경우는 행정소송이 아닌 민사소송, 형사소송 등의 경우에서 어떤 처분의 위헌·위법 여부가 선결문제인 경우도 포함된다. 즉 예를 들어 민사소송인 국가배상소송에서 손해를 야기한 원인이 된 행정처분의 위헌·위법 여부에 대한 판단을 민사재판부가 행할 수 있음을 의미한다. 이 점에서 행정법학계에서 선결문제를 두고 논란이 있는 것은 헌법 제107조 제2항 규정을 간과하고 있는 결과라고 본다. 그리고 오늘날 행정처분이 대상이 아닌 행정소송도 있으므로 '행정처분심사=행정소송'이라고 서술한다면 이는 정확하지 않다고 지적되어야 한다. 여하튼 행정소송법은 행정소송절차를 통하여 행정청의 위법한 처분 그 밖에 공권력의 행사·불행사 등으로 인한 국민의 권리 또는 이익의 침해를 구제하고, 공법상의 권리관계 또는 법적용에 관한 다툼을 적정하게 해결함을 목적으로 한다고 규정하고 있다. 결국 행정소송이란 행정처분, 명령, 규칙 등 공권력의 행사와 불행사 등에 대한 심사를 담당하는 소송이다.

(나) 우리 헌법상의 행정재판권의 근거

헌법 제101조 제1항의 "사법권은 법관으로 구성된 법원에 속한다"라고 규정한 사법권은 위에서 언급한 대로 포괄적 재판권이므로 헌법 제101조 제1항의 사법권에는 행정관련 분쟁사건들을 해결하기 위한 행정재판권도 포함된다. 따라서 우리 헌법상 법원의 행정재판권의 근거는 헌법 제101조라고 보는 것이 타당하다. 헌법 제107조 제2항의 "처분이 헌법이나 법률에 위반되는 여부가 재판의 전제가 된 경우에는 대법원은 이를 최종적으로 심사할 권한을 가진다"라는 규정을 행정재판권의 근거로 보는 학설이 많으나 앞서 본 대로 이는 행정소송뿐 아니라 민사, 형사의 소송에서 행정처분의 위헌·위법이 재판의 해결에 관건이 되는 이른바 선결문제가 된 경우에 법원이 심사할 수 있음을 명백히 밝힌 규정이고 여러 행정작용을 그 대상으로 하는 행정소송의 헌법적 근거는 보다 근본적으로는 헌법 제101조 제1항을 드는 것이 타당하다.

(다) 우리나라 행정소송의 종류

우리나라에서 현재 행정소송법의 규정에 따라 다음의 네 가지 종류의 행정소송이 있다(행정소송법 제3조). 1. 항고소송(행정청의 처분등이나 부작위에 대하여 제기하는 소송), 2. 당사자소송(행정청의 처분등을 원인으로 하는 법률관계에 관한 소송, 그 밖에 공법상의 법률관계에 관한 소송으로서 그 법률관계의 한쪽 당사자를 피고로 하는 소송), 3. 민중소송(국가 또는 공공단체의 기관이 법률에 위반되는 행위를 한 때에 직접 자기의 법률상 이익과 관계없이 그 시정을 구하기 위하여 제기하는 소송), 4. 기관소송(국가 또는 공공단체의 기관상호간에 있어서의 권한의 존부 또는 그 행사에 관한 다툼이 있을 때에 이에 대하여 제기하는 소송. 다만, 헌법재판소법 제2조의 규정에 의하여 헌법재판소의 관장사항으로 되는 소송은 제외). 민중소송으로는 국민투표소송을, 기관소송으로는 지방자치단체의 장이 지방의회를 상대로 하는 소송을 들 수 있다.

항고소송으로는 1. 취소소송(행정청의 위법한 처분등을 취소 또는 변경하는 소송), 2. 무효등 확인소송(행정청의 처분등의 효력 유무 또는 존재여부를 확인하는 소송), 3. 부작위위법확인소송(행정청의 부작위가 위법하다는 것을 확인하는 소송)이 있다(동법 제4조). "부작위"라 함은 행정청이 당사자의 신청에 대하여 상당한 기간 내에 일정한 처분을 하여야 할 법률상 의무가 있음에도 불구하고 이를 하지 아니하는 것을 말한다(동법 제2조 1항 2호).

(라) 우리나라 행정소송의 개관과 특색

i) 당사자적격 : 원고적격 – 취소소송은 처분등의 취소를 구할 법률상 이익이 있는 자가 제기할 수 있다(동법 제12조). 피고적격 – 취소소송은 다른 법률에 특별한 규정이 없는 한 그 처분등을 행한 행정청을 피고로 한다(동법 제13조). 최고기관의 장의 처분에 대한 행정소송에 있어서는 장이 아닌 기관이 피고가 되기도 한다. 행정청이 원고가 될 수 있느냐 하는 문제가 있고 원고적격을 인정한 예도 있긴 하다.

> * 최고기관의 장의 처분에 대한 행정소송에서의 피고 – ① 대통령이 행한 공무원의 징계처분 기타 본인의 의사에 반한 불리한 처분이나 부작위에 관한 행정소송의 경우 피고는 대통령이 아니라 소속장관으로 한다(국가공무원법 제16조 1항). ② 국회의장이 행한 처분에 대한 행정소송의 피고는 사무총장으로 한다(국회사무처법 제4조 3항). ③ 대법원장의 처분에 대한 행정소송의 피고는 법원행정처장으로 한다(법조법 제70조). ④ 헌법재판소장이 행한 처분에 대한 행정소송에서는 헌법재판소사무처장이 피고가 된다(헌재법 제17조 5항). ⑤ 중앙선거관리위원회위원장이 행한 공무원의 징계처분 기타 본인의 의사에 반한 불리한 처분이나 부작위에 관한 행정소송의 경우 피고는 중앙선거관리위원회사무총장으로 한다(국가공무원법 제16조 2항).

ii) 과거에는 행정심판을 반드시 거쳐야 행정소송을 제기할 수 있는, 즉 행정심판의 강제적 전치주의를 취하였으나 현재는 특별한 규정이 있지 않는 한 임의적 전치주의를 취하고 있다(동법 제18조 1항)

iii) 제소기간 – 제소기간이 항고소송 중 취소소송에는 적용되는데 취소소송은 처분등이 있음을 안 날부터 90일 이내에 제기하여야 하고 처분등이 있은 날부터 1년을 경과하면 이를 제기하지 못한다(동법 제20조). 예외가 있다.

ⅳ) 직권주의가 적용된다(동법 제26조).

ⅴ) 취소소송의 제기는 처분등의 효력이나 그 집행 또는 절차의 속행에 영향을 주지 아니하나(집행부정지원칙) 취소소송이 제기된 경우에 처분등이나 그 집행 또는 절차의 속행으로 인하여 생길 회복하기 어려운 손해를 예방하기 위하여 긴급한 필요가 있다고 인정할 때에는 일정한 요건하에 집행정지를 인정한다(동법 제23조 1항 · 2항).

ⅵ) 사정판결 제도, 즉 원고의 청구가 이유있다고 인정하는 경우에도 처분등을 취소하는 것이 현저히 공공복리에 적합하지 아니하다고 인정하는 때에는 법원은 원고의 청구를 기각할 수 있는 제도를 두고 있다(동법 제28조 1항).

ⅶ) 취소판결 등의 기속력 – 처분등을 취소하는 확정판결은 그 사건에 관하여 당사자인 행정청과 그 밖의 관계행정청을 기속한다. 기속력은 재처분금지의무와 거부처분 경우의 처분의무, 즉 판결에 의하여 취소되는 처분이 당사자의 신청을 거부하는 것을 내용으로 하는 경우에는 그 처분을 행한 행정청은 판결의 취지에 따라 다시 이전의 신청에 대한 처분을 하여야 한다(부작위의 경우도 그러하다. 동법 제30조 1항 · 2항).

(마) 명령 · 규칙 · 처분심사

헌법 제107조 제2항이 규정하는 명령 · 규칙 · 처분심사제는 선결문제로서 재판의 전제가 된 경우에 하는 심사이다. 따라서 이 심사는 행정소송에서도 행해질 수 있으나 민사소송, 형사소송에서도 명령 · 규칙 · 처분이 그 소송에서의 재판의 전제가 된 경우에는 행해질 수 있는 심사이다. 명령 · 규칙의 위헌 · 위법심사제는 앞서 행정입법에서 보았고 행정소송에서의 행정처분에 대한 심사는 행정처분이 직접 대상이 된 경우에 행해지므로 위의 행정소송으로 다루면 될 것이다. 처분이 민사소송이나 형사소송에서 그 위헌 · 위법 여부가 재판의 전제가 된 경우에는 민사소송, 형사소송에서 다루게 될 것이다.

(4) 특허소송

특허법, 실용신안법, 상표법 등이 정하는 사건을 재판하는 특허소송이라고 한다. 특허소송은 고등법원급의 특허법원에서 담당하고, 대법원의 상고까지 가능한 2심제를 취하고 있다.

(5) 헌법재판 – 위헌법률심판제청, 위헌명령규칙심사, 선거재판 등

헌법재판은 헌법규범을 해석하고 적용하여 헌법적 분쟁 등을 해결하고 헌법규범에 위반되는 법률이나 공권력작용 등을 무력화함으로써 헌법이 담고 있는 기본권을 보장하고 입헌주의를 수호하는 재판을 말한다. 헌법재판의 개념을 가장 좁게 보면 위헌법률심판이 해당되나 넓게 보면 나아가 헌법을 적용하거나 헌법적 성격을 가지는 재판들인 탄핵재판, 선거재판 등도 포함되고 위헌법률심판 자체는 헌법재판소의 관할이나 법원은 위헌법률심판을 제청할 권한이 있으므로 제청을 위한 재판도 포함되며 법률보다 하위의 명령, 규칙이 헌법에 위반되는지 여부를 심사하는 재판도 포함된다. 넓은 개념에 따라 법원은 헌법재판으로서 위헌법률심판제청의 재판, 위헌명령규칙심사, 선거재판 등을 행한다. 민사재판, 형사재판, 행정재판 등에서도 헌법적 저용이 이루어지는 것이 필요하다. 위헌법률심판제청제도에 대한 자세한 것은 뒤의 헌법재판 부분을, 위헌명령규칙심사제에 대한 자세한 것은 앞의 행정입법 부분에서 다루거나 다루었다(전술, 후술 참조).

선거소송(재판)은 선거에 관한 쟁송을 말한다. 선거소송은 국회의원선거, 대통령선거, 시·도지사선거 등의 경우에는 대법원이 관할하며 지역구시·도의원선거, 자치구·시·군의원선거 등의 경우에는 고등법원이 관할한다.

Ⅲ. 사법권의 한계

1. 실정법적 한계

(1) 소송제도의 미비

어느 국가에서 소송제도가 충분히 구비되지 않은 경우 사법권의 한계가 나타나는 것은 물론이고 법치주의의 발달사는 사법제도의 발달에 비례한다고도 볼 수 있다. 우리나라의 경우에도 예를 들어 현재 행정소송상 이행소송제도가 없다. 부작위위법확인소송이나 거부처분에 대한 취소소송을 통하여 이행소송의 효과를 간접적으로 거둘 수 있다고는 하나 행정청의 위법적인 부작위에 대하여 처분등 작위로 나아가도록 강제하는 직접적인 이행소송제도를 두는 것이 필요하다.

(2) 법원관할제외사항

1) 헌법재판소 관할사항

헌법재판소의 관할사항인 위헌법률심판, 탄핵심판, 위헌정당해산심판, 권한쟁의심판, 헌법소원심판은 법원의 관할이 아니다. 법원은 위헌법률심판을 제청할 수는 없다. 대법원은 권한쟁의심판이 아닌 기관소송을 담당하고 있긴 하다. 기관소송은 하나의 지방자치단체 내에서 지방의회의 의결이 법령에 위반하는 등의 사유가 있을 경우에 지방자치단체장이 재의를 요구하였으나 재의결한 때에 지방의회를 피고로 하여 대법원에 제기하는 소송이다. 반면 헌법재판소의 권한쟁의심판은 국가기관 간 또는 국가와 지방자치단체 간 또는 지방자치단체들 간에 권한을 둘러싼 분쟁이 있을 때 제기하는 헌법재판이다.

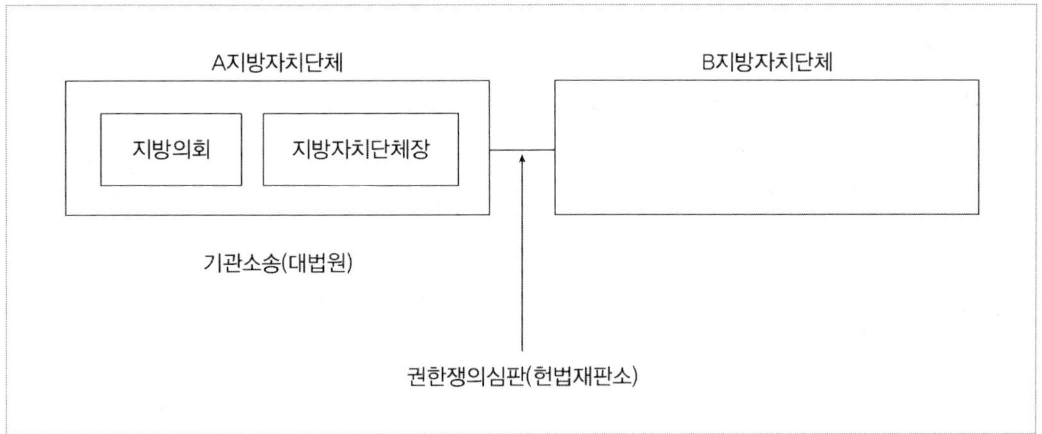

▌권한쟁의심판과 기관소송의 비교

2) 국회의원의 자격심사 · 징계 · 제명

국회가 소속 국회의원에 대해 행한 자격심사 · 징계 · 제명의 처분에 대하여는 법원에 제소할 수 없다고 헌법 자체가 명시하고 있으므로(제64조 4항) 법원의 사법권에 대한 헌법명시적 한계가 된다.

3) 일반국민에 대한 군사법원재판

군인 또는 군무원이 아닌 국민은 대한민국의 영역안에서는 ① 중대한 군사상 기밀 · 초병 · 초소 · 유독음식물공급 · 포로 · 군용물에 관한 죄 중 법률이 정한 경우와 ② 비상계엄이 선포된 경우에 군사법원의 재판을 받게 되므로 ①과 ②의 경우에 일반 법원의 사법권의 한계가 된다. 비상계엄하의 군사재판의 경우에는 군인 · 군무원의 범죄나 군사에 관한 간첩죄의 경우와 초병 · 초소 · 유독음식물공급 · 포로에 관한 죄 중 법률이 정한 경우에 한하여 그리고 사형을 선고한 경우를 제외하고는 단심으로 할 수 있도록 규정하고 있으므로(제110조 4항) 이러한 경우에 대법원에의 관할이 제한된다.

2. 국제법적 한계

(1) 치외법권

치외법권이란 외국인에 대해서 그 국적 국가인 외국의 법의 적용을 받고 그 외국인이 거주하고 있는 국가의 국내법의 적용을 받지 않는 국내법적용면제의 특권을 말한다. 외국의 국가원수, 그 가족, 수행원, 신임장을 제정한 외교사절 및 그 직원과 가족, 그 주류가 승인된 외국군대의 군인 등이 치외법권을 향유한다. 미합중국 군대의 구성원과 군무원, 가족들에 대해서는 한미행정협정 및 그 시행법령 등의 규정에 의해 한국의 형사재판권이 미치고 있는데(동협정

제22조) 사실상 우리 재판권행사에 한계가 있다.

(2) 조약

조약이 사법심사의 대상이 되느냐 하는 문제에 대해서는 긍정설과 부정설이 대립되나 우리나라에서는 긍정설이 우세하다. 그런데 법원은 그 체결·비준에 있어서 국회의 동의를 받은 조약의 경우 법률적 효력의 조약이라고 보는 견해가 많고 따라서 법률적 효력의 조약은 법원이 아니라 헌법재판소의 위헌심판의 대상이 된다.

판례 실제 헌법재판소가 위헌심판을 한 예로, 한미행정협정, 한일어업협정 등의 조약이 있다. 헌재 2001.3.21. 99헌마139·142·156·160(병합), 헌재판례집, 13-1, 676면 이하 참조.

법원은 단지 위헌법률심판제청을 할 수 있다. 명령적 효력의 조약에 대해서는 법리상 법원이 사법심사를 할 수 있을 것이나 외교문제를 통치행위라고 보아 법원이 심사를 회피할 가능성이 있다.

3. 재판본질적 한계

재판이란 법적 분쟁이 발생하였을 때 법을 해석하고 법을 적용하여 그 분쟁을 해결하는 작용을 말하므로 사건성, 당사자적격 내지 소의 이익, 권리보호이익, 사건의 성숙성 등의 요건을 갖추었을 때 법원이 본안판단에 들어가게 되고 그 요건들을 갖추지 못한 경우에는 판단에 들어가지 않아 이들 요건들이 사법본질적 한계를 이룬다고 한다.

(1) 사건성

해결해야 할 분쟁사건이 실제로 발생하여야 법원재판이 개입된다. 사건성은 어느 특정 사건이 구체적으로 실제 일어난 경우에 법원재판이 이루어진다는 점에서 구체성과 실제성을 의미한다. 추상적 사법통제는 원칙적으로 법원에서 인정되지 않는다.

(2) 사건의 성숙성

법원은 현재 실제로 발생한 사건을 두고 재판을 수행하여야 하며 먼 장래에 발생할지도 모른다는 가상적, 가정적, 추상적 사건을 심사할 수는 없다. 이 성숙성은 위의 사건성과 사실상 연관된다. 비록 장래에 일어날 사건이긴 하나 소송을 제기하는 시점에서 그 발생이 확실시될 때에 예외적으로 그 장래의 위험을 예방하기 위한 것이거나 장래의 불확실한 침해도 배제할 이익이 있는 경우에는 성숙성 요건이 완화될 여지가 있다고 본다.

(3) 원고적격(소의 이익)

자신의 법적인 권리나 이익이 침해된 사람만이 법원에 소송을 제기할 수 있는데 이러한 권익침해가 있어야 한다는 요건을 원고적격(소의 이익)이라고 한다. 어떠한 행정처분으로 기본권이 침해된 사람 등은 이 당사자적격을 가진다. 우리 행정소송법도 취소소송은 처분등의 취소를 구할 법률상 이익이 있는 자가 제기할 수 있다고 규정하고 있다(행정소송법 제12조 전문). 소의 이익 요건은 개인의 권리구제를 위한 주관적 소송에서는 강하게 요구되는 것이나 법질서유지를 위한 객관적 소송에서는 요구되지 않는다. 다른 사람의 권익을 위해 소송을 제기할 수도 있는 민중소송이나 기관 간의 다툼이 있을 때 제기하는 기관소송의 경우가 객관적 소송으로서 그러하다.

(4) 권리보호이익

법원의 소송이 소송을 제기한 사람의 권익을 구제하는 데 효과가 있어야 한다. 이를 권리보호이익이라고 한다. 권리를 침해하는 어떤 행정작용을 대상으로 행정소송을 제기했지만 그 행정작용이 이미 집행되어 종료된 경우에 행정소송에서 그 행정작용을 취소하는 판결이 내려지더라도 권리구제에는 의미가 없다(손해배상소송이나 손실보상소송 등의 방법이 의미가 있을 뿐이다). 이러한 경우에 권리보호이익이 결여되었다고 하여 법원은 본안판단에 들어가지 않는다. 그러나 그 행정작용으로 인한 영향력이 잔존하는 경우나 그 종료된 처분을 취소함으로써 권리가 회복될 수 있는 상황에 있는 경우 등에는 이 요건을 완화할 수 있다. 우리 행정소송법도 처분등의 효과가 기간의 경과, 처분등의 집행 그 밖의 사유로 인하여 소멸된 뒤에도 그 처분등의 취소로 인하여 회복되는 법률상 이익이 있는 자의 경우에는 소의 이익이 또한 같다고 규정하고 있다(행정소송법 제12조 후문).

4. 현실·정책고려적 한계

(1) 훈시규정, 방침규정

훈시규정은 강제성을 띠지 않는 규정이고 방침규정은 현재에 구속력이 있는 규정이 아니라 하나의 지침을 설정하는 규정이다. 훈시규정과 방침규정은 결국 법원이나 당사자를 구속하지 못하는 것으로 법원으로서는 그 규정의 위반을 이유로 재판을 통하여 제재를 가할 수는 없다는 점에서 한계로 지적되고 있다. 그러나 훈시규정인지, 방침규정인지가 법조문상 명시되어 있다면 몰라도 그렇지 않은 경우가 대부분일 것이고 따라서 그 여부의 판단은 결국 법원이 담당한다는 점에서 완전히 사법권이 도외시되는 한계는 아니라고 할 것이다. 또한 이를 현실·정책고려적 한계에 포함하고 있으나 현실 내지 정책의 고려는 법원 이전에 입법기관에서 행한 고려라고 할 것이고 법원이 그러한 고려를 살피게 되는 것이라고 할 것이다.

(2) 자유재량행위

과거의 행정소송법이론은 행정청의 재량이 인정되는 행정작용에 대해서는 사법심사가 어렵다고 보았으나 점점 행정소송이 그 영역과 심사정도를 확대해오고 있다. 오늘날 행정청의 재량에도 한계가 있다고 보고 재량행위가 그러한 한계를 벗어나거나 위반한 것이 아닌지를 법원이 심사한다. 따라서 자유재량행위가 사법권의 완전한 한계를 이루는 것은 아니다. 우리 행정소송법도 "행정청의 재량에 속하는 처분이라도 재량권의 한계를 넘거나 그 남용이 있는 때에는 법원은 이를 취소할 수 있다"라고 규정하여(행정소송법 제27조) 행정소송의 대상이 됨을 인정하고 있다.

(3) 특수신분관계(과거의 특별권력관계)

과거의 특별권력관계이론은 일반 국민과 국가와의 관계를 일반권력관계라고 보고 일반 국민이 아닌 공무원 등은 국가에 포괄적으로 복종하여야 하는 법률관계를 가지기에 공무원 등과 국가 간의 관계는 이를 특별권력관계라고 보았다. 그리하여 특별권력관계에 있는 사람은 자신의 신분과 관련된 사안에 있어서는 법주체가 될 수 없고 기본권주체도 될 수 없으며 따라서 소송도 제기할 수 없다고 보았다. 오늘날에도 과거의 이러한 특별권력관계에서 나오는 행정처분인 행정작용이 사법심사의 대상이 되느냐에 대해 부정설과 긍정설, 제한적 긍정설(특별권력관계를 내부관계와 외부관계로 나누어 후자의 경우에는 사법심사의 대상이 된다고 제한적으로 긍정하는 견해)로 의견이 나누어지고 있다. 그러나 오늘날 특별권력관계론의 이러한 법리를 더 이상 받아들일 수는 없고 공무원 등은 특수한 신분을 보유하고 있다는 특수성은 인정하여야 하기에 기본권제한에 있어서 보다 강한 제약을 받는 것은 사실이긴 하나 이러한 강한 제한도 어디까지나 헌법이나 법률에 근거하여야 하는 것이라고 보아 과거의 특별권력관계이론이 비판을 받고 있다. 이러한 특별권력관계론은 오늘날 받아들이기 곤란하나 공무원 등의 신분은 여전히 존재하므로 이러한 관계를 특수신분관계라고 부르고 과거의 이론과 결별하여야 하며 특수신분에 있는 사람도 법원에 자신과 관련된 사건(예를 들어 징계처분)에 있어서 소송을 제기할 수 있다. 법원은 특수신분관계자가 받은 징계처분 등에 대해 사법심사를 할 수 있으며 징계처분에 다소 넓은 징계권자의 재량을 인정함에 따라 법원의 판단이 좁혀질 수는 있으나 이를 사법권이 관여할 수 없는 사법권의 한계라고 볼 수는 없다.

(4) 통치행위

1) 의의

(가) 두 가지 개념정의 가능성

통치행위를 개념정의하는 데 있어서 ① 그 행위의 성격을 말하는 것으로 그치는 개념정의도 있을 수 있고 나아가 재판대상이 제외된다는 점까지 포함하여 개념정의할 수도 있다. 즉 ①의 개념정의는 통치행위란 정치적 성격의 의미를 강하게 가지는 사안에 대한 고도의 정치적 고려나 판단이 개재된 정부의 결정이나 행위라고 하는 것이다. ②의 개념정의는 이러한 성격의 행위로서 사법부가 이를 심사하기에 적절하지 않다고 보고 그리하여 사법심사의 대상이 되지 않는다고 보는 행위라고까지 개념정의를 하는 것이다. 헌재의 아래와 같은 결정의 판시는 ②의 예이다.

판례 헌재 1996.2.29. 93헌마186, 판례집 8-1, 115-116면

[판시] 통치행위란 고도의 정치적 결단에 의한 국가행위로서 사법적 심사의 대상으로 삼기에 적절하지

못한 행위라고 일반적으로 정의되고 있는바, …

(나) 개념의 요체

통치행위의 개념정의에서 중요한 것은 종당에 사법심사의 대상이 되지 않는다는 점이다. 그 점은 위 ①의 개념정의에서도 마찬가지이다. 결국 ② 까지 포함한 개념정의이든 ①의 개념정의를 취하면서 사법심사의 제외를 언급할 수도 있다. 무엇보다도 헌법학적으로 규명되어야 할 점은 이를 인정할 것인가하는 문제인데 이 문제를 둘러싸고 종래 논란이 있어왔다.

2) 인정여부

(가) 학설

가) 긍정설

(a) **내재적 제약설**(권력분립설)

권력분립의 원리에 따라 사법권에도 그 자체에 내재하고 있는 한계가 있다고 보고 고도의 정치적 문제는 사법부의 그 내재적 한계에 속하며 이에 대한 판단은 사법부가 아닌 정치적 의사결정을 하는 행정부나 입법부 등 정치적 부문의 권한에 위임된 사항이라고 보는 이론이다. 미국과 일본의 판례에 나타나는 입장이라고 한다.

(b) **자유재량행위설**

이는 고도의 정치적 행위는 정부의 자유재량에 의해 형성되는 행위이고 자유재량행위에 대해서는 사법적 통제가 가해질 수 없다고 보아 고도의 정치적 행위는 사법통제의 대상이 아닌 통치행위가 된다고 보는 이론이다.

(c) **사법적 자기제약설**(사법자제설)

이 이론은 정치적 문제에 대해서도 이론상으로는 사법심사가 가능할 것이나 고도의 정치적 문제에 대해서는 그 결정을 행한 국가기관이 판단하여 내린 결정을 존중하는 것이 바람직하고 사법부가 정치적 성격의 문제에 대해 판단할 경우 사법부가 정치화될 우려가 있으므로 이를 막기 위하여 스스로 판단을 회피, 자제하여야 한다고 보는 이론이다. 미국에서 이 사법자제설을 취하는 판례들이 많다. 아래에서 보듯이 최근의 우리 헌법재판소와 대법원도 대체적으로 사법자제설을 중심으로 통치행위를 인정하는 경향을 보여주고 있다.

(d) **독자성설**

통치행위로 볼 수 있는 행위는 그 자체의 본질상 입법, 행정, 사법 등의 원래의 국가작용과는 구별되는 독자성을 가지는 국가행위로서 사법의 판단에 적절하지 못한 성격의 행위라고 본다. 이 이론은 독자적인 영역으로서의 정치적 결정영역을 인정하는 것인데 이러한 정치적 행위는 사법적 심사에 적합하지 않고 국민에 의한 정치적 평가 내지 비판의 대상이 되는 것이 합리적이고 현실적이라고 본다.

나) 제한적 긍정설(정책적 고려설)

법이론적으로는 통치행위를 인정하기 어렵지만 국가의 존속에 극심한 위험을 가져올 수 있는 중대한 정치적 사안에 있어서는 정책적인 관점에서 통치행위를 인정할 수밖에 없다고 보는 학설이다.

다) 부정설

이는 헌법이 사법적 판단에서 배제되는 행위로서 통치행위를 인정하고 있지 않고 권력의 상호통제의 원리에 따를 때 사법권이 아무리 고도의 정치성을 띠는 행위일지라도 집행부에 의한 행위인 이상 집행부의 통제를 담당하는 사법부로서는 이를 심사하여야 하며 따라서 통치행위를 인정할 수 없다는 이론이다. 특히 오늘날 과거와 달리 행정소송의 대상을 제한하지 않고 개방되어 행정작용에 대해 포괄적으로 행정소송의 대상이 되는 것을 그 원칙으로 하는 이른바 개괄주의를 기조로 한다는 점에서도 사법통제가 배제되는 통치행위의 관념을 인정하는 것은 타당하지 못하다고 보는 부정설도 있다.

(나) 우리나라의 판례이론[1)]

가) 헌법재판소

(a) 부정적 판례

① **기본권관련 사안의 경우** 우리 헌법재판소는 긴급재정경제명령이 국민의 기본권을 직접 침해할 경우에는 헌법소원의 대상이 됨을 인정하고 있다. 즉 전술한 대로 대통령의 금융실명거래 및 비밀보장에 관한 긴급재정경제명령 발포행위는 이른바 통치행위의 영역에 속하여 헌법소원의 대상이 되지 아니한다는 법무부장관의 주장을 헌법재판소는 받아들이지 않고, "비록 고도의 정치적 결단에 의하여 행해지는 국가작용이라고 할지라도 그것이 국민의 기본권 침해와 직접 관련되는 경우에는 당연히 헌법재판소의 심판대상이 될 수 있는 것일 뿐만 아니라, 긴급재정경제명령은 법률의 효력을 갖는 것이므로 마땅히 헌법에 기속되어야 할 것이다"라고 판시함으로써 긴급재정경제명령이 헌법소원의 대상이 될 수 있음을 인정하고 있다.

㉠ 긴급재정경제명령 – '금융실명거래 및 비밀보장에 관한 긴급재정경제명령'(대통령 긴급재정경제명령 제16호)

판례 헌재 1996.2.29. 93헌마186

[판시] 통치행위란 고도의 정치적 결단에 의한 국가행위로서 사법적 심사의 대상으로 삼기에 적절하지 못한 행위라고 일반적으로 정의되고 있는바, 이 사건 긴급명령이 통치행위로서 헌법재판소의 심사 대상에서 제외되는지에 관하여 살피건대, 고도의 정치적 결단에 의한 행위로서 그 결단을 존중하여야 할 필요성이 있는 행위라는 의미에서 이른바 통치행위의 개념을 인정할 수 있고, 대통령의 긴급재정경제명령은 중대한 재정 경제상의 위기에 처하여 국회의 집회를 기다릴 여유가 없을 때에 국가의 안전보장 또

1) 이하 글은 정재황, 신헌법입문(제10판), 박영사(2020), 830–833면을 옮기면서 가필을 새로이 한 것이다.

는 공공의 안녕질서를 유지하기 위하여 필요한 경우에 발동되는 일종의 국가긴급권으로서 대통령이 고도의 정치적 결단을 요하고 가급적 그 결단이 존중되어야 할 것임은 법무부장관의 의견과 같다. 그러나 이른바 통치행위를 포함하여 모든 국가작용은 국민의 기본권적 가치를 실현하기 위한 수단이라는 한계를 반드시 지켜야 하는 것이고, 헌법재판소는 헌법의 수호와 국민의 기본권 보장을 사명으로 하는 국가기관이므로 비록 고도의 정치적 결단에 의하여 행해지는 국가작용이라고 할지라도 그것이 국민의 기본권 침해와 직접 관련되는 경우에는 당연히 헌법재판소의 심판대상이 될 수 있는 것일 뿐만 아니라, 긴급재정경제명령은 법률의 효력을 갖는 것이므로 마땅히 헌법에 기속되어야 할 것이다. 따라서 이 사건 긴급명령이 통치행위이므로 헌법재판의 대상이 될 수 없다는 법무부장관의 주장은 받아들일 수 없다.

㉡ 조약이 직접 국민의 기본권을 침해할 가능성이 있는 경우에는 바로 조약에 대해 헌법소원심판(이른바 '법령소원')이 청구될 수 있는데 이러한 법령소원을 통하여 헌법재판소가 심사를 할 수 있다. 실제로 우리 헌법재판소는 '대한민국과 일본국 간의 어업에 관한 협정'에 대해 법령소원의 대상으로 인정하여 본안결정까지 한 바 있다.

판례 헌재 2001.3.21. 99헌마139 · 142 · 156 · 160(병합), 헌재판례집, 13－1, 676면 이하 참조.

② **연례적 군사훈련결정** 헌재는 대통령이 한미연합 군사훈련의 일종인 2007년 전시증원연습을 하기로 한 결정이 통치행위가 아니라고 본다.

판례 헌재 2009.5.28. 2007헌마369, 판례집 21-1 하, 774면

[결정요지] 통치행위에 해당하는지 여부 － 통치행위란 고도의 정치적 결단에 의한 국가행위로서 그 결단을 존중하여야 할 필요성이 있어 사법적 심사의 대상으로 삼기에 적절하지 못한 행위라고 일반적으로 정의되고 있는바, 궁극적으로 국민 내지 국익에 영향을 미치는 복잡하고도 중요한 문제로서 국내 및 국제 정치관계 등 제반 상황을 고려하여 미래를 예측하고 목표를 설정하는 등 고도의 정치적 결단이 요구되는 사안에 관하여, 현행 헌법이 채택하고 있는 대의민주제 통치구조하에서 대의기관인 대통령과 국회가 내린 결정은 가급적 존중되어야 할 것이다. 그러나 한미연합 군사훈련은 1978. 한미연합사령부의 창설 및 1979.2.15. 한미연합연습 양해각서의 체결 이후 연례적으로 실시되어 왔고, 특히 이 사건 연습은 대표적인 한미연합 군사훈련으로서, 피청구인이 2007.3.경에 한 이 사건 연습결정이 새삼 국방에 관련되는 고도의 정치적 결단에 해당하여 사법심사를 자제하여야 하는 통치행위에 해당된다고 보기 어렵다.

* 검토 － 통치행위일지라도 심판대상이 된다는 것인지 통치행위가 아니므로 그것만으로 대상이 된다는 것인지 명확하지 않다.

(b) 긍정적 판례

판례 대통령의 국군(자이툰부대 이라크)파견결정, 헌재 2004.4.29. 2003헌마814 일반사병 이라크파병 위헌확인

[심판의 대상] '대통령이 2003.10.18. 국군(일반사병)을 이라크에 파견하기로 한 결정(이하, '이 사건 파견결정'이라고 한다)'의 위헌여부(각하결정) [결정요지] 이 사건과 같은 외국에의 국군의 파견결정은 파견군인의 생명과 신체의 안전뿐만 아니라 국제사회에서의 우리나라의 지위와 역할, 동맹국과의 관계, 국가안보문제 등 궁극적으로 국민 내지 국익에 영향을 미치는 복잡하고도 중요한 문제로서 국내 및 국

제정치관계 등 제반상황을 고려하여 향후 우리나라의 바람직한 위치, 앞으로 나아가야 할 방향 등 미래를 예측하고 목표를 설정하는 등 고도의 정치적 결단이 요구되는 사안이다. 따라서 그와 같은 결정은 그 문제에 대해 정치적 책임을 질 수 있는 국민의 대의기관이 관계분야의 전문가들과 광범위하고 심도 있는 논의를 거쳐 신중히 결정하는 것이 바람직하며 우리 헌법도 그 권한을 국민으로부터 직접 선출되고 국민에게 직접 책임을 지는 대통령에게 부여하고 그 권한행사에 신중을 기하도록 하기 위해 국회로 하여금 파병에 대한 동의여부를 결정할 수 있도록 하고 있는바, 현행 헌법이 채택하고 있는 대의민주제 통치구조하에서 대의기관인 대통령과 국회의 그와 같은 고도의 정치적 결단은 가급적 존중되어야 한다. 따라서 이 사건과 같은 파견결정이 헌법에 위반되는지의 여부 즉 세계평화와 인류공영에 이바지하는 것인지 여부, 국가안보에 보탬이 됨으로써 궁극적으로는 국민과 국익에 이로운 것이 될 것인지 여부 및 이른바 이라크전쟁이 국제규범에 어긋나는 침략전쟁인지 여부 등에 대한 판단은 대의기관인 대통령과 국회의 몫이고, 성질상 한정된 자료만을 가지고 있는 우리 재판소가 판단하는 것은 바람직하지 않다고 할 것이며, 우리 재판소의 판단이 대통령과 국회의 그것보다 더 옳다거나 정확하다고 단정짓기 어려움은 물론 재판결과에 대하여 국민들의 신뢰를 확보하기도 어렵다고 하지 않을 수 없다. 기록에 의하면 이 사건 파병은 대통령이 파병의 정당성뿐만 아니라 북한 핵 사태의 원만한 해결을 위한 동맹국과의 관계, 우리나라의 안보문제, 국·내외 정치관계 등 국익과 관련한 여러 가지 사정을 고려하여 파병부대의 성격과 규모, 그리고 파병기간을 국가안전보장회의의 자문을 거쳐 결정한 것으로, 그 후 국무회의 심의·의결을 거쳐 국회의 동의를 얻음으로써 헌법과 법률에 따른 절차적 정당성을 확보했음을 알 수 있다. 살피건대, 이 사건 파견결정은 그 성격상 국방 및 외교에 관련된 고도의 정치적 결단을 요하는 문제로서, 헌법과 법률이 정한 절차를 지켜 이루어진 것임이 명백하므로, 대통령과 국회의 판단은 존중되어야 하고 우리 재판소가 사법적 기준만으로 이를 심판하는 것은 자제되어야 한다. 오랜 민주주의 전통을 가진 외국에서도 외교 및 국방에 관련된 것으로서 고도의 정치적 결단을 요하는 사안에 대하여는 줄곧 사법심사를 자제하고 있는 것도 바로 이러한 취지에서 나온 것이라 할 것이다. 이에 대하여는 설혹 사법적 심사의 회피로 자의적 결정이 방치될 수도 있다는 우려가 있을 수 있으나 그러한 대통령과 국회의 판단은 궁극적으로는 선거를 통해 국민에 의한 평가와 심판을 받게 될 것이다. 그렇다면 이 사건 파견결정에 대한 사법적 판단을 자제함이 타당하므로 아래 4.와 같은 재판관 윤영철, 재판관 김효종, 재판관 김경일, 재판관 송인준의 별개의견이 있는 외에는 나머지 재판관들의 일치된 의견으로 주문과 같이 결정한다. [재판관 윤영철, 재판관 김효종, 재판관 김경일, 재판관 송인준의 별개의견] 우리는 다수의견의 결론에 동의하나 다음과 같이 그 이유를 달리한다. 우리 헌법은 제111조 제1항 제5호에서 국민의 권리구제수단의 하나로 헌법소원심판을 명시하고 있고 이에 따라 헌법재판소법 제68조 제1항은 공권력의 행사 또는 불행사로 인하여 헌법상 보장된 기본권을 침해받은 자는 헌법재판소에 헌법소원심판을 청구할 수 있다고 규정하여 그 제도를 마련하고 있다. 그러나 이 법률조항에서 기본권을 침해받은 자라 함은 공권력의 행사 또는 불행사로 인하여 자기의 기본권이 현재 그리고 직접적으로 침해받은 자를 의미하며 단순히 간접적이거나 사실적인 이해관계가 있을 뿐인 제3자는 이에 해당하지 않는다는 것이 입법자의 선택이요 우리재판소의 일관된 입장이다(헌재 1993.7.29. 89헌마123, 판례집 5-2, 127, 134; 헌재 1998.9.30. 97헌마404, 판례집10-2, 563, 565 등 참조). 청구인은 이 사건 파견결정으로 인해 파견될 당사자가 아님은 청구인 스스로 인정하는 바와 같고 현재 군복무중이거나 군입대 예정자도 아니다. 그렇다면, 청구인은 이 사건 파견결정에 관하여 일반 국민의 지위에서 사실상 또는 간접적인 이해관계를 가진다고 할 수는 있으나, 이 사건 파견결정으로 인하여 청구인이 주장하는 바와 같은 행복추구권 등 헌법상 보장된 청구인 자신의 기본권을 현재 그리고 직접적으로 침해받는다고는 할 수 없다. 결론적으로 이 사건 심판청구를 각하하여야 한다는 다수의견에 동의하나 청구인은 이 사건 파견결정에 대해 적법하게 헌법소원을 제기할 수 있는 자기관련성이 없다는 것을 그 이유로 하는 점에서 다수의견과 견해를 달리한다.

(c) 다시 국민의 기본권침해와 직접 관련되는 경우에 헌재의 심판대상이 될 수 있다고 본 결정례 - 부정적 결정례 - '신행정수도의 건설을 위한 특별조치법'

판례 헌재 2004.10.21. 2004헌마554등

[판시] 신행정수도를 건설하는 문제 또는 수도를 이전하는 문제는 고도의 정치적인 문제로서 이에 관한 대통령이나 국회의 결정은 사법심사의 대상이 되지 않는다는 이유로 이 사건 헌법소원심판청구가 부적법한 것인지 여부에 관하여 본다. (1) 국가긴급권의 발동, 국군의 해외파견 등과 같이 대통령이나 국회에 의한 고도의 정치적 결단이 요구되고, 이러한 결단은 가급적 존중되어야 한다는 요청에서 사법심사를 자제할 필요가 있는 국가작용이 우리 헌법상 존재하는 것은 이를 인정할 수 있다. 그러나 우리 헌법의 기본원리인 법치주의의 원리상 대통령, 국회 기타 어떠한 공권력도 법의 지배를 받아야 하고, 모든 국가작용은 국민의 기본권적 가치를 실현하기 위한 수단이라는 데에서 나오는 한계를 반드시 지켜야 하는 것이며, 헌법재판소는 헌법의 수호와 국민의 기본권보장을 사명으로 하는 국가기관이므로, 비록 고도의 정치적 결단에 의하여 행해지는 국가작용이라고 할지라도 그것이 국민의 기본권침해와 직접 관련되는 경우에는 당연히 헌법재판소의 심판대상이 될 수 있다(헌재 1996.2.29. 93헌마186). (2) 신행정수도건설이나 수도이전의 문제가 정치적 성격을 가지고 있는 것은 인정할 수 있지만, 그 자체로 고도의 정치적 결단을 요하여 사법심사의 대상으로 하기에는 부적절한 문제라고까지는 할 수 없다. 더구나 이 사건 심판의 대상은 이 사건 법률의 위헌여부이고 대통령의 행위의 위헌여부가 아닌바, 법률의 위헌여부가 헌법재판의 대상으로 된 경우 당해법률이 정치적인 문제를 포함한다는 이유만으로 사법심사의 대상에서 제외된다고 할 수는 없다. (3) 다만, 이 사건 법률의 위헌여부를 판단하기 위한 선결문제로서 신행정수도건설이나 수도이전의 문제를 국민투표에 붙일지 여부에 관한 대통령의 의사결정이 사법심사의 대상이 될 경우 위 의사결정은 고도의 정치적 결단을 요하는 문제여서 사법심사를 자제함이 바람직하다고는 할 수 있고, 이에 따라 그 의사결정에 관련된 흠을 들어 위헌성이 주장되는 법률에 대한 사법심사 또한 자제함이 바람직하다고는 할 수 있다. 그러나 대통령의 위 의사결정이 국민의 기본권침해와 직접 관련되는 경우에는 헌법재판소의 심판대상이 될 수 있고, 이에 따라 위 의사결정과 관련된 법률도 헌법재판소의 심판대상이 될 수 있다. 우리 헌법은 선거권(헌법 제24조)과 같은 간접적인 참정권과 함께 직접적인 참정권으로서 국민투표권(헌법 제72조, 제130조)을 규정하고 있으므로 국민투표권은 헌법상 보장되는 기본권의 하나이다(헌재 2001.6.28. 2000헌마735, 판례집 13-1, 1431, 1439 참조). 그러므로 대통령의 의사결정이 국민의 국민투표권을 침해한다면, 가사 위 의사결정이 고도의 정치적 결단을 요하는 행위라고 하더라도 이는 국민의 기본권침해와 직접 관련되는 것으로서 헌법재판소의 심판대상이 될 수 있고, 따라서 이 사건 법률의 위헌성이 대통령의 의사결정과 관련하여 문제되는 경우라도 헌법소원의 대상이 될 수 있다. (4) 그렇다면 이 사건 법률의 위헌성을 판단하기 위한 선결문제로서 국민투표권에 관한 대통령의 의사결정의 위헌성여부를 판단하는 경우라도 청구인들의 국민투표권이 침해되었는지 여부에 관한 판단을 위한 한도에서는 이 사건 법률이 헌법재판소의 심판대상이 될 수 있고, 따라서 이에 대한 헌법소원이 가능하다. 그러므로 이 사건 헌법소원심판청구가 헌법소원의 대상이 되지 아니하는 것을 대상으로 한 것이어서 부적법하다고는 할 수 없다.

* 검토 – 결론은 기본권이 관련되는 한 통치행위성을 부정하고 헌재의 판시가 뚜렷하지 못한 면이 있다. "신행정수도건설이나 수도이전의 문제가 … 그 자체로 고도의 정치적 결단을 요하여 사법심사의 대상으로 하기에는 부적절한 문제라고까지는 할 수 없다. … (3) 다만, 이 사건 법률의 위헌여부를 판단하기 위한 선결문제로서 신행정수도건설이나 수도이전의 문제를 국민투표에 붙일지 여부에 관한 대통령의 의사결정이 사법심사의 대상이 될 경우 위 의사결정은 고도의 정치적 결단을 요하는 문제여서 …"라고 하여 고도의 정치성 인정 문제에서 아닌다, 이다 일관되지 못한 판시를 보여준다.

(d) 위 결정 이후 부정적 결정례

① 2007년 전시증원연습을 하기로 한 대통령의 결정

판례 헌재 2009.5.28. 2007헌마369. [판시] * 위 부정적 판례에서 이미 살펴봄. 전술 참조.

② **긴급조치에 대한 통치행위성 부정** 이 결정은 사건은 위헌소원사건결정이었다. 이 결정에서 헌재가 직접 '통치행위'란 용어를 명시하지는 않았으나 '고도의 정치적 결단'이란 말을 쓰고 있어서 여기에 인용한다. 헌재는 "비록 고도의 정치적 결단에 의하여 행해지는 국가긴급권의 행사라고 할지라도 그것이 국민의 기본권침해와 직접 관련되는 경우에는 헌법재판소의 심판대상이 될 수 있다는 점"을 들고 유신헌법 제53조 제4항("긴급조치는 사법적 심사의 대상이 되지 아니한다")이라는 사법심사 배제조항은 근대입헌주의에 대한 중대한 예외이고 기본권보장 규정이나 위헌법률심판제도에 관한 규정 등 다른 헌법 조항들과 정면으로 모순·충돌되는 점, 현행헌법에서는 그 반성적 견지에서 법심사 배제 규정을 삭제하여 제소금지조항을 승계하지 아니한 점(현헌법 제76조) 등의 논거를 제시하여 유신헌법 당시 긴급조치들의 위헌성을 다툴 수 있다고 본다.

판례 헌재 2013.3.21. 2010헌바132등

[관련판시] 유신헌법 제53조 제4항은 '긴급조치는 사법적 심사의 대상이 되지 아니한다.'라고 규정하고 있었다. 그러나 비록 고도의 정치적 결단에 의하여 행해지는 국가긴급권의 행사라고 할지라도 그것이 국민의 기본권침해와 직접 관련되는 경우에는 헌법재판소의 심판대상이 될 수 있다는 점(헌재 1996.2.29. 93헌마186, 판례집 8-1, 111, 116), 이러한 사법심사 배제조항은 근대입헌주의에 대한 중대한 예외가 될 뿐 아니라 기본권보장 규정이나 위헌법률심판제도에 관한 규정 등 다른 헌법 조항들과 정면으로 모순·충돌되는 점, 현행헌법에서는 그 반성적 견지에서 긴급재정경제명령·긴급명령에 관한 규정(제76조)에서 사법심사 배제 규정을 삭제하여 제소금지조항을 승계하지 아니한 점 및 긴급조치의 위헌 여부는 원칙적으로 현행헌법을 기준으로 판단하여야 하는 점에 비추어 보면, 이 사건에서 유신헌법 제53조 제4항 규정의 적용은 배제되고, 모든 국민은 현행헌법에 따라 이 사건 긴급조치들의 위헌성을 다툴 수 있다고 보아야 한다(헌재 1989.12.18. 89헌마32등, 판례집 1, 343, 351 참조).

(e) 기본권이 관련된 외교행위

대한민국과 일본국 간의 재산 및 청구권에 관한 문제의 해결과 경제협력에 관한 협정 제3조 부작위 위헌확인 – 이 결정례에서는 '통치행위'나 '고도의 정치적 행위'라는 말을 사용하지는 않았으나 외교행위는 "정책결정을 함에 있어 폭넓은 재량이 허용되는 영역임을 부인할 수 없다"라고 하고 있어서 여기에 인용한다. 일반적으로 외교행위에 통치행위이론이 인정된다는 견해들이 있기도 하다. 우리 헌재는 일본군위안부결정, 원폭피해자결정에서 외교행위라는 영역도 사법심사의 대상에서 완전히 배제되는 것으로는 볼 수 없다고 하고 특정 국민의 기본권이 관련되는 외교행위에 있어서, 법령에 규정된 구체적 작위의무의 불이행이 헌법상 기본권 보호의무에 대한 명백한 위반이라고 판단되는 경우에는 기본권 침해행위로서 위헌이라고 선언

되어야 한다고 판시한 바 있다.

판례 헌재 2011.8.30. 2006헌마788

[판시] 외교행위는 가치와 법률을 공유하는 하나의 국가 내에 존재하는 국가와 국민과의 관계를 넘어 가치와 법률을 서로 달리하는 국제환경에서 국가와 국가 간의 관계를 다루는 것이므로, 정부가 분쟁의 상황과 성질, 국내외 정세, 국제법과 보편적으로 통용되는 관행 등을 감안하여 정책결정을 함에 있어 폭넓은 재량이 허용되는 영역임을 부인할 수 없다. 그러나, 헌법상의 기본권은 모든 국가권력을 기속하므로 행정권력 역시 이러한 기본권 보호의무에 따라 기본권이 실효적으로 보장될 수 있도록 행사되어야 하고, 외교행위라는 영역도 사법심사의 대상에서 완전히 배제되는 것으로는 볼 수 없다. 특정 국민의 기본권이 관련되는 외교행위에 있어서, 앞서 본 바와 같이 법령에 규정된 구체적 작위의무의 불이행이 헌법상 기본권 보호의무에 대한 명백한 위반이라고 판단되는 경우에는 기본권 침해행위로서 위헌이라고 선언되어야 한다. 결국 피청구인의 재량은 침해되는 기본권의 중대성, 기본권침해 위험의 절박성, 기본권의 구제가능성, 진정한 국익에 반하는지 여부 등을 종합적으로 고려하여 국가기관의 기본권 기속성에 합당한 범위 내로 제한될 수밖에 없다.

* 동지 : 헌재 2011.8.30. 2008헌마648.

(f) **권리보호이익과 고도의 정치적 성격**

헌재 초기의 판례로서 "이 사건과 같이 고도의 정치적 성격을 지닌 사건에서는 여당과 야당이 타협과 대결을 통하여 국정을 해결하는 정치부인 국회에서 우선적으로 이 사안을 다룰 필요가 있다. 뿐만 아니라 국회가 이 문제를 해결하겠다고 나선다면, 사법기관의 일종인 헌법재판소로서는 이를 존중함이 마땅하다고 본다"라고 한 판시가 있었다(헌재 1994.8.31. 92헌마174). 사안은 지방자치단체의 장 선거 연기결정을 둘러싼 헌법소원사건이었다. 국회 자체가 해결하여 권리보호이익이 없다고 하여 각하결정을 하였다.

(g) **평가**

헌법재판소는 자이툰 파병결정에 대한 헌법소원결정에서 통치행위이론을 명백히 적용하여 심판대상이 아니라고 보았다. 이 판례는 통치행위의 정당성논거에 관한 이론들 중에 사법자제설을 취하고 있다. 즉 위 판례에서 헌법재판소는 "우리 재판소가 사법적 기준만으로 이를 심판하는 것은 자제되어야 한다"라고 판시하고 있다. 위 판례 이전에 내려졌던 서희 · 제마부대 파병결정에서는 위 판례에서 자기관련성이 없다고 하여 각하하여야 한다고 보는 4인 소수의견이었던 것이 오히려 5인 다수의견으로 자기관련성이 없다고 하여 각하결정을 한 바 있다. 위 판례에 대해서는 다음과 같은 점을 지적할 수 있다. 첫째, 위 판례는 96년의 93헌마186 결정과 모순되고 그리하여 판례변경을 한 것인가 하는 의문이 있다. 파병결정은 외교, 국방의 문제이고 청구인의 기본권에 직접적인 관련성이 없다고 본다면 위 판례가 기본권이 관련되는 한 통치행위를 인정할 수 없다는 93헌마186 결정에서의 헌법재판소의 입장과 양립할 수 없는 것은 아니다. 둘째, 위 판례에서 헌법재판소는 대체적으로 사법자제설의 입장을 취하고 있다고 평가된다.

나) 대법원

(a) 판례

① **계엄** 계엄선포의 요건 구비 여부나, 선포의 당·부당을 심사하는 것 – 부정

대법원판례 대법원 1979.12.7. 선고 79초70 재정 [집27(3)형043,공1980.1.15.(624),12379]

[판결요지] 대통령의 계엄선포행위는 고도의 정치적, 군사적 성격을 띠는 행위라고 할 것이어서, 그 선포의 당·부당을 판단할 권한은 헌법상 계엄의 해제요구권이 있는 국회만이 가지고 있다 할 것이고 그 선포가 당연무효의 경우라면 모르되, 사법기관인 법원이 계엄선포의 요건 구비여부나, 선포의 당·부당을 심사하는 것은 사법권의 내재적인 본질적 한계를 넘어서는 것이 되어 적절한 바가 못된다.

② **비상계엄의 선포나 확대행위가 사법심사의 대상이 되는지 여부** 범죄행위에 해당하는지의 여부에 관하여 심사 가능

대법원판례 대법원 1997.4.17. 96도3376 전원합의체. 반란수괴·반란모의참여·반란중요임무종사·불법진퇴·지휘관계엄지역수소이탈·상관살해·상관살해미수·초병살해·내란수괴·내란모의참여·내란중요임무종사·내란목적살인·특정범죄가중처벌등에관한법률위반(뇌물)

[판시] 대통령의 비상계엄의 선포나 확대 행위는 고도의 정치적·군사적 성격을 지니고 있는 행위라 할 것이므로, 그것이 누구에게도 일견하여 헌법이나 법률에 위반되는 것으로서 명백하게 인정될 수 있는 등 특별한 사정이 있는 경우라면 몰라도, 그러하지 아니한 이상 그 계엄선포의 요건 구비 여부나 선포의 당·부당을 판단할 권한이 사법부에는 없다고 할 것이나, 비상계엄의 선포나 확대가 국헌문란의 목적을 달성하기 위하여 행하여진 경우에는 법원은 그 자체가 범죄행위에 해당하는지의 여부에 관하여 심사할 수 있다.

③ **남북정상회담 관련 사건** 과도한 사법자제에 대한 신중론

대법원판례 대법원 2004.3.26. 2003도7878, 외국환거래법위반·남북교류협력에관한법률위반·특정경제범죄가중처벌등에관한법률위반(배임), 법원공보 2004.5.1.(201), 753면

[판결요지] 입헌적 법치주의국가의 기본원칙은 어떠한 국가행위나 국가작용도 헌법과 법률에 근거하여 그 테두리 안에서 합헌적·합법적으로 행하여질 것을 요구하며, 이러한 합헌성과 합법성의 판단은 본질적으로 사법의 권능에 속하는 것이다. 다만, 국가행위 중에는 고도의 정치성을 띤 것이 있고, 그러한 고도의 정치행위에 대하여 정치적 책임을 지지 않는 법원이 정치의 합목적성이나 정당성을 도외시한 채 합법성의 심사를 감행함으로써 정책결정이 좌우되는 일은 결코 바람직한 일이 아니며, 법원이 정치문제에 개입되어 그 중립성과 독립성을 침해당할 위험성도 부인할 수 없으므로, 고도의 정치성을 띤 국가행위에 대하여는 이른바 통치행위라 하여 법원 스스로 사법심사권의 행사를 억제하여 그 심사대상에서 제외하는 영역이 있다. 그러나 이와 같이 통치행위의 개념을 인정한다고 하더라도 과도한 사법심사의 자제가 기본권을 보장하고 법치주의 이념을 구현하여야 할 법원의 책무를 태만히 하거나 포기하는 것이 되지 않도록 그 인정을 지극히 신중하게 하여야 하며, 그 판단은 오로지 사법부만에 의하여 이루어져야 하는 것이다. … 그리고 원심은, 위 공소사실을 유죄로 인정하면서, 위 피고인들의 대북송금행위 및 이에 수반된 각 행위들은 남북정상회담에 도움을 주기 위한 시급한 필요에서 비롯된 이른바 통치행위로서 사법부에 의한 사법심사의 대상이 되지 않는다는 피고인들의 주장에 대하여, 남북정상회담의 개

최는 고도의 정치적 성격을 지니고 있는 행위라 할 것이므로 특별한 사정이 없는 한 그 당부를 심판하는 것은 사법권의 내재적·본질적 한계를 넘어서는 것이 되어 적절하지 못하지만, 남북정상회담의 개최과정에서 위 피고인들이 공모하여 재정경제부장관에게 신고하지 아니하거나 통일부장관의 협력사업 승인을 얻지 아니한 채 위와 같이 북한측에 사업권의 대가 명목으로 4억 5,000만 달러를 송금한 행위 자체는 헌법상 법치국가의 원리와 법 앞에 평등원칙 등에 비추어 볼 때 사법심사의 대상이 된다고 판단하였는바, 원심의 위와 같은 판단은 앞서 본 법리에 비추어 정당한 것으로 수긍되고, 거기에 주장과 같은 이른바 헌법상 통치행위에 대한 법리오해의 위법이 있다고 할 수 없으므로, 피고인들의 이 부분 상고는 이유 없다.

④ **긴급조치 사건** 대법원은 위 ③의 판시를 재인용하면서 유신헌법 제53조에 근거한 긴급조치 제1호는 국민의 기본권에 대한 제한과 관련된 조치로서 형벌법규와 국가형벌권의 행사에 관한 규정을 포함하고 있으므로 기본권 보장의 최후 보루인 법원으로서는 마땅히 긴급조치 제1호에 규정된 형벌법규에 대하여 사법심사권을 행사하여야 한다고 하면서 긴급조치 제1호가 헌법에 위배되어 무효라고 판시하였다

대법원판례 대법원 2010.12.16. 2010도5986 전원합의체

[판결요지] … 입헌적 법치주의국가의 기본원칙은 어떠한 국가행위나 국가작용도 헌법과 법률에 근거하여 그 테두리 안에서 합헌적·합법적으로 행하여질 것을 요구하고, 이러한 합헌성과 합법성의 판단은 본질적으로 사법의 권능에 속한다. 다만 고도의 정치성을 띤 국가행위에 대하여는 이른바 통치행위라 하여 법원 스스로 사법심사권의 행사를 억제하여 그 심사대상에서 제외하는 영역이 있을 수 있으나, 이와 같이 통치행위의 개념을 인정하더라도 과도한 사법심사의 자제가 기본권을 보장하고 법치주의 이념을 구현하여야 할 법원의 책무를 태만히 하거나 포기하는 것이 되지 않도록 그 인정을 지극히 신중하게 하여야 한다.

* 이 판결에 대한 자세한 것은 대통령 국가긴급권 부분 참조.

⑤ **서훈취소의 통치행위성 부정** 대법원은 "서훈취소는 서훈수여의 경우와는 달리 이미 발생된 서훈대상자 등의 권리 등에 영향을 미치는 행위로서 관련 당사자에게 미치는 불이익의 내용과 정도 등을 고려하면 사법심사의 필요성이 크다. 따라서 기본권의 보장 및 법치주의의 이념에 비추어 보면, 비록 서훈취소가 대통령이 국가원수로서 행하는 행위라고 하더라도 법원이 사법심사를 자제하여야 할 고도의 정치성을 띤 행위라고 볼 수는 없다"라고 판시하였다.

대법원판례 대법원 2015.4.23. 2012두26920

[판시] 구 상훈법(2011.8.4. 법률 제10985호로 개정되기 전의 것) 제8조는 서훈취소의 요건을 구체적으로 명시하고 있고 절차에 관하여 상세하게 규정하고 있다. 그리고 서훈취소는 서훈수여의 경우와는 달리 이미 발생된 서훈대상자 등의 권리 등에 영향을 미치는 행위로서 관련 당사자에게 미치는 불이익의 내용과 정도 등을 고려하면 사법심사의 필요성이 크다. 따라서 기본권의 보장 및 법치주의의 이념에 비추어 보면, 비록 서훈취소가 대통령이 국가원수로서 행하는 행위라고 하더라도 법원이 사법심사를 자제하여야 할 고도의 정치성을 띤 행위라고 볼 수는 없다.

⑥ **긴급조치의 국가배상 부정 판결과 및 헌재의 각하결정** 긴급조치가 제6공화국 들어와

서 사후적으로 법원에서 위헌·무효로 선언되었다고 하더라도, 유신헌법에 근거한 대통령의 긴급조치권 행사는 고도의 정치성을 띤 국가행위로서 대통령은 국가긴급권의 행사에 관하여 원칙적으로 국민 전체에 대한 관계에서 정치적 책임을 질 뿐 국민 개개인의 권리에 대응하여 법적 의무를 지는 것은 아니므로, 대통령의 이러한 권력행사가 국민 개개인에 대한 관계에서 민사상 불법행위를 구성한다고는 볼 수 없다"는 아래 대법원 판결도 있어 논란된 바 있다.

대법원판례 대법원 2015.3.26. 2012다48824

[판시] 국가안전과 공공질서의 수호를 위한 대통령긴급조치(이하 '긴급조치 제9호'라고 한다)는 그 발령의 근거가 된 구 대한민국헌법(1980.10.27. 헌법 제9호로 전부 개정되기 전의 것, 이하 '유신헌법'이라고 한다) 제53조가 규정하고 있는 요건 자체를 결여하였을 뿐만 아니라, 민주주의의 본질적 요소이자 유신헌법과 현행 헌법이 규정한 표현의 자유, 영장주의와 신체의 자유, 주거의 자유, 청원권, 학문의 자유를 심각하게 제한함으로써 국민의 기본권을 침해한 것이므로 위헌·무효이다(대법원 2013.4.18.자 2011초기689 전원합의체 결정 참조). 그러나 긴급조치 제9호가 사후적으로 법원에서 위헌·무효로 선언되었다고 하더라도, 유신헌법에 근거한 대통령의 긴급조치권 행사는 고도의 정치성을 띤 국가행위로서 대통령은 국가긴급권의 행사에 관하여 원칙적으로 국민 전체에 대한 관계에서 정치적 책임을 질 뿐 국민 개개인의 권리에 대응하여 법적 의무를 지는 것은 아니므로, 대통령의 이러한 권력행사가 국민 개개인에 대한 관계에서 민사상 불법행위를 구성한다고는 볼 수 없다.

이 판결의 법리를 토대로 하고 있는 대법원판결들에 대해 헌법재판소에 헌법소원이 제기되었으나 헌재는 재판소원 대상요건인 '헌재가 위헌으로 결정한 법령을 적용하여 기본권을 침해한 재판'이 아니라는 이유로 대상성을 부정하여 모두 각하결정을 하였다. * 아래 결정은 헌재결정임에 유의.

판례 헌재 2018.8.30. 2015헌마861등

[결정이유] (가) 헌법재판소는 이 사건 법률조항에 대하여, '법원의 재판'에 헌법재판소가 위헌으로 결정한 법령을 적용함으로써 국민의 기본권을 침해한 재판이 포함되는 것으로 해석하는 한 헌법에 위반된다는 한정위헌결정을 선고함으로써, 그 위헌 부분을 제거하는 한편 그 나머지 부분이 합헌임을 밝힌 바 있다. 이 사건 법률조항은 위헌 부분이 제거된 나머지 부분으로 이미 그 내용이 축소된 것이고, 이 같은 선례와 달리 판단하여야 할 사정변경이나 필요성이 인정되지 아니한다. 나.이 사건 대법원 판결들이 헌법재판소의 위헌결정에 반하여 위 긴급조치들이 합헌이라고 하였거나, 합헌임을 전제로 위 긴급조치를 그대로 적용한 바가 없다. 이 사건 대법원 판결들에서 긴급조치 발령행위에 대한 국가배상책임이 인정되지 않은 것은 긴급조치가 합헌이기 때문이 아니라 긴급조치가 위헌임에도 국가배상책임이 성립하지 않는다는 대법원의 해석론에 따른 것이다. 따라서 이 사건 대법원 판결들은 예외적으로 헌법소원 심판의 대상이 되는 경우에 해당하지 않으므로 그에 대한 심판청구는 부적법하다. * 이 결정에서 재판관 김이수, 재판관 안창호의 반대의견은 긴급조치가 위헌이라는 헌재의 결정(2010헌바132)의 기속력에 반하여 청구인들의 헌법상 보장된 기본권인 국가배상청구권을 침해하므로 대상성이 인정되고 또 취소되어야 한다는 의견을 냈다. 반대의견이 타당하다.

(b) **평가**

대법원의 2004.3.26. 선고 2003도7878 판결은 "남북정상회담의 개최는 고도의 정치적 성

격을 지니고 있는 행위라 할 것이므로 특별한 사정이 없는 한 그 당부를 심판하는 것은 사법권의 내재적·본질적 한계를 넘어서는 것이 되어 적절하지 못하지만"이라고 한 부분을 보면 내재적 제약설을 취하는 것으로 볼 수도 있다. 그러나 같은 판결에서 "통치행위라 하여 법원 스스로 사법심사권의 행사를 억제하여 그 심사대상에서 제외하는 영역이 있다"라고 판시하여 대체적으로 사법자제설의 입장에서 통치행위성을 인정하고 있다고 볼 것이다. 그러나 대법원은 "기본권을 보장하고 법치주의 이념을 구현하여야 할 법원의 책무를 태만히 하거나 포기하는 것이 되지 않도록 그 인정을 지극히 신중하게 하여야 하며, 그 판단은 오로지 사법부만에 의하여 이루어져야 하는 것"이라고 어느 정도의 한계를 설정하려는 입장을 보여주고 있다.

제5장 선거관리위원회

헌법 제116조 ① 선거운동은 각급 선거관리위원회의 관리 하에 법률이 정하는 범위안에서 하되, 균등한 기회가 보장되어야 한다.
② 선거에 관한 경비는 법률이 정하는 경우를 제외하고는 정당 또는 후보자에게 부담시킬 수 없다.

Ⅰ. 중앙선거관리위원회의 헌법상 지위

1. 헌법상의 독립기관, 필수기관

중립적이고 독립적인 기관으로 헌법에 규정되어 있다. 이는 물론 위원회의 사무가 선거에 관한 것이고 선거에서의 공정성을 확보하기 위해서는 더욱 독립성이 중요하기 때문이다. 헌법에 선거관리위원회가 규정되어 있는 입법례는 외국의 경우에 드물다. 독립성은 구성원의 자격에서 찾아져야 하기도 한다.

헌법 제114조 제1항은 "둔다"라고 하여 필수기관으로 규정하고 있다

2. 선거·정당사무기관

중앙선거관리위원회(이하 "중선위"라고도 함)는 국가 및 지방자치단체의 선거에 관한 사무·국민투표에 관한 사무를 통할·관리한다(선거관리위원회법 제3조 3항 전문, 공직선거법 제12조 1항 전문). 또한 선거관리위원회는 정당의 등록, 합당, 등록취소 등의 사무를 처리한다.

3. 합의제기관

중앙선거관리위원회는 합의제의 위원회 형식으로 운영되는데 이는 바로 독립성을 제고하기 위한 것이기도 하다.

Ⅱ. 선거관리위원회의 조직과 구성

1. 중앙선거관리위원회의 조직과 구성

(1) 구성방식

중앙선거관리위원회는 대통령이 임명하는 3인, 국회에서 선출하는 3인과 대법원장이 지명하는 3인의 위원으로 구성한다(제114조 2항). 위원들은 국회의 인사청문회를 거쳐 임명, 선출, 지명된다(선거관리위원회법 제4조 1항). 즉 국회선출대상 위원들 뿐 아니라 모든 위원들이 인사청문의 대상이다. 위원장은 위원 중에서 호선한다(제114조 2항 후문).

(2) 구성상의 문제점

현재 중앙선거관리위원회는 대통령이 임명하는 3인, 국회에서 선출하는 3인과 대법원장이 지명하는 3인의 위원으로 구성한다(제114조 2항 전문). 그러나 대법원장의 지명제도는 문제가 있다. 첫째, 대법원장의 지명은 독임기관으로서의 지명이고 대법관회의라는 합의체에 의한 지명이 아니기에 문제이다. 둘째, 선거소송이 현재는 관할이 법원이고 특히 국회의원 및 대통령, 시·도지사선거의 경우 선거소송의 관할은 대법원이다. 국회의원 및 대통령, 시·도지사선거의 경우 선거소송은 헌법적 성격을 띠는 판단을 요할 수 있으므로 그 관할을 헌법재판소로 하는 것이 타당하다. 선거소송이나 그 이전에 선거의 관리는 헌법적 판단을 요하는 경우가 많으므로 중앙선거관리위원회의 구성의 3분의 1을 대법원장이 구성하도록 할 것이 아니라 헌법재판소가 담당하도록 하여야 성격상 합당하다.

각종 선거소송에서 선거관리위원장이 피고가 될 수 있는데(공직선거법 제222조, 제223조), 선거소송은 또한 법원관할이므로 당사자 피고가 속한 법원이 소송을 담당하게 되는 모순이 발생한다. 근본적으로 헌법재판소에 의해 선거소송을 관할하든지 선거관리위원장은 법관 외의 자가 하든지 하는 문제해결이 필요하다.

2. 각급 선거관리위원회의 위상과 조직 및 구성

각급 선거관리위원회의 조직·직무범위 기타 필요한 사항은 법률로 정한다(제114조 7항). 이 법률이 선거관리위원회법이다.

(1) 위상

현재는 중앙선거관리위원회 외에 각급 구·시·군 선거관리위원회도 헌법에 의하여 설치된 기관으로서 헌법과 법률에 의하여 독자적인 권한을 부여받은 기관에 해당하고, 따라서 당사자 능력이 인정된다고 본다. 헌법 제114조 제1항에 “선거관리위원회를 둔다”라고 규정한 것이 중요한 근거로 본다.

판례 헌재 2008.6.26. 2005헌라7

[판시] 권한쟁의 심판에 있어서 당사자가 될 수 있는 국가기관이란 국가의사 형성에 참여하여 국법질서에 대하여 일정한 권한을 누리는 헌법상의 지위와 조직이라고 할 수 있다. 이러한 '국가기관'에 해당하는지 여부를 판별함에 있어서는, 그 국가기관이 헌법에 의하여 설치되고 헌법과 법률에 의하여 독자적인 권한을 부여받고 있는지 여부, 헌법에 의하여 설치된 국가기관 상호간의 권한쟁의를 해결할 수 있는 적당한 기관이나 방법이 있는지 여부 등을 종합적으로 고려하여야 할 것이다(헌재 1997.7.16. 96헌라2, 판례집 9-2, 154, 163). 그런데 우리 헌법은 제114조 제1항에서 선거와 국민투표의 공정한 관리 및 정당에 관한 사무를 처리하기 위하여 선거관리위원회를 둔다고 하면서, 제2항에서 제5항까지 중앙선거관리위원회에 대해 규정하고 있는 외에 제6항에서 각급 선거관리위원회의 조직·직무범위 기타 필요한 사항은 법률로 정한다고 규정하여 각급 선거관리위원회의 헌법적 근거 규정을 마련하고 있다. 또한 헌법 제115조 제1항은 각급 선거관리위원회는 선거인명부의 작성 등 선거사무와 국민투표사무에 관하여 관계 행정기관에 필요한 지시를 할 수 있다고 규정하고 있으며, 제2항은 제1항의 지시를 받은 당해 행정기관은 이에 응하여야 한다고 규정하고, 제116조 제1항은 선거운동은 각급 선거관리위원회의 관리하에 법률이 정하는 범위 안에서 하되 균등한 기회가 보장되어야 한다고 규정하여 각급 선거관리위원회의 직무 등을 정하고 있다. 우리 헌법은 중앙선거관리위원회와 각급 선거관리위원회를 통치구조의 당위적인 기구로 전제하고, 각급 선거관리위원회의 조직, 직무범위 기타 필요한 사항을 법률로 정하도록 하고 있는 것이다. 그리고 위 헌법 규정에 따라 제정된 선거관리위원회법은 각각 9인 또는 7인의 위원으로 구성되는 네 종류의 선거관리위원회를 두고 있고, 공직선거법 제13조 제1항 제3호에 의하면, 이 사건 구·시·군 선거관리위원회는 지역선거구 국회의원 선거, 지역선거구 시·도의회의원 선거, 지역선거구 자치구·시·군 의회의원 선거, 비례대표선거구 자치구·시·군 의회의원 선거 및 자치구의 구청장·시장·군수 선거의 선거구선거사무를 담당한다. 그렇다면 중앙선거관리위원회 외에 각급 구·시·군 선거관리위원회도 헌법에 의하여 설치된 기관으로서 헌법과 법률에 의하여 독자적인 권한을 부여받은 기관에 해당하고, 따라서 피청구인 강남구선거관리위원회도 당사자 능력이 인정된다.

(2) 조직 및 구성

중앙선거관리위원회 이하 각급 선거관리위원회로는 ① 특별시·광역시·도선거관리위원회(이하 "시·도선거관리위원회"라 한다), ② 구·시·군선거관리위원회, ③ 읍·면·동선거관리위원회가 있다. 이러한 3단계의 선거관리위원회는 특별시·광역시·도와 구·시·군 및 읍·면·동에 각각 대응하여 두고 있다. 다만, 구·시·군에는 인구수·투표구수·교통 기타 여건을 감안하여 중앙선거관리위원회규칙이 정하는 바에 따라 그 구역 안에 2개 이상의 구·시·군선거관리위원회를 둘 수 있다(선거관리위원회법 제2조 2항).

시·도선거관리위원회는 9인의 위원으로, 구·시·군선거관리위원회도 9인의 위원으로, 읍·면·동선거관리위원회는 7인의 위원으로 구성된다(동법 동조 1항). 시·도선거관리위원회의 위원은 국회의원의 선거권이 있고 정당원이 아닌 자 중에서 국회에 교섭단체를 구성한 정당이 추천한 사람과 당해 지역을 관할하는 지방법원장이 추천하는 법관 2인을 포함한 3인과 교육자 또는 학식과 덕망이 있는 자 중에서 3인을 중앙선거관리위원회가 위촉하고, 구·시·군선거관리위원회의 위원은 그 구역안에 거주하는 국회의원의 선거권이 있고 정당원이 아닌 자 중에서 국회에 교섭단체를 구성한 정당이 추천한 사람과 법관·교육자 또는 학식과 덕망이 있는 자 중에서 6인을 시·도선거관리위원회가 위촉하며, 읍·면·동선거관리위원회의 위원은 그 읍·면·동의 구역안에 거주하는 국회의원의 선거권이 있고 정당원이 아닌 자 중에서 국회에 교섭단체를 구성한 정당이 추천한 사람과 학식과 덕망이 있는 자 중에서 4인을 구·시·군선거관리위원회가 위촉한다(동법 제4조 2항-4항). 법관과 법원공무원 및 교육공무원 이외의 공무원은 각급 선거관리위원회의 위원이 될 수 없다(동법 제4조 6항). 각급 선거관리위원회의 위원장은 당해 선거관리위원회위원 중에서 호선한다(동법 제5조 2항).

Ⅲ. 선거관리위원의 임기와 독립성 및 신분보장

중앙선거관리위원회 위원 및 각급 선거관리위원회 위원의 임기는 6년이다(제114조 3항, 선거관리위원회법 제8조).

위원은 정당에 가입하거나 정치에 관여할 수 없다(제114조 4항). 위원이 정당에 가입하거나 정치에 관여한 경우에는 해임된다. 이는 선거의 공정성보장을 위한 선거관리업무에서의 정치적 독립성을 확보하기 위한 것이다.

업무의 독립성보장을 위하여 위원에 대한 신분보장이 이루어지고 있다. 즉 위원은 탄핵 또는 금고 이상의 형의 선고에 의하지 아니하고는 파면되지 아니한다(제114조 5항). 선거관리위원회법은 각급선거관리위원회의 위원은 ① 정당에 가입하거나 정치에 관여한 때, ② 탄핵결정으로 파면된 때, ③ 금고이상의 형의 선고를 받은 때, ④ 정당추천위원으로서 그 추천정당의 요구가 있거나 추천정당이 국회에 교섭단체를 구성할 수 없게 된 때와 국회의원선거권이 없음이 발견된 때, ⑤ 시·도선거관리위원회의 상임위원인 위원으로서 국가공무원법 제33조 각호의 1에 해당하거나 상임위원으로서의 근무상한에 달하였을 때에 해당할 때가 아니면 해임·해촉 또는 파면되지 아니한다고 규정하고 있다(동법 제9조). 각급 선거관리위원회의 위원은 선거인명부작성기준일 또는 국민투표안공고일로부터 개표종료시까지 내란·외환·국교·폭발물·방화·마약·통화·유가증권·우표·인장·살인·폭행·체포·감금·절도·강도 및 국가보안법위반의 범죄에 해당하는 경우를 제외하고는 현행범인이 아니면 체포 또는 구속되지 아니하며 병역소집의 유예를 받는다(동법 제13조).

Ⅳ. 선거관리위원회의 운영

각급 선거관리위원회의 회의는 당해 위원장이 소집한다. 다만, 위원 3분의 1 이상의 요구가 있을 때에는 위원장은 회의를 소집하여야 한다(동법 제11조).

각급 선거관리위원회는 위원과반수의 출석으로 개의하고 출석위원 과반수의 찬성으로 의결하면, 위원장은 표결권을 가지며 가부동수인 때에는 결정권을 가진다(동법 제10조). 이처럼 위원장이 결선(casting vote)권을 가지는데 2007년 대통령의 발언이 공무원의 선거운동금지의무 위반이라고 하여 논란이 된 사안에서 위원장의 결선권이 행사되어 부결에 이른 예가 있었고 이 결정에 대해서는 논란이 있었다.[1)]

V. 선거관리위원회의 권한과 사무

선거관리위원회는 선거와 국민투표의 공정한 관리 및 정당에 관한 사무를 처리하는 권한을 가진다(제114조 1항).

1. 중앙선거관리위원회의 권한과 사무

(1) 선거·국민투표관리사무

중앙선거관리위원회(이하 "중선위"라 함)는 선거·국민투표에 관한 사무를 통할·관리한다(동법 제3조 3항 전문, 공직선거법 제12조 1항 전문). 중선위가 행하는 선거구선거관리는 대통령선거 및 비례대표전국선거구국회의원선거이다(공직선거법 제13조 1항 1호). 즉 선거구관리에 있어서는 바로 중선위는 관리대상의 선거구가 전국적인 것은 지역선거구가 담당할 수 없으므로 당연히 중선위의 몫이다. 그외 선거들에 있어서는 각급 선관위가 관리주체가 되고 중선위는 이에 대한 통할·관리, 지침설정(규칙제정권), 감독 등을 수행하는 것이다. 중선위는 하급선거관리위원회의 위법·부당한 처분에 대하여 이를 취소하거나 변경할 수 있다(공직선거법 제12조 1항).

(2) 정당에 관한 사무

정당법에 이에 관한 규정들이 있다(중선위의 정당에 관한 사무는 아래의 선거관리위원회의 권한·사무에 대한 개별적 고찰 부분을 참조).

(3) 규칙제정권

중앙선거관리위원회는 법령의 범위 안에서 선거관리·국민투표관리 또는 정당사무에 관한 규칙을 제정할 수 있으며, 법률에 저촉되지 아니하는 범위 안에서 내부규율에 관한 규칙을 제정할 수 있다(제114조 6항). 중앙선거관리위원회의 규칙은 주로 선거규제방법 등에 관한 것이 많은데 공직선거법에 규칙사항들이 규정되어 있다. 선거관리규칙은 법규명령으로서의 성격을 가

---

1) 2007년 6월 2일 '참여정부평가포럼' 강연에서 "한나라당이 집권하는 것은 끔찍한 일" 등의 발언을 한 데 대해 한나라당이 고발한 사건에서 중앙선거관리위원회의 위원들의 의견이 위반의견 4인, 위반이 아니라는 의견 3인으로 나누어졌는데 중앙선거관리위원장이 표결에 참여하여 후자의견을 표명하여 4 : 4 가부동수가 되었고 가부동수인 때에는 위원장이 결정권을 가진다는 위 규정을 근거로 위원장이 선거운동금지의무의 위반이 아니라고 결정하여 논란이 되었던 예가 있다.

진다.

(4) 법령에 관한 의견표시권

행정기관이 선거 · 국민투표 및 정당관계법령을 제정 · 개정 또는 폐지하고자 할 때에는 미리 당해 법령안을 중선위에 송부하여 그 의견을 구하여야 하고, 중선위는 선거 · 국민투표 및 정당관계법률의 제정 · 개정 등이 필요하다고 인정하는 경우에는 국회에 그 의견을 서면으로 제출할 수 있다(선거관리위원회법 제17조).

2. 선거관리위원회의 권한 · 사무에 대한 개별적 고찰

(1) 선거 · 국민투표관리사무

선거관리위원회는 법령이 정하는 바에 의하여 ① 국가 및 지방자치단체의 선거에 관한 사무, ② 국민투표에 관한 사무를 행한다. 공공단체의 위탁선거도 관리한다(선거관리위원회법 제3조 1항). 선거관리위원회는 법령을 성실히 준수함으로써 선거 및 국민투표의 관리와 정당에 관한 사무의 처리에 공정을 기하여야 한다(동법 동조 2항).

중선위는 선거 · 국민투표에 관한 사무를 통할 · 관리하며, 각급 선거관리위원회는 선거 · 국민투표에 관한 사무를 수행함에 있어 하급선거관리위원회를 지휘 · 감독한다(동법 동조 3항).

ⅰ) 선거계도, 선거법위반에 대한 예방 · 단속 — 각급 선거관리위원회는 선거권자의 주권의식의 앙양을 위하여 상시계도를 실시하여야 하고, 선거 또는 국민투표가 있을 때에는 그 주관 하에 문서 · 도화 · 시설물 · 신문 · 방송 등의 방법으로 투표방법 · 기권방지 기타 선거 또는 국민투표에 관하여 필요한 계도를 실시하여야 한다(동법 제14조 1항 · 2항). 선거일전부터 선거부정을 예방하기 위한 감시, 단속활동을 한다. ⅱ) 선거범죄조사권 — 선거범죄에 관한 현장조사, 증거수집 등의 권한을 가진다. ⅲ) 선거법위반행위에 대한 중지 · 경고 등 — 각급 선거관리위원회의 위원 · 직원은 직무수행 중에 선거법위반행위를 발견한 때에는 중지 · 경고 또는 시정명령을 하여야 하며, 그 위반행위가 선거의 공정을 현저하게 해치는 것으로 인정되거나 중지 · 경고 또는 시정명령을 불이행하는 때에는 관할수사기관에 수사의뢰 또는 고발할 수 있다(동법 제14조의2). ⅳ) 각급 선거관리위원회는 선거인명부의 작성 등 선거사무와 국민투표사무에 관하여 관계 행정기관에 필요한 지시를 할 수 있고, 그 지시를 받은 당해 행정기관은 이에 응하여야 한다(제115조, 동법 제16조 1항). 각급 선거관리위원회는 선거사무를 위하여 인원 · 장비의 지원 등이 필요한 경우에는 행정기관에 대하여는 지시 또는 협조요구를, 공공단체 및 「은행법」 제2조의 규정에 의한 금융기관(개표사무종사원을 위촉하는 경우에 한한다)에 대하여는 협조요구를 할 수 있고, 이러한 지시를 받거나 협조요구를 받은 행정기관 · 공공단체 등은 우선적으로 이에 응하여야 한다(동법 제16조 2항 · 3항). ⅴ) 재정신청권 — 당해 선거관리위원회가 매수 및 이해유도죄, 당선무효유도죄, 선거의 자유방해죄, 직권남용에 의한 선거자유방해죄, 사위투표죄,

허위사실공표죄, 부정선거운동죄, 기부행위의 금지제한 등 위반죄 및 선거비용부정지출 등의 죄에 대하여 고소 또는 고발을 한 당해 선거관리위원회는 검사로부터 공소를 제기하지 아니한다는 통지를 받은 날부터 10일 이내에 그 검사소속의 고등검찰청에 대응하는 고등법원에 그 당부에 관한 재정을 신청할 수 있다(공직선거법 제273조 1항).

(2) 정당에 관한 사무

선거관리위원회는 법령이 정하는 바에 의하여 정당에 관한 사무를 행한다(선거관리위원회법 동조 1항 3호). 선거관리위원회는 정당의 성립과 활동, 변경, 그리고 소멸에 관한 업무를 수행한다. 정당법에는 이에 관한 구체적 업무를 규정하고 있는데 중선위 뿐 아니라 관할 선거관리위원회도 정당사무를 관장한다. ⅰ) 정당 등록업무 – 중선위는 창당준비위원회의 결성신고를 수리한다(정당법 제7조). 정당은 5 이상의 시·도당을 가지고(정당법 제17조, 법정시·도당수) 1천인 이상의 당원을 가져야 하는(정당법 제18조, 시·도당의 법정당원수) 요건을 갖추어 중앙당을 중선위에 등록함으로써 성립할 수 있다(정당법 제4조). 창당준비가 완료되면 중앙당은 ① 정당의 명칭, ② 사무소의 소재지, ③ 강령(또는 기본정책)과 당헌, ④ 대표자·간부의 성명·주소, ⑤ 당원의 수 등을 등록하여야 하며(정당법 제12조 1항) 이러한 등록업무를 중선위가 관장한다. ⅱ) 합당에 관한 사무 – 복수의 정당이 새로운 당명으로 합당(신설합당)하거나 다른 정당에 합당(흡수합당)될 때에는 중앙선거관리위원회에 등록(신설합당의 경우) 또는 신고(흡수합당의 경우)함으로써 성립한다(정당법 제19조). 중선위는 이러한 등록 또는 신고의 사무를 담당한다. ⅲ) 등록취소업무 – 5개 이상의 시·도당을 가지고, 시·도당은 1천인 이상의 당원을 가져야 하는 정당존속요건을 구비하지 못하게 된 때, 최근 4년간 임기만료에 의한 국회의원선거 또는 임기만료에 의한 지방자치단체의 장선거나 시·도의회의원선거에 참여하지 아니한 때, 임기만료에 의한 국회의원선거에 참여하여 의석을 얻지 못하고 유효투표총수의 100분의 2 이상을 득표하지 못한 때는 당해 선거관리위원회는 그 등록을 취소한다(정당법 제44조 1항). 자진해산의 경우에도 그 대표자는 지체 없이 그 뜻을 관할 선거관리위원회에 신고하여야 한다(정당법 제45조). ⅳ) 그외 정기보고에 관한 권한, 즉 중앙당과 시·도당은 매년 12월 31일 현재로 그 당원 수 및 활동개황을 다음 연도 2월 15일(시·도당은 1월 31일)까지 관할 선거관리위원회에 보고하여야 하는데(정당법 제35조 1항) 이에 관한 권한을 가진다. 그리고 각급 선거관리위원회는 감독상 필요한 때에는 정당에 대하여 보고 또는 장부·서류 그 밖의 자료제출을 요구할 수 있다(정당법 제36조 본문).

(3) 정치자금에 관한 사무

선거관리위원회는 정치자금의 투명성보장을 위하여 정치자금에 관한 사무를 담당한다. 즉 정치자금에 관한 법률에 의거하여 선거관리위원회는 ⅰ) 정당 및 의원, 후보자의 후원회의 등록, 합병 등에 의한 변경, 소멸에 관한 업무, 그리고 후원회의 운영에 대한 감독 등의 업무,

ⅱ) 정당에 대한 국고보조금의 산출과 예산에의 계상, 그 지급 등에 관한 업무, ⅲ) 정치자금의 기탁의 접수와 그 배분에 관한 업무, ⅳ) 정당·후원회의 회계보고 등 정치자금운영에 대한 감독 등의 업무를 수행한다.

제6장 지방자치

제1절 지방자치의 개념과 법적 성격 및 본질

Ⅰ. 지방자치의 개념과 기능 및 유형

1. 개념

지방자치란 지방의 각 지역에서 그 지역에 거주하는 주민들의 생활을 영위하고 복지가 증진되도록 그 지역의 고유한 사무와 행정을 그 지역에서 설치된 자율적 기관들에 의해 스스로 수행하는 활동을 의미한다. 지방자치는 특정한 지방의 지역이라는 ① 지리적 개념요소와 ② 고유한 사무의 자율적 처리라는 권한적 개념요소, 그리고 ③ 그 처리를 담당하는 자율기구라는 기관적 개념요소를 내포하는 개념이다.

2. 기능

ⅰ) 특성화기능 – 지방자치는 지리적 요소를 기초로 하므로 지역의 특성을 살리는 기능을 한다. ⅱ) 자율성과 주축성(중앙정부의 보충성원칙) – 지방자치는 각 지역에서 주민들의 삶을 영위하기 위한 사무를 그 지역 스스로 수행하는 활동이므로 자율성 기능을 한다. 이는 지방에서는 자치가 주축이 되어야 한다는 것을 의미한다. 그리하여 보충성의 원칙이 중요하다. 보충성원칙은 지방에서의 행정, 사무는 지방자치단체가 스스로 먼저 그 정책의 수립, 집행을 수행하도록 하고 그 수행에 어려움이 있을 경우에 중앙정부가 나서서 지원하도록 하는 지방자치원리를 말한다. ⅲ) 기초민주성, 시민교육, 기본권 등의 구현 – 지방자치는 단위 지역에서 주민들의 일상적이고 기초적인 삶에 관한 자결적인 활동이므로 이는 민주주의의 출발이 되는 것으로서 흔히 풀뿌리 민주주의의 기능을 수행한다. 이는 민주시민의 양성이라는 교육적 측면도 강조되게 한다. 이는 지방선거에의 참여, 지방의원으로서 의정참여 등으로 참정권 등을 구현하게 하는 기능도 한다. 헌재도 “지방의 공동 관심사를 자율적으로 처결함과 동시에 주민의 자치

역량을 배양하여 국민주권주의와 자유민주주의의 이념구현에 이바지함을 목적으로 하는 제도" 라고 한다.[1] 또한 당장 지방자치단체의 폐지·병합으로 인해 지방자치단체의 자치권의 침해문제와 더불어 그 주민의 헌법상 보장된 기본권의 침해문제도 발생할 수 있다.[2] 다만, 아래에 보듯이 지방자치권 자체와 주민의 기본권을 구분하여 지방자치권 자체는 기본권이 아니라 그것의 보장이 제도적 보장으로서 지방자치권의 침해를 이유로 헌법소원심판을 청구할 수는 없고 주민이 지방자치와 관련한 기본권의 침해가 있을 때 헌법소원심판을 청구할 수 있다(후술 참조). iv) 기능적 권력분립 – 오늘날 고전적 권력분립원칙의 작동이 문제가 있다는 지적 끝에 중앙정부의 권력을 지방에 이양하여 기능적인 수직적 권력분립을 이루어야 하는 점이 지적되고 있기도 하다(전술 권력분립 부분 참조).

헌재의 판례도 아래 판시에서 보듯이 대체적으로 위와 같은 기능을 강조한다.

판례 헌재 1998.4.30. 96헌바62

[판시] 지방자치제도의 헌법적 보장은 국민주권의 기본원리에서 출발하여 주권의 지역적 주체로서의 주민에 의한 자기통치의 실현으로 요약할 수 있고, 이러한 지방자치의 본질적 내용인 핵심영역은 어떠한 경우라도 입법 기타 중앙정부의 침해로부터 보호되어야 한다는 것을 의미한다. 다시 말하면 중앙정부의 권력과 지방자치단체간의 권력의 수직적 분배는 서로 조화가 요청되고 그 조화과정에서 지방자치의 핵심영역은 침해되어서는 안 되는 것이므로, 이와 같은 권력분립적·지방분권적인 기능을 통하여 지역주민의 기본권 보장에도 이바지하는 것이다.

3. 유형

(1) 단체자치와 주민자치

지방자치에는 독일, 프랑스와 같은 유럽국가들에서 볼 수 있는 대륙형인 단체자치와 영미국가들에서 볼 수 있는 영미형인 주민자치의 두 가지 유형으로 크게 나누어진다. 단체자치는 국가로부터의 독립과 지방분권에 강조점이 있고 법적 의미의 자치라고도 보고 주민자치는 지역적 현안문제에 대한 주민의 참여를 중시하는 민주주의관념에 강조점이 있어 정치적 의미의 자치라고도 본다. 단체자치에서는 자치권은 전래적인 권리라고 보고, 주민자치에서는 주민들의 고유한 자연의 권리라고 본다. 단체자치에서는 지방자치를 수행하는 행정조직이 하나의 독립된 법인격을 가진 단체로서 지방자치가 지방의 조직에 의해 실현되는데 기관대립주의(입법기능, 집행기능이 지방의회, 장으로 분리 수행)가 일반적이다. 반면에 주민자치에서는 주민들이 지방자치에 직접 참여한다는 현실을 강조하는 자치유형으로서 지방의 조직기관이 중앙의 하부조직으로서 국가의 지방행정청이라는 법적 지위를 가지고 기관통합주의(지방의회가 입법기능과 집행기능을 함께 수행)가 일반적이다. 단체자치에서는 국가의 감독은 행정적인데 비해 주민자치에서는 입

1) 헌재 1991.3.11. 91헌마21; 1998.4.30. 96헌바62; 2009.3.26. 2007헌마843 등.
2) 헌재 1995.3.23. 94헌마175; 1994.12.29. 94헌마201; 2006.4.27. 2005헌마1190 등.

법, 사법적 감독이 주가 된다.

항목 \ 2유형	단체자치	주민자치
지역	프랑스, 독일 등 대륙국가들	영국, 미국 등 영미국가들
강조점과 의미	국가로부터 독립, 지방분권, 법적 의미	주민참여, 민주주의, 정치적 의미
자치권 성격	전래권	고유권
지방조직단체	법인격 보유, 기관대립주의	지방청, 기관통합주의
국가감독의 중심	행정적 감독	입법적 내지 사법적 감독

▮ 단체자치와 주민자치의 대비

(2) 우리나라의 경우

헌재는 우리 지방자치에 대한 것인지를 명확하게 언급하지 않은채(그래서 일반론적으로 설시한 것으로 볼 것인데) “전통적으로 지방자치는 주민의 의사에 따라 지방행정을 처리하는 ‘주민자치’와 지방분권주의를 기초로 하여 국가 내의 일정한 지역을 토대로 독립된 단체가 존재하는 것을 전제로 하여 그 단체의 의회와 기관이 그 사무를 처리하는 ‘단체자치’를 포함”한다고 설시하고 있다.[1] 생각건대 우리나라의 지방자치는 지방자치단체를 하나의 법인격으로 규정하고(지방자치법) 기관분리의 단체자치에 입각한다. 그러면서도 주민투표제, 조례개폐청구제 등 주민자치적 제도도 두고 있다.

(3) 입법기관과 행정기관 간 유형, 직접제· 간접제 유형

지방자치단체의 입법기관인 지방의회와 집행기관인 장 간의 관계가 국가형태에서의 의원내각제와 같은 유형과 지방자치단체장이 주민에 의해 직선되어 국가형태에서의 대통령제에 가까운 유형, 주민 전체가 의결에 참여하는 소규모 지방자치단체에서의 직접제, 일반적인 간접제 등으로 유형 분류가 가능할 것이다.

4. 우리 지방자치의 헌법상 연혁

우리나라 지방자치에 관한 헌법규정의 역사를 보면, ① 제1공화국 때부터 헌법에 규정을 두고 “지방자치단체의 조직과 운영에 관한 사항은 법률로써 정한다”라고 규정한 당시 헌법 제97조 제2항에 따라 지방자치법이 1949년에 제정되어 그 입법사는 오래되었으나 이승만정부가 중앙임명제를 하는 것이 유리하다는 계산으로 지방선거를 실시하지 않다가 1952년에 실시하여

1) 헌재 2009.3.26. 2007헌마843.

지방의회가 처음으로 구성되었다. 지방자치단체의 종류는 도와 서울특별시와 도의 관할에 있는 시, 읍, 면 2종으로 나누어져 있었고 도지사와 서울특별시장은 대통령이 임명하고 시, 읍, 면장은 각기 지방의회에서 무기명투표로써 선거하도록 하였다. ② 제2공화국 헌법에서는 처음으로 지방자치단체의 장의 선임에 대해 명시하면서, 적어도 시, 읍, 면의 장은 직선하도록 규정하고 있었고 당시 지방자치법은 도지사, 서울특별시장도 모두 직선하도록 규정하였다. 여하튼 제대로 된 지방자치가 실시되었으나 얼마 지나지 않아 1961년 5.16 군사쿠테타로 지방의회가 해산되어 다시 암흑의 시기로 들어갔는데 ③ 제3공화국 때에는 당시 헌법 부칙 제7조 제3항이 "헌법에 의한 최초의 지방의회의 구성시기에 관하여는 법률로 정한다"라고 규정하고 있었으나 그 법률을 제정하지 않아 지방자치가 실시되지 않았다. ④ 제4공화국 때에는 당시 헌법 부칙 제10조가 "이 헌법에 의한 지방의회는 조국통일이 이루어질 때까지 구성하지 아니한다"라고 규정하여 역시 실시되지 않았다. ⑤ 제5공화국 때에도 당시 헌법 부칙 제10조가 "이 헌법에 의한 지방의회는 지방자치단체의 재정자립도를 감안하여 순차적으로 구성하되, 그 구성시기는 법률로 정한다"라고 규정하고 있었으나 그 법률을 제정하지 않아 실시되지 않았다. 이후 ⑥ 제6공화국에 들어와 1991년에 지방의회가 구성되었고 지방자치단체의 장 선거가 대통령이 선거일공고를 하지 않은 부작위로 연기되다가[1] 1995년에 장 선거가 실시되었고 이후 지방의회와 장이 모두 직선되고 있다.

공화국 / 사항	1	2	3	4	5	6
지방자치단체 권한, 자치규정, 종류	제96조 지방자치단체는 법령의 범위 내에서 그 자치에 관한 행정사무와 국가가 위임한 행정사무를 처리하며 재산을 관리한다. 지방자치단체는 법령의 범위 내에서 자치에 관한 규정을 제정할 수 있다.	제96조 지방자치단체는 법령의 범위 내에서 그 자치에 관한 행정사무와 국가가 위임한 행정사무를 처리하며 재산을 관리한다. 지방자치단체는 법령의 범위 내에서 자치에 관한 규정을 제정할 수 있다.	제109조 ① 지방자치단체는 주민의 복리에 관한 사무를 처리하고 재산을 관리하며 법령의 범위 안에서 자치에 관한 규정을 제정할 수 있다. ② 지방자치단체의 종류는 법률로 정한다.	제114조 ① 지방자치단체는 주민의 복리에 관한 사무를 처리하고 재산을 관리하며 법령의 범위 안에서 자치에 관한 규정을 제정할 수 있다. ② 지방자치단체의 종류는 법률로 정한다.	제118조 ① 지방자치단체는 주민의 복리에 관한 사무를 처리하고 재산을 관리하며, 법령의 범위 안에서 자치에 관한 규정을 제정할 수 있다. ② 지방자치단체의 종류는 법률로 정한다.	제117조 ① 지방자치단체는 주민의 복리에 관한 사무를 처리하고 재산을 관리하며, 법령의 범위 안에서 자치에 관한 규정을 제정할 수 있다. ② 지방자치단체의 종류는 법률로 정한다.
지방자치단체의 조직(지방	제97조 지방자치단체의 조직과 운영에 관한 사항은	제97조 ① 지방자치단체의 조직과 운영에 관한	제110조 ① 지방자치단체에는 의회를 둔다.	제115조 ① 지방자치단체에는 의회를 둔다.	제119조 ① 지방자치단체에 의회를 둔다.	제118조 ① 지방자치단체에 의회를 둔다.

1) 이 연기에 대해서는 헌법소원심판이 청구되었으나 헌재는 심판청구 이후 법개정으로 실시될 것이어서 권리보호이익이 없다는 이유를 내세워 각하결정(헌재 1994.8.31, 92헌마126)을 한 바 있었다. 이는 위법상태를 헌재가 용인하는 결과를 가져와 문제가 있는 결정이었다(이에 대해서는 정재황, 헌법재판개론(제2판), 박영사(2003) 참조).

의회, 장의 선거(임)과 권한)	법률로써 정한다. 지방자치단체에는 각각 의회를 둔다. 지방의회의 조직·권한과 의원의 선거는 법률로써 정한다.	사항은 법률로써 정한다. ② 지방자치단체의 장의 선임방법은 법률로써 정하되 적어도 시, 읍, 면의 장은 그 주민이 직접 이를 선거한다.〈신설 1960.6.15.〉 * 지방자치법은 도지사, 특별시장도 직선하도록 규정 ③ 지방자치단체에는 각각 의회를 둔다. ④ 지방의회의 조직·권한과 의원의 선거는 법률로써 정한다.	② 지방의회의 조직·권한·의원선거와 지방자치단체의 장의 선임방법 기타 지방자치단체의 조직과 운영에 관한 사항은 법률로 정한다.	② 지방의회의 조직·권한·의원선거와 지방자치단체의 장의 선임방법 기타 지방자치단체의 조직과 운영에 관한 사항은 법률로 정한다.	② 지방의회의 조직·권한·의원선거와 지방자치단체의 장의 선임방법 기타 지방자치단체의 조직과 운영에 관한 사항은 법률로 정한다.	② 지방의회의 조직·권한·의원선거와 지방자치단체의 장의 선임방법 기타 지방자치단체의 조직과 운영에 관한 사항은 법률로 정한다.
3, 4, 5공 때의 정지조항			부칙 제7조 ③ 이 헌법에 의한 최초의 지방의회의 구성시기에 관하여는 법률로 정한다.	부칙 제10조 이 헌법에 의한 지방의회는 조국통일이 이루어질 때까지 구성하지 아니한다.	부칙 제10조 이 헌법에 의한 지방의회는 지방자치단체의 재정자립도를 감안하여 순차적으로 구성하되, 그 구성시기는 법률로 정한다.	

▌지방자치에 관한 역대 및 현행 헌법의 비교

Ⅱ. 지방자치권과 그 보장의 법적 성격 및 그 효과

대륙형의 단체자치의 입장에서 지방자치권과 그 보장의 성격을 살펴본다.

1. 법적 성격

(1) 지방자치권의 본질적 법적 성격 - 고유권, 전래권 여부

지방자치권의 본질적인 법적 성격에 대해서는 지방자치단체의 고유한 권한으로 보는 고유권설과, 국가에서부터 나오는 권한으로 보는 전래권설(자치위임설)이 대립된다. 생각건대 단체자치에서는 지방자치권은 고유한 지방의 권한이 아니라 국가의 헌법이 부여하는 권력으로서, 즉 전래하는 권력으로서의 자치권이고 우리나라의 지방자치가 기본적으로 단체자치에 입각하고 있다는 점에서 전래권으로서 성격이 주가 된다고 보는 것이 타당할 것이다.

(2) 제도적 보장 이론

종래 우리나라에서는 독일의 영향을 받아 지방자치제도, 지방자치권의 보장을 제도적 보장으로 파악하려는 경향이 있었다. 헌재 판례도 "지방자치는 국민의 기본권이 아닌 헌법상의 제도적 보장으로 이해되고 있다"라고 판시하거나[1] "헌법은 제117조와 제118조에서 '지방자치단체의 자치'를 제도적으로 보장하고 있는바, 그 보장의 본질적 내용은 자치단체의 보장, 자치기능의 보장 및 자치사무의 보장이다"라고 판시하여[2] 마찬가지 입장을 취한다. 그러나 최근 이에 대한 비판의 견해들이 강하고 지방자치권은 헌법 자체에서 나오는 것일 뿐이라는 견해가 강해지고 있다. 우리는 제도적 보장이론 자체에 대해 비판적 입장을 설명한 바 있으므로 지방자치의 경우도 마찬가지의 비판이 있게 된다. 제도적 보장이 최소보장이라는 점에서 제도적 보장으로 보는 것에 대한 재검토가 필요하다(제도적 보장이론에 대해서는, 기본권론 참조).

2. 효과

(1) 객관적 법규범

위와 같이 지방자치의 보장이 제도적 보장이라고 본다면 지방자치권은 하나의 기본권이 아니라는 결론에 이르게 된다. 제도적 보장으로서 주관적 공권이 아니라 객관적 법규범이라는 것이다. 따라서 지방자치권의 침해를 이유로 기본권구제제도인 헌법소원심판을 청구할 수는 없다는 결론에 이르게 된다. 다만, 기관소송이나 권한쟁의심판, 위헌법률심판, 위헌소원심판에서는 재판규범으로 적용될 수 있다(자세한 것은 제도적 보장 부분을 참조).[3] 그리고 비록 지방자치 자체를 이유로 한 헌법소원심판의 청구는 어려우나 어떤 기본권 침해로 인해 헌법소원심판이 청구된 뒤에는 객관적 헌법질서의 유지 기능을 위하여 헌재가 직권으로 지방자치제 위반 여부를 따질 수 있다(헌법소원의 객관적 헌법질서유지 기능). 입법론적으로 지방자치단체에 소송제기권을 부여하는 것이 바람직하다.

(2) 넓은 입법형성

헌재판례에 의하면 제도적 보장은 기본권 보장의 경우와는 달리 그 본질적 내용을 침해하지 아니하는 범위 안에서 입법자에게 제도의 구체적인 내용과 형태의 형성권을 폭넓게 인정한다는 의미에서 '최소한 보장의 원칙'이 적용된다. 따라서 지방자치제도에 대한 입법형성권은 넓다고 보는 것이 판례 입장이라고 볼 것이다.[4]

---

1) 헌재 2009.3.26. 2007헌마843. 동지 : 1994.4.28. 91헌바15; 1998.4.30. 96헌바62 등.
2) 헌재 1994.12.29. 94헌마201, 판례집 6-2, 510, 522면; 2009.5.28. 2006헌라6, 판례집 21-1하, 428면 등.
3) 권한쟁의심판에서 적용의 실례 - 헌재 2009.5.28, 2006헌라6. 위헌소원심판에서 적용의 실례 - 헌재 1998.4.30, 96헌바62.
4) 헌재 2006.2.23. 2005헌마403 참조.

(3) 특정 지방자치단체 존속 비보장

헌재는 자치제도의 보장은 "자치행정을 일반적으로 보장한다는 것일 뿐이고 특정 자치단체의 존속을 보장한다는 의미가 아니라고" 한다.[1] 실제로 특정 지방자치단체가 다른 지방자체단체와 합쳐져 사라지는 폐치·분합 사례가 있다.

Ⅲ. 지방자치의 본질

1. 지방자치의 본질적 요소 모색과 그 중요성

지방자치의 보장은 그 본질이 훼손되지 않아야 이루어질 수 있다. 지방자치의 본질이란 그것의 박탈, 형해화는 지방자치의 부정을 의미하게 되는 것으로 개념정의할 수 있다. 그러나 무엇의 박탈이 곧 지방자치의 부정을 의미하는지 하는 문제가 남는다. 따라서 지방자치의 본질을 무엇이라고 직접적으로 개념정의하기보다는 그 요소가 무엇인지를 찾고 그 요소가 훼손되지 않는 것이 본질을 유지하는 것이라고 보는 것이 더 현실적일 것이다.

지방자치의 본질적 요소는 그것을 침해하여서는 지방자치라고 할 수 없으므로 그것의 보장은 국가의 지방자치에 대한 필요최소한의 보장이란 점에서 지방자치에 대한 국가의 개입이 어느 정도까지 허용되는가 하는 문제와 연관되고 따라서 그 요소의 확인이 중요하다.

2. 본질적 요소

(1) 판례

헌재는 지방자치제도는 "보장의 본질적 내용은 자치단체의 보장, 자치기능의 보장 및 자치사무의 보장이다"라고 한다.[2] 또한 "헌법상 제도적으로 보장된 자치권 가운데에는 자치사무의 수행에 있어 다른 행정주체(특히 중앙행정기관)로부터 합목적성에 관하여 명령·지시를 받지 않는 권한도 포함된다"라고 하면서 다만 불합리한 제한이 아닌 한 법령에 의해 제한될 수 있다고 본다.[3] 헌재는 "지방자치의 본질적이고 핵심적인 내용은 입법 기타 중앙정부의 침해로부터 보호되어야 한다는 것이 헌법상의 요청이기도 하다"라고 판시하는 데 그치기도 하는데[4] '중앙정부의 침해'로부터 보호되어야 할 '본질적이고 핵심적인 내용'이 무엇인지 보다 구체적인 설시가 필요하다.

---

1) 헌재 1995.3.23. 94헌마175, '경기도남양주시 등 33개 도농복합형태의 시 설치 등에 관한 법률' 제8조 위헌 여부; 2006.4.27. 2005헌마1190 등.

2) 헌재 1994.12.29. 94헌마201; 2008.5.29. 2005헌라3.

3) 헌재 2009.5.28. 2006헌라6.

4) 헌재 2003.1.30. 2001헌가4; 2009.3.26. 2007헌마843 등.

(2) 사견

생각건대 다음과 같은 요소들이 본질적 요소들이다.

i) **복수의 자치단체들의 존재 보장** 무엇보다 먼저 자치단체들이 존립하는 것을 보장하여야 한다. 특정자치단체가 계속 존재할 것을 요하지는 않으나 한 국가가 여러 자치단체들로 나누어져 구성되어 여러 개의 자치단체들이 존재하여야 한다. 전국이 하나의 자치단체가 되는 것과 같은 구성은 지방자치가 아니다.

ii) **지역기반성, 주민이라는 인적 요소** 복수의 지방자치단체들로 나누어진다는 것도 그러하거니와 지방자치는 일정한 지역을 기반으로 이루어지게 되고 주민들이 존재한다는 점이 본질적이다. 지방자치가 다른 자치와 구별되게 하는 것은 일정한 지역이 존재하여야 하고 그 지역에서 생활하는 주민이 있어야 한다는 점이다. 지방자치단체의 지역을 구역이라고 하는데 구역에는 육지뿐 아니라 공유수면도 포함된다. 헌재도 “지방자치단체의 구역에는 육지는 물론 바다도 포함되므로 공유수면에 대한 지방자치단체의 자치권한이 존재”한다고 본다.[1] 공유수면의 관할획정을 위한 해상경계선을 어떻게 정하느냐 하는 문제가 그래서 중요하다. 헌재는 이전에 국가기본도상의 해상경계선을 공유수면에 대한 불문법상 해상경계선으로 보아왔는데(헌재 2004.9.23. 2000헌라2; 헌재 2006.8.31. 2003헌라1 등) 이 법리를 폐기하는 판례변경을 하였다(헌재 2015.7.30. 2010헌라2). 한편 헌재는 공유수면을 매립한 경우 그 매립지의 관할에 대해서도 판례변경을 하였다. 즉 헌재는 이전에 이미 소멸되어 사라진 종전 공유수면의 해상경계선을 매립지의 관할경계선으로 인정하였으나(헌재 2011.9.29. 2009헌라3 등) 판례를 변경하여 매립 전 해상경계선을 당연한 매립지 관할선으로 인정하지 않는다(헌재 2019.4.11. 2015헌라2). 이러한 판례법리에 대해서는 후술하는 구역 부분에서 자세히 살펴본다.

iii) **자결성, 독자성** 지방사무를 스스로 처결하도록 맡긴다는 자결성이 그 요소가 되어야 할 것이다. 자치라는 점에서 독자성(고유성)을 지녀야 한다. 그 자결성, 독자성은 다시 나누어진다. ① 조직상 – 지방자치단체의 조직과 기관의 설정 등에 있어서 각 지방자치단체 주민에게 그 구성자 등의 결정을 맡겨야 한다. ② 권한·사무상 – 자치적 사무와 권한을 중앙정부가 침해하여서는 아니 된다. 지방자치단체에 대해 국가가 위임한 사무만 수행할 수 있게 하고 전혀 자치사무를 부여하지 않는 것은 본질의 침해이다. ③ 재정적 자치, 사회경제적 독자성 – 재정적 자립성이 확보되지 않는 만큼 중앙정부에 예속이 강해진다. 재정자립을 위한 조세권 등을 부여하여야 한다. 각 지역의 특성과 복리를 위한 사회경제적 시책을 스스로 수립하고

---

1) 헌재 2004.9.23. 2000헌라2; 2006.8.31. 2003헌라1; 2010.6.24. 2005헌라9; 2011.9.29. 2009헌라3 등. [판시] 지방자치단체의 구역에는 육지는 물론 바다도 포함되므로 공유수면에 대한 지방자치단체의 자치권한이 존재하고, 육지가 바다로, 바다가 육지로 변화된다 하더라도 그 위의 경계는 의연히 유지되므로 종래 특정한 지방자치단체의 관할구역에 속하던 공유수면이 매립되는 경우에도 법령에 의한 경계변경이 없는 한, 그 매립지는 당해 지방자치단체의 관할구역에 편입된다.

추진할 수 있는 권한이 주어져야 한다.

iv) **포괄적 사무성** 지방자치는 그 사무가 특정한 영역에 한정되는 것이 아니라 주민의 복리에 관하여 포괄적(전권한적)이고 일반적 사무를 수행한다는 점에서 다른 자치와 구별된다. 다만, 포괄성은 기초지방자치단체에 주로 해당이 되고 광역지방자치단체는 제한적이다.

(3) 한계

그러나 지방자치제가 가지는 본질적 한계도 있다. 별도의 주권을 가지지 않고 국가전체에서 유리될 수는 없다. 만약 그렇지 않다면 연방에 가까워질 것이기 때문이다. 국가의 정체성을 인정하고 전국적인 통일성과 일관성을 요하는 부분은 지방자치제에서도 준수되어야 한다.

3. 본질성의 보장

(1) 보장방법

중앙정부가 지방자치단체의 존립 자체를 긍정하는 것은 물론 그 조직구성권을 보장하며 사무영역을 침해하지 않도록 하여야 한다. 국회도 그러한 침해가 오지 않도록 보장하는 입법을 행하고 적절한 재정자립을 보장하기 위한 중앙정부재정과의 관계를 설정하도록 하되 최대한 지방자치단체의 재정을 확보하도록 하여야 한다. 지방자치제의 본질 침해 여부에 대해서 대법원의 기관소송이나 헌법재판소의 위헌법률심판, 위헌소원심판, 권한쟁의심판으로 심사할 수 있다.

(2) 지방자치권 침해여부 심사기준으로서 본질성

헌법재판소는 "법령에 의하여 이를 제한하는 것이 가능하다고 하더라도 그 제한이 불합리하여 자치권의 본질을 훼손하는 정도에 이른다면 이는 헌법에 위반된다[1)]"라고 하거나, "지방자치단체의 존재 자체를 부인하거나 각종 권한을 말살하는 것과 같이 그 본질적 내용을 침해하지 않는 한" 법률에 의한 통제는 가능하다고[2)] 판시하여 제한의 합리성 여부, 존재 자체의 부인 여부, 권한의 말살 여부를 그 본질적 내용을 판단기준으로 설정하고 있다.

Ⅳ. 지방자치의 현실

오늘날 지방자치에 대해서는 ⅰ) 재정의 중앙의존, 재정확보의 불충분성, ⅱ) 중앙집권화의 경향, ⅲ) 지역간 격차의 문제, 지방적 특성의 감소, 광역행정화에 따른 개성의 상실 등이 위기요인으로 지적되고 있다.[3)] 극복방안으로 "지방자치행정과정에의 주민의 참여의 확대, 지

1) 헌재 2002.10.31. 2002헌라2; 2006.2.23. 2004헌바50 등 참조.
2) 헌재 2001.11.29. 2000헌바78; 2002.10.31. 2002헌라2; 2008.5.29. 2005헌라3 등.
3) 이 지적은 홍정선, 신 지방자치법 제3판, 박영사, 2015, 21－22면의 내용(1. 지방재정과 지방자치, 2. 광역행정과 지방자치, 3. 지방적 특성의 감소, 4. 중앙집권화의 경향)을 정리, 인용한 것임.

방재정의 강화, 중앙정부권한의 대폭적인 지방자치단체에로의 이전" 등을 들고 있다.[1)]

제2절 지방자치단체의 조직

지방자치단체에는 지방사무에 관한 정책을 결정하고 조례를 제정하는 의결기관인 지방의회와 정책과 조례를 실행하는 집행기관이 있다. 현행 헌법은 지방자치단체의 조직에 관해 직접 규정하지 않고 지방자치단체의 조직과 운영에 관한 사항은 법률로 정하도록 법률에 위임하고 있다(제118조 2항 후문).

먼저 지방자치단체 자체를 보고 의결기관(지방의회), 집행기관(장)을 차례로 본다.

Ⅰ. 지방자치단체

1. 지방자치법상 종류

현행 헌법 제117조 2항은 우리나라의 지방자치단체의 종류를 법률로 정하도록 규정하고 있다. 헌법의 이러한 위임을 받아 지방자치법은 지방자치단체의 종류를 규정하고 있다.

(1) 일반지방자치단체 – 중층구조

동법은 일반지방자치단체로 광역과 기초로 나누어 중층구조로 규정하고 있다. 즉 지방자치단체는 ⅰ) 광역지방자치단체인 특별시, 광역시, 특별자치시, 도, 특별자치도와 ⅱ) 기초지방자치단체인 시, 군, 구 두 가지 종류로 구분한다(지방자치법 제2조 1항). 여기서의 구는 지방자치단체인 구(자치구)로서 특별시와 광역시의 관할 구역 안의 구만을 말한다(동법 동조 2항). 중층구조와 기초지방자치단체의 효율성 등을 두고 개편논의가 있어 왔다.

종래 특별시, 광역시, 도를 상급 지방자치단체라고 불러 오기도 했는데 상급이란 상하 위계질서를 인정하는 것이고 비록 시·도가 기초지방자치단체에 대해 감독도 하긴 하지만, 이는 자치개념과는 상반되는 의미이므로 적절한 용어가 아니다.[2)] 광역지방자치단체라고 부르면 될 것이다.

(2) 특별지방자치단체

특정한 목적을 수행하기 위하여 필요하면 따로 특별지방자치단체를 설치할 수 있다(동법 동조 3항). 특별지방자치단체의 설치·운영에 관하여 필요한 사항은 대통령령으로 정한다(동법 동조 4항).

---

1) 홍정선, 위 책, 22면.

2) 프랑스 헌법은 제72조 제5항은 어떤 지방자치단체도 다른 지방자치단체에 대해 후견을 할 수 없다고 규정하여 위계질서를 부정하는 명시적 문장을 두고 있다.

2. 지방자치단체의 법적 성격과 관할 등

(1) 법적 성격 - 법인격 인정

지방자치단체는 법인으로 한다(동법 제3조 1항). 따라서 지방자치단체는 공법상 법인이다. 지방자치법이 공법이기 때문이다. 그리하여 헌재는 공법인의 기본권주체성을 부정하므로 지방자치단체, 그리고 그 소속 기관들에 대해 기본권주체성을 부정하고 이들은 업무와 관련한 사안으로 기본권보장수단인 헌법소원심판을 청구할 수는 없다고 한다.[1] 이러한 판례법리에 대해서는 앞으로 검토가 필요하다.

(2) 관할

특별시, 광역시, 특별자치시, 도, 특별자치도는 정부의 직할로 두고, 시는 도의 관할 구역 안에, 군은 광역시, 특별자치시나 도의 관할 구역 안에 두며, 자치구는 특별시와 광역시, 특별자치시의 관할 구역 안에 둔다(동법 동조 2항). 정부의 직할이란 의미는 광역자치단체 이상에 더 넓은 지방자치단체가 없다는 것을 의미하는 특별시·광역시 및 특별자치시가 아닌 인구 50만 이상의 시에는 자치구가 아닌 구를 둘 수 있고, 군에는 읍·면을 두며, 시와 구(자치구를 포함)에는 동을, 읍·면에는 리를 둔다(동법 동조 3항).

(3) 지방자치단체의 명칭과 구역

1) '구역'의 개념과 범위

구역이란 지방자치단체의 관할이 미치는 지역과 공간을 말하고 지방자치단체의 기본적인 구성요소임은 물론이다. 그 범위는 토지, 바다 및 공유수면을 포함한다. 헌재도 그렇게 본다.

판례 헌재 2019.4.11. 2016헌라8등

[판시] "지방자치단체의 구역은 주민·자치권과 함께 자치단체의 구성요소이며, 자치권이 미치는 관할구역의 범위에는 육지는 물론 바다도 포함되므로, 공유수면에 대해서도 지방자치단체의 자치권한이 존재한다고 보아야 한다. * 동지 : 헌재 2004.9.23. 2000헌라2; 2006.8.31. 2003헌라1; 2015.7.30. 2010헌라2 등.

2) 법규정

지방자치단체의 명칭과 구역은 종전과 같이 하는데 변경가능성은 있다(동법 제4조 1항, 후술 참조).

지방자치법 제4조(지방자치단체의 명칭과 구역) ① 지방자치단체의 명칭과 구역은 종전과 같이 하고, 명칭과 구역을 바꾸거나 지방자치단체를 폐지하거나 설치하거나 나누거나 합칠 때에는 법률로 정한다. 다만, 지방자치단체의 관할 구역 경계변경과 한자 명칭의 변경은 대통령령으로 정한다. <개정 2009.4.1.>
② 제1항에 따라 지방자치단체를 폐지하거나 설치하거나 나누거나 합칠 때 또는 그 명칭이나 구역을 변경할 때에는 관계 지방자치단체의 의회(이하 "지방의회"라 한다)의 의견을 들어야 한다. 다만, 「주민

1) 헌재 1997.12.24. 96헌마365; 2014.6.26. 2013헌바122 등.

투표법」 제8조에 따라 주민투표를 한 경우에는 그러하지 아니하다.
③ 제1항에도 불구하고 다음 각 호의 지역이 속할 지방자치단체는 제4항부터 제7항까지의 규정에 따라 행정안전부장관이 결정한다. <개정 2009.4.1., 2010.4.15., 2011.7.14., 2013.3.23., 2014.6.3., 2014.11.19., 2017.7.26.>
1.「공유수면 관리 및 매립에 관한 법률」에 따른 매립지, 2.「공간정보의 구축 및 관리 등에 관한 법률」 제2조 제19호의 지적공부(이하 "지적공부"라 한다)에 등록이 누락되어 있는 토지
④ 제3항 제1호의 경우에는「공유수면 관리 및 매립에 관한 법률」제28조에 따른 면허관청 또는 관련 지방자치단체의 장이 같은 법 제45조에 따른 준공검사 전에, 제3항 제2호의 경우에는「공간정보의 구축 및 관리 등에 관한 법률」 제2조 제18호에 따른 소관청(이하 "지적소관청"이라 한다)이 지적공부에 등록하기 전에 각각 행정안전부장관에게 해당 지역이 속할 지방자치단체의 결정을 신청하여야 한다. 이 경우 제3항 제1호에 따른 매립지의 매립면허를 받은 자는 면허관청에 해당 매립지가 속할 지방자치단체의 결정 신청을 요구할 수 있다. <개정 2009.4.1., 2010.4.15., 2011.7.14., 2013.3.23., 2014.6.3., 2014.11.19., 2017.7.26.>
⑤ 행정안전부장관은 제4항에 따른 신청을 받은 후 지체 없이 그 사실을 20일 이상 관보나 인터넷 등의 방법으로 널리 알려야 한다. 이 경우 알리는 방법, 의견의 제출 등에 관하여는「행정절차법」 제42조·제44조 및 제45조를 준용한다. <개정 2009.4.1., 2013.3.23., 2014.11.19., 2017.7.26.>
⑥ 행정안전부장관은 제5항에 따른 기간이 끝난 후 제149조에 따른 지방자치단체중앙분쟁조정위원회(이하 이 조에서 "위원회"라 한다)의 심의·의결에 따라 제3항 각 호의 지역이 속할 지방자치단체를 결정하고, 그 결과를 면허관청이나 지적소관청, 관계 지방자치단체의 장 등에게 통보하고 공고하여야 한다. <개정 2009.4.1., 2013.3.23., 2014.11.19., 2017.7.26.>
⑦ 위원회의 위원장은 제6항에 따른 심의과정에서 필요하다고 인정되면 관계 중앙행정기관 및 지방자치단체의 공무원 또는 관련 전문가를 출석시켜 의견을 듣거나 관계 기관이나 단체에 자료 및 의견 제출 등을 요구할 수 있다. 이 경우 관계 지방자치단체의 장에게는 의견을 진술할 기회를 주어야 한다. <신설 2009.4.1.>
⑧ 관계 지방자치단체의 장은 제3항부터 제7항까지의 규정에 따른 행정안전부장관의 결정에 이의가 있으면 그 결과를 통보받은 날부터 15일 이내에 대법원에 소송을 제기할 수 있다. <신설 2009.4.1., 2013.3.23., 2014.11.19., 2017.7.26.>
⑨ 행정안전부장관은 제8항에 따라 대법원의 인용결정이 있으면 그 취지에 따라 다시 결정하여야 한다. <신설 2009.4.1., 2013.3.23., 2014.11.19., 2017.7.26.>
제4조의2(자치구가 아닌 구와 읍·면·동 등의 명칭과 구역) ① 자치구가 아닌 구와 읍·면·동의 명칭과 구역은 종전과 같이 하고, 이를 폐지하거나 설치하거나 나누거나 합칠 때에는 행정안전부장관의 승인을 받아 그 지방자치단체의 조례로 정한다. 다만, 명칭과 구역의 변경은 그 지방자치단체의 조례로 정하고, 그 결과를 특별시장·광역시장·도지사에게 보고하여야 한다. <개정 2013.3.23., 2014.11.19., 2017.7.26.>
② 리의 구역은 자연 촌락을 기준으로 하되, 그 명칭과 구역은 종전과 같이 하고, 명칭과 구역을 변경하거나 리를 폐지하거나 설치하거나 나누거나 합칠 때에는 그 지방자치단체의 조례로 정한다.
③ 인구 감소 등 행정여건 변화로 인하여 필요한 경우 그 지방자치단체의 조례로 정하는 바에 따라 2개 이상의 면을 하나의 면으로 운영하는 등 행정 운영상 면(이하 "행정면"이라 한다)을 따로 둘 수 있다.
④ 동·리에서는 행정 능률과 주민의 편의를 위하여 그 지방자치단체의 조례로 정하는 바에 따라 하나의 동·리를 2개 이상의 동·리로 운영하거나 2개 이상의 동·리를 하나의 동·리로 운영하는 등 행정 운영상 동·리(이하 "행정동·리"라 한다)를 따로 둘 수 있다.
⑤ 행정동·리에 그 지방자치단체의 조례로 정하는 바에 따라 하부 조직을 둘 수 있다.

3) 지방자치단체의 관할구역 결정의 기준

경계에 관한 명시적인 법령상의 규정이 존재한다면 그것에 따라야 하고 분쟁이 없을 것이다, 그렇지 않을 경우에 그 결정의 기준이 문제된다. 그동안 지방자치단체들 관할다툼에 관한 사건으로 헌재의 권한쟁의심판결정들이 적지 않게 나왔고 그 결정들을 통해 기준이 설정되고 있는데 아래에 살펴본다.

(가) 토지(육지)에 대한 지방자치단체의 관할구역 결정의 기준

헌재는 "원칙적으로 '지적공부상의 기재'를 기준으로 하되 지적공부상 기재에 명백한 오류가 있거나 그 기재내용을 신뢰하기 어려운 특별한 사정이 있는 경우에는 지형도, 기타 역사적, 행정적 관련 자료 등을 종합하여 판단하여야 할 것"이라고 한다.

판례 헌재 2008.12.26. 2005헌라11

[판시] 지방자치법 제4조 제1항에서 정한 관할구역의 기준과 관련하여 다양한 해석론이 제시될 수 있으나, 토지(육지)에 대한 지방자치단체의 관할구역의 경우 지적법에 의하여 공부상 정리되어 있고, 지적법에 따라 임야대장 등 지적공부에 토지를 등록하면서 토지 특정의 한 방법으로 소재지의 지번을 기재하는 행정구역의 표시는 당해 토지를 관할하는 지방자치단체의 특정이라는 의미도 가진다고 할 것이므로, 토지(육지)에 대한 지방자치단체의 관할구역을 결정함에 있어서는 앞서 헌법재판소가 판시한 바와 같이 원칙적으로 '지적공부상의 기재'를 기준으로 하되 지적공부상 기재에 명백한 오류가 있거나 그 기재내용을 신뢰하기 어려운 특별한 사정이 있는 경우에는 지형도, 기타 역사적, 행정적 관련 자료 등을 종합하여 판단하여야 할 것이다.

(나) 공유수면에 대한 지방자치단체의 관할구역 결정의 기준 - 헌재의 판례

그동안 이 기준이 많이 논의된 것은 바다 등 공유수면에 대한 지방자치단체의 관할구역을 둘러싼 권한쟁의심판사건들에서였고 따라서 헌재판례가 설정한 기준이 중요하다.

가) 원칙

헌재는 공유수면의 행정구역 경계에 관한 명시적인 법령상의 규정이 존재한 바 없으므로, 공유수면에 대한 행정구역 경계가 불문법상으로 존재한다면 그에 따라야 한다고 하면서, 그런데 만약 해상경계에 관한 불문법도 존재하지 않으면, 권한쟁의심판권을 가지고 있는 헌법재판소가 지리상의 자연적 조건, 관련 법령의 현황, 연혁적인 상황, 행정권한 행사 내용, 사무 처리의 실상, 주민의 사회·경제적 편익 등을 종합하여 형평의 원칙에 따라 합리적이고 공평하게 해상경계선을 획정할 수밖에 없다고 한다.

판례 헌재 2015.7.30. 2010헌라2

[판시] 지금까지 우리 법체계에서는 공유수면의 행정구역 경계에 관한 명시적인 법령상의 규정이 존재한 바 없으므로, 공유수면에 대한 행정구역 경계가 불문법상으로 존재한다면 그에 따라야 한다. 그리고 만약 해상경계에 관한 불문법도 존재하지 않으면, 주민, 구역과 자치권을 구성요소로 하는 지방자치단체의 본질에 비추어 지방자치단체의 관할구역에 경계가 없는 부분이 있다는 것은 상정할 수 없으므로, 권한쟁의심판권을 가지고 있는 헌법재판소가 지리상의 자연적 조건, 관련 법령의 현황, 연혁적인 상황,

행정권한 행사 내용, 사무 처리의 실상, 주민의 사회·경제적 편익 등을 종합하여 형평의 원칙에 따라 합리적이고 공평하게 해상경계선을 획정할 수밖에 없다.

나) 국가기본도상 해상경계선의 불문법 인정의 폐기 - 판례변경

헌재는 이전에 국가기본도상의 해상경계선을 공유수면에 대한 불문법상 해상경계선으로 보아왔는데(헌재 2004.9.23. 2000헌라2; 헌재 2006.8.31. 2003헌라1 등) 이 법리를 폐기하는 판례변경을 하였다.

판례 헌재 2015.7.30. 2010헌라2

[판시] 국가기본도상의 해상경계선을 불문법상 해상경계의 기초로 이해해 온 우리 재판소의 기존 법리(헌재 2004.9.23. 2000헌라2; 헌재 2006.8.31. 2003헌라1 등)에 대해서 다시금 검토할 필요가 있다. 국가기본도상의 해상경계선은 국토지리정보원이 국가기본도상 도서 등의 소속을 명시할 필요가 있는 경우 해당 행정구역과 관련하여 표시한 선으로서, 여러 도서 사이의 적당한 위치에 각 소속이 인지될 수 있도록 실지측량 없이 표시한 것에 불과하므로, 이 해상경계선을 공유수면에 대한 불문법상 행정구역에 경계로 인정해 온 종전의 결정은 이 결정의 견해와 저촉되는 범위 내에서 이를 변경하기로 한다.

다) 결론(정리) - 불문법(국가기본도비적용) → 형평의 원칙

결국 헌재는 국가기본도상의 해상경계선을 불문법상의 해상경계선으로 인정할 수도 없다고 판례변경을 하였고, 국가기본도가 아닌 다른 불문법, 즉 경계를 정하는 행정관습법이 존재하는지는 살펴보고 행정관습과 같은 불문법이 존재하지 않으면 위에서 언급한 대로 "헌법재판소로서는 그 지리상의 자연적 조건, 관련 법령의 현황, 연혁적인 상황, 행정권한 행사 내용, 사무 처리의 실상, 주민의 사회·경제적 편익 등을 종합하여 형평의 원칙에 따라 합리적이고 공평하게 이 사건 쟁송해역에서의 해상경계선을 획정할 수밖에 없다"고 한다(헌재 2015.7.30. 2010헌라2; 헌재 2019.4.11. 2016헌라8등).

라) 형평의 원칙을 적용한 결정례

위 형평원칙 법리를 적용한 아래 결정례들을 살펴본다. 헌재는 "첫째, 등거리 중간선 원칙이 고려되어야 한다. 둘째, 이 사건 공유수면의 지리적 특성상 일정한 도서들의 존재를 고려해야 한다. 셋째, 관련 행정구역의 관할 변경도 고려되어야 한다. 넷째, 이 사건 쟁송해역에 대한 행정권한의 행사 연혁이나 사무 처리의 실상, 주민들의 편익도 함께 살펴보아야 한다"라고 한다. 그리하여 다른 고려요소를 살펴본 뒤 결정요소에 넣지 않고 등거리 중간선 원칙 적용대로 한 것(아래 ①), 다른 요소들(도서들 존재, 관할변경, 주민편익 등)도 고려한 것(아래 ②)도 있다.

① 등거리 중간선 원칙의 적용

판례 헌재 2015.7.30. 2010헌라2

[판시] 형평의 원칙에 따라 이 사건 쟁송해역에서의 해상경계선을 획정함에 있어 고려해야 할 구체적인 요소들에 대해서 살펴본다. 첫째, 등거리 중간선 원칙이 고려되어야 한다. 둘째, 이 사건 공유수면의 지

리적 특성상 일정한 도서들의 존재를 고려해야 한다. 셋째, 관련 행정구역의 관할 변경도 고려되어야 한다. 넷째, 이 사건 쟁송해역에 대한 행정권한의 행사 연혁이나 사무 처리의 실상, 주민들의 편익도 함께 살펴보아야 한다. (다) 한편, 이 사건 쟁송해역은 천수만 가운데 위치하고 있는데, 만(灣)이라는 특성상 그 주위가 대부분 육상지역과 섬으로 둘러싸인 일종의 내해이고, 청구인과 피청구인의 육상지역이나 안면도, 황도, 죽도에서 선편으로 모두 10분 내외에 도착할 수 있는 거리에 있어서, 해류, 해저지형 등 특별히 고려해야 할 지리상의 자연적 조건이 있다고 보기는 어려운 점 등에 비추어 볼 때, 형평의 원칙에 따라 해상경계선을 획정함에 있어 위에서 살펴본 요소들 이외에 달리 고려해야 할 사정들은 보이지 않는다. (라) 이상의 사정들을 종합하면, 이 사건 쟁송해역의 해상경계선은 청구인과 피청구인의 육상지역, 죽도, 안면도, 황도의 각 현행법상 해안선(약최고고조면 기준)만을 고려하여 등거리 중간선 원칙에 따라 획정함이 타당하고, 그 선은 [별지 1]과 같다. * 등거리 중간선원칙이 형평원칙에 부합되지 않는다는 소수 반대의견이 있었다([재판관 강일원, 재판관 조용호의 반대의견] "법정의견은 위와 같은 원칙에 대체로 동의하면서도 등거리 중간선 원칙을 가장 중요한 원칙으로 내세워 경계 확정을 위한 다른 요소들에 대해서는 구체적 검토 없이 등거리 중간선을 기준으로 경계를 확정하고 있다. 그러나 등거리 중간선 원칙이라는 획일적 척도로 공유수면의 해상경계선을 획정하는 논리는 헌법이나 법률 어디에도 근거가 없고 형평의 원칙에도 맞지 않는다. 국제법상으로도 나라와 나라 사이의 해상경계를 정할 때 단순 등거리 중간선 원칙을 적용하지 않는다").

* 검토 – 헌재는 위 고려요소, 첫째에서 "각 지방자치단체의 해안선의 가장 가까운 점으로부터 같은 거리에 있는 점들의 연결선, 즉 등거리 중간선의 모습으로 드러나게 될 것이다. 이러한 등거리 중간선의 원칙은 양 지방자치단체의 이익을 동등하게 다루고자 하는 규범적 관념에 기초하며, 현재 국제적 해상경계분쟁에서도 유력한 기준으로 고려되고 있는 점에서 보편적으로 수용될 수 있는 합당성을 가진다고 보이므로, 공유수면의 해상경계를 획정함에 있어 마땅히 고려되어야 할 기본적인 요소임이 분명하다"라고 판시하고 있다. 요컨대 위 여러 요소들에서 고려해야 할 특별한 점이 없다면 등거리 중간선 원칙으로 결국 확정한다는 것으로 이해된다.

② 등거리 중간선 원칙, 도서들의 존재, 관련 행정구역의 관할 변경, 지리상의 자연적 조건, 행정권한 행사 연혁, 사무처리 실상, 주민들의 생업과 편익 등을 종합하여 형평의 원칙에 따라 합리적이고 공평하게 획정한 예

판례 헌재 2019.4.11. 2016헌라8등

[결정요지] 제1쟁송해역 및 제2쟁송해역의 공유수면에 대한 관할권한의 확정 – 이상을 종합하여 보면, 제1쟁송해역 및 제2쟁송해역에서의 해상경계선은 청구인 및 피청구인의 육지(가막도 포함), 유인도인 죽도, 대죽도, 위도, 식도, 정금도, 거륜도, 상왕등도, 하왕등도와 무인도인 소죽도, 딴시름도, 도제암도, 임수도, 소외치도(작은딴치도), 외치도(큰딴치도), 토끼섬,(군함섬), 개섬, 소리, 소여, 솔섬의 각 현행법상 해안선(약최고고조면 기준)을 기점으로 한 등거리 중간선으로 획정하되, 죽도 서쪽에 위치한 공유수면([별지1] 도면 표시 298부터 391 사이의 각 점을 순차적으로 연결한 선의 남쪽 부분)은 등거리 중간선 원칙의 예외(* 예외인정 사유는 지리상의 자연적 특성, 소속 주민들의 생업과 편익을 고려한 것임–필자 주)로서 청구인의 관할권한에 포함되도록 획정함이 상당한바, 그 선은 [별지1] 도면의 표시와 같다. 따라서 [별지1] 도면 표시 1부터 477 사이의 각 점을 차례로 연결한 해상경계선의 아래쪽(남쪽)은 청구인의 관할권한에 속하고, 위 선의 위쪽(북쪽)은 피청구인의 관할권한에 속한다.

(다) 공유수면 매립지

가) 선례와 선례의 변경

헌재는 공유수면 매립지에 대한 관할구역 경계 결정에 있어서 매립 전 공유수면의 해상경계선을 매립지의 관할구역 경계선으로 보아온 선례를 변경하여 이를 별도로 보아야 한다고 판례변경을 하였다.

판례 헌재 2019.4.11. 2015헌라2

[판시] (1) 여기서 이미 소멸되어 사라진 종전 공유수면의 해상경계선을 매립지의 관할경계선으로 인정해 온 헌법재판소의 기존법리(헌재 2011.9.29. 2009헌라3 등)에 대해서 다시금 검토할 필요가 있다. (가) 공유수면상의 해상경계선은 연안 해역을 중심으로 오랜 기간에 걸쳐 자연적으로 형성되고 인근 어민들의 생활터전이 되어 온 연안 어장 등을 중심으로 바다에 인접한 지방자치단체간의 공평하고 합리적인 어업활동을 규율하기 위한 목적으로 이용되었던 것이므로, 공유수면상 어장 부분 뿐 아니라 그에 접한 다른 공유수면까지 다 같이 매립되는 경우 해상경계선의 목적상, 기능상 한계로 인하여 매립지에 대한 행정관할구역을 획정하는 기준으로는 부적합하다는 문제점도 제기되었다. (나) 매립의 목적은 공유수면의 매립계획에서부터 면허취득, 매립 공사, 소유권 취득, 준공 이후 이용단계에서도 가장 중요하게 여겨지는 핵심요소로서, 매립 이후에도 그 목적에 맞는 이용에 대한 관리·감독이 지속적으로 이루어지고 있다. 또한, 공유수면의 매립은 막대한 사업비와 장기간의 시간 등이 투입될 뿐 아니라 해당 해안지역의 갯벌 등 가치 있는 자연자원의 상실 내지 환경의 파괴를 동반하는 등 국가 전체적으로 중대한 영향을 미치는 사업이다. 그러한 사업으로 새로이 확보된 매립지는 그 본래 사업목적에 적합하도록 최선의 활용계획을 세워 잘 이용될 수 있도록 하여야 할 것이어서, 매립지의 귀속 주체 내지 행정관할 등을 획정함에 있어서도 사업목적의 효과적 달성이 우선적으로 고려되어야 한다. 인접 지방자치단체가 매립 전 해상에서 누렸던 관할권한과 관련하여서는 매립절차를 진행하는 과정에서 충분히 보상될 필요가 있지만, 매립 전 공유수면을 청구인이 관할하였다 하여 매립지에 대한 관할권한을 인정하여야 한다고 볼 수는 없다. (2) 이에 헌법재판소가 이 결정과 견해를 달리하여, 이미 소멸되어 사라진 종전 공유수면의 해상경계선을 매립지의 관할경계선으로 인정해 온 헌재 2011.9.29. 2009헌라3 결정 등은 이 결정의 견해와 저촉되는 범위 내에서 이를 변경하기로 한다.

나) 공유수면 매립지에 대한 관할구역 경계 결정 기준

(a) 헌재의 기준

위와 같이 판례가 변경되었는데 헌재는 그 기준설정은 공유수면 해상경계선 결정 기준의 법리와 비슷하게 경계를 정하는 행정관습법이 존재하는지는 살펴보고 행정관습과 같은 불문법이 존재하지 않으면 형평의 원칙에 따라야 한다고 본다.

판례 헌재 2019.4.11. 2015헌라2

[판시] 공유수면 매립지에 대한 지방자치단체의 관할구역 경계 역시 위와 같은 기준에 따라 1948.8.15. 당시 존재하던 경계가 먼저 확인되어야 할 것인데, 이에 관한 명시적인 법령상의 규정이 있으면 이에 따르고, 법령상의 규정이 존재하지 않는다면 불문법에 따라야 한다. 그런데 공유수면 매립지의 경계에 관한 불문법마저 존재하지 않는 경우에는, 주민, 구역과 자치권을 구성요소로 하는 지방자치단체의 본질에 비추어 지방자치단체의 관할구역에 경계가 없는 부분이 있다는 것은 상정할 수 없으므로, 권한쟁의심판권을 가지고 있는 헌법재판소로서는 공유수면의 매립 목적, 그 사업목적의 효과적 달성, 매립지

와 인근 지방자치단체의 교통관계나 외부로부터의 접근성 등 지리상의 조건, 행정권한의 행사 내용, 사무 처리의 실상, 매립 전 공유수면에 대한 행정권한의 행사 연혁이나, 주민들의 사회적·경제적 편익 등을 모두 종합하여 형평의 원칙에 따라 합리적이고 공평하게 그 경계를 획정할 수밖에 없다

(b) 결정례

공유수면(바다)을 매립한 토지 위에화력발전소 회처리장에 대한 관할권한을 둘러싼 분쟁이 었는데 위 형평원칙을 적용하여 기각결정을 한 예가 있다.

판례 헌재 2019.4.11. 2015헌라2, 경상남도 사천시와 경상남도 고성군 간의 권한쟁의

[결정요지] 가. 이 사건 쟁송매립지에서의 경계획정 – (1) 결국 이 사건 쟁송매립지에서 법령상 경계나 불문법상 경계가 존재한다고 할 수 없으므로, 헌법재판소로서는 앞서 본 바와 같이 공유수면의 매립 목적, 그 사업목적의 효과적 달성, 매립지와 인근 지방자치단체의 교통관계나 외부로부터의 접근성 등 지리상의 조건, 행정권한의 행사 내용, 사무 처리의 실상, 매립 전 공유수면에 대한 행정권한의 행사 연혁이나, 주민들의 사회적·경제적 편익 등을 모두 종합하여 형평의 원칙에 따라 합리적이고 공평하게 그 경계를 획정할 수밖에 없다. (2) 공유수면의 매립 목적, 사업목적의 효과적 달성, 즉 매립 목적에 부합하는 신규토지의 효율적인 이용가능성이 먼저 고려되어야 한다. 이 사건 쟁송매립지는 삼천포화력발전소 부지조성 및 진입도로 축조사업의 일환으로 매립, 형성되었고, 위 발전소의 운행과정에서 필연적으로 생성되는 부산물 처리를 위한 화력발전소 회처리장과 이에 통하는 도로 중 일부로서 다른 목적으로는 사용되지 않고 있으며, 향후에도 위 발전소가 폐쇄되지 않는 한 그러한 사정이 달라질 가능성은 없다. (3) 지리상의 조건, 매립지와 인근 지방자치단체의 교통관계, 외부로부터의 접근성 등이 고려되어야 한다. 청구인 관할 구역에서 피청구인 관할 구역을 거치지 않고는 이 사건 쟁송매립지로의 접근이 어렵다. (4) 행정권한의 행사 내용, 사무처리의 실상도 고려되어야 한다. 특히 매립지 내 각 구획과 인접 지역과의 연접관계, 기반시설의 설치 관리, 행정서비스의 제공 등 여러 요소를 고려하여 행정의 효율성이 보장되어야 하는데, 이 사건에서 사업목적의 효과적 달성과 일관되고 효율적이며 공공성에 부합하는 행정작용의 실현을 위해서는 삼천포화력발전소와 회처리장 등 기반시설의 관할 지방자치단체를 일치시킬 필요가 있다. 이 사건 쟁송매립지를 청구인 관할로 인정하게 된다면, 위 발전소의 부산물을 처리하기 위한 회처리장 시설 중 일부만을 청구인이 관리하게 되어 행정업무가 청구인과 피청구인으로 분산되어 결국 행정의 비효율화만 발생할 우려가 매우 크다. (5) 매립 전 공유수면에 대한 행정권한의 행사 연혁이나, 주민들의 편익 등도 함께 살펴보아야 한다. 청구인이나 피청구인에게 매립 전 공유수면에 대한 행정권한의 행사연혁이 있었다고 볼 만한 자료가 없고 쟁송매립지의 용도는 회처리장과 진입도로이므로, 거주하는 주민도 존재하지 않는다. (6) 이상의 사정들을 종합하면, 이 사건 쟁송매립지에 대한 관할권한이 청구인에게 귀속된다고 할 수 없다. 나. 소결론 – 이 사건 쟁송매립지에 대한 관할권한이 청구인에게 귀속된다고 볼 수 없고, 따라서 피청구인이 이 사건 쟁송매립지에서 행사할 지방세 부과 등 장래처분으로 인하여 헌법상 및 법률상 부여받은 청구인의 자치권한이 침해되지는 않는다.

(4) 지방자치단체 사무소의 소재지

지방자치단체의 사무소의 소재지는 종전과 같이 하고, 이를 변경하거나 새로 설정하려면 지방자치단체의 조례로 정한다. 이 조례는 그 지방의회의 재적의원 과반수의 찬성을 받아야 한다(동법 제6조).

3. 각 지방자치단체의 변경 가능성

(1) 폐치·분합, 단층화 등

지방자치단체의 종류를 법률로 정할 수 있고 위에서 본 대로 지방자치의 제도적 보장은 특정 지방자치단체의 존속을 보장하는 것이 아니므로 지방자치단체들 간의 폐치·분합이 이루어질 수 있고 정책적 필요성에 따라 단일 종류로만 이루어지는 단층화도 이루어질 수 있다.

지방자치단체의 명칭과 구역을 바꾸거나 지방자치단체를 폐지하거나 설치하거나 나누거나 합칠 때에는 법률로 정하는데 다만, 지방자치단체의 관할 구역 경계변경과 한자 명칭의 변경은 대통령령으로 정한다(동법 제4조 1항). 위와 같이 지방자치단체를 폐지하거나 설치하거나 나누거나 합칠 때 또는 그 명칭이나 구역을 변경할 때에는 관계 지방자치단체의 지방의회의 의견을 들어야 한다(동조 2항. 주민투표법 제8조에 따라 주민투표를 한 경우에는 그러하지 아니하다). 다만, '공유수면 관리 및 매립에 관한 법률'에 따른 매립지 등의 경우에는 법소정의 절차에 따라 행정안전부장관이 결정한다(동법 동조 3항).

* 폐치·분합과 기본권 – 지방자치단체의 폐치·분합, 단층화 등의 변화가 있을 경우에 주민들의 기본권과 생활의 변화 등이 올 수 있는데 이에 대한 헌법소원심판 청구들이 있었으나 헌재는 합헌성을 인정해 왔다. 아래에 인용되는 결정례도 그러하다.

* 폐치·분합에 의한 기본권 침해 여부 심사의 정도(기준) – 헌재는 지방자치단체 폐치·분합으로 인한 기본권 침해가 문제될 때 그 심사는 물론 과잉금지원칙 심사를 하지만 입법자는 지방자치단체 기관구성에 대하여 광범위한 입법형성권을 가지므로 완화된 기준의 과잉금지원칙에 따라 심사한다는 입장이다. 헌법 제118조 제1항 및 제2항은 지방의회의 설치와 지방의회의원선거를 규정함으로써 주민들이 지방의회의원을 선출할 수 있는 선거권 및 주민들이 지방의회의원이라는 선출직공무원에 취임할 수 있는 공무담임권을 기본권으로 보호하고 있으므로 이 사건 부칙조항 역시 헌법 제37조 제2항의 기본권제한의 입법적 한계를 넘는 지나친 것이어서는 아니 된다. 다만, 지방자치단체 폐치·분합의 경우 입법자는 지방자치단체 기관구성에 대하여 광범위한 입법형성권을 가진다고 할 것이고(헌재 2010.6.24. 2010헌마167, 판례집 22-1하, 656, 667-668 참조), 이 사건 부칙조항 또한 지방자치단체의 폐치·분합에 관한 내용을 포함하고 있다는 점에서, 이 사건 부칙조항은 완화된 기준의 과잉금지원칙에 따라 심사한다.

* 단층구조화의 입법재량 – 헌재는 위에서 본 대로 특정 지방자치단체의 존속이 보장되지 않는다고 하여 제도적 보장으로서의 지방자치가 인정되지 않는 것이라는 입장에서 헌재는 중층구조에서 기초자치단체를 없애고 단층화하려는 제주특별자치도에 대한 특별법규정들에 대해 심사를 느슨하게(현저히 자의적이어서 기본권 제한의 합리적인 재량의 한계를 벗어난 것인지 여부 심사만) 하여 입법재량의 범위 내에 들어가고 기본권침해가 없다고 하여 합헌성을 인정하였다. 사안은 제주도의 지방자치 행정구조 재편에 관해 현행유지안과 기초자치단체들인 제주시·서귀포시·북제주군 및 남제주군을 폐지하는(제주도 전체의 지방자치단체는 행정시 외에 특별자치도인 제주도만이 있게됨) 혁신안을 두고 국가정책 참고 주민투표를 실시하기로 하면서 행정자치부(현재의 행정안전부)장관이 폐지되는 기초자치단체인 제주시, 서귀포시, 북제주군, 남제주군에서의 주민투표를 요구하지 않고 제주도 전역에서 주민투표 실시를 요구하여 그렇게 실시한 후 제정된, 이 기초자치단체를 폐지하는 내용의 '제주도 행정체제 등에 관한 특별법' 제3조 및 '제주특별자치도 설치 및 국제자유도시 조성을 위한 특별법' 제15조 제1항·제2항에 의하

여 선거권 등을 침해받는다고 주장하며 청구한 헌법소원심판이었다.

판례 헌재 2006.4.27. 2005헌마1190

[결정요지] 1. 심사기준 – 헌법상 지방자치제도보장의 핵심영역 내지 본질적 부분이 지방자치단체에 의한 자치행정을 일반적으로 보장하는 것이라면, 현행법에 따른 지방자치단체의 중층구조 또는 지방자치단체로서 특별시·광역시 및 도와 함께 시·군 및 구를 계속하여 존속하도록 할지 여부는 결국 입법자의 입법형성권의 범위에 들어가는 것으로 보아야 한다. 같은 이유로 일정구역에 한하여 모든 자치단체를 전면적으로 폐지하거나 지방자치단체인 시·군이 수행해온 자치사무를 국가의 사무로 이관하는 것이 아니라 당해 지역 내의 지방자치단체인 시·군을 모두 폐지하여 중층구조를 단층화하는 것 역시 입법자의 선택범위에 들어가는 것이다. 이와 같이 자치단체의 구조에 대한 개편을 입법자의 형성에 맡긴 헌법규정의 취지에 의하면, 이 사건 법률조항에 의하여 청구인들의 참정권과 평등권 등 기본권이 제한된다 하더라도 이것이 제주도 지역에서 중층으로 구성된 지방자치단체를 단층화하는 제도의 개편에 의하여 발생한 결과적인 것이라는 점에서, 그 위헌성 판단은 입법자의 판단이 현저히 자의적이어서 기본권 제한의 합리적인 재량의 한계를 벗어난 것인지 여부에 의하여 결정되어야 할 것이다. 2. 선거권, 피선거권 및 평등권의 침해 여부 – 제주국제자유도시 조성은 단순한 산업발전을 위한 정책을 넘어 사람·상품·자본의 국제적 이동과 기업활동의 편의가 최대한 보장되도록 규제를 완화하고 국제적 기준이 적용되는 지역적 단위를 설정하는 것이다(국제자유도시조성특별법 제2조). 이를 위해서는 기존의 법령을 개정하여 새로운 기준을 설정하는 것뿐 아니라 도시계획·교통·상하수도·주택 등 기반기설의 확충과 광범위한 개발계획의 시행이 이루어져야 한다. 1도·2시·2군의 기존 제주도 행정체계로는 이와 같은 새로운 행정수요를 충족시키기 어렵다. 지방자치단체 간 재정력 격차로 인한 지역 간 불균형이 발생하기 쉽고, 기초자치단체와 광역자치단체의 중층행정계층에 따른 결재단계 등으로 의사결정비용이 크며, 업무상 갈등으로 말미암아 일관된 행정이 이루어지지 않을 가능성이 상존하기 때문이다. 따라서 새로운 행정수요에 따른 지방행정구조개편이 필요하며 이 사건 법률조항으로 자치단체인 시·군을 폐지하여 행정의 효율화를 달성하고 국제자유도시의 조성을 도모하려는 입법자의 판단이 부정확한 사실인식과 불합리한 예측을 근거로 한 것이라 할 수는 없다. 게다가 비록 기초자치단체의 폐지로 말미암아 주민들의 자치단체구성에 대한 참여기회가 일부 상실되었다 하더라도 그에 대한 보완책으로 광역자치단체 수준의 참여권이 확대되었고, 제주도가 중앙정부의 규율로부터 벗어나 폭넓은 자치권을 가지게 됨에 따라 실질적으로 주민들이 지역행정에 참여하여 영향을 미칠 수 있는 범위가 확대되었으므로, 주민들의 민주적 요구를 수용하는 지방자치제의 기능이 예전에 비하여 축소되었다고 볼 수도 없다. 따라서 이 사건 법률조항에 의하여 청구인들의 참정권인 선거권과 공무담임권이 제한된다 하더라도 그것이 현저히 자의적이고 불합리하여 기본권 제한의 입법적 한계를 벗어난 것이라고 할 수 없다. 3. 청문권의 침해 여부 – 주민투표의 투표대상인 혁신적 대안은 단순히 4개 시·군을 폐지하는 것뿐 아니라 기존의 자치단체인 제주도를 폐지하고 새로운 제주특별자치도를 설치하며 그 권한과 사무의 확대, 의회규모 확대 등 완전히 새로운 행정체계를 구축하는 것을 포함하고 있다. 나아가 폐지될 시·군 주민 전체가 제주도민 전체이기도 한 점에서 제주도에 의하여 투표가 실시된다 하여도 투표의 실질에 있어 차이가 없고, 제주도 전역에서 투표가 행해진다 하더라도 투표결과 집계를 통해 전체 주민의 찬반비율 뿐 아니라 개별 지역별 찬반비율 역시 확인할 수 있으므로 폐지되는 자치단체 주민들의 의사를 확인한다는 기능적인 면에서도 차이가 없다. 또한 자치단체의 폐지에 대한 이해관계자들의 참여 즉, 의견개진의 기회부여는 문제가 된 사항의 본질적 내용과 그 근거에 관하여 이해관계인에게 고지하고 그에 관한 의견의 진술기회를 부여함으로써 그 진술된 의견이 국회에 입법자료를 제공하는 기능을 하도록 하면 족하며, 입법자가 그 의견에 반드시 구속되는 것으로 볼 수는 없다. 따라서 제주도 전역에서 행해진 주민투표절차에 의하여 폐지되는 지방자치단체의 주민들의 청문권이 침해되었다고 볼 수 없다.

(2) 변경시의 사무와 재산의 승계

지방자치단체의 구역을 변경하거나 지방자치단체를 폐지하거나 설치하거나 나누거나 합칠 때에는 새로 그 지역을 관할하게 된 지방자치단체가 그 사무와 재산을 승계한다(동법 제5조 1항). 이 경우에 지역에 의하여 지방자치단체의 사무와 재산을 구분하기 곤란하면 광역에서는 행정안전부장관이, 기초에서는 광역자치단체 장이 그 사무와 재산의 한계 및 승계할 지방자치단체를 지정한다(동법 동조 2항).

Ⅱ. 의결기관(지방의회)

1. 의의

지방자치단체의 의사결정을 주민의 대표자들로 구성된 의회에서 행하도록 하는 제도가 지방의회제도이고, 이에 따라 지방자치단체에는 지방사무에 관한 정책을 결정하고 조례를 제정하는 의결기관인 지방의회가 있다.

우리 헌법 제118조는 지방자치단체에 의회를 두도록 하고 있고 지방의회의 조직·권한·의원선거에 관한 사항은 법률로 정하도록 하고 있다. 이에 따라 제정된 지방자치법은 “지방자치단체에 주민의 대의기관인 의회를 둔다”라고 명시하고 있다(동법 제30조).

2. 성격

지방의회제도가 지방자치법이 지방의회를 ‘대의기관’이라는 말로 표현하고 있긴 하나, 헌법상의 대의제인가 하는 문제를 두고 논란이 있다. 헌재의 입장은 뚜렷하지 않은데 지방의회선거권, 지방자치단체장선거권이 지방의회의원선거, 지방자치단체장선거가 법률에 위임된 사항이라는(제117조 2항) 점을 들어 그 선거권의 헌법상 권리성을 인정하는 데 소극적이기 때문에 그 의원들로 활동이 이루어지는 지방의회가 대의기관이라는 의문이 제기된다고 본다. 대의제를 보완하는 주민소환제, 주민투표제 등 직접민주제인 주민참여제도도 이와 연관하여 헌법상 제도인가라는 문제가 제기되기도 한다. 헌재는 주민소환제에 대해 설시하면서 확실한 입장을 취하지 않으면서 결국 “현행 지방자치제에 있어 대의제는 원칙적인 요소이고, 직접민주제로서의 주민소환은 예외적으로 대의제의 결함을 보완하는 것으로 볼 수 있을 것”이라고 설시하긴 하였다. 생각건대 지방자치제가 헌법상 제도이므로 지방의회제도도 헌법상 제도임은 물론이고 분명한 것은 집행기관이 아니라 주민을 대표하여 지방자치단체의 주요정책과 자치법규인 조례를 정하는 의결기관이라는 점이다.

3. 구성

(1) 지방의회의원

1) 선거

지방의회의원은 주민이 보통 · 평등 · 직접 · 비밀선거에 따라 선출한다(동법 제31조). 현재 광역지방자치단체에서는 1인 소선거구제로, 기초지방자치단체에서는 한 선거구당 2인 이상 4인 이하로 선출하는 중선거구제를 취하고 있다(공직선거법 제26조 1항 · 2항)

2) 임기와 임기개시, 의원체포 등의 통지

i) **임기** 지방의회의원의 임기는 4년이고(지방자치법 제32조) 총선거에 의한 전임의원의 임기만료일의 다음 날부터 개시된다. 다만, 의원의 임기가 개시된 후에 실시하는 선거와 지방의회의원의 증원선거에 의한 의원의 임기는 당선이 결정된 때부터 개시되며 전임자 또는 같은 종류의 의원의 잔임기간으로 한다(공직선거법 제14조 2항).

ii) **의원체포 및 확정판결의 통지** 체포나 구금된 지방의회의원이 있으면 관계 수사기관의 장은 지체 없이 해당 의장에게 영장의 사본을 첨부하여 그 사실을 알려야 하고, 지방의회의원이 형사사건으로 공소(公訴)가 제기되어 그 판결이 확정되면 각급 법원장은 지체 없이 해당 의장에게 이를 알려야 한다(동법 제37조).

3) 권한과 권리, 의무

(가) 권한

지방의회의원은 지방의회에서 심의 · 표결할 수 있는 권한을 가진다.

(나) 권리

의정 자료를 수집하고 연구하는 등의 활동에 사용되는 비용을 보전하기 위하여 매월 지급하는 의정활동비를 받을 수 있는 권리(동법 제33조 1항), 지방의회의원이 회기 중 직무로 인하여 신체에 상해를 입거나 사망한 경우 등의 보상금지급을 받을 권리(동법 제34조) 등을 가진다.

(다) 의무

반면 의원은 다음과 같은 의무를 진다. ① 공공이익우선의무 – 지방의회의원은 공공의 이익을 우선하여 양심에 따라 그 직무를 성실히 수행하여야 한다(동법 제36조 1항). 이는 자신의 지역구만을 위한 것이 아니라 소속 지방자치단체와 국가 전체를 위해 직무수행을 하여야 하는 헌법의 무기속위임(기속위임금지)정신을 구현하는 것이다. ② 청렴 · 품위유지의무 – 지방의회의원은 청렴의 의무를 지며, 의원으로서의 품위를 유지하여야 한다(동법 동조 2항). ③ 지위남용금지의무 – 지방의회의원은 지위를 남용하여 지방자치단체 · 공공단체 또는 기업체와의 계약이나 그 처분에 의하여 재산상의 권리 · 이익 또는 직위를 취득하거나 타인을 위하여 그 취득을 알선하여서는 아니 된다(동법 동조 3항). ④ 겸직금지의무 – 지방의회의원은 국회의원, 다른 지방의회의 의원 등 법소정의 직을 겸할 수 없는 겸직 등 금지의무를 진다(동법 제35조 1항).

지방자치법은 지방의회도 위 의무를 준수하도록 하기 위한 일정한 의무를 부과하고 있다. 즉 지방의회는 지방의회의원이 준수하여야 할 지방의회의원의 윤리강령과 윤리실천규범을 조례로 정하여야 한다(동법 제38조 1항). 지방의회는 소속 의원들이 의정활동에 필요한 전문성을 확보하도록 노력하여야 한다(동법 동조 2항).

사항 구분	지방의회의원	국회의원
선출방식	소선거구 1인＋비례대표	소선거구 1인
임기	4년	4년
기속위임금지	○	○
불체포특권	×(체포 · 구금 · 확정판결통지만)	○
발언 · 표결 면책특권	×	○

▌지방의회의원과 국회의원의 비교

(2) 지방자치단체의 폐치·분합으로 인한 새로운 의회의 구성

지방자치단체의 폐치·분합으로 새로 생기는 지방자치단체의 의회구성이 문제된다. 폐치·분합되는 지방자치단체들의 의회들 간에 잔류나 폐지 등의 변화를 폐치·분합하는 법률로 정해야 할 것이다. 새로 선거를 하지 않고 이전 어느 지방자치단체 의회의 의원들을 주축으로 구성되도록 할 경우에 선거가 실시되지 않아 선거권, 공무담임권 등 주민의 기본권행사가 봉쇄된다. 헌재는 과잉금지원칙을 준수하여야 한다고 보는데 다만 완화된 심사를 한다. 세종시의 경우 위와 같은 예가 있었다.

판례 헌재 2013.2.28. 2012헌마131

[쟁점] 세종특별자치시의회를 신설하면서 지방의회의원선거를 실시하지 아니하고 연기군의회의원 등에게 세종특별자치시의회의원의 자격을 취득하도록 규정하고 있는 세종특별자치시 설치 등에 관한 특별법 부칙 제4조 제1항, 제2항 전단(이하 '이 사건 부칙조항'이라 한다)이 충남 연기군 주민의 선거권 및 공무담임권을 침해하는지 여부(소극) [결정요지] 사안은 지방자치단체 폐치·분합으로 인한 기본권제한 문제로서 과잉금지원칙 심사를 하여야 하는데 입법자는 지방자치단체 기관구성에 대하여 광범위한 입법형성권을 가지므로 완화된 과잉금지심사를 한다. 이 사건 부칙조항은 연기군의회의원 등의 임기를 최대한 보장하고 지방의회의원선거 실시로 인한 비용과 노력의 소모를 막아 세종특별자치시의회를 안정적으로 구성하기 위한 것으로서 입법목적이 정당하고, 세종특별자치시의회의원선거를 별도로 실시하지 않고 연기군의회의원 등에게 그 자격을 부여하는 것은 그러한 입법목적 달성을 위한 적절한 수단이다. 신설 지방의회를 구성함에 있어 세종특별자치시의회의원선거도 실시하도록 한다면 주민의 선거권 및 공무담임권에 대한 보호는 더 두터워지겠지만, 폐지되는 지방자치단체 지방의회의원의 임기를 종료시키고 새로운 선거를 실시할 경우 이들의 공무담임권 제한문제가 발생하게 되므로 입법자가 이와 같이 충돌·대립하는 헌

법적 이익을 고려하여 세종특별자치시의회의원선거를 실시하지 않도록 정한 것이라면 그것이 입법목적의 달성에 필요한 정도를 벗어난 과도한 제한이라고 보기는 어렵고, 더욱이 2014.6.30. 이후에는 새로운 세종시의회의원이 선출될 것이므로 새로운 지방의회선거가 2년 정도 연기된 것에 불과하고, 청구인은 그 기간이 지난 후에는 선거권을 행사하여 세종시의회의원을 선출하거나 청구인 스스로 세종시의회의원에 입후보하여 선출될 수 있는 기회도 보장받게 되므로, 이 사건 부칙조항은 세종시 주민들의 선거권 및 공무담임권에 대한 제한을 최소화하고 있어 침해최소성의 원칙에 위배되지 않는다. 또한 이 사건 부칙조항으로 인한 충남 연기군 주민의 기본권 제한의 내용은 그러한 기본권을 행사할 수 있는 시기가 늦춰진 것에 불과한 반면, 세종특별자치시의회를 안정적으로 구성하고 세종특별자치시를 차질 없이 출범시키고자 하는 공익은 위와 같은 불이익에 비하여 매우 중요하여 이 사건 부칙조항은 법익균형성의 원칙에도 위배되지 아니하므로 선거권 등을 침해하지 아니한다.

(3) 지방의회 의장

1) 의장·부의장의 선거와 임기

지방의회는 의원 중에서 시·도의 경우 의장 1명과 부의장 2명을, 시·군 및 자치구의 경우 의장과 부의장 각 1명을 무기명투표로 선거하여야 한다(동법 제48조 1항). 대법원은 지방의회의 의장선임의결이 행정처분으로서 항고소송의 대상이 된다고 본다.

대법원판례 대법원 1995.1.12. 94누2602

[판결요지] 지방의회의 의장은 지방자치법 제43조, 제44조의 규정에 의하여 의회를 대표하고 의사를 정리하며, 회의장 내의 질서를 유지하고 의회의 사무를 감독할 뿐만 아니라 위원회에 출석하여 발언할 수 있는 등의 직무권한을 가지는 것이므로, 지방의회의 의사를 결정공표하여 그 당선자에게 이와 같은 의장으로서의 직무권한을 부여하는 지방의회의 의장선거는 행정처분의 일종으로서 항고소송의 대상이 된다고 할 것이다.

의장과 부의장의 임기는 2년으로 한다(동법 동조 3항).

2) 의장의 직무

지방의회의 의장은 의회를 대표하고 의사(議事)를 정리하며, 회의장 내의 질서를 유지하고 의회의 사무를 감독한다(동법 제49조).

3) 의장불신임의 의결

지방의회의 의장이나 부의장이 법령을 위반하거나 정당한 사유 없이 직무를 수행하지 아니하면 지방의회는 불신임을 의결할 수 있다(동법 제55조 1항).

(4) 위원회

1) 종류

지방의회는 조례로 정하는 바에 따라 위원회를 둘 수 있는데, 위원회의 종류는 소관 의안과 청원 등을 심사·처리하는 상임위원회와 특정한 안건을 일시적으로 심사·처리하기 위한 특별위원회 두 가지로 한다(동법 제56조 1항·2항). 의원의 윤리심사 및 징계에 관한 사항을 심사하기 위하여 윤리특별위원회를 둘 수 있다(동법 제57조).

2) 위원회의 개회

위원회는 본회의의 의결이 있거나 의장 또는 위원장이 필요하다고 인정할 때, 재적위원 3분의 1 이상의 요구가 있는 때에 개회한다(동법 제61조 1항).

4. 지방의회의 권한

지방의회의 권한은 그 성격상 의결권, 감사·조사권, 요구권 등으로 나눌 수 있다. 또는 그 내용 내지 영역 별로 나눌 수 있다. 이하에서 내용상 자치입법권, 경제·재정에 관한 권한, 집행기관에 대한 통제권 등으로 나누어 살펴본다.

(1) 자치입법권

지방자치단체의 자치입법은 주로 조례이다. 조례에 대해서는 별도로 살펴본다.

(2) 의결권

지방의회는 의결기관이므로 의결권이 그 권한의 본령이 된다. 지방의회의 의결사항은, 1. 조례의 제정·개정 및 폐지, 2. 예산의 심의·확정, 3. 결산의 승인, 4. 법령에 규정된 것을 제외한 사용료·수수료·분담금·지방세 또는 가입금의 부과와 징수, 5. 기금의 설치·운용, 6. 대통령령으로 정하는 중요 재산의 취득·처분, 7. 대통령령으로 정하는 공공시설의 설치·처분, 8. 법령과 조례에 규정된 것을 제외한 예산 외의 의무부담이나 권리의 포기, 9. 청원의 수리와 처리, 10. 외국 지방자치단체와의 교류협력에 관한 사항, 11. 그 밖에 법령에 따라 그 권한에 속하는 사항 등이다(동법 제39조 1항). 지방자치단체는 제1항의 사항 외에 조례로 정하는 바에 따라 지방의회에서 의결되어야 할 사항을 따로 정할 수 있다(동법 종조 2항). 결국 지방자치법 소정의 의결사항은 예시적인 것이라고 할 것이다.

(3) 정보권

지방의회는 서류제출요구, 질문응답을 통해 자신이 의결해야 하고 통제해야 할 사항 등에 대해 파악하도록 하므로 아래의 권한들은 정보권, 통제권의 기능을 가진다.

1) 서류제출요구권

본회의나 위원회는 그 의결로 안건의 심의와 직접 관련된 서류의 제출을 해당 지방자치단체의 장에게 요구할 수 있다(동법 제40조 1항).

2) 행정사무처리상황의 보고와 질문응답

지방자치단체의 장이나 관계 공무원은 지방의회나 그 위원회에 출석하여 행정사무의 처리상황을 보고하거나 의견을 진술하고 질문에 응답할 수 있고, 지방자치단체의 장이나 관계 공무원은 지방의회나 그 위원회가 요구하면 출석·답변하여야 한다(동법 제42조 1항·2항).

(4) 행정사무 감사권 및 조사권

이는 위 서류제출요구권, 질문응답권 등도 통제권의 기능을 수행하지만 이 감사권, 조사권은 지방의회의 대 집행기관 통제제도로서 중심이 되는 권한이다.

1) 행정사무 감사권

(가) 대상

자치사무에 대해 지방의회가 감사할 수 있음은 물론이다. 위임사무의 경우에는 지방자치단체 및 그 장이 위임받아 처리하는 국가사무와 시·도의 사무에 대하여 국회와 시·도의회가 직접 감사하기로 한 사무 외에는 그 감사를 각각 해당 시·도의회와 시·군 및 자치구의회가 할 수 있다(동법 제41조 3항 전문). 이 경우에 국회와 시·도의회는 그 감사결과에 대하여 그 지방의회에 필요한 자료를 요구할 수 있다(동법 동조 동항 후문).

대상사무 / 의회	자치사무	국가사무(단체위임, 기관위임사무)	시·도사무(단체위임, 기관위임사무)
시·도의회	○	○(국회가 직접 감사하기로 한 사무 외)	○(시·도의회가 직접 감사하기로 한 사무)
시·군 및 자치구의회	○	○(국회가 직접 감사하기로 한 사무 외)	○(시·도의회가 직접 감사하기로 한 사무 외)

▌지방의회의 감사권

* **국회의 국정감사와의 범위 문제** : 국회도 국정감사를 통해 지방행정을 감독할 수 있다. 따라서 지방의회감사와 국회 국정감사와의 경합이 있다. 국회의 국정감사대상과 범위는 지방자치단체 중 특별시·광역시·도가 수행하는 국가위임사무와 국가가 보조금 등 예산을 지원하는 사업이다('국정감사 및 조사에 관한 법률' 제7조 2호·4호). 따라서 시·도가 수행하는 국가사무에 대해 국회와 시·도의회의 감사가 경합될 수 있는데 위와 같이 국회가 직접 감사하기로 한 경우에는 국회가 감사하게 되는 것이다. 국회는 그 외에도 국회 본회의가 특히 필요하다고 의결한 경우에는(그 경우에 한하는 것이긴 하지만) 지방자치단체에 대한 국정감사를 할 수 있다('국정감사 및 조사에 관한 법률' 제7조 4호).

(나) 기간

지방의회는 매년 1회 그 지방자치단체의 사무에 대하여 시·도에서는 14일의 범위에서, 시·군 및 자치구에서는 9일의 범위에서 감사를 실시한다(동법 제41조 1항 전문).

2) 행정사무 조사권

지방자치단체의 사무 중 특정 사안에 관하여 본회의 의결로 본회의나 위원회에서 조사하게 할 수 있다(동법 제41조 1항 후문). 특정 사안에 대한 것이라는, 대상성에 있어서 행정사무 감사권과 다르다. 이 조사를 발의할 때에는 이유를 밝힌 서면으로 하여야 하며, 재적의원 3분의 1 이상의 연서가 있어야 한다(동법 동조 2항).

3) 행정사무 감사 또는 조사 보고에 대한 처리

지방의회는 본회의의 의결로 감사 또는 조사 결과를 처리한다(동법 제41조의2 1항). 지방의회는 감사 또는 조사 결과 해당 지방자치단체나 기관의 시정을 필요로 하는 사유가 있을 때에는 그 시정을 요구하고, 그 지방자치단체나 기관에서 처리함이 타당하다고 인정되는 사항은 그 지방자치단체나 기관으로 이송한다(동법 동조 2항. 지방자치단체나 기관은 제2항에 따라 시정 요구를 받거나 이송받은 사항을 지체 없이 처리하고 그 결과를 지방의회에 보고하여야 한다(동법 동조 3항).

(5) 주민권익보장에 관한 권한 - 청원

청원은 헌법 제26조에 의해 보장되는 기본권이고 주민들의 고충을 듣고 해결하는 기능을 한다.

i) 청원의 요건과 제출 – 지방의회에 청원을 하려는 자는 지방의회의원의 소개를 받아 청원서를 제출하여야 한다(동법 제73조 1항). 지방의회 청원을 하기 위한 요건으로서 위에서 언급한 대로 반드시 지방의회 의원의 소개를 얻도록 하고 있는데 이 요건이 청원권에 대한 지나친 제한으로서 위헌인지가 논란되었으나 헌재는 그 제한은 헌법 제37조 제2항이 규정한 공공복리를 위한 필요·최소한의 것으로 청원권의 본질적 내용을 침해하는 것이 아니라고 하여 합헌성을 인정한 바 있다.

판례 헌재 1999.11.25. 97헌마54

[결정요지] 지방의회에 청원을 할 때에 지방의회 의원의 소개를 얻도록 한 것은 의원이 미리 청원의 내용을 확인하고 이를 소개하도록 함으로써 청원의 남발을 규제하고 심사의 효율을 기하기 위한 것이고, 지방의회 의원 모두가 소개의원이 되기를 거절하였다면 그 청원내용에 찬성하는 의원이 없는 것이므로 지방의회에서 심사하더라도 인용가능성이 전혀 없어 심사의 실익이 없으며, 청원의 소개의원도 1인으로 족한 점을 감안하면 그 제한은 헌법 제37조 제2항이 규정한 공공복리를 위한 필요·최소한의 것으로 청원권의 본질적 내용을 침해하는 것이 아니므로 기본권 제한의 한계를 벗어나는 위법이 있다고 볼 수 없다. [재판관 이재화, 재판관 정경식, 재판관 이영모의 반대의견] 청원인 거주지 선출의원이 결원이거나 청원내용을 반대하는 경우 다른 의원의 소개를 얻기가 쉽지 않고, 또 소개여부가 완전히 의원 개인의 임의에 맡겨져 있어 이는 결국 청원서의 제출을 어렵게 하는 수단에 다름 아니며, 직접민주주의적인 요소가 결여된 우리의 지방자치제도하에서는 청원권의 행사를 통하여 주민의 의사를 직접 반영하는 보완기능으로서의 역할 또한 중요하다 할 것임에도 불구하고 위와 같은 제한을 둔 것은 지방의회의 편의를 도모하기 위한 것으로 청원권 그 자체를 유명무실하게 하는 것이므로 위헌이 선언되어야 한다.

ii) 청원의 제한과 청원의 불수리 – 재판에 간섭하거나 법령에 위배되는 내용의 청원은 수리하지 아니한다(동법 제74조). 그 외 제한사항은 앞의 기본권의 청원권에서 본 청원의 일반법인 청원법상의 제한인 중상모략, 사생활에 관한 사항 등도 불수리사항이다(청원법 제5조). iii) 청원의 심사·처리 – 지방의회의 의장은 청원서를 접수하면 소관 위원회나 본회의에 회부하여 심사를 하게 한다. 위원회가 청원을 심사하여 본회의에 부칠 필요가 없다고 결정하면 그 처리결과를 의장에게 보고하고, 의장은 청원한 자에게 알려야 한다(지방자치법 제75조 1항·3항). iv) 청원의 이송과 처리보고 – 지방의회가 채택한 청원으로서 그 지방자치단체의 장이 처리하는 것이 타당하다고 인정되는 청원은 의견서를 첨부하여 지방자치단체의 장에게 이송한다. 지방자치단체의 장은 제1항의 청원을 처리하고 그 처리결과를 지체 없이 지방의회에 보고하여야 한다(동법 제76조).

(6) 지방의회의 자율적·내부적 권한

1) 의회규칙제정권

지방의회는 내부운영에 관하여 지방자치법에서 정한 것 외에 필요한 사항을 규칙으로 정할 수 있다(동법 제43조).

2) 내부조직권

의장단을 자율적으로 선임하고 위원회를 구성하며 조례로 사무기구를 설치하고 사무직원을 둘 수 있다(동법 제48조 1항, 제56조 3항, 제90조 이하 등 참조).

3) 의원의 신분에 관한 권한

지방의회는 소속 의원의 자격을 심사할 수 있고(동법 제79조 1항), 징계를 할 수 있다(동법 제86-89조). 징계처분은 행정소송 대상이 될 수 있다.

대법원판례 대법원 1993.11.26. 93누7341
[판결요지] 지방자치법 제78조 내지 제81조의 규정에 의거한 지방의회의 의원징계의결은 그로 인해 의원의 권리에 직접 법률효과를 미치는 행정처분의 일종으로서 행정소송의 대상이 되고 …

의원의 사직을 의결로 허가할 수 있다(동법 제77조 본문).

4) 운영 자율권, 질서유지권 등

지방의회는 아래 회의에 대해서 보듯이 지방의회는 내부운영에 관해 지방자치법에서 정한 사항 외는 내부운영에 관해 자신의 규칙으로(동법 제43조), 회의의 운영에 관하여 필요한 사항은 회의규칙으로 정할 수 있다(동법 제71조). 지방의회의 의원이 본회의나 위원회의 회의장에서 이 법이나 회의규칙에 위배되는 발언이나 행위를 하여 회의장의 질서를 어지럽히면 의장이나 위원장은 경고 또는 제지하거나 그 발언의 취소를 명할 수 있다(동법 제82조 1항). 모욕 등의 발언이 금지되고(동법 제83조 1항) 발언방해 등의 금지(동법 제84조), 방청인에 대한 단속의 권한을 가진다(동법 제85조)

5. 지방의회 회의운영의 원리

(1) 회기

지방의회의 회의에는 정례회와 임시회가 있다. i) 정례회 – 정례회는 매년 2회 개최된다(동법 제44조 1항). 정례회의 집회일, 그 밖에 정례회의 운영에 관하여 필요한 사항은 대통령령으로 정하는 바에 따라 해당 지방자치단체의 조례로 정한다(동법 동조 2항). ii) 임시회 – 총선거 후 최초로 집회되는 임시회는 지방의회의원 임기 개시일부터 25일 이내에 당연소집되고, 이후 임시회는 지방자치단체의 장이나 재적의원 3분의 1 이상의 의원이 요구하면 15일 이내에 지방의회의장이 임시회를 소집하여야 한다(동법 제45조 1항·2항). 지방의회의 개회·휴회·폐회와 회기는 지방의회가 의결로 정하고 연간 회의 총일수와 정례회 및 임시회의 회기는 해당 지방자치단체의 조례로 정한다(동법 제47조).

(2) 의사원칙

1) 정족수

i) **개의(의사)정족수** 지방의회는 재적의원 3분의 1 이상의 출석으로 개의하는데 회의 중 제1항의 정족수에 미치지 못할 때에는 의장은 회의를 중지하거나 산회를 선포한다(동법 제63조. 이처럼 중지·산회선포는 의무적이다).

ii) **의결정족수** ① 일반의결정족수 – 의결 사항은 지방자치법에 특별히 규정된 경우 외에는 재적의원 과반수의 출석과 출석의원 과반수의 찬성으로 의결한다(동법 제64조 1항). 의장은 의결에서 표결권을 가지며, <u>찬성과 반대가 같으면 부결된 것</u>으로 본다(동법 동조 2항). ② 특별의결정족수 – 지방자치법에 특별히 규정된 경우, 예를 들어 가중정족수로서 조례안 재의결의 정족수는 재적의원 과반수출석과 출석의원 3분의 2 이상 찬성(동법 제26조 4항), 지방의회의원의 자격상실, 제명의결의 정족수는 재적의원의 3분의 2 이상의 찬성이다(동법 제80조 1항, 제88조 2항).

2) 의사공개의 원칙

i) **공개의 원칙** 지방의회의 회의는 공개한다(동법 제65조 1항 본문). 이러한 공개원칙은 주민의 알 권리를 위한 것이자 투명한 의사결정을 통한 합리적이고 공정한 의사결정이 지방의회에서 이루어지도록 하기 위한 것이다. ii) 장애인에 대한 편의제공 – 의장은 공개된 회의의 방청허가를 받은 장애인에게 정당한 편의를 제공하여야 한다(동법 동조 2항). iii) 공개원칙의 예외 – 의원 3명 이상이 발의하고 출석의원 3분의 2 이상이 찬성한 경우 또는 의장이 사회의 안녕질서 유지를 위하여 필요하다고 인정하는 경우에는 공개하지 아니할 수 있다(동법 동조 1항 단서).

3) 회기(의안)계속의 원칙

지방의회에 제출된 의안은 회기 중에 의결되지 못한 것 때문에 폐기되지 아니한다(동법 제67조 본문). 의사활동의 경제성을 위한 원칙이다. 정확히는 회기는 종료될 수밖에 없고 계속되는 것은 의안이다. 이미 의결된 의안에는 해당되지 않는다. 지방의회의원의 임기가 끝나는 경우에는 계속되지 않고 폐기된다(동법 동조 단서). 회기계속원칙과 임기종료시 비적용 문제는 조례안에 대한 재의요구에 있어서 어려운 문제가 제기된다. 재의요구 후 입법기가 종료된 경우에 폐기되는 것인지 아니면 새로운 지방의회가 재의심의를 해야 하는 것인지 하는 문제가 생긴다. 재의요구대상은 어디까지나 의결된 의안이라는 점을 고려하여야 하고, 만약 의결된 조례안이 아닌 재의요구를 새로운 의안이라고 볼 것인지 하는 문제도 제기되기 때문이다. 이에 대한 입법명시의 보완이 필요하다.

4) 일사부재의의 원칙

지방의회에서 부결된 의안은 같은 회기 중에 다시 발의하거나 제출할 수 없다. 부결된 의안을 계속 발의하여 의사진행을 방해하는 것을 막고자 하는 원칙이다. 부결되어야 하므로 의결된 의안에는 해당되지 않고 표결 전에 철회했더라도 해당되지 않는다. 동일 회기 중에서의 원칙이므로 전 회기에서 부결되었더라도 새로운 회기에서는 다시 발의할 수 있다.

5) 제척

지방의회의 의장이나 의원은 본인 · 배우자 · 직계존비속 또는 형제자매와 직접 이해관계가 있는 안건에 관하여는 그 의사에 참여할 수 없는데, 다만, 의회의 동의가 있으면 의회에 출석하여 발언할 수 있다(동법 제70조).

6. 의사과정

(1) 의안의 발의

i) **주체와 발의정족수** 지방의회에서 의결할 의안은 ① 지방자치단체의 장이나 ② 재적의원 5분의 1 이상 또는 의원 10명 이상의 연서로 발의한다(동법 제66조 1항). ③ 위원회도 그 직무에 속하는 사항에 관하여 의안을 제출할 수 있다(동법 동조 2항). ii) 조례안예고 – 지방의회는 심사대상인 조례안에 대하여 5일 이상의 기간을 정하여 그 취지, 주요 내용, 전문을 공보나 인터넷 홈페이지 등에 게재하는 방법으로 예고할 수 있다(동법 제66조의2 1항). iii) 의안에 대한 비용추계 자료 등의 제출 – 지방자치단체의 장이 예산상 또는 기금상의 조치를 수반하는 의안을 발의할 경우에는 그 의안의 시행에 수반될 것으로 예상되는 비용에 대한 추계서와 이에 상응하는 재원조달방안에 관한 자료를 의안에 첨부하여야 한다(동법 제66조의3 1항).

(2) 의사일정

심의대상 의안과 그 심의의 순서를 정한 계획이 의사일정인데 어느 의안을 올리고 또 먼저 심사하느냐 하는 것은 상황에 따라 중요한 문제이다. 현행 지방자치법에는 이에 관한 규정이 없다. 따라서 의사일정은 교섭단체들 간의 협의를 전제로 하여 구성하고 미리 공고하여 의사에 의원들이 준비하고 임하도록 하여야 충실한 심의가 될 것이다. 프랑스 헌법은 지방자치단체 유권자들이 청원으로 지방의회 소관에 속하는 일정사항을 의사일정에 포함할 것을 요구할 수 있도록 규정하고 있다(프랑스 헌법 제72–1조 1항). 의원들이 주민의사와 무관하게 의사활동을 막도록 하는 점에서 의미있는 청원제도이다. 이는 한국헌법에는 청원사항을 넓게 잡고 있으므로 우리의 경우에도 가능한 청원이다.

(3) 위원회

i) 심사 – 조례안의 심사 등에서 위원회가 집약적으로 활동하여야 할 것이다. 위원회는 그 소관에 속하는 의안과 청원 등 또는 지방의회가 위임한 특정한 안건을 심사한다(동법 제58조). 위원회는 본회의의 의결이 있거나 의장 또는 위원장이 필요하다고 인정할 때, 재적위원 3분의 1 이상의 요구가 있는 때에 개회한다(동법 제61조 1항). ii) 위원회에서 폐기된 의안 – 위

원회에서 본회의에 부칠 필요가 없다고 결정된 의안은 본회의에 부칠 수 없고 그 의안은 폐기된다(동법 제69조 1항 본문, 2항). 다만, 위원회의 결정이 본회의에 보고된 날부터 폐회나 휴회 중의 기간을 제외한 7일 이내에 의장이나 재적의원 3분의 1 이상이 요구하면 그 의안을 본 회의에 부쳐야 한다(동법 동조 1항 단서). 이를 위원회의 해임이라고 한다.

(4) 본회의

본회의에서는 위원회에서 올라온 사항을 최종 의결하는 등의 활동을 한다. 본회의에 이루어지는 의사에 위에서 의사운영원리가 적용된다.

(5) 회의규칙, 회의록

지방의회는 회의의 운영에 관하여 이 법에서 정한 것 외에 필요한 사항은 회의규칙으로 정한다(동법 제71조). 지방의회는 회의록을 작성하고 회의의 진행내용 및 결과와 출석의원의 성명을 적어야 한다(동법 제72조 1항). 회의록은 의원에게 배부한다. 다만, 비밀로 할 필요가 있다고 의장이 인정하거나 지방의회에서 의결한 사항은 공개하지 아니한다(동법 동조 4항).

7. 지방의회의 의결에 대한 통제

지방의회의 의결에 대해서는 지방자치단체, 주무부장관, 시·도지사에 의한 재의요구 내지 재의요구지시, 재의결에 대한 대법원에의 제소 등의 통제가 있다. 이에 대해서는 조례에 대해서 보면서 서술한다.

Ⅲ. 집행기관

지방자치단체에 정책과 조례를 실행하는 집행기관이 있다.

1. 지방자치단체의 장

(1) 현황

특별시에 특별시장, 광역시에 광역시장, 특별자치시에 특별자치시장, 도와 특별자치도에 도지사를 두고, 시에 시장, 군에 군수, 자치구에 구청장을 둔다(동법 제93조).

(2) 지방자치단체장의 신분

1) 신분의 취득 - 선출

(가) 선출방식

현행 헌법 제118조 제2항 후문은 지방자치단체의 장의 선임방법에 관한 사항은 법률로 정하도록 규정하고 있다. 따라서 직선하지 않고 간선할 수도 있을 것이다. 그러나 현행 지방자치법은 "지방자치단체의 장은 주민이 보통·평등·직접·비밀선거에 따라 선출"하도록 규정하고 있다(동법 제94조).

(나) 선거권의 성격

이를 헌법상 기본권으로 보지 않은 구 판례도 있었으나 신 판례는 이를 인정하고 있다.

판례 헌재 2016.10.27. 2014헌마797

[판시] 헌법에서 지방자치제를 제도적으로 보장하고 있고, 지방자치는 지방자치단체가 독자적인 자치기구를 설치해서 그 자치단체의 고유사무를 국가기관의 간섭 없이 스스로의 책임 아래 처리하는 것을 의미한다는 점에서 지방자치단체의 대표인 단체장은 지방의회의원과 마찬가지로 주민의 자발적 지지에 기초를 둔 선거를 통해 선출되어야 한다는 것은 지방자치제도의 본질에서 당연히 도출되는 원리이다(헌재 1994.8.31. 92헌마126; 헌재 1994.8.31. 92헌마174 참조). 이에 따라 공직선거 관련법상 지방자치단체의 장 선임방법은 '선거'로 규정되어 왔고, 우리 지방자치제의 역사에 비추어 볼 때 지방자치단체의 장에 대한 주민직선제 이외의 다른 선출방법을 허용할 수 없다는 국민적 인식이 존재한다고 볼 수 있다. 주민자치제를 본질로 하는 민주적 지방자치제도가 안정적으로 뿌리내린 현 시점에서 지방자치단체의 장 선거권을 지방의회의원 선거권, 더 나아가 국회의원 선거권 및 대통령 선거권과 구별하여 하나는 법률상의 권리로, 나머지는 헌법상의 권리로 이원화하는 것은 무의미한 것으로 보인다. 그러므로 지방자치단체의 장 선거권 역시 다른 선거권과 마찬가지로 헌법 제24조에 의해 보호되는 헌법상의 권리로 인정하여야 할 것이다.

2) 임기와 연임제한

(가) 임기와 임기개시

지방자치단체의 장의 임기는 4년이다(지방자치법 제95조 전문). 지방자치단체의 장의 임기는 전임지방자치단체의 장의 임기만료일의 다음 날부터 개시된다. 다만, 전임지방자치단체의 장의 임기가 만료된 후에 실시하는 선거와 지방자치단체의 폐치·분합시의 선거를 실시하는 지방자치단체의 장의 임기는 당선이 결정된 때부터 개시되며 전임자 또는 같은 종류의 지방자치단체의 장의 잔임기간으로 한다(공직선거법 제14조 3항).

(나) 4기 연임금지

지방자치단체의 장의 계속 재임(在任)은 3기에 한한다(동법 동조 후문). 이 3기 한정, 네 번 연임금지 규정에 대해서는 합헌성 논란이 있었다. 즉 지방자치단체 장의 계속 재임을 3기로 제한한 지방자치법 제87조 제1항이 지방자치단체 장들의 공무담임권을 침해하고, 지방의회의원 등 다른 선출직 공직자의 경우에는 계속 재임을 제한하지 않으면서 지방자치단체 장의 계속 재임은 3기로 제한하는 것이 평등권을 침해하며, 지방자치단체 장의 계속 재임을 3기로 제한함으로써 주민들의 선거권을 침해하고, 지방자치단체 장의 계속 재임을 3기로 제한한 규정이 지방자치제도에 있어서 주민자치를 과도하게 제한함으로써 입법형성의 한계를 벗어났다는 주장이 있었다. 헌재는 비례원칙을 준수한 공무담임권 제한이고 합리적 이유있는 차별이라 평등권 침해가 아니며 선거권 제한 문제는 간접적, 사실상 제한에 불과하고 입법재량 위배주장에 대해서는 새로운 자치단체장이 자치행정을 담당하므로 이유없다고 보아 결국 아래와 같이 기각결정을 하였다.

판례 헌재 2006.2.23. 2005헌마403

[결정요지] 1. 공무담임권 침해 여부 (1) 목적정당성 – 지방자치단체 장의 계속 재임을 3기로 제한한 규정의 입법취지는 장기집권으로 인한 지역발전저해 방지와 유능한 인사의 자치단체 장 진출확대 등 그 목적이 정당하다. (2) 방법적절성 – 유력인사가 당선되면 토호세력 및 재력가들과의 정경유착, 장기집권 과정에서 형성된 사조직이나 파벌 등은 자치행정기능을 사실상 마비시키는 사태까지 초래할 가능성도 있다. 따라서 이 법률조항은 현행 지방자치법 하에서 위와 같은 지방자치행정의 난맥이 생기는 경우 이를 바로잡을 수 있는 마지막 수단으로서 방법의 적절성을 갖추고 있다. (3) 피해의 최소성 – 연속으로 선출되지 아니하면 제한 없이 입후보할 수 있고, 연속으로 선출된 경우도 3기는 계속하여 재임할 수 있으며 그 후 입후보하지 않을 경우 다시 3기 계속 재임할 수 있으므로 그 제한의 정도는 상대적으로 완화되어 있다고 할 수 있고, 피해의 최소성원칙을 충족시킨다. (4) 법익의 균형성 – 이 법률조항은 공익달성을 위한 유효한 수단으로서 의의가 있으며 청구인 자치단체 장들이 제한받는 기본권과 비교해 볼 때 법익의 균형성에도 어긋나지 않는다.이 충족되므로 헌법에 위반되지 아니한다. 2. 평등권 침해 여부 – 공무담임권의 제한의 경우는 그 직무가 가지는 공익실현이라는 특수성으로 인하여 상대적으로 강한 합헌성이 추정될 것이므로, 상대적으로 다소 완화된 심사를 하게 되므로 이 법률조항에 대한 평등권 심사는 합리성 심사로 족하다. 같은 선출직공무원인 지방의회의원 등과 비교해볼 때, 지방의회의원은 기본적으로는 회의체인 지방의회의 구성원에 불과하고 따라서 지방의회의원은 개인의 권한만으로는 지방자치행정에 큰 영향을 미치기 어렵다. 이에 반하여 자치단체 장은 독임제(獨任制) 행정기관이다. 그리고 자치단체 장은 지방자치단체의 최고집행기관으로서 자치단체의 사무를 통할하고 집행할 권한, 규칙제정권, 주민투표부의권, 소속직원의 임용·감독권 등을 가지기 때문에 자치행정에 있어서 큰 영향력을 미친다. 계속 재임으로 인한 부작용 발생의 가능성이나 심각성은 자치단체 장의 경우가 훨씬 크다고 할 수 있으므로 자치단체 장과 지방의회의원의 계속 재임에 대한 차별적 취급에는 합리적인 이유가 있다고 할 것이므로 평등권을 침해하지 않는다. 3. 선거권 침해 여부 – 청구인 주민들은 3기 계속 재임 자치단체 장의 입후보 자격을 박탈함으로서 청구인 주민들이 능력과 인품이 검증된 인물을 선출할 선거권을 침해한다고 주장한다. 그러나 지방자치단체 장에 대한 선거권을 행사함에 있어서 투표할 대상자가 스스로 또는 법률상의 제한으로 입후보를 하지 아니하는 경우 입후보자의 입장에서 공무담임권 제한의 문제가 발생하겠지만, 선거권자로서는 후보자의 선택에 있어서의 간접적이고 사실상의 제한에 불과할 뿐 그로 인하여 선거권자가 자신의 선거권을 행사함에 있어서 침해를 받게 된다고 보기 어렵다. 4. 지방자치제도 침해 여부 – 지방자치단체 장의 계속 재임을 3기로 제한하더라도 그것만으로는 주민의 자치권을 심각하게 훼손한다고 볼 수 없다. 더욱이 새로운 자치단체 장 역시 주민에 의하여 직접 선출되어 자치행정을 담당하게 되므로 주민자치의 본질적 기능에 침해가 있다고 보기 어렵다. 따라서 지방자치단체 장의 계속 재임을 3기로 제한한 규정이 지방자치제도에 있어서 주민자치를 과도하게 제한함으로써 입법형성의 한계를 벗어났다고 할 수 없다.

3) 신분의 소멸

다음과 같은 사유로 소멸된다. i) 임기만료, ii) 사임 – 지방자치단체의 장은 그 직을 사임하려면 지방의회의 의장에게 미리 사임일을 적은 서면(사임통지서)으로 알려야 한다(동법 제98조 1항). 지방자치단체의 장은 사임통지서에 적힌 사임일에 사임된다. 다만, 사임통지서에 적힌 사임일까지 지방의회의 의장에게 사임통지가 되지 아니하면 지방의회의 의장에게 사임통지가 된 날에 사임된다(동법 동조 2항). iii) 퇴직 – 지방자치단체의 장이 1. 지방자치단체의 장이 겸임할 수 없는 직에 취임할 때, 2. 피선거권이 없게 될 때, 3. 지방자치단체의 폐치 · 분합으로 지방자치단체의 장의 직을 상실할 때에는 그 직에서 퇴직된다(동법 제99조 1항). 지방자치단체를 폐지하거나 설치하거나 나누거나 합쳐 새로 지방자치단체의 장을 선거하여야 하는 경우에는 그 지방자치단체의 장이 선거될 때까지 시 · 도지사는 행정안전부장관이, 시장 · 군수 및 자치구의 구청장은 시 · 도지사가 각각 그 직무를 대행할 자를 지정하여야 한다(동법 제97조 1항 본문).

4) 지방자치단체의 장의 체포 및 확정판결의 통지

체포 또는 구금된 지방자치단체의 장이 있으면 관계 수사기관의 장은 지체 없이 영장의 사본을 첨부하여 해당 지방자치단체에 알려야 하고, 지방자치단체의 장이 형사사건으로 공소가 제기되어 그 판결이 확정되면 각급 법원장은 지체 없이 해당 지방자치단체에 알려야 한다. 위 두 경우 통지를 받은 지방자치단체는 그 사실을 즉시 행정안전부장관에게 보고하여야 한다. 시 · 군 및 자치구가 행정안전부장관에게 보고하는 경우에는 시 · 도지사를 거쳐야 한다(동법 제100조).

5) 지방자치단체의 장의 권한대행

지방자치단체의 장이 1. 궐위된 경우, 2. 공소 제기된 후 구금상태에 있는 경우, 3. 의료법에 따른 의료기관에 60일 이상 계속하여 입원한 경우 부지사 · 부시장 · 부군수 · 부구청장("부단체장")이 그 권한을 대행한다(동법 제111조 1항). 권한을 대행하거나 직무를 대리할 부단체장이 부득이한 사유로 직무를 수행할 수 없으면 그 지방자치단체의 규칙에 정하여진 직제 순서에 따른 공무원이 그 권한을 대행하거나 직무를 대리한다(동법 동조 5항).

* 위 '공소 제기된 후 구금상태에 있는 경우'라는 제2호 사유는 자치단체장의 공무담임권을 제한함에 있어 과잉금지원칙, 무죄추정의 원칙, 평등원칙에 위반되지 않는다는 결정이 있었다.

판례 헌재 2011.4.28. 2010헌마474

[결정요지] <재판관 조대현, 재판관 김종대, 재판관 목영준, 재판관 송두환의 기각의견> (가) 이 법률조항의 입법목적은 주민의 복리와 자치단체행정의 원활하고 효율적인 운영에 초래될 것으로 예상되는 위험을 미연에 방지하려는 것으로, 자치단체장이 '공소 제기된 후 구금상태'에 있는 경우 자치단체행정의 계속성과 융통성을 보장하고 주민의 복리를 위한 최선의 정책집행을 도모하기 위해서는 해당 자치단체장을 직무에서 배제시키는 방법 외에는 달리 의미있는 대안을 찾을 수 없고, 범죄의 죄질이나 사안의 경중에 따라 직무정지의 필요성을 달리 판단할 여지가 없으며, 소명의 기회를 부여하는 등 직무정지라는 제재를 가함에 있어 추가적인 요건을 설정할 필요도 없다. 나아가 정식 형사재판절차를 앞두고 있는 '공소 제기된 후'부터 시작하여 '구금상태에 있는' 동안만 직무를 정지시키고 있어 그 침해가 최소한에 그치도록 하고 있고, 이 사건 법률조항이 달성하려는 공익은 매우 중대한 반면, 일시적 · 잠정적으로 직무를 정지당할 뿐 신분을 박탈당하지도 않는 자치단체장의 사익에 대한 침해는 가혹하다고 볼 수 없으므로 과잉금지원칙에 위반되지 않는다. (나) 이 법률조항은 공소 제기된 자로서 구금되었다는 사실 자체에 사회적 비난의 의미를 부여한다거나 그 유죄의 개연성에 근거하여 직무를 정지시키는 것이 아

니라, 구금의 효과, 즉 구속되어 있는 자치단체장의 물리적 부재상태로 말미암아 자치단체행정의 원활하고 계속적인 운영에 위험이 발생할 것이 명백하여 이를 미연에 방지하기 위하여 직무를 정지시키는 것이므로, '범죄사실의 인정 또는 유죄의 인정에서 비롯되는 불이익'이라거나 '유죄를 근거로 하는 사회윤리적 비난'이라고 볼 수 없다. 따라서 무죄추정의 원칙에 위반되지 않는다. <재판관 이공현, 재판관 민형기, 재판관 이동흡, 재판관 박한철의 기각의견> (가) 이 법률조항은, '공소 제기된 후 구금상태에 있는' 자치단체장을 직무에서 배제시킴으로써, 주민의 복리와 자치단체행정의 정상적인 운영에 초래될 수 있는 위험을 미연에 방지함과 아울러, 고위공직자인 자치단체장에게 요구되는 윤리성과 성실성 및 자치단체장직에 대한 지역주민의 신뢰를 회복하고 공직기강을 확립하려는, 두가지 입법목적을 가지고 있다. 자치단체장이 공소 제기된 후 구금상태에 있다면 사회적 비난가능성이 결코 작다고 볼 수 없고, 구금상태가 언제 해소될지 불확실하여 자치단체행정이 장기간 표류할 가능성도 있으므로 위 입법목적을 달성하기 위해서는 해당 자치단체장을 그때로부터 직무에서 배제시키는 방법 외에는 달리 의미있는 대안이 없고, '공소 제기된 후 구금상태에 있는' 그 자체로 주민의 복리와 자치단체행정의 정상적인 운영에 위험을 초래하고 자치단체장직에 요구되는 윤리성과 성실성, 지역주민의 신뢰를 훼손시키기에 충분하므로 소명의 기회를 부여하거나, 해당 범죄의 죄질이나 성격 또는 사안의 경중에 따라 직무정지의 필요성을 달리 판단할 여지도 없다. 또한 위 입법목적 달성에 방해되는 사정은 구금상태가 계속되는 한 지속될 수밖에 없으므로 필요 최소한의 침해만 가하고 있는 것으로 평가할 수 있고, 이 사건 법률조항이 달성하려는 위와 같은 공익은 그로 말미암아 자치단체장이 입게 되는 불이익보다 훨씬 커서 법익균형성의 요건도 충족하므로 과잉금지원칙에 위반되지 아니한다. (나) 이 법률조항이 가하고 있는 직무정지가 유죄인정을 전제로 한 불이익임에는 틀림없으나 그 불이익이 비례의 원칙을 존중한 것으로서 필요최소한도에 그친다면 예외적으로 무죄추정의 원칙에 저촉되지 않는다 할 것인바, 이 사건 법률조항이 직무정지를 부과하는 목적이 검사의 공소제기결정이나 법원의 구속영장발부에 근거한 비난이나 제재에 있는 것이 아니라 자치단체장의 물리적 부재상태로 말미암아 자치단체행정의 원활한 운영에 생길 수 있는 위험을 제거하고 주민의 신뢰를 회복하는 데 있다는 점, 그 불이익의 정도도 필요 최소한의 범위에 그치고 있다는 점 등에 비추어 볼 때, 비례의 원칙을 준수하였다고 할 것이어서, 무죄추정의 원칙에 위반되지 않는다. 2. 가. 국회의원은 합의체기관인 국회의 구성원인 데다가 권한대행을 상정하기 어렵다는 점에서 자치단체장과는 그 직무의 성격이 다르고, '공소 제기된 후 구금상태'가 해당 직무의 원활한 수행에 미치는 영향도 다르므로, 국회의원의 경우와 달리 자치단체장의 경우에만 이 사건 법률조항에 의한 직무정지를 가하고 있다 하여 자의적인 차별이라고 할 수는 없다.

* 대행사유로 이전에 "금고 이상의 형을 선고받고 그 형이 확정되지 아니한 경우"도 규정되어 있었는데 이 규정에 대해서는 헌재가 유죄의 판결이 확정되지 아니한 피고인에 대하여 유죄가 선고되었음을 이유로 불이익을 주는 것으로 헌법 제27조 제4항의 무죄추정의 원칙에 반하고, 과잉금지원칙, 평등원칙에도 위배된다고 하여 아래와 같이 헌법불합치결정을 하였고 이후 위 문언은 2011.5.30. 삭제되었다.

판례 헌재 2010.9.2. 2010헌마418

[결정요지] 재판관 이강국, 재판관 김희옥, 재판관 김종대, 재판관 목영준, 재판관 송두환의 위헌의견 (1) 이 사건 법률조항은 '금고 이상의 형이 선고되었다.'는 사실 자체에 주민의 신뢰가 훼손되고 자치단체장으로서 직무의 전념성이 해쳐질 것이라는 부정적 의미를 부여한 후, 그러한 판결이 선고되었다는 사실만을 유일한 요건으로 하여, 형이 확정될 때까지의 불확정한 기간동안 자치단체장으로서의 직무를 정지시키는 불이익을 가하고 있으며, 그와 같이 불이익을 가함에 있어 필요최소한에 그치도록 엄격한 요건을 설정하지도 않았으므로, 무죄추정의 원칙에 위배된다. (2) 자치단체장직에 대한 공직기강을 확립하고 주민의 복리와 자치단체행정의 원활한 운영에 초래될 수 있는 위험을 예방하기 위한 입법목적을 달성하기 위하여 자치단체장을 직무에서 배제하는 수단을 택하였다 하더라도, 금고 이상의 형을 선고받은 자치단체장을 다른 추가적 요건없이 직무에서 배제하는 것이 위 입법목적을 달성하기 위한 최

선의 방안이라고 단정하기는 어렵고, 특히 이 사건 청구인의 경우처럼, 금고 이상의 형의 선고를 받은 이후 선거에 의하여 자치단체장으로 선출된 경우에는 '자치단체행정에 대한 주민의 신뢰유지'라는 입법목적은 자치단체장의 공무담임권을 제한할 적정한 논거가 되기 어렵다. 또한, 금고 이상의 형을 선고받았더라도 불구속상태에 있는 이상 자치단체장이 직무를 수행하는 데는 아무런 지장이 없으므로 부단체장으로 하여금 그 권한을 대행시킬 직접적 필요가 없다는 점, 혹시 그러한 직무정지의 필요성이 인정된다 하더라도, 형이 확정될 때까지 기다리게 되면 자치단체행정의 원활한 운영에 상당한 위험이 초래될 것으로 명백히 예상된다거나 회복할 수 없는 공익이 침해될 우려가 있는 제한적인 경우로 한정되어야 한다는 점, 금고 이상의 형을 선고받은 범죄가 해당 자치단체장에 선출되는 과정에서 또는 선출된 이후 자치단체장의 직무에 관련하여 발생하였는지 여부, 고의범인지 과실범인지 여부 등 해당 범죄의 유형과 죄질에 비추어 형이 확정되기 전이라도 미리 직무를 정지시켜야 할 이유가 명백한 범죄를 저질렀을 경우로만 한정할 필요도 있는 점 등에 비추어 볼 때, 이 사건 법률조항은 필요최소한의 범위를 넘어선 기본권제한에 해당할 뿐 아니라, 이 사건 법률조항으로 인하여 해당 자치단체장은 불확정한 기간 동안 직무를 정지당함은 물론 주민들에게 유죄가 확정된 범죄자라는 선입견까지 주게 되고, 더욱이 장차 무죄판결을 선고받게 되면 이미 침해된 공무담임권은 회복될 수도 없는 등의 심대한 불이익을 입게 되므로, 법익균형성 요건 또한 갖추지 못하였다. 따라서, 이 사건 법률조항은 자치단체장인 청구인의 공무담임권을 침해한다. (3) 선거직 공무원으로서 선거과정이나 그 직무수행의 과정에서 요구되는 공직의 윤리성이나 신뢰성 측면에서는 국회의원의 경우도 자치단체장의 경우와 본질적으로 동일한 지위에 있다고 할 수 있는데, 국회의원에게는 금고 이상의 형을 선고받은 후 그 형이 확정되기도 전에 직무를 정지시키는 제도가 없으므로, 자치단체장인 청구인의 평등권을 침해한다. * 단순위헌의견이 위와 같이 5인 재판관의견이나 1인의 헌법불합치의견이 있어 결국 헌법불합치결정이 되었음.

(3) 권한

i) 지방자치단체의 통할대표권 – 지방자치단체의 장은 지방자치단체를 대표하고, 그 사무를 총괄한다(동법 제101조). ii) 사무의 관리 및 집행권 – 지방자치단체의 장은 그 지방자치단체의 사무와 법령에 따라 그 지방자치단체의 장에게 위임된 사무를 관리하고 집행한다(동법 제103조). iii) 직원 임면권 – 지방자치단체의 장은 소속 직원을 지휘·감독하고 법령과 조례·규칙으로 정하는 바에 따라 그 임면·교육훈련·복무·징계 등에 관한 사항을 처리한다(동법 제105조). iv) 규칙제정권 – 제23조(규칙) 지방자치단체의 장은 법령이나 조례가 위임한 범위에서 그 권한에 속하는 사무에 관하여 규칙을 제정할 수 있다. v) 사무의 위임 등의 권한 – 지방자치단체의 장은 조례나 규칙으로 정하는 바에 따라 그 권한에 속하는 사무의 일부를 보조기관, 소속 행정기관 또는 하부행정기관, 관할 지방자치단체나 공공단체 또는 그 기관 등에 위임할 수 있다(동법 제104조 1항·2항). vi) 지방의회에 대한 권한 – 이 권한으로 지방자치단체의 장은 ① 지방의회의 의결에 대한 재의요구와 제소(동법 제107조), ② 예산상 집행 불가능한 의결의 재의요구(동법 제108조), 지방자치단체의 장의 선결처분(동법 제109조) 등의 권한을 가진다(이에 대한 자세한 것은 지방의회와 지방자치단체의 장의 관계 부분 참조).

(4) 의무

i) 겸임금지의무 – 지방자치단체의 장은 대통령, 국회의원, 헌법재판소재판관, 각급 선

거관리위원회 위원, 지방의회의원, 국가공무원법 제2조에 규정된 국가공무원, 지방공무원법 제2조에 규정된 지방공무원 등 동법 소정의 직을 겸할 수 없다(동법 제96조 1항). ii) 영리거래·사업금지의무 – 지방자치단체의 장은 재임 중 그 지방자치단체와 영리를 목적으로 하는 거래를 하거나 그 지방자치단체와 관계있는 영리사업에 종사할 수 없다(동법 동조 2항). iii) 중앙행정기관, 광역자치단체장과의 관계상 의무 – 주무부장관이나 시·도지사의 재의요구의 요구, 제소, 위법·부당한 명령·처분의 시정명령, 직무이행명령 등 지시에 따를 의무가 있다(동법 제172조, 제170조, 제169조. 위와 같은 재의요구의 요구, 제소의 지시 등에 대한 자세한 것은 국가와 행정안전부자치단체장의 지도·감독 부분 참조). 이러한 지시가 너무 강하면 지방자치의 정신에 부합되지 않는다. iv) 퇴직시 사무인계 의무 – 지방자치단체의 장이 퇴직할 때에는 그 소관 사무의 일체를 후임자에게 인계하여야 한다(동법 제106조).

2. 행정조직

(1) 행정기구와 공무원

지방자치법 제112조(행정기구와 공무원) ① 지방자치단체는 그 사무를 분장하기 위하여 필요한 행정기구와 지방공무원을 둔다. ② 제1항에 따른 행정기구의 설치와 지방공무원의 정원은 인건비 등 대통령령으로 정하는 기준에 따라 그 지방자치단체의 조례로 정한다. ③ 행정안전부장관은 지방자치단체의 행정기구와 지방공무원의 정원이 적정하게 운영되고 다른 지방자치단체와의 균형이 유지되도록 하기 위하여 필요한 사항을 권고할 수 있다. <개정 2008.2.29., 2013.3.23., 2014.11.19., 2017.7.26.> ④ 지방공무원의 임용과 시험·자격·보수·복무·신분보장·징계·교육훈련 등에 관하여는 따로 법률로 정한다. ⑤ 지방자치단체에는 제1항에도 불구하고 법률로 정하는 바에 따라 국가공무원을 둘 수 있다. ⑥ 제5항에 규정된 국가공무원은 「국가공무원법」 제32조 제1항부터 제3항까지에도 불구하고 5급 이상의 국가공무원이나 고위공무원단에 속하는 공무원은 해당 지방자치단체의 장의 제청으로 소속 장관을 거쳐 대통령이 임명하고, 6급 이하의 국가공무원은 그 지방자치단체의 장의 제청으로 소속 장관이 임명한다.

1) 의의

지방자치단체 사무를 구체적으로 현장에서 수행하는 지방공무원들이 있다. 이들은 지방자치단체의 행정조직에서의 인적 구성원이다. 지방자치단체는 그 사무를 분장하기 위하여 필요한 행정기구와 지방공무원을 둔다(동법 제112조 1항). 다만, 그럼에도 지방자치단체에는 법률로 정하는 바에 따라 국가공무원도 둘 수 있다(동법 동조 3항).

2) 법규정과 조례의 한계

조직자치권과 인사자치권의 결과 지방자치단체의 행정기구의 설치와 공무원의 인사(임면 등)는 각 지방자치단체의 조례로 정할 수 있을 것이다. 현행 지방자치법도 조례에 맡기기는 하는데 법률 등에 의한 제한이 많다. 즉 행정기구의 설치와 지방공무원의 정원은 인건비 등 대통령령으로 정하는 기준에 따라 그 지방자치단체의 조례로 정한다(동법 동조 2항). 행정안전부장관은 지방자치단체의 행정기구와 지방공무원의 정원이 적정하게 운영되고 다른 지방자치단체와의 균형이 유지되도록 하기 위하여 필요한 사항을 권고할 수 있다(동법 동조 3항). 지방공무원의 임용과 시험·자격·보수·복무·신분보장 등에 관하여는 따로 법률로 정한다(동법 동조 4항). 법률이나 중앙정부의 이러한 개입의 한계가 강하면 자치권이 유명무실해진다.

3) 지방공무원의 정원

(가) 법규정

지방공무원의 정원은 인건비 등 대통령령으로 정하는 기준에 따라 그 지방자치단체의 조례로 정하도록(동법 동조 2항) 하고 있다. 각 지방자치단체의 인구나 사무량 등에 적정하게 맞춘 정원산정이 필요하다.

(나) 판례

지방공무원의 정원에 관해서 다음과 같은 판례들이 있었다.

① 시민이 자신이 거주하는 지방자치단체의 지방공무원 정원이 다른 지방자치단체에 비하여 적어 평등권, 공무담임권 등의 침해가 있는 위헌이라는 주장의 헌법소원심판을 해당 지방자치단체의 정원을 한정한 '지방자치단체 표준정원'(행정자치부장관 고시) 규정을 대상으로 청구한 바 있었는데 이 사안에서 구청장, 구의회의원, 소속 공무원도 함께 청구하였다. 아래의 사안이 그 예이다. 그러나 우리 헌재는 헌법소원심판의 청구요건의 하나인 자기관련성요건을 갖추지 못하였다고 하여 각하함으로써 본안판단이 이루어지지 않았다.

판례 헌재 2001.1.18. 2000헌마149

[결정요지] 주민으로서의 청구인들의 경우, 이 사건 규정은 조직규범으로서 그 수범자(受範者)는 당해 지방자치단체이고, 청구인들에게 직접 의무를 부과하거나 행위를 금지하는 것은 아니며 단지 간접적으로 관련될 뿐이다. 지방공무원 정원 자체가 다른 지역에 비하여 적음으로 인하여 상대적으로 행정서비스가 열악하여 불편을 겪을 수 있고, 공무원시험에 합격할 가능성이 줄어들어 청구인들의 행복추구권과 공무담임권 등 기본권이 사실상 제한되는 결과가 초래될 수 있으나, 헌법소원의 관점에서 그러한 불편과 불이익은 단순히 간접적이고 사실적인 것이며, 이 사건 규정의 입법목적, 규율대상, 청구인들에게 미치는 효과나 진지성의 정도 및 원칙적으로 권한쟁의 심판의 대상이 될 수 있다는 점 등을 종합 고려하면 청구인들의 자기관련성은 이를 인정하기 어렵다. 공무원으로서의 청구인들의 경우, 일반적으로 국가기관이나 그 일부는 국민의 기본권을 보호 내지 실현할 책임과 의무를 지는 것이며 기본권의 침해를 받는 당사자라 볼 수 없으므로 헌법소원으로 다툴 자기관련성을 인정할 수 없다.

② 지방의회가 사무직원 증원 승인에 관련하여 청구한 사건도 있었는데 지방의회는 기본권주체가 아니라는 이유로 각하결정이 있었다.

판례 헌재 1998.3.26. 96헌마345

[사건개요] 청구인(서울특별시의회)은 총 정원을 초과하여 사무직원을 증원하기 위해서는 내무부(현재 행정안전부)장관의 사전승인을 받게 한 '지방자치단체의 행정기구와 정원 기준 등에 관한 규정' 제14조 제1항·제2항 및 제16조 제3항이 헌법 제117조, 제118조 및 지방자치법 제15조, 제82조 및 제83조에서

보장된 지방의회의 자치입법권을 제한하고, 주민의 참정권을 침해하는 것으로서 헌법에 위반된다는 이유로 1996.10.17. 헌법재판소법 제68조 제1항에 의한 헌법소원심판청구를 제기하였다. [결정요지] 기본권의 보장에 관한 각 헌법규정의 해석상 국민(또는 국민과 유사한 지위에 있는 외국인과 사법인)만이 기본권의 주체라 할 것이고, 국가나 국가기관 또는 국가조직의 일부나 공법인은 기본권의 '수범자(Adressat)'이지 기본권의 주체로서 그 '소지자(Träger)'가 아니고 오히려 국민의 기본권을 보호 내지 실현해야 할 '책임'과 '의무'를 지니고 있는 지위에 있을 뿐이므로, 공법인인 지방자치단체의 의결기관인 청구인의회는 기본권의 주체가 될 수 없고 따라서 헌법소원을 제기할 수 있는 적격이 없다고 할 것이다. 그렇다면 이 사건 심판청구는 청구인적격을 결여하여 부적법하므로 이를 각하하기로 결정한다.

③ 법령에의 위임 – 대법원은 대통령령으로 지방의회 사무직원의 정원 등에 관하여 규정하는 것이 지방의회에 의한 지방자치단체의 정원조정에 관한 조례제정권의 자율성을 침해하거나 지방의회제도의 본질에 반하는 위헌이 아니라고 본다. 아래 판결이 그것인데 현행 지방자치법 제112조와 비슷한 구 지방자치번 제103조에 관한 대법원판례이다.

대법원판례 대법원 1997.9.9. 96추169

[판결요지] 헌법은 지방자치와 관련하여, 지방자치단체는 법령의 범위 안에서 자치에 관한 규정을 제정할 수 있다고 규정하고(제117조 제1항) 이에 따른 지방자치법 제15조가 지방자치단체는 법령의 범위 안에서 그 사무에 관한 조례를 제정할 수 있다고 규정함으로써, 명시적으로 법령의 범위 내에서의 조례제정권만을 인정하고 있으므로 대통령령으로 지방자치단체의 공무원, 특히 지방의회 사무직원의 정원 등에 관하여 규정하는 것이 지방의회에 의한 지방자치단체의 정원조정에 관한 조례제정권의 자율성을 침해한다거나 지방의회제도의 본질에 반하여 헌법에 위배된다고 할 수 없다.

4) 지방공무원의 자격, 임명, 인사, 복무, 신분보장, 책임·의무 등

지방공무원의 임용과 시험·자격·보수·복무·신분보장·징계·교육훈련 등에 관하여는 따로 법률로 정한다(동법 동조 4항). 이 법률이 지방공무원법이다. 지방공무원법은 그 임용권자가 지방자치단체장이라는 점 등에 차이가 있음은 물론인데 그 외 국가공무원법상의 직위분류제, 임용방식, 인사원칙 등과 비슷하게 규정하고 있다.

(가) 결격사유

① 공무원이 될 수 없는 사람은, 1. 피성년후견인 또는 피한정후견인, 2. 파산선고를 받고 복권되지 아니한 사람, 3. 금고 이상의 형을 선고받고 그 집행이 끝나거나 집행을 받지 아니하기로 확정된 후 5년이 지나지 아니한 사람, … 5. 금고 이상의 형의 선고유예를 선고받고 그 선고유예기간 중에 있는 사람, … 8. 징계로 해임처분을 받은 날부터 3년이 지나지 아니한 사람이다(동법 제31조). 위 어느 하나에 해당하는 사람은 애초에 지방공무원으로 임용될 수 없고 되더라도 무효가 된다.

* 위 지방공무원법 제31조 제5호 부분과 같은 내용의 조문인 국가공무원법 제33조 제1항 제5호에 대해서는 합헌결정[1])이 있었다.

② 당연퇴직 – 위 사유는 공무원으로서 재직 중 위 결격사유에 해당되면 당연퇴직되는 사유도 되나 다만, 위 제31조 제2호는 파산선고를 받은 사람으로서 일정 사유에 해당되는 경우만, 제31조 제5호는 형법 제129조, 제130조 등 일정 범죄, 성폭력범죄의 처벌 등에 관한 특례법 제10조 등 일정범죄를 범한 사람으로서 금고 이상의 형의 선고유예를 받은 경우만 해당한다(지방공무원법 제61조 1호).

* 이전의 구법에서는 금고 이상의 형의 선고유예의 경우에는 그 범죄의 종류나 형량에 무관하게 당연퇴직되도록 규정하였는데 피해최소성 원칙에 반한다고 하여 아래와 같이 위헌으로 결정되었고 그뒤 법개정을 수차하여 위와 같은 규정에 이르고 있다.

판례 헌재 2002.8.29. 2001헌마788
[결정요지] 공무원이 금고 이상의 형의 선고유예를 받은 경우에는 공무원직에서 당연히 퇴직하는 것으로 규정하고 있는 이 사건 법률조항은 금고 이상의 선고유예의 판결을 받은 모든 범죄를 포괄하여 규정하고 있을 뿐 아니라, 심지어 오늘날 누구에게나 위험이 상존하는 교통사고 관련 범죄 등 과실범의 경우마저 당연퇴직의 사유에서 제외하지 않고 있으므로 최소침해성의 원칙에 반한다. * 국가공무원법 조항에 대한 동지 결정 : 헌재 2003.10.30. 2002헌마684. 이러한 당연퇴직 조항이 국가공무원법, 지방공무원법 외에도 공무원 인사관계 법률(군인사법 등)에 유사하게 있었는데 위헌결정들(헌재 2003.9.25. 2003헌마293; 헌재 2004.9.23. 2004헌가12; 헌재 2005.12.22. 2004헌마947)이 나왔고 이후 개정되었다.

* 현재의 위 지방공무원법 제61조 제1호 단서 중 '형법 제129조(수뢰죄)'와 같은 내용의 규정인 국가공무원법 제69조 단서 중 '형법 제129조 제1항' 규정에 대해서는 합헌결정[1)]이 있었다.

(나) 임용

i) **임용의 기준** 공무원의 임용은 시험성적, 근무성적, 경력평정, 그 밖의 능력의 실증(實證)에 따라 한다. 다만, 지방자치단체의 장은 대통령령으로 정하는 바에 따라 장애인, 이공계 전공자, 저소득층 등에 대한 임용·승진·전보 등 인사관리상의 우대와 실질적 양성평등을 실현하기 위한 적극적인 정책을 실시할 수 있다(지방공무원법 제25조).

ii) **신규임용의 방법** 공무원의 신규임용은 공개경쟁임용시험으로 하는데, 경력경쟁임용시험(일정한 경우에 경력 등 응시요건을 정하여 같은 사유에 해당하는 다수인을 대상으로 경쟁의 방법으로 임용하는 시험)으로 공무원을 임용할 수 있다(동법 제27조 1항·2항).

(다) 인사, 신분보장

지방공무원도 직업공무원제의 적용을 받는다(제7조). 지방공무원법 규정에 대해서는 그동안 공무원의 이러한 판례들에 대해서는 앞의 직업공무원제도에서 서술한 바 있다(전술 참조).

i) **전입제도** 지방공무원법은 "지방자치단체의 장은 다른 지방자치단체의 장의 동의를 받아 그 소속 공무원을 전입하도록 할 수 있다"라고 규정하고 있다(동법 제29조의3). 이 조문에

1) 헌재 2016.7.28. 2014헌바437.
1) 헌재 2013.7.25. 2012헌바409.

대해 헌재는 장들 간의 동의만으로 본인의 의사와 무관하게 한 전출·전입을 할 수는 없고 본인의 동의가 있어야 전출·전입을 할 수 있다고 제한해석하였다.[1)]

ii) **사교류** 교육부 또는 행정안전부와 지방자치단체 간에 인사교류제도, 시·도와 관할 구역의 시·군·구 간, 관할 구역의 시·군·구 간, 해당 시·도 또는 관할 구역의 시·군·구와 교육·연구기관 또는 공공기관 간에 인사교류제도가 있다(동법 제30조의2).

(라) 책임·의무

지방공무원도 i) 국민전체의 봉사자로서 국민에 대하여 책임을 진다(제7조). 그리고 지방공무원도 ii) 법규준수와 성실의 의무(지공법 제48조), iii) 복종의 의무(동법 제49조), iv) 직장이탈 금지의무(동법 제50조), v) 친절·공정의 의무(동법 제51조), vi) 종교중립의 의무(동법 제51조의2), vii) 비밀 엄수의 의무(동법 제52조), viii) 청렴의 의무(동법 제53조), ix) 품위 유지의 의무(동법 제55조), x) 영리 업무 및 겸직 금지의무(동법 제56조)를 진다. xi) 정치운동금지 – 지방공무원도 물론 정치운동 금지 의무를 지는데 ① 정당이나 그 밖의 정치단체의 결성에 관여하거나 가입할 수 없고 ② 선거에서 특정정당 또는 특정인을 지지하거나 반대하기 위하여 1. 투표를 하거나 하지 아니하도록 권유하는 것, 2. 서명운동을 기획·주재하거나 권유하는 것. 3. 문서 또는 도화를 공공시설 등에 게시하거나 게시하게 하는 것, 4. 기부금품을 모집하거나 모집하게 하는 행위 또는 공공자금을 이용하거나 이용하게 하는 것, 5. 타인에게 정당이나 그 밖의 정치단체에 가입하게 하거나 가입하지 아니하도록 권유하는 것 등의 행위를 하여서는 아니 된다(동법 제57조 1항·2항). 위 ②의 규정 중 제1호의 행위와 그 행위를 하여 위반한 경우에 처벌하는 규정에 대해 헌재는 합헌결정을 한 바 있다.[2)] 지방공무원은 다른 공무원에게 위와 같은 정치운동 행위를 하도록 요구하거나 정치적 행위에 대한 보상 또는 보복으로 이익 또는 불이익을 약속하여서는 아니 된다(동법 동조 3항). 공직선거법에 여러 금지규정이 있다. 즉 선거중립의무(동법 제9조 1항 : 공무원 기타 정치적 중립을 지켜야 하는 자는 선거에 대한 부당한 영향력의 행사 기타 선거결과에 영향을 미치는 행위를 하여서는 아니 된다), 입후보에서의 제한(사전 사직의무(동법 제53조 1항 1호) 등), 당내경선운동 금지(동법 제57조의6), 선거운동금지(동법 제60조 1항 1호), 공무원 등의 선거관여 등 금지(동법 제85조 ① 공무원 등 법령에 따라 정치적 중립을 지켜야 하는 자는 직무와 관련하여 또는 지위를 이용하여 선거에 부당한 영향력을 행사하는 등 선거에 영향을 미치는 행위를 할 수 없다. ② 공무원은 그 지위를 이용하여 선거운동을 할 수 없다). 이 제85조 제1항에 대해서는 "공무원이 지위를 이용하여 선거에 영향을 미치는 행위" 부분이 죄형법정주의의 명확성원칙에는 반하지 않으나 그것을 처벌하는 제255조 제5항의 해당부분은 형벌체계상의 균형에 어긋난다는 이유로 위헌으로 결정되었다.[3)] 위 처벌조항은 선거과정 및 선거결과에 변화를 주거나 그러한 영향을 미칠 우려가 있는

1) 헌재 2002.11.28. 98헌바101, 99헌바8(병합).
2) 헌재 2008.4.24. 2004헌바47.

일체의 행동, 즉 '선거에 영향을 미치는 행위'라는 다소 광범위한 구성요건을 규정하면서도 공직선거법 제85조 제2항의 선거운동이나 제86조 제1항 각 호의 행위와 구별 또는 가중되는 요소를 별도로 규정하지 않고 있어, 공무원이 지위를 이용하여 선거운동을 한 경우(제85조 2항)나 선거운동의 기획에 참여하는 행위를 한 경우(제86조 1항 2호)에 처벌하는 규정인 공직선거법 제255조 제3항 제2호나 제255조 제1항 제10호 외에도 '선거에 영향을 미치는 행위'로서 이 사건 처벌조항이 함께 적용될 가능성이 있다(공무원이 지위를 이용하여 선거운동을 한 경우(제85조 2항)나 선거운동의 기획에 참여하는 행위를 한 경우(제86조 1항 2호)에 처벌하는 동법 제255조 3항 2호나 제255조 1항 10호와 함께 적용될 수 있는데(즉 제85조 1항의 선거에 '영향을 미치는' 행위가 포괄적이어 다른 제85조 2항(지위이용 선거운동)이나 제86조 1항 2호(지위이용 선거기획)를 포함할 수도 있어 함께 적용될 수 있다는 의미로 이해됨 – 필자 주). 이 경우 검사로서는 동일한 행위에 대하여 이 사건 처벌조항을 적용하여 기소할 수도 있고, 다른 조항을 적용하여 기소할 수도 있는바, 법정형이 전반적으로 높게 규정된 이 사건 처벌조항으로 기소되는 경우에는 위 다른 조항으로 기소된 경우에 비해 그 형이 상향되는 결과가 초래될 수 있어 형의 불균형 문제를 야기하고 있으므로, 형벌체계상의 균형을 현저히 상실하였다는 것이다. 선거에 영향을 미치는 행위금지(동법 제86조 1항 : 공무원은 소속직원 또는 선거구민에게 교육 기타 명목여하를 불문하고 특정 정당이나 후보자의 업적을 홍보하는 행위, 지위를 이용하여 선거운동의 기획에 참여하거나 그 기획의 실시에 관여하는 행위, 선거기간 중 휴가기간에 그 업무와 관련된 기관이나 시설을 방문하는 행위 등을 하여서는 아니 된다) 등. xii) 집단행위의 금지 – 공무원은 노동운동이나 그 밖에 공무 외의 일을 위한 집단행위를 하여서는 아니 된다. 다만, 사실상 노무에 종사하는 공무원은 예외로 한다(동법 제58조 1항). 이 조항의 '공무 외의 일을 위한 집단 행위' 규정이 헌법상 명확성원칙, 과잉금지원칙, 평등원칙에 위배되지 않는다는 합헌결정이 있었다(헌재 2014.8.28. 2011헌바50. 이전에도 합헌결정이 있었다. 헌재 2008.4.24. 2004헌바47). 위 사실상 노무에 종사하는 공무원의 범위는 조례로 정한다(동법 동조 2항).

(2) 소속 행정기관

i) 직속기관 – 지방자치단체는 그 소관 사무의 범위 안에서 필요하면 대통령령이나 대통령령으로 정하는 바에 따라 지방자치단체의 조례로 자치경찰기관(제주특별자치도에 한한다), 소방기관, 교육훈련기관, 보건진료기관, 시험연구기관 및 중소기업지도기관 등을 직속기관으로 설치할 수 있다(동법 제113조). ii) 사업소 – 지방자치단체는 특정 업무를 효율적으로 수행하기 위하여 필요하면 대통령령으로 정하는 바에 따라 그 지방자치단체의 조례로 사업소를 설치할 수 있다(동법 제114조). iii) 출장소 – 지방자치단체는 원격지 주민의 편의와 특정지역의 개발 촉진을 위하여 필요하면 대통령령으로 정하는 바에 따라 그 지방자치단체의 조례로 출장소를

---

3) 헌재 2016.7.28. 2015헌바6.

설치할 수 있다(동법 제115조). ⅳ) 합의제행정기관 – 지방자치단체는 그 소관 사무의 일부를 독립하여 수행할 필요가 있으면 법령이나 그 지방자치단체의 조례로 정하는 바에 따라 합의제행정기관을 설치할 수 있다(동법 제116조 1항). 대법원은 이 합의제행정기관 "지방자치단체의 장이 통할하여 관리·집행하는 지방자치단체의 사무를 일부 분담하여 수행하는 기관으로서 그 사무를 독립하여 수행한다 할지라도 이는 어디까지나 집행기관에 속하는 것이지 지방의회에 속한다거나 집행기관이나 지방의회 어디에도 속하지 않는 독립된 제3의 기관에 해당하지 않는"다고 본다.

법원판례 대법원 2014.11.13. 2013추111

[판결요지] 1. 주문 기재 조례안의 재의결 및 그 내용의 요지 – 갑 제1호증 내지 갑 제4호증의 각 기재에 변론 전체의 취지를 종합하면, 다음의 사실을 인정할 수 있다. 가. 피고는 2013.7.5. 그 소속 의원이 발의한 '부산광역시 기장군 군보 조례 일부개정조례안(이하 '이 사건 조례안'이라 한다)'을 의결하여 원고에게 이송하였고, 이에 대하여 원고는 2013.7.25. 이 사건 조례안이 법령에 위반된다는 이유로 피고에게 그 재의를 요구하였으나, 피고는 2013.8.9. 이 사건 조례안을 그대로 재의결하였다. 나. 이 사건 조례안의 주요 내용은 군정홍보 강화로 군민의 알 권리를 증진시키고 효율적인 군정수행을 위하여 부산광역시 기장군보 발행 등에 필요한 사항을 규정함을 목적으로 하고(제1조), 군보발행 업무를 효율적으로 운영하기 위하여 종전에 원고의 내부인사만으로 운영되던 편집회의를 폐지하고 편집위원회(이하 '이 사건 편집위원회'라 한다)를 두며(제6조), 위원회가 군보의 종합기획, 게재내용의 검토 및 배열 등 군보발행 전반에 관한 업무를 담당하고(제7조), 위원회는 위원장 및 부위원장 각 1명을 포함한 13명 이내의 위원으로 구성하되 위원장은 부군수로 하고 부위원장은 위원회에서 추천하며, 위원은 군 소속 5급 공무원과 군의회 의원 2명 및 군보발행에 관한 학식과 경험이 풍부한 사람 중에서 군수가 임명 또는 위촉한다(제8조 제1항, 제2항)는 것 등이다. 2. 이 사건 조례안의 법령위반 여부 – 지방자치법상 지방자치단체의 집행기관과 지방의회는 서로 분립되어 각기 그 고유권 한을 행사하되 상호 견제의 범위 내에서 상대방의 권한 행사에 대한 관여가 허용되나, 지방의회는 집행기관의 고유권한에 속하는 사항의 행사에 관하여는 견제의 범위 내에서 소극적·사후적으로 개입할 수 있을 뿐 사전에 적극적으로 개입하는 것은 허용되지 아니한다(대법원 2001.12.11. 선고 2001추64 판결 참조). 그리고 지방자치법 제101조, 제103조, 제112조, 제127조, 지방자치단체의 행정기구와 정원기준 등에 관한 규정(이하 '행정기구규정'이라 한다) 제5조, 제7조, 제36조 제2항의 각 규정을 종합하면, 지방자치법령은 지방자치단체의 장으로 하여금 지방자치단체의 대표자로서 당해 지방자치단체의 사무와 법령에 의하여 위임된 사무를 관리·집행하는 데 필요한 행정기구를 설치할 고유권한과 이를 위한 조례안의 제안권을 가지도록 하는 반면 지방의회로 하여금 지방자치단체장의 행정기구 설치권한을 견제하도록 하기 위하여 지방자치단체의 장이 조례안으로써 제안한 행정기구를 축소·통폐합할 권한을 가지도록 하고 있다(대법원 2005.8.19. 선고 2005추48 판결 참조). 이에 더하여, 지방자치법 제116조에 그 설치의 근거가 마련된 합의제 행정기관은 지방자치단체의 장이 통할하여 관리·집행하는 지방자치단체의 사무를 일부 분담하여 수행하는 기관으로서 그 사무를 독립하여 수행한다 할지라도 이는 어디까지나 집행기관에 속하는 것이지 지방의회에 속한다거나 집행기관이나 지방의회 어디에도 속하지 않는 독립된 제3의 기관에 해당하지 않는 점, 행정기구규정 제3조 제1항의 규정에 비추어 지방자치단체의 장은 집행기관에 속하는 행정기관 전반에 대하여 조직편성권을 가진다고 해석되는 점을 종합해 보면, 지방자치단체의 장은 합의제 행정기관을 설치할 고유의 권한을 가지며 이러한 고유권한에는 그 설치를 위한 조례안의 제안권이 포함된다고 봄이 타당하므로, 지방의회가 합의제 행정기관의 설치에 관한 조례안을 발의하여 이를 그대

로 의결, 재의결하는 것은 지방자치단체장의 고유권한에 속하는 사항의 행사에 관하여 지방의회가 사전에 적극적으로 개입하는 것으로서 위 관련 법령에 위반되어 허용되지 아니한다. 위와 같은 법리와 앞서 본 사실관계에 비추어 보면, 피고가 지방자치법 제116조에 정한 합의제 행정기관의 성격을 갖는 이 사건 편집위원회를 설치하는 내용의 이 사건 조례안을 발의하여 의결하고 그에 대한 원고의 재의 요구에도 이를 그대로 재의결한 것은 원고의 고유권한에 속하는 사항의 행사에 관하여 사전에 적극적으로 개입하여 이를 침해한 것이므로 법령에 위반된다.

ⅴ) 자문기관의 설치 등 ― 지방자치단체는 그 소관 사무의 범위에서 법령이나 그 지방자치단체의 조례로 정하는 바에 따라 심의회·위원회 등의 자문기관을 설치·운영할 수 있다(동법 제116조의2 1항).

Ⅳ. 지방의회와 지방자치단체의 장의 관계

1. 지방자치단체의 장의 선결처분

지방자치단체의 장은 지방의회가 성립되지 아니한 때(의원이 구속되는 등의 사유로 의결정족수에 미달하게 될 때를 말한다)와 지방의회의 의결사항 중 주민의 생명과 재산보호를 위하여 긴급하게 필요한 사항으로서 지방의회를 소집할 시간적 여유가 없거나 지방의회에서 의결이 지체되어 의결되지 아니할 때에는 선결처분을 할 수 있는데 이 선결처분은 지체 없이 지방의회에 보고하여 승인을 받아야 하며 지방의회에서 제2항의 승인을 받지 못하면 그 선결처분은 그때부터 효력을 상실한다(동법 1항·2항·3항). 지방자치단체장은 지방의회 보고 승인이나 효력상실에 관해서 지체 없이 공고하여야 한다(동법 제109조 4항).

2. 지방의회의 의결에 대한 재의요구와 제소

지방의회의 의결에 대해 재의를 요구하고 그래도 재의결하면 제소하는 일련의 제도로는 두 가지가 있다. 지방자치단체의 장 본인이 자기결정으로 그리하는 경우(지방자치법 제107조)와 광역지방자치단체의 장이나 주무부 장관의 지시로 그리하는 경우(동법 제172조)가 그것이다.

(1) 장의 자기결정에 의한 요구와 제소

ⅰ) **재의요구와 재의결 확정** 지방자치단체의 장은 지방의회의 의결이 월권이거나 법령에 위반되거나 공익을 현저히 해친다고 인정되면 그 의결사항을 이송받은 날부터 20일 이내에 이유를 붙여 재의를 요구할 수 있고, 이 요구에 대하여 재의한 결과 재적의원 과반수의 출석과 출석의원 3분의 2 이상의 찬성으로 전과 같은 의결을 하면 그 의결사항은 확정된다(동법 제107조 1항·2항).

ⅱ) **법령위반 사유 제소** 지방자치단체의 장은 제2항에 따라 재의결된 사항이 법령에 위

반된다고 인정되면 대법원에 소를 제기할 수 있다. 이 제소의 사유는 공익을 현저히 해친다는 부분은 제외되고 법령위반의 경우에 한정된다. 법령위반사유에 한정한다는 것은 유의할 일이다. 이 소송은 기관소송으로서 동법 제172조 제3항을 준용한다(동법 동조 3항).

iii) 재의요구 철회 이에 관해서는 명문의 규정이 없으므로 부정하는 견해와 재의요구가 권한으로 주어져 있는 한 철회권도 이에 포함한다고 보아야 하므로 긍정하는 견해로 나누어진다. 헌재는 일반 지방자치단체의 장에 관한 결정례를 내놓지는 않았으나 사실상 비슷한 규정인 교육감의 재의요구에 관해서는 교육부장관의 요청에 따른 것이 아닌 독자적 재의요구는 철회할 수 있다는 제한적으로 긍정하는 결정을 한 바 있다. 헌재는 "교육감의 재의요구 권한과 청구인의 재의요구 요청 권한은 중복하여 행사될 수 있는 별개의 독립된 권한이다"라고 하고 "청구인의 요청에 따라 재의요구를 한 것이 아니고, 자신의 독자적인 권한으로 재의요구를 한 것이므로 이를 철회할 권한이 있다"라고 하여 교육부장관의 요청에 따른 것이 아닌 독자적 재의요구는 철회할 수 있다는 제한적으로 긍정하는 결정을 한 바 있다(* 이에 대해서는 뒤의 지방교육자치, 교육감과 지방의회와의 관계 부분 참조). 결국 아래 결정의 입장에 따르면 지방자치단체장의 독자적 재의요구의 철회는 가능하다는 것이다.

판례 헌재 2013.9.26. 2012헌라1

[판시] 피청구인이 재의요구를 철회한 행위에 대한 청구 부분 – '지방교육자치에 관한 법률' 제28조 제1항 제1문은 교육·학예에 관한 시·도의회의 의결이 법령에 위반되거나 공익을 현저히 저해한다고 판단될 때에는 그 의결사항에 대하여 교육감에게 재의요구 권한이 있음을, 제2문은 청구인에게 재의요구 요청 권한이 있음을 각각 규정하고 있다. 교육감의 재의요구 권한은 교육·학예에 관한 지방자치단체의 장인 교육감과 지방의회 사이의 상호 견제와 균형을 위한 것이며, 청구인의 재의요구 요청 권한은 국가와 지방자치단체 사이의 권한 통제 또는 국가의 지도·감독을 위한 것으로, 교육·학예에 관한 시·도의회의 의결사항에 대한 교육감의 재의요구 권한과 청구인의 재의요구 요청 권한은 중복하여 행사될 수 있는 별개의 독립된 권한이다. 서울특별시교육감은 청구인이 이 사건 조례안에 대한 재의요구 요청 권한을 행사하지 않은 상태에서 이 사건 조례안에 대한 재의요구를 철회하였다. '지방교육자치에 관한 법률' 제28조 제1항은 교육감에게 시·도의회 등의 의결에 대한 재의요구 권한이 있다는 점만 규정하고 있고 재의요구를 철회할 권한이 있다는 점에 대하여는 명시적인 규정을 두고 있지 않음은 청구인의 주장과 같다. 그러나 조례안에 대한 교육감의 재의요구 권한은 조례안의 완성에 대한 조건부의 정지적인 권한에 지나지 않으므로, 시·도의회의 재의결 전에는 언제든지 재의요구를 철회할 수 있다고 보아야 한다. 이 사건에서 서울특별시교육감은 청구인의 요청에 따라 재의요구를 한 것이 아니고, 자신의 독자적인 권한으로 재의요구를 한 것이므로 이를 철회할 권한이 있다고 보아야 한다. 따라서 피청구인이 2012. 1. 20. 이 사건 조례안 재의요구를 철회한 행위가 헌법과 '지방교육자치에 관한 법률'에 따른 청구인의 재의요구 요청 권한을 침해하였거나 침해할 현저한 위험이 있다고 볼 수 없다. 좀더 자세한 요지는 뒤의 지방교육자치, 교육감과 지방의회와의 관계 부분 참조.

(2) 타율적 재의요구와 제소

이처럼 지방자치단체장이 자신의 판단으로 재의요구를 할 수 있지만 주무부장관이나 시·

도지사의 요구에 따라 재의요구, 제소를 해야 할 경우도 있다. 아래에 살펴본다.

i) **재의요구의 요구**(지시)**와 재의결 확정** "지방의회의 의결이 법령에 위반되거나 공익을 현저히 해친다고 판단되면 시·도에 대하여는 주무부장관이, 시·군 및 자치구에 대하여는 시·도지사가 재의를 요구하게 할 수 있고, 재의요구를 받은 지방자치단체의 장은 의결사항을 이송받은 날부터 20일 이내에 지방의회에 이유를 붙여 재의를 요구하여야 한다"(동법 제172조 1항).

* 법개정이 되어야 할 부분 – 이 조항의 문언은 수정되어야 한다. "재의요구를 받은 지방자치단체의 장은"이 아니라 재의요구를 하라고 '요청'받은 지방자치단체의 장이라고 하든지 '지시'받은 이라고 해야 정확한 용어의 사용이 된다. '재의요구'란 말에서의 '요구'란 지방의회에 대한 재의를 해달라는 것을 의미하고 주무부장관 등이 지방자치단체장에 요구하는 것이 아닌 것으로 이해될 수밖에 없기 때문이다. 동조 제7항은 재의요구 '지시'란 말을 규정하고 있다. 비슷한 재의요구제도를 규정하고 있는 '지방교육자치에 관한 법률' 제28조 제1항 제2문은 '요청'이란 말을 쓰고 있다.

위와 같은 용어가 문제이긴 하나 여하튼 이 지시에 따라 지방자치단체장이 재의요구를 하면 이후 의회가 재의의 결과 재적의원 과반수의 출석과 출석의원 3분의 2 이상의 찬성으로 전과 같은 의결을 하면 그 의결사항은 확정된다(동법 동조 2항).

ii) **법령위반 사유 제소와 집행정지신청** ① 지방자치단체장 판단에 의한 제소와 집행정지신청 – 지방자치단체의 장은 위와 같이 재의요구에 따라 재의결된 사항이 법령에 위반된다고 판단되면(* 역시 이 제소의 사유는 공익을 현저히 해친다는 부분은 제외되고 법령위반의 경우에 한정된다) 재의결된 날부터 20일 이내에 대법원에 소를 제기할 수 있다. 이 경우 필요하다고 인정되면 그 의결의 집행을 정지하게 하는 집행정지결정을 신청할 수 있다(동법 동조 3항). ② 주무부장관, 시·도지사의 지시 또는 직권에 의한 제소·집행정지결정신청 – 주무부장관이나 시·도지사는 재의결된 사항이 법령에 위반된다고 판단됨에도 불구하고 해당 지방자치단체의 장이 소(訴)를 제기하지 아니하면 그 지방자치단체의 장에게 제소를 지시하거나 직접 제소 및 집행정지결정을 신청할 수 있다(동법 동조 4항). 이 제소의 지시는 의회의 재의결된 날부터 20일이 지난 날부터 7일 이내에 하고, 해당 지방자치단체의 장은 제소지시를 받은 날부터 7일 이내에 제소하여야 한다(동법 동조 5항). 이와 같은 기간이 지난 날부터 7일 이내에는 주무부장관이나 시·도지사가 직접 제소할 수 있다(동법 동조 6항).

iii) **위 i) 과정에서 지시 자체를 받아들이지 않은 경우** 위 i)에 따라 지방의회의 의결이 법령에 위반된다고 판단되어 주무부장관이나 시·도지사로부터 재의요구지시를 받은 지방자치단체의 장이 재의를 요구하지 아니하는 경우(재의요구지시를 받기 전에 그 조례안을 공포한 경우를 포함)에는 주무부장관이나 시·도지사는 위 i)에 따른 기간이 지난 날부터 7일 이내에 대법원에 직접 제소 및 집행정지결정을 신청할 수 있다(동법 동조 7항).

* 위 지방의회의 의결이나 재의결된 사항이 둘 이상의 부처와 관련되거나 주무부장관이 불분명하면 행

정안전부장관이 재의요구 또는 제소를 지시하거나 직접 제소 및 집행정지결정을 신청할 수 있다(동법 동조 8항).

* 유의 : 위에서 살펴본 직접제소, 집행정지결정신청의 사유도 '법령위반'에 한한다는 점에 유의해야 한다.

ⅳ) **주무부장관의 요청기간 경과 후 요청의 효과** 주무부장관이 재의요구를 할 것을 그 기간 내(의결사항을 이송받은 날부터 20일 이내에)에 요구하지 않고 지나간 뒤 요구하더라도 지방자치단체의 장이 이에 응할 의무가 있는지 하는 문제가 있다. 헌재는 교육부장관과 교육감 간의 관계에 관한 비슷한 사안에서 기간 내 요구를 하여야 하고 기간이 지난 후 요구에 응하여 재의요구를 하여야 할 작위의무가 없다고 보았다.

판례 헌재 2013.9.26. 2012헌라1

[결정요지] '지방교육자치에 관한 법률' 제28조 제1항은 교육감의 재의요구와 청구인의 재의요구 요청의 대상과 사유 및 행사기간 등 요건을 동일하게 규정하고 있는 것으로 해석하는 것이 합리적이다. '지방교육자치에 관한 법률' 제28조 제1항과 헌법이 지방자치를 보장하는 취지 등을 유기적·체계적으로 종합하여 보면, 청구인의 재의요구 요청과 관계없이 교육감이 재의요구를 할 수 있는 기간은 '시·도의회의 의결사항을 이송받은 날부터 20일 이내'로 보아야 한다. 교육감이 재의요구를 할 수 없다면 교육감에 대한 청구인의 재의요구 요청도 무의미하므로, 청구인도 교육감이 재의요구를 할 수 있는 기간 내에만 교육감에게 재의요구 요청을 할 수 있다고 해석하여야 한다. 이 사건에서 서울특별시교육감 권한대행이 이 사건 조례안을 2011.12.20. 서울특별시의회로부터 이송받았으므로, 청구인은 그로부터 20일 이내인 2012.1.9.까지 서울특별시교육감 권한대행에게 재의요구를 요청할 수 있었다. 서울특별시교육감 권한대행이 재의요구를 하였다고 하여, 청구인이 자신의 독립된 권한인 재의요구 요청을 하지 못할 법률상 장애가 있다고 볼 수 없다. 별개의 권한에 근거한 서울특별시교육감의 재의요구와 철회가 청구인이 재의요구 요청 권한을 행사할 수 있는 기간의 진행을 중단시킨다고 볼 수 없는 것이다. 그렇다면 청구인이 권한행사기간이 지난 뒤인 2012.1.20. 서울특별시교육감에게 이 사건 조례안에 대한 재의요구를 요청한 것은 이미 소멸한 권한을 행사한 것으로 부적법하다. 따라서 그 요청에 따라 서울특별시교육감이 이 사건 조례안에 대하여 재의요구를 하여야 할 헌법이나 법률상의 작위의무가 있다고 볼 수 없다. [결론] 그렇다면 청구인의 이 사건 심판청구는 모두 이유 없으므로, 관여 재판관 전원의 일치된 의견으로 주문과 같이 기각결정한다. * 이 결정에 대한 더 자세한 것은 뒤의 지방교육자치, 교육감과 지방의회와의 관계 부분 참조.

(3) 예산상 집행 불가능한 경비, 의무경비 감액 등 의결의 재의요구

지방자치단체의 장은 지방의회의 의결이 예산상 집행할 수 없는 경비를 포함하고 있다고 인정되면, 그리고 지방의회가 법령에 따라 지방자치단체에서 의무적으로 부담하여야 할 경비, 비상재해로 인한 시설의 응급 복구를 위하여 필요한 경비를 줄이는 의결을 할 때에 그 의결사항을 이송받은 날부터 20일 이내에 이유를 붙여 재의를 요구할 수 있다(동법 제108조 1항·2항). 이 요구에 대하여 지방의회가 재의한 결과 재적의원 과반수의 출석과 출석의원 3분의 2 이상의 찬성으로 전과 같은 의결을 하면 그 의결사항은 확정된다(동법 동조 3항).

V. 지방교육자치

1. 의의와 성격

지방교육의 자치가 이루어지고 있다. 국가전체의 백년대계를 위한 교육도 이루어지면서 각 지역마다 특수성에 따른 교육이 이루어지게 된다. 교육의 자치는 학교현장에서 이루어져야 하는데 그 교육을 진흥하기 위한 교육자치제가 실현되고 있다. 지방교육은 ① 자치공동체가 가지는 자치성은 물론이고 ② 교육의 자주성이 헌법 제31조 제4항에 규정되어 있듯이 자주성을 가지고 그것에 기반한다. 헌재는 "지방교육자치는 '민주주의 · 지방자치 · 교육자주'라고 하는 세 가지의 헌법적 가치를 골고루 만족시킬 수 있어야만 하는 것이다"라고 하는데[1)] 자주성, 자치성이 곧 민주성이 아닌가? 사안은 교육위원선거운동의 제한에 관한 것이었는데 그 제한의 정당성 여부 문제로 민주성원칙이 논의되었기에 그런데 헌재는 정치적 기관의 선거에서의 그것과 차이를 강조하려고 거론한 것으로 이해되나 기본권제한의 합헌성 여부를 따지면서 교육의 자주성 때문에 선거운동에 대한 제약은 많을 것이라는 점을 감안하는 판단으로도 충분하여(실제 헌재는 과잉금지원칙을 적용하여 준수하였다고 하여 합헌결정한 것이다) 그 설득력은 의문이다.

---

1) 헌재 2000.3.30. 99헌바113. [결정요지] (1) 지방교육자치제도의 헌법적 본질 (가) 국민주권의 원리는 공권력의 구성 · 행사 · 통제를 지배하는 우리 통치질서의 기본원리이므로, 공권력의 일종인 지방자치권과 국가교육권도 이 원리에 따른 국민적 정당성기반을 갖추어야만 한다. 그런데 교육부문에 있어서의 국민주권 · 민주주의의 요청도, 문화적 권력이라고 하는 국가교육권의 특수성으로 말미암아, 정치부문과는 나른 모습으로 구현될 수 있다. (나) 지방교육자치도 지방자치권행사의 일환으로서 보장되는 것이므로, 중앙권력에 대한 지방적 자치로서의 속성을 지니고 있지만, 동시에 그것은 헌법 제31조 제4항이 보장하고 있는 교육의 자주성 · 전문성 · 정치적 중립성을 구현하기 위한 것이므로, 정치권력에 대한 문화적 자치로서의 속성도 아울러 지니고 있다. 이러한 '이중의 자치'의 요청으로 말미암아 지방교육자치의 민주적 정당성요청은 어느 정도 제한이 불가피하게 된다. 지방교육자치는 '민주주의 · 지방자치 · 교육자주'라고 하는 세 가지의 헌법적 가치를 골고루 만족시킬 수 있어야만 하는 것이다. '민주주의'의 요구를 절대시하여 비정치기관인 교육위원이나 교육감을 정치기관(국회의원 · 대통령 등)의 선출과 완전히 동일한 방식으로 구성한다거나, '지방자치'의 요구를 절대시하여 지방자치단체장이나 지방의회가 교육위원 · 교육감의 선발을 무조건적으로 좌우한다거나, '교육자주'의 요구를 절대시하여 교육 · 문화분야 관계자들만이 전적으로 교육위원 · 교육감을 결정한다거나 하는 방식은 그 어느 것이나 헌법적으로 허용될 수 없다. (2) 이 규정의 위헌성 여부 – 이 법률조항의 선거운동제한은 교육위원의 자주성 · 전문성을 고려하여 그 선출관련 비리를 원천 봉쇄함으로써 공정성을 제고하려는 데 목적이 있는 것으로서 이를 위하여 채택된 입법수단이 과잉금지의 원칙을 위배하였다고 보기 어려울 뿐만 아니라, 이 사건 법률조항의 선거운동제한이 다른 선거법에 비하여 엄격한 것은 사실이지만 적어도 그러한 제한이 교육위원 · 교육감선거에 있어 모든 후보자 · 선거인들에게 동등하게 적용되는 한 평등권을 침해하였다고 볼 수 없고, 이 사건 법률조항 자체에서 선거운동의 공영관리방법으로 교육위원회의사국이 주관하는 선거공보의 발행 · 배포와 소견발표회 개최를 허용하고 있으며, 이로써 후보자나 선거인을 위하여 충분한 선거운동 방법이라 할 것이므로 각 후보의 공무담임권이나 국민의 알권리와 후보자선택의 자유의 본질적 내용을 침해한 것이라고 볼 수도 없다.

2. 법규정과 관할

현재 "교육의 자주성 및 전문성과 지방교육의 특수성을 살리기 위하여 지방자치단체의 교육·과학·기술·체육 그 밖의 학예에 관한 사무를 관장하는 기관의 설치와 그 조직 및 운영 등에 관한 사항을 규정함으로써 지방교육의 발전에 이바지함을 목적으로" '지방교육자치에 관한 법률'이 있다. 지방자치단체의 교육·과학·기술·체육 그 밖의 학예(이하 "교육·학예"라 한다)에 관한 사무는 특별시·광역시 및 도(이하 "시·도")의 사무로 한다(동법 제2조). 지방자치단체의 교육·학예에 관한 사무를 관장하는 기관의 설치와 그 조직 및 운영 등에 관하여 이 법에서 규정한 사항을 제외하고는 그 성질에 반하지 않는 한 「지방자치법」의 관련 규정을 준용한다. 이 경우 "지방자치단체의 장" 또는 "시·도지사"는 "교육감"으로, "지방자치단체의 사무"는 "지방자치단체의 교육·학예에 관한 사무"로, "자치사무"는 "교육·학예에 관한 자치사무"로, "행정안전부장관"·"주무부장관" 및 "중앙행정기관의 장"은 "교육부장관"으로 본다(동법 제3조).

3. 지방교육의 내용

(1) 지방교육자치

지방의 교육·과학·기술·체육 그 밖의 학예에 관한 사항을 스스로 정하고 교육을 시행하며 그 효과를 감독하는 등을 그 내용으로 한다. 아래의 교육감의 권한과 사무와 주로 그 내용을 이루게 된다.

(2) 지방교육재정

ⅰ) 교육·학예에 관한 경비 – 이는 1. 교육에 관한 특별부과금·수수료 및 사용료, 2. 지방교육재정교부금, 3. 해당지방자치단체의 일반회계로부터의 전입금, 4. 유아교육지원특별회계에 따른 전입금, 5. 제1호 내지 제4호 외의 수입으로서 교육·학예에 속하는 수입의 재원(財源)으로 충당한다(동법 제36조). ⅱ) 의무교육경비 등 – 의무교육에 종사하는 교원의 보수와 그 밖의 의무교육에 관련되는 경비는 지방교육재정교부금법이 정하는 바에 따라 국가 및 지방자치단체가 부담하고, 위 의무교육 외의 교육에 관련되는 경비는 위 교부금법이 정하는 바에 따라 국가·지방자치단체 및 학부모 등이 부담한다(동법 제37조). ⅲ) 교육비특별회계 – 시·도의 교육·학예에 관한 경비를 따로 경리하기 위하여 당해지방자치단체에 교육비특별회계를 둔다(동법 제38조). ⅳ) 시·도 교육비의 보조 – 국가는 예산의 범위 안에서 시·도의 교육비를 보조한다(동법 제39조 1항). ⅴ) 특별부과금의 부과·징수 – 위 ⅰ)의 특별부과금은 특별한 재정수요가 있는 때에 조례가 정하는 바에 따라 부과·징수하는데 특별부과를 필요로 하는 경비의 총액을 초과하여 부과할 수 없다(동법 제40조).

4. 조직

(1) 교육감

시 · 도의 교육 · 학예에 관한 사무의 집행기관으로 시 · 도에 교육감을 둔다(동법 제18조 1항).

1) 신분

i) **직선제** 교육감은 주민의 보통 · 평등 · 직접 · 비밀선거에 따라 선출한다(동법 제43조). 교육감의 선거에 관해서는 동법 제6장에 자세한 규정을 두고 있다. 후보자는 특정 정당을 지지 · 반대하거나 특정 정당으로부터 지지 · 추천받고 있음을 표방(당원경력의 표시를 포함한다)하여서는 아니 된다.

'당원경력 표시' 금지규정에 대해서는 합헌성을 인정하는 헌재결정이 있었다.

판례 헌재 2011.12.29. 2010헌마285. 합헌성 이유는 과잉금지원칙을 준수한 것이다. 이 결정에 대한 자세한 요지는 기본권 부분의 교육을 받을 권리의 교육의 중립성 부분 참조.

ii) **교육감후보자의 자격** 교육감후보자가 되려는 사람은 당해 시 · 도지사의 피선거권이 있는 사람으로서 후보자등록신청개시일부터 과거 1년 동안 정당의 당원이 아닌 사람이어야 하고, 후보자등록신청개시일을 기준으로 교육경력 또는 교육행정경력이 3년 이상 있거나 양 경력을 합한 경력이 3년 이상 있는 사람이어야 한다(동법 제24조).

이전의 지방교육자치법은 과거 2년 동안 정당의 당원이 아닌 사람이라고 그 요건이 더 엄격했는데 헌재는 이에 대해 합헌성을 인정하였다.

판례 헌재 2008.6.26. 2007헌마1175. * 이 결정의 요지는 기본권의 공무담임권 부분 참조.

교육감 입후보자에게 5년 이상의 교육경력 또는 교육공무원으로서의 교육행정경력을 요구하는 구 '지방교육자치에 관한 법률'(이하 '법'이라 한다) 제24조 제2항이(현행 법은 3년으로 하향하고 교육경력, 교육행정경력에 대해 동조항이 직접 열거하고 있다) 공무담임권 등 기본권을 침해한다는 주장에 대해 헌재는 교육의 전문성을 이유로 합헌성을 인정하였다. 위 사안에서는 교육의원(현행 법에서는 폐지됨) 입후보자에게 10년 이상의 교육경력 또는 교육행정경력을 요구하는 구법 제10조 제2항이 공무담임권 등 기본권을 침해하는지 여부에 대해서도 다루어졌는데 헌재는 합헌성을 인정하였다.

판례 헌재 2009.9.24. 2007헌마117. * 이 결정의 요지는 기본권의 교육의 전문성 부분 참조.

iii) **임기** 교육감의 임기는 4년으로 하며, 교육감의 계속 재임은 3기에 한한다(동법 제21조).

iv) **교육감의 퇴직, 주민소환제** 1. 교육감이 겸임할 수 없는 직에 취임한 때, 2. 피선거권이 없게 된 때, 3. 정당의 당원이 된 때, 4. 지방자치단체의 폐치 · 분합에 따라 교육감의 직을 상실할 때에 퇴직된다(동법 제24조의3). 주민은 교육감을 소환할 권리를 가진다(동법 제24조의2 1항).

2) 관장사무와 권한

i) **국가위임사무** 국가행정사무 중 시·도에 위임하여 시행하는 사무로서 교육·학예에 관한 사무는 법령에 다른 규정이 있는 경우가 아니면 교육감에게 위임하여 행한다(동법 제19조).

ii) **관장사무** 교육감은 교육·학예에 관한 다음 각 호의 사항에 관한 사무를 관장한다. 1. 조례안의 작성 및 제출에 관한 사항, 2. 예산안의 편성 및 제출에 관한 사항, 3. 결산서의 작성 및 제출에 관한 사항, 4. 교육규칙의 제정에 관한 사항, 5. 학교, 그 밖의 교육기관의 설치·이전 및 폐지에 관한 사항, 6. 교육과정의 운영에 관한 사항, 7. 과학·기술교육의 진흥에 관한 사항, 8. 평생교육, 그 밖의 교육·학예진흥에 관한 사항, 9. 학교체육·보건 및 학교환경정화에 관한 사항, 10. 학생통학구역에 관한 사항, 11. 교육·학예의 시설·설비 및 교구(教具)에 관한 사항, 12. 재산의 취득·처분에 관한 사항, 13. 특별부과금·사용료·수수료·분담금 및 가입금에 관한 사항, 14. 기채(起債)·차입금 또는 예산 외의 의무부담에 관한 사항, 15. 기금의 설치·운용에 관한 사항, 16. 소속 국가공무원 및 지방공무원의 인사관리에 관한 사항, 17. 그 밖에 당해 시·도의 교육·학예에 관한 사항과 위임된 사항

iii) **교육규칙 제정권** 교육감은 법령 또는 조례의 범위 안에서 그 권한에 속하는 사무에 관하여 교육규칙을 제정할 수 있다(동법 제25조 1항).

iv) **직원임용 등** 교육감은 소속 공무원을 지휘·감독하고 법령과 조례·교육규칙이 정하는 바에 따라 그 임용·교육훈련·복무·징계 등에 관한 사항을 처리한다(동법 제27조).

v) **의안의 제출 등** 교육감은 교육·학예에 관한 의안 중 1. 주민의 재정적 부담이나 의무부과에 관한 조례안, 2. 지방자치단체의 일반회계와 관련되는 사항의 어느 하나에 해당하는 의안을 시·도의회에 제출하고자 할 때에는 미리 시·도지사와 협의하여야 한다(동법 제29조의2 1항).

3) 보조기관, 소속교육기관

i) 부교육감, 교육기관 – 교육감 소속하에 국가공무원으로 보하는 부교육감을 두는데 부교육감은 교육감을 보좌하여 사무를 처리한다(동법 제30조 1항·3항). 교육감은 그 소관 사무의 범위 안에서 필요한 때에는 대통령령 또는 조례가 정하는 바에 따라 교육기관을 설치할 수 있다(동법 제32조). ii) 하급교육행정기관(교육지원청과 교육장) – 시·도의 교육·학예에 관한 사무를 분장하기 위하여 1개 또는 2개 이상의 시·군 및 자치구를 관할구역으로 하는 하급교육행정기관으로서 교육지원청을 둔다(동법 제34조 1항). 교육지원청에 교육장을 두되 장학관으로 보하고(동법 동조 3항), 교육장은 시·도의 교육·학예에 관한 사무 중 1. 공·사립의 유치원·초등학교·중학교·공민학교·고등공민학교 및 이에 준하는 각종학교의 운영·관리에 관한 지도·감독, 2. 그 밖에 조례로 정하는 사무를 위임받아 분장한다(동법 제35조).

4) 지방의회와의 관계

(가) 시·도의회 등의 의결에 대한 재의와 제소, 제소지시

ⅰ) 법규정상 절차

교육감은 교육·학예에 관한 시·도의회의 의결이 법령에 위반되거나 공익을 현저히 저해한다고 판단될 때에는 그 의결사항을 이송받은 날부터 20일 이내에 이유를 붙여 재의를 요구할 수 있고, 교육감이 교육부장관으로부터 재의요구를 하도록 요청받은 경우에는 시·도의회에 재의를 요구하여야 한다(동법 제28조 1항). 위 재의요구가 있을 때에는 재의요구를 받은 시·도의회는 재의에 붙이고 시·도의회 재적의원 과반수의 출석과 시·도의회 출석의원 3분의 2 이상의 찬성으로 전과 같은 의결을 하면 그 의결사항은 확정된다(동법 동조 2항). 재의결된 사항이 법령에 위반된다고 판단될 때에는 교육감은 재의결된 날부터 20일 이내에 대법원에 제소할 수 있고, 교육부장관은 재의결된 사항이 법령에 위반된다고 판단됨에도 해당교육감이 소를 제기하지 않은 때에는 해당교육감에게 제소를 지시하거나 직접 제소할 수 있는데 이 제소의 지시는 위 20일이 경과한 날부터 7일 이내에 하고, 해당교육감은 제소 지시를 받은 날부터 7일 이내에 제소하여야 하며 교육부장관은 이 기간이 경과한 날부터 7일 이내에 직접 제소할 수 있다(동법 동조 3항·4항·5항·6항). 제3항 및 제4항의 규정에 따라 재의결된 사항을 대법원에 제소한 경우 제소를 한 교육부장관 또는 교육감은 그 의결의 집행을 정지하게 하는 집행정지결정을 신청할 수 있다(동법 동조 7항. * 교육부장관이 제소지시를 하였고 그 지시에 따르지 않은 경우에 직접제소를 하는 경우(동법 동조 5항·6항)는 집행정지결정신청 대상에서 제외하고 있다).

ⅱ) 법적 검토 사항

① **재의요구 철회** 이에 관해서는 명문의 규정이 없으므로 부정하는 견해와 재의요구가 권한으로 주어져 있는 한 철회권도 이에 포함한다고 보아야 하므로 긍정하는 견해로 나누어진다. 헌재는 "교육감의 재의요구 권한과 청구인의 재의요구 요청 권한은 중복하여 행사될 수 있는 별개의 독립된 권한이다"라고 하고 "청구인의 요청에 따라 재의요구를 한 것이 아니고, 자신의 독자적인 권한으로 재의요구를 한 것이므로 이를 철회할 권한이 있다"라고 하여 교육부장관의 요청에 따른 것이 아닌 독자적 재의요구는 철회할 수 있다는 제한적으로 긍정하는 결정을 한 바 있다. 사안을 보면, 서울특별시의회가 2011.12.19. 서울특별시 학생인권 조례안을 의결하였는데 서울특별시교육감 권한대행이 이에 대한 재의요구를 하였으나 서울특별시교육감이 업무에 복귀한 뒤 그 재의요구를 철회하였고, 교육부장관은 이 철회 직후 서울특별시 교육감에게 이 사건 조례안에 대한 재의요구를 하도록 요청하였으나 서울특별시교육감은 그 재의요구 요청을 따르지 아니하고, 그 조례를 공포하였다. 이에 교육부장관은, 위 재의요구 철회 행위 등이 교육·학예에 관한 시·도의회 의결에 대한 교육부장관의 재의요구 요청 권한을 침해하였다고 주장하며 권한쟁의심판을 청구한 것이다.

판례 헌재 2013.9.26. 2012헌라1

[판시] 피청구인이 재의요구를 철회한 행위에 대한 청구 부분 – '지방교육자치에 관한 법률' 제28조 제1항 제1문은 교육·학예에 관한 시·도의회의 의결이 법령에 위반되거나 공익을 현저히 저해한다고 판단될 때에는 그 의결사항에 대하여 교육감에게 재의요구 권한이 있음을, 제2문은 청구인에게 재의요구 요청 권한이 있음을 각각 규정하고 있다. 따라서 교육·학예에 관한 서울특별시의회의 의결이 법령에 위반되거나 공익을 현저히 저해한다고 판단될 때, 청구인이 서울특별시교육감에게 재의요구를 하도록 요청할 수 있는 일반적인 권한은 인정된다. 그런데 서울특별시교육감 권한대행이 이 사건 조례안에 대하여 2012.1.9.에 한 재의요구는 서울특별시교육감의 독자적인 재의요구 권한에 근거한 것이다. 교육감의 재의요구 권한은 교육·학예에 관한 지방자치단체의 장인 교육감과 지방의회 사이의 상호 견제와 균형을 위한 것이며, 청구인의 재의요구 요청 권한은 국가와 지방자치단체 사이의 권한 통제 또는 국가의 지도·감독을 위한 것으로, 교육·학예에 관한 시·도의회의 의결사항에 대한 교육감의 재의요구 권한과 청구인의 재의요구 요청 권한은 중복하여 행사될 수 있는 별개의 독립된 권한이다. 서울특별시교육감은 청구인이 이 사건 조례안에 대한 재의요구 요청 권한을 행사하지 않은 상태에서 이 사건 조례안에 대한 재의요구를 철회하였다. '지방교육자치에 관한 법률' 제28조 제1항은 교육감에게 시·도의회 등의 의결에 대한 재의요구 권한이 있다는 점만 규정하고 있고 재의요구를 철회할 권한이 있다는 점에 대하여는 명시적인 규정을 두고 있지 않음은 청구인의 주장과 같다. 그러나 조례안에 대한 교육감의 재의요구 권한은 조례안의 완성에 대한 조건부의 정지적인 권한에 지나지 않으므로, 시·도의회의 재의결 전에는 언제든지 재의요구를 철회할 수 있다고 보아야 한다. 이런 법리에 따라 대통령이 1956.10.15. 귀속재산처리특별회계법(1956.11.1. 법률 제404호로 공포됨)에 대한 재의요구를 철회하고, 1964.12.31. 탄핵심판법(1964.12.31. 법률 제1683호로 공포됨)에 대한 재의요구를 철회한 전례도 있다. 이 사건에서도 서울특별시교육감은 청구인의 요청에 따라 재의요구를 한 것이 아니고, 자신의 독자적인 권한으로 재의요구를 한 것이므로 이를 철회할 권한이 있다고 보아야 한다. 따라서 피청구인이 2012.1. 20. 이 사건 조례안 재의요구를 철회한 행위가 헌법과 '지방교육자치에 관한 법률'에 따른 청구인의 재의요구 요청 권한을 침해하였거나 침해할 현저한 위험이 있다고 볼 수 없다. * 헌재는 위 철회에 관한 쟁점 외에 부작위, 위 조례 공포 행위에 관한 쟁점에 대해서도 청구인주장을 받아들이지 않아 결국 전체 기각결정이 되었다. 부작위 등 논점에 대한 헌재 판시는 바로 아래 인용 참조.

② **교육부장관의 재의요구 요청권의 구속력 문제** 교육부장관의 재의요구를 요청받은 경우에 교육감이 반드시 이에 따라야 하는가 하는 문제가 있다. '지교법' 제28조 제1항 제2문은 "교육감이 교육부장관으로부터 재의요구를 하도록 요청받은 경우에는 시·도의회에 재의를 요구하여야 한다"라고 의무조항으로 규정되어 있으나 교육감이 재의요구를 하지 않을 경우 그 효과가 문제이다. 지방자치법은 법령위반의 경우에는 대비책을 규정하고 있다. 즉 "지방의회의 의결이 법령에 위반된다고 판단되어 주무부장관이나 시·도지사로부터 재의요구지시를 받은 지방자치단체의 장이 재의를 요구하지 아니하는 경우(법령에 위반되는 지방의회의 의결사항이 조례안인 경우로서 재의요구지시를 받기 전에 그 조례안을 공포한 경우를 포함한다)에는 주무부장관이나 시·도지사는 제1항에 따른 기간이 지난 날부터 7일 이내에 대법원에 직접 제소 및 집행정지결정을 신청할 수 있다"라고 규정하고(지방자치법 제172조 7항) 있다. 그러나 지교법에는 그러한 규정이 없어서 논란될 수 있다. 교육의 자주성에 입각하여 일반 지방자치행정과 달리 보는 입장은 의미

가 있다.

③ **교육부장관의 재의요구 요청권의 행사기간과 교육감 재의요구와의 병행 문제** 교육부장관이 재의요구를 교육감에 요청할 수 있는 기간은 어떠하고 그 기간 내 교육감 스스로 재의요구를 하지 않거나 하더라도 교육부장관으로서도 독자적으로 교육감에 재의요구를 요청할 수 있는지, 그 기간이 지나면 요청을 할 수 없는지 등의 질문도 제기된다. 이 문제는 바로 위 서울특별시의회의 학생인권 조례안 사건에서 다루어졌다. 그 사건개요를 다시 보면, 서울특별시의회가 2011.12.19. 서울특별시 학생인권 조례안을 의결하였는데 서울특별시교육감 권한대행이 이에 대한 재의요구를 하였으나 서울특별시교육감이 업무에 복귀한 뒤 2012.1. 20. 16:45 그 재의요구를 철회하였고, 교육부장관은 이 철회 직후인 2012.1. 20. 17:08 서울특별시교육감에게 이 사건 조례안에 대한 재의요구를 하도록 요청하였으나 서울특별시교육감은 그 재의요구 요청을 따르지 아니하고, 2012.1.26. '서울특별시 학생인권 조례'(서울특별시조례 제5247호)를 공포하였다. 이에 교육부장관은, 위 재의요구 철회 행위, 위 재의요구 요청을 받고도 재의요구를 하지 아니한 부작위, 위 조례 공포 행위가 교육·학예에 관한 시·도의회 의결에 대한 교육부장관의 재의요구 요청 권한을 침해하였다고 주장하며 권한쟁의심판을 청구하였다. 헌재는 교육감의 재의요구 권한과 청구인의 재의요구 요청 권한은 중복하여 행사될 수 있는 별개의 독립된 권한이라고 보고, 교육부장관이 교육감이 재의요구를 할 수 있는 기간 내에만 교육감에게 재의요구 요청을 할 수 있고 이 기간이 지난 후의 요청에 재의요구를 하여야 할 헌법이나 법률상의 작위의무가 교육감에게 없다고 보았다.

판례 헌재 2013.9.26. 2012헌라1

[결정요지] 청구인의 재의요구 요청에도 불구하고 피청구인이 조례를 공포한 행위에 대한 청구 부분 – '지방교육자치에 관한 법률' 제28조 제1항은 제1문에서 교육감의 재의요구 '대상'과 '사유'에 관한 요건을 규정하고, 교육감의 재의요구 권한의 행사기간을 '시·도의회의 의결사항을 이송받은 날부터 20일 이내'로 규정하고 있다. 그런데 그 제2문에서는 별도의 요건을 규정하지 아니하고, 청구인의 재의요구 요청 권한의 행사에 관하여만 규정하고 있다. 그런데 국가와 지방자치단체 사이의 권한 통제라는 중요한 사항에 관하여, 그 '대상'과 '사유'에 관한 요건도 규정되지 아니한 불명확한 재의요구 요청 권한을 청구인이 행사하도록 입법자가 의도하였다고 볼 수는 없다. 즉 '지방교육자치에 관한 법률' 제28조 제1항은 교육감의 재의요구와 청구인의 재의요구 요청의 대상과 사유 및 행사기간 등 요건을 동일하게 규정하고 있는 것으로 해석하는 것이 합리적이다. '지방교육자치에 관한 법률' 제28조에 대응하는 지방자치법 제172조 제1항도 지방의회의 의결이 법령에 위반되거나 공익을 현저히 해친다고 판단되는 경우, 지방자치단체의 장에 대한 주무부장관의 재의요구 요청 기간을 의결사항을 이송받은 날부터 20일 이내로 규정하고 있다. '지방교육자치에 관한 법률' 제28조 제1항과 헌법이 지방자치를 보장하는 취지 등을 유기적·체계적으로 종합하여 보면, 청구인의 재의요구 요청과 관계없이 교육감이 재의요구를 할 수 있는 기간은 '시·도의회의 의결사항을 이송받은 날부터 20일 이내'로 보아야 한다. 교육감이 재의요구를 할 수 없다면 교육감에 대한 청구인의 재의요구 요청도 무의미하므로, 청구인도 교육감이 재의요구를 할 수 있는 기간 내에만 교육감에게 재의요구 요청을 할 수 있다고 해석하여야 한다. 이 사건에서 서울특별시교육감 권한대행이 이 사건 조례안을 2011.12. 20. 서울특별시의회로부터 이송받았으므로, 청구

인은 그로부터 20일 이내인 2012.1.9.까지 서울특별시교육감 권한대행에게 재의요구를 요청할 수 있었다. 서울특별시교육감 권한대행이 재의요구를 하였다고 하여, 청구인이 자신의 독립된 권한인 재의요구 요청을 하지 못할 법률상 장애가 있다고 볼 수 없다. 별개의 권한에 근거한 서울특별시교육감의 재의요구와 철회가 청구인이 재의요구 요청 권한을 행사할 수 있는 기간의 진행을 중단시킨다고 볼 수 없는 것이다. 그렇다면 청구인이 권한행사기간이 지난 뒤인 2012.1. 20. 서울특별시교육감에게 이 사건 조례안에 대한 재의요구를 요청한 것은 이미 소멸한 권한을 행사한 것으로 부적법하다. 따라서 그 요청에 따라 서울특별시교육감이 이 사건 조례안에 대하여 재의요구를 하여야 할 헌법이나 법률상의 작위의무가 있다고 볼 수 없다. 또한 이 사건 조례안의 확정에 대한 조건부의 정지적인 권한이었던 서울특별시교육감의 재의요구가 철회된 이상 처음부터 재의요구가 없었던 것과 같게 되므로, 서울특별시교육감은 이 사건 조례안을 공포할 권한이 있다(지방교육자치에 관한 법률 제14조 제3항, 제4항). 그러므로 "피청구인이 2012.1. 20. 청구인으로부터 이 사건 조례안에 대한 재의요구 요청을 받고도 서울특별시의회에 재의요구를 하지 아니한 부작위" 및 "피청구인이 2012.1.26. 이 사건 조례안을 공포한 행위"가 헌법과 '지방교육자치에 관한 법률'에 따른 청구인의 재의요구 요청 권한을 침해하였거나 침해할 현저한 위험이 있다고 볼 수 없다. [결론] 그렇다면 청구인의 이 사건 심판청구는 모두 이유 없으므로, 관여 재판관 전원의 일치된 의견으로 주문과 같이 결정한다.

(나) 교육감의 선결처분

교육감은 소관 사무 중 시·도의회의 의결을 요하는 사항에 대하여 1. 시·도의회가 성립되지 아니한 때(의결정족수에 미달하게 된 때), 2. 학생의 안전과 교육기관 등의 재산보호를 위하여 긴급하게 필요한 사항으로서 시·도의회가 소집될 시간적 여유가 없거나 시·도의회에서 의결이 지체되어 의결되지 아니한 때에는 선결처분을 할 수 있다(동법 제29조 1항). 위 선결처분은 지체 없이 시·도의회에 보고하여 승인을 얻어야 하고, 시·도의회에서 제2항의 승인을 얻지 못한 때에는 그 선결처분은 그 때부터 효력을 상실한다(동법 동조 2항·3항).

(2) 교육위원회의 폐지와 지방의회 상임위에 의한 대체

교육자치 실시 이후 지방의원과 별도로 선출된 교육의원(이전에 교육위원)으로 구성되는 교육위원회가 설치되어 활동하였으나 폐지되었고(2014년 6월까지 운영되었음) 현재 교육위원회는 지방의회의 상임위 차원으로 운영되고 있다[1](다만, 제주도특별도에서만은 교육의원을 선출하고 있음).

* 교육위원(의원)선거에 관한 헌재 판례 : 교육위원의 선거에 있어서 선거공보의 발행·배포와 소견발표회의 개최 이외에 일체의 선거운동을 금지하고 있는 구 '지방교육자치에 관한 법률' 제5조의4 및 이 규정을 위반한 자에 대하여 처벌하도록 규정한 같은 법 제53조가 헌법 제11조(평등권)·제21조(언론의 자유)·제25조(공무담임권) 등에 위반되는지 여부가 문제되었으나 헌재는 과잉금지원칙 준수 등을 이유로 합헌결정하였다(위의 지방교육자치의 본질에서 인용한 결정임).

---

1) 연혁이 다소 복잡하다. 교육위원회가 2006.12.20., 전부개정 이전에는 교육위원으로만 구성되다가 이후 지방의원과 교육의원으로 구성되었는데(이 전부개정으로 교육위원을 교육의원이라고 불렀다) 그 교육위원회가 20014년 6월 30일까지만 존속하고 그 다음날부터 폐지되었다고 현재는 지방의회 상임위가 역할을 수행한다는 것이다.

제3절 지방자치단체의 권한과 사무

제1항 지방자치권

Ⅰ. 지방자치권의 내용과 범위

1. 내용

지방자치단체는 조직자치권, 지역자치권, 자치입법권, 행정자치권, 인사자치권, 재정자치권, 계획자치권, 문화자치권, 협력자치권, 주민결정권 등을 가진다. 헌재도 지방자치권에 "자치입법권, 자치조직권, 자치인사권, 자치재정권 등이 포함된다"라고 판시한다.[1] 헌재는 "헌법상 제도적으로 보장된 자치권 가운데에는 자치사무의 수행에 있어 다른 행정주체(특히 중앙행정기관)로부터 합목적성에 관하여 명령·지시를 받지 않는 권한도 포함된다"라고 한다(헌재 2009.5.28. 2006헌라6, 판례집 21-1하, 429면).

2. 범위

헌재는 "헌법상의 자치권의 범위는 법령에 의하여 형성되고 제한된다. 헌법도 제117조 제1항 후단에서 '법령의 범위 안에서 자치에 관한 규정을 제정할 수 있다'고 하였고, 제118조 제2항에서는 '지방자치단체의 조직과 운영에 관한 사항은 법률로 정한다'고 규정하고 있다. 그러나 지방자치단체의 자치권은 헌법상 보장을 받고 있으므로 비록 법령에 의하여 이를 제한하는 것이 가능하다고 하더라도 그 제한이 불합리하여 자치권의 본질을 훼손하는 정도에 이른다면 이는 헌법에 위반된다고 보아야 할 것이다"라고 한다(헌재 2002.10.31. 2002헌라2, 판례집 14-2, 378, 387면; 헌재 2009.5.28. 2006헌라6, 판례집 21-1하, 418, 429면; 헌재 2019.4.11. 2016헌라7, 판례집 31-1, 321면 등).

Ⅱ. 개별적 고찰

1. 조직자치권

지방자치단체는 자신의 내부적인 조직을 스스로 구성할 수 있는 권한을 가진다. 지방자치단체는 그 사무를 분장하기 위하여 필요한 행정기구와 지방공무원을 둔다(동법 제112조 1항). 지방자치단체는 직속기관(동법 제113조), 사업소(동법 제114조), 출장소(동법 제115조), 합의제행정기관

1) 헌재 2010.10.28. 2007헌라4.

(동법 제116조) 등을 설치할 수 있다. 조례와 규칙으로 정해지는 경우가 많다. 조직자치권에 대해서는 국가적인 통일성 등을 위해 법률에 의한 규율이 있다. 그러나 규율이 강하여 사실상 조직자치권을 무의미하게 하는 것은 지방자치권의 본질을 침해하는 것이다.

2. 지역자치권

지방자치단체 구역 내에 거주하는 주민, 활동하는 단체 등에 그 단체의 자치권과 그 자치권에 기반한 사무가 영향을 미치게 된다.

3. 자치입법권

지방자치단체는 스스로 조례, 규칙 등 자치에 관한 규정을 제정할 수 있다. "법령의 범위 안에서"라는 제한을 받는다(제117조). 자치입법권에 대해서는 별도로 살펴본다(전술 참조).

4. 행정자치권

지방자치단체는 주민의 복리를 위한 행정사무를 스스로 수행할 수 있는 자치권을 가지는데 자치사무 외에 위임사무도 수행한다. 구체적인 문제는 지방자치단체 사무 부분에서 살펴본다.

5. 인사자치권

지방자치단체는 자신의 행정사무를 수행할 공무원을 임용하고 공무원의 승진, 보직 등 인사를 자체적으로 행할 수 있다. 지방공무원의 임용과 자격·보수·복무·징계 등에 관하여는 따로 법률로 정한다. 현재 사실상 국가공무원에 대한 규정이 많이 지방공무원에 대해서도 그대로 적용되고 있어서 인사에 있어서 지방자치단체의 자치성이 얼마나 나타나는지 하는 평가를 할 수 있겠다.

6. 재정자치권

지방자치단체는 자신의 활동에 소요되는 재원을 마련하고 지출을 함에 있어서 자율적인 권한을 가지는 것이 필요하다. 현재는 지방자치권 중 "자치재정권은 지방자치단체가 법령의 범위 내에서 수입과 지출을 자신의 책임하에 운영할 수 있는 권한으로서, 지방자치단체가 법령의 범위 내에서 국가의 지시를 받지 않고 자기책임하에 재정에 관한 사무를 스스로 관장할 수 있는 권한을 말한다. 자치재정권 중에서 자치수입권은 지방자치단체가 법령의 범위 내에서 자기책임하에 그에 허용된 수입원으로부터 수입정책을 결정할 수 있는 권한을 말하는데, 이에는 지방세를 부과할 수 있는 권한이 포함된다. 지방세 과세권은 자치재정권의 일부로서 지방자치단체의 자치사무에 해당하는 지방자치단체의 권한이라고 할 수 있다(지방세기본법 제4조, 제7조 1항 등)"라고 한다. 둘 이상의 광역지방자치단체의 장들 간에 지방세 과세권을 두고 다툼이 있는 경우에 지방세기본법은 행정안전부장관의 결정을 청구할 수 있게 하는 제도를 두고 있다. 이 결정에 대해 지방재정자치권의 침해라는 주장에 대하여 그 법적 구속력이 없다는 입장에서 그 침해가능성이 없다고 하여 각하한 아래의 헌법재판소 결정이 있다.

판례 헌재 2014.3.27. 2012헌라4

[사건개요] 렌트카 사업을 하는 ○○주식회사는 관할구역인 서울 강남구 소재 빌딩을 본점 소재지로 하여 설립되었고, 이후 인천광역시 남동구에 지점 등기한 다음, 이용자에게 대여하기 위하여 취득한 '리스차량'을 위 지점 소재지로서 자동차등록원부상 사용본거지인 인천광역시에 등록하였다. 이 사건 리스회사는 이후 인천광역시에 취득세를 신고납부하였다. 서울시는 인천광역시에 등록된 사업장은 인적·물적 설비가 없는 허위사업장이기 때문에 자동차관리법령에 따른 사용본거지가 될 수 없고, 이러한 경우 사용본거지는 이 사건 리스회사의 주사무소 소재지가 되므로 결국 이 사건 리스차량 취득세의 과세권은 주사무소 소재지를 관할하는 서울시에 있다는 이유로 위 회사에 대하여 취득세 및 가산세를 부과하였다. 이에 인천광역시장은 행정안전부장관(현재의 행정자치부장관)에게 지방세기본법 제12조에 의한 과세권 귀속 결정을 청구하였고, 장관은 "이 취득세의 과세권은 인천광역시장에게 귀속된다고 결정한다."는 내용의 지방세 과세권 귀속 결정을 하고, 같은 날 인천광역시장에게 통지하였다. 이에 서울시는 장관의 위 결정이 헌법 및 지방세기본법에 의하여 부여된 서울시의 지방세 과세권을 침해한 것으로서 무효라고 주장하며 행정자치부장관을 상대로 권한쟁의심판을 청구하였다. [결정이유] (가) 권한쟁의심판청구의 적법요건 : 피청구인의 처분 또는 부작위가 헌법 또는 법률에 따라 부여받은 청구인의 권한을 침해할 가능성이 없는 경우에 제기된 권한쟁의심판청구는 부적법하다. (나) 이 사건 과세권 귀속 결정의 의의 및 법적 성격 : (1) 이 사건 과세권 귀속 결정의 근거가 되는 구 지방세기본법 제12조는 구 지방세기본법 제12조는 과세권의 귀속이나 그 밖에 지방세기본법 또는 지방세관계법을 적용할 때 지방자치단체의 장 상호간에 의견이 달라 개별 지방자치단체의 견해에 따라 과세권을 행사하거나 세법을 적용하게 될 경우 납세자에게 이중과세되거나 과세를 누락시키게 되는 우려가 있을 경우에 대비한 조치로서 그 방법과 절차를 정한 것이다. (2) 구 지방세기본법 제12조는 관계 지방자치단체의 장으로부터 과세권 귀속 여부에 대한 결정의 청구를 받았을 때에는 그 청구를 수리한 날부터 60일 이내에 결정하여 지체 없이 그 뜻을 관계 지방자치단체의 장에게 통지하여야 한다고 규정하고 있을 뿐(제1항, 제2항), 그 결정을 통지받은 관계 지방자치단체의 장이 반드시 그 결정사항을 이행하여야 할 법적 의무를 부담하는지 여부, 그 결정사항이 성실히 이행되지 아니하면 피청구인이 그 이행을 강제할 수 있는 수단이 있는지 여부, 그 결정에 대하여 관계 지방자치단체의 장이 불복할 수 있는 별도의 방법이 있는지 여부 등에 대해서는 아무런 규정을 두고 있지 않다. 또한 그 결정과정에서 지방자치법상의 분쟁조정제도에서와 같이 지방자치법상의 지방자치단체중앙분쟁조정위원회나 지방자치단체지방분쟁조정위원회의 의결(지방자치법 제148조 제3항)에 따르도록 하는 등의 절차적 보장에 대한 규정 역시 두고 있지 않다. 이와 같은 점을 종합하여 보면, 이 사건 과세권 귀속 결정은 지방세 과세권의 귀속 여부 등에 대하여 관계 지방자치단체의 장의 의견이 서로 다른 경우에 피청구인의 결정이라는 행정적 관여 내지 공적인 견해 표명을 규범화한 것에 불과할 뿐, 그 결정에 법적 구속력이 있다고 보기 어렵다. (다) 청구인의 자치재정권(지방세 과세권)에 대한 침해가능성 : (1) 따라서 피청구인의 이 사건 과세권 귀속 결정으로 말미암아 청구인의 자치재정권 등 자치권한이 침해될 가능성이 있다 할 수 없고, 그 밖에 그 침해가능성이 인정될 만한 청구인의 권한도 보이지 아니한다. (2) 결국 이 사건 심판청구는, 피청구인의 이 사건 과세권 귀속 결정이 헌법 또는 법률에 의하여 부여받은 청구인의 권한을 침해할 가능성이 없는 경

우에 해당하므로 부적법하다.

7. 계획자치권

지방자치단체는 자신의 일정한 목표에 따라 장차 수행해 나갈 행정의 방향이나 방법을 스스로 수립할 수 있는 권한을 가진다. 행정계획, 도시계획, 교육계획 등이고 계획자치권을 기반으로 상당한 재량(형성자유)이 인정된다. 계획의 문제는 그 지방자치단체의 고유한 상황에 연관되기 때문이다.

8. 문화자치권

각 지방자치단체별로 고유한 문화를 계승하고 발전시킬 자치권을 가진다. 지방문화재의 보호도 지방자치단체의 몫이다.

9. 협력자치권

국가기관, 다른 지방자치단체, 사적 단체와의 협력을 자율적인 결정과 활동으로 수행할 수 있는 자치권이다. 오늘날 외국의 지방자치단체와의 협력활동도 이루어지고 있다.

10. 주민결정권

주민들은 소속 지방자치단체의 중요한 사안의 결정에 직접 참여한다. 주민발안제도로서 조례 개·폐청구제도, 주민투표제도, 주민소환제, 주민감사제 등을 통해 자치에 참여한다.

Ⅲ. 지방자치권 침해에 대한 사법적 판단

지방자치권의 침해에 대해서는 대법원의 기관소송과 헌재의 권한쟁의심판, 위헌법률심판, 위헌소원심판 등으로 그 여부를 판단할 수 있다. 헌재의 판단기준 내지 정도는 본질적 내용의 침해 여부만 심사하고 비례원칙, 평등원칙은 심사하지 않는 최소한의 심사를 한다는 것이다. 아래 설시가 그 점을 보여주고 있다.

판례 헌재 2010.10.28. 2007헌라4

[설시] 헌법 제117조 제1항에 의해 지방자치단체에게 보장된 지방자치권은 절대적인 것이 아니고 법령에 의하여 형성되는 것이므로, 입법자는 지방자치에 관한 사항을 형성하면서 지방자치단체의 지방자치권을 제한할 수 있다. 그러나 법령에 의하여 지방자치단체의 지방자치권을 제한하는 것이 가능하다고 하더라도, 지방자치단체의 존재 자체를 부인하거나 각종 권한을 말살하는 것과 같이 그 제한이 불합리하여 지방자치권의 본질적인 내용을 침해하여서는 아니 된다. 따라서 국회의 입법에 의하여 지방자치권이 침해되었는지 여부를 심사함에 있어서는 지방자치권의 본질적 내용이 침해되었는지 여부만을 심사

하면 족하고, 기본권침해를 심사하는 데 적용되는 과잉금지원칙이나 평등원칙 등을 적용할 것은 아니다"라고 한다.

위 판시는 어디까지나 지방자치권이라는 객관적 권한의 침해 여부에 대한 심사에 관한 것이고 주관적 권리인 기본권이 지방자치와 연관되어 그 침해 여부가 문제될 때 심사에서는 평등원칙, 과잉금지원칙 심사가 이루어질 수 있다.

제2항 지방자치단체의 사무

Ⅰ. 지방자치단체 사무의 종류

지방자치단체의 사무는 사무의 관할주체, 그 성격, 내용 등 여러 기준에 따라 구분될 수 있다. 여기서는 종래 일반적으로 적용하는 기준에 따라 살펴보는데 그것에 따르면 지방자치단체가 수행하는 사무에는 자치(고유)사무, 위임사무로 크게 나누어진다. 위임사무는 다시 위임받는(수임) 주체가 누구인가에 따라 단체위임사무와 기관위임사무로 나누어진다.

실익 – 위와 같이 지방자치단체의 사무를 분류하는 실익은 ⅰ) 그 수행에 있어서 지방자치단체의 독자성의 정도, ⅱ) 조례제정의 범위(후술 조례 참조), ⅲ) 수행을 위한 재정조달이나 수행방식 등에서 차이(비용(경비)부담의 차이 등), ⅳ) 통제에 있어서 차이(예를 들어 감사대상이나 권한쟁의심판의 대상, 국가배상책임 등의 면에서 차이가 있음. 후술 또는 전술 참조) 등에 있다.

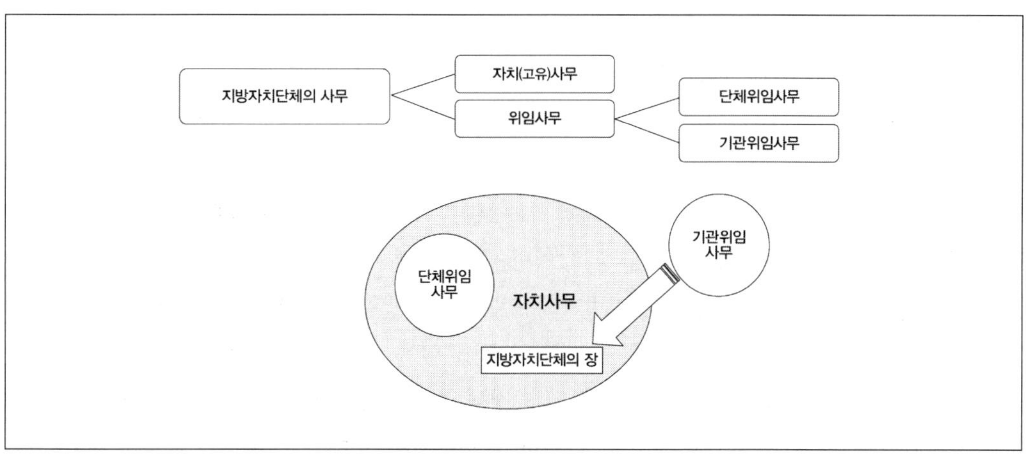

▮ 지방자치단체 사무 다이어그램

사무 / 사항	자치사무	단체위임사무	기관위임사무
지자체 자체 사무인지 여부	○	○	×
조례제정대상 여부	○	○	× (조례로 제정하라는 특별한 법률규정이 있으면 ○)
비용부담	○	× [위임자(국가, 광역 지자체)가 부담, 지자법 제141조]	× [위임자(국가, 광역 지자체)가 부담, 지자법 제141조]
국가배상책임	○	△ [위임자(국가, 광역 지자체)가 지되, 공공시설 등의 하자로 인한 책임, 비용부담자로서의 책임(국가배상법 제5, 6조)을 질 수는 있음]	△ [위임자(국가, 광역 지자체)가 지되, 공공시설 등의 하자로 인한 책임, 비용부담자로서의 책임(국가배상법 제5, 6조)을 질 수는 있음]
국가·광역 지자체의 통제	△적법성만	○ 적법성, 타당성(합목적성)	○ 적법성, 타당성(합목적성)
권한쟁의심판	○	○	×

▌자치사무, 단체위임사무, 기관위임사무의 차이 비교

* 위 비교표에서 감사 문제는 제외함(그것에 대해서는 후술하는 국가, 시·도지사 지도, 감독 부분의 감사 부분 비교표 참조).

Ⅱ. 지방자치법상의 예시와 처리가 금지되는 국가사무

헌법에는 지방자치단체의 사무를 구체적으로 규정하지 않았고 지방자치법은 "지방자치단체는 관할 구역의 자치사무와 법령에 따라 지방자치단체에 속하는 사무를 처리한다"라고 먼저 규정한다(동법 제9조 1항). 이는 위 (1)에서 제시한 일반적인 구분에 따르면 자치사무와 단체위임사무를 의미한다. '법령에 따라' 속하는 사무가 단체위임사무를 말한다.

그리고 지방자치법은 지방자치단체의 사무를 구체적으로 제시하고 있는데 "제1항에 따른 지방자치단체의 사무를 예시하면 다음 각 호와 같다. 다만, 법률에 이와 다른 규정이 있으면 그러하지 아니하다"라고 규정하고 있다(동법 동조 2항). 즉 예시적으로 규정한 것이다. 예시적인 입장을 취하는 것은 헌법 제117조 제1항이 지방자치단체가 "주민의 복리에 관한 사무를 처리"한다고 포괄적으로 규정하고 있는데 지방자치단체의 주민생활은 일상의 생활로서 다양하고 여러 영역에 걸쳐 있으므로 예시적으로 규정할 수밖에 없을 것이다. 지방자치단체의 사무가 일단은 포괄적이므로 법에 규정하는 것 외에도 인정될 수 있다는 점을 분명히 해둔 것이고 이러한 지방자치단체 사무의 성격을 제대로 반영하고 있는 태도이다. 위 지방자치법의 제9조 제2항 예시규정은 다음과 같이 규정되어 있다.

1. 지방자치단체의 구역, 조직, 행정관리 등에 관한 사무(가. 관할 구역 안 행정구역의 명칭·위치 및 구역의 조정, 나. 조례·규칙의 제정·개정·폐지 및 그 운영·관리, 다. 산하 행정기관의 조직관리 … 자. 공유재산관리, 차. 가족관계등록 및 주민등록 관리, 카. 지방자치단체에 필요한 각종 조사 및 통계의 작성)
2. 주민의 복지증진에 관한 사무(가. 주민복지에 관한 사업, 나. 사회복지시설의 설치·운영 및 관리, 다. 생활이 곤궁(困窮)한 자의 보호 및 지원, 라. 노인·아동·심신장애인·청소년 및 여성의 보호와 복지증진 … 자. 청소, 오물의 수거 및 처리, 차. 지방공기업의 설치 및 운영)
3. 농림·상공업 등 산업 진흥에 관한 사무(가. 소류지(小溜池)·보(洑) 등 농업용수시설의 설치 및 관리, 나. 농산물·임산물·축산물·수산물의 생산 및 유통지원, 다. 농업자재의 관리, 라. 복합영농의 운영·지도 … 파. 지역특화산업의 개발과 육성·지원, 하. 우수토산품 개발과 관광민예품 개발)
4. 지역개발과 주민의 생활환경시설의 설치·관리에 관한 사무(가. 지역개발사업, 나. 지방 토목·건설사업의 시행, 다. 도시계획사업의 시행 … 파. 주차장·교통표지 등 교통편의시설의 설치 및 관리, 하. 재해대책의 수립 및 집행, 거. 지역경제의 육성 및 지원)
5. 교육·체육·문화·예술의 진흥에 관한 사무(가. 유아원·유치원·초등학교·중학교·고등학교 및 이에 준하는 각종 학교의 설치·운영·지도, 나. 도서관·운동장·광장·체육관·박물관·공연장·미술관·음악당 등 공공교육·체육·문화시설의 설치 및 관리, … 마. 지방문화·예술단체의 육성),
6. 지역민방위 및 지방소방에 관한 사무(가. 지역 및 직장 민방위조직(의용소방대를 포함한다)의 편성과 운영 및 지도·감독, 나. 지역의 화재예방·경계·진압·조사 및 구조·구급)

지방자치단체에 의한 처리가 금지되는 국가사무가 법으로 정해져 있다. 지방자치법 제11조는 "지방자치단체는 다음 각 호(아래 표시)에 해당하는 국가사무를 처리할 수 없다. 다만, 법률에 이와 다른 규정이 있는 경우에는 국가사무를 처리할 수 있다"라고 규정하고 있다.

지방자치법 제11조(국가사무의 처리제한) 지방자치단체는 다음 각 호에 해당하는 국가사무를 처리할 수 없다. 다만, 법률에 이와 다른 규정이 있는 경우에는 국가사무를 처리할 수 있다.
1. 외교, 국방, 사법(司法), 국세 등 국가의 존립에 필요한 사무, 2. 물가정책, 금융정책, 수출입정책 등 전국적으로 통일적 처리를 요하는 사무, 3. 농산물 · 임산물 · 축산물 · 수산물 및 양곡의 수급조절과 수출입 등 전국적 규모의 사무, 4. 국가종합경제개발계획, 국가하천, 국유림, 국토종합개발계획, 지정항만,[1] 고속국도 · 일반국도, 국립공원 등 전국적 규모나 이와 비슷한 규모의 사무, 5. 근로기준, 측량단위 등 전국적으로 기준을 통일하고 조정하여야 할 필요가 있는 사무, 6. 우편, 철도[2] 등 전국적 규모나 이와 비슷한 규모의 사무, 7. 고도의 기술을 요하는 검사 · 시험 · 연구, 항공관리, 기상행정, 원자력개발 등 지방자치단체의 기술과 재정능력으로 감당하기 어려운 사무

1) 그 예로, 신항만의 명칭결정. 헌재 2008.3.27. 2006헌라1, 경상남도 등과 정부 간의 권한쟁의. 이 결정의 요지는 아래 자치사무와 국가사무의 구분 부분에 인용된 것을 참조.

2) 그 예로, 건설교통부장관은 이 사건 고속철도역의 명칭을 "천안아산역(온양온천)"으로 결정한 것이 아산시의 권한침해개연성을 가지는지가 문제된 사안이 있는데 헌재는 영토고권을 지방자치단체에 인정하기 곤란하다는 취지에 입각하여 부정한 예를 보여준 바 있다. 헌재 2006.3.30. 2003헌라2. 이 결정의 요지는 아래 자치사무와 국가사무의 구분 부분에 인용된 것을 참조.

Ⅲ. 자치사무

1. 자치사무의 개념과 효과

자치사무는 고유사무라고도 하고 각 지방자치단체 별로 그 여건에 따라 그 지방자치의 주민의 복리를 위해 독자적으로 수행되어야 할 사무(헌법 제117조 1항 전단 참조)이다. 자치사무는 지방자치제의 본질적 사무이므로 자율성이 주어지고 이에 대한 국가나 광역 지방자치단체의 통제는 주로 적법성 통제에 그친다. 헌재는 자치사무는 "지방자치단체가 주민의 복리를 위하여 처리하는 사무이며 법령의 범위 안에서 그 처리 여부와 방법을 자기책임 아래 결정할 수 있는 사무로서 지방자치권의 최소한의 본질적 사항이므로 지방자치단체의 자치권을 보장한다고 한다면 최소한 이 같은 자치사무의 자율성만은 침해해서는 안 된다"라고 판시하고 있다.[1] 현행 지방자치법 제168조 제1항 후문은 자치사무에 관한 명령이나 처분에 대하여는 법령을 위반하는 것에 한하여 주무부장관 또는 시·도지사가 시정할 것을 명하고, 그 기간에 이행하지 아니하면 이를 취소하거나 정지할 수 있다고 규정하고 있다.

2. 자치사무의 범위

지방자치단체의 전권한성에 따라 법령에 특별히 달리 정하는 바가 없으면 주민의 복리를 위한 모든 사무는 자치사무에 속한다(전권한성 원칙). 자치사무의 구체적인 것들은 위 (1)에서 살펴본 대로 지방자치법 제9조 제2항에 예시되어 있다.

지방자치법 제9조(지방자치단체의 사무범위) ① 지방자치단체는 관할 구역의 자치사무와 법령에 따라 지방자치단체에 속하는 사무를 처리한다.
② 제1항에 따른 지방자치단체의 사무를 예시하면 다음 각 호와 같다. 다만, 법률에 이와 다른 규정이 있으면 그러하지 아니하다. <개정 2007.4.6., 2007.5.17., 2009.12.29., 2011.7.14., 2017.4.18., 2018.12.24.>
1. 지방자치단체의 구역, 조직, 행정관리 등에 관한 사무
가. 관할 구역 안 행정구역의 명칭·위치 및 구역의 조정
나. 조례·규칙의 제정·개정·폐지 및 그 운영·관리
다. 산하(傘下) 행정기관의 조직관리
라. 산하 행정기관 및 단체의 지도·감독
마. 소속 공무원의 인사·후생복지 및 교육
바. 지방세 및 지방세 외 수입의 부과 및 징수
사. 예산의 편성·집행 및 회계감사와 재산관리
아. 행정장비관리, 행정전산화 및 행정관리개선
자. 공유재산관리(公有財産管理)
차. 가족관계등록 및 주민등록 관리

---

1) 헌재 2009.5.28. 2006헌라6, 판례집 21-1하, 429. 동지 : 헌재 2011.8.30. 2011헌라1.

카. 지방자치단체에 필요한 각종 조사 및 통계의 작성

2. 주민의 복지증진에 관한 사무
가. 주민복지에 관한 사업
나. 사회복지시설의 설치 · 운영 및 관리
다. 생활이 곤궁(困窮)한 자의 보호 및 지원
라. 노인 · 아동 · 심신장애인 · 청소년 및 여성의 보호와 복지증진
마. 보건진료기관의 설치 · 운영
바. 감염병과 그 밖의 질병의 예방과 방역
사. 묘지 · 화장장(火葬場) 및 봉안당의 운영 · 관리
아. 공중접객업소의 위생을 개선하기 위한 지도
자. 청소, 오물의 수거 및 처리
차. 지방공기업의 설치 및 운영

3. 농림 · 상공업 등 산업 진흥에 관한 사무
가. 소류지(小溜池) · 보(洑) 등 농업용수시설의 설치 및 관리
나. 농산물 · 임산물 · 축산물 · 수산물의 생산 및 유통지원
다. 농업자재의 관리
라. 복합영농의 운영 · 지도
마. 농업 외 소득사업의 육성 · 지도
바. 농가 부업의 장려
사. 공유림 관리
아. 소규모 축산 개발사업 및 낙농 진흥사업
자. 가축전염병 예방
차. 지역산업의 육성 · 지원
카. 소비자 보호 및 저축 장려
타. 중소기업의 육성
파. 지역특화산업의 개발과 육성 · 지원
하. 우수토산품 개발과 관광민예품 개발

4. 지역개발과 주민의 생활환경시설의 설치 · 관리에 관한 사무
가. 지역개발사업
나. 지방 토목 · 건설사업의 시행
다. 도시계획사업의 시행
라. 지방도(地方道), 시군도의 신설 · 개수(改修) 및 유지
마. 주거생활환경 개선의 장려 및 지원
바. 농촌주택 개량 및 취락구조 개선
사. 자연보호활동
아. 지방하천 및 소하천의 관리
자. 상수도 · 하수도의 설치 및 관리
차. 간이급수시설의 설치 및 관리
카. 도립공원 · 군립공원 및 도시공원, 녹지 등 관광 · 휴양시설의 설치 및 관리
타. 지방 궤도사업의 경영
파. 주차장 · 교통표지 등 교통편의시설의 설치 및 관리

하. 재해대책의 수립 및 집행
거. 지역경제의 육성 및 지원

5. 교육 · 체육 · 문화 · 예술의 진흥에 관한 사무
가. 유아원 · 유치원 · 초등학교 · 중학교 · 고등학교 및 이에 준하는 각종 학교의 설치 · 운영 · 지도
나. 도서관 · 운동장 · 광장 · 체육관 · 박물관 · 공연장 · 미술관 · 음악당 등 공공교육 · 체육 · 문화시설의 설치 및 관리
다. 지방문화재의 지정 · 등록 · 보존 및 관리
라. 지방문화 · 예술의 진흥
마. 지방문화 · 예술단체의 육성

6. 지역민방위 및 지방소방에 관한 사무
가. 지역 및 직장 민방위조직(의용소방대를 포함한다)의 편성과 운영 및 지도 · 감독
나. 지역의 화재예방 · 경계 · 진압 · 조사 및 구조 · 구급
[시행일 : 2019.12.25.] 제9조

위 제9조 제2항에 예시된 것 외에도 자치사무는 넓게 인정되고 인정되어야 한다. 자치사무에는 법령에서 강제하는 것인지 아니면 임의적인 것인지에 따라 법령상 의무적인 사무와 임의적 사무로 구분해 볼 수 있다. 전자는 최소한의 자치사무를 법이 정한 것이다. 후자는 법에 정해지지 않아도 지방자치단체가 자신의 책임으로 발굴하여 수행하는 재량적 영역의 사무이다(예를 들어 스포츠시설을 두는 사업 등).

3. 국가사무와 자치사무의 구분

(1) 문제의 정리

여기서의 국가사무인지 자치사무인지 구분은 뒤에서 볼 기관위임사무와의 구분 문제 이전에 제기되는 것이다. 즉 국가사무가 도지사, 시장, 군수, 구청장 등 지방자치단체의 장에게 위임되는 기관위임사무 문제는 그 다음의 문제, 즉 국가사무인데 위임되고 있느냐 하는 것이고 여기서는 자치사무인가 그러면 지방자치단체의 사무소관으로, 아니면 아니라서 국가사무 소관이라는 구분을 우선하는 것이다.

자치사무 간 구분이 논란되어 판례에서 판단이 된 예들이 있었다. 아래 판례들은 위임 문제 이전에 자치사무인가 국가사무인가가 다루어졌고 국가사무가 위임된 경우에 관한 판례는 뒤의 기관위임사무에서 살펴본다.

(2) 판례

1) 판례 법리

대법원은 자치사무인지 국가사무에 해당하는지를 판단할 때에는 “법령의 규정 형식과 취지를 우선 고려해야 할 것이지만, 그 밖에도 사무의 성질이 전국적으로 통일적인 처리가 요구되는 사무인지 여부나 경비부담과 최종적인 책임귀속의 주체 등도 아울러 고려하여 판단해야

한다”라는[1] 입장이다. 헌법재판소도 비슷한 입장이다.

2) 판례사안

i) 자치사무로 인정된 예 : ① 국가정책에 관한 주민투표 실시 사무국가정책에 관한 주민투표 실시 사무의 성격 – 주민투표법 제8조에 따라 중앙행정기관의 장이 국가정책에 관한 주민투표 요구를 하면 지방자치단체 장이 실시하는 주민투표 사무의 성격에 대해 이를 자치사무로 볼 것인가 아니면 국가위임사무로 볼 것인가 논란된 바 있다. 이 문제가 제기된 사안은 제주도 전역을 하나의 지방자치단체로 할 것인지 아니면 점진적 변화를 전제로 우선 현행대로 유지할 것인지에 대한 의견을 구하는 주민투표요구를 행정자치부(현재 행정안전부)장관이 하면서 전자의 안으로 할 때 폐지될 제주시, 남제주군 등 기초자치단체가 제기한 권한쟁의심판사건에서였다. 자치사무나 단체에 위임된 사무가 아니라면 권한쟁의심판을 청구할 수 없어 각하가 될 것이므로 그 문제가 먼저 부각된 것이다. 헌재는 자치사무로서의 성격이 없다고 단정할 수 없다는 입장에서 이 문제에 관한 한 그 주장을 배척하였다. 그러나 권한침해의 여지가 없다는 이유로 결국 각하결정을 하였다.

판례 헌재 2005.12.22. 2005헌라5, 제주시 등과 행정자치부장관 등 간의 권한쟁의

[결정요지] 1. 주민투표법 제8조에 의한 주민투표실시사무의 성격 – 피청구인들(행정자치부장관, 제주도)은 같은 조항에 의한 주민투표의 발의공고가 국가사무로서 기관위임사무이므로 이에 관한 권한은 지방자치단체들인 청구인들 또는 제주도와는 무관하다고 주장한다. 그러므로 제8조의 주민투표실시사무의 성격에 관해 살펴본다. 주민투표법 제8조에서 국가정책에 관해서 주민의 의견을 참고하도록 하는 이유도 그 국가정책이 지방자치단체의 자치권 및 주민의 복리에 긴밀한 연관이 있어서 주민투표제도를 활용하여 주민의 의견을 듣고 또 지방의회의 의견도 반영할 수 있도록 하려는 것이므로 지방자치단체와 주민으로서도 이러한 제도를 통해 정확한 의사를 전달하는 데 깊은 이해관계를 가지고 있는 점, 그리고 지방자치단체의 폐치·분합에 관한 주민투표에 관련된 규정들의 위와 같은 연혁이나 주민투표법의 목적에 비추어보면 제8조의 주민투표 실시사무도 자치사무의 성격을 가질 수 있다고 판단된다. 이와 같이 제8조의 주민투표 실시사무에 자치사무로서의 성격이 없다고 단정할 수 없고, 또 자치사무인 경우 구체적으로는 지방자치단체 장이 수행하는 사무라도 지방자치단체 장이 아닌 지방자치단체가 권한쟁의의 당사자로서 그 침해 여부를 다투어야 하므로 이 점에 관해 적법성을 다투는 피청구인들의 주장은 받아들이지 않는다. 2. * 그 외 결정요지에 대해서는 뒤의 주민투표 부분의 국가정책 관련 실시 부분 참조.

② 지방선거비용 사건 – 국회가 공직선거법 제122조의2를 개정하여 지방선거비용을 해당지방자치단체에게 부담시킨 행위가 지방자치단체들의 지방자치권을 침해하는 것인지 여부가 논란된 권한쟁의심판사건에서 먼저 지방선거사무의 성격이 문제되었는데 헌재는 지방자치단체의 존립을 위한 자치사무에 해당한다고 판단하였다. 그러나 국가의 간여가 필요하다고 보아 자치권침해를 부정하여 기각되었다.

---

1) 대법원 2014.2.27. 2012추145.

판례 헌재 2008.6.26. 2005헌라7

[결정요지] 지방의회의원과 지방자치단체장을 선출하는 지방선거는 지방자치단체의 기관을 구성하고 그 기관의 각종 행위에 정당성을 부여하는 행위라 할 것이므로 지방선거사무는 지방자치단체의 존립을 위한 자치사무에 해당하고, 따라서 법률을 통하여 예외적으로 다른 행정주체에게 위임되지 않는 한, 원칙적으로 지방자치단체가 처리하고 그에 따른 비용도 지방자치단체가 부담하여야 한다. 다만 국가적 통일성을 유지하기 위하여 국가의 관여가 필요하거나 특정 사안이 해당 지방자치단체의 문제에 그치지 않고 국가 전체의 문제와 직결되는 등의 경우에는 지방자치단체의 독자성을 보장하는 범위 내에서 필요에 따라 국가가 관여할 수 있다. 그런데 지방선거사무는 지방자치단체의 자치사무에 해당하지만, 지방선거는 주민의 대의기관을 구성하는 민주적 방법인 동시에 대표기관으로 하여금 민주적 정당성을 확보케 함으로써 대의민주주의를 실현하기 위한 불가결한 수단이라 할 것인 바, 선거와 투표에 대한 관리가 공정하게 이루어지도록 하기 위해서는 선거와 투표관리 등의 집행업무 담당기관을 일반행정기관과는 별도의 독립기관으로 구성하여 지 방선거를 관리하도록 할 필요가 있고, 이에 이 사건 지방선거사무도 국가기관인 구·시·군 선거관리위원회가 담당하고 있다. 한편, 구 지방자치법이나 지방재정법에 비추어 보면, 지방자치단체의 사무를 다른 기관이 맡아 하고 있는 경우에도 그 비용은 원칙적으로 당해 지방자치단체가 부담하여야 할 것이므로 이 사건의 경우와 같이 지방선거의 선거사무를 구·시·군 선거관리위원회가 담당하는 경우에도 그 비용은 지방자치단체가 부담하여야 하고, 이에 피청구인 대한민국 국회가 지방선거의 선거비용을 지방자치단체가 부담하도록 공직선거법을 개정한 것은 지방자치단체의 자치권한을 침해한 것이라고 볼 수 없다.

ii) 국가사무로 인정된 예 : 헌재는 주로 국가적 이익에 관한 것으로서 전국적인 통일을 기할 필요성이 있는 사무는 국가사무로 본다는 입장이다. 그리하여 ① 대학설립에 관한 권한 결정,[1] ② 신항만의 명칭결정,[2] ③ 고속철도의 건설이나 고속철도역의 명칭 결정,[3] ④ 4대강

1) 헌재 2012.7.26. 2010헌라3, 공보 제190호, 1299. [결정요지] 고등교육법 및 같은 법 시행령, 사립학교법, 지방자치법의 관련 규정을 종합하면, 청구인의 학교 설치, 운영 및 지도에 관한 사무는 지역적 특성에 따라 달리 다루어야 할 필요성이 있는 사무로서 유아원부터 고등학교 및 이에 준하는 학교에 관한 사무에 한하여 이를 자치사무로 보아야 할 것이고, 대학의 설립 및 대학생정원 증원 등 운영에 관한 사무는 국가적 이익에 관한 것으로서 전국적인 통일을 기할 필요성이 있는 국가사무로 보아야 할 것이다. 따라서 국가사무인 사립대학의 신설이나 학생정원 증원에 관한 이 사건 수도권 사립대학 정원규제(교육과학기술부장관의 '2011학년도 대학 및 산업대학 학생정원 조정계획')는 청구인의 권한을 침해하거나 침해할 현저한 위험이 있다고 할 수 없으므로, 이 사건 심판청구는 부적법하다.

2) 헌재 2008.3.27. 2006헌라1, 경상남도 등과 정부 간의 권한쟁의. [사안] 해양수산부장관이 부산광역시와 경상남도 일대에 건설되는 신항만의 명칭을 '신항'(영문명칭 : Busan New Port)이라고 결정한 것이 경상남도와 경상남도 진해시의 자치권한을 침해하였거나 침해할 가능성이 있는지 여부(소극) [결정요지] 지방자치법 제11조는 지방자치단체가 처리할 수 없는 국가사무를 규정하고 있는바, 이에는 외교 등 국가의 존립에 필요한 사무(제1호), … 지정항만, 고속국도·일반국도, 국립공원 등 전국적 규모나 이와 비슷한 규모의 사무(제4호)도 포함되어 있다. 지방자치법이 위와 같은 사무들을 국가사무로 하고 있는 이유는 그 사무들이 특정 지방자치단체의 주민복리나 주민자치에만 관련되어 있는 것이 아니라 전국적 또는 국가적 차원에서 다루어져야 할 사무이기 때문이다. 따라서 지정항만에 관한 사무도 그것이 소재하는 특정 지방자치단체의 이익을 위해서가 아니라 국가 전체의 공동 이익을 도모하는 차원에서 이루어져야 할 것이다. 이와 같이 지방자치법 제11조에 의하면 지정항만에 관한 사무는 국가사무이므로 국가가 신항만을 지정항만의 하위항만으로 하기로 결정한 이상, 그 항만구역의 명칭을 무엇이라 할 것인지 역시 국가에게 결정할 권한이 있다고 할 것이다. 이에 이 사건 신항만이 21세기를 대비한 동북아 물류 중심 항만을 만들기 위해 설치된 국가목적의 거대 항만인 점과 함께, 국가경쟁력, 국제적 인지도, 항만 이용자들의 선호도 등을 고려하여 피청구인 해양수산부장관이 그 소속 중앙항만정책심의회의 심의를 거친 후, 2005.12.19. 이 사건 신항만을 지정항만인 부산항의 하위항만으로 두되, 무역항인 '부산항'의 명칭은 그대로

살리기 사업에 관한 사무[1] 등은 국가사무라고 본다.

4. 효과 - 비용(경비)부담, 손해(국가(지자체))배상책임, 통제 등

i) 비용 — 지방자치단체는 그 자치사무의 수행에 필요한 경비를 지출할 의무를 진다(동법 제141조). 지방재정법도 "지방자치단체의 관할구역 자치사무에 필요한 경비는 그 지방자치단체가 전액을 부담한다"라고 명시하고 있다(동법 제20조). ii) 손해배상책임 — 사무의 귀속도 지방자치단체 자체이므로 그 사무수행으로 손해가 발생한 경우에는 국가(지자체)배상은 지방자치단체가 지게 된다. iii) 통제, 감사 — 그 통제는 자치성의 보장으로 적법성 여부에 대한 통제에 그치고 합목적성(타당성) 여부에 대한 통제는 하지 않는 것이 원칙이다. 감사원의 감사는 합목적성까지도 합헌이라는 것이 헌재의 판례이다. 행정안전부장관, 시·도지사의 감사는 합법성에 그친다. iv) 권한쟁의심판 — 자치사무를 둘러싼 분쟁에 대한 권한쟁의심판 제기도 가능하다.

Ⅳ. 위임사무

위임사무는 다른 기관으로부터 이전된 권한으로서 수행되는 사무이다. 위임사무에는 다시 단체위임사무와 기관위임사무로 나누어 설명된다. 엄밀하게 말한다면 지방자치단체의 사무를 지방자치단체 자체가 수행하는 사무로만 정의한다면 기관위임사무는 지방자치단체가 수임하는 것이 아니라 지방자치단체의 장이 수임하는 것이므로 지방자치단체의 사무가 아닌 것이다.

유지하면서, 신항만의 공식명칭을 '신항'(영문명칭 : Busan New Port)으로 하기로 결정한 것은 청구인들의 권한을 침해하였다거나 침해할 현저한 위험이 있다고 볼 수 없다.

3) 헌재 2006.3.30. 2003헌라2. [사안] 건설교통부장관은 이 사건 고속철도역의 명칭을 "천안아산역(온양온천)"으로 결정하였는데 이 결정이 권한쟁의심판의 내상이 되는 처분인지 여부 [결정요지] 지방자치법 제11조 제6호는 지방자치단체가 처리할 수 없는 국가사무로 "우편, 철도 등 전국적 규모 또는 이와 비슷한 규모의 사무"를 열거하고 있으므로, 고속철도의 건설이나 고속철도역의 명칭 결정과 같은 일은 국가의 사무이고 지방자치단체인 청구인의 사무가 아님이 명백하다. 따라서 이 사건에서 청구인 권한이 침해될 개연성이 있는지 여부는 우선 청구인이 주장하는 바와 같은 영토고권이라는 자치권이 헌법 또는 법률에 의하여 청구인에게 부여되어 있는지 여부에 따라 결정된다고 할 것이다. 그러나 지방자치제도의 보장은 지방자치단체에 의한 자치행정을 일반적으로 보장한다는 것뿐이고, 마치 국가가 영토고권을 가지는 것과 마찬가지로 지방자치단체에게 자신의 관할구역 내에 속하는 영토·영해·영공을 자유로이 관리하고 관할구역 내의 사람과 물건을 독점적·배타적으로 지배할 수 있는 권리가 부여되어 있다고 할 수는 없다. 청구인이 주장하는 지방자치단체의 영토고권은 우리 나라 헌법과 법률상 인정되지 아니한다. 따라서 이 사건 결정이 청구인의 영토고권을 침해한다는 주장은 가지고 있지도 않은 권한을 침해받았다는 것에 불과하여 본안에 들어가 따져볼 필요가 없다.

1) 헌재 2011.8.30. 2011헌라1. [결정요지] 낙동강 사업을 포함한 4대강 사업의 대상인 하천들은 하천법 제8조, 제27조 제5항에 의거하면 '국토해양부장관'(피청구인)이 하천관리청으로서 시행책임을 지고 관리하는 '국가하천'에 해당하고, 4대강 사업 및 낙동강 사업은 그 사업내용에 비추어 볼 때 하천의 기능이 정상적으로 유지될 수 있도록 실시하는 점검·정비 등의 활동을 의미하는 '하천의 유지·보수' 차원을 넘어서 하천의 보수·개량·증설·신설까지 의도하고 있는 '하천공사'에 해당하므로, 4대강 사업 및 낙동강 사업은 국가하천에 관한 전국적 규모의 개발사업으로서 '국가사무'에 해당하고, 그 사업내용도 '하천공사', '하천의 유지·보수공사', 하천 주변의 기타 '부대공사' 등을 포괄하고 있어 국가하천을 둘러싼 복합적, 불가분적 공사구조를 취하고 있는 사업이다.

1. 단체위임사무

(1) 개념과 범위

지방자치단체 자체에 대해 국가나 다른 지방자치단체가 위임을 해주어 단체 자체에 귀속되는 사무를 말한다. 이러한 위임은 주로 법령에 의해 이루어진다. 현재는 위에서 본 지방자치법 제9조 제1항의 "'법령에 따라 지방자치단체에 속하는 사무'란 보통 단체위임사무를 말한다"라고 한다.[1] 또 국가, 광역 지방자치단체의 통제에 관해서 지방자치법 제167조 제1항은 "지방자치단체가 위임받아 처리하는 국가사무에 관하여"라고 하고 "시·군 및 자치구가 위임받아 처리하는 시·도의 사무에 관하여"라고 하여 단체위임사무에 대한 간접적인 인정근거가 되고 있다.

현재 단체위임사무는 그 예를 찾기 힘들다. 국가가 위임하는 사무는 거의 기관위임으로 하고 있기 때문이다. 이런 상황에 대해서는 "기관위임보다 단체위임이 민주주의의 원리에 보다 적합하다"라고 보아 기관위임선호는 문제가 있다고 보는 지적이 가해지고 있다.[2]

(2) 효과 - 비용(경비)부담, 손해(국가(지차체))배상책임, 통제 등

i) 비용 – 국가사무나 지방자치단체사무를 위임할 때에는 이를 위임한 국가나 지방자치단체에서 그 경비를 부담하여야 한다(동법 제141조 단서). 지방재정법도 "국가가 스스로 하여야 할 사무를 지방자치단체에 위임하여 수행하는 경우 그 경비는 국가가 전부를 그 지방자치단체에 교부하여야 한다"라고 규정하고 있다(지방재정법 제21조 2항). ii) 손해배상책임 – 단체위임사무를 수행하여 발생한 손해에 대해서는 그 사무의 귀속주체가 위임한 국가나 지자체 자체이므로 그 배상책임도 그 위임자인 국가나 지자체가 지게 되나 지자체가 공공시설 관리상 하자를 지녔거나 비용을 부담한 경우에는 지방자치단체도 책임을 질 경우가 있다(국가배상법 제5, 6조). iii 통제, 감사 – 국가나 광역 지방자치단체의 통제(주무부장관과 시·도지사의 직무이행명령(지방자치법 제170조 1항) 등)도 받게 되며 감사원감사, 주무부장관(시·도가 시·군·자치구에 위임한 시·도 사무는 주무부장관 감사대상이 아님), 시·도지사의 감사도 이루어진다. 국가의 통제와 감사는 적법성 뿐 아니라 타당성(합목적성)에도 미친다. iv) 권한쟁의심판 – 단체위임사무를 둘러싼 권한쟁의심판도 제기될 수 있다.

2. 기관위임사무

(1) 개념과 검토

지방자치단체 자체가 아니라 장이 위임받는 사무를 말한다. 엄밀한 의미로는 지방자치단

---

1) 헌재 2011.8.30. 2011헌라1, 판례집 23-2상, 264면.
2) 홍정선, 신 지방자치법, 제3판, 박영사, 2015, 482면.

체 자체의 사무가 아니다. 시·도와 시·군 및 자치구에서 시행하는 국가사무는 법령에 다른 규정이 없으면 시·도지사와 시장·군수 및 자치구의 구청장에게 위임하여 행한다(지방자치법 제102조). 또 국가, 광역 지방자치단체의 통제에 관해서 지방자치법 제167조 제1항은 "지방자치단체 장이 위임받아 처리하는 국가사무에 관하여"라고 하고 "시·군 및 자치구 장이 위임받아 처리하는 시·도의 사무에 관하여"라고 하여 기관위임사무에 대한 간접적인 인정근거가 되고 있다. 또 정부조직법 제6조 제1항도 "행정기관은 법령으로 정하는 바에 따라 그 소관사무의 일부를 … 지방자치단체 또는 그 기관에 위탁 또는 위임할 수 있다"라고 규정하여 그 근거를 두고 있다. 기관위임사무는 그 기관이 속한 지자체와 무관하며 위임자의 사무이다. 기관위임사무를 수행하는 국가기관 또는 위임한 지자체의 기관의 지위로서 수행한다. 기관위임사무는 앞서 본 단체위임사무와 달리 그 예가 많다.

기관위임사무에 대해서는 국가의 영향력을 유지한 채 이를 편의적으로 남용하는 경향이 있다고 하면서 그 폐지를 주장하는 견해와 그대로 유지할 필요가 있다는 견해가 대립되고 있다. 기관위임사무도 지방자치단체 공무원의 행정력으로 수행된다는 점은 분명하다. 여하튼 '지방분권 및 지방행정체제개편에 관한 특별법'(약칭: 지방분권법) 제9조는 사무배분의 원칙으로 "국가는 지방자치단체가 행정을 종합적·자율적으로 수행할 수 있도록 국가와 지방자치단체 간 또는 지방자치단체 상호간의 사무를 주민의 편익증진, 집행의 효과 등을 고려하여 서로 중복되지 아니하도록 배분하여야 한다. 국가는 제1항에 따라 사무를 배분하는 경우 지역주민생활과 밀접한 관련이 있는 사무는 원칙적으로 시·군 및 자치구의 사무로, 시·군·구가 처리하기 어려운 사무는 특별시·광역시·특별자치시·도 및 특별자치도의 사무로, 시·도가 처리하기 어려운 사무는 국가의 사무로 각각 배분하여야 한다"라고 규정하고(동법 동조 1항·2항), 권한이양 및 사무구분체계의 정비를 규정하고 있는데 "국가는 제9조에 따른 사무배분의 원칙에 따라 그 권한 및 사무를 적극적으로 지방자치단체에 이양하여야 하며, 그 과정에서 국가사무 또는 시·도의 사무로서 시·도 또는 시·군·구의 장에게 위임된 사무는 원칙적으로 폐지하고 자치사무와 국가사무로 이분화하여야 한다"라고 규정하여(동법 제11조 1항) 앞으로의 배분에서 기관위임사무를 없애고 위와 같이 자치사무와 국가사무로 나누는 방향원칙을 설정하고 있다.

(2) 효과

현재의 기관위임사무에 대해서는 그것이 지방자치단체 자체의 사무가 아니라고 본다. 그래서 다음과 같은 결과를 가져온다.

i) 비용(경비)부담 – 자치사무와 달리 지방자치단체 자체의 사무가 아니므로 위임을 한 국가나 광역 지방자치단체가 그 사무수행에 소요되는 비용을 부담하게 된다. 지방재정법도 "국가가 스스로 하여야 할 사무를 지방자치단체 기관에 위임하여 수행하는 경우 그 경비는 국가가 전부를 그 지방자치단체에 교부하여야 한다"라고 규정하고 있다(지방재정법 제21조 2항).

ⅱ) 손해배상책임 – 국가(지자체)배상책임에 있어서 위임자인 국가나 광역 지방자치단체가 지게 되나 지자체가 공공시설 관리상 하자를 지녔거나 비용을 부담한 경우에는 지방자치단체도 책임을 질 경우[1]가 있다(국가배상법 제5, 6조). ⅲ) 조례제정대상 제외 – 대법원의 판례는 기관위임사무는 특별히 법률로 조례로 정하도록 하지 않은 한 조례제정의 범위 안에 포함되지 않는다고 본다(아래 조례 부분 참조). ⅳ) 통제, 감사 – 국가나 광역 지방자치단체의 통제가 있고 감사원감사, 주무부장관(시·도가 시·군·자치구의 장에 위임한 시·도 사무는 주무부장관 감사대상이 아님), 시·도지사의 감사도 이루어진다. 국가의 통제와 감사는 적법성뿐 아니라 타당성(합목적성)에도 미친다. ⅴ) 권한쟁의심판 제기 부정 – 헌재의 판례는 지방자치단체가 당사자가 되는 권한쟁의 심판에서 기관위임사무는 지방자치단체 자체의 사무가 아니므로 지방자치단체 자체의 권한이 아니므로 권한의 침해가능성이 없다고 하여 제기가능성을 부정하고 기관위임사수행에 관한 권한침해를 주장하면서 청구해오면 각하결정을 한다(헌법재판, 권한쟁의심판 부분 참조). 그동안 헌재는 ① 도시계획사업실시계획인가사무,[2] ② 지적공부의 등록·비치·보관·보존 등 등록관련의 집행행위,[3] ③ '국가하천(4대강)의 유지·보수',[4] ④ 국가공무원인 교육장 등에 대한 징계사

---

1) 대법원 1994.12.9. 94다3887.

2) 헌재 1999.7.22. 98헌라4, 판례집 11-2, 51. [판시] 지방자치단체는 헌법 또는 법률에 의하여 부여받은 그의 권한, 즉 지방자치단체의 사무에 관한 권한이 침해되거나 침해될 우려가 있는 때에 한하여 권한쟁의심판을 청구할 수 있다고 할 것인데, 도시계획사업실시계획인가사무는 건설교통부장관으로부터 시·도지사에게 위임되었고, 다시 시장·군수에게 재위임된 기관위임사무로서 국가사무라고 할 것이므로, 청구인의 이 사건 심판청구 중 도시계획사업실시계획인가처분에 대한 부분은 지방자치단체의 권한에 속하지 아니하는 사무에 관한 것으로서 부적법하다고 할 것이다.

3) 헌재 2004.9.23. 2000헌라2, 판례집 16-2상, 404. [사안] 평택시장이 매립으로 새로인 생긴 제방을 자신의 토지대장에 등록한 것을 당진군이 자치권침해를 이유로 말소해달라고 요구하였으나 거부한 행위를 둘러싼 권한쟁의사건. [판시] 지적법은 토지대장 등 지적공부에의 등록을 국가사무(제3조 제1항)로 규정하고, 지적공부의 등록·비치·보관·보존 등 집행행위를 소관청인 시장(구를 두는 특별시·광역시 및 시에 있어서는 구청장)·군수가 담당하도록 규정하고 있다(제2조 제2호, 제3조 제2항, 제8조 제1항 등 참조). 이와 같이 지적공부에의 등록과 관련된 국가사무가 법률 그 자체에 의해서 시장·군수에게 지정되어 있으므로, 지적공부의 등록·비치·보관·보존 등 등록관련의 집행행위는 기관위임사무에 속하고, 지적공부의 등록사무를 관장하는 소관청인 시장·군수는 그 권한과 관련하여서는 국가기관으로서의 지위를 갖는다고 할 것이다. 결국 지방자치단체인 청구인 당진군이 국가사무인 지적공부의 등록사무에 관한 권한의 존부 및 범위에 관하여 다투고 있는 청구인의 피청구인 평택시장에 대한 심판청구는 지방자치단체인 청구인의 권한에 속하지 아니하는 사무에 관한 권한쟁의심판청구라고 할 것이고, 따라서 청구인이 헌법 또는 법률에 의하여 부여받은 권한을 침해받은 경우라고 할 수 없다. * 동지 : 헌재 2008.12.26. 2005헌라11. * 비슷한 취지의 헌재 2011.9.29. 2009헌라3 참조. 2009헌라3 결정에서 헌재는 "이 사건 계쟁지역에서의 토지등록 및 지번 부여에 관한 사무 역시 국가사무로서 인천광역시장에게 위임된 기관위임사무로 볼 것이다. … 그리고 이 사건 계쟁지역의 지번 부여 및 토지등록에 관한 사무는 인천광역시장이 피청구인 인천광역시의 집행기관으로서가 아니라 국가기관으로서 담당하는 사무이므로 피청구인 인천광역시는 인천광역시장의 토지등록 처분에 대하여 법적 책임을 지는 자에 해당하지 아니하므로 이 사건 심판청구의 피청구인적격 또한 갖추지 못하였다"라고 판시하는데 국가사무의 경우에 국가기관으로서 지방자치단체장이 피청구인이 되 경우도 있는바(예를 들어 바로 위에서 본 결정인 98헌라4결정에서 행정심판수행 경기도지사의 경우(지금은 도지사가 행정심판결정기관은 아님. 당시의 경우임. 그리고 현재 권한쟁의심판은 지방자치단체들 간만이 아니라 국가기관과 지방자치단체 간의 심판도 행해지므로)) 국가사무인 기관위임사무이므로 대상이 안 된다는 판시로 그쳤어야 한다. 불필요한 사족이기도 하다. 또 거의 같은 성격의 사안들로서 같은 일자에 내려진 결정들에서 기관위임사무라고 본 다음 "권한을 침해받은 경우에 해당한다고 할 수 없어서"라고 판시한 예

무[1]) 등에 대해 국가로부터의 기관위임사무라고 판단한 바 있다.

Ⅴ. 사무처리의 기본원칙

지방자치법에 명시된 원칙을 보면(동법 제8조), ⅰ) 주민복리원칙 – 지방자치단체는 그 사무를 처리할 때 주민의 편의와 복리증진을 위하여 노력하여야 한다. ⅱ) 적정성원칙 – 지방자치단체는 조직과 운영을 합리적으로 하고 그 규모를 적정하게 유지하여야 한다. ⅲ) 적법성원칙 – 지방자치단체는 법령이나 광역 지방자치단체의 조례를 위반하여 그 사무를 처리할 수 없다.

제3항 자치입법권

Ⅰ. 자치입법권의 개념과 범위

자치입법권이란 지방자치단체가 주민의 복리를 구현하기 위한 사무를 수행하는 데 적용되는 법규범을 지방자치단체의 의회나 그 장이 자율적으로 정할 수 있는 권한을 의미한다. 헌

가 있다(2009헌라4 결정, 2009헌라5 결정).

4) 헌재 2011.8.30. 2011헌라1. [판시] '국가하천의 유지 · 보수'는 사무수행의 편의와 능률 그리고 지방자치단체가 담당하는 업무와의 연관성을 고려해 국가가 지방자치단체의 장에게 위임한 기관위임사무에 불과하여 '낙동강 유지 · 보수' 권한 역시 법령의 의할 때 기본적으로 '국가사무'일 뿐 지방자치단체인 청구인의 권한이라고 할 수 없다. 그러므로 이와 같이 헌법과 법률에 의하여 지방자치단체에게 부여된 권한이 아닌 것을 자신의 권한인 자치사무라고 주장하면서 제기한 권한쟁의심판청구는 '청구인의 권한'이 침해될 개연성이 전혀 없어 부적법하다. 결국, 청구인이 이 사건 청구에서 다투는 사유는 피청구인이 국가사무의 일부인 낙동강 사업에 대한 시행권을 이 사건 대행계약을 통하여 청구인에게 대행시켰다가 위 계약을 해제하고 사업시행권을 회수해 간 것이 부당하다는 취지에 불과하므로, 이와 같은 문제는 공법상 계약에 의하여 당사자인 청구인과 피청구인에게 귀속된 권리 · 의무가 이 사건 대행계약에 의하여 유효하게 해제되었는지를 둘러싼 공법상 법률관계에 관한 다툼에 불과할 뿐, 헌법과 법률이 설정한 객관적 권한질서를 유지하기 위한 법적 수단으로서 권한쟁의심판이 대상으로 하는 '권한의 존부 또는 범위'에 관한 다툼은 아니라 할 것이다.

1) 헌재 2013.12.26. 2012헌라3, 2013헌라1(병합). [결정요지] 국가공무원법 등 관계 법령에 의하면 교육감 소속 교육장 등은 모두 국가공무원이고, 그 임용권자는 대통령 내지 교육부장관인 점, 국가공무원의 임용 등 신분에 관한 사항이 해당 지방자치단체의 특성을 반영하여 각기 다르게 처리된다면 국가공무원이라는 본래의 신분적 의미는 상당 부분 몰각될 수 있는 점 등에 비추어 보면, 국가공무원인 교육장 등에 대한 징계사무는 국가사무라고 보아야 한다. 또한 구 교육공무원법령 등에 따라 교육감 소속 장학관 등의 임용권은 대통령 내지 교육부장관으로부터 교육감에게 위임되어 있고, 교육공무원법상 '임용'은 직위해제, 정직, 해임, 파면까지 포함하고 있는 점 등에 비추어 보면, 교육감 소속 교육장 등에 대한 징계의결요구 내지 그 신청사무 또한 징계사무의 일부로서 대통령, 교육부장관으로부터 교육감에게 위임된 국가위임사무이다. 그렇다면 국가사무인 교육장 등에 대한 징계사무에 관하여 지방자치단체가 청구한 이 사건 권한쟁의심판청구는, 지방자치단체의 권한에 속하지 아니하는 사무에 관한 심판청구로서 청구인들의 권한이 침해되거나 침해될 현저한 위험이 있다고 볼 수 없으므로 부적법하다.

법 제117조 제1항이 "지방자치단체는 … 자치에 관한 규정을 제정할 수 있다"라고 규정하고 있는데 자치에 관한 규정이 그것이다. 자치입법에는 지방의회가 제정하는 조례와 지방자치단체의 장이 제정하는 규칙이 있다. 지방교육자치에 관한 법률에 의해 교육감이 제정하는 교육규칙(동법 제25조)도 있다. 이하에서 주로 조례제정권을 중심으로 살펴본다.

Ⅱ. 조례제정권

1. 조례의 개념과 의미

조례란 지방자치단체가 자신의 사무에 관하여 제정하는 자치적인 법을 의미한다. 조례가 법규범이며 자치적인 사무의 원칙을 정하는 법규범이라는 점에서 자치활동을 뒷받침하는 중요한 토대가 된다는 의미를 가지고 그 점에서 중요하다. 현행 헌법 제117조는 자치에 관한 규정이라고 하고 있고 '조례'라는 말이 헌법에 직접 기재되어 있지는 않으나 조례가 자치에 관한 규정의 대표적인 것으로 그것에 포함된다. 현행 지방자치법 제22조 본문은 "지방자치단체는 법령의 범위 안에서 그 사무에 관하여 조례를 제정할 수 있다"라고 규정하고 있다. 조례는 지방의회의 의결을 통해 제정된다.

2. 조례의 법적 성격

조례가 법률인가 아니면 명령인가 아니면 독자적 법규범인가 등의 견해가 있다. 독자적 자치적 법규라고 볼 것이다.

Ⅲ. 조례제정의 범위

1. 사무에 따른 범위

지방의 자치성을 구현하고 지방자치단체의 업무를 법적으로 보장하는 데 있어서 핵심적인 권한이 바로 조례제정권이라고 할 것이다. 조례가 지방자치단체의 업무를 뒷받침한다는 점에서 조례가 제정되는 범위도 따라서 지방자치단체 자체에 속하는 사무를 대상으로 그것에 관한 내용을 가지는 것이어야 함은 물론이다. 그런데 지방자치법 제15조 본문은 "지방자치단체는 법령의 범위 안에서 그 사무에 관하여 조례를 제정할 수 있다"라고 규정하고 있어서 조례제정의 대상을 자치사무만으로 명시하고 있지는 않다. 우리 대법원 판례는 위임사무 중 단체위임사무는 조례의 대상으로 보아 자치사무와 단체위임사무를 조례의 대상이라고 하고 기관위임사무는 조례의 제정대상에서 제외하고 있다.[1] 다만, 대법원은 기관위임사무에 대해서도 개별 법령이 일정한 사항을 조례로 정하도록 위임한 경우에는 조례로 정할 수 있다고 본다.[2] 결국 조례가 제정될 수 있는 범위는 자치사무, 단체위임사무이다(법률의 위임이 있는 경우에는 기관위임사무도 해당될 수 있음).

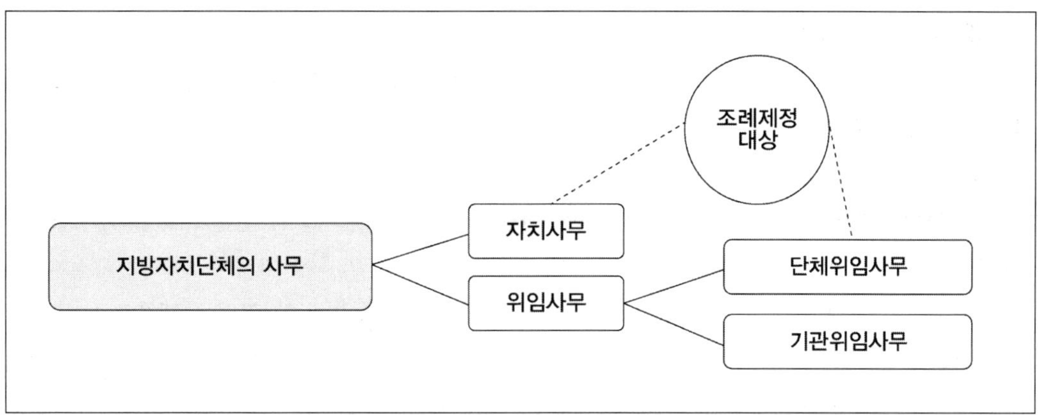

▌조례제정 범위 도해

2. 내용에 따른 종류구분

지방자치단체의 일반적인 사무를 위한 조례, 주민의 권리보호를 위한 조례, 재정부담부 조례 등을 볼 수 있다. 지방자치단체의 장이 예산상 또는 기금상의 조치를 수반하는 의안을 발의할 경우에는 그 의안의 시행에 수반될 것으로 예상되는 비용에 대한 추계서와 이에 상응하는 재원조달방안에 관한 자료를 의안에 첨부하여야 한다(동법 제66조의3 1항). 이에 따른 비용에 대한 추계 및 재원조달방안에 대한 자료의 작성 및 제출절차 등에 관하여 필요한 사항은 해당 지방자치단체의 조례로 정한다(동법 동조 2항).

Ⅳ. 조례제정권의 한계

1. 법률유보의 문제

주민의 권리나 자유를 제한하거나 의무를 부과하는 불이익한 작용은 조례가 법률의 위임이 있어야 정할 수 있고 스스로 정할 수 없는지 아니면 법률의 위임 없이 스스로 정할 수 있는지 하는 법률유보의 문제가 있다.

1) 대법원 1992.7.28. 92추31; 1999.4.13. 98추40; 1999.9.17. 99추30 등 참조.
2) 대법원 1999.9.17. 99추30 참조.

(1) 현행 지방자치법 규정

지방자치법 제22조 단서는 "주민의 권리 제한 또는 의무 부과에 관한 사항이나 벌칙을 정할 때에는 법률의 위임이 있어야 한다"라고 하여 긍정하고 있다.

(2) 유보 긍정 여부(합헌 여부)

이처럼 지방자치법 제22조 단서는 긍정설에 입각하고 있는데 이 학설은 갈리고 있고 판례는 긍정설을 취하고 있다.

1) 학설

학설로는 합헌설(긍정설), 부정설(위헌설), 절충설이 대립되고 있다. 합헌설(긍정설)은 조례도 적어도 권리제한, 의무부과와 같은 불이익한 사항은 국민의 의사에 따라야 하므로 법률이 위임을 해주어야 한다고 보고 우리 헌법 제37조 제2항이 국민의 자유와 권리는 법률로써 제한할 수 있으므로 조례로는 제한할 수 없으므로 법률의 위임(근거)이 필요하다는 견해이다. 부정설(위헌설)은 조례제정권이 지방자치단체의 고유한 권한이라는 점을 들어 법률의 근거가 없더라도 조례가 제정될 수 있다고 보고 위 단서조항은 헌법 제117조가 법령의 범위 안에서 자치규정을 정하도록 한 것에 비추어 볼 때 법령의 범위 안에서를 너무 넓게 보아 법률의 위임이 있어야 하도록 하므로 자치입법권을 과도하게 제한한다는 견해이다. 절충설은 법령이 직접적인 규정을 두면 조례가 그 내용과 충돌되는 규정을 할 수 없고 법령이 없으면 법령의 위임이 없더라도 조례 스스로 규정을 할 수 있다고 해석되므로 결국 헌법합치적 해석이 가능하여 문제가 없다고 보는 입장이다.

생각건대 지방자치의 구현이 조례를 통해 이루어지는 부분이 많다는 점에서 법률유보의 제약을 완화하는 것이 바람직하다. 아래에서 보는 대로 포괄위임을 허용하는 판례경향도 그런 방향에 서 있다고 할 것이다.

2) 헌재, 대법원의 판례 - 법률유보긍정설, 포괄위임인정

우리나라의 헌법재판소나 대법원은 법률유보가 필요하다고(합헌설) 긍정한다. 다만, 조례에 대한 법률의 위임은 법규명령에 대한 법률의 위임과 같이 반드시 구체적으로 범위를 정하여 할 필요가 없으며 포괄적인 것으로 족하다고 한다. 헌재는 포괄적 위임을 허용하는 논거를 다음과 같이 설시한다. 즉 헌재는 아래의 부천시 담배자동판매기설치 금지조례에 대한 결정에서 조례의 제정권자인 지방의회는 선거를 통해서 그 지역적인 민주적 정당성을 지니고 있는 주민의 대표기관이고, 헌법이 지방자치단체에 대해 포괄적인 자치권을 보장하고 있는 취지로 볼 때 조례제정권에 대한 지나친 제약은 바람직하지 않기 때문이라는 것이다.

판례 부천시 담배자동판매기설치 금지조례 제4조 등 위헌확인,
강남구 담배자동판매기설치 금지조례 제4조 등 위헌확인.
헌재 1995.4.20. 92헌마264 · 279(병합), 판례집 7-1, 564면

중요판례사항

▷ 주민의 권리침해에 관한 조례의 경우 : 주민의 권리의무에 관한 사항을 규율하는 조례를 제정함에 있어서는 법률의 위임이 필요
▷ 다만, 조례에 대한 법률의 위임은 반드시 구체적으로 범위를 정하여 할 필요가 없으며 포괄적인 것으로 족함

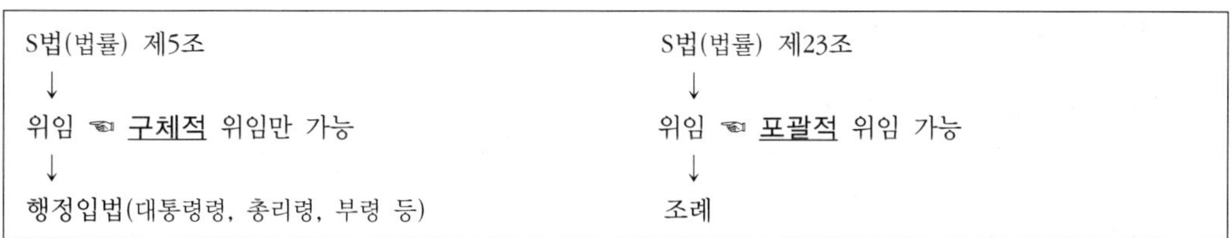

▌조례 위임과 행정입법 위임의 대조예

(3) 공법인 정관에의 위임에서의 동지(同旨)의 법리

1) 법리

헌재는 공법인(公法人)의 정관(定款)에 대한 위임의 경우에도 같은 법리가 적용된다고 본다.

판례 농업기반공사및농지기금관리법 부칙 제6조 단서 위헌확인, 헌재 2001.4.26. 2000헌마122, 기각결정
[관련설시] 헌법재판소는 조례의 경우, 조례의 제정권자인 지방의회는 선거를 통해서 그 지역적인 민주적 정당성을 지니고 있는 주민의 대표기관이고 헌법이 지방자치단체에 포괄적인 자치권을 보장하고 있는 취지로 볼 때, 조례에 대한 법률의 위임은 법규명령에 대한 법률의 위임과 같이 반드시 구체적으로 범위를 정하여 할 필요가 없으며 포괄적인 것으로 족하다(헌재 1995.4. 20. 92헌마264등, 판례집 7-1, 564, 572)고 판단한 바 있는데, 법률이 공법상의 법인의 정관에 위임한 경우에도 그것이 그 법인의 자치적인 규율 사항이라고 보는 한 같은 법리가 적용된다고 할 수 있다.

2) 한계설정 법리

헌재가 정관에 자치법적 사항을 위임한 경우에는 헌법상의 포괄위임입법금지의 원칙이 원칙적으로 적용되지 않는다고 보지만, 다만, 한계를 두고 있다. 즉 "그러나 공법적 기관의 정관 규율사항이라도 그러한 정관의 제정주체가 사실상 행정부에 해당하거나, 기타 권력분립의 원칙에서 엄격한 위임입법의 한계가 준수될 필요가 있는 경우에는 헌법 제75조, 제95조의 포괄위임입법금지 원칙이 적용되어야 할 것이다"라고 한다. 또한 의회유보원칙도 적용된다고 한다(헌재 2001.4.26. 2000헌마122).

(4) 벌칙사항의 위임의 경우

법률이 조례에 포괄위임할 수 있다는 이러한 법리가 법률이 형사처벌규정을 위임할 때에도 적용되는가 하는 의문이 있다. 헌재는 부정적으로 보는 것으로 이해된다. 지방공무원법 제58조 제1항은 공무원은 노동운동 기타 공무 이외의 일을 위한 집단행위를 하여서는 아니 되고

다만, 사실상 노무에 종사하는 공무원은 그러하지 아니하다고 규정하고 있고 동조 제2항은 그 사실상 노무에 종사하는 공무원의 범위는 조례로 정한다고 규정하면서 동법 제83조는 이 제58조의 규정에 위반한 자는 처벌되도록 규정하고 있다. 그렇다면 사실상 노무에 종사하는 공무원인지 여부가 구성요건 여부를 이루는데 그 처벌사항을 조례에 위임한 것이 된다. 이 규정에 대한 위헌소원심판사건에서 헌재는 아래에 보듯이 예측가능성이론을 적용하여 법률이 대통령령 등 행정입법에 벌칙을 위임하는 경우와 마찬가지로 다루었다.

판례 헌재 2005.10.27. 2003헌바50

[판시] 형벌법규의 위임을 하기 위하여는 특히 긴급한 필요가 있거나 미리 법률로써 자세히 정할 수 없는 부득이한 사정이 있는 경우에 한정되어야 하며, 이러한 경우에도 법률에서 범죄의 구성요건은 처벌대상행위가 어떠한 것일 것이라고 예측할 수 있을 정도로 구체적으로 규정하여야 하되, 위임입법의 위와 같은 예측가능성의 유무를 판단함에 있어서는 당해 특정 조항 하나만을 가지고 판단할 것이 아니고 관련 법조항 전체를 유기적·체계적으로 종합하여 판단하여야 한다. 이 사건 법률 제58조 제1항에서는 노동운동을 하면 형사처벌을 받는 공무원과 그렇지 않은 공무원을 명확히 구분하고 있고, 같은 조 제2항에서 형사처벌에서 제외되는 공무원을 조례에 위임하고 있는 바, 이에 해당하는 공무원을 각각의 지방자치단체의 특수한 사정을 감안하지 아니하고 법률에서 일일이 정하는 것은 곤란한 일이므로 미리 법률로써 자세히 정할 수 없는 부득이한 사정이 있는 경우에 해당한다 할 것이다. 한편, '사실상 노무에 종사하는 공무원'은 앞에서 설시한 바와 같이 그 의미가 명확하여 달리 해석될 여지가 없어 하위법령에서 원래의 취지와 다른 규정을 둘 수는 없음이 명백하고, 이 사건 법률 제58조 제2항에서 위임하는 사항은 사실상 노무에 종사하는 공무원의 '범위'임이 분명하다. 그렇다면, 이 사건 법률 제58조 제2항에서 위임되어 조례에 규정될 내용의 대강을 예측할 수 있다 할 것이므로, 위임입법의 한계를 일탈하였다고 할 수 없다.

(5) 과태료의 경우

지방자치단체도 자신의 행정상 목표를 위한 행정작용의 실효성을 가지도록 그 위반에 대한 제재가 필요하다. 그 제재로 과태료가 있다, 문제는 지방자치단체가 법률근거 없이 과태료를 부과할 수 있는가 하는 것이다. 현행 지방자치법은 지방자치단체는 조례를 위반한 행위에 대하여 조례로써 1천만원 이하의 과태료를 정할 수 있다고 규정하고 있다(동법 제27조 1항). 따라서 1천만원을 초과하는 과태료를 조례가 정하기 위해서는 법률의 근거가 필요하다.

2. 자치규정권의 한계로서의 '법령의 범위 안에서'의 제정

(1) 헌법 제117조 제1항의 '법령의 범위 안에서'의 '법령'의 개념과 범위

1) 국내법

(가) 헌법, 법률, 법규명령

헌법 제117조 제1항 후문은 "법령의 범위 안에서 자치에 관한 규정을 제정할 수 있다"라고 규정하여 자치규정제정권의 한계를 설정하고 있다. 지방자치법 제22조 본문도 "지방자치단체는 법령의 범위 안에서 그 사무에 관하여 조례를 제정할 수 있다"라고 규정하고 있다. 여기서의 '법령'이란 헌법과 법률은 물론 포함이 되고 법규명령도 포함된다고 본다.

(나) 법령보충규칙의 포함

행정규칙의 문제가 있는데 우리 헌법재판소는 아래의 결정에서 '법규명령으로서 기능하는 행정규칙'도 포함된다고 보고 이러한 행정규칙은 제정형식은 비록 고시, 훈령, 예규 등과 같은 행정규칙이더라도, "그것이 상위법령의 위임한계를 벗어나지 아니하는 한, 상위법령과 결합하여 대외적인 구속력을 갖는 법규명령으로서 기능하게" 되는 행정규칙을 말한다고 본다. 이러한 법리를 표명한 헌재결정은 공무원의 시간외근무수당의 지급기준 · 지급방법 등에 관하여 필요한 사항은 행정자치부장관의 지침(훈령이 아니라)이 정하는 범위에 따라 지방자치단체장이 정하도록 한 대통령령 규정 제정행위가 지방자치단체로서 강남구의 자치입법권, 인적고권 및 재정고권의 헌법상의 지방자치권한을 침해하였다고 제기된 권한쟁의심판사건에서였다.

판례 헌재 2002.10.31. 2001헌라1

[판시사항]

1. 헌법 제117조 제1항이 보장하는 지방자치권한의 내용과 한계
2. 헌법 제117조 제1항에서 규정하고 있는 '법령'의 의미
3. 시간외근무수당의 지급기준 · 지급방법 등에 관하여 필요한 사항은 행정자치부장관이 정하는 범위 안에서 지방자치단체의 장이 정하도록 규정하고 있는 지방공무원수당등에관한규정 제15조 제4항(이하 '문제조항'이라 한다)이 헌법 제117조 제1항에 위반되는지 여부(소극)
4. 법률에서 위임받은 것을 재위임하는 것의 한계
5. 문제조항이 재위임의 한계를 일탈한 것인지 여부(소극)
6. 문제조항이 청구인의 헌법상 자치권한을 본질적으로 침해한 것인지 여부(소극)
7. 지방자치법 제9조 제2항 제1호 마목 및 사목에서 규정하는 자치권한의 내용과 한계
8. 문제조항이 청구인의 위 지방자치법상 자치권한을 침해한 것인지 여부(소극)

[결정요지]

1. 헌법 제117조 제1항은 "지방자치단체는 주민의 복리에 관한 사무를 처리하고 재산을 관리하며, 법령의 범위안에서 자치에 관한 규정을 제정할 수 있다"고 규정하여 지방자치제도의 보장과 지방자치단체의 자치권을 규정하고 있다. 헌법이 규정하는 이러한 자치권 가운데에는 자치에 관한 규정을 스스로 제정할 수 있는 자치입법권은 물론이고 그밖에 그 소속 공무원에 대한 인사와 처우를 스스로 결정하고 이에 관련된 예산을 스스로 편성하여 집행하는 권한이 성질상 당연히 포함된다. 다만, 이러한 헌법상의 자치권의 범위는 법령에 의하여 형성되고 제한된다. 헌법도 제117조 제1항에서 법령의 범위 안에서 자치에 관한 규정을 제정할 수 있다고 하였고 제 118조 제2항에서 지방자치단체의 조직과 운영에 관한 사항은 법률로 정한다고 규정하고 있다.
2. 헌법 제117조 제1항에서 규정하고 있는 '법령'에 법률 이외에 헌법 제75조 및 제95조 등에 의거한 '대통령령', '총리령' 및 '부령'과 같은 법규명령이 포함되는 것은 물론이지만, 헌법재판소의 "법령의 직접적인 위임에 따라 수임행정기관이 그 법령을 시행하는데 필요한 구체적 사항을 정한 것이면, 그 제정형식은 비록 법규명령이 아닌 고시, 훈령, 예규 등과 같은 행정규칙이더라도, 그것이 상위법령의 위임한계를 벗어나지 아니하는 한, 상위법령과 결합하여 대외적인 구속력을 갖는 법규명령으로서 기능하게 된다고 보아야 한다"고 판시 한 바에 따라, 헌법 제117조 제1항에서 규정하는 '법령'에는 법규명령으로

서 기능하는 행정규칙이 포함된다.
3. 문제조항에서 말하는 '행정자치부장관이 정하는 범위'라는 것은 '법규명령으로 기능하는 행정규칙에 의하여 정하여지는 범위'를 가리키는 것이고 법규명령이 아닌 단순한 행정규칙에 의하여 정하여지는 것은 이에 포함되지 않는다고 해석되므로 문제조항은 헌법 제117조 제1항에 위반되는 것이 아니다.
4. 법률에서 위임받은 사항을 전혀 규정하지 않고 모두 재위임하는 것은 '위임받은 권한을 그대로 다시 위임할 수 없다'는 복위임금지의 법리에 반할 뿐 아니라 수권법의 내용변경을 초래하는 것이 되고, 대통령령 이외의 법규명령의 제정·개정절차가 대통령령에 비하여 보다 용이한 점을 고려할 때 하위의 법규명령에 대한 재위임의 경우에도 대통령령에의 위임에 가하여지는 헌법상의 제한이 마땅히 적용되어야 할 것이다. 따라서 법률에서 위임받은 사항을 전혀 규정하지 아니하고 그대로 하위의 법규명령에 재위임하는 것은 허용되지 않으며 위임받은 사항에 관하여 대강(大綱)을 정하고 그 중의 특정사항을 범위를 정하여 하위의 법규명령에 다시 위임하는 경우에만 재위임이 허용된다.
5. 문제조항은 법률에서 위임받은 사항을 전면적으로 재위임한 것이 아니라 위임받은 사항의 대강을 규정한 다음 단지 그 세부사항의 범위만을 재위임한 것이므로 결코 재위임의 한계를 일탈한 것이 아니다.
6. 문제조항은 시간외근무수당의 대강을 스스로 정하면서 단지 그 지급기준·지급방법 등의 범위만을 행정자치부장관이 정하도록 하고 있을 뿐이므로 청구인은 그 한계내에서 자신의 자치입법권을 행사하여 시간외근무수당에 관한 구체적 사항을 자신의 규칙으로 직접 제정하고 이를 위하여 스스로 예산을 편성, 집행하고 또 이를 토대로 하여 관련된 인사문제를 결정할 수 있는 것이다. 또한 행정자치부장관이 정하게 되는 '범위'라는 것이, 지방자치단체장의 구체적인 결정권 행사의 여지를 전혀 남기지 않는 획일적인 기준을 의미하는 것으로 볼 근거는 전혀 없는 것이므로, 문제조항은 그 형식이나 내용면에서 결코 지방자치단체장의 규칙제정권, 인사권, 재정권 등을 부정하는 것이 아니므로 청구인의 헌법상 자치권한을 본질적으로 침해한다고 볼 수 없다.
7. 지방자치법 제9조 제2항 제1호 마목은 청구인에게 소속공무원의 인사·후생복지 및 교육에 관한 자치사무를 처리할 수 있는 권한을 부여하고 있고 여기의 '인사·후생복지'에는 보수와 수당의 지급이 포함된다고 볼 수 있다. 따라서 청구인은 지방자치법 제9조 제2항 제1호 마목에 근거하여 청구인 소속 지방공무원의 수당에 관한 지급기준, 금액, 절차, 방법 등을 구체화하는 규칙의 제정 및 시행에 관한 권한을 가진다. 또한 지방자치법 제9조 제2항 제1호 사목은 청구인에게 자치사무에 관한 예산의 편성·집행권한을 부여하고 있으므로 청구인은 위 법조항에 근거하여 그 소속 공무원의 수당에 관한 예산의 편성 및 집행권한을 가진다. 이러한 청구인의 권한들은 "지방자치단체는 법령의 범위안에서 자치에 관한 규정을 제정할 수 있다"고 한 헌법 제117조 제1항에 따라 그 내용과 범위가 법령에 의하여 확정된다.
8. 헌법 제117조 제1항은 "지방자치단체는 법령의 범위안에서 자치에 관한 규정을 제정할 수 있다"고 하여 법령의 규정이 지방자치단체의 자치입법권에 우선하고 있음을 명시하고 있거니와 여기서 말하는 '법령' 가운데에는 법규명령으로서 기능하는 행정규칙이 포함되는 것이므로 문제조항이 법규명령으로 기능하는 행정규칙에 의하여 청구인의 법률상의 권한을 제한하도록 한 것이라면, 그 제한이 지방자치의 본질을 침해하는 것이 아닌 한, 이는 청구인의 권한을 침해하는 것이 아니다. 그리고 문제조항에서 말하는 '행정자치부장관이 정하는 범위'라는 것은 '법규명령으로 기능하는 행정규칙에 의하여 정하여지는 범위'를 가리키는 것이고 법규명령이 아닌 단순한 행정규칙에 의하여 정하여지는 것은 이에 포함되지 않는다고 해석되므로 문제조항은 법규명령에 의한 자치권의 제한 이상을 의미하는 것이 아니므로, 청구인의 법률상 권한을 침해하는 것이 아니다.
* 동지 : 헌재 2002.10.31. 2002헌라2.

2) 국제조약과 조례

조례가 국내법에서 법령 하위에 있으므로 국제법과의 관계도 하위에 있게 된다. 현행 헌법 제6조는 "조약은 국내법적 효력을 가진다"라고 규정하고 있고 그 국내법에 대해 판례와 학설은 국회의 동의를 받은 경우에는 법률과 같은 효력, 국회동의가 없었던 국제협정은 명령과 같은 효력을 가진다. 그런데 우리 헌법 제117조는 "법령의 범위 안에서" 조례를 제정할 수 있다고 규정하므로 국회동의를 받지 않아 명령과 같은 효력을 가지는 국제협정에도 반하면 아니되므로 결국 국제법 전체에 대해 하위에 조례가 있게 된다. 이러한 현황은 개선되어야 한다.

대법원판례 **학교급식을 위해 국내 우수농산물을 사용하는 자에게 식재료나 구입비의 일부를 지원하는 것 등을 내용으로 하는 지방자치단체의 조례안이 '1994년 관세 및 무역에 관한 일반협정'(General Agreement on Tariffs and Trade 1994)에 위반되어 그 효력이 없다고 한 판결 : 대법원 2005.9. 9. 2004추10 판결, 전라북도학교급식조례재의결무효확인**

[판결요지] 1. 기초사실 – 갑 제1호증의 1 내지 갑 제5호증의 1, 2, 3, 갑 제6호증의 각 기재에 변론 전체의 취지를 종합하면 다음의 사실을 인정할 수 있다. 가.피고가 2003.10.30. 주문기재 조례안(이하 '이 사건 조례안'이라 한다)을 의결하여 원고에게 이송하고, 원고는 같은 해 11.14. 이 사건 조례안이 '1994년 관세 및 무역에 관한 일반협정'(General Agreement on Tariffs and Trade 1994, 이하 'GATT'라 한다) 제3조 제1항, 제4항 등에 위반된다는 이유로 피고에게 재의를 요구하였으나, 피고는 같은 해 12.16. 이 사건 조례안을 원안대로 재의결함으로써 이 사건 조례안은 확정되었다. 나. 이 사건 조례안은 먼저 전라북도에서 생산되는 우수 농수축산물과 이를 재료로 사용하는 가공식품을 '우수농산물'이라고 정의한 다음(제3조 제2항), 전라북도의 초·중·고등학교에서 실시하는 학교급식에 우수농산물을 사용하도록 지도·지원함으로써 급식의 안정성과 질을 높여 성장기 학생의 건전한 심신의 발달을 도모함은 물론 전통 식문화에 대한 이해의 증진과 식생활 개선 및 전라북도 지역 농산물의 소비촉진과 안정된 수급조절에 이바지함을 그 목적으로 하고(제1조), 이를 위하여 교육감은 안전하고 질 높은 학교급식을 위해 우선적으로 우수농산물을 사용하도록 하되(제6조 제1항), 도지사와 교육감은 학교급식에 우수농산물을 사용하는 지원대상자에게 식재료의 일부를 현물로 지급하거나 식재료 구입비의 일부를 지원하도록 하며(제4조 제2항, 제6조 제2, 3항), 지원금을 교부받은 지원대상자는 지원금을 지원교부결정 내용에 따라 우수농산물 구입에 사용하여야 하고(제9조), 교육감은 지원대상자가 지원금을 지원목적 외에 사용한 경우 즉시 그에 상응하는 조치를 취하는 등 지도·감독의무를 이행하도록 하는 것(제11조)을 주요 내용으로 하고 있다. 2. 본안전 항변에 대한 판단 – … 3. 본안에 대한 판단 [1] '1994년 관세 및 무역에 관한 일반협정'(General Agreement on Tariffs and Trade 1994, 이하 'GATT'라 한다)은 1994.12.16. 국회의 동의를 얻어 같은 달 23. 대통령의 비준을 거쳐 같은 달 30. 공포되고 1995.1.1. 시행된 조약인 '세계무역기구(WTO) 설립을 위한 마라케쉬협정'(Agreement Establishing the WTO)(조약 1265호)의 부속 협정(다자간 무역협정)이고, '정부조달에 관한 협정'(Agreement on Government Procurement, 이하 'AGP'라 한다)은 1994.12.16. 국회의 동의를 얻어 1997.1.3. 공포시행된 조약(조약 1363호, 복수국가간 무역협정)으로서 각

헌법 제6조 제1항에 의하여 국내법령과 동일한 효력을 가지므로 지방자치단체가 제정한 조례가 GATT나 AGP에 위반되는 경우에는 그 효력이 없다. [2] 특정 지방자치단체의 초·중·고등학교에서 실시하는 학교급식을 위해 위 지방자치단체에서 생산되는 우수 농수축산물과 이를 재료로 사용하는 가공식품(이하 '우수농산물'이라고 한다)을 우선적으로 사용하도록 하고 그러한 우수농산물을 사용하는 자를 선별하여 식재료나 식재료 구입비의 일부를 지원하며 지원을 받은 학교는 지원금을 반드시 우수농산물을 구입하는 데 사용하도록 하는 것을 내용으로 하는 위 지방자치단체의 조례안이 내국민대우원칙을 규정한 '1994년 관세 및 무역에 관한 일반협정'(General Agreement on Tariffs and Trade 1994)에 위반되어 그 효력이 없다.

(2) '법령의 범위 안에서'라는 한계의 의미 - 조례와 법령의 우열관계

1) '법령의 범위 안에서'의 의미

이는 법률에 조례가 적합하여야 하고 법률이 우위에 있음을 의미한다. 그런데 법률적합성, 법률우위가 구체적으로 무엇이냐 하는 문제로서 아래와 같은 문제가 여전히 남는다.

2) 문제의 소재

법령이 우위에 있다고 하더라도 법령이 정하고 있지 않은 사항, 그리고 정하고 있는 사항이라도 조례가 이에 대해 정할 수 있을 것인지 여부가 논의되는 것이다. 부정설과 긍정설로 나뉘나 법령이 정하지 않은 사항에 대해 조례가 제정될 수 없는 것은 아니고 법령이 정하고 있는 사항이라고 조례가 무조건 개입될 수 없는 것은 아니다. 아래에 보듯이 판례도 '법령의 범위 안'이라는 의미는 '법령에 위반되지 아니하는 범위 안'이라고 해석하여 법령이 정하고 있는 사항에 대해서도 조례개입의 여지를 두고 있다.

3) 판단기준

i) **법령의 내용에 명백히 반하는 조례** 이는 제정될 수 없다.

ii) **법령상 규정이 없는 사항** 이에 대해서는 조례가 정해질 수 있다(법령상 규정된 것 외의 사항을 조례가 정하는 경우, 이를 '추가조례'라 한다). 다만, 권리제한, 의무부과와 같은 기본권제한적인 내용인 경우에는 헌법 제37조 제2항이나, 지방자치법 제22조 단서에 따라 법률의 위임, 근거가 있어야 한다. 수익적인 작용도 재정적인 시행능력을 갖추어야 한다.

iii) **법령상 규정이 있는 경우** 이에 대해서는 다음과 같이 정리해 볼 수 있다.

① 법리 - 일단 그 추구하는 입법목적이 동일하여야 한다. 다음으로 법령이 이미 규정을 두고 있는 사항에 대해 조례가 규정을 둘 수 있는가 하는 문제에서 핵심은 일단은 조례가 법령상 요건보다 약화시킬 경우는 문제가 없다고 볼 것이나 그 요건을 보다 강화하는 조례(초과조례)가 허용될 것인가가 주 논의대상이다. ⓐ 이익적 사항 - 법령에 급부행정에 관한 사항이 이미 규정되고 있는데 이 사항에 대해 조례가 제정하려는 것은 가능하다. 그런데 이 경우도 두 가지로 나누어 볼 수 있다. 그 급부제공의 요건이 법령보다 완화되게 조례가 정하게 하는 것은 재정적 문제가 없다면 가능하다. 반대로 그 요건을 엄격히 조례가 정할 경우이다. 이익을 준다고 해서 법령이 정한 요건보다 엄격히 해도 되는 것은 아니고 그것은 오히려 침해효과를 가져오므로 이는 인정될 수 없을 것이다. 다만, 법령이 규정한 요건이 전국적인 최소기준을 설정한 것일 뿐이고 지방자치단체별로 실정에 맞도록 보다 엄격히 하는 것은 허용된다고 본다. ⓑ 침해적 사항 - 법령이 정하고 있는 사항이 침해적 사항인데 그 법령이 정하고 있는 내용보다 더 강한 침해를 조례가 정할 수는 없다. 다만, 전국적으로 제한의 최저기준을 정해두고 지방자치단체마다 그 실정에 맞도록 하려는 취지라면 이는 받아들일 수 있다는 것이다.

② 판례도 대체적으로 전국적 기준 설정, 지역적 실정 감안의 규율이라는 입장이다. 즉

"지방자치법 제15조에서 말하는 '법령의 범위 안'이라는 의미는 '법령에 위반되지 아니하는 범위 안'이라는 의미로 풀이되는 것으로서, 특정 사항에 관하여 국가 법령이 이미 존재할 경우에도 그 규정의 취지가 반드시 전국에 걸쳐 일률적인 규율을 하려는 것이 아니라 각 지방자치단체가 그 지방의 실정에 맞게 별도로 규율하는 것을 용인하고 있다고 해석될 때에는 조례가 국가 법령에서 정하지 아니하는 사항을 규정하고 있다고 하더라도 이를 들어 법령에 위반되는 것이라고 할 수가 없다"라고 한다.

대법원판례 대법원 2000.11.24. 2000추29. 동지 : 대법원 1997.4.25. 96추244([판결요지] 지방자치단체는 법령에 위반되지 아니하는 범위 내에서 그 사무에 관하여 조례를 제정할 수 있는 것이고, 조례가 규율하는 특정사항에 관하여 그것을 규율하는 국가의 법령이 이미 존재하는 경우에도 조례가 법령과 별도의 목적에 기하여 규율함을 의도하는 것으로서 그 적용에 의하여 법령의 규정이 의도하는 목적과 효과를 전혀 저해하는 바가 없는 때, 또는 양자가 동일한 목적에서 출발한 것이라고 할지라도 국가의 법령이 반드시 그 규정에 의하여 전국에 걸쳐 일률적으로 동일한 내용을 규율하려는 취지가 아니고 각 지방자치단체가 그 지방의 실정에 맞게 별도로 규율하는 것을 용인하는 취지라고 해석되는 때에는 그 조례가 국가의 법령에 위반되는 것은 아니다); 대법원 2006.10.12. 2006추38; 2007.12.13. 2006추52 등. 그 외 "법령에 위반되지 아니하는"으로 해석하는 또 다른 판례로, 대법원 2009.4.9. 2007추103 등 참조.

3. 광역 지방자치단체 조례의 적합성 한계

시·군 및 자치구의 조례는 시·도의 조례를 위반하여서는 아니 된다(동법 제24조).

V. 조례의 제정과 개정

1. 발의

조례안의 발의권은 의원과 지방자치단체의 장에게 부여되고 있다. 의원의 경우에는 일정한 찬성을 요한다. 즉 지방자치법은 지방의회에서 의결할 의안은 지방자치단체의 장이나 재적의원 5분의 1 이상 또는 의원 10명 이상의 연서로 발의한다(지방자치법 제66조 1항). 위원회도 그 직무에 속하는 사항에 관하여 의안을 제출할 수 있다(동법 동조 2항). 주민들이 직접 청구하는 주민발안의 하나로 조례의 제정과 개폐 청구 제도가 있다(동법 제15조. 이에 대해서는 뒤의 주민자치 부분 참조. 유의할 점은 이 청구의 상대방은 지방의회가 아니라 지방자치단체의 장이라는 점이다(동조 1항)).

2. 제정·개정 절차

(1) 제출

의원 및 위원회의 의안은 그 안을 갖추어 의장에게 제출하여야 한다(동법 제66조 3항).

(2) 조례안예고제도

지방의회는 심사대상인 조례안에 대하여 5일 이상의 기간을 정하여 그 취지, 주요 내용, 전문을 공보나 인터넷 홈페이지 등에 게재하는 방법으로 예고할 수 있다(동법 제66조의2 1항). 조례안예고의 방법, 절차, 그 밖에 필요한 사항은 회의규칙으로 정한다(동법 동조 2항).

(3) 의결

조례안도 일반적인 의결정족수의 규정의 적용을 받는다. 따라서 재적의원 과반수의 출석과 출석의원 과반수의 찬성으로 의결한다(동법 제64조 1항).

(4) 이송과 재의요구, 재의결, 대법원에의 제소

1) 이송

조례안이 지방의회에서 의결되면 의장은 의결된 날부터 5일 이내에 그 지방자치단체의 장에게 이를 이송하여야 한다(동법 제26조 1항). 조례를 제정하거나 개정하거나 폐지할 경우 지방의회에서 이송된 날부터 5일 이내에 시·도지사는 행정자치부장관에게, 시장·군수 및 자치구의 구청장은 시·도지사에게 그 전문(全文)을 첨부하여 각각 보고하여야 하며, 보고를 받은 행정자치부장관은 이를 관계 중앙행정기관의 장에게 통보하여야 한다(동법 제28조).

2) 재의요구와 재의결

지방자치단체의 장은 이송받은 조례안에 대하여 이의가 있으면 20일 이내 기간에 이유를 붙여 지방의회로 환부(還付)하고, 재의(再議)를 요구할 수 있다. 이 경우 지방자치단체의 장은 조례안의 일부에 대하여 또는 조례안을 수정하여 재의를 요구할 수 없다(동법 제26조 3항). 지방자치법 제26조 자체에는 재의요구의 사유가 규정되어 있지 않고 그냥 "이의가 있으면"이라고 규정되어 있다. 이 점이 일반의결에 대한 재의요구를 지방의회의 의결이 "월권이거나 법령에 위반되거나 공익을 현저히 해친다고 인정되면" 재의를 요구할 수 있다(동법 제107조 1항)고 한 점과 다르다. 지방자치단체의 장의 재의요구를 받은 지방의회가 재의에 부쳐 재적의원 과반수의 출석과 출석의원 3분의 2 이상의 찬성으로 전과 같은 의결을 하면 그 조례안은 조례로서 확정된다(동법 제26조 4항).

3) 지시에 의한 재의요구

조례에 대한 조문인 지방자치법 제26조에는 규정되어 있지 않으나 일반의결에 대한 조문인 제172조 제1항은 "지방의회의 의결이 법령에 위반되거나 공익을 현저히 해친다고 판단되면 시·도에 대하여는 주무부장관(* 둘 이상의 부처와 관련되거나 주무부장관이 불분명하면 행정자치부장관(동법 제172조 8항. 이하 같음 * 필자 주)이, 시·군 및 자치구에 대하여는 시·도지사가 재의를 요구하게 할 수 있고, 재의요구를 받은 지방자치단체의 장은 의결사항을 이송받은 날부터 20일 이내에 지방의회에 이유를 붙여 재의를 요구하여야 한다"라고 규정하고 있다. 재의요구를 받은 의회가 재의결하기 위한 정족수는 지방자치단체의 장이 지시없이 스스로 재의요구를 한 위 경우와 같다(즉 "재적의원 과반수의 출석과 출석의원 3분의 2 이상의 찬성").

주무부장관이나 시 · 도지사로부터 위 재의요구지시를 받은 지방자치단체의 장이 재의를 요구하지 아니하는 경우에는 주무부장관이나 시 · 도지사는 위 20일이 지난 날부터 7일 이내에 대법원에 직접 제소 및 집행정지결정을 신청할 수 있다.

4) 대법원 제소

지방의회의 재의결에 대해 대법원에 제소할 수 있다.

(가) 관할 법원과 제소사유

관할은 대법원만이다. 제소사유는 법조문상으로는 "법령에 위반된다"라고 인정(판단)되는 경우에 한한다. 재의요구사유는 그 외 "공익을 현저히 해친다"라는 사유도 있으나 제소사유로는 제외되어 있는 것이다. 그런데 "공익을 현저히 해한다는 것은 공익을 위한 법률인 지방자치법의 목적에 대한 현저한 침해를 뜻하는바" 법령위반과 동일하다는 견해도 있다.[1]

(나) 지방자치단체 장 자신의 제소와 지시에 의한 제소

① 지방자치단체 장 자신의 제소 조례의 재의결에 대한 대법원의 제소는 제26조에 규정되어 있지는 않으나 제107조에 의해 가능하다고 본다. 판례도 같은 입장이다. 즉 지방자치단체의 장은 재의결된 사항이 법령에 위반된다고 인정되면 대법원에 소를 제기할 수 있다(동법 제107조 3항). 이 경우에는 제172조 제3항을 준용한다. 즉 지방자치단체의 장은 재의결된 사항이 법령에 위반된다고 판단되면 재의결된 날부터 20일 이내에 대법원에 소를 제기할 수 있다. 이 경우 필요하다고 인정되면 그 의결의 집행을 정지하게 하는 집행정지결정을 신청할 수 있다(동법 제172조 3항).

② 제소지시에 위한 제소 주무부장관이나 시 · 도지사는 재의결된 사항이 법령에 위반된다고 판단됨에도 불구하고 해당 지방자치단체의 장이 소를 제기하지 아니하면 그 지방자치단체의 장에게 제소를 지시하거나 직접 제소 및 집행정지결정을 신청할 수 있다(동법 제172조 4항). 이 제소의 지시는 위 20일이 지난 날부터 7일 이내에 하고, 해당 지방자치단체의 장은 제소지시를 받은 날부터 7일 이내에 제소하여야 한다(동법 동조 5항). 주무부장관이나 시 · 도지사는 이 기간이 지난 날부터 7일 이내에 직접 제소할 수 있다(동법 동조 6항).

5) 재의요구지시에 따르지 않을 경우의 직접제소

주무부장관이나 시 · 도지사로부터 위 재의요구지시를 받은 지방자치단체의 장이 재의를 요구하지 아니하는 경우에는 주무부장관이나 시 · 도지사는 의결사항을 지방의회로부터 이송받은 날부터 20일이 지난 날부터 7일 이내에 대법원에 직접 제소 및 집행정지결정을 신청할 수 있다(동법 동조 7항).

---

1) 홍정선, 신지방자치법(제3판), 박영사(2015), 352면.

(5) 조례의 확정

조례안이 지방의회에서 의결되었다고 바로 조례로서 확정이 되는 것이 아니다. 일정한 변동사유가 나타날 수도 있기 때문이다. 조례로서 확정되는 경우는 다음과 같다. i) 지방자치단체의 장의 공포에 의한 확정 – 지방자치단체의 장은 조례안을 이송받으면 20일 이내에 공포하여야 하는데(동법 제26조 2항), 장이 이 20일 이내 조례로서 공포하면 확정된다. ii) 공포기간 도과에 의한 확정 – 장이 위 20일의 기간 내에 공포나 재의의 요구를 하지 아니하는 때에도 그 20일이 지나가면 조례로서 확정된다(동법 동조 5항). iii) 재의결에 따른 확정 – 위 재의요구 제도에서 본 대로 지방자치단체의 장의 재의요구에 지방의회가 전과 같은 의결을 하면 그 조례안은 조례로서 확정된다(동법 제26조 4항).

(6) 공포와 발효

1) 공포의 의미

조례로서 확정되었다고 하여 조례로서 효력을 바로 발생하는 것은 아니다. 바로 효력발생 요건인 공포의 절차를 마쳐야 효력이 발생한다.

2) 공포권자, 공포의 시한과 방법

공포권자는 지방자치단체의 장이다. 의회의 재의결이 된 경우에도 공포권자는 어디까지나 장이다. 그러나 지방의회 의장이 예외적으로 공포권자가 될 경우도 있다. i) 지방자치단체장 – 지방자치단체의 장은 조례안을 이송받으면 20일 이내에 공포하여야 한다(동법 제26조 2항). 지방자치단체의 장이 재의요구한 데 대해 의회가 재의결하여 확정된 때 또는 위 20일 이내에 공포하지 아니하거나 재의요구를 하지 아니하고 지나가 조례가 확정된 때에도 지방자치단체의 장은 지체 없이 공포하여야 한다(동법 동조 6항 전문). 이처럼 지방자치단체의 장이 조례를 공포한 때에는 즉시 해당 지방의회의 의장에게 통지하여야 한다(동법 제26조 7항). ii) 지방의회 의장 – 위와 같이 20일 도과로 확정된 후 또는 재의결에 따른 확정조례가 지방자치단체의 장에게 이송된 후 5일 이내에 지방자치단체의 장이 공포하지 아니하면 지방의회의 의장이 이를 공포한다(동법 제26조 6항 후문). 이렇게 지방의회의 의장이 조례를 공포한 때에는 이를 즉시 해당 지방자치단체의 장에게 통지하여야 한다(동법 제26조 7항 후문).

조례의 공포에 관하여 필요한 사항은 대통령령으로 정한다(동법 제26조 9항).

3) 조례의 발효

조례는 특별한 규정이 없으면 공포한 날부터 20일이 지나면 효력을 발생한다(동법 제26조 8항).

VI. 조례(안)에 대한 통제

1. 지방자치단체장 · 주무부장관 · 광역지방자치단체장에 의한 통제

(1) 재의요구, 재의요구지시, 대법원에의 제소, 제소지시

해당 지방자치단체장의 재의요구, 재의결시 대법원에의 제소, 주무부장관 · 광역지방자치단체의 장(시 · 도지사)에 의한 재의요구지시와 대법원에의 제소, 제소지시, 직접제소 등에 의해 통제가 이루어진다. 이러한 통제에 대해서는 위에서 살펴보았다(위 (4) 이송과 재의요구, 재의결, 대법원에의 제소 참조). 위 통제 중에 재의결 이후부터의 통제는 조례안이 아니라 조례에 대한 통제이다. 조례안은 재의결로 조례로서 확정되기 때문이다(동법 제26조 4항).

(2) 개별규정

개별 법률이 조례가 정하는 사항에 대해 행정안전부장관 등 주무부장관의 사전 허가, 승인을 받도록 하는 규정을 두어 조례에 대해 국가가 통제를 할 수도 있다. 아래 판례는 과세면제를 하기 위해 당시의 내부무장관의 허가를 사전에 받아 조례가 제정되도록 한 구 지방세법 규정에 대한 헌법소원심판결정인데 위와 같은 개별적 통제의 예를 보기 위해 인용한다.

– 과세면제의 조례제정에서의 행정자치부장관의 허가제도의 조례제정권 침해여부, 구 지방세법 제9조 위헌소원,

판례 헌재 1998.4.30. 96헌바62

[쟁점] 구 지방세법(1978.12.6. 법률 제3154호로 개정된 것) 제9조 중 "제7조 제1항의 규정에 의하여 지방자치단체가 과세면제를 하고자 할 때에는 내무부장관의 허가를 얻어 당해 지방자치단체의 조례로써 정하여야 한다"라는 규정은 조례제정권의 본질적 내용을 침해하여 헌법에 위반되는지 여부(합헌결정)(이 법률조항 중 "내무부장관"이라는 부분은 현재는 행정안전부를 말한다). [사건개요] 청구인(인천광역시의회)은 수도권신국제공항건설에 따라 토지를 수용당한 주민에 대하여 주민세를 면제해주는 내용의 인천광역시세감면조례중개정조례안(이하 "이 조례안"이라 한다)을 의결하여 인천광역시장에게 이송하고, 인천광역시장은 내무부장관에게 이 조례안개정허가신청을 하였다. 그러나 내무부장관은 이미 주민세가 과세된 다른 공공사업과 비교할 때 조세형평의 원칙에 어긋나고 국세인 양도소득세는 과세하면서 그에 부가하여 과세되는 주민세를 면제하는 것은 불합리하다는 이유로 불허가하였다. 인천광역시는 이 조례안에 대한 재의요구를 하고 청구인은 임시회 본회의에서 원안대로 재의결하였다. 이에 인천광역시장은 청구인을 상대로 대법원에 이 조례안은 내무부장관의 사전허가를 얻도록 한 지방세법 제9조 위반으로 위 재의결무효확인소송(96추22)을 제기하였다. 청구인은 지방세법 제9조에 대한 위헌여부심판제청신청을 하였으나 대법원이 기각하자 이 헌법소원심판청구를 하였다. [결정요지] 이 법률조항의 입법목적은 첫째, 조세평등주의 원칙을 구현함에 있다. 이 법률조항에서 과세면제 조례를 미리 내무부장관의 허가를 얻도록 한 것은 그 조례 내용이 조세법률주의와 조세평등주의 원칙에 어긋나지 아니하는지, 지역이기주의에 의한 자의적이고 불합리한 조례로서 법령에서 규정된 범위를 벗어난 것은 아닌지, 지방세법상 과세대상이 분명한데도 감면대상으로 한 것은 아닌지, 재판상 다투어질 경우 명확성과 합리성의 결여로 효력이 부정될 가능성은 없는지 등을 개별적 · 구체적으로 철저하게 검토하여 권한의

남용여부를 심사하고 나아가 전체적인 지방세법 체계와 조화를 유지할 수 있도록 하기 위한 제도적 장치로서의 역할을 하는 것이다. 둘째, 건전한 지방세제를 확립하고 지방재정의 적정한 운영을 도모하는 데 있다. 조세란 공공경비를 국민에게 강제적으로 배분하는 것으로서 납세의무자 상호간에는 조세의 轉嫁 관계가 있으므로 특정인이나 특정계층에 대하여 정당한 이유없이 면세, 감세 등의 조세우대조치를 하는 것은 다른 납세자에게 그만큼 과중한 부담을 안겨주는 결과가 된다. 결론적으로, 이 법률조항이 지방자치단체의 행정과 재정의 조정자로서의 책무와 역할을 맡고 있는 내무부장관의 허가를 받게 한 것은 지방자치단체의 합리성 없는 과세면제 남용을 억제하고 전국의 지방자치단체 상호간의 균형을 맞추게 함으로써 건전한 지방세제를 확립하고 안정된 지방재정의 운영에 기여하게 되는 것이다. 이상의 이유로 이 법률조항은 지방자치단체의 조례제정권의 본질적인 핵심영역을 침해한다고 볼 수 없고, 지방자치의 이념에 기초를 둔 합헌심사의 요건인 공익성과 필요성, 합리성을 모두 갖추고 있는 것이다. 그리고 지역주민의 재산권 침해면에서도 지역주민 일부에 대한 주민세의 면제라는 이익보다 조세평등주의와 지방세제의 확립·지방재정의 적정한 운영이라는 공익이 더 우선함이 명백하다.

2. 법원에 의한 통제

i) 기관소송 – 대법원은 앞서 본 재의결에 대한 행정소송(기관소송 등)을 통하여 통제할 수 있다(지방자치법 제107조, 제172조 등. 앞의 조례 제정절차의 이송, 재의요구, 재의결 부분 참조). 대법원에의 이 소송의 대상이 조례안인지 재의결인지가 논란된다. 동법 제107조 제3항, 제172조 제3, 4항은 "재의결된 사항이 법령에 위반"이라고 규정하여 재의결된 사항인 조례안이 대상이라고 볼 수도 있고 재의결이 대상이라고 볼 수도 있다. 판례는 재의결된 조례안의 위법 여부를 따지면서 위법하면 재의결도 무효라는 판시를 이유 부분에서 한 뒤 주문에서는 재의결이 효력이 없다(무효)고만 선고한다.[1] 이는 '조례안재의결무효확인'이 소송명이고 청구취지도 재의결의 무효를 구하는 것이기도 하다. ii) 법원의 취소소송 등에서 심사 – 각급법원, 대법원은 어느 처분에 대한 취소소송에서 그 처분의 근거가 된 조례가 헌법이나 법률, 명령에 위배되는지를 심사함으로써(헌법 제107조 2항의 정신) 조례에 대해 통제할 수 있는데 이 경우 조례가 헌법, 법률, 명령에 위배된다고 판단된 경우에 원칙적으로 적용거부에 그친다. 이는 바로 구체적인 어떤 취소소송이 있어서 그 소송에서 조례를 심사하는 구체적 규범통제인바 이 구체적 규범통제에서는 위법한 규범이 적용거부에 그친다고 보기 때문이다. 그러나 우리 행정소송법 제6조는 행정소송에 대한 대법원판결에 의하여 명령·규칙이 헌법 또는 법률에 위반된다는 것이 확정된 경우에는 대법원은 지체없이 그 사유를 행정안전부장관에게 통보하여야 하고 이에 따라 통보를 받은 행정안전부장관은 지체없이 이를 관보에 게재하여야 한다고 규정하고 있는데 여기서 명령·규칙만 제시되고 있지만 그 정신은 조례에도 해당된다면 적용거부에서 나아가 무효임을 알리게 되어 무효와 같은 효과가 있을 것이다. iii) 손해배상청구소송에서 선결심사 – 법원은 조례로 인한 손해발생에 대한 소송에서 손해를 발생시킨 어떤 처분 등 행정작용이 근거한 조례에 대해 선결문제로서 그 조례의 위법 여부에 대해 심사하게 된다.

---

1) 예를 들어 대법원 2004.6.11. 2004추41.

3. 헌법재판소에 의한 통제

i) **헌법소원심판을 통한 통제** 조례제정행위도 공권력작용인 입법작용이므로 헌법소원심판의 대상이 되는 공권력작용이다.[1)]

ii) **권한쟁의심판** 어느 지방자치단체의 조례가 다른 지방자치단체의 권한을 침해하는 경우에는 권한쟁의심판을 통해 그 조례안에 대해 다툴 수 있다. 대표적인 예로 서울특별시 강남구가 관악구를 상대로 동명을 둘러싸고 제기한 권한쟁의심판(비록 침해가능성이 없어 각하되긴 하였으나) 조례로 인한 권한쟁의심판이 청구된 아래와 같은 예가 있었다.

판례 헌재 2009.11.26. 2008헌라3

[판시사항] 피청구인(관악구)이 서울시의 동 통·폐합 및 기능개편계획에 따라 행정동을 통·폐합하면서 기존의 '봉천제1동'이라는 행정동(동주민센터) 명칭을 '보라매동'으로 변경하는 내용으로 조례를 개정한 것이 청구인(동작구)의 행정동 명칭에 관한 권한을 침해할 가능성이 있는지 여부(소극, 각하결정) [결정요지] 지방자치단체와 견련성이 인정되는 명칭이 거래시장에서 상표 등에 해당하여 상표법 또는 부정경쟁방지법 등에 의하여 구체적, 개별적으로 보호될 수 있는지의 여부는 별론으로 하고, 적어도 지방자치단체와 다른 지방자치단체의 관계에서 어느 지방자치단체가 특정한 행정동 명칭을 독점적·배타적으로 사용할 권한이 있다고 볼 수는 없으므로 위와 같은 조례의 개정으로 청구인의 행정동 명칭에 관한 권한이 침해될 가능성이 있다고 볼 수 없다. 동지 : 헌재 2009.11.26. 2008헌라4.

* 위에서 본 대법원의 기관소송과 바로 위에서 본 헌법재판소의 권한쟁의심판에 대해서는 앞서 비교하여 보았고 비교하는 도표도 작성하였다. 앞의 제4장 법원, 대법원관할 부분 등 참조.

4. 행정심판(중앙행정심판위원회)에 의한 통제 - 위법·불합리한 조례 개선 요청

행정심판에서 조례의 개정·폐지의 요청이 이루어질 수 있다. 이는 중앙행정심판위원회가 심리·재결할 때이다. 즉 행정심판법은 "중앙행정심판위원회는 심판청구를 심리·재결할 때에 처분 또는 부작위의 근거가 되는 조례·규칙이 법령에 근거가 없거나 상위 법령에 위배되거나 국민에게 과도한 부담을 주는 등 크게 불합리하면 관계 행정기관에 그 명령 등의 개정·폐지 등 적절한 시정조치를 요청할 수" 있고, "이 경우 중앙행정심판위원회는 시정조치를 요청한 사실을 법제처장에게 통보하여야 한다"라고 규정하고 있다(동법 제59조 1항). 이 요청은 구속력이 있는데 동법은 이 "요청을 받은 관계 행정기관은 정당한 사유가 없으면 이에 따라야 한다"라고 규정하고 있다(동법 동조 2항).

5. 주민에 의한 통제

이에 관한 제도로는 주민의 조례의 제정, 개폐의 청구를 주민이 할 수 있는 제도를 두고

---

1) "지방자치단체에서 제정하는 조례(Satzung)도 불특정다수인에 대해 구속력을 가지는 법규이므로 조례제정 행위도 입법작용의 일종이라고 보아 헌법소원의 대상이 된다"(헌재 1994.12.29. 92헌마216).

있다. 간접적으로는 주민이 위법하고 불합리한 조례를 제정한 지방의회의원들을 소환하는 방법이 있다(이에 대해서는 아래 주민자치제 부분을 참조). 주민은 조례로 인해 자신의 기본권이 침해된 경우에는 헌법재판소에 헌법소원심판을 청구하거나 법원의 행정소송을 통해 조례에 대한 심사가 이루어지도록 할 수 있다.

Ⅶ. 규칙제정권

1. 규칙의 개념과 범위

지방자치단체의 장은 법령이나 조례가 위임한 범위에서 그 권한에 속하는 사무에 관하여 규칙을 제정할 수 있다(동법 제23조).

2. 한계

시·군 및 자치구의 규칙은 시·도의 규칙을 위반하여서는 아니 된다(동법 제24조).

3. 절차 - 보고, 통보, 공포, 발효

규칙의 제·개정·폐지의 경우 공포예정 15일 전에 시·도지사는 행정안전부장관에게, 시장·군수 및 자치구의 구청장은 시·도지사에게 각각 보고하여야 하며, 보고를 받은 행정안전부장관은 이를 관계 중앙행정기관의 장에게 통보하여야 한다(동법 제28조). 규칙의 공포에 관하여 필요한 사항은 대통령령으로 정한다(동법 제26조 9항). 규칙은 특별한 규정이 없으면 공포한 날부터 20일이 지나면 효력을 발생한다(동법 동조 8항).

제4항 지방자치재정

Ⅰ. 개념과 중요성

지방자치단체의 사무를 위해 소요되는 재정이 지방자치재정이고 이를 가능한 한 스스로 확보하게 주어진 권한을 지방자치재정권이라고 한다. 주민의 복리를 위한 지방자치단체의 사무를 수행하기 위해서는 재정적인 지원이 확보되어야 한다. 이는 일상적인 지방행정에 소요되는 경비의 마련을 위해서도 당연한 것이다. 지방자치의 성공, 사활이 걸린 것이 재정확보인 것은 물론이다. 그래서 앞으로 지방자치단체에의 권한이양에서 재정적 권한이 중요하다.

Ⅱ. 헌법적 근거와 원칙

1. 헌법규정과 의의

헌법 제117조 제1항이 "지방자치단체는 … 재산을 관리하며 … "라고 규정하고 있고 이 재산관리가 재정의 관리를 징표한다.

지방자치가 제대로 작동되기 위해서는 그 활동을 뒷받침하는 재정이 자립적이고 충실히 확보되어야 한다. 이를 위해 국세와 지방세의 적정한 분할, 지방교부금의 확충, 그 이전에 지방경제의 육성을 위한 중앙정부의 노력이 필요하다. 지방자치단체로서는 효율성 있고 투명한 재정운용을 하여야 한다.

2. 재정운영원칙

현행 지방자치법과 지방재정법은 재정운영원칙을 명시하고 있다.

(1) 지방자치단체 의무에 관한 원칙

i) **건전재정의 운영** 수지균형원칙 – 지방자치단체는 그 재정을 수지균형의 원칙에 따라 건전하게 운영하여야 한다(동법 제122조 1항).

ii) **효율성원칙** 지방자치단체는 주민의 복리 증진을 위하여 그 재정을 건전하고 효율적으로 운용하여야 한다(지방재정법 제3조 1항 전문)

iii) **국가시책의 구현 노력의무** 지방자치단체는 국가시책을 달성하기 위하여 노력하여야 하는데 그것에 따라 국가시책을 달성하기 위하여 필요한 경비에 대한 국고보조율과 지방비부담률은 법령으로 정한다(동법 제123조).

iv) **국가정책부합 및 타 지자체 부당영향 금지** 지방자치단체는 국가의 정책에 반하거나 국가 또는 다른 지방자치단체의 재정에 부당한 영향을 미치게 하여서는 아니 된다(지방재정법 제3조 1항 후문).

v) **양성효과에 관한 의무** 지방자치단체는 예산이 여성과 남성에게 미치는 효과를 평가하고, 그 결과를 지방자치단체의 예산에 반영하기 위하여 노력하여야 한다(동법 동조 2항).

vi) **지방채무 및 지방채권의 관리** ① 지방자치단체의 장이나 지방자치단체조합은 따로 법률로 정하는 바에 따라 지방채를 발행할 수 있고, 지방자치단체의 장은 따로 법률로 정하는 바에 따라 지방자치단체의 채무부담의 원인이 될 계약의 체결이나 그 밖의 행위를 할 수 있다(지방자치법 제124조 1항 · 2항). ② 지방자치단체의 장은 공익을 위하여 필요하다고 인정하면 미리 지방의회의 의결을 받아 보증채무부담행위를 할 수 있다(동법 동조 3항). 지방자치단체는 조례나 계약에 의하지 아니하고는 그 채무의 이행을 지체할 수 없고, 법령이나 조례의 규정에 따르거나 지방의회의 의결을 받지 아니하고는 채권에 관하여 채무를 면제하거나 그 효력을 변경할 수 없다(동법 동조 4항·5항).

vii) **성과 중심의 지방재정 운용** 지방자치단체의 장은 재정활동의 성과관리체계를 구축하여야 한다(지방재정법 제5조 1항).

viii) **회계연도 독립원칙** 지방자치단체의 각 회계연도(매년 1월 1일-12월 31일)의 경비는 해당 연도의 세입으로 충당하여야 한다(동법 제6조 1항, 제7조 1항).

ix) **재정공개** 지방자치단체의 장은 예산 또는 결산의 확정 또는 승인 후 2개월 이내에 예산서와 결산서를 기준으로 1. 세입·세출예산의 운용상황, 2. 재무제표, 3. 채권관리 현황, 4. 기금운용 현황, 5. 공유재산의 증감 및 현재액 등의 사항을 주민에게 공시하여야 한다(지방재정법 제60조 1항).

(2) 국가의무에 관한 원칙

i) **국가의 지방재정의 자주성·건전운영 조장 의무** 국가는 지방재정의 자주성과 건전한 운영을 조장하여야 한다(지방자치법 동조 2항 전문).

ii) **국가부담 전가금지** 국가는 국가의 부담을 지방자치단체에 넘겨서는 아니 되고, 1. 「정부조직법」과 다른 법률에 의하여 설치된 국가행정기관 및 그 소속 기관, 2. 「공공기관의 운영에 관한 법률」 제4조에 따른 법인·단체 또는 기관, 3. 국가가 출자·출연한 기관, 4. 국가가 설립·조성·관리하는 시설 또는 단지 등을 지원하기 위하여 설치된 기관의 신설·확장·이전·운영과 관련된 비용을 지방자치단체에 부담시켜서는 아니 된다(동법 동조 동항 후문·3항).

Ⅲ. 구체적 문제

1. 지방자치단체 간 재정의 균형

지방자치단체들마다 수입에 차이가 있는 등 격차와 불균형이 있을 수 있다. 이를 교정하기 위하여 광역지방자치단체가 행하는 재원조정제도로서 자치구에 대한 재정교부금, 징수교부금, 재정보전금 등의 제도가 있고 국가가 재정결함이 있는 지방자치단체에 지급하는 지방교부세 제도 등이 있다.[1)]

2. 교육재정

지방교육재정교부금 제도는 지방자치단체가 교육기관 및 교육행정기관을 설치·경영하는데 필요한 재원의 전부 또는 일부를 국가가 교부하여 교육의 균형 있는 발전을 도모함을 목적

1) 자세한 것은, 홍정선, 앞의 책, 512-514면 참조.

으로 국가가 지방자치단체에 지급하는 자금을 말한다(지방교육재정교부금법 제1조).

지방자치단체의 교육재정 부담에 관한 판례로 의무교육 경비의 중앙정부 부담원칙이 헌법상 도출되는지 여부가 문제된 바 있다. 이는 의무교육 관련 경비의 부담주체를 국가 및 지방자치단체로 변경하려는 '지방교육자치에 관한 법률' 개정, 교육비특별회계로 전출하도록 하는 비율을 특별시세 총액의 1,000분의 36에서 100분의 10으로 변경하려는 지방교육재정교부금법의 개정, 그리고 개정된 그 법률규정들을 둘러싸고 문제된 것이었다. 서울특별시가 정부를 상대로 이 개정은 의무교육 경비의 국가부담을 규정하고 있는 헌법 제31조 제3항, 지방자치의 보장에 관한 헌법 제117조 제1항, 지방재정의 건전운영을 보장하는 지방자치법 제113조 제2항에 위배되어 자신의 권한이 침해된다고 하면서 헌재에 권한쟁의심판을 청구하였다. 아래와 같이 헌재는 의무교육 경비의 중앙정부 부담원칙이 헌법상 도출되지 않고 지방자치단체의 부담도 지울 수 있다고 보아 기각결정을 하였다.

판례 헌재 2005.12.22. 2004헌라3

[결정요지] 헌법 제31조 제2항은 "모든 국민은 그 보호하는 자녀에게 적어도 초등교육과 법률이 정하는 교육을 받게 할 의무를 진다."고, 제3항은 "의무교육은 무상으로 한다."고 규정하고 있을 뿐이어서, 위 헌법 문언들로부터 직접 의무교육 경비를 중앙정부로서의 국가가 부담하여야 한다는 결론은 도출되지 않는다. 중앙집권적인 획일적인 교육의 지배는 교육의 본질과 이상에서 멀고 오히려 학부모인 주민 등의 참여에 의한 자치적 교육 운영이 보다 바람직한 것으로 인정될 수 있다. 우리 헌법도 제31조 제4항, 제117조 제1항을 통하여 지방교육자치를 헌법적으로 보장하고 있을 뿐만 아니라, 모든 지방 단위 별로 수요를 충족할 수 있는 학교를 설립하고, 지역실정에 맞는 교육제도를 실시할 수 있다면 의무교육의 평균적 보장은 오히려 지방교육자치의 이념과 더 잘 조화될 수 있는 것이다. 오히려 헌법 제31조 제4항은 교육의 자주성·전문성·정치적 중립성은 "법률이 정하는 바에 의하여 보장된다."고 하고 있고, 제6항은 "교육제도와 그 운영, 교육재정"에 관한 기본적인 사항을 법률로 정하도록 하고 있어, 교육제도와 교육재정제도의 형성에 관하여 헌법이 직접 규정한 사항 외에는 입법자에게 위임하고 있다. 이와 같이 헌법에서 교육관련 제도의 형성을 입법자에게 위임한 이상 입법자는 중앙정부와 지방정부의 재정상황, 의무교육의 수준 등의 여러 가지 요소와 사정을 감안하여 교육 및 교육재정의 충실을 위한 여러 정책적 방안들을 구상하고 그 중의 하나를 선택할 수 있으며, 이에 관한 입법자의 정책적 판단·선택권은 넓게 인정된다.

3. 판례

지방재정에 관련된 판례로는 위 교육재정 사안 외에 다음과 같은 것들이 있었다.

i) **선거비용** 국회가 공직선거법 제122조의2를 개정하여 지방선거비용을 해당지방자치단체에게 부담시킨 행위가 지방자치단체의 지방재정자치권을 침해하는 것이라는 주장에 대해 헌재는 지방선거사무는 지방자치단체의 자치사무에 해당하고 그 처리는 해당 자치단체가 이를 행하지 않고 선거의 공정성을 위해 구·시·군 선거관리위원회가 담당하는데 자치사무를 다른 기관이 맡아 하고 있는 경우에도 그 비용은 원칙적으로 당해 지방자치단체가 부담하여야 한다

고 판시하고 기각결정을 하였다.

판례 헌재 2008.6.26. 2005헌라7

[결정요지] 지방의회의원과 지방자치단체장을 선출하는 지방선거는 지방자치단체의 기관을 구성하고 그 기관의 각종 행위에 정당성을 부여하는 행위라 할 것이므로 지방선거사무는 지방자치단체의 존립을 위한 자치사무에 해당하고, 따라서 법률을 통하여 예외적으로 다른 행정주체에게 위임되지 않는 한, 원칙적으로 지방자치단체가 처리하고 그에 따른 비용도 지방자치단체가 부담하여야 한다. 다만 국가적 통일성을 유지하기 위하여 국가의 관여가 필요하거나 특정 사안이 해당 지방자치단체의 문제에 그치지 않고 국가 전체의 문제와 직결되는 등의 경우에는 지방자치단체의 독자성을 보장하는 범위 내에서 필요에 따라 국가가 관여할 수 있다. 그런데 지방선거사무는 지방자치단체의 자치사무에 해당하지만, 지방선거는 주민의 대의기관을 구성하는 민주적 방법인 동시에 대표기관으로 하여금 민주적 정당성을 확보케 함으로써 대의민주주의를 실현하기 위한 불가결한 수단이라 할 것인 바, 선거와 투표에 대한 관리가 공정하게 이루어지도록 하기 위해서는 선거와 투표관리 등의 집행업무 담당기관을 일반행정기관과는 별도의 독립기관으로 구성하여 지방선거를 관리하도록 할 필요가 있고, 이에 이 사건 지방선거사무도 국가기관인 구·시·군 선거관리위원회가 담당하고 있다. 한편, 구 지방자치법이나 지방재정법에 비추어 보면, 지방자치단체의 사무를 다른 기관이 맡아 하고 있는 경우에도 그 비용은 원칙적으로 당해 지방자치단체가 부담하여야 할 것이므로 이 사건의 경우와 같이 지방선거의 선거사무를 구·시·군 선거관리위원회가 담당하는 경우에도 그 비용은 지방자치단체가 부담하여야 하고, 이에 피청구인 대한민국국회가 지방선거의 선거비용을 지방자치단체가 부담하도록 공직선거법을 개정한 것은 지방자치단체의 재정자치권한을 침해한 것이라고 볼 수 없다.

ii) **종합부동산세의 지방자치재정권 침해 여부**　헌재는 입법정책상 종합부동산세법이 부동산 보유세인 종합부동산세를 국세로 규정하였다 하더라도 이를 두고 지방자치단체의 자치재정권의 본질을 훼손하는 것이라고 보기는 어렵다고 본다.

판례 헌재 2008.11.13. 2006헌바112

[판시] 헌법상의 자치권의 범위는 법령에 의하여 형성되고 제한되나, 다만 지방자치단체의 자치권은 헌법상 보장을 받고 있으므로 비록 법령에 의하여 이를 제한하는 것이 가능하다고 하더라도 그 제한이 불합리하여 자치권의 본질을 훼손하는 정도에 이른다면 이는 헌법에 위반된다고 보아야 할 것이다. 그런데, 종합부동산세는 전국에 산재하는 부동산을 인별로 합산하여 누진세율을 적용하여야 하기 때문에 이에 대한 부과·징수는 전국적인 통일·조정을 요하는 사무 내지는 지방자치단체의 기술 및 재정능력으로는 감당하기 어려운 사무로서 지방자치법 제11조 소정의 국가사무에 해당한다고 볼 수 있고, 우리나라와 같이 부동산 가격의 지역별 편차가 심하고 이러한 지역별 편차가 중앙정부 차원의 거점중심 개발을 추진한 결과와 밀접한 연관이 있는 경우에 종합부동산세를 부동산 보유세라는 이유로 지방자치단체의 세수로 한다면 결국 부동산 가격의 차이로 인하여 지방자치단체 사이에 심각한 재정 불균등 문제를 야기하여 오히려 지방자치 제도의 정착에 큰 문제를 초래할 수 있으며, 종합부동산세를 재원으로 지방자치단체의 예산으로 교부되어 재정여건이 어려운 지방자치단체의 일반재원으로 사용되고 있을 뿐만 아니라, 부동산 보유세가 그 속성으로 응익성을 가진다 하더라도 반드시 지방세로 하여야 하는지는 의문이 있고, 일본의 지가세, 영국의 비주거용 재산세, 독일의 재산세 등과 같이 부동산 보유세를 국세로 부과한 입법례도 있는 점 등을 종합하여 볼 때, 부동산 보유세의 본질을 명백히 국세나 지방세 어느 하나에 해당되는 것이라고 볼 수 없으므로, 결국 부동산 보유세를 국세로 할 것인지 지방세로 할 것인지는 입법정책의 문제에 해당된다 할 것이다. 따라서 입법정책상 종합부동산세법이 부동산 보유세인 종합

부동산세를 국세로 규정하였다 하더라도 이를 두고 지방자치단체의 자치재정권의 본질을 훼손하는 것이라고 보기는 어렵다 할 것이므로, 종합부동산세를 국세로 규정한 종합부동산세법 제16조 제1항 및 제17조 중 '납세지 관할 세무서장', '납세지 관할 지방국세청장' 부분(이하 '이 사건 국세 규정'이라 한다)은 헌법에 위반된다고 볼 수 없다.

iii) **우선조정교부금 폐지** 보통교부세가 교부되지 아니하는 시·군(이하 '불교부단체')에 대한 우선조정교부금 폐지가 문제된 사건이다. 피청구인(대통령)이 2016.8.29. 대통령령 제27463호로 지방재정법 시행령 제36조 제3항, 제4항(이하 '이 사건 시행령조항'이라 한다)을 개정한 행위(이하 '이 사건 개정행위'라 한다)로 인하여 경과규정을 거쳐 우선조정교부금을 지급받을 수 없게 되고, 그에 따라 청구인들이 자치사무에 가용할 수 있는 재원의 50% 이상이 감소하는 결과가 초래되며 이러한 재원감소는 직접적으로 청구인들의 자치사무의 축소 또는 폐지로 이어질 수밖에 없어, 결과적으로 청구인들의 자치권한인 자치재정권을 침해하고, 나아가 무효라고 주장하여 제기된 권한쟁의심판사건이다. 헌재는 이 개정행위는 광역지방자치단체 내에서 재정자립도가 상대적으로 높은 보통교부세 불교부단체에 대하여 조정교부금을 우선 배분하는 특례를 삭제함으로써 재정력이 상대적으로 약한 다른 시·군에 대하여 조정교부금을 확대하여 공정하고 합리적인 지방재정 조정을 통한 재정균형을 도모하기 위한 것으로 청구인들의 자치재정권이 다소 제한을 받는다 하더라도, 청구인들의 고유한 자치권한을 유명무실하게 할 정도의 지나친 제한이라고 보기는 어렵다고 하여 기각결정을 하였다.

판례 헌재 2019.4.11. 2016헌라7

[결정요지] 지방자치단체별로 세입규모와 서비스 비용이 다른 상황에서 국가와 지방자치단체는 대한민국 국민이 어디에 살든 일정한 기본행정서비스를 제공받을 수 있도록 노력할 의무가 있다. 지방자치단체의 재정자립도가 상당히 낮은 현실에서 국가는 다양한 방법으로 국가와 지방자치단체 간, 그리고 광역지방자치단체와 기초지방자치단체 간의 재원이전에 관한 제도를 시행할 수밖에 없으며, 국가 재정이 소요되는 국고보조금과 지방교부세 외에 광역자치단체의 재원이 소요되는 조정교부금의 배분에 있어서도 지방재정의 형평성 확보를 위해 필요한 경우 그 배분에 관여할 수 있다. 이 사건 개정행위는 광역지방자치단체 내에서 재정자립도가 상대적으로 높은 보통교부세 불교부단체에 대하여 조정교부금을 우선 배분하는 특례를 삭제함으로써 재정력이 상대적으로 약한 같은 광역지방자치단체 내 다른 시·군에 대하여 조정교부금을 확대하여 공정하고 합리적인 지방재정 조정을 통한 재정균형을 도모하기 위한 것이다. 이로 인하여 청구인들의 자치재정권이 다소 제한을 받는다 하더라도, 청구인들의 고유한 자치권한을 유명무실하게 할 정도의 지나친 제한이라고 보기는 어렵다. 따라서 이 사건 개정행위는 청구인들의 자치재정권을 침해한다고 볼 수 없고, 이를 무효라고 할 수도 없다. * 이 결정에 대해서는 앞의 지방자치법, 지방재정 부분 참조. * 이 결정에서는 법률의 위헌여부 심사도 선결문제로 있었다. 즉 위 시행령조항들의 모법인 지방재정법 제29조 제2항의 위헌여부에 대해 헌재가 선결문제로 판단한 바 있다. 이에 대해서는 뒤의 위헌법률심판, 제8절 위헌법률심판 외의 다른 심판에 의한 법률심사의 가능성 부분 참조.

Ⅳ. 통제

1. 필요성과 한계

재정이 지방자치단체의 물줄기와 같은 만큼 그 증대도 있어야 하겠지만 건전한 재정으로서 전국적으로 일관성을 유지하거나 지역들 간의 양극화 현상을 줄이는 등의 노력을 중앙정부는 하여야 할 것이다. 2014년 국회 헌법개정자문위원회에서도 국가는 법률이 정하는 바에 따라 지방재정의 건전성을 감독하고, 법률의 범위 내에서 지방자치단체 상호간의 재정을 조정할 수 있도록 하자는 견해가 제시되었다. 전국적 통일성 등의 필요성을 내세워 합헌이라고 본 결정의 예로 아래의 판결을 볼 수 있다.

판례 헌재 1998.4.30. 96헌바62

[쟁점과 사건개요] 지방자치단체가 과세를 면제하는 조례를 제정하고자 할 때 내무부장관의 사전허가를 얻도록 한 구 지방세법 규정이 헌법에 위반되는지 여부. 수도권신국제공항건설에 따라 토지를 수용당한 주민에 대하여 주민세를 면제해주는 내용의 인천광역시세감면조례중개정조례안이 문제된 사안. 청구인은 지방세법 제9조에 대한 위헌여부심판제청신청을 하였으나 대법원은 1996.7.9. 이를 기각하자 이 헌법소원심판청구를 하였다. [결정요지] 지방세법 제9조는 지방자치단체의 합리성 없는 과세면제의 남용을 억제하고 지방자치단체 상호간의 균형을 맞추게 함으로써 조세평등주의를 실천함과 아울러 건전한 지방세제를 확립하고 안정된 지방재정 운영에 기여하게 하는 데 그 목적이 있는 것으로서 지방자치단체의 조례제정권의 본질적 내용을 침해한다고 볼 수 없으므로 헌법에 위반되지 아니한다.

2. 통제방식

앞서 본 대로 조례 등에 대한 통제방식과 같이 중앙행정기관에 의한 통제, 재정적 작용에 대한 헌법재판을 통한 통제, 재정적 조례안에 대한 대법원의 통제 등의 방식이 있다.

제5항 주민자치제

Ⅰ. 의의와 구체적 제도

1. 의의와 성격

주민들의 의사가 직접 전달되는 주민자치제이다. 지방자치 차원에서의 주민자치, 주민참여가 헌법상의 제도인가 하는 문제를 두고 논란이 있다. 헌재의 입장은 뚜렷하지 않은데 주민투표권 등은 헌법상 권리라고 보지 않고[1] 주민소환제도와 같은 제도 자체는 지방자치의 본질적 내용이라고 할 수 없다고 본다.[2] 주민소환제도에 대해서는 "현행 지방자치제에 있어 대의제는 원칙적인 요소이고, 직접민주제로서의 주민소환은 예외적으로 대의제의 결함을 보완하는 것으로 볼 수 있을 것"이라고 설시하긴 하였다.[3] 생각건대 지방자치제가 헌법상 제도이고 비록 보완적이나 그것에 참여하는 주민자치도 헌법상의 제도라고 볼 것이다.

2. 구체적 제도

주민자치를 구현하기 위한 제도들로는 주민투표, 조례개폐청구, 감사청구, 주민소환, 주민소송 등의 제도들이 있다. 아래에 각각 살펴본다.

Ⅱ. 주민투표

1. 의의

지방자치단체 내 주민이 그 단체에서 중요한 현안에 대해 직접 의사를 표명하는 투표를 의미한다.

2. 성격과 보장

(1) 주민투표권의 헌법상 권리성 부정

지금의 지방자치법도 비슷하지만 과거 지방자치법 제13조의2 제1항은 주민투표제도를 규정하고 있으면서도 제2항이 그 대상, 절차 등에 관하여 따로 법률로 정하여 실시하도록 하고 있으나 과거에 법률이 제정되지 않고 있는바 이러한 입법부작위는 위헌이라는 헌법소원이 제기되었다. 헌법재판소는 우리 현행 헌법이 주민투표에 대하여 어떠한 규정도 두고 있지 않고 주민투표권은 헌법상의 참정권이 아니고 법률(지방자치법)상의 권리라고 보아 주민투표에 관한 법률을 제정할 헌법상 입법의무가 없다고 보아 각하결정을 하였다. 아래가 그 결정이다.

---

1) 헌재 2001.6.28. 2000헌마735; 2009.3.26. 2007헌마843; 2011.12.29. 2010헌바368.

2) 헌재 2009.3.26. 2007헌마843; 2011.12.29. 2010헌바368.

3) 헌재 2009.3.26. 2007헌마843. [판시] 헌법은 지방자치단체장에 대한 선거권을 직접 규정하지 않고 그 선임 방법을 법률에 위임하여(제118조 제2항) 지방자치법이 이를 정하고 있으므로, 지방자치단체장에 대한 선거권이 헌법상의 권리인지 법률상의 권리인지 분명하지 아니하다. 그런데 대의제는 선거를 전제로 한 개념으로서, 지방자치단체장에 대한 선거권을 헌법상의 권리로 이해하면 이에 대하여도 헌법상의 대의제의 원리가 적용될 것이나, 단순한 법률상의 권리로 보면 이를 헌법에서 명문으로 선거권을 인정하는 대통령이나 국회의원, 지방의회의원과 같은 수준의 대의제의 원리가 당연히 작용된다고 볼 수는 없어, 지방자치단체장의 주민들에 대한 무기속 위임성은 좀 더 약해진다 할 것이므로, 이로써 주민들의 지방자치단체장에 대한 통제는 더욱 강화될 수 있다고 보아야 할 것이다. 지방자치단체장에 대한 선거권의 성격이 어떻다 하더라도, 현행 지방자치제에 있어 대의제는 원칙적인 요소이고, 직접민주제로서의 주민소환은 예외적으로 대의제의 결함을 보완하는 것으로 볼 수 있을 것이다.

판례 헌재 2001.6.28. 2000헌마735

[사건개요] 원전유치 문제가 주민에게 중대한 영향을 미치는 사항이라 보고 당시 지방자치법 제13조의2 소정의 주민투표에 붙이고자 하였으나, 주민투표의 대상·발의자·발의요건·기타 투표절차 등에 관하여 아무런 입법조치가 없어 그 실시가 불가능하자 2000.11.24. 이와 같은 입법부작위가 청구인(주민)들의 주민투표권(참정권), 주민자치권, 환경권, 행복추구권 등을 침해한다고 주장하면서 헌법소원심판을 청구한 사건이었다. 즉 주민투표법이 없는 시기에서의 청구였다. [결정요지] 일반적으로 참정권은 국민이 국가의 의사형성에 직접 참여하는 직접적인 참정권과 국민이 국가기관의 형성에 간접적으로 참여하거나 국가기관의 구성원으로 선임될 수 있는 권리인 간접적인 참정권으로 나눌 수 있다. 이에 따라 우리 헌법은 참정권에 관하여 간접적인 참정권으로 공무원선거권(헌법 제24조), 공무담임권(헌법 제25조)을, 직접적인 참정권으로 국민투표권(헌법 제72조, 제130조)을 규정하고 있다. 즉 우리 헌법은 법률이 정하는 바에 따른 '선거권'과 '공무담임권' 및 국가안위에 관한 중요정책과 헌법개정에 대한 '국민투표권'만을 헌법상의 참정권으로 보장하고 있다. 따라서 지방자치법 제13조의2에서 규정한 주민투표권은 그 성질상 위에서 본 선거권, 공무담임권, 국민투표권과는 다른 것이어서 이를 법률이 보장하는 참정권이라고 할 수 있을지언정 헌법이 보장하는 참정권이라고 할 수는 없다. 그렇다면 주민투표권이 헌법상 보장하는 참정권에 해당한다는 점을 전제로 한 청구인의 위 주장은 받아들일 수 없다. 그렇다면 결국 주민투표와 관련하여 헌법의 명시적인 입법위임도 존재하지 아니하고, 헌법해석상 그러한 입법의무가 새롭게 발생하는 것도 아니라고 할 것이므로 주민투표에 대한 입법부작위의 위헌확인을 구하는 이 사건 헌법소원심판은 허용되지 아니한다.

지금은 주민투표법이 제정되어 있다. 그런데 헌재는 여전히 주민투표권의 헌법상 권리성은 부정하고 있다.[1] 헌재는 평등권은 적용되어야 한다고 보고 재외국민의 주민투표권 부정에 대한 헌법불합치결정에서 주민투표권이 헌법상 권리는 아니지만 평등권침해라고 판단하였다.[2]

(2) 분석

주민투표제도가 주민자치제도이고 주민들의 직접적 의사표현이며 주민자치도 헌법이 보장하는 것이므로 이를 간단히 헌법상의 권리가 아니라고 볼 것은 아니다. 더구나 주민투표가 의사표현의 자유를 행사하기 위한 것이다.

3. 법규정

주민투표제도는 지방자치법에 근거한 제도이다. 즉 지방자치법 제14조 제1항은 "지방자치단체의 장은 주민에게 과도한 부담을 주거나 중대한 영향을 미치는 지방자치단체의 주요 결정사항 등에 대하여 주민투표에 부칠 수 있다"라고 규정하고 동조 제2항은 "주민투표의 대상·발의자·발의요건, 그 밖에 투표절차 등에 관한 사항은 따로 법률로 정한다"라고 규정하고 있다. 이리하여 주민투표법이 제정되어 있는데 현행 주민투표법은 위 지방자치법 제14조 제1항과 동일한 조문이었던 당시 지방자치법 제13조의2에 근거하여 2004.1.29. 제정되었다. 주민투

1) 헌재 2011.12.29. 2010헌바368.
2) 헌재 2007.6.28. 2004헌마643. [결정요지] 아래의 주민투표권자 부분의 재외국민 부분 참조.

표법은 지방자치단체의 주요결정사항에 관한 주민의 직접참여를 보장하기 위하여 지방자치법 제14조의 규정에 의한 주민투표의 대상·발의자·발의요건·투표절차 등에 관한 사항을 규정함으로써 지방자치행정의 민주성과 책임성을 제고하고 주민복리를 증진함을 목적으로 한다(동법 제1조).

4. 주민투표권자

(1) 주민등록자

19세 이상의 주민 중 투표인명부 작성기준일 현재 그 지방자치단체의 관할 구역에 주민등록이 되어 있는 사람에게는 주민투표권이 있다(동법 제5조 1항 본문 1호). 다만, 공직선거법 제18조에 따라 선거권이 없는 사람에게는 주민투표권이 없다(동법 제5조 1항 단서).

* 재외국민 : 이전에 재외국민에 대한 주민투표권행사가 부정되어 논란되었으나 위헌성이 인정되어 아래에서 인용하는 대로 헌법불합치결정(아래 * 참조)이 되었다. 이후 재외국민에 대해 '재외동포의 출입국과 법적 지위에 관한 법률' 제6조에 따라 '국내거소신고가 되어 있는 재외국민'은 주민투표권을 인정하는 것으로, 그리고 연령도 19세로 개정되었는데, 이후 2016년에 재외동포법 및 주민등록법이 개정되어 재외국민의 한국 국내거소신고제도를 폐지하고 재외국민용 주민등록증 발급제도를 도입하여 주민투표법에 재외국민의 투표권에 대한 특별한 규정을 두지 않게 된 것이다.

판례 * 주민투표권 행사를 위한 요건으로 주민등록을 요구함으로써 국내거소신고만 할 수 있고 주민등록을 할 수 없는 국내거주 재외국민에 대하여 주민투표권을 인정하지 않고 있는 주민투표법(2004.1.29. 법률 제7124호로 제정된 것) 제5조 제1항(이하 '이 법률조항'이라 한다) 중 "그 지방자치단체의 관할 구역에 주민등록이 되어 있는 자"에 관한 부분이 국내거주 재외국민의 평등권을 침해하는지 여부 : 헌재는 주민투표권이 위에서 본 대로 헌법상 참정권이 아니라고 부정하면서도 평등권의 침해 여부는 문제된다고 보았고 이어 그 침해를 인정하여 헌법불합치로 결정하였다. 이 사건은 대한민국 국적을 보유한 일본 영주권자들로서 현재 국내에 거주하고 있는 만 20세 이상의 국민들이 청구한 것이었다. 헌재 2007.6.28. 2004헌마643. [결정요지] 1. 주민투표권은 헌법상의 열거되지 아니한 권리 등 그 명칭의 여하를 불문하고 헌법상의 기본권성이 부정된다는 것이 우리 재판소의 일관된 입장이라 할 것인데, 이 사건에서 그와 달리 보아야 할 아무런 근거를 발견할 수 없다. 그렇다면 이 사건 심판청구는 헌법재판소법 제68조 제1항의 헌법소원을 통해 그 침해 여부를 다툴 수 있는 기본권을 대상으로 하고 있는 것이 아니므로 그러한 한에서 이유 없다. 하지만 주민투표권이 헌법상 기본권이 아닌 법률상의 권리에 해당한다 하더라도 비교집단 상호간에 차별이 존재할 경우에 헌법상의 평등권 심사까지 배제되는 것은 아니다. 2. 가. 주민에게 과도한 부담을 주거나 중대한 영향을 미치는 당해 지방자치단체의 주요결정사항에 대한 주민투표의 결과는 주민등록이 가능한 국민인 주민은 물론 주민등록을 할 수 없는 국내거주 재외국민에게도 그 미치는 영향에 있어 다르다고 보기 어렵다. 지방자치단체의 폐치·분합 또는 구역변경, 주요시설의 설치 등 국가정책의 수립에 관한 주민투표의 경우에도 마찬가지이다. 지방자치단체의 폐치·분합 또는 구역변경은 단순히 행정단위나 행정구역의 개편 차원을 넘어 폐치·분합 또는 구역변경의 대상이 되는 지방자치단체의 주민의 이익과 직접적으로 관련되어 있으며, 국내거주 재외국민의 경우에도 예외는 아니다. 주요시설의 설치와 관련하여 주민투표가 실시되는 경우에도 마찬가지이다. 나. 법 제5조 제2항은 출입국관리 관계 법령의 규정에 의하여 대한민국에 계속거주할 수 있는 자격을 갖춘 자로서 지방자치단체의 조례가 정하는 '외국인'에게 주민투표권을 부여하고 있는바, 주민투표의 결과가 그 법적 및 사실적 효과라는 측면에서 국내거주 재외국민과 외국인 간에 본질적으로 달리 나타난다고 보기는 어렵다. 주민투표의 대상이 되는 사항과의 관련성 내지 이해관계의 밀접성이라는 점에서 양자 간에 본질적 차이가 존재하지 아니한다. 다. 이 법률조항 부분은 주민등록만을 요건으로 주민투표권의 행사 여부가 결정되도록 함으로써 '주민등록을 할 수 없는 국내거주 재외국민'을 '주민등록이 된 국민인 주민'에 비해 차별하고 있고, 나아가 '주민투표권이 인정되는 외국인'과의 관계에서도 차별을 행하고 있는바, 그와 같은 차별에 아무런 합리적 근거도 인정될 수 없으므로 국내거주 재외국민의 헌법상 기본권인 평등권을 침해하는 것으로 위헌이다. 3. 이 법률조항 부분이 위헌으로 선언되어 즉시 효력을 상실할 경우 지방자치단체가 향후 주민투표를 제대로 실시할 수 없게 되는 법적 혼란상태가 초래될 뿐만 아니라, 주민투표권 행사의 요건으로서 일정기간의 거주요건을 부과할 것인지, 부과한다면 그 최소기간을 어느 정도로 할 것인지 등에 대한 검토가 필요하며, 그와 같은 문제들은 궁극적으로 입법형성의 권한을 가진 입법자가 충분한 사회적 합의를 거쳐 결정해야 할 사항에 속한다 할 것이므로, 잠정적용 헌법불합치결정을 선고하되, 입법자는 늦어도 2008.12.31.까지 개선입법을 하여야 한다.

(2) 외국인

우리나라에 장기간 거주하는 외국인에 대한 주민투표권도 일정 요건 하에 인정되고 있다. 즉 19세 이상의 주민 중 투표인명부 작성기준일 현재 "출입국관리 관계 법령에 따라 대한민국에 계속 거주할 수 있는 자격(체류자격변경허가 또는 체류기간연장허가를 통하여 계속 거주할 수 있는 경우를 포함한다)을 갖춘 외국인으로서 지방자치단체의 조례로 정한 사람"에게는 주민투표권이 있다(동법 제5조 1항 2호).

(3) 재외국민, 외국인에 대한 정보제공

국가 또는 지방자치단체는 제5조 제1항에 따라 투표권을 부여받은 재외국민 또는 외국인이 주민투표에 참여할 수 있도록 외국어와 한국어를 함께 표기하여 관련 정보를 제공하는 등 필요한 조치를 취하여야 한다(동법 제2조 2항).

5. 주민투표권행사의 보장과 관리

(1) 주민투표권행사의 보장

국가 및 지방자치단체는 주민투표권자가 주민투표권을 행사할 수 있도록 필요한 조치를 취하여야 한다(동법 제2조 1항).

(2) 주민투표사무의 관리

i) **관리주체** 주민투표사무는 이 법에 특별한 규정이 있는 경우를 제외하고는 특별시·광역시 또는 도에 있어서는 특별시·광역시·도 선거관리위원회가, 자치구·시 또는 군에 있어서는 구·시·군 선거관리위원회가 관리한다(동법 제3조, 제1조).

ii) **정보의 제공 등** 지방자치단체의 장은 주민투표와 관련하여 주민이 정확하고 객관적인 판단과 합리적인 결정을 할 수 있도록 지방자치단체의 공보, 일간신문, 인터넷 등 다양한 수단을 통하여 주민투표에 관한 각종 정보와 자료를 제공하여야 하고 관할선거관리위원회는 주민투표에 관한 정보를 제공하기 위하여 설명회·토론회 등을 개최하여야 한다(동법 제4조 1항·2항).

iii) **투표인명부의 작성 및 확정** 주민투표를 실시하는 때에는 투표인명부 작성기준일(투표일 전 22일을 말한다)부터 5일 이내에 투표인명부를 작성하여야 한다(동법 제6조 1항). 이전에는 작성기준일이 투표일 전 19일이었는데 이 규정이 작성기준일 이후에 전입신고를 한 청구인으로 하여금 주거지역에서 주민투표를 할 수 없도록 하여 청구인의 평등권을 침해한다는 주장이 있었다. 헌재는 최소한 기간으로서 합리성이 있다고 보아 기각결정을 하였다.

판례 헌재 2013.7.25. 2011헌마676

[결정요지] 주민투표권은 헌법상 보호되는 기본권이 아니라 법률이 보장하는 권리이므로, 심판대상조항이 청구인의 평등권을 침해하는지에 대한 판단은 투표일 전 19일 이전에 전입신고한 자와 투표일 전 19일 이후에 전입신고한 자를 차별 취급하는 것에 합리적 이유가 있는지에 대한 심사로 충분한데, 투표인명부가 확정되기 위해서는 투표인명부 작성 5일, 투표인명부 열람 3일, 이의신청에 대한 결정 1일, 불복신청 1일, 불복신청에 대한 결정 1일 등 합계 11일과 이의신청 및 불복신청에 대한 결정의 통지 기간이 필요하고, 확정된 투표인명부는 8일간 인터넷 홈페이지에서 확인될 수 있도록 하여야 하므로, 법령에서 정한 절차를 모두 거치기 위해서는 최소한 19일의 기간이 필요하다. 따라서 합리적인 이유가 있으므로 심판대상조항은 청구인의 평등권을 침해한다고 볼 수 없다.

6. 주민투표의 대상

(1) 대상

주민에게 과도한 부담을 주거나 중대한 영향을 미치는 지방자치단체의 주요결정사항으로서 그 지방자치단체의 조례로 정하는 사항은 주민투표에 부칠 수 있다(동법 제7조 1항).

(2) 제외

위와 같이 주민투표대상을 포괄적으로 정하여 두고 대상에서 제외되는 사항을 열거하고 있다. 즉 주민투표법은 다음 사항은 이를 주민투표에 부칠 수 없다고 규정하고 있다(동법 동조 2항).

1. 법령에 위반되거나 재판중인 사항
2. 국가 또는 다른 지방자치단체의 권한 또는 사무에 속하는 사항
3. 지방자치단체의 예산·회계·계약 및 재산관리에 관한 사항과 지방세·사용료·수수료·분담금 등 각종 공과금의 부과 또는 감면에 관한 사항
4. 행정기구의 설치·변경에 관한 사항과 공무원의 인사·정원 등 신분과 보수에 관한 사항
5. 다른 법률에 의하여 주민대표가 직접 의사결정주체로서 참여할 수 있는 공공시설의 설치에 관한 사항(다만, 제9조 제5항의 규정에 의하여 지방의회가 주민투표의 실시를 청구하는 경우에는 그러하지 아니하다)
6. 동일한 사항(그 사항과 취지가 동일한 경우를 포함한다)에 대하여 주민투표가 실시된 후 2년이 경과되지 아니한 사항

(3) 국가정책에 관한 주민투표

1) 요구권자, 사유, 협의

중앙행정기관의 장은 지방자치단체의 폐치·분합 또는 구역변경, 주요시설의 설치 등 국가정책의 수립에 관하여 주민의 의견을 듣기 위하여 필요하다고 인정하는 때에는 주민투표의 실시구역을 정하여 관계 지방자치단체의 장에게 주민투표의 실시를 요구할 수 있다. 이 경우 중앙행정기관의 장은 미리 행정안전부장관과 협의하여야 한다(동법 제8조 1항).

2) 공표, 지방의회 의견 청취 및 통지

지방자치단체의 장은 제1항의 규정에 의하여 주민투표의 실시를 요구받은 때에는 지체없이 이를 공표하여야 하며, 공표일부터 30일 이내에 그 지방의회의 의견을 들어야 한다(동법 제8조 2항). 위와 같이 지방의회의 의견을 들은 지방자치단체의 장은 그 결과를 관계 중앙행정기관의 장에게 통지하여야 한다(동법 제8조 3항).

* 위 지방의회의견 청취의 구속력 여부 – 지방의회의 의견에 대한 청취는 하나의 절차로서 효과, 즉 절차를 거치지 않는 경우에는 법적 문제가 있으나 그 의견 자체에 대해 법적 구속력을 가지는 것은 아니다. 대표적인 예로 폐치·분합의 경우에 폐지·통합되는 지방자치단체의 의회의 반대의견에 따르지 않고 국가 전체의 이익을 고려하는 것이 필요하다. 그렇지 않으면 지방자치단체의 부분적 의견이 국가 전체의 의사에 우월하다는 결과를 가져온다. 이에 대해 밝히는 헌재판례는 다음과 같다. 사안은 시군통합법률에 관한 것이었다.

판례 헌재 1994.12.29. 94헌마201

[판시] 지방자치단체를 폐치·분합할 때 "관계 지방자치단체의회의 의견을 들어야 한다."는 지방자치법 제4조 제2항은 헌법상 어떤 효력을 가지는가. 위에서 살펴본 바와 같이 지방자치단체의회의 의견청취절차를 밟은 것 자체로서 적법절차는 준수되었다고 보아야 하고, 단지 그 결과는 국회가 입법할 때 판단의 자료로 기능하는데 불과하다 해석하여야 한다. 그러하지 아니하고 국회가 지방자치단체의회의 의견에 구속된다면 지방자치단체의 폐치·분합은 법률의 규정에 의하도록 한 지방자치법 제4조 제1항의 입법취지가 몰각될 뿐만 아니라 국회에 대한 지방자치단체의회의 우위를 초래하는 결과가 될 것이다. * 동지 : 헌재 1995.3.23. 94헌마175; 2006.4.27. 2005헌마1190 등.

* 폐지대상 지방자치단체에서의 주민투표 부재 문제 – 그 폐지 여부 결정을 위한 특별법 제정과정에서 폐지 여부 대상이 되는 자치단체에서가 아닌 전체 자치단체에서의 주민투표를 실시한 것에 대해 논란이 된 바 있었다. 2개의 결정례가 있었다.

ⅰ) **헌법소원사건** 헌재는 결국 폐지대상 지자체의 주민들의 의사가 전체 투표에 나타난다는 취지로 합헌성을 인정하였다. 사안은 제주도민 및 기초자치단체 소속 공무원인 청구인들은 그 폐지 여부가 달린 기초자치단체인 제주시, 서귀포시, 북제주군, 남제주군에서의 주민투표를 실시하지 않고 제주도 전역에서 주민투표가 실시된 후 제정된, 이 기초자치단체를 폐지하는 내용의 '제주도 행정체제 등에 관한 특별법' 제3조 및 '제주특별자치도 설치 및 국제자유도시 조성을 위한 특별법' 제15조 제1항·제2항에 의하여 선거권 등을 침해받는다고 주장하며 청구

한 헌법소원심판이었다. 헌재는 입법적 한계를 벗어나지 않았다고 하여 기각결정을 하였다.

판례 헌재 2006.4.27. 2005헌마1190

[결정요지] 폐지될 시·군 주민 전체가 제주도민 전체이기도 한 점에서 제주도에 의하여 투표가 실시된다 하여도 투표의 실질에 있어 차이가 없고, 제주도 전역에서 투표가 행해진다 하더라도 투표결과 집계를 통해 전체 주민의 찬반비율 뿐 아니라 개별 지역별 찬반비율 역시 확인할 수 있으므로 폐지되는 자치단체 주민들의 의사를 확인한다는 기능적인 면에서도 차이가 없다. 따라서 자치단체와 그 주민이 자신의 이해관계와 관련하여 그 법적 지위를 확보하기 위하여 행정구조개편계획에 의견을 표명할 기회를 주어야 한다는 청문권의 요청에 제주도 전역에서의 투표가 부합하지 않는 것으로 볼 수는 없다. * 더 자세한 요지는 앞의 지방자치단체의 종류(폐치·분합, 단층화 부분) 참조.

ii) **권한쟁의심판** 위 제주도 사안에서 권한쟁의심판이 있었는데 헌재는 권한침해의 여지 자체가 없다고 하여 각하결정을 하였다.[1] 이 결정에 대해서는 바로 아래에서 살펴본다.

4) 국가정책 주민투표 실시에 관한 권한쟁의의 적법성

이러한 문제의 하나로 중앙행정기관이 국가정책 주민투표를 이해관계가 있는 지방자치단체 개별로 할 것을 요구하지 않고 전체 주민투표를 요구한 데 대한 권한침해 주장이 있었다. 사안은 제주도의 지방자치 행정구조 재편에 관해 현행유지안과 기초자치단체들인 제주시·서귀포시·북제주군 및 남제주군을 폐지하는(제주도 전체의 지방자치단체는 행정시 외에 특별자치도인 제주도만이 있게 됨) 혁신안을 두고 국가정책 참고 주민투표를 실시하기로 하면서 행정자치부(현재의 행정안전부)장관이 폐지되는 기초자치단체인 제주시, 서귀포시, 북제주군, 남제주군에서의 주민투표 실시요구를 하지 않고 제주도 전역에서 주민투표를 실시하도록 요구한 데 대해 그 폐지 여부가 달린 기초자치단체인 제주시, 서귀포시, 북제주군, 남제주군이 자신의 권한을 침해하는 것이라는 권한쟁의심판을 청구하였다. 헌재는 요구받지 않은 주민투표에 관해 기초지방자치단체의 주민투표실시권이 없고 따라서 권한침해의 여지 자체가 없다는 이유로 각하결정을 하였다. 결국 이 사안은 국가정책에 참고하기 위해 중앙행정기관장의 요구에 의해 실시되는 주민투표법 제8조의 주민투표를 요구받지 않은 지방자치단체에게 주민투표실시에 관한 권한침해를 다툴 여지가 있는지 여부가 문제된 것이었다. 헌재는 중앙행정기관장(행정자치부장관)으로부터 주민투표법 제8조의 주민투표 실시요구를 받지 않은 상태에서 일정한 경우 지방자치단체가 중앙행정기관에게 실시요구를 해 줄 것을 요구할 수 있는 권한까지 있다고 보기는 어렵다고 보아 권한의 발생을 전제로 하는 침해 여지도 없어서 이를 다투는 청구는 부적법하다고 하여 각하결정을 하였다.

판례 헌재 2005.12.22. 2005헌라5, 제주시 등과 행정자치부장관 등 간의 권한쟁의

[결정요지] 1. 주민투표법 제8조에 의한 주민투표실시사무의 성격 – 주민투표법 제8조에서 국가정책에

1) 헌재 2005.12.22. 2005헌라5.

관해서 주민의 의견을 참고하도록 하는 이유도 그 국가정책이 지방자치단체의 자치권 및 주민의 복리에 긴밀한 연관이 있어서 주민투표제도를 활용하여 주민의 의견을 듣으려는 것이므로 지방자치단체와 주민으로서도 이러한 제도를 통해 정확한 의사를 전달하는 데 깊은 이해관계를 가지고 있는 점 등에 비추어보면 제8조의 주민투표 실시사무도 자치사무의 성격을 가질 수 있다고 판단된다. 2. 주위적 청구에 대한 판단 – 주민투표법 제8조는 국가정책의 수립에 참고하기 위한 주민투표에 대해 규정하고 있는데 규정의 문언으로 볼 때 중앙행정기관의 장은 실시 여부 및 구체적 실시구역에 관해 상당한 범위의 재량을 가진다고 볼 수 있다. 이를 감안할 때 중앙행정기관의 장으로부터 실시요구를 받은 지방자치단체 내지 지방자치단체장으로서는 주민투표 발의에 관한 결정권한, 의회의 의견표명을 비롯하여 투표시행에 관련되는 권한을 가지게 된다고 하더라도, 나아가 지방자치단체가 중앙행정기관장으로부터 제8조의 주민투표 실시요구를 받지 않은 상태에서 일정한 경우 중앙행정기관에게 실시요구를 해 줄 것을 요구할 수 있는 권한까지 가지고 있다고 보기는 어렵다. 그렇다면 피청구인 행정자치부장관이 청구인들에게 주민투표 실시요구를 하지 않은 상태에서 청구인들에게 실시권한이 발생하였다고 볼 수는 없고 제8조의 주민투표에 구속력이 없으며 국가정책에 참고자료로 사용됨에 불과하고, 나아가 지방자치단체의 폐치는 국회에 의한 입법으로 이루어져야 하므로 위와 같은 주민투표실시를 청구인들 시·군의 폐치와 동일시하거나 이를 필연적으로 초래하는 것이라고 간주할 수 없으며, 현저한 위험을 인정하기에도 그 관련성이 너무 멀다. 그렇다면 주민투표실시권한 또는 지방자치권의 침해나 그 위험을 인정할 여지는 없다. 3. 예비적 청구에 대한 판단 – 청구인들은, 제주도 지역 내의 모든 기초지방자치단체의 폐치로 인해 자신들의 존립과 자치권한이 침해된다고 주장하면서 그 확인을 구한다. 지방자치단체의 폐치는 국회의 입법에 의해 이루어지고 주민투표법 제8조에 의한 주민투표 실시만으로는 이러한 폐치의 위험성조차 인정할 수 없음은 위에서 본 바와 같다. 이 부분 청구는 아직 존재하지 않고, 피청구인들에 의해 이루어질 수도 없는 행위를 대상으로 하므로 부적법하다. 4. 결론 – 따라서 청구인의 이 사건 심판청구는 모두 부적법하므로 이를 각하하기로 한다.

위 사안에서 헌재는 자치권침해주장의 예비적 청구에 대해서도 폐치가 국회입법으로 이루어지므로 피청구인들(행정자치부장관, 제주도)에 의해 이루어질 수도 없는 행위를 대상으로 하므로 부적법하다고 각하하였다. 생각건대 국가정책이라고 할지라도 자치권이 인정된 다음에야 그 기초자치단체의 소멸을 가져올 상황에서 개별적인 주민투표를 부칠 수 있도록 하는 것은 필요하다고 볼 것이다. 그 결과에 국가가 구속될 필요가 없다고 보는 판례의 입장을 감안하면 더욱 그러하다.

5) 일부규정 적용배제

국가정책에 관한 주민투표에 관하여는 주민투표의 대상(동법 제7조), 주민투표실시구역(동법 제16조), 주민투표결과의 확정(동법 제24조 1항), 주민투표소송 등(동법 제25조), 재투표 및 투표연기(동법 제26조)에 관한 일부규정들의 적용이 배제된다(동법 제8조 4항). 이 배제는 국가정책에 관한 주민투표가 일반적 주민투표와는 그 대상으로 하는 사항의 성격, 그 사항의 영향 범위 및 규모, 예산 및 재정상의 근거, 전국적으로 통일적, 획일적인 처리를 요하는지 여부 등에 있어서 본질적인 차이가 있기 때문에 일반적 주민투표에 관한 규정들 중 일부 위와 같은 규정들을 적용하지 않는 것이다. 이 중 제25조, 제26조 제1항·제2항(주민투표권자의 주민투표에 관한 소청 및 소송 제기 요건 및 절차, 주민투표소송 결과에 따른 재투표의 실시 및 절차, 방법 등)의 규정을 적용하지 아니하도록 한 부분이 해당 주민들의 재판청구권, 평등권 등을 침해한다고 논란되었다. 헌재는 위와 같은 차이점을 이유로 적용배제가 합리적 이유가 있으므로 그 침해가 아니고 합헌이라고 보아 아래에 보듯이 기각결정을 하였다.

판례 헌재 2009.3.26. 2006헌마99

[사건개요] 몇 개 기초지방자치단체들이 '중·저준위방사성폐기물 처분시설'의 유치를 신청하자 이후 산업자원부장관은 2005.9.15. 주민투표법 제8조 제1항에 근거하여 위 각 자치단체의 장들에게 그 자치단체들을 실시구역으로 하여 이 사건 처분시설의 유치 여부를 묻는 주민투표의 실시를 요구하였다. 이후 주민투표가 실시되고 k시 지역이 후보부지로 선정되었다. 이 처분시설의 설치에 반대하는 시민단체 등의 회원들이거나 그들의 견해에 동조하는 자들로서, 주민투표법 제8조 제4항이 주민투표소송 등을 배제하고 있어 실시된 주민투표에 관권개입 등의 불법이 자행되었음에도 이에 대하여 다툴 수 없게 되었고, 그 결과 후보부지가 선정되었으므로, 주민투표법 제8조 제4항이 청구인들에게 헌법상 보장된 재판청구권, 평등권, 자기결정권, 환경권 등을 침해하고 있다고 주장하면서, 2006.1.24. 헌법소원심판을 청구하였다. [결정요지] (가) 제한되는 기본권 – 이 사건 법률조항에 의하면 국가정책에 관한 주민투표권자는 주민투표의 효력에 관하여 이의가 있더라도 주민투표소송을 제기할 수 없게 되므로 헌법상의 기본권인 재판청구권, 평등권에 제한을 받게 된다. 자기결정권 및 환경권 침해도 주장하나, 직접적으로 제한받는 기본권은 재판청구권 및 평등권이라 할 것이므로, 이에 대하여 판단하는 이상 그 밖의 위 기본권들에 대하여 따로 판단하지는 아니하기로 한다. (나) 재판청구권 침해 여부 (1) 헌법 제27조 제1항의 재판청구권은 절차적 기본권으로서 원칙적으로 제도적 보장의 성격이 강하기 때문에, 자유권적 기본권 등 다른 기본권의 경우와 비교하여 상대적으로 광범위한 입법형성권이 인정되므로, 관련 법률에 대한 위헌심사기준은 합리성원칙 내지 자의금지원칙이 적용된다. (2) 지방자치법 제13조의2에서 규정하고 있는 주민투표권은 어디까지나 입법에 의하여 채택된 것일 뿐 헌법에 의하여 이러한 제도의 도입이 보장되고 있는 것은 아니므로 헌법이 보장하는 기본권이 아니라 법률이 보장하는 권리에 불과하다. 따라서 구체적으로 주민투표의 종류와 대상, 실시요건 및 절차, 그 효력이나 쟁송방법 등을 어떻게 정할 것인가의 문제는 입법자의 광범위한 입법형성의 자유영역에 속하는 것으로 기본적으로는 국가의 입법정책에 달려 있다. (3) 살피건대, 지방자치단체의 주요결정사항에 관한 주민투표와 국가정책사항에 관한 주민투표는 그 대상으로 하는 사항의 성격, 그 사항의 영향 범위 및 규모, 예산 및 재정상의 근거, 전국적으로 통일적, 획일적인 처리를 요하는지 여부 등에 있어서 본질적인 차이가 있다. 주민투표법은 이와 같은 차이를 감안하여, 지방자치단체의 주요결정사항에 관한 주민투표의 경우에는 국가사무가 아닌 지방자치단체의 권한에 속하는 일정한 사항만을 대상으로 이를 실시하도록 하고(제7조, 제9조), 그 주민투표결과 확정된 내용에 대하여 지방자치단체의 장 및 지방의회는 행정·재정상의 필요한 조치를 취하여야 하며(제24조 제5항), 2년 이내에는 이를 변경하거나 새로운 결정을 할 수 없도록 규정함으로써(제24조 제6항), 단순한 자문적인 주민의견 수렴절차에 그치지 않고 주민투표를 통한 주민결정권을 인정한 반면, 국가정책에 관한 주민투표에 대하여는 그 실시 여부 및 구체적 실시구역에 관하여 중앙행정기관의 장에게 상당한 범위의 재량을 인정하고(제8조 제1항), 그 주민투표결과에 대해서도 법적 구속력을 인정하지 않고 단순한 자문적인 주민의견 수렴절차에 그치도록 하고 있다. 이러한 점들을 종합하여 볼 때, 주민투표법은 국가정책에 관한 주민투표의 경우에 지방자치단체의 결정사항에 관한 주민투표와 동일하게 주민투표운동의 원칙 내지 금지사항을 규정하고 그에 위반한 행위에 대하여 관할 선거관리위원회에 의한 행정제재처분이나 사법기관에 의한 형사처벌을 가하도록 규정하는 등 공정성과 절차적 정당성을 확보하도록 하는 한편, 지방자치단체의 주요결정사항에 관한 주민투표와 국가정책사항에 관한 주민투표 사이의 본질적인 차이를 감안하여, 이 사건 법률조항에 의하여 지방자치단체의 주요결정사항에 관한 주민투표와는 달리 주민투표소송의 적용을 배제하고 있는 것이다. 그렇다면, 이 사건 법률조항이

현저히 불합리하게 입법재량의 범위를 벗어나 청구인들의 주민투표소송 등 재판청구권을 침해하였다고 보기는 어렵다. (다) 평등권 침해 여부 − 이 사건 법률조항이 국가정책에 관한 주민투표의 경우에 주민투표소송을 배제함으로써 지방자치단체의 주요결정사항에 관한 주민투표의 경우와 달리 취급하였다 하더라도, 이는 위와 같은 양자 사이의 본질적인 차이를 감안한 것으로서 입법자의 합리적인 입법형성의 영역 내의 것이라 할 것이고, 따라서 자의적인 차별이라고는 보기 어려우므로, 이 사건 법률조항이 청구인들의 평등권을 침해한다고 볼 수 없다. (라) 결론 − 기각하기로 결정한다.

7. 일반 주민투표의 청구권자

국가정책 주민투표는 위에서 본 대로 중앙행정기관이 청구하면 된다. 그 외 일반적인 주민투표의 청구권자가 규정되어 있다. 즉 지방자치단체의 장은 주민 또는 지방의회의 청구에 의하거나 직권에 의하여 주민투표를 실시할 수 있다고 규정되어 있고(동법 제9조 1항) 따라서 위 국가정책 투표 외에 일반적인 주민투표의 실시청구는 다음 3가지 경우가 가능하다. ⅰ) 일정수의 주민의 청구, ⅱ) 지방의회의 청구, ⅲ) 지방자치단체장의 직권 청구이다.

ⅰ) **주민의 청구** 19세 이상 주민 중 제5조 제1항 각 호의 어느 하나에 해당하는 사람(같은 항 각 호 외의 부분 단서에 따라 주민투표권이 없는 자는 제외한다. 이하 "주민투표청구권자"라 한다. 위 주민투표권자 참조)은 주민투표청구권자 총수의 20분의 1 이상 5분의 1 이하의 범위 안에서 지방자치단체의 조례로 정하는 수 이상의 서명으로 그 지방자치단체의 장에게 주민투표의 실시를 청구할 수 있다(동법 제9조 2항).

ⅱ) **지방의회 청구** 지방의회는 재적의원 과반수의 출석과 출석의원 3분의 2 이상의 찬성으로 그 지방자치단체의 장에게 주민투표의 실시를 청구할 수 있다(동법 제9조 5항).

ⅲ) **지방자치단체장의 직권 청구** 지방자치단체의 장은 직권에 의하여 주민투표를 실시하고자 하는 때에는 그 지방의회 재적의원 과반수의 출석과 출석의원 과반수의 동의를 얻어야 한다(동법 제9조 6항).

청구는 위와 같지만 청구를 받아서 주민투표를 실시하는 주체는 지방자치단체장에 의해서이다.

8. 주민청구의 일반 주민투표의 경우의 주민투표청구인대표자 선정 및 서명요청활동

주민청구에 의한 일반 주민투표의 경우에는 이를 결집하여 위 청구정족수를 갖추어야 하므로 그 서명요청활동과 이를 위한 대표자 선정 등의 과정이 필요할 수밖에 없다.

(1) 주민투표청구인대표자 선정

주민이 주민투표청구를 하고자 하는 때에는[위 (7)의 ⅰ)의 경우] 주민투표청구인대표자를 선정하여야 하며, 선정된 청구인대표자는 인적사항과 주민투표청구의 취지 및 이유 등을 기재하여 그 지방자치단체의 장에게 청구인대표자증명서의 교부를 신청하여야 한다(동법 제11조 1항). 위 교부신청을 받은 지방자치단체의 장은 청구인대표자가 주민투표청구권자인지 여부를 확인한 후 청구인대표자증명서를 교부하고 그 사실을 공표하여야 한다(동법 동조 2항). 공무원(그 지방의회의원 제외)은 청구인대표자가 될 수 없다(동법 제11조 2항).

(2) 서명요청활동

ⅰ) 요청권자와 활동기간 – 청구인대표자와 청구인대표자로부터 서명요청권을 위임받은 자는 그 지방자치단체의 조례가 정하는 서명요청기간 동안 주민에게 청구인서명부에 서명할 것을 요청할 수 있는데 이 경우 아래에서 보는 서명이 제한되는 기간은 서명요청기간에 산입하지 아니한다(동법 제10조 3항). ⅱ) 제한 – 지방자치단체의 관할구역의 전부 또는 일부에 대하여 공직선거법의 규정에 의한 선거가 실시되는 때에는 그 선거의 선거일전 60일부터 선거일까지 그 선거구에서는 서명을 요청할 수 없다(동법 제11조 1항). 청구인대표자 및 그로부터 서명요청권을 위임받은 자가 아닌 자는 서명을 요청할 수 없고 공무원(그 지방의회의원 제외)은 서명요청활동을 하거나 서명요청활동을 기획·주도하는 등 서명요청활동에 관여할 수 없다(동법 제11조 3항·2항). ⅲ) 제출 – 청구인대표자는 위 서명요청기간이 만료되는 날부터 법소정 기간 이내에 주민투표청구서와 청구인서명부를 지방자치단체의 장에게 제출하여야 한다(동법 제12조 1항). ⅳ) 무효사유 – 주민투표청구권자가 아닌 자의 서명, 누구의 서명인지 확인하기 어려운 서명, 서명요청권이 없는 자의 요청에 의하여 행하여진 서명 등은 이를 무효로 한다(동법 동조 2항).

9. 청구각하

지방자치단체의 장은 제1항의 규정에 의한 주민투표청구가 다음 각 호의 어느 하나에 해당하는 경우에는 이를 각하하여야 한다(동법 제12조 8항).

1. 유효한 서명의 총수(제7항의 규정에 의하여 보정을 요구한 때에는 그 보정된 서명을 포함한다)가 청구정족수요건[동법 제9조 제2항의 규정에 의한 요건, 위 7.의 ⅰ)]에 미달되는 경우
2. 주민투표청구서와 청구인서명부가 서명요청기간이 만료되는 날부터 특별시·광역시 또는 도의 경우에는 10일 이내에, 자치구·시 또는 군의 경우에는 5일 이내에 지방자치단체의 장에게 제출하여야 하는데 이 기간을 경과하여 제출된 경우
3. 청구인서명부의 서명이 무효인 서명으로 판정되어 위 청구정족수요건에 미달하게 된 때에 지방자치단체의 조례가 정하는 기간 이내에 이를 보정하지 아니한 경우

10. 주민투표의 발의와 공고

(1) 발의 경우와 각 요건

주민투표의 발의는 i) 국가정책 주민투표의 요구, ii) 주민의 청구, iii) 지방의회의 청구, iv) 지방자치단체장의 직권청구 4가지 경우에 의해 이루어진다. 따라서 위에서 언급한 대로 다음과 같은 요건이 성취되면 발의될 수 있는 요건을 갖추게 되는데 지방자치단체의 장은 아래 네 가지 중 어느 하나에 해당하는 경우에는 지체없이 그 요지를 공표하고 관할선거관리위원회에 통지하여야 한다(동법 제13조 1항). 즉 i) 국가정책 주민투표 – 중앙행정기관의 장으로부터 요구를 받은 지방자치단체장이 지방의회의 의견을 들어 그 결과를 관계 중앙행정기관의 장에게 통지하면서 주민투표를 발의하겠다고 통지한 경우, ii) 주민 청구 – 19세 이상 주민 중 주민투표청구권자 총수의 20분의 1 이상 5분의 1 이하의 범위 안에서 지방자치단체의 조례로 정하는 수 이상의 서명으로 그 지방자치단체의 장에게 주민투표의 실시를 청구하여 적법하다고 인정되는 경우,[1] iii) 지방의회의 청구 – 지방의회가 재적의원 과반수의 출석과 출석의원 3분의 2 이상의 찬성으로 그 지방자치단체의 장에게 주민투표의 실시를 청구하여 적법하다고 인정되는 경우, iv) 지방자치단체 장의 직권청구 – 지방의회 재적의원 과반수의 출석과 출석의원 과반수의 동의를 얻은 경우이다.

지방자치단체의 관할구역의 전부 또는 일부에 대하여 공직선거법의 규정에 의한 선거가 실시되는 때에는 그 선거의 선거일전 60일부터 선거일까지의 기간동안에는 주민투표를 발의할 수 없다(동법 제13조 3항).

(2) 공고절차

지방자치단체의 장은 위 발의 경우들 중 어느 하나에 해당하는 경우에는 지체없이 그 요지를 공표하고 관할선거관리위원회에 통지하여야 하고, 지방자치단체의 장은 주민투표를 발의하고자 하는 때에는 위 공표일부터 7일 이내에 투표일과 주민투표안을 공고하여야 한다(동법 제13조 1항·2항). 다만, 지방자치단체의 장 또는 지방의회가 주민투표청구의 목적을 수용하는 결정을 한 때에는 주민투표를 발의하지 아니한다(동법 2항 단서).

11. 투표일, 투표형식, 실시구역, 투표방법, 투표·개표절차 등

i) 주민투표의 투표일 – 주민투표의 투표일은 위 주민투표발의일부터 23일 이상 30일 이하의 범위 안에서 지방자치단체의 장이 관할선거관리위원회와 협의하여 정하는데, 지방자치단체의 관할구역의 전부 또는 일부에 대하여 공직선거법 규정에 의한 선거가 실시되는 때에는

---

1) 그예로 2011.8.24. 실시된 '무상급식' 지원범위에 관한 서울특별시 주민투표가 주민청구로 이루어진 예를 볼 수 있다.

그 선거의 선거일전 60일부터 선거일까지의 기간은 투표일로 정할 수 없다(동법 제14조 1항·2항). ii) 주민투표의 형식 – 주민투표는 특정한 사항에 대하여 찬성 또는 반대의 의사표시를 하거나 두 가지 사항 중 하나를 선택하는 형식으로 실시하여야 한다(동법 제15조). iii) 주민투표 실시구역 – 주민투표는 그 지방자치단체의 관할구역 전체를 대상으로 실시한다. 다만, 특정한 지역 또는 주민에게만 이해관계가 있는 사항인 경우 지방자치단체의 장이 지방의회의 동의를 얻은 때에는 관계 시·군·구 또는 읍·면·동을 대상으로 주민투표를 실시할 수 있다(동법 제16조). iv) 주민투표공보의 발행 – 관할선거관리위원회는 주민투표안의 내용, 주민투표에 부쳐진 사항에 관한 의견 및 그 이유, 투표절차 그 밖의 필요한 사항을 게재한 주민투표공보를 1회 이상 발행하여야 한다(동법 제17조 1항). v) 투표방법 등 – 투표는 공직선거법 규정에 의한 기표방법에 의한 투표로 하는데, 투표는 직접 또는 우편으로 하되, 1인 1표로 한다(동법 제18조 1항·2항). vi) 투표·개표절차 등 – 투표시간, 투표용지, 투표구·개표구의 설치, 투표·개표의 절차 및 참관 등 투표·개표의 관리에 관하여는 공직선거법 규정을 준용한다(동법 제19조).

12. 주민투표에 관한 운동

(1) 투표운동의 원칙

주민투표법에서 "투표운동"이라 함은 주민투표에 부쳐진 사항에 관하여 찬성 또는 반대하게 하거나 주민투표에 부쳐진 두 가지 사항중 하나를 지지하게 하는 행위를 말한다. 다만, 주민투표에 부쳐진 사항에 관한 단순한 의견개진 및 의사표시는 투표운동으로 보지 아니한다. 주민투표법 또는 다른 법률의 규정에 의하여 금지 또는 제한되는 경우를 제외하고는 누구든지 자유롭게 투표운동을 할 수 있다(동법 제20조).

(2) 투표운동기간 및 투표운동을 할 수 없는 자

투표운동은 주민투표발의일부터 주민투표일의 전일까지에 한하여 이를 할 수 있다(동법 제21조 1항).

주민투표권이 없는 자, 공무원(그 지방의회의 의원 제외), 각급 선거관리위원회의 위원, 방송사업 경영자 등 법소정의 사람은 투표운동을 할 수 없다(동법 동조 2항).

(3) 투표운동의 제한

누구든지 야간호별방문 및 야간옥외집회, 투표운동을 목적으로 서명 또는 날인을 받는 행위, 공직선거법 규정에 의한 연설금지장소에서의 연설행위, 공직선거법에서 정하는 확성장치 및 자동차 등의 사용제한에 관한 규정을 위반하는 행위에 해당하는 방법으로 투표운동을 하여서는 아니 된다(동법 제22조 1항).

(4) 위법한 투표운동에 대한 중지·경고 등

관할선거관리위원회의 위원 및 직원은 이 법 등에 위반되는 행위를 발견한 때에는 중지·

경고 또는 시정명령을 하여야 하며, 그 위반행위가 투표의 공정을 현저히 해치는 것이거나 중지·경고 또는 시정명령을 불이행하는 때에는 관할 수사기관에 수사를 의뢰하거나 고발하여야 한다(동법 제23조).

13. 주민투표의 효력 등

(1) 주민투표결과의 확정

주민투표에 부쳐진 사항은 주민투표권자 총수의 3분의 1 이상의 투표와 유효투표수 과반수의 득표로 확정된다(동법 제24조 1항 본문).

(2) 양자 불수용·비선택의 확정

전체 투표수가 주민투표권자 총수의 3분의 1에 미달되는 경우, 주민투표에 부쳐진 사항에 관한 유효득표수가 동수인 경우의 어느 하나에 해당하는 경우에는 찬성과 반대 양자를 모두 수용하지 아니하거나, 양자택일의 대상이 되는 사항 모두를 선택하지 아니하기로 확정된 것으로 본다(동법 제24조 1항 단서).

전체 투표수가 주민투표권자 총수의 3분의 1에 미달되는 때에는 개표를 하지 아니한다(동법 제24조 2항). 그 예로 2011.8.24. 시행된 서울특별시 무상급식 주민투표를 들 수 있다. 이 사건 미개함에 대해 헌법소원심판들이 청구되었으나 주민투표권이 기본권이 아니므로 기본권의 침해가능성이 없다거나 자기관련성이 없다는 등의 각하결정들이 있었다.

판례 헌재 2011.9. 20. 2011헌마484; 헌재 2011.9.27. 2011헌마512(서울특별시 무상급식 주민투표에서 25.7%의 투표율을 보여 투표함을 개봉하지 않은데 대해 과천시민이 청구한 헌법소원심판사건).

(3) 결과의 공표와 통지

관할선거관리위원회는 개표가 끝난 때에는 지체없이 그 결과를 공표한 후 지방자치단체의 장에게 통지하여야 한다. 전체 투표수가 주민투표권자 총수의 3분의 1에 미달되어 개표를 하지 아니한 때에도 또한 같다(동법 제24조 3항). 지방자치단체의 장은 통지받은 때에는 지체없이 이를 지방의회에 보고하여야 하며, 국가정책에 관한 주민투표인 때에는 관계 중앙행정기관의 장에게 주민투표결과를 통지하여야 한다. 지방자치단체의 장 및 지방의회는 주민투표결과 확정된 내용대로 행정·재정상의 필요한 조치를 하여야 한다(동법 동조 4항·5항).

(4) 변경금지효력

지방자치단체의 장 및 지방의회는 주민투표결과 확정된 사항에 대하여 2년 이내에는 이를 변경하거나 새로운 결정을 할 수 없다. 다만, 찬성과 반대 양자를 모두 수용하지 아니하거나 양자택일의 대상이 되는 사항 모두를 선택하지 아니하기로 확정된 때에는 그러하지 아니하다(동법 동조 6항).

(5) 주민투표소청, 주민투표소송

선거관리위원회에 의한 소청을 먼저 거치고 소송으로 나아가도록 하고 있고 기초자치단체의 경우와 광역자치단체의 경우의 관할을 각기 달리하고 있다.

1) 주민투표소청

주민투표의 효력에 관하여 이의가 있는 주민투표권자는 주민투표권자 총수의 100분의 1 이상의 서명으로 주민투표결과가 공표된 날부터 14일 이내에 관할선거관리위원회 위원장을 피소청인으로 하여 시·군 및 자치구에 있어서는 특별시·광역시·도 선거관리위원회에, 특별시·광역시 및 도에 있어서는 중앙선거관리위원회에 소청할 수 있다(동법 제25조 1항).

2) 주민투표소송

위 소청에 대한 결정에 관하여 불복이 있는 소청인은 관할선거관리위원회위원장을 피고로 하여 그 결정서를 받은 날(결정서를 받지 못한 때에는 결정기간이 종료된 날)부터 10일 이내에 특별시·광역시 및 도에 있어서는 대법원에, 시·군 및 자치구에 있어서는 관할 고등법원에 소를 제기할 수 있다.

* '불복'이란 용어는 적절하지 않다.

* 국가정책 주민투표에 대해서는 위 주민투표소송 규정과 아래 보는 무효판결로 인한 재투표 규정을 배제하고 있는데(동법 제8조 4항) 이 배제규정에 대해 합헌성을 인정한 결정례가 있다 : 헌재 2009.3.26. 2006헌마99(이 결정에 대해서는 앞의 국가정책 주민투표 부분 참조).

3) 무효판결로 인한 재투표

지방자치단체의 장은 주민투표의 전부 또는 일부무효의 판결이 확정된 때에는 그 날부터 20일 이내에 무효로 된 투표구의 재투표를 실시하여야 한다. 이 경우 투표일은 늦어도 투표일 전 7일까지 공고하여야 한다(동법 제26조 1항).

(6) 투표연기

천재·지변으로 인하여 투표를 실시할 수 없거나 실시하지 못한 때에는 지방자치단체의 장은 관할선거관리위원회와 협의하여 투표를 연기하거나 다시 투표일을 지정하여야 한다(동법 제26조 3항).

14. 주민투표경비

주민투표의 준비·관리 및 실시에 필요한 경비, 주민투표공보의 발행, 설명회 등의 개최 및 불법투표운동의 단속에 필요한 경비, 주민투표에 관한 소청 및 소송과 관련한 경비 등 법소정의 경비는 주민투표를 발의한 지방자치단체의 장이 속하는 지방자치단체(제8조의 규정에 의한 국가정책 주민투표인 경우에는 국가)가 부담한다(동법 제27조 1항).

Ⅲ. 조례의 제정과 개폐 청구

1. 청구권자, 청구인단, 청구의 상대방

19세 이상의 주민으로서 해당 지방자치단체의 관할 구역에 주민등록이 되어 있는 사람, '재외동포의 출입국과 법적 지위에 관한 법률'에 따라 해당 지방자치단체의 국내거소신고인명부에 올라 있는 국민, 출입국관리법에 따른 영주의 체류자격 취득일 후 3년이 경과한 외국인으로서 같은 법에 따라 해당 지방자치단체의 외국인등록대장에 올라 있는 사람 중 어느 하나에 해당하는 사람(선거권이 없는 자는 제외)이 그들 중의 일정 수를 확보하여 청구할 수 있다. 즉 위와 같은 19세 이상 주민은 시·도와 인구 50만 이상 대도시에서는 19세 이상 주민 총수의 100분의 1 이상 70분의 1 이하, 시·군 및 자치구에서는 19세 이상 주민 총수의 50분의 1 이상 20분의 1 이하의 범위에서 지방자치단체의 조례로 정하는 19세 이상의 주민 수 이상의 연서로 해당 지방자치단체의 장에게 조례를 제정하거나 개정하거나 폐지할 것을 청구할 수 있다(지방자치법 제15조 1항). 조례개폐 청구의 상대방은 지방자치단체의 장이지 지방의회나 지방의회 의장이 아니다.

2. 청구제외대상

청구대상은 네거티브적으로 규정되어 있다. 즉 청구대상에 대해 지방자치법이 적극적으로 규정을 두지 않고 제외되는 사항을 규정하고 있는데 법령을 위반하는 사항, 지방세·사용료·수수료·부담금의 부과·징수 또는 감면에 관한 사항, 행정기구를 설치하거나 변경하는 것에 관한 사항이나 공공시설의 설치를 반대하는 사항은 청구대상에서 제외된다(동법 동조 2항).

3. 청구절차

(1) 대표자 선청, 조례안 제출, 이의신청

지방자치단체의 19세 이상의 주민이 위와 같이 조례를 제정하거나 개정하거나 폐지할 것을 청구하려면 청구인의 대표자를 선정하여 청구인명부에 적어야 하며, 청구인의 대표자는 조례의 제정안·개정안 및 폐지안을 작성하여 제출하여야 한다(동법 동조 3항). 지방자치단체의 장은 제1항에 따른 청구를 받으면 청구를 받은 날부터 5일 이내에 그 내용을 공표하여야 하며, 청구를 공표한 날부터 10일간 청구인명부나 그 사본을 공개된 장소에 갖추어두어 열람할 수 있도록 하여야 한다(동법 동조 4항). 청구인명부의 서명에 관하여 이의가 있는 자는 제4항에 따른 열람기간에 해당 지방자치단체의 장에게 이의를 신청할 수 있고, 지방자치단체의 장은 이 이의신청을 받으면 일정기간 내에 심사·결정하고 이의신청을 한 사람 등에 알려야 한다(동법 5

항 · 6항).

(2) 수리, 각하

지방자치단체의 장은 위 이의신청이 없는 경우 또는 모든 이의신청에 대하여 결정이 끝난 경우 위 청구인단 확보가 되고 그 조례안이 청구제외대상이 아닌 때(요건충족)에는 청구를 수리하고, 그러하지 아니한 때에는 청구를 각하하되, 수리 또는 각하 사실을 청구인의 대표자에게 알려야 한다. 지방자치단체의 장은 청구를 각하하려면 청구인의 대표자에게 의견을 제출할 기회를 주어야 하고 지방자치단체의 장이 청구를 수리한 때에는 수리한 날부터 60일 이내에 주민청구조례안을 지방의회에 부의하여야 하며, 그 결과를 청구인의 대표자에게 알려야 한다(동법 동조 7항 · 8항 · 9항).

4. 주민청구조례안의 심사절차

지방자치단체의 장은 위 규정들에 따라 청구된 주민청구조례안에 대하여 의견이 있으면 주민청구조례안을 지방의회에 부의할 때 그 의견을 첨부할 수 있고, 지방의회는 심사 안건으로 부쳐진 주민청구조례안을 의결하기 전에 청구인의 대표자를 회의에 참석시켜 그 청구취지를 들을 수 있다(동법 제15조의2 1항 · 2항).

Ⅳ. 주민의 감사청구

1. 청구

지빙자치단체의 19세 이상의 주민은 시 · 도는 500명, 인구 50만 이상 대도시는 300명, 그 밖의 시 · 군 및 자치구는 200명을 넘지 아니하는 범위에서 그 지방자치단체의 조례로 정하는 19세 이상의 주민 수 이상의 연서로, 시 · 도에서는 주무부장관에게, 시 · 군 및 자치구에서는 시 · 도지사에게 그 지방자치단체와 그 장의 권한에 속하는 사무의 처리가 법령에 위반되거나 공익을 현저히 해친다고 인정되면 감사를 청구할 수 있다(동법 제16조 1항).

2. 감사청구 제외 대상

수사나 재판에 관여하게 되는 사항, 개인의 사생활을 침해할 우려가 있는 사항, 다른 기관에서 감사하였거나 감사 중인 사항(다른 기관에서 감사한 사항이라도 새로운 사항이 발견되거나 중요 사항이 감사에서 누락된 경우와 주민소송의 대상이 되는 경우에는 그러하지 아니함), 동일한 사항에 대하여 주민소송이 진행 중이거나 그 판결이 확정된 사항 중 하나에 해당하는 사항은 감사청구의 대상에서 제외한다(동법 동조 동항 단서).

3. 청구기간, 처리 및 결과공표기간

위 주민감사청구는 사무처리가 있었던 날이나 끝난 날부터 2년이 지나면 제기할 수 없다(동법 동조 2항). 주무부장관이나 시·도지사는 감사청구를 수리한 날부터 60일 이내에 감사청구된 사항에 대하여 감사를 끝내야 하며, 감사결과를 청구인의 대표자와 해당 지방자치단체의 장에게 서면으로 알리고, 공표하여야 한다. 다만, 그 기간에 감사를 끝내기가 어려운 정당한 사유가 있으면 그 기간을 연장할 수 있다. 이 경우 이를 미리 청구인의 대표자와 해당 지방자치단체의 장에게 알리고, 공표하여야 한다(동법 동조 3항). 주무부장관이나 시·도지사는 주민이 감사를 청구한 사항이 다른 기관에서 이미 감사한 사항이거나 감사 중인 사항이면 그 기관에서 실시한 감사결과 또는 감사 중인 사실과 감사가 끝난 후 그 결과를 알리겠다는 사실을 청구인의 대표자와 해당 기관에 지체 없이 알려야 한다(동법 동조 4항). 주무부장관이나 시·도지사는 주민 감사청구를 처리(각하를 포함한다)할 때 청구인의 대표자에게 반드시 증거 제출 및 의견 진술의 기회를 주어야 한다(동법 동조 5항). 주무부장관이나 시·도지사는 감사결과에 따라 기간을 정하여 해당 지방자치단체의 장에게 필요한 조치를 요구할 수 있다. 이 경우 그 지방자치단체의 장은 이를 성실히 이행하여야 하고 그 조치결과를 지방의회와 주무부장관 또는 시·도지사에게 보고하여야 하고, 주무부장관이나 시·도지사는 위 조치요구내용과 지방자치단체의 장의 조치결과를 청구인의 대표자에게 서면으로 알리고, 공표하여야 한다(동법 동조 6항·7항).

V. 주민소송

1. 취지

지방자치법 제17조 내지 제19조는 주민소송제도를 규정하고 있다. 주민소송제도는 2005년에 새로 도입된 것으로 지방자치법 제16조 제1항에 따라 공금의 지출에 관한 사항, 재산의 취득·관리·처분에 관한 사항 등을 게을리한 사항을 감사청구한 주민이 관련이 있는 위법한 행위나 업무를 게을리 한 사실에 대하여 해당 지방자치단체의 장을 상대방으로 하여 제기하는 소송이다. 주민소송제도의 취지는 주민참여를 확대하여 지방행정의 책임성을 높일 수 있도록 하려는 것이다.

2. 제기인과 제소사유

주민소송 제기인은 위 감사청구를 한 주민이다. 그 주민은 주무부장관이나 시·도지사가 감사청구를 수리한 날부터 60일이 지나도 감사를 끝내지 아니한 경우, 감사결과 또는 조치요구에 불복하는 경우, 위 주무부장관이나 시·도지사의 조치요구를 지방자치단체의 장이 이행하지 아니한 경우, 위 지방자치단체의 장의 이행 조치에 불복하는 경우 중 어느 하나에 해당하는 경우에 그 감사청구한 사항과 관련이 있는 위법한 행위나 업무를 게을리 한 사실에 대하여 해당 지방자치단체의 장(해당 사항의 사무처리에 관한 권한을 소속 기관의 장에게 위임한 경우에는 그 소속 기관의 장)을 상대방으로 하여 소송을 제기할 수 있다(동법 제17조 1항).

3. 주민소송의 유형

위 규정에 따라 주민이 제기할 수 있는 소송은 1. 해당 행위를 계속하면 회복하기 곤란한 손해를 발생시킬 우려가 있는 경우에는 그 행위의 전부나 일부를 중지할 것을 요구하는 소송, 2. 행정처분인 해당 행위의 취소 또는 변경을 요구하거나 그 행위의 효력 유무 또는 존재 여부의 확인을 요구하는 소송, 3. 게을리한 사실의 위법 확인을 요구하는 소송, 4. 해당 지방자치단체의 장 및 직원, 지방의회의원, 해당 행위와 관련이 있는 상대방에게 손해배상청구 또는 부당이득반환청구를 할 것을 요구하는 소송이다(동법 동조 2항)

4. 제소기간

위와 같은 유형의 주민소송은 그 제소사유가 어떻든 제소기간은 90일로 모두 동일하나 위에서 본 감사청구 관련 제소사유에 따라 기산점이 달리 규정되어 있다. 즉 다음 각 호의 어느 하나에 해당하는 날부터 90일 이내에 제기하여야 한다(동법 동조 4항).

① 주무부장관이나 시·도지사가 감사청구를 수리한 날부터 60일이 지나도 감사를 끝내지 아니한 경우 : 해당 60일이 끝난 날

② 제16조 제3항 및 제4항에 따른 감사결과 또는 제16조 제6항에 따른 조치요구에 불복하는 경우 : 해당 감사결과나 조치요구내용에 대한 통지를 받은 날

③ 제16조 제6항에 따른 주무부장관이나 시·도지사의 조치요구를 지방자치단체의 장이 이행하지 아니한 경우 : 해당 조치를 요구할 때에 지정한 처리기간이 끝난 날

④ 제16조 제6항에 따른 지방자치단체의 장의 이행 조치에 불복하는 경우 : 해당 이행 조치결과에 대한 통지를 받은 날

5. 제한

위 소송 유형 중 중지청구소송은 해당 행위를 중지할 경우 생명이나 신체에 중대한 위해가 생길 우려가 있거나 그 밖에 공공복리를 현저하게 저해할 우려가 있으면 제기할 수 없다(동법 동조 3항). 위 주민소송이 진행 중이면 다른 주민은 같은 사항에 대하여 별도의 소송을 제기할 수 없고 소송의 계속 중에 소송을 제기한 주민이 사망하거나 제12조에 따른 주민의 자격을 잃으면 소송절차는 중단되는데 그 경우에 수계를 인정하되 법소정 기간에 수계절차가 이루어

지지 아니할 경우 그 소송절차는 종료된다(동법 동조 5항·6항·7항).

6. 소송관할, 소송 취하 등 보상

주민소송은 해당 지방자치단체의 사무소 소재지를 관할하는 행정법원(행정법원 비설치 지역에서는 관할 지방법원본원)의 관할로 한다(동법 동조 9항).

주민 소송에서 당사자는 법원의 허가를 받지 아니하고는 소의 취하, 소송의 화해 또는 청구의 포기를 할 수 없다(동법 동조 14항).

소송을 제기한 주민은 승소(일부 승소를 포함한다)한 경우 그 지방자치단체에 대하여 변호사 보수 등의 소송비용, 감사청구절차의 진행 등을 위하여 사용된 여비, 그 밖에 실제로 든 비용을 보상할 것을 청구할 수 있다. 이 경우 지방자치단체는 청구된 금액의 범위에서 그 소송을 진행하는 데에 객관적으로 사용된 것으로 인정되는 금액을 지급하여야 한다(동법 동조 16항).

7. 손해배상금 등의 지불청구 등, 변상명령 등

(1) 손해배상금 등의 지불청구

지방자치단체의 장은 해당 지방자치단체의 장 및 직원, 지방의회의원, 해당 행위와 관련이 있는 상대방에게 손해배상청구 또는 부당이득반환청구를 할 것을 요구하는 소송(제17조 2항 4호 본문에 따른 소송)에 대하여 손해배상청구나 부당이득반환청구를 명하는 판결이 확정되면 그 판결이 확정된 날부터 60일 이내를 기한으로 하여 당사자에게 그 판결에 따라 결정된 손해배상금이나 부당이득반환금의 지불을 청구하여야 한다. 다만, 손해배상금이나 부당이득반환금을 지불하여야 할 당사자가 지방자치단체의 장이면 지방의회 의장이 지불을 청구하여야 한다(동법 제18조 1항). 지방자치단체는 위 규정에 따라 지불청구를 받은 자가 같은 항의 기한 내에 손해배상금이나 부당이득반환금을 지불하지 아니하면 손해배상·부당이득반환의 청구를 목적으로 하는 소송을 제기하여야 한다. 이 경우 그 소송의 상대방이 지방자치단체의 장이면 그 지방의회 의장이 그 지방자치단체를 대표한다.

(2) 변상명령 등

지방자치단체의 장은 그 지방자치단체의 직원이 '회계관계직원 등의 책임에 관한 법률' 제4조에 따른 변상책임을 져야 하는 경우에는 변상명령을 할 것을 요구하는 소송(동법 제17조 2항 4호 단서에 따른 소송)에 대하여 변상할 것을 명하는 판결이 확정되면 그 판결이 확정된 날부터 60일 이내를 기한으로 하여 당사자에게 그 판결에 따라 결정된 금액을 변상할 것을 명령하여야 한다(동법 제19조 1항). 위 기한 내에 변상금을 지불하지 아니하면 지방세 체납처분의 예에 따라 징수할 수 있고 위 변상명령을 받은 자는 이에 불복하는 경우 행정소송을 제기할 수 있는데 다만, 행정심판법에 따른 행정심판청구는 제기할 수 없다(동법 동조 2항·3항).

Ⅵ. 주민소환제도

1. 의의와 법규정

주민소환제는 주민들의 대표기관인 지방자치단체장이나 지방의회의원이 헌법이나 법률상의 자치권을 침해하는 행정이나 입법을 하거나 정책적인 독선, 무능을 보여 주민의 신뢰를 저버린 경우에 주민이 직접 그 지위에서 해임하는 제도이다. 헌재는 "주민소환제란 지방자치단체의 특정한 공직에 있는 자가 주민의 신뢰에 반하는 행위를 하고 있다고 생각될 때 임기 종료 전에 주민이 직접 그 해직을 청구하는 제도로서, 주민에 의한 지방행정 통제의 가장 강력한 수단이며, 주민의 참정기회를 확대하고 주민대표의 정책이나 행정처리가 주민의사에 반하지 않도록 주민대표나 행정기관에 대한 통제와 주민에 대한 책임성을 확보하는 데 그 제도적 의의가 있다"라고 한다.1)

지방자치에서는 2006.5.24. 지방자치법을 개정하여 "주민은 당해 지방자치단체의 장 및 지방의회의원(비례대표지방의회의원을 제외한다)을 소환할 권리를 가진다"라고 규정하여(제13조의8 1항) 주민소환제도를 도입하였다. 주민소환의 투표 청구권자·청구요건·절차 및 효력 등에 관하여는 따로 법률로 정한다(동법 동조 2항). 바로 그 법률이 「주민소환에 관한 법률」인데 2006.5.24.에 제정되었다.

2. 주민소환제도와 주민소환투표권의 성격

(1) 주민소환제도의 성격

1) 성격

ⅰ) 헌법제도성 여부 – 주민소환제가 헌법적 제도인지에 대해 논란이 있다. 헌재는 "주민소환제 자체는 지방자치의 본질적인 내용이라고 할 수 없으므로 이를 보장하지 않는 것이 위헌이라거나 어떤 특정한 내용의 주민소환제를 반드시 보장해야 한다는 헌법적인 요구가 있다고 볼 수는 없다"라고 한다.2) 그러나 헌법에 지방자치제가 규정되어 있고 그 지방자치제의 내용으로서 법률이 주민소환제도를 도입한 다음에야 헌법적 근거가 있는 제도라고 보아야 한다. ⅱ) 정치성 여부 – 헌재는 "주민소환제를 규범적인 차원에서 정치적인 절차로 설계할 것인지, 아니면 사법적인 절차로 할 것인지는 현실적인 차원에서 입법자가 여러 가지 사정을 고려하여 정책적으로 결정할 사항이라 할 것"이라고 한다. 그러면서 "그런데 주민소환법에 주민소환의 청구사유를 두지 않은 것은 입법자가 주민소환을 기본적으로 정치적인 절차로 설정한

---

1) 헌재 2011.12.29. 2010헌바368.
2) 헌재 2011.12.29. 2010헌바368.

것으로 볼 수 있고, 외국의 입법례도 청구사유에 제한을 두지 않는 경우가 많다는 점을 고려할 때 우리의 주민소환제는 기본적으로 정치적인 절차로서의 성격이 강한 것으로 평가될 수 있다 할 것이다"라고 한다.[1] 이러한 분석은 헌법적 관점이 아니라 현재 우리나라가 시행하고 있는 법률을 두고 이루어진 것이라고 할 것이다. 그러나 헌법에 근거하여 소민소환에 관한 법률이라는 법률에 규정을 두고 이루어지는 제도라면 그 법적 성격을 긍정하여야 한다. 그렇지 않으면 주민소환의 확정적 효력에 대해 법적 구속력을 부정하게 될 것이다.

2) 헌재입장에서의 성격의 효과와 심사기준

i) 성격(광범위한 입법재량성과 한계) - 위와 같은 입장에서 헌재는 소환제도 형성에 있어서도 입법자에게 광범위한 입법재량이 인정된다고 보는데 그러면서도 "지방자치단체장도 선거에 의하여 선출되므로 주민소환제라 하더라도 이들의 공무담임권을 과잉으로 제한하여서는 아니되고, 앞서 본 바와 같이 제도적인 측면에 있어 예외로서의 주민소환제는 원칙으로서의 대의제의 본질적인 부분을 침해하여서도 아니 된다는 점이 그 입법형성권의 한계로 작용한다"라고 한다.[2] ii) 심사방법(기준-완화) - 주민소환제를 구성하는 여러 가지 요건이 청구인의 공무담임권을 침해하는지 여부에 관한 헌법재판 판단에 있어서 헌재는 아래와 같은 기준을 설정한 바 있다.

판례 헌재 2009.3.26. 2007헌마843

[기준판시 부분] ① 직접민주제의 도입이 대의제의 본질적인 내용을 침해하여서는 아니 되고, ② 주민소환제는 기본적으로 정치적인 절차로서의 성격이 강하며, ③ 지방자치단체장에 대한 선거(대의제)나 주민소환(직접민주제)이 헌법적인 차원이 아닌 법률적인 차원에서 보장되고 있음에 비추어 주민소환제는 지방자치의 측면에서 입법재량의 여지가 큼에 반하여 지방자치단체장이 대의제 원리에 따라서 갖는 자유위임의 원칙은 상대적으로 약화될 수밖에 없다는 점 등을 고려하여야 할 것이다. 그런데 선출직 공무원의 공무담임권은 선거를 전제로 하는 대의제의 원리에 의하여 발생하는 것이므로 공직의 취임이나 상실에 관련된 어떠한 법률조항이 대의제의 본질에 반한다면 이는 공무담임권도 침해하는 것이라고 볼 수 있다. 또 입법자는 주민소환제의 형성에 있어 광범위한 입법재량을 갖고 있다고 볼 수 있으나, 앞서 본 바와 같이 대의제의 본질적인 부분을 침해하여 공무담임권을 침해하여서는 아니 된다는 한계를 지켜야 하므로, 이를 전제로 이 법률조항이 대의제의 본질적인 부분을 침해하는지와 과잉금지원칙에 위반되어 청구인의 공무담임권을 침해하는지 여부를 살펴보아야 할 것이다. 다만, 과잉금지원칙을 심사하면서 피해의 최소성을 판단함에 있어서는 입법재량의 허용 범위를 고려하여 구체적으로는 '입법자의 판단이 현저하게 잘못 되었는가' 하는 명백성의 통제에 그치는 것이 타당하다 할 것이다 * 완화된 피해최소성심사 판시의 다른 예로 헌재 2002.10.31. 99헌바76 등 참조.

그리하여 헌재는 주민소환제도에 관한 심사에서 위 기준을 적용하여 판단하고 있다(아래 부분 참조).

---

1) 헌재 2009.3.26. 2007헌마843.
2) 헌재 2009.3.26. 2007헌마843.

(2) 주민소환투표권의 성격

주민소환제도의 성격은 위와 같은데 그 제도시행에 참여하는 주민의 소환투표권의 성격은 어떠한가, 특히 기본권인가 하는 문제가 논의되고 있다. 헌재는 다음과 같이 부정한다.

판례 헌재 2011.12.29. 2010헌바368

[판시] 주민소환권의 기본권성 인정 여부 – 우리 헌법은 법률에 정하는 바에 따른 '선거권'(헌법 제24조)과 '공무담임권'(헌법 제25조) 및 국가안위에 관한 중요정책과 헌법개정에 대한 '국민투표권'(헌법 제72조, 제130조)만을 헌법상의 참정권으로 보장하고 있으므로, 지방자치법에서 규정한 주민투표권이나 주민소환청구권은 그 성질상 위에서 본 선거권, 공무담임권, 국민투표권과는 다른 것이어서 이를 법률이 보장하는 참정권이라고 할 수 있을지언정 헌법이 보장하는 참정권이라 할 수는 없다(헌재 2001.6.28. 2000헌마735 참조). 또한 주민소환제 자체는 지방자치의 본질적 내용이라고 할 수 없으므로 이를 보장하지 않는 것이 위헌이라거나 어떤 특정한 내용의 주민소환제를 반드시 보장해야 한다는 헌법적인 요구가 있다고 볼 수 없으므로(헌재 2009.3.26. 2007헌마843 참조), 주민소환제 및 그에 부수하여 법률상 창설되는 주민소환권이 지방자치의 본질적 내용에 해당하여 반드시 헌법적인 보장이 요구되는 제도라고 할 수도 없다. 그리고 헌법 제7조 제1항이 "공무원은 … 국민에 대하여 책임을 진다"라고 규정하고 있기는 하나, 공무원의 파면권을 명문으로 규정한 일본국 헌법 제15조 제1항과 달리 국민에 대한 정치적·윤리적 책임이라고 해석되는 이상, 위 규정이 국민소환권이나 국민의 공무원 파면권의 헌법적 근거가 될 수도 없다. 그렇다고 주민소환권의 권리내용 또는 보호영역이 비교적 명확하여 권리내용을 규범 상대방에게 요구하거나 재판에 의하여 그 실현을 보장받을 수 있는 구체적 권리로서의 실질을 가지고 있다고 할 수도 없으므로, 헌법 제37조 제1항에서 말하는 '헌법에서 열거되지 아니한 기본권'으로 볼 수도 없다(헌재 2009.5.28. 2007헌마369; 2011.8.30. 2008헌마477 등 참조). 결국, 주민소환청구권 자체는 헌법상 기본권으로서 보장되는 것은 아니고, 입법에 의하여 형성된 주민소환청구제도에 따라 행사할 수 있는 법률상의 권리에 불과하다 할 것이므로, 이 사건 법률조항이 주민소환권이라는 기본권을 침해한다는 취지의 청구인 주장에 대해서는 더 이상의 판단을 필요로 하지 아니한다.

* 위 결정례 분석 : 주민소환권이 지방자치제도의 하나이고 지방자치제도가 헌법에서 유래하는 것이라면 이를 헌법상 기본권이 아니라고 단순 배척하기는 어렵다. 위 판시 중에는 "헌법 제7조 제1항이 "공무원은 … 국민에 대하여 책임을 진다"라고 규정하고 있기는 하나, 공무원의 파면권을 명문으로 규정한 일본국 헌법 제15조 제1항과 달리 국민에 대한 정치적·윤리적 책임이라고 해석되는 이상, 위 규정이 국민소환권이나 국민의 공무원 파면권의 헌법적 근거가 될 수도 없다"라고 하고 있는데 이는 국민소환권, 주민소환권이 기본권이 아니라는 입장을 밝히기 위하여 판시된 것이나 타당성이 떨어진다고 하겠다. 위 판례에서 결국 헌재는 주민소환권을 기본권으로 볼 수 없다고 하면서 서명요청 활동을 하였다는 이유로 기소된 사건이라는 점에서 표현의 자유 침해 여부 문제로 판단하였고 과잉금지원칙을 준수하였다고 하여 합헌결정을 하였다.[1] 그러나 주민소환권을 기본권으로 보지 않은 데 대해서는 지방자치권이 비록 제도적 보장과 관련되어 있긴 하나 지방자치를 소극적으로 보는 결과를 가져와 문제이다. 주민소환 제도가 국민소환 제도와 다른 차원의 것이기 때문에 후자는 인민주권론을 취하지 않는 우리 헌법으로서는 그 인정에 문제가 있으나 주민소환제도는 지방의 주민자치와 직결되어 있다는 점에서 지방자치를 약화시키는 입장이 된다는 점에서 그렇게 타당성이 있는 결정례는 아니다. 헌법 제37조 제1항을 거론한 것도 이해가 어렵다. 그 조항은 확인규정일 뿐이고 거기서 기본권인정이 가능하다면 법실증주의, 기본권의 실정권성으로 귀착되기 때문이다(앞의 기본권 총론 부분 참조). 더구나 위 사건은 기본권침해

1) 헌재 2011.12.29. 2010헌바368.

에 대한 구제를 위한 헌법소원심판이 아니라 위헌여부를 가리는 위헌소원심판사건이었다. 위헌소원심판에서 굳이 기본권 여부를 가지리 않더라도 주민소환제 관련 헌법적 원칙의 위배 여부를 따질 수 있기 때문이다. 또 위 사건에서 주민소환권이 기본권이 아니므로 헌법 제7조 제1항의 책임이 법적 책임이 아니라는 것은 입론이 잘못되었다. 공무원에 대해서는 주민소환 외에도 법적 책임을 물을 수 있는 법적 제도들(징계제도, 형사처벌제도, 행정쟁송제도, 국가배상제도 등)이 있기 때문이다. 시정되어야 할 판례이다.

3. 주민소환제도 적용규정

지방자치법 제20조의 규정에 따라 '주민소환에 관한 법률'('주민소환법'이라 함)이 주민소환의 투표 청구권자·청구요건·절차 및 효력 등에 관하여 규정함으로써 지방자치에 관한 주민의 직접참여를 확대하고 지방행정의 민주성과 책임성을 제고함을 목적으로 제정되어 시행되고 있다. 관할선거관리위원회가 주민소환투표의 사무를 관리함에 있어서는 「공직선거법」 제13조 제3항 내지 제6항의 규정을 준용한다(동법 제2조 2항). 주민소환에 관하여 다른 법률에 특별한 규정이 있는 경우를 제외하고는 이 법이 정하는 바에 따른다(동법 제6조). 또한 주민소환법은 주민소환이 주민의 투표로 결정되므로 주민투표법의 일정 사항에 대해(주민소환투표사무의 관리, 정보의 제공 등, 청구인대표자의 선정, 청구인서명부의 심사·확인 등, 주민소환투표공보의 발행, 투표방법, 투표·개표절차 등, 위법한 투표운동에 대한 중지·경고 등, 재투표 및 투표연기) 주민투표법을 준용하도록 규정하고 있다(주민소환법 제27조).

4. 주민소환투표의 사무관리, 투표의 보장, 홍보 등

주민소환투표사무는 해당 지방자치단체의 장선거 및 지방의회의원선거의 선거구선거사무를 행하는 선거관리위원회(이하 '관할선거관리위원회')가 관리한다(동법 제2조 1항). 국가 및 지방자치단체는 주민소환투표권자가 주민소환투표권을 행사할 수 있도록 필요한 조치를 취하여야 한다(동법 제5조 1항). 관할선거관리위원회는 주민소환투표에 관하여 필요한 계도·홍보를 실시하여야 한다(동법 동조 3항).

5. 투표권자(투표청구권자)

주민소환투표권을 가지는 사람은 주민소환투표인명부 작성기준일 현재 ① 19세 이상의 주민으로서 당해 지방자치단체 관할구역에 주민등록이 되어 있는 자(공직선거법 규정에 의하여 선거권이 없는 자는 제외), ② 19세 이상의 외국인으로서 출입국관리법 제10조의 규정에 따른 영주의 체류자격 취득일 후 3년이 경과한 자 중 같은 법 제34조의 규정에 따라 당해 지방자치단체 관할구역의 외국인등록대장에 등재된 자이다(동법 제3조 1항). 주민소환투표인명부의 작성 및 확정, 부재자신고 제도를 두고 있다(동법 제4조 1항·2항).

6. 주민소환투표대상자

주민소환투표의 대상자는 해당 지방자치단체의 장 및 지역선거구에 선출된 지역구지방의회의원이고 비례대표선거구시·도의회의원 및 비례대표선거구자치구·시·군의회의원은 제외되고 있다(동법 제7조 1항 괄호).

7. 주민소환투표의 청구요건

(1) 정족수

전년도 12월 31일 현재 주민등록표 및 외국인등록표에 등록된 위 주민소환투표청구권자는 위 주민소환투표대상자에 대하여 청구권자 총수의 일정 비율에 해당하는 주민의 서명으로 관할선거관리위원회에 주민소환투표의 실시를 청구할 수 있다(동법 제7조 1항). 그 일정 비율은 다음과 같다. i) 총수 대비 비율 – 대상자에 따라 달리 정해져 있다. 즉 ① 특별시장·광역시장·도지사 : 당해 지방자치단체의 주민소환투표청구권자 총수의 100분의 10 이상, ② 시장·군수·자치구의 구청장 : 당해 지방자치단체의 주민소환투표청구권자 총수의 100분의 15 이상, ③ 지역선거구시·도의회의원 및 지역선거구자치구·시·군의회의원 : 당해 지방의회의원의 선거구 안의 주민소환투표청구권자 총수의 100분의 20 이상(동법 동조 동항). ii) 분산비율 – 지방자치단체가 관내에 여러 기초자치단체가 있는 광역자치단체이거나 여러 읍·면·동으로 이루어진 기초자치단체인 경우에 지역적 편파성을 막기 위해 분산적인 비율을 요구하고 있다. 즉 ① 시·도지사에 대한 주민소환투표를 청구함에 있어서 당해 지방자치단체 관할구역 안의 시·군·자치구 전체의 수가 3개 이상인 경우에는 3분의 1 이상의 시·군·자치구에서 각각 주민소환투표청구권자 총수의 1만분의 5 이상 1천분의 10 이하의 범위 안에서 대통령령이 정하는 수 이상의 서명을 받아야 한다. 다만, 당해 지방자치단체 관할구역 안의 시·군·자치구 전체의 수가 2개인 경우에는 각각 주민소환투표청구권자 총수의 100분의 1 이상의 서명을 받아야 한다(동법 동조 2항). 시장·군수·자치구의 구청장 및 지역구지방의회의원에 대한 주민소환투표를 청구함에 있어서도 당해 시장·군수·자치구의 구청장 및 당해 지역구지방의회의원 선거구 안의 읍·면·동 전체의 수가 3개 이상인 경우에는 3분의 1 이상의 읍·면·동에서 각각 주민소환투표청구권자 총수의 1만분의 5 이상 1천분의 10 이하의 범위 안에서 대통령령이 정하는 수 이상의 서명을 받아야 한다. 다만, 당해 시장·군수·자치구의 구청장 및 당해 지역구지방의회의원 선거구 안의 읍·면·동 전체의 수가 2개인 경우에는 각각 주민소환투표청구권자 총수의 100분의 1 이상의 서명을 받아야 한다(동법 동조 3항).

* 발의요건에 대한 합헌성 인정의 판례 : 주민소환투표청구권자 총수의 100분의 15 이상 주민들만의 서명으로 시장에 대한 주민소환투표를 청구할 수 있도록 한 위 규정이 위헌이라는 주장이 있었다. 헌재

는 자의적이지 않고 편파성 배제를 위한 규정을 두고 있다는 점 등을 들어 과잉금지원칙을 준수하여 합헌성을 인정하였다.

판례 헌재 2009.3.26. 2007헌마843

[결정요지] 주민소환투표의 구체적인 요건을 설정하는 데 있어 입법자의 재량이 매우 크다 할 수 있고, 이 청구요건이 너무 낮아 남용될 위험이 크다는 의미에서 현저하게 자의적이라고 볼 수 없으며, 외국의 입법례에 비하여 낮은 수준이라고 단정하기도 어렵다. 또한 주민소환법 제7조 제3항에 따르면, 시장에 대한 주민소환투표를 청구함에 있어서는 당해 시장의 선거구 안의 읍·면·동 전체의 수가 3개 이상인 경우에는 3분의 1 이상의 읍·면·동에서 주민소환투표청구권자 총수의 1만분의 5 이상 1천분의 10 이하의 범위 안에서 대통령령이 정하는 수 이상의 서명을 받도록 하는 등 특정 지역 주민의 의사에 따라 청구가 편파적이고 부당하게 이루어 질 위험성은 거의 없고 주민들의 전체 의사가 어느 정도 고루 반영되도록 하고 있다. 결국 이러한 사정을 종합적으로 고려할 때 이 조항이 과잉금지원칙에 위반하여 청구인의 공무담임권을 침해한다고 볼 수 없다.

(2) 소환사유

1) 서면주의

청구권자는 소환사유를 서면에 구체적으로 명시하여 관할선거관리위원회에 주민소환투표의 실시를 청구할 수 있다(동법 제7조 1항).

2) 사유의 불규정

소환사유에 대해 아무런 제한을 두지 않았다. 따라서 법을 위반한 행위를 한 경우에 한정되지 않고 무능력, 정책적 선택에서의 주민의사 유리 등 정치적 이유로도 소환이 가능하다. 이러한 비제한에 대해서 기초자치단체장 시장이 위헌이라고 주장하는, 즉 주민소환에 관한 법률 제7조 제1항 제2호 중 '시장'에 대한 부분에 대한 헌법소원심판의 청구가 있었다. 헌재는 시장에 대한 주민소환 청구사유를 제한하지 않은 것은 비민주적, 독선적인 정책추진 등을 광범위하게 통제한다는 주민소환제의 필요성에 비추어 청구사유에 제한을 둘 필요가 없고, 업무의 광범위성이나 입법기술적인 측면에서 소환사유를 구체적으로 적시하기 쉽지 않으며, 청구사유의 무제한이 가져올 남용소지는 그 발의요건 한정, 주민소환투표권자 총수 3분의 1 이상의 투표와 유효투표 총수 과반수의 찬성이라는 확정요건 등으로 제도적으로 방지하고 있어서 피해최소성 등을 갖추고 있다는 취지로 과잉금지원칙을 준수한 것으로 보아 그 합헌성을 인정하였다.

판례 헌재 2009.3.26. 2007헌마843

[결정요지] 법 제7조 제1항 제2호 중 시장에 대한 부분이 주민소환의 청구사유에 제한을 두지 않은 것은 주민소환제를 기본적으로 정치적인 절차로 설계함으로써 위법행위를 한 공직자뿐만 아니라 정책적으로 실패하거나 무능하고 부패한 공직자까지도 그 대상으로 삼아 공직에서의 해임이 가능하도록 하여 책임정치 혹은 책임행정의 실현을 기하려는데 그 입법목적이 있다. 또 이로써 지방자치단체장은 행정의 민주성과 투명성을 높이려고 노력하는 효과를 가져 올 것이 분명하여 앞서 본 입법목적의 증진에 기여할 수 있는 유용한 수단이 될 것이다. 입법자는 주민소환제의 형성에 광범위한 입법재량을 가지고, 주

민소환제는 대표자에 대한 신임을 묻는 것으로 그 속성이 재선거와 같아 그 사유를 묻지 않는 것이 제도의 취지에도 부합하며, 비민주적, 독선적인 정책추진 등을 광범위하게 통제한다는 주민소환제의 필요성에 비추어 청구사유에 제한을 둘 필요가 없고, 업무의 광범위성이나 입법기술적인 측면에서 소환사유를 구체적으로 적시하기 쉽지 않다. 청구사유에 제한을 두지 않음으로써 주민소환제가 남용될 소지는 있으나, 주민소환투표는 일정수의 유권자의 서명을 받되 소환사유를 구체적으로 명시하여 청구하도록 하고(주민소환법 제7조), 해당 선출직 지방공직자의 임기개시일 후 1년 내나 임기 만료일로부터 1년 내, 주민소환투표를 실시한 날부터 1년 내에는 청구를 제한하며(주민소환법 제8조), 주민소환투표는 주민소환투표권자 총수 3분의 1이상의 투표와 유효투표 총수 과반수의 찬성으로 확정되도록 하여(주민소환법 제22조) 그 남용의 가능성을 제도적으로 방지하고 있을 뿐만 아니라, 현실적으로도 지방자치의 경험과 연륜이 축적되면서 시민의식 또한 따라 성장하여 이러한 남용의 위험성은 점차 줄어들 것으로 예상할 수 있다. 청구사유를 제한하는 경우 그 해당 여부를 사법기관에서 심사하게 될 것인데 그것이 적정한지 의문이 있고 절차가 지연될 위험성이 크므로, 법이 주민소환의 청구사유에 제한을 두지 않는 데에는 나름대로 상당한 이유가 있고, 청구사유를 제한하지 아니한 입법자의 판단이 현저하게 잘못되었다고 볼 사정 또한 찾아볼 수 없다. 또 위와 같이 청구사유를 제한하지 않음으로써 주민소환이 남용되어 공직자가 소환될 위험성과 이로 인하여 주민들이 공직자를 통제하고 직접참여를 고양시킬 수 있는 공익을 비교하여 볼 때, 법익의 형량에 있어서도 균형을 이루었으므로, 위 조항이 과잉금지의 원칙을 위반하여 청구인의 공무담임권을 침해하는 것으로 볼 수 없다.

* 동지 : 같은 조문의 '지역선거구자치구의회의원'에 대해서도 주민소환 청구사유를 규정하지 않은 그 부분에 대해 헌법소원심판이 청구되었으나 동지의 합헌성인정의 기각결정이 있었다.[1)]

(3) 주민소환투표청구제한기간

위와 같은 정족수를 채웠다고 하더라도 선출직 지방공직자의 ① 임기개시일부터 1년이 경과하지 아니한 때, ② 임기만료일부터 1년 미만일 때, ③ 해당 선출직 지방공직자에 대한 주민소환투표를 실시한 날부터 1년 이내인 때에는 주민소환투표의 실시를 청구할 수 없다(동법 제8조 1항). 위 기간이 아닌 시기에 청구하여야 한다.

* 헌재판례 : 주민소환투표의 청구제한기간을 정함에 있어 "제12조 제1항에 의하여 주민소환투표가 적법하다고 인정하여 수리한 때"를 규정하지 아니한 법 제8조가 이미 적법하게 수리된 주민소환투표청구가 있음에도 불구하고 동일한 사유에 의한 주민소환투표청구를 재차 허용함으로써 청구인(기초시장)의 공무담임권을 침해한다는 주장에 대해 헌재는 부결에도 불구하고 반복하는 청구의 폐해를 막는 것이 입법목적이므로 동일 청구사유에 의한 반복 재청구는 부결로 결론이 나지 않는 공무담임권을 침해하는 것이 아니라고 하여 합헌성을 인정하였다. 사안은 주민의 서명을 받는 과정에서 청구사유를 기재하지 아니하였다는 절차적인 사유로 관할 선거관리위원회가 투표청구를 수리한 처분이 법원에 의하여 취소되어 다시 제2의 주민소환투표를 청구한 것이 쟁점이 된 것이었다.

판례 헌재 2009.3.26. 2007헌마843

[결정이유] 이 조항에서 주민소환투표의 청구기간을 제한한 것은, 선출직 공직자의 임기 초에는 일정기간 소신에 따라 정책을 추진할 수 있는 기회를 주어야 하고, 임기 초 단기간 내에는 과오 등을 입증하기 어려울 뿐만 아니라, 임기 종료가 임박한 때에는 소환의 실익이 없는 점을 고려하고, 주민소환투

1) 헌재 2011.3.31. 2008헌마355.

표를 실시하여 부결되었음에도 불구하고 반복적으로 주민소환투표를 청구하는 폐해를 방지하려는데 그 입법목적이 있고, 그러한 입법목적은 정당한 것으로 판단된다. 따라서 동일한 사유로 한 번 주민소환투표에 회부되어 부결되었음에도 불구하고 소정의 기간 내에 반복적으로 소환투표를 청구하는 경우가 아닌 한, 다른 청구사유 또는 일정 기간이 경과한 후 같은 사유로도 제2, 제3의 청구를 할 수 있을 것이고 그것을 제한하여야 할 이유도 없으며, 더욱이 주민소환법은 예산낭비 등에 대비하여 투표를 병합하여 실시할 수 있도록 규정하고 있다(주민소환법 제13조 제2항). 가사 주민소환투표를 병합하여 실시하지 못한 경우라도, 제1의 청구가 부결되면 사유를 불문하고 그 이후 1년 이내에는 주민소환투표를 실시할 수 없으므로, 제2, 제3의 청구를 인정하더라도 그것이 과잉금지의 원칙에 위배되어 청구인의 공무담임권을 침해하다고 보기는 어렵다. 이 사건의 경우처럼, 주민소환투표 청구를 위한 주민의 서명을 받는 과정에서 서명부에 청구사유를 기재하지 아니하였다는 절차적인 사유로 관할 선거관리위원회가 투표청구를 수리한 처분이 법원에 의하여 취소된 경우, 이후 제대로 된 절차를 다시 밟아 제2의 주민소환투표를 청구하는 것을 막는다면 그것이 오히려 주민들의 주민소환투표 청구권을 지나치게 제한하는 것으로 볼 여지가 있다. 따라서, 이 조항이 사실상 동일한 청구사유에 의하여 주민소환투표를 재청구하는 것을 막는 규정을 두지 아니하였다고 하여 이로써 청구인의 공무담임권이 침해된다고 보기 어렵다.

8. 서명요청 활동

(1) 요청활동자

주민소환투표청구인대표자와 서면에 의하여 소환청구인대표자로부터 서명요청권을 위임받은 자는 대통령령이 정하는 서명요청 활동기간 동안 주민소환투표의 청구사유가 기재되고 관할선거관리위원회가 검인하여 교부한 주민소환투표청구인서명부를 사용하여 주민소환투표청구권자에게 서명할 것을 요청할 수 있다(동법 제9조 1항).

* 소환청구인대표자, 서명요청권을 위임받을 수 없는 자, 서명요청 활동을 하거나 서명요청 활동을 기획·주도하는 등 서명요청 활동에 관여할 수 없는 자 : 1. 주민소환투표권이 없는 자, 2. 국가공무원법 제2조에 규정된 국가공무원과 지방공무원법 제2조에 규정된 지방공무원(고등교육법 제14조 제1항 및 제2항의 규정에 따른 총장·학장·교수·부교수·조교수인 교원(2018.1.1.부터는 강사까지 포함한 '교원')은 가능), 다른 법령에 규정에 따라 공무원 신분을 가진 자, 공직선거법 제60조 제1항의 규정에 의하여 선거운동을 할 수 없는 자(제4호 제외), 선출직 지방공직자의 해당선거 입후보예정자, 입후보예정자의 가족 및 이들이 설립·운영하고 있는 기관·단체·시설의 임·직원(동법 제10조 2항)

소환청구인대표자, 서명요청권을 위임받은 자를 제외하고는 누구든지 서명을 요청할 수 없다(동법 제10조 3항 전문).

* 헌재판례 : 주민소환투표의 청구를 위한 서명요청 활동을 보장하면서 주민소환투표대상자에 대하여는 아무런 반대활동을 보장하지 아니한 법 제9조 제1항이 과잉금지의 원칙에 위반하여 대상자(기초시장)의 공무담임권을 침해한다는 주장이 있었다. 헌재는 아래에 보듯이 주민소환법이 소명기회를 부여하고 발의 이후에는 반대운동이 가능하다는 점 등을 들어 합헌성을 인정하였다. 헌재 2009.3.26. 2007헌마843. [결정이유] 주민소환투표 청구는 일정 수 이상 주민의 서명을 요하므로, 이와 관련한 서명요청은 필수적으로 보장되어야 하는 활동이나 이를 주민소환투표 운동에 속하는 것으로는 보기 어려운 점, 서명요청 활동이 있더라도 실제로 청구요건을 갖추어 주민소환투표 청구가 이루어질 것인지 사전에 알 수 없

기 때문에, 주민소환투표 청구가 이루어지기 전 단계에서부터 소환대상 공직자에게 소환반대 활동의 기회를 보장할 필요가 없고, 이를 허용할 경우 행정공백의 상태가 불필요하게 늘어나는 점, 관할 선거관리위원회는 주민소환투표 청구가 이루어진 후 주민소환투표대상자에게 소명할 기회를 제공하고(법 제14조), 주민소환투표가 발의된 이후에는 소환대상자의 반대운동이 가능하여(법 제17조, 제18조), 전체적으로 공정한 반대활동 기회가 보장되고 있는 점 등을 종합적으로 고려하면, 법 제9조 제1항이 과잉금지원칙에 반하여 청구인의 공무담임권을 침해한다고 볼 수 없다.

(2) 서명요청방식

소환청구인대표자 등이 소환청구인서명부를 제시하거나 구두로 주민소환투표의 취지나 이유를 설명하는 경우를 제외하고는 누구든지 인쇄물·시설물 및 그 밖의 방법을 이용하여 서명요청 활동을 할 수 없다(동법 제10조 4항). 따라서 서명요청방식은 '소환청구인서명부를 제시'하거나 '구두로 주민소환투표의 취지나 이유를 설명하는' 두 가지이다.

* 헌재판례 : 위 주민소환법 제32조 제1호는 위 동법 제10조 제4항을 위반한 경우에 처벌하는데 위 제10조 제4항의 문언 중 '제시', '서명요청 활동' 부분이 명확성원칙에 반한다는 주장이 있었다. 헌재는 명확하다고 보았다.

판례 헌재 2011.12.29. 2010헌바368

[결정요지] '제시'라는 개념은 일반적으로 어떠한 의사를 말이나 글로 표현하는 것이나 물품을 직접 내어 보이는 것을 의미하고, 소환청구인서명부를 '제시'한다는 것은 서명요청 활동을 하는 자의 적극적인 행동과 이를 받아들이는 상대방의 존재가 전제되므로, 서명을 요청받는 사람 즉 '제시'의 대상자와 개별적인 대면이 없는, 또는 '제시' 대상자의 특정이 없는, 불특정 다수인을 상대로 한 일방적인 소환청구인명부의 배포, 우편 발송 등과는 구별되는 개념이다. '서명요청 활동'이란 '주민소환투표를 청구하는 취지의 의사표시로서 서명을 해 줄 것을 요청하는 활동'을 의미하는 것으로 해석할 수 있다. 따라서 주민소환준비 단계에서의 여론조성 활동이나 주민소환투표가 이미 발의된 이후의 주민소환투표운동은 이에 포함되지 아니하며, 시간적으로 서명요청 활동이 가능한 시기의 활동이라도 위에서 살핀 서명요청의 의사가 배제되어 있는 단순한 의견개진이나 준비활동은 '서명요청 활동'으로 볼 수 없을 것이다. 따라서 이 사건 법률조항에서 말하는 '제시'나 '서명요청 활동'이 어떠한 행위를 처벌대상으로 하고 있는지 수범자가 예견할 수 없을 정도로 모호하다거나 해석자의 자의를 허용하는 것이라 할 수 없으므로 이 사건 법률조항은 명확성원칙에 위반되지 않는다.

* 주민소환투표청구를 위한 서명요청 활동을 '소환청구인서명부를 제시'하거나 '구두로 주민소환투표의 취지나 이유를 설명하는' 두 가지 경우로만 엄격히 제한하고 이에 위반할 경우 형사처벌하는 이 사건 법률조항이 표현의 자유를 제한함에 있어 과잉금지원칙을 위반하였는지 여부가 심사된 바 있다. 헌재는 제도의 남용을 막기 위한 것이고 표현활동을 방법적으로 제한하고 있을 뿐이며 활동기간이 짧지 않다는 이유로 피해최소성을 갖추고 과잉금지원칙을 준수하여 합헌이라고 보았다.

판례 헌재 2011.12.29. 2010헌바368

[결정요지] (1) 문제되는 기본권과 심사기준 – 표현의 자유 – 서명요청 활동이란 주민소환투표권자들에게 해당 소환청구사유에 대하여 주민소환투표를 청구한다는 의사표시를 해 줄 것을 요구하는 활동이라는 점에서 필연적으로 서명요청 활동을 하는 자의 표현의 자유와 관련되어 있다. 표현내용과 무관하

계 표현의 방법을 규제하는 것은 합리적인 공익상의 이유로 폭넓은 제한이 가능하다. 뿐만 아니라, 서명요청 활동은 주민소환청구권 행사의 전제 내지 실현수단의 의미를 가지므로 주민소환제도에 대한 경우와 마찬가지로 그 내용과 방법에 관하여 입법자의 형성의 자유가 인정되는 영역이라고도 할 수 있다. 따라서 이 사건 법률조항에 대한 과잉금지원칙 위반 여부를 심사함에 있어서는, 일반적인 엄격한 의미의 과잉금지원칙 위반 여부의 심사가 아닌 실질적으로 완화된 심사를 함이 상당하고, 특히 '피해의 최소성' 요건은 입법목적을 달성하기 위한 덜 제약적인 수단은 없는지를 심사하기 보다는 '입법목적을 달성하기 위하여 필요한 범위 내의 것인지'를 심사하는 정도로 완화시켜 판단하여야 할 것이다. (2) 과잉금지원칙 위반 여부 (가) 입법목적의 정당성 및 수단의 적절성 – 주민소환제는 주민의 참정기회를 확대하는 등 긍정적 기능도 하지만, 선거패배자나 이익단체 등에 의하여 정치적으로 악용·남용되거나, 민주적 정당성에 기반한 선출직 공직자의 활동이 위축되는 등 지방행정의 효율성이 저해되는 결과가 발생될 소지도 없지 않다. 이 사건 법률조항은 서명요청이라는 표현의 방법을 '소환청구인서명부를 제시'하거나 '구두로 주민소환투표의 취지나 이유를 설명'하는 방법, 두 가지로만 엄격히 제한함으로써, 첫째, 극히 예외적이고 엄격한 요건을 갖춘 경우에 한하여 주민소환을 인정하려는 제도의 취지에 부합하도록 하는 차원에서, 서명요청 활동도 주민소환투표청구권자들과의 진정한 의사소통이 더욱 보장되는 방법으로 엄격하게 제한시켜 주민소환투표청구가 정치적으로 악용·남용되는 것을 방지함과 동시에, 둘째, 서명요청 활동 단계에서 흑색선전이나 금품 살포와 같은 부정한 행위가 이루어지는 것을 방지함으로써 주민소환투표청구권자의 진정한 의사가 왜곡되는 것을 방지하려는데 그 입법목적이 있다. 따라서 이 사건 법률조항은 위와 같은 정당한 입법목적을 달성하기 위하여 적합한 수단에 해당한다. (나) 침해의 최소성 – 성숙한 시민의식과 사회분위기에 의하여 주민소환제도의 남용 내지 악용이 자율적으로 억제되는 것이 이상적이기는 하나, 종래의 선거풍토, 정치상황 등 제반여건을 종합하여 볼 때, 현재로서는 제도의 남용을 억제하기 위하여 주민소환투표청구의 요건을 어렵게 하고 이를 충족하는 과정에서 진지한 사회적 합의와 숙고가 이루어질 수 있도록 하는 것이 불가피하다. 이를 위해서는 일차적으로 주민소환투표청구에 일정한 수 이상의 주민소환투표청구권자의 합의를 요구하고, 그와 같은 합의의 과정에서 흑색선전이나 금품 살포 등 부정행위가 개입하여 주민소환투표청구권자의 진의가 왜곡되는 것을 막아야 할 필요성은 매우 크다는 점에서, 주민소환투표청구를 위한 서명요청 활동의 방법을 두 가지로만 엄격하게 제한하는 것이 이 사건 법률조항의 입법목적 달성에 필요한 최소한의 범위를 넘은 것이라 보기는 어렵다. 게다가 이 사건 법률조항은 '주민소환투표청구에 관한 의사표시를 요구하는' 내용의 표현활동을 방법적으로 제한하고 있을 뿐이고, 서명요청의 의사가 배제되어 있는 단순한 의견개진이나 준비활동 등 정치적·사회적 의견 표명을 제한하는 것은 아니다. 또한 '주민소환법'은 서명요청 활동을 할 수 있는 소환청구인대표자 등의 수를 한정하고 있지 않고, 서명요청 활동기간 역시, 결코 짧다고(주민소환에 관한 법률 시행령 제3조 참조) 할 수 없다. 따라서 이 사건 법률조항이 주민소환투표청구를 위하여 요구되는 많은 수의 서명을 받는 것을 사실상 불가능하게 함으로써 것으로서 청구인의 주민소환투표청구권을 형해화하는 것이라고 보기도 어렵다. 따라서 침해의 최소성 요건도 충족한다. (다) 법익균형성 – 이 사건 법률조항은 이로 인하여 제한되는 개인의 표현의 자유 등 사익에 비하여 주민소환투표제도의 부작용 억제를 통한 대의제 원리의 보장과 소환대상자의 공무담임권 보장, 지방행정의 안정성 보장이라는 공익이 훨씬 크다고 할 것이므로, 법익균형성 요건도 충족한다. (3) 소결 – 따라서 이 사건 법률조항은 표현의 자유를 제한함에 있어 과잉금지원칙에 위반되지 아니한다.

검인되지 아니한 소환청구인서명부에 서명을 받을 수 없다(동법 동조 3항).

(3) 서명요청활동기간과 서면요청제한기간

대통령령이 정하는 서명요청 활동기간 동안 서명할 것을 요청할 수 있다(동법 제9조 1항).

위 대통령령으로 정하는 기간이란 시 · 도지사에 대한 주민소환투표청구의 경우에는 주민소환투표청구인대표자 증명서 교부 사실을 공표한 날부터 120일 이내로, 시장 · 군수 · 구청장 또는 지방의회의원에 대한 주민소환투표청구의 경우에는 위 교부 사실을 공표한 날부터 60일 이내로 규정하고 있다(동법 시행령 제3조). 위 경우 아래에 서술한 서명제한기간은 서명요청 활동기간에 산입하지 아니한다(동법 제9조 1항).

(4) 서명요청 활동의 제한

소환청구인대표자와 서면에 의하여 소환청구인대표자로부터 서명요청권을 위임받은 자는 해당선출직 지방공직자의 선거구의 전부 또는 일부에 대하여 공직선거법의 규정에 의한 선거가 실시되는 때에는 그 선거의 선거일전 60일부터 선거일까지 그 선거구에서 서명을 요청할 수 없다(동법 제10조 1항).

9. 주민소환투표청구의 각하

관할선거관리위원회는 서명요청기간이 만료되는 날부터 일정 기간 이내(특별시 · 광역시 또는 도의 경우에는 10일 이내, 자치구 · 시 또는 군의 경우에는 5일 이내)에 소환청구인대표자가 제출한 주민소환투표청구가 위 청구요건을 갖추지 못한 경우에는 이를 각하하여야 한다. 이 경우 관할선거관리위원회는 소환청구인대표자에게 그 사유를 통지하고 이를 공표하여야 한다(동법 제11조 1항). 즉 유효한 서명의 총수가 정족수 요건에 미달되는 경우, 주민소환투표의 청구제한기간 이내에 청구한 경우, 주민소환투표청구서와 소환청구인서명부가 위 일정 기간을 경과하여 제출된 경우, 주민소환법 제27조 제1항의 규정에 의하여 준용되는 주민투표법 제12조 제7항의 규정에 의한 보정기간 이내에 보정하지 아니한 경우.

10. 주민소환투표의 발의, 실시 등

(1) 주민소환투표의 발의

관할선거관리위원회는 정족수 규정을 충족하여 주민소환투표청구가 적법하다고 인정하는 경우에는 지체 없이 그 요지를 공표하고, 소환청구인대표자 및 해당선출직 지방공직자에게 그 사실을 통지하여야 한다(동법 제12조 1항). 관할선거관리위원회는 위 통지를 받은 주민소환투표대상자에 대한 주민소환투표를 발의하고자 하는 때에는 주민소환투표대상자의 소명요지 또는 소명서 제출기간이 경과한 날부터 7일 이내에 주민소환투표일과 주민소환투표안(소환청구서 요지를 포함)을 공고하여 주민소환투표를 발의하여야 한다(동법 동조 2항).

(2) 주민소환투표의 실시

1) 투표일의 결정

주민소환투표일은 동법 제12조 제2항의 규정에 의한 공고일부터 20일 이상 30일 이하의 범위 안에서 관할선거관리위원회가 정한다. 다만, 주민소환투표대상자가 자진사퇴, 피선거권 상실 또는 사망 등으로 궐위된 때에는 주민소환투표를 실시하지 아니한다(동법 제13조 1항). 동법 제12조 제2항의 규정에 의한 주민소환투표 공고일 이후 90일 이내에 주민투표법에 의한 주민투표, 「공직선거법에 의한 선거 · 재선거 및 보궐선거(대통령 및 국회의원 선거를 제외), 동일 또는 다른 선출직 지방공직자에 대한 주민소환투표가 있을 때에는 주민소환투표를 그에 병합하거나 동시에 실시할 수 있다(동법 제13조 2항).

2) 소명기회의 보장

관할선거관리위원회는 정족수를 갖추어 주민소환투표청구가 적법하다고 인정하는 때에는 지체 없이 주민소환투표대상자에게 서면으로 소명할 것을 요청하여야 한다(동법 제14조 1항). 동법 제12조 제2항의 규정에 의하여 주민소환투표일과 주민소환투표안을 공고하는 때에는 제2항의 규정에 의한 소명요지를 함께 공고하여야 한다(동법 동조 3항).

(3) 주민소환투표의 형식

주민소환투표는 찬성 또는 반대를 선택하는 형식으로 실시한다(동법 제15조 1항).

(4) 주민소환투표의 실시구역

지방자치단체의 장에 대한 주민소환투표는 당해 지방자치단체 관할구역 전체를 대상으로 하고, 지역구지방의회의원에 대한 주민소환투표는 당해 지방의회의원의 지역선거구를 대상으로 한다(동법 제16조).

11. 주민소환투표운동

(1) 원칙

주민소환법에서 "주민소환투표운동"이라 함은 주민소환투표에 부쳐지거나 부쳐질 사항에 관하여 찬성 또는 반대하는 행위를 말한다. 다만, 주민소환투표에 부쳐지거나 부쳐질 사항에 관한 단순한 의견개진 및 의사표시, 주민소환투표운동에 관한 준비행위는 주민소환투표운동으로 보지 아니한다(동법 제17조).

(2) 주민소환투표운동을 할 수 없는 자

대한민국 국민이 아닌 자, 미성년자, 선거권이 없는 자 등 선거운동을 할 수 없는 자(공직선거법 제60조 1항 각 호의 어느 하나에 해당하는 자)는 주민소환투표운동을 할 수 없다. 다만, 당해 주민소환투표대상자는 그러하지 아니하다(동법 제18조 3항).

(3) 주민소환투표운동의 기간

주민소환투표운동은 동법 제12조 제2항의 규정에 의한 주민소환투표 공고일의 다음날부터 투표일 전일까지("주민소환투표운동기간") 할 수 있다. 동법 제13조 제2항의 규정에 의하여 주민소환투표가 실시될 경우(주민투표, 다른 주민소환투표 등과의 병합 · 동시 실시의 경우)의 주민소환투표운동기간은 주민소환투표일 전 25일부터 투표일 전일까지로 한다(동법 제18조 1항 · 2항).

(4) 주민소환투표운동의 방법

주민소환투표운동의 방법은 해당주민소환투표대상자의 선거에 관한 규정에 한하여 공직선거법의 선거운동기구에 관한 사항(공직선거법 제61조, 제63조) · 신문광고(동법 제69조) · 공개장소에서의 연설 · 대담(동법 제79조) · 언론기관의 후보자등 초청 대담 · 토론회(동법 제82조. 제1항 단서 제외) · 정보통신망을 이용한 선거운동(동법 제82조의4) 및 인터넷언론사 게시판 · 대화방 등의 실명확인(동법 제82조의6)의 규정을 준용한다(주민소환법 제19조).

(5) 주민소환투표운동의 제한

누구든지 주민소환투표운동기간 중 위에 준용하는 공직선거법에 따른 선거운동기구의 설치, 신문광고, 공개장소에서의 연설 · 대담, 언론기관 초청 대담 · 토론회 등, 주민소환투표공보의 발행 · 배부 등 주민소환법이 허용하는 방법을 제외하고는 어떠한 방법의 주민소환투표운동도 하여서는 아니 된다(동법 제20조 1항). 또한 공직선거법에 따른 연설금지장소에서의 연설행위, 공직선거법 규정을 위반하여 전자우편을 이용한 주민소환투표운동정보를 전송하는 행위, 공직선거법에서 정하는 확성장치 및 자동차 사용제한에 관한 규정을 위반하는 행위, 공직선거법의 규정을 위반하여 야간에 연설 · 대담을 하는 행위, 공직선거법의 규정을 위반하여 호별방문을 하는 행위, 주민소환투표운동을 목적으로 서명 또는 날인을 받는 행위가 금지된다(동법 동조 2항). 지위를 이용한 주민소환투표운동의 금지도 있다(동법 동조 3항).

12. 주민소환투표 공고 후 결과공표까지의 효력 - 권한행사의 정지와 권한대행

주민소환투표대상자는 관할선거관리위원회가 주민소환투표안을 공고한 때부터 주민소환투표결과를 공표할 때까지 그 권한행사가 정지되고, 그 경우 부지사 · 부시장 · 부군수 · 부구청장이 그 권한을 대행하고, 부단체장이 권한을 대행할 수 없는 경우에는 부단체장이 부득이한 사유로 직무를 수행할 수 없으면 그 지방자치단체의 규칙에 정하여진 직제 순서에 따른 공무원이 그 권한을 대행하거나 직무를 대리한다(동법 제21조 1항 · 2항).

* 헌재 판례 : 주민소환투표가 발의되어 공고되었다는 이유만으로 곧바로 주민소환투표대상자의 권한행사를 정지되도록 한 법 제21조 제1항이 과잉금지원칙에 위반하여 청구인(기초시장)의 공무담임권을 침해하거나 평등권을 침해한다는 주장에 대해 헌재는 정지기간의 단기성 등을 들어 합헌성을 인정하는 결정을 하였다.

판례 헌재 2009.3.26. 2007헌마843

[결정요지] 법 제21조 제1항의 입법목적은 행정의 정상적인 운영과 공정한 선거관리라는 정당한 공익을 달성하려는데 있고, 주민소환투표가 공고된 날로부터 그 결과가 공표될 때까지 주민소환투표 대상자의 권한행사를 정지하는 것은 위 입법목적을 달성하기 위한 상당한 수단이 되는 점, 위 기간 동안 권한행사를 일시 정지한다 하더라도 이로써 공무담임권의 본질적인 내용이 침해된다고 보기 어려운 점, 권한

행사의 정지기간은 통상 20일 내지 30일의 비교적 단기간에 지나지 아니하므로, 이 조항이 달성하려는 공익과 이로 인하여 제한되는 주민소환투표 대상자의 공무담임권이 현저한 불균형 관계에 있지 않은 점 등을 고려하면, 위 조항이 과잉금지의 원칙에 반하여 과도하게 공무담임권을 제한하는 것으로 볼 수 없다. 또 대통령 등 탄핵소추 대상 공무원의 권한행사 정지와 주민소환대상 공무원의 권한행사 정지는 성격과 차원을 달리하여, 양자를 평등권 침해 여부 판단에 있어 비교의 대상으로 삼을 수 없으므로, 탄핵소추대상 공무원과 비교하여 평등권이 침해된다는 청구인의 주장도 이유 없다.

13. 주민소환투표결과의 확정, 효력 및 소송 등

(1) 주민소환투표결과의 확정

1) 주민소환의 확정과 개표결과 통지

주민소환은 주민소환투표권자 총수의 3분의 1 이상의 투표와 유효투표 총수 과반수의 찬성으로 확정된다(동법 제22조 1항). * 헌재 판례 : 이 조항이 과잉금지원칙에 위반하여 청구인의 공무담임권을 침해하거나 평등권을 침해한다는 주장이 있었다. 헌재는 상대적으로 엄격한 요건이라는 점 등을 들어 합헌성을 인정하였다.

판례 헌재 2009.3.26. 2007헌마843

[결정요지] (1) 과잉금지원칙 위배 여부 – 객관적으로 볼 때 그 요건이 너무 낮아 주민소환의 확정이 아주 형식적으로 쉽게 이루어질 수 있는 정도라고 보기 어렵고, 외국의 입법례에 비하여도 이를 지나치게 낮은 수준이라고 보기도 어렵다. 또 선거에서 당선자 확정을 위해서는 투표율을 묻지 않고 결정하는데 비하여 주민소환투표에서는 최소한 3분의 1 이상의 투표율을 요구한 것은 일반선거에 비하여 상대적으로 엄격한 요건을 설정한 것이라고 볼 수 있고, 이는 오히려 임기가 정해진 소환대상자의 공무담임권을 충분히 배려한 결과라 할 것이다. 요즈음 지방선거의 투표율이 30 내지 40%대에 불과하고, 주민소환투표가 공휴일이 아닌 평일에 실시되며, 전국적인 선거나 다른 지방의 선거 등과도 연계되지 아니한 채 독자적으로 실시될 가능성이 많은 점 등을 감안해 볼 때 위 요건은 오히려 너무 엄격한 것으로 볼 여지도 있다. 입법재량 사항인 점을 함께 고려하면, 이 조항이 과잉금지원칙을 위반하여 청구인의 공무담임권을 침해한다고 볼 수 없다. (2) 평등의 원칙 위배 여부 – 청구인은 국회의원의 경우는 재적의원 3분의 2 이상의 찬성이 있어야 제명되는 점에 비추어(헌법 제64조 제3항) 평등권이 침해된다고 주장한다. 그러나 국회의원은 국민전체의 대표자로서 단순히 특정 지방자치단체를 대표하는 지방자치단체장과는 헌법상의 지위가 다르고, 국회의원은 정기국회나 임시국회를 통하여 소집하기가 비교적 쉽고 제명투표를 위한 비용이나 시간이 많이 들지 않는 한편, 국회의원의 제명과 주민소환은 그 제도의 취지와 정당성의 근거가 다른 점을 고려할 때, 비교의 대상으로 삼을 수는 없다 할 것이므로, 평등권 침해에 관한 청구인의 주장도 받아들일 수 없다.

관할선거관리위원회는 개표가 끝난 때에는 지체 없이 그 결과를 공표한 후 소환청구인대표자, 주민소환투표대상자 등에게 통지하여야 한다(동법 동조 3항).

2) 불개표

전체 주민소환투표자의 수가 주민소환투표권자 총수의 3분의 1에 미달하는 때에는 개표를 하지 아니한다(동법 동조 2항). 이는 결국 소환이 거부된 것으로 본다는 의미이고 대상자는 지위를 계속 보유하게 된다.

(2) 주민소환확정의 효력

위와 같이 주민소환이 확정된 때에는 주민소환투표대상자는 그 결과가 공표된 시점부터 그 직을 상실한다(동법 제23조 1항). 이렇게 그 직을 상실한 자는 그로 인하여 실시하는 이 법 또는 공직선거법에 의한 해당보궐선거에 후보자로 등록할 수 없다(동법 동조 2항).

(3) 주민소환투표소송 등

주민소환투표의 효력에 관하여 이의가 있는 해당 주민소환투표대상자 또는 주민소환투표권자(주민소환투표권자 총수의 100분의 1 이상의 서명을 받아야 한다)는 주민소환투표결과가 공표된 날부터 14일 이내에 관할선거관리위원회 위원장을 피소청인으로 하여 지역구시·도의원, 지역구자치구·시·군의원 또는 시장·군수·자치구의 구청장을 대상으로 한 주민소환투표에 있어서는 특별시·광역시·도선거관리위원회에, 시·도지사를 대상으로 한 주민소환투표에 있어서는 중앙선거관리위원회에 소청할 수 있다(동법 제24조 1항). 이러한 소청에 대한 결정에 관하여 불복이 있는 소청인은 관할선거관리위원회 위원장을 피고로 하여 그 결정서를 받은 날(결정서를 받지 못한 때에는 공직선거법 제220조 1항의 규정에 의한 결정기간이 종료된 날을 말한다)부터 10일 이내에 지역구시·도의원, 지역구자치구·시·군의원 또는 시장·군수·자치구의 구청장을 대상으로 한 주민소환투표에 있어서는 그 선거구를 관할하는 고등법원에, 시·도지사를 대상으로 한 주민소환투표에 있어서는 대법원에 소를 제기할 수 있다(동법 동조 2항).

Ⅶ. 청원

1. 청원의 의의와 성격

청원제도는 지방자치단체의 주민으로서 지방자치단체 기관에 대해 희망이나 요구를 들어줄 것을 바라는 내용이나 의견을 진술하는 제도를 말한다. 지방자치법에는 지방의회에 청원하는 규정들을 두고 있다. 청원 행정소송, 행정심판과 달리 자신의 권익이 침해되지 않는 주민이라도 남을 위해서 청원할 수 있는 등 유연하다.

2. 청원서의 기재사항 및 청원의 절차와 요건

(1) 방식

청원서에는 청원자의 성명(법인인 경우에는 그 명칭과 대표자의 성명) 및 주소를 적고 서명·날인하여야 한다(동법 제73조 2항).

(2) 청원의 제출과 지방의회의원 소개요건

지방의회에 청원을 하려는 자는 지방의회의원의 소개를 받아 청원서를 제출하여야 한다(지방자치법 제73조 1항). 이 규정에 대해서는 헙헌이라고 보는 것이 아래 헌재의 판례이다.

판례 헌재 1999. 11. 25. 97헌마54

[결정요지] 지방의회에 청원을 할 때에 지방의회 의원의 소개를 얻도록 한 것은 의원이 미리 청원의 내용을 확인하고 이를 소개하도록 함으로써 청원의 남발을 규제하고 심사의 효율을 기하기 위한 것이고, 지방의회 의원 모두가 소개의원이 되기를 거절하였다면 그 청원내용에 찬성하는 의원이 없는 것이므로 지방의회에서 심사하더라도 인용가능성이 전혀 없어 심사의 실익이 없으며, 청원의 소개의원도 1인으로 족한 점을 감안하면 이러한 정도의 제한은 공공복리를 위한 필요·최소한의 것이라고 할 수 있다.

3. 청원의 제한

재판에 간섭하거나 법령에 위배되는 내용의 청원은 수리하지 아니한다(동법 제74조).

4. 청원의 심사·처리

(1) 지방의회에서의 심사·처리

지방의회의 의장은 청원서를 접수하면 소관 위원회나 본회의에 회부하여 심사를 하게 한다(동법 제75조 1항). 청원을 소개한 의원은 소관 위원회나 본회의가 요구하면 청원의 취지를 설명하여야 한다(동법 동조 2항). 위원회가 청원을 심사하여 본회의에 부칠 필요가 없다고 결정하면 그 처리결과를 의장에게 보고하고, 의장은 청원한 자에게 알려야 한다(동법 동조 3항).

(2) 지방자치단체장에 청원 이송과 처리보고

지방의회가 채택한 청원으로서 그 지방자치단체의 장이 처리하는 것이 타당하다고 인정되는 청원은 의견서를 첨부하여 지방자치단체의 장에게 이송한다(동법 제76조 1항). 지방자치단체의 장은 제1항의 청원을 처리하고 그 처리결과를 지체 없이 지방의회에 보고하여야 한다(동법 동조 2항).

제6항 자치제재권

Ⅰ. 필요성과 정당성

지방자치단체가 자신의 자치사무를 실효성 있게 수행하고 그 목적을 달성하기 위해서는 자치사무가 수반하는 의무의 이행이 담보되어야 한다. 이를 위해 의무위반에 대한 제재가 필요하다.

Ⅱ. 방법

지방자치단체가 취할 수 있는 제재로는 ⅰ) 행정상 제재인 영업정지, 허가취소 등의 방법이 있다. ⅱ) 과태료의 부과 – 과태료도 행정질서벌로서 행정상 제재의 하나이긴 하다. 현행 지방자치법은 지방자치단체는 조례를 위반한 행위에 대하여 조례로써 1천만원 이하의 과태료를 정할 수 있다고 규정하고 있고, 이 과태료는 해당 지방자치단체의 장이나 그 관할 구역 안의 지방자치단체의 장이 부과·징수한다(동법 제27조).

제4절 지방자치단체에 대한 국가의 지도·감독

Ⅰ. 지도·지원, 감독

1. 지방자치단체 사무에 대한 지도·지원

중앙행정기관의 장이나 시·도지사는 지방자치단체의 사무에 관하여 조언 또는 권고하거나 지도할 수 있으며, 이를 위하여 필요하면 지방자치단체에 자료의 제출을 요구할 수 있고, 국가나 시·도는 지방자치단체가 그 지방자치단체의 사무를 처리하는 데에 필요하다고 인정하면 재정지원이나 기술지원을 할 수 있다(동법 제166조).

2. 위임사무 처리의 지도·감독

지방자치단체나 그 장이 위임받아 처리하는 국가사무에 관하여 시·도에서는 주무부장관의, 시·군 및 자치구에서는 1차로 시·도지사의, 2차로 주무부장관의 지도·감독을 받는다(동법 제167조 1항). 시·군 및 자치구나 그 장이 위임받아 처리하는 시·도의 사무에 관하여는 시·도지사의 지도·감독을 받는다(동법 동조 2항).

Ⅱ. 중앙행정기관과 지방자치단체 간 협의조정

중앙행정기관의 장과 지방자치단체의 장이 사무를 처리할 때 의견을 달리하는 경우 이를 협의·조정하기 위하여 국무총리 소속으로 행정협의조정위원회를 둔다(동법 제168조 1항).

Ⅲ. 위법·부당한 명령·처분의 시정

지방자치단체의 사무에 관한 그 장의 명령이나 처분이 법령에 위반되거나 현저히 부당하여 공익을 해친다고 인정되면 시 · 도에 대하여는 주무부장관이, 시 · 군 및 자치구에 대하여는 시 · 도지사가 기간을 정하여 서면으로 시정할 것을 명하고, 그 기간에 이행하지 아니하면 이를 취소하거나 정지할 수 있다. 이 경우 자치사무에 관한 명령이나 처분에 대하여는 법령을 위반하는 것에 한한다(동법 제169조 1항).

1. 시정명령의 대상과 주체 및 사유

ⅰ) 대상 – 지방자치단체의 사무에 관한 그 장의 명령이나 처분이다. ⅱ) 주체 – 명령주체는 시 · 도에 대하여는 주무부장관이, 시 · 군 및 자치구에 대하여는 시 · 도지사이다. ⅲ) 사유 – 법령위반, 현저히 부당하여 공익을 해친다고 인정되는 경우이다.

* 유의 – 자치사무의 경우에는 법령위반에 한한다.

2. 내용과 방식 및 불이행효과

기간을 정하여 시정할 것을 명하는 것을 내용으로 하는데 그 명은 서면으로 하여야 한다(서면주의). 정해준 기간에 이행하지 아니하면 그 명령이나 처분을 취소, 정지할 수 있다.

3. 이의제소

지방자치단체의 장은 제1항에 따른 자치사무에 관한 명령이나 처분의 취소 또는 정지에 대하여 이의가 있으면 그 취소처분 또는 정지처분을 통보받은 날부터 15일 이내에 대법원에 소를 제기할 수 있다(동법 동조 2항).

Ⅳ. 지방자치단체의 장에 대한 직무이행명령

지방자치단체의 장이 법령의 규정에 따라 그 의무에 속하는 국가위임사무나 시 · 도위임사무의 관리와 집행을 명백히 게을리하고 있다고 인정되면 시 · 도에 대하여는 주무부장관이, 시 · 군 및 자치구에 대하여는 시 · 도지사가 기간을 정하여 서면으로 이행할 사항을 명령할 수 있다(동법 제170조 1항),

1. 직무이행명령의 대상과 주체 및 사유

ⅰ) 대상 – 법령의 규정에 따라 지방자치단체의 장의 의무에 속하는 국가위임사무나

시·도위임사무이다. ii) 주체 – 시·도에 대하여는 주무부장관이, 시·군 및 자치구에 대하여는 시·도지사이다. iii) 사유 – 그 사무의 관리와 집행을 명백히 게을리하고 있다고 인정되는 경우이다.

2. 내용과 방식 및 불이행효과

기간을 정하여 이행할 사항을 명령할 수 있는데 그 명령은 서면으로 하여야 한다(서면주의). 주무부장관이나 시·도지사는 해당 지방자치단체의 장이 제1항의 기간에 이행명령을 이행하지 아니하면 그 지방자치단체의 비용부담으로 대집행하거나 행정상·재정상 필요한 조치를 할 수 있다(이 경우 행정대집행에 관하여는 「행정대집행법」을 준용)(동법 동조 2항).

3. 이의제소

지방자치단체의 장은 위 이행명령에 이의가 있으면 이행명령서를 접수한 날부터 15일 이내에 대법원에 소를 제기할 수 있다(이 경우 지방자치단체의 장은 이행명령의 집행을 정지하게 하는 집행정지결정을 신청할 수 있다)(동법 동조 3항).

V. 지방자치단체 사무에 대한 감사

1. 감사원의 감사

(1) 회계검사

i) 필요적 검사사항 – 감사원은 지방자치단체의 회계를 검사한다(감사원법 제22조 1항 2호). ii) 선택적 검사사항 – 감사원은 필요하다고 인정하거나 국무총리의 요구가 있는 경우에는 국가기관 또는 지방자치단체 외의 자가 지방자치단체를 위하여 취급하는 지방자치단체의 현금·물품 또는 유가증권의 출납, 지방자치단체가 직접 또는 간접으로 보조금·장려금·조성금 및 출연금 등을 교부하거나 대부금 등 재정 원조를 제공한 자의 회계, 지방자치단체가 그 보조금·장려금·조성금 및 출연금 등을 다시 교부한 자의 회계, 지방자치단체가 자본금의 일부를 출자한 자의 회계 등을 검사할 수 있다(동법 제23조).

(2) 직무감찰

감사원은 지방자치단체의 사무와 그에 소속한 지방공무원의 직무, 지방자치단체가 자본금의 2분의 1 이상을 출자한 법인의 회계의 자 및 민법 또는 상법 외의 다른 법률에 따라 설립되고 그 임원의 전부 또는 일부나 대표자가 지방자치단체에 의하여 임명되거나 임명 승인되는 단체 등의 회계의 자의 사무와 그에 소속한 임원 및 감사원의 검사대상이 되는 회계사무와 직접 또는 간접으로 관련이 있는 직원의 직무, 법령에 따라 지방자치단체가 위탁하거나 대행하게 한 사무와 그 밖의 법령에 따라 공무원의 신분을 가지거나 공무원에 준하는 자의 직무를 감찰한다(동법 제24조 1호 2호·3호·4호).

(3) 감사대상 사무의 범위 및 감사정도

감사원의 지방자치단체에 대한 감사는 자치사무에도 미친다. 문제는 ① 자치사무에 대한 감사원의 감사에서 합법성뿐 아니라 합목적성 감사도 법률상 권한 없이 이루어진 것인지 여부, ② 지방자치단체의 자치사무에 대한 합목적성 감사의 근거가 되는 감사원법 제24조 제1항 제2호 등 관련규정 자체가 지방자치권의 본질을 침해하여 위헌인지 여부가 논란되었다. 헌재는 "헌법상 제도적으로 보장된 자치권 가운데에는 소속 공무원에 대한 인사와 처우를 스스로 결정하고 자치사무의 수행에 있어 다른 행정주체(특히 국가)로부터 합목적성에 관하여 명령·지시를 받지 않는 권한도 포함된다"라고 하고 "다만, … 지방자치단체가 어느 정도 국가적 감독, 통제를 받는 것은 불가피하다. 즉, 지방자치단체의 존재 자체를 부인하거나 각종 권한을 말살하는 것과 같이 그 본질적 내용을 침해하지 않는 한 법률에 의한 통제는 가능하다"라고 보면서 "그 제한이 불합리하여 자치권의 본질을 훼손하는 정도에 이른다면 이는 헌법에 위반된다"라고 본다. 그리하여 헌재는 합리성 여부 심사를 하여 아래와 같이 감사원법의 근거가 있고 지방자치단체의 고유한 권한을 유명무실하게 할 정도로 지나친 제한을 한 것이 아니어서 지방자치권의 본질적 내용을 침해하지 않는다고 보았다.

판례 헌재 2008.5.29. 2005헌라3

[결정요지] (가) 이 사건 감사에 의한 지방자치권의 제한이 지방자치권의 본질을 훼손하는 정도로 불합리한 것인지를 검토한다. (나) 이 사건 감사에 대한 검토 (1) 헌법은 국가의 세입·세출의 결산, 국가 및 법률이 정한 단체의 회계검사와 행정기관 및 공무원의 직무에 대한 감찰을 하기 위하여 대통령 소속하에 감사원을 두고(제97조), 감사원의 직무범위 기타 필요한 사항은 법률로 정한다고 규정하고 있다(제100조). 이에 따라 직무감찰의 범위를 정한 감사원법 제24조 제1항 제2호에 의하면, 지방자치단체의 사무와 그에 소속한 지방공무원의 직무는 감사원의 감찰사항에 포함되며, 여기에는 비위감찰권뿐만 아니라 공무원의 근무평정·행정관리의 적부심사분석과 그 개선 등에 관한 행정감찰권까지 포함된다고 해석된다. 또한 감사원법 규정들의 구체적 내용을 살펴보면 감사원의 직무감찰권의 범위에 인사권자에 대하여 징계 등을 요구할 권한이 포함되고, 위법성뿐 아니라 부당성도 감사의 기준이 되는 것은 명백하며, 지방자치단체의 사무의 성격이나 종류에 따른 어떠한 제한이나 감사기준의 구별도 찾아볼 수 없다. 이러한 점에 비추어 보면, 위임사무나 자치사무의 구별 없이 합법성 감사뿐만 아니라 합목적성 감사도 포함한 이 사건 감사는 감사원법에 근거한 것으로서, 법률상 권한 없이 이루어진 것으로 보이지는 않는다. 그렇다면 위와 같이 지방자치단체의 자치사무에 대한 합목적성 감사의 근거가 되는 감사원법 규정(제24조 제1항 제2호, 제32조, 제33조, 제34조, 제34조의2, 이하 "이 사건 관련규정"이라 한다) 자체가 청구인들의 방자치권의 본질을 침해하여 위헌인지 여부가 문제된다. (2) 이 사건 관련규정이 지방자치권의 본질을 침해하는지 여부 – 지방자치단체의 존재 자체를 부인하거나 각종 권한을 말살하는 것과 같이 그 본질적 내용을 침해하지 않는 한 법률에 의한 통제는 가능하다. 이를 바탕으로 이 사건 관련규정에 의한 지방자치권의 제한이 과연 자치권의 본질을 훼손하는 정도로 불합리한 것인지에 관하여 살

펴본다. 먼저 감사원의 헌법상 지위에 관하여 보면, 감사원은 대통령 소속하에 설치되는 헌법기관으로서, 그 직무의 성격상 고도의 독립성과 정치적 중립성이 보장되어야 한다. 청구인들은 지방자치권의 헌법상 보장이라는 취지에 비추어 볼 때 감사원에 의한 지방자치단체의 자치사무에 대한 감사는 합법성 감사에 한정되어야 한다고 주장하나, 위와 같이 헌법이 감사원을 독립된 외부감사기관으로 정하고 있는 취지, 국가기능의 총체적 극대화를 위하여 중앙정부와 지방자치단체는 서로 행정기능과 행정책임을 분담하면서 중앙행정의 효율성과 지방행정의 자주성을 조화시켜 국민과 주민의 복리증진이라는 공동목표를 추구하는 협력관계에 있다는 점에 비추어 보면, 감사원에 의한 지방자치단체의 자치사무에 대한 감사를 합법성 감사에 한정하고 있지 아니한 이 사건 관련규정은 그 목적의 정당성과 합리성을 인정할 수 있다. 또한 감사원법은 감사원이 지방자치단체의 자체감사가 적정하게 수행되고 있다고 인정할 때에는 감사를 생략할 수 있고(제28조) 자체감사사무의 발전 효율적인 감사업무의 수행을 위하여 필요한 지원을 할 수 있으며(제30조의2) 일정한 경우 지방자치단체로 하여금 감사사무를 대행하게 할 수 있도록 정하고(제50조의2) 있는 등 지방자치단체의 자치권을 존중할 수 있는 장치를 마련해두고 있는 점, 이에 더하여 국가재정지원에 상당부분 의존하고 있는 우리 지방재정의 현실, 독립성이나 전문성이 보장되지 않은 지방자치단체 자체감사의 한계 등으로 인한 외부감사의 필요성까지 감안하면, 이 사건 관련규정으로 인하여 지방자치단체의 인사권이나 자치행정의 자기책임적 판단이 말살될 정도로 지방자치권의 본질이 훼손되었다고 보기는 어렵다. (다) 결론 – 결국 이 사건 심판청구는 이유 없다. 기각한다.

2. 자치사무에 대한 감사

(1) 감사가능 기관과 정도

지방자치단체의 자치사무는 고유한 사무이므로 국가나 광역 지방자치단체의 간섭을 받지 않아야 하므로 원칙적으로 국가나 시·도의 감사가 없는 것이 이상적이다. 그러나 현재 법령상 위반에 대해 행정안전부장관도 감사를 할 수 있고 감사원은 합법성, 합목적성 모두를 감사할 수 있다고 본다. 기초지방자치단체의 자치사무에 대해서는 시·도지가가 합법성감사만 할 수 있다.

(2) 자치사무의 법령위반 여부에 대한 행정안전부장관, 시·도지사의 감사 – 대상과 사전준비

i) 행정안전부장관이나 시·도지사는 지방자치단체의 자치사무에 관하여 보고를 받거나 서류·장부 또는 회계를 감사할 수 있다. 이 경우 감사는 법령위반사항에 대하여만 실시한다 (동법 제171조 1항). 이 감사의 범위가 문제이다. 자치사무에 한정되고 그것도 법령위반사항에 한한다. 그런데 사전적·일반적인 포괄감사권이 허용되는지 여부, 즉 청구인의 자치사무에 관하여 법령위반사항이 드러나지 않은 상황에서 피청구인이 청구인의 자치사무 등에 대하여 실시하는 포괄적·일반적인 정부합동감사가 이 제한규정의 해석상 허용되는 것인지 여부가 문제된다. 헌재는 “단서 규정의 감사권은 사전적·일반적인 포괄감사권이 아니라 그 대상과 범위가 한정적인 제한된 감사권”이라고 보아 부정한다. 그리하여 서울특별시의 거의 모든 자치사무를 감사대상으로 하고 구체적으로 어떠한 자치사무가 어떤 법령에 위반되는지 여부를 밝히지 아니한 채 개시한 행정안전부장관 등의 합동감사가 구 지방자치법 제158조 단서 규정상의 감사

개시요건을 전혀 충족하지 못하여 헌법 및 지방자치법에 의하여 부여된 지방자치권을 침해한 것이라고 아래와 같이 결정한 바 있다.

판례 헌재 2009.5.28. 2006헌라6, 서울특별시와 정부 간의 권한쟁의

[결정요지] (가) 지방자치단체의 자치사무에 관한 감사권 – 헌법상 제도적으로 보장된 자치권 가운데에는 자치사무의 수행에 있어 다른 행정주체(특히 중앙행정기관)로부터 합목적성에 관하여 명령·지시를 받지 않는 권한도 포함된다. 다만, 이러한 헌법상의 자치권의 범위는 헌법 제117조가 '법령의 범위 안에서'라고 하고 있는바 법령에 의하여 형성되고 제한된다. 그러나 지방자치단체의 자치권은 헌법상 보장을 받고 있으므로 비록 법령에 의하여 이를 제한하는 것이 가능하다고 하더라도 그 제한이 불합리하여 자치권의 본질을 훼손하는 정도에 이른다면 이는 헌법에 위반된다. 지방자치제 실시를 유보하던 개정전 헌법 부칙 제10조를 삭제한 현행헌법 및 이에 따라 자치사무에 관한 감사규정은 존치하되 '위법성 감사'라는 단서를 추가하여 자치사무에 대한 감사를 축소한 구 지방자치법 제158조 신설경위, 자치사무에 관한 한 중앙행정기관과 지방자치단체의 관계가 상하의 감독관계에서 상호보완적 지도·지원의 관계로 변화된 지방자치법의 취지, 중앙행정기관의 감독권 발동은 지방자치단체의 구체적 법위반을 전제로 하여 작동되도록 제한되어 있는 점, 그리고 국가감독권 행사로서 지방자치단체의 자치사무에 대한 감사원의 사전적·포괄적 합목적성 감사가 인정되므로 국가의 중복감사의 필요성이 없는 점 등을 종합하여 보면, 지방자치제의 시행이 20년이 지난 지금에 와서도 중앙행정기관이 종래처럼 지방자치단체의 자치사무까지 포괄하여 감독하겠다는 종전 태도는 지양되어야 하고, 지방자치단체가 스스로의 책임하에 수행하는 자치사무에 대해서까지 국가감독이 중복되어 광범위하게 이루어지는 것은 지방자치의 본질을 훼손할 가능성마저 있으므로 지방자치권의 본질적 내용을 침해할 수 없다는 견지에서 중앙행정기관의 지방자치단체의 자치사무에 대한 이 사건 관련규정의 감사권은 사전적·일반적인 포괄감사권이 아니라 그 대상과 범위가 한정적인 제한된 감사권이라 해석함이 마땅하다. (나). 이 사건 합동감사가 지방자치권을 침해하는지 여부 (1) 자치사무에 대한 감사범위를 법령위반사항으로 한정하고 있다고 엄격히 해석하여야 하는데, 이 사건 관련규정상의 감사개시에 어떠한 요건이 필요한 것인지에 대해서는 헌법이나 지방자치법 등 어디에도 명시적인 규정이 없다. 그러나 지방자치단체에 대하여 중앙행정기관은 합목적성 감독보다는 합법성 감독을 지향하여야 하고 중앙행정기관의 무분별한 감사권의 행사는 헌법상 보장된 지방자치단체의 자율권을 저해할 가능성이 크므로, 이 사건 관련규정상의 감사에 착수하기 위해서는 자치사무에 관하여 특정한 법령위반행위가 확인되었거나 위법행위가 있었으리라는 합리적 의심이 가능한 경우이어야 하고, 또한, 그 감사대상을 특정해야 한다고 봄이 상당하다. 따라서 전반기 또는 후반기 감사와 같은 포괄적·사전적 일반감사나 위법사항을 특정하지 않고 개시하는 감사 또는 법령위반사항을 적발하기 위한 감사는 모두 허용될 수 없다. 왜냐하면 법령위반 여부를 알아보기 위하여 감사하였다가 위법사항을 발견하지 못하였다면 법령위반사항이 아닌데도 감사한 것이 되어 이 사건 관련규정 단서에 반하게 되며, 이것은 결국 지방자치단체의 자치사무에 대한 합목적성 감사는 안 된다고 하면서 실제로는 합목적성 감사를 하는 셈이 되기 때문이다. (2) 이 사건 합동감사의 경우를 살펴보면, 피청구인이 감사실시를 통보한 [별지] 목록 기재 사무는 청구인의 거의 모든 자치사무를 감사대상으로 하고 있어 사실상 피감사대상이 특정되지 아니하였다고 보여질 뿐만 아니라 피청구인은 이 사건 합동감사 실시계획을 통보하면서 구체적으로 어떠한 자치사무가 어떤 법령에 위반되는지 여부를 전혀 밝히지 아니하였는바, 그렇다면 이 사건 합동감사는 위에서 본 이 사건 관련규정상의 감사의 개시요건을 전혀 충족하지 못하였다. (다) 결론 – 따라서 피청구인(행정안전부장관)이 2006.9.14.부터 2006.9.29.까지 청구인(서울특별시)의 [별지] 목록 기재의 자치사무에 대하여 실시한 정부합동감사는 헌법 및 지방자치법에 의하여 부여된 청구인의 지방자치권을 침해하였다고 할 것이므로 심판청구는 이유 있어 이를 인용하기로 결정한다.

위 결정의 취지에 따라 다음과 같은 제약이 신설되었다. ii) 행정안전부장관 또는 시·도지사는 제1항에 따라 감사를 실시하기 전에 해당 사무의 처리가 법령에 위반되는지 여부 등을 확인하여야 한다(동법 제171조 2항).

3. 위임사무에 대한 감사

(1) 감사원, 주무부장관, 시·도지사 감사

위임사무에 대해서는 합법성뿐 아니라 합목적성에 대해서도 감사한다. 감사기관은 감사원, 주무부장관(시·도가 시·군·자치구나 그 장에 위임한 사무는 주무부장관 감사대상이 아님. 자치단체들 간 위임이므로 장관이 개입할 바가 아님), 시·도지사(국가가 시·도나 그 장에 위임한 국가사무는 해당되지 않음. 자신에게 주어진 사무에 대해 자신이 감사하는 결과가 되기 때문임은 물론)이다.

(2) 주무부장관, 시·도지사 감사

1) 주무부장관의 감사

지방자치단체나 그 장이 위임받아 처리하는 국가사무에 관하여 시·도에서는 주무부장관의, 시·군 및 자치구에서는 2차로 주무부장관의 감사를 받는다(지방자치법 제167조 1항).

2) 시·도지사의 감사

시·도지사는 시·군 및 자치구나 그 장이 위임받아 처리하는 국가사무에 관하여 1차로 감사를 하며(동법 제167조 1항), 시·군 및 자치구나 그 장이 위임받아 처리하는 시·도의 사무에 관하여 감사한다(동법 동조 2항).

4. 감사원의 기감사 대상의 제외

주무부장관, 행정안전부장관 또는 시·도지사는 이미 감사원 감사 등이 실시된 사안에 대하여는 새로운 사실이 발견되거나 중요한 사항이 누락된 경우 등 대통령령으로 정하는 경우를 제외하고는 감사대상에서 제외하고 종전의 감사결과를 활용하여야 한다(동법 제171조의2 1항). 이것도 위 정부합동감사 결정의 취지를 반영하기 위해 신설된 것이다.

5. 주무부장관의 위임사무 감사와 행정안전부 장관의 자치사무 감사의 동시실시 가능성

주무부장관의 위임사무 감사나 행정안전부장관의 자치사무 감사를 실시하고자 하는 때에는 지방자치단체의 수감부담을 줄이고 감사의 효율성을 높이기 위하여 같은 기간 동안 함께 감사를 실시할 수 있다(동법 제171조의2 2항).

* 정리 – 위 국가기관, 광역지방자치단체장에 의한 감사에 있어서 지방자치단체 사무별(자치사무인가 위임사무인가 별)로 그 감사주체, 심사의 정도(범위)를 도표화하여 아래에 정리해 본다.

<table>
<tr><th colspan="4"></th><th>감사원</th><th>행정안전부장관</th><th>주무부장관</th><th>시·도지사</th></tr>
<tr><td colspan="4">자치사무</td><td>합법성,
합목적성도
감사(헌재 판례)</td><td>합법성만 감사</td><td></td><td>합법성만
감사</td></tr>
<tr><td rowspan="4">위임
사무</td><td rowspan="3">대상과
감사
주체</td><td rowspan="2">국가로부터
위임된
사무</td><td>시·도나 그
장에 위임된
국가사무</td><td>감사</td><td>*</td><td>감사</td><td></td></tr>
<tr><td>시·군·자치구나
그 장에 위임된
국가사무</td><td>감사</td><td>*</td><td>2차</td><td>1차</td></tr>
<tr><td colspan="2">시·군·자치구나 그 장에
위임된 시·도 사무</td><td>감사</td><td></td><td></td><td>감사</td></tr>
<tr><td colspan="3">감사정도</td><td>합법성,
합목적성 감사</td><td>합법성,
합목적성 감사</td><td>합법성,
합목적성
감사.</td><td>합법성,
합목적성
감사</td></tr>
</table>

* 행정안전부장관은 주무부장관으로서 감사할 수도 있을 것임.

* 지방의회에 의한 감사는 앞의 지방의회의 권한 부분을 참조.

저자약력

서울대학교 법과대학 법학과, 동 대학원 졸업
법학박사(프랑스 국립 파리(Paris) 제 2 대학교)
프랑스 국립 파리(Paris) 제 2 대학교 초청교수
미국 University of California at Berkeley의 Visiting Scholar
한국헌법학회 · 한국비교공법학회 부회장
헌법재판소 헌법연구위원
경제인문사회연구회 평가위원
인터넷 정보보호 협의회 운영위원
한국공법학회 회장 · 한국언론법학회 회장 · 유럽헌법학회장
사법시험 · 행정고시 · 입법고시, 9급 공무원 공채시험, 서울시 공무원 승진시험 등 시험위원
홍익대학교 법학과 교수
대법원 국민사법참여위원회 위원
방송통신심의위원회 규제심사위원회 위원장
헌법재판소 제도개선위원회 위원
국회 헌법개정자문위원회 간사위원
헌법재판소 세계헌법재판회의 자문위원회 부위원장
교육부 국가교육과정정책자문위원회 위원
한국법제연구원 자문위원
헌법재판소 · 한국공법학회 주최 제 1 회 공법모의재판경연대회 대회장
법학전문대학원협의회 변호사시험 모의시험 출제위원회 공법영역 위원장
중앙행정심판위원회 위원
감사원 감사혁신위원회 위원
법무부 '헌법교육 강화 추진단' 단장
개인정보보호위원회 위원
대법원 법관징계위원회 위원
2018년 세계헌법대회 조직위원장(대회장)
한국법학교수회 수석부회장
한국법학원 부원장
세계헌법학회 부회장
헌법재판소 도서 및 판례심의위원회 위원
국립외교원 강사

현재 지방자치인재개발원 강사
국가공무원인재개발원 강사
변호사시험 출제위원
세계헌법학회 집행이사
법교육위원회 위원장
한국공법학회 고문
한국헌법학회 고문
세계헌법학회 한국학회 회장
한국교육법학회 회장
감사원 정책자문위원회 위원
개인정보보호위원회 정책자문위원회 위원
공법이론과 판례연구회 회장
국회 입법조사처 자문위원회 위원장
성균관대학교 법학전문대학원 교수

주요 저서

기본권연구 I
판례헌법
헌법과 행정실무
헌법판례와 행정실무
헌법재판개론
한국법의 이해(공저)
지방자치단체선거법(공저)
세계비교헌법(공저)
신헌법입문
기본권총론
헌법재판론

국가권력규범론

초판발행 2020년 9월 25일

지은이 정재황
펴낸이 안종만 · 안상준

편 집 김선민
기획/마케팅 조성호
표지디자인 이미연
제 작 우인도 · 고철민 · 조영환

펴낸곳 (주) 박영사
서울특별시 종로구 새문안로3길 36, 1601
등록 1959. 3. 11. 제300-1959-1호(倫)
전 화 02)733-6771
f a x 02)736-4818
e-mail pys@pybook.co.kr
homepage www.pybook.co.kr
ISBN 979-11-303-3688-6 93360

정 가 55,000원